Akten zur Auswärtigen Politik der Bundesrepublik Deutschland

Herausgegeben im Auftrag des Auswärtigen Amts
vom Institut für Zeitgeschichte

Hauptherausgeber
Horst Möller

Mitherausgeber
Klaus Hildebrand und Gregor Schöllgen

R. Oldenbourg Verlag München 2007

Akten zur Auswärtigen Politik der Bundesrepublik Deutschland

1976

Band I: 1. Januar bis 30. Juni 1976

Wissenschaftliche Leiterin
Ilse Dorothee Pautsch

Bearbeiter
Matthias Peter, Michael Ploetz
und Tim Geiger

R. Oldenbourg Verlag München 2007

Bibliografische Information der Deutschen Nationalbibliothek
Die Deutsche Nationalbibliothek verzeichnet diese Publikation in der Deutschen
Nationalbibliografie; detaillierte bibliografische Daten sind im Internet
über <http://dnb.d-nb.de> abrufbar.

Bibliographic information published by Die Deutsche Nationalbibliothek
Die Deutsche Nationalbibliothek lists this publication in the Deutsche
Nationalbibliografie; detailed bibliographic data is available in the Internet at
<http://dnb.d-nb.de>.

© 2007 Oldenbourg Wissenschaftsverlag GmbH, München
Rosenheimer Straße 145, D-81671 München
Internet: oldenbourg.de

Umschlaggestaltung: Dieter Vollendorf
Gedruckt auf säurefreiem, alterungsbeständigem Papier (chlorfrei gebleicht).
Druck: Memminger MedienCentrum, Memmingen
Bindung: Buchbinderei Klotz, Jettingen-Scheppach

ISBN-13: 978-3-486-58040-2
ISBN-10: 3-486-58040-X

Inhalt

Anhang: Organisationsplan des Auswärtigen Amts vom Mai 1976

Inhalt

Vorwort

Mit den Jahresbänden 1976 wird zum vierzehnten Mal eine Sammlung von Dokumenten aus dem Politischen Archiv des Auswärtigen Amts unmittelbar nach Ablauf der 30jährigen Aktensperrfrist veröffentlicht.

Das Erscheinen der vorliegenden Bände gibt Anlaß, allen an dem Werk Beteiligten zu danken. So gilt mein verbindlichster Dank dem Auswärtigen Amt, vor allem dem Politischen Archiv. Gleichermaßen zu danken ist dem Bundeskanzleramt für die Erlaubnis, unverzichtbare Gesprächsaufzeichnungen in die Edition aufnehmen zu können. Bundeskanzler a.D. Helmut Schmidt danke ich für die Genehmigung zum Abdruck wichtiger und die amtliche Überlieferung ergänzender Schriftstücke aus seinem Depositum im Archiv der sozialen Demokratie der Friedrich-Ebert-Stiftung in Bonn.

Großer Dank gebührt ferner den Kollegen im Herausgebergremium, die sich ihrer viel Zeit in Anspruch nehmenden Aufgabe mit bewährter Kompetenz und Kollegialität gewidmet haben.

Ferner sei die tadellose Zusammenarbeit mit den Gremien des Instituts für Zeitgeschichte dankbar hervorgehoben. Gedankt sei auch dem präzise arbeitenden Verlag R. Oldenbourg sowie den in der Münchener Zentrale des Instituts Beteiligten, insbesondere der Verwaltungsleiterin Frau Ingrid Morgen.

Das Hauptverdienst am Gelingen der zwei Bände gebührt den Bearbeitern, Herrn Dr. Matthias Peter, Herrn Dr. Michael Ploetz und Herrn Dr. Tim Geiger, zusammen mit der Wissenschaftlichen Leiterin, Frau Dr. Ilse Dorothee Pautsch. Ihnen sei für die erbrachte Leistung nachdrücklichst gedankt.

Wesentlich zur Fertigstellung der Edition beigetragen haben darüber hinaus: Herr Dr. Wolfgang Hölscher und Frau Cornelia Jurrmann, M.A., durch die Herstellung des Satzes, Frau Jutta Bernlöhr, Frau Gabriele Tschacher und Frau Brigitte Hoffmann durch Schreibarbeiten sowie Herr Joachim Hausknecht, Frau Ulrike Hennings, M.A., und Herr Thomas Olig, M.A.

Berlin, den 1. Oktober 2006   Horst Möller

Vorbemerkungen zur Edition

Die „Akten zur Auswärtigen Politik der Bundesrepublik Deutschland 1976"
(Kurztitel: AAPD 1976) umfassen zwei Bände, die durchgängig paginiert sind.
Den abgedruckten Dokumenten gehen im Band I neben Vorwort und Vorbemerkungen ein Dokumentenverzeichnis, ein Literaturverzeichnis sowie ein Abkürzungsverzeichnis voran. Am Ende von Band II finden sich ein Personen- und
ein Sachregister sowie ein Organisationsplan des Auswärtigen Amts vom Mai
1976.

Dokumentenauswahl

Grundlage für die Fondsedition der „Akten zur Auswärtigen Politik der Bundesrepublik Deutschland 1976" sind die Bestände des Politischen Archivs des Auswärtigen Amts (PA/AA). Schriftstücke aus anderen Bundesministerien, die in
die Akten des Auswärtigen Amts Eingang gefunden haben, wurden zur Kommentierung herangezogen. Verschlußsachen dieser Ressorts blieben unberücksichtigt. Dagegen haben die im Auswärtigen Amt vorhandenen Aufzeichnungen
über Gespräche des Bundeskanzlers mit ausländischen Staatsmännern und Diplomaten weitgehend Aufnahme gefunden. Als notwendige Ergänzung dienten
die im Bundeskanzleramt überlieferten Gesprächsaufzeichnungen. Um die amtliche Überlieferung zu vervollständigen, wurde zusätzlich das Depositum des
ehemaligen Bundeskanzlers Helmut Schmidt im Archiv der sozialen Demokratie der Friedrich-Ebert-Stiftung ausgewertet.

Entsprechend ihrer Herkunft belegen die edierten Dokumente in erster Linie
die außenpolitischen Aktivitäten des Bundesministers des Auswärtigen. Sie ver-
anschaulichen aber auch die Außenpolitik des jeweiligen Bundeskanzlers. Die
Rolle anderer Akteure, insbesondere im parlamentarischen und parteipoliti-
schen Bereich, wird beispielhaft dokumentiert, sofern eine Wechselbeziehung
zum Auswärtigen Amt gegeben war.

Die ausgewählten Dokumente sind nicht zuletzt deshalb für ein historisches
Verständnis der Außenpolitik der Bundesrepublik Deutschland von Bedeutung,
weil fast ausschließlich Schriftstücke veröffentlicht werden, die bisher der Forschung unzugänglich und größtenteils als Verschlußsachen der Geheimhaltung
unterworfen waren. Dank einer entsprechenden Ermächtigung wurden den
Bearbeitern die VS-Bestände des PA/AA ohne Einschränkung zugänglich gemacht und Anträge auf Herabstufung und Offenlegung von Schriftstücken
beim Auswärtigen Amt ermöglicht. Das Bundeskanzleramt war zuständig für
die Deklassifizierung von Verschlußsachen aus den eigenen Beständen. Kopien
der offengelegten Schriftstücke, deren Zahl diejenige der in den AAPD 1976
edierten Dokumente weit übersteigt, werden im PA/AA zugänglich gemacht
(Bestand B 150).

Nur eine äußerst geringe Zahl der für die Edition vorgesehenen Aktenstücke
wurde nicht zur Veröffentlichung freigegeben. Hierbei handelt es sich vor allem um Dokumente, in denen personenbezogene Vorgänge im Vordergrund stehen oder die auch heute noch sicherheitsrelevante Angaben enthalten. Von einer

Deklassifizierung ausgenommen war Schriftgut ausländischer Herkunft bzw. aus dem Bereich multilateraler oder internationaler Organisationen wie etwa der NATO. Unberücksichtigt blieb ebenfalls nachrichtendienstliches Material.

Dokumentenfolge

Die 377 edierten Dokumente sind in chronologischer Folge geordnet und mit laufenden Nummern versehen. Bei differierenden Datumsangaben auf einem Schriftstück, z.B. im Falle abweichender maschinenschriftlicher und handschriftlicher Datierung, ist in der Regel das früheste Datum maßgebend. Mehrere Dokumente mit demselben Datum sind, soweit möglich, nach der Uhrzeit eingeordnet. Erfolgt eine Datierung lediglich aufgrund sekundärer Hinweise (z.B. aus Begleitschreiben, beigefügten Vermerken usw.), wird dies in einer Anmerkung ausgewiesen. Bei Aufzeichnungen über Gespräche ist das Datum des dokumentierten Vorgangs ausschlaggebend, nicht der meist spätere Zeitpunkt der Niederschrift.

Dokumentenkopf

Jedes Dokument beginnt mit einem halbfett gedruckten Dokumentenkopf, in dem wesentliche formale Angaben zusammengefaßt werden. Auf Dokumentennummer und Dokumentenüberschrift folgen in kleinerer Drucktype ergänzende Angaben, so rechts außen das Datum. Links außen wird, sofern vorhanden, das Geschäftszeichen des edierten Schriftstücks einschließlich des Geheimhaltungsgrads (zum Zeitpunkt der Entstehung) wiedergegeben. Das Geschäftszeichen, das Rückschlüsse auf den Geschäftsgang zuläßt und die Ermittlung zugehörigen Aktenmaterials ermöglicht, besteht in der Regel aus der Kurzbezeichnung der ausfertigenden Arbeitseinheit sowie aus weiteren Elementen wie dem inhaltlich definierten Aktenzeichen, der Tagebuchnummer einschließlich verkürzter Jahresangabe und gegebenenfalls dem Geheimhaltungsgrad. Dokumentennummer, verkürzte Überschrift und Datum finden sich auch im Kolumnentitel über dem Dokument.

Den Angaben im Dokumentenkopf läßt sich die Art des jeweiligen Dokuments entnehmen. Aufzeichnungen sind eine in der Edition besonders häufig vertretene Dokumentengruppe. Der Verfasser wird jeweils in der Überschrift benannt, auch dann, wenn er sich nur indirekt erschließen läßt. Letzteres wird durch Hinzufügen der Unterschrift in eckigen Klammern deutlich gemacht und in einer Anmerkung erläutert („Verfasser laut Begleitvermerk" bzw. „Vermuteter Verfasser der nicht unterzeichneten Aufzeichnung"). Läßt sich der Urheber etwa durch den Briefkopf eindeutig feststellen, so entfällt dieser Hinweis. Ist ein Verfasser weder mittelbar noch unmittelbar nachweisbar, wird die ausfertigende Arbeitseinheit (Abteilung, Referat oder Delegation) angegeben.

Eine weitere Gruppe von Dokumenten bildet der Schriftverkehr zwischen der Zentrale in Bonn und den Auslandsvertretungen. Diese erhielten ihre Informationen und Weisungen in der Regel mittels Drahterlaß, der fernschriftlich oder per Funk übermittelt wurde. Auch bei dieser Dokumentengruppe wird in der Überschrift der Verfasser genannt, ein Empfänger dagegen nur, wenn der

Drahterlaß an eine einzelne Auslandsvertretung bzw. deren Leiter gerichtet war. Anderenfalls werden die Adressaten in einer Anmerkung aufgeführt. Bei Runderlassen an sehr viele oder an alle diplomatischen Vertretungen wird der Empfängerkreis nicht näher spezifiziert, um die Anmerkungen nicht zu überfrachten. Ebenso sind diejenigen Auslandsvertretungen nicht eigens aufgeführt, die nur nachrichtlich von einem Erlaß in Kenntnis gesetzt wurden. Ergänzend zum Geschäftszeichen wird im unteren Teil des Dokumentenkopfes links die Nummer des Drahterlasses sowie der Grad der Dringlichkeit angegeben. Rechts davon befindet sich das Datum und – sofern zu ermitteln – die Uhrzeit der Aufgabe. Ein Ausstellungsdatum wird nur dann angegeben, wenn es vom Datum der Aufgabe abweicht.

Der Dokumentenkopf bei einem im Auswärtigen Amt eingehenden Drahtbericht ist in Analogie zum Drahterlaß gestaltet. Als Geschäftszeichen der VS-Drahtberichte dient die Angabe der Chiffrier- und Fernmeldestelle des Auswärtigen Amts (Referat 114). Ferner wird außer Datum und Uhrzeit der Aufgabe auch der Zeitpunkt der Ankunft festgehalten, jeweils in Ortszeit.

In weniger dringenden Fällen verzichteten die Botschaften auf eine fernschriftliche Übermittlung und zogen die Form des mit Kurier übermittelten Schriftberichts vor. Beim Abdruck solcher Stücke werden im Dokumentenkopf neben der Überschrift mit Absender und Empfänger die Nummer des Schriftberichts und das Datum genannt. Gelegentlich bedienten sich Botschaften und Zentrale des sogenannten Privatdienstschreibens, mit dem außerhalb des offiziellen Geschäftsgangs zu einem Sachverhalt Stellung bezogen werden kann; darauf wird in einer Anmerkung aufmerksam gemacht.

Neben dem Schriftwechsel zwischen der Zentrale und den Auslandsvertretungen gibt es andere Schreiben, erkennbar jeweils an der Nennung von Absender und Empfänger. Zu dieser Gruppe zählen etwa Schreiben der Bundesregierung, vertreten durch den Bundeskanzler oder den Bundesminister des Auswärtigen, an ausländische Regierungen, desgleichen auch Korrespondenz des Auswärtigen Amts mit anderen Ressorts oder mit Bundestagsabgeordneten.

Breiten Raum nehmen insbesondere von Dolmetschern gefertigte Niederschriften über Gespräche ein. Sie werden als solche in der Überschrift gekennzeichnet und chronologisch nach dem Gesprächsdatum eingeordnet, während Verfasser und Datum der Niederschrift – sofern ermittelbar – in einer Anmerkung ausgewiesen sind.

Die wenigen Dokumente, die sich keiner der beschriebenen Gruppen zuordnen lassen, sind aufgrund individueller Überschriften zu identifizieren.

Die Überschrift bei allen Dokumenten enthält die notwendigen Angaben zum Ausstellungs-, Absende- oder Empfangsort bzw. zum Ort des Gesprächs. Erfolgt keine besondere Ortsangabe, ist stillschweigend Bonn zu ergänzen. Hält sich der Verfasser oder Absender eines Dokuments nicht an seinem Dienstort auf, wird der Ortsangabe ein „z. Z." vorangesetzt.

Bei den edierten Schriftstücken handelt es sich in der Regel jeweils um die erste Ausfertigung oder – wie etwa bei den Drahtberichten – um eines von mehreren gleichrangig nebeneinander zirkulierenden Exemplaren. Statt einer Erstausfertigung mußten gelegentlich ein Durchdruck, eine Abschrift, eine Ablichtung oder ein vervielfältigtes Exemplar (Matrizenabzug) herangezogen werden. Ein entsprechender Hinweis findet sich in einer Anmerkung. In wenigen Fällen sind Entwürfe abgedruckt und entsprechend in den Überschriften kenntlich gemacht.

Dokumententext

Unterhalb des Dokumentenkopfes folgt – in normaler Drucktype – der Text des jeweiligen Dokuments, einschließlich des Betreffs, der Anrede und der Unterschrift. Die Dokumente werden ungekürzt veröffentlicht. Sofern in Ausnahmefällen Auslassungen vorgenommen werden müssen, wird dies durch Auslassungszeichen in eckigen Klammern („[...]") kenntlich gemacht und in einer Anmerkung erläutert. Bereits in der Vorlage vorgefundene Auslassungen werden durch einfache Auslassungszeichen („...") wiedergegeben.

Offensichtliche Schreib- und Interpunktionsfehler werden stillschweigend korrigiert. Eigentümliche Schreibweisen bleiben nach Möglichkeit erhalten; im Bedarfsfall wird jedoch vereinheitlicht bzw. modernisiert. Dies trifft teilweise auch auf fremdsprachige Orts- und Personennamen zu, deren Schreibweise nach den im Auswärtigen Amt gebräuchlichen Regeln wiedergegeben wird.

Selten vorkommende und ungebräuchliche Abkürzungen werden in einer Anmerkung aufgelöst. Typische Abkürzungen von Institutionen, Parteien etc. werden allerdings übernommen. Hervorhebungen in der Textvorlage, also etwa maschinenschriftliche Unterstreichungen oder Sperrungen, werden nur in Ausnahmefällen wiedergegeben. Der Kursivdruck dient dazu, bei Gesprächsaufzeichnungen die Sprecher voneinander abzuheben. Im äußeren Aufbau (Absätze, Überschriften usw.) folgt das Druckbild nach Möglichkeit der Textvorlage.

Unterschriftsformeln werden vollständig wiedergegeben. Ein handschriftlicher Namenszug ist nicht besonders gekennzeichnet, eine Paraphe mit Unterschriftscharakter wird aufgelöst (mit Nachweis in einer Anmerkung). Findet sich auf einem Schriftstück der Name zusätzlich maschinenschriftlich vermerkt, bleibt dies unerwähnt. Ein maschinenschriftlicher Name, dem ein „gez." vorangestellt ist, wird entsprechend übernommen; fehlt in der Textvorlage der Zusatz „gez.", wird er in eckigen Klammern ergänzt. Weicht das Datum der Paraphe vom Datum des Schriftstückes ab, wird dies in der Anmerkung ausgewiesen.

Unter dem Dokumententext wird die jeweilige Fundstelle des Schriftstückes in halbfetter Schrifttype nachgewiesen. Bei Dokumenten aus dem PA/AA wird auf die Angabe des Archivs verzichtet und nur der jeweilige Bestand mit Bandnummer genannt. Dokumente aus VS-Beständen sind mit der Angabe „VS-Bd." versehen. Bei Dokumenten anderer Herkunft werden Archiv und Bestandsbezeichnung angegeben. Liegt ausnahmsweise ein Schriftstück bereits veröffentlicht vor, so wird dies in einer gesonderten Anmerkung nach der Angabe der Fundstelle ausgewiesen.

Kommentierung

In Ergänzung zum Dokumentenkopf enthalten die Anmerkungen formale Hinweise und geben Auskunft über wesentliche Stationen im Geschäftsgang. Angaben technischer Art, wie Registraturvermerke oder standardisierte Verteiler, werden nur bei besonderer Bedeutung erfaßt. Wesentlich ist dagegen die Frage, welche Beachtung das jeweils edierte Dokument gefunden hat. Dies läßt sich an den Paraphen maßgeblicher Akteure sowie an den – überwiegend handschriftlichen – Weisungen, Bemerkungen oder auch Reaktionen in Form von Frage- oder Ausrufungszeichen ablesen, die auf dem Schriftstück selbst oder auf Begleitschreiben und Begleitvermerken zu finden sind. Die diesbezüglichen Merkmale sowie damit in Verbindung stehende Hervorhebungen (Unterstreichungen oder Anstreichungen am Rand) werden in Anmerkungen nachgewiesen. Auf den Nachweis sonstiger An- oder Unterstreichungen wird verzichtet. Abkürzungen in handschriftlichen Passagen werden in eckigen Klammern aufgelöst, sofern sie nicht im Abkürzungsverzeichnis aufgeführt sind.

In den im engeren Sinn textkritischen Anmerkungen werden nachträgliche Korrekturen oder textliche Änderungen des Verfassers und einzelner Adressaten festgehalten, sofern ein Konzipient das Schriftstück entworfen hat. Unwesentliche Textverbesserungen sind hiervon ausgenommen. Ferner wird auf einen systematischen Vergleich der Dokumente mit Entwürfen ebenso verzichtet wie auf den Nachweis der in der Praxis üblichen Einarbeitung von Textpassagen in eine spätere Aufzeichnung oder einen Drahterlaß.

Die Kommentierung soll den historischen Zusammenhang der edierten Dokumente in ihrer zeitlichen und inhaltlichen Abfolge sichtbar machen, weiteres Aktenmaterial und anderweitiges Schriftgut nachweisen, das unmittelbar oder mittelbar angesprochen wird, sowie Ereignisse oder Sachverhalte näher erläutern, die dem heutigen Wissens- und Erfahrungshorizont ferner liegen und aus dem Textzusammenhang heraus nicht oder nicht hinlänglich zu verstehen sind.

Besonderer Wert wird bei der Kommentierung darauf gelegt, die Dokumente durch Bezugsstücke aus den Akten der verschiedenen Arbeitseinheiten des Auswärtigen Amts bis hin zur Leitungsebene zu erläutern. Zitate oder inhaltliche Wiedergaben sollen die Entscheidungsprozesse erhellen und zum Verständnis der Dokumente beitragen. Dadurch wird zugleich Vorarbeit geleistet für eine vertiefende Erschließung der Bestände des PA/AA. Um die Identifizierung von Drahtberichten bzw. -erlassen zu erleichtern, werden außer dem Verfasser und dem Datum die Drahtberichtsnummer und, wo immer möglich, die Drahterlaßnummer angegeben.

Findet in einem Dokument veröffentlichtes Schriftgut Erwähnung – etwa Abkommen, Gesetze, Reden oder Presseberichte –, so wird die Fundstelle nach Möglichkeit genauer spezifiziert. Systematische Hinweise auf archivalische oder veröffentlichte Quellen, insbesondere auf weitere Bestände des PA/AA, erfolgen nicht. Sekundärliteratur wird generell nicht in die Kommentierung aufgenommen.

Angaben wie Dienstbezeichnung, Dienststellung, Funktion, Dienstbehörde und Nationalität dienen der eindeutigen Identifizierung der in der Kommentierung vorkommenden Personen. Bei Bundesministern erfolgt ein Hinweis zum jeweiligen Ressort nur im Personenregister. Eine im Dokumententext lediglich mit ihrer Funktion genannte Person wird nach Möglichkeit in einer Anmerkung namentlich nachgewiesen. Davon ausgenommen sind der jeweilige Bundespräsident, Bundeskanzler und Bundesminister des Auswärtigen.

Die Bezeichnung einzelner Staaten wird so gewählt, daß Verwechslungen ausgeschlossen sind. Als Kurzform für die Deutsche Demokratische Republik kommen in den Dokumenten die Begriffe SBZ oder DDR vor und werden so wiedergegeben. Der in der Forschung üblichen Praxis folgend, wird jedoch in der Kommentierung, den Verzeichnissen sowie den Registern der Begriff DDR verwendet. Das Adjektiv „deutsch" findet nur bei gesamtdeutschen Belangen oder dann Verwendung, wenn eine eindeutige Zuordnung gegeben ist. Der westliche Teil von Berlin wird als Berlin (West), der östliche Teil der Stadt als Ost-Berlin bezeichnet.

Der Vertrag vom 8. April 1965 über die Einsetzung eines gemeinsamen Rates und einer vereinigten Kommission der Europäischen Gemeinschaften trat am 1. Juli 1967 in Kraft. Zur Kennzeichnung der Zusammenlegung von EWG, EURATOM und EGKS wird in der Kommentierung ab diesem Datum von „Europäischen Gemeinschaften" bzw. „EG" gesprochen.

Die zur Kommentierung herangezogenen Editionen, Geschichtskalender und Memoiren werden mit Kurztitel angeführt, die sich über ein entsprechendes Verzeichnis auflösen lassen. Häufig genannte Verträge oder Gesetzestexte werden nur bei der Erstnennung nachgewiesen und lassen sich über das Sachregister erschließen.

Wie bei der Wiedergabe der Dokumente finden auch in den Anmerkungen die im Auswärtigen Amt gebräuchlichen Regeln für die Transkription fremdsprachlicher Namen und Begriffe Anwendung. Bei Literaturangaben in russischer Sprache wird die im wissenschaftlichen Bereich übliche Transliterierung durchgeführt.

Verzeichnisse

Das *Dokumentenverzeichnis* ist chronologisch angelegt. Es bietet zu jedem Dokument folgende Angaben: Die halbfett gedruckte Dokumentennummer, Datum und Überschrift, die Fundseite sowie eine inhaltliche Kurzübersicht.

Das *Literaturverzeichnis* enthält die zur Kommentierung herangezogenen Publikationen, die mit Kurztiteln oder Kurzformen versehen wurden. Diese sind alphabetisch geordnet und werden durch bibliographische Angaben aufgelöst.

Das *Abkürzungsverzeichnis* führt die im Dokumententeil vorkommenden Abkürzungen auf, insbesondere von Organisationen, Parteien und Dienstbezeichnungen sowie sonstige im diplomatischen Schriftverkehr übliche Abbreviaturen. Abkürzungen von Firmen werden dagegen im Sachregister unter dem Schlagwort „Wirtschaftsunternehmen" aufgelöst. Nicht aufgenommen werden geläufige Abkürzungen wie „z. B.", „d. h.", „m. E.", „u. U." und „usw." sowie Abkürzungen, die im Dokumententext oder in einer Anmerkung erläutert sind.

Register und Organisationsplan

Im *Personenregister* werden in der Edition vorkommende Personen unter Nennung derjenigen politischen, dienstlichen oder beruflichen Funktionen aufgeführt, die im inhaltlichen Zusammenhang der Dokumente wesentlich sind. Das *Sachregister* ermöglicht einen thematisch differenzierten Zugriff auf die einzelnen Dokumente. Näheres ist den dem jeweiligen Register vorangestellten Hinweisen zur Benutzung zu entnehmen.

Der *Organisationsplan* vom Mai 1976 zeigt die Struktur des Auswärtigen Amts und informiert über die Namen der Leiter der jeweiligen Arbeitseinheiten.

Verzeichnisse

Dokumentenverzeichnis

XXXII

dem sowjetischen Botschafter in Ost-Berlin, Abrassimow. Thema war die Haltung der Bundesrepublik zum Vier-Mächte-Abkommen über Berlin von 1971.

schen Lagers, gegenüber der Volksrepublik China und den Staaten der Dritten Welt sowie mit ihren politischen und wirtschaftlichen Beziehungen zu den westlichen Staaten beschäftigte.

rung einer amerikanischen Brigade in Norddeutschland („Brigade 76"), eine Regierungsbeteiligung der KPI in Italien, die innenpolitische Entwicklung in Portugal und Spanien sowie die Aussichten auf Einigung bei SALT.

auf die Notwendigkeit hin, die verfassungsrechtliche Zulässigkeit einer Beteiligung der Bundeswehr zu klären.

in die Direktwahlen zum Europäischen Parlament und die Behinderungen im Transitverkehr nach Berlin (West), die Zwischenfälle an der innerdeutschen Grenze sowie der Austausch
von Militärattachés.

LXIII

insbesondere die KSZE-Folgekonferenz in Belgrad, MBFR und das militärische Gleichgewicht zwischen Ost und West. Ferner fanden der Nord-Süd-Dialog, die Lage im südlichen Afrika und im Mittelmeerraum Erwähnung.

Literaturverzeichnis

AAPD

Akten zur Auswärtigen Politik der Bundesrepublik Deutschland, hrsg. im Auftrag des Auswärtigen Amts vom Institut für Zeitgeschichte. Jahresband 1963 (Teilbände I–III). Jahresband 1964 (Teilbände I–II). Jahresband 1965 (Teilbände I–III). Jahresband 1966 (Teilbände I–II). Jahresband 1967 (Teilbände I–III). Jahresband 1968 (Teilbände I–II). Jahresband 1969 (Teilbände I–II). Jahresband 1970 (Teilbände I–III). Jahresband 1971 (Teilbände I–III). Jahresband 1972 (Teilbände I–III). Jahresband 1973 (Teilbände I–III). Jahresband 1974 (Teilbände I–II). Jahresband 1975 (Teilbände I–II), München 1994–2006.

ABRÜSTUNG UND SICHERHEIT

Dokumentation zur Abrüstung und Sicherheit. Band XIV: 1976, zusammengestellt von Heinrich Siegler, Bonn/Wien/Zürich 1977.

ACTA APOSTOLICA SEDES

Acta Apostolica Sedes. Commentarium Officiale. Band 58: 1966, Vatikanstadt 1966.

ADAP, D

Akten zur deutschen auswärtigen Politik 1918–1945. Serie D (1937–1945). Band II: Deutschland und die Tschechoslowakei (1937–1938), Baden-Baden 1953.

AdG

Archiv der Gegenwart, zusammengestellt von Heinrich von Siegler, Bonn/Wien/Zürich 1955 ff.

AMTSBLATT DER EUROPÄISCHEN GEMEINSCHAFTEN

Amtsblatt der Europäischen Gemeinschaften (EGKS, EWG, EURATOM), Brüssel 1958 ff.

AUSSENPOLITIK DER BUNDESREPUBLIK DEUTSCHLAND

Außenpolitik der Bundesrepublik Deutschland. Vom Kalten Krieg zum Frieden in Europa. Dokumente von 1949–1989, hrsg. vom Auswärtigen Amt, München 1990.

AUSSENPOLITIK DER DDR

Dokumente zur Außenpolitik der Deutschen Demokratischen Republik. Band XXIII: 1975. Band XXIV: 1976, hrsg. vom Institut für Internationale Beziehungen an der Deutschen Akademie für Staats- und Rechtswissenschaft der DDR in Zusammenarbeit mit der Abteilung Rechts- und Vertragswesen des Ministeriums für Auswärtige Angelegenheiten der Deutschen Demokratischen Republik, Berlin [Ost], 1979 und 1980.

AUSSERORDENTLICHER PARTEITAG

Außerordentlicher Parteitag der Sozialdemokratischen Partei Deutschlands. 18. und 19. Juni 1976. Dortmund, Westfalenhalle. Protokoll der Verhandlungen. Dokumentarischer Anhang, hrsg. vom Vorstand der SPD, Bonn [1976].

BONN – WARSCHAU — Bonn–Warschau 1945–1991. Die deutsch-polnischen Beziehungen. Analyse und Dokumentation, hrsg. von Hans-Adolf Jacobson und Mieczysław Tomala, Köln 1992.

BR DRUCKSACHEN — Verhandlungen des Bundesrates. Drucksachen, Bonn 1949 ff.

BR STENOGRAPHISCHE BERICHTE — Verhandlungen des Bundesrates. Stenographische Berichte, Bonn 1949 ff.

BT ANLAGEN — Verhandlungen des Deutschen Bundestages. Anlagen zu den Stenographischen Berichten, Bonn 1950 ff.

BT STENOGRAPHISCHE BERICHTE — Verhandlungen des Deutschen Bundestages. Stenographische Berichte, Bonn 1950 ff.

BULLETIN — Bulletin des Presse- und Informationsamtes der Bundesregierung, Bonn 1951 ff.

BULLETIN DER EG — Bulletin der Europäischen Gemeinschaften, hrsg. vom Generalsekretariat der Kommission der Europäischen Gemeinschaften, Brüssel 1968 ff.

BULLETIN DER EWG — Bulletin der Europäischen Wirtschaftsgemeinschaft, hrsg. vom Sekretariat der Kommission der Europäischen Wirtschaftsgemeinschaft, Brüssel 1958–1967.

BUNDESANZEIGER — Bundesanzeiger, hrsg. vom Bundesminister der Justiz, Bonn 1950 ff.

BUNDESGESETZBLATT — Bundesgesetzblatt, hrsg. vom Bundesminister der Justiz, Bonn 1949 ff.

BUNDESGESETZBLATT FÜR DIE REPUBLIK ÖSTERREICH — Bundesgesetzblatt für die Republik Österreich, Wien 1945 ff.

CARSTENS, Erinnerungen — Karl Carstens, Erinnerungen und Erfahrungen, hrsg. von Kai von Jena und Reinhard Schmoeckel, Boppard am Rhein 1993.

CONSULAR CONVENTION — Consular Convention between the United Kingdom of Great Britain and Northern Ireland and the German Democratic Republic. Berlin, 4 May 1976, London [1976]

COUNCIL OF EUROPE — Council of Europe. Parliamentary Assembly. Twenty-Seventh Ordinary Session (Third Part) 26–30 January 1976. Texts Adopted by the Assembly, Straßburg 1976.

DEKRETE DER ÖKUMENISCHEN KONZILIEN — Dekrete der Ökumenischen Konzilien. Band 3: Konzilien der Neuzeit. Im Auftrag der Görres-Gesellschaft ins Deutsche übertragen und

	herausgegeben unter Mitarbeit von Gabriel Sunnus und Johannes Uphus von Josef Wohlmuth, Paderborn/München/Wien/Zürich 2002.
DEPARTMENT OF STATE BULLETIN	The Department of State Bulletin. The Official Weekly Record of United States Foreign Policy, Washington D.C. 1947 ff.
DEUTSCHES VERMÖGEN IM AUSLAND	Deutsches Vermögen im Ausland. Internationale Vereinbarungen und ausländische Gesetzgebung. Mit Unterstützung des Bundesministeriums der Finanzen, des Bundesministeriums für Wirtschaft, des Bundesministeriums für den Marschallplan und der Bank Deutscher Länder hrsg. vom Bundesministerium der Justiz, bearbeitet von Otto Böhmer, Konrad Duden und Hermann Jansen, Köln 1951.
DIEHL, Jahre	Günther Diehl, Die indischen Jahre. Erfahrungen eines deutschen Botschafters, Frankfurt am Main 1991.
DOBRYNIN, In Confidence	Anatoly Dobrynin, In Confidence. Moscow's Ambassador to America's Six Cold War Presidents (1962–1986), London 1996.
DOCUMENTS ON DISARMAMENT 1945–1959	Documents on Disarmament 1945–1959, hrsg. vom Department of State, Washington D.C. 1960.
DOCUMENTS ON DISARMAMENT 1962	Documents on Disarmament 1962, hrsg. von der United States Arms Control and Disarmament Agency, Washington D.C. 1963.
DOCUMENTS ON DISARMAMENT 1963	Documents on Disarmament 1963, hrsg. von der United States Arms Control and Disarmament Agency, Washington D.C. 1964.
DOKUMENTE DER DEUTSCHEN BISCHOFSKONFERENZ	Dokumente der Deutschen Bischofskonferenz. Band 1: 1965–1968, hrsg. vom Sekretariat der Deutschen Bischofskonferenz, Köln 1998.
DOKUMENTE DES GETEILTEN DEUTSCHLAND	Dokumente des geteilten Deutschland. Quellentexte zur Rechtslage des Deutschen Reiches, der Bundesrepublik Deutschland und der Deutschen Demokratischen Republik. Band 1, hrsg. von Ingo von Münch, 2. Auflage, Stuttgart 1976.
DOKUMENTE ZUR BERLIN-FRAGE 1944–1966	Dokumente zur Berlin-Frage 1944–1966, hrsg. vom Forschungsinstitut der Deutschen Gesellschaft für Auswärtige Politik e.V., Bonn, in Zusammenarbeit mit dem Senat von Berlin, 3. Auflage, München 1967.
DOKUMENTE ZUR BERLIN-FRAGE 1967–1986	Dokumente zur Berlin-Frage 1967–1986, hrsg. für das Forschungsinstitut der Deut-

schen Gesellschaft für Auswärtige Politik e.V., Bonn, in Zusammenarbeit mit dem Senat von Berlin von Hans Heinrich Mahnke, München 1987.

ENTSCHEIDUNGEN — Entscheidungen des Bundesverfassungsgerichts, hrsg. von den Mitgliedern des Bundesverfassungsgerichts, Tübingen 1953 ff.

EUROPA-ARCHIV — Europa-Archiv. Zeitschrift für Internationale Politik, Bonn 1946 ff.

15th ANNUAL REPORT TO THE CONGRESS — 15th Annual Report to the Congress, hrsg. von der U.S. Arms Control and Disarmament Agency, Washington 1976.

FREIHEIT — Freiheit, Fortschritt, Leistung. Wahlprogramm, hrsg. von der Bundesgeschäftsstelle der FDP, Bonn [1976].

FRUS 1964–1968 — Foreign Relations of the United States 1964–1968. Band XIII: Western Europe Region, bearbeitet von Charles S. Sampson und Glenn W. LaFantasie, Washington D.C. 1995.

FÜNFTER GESAMTBERICHT 1971 — Fünfter Gesamtbericht über die Tätigkeit der Gemeinschaften 1971, hrsg. von der Kommission der Europäischen Gemeinschaften, Brüssel 1972.

DE GAULLE, Discours et messages — Charles de Gaulle, Discours et messages. Band 3: Avec le renouveau (Mai 1958 – juillet 1962), [Paris] 1970.

GESETZ- UND VERORDNUNGSBLATT FÜR BERLIN — Gesetz- und Verordnungsblatt für Berlin, hrsg. vom Senator für Justiz, Berlin 1976.

GESETZBLATT DER DDR — Gesetzblatt der Deutschen Demokratischen Republik, Berlin [Ost] 1949 ff.

HAAGER FRIEDENSKONFERENZ — Christian Meurer, Die Haager Friedenskonferenz. Band II: Das Kriegsrecht der Haager Konferenz, München 1907.

HANSARD, Commons — The Parliamentary Debates (Hansard). House of Commons, Official Report. Fifth Series. Band 908 (Session 1975–1976), London 1976.

HÖLLEN, Loyale Distanz? — Martin Höllen, Loyale Distanz? Katholizismus und Kirchenpolitik in SBZ und DDR. Ein historischer Überblick in Dokumenten. Band 3: 1966-1990, Berlin 1998.

IN SACHEN BIERMANN — In Sachen Biermann. Protokolle, Berichte und Briefe zu den Folgen einer Ausbürgerung, hrsg. von Roland Berbig, Arne Born, Jörg Judersleben, Holger Jens Karlson, Dorit Krusche, Christoph Martinkat und Peter Wruck, Berlin 1994.

JAHRESBERICHT

Jahresbericht der Bundesregierung, Band 1973 und Band 1975, hrsg. vom Presse- und Informationsamt der Bundesregierung, [Bonn] 1973 und 1975.

JOURNAL OFFICIEL. ASSEMBLÉE NATIONALE

Journal Officiel de la République Française. Débats Parlementaires. Assemblée Nationale, Paris 1947 ff.

KISSINGER, Jahre

Henry A. Kissinger, Jahre der Erneuerung. Erinnerungen, München 1999.

LENIN, Werke

W.I. Lenin, Werke. Band 21: August 1914–Dezember 1915. Ins Deutsche übertragen nach der 4. russischen Ausgabe. Die deutsche Ausgabe wird vom Institut Marxismus-Leninismus beim ZK der SED besorgt, Berlin [Ost] 1960.

LNTS

League of Nations Treaty Series. Publication of Treaties and International Engagements registered with the Secretariat of the League of Nations, hrsg. vom Publications Sales Department of the League of Nations, Genf 1920–1946.

LOEWE, Klassenfeind

Lothar Loewe, Abends kommt der Klassenfeind. Eindrücke zwischen Elbe und Oder, Frankfurt am Main/Berlin/Wien 1977.

MONNET, Erinnerungen

Jean Monnet, Erinnerungen eines Europäers, München 1978.

NATO FINAL COMMUNIQUES 1949–1974

Texts of Final Communiques 1949–1974. Issued by Ministerial Sessions of the North Atlantic Council, the Defence Planning Committee, and the Nuclear Planning Group, Brüssel o. J.

NATO FINAL COMMUNIQUES 1975–1980

Texts of Final Communiques 1975–1980. Issued by Ministerial Sessions of the North Atlantic Council, the Defence Planning Committee, and the Nuclear Planning Group, Brüssel o. J.

NATO STRATEGY DOCUMENTS

NATO Strategy Documents 1949–1969, hrsg. von Gregory W. Pedlow in collaboration with NATO International Staff Central Archives, Brüssel [1997].

NIEDERSÄCHSISCHES GESETZ- UND VERORDNUNGSBLATT

Niedersächsiches Gesetz- und Verordnungsblatt, hrsg. von der Niedersächsischen Staatskanzlei, Hannover 1947 ff.

OSTERHELD, Kanzlerjahre

Horst Osterheld, „Ich gehe nicht leichten Herzens ...". Adenauers letzte Kanzlerjahre – ein dokumentarischer Bericht, Mainz 1986.

LA POLITIQUE ETRANGÈRE

La Politique Etrangère de la France. Textes et Documents. 1975 (2 Teilbände), 1976 (2 Teilbände), hrsg. vom Ministère des Affaires Etrangères, Paris 1976 und 1977.

PREUSSISCHE GESETZSAMMLUNG — Gesetzsammlung für die Königlichen Preußischen Staaten 1869, Berlin o.J.

PROCEEDINGS OF THE UNITED NATIONS CONFERENCE ON TRADE AND DEVELOPMENT — Proceedings of the United Nations Conference on Trade and Development. Fourth Session. 3 Bände, New York 1977 f.

PUBLIC PAPERS, FORD — Public Papers of the Presidents of the United States. Gerald R. Ford. Containing the Public Messages, Speeches, and Statements of the President. August 9 to December 31, 1974. January 1 to April 9, 1976, Washington D.C. 1975 und 1979.

REICHSGESETZBLATT — Reichsgesetzblatt, hrsg. vom Reichsministerium des Innern, Berlin 1910, 1913 bzw. 1919–1945.

RULES OF PROCEDURE OF THE GENERAL ASSEMBLY — Rules of Procedure of the General Assembly. New York 1972.

SICHERHEIT UND ZUSAMMENARBEIT Bd. 2 — Sicherheit und Zusammenarbeit in Europa (KSZE). Analyse und Dokumentation 1973–1978, hrsg. von Hans-Adolf Jacobsen, Wolfgang Mallmann und Christian Meier, Köln 1978.

SIEBENTER GESAMTBERICHT 1973 — Siebenter Gesamtbericht über die Tätigkeit der Gemeinschaften 1973, hrsg. von der Kommission der Europäischen Gemeinschaften, Brüssel 1974.

STRAFPROZESSORDNUNG — Strafprozessordnung. Gerichtsverfassungsvorschriften, Bußgeldverfahren und Kostengesetze [u.a.]. Textausgabe mit Verweisungen und Sachverzeichnis, 33. Auflage, München 1977.

THIRD UNITED NATIONS CONFERENCE ON THE LAW OF THE SEA — Third United Nations Conference on the Law of the Sea. Official Records. Bände 4 und 5, Summary Records of Meetings, New York 1975 f.

UN ECONOMIC AND SOCIAL COUNCIL. OFFICIAL RECORDS. RESOLUTIONS — United Nations. Economic and Social Council. Official Records. Resumed Forty-Eighth Session, 11–28 May 1970. Resolutions. Supplement Nr. 1A, New York 1970.

UN ECONOMIC AND SOCIAL COUNCIL. First Year, First Session — United Nations. Economic and Social Council. Official Records. First Year, First Session, London [1946].

UN ECONOMIC AND SOCIAL COUNCIL. First Year, Second Session — United Nations. Economic and Social Council. Official Records. First Year, Second Session, New York [1946].

UN GENERAL ASSEMBLY, 2nd Session, Plenary Meetings

United Nations. Official Records of the Second Session of the General Assembly. Plenary Meetings of the General Assembly. Verbatim Record. 16. September–29 November 1947, 2 Bände, New York o.J.

UN GENERAL ASSEMBLY, 30th Session, Plenary Meetings

United Nations. Official Records of the General Assembly. Thirtieth Session. Plenary Meetings. Verbatim Records of Meetings. 16. September–17. December 1975, 3 Bände, New York 1987.

UN GENERAL ASSEMBLY, 31st Session, Plenary Meetings

United Nations. Official Records of the General Assembly. Thirty-first Session. Plenary Meetings. Verbatim Records of Meetings. 21. September–22. December 1976, 3 Bände, New York 1977.

UN GENERAL ASSEMBLY. SIXTH COMMITTEE. Thirty-First Session

United Nations. Official Records of the General Assembly. Thirty-First Session. Sixth Committee. Legal Questions. Sessional Fascicle, New York 1977.

UNITED NATIONS RESOLUTIONS Serie I

United Nations Resolutions. Series I: Resolutions Adopted by the General Assembly, hrsg. von Dusan J. Djonovich, New York 1972 ff.

UNITED NATIONS RESOLUTIONS Serie II

United Nations Resolutions. Series II: Resolutions and Decisions Adopted by the Security Council, hrsg. von Dusan J. Djonovich, New York 1988 ff.

UN SECURITY COUNCIL, Official Records, Supplements

United Nations. Security Council. Official Records. Supplement for January, February and March 1976. Supplement for July, August and September 1976, New York 1977.

UN SECURITY COUNCIL, Official Records, Thirty-First Year

United Nations Security Council. Official Records, New York o.J.

UNTS

United Nations Treaty Series. Treaties and International Agreements. Registered or Filed and Recorded with the Secretariat of the United Nations, [New York] 1946/1947 ff.

US TREATIES 1975

United States Treaties and Other International Agreements. Band 26: 1975, hrsg. vom U.S. Government Printing Office, Washington D.C. 1977.

WALDERSEE, Denkwürdigkeiten

Denkwürdigkeiten des Generalfeldmarschalls Alfred Grafen von Waldersee. Band 3 (1900 – 1904), hrsg. von Heinrich Otto Meisner, Stuttgart/Berlin 1923.

WEISSBUCH 1975/76

Weißbuch 1975/1976. Zur Sicherheit der Bundesrepublik Deutschland und zur Entwicklung der Bundeswehr, im Auftrage der

Bundesregierung herausgegeben vom Bundesminister der Verteidigung, [Bonn] 1976.

WIENER VERHANDLUNGEN — Die Wiener Verhandlungen über Truppenreduzierungen in Mitteleuropa (MBFR). Chronik, Glossar, Dokumentation, Bibliographie 1973–1982. Bearbeitet von Susanne Feske, Frank Henneke, Reinhard Mutz und Randolph Nikutta, hrsg. von Reinhard Mutz, Baden-Baden 1983.

YEARBOOK OF THE UNITED NATIONS — Yearbook of the United Nations. 1974. 1976, hrsg. vom Office of Public Information. New York 1977 und 1979.

ZEHN JAHRE DEUTSCHLANDPOLITIK — Zehn Jahre Deutschlandpolitik. Die Entwicklung der Beziehungen zwischen der Bundesrepublik Deutschland und der Deutschen Demokratischen Republik 1969–1979. Bericht und Dokumentation, hrsg. vom Bundesministerium für innerdeutsche Beziehungen, [Melsungen] 1980.

Abkürzungsverzeichnis

AA	Auswärtiges Amt	BKC/L	Berlin Kommandatura Commandant/Letter
ACDA	(United States) Arms Control and Disarmament Agency	BK/L	Berlin Kommandatura/Letter
ACE	Allied Command Europe	BK/O	Berlin Kommandatura/Order
ADN	Allgemeiner Deutscher Nachrichtendienst	BM	Bundesminister/ium
AHG	Ad-hoc-Gruppe	BMB	Bundesminister/ium für innerdeutsche Beziehungen
a.i.	ad interim		
AKP	Afrika, Karibik, Pazifik	BMBW	Bundesministerium für Bildung und Wissenschaft
AL	Abteilungsleiter		
ALCM	Air-Launched Cruise Missile	BMF	Bundesminister/ium der Finanzen
AM	Außenminister	BMFT	Bundesminister/ium für Forschung und Technologie
ANC	African National Congress	BMI	Bundesminister/ium des Innern
Anl./Anlg.	Anlage / Anlagen		
ARD	Arbeitsgemeinschaft der öffentlich-rechtlichen Rundfunkanstalten der Bundesrepublik Deutschland	BMJ	Bundesminister/ium der Justiz
		BML	Bundesminister/ium für Ernährung, Landwirtschaft und Forsten
ASEAN	Association of Southeast Asian Nations	BMP	Bundesminister/ium für das Post- und Fernmeldewesen
AStV	Ausschuß der Ständigen Vertreter		
		BMV(t)g	Bundesminister/ium der Verteidigung
AUA	Austrian Airlines		
AWACS	Airborne Warning and Control System	BMWi	Bundesminister/ium für Wirtschaft
AWG	Außenwirtschaftsgesetz	BMZ	Bundesminister/ium für wirtschaftliche Zusammenarbeit
AZ	Aktenzeichen		
B	Belgien	BND	Bundesnachrichtendienst
BBC	British Broadcasting Corporation	BPA	Presse- und Informationsamt der Bundesregierung
BdKJ	Bund der Kommunisten Jugoslawiens	BR	Bundesrat
		BR I	Botschaftsrat I. Klasse
BE	Belgien	BRD	Bundesrepublik Deutschland
BK(A)	Bundeskanzler(amt)		

LXXX

BSP	Bruttosozialprodukt		DE	Drahterlaß
BSR	Bundessicherheitsrat		Dg	(Ministerial-)Dirigent
BT	Bundestag		DGB	Deutscher Gewerkschaftsbund
CA	Canada		DK	Dänemark
CBM	Confidence Building Measures		DKP	Deutsche Kommunistische Partei
CCD	Conference of the Committee on Disarmament		DLF	Deutschlandfunk
			DM	Deutsche Mark
CDS	Partido do Centro Democrático Social		DoD	Department of Defense
CDU	Christlich-Demokratische Union Deutschlands		dpa	Deutsche Presse-Agentur
			DPC	Defense Planning Committee
CENTO	Central Treaty Organization		DRC	Defense Review Committee
CIA	Central Intelligence Agency		DRK	Deutsches Rotes Kreuz
			DW	Dritte Welt
CMEA	Council for Mutual Economic Assistance		EAD	Europäisch-Arabischer Dialog
CNAD	Conference of National Armaments Directors		EAG	Europäische Atom-gemeinschaft
COCOM	Coordinating Committee for East-West Trade Policy		EAGFL	Europäischer Ausrichtungs- und Garantiefonds für Landwirtschaft
COMECON	Council for Mutual Economic Aid/Assistance			
CSCE	Conference on Security and Cooperation in Europe		EC	European Community
			ECE	Economic Commission for Europe
ČSSR	Československá Socialistická Republika		ECOSOC	United Nations Economic and Social Council
CSU	Christlich-Soziale Union			
CW	Chemical Weapons bzw. Chemiewaffen		EEC	European Economic Community
D	Deutschland bzw. (Ministerial-)Direktor		EEF	Europäischer Entwicklungsfonds
DAAD	Deutscher Akademischer Austauschdienst		EG	Europäische Gemeinschaften
DAC	Development Assistance Committee		EGKS	Europäische Gemeinschaft für Kohle und Stahl
DB	Drahtbericht		EH	Entwicklungshilfe
DC	Democrazia Cristiana		EIB	Europäische Investitionsbank
DDR	Deutsche Demokratische Republik		EL	Entwicklungsländer

ENDC	Eighteen Nations Disarmament Committee	FRG	Federal Republic of Germany
EP	Europäisches Parlament	FS	Fernschreiben
EPG	Europäische Programmgruppe	FüS	Führungsstab der Streitkräfte
EPZ	Europäische Politische Zusammenarbeit	GATT	General Agreement on Tariffs and Trade
ER	Europäischer Rat	GB	Great Britain/ Großbritannien
ERP	European Recovery Program	GDP	Gross Domestic Product
ESC	European Space Conference	GDR	German Democratic Republic
ESRO	European Space Research Organisation	GE	Germany
		geh.	geheim
ETA	Euskadi Ta Askatasuna	GG	Grundgesetz
EURATOM	Europäische Atomgemein-schaft	GK	Generalkonsul bzw. Generalkonsulat
EVU	Energieversorgungs-unternehmen	GNP	Gross National Product
EWG	Europäische Wirtschafts-gemeinschaft	GRO	Großbritannien
		GS	Generalsekretär
EWO	Europäische Weltraumorganisation	GV	Generalversammlung
		HOD	Hausordnungsdienst
F	Frankreich	I(T)	Italien
FAZ	Frankfurter Allgemeine Zeitung	IAEA	International Atomic Energy Agency
FBS	Forward Based Systems	IAEO	Internationale Atom-energieorganisation
FCO	Foreign and Commonwealth Office	ICBM	Intercontinental Ballistic Missile
FDGB	Freier Deutscher Gewerkschaftsbund	IDA	International Development Association
FDP	Freie Demokratische Partei	IEA	International Energy Agency
FF	Französischer Franc		
FFA	Forces Françaises en Allemagne	IGH	Internationaler Gerichtshof
FNLA	Frente Nacional de Libertação de Angola	IHK	Industrie- und Handelskammer
FRAP	Frente Revolucionario Antifascista y Patriótico	IISS	International Institute for Strategic Studies
FRELIMO	Frente de Libertação de Moçambique	IKRK	Internationales Komitee vom Roten Kreuz

IL	Industrieländer	KPSp	Kommunistische Partei Spaniens
IMF	International Monetary Fund	KSZE	Konferenz über Sicherheit und Zusammenarbeit in Europa
IOC	International Olympic Committee		
		KWKG	Kriegswaffenkontrollgesetz
IRBM	Intermediate-Range Ballistic Missile	KZE	Kirchliche Zentralstelle für Entwicklungshilfe
IRL	Irland		
		LLDC	Least-Developed Countries
IWF	Internationaler Währungsfonds	LR I	Legationsrat I. Klasse
		LS	Legationssekretär
JAT	Jugoslovenski Aerotransport	LUX	Luxemburg
JET	Joint European Torus	MARV	Manoeuverable Reentry Vehicle
KD	Kriminaldirektor		
KGB	Komitet gosudarstvennoj bezopasnosti	MB	Ministerbüro
		MBFR	Mutual and Balanced Force Reduction
KH	Kapitalhilfe		
KIWZ	Konferenz über internationale wirtschaftliche Zusammenarbeit	MC	Military Committee
		MD	Ministerialdirektor
		MdB	Mitglied des Bundestages
KKW	Kernkraftwerk	MDg	Ministerialdirigent
KLM	Koninklijke Luchtvaart Maatschappij	MfAA	Ministerium für Auswärtige Angelegenheiten
KP	Kommunistische Partei		
		Mio.	Million/en
KPB	Kommunistische Partei Bulgariens	MIRV	Multiple Independently Targetable Reentry Vehicle
KPČ	Kommunistische Partei der ČSSR	MLF	Multilateral Force
KPCh	Kommunistische Partei Chinas	MP	Ministerpräsident/in
		MPLA	Movimento Popular de Libertação de Angola
KPdSU	Kommunistische Partei der Sowjetunion	MRBM	Medium-Range Ballistic Missile
KPF	Kommunistische Partei Frankreichs		
		MRCA	Multi Role Combat Aircraft
KPI	Kommunistische Partei Italiens	Mrd.	Milliarde/n
		MRG	Mouvement des radicaux de gauche bzw. Menschenrechtsgerichtshof
KPP	Kommunistische Partei Portugals		
KPR	Kommunistische Partei Rumäniens	MRV	Mongolische Revolutionäre Volkspartei

NADGE	NATO Air Defence Ground Environment	PCF	Parti communiste français
NATO	North Atlantic Treaty Organization	PCI	Partito Comunista Italiano
		PCP	Partido Comunista Português
ND	Neues Deutschland	PFLP	Popular Front for the Liberation of Palestine
NfD	Nur für den Dienstgebrauch		
		PK	Politisches Komitee
NGA	NATO Guidelines Area	PLI	Partito Liberale Italiano
NL	Niederlande	PLO	Palestine Liberation Organization
NM	nautische Meile		
NO	Norwegen	PM	Premierminister
NORTHAG	Northern Army Group, Central Europe	POLADS	Political Advisers, Committee of
NPG	Nuclear Planning Group/ Nukleare Planungsgruppe	PPD	Partido Popular Democrático
NPT	Non-proliferation Treaty	PRI	Partito Repubblicano Italiano
NRP	National Religious Party/ Nationalreligiöse Partei		
		PRK	Polnisches Rotes Kreuz
NRW	Nordrhein-Westfalen	PS	Parti socialiste français
NSC	National Security Council	PSD	Partido Social Democrata
NV	Nichtverbreitung	PSDI	Partito Socialista Democratico Italiano
NVA	Nationale Volksarmee/ Nichtverbreitungs- abkommen		
		PSI	Partito Socialista Italiano
		PSOE	Partido Socialista Obrero Español
OAE	Organisation für Afrikanische Einheit	PSP	Partido Socialista Português
OAPEC	Organization of Arab Petroleum Exporting Countries		
		PStS	Parlamentarischer Staatssekretär
OAU	Organization of African Unity	PVAP	Polnische Vereinigte Arbeiterpartei
OECD	Organization for Economic Cooperation and Development	PvdA	Partij van de Arbeid
		PZ	Politische Zusammenarbeit
OPEC	Organization of Petroleum Exporting Countries	RA	Regierungsamtmann
		RE	Rechnungseinheit
OTL	Oberstleutnant	RFA	République Fédérale d'Allemagne
o.V.i.A.	oder Vertreter im Amt		
OZ	Ortszeit	RFE	Radio Free Europe
PASOK	Panellinio Sosialistiko Kinima	RGW	Rat für gegenseitige Wirtschaftshilfe

RI	Républicains Indépendants	TASS	Telegrafnoe Agentstvo Sovetskogo Sojuza
RL	Radio Liberty	TH	Technische Hilfe
RPR	Rassemblement pour la République	TNF	Tactical Nuclear Forces
SACEUR	Supreme Allied Commander Europe	TOP	Tagesordnungspunkt
		TU	Turkey/ Türkei
SACLANT	Supreme Allied Commander Atlantic	TUC	Trades Union Congress
SALT	Strategic Arms Limitation Talks	UDR	Union des démocrates pour la république
SAS	Scandinavian Airlines Systems	UdSSR	Union der Sozialistischen Sowjetrepubliken
SED	Sozialistische Einheits- partei Deutschlands	UK	United Kingdom
		UN	United Nations
SEW	Sozialistische Einheitspartei Westberlins	UNCTAD	United Nations Conference on Trade and Development
SGW	Sondergeneralversamm- lung	UNDOF	United Nations Disengagement Observer Force
SHAPE	Supreme Headquarters Allied Powers Europe	UNDP	United Nations Development Programme
SLBM	Shiplaunched Ballistic Missile	UNEF	United Nations Emergency Force
SNP	Scottish National Party		
SPC	Senior Political Commitee	UNESCO	United Nations Educational, Scientific and Cultural Organization
SPD	Sozialdemokratische Partei Deutschlands		
SR	Sicherheitsrat	UNFICYP	United Nations Peace- Keeping Force in Cyprus
SRV	Sozialistische Republik Vietnam	UNITA	União Nacional para a Independência Total de Angola
SS	Schutzstaffel		
SSM	Surface to Surface Missile	UNO	United Nations Organization
StGB	Strafgesetzbuch	US	United States
StM	Staatsminister	USA	United States of America
StS	Staatssekretär	USAP	Ungarische Sozialistische Arbeiterpartei
SU	Sowjetunion		
SWAPO	South West Africa People's Organization	USCINCEUR	United States Commander- in-Chief Europe
SZ	Süddeutsche Zeitung	USSR	Union of Socialist Soviet Republics
TANU	Tanganyika African National Union	UStS	Unterstaatssekretär

VAE	Vereinigte Arabische Emirate	WP	Warschauer Pakt
VAM	Vizeaußenminister	WÜD	Wiener Übereinkommen über diplomatische Beziehungen
VAR	Vereinigte Arabische Republik	WÜK	Wiener Übereinkommen über konsularische Beziehungen
VK	Vereinigtes Königreich		
VLR (I)	Vortragender Legationsrat (I. Klasse)	WWU	Wirtschafts- und Währungsunion
VMA	Vier-Mächte-Abkommen	ZANU	Zimbabwe African National Union
VN	Vereinte Nationen		
VP	Vizepräsident	ZAPU	Zimbabwe African People's Union
VR	Volksrepublik		
VRB	Völkerrechtsberater	ZAR	Zentralafrikanische Republik
VRP	Volksrepublik Polen		
VS	Verschlußsache	z.b.V.	zur besonderen Verwendung
VS-v	VS-vertraulich		
WEOG	Western Organisational Group	ZDF	Zweites Deutsches Fernsehen
WEU	Westeuropäische Union	ZIPA	Zimbabwe People's Army
WHK	Welthandelskonferenz	ZK	Zentralkomitee

Dokumente

Dokumente

1

Runderlaß des Vortragenden Legationsrats von Kameke

240-312.74　　　　　　　　　　　　　　　　Aufgabe: 8. Januar 1976, 14.56 Uhr[1]
Fernschreiben Nr. 1 Ortez

Zum Tindemans-Bericht über die Europäische Union[2]

I. Premierminister Tindemans hat seinen Bericht über die Europäische Union termingerecht am 30.12.1975 den Mitgliedern des Europäischen Rats (Regierungschefs und Außenminister der EG-Staaten) übergeben[3] und ihn am 7.1. in Brüssel veröffentlicht.[4] Der Regierungssprecher hat am 7.1. in der Bundespressekonferenz folgende Stellungnahme abgegeben:

„Die Bundesregierung betrachtet den Bericht des belgischen Ministerpräsidenten Tindemans als ein konstruktives und realistisches Konzept für Europa. Die Bundesregierung wird sich dafür einsetzen, daß von der Beratung des Tindemans-Berichts in den Gremien der Europäischen Gemeinschaft weiterführende Impulse für Europa ausgehen. Das Konzept Tindemans', Fortschritte dort vorzuschlagen, wo sie machbar sind, verdient volle Unterstützung."

Bundesminister hat sich im ZDF in ähnlichem Sinne geäußert und hervorgehoben, daß

– Bericht sich in wesentlichen Punkten mit europapolitischer Konzeption der Bundesregierung deckt,

---

[1] Durchdruck.

[2] Auf der Gipfelkonferenz der EG-Mitgliedstaaten am 9./10. Dezember 1974 in Paris stellten die Staats- und Regierungschefs fest, „daß sich die Neun so bald wie möglich über eine Gesamtkonzeption der Europäischen Union einigen" müßten. Sie beauftragten Ministerpräsident Tindemans, „den Regierungschefs auf der Grundlage der Berichte der Organe sowie der Konsultationen, die er mit den Regierungen und den repräsentativen Kreisen der öffentlichen Meinung in der Gemeinschaft führen wird, vor Ende 1975 einen zusammenfassenden Bericht vorzulegen". Vgl. Ziffer 13 des Kommuniqués; EUROPA-ARCHIV 1975, D 43. Vgl. dazu ferner AAPD 1974, II, Dok. 369.
　Tindemans führte am 11./12. April 1975 Gespräche in Dublin, vom 11. bis 13. Mai 1975 in Luxemburg, am 22. Mai 1975 in Paris, am 2./3. Juni 1975 in Den Haag, vom 29. Juni bis 2. Juli 1975 in London, vom 14. bis 16. September 1975 in Bonn, vom 21. bis 23. September 1975 erneut in Paris, am 29./30. September 1975 in Rom und am 6. Oktober 1975 in Kopenhagen. Für die Gespräche mit Bundesminister Genscher und Bundeskanzler Schmidt am 15. bzw. 16. September 1975 vgl. AAPD 1975, II, Dok. 268 und Dok. 269.

[3] Am 2. Januar 1976 vermerkten die Vortragenden Legationsräte I. Klasse von der Gablentz und Trumpf, daß der Tindemans-Bericht über die Europäische Union von den belgischen Botschaftern in den Hauptstädten der EG-Mitgliedstaaten übergeben worden sei. In Bonn sei die Übergabe an die Staatssekretäre Schüler, Bundeskanzleramt, und Gehlhoff erfolgt. Vgl. dazu Referat 200, Bd. 119463.

[4] Ministerpräsident Tindemans stellte den Bericht über die Europäische Union im Rahmen einer Pressekonferenz vor. Dazu berichtete Ministerialdirigent Bömcke, Brüssel (EG), am 7. Januar 1976: „Zum Auftakt erklärte Tindemans, er habe 1974 in Paris von seinen Kollegen den Auftrag bekommen, ,die Europäische Union zu definieren'. Es sei notwendig, ,se mettre en marche de nouveau' in Richtung auf die Europäische Union. Ihm sei es bei seinem Bericht ganz besonders um Glaubwürdigkeit gegangen, weil von den Zweiflern in Europa ,l'idée européenne n'est plus défendue'. [...] Was seine Aufgabe insgesamt angehe, so könne er nur sagen: ,Je l'ai entrepris. J'espère que le résultat sera bien.'" Vgl. den Drahtbericht Nr. 15; Referat 200, Bd. 119463.
　Für den Wortlaut des Tindemans-Berichts vgl. EUROPA-ARCHIV 1976, D 55–84.

– Entwicklung der gemeinsamen Außenpolitik (eine der Hauptforderungen des Berichts) nicht ohne auf eine gemeinsame Politik ausgerichtete Zusammenarbeit im Wirtschafts- und Währungsbereich möglich ist.

II. Uns liegt daran, den Tindemans-Bericht zu nutzen, um den politischen Druck zur Entwicklung gemeinsamer Politiken in den wichtigen Bereichen einer umfassend konzipierten Europapolitik aufrechtzuerhalten. Der Tindemans-Bericht bietet hierfür einen guten Ansatz, da er

– eine Gesamtschau der Europapolitik entwickelt für:
  – ein einheitliches Auftreten in den wesentlichen Bereichen der Außenbeziehungen;
  – gemeinsame Wirtschafts-, Währungs-, Industrie-, Agrar-, Energie-, Forschungspolitik;
  – Ausgleich des Strukturgefälles durch Ressourcentransfer im Rahmen der Regional- und Sozialpolitik;
  – ein „Europa der Bürger";
  – einen einheitlichen Entscheidungsprozeß, der auf der „Richtlinienkompetenz" des Europäischen Rats und der umfassenden Zuständigkeit des Ministerrats für alle Europa berührenden Fragen aufbaut und durch direkt gewähltes Europäisches Parlament demokratisch legitimiert wird;
– konkrete Entscheidungsvorschläge für ein stufenweises und paralleles Vorgehen in den einzelnen Bereichen macht, die den Einigungsprozeß zu seiner neuen Entwicklungsphase Europäische Union führen (Kriterium ist gemeinsame Politik in den entscheidenden Bereichen; keine feste Zeitgrenze, aber Überprüfung des Einigungsprozesses 1980).

Tindemans schlägt vor, daß der Europäische Rat allgemeine politische Leitlinien im Sinne dieser Gesamtschau billigt, die das politische Engagement der Regierungen für einen fortschreitenden ausgewogenen Prozeß der europäischen Einigung zum Ausdruck bringen. Dies entspricht unserer bisherigen Konzeption, wie sie von Bundesregierung in Gymnicher Klausur[5] entwickelt wurde (keine Maximallösung, insbesondere nicht im Bereich der Wirtschafts- und Währungsunion, Zeit für „Sprung nach vorn" in Richtung auf das Ziel einer europäischen Föderation noch nicht reif, Europäische Union als vom Integrationsbestand ausgehender weiterführender Abschnitt der europäischen Einigung). Die Einzelvorschläge bedürfen noch gründlicher Prüfung. Sie werfen zum Teil, namentlich im Bereich des inneren Ausbaus (Wirtschafts- und Währungs-, Sozial- und Energiepolitik) schwierige Probleme auf, die auch in der gegenwärtigen Phase der europäischen Entwicklung und angesichts der bestehenden wirtschaftlichen Diskrepanzen in der Gemeinschaft nicht einfach zu lösen sein werden. Zur Vorbereitung des politischen Konsensus in den europäischen Entscheidungsgremien sollten auch die bilateralen Gespräche mit den EG-Partnern genutzt werden, ebenso wie Veranstaltungen der Europäischen Bewegungen

---

5 Am 29. September 1975 fand auf Schloß Gymnich eine Sondersitzung des Kabinetts über Fragen der Europapolitik statt. Mit Schreiben vom 12. November 1975 an die Staats- und Regierungschefs der EG-Mitgliedstaaten sowie an den Präsidenten der EG-Kommission, Ortoli, informierte Bundeskanzler Schmidt über die Ergebnisse der Sitzung. Für das Schreiben vgl. AAPD 1975, II, Dok. 340.

(z. B. der Europa-Kongreß der Europäischen Bewegung in Brüssel vom 5. bis 7. Februar[6]).

III. Der Tindemans-Bericht gliedert sich nach der allgemeinen Einleitung, in der das Gesamtkonzept entwickelt wird, in folgende Kapitel:

1) Europa in der Welt:

Die Mitgliedstaaten übernehmen bereits jetzt politisches Engagement zu gemeinsamer Politik in den vier außenpolitischen Kernbereichen:

- Neue Weltwirtschaftsordnung: Gemeinsame Haltung bei multilateralen Verhandlungen, zunehmend in der Entwicklungspolitik und gegenüber der Dritten Welt;

- Europa/USA: Ein Mitglied des ER spricht mit den USA zur Einleitung eines umfassenden konstruktiven Dialogs;

- Sicherheit: Regelmäßiger Gedankenaustausch über europaspezifische Verteidigungsfragen und europäische Aspekte internationaler Sicherheitsdiskussion, Rüstungszusammenarbeit, umfassende gemeinsame Entspannungspolitik (Europäische Union bleibt ohne gemeinsame Verteidigungspolitik unvollständig, diese aber zur Zeit nicht möglich);

- Krisen in der europäischen Region: Fortentwicklung abgestimmter Haltung zu gemeinsamer Politik gegenüber allen Krisen in Europa und Mittelmeergebiet.

Dazu: Einheitliche Behandlung außen- und sicherheitspolitischer sowie außenwirtschaftlicher Fragen im Rat der Außenminister; Umwandlung der Konsultationsabrede der Ziffer 11 des Kopenhagener Berichts[7] in eine rechtliche Verpflichtung; Ergänzung bestehender EPZ im Bereich mittelfristiger Planung.

2) Das wirtschaftliche und soziale Europa:

Politiken zu seiner Verwirklichung stellen Substanz der Europäischen Union dar. Grundlage und zugleich schwierigster Teil ist Wirtschafts- und Währungspolitik. Für Fortentwicklung gemeinsamer Politiken ist zunächst erforderlich, politische Übereinstimmung zu erzielen über

- gemeinsame Wirtschafts- und Währungspolitik (Vorschlag: Diskussion über WWU in Gemeinschaftsorganen wiederzubeleben und durch Europäischen Rat konkrete Fortschritte in Gang zu setzen),

---

6 Im Mittelpunkt des Europa-Kongresses der Europäischen Bewegung stand der Tindemans-Bericht über die Europäische Union vom 29. Dezember 1975. In einer am 7. Februar 1976 verabschiedeten Erklärung forderte der Kongreß die Verwirklichung der Europäischen Union in zwei Stufen: „Während die erste den Zeitraum bis zur tatsächlichen Wahl des Europäischen Parlaments 1978 umfaßt, soll die zweite im Herbst 1978 beginnen und die Revision der gegenwärtigen Verträge beinhalten." Vgl. EUROPA-ARCHIV 1976, D 272.

7 Ziffer 11 des Berichts über die Europäische Politische Zusammenarbeit auf dem Gebiet der Außenpolitik (Zweiter Luxemburger Bericht), der von den Außenministern der EG-Mitgliedstaaten am 23. Juli 1973 in Kopenhagen verabschiedet wurde: „Die Regierungen konsultieren sich über alle wichtigen Fragen der Außenpolitik und legen unter Beachtung nachstehender Grundsätze die Prioritäten fest: Ziel der Konsultation ist das Bemühen um gemeinsame Linien in konkreten Fällen; die Themen müssen die Interessen Europas auf unserem Kontinent oder außerhalb auf solchen Gebieten berühren, wo eine gemeinsame Stellungnahme erforderlich oder wünschenswert wird. In diesen Fragen verpflichtet sich jeder Staat im Grundsatz, seine eigene Haltung nicht endgültig festzulegen, ohne seine Partner im Rahmen der Politischen Zusammenarbeit konsultiert zu haben." Vgl. EUROPA-ARCHIV 1973, D 519.

- sektorielle Politiken (mit Anregungen zu Industrie-, Landwirtschafts-, Energie-, Forschungspolitik),
- Sozial- und Regionalpolitik.

Als neuer Ansatz für WWU soll Europäischer Rat vorschlagen:

- Angesichts Schwierigkeiten einzelner Staaten wirtschafts- und währungspolitische Fortschritte zunächst unter einigen Staaten – aber aufgrund von Gemeinschaftsbeschlüssen – anzustreben,
- „gemeinschaftliche Schlange"[8] als Ausgangspunkt hierfür zu stärken und auf weitere Sachgebiete zu erstrecken.

3) Europa der Bürger:

Europa muß bürgernah sein. Daher Fortschritte erforderlich im Hinblick auf

- Schutz der Rechte (Grundrechte, Verbraucherschutz, Umweltschutz),
- „Europäische Solidarität" (Freizügigkeit der Person, Studentenaustausch, Zusammenarbeit der Medien).

4) Stärkung der Institutionen:

Aufbau EU auf Grundlage bestehender Gemeinschaftsinstitutionen, deren Leistungsvermögen verbessert, Autorität und Legitimität gestärkt werden müssen. Übertragung von Ausführungsbefugnissen ist wesentliche Voraussetzung für EU. Vorschläge u. a. zu:

- Europäischem Parlament (schrittweise Erweiterung der Befugnisse, jährliche Debatte über Stand der EU unter Teilnahme führender nationaler Politiker),
- Europäischer Rat (impulsgebendes oberstes Organ zur Festlegung allgemeiner kohärenter Orientierung gemeinsamer Politiken),
- Rat (Generalzuständigkeit für alle Angelegenheiten der EU, die später rechtlich zu verankern ist; Koordinierung der Fachräte durch Außenministerrat; Aufhebung Trennung EG- und EPZ-Arbeit unbeschadet unterschiedlicher

---

[8] Der EG-Rat auf der Ebene der Wirtschafts- und Finanzminister verabschiedete am 21. März 1972 eine Entschließung zur stufenweisen Verwirklichung der Wirtschafts- und Währungsunion. Darin wurden die Notenbanken der EG-Mitgliedstaaten ersucht, „bei voller Ausnutzung der vom Internationalen Währungsfonds auf weltweiter Ebene zugelassenen Bandbreiten den zu einem bestimmten Zeitpunkt bestehenden Abstand zwischen der am höchsten und der am niedrigsten bewerteten Währung der Mitgliedstaaten schrittweise zu verringern". Die Notenbanken sollten demnach so auf den internationalen Devisenmärkten intervenieren, daß spätestens zum 1. Juli 1972 der Abstand zwischen den Währungen von zwei Mitgliedstaaten nicht größer als 2,25 % war (Währungsschlange), während nach außen weiterhin die vom Internationalen Währungsfonds vorgesehenen Dollar-Bandbreiten von 4,5 % galten. Vgl. EUROPA-ARCHIV 1972, D 338 f.
Der Ausschuß der Notenbankpräsidenten der EG-Mitgliedstaaten vereinbarte am 10. April 1972 in Basel, daß die Verengung der Bandbreiten am 24. April 1972 in Kraft treten sollte. Vgl. dazu den Artikel „Die Verengung der EWG-Währungsbandbreiten"; NEUE ZÜRCHER ZEITUNG, Fernausgabe vom 13. April 1972, S. 17.
Aufgrund eines Vorschlags der EG-Kommission vom 4. März 1973 beschloß der EG-Rat auf der Ebene der Wirtschafts- und Finanzminister am 11./12. März 1973 in Brüssel die Errichtung eines gemeinschaftlichen Wechselkurssystems, das die Beibehaltung des „Gemeinschaftsbands" von 2,25 % vorsah, aber auf Interventionen bezüglich des Wechselkurses des US-Dollar verzichtete. Jedoch gehörten zunächst nur Belgien, die Bundesrepublik, Dänemark, Frankreich, Luxemburg und die Niederlande der Währungsschlange an. Vgl. dazu AAPD 1973, I, Dok. 80.

Verfahren; Verlängerung der Präsidentschaftsdauer auf ein Jahr; Mehrheitsbeschlüsse als Regel),

- Kommission (Übertragung weiterer Exekutivaufgaben und Änderung des bisherigen Ernennungsverfahrens durch Einschaltung des ER und EP).

IV. Detaillierte Würdigung des Berichts und der Vorschläge wird zu gegebener Zeit im Blauen Dienst erscheinen.[9]

Kameke[10]

Ref. 012, Bd. 106591

2

Ministerialdirigent Jesser an Botschafter Moltmann, Algier

311-360.90 ALG-2211[II]/75 VS-vertraulich   **Aufgabe: 8. Januar 1976, 18.28 Uhr[1]**
Fernschreiben Nr. 5
Cito

Nur für Botschafter o. V. i. A.

Betr.: Deutsch-algerische Zusammenarbeit im Verteidigungsbereich

Bezug: DB Nr. 421 vom 8.12.75 – 16643/75 VS-v[2]

I. Sie werden gebeten, Ihren algerischen Gesprächspartner wie folgt zu unterrichten:

- Oberstes Ziel der Außenpolitik der Bundesrepublik ist die Regelung aller bestehenden Konflikte mit friedlichen Mitteln. Waffenlieferungen in Spannungsgebiete kommen für uns deshalb nicht in Betracht.

- Eine generelle Intensivierung der deutsch-algerischen Zusammenarbeit im Verteidigungsbereich ist deshalb grundsätzlich nicht zu verwirklichen.

- Über Einzelprojekte, die keine Waffen betreffen, wird die Bundesregierung entscheiden, sobald ihr entsprechende Exportanfragen deutscher Firmen mit den notwendigen konkreten Angaben unterbreitet werden.

Falls Algerier dies wünschen, können für die Lieferung eines Radarsystems in Frage kommende deutsche Firmen von hier aus auf das algerische Interesse an

---

9 Am 19. März 1976 übermittelte Referat 240 den Auslandsvertretungen den Wortlaut des Tindemans-Berichts vom 29. Dezember 1975 sowie die Stellungnahme der Bundesregierung vom 3. März 1976. Vgl. dazu Blauer Dienst, Jahrgang VIII, Nr. 6; Referat 012, Bd. 108144.

10 Paraphe.

1 Durchdruck.
  Der Drahterlaß wurde von Vortragendem Legationsrat Höynck konzipiert.

2 Botschafter Moltmann, Algier, übermittelte den algerischen Wunsch nach Unterstützung beim Aufbau eines militärischen Radarsystems zur Luftverteidigung sowie nach Lieferung von Panzerabwehrwaffen. Für den Drahtbericht vgl. AAPD 1975, II, Dok. 371.

Kontakten aufmerksam gemacht werden. Fügen Sie bitte ausdrücklich hinzu, daß damit keine Vorentscheidung über entsprechende Exportanfragen getroffen wird.

II. Zu Ihrer persönlichen Unterrichtung:

Die Prüfung der algerischen Initiative hatte folgendes Ergebnis:

1) Die Initiative ist im Zusammenhang zu sehen mit dem Nahost-Konflikt und dem Konflikt hinsichtlich der Westlichen Sahara[3].

2) Der Grundsatz der Bundesregierung, daß keine Waffenlieferungen in Spannungsgebiete erfolgen[4], muß strikt beachtet werden. Die algerische Initiative zu einer Intensivierung der deutsch-algerischen Beziehungen im Verteidigungsbereich ist deshalb mit großer Vorsicht und grundsätzlicher Zurückhaltung zu beantworten. Die Lieferung von Waffen wird von vornherein klar und eindeutig ausgeschlossen.

3) Wenn dieser Rahmen abgesteckt ist, kann eine Prüfung bestimmter Einzelprojekte in Betracht gezogen werden. Deshalb ist auch eine Prüfung der algerischen Bitte um Lieferung eines Radarsystems für die algerische Luftverteidigung denkbar. Auf keinen Fall ist aber die Lieferung eines kompletten Luftverteidigungssystems möglich, das heute im Bereich der Bundeswehr verwendet wird.

[3] Der zukünftige Status von Spanisch-Sahara, unter spanischer Kolonialherrschaft seit 1884, war seit den sechziger Jahren zwischen Algerien, das für die Unabhängigkeit des Territoriums eintrat, sowie Marokko und Mauretanien, die Gebietsansprüche erhoben, umstritten. Am 6. November 1975 überschritten im Rahmen des von König Hassan II. angekündigten „Grünen Marsches" nach offiziellen Angaben 250 000 unbewaffnete Marokkaner die Grenze zu Spanisch-Sahara. In Verhandlungen vom 11. bis 13. November 1975 in Madrid einigten sich Marokko, Mauretanien und Spanien schließlich auf ein nicht anerkanntes – von Algerien nicht anerkanntes – Abkommen, das die Übertragung der Gebietsverwaltung an Marokko und Mauretanien nach dem vollständigen Rückzug von Spanien bis zum 28. Februar 1976 vorsah. Vgl. dazu AdG 1975, S. 19891–19893.
Diese Entwicklung wurde begleitet von der Flucht großer Teile der saharauischen Bevölkerung nach Algerien. Immer häufiger kam es zu bewaffneten Auseinandersetzungen zwischen der Unabhängigkeitsbewegung „Frente Polisario" und den einrückenden marokkanischen und mauretanischen Truppen, während Algerien im Grenzgebiet zu Marokko Truppenverbände zusammenzog. Am 11. Dezember 1975 nahmen marokkanische Streitkräfte Al-Aiun ein und proklamierten die Vereinigung des Territoriums mit Marokko, während mauretanische Verbände am 12. Januar 1976 die Kontrolle über die wichtige Hafenstadt Villa Cisneros erlangten. Mit dem gleichzeitigen Rückzug der spanischen Armee endete die militärische Präsenz Spaniens in der West-Sahara. Vgl. dazu AdG 1976, S. 20147 f.

[4] Vgl. dazu Abschnitt II der „Politischen Grundsätze der Bundesregierung für den Export von Kriegswaffen und sonstigen Rüstungsgütern", die vom Kabinett am 16. Juni 1971 verabschiedet wurden: „Als ein weiterer Beitrag zur Sicherung des Friedens in der Welt soll der Export von Kriegswaffen in die Länder außerhalb des atlantischen Verteidigungsbündnisses grundsätzlich unterbleiben. Der Export sonstiger Rüstungsgüter ist soweit wie möglich zu beschränken. 1) Länder der Länderliste C der Außenwirtschafts-V[er]O[rdnung]: Keine Kriegswaffen. Sonstige Rüstungsgüter können mit einstimmiger Zustimmung der COCOM-Mitglieder ausgeführt werden. 2) Länder in Spannungsgebieten (Festlegung durch das Auswärtige Amt): Keine Kriegswaffen. Auch Genehmigungen für sonstige Rüstungsgüter sind zu versagen, wenn eine Störung des friedlichen Zusammenlebens der Völker oder eine erhebliche Störung der auswärtigen Beziehungen der Bundesrepublik Deutschland zu befürchten ist. 3) Sonstige Länder: Keine Kriegswaffen, es sei denn, daß Ausnahmegenehmigungen allgemeiner Art oder in Einzelfällen auf Grund besonderer politischer Erwägungen (nur mit amtlichem Endverbleibsnachweis) erteilt werden. Für sonstige Rüstungsgüter werden Genehmigungen nur erteilt, soweit die im Rahmen der entsprechenden gesetzlichen Vorschriften zu schützenden Belange nicht gefährdet sind." Vgl. die Anlage zur Kabinettsvorlage des Auswärtigen Amts vom 27. Januar 1971; Referat 201, Bd. 1826. Vgl. dazu ferner AAPD 1971, I, Dok. 83.

8

4) Jedes Eingehen auf die algerischen Vorstellungen muß so erfolgen, daß wir Algerien gegenüber jede Andeutung einer Zusage nach Möglichkeit vermeiden und eine Ablehnung algerischer Lieferwünsche ohne Komplikationen möglich bleibt. Der Vorschlag, zunächst einen höheren Beamten des Verteidigungsministeriums zur Erörterung von Einzelheiten nach Algerien zu entsenden, sollte nicht weiter verfolgt werden. Deutsche Firmen können von hier aus auf algerisches Interesse an Kontakten hingewiesen werden, wenn Algerier dies ausdrücklich wünschen. Vorzuziehen wäre, daß Algerier diese Kontakte von sich aus einleiten.[5]

Jesser[6]

VS-Bd. 10010 (311)

---

[5] Botschafter Moltmann, Algier, berichtete am 14. Januar 1976, daß er den Generalsekretär im algerischen Verteidigungsministerium über die Haltung der Bundesregierung zur bilateralen Zusammenarbeit im Verteidigungsbereich unterrichtet habe: „Oberst Latreche nahm meine Erklärungen verständnisvoll auf und sagte, daß er unsere grundsätzliche Politik respektiere. Andererseits kenne er die deutsche industrielle Leistungsfähigkeit und sei daher nach wie vor daran interessiert, verschiedenste für den Verteidigungsbereich in Betracht kommende Ausrüstungsgüter in Deutschland zu kaufen. Hinsichtlich des Radarsystems werde er mit den betreffenden deutschen Firmen Verbindung aufnehmen. Er sei sich darüber klar, daß es sich dabei nur um ein Luftraumüberwachungssystem ohne Luftverteidigungswaffen handeln kann. Darüber hinaus möchte er aber weitere Ausrüstungsgüter (unter Ausschluß von Waffen) in Deutschland kaufen, und dafür sei es ihm wichtig zu wissen, was es gebe und was verkaufbar (im Rahmen unserer Politik) sei. Er bat hierfür um genauere umfassende Information, damit er wisse, an was er sich halten könne." Moltmann schlug vor, „das algerische Verteidigungsministerium ausführlich über das in seinen Bereich fallende und von uns lieferbare Material zu informieren" und zu diesem Zweck einen Vertreter des Bundesministeriums für Wirtschaft oder des Bundesverbands der Deutschen Industrie zu entsenden. Vgl. den Drahtbericht Nr. 19; VS-Bd. 8651 (201); B 150, Aktenkopien 1976.
Vortragender Legationsrat I. Klasse Hauthal antwortete am 5. Februar 1976 der Botschaft in Algier: „Es ist praktisch nicht möglich, der algerischen Seite die ganze Palette der Waren, deren Ausfuhr genehmigungsfrei ist oder von der Bundesregierung gegebenenfalls genehmigt würde, aufzuzeigen. Der Vorschlag, einen Vertreter des BMWi oder BDI nach Algier zu entsenden, verspricht zum jetzigen Zeitpunkt keinen Erfolg, da ein einzelner Experte niemals über die ganze Breite des infrage kommenden Warengebiets informiert sein kann." Zunächst müßte die algerische Regierung ihre Kaufabsichten präzisieren. Die Bundesregierung sei dann bereit, „kommerzielle Kontakte zu deutschen Herstellerfirmen zu vermitteln". Vgl. den Drahterlaß Nr. 23; VS-Bd. 10010 (311); B 150, Aktenkopien 1976.
[6] Paraphe.

3

Aufzeichnung des Ministerialdirektors van Well

221-372.08-32/76 VS-vertraulich　　　　　　　　　　　　　**9. Januar 1976**[1]

Über Herrn Staatssekretär[2] Herrn Minister[3] vorgelegt

Betr.: Äußerungen des Vorsitzenden der SPD-Fraktion des Deutschen Bundestags in Warschau zu „militärischer Entspannung" und „atomwaffenfreie
Zone"

I. Nach Presseberichten hat der SPD-Fraktionsvorsitzende in Warschau

– während seiner Gespräche die „Ergänzung der politischen Entspannung durch
militärische Entspannung" befürwortet,

– die alten polnischen Vorschläge zur Schaffung einer atomwaffenfreien Zone
in Mitteleuropa erwähnt und betont, daß das Thema einer Entspannungszone in Europa weiter aktuell sei.[4]

Botschaft Warschau wurde angewiesen, uns nach Möglichkeit den Wortlaut
der Äußerungen in der Öffentlichkeit zu übermitteln.[5] Nach einem Bericht der
Botschaft vom 8. Januar[6] hat MdB Wehner an „mangelnde Beachtung für die
polnischen Entspannungsmodelle früherer Jahre bei den damals regierenden
Kräften in der Bundesrepublik" erinnert und betont, es komme für die Zukunft
darauf an, „politische Entspannung durch militärische Abrüstung zu ergänzen
(insbesondere bei MBFR[7]), um zu verhindern, daß politische Entspannung durch
militärische Aufrüstung erstickt werde".

II. 1) „Ergänzung der politischen Entspannung durch die militärische Entspannung"

Diese Formel wird von den Mitgliedern des Warschauer Pakts konsequent ver-
wandt. Sie wird von den westlichen Staaten vermieden, weil sie

– unterstellt, daß der Prozeß der politischen Entspannung beendet ist,

– sich gegen die Beibehaltung der notwendigen Verteidigungsanstrengungen
der NATO richtet,

---

[1] Die Aufzeichnung wurde von Vortragendem Legationsrat I. Klasse Ruth konzipiert.

[2] Walter Gehlhoff.

[3] Hat Bundesminister Genscher am 11. Januar 1976 vorgelegen.

[4] Vom 6. bis 8. Januar 1976 hielt sich eine SPD-Bundestagsdelegation unter Leitung des SPD-
Fraktionsvorsitzenden zu Gesprächen in Warschau auf. In der Presse wurde berichtet, Wehner habe dabei „die Ergänzung der politischen Entspannung durch militärische Entspannung befürwortet. Mehrmals erwähnte er am Mittwoch [7.1.1976] bei einer Pressekonferenz in Warschau die alten polnischen Vorschläge zur Schaffung einer atomwaffenfreien Zone in Mitteleuropa, die zu Unrecht von der damaligen Bundesregierung jahrelang überhört oder unglaubwürdig gemacht worden
seien. Das Thema einer Entspannungszone in Europa sei weiter aktuell." Vgl. die Meldung „Wehner für europäische Entspannungszone"; DIE WELT vom 8. Januar 1976, S. 2.

[5] Vgl. dazu den Drahterlaß Nr. 13 des Botschafters Roth vom 8. Januar 1976; Referat 214, Bd. 116622.

[6] Für den Drahtbericht Nr. 16 des Botschafters Ruete, Warschau, vgl. Referat 214, Bd. 116622.

[7] Seit 30. Oktober 1973 fanden in Wien die MBFR-Verhandlungen statt. Die siebte Runde der Verhandlungen dauerte vom 26. September bis 18. Dezember 1975. Vgl. dazu AAPD 1975, II, Dok. 391.
Die achte Runde begann am 30. Januar 1976.

– bei MBFR auf die Zielsetzung der Festschreibung der bestehenden Disparitäten gerichtet ist.

Die Bundesregierung tritt statt dessen mit ihren Verbündeten dafür ein, daß
die militärischen Aspekte der Sicherheit konkret in eine realistische Entspannungspolitik einbezogen werden. Dies geschieht mit den vertrauensbildenden
Maßnahmen und in dem Versuch, bei den MBFR-Verhandlungen ein stabileres
Kräfteverhältnis durch die Herstellung der ungefähren Parität bei den Landstreitkräften in Mitteleuropa zu erreichen.

2) „Atomwaffenfreie Zone"

Die Rapacki- bzw. Gomułka-Pläne aus den Jahren 1957 bis 1964[8] wurden von
der damaligen Bundesregierung und den Verbündeten aus sicherheits-, europa-
pa- und deutschlandpolitischen Gründen abgelehnt. Der westliche Teil der Rapacki-Zone bestand allein aus der Bundesrepublik Deutschland. Die Annahme
der Rapacki-Vorschläge hätte daher die Isolierung der Bundesrepublik Deutschland bedeutet.

Im einzelnen hatten diese Vorschläge folgenden Inhalt:

a) Grundprojekt (Oktober 1957)
Bildung einer Zone aus beiden Teilen Deutschlands, Polen und der Tschechoslowakei, in der Kernwaffen weder gelagert noch produziert werden dürfen.[9]

b) Zweite Fassung, im Februar 1958 an die beteiligten Staaten übermittelt, enthält eine Formalisierung des Grundprojekts.[10]

c) Die dritte Fassung vom 4. November 1958 sah die Durchführung des Plans
in zwei Phasen und seine Ausweitung auch auf konventionelle Streitkräfte vor.

Phase I
Einfrieren der Kernwaffen und Verbot der Errichtung neuer Stützpunkte durch
die Kernwaffenmächte in der Rapacki-Zone.

Phase II
Ausschaltung der Kernwaffen und Verminderung der konventionellen Streitkräfte und Rüstungen.[11]

d) Vierte Fassung formalisiert die dritte Fassung, im März 1962 in Genf der
Abrüstungskonferenz vorgelegt.[12]

e) Gomułka-Plan vom Dezember 1963 und Februar 1964:
Einfrieren der Kernwaffenrüstung und Verbot der Produktion, der Einführung
und der Weitergabe nuklearer Sprengköpfe in der Rapacki-Zone. Verminde-

---

[8] Korrigiert aus: „1963".

[9] Für den Wortlaut der Rede des polnischen Außenministers Rapacki vor der UNO-Generalversammlung am 2. Oktober 1957 in New York vgl. DOCUMENTS ON DISARMAMENT 1945–1959, S. 889–892 (Auszug). Für den deutschen Wortlaut vgl. EUROPA-ARCHIV 1958, S. 10482–10485.

[10] Für den Wortlaut der Note und des Memorandums der polnischen Regierung vom 14. Februar 1958
vgl. DOCUMENTS ON DISARMAMENT 1945–1959, S. 944–948. Für den deutschen Wortlaut des Memorandums vgl. EUROPA-ARCHIV 1958, S. 10602 f.

[11] Für den Wortlaut der Ausführungen des polnischen Außenministers Rapacki vor der Presse am
4. November 1958 in Warschau vgl. DOCUMENTS ON DISARMAMENT 1945–1959, S. 1217–1219 (Auszug). Für den deutschen Wortlaut vgl. EUROPA-ARCHIV 1959, D 206–208.

[12] Für den Wortlaut des Memorandums der polnischen Regierung, das am 28. März 1962 der Achtzehn-
Mächte-Abrüstungskonferenz vorgelegt wurde, vgl. DOCUMENTS ON DISARMAMENT 1962, S. 201–205.
Für den deutschen Wortlaut vgl. EUROPA-ARCHIV 1962, D 271–274.

rung der konventionellen Streitkräfte und Rüstungen wird fallengelassen. Damit Anknüpfung an die Phase I der dritten Rapacki-Variante.[13]

3) Bewertung

Die Rapacki- und Gomułka-Pläne sind nicht mehr Bestandteile der internationalen Diskussion. Auch vom Warschauer Pakt werden die polnischen Vorschläge in ihrer ursprünglichen Form nicht mehr aufrechterhalten. Andererseits ist offenkundig, daß die Mitglieder des Warschauer Pakts und insbesondere Polen bei den Wiener Verhandlungen versuchen, bestimmte Elemente der alten Vorschläge durchzusetzen. Dies betrifft insbesondere die von Anfang an geforderte generelle Einbeziehung aller Waffen und Rüstungen im Raum der Reduzierungen. Dies würde im Effekt wie die Rapacki- und Gomułka-Vorschläge zur Schaffung einer Rüstungskontrollzone in Mitteleuropa führen. Die Ablehnung von MBFR-Vereinbarungen, die zu einem solchen Ergebnis führen, gehört zu den zentralen Forderungen des Westens und der Europäer an die MBFR-Verhandlungen. Der Inhalt der Rapacki- und Gomułka-Vorschläge ist daher auch aus der Sicht der MBFR-Verhandlungen und der konkreten Entspannungspolitik für den Westen insgesamt nicht annehmbar.

III. Aktuelle Situation

Die Ost-West-Bemühungen um einen Abbau der Spannungen konzentrieren sich in Europa im Bereich der militärischen Sicherheit auf die vertrauensbildenden Maßnahmen und insbesondere auf die Wiener Verhandlungen. Mit den vertrauensbildenden Maßnahmen sind im KSZE-Rahmen konkrete Ergebnisse bereits vereinbart.[14] Ihre Implementierung erlaubt einen Hinweis auf die Möglichkeit weitergehender Absprachen.

Bei MBFR sind die Positionen der beiden Seiten wie von Anfang an kontrovers. Der Westen führt diese Verhandlungen auf einer klaren gemeinsamen Position, die durch folgende Elemente charakterisiert wird:

1) Das Ziel der Verhandlungen im Bereich der militärischen Sicherheit ist der Abbau der Gefahren der militärischen Konfrontation und die Stabilisierung des militärischen Kräfteverhältnisses in Mitteleuropa durch die Herstellung der Parität beim Personalbestand der Landstreitkräfte auf niedrigerer Ebene.

2) Die Herstellung der Parität setzt die Bereitschaft des Warschauer Pakts voraus, die numerische Überlegenheit im Raum der Reduzierungen beim Personal aufzugeben. Der Westen fordert außerdem eine Verminderung der bestehenden Disparität bei den Panzern.

3) Die MBFR-Verhandlungen konzentrieren sich auf den Personalbestand. Das neue Angebot der NATO, eine bestimmte Anzahl amerikanischer Nuklearwaf-

---

[13] Für den Wortlaut der Rede des Ersten Sekretärs des Zentralkomitees der Polnischen Vereinigten Arbeiterpartei, Gomułka, am 28. Dezember 1963 in Plock vgl. DOCUMENTS ON DISARMAMENT 1963, S. 651 f. (Auszug). Für den deutschen Wortlaut vgl. EUROPA-ARCHIV 1964, D 180 (Auszug).
Für den Wortlaut des Memorandums der polnischen Regierung vom 29. Februar 1964 vgl. DOCUMENTS ON DISARMAMENT 1964, S. 53–55. Für den deutschen Wortlaut vgl. EUROPA-ARCHIV 1964, D 224 f.

[14] Vgl. dazu das „Dokument über vertrauensbildende Maßnahmen und bestimmte Aspekte der Sicherheit und Abrüstung" der KSZE-Schlußakte vom 1. August 1975; SICHERHEIT UND ZUSAMMENARBEIT, Bd. 2, S. 921–924.

fen abzuziehen, ist einmalig und an die Zustimmung zum Verhandlungsziel der Parität gebunden.[15]

4) Eine Generalisierung des Verhandlungsgegenstands, wie vom Warschauer Pakt gewünscht, ist für den Westen unannehmbar, d.h., der Westen lehnt es ab, daß generell über die Verminderung von Gerät verhandelt wird.

5) Die übereinstimmenden Höchststärken müssen nach westlicher Auffassung kollektiven Charakter haben. Nationale Auflagen müssen vermieden werden, weil sie allianz- und europapolitisch der anderen Seite ein Mitwirkungsrecht in sicherheitspolitischen Fragen einräumen würden.

6) MBFR-Ergebnisse dürfen nicht zu einer Zone mit einem besonderen sicherheitspolitischen Status und zu einer Isolierung der Staaten im Raum der Reduzierungen von ihren NATO- und europäischen Partnern führen.

Mit den MBFR-Verhandlungen ist das Thema der Rüstungskontrolle ein konkreter Bestandteil des multilateralen Ost-West-Dialogs geworden. Dies wollten auch die polnischen Rapacki-Vorschläge. Der MBFR-Ansatz ist jedoch von den Rapacki-Vorstellungen inhaltlich wesensverschieden.

Aus westlicher Sicht sind die MBFR-Verhandlungen vor allem deshalb möglich, weil der Westen in der Lage war, ein gemeinsames eigenes Verhandlungskonzept zu entwickeln. Dieses Konzept ist nach Inhalt und Zielsetzung mit den Vorstellungen für eine atomwaffenfreie Zone in Mitteleuropa nicht vereinbar. Es ist die für den Westen akzeptable Alternative, die den bestehenden Realitäten Rechnung trägt und im Westen angestrebte Entwicklungen offenhält.

Referate 201, 214 und 220 haben mitgezeichnet.

van Well

VS-Bd. 11440 (221)

---

[15] In Ergänzung ihres Rahmenvorschlags vom 22. November 1973 unterbreiteten die an den MBFR-Verhandlungen teilnehmenden NATO-Mitgliedstaaten am 16. Dezember 1975 einen Vorschlag für einen Abzug von Nuklearwaffen aus dem Reduzierungsraum („Option III"). Er sah den Abzug von 1000 amerikanischen Atomsprengköpfen, 36 amerikanischen Startlafetten für ballistische Boden-Boden-Raketen des Typs „Pershing" und 54 amerikanischen nuklearfähigen Kampfflugzeugen des Typs F-4 („Phantom") vor. Ferner wurde eine kombinierte Höchststärke für das Personal der Land- und Luftstreitkräfte von 900 000 Mann vorgeschlagen („combined common ceiling"). Vgl. dazu AAPD 1975, II, Dok. 370.

4

Aufzeichnung des Ministerialdirigenten Ruhfus

203-321.36 SPA-14/76 VS-vertraulich   9. Januar 1976

Betr.: Gespräch Bundesaußenminister mit dem spanischen Außenminister
    Areilza[1]
    hier: Vier-Augen-Gespräch

I. Der Herr Minister teilte über das oben erwähnte Gespräch folgendes mit:

1) Er habe zu Beginn der Unterredung mit AM Areilza als FDP-Vorsitzender
gesprochen. Schatzmeister Rubin solle in diesem Monat nach Madrid reisen.
Er habe AM Areilza ermutigt, eine liberale Partei zu gründen. Die liberalen
Kräfte seien durch hervorragende Persönlichkeiten im jetzigen Kabinett Arias
vertreten.[2] Es fehle der Unterbau einer Partei. Es gelte, die jetzige Übergangszeit zu nutzen.

2) AM Areilza habe ihm mitgeteilt, der spanische Innenminister Fraga Iribarne sei an dem Thema Terrorismus sehr interessiert. Er wolle daher bald zu einem Gedankenaustausch mit Bundesinnenminister Maihofer zusammentreffen. Anlaß soll Vortrag vor Gesellschaft für Auswärtige Politik sein. Bundesinnenminister Maihofer habe sich bereit erklärt, Fraga Iribarne einzuladen. Auswärtiges Amt solle Einzelheiten mit dem Büro von BM Maihofer vereinbaren.[3]

3) Zur Einschätzung der Entwicklung des Terrorismus in Spanien habe Areilza
gesagt, er glaube, die Regierung habe eine gute Chance, den Terrorismus unter
Kontrolle zu bekommen. Die baskische ETA sei offenbar zu einem Waffenstillstand bereit.

4) Das Anti-Terroristen-Gesetz[4] habe an und für sich keine neuen Straftatbe-
stände geschaffen. Es habe aber ein überaus anfechtbares Verfahren einge-

---

[1] Der spanische Außenminister de Areilza hielt sich am 8./9. Januar 1976 in Bonn auf.
[2] Nach der Vereidigung und Proklamation von König Juan Carlos I. am 22. November 1975 wurde
am 11. Dezember 1975 eine neue Regierung unter Ministerpräsident Arias Navarro ernannt. Dazu
informierte Botschafter von Lilienfeld, Madrid, am 12. Dezember 1975: „Das Kabinett, das 20 Tage
nach der Einschwörung des neuen Königs vom bisherigen Ministerpräsidenten Arias gebildet wurde, stellt [...] in den entscheidenden Positionen eine Dokumentation seiner Absicht zu einschnei-
denden Reformen dar. Diese Aufgabe wird vor allem den vier wichtigsten, als fortschrittlich liberal
zu bezeichnenden Persönlichkeiten (Fraga, Areilza, Garrigues, Osorio) zufallen, wobei Arias selbst
wahrscheinlich etwas in den Hintergrund treten dürfte. Wie voraus berichtet, zeigt das Kabinett
eine starke Vertretung der Militärs (in den beiden führenden Positionen eher reformoffen) und
auch einige Überbleibsel aus der Vergangenheit (Solis Ruiz). Die Gesamtausbalancierung ist offensichtlich darauf abgestellt, zu starke interne Spannungen und Widerstände von außen zu vermeiden." Vgl. den Drahtbericht Nr. 1025; Referat 203, Bd. 110256.
[3] Der spanische Innenminister Fraga Iribarne besuchte Bonn vom 3. bis 5. März 1976. Für das Gespräch mit Bundesminister Genscher am 4. März 1976 vgl. Dok. 71.
[4] Am 22. August 1975 billigte das spanische Kabinett ein Gesetz zur Bekämpfung des Terrorismus.
Laut Presseberichten werde damit u. a. bestimmt, „daß für Verbrechen und Delikte, die mit Terrorismus zusammenhängen, stets die im Strafgesetz vorgesehenen Maximalstrafen zur Anwendung
gelangen. Falls ein Staatsfunktionär durch Terrorakte getötet wird, ist die Todesstrafe obligato-
risch. [...] Das Dekret sieht weiter vor, daß die Polizei des Terrorismus verdächtige Personen fünf
statt drei Tage in ihrem Gewahrsam halten kann, ohne sie einem Richter vorzuführen, und daß ein
Richter ermächtigt ist, diese Frist auf zehn Tage zu verlängern, wenn die Polizei ihn darum er-

führt. Das Gesetz solle aufgehoben werden. Aber dann bleibe die Strafdrohung aufgrund des normalen Strafgesetzes erhalten. Daher gelte es, im Zusammenhang mit einer Amnestie die bestehenden Strafgesetze zu reformieren. Justizminister Garrigues habe eine Kommission mit der Prüfung dieser Fragen beauftragt.[5]

5) AM Areilza habe auf Frage bestätigt, Spanien strebe Mitgliedschaft in der NATO an. Seine Regierung wolle den Soldaten, die aus der Sahara zurückkehrten (etwa 3000 bis 4000 Offiziere)[6], eine neue Perspektive bieten, sonst drohe die Gefahr von Frustration. Die Vereinigten Staaten hätten eher reaktionäre Offiziere nach Spanien entsandt. Den spanischen Offizieren fehlten daher demokratische Erfahrungen und Kontakte. Aus diesem Grunde messe er Verbindungen zur Bundeswehr große Bedeutung bei.

6) AM Areilza habe mitgeteilt, er hoffe, daß das spanisch-amerikanische Stützpunktabkommen noch im Januar unterzeichnet werden könne.[7] Spanien lege Wert auf Ratifikation durch den Kongreß. AM Kissinger habe ihm Ratifikation zugesagt. (Generaldirektor Aguirre ließ durchblicken, daß er nicht mit Ratifikation, sondern mit Resolutionen rechnet, die nur einfache Mehrheit des Kongresses erfordern.)[8]

Fortsetzung Fußnote von Seite 14

sucht. Ebenso enthebt das Dekret die Polizei der Pflicht, richterliche Ermächtigung für Hausdurchsuchungen einzuholen, falls ‚Dringlichkeit' vorliegt. [...] Das Dekret legt neu fest, daß in allen Fällen von Terrorismus außerordentliche und rasche Gerichtsverfahren angewandt werden müssen, auch das ‚summarischste Verfahren' (sumarisimo) im Falle von Kriegsgerichten." Es sei ebenfalls ein Vergehen, Terrorakte zu billigen, zu verteidigen oder die Urteile zu kritisieren sowie zur Solidarität mit einem verurteilten Terroristen aufzurufen. Vgl. den Artikel „Francos neues Terroristengesetz"; NEUE ZÜRCHER ZEITUNG vom 28. August 1975, S. 3.

5 Botschafter von Lilienfeld, Madrid, teilte am 9. Februar 1976 mit: „Am 6. Februar 1976 verabschiedete der Ministerrat ein Dekret zur Änderung des im In- und Ausland heftig kritisierten Anti-Terroristen-Dekrets vom 26. August 1975. Außerdem leitete er dem Cortes einen Gesetzentwurf zu, mit dem die Versammlungsfreiheit eingeführt werden soll. Mit dem Änderungsdekret werden die Artikel 1 bis 5, 10 bis 12 und 15 bis 20 des Anti-Terroristen-Dekrets außer Kraft gesetzt. Damit ist die Militärgerichtsbarkeit für Vergehen, die direkt oder indirekt mit dem Terrorismus zusammenhängen, nur in Ausnahmefällen noch zugelassen. Die Verfahren werden in Zukunft vor ordentlichen Gerichten abgewickelt. Die im Anti-Terroristen-Gesetz bisher vorgesehenen Schnellverfahren wurden abgeschafft. Im Gegensatz zur bisherigen Regelung ist für Terrorakte, die Menschenleben kosten, nicht mehr automatisch die Todesstrafe vorgeschrieben." Vgl. den Drahtbericht Nr. 99; Referat 203, Bd. 110262.

6 Zum Abzug spanischer Truppen aus Spanisch-Sahara vgl. Dok. 2, Anm. 3.

7 Der amerikanische Außenminister Kissinger und der spanische Außenminister de Areilza unterzeichneten am 24. Januar 1976 in Madrid das Abkommen über Freundschaft und Zusammenarbeit, das den Vertrag vom 6. August 1970, der am 26. September 1975 ausgelaufen war, ersetzen sollte. Das Abkommen hatte eine Laufzeit von fünf Jahren. Die Zusammenarbeit im Bereich der Verteidigung war in Artikel 5 sowie in drei Zusatzabkommen geregelt. Sie sahen u. a. die Koordinierung der Streitkräfte vor, ferner die Nutzung militärischer Einrichtungen in Spanien durch die USA sowie die Kooperation bei der Herstellung und beim Kauf von Rüstungsgütern. Die USA verpflichteten sich darüber hinaus zur Gewährung von Rüstungskrediten in Höhe von jährlich 125 Mio. Dollar sowie zu weiteren Finanz- und Ausbildungshilfen im Rahmen der Modernisierung der spanischen Streitkräfte. Das Zusatzabkommen Nr. 1 sah die Bildung eines amerikanisch-spanischen Rats vor. In Artikel V dieses Zusatzabkommens hieß es: „For the purpose of obtaining the maximum effectiveness in cooperation for Western defense, the United States-Spanish Council, as one of its basic objectives, will work toward development of appropriate coordination with the North Atlantic Treaty Organization. In furtherance of this purpose, the Council will establish by mutual agreement a commission formed by members of the two contracting parties which shall propose to the Council specific measures to promote the establishment of meaningful coordination." Vgl. UNTS, Bd. 1030, S. 132.

8 Am 26. Januar 1976 vermerkte Ministerialdirektor van Well, daß der Abteilungsleiter im amerikanischen Außenministerium, Hartman, am Rande der Sondersitzung des NATO-Ministerrats am 23.

7) AM Areilza beabsichtige, bald mit dem portugiesischen Außenminister Melo Antuñes an der spanisch-portugiesischen Grenze zusammenzutreffen. Gesprächsthemen seien u. a. Entschädigung für die beschädigte spanische Botschaft in Lissabon[9], das Problem der Terroristen an der Grenze und Verbesserung der bilateralen Beziehungen.[10] Bundesminister habe AM Areilza einen positiven Eindruck von AM Melo Antuñes gegeben. Melo Antuñes stehe dem linken Flügel nahe, aber er habe erklärt, er könne gewisse extreme Entwicklungen in Portugal nicht mitmachen, und auch zu diesem Wort gestanden.[11]

8) AM Areilza habe bei Abendessen mit Bundesminister Matthöfer gesprochen. Er sei von Gespräch sehr angetan gewesen. Kontakte der SPD mit den spanischen Sozialisten seien hilfreich. SPD spreche sich gegen Verbindung der Sozialisten mit Kommunisten in Spanien aus. Mitterrand versuche dagegen, spanische Sozialisten zugunsten Volksfront zu beeinflussen.

9) AM Areilza habe auch mit DGB-Vorsitzendem Vetter bei Abendessen gesprochen. Vetter habe ihm geraten, spanische Gewerkschaftsbewegung nicht zu zerschlagen, sondern zu versuchen, sie von innen her zu demokratisieren. Wenn die Gewerkschaftsbewegung zerschlagen würde, böten die kleineren Gruppen eher Ansatzpunkte für kommunistische Unterwanderung. Diese Argumente hätten Eindruck auf AM Areilza gemacht.

10) AM Areilza beabsichtige, in Paris[12] mit dem sowjetischen Botschafter[13] zusammenzutreffen und mit ihm über die Aufnahme diplomatischer Beziehungen zur Sowjetunion zu sprechen. Ziel sei Herstellung der diplomatischen Beziehungen etwa zwei bis drei Wochen nach Unterzeichnung des spanisch-amerikanischen Stützpunktabkommens.[14]

11) AM Areilza werde in Paris mit einem alten Freund, dem ehemaligen israelischen Botschafter Eytan, zusammentreffen. Er wolle Beziehungen zu Israel

Fortsetzung Fußnote von Seite 15

Januar 1976 in Brüssel mitgeteilt habe, „die amerikanische Regierung habe sich angesichts des Regimewechsels in Madrid entschlossen, das Stützpunktabkommen als ‚Treaty‘ dem Senat zur Ratifikation vorzulegen. Man habe im Senat Erkundigungen eingeholt; danach glaube man, daß der Vertrag dort ein positives Echo haben werde. Es sei kein Beistandsvertrag, sondern ein Vertrag über Freundschaft und Zusammenarbeit." Vgl. Referat 203, Bd. 110263.
Der amerikanische Senat billigte das Abkommen am 21. Juni 1976. Vgl. dazu den Artikel „Washington erhofft Demokratie für Spanien"; FRANKFURTER ALLGEMEINE ZEITUNG vom 23. Juni 1976, S. 2.

9 Botschafter Caspari, Lissabon, berichtete am 27. September 1975: „In den frühen Morgenstunden des 27.9.1975 drangen hier Demonstranten in das Kanzleigebäude der spanischen Botschaft und des spanischen Generalkonsulats an der Avenida da Liberdade ein, demolierten das Inventar, warfen es zu den Fenstern hinaus und verbrannten es sodann zusammen mit umfangreichem Aktenmaterial auf der Straße. Die Demonstranten zogen auch zur Residenz des spanischen Botschafters, die sie ebenfalls verwüsteten." Auslöser des Angriffs seien die Todesurteile gegen ETA- und FRAP-Mitglieder in Spanien gewesen. Vgl. den Drahtbericht Nr. 472; Referat 203, Bd. 110244.

10 Der spanische Außenminister de Areilza und der portugiesische Außenminister Melo Antuñes führten am 12. Februar 1976 Gespräche in Guarda. Dabei vereinbarten sie u. a. regelmäßige Konsultationen der Außenminister sowie eine engere kulturelle, wirtschaftliche und touristische Zusammenarbeit und unterzeichneten Abkommen über den Festlandsockel und die Seehoheitslinie. Vgl. dazu den Artikel „Madrid und Lissabon vereinbaren regelmäßige Konsultationen"; FRANKFURTER ALLGEMEINE ZEITUNG vom 13. Februar 1976, S. 2.

11 Vgl. dazu das Gespräch des Bundesministers Genscher mit dem portugiesischen Außenminister Melo Antuñes am 19. Mai 1975; AAPD 1975, I, Dok. 122.

12 Im Anschluß an die Gespräche in Bonn hielt sich der spanische Außenminister de Areilza am 9./10. Januar 1976 in Paris auf.

13 Stepan Wasiljewitsch Tscherwonenko.

14 Spanien und die UdSSR nahmen am 9. Februar 1977 diplomatische Beziehungen auf.

verbessern. Seine Vorstellungen gehen dahin, als ersten Schritt Konsulate in Barcelona und Tel Aviv zu eröffnen.

Bundesminister habe AM Areilza zugeraten, Schritte in Richtung Israel zu tun. Dies werde auch positiv wirken auf EG-Länder wie Dänemark und die Niederlande, die Spanien gegenüber noch skeptische Haltung einnehmen. Er empfehle allerdings zu überlegen, ob es nicht besser sei, eine eindeutige Erklärung zu der Frage der besetzten Gebiete abzugeben und nach sorgfältiger Vorbereitung dann den vollen Schritt der diplomatischen Beziehungen zu tun. Zweistufiges Vorgehen – erst Konsulate, dann Botschaften – könne zu doppeltem Ärger mit den Arabern führen.[15]

12) AM Areilza habe gesagt, die Normalisierung der Beziehungen zu Mexiko sei schwierig. Er habe auf der Pariser Konferenz im Dezember[16] mit dem mexikanischen Erdölminister[17] gesprochen. Die spanische Regierung bemühe sich z. Z., weiter das Terrain zu sondieren.[18]

II. Über die innenpolitische Situation in Spanien habe AM Areilza am 8.1. bei dem Essen im kleinen Kreis folgende Angaben gemacht:

– Gegenwärtige Einschätzung der Verteilung der innenpolitischen Kräfte:
ca. 20% der Bevölkerung militant rechts, 5–10% kommunistisch, 15–20% gemäßigte Linke, 50–60% gemäßigt rechtsstehend.
Derzeitige Tendenz: Ausweitung der gemäßigten Linken zu Lasten der gemäßigten Rechten.

– Geplante innenpolitische Maßnahmen:
Referendum über Verfassungsänderung im Juni d. J.[19];
Gemeindewahlen im Oktober 1976[20];
Nationale Parlamentswahlen im Februar/März 1977[21].

Ruhfus

VS-Bd. 14058 (010)

---

[15] Botschafter von Lilienfeld, Madrid, berichtete am 21. Januar 1976: „Die in Bonn mit dem Bundesaußenminister diskutierte Aufnahme diplomatischer Beziehungen zu Israel gehört mit zu den inzwischen auch öffentlich verkündeten außenpolitischen Zielen der neuen spanischen Regierung [...]. Außenminister Areilza hat in einem Fernseh-Interview kürzlich auf die Tatsache hingewiesen, daß Israel Mitglied der VN ist und von der Mehrzahl aller Staaten völkerrechtlich anerkannt wird. Areilza wies allerdings ferner darauf hin, daß Spanien bei der Aufnahme von Beziehungen zu Israel an dem Wortlaut und dem Geist der einschlägigen UN-Resolutionen (Rückzug aus allen besetzten Gebieten und Heimatrecht der Palästinenser) festhalten werde." Vgl. den Drahtbericht Nr. 59; Referat 203, Bd. 110263.

[16] Vom 16. bis 19. Dezember 1975 fand in Paris die Eröffnungstagung der KIWZ statt. Vgl. dazu Dok. 14, Anm. 4.

[17] Francisco Javier Alejo.

[18] Mexiko unterhielt diplomatische Beziehungen zur spanischen Exilregierung, die am 18. März 1977 beendet wurden. Die Aufnahme der diplomatischen Beziehungen zwischen Spanien und Mexiko wurde am 28. März 1977 vereinbart.

[19] Die Volksabstimmung über das Gesetz für die politische Reform Spaniens fand am 15. Dezember 1976 statt.

[20] Die Gemeindewahlen in Spanien fanden am 3. April 1979 statt.

[21] Die Wahlen zum spanischen Parlament fanden am 15. Juni 1977 statt.

5

Vortragender Legationsrat I. Klasse Jelonek, z.Z. Kingston, an das Auswärtige Amt

Fernschreiben Nr. 3   **Aufgabe: 9. Januar 1976, 12.30 Uhr**
Citissime   **Ankunft: 9. Januar 1976, 20.29 Uhr**

Mit der Bitte um Vorlage beim Minister

Betr.: Währungskonferenz in Jamaika am 7./8.1.1976[1]

I. Die zweitägige Tagung des IWF-Interimsausschusses endete nach zähen, jedoch weitgehend emotionsfreien Verhandlungen mit einem Kompromiß. Die Entwicklungsländer stimmten der Verabschiedung des sog. kleinen Reformpakets zu und erhielten dafür das Einverständnis der Industrieländer zu einer sofortigen linearen Aufstockung der IWF-Kreditmittel um 45 Prozent. Den Nicht-Öl-Entwicklungsländern stehen damit im IWF rd. 3,2 Mrd. SZR[2] zusätzlicher Kreditmöglichkeiten zur Verfügung.

II. 1) Im Zentrum der Jamaika-Konferenz, auf der Finanzminister von elf Industrie- und neun Entwicklungsländern 128 IWF-Mitgliedstaaten repräsentierten, standen die Fertigstellung des sog. kleinen Reformpakets (Wechselkursartikel, Gold, Quotenerhöhung) und die Forderung der Dritten Welt nach höheren und günstigeren Krediten. Die Entwicklungsländer machten ihre Zustimmung zum Reformpaket von der sofortigen Erfüllung ihrer umfangreichen Kreditforderungen abhängig. Die Kreditfrage wurde zum eigentlichen Streitpunkt der Konferenz.

2) Über die Notwendigkeit der Linderung der Zahlungsbilanznöte, insbesondere der Nicht-Öl-Entwicklungsländer (erwartetes Leistungsbilanzdefizit 1976 rd. 31 Mrd. Dollar gegenüber 35 Mrd. Dollar in 1975) bestand weitgehend Übereinstimmung. Den Entwicklungsländern ging es daher insbesondere um die Frage der Kreditbedingungen (Konditionalität). Sie forderten mit Nachdruck eine sofortige Verdreifachung der ersten, weitgehend auflagenfreien Kredittranche, während die Industrieländer für eine generelle lineare Erhöhung aller vier Kredittranchen um 33 1/3 Prozent bei Beibehaltung der gegenwärtigen Auflagenstruktur (verschärfte Bedingungen bei steigender Inanspruchnahme) eintraten. Im Kern ging es um die Frage der Wahrung des Charakters des IWF als oberstes internationales Währungsorgan oder seine allmähliche Umfunktionierung in ein Instrument der Entwicklungshilfe. Die schließlich beschlossene 45-Prozent-Lösung im Vorgriff auf die Quotenerhöhung liegt etwa auf halbem Wege zwischen den Ausgangspositionen beider Seiten.[3]

---

[1] Korrigiert aus: „6./7. Januar 1976".
[2] Sonderziehungsrechte.
[3] In Ziffer 6 Absatz b) des Kommuniqués über die Tagung des Interimsausschusses des Gouverneursrats des IWF am 7./8. Januar 1976 in Kingston wurde erklärt, „daß bis zum Inkrafttreten der Abkommensänderung der Umfang jeder Kredittranche um 45 % heraufgesetzt werden soll, was bedeutet, daß sich der gesamte Zugang zu den Kredittranchen von 100 % auf 145 % der Quoten erhöht, mit der Möglichkeit zusätzlicher Unterstützung in außergewöhnlichen Umständen. Die derzeitige Konditionalität der Tranchen soll unverändert bleiben." Vgl. EUROPA-ARCHIV 1976, D 121.

3) Bei dem kleinen Reformpaket, an dem sich die Entwicklungsländer insgesamt nur wenig interessiert zeigten, wurden die noch offenen Detailfragen schnell geklärt und im übrigen die Absprachen von Rambouillet[4] in der Wechselkursfrage sowie hinsichtlich der Implementierung der bereits früher gefaßten Goldbeschlüsse[5] eingesegnet.

Auf dem Wechselkursgebiet wird nach dem neuen Artikel IV des IWF-Abkommens jedes Mitgliedsland das Recht haben, zwischen mehreren Systemen (feste Wechselkurse, Schlange, Floating) wählen zu können.[6]

In der Goldfrage konnten die letzten dem Verkauf von einem Sechstel der IWF-Bestände entgegenstehenden rechtlichen Hindernisse ausgeräumt werden. Es wird erwartet, daß aus dem Verkauf von rd. 17 Mio. Unzen innerhalb von vier Jahren rd. 1,5 Mrd. SZR erlöst werden, die den ärmsten Entwicklungsländern über den Trust Fund zugute kommen sollen.[7]

4) Obwohl Minister Apel noch einmal sehr nachdrücklich für unser Erlösstabilisierungsmodell[8] warb, bestanden die Entwicklungsländer darauf, die Gold-

---

4 Die Konferenz der Staats- und Regierungschefs aus sechs Industriestaaten fand vom 15. bis 17. November 1975 auf Schloß Rambouillet statt. Vgl. dazu AAPD 1975, II, Dok. 346 und Dok. 348–350.

5 Bereits auf seiner Tagung am 31. August 1975 in Washington erzielte der Interimsausschuß des Gouverneursrats des IWF Einvernehmen darüber, den offiziellen Goldpreis abzuschaffen. Ferner wurde beschlossen, die Verpflichtung, Gold in Transaktionen mit dem Fonds zu verwenden, aufzuheben und ein Sechstel des Goldes des Fonds (25 Mio. Unzen) zugunsten der Entwicklungsländer zu verkaufen. Vgl. dazu Ziffer 6 des Kommuniqués; EUROPA-ARCHIV 1975, D 601 f.

6 Der vom Interimsausschuß des Gouverneursrats des IWF am 7./8. Januar 1976 gebilligte Entwurf eines neuen Artikels IV des IWF-Abkommens verpflichtete die Mitgliedstaaten „zur Zusammenarbeit mit dem Fonds und anderen Mitgliedern mit dem Ziel, geordnete Wechselkursregelungen zu gewährleisten und ein stabiles Wechselkurssystem zu fördern". Dazu sollte jeder Mitgliedstaat den IWF innerhalb von 30 Tagen nach dem Datum der Abkommensänderung über die Wechselkursregelung seiner Wahl unterrichten: „Ein internationales Währungssystem der am 1. Januar 1976 bestehenden Art kann unter anderen folgende Wechselkursregelungen vorsehen: 1) Aufrechterhaltung des Wertes einer Mitgliedswährung in Sonderziehungsrechten oder einem anderen vom Mitglied gewählten Nenner außer Gold; oder 2) kooperative Regelungen, unter denen Mitglieder das Verhältnis des Wertes ihrer Währungen zum Wert der Währung oder Währungen anderer Mitglieder aufrechterhalten; oder 3) andere Wechselkursregelungen nach Wahl des Mitglieds." Vgl. EUROPA-ARCHIV 1976, D 123.

7 Vgl. dazu Ziffer 3) des Kommuniqués über die Tagung des Interimsausschusses des Gouverneursrats des IWF am 7./8. Januar 1976 in Kingston; EUROPA-ARCHIV 1976, D 120.
Zur Schaffung eines Trust Fund hieß es in Ziffer 6 Absatz a) des Kommuniqués: „Seine Mittelausstattung würde aus dem Mehrerlösen beim Verkauf von Fondsgold stammen und durch freiwillige nationale Beiträge ergänzt werden. [...] Die Mittel des Trust Fund sollen für Zahlungsbilanzhilfen zu günstigen Bedingungen an Mitglieder mit niedrigem Pro-Kopf-Einkommen eingesetzt werden. Zu Beginn kommen hierfür Mitglieder mit einem Pro-Kopf-Einkommen von nicht mehr als 300 SZR im Jahr 1973 in Betracht." Vgl. EUROPA-ARCHIV 1976, D 121.

8 Auf der Klausurtagung am 9. Juni 1975 auf Schloß Gymnich sprach sich das Kabinett hinsichtlich der Finanzierung der Rohstoffmärkte für ein Modell der Exporterlösstabilisierung aus, das Eingang in die „Grundsätze der Bundesregierung für den Dialog mit den erdölproduzierenden und anderen Entwicklungsländern" fand. Vgl. dazu AAPD 1975, II, Dok. 264.
Am 24. Oktober 1975 übermittelte das Bundesministerium für Wirtschaft dem Auswärtigen Amt eine „Skizze eines weltweiten Systems der Erlösstabilisierung zugunsten rohstoffexportierender Entwicklungsländer" mit der Bitte, sie an das Sekretariat der OECD in Paris weiterzuleiten. In der Skizze wurde ausgeführt: „Ziel und Zweckbestimmung: Stabilisierung der Rohstoffexporterlöse (nicht der Preise) zur Fortführung von Entwicklungsprojekten, für mittelfristige Wirtschaftsprogramme zur Verbesserung der Wirtschaftsstruktur und zur Sicherung der finanziellen Stabilität. Organisatorischer Rahmen: Errichtung eines Fonds im IWF. Anspruchsberechtigte Länder: Gruppe der Entwicklungsländer bis zu einem BSP pro Kopf von 300 SZR. Kreis der einzubeziehenden Produkte: Alle Rohstoffe (außer Erdöl). Voraussetzungen der Inanspruchnahme: Rückgang der Er-

gewinne ausschließlich für Zahlungsbilanzzwecke zu verwenden. Einer ihrer Sprecher betonte, daß man davon absehen möge, den Entwicklungsländern etwas gegen ihren Willen aufzuoktroyieren.

Auf deutsches Drängen hin kamen die Minister jedoch überein, die Frage der Verwendung eines Teils des Goldgewinns zur Zinssubventionierung der heute beginnenden Tagung des Development Committees weiter prüfen zu lassen.[9]

5) Als Nachfolger des zurückgetretenen kanadischen Finanzministers Turner war zu Beginn der Sitzung auf Vorschlag der EG-Staaten Finanzminister Willy de Clercq/Belgien einstimmig zum neuen Vorsitzenden gewählt worden.

III. Minister Apel zeigte sich über das Verhandlungsergebnis im großen und ganzen befriedigt. Apel hatte sich während der Beratungen wiederholt für einen fairen, den besonderen Bedürfnissen der ärmsten Entwicklungsländer Rechnung tragenden Kompromiß eingesetzt.

Das Ergebnis von Jamaika zeigt, daß die im IWF zusammenarbeitenden Staaten willens und in der Lage sind,

– die internationalen Währungsbeziehungen wieder auf stabilere Grundlagen zu stellen und

– den ärmsten Entwicklungsländern bei der Meisterung ihrer Finanzierungsnöte wirkungsvoll zu helfen.

Andererseits erhellte die Konferenz die Gefahr, daß durch die Forderungen der Entwicklungsländer das disziplinierende Element – wesentliche Raison d'être des IWF – zunehmend geschwächt wird. Bedauerlich ist, daß sich unser Erlösstabilisierungsmodell nicht durchsetzen ließ. Das lag einerseits an der geringen, halbherzigen Unterstützung im westlichen Lager und andererseits am manifesten Desinteresse der eigentlichen Adressaten. Hinzuweisen ist jedoch darauf, daß mit der bereits beschlossenen quantitativen und qualitativen Verbesserung der kompensatorischen Finanzierung und einem damit verbundenen, aus Goldgewinnen gespeisten Zinssubventionskonto – über das allerdings

---

Fortsetzung Fußnote von Seite 19

löse aus dem zusammengefaßten Export aller Rohstoffe mit Ausnahme von Erdöl in alle Länder. Mittel der Stabilisierung: Kredite zu günstigen Bedingungen; Laufzeit acht Jahre, Zinssatz maximal 2 bis 3 %. Ermittlung der Exporterlösausfälle: Rückgang der Rohstoffexporterlöse, verglichen mit einem mehrjährigen gleitenden Durchschnitt, der x % übersteigt. Finanzierung: 1) Verkauf eines Teils des IWF-Goldes am Markt oder an Mitglieder; 2) freiwillige Beiträge. Voraussichtlicher Finanzbedarf schwer abzuschätzen." Vgl. das Fernschreiben Nr. 1204/1205; Referat 402, Bd. 122081.

[9] Am 12. Januar 1976 informierte das Bundesministerium der Finanzen: „Minister Apel (im Interimsausschuß) und StS Pöhl (im Development Committee) setzten sich nachdrücklich für die Verwendung eines Teils der Mittel aus dem Trust Fund für die Rohstoff-Erlösstabilisierung ein. Da großer Widerstand gegen die Abzweigung eines erheblichen Teils der Mittel für andere als Zahlungsbilanzhilfen bestand, erklärte sich Staatssekretär Pöhl mit dem Witteveen-Vorschlag als Grundlage für die weiteren Arbeiten einverstanden (der Witteveen-Vorschlag sieht die Verwendung der Trust-Fund-Mittel parallel zu Ziehungen im IWF vor; dabei wären auch Ziehungen unter der kompensierenden Finanzierung mit einzubeziehen). [...] Übereinstimmung, auf der Basis des Witteveen-Vorschlags weiterzuarbeiten, wurde nicht erzielt. Den deutschen Wunsch einer Berücksichtigung der Erlösstabilisierung im Trust Fund unterstützten die USA, die jedoch den Witteveen-Vorschlag nicht befürworten, Frankreich, Italien und Japan. [...] Ganz gegen die Einbeziehung von Elementen der Exporterlösstabilisierung waren Indien, die südamerikanischen, ostasiatischen und schwarzafrikanischen Länder sowie die australisch-philippinische Gruppe." Vgl. Referat 412, Bd. 109331.

noch zu beschließen ist – ein wesentlicher Teil unserer Vorschläge zur Verbesserung der Lage der ärmsten Entwicklungsländer verwirklicht wäre.

[gez.] Jelonek

Referat 412, Bd. 109331

6

Aufzeichnung des Ministerialdirektors van Well

212-340.42 VS-NfD   **12. Januar 1976**[1]

Über Herrn Staatssekretär[2] Herrn Minister[3] weisungsgemäß vorgelegt

Betr.: Westeuropäische KPen – Analysen und Empfehlungen

I. Charakterisierung der westeuropäischen autonomistischen KPen

1) Die wichtigsten westeuropäischen autonomistischen KPen sind die italienische und spanische KP. Die Rolle der KP Frankreichs ist vorerst noch nicht klar zu definieren. Die autonomistischen KPen entziehen sich dem Führungsanspruch der KPdSU und sind insbesondere nicht bereit, dem sowjetischen Vorbild in bezug auf die Strategie der Machtergreifung[4] und den Weg zum Sozialismus zu folgen; ihre Zielvorstellungen entsprechen nicht dem sowjetischen Staats- und Gesellschaftsmodell.

Die Autonomisten wollen vielmehr beim Aufbau einer sozialistischen Gesellschaft die Errungenschaften des bürgerlichen Rechtsstaats – die bürgerlichen Freiheiten, Parteienpluralismus, parlamentarische Demokratie und ihre Spielregeln – bewahren. Sie streben Regierungsbeteiligung auf parlamentarischem

---

1 Die Aufzeichnung wurde von Vortragendem Legationsrat I. Klasse Freiherr von Groll und von Vortragender Legationsrätin Krüger konzipiert.

2 Hat Staatssekretär Gehlhoff am 14. Januar 1976 vorgelegen.

3 Hat Bundesminister Genscher am 1. Februar 1976 vorgelegen, der handschriftlich vermerkte: „R[ücksprache]".

4 Am 26. August 1975 resümierte Vortragender Legationsrat Gehl Ausführungen sowjetischer Politiker zur Frage der Machtübernahme kommunistischer Parteien in Westeuropa: „Entwicklung in Portugal stellte Moskau vor das Problem, welchem Konzept zur Erlangung der Macht durch die europäischen kommunistischen Parteien – Alleingang oder Allianzkurs – der Vorzug zu geben ist [...]. Zur Propagierung sowjetischer Entspannungskonzeptionen möchte Moskau volksfrontartige Koalitionen ‚progressiver' Kräfte zustande bringen. Andererseits will es unabhängige Volksfrontstrategie der europäischen KPen (Tendenz besonders in Spanien und Italien) vermeiden. Reden von Suslow und Ponomarjow Anfang Juli d. J. anläßlich des 40. Jahrestages des 7. Kongresses der Komintern sowie Prawda-Artikel vom 6.8. und 19.8. befassen sich mit diesem Problem. Sarodow betont im parteiamtlichen Prawda-Artikel Notwendigkeit, daß kommunistische Parteien Vorherrschaft notfalls durch Gewalt und in alleiniger Verantwortung errichten müssen, was italienische KP zum Widerspruch veranlaßte. Sarodow-Artikel zeigt Doppelstrategie Moskaus auf: Zur Propagierung der sowjetischen Entspannungskonzeptionen Zusammenarbeit mit Volksfrontcharakter; zur Machterlangung Präferenz für autonomen Weg der kommunistischen Parteien und Koalitionen nur bei Unterordnung unter den Machtanspruch der Kommunisten." Vgl. Referat 212, Bd. 111675.

Wege an und erklären sich bereit, sich auch dem parlamentarischen Wechsel zu unterwerfen. Bündnisse mit anderen politischen Kräften sollen nicht – wie die sowjetische Ideologie es vorsieht – zum Zwecke einer zeitweiligen Benutzung der Bündnispartner bis zur alleinigen Machtergreifung der KP geschlossen werden, sondern eine langfristige Einrichtung bleiben.

In bezug auf diese Absichten, einen „Kommunismus mit menschlichem Gesicht" zu verwirklichen, ist zumindest den Führungen der KPen Italiens und Spaniens subjektive Glaubwürdigkeit zuzuerkennen.[5] Allerdings bleibt die Frage offen, inwieweit sie sich in der Realität gegen die Altkommunisten in ihren Parteien durchsetzen können und ob sie in Krisensituationen nicht doch auf die altbewährten kommunistischen Methoden zurückgreifen würden.

2) Die prominenteste Vertreterin dieser Richtung, die KP Italiens, betrachtet den von ihr propagierten „historischen Kompromiß"[6] nur als eine – wenn auch für längere Zeit vorgesehene – Zwischenlösung. Ihre Zukunftsvorstellung scheint ein vom Konsens aller gesellschaftlichen Kräfte getragenes Modell eines freiheitlichen, humanen Sozialismus zu sein, in dem die KP die Führung unter mehreren bestehenden Parteien hat. Dies entspricht etwa den Vorstellungen des „Prager Frühlings".

Die KPI hat seit etwa zwei Jahren auf die Forderung des Austritts aus der NATO verzichtet. Ihre Vorstellungen laufen seitdem auf Blocküberwindung, Kooperation mit dem Osten, Errichtung eines kollektiven Sicherheitssystems hinaus. Sie begründet diesen Positionswechsel damit, daß das strategische Gleichgewicht zwischen den USA und der SU sowie das Fortbestehen der NATO und des WP eine der Voraussetzungen für den Fortschritt des Entspannungsprozesses, der Abrüstung und der Zusammenarbeit zwischen Staaten unterschiedlicher Gesellschaftsordnung sei und sich deshalb ein Austritt aus der

---

5 Am 30. Juli 1975 berichtete Gesandter Steg, Rom, in einer gemeinsamen Erklärung der Kommunistischen Parteien Spaniens und Italiens vom 12. Juli 1975 sei „feierlich versichert" worden, „daß es sich bei ihrem Konzept einer ‚demokratischen Entwicklung zum Sozialismus in Frieden und Freiheit' nicht um ein taktisches Manöver, sondern um eine ‚strategische Überzeugung' handele. Der Sozialismus könne sich in Spanien und Italien nur auf demokratischem Wege durchsetzen." Steg wies dazu ferner auf einen Artikel in der Parteizeitung der KPI hin: „Ganz auf der Linie der gemeinsamen Erklärung der spanischen und italienischen Kommunistischen Partei befindet sich die ‚Unità' auch in ihrer Meinung zur Entwicklung in Portugal. Im Leitartikel der Ausgabe vom 29. Juli werden die portugiesischen Kommunisten mehr oder minder offen kritisiert. Einen Gegensatz zwischen Revolution und Demokratie zu konstruieren, sei [...] verfehlt und verderblich. Die Entwicklung zum Sozialismus sei nur im permanenten Kampf für die Verteidigung und die Ausweitung der Demokratie und für die sozialistische Umwandlung der Gesellschaft möglich. Die Bewahrung der Versammlungsfreiheit, der Presse- und Informationsfreiheit und der Freiheit der Kultur seien ureigenstes Anliegen der sozialistischen Bewegung." Vgl. den Schriftbericht; Referat 203, Bd. 110228.

6 Am 10. Februar 1976 bemerkte Gesandter Steg, Rom, zur innenpolitischen Konzeption des Generalsekretärs der KPI, Berlinguer: „Im Herbst 1973 entwickelte er unter dem Eindruck des Scheiterns der Volksfront in Chile in Anlehnung an ältere Thesen Gramscis und Togliattis seine Politik des ‚historischen Kompromisses', d. h. eines umfassenden Bündnisses aller fortschrittlichen Kräfte zur inneren Erneuerung von Staat und Gesellschaft. Die Gefahr der ideologischen Entfremdung zwischen KPI und KPdSU nahm er dabei in Kauf. Als Mittel zur Demonstration der eigenen Autonomie dürfte sie ihm sogar willkommen gewesen sein. An der Einheit der kommunistischen Weltbewegung hält er trotzdem fest. Die Politik des historischen Kompromisses ist ihm lediglich Ausdruck des besonderen italienischen Weges zum Sozialismus." Vgl. den Drahtbericht Nr. 565; Referat 212, Bd. 111675.

NATO zur Zeit negativ auswirken würde.[7] Trotzdem wäre von ihr nicht aktive Mitarbeit in der NATO, sondern nur deren passive Duldung zu erwarten.

Europapolitisch vertrat die KPI zunächst ein „Europa bis zum Ural". Sie ist jedoch allmählich auf die Vorstellung eines Westeuropas, das weder anti-amerikanisch noch anti-sowjetisch ist, eingeschwenkt. Sie befürwortet ein Verbleiben in der EG, die von innen her in anti-monopolitischem, sozialistischem Sinne umgeformt werden soll.[8]

Wirtschaftspolitisch tritt sie – angesichts des erheblichen Umfangs des staatlichen Sektors in der italienischen Wirtschaft – nicht für weitere Verstaatlichungen, sondern für indirekte Investitionslenkung nach schwedischem Vorbild, für Erhaltung des mittleren und kleinen Privatbesitzes in Industrie, Handwerk und Landwirtschaft, für freie Gewerkschaften und Mitbestimmung ein.

3) Die KP Spaniens ist gegen die Einbeziehung Spaniens in die NATO, um nicht zur Verfestigung dieser Organisation beizutragen. Sie spricht sich für einen schrittweisen, ausgewogenen Abbau der Militärblöcke in Ost- und Westeuropa aus. Hingegen erklärt sie sich bereit, einem neuen Stützpunktabkommen zwischen einer demokratischen spanischen Regierung und den USA[9] zuzustimmen, da die amerikanischen Basen zur Erhaltung des Ost-West-Gleichgewichts dienen, das sie nicht beeinträchtigt sehen will.

Auch sie spricht sich für eine westeuropäische Staatengemeinschaft unter Einbeziehung Spaniens aus, die weder anti-sowjetische noch anti-amerikanische Politik betreiben sollte, und hofft auf amerikanische Wirtschaftshilfe nach Wiederherstellung der spanischen Demokratie. Ein „demokratisches" Spanien soll der EG, die nach Auffassung der KPSp einer durchgreifenden Demokratisierung bedarf, zunächst assoziiert werden und ihr sodann beitreten.

---

7 Am 20. März 1975 resümierte Botschafter Meyer-Lindenberg, Rom, die Rede des Generalsekretärs der KPI, Berlinguer, auf dem Parteitag der KPI am 18. März 1975 in Rom: „Im Interesse der Entspannung solle auch nicht an der NATO-Mitgliedschaft Italiens gerührt werden. Es entspräche nicht den Interessen und Bestrebungen der breiten Masse und der ganzen Nation, sich in eine feindselige Haltung gegenüber der Sowjetunion oder den USA zu bringen. Der Auszug Italiens aus dem atlantischen Bündnis – wie jeder andere einseitige Auszug aus dem einen oder anderen der beiden Blöcke – liefe Gefahr, die Entspannung zu behindern, ja vielleicht sogar aufzuheben, er könnte außerdem innerhalb des italienischen Volkes Gräben aufreißen und somit zu einer Schwächung statt zu einer Stärkung des demokratischen Staates führen. Die nationale Unabhängigkeit Italiens sei unantastbares oberstes Gut aller Italiener. In diesem Zusammenhang müsse auch das große Interesse daran unterstrichen werden, daß das sozialistische Jugoslawien die internationale Stellung und die Politik beibehält, die es seit vielen Jahren mit großer Beständigkeit verfolgt." Vgl. den Drahtbericht Nr. 496; Referat 203, Bd. 110228.

8 Gesandter Steg, Rom, berichtete am 28. April 1976, der Leiter „des Außenamts der KPI, Sergio Segre", habe am 23./24. April 1976 zur Europa-Politik seiner Partei festgestellt: „An der festen Verankerung Italiens in Europa halte die KPI fest. Die Integration müsse weiter ausgebaut werden. Italien dürfe jedoch nicht nur immer Leistungen von Europa erwarten, sondern müsse selbst etwas geben. Die KPI würde als Regierungspartei hier einen wichtigen Beitrag leisten. Ihr Regierungseintritt würde im politisch-gesellschaftlichen System des Landes ausgleichend und stabilisierend wirken. Nur so könne das Land aus seiner Dauerkrise, die nicht konjunkturell, sondern strukturell sei, herausgeführt werden. [...] In diesem Zusammenhang stellte Segre auch die Frage des Verteidigungsbeitrags Italiens: Nach einer wirtschaftlichen und sozialen Gesundung Italiens, für die eine Beteiligung der KPI an der Regierung unerläßlich sei, würde das Land auch einen wirksameren Beitrag zum gemeinsamen Verteidigungssystem leisten können." Vgl. den Schriftbericht; Referat 203, Bd. 110232.

9 Zum spanisch-amerikanischen Abkommen vom 24. Januar 1976 über Freundschaft und Zusammenarbeit vgl. Dok. 4, Anm. 7.

Wirtschaftspolitisch orientiert sich die KPSp etwa am jugoslawischen Modell. Neben einer schrittweisen Vergesellschaftung der Produktionsmittel im Wege verfassungskonformer Mehrheitsbeschlüsse soll gleichzeitig der allmähliche Ausbau der Arbeiterselbstverwaltung mit dem Ziel der Demokratisierung des Wirtschaftslebens erfolgen.

4) Während den KPen Italiens und Spaniens zumindest[10] subjektive Glaubwürdigkeit zuerkannt werden kann, bestehen Zweifel, ob sich die KP Frankreichs zu einer wirklich autonomistischen Partei entwickeln wird. Wenn auch unter den Neuwählern reformistische Ideen vorherrschen mögen, so hat sie doch starke stalinistische Kader und galt bis vor kurzem stets als moskautreu. Zwar hat sie sich bei Abschluß des Wahlbündnisses mit Mitterrand im Juni 1972 zu demokratischen Freiheiten und Spielregeln bekannt[11]; doch sind hierfür wohl vor allem taktische Gründe ausschlaggebend gewesen. Auch die gemeinsame Erklärung von Marchais und Berlinguer vom 15.11.1975[12], die von vielen Beobachtern als Einrücken der KPF in die Reihen der Autonomisten gewertet wird, beseitigt diese Zweifel nicht.[13] Wiederholte Verärgerungen über Moskau und der Wunsch, aus innenpolitischen Gründen am Glanz der autonomistischen KPI teilzuhaben, mögen für diesen Schritt ausschlaggebend gewesen sein. Gleichzeitig hält die KPF jedoch in Vorbereitung des 22. außerordentlichen Parteikongresses im Februar 1976[14] den harten orthodoxen Kurs aufrecht, den sie im Herbst 1974 eingeschlagen hat[15], um sich innerhalb des

---

10 Dieses Wort wurde von Staatssekretär Gehlhoff durch Fragezeichen hervorgehoben.

11 Am 1. Juli 1972 berichtete Botschafter Ruete, Paris, über die Verabschiedung eines „Gemeinsamen Regierungsprogramms" der Kommunistischen und der Sozialistischen Partei Frankreichs: „Die Sozialisten und Kommunisten haben am 27. Juni 1972 nach dreimonatigen Verhandlungen ein ‚Gemeinsames Regierungsprogramm' unterzeichnet, dessen Inhalt in der Geschichte beider Parteien einmalig ist. Das ausführliche Programm soll zunächst Wahlplattform und nach gewonnenen Wahlen Basis der Politik der Union de la Gauche sein." Zum außenpolitischen Teil des Programms stellte Ruete fest: „In dem Programm findet sich ferner die entschiedene Bejahung einer allgemeinen universellen und kontrollierten Abrüstung. Auf die strategischen Atomwaffen will man sofort verzichten. [...] Die Regierung der Union de la Gauche will für die gleichzeitige Auflösung der NATO und des Warschauer Pakts eintreten. [...] Entscheidende Konzessionen hat die PSF bei ihrer Europapolitik gemacht. Zwar ist nicht davon die Rede, daß man die EWG abschaffen will, die kommunistische Ablehnung der supranationalen Institutionen führte jedoch dazu, daß man lediglich die bestehenden Institutionen ‚demokratisieren' will. Man will innerhalb der EWG auf die Herbeiführung eines sozialistischen Systems hinwirken." Vgl. den Drahtbericht Nr. 1882; Referat I A 3, Bd. 665.

12 Korrigiert aus: „18.11.1975".

13 Botschafter Meyer-Lindenberg, Rom, stellte am 20. November 1975 zur gemeinsame Erklärung der Kommunistischen Parteien Italiens und Frankreichs vom 15. November 1975 fest: „Die Gemeinsame Erklärung von PCI und PCF stellt einen offenbar nicht ohne Schwierigkeiten ausgehandelten Kompromiß dar. Die Linie der französischen Seite scheint sich insbesondere bei der Formulierung der wirtschaftspolitischen Forderungen durchgesetzt zu haben. Die italienischen Kommunisten bemühen sich üblicherweise gerade auf diesem Gebiet um größte Zurückhaltung. Sie konnten die entsprechende Passage wenigstens durch den Zusatz über die ‚positive Funktion' der kleinen und mittleren Betriebe abschwächen. Die Linie Berlinguers konnte sich andererseits offenbar nicht nur bei der Frage der Zusammenarbeit aller fortschrittlichen Kräfte (‚wichtige Rolle der katholischen Kirche') durchsetzen, sondern vor allem auch bei den zentralen Formulierungen über die Autonomie der einzelnen Parteien und den demokratischen Charakter des Sozialismus." Vgl. den Drahtbericht Nr. 1920; Referat 203, Bd. 110228.

14 Der XXII. Parteitag der KPF fand vom 4. bis 8. Februar 1976 in Saint-Ouen statt.

15 Am 28. November 1975 führte Gesandter Lahusen, Paris, zu der von der KPF seit ihrem XXI. Parteitag vom 24. bis 27. Oktober 1974 in Paris verfolgten „Strategie und Taktik" aus: „Mit der abrupten Kurskorrektur im Oktober vergangenen Jahres [...] ist die PCF auf einen wesentlich orthodoxe-

Wahlbündnisses stärker gegenüber den Sozialisten zu profilieren. Ihre Aussagen bleiben zweideutig und lassen ihr den Weg in beide Richtungen offen.

Das außenpolitische Programm der KPF scheint – ähnlich dem der Gaullisten – stark von der Idee der nationalen Unabhängigkeit geprägt zu sein. Sie beharrt auf einer anti-amerikanischen Position, die sie auch in der gemeinsamen Erklärung mit der KPI durchgesetzt hat, und tritt für Blockfreiheit ein. Zwar spricht sie sich nicht für den Austritt aus der EG aus, will jedoch bei der europäischen wirtschaftlichen Zusammenarbeit die nationale Entscheidungsfreiheit gewahrt wissen. Sie fordert ein „Europa der Arbeiter" und lehnt weitere Fortschritte bei der Einigung Europas ab.

Wirtschaftlichpolitisch vertritt sie einen härteren Kurs als die KPI: weitgehende Verstaatlichungen unter eng gezogener Eigentumsgarantie.

II. Gefahren für den Sowjetblock

1) Aus Moskauer Sicht trägt jede kommunistische Machtausweitung in Westeuropa, die eine bestimmte Schwelle überschreitet, das Risiko eines Rechtsputsches und des Wiederaufkommens faschistischer Regime in sich. Dies gilt für die moskautreue KP Portugals ebenso wie für die Autonomisten. Die politische Entlastung, die die Entspannungspolitik der Sowjetunion angesichts der potentiellen Bedrohung durch China verschafft, könnte verspielt werden. Auch die wirtschaftliche Kooperation, die sie – trotz der inzwischen eingetretenen Desillusionierung hinsichtlich der zu erwartenden Größenordnung – fortzusetzen entschlossen ist, würde gefährdet.

Die Sowjetführung zieht daher kleine moskautreue Propagandaparteien, die ihre außenpolitische Linie ohne Einschränkungen unterstützen, großen aktivistischen KPen, die Chancen zur Regierungsbeteiligung haben, vor.

Ihr Dilemma besteht darin, daß sie sich auch mit den großen aktivistischen KPen solidarisieren muß, um nicht ihre ideologische Glaubwürdigkeit zu verlieren.

2) Die autonomistischen KPen bieten darüber hinaus ein Kontrastprogramm zum osteuropäischen Kommunismusmodell. Von der Errichtung kommunistischer Regime in Westeuropa, die Menschenrechte und Grundfreiheiten gewährleisten, Parteienpluralismus dulden und demokratische Spielregeln einhalten, insbesondere dadurch, daß diese einmal erreichte Macht bei Abwahl wieder abgeben wollen, befürchtet die Sowjetführung Rückwirkungen auf die osteuropäischen Volksrepubliken, wenn nicht gar auf ihre eigene innere Stabilität (Ukraine, baltische Staaten, kaukasische Republiken, asiatische Sowjetrepubliken). Der Schock des Prager Frühlings ist noch nicht vergessen. Diese Gefahr wird als so ernst empfunden, daß die bloße Verkündigung derartiger au-

Fortsetzung Fußnote von Seite 24

ren Kurs eingeschwenkt. Kernthemen sind jetzt: die Analyse der ‚Krise' als der ‚eigentlichen Krise des Kapitalismus', die deutlichere Akzentuierung des politischen Ziels der Arbeiterklasse als einzigem Träger revolutionären Wandels und der Kommunistischen Partei als Avantgarde im Klassenkampf. Die ‚liberale' Thematik, die seit dem 20. Parteikongreß bis Anfang September 1974 im Vordergrund stand, wird beibehalten, z. Z. sogar – Schutz der Freiheitsrechte – noch weiterentwickelt. Ihr Fassadencharakter zeigt sich aber sehr viel deutlicher als in der Vorepoche. Die Parallelität zu härteren ideologischen Tönen aus Moskau ist erkennbar, desgleichen in Einzelfragen (Portugal; Sozialisten unvermeidliche Klassenkollaborateure; inhaltlich angereicherter Entwurf für Konferenz der Komm[unistischen] Parteien), auch wenn eine Unterordnung unter Moskau lautstark bestritten wird." Vgl. den Drahtbericht Nr. 3845; Referat 202, Bd. 109185.

tonomistischer Programme die KPdSU zu ständigen Ordnungsrufen herausfordert.

3) Der Führungsanspruch der KPdSU über die kommunistische Weltbewegung ist ein wesentliches Element der sowjetischen Machtposition. Die endgültige Aufgabe dieses Anspruchs gegenüber den KPen Westeuropas würde einen Intra-Block- und weltpolitischen Machtverlust für die SU nach sich ziehen.

Ein verstärkter Polyzentrismus der kommunistischen Weltbewegung scheint der Sowjetführung nicht tragbar. Neben Peking noch ein weiteres mediterranes Kommunismuszentrum zu dulden, könnte einen Schneeballeffekt auf weitere nichtregierende KPen ausüben, in denen autonomistische und moskautreue Richtungen bestehen (KPen Schwedens, Finnlands, Griechenlands), die Anziehungskraft Moskaus in der Dritten Welt mindern und schließlich zum Verfall der kommunistischen Weltbewegung führen.

4) Die Entwicklung der letzten Jahre, insbesondere aber die laufenden Vorbereitungen zu der Europäischen KPen-Konferenz[16], haben erwiesen, daß Moskau nicht mehr in der Lage ist, die autonomistischen KPen zu disziplinieren. Dazu müßte es zu stalinistischen Methoden früherer Jahre greifen, was heute kaum noch denkbar ist.

Es läge also im Interesse der SU, die entstandene Situation soweit wie möglich in ihrem Sinne zu nutzen. Dies hieße, vergebliche Disziplinierungsversuche zu unterlassen und mit den KPen soweit wie möglich zusammenzuarbeiten, um nicht den Einfluß auf sie zu verlieren und von ihren Erfolgen zu profitieren. Dem würde entgegenkommen, daß noch keine der autonomistischen KPen bereit ist und in der Lage zu sein scheint, mit Moskau zu brechen.

Ob und inwieweit die SU diesen Weg der Vernunft einschlägt, bleibt fragwürdig. Wahrscheinlich ist, daß sie weiterhin zwischen Disziplinierungsversuchen, mit denen sie diese KPen weiter von sich entfernt, und zeitweiligen Versöhnungen und Annäherungen hin- und herschwanken wird.

Das Ausmaß der Gefahren, die die autonomistischen KPen für das westliche politische und Gesellschaftssystem mit sich bringen, wird weitgehend davon abhängen, inwieweit es der KPdSU gelingt, sie an sich zu binden.

III. Gefahren für die westeuropäische politische und Gesellschaftsordnung

1) Von einer Regierungsbeteiligung der KPF wären wegen der allgemeinen ambivalenten Haltung dieser Partei, ihren außenpolitischen Konzeptionen und der Schlüsselrolle Frankreichs innerhalb Europas die gravierendsten Konsequenzen zu erwarten.

Da die französischen Präsidentenwahlen erst 1981[17] erfolgen und dem Präsidenten auch bei einem eventuellen starken Stimmengewinn der Linksunion bei den Nationalratswahlen im Jahre 1978[18] verschiedene Wege offenstehen, um eine Regierungsbeteiligung der KPF zu vermeiden, dürfte dieser Eventualfall vorerst nicht eintreten.

---

[16] Zur Konferenz der kommunistischen und Arbeiterparteien Europas am 29./30. Juni 1976 in Ost-Berlin vgl. Dok. 215.

[17] In Frankreich fanden am 26. April und 10. Mai 1981 Präsidentschaftswahlen statt.

[18] Die Parlamentswahlen in Frankreich fanden am 12. und 19. März 1978 statt.

Auch eine Entwicklung in Spanien, die eine Regierungsbeteiligung der KPSp mit sich bringen würde, zeichnet sich vorläufig noch nicht ab.

2) Die KPI scheint zur Zeit nicht die direkte Regierungsbeteiligung auf nationaler Ebene, sondern vielmehr ein institutionalisiertes Mitspracherecht anzustreben, das ihr das Prestige einer staatstragenden Partei verleiht, ohne sie mit der Verantwortung für die italienische Misere zu belasten und ihr mit dem weiteren Abwirtschaften der Democrazia Cristiana einen noch größeren Stimmenzuwachs zu ermöglichen. Hat die KPI einmal die relative Mehrheit erreicht, ist ihre Regierungsbeteiligung wahrscheinlich.

3) Eine Regierungsbeteiligung von Kommunisten könnte im Extremfall folgende Auswirkungen haben:

- eine desintegrierende Wirkung auf die NATO[19]; die USA würde nicht mehr bereit sein, vertrauliche Fragen in diesem Kreis zu behandeln, sondern sich bilateral mit „nicht infizierten" Verbündeten kurz schließen;
- eine desintegrierende Wirkung auf die EG; insbesondere die Europäische Politische Zusammenarbeit, deren Schwergewicht[20] in der Erarbeitung einer gemeinsamen Politik gegenüber Osteuropa liegt, käme zum Erliegen;
- Verschiebungen des militärischen und politischen Gleichgewichts zugunsten der SU, Verlust des Glaubens an die Funktionsfähigkeit westeuropäischer Zusammenschlüsse, verstärkte Einwirkungsmöglichkeiten der SU auf die Regierungen Westeuropas und dadurch Rückwirkungen auf die autonomistischen KPen wären nicht auszuschließen.

4) Einschränkend ist hierzu zu sagen: Der Spielraum und die Einflußmöglichkeiten kommunistischer Minister in westeuropäischen Regierungen dürften nicht unbegrenzt sein. Da die in den betroffenen Ländern bestehenden wirtschaftlichen Probleme nicht mit Hilfe der SU gelöst werden können, bleiben diese Länder auf die Zusammenarbeit mit den übrigen westeuropäischen Staaten angewiesen. Kommunisten in der Regierung werden auch, um sich halten oder ihre Macht erweitern zu können, nationale Politik treiben müssen. Diese Einsicht liegt ja dem Entstehen der autonomistischen Richtung zugrunde und spiegelt sich in ihrem Programm wider.

5) Auch wenn wir durch wirtschaftliche Stützungsmaßnahmen im Rahmen der EG für die gefährdeten Staaten eine Regierungsbeteiligung von Kommunisten

---

19 Vortragender Legationsrat I. Klasse Pfeffer gab am 22. März 1976 zu bedenken: „Wir haben den Musterfall Portugal bereits erfahren. Als dieses Land von einer Rechtsdiktatur in eine kommunistisch gesteuerte Linksdiktatur umzukippen schien, hat dies sehr gravierende Schwierigkeiten im Bündnis verursacht, obwohl es sich um einen kurzen Augenblick der Zuspitzung handelte, die nicht einmal bis zum Äußersten gedieh. Es kam zur Abschneidung Portugals von allen wichtigen Informationen, man diskutierte im Kreise der Alliierten mit sehr unterschiedlichen Meinungen über die Implikationen für die NPG, einige Verbündete sprachen sich für weitere Teilnahme, andere für eine reduzierte Teilnahme, wieder andere für eine Nichtteilnahme Portugals aus, wieder andere für ein Aussetzen der Ministersitzungen. [...] Bei Eintritt z.B. der italienischen Kommunisten in die Regierung wären diese Schwierigkeiten auf Dauer angelegt. In der Frage der Kernwaffenpolitik würden die Europäer im Zweifel weitgehend aus der Konsultation gedrängt. Dies käme sogar einer amerikanischen Tendenz entgegen, die Beeinflussung der ‚Evolution der Doktrin' durch uns käme womöglich zum Erliegen. Die europäischen Nicht-Kernwaffenländer würden auf die rein konventionelle Rolle beschränkt." Vgl. Referat 201, Bd. 113456.
20 Dieses Wort wurde von Staatssekretär Gehlhoff durch Fragezeichen hervorgehoben.

abzuwenden versuchen, sollten wir uns dennoch für den Eventualfall vorbereiten, z. B. durch folgende Maßnahmen:

– eine jeweils isolierte Untersuchung der sich in der Praxis ergebenden Probleme in NATO und EG mit dem Ziel, organisatorische Auffanglösungen zu
erarbeiten;

– Gespräche mit den USA und Großbritannien mit dem Ziel zu verhindern,
daß diese Staaten unter dem psychologischen Schock einer eventuellen derartigen Entwicklung Schritte tun, die die Situation erschweren;[21]

– Verstärkung der Bindungen zwischen den sozialistischen, christdemokrati-
schen und liberalen Parteien auf westeuropäischer Ebene bis hin zur Gründung westeuropäischer Parteien.[22]

IV. Kontakte und Dialog mit autonomistischen KPen

1) Bei Kontakten und Gesprächen mit[23] den autonomistischen KPen empfiehlt
sich ein Mittelweg. Es sollte einerseits vermieden werden,

– diese Parteien aufzuwerten;

– durch eine quasi offizielle Anerkennung den internen Umdenkprozeß innerhalb dieser KPen und ihre Bereitschaft, weitere Konzessionen zu machen, zu
stoppen;

– sie Vorwürfen aus dem orthodoxen kommunistischen Lager auszusetzen, mit
dem „Klassenfeind" oder „anti-sowjetischen" Kräften zu „konspirieren", und
sie dadurch u. U. zur Unzeit vor eine Entscheidung über ihren künftigen
Weg zu stellen.

Andererseits sollte man sie auch nicht verfehmen, um sie nicht wieder stärker
an das kommunistische Lager zu binden.

2) Im Falle der KPF ist Rücksichtnahme auf die französische Regierung geboten. Auch sollte man nicht durch offene Kontakte zur KPSp in die innerspanische Entwicklung eingreifen. – Bei der KPI ist hingegen zu berücksichtigen,
daß die Partei etwa 30 % der Wähler auf sich vereint[24], die sie z. T. nicht aus
weltanschaulichen Gründen, sondern als Law-and-order-Partei wählen, und
daß sie von anderen italienischen Parteien bereits auf regionaler und kommunaler Ebene als Koalitionspartner akzeptiert wird.

3) Grundregel wäre – zum jetzigen Zeitpunkt zumindest für die KPI – ein normales, unbefangenes Verhalten: keine beflissene Suche nach Kontakten, jedoch
auch kein krampfhaftes Ausweichen.

---

[21] Dieser Absatz wurde von Staatssekretär Gehlhoff hervorgehoben. Dazu vermerkte er handschriftlich: „M. E.: Nein (Es könnte der Eindruck entstehen, daß wir Italien abgeschrieben haben. Dies
würde kontraproduzent wirken.)"

[22] An dieser Stelle fügte Staatssekretär Gehlhoff handschriftlich ein: „Wir sollten ein Gespräch mit
der italienischen Regierung führen."

[23] Die Wörter „Kontakten und Gesprächen mit" wurden von Bundesminister Genscher hervorgehoben. Dazu vermerkte er handschriftlich: „Durch wen?"

[24] Am 5. April 1976 stellte Referat 212 zum Anteil der KPI an den italienischen Wählerstimmen fest:
„Die KPI (Mitgliederbestand 1975: 1 726 000) konnte bei den Regionalwahlen im Sommer 1975 mit
einem Stimmenanteil von 33,4 % nahe an die Christdemokraten mit 35,3 % heranrücken. Bei den
letzten Parlamentswahlen 1972 erzielte die KPI 27,2 %. Es ist nicht ausgeschlossen, daß sie bei den
Parlamentswahlen 1977 stärkste Partei und ihre Regierungsbeteiligung unabwendbar wird." Vgl.
Referat 212, Bd. 111675.

4) Es gibt bereits Kommunisten im Europarat und im Europäischen Parlament. Bei Direktwahl des Europäischen Parlaments würden wahrscheinlich weitere Kommunisten hinzukommen. Hier finden also bereits Kontakte statt. Auch unsere Auslandsvertretungen, insbesondere in Italien, können Kontakten mit Kommunisten nicht aus dem Wege gehen.

5) Die Anwesenheit von Vertretern von KPen bei solchen politischen Veranstaltungen, bei denen ein vielfältiges Meinungsspektrum politischer Kräfte zur Geltung kommt, sollte demokratische Parteien nicht von der Teilnahme abschrecken, sofern die Initiative zu diesen Veranstaltungen nicht von den KPen selbst oder eindeutig von Moskau ausgeht.

Derartige Veranstaltungen sind insbesondere in den Mittelmeerländern zu erwarten, in denen man sich um die Definition eines „lateinischen Sozialismus" in Abgrenzung von der nordeuropäischen Sozialdemokratie bemüht. Die Initiative von Soares, eine Konferenz der sozialistischen und kommunistischen Parteien Portugals, Spaniens, Frankreichs und Italiens zustande zu bringen, dürfte zum Ziele haben, die sehr orthodoxen Kommunisten Portugals in engeren Kontakt mit den autonomistischen KPen zu bringen, um ihnen eine Alternative zur strikten Anlehnung an Moskau zu bieten.

Möglichkeiten zum Dialog mit Vertretern autonomistischer KPen, die sich zwanglos ergeben, sollten genutzt werden.[25] Dabei wäre ihnen zu verdeutlichen, daß wichtige Kriterien ihrer Akzeptierung im westeuropäischen Parteienspektrum ihr Verhältnis zur KPdSU und ihre Bereitschaft zum demokratischen Pluralismus sind.

5) Inoffizielle Kontakte zur KPI unterhalten die Friedrich-Ebert-Stiftung und zu allen drei KPen die Westkommunismus-Spezialisten des Bundesinstituts für ostwissenschaftliche und internationale Studien (BIOST) in Köln, durch die auch das AA über die Entwicklungen in diesen Parteien unterrichtet wird.

Die Referate 202 und 203 haben mitgezeichnet.

van Well

Referat 212, Bd. 111675

---

[25] Zu diesem Satz vermerkte Bundesminister Genscher handschriftlich: „Durch wen?"

7

Botschafter Steltzer, Kairo, an das Auswärtige Amt

114-10215/76 VS-vertraulich   Aufgabe: 14. Januar 1976, 14.10 Uhr[1]
Fernschreiben Nr. 76   Ankunft: 14. Januar 1976, 15.56 Uhr

Betr.: Gespräch mit Präsident Sadat am 13.1.1976
   hier: Vorbereitung seines Besuchs in der Bundesrepublik Deutschland[2]

Hatte gestern etwa halbstündiges Gespräch mit Präsident Sadat zur Vorbereitung seines Besuchs in Bonn. Da ich nach Bonn reisen werde, wollte ich gern
zuvor erfahren, welche besonderen Wünsche er mir mit auf den Weg geben
wolle.

Ich erklärte dem Präsidenten, daß sich Bundesregierung und Bundesrepublik
über den bevorstehenden Besuch freuten und daß er eines herzlichen Empfangs sicher sein könne.

Präsident Sadat erklärte, daß er dem Besuch in Bonn zuversichtlich entgegen-
sehe. Es sei jetzt der Zeitpunkt gekommen, die Beziehungen zwischen beiden
Ländern ihrer Bedeutung entsprechend auszubauen und ihnen den Rang zu-
kommen zu lassen, den sie verdienten („to put them into proper dimensions").
Er habe schon mehrfach betont – zuletzt Ende Dezember –, daß Ägypten den
Deutschen seit Generationen besondere Zuneigung entgegenbringe.[3]

Großes Gewicht messe er gerade den Gesprächen mit dem Herrn Bundeskanzler bei, der ihm aus zahlreichen Unterhaltungen mit dem „gemeinsamen
Freund Henry" schon ein Begriff geworden sei. Es sei auch Kissinger gewesen,
der ihm geraten habe, sich mit seinen besonderen Anliegen vertrauensvoll an
Bundeskanzler Schmidt zu wenden. Er habe vor, mit dem Herrn Bundeskanzler und auch mit Bundesminister Genscher außer über den Nahost-Konflikt
und den Stand der bilateralen Beziehungen vor allem folgende Fragen zu erörtern:

1) Möglichkeit einer Finanzhilfe, die Ägypten zur Überwindung seiner Zah-
lungsbilanzkrise, die alarmierende Ausmaße angenommen habe, benötige.

Die Angaben des Präsidenten hierzu entsprechen der einschlägigen Berichterstattung, insbesondere Bericht Nr. 68 vom 14.1.76, Wi 401.02/4[4], der mit heu-

---

[1] Hat Ministerialdirektor Lahn vorgelegen.
   Hat Vortragendem Legationsrat I. Klasse Böcker am 15. und erneut am 20. Januar 1976 vorgelegen.
[2] Zum Besuch des Präsidenten Sadat vom 29. März bis 3. April 1976 vgl. Dok. 95 und Dok. 100.
[3] Zu diesem Satz handschriftliche Bemerkung: „Rubbish."
[4] Botschafter Steltzer, Kairo, informierte darüber, daß die öffentliche zivile Auslandsverschuldung
   von Ägypten 2,7 Mrd. ägyptische Pfund betrage: „Wie verlautet, soll es sich bei einem Großteil der
   Hartwährungsschulden um langfristige Kredite aus den USA, Japan, Kuwait, Saudi-Arabien, Abu
   Dhabi, Iran und der BRD mit Rückzahlungsverpflichtungen bis zu 30 und 40 Jahren handeln." Der
   Umfang der militärischen Verschuldung belaufe sich nach Informationen der Botschaft auf 3 Mrd.
   ägyptische Pfund, die innere Verschuldung solle insgesamt 4,5 Mrd. ägyptische Pfund betragen.
   Damit ergebe sich eine Gesamtverschuldung in Höhe von 10,2 Mrd. ägyptische Pfund: „Wie verlau-
   tet, hat Ägypten für 1976 zur Abdeckung laufender Schuldenraten von US $ 3 Mrd. und eines

tigem Luftbeutel abgeht. Sadat betonte, daß Ägypten nicht bankrott und durchaus in der Lage sei, etwaige Stützungskredite zurückzuzahlen. Aus den Einnahmen des Suez-Kanals (500 Millionen US-Dollar per annum) und den Exporterlösen für Öl, das in zunehmendem Maße produziert werde, könne Ägypten seine Schulden zurückzahlen. Es käme jetzt vor allem darauf an, kurzfristige Schulden, für die bis zu 22 Prozent Zinsen gezahlt werden müßten, in langfristige umzuwandeln. Dazu müsse Ägypten langfristige Kredite aufnehmen. Er habe bereits Zusagen von den USA in Höhe von rund 1 Milliarde US Dollar und von den Ölstaaten in Höhe von 1,3 Milliarden US Dollar. Darüber hinaus sei ihm u. a. auch von Frankreich Hilfe in Aussicht gestellt worden. Er brauche aber mehr Kredite, um seine Wirtschaft auf eine gesunde Grundlage stellen zu können.

Wenn die Bundesregierung ihm 100 Millionen anbieten würde (die Währung präzisierte er nicht[5]), so müsse er leider „No" sagen, denn damit wäre es nicht getan. Präsident deutete an, daß ihm die Bildung eines Konsortiums willkommen sei. Er bemerkte weiter zur Wirtschaftslage, daß er hoffe, innerhalb der nächsten zwei Jahre über die Runden zu kommen. Während dieses Zeitraums wolle sich Ägypten von der Einfuhr von Nahrungsmitteln mit Ausnahme von Weizen unabhängig machen. Es werde Reis zu günstigen Preisen exportieren können und hoffe, vor allem die Fleisch- und Milchproduktion zu steigern, wobei die Bundesrepublik Deutschland mit der Lieferung hochwertiger Zuchtkühe bedeutende Hilfe leiste. Wir sähen also, daß sich Ägypten aus eigener Kraft bemühe, der wirtschaftlichen Schwierigkeiten Herr zu werden und seine Schulden zurückzuzahlen.

Ich sagte dem Präsidenten, daß wir bereits über die wirtschaftlichen Probleme Ägyptens ausführlich berichtet hätten und die Bundesregierung schon im abgelaufenen Jahr trotz Erschöpfung des Budgets 50 Millionen US Dollar zur Verfügung gestellt habe.[6] Er könne Verständnis für seine Probleme voraussetzen, obgleich ich natürlich nicht wisse, ob und in welchem Umfang wir seinen

---

Fortsetzung Fußnote von Seite 30

Zahlungsbilanzdefizits von etwa gleicher Höhe bislang Kreditzusagen in Höhe von rd. US $ 2,8 Mrd. erhalten: $ 200 Mio. BRD, Frankreich, Japan; $ 300 Mio. Weltbank; $ 200 Mio. Vereinigte Arabische Emirate; $ 1,1 Mrd. Kuwait, Saudi-Arabien; $ 1 Mrd. USA. Aus Suezkanalgebühren und Ölexporteinnahmen können etwa weitere 500 Mio. $ abgedeckt werden. Das verbleibende Defizit von 2,7 Mrd. US $ hofft Ägypten um eine weitere Milliarde zusätzlicher Kreditzusagen befreundeter Ölstaaten zu verringern. [...] Sollten die Bemühungen Ägyptens, zusätzliche Kreditzusagen zu erhalten, nicht von Erfolg gekrönt sein, stünde zu erwarten, daß das Land spätestens im Juni seine Schuldenrückzahlungen einstellen müßte." Vgl. Referat 310, Bd. 108719.

5 Der Passus „die Währung ... nicht" wurde hervorgehoben. Dazu handschriftliche Bemerkung: „Natürlich £."

6 Aufgrund einer Entscheidung des Bundeskanzlers Schmidt vom 3. September 1975 gewährte die Bundesrepublik Ägypten einen Kredit in Höhe von 50 Mio. Dollar bei einer Laufzeit von fünf Jahren und einem variablen Zinssatz entsprechend dem Diskontsatz der Bundesbank. Der bilateral gewährte Kredit war Teil einer internationalen Stützungsaktion für die ägyptische Wirtschaft, an der ferner die USA, Frankreich, Großbritannien und Japan beteiligt waren. Vgl. dazu AAPD 1975, II, Dok. 257.
Am 4. Dezember 1975 bat Ministerialdirektor Lahn Botschafter Steltzer, Kairo, dem ägyptischen Außenministerium mitzuteilen, „daß die Kreditanstalt für Wiederaufbau ermächtigt wurde, im Rahmen der zugesagten Beteiligung der Bundesregierung an der Stützungsaktion der Central Bank of Egypt 130 Mio. DM als Kredit zur Verfügung zu stellen". Der Zinssatz werde 4 % nicht übersteigen. Vgl. den Drahterlaß Nr. 4975; Referat 310, Bd. 104688.

Wünschen entsprechen könnten, zumal wir unsere eigenen wirtschaftlichen Sorgen hätten. Ich würde aber in Bonn seine Wünsche vortragen.[7]

2) Lieferung von Waffen

Präsident Sadat führte weiter aus, daß er den Bundeskanzler in aller Vertraulichkeit um die Lieferung von Waffen bitten werde. Er kenne unsere besonderen Probleme, aber wenn Großbritannien und Frankreich Waffen lieferten und sogar die USA daran dächten, ihm in dieser Frage entgegenzukommen, sehe er nicht ein, warum wir uns dem verweigerten. Insbesondere lege er Wert darauf, unsere Zustimmung zur Lieferung von Waffen aus Koproduktionen zu erhalten, so wie sie auch andere westliche Länder – einschließlich der USA – erteilten. Ich verhielt mich rezeptiv und deutete lediglich an[8], daß die Bundesregierung an Beschlüsse gebunden sei, keine Waffen in Spannungsgebiete zu liefern.[9] Der Präsident betonte, daß er unter keinen Umständen mit seinen Anliegen den Herrn Bundeskanzler in Verlegenheit bringen wolle („under no circumstances I want to embarrass him"). Sollten seine Wünsche hinsichtlich Waffen- und Finanzhilfe nicht erfüllt werden können, so würde das seine positive Einstellung zu uns nicht beeinflussen. Er würde unsere Entscheidung respektieren. Dann müßten eben andere Bereiche der Zusammenarbeit gefunden werden. Hier gebe es ein weites Feld. Gerade in Fragen der Bewaffnung habe er immer die Möglichkeit, auf andere westliche Länder auszuweichen.[10]

3) Technologietransfer

Präsident äußerte als weiteren Wunsch, die Bundesrepublik möchte Ägypten ihre fortgeschrittene Technologie zur Verfügung stellen. Diese Frage läge ihm sehr am Herzen. Ich bemerkte hierzu, daß wir bereits jetzt diesem Bereich der Zusammenarbeit hohe Priorität einräumten und uns bemühten, die Kooperation auf dem Gebiet von Wissenschaft und Forschung besonders zu fördern.

---

[7] Am 14. Januar 1976 bat Staatssekretär Hermes Botschafter Steltzer, Kairo, den ägyptischen Außenminister Fahmi „in aller Klarheit darauf hinzuweisen, daß angesichts der in den letzten zwölf Monaten erbrachten oder zugesagten Leistungen (KH von 245 Mio. DM, davon allein 155 Mio. Warenhilfe, sowie eine außerordentliche Finanzhilfe von 130 Mio. DM) die Bundesregierung ihre Möglichkeiten zum Äußersten ausgeschöpft habe". Es sei vorgesehen, „das Regierungsabkommen über die Gewährung der 130 Mio. DM Finanzhilfe, das in Ergänzung des KW-Kreditvertrags notwendig sei, anläßlich des Sadat-Besuchs zu unterzeichnen. Damit solle die Bedeutung, die insbesondere auch diese Finanzhilfe im Rahmen der deutsch-ägyptischen Beziehungen hat, herausgestellt werden." Vgl. den Drahtbericht Nr. 35; VS-Bd. 9988 (310); B 150, Aktenkopien 1976.

[8] Der Passus „Ich verhielt ... lediglich an" wurden hervorgehoben. Dazu Fragezeichen.

[9] Vgl. dazu Abschnitt II der „Politischen Grundsätze der Bundesregierung für den Export von Kriegswaffen und sonstigen Rüstungsgütern", die vom Kabinett am 16. Juni 1971 verabschiedet wurden; Dok. 2, Anm. 4.

[10] Staatssekretär Hermes bat Botschafter Steltzer, Kairo, am 14. Januar 1976, gegenüber dem ägyptischen Außenminister Fahmi die Haltung der Bundesregierung zum Export von Rüstungsgütern darzustellen: „Der ägyptische Botschafter hatte D 3 am 30.12.75 auf Weisung seines Ministers angekündigt, Sadat werde die Frage des deutschen Waffenexports nach Ägypten anschneiden. Obwohl Botschafter Kaamel durch D 3 erneut über die Haltung der Bundesregierung unterrichtet wurde, ist es angezeigt, AM Fahmi darauf hinzuweisen, daß angesichts der nach wie vor gespannten Situation im Nahen Osten ein Export deutscher Waffen an die Parteien des Nahost-Konflikts nicht in Betracht kommen kann. Hier handelt es sich nicht um eine Entschließung der Bundesregierung. Dem Export deutscher Waffen ständen auch gesetzliche Vorschriften (Kriegswaffenkontrollgesetz und Außenwirtschaftsgesetz) entgegen. Unter diesen Umständen werde nicht für zweckmäßig gehalten, wenn diese Frage beim Besuch des ägyptischen Präsidenten angeschnitten würde." Vgl. den Drahtbericht Nr. 35; VS-Bd. 9988 (310); B 150, Aktenkopien 1976.

4) Entwicklungshilfe

Präsident bat darum, unabhängig von seinen Bemühungen um Finanzhilfe, die Entwicklungshilfe, die Ägypten für seinen Wiederaufbau dringend benötige, fortzusetzen.

5) Programm

Präsident will uns die Programmgestaltung überlassen. Ihm liegt vor allem an Gesprächen mit der Spitze. Auch würde er gern mit den Parteivorsitzenden zusammentreffen. Er sei bereit, vor der Deutschen Gesellschaft für Auswärtige Politik in Bonn ein Referat zu halten, und daran interessiert, mit Vertretern der deutschen Wirtschaft und des Kulturlebens Gespräche zu führen. Ausdrücklich betonte er sein Interesse an einem Besuch in Biblis.

Sadat bat darauf Rücksicht zunehmen, daß seine Gesundheit etwas angegriffen sei. Er benötige täglich eine Ruhepause und wäre dankbar, die offiziellen Essen auf eine Mahlzeit pro Tag zu beschränken, also entweder Lunch oder Abendessen. Ich werde bei meinem Besuch in der nächsten Woche einen ersten Programmvorschlag vorlegen, der mit dem Kabinettschef des Präsidenten und Botschafter Kaamel besprochen wurde.

Zum Schluß hob Präsident erneut hervor, für wie wichtig er den bevorstehenden Besuch halte und daß ihm vor allem daran liege, die beiderseitigen Beziehungen weiter auszubauen. Er bat mich, dem Herrn Bundespräsidenten, Bundeskanzler und Bundesminister des Auswärtigen seine herzlichen Grüße zu übermitteln. Das Gespräch verlief in angenehmer Atmosphäre, und es war dem Präsidenten anzumerken, daß ihm an einer weiteren Verbesserung der politischen Atmosphäre im Verhältnis zur Bundesrepublik Deutschland sehr gelegen ist. Diese Tendenz findet auch in der hiesigen Presse ihren Niederschlag, die bereits damit begonnen hat, die Vorbereitung und Bedeutung des bevorstehenden Besuchs herauszustellen.

[gez.] Steltzer

VS-Bd. 9992 (310)

8

Aufzeichnung des Ministerialdirektors Lahn

312-321.00 MOS   **15. Januar 1976**[1]

Über Herrn Staatssekretär[2] Herrn Minister

Betr.: Aufnahme diplomatischer Beziehungen mit Mosambik

zur Billigung der Verhandlungsergebnisse und Unterrichtung des Kabinetts

Anlagen: Sprechzettel für Kabinett[3]
          Kommuniqué (deutsch und portugiesisch)[4]
          deutscher Vorschlag eines Notenwechsels (deutsch)[5]
          deutsches Protokoll (deutsch und portugiesisch)[6]
          ergänzendes Protokoll (deutsch)[7]

Sachstand:

Der Umsturz in Portugal April 1974[8] ist nicht zuletzt darauf zurückzuführen, daß für die portugiesischen Militärs der Guerilla-Krieg in den Überseegebieten, insbesondere gegen FRELIMO in Mosambik, nicht zu gewinnen war. Die neue portugiesische Regierung[9] mußte September 1974 in Lusaka zur Beendigung der Kampfhandlungen praktisch die Bedingungen der FRELIMO akzep-

---

[1] Die Aufzeichnung wurde von Vortragendem Legationsrat I. Klasse Müller und von Vortragendem Legationsrat Merkel konzipiert.

[2] Hat Staatssekretär Gehlhoff am 20. Januar 1976 vorgelegen.

[3] Dem Vorgang beigefügt. Vgl. Referat 320, Bd. 108197.

[4] Dem Vorgang beigefügt. In dem Kommuniqué hieß es: „Die Regierung der Bundesrepublik Deutschland und die Regierung der Volksrepublik Mosambik, geleitet von dem Wunsch, freundschaftliche Beziehungen auf der Grundlage der allgemeinen Prinzipien der gegenseitigen Achtung der nationalen Souveränität, der Nichteinmischung in die inneren Angelegenheiten und auf der Grundlage der Ziele und Grundprinzipien der Charta der Vereinten Nationen zu entwickeln, kommen überein, diplomatische Beziehungen auf Botschaftsebene mit dem heutigen Datum aufzunehmen." Vgl. Referat 320, Bd. 108197.

[5] Dem Vorgang beigefügt. Die Bundesregierung schlug einen Briefwechsel über die Anwendung des Wiener Übereinkommens vom 18. April 1961 über diplomatische und des Wiener Übereinkommens vom 24. April 1963 über konsularische Beziehungen vor. Ferner sicherten sich beide Seiten Unterstützung bei der Beschaffung von Dienst- und Wohnräumen für die Botschaften und deren Mitarbeiter zu und genehmigten die Errichtung und den Betrieb einer Funksendeanlage. Vgl. Referat 320, Bd. 108197.

[6] Dem Vorgang beigefügt. Vgl. Anm. 19.

[7] Dem Vorgang beigefügt. Vgl. Anm. 20.

[8] Am 25. April 1974 stürzten portugiesische Offiziere unter Führung des früheren stellvertretenden Generalstabschefs de Spínola die Regierung unter Ministerpräsident Caetano und ersetzten sie durch eine von der „Bewegung der Streitkräfte" getragene „Junta der Nationalen Errettung". In einer Regierungserklärung am folgenden Tag wurden die Grundzüge einer demokratischen Verfassung für Portugal – u. a. die Aufhebung der Zensur und die Ankündigung eines neuen Pressegesetzes, die Einführung des Streikrechts und die Zulassung politischer Parteien – dargelegt. Vgl. dazu AAPD 1974, I, Dok. 136.

[9] Ministerpräsident da Palma Carlos sowie vier weitere Minister der am 16. Mai 1974 eingesetzten provisorischen Zivilregierung traten am 9. Juli 1974 zurück. Am 13. Juli 1974 wurde eine neue Regierung unter Ministerpräsident Gonçalves ernannt.

tieren[10]. Nach einer Übergangszeit wurde Mosambik am 25.6.1975 ohne Volks-
befragung oder Volksabstimmung der FRELIMO übergeben, die eine Volksrepublik ausrief. Zur Unabhängigkeitsfeier wurden nur befreundete Staaten eingeladen, die FRELIMO im Befreiungskampf unterstützt hatten oder die schon
vor der Unabhängigkeit erhebliche Unterstützung in Aussicht stellen konnten.
Aus der Bundesrepublik Deutschland wurden nur zwei Vertreter des linksori-
entierten Angola-Komitees eingeladen.[11]

Das Anerkennungstelegramm des Bundespräsidenten, in dem auch die Aufnahme diplomatischer Beziehungen angeboten war[12], wurde am 16.8.1975 von
Staatspräsident Samora Machel mit Dank beantwortet. Gleichzeitig wurde die
Hoffnung ausgedrückt, daß die freundschaftlichen Bande zwischen den Völkern sich bald auf dem Niveau diplomatischer, wirtschaftlicher und kultureller
Beziehungen konkretisieren möchten.[13] Nach Austausch mehrerer Telegram-
me zwischen beiden Außenministerien konnte schließlich der Zeitraum vom 9.
bis 12. Januar 1976 für Verhandlungen einer Delegation in Lourenço Marques
vereinbart werden.[14] Im Zuge der Ablösung aller kolonialen Reminiszenzen
war unser restliches entsandtes Konsulatspersonal zur Abreise am 11.11.1975
aufgefordert worden, so daß wir z.Z. keine Vertretung mehr in Lourenço Marques unterhalten.

Es befinden sich schätzungsweise noch etwa 150 Deutsche in Mosambik. Die
Bundesregierung hat Bürgschaften für Lieferungen zum Staudammprojekt
Cabora Bassa von mehr als 500 Mio. DM übernommen.[15] Die Gesamtforderun-

---

10 Vom 5. bis 7. September 1974 fanden in Lusaka Verhandlungen zwischen der FRELIMO und einer
portugiesischen Delegation statt. Der am 7. September 1974 unterzeichnete Vertrag legte als Datum für die Unabhängigkeit von Mosambik den 25. Juni 1975 fest und enthielt die Modalitäten für
den Übergang der Machtbefugnisse. Vgl. dazu den Drahtbericht Nr. 125 des Botschafters Landau,
Lusaka, vom 8. September 1974; Referat 302, Bd. 102571.

11 Am 25. Juni 1975 vermerkte Vortragender Legationsrat I. Klasse Müller: „Die Volksrepublik Mosambik wird heute, am 25.6.75, unabhängig. [...] Einladung zu Unabhängigkeitsfeiern hat aber nur
deutsches Angola-Komitee erhalten. Bundesregierung, USA, Frankreich und auch SPD sind nicht
erwünscht. Im Zuge der Beendigung aller portugiesischen Hoheitsakte Schließung unserer Konsulate am 24.6.75. [...] FRELIMO-Präsident Samora Machel und Außensekretär Marcellino dos Santos erheben gegen uns Vorwürfe, wir hätten ihren bewaffneten Befreiungskampf zur Durchsetzung
von Selbstbestimmungsrecht, Unabhängigkeit und Menschenrechten nicht unterstützt, sondern
uns hiervon distanziert; wir hätten portugiesische Kolonialkriegführung mit militärischer und
wirtschaftlicher Zusammenarbeit unterstützt; wir hätten mit dem Bau des Cabora Bassa Stau-
damms Abhängigkeit Mosambiks vom verhaßten Südafrika erhöht und ein ‚Denkmal des Kolonialismus' errichtet; wir seien sowieso Imperialisten; Deutsche dünkten sich besser als Portugiesen,
diese wiederum besser als Afrikaner." Vgl. Referat 320, Bd. 108197.

12 Das Anerkennungsschreiben des Bundespräsidenten Scheel an Präsident Machel wurde mit Drahterlaß Nr. 5 des Vortragenden Legationsrats Merkel vom 23. Juni 1975 dem Generalkonsulat in
Lourenço Marques übermittelt. Vgl. dazu Referat 320, Bd. 108197.

13 Für das Schreiben des Präsidenten Machel an Bundespräsident Scheel vgl. Referat 320, Bd. 108197.

14 Die Gespräche über eine Aufnahme diplomatischer Beziehungen zwischen der Bundesrepublik und
Mosambik fanden am 9./10. Januar 1976 unter Leitung des Ministerialdirektors Lahn und des stellvertretenden mosambikanischen Außenministers Panguene statt.

15 Am 2. September 1969 gab die portugiesische Regierung den Zuschlag für den Bau eines Wasserkraftwerks in Cabora Bassa (Mosambik) an das internationale Konsortium „Zambeze Hydro-Eléctrico
Consórcio" (ZAMCO) bekannt, an dem neben Unternehmen aus Frankreich, Italien, Portugal und
Südafrika auch Unternehmen aus der Bundesrepublik beteiligt waren. Am 30. Juli 1970 beschloß
das Kabinett auf Vorlage des Auswärtigen Amts die Übernahme von Bürgschaften für die am Ca-
bora-Bassa-Projekt beteiligten Firmen. Vgl. dazu den Runderlaß des Ministerialdirektors Herbst
vom 18. August 1970; Referat III B 5, Bd. 799.
Am 4. Januar 1975 vermerkte Vortragender Legationsrat I. Klasse Kruse, daß die beteiligten Fir-

gen der deutschen Firmen belaufen sich auf knapp 1 Mrd. DM. Zwischen Portugal und Mosambik wurde vereinbart, daß eine Cabora-Bassa-Gesellschaft den Schuldendienst im wesentlichen übernimmt.

Innerhalb der OAE bestehen Bestrebungen, den Sitz des Befreiungskomitees von Daressalam nach Lourenço Marques in die vordere Front des Schwarz-Weiß-Konflikts zu verlegen.

Die früheren Vorwürfe der FRELIMO wegen Unterstützung des portugiesischen Kolonialregimes und allgemeine Vorwürfe gegen Kapitalismus und Imperialismus wurden in den Gesprächen in Lourenço Marques nicht erneuert. Die Gespräche verliefen in freundlicher Atmosphäre. Beide Seiten betonten, ungeachtet der unterschiedlichen politischen und gesellschaftlichen Vorstellungen, möglichst bald politische Beziehungen aufnehmen zu wollen. Da Mosambik z. Z. noch keine Auslandsvertretung unterhält (es gibt lediglich FRELIMO-Parteivertretungen in Daressalam und New York) und Bonn nicht zu den besonderen Prioritäten der mehr auf die VR China, afrikanische Partnerländer und Portugal ausgerichteten neuen mosambikanischen Regierung zählt, wird eine mosambikanische Botschaft in Bonn vorerst nicht errichtet werden. Wir werden nach Schließung unseres Generalkonsulats einen völlig neuen Anfang machen müssen.

In Abwesenheit des Staatspräsidenten und Außenministers[16] (in Addis Abeba[17]) war es nicht möglich, mehr als ein Kommuniqué über die Aufnahme von Beziehungen schriftlich zu formulieren.

Der deutsche Standpunkt zur Anwendbarkeit der Wiener Übereinkommen[18] wurde voll und ganz akzeptiert. Widerspruchslos hingenommen wurde auch unsere Darlegung des Vertretungsrechts für Berlin (West), soweit nicht Angelegenheiten der Sicherheit und des Status berührt werden. Das Recht der Bundesrepublik Deutschland, natürlichen und juristischen Personen aus Berlin (West) in gleichem Umfang wie Deutschen aus der BRD diplomatischen Schutz zu gewähren und sie konsularisch zu betreuen, wurde nicht bestritten. Diese und andere Gesprächspunkte des ersten Tages wurden von uns in einem Pro-

Fortsetzung Fußnote von Seite 35

men aus der Bundesrepublik aufgrund von zusätzlichen Bauleistungen und Preissteigerungen Nachdeckungsanträge gestellt hätten: „Bisher wurden für das Projekt Cabora Bassa Ausfuhrbürgschaften in Höhe von rund 434 Mio. DM übernommen. Durch die Nachdeckung [...] würde sich damit das Obligo des Bundes aus der Verbürgung von Lieferungen und Leistungen für Cabora Bassa auf rund 540 Mio. DM erhöhen." Vgl. Referat 320, Bd. 108198.

16 Joaquím Alberto Chissano.

17 Vom 10. bis 12. Januar 1976 fand in Addis Abeba eine Sondersitzung der OAU zum Angola-Konflikt statt. Dazu wurde in der Presse berichtet: „Angola ist auch am dritten Beratungstag der afrikanischen Staats- und Regierungschefs in der äthiopischen Hauptstadt Addis Abeba nicht in die bislang 46 Mitglieder zählende Organisation für Afrikanische Einheit (OAU) aufgenommen worden. Der sambische Staatspräsident Kaunda verließ die Konferenz schon Stunden vor dem offiziellen Abschluß und erklärte, die OAU sei nicht in der Lage, die Zukunft Afrikas zu entscheiden; sie werde in Moskau und Washington bestimmt." Weiter wurde berichtet, daß die OAU-Mitgliedstaaten sich nicht darauf hätten einigen können, ob nur eine der Befreiungsbewegungen anerkannt oder ob die Bildung einer Koalitionsregierung in Angola angestrebt werden sollte. Vgl. den Artikel „Keine Entscheidung der Afrikaner über Angola"; FRANKFURTER ALLGEMEINE ZEITUNG vom 13. Januar 1976, S. 1.

18 Für den Wortlaut des Wiener Übereinkommens vom 18. April 1961 über diplomatische Beziehungen vgl. BUNDESGESETZBLATT 1964, Teil II, S. 958–1005.
Für den Wortlaut des Wiener Übereinkommens vom 24. April 1963 über konsularische Beziehungen vgl. BUNDESGESETZBLATT 1969, Teil II, S. 1585–1703.

tokoll festgehalten, das der Gegenseite in Übersetzung übergeben wurde.[19] Die mosambikanische Delegation erklärte das Protokoll für inhaltlich zutreffend und verbesserte in der Kopie lediglich einen Vornamen und die Amtsbezeichnung der mosambikanischen Delegationsteilnehmer. Sie sah sich aber nicht in der Lage, einen Notenwechsel zu vollziehen und ein Protokoll zu unterzeichnen, da mit anderen Ländern jeweils nur ein kurzes Kommuniqué unterzeichnet worden war und daher entsprechende Verhandlungs- und Unterzeichnungsvollmachten fehlten. Es erschien aussichtslos, auf einer Abweichung von der dort üblichen Praxis zu insistieren, obwohl derartige Papiere nach unserer Praxis an sich üblich sind.[20]

Die Genehmigung zum Betrieb einer Funksende- und Empfangsanlage konnte auch mündlich nicht sofort gegeben werden. Hier wird die künftige Botschaft einen weiteren Antrag stellen müssen. Die Frage der Errichtung oder Beibehaltung von Wahlkonsulaten in Beira und Pemba (früher Porto Amelia) wurde nicht angesprochen, da noch keines der Mosambik befreundeten Länder konsularische Vertretung in diesen Orten unterhält.

Am Rande der Gespräche konnte ich den Fall eines seit über einem Jahr ohne Gerichtsverfahren offenbar aus politischen Gründen verhafteten Deutschen ansprechen.[21] Wohlwollende Prüfung wurde zugesagt. Vertretern der deutschen Kolonie in Lourenço Marques war kein weiterer Fall von inhaftierten Deutschen bekannt. Willkürliche Identitätskontrollen und die Veränderung der Wirtschaftsstruktur zum „fortschrittlichen Sozialismus" wurden von den deutschen Gesprächspartnern jedoch als bedrückend empfunden.[22]

---

19 In dem Protokoll wurde ausgeführt: „Unter Hinweis auf die Ergebnisse der Entspannungspolitik erläuterte der deutsche Delegationsleiter, daß die Bundesregierung hierbei in Übereinstimmung mit der in allen anderen afrikanischen Staaten üblichen Praxis davon ausgehe, daß Berlin (West) diplomatisch und konsularisch durch die Bundesrepublik Deutschland vertreten werde, soweit Angelegenheiten der Sicherheit und des Status nicht berührt werden. Die Bundesrepublik Deutschland verfolge keine machtpolitischen Ziele in Afrika, sie trete auch hier uneingeschränkt für eine Politik mit friedlichen Mitteln ein." Vgl. Referat 320, Bd. 108197.

20 In einem ergänzenden Protokoll vermerkte Vortragender Legationsrat Merkel, daß der mosambikanische Delegationsleiter Panguene am 10. Januar 1976 erklärt habe, „zur Unterzeichnung eines Protokolls sei nicht ermächtigt, ein solches Papier sei nicht notwendig und auch unüblich. Der Briefwechsel sei nicht notwendig, da er Details enthalte, die nach Aufnahme der dipl[omatischen] Beziehungen zu regeln seien. [...] Auf deutschen Hinweis, der Entwurf des Briefwechsels enthalte wesentliche Dinge wie WÜD und WÜK sowie die für die praktische Aufnahme von Beziehungen wichtige Unterstützung bei Anmietung von Räumen, erklärte der mosambikanische Delegationsleiter, die entsprechende Anwendung der Wiener Übereinkommen sei so selbstverständlich, daß sie nicht ausdrücklich vereinbart werden müsse. Bei der Anmietung von Kanzlei und Residenz sei Genehmigung erforderlich. Das Außenministerium sei durch die große Zahl der Anträge z.Z. überlastet, werde aber seine Unterstützung nicht versagen. Der deutsche Wunsch nach Genehmigung einer Funksende- und Empfangsanlage wurde zurückgestellt, da die mosambikanische Delegation in Abwesenheit des Staatspräsidenten hierzu keine abschließende Stellungnahme abgeben konnte. Dem Anliegen wurde aber nicht widersprochen." Vgl. Referat 320, Bd. 108197.

21 Vortragender Legationsrat I. Klasse Stothmann notierte am 6. Oktober 1975, daß der deutsche Staatsangehörige Hans Dieter Blumentritt am 9. November 1974 in Lourenço Marques verhaftet worden sei: „Das damalige Generalkonsulat der Bundesrepublik Deutschland wurde hierüber nicht unterrichtet. Es erfuhr später zufällig von der Verhaftung, erhielt aber trotz wiederholter Anfragen keine Angaben über den Haftgrund. Von anonymer Seite wurde dem Generalkonsulat mitgeteilt, Herr Blumentritt werde ‚subversiver Aktivitäten' beschuldigt." Vgl. Referat 320, Bd. 108196.

22 Am 2. Februar 1976 teilte Vortragender Legationsrat I. Klasse Müller Referat 110 mit: „Nach Billigung des am 9./10. Januar 1976 in Lourenço Marques erzielten Verhandlungsergebnisses durch das Bundeskabinett am 28.1.76 wurde dem Außenminister der Volksrepublik Mosambik mit

Ref. 210, 502 und 500 haben mitgezeichnet.

Lahn

Referat 320, Bd. 108197

9

Drahterlaß des Vortragenden Legationsrats I. Klasse Ruth

221-341.32/2-79/76 VS-vertraulich   **15. Januar 1976**[1]

Betr.:   KSZE – vertrauensbildende Maßnahmen
hier: sowjetische Manöverankündigung und Einladung von Manöverbeobachtern

Bezug: DB Nr. 118 der Botschaft Washington vom 14.1.1976 VS-NfD

Zur dortigen Unterrichtung werden nachstehend folgende Einzelheiten in vor-
bezeichneter Angelegenheit übermittelt:

I. Sowjetische Manöverankündigung

1) Die Sowjetunion hat am 4. Januar d.J. erstmals ein auf ihrem Territorium
geplantes größeres Manöver den KSZE-Teilnehmern angekündigt. Eine entsprechende Note wurde dem Auswärtigen Amt am 4. Januar übergeben.[2]

2) Bei dem Manöver handelt es sich um die vom 25. Januar bis 6. Februar 1976
im Gebiet von Kutaissi, Jerewan und Tiflis vorgesehene Korpstruppenübung
„Kawkas" des transkaukasischen Militärbezirks zur Übung der Zusammenarbeit verschiedener Truppengattungen unter winterlichen Wetterbedingungen.
An dem Manöver sollen Verbände und Truppenteile des Heeres, darunter Luft-
und Seelandeeinheiten, sowie Verbände der Luftstreitkräfte teilnehmen. Die
Gesamtzahl der beteiligten Soldaten wird mit rd. 25 000 angegeben. Das Manöver findet in dem vorgesehenen Anwendungsbereich in der Sowjetunion nahe der Türkei statt.

3) Wie das Bundesministerium der Verteidigung hierzu mitteilt, handelt es
sich offenbar um eine Übung von Einheiten von zwei der im transkaukasischen
Militärbezirk stationierten drei Armeen.

Fortsetzung Fußnote von Seite 37

Telegramm vom 29.1.76 mitgeteilt, daß das seinerzeit vereinbarte Kommuniqué über die Aufnahme diplomatischer Beziehungen hier am Dienstag, den 3. Februar 1976 um 12.00 Uhr veröffentlicht werden wird. Um gleichzeitige Veröffentlichung in Lourenço Marques wurde gebeten. Die
Volksrepublik Mosambik hat dem Vorschlag inzwischen zugestimmt. Damit werden zwischen beiden Ländern die diplomatischen Beziehungen mit Wirkung vom 3. Februar 1976 aufgenommen."
Vgl. Referat 320, Bd. 108197. Vgl. dazu ferner BULLETIN 1976, S. 164.

[1] Durchschlag als Konzept.
Drahterlaß an die Botschaften in London, Ottawa, Paris, Rom und Washington.
Der Drahterlaß wurde von Vortragendem Legationsrat Wagner konzipiert.

[2] Für die Note vgl. Referat 221, Bd. 109382 B.

4) Die sowjetische Ankündigung wahrt die in der KSZE-Absprache vorgesehene Frist von 21 Tagen und enthält die hinsichtlich Größenordnung, Manöverzweck, Übungsgebiet und Zeitrahmen erforderlichen Angaben.[3] Nähere Einzelheiten über die an dem Manöver beteiligten Verbände, wie sie in den Ankündigungen der NATO-Staaten[4] und der Schweiz[5] enthalten waren, fehlen jedoch. Auch enthält die Ankündigung keinen Hinweis auf eine beabsichtigte Einladung von Manöverbeobachtern.

5) Mit der sowjetischen Manöverankündigung hat erstmals ein Mitglied des Warschauer Pakts die KSZE-Absprache über die „vorherige Ankündigung von größeren militärischen Manövern" verwirklicht. Die NATO-Verbündeten haben auch keine Kenntnis über andere Manöver dieser Größenordnung, die der Warschauer Pakt seit der Schlußkonferenz von Helsinki[6] abgehalten hat.

6) Ob die sowjetische Vorankündigung vom 4. Januar etwa das Ende eines Meinungsbildungsprozesses anzeigt, nach dem nun die Implementierung der vertrauensbildenden Maßnahmen durch den Warschauer Pakt großzügiger erfolgen wird, oder ob es die Linie des Warschauer Pakts ist, nur Manöver ab 25 000 vorher anzukündigen und damit vielleicht eine geringere Manövertätigkeit als die der NATO nachzuweisen, bleibt abzuwarten. Es bleibt ebenfalls abzuwarten, ob die Sowjetunion von jetzt ab davon absieht, NATO-Manöver als unvereinbar mit dem Geist von Helsinki und der Entspannung zu kritisieren.[7]

3 In der KSZE-Schlußakte vom 1. August 1975 wurde vereinbart: „Ankündigungen werden gegeben von größeren militärischen Manövern von Landstreitkräften in einer Gesamtstärke von mehr als 25 000, an denen diese selbständig oder kombiniert mit etwaigen Teilen von Luft- oder Seestreitkräften teilnehmen". Ferner sollten Manöver angekündigt werden, „die auf dem Territorium, in Europa, eines jeden Teilnehmerstaates, sowie, falls anwendbar, im angrenzenden Seegebiet und Luftraum stattfinden. [...] Die Ankündigung wird 21 Tage oder mehr vor Beginn des Manövers gegeben oder, wenn ein Manöver kurzfristiger angesetzt wird, so frühzeitig wie möglich vor dem Datum seines Beginnes. Die Ankündigung wird Angaben über die Benennung, soweit vorhanden, den allgemeinen Zweck und die an dem Manöver beteiligten Staaten, die Art oder Arten und die zahlenmäßige Stärke der eingesetzten Streitkräfte, das Gebiet und den geschätzten zeitlichen Rahmen seiner Durchführung enthalten. Die Teilnehmerstaaten werden ebenso, wenn möglich, zusätzliche einschlägige Angaben zur Verfügung stellen, insbesondere solche, die sich auf die Komponenten der eingesetzten Streitkräfte und den Zeitraum ihrer Beteiligung beziehen." Vgl. Sicherheit und Zusammenarbeit, Bd. 2, S. 922 f.

4 Die NATO-Mitgliedstaaten kündigten im Rahmen der Umsetzung der KSZE-Schlußakte vom 1. August 1975 folgende Manöver an: Großbritannien und die Türkei „Deep Express" vom 12. bis 28. August 1975 in der Ägäis und Ost-Thrazien (ca. 18 000 Mann); die Bundesrepublik, Frankreich, Kanada und die USA „Große Rochade" vom 15. bis 19. September 1975 in Bayern (ca. 68 000 Mann); Kanada und die USA „Reforger" von Anfang Oktober bis Ende November 1975 (mehr als 25 000 Mann); die Bundesrepublik, Kanada und USA „Certain Trek" vom 14. bis 23. Oktober 1975 in Bayern im Rahmen von „Reforger" (ca. 57 000 Mann); Norwegen „Batten Bolt" vom 3. bis 7. Oktober 1975 in Norwegen (ca. 10 000 Mann); die Niederlande „Pantersprong" vom 28. Oktober bis 6. November 1975 in Nordwestdeutschland (ca. 10 000 Mann). Vgl. dazu die Aufzeichnung des vortragenden Legationsrats I. Klasse Freiherr von Groll vom 16. Juni 1976; Referat 212, Bd. 111665.

5 Mit Note vom 8. Oktober 1975 kündigte die Schweiz ihr jährliches Hauptmanöver an, das vom 10. bis 18. November 1975 unter Beteiligung von 40 000 Soldaten im Raum Schaffhausen/Winterthur/St.Gallen stattfand. Die Note enthielt Angaben über den Manöverzweck, die teilnehmenden Truppen, den Zeitrahmen und den Manöverraum. Ferner erging eine Einladung an die in Bern akkreditierten Militärattachés zum Besuch des Manövers „gemäß einem besonderen Programm". Vgl. Referat 201, Bd. 102433.

6 Die Schlußkonferenz der KSZE auf der Ebene der Staats- und Regierungschefs fand vom 30. Juli bis 1. August 1975 statt.

7 Zur sowjetischen Kritik an der Durchführung von NATO-Manövern wurde in der Presse berichtet: „Die von den norwegischen Fjorden bis zur Ägäis stattfindenden NATO-Manöver stehen nach An-

Für eine endgültige Beurteilung der sowjetischen CBM-Politik ist es nach wie vor zu früh.

II. Sowjetische Einladung von Manöverbeobachtern

1) Der türkische Sprecher im Politischen Ausschuß der NATO hat das Bündnis am 13. Januar 1976 davon unterrichtet, daß die Sowjetunion am 9. Januar an die Türkei, Griechenland, Bulgarien, Rumänien und Jugoslawien eine Einladung zur Entsendung von Beobachtern zum sowjetischen Manöver im Transkaukasus gerichtet hat.

2) Die Sowjetunion hat jeweils die Militärattachés des betreffenden Landes in Moskau sowie ein oder zwei nicht näher bezeichnete Beobachter aus den Hauptstädten eingeladen. Die Türkei hat die Einladung angenommen, mit einer positiven Reaktion Griechenlands wird gerechnet.

3) Damit hat die Sowjetunion zum ersten Mal auch die Absprache der KSZE über die Einladung von Beobachtern zu Manövern befolgt.[8]

Bemerkenswert ist,

– daß die Sowjetunion bei der Einladung selektiv vorgegangen ist und KSZE-Teilnehmer in geographischer Nachbarschaft zum Manövergebiet eingeladen hat. Die KSZE-Absprache stellt dies ausdrücklich in das Ermessen des einladenden Staates;

– daß sie auch Beobachter aus den Hauptstädten eingeladen hat;

– daß sie zu dem Manöver eingeladen hat, das auch vorangekündigt wurde;

– daß die Tatsche der Einladung von der sowjetischen Presse offenbar bisher nicht veröffentlicht worden ist.

III. Im Politischen Ausschuß der NATO findet ein Meinungsaustausch über die sowjetischen Schritte zur Durchführung der CBM und die sich daraus für das Bündnis ergebenden Folgerungen statt. Die von der sowjetischen Einladung betroffenen Verbündeten wurden gebeten, das Bündnis über die Erfahrungen mit der Manöverbeobachtung zu unterrichten.

[gez.] Ruth

VS-Bd. 11414 (221)

Fortsetzung Fußnote von Seite 39

sicht der Parteizeitung ‚Prawda' trotz vorheriger Bekanntgabe im Gegensatz zu den in Helsinki getroffenen Vereinbarungen. Die westliche Presse behaupte, daß mit der im voraus erfolgten Ankündigung einer der Punkte der Schlußakte der Europäischen Sicherheitskonferenz erfüllt sei. ‚Aber in Helsinki wurde Übereinstimmung darüber erzielt, sich nicht nur von den Buchstaben, sondern auch vom Geist der Konferenz leiten zu lassen, und eben damit hat die derzeitige Kampagne der NATO nichts gemein', stellte die Prawda fest." Vgl. den Artikel „Prawda: NATO-Manöver gegen Geist von Helsinki"; Frankfurter Allgemeine Zeitung vom 16. September 1975, S. 3.

[8] In der KSZE-Schlußakte vom 1. August 1975 wurde ausgeführt: „Die Teilnehmerstaaten werden, freiwillig und auf bilateraler Grundlage, im Geiste der Gegenseitigkeit und des guten Willens allen Teilnehmerstaaten gegenüber, andere Teilnehmerstaaten einladen, Beobachter zur Teilnahme an militärischen Manövern zu entsenden. Der einladende Staat wird in jedem Fall die Anzahl der Beobachter, die Verfahren und Bedingungen ihrer Teilnahme bestimmen und sonstige Informationen geben, die er für nützlich halten mag. Er wird angemessene Vorsorge treffen und Gastfreundschaft gewähren. Die Einladung wird auf üblichem diplomatischem Wege so weit im voraus ergehen, wie dies passend und möglich ist." Vgl. Sicherheit und Zusammenarbeit, Bd. 2, S. 923.

10

Aufzeichnung des
Legationsrats I. Klasse Leonberger, Bundeskanzleramt

16. Januar 1976[1]

Unter Verschluß

Vermerk über das Gespräch[2] des Herrn Bundeskanzlers mit dem französischen Staatspräsidenten Giscard d'Estaing am 14.1.1976, 19.15 Uhr.

Bei dem ca. 25 Minuten dauernden Gespräch wurden folgende Themen erörtert:

1) Tindemans-Bericht[3]

Der BK berichtete zunächst kurz über die bisherige Behandlung des Tindemans-Berichts in Bonn. Er selbst habe noch keine Zeit zur Lektüre gehabt. Im Kabinett hätte heute morgen eine allgemeine Erörterung stattgefunden, die zu dem Beschluß der Einsetzung einer Arbeitsgruppe geführt habe. Nach der Kabinettssitzung habe der Regierungssprecher einige anerkennende, aber unverbindliche Worte zur Wertung des Tindemans-Berichts gesagt.

Der BK erkundigte sich nach der grundsätzlichen Meinung des französischen Präsidenten zum Tindemans-Bericht. Da es kritische Stimmen im Lager der französischen Regierungskoalition gebe, wie er aus der Presse entnommen habe[4], lege er Wert auf Abstimmung seiner öffentlichen Äußerungen mit denen Giscards.

Giscard stellte in seiner allgemeinen Wertung des Tindemans-Berichts heraus: Die Probleme seien offen und klug („prudent") dargestellt; in der Substanz sei der Tindemans-Bericht jedoch nicht sehr befriedigend. Die Problemansätze

---

1 Die Aufzeichnung wurde von Legationsrat I. Klasse Leonberger, Bundeskanzleramt, mit Begleitvermerk vom 20. Januar 1976 an Bundeskanzler Schmidt geleitet. Dazu vermerkte er handschriftlich: „Vorschlag für Verteiler: 1) Chef BK – Gesamtvermerk. 2) BM Genscher – ohne P[un]kt 3, ohne P[un]kt 4, Abs[ätze] 3 u[nd] 4. 3) AL II – ohne P[un]kt 3."
Hat Ministerialdirigent Leister, Bundeskanzleramt, am 20. Januar 1976 vorgelegt, der handschriftlich vermerkte: „Ich würde BM Genscher pers[önlich] gesamten Vermerk zeigen." Ferner vermerkte er handschriftlich: „4) Ein Ex[emplar] z[u] d[en] A[kten] pr[ivat] (P[an]z[erschrank])."
Hat Schmidt vorgelegen, der dazu handschriftlich vermerkte: „Ja." Ferner vermerkte er handschriftlich: „Änderung auf S. 3 beachten." Vgl. Anm. 10.
Hat Leister erneut am 22. Januar 1976 vorgelegt, der die Weiterleitung an Staatssekretär Schüler, Bundeskanzleramt, „persönlich" verfügte.
Hat Schüler vorgelegen. Vgl. Helmut-Schmidt-Archiv, 1/HSAA 006587.
2 Das Gespräch wurde telefonisch geführt.
3 Zum Tindemans-Bericht über die Europäische Union vom 29. Dezember 1975 vgl. Dok. 1.
4 Am 10. Januar 1976 wurde in der Presse eine Stellungnahme der gaullistischen Zeitung „Lettre à la Nation" wiedergegeben: „Tindemans schlägt auch vor, daß das Europäische Parlament das Recht zu gesetzgeberischer Initiative haben solle. Es könnte sich mit allen Fragen befassen, die zur Kompetenz der ‚Union' gehören, gleichgültig, ob sie in Verträgen festgelegt sind oder nicht. Es handelt sich nur um Vorschläge. Aber sie enthüllen eine ärgerliche Neigung zur Supranationalität. Das ist nicht mehr das Europa der Vaterländer, sondern das Europa der Parteien; nun, es ist besser, darauf zu antworten. Unsere Antwort ist: ‚Nein.'" Vgl. die Meldung „Gaullisten und Kommunisten gegen Tindemans-Bericht"; FRANKFURTER ALLGEMEINE ZEITUNG vom 10. Januar 1976, S. 1.

könnten von allen akzeptiert werden; im Hinblick auf die einzelnen Empfehlungen sehe er aber Bedenken und kritische Punkte.

Als Beispiel erwähnte Giscard den Vorschlag, die Ernennung des nächsten
Präsidenten der EG-Kommission durch Abstimmung im Europäischen Parla-
ment bestätigen zu lassen.[5] Dies widerspreche der Rolle des Europäischen
Rats, so wie sie augenblicklich konzipiert sei. Die Rolle des Parlaments, fügte
Giscard hinzu, sei sehr vage formuliert. Das vorgeschlagene Initiativrecht des
Parlaments gegenüber dem Rat[6], ohne daß dieses substantielle Verpflichtun-
gen und politische Verantwortung trage, schaffe Konflikte.[7]

Giscard unterstrich, daß dies nur eine unvollständige Aufzählung von Beispie-
len, aber keine zusammenhängende Wertung sei. Er habe nach einem ersten
schnellen Lesen des Tindemans-Berichts den Eindruck, daß mit Fleiß klassi-
sches Denken ohne viel Intelligenz und neue Ideen verarbeitet worden sei.
Dem Bericht komme deshalb keine politische Bedeutung zu. Gegenüber der
Öffentlichkeit sollte man allerdings wegen der verdienstvollen Arbeit von MP
Tindemans eine faire Bewertung („important contribution, which deserves
close examination") abgeben.

2) Kandidat für die Präsidentschaft der EG-Kommission

BK erkundigte sich unter Hinweis auf ein mögliches Zusammentreffen mit MP
Wilson bei dem geplanten Sozialisten-Treffen in Helsingør[8] nach Giscards Re-

5 Hinsichtlich der Ernennung des Präsidenten der EG-Kommission schlug Ministerpräsident Tindemans im Bericht über die Europäische Union vom 29. Dezember 1975 vor: „a) Der Präsident der
  Kommission wird von dem Europäischen Rat ernannt. b) Der auf diese Weise ernannte Präsident
  muß vor dem Europäischen Parlament eine Erklärung abgeben und seine Ernennung durch Abstimmung bestätigen lassen. c) Der Präsident der Kommission ernennt seine Kollegen nach Konsultation des Rates und unter Berücksichtigung des nationalen Verteilungsschlüssels." Vgl. EU-
  ROPA-ARCHIV 1976, D 81 f.

6 Ministerpräsident Tindemans schlug im Bericht über die Europäische Union vom 29. Dezember
  1975 vor, dem Europäischen Parlament ein Initiativrecht gegenüber dem Rat zuzuerkennen, das
  später eine vertragliche Grundlage erhalten solle. Ferner unterbreitete er den Vorschlag: „a) Das
  Parlament sollte mindestens einmal im Jahr [...] eine Debatte über den Stand der Union und das
  Funktionieren der Organe führen. b) Zu dieser Debatte wie auch zu anderen Debatten vergleichbarer Bedeutung würden einerseits der Präsident des Europäischen Rates und andererseits eine begrenzte Anzahl von führenden Politikern eingeladen, die nicht dem Europäischen Parlament angehören, nach noch zu bestimmenden Kriterien ausgewählt würden und das Wort ergreifen könnten."
  Vgl. EUROPA-ARCHIV 1976, D 78 f.

7 Botschafter Freiherr von Braun, Paris, berichtete am 28. Januar 1976 über Einwände, die im französischen Außenministerium und im Präsidialamt zum Tindemans-Bericht über die Europäische
  Union vom 29. Dezember 1975 geäußert worden seien: „Ein konzeptioneller Mangel des Berichts
  sei, daß Tindemans recht schematisch Philosophie und Instrumentarium der Römischen Verträge
  auf die Europäische Union übertrüge, ohne zu fragen, ob der 1957 geschneiderte Anzug auch dem
  Europa der Neun von heute (und gar der Elf von morgen) passe. Europäische Union sei etwas anderes als Europäische Gemeinschaft. Der europäische Elan von 1957 sei verflogen. Viele Partnerländer würden nur den kleinen Finger reichen, wo Tindemans nach der ganzen Hand greife. (Diese
  Feststellung zielte auf als zu ehrgeizig oder zu integrationistisch bewertete Tendenzen des Berichts.) Ein spezifisch konzeptioneller Fehler liege in Tindemans' Vorstellung einer von parlamentarischem Vertrauen abhängigen europäischen Exekutive. Für Frankreich komme nur ein präsi-
  dentielles, nicht aber ein parlamentarisches System (système d'assemblée) für Europa in Frage.
  Die Souveränität solle beim Europäischen Rat liegen. Dies entspreche sowohl den politischen Realitäten in Europa (so sei auch Art. 144 des EWG-Vertrages toter Buchstabe geblieben), wie der
  schmerzlichen Erfahrung, die Frankreich in der IV. Republik gemacht habe." Vgl. den Drahtbericht Nr. 294; Referat 200, Bd. 119463.

8 Im Rahmen der Sozialistischen Internationale fand am 18./19. Januar 1976 in Helsingør ein Treffen sozialdemokratischer Regierungs- und Parteichefs statt.

42

aktion auf die britische Überlegung, Mr. Soames für die Präsidentschaft vorzuschlagen.[9]

Giscard erwiderte, er glaube nicht, daß Soames ein guter Präsident werde. Was man für diese Funktion brauche, sei eine methodisch geschulte und nüchterne Persönlichkeit, die in der Lage sei, den Brüsseler Bürokratenapparat zu kontrollieren. Soames hingegen sei durch seine spontanen Reaktionen bekannt. Er liebe internationale Schlagzeilen, die diese Arbeit nur behindern würden.

Zusammenfassend stellte Giscard allerdings fest, daß es in dieser Frage keine offene Kontroverse geben dürfe. Soames sei zwar nicht genau das, was Europa brauche, er würde sich aber auch nicht strikt gegen ihn aussprechen. Jenkins sei seiner Auffassung nach ein besserer Kandidat.

Auf die Frage des BK, ob die Briten an der Reihe zur Nominierung eines Kandidaten seien, äußerte sich Giscard positiv. BK schloß diesen Gesprächspunkt mit der Bemerkung ab, er werde sich Wilson gegenüber, falls dieser auf ihn zukomme, zurückhaltend zeigen. Er flocht beiläufig ein, Denis Healey sei ein guter Kandidat, womit sich Giscard einig erklärte, aber ebenso auf Roy Jenkins hinwies[10].

3) Behandlung deutscher Besucher

BK bezog sich auf den Drahtbericht von Botschafter von Braun, mit dem dieser die Frage Giscards übermittelte, wie er sich zu Anfragen deutscher Oppositionspolitiker, die von ihm empfangen werden wollen, verhalten soll. Zum angekündigten Besuch MP Kohls in Paris[11] gab er zu verstehen, daß er nicht mit der im Drahtbericht wiedergegebenen Meinung des Botschafters übereinstimme. Prof. Carstens sei offiziell Führer der Parlamentarischen Opposition und habe bereits Giscard einen Besuch abgestattet.[12] Nicht jeder Unionspolitiker könne sich als Führer der Opposition vorstellen. Giscard dankte für diesen Hinweis und stellte fest, daß er sich auf einen kurzen, formellen Empfang beschränken werde.

---

[9] Staatssekretär Hermes schlug am 16. Januar 1976 vor, daß Bundeskanzler Schmidt gegenüber Premierminister Wilson folgende Stellungnahme abgeben könne: „1) Ein neuer Präsident tritt erst am 5.1.1977 sein Amt an. 2) Die Bundesregierung hat auf der europapolitischen Sondertagung beschlossen, daß man zunächst im Europäischen Rat vertraulich über die gesamte personelle Besetzung der Kommission spricht und Einvernehmen herstellt. Die Vorabentscheidung – selbst in bilateralen Gesprächen – eines Einzelfalls würde dem widersprechen. Außerdem könnte Frankreich eine deutsch-britische Vorabstimmung in einem Einzelfall als Brüskierung empfinden. 3) Inzwischen liegt der Tindemans-Bericht mit Vorschlägen einer neuen Art der Benennung des Kommissionspräsidenten vor. [...] Fazit: In dieser Situation wäre es zu früh, Premierminister Wilson Zusagen zu machen. Es wird empfohlen, aus den genannten Gründen PM Wilson zu sagen, daß wir zu gegebener Zeit die personellen Veränderungen der Kommissionsmitglieder im Gesamtzusammenhang erörtern sollten." Vgl. Referat 410, Bd. 114337.

[10] Der Passus „aber ebenso ... hinwies" wurde von Bundeskanzler Schmidt handschriftlich eingefügt.

[11] Der CDU-Vorsitzende Kohl hielt sich vom 3. bis 5. Februar 1976 zu einem Besuch in Paris auf, in dessen Verlauf er auch mit Staatspräsident Giscard d'Estaing sprach. Vgl. dazu den Artikel „Kohl entdeckt in Paris stärkere Bereitschaft zur Zusammenarbeit"; DIE WELT vom 6. Februar 1976, S. 4.

[12] Der CDU/CSU-Fraktionsvorsitzende Carstens führte am 24. Januar 1975 in Paris ein Gespräch mit Staatspräsident Giscard d'Estaing. Vgl. dazu CARSTENS, Erinnerungen, S. 441.

4) Deutsch-französische Konsultationen

Giscard berichtete kurz, daß die Gipfelgespräche diesmal bei Nizza in einem sehr intimen Rahmen stattfinden würden.[13] Die Delegationen würden gemeinsam in einem eigens für diesen Zweck freigemachten Hotel untergebracht werden. Für BK und ihn stünde je ein kleines Haus zu Verfügung. BK äußerte sich befriedigt und stimmte Giscards Bemerkung zu, daß man hiermit gute Arbeitsbedingungen geschaffen habe und dem Treffen einen besonderen Charakter verleihen würde.

BK erkundigte sich, ob im Programm auch genügend Zeit für Vier-Augen-Gespräche vorgesehen sei. Ihm erscheine es besonders wichtig, daß nur sie beide, ohne Vorbereitung durch die Verteidigungsminister[14] und auch ohne Notetaker, über Verteidigungsfragen sprechen könnten.

Giscard sagte solch ein Gespräch zu und wies darauf hin, daß hierfür der erste Nachmittag zu Verfügung stünde. Das von BK genannte Thema gewinne in der Tat in Anbetracht der jüngsten Entwicklung der weltpolitischen Lage und den Schwierigkeiten der amerikanischen Regierung, die ihr der Kongreß in der Außenpolitik bereite, sehr stark an Bedeutung.

Das Gespräch wurde mit einem kurzen Meinungsaustausch über die jüngsten Daten zur Beschäftigungslage in Frankreich bzw. in der Bundesrepublik abgeschlossen. Giscard bestätigte, daß die Arbeitslosenquote in Frankreich leicht zurückgegangen ist.

Leonberger

Helmut-Schmidt-Archiv, 1/HSAA 006587

---

[13] Zu den deutsch-französischen Konsultationen am 12./13. Februar 1976 in St. Paul bei Nizza vgl. Dok. 48 und Dok. 50.
[14] Georg Leber und Yvon Bourges.

11

Aufzeichnung des
Vortragenden Legationsrats I. Klasse Lücking

210-530.36-43/76 geheim   16. Januar 1976[1]

Betr.: Lorenz-Entführung[2]
    hier: Haltung der Drei Mächte zum Ersuchen um Auslieferung der Terroristen im Jemen

Im Verlauf des 15. Januar 1976 wurde von alliierter Seite mehrfach nach der Richtigkeit von Informationen gefragt, nach denen die Bundesregierung beabsichtige, die Volksrepublik Jemen um Auslieferung der fünf Terroristen[3] zu ersuchen, deren Befreiung im Zusammenhang mit der Entführung des Berliner CDU-Politikers Lorenz erpreßt worden war.[4] Nachdem auf Rückfragen bei

---

[1] Hat Bundesminister Genscher am 17. Januar 1976 vorgelegen, der handschriftlich für Staatssekretär Gehlhoff vermerkte: „Nach dieser Notiz ist die Zustimmung der Alliierten zweifelhaft, mindestens durch Ziffer 2) konditioniert. Ist 2) möglich? Wenn nein, muß das den Alliierten mitgeteilt werden u[nd] dann gefragt werden, ob es bei 1) bleibt. R[ücksprache] am 19.1. (vorher in Sachen Auslieferung nichts veranlassen)."
Hat Vortragendem Legationsrat Reiche am 19. Januar 1976 vorgelegen, der handschriftlich vermerkte: „Vermerk mit Vermerk des Herrn Ministers Herrn Schönfeld am 19.1., 10.00 Uhr, von Herrn Kinkel ausgehändigt."
Hat Legationsrat von Arnim am 3. Februar 1976 vorgelegen, der die Aufzeichnung an Vortragenden Legationsrat I. Klasse Lücking und Vortragenden Legationsrat Henze weiterleitete und handschriftlich vermerkte: „Die Sache ist, was die Frage des Ministers angeht, ‚ob 2) möglich sei‘, wohl noch nicht erledigt."
Hat Lücking erneut am 3. Februar 1976 vorgelegen.
[2] Der Vorsitzende des Berliner Landesverbands der CDU, Lorenz, wurde am 27. Februar 1975 von Mitgliedern der „Bewegung 2. Juni" entführt. Die Entführer forderten die Veröffentlichung einer „Mitteilung" in verschiedenen Tageszeitungen sowie die Freilassung mehrerer Inhaftierter. Die Häftlinge sollten zusammen mit dem ehemaligen Regierenden Bürgermeister von Berlin, Albertz, als Geisel außer Landes geflogen werden. Nachdem am 2. März 1975 ein Krisenstab unter Vorsitz des Bundeskanzlers Schmidt beschlossen hatte, den Forderungen der Entführer nachzukommen, wurden fünf der Inhaftierten und Albertz am darauffolgenden Tag aus der Bundesrepublik ausgeflogen. Nach einem mehrstündigen Irrflug und langwierigen Verhandlungen mit der Regierung der Demokratischen Volksrepublik Jemen (Südjemen) erteilte diese die Landegenehmigung für Aden und eine Aufenthaltserlaubnis für die Häftlinge. Albertz verlas am 4. März 1975 eine Erklärung der Häftlinge, worauf Lorenz einen Tag später freigelassen wurde. Vgl. dazu AAPD 1975, I, Dok. 44 und Dok. 45.
[3] Verena Becker, Rolf Heissler, Gabriele Kröcher-Tiedemann, Rolf Pohle und Ingrid Siepmann.
[4] Am 3. Februar 1976 vermerkte Ministerialdirigent Dreher zu den Bemühungen um eine Auslieferung der Terroristen: „I. Am 2. Mai 1975 war dem Außenminister der Demokratischen Volksrepublik Jemen mitgeteilt worden, daß die zuständigen deutschen Behörden, d. h. die Länder Bayern, Berlin und Nordrhein-Westfalen, keine Einwendungen gegen eine Abschiebung der fünf im Zusammenhang mit der Lorenz-Entführung freigelassenen Häftlinge in die Bundesrepublik Deutschland erheben würden. Die DV Jemen hat indessen die Abschiebung nicht vorgenommen. Die von Bayern gewünschte Auslieferung der zwei aus bayerischen Gefängnissen entlassenen Terroristen wurde seinerzeit nicht beantragt, weil Berlin und NRW Bedenken gegen ein Auslieferungsersuchen hatten und weil nur eine einheitliche Entscheidung für die fünf in der Sache gleichgelagerten Fälle in Betracht kam. II. Im Januar 1976 erklärten sich alle drei betroffenen Bundesländer damit einverstanden, daß die Auslieferung der fünf Terroristen betrieben werden solle. Mit Schnellbrief vom 15.1.1976 bat das BMJ das AA, die Regierung der DV Jemen so schnell wie möglich zu ersuchen, die fünf Terroristen in vorläufige Auslieferungshaft zu nehmen und ihr anzukündigen, daß

den zuständigen deutschen Stellen diese Informationen bestätigt wurden, baten die Drei Mächte darum, die Stellung des Auslieferungsersuchens so lange zu verschieben, bis mit der Bundesregierung geklärt sei, ob dadurch in den alliierten Vorbehaltsbereich fallende Belange der Berliner Sicherheit betroffen würden.

Nachdem die Drei Mächte sich am Nachmittag des 15.1. fünf Stunden lang untereinander über die Angelegenheit beraten hatten, berief der deutsche Sprecher am späten Abend des 15. auf alliierten Wunsch eine Sondersitzung der Bonner Vierergruppe ein, an der auch ein Vertreter des BMJ sowie der Berliner Landesvertretung teilnahmen.

Zu Beginn legte der deutsche Sprecher dar, daß nach den vorliegenden Informationen zu befürchten sei, daß die fünf Terroristen in allernächster Zukunft den Jemen verlassen würden und so das Risiko ihrer unerkannten Rückkehr in die Bundesrepublik Deutschland unkalkulierbar zu werden drohe. Die Bundesregierung habe sich deshalb entschlossen, die Volksrepublik Jemen unverzüglich um Auslieferung der Terroristen zu ersuchen. Da jedoch noch nicht alle technischen Vorbereitungen für ein solches Ersuchen getroffen worden seien, solle unser Botschafter in Sanaa[5], der auch in Aden akkreditiert sei, zunächst nur um die vorläufige Festnahme der Terroristen nachsuchen, damit festgestellt werden könne, welche Formalitäten nach jemenitischem Recht für die Auslieferung zu erfüllen seien.[6]

Zur Vorgeschichte erklärte der Vertreter der Berliner Landesvertretung, nach Rücksprache mit Bundesjustizminister Vogel habe Bürgermeister Oxfort, der Berliner Justizsenator, dem Regierenden Bürgermeister[7] vorgeschlagen, der Stellung des Auslieferungsersuchens von Berliner Seite angesichts der veränderten Sachlage zuzustimmen. Bürgermeister Oxfort habe auch den britischen[8] und französischen[9] Gesandten in Berlin über diese geänderte Haltung des Senats informiert. Im übrigen hätten die Drei Mächte in einem Gespräch mit dem Chef der Senatskanzlei[10] erklärt, für sie sei nur noch die Frage zu klären, wie ein eventueller Transport der Terroristen nach Berlin durchgeführt werden solle, gegen die Stellung des Auslieferungsersuchens erhöben sie keine Einwendungen. Dieses Gespräch des Chefs der Senatskanzlei mit den Drei

---

Fortsetzung Fußnote von Seite 45

    die Bundesregierung ein formelles Ersuchen um Auslieferung übermitteln wird, sobald die erforderlichen Auslieferungsunterlagen in die arabische Sprache übersetzt sein werden. Das BMJ begründete die Eilbedürftigkeit mit Meldungen aus gut unterrichteter Quelle, daß die Terroristen den Jemen in allernächster Zeit verlassen würden und so das Risiko einer Rückkehr in die Bundesrepublik bestünde." Vgl. VS-Bd. 10797 (511); B 150, Aktenkopien 1976.

[5] Günter Held.

[6] Am 16. Januar 1976 wies Ministerialdirigent Dreher die Botschaft in Sanaa an, die Regierung der Demokratischen Volksrepublik Jemen (Südjemen) „so schnell wie möglich" zu bitten, die Terroristen „in vorläufige Auslieferungshaft zu nehmen", und dazu ein in Notenform gehaltenes Ersuchen mit den Personalien der Häftlinge sowie mit Angaben zu den gegen sie ergangenen Urteilen zu übergeben: „Ein förmliches Ersuchen um Auslieferung der genannten deutschen Staatsangehörigen wird so bald wie möglich übermittelt." Vgl. den am 15. Januar 1976 konzipierten Drahterlaß Nr. 19; VS-Bd. 10797 (511); B 150, Aktenkopien 1976.

[7] Klaus Schütz.

[8] John H. Lambert.

[9] Pierre Landy.

[10] Hanns-Peter Herz.

Mächten habe aufgrund des Zeitdruckes erst geführt werden können, nachdem
Berlin der Bundesregierung seine Zustimmung zur Stellung des Auslieferungsersuchens mitgeteilt gehabt habe.

Die Sprecher der Drei Mächte bedankten sich für die Erläuterungen, wider-
sprachen jedoch der Darstellung der Ereignisse in Berlin und erklärten, für sie
sei keineswegs nur die Transportfrage noch offen. Der amerikanische Sprecher
fügte hinzu, er bedaure, daß hier erneut ein Fall vorliege, in dem die Drei
Mächte mit einer Angelegenheit, die ihren Vorbehaltsbereich berühre, erst befaßt worden seien, als sie sich schon in einem sehr fortgeschrittenen Stadium befunden habe. Die Drei Mächte trügen für den Sicherheitsbereich besondere Verantwortung und würden es begrüßen, wenn dem in der Behandlung der mit der
Lorenz-Entführung zusammenhängenden Fragen Rechnung getragen würde.

Zur Sache selbst erklärten die Sprecher der Drei Mächte, aufgrund der Kürze
der Zeit sei es ihnen nicht möglich gewesen, nach deutschem Straf- und Strafprozeßrecht zu prüfen, ob die beiden aus Berliner Gefängnissen stammenden
Terroristinnen Becker und Siepmann nach einer Auslieferung aus dem Jemen
nach Berlin zurückgebracht werden müßten. Sie hielten eine solche Zurück-
schaffung für die Sicherheitsinteressen Berlins abträglich. Die Sicherheitslage
dieser Stadt sei nun einmal vor allem aufgrund des nicht zu kontrollierenden
Zugangs aus dem Ostsektor eine besondere. Sie deuteten an, daß Berlin für
eventuelle Anschläge zu einer erneuten Befreiung der Terroristinnen besonders anfällig sein könnte. Dies liege auch daran, daß der Regierende Bürgermeister, Senator Stobbe und Pastor Albertz während der Entführung ihr Wort
gegeben hätten, daß Auslieferungsersuchen nicht gestellt würden. Schließlich
seien auch die Sicherheitsprobleme nicht zu unterschätzen, die auftreten würden, wenn die beiden Terroristinnen zu den mit Sicherheit zu erwartenden
Strafprozessen im Zusammenhang mit der Lorenz-Entführung als Zeuginnen
zwischen dem Bundesgebiet und Berlin hin und her transportiert werden müßten.

Die Sprecher der Drei Mächte fragten, ob es nach deutschem Recht möglich
sei, daß die beiden Berliner Terroristinnen ihre Strafe im Bundesgebiet ver-
büßten.

Der Vertreter des Landes Berlin legte dar, daß nach Auffassung des Berliner
Justizsenators dies nicht zulässig sei, da die erforderlichen Voraussetzungen
dafür nicht vorlägen. Im übrigen sei die Rechtsprechung des Kammergerichts
in dieser Frage sehr restriktiv.

Dagegen erklärte der Sprecher des Bundesjustizministeriums, aufgrund einer
vorläufigen Prüfung seines Hauses wolle er nicht ausschließen, daß eine Straf-
verbüßung im Bundesgebiet möglich sei.

Abschließend erklärten die Sprecher der Drei Mächte, die von ihnen vertretenen Staaten nähmen aktiven Anteil an einer wirksamen internationalen Bekämpfung des Terrorismus und begrüßten alle Maßnahmen, die diesem Zweck
dienen. Die Sprecher Frankreichs und Großbritanniens erinnerten in diesem
Zusammenhang an die derzeit im Rahmen der Neun laufenden Bemühungen.[11]

---

11 Der Europäische Rat beschloß am 1./2. Dezember 1975 in Rom eine stärkere Zusammenarbeit bei
   der Bekämpfung des Terrorismus. Zu diesem Zweck sollte eine „Europäische Konferenz für innere

Der deutsche Sprecher stellte folgendes Ergebnis der Diskussion fest, dem die Vertreter der Drei Mächte zustimmten:

1) Die Drei Mächte erheben gegen das Ersuchen um vorläufige Festnahme und um Auslieferung der Terroristen keine Bedenken.

2) Die Drei Mächte äußerten den Wunsch, die zuständigen deutschen Stellen sollten so bald wie möglich einen Weg finden, um zu vermeiden, daß die beiden Berliner Terroristinnen nach Berlin zurückgeschafft werden müßten.

Der deutsche Sprecher sagte zu, daß die zuständigen deutschen Stellen mit dieser Prüfung unverzüglich beginnen würden.[12]

Lücking

VS-Bd. 10941 (210)

Fortsetzung Fußnote von Seite 47

Sicherheit" auf der Ebene der Innenminister einberufen werden. Vgl. dazu AAPD 1975, II, Dok. 367. Zur Vorbereitung der Konferenz fand am 20. Februar 1976 in Luxemburg ein Expertentreffen statt. Dazu vermerkte Legationsrat I. Klasse Henatsch am 24. Februar 1976: „Von Präsidentschaft für Treffen erstelltes Arbeitspapier [...] stützte sich fast ganz auf deutsche Vorschläge und wurde im wesentlichen als Grundlage für die Tagesordnung des Ministertreffens akzeptiert. Andere Delegationen entwickelten nur sehr begrenzt eigene Vorstellungen." Vgl. Referat 200, Bd. 108890.
Die Konferenz fand am 29. Juni 1976 in Luxemburg statt. Vgl. dazu Dok. 231, Anm. 17.

[12] Vortragender Legationsrat I. Klasse Lücking vermerkte am 23. Januar 1976, daß den Drei Mächten in der Sitzung der Vierergruppe am 20. Januar 1976 mitgeteilt worden sei, „die deutsche Bitte um vorläufige Inhaftnahme sei den jemenitischen Behörden am 18. Januar 1976 übermittelt worden. [...] Die Sprecher der Drei Mächte fragten, ob die deutschen Stellen schon in der Klärung der Frage, ob die beiden Berliner Terroristinnen im Falle der Auslieferung nach Berlin zurückgebracht werden müßten, vorangekommen wären. Der deutsche Sprecher sagte hierzu, dies sei in Anbetracht der Kürze der Zeit noch nicht der Fall, aber aus dem gleichen Grunde auch noch nicht zu erwarten gewesen." Vgl. VS-Bd. 10797 (511); B 150, Aktenkopien 1976.

12

Aufzeichnung des Ministerialdirektors Arnold

600-600 ITA-1/76 geheim   **19. Januar 1976**

Über den Herrn Staatssekretär[1] dem Herrn Bundesminister[2]

Betr.: Zuwendungen für kulturelle Zwecke in Südtirol

Bezug: Handschriftliche Verfügung des Herrn Ministers auf beiliegender Aufzeichnung der Abteilung 6 vom 29.9.1975
– 600-600 ITA Tg.Nr. 87/75 geh.[3]

Anl.:   3[4]

Zweck der Vorlage: Bitte um Erläuterung der o. a. Verfügung

I. Auf der beigefügten Aufzeichnung der Abteilung 6 vom 29. September 1975 hat der Herr Minister verfügt:

„Es bleibt für 1976 bei DM 500 000.“

Nach der bisherigen Planung ist vorgesehen, daß für kulturelle Zwecke in Südtirol DM 400 000 aus „verdeckten“ Mitteln und DM 180 000 aus offenen Mitteln, also insgesamt DM 580 000 aufgewendet werden.

Es wird um Unterrichtung gebeten, ob damit die Weisung des Herrn Ministers erfüllt oder diese so zu verstehen ist, daß der Abbau der „verdeckten“ Zahlungen nicht fortgeführt und 1976 DM 500 000 aus „verdeckten“ Mitteln zugewendet werden sollen.

II. Sachstand:

1) Die seit 1969 (nach Übernahme dieses Vorgangs vom BMB) von der Kulturabteilung des Auswärtigen Amts „verdeckt“ geleisteten Zuwendungen für kulturelle Zwecke in Südtirol sind bisher im Einvernehmen mit Abteilung 2 und mit Zustimmung der Amtsleitung aus politischen Gründen abgebaut worden. In den letzten Jahren vollzog sich der Abbau wie folgt:

1973   gezahlt   DM 1 000 000
1974   gezahlt   DM   700 000
1975   gezahlt   DM   500 000

Für 1976 war nach Rücksprache mit StS Gehlhoff eine Zuwendung von höchstens DM 350 000 vorgesehen.

---

1 Hat Staatssekretär Hermes am 26. Januar 1976 vorgelegen.
2 Hat Bundesminister Genscher am 26. Januar 1976 vorgelegen, der handschriftlich vermerkte: „Herrn StS mit der Bitte, mit BM Ertl zu sprechen.“
3 Dem Vorgang beigefügt. Vgl. VS-Bd. 9760 (600); B 150, Aktenkopien 1975.
  Für die Aufzeichnung des Ministerialdirektors Arnold vgl. AAPD 1975, II, Dok. 288.
4 Zu den Anlagen vgl. Anm. 3, 8 und 9.

Parallel zum Abbau wurden, teilweise als unmittelbarer Ersatz für die ausfallenden Zahlungen, beträchtliche Mittel auf dem normalen Weg zugewandt, und zwar

1973   –   DM   0
1974   –   DM   110 000
1975   –   DM   180 000

Im Einvernehmen mit Abteilung 2 ist die Kulturabteilung der Auffassung, daß die „verdeckten" Zahlungen weiter abgebaut werden müssen, da das mit ihnen verbundene politische Risiko nicht tragbar ist.

2) Bei einer Besprechung mit den Südtiroler Vertretern Dr. Mitterdorfer, Abgeordneter im italienischen Parlament, Dr. Zelger, Leiter des Ressorts für deutsche Kulturangelegenheiten in der Südtiroler Landesregierung, und Prof. Waldthaler, Direktor des Südtiroler Kulturinstituts, wurden unsere Zuwendungen für 1976 erörtert. Dabei ergab sich, daß die Südtiroler Projekte einen[5] Wert von 398 470 DM haben, die von uns „verdeckt" finanziert werden könnten. Es handelt sich um folgende Positionen:

1)	Studienstipendien für Südtiroler Schüler einschl. „Heimaktion"	DM	260 000
2)	„Arbeitsgemeinschaft Zweiter Bildungsweg" – Abendkurse für Erwachsene zur Erlangung des Abschlußdiploms der Mittelschule	DM	80 760
3)	Beitrag für Teilnahme Südtiroler Werkstudenten an Brixner Sommerkursen der Universität Padua	DM	26 900
4)	Heranbildung von Volks- und Mittelschullehrern	DM	30 810
	zusammen:	DM	398 470

Der Ansatz für Schülerstipendien liegt um 100 000 DM höher als 1975. Nach Darstellung der Südtiroler ist hier der Bedarf besonders groß. Auch nach Ansicht der Abteilung 6 sollte auf diesem Gebiet – Aufholung des Bildungsrückstandes – das Schwergewicht unserer Unterstützung liegen.

Dagegen sollten und können die früher von uns geförderten Musikkurse in Zukunft aus eigenen Mitteln der Südtiroler Landesregierung bezahlt werden. Diese Vereinbarungen wurden in dem Einverständnis getroffen, daß 1976 ebenso wie 1975 Lehrerfortbildung, Hochschulstipendien, Gastspiele, Filme, Bücherspenden und Erwachsenenbildung aus offenen Mitteln des Auswärtigen Amts bezuschußt wurden.

3) Bundesminister Ertl hatte sich bereits 1973 beim Auswärtigen Amt für Zuwendungen an Südtirol eingesetzt. Dabei hatte er u. a. versucht, das Auswärtige Amt für die Beteiligung an der Finanzierung des in eine Stiftung umzuwandelnden „Kulturwerks Südtirol" zu gewinnen. Es war ihm damals geantwortet worden, daß dies dem Auswärtigen Amt nicht möglich sei. Das Auswärtige Amt sei jedoch bereit, die Verantwortung (und die Mittel) für die „verdeckten" Zuwendungen an ein anderes Ministerium abzugeben, sofern sich ein anderes Ministerium zur Übernahme bereit erklärt. BM Ertl hatte damals geantwortet,

---

5 Korrigiert aus: „im".

er wolle sich dieserhalben mit dem BMI und dem BMB in Verbindung setzen, hat anschließend jedoch nichts mehr von sich hören lassen.[6] Die beiden damals für den Herrn Bundesaußenminister[7] gefertigten Aufzeichnungen vom 5.9. 1973[8] und 1.10.1973[9] sind hier beigefügt.[10]

Abteilung 2 hat mitgezeichnet.

Arnold

VS-Bd. 9760 (600)

---

[6] Am 22. Juli 1976 vermerkte Ministerialdirigent Schödel, daß Bundesminister Ertl in einem Gespräch mit Ministerialdirektor Arnold am 25. September 1973 den Gedanken geäußert habe, „eine Stiftung zur Förderung kultureller Vorhaben in Südtirol zu gründen, die vorwiegend mit Bundesmitteln finanziert werden sollte. Diese Stiftung könnte entweder das ‚Kulturwerk Südtirol' [...] ersetzen oder aber neben dem Kulturwerk wirken." Schödel führte aus, daß die seinerzeit vorgebrachten Bedenken des Auswärtigen Amts unverändert fortbestünden: „Eine ‚offene' institutionelle Beteiligung des Auswärtigen Amts an einer Hilfsorganisation für ethnische Gruppen in Südtirol kommt aus politischen Gründen nicht in Betracht. [...] Abteilung 6 hält es weder für zweckmäßig noch für wahrscheinlich, daß ein anderes Ministerium laufend eine Organisation finanziert, die Vorhaben in bestimmten Regionen des Auslands durchführt. Weder das BMI noch das BMBW kommen hierfür ernsthaft in Frage. Das Auswärtige Amt mußte aus politischen Gründen abraten, selbst wenn ein Ressort an eine solche Hilfe denken sollte, da eine so brisante Frage in unserer Beziehung zu Italien nicht der Kontrolle des Auswärtigen Amts entzogen werden darf." Vgl. VS-Bd. 9760 (600); B 150, Aktenkopien 1976.

[7] Walter Scheel.

[8] Dem Vorgang nicht beigefügt.
Ministerialdirektor Arnold erläuterte die Förderung kultureller Maßnahmen in Südtirol und unterbreitete den Vorschlag, der „zu erwartenden Bitte von Bundesminister Ertl, das Auswärtige Amt möge das ‚Kulturwerk Südtirol' oder eine Nachfolgeorganisation unterstützen, nicht zu entsprechen". Vgl. VS-Bd. 9759 (600); B 150, Aktenkopien 1973.

[9] Dem Vorgang nicht beigefügt.
Für die Aufzeichnung des Ministerialdirektors Arnold vgl. VS-Bd. 14069 (010).

[10] Staatssekretär Hermes vermerkte am 6. Februar 1976, daß er am Vortag mit Bundesminister Ertl gesprochen habe. Dieser habe die Fortsetzung der „verdeckt" geleisteten Zuwendungen für kulturelle Zwecke in Südtirol als unerläßlich bezeichnet, jedoch Verständnis für den Standpunkt des Auswärtigen Amts geäußert, die „verdeckten" Zahlungen „in angemessener Weise und in einem angemessenen Zeitraum durch offene Zuwendungen abzulösen. Er beobachtet jedoch, daß in den letzten Jahren die offenen Zahlungen keinesfalls anstelle der teilweise weggefallenen ‚verdeckten' Zahlungen getreten sind, sondern der Gesamtbetrag von Jahr zu Jahr erheblich vermindert worden ist." Ertl sei damit einverstanden, daß er, Hermes, Bundesminister Genscher folgenden Vorschlag unterbreite: „1) Die ‚verdeckten' Zuwendungen werden 1976 auf 450 000 DM festgesetzt (1975: 500 000 DM). Das würde eine Erhöhung um 50 000 DM gegenüber dem bisherigen Ansatz der Abteilung 6 bedeuten, aber um eben diesen Betrag unter den Südtiroler Wünschen bleiben. 2) Für die offenen Zuwendungen wird 1976 ein Betrag von 180 000 DM eingesetzt und jede Anstrengung unternommen, ihn in Abstimmung mit den Südtirolern wirkungsvoll zu verwenden. Dieser Ansatz entspricht der Planung der Abteilung 6. 3) Für die Jahre 1977 ff. wird ein Abbau der ‚verdeckten' Zuwendungen in dem Maße vorgenommen werden können, als offene Zuwendungen an deren Stelle treten. Es ist dabei darauf zu achten, daß die bisher ‚verdeckt' geförderten Programme, insbesondere die Studienstipendien für Südtiroler Schüler, die erste Priorität haben, in Übereinstimmung mit den Südtirolern fortgeführt werden." Vgl. VS-Bd. 9760 (600); B 150, Aktenkopien 1976.
Am 17. Februar 1976 notierte Hermes ergänzend: „Der Herr Minister hat den Vorschlag in meiner Vorlage gebilligt. Ich bitte, die Südtiroler entsprechend zu unterrichten." Vgl. VS-Bd. 9760 (600); B 150, Aktenkopien 1976.

13

Gespräch des Bundesministers Genscher mit dem saudi-arabischen Außenminister Saud al-Faisal

311-321.11 SAR 21. Januar 1976[1]

Betr.: Besuch des saudischen Außenministers[2]

    hier: Gespräch mit Bundesminister Genscher beim Mittagessen am 21.1.

Das Hauptgewicht lag bei zwei Themen: Die gegenwärtige Lage im Libanon und die Nahost-Problematik.

Auf die Frage des *Bundesministers*, wie er die Entwicklung im Libanon[3] beurteile, wies Außenminister *Prinz Saud Ibn Faisal* zunächst auf die verworrene Situation hin: Die politische Führung des Landes sei außerstande[4], eine Kontrolle auszuüben, das Land ein immer wieder neu aufgefülltes Waffenarsenal. Was die Lage besonders gefährde, seien die Interventionsdrohungen Israels, letzteres strebe eine Annexion des Südlibanon an.

Die kürzliche Warnung Kissingers vor Einmischungsversuchen, abgegeben auf dem Hinflug nach Moskau, sei nützlich gewesen.[5] Auch der übrige Westen möge einen entsprechenden Einfluß geltend machen.

---

[1] Die Gesprächsaufzeichnung wurde von Botschafter Montfort, z. Z. Bonn, am 21. Januar 1976 gefertigt.

[2] Der saudi-arabische Außenminister Saud al-Faisal hielt sich vom 21. bis 23. Januar 1976 in der Bundesrepublik auf.

[3] Im Libanon kam es seit März 1975 zu bewaffneten Auseinandersetzungen zwischen christlichen Milizen und moslemischen Gruppen. Dazu informierte Referat 310 am 12. Januar 1976: „Die nunmehr über neun Monate anhaltenden bürgerkriegsgleichen Auseinandersetzungen im Libanon werden – vereinfacht dargestellt – zunächst durch folgende innerlibanesische Gruppierungen bestimmt: die rechtsgerichteten Kräfte unter dem (christlichen) Kataeb-Führer Pierre Gemayel; die linksgerichteten, fast ausnahmslos muslimischen Kräfte, deren zeitweiser Sprecher Joumblatt (Druse) ist; die PLO. Hinzu kommt die vielschichtige Einmischung von Drittländern, zu denen vor allem Syrien, Libyen, der Irak, in gewissem Sinne auch Saudi-Arabien und Algerien sowie indirekt die Sowjetunion zu zählen sind. [...] Bisher sind alle Bemühungen um die Beilegung der Krise fehlgeschlagen. Bereits die jeweils als Voraussetzung für politische Verhandlungen von den streitenden Parteien ausgehandelten (bislang 18) Waffenstillstände erwiesen sich als kurzlebig oder traten gar nicht erst in Kraft. Zwei gesamtarabische Anläufe zur Beendigung des Konflikts verliefen im Sande. Die Vermittlungsbemühungen des Vatikans und der französischen Regierung (beide im November 1975) blieben schließlich ebenfalls erfolglos. Ein Appell des Generalsekretärs der VN fand keinen Widerhall, und die mehrfachen ernsten Bemühungen Syriens um einen Kompromiß scheiterten. [...] In dieser Situation werden vor allem von der Kataeb wieder Pläne zur Aufteilung des Libanon in einen muslimischen und einen christlichen Staat vorgelegt. Dies veranlaßte den syrischen AM Khaddam zu der Erklärung, sein Land werde im Falle der Verwirklichung derartiger Pläne ‚den ganzen Libanon annektieren'. Israel seinerseits kündigte daraufhin ‚geeignete israelische Maßnahmen' an. Die USA haben Syrien und Israel vor Schritten gegen den Libanon gewarnt." Vgl. Referat 310, Bd. 108750.

[4] Korrigiert aus: „Landes außerstande".

[5] Zu den Gesprächen des amerikanischen Außenministers Kissinger vom 20. bis 23. Januar 1976 in Moskau vgl. Dok. 21 und Dok. 23.
Am 20. Januar 1976 hielt sich Kissinger zu Gesprächen mit der dänischen Regierung in Kopenhagen auf. Vor der Presse erklärte er: „Of course the conflict in Lebanon is a tragedy for the country and for the community that lives in Lebanon. Secondly, it has the potential of drawing in outside powers and therefore it could jeopardize all that has been achieved in recent years. The United

Der *Bundesminister* unterstrich die Besorgnis der Bundesregierung über die jüngste Entwicklung. Viel hänge jetzt von der syrischen Einstellung ab, das Israel keinen Grund geben dürfe, zu intervenieren. Die Bundesregierung werde nichts unversucht lassen, ihren Einfluß einzusetzen.

Saud Ibn Faisal entgegnete, die syrische Haltung unterscheide sich nicht von der der anderen arabischen Staaten. Es wolle Einheit und Souveränität des Libanon wahren. Mehrere Zusammenstöße zwischen Palästinensern und der libanesischen Armee gäben aber Anlaß zu größter Sorge. Wenn es hier zu einer Eskalation käme, gebe es keine andere Wahl, als daß die arabischen Staaten gemeinsam Truppen entsendeten. Eine solche arabische Initiative im eigenen Lager – mit Genehmigung der libanesischen Regierung – sei grundsätzlich anders zu beurteilen als ein Einmarsch des israelischen Feindes in den Südlibanon.[6]

Auf die erneute Warnung des Bundesministers vor jedem Eingreifen von außen meinte Saud Ibn Faisal, Israel werde einen solchen Schritt wohl nicht unternehmen, wenn es nicht der Zustimmung oder Duldung der öffentlichen Meinung des Westens sicher sei. Der *Bundesminister* antwortete, man dürfe die Einflußmöglichkeit des Westens nicht überschätzen.

Beide Seiten waren sich einig, daß die Sowjetunion nur bei Fortdauern der Spannung ihren Einfluß im Nahen Osten halten oder ausbauen könne. Der Bundesminister ergänzte diese Feststellung mit dem Hinweis, Israel könne nicht daran gelegen sein, von kommunistischen Nachbarländern umgeben zu werden. Diese These habe er auch bei seinem letzten Israel-Besuch vertreten und habe dabei Verständnis gefunden.[7] Das wirkliche Interesse Israels liege daher bei einem dauerhaften Frieden. Die Bundesregierung wolle hier versuchen, ihren Einfluß auszuüben.

Saud Ibn Faisal hielt es demgegenüber für entscheidend, die allgemeine Problematik durch eine Anerkennung der PLO zu erleichtern. Das Palästina-Problem lasse sich nur dadurch lösen, daß man mit den Palästinensern verhandele, mit anderen Worten, die PLO anerkenne. Dem Einwand des *Bundesmini-*

Fortsetzung Fußnote von Seite 52

States has warned all the interested parties – and I want to repeat it here – against any unilateral act that could lead to an expansion of the conflict in Lebanon to wider areas, and the United States will oppose any unilateral act by any country that would lead to an expansion of hostilities." Vgl. DEPARTMENT OF STATE BULLETIN, Bd. 74 (1976), S. 162.

6 Eine syrische Delegation unter Leitung von Außenminister Khaddam reiste am 21. Januar 1976 zu Gesprächen nach Beirut. Am folgenden Tag wurde die Einsetzung einer aus Libanesen, Syrern und Palästinensern zusammengesetzten Obersten Militärkommission bekanntgegeben, die einen vereinbarten Waffenstillstand überwachen und Maßnahmen zur Normalisierung des Libanon ergreifen sollte. Dazu vermerkte Referat 310 am 28. Januar 1976: „Die getroffenen Vereinbarungen enthalten eine beträchtliche Zahl von Einzelregelungen auch konstitutioneller Art, die die Hoffnung bestärken, daß dieser Waffenstillstand den Beginn einer Befriedung auf der Grundlage einer gemäßigten Reform darstellt. So ist z. B. vorgesehen die paritätische Vertretung der muslimischen und christlichen Bevölkerungsteile im libanesischen Parlament, ferner die Wahl des Ministerpräsidenten durch Parlamentsmehrheit statt Ernennung durch Staatspräsidenten. Die Reformvorschläge sehen überwiegend Veränderungen zugunsten des muslimischen Bevölkerungsteils vor. Deshalb nehmen die rechtsgerichteten Kräfte eine abwartende Haltung ein, ohne jedoch die Vorschläge abzulehnen." Vgl. Referat 310, Bd. 108750.

7 Bundesminister Genscher hielt sich vom 27. bis 30. November 1975 in Israel auf. Vgl. dazu AAPD 1975, II, Dok. 358 und Dok. 360.

sters, beide Seiten sollten Zug um Zug handeln und sich gegenseitig anerkennen, hielt *Saud Ibn Faisal* entgegen, die Araber hätten genügend Kompromißbereitschaft gezeigt – Ägypten beim Entflechtungsabkommen[8], die PLO durch ihre vernünftige und maßvolle Haltung im Libanon. Jetzt sei es Sache der Israelis, einen Beweis für ihre Friedensbereitschaft zu erbringen. Sie als Eindringlinge müßten sich ihrer Umgebung anpassen, nicht umgekehrt.

Abschließend erläuterte der *Bundesminister* erneut unsere Haltung im Nahen Osten und fügte hinzu, heute würde in Israel neben der Stimme der USA die der Bundesrepublik am stärksten gehört. Diesen Einfluß könnten wir aber nur solange halten, wie die Israelis davon überzeugt blieben, daß wir sie nicht fallen ließen. Jede Isolierung würde den Falken und nicht den Vernünftigen in die Hände spielen.

Referat 311, Bd. 108832

---

[8] Am 1. September 1975 schlossen Israel und Ägypten ein Abkommen betreffend Gewaltverzicht und weitere militärische Entflechtungsmaßnahmen in Sinai („Sinai-Abkommen"), das am 4. September 1975 in Genf unterzeichnet wurde. Darin äußerten sie ihren Willen, den Nahost-Konflikt mit friedlichen Mitteln zu lösen, und verpflichteten sich, auf die Androhung und Anwendung von Gewalt oder militärischer Blockade zu verzichten. Ferner war die Räumung der Pässe Giddi und Mitla durch die israelische Armee und die dortige Errichtung einer israelischen und einer ägyptischen Überwachungsstation vorgesehen; Israel erklärte sich zur Räumung eines Küstenstreifens am Golf von Suez einschließlich der dort befindlichen Ölfelder bereit. Die ägyptischen Streitkräfte sollten bis zur bestehenden israelischen Waffenstillstandslinie vorrücken. Zwischen der ägyptischen und der israelischen Linie sollte eine verbreiterte Pufferzone durch UNO-Friedenstruppen entsprechend der ersten Vereinbarung vom 18. Januar 1974 über Truppenentflechtung überwacht werden. Schließlich sollte die Nutzung des Suez-Kanals für den Transport nichtmilitärischer Güter von und nach Israel erlaubt werden. Vgl. dazu EUROPA-ARCHIV 1975, D 635–640.
In Verhandlungen vom 9. bis 22. September 1975 in Genf einigten sich Israel und Ägypten über die Durchführungsbestimmungen zum Abkommen. Sie wurden am 23. September 1975 von Ägypten und nach Zusicherung der USA, im Sinai 200 Techniker zu stationieren, am 10. Oktober 1975 von Israel unterzeichnet. Vgl. dazu den Artikel „Einigung über Sinai-Abkommen in Genf"; FRANKFURTER ALLGEMEINE ZEITUNG vom 24. September 1975, S. 1.

14

Gespräch des Bundeskanzlers Schmidt mit dem saudi-arabischen Außenminister Saud al-Faisal

21. Januar 1976[1]

Kurzvermerk über das Gespräch des Herrn Bundeskanzlers mit dem saudi-arabischen Außenminister, Prinz Saud al-Faisal, am 21.1.1976 im Bundeskanzleramt[2]

Bei dem ca. 3/4 Stunden dauernden Gespräch wurden

1) der geplante Besuch des Bundeskanzlers in Saudi-Arabien,

2) die Weltwirtschaftslage und

3) einige Aspekte des internationalen Terrorismus

erörtert.

1) Geplanter Besuch des Bundeskanzlers

Als Termin wurde fest vereinbart:

Ankunft: Sonnabend (29. Mai 1976), so früh, wie dies unter technischen und protokollarischen Gesichtspunkten möglich ist.

Rückflug: Montagvormittag (31. Mai 1976).

Auf Frage Bundeskanzlers betonte *Faisal*, daß Frau Schmidt ebenfalls eingeladen sei.

Zur Gestaltung des Besuchsprogramms unterstrich der *Bundeskanzler*, daß es ihm weniger auf Besichtigungen oder großes Protokoll, sondern auf konkrete Gespräche ankomme. Da zwischen der Bundesrepublik und Saudi-Arabien keine nennenswerten bilateralen Probleme bestehen würden, beabsichtige er, einen intensiven Meinungsaustausch über die augenblickliche Weltlage zu führen. Bei den persönlichen Gesprächen hoffe er, ein besseres Verständnis von der Haltung und dem Denken seiner Gastgeber über die wichtigsten weltwirtschaftlichen und weltpolitischen Fragen zu gewinnen.[3]

2) Weltwirtschaftslage

Der *saudi-arabische Außenminister* unterstrich das Interesse seines Landes an einer funktionierenden und expandierenden Weltwirtschaft und stellte in dieser Hinsicht eine Interessenidentität mit der Bundesrepublik fest. Auf die Be-

---

1 Ablichtung.
  Die Gesprächsaufzeichnung wurde von Legationsrat I. Klasse Leonberger, Bundeskanzleramt, am 21. Januar 1976 gefertigt und von Vortragendem Legationsrat I. Klasse Oldenkott, Bundeskanzleramt, am 23. Januar 1976 an Vortragenden Legationsrat I. Klasse Schönfeld übermittelt.
  Hat Schönfeld am 26. Januar 1976 vorgelegen, der handschriftlich vermerkte: „1) Herrn D 3 m[it] d[er] B[itte] u[m] Übern[ahme]. 2) Doppel/Min[ister]büro."
  Hat Vortragendem Legationsrat Lewalter am 26. Januar 1976 vorgelegen, der die Weiterleitung an Bundesminister Genscher verfügte.
  Hat Genscher vorgelegen.
2 Der saudi-arabische Außenminister Saud al-Faisal hielt sich vom 21. bis 23. Januar 1976 in der Bundesrepublik auf.
3 Zum Besuch des Bundeskanzlers Schmidt in Saudi-Arabien vgl. Dok. 164, Dok. 165 und Dok. 171.

merkung des *Bundeskanzlers* gezielt, kein Land könne die wirtschaftlichen Probleme für sich allein lösen, unterstrich *Faisal*, daß Saudi-Arabien sich immer für globale Lösungen (wie z.B. die Dialog-Konferenz[4]) eingesetzt habe. Sein Land sei es auch gewesen, das Algerien und Iran auf die Linie gebracht habe, während den Verhandlungen keine weiteren Preiserhöhungen vorzunehmen.[5]

In diesem Zusammenhang stellte er fest, daß aus saudischer Sicht die Bundesrepublik als ein Land angesehen werde, dem insbesondere auf dem Gebiet der Wirtschaft ein großer Einfluß zukomme.

Faisal betonte, wie wichtig es sei, daß der Bundeskanzler auf seiner Reise die Probleme Saudi-Arabiens mit eigenen Augen sehe. Auf diesem Hintergrund sei es auch leichter, die Verhältnisse im Nahen Osten, insbesondere die Palästina-Frage, zu verstehen.

Abschließend führte Faisal aus, daß uns drohende Gefahren auch Saudi-Arabien nicht gleichgültig seien. Er nannte als Beispiel die jüngste innenpolitische Entwicklung in Italien.[6]

---

[4] Vom 16. bis 19. Dezember 1975 fand in Paris die Eröffnungstagung der KIWZ auf Ministerebene statt. Teilnehmer waren acht Industrie- und 19 Entwicklungsländer. In einem Kommuniqué einigten sie sich auf die Einsetzung von vier Kommissionen (Energie, Rohstoffe, Entwicklungspolitik und Finanzfragen), in denen jeweils fünf Industrieländer und zehn Entwicklungsländer vertreten waren. Die übrigen Teilnehmerstaaten konnten Beobachter ohne Stimmrecht entsenden. Für die Kommissionen galt das Konsensprinzip, d.h. Beschlüsse und Empfehlungen waren angenommen, wenn kein Mitglied Einwände erhob. Ferner war die Schaffung eines Internationalen Sekretariats vorgesehen. Die Kommissionen sollten ihre Tätigkeit am 11. Februar 1976 aufnehmen. Vgl. dazu EUROPA-ARCHIV 1976, D 132–134.

[5] Vom 24. bis 27. September 1975 fand in Wien die Ministerkonferenz der OPEC-Mitgliedstaaten statt. Dazu berichtete Gesandter Ungerer, Wien (Internationale Organisationen), am 29. September 1975: „Sehr stürmisch verlaufene OPEC-Ministerkonferenz ging am 27.9. zu Ende. Ergebnis: Erhöhung des Erdölpreises um zehn Prozent ab 1.10.75, der bis 1.6.76 unverändert bleiben soll. [...] Weitere Erhöhungen sollen erst nach Aufnahme des Produzenten-Konsumenten-Dialogs erwogen werden. [...] Wertung: Nur harter Taktik Saudi-Arabiens ist es zu verdanken, daß keine weiteren Erhöhungen durchgesetzt wurden. Verhandlungsklima war zeitweise so kontrovers, daß Beobachter, aber auch einzelne OPEC-Delegationsmitglieder von Gefährdung des Zusammenhalts der OPEC sprachen. Angesichts dieser Verhandlungsatmosphäre kann Ergebnis noch als Erfolg saudi-arabischen mäßigenden Einflusses angesprochen werden." Vgl. den Drahtbericht Nr. 294; Referat 405, Bd. 113908.

[6] Am 7. Januar 1976 beschloß die Sozialistische Partei (PSI), der von der Democracia Cristiana (DC) und der Republikanischen Partei (PRI) gestellten Minderheitsregierung die parlamentarische Unterstützung zu entziehen. Daraufhin trat die Regierung unter Ministerpräsident Moro am selben Tag zurück, blieb jedoch auf Wunsch von Staatspräsident Leone bis zur Bildung eines neuen Kabinetts im Amt. Seit dem 13. Januar 1976 führte der erneut mit der Regierungsbildung beauftragte Moro Gespräche mit den Parteien. Zu den Hintergründen berichtete Botschafter Meyer-Lindenberg, Rom, am 14. Januar 1976: „Die Sozialistische Partei (PSI), nach den Christdemokraten (38,8 Prozent) und den Kommunisten (27,2 Prozent) mit 9,6 Prozent drittstärkste Partei im Abgeordnetenhaus, hat die jüngste Regierungskrise ausgelöst. Da die DC als stärkste Partei nur zusammen mit ihr eine Mehrheit im Parlament zustandebringen kann (einer Koalition der Mitte aus Christdemokraten, Sozialdemokraten und Republikanern würden einige wenige Sitze zur Mehrheit fehlen, Neofaschisten und Liberale scheiden aus politischen Gründen als Koalitionspartner aus) kommt der PSI auch bei der Lösung dieser Krise die Schlüsselrolle zu." Hauptgrund für das Vorgehen der PSI sei das Verhältnis zwischen Christdemokraten und Kommunisten, das die PSI seit einiger Zeit „mit Argwohn" beobachte: „Sie fürchtete, daß die beiden großen Parteien über die Köpfe der PSI hinweg miteinander ins Gespräch kommen und dadurch die selbstgewählte Rolle der Sozialisten als ‚sozialistisches Korrektiv' der DC [...] und als Initiator einer politischen Wende (durch Öffnung der ‚linken Mitte' gegenüber der KPI) unterminieren würden." Vgl. den Drahtbericht Nr. 54; Referat 203, Bd. 110232.

3) Internationaler Terrorismus

Bundeskanzler bat den saudischen Außenminister, seine Grüße an Ölminister Yamani und seine Freude darüber, daß dieser dem Terroranschlag in Wien[7] unversehrt entkommen sei, zu übermitteln.

Bei der sich anschließenden kurzen Erörterung des Problems des internationalen Terrorismus setzte sich *Faisal* für eine differenzierte Betrachtung des Handelns und der Aktionen der einzelnen Gruppen ein.

Bundeskanzler widersprach dieser Betrachtungsweise und betonte seine Auffassung, daß es allein auf den Charakter und den Grad der Kriminalität ankomme.

Nach einem Plädoyer *Faisals* für die Palästinenser forderte *Bundeskanzler*, daß die PLO öffentlich – auch für die deutsche öffentliche Meinung verständlich – klarmachen solle, wie sie zum Terrorismus steht. In der Bundesrepublik hätte man noch keine deutliche Position erkannt.[8]

Referat 010, Bd. 178650

---

7 Am 21. Dezember 1975 drangen sechs Terroristen in das Gebäude der OPEC-Zentrale in Wien ein, in dem gerade eine Ministertagung stattfand. Sie töteten drei Personen und nahmen etwa 70 Personen als Geiseln, darunter zehn Minister aus OPEC-Mitgliedstaaten. Zu dem Anschlag bekannte sich eine Gruppe „Arm der arabischen Revolution", der u. a. Ilich Ramírez Sánchez („Carlos") und Hans-Joachim Klein angehörten. Nach der Verlesung einer Erklärung der Geiselnehmer im österreichischen Rundfunk am selben Abend und der Freilassung der österreichischen sowie der in Wien akkreditierten ausländischen Geiseln flogen die Terroristen mit den übrigen Geiseln am Morgen des 22. Dezember 1975 nach Algier. Nach der Freilassung weiterer Geiseln flogen sie nach Tripolis, wo erneut acht Geiseln das Flugzeug verlassen durften, die Bereitstellung einer Maschine zum Weiterflug nach Bagdad aber verweigert wurde. Anschließend kehrten die Terroristen über Tunis nach Algier zurück, wo sie am 23. Dezember 1975 die letzten 15 Geiseln, darunter den saudiarabischen Erdölminister Yamani, freiließen und sich den algerischen Behörden stellten. Vgl. dazu die Artikel „Die Terroristen von Wien wollen die Nahost-Staaten zu einer extremistischen Politik zwingen" sowie „Die Terroristen von Wien in Algerien"; FRANKFURTER ALLGEMEINE ZEITUNG vom 23. bzw. 24. Dezember 1975, S. 1.
In der Presse wurde berichtet, daß die sechs Terroristen Algerien verlassen hätten und nach Tripolis ausgereist seien. Vgl. dazu den Artikel „Algier läßt OPEC-Terroristen frei"; SÜDDEUTSCHE ZEITUNG vom 2. Januar 1976, S. 1.
Botschafter Grabert, Wien, teilte am 26. Januar 1976 mit, daß nach Auskunft des österreichischen Außenministeriums „die Terroristen einschließlich Hans-Joachim Klein nur kurzfristig in Libyen waren und das Land mit unbekanntem Reiseziel wieder verlassen haben". Vgl. Referat 511, Bd. 111821.
8 Zu diesem Teil des Gesprächs vermerkte Botschafter Montfort, z. Z. Bonn, am 23. Januar 1976 ergänzend, daß der saudi-arabische Außenminister Saud al-Faisal die Notwendigkeit zur Bekämpfung des internationalen Terrorismus erläutert habe: „Man müsse aber klar definieren, was unter Terrorismus zu verstehen sei. Der Unterschied zwischen der Japanischen Roten Armee (oder der Baader-Meinhof-Bande) und den Angehörigen der PLO liege auf der Hand. Der Bundeskanzler wies darauf hin, daß Yassir Arafat im Bewußtsein der deutschen öffentlichen Meinung der Mann sei, der mit der Pistole im Halfter vor den VN aufgetreten sei. Eine klarstellende Distanzierung, verbreitet über die Massenmedien des Westens, könne entscheidenden Einfluß haben. Saud al-Faisal gab zu bedenken, daß ein Politiker wie Arafat für die Masse seiner entwurzelten Anhänger in den Flüchtlingslagern das Image des Kämpfers pflegen müsse, um nicht Gefahr zu laufen, seine politische Basis zu verlieren." Vgl. Referat 311, Bd. 108832.

15

Aufzeichnung des
Vortragenden Legationsrats I. Klasse Lücking

210-521.60 SOW-120/76 VS-vertraulich   21. Januar 1976[1]

Betr.: Deutsch-sowjetische Gespräche über Rechtshilfe[2]
       hier: Sitzung der Bonner Vierergruppe vom 20.1.1976

Bezug: Vermerk des Referats 210-531.47-53/76 VS-v vom 13.1.76[3]

1) In der Sitzung der Bonner Vierergruppe vom 20. Januar 1976 stand auf alliierten Wunsch die geplante Rechtshilfeabsprache mit der Sowjetunion wieder auf der Tagesordnung.

Zunächst hatten die Drei Mächte offenbar nur vor, die Bundesregierung erneut darum zu bitten, die Verhandlungen mit der Sowjetunion nicht soweit voranzutreiben, daß die Drei Mächte – mit einer abschlußreifen Absprache konfrontiert – unter Zugzwang geraten würden. Der deutsche Sprecher erklärte dar-

---

[1] Hat Bundesminister Genscher am 1. Februar 1976 vorgelegen, der Staatssekretär Gehlhoff um Rücksprache bat und handschriftlich vermerkte: „Angesichts des Verhaltens der SU in den letzten Monaten kann mindestens auf mittlere Sicht nicht mit einer sachlichen Handhabung geltender Regelungen gerechnet werden. Deshalb bedarf die Angelegenheit der Entscheidung."
Hat Gehlhoff am 6. Februar 1976 vorgelegen.

[2] Seit November 1973 führten die Bundesrepublik und die UdSSR Gespräche mit dem Ziel, eine Regelung über gegenseitige Rechtshilfe in Zivil- und Handelssachen abzuschließen. Dabei bestand Einigkeit darüber, daß der Rechtshilfeverkehr sowohl für die Gerichte im Bundesgebiet als auch für die Gerichte in Berlin (West) im Wege des Direktverkehrs zwischen den Landesjustizministerien und den Justizministerien der Unionsrepubliken der UdSSR abgewickelt werden sollte. Strittig blieb hingegen die Form der Vereinbarung sowie die Einbeziehung von Berlin (West). In den Gesprächen des Bundesministers Genscher mit dem sowjetischen Außenminister Gromyko am 22./23. September 1975 in New York und am 12. November 1975 in Moskau sowie in begleitenden Expertengesprächen wurde schließlich ein „Szenario" ausgearbeitet, das aus drei Elementen bestand: 1) einer Erklärung des Staatssekretärs Gehlhoff zum Direktverkehr zwischen den Landesjustizministerien der Bundesrepublik bzw. der Unionsrepubliken der UdSSR; ihr sollte eine einseitige Erklärung des sowjetischen Botschafters Falin folgen, mit der die UdSSR ihr Einverständnis erklärte, „daß in Übereinstimmung mit dem Vier-Mächte-Abkommen vom 3. September 1971 der Rechtshilfeverkehr in Zivil- und Handelssachen auf dem Wege des Direktverkehrs zwischen den Justizministerien der Unionsrepubliken der UdSSR und dem Senator für Justiz in Berlin (West) erfolgt". 2) Bekanntmachung der Erklärungen durch Mitteilung der Bundesregierung. 3) Sowjetische Unterrichtung der Drei Mächte durch Noten über den Inhalt der einseitigen Erklärung zur Einbeziehung von Berlin (West) in den Direktverkehr. Vgl. die Aufzeichnung des Ministerialdirigenten Meyer-Landrut vom 21. November 1975; Referat 213, Bd. 112789. Vgl. dazu ferner AAPD 1975, II, Dok. 279, und Dok. 342.

[3] Vortragender Legationsrat I. Klasse Lücking vermerkte, daß der amerikanische Vertreter in der Sitzung der Bonner Vierergruppe am 7. Januar 1976 gebeten habe, „in der Angelegenheit mit der Sowjetunion nicht abzuschließen, bevor die Drei Mächte ihre Position detailliert dargelegt hätten. Seine Regierung sehe zur Zeit erhebliche Schwierigkeiten, was eine irgendwie geartete Mitteilung der Sowjetunion an die Drei Mächte betreffe. Der französische Sprecher äußerte sich ähnlich. Der britische Sprecher erklärte, die Angelegenheit werde noch geprüft. Der deutsche Sprecher erklärte, selbstverständlich werde die alliierte Stellungnahme abgewartet werden, um sie bei den weiteren Gesprächen mit der Sowjetunion berücksichtigen zu können. [...] Schließlich habe man bei Gesprächen aus anderem Anlaß der sowjetischen Seite keinen Zweifel daran gelassen, daß eine Mitteilung der Sowjetunion an die Drei Mächte jedenfalls dann nicht in Betracht komme, wenn sie in der Form höherrangig sei als die Erklärung der Sowjetunion gegenüber der Bundesrepublik Deutschland." Vgl. VS-Bd. 10941 (210); B 150, Aktenkopien 1976.

aufhin, die deutsche Seite würde selbstverständlich vor Abschluß der Verhandlungen die Drei Mächte konsultieren. Im übrigen seien auch noch einige Fragen mit der Sowjetunion offen, so daß in nächster Zeit mit einem Abschluß der Verhandlungen kaum zu rechnen sei.

2) Daran anschließend wurde den Drei Mächten erneut ausführlich das Verfahren erläutert, durch welches die Absprache innerhalb der Bundesrepublik Deutschland in Kraft gesetzt werden soll. Danach werden nach feststehendem Verhandlungsergebnis die Rechtshilfereferenten der Justizministerien des Bundes und der Länder ihren Ministern vorschlagen, der Absprache zuzustimmen. Nachdem jedes Land diese Entscheidung in eigener Zuständigkeit gefällt habe, würden gleichlautende Verwaltungsverordnungen erlassen werden, die sicherstellen, daß alle beteiligten Justizbehörden gemäß der Absprache über den Direktverkehr verfahren. Der Berliner Justizsenator[4] werde diese Verwaltungsverordnung der Alliierten Kommandantur vorlegen.

Erst anschließend an diesen innerdeutschen Prozeß werde das mit den Sowjets ausgehandelte Szenario gewissermaßen als Dach über diesen Maßnahmen der Justizbehörden errichtet.

3) Diese Ausführungen hatten zur Folge, daß die Sprecher der Drei Mächte in längeren Darlegungen die Haltung ihrer jeweiligen Regierung erläuterten. Dabei zeigte sich, daß unter den Drei Mächten bisher keine Einigkeit darüber besteht, wie sie die Angelegenheit behandelt sehen wollen.

4) Der amerikanische Sprecher erklärte, längere Nachforschungen und Prüfungen hätten in Washington zu dem Ergebnis geführt, daß es sich bei der gesamten Absprache um ein „international agreement" im Sinne der in Berlin einschlägigen Rechtsvorschriften der Drei Mächte[5] handele. Das habe zur Folge, daß die Absprache gemäß den „established procedures"[6] auf Berlin erstreckt

---

4 Hermann Oxfort.

5 In der BKC/L (52) 6 vom 21. Mai 1952 legte die Alliierte Kommandatura die Bedingungen für die Einbeziehung von Berlin (West) in internationale Verträge und Verpflichtungen der Bundesrepublik fest. Für den Wortlaut vgl. DOKUMENTE ZUR BERLIN-FRAGE 1944–1966, S. 175–177.

6 In Anlage IV A des Vier-Mächte-Abkommens über Berlin vom 3. September 1971 teilten die Drei Mächte der UdSSR mit: „1) The Governments of the French Republic, the United Kingdom and the United States of America maintain their rights and responsibilities relating to the representation abroad of the interests of the Western Sectors of Berlin and their permanent residents, including those rights and responsibilities concerning matters of security and status, both in international organisations and in relations with other countries. 2) Without prejudice to the above and provided that matters of security and status are not affected, they have agreed that a) The Federal Republic of Germany may perform consular services for permanent residents of the Western Sectors of Berlin. b) In accordance with established procedures, international agreements and arrangements entered into by the Federal Republic of Germany may be extended to the Western Sectors of Berlin provided that the extension of such agreements and arrangements is specified in each case. c) The Federal Republic of Germany may represent the interests of the Western Sectors of Berlin in international organisations and international conferences. d) Permanent residents of the Western Sectors of Berlin may participate jointly with participants from the Federal Republic of Germany in international exchanges and exhibitions. Meetings of international organisations and international conferences as well as exhibitions with international participation may be held in the Western Sectors of Berlin. Invitations will be issued by the Senat or jointly by the Federal Republic of Germany and the Senat." Vgl. UNTS, Bd. 880. S. 128. Für den deutschen Wortlaut vgl. BUNDESANZEIGER, Nr. 174 vom 15. September 1972, Beilage, S. 54–57.
In Anlage IV B nahm die UdSSR diese Mitteilung der Drei Mächte zur Kenntnis und verpflichtete sich, dagegen keine Einwände zu erheben. Für den Wortlaut vgl. UNTS, Bd. 880, S. 128f. Für den deutschen Wortlaut vgl. BUNDESANZEIGER, Nr. 174 vom 15. September 1972, Beilage, S. 56–59.

werden müsse. Damit dieses „international agreement" erstreckungsfähig werde, müsse das Szenario umgestaltet werden. Seine Regierung habe überlegt, wie dies geschehen könnte, ohne die Absprache so zu verändern, daß sie für die Sowjetunion völlig inakzeptabel werde.

Die erste Präferenz wäre, daß die Erklärungen Falins so formuliert würden, daß ihre Zusammengehörigkeit aus dem Wortlaut folge.

Die zweite Präferenz wäre, daß die Statements in der folgenden abgeänderten Reihenfolge abgegeben würden:

a) Falin zum Direktverkehr,

b) Falin zu Berlin,

c) Staatssekretär Gehlhoff.

Dritte Präferenz wäre, daß bei unverändertem Szenario das Ganze der Alliierten Kommandantur als „international agreement" vorgelegt werde und dabei durch die Bundesregierung gemäß Abs. 2 der BK/L 1962 (1) versichert werde, daß es sich um ein „international agreement" handele.

Seiner Regierung sei durchaus bewußt, daß das Szenario in seiner jetzigen Form ausgearbeitet worden sei, um sowohl der deutschen wie der sowjetischen Seite zu ermöglichen, ihren Rechtsstandpunkt aufrechtzuerhalten. Seine Regierung erwarte jedoch, daß auch ihrem Rechtsstandpunkt Rechnung getragen werde. Zweck der Vorschläge seiner Regierung sei es zu vermeiden, daß der Eindruck entstünde, die Sowjetunion schließe entweder mit dem Senat oder mit den Drei Mächten ein Abkommen über Berlin.

Aus diesem Grunde sei auch eine sowjetische Notifikation der Absprache bezüglich Berlins an seine Regierung inakzeptabel.

5) Der britische Sprecher schloß sich dem, soweit die Notifikation an die Drei Mächte betroffen ist, an. Im übrigen erklärte er jedoch, daß nach Auffassung seiner Regierung das Szenario nicht unbedingt als ein „international agreement" betrachtet werden müsse, da die Auffassung vertreten werden könne, daß die Absprache keine völkerrechtlichen Rechte und Pflichten begründe. Die Vorlage der Verwaltungsverordnung durch den Justizsenator bei der AK[7] scheine seiner Regierung eine ausreichende Beteiligung der Drei Mächte.

Dies setze allerdings voraus, daß die Sowjetunion davon abgebracht werden könne, die Berlin-Absprache den Drei Mächten zu notifizieren.[8] Eine solche Notifikation würde der ganzen Konstruktion höchstwahrscheinlich die Grundlage entziehen.

6) Der französische Sprecher erklärte, die Position seiner Regierung sei bekannt.[9] Im übrigen wolle er zur deutschen Auffassung, was eine völkerrechtliche Vereinbarung sei, nicht Stellung nehmen. Fest stehe jedenfalls, daß die Absprache in ihrer jetzigen Form im Sinne des in Berlin geltenden Rechts ein

---

[7] Alliierte Kommandatura.

[8] Dieser Satz wurde von Bundesminister Genscher hervorgehoben. Dazu vermerkte er handschriftlich: „r[ichtig]".

[9] Der französische Sprecher legte die Haltung seiner Regierung in der Frage eines Rechtshilfeabkommens zwischen der Bundesrepublik und der UdSSR in der Sitzung der Bonner Vierergruppe am 2. Dezember 1975 dar. Vgl. dazu AAPD 1975, II, Dok. 364.

„international agreement" sei, nur darauf komme es an. Für seine Regierung sei jede Form der Notifikation der Berlin-Absprache durch die Sowjetunion inakzeptabel.[10] Im übrigen werde die Alliierte Kommandantur für den Fall, daß der Justizsenator eine Verwaltungsverordnung vorlege, vermutlich gezwungen sein, eine BK/O zur Frage der Geltung der Haager Konvention[11] in Berlin zu erlassen, was für die Absprache die gleichen Konsequenzen haben könnte, welche die kürzlich zu den Verkehrsverbesserungen in Berlin erlassene BK/O[12] für die Verkehrsvereinbarungen der Bundesrepublik Deutschland mit der DDR[13] gehabt habe.

7) Der deutsche Sprecher erklärte abschließend, es gebe keinen Unterschied zwischen den Rechtspositionen der Drei Mächte und der Bundesregierung, was die Erstreckung internationaler Abkommen auf Berlin angehe. Das Szenario versuche, dieser gemeinsamen Position gerecht zu werden. Schließlich wolle er noch einmal in aller Deutlichkeit herausstellen, daß Veränderungen des Szenarios in dem gewünschten Sinne voraussichtlich ausgeschlossen werden müßten. Die Bundesregierung habe in jahrelangen sehr schwierigen Verhandlungen versucht, den jetzt vorgebrachten Gesichtspunkten Rechnung zu tragen. Das Szenario in seiner[14] jetzigen Form tue dies, soweit das möglich gewesen sei. Man werde sich deshalb voraussichtlich zu der Absprache über Rechtshilfe seine Meinung aufgrund des Szenarios in seiner jetzigen Form zu bilden haben.

Lücking

VS-Bd. 10941 (210)

---

10 Der Passus „Form der ... Sowjetunion inakzeptabel" wurde von Bundesminister Genscher hervorgehoben. Dazu vermerkte er handschriftlich: „r[ichtig]".
11 Für den Wortlaut des Haager Übereinkommens vom 1. März 1954 über den Zivilprozeß vgl. BUNDESGESETZBLATT 1958, Teil II, S. 577–585.
12 Zur BK/O (75) 15 vom 19. Dezember 1975 vgl. Dok. 16, Anm. 9.
13 Zu den Vereinbarungen vom 19. Dezember 1975 zwischen der Bundesrepublik und der DDR über Verbesserungen im Straßen-, Schienen und Binnenschiffahrtsverkehr vgl. Dok. 16, Anm. 4.
14 Korrigiert aus: „Szenario seiner".

16

Aufzeichnung des Ministerialdirektors van Well

210-321.05 DDR-133/76 VS-vertraulich   **22. Januar 1976**[1]

Über Herrn Staatssekretär[2] Herrn Minister[3] zur Information

Betr.: Vereinbarungen mit der DDR über Verkehrsverbesserungen vom
        19.12.1975[4]
        hier: Angebliche Geheimabsprachen

Bezug: Weisung des Herrn Staatssekretärs vom 21.1.1976

Anlg.: 1[5]

I. Sachverhalt

1) Seit einigen Tagen wird in der Presse der Verdacht laut, die Bundesregierung habe neben den im Bulletin bekanntgemachten Vereinbarungen mit der
DDR über Verkehrsverbesserungen vom 19. Dezember 1975 zusätzliche Ge-
heimabsprachen getroffen. Dieser Verdacht wird offenbar nun auch von Oppo-
sitionsvertretern aufgenommen. Dieser Verdacht hat dadurch Nahrung erhalten, daß gleichzeitig in der Presse durchsickerte, daß die Drei Mächte sich im
Zusammenhang mit dem Abschluß der Vereinbarung nicht voll informiert fühlten.[6] Das hat dazu geführt, daß in der Öffentlichkeit zwei Komplexe vermischt
werden, die voneinander zu trennen sind, nämlich

---

[1] Die Aufzeichnung wurde von Vortragendem Legationsrat I. Klasse Lücking und von Legationsrat
von Arnim konzipiert.

[2] Hat Staatssekretär Hermes am 23. Januar 1976 vorgelegen.

[3] Hat Bundesminister Genscher am 24. Januar 1976 vorgelegen, der Ministerialdirigent Kinkel
handschriftlich um Rücksprache bat.
Hat Kinkel am 8. Februar 1976 vorgelegen.

[4] Entsprechend Anlage I Ziffer 2 e des Vier-Mächte-Abkommens über Berlin vom 3. September 1971
und Artikel 18 des Transitabkommens vom 17. Dezember 1971 zwischen der Bundesrepublik und
der DDR fanden vom 24. März bis 19. Dezember 1975 Verhandlungen zwischen der Bundesrepublik und der DDR über Verbesserungen im Straßen-, Schienen- und Binnenschiffahrtsverkehr zwischen der Bundesrepublik und Berlin (West) statt. In Vereinbarungen und Absichtserklärungen
einigten sich beide Seiten auf die Grunderneuerung bzw. den Ausbau der Autobahnen Helmstedt –
Berlin und den Bau einer Autobahn Hamburg – Berlin, ferner auf die Aufnahme von Gesprächen
zwischen dem Senat von Berlin und der DDR über einen neuen Straßenübergang von Berlin (West)
in nördlicher Richtung. Weitere Vereinbarungen betrafen die Öffnung des Übergangs Staaken für
den Reisezugverkehr und die Schaffung zusätzlicher Bahnhaltepunkte in Wannsee, Charlotten-
burg und Spandau sowie die Aufnahme von Gesprächen zwischen dem Senat von Berlin und der
DDR über eine Öffnung des Teltow-Kanals. Schließlich einigten sich Staatssekretär Gaus und der
Abteilungsleiter im Finanzministerium der DDR, Nimmrich, in einem Protokoll sowie einem Protokollvermerk auf die Pauschalsumme für die Nutzung der Wege, Einrichtungen und Anlagen zwischen der Bundesrepublik und Berlin (West). Sie sahen Zahlungen der Bundesrepublik in Höhe
von jährlich durchschnittlich 400 Mio. DM für die Jahre 1976 bis 1979 vor. Vgl. dazu BULLETIN
1975, S. 1433–1438.

[5] Dem Vorgang beigefügt. Vgl. Anm. 7.

[6] Am 19. Januar 1976 berichtete die Presse, daß CDU- und CSU-Abgeordnete die Vermutung geäußert hätten, die Bundesregierung halte Schriftstücke im Zusammenhang mit den Verkehrsvereinbarungen mit der DDR geheim: „Sie befürchten ferner, daß es bisher unbekannt gebliebene mündliche Abreden und Erklärungen gibt, die für die Beurteilung der Transit-Abmachungen und ihre
Abwicklung von grundsätzlicher Bedeutung sind. [...] Nach den Eindrücken von Unionsabgeordne-

a) die Information der Drei Mächte über die Vereinbarungen und

b) die Information der Öffentlichkeit darüber.

2) Dem Auswärtigen Amt sind sämtliche Absprachen bekannt. Dies ergibt sich aus der in der Anlage beigefügten Aufzeichnung von MD Dr. Sanne (Bundeskanzleramt) für StS Bölling, die MD Dr. Sanne als Antwort auf die Frage des Auswärtigen Amts zu betrachten bittet, ob es Absprachen mit der DDR gibt, welche dem Auswärtigen Amt bisher nicht bekannt waren.[7]

In der Tat hat das Auswärtige Amt das Gesamtpaket der Vereinbarungen am 16. Dezember 1975, einen Tag vor der Kabinettssitzung, auf welcher die Vereinbarungen gebilligt wurden, vom Bundeskanzleramt erhalten.

3 a) Dieses Gesamtpaket ist den Drei Mächten am 16.12.1975 zugeleitet worden. Die Drei Mächte sind also über alle Vereinbarungen mit der DDR voll informiert.

b) Als die Drei Mächte aufgrund des Zeitdrucks in der Endphase der Verhandlungen vom 16.12.1975 abends gegen 21.30 Uhr gebeten werden mußten, ihre endgültige Zustimmung zu dem Verhandlungsergebnis, das ihnen wie dem Auswärtigen Amt erst wenige Stunden zuvor bekannt geworden war, bis zum 17.12. morgens um 10.00 Uhr zu erteilen, führte dies zu einer nicht unerheblichen alliierten Verstimmung.[8] Die Drei Mächte sahen sich praktisch gezwungen, dem endgültigen Verhandlungsergebnis zuzustimmen, ohne es sorgfältig geprüft haben zu können – insbesondere unter dem Aspekt der Auswirkungen auf die alliierten Positionen, z.B. hinsichtlich der Einschaltung der DDR für die Baumaßnahmen an Bahnhöfen in Berlin (West).

c) Sachlich sahen die Drei Mächte sich nur in einem Punkt zu einer Maßnahme veranlaßt, nämlich dem Tätigwerden der DDR bei Eröffnung des Schienen-

Fortsetzung Fußnote von Seite 62

ten sind auch die drei Westmächte erst zu einem späteren Zeitpunkt umfassend informiert worden. Wie aus Berlin verlautet, sind die Westalliierten mit bestimmten Punkten unzufrieden, die sich auf die zugesagte Öffnung des Grenzbahnhofs Staaken und auf die Einrichtung von drei neuen Haltepunkten für Interzonenzüge in West-Berlin beziehen." Insbesondere wollten Oppositionspolitiker von der Bundesregierung erfahren, auf welche Weise gesichert worden sei, daß die von der Bundesrepublik zu zahlende Transitpauschale zweckgebunden zu der in Artikel 18 des Transitabkommens vom 17. Dezember 1971 vorgesehenen Instandhaltung der Wege, Einrichtungen und Anlagen der Transitstrecke verwendet werde: „Es besteht der Eindruck, daß eine solche Absicherung nicht vorhanden ist." Umstritten sei ferner die Höhe der Transitpauschale in Höhe von jährlich 400 Mio. DM: „Oppositionsexperten vertreten die Ansicht, daß der ,DDR' damit praktisch ein jährlicher zinsloser Kredit in Höhe von rund 100 Millionen Mark gewährt worden sei. Denn bei einer Einzelabrechnung hätte die ,DDR' im Jahre 1975 nach ihrer Ansicht rund 290 Millionen Mark eingenommen." Vgl. den Artikel „Hält Bonn Zusatzakten des Verkehrsvertrages geheim?"; DIE WELT vom 19. Januar 1976, S. 2.

[7] Dem Vorgang beigefügt. In der Aufzeichnung vom 19. Januar 1976 stellte Ministerialdirektor Sanne, Bundeskanzleramt, fest: „Es gibt keine ,geheimgehaltenen' mündlichen oder schriftlichen Abreden oder Vereinbarungen. Die Bundesregierung hat wörtlich oder sinngemäß am 19.12. das gesamte Verhandlungsergebnis veröffentlicht (abgedruckt im ,Bulletin' vom 22.12.1975)." So seien die formalisierten Schriftstücke als Texte veröffentlicht worden, während die mündlichen Erklärungen zu Protokoll der DDR inhaltlich mitgeteilt worden seien. Sanne vermerkte ferner, der Innerdeutsche Ausschuß sei „zum frühestmöglichen Zeitpunkt nach dem Abschluß der Verhandlungen in seiner Sitzung am 14. Januar informiert worden. Über den Umfang der dort gegebenen Information ist keine Klage geführt worden." Auch die Drei Mächte seien „während der gesamten Verhandlungsdauer voll informiert worden in der Vierergruppe, in Besprechungen des Chef BK mit den drei Botschaftern, bei dem traditionellen ,Viereressen' der drei Außenminister mit BM Genscher am 11.12.1975 in Brüssel". Vgl. VS-Bd. 10923 (210); B 150, Aktenkopien 1976.

[8] Vgl. dazu AAPD 1975, II, Dok. 386.

übergangs Staaken und der Einrichtung neuer Haltepunkte für den Reisezugverkehr in Berlin (West). (Die drei Botschafter[9] hatten dies in ihrem Gespräch
mit Staatssekretär Gehlhoff am 16.12. abends bereits angekündigt.)

Die Alliierte Kommandantur erließ Rechtsvorschriften, um deutlich zu machen, daß die innerdeutschen Abmachungen nichts daran ändern können, daß
der Schienenverkehr von, nach und in Berlin alliierter Hoheitsgewalt untersteht und die Reichsbahn der DDR insoweit nur Betriebsrechte besitzt.[10] Die
Formulierung dieser Rechtsakte sowie die offensichtlichen alliierten Indiskretionen, die in der Presse ihren Niederschlag gefunden haben, sind aus der Verstimmung der Drei Mächte zu erklären.

4) Zu trennen von der Frage, ob das Auswärtige Amt (s. oben Ziff. 2) und die
Drei Mächte (s. oben Ziff. 3) völlig über die Vereinbarungen informiert sind, ist
die Frage der Information der Öffentlichkeit. Im Bulletin der Bundesregierung
wurden im Wortlaut veröffentlicht:

a) Der Briefwechsel Gaus/Schlimper über die Grunderneuerung der Autobahn;

b) der Briefwechsel zwischen Beauftragten des Senats und der DDR[11] über die
Öffnung eines Straßenübergangs im Norden Berlins;

c) das Protokoll über die Festlegung der Transitpauschale und

d) der dazugehörige Protokollvermerk.

Paraphrasiert wiedergegeben wurden sämtliche übrigen Absprachen. Die Pa-
raphrasen lassen jedoch die folgenden Tatsachen nicht erkennen:

a) Nach Auffassung der DDR fällt die Grunderneuerung der Autobahn allgemein nicht unter das Transitabkommen[12], nur die Umleitungsregelung unter-
liegt diesem Abkommen.

b) Aus der Paraphrase der Mitteilungen der DDR über die Öffnung des Übergangs Staaken für den Reisezugverkehr und die Einrichtung neuer Haltepunkte in Berlin (West) wird nicht deutlich, daß die DDR zu diesem Punkt gleichlautende Erklärungen gegenüber der Bundesregierung und dem Senat von
Berlin abgegeben hat.

5) Art und Umfang der Veröffentlichung der Vereinbarungen beruhen auf einer losen Absprache des Bundeskanzleramtes mit den Gesprächspartnern auf
seiten der DDR. Das Bundeskanzleramt trägt auch die Verantwortung für die
Ausführung dieser losen Absprache. Die Begründung für die paraphrasierte

---

[9] Martin J. Hillenbrand (USA), Olivier Wormser (Frankreich) und Oliver Wright (Großbritannien).

[10] Im Erlaß BK/O (75) 15 vom 19. Dezember 1975 bestätigte die Alliierte Kommandatura, daß sie
„von den vorgesehenen Änderungen im Betrieb der Deutschen Reichsbahn in den Westsektoren
von Berlin und an den diesem Betrieb dienenden Einrichtungen Kenntnis genommen" habe und
die zur Durchführung notwendigen technischen Maßnahmen grundsätzlich genehmige: „Sie erinnert jedoch daran, daß der besondere Rechtsstatus der Schienenwege und des Schienenverkehrs in
den Westsektoren nicht durch diese Maßnahmen, welche den Rechten und der Gesetzgebung der
Alliierten unterliegen, berührt werden darf." Die Alliierte Kommandatura ordnete daher an, daß
die entsprechenden Unterlagen und Pläne den jeweiligen alliierten Behörden zur Genehmigung zu
unterbreiten seien. Vgl. GESETZ- UND VERORDNUNGSBLATT FÜR BERLIN 32 (1976), Nr. 3, S. 76.

[11] Gerhard Kunze und Joachim Mitdank.

[12] Für den Wortlaut des Abkommens vom 17. Dezember 1971 zwischen der Regierung der Bundesrepublik und der Regierung der DDR über den Transitverkehr von zivilen Personen und Gütern zwischen der Bundesrepublik und Berlin (West) vgl. BUNDESANZEIGER, Nr. 174 vom 15. September
1972, Beilage, S. 7–13.

und zum Teil verkürzte Veröffentlichung eines Teils der Absprachen liegt darin, daß zu diesem Teil keine formalisierten Schriftstücke (Briefwechsel, Protokolle) beider Seiten vorliegen, sondern nur einseitige Erklärungen der DDR zu Protokoll.

II. Bewertung

Das Auswärtige Amt ist in der ganzen Angelegenheit verantwortlich für die Konsultation der Drei Mächte. Angriffe auf den Konsultationsprozeß durch die Presse oder die Opposition werden durch die folgenden Hinweise, die mit den Drei Mächten abgestimmt sind, abgewehrt werden können:

1) Im Rahmen ihrer ständigen Konsultationen hat die Bundesregierung die Drei Mächte über die innerdeutschen Verhandlungen über Verkehrsverbesserungen konsultiert.

2) Die Drei Mächte haben dem Ergebnis dieser Verhandlungen zugestimmt.

3) Die Drei Mächte besitzen in Berlin besondere Rechte und Verantwortlichkeiten. Daher bedürfen Abmachungen, die zwischen der DDR und der Bundesrepublik Deutschland mit Wirkungen in und für Berlin getroffen werden, der rechtsförmlichen Billigung durch die Alliierte Kommandantur, damit sie in Berlin implementiert werden können. Die durch die Alliierte Kommandantur erlassenen Rechtsakte dienen also dem Zweck, die innerdeutschen Abmachungen, soweit sie den alliierten Vorbehaltsbereich berühren, in Berlin in die Tat umsetzen zu können.

4) Inhaltlich bekräftigen diese Rechtsakte der Alliierten Kommandantur ständige Positionen und Praktiken der Drei Mächte.

Die Drei Mächte sind inzwischen ihrerseits in Berlin Pressemeldungen, sie seien nicht voll informiert oder nicht konsultiert worden, entgegengetreten.[13]

van Well

VS-Bd. 10923 (210)

---

[13] Am 21. Januar 1976 wurde in der Presse gemeldet, daß die Drei Mächte in Berlin (West) folgende Stellungnahme abgegeben hätten: „Die Alliierten wurden über die Verhandlungen zwischen der Bundesrepublik und der DDR konsultiert und stimmten mit den geschlossenen Vereinbarungen unter der Voraussetzung überein, daß die normalen alliierten Verfahren beachtet werden. Die jüngste Anordnung über die Reichsbahn ist Teil dieses Verfahrens und bekräftigt lediglich schon lange übliche Verfahren hinsichtlich des Betriebs der Reichsbahn in den drei Westsektoren von Berlin. Die Alliierten begrüßen selbstverständlich Vereinbarungen, die die Reisemöglichkeiten für Berlin verbessern." Vgl. den Artikel „Westalliierte weisen DDR-Vorwürfe zurück"; FRANKFURTER ALLGEMEINE ZEITUNG vom 21. Januar 1976, S. 2.

17

Aufzeichnung des Botschafters Roth

220-370.27/02 VS-NfD   22. Januar 1976[1]

Über Herrn D 2[2] Herrn Staatssekretär[3] mit der Bitte um Zustimmung

Betr.: Verhalten der deutschen Delegation auf der Regierungsexpertenkonferenz über „inhumane" Waffen in Lugano (28.1. bis 26.2.1976)

Bezug: Aufzeichnung der Abt. 2 vom 11. November 1975 zur Napalm-Resolution (Doppel anbei)[4]

Anlg.: 3[5]

I. Vorschlag

Es wird gebeten, den nachstehend erarbeiteten Grundsätzen zuzustimmen, die Stellungnahme der deutschen Expertengruppe (Anlage 2) sowie die Leitsätze für die Sachverständigen (Anlage 3) zu genehmigen.

II. Sachverhalt

1) Waffenverbote im humanitären Völkerrecht

Aus humanitären Motiven setzt sich Schweden seit Jahren im besonderen Maße und mit erheblicher außenpolitischer Aktivität in den VN, auf der 1974 von der Schweiz nach Genf einberufenen Diplomatischen Konferenz zur Neubestätigung und Fortentwicklung des in bewaffneten Konflikten anwendbaren humanitären Völkerrechts sowie auf den vom IKRK auf Wunsch der Diplomatischen Konferenz veranstalteten Regierungsexpertenkonferenzen für Anwendungsverbote oder -beschränkungen von konventionellen Waffen ein, die „unnötige Leiden verursachen oder unterschiedslos wirken können".[6] Stockholm

---

[1] Die Aufzeichnung wurde von Vortragendem Legationsrat I. Klasse Andreae und von Vortragendem Legationsrat Fröwis konzipiert.

[2] Hat Ministerialdirektor van Well am 23. Januar 1976 vorgelegen.

[3] Hat Staatssekretär Gehlhoff am 26. Januar 1976 vorgelegen, der das Wort „Zustimmung" hervorhob.

[4] Dem Vorgang beigefügt. Botschafter Roth nahm Stellung zum schwedischen Entwurf für eine Resolution der UNO-Generalversammlung über die Diplomatische Konferenz zur Bestätigung und Weiterentwicklung des in bewaffneten Konflikten anwendbaren humanitären Völkerrechts. Darin sollte die Konferenz eingeladen werden, ihre Beratungen über die Anwendung konventioneller Waffen, die außerordentlich starke Verletzungen hervorrufen oder eine unterschiedslose Wirkung haben konnten, fortzusetzen. Ferner sollte sich um ein Einvernehmen über ein Verbot bzw. eine Beschränkung des Einsatzes dieser Waffen bemühen. Vgl. dazu Referat 220, Bd. 109366.

[5] Dem Vorgang beigefügt. Vgl. Anm. 11, 14 und 15.

[6] Botschafter Roth resümierte am 11. November 1975 die bisherigen Bemühungen um eine Weiterentwicklung des humanitären Völkerrechts: „Im Jahre 1968 hatte die Internationale Menschenrechtskonferenz in Teheran den G[eneral]S[ekretär] der VN gebeten, eine Studie über die Achtung der Menschenrechte in bewaffneten Konflikten ausarbeiten zu lassen. Ein Jahr später legte der GS einen ersten, vorläufigen Bericht vor, der u. a. die Wirkungen des Napalm-Einsatzes behandelte. Die 24. GV begrüßte diesen Bericht mit dem Auftrag, die Arbeiten daran fortzusetzen. 1972 übermittelte der GS einen endgültigen Bericht, der zu dem anfechtbaren Ergebnis kam, Napalm und andere Brandwaffen würden unterschiedslos wirken und unnötige Leiden verursachen. Daher sei es erforderlich, deren Einsatz, Herstellung, Entwicklung und Beschaffung zu verbieten. Im Rahmen der parallel hierzu anlaufenden Bemühungen des Internationalen Komitees vom Roten Kreuz (IKRK), das humanitäre Kriegsvölkerrecht (Genfer Rot-Kreuz-Abkommen von 1949, Haager Land-

fand dabei die Unterstützung Norwegens, der Niederlande, der neutralen Staaten in Europa und einer überwiegenden Mehrheit der Länder der Dritten Welt.

Da die nach dem Vorbild der Dumdum-Geschosse[7] geforderten Verbotsregelungen die hochtechnisierten Streitkräfte der Industrieländer weit stärker betreffen würden als die schlechter ausgerüsteten, aber mannschaftsstarken Armeen in den Entwicklungsländern, befinden sich die Staaten der NATO und des WP in einem Dilemma:

Einerseits wollen sie sich humanitären Regelungen nicht verschließen, andererseits können sie keine Maßnahmen akzeptieren, die zu sicherheitspolitischen Risiken führen könnten. Vertreter dieser Länder, insbesondere von Frankreich und Italien, der SU und der DDR, haben infolgedessen darauf hingewiesen, daß die ins Auge gefaßten weitgehenden Verbotsregelungen nicht in Rot-Kreuz-Konventionen, sondern nur im Bereich von Rüstungskontrolle und Abrüstung vereinbart werden können, und zwar unter Berücksichtigung sowohl der humanitären Belange als auch der sicherheitspolitischen Interessen.

Es ist der NATO und dem WP bisher allerdings noch nicht gelungen, die Waffenfrage aus der 1976 zu ihrer III. Session zusammentretenden Diplomatischen Konferenz[8], in der die ungebundenen Länder einen beherrschenden Einfluß ausüben, auf die CCD zu übertragen, in der die USA und die SU das entscheidende Wort haben.

Die GV der VN hatte die von Schweden ausgearbeiteten Resolutionen zu Napalm und anderen Waffen in den letzten Jahren stets mit großer Mehrheit verabschiedet[9], wobei sich die Staaten des WP zusammen mit den wichtigsten NATO-Mitgliedern USA, Großbritannien und Frankreich der Stimme enthal-

Fortsetzung Fußnote von Seite 66

kriegsordnung von 1907) teilweise neu zu kodifizieren, gelang es vor allem Schweden, auch die Frage eines möglichen Anwendungsverbotes bestimmter konventioneller Waffen (u. a. Napalm und andere Brandwaffen) mit diesem Themenkreis zu verknüpfen. Nach Abschluß der vom IKRK betriebenen Vorarbeiten berief die Schweiz 1974 die ‚Diplomatische Konferenz zur Neubestätigung und Weiterentwicklung des in bewaffneten Konflikten anwendbaren humanitären Völkerrechts' nach Genf ein. Ihre eigentliche Aufgabe bestand in der Erarbeitung zweier im Entwurf vorliegender Zusatzprotokolle zu den Vier Genfer Rot-Kreuz-Abkommen von 1949. Dennoch setzte die Konferenz gegen den Widerstand der NATO- und WP-Staaten eine auf schwedischen Antrag zurückgehende Ad-hoc-Kommission ein, die sich zusätzlich mit der Möglichkeit von Anwendungsverboten oder -beschränkungen für Brand-, Spreng- und Splitterwaffen sowie für Gewehrmunition, Minen, perfide Waffen (booby traps) und zu erwartende Neuentwicklungen befaßte. Zum weiteren Studium dieser Waffenverbotsfragen berief auf Wunsch der Genfer Diplomatischen Konferenz das IKRK im September 1974 eine Regierungsexpertenkonferenz nach Luzern ein. Eine weitere IKRK-Konferenz dieser Art wird vom 28.1. bis 26.2.1976 in Lugano stattfinden." Vgl. Referat 220, Bd. 109366.

7 Das Verbot von Dumdum-Geschossen ging zurück auf die Haager Erklärung Nr. 3 vom 29. Juli 1899: „Die vertragschließenden Mächte unterwerfen sich gegenseitig dem Verbote, Geschosse zu verwenden, die sich leicht im menschlichen Körper ausdehnen oder platt drücken, derart wie die Geschosse mit hartem Mantel, der den Kern nicht ganz umhüllt oder mit Einschnitten versehen ist." Vgl. HAAGER FRIEDENSKONFERENZ, Bd. II, S. 676.

8 Zur III. Session der Diplomatischen Konferenz zur Bestätigung und Weiterentwicklung des in bewaffneten Konflikten anwendbaren humanitären Völkerrechts vom 21. April bis 11. Juni 1976 in Genf vgl. Dok. 172.

9 Für den Wortlaut der Resolutionen Nr. 2932 A der UNO-Generalversammlung vom 29. November 1972 und Nr. 3076 der UNO-Generalversammlung vom 6. Dezember 1973 vgl. UNITED NATIONS RESOLUTIONS, Serie I, Bd. XIV, S. 252 bzw. S. 385 f.
Für den Wortlaut der Resolutionen Nr. 3255 der UNO-Generalversammlung vom 9. Dezember 1974 und Nr. 3464 der UNO-Generalversammlung vom 11. Dezember 1975 vgl. UNITED NATIONS RESOLUTIONS, Serie I, Bd. XV, S. 268 f. bzw. S. 459.

ten hatten. Aus humanitären Gründen hatte die Bundesrepublik diesen Resolutionen seit Aufnahme in die UNO[10] zusammen mit den restlichen NATO-
Partnern zugestimmt. Im Jahre 1975 hat die GV die Napalm-Resolution erstmalig im Konsens angenommen.

2) Konkrete Verbotsvorschläge

Es ist zu erwarten, daß die vom IKRK einberufene Konferenz von Regierungssachverständigen in Lugano in der Zeit vom 28.1. bis zum 26.2.1976 und die
Diplomatische Konferenz auf ihrer am 21. April beginnenden III. Session Verbotsregelungen ausarbeiten werden, für die Schweden zusammen mit einer
Reihe von ungebundenen Ländern die anliegenden Entwürfe über das Verbot
bzw. die Beschränkung des Einsatzes von

– Brandwaffen,

– Hochgeschwindigkeitsgeschossen bei der Gewehrmunition,

– Spreng- und Splitterwaffen,

– aus der Luft verlegten Landminen

vorgelegt hat (Anlage 1[11]).

3) Sicherheitspolitische Einwände

Nach Auffassung des BMVg würde ein Inkrafttreten der vorstehend erwähnten Anwendungsverbote die Kampfkraft der Bundeswehr schwächen und die
Sicherheit der Bundesrepublik Deutschland gefährden. Nach einem Gutachten, das der Militärausschuß der NATO auf Initiative von Verteidigungsminister Leber im September 1975 erstattet hat, gilt dies auch für die Streitkräfte
unserer Verbündeten. Einige Bündnispartner, insbesondere Großbritannien,
Kanada, Norwegen und die Niederlande, nehmen allerdings eine weniger rigo-
rose Haltung ein und sind offensichtlich eher bereit, Konzessionen zu machen,
vor allem beim Einsatz von Brandbomben.

4) Ergebnis der bisherigen Abstimmungsgespräche

In vorbereitenden Abstimmungsgesprächen sind die Staaten der Pariser Gruppe (EG-Länder, USA, Kanada und Australien) grundsätzlich übereingekommen, Anwendungsverbote nach Möglichkeit abzuwehren und bei den Anwendungsbeschränkungen nur solche Zugeständnisse zu machen, die die westliche
Verteidigungsfähigkeit nicht beeinträchtigen würden. Großbritannien wird
Anwendungsbeschränkungen für Minen und booby traps vorschlagen, an deren
Einsatzbeschränkung die Staaten der Dritten Welt offensichtlich wenig interessiert sind.

Einvernehmen besteht auch darüber, die Waffenfrage von der eigentlichen
Aufgabe der Genfer Diplomatischen Konferenz, nämlich der Schaffung zweier
Zusatzprotokolle zu den Genfer Rot-Kreuz-Konventionen von 1949[12], zu tren-

---

10 Die Bundesrepublik wurde am 18. September 1973 in die UNO aufgenommen. Vgl. dazu AAPD
   1973, III, Dok. 310.

11 Dem Vorgang beigefügt. Für die undatierten schwedischen Entwürfe vgl. Referat 220, Bd. 109366.

12 Für den Wortlaut der Genfer Abkommen vom 12. August 1949 zur Verbesserung des Loses der
   Verwundeten und Kranken der Streitkräfte im Felde, zur Verbesserung des Loses der Verwundeten, Kranken und Schiffbrüchigen der Streitkräfte zur See, über die Behandlung der Kriegsgefangenen sowie zum Schutze von Zivilpersonen in Kriegszeiten vgl. UNTS, Bd. 75, S. 31–417. Für den
   deutschen Wortlaut vgl. BUNDESGESETZBLATT 1954, Teil II, S. 783–986.

nen, ein von Schweden betriebenes III. Protokoll abzulehnen und etwaige Beschränkungen nicht aus dem humanitären Völkerrecht abzuleiten, sondern allenfalls als vertragliche Ad-hoc-Regelungen ins Auge zu fassen. Solche Regelungen dürfen nicht einseitig in Kraft gesetzt werden, sondern nur bei gleichzeitigem Inkrafttreten in den WP-Staaten. Das Recht zu Repressalien müssen wir uns vorbehalten.

Obwohl das auf der II. Session der Diplomatischen Konferenz 1975[13] verabschiedete Mandat es der Expertenkonferenz erlaubt, Vertragsentwürfe auszuarbeiten, kamen die Länder der Pariser Gruppe überein, den technischen Charakter der Konferenz von Lugano zu unterstreichen. Sie werden ihre Beiträge daher auf Stellungnahmen zur Substanz konzentrieren, in denen sie sich kritisch mit den schwedischen Verbotsvorschlägen auseinandersetzen. Einige Vertreter warnten vor der Gefahr, daß eine Mehrheit von Experten aus der Dritten Welt der Diplomatischen Konferenz (21.4. bis 11.6.1976) empfehlen würden, die schwedischen Vertragsentwürfe gutzuheißen und zur Unterzeichnung aufzulegen. Wir sollten daher diese Texte in unserem Sinne zu verändern versuchen. Eine befriedigende Lösung dieser Frage wurde nicht gefunden.

Frankreich, Italien und Deutschland wären bereit, Anwendungs- und Herstellungsverbote im Abrüstungsbereich zu behandeln. Andere Länder, insbesondere die USA, Großbritannien und Kanada, wollen sich die Option hierfür offenhalten, eine Initiative in der CCD jedoch erst zu einem späteren Zeitpunkt ins Auge fassen.

Mehrere Delegationen sprachen sich dafür aus, die Grenzen unserer Konzessionsbereitschaft aufzuzeigen, jedoch konnten die Länder der Pariser Gruppe kein Einvernehmen über diese Grenzen erzielen.

Die Staaten der Pariser Gruppe werden sich bemühen, möglichst viele Länder der Dritten Welt für das vorstehend skizzierte Konzept zu gewinnen. Allerdings konnten nur die Briten berichten, daß diesbezügliche Gespräch mit Indien positiv verlaufen sind.

5) Grundersatzerkärung

Es wird gebeten, die als Anlage 2[14] vorgelegte grundsätzliche Stellungnahme zu genehmigen, in der die deutsche Expertengruppe ausführt, daß die Bundesrepublik Deutschland die Bemühungen unterstützt, den Einsatz bestimmter Waffen beschränkenden Regelungen des humanitären Völkerrechts zu unterwerfen, Anwendungsverbote jedoch im Abrüstungsbereich behandelt werden sollten.

Bei dieser Haltung können wir uns auf relativ kurze fachliche Stellungnahmen zu den einzelnen Waffenkategorien beschränken.

6) Leitsätze für deutsche Expertengruppe

Im Verein mit unseren wichtigsten Verbündeten werden wir uns auf der Expertenkonferenz in Lugano bemühen, bei den Brand-, Spreng- und Splitterwaffen sowie der Gewehrmunition Vertragsentwürfe für Anwendungsverbote oder

---

13 Die II. Session der Diplomatischen Konferenz zur Bestätigung und Weiterentwicklung des in bewaffneten Konflikten anwendbaren humanitären Völkerrechts fand vom 3. Februar bis 18. April 1975 in Genf statt.

14 Dem Vorgang beigefügt. Vgl. Referat 220, Bd. 109366.

-beschränkungen, die mit unseren Sicherheitsinteressen nicht zu vereinbaren sind, nach Möglichkeit abzuwehren. Gleichzeitig werden wir die humanitäre Gesinnung der Dritten Welt mit Beschränkungsvorschlägen für booby traps auf die Probe stellen.

Auf Arbeitsebene verständigten sich AA und BMVg auf die in Anlage 3[15] zusammengefaßten Leitsätze für die deutsche Expertengruppe, die sich aus Angehörigen der beiden Häuser zusammensetzt.

Um die Chancen für ein geschlossenes Auftreten der NATO-Staaten zu verbessern, beabsichtigen wir, in Brüssel dafür einzutreten, daß der Militärausschuß seine Studie vom September 1975 unter Berücksichtigung der Ergebnisse von Lugano überarbeitet, und zwar möglichst bis zum Beginn der Diplomatischen Konferenz.

7) Optionen nach Lugano

Die am 21.4. in Genf beginnende III. Session der Diplomatischen Konferenz wird die Waffenfrage wieder einer Ad-hoc-Kommission zuweisen. Sofern das Ergebnis der Expertenkonferenz von Lugano keine neuen Überlegungen erfordert, werden wir den auf der Diplomatischen Konferenz etwaigen in der Waffenkonferenz vorgelegten Vertragsentwürfen über Anwendungsverbote und -beschränkungen, die die Sicherheit der Bundesrepublik Deutschland gefährden würden, unsere Unterstützung versagen. Wenn die NATO- und WP-Staaten diese negative Haltung einnehmen, besteht eine gewisse Hoffnung darauf, daß auch die Staaten der Dritten Welt die Entwürfe solange nicht in Kraft setzen, als sie nur in Asien, Afrika und Lateinamerika Geltung erlangen würden. Auch gelingt es uns vielleicht, eine Zweidrittelmehrheit der ungebundenen Länder zu verhindern, indem wir einige Staaten der Dritten Welt, z. B. Indien, Pakistan, Indonesien, Iran, Brasilien und Argentinien, für unser Konzept gewinnen, Waffenverbote in Abrüstungsgremien zu behandeln. Möglicherweise können wir zumindest auf eine Vertagung der Beschlußfassung hinwirken.

Wir müssen jedoch auch damit rechnen, daß die NATO- und WP-Staaten eine Annahme der vorliegenden Verbotsregelungen durch eine Zweidrittelmehrheit der ungebundenen Länder u. U. nicht werden verhindern können. Werden derartige Verträge zur Unterzeichnung ausgelegt, müßte die Bundesregierung im Benehmen mit den wichtigsten NATO-Partnern prüfen, ob sie eine Nichtunterzeichnung im In- und Ausland vertreten könnte oder ob sie das Inkraftsetzen der Verbotsregelungen des humanitären Völkerrechts solange hinauszö-

---

15 Dem Vorgang beigefügt. In den Leitsätzen zu Sach- und Verfahrensfragen wurde festgestellt, daß die Delegation der Bundesrepublik auf der Expertenkonferenz über völkerrechtliche Fragen eines Anwendungsverbots von übermäßig verletzenden oder unterschiedslos wirkenden Waffen vom 28. Januar bis 26. Februar 1976 in Lugano konstruktiv an der Bestätigung und Fortentwicklung des humanitären Völkerrechts mitwirken solle: „Im Einvernehmen mit unseren Hauptverbündeten werden die Sachverständigen Anwendungsverbote oder -beschränkungen, die die Sicherheit der Bundesrepublik Deutschland im Rahmen der NATO gefährden würden, nach Möglichkeit abwehren." Entsprechende Fragen sollten nur in Abrüstungsgremien behandelt werden: „Falls sich die Regierungsexperten-Konferenz ungeachtet der Bedenken der NATO-Länder mit Anwendungsverboten oder -beschränkungen des humanitären Völkerrechts befaßt, die die Kampfkraft der Bundeswehr im Rahmen der NATO beeinträchtigen, wird die deutsche Expertengruppe solche Initiativen nicht unterstützen." Vgl. Referat 220, Bd. 109366.

gern sollte, bis es der Bundeswehr technisch und finanziell möglich ist, die Streitkräfte ohne Einbuße an Kampfkraft umzurüsten.

Eine Nichtunterzeichnung könnten die Verbündeten mit der Erklärung rechtfertigen, daß sie ebenfalls das Ziel verfolgten, den Einsatz einer Reihe von Waffen auszuschließen, dieses Ziel jedoch nur in Abrüstungsverhandlungen erreichen könnten, bei denen die sicherheitspolitischen Auswirkungen bei jeder Waffen- und Munitionskategorie geprüft würden. Um glaubwürdig zu bleiben, werden die Verbündeten allerdings nicht umhin können, die Waffenfrage zu gegebener Zeit in die CCD einzuführen.

Nachdem die NATO-Staaten das Ziel verfolgen, die konventionelle Kampfkraft zu steigern, um die nukleare Schwelle anheben zu können, könnten sie nicht hinnehmen, daß die konventionelle Schlagkraft ihrer Streitkräfte durch Anwendungsverbote und -beschränkungen des humanitären Völkerrechts ohne Berücksichtigung der sicherheitspolitischen Risiken geschmälert wird.[16]

Botschafter Balken sowie die Referate 201 und 500 haben mitgezeichnet. Die Referate VR II 3 und FÜ S III 5 im BMVg haben der Stellungnahme (Anlage 2) und den Leitsätzen (Anlage 3) unter Kenntnisnahme der Aufzeichnung zugestimmt.

Roth

Referat 220, Bd. 109366

[16] Auf der Expertenkonferenz vom 28. Januar bis 26. Februar 1976 in Lugano konnten die Sachverständigen aus 43 Staaten Fortschritte nur hinsichtlich begrenzter Regelungen für bestimmte Waffen- und Munitionsarten erzielen, z. B. das Verbot, mit Bomben und Granaten Plastikpfeile zu verstreuen; eine Einigung auf generelle Anwendungsverbote oder -beschränkungen kam dagegen nicht zustande. Dazu informierte Vortragender Legationsrat Fröwis am 2. März 1976: „Nahezu alle Sprecher räumten ein, daß man sowohl die humanitären Belange als auch die Sicherheitsinteressen berücksichtigen müsse. Während die bündnisfreien Länder in erster Linie von den humanitären Anliegen sprachen, setzten die Sachverständigen aus den NATO- und den WP-Staaten den Akzent stärker auf die sicherheitspolitischen Erfordernisse. [...] Da nicht nur die Staaten der NATO und des WP, sondern auch die neutralen Länder in Europa und das IKRK dagegen sind, die Verabschiedung der Zusatzprotokolle I und II bis zur Lösung der Waffenfrage aufzuschieben, wird sich die Dritte Welt mit der getrennten Behandlung der beiden Komplexe abfinden müssen. [...] Nach Abschluß der Diplomatischen Konferenz über humanitäres Völkerrecht dürften die Verhandlungen über die dann noch offenen Fragen – wahrscheinlich ein umfassendes Anwendungsverbot für Brandwaffen, eine Einigung über eine möglichst ‚humane Gewehrmunition', weitere Regelungen über Spreng- und Splitterwaffen – in einer eigenständigen Konferenz über konventionelle Waffen fortgeführt werden." Vgl. Referat 220, Bd. 109366.

18

Ministerialdirektor van Well an die
Ständige Vertretung bei der NATO in Brüssel

221-341.32/2-124/76 VS-vertraulich   22. Januar 1976[1]
Fernschreiben Nr. 259 Plurez

Betr.: KSZE – vertrauensbildende Maßnahmen
         hier: Einladung von Manöverbeobachtern

Bezug: DB Nr. 120 vom 20.1.1976 – VS-NfD[2]
        Plurez Nr. 5078 vom 15.12.1975 – VS-v[3]

Zu der im Politischen Ausschuß von niederländischer Seite erneut zur Diskussion gestellten Frage, ob wir bei künftigen Einladungen von Manöverbeobachtern nicht über den Kreis der in Bonn akkreditierten Missionen hinausgehen und auch Beobachter aus den Hauptstädten einbeziehen können, wird unter Bezugnahme auf die im Bezugserlaß gemachten Ausführungen folgendes bemerkt:

1) Die Modalitäten der Einladung von Manöverbeobachtern werden gemäß der KSZE-Absprache[4] in jedem einzelnen Falle vom einladenden Staat festgelegt.

---

[1] Durchschlag als Konzept.
Der Drahterlaß wurde von Vortragendem Legationsrat Wagner konzipiert.

[2] Gesandter Boss, Brüssel (NATO), informierte über die Sitzung des Politischen Ausschusses der NATO vom selben Tag: „Der holländische Sprecher kam auf seine schon im Dezember ausgesprochene Bitte zurück, im Politischen Ausschuß möglichst bald die Frage zu diskutieren, ob man nicht bei künftigen Einladungen von Manöverbeobachtern über den Kreis der in Bonn akkreditierten Missionen hinausgehen und auch Manöverbeobachter aus den Hauptstädten, z. B. Den Haag, einbeziehen könne. Der amerikanische und britische Vertreter stimmten zu, erklärten jedoch, daß sichergestellt werden müsse, daß die sowjetischen Militärmissionen nicht einbezogen werden könnten." Boss bat um Weisung, ob seitens des Vertreters der Bundesrepublik darauf hingewiesen werden könne, „daß wir aus politischen Gründen nicht bereit seien, NVA-Offiziere als Beobachter in der Bundesrepublik zu begrüßen, und daher keine Ausweitung des Kreises der Eingeladenen wünschten". Vgl. Referat 212, Bd. 111667.

[3] Vortragender Legationsrat I. Klasse Ruth teilte der Ständigen Vertretung bei der NATO in Brüssel mit, daß die Bundesrepublik „auch in Zukunft bei allen deutschen Manövern und bei Manövern der Alliierten, die auf dem Boden der Bundesrepublik Deutschland abgehalten werden, darauf bestehen" müsse, „daß nur Angehörige der in Bonn akkreditierten Botschaften bzw. der Ständigen Vertretung der DDR als Beobachter benannt werden. Die Begründung dafür haben wir seinerzeit dargelegt: Wir wünschen nicht, daß Angehörige der sowjetischen Militärmission als Beobachter benannt und u. a. dadurch aufgewertet werden. Wir begrüßen in diesem Zusammenhang den unterstützenden Hinweis von amerikanischer und französischer Seite. Wir sind zur Zeit aus innenpolitischen Gründen nicht daran interessiert, NVA-Offiziere als Beobachter zu begrüßen (dieser Grund sollte gegenüber den Verbündeten nicht genannt werden). Wir sehen in der Benennung von Angehörigen der Botschaften bzw. der Ständigen Vertretung die einfachste Lösung für die Probleme von Status, Privilegien und Immunität. [...] Sie werden gebeten, bei gegebener Gelegenheit unsere Haltung klarzustellen, a) daß wir nach wie vor darauf bestehen, bei KSZE-Manövern, ob deutschen oder alliierten, die auf dem Boden der Bundesrepublik Deutschland stattfinden, die Einladung im Namen der Bundesregierung und der anderen am Manöver teilnehmenden Staaten auszusprechen; b) daß wir uns in diesen Fällen die Entscheidung darüber, wer als Beobachter benannt werden kann, selbst vorbehalten." Für den am 12. Dezember 1975 konzipierten Drahterlaß vgl. VS-Bd. 9474 (221); B 150, Aktenkopien 1975.

[4] Zur Einladung von Manöverbeobachtern gemäß der KSZE-Schlußakte vom 1. August 1975 vgl. Dok. 9, Anm. 8.

Dieser Staat, auf dessen Territorium das Manöver stattfindet, sollte grundsätzlich das Verfahren der Einladung, die Anzahl der Beobachter wie auch den Kreis der als Beobachter in Betracht kommenden Personen bestimmen.

2) Die Modalitäten der Einladung von Beobachtern zu dem Manöver „Certain Trek" im Herbst 1975 waren von der Bundesregierung sorgfältig überlegt und im Bündnis vor allem mit den miteinladenden Verbündeten abgestimmt worden. Die Einladung, die von der Bundesregierung auch im Namen der USA und Kanadas übermittelt wurde, war an alle KSZE-Teilnehmer gerichtet. Diese konnten aus dem Stab ihrer hiesigen Botschaften bzw. Ständigen Vertretung einen oder zwei Beobachter benennen.[5]

3) Die Einladungspraxis war somit weder restriktiv noch diskriminierend. Allen KSZE-Teilnehmerstaaten wurde Gelegenheit geboten, Beobachter zu entsenden. Demgegenüber war die schweizerische Einladung von Manöverbeobachtern auf die mit Militärattachés in Bern vertretenen Staaten begrenzt.[6] Die Sowjetunion berücksichtigte in ihrer Einladung zur Manöverbeobachtung sogar nur wenige, in geographischer Nähe zum Manövergebiet gelegene Staaten.[7]

4) Die WP-Staaten haben sich zur Begründung ihrer negativen Reaktion auf die Einladung zur Beobachtung des Manövers „Certrain Trek" nicht auf die Modalitäten der Einladung berufen. Sie haben bezeichnenderweise, mit Ausnahme Rumäniens, auch die an die in Bern akkreditierten Militärattachés gerichtete schweizerische Einladung nicht angenommen.

5) Die für die Modalitäten der Einladung zum Manöver „Certain Trek" maßgeblichen Gründe sind mehrfach dargelegt worden. Sie gelten nach wie vor und werden uns auch bei der Einladung zur Beobachtung künftiger Manöver in der Bundesrepublik Deutschland leiten:

– Die Probleme von Status, Privilegien und Immunität der Beobachter stellen sich nicht.

– Angehörigen der sowjetischen Militärmission in der Bundesrepublik Deutschland wird die Teilnahme verwehrt. Wir begrüßen die inzwischen auch in der Bonner Vierergruppe bestätigte Unterstützung unserer Haltung in dieser Frage durch Amerikaner, Briten und Franzosen.[8]

---

5 Der Einladung der Bundesrepublik vom 12. September 1975, Beobachter zum Manöver „Certain Trek" vom 14. bis 23. Oktober 1975 in Bayern zu entsenden, folgten 15 Unterzeichnerstaaten der KSZE-Schlußakte, jedoch kein Mitgliedstaat des Warschauer Pakts. Vgl. dazu AAPD 1975, II, Dok. 282.

6 Zur Einladung von Manöverbeobachtern für das jährliche schweizerische Hauptmanöver vgl. Dok. 9, Anm. 5.

7 Zur Einladung von Manöverbeobachtern für das Manöver „Kawkas" vom 25. Januar bis 6. Februar 1976 vgl. Dok. 9.

8 Die Einladung von Manöverbeobachtern war Thema der Sitzung der Bonner Vierergruppe am 13. Januar 1976. Zur Feststellung des Vertreters des Auswärtigen Amts, „es bestehe kein Anlaß, bei künftigen Manövern auf dem Territorium der Bundesrepublik Deutschland von der bei ‚Certain Trek' geübten Einladungspraxis abzugehen, bemerkten die Sprecher der USA und Großbritanniens, daß man zwar mit der Bundesregierung ebenso wie mit der französischen Regierung darin einig sei, daß die Militärmissionen nicht eingeschaltet werden sollten. Dagegen sei die Einladungspraxis von ‚Certain Trek' aber durchaus überprüfenswert, da sie der Sowjetunion aufgrund ihrer Restriktivität möglicherweise einen Vorwand liefern könnte, die Implementierung der CBM, soweit es dabei um Manöverbeobachter gehe, allgemein abzulehnen. Hierüber müsse in Brüssel weiter gesprochen werden." Vgl. die Aufzeichnung des Vortragenden Legationsrats I. Klasse Lücking vom 14. Januar 1976; VS-Bd. 11414 (221); B 150, Aktenkopien 1976.

- Die Teilnahme von NVA-Offizieren der DDR wird ausgeschlossen. Wir sind aus deutschland- und innenpolitischen Gründen nicht daran interessiert, NVA-Vertreter als Manöverbeobachter in der Bundesrepublik Deutschland zu empfangen.

6) Es bestehen keine Bedenken, die genannten Argumente in der allianzinternen Diskussion zur Erklärung unserer Haltung zu verwenden. Dabei sollte darauf hingewiesen werden, daß uns selbstverständlich wie bisher Gäste zu Manövern aus den Hauptstädten der NATO-Partner willkommen sind. Sie werden jedoch, um jeden Eindruck einer Diskriminierung von KSZE-Teilnehmern zu vermeiden, nicht im KSZE-Rahmen eingeladen werden.

7) Für die Beibehaltung der bei „Certain Trek" geübten Einladungspraxis auch bei den in Zukunft auf dem Boden der Bundesrepublik Deutschland stattfindenden Manövern spricht schließlich der Umstand, daß mit dem für die nähere Zukunft in Aussicht stehenden Austausch von Militärattachés mit der Sowjetunion[9], Rumänien[10] und Ungarn[11] auch die WP-Staaten die Möglichkeit erhalten werden, Manöver in der Bundesrepublik Deutschland durch militärische Experten beobachten zu lassen.[12]

[gez.] van Well

VS-Bd. 11414 (221)

---

[9] Der Austausch von Militärattachés mit der UdSSR wurde in Gesprächen des Staatssekretärs Bahr, Bundeskanzleramt, mit dem sowjetischen Außenminister Gromyko am 9./10. Oktober 1972 vereinbart. Vgl. dazu AAPD 1972, III, Dok. 317.
Im Februar 1974 vereinbarten die Bundesrepublik und die UdSSR durch Notenaustausch die Errichtung von Militärattachéstäben in Moskau bzw. Bonn. Vgl. dazu die Aufzeichnung des Vortragenden Legationsrats I. Klasse Limmer vom 18. November 1974; Referat 213, Bd. 112750.
Brigadegeneral Vogel und Generalmajor Knyrkow nahmen am 1. Oktober 1976 ihre Dienstgeschäfte als Militärattachés in Moskau bzw. Bonn auf.

[10] Mit Verbalnote vom 15. Mai 1975 übermittelte das Auswärtige Amt der rumänischen Botschaft das Einverständnis der Bundesregierung, in Bukarest bzw. Bonn Militärattachéstäbe einzurichten. Vgl. dazu Referat 214, Bd. 116671.
Fregattenkapitän Strebe und Oberstleutnant Ionescu nahmen am 20. Mai 1976 bzw. am 15. Februar 1977 ihre Dienstgeschäfte als Militärattachés in Bukarest bzw. Bonn auf.

[11] Der Austausch von Militärattachés zwischen der Bundesrepublik und Ungarn war Gegenstand der bilateralen Konsultationen im April 1974 und im April 1975. Am 3. Februar 1976 unterrichtete Vortragender Legationsrat I. Klasse Limmer die Botschaft in Budapest, das Auswärtige Amt habe dem Bundesministerium der Verteidigung (BMVg) mitgeteilt, „daß es einen baldmöglichen Austausch von Militärattaché-Stäben zwischen der Bundesrepublik und Ungarn befürworte, weil in Ungarn, verglichen mit den anderen Warschauer-Pakt-Staaten, relativ gute Arbeitsmöglichkeiten bestünden und Ungarn unter militärpolitischen Gesichtspunkten auch besonders interessant sei". Mit Schreiben vom 26. Januar 1976 habe das BMVg seine grundsätzliche Zustimmung erklärt, jedoch zum Ausdruck gebracht, „daß wir von uns aus nicht drängen, sondern die Initiative den Ungarn überlassen sollten". Vgl. den Schrifterlaß; Referat 214, Bd. 116584.

[12] Gesandter Boss, Brüssel (NATO), informierte am 2. Februar 1976 darüber, daß die Vertreter von Großbritannien, den Niederlanden und den USA über die Haltung der Bundesregierung zur Einladung von Manöverbeobachtern unterrichtet worden seien. Das Gespräch habe ergeben, „daß auf britischer und holländischer Seite vor allem die Militärs in den Verteidigungsministerien an einer großzügigeren westlichen Handhabung der Beobachtereinladung interessiert sind, während auf amerikanischer Seite ein besonderes politisches Interesse besteht, bei den CBM so großzügig wie möglich vorzugehen". So habe der niederländische Sprecher das Interesse seiner Regierung betont, „auch in Den Haag akkreditierte WP-Militärattachés zu niederländischen Manövern in der Bundesrepublik einladen zu können (kein DDR-Militärattaché in Den Haag). Auf die Frage des deutschen Sprechers, ob Holländer nicht auch Manöver in den Niederlanden abhielten, erwiderte er, daß niederländische Verbände in Holland ihrer NATO-Aufgabe gemäß bei Übungen immer in die

19

Aufzeichnung des Ministerialdirektors van Well

213-322.00 ANG/1-80/76 geheim   **26. Januar 1976**[1]

Betr.: Angola

In einem Gespräch der Außenminister Kissinger, Sauvagnargues, Callaghan und Genscher am Rande der NATO-Ratstagung am 23. Januar[2] wurde die Angola-Frage[3] erörtert.

Callaghan war der Ansicht, daß die MPLA militärisch gewinnen werde, und daß der Westen sich jetzt darauf konzentrieren sollte, den Schaden zu begrenzen. Er habe von dem nigerianischen Staatschef gehört, daß die MPLA die Sowjets[4] und die Kubaner[5] aus dem Lande haben möchte. Muhammed habe

---

Fortsetzung Fußnote von Seite 74

BRD vorverlegt werden. Der britische Vertreter erklärte noch einmal das britische Interesse, Fachleute aus London zur Manöverbeobachtung in den Ostblock zu entsenden, die aufgrund ihrer ‚intelligence'-Erfahrung besser beobachten könnten als die Militärattachés in WP-Hauptstädten. [...] Als Ergebnis der Besprechung kann festgestellt werden, daß unsere schwerwiegenden Argumente von den anwesenden alliierten Vertretern verstanden wurden und sie ihren Regierungen vorschlagen wollten, darauf Rücksicht zu nehmen. Der niederländische und britische Vertreter schlossen jedoch nicht aus, daß sie zu gegebener Zeit bei Vorliegen entsprechender Weisung die Frage noch einmal im POLADS aufbringen müßten." Vgl. den Drahtbericht Nr. 171; VS-Bd. 11414 (221); B 150, Aktenkopien 1976.

[1] Hat Bundesminister Genscher am 28. Januar 1976 vorgelegen.

[2] Zur Sondersitzung des NATO-Ministerrats in Brüssel vgl. Dok. 21 und Dok. 23.

[3] Seit Anfang der sechziger Jahre kam es in der portugiesischen Kolonie Angola zu bewaffneten Auseinandersetzungen zwischen portugiesischen Truppen und den drei Unabhängigkeitsbewegungen MPLA, FNLA und UNITA. Nach dem Umsturz in Portugal am 25. April 1974 einigten sich die portugiesische Regierung sowie MPLA, FNLA und UNITA am 15. Januar 1975 in Alvor darauf, Angola am 11. November 1975 in die Unabhängigkeit zu entlassen und bis zu diesem Zeitpunkt eine Übergangsregierung zu bilden. Trotz mehrfacher Bemühungen um einen Waffenstillstand hielten die Kämpfe zwischen MPLA, FNLA und UNITA in der Folgezeit an. Nach dem Abzug der letzten portugiesischen Truppen am 10. November 1975 riefen einen Tag später die MPLA die „Volksrepublik Angola" und die FNLA gemeinsam mit der UNITA die „Volksdemokratische Republik Angola" aus. In einer Erklärung vom 11. November 1975 begrüßte die Bundesregierung die Unabhängigkeit von Angola und drückte die Hoffnung aus, „daß so bald wie möglich diplomatische Beziehungen aufgenommen werden". Vgl. dazu AAPD 1975, II, Dok. 345.

[4] Zum Eingreifen der UdSSR in den Angola-Konflikt vermerkte Ministerialdirigent Meyer-Landrut am 28. November 1975: „Die Sowjetunion hatte von Anfang an die MPLA unterstützt und schon zu Zeiten der Übergangsregierung (Kompromiß zwischen den drei Befreiungsbewegungen) und besonders nach Eskalation zum Bürgerkrieg unter der aktiven Beteiligung Kubas und anderer Ostblockstaaten mit modernsten Waffen in [...] großem Umfang versorgt. Daß kubanische Soldaten in den Reihen der MPLA kämpfen, scheint erwiesen. Die behauptete Beteiligung sowjetischer Ausbilder und Soldaten konnte dagegen bislang nicht bestätigt werden." Vgl. Referat 312, Bd. 108167.

[5] Am 30. Januar 1976 wurde in der Presse gemeldet: „Mit dem Hinweis, Südafrika habe zuerst in Angola interveniert, verteidigte der kubanische Ministerpräsident Fidel Castro die Unterstützung der kommunistischen Befreiungsbewegung MPLA durch Kuba. Damit gab er erstmals die Entsendung kubanischer Freiwilliger nach Angola zu. Castro erklärte, Südafrika habe bereits im Juli vergangenen Jahres eingegriffen, Kuba hingegen habe erst im November Kontingente in die ehemalige portugiesische Kolonie entsandt." Wie das amerikanische Verteidigungsministerium am 28. Januar 1976 mitgeteilt habe, „befinden sich derzeit 11 760 kubanische Soldaten und Berater in Afrika – und zwar bis auf 360 alle in Angola. Die Zahl der sowjetischen Militärberater auf dem schwarzen Kontinent gab das Pentagon mit rund 3000 an." Vgl. den Artikel „Moskau und Peking streiten über die Einmischung in Angola"; FRANKFURTER ALLGEMEINE ZEITUNG vom 30. Januar 1976, S. 3.

bei ihm, Callaghan, im Auftrag Netos nachgefragt, ob Großbritannien nicht darauf hinwirken könne, daß die Südafrikaner sich zurückziehen. Hierauf sei er Muhammed noch eine Antwort schuldig. Es sei zu überlegen, ob er nicht Muhammed sagen lassen solle, ein Rückzug der Südafrikaner und die Legitimierung der MPLA als Seniorpartner einer Koalition mit der UNITA sei vom Rückzug der Sowjets und der Kubaner abhängig.

Der Bundesminister hielt es für wichtig, wie man die sowjetische Angola-Politik öffentlich behandle. Man solle offensiv argumentieren und die Ablösung des alten Kolonialismus durch einen neuen ideologischen Kolonialismus verurteilen. Er werde in diesem Sinne am gleichen Abend vor dem Ostasiatischen Verein in Bremen sprechen.[6]

Sauvagnargues und Kissinger meinten, zunächst solle geprüft werden, ob ein lokales Gleichgewicht in Angola militärisch noch hergestellt werden könne. Kissinger wollte dazu Erkundigungen einziehen und den drei Regierungen am 26. oder 27. Januar eine Nachricht zukommen lassen.

Kissinger berichtete über die Entwicklung der sowjetischen Haltung: Nachdem die sowjetischen Reaktionen auf die amerikanischen Vorstellungen gegen die sowjetische Intervention bis Anfang Dezember noch ausweichend gewesen seien, habe die Sowjetunion nach dem Gespräch von Präsident Ford mit Dobrynin am 9. Dezember[7] die Nachschublieferungen nach Angola für zwei Wochen angehalten. Erst nach dem Votum des Kongresses gegen amerikanische Angola-Hilfe[8] habe die Sowjetunion wieder mit den Waffenlieferungen begonnen. Er

---

6 Bundesminister Genscher führte am 23. Januar 1976 vor dem Ostasiatischen Verein in Bremen aus, daß die Entspannung gefährdet werde, „wenn durch direkte und indirekte Intervention neue Einflußsphären in der Dritten Welt geschaffen werden sollen. Jedermann wird verstehen, daß wir auch unter diesem Gesichtspunkt die großen maritimen Rüstungsanstrengungen der Sowjetunion mit Sorge betrachten. Denn es kann uns nicht gleichgültig sein, wenn in Afrika versucht wird, den gerade beendeten Kolonialismus klassischer Prägung durch eine neue Variante, nämlich einen ideologischen Kolonialismus, zu ersetzen. Das ist nicht die Freiheit, für die die afrikanischen Unabhängigkeitsbewegungen, auch diejenigen Angolas, viele Jahre gekämpft haben." Vgl. BULLETIN 1976, S. 97.

7 Präsident Ford erläuterte dem sowjetischen Botschafter die amerikanische Haltung zu Angola. Dazu schrieb Anatolij Dobrynin im Rückblick: „He said he had no real concern about the strategic interests of the United States in Angola, but the events there were increasingly being perceived by Americans and played up by the media as a test for the policy of detente; he had been accused of yielding to the Russians on still another issue. Ford said American intelligence had reported that the Soviet Union had established an impressive arms airlift to Angola, and it was also being used to transport Cuban troops who now constituted the principal striking force of the MPLA. The United States had established a similar airlift, and it was not all that difficult to recruit foreign mercenaries for the FNLA, he said. But was it really necessary for both our countries to challenge each other in such a faraway place which was of no particular value to either of them? [...] Accordingly, Ford proposed: first, that we appeal jointly to the parties in Angola to stop their internecine war and agree to a peaceful settlement, and second, that we call on all interested states to stop interfering in Angola by sending arms there." Vgl. DOBRYNIN, In Confidence, S. 360 f. Vgl. dazu ferner KISSINGER, Jahre, S. 660.

8 Am 19. Dezember 1975 billigte der amerikanische Senat mit 54 gegen 22 Stimmen einen Zusatz des demokratischen Senators Tunney zum Entwurf des Wehrhaushaltsgesetzes, der die Billigung dieses Gesetzes von der Einstellung der amerikanischen Militärhilfe für die FNLA und die UNITA abhängig machte. Dazu wurde in der Presse berichtet: „Die dreitägige, teilweise geheim geführte Debatte des Senats hatte erwiesen, daß die Regierung keine Aussichten mehr besitzt, die an die Öffentlichkeit gedrungenen Geheimoperationen der ‚CIA' fortzusetzen, ohne daß die Legislative ihr Recht auf Mitsprache und öffentliche Kontrolle derartiger Unternehmungen geltend macht. Alle Versicherungen des Präsidenten und Kissingers, daß zu keinem Zeitpunkt ein Einsatz amerikani-

halte es auch für wichtig, der Sowjetunion im diplomatischen Kontakt, wie auch öffentlich, die Gefahren ihrer Angola-Politik für das Ost-West-Verhältnis vor Augen zu führen. Er habe das in sehr ernster Form bei seinem Gespräch in Moskau getan und dargelegt, daß die öffentliche Meinung in den USA durch Angola gegen die Entspannungspolitik eingenommen werde.[9] Senator Jackson und andere seien einmal gegen jede amerikanische Hilfe für Angola, andererseits forderten sie Druck auf die Sowjetunion, um deren Engagement in Angola zu redressieren. Er, Kissinger, glaube, daß Breschnew nicht unbeeindruckt geblieben sei. Möglicherweise werde seine Argumentation bei den gegenwärtigen Gesprächen der sowjetischen Führung mit dem Außenminister der MPLA[10] eine Rolle spielen. Die sowjetische Angola-Politik beunruhige auch andere Länder der Dritten Welt. So gebe es in Venezuela ein großes Unbehagen darüber, daß die Kubaner in der Lage sind, wirkungsvolle Expeditionsstreitkräfte im Ausland einzusetzen.

Sauvagnargues verwies auf die Gefahr einer baldigen Anerkennung der MPLA durch Portugal. Antuñes habe ihm erklärt, er sei dafür, daß seine Regierung die MPLA in drei bis vier Wochen anerkenne. Obwohl Soares anderer Meinung sei, hoffe er, die PSP für seine Haltung gewinnen zu können. Er glaube, daß die MPLA sich nach der Anerkennung von den Sowjets und den Kubanern lösen werde. Antuñes habe ihm jedoch versprochen, in der Sache keine Entscheidung zu treffen, ehe er mit den Westmächten gesprochen habe.

Callaghan regte an, daß Kissinger, der in den nächsten Tagen mit Soares zusammentrifft, darauf hinwirkt, daß Portugal nicht vorzeitig die MPLA anerkennt, da sonst eine Reihe afrikanischer Staaten diesem Beispiel folgen und die politisch-diplomatische Lage weiter ins Rutschen kommen würde.

Callaghan plädierte erneut dafür, die Nigerianer zu gewinnen, einen Paketvorschlag zu lancieren, bestehend aus der Anerkennung einer Koalitionsregierung zwischen MPLA und UNITA, wobei der MPLA eine Seniorrolle zukommen könnte, der Zusicherung der MPLA, die Sowjets und Kubaner zum Verlassen des Landes aufzufordern, und der Zusicherung der westlichen Staaten, Wirtschaftshilfe an Angola zu gewähren.

Kissinger hatte Bedenken gegen die Zusicherung von Wirtschaftshilfe. Er hielt es bei einer Änderung der westlichen Haltung für notwendig, die westliche Po-

---

Fortsetzung Fußnote von Seite 76

scher Truppen in Angola geplant gewesen sei, daß der Vergleich mit Vietnam nicht zutreffe, waren vergeblich." Vgl. den Artikel „Weitere Niederlage Fords in der Angola-Frage"; FRANKFURTER ALLGEMEINE ZEITUNG vom 22. Dezember 1975, S. 1. Vgl. dazu ferner KISSINGER, Jahre, S. 663–669.

9 Zu den Gesprächen des amerikanischen Außenministers Kissinger vom 20. bis 23. Januar 1976 in Moskau vgl. Dok. 21 und Dok. 23.

10 Über den Aufenthalt des Außenministers der MPLA in der UdSSR berichtete Botschafter Sahm, Moskau, am 9. Februar 1976: „Über Gespräche, die dos Santos am 23.1.1976 mit Politbürokandidat Ponomarjow, Stellv[ertretendem] Ministerpräsidenten Archipow und Stellv[ertretendem] Außenminister Iljitschew (zuständig auch für Afrika) führte, teilte sowjetische Zentralpresse folgendes mit: Santos habe über Erfolge der ‚patriotischen Kräfte' unter Führung MPLA in Angola berichtet; im Namen MPLA und angolanischen Volkes habe er KPdSU und Sowjetvolk für ‚allseitige und selbstlose Hilfe' gedankt; beide Seiten hätten mit Befriedigung erfolgreiche Entwicklung Zusammenarbeit MPLA–KPdSU festgestellt und Bereitschaft ausgedrückt, auch in Zukunft freundschaftliche Beziehungen und Solidarität zu festigen; Santos habe Brief ‚Präsident' Netos an Generalsekretär Breschnew übergeben." Vgl. den Drahtbericht Nr. 463; Referat 312, Bd. 108167.

sition in Zaire und Sambia zu stärken, und verwies darauf, daß Gromyko ihm gesagt habe, er sei nicht gegen eine Koalitionsregierung in Angola.

Callaghan meinte, der nigerianische Außenminister[11] sollte die MPLA fragen, ob sie es vorziehe, einen langen, kostspieligen Krieg weiterzuführen, der zu einer russischen Machtausweitung in Angola führen würde, oder eine schnelle Lösung, die ihr die Anerkennung als Seniorpartner einer Koalition und die Unabhängigkeit von Russen und Kubanern geben würde.

Kissinger erwähnte hier, daß er Gromyko gewarnt habe, da der Westen sich gezwungen sehen könnte, einen langen Guerillakampf in Angola zu unterstützen.

Sauvagnargues befürchtete eine Kettenreaktion in Afrika, wenn es – wie anzunehmen – sehr bald bekannt werden würde, daß der Westen gegenüber Nigeria eine Haltungsänderung signalisiert hat. Er fragte, ob es nicht besser sei, den Kampfhandlungen ihren Lauf zu lassen und zu warten, bis die eine oder andere Seite gewinnt. Er fragte, welche Garantie wir hätten, daß die Sowjets gemäß dem Paketvorschlag von Callaghan das Land verlassen.

Der Bundesminister wies auf die Gefahr hin, daß die MPLA letzten Endes gewinnen werde. Wenn dem so sei, dann müsse man sich fragen, ob es nicht besser sei, jetzt auf eine Koalitionsregierung hinzuwirken, denn jetzt könne man noch nicht sagen, daß Angola oder auch die MPLA in ihrer Gänze kommunistisch sei. Je länger jedoch der Krieg dauere, um so mehr würden sich die Sowjets eingraben.

Am Schluß wurde etwa folgendes Vorgehen abgesprochen:

1) Bis zum 27. Januar wird Kissinger seinen Kollegen mitteilen, wie die militärische Lage in Angola beurteilt wird und was getan werden kann, um die UNITA zu stärken und zu einem lokalen Gleichgewicht zu kommen.[12]

2) Sowjetunion und Kuba sollte ihre Intervention so kostspielig wie möglich gemacht werden, und zwar einmal durch öffentliche Verurteilung und diplomatische Warnung an die sowjetische Adresse hinsichtlich der Auswirkungen auf die Entspannungspolitik, durch Überprüfung etwaiger für Kuba interessanter wirtschaftlicher Maßnahmen des Westens und schließlich durch Waffenhilfe an Zaire und Sambia zugunsten der pro-westlichen Seite in Angola.

3) Wirtschaftshilfe an Sambia und Zaire (der Bundesminister sagte zu, diese Frage in Bonn zu prüfen).

---

11 Joseph Nanven Garba.

12 Am 2. Februar 1976 übermittelte Botschafter von Staden, Washington, die Stellungnahme des amerikanischen Außenministeriums „Prospects for Angola". Darin wurden diplomatische, wirtschaftliche und militärische Maßnahmen vorgeschlagen. So sollten die afrikanischen Staaten aufgefordert werden, eine Anerkennung der MPLA zurückzustellen, bis das sowjetische und kubanische Personal abgezogen sei; darüber hinaus sollten Ghana, Nigeria und Tansania aufgefordert werden, auf die bereits von ihnen anerkannte MPLA einzuwirken, die Abhängigkeit der MPLA von der UdSSR und von Kuba abzubauen. Ferner wurde angeregt, Sambia und Zaire, die die FNLA und UNITA unterstützten, kurzfristige Kredite zur Unterstützung ihrer Zahlungsbilanz zu gewähren. Schließlich könnten Besuche alliierter Kriegsschiffe in Libreville (Gabun) und Matadi (Zaire) sowie in anderen afrikanischen Häfen stattfinden. Ergänzend sollten Maßnahmen zur Sicherung der Grenzen von Sambia und Zaire geprüft werden; in diesem Zusammenhang werde die amerikanische Regierung Zaire Militärhilfe in Höhe von 19 Millionen Dollar gewähren. Vgl. dazu den Drahtbericht Nr. 343; VS-Bd. 10014 (313); B 150, Aktenkopien 1976. Vgl. dazu ferner Dok. 36, Anm. 27.

4) Nach etwa einer Woche Prüfung, ob nicht durch Nigeria oder auch durch Portugal sondiert werden soll, ob die oben bezeichnete Paketlösung in die Wege geleitet werden kann.

van Well

VS-Bd. 10968 (213)

20

Aufzeichnung des Ministerialdirektors van Well

201-363.21-265/76 geheim   **26. Januar 1976**[1]

Über Herrn Staatssekretär[2] dem Herrn Bundesminister
zur Information von I. und Billigung des Vorschlages unter II.

Betr.: Ministersitzung der Nuklearen Planungsgruppe in Hamburg (21./22. Januar 1976)

Bezug: Beiliegende Aufzeichnung vom 9. Januar 1976 – 201-372-58/76 VS-v mit Ihrer handschriftlichen Frage[3]

I. Hauptergebnis der NPG-Ministersitzung in Hamburg

Zur Unterrichtung der Amtsspitze wird das Hauptergebnis der Hamburger NPG-Ministersitzung wie folgt zusammengefaßt:

---

[1] Durchdruck.
Die Aufzeichnung wurde von Vortragendem Legationsrat I. Klasse Pfeffer konzipiert.
Hat Vortragendem Legationsrat I. Klasse Ruth am 30. Januar 1976 zur Mitzeichnung vorgelegen.
[2] Walter Gehlhoff.
[3] Dem Vorgang nicht beigefügt.
Vortragender Legationsrat I. Klasse Pfeffer führte aus: „Außenminister Kissinger hat in der restricted session während der NATO-Ministerkonferenz vom 12. Dezember 1975 in bezug auf die 7000 in Europa gelagerten nuklearen Sprengköpfe die Äußerung getan, er selbst ‚habe nie einen Einsatzplan gesehen, der die Verwendung von mehr als 100 dieser Sprengköpfe' vorsehe. Er hat wiederholt, daß die Allianz eine Doktrin für diese Waffen entwickeln müsse. Diese Äußerungen kann man als Ausdruck der Kissingerschen ‚Schocksprache' auffassen. Man muß ihnen objektiv folgendes entgegenhalten: Für diese Kernwaffen gibt es eine klare, unter Mitwirkung aller an der Nuklearen Planungsgruppe beteiligten Bundesgenossen erarbeitete Doktrin; für die flexible Einsatzplanung von auch nur 100 dieser Sprengköpfe müssen eine Vielzahl von ihnen in Europa gelagert sein. Würde z. B. der Einsatz in Italien nötig, würden die in Deutschland gelagerten Sprengköpfe nichts nützen und umgekehrt. [...] Wenn einzelne Gruppen in der Administration (und dem Kongreß ohnehin) mit dem Gedanken einer über die Option III hinausgehenden Verdünnung der amerikanischen Kernwaffen in Europa oder der Regionalisierung der europäischen Verteidigung umgehen, so muß dies auch vor dem Hintergrund der innenpolitischen Szene gesehen werden, die einer konsequenten rationalen Willensbildung nicht gerade förderlich ist. Man muß damit rechnen, daß die Wiederbelebung von Regionalisierungsideen im Lager der europäischen Verbündeten von interessierten amerikanischen Kreisen, aus ganz anderer Interessenlage, benutzt wird." Zur Aufzeichnung vermerkte Bundesminister Genscher am 11. Januar 1976 handschriftlich: „Sollte ich nicht in der Frage der Verdünnung oder Regionalisierung einen Brief an AM Kissinger schreiben?" Vgl. VS-Bd. 8694 (201); B 150, Aktenkopien 1976.

1) Strategisches Gleichgewicht

Der amerikanische Verteidigungsminister Rumsfeld erklärte, der amerikanische Verteidigungshaushalt für 1976 spiegele den Willen der USA wider, sich keinesfalls auf den zweiten Platz drängen zu lassen („second to none"). Die UdSSR steigere ihr Verteidigungsbudget um 30%. Schon aus diesem Grunde müsse die seit Jahren sinkende Tendenz in den Vereinigten Staaten angehalten werden.

Von den rund 112 Mrd. $, die im US-Verteidigungshaushalt 1976 vorgesehen seien, sollten 9,4 Mrd. $ für die strategischen Streitkräfte und 11,5 Mrd. $ für Forschung und Entwicklung aufgewendet werden.

Projiziere man die Entwicklung bis in das Jahr 1985, werde die Überlegenheit der USA in der Zahl der Sprengköpfe erhalten bleiben (14:8). Die UdSSR werde ihre Überlegenheit bei Sprengkraft und Wurfgewicht behalten (5:15).

Den technischen Vorsprung der USA bei „Cruise Missiles" schätzt Rumsfeld auf acht bis zehn Jahre. (Anmerkung: Derartige Schätzungen sind allerdings mit Vorsicht zu behandeln. Der amerikanische Vorsprung in der MIRV-Technik, der bei der Aushandlung eines ausgewogenen SALT I[4] eine Rolle gespielt hat, ist von den Sowjets früher verringert worden, als von den Amerikanern ursprünglich erwartet worden war.)

Bundesminister Leber hat die spezifische Bedrohung Europas durch sowjetische Mittelstreckenraketen betont. Dieser Tatsache müsse man bei der Gesamteinschätzung der strategischen Kräfteverhältnisse besondere Aufmerksamkeit widmen. In diese Gesamteinschätzung gehöre als weiteres wichtiges Element der Grad der Entschlossenheit des Westens, „angesichts der Anstrengungen der Sowjetunion, ihre Ideologie und militärische Macht auf eine weltweite Basis zu stellen", festzubleiben. Minister Leber hat vorgeschlagen, daß dieses Thema auch von den Außenministern weiter behandelt werden möge.

2) Waffentechnische Entwicklung und Verfeinerung der Doktrin

Die amerikanischen Bestrebungen, die waffentechnische Entwicklung für eine modernisierte, rationellere Kernwaffen-Ausrüstung in Europa („nuclear posture") zu nutzen, dabei Beweglichkeit in den Zahlen der Sprengköpfe zu gewinnen und aus allem eine „Verfeinerung der Doktrin" abzuleiten, war auch diesmal deutlich.

Ein neues amerikanisches Papier ist angekündigt.

Wir haben das Gefühl, daß Rumsfeld die Linie seines Vorgängers[5] fortführt und auf Evolution in der Kontinuität bedacht ist. Er hat erklärt, daß er auf gründliche Konsultationen mit den Verbündeten in dieser Strategie-Diskussion Wert lege und über das „Military Committee" den SACEUR und SACLANT befassen werde.

---

4 Für den Wortlaut des Interimsabkommens vom 26. Mai 1972 zwischen den USA und der UdSSR über Maßnahmen hinsichtlich der Begrenzung strategischer Waffen (SALT) mit Protokoll vgl. UNTS, Bd. 944, S. 4–12. Für den deutschen Wortlaut vgl. EUROPA-ARCHIV 1972, D 396–398.
Vgl. dazu auch die vereinbarten und einseitigen Interpretationen; DEPARTMENT OF STATE BULLETIN, Bd. 67 (1972), S. 11–14. Für den deutschen Wortlaut vgl. EUROPA-ARCHIV 1972, D 398–404.
5 James R. Schlesinger.

Ziel der Diskussion, die durch Arbeitsgruppen vorbereitet und vertieft wird, ist ein „Consolidated statement of NATO policy for the use of theatre nuclear forces in the defence of the alliance". Die USA sollen eine noch höhere „Flexibilität und Selektivität" der nuklearen Optionen erreichen.

Wir werden darauf achten müssen, daß der Gesamtzusammenhang der drei Komponenten der Triade ständig gewahrt bleibt. Das soll, von der technischen Seite her, durch eine genaue Abstimmung der amerikanischen Zielplanungen mit den Zielplanungen von SACEUR erreicht werden. Wir müssen außerdem ein Augenmerk darauf haben, daß via Modernisierung die Sprengkopf-Zahlen in Europa nicht zu stark absinken, einmal wegen der allgemeinen psychologischen Wirkung, die dies auf den Verteidigungswillen der Bevölkerung haben könnte; zum zweiten, weil die Option III von MBFR[6] nicht auf diesem Umweg ins Rutschen kommen darf.[7]

Die skizzierte Linie des amerikanischen Verteidigungsministers hebt sich ab von den sporadischen, unorthodoxen Äußerungen des amerikanischen Außenministers, wie er sie z.B. in der „restricted session" der letzten NATO-Ministersitzung getan hat (Bezugsaufzeichnung).

Die amerikanische Arbeitsebene hat für diese Äußerung keine Erklärung außer die, daß Kissinger durch Überpointierung „die trägen Massen in Bewegung bringen" will.

II. Vorschlag zur Ihrer Bezugsfrage

Bei dieser Lage scheint es uns, im Einvernehmen mit dem Bundesministerium der Verteidigung, ratsam, daß Sie zunächst nicht an Kissinger schreiben.

Wir sollten beobachten, ob Kissinger ähnliche Ansichten wiederholt.

Geschieht dies erneut in Ihrer Gegenwart, so empfiehlt es sich, daß Sie

- die Frage stellen, wie die Bemerkungen, die uns Sorge machten, genau gemeint seien, und bei unbefriedigender Antwort hinweisen auf
- den Widerspruch zu den in der Nuklearen Arbeitsgruppe vereinbarten Papieren und zu den laufenden NPG-Arbeiten,
- die Gefahr, die aus derartig überspitzten Äußerungen für Abschreckung und Doktrin erwächst,
- die Beunruhigung, die für die psychologische Lage in Europa entstehen kann,
- das Risiko, daß Kräfte in den USA und Europa – gegen die Intentionen ihrer Regierungen – sich in unterschiedlich motivierter Reduzierungsabsicht verbinden oder unverbunden kumulieren,
- die Gefährdung der Option III von MBFR[8].

---

6 Zum Vorschlag der an den MBFR-Verhandlungen teilnehmenden NATO-Mitgliedstaaten vom 16. Dezember 1975 für eine Einbeziehung amerikanischer nuklearer Komponenten (Option III) vgl. Dok. 3, Anm. 15.

7 An dieser Stelle vermerkte Vortragender Legationsrat I. Klasse Ruth handschriftlich: „Ich hätte vorgezogen zu sagen: ‚Zum anderen, weil die Glaubwürdigkeit der westlichen Verhandlungsposition nicht durch einseitige Veränderungen des Kräfteverhältnisses in Mitteleuropa beeinträchtigt werden darf.'"

8 Zu diesem Absatz vermerkte Vortragender Legationsrat I. Klasse Ruth handschriftlich: „Entsprechend Anmerkung zu S. 3 hätte ich vorgezogen: ‚Die Gefahr der Beeinträchtigung der westlichen Verhandlungsposition bei MBFR.'" Vgl. Anm. 7.

Äußert sich Kissinger öffentlich, so sollten Sie ihm einen Brief schreiben, der die obigen Überlegungen enthält.

Ein Brief könnte auch im Anschluß an ein Gespräch zur Fixierung unserer Ansicht nützlich sein.

gez. van Well

VS-Bd. 11470 (221)

21

Aufzeichnung des Botschafters Roth

220-371.80-78/76 geheim   **26. Januar 1976**

Über Herrn Staatssekretär[1] Herrn Bundesminister[2] mit der Bitte um Kenntnisnahme vorgelegt

Betr.: Unterrichtung des NATO-Rats am 23. Januar durch Außenminister Kissinger über das Ergebnis seiner Gespräche in Moskau vom 20. bis 23. Januar[3]

hier: SALT, MBFR

1) Allgemeine Bemerkungen

AM Kissinger wies mit Nachdruck darauf hin, daß sein Besuch auf sowjetische Einladung erfolgte. Der sowjetischen Regierung war im Herbst mitgeteilt worden, daß SALT nur weitergehen könne, wenn die sowjetische Seite zu einer Änderung ihrer Position in den noch offenen Fragen bereit wäre. Die sowjetische Seite habe daraufhin ihre Bereitschaft zu verstehen gegeben, jedoch keine neuen Vorschläge unterbreitet.[4]

---

[1] Hat Staatssekretär Gehlhoff am 27. Januar 1976 vorgelegen.

[2] Hat Bundesminister Genscher am 28. Januar 1976 vorgelegen.

[3] Korrigiert aus: „22. Januar".

Zu den Gesprächen des amerikanischen Außenministers Kissinger vgl. auch Dok. 23.

[4] Rückblickend schrieb Henry Kissinger dazu: „Am 8. November 1975 überbrachte Dobrynin eine ‚mündliche Botschaft' Breschnews an Ford. Darin hieß es, Breschnew sei bereit, den Knoten der SALT-Verhandlungen zu durchschlagen, wenn beide Seiten sich zu Zugeständnissen entschließen könnten. Er schlug vor, daß ich ihn zu diesem Zweck im Dezember in Moskau aufsuchen sollte. Ford antwortete bereits am 10. November, ich könnte am 18. und 19. Dezember nach Moskau kommen. Breschnew akzeptierte den Vorschlag am 13. November. Während die Noten hin- und hergingen, trafen kubanische und sowjetische Truppen in Angola ein. War Breschnews SALT-Angebot ehrlich gemeint, oder wollte er uns nur ruhigstellen, weil eine politische und militärische Offensive in Afrika bevorstand?" Vgl. KISSINGER, Jahre, S. 679.

Auf der NATO-Ministerratstagung am 12. Dezember 1975 in Brüssel führte Kissinger zur Terminplanung aus, „die SALT II-Verhandlungen seien für den Augenblick unterbrochen, würden jedoch im kommenden Jahr fortgesetzt werden. Innerhalb der amerikanischen Regierung sei ein schwieriger Meinungsbildungsprozeß im Gange, der noch nicht abgeschlossen werden konnte. Seinen ursprünglich vorgesehenen Besuch in der Sowjetunion habe er nach Absprache mit Außenminister

Man habe sich in Washington die Frage gestellt, ob der Moskau-Besuch verschoben werden sollte, um Druck in der Angola-Frage auszuüben, sei aber zu der Entscheidung gekommen, daß ein Aufschub von SALT kein geeignetes Mittel sein würde. Vielmehr laufe man Gefahr, mit einer dann wahrscheinlich eintretenden einjährigen Verzögerung von SALT die Grundlagen der Vereinbarung von Wladiwostok[5] auf Spiel zu setzen. Die Folgen einer solchen Entwicklung beschrieb Kissinger in gleicher Weise, wie er es bereits am 12. Dezember 1975 vor dem NATO-Rat[6] und am 14. Januar 1976 vor der Presse in Washington[7] getan hatte: entweder neue Runde eines unbegrenzten Rüstungswettlaufs im strategischen Bereich, der weder strategisch noch politisch fruchtbar wäre, oder Hinnahme einer sich rasch entwickelnden sowjetischen Überlegenheit mit allen sich daraus ergebenden politischen Folgen. Wie bereits am 12. Dezember 1975, so betonte Kissinger auch diesmal vor dem NATO-Rat, daß die Vereinigten Staaten, wenn sie sich auf eine neue Runde eines Rüstungswettlaufs im strategischen Bereich einlassen würden, keine Mittel zur Verfügung hätten, um den dringend notwendigen Ausbau der konventionellen Streitkräfte weiterzuführen.

Breschnew habe in Moskau mehrfach auf sein großes Interesse an der weiteren Verbesserung des sowjetisch-amerikanischen Verhältnisses im allgemeinen

Fortsetzung Fußnote von Seite 82

Gromyko auf Mitte Januar 1976 verschoben." Vgl. den Drahtbericht Nr. 1849 des Gesandten Boss, Brüssel (NATO), vom 17. Dezember 1975; VS-Bd. 3617; B 150, Aktenkopien 1975.

5 Die USA und die UdSSR verabschiedeten am 24. November 1974 in Wladiwostok eine Gemeinsame Erklärung zu den Verhandlungen über eine Begrenzung strategischer Waffen (SALT). Sie kamen überein, daß das Interimsabkommen vom 26. Mai 1972 über Maßnahmen hinsichtlich der Begrenzung strategischer Waffen (SALT) bis Oktober 1977 verlängert werde und seine Bestimmungen in ein neues Abkommen zu übernehmen seien. Die neue Vereinbarung werde eine Laufzeit von Oktober 1977 bis 31. Dezember 1985 haben. Ferner sollten beiden Seiten berechtigt sein, eine bestimmte Anzahl strategischer Trägerwaffen und eine vereinbarte Gesamtzahl von ICBMs und SLBMs mit Mehrfachgefechtsköpfen zu besitzen. Schließlich wurde vereinbart, nicht später als 1980/81 neue Verhandlungen über die Begrenzung und Reduzierung strategischer Waffen zu beginnen. Vgl. DEPARTMENT OF STATE BULLETIN, Bd. 71 (1974), S. 879. Für den deutschen Wortlaut vgl. EUROPA-ARCHIV 1975, D 95 f. Vgl. dazu ferner AAPD 1974, II, Dok. 374.
Am 2. Dezember 1974 gab Präsident Ford vor der Presse die vereinbarten Zahlen bekannt. Demnach wurde die Höchstgrenze für interkontinentale ballistische Flugkörper, einschließlich von U-Booten zu startenden Flugkörpern und schweren Bombern, auf jeweils 2400 festgelegt. Davon sollten 1320 mit Mehrfachgefechtsköpfen (MIRV) ausgerüstet werden dürfen. Vgl. dazu PUBLIC PAPERS, FORD 1974, S. 679. Für den deutschen Wortlaut vgl. EUROPA-ARCHIV 1975, D 100.

6 Der amerikanische Außenminister Kissinger erklärte auf der NATO-Ministerratstagung in Brüssel, „daß es notwendig sei, die Zugeständnisse, die man unter Umständen machen müsse, gegen die Folgen aufzuwiegen, die ein Scheitern der SALT-Verhandlungen mit sich bringen könne. Eine der schwerwiegendsten Gefahren sei zweifellos das unbegrenzte Wettrüsten, in dessen Verlauf insbesondere das mögliche Entstehen zahlenmäßiger Diskrepanzen bei vergleichbaren Waffensystemen beider Seiten zu politisch gefährlichen Fehlbewertungen über Bestand oder Nichtbestand eines Gleichgewichts der Abschreckung führen könne. Ein befriedigender Abschluß von SALT II sei ohne Zweifel im Interesse der westlichen Sicherheit wünschenswert und werde vermutlich auch zu einer besser ausgewogenen Verteilung zwischen strategischen und taktischen Systemen führen." Vgl. den Drahtbericht Nr. 1849 des Gesandten Boss, Brüssel (NATO), vom 17. Dezember 1975; VS-Bd. 3617; B 150, Aktenkopien 1975.

7 In der Pressekonferenz führte der amerikanische Außenminister Kissinger aus: „If the interim agreement lapses, the Soviets will be free of several severe restraints. They can add heavy ICBMs without restrictions. They can build more submarines without dismantling old ICBMs. There will be no equal ceiling of 2400. The immediate impact would be that the numerical gap frozen in SALT One, and equalized in Vladivostok, would again become a factor, facing us with the choice of either large expenditures in a strategically and politically unproductive area or a perceived inequality with its political implications." Vgl. DEPARTMENT OF STATE BULLETIN, Bd. 74 (1976), S. 126.

und an dem baldigen Abschluß eines SALT II-Abkommens im besonderen hingewiesen.

2) Ergebnisse der Gespräche zu SALT

In Moskau standen zu SALT folgende drei Fragen zur Diskussion:

– die diskutierbare Reichweitenfrage des Backfire-Bombers und dessen Einbeziehung in SALT II,

– Cruise Missiles, Reichweiten und Zählverfahren,

– Definition „schwere Interkontinentalraketen" (ein besonderes subceiling, wie in SALT I bereits vereinbart, soll für diese Kategorie in SALT II übernommen werden. Eine Neudefinition ist erforderlich, da die SALT I-Definition – Begrenzung der Silo-Durchmesser – sich als nicht brauchbar erwiesen hat)[8].

a) Backfire-Bomber:

Sowjets bestehen darauf, den Backfire-Bomber ebenso zu behandeln wie die amerikanischen FBS, wobei von sowjetischer Seite darauf hingewiesen wurde, daß FBS zum Teil sowjetisches Gebiet erreichen könnten.

Die Sowjets boten an, den Operationsbereich des Backfire auf 2200 km zu begrenzen, diese Zusicherung soll schriftlich erfolgen, und während der Laufzeit von SALT II das Waffensystem Backfire in seiner Leistung nicht zu verbessern.

Die amerikanische Delegation lehnte diese Vorschläge als ungenügend ab, bat jedoch um schriftliche Fixierung der sowjetischen Vorschläge und sagte eingehende Prüfung zu. In Washington werde man zusätzliche Vorschläge für die weiteren Begrenzungen des Backfire-Bombers hinsichtlich seiner Einsatz- und zukünftigen technischen Weiterentwicklungsmöglichkeiten ausarbeiten.

b) Cruise Missiles:

Übereinstimmung wurde erzielt, daß luftgestützte Cruise Missiles (ALCM)

– mit einer Reichweite von 2500 km nur von schweren Bombern getragen werden sollen. Diese Kombination soll wie ein MIRV-Trägersystem auf die vereinbarte Höchstzahl dieser Systeme (1320) angerechnet werden,

– mit Reichweiten von 600 km von anderen Flugzeugen ohne Anrechnung auf die Höchstzahl von Wladiwostok eingesetzt werden können (der Backfire-Bomber käme damit als Träger für weitreichende Cruise Missiles (2500 km) nicht in Frage).[9]

---

[8] Nach Artikel IV des Interimsabkommens vom 26. Mai 1972 zwischen den USA und der UdSSR über Maßnahmen hinsichtlich der Begrenzung strategischer Waffen (SALT) war die Modernisierung strategischer ballistischer Angriffsflugkörper und Abschußvorrichtungen erlaubt; Ziffer J) der Gemeinsamen Interpretationen legte jedoch fest, daß dabei die Ausmaße der landgestützten ICBM-Abschuß-Silos nicht wesentlich vergrößert werden durften („will not be significantly increased"). In einer weiteren Erklärung stellte der Leiter der amerikanischen SALT-Delegation, Smith, am 26. Mai 1972 dazu fest: „The Parties agree that the term ‚significantly increased' means that an increase will not be greater than 10–15 percent of the present dimensions of land-based ICBM silo launchers." Der Leiter der sowjetischen SALT-Delegation, Semjonow, erwiderte darauf, daß diese Erklärung der sowjetischen Auffassung entspreche. Vgl. UNTS, Bd. 944, S. 4. Vgl. dazu ferner DEPARTMENT OF STATE BULLETIN, Bd. 67 (1972), S. 11 f. Für den deutschen Wortlaut vgl. EUROPA-ARCHIV 1972, D 396 und D 400.

[9] Botschafter Sahm, Moskau, übermittelte am 28. Januar 1976 ergänzende Informationen des amerikanischen Botschafters Stoessel zu den Gesprächen des amerikanischen Außenministers Kissin-

Seegestützte Cruise Missiles (SLCM) mit einer Reichweite von 600 km können auf U-Booten eingesetzt werden. Anrechnung auf die Höchstzahl erfolgt nicht.

Keine Übereinstimmung wurde erzielt über den Einsatz von SLCM auf Überwasserschiffen. Der amerikanischen Forderung, auf solchen Schiffen SLCM von 2500 km ohne Anrechnung auf die Höchstzahlen einsetzen zu können, stimmten die Sowjets nicht zu.

c) Definition „schwere Interkontinentalraketen":

Dem sowjetischen Vorschlag, als Kriterium das Startgewicht zu verwenden, stimmte die amerikanische Seite nicht zu. Sie setzte sich mit ihrer Forderung durch, das Wurfgewicht (throw weight) als entscheidendes Kriterium festzulegen (bei gleichem Startgewicht besteht die Möglichkeit, das Wurfgewicht wesentlich zu erhöhen).

d) Möglichkeit, die in Wladiwostok festgelegten Höchststärken für strategische Offensivsysteme herabzusetzen:

Von Amerikanern wurde die Frage aufgeworfen, ob die vereinbarte Höchstgrenze von 2400 strategischen Offensivsystemen nicht verringert werden könne (nach amerikanischer Auffassung könnte damit ein gewisser Ausgleich für den Backfire-Bomber geschaffen werden, da die Sowjets, die zur Zeit bereits über 2600 solcher Systeme verfügen, noch drastischer reduzieren müßten).

Breschnew habe zur amerikanischen Überraschung Interesse gezeigt und eine Prüfung dieser Möglichkeit zugesagt.[10]

Kissinger bewertete zusammenfassend die Ergebnisse seiner Moskauer Gespräche zu SALT als einen wesentlichen Fortschritt. Breschnew habe weitere, über Wladiwostok hinausgehende Zugeständnisse gemacht.

Man werde nun die noch offenen Fragen

– weitere Begrenzung der derzeitigen und zukünftigen operativen Einsatzmöglichkeiten des Backfire-Bombers,

– SLCM mit 2500 km Reichweiten auf Überwasserschiffen,

– Herabsetzen der Höchstzahlen von Wladiwostok

in Washington prüfen und habe schriftliche Stellungnahme innerhalb von zwei bis drei Wochen zugesagt. Anschließend werde die sowjetische Regierung zur amerikanischen Antwort Stellung nehmen. Gelingt es auf diese Weise, die noch

---

Fortsetzung Fußnote von Seite 84

ger vom 20. bis 22. Januar 1976 in Moskau: „Bei ALCM mit Reichweite über 2500 km sei unter schwerem Bomber die B 52 zu verstehen. Über die Zahl der Missiles hätte man sich noch nicht geeinigt. Für den Fall, daß ein B-1-Bomber verwendet würde, hätten die Sowjets Anrechnung von drei MIRV-Systemen auf die vereinbarte Höchstzahl von Wladiwostok gefordert. Hierüber sei kein Einvernehmen erzielt worden. Es sei jedoch die Grundlage für weitere Diskussionen und Kompromisse gegeben. Der Wirkungsbereich von landgestützten Cruise Missiles müsse noch ausgearbeitet werden. Die Frage der Kontrolle erschien Stoessel vorerst noch hoffnungslos. Über Verifikation sei nicht gesprochen worden." Vgl. den Drahtbericht Nr. 330; VS-Bd. 8692 (201); B 150, Aktenkopien 1976.

10 Botschafter Sahm, Moskau, teilte am 28. Januar 1976 mit, der amerikanische Botschafter in Moskau, Stoessel, habe hierzu erläutert: „Die amerikanische Seite hätte vorgeschlagen, daß beide Seiten im Falle einer Einigung in allen Punkten nach Ablauf von fünf Jahren die Höchstgrenze der strategischen Offensivsysteme auf 2300 herabsetzen. Die Sowjets seien interessiert gewesen, evtl. noch weiter darunter zu gehen. Wenn nach einem Abschluß von SALT II Verhandlungen über Reduzierungen von strategischen Waffen aufgenommen würden, so sei jetzt schon ein klares Ziel gesetzt." Vgl. den Drahtbericht Nr. 330; VS-Bd. 8692 (201); B 150, Aktenkopien 1976.

offenen Fragen im beiderseitigen Einvernehmen zu klären, so würden die Verhandlungsdelegationen einen Abkommensentwurf ausarbeiten können. (In der Diskussion präzisierte Kissinger: Bleiben noch entscheidende Fragen offen, so wäre eine weitere Reise nach Moskau nicht ausgeschlossen. Er wiederholte seine bereits früher geäußerte Auffassung, daß man über SALT nur mit Breschnew sprechen könne.)[11]

3) MBFR

Breschnew habe erklärt, die neuen westlichen Vorschläge[12] seien nicht annehmbar. Die sowjetische Regierung werde einen Gegenvorschlag machen, der eine Reduzierung amerikanischer und sowjetischer Truppen in einer Größenordnung von etwa 2 bis 3% der jeweiligen Gesamtzahl der Streitkräfte der NATO und des Warschauer Pakts im Reduzierungsraum vorsehen würde. Nach der konkreten zahlenmäßigen Ausgangsbasis eines solchen Vorschlags gefragt, wurde erwidert, man möge die sowjetischen Vorschläge im einzelnen in Wien abwarten.

Kissinger empfahl, die sowjetischen detaillierten Stellungnahmen und Vorschläge in der am 26.1. beginnenden Gesprächsrunde in Wien abzuwarten. (Nach der Ratssitzung äußerte Sonnenfeldt, weitergehenden Fragen zu MBFR seien die Sowjets ausgewichen.)[13]

4) Diskussion

Die Diskussion einleitend vertrat Bundesminister die Auffassung, daß das wesentliche Ergebnis der Moskau-Reise die Tatsache sei, daß die Sowjets ihren Entspannungskurs beibehalten wollen und bereit seien, auch über militärische Fragen sowohl bei SALT als auch bei MBFR ernsthaft weiter zu verhandeln.

---

[11] Am 9. Februar 1976 übermittelte Botschafter von Staden, Washington, Informationen des Nationalen Sicherheitsrats der USA, wonach eine Entscheidung über SALT II „erst nach dem Ausgang der Vorwahlen in New Hampshire (24.2.), Florida (9.3.) und vor allem Illinois (16.3.) getroffen" werde: „Präsident Ford habe nach Rücksprache mit seinen engsten Beratern intern die Parole ausgegeben, daß er aus innenpolitischen Gründen mit SALT II zuwarten wolle, bis ihm in den Vorwahlen ein deutlicher Vertrauensbeweis gegeben worden sei. Falls diese günstig ausfielen, denke er daran, SALT II im Mai abzuschließen." Hinsichtlich des Inhalts von SALT II zeichne sich folgendes Vorgehen ab: „a) Backfire-Bomber: Man werde versuchen, über die sowjetische Versicherung hinaus, daß der Bomber keine Reichweite von über 2200 km besitze, eine Beschränkung der Luftbetankungskapazität und der Gesamtzahl (250 bis 1985) zu erreichen. [...] b) Cruise Missiles, ALCMs: Es werde keine subceilings für mit ALCMs ausgerüstete Langstreckenbomber geben. Man wolle die beiden modernsten Versionen der B 52 (g und g) mit ALCMs ausrüsten. Es handele sich um etwa 250 Flugzeuge, die dann als jeweils ein MIRV auf die Grenze von 1320 angerechnet würden. Auf diese Art und Weise könnten 250 x 20 = 5000 ALCMs einsatzbereit werden. SLCMs: Es sei beabsichtigt, nicht mehr als 15 bis 20 Überwasserschiffe mit SLCMs auszurüsten, und man werde dies auch den Sowjets sagen. Das Verteidigungsministerium mache hier allerdings Schwierigkeiten. Der Verzicht auf U-Boot-gestützte CMs mit einer Reichweite von über 600 km sei endgültig. [...] c) Senkung der Höchstgrenze von 2400. Dies soll bereits in SALT II verankert werden, etwa dergestalt, daß ab 1980 eine Höchstgrenze von 2200 oder 2300 gelten solle." Vgl. den Drahtbericht Nr. 472; VS-Bd. 8692 (201); B 150, Aktenkopien 1976.

[12] Zum Vorschlag der an den MBFR-Verhandlungen teilnehmenden NATO-Mitgliedstaaten vom 16. Dezember 1975 für eine Einbeziehung amerikanischer nuklearer Komponenten (Option III) vgl. Dok. 3, Anm. 15.

[13] Zum Vorschlag der an den MBFR-Verhandlungen teilnehmenden Warschauer-Pakt-Staaten vom 17. Februar 1976 vgl. Dok. 53.

Der belgische Außenminister[14] wies darauf hin, daß seit Wladiwostok neue Waffensysteme in die SALT-Diskussion eingeführt worden seien. Dies habe zu Schwierigkeiten geführt, da diese Waffensysteme keine eindeutige Zuordnung zum strategischen oder taktischen Bereich zuließen. Mit dem Erscheinen der neuen Cruise Missiles trete erstmals ein Waffensystem auf, das nicht nur mit nuklearen, sondern auch mit konventionellen Sprengköpfen gegen strategische Ziele eingesetzt werden könne. Die technische Entwicklung werde fortschreiten mit der voraussehbaren Folge, daß dritte Nuklearwaffenmächte und u. U. weitere konventionell hochgerüstete Staaten unmittelbar auf die strategische Balance der beiden Supermächte einwirken könnten. Sei der bilaterale Rahmen von SALT dieser Entwicklung noch angemessen?

Der Vorsitzende des Militärausschusses[15] wollte wissen, wie das sowjetische IR/MRBM-Potential und die neu aufgetauchten Waffensysteme Backfire und Cruise Missiles mit ihren sehr breiten Einsatzspektren im Gesamtrahmen von SALT zu bewerten seien.

Antworten Kissingers:

Die bei SALT gemachten Fortschritte seien sehr bemerkenswert. Die Aussichten auf einen Abschluß eines SALT II-Abkommens im Jahre 1976 hätten sich wesentlich verbessert (auf die innenpolitische Lage in den Vereinigten Staaten ging Kissinger in diesem Zusammenhang nicht ein).

Es sei zutreffend, daß seit Wladiwostok Waffensysteme in das Blickfeld von SALT getreten seien, deren militärische Bedeutung vornehmlich im peripheren (regionalen) Bereich liege, die jedoch auch gewisse strategische Einsatzoptionen zulassen. Der Backfire-Bomber könne bei einem bestimmten Flugprofil begrenzte strategische Aufgaben übernehmen. Nur von schweren Bombern eingesetzte Cruise Missiles von 2500 km Reichweite hätten eine eindeutige strategische Aufgabe: Ausschaltung der gegnerischen Luftverteidigung. SLCMs hätten keine strategischen Einsatzaufgaben. Ihre Bedeutung liege im regionalen Bereich.

IR/MRBM seien aus SALT ausgeklammert. Zu ihrer Bekämpfung seien im übrigen Cruise Missiles wegen ihrer geringen Fluggeschwindigkeiten kein geeignetes Waffensystem.

Bei der Frage dritter Nuklearwaffenstaaten müsse man zwei Gruppen von Staaten unterscheiden, diejenigen, die mit einer Supermacht verbündet seien (backed up) und solche, die es nicht seien. Er könne sich kaum vorstellen, daß die französischen und britischen strategischen Waffen ohne die Abdeckung durch die im Vergleich dazu überwältigenden amerikanischen strategischen Kräfte eingesetzt werden könnten. China sei erst in etwa zehn Jahren in seiner strategischen Rüstung so weit fortgeschritten, daß es den Supermächten – ohne ihnen gleichwertig zu sein – unannehmbare Schäden zufügen könne. Wenn diese Lage eingetreten sei, werde man China als Verhandlungspartner zuziehen müssen. In der nächsten SALT III-Runde, in der es um substantielle Reduzierungen der strategischen Arsenale der Supermächte gehen werde, werde die chinesische Entwicklung ohne Frage ein wichtige Rolle spielen.

---

[14] Renaat van Elslande.
[15] Peter Hill-Norton.

Über die non-transfer-Frage sei nicht gesprochen worden. Keine der in Moskau getroffenen Vereinbarungen schränke in irgendeiner Weise die amerikanische Regierung im technologischen Bereich ein. Die amerikanische Haltung sei bekannt, daß man erst dann über die non-transfer-Frage sprechen werde, wenn alle anderen substantiellen Fragen eines SALT II-Abkommens geklärt seien. Dann werde man sich mit der Formulierung einer allgemeinen Nichtumgehungsklausel beschäftigen.

5) Erste Bewertung

Das wesentliche Ergebnis der Moskau-Reise des amerikanischen Außenministers ist die Erkenntnis, daß die SU die Entspannungspolitik fortführen will und auch bereit ist, die Verhandlungen im sicherheitspolitischen Bereich (SALT und MBFR) ernsthaft weiterzuführen.

a) SALT

SALT II hat weiterhin für die amerikanische Regierung erste Priorität. Nach Kissingers Auffassung gilt dies auch für Breschnew und die sowjetische Regierung.

Der Bewertung Kissingers, daß das Ergebnis der Moskauer Gespräche wesentliche Fortschritte bei SALT gebracht habe, wird man zustimmen müssen.

Die Nichtanrechnung des Backfire-Bombers auf die Höchststärken der offensiven strategischen Waffensysteme erscheint auch aus europäischer Sicht vorteilhaft. Die bei SALT II ausgeklammerte FBS-Frage wird nicht erneut ins Spiel gebracht. Der mit der ALCM-Regelung erzielte Nebeneffekt, den Backfire-Bomber als Träger von weitreichenden Cruise Missiles auszuschalten, ist für die amerikanische Seite bedeutsamer als für Europa. Für eine abschließende Bewertung der Backfire-Frage wird abzuwarten sein, welche weiteren Einschränkungen der operativen Einsatzmöglichkeiten die Sowjets anzunehmen bereit sein werden.

Die amerikanische Seite hat sich mit ihrer Forderung durchgesetzt, ALCM mit einer Reichweite von 2500 km auf schweren Bombern einsetzen zu können. Die damit gesicherte strategische Funktion, Ausschalten der gegnerischen Luftverteidigung, liegt auch im europäischen Interesse. Die Anrechnung der Kombination schwerer Bomber mit Cruise Missiles großer Reichweiten auf die MIRV-Höchstzahlen muß als zweckmäßig angesehen werden. Sie schränkt die bisher bekannten amerikanischen Absichten im MIRV-Bereich nicht ein.

Die Begrenzung von ALCM für alle anderen Flugzeuge auf eine Reichweite von 600 km scheint im Hinblick auf die klare Zuordnung der Waffensysteme auf schweren Bombern zum strategischen Bereich und deren Anrechnung auf die MIRV-Quote vernünftig zu sein.

Für eine etwaige Stationierung amerikanischer Cruise-Missiles-Träger im europäischen Bereich erscheinen die getroffenen Regelungen den europäischen Interessen angemessen. Dabei ist zu beachten, daß nur landgestützte Cruise Missiles mit interkontinentaler Reichweite (über 5500 km) verboten sein sollen.

Keiner der im Cruise-Missile-Bereich getroffenen Vereinbarungen schränkt eigene zukünftige europäische Entwicklungen ein, da diese Vereinbarungen nur für die beiden Vertragspartner gelten. Für diese Frage wird entscheidend sein, wie eine non-transfer-Klausel im einzelnen formuliert werden wird (Offenhalten der Weitergabe amerikanischer Technologie). Da damit gerechnet werden kann, daß die Verhandlungen nun wieder zügiger vorangehen, erscheint es zweckmäßig, daß die europäische Gruppe (Petrignani-Gruppe) in Kürze der amerikanischen Regierung Formulierungsvorschläge für eine allgemeine Nichtumgehungsklausel vorlegt (mehrere Entwürfe wurden bereits ausgearbeitet).[16]

b) MBFR

Die sehr allgemeinen Äußerungen zu den Wiener Verhandlungen – Ablehnung der neuen Vorschläge der NATO und Ankündigung neuer eigener Vorschläge – lassen erkennen, daß die sowjetische Regierung an einer Fortsetzung der Verhandlungen und an konkreten Fortschritten interessiert ist. Eine weitergehende Bewertung erscheint verfrüht. Wir sollten, wie auch von AM Kissinger empfohlen, abwarten, mit welchen Argumenten die WP-Staaten zum NATO-Angebot Stellung nehmen und wie das angekündigte neue Verhandlungsangebot formuliert wird.

Roth

VS-Bd. 11379 (220)

---

[16] Am 18. Februar 1976 fand auf Wunsch der Bundesregierung eine Sitzung der europäischen SALT-Experten („Petrignani-Gruppe") in Brüssel statt. Dazu vermerkte Vortragender Legationsrat I. Klasse Andreae am selben Tag, daß er zur Begründung folgendes ausgeführt habe: „Zwar hat sich die Gruppe in ihrer Stellungnahme vor dem NATO-Rat im Mai 1975 gegen eine Nichtumgehungsklausel ausgesprochen und auch eine no-transfer-Regelung als den europäischen Interessen nachteilig abgelehnt. Inzwischen deuten aber alle Informationen darauf hin, daß die Sowjets auf eine no-transfer-Regelung nicht verzichten werden. Die Gruppe hat im vergangenen Jahr die Auffassung vertreten, daß mit einer weitgefaßten Nichtumgehungsklausel auch das no-transfer-Problem abgedeckt werden könne. Sie hat weiter zahlreiche Formulierungen für eine Nichtumgehungsklausel diskutiert [...], ohne sich für einen bestimmten Wortlaut zu entscheiden. Im Hinblick darauf, daß der sich jetzt abzeichnende Zeitplan für die SALT II-Verhandlungen vermutlich wenig Spielraum für eine ausführliche Konsultation des Vertragsentwurfs im NATO-Rahmen enthalten wird, dürfte es zweckmäßig sein, sich schon bald auf eine Formulierung zu einigen. Diese sollte dann den Amerikanern im Bedarfsfalle unter Erläuterung der Beweggründe und Wünsche der europäischen Bündnispartner zur Kenntnis gegeben werden." Andreae fuhr fort, daß er der Gruppe eine Formulierung zum non-transfer sowie zwei Vorschläge – einen belgisch-britischen sowie einen von der Bundesregierung erarbeiteten Entwurf – für eine Nichtumgehungsklausel vorgelegt habe, die folgenden Wortlaut hätten: „no-transfer: Each Party undertakes not to transfer to other States a) strategic offensive nuclear weapon systems which are the subject of the agreement, b) parts, components, technical descriptions, plans and blue-prints of such systems if they are especially designed (worked out) for and/or intended to be used in strategic offensive nuclear arms. The foregoing provision shall in no way affect existing obligations of the Parties. Non-circumvention: 1) In accordance with the objective of stabilizing the overall nuclear strategic relationship between the Parties each Party undertakes to refrain from actions which significantly circumvent the intentions and the effectiveness of the agreement. 2) In accordance with the principle of essential strategic stability on which the agreement is based, each Party undertakes not to undermine the viability or to circumvent the effectiveness of the agreement." Vgl. VS-Bd. 11405 (220); B 150, Aktenkopien 1976.

89

22

Aufzeichnung des Ministerialdirigenten Kinkel

27. Januar 1976

1) Am 27. Januar 1976, 16.30 Uhr, fand auf ausdrücklichen Wunsch des israelischen Botschafters Meroz im Dienstzimmer des Ministers ein Gespräch statt in Sachen „Pressekonferenz anläßlich des Besuchs des saudischen Außenministers".[1] Der Unterzeichnete nahm an dem Gespräch teil.

Botschafter Meroz erklärte eingangs, er habe ausdrückliche Weisung aus Israel, persönlich mit dem Herrn Bundesminister zu sprechen. Die israelische Seite habe in den Äußerungen des Auswärtigen Amts aus der letzten Zeit einige Widersprüche festgestellt, dies beziehe sich auf Erklärungen des Ministers in Israel[2], die Rede des Ministers anläßlich des Abendessens für den saudischen Außenminister[3], die Erklärung des Ministers anläßlich der gemeinsamen Pressekonferenz mit dem saudischen Außenminister[4] sowie die anschließenden Erklärungen des Pressereferats des AA[5]. Die israelische Seite wisse sehr wohl die Einstellung des Ministers gegenüber Israel wie auch seine Lei-

---

[1] Zum Besuch des saudi-arabischen Außenministers Saud al-Faisal vom 21. bis 23. Januar 1976 in der Bundesrepublik vgl. Dok. 13 und Dok. 14.

[2] Bundesminister Genscher hielt sich vom 27. bis 30. November 1975 in Israel auf. Vgl. dazu AAPD 1975, II, Dok. 358 und Dok. 360.

[3] Am 21. Januar 1976 führte Bundesminister Genscher in seiner Tischrede aus: „Zu den Kernfragen des Konflikts, nämlich den legitimen Rechten des palästinensischen Volkes und dem Existenzrecht Israels, hat die Bundesregierung bereits in der 29. Generalversammlung der Vereinten Nationen erklärt, daß wir unter den legitimen Rechten des palästinensischen Volkes das Selbstbestimmungsrecht mit Einschluß des Rechts verstehen, auf dem von Israel im Rahmen einer Konfliktlösung zu räumenden Territorium eine eigene Autorität zu errichten. Wir sind ferner der Auffassung, daß die legitimen Rechte des palästinensischen Volkes sowie das Recht Israels auf Existenz in sicheren und anerkannten Grenzen gleichen Rang haben und einander nicht behindern dürfen. Das heißt, eine Lösung ist nur möglich, wenn die Palästinenser das Existenzrecht Israels und Israel das Selbstbestimmungsrecht des palästinensischen Volkes wechselweise anerkennen." Vgl. BULLETIN 1976, S. 86.

[4] In der Pressekonferenz am 22. Januar 1976 antwortete Bundesminister Genscher auf die Frage, ob er mit dem saudi-arabischen Außenminister Saud al-Faisal die Rolle der PLO bei der Lösung des Nahost-Konflikts erörtert habe: „Über diese Frage ist natürlich gesprochen worden. Sie werden gemerkt haben, daß ich bei der Darstellung unserer Position von den substantiellen Fragen des Nahost-Konflikts gesprochen habe, also die Anerkennung des Existenzrechts Israels in sicheren Grenzen, auf der anderen Seite die Anerkennung der legitimen Rechte des palästinensischen Volkes, die ich gestern abend in meiner Rede noch einmal definiert habe, einschließlich des Rechtes seiner eigenen staatlichen Autorität in den zu räumenden Gebieten, wobei die zu räumenden Gebiete in der Rede auch eindeutig dargelegt worden sind, nämlich daß alle Gebiete zu räumen sind. Hinter diesen substantiellen Fragen ist die Frage der PLO zurückgetreten. Die Haltung der Bundesregierung ist ja bekannt und gestern in meiner Rede auch noch einmal zum Ausdruck gekommen." Vgl. Referat 311, Bd. 108832.

[5] Vortragender Legationsrat I. Klasse Terfloth nahm am 23. Januar 1976 Stellung zu den Äußerungen des Bundesministers Genscher in der Pressekonferenz vom Vortag. Dazu wurde in der Presse berichtet, daß Terfloth erklärt habe, „das Eintreten der Bundesregierung für die Rückgabe aller von Israel besetzten Gebiete bedeute keine Änderung der bisherigen Haltung Bonns. Es gebe jetzt in dieser Frage lediglich gewisse ‚Präzisierungen'. Ohne Zweifel beziehe sich die Räumung aber auf ‚alle' von Israel im Nahost-Krieg des Jahres 1967 besetzten Gebiete. Zu den Gebieten, die Israel zurückgeben müsse, gehören – so Terfloth – auch der besetzte Teil Jordaniens, die Jerusalemer Altstadt und die Golan-Höhen in ihrer ganzen Ausdehnung." Vgl. den Artikel „Israel will Klarheit über Bonns Nahost-Kurs"; DIE WELT vom 27. Januar 1976, S. 1.

90

stungen für Israel zu würdigen. Sie habe aber die Sorge, daß durch die letzte Äußerung des Ministers anläßlich der Pressekonferenz die Sicherheitsratsdebatte[6], die bevorstehenden Verhandlungen in Genf[7] und Friedensverhandlungen insgesamt erschwert werden könnten. Deshalb äußere er im Namen seiner Regierung die Bitte, der Bundesaußenminister möge doch eine Möglichkeit finden, nochmals eine klarstellende Äußerung zu tun.

Minister Genscher schilderte daraufhin nochmals den Gesamthergang aller Äußerungen. Er erklärte, er habe sich zu Jerusalem und dem Golan nicht geäußert und auch nicht äußern wollen. Er verwies auf die Presseerklärung vom 26.1.1976[8], in der klargestellt worden sei, daß sich an der Haltung der Bundesregierung zu den Fragen der Lösung des Nahost-Konflikts nichts geändert habe, daß auch kein Anlaß bestehe, Erklärungen aus den letzten Tagen als eine Änderung der Haltung der Bundesregierung zu interpretieren.[9] Insbesondere habe er sich nicht zum künftigen Grenzverlauf geäußert bzw. äußern wollen. Er beabsichtige dies auch nicht.

Er sei heute in Straßburg beim Europarat gewesen und sei dort auch in der Diskussion nach seiner Aussage in der Pressekonferenz gefragt worden. Er ha-

---

6 Vom 12. bis 27. Januar 1976 erörterte der UNO-Sicherheitsrat unter Teilnahme eines Vertreters der PLO Fragen des Nahost-Konflikts. Am 23. Januar 1976 brachte Pakistan den Entwurf einer Resolution ein; Miteinbringer waren Benin, Guyana, Panama, Rumänien und Tansania. Er sah vor, dem palästinensischen Volk das Recht auf Selbstbestimmung einschließlich des Rechts zur Gründung eines unabhängigen Staates zu gewähren. Den palästinensischen Flüchtlingen solle das Recht auf Rückkehr in die von ihnen verlassenen Gebiete gewährt bzw. eine Entschädigung für ihren Vermögensverlust zugestanden werden. Israel wurde zum Rückzug aus allen seit Juni 1967 besetzten Gebieten aufgefordert. Schließlich sollten angemessene Vorkehrungen getroffen werden, um die Souveränität, die territoriale Integrität und die politische Unabhängigkeit aller Staaten in der Region sowie ihr Recht, innerhalb sicherer und anerkannter Grenzen in Frieden zu leben, zu garantieren. Diese Bestimmungen sollten bei allen künftigen Bemühungen um einen Frieden im Nahen Osten berücksichtigt werden. UNO-Generalsekretär Waldheim wurde gebeten, entsprechende Maßnahmen einzuleiten und dem Sicherheitsrat innerhalb von sechs Monaten darüber zu berichten. Für den Wortlaut des Dokuments S/11940 vgl. UN SECURITY COUNCIL, OFFICIAL RECORDS, SUPPLEMENTS, Thirty-First Year, Supplement for January, February and March 1976, S. 19.
In der anschließenden Debatte stimmten die Einbringerstaaten sowie Frankreich, Japan und die UdSSR dem Entwurf zu, die USA stimmten dagegen; Großbritannien, Italien und Schweden enthielten sich der Stimme, während die Volksrepublik China und Libyen der Abstimmung fernblieben. Vgl. dazu den Drahtbericht Nr. 130 des Gesandten von Hassell, New York (UNO), vom 28. Januar 1976; Referat 230, Bd. 113989.

7 Die Friedenskonferenz für den Nahen Osten, an der unter dem gemeinsamen Vorsitz der USA und der UdSSR Ägypten, Israel und Jordanien sowie UNO-Generalsekretär Waldheim teilnahmen, wurde am 21. Dezember 1973 in Genf auf Außenministerebene eröffnet. Die Konferenz beschloß eine Fortsetzung der Verhandlungen auf Botschafterebene. Außerdem wurde die Bildung militärischer Arbeitsgruppen beschlossen, die über ein Auseinanderrücken der israelischen und ägyptischen Streitkräfte am Suez-Kanal verhandeln sollten. Vgl. dazu den Artikel „Nahost-Konferenz beschließt Militärgespräche in Genf"; DIE WELT vom 24. Dezember 1973, S. 1.
Die Verhandlungen der militärischen Arbeitsgruppen wurden am 9. Januar 1974 unterbrochen und seitdem nicht wiederaufgenommen. Vgl. dazu den Artikel „Mideast Talks Recessed for Consultations"; INTERNATIONAL HERALD TRIBUNE vom 10. Januar 1974, S. 1 f.

8 Korrigiert aus: „26.9.1975".

9 Am 26. Januar 1976 erklärte das Auswärtige Amt in einer Stellungnahme für die Presse: „Die Haltung der Bundesregierung zu den Fragen der Lösung des Nahost-Konflikts hat sich nicht geändert. Es ist auch kein Anlaß gegeben, Erklärungen aus den letzten Tagen als eine Änderung der Haltung der Bundesregierung zu interpretieren. Insbesondere hat sich die Bundesregierung nicht zum künftigen Grenzverlauf geäußert. Sie beabsichtigt auch nicht, dies zu tun. Dies ist vielmehr Sache der Beteiligten." Vgl. Referat 310, Bd. 104994.

be auch dort ausdrücklich erklärt, daß sich an der offiziellen Haltung der Bundesregierung in der Nahost-Frage überhaupt nichts geändert habe.[10]

Er bat Botschafter Meroz, dies auch ausdrücklich so Außenminister Allon zu sagen, dem er besondere Grüße auszurichten bat.

Bundesminister wies darauf hin, daß das eigentliche Novum der Pressekonferenz gewesen sei, daß der saudische Außenminister das Existenzrecht Israels anerkannt habe.[11] Darüber hinaus habe er, Genscher, in der PLO-Frage hart mit dem saudischen Außenminister im Sinne und im Interesse Israels gesprochen.

Botschafter Meroz bedankte sich für die Möglichkeit des Gesprächs; er erklärte, er selbst neige dazu, dies als eine befriedigende Antwort zu empfinden, er könne aber selbstverständlich seiner Regierung nicht vorgreifen. Er werde berichten, und er nehme zur Kenntnis, daß der Minister außer der gestern abgegebenen Presseerklärung keine weitere Erklärung beabsichtige.

2) Über Herrn Staatssekretär Gehlhoff Herrn D3[12], Herrn Dg31[13], Herrn Referenten 310[14] zur Kenntnisnahme.

Kinkel

Referat 010, Bd. 178660

---

[10] Bundesminister Genscher gab am 27. Januar 1976 vor der Parlamentarischen Versammlung des Europarats in seiner Eigenschaft als Vorsitzender des Ministerkomitees eine Erklärung zur Arbeit des EG-Ministerrats ab. Im Anschluß daran antwortete er auf Fragen des SPD-Abgeordneten Sieglerschmidt zu den Ausführungen des Vortragenden Legationsrats I. Klasse Terfloth vom 23. Januar 1976: „The Federal Government has made no declaration which gives occasion to assume that there has been any change. Our position is that of the European Community, as represented formerly by the six and now by the nine Community member states. It has not altered." Vgl. COUNCIL OF EUROPE, PARLIAMENTARY ASSEMBLY, Twenty-Seventh Ordinary Session (Third Part), 26–30 January 1976, S. 795.

[11] Am 22. Januar 1976 führte der saudi-arabische Außenminister Saud al-Faisal auf die Frage, ob Saudi-Arabien bereit wäre, das Existenzrecht Israels anzuerkennen, aus: „Ich glaube nicht, daß das Recht Israels auf Existenz die substantielle Frage im Nahost-Konflikt darstellt, denn die Existenz Israels steht außer Zweifel. Die Frage, die sich stellt, ist vielmehr, inwiefern Israel bereit ist, sich als ein Teil des Nahen Ostens zu begreifen, und inwiefern es bereit ist, das Recht des palästinensischen Volkes anzuerkennen, das vertrieben wurde und in seine Heimat zurückkehren will. Die Frage stellt sich also für Saudi-Arabien nicht so, ob die Existenz Israels angenommen, anerkannt oder abgelehnt wird, sondern vielmehr, ob Israel selbst bereit ist, das palästinensische Volk, das von ihm vertrieben wurde, anzuerkennen, auch im Hinblick auf die angestrebte Staatlichkeit." Vgl. Referat 311, Bd. 108832.

[12] Lothar Lahn.

[13] Walter Jesser.

[14] Alfons Böcker.

92

23

Aufzeichnung des Ministerialdirektors van Well

213-322.00 SOW-85/76 geheim   **27. Januar 1976**[1]

Betr.: Unterrichtung des NATO-Rats durch Kissinger am 23. Januar über seine Moskau-Gespräche[2]

Zur Entspannungspolitik und zu SALT (zu letzterem Thema legt Dg 22 einen Vermerk vor[3]) führte Kissinger einleitend aus, die Initiative für die Moskauer Gespräche sei von der Sowjetunion Anfang November ausgegangen. Und zwar habe sie den USA mitgeteilt, daß weitere Fortschritte bei SALT die persönliche Anwesenheit Breschnews bei den Gesprächen erforderlich machten. Kissinger ergänzte, auch bei der anschließenden Terminfestlegung und den Verschiebungen bereits festgesetzter Termine[4] habe die sowjetische Seite immer wieder großes Interesse am Zustandekommen der Gespräche gezeigt. Nach Kissingers Eindruck sei die Sowjetunion außerordentlich interessiert daran, die in den letzten Jahren verbesserten Beziehungen mit dem Westen weiter zu intensivieren. Sie sei bei den Gesprächen in Moskau dafür gewesen, schneller bei SALT voranzumachen, als die amerikanische Seite es zu tun vermochte. In den Verhandlungen habe die Sowjetunion wichtige, über Wladiwostok[5] hinausgehende Konzessionen gemacht. Bei MBFR scheine die sowjetische Seite an der Fortsetzung der Gespräche aktiv interessiert zu sein und wolle zu diesem Zweck Gegenvorschläge zum letzten westlichen Option III-Vorschlag einbringen.[6] Hier müsse man noch sehen, wie die sowjetische Haltung sich entwickele.

Breschnew und Gromyko hätten zu verstehen gegeben, daß im Verhältnis zu China keine Änderung eingetreten sei. Beide hätten sich sehr an der Entwicklung des amerikanisch-chinesischen Verhältnisses interessiert gezeigt.

Beide Seiten hätten die Erörterung des Libanon-Themas[7] vermieden. Die USA hätten kein Interesse daran, die Sowjetunion in dieses Problem einzuschalten.

Kissinger äußerte sich zu Gromyko: Dieser werde von Breschnew nicht mehr wie früher für Witzchen benutzt. Gromyko greife auch selbständig in die Diskussionen ein. Breschnew nehme ihn jetzt ernster als zuvor. In der Regel habe Gromyko von Sprechzetteln aus vorgetragen. Kissinger habe vermieden, bei schwierigen Punkten nachzufassen, weil er befürchtete, daß dann Gromyko die vom Sprechzettel aus vorgetragene Position nur noch durch persönliche Äuße-

---

1 Hat Bundesminister Genscher am 28. Januar 1976 vorgelegen.
2 Der amerikanische Außenminister Kissinger hielt sich vom 20. bis 23. Januar 1976 in Moskau auf.
3 Für die Aufzeichnung des Botschafters Roth vom 26. Januar 1976 vgl. Dok. 21.
4 Zur Terminplanung der Gespräche des amerikanischen Außenministers Kissinger in Moskau vgl. Dok. 21, Anm. 4.
5 Zu den amerikanisch-sowjetischen Vereinbarungen von Wladiwostok vom 24. November 1974 vgl. Dok. 21, Anm. 5.
6 Zum Vorschlag der an den MBFR-Verhandlungen teilnehmenden NATO-Mitgliedstaaten vom 16. Dezember 1975 für eine Einbeziehung amerikanischer nuklearer Komponenten (Option III) vgl. Dok. 3, Anm. 15.
  Zum Vorschlag der Warschauer-Pakt-Staaten vom 17. Februar 1976 für MBFR vgl. Dok. 53.
7 Zum Libanon-Konflikt vgl. Dok. 13, Anm. 3.

rungen weiter befestige. Solche Positionszementierungen durch ein Politbüromitglied könnten gefährlich sein.

Unter Hinweis auf das mehrfache dezidierte Bemühen Breschnews, sein außerordentliches Interesse an der Fortsetzung der Entspannungspolitik zu betonen, grenzte Kissinger die Möglichkeiten dieser Politik durch folgende Bemerkungen ein: Die sowjetische Außenpolitik werde zunehmend bürokratisiert und arbeite mit verengten Horizonten. Dennoch habe das stetige Wachstum der sowjetischen Macht seine eigene Dynamik. So glaube er zum Beispiel nicht, daß die Sowjets im Angola-Fall[8] einen Master Plan gehabt hätten. Vielmehr hätte es sich angesichts ihres Bedürfnisses, die eigene militärische Macht auszubauen, als nützlich erwiesen, die sich bietende Gelegenheit zu ergreifen. Die eigene Kraft der Militärmacht könne daher zu einer Quelle des Ungleichgewichts werden. Der Westen müsse immer dann, wenn die Sowjets im Trüben fischen wollten, dieser Einflußexpansion entgegentreten. Die Chancen der Détente seien gut, wenn der Westen die in ihr liegenden Verführungen unter Kontrolle halten könne.

Nach Zuspitzung der Angola-Krise sei in den USA lebhaft diskutiert worden, ob SALT vertagt werden solle. Hierbei war klar, daß eine erneute Verschiebung der Gespräche zu einer Vertagung in das Jahr 1977 geführt hätte. Aber auch die Interessenlage bei SALT selbst habe zu der schließlichen positiven Entscheidung führen müssen: Bei SALT I[9] habe die Sowjetunion ein besseres Zahlenverhältnis. SALT II soll zur Parität führen. Falls es SALT II nicht geben würde, sei es politisch notwendig, neue Raketenprogramme zu entwickeln, um die Parität herbeizuführen. Diese Programme könnten dann nur zum Nachteil der konventionellen Kräfte finanziert werden. Aber auch die Sowjetunion habe am Zustandekommen der Gespräche zu diesem Zeitpunkt großes Interesse gehabt, da Breschnew vor dem Parteitag[10] Nachweise für den verbesserten Stand der sowjetisch-amerikanischen Beziehungen benötige.

Breschnew, der in besserer Form gewesen sei als je in den letzten 1 1/2 Jahren, habe sein lebhaftes Interesse an der Fortsetzung der verbesserten Beziehungen zu den USA immer wieder bekundet.

Kissinger berichtete über seine Gespräche mit Gromyko zur Nahost-Frage wie folgt: Gromyko sei offensichtlich vor allem daran interessiert gewesen, der PLO anschließend eine eindrucksvolle Niederschrift über seine araberfreundliche Gesprächsführung mit Kissinger zur Verfügung stellen zu können. Seine Hauptsorge sei die gewesen, daß Kissinger wieder unilaterale Initiativen ergreift.

Gromyko habe gefordert, daß die PLO an allen Verhandlungen über die Nahost-Frage beteiligt werden müsse. Allerdings sei es möglich, die Genfer Konferenz[11] ohne PLO zusammentreten zu lassen. Es sei jedoch erforderlich, vorab

---

[8] Zum sowjetischen Eingreifen in den Angola-Konflikt vgl. Dok. 19, Anm. 4.

[9] Für den Wortlaut des Interimsabkommens vom 26. Mai 1972 zwischen den USA und der UdSSR über Maßnahmen hinsichtlich der Begrenzung strategischer Waffen (SALT) mit Protokoll vgl. UNTS, Bd. 944, S. 4–12. Für den deutschen Wortlaut vgl. EUROPA-ARCHIV 1972, D 396–398.
Vgl. dazu auch die vereinbarten und einseitigen Interpretationen; DEPARTMENT OF STATE BULLE-TIN, Bd. 67 (1972), S. 11–14. Für den deutschen Wortlaut vgl. EUROPA-ARCHIV 1972, D 398–404.

[10] Zum XXV. Parteitag der KPdSU vom 24. Februar bis 5. März 1976 in Moskau vgl. Dok. 69.

[11] Zur Friedenskonferenz für den Nahen Osten in Genf vgl. Dok. 22, Anm. 7.

ein Einvernehmen darüber herzustellen, daß die PLO an allen substantiellen Gesprächen beteiligt wird.

Kissinger habe geantwortet, es sei für Israel schwierig, mit einer Gruppe zu verhandeln, die seine eigene Existenz nicht anerkenne. Die Vereinigten Staaten seien bereit, die PLO zu akzeptieren, wenn sie die Sicherheitsrats-Resolutionen 242[12] und 338[13] anerkenne.

Zu Angola führte Kissinger aus, daß für eine Änderung der militärischen Lage Pressionen von außen nicht ausreichten, sondern ein lokales militärisches Gleichgewicht erforderlich sei. Die Drohung mit einem Weizenstop könne man nicht immer wieder benutzen, man habe sie bereits in den Nahost-Verhandlungen eingesetzt.

Kissinger meinte, die Sowjetunion sei in die Angola-Verwicklung hineingeschlittert, wahrscheinlich um dem chinesischen Einfluß entgegenzuwirken. Er wisse nicht, ob die Sowjetunion in der Lage sei, ohne die Herstellung eines örtlichen militärischen Gleichgewichts die Kubaner[14] wieder herauszubekommen.

Seine Unterhaltung mit den Sowjets sei ergebnislos verlaufen. Gromyko habe aber gesagt, daß sie nicht gegen eine Regierung der Nationalen Einheit in Angola seien.

Er habe den Sowjets in aller Deutlichkeit gesagt, daß die USA die Anwesenheit von Tausenden von kubanischen Truppen in Angola nicht akzeptieren werde. Die amerikanische Regierung werde die öffentliche Meinung gegen diese Intervention mobilisieren. Breschnew habe offensichtlich die politisch-psychologischen Auswirkungen der Angola-Affäre auf die westliche öffentliche Meinung nicht in vollem Umfang erfaßt. Er müsse jetzt abwarten, ob seine, Kissingers, Argumente auf die Sowjets Eindruck gemacht hätten.

van Well

VS-Bd. 14056 (010)

---

[12] Resolution Nr. 242 des UNO-Sicherheitsrats vom 22. November 1967: „The Security Council [...] 1) Affirms that the fulfilment of Charter principles requires the establishment of a just and lasting peace in the Middle East which should include the application of both the following principles: i) Withdrawal of Israel armed forces from territories occupied in the recent conflict; ii) Termination of all claims or states of belligerency and respect for and acknowledgement of the sovereignty, territorial integrity and political independence of every State in the area and their right to live in peace within secure and recognized boundaries free from threats or acts of force; 2) Affirms further the necessity a) For guaranteeing freedom of navigation through international waterways in the area; b) For achieving a just settlement of the refugee problem; c) For guaranteeing the territorial inviolability and political independence of every State in the area, through measures including the establishment of demilitarized zones". Vgl. UNITED NATIONS RESOLUTIONS, Serie II, Bd. VI, S. 42 f. Für den deutschen Wortlaut vgl. EUROPA-ARCHIV 1969, D 578 f.

[13] Resolution Nr. 338 des UNO-Sicherheitsrats vom 22. Oktober 1973: „The Security Council 1) Calls upon all parties to the present fighting to cease all firing and terminate all military activity immediately, no later than 12 hours after the moment of the adoption of this decision, in the positions they now occupy; 2) Calls upon the parties concerned to start immediately after the cease-fire the implementation of Security Council resolution 242 (1967) in all of its parts; 3) Decides that, immediately and concurrently with the cease-fire, negotiations shall start between the parties concerned under appropriate auspices aimed at establishing a just and durable peace in the Middle East." Vgl. UNITED NATIONS RESOLUTIONS, Serie II, Bd. IX, S. 44. Für den deutschen Wortlaut vgl. EUROPA-ARCHIV 1974, D 313.

[14] Zum Einsatz kubanischer Soldaten im Angola-Konflikt vgl. Dok. 19, Anm. 5.

24

Aufzeichnung des Ministerialdirigenten Redies

230-530.36   29. Januar 1976[1]

Über Herrn Staatssekretär[2] Herrn Minister[3]

Betr.: Maßnahmen zur Bekämpfung von Terrorakten;
     hier: Ergebnis unserer Umfrage bei den Auslandsvertretungen[4]

Zur Unterrichtung

1) Die Auswertung stützt sich auf Berichte von etwa 100 Auslandsvertretungen (Stand: 28.1.76). Darunter befinden sich Stellungnahmen fast aller politisch einflußreichen und für den Meinungsbildungsprozeß in der DW[5] maßgebenden Staaten, so daß das Ergebnis als repräsentativ für das Gesamtbild angesehen werden kann. Bei der Bewertung der Berichte ist zu berücksichtigen, daß

– die Stellungnahmen meist nur auf die allgemeinen Aspekte des Terrorismus-Problems eingehen,

– es sich oft um eine erste Reaktion handelt,

– die Botschaften über die Haltung des Gastlandes z. T. aus eigener Einschätzung berichten.

---

[1] Die Aufzeichnung wurde von Vortragendem Legationsrat I. Klasse Gorenflos und von Vortragendem Legationsrat Jung konzipiert.

[2] Hat Staatssekretär Gehlhoff am 2. Februar 1976 vorgelegen.

[3] Hat Bundesminister Genscher am 4. Februar 1976 vorgelegen, der Staatssekretär Gehlhoff um Rücksprache bat.
Hat Gehlhoff erneut am 4. Februar 1976 vorgelegen, der handschriftlich vermerkte: „Herrn D 2 wie heute mit BM besprochen."

[4] Am 13. Januar 1976 informierte Ministerialdirektor van Well die Auslandsvertretungen: „Die Ereignisse der letzten Monate, insbesondere der Überfall auf die Wiener OPEC-Konferenz, haben erneut gezeigt, daß die Bemühungen um Abwehr und Verfolgung von Terrorakten ohne wirksame internationale Koordinierung nur wenig Erfolg haben. Der Herr Bundesminister ist daher entschlossen, Schritte einzuleiten, um die Zusammenarbeit bei der Terrorismusbekämpfung im europäischen Rahmen und weltweit zu verbessern. Bisher sind die Versuche, ein umfassendes Abkommen gegen Terrorismus zustande zu bringen, am Widerstand der D[ritte-]W[elt]-Staaten gescheitert, die darin überwiegend eine Behinderung der Befreiungsbewegungen erblicken. [...] In letzter Zeit mehren sich allerdings die Anzeichen, daß das Terrorismus-Problem in der DW jetzt differenzierter gesehen wird (z. B. Weigerung einiger arabischer Staaten, Geiselnehmer aufzunehmen, Überlegungen Venezuelas und Kolumbiens, eine VN-Sondergeneralversammlung über Terrorismus zu beantragen). Diese Entwicklung kann die von uns angestrebte Initiative auf der bevorstehenden 31. GV (Einbringung einer Resolution, mit der die Ausarbeitung einer Konvention vorgeschlagen wird) erleichtern. [...] Ziel wird es letztlich sein, eine umfassende Konvention zustandezubringen. Sollte dieses Ziel in einem Anlauf nicht zu erreichen sein, dann wäre es ein möglicher Weg, zunächst die Ausarbeitung einer Konvention auf einem wichtigen Teilgebiet (z. B. Geiselnahme) vorzuschlagen, bei dem wir an bereits bestehende Abkommen anknüpfen und die rechtlichen Aspekte des Problems in den Vordergrund stellen können. [...] Zur Vorbereitung der Initiative ist es erforderlich, einen Überblick über die Haltung der VN-Mitgliedstaaten zum Terrorismusproblem zu gewinnen. Die Vertretung wird gebeten, über die Einstellung der Regierung des Gastlandes zu den allgemeinen Aspekten der Terrorismusbekämpfung, zur Frage der internationalen Zusammenarbeit auf diesem Gebiet – speziell auf der Grundlage von Abkommen – und zu einer (evtl. von westlicher Seite ausgehenden) Initiative auf der 31. GV zu berichten." Vgl. den am 12. Januar 1976 konzipierten Runderlaß Nr. 1; Referat 230, Bd. 121070.

[5] Dritte Welt.

Die Auswertung der Umfrage kann daher nur einen Eindruck von Atmosphäre und Tendenzen vermitteln, die gegenwärtig in der Frage der Terrorismus-Bekämpfung weltweit bestehen.

2) Insgesamt zeichnet sich folgendes Bild ab: Unsere Initiative stößt auf Interesse; viele der angesprochenen Staaten sehen Notwendigkeit koordinierter Maßnahmen gegen wachsenden internationalen Terrorismus ein. Ob aber eine westliche Initiative auf bevorstehender GV Unterstützung durch Mehrheit der DW-Staaten erhalten kann, hängt entscheidend von Behandlung der politischen Problematik der Terrorismus-Frage ab (Rücksicht auf Kampf anerkannter Befreiungsbewegungen). Im einzelnen:

a) Terrorismus wird fast einhellig abgelehnt; eine große Zahl von DW-Staaten hat praktische Erfahrungen in der Bekämpfung von innerstaatlichem Terrorismus bzw. ist als Drittland von Terrorakten betroffen gewesen.

b) Die Bereitschaft zur internationalen Zusammenarbeit ist groß und seit dem Überfall auf die OPEC-Zentrale in Wien[6] auch bei zahlreichen DW-Staaten gestiegen, die den Terrorismus bisher nur als Problem westlicher Staaten angesehen haben.

c) Als Voraussetzung (bzw. als Hauptproblem) für wirksame Maßnahmen gegen den Terrorismus wird von fast allen afro-asiatischen und wichtigen lateinamerikanischen Staaten Rücksicht auf politische Aktionen des Befreiungskampfes und die in diesem Kampf engagierten Kräfte genannt. Nur zum Teil sind diese Staaten selbst von der Berechtigung eines Freiraums für den politischen Terror anerkannter Befreiungsbewegungen überzeugt; vielfach dürfte für ihre Haltung Rücksichtnahme auf den harten Kern der Ungebundenen – insbesondere auf die arabischen Länder – ausschlaggebend sein (vor allem bei asiatischen und lateinamerikanischen Staaten). Oft wird die bekannte Forderung nach einer exakten Definition des Terrorismus-Begriffs erhoben (Begrenzung der Maßnahmen auf kriminelle Terrorakte bzw. Akte anarchistischer oder professioneller Gruppen).

d) Unsere Vorstellung, daß ein Kernpunkt der internationalen Kooperation die Blockierung der Zufluchtswege für Geiselnehmer sein sollte, fand vor allem bei afro-arabischen Staaten, die teilweise selbst schon Landeverbot für Terroristen praktiziert haben, Interesse. Zurückhaltend bis ablehnend reagierten einige asiatische Staaten (Sri Lanka, Malaysia und Japan), die humanitäre Gesichtspunkte – Schutz der Geiseln – über den Anspruch auf Verfolgung der Terroristen stellen. Vorbehalte haben auch lateinamerikanische Staaten geäußert (mögliche Beeinträchtigung des Asylrechts).

e) Die Frage, ob die internationale Zusammenarbeit auf der Grundlage von Abkommen verbessert werden soll, fand ein unterschiedliches Echo. Positiv reagierten vor allem die lateinamerikanischen Staaten. In der afro-asiatischen Gruppe war skeptische Beurteilung ausgeprägt. Als Argumente wurden genannt:

– schlechte Erfahrung mit bisherigen Abkommen (lückenhafte Regelungen und beschränkter Anwendungsbereich);

6 Zum Überfall auf die OPEC-Zentrale am 21. Dezember 1975 vgl. Dok. 14, Anm. 7.

– humanitäre, rechtliche und politische Aspekte können nicht miteinander in Übereinstimmung gebracht werden;

– Einschränkung der Souveränität;

– Beschneidung des politischen Handlungsspielraums; Abkommen können kontraproduzent wirken.

Die Gruppe der entschiedenen Gegner von Abkommen ist zwar klein (ca. 20%), zu ihr zählen allerdings wichtige Staaten (z.B. Algerien, Libyen, Irak, Nigeria, Malaysia, VR China). Vorbehalte bestehen auch gegenüber Teilabkommen. Trotzdem dürfte Mehrheit eher Initiative akzeptieren, die auf ein Teilabkommen als einen politisch realisierbaren ersten Schritt zielt.

f) Die Mehrzahl der DW-Staaten dürfte eine westliche Initiative nicht von vornherein ablehnen. Zwar haben von 74 DW-Staaten nur 16 (darunter zehn südamerikanische Staaten) direkt Bereitschaft zur Unterstützung zu erkennen gegeben. 34 weitere würden jedoch vermutlich mitwirken, wenn die politischen Probleme zufriedenstellend geregelt werden. Andererseits hat sich eine Gruppe von 24 Staaten mit unterschiedlichen Argumenten gegen Unterstützung einer westlichen Initiative ausgesprochen:

– Westen verfolge eigene politische Ziele; westliche Initiative belaste die internationale Kooperation, da sie die Maßnahmen automatisch politisiere; wirke für an sich wünschenswerte Maßnahmen kontraproduzent;

– Glaubwürdigkeit der Unterstützung der Befreiungsbewegungen dürfe nicht leiden; Rücksicht auf progressive DW-Staaten.

g) Von den Ostblockstaaten ist keine Unterstützung zu erwarten. Wir können im Gegenteil von aktiver Unterstützung der Position der radikalen arabischen Staaten ausgehen. Einstellung zum Terrorismus dürfte von SU allein unter dem Aspekt ihrer Nahostpolitik gesehen werden. Da die SU vom Terrorismusproblem weitgehend verschont geblieben ist, hat sie an international koordinierten Maßnahmen (die Westen entlasten müßten und Spielraum der Befreiungsbewegungen einengen) kein Interesse. Eine rein westliche Initiative würde vermutlich den kommunistischen Ländern Ablehnung und Agitation gegen internationale Zusammenarbeit in den VN erleichtern.

h) Westliche Staaten sind an Verbesserung der Zusammenarbeit interessiert, beurteilen aber fast durchweg die Erfolgsaussichten für eine Initiative in den VN skeptisch. Bereitschaft zur Unterstützung wird von Konkretisierung unserer Absichten, dem Ergebnis unserer Kontakte zur DW (d.h. der Bewältigung der Problematik des „politischen Terrors") und dem Procedere in den VN abhängen. Westliche Staaten sehen deutlicher als Staaten der DW Unzulänglichkeit des VN-Rahmens für Fortschritte bei Bekämpfung von Terrorakten.

3) Folgerungen für unser weiteres Vorgehen:

a) In der EPZ: Auf Beschluß des PK vom 20.1. soll unsere Initiative zunächst von VN-Experten erörtert werden, um Behandlung des Themas auf dem Außenministertreffen am 23.2.[7] vorzubereiten.[8]

---

[7] Korrigiert aus: „24.2."

[8] In Punkt 8 b) des Ergebnisprotokolls der Sitzung des Politischen Komitees im Rahmen der EPZ am 19./20. Januar 1976 in Luxemburg wurde ausgeführt: „Le Comité Politique a entendu un exposé du directeur allemand sur la coopération internationale dans la lutte contre le terrorisme. Il a chargé

Ziel ist Beschluß der Minister, mit dem Arbeitsgruppe formell Prüfungsauftrag erteilt wird.[9]

Abteilung 2 bereitet z.Z. Memorandum über unsere Initiative[10] als Grundlage für die Neunerbesprechung vor, die nach unserer Planung in der zweiten Februarwoche stattfinden sollte.[11]

b) Weltweit: Nach Vorklärung im Neuner-Rahmen sollten die bilateralen Sondierungen fortgesetzt und vertieft werden. In Frage kommt in erster Linie Demarche bei Staaten,

– die sich grundsätzlich positiv zu unserer Initiative geäußert haben,

– die in den Regionalgruppen der DW politisch einflußreich sind.

Wir sollten dabei unsere Vorstellungen weiter konkretisieren[12], auch um dem latent bestehenden Mißtrauen entgegenzuwirken, wir verfolgten mit der Terrorismus-Initiative politische Nebenabsichten (z.B. Anti-PLO-Maßnahmen).

Fortsetzung Fußnote von Seite 98

le groupe d'experts Nations Unies d'examiner ce problème sur la base d'un document de travail qui sera diffusé par la délégation allemande et de lui faire rapport. Le Comité Politique note également que le ministre allemand se propose de soulever ce problème sous ,divers' lors de la réunion ministérielle du 23 février." Vgl. den Drahtbericht Nr. 182 (Coreu) aus Luxemburg vom 21. Januar 1976; VS-Bd. 9978 (200); B 150, Aktenkopien 1976.
Am 21. Januar 1976 erläuterte Vortragender Legationsrat I. Klasse von der Gablentz den Beschluß: „D2 begründete unseren Vorschlag zur Prüfung möglicher Aktionen der Neun bei nächster GV für weltweite Konvention zur Verhinderung von Aufnahme oder Asyl-Gewährung an Terroristen. Er verwies auf erforderliche breite Unterstützung durch Dritte Welt, kündigte deutsches Arbeitspapier an und stellte in Aussicht, daß Bundesminister Thema bei nächstem Ministertreffen ansprechen wird. Auf Wunsch unserer Partner, die Publizitätswirkung eines derartigen TOPs fürchteten, wurde beschlossen, Thema beim Ministertreffen unter ,Verschiedenes' einzuführen. Bei grundsätzlicher Zustimmung zur Notwendigkeit einer Wiederaufnahme dieses Themas in den VN bestand unter Direktoren Skepsis hinsichtlich der Möglichkeiten, vernünftiges Resultat zu erreichen wegen gefährlicher Unterscheidung zwischen ,legalen' (Befreiungsbewegungen) und ,illegalen' Geiselnahmen, die VN-Debatten bisher offenbart haben. I[talien] schlug vor, neue Bezeichnung für Terrorismus zu finden." Vgl. den Runderlaß Nr. 227; VS-Bd. 9978 (200); B 150, Aktenkopien 1976.

[9] Zur Konferenz der Außenminister der EG-Mitgliedstaaten im Rahmen der EPZ am 23. Februar 1976 in Luxemburg vgl. Dok. 62.

[10] In dem undatierten Memorandum wurde ausgeführt, daß mit der Initiative in der UNO zu Maßnahmen gegen den Terrorismus zwei begrenzte Ziele verfolgt werden sollten: „a) Eine allgemeine moralisch-politische Verurteilung von Gewaltakten gegen Unschuldige, die den Akzent auf den humanitären Aspekt legt. Der Begriff Terrorismus sowie eine präzise Definition, die einen erneuten Definitionsstreit auslösen würde, könnten dabei vermieden werden. [...] b) Konkrete Maßnahmen – d.h. ein Abkommen – gegen den häufigsten und zugleich unmenschlichsten Akt des Terrorismus: die Geiselnahme. Hier handelt es sich um einen klar definierbaren kriminellen Tatbestand, der besonders verwerflich ist und deshalb vielleicht am ehesten aus der Diskussion über die Gründe des Terrorismus herausgelöst werden kann." Als mögliches Vorgehen in der UNO wurde vorgeschlagen: a) Behandlung in der Generaldebatte, b) Debatte im Sechsten Ausschuß, c) Einbringung eines Resolutionsentwurfs. Vgl. die Aufzeichnung des Vortragenden Legationsrats I. Klasse Gorenflos vom 5. Februar 1976; Referat 230, Bd. 121070.

[11] Die Sitzung der EPZ-Expertengruppe „Vereinte Nationen" fand am 10. Februar 1976 in Luxemburg statt. Dazu vermerkte Vortragender Legationsrat I. Klasse von der Gablentz am 13. Februar 1976, daß grundsätzliches Interesse an einer Initiative der Neun bekundet worden sei. Die Erfolgsaussichten würden jedoch „vorsichtig bis skeptisch" eingeschätzt: „Gewichtigster Einwand gegen jede Form einer Initiative, die Mitwirkung der Mehrheit erfordert (Resolution, Konventionsentwurf): Gefahr der Umfunktionierung durch Zusatzanträge, die Rechtfertigungsgrund für Gewaltakte der Befreiungsbewegungen schaffen und damit Initiative in ihr Gegenteil verkehren." Ferner bestehe die Gefahr, „daß westliche Initiative in Aktion gegen Israel und Südafrika als Hauptverantwortliche des Staatenterrorismus umgemünzt wird". Vgl. Referat 230, Bd. 121070.

[12] Die Wörter „weiter konkretisieren" wurden von Staatssekretär Gehlhoff hervorgehoben. Dazu vermerkte er handschriftlich: „Richtig! Dies bedarf noch gründlicher Prüfung."

Wir wollen durch rechtzeitige Kontakte zu Meinungsführern und den gemäßigten Staaten außerdem einer negativen Festlegung der DW in dieser Frage, die nach der Berichterstattung unserer Vertretungen bei Treffen der Ungebundenen in nächster Zeit eine Rolle spielen wird, vorbeugen.

Redies

Referat 230, Bd. 121070

25

Botschafter Held, Aden, an das Auswärtige Amt

114-10622/76 VS-vertraulich	Aufgabe: 2. Februar 1976, 08.45 Uhr[1]
Fernschreiben Nr. 11	Ankunft: 2. Februar 1976, 11.36 Uhr
Citissime	

Betr.: Deutsche Terroristen

Bezug: DE Nr. 19 vom 16.1. an Sanaa[2]
         sowie DB Nr. 7 vom 29.1. – 530 VS-vertraulich[3]

Zur Information

Nach 14tägiger Wartezeit[4] wurde ich heute von Staatssekretär Außenministeriums Abdullilah in obiger Angelegenheit empfangen, nachdem ich für morgen meine endgültige Abreise angekündigt hatte. Er war sichtlich um die Antwort verlegen und erklärte folgendes:

Südjemenitische Regierung sei über unser Auslieferungsersuchen erstaunt. Zwischen unserer ursprünglichen Bitte um unbeschränktes Asyl und unserem nunmehrigen Antrag bestünde ein ihr nicht erklärlicher Widerspruch. Außer-

---

[1] Hat Ministerialdirigent Dreher am 2. Februar 1976 vorgelegen.

[2] Zum Drahterlaß des Ministerialdirigenten Dreher vgl. Dok. 11, Anm. 6.

[3] Botschafter Held, Aden, teilte mit: „1) Auch am 29.1. keinen weiteren Termin erhalten. Möglich, daß man sich scheut, mir Unwahrheit ins Gesicht zu sagen. 2) Beabsichtige, am 1.2. hier abzureisen, nachdem LS Daum zur weiteren Vertretung von Geschäftsträger Mühlen aus Sanaa hier eingetroffen ist. 3) Habe beim ersten Gespräch am 18.1. nach Auslieferungsformalitäten gefragt. Erhielt Auskunft, daß man darüber ‚später' reden werde." Vgl. den Drahtbericht Nr. 8 vom 29. Januar 1976, mit dem Held eine korrigierte Fassung des Drahtberichts Nr. 7 vom selben Tag übermittelte; VS-Bd. 10797 (511); B 150, Aktenkopien 1976.

[4] Am 18. Januar 1976 berichtete Botschafter Held, Aden, daß er die Bitte der Bundesregierung um Auslieferung der Terroristen Verena Becker, Rolf Heissler, Gabriele Kröcher-Tiedemann, Rolf Pohle und Ingrid Siepmann dem Abteilungsleiter im südjemenitischen Außenministerium, al-Shedali, „mit ausführlicher Erläuterung und unter Hinterlassung einer arabischsprachigen Übersetzung (in Notenform)" vorgetragen habe: „Al-Shedali will für den 20.1. beim Außenminister oder dem Staatssekretär einen weiteren Termin für mich vereinbaren, wo ich eine erste Reaktion erwarte." Vgl. den Drahtbericht Nr. 3; VS-Bd. 10797 (511); B 150, Aktenkopien 1976.
Held teilte am 18. Januar 1976 weiter mit: „Mein Termin mit Staatssekretär Außenministerium am 27.1. wurde mehrmals verschoben, schließlich abgesagt und erst für 29.1. wieder in Aussicht gestellt." Vgl. den Drahtbericht Nr. 6; VS-Bd. 10797 (511); B 150, Aktenkopien 1976.

dem sei sie verwundert, daß wir dieses Ersuchen erst nach einem Jahr stellten. Es gebe nunmehr zwei Möglichkeiten: Entweder Betreffende seien nicht mehr in der DV Jemen, oder aber sie hätten von uns erbetenes Asyl erhalten. In beiden Fällen könnte sie uns DV Jemen nicht ausliefern.

Ich dankte dem Staatssekretär daraufhin noch einmal für damalige Entscheidung, auf unser Asylersuchen einzugehen. Andererseits – so führte ich aus – hätten sich Verhältnisse seither gewandelt: Terrorismus sei zu einem äußerst bedrohlichen internationalen Problem geworden, und wir hätten darüber hinaus Informationen, daß weitere deutsche Terroristen mit in der DV Jemen lebenden Terroristen[5] Kontakte aufnehmen wollten. Daraus könne für uns alle eine höchst unangenehme Situation entstehen (Flugzeugentführung, Geiselnahme oder dergl.). Wir hätten daher ein weltweites Interesse an internationaler Terroristenbekämpfung über unser damaliges Asylersuchen gestellt, und der DV Jemen sollte Eingehen auf unsere Bitte u.a. deswegen nicht allzu schwerfallen, weil sie sich unseres Wissens damals nicht gegenüber Terroristen hinsichtlich Dauer des ihnen in der DV Jemen gewährten Aufenthalts gebunden hätte.

Abdullilah ließ diese Einwände nicht gelten. Er versicherte mir, daß DV Jemen es nicht erlauben werde, daß Terroristen dieses Land zum Schauplatz einer gegen uns gerichteten Aktivität machten. Im übrigen seien sie entweder nicht mehr hier oder die DV Jemen fühle sich an ihre Asylgewährung gebunden. Dabei, so bäte er uns, möchten wir es bewenden lassen.[6]

[gez.] Held

VS-Bd. 10797 (511)

---

5 Verena Becker, Rolf Heissler, Gabriele Kröcher-Tiedemann, Rolf Pohle und Ina Siepmann.

6 Ministerialdirigent Dreher vermerkte am 3. Februar 1976: „Nach Mitteilung des BMI befinden sich die fünf Terroristen noch im Jemen. Mangels eines Auslieferungsvertrages haben wir gegenüber der DV Jemen keinerlei Ansprüche auf die gewünschte Auslieferung." Er schlage vor, „die Regierung der DV Jemen unter den derzeitigen Gegebenheiten nicht weiter wegen der Erfüllung unseres Wunsches zu bitten. Die Öffentlichkeit sollte davon unterrichtet werden, daß die Regierung der DV Jemen auf unser Ersuchen nicht eingehen will." Vgl. VS-Bd. 10797 (511); B 150, Aktenkopien 1976. Am 29. Februar 1976 äußerte sich Botschafter Held, Sanaa, zu den weiteren Aussichten eines Auslieferungsersuchens: „Von Asylgewährung einmal abgesehen, wird südjemenitische Regierung Anarchisten auch wegen ihres Wissens gegenwärtig kaum noch an uns ausliefern wollen. Falls wir auf schriftlicher Beantwortung meiner Demarche bestehen oder aber nunmehr formelles Auslieferungsersuchen stellen, werden wir daher höchstwahrscheinlich nur bisherige Antwort oder überhaupt keine Reaktion erhalten. Das würde nicht weiterführen und uns darüber hinaus die Möglichkeit nehmen, Angelegenheit bald in vertraulichen Gesprächen vorsichtig wieder aufzunehmen." Held schlug vor, „erst einmal mit Unterzeichnung fast unterschriftsreifem KH-Abkommens auf unserer Seite weiteres Zeichen guten Willens zu setzen (anders ausgedrückt: einen Köder auszuwerfen). Bei Unterzeichnung sollte südjemenitischer Regierung klar gemacht werden, daß weitere Entwicklung der Beziehungen zwischen unseren Ländern davon abhängt, daß wir wenigstens hinsichtlich Verbleibs der fünf Terroristen befriedigendere Antwort erhalten." Vgl. VS-Bd. 10797 (511); B 150, Aktenkopien 1976.

26

Aufzeichnung des Vortragenden Legationsrats I. Klasse Pfeffer

201-363.39/3-388/76 geheim   3. Februar 1976[1]

Betr.: Überlegungen zum Thema „Pluton"[2]

Das Problem läßt sich aus unserer spezifischen Sicht auf folgende Grundlinien vereinfachen:

1) Bleibt es bei der Stationierung von „Pluton" westlich des Rheins, sind diese Waffen mit einer Reichweite von etwa 130 km unmittelbar auf das Gebiet der Bundesrepublik Deutschland gerichtet. Im Ernstfall würde „Pluton" auf unserem Territorium niedergehen, und zwar u. U. in dichtbesiedelten Gebieten und zu einem Zeitpunkt, indem die konventionelle Kraft der NATO bereits erschöpft und das „Sanktuarium" Frankreich bedroht wäre. Der Einsatz käme also für uns zu spät. Der Zweck, abzuschrecken oder bei Versagen der Abschreckung vorne zu verteidigen und „im Kriege die Abschreckung wieder herzustellen", also den vom Gegner begonnenen Krieg durch politisch motivierten Ersteinsatz von Kernwaffen zu beenden, wäre, was die französischen taktischen Kernwaffen angeht, verfehlt.

Zu dem Argument, der mögliche Ersteinsatz von Kernwaffen auf dem Gebiet der DDR, also auch auf deutschem Boden, mache uns die Entscheidung besonders schwierig, ist folgendes zu sagen:

Diesem Problem stehen wir beim Ernsteinsatz amerikanischer und britischer Kernwaffen im Zweifel eher gegenüber. Im Ernstfalle würde der Ersteinsatz von Kernwaffen, soweit er überhaupt in Mitteleuropa erfolgt und soweit überhaupt das „wie" und „wann" vorherzusehen ist, wahrscheinlich unmittelbar an der Grenze, also sowohl auf unserem als auch auf dem Gebiet der DDR, stattfinden.

Entscheidend ist für uns, daß der Ersteinsatz im Rahmen der NATO geplant und an bestimmte Prämissen gebunden wird, die in der NPG festgelegt sind; und daß der Einsatz, besonders auch mit uns als einem „besonders betroffenen Staat", konsultiert wird. Eine Hauptprämisse ist für uns der Einsatz in Gegen-

[1] Die Aufzeichnung wurde von Vortragendem Legationsrat I. Klasse Pfeffer mit Begleitvermerk vom 3. Februar 1976 über Staatssekretär Gehlhoff an Bundesminister Genscher geleitet. Dazu vermerkte er: „Hiermit lege ich einige Überlegungen zum Thema ‚Pluton' vor. Herr D 2 hat die Vorlage gebilligt."
Hat Gehlhoff am 6. Februar 1976 vorgelegen.
Hat Ministerialdirigent Kinkel am 16. Februar 1976 vorgelegen, der handschriftlich vermerkte: „Rücklauf von BM zusammen mit Mappe Nizza." Vgl. VS-Bd. 8682 (201); B 150, Aktenkopien 1976.
[2] Bereits im November 1971 und Januar 1972 wurde über französische Überlegungen spekuliert, nach der bevorstehenden Ausrüstung der Streitkräfte mit taktischen Atomwaffen diese westlich des Rheins, gegebenenfalls auch auf dem Territorium der Bundesrepublik, zu stationieren. Vgl. dazu AAPD 1971, III, Dok. 421, bzw. AAPD 1972, I, Dok. 7.
Seit Mai 1975 kam es wiederholt zu Äußerungen französischer Regierungsvertreter und zu Spekulationen in der Presse zur Stationierung und zu den Einsatzrichtlinien französischer taktischer Nuklearwaffen auf dem Gebiet der Bundesrepublik. Vgl. dazu AAPD 1975, II, Dok. 212.

102

den, in denen Kollateralschäden für die Zivilbevölkerung so gering wie möglich gehalten würden.[3]

2) Zu der Befürchtung, „Pluton" könne zum Auslöser eines allgemeinen Kernwaffenkrieges werden, ist folgendes zu sagen:

Das Eskalationsrisiko ist beim Ersteinsatz aller taktischen Kernwaffen der Allianz, also auch der amerikanischen und britischen, gegeben, obwohl die NATO mit dem Ersteinsatz die De-Eskalation erzwingen will. Bei der gegenwärtigen Dislozierung von „Pluton" würde „Pluton" im Zweifel zeitlich nach den amerikanischen und britischen Waffen eingesetzt. Die französischen Kernwaffen würden also wahrscheinlich nicht auslösen, sondern ausgelöst werden.

Bei der Stationierung von „Pluton" in der Bundesrepublik Deutschland würden wir und sicher die Kernwaffenmächte USA und Großbritannien eine Anpassung der französischen Einsatzpläne an die NATO-Doktrin fordern und am ehesten erreichen können. Eine solche Anpassung läge auch im Interesse Frankreichs. Frankreich kann gar nicht wollen, daß durch „Pluton" ein allgemeiner Kernwaffenkrieg ausgelöst wird, der zur Zerstörung von Europa führen müßte. Bei einer Vorne-Dislozierung von „Pluton" würde diese Waffe die Rolle der übrigen taktischen Nuklearwaffen in Europa mitspielen, nämlich die Doktrin der flexiblen Antwort[4] stärken und damit die Abschreckung erhöhen. Ein Unsicherheitsfaktor wäre beseitigt. Man könnte geradezu behaupten, daß dies auch im wohlverstandenen Interesse des Warschauer Paktes liegt.

Ob diese Einbindung der französischen taktischen Nuklearwaffen auch bei Stationierung westlich des Rheins zu erreichen wäre, steht dahin (zweitbeste Lösung).

3) Die französischen Gegner derartiger Anpassungsprozesse operieren mit dem Argument, die Stationierung von „Pluton" in der Bundesrepublik Deutschland oder auch nur Absprachen über „Pluton" würden die Reintegration Frankreichs in die NATO[5] begünstigen. Wenn wir diese Hoffnung haben, muß sie unausgesprochen bleiben, weil die französische Regierung eine Wiedereingliederung(s-Absicht) in die NATO aus innenpolitischen Gründen weiter abstreiten muß.

Eine Reintegration Frankreichs, auch nur faktischer Natur, wird von der Sowjetunion, den Warschauer-Pakt-Staaten und den westeuropäischen kommunistischen Parteien als eine Verstärkung der Atlantischen Allianz bekämpft, z.B. mit der handlichen Kurzformel, die Waffen seien „dann unmittelbar auf das Gebiet sozialistischer Staaten gerichtet" und würden dadurch der Entspan-

---

[3] Dieser Satz wurde von Staatssekretär Gehlhoff hervorgehoben. Dazu vermerkte er handschriftlich: „Im Hinblick auf den militärischen Zweck des Einsatzes wird diese Prämisse nicht leicht zu beachten sein."

[4] Der Ausschuß für Verteidigungsplanung der NATO stimmte am 12. Dezember 1967 in Brüssel der vom Militärausschuß vorgelegten Direktive MC 14/3 („Overall Strategic Concept for the Defense of the North Atlantic Treaty Organization Area") zu. Nach dem unter dem Begriff „flexible response" bekannt gewordenen Konzept sollten begrenzte Angriffe zunächst konventionell und, falls notwendig, mit taktischen Nuklearwaffen abgewehrt werden. Lediglich bei einem Großangriff sollte das strategische nukleare Potential zum Einsatz kommen. Für den Wortlaut vgl. NATO STRATEGY DOCUMENTS, S. 345–370. Vgl. dazu ferner AAPD 1967, III, Dok. 386.

[5] Frankreich schied am 1. Juli 1966 aus der militärischen Integration der NATO aus.

nung widersprechen (vgl. auch Erklärung deutscher und französischer Kommunisten vom 23.6.1975 in Paris[6]).

Pfeffer

VS-Bd. 8682 (201)

27

Staatssekretär Gaus, Ost-Berlin, an das Auswärtige Amt

114-10655/76 geheim   **Aufgabe: 3. Februar 1976, 11.40 Uhr**[1]
Fernschreiben Nr. 130   **Ankunft: 3. Februar 1976, 12.58 Uhr**

Betr.: Gespräch mit Abrassimow

Sowjetbotschafter Abrassimow hatte mich für heute mittag zu einem Essen
eingeladen, das praktisch ein Arbeitsessen war; außer dem Dolmetscher nahmen nur noch seine und meine Frau[2] daran teil. Zum Kaffee löste sich die Runde auf; Abrassimow benutzte die Gelegenheit zu einem knapp zweistündigen
Gespräch mit mir, in dem er offensichtlich bemüht war, bestimmte Grundposi-
tionen der Sowjetunion im Blick auf die Ostpolitik der Bundesregierung im allgemeinen und die Bonner Politik gegenüber der DDR im besonderen zu erläutern.

Der sowjetische Botschafter bekräftigte, daß die Sowjetunion die Wiederwahl
der jetzigen Bonner Regierungskoalition wünsche und begrüßen würde.[3] Al-

---

[6] Der Generalsekretär der KPF, Marchais, und der DKP-Vorsitzende Mies wandten sich vor der
Presse in Paris gegen eine mögliche Stationierung von Raketen des Typs „Pluton" auf dem Gebiet
der Bundesrepublik. Wie Botschafter Freiherr von Braun, Paris, am 25. Juni 1975 berichtete, wurde in dem Appell u. a. ausgeführt: „Dieses nukleare Waffensystem wäre unmittelbar auf die sozialistischen Staaten gerichtet. Daraus würden sich ernste Spannungen in Europa ergeben. Dieses Projekt, das zur Zeit die Herren Giscard und Schmidt verhandeln ... ist umso beunruhigender, als der
französische Premierminister und der amerikanische Verteidigungsminister nicht gezögert haben
zu erklären, daß sie zu einem Erstgebrauch von Kernwaffen bereit wären. Der Einsatz der Pluton
würde aber unvermeidbar zum Auslöser eines allgemein thermonuklearen Krieges werden. Die Ver-
bringung von Pluton-Raketen in die BRD würde die Einfügung (insertion) Frankreichs in die NATO
weiter unterstreichen, und würde die gefährlichen Machenschaften jener begünstigen, die in Frankreich und in der BRD die Bildung einer ‚europäischen' Armee fordern. Sich auf diesen Weg zu begeben, würde den Bestrebungen unserer Völker und einer wirklichen und dauerhaften Entspannung widersprechen. Sie würde den Erklärungen und bilateralen Vereinbarungen widersprechen,
die zwischen unseren und den sozialistischen Ländern beschlossen worden sind. Sie würde die
Hoffnungen zunichte machen, die von den Völkern in die europäische Staatenkonferenz (KSZE) gesetzt werden". Vgl. den Drahtbericht Nr. 2166; Referat 202, Bd. 109197.

[1] Hat Legationsrat I. Klasse Oestreich am 3. Februar 1976 vorgelegen, der den Drahtbericht an Vortragenden Legationsrat I. Klasse Lücking, Vortragenden Legationsrat Henze und Legationsrat
I. Klasse Heinemann weiterleitete.
Hat Lücking am 4. Februar 1976 vorgelegen.
Hat Henze und Heinemann vorgelegen.
[2] Erika Gaus und M. B. Abrassimowa.
[3] Die Wahlen zum Bundestag fanden am 3. Oktober 1976 statt.

lerdings dürfe die Bundesregierung nicht darauf rechnen, daß sie aus diesem Grund während des Wahlkampfes „Zugeständnisse erreicht, die dem Vier-Mächte-Abkommen[4] und der allgemeinen Lage nicht entsprechen".

Abrassimow wiederholte mehrmals, daß seine Seite („einschließlich der DDR") erwarte, von der Bundesregierung mit Hinweis auf den Wahlkampf zu solchen Zugeständnissen überredet zu werden.[5] Dies sei jedoch nicht möglich. In diesem Zusammenhang sprach Abrassimow noch einmal davon, daß die Bundesregierung bei den jüngsten Verkehrsverhandlungen mit der DDR[6] „sehr viel und eigentlich mehr erreicht hat", als vorherzusehen gewesen sei. Wir sollten nicht den Fehler machen, in naher Zukunft noch weitere Vereinbarungen mit der DDR zu erwarten. Was Ende letzten Jahres unterschrieben worden sei, solle jetzt zunächst Schritt für Schritt praktiziert werden. Die DDR sei an den Grenzen des ihr Möglichen angelangt. Dabei ließ Abrassimow – auch auf Nachfrage – offen, ob diese Bemerkung sich allein auf das Leistungsvermögen und die politischen Absichten der DDR bezog oder eher die Grenze markierte, die die Sowjetunion weiteren Vereinbarungen zwischen den beiden deutschen Staaten derzeit ziehen will.

Abrassimow äußerte sich befriedigt über die Passagen im Bericht des Bundeskanzlers zur Lage der Nation, in denen von der Fortführung der Entspannungspolitik die Rede war.[7] Die Bemerkungen zur nationalen Frage in bezug auf die DDR[8] seien jedoch „weniger geeignet", die Normalisierung zwischen den beiden deutschen Staaten voranzutreiben. Außerdem gebe es nicht nur den Bericht zur Lage der Nation, der im ganzen abgewogen gewesen sei, sondern auch andere öffentliche Äußerungen von führenden Politikern der Bundesregierung, die „an den Tatsachen, vor allem auch denen, die das Vier-Mächte-Abkommen gesetzt hat", vorübergingen. In diesem Zusammenhang erwähnte der sowjetische Botschafter Außenminister Genscher. Die Sowjetunion werde solche Äu-

---

4 Für den Wortlaut des Vier-Mächte-Abkommens über Berlin vom 3. September 1971 sowie des Schlußprotokolls vom 3. Juni 1972 vgl. UNTS, Bd. 880, S. 116–148. Für den deutschen Wortlaut vgl. BUNDESANZEIGER, Nr. 174 vom 15. September 1972, Beilage, S. 44–73.

5 Dieser Satz wurde von Legationsrat I. Klasse Oestreich hervorgehoben. Dazu Fragezeichen.

6 Zu den Vereinbarungen vom 19. Dezember 1975 zwischen der Bundesrepublik und der DDR über Verbesserungen im Straßen-, Schienen und Binnenschiffahrtsverkehr vgl. Dok. 16, Anm. 4.

7 Am 29. Januar 1976 erklärte Bundeskanzler Schmidt vor dem Bundestag: „In letzter Zeit ist oft die Frage aufgeworfen worden, ob möglicherweise das Ende der weltweiten Entspannungspolitik in Sicht oder ob diese Entspannungspolitik nicht überhaupt gescheitert sei. Ich antworte darauf mit Nein. Die Vereinigten Staaten von Amerika wie die Sowjetunion [...] haben wiederholt erklärt, daß sie am Abbau der Konfrontation festhalten, wie er durch eine Reihe von Verträgen gekennzeichnet ist." Zwar gebe es zwischen den Großmächten erhebliche Interessengegensätze: „Aber es ist den beiden Großmächten seit mehr als einem Jahrzehnt gelungen, gefährliche Situationen so zu entschärfen, daß zwar die Gegensätze nicht verwischt wurden, wohl aber der Zusammenprall vermieden werden konnte." Vgl. BT STENOGRAPHISCHE BERICHTE, Bd. 96, S. 15085.

8 Bundeskanzler Schmidt führte am 29. Januar 1976 vor dem Bundestag aus: „Zur Wirklichkeit gehört allerdings auch, daß die SED versucht, ein neues Bewußtsein von einer sogenannten sozialistischen Nation zu schaffen und damit die DDR von der gemeinsamen nationalen Grundlage abzugrenzen. Die Verfassung der DDR von 1974 sowie der jüngste Freundschafts- und Beistandsvertrag der DDR mit der Sowjetunion verfolgen das Ziel, die DDR noch fester in das gesellschaftlich-politische System Osteuropas einzubinden. Und auch in dem Entwurf des neuen Parteiprogramms der SED wird die Abgrenzung zum Programmsatz erhoben. Demgegenüber bekennen wir in der Bundesrepublik Deutschland uns – wie seit eh und je – zur Verantwortung vor der gesamten Nation." Vgl. BT STENOGRAPHISCHE BERICHTE, Bd. 96, S. 15082.

ßerungen nicht nur daraufhin bewerten können, daß sie im Wahlkampf gemacht würden.

Bonn solle sich über die Auslegungsfähigkeit des Vier-Mächte-Abkommens nicht täuschen. Er (Abrassimow) spreche gelegentlich mit seinen westlichen Botschafterkollegen über die Lage in Berlin. Wenn er diese frage, ob sie der Sowjetunion etwas vorzuwerfen hätten, so höre er lediglich, daß dann und wann „ein Flugzeug von uns einem Passiergierflugzeug zu nahe gekommen sei", oder die Frage, wie während der Rekonstruktion der Autobahn der alliierte Verkehr geregelt werden solle. Er könne nicht erkennen, daß die westlichen Signatarmächte der Sowjetunion irgendwelche Verstöße gegen das Vier-Mächte-Abkommen vorwerfen. Im Gegenteil: Die Westalliierten seien „mit dem Abkommen, wie es ist, zufrieden". Dies, so meinte Abrassimow, solle auch der Bundesregierung zu denken geben.

Auf die Frage, worauf sich die DDR als Nicht-Signatarstaat stützt, wenn sie ihrerseits das Vier-Mächte-Abkommen interpretiere und wegen angeblicher Verstöße des Abkommens protestiere, antwortete Abrassimow, beim Abschluß des Vier-Mächte-Abkommens hätten die Westmächte Bundeskanzler Brandt in einigen Punkten konsultiert; ebenso habe er es mit SED-Chef Honecker getan. Die DDR äußere sich zu allen Punkten, in denen sie „praktisch mit Fragen des Vier-Mächte-Abkommens" befaßt sei.

Abrassimow empfahl dringend, daß beide[9] Seiten Kontakt in Fragen halten sollten, in denen Konflikte im Zusammenhang mit dem Vier-Mächte-Abkommen drohten.

Der sowjetische Botschafter betonte, daß es „mit oder ohne Abkommen" viele Möglichkeiten der erweiterten Zusammenarbeit zwischen Bonn und Moskau gebe. Seine Seite sei in dieser Hinsicht enttäuscht. Was den Abschluß der derzeit offenen Abkommen[10] angehe, so habe die sowjetische Seite den Eindruck,

---

[9] Dieses Wort wurde von Legationsrat I. Klasse Oestreich hervorgehoben. Dazu vermerkte er handschriftlich: „Welche Seiten (DDR)?"

[10] Zum Stand der Verhandlungen zwischen der Bundesrepublik und der UdSSR über ein Abkommen zur gegenseitigen Rechtshilfe in Zivil- und Handelssachen vgl. Dok. 15, besonders Anm. 2.
Auch in den Gesprächen über wissenschaftlich-technische Zusammenarbeit und über das Zweijahresprogramm zum Kulturabkommen vom 19. Mai 1973 war die Einbeziehung von Berlin (West) noch ungeklärt. Zum Abkommen über wissenschaftlich-technische Zusammenarbeit stellte Ministerialdirigent Meyer-Landrut am 21. November 1975 fest: „Die von BM Bahr 1974 mitgebrachte Protokollnotiz [...] stellt die Einbeziehung des Berliner Forschungspotentials nicht sicher, da sie nach sowjetischer Sicht vorsieht, daß zwar Berliner Institute verschiedener Organisationsform, auch wenn sie vom Bund finanziert werden, am Austausch teilnehmen können, die Bundesämter aber hiervon ausgeschlossen sind. Wir waren zu einem Kompromiß bereit, in dem wir darauf verzichten wollten, daß die Bundesämter und nachgeordnete Bundesbehörden entsprechend der vorgesehenen Regelung in Art. 3 des Abkommensentwurfs als Vertragspartner besondere Vereinbarungen abschließen. Wir hatten vorgeschlagen, daß sie im Rahmen von Ressortabkommen am Austausch teilnehmen, wobei die Teilnahme Berliner Fachleute – auch der Mitarbeiter der dortigen Bundesämter – nicht ausgeschlossen wird. Sie sollten ad personam in den Austausch einbezogen werden, wobei ihre Qualifikation das Kriterium für ihre Auswahl sein sollte (sogenannte personenbezogene Lösung). Dieser Vorschlag wurde von den Sowjets abgelehnt. Die Sowjetunion ist nicht bereit, sich schriftlich zur Einbeziehung von Angehörigen von Bundesämtern in Berlin in den Austausch zu verpflichten. In den Gesprächen am Rande der 30. GV in New York legten wir wiederum unsere Haltung zur personenbezogenen Lösung dar [...]. Es gelang keine Einigung. Die Sowjets schlugen inoffiziell vor, eine zusätzliche Erklärung zu der Protokollnotiz und der mündlichen Erklärung zur personenbezogenen Lösung abzugeben, [...] die für uns allerdings widersprüchlich ist

daß von Moskau Formeln zur Einbeziehung Berlins vorgelegt worden seien, die „seinerzeit auch das Interesse und die Zustimmung von Außenminister Genscher" gefunden hätten. Inzwischen, so sei der Moskauer Eindruck, habe man sich jedoch in Bonn „gedreht". Es sei an der Bundesregierung, sich in den offenen Fragen zu melden. Im Anschluß an diese Bemerkung wiederholte Abrassimow jedoch noch einmal, daß die Beziehungen zwischen der Sowjetunion und der Bundesrepublik auch konkret verbessert werden könnten, bevor die offenen Abkommen abgeschlossen seien. Seine Seite habe den Eindruck, daß in Bonn „über den Wahlkampf hinaus" eine „gesteuerte Abkühlung" des Verhältnisses zur Sowjetunion betrieben werde. Abrassimow bemühte sich, diese Bemerkung weniger als Vorwurf denn als besorgte Frage zu formulieren.

Auf eine Andeutung, daß es Gerüchte über seine baldige Ablösung vom Berliner Posten gebe[11], reagierte Abrassimow ausweichend. Er sagte, er sei von der Leningrader Parteiorganisation („nicht irgendeiner, sondern der Leningrader") zum Delegierten für den bevorstehenden Parteitag der KPdSU[12] gewählt worden. Er werde einige Tage vor Beginn des Parteitags nach Moskau reisen und danach zurückkehren; er sei ein „Soldat der Partei", der hingehe, wohin man ihn rufe. Auf jeden Fall könnten wir nach dem Parteitag „über dieses und anderes" weiter reden.

[gez.] Gaus

VS-Bd. 10923 (210)

Fortsetzung Fußnote von Seite 106

und daher in der vorliegenden Form nicht akzeptabel ist." Hinsichtlich des Zweijahresprogramms zum Kulturabkommen führte Meyer-Landrut aus, daß am Rande der UNO-Generalversammlung in New York eine grundsätzliche Einigung über das „Szenario" habe erzielt werden können. Es sehe vor, daß bei Paraphierung des Programms die UdSSR eine einseitige Erklärung abgebe, die seitens der Bundesrepublik zur Kenntnis genommen werde. Ungeklärt sei dagegen noch die konkrete Teilnahme von Berlin (West) an einzelnen Programmpunkten des Kulturaustauschs. Vgl. Referat 213, Bd. 112789. Vgl. dazu ferner AAPD 1975, II, Dok. 279 und Dok. 342.

11 Am 6. Februar 1976 wurde in der Presse gemeldet: „Noch vor Beginn des Parteitags der KPdSU am 24. Februar wird der sowjetische Botschafter in Ost-Berlin, Pjotr A. Abrassimow (64), nach Moskau zurückberufen. Dies wurde gestern aus der Ostberliner Sowjetbotschaft bekannt. Der Diplomat und Mitglied des Zentralkomitees seiner Partei wird in der Regierungszentrale entweder den Posten des Sekretärs des ZK oder die Leitung der ‚ausländischen Kader' im Zentralkomitee übernehmen." Vgl. den Artikel „Der Kreml holt Abrassimow aus ‚DDR' zurück"; DIE WELT vom 6. Februar 1976, S. 1.

12 Zum XXV. Parteitag der KPdSU vom 24. Februar bis 5. März 1976 in Moskau vgl. Dok. 69.

28

Drahterlaß des Vortragenden Legationsrats I. Klasse Trumpf

410-423.10 GRI-95/76 VS-vertraulich   Aufgabe: 3. Februar 1976, 16.12 Uhr[1]
Fernschreiben Nr. 409 Plurez
Citissime

Betr.: EG-Beitritt Griechenlands
    hier: Stellungnahme der Kommission vom 29. Januar 1976[2]

1) Bundesaußenminister hat folgende Linie zu Stellungnahme der Kommission festgelegt:

Wir treten mit Nachdruck für positive Behandlung des griechischen Beitrittsantrags in denselben Formen wie bei der Erweiterung um VK[3], DK und IRL[4] ein. Das bedeutet: keine „Vorphase", sondern rasche Aufnahme der Verhandlungen und zügige Beendigung, anschließend Übergangsregelung entsprechend bisheriger Praxis. Wenn im Vorfeld des Beitritts besondere Maßnahmen erforderlich sind, sollen diese nur zur wirtschaftlichen Situationsbereinigung dienen. Dies ist nach unserer Auffassung auch der eigentliche Sinn der weithin mißverstandenen Stellungnahme der Kommission.

Kann als Sprachregelung offen verwendet werden.

Haltung wird von AM van der Stoel geteilt:

2) Auf erste Vorlage der Abt. 4 (vom 30.1.1976[5], wird mit Kurier übersandt) hat BM handschriftlich verfügt:

„Der Vorschlag der Kommission und seine Präsentation ist politisch nicht vertretbar und ungeschickt. Er kann auf meine Billigung nicht rechnen.

Für die Überwindung der unbestreitbaren erheblichen wirtschaftlichen Probleme ist die Schaffung neuer Grauzonen nur schädlich."

3) Zum Thema Türkei:

Grundprinzip bleibt für uns Ausgewogenheit der Beziehungen der EG zu beiden Assoziierten.[6] Gemeinschaft kann und darf in griechisch-türkischer Aus-

---

[1] Durchdruck.
Drahterlaß an die Botschaften in Ankara und Athen sowie an die Ständige Vertretung bei den Europäischen Gemeinschaften in Brüssel.
Hat Vortragendem Legationsrat Bensch am 3. Februar 1976 zur Mitzeichnung der Ziffer 3) vorgelegen.
[2] Die griechische Regierung stellte am 12. Juni 1975 einen Antrag auf Beitritt zu den Europäischen Gemeinschaften. Am 24. Juni 1975 beschloß der EG-Ministerrat in Brüssel, die EG-Kommission mit der Ausarbeitung einer Stellungnahme zu beauftragen. Die Stellungnahme wurde am 28. Januar 1976 von der EG-Kommission verabschiedet und am folgenden Tag an den EG-Ministerrat geleitet. Für den Wortlaut vgl. BULLETIN DER EG, Beilage 2/1976. Für Auszüge vgl. Anm. 11 und 16.
[3] Vereinigtes Königreich.
[4] Dänemark, Großbritannien und Irland unterzeichneten am 22. Januar 1972 den Vertrag über einen Beitritt zu EWG, EURATOM und EGKS mit Wirkung vom 1. Januar 1973. Für den Wortlaut vgl. BUNDESGESETZBLATT 1972, Teil II, S. 1127–1431.
[5] Für die Aufzeichnung des Ministerialdirektors Lautenschlager vgl. Referat 410, Bd. 105611.
[6] Griechenland und die EWG schlossen am 9. Juli 1961 ein Abkommen zur Gründung einer Assozia-

einandersetzung[7] nicht Partei sein. Europäisches Gesamtinteresse fordert Wiederherstellung der griechisch-türkischen Freundschaft. Bemühungen der Neun werden darauf gerichtet bleiben.

Eine Verbindung zwischen EG-Beitritt Griechenlands und Bereinigung griechisch-türkischen Konflikts wollen weder wir noch die Kommission herstellen, weil dies de facto die Freiheit der Betroffenen bei der Lösung des Konflikts einschränken würde. Wir vertrauen darauf, daß diese Lösung von Griechenland und der Türkei selbst aus Einsicht in die Notwendigkeit des Ausgleichs gefunden werden wird.

Nur zur Information:

BM hält es für erforderlich, daß griechische Seite in Beitrittsverhandlungen Zusicherung wiederholt, gegen evtl. späteren Beitritt der Türkei kein Veto einzulegen.

4) Zur Information:

Folgt Anlage

(Tischvorlage des AA für Sitzung des Ausschusses der Europa-Staatssekretäre am 3. Februar 1976)

Stellungnahme der Kommission zum Beitrittsantrag Griechenlands (aTO[8])

1) Vorbemerkung

In AStV-Sitzung am 29. Januar hat Vorsitz angeregt, Kommission möge ihre

---

Fortsetzung Fußnote von Seite 108

tion, das am 1. November 1962 in Kraft trat. Für den Wortlaut des Abkommens und der dazugehörigen Dokumente vgl. BUNDESGESETZBLATT 1962, Teil II, S. 1143–1361.
Die Türkei und die EWG schlossen am 12. September 1963 ein Abkommen zur Gründung einer Assoziation, das am 1. Dezember 1964 in Kraft trat. Für den Wortlaut des Abkommens und der dazugehörigen Dokumente vgl. BUNDESGESETZBLATT 1964, Teil II, S. 510–557.

[7] Die griechische Regierung gab am 1. November 1973 ihre Absicht bekannt, in der Ägäis nach Erdöl zu suchen. Das hierzu vorgesehene Gebiet betraf etwa die Hälfte der Ägäis und schloß die der türkischen Küste vorgelagerten griechischen Inseln ein, die von der Türkei als Teil des türkischen Festlandsockels betrachtet wurden. Mit Note vom 7. Februar 1974 an die türkische Regierung legte Griechenland unter Hinweis auf die Genfer Konvention vom 29. April 1958 über den Festlandsockel seinen Standpunkt dar, wonach die griechischen Inseln der Ägäis Festlandcharakter hätten und sich die griechischen Hoheitsgewässer deshalb auf den Festlandsockel, d. h. bis zu einer Tiefe von 200 m, erstreckten. Am 27. Januar 1975 schlug die griechische Regierung vor, den Internationalen Gerichtshof (IGH) in Den Haag mit der Angelegenheit zu befassen. Die Türkei stimmte dem Vorschlag am 6. Februar 1975 zu. Vgl. dazu AdG 1976, S. 20551 f.
Nach Vorgesprächen beider Regierungen fanden vom 31. Januar bis 2. Februar 1976 in Bern Expertengespräche über ein gemeinsames Mandat für den IGH statt. Botschafter Oncken, Athen, übermittelte dazu am 7. Februar 1976 Informationen des griechischen Außenministeriums: „Nach Behandlung verfahrenstechnischer Fragen (keine Einigung über ‚Agreed Minutes') hätten Türken Gespräch über Definition dessen, ‚was die Ägäis sei', vorgeschlagen. Dabei hätten Türken versucht, die Ägäis geologisch zu definieren, während Griechen auf der Festlegung nach Karten-Koordinaten gedrängt hätten." Das Gespräch habe sich dann der Frage, „was der Schelf sei" zugewandt: „a) Griechischer Standpunkt: Die Ägäis-Inseln hätten einen kontinentalen Schelf; zwischen türkischen und griechischen Territorien (Inseln) solle Mittellinie, in West-Thrazien, im Bereich Evros, solle demgegenüber die Äquidistanz-Linie als Begrenzung dienen; Griechenland müsse von Einheit des Staates ausgehen, d. h., griechisches Festland und Inseln dürften nicht durch Linien irgendwelcher Art getrennt werden [...]. b) Türken hätten auf geologischer Definition bestanden und dabei u. a. behauptet, daß die griechischen Inseln Lemnos, Aghios Evstathios, Lesbos, Chios, Samos und Kos auf ‚protuberances' des türkischen Festlandschelfes gelegen seien. Das Bestehen eines eigenen Schelfgebietes der Inseln hätten sie bestritten." Vgl. den Drahtbericht Nr. 97; Referat 203, Bd. 110224.

[8] Außerhalb der Tagesordnung.

Stellungnahme zum griechischen Beitrittsantrag im Rat am 9./10.2.[9] einführen. Vertiefte Sachdiskussion solle aber nicht vorgesehen werden.

Angesichts öffentlicher Diskussion im Anschluß an Stellungnahme eines Kommissionsmitglieds (Spinelli) und Bekanntwerden Abstimmungsergebnisses[10] innerhalb Kommission sowie wegen negativer griechischer Reaktion erscheint es
indessen notwendig, daß Rat bereits jetzt eine Erklärung zur Kommissionsmitteilung abgibt.

2) Kommissionsvorschlag

EG-Kommission schlägt in ihrer Stellungnahme vom 29.1.1976 klare positive
Antwort auf griechischen Beitrittsantrag und Aufnahme der Verhandlungen
vor.

Kommission meint jedoch, daß wirtschaftliche Strukturunterschiede zwischen
Gemeinschaft und Griechenland eingeengt werden müssen, bevor volle Integration Griechenlands möglich sei. Sie schlägt deshalb vor, während einer begrenzten Zeitspanne vor Beitritt (und dann beginnender „normaler" Übergangszeit wie im Falle von GB, DK, IRL), aber parallel zu den Beitrittsverhandlungen, Griechenland bereits in eine engere „Arbeitsbeziehung zu den Gemeinschaftsinstitutionen" zu bringen, und zwar durch

– Wirtschaftsprogramm mit Ressourcentransfer aus Gemeinschaftshaushalt
  (Sozial-, Regionalfonds, EAGFL/Abt. Ausrichtung),

– Mitwirkung Griechenlands bei Entscheidung über diese Ausgaben,

– engeren Kontakt mit den EPZ-Verfahren in Fragen der Außenpolitik.[11]

---

[9] Zur EG-Ministerratstagung in Brüssel vgl. Dok. 47.

[10] Vortragender Legationsrat I. Klasse Trumpf informierte am 30. Januar 1976 die Botschaft in Athen
über den Beschluß der EG-Kommission vom 28. Januar 1976: „EG-Kommission hat ihre Stellungnahme nach vermutlich zutreffenden Pressemeldungen mit sieben gegen vier Stimmen bei zwei
Enthaltungen verabschiedet. Wahrscheinlich handelt es sich bei Gegenstimmen um die der französischen und italienischen Kommissare, bei Enthaltungen um Stimmen der Niederländer und Luxemburger. Kommissar Spinelli (Italien) hat seine abweichende Meinung öffentlich erläutert und
Vormitgliedschaftsphase negativ beurteilt, da sie auf Mißverständnissen der Probleme Mittelmeer-
raums beruhe und abgestufter Mitgliedschaft nahekomme." Vgl. den Drahterlaß Nr. 15; Referat
410, Bd. 105611.

[11] In der am 29. Januar 1976 dem EG-Ministerrat vorgelegten Stellungnahme der EG-Kommission
zum griechischen Beitrittsantrag wurde festgestellt: „Im Falle Griechenlands, wo in erheblichem
Umfang strukturelle Veränderungen erforderlich sind, dürfte es angezeigt sein, eine gewisse Frist
vorzusehen, bevor die Verpflichtungen der Mitgliedschaft übernommen werden müssen, selbst wenn
Übergangsmaßnahmen getroffen werden. Während dieser Frist, die auf jeden Fall beschränkt sein
müßte, müßte mehr getan werden, als nur die Endphasen der Entwicklung der Assoziation beschleunigt voranzutreiben. Nach Ansicht der Kommission bedarf es zum einen eines umfangreichen Wirtschaftsprogramms, das Griechenland die Möglichkeit geben würde, die notwendigen Struk-
turreformen zu beschleunigen, und zum anderen gezielter Maßnahmen zur Herstellung engerer
Arbeitsbeziehungen zwischen Griechenland und den Organen der Gemeinschaft. Beispielsweise
dürfte es angezeigt sein, während dieser Frist in Ergänzung des vorgeschlagenen neuen Finanzprotokolls im Rahmen der Assoziation den Einsatz einiger der Finanzinstrumente der Gemeinschaft in Griechenland vorzusehen; so könnte die Gemeinschaft in ihren Haushaltsplan Sondermit-
tel für Griechenland als zusätzliche Ausgaben des Sozialfonds, des Regionalfonds und der Abteilung Ausrichtung des EAGFL einsetzen. Die Bindung dieser Mittel könnte in der Form erfolgen,
daß sich Griechenland selbst aktiv an diesem Prozeß beteiligt. In diesem wie möglicherweise in anderen Bereichen könnte Griechenland damit mehr und mehr in die Arbeit der Gemeinschaftsme-
chanismen einbezogen werden. Es dürfte ferner angezeigt sein, daß die Mitgliedstaaten der Gemeinschaft Wege finden, um Griechenland in engeren Kontakt mit den Verfahren der politischen Zusammenarbeit im Bereich der Außenpolitik zu bringen." Vgl. BULLETIN DER EG, Beilage 2/1976, S. 10.

3) Erste Würdigung

a) Kernproblem ist die „Vorphase". Sie ist durch öffentliche Erklärung italieni-schen Kommissionsmitglieds Spinelli politisch ins Zwielicht geraten („reiche nördliche EG-Staaten wollen arme Mittelmeerländer abhängen"). Obwohl Ab-sicht der Parallelität zu Beitrittsverhandlungen und zeitlicher Begrenzung im Kommissionsvorschlag klar zum Ausdruck kommt, ist Gedanke einer teilwei-sen Beteiligung an Gemeinschaftsaktivitäten in Presse und Öffentlichkeit als aufgeschobene oder „abgestufte" Mitgliedschaft mißverstanden worden. Des-halb auch negative Reaktion in Griechenland (siehe unter 4).

b) Grundgedanke der Kommission, von dem auch Kabinett auf Europa-Son-dersitzung in Gymnich[12] ausgegangen ist, besteht darin, daß

– Griechenland wirtschaftlich auf Beitritt vorbereitet werden muß,

– Auswirkungen Beitritts für Gemeinschaft und Griechenland abgemildert werden müssen.

Kabinett hat in Gymnich Modell einer aufgewerteten Assoziation oder abge-milderten Mitgliedschaft verworfen und statt dessen Verringerung der durch Beitritt entstehenden Probleme im Wege „geeigneter Übergangsregelungen" be-schlossen.

c) Dennoch sollten wir Kommissionsvorschlag daraufhin prüfen, ob er nützli-che Elemente enthält. Maßnahmen zugunsten Griechenlands vor Beitritt soll-ten jedoch nicht als „Vorphase" o. ä. deklariert werden, um Eindruck entgegen-zuwirken, es sei zunächst an eine „Mitgliedschaft II. Klasse" gedacht. Es stellt sich nämlich die Frage, ob solche Maßnahmen nicht auch im Rahmen der As-soziation ergriffen werden können:

– bessere Ausstattung zweiten Finanzprotokolls,

– beschleunigte Agrarharmonisierung.

4) Griechische Reaktion

Griechische Regierung hat auf Stellungnahme der Kommission in Aide-mé-moire[13], das EG-Botschaftern von MP Karamanlis am 31. Januar erläutert wurde, überrascht und enttäuscht reagiert. Sie sieht in Empfehlung der Kom-mission verklausulierte Ablehnung ihres Antrags auf möglichst baldige Mit-gliedschaft. Karamanlis zu EG-Botschaftern: Keine Art von Mitgliedschaft ak-zeptabel, die Ehre und Würde des Landes verletzt.[14]

---

12 Am 29. September 1975 fand auf Schloß Gymnich eine Sondersitzung des Kabinetts zur Europapo-litik statt. Mit Schreiben vom 12. November 1975 an die Staats- und Regierungschefs der EG-Mit-gliedstaaten sowie an den Präsidenten der EG-Kommission, Ortoli, informierte Bundeskanzler Schmidt über die Ergebnisse der Sitzung. Für das Schreiben vgl. AAPD 1975, II, Dok. 340.

13 Für das Aide-mémoire der griechischen Regierung vom 31. Januar 1976 vgl. den Drahtbericht Nr. 69 des Botschafters Oncken, Athen, vom selben Tag; Referat 410, Bd. 105611.

14 Über das Gespräch des Ministerpräsidenten Karamanlis mit den Botschaftern der EG-Mitglied-staaten in Athen am 31. Januar 1976 berichtete Botschafter Oncken, Athen, am selben Tag: „Ka-ramanlis erklärte, daß Anlaß Zusammentreffens kein angenehmer sei. Griechisches Volk sei über negativen Charakter Kommissionsberichts zutiefst unzufrieden. Schlimmer als das Votum sei sei-ne Begründung. [...] Der Kommissionsbericht laufe der Intention der Regierungen entgegen. Moti-vation des im Effekt negativen Votums mit Rücksichtnahme auf Türkei und mit ungelöstem Zy-pernproblem sei untragbar. Hinweis auf Türkei rufe Eindruck hervor, daß Druck auf Griechenland zum Vorteil der Türkei ausgeübt werde. Dies verletze zutiefst Empfinden Griechenlands. [...] Setze

Besonders erregt hat Griechen Hinweis auf griechisch-türkischen Konflikt.[15] Herstellung einer Verbindung zu EG-Mitgliedschaft sei „moralisch und politisch" nicht akzeptabel. Dabei wird übersehen, daß auch Kommission letztlich Entscheidung über Beitritt nicht von Lösung des Konflikts abhängig machen will.

Griechisches Aide-mémoire setzt Vertrauen darauf, daß im Rat am 9./10. Februar Unterstützung der Regierungen der Mitgliedstaaten für normales Verfahren wie im Falle des Beitritts von VK, IRL, DK zum Ausdruck gebracht wird, d. h. Beitrittsverhandlungen, anschließend Beitritt mit Übergangsperiode, aber ohne Vorbereitungsphase.

Unsere Botschaft Athen empfiehlt zwar, diese Reaktion nicht zu dramatisieren, weist jedoch darauf hin, daß Gedanke der „Vorphase" von griechischen Europagegnern (Papandreou) propagandistisch gegen EG und insbesondere nördliche Mitgliedstaaten ausgenutzt wird.[16] AA teilt diese Beurteilung.

5) Votum

Nach Auffassung AA wäre es wünschenswert, wenn Staatssekretärsausschuß im Hinblick auf Ratstagung 9./10. Februar etwa folgende Linie für weiteres Vorgehen festlegen könnte:

– Der durch Spinelli entstandene Eindruck eines Süd-Nord- bzw. Arm-Reich-Gegensatzes in Kommission und unter Mitgliedstaaten muß korrigiert werden,

Fortsetzung Fußnote von Seite 111

sich im griechischen Volk Eindruck fest, wegen der Türkei nicht aufgenommen zu werden, dann stelle sich auf längere Sicht Problem auswärtiger Orientierung des Landes. [...] Er wisse, daß Griechenland eine Integration nicht erzwingen könne. Andererseits komme eine Mitgliedschaft nicht in Frage, die die Ehre und Würde des Landes verletze." Vgl. den Drahtbericht Nr. 68; VS-Bd. 9950 (203); B 150, Aktenkopien 1976.

15 In ihrer dem EG-Ministerrat am 29. Januar 1976 vorgelegten Stellungnahme über den griechischen Beitrittsantrag führte die EG-Kommission aus: „Ein Problem im Zusammenhang mit dem voraussichtlichen Beitritt Griechenlands ergibt sich aus dem Konflikt zwischen Griechenland und der Türkei, einem assoziierten Land, in dessen Abkommen mit der Gemeinschaft ebenfalls die Vollmitgliedschaft als erklärtes Endziel genannt ist. Die Europäische Gemeinschaft hat sich in den Konflikt zwischen Griechenland und der Türkei nicht eingemischt und sollte auch in Zukunft nicht hineingezogen werden. Die Kommission ist daher der Ansicht, daß die Europäische Gemeinschaft Griechenland und der Türkei eindringlich die Notwendigkeit vor Augen führen sollte, gerechte und dauerhafte Lösungen für die sie entzweienden Streitigkeiten zu finden. Die Gemeinschaft sollte prüfen, welche Rolle sie parallel zu den Vorarbeiten für den griechischen Beitritt in diesem Rahmen spielen könnte. Natürlich hängt ein Erfolg dieser Initiativen nicht von der Gemeinschaft allein ab, so daß es unangebracht wäre, die Entscheidung über den Beitritt Griechenlands davon abhängig zu machen." Vgl. BULLETIN DER EG, Beilage 2/1976, S. 8.

16 Botschafter Oncken, Athen, nahm am 31. Januar 1976 Stellung zu den Ausführungen des Ministerpräsidenten Karamanlis vom selben Tag: „Was Äußerungen von Karamanlis angeht, sind sie nicht zu dramatisieren. Sie stellen eine in hiesiger Sicht verständliche Reaktion dar, bestimmt vor allem für den innenpolitischen Gebrauch. K[aramanlis] befürchtet ernsthaft, daß Kommissionsbericht Wasser auf linke Mühlen sein könnte. [...] Wenn uns die Karamanlis-Philippika Anhaltspunkte dafür gibt, was Europa in Fragen verletzter griechischer Eigenliebe zu gewärtigen hat, so sollte sie gleichwohl mit Gelassenheit zur Kenntnis und auch zu den Akten genommen werden. Der übergeordnete Gesichtspunkt, Griechenland im Westen stärker zu verklammern, legt es weiter nahe, der mitunter wenig attraktiven Erregbarkeit der Griechen nachsichtiges Einfühlen auch dann entgegenzustellen, wenn sachliche Gesichtspunkte, Sinn für Proportionen und Stilgefühl eine andere Reaktion empfehlen könnten." Vgl. den Drahtbericht Nr. 68; VS-Bd. 9950 (203); B 150, Aktenkopien 1976.

- Türkei-Thema sollte öffentlich nicht mehr erwähnt werden[17],
- Festhalten an Linie: baldige Aufnahme der Beitrittsverhandlungen ohne Vorbedingungen,
- Festhalten an Kabinettsentscheidung: Belastungen durch Übergangslösungen (nach Beitritt) abmildern,
- Prüfung der positiven Aspekte der Kommissionsstellungnahme (zusätzliche Anstrengung für Griechenland parallel zu Beitrittsverhandlungen),
- Anerkennung, daß Kommission Lösungsmöglichkeiten für Einebnung wirtschaftlichen Gefälles gesucht hat (gute Absicht der Kommission betonen),
- für Ratsentscheidung über Aufnahme der Beitrittsverhandlungen eintreten,
- Rat soll AStV mit Prüfung der Kommissionsmitteilung beauftragen (Verhandlungslinie festlegen).[18]

Trumpf[19]

VS-Bd. 8884 (410)

---

[17] Botschafter Oncken, Athen, regte am 2. Februar 1976 an, „Türkei-Thema bei öffentlichen EG-Äußerungen, wenn irgend möglich, auszuklammern. Bei nur andeutungsweise Ansprechen Türkei werden derzeit hiesige Gemüter so durcheinandergebracht, daß emotionale Sicherung auch bei normalerweise vernünftigen Griechen durchbrennt. Dem Außenstehenden fällt mitunter schwer, für hiesige Irrationalität Verständnis aufzubringen. Aber auch das Irrationale kann objektiver Tatbestand sein. Daß sich das in diesen Tagen offenbarende griechische Europa-Verständnis wenig in unsere Vorstellung von einer europäischen Zusammenarbeit einfügt, steht auf einem anderen Blatt." Vgl. den Drahtbericht Nr. 75; VS-Bd. 9924 (200); B 150, Aktenkopien 1976.

[18] Botschafter Oncken, Athen, teilte am 5. Februar 1976 mit, daß er den Inhalt des Drahterlasses dem griechischen Koordinationsminister Papaligouras vorgetragen habe: „Reaktion Papaligouras, der Erklärung begrüßte, ließ erkennen, daß man sich auf griechischer Seite noch unsicher fühlt. Griechischer Regierung liege daran, über drei Punkte aufgeklärt zu werden: Der Ministerrat solle sofortige Einleitung Beitrittsverhandlungen beschließen. [...] Griechenland müsse die gleiche Behandlung wie früher die ‚Drei' erfahren. Nach Abschluß Verhandlungen müsse Griechenland sofort Vollmitglied werden, mit etwa fünfjähriger Übergangszeit." Er, Oncken, habe ausgeführt, auch die Bundesrepublik sei gegen die Schaffung von „Grauzonen": „Entsprechend sähen wir Sitzung EG-Ministerrats am 9. Februar 1976. Dabei liege uns insbesondere an Stellungnahme Ministerrats, die entstandenes Mißverständnis beseitige, ferner an Nichterwähnung bestimmter politischer Themen, schließlich an Vermeidung unnötiger Diskussionen über die Kommission. [...] Unsere Haltung wäre klar. Wir wären im Prinzip für eine griechische Vollmitgliedschaft, gegen eine Diskriminierung Griechenlands und für baldige Verhandlungen." Vgl. den Drahtbericht Nr. 84; VS-Bd. 8884 (410); B 150, Aktenkopien 1976.

[19] Paraphe.

29

Runderlaß des Vortragenden Legationsrats I. Klasse Engels

240-312.74   **Aufgabe: 4. Februar 1976, 14.21 Uhr**[1]
Fernschreiben Nr. 17 Ortez

Betr.: Zum Besuch des niederländischen Außenministers van der Stoel in Bonn
am 2.2.1976

I. Auf Einladung des BM hielt sich der niederländische Außenminister van der
Stoel am 2. Februar 1976 in Bonn auf. Er führte ein 90minütiges Gespräch mit
dem BM, teilweise unter vier Augen. Außerdem wurde er von dem Bundespräsidenten[2] und dem Bundeskanzler[3] empfangen. Am Abend hielt er einen gut
besuchten Vortrag vor der Gesellschaft für Auswärtige Politik über „Niederländische Außenpolitik: Positive Partnerschaft".[4]

II. Der Besuch verlief in freundschaftlicher Atmosphäre. Aus den Gesprächen
ist folgendes festzuhalten:

1) Griechenland

Beide Seiten stimmten überein, daß die volle Mitgliedschaft Griechenlands in
der EG wünschenswert und wegen der Stabilisierung der Demokratie in Griechenland erforderlich sei. BM betonte, daß die Bundesregierung über das publizistische Echo der Stellungnahme der EG-Kommission zur Frage des griechischen Beitritts unglücklich sei.[5] In Griechenland dürfe kein Stimmungsrück-
schlag entstehen. Die Bundesregierung setze sich weiterhin für die Aufnahme
von Beitrittsverhandlungen mit Griechenland ohne Verzögerungen – entsprechend dem Muster der Beitrittsverhandlungen mit Großbritannien, Dänemark
und Irland – ein, wobei Dauer und Charakter der Übergangsregelung nach

---

[1] Durchdruck.

[2] Themen des Gesprächs des Bundespräsidenten Scheel mit dem niederländischen Außenminister
van der Stoel waren der Tindemans-Bericht über die Europäische Union vom 29. Dezember 1975 sowie
die am 29. Januar 1976 dem EG-Ministerrat vorgelegte Stellungnahme der EG-Kommission über
den griechischen Beitrittsantrag. Vgl. dazu die Gesprächsaufzeichnung; Referat 202, Bd. 115654.

[3] Bundeskanzler Schmidt und der niederländische Außenminister van der Stoel erörterten das Verhältnis zwischen Griechenland und den Europäischen Gemeinschaften, ferner den Tindemans-Bericht über die Europäische Union vom 29. Dezember 1975, den niederländischen Beitrag zur westlichen Verteidigung und Möglichkeiten zur Intensivierung der europäischen Zusammenarbeit. Vgl.
dazu die Aufzeichnung des Staatssekretärs Gehlhoff vom 4. Februar 1976; Referat 202, Bd. 115654.

[4] Für das Manuskript des Vortrags vgl. Referat 202, Bd. 115654.

[5] Zum griechischen Beitrittsantrag vom 12. Juni 1975 sowie zur Stellungnahme der EG-Kommission, die am 29. Januar 1976 dem EG-Ministerrat vorgelegt wurde, vgl. Dok. 28.
Am 31. Januar 1976 wurde in der Presse mitgeteilt, daß die Stellungnahme der EG-Kommission
von der Mehrzahl der griechischen Politiker „durchweg mit Entrüstung verworfen" worden sei:
„Auch in bürgerlichen Zeitungen, die sich sonst für die verstärkte Orientierung nach Westeuropa
eingesetzt haben, wird in diesem Zusammenhang entrüstet von ‚Erpressung' mit Hinweis auf den
‚türkischen Expansionismus' und Einfluß aus der NATO oder seitens der Vereinigten Staaten gesprochen. In einer Regierungserklärung hieß es, daß ‚die negativen Elemente des Kommissionsberichts in vollem Widerspruch zu den vorher klar definierten Wünschen der Regierungen der Mitgliedstaaten stehen'. Die Regierung werde zunächst aber die Entscheidung des Ministerrats vor
weiteren Beschlüssen abwarten." Vgl. den Artikel „Griechische Entrüstung über die Brüsseler
Kommission"; FRANKFURTER ALLGEMEINE ZEITUNG vom 31. Januar 1976, S. 1.

Beitritt den spezifischen Gegebenheiten des griechischen Falles anzupassen seien. Eine dem Beitritt vorgeschaltete „Vorphase" komme nicht in Frage. AM van der Stoel stimmte zu und hob hervor, daß bei der griechischen Regierung der Eindruck vermieden werden müsse, es gebe politische Vorbedingungen für den griechischen Beitritt. So müsse klargestellt werden, daß zwischen dem EG-Beitritt Griechenlands und einer Rückführung Griechenlands in die NATO-Integration[6] kein Zusammenhang bestehe. Auch sollten die griechisch-türkischen Streitfragen, insbesondere der Zypern-Konflikt, nicht mit der Beitrittsfrage verknüpft werden.

2) Spanien

BM hob hervor, daß Bundesregierung sehr daran interessiert sei, der spanischen Regierung bei der Demokratisierung zu helfen. Hinsichtlich der Verhandlungen mit der EG solle Spanien jetzt zumindest nicht schlechter behandelt werden als vor den Exekutionen der Terroristen[7], d.h., die Verhandlungen zur Anpassung des Handelsabkommens EWG–Spanien von 1970[8] sollten baldmöglichst aufgenommen werden. Van der Stoel äußerte Skepsis gegenüber den Möglichkeiten der spanischen Regierung, ihre sicherlich ernstgemeinten Demokratisierungsvorhaben gegen die immer noch sehr starke extreme Rechte in Spanien durchzusetzen. Die weitere Entwicklung müsse abgewartet werden. Seine Regierung begrüße den bevorstehende Besuch des spanischen Außenministers[9] im Haag. Beide Seiten stimmten darin überein, daß es zu früh sei, jetzt mit Spanien über einen möglichen EG-Beitritt zu sprechen oder den Beitritt Spaniens zur NATO zur Diskussion zu stellen. Die spanische Regierung müsse sich zunächst innenpolitisch legitimieren.

3) Tindemans-Bericht[10]

BM und AM van der Stoel stimmten überein, die systematische Diskussion des Tindemans-Berichts in der Sitzung des Europäischen Rats am 1. April 1976[11] zu beginnen. Es sei zu hoffen, daß der Europäische Rat (ER) den Außenministern allgemeine Orientierungen und konkrete Arbeitsstützen auf der Grundlage des Berichts erteilt. Van der Stoel bezeichnete den Bericht als nützlichen

---

[6] Griechenland erklärte am 14. August 1974 unter Hinweis auf den Zypern-Konflikt den Austritt aus der militärischen Integration der NATO. Vgl. dazu AAPD 1974, II, Dok. 236.
Am 8. Oktober 1975 gab die griechische Regierung im Ständigen NATO-Rat in Brüssel eine Neun-Punkte-Erklärung über „Ansätze für eine Wiedereinbeziehung Griechenlands in die militärische Zusammenarbeit" der NATO ab. Vgl. dazu AAPD 1975, II, Dok. 305.

[7] Im Rahmen ihres „Globalkonzepts für den Mittelmeerraum" verhandelten die Europäischen Gemeinschaften seit 1973 mit Spanien über eine Neuregelung ihrer Handelsbeziehungen. Eine zweite Verhandlungsrunde wurde 1974 ergebnislos abgebrochen. In informellen Kontakten auf Arbeitsebene verständigten sich beide Seiten schließlich darauf, die Verhandlungen im Oktober 1975 wieder aufzunehmen. Vgl. dazu die Aufzeichnung des Vortragenden Legationsrats I. Klasse Trumpf vom 3. Oktober 1975; Referat 410, Bd. 105699.
Nach den Hinrichtungen von Mitgliedern der FRAP und der ETA in Spanien am 27. September 1975 stellte der EG-Ministerrat am 6. Oktober 1975 in Brüssel fest, daß „eine Wiederaufnahme der Verhandlungen zwischen der EWG und Spanien zur Zeit nicht möglich ist". Vgl. BULLETIN DER EG 10/1975, S. 67.

[8] Für den Wortlaut des Abkommens vom 29. Juni 1970 zwischen den Europäischen Gemeinschaften und Spanien vgl. AMTSBLATT DER EG, Nr. L 182 vom 16. August 1970, S. 4–8.

[9] José María de Areilza Martínez-Rodas.

[10] Zum Tindemans-Bericht über die Europäische Union vom 29. Dezember 1975 vgl. Dok. 1.

[11] Zur Tagung des Europäischen Rats am 1./2. April 1976 in Luxemburg vgl. Dok. 98.

Leitfaden für die impulsgebende Rolle des ER, bedauerte jedoch, daß der innere Ausbau der EG weniger ausführlich abgehandelt worden sei als Fragen der gemeinsamen Außenpolitik. Die EG liefe mangels Fortschritten beim inneren Ausbau Gefahr, eine „Flucht in die Außenpolitik" anzutreten. Beide Seiten stimmten überein, daß die von Tindemans vorgeschlagene Möglichkeit unterschiedlicher Integrationsfortschritte einzelner Mitgliedsländer der Gemeinschaft etwa entsprechend dem Stand ihrer wirtschaftlichen Entwicklung problematisch sei.

4) Finanzhilfe Maschrek/Israel

Beide Seiten sprachen sich für Parallelität der Finanzhilfe an Israel[12] und an Maschrek-Länder[13] im Interesse des angestrebten Gleichgewichts der europäischen Nahost-Politik aus. Dabei könnte an die Modalitäten der Israel zu gewährenden Finanzhilfe strengere Anforderungen gestellt werden als an die Hilfe für die Maschrek-Staaten, da Israel stärker industrialisiert sei. Beide Seiten wollten sich bemühen, gemeinsam die französischen und irischen Bedenken zu überwinden.

---

[12] Im Rahmen des „Globalkonzepts für den Mittelmeerraum" empfahl die EG-Kommission dem EG-Ministerat am 23. Januar 1975 die Aufnahme von Gesprächen mit Israel zum Abschluß eines Finanzprotokolls, welches das Ergebnis der am selben Tag beendeten Verhandlungen über ein Abkommen zwischen den Europäischen Gemeinschaften und Israel ergänzen sollte. Vgl. dazu BULLETIN DER EG 1/1975, S. 72 f.
Referat 410 stellte am 14. November 1975 fest, daß Israel insbesondere an Darlehen der Europäischen Investitionsbank interessiert sei: „Beim Besuch AM Allons im Mai 1975 haben wir auf Zusammenhang mit Finanzhilfe für Maschrek-Staaten hingewiesen und uns im übrigen bereit erklärt, uns in diesem Rahmen zu gegebener Zeit für israelischen Wunsch bei EG-Partnern einzusetzen." Der Vorschlag der EG-Kommission sehe eine Finanzhilfe für Israel in Höhe von 60 Mio. RE vor. Vgl. Referat 410, Bd. 105625.
[13] Am 23. Januar 1975 schlug die EG-Kommission dem EG-Ministerrat die sofortige Aufnahme von Verhandlungen mit den Maschrek-Staaten Ägypten, Jordanien, Libanon und Syrien über Abkommen vor, die nach denselben Grundsätzen abgeschlossen werden sollten wie diejenigen mit den Maghreb-Staaten. Der Mandatsentwurf sah u. a. den Abschluß eines Finanzprotokolls über Finanzhilfen in Höhe von 490 Mio. RE vor. Vgl. dazu BULLETIN DER EG 1/1975, S. 71 f. Vgl. dazu ferner die Aufzeichnung des Referats 410 vom 14. November 1975; Referat 410, Bd. 114313.
Am 9. Dezember 1975 konnte sich der EG-Ministerrat in Brüssel jedoch nur auf die Verabschiedung eines Teilmandats einigen. Die EG-Kommission könne in den Verhandlungen erklären, daß ein Finanzteil in den künftigen Abkommen „nicht ausgeschlossen" sei. Die Höhe der finanziellen Hilfe und ihre Modalitäten sollten erst später festgelegt werden. Dazu informierte Botschafter Lebsanft, Brüssel (EG), am selben Tag, daß eine Einigung über diese Frage möglich gewesen sei, „weil die Meinungen bezüglich einer etwaigen Finanzhilfe für Israel weiterhin unvereinbar blieben. Irische Delegation lehnte Finanzhilfe für Israel, in welcher Form auch immer, ab. Sie hielt es aus innenpolitischen Gründen für nicht vertretbar, finanzielle Hilfe an ein Land zu geben, dessen Bruttosozialprodukt pro Kopf der Bevölkerung doppelt so hoch sei wie dasjenige Irlands. Franz[ösische] Delegation lehnte jegliche Verpflichtung zugunsten Israels zum gegenwärtigen Zeitpunkt ab und erklärte, ein etwaiger israelischer Antrag müsse zu gegebener Zeit unter Berücksichtigung aller Umstände erörtert werden, ohne daß eine irgendwie geartete Verbindung mit dem Maschrek-Mandat akzeptiert werden könne. Demgegenüber sprachen sich die sieben übrigen Delegationen für eine Parallelität der Beziehungen zu den Maschrek-Staaten und zu Israel aus." Vgl. den Drahtbericht Nr. 4291; Referat 410, Bd. 114313.
Die Verhandlungen wurden mit Ägypten am 28./29. Januar, mit Jordanien am 2. Februar und mit Syrien am 4./5. Februar 1976 aufgenommen. Eine Einigung kam nicht zustande: „Die Maschrek-Länder vertraten die Auffassung, daß nur ein Abkommen, das auch Abmachungen über eine technische und finanzielle Zusammenarbeit umfaßt, einen wirkungsvollen Beitrag der Gemeinschaft zur Lösung der Entwicklungsprobleme dieser Länder gewährleisten und der vorgeschlagenen Zusammenarbeit auf wirtschaftlichem und handelspolitischem Gebiet konkrete Bedeutung verleihen könnte." Vgl. BULLETIN DER EG 2/1976, S. 61.

5) Nahost-Problematik

Zu dem Brief AM Allons an die Präsidentschaft der Neun[14] sagte van der Stoel, man habe schon seit der Einleitung des euro-arabischen Dialogs im Juni 1974[15] Israel einen Dialog zugesagt.[16] Zwar sei mit dem Abschluß des präferentiellen Handelsabkommens[17] ein wichtiger Schritt getan worden, wenn jedoch die Araber den euro-arabischen Dialog politisieren sollten, werde Israel einen politischen Dialog mit den Neun anstreben. Der BM meinte, wir wünschten Ausgewogenheit. Diesen deutschen Standpunkt werde im nächsten Rat er zum Ausdruck bringen. Die Präsidentschaft solle auch auf Ministerebene mit Israel in Verbindung bleiben (Unterrichtung des israelischen Botschafters[18] über in Frage kommende Bereiche der EPZ).

6) Terrorismus

BM und AM van der Stoel hoben die Bedeutung der europäischen Innenministerkonferenz zur politischem Bekämpfung des Terrorismus[19] hervor. BM erklärte, er wolle das Thema Terrorismus in der nächsten EPZ[20] vorbringen, um gemeinsame Initiativen der neun EG-Staaten auch zur Wiederbelebung des Themas in den VN[21] zu erreichen. Der kürzliche Besuch des saudi-arabischen AM[22] habe gezeigt, daß auch in der arabischen Welt das Verständnis für die Bekämpfung des Terrorismus wachse. AM van der Stoel sagte Unterstützung der niederländischen Regierung für die Initiative des BM zu, zeigte sich jedoch hinsichtlich der Möglichkeiten konkreter Ergebnisse in den VN skeptisch.

---

14 Mit Schreiben vom 16. Januar 1976 an Ministerpräsident Thorn erinnerte der israelische Außenminister Allon an die Erklärung des Bundesministers Genscher im Anschluß an die Konferenz der Außenminister der EG-Mitgliedstaaten im Rahmen der EPZ am 10./11. Juni 1974, in der die EG-Mitgliedstaaten ihre Bereitschaft bekundeten, mit Israel in einen Dialog einzutreten. Ferner erkundigte sich Allon nach dem Stand der Bemühungen der EG-Mitgliedstaaten, zu diesem Zweck Vorgespräche aufzunehmen. Vgl. dazu Referat 200, Bd. 108891.

15 Der Vorschlag eines Europäisch-Arabischen Dialogs wurde von Vertretern der Arabischen Liga am 14./15. Dezember 1973 der Konferenz der Staats- und Regierungschefs der EG-Mitgliedstaaten in Kopenhagen unterbreitet. Auf der Konferenz der Außenminister der EG-Mitgliedstaaten im Rahmen der EPZ am 10./11. Juni 1974 wurde beschlossen, mit den arabischen Staaten einen Dialog über eine Zusammenarbeit auf wirtschaftlichem, technologischem und kulturellem Gebiet zu beginnen. Vgl. dazu AAPD 1974, I, Dok. 167.

16 Am 11. Juni 1974 kündigte Bundesminister Genscher als amtierender EG-Ratspräsident vor der Presse an: „Wie schon mein Amtsvorgänger nach dem EPZ-Treffen vom 4. März betonte, wollen die europäischen Regierungen auch ein Gespräch mit Israel führen. Das entspricht der Ausgewogenheit der Nahost-Politik der Neun. Zur gegebenen Zeit wird deshalb eine Zusammenkunft der Präsidentschaft mit dem Vertreter Israels stattfinden." Vgl. EUROPA-ARCHIV 1974, D 416.

17 Für den Wortlaut des Abkommens vom 11. Mai 1975 zwischen den Europäischen Gemeinschaften und Israel vgl. AMTSBLATT DER EUROPÄISCHEN GEMEINSCHAFTEN, Nr. L 136 vom 28. Mai 1975, S. 1–190.

18 Eliashiv Ben-Horin.

19 Zur geplanten „Europäischen Konferenz für innere Sicherheit" auf der Ebene der Innenminister vgl. Dok. 11, Anm. 11.
Die Konferenz fand am 29. Juni 1976 in Luxemburg statt. Vgl. dazu Dok. 231, Anm. 17.

20 Zur Konferenz der Außenminister der EG-Mitgliedstaaten im Rahmen der EPZ am 23. Februar 1976 in Luxemburg vgl. Dok. 62.

21 Vgl. dazu die Initiative der Bundesrepublik für eine UNO-Konvention gegen Geiselnahme; Dok. 24.

22 Zum Besuch des saudi-arabischen Außenministers Saud al-Faisal vom 21. bis 23. Januar 1976 in der Bundesrepublik vgl. Dok. 13 und Dok. 14.

7) MBFR und Entspannung

BM betonte die Notwendigkeit der Fortsetzung einer realistischen Entspannungspolitik. Zu den MBFR-Verhandlungen in Wien hob er hervor, daß man zu einer Parität der Landstreitkräfte in Mitteleuropa kommen müsse, ohne nationale Höchststärken festzulegen.

AM van der Stoel stimmte voll zu und ergänzte, daß eine Verminderung des niederländischen Verteidigungspotentionals vor Erreichung von Fortschritten bei den MBFR-Verhandlungen nicht beabsichtigt sei.[23] Der Westen sei nach der Einbringung der Option III[24] in einer günstigen taktischen Lage.

8) VN-Politik

AM van der Stoel stimmte dem deutschen Vorschlag zu, möglichst bald bilaterale deutsch-niederländische Konsultationen zur Vorbereitung gemeinsamer EG-Initiativen bei der nächsten VN-Vollversammlung[25] durchzuführen.

9) Angola

Beide Seiten äußerten große Sorge wegen der Entwicklung in Angola und der Schaffung einer sowjetischen Einflußzone im südlichen Afrika. AM van der Stoel führte aus, die MPLA werde in wenigen Wochen siegen[26]; dann müsse man sehen, was getan werden könne, um die MPLA aus der sowjetischen Umarmung zu befreien. BM äußerte, daß Einbeziehung Angolas in das Abkommen von Lomé[27] solange nicht zur Diskussion gestellt werden könne, wie MPLA-Regierung von der Sowjetunion abhängig sei.

---

[23] Die niederländische Regierung gab am 9. Juli 1974 ihre Beschlüsse zur Kürzung der Verteidigungsausgaben bekannt. Sie sahen u. a. eine Reduzierung der Personalstärke der niederländischen Streitkräfte um 20 000 Soldaten bis 1977 und eine Halbierung der in der Bundesrepublik stationierten Raketen-Einheiten des Typs „NIKE" auf vier Einheiten vor. Ferner sollte der Wehrdienst von 16 auf zwölf Monate verkürzt werden. Vgl. dazu den Artikel „NATO rügt Hollands Verteidigung"; FRANKFURTER RUNDSCHAU vom 10. Juli 1974, S. 1.
Ministerialdirigent Ruhfus vermerkte am 17. Oktober 1974, daß die niederländischen Vorhaben zur Verteidigungsreform aufgrund heftiger Kritik aus der NATO abgemildert worden seien: „Anteil der Verteidigungsausgaben bleibt bis zum Vorliegen eines positiven MBFR-Ergebnisses unverändert; Dienstzeitverkürzung soll schrittweise und synchron zu den MBFR-Verhandlungen durchgeführt werden. Von den insgesamt elf niederländischen HAWK-Batterien [...] in der Bundesrepublik Deutschland sollen nur drei statt fünf in die Niederlande zurückgeführt werden. Von den acht niederländischen NIKE-Batterien in der Bundesrepublik Deutschland [...] werden jetzt, wie ursprünglich vorgesehen, vier reduziert." Vgl. Referat 201, Bd. 102442.
Am 20. August 1975 kündigte die niederländische Regierung in der NATO weitere Reduzierungen an. Vgl. dazu AAPD 1975, II, Dok. 265.

[24] Zum Vorschlag der an den MBFR-Verhandlungen teilnehmenden NATO-Mitgliedstaaten vom 16. Dezember 1975 für eine Einbeziehung amerikanischer nuklearer Komponenten (Option III) vgl. Dok. 3, Anm. 15.

[25] Die XXXI. UNO-Generalversammlung fand vom 21. September bis 22. Dezember 1976 in New York statt.

[26] Zur militärischen Lage in Angola vgl. Dok. 36, besonders Anm. 10 und 11.

[27] Für den Wortlaut des AKP-EWG-Abkommens von Lomé vom 28. Februar 1975 sowie der Zusatzprotokolle und der am 11. Juli 1975 in Brüssel unterzeichneten internen Abkommen über Maßnahmen zur Durchführung des Abkommens und über die Finanzierung und Verwaltung der Hilfe der Gemeinschaft vgl. BUNDESGESETZBLATT 1975, Teil II, S. 2318–2417.

10) Breda-Häftlinge

Das Problem der letzten drei in Breda einsitzenden deutschen Kriegsverurteilten[27] wurde mit AM van der Stoel behandelt.

Engels[28]

Referat 012, Bd. 106591

30

Botschafter Sonnenhol, Ankara, an das Auswärtige Amt

Fernschreiben Nr. 119   **Aufgabe: 4. Februar 1976, 13.00 Uhr**
Citissime   **Ankunft: 4. Februar 1976, 15.20 Uhr**

Betr.: BM Leber in Ankara

I. 1) Während seines vom 1. bis 3.2. dauernden Besuchs führte BM Leber Gespräche mit dem Verteidigungsminister Melen, dem Generalstabchef Sancar, Außenminister Çaglayangil, Premierminister Demirel, Oppositionsführer Ecevit und wurde von Staatspräsident Korutürk empfangen. Detaillierte Niederschriften über die Gespräche werden dem Auswärtigen Amt vom BMVg direkt zugehen.[1]

2) Bei den politischen Gesprächen standen türkische Gesprächspartner stark unter dem Eindruck der hier als niederschmetternd empfundenen Empfehlung des US-Senatsauschusses für Auswärtige Angelegenheiten, der Türkei Kredite für Waffenkäufe zu sperren, bis diese aus den USA stammenden Waffen aus Zypern abgezogen und Anstrengungen für eine Kompromißlösung gemacht habe.[2]

---

[27] Nach dem Zweiten Weltkrieg wurden 15 Todesurteile gegen deutsche Staatsangehörige ausgesprochen, von denen neun in lebenslange Freiheitsstrafen umgewandelt wurden. In der folgenden Zeit wurden fünf Inhaftierte begnadigt. Nach der Überstellung des ehemaligen SS-Sturmbannführers Willi Lages in die Bundesrepublik Mitte 1966 waren noch der ehemalige Kriminalsekretär Franz Fischer, der ehemalige SS-Hauptscharführer Ferdinand aus der Fünten und der ehemalige SS-Oberscharführer Josef Kotalla in Breda inhaftiert. Die Bundesregierung bemühte sich wiederholt um eine Freilassung. Versuche der niederländischen Regierung 1969 und 1972, eine Begnadigung zu erreichen, blieben wegen des Einspruchs des Parlaments ohne Erfolg. Vgl. dazu den Artikel „30 Jahre nach Kriegsende warten fünf Deutsche auf Begnadigung"; FRANKFURTER ALLGEMEINE ZEITUNG vom 10. Juni 1975, S. 3.

[28] Paraphe.

[1] Das Bundesministerium der Verteidigung übermittelte am 4. Februar 1976 das Protokoll über die Gespräche des Bundesministers Leber vom 1. bis 3. Februar 1976 in der Türkei. Vgl. dazu Referat 203, Bd. 110269. Für Auszüge vgl. Anm. 5 und 8.

[2] Am 18. Oktober 1974 unterzeichnete Präsident Ford eine Resolution des Kongresses vom Vortag, wonach die Verteidigungshilfe an die Türkei zum 10. Dezember 1974 ausgesetzt werden sollte. Dieser Termin wurde mit Resolutionen des Senats und des Repräsentantenhauses vom 17. bzw. 18. Dezember auf den 5. Februar 1975 verschoben. Am 24. Juli 1975 sprach sich das amerikanische

3) General Sancar ließ keinen Zweifel an seiner Empörung über die USA, deren Türkeipolitik er mit Vietnam auf eine Stufe stellte. Den Stand der Verhandlungen über die US-Basen[3] stellte er im schwärzesten Lichte dar. Die USA forderten Unmögliches.

Er habe aus Zypern als Geste guten Willens erneut 2000 Mann (insgesamt 12 000) abgezogen.[4] Mehr könne er als Soldat nicht tun. Die territorialen Fragen seien Sache der Regierung. Er sei nicht gegen einen vernünftigen Kompromiß.[5]

4) Premierminister Demirel gab sich tief enttäuscht. Er führte aus, daß die Türkei alles getan habe, um zu einer gerechten Zypern-Lösung beizutragen. Den Senatsbeschluß interpretierte er als Beweis dafür, daß die griechische Regierung die in Brüssel von den Außenministern Griechenlands und der Türkei erreichte Verhandlungsplattform[6] verlassen habe. Bitsios habe sich verpflich-

Fortsetzung Fußnote von Seite 119

Repräsentantenhaus mit 223 gegen 206 Stimmen für die Aufrechterhaltung des Waffenembargos aus. Vgl. dazu AAPD 1974, II, Dok. 357, und AAPD 1975, II, Dok. 226.
Am 2. Oktober 1975 stimmten das amerikanische Repräsentantenhaus und der Senat für eine teilweise Aufhebung der Ausfuhrsperre für Waffen in die Türkei und bewilligte die Freigabe von Waffenlieferungen über 185 Millionen Dollar. Vgl. dazu den Artikel „Waffenembargo gegen die Türkei teilweise aufgehoben"; FRANKFURTER ALLGEMEINE ZEITUNG vom 4. Oktober 1975, S. 1.

[3] Am 25. Juli 1975 beschloß die türkische Regierung, als Reaktion auf die seit 5. Februar 1975 wirksame Einstellung der amerikanischen Verteidigungshilfe die amerikanischen Stützpunkte in der Türkei mit Ausnahme des NATO-Stützpunkts Inçirlik unter türkisches Kommando zu stellen. Nach der teilweisen Aufhebung des Embargos durch das amerikanische Repräsentantenhaus am 2. Oktober 1975 erklärte der türkische Außenminister Çaglayangil am 21. Oktober 1975 die Bereitschaft seiner Regierung zur Aufnahme von Gesprächen über die Zukunft der Stützpunkte. Vgl. dazu EUROPA-ARCHIV 1975, Z 142, Z 189 und Z 197.

[4] Am 31. Januar 1976 begann die Türkei mit dem Abzug zweier Regimenter mit insgesamt 2000 Soldaten aus Zypern: „Damit stehen den rund 20 000 Griechen und Griechischzyprioten nördlich der Attila-Linie noch 30 000 Türken und 10 000 türkischzypriotische Freiheitskämpfer gegenüber. Nach der zweiten türkischen Offensive vom 14. August 1974 umfaßte das Expeditionskorps mehr als 40 000 Mann mit Panzern und schweren Unterstützungswaffen. Militärisch fällt der Rückzug von zwei Regimentern nicht ins Gewicht." Vgl. den Artikel „Abzug türkischer Soldaten von Zypern"; NEUE ZÜRCHER ZEITUNG, Fernausgabe vom 3. Februar 1976, S. 2.

[5] Über das Gespräch des Bundesministers Leber mit dem Chef des türkischen Generalstabs vermerkte das Bundesministerium der Verteidigung am 4. Februar 1976: „General Sancar gab in einer sehr temperamentvollen Replik seinem tiefen Mißtrauen Ausdruck gegen Makarios, gegen die griechische Regierung und ließ sogar erkennen, daß seiner Ansicht nach der amerikanische Staatssekretär Sisco nicht nur zufällig während des Sampson-Putsches in Athen gewesen sei. General Sancar ging dann in längeren Betrachtungen auf die Entwicklung der Zypern-Krise, die Intervention und die Folgezeit ein. Er war in Ausdrücken wie ‚Massenmord an der zypern-türkischen Bevölkerung', ‚Greueltaten', ‚Beerdigung Lebendiger mit Straßenbaumaschinen' etc. eher drastisch als instruktiv. Er fügte hinzu, daß auch die Briten bei diesen Geschehnissen eine wenig rühmliche Rolle gespielt hätten. BM Leber bat ihn, sich zu überlegen, ob die Aufgabe weniger Quadratkilometer türkisch besetzten Gebietes auf Zypern ihm einen Umschwung in der Weltmeinung und die Aufhebung der Reste des Waffenembargos einbringen würden. General Sancar sagte, es gäbe keinen Gesprächspartner, dem die Türkei vertrauen könne. Makarios sei ein Unmensch. Seine Ansicht über Karamanlis wolle er höflichkeitshalber nicht sagen." Vgl. Referat 203, Bd. 110269.

[6] Der griechische Außenminister Bitsios und sein türkischer Amtskollege Çaglayangil kamen am 12. Dezember 1975 am Rande der NATO-Ministerratstagung in Brüssel überein, UNO-Generalsekretär Waldheim zu bitten, die Vertreter der türkischen bzw. griechischen Volksgruppe auf Zypern, Denktasch und Klerides, zur Wiederaufnahme der seit April 1975 in Wien geführten und am 10. September 1975 unterbrochenen Gespräche mit dem Ziel einzuladen, im Rahmen einer Paketlösung über territoriale Aspekte, die föderale Struktur Zyperns und die Zuständigkeit der Zentralregierung zu sprechen. Denktasch und Klerides sollten angehalten werden, „eine kontinuierliche Verhandlung einzuleiten. Die Regierungen Griechenlands und der Türkei würden sich bemühen, auf die Unterhändler einzuwirken und deren guten Willen zu fördern." Vgl. den Drahtbericht Nr.

tet, bis zum Neubeginn der Gespräche[7] die Griechen-Lobby zur Mäßigung zu bewegen. Der Senatsbeschluß deutet auf das Gegenteil hin. Es stelle sich die Frage, wie die Türkei ihre Interessen wahren könne, wenn dies innerhalb der NATO nicht möglich sei. Er sei ratlos.[8]

5) Außenminister Çaglayangil führte im einzelnen aus, wodurch sich die Griechen von der Brüsseler Vereinbarung entfernt hätten. In Brüssel sei vereinbart worden, den Einfluß der beiden Regierungen auf die interkommunalen Gespräche dadurch zu sichern, daß für territoriale und Verfassungsfragen Ausschüsse gebildet werden, in denen Diplomaten Ankaras und Athens für die richtige Richtung sorgen und die Gesprächsfortschritte synchronisieren sollten. Diese Konstruktion habe Griechenland jetzt fallengelassen, offensichtlich, weil es keine Ergebnisse wolle. Wenn man die beiden Volksgruppen ohne Druck aus Athen und Ankara verhandeln lasse, käme nichts heraus. Er verstehe Bitsios ganz gut. Die Türkei solle solange hingehalten werden, bis sie durch das erneut verschärfte amerikanische Embargo so geschwächt sei, daß sie eine Zypern-Lösung zu griechischen Bedingungen annehmen müsse. Er sei trotzdem bereit, zu verhandeln und keine unvernünftigen Forderungen zu stellen. Er bat den Bundesminister, dies den Griechen zu sagen, was dieser zusicherte.

6) BM Leber bat seine Gesprächspartner, in den Zypern-Verhandlungen aus ihrer Position der Stärke ein sichtbares Signal des guten Willens zu geben. Dies würde die türkische Position verändern und zeigen, wer eine Friedenslösung auf Zypern verhindern wolle. Diese sei um des Bündnisses Willen erforderlich und müsse Inseltürken und -griechen ein Leben in Sicherheit und auf gesunder wirtschaftlicher Basis erlauben.

Die Türkei dürfte keinesfalls resignieren, sie müsse notfalls das Territorium für ihre Volksgruppe autonom verkleinern. Wenn sie ihre Bereitschaft zum Frieden überzeugend darstelle, sei der „dumme Entscheid" des Senats nicht haltbar und die politische Unterstützung des Bündnisses sicher. Er werde den Amerikanern, auch den amerikanischen Gewerkschaften, seine Meinung dazu ganz deutlich sagen.[9]

Fortsetzung Fußnote von Seite 120

1855 des Gesandten Boss, Brüssel (NATO), vom 17. Dezember 1975; VS-Bd. 9944 (203); B 150, Aktenkopien 1975. Vgl. dazu ferner AAPD 1975, II, Dok. 380.

7 Zur fünften Runde der Gespräche der Vertreter der griechischen bzw. türkischen Volksgruppe auf Zypern, Klerides und Denktasch, vom 17. bis 21. Februar 1976 in Wien vgl. Dok. 62, Anm. 12.

8 Das Bundesministerium der Verteidigung faßte am 4. Februar 1976 die Ausführungen des türkischen Ministerpräsidenten gegenüber Bundesminister Leber zusammen: „Ministerpräsident Demirel begann das Gespräch damit, daß er seine Besorgnis über das türkisch-amerikanische Verhältnis ausdrückte. 30 Jahre hätte die Türkei treue Freundschaft gehalten, alle Waffensysteme der türkischen Armee seien amerikanischer Herkunft. Dann plötzlich das Embargo! Die Räumung Vietnams und das Embargo sind für die Türkei dasselbe Zeichen, daß die Amerikaner ihre Freunde sitzenlassen. [...] Am besten sollten sich die USA aus dem Zypern-Konflikt heraushalten und seine Lösung den Griechen und Türken überlassen. Der Ministerpräsident faßte seine Ausführungen mit der Bemerkung zusammen: ,Kurz, Herr Minister: Ich beschwere mich als Ministerpräsident der Türkei bei Ihnen über die Vereinigten Staaten von Amerika. Daß ich dies dem deutschen Verteidigungsminister sage, hat eine besondere Bedeutung, denn ich weiß nicht, wie lange ich als Ministerpräsident die türkisch-amerikanische Freundschaft noch durchhalten kann. Ich nehme an, daß die darunter leidende Verteidigungsbereitschaft meines Landes und der NATO nicht nur die USA, sondern alle unsere Freunde interessiert." Vgl. Referat 203, Bd. 110269.

9 Im Anschluß an seinen Besuch bezeichnete Bundesminister Leber gegenüber der Presse die Politik des amerikanischen Senats als „dumm und gefährlich". Offenbar wüßten in Washington einige Politiker, „die nicht über Pennsylvanien hinauszublicken vermögen", wohl gar nicht, daß bei der Ver-

Es sei grundfalsch, in diesem Zusammenhang die Frage nach dem Wert der NATO zu stellen. Die Türken sollten bei ihrer Kritik an den Amerikanern nicht ihre eigenen Interessen außer acht lassen. Die Türkei brauche die NATO, wie diese die Türkei brauche. Sicherheit ohne Amerika sei undenkbar. Es sei unvernünftig, jetzt zu resignieren. „Schlagen Sie wegen einer Fliege nicht gleich das ganze Butterbrot kaputt". Durch überzeugende Darstellung ihres Verhandlungswillens könne die Weltmeinung verändert, Makarios und die Kräfte, die ihn stützten, isoliert werden.

II. Die Ausführungen von BM Leber machten auf seine Gesprächspartner nachhaltigen Eindruck und kamen zur rechten Zeit. Der Minister konnte sich im Gespräch mit Oppositionsführer Ecevit davon überzeugen, daß zu einer vernünftigen Friedensregelung erforderliche territoriale Konzessionen nach wie vor auch von der Opposition mitgetragen werden.

Bei dem am wenigsten zugänglichen Gesprächspartner, General Sancar, blieb der Einwand nicht ohne Wirkung, wir hätten 300 000 Amerikaner in Deutschland. Deren Stationierung sei durch Verträge geregelt[10], die von beiden Seiten als fair betrachtet würden.

Der Besuch ist im Gesamtzusammenhang unserer Beziehungen zur Türkei als nachhaltiger Erfolg zu werten. Er hat den Türken den starken Eindruck vermittelt, in Deutschland einen Freund auch in der jetzigen, als Not empfundenen Situation zu haben.

Über die militärischen Gespräche berichte ich besonders.[11]

[gez.] Sonnenhol

Referat 203, Bd. 110269

Fortsetzung Fußnote von Seite 121

   folgung „einer solch törichten Politik auch für die USA viel auf dem Spiel steht". Weiter wurde Leber mit den Worten zitiert: „Diese Entscheidung ist kein Zeugnis von politischer Klugheit und Weitsicht." Man könne ein Land wie die Türkei, das immer für seine Unabhängigkeit und Freiheit eingetreten sei und sich als zuverlässiger Verbündeter und Eckpfeiler der NATO-Südostflanke bewährt habe, nicht so behandeln: „Die Türkei muß sich mit Recht in ihrer Würde verletzt und gekränkt fühlen." Vgl. den Artikel „Leber kritisiert in der Türkei den amerikanischen Senat"; SÜDDEUTSCHE ZEITUNG vom 4. Februar 1976, S. 1.

10 Der Aufenthalt von Streitkräften der Drei Mächte („Recht zum Aufenthalt") erfolgte auf der Grundlage der Artikel 2 und 4 des Vertrags vom 26. Mai 1952 über die Beziehungen zwischen der Bundesrepublik und den Drei Mächten (Deutschlandvertrag) in der Fassung vom 23. Oktober 1954 und war im Vertrag vom 23. Oktober 1954 über den Aufenthalt ausländischer Streitkräfte in der Bundesrepublik (Aufenthaltsvertrag) festgelegt. Für den Wortlaut vgl. BUNDESGESETZBLATT 1955, Teil II, S. 218 f. bzw. S. 253–255.
   Die aufenthaltsrechtlichen Bestimmungen („Recht des Aufenthalts") waren im Abkommen vom 19. Juni 1951 zwischen den Parteien der NATO über die Rechtsstellung ihrer Truppen (Truppenstatut) sowie dem Zusatzabkommen vom 3. August 1959 zum Truppenstatut geregelt. Für den Wortlaut vgl. BUNDESGESETZBLATT 1961, Teil II, S. 1190–1214 bzw. BUNDESGESETZBLATT 1961, Teil II, S. 1218–1312. Nachdem Frankreich am 1. Juli 1966 aus der militärischen Integration der NATO ausgeschieden war, mußten das Aufenthaltsrecht und der Status der französischen Truppen in Deutschland neu verhandelt werden. Beides wurde in einem Briefwechsel des Bundesministers Brandt vom 21. Dezember 1966 mit dem französischen Außenminister Couve de Murville neu geregelt. Für den Wortlaut vgl. BULLETIN 1966, S. 1304 f. Vgl. dazu auch AAPD 1966, II, Dok. 401.

11 Botschafter Sonnenhol, Ankara, übermittelte am 4. Februar 1976 die Ergebnisse der Gespräche des Bundesministers Leber mit dem türkischen Verteidigungsminister Melen: „1) Die neunte Tranche der NATO-Verteidigungshilfe wird im März in Bonn verhandelt werden. Es ist zu erwarten, daß der bisherige Schlüssel von 80 Proz[ent] neuem und 20 Proz[ent] altem Gerät beibehalten wird, obwohl diese vom Finanzminister noch nicht endgültig gebilligt ist. 2) Die Türkei kann von der Bundesrepublik alle Waffen, auch modernstes Gerät haben, wenn sie es bezahlen kann. 3) Der

31

**Gespräch des Bundesministers Genscher mit dem
portugiesischen Außenminister Melo Antunes in Lissabon**

VS-NfD   4. Februar 1976[1]

Dolmetscheraufzeichnung über das erste Vieraugengespräch zwischen dem
Bundesaußenminister und dem portugiesischen Außenminister Melo Antunes
am 4. Februar 1976 gegen 16.30 Uhr im portugiesischen Außenministerium[2]

Zur Begrüßung erklärte der *portugiesische Außenminister*, dieser offizielle Besuch des Bundesaußenministers sei Ausdruck des Verständnisses und der
Freundschaft der Bundesrepublik Deutschland gegenüber Portugal und dem
portugiesischen Volk.

Nach seinem Besuch in Bonn im Mai 1975[3] habe man harte Kämpfe durchstehen müssen und in dieser schweren Zeit der Solidarität befreundeter Nationen
bedurft. Unter diesen habe sich die Bundesrepublik Deutschland in der ersten
Reihe als Freund Portugals ausgezeichnet. Er sei sicher, daß dieser Besuch des
Bundesaußenministers ein wichtiger Markstein sei in der Geschichte der Beziehungen zwischen beiden Ländern, der dazu beitragen werde, die Demokratie in Portugal zu stärken und die Bande der Solidarität zwischen beiden Nationen zu festigen. Außerdem werde hierdurch ein Beitrag zur Erhaltung der
grundlegenden Werte der europäischen Zivilisation geleistet.

Der *Bundesaußenminister* entgegnete, er sei mit großen Erwartungen nach
Portugal gekommen. Allerdings halte er vielmehr den Besuch von Minister
Melo Antunes in Bonn für ein historisches Ereignis, denn damals habe er der
deutschen Seite in überzeugender Weise die Ziele des politischen Prozesses in
Portugal dargelegt. Vor allem das Gespräch im Garten der Residenz des por-

---

Fortsetzung Fußnote von Seite 122
  türkische Wunsch, die Bundesrepublik möge der Türkei beim Aufbau einer Rüstungsindustrie helfen, muß in Proportion zu den Möglichkeiten der Bundesregierung gesehen werden, die über keine
  eigene Industrie verfügt und daher deutsche industrielle Investitionen nicht direkt fördern kann.
  Die Bundesregierung ist aber bereit, die deutsche Privatwirtschaft, auch die Rüstungsindustrie, zu
  Investitionen in der Türkei zu ermutigen. [...] 4) Der BM empfahl den Türken, bei der Auswahl ihres Geräts daran zu denken, daß der billigste Schutz vor feindlichen Panzern die neuentwickelte
  Panzerabwehrrakete ‚Milan‘ sei. Er schloß damit die Lieferung von Leopard I auf kommerzieller
  Basis keineswegs aus, bemerkte jedoch zum Leopard I, daß Entscheidungen darüber verfrüht sei-
  en. Es gäbe erst fünf Prototypen. [...] 6) Zu türkischen Bedenken erklärte der BM, die Lieferung
  von in Koproduktion mit Frankreich hergestellten deutschen Waffen (Cobra, Alpha Jet) sei kein
  Problem. Die Bundesregierung erwarte von Paris keine Schwierigkeiten. 7) Das Verhältnis zu
  Griechenland werde ‚ausgewogen‘ sein, wobei wir nicht vergäßen, daß die Türkei 4000 km Küste
  und eine bedeutende strategische Position habe.“ Vgl. den Drahtbericht Nr. 118; VS-Bd. 14069
  (010); B 150, Aktenkopien 1976.

1 Die Gesprächsaufzeichnung wurde von Dolmetscherin Eichhorn gefertigt und von der Botschaft
  Lissabon am 6. Februar 1976 übermittelt.
  Hat Bundesminister Genscher am 14. Februar 1976 vorgelegen.
2 Bundesminister Genscher hielt sich am 4./5. Februar 1976 in Lissabon auf. Für das zweite Gespräch mit dem portugiesischen Außenminister Melo Antunes am 5. Februar 1976 vgl. Dok. 34.
3 Der portugiesische Außenminister Melo Antunes besuchte vom 19. bis 21. Mai 1975 die Bundesrepublik. Für das Gespräch mit Bundesminister Genscher am 19. Mai 1975 vgl. AAPD 1975, I, Dok. 122.

tugiesischen Botschafters sei nützlich gewesen, denn es habe zu der Unterredung mit Außenminister Kissinger[4] geführt. Letztere habe zu einer Wandlung der amerikanischen Haltung beigetragen.

Er wolle anläßlich seines Besuches mit seinem Kollegen darüber sprechen, wie die Bundesrepublik Deutschland Portugal auf dem eingeschlagenen Weg, den man für richtig halte, weiterhelfen könne. In zweiter Linie beabsichtige er einen Meinungsaustausch mit Minister Melo Antunes über afrikanische Fragen. Außerdem sei er daran interessiert, das Urteil des portugiesischen Außenministers über die politische Entwicklung der letzten Zeit in Portugal zu hören.

In Beantwortung des letzten Punktes erklärte Minister *Melo Antunes*, nach dem 25. November 1975[5] habe sich eine reale Veränderung der politischen Situation ergeben, denn alle negativen Faktoren, die bis dahin vorgeherrscht hätten – Übergewicht der kommunistischen Partei und Infiltration der Streitkräfte durch Kommunisten – seien verschwunden. Eine radikale Wandlung des Kräfteverhältnisses habe stattgefunden in der politischen und zivilen Gesellschaft Portugals und auch in den Streitkräften, wo sie besonders spürbar sei. In den Streitkräften stelle man jetzt eine Konsolidierung des Prozesses der Einheit und des Zusammenhalts fest. Die Militärs seien sich der Verantwortung der Leitung des politischen Prozesses bewußt. Dies sei ein wesentlicher Punkt im allgemeinen politischen Prozeß. Die Kräfte der Linken hätten vor dem 25. November alles unternommen, um die Streitkräfte zu spalten und Disziplinlosigkeit zu schaffen. Auf diese Weise hätten sie die politische Macht an sich reißen wollen. In der zivilen und politischen Gesellschaft hätten sie politische Leidenschaften entfesselt. Dieses Vorgehen habe seinen Niederschlag auch in der Presse und den anderen Medien gefunden. Es sei nun gelungen, Ordnung auch in den Medien herzustellen, was als ein ganz wesentlicher posi-

---

4 Der amerikanische Außenminister Kissinger hielt sich am 20./21. Mai 1975 in der Bundesrepublik auf. Für die Gespräche mit Bundesminister Genscher am 20. Mai 1975 über die Lage in Portugal vgl. AAPD 1975, I, Dok. 126 und Dok. 129.

5 Seit September 1975 kam es in Portugal wiederholt zu Auseinandersetzungen und Demonstrationen verschiedener politischer Gruppierungen, u. a. zur Besetzung von Rundfunk- und Fernsehsendern, zu Generalstreiks sowie zur Belagerung des Parlamentsgebäudes und des Sitzes von Ministerpräsident Pinheiro de Azevedo. Am 25. November 1975 besetzten Fallschirmjägereinheiten vier Luftwaffenstützpunkte bei Lissabon und forderten den Ausschluß von vier Mitgliedern des Revolutionsrats. Am 27. November 1975 gelang es Truppen der Regierung, die am Aufstand beteiligten Einheiten zu überwältigen. Dazu informierte Referat 203 am 28. November 1975: „Mit dem Umsturzversuch etwa 1500 linksextrem beeinflußter Fallschirmjäger am 25.11.1975 und dessen Niederschlagung durch regierungstreue Truppen scheint sich zum ersten Mal seit Monaten die Möglichkeit abzuzeichnen, daß sich die Regierung Azevedo gegen Chaos und Anarchie durchsetzt. [...] Möglich war dies nur, weil die loyal zur Regierung stehenden Truppen seit der Unabhängigkeit Angolas (11.11.1975) erheblich verstärkt wurden durch aus Angola zurückkehrende Verbände, die gegenüber linken Parolen weniger anfällig sind als die seit der Revolution vom April 1974 total politisierten Streitkräfte des Mutterlandes." Die Regierung scheine jetzt die Gunst der Stunde zu einer durchgreifenden Neuorganisation der Streitkräfte nutzen zu wollen. So befänden sich derzeit 51 am Putsch beteiligte Offiziere in Haft, zwei Generäle hätten auf Druck der Regierung ihren Rücktritt eingereicht, und die von linksextremen Kräften in der Armee beherrschte C[omando] OP[eracional do]CON[tinente] sei aufgelöst worden: „Unklar ist bis zur Stunde noch die Rolle der kommunistischen Partei bei dem Putsch. In den letzten Monaten hatte sie eine Doppelstrategie verfolgt, indem sie sich an der Regierung Azevedo beteiligte, von der Parteibasis und über die Intersindical aber die Unruhe in Armee und Arbeiterschaft schürte. Die Partei hat sich bisher jeder Stellungnahme zum Putsch enthalten. Soweit ersichtlich kann ihr auch keine direkte Beteiligung nachgewiesen werden. Doch scheint die Intersindical zumindest zeitweise bestrebt gewesen zu sein, durch einen Generalstreik zugunsten der Putschisten einzugreifen." Vgl. Referat 203, Bd. 110241.

tiver Faktor zu beurteilen sei.[6] Man könne dennoch nicht eine fortbestehende Besorgnis verhehlen. Bis zu dem Zeitpunkt des politischen Kräftegleichgewichts, der Stabilisierung und der Konsolidierung der demokratischen Einrichtungen sei eine extreme Radikalisierung der Linken bis zum 25. November zu verzeichnen gewesen. Jetzt allerdings hätten sich die rechten Kräfte erholt und strebten möglicherweise eine Rückkehr an die Macht und zu einer faschistoiden oder faschistischen Situation an. Dies sei die Hauptsorge im Moment.

Man wolle die Kohärenz der Prinzipien des 25. April 1974[7] aufrechterhalten und den demokratischen Weg fortsetzen. Extremismen von rechts oder links seien nicht geduldet. Es gehe jetzt darum, die demokratischen Institutionen zu konsolidieren und dem Land Fortschritt und vor allem die wirtschaftlichen und sozialen Veränderungen zu bringen, die für Portugal unerläßlich seien. Wie bekannt, spreche man von demokratischem Sozialismus und halte dieses Ziel für richtig. Eine totalitäre Form des Sozialismus, wie sie in Osteuropa existiere, lehne man ab. Von elementarer Wichtigkeit sei die Wahrung der Freiheit, die Erhaltung der Menschenrechte und eines demokratischen Pluralismus. Kurzfristige Perspektiven der politischen Entwicklung in Portugal seien folgende:

In allernächster Zeit werde die Verfassung verabschiedet[8] und außerdem die Verhandlung zwischen den Streitkräften und den politischen Parteien über den „Pakt"[9] abgeschlossen sein. Militärs und Politiker seien sich einig, daß es in der konkreten Situation des nationalen Lebens unmöglich sei, die Demokratie endgültig einzurichten, ohne die Präsenz der Streitkräfte als Schiedsrichter und Garanten der Verfassung, dies wenigstens für kurze Zeit. Die politisch verantwortlichen Militärs strebten nicht das Monopol der politischen Macht an und fühlten sich auch nicht berufen, Napoleon zu spielen. Sie seien

---

6 Die portugiesische Regierung gab am 3. Dezember 1975 bekannt, daß das Fernsehen sowie die privaten Radiosender mit Ausnahme des der katholischen Kirche gehörenden „Radio Renascenca" sowie ausländischer Sendeanlagen verstaatlicht und in einer neuen Gesellschaft („Empresa Publica de Radiodifusao") zusammengefaßt würden. Vgl. dazu den Drahtbericht Nr. 636 des Botschafters Caspari, Lissabon, vom 4. Dezember 1975; Referat 203, Bd. 110241.

7 Zum Umsturz in Portugal vgl. Dok. 8, Anm. 8.

8 Präsident Costa Gomes und der Präsident der Verfassunggebenden Versammlung, de Barros, unterzeichneten am 2. April 1976 die neue Verfassung. Botschafter Caspari, Lissabon, teilte dazu am 3. April 1976 mit: „Die in zehnmonatiger Tätigkeit, zuletzt unter großem Zeitdruck ausgearbeitete ‚Verfassung der Portugiesischen Republik' hatte die Zustimmung aller Parteien mit Ausnahme der CDS gefunden. [...] Die Verfassung, die mit 312 Artikeln als die zweitlängste der Welt bezeichnet wird, soll am 25.4.1976 in Kraft treten." Vgl. den Drahtbericht Nr. 187; Referat 203, Bd. 110246.

9 Am 11. April 1975 unterzeichneten die „Bewegung der Streitkräfte" und die portugiesischen Parteien einen „Pakt", in dem Grundzüge der künftigen Verfassung dargelegt und die Rolle von „Bewegung" und Revolutionsrat für eine Übergangszeit von drei bis fünf Jahren bis zur vollständigen Übergabe der Regierungsgewalt an eine zivile Regierung festgeschrieben wurden. Vgl. dazu den Drahtbericht Nr. 164 des Botschafters de Caspari, Lissabon, vom 10. April 1975; Referat 203, Bd. 110241. Im Dezember 1975 nahmen die „Bewegung der Streitkräfte" und die portugiesischen Parteien erneut Gespräche auf mit dem Ziel einer Revision des „Pakts" vom 11. April 1975. Am 27. Februar 1976 teilte Caspari mit, daß eine neue Vereinbarung am Vortag unterzeichnet worden sei: „Der Revolutionsrat hat sich in dem Pakt verpflichtet, den Verfassungsmechanismus einer Demokratie zu akzeptieren. Hierzu dürfte er sich verstanden haben, weil in dem Pakt, der die Grundlage für die nun zu beschließende Verfassung bildet, dem vom Vertrauen der Militärs getragenen Präsidenten wesentliche Befugnisse eingeräumt wurden." So werde der Präsident u. a. gleichzeitig Präsident des Revolutionsrats und Oberkommandierender der Streitkräfte sein. Vgl. den Drahtbericht Nr. 131; Referat 203, Bd. 110246.

ausschließlich besorgt um die Aufrechterhaltung der wesentlichen Errungenschaften des 25. April, der Demokratie, des wirtschaftlichen und sozialen Fortschritts.

Der „Pakt" werde innerhalb einer Woche oder zehn Tagen neu ausgehandelt sein. Die Verfassungsarbeiten dürften Mitte März abgeschlossen sein, so daß Ende April Parlamentswahlen[10] stattfinden könnten. Wichtig sei vor allem die Lösung der großen wirtschaftlichen Probleme, ohne die Demokratie nicht möglich sei.

Auf eine Frage des Bundesaußenministers entgegnete Minister Melo Antuñes, daß die Kommunisten in der Einheitsgewerkschaft Intersindical zwar noch Einfluß hätten, aber eine Monopolstellung nicht mehr besäßen. Zur Zeit gewinne die Sozialistische Partei immer mehr an Einfluß in den großen Gewerkschaften. In Beantwortung der Frage des Bundesaußenministers nach dem Ausgang der Wahlen sagte Außenminister Melo Antuñes, die PCP werde Stimmen einbüßen, denn sie habe an Rückhalt verloren. Alles deute auf eine Stärkung der Parteien der Mitte oder rechts von der Mitte hin, also der PPD und des CDS. Die PS könne möglicherweise die Stimmenverluste der PC für sich nutzen, andererseits aber einen Teil ihrer Stimmen an die PPD verlieren. Es sei möglich, daß es zu einer gleichmäßigen Kräfteverteilung zwischen PPD und PS komme. Obwohl er persönlich glaube, die PS werde mehr Stimmen als die PPD erhalten.

Im Anschluß fragte der *Bundesaußenminister* nach dem Verhältnis der Streitkräfte zu den politischen Parteien. Minister *Melo Antuñes* entgegnete, daß man zu der PS gute persönliche Beziehungen unterhalte. Die Beziehungen zur PPD gestalteten sich schwieriger und seien nicht so stark ausgeprägt, allerdings bestehe ein persönliches Verhältnis zu wichtigen Mitgliedern der PPD. Der PS stehe man jedoch näher, und es herrsche ein guter Kooperationsgeist zwischen den Streitkräften und der PS.

Auf eine weitere Frage des Bundesaußenministers verneinte der portugiesische Außenminister eine oppositionelle Haltung der PPD gegenüber der Regierung, da sie in dieser mit Ministern und Staatssekretären vertreten sei. Der *Bundesaußenminister* unterstrich, er habe diese Frage nur gestellt, um bei Besuchen und Einladungen an die Generalsekretäre der Parteien eine mögliche Einmischung in portugiesische Angelegenheiten zu vermeiden. Man wisse, fügte Minister *Antuñes* noch hinzu, daß die PPD auch international eine bestimmte Position anstrebe. Das Problem ihres Beitritts zur Sozialistischen Internationale müsse jedoch zwischen den beiden betroffenen Parteien gelöst werden und sei nicht Sache des Militärs.

Im folgenden kam der *Bundesaußenminister* auf die Notwendigkeit privater Investitionen in Portugal zu sprechen. Er erwähnte vorab den 250-Mio.-Dollar-Kredit der Bundesbank an die Bank von Portugal[11] und die deutsche Beteili-

---

10 Zu den Parlamentswahlen in Portugal am 25. April 1976 vgl. Dok. 144, Anm. 3.

11 Die Bundesbank und die portugiesische Notenbank schlossen am 23. Januar 1976 einen Darlehensvertrag, der am 4. Februar 1976 bekanntgegeben wurde. Über die Einzelheiten teilte die Bundesbank mit: „Zwischen der Deutschen Bundesbank und der portugiesischen Notenbank (Banco de Portugal) wurde in diesen Tagen ein Kreditvertrag abgeschlossen. Danach gewährt die Deutsche Bundesbank der portugiesischen Notenbank einen Kredit über 250 Millionen US-Dollar auf sieben

gung an Aktionen der EG[12]. Für einen Aufschwung der portugiesischen Wirtschaft reichten offizielle Gelder jedoch nicht aus. Um die Unsicherheit und Skepsis der deutschen Wirtschaft abzubauen, sei ein bilaterales Abkommen über Investitionssicherung der richtige Weg.[13]

Der *portugiesische Außenminister* betonte, daß sich die portugiesische Wirtschaft nur mit Hilfe auch von Privatinvestitionen erholen und den Rückstand aufholen könne. Man werde allgemeine Richtlinien aufstellen, nach denen sich ausländisches Kapital am Wirtschaftsleben des Landes beteiligen könne. Der Investitionskodex sei bereits vom Ministerrat verabschiedet und werde bald veröffentlicht.[14] Der Vorschlag des Bundesaußenministers sei eine ausgesprochen bedeutsame und nützliche Form der Unterstützung. Ein solches Abkommen komme den Bedürfnissen der portugiesischen Wirtschaft entgegen und sei ein weiterer Beweis für den großen Kooperationsgeist der Bundesrepublik Deutschland.

Man habe in Deutschland bitter dafür bezahlen müssen, hob der *Bundesaußenminister* hervor, daß wirtschaftliche Probleme vor 1933 nicht gelöst worden seien. Ende 1932/Anfang 1933 seien sich alle in Deutschland einig gewesen, daß sich die Demokratie nicht werde halten können. Es habe sich nur die Frage gestellt, ob sich eine faschistische oder kommunistische Diktatur installieren würde. Eine Demokratie müsse in der Lage sein, für die Menschen Arbeitsplätze zu schaffen. Ohne die Lösung der sozialen Probleme könne sie nicht überleben. Die Bundesrepublik Deutschland wolle sich nicht in innere Angelegenheiten Portugals einmischen, betrachte es aber als ihre Pflicht, dem befreundeten Land bei der Lösung seiner Probleme zu helfen. Dies sei die Überzeugung der politisch verantwortlichen Kräfte in Deutschland.

Fortsetzung Fußnote von Seite 126

Monate mit der Möglichkeit einer dreimaligen Verlängerung um je weitere sechs Monate. Zur Absicherung des Kredits hat die portugiesische Notenbank für die gleiche Laufzeit einen entsprechenden Goldbetrag zur Verfügung der Deutschen Bundesbank gestellt." Vgl. BULLETIN 1976, S. 166.

12 Der EG-Ministerrat beschloß am 7. Oktober 1975 eine außerordentliche Soforthilfe für Portugal in Form von Darlehen der Europäischen Investitionsbank in Höhe von insgesamt 180 Mio. RE, die der Überbrückung bis zum Inkrafttreten eines Finanzprotokolls dienen sollten. Vgl. dazu den Drahtbericht Nr. 3296 des Botschafters Lebsanft, Brüssel (EG), vom 7. Oktober 1976; Referat 410, Bd. 105616.

13 Zur Frage eines Investitionsförderungsvertrags zwischen der Bundesrepublik und Portugal stellte Referat 403 am 28. Januar 1976 fest: „Die portugiesische Seite ist an deutschen Investitionen in Portugal interessiert. Wegen des unsicheren Investitionsklimas als Folge der portugiesischen Verstaatlichungspolitik, unklarer gesetzlicher Maßnahmen auf diesem Gebiet und unkontrollierter Aktionen der Arbeiterschaft ist die Investitionsbereitschaft der deutschen Industrie in Portugal jedoch gering. Ohne ausreichende Rechtsschutzgarantien wird diese Bereitschaft kaum wieder hergestellt werden können. Wir haben daher der portugiesischen Seite anläßlich von Expertengesprächen, die Ende Juni 1975 in Bonn stattgefunden haben, den Abschluß eines bilateralen Investitionsförderungsvertrages vorgeschlagen. Unser Mustervertrag wurde bei dieser Gelegenheit übergeben. Eine Stellungnahme von portugiesischer Seite steht bisher aus." Vgl. Referat 420, Bd. 117757.

14 Am 23. Januar 1976 übermittelte das Bundesministerium für Wirtschaft den Entwurf für einen portugiesischen Kodex für ausländische Investitionen. In einer beigefügten Analyse des Entwurfs wurde festgestellt, „daß die neue Regelung keinen Schutz bietet, der mit dem eines bilateralen Investitionsförderungsvertrags vergleichbar wäre. Ob er ausreicht, um weitere Garantien für deutsche Kapitalanlagen in Portugal zu übernehmen, ist zweifelhaft. [...] In jedem Falle sollte der portugiesische Regierung darauf hingewiesen werden, daß eine nachhaltige Verbesserung des Investitionsklimas von dem Abschluß eines Investitionsförderungsvertrags abhängen dürfte." Vgl. Referat 420, Bd. 117759.

Vor einiger Zeit habe er mit Vertretern der deutschen Wirtschaft ein Gespräch geführt und dabei feststellen können, daß bereits der Beginn von Verhandlungen über ein Investitionsförderungsabkommen die deutsche Industrie ermutigen werde. Durch einen wirtschaftlichen Aufschwung in der BRD in Zukunft werde sich das Interesse der deutschen Wirtschaft an Investitionen im Ausland noch erhöhen. Das genannte Abkommen könne Signalwirkung haben.

Der *portugiesische Außenminister* unterstrich, daß die momentan in Portugal politisch Verantwortlichen bereits einen großen Sektor der Wirtschaft für private Investitionen vorgesehen hätten, denn nur so könne man eine pluralistische und freiheitliche Gesellschaft errichten. Mit diesen politischen Zielen sei es vereinbar, daß auf der Basis der gegenseitigen Achtung der Unabhängigkeit der vom Bundesaußenminister vorgeschlagene Schritt getan werde, der so wichtig für die Erholung der portugiesischen Wirtschaft sei. Es bestehe Interesse, bereits anläßlich dieses Besuches ein solches Abkommen zu unterzeichnen.

Der *Bundesaußenminister* schlug vor, die Beamten der beiden Ministerien mit den Vorbereitungen zu beauftragen. Bereits die Tatsache, daß man über die Aufnahme von Verhandlungen einig geworden sei, werde Signalwirkung haben.[15]

Abschließend fragte der Bundesaußenminister nach den Themen, die nach Ansicht von Minister Antuñes in dem Gespräch mit dem Präsidenten der Republik und dem Premierminister angeschnitten werden sollten.[16]

Der *portugiesische Außenminister* schlug vor, die bilaterale und multilaterale wirtschaftliche Zusammenarbeit und die Unterstützung der Bundesrepublik für Portugal anzusprechen. Ferner sei ein Kommentar zu der letzten Entwicklung des demokratischen Prozesses angebracht.

Das Gespräch endete gegen 17.30 Uhr.

Referat 010, Bd. 178666

---

[15] Die erste Runde der Gespräche über einen Investitionsförderungsvertrag zwischen der Bundesrepublik und Portugal fand vom 22. bis 26. März 1976 in Lissabon statt. Dazu informierte Vortragender Legationsrat I. Klasse Dufner, z. Z. Lissabon, am 26. März 1976: „Portugiesische Seite führte am 24.3.1976 den am 18.3.1976 vom Ministerrat verabschiedeten, aber noch nicht veröffentlichten Investitionskodex in die Verhandlungen ein. Die Position hinsichtlich der Grundsätze unseres Mustervertrages und des Kodex liegen noch weit auseinander, so daß abschließendes positives Ergebnis in erster Verhandlungsrunde nicht zu erzielen war." Vgl. den Drahtbericht Nr. 176; Referat 422, Bd. 121355.

[16] Im Anschluß an das Gespräch mit dem portugiesischen Außenminister Melo Antuñes am 4. Februar 1976 in Lissabon führte Bundesminister Genscher Gespräche mit Präsident Costa Gomes und mit Ministerpräsident Pinheiro de Azevedo. Themen waren die innere Entwicklung von Portugal und die Förderung des wirtschaftlichen Aufbaus des Landes durch die Bundesrepublik. Vgl. dazu die Gesprächsaufzeichnungen; Referat 010, Bd. 178666.

32

Gespräch des Bundesministers Genscher mit dem Generalsekretär der Sozialistischen Partei Portugals, Soares, in Lissabon

VS-NfD **4. Februar 1976**[1]

Dolmetscheraufzeichnung über das Vieraugengespräch mit dem Generalsekretär der Sozialistischen Partei, Dr. Mário Soares, am 4.2.1976 um 20.00 Uhr im Hotel Ritz[2]

Der *Bundesaußenminister* zeigte sich beeindruckt von der in den vorangegangenen Gesprächen mit der portugiesischen Führung[3] erwähnten Notwendigkeit der Durchführung von Wahlen, der Lösung der wirtschaftlichen Probleme und der Bedeutung von Privatinvestitionen. Er äußerte seine Genugtuung über den zukünftigen Abschluß eines Investitionsförderungsabkommens[4] und die bevorstehende Veröffentlichung des Bundesbankdarlehens an die Bank von Portugal[5].

Dr. *Soares* gab seiner Befriedigung darüber Ausdruck, daß der Bundesaußenminister die Situation in Portugal so bestätigt vorfinde, wie er es bei seinem letzten Besuch in Bonn[6] vorhergesagt habe: Konsolidierung der demokratischen Einrichtungen, wozu die Wahlen zur Gesetzgebenden Versammlung[7] weiter beitragen würden. Nach diesen Wahlen werde Portugal wie alle anderen europäischen Demokratien demokratisch sein.

Unmittelbar nach der Rückkehr von seinem letzten Besuch in der Bundesrepublik Deutschland habe er mit wichtigen Vertretern der deutschen Industrie in Portugal deren Probleme diskutiert und eine Liste ihrer Forderungen aufstellen lassen, die auch den Ministern für Außenhandel[8], Finanzen[9] und Arbeit[10] zugeleitet worden sei.

---

[1] Die Gesprächsaufzeichnung wurde von Dolmetscherin Eichhorn gefertigt und von der Botschaft Lissabon am 9. Februar 1976 übermittelt.
Hat Bundesminister Genscher am 14. Februar 1976 vorgelegen.

[2] Bundesminister Genscher hielt sich am 4./5. Februar 1976 in Lissabon auf.

[3] Für das Gespräch des Bundesministers Genscher mit dem portugiesischen Außenminister Melo Antunes am 4. Februar 1976 in Lissabon vgl. Dok. 31.
Im Anschluß an das Gespräch mit Melo Antunes führte Genscher Gespräche mit Präsident Costa Gomes und mit Ministerpräsident Pinheiro de Azevedo. Vgl. dazu die Gesprächsaufzeichnungen; Referat 010, Bd. 178666.

[4] Zum geplanten Investitionsförderungsvertrag zwischen der Bundesrepublik und Portugal vgl. Dok. 31, Anm. 13 und 15.

[5] Zur Bekanntgabe eines Kredits der Bundesbank an die portugiesische Nationalbank am 4. Februar 1976 vgl. Dok. 31, Anm. 11.

[6] Der Generalsekretär der Sozialistischen Partei Portugals, Soares, hielt sich zuletzt am 18. Dezember 1975 in der Bundesrepublik auf. Für das Gespräch mit Bundesminister Genscher vgl. Referat 203, Bd. 110244.

[7] Zu den Parlamentswahlen in Portugal am 25. April 1976 vgl. Dok. 144, Anm. 3.

[8] Joaquim Jorge de Pinho Campinos.

[9] Francisco Salgado Zenha.

[10] José Pedro Tomás Rosa.

Bei seinem soeben beendeten 14tägigen Besuch in den USA sei er u. a. mit Außenminister Kissinger und dem amerikanischen Finanzminister[11] zusammengetroffen, die sich sehr aufgeschlossen gezeigt hätten. Gefreut habe ihn die Äußerung von Kissinger, er habe sich dreimal in Bezug auf Portugal geirrt, während die europäische Politik, insbesondere die deutsche, richtig verfahren sei in ihrem Vertrauen darauf, daß Portugal den Kommunismus abwehren werde.

Dr. Soares erwähnte noch einmal, daß er bei seinem letzten Besuch in Bonn prophezeit habe, bis Ende Herbst 1975 werde in Portugal eine Entscheidung für die Demokratie fallen, was eingetreten sei.

Vom *Bundesaußenminister* nach der Verständigung zwischen Militärs und politischen Parteien bei der Revision des „Paktes"[12] befragt, antwortete *Dr. Soares*, es gebe keine Probleme: Nicht nur Minister Antuñes, sondern auch die anderen führenden Militärs akzeptierten den Vorschlag der PS, wonach der Revolutionsrat in Zukunft als beratendes Organ des Präsidenten der Republik und als oberster Garant der nationalen Unabhängigkeit und der Verfassungsmäßigkeit der Gesetze fungieren, jedoch keine legislativen oder exekutiven Befugnisse haben werde. Der Vorschlag von Minister Antuñes räume den Militärs größere Macht im Staate ein, er werde jedoch von der PS und den operativen Militärs abgelehnt.[13]

Dr. Soares sprach im folgenden von einer unverschämten Intervention der Sowjets in Angola, einem zum Westen gehörigen Land. Dies stelle eine schwere Störung des internationalen Gleichgewichts dar.

Der *Bundesaußenminister* unterstrich, daß man die Entkolonisierung – auch die Angolas – als eines der großen Ergebnisse der portugiesischen Revolution ansehe. Man verurteile und beklage jedoch die direkte und indirekte Intervention, die die Gefahr eines neuen Kolonialismus mit sich bringe. Das Streben der Angolaner nach Freiheit und Unabhängigkeit werde durch das kommunistische Streben nach neuen Einflußzonen erstickt. Die Bundesrepublik sei besorgt über diesen Prozeß des Hegemonialstrebens und Neokolonialismus. Eine Anerkennung der MPLA zum augenblicklichen Zeitpunkt komme einer Ermutigung der Invasoren gleich.

Bei seinem Besuch vor circa 14 Tagen habe der sambische Außenminister Banda die Befürchtung eines Übergreifens und der Ausweitung des Konflikts ge-

---

11 William E. Simon.

12 Zur Revision des „Pakts" vom 11. April 1975 zwischen der „Bewegung der Streitkräfte" und den portugiesischen Parteien vgl. Dok. 31, Anm. 9.

13 Am 13. Januar 1976 übermittelte der Revolutionsrat den portugiesischen Parteien den Entwurf für eine Revision des „Pakts" vom 11. April 1975. Dazu berichtete Botschafter Caspari, Lissabon, am 3. Februar 1976: „Dem Vernehmen nach ging dieser auf AM Melo Antuñes zurück, der mit einer Minderheit im Revolutionsrat den Streitkräften auch künftig weitreichenden Einfluß vorbehalten möchte (Schlagwort: Streitkräfte als ,Motor der Revolution'). Der Generalstabschef des Heeres und Führer der Mehrheitsgruppe, General Ramalho Eanes, der für eine Beschränkung der Armee auf die Rolle eines ,Garanten' der Revolution eintritt, soll den von ihm und der Mehrheit nicht gebilligten, wenig aussichtsreichen Vorschlag von Antuñes in die Verhandlungen mit den Parteien in der Absicht eingeführt haben, dessen Stellung zu schwächen." Vgl. den Drahtbericht Nr. 84; Referat 203, Bd. 110246.

äußert.[14] Die Besorgnis von Präsident Kaunda sei sehr ernst zu nehmen. Der sambische Präsident sei Symbol eines neuen und unabhängigen Afrika, das seinen eigenen Weg gehen wolle. Die südafrikanische Haltung stelle eine große Belastung für alle westlichen Staaten dar und leiste der Sowjetunion Vorschub.

Die Bundesrepublik Deutschland befürworte eine politische Lösung durch Verhandlungen.

Dr. Soares bezeichnete die Haltung Sambias – eines der progressiven Länder Afrikas – als sehr wichtig. Er sprach sich für Verhandlungen zwischen Amerikanern und Sowjets aus, die einen Rückzug der ausländischen Truppen aus Angola garantieren müßten, und für Verhandlungen der angolanischen Befreiungsbewegungen im Rahmen der OAE.

Der *Bundesaußenminister* warf ein, daß die Unfähigkeit des Kongresses die amerikanische Regierung behindere[15] und daß sich die Russen – in Kenntnis dieser Tatsache – nicht zu Verhandlungen oder gar einem Kompromiß genötigt sähen.

Dr. Soares erwähnte seine Gespräche in den USA mit dem Ausschuß für internationale Beziehungen. Dort habe man erklärt, eine militärische Intervention sei ausgeschlossen, doch könne man auf diplomatischem Wege, z.B. im Rahmen der bestehenden Handelsbeziehungen, Druck auf die Sowjets ausüben.

Der *Bundesaußenminister* hob hervor, daß man im Wahljahr in den USA[16] viel mehr an einem positiven Ausgang der SALT-Gespräche interessiert sei; er hingegen sei der Ansicht, daß ein Aufhalten der kommunistischen Invasion in Angola ein positiveres Echo finden würde. Durch die Ereignisse in Angola beginne die Öffentlichkeit in den westlichen Staaten, die Entspannungspolitik in Frage zu stellen. Wenn die Sowjets an der Entspannung interessiert seien, müßten sie solche Abenteuer unterlassen.

---

14 Der sambische Außenminister hielt sich am 14./15. Januar 1976 in der Bundesrepublik auf. Im Gespräch mit Bundesminister Genscher äußerte sich Banda besorgt über das Ergebnis der Sondersitzung der OAU vom 10. bis 12. Januar 1976 in Addis Abeba, „da hier ein Bruch unter den Afrikanern sichtbar geworden sei. Wenn es der Sowjetunion gelingen sollte, sich in Angola zu etablieren, befürchtete er, daß sie sich von dort aus weiter ausdehnen werde. [...] Nach dem Fehlschlag dürfte die OAU kein großes Gewicht mehr haben. Die pro-MPLA-Gruppe habe ihre beiden Hauptziele (Anerkennung der MPLA und ausschließliche Verurteilung von Südafrika) nicht erreicht. Bundesminister fragte, ob es in beiden Lagern unsichere Kantonisten gäbe. Banda bemerkte, Sierra Leone sei im eigenen Lager zunächst etwas zurückhaltend gewesen, habe dann aber doch eine positive Initiative ergrifffen. Dennoch müßte man Sierra Leone weiterhin im Blick behalten. Bei der pro-MPLA-Gruppe seien Burundi, Mauritius und Niger etwas labil." Vgl. die Gesprächsaufzeichnung; Referat 320, Bd. 108211.

15 Vgl. dazu die Ablehnung des amerikanischen Senats, Mittel für eine Unterstützung von FNLA und UNITA zu bewilligen; Dok. 19, Anm. 8.
Am 29. Januar 1976 wurde in der Presse gemeldet, daß auch das Repräsentantenhaus mit 323 gegen 99 Stimmen die Fortsetzung jeder Waffenhilfe der USA für FNLA und UNITA abgelehnt habe: „Ford hatte die Waffenhilfe über rund sechs Monate ausdehnen wollen, um Verhandlungsspielraum zu gewinnen. Aber die Mehrzahl des durch die demokratische Opposition beherrschten Hauses lehnte den Plan als unzureichend ab." Ursache hierfür sei, daß der Kongreß eine Wiederholung des Vietnamkrieges und ein Eingreifen der USA auf einem Kriegsschauplatz scheue, „wo der Anschein entstehen könnte, als greife Washington gegen eine nationale Volksbewegung ein". Vgl. den Artikel „Auch das Repräsentantenhaus lehnt Angola-Hilfe ab"; FRANKFURTER ALLGEMEINE ZEITUNG vom 29. Januar 1976, S. 1.

16 Am 2. November 1976 fanden in den USA Präsidentschaftswahlen sowie Wahlen zum Repräsentantenhaus und Teilwahlen zum Senat statt.

Nach dem Ausgang der Parlamentswahlen befragt, zitierte Dr. *Soares* das Ergebnis einer französischen Meinungsumfrage, die 35% für die PS, 28% für die PPD, 26% für den CDS und 10% für die PC voraussage. Er persönlich sei der Ansicht, das Ergebnis der Parlamentswahlen werde für die PS positiver ausfallen als das Resultat der Wahlen zur Verfassunggebenden Versammlung[17]; sie werde nicht nur als stärkste Partei aus diesen Wahlen hervorgehen, sondern auch alleine regieren können. Als an der Regierung beteiligte Partei, die auch die Austerity-Maßnahmen[18] mit vertrete, sei die PS momentan vielleicht in einer weniger günstigen Position, aber der Wahlkampf habe noch nicht begonnen. Er sei Optimist und rechne mit 42% bis 44% der Wählerstimmen für seine Partei. Hauptkonkurrenten seien CDS und PPD, die zwei ähnlich starke Blöcke nach den Wahlen bilden könnten, letztere sei inzwischen weiter nach rechts gerückt, was eine Spaltung in der Partei[19] zur Folge gehabt habe.

Auf die Frage des Bundesaußenministers nach einem Kandidaten für die Präsidentschaftswahlen erwiderte Dr. Soares, hier sei noch keine Entscheidung gefallen. Man trete dafür ein, daß diese Wahlen nach den Parlamentswahlen stattfinden sollten. Abhängig vom Ausgang der letzteren bestehe die Möglichkeit der Aufstellung eines gemeinsamen Kandidaten von PS und PPD.[20]

Zum Thema Spanien berichtete der *Bundesaußenminister* von seinem Besuch in Madrid im Frühjahr 1975.[21] Er setze Vertrauen in die Außen-[22], Innen-[23] und Justizminister[24], ebenfalls in den König[25] und den Ministerpräsidenten[26]. Alles hänge jedoch davon ab, ob sich diese Persönlichkeiten gegen die rechten

---

[17] Bei den Wahlen am 25. April 1975 zur Verfassunggebenden Versammlung in Portugal erhielten die Sozialistische Partei 37,87% (116 Sitze), die Demokratische Volkspartei 26,38% (80 Sitze), die Kommunistische Partei 12,53% (30 Sitze), das Demokratisch-Soziale Zentrum 7,65% (16 Sitze), die Demokratische Bewegung 4,12% (5 Sitze) und die Volksdemokratische Union 0,79% (1 Sitz). Darüber hinaus entsandten Macau und die Auslandsportugiesen jeweils einen Vertreter in die Verfassunggebende Versammlung. Vgl. dazu EUROPA-ARCHIV 1975, Z 78.

[18] Referat 420 informierte am 27. Januar 1976 über die wirtschaftspolitischen Notmaßnahmen der portugiesischen Regierung: „Ende 1975 hat die sechste Regierung ein Notstandsprogramm beschlossen, das schrittweise in Kraft treten soll; beabsichtigt sind: a) Austerityprogramm: Erhöhung der Umsatz-, Tabak-, Erbschafts- und Kraftfahrzeugsteuer; Erhöhung der Benzinpreise; Beschränkung der Reisedevisen; Preiskontrollen; Verlangsamung des Lohn und Gehaltsauftriebs. [...] b) Förderungsmaßnahmen: Erleichterungen bei Kreditgewährung für Land- und Forstwirtschaft, Fischerei; Begünstigung von Gastarbeiterüberweisungen (Devisenkonten, hohe Verzinsung); Fremdenverkehrs- und Exportförderung." Vgl. Referat 420, Bd. 117757.

[19] Auf dem Kongreß der PPD am 7./8. Dezember 1975 in Aveiro kam es zu einer Abspaltung von Teilen des linken Flügels der Partei. Dazu berichtete Botschafter Caspari, Lissabon, am 10. Dezember 1975, daß bei der Diskussion über die innerparteiliche Demokratie offene Gegensätze zutagegetreten seien. Einige Abgeordnete hätten unter Protest den Kongreß verlassen, „weil sie mit ihrer Forderung nach proportionaler Berücksichtigung der verschiedenen Strömungen der Partei in deren Führungsgremien nicht durchdrangen. Der Kongreß wurde ein großer persönlicher Erfolg für Dr. Sá Carneiro. Die Partei muß sich jedoch nun auf die neue Lage nach der Sezession dieser dem linken Flügel des PPD zugerechneten Delegierten einstellen." Vgl. den Drahtbericht Nr. 645; Referat 203, Bd. 110241.

[20] Am 27. Juni 1976 wurde Antonio Ramalho Eanes zum Präsidenten von Portugal gewählt.

[21] Bundesminister Genscher hielt sich am 3./4. April 1975 in Spanien auf. Vgl. dazu AAPD 1975, I, Dok. 69.

[22] José Maria de Areilza.

[23] Manuel Fraga Iribarne.

[24] Antonio Garrigues Diaz-Cañabate.

[25] Juan Carlos I.

[26] Carlos Arias Navarro.

Kräfte durchsetzen könnten. Ein langes Zögern spiele nur den Kommunisten in die Hände. Der Bundesaußenminister erinnerte auch an sein Gespräch mit General Franco[27], dem er klargemacht habe, daß die Inexistenz der Demokratie die kommunistische Partei und ihre Organisation fördere.

Dr. Soares erwähnte abschließend, daß man sich zur Zeit in starkem Maße um eine Einigung der sozialistischen Bewegungen bemühe.

Das Gespräch endete gegen 21.00 Uhr.

Referat 010, Bd. 178666

33

Botschafter Sahm, Moskau, an das Auswärtige Amt

114-10698/76 VS-vertraulich	**Aufgabe: 4. Februar 1976, 18.26 Uhr**[1]
Fernschreiben Nr. 426	**Ankunft: 4. Februar 1976, 21.33 Uhr**
Cito	

Betr.: Sowjetische Belästigungen von Mitarbeitern der Botschaft

Bezug: DB Nr. 411 vom 3.2.[2]

Zur Unterrichtung

I. 1) Belästigungen von Mitarbeitern der Botschaft, offenbar als Gegenmaßnahme gegen Angriffe auf sowjetische Botschaft Rolandseck in ARD-Film über sowjetische Spionage[3], haben inzwischen systematische Form angenommen.

---

[27] Bundesminister Genscher traf im Rahmen seines Besuchs am 3./4. April 1975 in Spanien mit Staatsschef Franco zusammen.

[1] Hat Botschafter Schoeller am 6. Februar 1976 vorgelegen.

[2] Botschafter Sahm, Moskau, informierte darüber, daß drei Mitarbeiter der Botschaft „während der Mittagspause von sowjetischen Fahrzeugen verfogt" worden seien: „Verfolgung wurde in auffälliger Weise durchgeführt. Auf Hartmann wurde aus dem Auto ein Fernrohr gerichtet. Heyken wurde fotografiert und bis ins Haus und vor die Wohnung seiner russischen Lehrerin verfolgt, bei der er regelmäßig am Dienstag Unterricht hat. Schlote wurde beim Tanken durch ein Teleskop fotografiert." Vgl. Referat 213, Bd. 112777.

[3] Am 2. Februar 1976 sendete das Erste Deutsche Fernsehen einen Beitrag des Journalisten Konzelmann über die Tätigkeit des KGB in der Bundesrepublik. Dazu informierte Vortragender Legationsrat I. Klasse Kühn am 3. Februar 1976 die Botschaft in Moskau: „Nach einleitender Bemerkung der Sprecherin, daß nicht alles Material überprüfbar sei, lieferte der 1974 übergelaufene KGB-Hauptmann Myachkow Zahlenmaterial: Rund 2000 KGB-Offiziere befaßten sich mit der Bundesrepublik Deutschland, rund 10 000 weitere Personen, meist Bundesbürger, seien hierzulande in der einen oder anderen Form für KGB tätig, davon allerdings höchstens 500 bis 1000 ‚mit Erfolg'." Im weiteren Verlauf sei u. a. über die Tätigkeit des Ersten Botschaftssekretärs Ditschenko und des „legalen KGB-Residenten in der Bundesrepublik Deutschland, Botschaftsrat Jerofeew", berichtet worden: „Die Anschuldigungen wurden mit Aufnahmen unterlegt, die Ditschenko und Jerofejew in unverfänglichen Situationen (im eigenen PKW auf dem Weg zur Botschaft, auf Empfang aus Anlaß der Oktoberrevolution) zeigen. Film wurde teilweise mit getarnter Kamera durch ‚geschminktes' Heckfenster eines privaten VW-Kombis gedreht. Demnach bringt Film in der Sache

Sie wurden bisher, am 3. und 4. Februar, gegen BR Heyken und RA Schlote gerichtet. Bei den Maßnahmen handelt es sich um ständige Verfolgung durch sowjetische Wagen mit bestimmten Kennzeichen, wobei dies in aufdringlicher und zum Teil gefährlicher Weise geschieht. Bei zwei Gelegenheiten haben sowjetische Verfolger Anschein erweckt, daß sie Unfallrisiko nicht ausschlossen. Weitere Maßnahmen: Persönliche Verfolgung in aufdringlich naher Weise bei Einkauf in Geschäft und in einem Fall bis in den Aufzug und vor Wohnungstür. Schließlich wurden die beiden oben genannten sowie weitere Botschaftsangehörige demonstrativ fotografiert bzw. gefilmt.

Verfolgung wurde zunächst auch gegen Dolmetscher Hartmann gerichtet, aber inzwischen wieder eingestellt.[4] Anscheinend hat sowjetische Seite sich gezielt zwei Botschaftsangehörige ausgesucht, die schon länger in Moskau auf Posten sind (und die zur Versetzung anstehen).

So hätte man gleich zwei Opfer bereit, falls sowjetische Diplomaten in Bonn zum Verlassen des Landes veranlaßt werden sollten.

2) Wir haben heute, 4.2., nachmittags, in sowjetischem Außenministerium durch Gesandten Löwe und Mitarbeiter gegenüber stellvertretendem Leiter Dritter Europäischer Abteilung, Terechow, auf diese Vorfälle aufmerksam gemacht. Dabei haben wir erklärt, daß wir solche Belästigungen, welche das normale Leben und die Tätigkeit von Botschaftsmitgliedern und damit die Tätigkeit der Botschaft beeinträchtigen, nicht hinnehmen könnten. Wir bäten, geeignete Maßnahmen zu treffen, um ihre Wiederholung zu verhindern.

Terechow erwiderte: Ihm seien die von uns erwähnten Vorgänge unbekannt, man werde sie nachprüfen. Er habe jedoch den Eindruck, daß Arbeitsbedingungen für Botschaft Moskau und GK Leningrad gut seien. Dagegen seien sowjetische Vertretungen in BR Deutschland seit eineinhalb Jahren ununterbrochen Bedingungen ausgesetzt, die Arbeitsfähigkeit der Missionen und das Leben ihrer Angehörigen erheblich beeinträchtigten. Dabei erwähnte er Demonstrationen, Verfolgung und Anpöbelung von Botschaftsangehörigen, verleumderische Angriffe in Presse, Rundfunk und Fernsehen. Insbesondere wies er auf den am 2.2. ausgestrahlten ARD-Film (über sowjetische Spionage) hin. Leider hätten bisher alle Vorstellungen sowjetischer Seite Bundesregierung nicht dazu gebracht, diesen Mißständen abzuhelfen. Sowjetische Seite hoffe weiter, daß Bundesregierung endlich erforderliche Maßnahmen ergreifen werde.

Wir haben uns nicht auf Einzelerörterung der erwarteten sowjetischen Gegenvorwürfe eingelassen, sondern darauf hingewiesen, daß sich Bundesregierung

---

Fortsetzung Fußnote von Seite 133

[...] kein konkretes Belastungsmaterial im Hinblick auf angebliche Spionagetätigkeit in sowjetischer Botschaft zum jetzigen Zeitpunkt. [...] Der Film kann unsere Beziehungen zur Sowjetunion, insbesondere die von uns verfolgte Entspannungspolitik, nicht berühren." Vgl. den Drahterlaß Nr. 398; Referat 213, Bd. 112777.

4 Botschafter Sahm, Moskau, berichtete am 6. Februar 1976, daß die Belästigungen von Mitarbeitern der Botschaft andauerten: „Belästigungen wurden auch gegen Dolmetscher Hartmann wieder aufgenommen und systematisch fortgesetzt. Sowjets haben sich damit, wohl um die Reziprozität zu demonstrieren, Botschaftsangehörige ausgesucht, die in Dienstgraden fast genau den im Konzelmann-Film gezeigten Angehörigen sowjetischer Botschaft Rolandseck entsprechen." Vgl. den Drahtbericht Nr. 446; VS-Bd. 8943 (700/701); B 150, Aktenkopien 1976.

mit sowjetischen Beschwerden beschäftigt und daß Vertreter der Bundesregierung bei verschiedenen Gelegenheiten Stellungnahmen abgegeben hätten.

Das Gespräch wurde ohne Schärfen geführt.

3) Wir entnehmen aus verschiedenen Gesten sowjetischer Seite, daß man uns zu verstehen geben will, daß eingeleitete und möglicherweise noch folgende Aktionen gegen Botschaft und GK Leningrad[5] als Gegenmaßnahme gegen ARD-Spionagefilm auf Grundlage der Reziprozität beabsichtigt sind und man Eskalation mit belastenden Wirkungen für bilaterale Beziehungen zu vermeiden wünscht.

II. Auf inzwischen eingetroffenen DB 13 vom 4.2. aus Leningrad Nr. 2/76 VS-v[6]: Botschaft empfiehlt, daß GK Leningrad in ähnlicher Weise wie wir heute im Außenministerium seinerseits gegenüber Diplomatischer Agentur Leningrad vorstellig wird.[7]

[gez.] Sahm

VS-Bd. 8943 (700/701)

---

5 Generalkonsul Blumenfeld, Leningrad, informierte am 9. Februar 1976, daß die Belästigungen von Mitarbeitern des Generalkonsulats noch gesteigert worden seien: „Die Privatwohnungen von KS I Dr. Boden und KS I Salzwedel wurden von den sowjetischen Organen rund um die Uhr geradezu belagert. Ausgänge wurden für die beiden Betroffenen durch sofort auftauchende Beschatter, die die Verfolgung in Schrittnähe aufnahmen, sowie durch gleichzeitige pausenlos filmende oder fotographierende Personen zu einer Mühsal. Abends wurden erstmals auch Blitzlichtgeräte aus nächster Entfernung eingesetzt." Vgl. den Drahtbericht Nr. 19; Referat 213, Bd. 112777.

6 Generalkonsul Blumenfeld, Leningrad, teilte mit: „Seit Abend des 3.2. ist Konsul I Dr. Boden Belästigungen durch KGB ausgesetzt, die offensichtlich Antwortmaßnahme auf am 2.2. gesendeten Fernsehfilm über sowjetische Spionage in der Bundesrepublik Deutschland darstellen. Bei mehreren Fahrten im Stadtgebiet mit Privat- und Dienstwagen wurde er von zwei Wolga-Limousinen demonstrativ beschattet. Verschiedene Personen versuchten mehrmals, ihn im Privatwagen aus gleichauf fahrenden PKWs heraus sowie beim Aussteigen zu filmen." Vgl. VS-Bd. 10970 (213); B 150, Aktenkopien 1976.

7 Generalkonsul Blumenfeld, Leningrad, berichtete am 6. Februar 1976, daß er den Leiter der Diplomatischen Agentur Leningrad, Popow, auf die Belästigungen aufmerksam gemacht habe. Dabei habe er dargelegt, „daß derartige Handlungen den normalen Dienstbetrieb des GK stören, und ihn gebeten, auf geeignete Maßnahmen zu deren Abstellung hinzuwirken". Vgl. den Drahtbericht Nr. 17; Referat 213, Bd. 112777.
Am 9. Februar 1976 teilte Blumenfeld mit, daß er Popow erneut auf die anhaltenden Belästigungen hingewiesen habe: „Ich sei nunmehr nicht nur wegen der Störungen des Dienstbetriebes besorgt, sondern fürchte auch für die physische Sicherheit zweier meiner Mitarbeiter und deren Ehefrauen. Ich bäte erneut dringend, die Belästigungen einzustellen." Vgl. den Drahtbericht Nr. 20; Referat 213, Bd. 112777.

34

Gespräch des Bundesministers Genscher mit dem portugiesischen Außenminister Melo Antuñes in Lissabon

VS-NfD   5. Februar 1976[1]

Dolmetscheraufzeichnung über das zweite Vieraugengespräch zwischen dem Bundesaußenminister und dem portugiesischen Außenminister am 5.2. um 10.00 Uhr im portugiesischen Außenministerium[2]

Einleitend kam der *Bundesaußenminister* auf die Lieferung von Ausrüstungsmaterial an Portugal zu sprechen. Er bat um die Erstellung einer entsprechenden Liste, die vom Verteidigungsminister[3] wohlwollend geprüft werde. Er empfahl auch Kontaktaufnahme diesbezüglich zum deutschen Militärattaché[4].

Im folgenden erwähnte der Bundesaußenminister die Besetzung des Grundstücks von Herrn Gerike, die auch nach Auffassung der portugiesischen Regierung illegal sei, sich aber dennoch fortsetze.[5] Er manifestierte das Interesse der Bundesrepublik Deutschland an Maßnahmen der portugiesischen Regierung zur Räumung des erwähnten Grundstücks.

Die dritte Frage des Bundesaußenministers bezog sich auf die vier Offiziere, die am 11. März in die Botschaft geflüchtet waren.[6] Einer von ihnen befinde

---

[1] Die Gesprächsaufzeichnung wurde von Dolmetscherin Eichhorn gefertigt und von der Botschaft Lissabon am 6. Februar 1976 übermittelt.
Hat Bundesminister Genscher am 14. Februar 1976 vorgelegen.

[2] Bundesminister Genscher hielt sich am 4./5. Februar 1976 in Lissabon auf. Für das erste Gespräch mit dem portugiesischen Außenminister Melo Antuñes am 4. Februar 1976 vgl. Dok. 31.

[3] Georg Leber.

[4] Karl-Otto Perlich.

[5] Botschafter Caspari, Lissabon, berichtete am 24. Oktober 1975: „Am 22. Oktober wurde der Besitz des deutschen Staatsbürgers Hans-Joachim Gerike in der Herdade dos Castelos bei Torre da Gadanha, südlich von Montemor-o-Novo im Alentejo durch Angehörige zweier landwirtschaftlicher Kooperativen und Soldaten besetzt. Herr Gerike und seine Familie wurden im Gutsgebäude festgehalten, nachdem er sich geweigert hatte, das Gut an die Besetzer zu übergeben. Der von der Botschaft für das Gut ausgestellte Schutzbrief erwies sich als wirkungslos." Am 24. Oktober 1976 habe Gerike mitgeteilt, „daß die Besetzer das bewegliche Inventar bereits für den Abtransport bereitgestellt haben. Er und seine Familie konnten das Gut verlassen." Vgl. den Drahtbericht Nr. 535; Referat 203, Bd. 110248.
Am 31. Oktober 1975 informierte Caspari darüber, daß er die Angelegenheit gegenüber Ministerpräsident Pinheiro de Azevedo zur Sprache gebracht habe. Dabei habe er ausgeführt, daß Gerike vom zuständigen örtlichen Landreformbüro in Evora mitgeteilt worden sei, „der ihm weggenommene Landbesitz gehöre ihm und werde ihm auch in Zukunft gehören". Dadurch sei theoretisch die Rechtslage zwar geklärt, die Besetzung des Guts aber noch nicht aufgehoben: „Der Premierminister erklärte, die Hauptsache sei, daß dem Recht zur Geltung verholfen werde. Es komme darauf an, daß jetzt sofort etwas geschehe, und er werde sich persönlich darum bemühen. Es sei mir sicher ebenso wie ihm klar, daß die Aktionen gegen deutschen, britischen und anderen ausländischen Besitz ganz bewußt politisch gesteuert seien, um die Beziehungen zwischen Portugal und den ihm befreundeten Ländern des Westens zu stören und seine Regierung in Schwierigkeiten zu bringen. Es sei in der Tat für seine Regierung schwierig, etwas zu unternehmen, aber sie könne es nicht zulassen, daß durch derartige Aktionen die Beziehungen zu Ländern wie der Bundesrepublik Deutschland gestört würden, deren Hilfe Portugal dringend benötige." Vgl. den Drahtbericht Nr. 548; Referat 203, Bd. 110248.

[6] Nach dem gescheiterten Putschversuch von Teilen der Streitkräfte unter Leitung des ehemaligen Staatspräsidenten de Spínola am 11. März 1975 flohen vier portugiesische Offiziere in die Bot-

sich auf freiem Fuße, und obwohl dies nicht Angelegenheit der Bundesrepublik sei, habe man die Bitte, auch die anderen drei bis zum Prozeßbeginn auf freien Fuß zu setzen und die Prozesse zügig abzuwickeln.

Der vierte Punkt der Ausführungen des Bundesaußenministers beinhaltete die Klagen deutscher Firmen über den Zahlungsverzug verstaatlichter portugiesischer Firmen.[7]

Minister *Melo Antuñes* erwiderte, es gebe in Portugal eine Fabrik für leichte Waffen (Gewehre G 3), die nach deutschem Patent hergestellt würden. Diese Fabrik sei voll in Betrieb, sie beschäftige mehrere tausend Personen, allerdings könne Portugal diese Waffen aufgrund des Patentschutzes nicht verkaufen. Es stellte sich die Frage, ob nicht ein Abkommen zwischen beiden Ländern über den Absatz dieser Waffen geschlossen werden könne. Ansonsten werde man gezwungen sein, die Fabrik zu schließen. (Der Bundesaußenminister verwies hier auf den deutschen Militärattaché.)

Bezüglich des Grundstücks von Herrn Gerike sei auch Portugal an einer schnellstmöglichen Lösung interessiert. Er habe sich persönlich dafür eingesetzt und Kontakte zum Landwirtschaftsminister[8] aufgenommen, dem eine Entscheidung in dieser Angelegenheit obliege.[9]

Über das Schicksal der Offiziere, die am 11. März in der Botschaft Asyl gesucht hätten, sei er nicht genau informiert, da dies nicht unter seine Kompetenz falle. Die verantwortlichen Militärs seien darum bemüht, die juristische Seite dieser Fälle schnell abzuwickeln. In den nächsten Wochen und Monaten dürften all diese Unregelmäßigkeiten einer Lösung zugeführt werden.[10]

Fortsetzung Fußnote von Seite 136

schaft der Bundesrepublik in Lissabon und baten um politisches Asyl. Nach längeren Verhandlungen des Botschafters Caspari, Lissabon, im portugiesischen Präsidialamt verließen die Offiziere am Abend des folgenden Tages die Botschaft und stellten sich den portugiesischen Militärbehörden. Vgl. dazu AAPD 1975, I, Dok. 48.

7 Referat 420 stellte am 27. Januar 1976 fest, daß die deutsch-portugiesischen Wirtschaftsbeziehungen durch Ausfälle von fälligen Zahlungen aus Lieferverträgen belastet würden: „Neben Zahlungsunfähigkeit aufgrund der allgemein schlechten Geschäftslage nehmen folgende Gründe für Zahlungsverzug oder Nichtzahlung besorgniserregend zu: Verweigerung der Zahlung durch ‚Arbeiterräte', die die Geschäftsführung der Schuldnerfirmen übernommen haben oder sie in der Ausübung ihrer Tätigkeit behindern; Zahlungsunfähigkeit infolge von Verstaatlichungen und Interventionen aufgrund des Dekretes 660/74. In einer Vielzahl von Fällen, die von der Botschaft Lissabon laufend bearbeitet werden, stellen verstaatlichte oder ‚intervenierte' Unternehmen die Zahlungen zumindest vorläufig ein." Vgl. Referat 420, Bd. 117757.

8 António Poppe Lopes Cardoso.

9 Botschafter Caspari, Lissabon, teilte am 25. August 1976 mit: „Im portugiesischen Gesetzblatt ‚Diario da Republica', Nr. 183 vom 6. August 1976, wird die Verstaatlichung des Landgutes des deutschen Staatsangehörigen Gerike ‚Herdade dos Castelos' bei Montemor-o-Novo im Alentejo bekanntgemacht. Die Bekanntmachung ist von Landwirtschaftsminister Lopes Cardoso am 20. Juli d. J. – kurz vor der Bildung der Regierung Mário Soares – unterzeichnet worden." Vgl. den Drahtbericht Nr. 430; Referat 203, Bd. 110248.

10 Am 6. Mai 1976 zog Botschafter Caspari, Lissabon, eine Bilanz der Vorgänge um die vier in die Botschaft der Bundesrepublik geflüchteten portugiesischen Offiziere. Am 9. März 1976 sei mit General Damião kurz vor dem Jahrestag des Putschversuchs vom 11. März 1975 der letzte der vier Offiziere der Republikanischen Nationalgarde bedingt freigelassen worden: „General Damião war der ranghöchste der Offiziere. Er war wohl am längsten in Haft, weil die portugiesischen Behörden das Maß seiner Verantwortung am höchsten einschätzten. Vor ihm waren Major João António Garoupa sowie Oberstleutnant Fernandeo Alberto Xavier de Brito und – etwas früher aus Krankheitsgründen – Leutnant José Alberto Barros unter der Auflage entlassen worden, den Raum Lissabon nur mit Genehmigung zu verlassen. [...] General Fontes Pereira de Melo, der Chef des Militärkabinetts von Präsident Costa Gomes, dem sich seinerzeit General Damião und seine Begleiter

Der Zahlungsverzug portugiesischer Firmen werde auf seine Veranlassung bereits untersucht. Ein Teil der Schwierigkeiten sei auf den momentanen Devisenmangel zurückzuführen und auf die allgemeinen wirtschaftlichen und finanziellen Schwierigkeiten. Auch dieser Aspekt müsse bald einer Lösung zugeführt werden, um eine Atmosphäre des Vertrauens zu schaffen.

Zur Stellung der Kommunisten nach den Wahlen[11] befragt, sagte Minister Melo Antuñes, die Regierung werde nach den Regeln der repräsentativen Demokratie gebildet werden. Die Beteiligung der Kommunisten hänge somit von dem Wahlergebnis ab. Seiner Meinung nach müsse es in jedem Falle eine Koalition der stärksten Parteien geben, denn eine Partei allein sei nicht in der Lage, das Land zu regieren.

Der *Bundesaußenminister* erwähnte die 5%-Klausel und die geringe Rolle, die die Kommunisten in der Bundesrepublik Deutschland spielten. Man halte eine Beteiligung der Kommunisten an der Regierung nach den Wahlen nicht für richtig, denn dies würde die PCP aufwerten.

Minister *Melo Antuñes* sagte, er sei für die 5%-Klausel eingetreten, darüber sei jedoch noch keine Entscheidung gefallen.

Zum Angola-Problem machte der portugiesische Außenminister folgende Ausführungen:

Sollten sich die Mitglieder der beiden anderen Befreiungsbewegungen dazu entschließen, dem Vormarsch der MPLA Widerstand zu leisten, würde sich ein langer Guerilla-Krieg ergeben und Angola zu einem permanenten Infektionsherd in Afrika werden.

Die Angolaner könnten in den Kubanern neue Kolonialherrscher sehen, die die Portugiesen ersetzen wollten. Die politische Entwicklung in Angola stelle für die ganze westliche Welt ein großes Risiko dar. Es liege im nationalen Interesse Portugals und im Interesse der gesamten westlichen Welt, eine Konsolidierung des sowjetischen Einflusses zu vermeiden. Es gebe zwei Thesen zu diesem Problem: Erstens, man dürfe auch weiterhin die MPLA nicht anerkennen, denn sie sei ein Vehikel des sowjetischen Einflusses in Angola. Zweitens, es sei ein Fehler, die MPLA zu blockieren, denn gerade dadurch werde sie in den sowjetischen Einfluß getrieben. Wenn man nicht eine flexiblere, offenere und verständnisvollere Haltung einnehme, werde die MPLA gänzlich unfähig werden, eine Diversifizierung ihrer politischen, diplomatischen, wirtschaftlichen und militärischen Unterstützung zu erreichen.

Unabhängig von der politischen Entwicklung bis heute müsse man die konkrete Situation, vor allem die militärische, realistisch sehen und den großen Vorteil im Auge haben, den die MPLA mit fremder Unterstützung gegenüber den anderen Bewegungen errungen habe. Man sei davon überzeugt, daß, welche Lösung auch immer für Angola gefunden werde, die MPLA eine starke Position einnehmen werde. Portugal trete weiterhin für eine politische Lösung zur Beendigung des Krieges ein. Eine solche politische Lösung könne mit der FNLA

Fortsetzung Fußnote von Seite 137

    ergeben hatten, deutete mir vor einigen Tagen an, daß er nicht mehr mit der Eröffnung eines Militärgerichtsverfahrens rechne. Es ist daher wohl davon auszugehen, daß eine Amnestie ernsthaft erwogen wird." Vgl. den Schriftbericht Nr. 592; Referat 203, Bd. 110247.

[11] Zu den Parlamentswahlen in Portugal am 25. April 1976 vgl. Dok. 144, Anm. 3.

nicht mehr gefunden werden, eine Versöhnung mit dieser Bewegung sei ausgeschlossen. Möglich sei vielleicht noch eine Verständigung zwischen MPLA und wenigstens einigen Mitgliedern der UNITA. Man befürworte eine angolanische Regierung, die wenigstens die Mindestcharakteristiken einer Regierung der nationalen Einheit aufweise.

Die portugiesische öffentliche Meinung sei dem Angola-Problem gegenüber sehr empfindlich, woraus sich eine innenpolitische Gefahr ergebe. Seiner persönlichen Meinung nach könne der Westen einen großen Fehler begehen, wenn er die Notwendigkeit einer Diversifizierung der Unterstützung der MPLA nicht erkenne. Die Portugiesen kennten die Befreiungsbewegungen, insbesondere die Führer der MPLA, und wüßten, daß es eine starke Strömung gebe, die den Wunsch habe, eine zukünftige Politik der nationalen Unabhängigkeit zu gewährleisten. Abschließend unterstrich der portugiesische Außenminister, daß die Haltung der Unnachgiebigkeit gegenüber der MPLA der Sowjetunion nur in die Hände spiele. Die Sowjets hätten das in Afrika bereits verlorene Prestige wiedergewinnen können. Dies sei von schwerwiegender Bedeutung für das Kräftegleichgewicht in Afrika und für die Beziehungen Afrika/Europa.

Der *Bundesaußenminister* erklärte, es sei der Bundesrepublik ernst, wenn sie sich für die Unabhängigkeit der afrikanischen Staaten einsetze. Jeder Staat müsse über seine politische und soziale Ordnung selbst entscheiden können.

Die Rivalität zwischen den Befreiungsbewegungen habe der Sowjetunion die Möglichkeit verschafft, unter dem Vorwand der Unterstützung beim Kampf um die Unabhängigkeit in Angola zu intervenieren und eine neue Politik des Hegemonialstrebens und des Imperialismus vorzubereiten. Auch die Bundesregierung befürworte eine politische Lösung und halte eine Regierung der nationalen Einheit für das Beste. Sie nehme keiner der drei Befreiungsbewegungen gegenüber eine antagonistische Haltung ein und sei ebenfalls davon überzeugt, daß eine Regierung der nationalen Einheit ohne Beteiligung der MPLA nicht möglich sei.

Anläßlich des Besuches des südafrikanischen Außenministers in Bonn[12] habe er seinem Kollegen deutlich gemacht, daß die Politik Südafrikas der Apartheid, des Kolonialismus in Namibia und gegenüber Rhodesien den Kommunisten die Türen öffne.

In jedem Fall befürchte man, daß eine Anerkennung der MPLA zu diesem Zeitpunkt in der Öffentlichkeit als Kapitulation gegenüber der Sowjetunion angesehen werde und so interpretiert werde, als gebe man der Intervention der Sowjetunion den Segen. Es erhebe sich die Frage, welche Möglichkeiten bestünden zur Befreiung der MPLA vom sowjetischen und kubanischen Einfluß.

Minister *Melo Antuñes* entgegnete, nach seinem Eindruck wollten einige Mitglieder der MPLA durchaus eine unabhängige Politik gewährleisten. Wenn Portugal und andere Länder eine positivere Haltung einnähmen, würde dies ein Aufhalten und eine Mäßigung des sowjetischen und kubanischen Einflusses begünstigen.

---

12 Der südafrikanische Außenminister Muller traf am 11. September 1975 mit Bundesminister Genscher zusammen. Für das Gespräch vgl. AAPD 1975, II, Dok. 266.

Ein zweiter Schritt könne dann die endgültige Beseitigung des kommunistischen Einflusses sein. Unter Bezugnahme auf die Ausführungen des Bundesaußenministers fragte Minister Melo Antuñes, was denn geschehen werde, wenn man weiterhin die Entwicklung mit verschränkten Armen beobachte und einem totalen Sieg der MPLA mit kubanischer und sowjetischer Unterstützung zusehe.

Er stellte auch die Frage, ob dies nicht einen noch größeren Prestigeverlust für den Westen bedeuten könne. Ein positives Zeichen würde es sein, wenn man den Versuch mache, vor einer Anerkennung in Gespräche mit der MPLA einzutreten.

Auf eine Frage des Bundesaußenministers nach der Person von Dr. Agostinho Neto erwiderte Minister Melo Antuñes, er kenne ihn persönlich gut. Neto sei marxistisch ausgerichtet, aber auch er wolle eine völlige Unabhängigkeit für sein Land garantieren. Es sei schwierig, mit Neto zusammenzuarbeiten, denn er sei strikt und hart in seiner Haltung, bisweilen starrköpfig. Eine Verständigung mit ihm sei also aufgrund mangelnder Flexibilität schwierig.

In jedem Falle werde man sich nichts vergeben, wenn man in intensivere Gespräche mit der MPLA eintrete. Dies sei eine Möglichkeit, auch die Reaktion der MPLA zu testen. Je länger die bestehende Situation anhalte, desto gravierender seien nach seiner Meinung die politischen und strategischen Folgen, desto schlimmer die Folgen für den Westen. Es kämen immer mehr Kubaner nach Angola, ein großer Teil von ihnen mit der Ansicht, sich definitiv zu etablieren.

Der *Bundesaußenminister* betonte, daß er keine Erklärung der EG bezüglich Angola habe ankündigen wollen, daß man nicht die Absicht habe, mit der MPLA Gespräche zu führen und auch zu solchen nicht ermutigen wolle. Selbstverständlich könne Außenminister Antuñes bei zukünftigen Kontakten mit der MPLA erwähnen, daß das Verhältnis der Bundesrepublik Deutschland zu dieser Bewegung davon abhänge, inwieweit sie sich vom sowjetischen und kubanischen Einfluß befreien könne.

Der *portugiesische Außenminister* sprach von seiner Einladung an wichtige Führer der MPLA noch vor dem Gipfel der OAE[13], an die er die Frage gerichtet habe, ob bei einer Änderung der portugiesischen Haltung, bei eventueller Anerkennung, eine Politik der nationalen Unabhängigkeit und der Befreiung von fremdem Einfluß verfolgt werden könne. Man sei bereit – dies sei die Erwiderung der MPLA-Vertreter gewesen – diese Befreiung zu vollziehen, aber das sei nur möglich, wenn man eine Garantie für eine Unterstützung von verschiedenen anderen Seiten erhalten könne.

Minister Melo Antuñes erklärte abschließend zu Angola, daß bei einer Änderung der portugiesischen Haltung die Freunde Portugals informiert und konsultiert würden.

Der *Bundesaußenminister* meinte, daß eine Anerkennung der MPLA die Bildung einer Regierung der nationalen Einheit verhindern würde. Es müsse ein

---

13 Zur Sondersitzung der OAU vom 10. bis 12. Januar 1976 in Addis Abeba vgl. Dok. 8, Anm. 17.

Umdenkungsprozeß in der MPLA im Sinne einer Ablehnung des ausländischen Einflusses stattfinden.

Im folgenden wurde noch einmal die wirtschaftliche Zusammenarbeit zwischen beiden Staaten angesprochen, hier insbesondere das Investitionsförderungsabkommen[14]. Außerdem schlug der Bundesaußenminister die Bildung einer deutsch-portugiesischen Gemischten Kommission vor. Dieser Vorschlag fand positive Aufnahme.[15] Der *portugiesische Außenminister* sprach von Besorgnissen seiner Regierung bezüglich der Kommerzialisierung von Textilien, Wein, Tomatenmark und Fischkonserven im Rahmen der Verhandlungen Portugal/EG.[16] Es sei wichtig für die portugiesische Wirtschaft, daß sich die portugiesischen Wünsche durchsetzten, denn ein großer Teil der Wirtschaft des Landes sei vom Export dieser Produkte abhängig. Eventuelle Schwierigkeiten hinsichtlich der erwähnten Produkte würden nach den Erklärungen der Solidarität der EG auf Unverständnis in der portugiesischen Öffentlichkeit stoßen. Der *Bundesaußenminister* sagte die Unterstützung der Bundesregierung auch in diesem Punkt zu; die positive Haltung der Bundesrepublik Deutschland habe sich auch auf dem Gebiet der Weinimporte aus Portugal niedergeschlagen, denn dort sei 1975 ein Zuwachs zu verzeichnen gewesen.

Das Gespräch endete gegen 11.30 Uhr.

Referat 010, Bd. 178666

---

14 Zum geplanten Investitionsförderungsvertrag zwischen der Bundesrepublik und Portugal vgl. Dok. 31, Anm. 13 und 15.

15 Referat 420 informierte am 27. Januar 1976: „Ende der fünfziger Jahre bestand ein ‚Gemischter deutsch-portugiesischer Wirtschaftsausschuß', der in den Jahren des beginnenden Investitionsbooms in Portugal nützliche Arbeit leistete. Die Federführung lag auf deutscher Seite beim Bundesministerium für Wirtschaft. Nachdem die Anfangsschwierigkeiten im Investitionsbereich überwunden waren, stellte der Ausschuß allmählich seine Arbeit ein. Er hat seit mehreren Jahren nicht mehr getagt. [...] Im Juni 1975 schlug der portugiesische Botschafter Rodrigues Lopes im Anschluß an den Besuch von Außenminister Melo Antunes in Bonn die Einsetzung eines Regierungsausschusses unter Federführung der Außenministerien vor, wobei er eine Wiederbelebung des alten Ausschusses von vornherein ausschloß. Er stellte weitere Vorschläge seiner Regierung über Zusammensetzung und zu behandelnde Themen in Aussicht. Bisher ist diese Präzisierung jedoch nicht erfolgt." Vgl. Referat 420, Bd. 117757.
Die erste Sitzung des deutsch-portugiesischen Regierungsausschusses für Wirtschaftsfragen fand am 3./4. Juni 1976 in Lissabon statt. Vgl. dazu den Schriftbericht Nr. 750 des Botschafters Caspari, Lissabon, vom 9. Juni 1976; Referat 420, Bd. 117760.

16 Aufgrund einer Empfehlung des Gemischten Ausschusses EWG–Portugal vom 28. Mai 1975 schlug die EG-Kommission am 11. Juni 1975 dem EG-Ministerrat vor, Verhandlungen über eine Erweiterung des Freihandelsabkommens vom 22. Juli 1972 in den Bereichen Handel mit gewerblichen und landwirtschaftlichen Waren, Arbeitskräfte und soziale Sicherheit sowie gewerbliche, technologische und finanzielle Zusammenarbeit einzuleiten. Vgl. dazu BULLETIN DER EG, 6/1975, S. 75.
Am 20. Januar 1976 ermächtigte der EG-Ministerrat die EG-Kommission, mit Portugal entsprechende Verhandlungen aufzunehmen. Die Verhandlungen begannen am 13. Februar 1976 in Brüssel. Vgl. dazu den Drahtbericht Nr. 555 von Botschafter Lebsanft, Brüssel (EG), vom 17. Februar 1976; Referat 410, Bd. 114306.

35

Aufzeichnung des Staatssekretärs Gehlhoff

014-116/76 geheim   **5. Februar 1976**[1]

Herrn Minister[2]

Betr.: Entstehen eines Vierer-Direktoriums in der westlichen Welt

Im Jahre 1958 schlug der französische Staatspräsident General de Gaulle vor, in der NATO ein Dreier-Direktorium zu schaffen, bestehend aus den USA, Frankreich und Großbritannien.[3] Dieser Vorschlag löste damals erhebliche Nervosität und energischen Widerstand bei den übrigen Verbündeten aus, weil er sie, insbesondere auch unser eigenes Land, politisch diskriminiert hätte. De Gaulles Plan kam nicht zustande.

Seit mehreren Monaten ist zu beobachten, daß in der westlichen Welt ein Vierer-Direktorium im Entstehen begriffen ist, dieses Mal unter Einschluß der Bundesrepublik Deutschland und auf amerikanische Initiative. Besonders sensitive politische und strategische Fragen werden – ad hoc, aber mit einer Tendenz zur Institutionalisierung – zwischen den Außenministern der USA, Großbritanniens, Frankreichs und der Bundesrepublik Deutschland behandelt; zwischenzeitlich treffen sich die vier Politischen Direktoren laufend zu einer vertieften Erörterung und Behandlung solcher Probleme.

Das Entstehen eines solchen Vierer-Direktoriums bringt, neben offenkundigen Vorteilen für uns, erhebliche Risiken für die Einheit der NATO, die angestrebte Europäische Union und die EPZ mit sich.

Mir erscheint geboten, diese Entwicklung gründlich zu erörtern. Ich schlage deshalb vor, daß demnächst eine Grundsatzbesprechung über dieses Thema unter Ihrer Leitung stattfindet (Teilnehmer: die Staatssekretäre[4], D 2[5], D 4[6]).

Begründung

Die europäische Einigung wurde mehr als zwei Jahrzehnte lang von den USA in der Erkenntnis unterstützt, daß sie die westliche Welt stärken würde. Seit dem Beginn der EPZ im Jahre 1970[7] steht jedoch die Frage der außenpoliti-

---

1 Hat Vortragendem Legationsrat I. Klasse Schönfeld am 16. Februar 1976 vorgelegen der die Weiterleitung an Staatssekretär Hermes „n[ach] R[ückkehr]" verfügte.
Hat Hermes am 16. März 1976 vorgelegen.

2 Hat Bundesminister Genscher am 15. Februar 1976 vorgelegen.

3 Staatspräsident de Gaulle leitete am 17. September 1958 Präsident Eisenhower und Premierminister Macmillan ein geheimes Memorandum zu, in dem er eine Erweiterung des Wirkungsbereiches der NATO und eine unmittelbare Beteiligung Frankreichs an den politischen und strategischen Entscheidungen des Bündnisses forderte („Dreier-Direktorium"). Für den Wortlaut vgl. DE GAULLE, Lettres, notes et carnets 1958–1960, S. 83 f.

4 Walter Gehlhoff und Peter Hermes.

5 Günther van Well.

6 Hans Lautenschlager.

7 Am 27. Oktober 1970 verabschiedete der EG-Ministerrat in Luxemburg den Bericht der Außenminister der EG-Mitgliedstaaten vom 20. Juli 1970 über mögliche Fortschritte auf dem Gebiet der politischen Einigung (Davignon-Bericht). Er sah mindestens alle sechs Monate Konsultationen der

schen Abstimmung zwischen der Gemeinschaft und den USA auf der Tagesordnung. Eine wirklich befriedigende Lösung für dieses Problem wurde bisher nicht gefunden.

Das Jahr 1973 – von Kissinger als „das Jahr Europas" proklamiert[8] – brachte über die Frage der politischen Zusammenarbeit zwischen der EG und den USA ernste Reibungen. Kissinger empfand es als unbefriedigend, wenn nicht als störend, daß sich die Regierungen der EG zu gemeinsamen außenpolitischen Aktivitäten anschickten, ohne daß die amerikanische Regierung an dem Prozeß der Meinungs- und Willensbildung von Anfang an beteiligt war. Nach verschiedenen fehlgeschlagenen Anläufen gelang eine gewisse Lösung des amerikanisch-europäischen Zwistes erst durch das Gentlemen's Agreement von Gymnich (April 1974)[9], das eine Konsultation der USA durch die Neun vor außenpolitischen Aktivitäten im Rahmen der EPZ vorsah.

Seit dem Sommer 1975 ist jedoch eine amerikanische Initiative zu verzeichnen, eine Art Vierer-Direktorium zu schaffen, das für die westliche Welt Entscheidungen in besonders wichtigen politischen und strategischen Fragen vorbereiten und treffen soll. Nicht nur finden zwischen den vier Außenministern[10] und den vier Politischen Direktoren Treffen über solche Fragen statt. Die Amerikaner scheinen darüber hinaus auch an dritten Plätzen (vergleiche Drahtbericht Nr. 52 vom 26. Januar 1976 VS-v aus Lissabon[11]) dazu überzugehen, für die

---

Fortsetzung Fußnote von Seite 142

Außenminister der EG-Mitgliedstaaten „in allen wichtigen Fragen der Außenpolitik" vor. Erforderlichenfalls konnte eine Konferenz der Staats- und Regierungschefs einberufen werden. Ferner wurde ein Politisches Komitee aus den Leitern der Politischen Abteilungen der jeweiligen Außenministerien gebildet, das mindestens viermal jährlich zusammentreten sollte. Die EG-Kommission und die Europäische Parlamentarische Versammlung waren an den Arbeiten im Rahmen der EPZ zu beteiligen. Für den Wortlaut vgl. EUROPA-ARCHIV 1970, D 520–524.

Die erste Konferenz der Außenminister der EG-Mitgliedstaaten im Rahmen der Europäischen Politischen Zusammenarbeit fand am 19. November 1970 in München statt. Vgl. dazu AAPD 1970, III, Dok. 564.

8 Am 23. April 1973 hielt der Sicherheitsberater des amerikanischen Präsidenten, Kissinger, auf dem Jahresessen der „Associated Press" in New York eine Rede, in der er 1973 zum „Jahr Europas" ausrief. Er forderte die westeuropäischen Staaten auf, den Fortschritten in der europäischen Einigung und dem Wandel in den Ost-West-Beziehungen Rechnung zu tragen und die atlantischen Beziehungen neu auszurichten („neue Atlantik-Charta"). In diesem Zusammenhang wies Kissinger darauf hin: „The United States has global interests and responsibilities. Our European allies have regional interests. These are not necessarily in conflict, but in the new era neither are they automatically identical." Vgl. DEPARTMENT OF STATE BULLETIN, Bd. 68 (1973), S. 594. Für den deutschen Wortlaut vgl. EUROPA-ARCHIV 1973, D 221. Vgl. dazu ferner AAPD 1973, I, Dok. 118.

9 Auf Schloß Gymnich berieten die Außenminister der EG-Mitgliedstaaten und der Präsident der EG-Kommission, Ortoli, am 20./21. April 1974 über die Frage der Konsultationen mit verbündeten oder befreundeten Staaten. Die Beratungen wurden in der Sitzung des Politischen Komitees am 28. Mai 1974 fortgesetzt, über deren Ergebnisse Bundesminister Genscher den Außenministern der EG-Mitgliedstaaten am 10. Juni 1974 Bericht erstattete. Die Außenminister stimmten dem Bericht zu, der folgenden Konsultationsmechanismus vorsah: „Zur Frage der Neuner-Konsultationen durch die Präsidentschaft mit den verbündeten oder befreundeten Staaten haben sich die Minister auf ein pragmatisches und fallweises Vorgehen verständigt. Wenn einer der Partner die Frage der Information und der Konsultation eines verbündeten oder befreundeten Staates aufwirft, werden die Neun hierüber diskutieren und nach einem Konsensus die Präsidentschaft beauftragen, auf dieser Basis vorzugehen." Vgl. AAPD 1974, I, Dok. 168.

10 James Callaghan (Großbritannien), Hans-Dietrich Genscher (Bundesrepublik), Henry Kissinger (USA) und Jean Sauvagnargues (Frankreich).

11 Botschafter Caspari, Lissabon, berichtete, daß der amerikanische Botschafter in Lissabon, Carlucci, ihn und den französischen Botschafter Durand „über einige von ihm im Benehmen mit seiner

Steuerung der westlichen Politik sich dieser Methode zu bedienen. Die Gymnicher Lösung wird damit unterlaufen.

Die Errichtung eines Vierer-Direktoriums in der westlichen Welt müßte, wenn einmal bekannt geworden, in den übrigen EG-Ländern notwendigerweise die Frage auslösen, ob zwei Klassen von Gemeinschaftsstaaten geschaffen werden sollen und ob das Ziel der Europäischen Union zweitrangig geworden ist. Auch für die NATO könnte eine desintegrierende Wirkung entstehen.

Italien könnte sich abgeschrieben und aufgegeben fühlen; Tendenzen zur Suche eines Standortes zwischen Ost und West könnten verstärkt werden. Bei unseren kleineren EG-Partnern würden unvermeidlich Verärgerung und Unsicherheit entstehen. In Dänemark wäre eine wieder stärkere Hinwendung zum skandinavischen Lager zu erwarten.

Einfache Antworten für die vorstehend aufgeworfenen Fragen gibt es nicht. Die politische Harmonie mit den USA besitzt für uns vitale Bedeutung. Andererseits hat das Ziel der europäischen Einigung für uns stets gleichen Rang gehabt. Wir haben seit Adenauer vermieden, uns hier auf eine Priorität festzulegen. Wir sollten daher die skizzierte Entwicklung nicht einfach ihren Lauf nehmen lassen, sondern ihre möglichen Auswirkungen auf uns, Europa und das Bündnis eingehend untersuchen.

Gehlhoff

VS-Bd. 524 (014)

Fortsetzung Fußnote von Seite 143
Regierung angestellte Erwägungen und unternommene Schritte" informiert habe. Der britische Botschafter Trench habe ebenfalls teilnehmen sollen, sei aber nicht verfügbar gewesen. Im einzelnen habe Carlucci über seine Gespräche bei der NATO in Brüssel sowie beim Oberkommando der amerikanischen Streitkräfte in Europa in Stuttgart zur Frage der Unterstellung einer portugiesischen Brigade unter die NATO informiert. Er habe ferner mitgeteilt, daß die amerikanischen Streitkräfte portugiesische Offiziere zu Kurzaufenthalten bei in der Bundesrepublik stationierten Einheiten einladen würden. Schließlich habe Carlucci bei den Europäischen Gemeinschaften in Brüssel „um kräftige Unterstützung für Portugal seitens der EG geworben". Vgl. VS-Bd. 9950 (203); B 150, Aktenkopien 1976.

36

Aufzeichnung des Ministerialdirektors Lahn

312-321.00 ANG

6. Februar 1976[1]

Über Herrn Staatssekretär[2] Herrn Minister

Betr.: Angola

Bezug: Besprechung am 30.1.76 unter Vorsitz des Herrn Ministers

Mit der Bitte um Zustimmung

Der Herr Minister hatte in der Besprechung am 30.1.76 um eine Studie gebeten, die mit der Fragestellung

„Welche Entwicklung im Angola-Konflikt liegt im westlichen Interesse, und welche Maßnahmen müssen wir ergreifen, um diese Entwicklung dahin zu lenken",

die Grundlage unserer weiteren Politik gegenüber Angola liefern soll.

In der Anlage wird diese Studie vorgelegt, die sich in folgende Teile gliedert:

I. Beurteilung der militärischen und politischen Lage in und um Angola

II. Haltung der Neun sowie anderer europäischer Staaten und der USA

III. Definition unserer Interessen und Vorschläge zu deren Wahrung.

Abteilung 3 regt an, daß der Herr Minister die in III. enthaltenen Vorschläge, die sich auf der Linie des von AM Callaghan bei dem Treffen am 23.1.76 in Brüssel vorgebrachten „Paket-Vorschlages"[3] bewegen, anläßlich seines Besuches in London am 7.2.76[4] bespricht.

[Anlage]

I. Beurteilung der militärischen und politischen Lage in und um Angola

Nach dem fehlgeschlagenen Versuch einer politischen Lösung auf dem OAE-Gipfel[5] ging das Gesetz des Handelns wieder auf die kriegführenden angolanischen Parteien über. Gleichzeitig lief die Werbung der Pro-MPLA-Gruppe erfolgreich weiter: Mit Sierra Leone[6] und Kamerun[7] haben nun 25 afrikanische Staaten, d.h. die absolute Mehrheit (von 46), die MPLA einseitig anerkannt. Einem Antrag der MPLA-Regierung auf Mitgliedschaft in der OAE anläßlich

---

1 Die Aufzeichnung wurde von Vortragendem Legationsrat I. Klasse Müller konzipiert. Hat Ministerialdirigent Kinkel am 9. Februar 1976 vorgelegen.

2 Hat Staatssekretär Gehlhoff am 6. Februar 1976 vorgelegen.

3 Zum Vorschlag des britischen Außenministers Callaghan vgl. Dok. 19.

4 Vgl. dazu das Gespräch des Bundesministers Genscher mit dem britischen Außenminister Callaghan in Chequers; Dok. 40.

5 Zur Sondersitzung der OAU vom 10. bis 12. Januar 1976 in Addis Abeba vgl. Dok. 8, Anm. 17.

6 Präsident Stevens erklärte am 29. Januar 1976, daß Sierra Leone beschlossen habe, mit Wirkung vom 28. Januar 1976 die MPLA als einzige Regierung von Angola anzuerkennen. Vgl. dazu den Drahtbericht Nr. 14 des Botschafters Achenbach, Freetown, vom 29. Januar 1976; Referat 320, Bd. 108163.

7 Die Anerkennung der Regierung der MPLA durch Kamerun erfolgte am 2. Februar 1976. Vgl. dazu den Drahtbericht Nr. 18 des Botschafters Enders, Jaunde, vom 3. Februar 1976; Referat 321, Bd. 108278.

der routinemäßigen Sitzung der Außenminister (Mitte Februar 1976) steht
nichts mehr im Wege.[8] Es ist damit zu rechnen, daß sich die Zahl der Anerkennung weiter erhöht.[9]

Die Führung der MPLA hat klargestellt, daß sie den militärischen Endsieg an-
strebt und zu einer Verhandlungslösung (Koalition mit FNLA und/oder UNITA)
nicht bereit ist. Die FNLA wurde im Norden vernichtend geschlagen und dürfte damit auch vom politischen Kräftespiel weitgehend ausgeschaltet sein. Es
gibt Anzeichen dafür, daß Mobutu die FNLA bereits fallengelassen hat.[10]

Der sowjetische Nachschub an Kriegsmaterial geht unvermindert weiter, die
kubanische Truppenstärke ist auf z. Z. ca. 12 000 angestiegen.

Der Vormarsch der MPLA- und kubanischen Verbände Richtung Süden verläuft zwar nicht so zügig wie vorher im Norden. Gründe: schwieriges Gelände,
Regenzeit, Flußüberquerungen, bessere Kampfmoral der UNITA-Soldaten im
Vergleich zur FNLA. Dennoch wird allgemein angenommen, daß die UNITA
dem qualitativ weit überlegenen Gegner im offenen Kampf nicht lange stand-
halten kann (was Savimbi selbst schon öffentlich einräumte) und sich darauf
vorbereitet, in den Guerillakampf auszuweichen, wofür sie zumindest für einige Monate gerüstet sein soll. Dieser Zeitpunkt dürfte erreicht sein, wenn die
schon jetzt bedrohten Städte Lobito und Benguela (wichtigste Häfen), Huambo
(UNITA-Hauptstadt) und Luso (Verkehrsknotenpunkt) gefallen sind.[11]

Die südafrikanischen Verbände (die Regierung in Pretoria hat jetzt den Einsatz von 4000 bis 5000 Mann zugegeben[12]) wurden auf eine Linie zurückge-

---

8 Die OAU erkannte am 11. Februar 1976 die Regierung der MPLA an und nahm die Volksrepublik
   Angola als 47. Mitglied in die Organisation auf. Vgl. dazu den Artikel „Die Kommunisten in Angola
   siegen auch politisch"; FRANKFURTER ALLGEMEINE ZEITUNG vom 12. Februar 1976, S. 1.
   Der Ministerrat der OAU tagte vom 23. bis 29. Februar 1976 in Addis Abeba.

9 Zu diesem Satz vermerkte Staatssekretär Gehlhoff handschriftlich: „Am 6.2. hat Indien anerkannt."

10 Das Bundesministerium der Verteidigung erläuterte am 10. Februar 1976 zur militärischen Lage
   in Angola, daß den Truppen der MPLA im Norden die Einnahme der Stadt San Antonio do Zaire
   gelungen sei: „Mit dem Verlust San Antonios ist der FNLA der letzte – wenn auch kleinere – Hafen
   genommen. Die im Norden noch gehaltenen Gebiete sind im wesentlichen dünn besiedelt und ver-
   kehrsmäßig wenig erschlossen und für die MPLA daher von geringerer Bedeutung. Aus ihnen heraus könnte die FNLA jedoch einen Guerillakrieg führen." Die Situation der FNLA werde „immer
   unhaltbarer, neben unzureichender Versorgung und zunehmender Desertionen beginnen nun die
   zairischen Behörden in ihrer Unterstützung nachzulassen. In Zaire zwingen die negative Entwicklung der militärischen Lage und die zunehmenden Aktivitäten oppositioneller Gruppen innerhalb
   und außerhalb des Landes Mobutu wahrscheinlich auf den Weg einer Anpassung an die MPLA."
   Vgl. Referat 320, Bd. 108163.

11 Am 10. Februar 1976 wurde in der Presse gemeldet, daß Truppen der MPLA die Stadt Huambo
   eingenommen hätten und ihren Vormarsch in Richtung auf die Stadt Silva Porto, dem neuen Haupt-
   quartier der UNITA, fortsetzten. Vgl. dazu die Meldung „MPLA-Truppen stürmen zweitgrößte Stadt
   Angolas"; FRANKFURTER ALLGEMEINE ZEITUNG vom 10. Februar 1976, S. 4.
   Ferner hieß es, daß die Streitkräfte der MPLA die Verteidigungspositionen der UNITA überrannt
   hätten: „Nach dem Fall der wichtigen Küstenstädte Benguela und Lobito, die angeblich auch von
   sowjetischen Schiffen aus beschossen wurden, haben die MPLA-Truppen und Kubaner Silva Porto
   erobert. [...] Die MPLA soll nur noch 200 km von der Grenze zu Südwestafrika und 150 km von der
   südafrikanischen Verteidigungslinie entfernt sein." Vgl. den Artikel „Nach dem Sieg Moskaus in
   Angola droht der Übergriff auf Rhodesien"; DIE WELT vom 13. Februar 1976, S. 1.

12 Der südafrikanische Verteidigungsminister Botha eröffnete am 4. Februar 1976 gegenüber der
   Presse, daß Südafrika 4000 bis 5000 Soldaten in Angola stationiert habe, die nördlich der Grenze
   zwischen Südwestafrika und Angola eine 80 Kilometer breite Pufferzone vom Atlantischen Ozean
   bis zur sambischen Grenze hielten. Zur Begründung führte er aus: „Wir müssen das Gebiet Angolas wegen der Sicherheit unserer Grenze und wegen des wachsenden Flüchtlingsproblems überwa-

nommen, die 50 km tief auf angolanischem Boden entlang der Nordgrenze Namibias vom Atlantik bis nach Sambia führt. Die südafrikanische Regierung begründet diese Maßnahme mit dem Schutz[13] des Cunene-Gebietes (Staudämme und Kraftwerke[14]). – Bei weiterem Vorrücken der MPLA und Kubaner besteht die Gefahr einer erneuten militärischen Konfrontation.

Das südafrikanische Disengagement im Kampfgebiet hat zwar eine gewisse politische Entlastung gebracht, sie könnte aber wieder aufgehoben werden durch das in parlamentarischer Beratung befindliche südafrikanische Verteidigungsgesetz, das den Einsatz von Streitkräften zur Bekämpfung des Terrorismus (SWAPO-Guerillas) oder in Verbindung mit einem bewaffneten Konflikt innerhalb oder außerhalb des Staatsgebietes vorsieht.[15] Es besteht kein Zweifel, daß der Begriff des Staatsgebietes auch Namibia einschließt. Dieses Konzept der „Vorwärtsverteidigung" wird neuen, brisanten Konfliktstoff liefern, mit dem die Sowjets und Kubaner ihre „Legitimation" weiter nähren können.

Die innenpolitische und sicherheitsmäßige Lage in Zaire und Sambia (Ausrufung des Notstandes[16]) ist gefährdet. Beide Staaten befinden sich in großen Zahlungsbilanzschwierigkeiten.

II. Die Haltung der Neun sowie anderer europäischer Staaten und der USA

In der PK-Sitzung am 19.1.76 bestand Einigkeit darüber, daß keine Initiative im Sinne von Schritten in Richtung Anerkennung der MPLA ohne Neuner-Konsultation erfolgen sollte. – Andererseits wurde festgestellt, daß die Neu-

Fortsetzung Fußnote von Seite 146

chen". Botha bekräftigte ferner, „daß die südafrikanische Intervention gegen die von Moskau und Havanna unterstützte kommunistische MPLA von einigen afrikanischen Staaten gebilligt worden sei. Sein Land habe auch die stillschweigende Unterstützung von mindestens einer Macht ‚der freien Welt'". Vgl. den Artikel „Südafrika bildet eine tiefe Pufferzone"; Die Welt vom 5. Februar 1976, S. 5.

13 Beginn der Seite 2 der Vorlage. Vgl. Anm. 32.

14 Am 17. Dezember 1975 informierte Botschaftsrat I. Klasse Phoris, Pretoria: „Wenn hier vom Cuneneprojekt die Rede ist, so ist zunächst einmal an eine Kette von elf Wasserkraftwerken am unteren Lauf des Cunene zwischen Calueque und der Mündung gedacht [...], die ein Potential von 2155 bis 2235 MW hat und von dem der Bergbau und die industrielle Entwicklung Namibias/Südwestafrikas abhängig sind. Erst sodann wird auf den bereits existierenden Gove-Damm bei Huambo (= Nova Lisboa) verwiesen, der für die gesamte Flußregulierung von entscheidender Bedeutung ist". Es seien „jedoch nicht nur diese Zukunftsaussichten, die Südafrika verteidigen will, sondern auch die bereits in der Vergangenheit aufgebrachten Investitionen [...]. Wie immer betont wird, ist das gesamte Projekt bislang ausschließlich von Südafrika finanziert worden. Das Gesamtprojekt wird auf rund 1 Mrd. Rand geschätzt." Vgl. den Schriftbericht Nr. 894; Referat 320, Bd. 108221.

15 Der südafrikanische Verteidigungsminister Botha unterbreitete am 28. Januar 1976 dem Parlament in Kapstadt einen Gesetzentwurf, der den Einsatz südafrikanischer Truppen im Ausland ermöglichen sollte. Pressemeldungen zufolge sollten militärische Einsätze möglich sein, „wenn eine gegen Südafrika gerichtete ‚terroristische Aktivität nach Meinung des Staatspräsidenten eine Bedrohung für das Staatsgebiet darstelle oder darstellen könnte'. Der Gesetzentwurf würde auch militärische Operationen der südafrikanischen Armee in noch entfernteren Zonen Angolas decken. In diesem Sinne kann die Formulierung interpretiert werden, der Einsatz militärischer Kräfte könne befohlen werden, ‚um jeden bewaffneten Konflikt außerhalb der Grenzen der Republik zu verhindern oder zu stoppen, der ihre Sicherheit bedrohen könnte'." Vgl. den Artikel „Botha legt Gesetz über Militäreinsatz vor"; Die Welt vom 29. Januar 1976, S. 4.

16 Präsident Kaunda verhängte am 28. Januar 1976 den Ausnahmezustand über Sambia. Pressemeldungen zufolge gab er nicht bekannt, welche Sondervollmachten damit verbunden waren: „In offenkundiger Anspielung auf die die MPLA unterstützende Sowjetunion sagte der Präsident, Afrika habe die Kolonialisten und Rassisten aus Angola vertrieben, doch ‚ein räuberischer Tiger mit seinen tödlichen Jungen' schleiche sich dafür ein. Die Wirkungen dieser ausländischen Intervention machten sich auch in Sambia bemerkbar." Vgl. den Artikel „Moskau und Peking streiten über die Einmischung in Angola"; Frankfurter Allgemeine Zeitung vom 30. Januar 1976, S. 3.

tralität der Neun nicht Aktionslosigkeit bedeuten soll, sondern, daß die EG
Möglichkeiten von Hilfsmaßnahmen für besonders betroffene Länder prüfen
sollte.[17] Dänemark tritt zwar auch für Beschränkung auf Bemühungen im
Neuner-Kreis ein, sieht aber den Tag kommen, „an dem es Beziehungen zur
MPLA wieder aufnimmt, die früher schon bestanden, als diese noch Befreiungsbewegung war".[18] Diese Haltung kam bereits in der dänischen Erklärung
anläßlich der Unabhängigkeit Angolas, 11.11.75[19], zum Ausdruck: Darin wurde zwar die MPLA nicht ausdrücklich anerkannt, aber der bisherigen engen
Beziehungen zu dieser Befreiungsbewegung gedacht.

Großbritannien plädiert dafür, einen „Paket-Vorschlag" zu lancieren (s. Callaghan bei Gesprächen der vier Außenminister am Rande der letzten NATO-
Ministerratssitzung[20]), und zwar über die nigerianische Regierung. Vorstellung: Anerkennung einer Koalitionsregierung aus MPLA und UNITA durch die
Neun, wobei der MPLA eine Seniorrolle zukommen könnte; Gegenleistung der
MPLA = Sowjets und Kubaner zum Verlassen Angolas aufzufordern; Zusicherung westlicher Wirtschaftshilfe für Wiederaufbau (Anmerkung: Diese Gedanken sind nahezu identisch, und zwar ohne vorherige Absprache, mit der Ministervorlage der Abt. 3 vom 23.1.76 betreffend Inhalt und Zweck der Mission
StMin. Moersch in Zaire und Nigeria; Seite 2 und 3[21]).

---

[17] Vortragender Legationsrat I. Klasse von der Gablentz informierte am 21. Januar 1976 über die
Sitzung des Politischen Komitees im Rahmen der EPZ in Luxemburg: „Nach ausführlicher Diskussion bestand unter den Direktoren Übereinstimmung: entsprechend der Ministerentscheidung vom
30.10. keine Anerkennung einer Regierung in Angola vor Konsultationen im Neunerkreis auszusprechen; wegen weitgehender Implikationen einer eventuellen Anerkennung auch vorausgehende
Politik der einzelnen Länder soweit als möglich abzustimmen; in diskreten bilateralen Demarchen
bei den 23 afrikanischen Staaten, die sich zu einer Anerkennung der MPLA nicht bereitgefunden
haben, Möglichkeiten für Überwindung der Situation zu sondieren; zugleich sollte Portugal auf unerwünschte Folgen einer eventuellen offiziellen Anerkennung der MPLA durch Lissabon aufmerksam gemacht und Kontakte mit der Sowjetunion genutzt werden, sie auf die nachteiligen Auswirkungen ihrer Intervention in Angola auf die Entspannungspolitik hinzuweisen. Möglichkeiten verstärkter Hilfsmaßnahmen durch die EG an die von dem Konflikt besonders berührten Nachbarlän-
der zu prüfen." Vgl. den Drahterlaß Nr. 227; VS-Bd. 9978 (200); B 150, Aktenkopien 1976.
[18] Am 21. Januar 1976 berichtete Vortragender Legationsrat I. Klasse von der Gablentz über die Sitzung des Politischen Komitees der EPZ am 19./20. Januar 1976 in Luxemburg: „D[änemar]k hatte
offensichtlich Schwierigkeiten, sich wie die übrigen Acht festzulegen. Während es in der Beurteilung den übrigen Direktoren zustimmte und Möglichkeit einer eventuellen Verständigung zwischen MPLA und UNITA (nach Sieg über FNLA) nicht ausschloß, wies es darauf hin, daß es dänische Politik sei, automatisch Beziehungen zu einer Regierung aufzunehmen, wenn sie besteht.
Übrige Direktoren unterstrichen Bedeutung vorheriger Konsultation im Rahmen der Neun." Vgl.
den Drahterlaß Nr. 227; VS-Bd. 9978 (200); B 150, Aktenkopien 1976.
[19] Zur Unabhängigkeit von Angola vgl. Dok. 19, Anm. 3.
[20] Zum Vorschlag des britischen Außenministers Callaghan am Rande der Sondersitzung des NATO-
Ministerrats am 23. Januar 1976 in Brüssel vgl. Dok. 19.
[21] Ministerialdirektor Lahn legte die Ziele einer von Bundesminister Genscher in Aussicht genommenen Reise des Staatsministers Moersch in afrikanische Staaten dar, „um Fragen im Zusammenhang mit dem Angola-Konflikt zu erörtern": „Für die Bereitschaft Netos zu einem Arrangement mit
der UNITA könnte angeboten werden, daß sich die Bundesregierung im Rahmen ihrer Möglichkeiten (z. B. in der EG) für folgende aktive Mitwirkung des Westens einsetzen würde: Anerkennung
einer Koalitionsregierung (auch unter MPLA-Führung) im Laufe eines fortschreitenden Abbaus
der militärischen kubanischen und sowjetischen Präsenz; Einwirken des Westens auf die südafrikanische Regierung, ihre Truppen abzuziehen unter gleichzeitiger einvernehmlicher Regelung für
den Schutz des Cunene-Gebiets (Staudämme und Kraftwerke); grundsätzliches Eintreten für eine
westliche materielle Hilfe zur Beseitigung der Kriegsschäden sowie Wiederinbetriebnahme der für
den zairischen und sambischen Kupferexport lebenswichtigen Benguela-Bahn; Erleichterung des
Beitritts Angolas zur Konvention von Lomé; Erwartung, daß eine zukünftige angolanische Regie-

Frankreich (Sauvagnargues auf gleichem Ministertreffen) wendete sich scharf gegen solche Initiativen und rät, militärischen Ausgang des Bürgerkrieges abzuwarten. Motiv: Französische Regierung will ihre „Hauptfiguren auf dem frankophonen Schachbrett" (Houphouët-Boigny, Senghor, Mobutu etc.) nicht desavouieren. Im übrigen vermissen die Franzosen im britischen Paketvorschlag eine Garantie für den Abzug der Sowjets und Kubaner.

Italien tritt zwar ebenfalls für einheitliches Handeln der Neun ein, mußte sich aber dem Verdacht aussetzen, daß die staatliche Ölgesellschaft ENI mit der MPLA einen Nachfolgevertrag über das Cabinda-Öl (Gulf Oil) abgeschlossen habe. ENI dementierte, räumte aber ein, daß ein „Beobachter" nach Angola entsandt wurde, der über seine „Gespräche" Bericht erstatten werde (DB Botschaft Rom vom 30.1.76).

Niederlande haben (in PK-Sitzung), trotz der bekannten progressiven Einstellung der Regierungspartei[22], die in Richtung MPLA-Anerkennung drängt, der Neutralität und Kohäsion der Neun zwar das Wort geredet; eingedenk der sonstigen Haltung der niederländischen Regierung in andern Fragen des südlichen Afrika (z.B. Namibia) dürfte aber für einen Lösungsversuch auf der britischen Linie (s.o.) mit ihrer Kooperation zu rechnen sein.

Andere europäische Staaten:

Portugal – von AM Antuñes ist bekannt, daß er auf eine baldige Anerkennung der MPLA hinsteuert. Mit Rücksicht auf die Haltung der Neun und wegen der zu erwartenden Kettenreaktion in Afrika hat er die Entscheidung noch zurückgestellt. Der Besuch des Herrn Ministers in Lissabon (4./5.2.76[23]) dürfte weitere Klarheit bringen.

Schweden – Ministerpräsident Palme zeigte sich in kürzlichem Gespräch mit niederländischem Ministerpräsidenten Joop den Uyl[24] sehr verärgert[25] über die amerikanische Angola-Politik: Das ungeschickte amerikanische Vorgehen sei Schuld an der sowjetisch-kubanischen Intervention. Die MPLA sei die repräsentative Vertretung des angolanischen Volkes. Neto habe bei seinem letzten Besuch in Stockholm einen guten Eindruck hinterlassen. Er sei kein Kommunist, und man hätte vor allem von amerikanischer Seite alles tun müssen, um ihn nicht in die Arme Moskaus zu treiben.

USA sind nahezu gelähmt durch Senat, Repräsentantenhaus und öffentliche Meinung, die Kissinger vorwirft, die Lage in Angola von Anfang an falsch beurteilt und dann auch noch falsch gehandelt zu haben. Kissingers Gespräche in Moskau über Angola waren ergebnislos.[26]

Fortsetzung Fußnote von Seite 148

    rung sich zu einer Politik des strikten Non-Alignment bekennt und keiner außerafrikanischen Macht militärische Basen oder Sonder-Benutzungsrechte (Marine und Luftwaffe) einräumt." Vgl. Referat 320, Bd. 108165.
    Die Reise fand nicht statt.

22 Partij van de Arbeid.

23 Zum Besuch des Bundesministers Genscher vgl. Dok. 31, Dok. 32 und Dok. 34.

24 Ministerpräsident den Uyl hielt sich am 10./11. Januar 1976 in Stockholm auf.

25 Ende der Seite 3 der Vorlage. Vgl. Anm. 32.

26 Der amerikanische Außenminister Kissinger hielt sich vom 20. bis 23. Januar 1976 in Moskau auf. Zu den Gesprächen über Angola vgl. Dok. 19.

Die US-Regierung versucht jedoch, durch Analysen und Vorschläge ihre Aktivrolle im Kreise der Westmächte zu behalten (hierzu liegt eine Geheim-Aufzeichnung der Abt. 3 vor[27]).

III. Definition unserer Interessen und Vorschläge zu ihrer Wahrung

Im Gesamtrahmen unserer Afrika-Politik ergibt sich aus dem Angola-Konflikt folgende Definition unserer Interessen:

Da der sowjetisch-kubanische Aufmarsch dem Ostblock die Ausgangsbasis dafür schaffen kann, über politische Veränderungen in den unmittelbar bedrohten und wirtschaftliche kranken Nachbarstaaten Zaire und Sambia sowie mittels Führungsanspruchs bei einer gewaltsamen Beendigung des Entkolonisierungsprozesses (Rhodesien und Namibia) das gesamte südliche Afrika unter seinen Einfluß zu bekommen, muß es unser und des Westens vordringliches Interesse sein, daß die Entwicklung in folgende Richtung gelenkt wird:

– Der Bürgerkrieg muß so bald wie möglich beendet werden, denn je länger er dauert, desto mehr sowjetisches Kriegsgerät und kubanische Soldaten gelangen nach Afrika und desto leichter können sich die Sowjets auch politisch eingraben;

– ebenso wenig würde der von UNITA und FNLA für den Fall der Niederlage im konventionellen Krieg angekündigte Guerillakampf im westlichen Interesse liegen, denn er würde Neto vermutlich zwingen, die ausländische Hilfe zur Bekämpfung der Guerillas weiter in Anspruch zu nehmen (schließlich weiß er selbst am besten, wie schwer es die Portugiesen hatten). Für den Westen käme noch der weitere Nachteil hinzu, daß an diesem Guerillakampf wahrscheinlich zahlreiche weiße Söldner aus westlichen Ländern teilnehmen würden. Eine politische Interessen-Identifizierung wäre die unausweichliche Reaktion der kommunistischen Propaganda;

---

[27] Vgl. dazu die Stellungnahme des amerikanischen Außenministeriums „Prospects for Angola"; Dok. 19, Anm. 12.

Am 4. Februar 1976 äußerte sich Vortragender Legationsrat I. Klasse Müller zu den von den USA vorgeschlagenen diplomatischen, wirtschaftlichen und militärischen Maßnahmen: „Die Amerikaner überschätzen offenbar die Auswirkung diplomatischer Aktionen auf den Gang der Entwicklung. [...] Es ist zu befürchten, daß die Anerkennungswelle durch solche Aktionen nicht aufgehalten werden kann." Der Gedanke an koordinierte Einzelinitiativen gegenüber Tansania, Nigeria und Ghana könne mit dem „Paket-Vorschlag" des britischen Außenministers Callaghan vom 23. Januar 1976 abgestimmt werden; eine reine Ermahnung werde diese Staaten allerdings nicht beeindrucken: „Der Idee von Statements ist zuzustimmen. Allerdings sollten sie einerseits in Washington, andererseits gemeinsam durch die Neun abgegeben werden." Zuzustimmen sei der Auffassung, daß Sambia und Zaire finanziell gestützt werden sollten; hierzu sollten sich die EG-Mitgliedstaaten und die USA auf gemeinsame Maßnahmen einigen. Dagegen komme eine Beteiligung der Bundesrepublik „an militärischen Stützungsmaßnahmen jedweder Art nicht in Frage. Demonstrationen mit Kriegsschiffen sind nach unserer Auffassung für die Afrikaner ein ungeeignetes Mittel. Der Westen sollte Maßnahmen vermeiden, die nach ‚militärischem Ausbalancieren' des Kräfteverhältnisses in Angola aussehen, denn damit würde der SU das Argument für die Eskalierung ihres eigenen Engagements geradezu an die Hand geliefert. Neto wird noch mehr in die sowjetischen Arme getrieben, die Sowjets und Kubaner graben sich noch tiefer in Angola ein. Aus dem gleichen Grunde kann auch ein Guerilla-Kampf der UNITA und FNLA nicht in unserem Interesse liegen, weil er Netos Abhängigkeit von sowjetischer und kubanischer Hilfe perpetuieren würde und der zu erwartende Einsatz von europäischen und amerikanischen Söldnern den Westen in den Augen der Afrikaner zum Komplizen ‚neokolonialistischer Kräfte' machen würde." Vgl. VS-Bd. 10014 (312); B 150, Aktenkopien 1976.

150

– die Sowjetunion und ihre Verbündeten müssen daran gehindert werden, sich als „Anführer" des antikolonialen Befreiungskampfes und der Beseitigung des Apartheid-Regimes in Südafrika eine Schein-Legitimation zuzulegen, denn dadurch würden schließlich auch die gemäßigten afrikanischen Staaten gezwungen, die kommunistische Aktivität zu dulden, ja sogar gutzuheißen;

– die südafrikanische Politik, genährt aus dem Gefühl der Isolation und bedingt durch eine falsche Einschätzung gesamtwestlicher Interessengemeinschaft, darf bei den Afrikanern nicht ein Freund-Feind-Bild entstehen lassen, in das der gesamte Westen einbezogen wird; denn dadurch würden dessen politische Initiativen von vornherein belastet, wenn nicht zum Scheitern verurteilt. In dieser Hinsicht läßt die äußerst scharfe Abschlußrede Vorsters in der diesjährigen Eröffnungssitzung des Parlaments bezüglich der sich verhärtenden Grundtendenz der zukünftigen südafrikanischen Außen- und Verteidigungspolitik nichts Gutes ahnen[28];

– nachdem die USA in ihrem Handlungsspielraum fast bis zur Tatenlosigkeit eingeschränkt sind, muß Europa sich zu entschiedenerem Handeln entschließen und zusammen mit afrikanischen Regierungen (möglichst aus beiden Lagern) eine Lösung suchen, die auf eine zukünftig ungestörte europäisch-afrikanische Zusammenarbeit hinwirkt und den kommunistischen Einfluß wieder zurückdrängt. Eine Neutralität im Sinne von Aktionslosigkeit reicht hierfür nicht aus und entmutigt die Afrikaner, die auf das Handeln Europas warten;

– die Bundesrepublik Deutschland sollte, nicht zuletzt, weil sie in Afrika (zu Recht oder Unrecht) besonders exponiert ist (Namibia, Südafrika), im Rahmen der Neun zu den Initiativ-Kräften gehören und der Gefahr rechtzeitig begegnen, daß sie „abgehängt" wird.

Es liegt in unserem längerfristigen Interesse, daß wir die afrikanischen Regierungen von unserem initiativen Mitwirken wissen lassen. Falls der „kleinste gemeinsame Nenner" unter den Neun so niedrig liegt, daß die gewünschte Beeinflussung der Entwicklung in Afrika nicht bewirkt werden kann, sollten wir wenigstens versuchen, unsere bilaterale Politik in dieser Richtung zu aktivieren, und zwar konzentriert auf die wichtigsten afrikanischen Länder und ungeachtet ihrer Zurechnung zum sogenannten radikalen oder gemäßigten Lager.

Wie können wir unsere nationalen und die gesamt-westlichen Interessen wahren?

---

[28] Ministerpräsident Vorster nahm am 30. Januar 1976 im südafrikanischen Parlament Stellung zur Angola-Krise. Dazu vermerkte Vortragender Legationsrat I. Klasse Müller am 9. Februar 1976: „Premierminister Vorster rechtfertigte schließlich das südafrikanische Eingreifen in Angola als ‚notwendige Selbstwehr' gegen einen bevorstehenden kommunistischen Angriff. Er unterstrich die Entschlossenheit seiner Regierung, das Land und die Gebiete und Grenzen, für die es verantwortlich sei, auch in Zukunft zu schützen. [...] In Angola herrsche Chaos. Insofern könne man es nicht mit Mosambik vergleichen, wo die tatsächliche Macht von einer einzigen politischen Gruppe – der FRELIMO – übernommen worden sei. Die Aktionen in Angola seien auch notwendig gewesen, um den SWAPO-Überfällen innerhalb Namibias Einhalt zu gebieten. Der Gesamteindruck der Rede Vorsters ist sehr scharf und könnte auf eine Verhärtung der zukünftigen südafrikanischen Außen- und Sicherheitspolitik schließen lassen, es sei denn, daß Vorster sich zu rhetorischer Schärfe genötigt sah, um den rechten Flügel seiner Partei zu beruhigen." Vgl. Referat 320, Bd. 108221.

1) Zunächst eine negative Auswahl von Maßnahmen, die prinzipiell auszuschließen sind, bzw. als unwirksam angesehen werden müssen:

– Eine militärische Unterstützung der FNLA/UNITA, die für uns ohnehin nicht in Frage kommt, sollte auch von anderer westlicher Seite unterbleiben, da die Schaffung einer quantitativen und qualitativen Überlegenheit über die Sowjets und Kubaner nicht möglich ist. Der Bürgerkrieg könnte also nicht zugunsten des Westens entschieden werden, sondern würde nur perpetuiert. Dies ist, wie eingangs gezeigt, nicht im westlichen Interesse. – Kraft-Gesten wie demonstrative Flottenbesuche in afrikanischen Häfen (amerikanischer Vorschlag) würden den Osten kaum beeindrucken und die Afrikaner nur schockieren. – Auch die Unterstützung eines Guerilla-Kampfes ist, wie ebenfalls gezeigt, für die Position des Westens eher schädlich.
Fazit: Der militärische Sektor bietet[29] keine Handhabe, das erstrebte Ziel, nämlich den Abzug der Sowjets und Kubaner, zu erreichen;

– Diplomatische Demarchen sind weitgehend abgenutzt; überdies weiß die Sowjetunion, daß der Westen keinen physischen Einsatz folgen läßt. Die Anerkennungswelle aufhalten zu wollen dürfte irrelevant geworden sein, weil der „point of no return" bereits überschritten ist.
Fazit: Mit Bemühungen in dieser Richtung verliert der Westen kostbare Zeit für konstruktive Beiträge zu einer Lösung in unserem Interesse;

– Gemeinsame Erklärung der Neun und der USA: Da es in jüngster Zeit an öffentlichen Erklärungen nicht gefehlt hat, hätte sie nur dann Sinn, wenn sie – zwar in vorsichtiger Formulierung, aber für die andere Seite erkennbar – die Verbindung zwischen einer Anerkennung der MPLA-Regierung durch den Westen und dem Abzug der Sowjets und Kubaner signalisiert.

2) Vorschläge für eine westliche Initiative

Prämissen:

– Die MPLA und Neto selbst können (noch) nicht pauschal als kommunistisch angesehen werden.

– Die MPLA-Regierung weiß, daß sie für den Wiederaufbau des Landes, für den zukünftigen Handel und für Investitionen auf den Westen angewiesen ist (der MPLA-Wirtschaftsminister Rocha klagte vor der Presse, daß seine Regierung keine westlichen Geschäftspartner finde und vergeblich versuche, Auslandskredite zu erhalten).

– In der MPLA-Führung leben angesichts des militärischen Sieges alte Kontroversen über den zukünftigen außenpolitischen Kurs wieder auf (zuverlässige Meldung).

– Auch bei afrikanischen Regierungen, die die MPLA anerkannt haben, macht sich Unbehagen über ein dauerhaftes Fußfassen der SU in Afrika bemerkbar.

– Ideologische Kriterien sind für den Westen nicht entscheidend in der Frage der diplomatischen Anerkennung (vgl. Mosambik[30]).

---

[29] An dieser Stelle wurde von Staatssekretär Gehlhoff handschriftlich eingefügt: „für uns".
[30] Mosambik wurde am 25. Juni 1975 unabhängig. Zur Aufnahme diplomatischer Beziehungen mit der Bundesrepublik am 3. Februar 1976 vgl. Dok. 8.

– Es gibt Anzeichen dafür, daß mit wachsendem Einwirken durch afrikanische Pro-MPLA-Regierungen auf Neto gerechnet werden kann, mehr Versöhnungsbereitschaft zu zeigen (z.B. Nigeria, Ghana, Tansania; vgl. auch Anerkennungstelegramm des kamerunischen Präsidenten[31]).

Das folgende Procedere bewegt sich auf der Linie des „Paket-Vorschlages" Callaghans (s.o. Seite 2 und 3[32]):

– Einflußreiche und gewichtige afrikanische Regierungen, vornehmlich aus der Gruppe, die die MPLA bereits anerkannt hat, sollten auf diplomatischem Wege für die grundsätzliche Bereitschaft gewonnen werden, ein konstruktives westliches Angebot an Neto zu unterstützen, wenn möglich hierbei sogar die Initiative zu übernehmen.

– Neto müßte klargemacht werden,

– daß eine Alleinherrschaft der MPLA trotz des militärischen Sieges gefährdet bleiben muß, weil er große Teile Angolas wegen des Widerstandes der Bevölkerung (vor allem im Süden) nicht effektiv verwalten und kontrollieren kann;

– daß Guerilla-Tätigkeiten im eigenen Land ihn wahrscheinlich zwingen werden, seine bisherigen Helfer im Lande zu behalten und damit immer mehr von ihnen abhängig zu werden;

– daß er als Sieger staatsmännisches Format beweisen würde, wenn er seine jetzigen Gegner zur Mitverantwortung für den Wiederaufbau heranzöge, wobei ihm die Führungsrolle zugebilligt werden müßte;

– daß er für diesen Wiederaufbau der angolanischen Wirtschaft ausländische Investitionen benötigen würde, die ihm der Ostblock nicht bieten kann.

– Als Gegenleistung des Westens für eine innere Befriedung des Landes durch Bildung einer Koalitionsregierung und für den Abbau der sowjetischen und kubanischen Präsenz sollte Neto die diplomatische Anerkennung und die Unterstützung des Beitritts Angolas zur Konvention von Lomé[33] angeboten werden.

– Es wäre die Frage der Zusage westlicher Soforthilfe für die Beseitigung der Bürgerkriegsfolgen zu prüfen, um die Wirtschaft des Landes möglichst rasch wieder in Gang zu bringen. Eine spürbare Finanzhilfe an Angola wird für den Westen aber problematisch sein, weil Zaire und Sambia in unserem ei-

---

31 Mit Note vom 4. Februar 1976 übermittelte die kamerunische Botschaft dem Auswärtigen Amt den Text einer Mitteilung des Präsidenten Ahidjo an Präsident Neto vom 2. Februar 1976 über die Anerkennung der MPLA durch Kamerun. Darin hieß es: „Nous formons le vœu que vous œuvrerez pour la reconciliation des angolais et la restauration de la paix en vue du renforcement de l'unité nationale dans le pays frère d'Angola avec lequel la République Unie du Cameroun est disposée à entretenir des relations fraternelles et d'étroite coopération dans tous les domaines." Vgl. Referat 321, Bd. 108278.

32 Vgl. Anm. 13 und 25.

33 Für den Wortlaut des AKP-EWG-Abkommens von Lomé vom 28. Februar 1975 sowie der Zusatzprotokolle und der am 11. Juli 1975 in Brüssel unterzeichneten internen Abkommen über Maßnahmen zur Durchführung des Abkommens und über die Finanzierung und Verwaltung der Hilfe der Gemeinschaft vgl. BUNDESGESETZBLATT 1975, Teil II, S. 2318–2417.

genen Interesse ebenfalls substantieller Soforthilfe bedürfen.[34] Auf jeden Fall müßten mit Neto Modalitäten für die baldmöglichste Wiederinbetriebnahme der Benguela-Bahn ausgehandelt werden, um den zairischen und sambischen Kupferexporten den Weg zum Atlantik zu öffnen.

– Schließlich müßte mit Neto über die zukünftige Haltung der angolanischen Regierung in der Lösung der Namibia-Frage gesprochen werden, wie überhaupt der Komplex Südafrika bei einem Arrangement zwischen dem Westen und Neto nicht ausgeklammert werden kann. Zu dieser sehr schwierigen, aber besonders für uns (wegen Namibia) äußerst wichtigen Frage müßten die Einzelheiten des Vorgehens noch erarbeitet und im Kreise der Neun abgestimmt werden.
Der Westen sollte sich im Zusammenhang mit einem „Paket-Vorschlag" auch darum bemühen, daß ein Modus vivendi für die Sicherung des Cunene-Projekts zustande kommt, weil die militärische Präsenz Südafrikas in dem 50-km-Streifen auf angolanischem Gebiet den Erfolg der anderen westlich-angolanischen Vereinbarungen gefährden könnte.

Es soll nicht verkannt werden, daß der oben skizzierte Plan eines Sich-Arrangierens mit Neto zwei Risiken in sich birgt:

– Kann garantiert werden, daß Sowjets und Kubaner wirklich abziehen (Einwand Sauvagnargues in Brüssel)?

– Kann verhindert werden, daß nach bewährtem kommunistischen Muster die gemäßigten Kräfte in einer angolanischen Koalitionsregierung auf dem Wege des kalten Staatsstreichs nach einiger Zeit eliminiert werden und dann, nachdem die westlichen politischen und materiellen Leistungen erbracht worden sind, doch noch ein sowjetischer Satellitenstaat entsteht?

Auf diese Fragen kann im Rahmen dieser Studie noch keine Antwort versucht werden; sie wäre aber bei den Beratungen der Neun sorgfältig daraufhin zu prüfen, ob die Risiken kalkulierbar sind und ihre Verhinderung gesteuert werden kann.

Zum Zeitplan des weiteren Procedere wird vorgeschlagen, daß der „Paket-Vorschlag" möglichst schon bei den deutsch-britischen Beratungen (Bundeskanzler und Bundesminister) am 7.2.76[35] besprochen wird und – je nach Ergebnis – auf dem anschließenden deutsch-französischen Gipfeltreffen in Nizza (12./13.2.[36]). Danach könnte bereits das Politische Komitee am 16./17.2. in Luxemburg mit der Beratung konkreter Maßnahmen beauftragt werden[37], die dann noch mit der amerikanischen Regierung abgestimmt werden müßten.[38]

Lahn

Referat 320, Bd. 108165

---

[34] Dieser Satz wurde von Staatssekretär Gehlhoff hervorgehoben. Dazu vermerkte er handschriftlich: „r[ichtig]".
[35] Zu den deutsch-britischen Regierungsgesprächen in Chequers vgl. Dok. 39–41.
[36] Zu den deutsch-französischen Konsultationen vgl. Dok. 48 und Dok. 50.
[37] Zur Sitzung des Politischen Komitees vgl. Dok. 48, Anm. 10.
[38] An dieser Stelle vermerkte Staatssekretär Gehlhoff handschriftlich: „M.E. sollte unsere Politik zwei Hauptlinien verfolgen: 1) Sambia und Zaire müssen gestützt werden. 2) Vorsichtig signalisie-

37

Aufzeichnung des Ministerialdirektors van Well

210-331.30-279/76 VS-vertraulich 6. Februar 1976[1]

Über Herrn Staatssekretär[2] Herrn Minister[3]

Vorschlag

Der Herr Minister möge bei Gelegenheit mit dem Bundesjustizminister[4] über das Tätigwerden des Generalbundesanwalts in Berlin (West) sprechen.

Betr.: Strafverfolgung der Lorenz-Entführer[5]

hier: Anklagevertretung durch Bundesanwaltschaft in Berlin (West)[6]

Anlg.: 1[7]

I. Sachverhalt

1) Zur Zeit liegen der Bundesanwaltschaft in Karlsruhe die Akten über die Ermittlungen gegen die Entführer des Berliner CDU-Politikers Peter Lorenz vor. Diese Entführer sind in Berlin (West) in Untersuchungshaft.

2) Die Bundesanwaltschaft prüft zur Zeit, ob sie oder der Berliner Generalstaatsanwalt die Anklage zu vertreten haben wird. Nachdem aller Wahrschein-

---

Fortsetzung Fußnote von Seite 154

ren, daß wir zur Anerkennung Angolas und zu späterer Zusammenarbeit bereit sind, wenn das Land (auch unter einer MPLA-Regierung) wirklich unabhängig ist, also erst nach Abzug der kubanischen und sowjetischen Militärs."

[1] Die Aufzeichnung wurde von Vortragendem Legationsrat I. Klasse Lücking und von Legationsrat von Arnim konzipiert.
Hat von Arnim erneut am 18. Februar 1976 vorgelegen, der handschriftlich vermerkte: „Die Aufzeichnung hat H[errn] Lücking wieder vorgelegen. H[err] Lewalter wird H[errn] Kinkel nach der Entscheidung des Ministers fragen."

[2] Hat Staatssekretär Hermes am 9. Februar 1976 vorgelegen.

[3] Hat Bundesminister Genscher am 14. Februar 1976 vorgelegen.

[4] Hans-Jochen Vogel.

[5] Zur Entführung des Vorsitzenden des Berliner Landesverbandes der CDU, Lorenz, am 27. Februar 1975 vgl. Dok. 11, Anm. 2.

[6] Vortragender Legationsrat I. Klasse Lücking vermerkte am 6. Februar 1976: „Wir steuern auf eine neue Auseinandersetzung mit den Drei Mächten zu. Diese befürchten eine Konfrontation grundsätzlicher Art mit der Sowjetunion wegen der Tätigkeit der dritten Gewalt in Berlin nach dem Muster der Kontroverse wegen der Tätigkeit der Bundesexekutive im Zusammenhang mit der Errichtung des Umweltbundesamtes. Die Drei haben aus ihren Hauptstädten von hoher und höchster Stelle gezeichnete Weisungen, eine erneute Konfrontation mit der Sowjetunion unter allen Umständen zu vermeiden. Ich rechne mit einer Demarche der drei Botschafter bei dem Herrn Staatssekretär, falls wir die Dinge nicht unter Kontrolle bekommen. Unsere Zuschriften an das BMJ über die Konsultation mit den Drei Mächten reichen nicht mehr aus. Im BMJ wagt offenbar niemand, dem Generalbundesanwalt die von den Drei Mächten geforderten Weisungen zu erteilen." Er halte es für erforderlich, daß sich die Spitze des Amts „nachdrücklich" einschalte: „Interventionen der Arbeitsebene reichen nicht aus, da es sich um die Tätigkeit eines der höchsten Organe unseres Staates handelt. Aufzeichnung für den Herrn Bundesminister folgt mit dem Petitum, er möge mit dem Bundesjustizminister sprechen." Vgl. VS-Bd. 10941 (210); B 150, Aktenkopien 1976.

[7] Dem Vorgang beigefügt. Vgl. Anm. 14.

lichkeit nach die Anklage auch auf Nötigung von Staatsorganen (§ 105 StGB[8]) lauten wird, ist in dem bevorstehenden Strafprozeß höchstwahrscheinlich die bei einer solchen Anklage zwingend vorgeschriebene Kompetenz der Bundesanwaltschaft gegeben.

3) Da der Tatschwerpunkt in Berlin (West) liegt, kann davon ausgegangen werden, daß der Prozeß in Berlin (West) stattfindet.

4) Dies bedeutet, daß die Bundesanwaltschaft wahrscheinlich in einem Prozeß in Berlin (West) auftreten wird. Das wäre zwar nicht das erste Mal – die Bundesanwaltschaft vertrat auch die Anklage im Mahler-Prozeß Anfang 1972[9], also nach Unterzeichnung des Vier-Mächte-Abkommens vom 3. September 1971 –, jedoch verweisen die Drei Mächte darauf, daß dies noch vor Inkraftsetzen des Vier-Mächte-Abkommens durch das Vier-Mächte-Schlußprotokoll vom Juni 1972[10] war.

5) Die Drei Mächte, die in den Konsultationen in der Bonner Vierergruppe mehrfach betont haben, daß sie grundsätzlich keine Rechtsgründe sehen, die das Auftreten der Bundesanwaltschaft in Berlin (West) verhindern, haben um volle Konsultation der anstehenden Entscheidungen gebeten.[11]

6) Seit einigen Woche mehren sich eindeutig von Berliner Stellen ausgehende gezielte Indiskretionen über angebliche alliierte Bedenken an die Presse, die der Angelegenheit eine Publizität geben, welche die Drei Mächte offenbar zwin-

---

8 Paragraph 105 Strafgesetzbuch: „I. Wer 1) ein Gesetzgebungsorgan des Bundes oder eines Landes oder einen seiner Ausschüsse, 2) die Bundesversammlung oder einen ihrer Ausschüsse oder 3) die Regierung oder das Verfassungsgericht des Bundes oder eines Landes rechtswidrig mit Gewalt oder durch Drohung mit Gewalt nötigt, ihre Befugnisse nicht oder in einem bestimmten Sinne auszuüben, wird mit Freiheitsstrafe von einem Jahr bis zu zehn Jahren bestraft. II. In minder schweren Fällen ist die Strafe Freiheitsstrafe von sechs Monaten bis zu fünf Jahren." Vgl. STRAFGESETZ-BUCH, S. 579.

9 Am 24. Januar 1972 erhob die Bundesanwaltschaft beim Berliner Kammergericht Anklage gegen den Rechtsanwalt Horst Mahler. Der Erste Strafsenat des Kammergerichts verurteilte Mahler am 26. Februar 1973 zu zwölf Jahren Freiheitsstrafe „wegen gemeinschaftlichen schweren Raubes in Tateinheit mit Gründung einer kriminellen Vereinigung und Beteiligung an derselben". Vgl. den Artikel „Mahler zu zwölf Jahren Freiheitsstrafe verurteilt"; FRANKFURTER ALLGEMEINE ZEITUNG vom 27. Februar 1973, S. 1.

10 Für den Wortlaut des Vier-Mächte-Abkommens über Berlin sowie des Schlußprotokolls vom 3. Juni 1972 vgl. UNTS, Bd. 880, S. 116–148. Für den deutschen Wortlaut vgl. BUNDESANZEIGER, Nr. 174 vom 15. September 1972, Beilage, S. 44–73.

11 Am 5. Februar 1976 informierte Ministerialdirigent Meyer-Landrut das Bundesministerium der Justiz über die Sitzung der Bonner Vierergruppe am 3. Februar 1976. Die Drei Mächte hätten ihr starkes Befremden darüber zum Ausdruck gebracht, „daß, offenbar aufgrund von Indiskretionen, die Frage, ob der Generalbundesanwalt bei einer Anklageerhebung gegen die Lorenz-Entführer in Berlin die Anklage vertreten könne, in der Presse mehrfach hochgespielt worden sei. Sie wiesen darauf hin, daß es der Wunsch ihrer Regierungen sei, diese Frage in der Bonner Vierergruppe mit der Bundesregierung zu konsultieren, bevor deutscherseits irgendwelche Entscheidungen getroffen würden. [...] Die Sprecher der Drei Mächte erklärten, die deutsche Seite müsse sich darüber im klaren sein, daß bei einem Andauern der Pressekampagne, durch welche offensichtlich von Sachkennern versucht werde, die Entscheidung der Drei Mächte zu präjudizieren, die Angelegenheit eine politische Dimension annehmen werde, in welcher die Entscheidung der Drei Mächte nicht mehr allein durch Kriterien der rechtlichen Zulässigkeit, sondern vor allem der politischen Opportunität gefällt werde müsse. Sie würden bedauern, wenn diese Entscheidung der Drei Mächte für die Tätigkeit der Bundesjustizbehörden dann grundsätzliche Bedeutung gewinnen müßte, indem sie auch für die Zukunft ausschlaggebend werde." Vgl. VS-Bd. 10941 (210); B 150, Aktenkopien 1976.

gen soll, sich dem Auftreten des Generalbundesanwalts[12] in Berlin (West) nicht zu widersetzen. Der Generalbundesanwalt hat persönlich zu dieser Publizität durch Erklärungen vor der Presse in Berlin (West) nicht unerheblich beigetragen.

7) Aufgrund des Protestes der Sowjetunion gegen das Auftreten des Generalbundesanwalts in Berlin (West) während der heißen Phase der Lorenz-Entführung[13] sind die Drei Mächte zu Recht besorgt, daß die wachsende Publizität die Angelegenheit zu einem reinen Politikum machen könnte, für dessen Beurteilung Fragen der rechtlichen Zulässigkeit mehr und mehr irrelevant werden und Überlegungen aus dem Blickwinkel der Beziehungen der Drei Mächte zur Sowjetunion entscheiden.

8) Die Zusammenarbeit des Auswärtigen Amts mit dem Bundesjustizministerium ist in dieser Angelegenheit dadurch gekennzeichnet, daß das Bundesjustizministerium offenbar nur sehr ungern bereit wäre, die Bundesanwaltschaft anzuweisen, sich gegenüber der Presse zurückzuhalten. Im Bundesjustizministerium ist man offenbar eher bereit, eine Konfrontation mit den Drei Mächten hinzunehmen, als gegenüber dem Generalbundesanwalt mit Entschiedenheit aufzutreten.

9) Charakteristisch für diese Situation ist die Tatsache, daß das BMJ eine nach Telefonaten auf Direktorenebene dem Auswärtigen Amt gegebene Zusage nicht eingehalten hat, die Konsultation der Drei Mächte nicht zu präjudizieren und in die Antwort auf eine Parlamentarische Anfrage nach der Kompetenz des Generalbundesanwalts in Berlin (West) den Satz aufzunehmen: „Selbstverständlich wird bei der Prüfung der einschlägigen Fragen auch den Rechten und Verantwortlichkeiten der Drei Mächte Rechnung getragen werden." Vielmehr wurde entgegen der Zusage die Antwort so formuliert (vgl. die Anlage[14]), als ob

---

[12] Siegfried Buback.

[13] Gesandter Hansen, Washington, teilte am 4. April 1975 mit, daß der sowjetische Geschäftsträger in Washington, Woronzow, dem Abteilungsleiter im amerikanischen Außenministerium, Hartman, am selben Tag ein Non-paper übergeben habe. Darin hieß es: „Of late, in connection with the kidnapping of the chairman of the West Berlin Christian Democratic Union Mr. P. Lorenz, a number of unlawful acts had been committed in the Western Sectors of Berlin, the state offices and institutions of the FRG, including the internal and justice ministries, the Federal Office on the Protection of the Constitution and the Federal Criminal Police Agency have on the outset meddled with the investigation.. [...] State offices and officials of the FRG have been executing official acts in implementing direct state authority over the Western Sectors that is well known to be directly prohibited by the Quadripartite Agreement of September 3, 1971. Thus, there is a gross violation of the Quadripartite Agreement. As it happened in similar circumstances before, the FRG also is seeking at this time to cover its unlawful acts referring to the agreement on the part of the USA, Great Britain and France, practically putting them into a position of accessories to the violation of the quadripartite agreement." Vgl. den Drahtbericht Nr. 882; Referat 213, Bd. 112772.

[14] Dem Vorgang beigefügt. Für den Auszug aus den Stenographischen Berichten des Bundestags vgl. VS-Bd. 10941 (210); B 150, Aktenkopien 1976.
Auf die Frage des CSU-Abgeordneten Spranger, ob das Tätigwerden des Generalbundesanwalts in Berlin (West) „rechtlich zulässig und auch geboten" erscheine, antwortete der Parlamentarischer Staatssekretär de With, Bundesministerium der Justiz, am 28. Januar 1976 im Bundestag: „Die Strafprozeßordnung und das Gerichtsverfassungsgesetz gelten auch in Berlin. Der Generalbundesanwalt hat in einem entsprechenden Fall – darauf darf ich verweisen –, nämlich in dem Fall Mahler, in Berlin Anklage erhoben." Vgl. BT STENOGRAPHISCHE BERICHTE, Bd. 96, S. 15062.

es an der Kompetenz des Generalbundesanwalts in Berlin (West) nicht den geringsten Zweifel gäbe.

Schließlich hat Generalbundesanwalt Buback vor der Presse bekräftigt, „daß der Status Berlins für die Übernahme oder Abgabe des Komplexes Lorenz/Drenkmann[15] durch die Generalbundesanwaltschaft keine Rolle spiele".

10) Bei einem weiteren Aufschaukeln der Angelegenheit könnten sich die Drei Mächte in der Tat durch die Bundesregierung öffentlich unter Druck gesetzt fühlen. Dies könnte dazu führen, daß sie das Auftreten der Bundesanwaltschaft in Berlin (West) untersagen, wozu sie die rechtlichen Möglichkeiten besitzen. Eine derartige Entscheidung der Drei Mächte hätte dauernde, die Rechtseinheit zwischen Berlin und dem Bund schwer beeinträchtigende Folgen, die auch innenpolitisch zu einem erheblichen Aufsehen führen müßten.

II. Vorschlag

Es wird deshalb vorgeschlagen, daß der Herr Minister bei passender Gelegenheit den Bundesjustizminister auf die Angelegenheit anspricht und darum bittet, der Bundesjustizminister möge dem Generalbundesanwalt darlegen, daß es im allseitigen Interesse liegt, wenn die Angelegenheit mit Diskretion behandelt wird, da sonst weitreichende Folgen für das Tätigwerden der Bundesanwaltschaft in Berlin (West) zu befürchten sind.

van Well

VS-Bd. 10941 (210)

---

[15] Am 10. November 1974 erschossen Mitglieder der „Rote Armee Fraktion" in Berlin den Präsidenten des Berliner Kammergerichts, von Drenkmann. Dazu wurde in der Presse berichtet: „Die Polizei äußerte die Vermutung, daß der Anschlag auf den prominenten Richter mit dem Tod des am Samstag gestorbenen Mitglieds der Baader-Meinhof-Bande, Holger Meins, in der Haftanstalt der rheinland-pfälzischen Stadt Wittlich am Vortag in Zusammenhang stehen könnte." Vgl. den Artikel „Nach dem Tod von Holger Meins: Berliner Richter erschossen"; DIE WELT vom 11. November 1974, S. 1.

38

Botschafter Krapf, Brüssel (NATO), an das Auswärtige Amt

114-10753/76 VS-vertraulich   Aufgabe: 6. Februar 1976, 14.35 Uhr[1]
Fernschreiben Nr. 196   Ankunft: 6. Februar 1976, 14.57 Uhr
Citissime

Betr.:   Britisch-isländischer Fischereikonflikt[2]
      hier: Deutsche Initiative im NATO-Rat

Bezug: DE 455 vom 5.2.1976[3]
      Plurez 456 vom 5.2.[4]

Zur Unterrichtung

1) Ich habe in Abwesenheit des Generalsekretärs den stellvertretenden Generalsekretär Pansa aufgesucht und ihn über die Initiative der Bundesregierung unterrichtet, die er wärmstens begrüßte.

Er hat auf meine Bitte sofort eine Sondersitzung des NATO-Rats für 10.30 Uhr einberufen, bei der ich unseren Vorschlag begründete, den Generalsekretär zu bitten, einen erneuten Vermittlungsversuch zwischen London und Reykjavik zu unternehmen.[5] Der stellvertretende Generalsekretär befürwortete die deut-

---

[1] Hat Vortragendem Legationsrat I. Klasse Dannenbring vorgelegen.

[2] Nach der einseitigen Einführung einer 200-Seemeilen-Grenze als Fischereizone durch die isländische Regierung zum 15. Oktober 1975 kam es zu Auseinandersetzungen auf See zwischen isländischen Küstenwachbooten und britischen Fischtrawlern bzw. zu deren Schutz entsandten britischen Fregatten. Der Ständige NATO-Rat befaßte sich in einer Sondersitzung am 12. Januar 1976 mit dem Konflikt. Dazu teilte Botschafter Krapf, Brüssel (NATO), am selben Tag mit, daß die ernste Besorgnis über die Zuspitzung des britisch-isländischen Fischereikonflikts zum Ausdruck gebracht worden sei: „Die Mehrheit des NATO-Rats appellierte an beide Parteien, unverzüglich eine friedliche Lösung des Konflikts anzustreben und sich jeder weiteren Gewaltanwendung zu enthalten. Als ein erster Schritt in diese Richtung sei ein Rückzug der britischen Kriegsschiffe aus der von Island beanspruchten Fischereizone zu empfehlen." Vgl. den Drahtbericht Nr. 53; VS-Bd. 9966 (204); B 150, Aktenkopien 1976. Vgl. dazu ferner AAPD 1975, II, Dok. 362.

[3] Ministerialdirektor van Well wies die Botschaft in Reykjavik an, den isländischen Außenminister Ágústsson um Unterrichtung über die Aussichten für die Beilegung des Fischereikonflikts mit Großbritannien zu bitten: „Dabei sollte Botschafter die große Besorgnis der Bundesregierung zum Ausdruck bringen, daß eine erneute Zuspitzung des Konfliktes nachteilige Auswirkungen auf die isländisch-britischen Beziehungen und auf das Bündnis haben könne. Die Bundesregierung halte es deshalb im Augenblick für am wichtigsten, Zwischenfälle auf See zu vermeiden und mit der britischen Regierung nach neuen Lösungsmöglichkeiten zu suchen." Vgl. Referat 204, Bd. 110350.

[4] Ministerialdirektor van Well bat Botschafter Krapf, Brüssel (NATO), „unverzüglich bei Generalsekretär vorzusprechen, ihn über die Besorgnisse der Bundesregierung zu unterrichten und anzuregen, daß der Generalsekretär der britischen und der isländischen Regierung einen erneuten Vermittlungsversuch, ggf. durch eine sofortige Reise nach London und Reykjavik, vorschlägt. Ziel dieses Versuchs sollte nach Ansicht der Bundesregierung sein, darauf hinzuwirken, daß jetzt weitere Zwischenfälle auf See nach Möglichkeit vermieden werden, um dadurch Zeit für neue Verhandlungen zu gewinnen. Die Bundesregierung sei bereit, in diesem Sinne auch bilateral auf die Regierungen in London und Reykjavik einzuwirken." Vgl. Referat 204, Bd. 110350.

[5] NATO-Generalsekretär Luns hielt sich bereits am 15./16. Januar 1976 zu einem Vermittlungsversuch in Reykjavik auf. Am 20. Januar 1976 berichtete Botschafter Krapf, Brüssel (NATO), daß Luns den Ständigen NATO-Rat über das Ergebnis dieser Gespräche sowie über ein weiteres Gespräch mit dem britischen Außenminister Callaghan am Vorabend in Brüssel informiert habe. Luns „habe die Atmosphäre in Island sehr viel reizbarer und nervöser gefunden als 1973. Das Ver-

sche Initiative und wies auf drei zusätzliche beunruhigende Entwicklungen der letzten 24 Stunden hin:

1) ein Zwischenfall auf See zwischen einem britischen Trawler und einem isländischen Fischereischutzboot[6];

2) die Entscheidung der britischen Regierung, zwei Fregatten in die 200-Meilen-Zone zurückzusenden[7];

3) eine Agenturmeldung über eine angebliche Äußerung des isländischen Außenministers[8], daß der nächste Schritt Islands darin bestehen könne, diplomatische Beziehungen abzubrechen.

Er betonte, daß alles getan werden müsse, um es nicht zum Abbruch der diplomatischen Beziehungen kommen zu lassen. Alle anwesenden Ständigen Vertreter unterstützten die deutsche Initiative und sprachen die dringende Bitte an den anwesenden isländischen[9] und britischen[10] Botschafter aus, ihren Regierungen größte Zurückhaltung nahezulegen und alle nicht wieder rücknehmbaren Schritte und Handlungen im Interesse der Bündnissolidarität zu vermeiden. Es herrschte Übereinstimmung, daß alles daran gesetzt werden müsse, den Gesprächsfaden zwischen London und Reykjavik nicht abreißen zu lassen.

Der britische Ständige Vertreter, der versucht hatte, die Rückkehr der britischen Kriegsschiffe mit der Wiederholung von Angriffen auf britische Trawler zu rechtfertigen (der Zwischenfall am 5. Februar sei der dritte während der

---

Fortsetzung Fußnote von Seite 159

langen aus allen isländischen politischen Lagern nach Aktion der isländischen Regierung sei sehr spürbar gewesen. [...] Er, Luns, habe aus dem, was er gesehen habe, nicht schließen können, daß die Isländer an den Zwischenfällen die Hauptschuld trügen". Sein Eindruck sei, „daß das große Hindernis auf dem Wege einer Verständigung zwischen beiden Ländern die Anwesenheit der britischen Kriegsschiffe in den Fischereigewässern der 200-Meilen-Zone und die Überwachungsflüge der ‚Nimrod' sei". Im Gespräch mit Callaghan sei er, Luns, dann über die in einer Note an die britische Regierung ausgesprochene „isländische ultimative Forderung" informiert worden, „Großbritannien solle bis zum 24.1. alle Kriegsschiffe aus den ‚isländischen Gewässern' (gemeint ist die 200-Meilen-Zone) abziehen, sonst würden die diplomatischen Beziehungen abgebrochen". Callaghan habe ihn dann über den Beschluß der britischen Regierung in Kenntnis gesetzt, „ihre Kriegsschiffe und ‚Nimrods' zurückzuziehen in der Erwartung, daß keine weiteren isländischen Angriffe auf britische Trawler mehr erfolgen würden". Ferner werde Ministerpräsident Hallgrímsson zu Gesprächen nach London eingeladen. Vgl. den Drahtbericht Nr. 118; VS-Bd. 9966 (204); B 150, Aktenkopien 1976.

6 Botschafter Hergt, Reykjavik, berichtete am 6. Februar 1976, daß am Vortag ein isländisches Küstenwachboot einem britischen Trawler die Fangleinen gekappt habe. Nach isländischer Darstellung hätten vier britische Trawler in einem allgemeinen Schongebiet gefischt und seien der mehrmaligen Aufforderung zum Verlassen des Gebiets nicht nachgekommen: „Außenminister Einar Ágústsson hat in einer Erklärung, die heute früh im Rundfunk verbreitet wurde, mitgeteilt, daß jetzt keine Grundlage für Verhandlungen mit den Briten mehr bestehe." Vgl. den Drahtbericht Nr. 16; Referat 204, Bd. 110350.

7 Am 5. Februar 1976 entschied die britische Regierung, die Fregatten „Juno" und „Diomede" erneut in die 200-Meilen-Zone um Island zu entsenden. Darüber informierte Botschafter von Hase, London, am 6. Februar 1976: „Im Foreign Office legte man Wert auf die Feststellung, daß sich die britischen Trawler nach wie vor die größte Zurückhaltung auferlegt hätten. 12 bis 14 britische Fischdampfer hätten, als sie von isländischen Wachbooten dazu aufgefordert wurden, die Netze eingezogen, bis es dann am frühen Nachmittag zu den Zwischenfällen kam, bei denen der ‚Loch Eriboll' die Fangleinen gekappt wurden." Vgl. den Drahtbericht Nr. 303; Referat 204, Bd. 110350.

8 Einar Ágústsson.

9 Tómas Á. Tómasson.

10 John Killick.

gegenwärtigen Verhandlungsrunde[11] gewesen), erklärte, daß Großbritannien weiterhin an Verhandlungen über ein Abkommen auch von kurzer Laufzeit interessiert sei und jede Aktion des Generalsekretärs oder einzelner Nationen unterstütze, die darauf abziele, die Verhandlungen in Gang zu bringen. Doch müsse während der Verhandlungen den britischen Fischern weiterhin die Möglichkeit gegeben werden, ihrem Fischfang unbelästigt nachzugehen.

Der isländische Botschafter schilderte kurz den Zwischenfall vom 5.2., bei dem die Briten trotz mehrstündiger Aufforderungen, den Fischfang in der neuen Konservierungszone einzustellen, weiter gefischt hätten, und teilte dann mit, daß heute eine Kabinettssitzung stattfinden werde, bei der möglicherweise wichtige Entscheidungen gefällt würden. Daraufhin bat der NATO-Rat den isländischen Ständigen Vertreter, seine Regierung sofort telefonisch von der im Rat unterstützten deutschen Initiative zu unterrichten, um auf diese Weise zu erreichen, daß noch keine schwerwiegenden Entscheidungen getroffen werden.

Gleichzeitig wurde der stellvertretende Generalsekretär gebeten, sich unmittelbar mit Generalsekretär Luns in Philadelphia in Verbindung zu setzen und ihm über die vom Rat angetragene Vermittlungsaufgabe zu informieren. Eine weitere Sondersitzung des Rates soll heute nachmittag um 17.00 Uhr stattfinden.

2) Der Generalsekretär ist unterdessen über die deutsche Initiative unterrichtet worden und hat zugestimmt. Der isländische Ständige Vertreter hat mitgeteilt, daß die ursprünglich für 12.00 Uhr vorgesehene Kabinettssitzung auf 15.00 Uhr (MEZ) verschoben wurde. Weitere Berichterstattung erfolgt nach der Nachmittagssitzung.[12]

---

11 Nach dem Abzug der beiden britischen Fregatten am 19. Januar 1976 fanden vom 24. bis 27. Januar 1976 in London Gespräche zwischen Ministerpräsident Hallgrímsson und Premierminister Wilson über eine Beilegung des Fischereikonflikts statt. Dabei unterbreitete Island unter Hinweis auf neue Schätzungen der Fischpopulation ein Angebot, das Großbritannien eine Fangmenge von 40 000 t einräumte. Der britische Gegenvorschlag sah eine Fangrate von 28% der Gesamttonnage vor; unter Zugrundelegung der bisher in den Verhandlungen von Island für möglich gehaltenen Fangobergrenze von 230 000 t hätte dies für britische Fischer einen Fang von 65 000 t bedeutet. Dieser Vorschlag wurde von der isländischen Regierung mit Note vom 3. Februar 1976 abgelehnt. Botschafter von Hase, London, teilte dazu am 4. Februar 1976 mit: „Ablehnung des Vorschlags, der im Ergebnis dem ursprünglichen isländischen Angebot entspricht, bestätigt Annahme, daß sich isländische Haltung in der Zwischenzeit wesentlich verhärtet hat. Isländer erklärten freilich Bereitschaft, über ein kurzfristiges Abkommen zu verhandeln, das offenbar den Zeitraum bis zur Bestätigung der 200-sm-Zone durch die Dritte UN-Seerechtskonferenz überbrücken soll. [...] Vertraulich wurde aber aus dem FCO mitgeteilt, daß man es für mehr als zweifelhaft halte, eine beiderseits akzeptable Formel zu finden. Das Angebot weiterer Gespräche sei aus optischen Gründen erfolgt und ohne Substanz." Vgl. den Drahtbericht Nr. 281; Referat 204, Bd. 110350.

12 Der Ständige NATO-Rat trat erneut am Abend des 6. Februar 1976 zusammen. Dazu berichtete Botschafter Krapf, Brüssel (NATO), daß der isländische NATO-Botschafter Tómasson mitgeteilt habe, das isländische Kabinett habe keine Entscheidung über den Abbruch der diplomatischen Beziehungen zu Großbritannien getroffen: „Dies sei im wesentlichen auf die von der Bundesregierung ausgegangene heutige Initiative des NATO-Rats zurückzuführen." Der stellvertretende NATO-Generalsekretär Pansa habe ferner darüber informiert, daß die britische Regierung NATO-Generalsekretär Luns ihre Bereitschaft zur Fortsetzung der Gespräche mit Island übermittelt habe. Der isländische Außenminister Ágústsson habe als persönliche Meinung mitgeteilt, daß der Vorschlag von Luns, die Gespräche in Brüssel fortzusetzen, in Betracht gezogen werden könne: „Die Ratsmitglieder begrüßten, daß wertvolle Zeit gewonnen worden ist, und forderten die beiden Parteien erneut auf, alles zu tun, um eine Verhandlungslösung herbeizuführen." Vgl. den Drahtbericht Nr. 200; VS-Bd. 9698 (500); B 150, Aktenkopien 1976.

161

3) Empfehle dringend dort erwogene Einwirkungen so rechtzeitig zu unternehmen, daß sie möglichst noch den Verlauf der isländischen Kabinettssitzung beeinflussen können.

[gez.] Krapf

VS-Bd. 9966 (204)

39

Gespräch des Bundeskanzlers Schmidt mit Premierminister Wilson in Chequers

7. Februar 1976[1]

Vermerk über das Vier-Augen-Gespräch des Bundeskanzlers mit Premierminister Wilson am 7. Februar 1976 in Chequers

Als Notetaker waren anwesend: P. Wright, Principal Private Secretary to the Prime Minister; Kurt Leonberger, LR I.

1) Das Gespräch wurde mit einem Meinungsaustausch über die augenblickliche wirtschaftliche Lage in Großbritannien und in der BRD eingeleitet. Es wurde festgestellt:

– wachsendes Vertrauen in der Wirtschaft;

– unterschiedliche Entwicklung der Ausfuhren; während in Großbritanniens der Zuwachs der Exporte die wachsende Antriebskraft des sich abzeichnenden Aufschwungs ist, hat die Auslandsnachfrage in der Bundesrepublik wieder nachgelassen;

– schwierige Arbeitsmarktlage; in beiden Ländern ist die Arbeitslosenquote nahezu gleich hoch.

Der *Bundeskanzler* meinte, daß trotz der Anzeichen für einen Aufschwung Großbritannien die Politik der Inflationsbekämpfung nicht aufgeben dürfe. Von einer erfolgreichen Senkung der Inflationsrate hänge u. a. das internationale Prestige Großbritanniens ab. PM *Wilson* stimmte dieser Auffassung zu, hob jedoch gleichzeitig seine Besorgnis über den hohen Grad der strukturellen Arbeitslosigkeit hervor, die seines Erachtens im größeren Rahmen der EG ge-

---

[1] Ablichtung.
Die Gesprächsaufzeichnung wurde von Legationsrat I. Klasse Leonberger gefertigt.
Hat Ministerialdirigent Leister am 11. Februar 1976 vorgelegen, der die Weiterleitung an Bundeskanzler Schmidt verfügte.
Hat Schmidt am 18. Februar 1976 vorgelegen, der handschriftlich vermerkte: „1) Randvermerke beachten. 2) Chef B[undes]K[anzleramt]: b[itte] K[enntnisnahme] u[nd] w[eitere] V[eranlassung]. 3) Kopie z[u] d[en] A[kten] pr[ivat] (Tg) verschlossen." Vgl. Anm. 15, 16, 17 und 19.
Hat Leister erneut am 18. Februar 1976 vorgelegen, der handschriftlich zu Punkt 3) vermerkte: „(bei L[eiter] K[anzler]B[üro])."
Hat Staatssekretär Schüler am 18. Februar 1976 vorgelegen.

nauer untersucht werden müßte. Die Erörterung dieses Themas wurde mit einigen Anmerkungen des Bundeskanzlers zur Arbeitslosigkeit in besonders betroffenen Branchen und Regionen der BRD abgeschlossen.

2) Auf Frage von PM Wilson gab *Bundeskanzler* kurze Lagebeurteilung nach der Ministerpräsidentenwahl in Hannover.[2] Näher erörtert wurden die innenpolitischen Aspekte im Zusammenhang mit der Ratifizierung des Polen-Abkommens.[3]

3) Zum Fischereistreit mit Island[4] gab PM *Wilson* zunächst einen Sachstandsbericht. Das Kernproblem sei, daß es in Island keine handlungsfähige Regierung gebe. MP Hallgrímsson sei positiv zu Verhandlungen eingestellt, während Justizminister Jóhannesson, dem die Küstenschutzboote unterstehen, strikter Gegner eines Abkommens und ein „Falke" sei. Trotz eines neuen Angebots, die britische Fangquote auf 28 % anstatt 32 % der Gesamtquote aller ausländischen Staaten zu reduzieren, sei noch keine Lösung in Sicht.

Der *Bundeskanzler* berichtete von telefonischen Kontakten der Bundesregierung mit dem isländischen Ministerpräsidenten, bei denen die Besorgnis der Bundesregierung über die Verschärfung des Konflikts zum Ausdruck gebracht wurde. MP Hallgrímsson habe geantwortet, daß er ein Übereinkommen wün-

---

[2] Nach dem Rücktritt des Ministerpräsidenten Kubel wählte der niedersächsische Landtag am 15. Januar 1976 überraschend den CDU-Abgeordneten Albrecht zum Nachfolger, dem es jedoch nicht gelang, innerhalb der vorgesehenen Frist ein Kabinett zu bilden. Am 6. Februar 1976 wählte daraufhin der niedersächsische Landtag erneut Albrecht mit 79 Stimmen zum neuen Ministerpräsidenten. Bundesminister Ravens, der Kandidat der regierenden Koalition aus SPD und FDP, erhielt 75 Stimmen. Dazu wurde in der Presse berichtet: „Die Niederlage von Ravens bedeutet nicht nur das Ende der niedersächsischen SPD/FDP-Koalition, die nach der Landtagswahl vom Juni 1974 für die vierjährige Legislaturperiode abgeschlossen worden war. Sie wirkt sich vielmehr, weil die Stimmen Niedersachsens im Bundesrat und im Vermittlungsausschuß nun zugunsten der von CDU und CSU regierten Bundesländer durchschlagen können, auch auf die Koalition in Bonn aus." Vgl. den Artikel „Nach seinem Sieg sucht Albrecht die FDP für eine Koalition zu gewinnen"; Frankfurter Allgemeine Zeitung vom 7. Februar 1976, S. 1.

[3] Bundesminister Genscher und der polnische Außenminister Olszowski unterzeichneten am 9. Oktober 1975 in Warschau das Abkommen über die Renten- und Unfallversicherung, die Vereinbarung über die pauschale Abgeltung von Rentenansprüchen, das Abkommen über die Gewährung eines Finanzkredits an Polen, das Ausreiseprotokoll sowie das Langfristige Programm über die Entwicklung der wirtschaftlichen, industriellen und technischen Zusammenarbeit. Das Abkommen über Renten- und Unfallversicherung war als einziger Teil des Vertragswerks ratifizierungsbedürftig, da es die Rechte und Zuständigkeiten der Länder berührte. Für den Wortlaut vgl. Bulletin 1975, S. 1193–1203. Vgl. dazu ferner AAPD 1975, II, Dok. 296.
Bundeskanzler Schmidt leitete das Gesetz zum Abkommen über die Renten- und Unfallversicherung nebst der Vereinbarung über die pauschale Abgeltung von Rentenansprüchen am 17. Oktober 1975 dem Bundesrat zu. Die übrigen Teile des Vertragswerks waren zur Unterrichtung beigefügt. Der Bundesrat befaßte sich am 7. November 1975 in erster Lesung mit dem Abkommen über Renten- und Unfallversicherung. Mit den Stimmen der von der CDU bzw. CSU regierten Länder wurde eine Stellungnahme verabschiedet, die einen Katalog von elf „Fragen und Bedenken" enthielt. Diese betrafen insbesondere Klarstellungen zum Ausreiseprotokoll, darüber hinaus den Schutz vor Zweckentfremdung der von der Bundesrepublik zu zahlenden Beträge, den Ausschluß künftiger polnischer Ansprüche sowie den Verwendungszweck des Finanzkredits an Polen. Vgl. dazu BR Drucksachen 1975, Bd. 17, Drucksache Nr. 633/75 bzw. Nr. 633/2/75. Vgl. dazu ferner BR Stenographische Berichte 1975, 425. Sitzung, S. 308–333.
Die erste Lesung des Gesetzes im Bundestag fand am 26. November 1975 statt. Vgl. dazu BT Stenographische Berichte, Bd. 95, S. 13932–13987.

[4] Zu den Auseinandersetzungen zwischen Großbritannien und Island wegen der Erweiterung der isländischen Fischereizone vgl. Dok. 38.

sche und zunächst keine weitere Aktion erfolgen werde, die die Verhandlungs-
bemühungen stören könnte.

4) Der Bundeskanzler schilderte zur Einführung des Themas Offset[5] den Gang
der bisherigen Gespräche der Bundesregierung mit der US-Regierung.[6] Ford
habe das Problem verstanden. Es bestünde beiderseits Übereinkunft, daß es zu
keinem öffentlichen Konflikt kommen dürfe und daß man andererseits in irgendeiner Form den Kongreß zufriedenstellen müsse. Bundeskanzler wiederholte, daß der Begriff „Offset" veraltet sei und auch nicht wieder aufgegriffen
werde. Obwohl das bisherige Abkommen mit den USA ausgelaufen sei[7], stünde
man nicht unter Zeitdruck.

Mit Bezug auf AM Callaghans Brief[8] gab Bundeskanzler zu erkennen, daß er
die britischen Probleme verstehe. Die Zahlungsbilanzschwierigkeiten seien
aber nicht so groß, wie man sie darstelle. Er unterstrich seine Bereitschaft, zu
einer Lösung zu kommen. Hierfür benötige man jedoch Zeit. Zum Jahresende
sei die Situation möglicherweise günstiger. In seiner Antwort schilderte *Wilson*
zunächst die interne Meinungsbildung seiner Regierung. D. Healey habe zuerst die Forderung nach deutschen Offsetzahlungen aufgestellt. Er selbst habe
zusammen mit dem Verteidigungs[9]- und Außenminister einen harten Kampf
im Kabinett gegen weitere Kürzungen des Verteidigungsbudgets geführt und
gewonnen. Der Beschluß zur Einsparung von 193 Millionen Pfund während der
nächsten drei Jahre[10] tangiere weder den britischen NATO-Beitrag noch die

---

5 Die Bundesrepublik leistete seit 1962 Devisenausgleichszahlungen an Großbritannien im Zusammenhang mit der Stationierung der britischen Rheinarmee in der Bundesrepublik. Vgl. dazu AAPD
1975, II, Dok. 372.

6 Am 6. November 1976 legte Ministerialdirektor Lautenschlager für das Referentengespräch über
eine neue deutsch-amerikanische Regelung zum Devisenausgleich am 16. Dezember 1975 in Washington einen Vorschlag zur Gesprächsführung sowie den Entwurf für eine Gemeinsame Erklärung mit der Bitte vor, hierzu die Billigung des Bundeskanzlers Schmidt einzuholen. Die Weisung
für die Gespräche lautete: „Abwehr eines neuen Offset-Abkommens oder einer entsprechenden
Vereinbarung. [...] Vorschlag einer gemeinsamen Erklärung über Beendigung Offset zur Erleichterung der Präsentation gegenüber Kongreß und amerikanischer Öffentlichkeit. Eventuelle Entgegennahme amerikanischer Gegenvorschläge ohne Stellungnahme unsererseits." In dem Entwurf
für eine Erklärung wurde auf den Wandel des Weltwährungssystems und die positive Entwicklung
der amerikanischen Zahlungsbilanz hingewiesen. Ferner wurde ausgeführt, „daß deutsche Be-
schaffungskäufe in den USA auch in Zukunft fortgeführt werden". Der erreichte Grad der wäh-
rungs- und verteidigungspolitischen Zusammenarbeit beider Staaten mache es aber nicht mehr erforderlich, ein weiteres bilaterales Abkommen zu schließen. Vgl. VS-Bd. 8891 (420); B 150, Aktenkopien 1975. Vgl. dazu ferner AAPD 1975, II, Dok. 388.
Zum amerikanischen Gegenentwurf vom 3. Februar 1976 vgl. Dok. 51.

7 Das deutsch-amerikanische Devisenausgleichsabkommen vom 25. April 1974 hatte eine Laufzeit
vom 1. Juli 1973 bis 30. Juni 1975 und hatte einen Umfang von 5,92 Mrd. DM. Vgl. dazu AAPD
1974, I, Dok. 137.

8 Für das Schreiben des britischen Außenministers Callaghan an Bundesminister Genscher vom 21.
November 1975 vgl. VS-Bd. 8889 (414–420).

9 Roy Mason.

10 Nachdem bereits das Verteidigungsweißbuch vom März 1975 eine Kürzung der britischen Streitkräfte vorgesehen hatte, kündigte die britische Regierung in einem am 19. Februar 1976 veröffentlichten Weißbuch „Öffentliche Ausgaben bis 1979/80" weitere Einsparungen an. Dazu informierte
Ministerialdirektor van Well am 27. Februar 1976: „Ziel ist die Stabilisierung der öffentlichen Ausgaben auf der Höhe des Haushalts 1976/77 (ausgenommen die steigenden Beträge für den Schuldendienst). Der Anteil des öffentlichen Sektors von derzeit 60% am Bruttosozialprodukt soll auf
53% gesenkt werden, um Mittel für Investitionen freizusetzen und die britische Zahlungsbilanz zu
verbessern. Einsparungen bei allen Haushaltstiteln sind vorgesehen (Gesamtvolumen der verringerten Haushaltsansätze 77/78: 4%, 78/79: 7%). Der Verteidigungshaushalt kam mit 4% relativ

Truppenstationierung in Europa. Die wichtigsten Einsparungen würden bei den Personalkosten im Verteidigungsministerium vorgenommen. Außerdem beabsichtige man, die Ausgaben für Rüstungs- und nukleare Forschung im Militärbereich zu kürzen. Private Firmen hätten in diesen Gebieten bessere Ergebnisse erzielt. Bei dem jetzt durchgesetzten Kürzungsbeschluß habe man allerdings einen Offsetbeitrag der Bundesrepublik einkalkuliert. Wenn dieser nicht zustande komme, dann seien weitere Kürzungen im Verteidigungshaushalt unausweichlich. Wilson unterstrich, daß das Zahlungsbilanzargument nicht so wichtig sei im Vergleich mit der Belastung des Verteidigungshaushalts, die durch die Truppenstationierung entsteht.

Bundeskanzler schlug vor, das Problem weiter in der Erörterung zu halten, damit nicht der Eindruck entstehe, die Bundesrepublik wolle sich nicht beteiligen. Vor dem Sommer sollten allerdings keine offiziellen Verhandlungen aufgenommen werden. Es genüge, wenn die Außenminister diesen Ball weiter hin und her spielen würden. Bundeskanzler äußerte die Überzeugung, daß auch die Opposition, falls sie nach den Wahlen[11] an die Regierung kommen würde, Interesse an einer Regelung haben dürfte.[12]

5) *Wilson* teilte mit, daß er Soames und Thomson als Kandidaten für die Präsidentschaft der EG-Kommission in Aussicht genommen habe. AM Callaghan habe ihm in Helsingør gesagt, daß man auch Roy Jenkins und Edward Heath in Erwägung ziehen sollte.[13]

Bundeskanzler gab eine Stellungnahme Giscards zu diesem Thema aus einem Telefongespräch wieder.[14] Demnach sei der französische Präsident nicht unbedingt positiv zu Soames eingestellt, sondern bevorzuge eher eine Persönlich-

Fortsetzung Fußnote von Seite 164

glimpflich davon (zum Vergleich: Erziehungswesen 9%, Wohungsbau 8%).“ In einem Schreiben an NATO-Generalsekretär Luns habe der britische Verteidigungsminister Mason erläutert, „daß die vorgesehenen Kürzungen des Verteidigungsbudgets sich fast ausschließlich auf den Versorgungs- und Verwaltungsbereich beschränken und nicht die Kampfkraft des britischen Beitrags zum Bündnis berühren“. Vgl. VS-Bd. 9967 (204); B 150, Aktenkopien 1976.

11 Die Wahlen zum Bundestag fanden am 3. Oktober 1976 statt.

12 Am 27. Februar 1976 vermerkte Ministerialdirektor van Well, daß der britische Verteidigungsminister Mason in einem Schreiben an Bundesminister Leber unter Hinweis auf die Ausführungen des Premierministers Wilson gegenüber Bundeskanzler Schmidt am 7. Februar 1976 in Chequers mitgeteilt habe: „Da der Bundeskanzler einer Fortsetzung der Diskussionen zwischen den beiden Regierungen zugestimmt habe, werde sich Sir Oliver Wright mit den Beamten des Auswärtigen Amts demnächst in Verbindung setzen.“ Van Well wies darauf hin, daß vor Einleitung von Gesprächen „eine Weisung des Herrn Bundeskanzlers über die deutsche Verhandlungsposition erforderlich“ sei: „Angesichts des derzeitigen britischen Verteidigungsaufwands würden weitere Abstriche am Verteidigungshaushalt den objektiven eigenen britischen Sicherheitsinteressen zuwiderlaufen. Die politische Konstellation in Großbritannien läßt allerdings durchaus den Schluß zu, daß derartige Erwägungen dennoch ernst zu nehmen sind. Weitere Reduzierungen müßten die Substanz des britischen Verteidigungsbeitrags angreifen [...]. Eine Reduzierung der britischen Rheinarmee (Gesamtkosten: ca. 600 Mio. £ jährlich) wäre dagegen mit größeren Schwierigkeiten verbunden: Abgesehen von der britischen WEU-Verpflichtung hinsichtlich der Rheinarmee und dem MBFR-Konzept des Bündnisses wäre eine Rückführung von Teilen der Rheinarmee technisch problematisch (z. B. fehlende Unterkünfte) und brächte keine volle Entlastung. Dagegen wäre aber mit britischem Druck auf das westliche MBFR-Konzept in Richtung auf einen schnellen Abschluß zu rechnen.“ Vgl. VS-Bd. 9967 (204); B 150, Aktenkopien 1976.

13 Im Rahmen der Sozialistischen Internationale fand am 18./19. Januar 1976 in Helsingør ein Treffen sozialdemokratischer Regierungs- und Parteichefs statt. Zum Gespräch des Premierministers Wilson mit dem britischen Außenminister Callaghan vgl. WILSON, Final Term, S. 215 f.

14 Zum Telefongespräch des Bundeskanzlers Schmidt mit Staatspräsident Giscard d'Estaing am 14. Januar 1976 vgl. Dok. 10.

keit wie D. Healey oder Jenkins[15]. Sie seien beide der Meinung gewesen, daß der nächste Präsident ein Brite sein soll und daß es gut wäre, wenn eine gegenseitige Unterrichtung erfolge, bevor die britische Seite öffentlich einen Namen nenne. Dies sei notwendig, um dem nächsten Präsidenten mehr politisches Gewicht und ein größeres Gewicht gegenüber seinen Kollegen zu geben. Hierzu sei es wichtig, den Präsidenten bei der Zusammenstellung der nächsten Kommission, die man möglicherweise verkleinern könne (Streichung des zweiten Kommissars; Wilson: Ja!), mitwirken zu lassen.

Abschließend stellte Bundeskanzler zu diesem Punkt fest, daß Frankreich und die Bundesrepublik Roy Jenkins als Kandidaten begrüßen würden. *Wilson* antwortete, daß er in der gleichen Perspektive denke. Healey komme deshalb nicht in Frage, weil er vermutlich im Rennen um seine Nachfolge bleiben wolle und auch günstige Chancen habe.[16] Er wolle ihm deshalb empfehlen, sich für eine Kandidatur zur Verfügung zu stellen.[17]

Wilson bat Bundeskanzler, mit Giscard bei den nächsten deutsch-französischen Konsultationen[18] nochmals über dieses Thema streng vertraulich zu sprechen. Jenkins komme in den nächsten Wochen nach Paris, um Poniatowski einen Besuch abzustatten, und treffe auch mit Giscard zusammen. Bei dieser Gelegenheit könnte der französische Präsident versuchen, Jenkins positiv für eine Kandidatur zu stimmen, da er sich vermutlich bei einem Angebot nur schwer werde entscheiden können.[19]

6) Bei der kurzen Erörterung der Lage in der Volksrepublik China und in Angola ergaben sich keine neuen Gesichtspunkte.

7) Wilson teilte mit, daß Giscard im Juni zu einem Staatsbesuch nach Großbritannien kommen werde.[20]

Bundeskanzleramt, AZ 21-30 100 (56), Bd. 41

---

[15] Die Wörter „oder Jenkins" wurden von Bundeskanzler Schmidt handschriftlich eingefügt.

[16] An dieser Stelle wurde von Bundeskanzler Schmidt gestrichen: „Nach seiner und seiner Freunde Meinung werde sich Roy Jenkins hingegen nicht durchsetzen können."

[17] An dieser Stelle wurde von Bundeskanzler Schmidt gestrichen: „Jenkins wisse von diesen Plänen allerdings noch nichts, möglicherweise sei er auch nicht bereit, aus dem britischen Parlament auszuscheiden."

[18] Zu den deutsch-französischen Konsultationen am 12./13. Februar 1976 in Nizza vgl. Dok. 48 und Dok. 50.

[19] Dieser Absatz wurde von Bundeskanzler Schmidt hervorgehoben. Dazu vermerkte er handschriftlich: „Ist geschehen. Präs[ident] G[icard] d'E[staing] wird dies tun."

[20] Staatspräsident Giscard d'Estaing hielt sich vom 22. bis 25. Juni 1976 in Großbritannien auf.

40

**Gespräch des Bundesministers Genscher mit dem
britischen Außenminister Callaghan in Chequers**

105-13.A/76 VS-vertraulich   7. Februar 1976[1]

Griechischer Beitritt zu den EG:

AM *Callaghan* erklärte, ein Beitritt Griechenlands zu den EG sei, wenngleich
wirtschaftlich ein Unding, so doch politisch eine Notwendigkeit. Die Äußerungen der Kommission zu der Frage[2] seien unbedacht und taktlos.

Bundesminister stimmte dem zu und fügte an, auf der bevorstehenden Ratssitzung (9.2. in Brüssel[3]) müsse s.E. in einer Grundsatzdebatte geklärt werden, daß
die Kommission, sobald ein Berichtsmandat über rein wirtschaftliche Fragen
hinausgehe, zur Auflage erhalte, mit der EPZ zu konsultieren.

AM *Callaghan* ergänzte: Er sei gehalten, seinem Kabinett eine Vorlage zum
Thema griechischer Beitritt auszuarbeiten, wobei er übrigens nicht für die Vor-
Beitrittsperiode eintreten werde.

Vertraulich fügte er an, in diesem selben Zusammenhang sei die Frage aufgetaucht, wie die Gemeinschaft sich hinsichtlich zukünftiger weiterer Beitritts-
gesuche verhalten werde. Bisher habe die Gemeinschaft alle Beitrittswilligen
stets quasi mit offenen Armen empfangen. Es müsse vielleicht einmal durchdacht werden, ob es hier Grenzen zu setzen gelte und ob man sonst nicht von
dem ursprünglichen Konzept der Gemeinschaft abweiche.

Diese Frage könne nicht im Rat, müsse aber unter den Außenministern erörtert werden. Der erforderlichen Geheimhaltung wegen böte sich hierfür ein
„Gymnich type"-Meeting[4] an. *Bundesminister* erwiderte, das Problem stelle sich
in begrenzter Form, denn de facto komme nur eine begrenzte Zahl von Staaten
in Betracht (Portugal, Spanien, Türkei). Er stimmte dem Gedanken einer
„Gymnich type"-Sitzung zu.

Auf den griechischen Beitritt zurückkommend, ergänzte Bundesminister: Die
EG-Formulierung sei besonders unglücklich gewählt, weil sie einerseits die
Türkei hellhörig gemacht habe, andererseits durch die Einführung des mißver-
ständlichen Begriffs der Vor-Beitritts-Periode die Dinge für PM Karamanlis
eher erschwert habe. Karamanlis bedürfe eines politischen Signals aus Brüssel,

---

[1] Die Gesprächsaufzeichnung wurde von Dolmetscherin Siebourg am 10. Februar 1976 gefertigt und
am selben Tag an Vortragenden Legationsrat Lewalter geleitet.
Hat Lewalter am 10. Februar 1976 vorgelegen, der die Weiterleitung an Bundesminister Genscher
verfügte und handschriftlich „um Billigung des Inhalts und der Weitergabe über StS an Herrn D 2
unter Einstufung VS-v" bat.
Hat Genscher am 11. Februar 1976 vorgelegen. Vgl. den Begleitvermerk; VS-Bd. 14054 (010);
B 150, Aktenkopien 1976.

[2] Zum griechischen Beitrittsantrag vom 12. Juni 1975 sowie zur Stellungnahme der EG-Kommission, die am 29. Januar 1976 dem EG-Ministerrat vorgelegt wurde, vgl. Dok. 28.

[3] Zur EG-Ministerratstagung vgl. Dok. 47.

[4] Auf Schloß Gymnich bei Bonn fand am 20./21. April 1974 ein informelles Treffen der Außenminister der EG-Mitgliedstaaten und des Präsidenten der EG-Kommission, Ortoli, statt. Vgl. dazu Dok.
35, Anm. 9.

um seine westorientierte Außenpolitik gegenüber seinen innenpolitischen Gegnern durchsetzen und als Erfolg präsentieren zu können. Bleibe ein solches Signal der Gemeinschaft aus, so werde ihm dies als Scheitern ausgelegt werden, und seine Gegner, obwohl im Grunde für den EG-Beitritt, würden diesen willkommenen Vorwand gegen Karamanlis ausspielen. Ohnehin werde die Verhandlung eine lange Zeit in Anspruch nehmen, da sich während ihres Verlaufs auf der griechischen innenpolitischen Szene eine Stabilisierung von Karamanlis vollziehen müsse. Infolgedessen solle man auch tunlichst für die Verhandlungsperiode keine Frist ansetzen.

AM *Callaghan* stimmte dieser Analyse aufgrund eigener Informationen (griechischer Botschafter in London[5]) zu.

Direktwahl zum Europäischen Parlament[6]

AM Callaghan führte aus, die britische Regierung werde in etwa zehn Tagen dem Parlament ein Weißbuch[7] vorlegen; danach werde es eine Debatte geben.[8]

---

[5] Stavros G. Roussos.

[6] Die Gipfelkonferenz der EG-Mitgliedstaaten am 9./10. Dezember 1974 in Paris beschloß eine engere Beteiligung des Europäischen Parlaments an der Politischen Zusammenarbeit, eine Erweiterung seiner Kompetenzen und die baldige Verwirklichung allgemeiner Wahlen zum Europäischen Parlament, worüber der EG-Ministerrat 1976 beschließen sollte. Vgl. dazu Ziffern 4 und 12 des Kommuniqués; EUROPA-ARCHIV 1975, D 42 f.
Am 14. Januar 1975 verabschiedete das Europäische Parlament den „Entwurf eines Vertrages über die allgemeine und unmittelbare Wahl der Mitglieder des Europäischen Parlaments" und leitete ihn dem EG-Ministerrat zu. Für den Wortlaut vgl. EUROPA-ARCHIV 1975, D 148–152.
Auf seiner Tagung am 1./2. Dezember 1975 in Rom vereinbarte der Europäische Rat, daß die Wahl zu einem einheitlichen Zeitpunkt im Mai/Juni 1978 stattfinden solle. Sollte ein EG-Mitgliedstaat zu diesem Zeitpunkt dazu noch nicht in der Lage sein, könne er seine Vertreter unter den Mitgliedern seines nationalen Parlaments benennen: „Der Europäische Rat hat den Rat beauftragt, die noch offenen Probleme weiter zu prüfen und einen Bericht vorzulegen, der es ermöglicht, den Vertrag über die Wahl der Mitglieder des Europäischen Parlaments anläßlich des nächsten Europäischen Rates endgültig fertigzustellen." Vgl. BULLETIN DER EG 11/1975, S. 8 f.

[7] Die britische Regierung legte am 17. Februar 1976 ein Grünbuch zu den Direktwahlen zum Europäischen Parlament vor. Gesandter Noebel, London, informierte darüber am 19. Februar 1976: „Als wichtigste Punkte werden Mitgliederzahl und Verteilung auf die einzelnen Staaten angesehen. Grünbuch wiederholt bekannte britische Auffassung, daß Verteilung sich an Bevölkerungszahl orientieren solle, sagt allerdings ‚as far as possible', was britische Flexibilität zulassen würde. Großbritannien ist nach wie vor der Auffassung, daß kleine Staaten der Gemeinschaft, wie Luxemburg, Irland und Dänemark, in gegenwärtigem EP überrepräsentiert sind. Als Mitgliederzahl hält man die im Entwurf des Parlaments vorgesehenen 355 Abgeordneten für ungefähr richtig." Alle übrigen Fragen sollten „in nationaler Zuständigkeit entschieden werden. Dazu gehören vor allem Frage des Wahlsystems und Einteilung der Wahlkreise. Frage des Wahlsystems ist für Großbritannien deswegen wichtig, weil es auf nationaler Ebene praktiziertes Mehrheitswahlrecht nicht durch europäisches Verhältniswahlrecht abgelöst sehen möchte. Einteilung der Wahlkreise kommt deswegen Bedeutung zu, weil sie wahrscheinlich für Anzahl der Vertreter der britischen Parteien im EP entscheidend wäre." Vgl. den Drahtbericht Nr. 424; Referat 410, Bd. 105630. Vgl. dazu ferner DIRECT ELECTIONS TO THE EUROPEAN ASSEMBLY (Cmnd 6399), London [1976].

[8] Das britische Unterhaus debattierte am 29./30. März 1976 über die Direktwahlen zum Europäischen Parlament. Dazu teilte Botschafter von Hase, London, am 31. März 1976 mit: „Als Ergebnis der Debatte kann zusammenfassend festgehalten werden, daß britische Regierung bereit ist, ihr Möglichstes zu tun, um die Voraussetzungen für allgemeine und unmittelbare Wahlen zum EP im Jahre 1978 zu schaffen, wenn die Gemeinschaft dieses Datum für die ersten europäischen Wahlen verbindlich festlegen sollte. Auf die allgemeine Unterstützung des Parlaments, das entsprechenden Gesetzesvorlagen zustimmen muß, dürfte sie dabei zählen können. In Einzelfragen wird es allerdings noch manche harte Auseinandersetzung geben, wobei die Fronten häufig quer durch die Parteien laufen werden." Vgl. den Drahtbericht Nr. 743; Referat 410, Bd. 105630. Vgl. dazu ferner HANSARD, Commons, Bd. 908, Sp. 899–1036 und Sp. 1119–1240.

Das einzige sich in diesem Zusammenhang in GB stellende Problem sei der Anspruch von Wales, Schottland und Nordirland, bei der Sitzverteilung in gleicher Weise berücksichtigt zu werden wie Mitgliedstaaten mit vergleichbarer Bevölkerungszahl (z.B. DK). Möglicherweise – so fügte er vertraulich hinzu – müsse also der proportionalen Vertretung ein größerer Spielraum gewährt werden, da andernfalls die Unabhängigkeitsbestrebungen wieder Aufwind erhielten. Mit einer solchen Vorstellung rücke man den französischen Überlegungen wahrscheinlich näher.

Bundesminister erklärte, er verstehe und unterstütze den Wunsch der kleineren Mitgliedstaaten nach einem Minimum an Sitzen, wobei Luxemburg die Zahl von sechs Sitzen bereits zugesagt sei. Das Problem könne auf zweierlei Weise gelöst werden: Entweder könne man in Abweichung vom Vorschlag des Parlaments die Sitzzahl der Kleinen herabsetzen[9] oder man müsse die Gesamtzahl der Sitze erhöhen, um dem Anliegen der Größeren gerecht zu werden.[10]

AM *Callaghan* entgegnete, er sei im Grundsatz für ein kleines Parlament, schon um zügigeres Arbeiten zu gewährleisten und der öffentlichen Kritik, im Europäischen Parlament werde leichtes Geld (slush money) verdient, entgegenzuwirken. Andererseits erkenne er die Vorteile des Vorschlags.

Bundesminister ergänzte: Sowohl das englische als auch das deutsche Parlament hätten eine hohe Sitzzahl. Gehe man also von einer Gesamtzahl von 600 Sitzen aus und ziehe man davon zunächst etwa 100 bis 150 Sitze für solche Staaten ab, die möglicherweise zu einem späteren Zeitpunkt hinzukommen, so blieben 450 bis 500 Sitze zur Verteilung auf die derzeitigen Mitgliedstaaten.

AM *Callaghan* wiederholte, er ziehe eine Gesamtzahl von 350 vor.

Bundesminister fügte hinzu, daß dies Problem für ihn und seine Partei nicht von vitalem Interesse sei. Er werde seine Überlegungen dazu nur vorbringen, falls andere vor ihm das Problem zur Erörterung brächten.

Doppelmandat

Es bestand Einigkeit darüber, daß die Möglichkeit des Doppelmandats zunächst in der Anfangszeit gegeben sein sollte, schon um einem Auseinanderklaffen zwischen nationalen Parlamenten und dem Europäischen Parlament entgegenzuwirken. Die Praxis werde sich im Laufe der Jahre herauskristallisieren. Möglicherweise werde sie ähnlich wie die deutsche Erfahrung mit Doppelmandaten im Landtag und Bundestag aussehen.

AM *Callaghan* fügte an, er sei noch immer ein wenig skeptisch hinsichtlich des Zeitpunkts 1978, denn es gebe Schwierigkeiten mit der Gesetzgebung im Parlament. Aber das werde abzuwarten sein.

---

[9] Nach Artikel 2 des Entwurfs des Europäischen Parlaments vom 14. Januar 1975 war die Wahl von 355 Mitgliedern zum Europäischen Parlament vorgesehen, davon 71 für die Bundesrepublik, 67 für Großbritannien, 66 für Italien, 65 für Frankreich, 27 für die Niederlande, 23 für Belgien, 17 für Dänemark, 13 für Irland und 6 für Luxemburg. Vgl. dazu EUROPA-ARCHIV 1975, D 149.

[10] An dieser Stelle wurde von Bundesminister Genscher gestrichen: „Wenn sich dieses Problem in GB aus Gründen der Regionalverteilung stelle, so ergebe es sich für Präsident Giscard d'Estaing und letztlich für die FDP aus Gründen der Anzahl bzw. der Größe der Parteien. Deswegen befürworte er als Führer der FDP die Erhöhung der Gesamtzahl und die Verteilung nach einem proportionalen Schlüssel. Er habe diesen Vorschlag auch Präsident Giscard d'Estaing zur Kenntnis gebracht (anl[äßlich] ER in Rom), und dieser scheine sich solchen Überlegungen nicht zu verschließen."

EG-Wirtschafts- und Sozialausschuß

AM Callaghan berichtete von dem an ihn herangetragenen Wunsch nach engeren Kontakten zwischen Arbeitgeber- und Gewerkschaftsvertretern einerseits und Politikern andererseits auf EG-Ebene. Die Aussprachen im Wirtschafts- und Sozialausschuß würden als unbefriedigend bezeichnet.[11]

Bundesminister erwiderte, wenn ein solcher Wunsch bestehe, so müsse man diesem entgegenkommen. Allerdings habe er keine allzu großen Illusionen darüber, daß solche Gespräche oder Kontakte für alle Beteiligten jemals ganz befriedigend sein könnten. Möglicherweise könne die jeweilige Präsidentschaft solche Kontakte übernehmen, oder eine von der Präsidentschaft benannte Person oder auch der gesamte Rat könne ab und an zur Verfügung stehen. Er meine, daß zusätzlich auch die Kommission in einen engeren Kontakt mit den Stellen der Praxis gebracht werden müsse, die die Ergebnisse z. B. der Ratssitzungen weiterverfolgen. Auch zu den erwähnten Kontakten mit Arbeitgebern und Gewerkschaften solle die Kommission beigezogen werden.

Es bestand Übereinstimmung, daß auch dies ein Thema für eine nächste „Gymnich type"-Besprechung sein solle.

Portugal

Bundesminister berichtete über Ergebnisse seiner Reise nach Lissabon[12], insbesondere über Gespräche mit AM Antuñes und Soares über die Aussichten für Wahlen, Regierungsbildung (mutmaßlich Regierung aus CDS und PPD – keine Beteiligung von Kommunisten an der Regierung) und die Wahl des Staatspräsidenten (mutmaßlich Versuch zu Konsens zwischen Sozialisten, PPD und der Bewegung der Streitkräfte über Kandidaten; zwei Namen im Gespräch: Antuñes, Premierminister[13]).

Die wirtschaftliche Lage des Landes sei sehr schlecht. Ein Abkommen über Investitionsschutz sei zur Förderung deutscher Investitionen in Aussicht genommen.[14] Unabhängig hiervon sei ein Kredit der Bundesbank gegen Golddeckung gewährt worden.[15]

Angola

Bundesminister berichtete zunächst über die Ergebnisse der in Portugal über Angola geführten Gespräche:

---

[11] Botschafter Lebsanft, Brüssel (EG), nahm am 3. Februar 1976 Stellung zum Verhältnis zwischen Gewerkschaften bzw. Arbeitgeberverbänden und Europäischen Gemeinschaften: „In der Gemeinschaft sind die Gewerkschaften besorgt, ihre auf nationaler Ebene erkämpften Rechte ‚in Europa' wieder zu verlieren. Zudem ist ihre sektorielle Organisationsstruktur – gemessen an der ihrer Gegenspieler – in erheblichem Rückstand. Während die Unternehmerseite zahlreiche Wirtschaftsverbände und hunderte von Unterorganisationen gebildet hat, gibt es bei den Gewerkschaften nur wenige ‚Europäische Ausschüsse', die zudem häufig mit ihren internationalen Verbänden im Streit liegen. [...],Gespräche' zwischen den Sozialpartnern, geschweige denn ‚Verhandlungen' auf Branchenebene oder mit multinationalen Unternehmen kommen nur selten zustande." Vgl. den Schriftbericht Nr. 272; Referat 410, Bd. 121832.
[12] Zum Besuch des Bundesministers Genscher am 4./5. Februar 1976 vgl. Dok. 31, Dok. 32 und Dok. 34.
[13] José Baptista Pinheiro de Azevedo.
[14] Zum geplanten Investitionsförderungsvertrag zwischen der Bundesrepublik und Portugal vgl. Dok. 31, Anm. 13 und 15.
[15] Zum Darlehensvertrag vom 23. Januar 1976 zwischen der Bundesbank und der portugiesischen Nationalbank vgl. Dok. 31, Anm. 11.

Eine Anerkennung der MPLA durch Portugal stehe im Moment nicht an. Vor einem solchen Schritt werde Portugal andere Europäer konsultieren. Antuñes habe vor zwei oder drei Wochen der MPLA angeraten, sich aus dem Einfluß der SU und Kubas herauszulösen, danach könne eine Anerkennung vollzogen werden. Die MPLA habe eine Umkehrung der Reihenfolge dieser Schritte gefordert. Antuñes glaube an eine noch bestehende, allerdings sehr geringe Chance für die Bildung einer Koalitionsregierung aus MPLA und UNITA, die FLNA scheide hierfür bereits aus.

Im Ergebnis bleibe das Problem, wie man ein Festsetzen der SU und Kubas in Angola auf lange oder mittlere Frist noch vermeiden könne.

AM *Callaghan* stimmte der Analyse der Lage zu. Er sehe auch in afrikanischen Kreisen einen Wandel der Haltungen sich abzeichnen. Nigeria z. B. habe der MPLA bedeutet, man habe die MPLA zwar anerkannt[16], aber nunmehr sei es an der Zeit, daß sie sich der SU entledige. AM Kissinger unterschätze den Einfluß anderer Afrikaner auf Angola.

Rhodesien

Vertraulich berichtete AM Callaghan über ein Gespräch mit Nkomo, Präsident des ANC.[17]

Nkomo habe sich äußerst besorgt gezeigt. Wenn Smith nach wie vor an seiner Weigerung gegenüber jeder Aufnahme von Afrikanern in die Regierung festhalte, so vergebe er seine letzte Chance. Denn nach Nkomo, einem heute 60jährigen, drängten junge Kräfte in die Bewegung vor, und der Guerilla-Krieg werde sich dann nicht mehr vermeiden lassen. Nkomo setze alle Anstrengungen in einen weiteren Monat der Verhandlung.[18] Aber er sehe wenig Aussicht für ein Nachgeben von Smith.

Angesichts dieser Lage werde er (AM Callaghan) nun einen Vertreter nach Südafrika entsenden, der die Regierung Vorster dringend auffordern solle, ih-

---

[16] Die nigerianische Regierung gab am 26. November 1975 die Anerkennung der MPLA als einzige legitime Regierung für Angola bekannt. Vgl. dazu den Schriftbericht Nr. 771 des Botschafters Ellerkmann, Kampala, vom 5. Dezember 1975; Referat 312, Bd. 108167.

[17] Das Oberhaupt des „inneren Flügels" des African National Council, Nkomo, hielt sich am 1./2. Februar 1976 in London auf.

[18] Am 1. Dezember 1975 unterzeichneten Ministerpräsident Smith und das Oberhaupt des „inneren Flügels" des African National Council, Nkomo, in Salisbury eine Erklärung, in der sie ihre Absicht bekundeten, die Verhandlungen über eine künftige rhodesische Verfassung wiederaufzunehmen. Die Gespräche begannen am 11. Dezember 1975 in Salisbury und wurden am 6. Januar bzw. 10. Februar 1976 fortgesetzt. Vgl. dazu AdG 1976, S. 20096.
Am 19. Januar 1976 übermittelte Botschafter von Hase, London, Informationen des britischen Außenministeriums über die Verhandlungen: „FCO hält Nkomos Entscheidung für richtig, unmittelbar Kernfrage einer mehrheitlichen Beteiligung der Afrikaner in Rhodesien an Staatsführung (majority rule) aufzuwerfen. Dabei scheint Nkomo bereit zu sein, Wahlrechtsbeschränkungen für Afrikaner in größerem Umfang weiterhin zu akzeptieren, solange es nur zu afrikanischer Mehrheit in rhodesischem Parlament komme. Wesentliche Konzession von seiten Smiths liege darin, daß von Smith-Regierung außer Kraft gesetzte rhodesische Verfassung vom 6. Dezember 1961, die majority rule und begrenztes Wahlrecht für alle Rhodesier vorsehe, als Arbeitspapier laufenden Verhandlungen zugrunde gelegt worden sei. Hauptschwierigkeit liege bei Verhandlungen darin, Kriterien für Wahlrecht (franchise) so neu festzulegen, daß Afrikaner zwar Mehrheit der Parlamentssitze erhielten, ihre Mehrheit aber nur so groß werde, daß sie Smith-Regierung noch gerade akzeptabel erscheine." Vgl. den Drahtbericht Nr. 139; Referat 320, Bd. 108205.

171

ren Einfluß auf Rhodesien geltend zu machen. Derselbe britische Vertreter solle sich dann auf direktem Wege nach Washington begeben, damit auch von dort derselbe Druck auf Südafrika ausgeübt werde.[19]

Im Falle eines Scheiterns dieser Bemühungen sehe er die Gefahr eines Krieges in Rhodesien mit Beteiligung der SU unmittelbar bevorstehen.[20]

Namibia

Bundesminister wies darauf hin, daß sich eine ganz vergleichbare Konstellation in Namibia ergebe und daß er dies auch bereits im vergangenen Herbst AM Muller eindringlich dargestellt habe.[21]

Er erinnerte an die Darlegungen von AM Callaghan vor dem NATO-Rat im Dezember[22], der schon damals von den unabsehbaren Auswirkungen der südafrikanischen Intervention in Angola auf die Befreiungsorganisationen in Nachbarstaaten gesprochen hatte.

AM *Callaghan* meinte, man müsse auch die ernsthaften Bemühungen der südafrikanischen Regierung um Überwindung der Apartheid anerkennen. Dabei sei allerdings fraglich, ob diese Maßnahmen in genügend kurzer Zeit hinreichend weitgehend seien.

Er wolle versuchen, AM Kissinger zu einer umfangreichen Informationsreise durch Afrika zu bewegen (Senegal, Nigeria, Zaire, Sambia, Mosambik, Tansania, Kenia), damit er die afrikanische Realität eingehender kennenlerne und so möglicherweise von seiner Fixierung auf die Großmacht-Konfrontation ein wenig abgebracht werde.[23]

---

19 Gesandter Noebel, London, berichtete am 19. Februar 1976: „Britische Regierung hat [...] südafrikanische Regierung um Unterstützung gebeten. Zu diesem Zweck wurde Deputy Undersecretary Duff nach Südafrika entsandt, der soeben zurückgekehrt ist. Wie wir im FCO erfahren haben, hat südafrikanischer Ministerpräsident Vorster auf von Duff persönlich überbrachte Botschaft nur mit fünfzeiligem Schreiben an AM Callaghan reagiert, das praktisch lediglich Empfangsbestätigung gewesen sei. Vorster sei anders als in früheren Fällen nicht mehr bereit gewesen, stärkeren Druck auf rhodesischen Ministerpräsidenten Smith auszuüben, in Verhandlungen mit Nkomo mehr Flexibilität zu zeigen. [...] Aus hiesiger US-Botschaft hören wir, daß Duff im Anschluß an seine Südafrika-Reise auch in Washington gewesen sei, um State Department von Ergebnis seiner Besprechungen zu unterrichten. Er soll dort allerdings nicht ausgeschlossen haben, daß Vorster von britischen Vorstellungen beeindruckt, sich doch zu Einwirkungen auf Smith entschließen könnte, aus einer Art Trotzreaktion heraus, dies Engländern gegenüber jedoch nicht einräumen möchte." Vgl. den Drahtbericht Nr. 415; Referat 320, Bd. 108205.

20 Die Verfassungsgespräche zwischen Ministerpräsident Smith und dem Oberhaupt des „inneren Flügels" des African National Council, Nkomo, wurden am 19. März 1976 abgebrochen. Dazu wurde in der Presse gemeldet, beide Politiker hätten erklärt, „die Gespräche seien gescheitert, weil Smith sich geweigert habe, einem sofortigen Übergang der Macht an die schwarze Mehrheit zuzustimmen. Nkomo bezeichnete diese Haltung der Regierung als ‚Bereitschaft zum Krieg'." Vgl. den Artikel „Keine Einigung in Rhodesien"; DIE WELT vom 20. März 1976, S. 4.

21 Der südafrikanische Außenminister Muller hielt sich vom 7. bis 12. September 1975 in der Bundesrepublik auf. Für das Gespräch mit Bundesminister Genscher am 11. September 1975 vgl. AAPD 1975, II, Dok. 266.

22 Die NATO-Ministerratstagung fand am 11./12. Dezember 1975 in Brüssel statt. Vgl. dazu AAPD 1975, II, Dok. 379, Dok. 381 und Dok. 383.

23 Der amerikanische Außenminister Kissinger besuchte vom 24. April bis 2. Mai 1976 Kenia, Tansania, Sambia, Zaire, Liberia und den Senegal. Im Anschluß hielt er sich vom 3. bis 7. Mai 1976 anläßlich der Eröffnung der UNO-Konferenz für Handel und Entwicklung (UNCTAD) in Nairobi auf.

AM Callaghan bat, den deutschen Botschafter in Südafrika[24] ebenfalls zu beauftragen, die südafrikanische Regierung nachdrücklich auf den Ernst der Lage in Rhodesien hinzuweisen.

Bundesminister sagte dies zu und ergänzte, er anerkenne durchaus die Bemühungen Südafrikas. Jedoch dürfe die südafrikanische Regierung nicht übersehen, daß sie für die Überwindung der Apartheid Zeit brauche und diese gewinnen könne, indem sie in den Fragen Rhodesien und Namibia weitblickender vorgehe.

AM *Callaghan* berichtete von den britischen Interessen in Namibia (Uran) und von den Kontakten zur SWAPO. U.a. laufe auf Bitten der SWAPO ein Ausbildungsprogramm zur Unterweisung in der englischen Sprache.

Island

AM Callaghan berichtete von der fast aussichtslosen Lage im Fischereistreit.[25] Dieser ergebe sich aus der Konstellation in der isländischen Koalitionsregierung. Während der PM[26] und der AM[27] Islands gewillt wären, zu einer Einigung mit GB zu gelangen, lehne der kommunistische Minister Jóhannesson eine Einigung kategorisch ab, und somit sei die Regierung, auch der PM selbst, außerstande, eine Lösung herbeizuführen.

GB verfolge ein selbst auferlegtes Beschränkungsprogramm, indem die Fangflotte von 130 auf 103 Trawler herabgesetzt worden sei, der Fang von 115 000 t auf 85 000 t. In einem Abkommen sei GB bereit, die Menge noch weiter zu reduzieren. Ohne Einigung und ohne Verhandlung halte GB jedoch an seinen Zahlen fest, nämlich 28 % der von britischen Experten errechneten Gesamtmenge von 300 000 t Fisch. Demgegenüber stehe die von isländischen Experten errechnete Fischmenge, mutmaßlich für die Zwecke der Verhandlung frisiert, von 230 000 t, wovon 28 % eben unter 85 000 t liegen würde.

VS-Bd. 14054 (010)

---

[24] Erich Strätling.
[25] Zu den Auseinandersetzungen zwischen Großbritannien und Island wegen der Erweiterung der isländischen Fischereizone vgl. Dok. 38.
[26] Geir Hallgrímsson.
[27] Einar Ágústsson.

41

Deutsch-britisches Regierungsgespräch in Chequers

VS-vertraulich   7. Februar 1976[1]

Aufzeichnung über das Delegationsgespräch vom Bundeskanzler und Bundesminister mit PM Wilson und AM Callaghan am 7.2.1976 in Chequers

1) Griechenland

Der Bundesaußenminister und AM Callaghan waren sich darüber einig, daß der Beitritt Griechenlands[2] politisch erwünscht sei. Man werde daher schon auf der Ministerratstagung am 9.2.1976[3] den Griechen ein entsprechendes Signal geben. Der *Bundesminister* betonte, daß die Verhandlungen möglichst schnell beginnen sollten. Zu der voraussichtlichen Verhandlungsdauer meinte AM *Callaghan*, daß dies möglicherweise fünf Jahre oder länger beanspruchen könne.

Beide Seiten waren mit dem Vorgehen der EG-Kommission in der Frage des griechischen Beitritts nicht einverstanden und wiesen darauf hin, daß die EG-Kommission vor so sensitiven außenpolitischen Erklärungen wie diejenigen im Zusammenhang mit dem griechischen EG-Beitritt zunächst die Mitgliedsregierungen konsultieren müsse. Möglicher Ansprechpartner für eine solche Konsultation sei das PK. Der Bundesminister wird diese Frage ebenfalls auf der Ministerratstagung am 9.2. ansprechen.

Im Zusammenhang mit dem Beitritt von Griechenland stellte sich für beide Minister die Frage der allgemeinen Kriterien für die Aufnahme neuer Mitglieder. AM Callaghan nannte als potentielle neue Mitgliedsstaaten Norwegen, Schweden (deren Mitgliedschaft würde wohl erst in 10 bis 20 Jahren diskutiert werden), Portugal, Spanien, möglicherweise die Türkei. AM Callaghan schlug vor, daß man diese Frage im engsten Kreise (Treffen à la Gymnich[4]) besprechen sollte.

2) Direktwahlen zum EP

AM Callaghan wies auf die Möglichkeit hin, daß die Bevölkerung von Schottland und Wales im Zuge der Dezentralisierungsbestrebungen (Devolution)[5]

---

1 Die Gesprächsaufzeichnung wurde von Legationsrat Horstmann, London, am 9. Februar 1976 gefertigt und von Botschafter von Hase, London, mit Begleitvermerk vom 11. Februar 1976 übermittelt. Vgl. VS-Bd. 9962 (204); B 150, Aktenkopien 1976.

2 Zum griechischen Beitrittsantrag vom 12. Juni 1975 sowie zur Stellungnahme der EG-Kommission, die am 29. Januar 1976 dem EG-Ministerrat vorgelegt wurde, vgl. Dok. 28.

3 Zur EG-Ministerratstagung in Brüssel vgl. Dok. 47.

4 Auf Schloß Gymnich fand am 20./21. April 1974 ein informelles Treffen der Außenminister der EG-Mitgliedstaaten und des Präsidenten der EG-Kommission, Ortoli, statt. Vgl. dazu Dok. 35, Anm. 9.

5 Im November 1975 legte die britische Regierung ein Weißbuch vor, das die Schaffung von Regionalparlamenten für Schottland und Wales vorschlug. Über den Inhalt informierte Botschafter von Hase, London, am 14. Januar 1976: „a) Politische und wirtschaftliche Einheit des Vereinigten Königreichs bleibt unabdingbares Ziel. Regionalisierung darf nicht zur Herauslösung der beiden Landesteile aus britischem Staatsverband führen. Ebenso wird föderalistisches System als künstlich (artificial) abgelehnt. b) Souveränität für gesamtes Vereinigtes Königreich muß in Westminster bleiben. Unterhaus erhält daher das Recht, Gesetze, die von Regionalparlamenten erlassen werden, aufzuheben. c) Zentrale Ministerien für Schottland und Wales bleiben bestehen. Jeweils zu-

174

den Wunsch haben könnte, bei der Sitzverteilung wie souveräne Mitgliedstaaten in den EG behandelt zu werden. Im übrigen neige die britische Regierung mehr zu der französischen Haltung einer proportionalen Vertretung; es verstehe sich von selbst, daß Luxemburg eine Sonderbehandlung erfahren müsse. Der *Bundesminister* wies auf mögliche Schwierigkeiten für den französischen Staatspräsidenten[6] bei einem strikt proportionalen System hin.

Es wurden zwei Höchstzahlen für das EP genannt: 280 und 450. AM *Callaghan* hielt die Zahl von 450, in der auch schon Plätze für neue Mitglieder enthalten sein sollen, für zu hoch. Beide Regierungen wollen die Frage der Abgeordnetenzahl im EP nicht von sich aus im Ministerrat aufgreifen.

Das Doppelmandat für EP-Abgeordnete erschien beiden Seiten eine mögliche Lösung.

3) Verhältnis von TUC und CBI zu den EG

AM Callaghan erklärte, daß das Verhältnis der britischen Industrie (CBI) und der Gewerkschaften (TUC) zu den EG ein immer größeres Problem werde.[7] Die britischen Gewerkschaften beklagten die mangelnde Effizienz der Arbeit im Wirtschafts- und Sozialausschuß; die britische Industrie sei über das Theoretisieren der EG-Kommission unglücklich. AM Callaghan schlug vor, daß man die Tarifpartner verstärkt mit dem Ministerrat in Verbindung bringen solle. Er sah hierzu folgende Möglichkeiten: Die Präsidentschaft, der Ministerrat als Ganzes oder ein aus dem Rat zu bestimmender Minister trifft sich mit Arbeitgebern und Arbeitnehmern.

4) Portugal/Angola

Der *Bundesminister* hatte AM Callaghan ausführlich über seinen Besuch in Portugal am 4./5.2.76 unterrichtet.[8] Der britische Botschafter in Lissabon[9] wird gleich unseren Vorstellungen gegenüber der portugiesischen Regierung die Portugiesen bitten, vor einer möglichen Anerkennung der MPLA-Regierung in Konsultationen mit den Bündnispartnern einzutreten.

Fortsetzung Fußnote von Seite 174

ständige Minister erhalten erhebliche Einspruchsbefugnisses gegen Beschlüsse der Versammlung. Unter Hinweis auf Bundesrepublik Deutschland wird Regionen das Recht auf besondere Vertretung in EG abgesprochen, was sowohl Schottland als auch Wales anstreben. Dafür verspricht Regierung engere Konsultierung zwischen Regionalexekutive und Zentralregierung in EG-Fragen." Vgl. den Drahtbericht Nr. 105; Referat 204, Bd. 110338.

Das Unterhaus sprach sich am 20. Januar 1976 mit Mehrheit dafür aus, „in Weißbuch enthaltene Vorschläge der Regierung zur Kenntnis zu nehmen (to take note). Abänderungsanträge der konservativen Opposition und der SNP, die darauf abzielten, Vorschläge der Regierung abzulehnen, weil sie Einheit des Vereinigten Königreichs bedrohten bzw. weil den geplanten Regionalversammlungen keine wichtigen Befugnisse gegeben würden, wurden mit Mehrheit von 71 bzw. 277 Stimmen zurückgewiesen." Vgl. den Drahtbericht Nr. 163 von Hase vom 21. Januar 1976; Referat 204, Bd. 110338.

[6] Valérie Giscard d'Estaing.

[7] Zum Verhältnis der Gewerkschafts- und Industrieverbände der EG-Mitgliedstaaten zu den Europäischen Gemeinschaften vgl. Dok. 40, Anm. 11.

[8] Für das Gespräch des Bundesministers Genscher mit dem britischen Außenminister Callaghan am 7. Februar 1976 in Chequers vgl. Dok. 40.

Zum Besuch von Genscher am 4./5. Februar 1976 in Portugal vgl. Dok. 31, Dok. 32 und Dok. 34.

[9] Nigel Trench.

5) AM *Callaghan* unterrichtete über sein Gespräch mit Nkomo.[10] Hiernach strebt Nkomo weiter eine Verhandlungslösung an. Es sei allerdings damit zu rechnen, daß sich, falls sich binnen eines Monats keine Verhandlungslösung abzeichne, der Guerilla-Einsatz in Rhodesien zunehmend verstärke. Die Guerillas würden mit Waffen und Ausrüstung aus osteuropäischen Staaten versorgt werden, und nach AM Callaghan würde man so der Sowjetunion ein neues Operationsfeld in Afrika anbieten.

AM Callaghan unterrichtete die deutsche Seite, mit der Bitte um strikte Geheimhaltung, daß er einen hochrangigen Vertreter in die Südafrikanische Union entsandt habe, um AM Voster über den Ernst der Lage und den unausweichlich militärischen Konflikt in Rhodesien, falls die Verhandlungen scheitern sollten, zu unterrichten. Es sei vorgesehen, daß der britische Emissär anschließend auch bei der US-Regierung vorstellig wird, um die Amerikaner zu bitten, auf die Südafrikanische Union in demselben Sinne einzuwirken.[11] Der Bundesminister erklärte, daß auch unser Botschafter in Pretoria[12] bei der südafrikanischen Regierung vorsprechen würde.

6) Tindemans-Bericht[13]

Der *Bundeskanzler* bezeichnete den Bericht von Tindemans als gut, realistisch und einen Schritt vorwärts; allerdings sei er in einigen Punkten zu ehrgeizig. Auch AM *Callaghan* meinte, daß der Bericht in manchen Aspekten zu hoch gestochen („little boost") sei. Beide Seiten kamen überein, daß es nicht sinnvoll sei, den Tindemans-Bericht in neu zu schaffenden Ausschüssen der EG zu diskutieren; auch müsse versucht werden, vor einer Generaldebatte im EP zu einer eigenen Stellungnahme der europäischen Regierungen zu gelangen. Mit dem Ziel, die existierenden EG-Mechanismen zu nutzen und Tindemans selbst an der Diskussion des Berichts zu beteiligen, wurde folgendes weitere Vorgehen beschlossen: Der Tindemans-Bericht wird zunächst auf dem ER in einer Art Generaldebatte, d.h. ohne auf Einzelheiten einzugehen, besprochen.[14] Er soll dann dem Ausschuß der Ständigen Vertreter zur Sachdiskussion überwiesen werden. Aufgabe Tindemans wird es sein, die Arbeit des Ausschusses der Ständigen Vertreter zu erleichtern und den abschließend zu erstellenden Fortschritts-Bericht dem ER vorzulegen.

Der Bundeskanzler sagte, daß der Präsident der EG-Kommission (Ortolis Nachfolger wird aller Voraussicht nach ein Brite sein) politisch unabhängig von den Mitgliedsregierungen sein sollte. Man könne seine Stellung dadurch stärken, daß er selbst die Kommissare aussucht, die dann durch die Mitgliedsregierungen bestätigt werden.

7) Wirtschaftsfragen

PM *Wilson* wies bei der Diskussion aktueller Wirtschaftsfragen darauf hin, daß die statistischen Indikatoren der eingeschlagenen britischen Wirtschaftspolitik

---

10 Das Oberhaupt des „inneren Flügels" des African National Council, Nkomo, hielt sich am 1./2. Februar 1976 in London auf.
11 Zur Reise des Abteilungsleiters im britischen Außenministerium, Duff, nach Südafrika und in die USA vgl. Dok. 40, Anm. 19.
12 Erich Strätling.
13 Zum Tindemans-Bericht über die Europäische Union vom 29. Dezember 1975 vgl. Dok. 1.
14 Vgl. dazu die Tagung des Europäischen Rats am 1./2. April 1976 in Luxemburg; Dok. 98.

Recht geben würden und daß auch die britische Industrie (CBI) hoffnungsvoll sei.

Als größtes Problem stelle sich die Frage der strukturellen Arbeitslosigkeit. Dies sei auf dem Bausektor besonders deutlich; zwar habe man in den vergangenen Jahren Wohnungen, aber kaum Industrieanlagen gebaut. Große Sorge bereite ihm auch die Tatsache, daß Hochkonjunktur und Depression höher bzw. tiefer als in der Vergangenheit ausfielen und sich in kürzeren Intervallen abwechseln würden.

Für die britische Wirtschaft gehe es vor allen Dingen darum, herkömmliche Industrien neu zu strukturieren (Textil-, Papierindustrie u. a.). Man versuche, mit Hilfe von Neustrukturierungen in einzelnen Industriezweigen auch die Arbeitslosigkeit in den Griff zu bekommen, und halte dies Vorgehen für besser als nach Keynes'schem Modell generell zu reflationieren.

In Zukunft werde man besonders der Aus- und Weiterbildung im industriellen Sektor verstärkte Aufmerksamkeit schenken.

PM Wilson wies auf die gefallene Inflationsrate hin (35 % in der ersten Jahreshälfte 1975, 13 % in der zweiten Jahreshälfte 1975). Der *Bundeskanzler* meinte, daß die rückläufige Inflationsrate zum Teil auch auf die allgemeine Wirtschaftsdepression zurückzuführen sei.

AM *Callaghan* meinte, daß die Arbeitslosigkeit mittlerweile zu einem gemeinsamen Problem der industrialisierten Länder geworden sei. Er wies darauf hin, daß noch vor wenigen Jahren die Bundesrepublik Deutschland, Frankreich, Großbritannien und Italien zusammen 1,4 Mio. Arbeitslose, gegenüber dem jetzigen Stand von insgesamt 5 Mio. Arbeitslosen, gehabt hätten. Nach seiner Schätzung würde sich diese Ziffer in Zukunft bei ca. 4 Mio. einpendeln. Er kam auf seinen Vorschlag zurück, daß sich die EG-Kommission mit dem Problem der Arbeitslosigkeit befassen solle. Er listete folgende Fragen auf:

– Struktur der Arbeitslosigkeit;
– existierende Hilfsinstrumente der EG;
– Beeinflussung des freien Wettbewerbs durch das Problem der Arbeitslosigkeit;
– Handelspolitik (mögliche Importrestriktionen);
– Neustrukturierung der Industrie;
– andere Formen der Bekämpfung der Arbeitslosigkeit im internationalen Rahmen.

PM *Wilson* wies auf den protektionistischen Trend in den USA hin, der vor allem die britische und auch die deutsche Stahlindustrie treffe. Ihm bereite die Handelspolitik der USA, auch die amerikanische Einschätzung des GATT, zunehmend Sorgen.

Der *Bundeskanzler* führte aus, daß sich der Begriff der strukturellen Arbeitslosigkeit spätestens nach Abschluß der Nachkriegs- und Wiederaufbauzeit verändert habe und die nationalen Wirtschaftspolitiken spätestens seit Mitte der 60er Jahre mit einer ständigen Arbeitslosigkeit konfrontiert sähen.

Es gebe eine Vielzahl von Gründen für die Arbeitslosigkeit in den modernen Industriegesellschaften. Er wolle nur einige nennen:

- Die Wachstumsrate der Volkswirtschaften verlangsame sich;
- die industrielle Nachfrage habe sich allgemein gewandelt: Die Bevölkerung kaufe mehr und mehr Dienstleistungen und weniger Güter. PM Wilson stimmte diesem Punkt zu;
- das Bevölkerungswachstum sei in manchen Ländern zum Stillstand gekommen, in manchen Ländern übertreffe die Sterbeziffer die Geburtenrate. Diese Tatsache habe im Falle der Arbeitslosigkeit von Lehrern und Ausbildern ihre unmittelbare Wirkung schon gezeigt.

Der Bundeskanzler unterstrich die Notwendigkeit, die Verflechtung der traditionellen Volkswirtschaften durch den internationalen Handel gründlicher zu analysieren. Die sich gegenseitig permanent beeinflussenden Zahlungsbilanzen von ca. 80 Ländern seien starken Schwankungen ausgesetzt. Dies hätte auf unsere exportorientierten Volkswirtschaften einen gefährlichen Einfluß. Es komme darauf an, unsere Industrie neu zu strukturieren, insbesondere den Maschinenbau und die Bauindustrie.

Der Bundeskanzler erklärte, daß alles unternommen werden müsse, um zu starke Schwankungen in der Weltwirtschaft zu vermeiden, und nannte als mögliches Beispiel mögliche Preiserhöhungen durch die OPEC-Länder.

Solch eine Preiserhöhung könnte katastrophale Folgen haben.

Es zeige sich mehr und mehr, daß unsere Nationalwirtschaften nicht mehr im Rahmen nationaler Regierungen, sondern im multilateralen Rahmen im Sinne einer vorausschauenden Wirtschafts- und Industriepolitik geführt werden müßten.

Diese Fragen soll man auch der EG-Kommission zur Prüfung vorlegen.

Der Bundeskanzler ging dann auf die Frage des freien Wettbewerbs ein und verdeutlichte gegenüber seinen britischen Gesprächspartnern, daß er sich Wettbewerbsverzerrungen als Instrument gegen die Arbeitslosigkeit widersetzen würde. Das Beispiel von Volkswagen habe gezeigt, daß der Wettbewerb in der Lage sei, unternehmerische Kräfte zur Lösung von schwierigen wirtschaftlichen Situationen freizusetzen. Die Deutsche Bundesbahn gebe dagegen das negative Beispiel eines Monopolbetriebes: Sie sei nicht in der Lage, ihre Löhne, geschweige denn Neuinvestitionen selbst zu erwirtschaften.

In diesem Zusammenhang sprach PM *Wilson* die Probleme von British Rail an und das Bemühen der britischen Regierung, den Verkehr von der Straße zu einem Teil wieder auf die Schiene zu verlagern. Durch die veränderten Transportgewohnheiten der Bevölkerung sehe man sich allerdings vor kaum lösbare Probleme gestellt.

AM *Callaghan* stellte die Frage, inwieweit im Rahmen einer freien Wettbewerbspolitik ständige Unterstützungen vermieden werden, aber temporäre Unterstützungen erlaubt sein könnten. Mit Hilfe von zeitweiligen staatlichen Unterstützungen könne man unsoziale Auswirkungen bei dem Absterben von einzelnen Industriezweigen vermeiden und darüber hinaus in Not geratenen Industriezweigen in Zukunft über temporäre Schwierigkeiten hinweghelfen.

PM *Wilson* nannte zwei Hauptprobleme der britischen Industrie:

Zum einen sei sie zu wenig modernisiert worden, zum anderen verfüge sie über überflüssige Arbeitsplätze. Fraglich sei es, wie man die überzähligen Arbeitskräfte vermindern könne, ohne zusätzliche soziale Probleme zu schaffen.

PM Wilson wies dann auf drei Kriterien der finanziellen staatlichen Unterstützung von britischen privaten Unternehmen hin:

Verbesserung der Produktivität, Kapitalaufstockung, Abbau von überflüssigen Arbeitsplätzen.

Der *Bundeskanzler* sah das Problem der überzähligen Arbeitskräfte vor allem in dem Bereich der Luftfahrtindustrien; hier sei sowohl der Forschungs- als auch der Entwicklungsbereich durch einen schädlichen Wettbewerb zwischen den nationalen Regierungen mit zu viel Arbeitsplätzen ausgestattet worden. Es sei eine wichtige Aufgabe für die britische, französische, deutsche und möglicherweise niederländische Regierung, sich dieser Probleme anzunehmen. Der Abbau von Arbeitsplätzen in der Luftfahrtindustrie dürfe allerdings nicht dazu führen, daß die Kapazität beeinträchtigt würde. Ein Kapazitätsausbau sei ebenfalls nicht erwünscht. Notwendig sei vielmehr eine koordinierte Politik in der Luftfahrtindustrie. Wenn man die jetzige Entwicklung auf diesem Gebiet nicht grundlegend beeinflussen würde, laufe man Gefahr, daß der ungezügelte prestigebestimmte Wettbewerb den europäischen Markt ruinieren würde.

8) Island

Der Bundeskanzler wies auf die möglichen Auswirkungen des britisch-isländischen Fischereistreites[15] für den weiteren Zusammenhalt der NATO hin. Er gab zu bedenken, daß es sich bei Island um eine kleine Nation handele, die volkswirtschaftlich fast ausschließlich auf den Fischfang angewiesen sei. Ein offener Konflikt an der Nordflanke der NATO zusätzlich zu den bestehenden griechisch-türkischen Differenzen würde die Allianz gefährden. PM *Wilson* und AM *Callaghan* unterstrichen, daß die britische Regierung alles versucht hätte, um mit den Isländern zu einer Vereinbarung zu kommen. Es sei allein der intransigenten Haltung der isländischen Regierung sowie den Zwistigkeiten innerhalb der isländischen Regierung selbst zuzuschreiben, daß es zu der gegenwärtigen Situation gekommen sei. AM Callaghan unterstrich mehrmals die Verhandlungsbereitschaft der britischen Seite. AM Callaghan wies darauf hin, daß bei weiterer Eskalation des Konflikts und einem möglichen Ausscheren Islands aus der NATO ein sowjetischer Einfluß auf der Insel unter allen Umständen vermieden werden müsse. Nachdem dem Bundeskanzler von AM Callaghan eine Vermittlerrolle in dem Konflikt angeboten worden war und der *Bundeskanzler* dies abgelehnt hatte, erklärte sich die deutsche Seite bereit, die isländische Regierung erneut zu bitten, von weiteren einseitigen provokativen Maßnahmen Abstand zu nehmen.[16] Im übrigen wird die deutsche

---

[15] Zu den Auseinandersetzungen zwischen Großbritannien und Island wegen der Erweiterung der isländischen Fischereizone vgl. Dok. 38.

[16] Am 7. Februar 1976 übermittelte Ministerialdirektor van Well, z. Z. London, die Weisung für Botschafter Hergt, Reykjavik, Ministerpräsident Hallgrímsson folgende Botschaft des Bundeskanzlers Schmidt zu übermitteln: „Der Bundeskanzler betrachtet die jüngste Entscheidung der britischen Regierung über die Selbstbeschränkung der Fischerei in den Gewässern um Island (Verringerung der Fischereifahrzeuge, der Fangmengen und Beachtung der Schutzzonen) als einen wichtigen britischen Beitrag zur Fortführung der Verhandlungen. Britische Seite werde der isländischen Regierung diese Maßnahmen unverzüglich mitteilen. Unter diesen Umständen sollte es nach Ansicht

Seite GS Luns vorschlagen, seine Vermittlungstätigkeit unverzüglich aufzunehmen.[17]

9) Jean-Monnet-Komitee[18]

Der Bundeskanzler bat seine britischen Gesprächspartner zu überlegen, inwieweit die Labour-Party und der TUC Delegierte zu den Treffen des Komitees entsenden könnten. Er bat weiterhin zu prüfen, ob man Jean Monnet wegen seiner Verdienste um Europa auszeichnen solle. Eine mögliche Auszeichnung sei die Verleihung einer (noch zu schaffenden) europäischen Ehrenbürgerschaft.[19]

VS-Bd. 9962 (204)

Fortsetzung Fußnote von Seite 179

des Bundeskanzlers möglich sein, die neue Mission von Generalsekretär Luns dadurch zu erleichtern, daß während ihrer Dauer isländische Fischereischutzboote nicht mehr die Schleppnetze der britischen Fischer kappen. Falls die isländische Seite dies in einer Form klarstellt, die der britischen Öffentlichkeit gegenüber glaubwürdig vertreten werden kann, so würde die britische Regierung die Navy aus der umstrittenen Zone zurückziehen. Wir werden Generalsekretär Luns vorschlagen, daß er seine Reise unverzüglich antritt, um zunächst in London die Vorstellungen der britischen Regierung zu der aus fischereibiologischen Gründen zulässigen Höchstfangquote zu ermitteln und alsdann die entsprechenden Vorstellungen der isländischen Regierung zu erfragen. Anschließend könnte erneut der Versuch eines Kompromisses anhand dieser fischereiwirtschaftlichen Daten unternommen werden. Der Bundeskanzler unterstützt voll die Mission von Generalsekretär Luns und appelliert an die isländische Regierung, die Bereitschaft zum Entgegenkommen und zum Kompromiß zu zeigen, die er in Chequers auf brit[ischer] Seite angetroffen hat. Er bittet darum, von einseitigen Maßnahmen Abstand zu nehmen, die die Lage weiter komplizieren würden." Vgl. den Drahtbericht Nr. 310; VS-Bd. 9966 (204); B 150, Aktenkopien 1976.

17 Botschafter Krapf, Brüssel (NATO), berichtete über eine Sondersitzung des Ständigen NATO-Rats vom 9. Februar 1976, daß NATO-Generalsekretär Luns am 11. Februar 1976 in London Gespräche über eine Beilegung des Fischereikonflikts zwischen Großbritannien und Island führen werde. Vgl. den Drahtbericht Nr. 205; VS-Bd. 9966 (204); B 150, Aktenkopien 1976.
    Luns informierte den Ständigen NATO-Rat am 13. Februar 1976 über die Gespräche. Danach sei die britische Regierung bereit, „jederzeit an jedem vorgeschlagenen Ort, Gespräche zu führen. Es sei jedoch außerordentlich schwierig für sie, die Fregatten und ‚Nimrods‘ zurückzuziehen, da die britischen Fischereifangboote ohne Schutz sich sonst aus den Fanggebieten zurückziehen müßten. Sie schlage der isländischen Regierung vor, falls dies eine Lösung erleichtere, sich erst in geheimen Verhandlungen über ein Abkommen zu verständigen, dann in der Öffentlichkeit die Zurücknahme der Fregatten anzukündigen und erst danach die Einigung über das Abkommen bekanntzugeben. Die britische Regierung sei ferner bereit, auf den Fischfang in bestimmten Küstengebieten zu verzichten. Sie sei ferner bereit, Beobachter von NATO-Staaten auf ihren Fregatten mitzunehmen, um allen deutlich zu zeigen, daß sie sich bemühe, Zwischenfälle auf See zu vermeiden." Vgl. den Drahtbericht Nr. 229 von Krapf; VS-Bd. 9966 (204); B 150, Aktenkopien 1976.
    Am 16. Februar 1976 teilte Krapf mit, Ministerpräsident Hallgrímsson habe Luns darüber in Kenntnis gesetzt, „daß seine Regierung das über den Generalsekretär übermittelte britische Angebot als ungenügend ansehe und voraussichtlich morgen oder übermorgen die Beziehungen zu London abbrechen werde". Vgl. den Drahtbericht Nr. 232; VS-Bd. 9966 (204); B 150, Aktenkopien 1976. Island brach am 19. Februar 1976 die diplomatischen Beziehungen zu Großbritannien ab.
18 Die Gründung des „Aktionskomitees für die Vereinigten Staaten von Europa" wurde am 13. Oktober 1955 von Jean Monnet bekanntgegeben. Die an ihm beteiligten Parteien, Organisationen und Verbände setzten sich gegenüber Regierungen, Parlamenten und in der öffentlichen Meinung dafür ein, „durch konkrete Realisierungen zu den Vereinigten Staaten von Europa zu gelangen". Vgl. MONNET, Erinnerungen, S. 523.
    Das Komitee löste sich zum 9. Mai 1975 auf. Dazu wurde in der Presse berichtet: „Jean Monnet, 86 Jahre alt, glaubt nach leidlich überstandener schwerer Krankheit nun das Recht für sich in Anspruch nehmen zu können, ‚nachzudenken und auszuruhen‘, wie er in der Auflösungserklärung sagt. Niemand ist da, der das politische Erbe von Jean Monnet beansprucht oder dem Monnet die Verwaltung des Erbes übertragen könnte." Vgl. den Artikel „Jean Monnet ohne Nachfolger"; FRANKFURTER ALLGEMEINE ZEITUNG vom 23. April 1975, S. 12.
19 Mit Schreiben vom 9. Dezember 1975 an Staatspräsident Giscard d'Estaing regte Bundeskanzler Schmidt an, den ehemaligen Vorsitzenden des „Aktionskomitees für die Vereinigten Staaten von Europa", Monnet, mit einer europäischen Auszeichnung zu ehren. Giscard d'Estaing erklärte sich

42

Aufzeichnung des Ministerialdirektors Lautenschlager

413-493.00   **9. Februar 1976**[1]

Über Referat 011 Herrn Staatssekretär[2] Herrn Bundesminister

Betr.: Weltraumprogramm der Bundesrepublik Deutschland 1976 bis 1979[3];
hier: Kabinettvorlage des BMFT vom 3. Februar 1976 zur Sitzung des
Bundeskabinetts am 11. Februar 1976

Anlage: 1[4]

Zweck der Vorlage: Mit der Bitte um Zustimmung zur Vorlage des BMFT

1) Dem Teil der Kabinettvorlage des BMFT vom 3. Februar 1976, der sich mit
Fragen der internationalen Zusammenarbeit auf dem Gebiet der Weltraumforschung und -technik befaßt, kann aus der Sicht des Auswärtigen Amts zugestimmt werden; hinsichtlich der anderen Programmpunkte kann sich das Auswärtige Amt nicht äußern (der Text des Weltraumprogramms der Bundesrepublik Deutschland 1976 bis 1979 umfaßt 117 Seiten).

Die Verabschiedung des Programms 1976 bis 1979 war ursprünglich Anfang
1975 vorgesehen, scheiterte aber zu diesem Zeitpunkt am Einspruch des Bundesministers der Finanzen[5] in Anbetracht der allgemeinen Haushaltslage. Der
Mittelbedarf (1976/79) ist mit 2,3 Mrd. DM veranschlagt.

Fortsetzung Fußnote von Seite 180

in seinem Antwortschreiben vom 10. Januar 1976 hierzu bereit und schlug vor, in einem gemeinsamen Schreiben von ihm und Schmidt an die Mitglieder des Europäischen Rats die Initiative zu
ergreifen. Am 26. Januar 1976 teilte Schmidt Giscard d'Estaing mit, daß entsprechende Schreiben
bei den deutsch-französischen Konsultationen am 12./13. Februar 1976 in Nizza unterzeichnet
werden sollten. Für die Schreiben vgl. Referat 410, Bd. 121679.
Am 6. Februar 1976 übermittelte Ministerialdirektor Lautenschlager der Botschaft in Paris den
Entwurf eines Schreibens von Schmidt und Giscard d'Estaing mit der Weisung, sie im französischen
Präsidialamt zu übergeben. Darin hieß es: „Wie Sie wissen, hat Jean Monnet sich im vergangenen
Jahre aus dem öffentlichen Leben zurückgezogen. Wir sind überzeugt, daß dieser Mann es verdient,
nach dem Abschluß seines Lebenswerks für Europa in einer besonderen Weise geehrt zu werden. [...]
Wir schlagen vor, daß der Europäische Rat den Präsidenten des Europäischen Hochschulinstituts
in Florenz bittet, im Namen des Europäischen Rats eine Festschrift mit Beiträgen von Persönlichkeiten aus allen Mitgliedstaaten der Gemeinschaft sowie von deren Organen zusammenzustellen.
Diese Festschrift würde Jean Monnet feierlich anläßlich einer der nächsten Tagungen des Europäischen Rats übergeben werden." Vgl. den Drahterlaß Nr. 497; Referat 410, Bd. 121679.

[1] Durchdruck.
Die Aufzeichnung wurde von Vortragendem Legationsrat I. Klasse Rouget und von Konsularsekre-
tär I. Klasse Over konzipiert.
Hat Ministerialdirigent Dittmann am 9. Februar 1976 vorgelegen.
[2] Peter Hermes.
[3] Vgl. WELTRAUMPROGRAMM DER BUNDESREPUBLIK DEUTSCHLAND 1976 BIS 1979, Bonn 1976.
[4] Dem Vorgang beigefügt waren das Schreiben des Bundesministers Matthöfer an Staatssekretär
Schüler, Bundeskanzleramt, mit dem die Kabinettvorlage des Bundesministeriums für Forschung
und Technologie sowie eine Zusammenfassung des Weltraumprogramms übermittelt wurden. Vgl.
Referat 413, Bd. 119533.
[5] Hans Apel.

2) In Anlehnung an die früheren Weltraumprogramme[6] sind die Hauptziele des künftigen Programms auf folgende Bereiche ausgerichtet:

- Erschließung neuer Technologien und Verfahren durch das wiederverwendbare Weltraumlaboratorium „Spacelab"[7],
- Beiträge zur Lösung des Problems der längerfristigen Wettervorhersage sowie der Erfassung von Rohstoff- und Nahrungsquellen,
- Sicherung des Leistungsstandes der deutschen Wissenschaft durch Förderung der Erforschung des Weltraums,
- Erweiterung des deutschen und europäischen Angebots fernmeldetechnischer Produkte durch international wettbewerbsfähige Fernmeldesatellitensysteme.

Dieser Zielsetzung entsprechend liegen die Schwerpunkte des Programms in verschiedenen Entwicklungsprojekten, die die Bundesrepublik Deutschland in arbeitsteiliger Kooperation mit den westlichen Partnern durchführt. Zu den wichtigsten Vorhaben zählen dabei:

- Entwicklung und Durchführung des Weltraumlaboratoriums „Spacelab",
- Entwicklung und Erprobung des meteorologischen Satelliten „Meteor",
- Entwicklung der Trägerrakete „Ariane"[8],
- Durchführung des Experimental- und Demonstrationsprogramms mit den im Dezember 1974 und August 1975 erfolgreich gestarteten gemeinsamen deutsch-französischen Fernmeldesatelliten „Symphonie 1 und 2"[9],

---

6 Vgl. dazu MITTELFRISTIGES PROGRAMM DER BUNDESREGIERUNG ZUR FÖRDERUNG DER WELTRAUMFORSCHUNG IN DER BUNDESREPUBLIK DEUTSCHLAND IN DEN JAHREN 1967 BIS 1971, hrsg. vom Bundesminister für wissenschaftliche Forschung, Bonn [1967].
Vgl. dazu ferner WELTRAUMPROGRAMM. Mittelfristiges Programm der Bundesregierung zur Förderung der Weltraumforschung und Weltraumtechnik in der Bundesrepublik Deutschland 1969–1973, hrsg. vom Bundesminister für wissenschaftliche Forschung, Bonn [1969].

7 Am 20. Dezember 1972 beschloß die Europäische Weltraumkonferenz (ESC) in Brüssel die Zusammenlegung der Europäischen Organisation für die Entwicklung und den Bau von Raumfahrzeugträgern (ELDO) und der Europäischen Weltraumforschungs-Organisation (ESRO) zu einer Europäischen Weltraumorganisation (EWO) und die möglichst rasche Integration der nationalen Weltraumprogramme. Ferner erteilte die ESC ihre Zustimmung zu einer Beteiligung an der Entwicklung eines Weltraumlaboratoriums („Spacelab") im Rahmen des amerikanischen Post-Apollo-Programms sowie an der Entwicklung der französischen Trägerrakete L 3 S, die an die Stelle des Projekts der Trägerrakete „Europa III" treten sollte. Vgl. dazu AAPD 1972, III, Dok. 423.
Am 15. Februar 1973 schlossen einige ESRO-Mitgliedstaaten mit der ESRO eine Vereinbarung über die Durchführung eines Spacelab-Programms. Am 14. August 1973 unterzeichneten diese Staaten und die USA ein Übereinkommen über ein Programm der Zusammenarbeit bei der Entwicklung, Beschaffung und Nutzung eines Weltraumlaboratoriums in Verbindung mit dem Raumtransportersystem. Für den Wortlaut vgl. BUNDESGESETZBLATT 1975, Teil II, S. 1295–1300 bzw. S. 1302–1306.

8 Die Europäische Weltraumkonferenz (ESC) bestätigte am 31. Juli 1973 ihren Beschluß vom 20. Dezember 1972 zum Bau der Trägerrakete L 3 S. Am 21. September 1973 schlossen einige ESRO-Mitgliedstaaten mit der ESRO eine Vereinbarung zur Durchführung des Projekts, das den Namen „Ariane" erhielt. Für den Wortlaut vgl. BUNDESGESETZBLATT 1975, Teil II, S. 1322–1332.

9 Die Bundesrepublik und Frankreich vereinbarten mit Abkommen vom 6. Juni 1967 eine Zusammenarbeit bei Planung, Bau, Start und Nutzung des experimentellen Fernmeldesatelliten „Symphonie". Der Satellit sollte der Erprobung der Übertragung von Ton- und Fernsehsendungen, Ferngesprächen, Fernschreiben und Daten dienen. Vgl. dazu die Aufzeichnung des Ministerialdirektors Lautenschlager vom 27. November 1974; Referat 413, Bd. 114289.
„Symphonie 1" wurde am 18. Dezember 1974 mittels einer amerikanischen Trägerrakete in Cape Canaveral, Florida, gestartet. Der Start von „Symphonie 2" erfolgte am 26. August 1975.

– Entwicklung und Erprobung weiterer Fernmeldesatellitenprojekte,

– Durchführung wissenschaftlicher Satelliten-Programme.

3) Fragen der internationalen Zusammenarbeit werden in Kapitel 5 (Ziffer 5.2) des vorliegenden Entwurfs angesprochen. Die hohen Projektkosten und die meist großräumigen Anwendungsgebiete führen bei der Entwicklung und bei dem Bau von Raumflugsystemen mehr und mehr zu internationaler, in erster Linie europäischer Zusammenarbeit.

– Das Weltraumprogramm der Bundesrepublik Deutschland ist daher abgestimmt auf das Programm der Europäischen Weltraumorganisation EWO, die eine europäische Weltraumpolitik ausarbeiten und durchführen und die nationalen Weltraumprogramme in ein gemeinsames europäisches Weltraumprogramm integrieren soll. Das Gründungsübereinkommen der EWO wurde am 30. Mai 1975 in Paris unterzeichnet.[10] Der Gesetzentwurf zu diesem Übereinkommen ist vom Auswärtigen Amt gemeinsam mit dem BMFT dem Kabinett im Umlaufverfahren zur Zustimmung vorgelegt und von diesem am 30.1.1976 beschlossen worden.[11]

Die Schaffung der einheitlichen Europäischen Weltraumorganisation ist eine wesentliche Voraussetzung für das vorliegende Programm. Hauptsächliche Teile des deutschen Programms sind zugleich Bestandteile des EWO-Programms. Rund zwei Drittel der Aufwendungen des deutsche Programms sind für die Beteiligung an der EWO bestimmt. Die weitgehende Einbindung des Programms in das europäische Programm bedeutet, daß künftige Programmentscheidungen von der Haltung der Partnerstaaten mitbestimmt werden. Außerdem sollen die von anderen Ländern, insbesondere den USA, angebotenen Raumflugmöglichkeiten im Rahmen der zur Verfügung stehenden Mitteln wahrgenommen werden.

– Die Bundesrepublik Deutschland arbeitet im Weltraumausschuß der VN, in den sie im Februar 1974 aufgenommen wurde, aktiv an der weltweiten Betätigung dieses Ausschusses auf dem Gebiet der friedlichen Weltraumforschung und -nutzung mit. In dem VN-Weltraumausschuß sind unter Mitwirkung der Bundesrepublik Deutschland eine Reihe von Übereinkommen erarbeitet worden, die nationale und internationale Aktivitäten im Weltraum völkerrechtlichen Regeln unterwerfen. Hierzu gehören der Weltraumvertrag[12], das Weltraumhaftungsübereinkommen[13], der Astronautenrettungsver-

---

[10] Für den Wortlaut des Übereinkommens zur Gründung einer Europäischen Weltraumorganisation (EWO) vgl. BUNDESGESETZBLATT 1976, Teil II, S. 1862–1904.

[11] Die Bundesminister Genscher und Matthöfer legten mit Schreiben vom 27. Januar 1976 an Staatssekretär Schüler, Bundeskanzleramt, den Entwurf eines Gesetzes zum Übereinkommen vom 30. Mai 1975 zur Gründung einer Europäischen Weltraumorganisation (EWO) vor. Für die Kabinettvorlage vgl. Referat 413, Bd. 119655.
Für den Wortlaut des Gesetzes vom 23. November 1976 vgl. BUNDESGESETZBLATT 1976, Teil II, S. 1861.

[12] Für den Wortlaut des Vertrags vom 27. Januar 1967 über die Grundsätze zur Regelung der Tätigkeiten von Staaten bei der Erforschung und Nutzung des Weltraums einschließlich des Mondes und anderer Himmelskörper vgl. BUNDESGESETZBLATT 1969, Teil II, S. 1968–1987.
Der Vertrag trat am 10. Februar 1971 für die Bundesrepublik in Kraft. Vgl. dazu BUNDESGESETZBLATT 1971, Teil II, S. 166.

[13] Für den Wortlaut des Übereinkommens vom 29. März 1972 über die völkerrechtliche Haftung für Schäden durch Weltraumgegenstände vgl. BUNDESGESETZBLATT 1975, Teil II, S. 1210–1219.
Das Übereinkommen trat am 18. Dezember 1975 für die Bundesrepublik in Kraft. Vgl. dazu BUNDESGESETZBLATT 1976, Teil II, S. 585.

trag[14] und das Registrierungsübereinkommen[15]. Die Bundesrepublik Deutschland hat die drei erstgenannten Übereinkommen in Kraft gesetzt. Die Unterzeichnung des Registrierungsübereinkommens ist in Vorbereitung und wird in den nächsten Wochen vollzogen werden.[16]

In den nächsten Jahren werden im VN-Weltraumausschuß die Ausarbeitung von Grundsätzen für das Direktfernsehen und die Erderkundung mittels Satelliten sowie die Weitergabe von Weltraumtechnologien an die Staaten der Dritten Welt im Vordergrund stehen.

- Die Bundesrepublik Deutschland hat sich intensiv an der Ausarbeitung der endgültigen Verträge über die Internationale Fernmeldesatellitenorganisation „Intelsat" beteiligt, über deren Satelliten ein großer Teil des interkontinentalen Fernmeldeverkehrs abgewickelt wird.[17] Aufgrund ihres relativ großen Nutzungsanteils am Fernmeldeverkehr über „Intelsat"-Satelliten hat die Bundesrepublik Deutschland einen Sitz im Gouverneursrat der Organisation.

- Die Bundesrepublik Deutschland beteiligt sich im Rahmen der Regierungskonferenz über die Errichtung eines internationalen Satellitensystems für die Schiffahrt „Inmarsat" an der Erarbeitung eines Übereinkommens zur Gründung einer entsprechenden internationalen Organisation.[18] In der in diesem Monat in London stattfindenden zweiten Phase der Regierungskonferenz soll versucht werden, einen einheitlichen Text für die Verträge zur Gründung der Organisation (Regierungsübereinkommen und Betriebsabkommen) auszuhandeln und unterschriftsreif zu machen.[19] Die zu dieser Konfe-

---

14 Für den Wortlaut des Übereinkommens vom 22. April 1968 über die Rettung und Rückführung von Raumfahrern sowie die Rückgabe von in den Weltraum gestarteten Gegenständen vgl. BUNDESGESETZBLATT 1971, Teil II, S. 238–242.
Das Übereinkommen trat am 17. Februar 1972 für die Bundesrepublik in Kraft. Vgl. dazu BUNDESGESETZBLATT 1972, Teil II, S. 1105.

15 Für den Wortlaut des Übereinkommens vom 14. Januar 1975 über die Registrierung von in den Weltraum gestarteten Gegenständen vgl. BUNDESGESETZBLATT 1979, Teil II, S. 651–656.

16 Botschafter Freiherr von Wechmar, New York (UNO), unterzeichnete das Übereinkommen vom 14. Januar 1975 über die Registrierung von in den Weltraum gestarteten Gegenständen am 2. März 1976. Vgl. dazu den Drahtbericht Nr. 333 vom 3. März 1976; Referat 413, Bd. 119659.
Das Übereinkommen trat am 16. Oktober 1979 für die Bundesrepublik in Kraft. Vgl. dazu BUNDESGESETZBLATT 1980, Teil II, S. 1169.

17 Die dritte Konferenz des „International Telecommunications Satellite Consortium" (Intelsat) einigte sich am 21. Mai 1971 in Washington auf ein Übereinkommen über die Internationale Fernmeldesatellitenorganisation Intelsat und ein Betriebsabkommen. Die Bundesrepublik unterzeichnete die beiden Abkommen am 12. Januar 1972. Für den Wortlaut vgl. BUNDESGESETZBLATT 1973, Teil II, S. 250–333. Vgl. dazu ferner AAPD 1971, II, Dok. 182.

18 Vom 23. April bis 9. Mai 1975 fand in London eine von der Intergovernmental Maritime Consultative Organization (IMCO) einberufene Konferenz statt. Ziel war es, das bestehende, nicht mehr den Anforderungen der Schiffahrt entsprechende Seefunksystem durch die Errichtung eines internationalen Satellitensystems („Inmarsat") zu ersetzen. Die Konferenz konnte sich jedoch nicht auf einen von einer Arbeitsgruppe vorgelegten Entwurf eines Übereinkommens einigen. Vgl. dazu die Aufzeichnung des Vortragenden Legationsrats I. Klasse Rouget vom 21. Mai 1975; Referat 413, Bd. 114203.

19 Auf der zweiten „Inmarsat"-Konferenz vom 9. bis 27. Februar 1976 einigten sich die Delegationen auf den Text eines „Inmarsat"-Betriebsübereinkommens; eine Einigung über den vollständigen Text des Regierungsübereinkommens konnte jedoch nicht erreicht werden. Die Konferenz beschloß, das Ergebnis in einer Sitzungsakte festzuschreiben und die noch ausstehenden Teile auf einer weiteren Konferenz vom 1. bis 3. September 1976 in London zu verabschieden. Vgl. dazu die Aufzeichnung des Ministerialdirigenten Dittmann vom 24. März 1976.
Das Abkommen wurde am 3. September 1976 abgeschlossen. Für den Wortlaut des Abkommens und der Zusatzvereinbarungen vgl. BUNDESGESETZBLATT 1979, II, S. 1082–1128.

renz entsandte deutsche Delegation steht unter Leitung des Auswärtigen Amts.[20]

- Schwerpunkt der Zusammenarbeit mit den USA bildet die Entwicklung des Weltraumlaboratoriums „Spacelab" durch EWO und seine künftige Nutzung auf der Grundlage des europäisch-amerikanischen Regierungsabkommens von 14. August 1973. Neben dieser Zusammenarbeit mit den USA auf europäisch-amerikanischer Ebene steht die bilaterale deutsch-amerikanische Kooperation. Hier ist besonders die erfolgreich verlaufene Mission der Aeronomie-Satelliten „Aeros A[21] und B" (Start 1972/74)[22] hervorzuheben, sowie der Sonnensonden „Helios A und B", die 1974 gestartet wurden[23].

- Im bilateralen Bereich kommt dem Projekt des gemeinsamen deutsch-französischen Fernmeldesatelliten „Symphonie" besondere Bedeutung zu. Dabei handelt es sich um das erste in Europa entwickelte und gebaute experimentelle Fernmeldesatellitensystem. Beide Flugmodelle wurden erfolgreich gestartet und haben ihren Betrieb aufgenommen. In Abstimmung mit dem französischen Partner wird das System zeitweise interessierten Staaten überlassen. Diese Staaten (zur Zeit verschiedene afrikanische Staaten, später möglicherweise Staaten des Nahen und Mittleren Ostens) können sich mit Hilfe von „Symphonie" mit den Möglichkeiten der Anwendung von Kommunikationssatelliten zu Zwecken der wirtschaftlichen, sozialen und kulturellen Entwicklung (z.B. Bildungsfernsehen[24]) vertraut machen. Auch die VN haben bereits ihr Interesse am Einsatz von „Symphonie" zur Durchführung von Versuchen in Katastrophengebieten bekundet.

- Mit verschiedenen anderen Ländern (Brasilien, Kanada, Indien, Argentinien und Spanien) vollzieht sich die Zusammenarbeit auf der Grundlage von wissenschaftlich-technologischen Rahmenabkommen. Die Kooperation mit diesen Ländern reicht vom Erfahrungsaustausch bis zur Durchführung arbeitsteiliger Forschungsarbeit. Hier stehen insbesondere Kommunikationssatellitentechnik und Erderkundungstechniken im Vordergrund.

---

[20] An dieser Stelle Fußnote in der Vorlage: „(Nach erfolgter Gründung von ‚Inmarsat' ist das Kabinett mit einem Beitritt der Bundesrepublik Deutschland zur Organisation zu befassen.)"

[21] Korrigiert aus: „Aerosat".

[22] Das Projekt „Aeros" zur Durchführung von Messungen in der äußeren Erdatmosphäre wurde am 10. Juni 1969 zwischen dem Bundesministerium für Forschung und Technologie und der amerikanischen Weltraumagentur NASA vereinbart. „Aeros A" wurde am 16. Dezember 1972 und „Aeros B" am 16. Juli 1974 gestartet.

[23] Das Bundesministerium für Forschung und Technologie und die amerikanische Raumfahrtbehörde NASA vereinbarten am 10. Juni 1969 die gemeinsame Entwicklung, den Start und den Betrieb von zwei Raumsonden („Helios"). Ziel war die Erforschung des sonnennahen Raumes und der Wechselwirkungen zwischen Sonne und Erde. Vgl. dazu den Artikel „Helios vor dem Start"; SÜDDEUTSCHE ZEITUNG vom 5. Dezember 1974, S. 35.
„Helios A" wurde am 10. Dezember 1974 mit einer amerikanischen Trägerrakete in Cape Canaveral, Florida, gestartet. Der Start von „Helios B" erfolgte am 15. Januar 1976.

[24] Die Referate 400 und 413 informierten am 1. Juni 1976, daß der Einsatz der beiden Fernmeldesatelliten „Symphonie" in einer deutsch-französischen Arbeitsgruppe erörtert werde, deren letzte Sitzung am 18. November 1975 stattgefunden habe: „Dabei wurde der Einsatz von ‚Symphonie' für ein Bildungsfernsehprojekt in Afrika abgestimmt: Frankreich hat Senegal, Togo, Niger, Elfenbeinküste, Gabun, Kamerun und Zaire ein Angebot zur Beteiligung unterbreitet; wir haben über das internationale Unternehmen Eurospace Nigeria, Kenia, Sambia, Liberia, Ghana und Zaire angesprochen. Mehrere Staaten haben bereits ihr Interesse an einer Annahme des Angebots bekundet." Vgl. Referat 413, Bd. 119588.

4) Die Durchführung des vorliegenden Weltraumprogramms führt in zunehmenden Maße zu internationaler Zusammenarbeit. Das Auswärtige Amt hat durch seine Mitwirkung in diesem Bereich sichergestellt, daß die außenpolitischen Interessen der Bundesrepublik Deutschland gewahrt sind.[25]

Lautenschlager[26]

Referat 413, Bd. 119533

43

Botschafter Freiherr von Braun, Paris, an das Auswärtige Amt

114-10833/76 VS-vertraulich   Aufgabe: 9. Februar 1976, 19.28 Uhr[1]
Fernschreiben Nr. 432   Ankunft: 10. Februar 1976, 07.25 Uhr

Betr.: Frankreichs Haltung zu Berlin und Deutschland als Ganzem

Zur Information

Im folgenden wird versucht, aus französischer Sicht die französische Haltung zu Berlin und Deutschland als Ganzem zu beleuchten. Auch wenn die französischen Positionen bekannt sind, scheint es nicht unnütz, einmal im Zusammenhang die Motive darzulegen, die die – von unserer in manchem abweichende – französische Haltung bestimmen.

1) Die französische Haltung zu Berlin und Deutschland als Ganzem gründet sich auf den Anspruch, zu den Siegermächten des Zweiten Weltkriegs zu gehören, auch wenn die Vereinbarungen von 1944/45 im Lichte der Nachkriegsentwicklung interpretiert werden. Wenigstens in Deutschland und Berlin zählt Frankreich zu den vier Großmächten, was französischem Selbstgefühl zugute kommt und französische Schwächen auf anderen Gebieten kompensiert. Ohne Frankreich kann – außer wenn es wie bei MBFR auf Mitsprache verzichtet – in Mitteleuropa nichts entschieden werden. Hier steht es vor allem auch der Sowjetunion gleichberechtigt gegenüber.

Als – wenn auch später – Teilhaber der Vier-Mächte-Verantwortung sieht sich Frankreich gegenüber der Bundesrepublik Deutschland in einer günstigen Lage. Bei wirtschaftlichem Übergewicht der Bundesrepublik ist die französische Verantwortung für Berlin und Deutschland als Ganzes für das politische Gleichgewicht der deutsch-französischen Beziehungen von nicht zu unterschätzender Bedeutung. Gleichwohl ist nicht zu verkennen, daß die Verantwortlichkeit des Siegers nicht nur Rechte, sondern auch Pflichten begründet hat, die den fran-

---

[25] Das Kabinett stimmte dem Weltraumprogramm 1976 bis 1979 am 11. Februar 1976 zu. Vgl. dazu den Auszug aus dem Kurzprotokoll vom 19. Februar 1976; Referat 413, Bd. 119533.
[26] Paraphe vom 10. Februar 1976.

[1] Hat Vortragendem Legationsrat I. Klasse Feit am 10. Februar 1976 vorgelegen.

zösischen Partner auf Ziele festlegen, denen er sich – ungebunden – möglicherweise entzöge. Auch wenn de Gaulle in der Wiedervereinigung „das natürliche Schicksal des deutschen Volkes"[2] erblickte, wird man in ihr keine Priorität der französischen Politik erkennen. Frankreich – so der derzeitige französische Außenminister – hat den Zustand der Teilung nicht herbeigeführt, kann ihn aber auch nicht ändern. Gerade für Frankreich als Nachbarn wäre die „kritische Größe" eines wiedervereinigten Deutschlands besonders spürbar.

2) Dennoch hält Frankreich, Eigeninteressen mit Rücksicht auf die Bundesrepublik Deutschland verbindend, an der Konzeption von „Deutschland als Ganzem" fest. Im Zusammenhang mit den Verhandlungen über den Abschluß eines Konsularvertrags mit der DDR hat die französische Regierung ihre Absicht bekräftigt, nichts zu tun, was mit der französischen Verantwortung für Deutschland als Ganzem unvereinbar wäre (ohne daß Frankreich damit schon unser Staatsangehörigkeitsrecht[3] voll akzeptierte).[4] In den KSZE-Verhandlungen hat Frankreich mit darauf hingewirkt, daß die Bestimmungen der Schlußakte nicht die besonderen Rechte und Verantwortlichkeiten in Deutschland berühren.[5]

---

[2] Auf einer Pressekonferenz am 25. März 1959 erklärte Staatspräsident de Gaulle: "La réunification des deux fractions en une seule Allemagne, qui serait entièrement libre, nous paraît être le destin normal du peuple allemand, pourvu que celui-ci ne remette pas en cause ses actuelles frontières, à l'ouest, à l'est, au nord et au sud". Vgl. DE GAULLE, Discours et messages, Bd. 3, S. 84 f. Für den deutschen Wortlaut vgl. DzD IV/1, S. 1268.

[3] Die Staatsangehörigkeit war geregelt in Artikel 116 des Grundgesetzes vom 23. Mai 1949; BUNDESGESETZBLATT 1949, S. 15 f.
Das Gesetz vom 22. Februar 1955 zur Regelung von Fragen der Staatsangehörigkeit regelte die Staatsangehörigkeitsverhältnisse deutscher Volkszugehöriger, denen die deutsche Staatsangehörigkeit aufgrund von Verträgen und Verordnungen zwischen 1938 und 1945 durch Sammeleinbürgerung verliehen worden war, von Personen, die gemäß Artikel 116 GG Deutsche waren, ohne die deutsche Staatsangehörigkeit zu haben, sowie deutscher Volkszugehöriger, die nicht Deutsche im Sinne des Grundgesetzes waren. Für den Wortlaut vgl. BUNDESGESETZBLATT 1955, Teil I, S. 65–68. Weiterhin Gültigkeit hatte zudem das Reichs- und Staatsangehörigkeitsgesetz vom 22. Juli 1913. Für den Wortlaut vgl. REICHSGESETZBLATT 1913, S. 583–593.

[4] Vom 5. bis 9. Juli 1975 und vom 8. bis 17. Oktober 1975 fanden Verhandlungen zwischen Frankreich und der DDR über den Abschluß eines Konsularvertrags statt. Umstritten war die Frage eines Artikels über die Staatsangehörigkeit. Während ein im Juli 1974 der französischen Regierung übermittelter Entwurf der DDR eine Definition der Staatsangehörigkeit vorsah, enthielt der französische Gegenentwurf vom März 1975 keinen entsprechenden Artikel. Vgl. dazu die Aufzeichnung des Legationsrats I. Klasse Oestreich vom 27. Oktober 1975; Referat 210, Bd. 111635. Vgl. dazu ferner AAPD 1975, I, Dok. 152.
Die Konsularverhandlungen standen auch im Mittelpunkt der Gespräche, die der Außenminister der DDR, Fischer, vom 6. bis 8. Januar 1976 in Paris führte. Dazu teilte Gesandter Lahusen, Paris, am 9. Januar 1976 mit, daß nach Auskunft des Mitarbeiters im französischen Außenministerium, Plaisant, „die französische Haltung gegenüber der DDR ‚resolument négative' sei. Sauvagnargues habe erklärt, daß Frankreich nichts tun wolle, was sich gegen den Begriff von Deutschland als Ganzem richte (ne vouloir rien faire à l'encontre de la notion de l'ensemble de l'Allemagne). Frankreich sehe keinen Grund, eine Initiative aufzugreifen, die darauf gerichtet sei, die Frage der deutschen Staatsangehörigkeit zu ‚regeln'. Dies bedeute keineswegs, daß man DDR-Staatsangehörige hindern werde, sich an ihr Konsulat zu wenden. Hier gäbe es keine praktischen Probleme." Vgl. den Drahtbericht Nr. 93; Referat 210, Bd. 114986.

[5] Im Abschnitt „Fragen der Sicherheit in Europa" (Korb I) der Schlußakte vom 1. August 1975 wurde in der „Erklärung über die Prinzipien, die die Beziehungen der Teilnehmerstaaten leiten" ausgeführt: „Indem die Teilnehmerstaaten die vorstehenden Prinzipien gebührend berücksichtigen, insbesondere den ersten Satz des zehnten Prinzips, ‚Erfüllung völkerrechtlicher Verpflichtungen nach Treu und Glauben', stellen sie fest, daß die vorliegende Erklärung weder ihre Rechte und Verpflichtungen noch die diesbezüglichen Verträge und Abkommen und Abmachungen berührt." Vgl. SICHERHEIT UND ZUSAMMENARBEIT, Bd. 2, S. 919.

Die Vier-Mächte-Verantwortung ist auch in französischer Sicht der beste Beweis dafür, „daß es keinen Friedensvertrag gibt, daß also die Teilung Deutschlands nicht als juristisch endgültig betrachtet werden kann" (AM Sauvagnargues im DLF am 10.10.75).

3) Diese Vier-Mächte-Verantwortung konkretisiert sich am stärksten in Berlin. Die Stellung in Berlin ist für Frankreich politisch von Vorteil, konfrontiert jedoch Frankreich dann mit der Sowjetunion, wenn Ost und West ihre Rechte und Verantwortlichkeiten unterschiedlich interpretieren. Auch zwischen Frankreich und der Bundesrepublik Deutschland ergeben sich von Fall zu Fall Differenzen, die auf unterschiedlichen Zielen und einer anderen Ausgangslage beruhen. Dabei spielen sowohl Fragen der Opportunität wie auch des Prinzips eine Rolle. Die Ernennung des Regierenden Bürgermeisters von Berlin zum Kulturbeauftragten des deutsch-französischen Vertrags[6] erscheint zwar rechtlich statthaft, politisch jedoch wegen seines „Demonstrationseffekts" nicht unbedenklich. Gegen die Wahl Berliner Abgeordneter in die Europaversammlung[7] bestehen dann keine Bedenken, wenn sich ihr Status an dem des Bundestags orientiert. Frankreich begrüßt alle Maßnahmen, die den Verkehr zwischen der Bundesrepublik Deutschland und Berlin verbessern, sieht jedoch in Direktkontakten zwischen der DDR und dem Berliner Senat eine gefährliche Entwicklung. Frankreich hat nicht gezögert, der Errichtung eines europäischen Berufsbildungszentrums[8] zuzustimmen, da hier, so die französische Argumentation, die Rechtslage klar ist, was nicht für das Umweltbundesamt[9]

[6] Das Kabinett beschloß am 18. Dezember 1974, den Regierenden Bürgermeister von Berlin, Schütz, für die Jahre 1975 bis 1978 zum Bevollmächtigten der Bundesrepublik für kulturelle Angelegenheiten im Rahmen des Vertrags vom 22. Januar 1963 über die deutsch-französische Zusammenarbeit zu ernennen. Vgl. dazu das Kurzprotokoll vom 6. Januar 1975; Referat 621B, Bd. 108903.

[7] Hinsichtlich der Einbeziehung von Berlin (West) in die Direktwahlen zum Europäischen Parlament sprach sich der Staatssekretärausschuß für Europafragen am 30. April 1975 dafür aus, in den Konsultationen mit den Drei Mächten deren Zustimmung zur Direktwahl von zwei Berliner Abgeordneten zu erreichen. Als „Rückfallposition" könne angestrebt werden, analog dem Verfahren bei Bundestagswahlen die Vertreter von Berlin (West) in das Europäische Parlament zu entsenden. Demgegenüber vertrat das Auswärtige Amt die Auffassung, daß die Drei Mächte einer Direktwahl nicht zustimmen, sondern eine Entsendung der Abgeordneten vorziehen würden. Vgl. dazu AAPD 1975, I, Dok. 125.
In der Sitzung der Bonner Vierergruppe am 9. Dezember 1975 stellte der französische Vertreter fest, es könne „in Berlin nach Meinung seiner Regierung keine Direktwahlen geben. Die Berliner Vertreter müßten entsandt werden." Vgl. dazu AAPD 1975, II, Dok. 375.
Die Frage war ebenfalls Gegenstand der Erörterungen der Politischen Direktoren am Rande der NATO-Ministerratstagung am 11./12. Dezember 1975 in Brüssel. Am 12. Dezember 1975 beschlossen die Außenminister Callaghan (Großbritannien), Genscher (Bundesrepublik), Kissinger (USA) und Sauvagnargues (Frankreich) in Brüssel: „In Anbetracht der Rechte und Verantwortlichkeiten der Drei Mächte kann die Teilnahme der Westberliner an den Wahlen zum EP nicht in derselben Weise erfolgen wie in der Bundesrepublik Deutschland. Die vier Regierungen werden die Konsultationen über die genauen Modalitäten der Wahl fortsetzen." Vgl. die Aufzeichnung des Vortragender Legationsrats I. Klasse Trumpf vom 16. Dezember 1975; Referat 410, Bd. 114316.

[8] Der EG-Ministerrat beschloß am 20. Januar 1975 die Einrichtung eines Europäischen Zentrums für Berufsbildung in Berlin (West). Vgl. dazu den Artikel „EG-Zentrum kommt nach Berlin"; DIE WELT vom 21. Januar 1975, S. 1.
Am 6. Februar 1975 protestierte die UdSSR bei den Drei Mächten gegen diesen Beschluß. Vgl. dazu DOKUMENTE ZUR BERLIN-FRAGE 1967–1986, S. 428 f.

[9] Das Umweltbundesamt wurde mit Gesetz vom 22. Juli 1974 als selbständige Bundesoberbehörde im Geschäftsbereich des Bundesministeriums des Innern mit Sitz in Berlin (West) gegründet. Für den Wortlaut vgl. BUNDESGESETZBLATT 1974, Teil I, S. 1505 f.

gilt, wo sich in französischer Sicht die Sowjets mit plausiblen Argumenten auf Annex II 2) des VMA[10] beziehen. Mit „Repressalien" zur Außenvertretung Berlins reagiere nunmehr die Sowjetunion – rückwirkend wie präventiv – auf die Verstärkung der Bundespräsenz in Berlin.

4) Hat Frankreich aus Solidarität – wenn auch ohne Enthusiasmus – die Entscheidung über die Errichtung des Umweltbundesamts mitgetragen, so rührt die Einbeziehung Berlins in bestimmte Verträge an noch neuralgischere Positionen. Anders als im „Sündenfall" der Erstreckung des NV-Vertrags auf Berlin[11] scheint die französische Regierung heute nicht mehr bereit, einer Erstreckung des B-Waffen-Vertrags[12] auf Berlin zuzustimmen. Das ohnehin nicht große französische Verständnis für eine umfassende deutsche „Rechtseinheit" stößt dort auf Grenzen, wo die zu erstreckenden Verträge Fragen der Sicherheit und des Status berühren. Gehen wir davon aus, daß möglichst jeder Vertrag – notfalls eingeschränkt – auf Berlin erstreckt werden soll, so ist nach französischer Auffassung eine Erstreckung schon dann ausgeschlossen, wenn der Vertrag Status und Sicherheit auch nur marginal berührt. Im Falle des B-Waffen-Vertrags scheint die französische Haltung besonders fest, da dieser Vertrag zu den Verträgen zählt, die sich unmittelbar auf den Bereich der Sicherheit beziehen.

5) Als Garantiemacht ist Frankreich bereit, sich überall dort für Berlin und für seine Stellung in Berlin zu engagieren, wo die Rechtslage klar und unbestreitbar ist. Dies setzt jedoch in französischer Sicht voraus, daß man selbst der Gegenseite keinen Anlaß zu begründeter Kritik bietet. Dort, wo es dem VMA an Präzision fehlt, ist es ein Gebot politischer Klugheit, „Mäßigung zu üben auf beiden Seiten" (Sauvagnargues) und die „Grauzone" des Abkommens nicht zu extensiv zu interpretieren, da dies entsprechende Eskalationen der anderen Seite bedingt.[13]

---

[10] Korrigiert aus: „Annex II 3) des VMA".
Für Anlage II Ziffer 2 des Vier-Mächte-Abkommens über Berlin vom 3. September 1971 vgl. Dok. 66, Anm. 8.

[11] Vgl. dazu Artikel 2 des Gesetzes vom 4. Juni 1974 zum Nichtverbreitungsvertrag vom 1. Juli 1968: „Dieses Gesetz gilt auch im Land Berlin, sofern das Land Berlin die Anwendung dieses Gesetzes feststellt, wobei die alliierten Rechte und Verantwortlichkeiten einschließlich derjenigen, die die Entmilitarisierung betreffen, unberührt bleiben." Vgl. BUNDESGESETZBLATT 1974, Teil II, S. 785.

[12] Für den Wortlaut des Übereinkommens vom 10. April 1972 über das Verbot der Entwicklung, Herstellung und Lagerung bakteriologischer (biologischer) Waffen und von Toxinwaffen sowie über die Vernichtung solcher Waffen vgl. UNTS, Bd. 1015, S. 164–241. Für den deutschen Wortlaut vgl. BUNDESGESETZBLATT 1983, Teil II, S. 133–138.
Zur Einbeziehung von Berlin (West) in das Abkommen vgl. AAPD 1975, II, Dok. 389.

[13] Laut einer Niederschrift des Bundespresseamts führte der französische Außenminister Sauvagnargues in der Sendung „Unter 6 Augen" des Deutschen Fernsehens, die am 1. Dezember 1975 ausgestrahlt wurde, auf die Frage: „Wie beurteilen Sie die Versuche, die soganannten Grauzonen dieses Berlin-Abkommens auszuloten oder anzutesten?" aus: „Ich habe immer als Botschafter in Bonn gesagt, es gibt, wie Sie ganz richtig sagen, eine graue Zone, das ist auch gerade der Ausdruck, den ich damals gebrauchte, und man muß der Versuchung widerstehen, diese graue Zone zuviel auszunutzen zugunsten einer Seite, denn dann wird die andere Seite das Tuch an sich ziehen. Und es gab gewisse Initiativen auf westlicher Seite, die natürlich vielleicht diskutierbar waren, ..." Auf den Einwurf, daß hiermit wohl das Umweltbundesamt gemeint sei, erwiderte Sauvagnarges: „Ja, zum Beispiel, oder Stimmrecht." Auf die anschließende Nachfrage: „Sie meinen, diskutierbar oder nicht diskutierbar?" erläuterte er: „Ich meine, in meiner Auslegung des Abkommens nicht, mit dem Abkommen nicht vereinbar. Und dann sind die Russen in das andere Extrem gefallen, wo sie die Ein-

189

Dies ist vor allem auch die persönliche Auffassung von AM Sauvagnargues, für den die Mitwirkung am Vier-Mächte-Abkommen einen Höhepunkt seiner diplomatischen Karriere bedeutet. In einem präsidentiellen System, in dem die Außenpolitik zur reservierten Domäne des Präsidenten gehört, ist die Berlin-Politik – zumal in ihren rechtlichen Aspekten – vielleicht der einzige Bereich, in dem dem Urteil des Außenministers (und Berlin-Kenners) entscheidende Bedeutung zukommt.

6) Die französische Berlin-Politik ist methodisch darauf aus, Festigkeit in den Prinzipien mit Umsicht in ihrer Anwendung zu verbinden. Auch Frankreich erscheint es notwendig, Status wie Lebensfähigkeit Berlins zu sichern. Sind beide Ziele einerseits komplementär, so bergen sie andererseits die Möglichkeit des Konflikts. In dem Maße, wie sich die Bundesrepublik Deutschland bemüht, die Lebensfähigkeit Berlins durch enge Bindung an den Bund zu sichern, fühlt sich Frankreich berufen, im „wohlverstandenen Interesse aller" der Sicherung des Status besondere Aufmerksamkeit zu schenken.

In französischer Sicht ruht Berlins Zukunft letztlich auf der Bereitschaft der Westmächte, für die Freiheit der Stadt einzustehen, nicht jedoch – primär – auf den Bindungen Berlins zum Bund, der Bundespräsenz in Berlin oder der Rechtseinheit zwischen Bund und Berlin. Für gewisse Akzente unserer Berlin-Politik, die den Franzosen auch innenpolitisch motiviert scheinen, hat man in Paris nicht immer Verständnis. Dies um so weniger, als die französische Regierung überzeugt ist, an Berlin-Treue niemandem nachzustehen, was sowohl einer einmal getroffenen politischen Grundentscheidung, dem guten Stand der bilateralen Beziehungen, wie auch – last but not least – lateinischem Verständnis des Rechtlich-Formalen entspricht.

[gez.] Braun

VS-Bd. 9935 (202)

Fortsetzung Fußnote von Seite 189

beziehung Berlins in die Verträge eigentlich unmöglich machen. Da geht, in meinen Augen, die Sowjetunion zu weit in die andere Richtung. Man muß eigentlich Mäßigung üben auf beiden Seiten, aber ich bin überzeugt, und das hat sich ja auch gezeigt, daß das Abkommen doch stichhält." Vgl. die Aufzeichnung des Ministerialdirektors van Well vom 8. Dezember 1976; Referat 210, Bd. 111583.

44

Aufzeichnung des Ministerialdirektors Lautenschlager

403-411.10 PAK-139/76 VS-vertraulich   **10. Februar 1976**[1]

Über Herrn Staatssekretär[2] Herrn Bundesminister[3]

Betr.: Besuch Premierminister Bhuttos in Bonn (18. bis 20.2.76);
hier: Export von Rüstungsmaterial nach Pakistan und Indien

Bezug: Vorlage vom 9.12.1975 für das Chefgespräch am 17.12.1975 – 403-
411.10 BSR-1552/75 geh.[4]

Zweck der Vorlage: Bitte um Entscheidung über Haltung des AA zu Rüstungsexporten nach Pakistan und Indien und Genehmigung, diese Vorlage zur Unterrichtung an das BK weiterzuleiten zur Vorbereitung des Gesprächs Bundeskanzler – PM Bhutto am 18.2.1976.[5]

I. Sachstand/Pakistan

1) PM Bhutto hat zuletzt am 14. Januar 1976 im Gespräch mit Botschafter
Scheske erklärt, er möchte den Besuch in Bonn über reine Routine hinaus-
heben und ihn mit Substanz anfüllen[6]:

Gemäß der Berichterstattung aus Islamabad wird im Mittelpunkt der Gespräche das pakistanische Interesse an der Lieferung folgenden Rüstungsmaterials
stehen:

– Kriegswaffen:

Panzer Leopard	80 bis 200 Stück
Schützenpanzer Marder	200 Stück
Haubitzen auf Selbstfahrlafetten, 155 mm	100 Stück
U-Boote, HDW-Version 1300 t	3 Stück;

---

[1] Die Aufzeichnung wurde von Vortragendem Legationsrat Heinichen und von Legationsrat Schlegel
konzipiert.

[2] Hat Staatssekretär Hermes am 13. Februar 1976 vorgelegen.

[3] Hat Bundesminister Genscher am 14. Februar 1976 vorgelegen, der Staatssekretär Hermes handschriftlich um Rücksprache bat.

[4] Referat 403 legte Überlegungen zur künftigen Rüstungsexportpolitik der Bundesrepublik vor. Vgl.
VS-Bd. 8874 (403); B 150, Aktenkopien 1975.

[5] Vgl. dazu das Gespräch des Bundeskanzlers Schmidt mit Ministerpräsident Bhutto am 20. Februar
1976; Dok. 57.

[6] Botschafter Scheske, Islamabad, berichtete am 15. Januar 1976, daß Ministerpräsident Bhutto am
Vorabend ausgeführt habe, was ihn „mit Sorge erfülle, sei die feindselige Haltung einflußreicher
Kreise in Indien gegenüber Pakistan, die Propaganda gegen die Teilung Britisch-Indiens von 1947
und schließlich die Unberechenbarkeit Frau Ghandis. Indien habe alle Möglichkeiten, sich aufzu-
rüsten, aus eigenen und sowjetischen Quellen. Pakistan dagegen nicht. Er möchte – zur Erhaltung
des Friedens – die pakistanischen Streitkräfte so ausrüsten, daß sie eine glaubhafte Abschreckung
bildeten. Pakistan habe keine Annexionsgelüste, fürchte aber die Indiens. Bei seinem Besuch in
Bonn hoffe er dringend, die Zustimmung der Bundesregierung zur Lieferung von Leopard-Panzern
(er sprach von 200 Stück) zu erhalten, mit denen er den Streitkräften ein Rückgrat geben möchte.
Er hoffe, die Bundesregierung werde einsehen, eine solche Ausstattung diene reinen Verteidi-
gungszwecken und damit der Stabilisierung der hiesigen Lage." Scheske fuhr fort: „Er bat mich
dringend, seinen Wunsch nach Panzerkampfwagen (den er als Kernpunkt seines Besuches in Bonn
ansieht) meiner Regierung vorzutragen. ‚Bitte reisen Sie nach Bonn und machen Sie Ihren ganzen
Einfluß hierfür geltend.'" Vgl. den Drahtbericht Nr. 9; VS-Bd. 10032 (302); B 150, Aktenkopien 1976.

– sonstige Rüstungsgüter:

gepanzerte Mannschaftswagen	25 bis 50 Stück
Unimog, 1,25 t	1000 Stück
Unimog, 2,5 t	1500 Stück.

Zusätzlich ist in der der Botschaft überreichten „shopping list" weiteres Rüstungsmaterial (u. a. Radaranlagen) aufgeführt, dessen technische Klassifizierung vom BMVg jedoch noch nicht vorgenommen werden konnte.

2) Pakistan hat seit April 1974 – seitdem wird indischer Subkontinent nicht mehr als Spannungsgebiet angesehen – folgendes Rüstungsmaterial erhalten:

a) Kriegswaffen:

– leichte Infanteriewaffen in geringem Umfang,

– Munition in entsprechendem Umfang,

– sechs unbewaffnete Schnellbootkörper wurden genehmigt, aber nicht geliefert.

b) Sonstiges Rüstungsmaterial:

– Fertigungsunterlagen für die Modernisierung einer dort vorhandenen amerikanischen Haubitze 105 mm,

– elektronische Ausrüstung.

II. Sachstand/Indien

Mitte 1975 wurde ein indischer Antrag auf Lieferung von MRCA-Triebwerken abgelehnt (Sicherheitsbedenken des BMVg).[7]

Mit Verbalnote vom 8. Oktober 1975 hat indische Regierung um Genehmigung zur Lieferung von zwei Panzermotoren MB 838 gebeten, weil sie eine spätere Lizenzfertigung in Indien prüfen wolle. Das BMVg hat Bedenken erhoben, weil dieser Motor die Grundlage für den jetzt verwendeten Leopard-2-Motor bildet.

Eine Antwort an die hiesige indische Botschaft steht noch aus.

Indien hat seit April 1974 keine Kriegswaffen, sondern nur sonstiges Rüstungsmaterial in geringem Umfang (u. a. aber 30 Satz Panzerplatten zur Panzerfertigung) erhalten.

III. Lieferungen nach Pakistan

1) Gegen den Export der nachfolgend aufgeführten Waren bestehen aus der Sicht des AA keine Bedenken, weil sie sich im Rahmen der bisherigen Lieferungen halten, keine Kriegswaffen sind und die Vorschriften des damit einschlägigen AWG[8] nicht verletzt sind:

– Unimog 1,25 t,

– Unimog 2,5 t,

– gepanzerte Mannschaftswagen,

– Radaranlagen (vorbehaltlich der noch nicht erfolgten Stellungnahme des BMVg zu den Sicherheitsaspekten).

---

7 Das Auswärtige Amt unterrichtete die indische Botschaft mit Verbalnote vom 25. Juni 1975 über die Entscheidung, keine MRCA-Triebwerke zu liefern. Vgl. dazu AAPD 1975, I, Dok. 71.

8 Für den Wortlaut des Außenwirtschaftsgesetzes vom 28. April 1961 vgl. BUNDESGESETZBLATT 1961, Teil I, S. 481–495.

2) Der Export von

– Leopard Panzern

– Marder Schützenpanzern

– Haubitzen

sollte jedoch nicht genehmigt werden, da die im folgenden aufgeführten politischen Gründe überwiegend gegen derartige Exporte nach Pakistan sprechen.

Es besteht zwar kein obligatorischer Versagungsgrund (§ 6 Abs. 3 KWKG[9]), weil gegenwärtig keine kriegerischen Auseinandersetzungen auf dem indischen Subkontinent zu erwarten sind und deshalb diese Region nicht als Spannungsgebiet im Sinne der Politischen Grundsätze vom 16. Juni 1971[10] angesehen wird. Nach diesen Grundsätzen kann ein Kriegswaffenexport in Länder außerhalb der NATO aber nur genehmigt werden, wenn besondere politische Gründe dafür sprechen.

Solche positiven politischen Gründe sind nach Auffassung der Abt. 3 in folgendem zu sehen:

– Verständnis für Angst vor dem übermächtigen und „unberechenbaren" Nachbarn Indien (pakistanische Befürchtung, daß Einverleibung Pakistans indisches Fernziel bleibt).[11]

– Verständnis für Pakistans Nachteile auf Produktionssektor (Indien produziert modernste Waffen selbst oder erhält sie von UdSSR, Pakistan ist von ausländischen Lieferungen, die nur restriktiv erfolgen, abhängig).

– Position des Westens in Asien würde verbessert; in Verlängerung der Linie Türkei–Iran hat Pakistan Sperriegelfunktion gegenüber sowjetischem Drängen in Richtung des Indischen Ozeans.

Demgegenüber sind jedoch folgende Gesichtspunkte in Rechung zu stellen, die gegen einen Export schwerer Waffen nach Pakistan sprechen:

– Die Verstimmung Indiens, die sich auf bilaterale Beziehungen auswirken würde und darüber hinaus Indien veranlassen könnte, sich noch mehr mit Waffenwünschen an Moskauer Adresse zu wenden.[12]

– Mit entsprechenden Lieferwünschen Indiens (Marder, Geschütze) müßte gerechnet werden. Es dürfte dann sehr schwierig sein, diese und den aktuellen indischen Antrag auf Lieferung der Panzermotoren abzulehnen (Begründung s. u. Ziffer IV.). Möglicherweise kommt Indien unter diesen veränderten Umständen sogar auf seinen bereits abgelehnten Antrag zur Lieferung der MRCA-Triebwerke zurück.

---

9 In Paragraph 6 Absatz 3 des Ausführungsgesetzes vom 20. April 1961 zu Artikel 26 Absatz 2 des Grundgesetzes (Kriegswaffenkontrollgesetz) hieß es: „Die Genehmigung ist zu versagen, wenn 1) die Gefahr besteht, daß die Kriegswaffen bei einer friedensstörenden Handlung, insbesondere bei einem Angriffskrieg, verwendet werden, 2) Grund zu der Annahme besteht, daß die Erteilung der Genehmigung völkerrechtliche Verpflichtungen der Bundesrepublik verletzen oder deren Erfüllung gefährden würde". Vgl. BUNDESGESETZBLATT 1961, Teil I, S. 445.

10 Zu den „Politischen Grundsätzen der Bundesregierung für den Export von Kriegswaffen und sonstigen Rüstungsgütern" vgl. Dok. 2, Anm. 4.

11 Zu diesem Absatz vermerkte Bundesminister Genscher handschriftlich: „Besteht nicht schon eine militärische Überlegenheit Indiens durch sowj[etische] Lieferungen?"

12 An dieser Stelle vermerkte Bundesministers Genscher handschriftlich: „Tut es wohl auch so?"

– Der Export von Leoparden, Mardern und Haubitzen würde fälschlich als Änderung unserer bisherigen Rüstungsexportpolitik und als ermutigendes Signal für andere Kaufinteressenten verstanden werden. Es ist zu erwarten, daß nach einer Exportgenehmigung an Pakistan das frühere Lieferinteresse des Iran[13] wieder aufleben würde. Angesichts der engen politischen und rüstungswirtschaftlichen Zusammenarbeit des Iran mit Pakistan können die iranischen Wünsche kaum zurückgewiesen werden. Damit wiederum dürfte es sehr schwierig sein, Lieferanträge des benachbarten Saudi-Arabien und anderer arabischer Staaten negativ zu entscheiden.

Die Genehmigung des Exportes nach Pakistan würde also eine Kettenreaktion nach sich ziehen, die zur Folge hätte, daß die Bundesregierung ihre bisherigen Grundsätze – keine Lieferung von Kriegswaffen in Spannungsgebiete – nicht mehr einhalten könnte; zumindest nicht, ohne die Beziehungen zu den Kaufinteressenten des gleichen Geräts erheblichen Belastungen auszusetzen.

3) Den Export der drei U-Boote sollte jedoch das AA befürworten.

– Zwar stellen die U-Boote auch Kriegswaffen im Sinne des KWKG dar, doch ihre Lieferung würde nicht zu einer grundsätzlichen Änderung unserer bisherigen Praxis beim Rüstungsexport führen: Wir würden lediglich die gleichen – etwas großzügigeren – Maßstäbe, die wir bisher beim Export von U-Booten nach Südamerika (Lieferung von je zwei U-Booten an Ecuador, Kolumbien, Peru, Venezuela) angelegt haben, dann auch für die asiatische Region anwenden. Eine solche Gleichbehandlung mehrerer Regionen würde – solange kein sachlicher Hinderungsgrund besteht – der Glaubwürdigkeit unserer Rüstungsexportpolitik sogar dienen.

– Im übrigen ist diese unterschiedliche Bewertung zwischen Panzer und U-Boot dadurch gerechtfertigt, daß die drei U-Boote für Pakistan eine vorrangig defensive Aufgabe (Verhinderung einer nochmaligen Blockade des einzigen Hafens Karatschi[14]) besitzen.

– Bei einem positiven Beschluß – zunächst zugunsten von Pakistan – ist eine gewisse Verstimmung Indiens wahrscheinlich; eine indische Demarche hätte aber angesichts der hohen indischen Überlegenheit nur deklamatorischen Charakter – offensiver Einsatz der U-Boote gegenüber Indien ist ausgeschlossen – und sollte deshalb nicht zu stark bewertet werden.

Bei einer positiven Entscheidung ist in Rechung zu stellen, daß wir auch von anderen asiatischen Staaten (Philippinen, Südkorea) um Lieferung von U-Booten gebeten werden. Eine indonesische Anfrage liegt bereits vor.

---

13 Der Iran bemühte sich seit 1968 um den Erwerb von Panzern des Typs „Leopard" aus der Bundesrepublik. Am 30. Oktober 1974 teilte die iranische Regierung ihre Absicht mit, daß sie britische Panzer des Typs „Chieftain V" erwerben werde. Vgl. dazu AAPD 1975, I, Dok. 169.
14 Einheiten der indischen Marine begannen am 4. Dezember 1971 mit der Bombardierung des Hafens von Karatschi. Durch die sich anschließende Blockade des Hafens wurde die Versorgung der pakistanischen Truppen in Ost-Pakistan unterbrochen. Vgl. dazu den Artikel „‚Karachi shelled and two destroyers hit'"; THE TIMES vom 6. Dezember 1971, S. 1.

Eine endgültige Entscheidung ist dem Bundessicherheitsrat vorbehalten, der nicht vor Ende März tagen wird. Bhutto könnte jedoch bereits eine wohlwollende Prüfung zugesagt werden.[15]

IV. Lieferung nach Indien

Der Export der Panzermotoren nach Indien sollte nicht genehmigt werden, weil wir Indien damit eine eigene Panzerproduktion ermöglichen würden – was faktisch dem tatsächlichen Export von Panzern gleichkäme. Es dürfte für die Glaubwürdigkeit unserer Rüstungsexportpolitik nicht vorteilhaft sein, Indien sämtliche Bausteine für eine eigene Panzerproduktion zu liefern (u. a. Mitte 1975 Panzerplatten), Pakistan aber, das keine solche Produktionsmöglichkeit hat, die Lieferung fertig montierter Panzer zu verweigern.

V. Entscheidungsvorschlag

– Ablehnung des AA zur Lieferung der von Pakistan gewünschten Panzer, Schützenpanzer und Haubitzen[16];

– Zustimmung des AA zur Lieferung von drei U-Booten der 1300-t-Klasse an Pakistan (Vorbehalt einer entsprechenden Entscheidung des BSR)[17];

– Zustimmung des AA zum Export der von Pakistan gewünschten Unimogs, gepanzerten Mannschaftstransportwagen und Radaranlagen (letztere vorbehaltlich etwaiger Sicherheitsbedenken des BMVg, dessen Stellungnahme noch aussteht)[18];

– Ablehnung des AA zum Export der Panzermotoren nach Indien[19];

– Billigung des anliegenden Gesprächsvorschlags für das Gespräch mit PM Bhutto[20].

Dieser Vorschlag ist mit BMWi und BMVg auf Arbeitsebene abgestimmt.

D 3[21] hat mitgezeichnet.

Lautenschlager

VS-Bd. 8878 (403)

---

[15] Zur Frage des Rüstungsexports nach Pakistan vgl. ferner die Ministerbesprechung bei Bundeskanzler Schmidt am 18. Februar 1976; Dok. 59.

[16] Dieser Absatz wurde von Bundesminister Genscher durch Häkchen hervorgehoben.

[17] Dieser Absatz wurde von Bundesminister Genscher durch Häkchen hervorgehoben.

[18] Dieser Absatz wurde von Bundesminister Genscher durch Häkchen hervorgehoben.

[19] Dieser Absatz wurde von Bundesminister Genscher durch Häkchen hervorgehoben.

[20] Dem Vorgang beigefügt. Vgl. VS-Bd. 8878 (403); B 150, Aktenkopien 1976.

[21] Lothar Lahn.

45

**Aufzeichnung der Arbeitsgruppe
Auswärtiges Amt/Bundesministerium der Verteidigung**

201-450/76 VS-vertraulich   10. Februar 1976[1]

Sicherheitspolitik nach KSZE

Vorbemerkungen

1) Auftrag

Am 10.4.1975 erteilten die Bundesminister des Auswärtigen und der Verteidigung[2] der Arbeitsgruppe AA/BMVg den Auftrag, eine Untersuchung „Sicherheitspolitik nach KSZE" durchzuführen.[3] Diese Untersuchung sollte – unter Berücksichtigung der Entwicklung auf längere Sicht – Empfehlungen für die deutsche Sicherheitspolitik geben.

2) Problem

Die Unterzeichnung der KSZE-Schlußakte am 1.8.1975[4] kennzeichnet im Vergleich zu den Zeiten des „Kalten Krieges" eine Verbesserung der politisch-psychologischen Lage. Probleme ergeben sich jedoch aus den gegensätzlichen Erwartungen, die in den unterschiedlichen Interpretationen und Zielsetzungen von Ost und West begründet sind.

Auch in Zukunft bleibt es die zentrale Aufgabe unserer Sicherheitspolitik, die wachsende sowjetische Macht durch eine optimale Kombination von politischen und militärischen Gegengewichten auszubalancieren. Hierbei sind folgende Faktoren besonders wichtig:

– das Spannungsfeld von Interessenkonflikten und Zusammenarbeit zwischen West und Ost,

– die amerikanisch-sowjetischen Beziehungen,

---

1 Durchdruck.
   Die Aufzeichnung wurde am 12. Februar 1976 von Ministerialdirektor van Well über Staatssekretär Gehlhoff an Bundesminister Genscher geleitet. Dazu vermerkte er: „Die Arbeitsgruppe AA/BMVg (Vorsitz: Ministerialdirektor van Well, Vizeadmiral Steinhaus) hat ensprechend der Weisung der Bundesminister des Auswärtigen und der Verteidigung die ‚Sicherheitspolitik nach KSZE' untersucht. Das Ergebnis wird mit der Bitte um Zustimmung vorgelegt. Dem Herrn Bundesminister der Verteidigung wird die Untersuchung parallel von seinem Haus vorgelegt. Die Untersuchung enthält neben einer Darstellung der allgemeinen Sicherheitslage als Hauptstück Grundsätze und Empfehlungen für die Sicherheitspolitik der Bundesregierung (Abschnitt II = S. 9). Die Untersuchungsergebnisse bestätigen im wesentlichen die schon bisher eingeschlagene Linie der Sicherheitspolitik der Bundesregierung und akzentuieren sie in Einzelfragen." Vgl. den Begleitvermerk; VS-Bd. 8674 (201); B 150, Aktenkopien 1976. Vgl. Anm. 6.
2 Georg Leber.
3 Das Auswärtige Amt und das Bundesministerium der Verteidigung führten am 10. April 1975 ein Kolloquium durch, in dessen Verlauf eine Arbeitsgruppe eingesetzt wurde. Vortragender Legationsrat I. Klasse Pfeffer erläuterte dazu am 15. April 1975: „Bundesminister wünscht auch Diskussion über die Frage, wie wir unsere Friedenspolitik nach der KSZE weiterführen wollen. Dabei wäre die Entwicklung der sowjetischen Absichten auf Europa weiter zu untersuchen." Vgl. VS-Bd. 8613 (201); B 150, Aktenkopien 1975.
4 Für den Wortlaut der KSZE-Schlußakte vom 1. August 1975 vgl. SICHERHEIT UND ZUSAMMENARBEIT, Bd. 2, S. 913–966.

– das Kräfteverhältnis NATO – WP,

– die besondere militärische Lage in Mitteleuropa,

– die Entwicklung der politischen und wirtschaftlichen Beziehungen zu den Staaten der Dritten Welt,

– vorhandene und potentielle Gegengewichte außerhalb der „klassischen" Ost-West-Relation.

I. Die allgemeine Sicherheitslage

1) Die allgemeine Sicherheitslage wird einerseits charakterisiert durch die militärischen Gegebenheiten, wie sie seit Ende der sechziger Jahre im wesentlichen unverändert fortbestehen, andererseits durch die Entspannungsbemühungen der letzten Jahre.

2) Die nuklearstrategische Parität der beiden Weltmächte und das Risiko der gegenseitigen Vernichtung zwingen Ost und West trotz der unverminderten ideologischen und machtpolitischen Gegensätze, eine militärische Auseinandersetzung zu vermeiden. Dem dienen die bi- und multilateralen Versuche der Risikoverminderung, der Herstellung eines Modus vivendi sowie des Krisenmanagements und der Kooperation in wirtschaftlichen und technologischen Teilbereichen.

Früher wurde die konventionelle Überlegenheit des Warschauer Paktes in Europa weitgehend durch das nukleare Übergewicht der Allianz ausgeglichen. Heute schaffen jedoch die nuklear-strategische Parität zwischen den beiden Weltmächten und die konventionelle Disparität in Europa, die sich zuungunsten[5] des Westens weiter verschiebt, besonders dringende, spezifische Probleme für unsere Sicherheit.

3) Demgegenüber hat sich die politisch-psychologische Lage durch die Entspannungspolitik spürbar verbessert.

Die entspannungspolitischen Bemühungen haben zu einem Modus vivendi, insbesondere in der Deutschland- und Berlin-Frage, und zu einer gewissen Verbesserung der politischen und wirtschaftlichen Beziehungen zwischen Ost und West geführt sowie die Risiken gefährlicher Konfrontationen vermindert. Die relative Stabilität der Sicherheitslage in Europa schließt nicht aus, daß regionale Konflikte in der Welt auf unseren Kontinent übergreifen.

4) Die bisherigen Vereinbarungen im Rahmen der Entspannungspolitik – insbesondere die Schlußakte der KSZE – bedürfen z.T. noch der praktischen Ausfüllung. Jede Seite ist bestrebt, ihre unterschiedlichen Interpretationen durchzusetzen und ihre langfristigen Zielvorstellungen zu fördern.

Die Sowjetunion bezweckt, trotz und mit Hilfe der Schlußakte den eigenen Herrschaftsbereich zu erhalten und zu konsolidieren und unter dem Motto der friedlichen Koexistenz ihren Einfluß auf Westeuropa zu verstärken. Gleichzeitig versucht sie, die Bestimmungen über Kooperation für die eigene wirtschaftliche Entwicklung optimal zu nutzen.

Dem Westen kommt es dagegen darauf an, die Barrieren zwischen Ost und West zu vermindern und die Kontakte – insbesondere zwischen den Menschen –

---

[5] Korrigiert aus: „zugunsten".

zu intensivieren. Die Förderung der deutschen und europäischen Option steht mit der KSZE-Schlußakte im Einklang.

5) Der Westen hat erreicht, daß sich das Ergebnis der KSZE nicht nur auf die politischen Aspekte der Sicherheit beschränkt, sondern auch militärische Aspekte einbezieht. Der Zusammenhang zwischen beiden Aspekten der Sicherheit wurde dadurch deutlich gemacht. Die Anwendung der vertrauensbildenden Maßnahmen soll dazu beitragen, zusätzliche politisch-psychologische Voraussetzungen für weitere Sicherheitsverhandlungen zu schaffen. Entscheidend für die Entwicklung der Entspannungspolitik im militärischen Bereich werden MBFR und SALT sein.

6) Die Nordatlantische Allianz ist trotz vielfältiger innerer Schwierigkeiten aktionsfähig. Allerdings wird die Solidarität einzelner Partner durch politische Auseinandersetzungen, wirtschaftliche Schwierigkeiten und auch übertriebene Erfolgserwartungen in die Entspannungspolitik weiterhin auf die Probe gestellt; der Trend zur Betonung nationaler Interessen hat sich verstärkt. Dennoch bleiben institutionelle Bande, das Gefühl der Zusammengehörigkeit und das Bewußtsein der gemeinsamen Bedrohung das wesentliche Bindeglied und bilden die Grundlage für den unveränderten Fortbestand des Bündnisses.

7) Die Sowjetunion hat beträchtliche Fortschritte auf dem Wege zur gleichrangigen Weltmacht mit den USA erzielt. Ihr militärisches Potential ist nur noch in wenigen Bereichen dem der USA unterlegen, im konventionellen Bereich sogar überlegen. Die Lücke, die zwischen den USA und der Sowjetunion in der Technologie besteht, ist erheblich geschrumpft und nimmt weiter ab. Beim Wirtschaftspotential, die Rüstungsindustrie ausgenommen, ist der Abstand zu den USA und der Europäischen Gemeinschaft weiterhin groß.

8) Die Sowjetunion besteht nach wie vor auf ihrer ideologischen und machtpolitischen Führungsrolle innerhalb des Warschauer Paktes. Nur Rumänien konnte ein geringes Maß an Handlungsspielraum erreichen.

Bei der Verwirklichung der ideologischen Führungsrolle im Weltkommunismus bereiten der Sowjetunion Autonomiebestrebungen einiger kommunistischer Parteien in Westeuropa zunehmend Schwierigkeiten.

Der sowjetisch-chinesische Gegensatz dauert sowohl machtpolitisch als auch ideologisch weiter an.

9) Die USA haben sich nach Vietnam verstärkt der westlichen Allianz und Europa zugewandt. Der Osten hat die europäische Rolle der USA und Kanadas bei der KSZE erneut anerkennen müssen. Die innenpolitische Situation in den USA hat die Bereitschaft vermindert, sich in der Dritten Welt zu engagieren und dort Risiken einzugehen. Das verschafft der Sowjetunion zusätzliche Ansatzpunkte und größere Handlungsfreiheit.

10) Die Verbundenheit der europäischen ungebundenen und neutralen Staaten mit den Ländern der Allianz ist durch die KSZE deutlicher geworden.

11) Die Entwicklungsländer greifen im Bewußtsein ihrer Machtstellung als Produzenten von Energie- und Rohstoffen und unter dem Druck der Armut in die Weltpolitik[6] ein und fordern eine Umverteilung von Reichtum und Ein-

---

[6] Beginn der Seite 9 der Vorlage. Vgl. Anm. 1.

flußnahme. Bei ihrem Bestreben, die Entwicklung der Weltwirtschaft stärker mitzubestimmen und dabei ihr Rohstoffpotential für politische Ziele einzusetzen, kommt ihnen die Pattsituation der beiden Weltmächte zugute. Dabei müssen sie jedoch berücksichtigen, daß der Osten kein Äquivalent für die Wirtschaftskooperation mit dem Westen zu bieten vermag. Für den Westen kommt es daher darauf an, einen Interessenausgleich mit den Ländern der Dritten Welt, insbesondere den Rohstofflieferanten, herbeizuführen und damit Interdependenz und internationale Stabilität zu vergrößern.

II. Grundsätze und Empfehlungen

1) Zielsetzung des Warschauer Paktes

Die Strategie der Sowjetunion ist machtpolitisch und ideologisch langfristig angelegt und bleibt in ihrer Zielsetzung im wesentlichen unverändert. Ihre Entspannungspolitik – ein Teil der „Politik der friedlichen Koexistenz" – verfolgt gegenüber dem Westen folgende Ziele:

– die Anerkennung der Rolle der Sowjetunion als Weltmacht und Duldung ihres stetigen Machtzuwachses,

– Verbesserung der wirtschaftlichen und technologischen Basis durch Kooperation mit dem Westen.

Die Politik der Sowjetunion und des Warschauer Paktes wird auch nach der KSZE von folgenden Leitgedanken geprägt werden:

– Herstellen der militärischen Überlegenheit des Warschauer Paktes durch Verstärkung und Modernisierung des eigenen militärischen Potentials in Europa und Ausweitung der militärischen Präsenz der SU in der Welt nach strategischen Gesichtspunkten, u. a. durch Schaffung neuer Stützpunkte.

Versuch der Festschreibung der militärischen Überlegenheit in Mitteleuropa in den Wiener Verhandlungen[7] unter Umfunktionierung des vom Westen formulierten Prinzips der unverminderten Sicherheit.

Absicherung dieser Politik durch Propagierung internationaler Abrüstungs- und Rüstungskontrollbemühungen (Beispiele: Weltabrüstungskonferenz[8], Verbot der Entwicklung neuer Massenvernichtungswaffen[9]).

[7] Seit 30. Oktober 1973 fanden in Wien die MBFR-Verhandlungen statt. Die achte Runde der Verhandlungen begann am 30. Januar 1976.
[8] Am 29. November 1965 nahm die UNO-Generalversammlung die Resolution Nr. 2030 zur Einberufung einer Weltabrüstungskonferenz an. Für den Wortlaut vgl. UNITED NATIONS RESOLUTIONS, Serie I, Bd. X, S. 104. Für den deutschen Wortlaut vgl. EUROPA-ARCHIV 1966, D 158 f.
Die UdSSR unterbreitete der UNO-Generalversammlung am 28. September 1971 erneut den Vorschlag für eine Weltabrüstungskonferenz und erklärte es für wünschenswert, vor Ende 1972 Einigung über den Termin und die Tagesordnung für eine solche Konferenz zu erzielen. Für den Resolutionsentwurf vgl. DOCUMENTS ON DISARMAMENT 1971, S. 595 f.
Am 16. Dezember 1971 rief die UNO-Generalversammlung dazu auf, bis zum 31. August 1972 Stellung zu diesem Thema zu nehmen; am 29. November 1972 beschloß sie die Einsetzung eines Sonderausschusses. Vgl. die Resolutionen Nr. 2833 bzw. Nr. 2930; UNITED NATIONS RESOLUTIONS, Serie I, Bd. XIII, S. 360 f. und Bd. XIV, S. 251. Für den deutschen Wortlaut vgl. EUROPA-ARCHIV 1972, D 172, und EUROPA-ARCHIV 1973, D 187 f.
Mit Schreiben vom 1. April 1975 an UNO-Generalsekretär Waldheim, das der sowjetische Botschafter Falin am 7. April 1975 Staatssekretär Gehlhoff in Abschrift übergab, setzte sich die sowjetische Regierung erneut für die baldige Abhaltung einer Weltabrüstungskonferenz ein. Vgl. dazu die Aufzeichnung des Referats 220 vom 10. April 1975; Referat 213, Bd. 112777.
In einer Rede am 11. Juni 1975 in Moskau bekräftigte Ministerpräsident Kossygin den sowjeti-

- Stärkung des politischen Einflusses, insbesondere in Europa und der Dritten Welt, unter Ausnutzung differenzierter Formen militärischer Präsenz.
- Festhalten am Konzept der „friedlichen Koexistenz", d. h. Fortsetzung der Entspannungspolitik von Staat zu Staat unter gleichzeitiger offensiver Betonung der ideologischen Gegensätze und unter Ausnutzung von revolutionären Bestrebungen in der westlichen und Dritten Welt.
- Wirtschaftliche und technologische Kooperation mit „kapitalistischen" Staaten, soweit sie mit den übergeordneten Zielen nicht kollidiert und die innere Stabilität der Staaten des Warschauer Paktes nicht gefährdet.

Folglich wird der Warschauer Pakt jede Schwäche im Westen sowie in der Dritten Welt auszunutzen trachten.

Die Sowjetunion wird dabei allen Auswirkungen der westlichen Politik entgegenarbeiten, die sie als riskant für

- die Stabilität ihres inneren Systems,
- ihre äußere Sicherheit,
- den Zusammenhalt des sozialistischen Lagers und
- die Aufrechterhaltung ihres außenpolitischen Handlungsspielraumes empfindet.

2) Grundsätze und Empfehlungen für die deutsche Sicherheitspolitik

a) Allgemein

Die Sicherheit des Westens, der Bestand des Bündnisses sowie die Wirksamkeit von Abschreckung, Verteidigung und Entspannung werden durch einen unmerklichen, aber stetigen Erosionsprozeß im Bündnis als Folge vielfältiger Interessendivergenzen und der Verharmlosung der kommunistischen Ideologie gefährdet.

Der Westen muß sich daher der Doppelstrategie der sowjetischen Entspannungspolitik bewußter werden und darf ihr keine Ansatzpunkte zur Aufweichung seiner Sicherheitsstrukturen bieten.

Zentrale Aufgabe der Sicherheitspolitik der Bundesrepublik Deutschland bleibt die Mitwirkung an einem ausreichenden westlichen Gegengewicht gegen das Potential des Warschauer Paktes. Es muß davon ausgegangen werden, daß dieses Potential weiter wachsen wird; das bedeutet einen Zuwachs an militärischer Macht und politischer Ausstrahlung. Die Bemühungen der Bundesregierung müssen sich in Zukunft noch mehr darauf richten, die politische und mili-

---

Fortsetzung Fußnote von Seite 199

schen Wunsch. Vgl. den Artikel „Leninskij kurs partii"; PRAVDA vom 12. Juni 1975, S. 1 f. Vgl. dazu auch den Artikel „Kossygin dringt auf Abrüstungskonferenz"; FRANKFURTER ALLGEMEINE ZEITUNG vom 13. Juni 1975, S. 2.

9 Am 13. Juni 1975 führte der Generalsekretär des ZK der KPdSU, Breschnew, während einer Wahlkundgebung in Moskau aus, die UdSSR bleibe ein konsequenter Verfechter der Rüstungsbegrenzung und Abrüstung. Er schlug vor, „daß die Staaten, vor allem aber die Großmächte, ein Abkommen abschließen, das verbietet, neue Arten von Massenvernichtungsmitteln sowie neue Systeme solcher Waffen zu entwickeln. Der Stand der heutigen Wissenschaft und Technik ist so hoch, daß die ernste Gefahr besteht, daß eine noch schrecklichere Waffe als die Kernwaffe entwickelt wird. Verstand und Gewissen der Menschheit diktieren die Notwendigkeit, einer solchen Waffe eine unüberwindliche Barriere entgegenzustellen. Diese Aufgabe erfordert natürlich die Anstrengungen eines breiten Kreises von Staaten und in erster Linie die der Großmächte." Vgl. den Artikel „Politik der UdSSR dient der Sicherheit aller Völker"; NEUES DEUTSCHLAND vom 14./15. Juni 1975, S. 4.

tärische Kraft des Bündnisses zu stärken und hierfür das noch nicht voll ausgeschöpfte europäische Kräftereservoir durch einen zügigen Fortgang des europäischen Einigungsprozesses freizusetzen. Der Sowjetunion muß von uns und unseren Bündnispartnern klargemacht werden, daß eine Klassifizierung des Europäischen Einigungswerkes oder der NATO als „entspannungsfeindlich" mit der KSZE-Schlußakte nicht im Einklang steht.

Weiterhin müssen mehr als bisher vorhandene oder potentielle Gegengewichte außerhalb des Allianzbereichs für die globale Ausbalancierung der sowjetischen Macht genutzt werden.

Unter Zugrundelegung der bisherigen Ergebnisse der Entspannungspolitik sollte der Westen die sowjetische Macht zusätzlich politisch binden durch

– die Vereinbarung und Anwendung politischer Verhaltensregeln zur gegenseitigen Rücksichtnahme auf vitale Sicherheitsinteressen;

– die Herausbildung weiterer vertrauensbildender und stabilisierender Maßnahmen im militärischen Bereich, die den politischen Gebrauch militärischer Macht einschränken und zu Mechanismen der Krisenbewältigung führen können (z. B. im Rahmen künftiger MBFR- und KSZE-Vereinbarungen);

– die Verdichtung der wirtschaftlichen und technologischen Interessenverflechtung, die extreme Entscheidungen erschweren würde. Für den Westen dürfen hierdurch jedoch keine gefährlichen Abhängigkeiten entstehen.

b) Im einzelnen:

1) NATO

Mit zunehmender Stabilisierung des nuklear-strategischen Kräfteverhältnisses zwischen beiden Weltmächten auf der Grundlage der Parität müssen die europäischen Verbündeten darauf hinwirken, daß auch in Europa – nicht nur in Mitteleuropa – ein Gleichgewicht der militärischen Kräfte entsteht. Dies ist nur möglich, wenn die substantielle nukleare und konventionelle Präsenz der Vereinigten Staaten in Europa erhalten und der europäische Beitrag zum Bündnis erhöht wird.

Die Bundesregierung sollte alles daran setzen, in der nächsten Phase der europäischen Einigung und der Entwicklung des amerikanisch-sowjetischen Globalverhältnisses die engen Beziehungen zwischen den USA und Westeuropa besonders zu pflegen.

Wichtiges Mittel ist die Vertiefung der politischen und wirtschaftlichen Konsultation sowohl bilateral als auch in den zuständigen multilateralen Gremien. Die Bundesrepublik Deutschland sollte hier mit gutem Beispiel vorangehen. Auch sollte sie immer wieder deutlich machen, daß sie an der militärischen Integration des Bündnisses und an der maßgeblichen amerikanischen Beteiligung in den militärischen Führungsgremien festhält. Die Diskussion über eine künftige europäische Verteidigungszusammenarbeit sollte von diesen elementaren Voraussetzungen ausgehen.

2) Europäischer Beitrag zum Bündnis

Die Erklärung über die Atlantischen Beziehungen vom 19. Juni 1974 betont, daß der europäische Einigungsprozeß sich nutzbringend auf den Beitrag der europäischen Partner zum Bündnis auswirken sollte.[10] Hierbei wird von einer gleichberechtigten Partnerschaft zwischen Westeuropa und Nordamerika ausgegangen.

Die Bundesregierung sollte den sicherheitspolitischen Empfehlungen des Tindemans-Berichts[11] folgen und die europäische Einigung für eine Verbesserung des europäischen Beitrags zur Allianz nutzen. Um den politischen Zusammenhalt und die politische Aktionsgemeinschaft zu stärken, sollte das Verhältnis zwischen EPZ und NATO-Konsultation verbessert, sollten NATO-Ratssitzungen fallweise auf der Ebene der Regierungschefs durchgeführt und die seit kurzem eingeführten Ministerratssitzungen im kleinen Kreis mit freien Diskussionsbeiträgen intensiviert werden.

Da das gefährliche konventionelle Ungleichgewicht auf lange Sicht auch nicht durch Abrüstungs- und Rüstungskontrollvereinbarungen behoben werden kann, sollte die Bundesregierung darauf hinwirken, daß alle Bündnispartner die Verpflichtung der Atlantischen Erklärung vom 19. Juni 1974 einhalten, angemessene konventionelle Kräfte in Europa bereitzustellen.[12]

Wichtig ist dabei der bessere Einsatz des wirtschaftlichen und technologischen Potentials Westeuropas. Die Bundesregierung sollte sich daher nachdrücklich für den Erfolg der jetzt anlaufenden Bemühungen um eine europäische Rüstungszusammenarbeit und für die Entwicklung der Zweibahnstraße USA – Europa einsetzen.

3) Europäische Einigung

Die Politik der europäischen Einigung ist zugleich Sicherheitspolitik. Sie stärkt die politische Widerstandskraft Westeuropas und seinen politischen Einfluß. Sie erschwert die sowjetische Politik der Schwächung und der Diversion gegenüber Westeuropa. Gleichzeitig stärkt sie die Bereitschaft, für die gemeinsame Sache Opfer zu bringen.

Die Bundesregierung sollte ihre Möglichkeiten nutzen, um die politische, wirtschaftliche und soziale Stabilität im gesamten EG-Raum zu festigen. Dies kommt unseren eigenen Sicherheits- und Wirtschaftsinteressen unmittelbar zugute. Der Einigungsprozeß, der sich bisher auf Fragen der Wirtschaftsgemeinschaft und der außenpolitischen Zusammenarbeit konzentrierte, sollte allmählich – im Einklang mit den USA und den anderen Bündnispartnern – auch auf Fragen der gemeinsamen militärischen Sicherheit ausgedehnt werden, wobei die gemeinsame Mitgliedschaft in der Allianz von zentraler Bedeutung bleibt.

4) Skandinavien

Der Ostseeraum und Skandinavien werden mit dem Anwachsen des militärischen Potentials und der Ausweitung der militärisch relevanten Aktivitäten

---

[10] Vgl. dazu Ziffer 9 der Erklärung über die Atlantischen Beziehungen vom 19. Juni 1974; NATO FINAL COMMUNIQUES 1949–1974, S. 319f. Für den deutschen Wortlaut vgl. EUROPA-ARCHIV 1974, D 340.

[11] Zum Tindemans-Bericht über die Europäische Union vom 29. Dezember 1975 vgl. Dok. 1.

[12] Vgl. dazu Ziffer 6 der Erklärung über die Atlantischen Beziehungen vom 19. Juni 1974; NATO FINAL COMMUNIQUES 1949–1974, S. 319. Für den deutschen Wortlaut vgl. EUROPA-ARCHIV 1974, D 340.

der Sowjetunion an der Nordflanke zu neuralgischen Punkten der westlichen Sicherheit (nukleare und konventionelle Aufrüstung auf der Kola-Halbinsel, zunehmende strategische Nutzung der Meeresverbindung zwischen Spitzbergen und dem Nordkap). Begleitet wird diese Entwicklung durch das Bemühen um die Erweiterung der sowjetischen Rechtspositionen und der faktischen Präsenz in der Barentssee und auf Spitzbergen.[13]

NATO und EG müssen sich intensiver als bisher mit dieser Problematik befassen (Kontakte zu den skandinavischen Ländern, gegenseitige Konsultationen, gemeinsame Analysen, Unterrichtung der Öffentlichkeit). Dringlich ist die Lösung der Fischereifragen mit Island[14] und Norwegen[15] und eine westliche Abstimmung über das Problem des Spitzbergen-Status. Ferner sollte den norwegisch-sowjetischen Verhandlungen über die Barentssee mehr Aufmerksamkeit gewidmet werden. Dem norwegischen und schwedischen Interesse, am politischen Meinungsbildungsprozeß Westeuropas beteiligt zu werden, sollte Rechnung getragen werden. Jedes Bemühen Finnlands, seinen neutralen Status zu untermauern und sich in der internationalen Politik als eigenständiger Faktor zu profilieren, sollte unterstützt werden.

5) Mittelmeerraum

Die Sicherheit Westeuropas hängt entscheidend mit davon ab, ob die Stabilität der Mittelmeer-NATO-Partner und Spaniens aufrechterhalten wird. Stabile innere Ordnung und geregelte Beziehungen dieser Länder untereinander liegen im Sicherheitsinteresse der Bundesrepublik Deutschland. Daher sollte die Bundesregierung – allein und gemeinsam mit den Partnern in Allianz und EG – ihre Bemühungen zugunsten gesunder Verhältnisse in und zwischen diesen Ländern fortsetzen (Beitrag zur Lösung des Zypern-Problems und der Streitfragen im griechisch-türkischen Verhältnis sowie zur demokratischen Entwicklung auf der iberischen Halbinsel).

Das gilt insbesondere für die wirtschaftliche Zusammenarbeit, Hilfe im militärischen Bereich und die Kontakte zwischen den demokratischen Kräften zur Abwehr kommunistischen Vordringens.

---

13 Zur Frage der Abgrenzung des Festlandsockels von Spitzbergen und in der Barentssee vgl. Dok. 77.

14 Zu den Auseinandersetzungen zwischen Großbritannien und Island wegen der Erweiterung der isländischen Fischereizone vgl. zuletzt Dok. 41, besonders Anm. 15–17.

15 Norwegen strebte die Einführung einer 200-Seemeilen-Zone an und führte seit Oktober 1975 Gespräche mit interessierten Staaten. Vortragender Legationsrat I. Klasse Engels informierte am 12. November 1975, daß der norwegische Seerechtsminister Evensen bei seinem Besuch am 10./11. November 1975 in Bonn dazu erläutert habe: „In einer Grundsatzerklärung vom 26.9.1974 habe die norwegische Regierung einen Dreistufenplan für die Erweiterung der norwegischen Fischereigrenzen aufgestellt (1. Stufe: trawlerfreie Zonen; 2. Stufe: 50-sm-Fischereizone im Jahre 1975; 3. Stufe: 200-sm-Wirtschaftszone als Folge der dritten VN-Seerechtskonferenz) und gleichzeitig ihre Absicht bekannt gegeben, alle vorgesehenen Maßnahmen in Übereinstimmung mit dem Völkerrecht, d. h. erst nach Verhandlungen mit den betroffenen Staaten, zu treffen. Stufe 1 sei mit Abkommen über trawlerfreie Zonen verwirklicht, Stufe 2 solle angesichts weltweiten Trends zu Schaffung von 200-sm-Wirtschaftszonen übersprungen werden. Norwegen hoffe, mit den wichtigsten traditionell in norwegischen Gewässern fischenden Staaten bis Ende 1976 Vereinbarungen so weit vorbereiten zu können, daß sie nach Abschluß der 3. VN-Seerechtskonferenz unverzüglich in Kraft gesetzt werden könnten. Für Norwegen sei Eile geboten, da Gefahr bestehe, daß aus anderen Gewässern vertriebene Fangflotten ihre Tätigkeit vermehrt in norwegische Gewässer verlagerten." Vgl. den Runderlaß Nr. 150; Referat 204, Bd. 110353.

Im Sinne einer zielbewußten und kraftvollen Mittelmeer-Politik der EG kommt der Heranführung Griechenlands, Spaniens und Portugals an die EG und dem Beitrag dieser Länder zur gemeinsamen Verteidigung besondere Bedeutung zu.

Um demokratische Strukturen in Spanien zu schaffen und um diese zu stärken, sollte auf möglichst vielen Gebieten das Ziel der spanischen Mitgliedschaft in EG und NATO gefördert werden (Verbesserung der politischen Beziehungen, wirtschaftliche Zusammenarbeit, militärische Kontakte, Verbindung zu den Parteien, Gewerkschaften). Übertriebene Forderungen bezüglich des zeitlichen Ablaufs der Demokratisierung sollten vermieden werden, da sie gegenteilige Wirkung haben könnten. Die Möglichkeiten einer zunehmend besseren Nutzung Spaniens für die politischen und Sicherheitsinteressen des Westens sollten voll ausgeschöpft werden.

Gegenüber Italien empfiehlt sich eine tatkräftige Außenpolitik der Solidarität, die auf eine Konsolidierung der wirtschaftlichen Lage und eine Stärkung und Erneuerung der demokratischen Kräfte abzielt. Eine maßgebliche Beteiligung der italienischen Kommunisten an der Macht würde zu schweren Erschütterungen in der Allianz und der EG führen; ihr käme darüber hinaus politische „Signalwirkung" zu. Eine Intensivierung der Zusammenarbeit auf der Ebene der Parteien, der Gewerkschaften und der Militärs sowie eine Verstärkung der Öffentlichkeitsarbeit müssen in der italienischen Öffentlichkeit darauf hinwirken, sich nicht mit dem „historischen Kompromiß" als unvermeidlich abzufinden. Die Verbündeten müssen klarmachen, daß sich kommunistische Regierungsteilhabe mit Italiens Partnerschaft in der EG und der Allianz nicht vereinbaren läßt.

6) Dritte Welt

Der sowjetische Machtanspruch, der durch die maritime Aufrüstung untermauert wird, richtet sich jetzt auch auf Weltregionen jenseits der klassischen Ost-West-Relation. Ziel ist die Veränderung der politischen Konstellationen im Weltmaßstab.

Eine zielbewußte Dritte-Welt-Politik sollte die Möglichkeiten der Einflußnahme, unter anderem auch in den Vereinten Nationen, zur Ausbalancierung und Eindämmung der sowjetischen Macht nutzen. Probleme, die sich hieraus für die Sicherheit der Allianzpartner ergeben, sollten in der NATO intensiver als bisher konsultiert werden. Allerdings kann wegen der geographischen Begrenzung des Bündnisbereichs[16] über eine Konsultation nicht hinausgegangen werden.

Deshalb sollte die Bundesrepublik Deutschland – allein sowie innerhalb von EG, EPZ und OECD – helfen, die westlichen Interessen in der Dritten Welt und in den Vereinten Nationen wahrzunehmen. Dies sollte ergänzt werden durch eine engere Abstimmung mit einzelnen westlichen Ländern, die das Problem ähnlich sehen.

---

16 Der geographische Geltungsbereich der NATO war in Artikel 6 des NATO-Vertrags vom 4. April 1949 festgelegt: „For the purpose of Article 5 an armed attack on one or more of the Parties is deemed to include an armed attack on the territory of any of the Parties in Europe or North America, on the Algerian Departments of France, on the occupation forces of any Party in Europe, on the islands under the jurisdiction of any Party in the North Atlantic area north of the Tropic of Cancer or on the vessels or aircraft in this area of any of the Parties." Vgl. BUNDESGESETZBLATT 1955, Teil II, S. 290.

Regionale Strukturen, die sich sowjetischen Interventions- und Hegemoniebestrebungen entziehen wollen, sollten politisch und wirtschaftlich gefördert werden.

7) Vereinte Nationen

Die Ansätze einer gemeinsamen VN- und Nord-Süd-Politik der Neun sollten energisch weiterentwickelt werden. Sie sind geeignet, den Einfluß des Westens auf die Gestaltung der weltwirtschaftlichen Beziehungen, auf die Sicherung der Rohstoffzufuhr und auf die Lösung gefährlicher Konflikte außerhalb Europas, die die Sowjetunion sich zunutze machen könnte, zu erhöhen. Ausrüstungs- und Ausbildungshilfe sollten im Interesse dieser Politik eingesetzt werden. Die restriktive Rüstungsexportpolitik der Bundesregierung wäre dem soweit möglich anzupassen.

Die Vereinten Nationen stellen wegen der ungünstigen Mehrheitsverhältnisse zwar kein Forum für Europa dar, in dem bestimmte politische Vorstellungen durchzusetzen wären. Sie behalten aber ihren Wert als Gremium, in dem deutsche wie europäische Positionen klargestellt werden können.

8) Nah- und Mittelost

Wegen der geographischen und wirtschaftlichen Gegebenheiten des Nah- und Mittelostraumes hat die Bundesrepublik Deutschland vitales Interesse an einem Ausgleich in Nahost, der in dieser Region stabile außenpolitische Verhältnisse schafft. Die mit den Entflechtungsabkommen[17] geschaffene Situation sollte bilateral wie im Zusammenwirken mit den EG-Partnern und den USA durch Einwirken auf sämtliche Konfliktparteien genutzt werden.

In der Allianz sollte sichergestellt werden, daß NATO-interne Friktionen, wie sie sich aus einer Zuspitzung der Situation in Nahost ergeben könnten, vermieden werden.

Einer substantiellen Ausgestaltung des euro-arabischen Dialogs (durch Inangriffnahme konkreter Projekte) kommt besondere Bedeutung zu. Eine Regelung des Nahost-Konflikts, die dem Existenzrecht Israels Rechnung trägt und die dem sowjetischen Einfluß im Nah- und Mittelostraum Grenzen setzt, würde die sicherheitspolitische Lage des Westens verbessern. Es wird jedoch sehr schwer sein, dies zu erreichen.

In diesem Zusammenhang gewinnt auch der Iran an Bedeutung. Er leistet bereits Beiträge zur Stabilisierung der Lage im Persischen Golf und im pakistanisch-afghanischen Verhältnis. Er versucht auch, seinen Einfluß auf Indien zu verstärken. Der Westen muß daher dem Iran als möglichem Kristallisationskern für ein mittelöstliches Gegengewicht gegen die Ausstrahlung sowjetischer Macht besondere Aufmerksamkeit widmen. Dementsprechend wäre auch eine

---

17 Israel und Ägypten unterzeichneten am 18. Januar 1974 am Kilometerstein 101 der Straße von Kairo nach Suez eine Vereinbarung über Truppenentflechtung. Für den deutschen Wortlaut der Vereinbarung vgl. EUROPA-ARCHIV 1974, D 327 f.
Am 31. Mai 1974 unterzeichneten Israel und Syrien in Genf eine Vereinbarung über Truppenentflechtung. Für den deutschen Wortlaut des Abkommens und des Protokolls vgl. EUROPA-ARCHIV 1974, D 329 f.
Zum ägyptisch-israelischen Abkommen vom 4. September 1975 über Truppenentflechtung (Sinai-Abkommen) vgl. Dok. 13, Anm. 8.

möglichst baldige Aufnahme von Verhandlungen zur Herstellung engerer Beziehungen zwischen dem Iran und der EG anzustreben.

9) Afrika

Auf dem afrikanischen Kontinent zeigen sich derzeit keine Ansätze für die Bildung stabilisierend wirkender Machtzentren oder regionaler Strukturen. Vielmehr bedeutet die jetzige Lage in Afrika eine latente Gefahr für Westeuropa, weil es weiterhin auf die Rohstoffe dieses Kontinents und eine ungehinderte Nutzung der Verkehrswege um Afrika angewiesen bleibt.

Die europäischen Staaten sollen daher ihre bilateralen Beziehungen und die Konvention von Lomé[18] für eine neue Partnerschaft im wirtschaftlichen und politischen Bereich voll nutzen.

Eine solche Politik vermehrter europäischer Zusammenarbeit ohne das Odium einer „neokolonialistischen Einmischung" könnte die Eigenständigkeit und regionale Kooperation der afrikanischen Staaten und damit auch ihre Abwehrbereitschaft gegen die sowjetische Expansion auf dem Kontinent fördern.

Die Bundesrepublik Deutschland und die EG-Staaten sollten sich gleichzeitig für den Dialog zwischen den schwarzafrikanischen Staaten und der Republik Südafrika einsetzen.

Der europäischen Einwirkung auf Südafrika in der Namibia- und Apartheid-Frage kommt besondere Bedeutung zu.

10) Süd- und Ostasien

Der Zusammenschluß der fünf ASEAN-Staaten (Indonesien, Malaysia, Philippinen, Thailand, Singapur) ist nach den Veränderungen in Indochina auch sicherheitspolitisch bedeutungsvoll, wenn er auch vorerst nur wirtschaftliche und kulturelle Kooperation umfaßt. In Übereinstimmung mit den EG-Partnern sollte die begonnene Unterstützung dieser Staaten bei ihren Konsolidierungsbemühungen beibehalten und wenn möglich verstärkt werden.

Japan als eine der Führungsmächte in der Weltwirtschaft trägt über seine Wirtschaftsbeziehungen einschließlich der Entwicklungshilfe wesentlich zur Stabilisierung der nichtkommunistischen Staaten im ost- und südostasiatischen Raum bei. Es spielt eine wichtige Rolle bei der Wahrung des sorgfältig ausbalancierten Gleichgewichts zwischen den beiden kommunistischen Großmächten in Fernost. Dabei wird es im wesentlichen von den USA unterstützt und militärisch abgesichert.

Die Bundesrepublik Deutschland und die EG sollten sich stärker für Japan interessieren; dies könnte geschehen durch vermehrte Konsultationen in speziellen Fragen sowie engere Zusammenarbeit auf Gebieten gleichgelagerten Interesses (z. B. weltwirtschaftliche Fragen). Dieses europäische Bemühen könnte zu einer klareren Rolle Japans als stabilisierendem Faktor und zu einer Form der Anlehnung der Region an den Westen beitragen.

---

[18] Für den Wortlaut des AKP-EWG-Abkommens vom 28. Februar 1975 sowie der Zusatzprotokolle und der am 11. Juli 1975 in Brüssel unterzeichneten internen Abkommen über Maßnahmen zur Durchführung des Abkommens und über die Finanzierung und Verwaltung der Hilfe der Gemeinschaft vgl. BUNDESGESETZBLATT 1975, Teil II, S. 2318–2417.

China sieht in der Sowjetunion die Hauptgefahr für den Weltfrieden. Andere Staaten werden von Peking danach bemessen, welche Rolle sie in der Balance gegenüber der sowjetischen Macht spielen können. Hierin liegt das erklärte Interesse der Chinesen an der NATO und der europäischen Einigung. Die Sowjetunion muß im Falle expansiver Politik mit Widerstand sowohl im Osten wie im Westen rechnen. In dem sowjetischen Kalkül wird das zunehmende Machtpotential Chinas und das wachsende Gewicht Westeuropas zusätzlich zu den auf dem amerikanisch-sowjetischen Kräfteverhältnis beruhenden Grenzen eine Rolle spielen.

Aus diesen Gründen ist es wichtig, das Gespräch mit Peking kontinuierlich zu entwickeln, die Beziehungen, insbesondere im wirtschaftlichen und politischen Bereich zu vertiefen und die Entwicklung der chinesischen Außen- und Sicherheitspolitik sorgfältig zu beobachten und wo möglich zu beeinflussen.

11) Entspannungspolitik

Neben Abschreckung und Verteidigung ist Entspannungspolitik das zweite Element der Sicherheitspolitik. Ihr Ziel ist die friedliche, möglicherweise erst langfristig erreichbare Lösung bestehender Gegensätze und die Vermeidung von Spannungen und Krisen, die zu einer militärischen Auseinandersetzung führen könnten. Ihr Ziel ist ferner die Erhöhung der politisch-psychologischen Schwelle für den Einsatz militärischer Macht.

Das deutsche sicherheitspolitische Interesse erfordert es, dem Osten immer wieder klarzumachen, daß die geschlossenen Verträge und Vereinbarungen – nicht zuletzt die Schlußakte der KSZE – Grundlagen der internationalen Beziehungen sind, deren Respektierung Voraussetzung für ein Funktionieren der zwischenstaatlichen Zusammenarbeit und für die Sicherung des Friedens ist.

In diesem Sinne sollte der Westen einerseits selbst alles tun, die Abmachungen einzuhalten, andererseits jedoch – und das gilt vor allem für die Ostverträge und das Vier-Mächte-Abkommen über Berlin sowie für die Schlußakte der KSZE – die Elemente mit Nachdruck verfolgen, die auf eine Verbesserung der bestehenden Lage, auf mehr menschliche Kontakte und Informationsfreiheit und generell auf friedlichen Wandel ausgerichtet sind.

Nach der KSZE wird von der Sowjetunion vor allem die „militärische Entspannung" in den Vordergrund gerückt werden. Hierbei wird MBFR das zentrale Forum der Diskussion sein.

Die Zielsetzung des westlichen Verhandlungskonzepts – Herstellung der Parität in der Form übereinstimmender kollektiver Höchststärken der Landstreitkräfte (common ceiling) – sollte in ihrer Bedeutung und den sich hieraus ergebenden Erfordernissen auch der Öffentlichkeit klargemacht werden (annähernder Gleichstand der Landstreitkräfte, keine nationalen Höchststärken, kollektive Reduzierungen, keine Einbeziehung europäischen Materials, Zwei-Phasen-Programm[19]). Aus deutscher Sicht ist ein permanentes, raumdeckendes Verifikationssystem abzulehnen.

---

[19] Der Leiter der amerikanischen MBFR-Delegation, Resor, führte am 22. November 1973 namens der an den MBFR-Verhandlungen teilnehmenden NATO-Mitgliedstaaten Rahmenvorschläge für ein MBFR-Abkommen ein. Diese sahen eine Verminderung der Landstreitkräfte beider Seiten auf dem Gebiet Belgiens, der Bundesrepublik, der ČSSR, der DDR, Luxemburgs, der Niederlande und

Wenn das westliche Verhandlungskonzept in seiner gegenwärtigen Form nicht durchgesetzt werden kann, entsteht eine neue verhandlungspolitische Lage. Dies sollte den Westen aber nicht veranlassen, die Verhandlungen abzubrechen. Schon die Tatsache, daß ein kontinuierlicher Gesprächskontakt über militärische Fragen zwischen den beiden Bündnissystemen besteht, ist von entspannungs- und sicherheitspolitischem Interesse. Solange nicht der Osten die Verhandlungen zum Scheitern bringt, sollte der Westen unter Beibehaltung seiner Grundforderungen das Gespräch in Gang halten.

Parallel zur westlichen MBFR-Politik sollte der Osten angehalten werden, die Bestimmungen der KSZE-Schlußakte über die vertrauensbildenden Maßnahmen durchzuführen. Ferner sollte der Westen rechtzeitig überlegen, ob und welche weiteren Initiativen der Vertrauensbildung im militärischen Bereich bei der nächsten KSZE-Konferenz 1977 in Belgrad[20] ergriffen werden sollten. Dem Osten sollte auch klargemacht werden, daß der Verlauf der Wiener Gespräche nicht ohne Einfluß auf die Möglichkeiten des Westens bleiben wird, den Entspannungsdialog in Belgrad fortzusetzen.

Die Ost-West-Diskussion über die militärische Sicherheit bietet der Allianz und den Neun eine gute Gelegenheit, eine gemeinsame sicherheitspolitische Konzeption zu entwickeln, die der neuen Lage gerecht wird. Dies gilt einerseits für die Wechselwirkung zwischen dem nuklear-strategischen Verhältnis beider Weltmächte und der Verteidigung Europas, für MBFR und andererseits für erste Ansätze einer sicherheitspolitischen Konsultation der Neun.

12) Der „Kampf der Ideen"

Die Ost-West-Entspannung wird die Auseinandersetzung um Ideen, Wertvorstellungen und Gesellschaftssysteme nicht aufheben, sie soll sie jedoch nach Form und Inhalt günstig beeinflussen. Im Kommuniqué der NATO-Ministerratstagung vom 12.12.1975 heißt es dazu: „Auf politischem Gebiet erfordert die Entspannung Toleranz und gegenseitiges Verständnis und setzt daher voraus, daß der natürliche Widerstreit zwischen politischen und sozialen Ideen nicht in einer Weise geführt wird, die mit dem Buchstaben und dem Geiste der Schlußakte von Helsinki nicht zu vereinbaren ist ... Die Minister erneuerten das Bekenntnis ihrer Völker zu den demokratischen Grundsätzen, auf denen ihre freien Institutionen beruhen. Sie brachten ihr Vertrauen in die Fähigkeit ihrer Länder zum Ausdruck, der Probleme unsere Zeit Herr zu werden. Sie betrach-

---

Fortsetzung Fußnote von Seite 207

Polens vor. Ziel der Verhandlungen sollte ein Gleichstand beider Seiten in Form einer übereinstimmenden Höchststärke des Personals (common ceiling) mit jeweils etwa 700 000 Mann sein. Vorgesehen war, diese Reduzierungen in zwei aufeinanderfolgenden Phasen mit zwei Abkommen zu erreichen. In einer ersten Phase sollten nur die Streitkräfte der USA und der UdSSR reduziert werden. Die Vorschläge sahen außerdem Vereinbarungen über vertrauensbildende und stabilisierende Maßnahmen sowie zur Verifikation vor. Vgl. dazu AAPD 1973, III, Dok. 386.

20 In der KSZE-Schlußakte vom 1. August 1975 erklärten die Unterzeichnerstaaten ihre „Entschlossenheit, den durch die Konferenz eingeleiteten multilateralen Prozeß" mit Zusammenkünften zwischen ihren Vertretern fortzusetzen. Dazu wurde festgelegt: „Die erste der obenerwähnten Zusammenkünfte wird 1977 in Belgrad stattfinden. Ein Vorbereitungstreffen, das mit der Organisierung dieses ersten Treffens beauftragt ist, wird am 15. Juni 1977 in Belgrad stattfinden." Vgl. SICHERHEIT UND ZUSAMMENARBEIT, Bd. 2, S. 965.

teten den Zusammenhalt und die Vitalität des Bündnisses als gesicherte Quelle gegenseitiger Unterstützung und Solidarität."[21]

Die Entspannungspolitik, die zu besserer Zusammenarbeit in Europa – auch mit den kommunistischen Staaten – führen soll, darf nicht dazu verleiten, den Kommunismus zu verharmlosen und mit den westlichen kommunistischen Parteien zusammenzuarbeiten. Die Auseinandersetzung mit der kommunistischen Ideologie muß auch nach der KSZE offensiv weitergeführt werden: Die Rolle der kommunistischen Parteien des Westens als Teil des internationalen Kommunismus und die von ihnen ausgehende Gefahr für die Demokratien des Westens müssen klar herausgestellt werden. Dabei sollten kommunistische Parteien mit autonomistischen Tendenzen aber nicht in die volle Identifizierung mit der KPdSU gedrängt werden. Statt dessen sollte die Vertiefung von Unterschieden zwischen Moskauhörigen und Autonomisten gefördert werden. Das kann – zumindest zeitweise – zu einer Schwächung der sowjetischen Einflußmöglichkeiten im Westen und zu einer Stärkung der Selbständigkeitsbestrebungen in Osteuropa beitragen.

Allerdings macht es angesichts der prinzipiellen Unvereinbarkeit von Kommunismus und freiheitlich-demokratischer Grundordnung für die innere Stabilität und für den westlichen Zusammenhalt keinen entscheidenden Unterschied, ob eine einzelne kommunistische Partei sich dem sowjetischen Führungsanspruch unterwirft oder sich ihm zu entziehen versucht. Ausschlaggebend bleiben die ideologischen Gemeinsamkeiten unter den Kommunisten. Dies um so mehr, als die kommunistische Ideologie als unmittelbare Anleitung politischen Handelns ernst zu nehmen ist. Verbale Anpassungen bestimmter kommunistischer Parteien an die westliche freiheitlich-demokratische Ordnung können angesichts sechzigjähriger historischer Erfahrung mit dem Kommunismus nicht Grundlage dafür sein, ihnen gegenüber eine grundsätzlich andere politische Haltung einzunehmen. Es kann nicht ausgeschlossen werden, daß sich derartige Anpassungen später in der Tat als Ausdruck geschichtlicher Veränderungen erweisen. Der Westen kann es sich nicht leisten, auch nur das geringste Risiko einer politischen Fehleinschätzung einzugehen.

13) Europäische Gemeinschaft und Rat für gegenseitige Wirtschaftshilfe (RGW)

Das Verhältnis zwischen den osteuropäischen Ländern und der Sowjetunion ist von großer sicherheitspolitischer Bedeutung für Westeuropa. Der Freundschafts- und Beistandsvertrag zwischen der Sowjetunion und der DDR vom 7.10.1975 bestätigt, daß die Sowjetunion ihre Bemühungen intensiviert, ihre Hegemonialstellung innerhalb des eigenen Machtbereichs auch mit dem Mittel der Wirtschaftsintegration weiter auszubauen.[22] Die EG muß ihren Weg zur

---

21 Vgl. dazu Ziffern 2 und 11 des Kommuniqués über die NATO-Ministerratstagung am 11./12. Dezember 1975 in Brüssel; NATO FINAL COMMUNIQUES 1975–1980, S. 38 und S. 41. Für den deutschen Wortlaut vgl. EUROPA-ARCHIV 1976, D 93 und D 95.

22 In Artikel 2 des Vertrags vom 7. Oktober 1975 über Freundschaft, Zusammenarbeit und gegenseitigen Beistand zwischen der DDR und der UdSSR hieß es: „Die hohen vertragschließenden Seiten werden die Anstrengungen zur effektiven Nutzung der materiellen und geistigen Potenzen ihrer Völker und Staaten für die Errichtung der sozialistischen und kommunistischen Gesellschaft und die Festigung der sozialistischen Gemeinschaft vereinen. [...] Beide Seiten werden die langfristige Koordinierung und Abstimmung der Volkswirtschaftspläne fortführen [...] und im Interesse der Er-

Europäischen Union nach ihren eigenen Erfordernissen und Möglichkeiten gehen. Dabei sollte sie vermeiden, den Interessen der osteuropäischen Länder nach Erhaltung ihrer Eigenständigkeit gegenüber der sowjetischen Hegemonialmacht ohne zwingende Gründe zuwiderzuhandeln. Angesichts der Unterschiedlichkeit der Strukturen und Kompetenzen sind jedoch Beziehungen zwischen EG und RGW nur innerhalb relativ enger Grenzen möglich. Ein Rahmenabkommen EG–RGW[23] sollte nach deutscher Ansicht die Herstellung bilateraler Beziehungen zwischen der Gemeinschaft und den einzelnen RGW-Staaten erleichtern. Rumänien betrachtet ein solches Abkommen angesichts seiner RGW-Mitgliedschaft als einzig möglichen Weg, um bilateral mit der EG über ein Handelsabkommen zu verhandeln.[24]

Eine Normalisierung der Beziehungen EG–RGW wäre geeignet, den bei den EG-Staaten noch wirksamen Tendenzen zu bilateralen und konkurrierenden Verhaltensweisen gegenüber den Oststaaten entgegenzuwirken.

14) Balkan

Jugoslawien und Rumänien sind stark an nationaler Unabhängigkeit und Blockfreiheit interessiert. Sie bieten gewisse Ansatzpunkte für die Entwicklung einer sicherheitspolitischen Zwischenzone auf dem Balkan.

Die Grundlage für eine selbständige Interessenpolitik Jugoslawiens und Rumäniens wird verstärkt durch:

– wachsenden Handelsaustausch und zunehmende Industriekooperation,

– Ausbau des Verkehrsnetzes nach Westeuropa,

– westeuropäischen Tourismus und

– jugoslawische Gastarbeiterbeschäftigung im Westen.

Griechenland und die Türkei könnten als NATO-Partner auf das Balkan-Geschehen zielbewußt Einfluß nehmen.

Fortsetzung Fußnote von Seite 209

höhung der Effektivität der gesellschaftlichen Produktion ein immer engeres Zusammenwirken der nationalen Wirtschaften beider Staaten sichern." Vgl. EUROPA-ARCHIV 1975, D 656.

23 Am 16. Februar 1976 übergab der Vorsitzende des Exekutivkomitees des RGW, Weiß, Ministerpräsident Thorn als amtierendem Ratspräsidenten in Luxemburg ein Schreiben, in dem die Aufnahme von Verhandlungen in Moskau oder Brüssel über den Abschluß eines Abkommens über die Grundlagen der gegenseitigen Beziehungen vorgeschlagen wurde, sowie den Entwurf für ein Abkommen. In einer gemeinsamen Aufzeichnung des Auswärtigen Amts und des Bundesministeriums für Wirtschaft vom 27. Februar 1976 wurde dazu ausgeführt: „Wie nicht anders zu erwarten, reflektiert der vorliegende RGW-Vorschlag einseitig die östliche Interessenlage. Dem Gedanken von Verhandlungen über den Abschluß vertraglicher Beziehungen stehen wir dennoch positiv gegenüber. Ob es zu Vertrag kommt, wird davon abhängen, ob Lösungen gefunden werden können, die den unterschiedlichen Gegebenheiten und Interessenlagen in einer beiderseits akzeptablen Weise Rechnung tragen. Die Gemeinschaft darf nicht den Eindruck erwecken, als blockiere sie die Normalisierung." Vgl. B 201 (Referat 411), Bd. 483.
Der EG-Ministerrat verabschiedete auf seiner Tagung am 1./2. März 1976 in Brüssel ein Antwortschreiben an Weiß, in dem festgestellt wurde, „daß Ihr im Namen des Rates für Gegenseitige Wirtschaftshilfe unternommener Besuch eine Antwort auf die von der Gemeinschaft auf der Pariser Gipfelkonferenz der Staats- bzw. Regierungschefs vom Oktober 1972 ergriffene Initiative darstellt; dieser Initiative folgten im November 1974 zunächst ein Angebot, Handelsverhandlungen mit den einzelnen Mitgliedstaaten des RGW aufzunehmen, und schließlich die Gespräche, die zwischen einer Delegation der Kommission und des Sekretariats des RGW im Februar 1975 in Moskau stattfanden. Die Organe der Gemeinschaft werden gemäß ihren internen Verfahrensregeln die durch Ihre Demarche aufgeworfenen Fragen prüfen." Vgl. BULLETIN DER EG 2/1976, S. 18.

24 Vgl. dazu das Gespräch des Bundesministers Genscher mit Präsident Ceauşescu am 5. Dezember 1975; AAPD 1975, II, Dok. 369.

Orientierungspunkte für eine sicherheitspolitische Ausrichtung der westlichen Balkan-Politik sind: der italienisch-jugoslawische Ausgleich[25], die Verbesserung des österreichisch-jugoslawischen Verhältnisses, ein positives Eingehen auf jugoslawische Wünsche nach Zusammenarbeit, die Intensivierung der politischen Kontakte und des Besuchsaustauschs mit den Balkanländern und die Förderung der Karamanlis-Initiative für eine interbalkanische Zusammenarbeit zur regionalen Durchführung der Schlußakte der KSZE[26].

15) Deutschland und Berlin

Für die Sicherheitspolitik des Westens wie des Ostens bleibt die Lage in Deutschland und Berlin von großer Bedeutung. Zwar hat der mit den Ostverträgen der Bundesrepublik Deutschland und dem Vier-Mächte-Abkommen über Berlin begründete Modus vivendi zur Verminderung der Gefahren einer Konfrontation geführt. Dennoch bleibt Mitteleuropa angesichts der offenen deutschen Frage und der gegensätzlichen langfristigen Zielsetzungen beider Seiten ein potentiell politischer und militärischer Konfliktschauplatz besonderer Sensitivität (z. B. Berlin). Daher ist die Herstellung und Wahrung des Gleichgewichts zwischen den Allianzsystemen in diesem Raum besonders wichtig. Dies gilt um so mehr, als Ost-West-Konfrontationen an anderen Stellen zu neuen Spannungen in Mitteleuropa führen können – gerade wegen der Empfindlichkeit der dortigen Lage. Die Sowjetunion und die DDR haben ihre beharrlichen Bestrebungen, in der Deutschland- und Berlin-Frage politisch an Boden zu gewinnen, durch den Freundschafts- und Beistandsvertrag vom 7.10.1975 erneut akzentuiert. Dem muß der Westen gemeinsam mit Festigkeit entgegentreten – wie das im Kommuniqué des NATO-Ministerrats vom 12. Dezember 1975 geschehen ist.[27] Nur so kann ein Vordringen des sowjetischen Einflusses verhindert werden.

---

25 Am 10. November 1975 unterzeichneten Italien und Jugoslawien in Osimo (Ancona) ein Abkommen über die Festlegung der Staatsgrenze im Raum Triest. Ferner schlossen sie ein Abkommen über die Förderung der wirtschaftlichen Zusammenarbeit, das ebenfalls ein Protokoll über die Schaffung einer Freihandelszone im Raum Triest enthielt. Für den Wortlaut vgl. UNTS, Bd. 1466, S. 26–145. Für den deutschen Wortlaut vgl. EUROPA-ARCHIV 1976, D 465–472 (Auszug).

26 Mit Schreiben vom 20. August 1975 an die Regierungschefs von Albanien, Bulgarien, Jugoslawien, Rumänien und der Türkei schlug Ministerpräsident Karamanlis eine Internationale Konferenz der Balkan-Staaten über Möglichkeiten der Zusammenarbeit auf den Gebieten Wirtschaft, Verkehr, Energie und Kultur vor. Die Konferenz auf Expertenebene fand nach der Absage von Albanien vom 26. Januar bis 5. Februar 1976 in Athen statt. Für den Wortlaut des Kommuniqués vgl. EUROPA-ARCHIV 1976, D 341 f.
Am 11. Februar 1976 vermerkte Referat 214 dazu: „Das Abschlußkommuniqué bezeichnet die Konferenz als inspiriert durch die Prinzipien und Beschlüsse der KSZE-Schlußakte. Die Delegationen hätten das gemeinsame Interesse an der Entwicklung wirtschaftlicher und technischer Zusammenarbeit zwischen ihren Ländern bekräftigt. Gleichzeitig wird unterstrichen, daß eine multilaterale Kooperation die Möglichkeiten bilateraler Zusammenarbeit nicht beeinflussen dürfe." Vgl. Referat 203, Bd. 110223.

27 In Ziffer 6 des Kommuniqués über die NATO-Ministerratstagung am 11./12. Dezember 1975 in Brüssel wurde ausgeführt: „The Ministers took note of the declaration made by the Governments of France, the United Kingdom, and the United States on 14th October, 1975, that the rights and responsibilities of the four powers for Berlin and Germany as a whole remain unaffected by the Treaty of Friendship, Co-operation and Mutual Assistance concluded by the USSR and the GDR on the 7th October, 1975. They shared the view of the Government of the Federal Republic of Germany that its policy to work for a state of peace in Europe in which the German nation will regain its unity through free self-determination, is fully consistent with the Final Act of Helsinki. Ministers underlined the essential connection between the situation relating to Berlin and détente, secu-

Unter Nutzung der Möglichkeiten des Grundvertrages[28] und der KSZE-Schluß-
akte sollten die Kontakte zwischen der Bundesrepublik Deutschland und der
DDR kontinuierlich verbessert werden (Wirtschaft, Verkehr, Wissenschaft und
Kultur und insbesondere menschliche Beziehungen). Dies würde nicht nur dem
Zusammenhalt der deutschen Nation, sondern auch der europäischen Sicher-
heit zugute kommen.

VS-Bd. 8674 (201)

46

Bundeskanzler Schmidt an Präsident Ford

Geheim   11. Februar 1976[1]

Sehr geehrter Herr Präsident,

ich möchte zurückkommen auf unser Gespräch in Washington am 3. Oktober
1975[2], in dem ich mich nach Ihrer Meinung erkundigte über die von Secretary
Schlesinger verfolgten Pläne für die Stationierung einer zusätzlichen US-Bri-

Fortsetzung Fußnote von Seite 211
  rity and co-operation throughout Europe. They emphasized, in particular, that traffic and ties between the Western sectors of Berlin and the Federal Republic of Germany and the representation
  abroad of the interests of those sectors by the Federal Republic of Germany continue to be important elements of the viability of the city." Vgl. NATO FINAL COMMUNIQUES 1975–1980, S. 40. Für
  den deutschen Wortlaut vgl. EUROPA-ARCHIV 1976, D 94.
28 Für den Wortlaut des Vertrags vom 21. Dezember 1972 über die Grundlagen der Beziehungen zwischen der Bundesrepublik und der DDR und der begleitenden Dokumente vgl. BUNDESGESETZ-
  BLATT 1973, Teil II, S. 423–429.

 1 Ablichtung.
  Das Schreiben wurde von Staatssekretär Schüler, Bundeskanzleramt, am 16. Februar 1976 an
  Staatssekretär Gehlhoff mit der Bitte übermittelt, „Botschafter von Staden anzuweisen, es im Weißen Haus zu übergeben". Ferner teilte er mit, Bundeskanzler Schmidt bitte Staden, bei der Übergabe folgendes mündlich vorzutragen: „Der Bundeskanzler möchte – wie in dem Schreiben ausgeführt – keineswegs die vorbereitenden Arbeiten verzögern, hat seine eigenen Überlegungen zur
  Frage der Brigade 76 aber noch nicht endgültig abgeschlossen. Dem Bundeskanzler liegt daran,
  daß im Rahmen des angestrebten Konsultationsverfahrens auch folgende Fragen erörtert werden:
  Wie kann verhindert werden, daß angesichts der Verminderung von Verteidigungsanstrengungen
  einiger NATO-Partner innerhalb weniger Jahre im Bündnis nur noch die US-Streitkräfte und die
  Bundeswehr eine Rolle bei der Aufrechterhaltung des Machtgleichgewichtes in Europa spielen?
  Wie kann verhindert werden, daß die Bundesrepublik Deutschland immer stärker in eine von ihr
  nicht angestrebte Führungsrolle innerhalb des europäischen Teils der NATO gedrängt wird?"
  Hat Staatssekretär Hermes am 16. Februar 1976 vorgelegen.
  Hat Vortragendem Legationsrat I. Klasse Schönfeld am 17. Februar 1976 vorgelegen, der die Wei-
  terleitung an Referat 201 „m[it] d[er] B[itte] um Übern[ahme] und weitere Veranlassung" verfügte.
  Vgl. das Begleitschreiben; VS-Bd. 8678 (201); B 150, Aktenkopien 1976.
  Der Inhalt des Schreibens wurde mit Drahterlaß Nr. 644 vom 17. Februar 1976 der Botschaft in
  Washington übermittelt. Vgl. dazu VS-Bd. 8678 (201); B 150, Aktenkopien 1976.
 2 Bundeskanzler Schmidt hielt sich vom 1. bis 4. Oktober 1975 in den USA auf. Vgl. dazu AAPD
  1975, II, Dok. 292.

gade in der Bundesrepublik Deutschland.[3] Am gleichen Tage hatte ich ein Gespräch mit Schlesinger, das mir den Eindruck vermittelte, als seien die diesbezüglichen Pläne innerhalb der amerikanischen Regierung noch nicht voll abgestimmt.

Ich bin jetzt darüber informiert, daß Secretary Rumsfeld die Pläne seines Vorgängers weiterverfolgt. Minister Leber steht dem Vorhaben aufgeschlossen gegenüber. Die finanziellen Aspekte sind bisher nicht geklärt, aber darüber will ich jetzt nicht sprechen.[4] Ich habe nicht die Absicht, die vorbereitenden Arbeiten zu verzögern.

Unabhängig von der Stationierung der zusätzlichen US-Brigade möchte ich zwei Fragen aufwerfen, über die ich mir seit einiger Zeit Gedanken mache:

– Wie können wir, die USA und die Bundesrepublik Deutschland, noch stärker als bisher darauf hinwirken, daß unsere übrigen Bündnispartner, insbesondere die europäischen, in ihren Verteidigungsanstrengungen nicht weiter nachlassen und vor allem ihre konventionellen Beiträge zur Abschreckung und zum Bündnis leisten?

– Wie können wir uns noch besser als bisher abstimmen, wenn die amerikanische Regierung beabsichtigt, in der Bundesrepublik Deutschland stationierte amerikanische Streitkräfte oder in der Bundesrepublik Deutschland gelagerte amerikanische Ausrüstung für Einsätze außerhalb des NATO-Gebiets

---

3 Staatssekretär Mann, Bundesministerium der Verteidigung, informierte Staatssekretär Schüler, Bundeskanzleramt, am 6. Januar 1976, daß der amerikanische Kongreß 1974 im sogenannten „Nunn Amendment" das amerikanische Verteidigungsministerium beauftragt habe, „zur Verbesserung der Kampfkraft der amerikanischen Truppen in Europa (Tail-to-teeth-ratio) in den Finanzjahren 1975 und 1976 die amerikanischen Versorgungstruppen in Europa um 18 000 Mann zu vermindern und die Kampfelemente im gleichen Zeitraum in gleicher Personalhöhe zu verstärken". In seinem Rechenschaftsbericht an den Kongreß vom 30. September 1975 über die Durchführung dieses Teils des Nunn-Amendments habe der amerikanische Verteidigungsminister Schlesinger u. a. ausgeführt, „daß zum Ausgleich der bis einschließlich Finanzjahr 1976 bereits durchgeführten und festgeplanten Einsparungen von 18 000 Mann Versorgungspersonal bereits durchgeführte Maßnahmen und feste Pläne zur Erhöhung des Kampfpersonals um 13 909 Mann festlägen. [...] Die Verstärkung des Kampfelementes erfolge u. a. durch die bereits nach Deutschland vorläufig auf drei Truppenübungsplätze (Grafenwöhr, Hohenfels, Wildflecken) verlegte F[iscal]Y[ear] 1975 Brigade – die 3. Brigade der 2. Panzerdivision. Der ständige Stationierungsort dieser Brigade sei noch nicht entschieden, mehrere Lösungsmöglichkeiten einschließlich der Unterbringung im Bereich der NORTHAG würden überprüft. Die FY 1976 Brigade, eine Brigade der 4. mech[anisierten] Infanterie-Division, werde ab März 1976 im Raum Wiesbaden stationiert." Vgl. Referat 420, Bd. 117855.

4 Ministerialdirigent Ruhfus teilte der Ständigen Vertretung bei der NATO in Brüssel am 24. Februar 1976 mit: „Die Bundesregierung begrüßt die Absicht der USA, zur Durchführung des ‚Nunn-Amendments' u. a. eine Brigade nach Norddeutschland zu verlegen. [...] Um eine Grundlage für die Aufnahme von Regierungsverhandlungen mit den USA zu erhalten, muß vorab geklärt werden, ob und inwieweit eine Beteiligung der NATO mit Mitteln aus der gemeinsam finanzierten NATO-Infrastruktur zu erreichen ist. Es handelt sich hierbei um Infrastruktur-Maßnahmen in Bremerhaven und Garlstedt bei Bremen in einer Gesamthöhe von etwa 224 Mio. DM. Hiervon sollen durch einen amerikanischen Antrag aus dem US Special Program – Slice XXVI – ca. 32 Mio. DM aufgebracht werden. Weitere 25 Mio. DM finanzieren die USA aus Heimatmitteln, so daß für die zu errichtenden Anlagen ein Fehlbetrag von ca. 167 Mio. DM verbleibt. [...] Die Bundesregierung möchte sicherstellen, daß diese Bauvorhaben ganz oder teilweise in ein Programm der gemeinsamen NATO-Infrastruktur eingestellt werden." Ruhfus bat die Ständige Vertretung, „vorbereitende Gespräche mit dem Generalsekretär und vor allem denjenigen Bündnispartnern zu führen, bei denen mit Bedenken gegen eine solche Einbeziehung gerechnet werden muß". Vgl. den Drahterlaß Nr. 42; VS-Bd. 8678 (201); B 150, Aktenkopien 1976.

zu benutzen? Dabei geht es einmal um das Problem, daß die Kampfkraft der NATO nicht geschwächt werden darf, zum anderen darum, daß die außenpolitischen Interessen der Bundesrepublik Deutschland ausreichend berücksichtigt werden. Auch unsere Innenpolitik darf dabei nicht ganz außer acht gelassen werden.

Ich fände es gut, wenn wir hierzu ein Konsultationsverfahren entwickeln könnten.

Ich bin mir darüber im klaren, daß der zweite Punkt einen sehr sensitiven Bereich betrifft, der sich für eine Behandlung auf der Arbeitsebene kaum eignet.

Als Partner und Freund wäre ich Ihnen sehr dankbar, wenn wir über diese Thematik in einen Meinungsaustausch eintreten könnten.[5]

Mit freundlichen Grüßen
Ihr stets ergebener
Helmut Schmidt

VS-Bd. 8678 (201)

---

[5] Am 17. Februar 1976 äußerte Botschafter von Staden, Washington, Bedenken gegen die Form eines Schreibens des Bundeskanzlers Schmidt an Präsident Ford. Er wies darauf hin, „daß nicht nur der Brief, sondern auch Elemente seines Inhalts bekannt werden, daß die Frage seiner Beantwortung möglicherweise öffentlich diskutiert wird und daß als Folge dessen die Administration gezwungen sein könnte, den Brief und gegebenenfalls die Antwort gegenüber den zuständigen Ausschüssen des Senats und des Repräsentantenhauses zumindest in nichtöffentlicher Anhörung bekanntzugeben". Er regte an, die Botschaft von Schmidt im amerikanischen Außenministerium unter Hinterlassung eines Non-Paper vorzutragen. Vgl. den Drahtbericht Nr. 565; VS-Bd. 8678 (201); B 150, Aktenkopien 1976.
Ministerialdirektor van Well wies Staden am 18. Februar 1976 an, das Schreiben von Schmidt zu übergeben: „Die geheime Korrespondenz der Staats- und Regierungschefs ist bisher als solche respektiert worden, und dies muß als Voraussetzung für einen vertrauensvollen Austausch in schwierigen Materien weiter so bleiben." Vgl. den Drahterlaß Nr. 195; VS-Bd. 8678 (201); B 150, Aktenkopien 1976.

47

Runderlaß des Vortragenden Legationsrats I. Klasse Engels

240-312.74   **Aufgabe: 11. Februar 1976, 12.15 Uhr**[1]
Fernschreiben Nr. 19 Ortez

Betr.: Zur Tagung des EG-Rates (Außenminister) am 9. Februar 1976

Auf der Ratstagung am 9. Februar 1976 nahmen die Außenbeziehungen der EG den breitesten Raum ein.

1) Wichtigstes Thema der Ratstagung war der Antrag Griechenlands auf Beitritt zur EG. Kommission führte ihre schriftliche Stellungnahme ein, in der sie klares Ja zum Beitritt, aber zur Überwindung wirtschaftlicher Anpassungsschwierigkeiten in Griechenland parallel zu Beitrittsverhandlungen eine besondere Phase vor Mitgliedschaft (mit massivem Ressourcentransfer) vorgeschlagen hatte. Stellungnahme war in großen Zügen bereits vorher durch Pressemeldungen in Öffentlichkeit bekannt geworden und vor allem in Griechenland auf harte Kritik gestoßen.[2]

In der eingehenden Diskussion hoben alle Außenminister politische Bedeutung der zu treffenden Entscheidung hervor und befürworteten eine Erklärung des Rates durch seinen Präsidenten[3]. Sämtliche Delegationen stimmten Anregung Bundesministers zu, Erklärung müsse folgende Elemente enthalten:

– rasche Aufnahme der Verhandlungen mit Griechenland,
– keine Vorbedingungen für Beitritt,
– Beitrittsverfahren wie beim Beitritt von Großbritannien, Irland und Dänemark,
– wirtschaftlichen Problemen soll durch geeignete Übergangslösungen (nach Beitritt) Rechnung getragen werden.

Außenminister von Italien[4], Belgien[5] und Irland[6] unterstrichen ferner Notwendigkeit gleichzeitigen Integrationsfortschritts durch Verbesserung der Entscheidungsprozesse im Rat.

Irland wies auf finanzielle Konsequenzen griechischen Beitritts hin und forderte Feststellung im Protokoll über Bereitschaft der Mitgliedstaaten, etwa erforderliche zusätzliche Beiträge aufzubringen. Auf Hinweis, daß dies Teil der Ausarbeitung des Mandats sei, verzichtete irischer Außenminister auf gewisse Feststellung im Protokoll, erklärte aber, seine Regierung werde Zustimmung zum Verhandlungsmandat von Beschluß über verbesserte Entscheidungsverfahren im Rat und über Aufbringung neuer Mittel abhängig machen.

---

[1] Durchdruck.
[2] Zum griechischen Beitrittsantrag vom 12. Juni 1975 sowie zur Stellungnahme der EG-Kommission, die am 29. Januar 1976 dem EG-Ministerrat vorgelegt wurde, und zu den Reaktionen in Griechenland vgl. Dok. 28.
[3] Gaston Thorn.
[4] Mariano Rumor.
[5] Renaat van Elslande.
[6] Garret FitzGerald.

Rat kam überein, Erarbeitung Mandats dem Ausschuß der Ständigen Vertreter in Zusammenarbeit mit Kommission zu übertragen. Präsident wurde ermächtigt, folgende Erklärung vor der Presse abzugeben:

„Nachdem der Rat – in Übereinstimmung mit den Bestimmungen der Verträge[7] – von der Stellungnahme der Kommission zum Beitrittsantrag Griechenlands Kenntnis genommen hat, spricht er sich zugunsten dieses Wunsches aus.

Er ist übereingekommen, daß die Vorbereitungsarbeiten, die für die Schaffung einer gemeinsamen Verhandlungsgrundlage unentbehrlich sind, so rasch wie möglich und in positivem Geiste ausgeführt werden sollen.

Er beauftragt den AStV, in Zusammenarbeit mit der Kommission, zu diesem Zweck seine Beratungen vorzubereiten."

Der Rat legte ferner fest, daß der Präsident auf Anfrage wie folgt antworten sollte:

– Gemeinschaft stellt keine politischen Vorbedingungen für einen griechischen Beitritt,

– eine besondere Periode vor dem Beitritt ist nicht vorgesehen.

2) EG–Spanien

Auch GB und DK erklärten sich nunmehr ausdrücklich mit Wiederaufnahme der Kontakte zu Spanien einverstanden.[8] Ortoli wies auf für 17. Februar vorgesehenen Besuch spanischen AM bei Kommission hin.[9]

3) Türkei

Soames appellierte an Mitgliedstaaten, EG-Agrarangebot, das Türkei als unzulänglich abgelehnt hatte[10], wesentlich zu verbessern und Kommission instand zu setzen, Finanzverhandlungen aufzunehmen.

BM Genscher unterstützte nachdrücklich Kommission, ebenso belgischer AM, Präsident wies auf politische Notwendigkeit hin, vor für Anfang März vorgesehenen Assoziationsrat zu Ergebnissen zu gelangen.[11]

---

[7] Für den Wortlaut der Römischen Verträge vom 25. März 1957 vgl. BUNDESGESETZBLATT 1957, Teil II, S. 753–1223.

[8] Zum Stand der Verhandlungen zwischen den Europäischen Gemeinschaften und Spanien über ein Handelsabkommen vgl. Dok. 29, Anm. 7.

[9] Die EG-Kommission unterrichtete den Ausschuß der Ständigen Vertreter am 19. Februar 1976 über die Gespräche des spanischen Außenministers mit dem Präsidenten der EG-Kommission, Ortoli, und Vizepräsident Soames. Demnach habe de Areilza insbesondere die voraussichtlichen Demokratisierungsschritte innerhalb der nächsten zwei Jahre dargelegt: „Im Zusammenhang mit dieser Entwicklung würde es Spanien im Laufe der nächsten ein bis zweieinhalb Jahre begrüßen, wenn die institutionellen Beziehungen zur Gemeinschaft gefestigt werden könnten, so daß am Ende dieser Periode ein Beitrittsantrag gestellt werden könnte." Vgl. den Drahtbericht Nr. 622 des Botschafters Lebsanft, Brüssel (EG), vom 20. Februar 1976; Referat 410, Bd. 114357.

[10] Am 5. Dezember 1975 unterbreiteten die Europäischen Gemeinschaften auf der Sitzung des Assoziationsausschusses EWG–Türkei ein Angebot im Agrarbereich gemäß Artikel 35 des Zusatzprotokolls vom 23. November 1970 zum Assoziationsabkommen vom 12. September 1963 zwischen der EWG und der Türkei, wonach alle zwei Jahre die Ergebnisse der Regelung für landwirtschaftliche Erzeugnisse zu überprüfen waren. Dazu berichtete Ministerialrat Abel, Brüssel (EG), am 8. Dezember 1976: „Türkische Seite lehnte EG-Angebot in scharfer Form ab. Reaktion auf dieses Angebot sei endgültig, da es erwartetes Minimum weit unterschreite und den Grundlagen der Assoziation kraß zuwiderlaufe". Die Verhandlungen könnten nur fortgesetzt werden, „wenn EG-Angebot grundlegend revidiert werde". Vgl. den Drahtbericht Nr. 4276; Referat 410, Bd. 105626.

[11] Die Europäischen Gemeinschaften legten auf der Tagung des Assoziationsrats EWG–Türkei am 1./2. März 1976 in Brüssel kein neues Angebot vor. Botschafter Lebsanft, Brüssel (EG), teilte am

4) EG–Kanada

Rat konnte Verhandlungsmandat für Rahmenabkommen über handelspolitische und wirtschaftliche Zusammenarbeit verabschieden, nachdem Dänemark
seinen Vorbehalt in einer Einzelfrage zurückgezogen hatte.[12] Damit ist der
Weg für die Aufnahme von Verhandlungen frei. Das Abkommen wird das erste
seiner Art mit einem westlichen Industrieland sein.[13]

5) Multilaterale Handelsverhandlungen; Angebot der EG für tropische Waren

Außenminister nahmen Zwischenbericht des Vorsitzenden der Ständigen Vertreter[14] über Stand der Arbeiten entgegen.[15] Sie betonten übereinstimmend
Notwendigkeit einer Verbesserung der bisher erzielten Ergebnisse und unterstrichen, daß EG Anfang März in Genf ein substantielles Angebot vorlegen
müsse. StM Wischnewski erklärte Bereitschaft der Bundesregierung, Kaffee-
und Teesteuer auf der bisherigen Höhe zu konsolidieren. Dänischer Außenhandelsminister[16] verpflichtete sich darauf im gleichen Sinne für sein Land.[17]

Fortsetzung Fußnote von Seite 216

2. März 1976 mit: „Türk[ische] Seite gab sich bei Agrarüberprüfung mit Absichtserklärung der
Gemeinschaft zufrieden, die einen mittlerweile offenkundigen Dissens zunächst noch einmal überbrückt. Gemeinschaft ist vor Aufgabe gestellt, für nächsten Assoziationsrat in Ankara ein Angebot
vorzubereiten, das den türk. Forderungen und Erwartungen einigermaßen gerecht wird (Agrarsek-
tor, drittes Finanzprotokoll, eventuelle Nachbesserung des Angebots im Bereich der sozialen Sicherheit, Einführung von Schutzmaßnahmen zugunsten der türk. Industrie)." Vgl. den Drahtbericht Nr. 732; Referat 410, Bd. 114310.

12 Am 9. Dezember 1975 verabschiedete der EG-Ministerrat in Brüssel grundsätzlich das Mandat für
die EG-Kommission zur Aufnahme von Verhandlungen mit Kanada über ein Rahmenabkommen
zur handelspolitischen und wirtschaftlichen Zusammenarbeit. Dazu informierte Legationsrat I. Klasse Pleuger am 11. Dezember 1975, daß ein Abkommen auf der Grundlage der Meistbegünstigung
sowie die Einsetzung eines Gemischten Ausschusses vorgesehen sei. Eine endgültige Verabschiedung des Mandats sei allerdings daran gescheitert, daß Dänemark zunächst die Tagung der Internationalen Energieagentur (IEA) abwarten wolle: „Dänen wollen versuchen, die Kanadier damit in
Fragen des Zugangs zu Rohstoffen in der IEA zum Einlenken zu bewegen." Vgl. den Drahterlaß Nr.
184 an die Botschaft in Ottawa; B 201 (Referat 411), Bd. 454.

13 Die Verhandlungen zwischen den Europäischen Gemeinschaften und Kanada über ein Rahmenabkommen zur handelspolitischen und wirtschaftlichen Zusammenarbeit wurden am 11. März 1976
in Brüssel eröffnet. Das Abkommen wurde am 6. Juli 1976 in Ottawa unterzeichnet. Vgl. dazu den
Drahtbericht Nr. 291 des Botschafters Graf von Podewils-Dürniz, Ottawa, vom 7. Juli 1976; B 201
(Referat 411), Bd. 455.
Für den Wortlaut des Abkommens vgl. AMTSBLATT DER EUROPÄISCHEN GEMEINSCHAFTEN, Nr. L 260
vom 24. September 1976, S. 2–5.

14 Jean Dondelinger.

15 Das Bundesministerium für Wirtschaft informierte am 7. Februar 1976 über den Stand der Beratungen hinsichtlich eines Angebots der Europäischen Gemeinschaften für tropische Waren im Rahmen der GATT-Verhandlungen in Genf: „Die Kommission hat Ende Dezember 1975 einen Vorschlag für das GATT-Verhandlungsangebot der EG bei den tropischen Waren vorgelegt. Der Rat
soll am 9./10. Februar 1976 darüber informiert werden, daß das Problem trotz intensiver Beratungen für eine Diskussion im Rat noch nicht hinreichend weit gediehen ist und weitere Erörterungen
erfordert." Vgl. B 201 (Referat 411), Bd. 622.

16 Ivar Nørgaard.

17 Der EG-Rat auf der Ebene der Landwirtschaftsminister einigte sich am 6. April 1976 in Brüssel
auf ein Angebot für tropische Waren. Dazu vermerkte Vortragender Legationsrat I. Klasse Freitag
am 14. April 1976: „Das Angebot, das dem GATT bereits zum 1. März 1976 hätte vorgelegt werden
sollen, wird jetzt unverzüglich in Genf unterbreitet. Es umfaßt einen breiten Fächer von Zollsenkungen und nicht-tariflichen Maßnahmen, durch die den Entwicklungsländern Asiens und Latein-
amerikas für ihre tropischen Erzeugnisse ein besserer Zugang zu den Gemeinschaftsmärkten gesichert werden soll. Die Zugeständnisse beziehen sich auf ein Importvolumen von 1,8 Mrd. RE (rd.
5,5 Mrd. DM) aus Nicht-AKP-Ländern. Das Angebot umfaßt rund 180 Waren, darunter Kaffee,
Kakao, Tabak, Gewürze, raffinierte pflanzliche Öle, Blumen und Schalentiere. Die Angebote ent-

6) Rat erörterte erneut Frage der Sitzverteilung eines direkt gewählten Europäischen Parlaments. Meinungsunterschiede über den Verteilungsschlüssel konnten nicht abgebaut werden. Großbritannien und Frankreich bestehen nach wie vor auf stärkerer Berücksichtigung des Proportionalitätsgrundsatzes, während Mehrzahl der übrigen Mitgliedstaaten den EP-Vorschlag[18] als Kompromiß befürworten. Spätestens auf nächstem Europäischen Rat[19] wird Entscheidung in dieser wichtigen Frage zu treffen sein.

7) Seerechtskonferenz[20] – gemeinsame Fischereipolitik

Rat führte ersten Meinungsaustausch über Bericht der Kommission zu Problemen, die der Gemeinschaft aus der Einführung einer 200-Seemeilen-Wirtschaftszone entstehen können.[21] Die von der Kommission entwickelten Grundsätze fanden allgemein Zustimmung; sie sehen im wesentlichen vor: Beitritt der EG zur VN-Seerechtskonferenz und Einführung einer einheitlichen 200-Seemeilen-Zone; Verhandlungsführung der EG mit Drittländern bei EG-Zuständigkeit und über Einräumung gegenseitiger Fischereirechte; grundsätzlich gleicher und freier Zugang aller Mitgliedstaaten zu den EG-Gewässern.[22]

Kommission und Ständige Vertreter wurden um beschleunigte Durchführung der Arbeiten gebeten.

8) EG-Energiepolitik

Kommissionspräsident erläuterte die kürzlich von der Kommission vorgelegten Vorschläge zur Verwirklichung der energiepolitischen Zielvorstellungen des Europäischen Rats vom 1./2.12.1975.[23] Dieses Paket umfaßt die aktuellen Fra-

---

Fortsetzung Fußnote von Seite 217

sprechen weitgehend den Anträgen, die von mehr als 20 Entwicklungsländern gestellt wurden. Die Gemeinschaft verlangt keine Gegenkonzessionen." Vgl. B 201 (Referat 411), Bd. 622.

[18] Zum Vorschlag des Europäischen Parlaments vom 14. Januar 1975 vgl. Dok. 40, Anm. 9.

[19] Zur Tagung des Europäischen Rats am 1./2. April 1976 in Luxemburg vgl. Dok. 98.

[20] Vom 3. bis 15. Dezember 1973 fanden in New York Vorberatungen zur Dritten UNO-Seerechtskonferenz statt, deren erste Runde vom 20. Juni bis 29. August 1974 in Caracas stattfand. Die dritte Runde der Konferenz tagte vom 17. März bis 10. Mai 1975 in Genf. Am 15. März 1976 wurde in New York die vierte Runde eröffnet.

[21] Für den Bericht der EG-Kommission vom 12. Januar 1976 über „Probleme, die der Gemeinschaft in der Fischereiwirtschaft durch die Einführung von 200-Seemeilen-Wirtschaftszonen entstehen", vgl. Referat 402, Bd. 122227.

[22] Referat 411 faßte am 9. Februar 1976 die Vorschläge der EG-Kommission vom 12. Januar 1976 zusammen: „VN-Seerechtskonferenz: Erarbeitung einer Neuner-Position auf der Grundlage des Konzepts einer ,exklusiven' 200-Seemeilen-Wirtschaftszone. Einheitliche EG-Zone. Beitritt der Gemeinschaft zu einer neuen Seerechtskonvention. Verhältnis zu Drittländern: Gemeinschaft verhandelt mindestens in den Fällen, in denen es um Handelszugeständnisse oder gegenseitige Fischereirechte geht. Internes Fischereiregime der Gemeinschaft: Grundsatz des freien und gleichen Zugangs der Mitgliedsländer zu den EG-Fischereigewässern ist geltendes EG-Recht [...]. Wegen Gefahr der Überfischung Neuregelung des internen Fischereiregimes erforderlich [...]. Falls andere Länder einseitig die 200-Seemeilen Zone einführen: Ausdehnung der Fischereizonen der Mitgliedstaaten, auch vor Abschluß der VN-Seerechtskonferenz." Vgl. Referat 402, Bd. 122227.

[23] Auf der Tagung des Europäischen Rats in Rom beschlossen die Staats- und Regierungschefs der EG-Mitgliedstaaten: „So bald wie möglich wird die Kommission Mechanismen, die geeignet sind, die vorhandenen Energiequellen zu schützen und die Entwicklung alternativer Energiequellen der Gemeinschaft unter angemessenen wirtschaftlichen Bedingungen zu gewährleisten sowie Energieeinsparungen zu fördern, vorschlagen und der Rat darüber beschließen." Vgl. EUROPA-ARCHIV 1976, D 8.
Die EG-Kommission legte dem EG-Ministerrat am 16. Januar 1976 Empfehlungen zur Verwirklichung der energiepolitischen Zielvorstellungen des Europäischen Rats vom 1./2. Dezember 1975 sowie den Entwurf einer Entschließung des EG-Ministerrats vor. Für das Dokument KOM (76) 20 vgl. Referat 412, Bd. 109338.

gen der Krisenvorsorge, der Energieeinsparungen sowie den Schutz und den Ausbau alternativer Energiequellen. Energierat soll hierüber schon auf seiner Märztagung beraten und möglichst auch Beschluß fassen.[24]

Engels[25]

Referat 012, Bd. 106591

48
Aufzeichnung des Ministerialdirektors van Well

12. Februar 1976[1]

Außenministerkonsultationen: 12. Februar 1976[2]

1) Angola

Sauvagnargues: Gestern hat der Staatspräsident von Gabun[3] Präsident Giscard in Paris aufgesucht und ihm in Abstimmung mit dem Präsidenten der Elfenbeinküste[4] baldige Anerkennung der MPLA vorgeschlagen, da die MPLA in den letzten Tagen die Kontrolle über den Großteil Angolas hergestellt habe[5]. Gabun[6], Elfenbeinküste[7] und Senegal[8] würden wahrscheinlich in den nächsten

---

[24] Am 25. März 1976 konnte der EG-Rat auf der Ebene der Energieminister keine Einigung über den Entschließungsentwurf der EG-Kommission zur Verwirklichung der energiepolitischen Zielvorstellungen des Europäischen Rats vom 1./2. Dezember 1975 erzielen. Der Ausschuß der Ständigen Vertreter wurde beauftragt, in Zusammenarbeit mit der EG-Kommission den Entschließungsentwurf zu überarbeiten und dem EG-Ministerrat zu berichten. Vgl. dazu den Drahtbericht Nr. 1100 des Botschafters Lebsanft, Brüssel (EG), vom 26. März 1976; Referat 412, Bd. 109338.

[25] Paraphe.

[1] Ablichtung.

[2] Die deutsch-französischen Konsultationen fanden am 12./13. Februar 1976 in Nizza statt.

[3] Omar Bongo.

[4] Félix Houphouët-Boigny.

[5] Zur militärischen Lage in Angola vgl. Dok. 36, besonders Anm. 10 und 11.

[6] Gabun gab am 12. Februar 1976 die Anerkennung der Regierung der MPLA bekannt. Dazu informierte Kanzler Maliga, Libreville, am 14. Februar 1976, die Entscheidung bedeute „die Aufgabe der bisher von Staatspräsident Bongo stets lautstark verkündeten neutralen Haltung gegenüber den rivalisierenden Befreiungsbewegungen und der sie unterstützenden Mächte. Um diese für ihn etwas peinliche opportunistische Kehrtwendung nicht selbst bekanntgeben und begründen zu müssen, hat sich Bongo ein paar Tage vorher nach Paris begeben: ‚pour un repos bien mérité.'" Vgl. den Schriftbericht Nr. 65; Referat 321, Bd. 108268.

[7] Die Elfenbeinküste gab am 12. Februar 1976 die Anerkennung der Regierung der MPLA bekannt. Zu den Hintergründen der Entscheidung übermittelte Botschafter Verbeek, Abidjan, am 13. Februar 1976 Informationen aus dem ivorischen Außenministerium: „Mit der Anerkennung der Volksrepublik Angola habe die Elfenbeinküste dem vollständigen militärischen Sieg der MPLA Rechnung getragen. [...] Nachdem niemand der UNITA und der FNLA mehr Hilfe leiste und besonders der ganze Westen, voran die USA, deren Sache aufgegeben hätten, sei weiteres Blutvergießen sinnlos. An Erfolge im Guerilla-Krieg glaube man nicht." Vgl. den Drahtbericht Nr. 19; Referat 321, Bd. 108265.

[8] Botschafter Török, Dakar, teilte am 23. März 1976 mit: „Präsident Senghor bestätigte mir in heutigem Gespräch Entschlossenheit senegalesischen Kabinetts, MPLA-Regierung in Angola nicht an-

Tagen anerkennen. Präsident Giscard habe entschieden, daß Frankreich angesichts der Entwicklung zwischen morgen und übermorgen mittag die MPLA anerkennen solle. Er habe heute vormittag eine Botschaft an Präsident Ford gerichtet, in der er ihm Mitteilung von der Anerkennung der MPLA in kürzester Frist gemacht habe. Dasselbe sei den Neun heute übermittelt worden.[9] Die französische Seite hoffe darauf, daß die Bundesregierung sich anschließe.

Minister Genscher: Wir haben keine verläßlichen Angaben über das Ausmaß der MPLA-Kontrolle in Angola. Wir müßten auf die Haltung der uns befreundeten afrikanischen Staaten Rücksicht nehmen. Es wäre nicht gut, wenn wir vor diesen Staaten die Anerkennung vollzögen. Darüber hinaus setzen wir uns für ein gemeinsames Verhalten der Neun[10] und für eine Konsultation mit den Vereinigten Staaten[11] ein. Minister meinte, daß ein plötzlicher Kurswechsel vor der Öffentlichkeit schlecht zu vertreten sei. Die Öffentlichkeit müsse ausreichend vorbereitet werden.

Auf die Frage des Ministers, ob die französische Entscheidung endgültig sei, antwortete Sauvagnargues, in der Sache ja, im Zeitpunkt noch nicht präzise, aber in kürzester Zeit. Die Minister vereinbarten, daß zusammen mit den Regierungschefs darüber noch einmal gesprochen werden solle.

Fortsetzung Fußnote von Seite 219
zuerkennen, bevor keine Aussöhnung mit FNLA und UNITA stattgefunden habe sowie Kubaner und sowjetische Berater nicht abgezogen worden seien." Vgl. den Drahtbericht Nr. 113; Referat 321, Bd. 108351.

9 Botschafter Meyer-Lohse, Luxemburg, berichtete am 13. Februar 1976, daß auf französischen Antrag vom Vortag die Vertreter der EG-Mitgliedstaaten zusammengetreten seien: „Französischer Geschäftsträger bestätigte, daß Frankreich beabsichtige, MPLA als Regierung très très prochainement anzuerkennen, etwa am 16. oder 17. Februar, auch ohne vorherige Abstimmung EPZ abzuwarten. Alle acht übrigen Vertreter betonten unter Hinweis auf Ministerbeschluß vom 30.10.1975 und Beschluß der Direktoren vom 19./20. Januar 1976 unbedingte Notwendigkeit einer vertieften Beratung im Rahmen EPZ am Montag, 16. Februar, und gegebenenfalls gemeinsam abgestimmter Anerkennung." Vgl. den Drahtbericht Nr. 28; Referat 312, Bd. 108167.

10 Am 16./17. Februar 1976 fand in Luxemburg eine Sitzung des Politischen Komitees im Rahmen der EPZ statt. Vortragender Legationsrat I. Klasse von der Gablentz informierte dazu am 18. Februar 1976: „Fast neunstündige Bemühungen des PK um gemeinsame Anerkennung der Volksrepublik Angola scheiterten, da F[rankreich] nicht bereit war, bevorstehende Ministererörterung am 23.2. abzuwarten. F. beharrte auf vorheriger Anerkennung, auch nachdem D 2 persönlichen Appell des BM vorgetragen hatte, Entscheidung über Anerkennung im Lichte umfassender politischer Wertung der Gesamtlage durch die Minister im Hinblick auf notwendige Ausarbeitung gemeinsamer Afrikapolitik der Neun zu treffen. [...] Direktoren werteten französische Haltung als enttäuschend und unvereinbar mit Bemühungen um Entwicklung gemeinsamer Afrikapolitik, für die sich gerade französischer Staatspräsident in letzter Woche öffentlich eingesetzt hatte. Zur Frage der Anerkennung bestand Einigkeit, daß sie jetzt nicht mehr mit politischen Bedingungen verbunden werden könne." Vgl. den Drahterlaß Nr. 664; VS-Bd. 9978 (200); B 150, Aktenkopien 1976.

11 Botschafter von Staden, Washington, übermittelte am 14. Februar 1976 ein amerikanisches Aide-mémoire, das ferner der britischen Botschaft in Washington übergeben worden sei: „The Soviet and Cuban-backed MPLA is just now gaining control of the majority of Angolan territory and the fighting is not over. It would be unfortunate so rapidly to reward the MPLA with recognition. The outcome in Angola continues to pose a major threat to Western interests. We would prefer that the Europeans delay recognition until early March in order to avoid the appearance of hastily rewarding the Soviet Union's successful power play in Angola. We would hope, in addition, that the offer of recognition be linked with strong encouragement of Dr. Neto's government to bring about Soviet and Cuban disengagement and a move towards Angolan national reconciliation. The U.S. government will wish in the coming weeks to consult with members of the EC-Nine on those steps which can most effectively be taken to protect Western interests in the central African area, particularly in neighboring Zaire and Zambia." Vgl. den Drahtbericht Nr. 556; Referat 320, Bd. 108165.

2) Komoren, Djibouti[12], Sahara

Die französische Seite unterrichtete uns über ihre Einschätzung der Entwicklung zur Sahara; Sauvagnargues sagte, daß Marokko die Besetzung seines Teils der Sahara abgeschlossen habe, jedoch an dem Grenzstreifen zu Algerien Zurückhaltung übe. Was die algerische Reaktion angehe, so sei eine Pause eingetreten. Die Algerier würden aber sicher nicht die geschaffene Lage einfach akzeptieren. Sie hätten einen bedeutenden militärischen Aufmarsch an der Grenze zur Sahara durchgeführt, von 55 auf 130000 Mann mit etwa 1000 sowjetischen Instrukteuren. Auch habe die SU in letzter Zeit Kriegsmaterial an Algerien geliefert.[13]

3) EG/Maghreb[14]

Beide Minister waren sich einig, daß mit Tunesien und Marokko nicht neu verhandelt werden sollte, sondern daß auf beide eingewirkt werden soll, daß sie zusammen mit Algerien unterzeichnen.[15] Franzosen haben Hinweise, daß

---

12 Vgl. dazu die Ausführungen des französischen Außenministers Sauvagnargues über die Situation in der französischen Kolonie Djibouti und in dem zur Inselgruppe der Komoren gehörenden Überseedepartement Mayotte; Dok. 50, Anm. 26.

13 Zwischen dem 27. und 29. Januar 1976 kam es im Gebiet der Oase Amgala unter Einsatz von Panzern und Artillerie zu Zusammenstößen marokkanischer und algerischer Truppen. Vgl. dazu den Artikel „Kampfpause in der Westsahara"; NEUE ZÜRCHER ZEITUNG, Fernausgabe vom 1./2. Februar 1976, S. 3.
Ministerialdirektor Lahn unterrichtete am 12. Februar 1976 über die weitere Entwicklung: „Die algerischen Streitkräfte scheinen sich weitgehend aus dem Territorium West-Sahara zurückgezogen zu haben. Marokkanische Streitkräfte sind in einige Oasen eingerückt, die vorher offensichtlich von algerischen Streitkräften besetzt waren, ohne irgendwo einen Widerstand zu finden. Es scheint, daß auch der größte algerische Stützpunkt auf dem Territorium West-Sahara, der Ort Mahbes, sowohl von algerischen Truppen als auch von Polisario-Kräften kampflos geräumt worden ist. [...] In Marokko und Algerien verbleiben die Streitkräfte in erhöhtem Bereitschaftszustand. Waffenlieferungen aus USA und Frankreich für Marokko und aus der Sowjetunion für Algerien werden fortgesetzt." Lahn vermerkte weiter, daß sich die UNO durch Entsendung eines Sonderbotschafters in die Region, insbesondere aber die ägyptische Regierung durch direkte Kontakte mit den beteiligten Außenministerien um Vermittlung bemühe: „Die intensive diplomatische Aktivität wird insbesondere von Algerien nachdrücklich unterstützt. Marokko verhält sich hierzu im wesentlichen rezeptiv, da Marokko alle Ziele erreicht hat und das West-Sahara-Problem als ,gelöst' betrachtet." Vgl. Referat 311, Bd. 108852.

14 Die EG-Kommission nahm im Juli 1973 im Rahmen des „Globalkonzepts für den Mittelmeerraum" Verhandlungen mit Algerien, Marokko und Tunesien über den Abschluß von Kooperationsabkommen auf. Die Verhandlungen wurden am 7. bzw. 8. Januar 1976 mit Marokko bzw. Tunesien und am 17. Januar 1976 mit Algerien abgeschlossen. Die unbefristeten Abkommen enthielten Bestimmungen für den Handel (Aufhebung der Zölle und mengenmäßigen Beschränkungen für Industrieprodukte durch die Europäischen Gemeinschaften; Zollsenkungen für Agrarprodukte), auf dem Gebiet der wirtschaftlichen und finanziellen Zusammenarbeit (Kreditplafond in Höhe von 114 Mio. RE für Algerien, 130 Mio. RE für Marokko und 95 Mio. RE für Tunesien) sowie hinsichtlich der sozialen Sicherung maghrebinischer Arbeitskräfte in den Europäischen Gemeinschaften. Vgl. dazu den Runderlaß Nr. 10 des Vortragenden Legationsrats von Kameke vom 23. Januar 1976; Referat 410, Bd. 114313.

15 Vortragender Legationsrat I. Klasse Trumpf teilte am 27. Januar 1976 der Botschaft in Tunis mit: „Tunesischer und marokkanischer Botschafter bei EG demarchierten bei Kommission und Präsidentschaft und forderten unter Berufung auf die Algerien in den am 17. Januar abgeschlossenen Verhandlungen gemachten Zugeständnisse bei Zitrusfrüchten und Qualitätswein Verbesserungen zugunsten Tunesiens und Marokkos. [...] Es sollte gegenüber Tunesien und Marokko alles vermieden werden, was Hoffnungen auf Verbesserung der Zugeständnisse der Gemeinschaft wecken könnte." Vgl. den Drahterlaß Nr. 307; Referat 410, Bd. 114313.

Marokko dazu bereit wäre, wenn auch Tunesien dafür gewonnen werden könnte. Ein gleichzeitiger Abschluß der drei Verträge würde politisch sehr bedeutsam sein, insbesondere angesichts der gespannten Lage in diesem Raum.[16]

4) Spanien

Beide Seiten stimmten überein, daß Areilza, Fraga und Garrigues entschlossen
seien, die Demokratisierung energisch weiterzutreiben. Ihre Bemühungen sollte man unterstützen. Allerdings sollte Madrid davon Abstand nehmen, sofort
Beitrittsverhandlungen zur EG anzustreben. Die französische Seite sehe sogar
gewissen Nutzen in einer Verschiebung der Verhandlungen auch über die Anpassung des bestehenden Handelsabkommens.[17] Die Verhandlungen hierüber
könnten zu Friktionen führen. Vielleicht könne man den jetzigen Zustand der
Vertragslosigkeit im Verhältnis zu Großbritannien, Dänemark und Irland noch
beibehalten. Zunächst soll der Besuch von Areilza am 17. Februar in Brüssel
abgewartet werden, da die spanischen Vorstellungen noch unbekannt seien.[18]

5) Portugal

Die Minister hielten es für sehr erwünscht, im Kreise der Neun bei dem bevorstehenden informellen Treffen der Minister à la Gymnich die allgemein größere Frage neuer Beitritte, der damit auf uns zukommenden wirtschaftlichen Belastungen und der Auswirkungen für den inneren Ausbau sehr offen zu diskutieren.

6) Griechenland

Beiderseitige Befriedigung über den Verlauf der EG-Ratssitzung am 9. Februar.[19]

7) Türkei

Einvernehmen, die Frage des Finanzprotokolls[20] heute abend zusammen mit

---

16 Botschafter Lebsanft, Brüssel (EG), informierte am 2. März 1976: „Kommissar Cheysson unterrichtete Rat, daß am 1.3.1976 die mit Marokko und Tunesien ad referendum ausgehandelten Abkommen in unveränderter Form paraphiert worden sind. Die nach Verhandlungsabschluß aufgetretenen Schwierigkeiten seien durch drei sachlich unbedeutende Erklärungen (bloßes face-saving der
marokk[anischen] und tun[esischen] Regierung gegenüber Algerien) überwunden worden." Vgl.
den Drahtbericht Nr. 744; Referat 410, Bd. 114313.
Die Abkommen wurden am 25. April in Tunis, am 26. April in Algier und am 27. April 1976 in Rabat unterzeichnet. Für den Wortlaut vgl. BUNDESGESETZBLATT 1978, Teil II, S. 511-779.
17 Zu den Verhandlungen zwischen den Europäischen Gemeinschaften und Spanien zur Neuregelung
ihrer Handelsbeziehungen im Anschluß an das Abkommen vom 29. Juni 1970 vgl. Dok. 29, Anm. 7.
18 Zu den Gesprächen des spanischen Außenministers de Areilza am 17. Februar 1976 in Brüssel vgl.
Dok. 47, Anm. 9.
19 Zur EG-Ministerratstagung in Brüssel vgl. Dok. 47.
20 Hinsichtlich des zwischen den Europäischen Gemeinschaften und der Türkei auszuhandelnden
dritten Finanzprotokolls verabschiedete die EG-Kommission am 26. November 1975 einen Vorschlag, der am 17. Dezember 1975 Gegenstand der Sitzung der Gruppe „Assoziierung dritter Länder (Türkei–Finanzfragen)" war. Dazu berichtete Botschafter Lebsanft, Brüssel (EG), am selben
Tag: „Je nach Berechnungsweise soll Volumen des neuen Finanzprotokolls nunmehr entweder 467
Mio. RE oder 521 Mio. RE betragen (nach früherer Äußerung 397 Mio. RE oder 443 Mio. RE). Dabei sollen Leistungen des ersten Finanzprotokolls (195 Mio. RE plus 47 Mio. RE aus Erweiterung
der EG plus 25 Mio. EIB-Darlehen aus eigenen Mitteln) um 75 v[on] H[undert] gesteigert worden
sein, und zwar entweder von Drei- oder Fünfjahreszeitraum ausgehend." Vgl. den Drahtbericht Nr.
4411; Referat 410, Bd. 105626.
Die Gruppe erörterte den Kommissionsvorschlag erneut am 16. Februar 1976. Lebsanft teilte dazu

den beiden Finanzministern[21] zu erörtern. Der von der Kommission vorgeschlagene Betrag von 400 Mio. RE für fünf Jahre sei für die deutsche Seite zu
hoch. Unser Betrag liege darunter, aber wir seien bereit, darüber zu sprechen.

8) Nahost

Sauvagnargues erläuterte die Gründe, warum Frankreich für die Palästina-
Resolution im Sicherheitsrat gestimmt habe – obwohl der Text auch nach französischer Auffassung nicht perfekt sei –, die von den USA zu Fall gebracht wurde.[22]

Die Neun hätten inzwischen eine ganz gute Formel: Das Recht des palästinensischen Volkes, seiner nationalen Identität Ausdruck zu verleihen.[23]

9) Euro-Arabischer Dialog[24]

Einvernehmen über die Notwendigkeit, bei dem Zusammentritt der Allgemeinen Kommission Ende Mai[25] die Projektvorstellungen zu konkretisieren, Pro-
jektstudien zu beschließen und auch schon einige Kooperationsvorhaben zu

---

Fortsetzung Fußnote von Seite 222

    am 18. Februar 1976 mit, daß die britische und die italienische Delegation sowie die Delegation der
Bundesrepublik das Volumen des Vorschlags als zu hoch bezeichnet hätten: „Deutsche Del[egation]
präzisierte, daß die Struktur der bisherigen Finanzhilfe erhalten bleiben könne, Anteil der EIB-
Darlehen aus eigenen Mitteln gegenüber Anteil der Darlehen zu Sonderbedingungen jedoch höher
sein müsse als bisher. Nach wie vor könne jedoch der überwiegende Teil der Hilfe aus Haushaltsmitteln der Mitgliedstaaten stammen." Vgl. den Drahtbericht Nr. 565; Referat 410, Bd. 114310.

21 Hans Apel und Jean-Pierre Fourcade.

22 Zu dem am 23. Januar 1976 in den UNO-Sicherheitsrats eingebrachten Resolutionsentwurf vgl.
Dok. 22, Anm. 6.

23 Die Außenminister der EG-Mitgliedstaaten im Rahmen der EPZ billigten am 30. Oktober 1975 in
Rom eine Studie des Politischen Komitees über die gemeinsame Haltung der Neun angesichts der
jüngsten Entwicklungen im Nahost-Konflikt. Darin wurden die in der Nahost-Erklärung der Neun
vom 6. November 1973 als Voraussetzung für eine Friedensregelung formulierten Prinzipien bekräftigt, die verwendete Formel „die legitimen Rechte der Palästinenser" jedoch folgendermaßen
präzisiert: „La définition des droits légitimes du peuple palestinien doit évidemment respecter le
droit d'Israël à l'existence dans des frontières sûres et reconnues au même titre que celui des au-
tres Etats de la région; pour rendre possible un règlement de paix il faut aussi reconnaître au peuple palestinien le droit à l'expression de son identité nationale." Vgl. AAPD 1975, II, Dok. 327.

24 Zum Europäisch-Arabischen Dialog vgl. Dok. 29, Anm. 14.
    Umstritten blieb zunächst die Frage der Teilnahme von Vertretern der PLO. Auf der Konferenz der
Außenminister der EG-Mitgliedstaaten im Rahmen der EPZ am 13. Februar 1975 in Dublin wurde
beschlossen, der Arabischen Liga zunächst ein Expertentreffen in Kairo mit folgender Maßgabe
vorzuschlagen: „Die Zusammenkunft würde zwischen einer arabischen und einer europäischen Delegation stattfinden, wobei jede Delegation aus Sachverständigen besteht, die in dieser Eigenschaft
und nicht als Vertreter teilnehmen." Dies heiße: „Die Anwesenheit palästinensischer Sachverstän-
diger in der arabischen Delegation bedeutet keine Anerkennung der Forderungen der PLO hinsichtlich ihres eigenen Status durch die Neun. Es wäre daher ratsam, jede öffentliche Erklärung
über den Status der palästinensischen Sachverständigen zu vermeiden. Sollte eine öffentliche Erklärung abgegeben werden, so würden es die Neun ebenfalls für erforderlich halten, ihre Haltung
öffentlich zu erklären." Vgl. Referat 310, Bd. 109111.
    Auf der Grundlage der „Dubliner Formel" fanden Expertentreffen in Rom (10. bis 15. Juni 1975)
und Kairo (22. bis 24. Juli 1975) statt, auf denen die arabische Delegation wiederholt den Wunsch
nach Bildung einer Allgemeinen Kommission zur Führung politischer Gespräche äußerte. Auf dem
dritten Expertentreffen vom 22. bis 27. November 1975 in Abu Dhabi konnte eine Einigung über
die Bildung einer solchen Kommission erzielt werden, nachdem die arabische Delegation sich bereit erklärt hatte, auch für deren Arbeit die „Dubliner Formel" zu akzeptieren. Vgl. dazu die Aufzeichnung des Ministerialdirektors Arnold vom 8. Januar 1976; Referat 310, Bd. 109111.

25 Die erste Tagung der Allgemeinen Kommission im Europäisch-Arabischen Dialog fand vom 18. bis
20. Mai 1976 in Luxemburg statt. Vgl. dazu Dok. 130, Anm. 3.

identifizieren, wobei die Finanzierungsprobleme noch eingehender Prüfung bedürften.[26]

10) Paralleldialog Neun/Israel

Bundesminister bezog sich auf Brief Allons an Thorn[27], in dem unter Hinweis auf euro-arabischen Dialog um entsprechende Kontakte zwischen den Neun und Israel gebeten wird. Wir hätten dies Israel schon vor einiger Zeit zugesichert. Man brauche zwar diesen Dialog mit Israel nicht so zu formalisieren, nicht in derselben Dichte wie den euro-arabischen Dialog zu führen. Die Präsidentschaft solle regelmäßig mit dem israelischen Botschafter[28] Kontakt halten und mit ihm Themen besprechen, die sich im Dialog stellen und so der Ausgewogenheit unserer Politik Rechnung tragen.

Sauvagnargues fand dies persönlich eine akzeptable Idee, wollte aber noch mit Präsident Giscard sprechen.[29]

11) Finanzhilfe für Maschrek und Israel[30]

Der Bundesminister erinnerte an unsere Auffassung, daß gleichzeitig mit der Gewährung von Finanzhilfen an die Maschrek-Länder auch mit Israel eine finanzielle Zusammenarbeit vereinbart werden müsse, um unserer Ausgewogenheit gerecht zu werden.[31]

Sauvagnargues erwiderte, der Präsident habe dies kategorisch abgelehnt. Gleichwohl scheine nach ihrem Eindruck Ägypten nichts dagegen zu haben. Sie seien an der Hilfe für Ägypten interessiert und kümmerten sich nicht viel um die mögliche finanzielle Zusammenarbeit der EG mit Israel. „Das sei eine andere Sache."

12) Libanon

Sauvagnargues bezeichnete die Entwicklung der Lage als überraschend günstig und würdigte den Erfolg der syrischen Vermittlung[32], die zu einer syri-

---

26 Vgl. dazu die von der Europäischen Koordinierungsgruppe (EKG) im Europäisch-Arabischen Dialog am 12./13. Februar 1976 in Luxemburg verabschiedete Projektliste; Dok. 62, Anm. 6.

27 Zum Schreiben vom 16. Januar 1976 vgl. Dok. 29, Anm. 14.

28 Eliashiv Ben-Horin.

29 Referat 310 notierte am 19. Februar 1976, Ministerialdirektor van Well habe auf der Sitzung des Politischen Komitees im Rahmen der EPZ am 16./17. Februar 1976 in Luxemburg die Haltung der Bundesregierung erläutert, „daß die Präsidentschaft den israelischen Botschafter über den Inhalt des EAD unterrichten solle. Dies würde auch für diejenigen politischen Themen gelten, die eventuell innerhalb des EAD behandelt würden. Gegen diese Ansicht erhob sich kein Widerspruch. Von verschiedener Seite wurde allerdings die Frage gestellt, welchen sinnvollen Inhalt ein solcher laufender paralleler Meinungsaustausch haben könne. Der israelische Botschafter Ben-Horin hatte dem luxemburgischen Staatssekretär vor der PK-Sitzung erklärt, die Beantwortung des Allon-Briefes sei nicht eilig; Israel wolle auf keinen Fall politische Fragen mit den Neun erörtern." Vgl. Referat 310, Bd. 109111.

30 Zu den Verhandlungen der EG-Kommission mit Ägypten, Jordanien, Libanon und Syrien sowie mit Israel über den Abschluß von Finanzprotokollen vgl. Dok. 29, Anm. 12 und 13.

31 Bundesminister Genscher erläuterte dem französischen Außenminister Sauvagnargues die Haltung der Bundesregierung in der Frage eines Finanzprotokolls mit Israel bereits am 15. Dezember 1975. Vgl. dazu AAPD 1975, II, Dok. 385.

32 Zu den syrischen Vermittlungsversuchen im Libanon-Konflikt vgl. Dok. 13, Anm. 6.
Am 7. Februar 1976 reiste Präsident Frangieh nach Damaskus zu Gesprächen mit Präsident Assad, als deren Ergebnis am 14. Februar 1976 ein Übereinkommen zur politischen, sozialen und wirtschaftlichen Reform des Libanon veröffentlicht wurde. Dazu erläuterte Referat 310 am 11.

schen Vormachtstellung geführt habe. Frankreich hoffe, daß eine internationale Wiederaufbauhilfe für Libanon zustande komme (Technische Hilfe u. a.).

13) Konsularabkommen Frankreich/DDR

Sauvagnargues berichtete über den Stand der Verhandlungen. Er habe Fischer gesagt, daß eine Anerkennung der Staatsangehörigkeitsgesetzgebung der DDR[33] im Vertrag nicht in Betracht komme.[34] Der Personenkreis, der unter den Konsularvertrag falle, könne wie folgt definiert werden: Bürger, die den DDR-Paß präsentieren.

Auf Einwand des *Bundesministers*, daß es auf den Willen des Betreffenden ankomme, von einem DDR-Konsul oder von einem der Bundesrepublik Deutschland betreut zu werden, präzisierte *Sauvagnargues*, das sei auch ihre Auffassung. Wenn ein DDR-Paß präsentiert würde, dann würde dadurch lediglich eine Vermutung dafür begründet, daß der Träger auch als DDR-Bürger behandelt werden wolle. Wenn er jedoch gleichzeitig zum Ausdruck bringe, daß er nicht als DDR-Bürger, sondern als Deutscher vom Konsul der Bundesrepublik Deutschland betreut werden wolle, dann gebe das den Ausschlag. Er sei bereit, entsprechende Instruktionen an die inneren französischen Behörden zu erlassen und auch dem Bundesminister einen entsprechenden Brief zu schreiben.

Zunächst werde die französische Seite jedoch weiterhin darauf abzielen, keinen Hinweis auf den Personenkreis in den Vertrag aufzunehmen. Die DDR habe ohnehin bei der letzten Verhandlungsrunde[35] die Formel über die Präsentation des Passes nicht aufgegriffen.

Fortsetzung Fußnote von Seite 224

März 1976: „Die in diesem Dokument enthaltenen 17 Reformpunkte müssen nunmehr in Gesetzesvorlagen und Verfassungsänderungen umgewandelt werden. Sie sehen vor, daß der libanesische Staatspräsident auch künftig maronitischer Christ, der Ministerpräsident ein sunnitischer Moslem, der Parlamentspräsident ein schiitischer Moslem ist; Moslems und Christen im Parlament künftig paritätisch vertreten sind (früher 45:54); der Ministerpräsident vom Parlament gewählt wird (bisher vom Staatspräsidenten ernannt); für die öffentlichen Ämter der Religionsproporz durch das Leistungsprinzip ersetzt wird. Ebenfalls als Ergebnis der syrisch-libanesischen Absprache vom 7.2.1976 hat Syrien die Garantie für die Einhaltung der libanesisch-palästinensischen Vereinbarung von Kairo (1969) übernommen." Vgl. Referat 310, Bd. 108750.

33 Nach Paragraph 1 des Gesetzes vom 20. Februar 1967 über die Staatsbürgerschaft der DDR (Staatsbürgerschaftsgesetz) war Staatsbürger der DDR, wer „zum Zeitpunkt der Gründung der Deutschen Demokratischen Republik deutscher Staatsangehöriger war, in der Deutschen Demokratischen Republik seinen Wohnsitz oder ständigen Aufenthalt hatte und die Staatsbürgerschaft der Deutschen Demokratischen Republik seitdem nicht verloren hat". Vgl. GESETZBLATT DER DDR 1967, Teil I, S. 3. Das Gesetz vom 16. Oktober 1972 zur Regelung von Fragen der Staatsbürgerschaft legte fest, daß „Bürger der Deutschen Demokratischen Republik, die vor dem 1. Januar 1972 unter Verletzung der Gesetze des Arbeiter-und-Bauern-Staates die Deutsche Demokratische Republik verlassen und ihren Wohnsitz nicht wieder in der Deutschen Demokratischen Republik genommen haben", mit Inkrafttreten des Gesetzes am 17. Oktober 1972 die Staatsbürgerschaft der DDR verloren. Vgl. GESETZBLATT DER DDR 1972, Teil I, S. 265.

34 Zum Gespräch des französischen Außenministers Sauvagnargues mit dem Außenminister der DDR, Fischer, während dessen Aufenthalts vom 6. bis 8. Januar 1976 in Paris vgl. Dok. 43, Anm. 4.

35 Die zweite Runde der Verhandlungen zwischen Frankreich und der DDR über einen Konsularvertrag fand vom 8. bis 17. Oktober 1975 statt.

14) Sitz des Stillegungsfonds[36] (Rheinschiffahrtsakte[37])

Sauvagnargues sagte zu, uns in den nächsten Tagen einen Bescheid zukommen zu lassen, und deutete an, daß dieser wohl positiv sein wird (Sitz: Duisburg).[38]

15) Internationaler Terrorismus

Bundesminister erläuterte die deutschen Vorbereitungen für eine Neuner-Aktivität in den Vereinten Nationen, um zu internationalen Abmachungen über die Bekämpfung des Terrorismus, vor allen Dingen der Geiselnahme, zu kommen.[39] Sauvagnargues erklärte sich bereit, im Neuner-Rahmen mitzuhelfen, wobei er auf die Schwierigkeiten hinsichtlich der Haltung der Dritten Welt (Befreiungsbewegungen, „legitimer Terrorismus") hinwies.

[gez. van Well][40]

VS-Bd. 9936 (202)

---

[36] Am 9. Februar 1976 notierte Referat 412 zum Stand der Verhandlungen über die Errichtung eines Stillegungsfonds für die Binnenschiffahrt: „Teilnehmer sind die EG als solche, die Partnerstaaten der Mannheimer Akte, die zugleich EG-Mitglieder sind, sowie die Schweiz. 1) Zweck des Übereinkommens ist es, Überkapazitäten durch zeitweilige Stillegung von Schiffen abzubauen. Instrument dafür ist ein Fonds, aus dem Unterstützungsgelder an die Eigner stillgelegter Schiffe gezahlt werden sollen. [...] 2) Das Übereinkommen ist nahezu fertig ausgehandelt. Offen sind noch einige politisch-institutionelle Fragen, insbesondere die Frage des Fondssitzes. Die Kommission hat Duisburg als Zentrum des Rheinschiffahrtsgewerbes vorgeschlagen. Mit Ausnahme Frankreichs sind praktisch alle Partnerstaaten für diesen Vorschlag. Frankreich tritt für Straßburg ein. 3) Frankreich hat im Hinblick auf seine nur unbedeutende Flotte ein nur geringes sachliches Interesse an dem Übereinkommen. Politisch kommt es ihm aber darauf an, die Wirksamkeit der Mannheimer Akte (traditionelle französische Dominanz!) möglichst nicht durch EG-rechtliche Vorschriften begrenzen zu lassen. Von der Ansiedelung des Stillegungsfonds in Straßburg, dem Sitz der Zentralkommission für die Rheinschiffahrt (Mannheimer Akte), verspricht es sich einen gewissen kontrollierenden Einfluß auf den Fonds. Nach außen hin begründet Frankreich seine Forderung mit dem Argument ‚Straßburg als Stadt der Gemeinschaft'." Vgl. Referat 412, Bd. 109343.

[37] Für den Wortlaut der Revidierten Rheinschiffahrtsakte vom 17. Oktober 1868 zwischen Baden, Bayern, Frankreich, Hessen, den Niederlanden und Preußen (Mannheimer Akte) vgl. PREUSSISCHE GESETZSAMMLUNG 1869, S. 798–837.

[38] Der französische Botschaftsrat Moreau informierte Ministerialdirektor Lautenschlager am 27. April 1976 unter Hinterlegung eines Non-Papers darüber, „daß man französischerseits sich nicht mehr gegen Duisburg als Sitz des Stillegungsfonds sträuben werde". Vgl. Referat 412, Bd. 109343.

[39] Zur Initiative der Bundesrepublik für eine UNO-Konvention gegen Geiselnahme vgl. Dok. 24.

[40] Vermuteter Verfasser der nichtunterzeichneten Aufzeichnung. Vgl. Dok. 50, Anm. 23.

49

Aufzeichnung des
Vortragenden Legationsrats I. Klasse Jelonek

412-401.01   12. Februar 1976[1]

Über den Herrn Staatssekretär[2] dem Herrn Bundesminister zur Unterrichtung

Betr.: Zur Lage auf den Devisenmärkten

1) Nach einer längeren Periode relativer Ruhe – nur gelegentlich unterbrochen von flüchtigen Turbulenzen – ist die internationale Währungsszene seit Mitte Januar wieder in Bewegung. Der Unruheherd liegt dabei diesmal nicht im Dollarbereich, sondern in Europa. Von der Lira ausgehend[3], griff die Nervosität auf die europäische Währungsschlange über.

Die DM ist in wenigen Tagen von der schwächsten zur stärksten Währung in der Schlange geworden, während Paris nur mit erheblichem Reserveeinsatz ein steiles Absacken des Franc verhindern konnte. Der belgische Franc und die Dänenkrone bewegen sich auf die sog. unteren Interventions- (Stützungs-) Punkte zu. Schlagartig hat sich damit das europäische Währungsbild verändert.[4]

2) Treibt hier die Spekulation ihr böses Spiel? Oder spiegelt die Währungsszene nur reale wirtschaftliche Vorgänge wider oder antizipiert sie sie?

Inflation und Rezession hatten in ihren ausgeprägten Phasen – 1974 und 1975 – die Volkswirtschaften der Schlangenländer relativ gleich schwer belastet und

---

[1] Hat Vortragendem Legationsrat Lewalter am 16. Februar 1976 vorgelegen, der handschriftlich vermerkte: „1) Rücklauf von BM mit Unterlagen und z[u] d[en] A[kten]. 2) 412."

[2] Hat Staatssekretär Hermes am 12. Februar 1976 vorgelegen.

[3] Am 21. Januar 1976 verfügte die italienische Regierung die Schließung der Devisenbörsen; die italienische Notenbank stellte ihre Intervention zugunsten der Lira ein. Dazu vermerkte Ministerialdirektor Lautenschlager am selben Tag: „Auch die Bundesbank hat das amtliche Fixing suspendiert, nachdem die Lira gestern um 2% gefallen war. Die Banca d'Italia hatte in den ersten zwanzig Januartagen etwa ein Achtel ihrer Reserven durch Kursstützung verloren (528 Mio. Dollar). [...] Der jetzige Rückschlag scheint im wesentlichen politisch bedingt durch Unsicherheit und Vertrauensschwund. Politische Krisen haben in den letzten Jahren immer schnell auf den Kapitalbereich durchgeschlagen. Italien hat zur Verfügung stehende internationale offizielle Kreditmöglichkeiten nahezu voll ausgeschöpft: Im IWF ist die Quote voll gezogen; neuer Spielraum nur noch durch die Aufstockung um 45% von Jamaica, aber mit strengen Auflagen verbunden. In der EG stünden grundsätzlich noch der kurzfristige Währungsbeistand und die Gemeinschaftsanleihe zur Verfügung, Mittelaufnahme wäre aber schwierig." Vgl. Referat 412, Bd. 109321.
Die Devisenmärkte wurden am 1. März 1976 wieder geöffnet.

[4] Am 12. Februar 1976 wurde in der Presse berichtet: „Die internationale Spekulation auf eine Aufwertung der D-Mark und eine Abwertung des französischen Franc und der Dänenkrone hat am Mittwoch trotz aller Dementis weiter angehalten. Der Drang in die D-Mark blieb daher unverändert stark. Obwohl die Bundesbank und die französische Nationalbank entsprechend einer am Montag in Basel getroffenen Absprache weiterhin Franc kauften und D-Mark abgaben – die Bundesbank auch gegen Dollar –, ist der D-Mark-Kurs weiter gestiegen. Daher verbilligte sich der Dollar zum amtlichen Kurs von 2,5560 auf 2,5460 DM, und der Kurs des französischen Franc glitt langsam von 57,11 auf 57,08 DM für 100 Francs ab. Die dänische Krone, die schwächste Währung in der Schlange, rutschte bei der amtlichen Notiz von 41,56 auf ihren unteren Interventionspunkt von 41,54 DM. In Paris werden die Devisenverkäufe zur Franc-Stützung während der letzten drei Wochen auf eine Milliarde Dollar geschätzt". Vgl. den Artikel „Spekulation auf eine Aufwertung der Mark geht unverändert weiter"; DIE WELT vom 12. Februar 1976, S. 13.

die Partner zu einem hohen Maß an gleichgerichtetem wirtschaftspolitischen Verhalten gezwungen. Der Reflex im monetären Bereich waren stabile Kursverhältnisse. Nur Frankreich schied, als es meinte, sich isoliert besser helfen zu können, vorübergehend aus dem Verbund aus.[5]

Mit der seit Spätherbst allmählich einsetzenden Konjunkturbelebung begann sich das „traditionelle" Problemmuster der EG-Volkswirtschaften wieder abzuzeichnen: zunehmende Diskrepanzen in der Preisentwicklung der Leistungsbilanz und im Zinsniveau bei im Unterschied zu früher allerdings noch gleichmäßig unbefriedigender Beschäftigungslage. Besonders gravierend ist dabei die sich wieder öffnende Preisschere zwischen der Bundesrepublik Deutschland und Frankreich. Unterschiede in den Inflationsraten von + 5 % bei uns, 10 % in Frankreich – wie von EG und OECD vorhergesagt – führen zwangsläufig zu wachsenden Spannungen im Wechselkursgefüge.

Die Spekulation – hier durchaus nicht abschätzig gemeint – stellt sich auf die sich abzeichnende neue Datenkonstellation ein und versucht, eine zu erwartende Entwicklung vorwegzunehmen. Politische Momente, Vertrauensschwund, Kapitalflucht tragen (Italien, Spanien[6]) zur allgemeinen Nervosität bei.

Im Zentrum der Attacken stehen zur Zeit DM und FF. Die Devisenmärkte erwarten steigende deutsche Leistungsbilanzüberschüsse einerseits und erneute französische Defizite andererseits. Französische Unternehmerkreise fürchten um ihre Wettbewerbsfähigkeit auf den Weltmärkten und plädieren für eine Fortsetzung der seit Kriegsende praktizierten – aber von Giscard ungeliebten – Abwertungspolitik. Alternativ wird eine Aufwertung der DM empfohlen.

3) Bei uns könnte eine sofortige leichte Aufwertung der DM die gerade beginnende Exportbelebung beeinträchtigen und zusätzliche Beschäftigungsprobleme schaffen. Beides wäre gegenwärtig höchst unerwünscht. Ungewiß ist dabei zudem, wie weit sich die Einfuhren tatsächlich verbilligen würden.

Mittelfristig gesehen dürfte die deutsche Exportindustrie – angesichts ihrer ungebrochenen Vitalität und der sich verteuernden Auslandskonkurrenz – eine erneute Aufwertung ohne größere Schäden verkraften können. Die französische Wirtschaft wird sich dagegen, da eine doppelt so hohe Preissteigerungsrate wie in der Bundesrepublik Deutschland auch von der französischen Regierung als unvermeidbar angesehen wird, nur durch eine Franc-Abwertung auf den Weltmärkten konkurrenzfähig halten können.

---

[5] Am 19. Januar 1974 beschloß die französische Regierung die Freigabe des Wechselkurses des Franc für die Dauer von sechs Monaten und schied damit aus der Währungsschlange aus. Vgl. dazu AAPD 1974, I, Dok. 23.
Am 9. Mai 1975 erklärte Staatspräsident Giscard d'Estaing anläßlich des 25. Jahrestags des Schuman-Plans: „La Communauté [...] a entrepris la création progressive d'une union économique et monétaire. A cet égard, je me réjouis de vous annoncer que la consolidation de notre situation extérieure va permettre à la France, selon des modalités à fixer, de participer à nouveau au mécanisme de flottement concerté des monnaies européennes, connu sous le nom de serpent." Vgl. LA POLITIQUE ETRANGÈRE 1975, I, S. 160.
[6] Die spanische Regierung gab am 9. Februar 1976 die Abwertung der Peseta gegenüber dem Dollar um 11 % bekannt: „Die spanische Staatsbank begründete die Abwertung mit der Absicht, Spekulationen gegen die spanische Währung zu verhindern. Nach Auskunft von Wirtschaftsexperten verspricht sich Spanien von der Abwertung offenbar auch eine Förderung seiner Exporte." Vgl. die Meldung „Abwertung in Spanien"; NEUE ZÜRCHER ZEITUNG, Fernausgabe vom 10. Februar 1976, S. 7.

4) Dringlich erscheint eine Kurskorrektur im EG-Bereich zur Zeit jedoch nicht. Die Notenbanken sind angesichts ihrer üppigen Dollarbestände ohne weiteres in der Lage – abgestützt auf geld- und zinspolitische Maßnahmen –, der Spekulation auf absehbare Zeit Paroli zu bieten. Dies gilt auch für Frankreich, das in den letzten Monaten durch eine geschickte Politik seine Devisenreserven erheblich aufstocken konnte.

5) Obwohl hier nicht bekannt ist, wie die für die deutsche Währungspolitik Verantwortlichen die Lage im einzelnen beurteilen, könnten sie sich an folgender Linie orientieren:

– zunächst alles daran setzen, um die Lage an den Devisenmärkten – die mit den Krisen von 72/73 nicht zu vergleichen ist – zu beruhigen;

– zu gegebener Zeit – wohl noch vor Herbst 1976 – überraschend und schnell begrenzte Änderungen der Leitkurse in einer konzertierten Aktion mit den wichtigsten Schlangenpartnern vornehmen.[7] Angestrebt werden dürfte dabei – unter dem Gesichtspunkt einer fairen Lastenverteilung – eine mäßige DM-Aufwertung gekoppelt an eine gleichzeitige angemessene Franc-Abwertung.

Einem solchen Vorgehen, das in der Gemeinschaft nach den vorgesehenen Verfahren zu konsultieren und ggfs. mit den USA abzusprechen wäre, könnte auch das Auswärtige Amt vorbehaltlos zustimmen. Gegen die Absprachen von Rambouillet[8] und Jamaika[9] würde es nicht verstoßen.

Es ist anzunehmen, daß hierüber auch in Nizza[10] wohl im kleinsten Kreise gesprochen wird.

Jelonek

Referat 412, Bd. 109322

---

[7] Der Passus „zu gegebener Zeit ... vornehmen" wurde von Staatssekretär Hermes hervorgehoben. Dazu vermerkte er handschriftlich: „Der Termin könnte auch erheblich früher liegen."

[8] Die Konferenz der Staats- und Regierungschefs aus sechs Industriestaaten fand vom 15. bis 17. November 1975 auf Schloß Rambouillet statt. Vgl. dazu AAPD 1975, II, Dok. 346 und Dok. 348–350.

[9] Zur Tagung des Gouverneursrats des Interimsausschusses des IWF am 7./8. Januar 1976 in Kingston vgl. Dok. 5.

[10] In Nizza fanden am 12./13. Februar 1976 die deutsch-französischen Konsultationen statt. Zu den währungspolitischen Ergebnissen vgl. Dok. 50, Anm. 7.

50

Deutsch-französische Konsultationen in Nizza

VS-vertraulich   **13. Februar 1976**[1]

Zusammenfassung der Plenarsitzung der deutsch-französischen Delegationen am 13. Februar 1976, vormittags

Nach Eröffnung durch *Giscard* kamen zunächst die Finanzminister zu Wort.

Fourcade berichtete, mit Apel folgende Themen behandelt zu haben:

1) Keine Ab- oder Aufwertung; Schlange[2] stärken; eine Erklärung hierüber müsse genau formuliert werden; die Zentralbanken sollten von beiden Regierungen entsprechende Anweisung erhalten.

2) Entwicklungshilfe: Die Verpflichtungen der EIB seien beunruhigend hoch. Es müsse ein Inventar bestehender und künftiger Verpflichtungen aufgestellt werden.

3) Das zukünftige Budget der Gemeinschaft sei erörtert worden. Bezüglich der Mehrwertsteuer habe man sich über eine Verteilung der Lasten für 1977/78 unterhalten.

4) Gemeinschaftliche Hilfe an Afrika: Sie sei wie im Rahmen von Lomé[3] fortzusetzen.

Mit BM Friderichs habe er die Konjunktur erörtert; der Wiederaufstieg sei in beiden Ländern nicht gleich, könne aber mit 4,5 bis 5 % Realzuwachs angesetzt werden. Man habe ferner über die weitere Anwendung von Rambouillet[4] gesprochen und über die Harmonisierung von Exportkreditbedingungen und die gemeinsame Sitzung der Außen- und Finanzminister[5] vorbereitet.

---

[1] Ablichtung.
Die Gesprächsaufzeichnung wurde von Botschafter Freiherr von Braun, Paris, am 14. Februar 1976 gefertigt und am 17. Februar 1976 übermittelt. Vgl. das Begleitschreiben; VS-Bd. 9936 (202); B 150, Aktenkopien 1976.

[2] Zur europäischen Währungsschlange vgl. Dok. 1, Anm. 8.

[3] Für den Wortlaut des AKP-EWG-Abkommens von Lomé vom 28. Februar 1975 sowie der Zusatzprotokolle und der am 11. Juli 1975 in Brüssel unterzeichneten internen Abkommen über Maßnahmen zur Durchführung des Abkommens und über die Finanzierung und Verwaltung der Hilfe der Gemeinschaft vgl. BUNDESGESETZBLATT 1975, Teil II, S. 2318–2417.

[4] Die Konferenz der Staats- und Regierungschefs aus sechs Industriestaaten fand vom 15. bis 17. November 1975 auf Schloß Rambouillet statt. Vgl. dazu AAPD 1975, I, Dok. 346 und Dok. 348–350.

[5] Der Europäische Rat beauftragte auf seiner Tagung am 1./2. Dezember 1975 in Rom die Außen- und Finanzminister der EG-Mitgliedstaaten, in einer gemeinsamen Tagung eine globale Beurteilung der Haushaltsprobleme der Gemeinschaft vorzunehmen. Vgl. dazu AAPD 1975, II, Dok. 367. Die Tagung fand am 5. April 1976 in Luxemburg statt. Das Ergebnis wurde von der Präsidentschaft in 18 Schlußfolgerungen zusammengefaßt, jedoch vom Rat nicht vollständig gebilligt. Vortragender Legationsrat I. Klasse Engels informierte dazu am 8. April 1976, die Minister hätten u. a. ihren Willen bekundet, die Haushaltsmittel der Organe der Europäischen Gemeinschaften „integrationspolitisch sinnvoll und konvergenzfördernd einzusetzen". Ferner hätten sich die Minister auf die Schaffung einer neuen Europäischen Rechnungseinheit (ERE) geeinigt. Dabei habe sich der Wunsch der Bundesrepublik, die ERE unverzüglich einzuführen, nicht durchgesetzt: „Die Mehrheit der Mitgliedstaaten neigt dazu, dem Kommissionsvorschlag zu folgen, die ERE zum 1.1.1978 einzuführen." Schließlich sei eine Verständigung erzielt worden, den von der EIB beschlossenen Kreditrahmen für die Mittelmeer- und die Maschrekstaaten in Höhe von 800 Mio. RE nicht

BM *Friderichs* und *Apel* hatten dem nichts hinzuzufügen. Apel meinte, eine Erklärung über die Währungsstabilität sollte von den Präsidenten abgegeben werden (heute sei Ruhe auf dem Devisenmarkt[6]).

Der *Bundeskanzler* erkundigte sich, ob beide Minister einzeln oder ob einer für beide die Erklärung verlesen sollte. Nach seiner Auffassung müsse das Währungsproblem en passant behandelt werden, sonst entstehe der falsche Eindruck, daß hierüber in extenso gesprochen worden ist. *Apel* fügte hinzu, daß keine schriftliche Erklärung verlesen werden sollte. Es wäre dies sonst das einzige Schriftstück, das die Konferenz produziert habe.

Giscard stimmte zu, daß nur einer die Erklärung erwähnen und der andere seine Zustimmung geben sollte.[7]

Landwirtschaftsminister *Bonnet* bezeichnete seine Unterhaltung mit BM Ertl als lebhaft und herzlich. Man habe über das Weinproblem[8] gesprochen, über die Landwirtschaftspreise von 1976[9], über die Langsamkeit der Agrarmaschinerie, die Folgen der Lira-Abwertung[10], die den Grenzausgleich wieder erneut abgeändert hätten. BM *Ertl* betonte, daß die Bundesregierung der Entwicklung nicht ohne Bedenken entgegengehe. Schwierigkeiten würden aus der un-

---

Fortsetzung Fußnote von Seite 230

zu überschreiten; als Orientierung für die Höhe der zusätzlichen Haushaltsmittel zeichneten sich 500 bis 600 Mio. RE ab. Schließlich sei eine Einigung erzielt worden über Vgl. den Runderlaß Nr. 42; Referat 012, Bd. 106591. Vgl. dazu ferner BULLETIN DER EG, 4/1976, S. 85–87.

6 Zur Situation auf den internationalen Devisenmärkten vgl. Dok. 49.

7 Am 13. Februar 1976 gab Staatspräsident Giscard d'Estaing vor der Presse folgende Erklärung zur Währungspolitik ab: „Concernant les problèmes économiques et financiers, à la suite des travaux de nos ministres des Finances, le chancelier fédéral et moi-même avons réaffirmé notre attachement au mécanisme du serpent qui constitue, à nos yeux, une base essentielle de la construction européenne. Nous avons constaté que rien dans les circonstances actuelles ne justifiait une modification des rapports de change entre le deutschmark et le franc et, dans cette perspective, et conformément aux engagements que nous avons pris à Rambouillet, nous avons demandé à nos banques centrales respectives de concerter étroitement leur politique monétaire et d'intensifier leurs interventions dans toute la mesure nécessaire au rétablissement du calme sur les marchés des changes." Vgl. LA POLITIQUE ETRANGÈRE, I, 1976, S. 57.

8 In den Europäischen Gemeinschaften kam es schon Anfang 1975 aufgrund zweier besonders großer Ernten zu einem Mißverhältnis zwischen dem Angebot an und der Nachfrage nach Wein. Am 9. September 1975 beriet der EG-Rat auf der Ebene der Landwirtschaftsminister über Maßnahmen zur Sanierung des Weinmarktes. Dabei konnte eine Übereinstimmung hinsichtlich einer Regelung der Anpflanzungen und der verschiedenen Marktstützungsmaßnahmen festgestellt werden. Offen blieben Maßnahmen zur Regelung des Weinhandels zwischen Frankreich und Italien. Daraufhin teilte die französische Regierung der EG-Kommission mit, daß sie ab 12. September 1975 auf italienischen Tafelwein eine Einfuhrabgabe erheben werde. Die EG-Kommission ergriff ihrerseits Maßnahmen zur Förderung des Absatzes von Tafelwein in Drittländern sowie auf dem Markt anderer Gemeinschaftsländer. Ferner beschloß sie am 25. September 1975 die Aufhebung der in der Bundesrepublik geltenden Währungsausgleichsbeträge für bestimmte Weine. Vgl. dazu BULLETIN DER EG 9/1975, S. 45 f.
Eine Beilegung des Streits zwischen Frankreich und Italien erreichten die Landwirtschaftsminister auf der EG-Ratstagung vom 2. bis 6. März 1976 in Brüssel im Rahmen der Festsetzung der Agrarpreise für das Wirtschaftsjahr 1976/77. Der Kompromiß sah u. a. die Aufhebung der französischen Einfuhrabgabe zum 1. April 1976, die Entfernung von 4 Mio. Hektoliter Wein aus dem Markt, eine Senkung des Orientierungspreises für Tafelwein, ein Verbot der Neupflanzung für zwei Jahre sowie Rodungen bestimmter Anbauflächen vor. Vgl. dazu BULLETIN DER EG 3/1976, S. 44 f.

9 Die EG-Kommission unterbreitete dem EG-Ministerrat am 15. Dezember 1975 Vorschläge zur Festsetzung der Preise für landwirtschaftliche Produkte für das Wirtschaftsjahr 1976/77. Sie sahen vor, die gemeinsamen Preise im Durchschnitt um 7,5 % anzuheben. Vgl. dazu BULLETIN DER EG 12/1975, S. 20–26.

10 Zur Schließung der italienischen Devisenbörsen am 21. Januar 1976 vgl. Dok. 49, Anm. 3.

terschiedlichen Steigerung der Produktionskosten entstehen. Die Kopplung von Milch- und Getreidepreisermäßigungen stelle uns vor Probleme. Auch sei das Milchpulverproblem[11] noch ungelöst.

Der *Bundeskanzler* machte drei Bemerkungen:

1) wolle er das gute Arbeitsklima unterstreichen. Er bitte darum, in Zukunft keine „öffentlichen Hahnenkämpfe" zu veranstalten. Es sei ein Fehler, die jährlichen Verhandlungen über Preise als deutsch-französische Meinungsverschiedenheiten darzustellen. Die Gegensätze lägen vielmehr zwischen den verschiedenen Wirtschaftszweigen. Er wolle darum bitten, daß nicht jedes Mal bei Tagungen des Agrarministerrats die Presse über deutsch-französische Kontraste berichte, sondern die Sache ihrem Wahrheitsgehalt entsprechend als ein Problem jeder Wirtschaft darstellen möge.

2) Die Landwirtschaftsminister und die beiden Chefs wüßten, daß in der Politik stets Kompromisse gefunden werden müssen. Dies sei auch bei den landwirtschaftlichen Problemen so. Herr Bonnet habe die Vorschläge der Kommission als Diskussionsgrundlage („auch ich halte dies für möglich") akzeptiert.[12] Ein Kompromiß sollte in dieser Grundrichtung ermöglicht werden.

3) Die Tatsache, daß wir uns freimütig streiten können, sei ein Beweis, wie groß das Vertrauen zwischen uns in den zwölf Jahren seit Beginn der Konsultationen geworden ist. Wir hätten Beziehungen mit keinem anderen Land, einschließlich der USA, mit dem das Vertrauen über die Jahre so gut gewachsen sei.

Giscard schloß sich dem an. Das Pressetheater müsse in der Tat reduziert werden. Allerdings sei Frankreich größter landwirtschaftlicher Produzent. Es werde niedere Preise für Getreide vorschlagen, aber auch für andere Waren. Man müsse sich die Frage stellen, ob diese Preise eigentlich in Rechnungseinheiten richtig ausgedrückt seien. Auch er habe den Willen zu einem vernünftigen politischen Kompromiß.[13]

Technologieminister *d'Ornano* gab einen kurzen Abriß der technologischen Problematik, die in einem dem Präsidenten und dem Kanzler vorliegenden Papier

---

11 Im Rahmen ihrer Vorschläge zur Festsetzung der Preise für landwirtschaftliche Produkte für das Wirtschaftsjahr 1976/77 unterbreitete die EG-Kommission dem EG-Ministerrat auch einen Vorschlag zur Beimischung von Magermilchpulver in Futtermittel. Vgl. dazu BULLETIN DER EG 2/1976, S. 41.
Auf der EG-Ratstagung vom 2. bis 6. März 1976 in Brüssel einigten sich die Landwirtschaftsminister auf eine Verordnung, „mit der eine Verpflichtung zum Kauf von Magermilchpulver eingeführt wird, das sich im Besitz der Interventionsstellen befindet und zur Verwendung bei der Fütterung von Tieren mit Ausnahme junger Kälber bestimmt ist". Vgl. dazu BULLETIN DER EG 3/1976, S. 43.

12 In der Plenarsitzung der deutsch-französischen Konsultationen am 13. Februar 1976 in Nizza wies der französische Landwirtschaftsminister Bonnet darauf hin, „daß, obgleich die objektive Methode der Kommission zum Ausdruck bringt, daß die Produktionskosten in Frankreich um 9,4 % gestiegen sind, die französische Regierung einverstanden sei, den Vorschlag der Kommission auf der Basis von 7,5 % als Diskussionsgrundlage zu akzeptieren." Vgl. das Stenographische Protokoll des Presse- und Informationsamtes; Referat 202, Bd. 111200.

13 Die Landwirtschaftsminister einigten sich auf der EG-Ratstagung vom 2. bis 6. März 1976 in Brüssel auf eine durchschnittliche Anhebung der Preise um 7,7 %. Vgl. dazu BULLETIN DER EG 3/1976, S. 42–49.

zusammengefaßt war.[14] (Das Papier wurde nicht verlesen, aber zwischen Giscard, Chirac und d'Ornano diskutiert.)

Man sei zu ersten Teilabreden gekommen. Jetzt müßten die Industriellen herangezogen werden und Beschlüsse fassen. Neue Nukleartechniken seien zu entwickeln, Beauftragte hierfür müßten benannt werden. Einige Grundprinzipien hierfür seien in dem Papier festgelegt.[15]

Zu den Hochreaktoren bemerkte er, daß die Absichten über die Abfassung eines gemeinsamen Programms bei JET nahe beieinander liegen. Sie würden demnächst im Rat der Gemeinschaft behandelt werden.[16]

Über den Weltraum sei eine kurze Unterhaltung mit Matthöfer geführt worden.

Mit Friederichs habe er über natürliches Gas und die hierauf bezüglichen Transportfragen gesprochen. Ferner über die Probleme der Eisen- und Stahlindustrie, insbesondere im Zusammenhang mit den deutsch-luxemburgischen

---

[14] Bundesminister Matthöfer und der französische Industrieminister d'Ornano unterzeichneten am 13. Februar 1976 in Nizza eine Gemeinsame Erklärung über die deutsch-französische Zusammenarbeit auf dem Gebiet der fortgeschrittenen Reaktorsysteme. Darin bekundeten sie ihre Übereinstimmung, „daß den Schnellen Brutreaktoren und den Hochtemperaturreaktoren in verschiedener Hinsicht eine ganz besondere Bedeutung zukommt, die ihre Entwicklung neben Leichtwasserreaktoren im Rahmen der Förderung der friedlichen Nutzung der Kernenergie rechtfertigt. [...] Die beiden Minister haben daher beschlossen, eine Zusammenarbeit auf folgenden Gebieten zu fördern und voranzutreiben: 1) Natriumgekühlte Schnelle Brutreaktoren (SNR); 2) Hochtemperaturreaktoren (HTR). Diese Zusammenarbeit soll sich auf die Bereiche Forschung und Entwicklung, Konzeptionsstudien, technische Planungen, Bau und Nutzung von Reaktoren, Herstellung von Komponenten sowie auf den Brennstoffkreislauf erstrecken. Selbstverständlich muß diese Zusammenarbeit langfristig angelegt sein, um auch die Vermarktungsphase der SNR und HTR abzudecken." Vgl. Referat 202, Bd. 111200.

[15] In der Gemeinsamen Erklärung vom 13. Februar 1976 über die deutsch-französische Zusammenarbeit auf dem Gebiet der fortgeschrittenen Reaktorsysteme legten beide Seiten ihre Absicht dar, hinsichtlich der Entwicklung und Vermarktung der neuen Reaktorsysteme mit der Industrie, insbesondere den Elektrizitätsversorgungsunternehmen beider Staaten, zu kooperieren. Hierfür sollten Finanzmittel in einer Höhe aufgewendet werden, die dem vom jeweils anderen Staat zur Verfügung gestellten Gesamtbetrag entsprächen. Die Zusammenarbeit sollte Partnern in dritten Staaten offenstehen. Schließlich wurden regelmäßige Konsultationen vereinbart, „um Entwicklung und Verlauf der Zusammenarbeit zu verfolgen, weitere Maßnahmen vorzuschlagen und gegebenenfalls neue Phasen vorzubereiten". Vgl. Referat 202, Bd. 111200.

[16] Bundesminister Matthöfer und der französische Industrieminister d'Ornano erörterten am 12./13. Februar 1976 in Nizza den Bau einer Versuchsanlage JET (Joint European Torus) zur Erzeugung und Einschließung eines Plasmas, das die für einen Fusionreaktor erforderlichen Merkmale haben sollte. Das Projekt war Teil eines geplanten Fünf-Jahres-Programms der Europäischen Gemeinschaften für die kontrollierte Kernfusion und Plasmaphysik. Die Minister „waren sich einig, daß von Kommission vorgeschlagener Standort Ispra nicht geeignet sei. BM Matthöfer trat für Garching ein, Minister d'Ornano für Cadarache. BM Matthöfer unterstrich, daß vor endgültiger Entscheidung über Baubeschluß und Standort JET weiter objektive Klärungen erforderlich seien, inzwischen aber Vorarbeiten für JET und Assoziationsprogramm Fusion weiterlaufen müßten." Vgl. die Gesprächsaufzeichnung; Referat 202, Bd. 111200.
Auf der EG-Ratstagung am 24. Februar 1976 in Brüssel beschlossen die Forschungsminister das Gemeinschaftsprogramm auf der Grundlage einer Mittelausstattung in Höhe von 124 Mio. RE. Hinsichtlich des Projekts JET konnte jedoch keine Einigung erzielt werden: „Trotz einiger Fortschritte – vor allem in der Frage der von der Kommission vorgelegten Kostenschätzung und der Kostenteilung zwischen angeschlossenen Laboratorien, interessierten Gastlaboratorien und Kommission – hat der Rat jedoch über das Projekt JET und vor allem auch über die Standortfrage noch nicht entschieden." Vgl. dazu BULLETIN DER EG 2/1976, S. 22 f.

Gesprächen.[17] Diese sollten nicht zum Zusammenschluß einer Exklusivgruppe führen. Eine gemeinsame Erklärung hierüber sei in Vorbereitung.

BM *Matthöfer* hatte dem nichts hinzuzufügen.

Staats- und Innenminister *Poniatowski* beleuchtete die gute Zusammenarbeit im Kampf gegen den Terrorismus. Die Zusammenarbeit, die in den letzten zwei Jahren bei der Bekämpfung gemeiner Verbrechen entwickelt worden sei, werde jetzt auch bei dem Kampf gegen den Terrorismus verbessert. Die Polizeien arbeiteten gut zusammen. Bei Auslieferungen entstünden keine Probleme. Die Kontrolle an den Grenzen bei Ausländern sei außerdem behandelt worden[18], ebenso wie das Luftsicherungsabkommen[19], das auch auf andere EWG-Länder ausgedehnt werden könnte. Ferner habe man über Katastrophenschutz gesprochen. Bei den gemeinsamen Pässen[20] müsse man sich für eine von zwei Lösungen entscheiden: Die Identifizierungsmerkmale entweder in einer Sprache auf der ersten Seite und eine Übersetzung am Schluß, oder aber die Merkmale in mehreren Sprachen gleich zu Anfang. Man habe Probedrucke in Auftrag gegeben.

---

[17] Botschafter Meyer-Lohse, Luxemburg, informierte am 17. Februar 1976: „Zu dem in der Presse bereits gemeldeten Zusammenschluß der Wirtschaftsvereinigung der Eisen- und Stahlindustrie und der Walzstahlvereinigung der Bundesrepublik mit den Gruppen ARBED-Luxemburg – einschließlich Röchling-Burbach und SIDMAR (Belgien) – sowie ESTEL-Holland zu einer Interessengemeinschaft äußerten sich meinem Mitarbeiter gegenüber Vertreter der ARBED. Wesentliche Zwecke des Zusammenschlusses, der, wie betont wurde, nicht der Preisabsprache dient, sind an erster Stelle die Zusammenarbeit bei der Rationalisierung und bei Rohstoffeinkäufen, Auswertung von Studien zur Erschließung von Rohstoffreserven und die Abstimmung von Investitionen. [...] Der Sitz des gemeinsam finanzierten Büros in Luxemburg wurde offenbar gewählt, um bei dem deutschen Übergewicht in der Vereinigung die Vermittlerrolle zu betonen. Die Genehmigung des neuen Zusammenschlusses durch die EG-Kommission ist beantragt, aber bisher noch nicht erteilt." Vgl. den Schriftbericht Nr. 107; Referat 420, Bd. 121611.

[18] Bundesminister Maihofer und der französische Innenminister Poniatowski erörterten am 12./13. Februar 1976 in Nizza den Entwurf für ein Abkommen über die Zusammenarbeit der Polizeibehörden im deutsch-französischen Grenzbereich. Für den Entwurf vom 10. Februar 1976 vgl. Referat 510, Bd. 113826.

[19] Im Rahmen der Zusammenarbeit der Innenministerien der Bundesrepublik und Frankreichs wurde eine Arbeitsgruppe damit beauftragt, die Sicherheitsprobleme des Luftverkehrs zu prüfen. Zum Stand der Arbeiten wurde in einem vom Bundesministerium des Innern am 4. August 1975 übermittelten deutsch-französischen Memorandum vermerkt: „Die gemeinsame deutsch-französische Arbeitsgruppe hat in einem Protokoll die Grundsätze für die Zusammenarbeit im Bereich der Sicherheit des Luftverkehrs festgelegt. Dieses Dokument sieht insbesondere vor: die ständige Information der beiden Parteien über die Bedrohungen des Luftverkehrs; die Abstimmung über zu treffende Schutzmaßnahmen; die gegenseitige technische Hilfe in Fällen widerrechtlicher Handlungen gegen Flughafenanlagen, Flugzeuge und die Staatsangehörigen der beiden Staaten. Das Dokument kann durch Briefaustausch der beiden Innenminister bei ihrer bevorstehenden Zusammenkunft in Kraft gesetzt werden." Vgl. Referat 510, Bd. 113884.

[20] Die Gipfelkonferenz der EG-Mitgliedstaaten am 9./10. Dezember 1974 in Paris beschloß die Einsetzung einer Arbeitsgruppe, „die die Möglichkeiten zur Schaffung einer Paßunion und – im Vorgriff – die Einführung eines einheitlichen Passes untersuchen soll". Vgl. EUROPA-ARCHIV 1975, D 42.
Am 14. November 1975 informierte Ministerialdirigent Dittmann, daß die Arbeitsgruppe ihren Bericht abgeschlossen hat und ihn dem Europäischen Rat am 1. Dezember 1975 in Rom vorlegen wolle. In der Sprachenfrage vertrete die Bundesregierung im Unterschied zu den übrigen acht EG-Mitgliedstaaten folgende Auffassung: „Die erste Seite in allen Amtssprachen der EG zu beschriften; die Kontrollseiten entweder mit Ordnungsnummern oder mit Ordnungsnummern und der Nationalsprache zu beschriften und die Ordnungsnummern auf dem umseitig folgenden Blatt in den Amtssprachen der EG zu erläutern; die für Sichtvermerke vorgesehenen Seiten entweder nicht oder in allen Amtssprachen der EG zu beschriften; die letzte Seite nur in der Nationalsprache zu beschriften." Vgl. den Runderlaß Nr. 4667; Referat 410, Bd. 121864.

Bundeskanzler äußerte die Bitte um ausführliche Unterrichtung über die Terrorismusbekämpfung: Wie schreite die Kooperation fort, auf bilateralem oder internationalem Weg? Müssen neue Abkommen geschlossen werden? Streben wir weitere Abreden an? Bundeskanzler hob hervor, daß politische Beunruhigung überall vorherrsche. Man werde den Maßnahmen überall große Bedeutung zumessen, und dies sollte bekannt gemacht werden.

BM *Maihofer* fügte dem „sehr abgekürzten" Resümee Poniatowskis hinzu, daß der Austausch von Informationen zwischen den beiden Ländern hervorragend funktioniere. Man habe sich über wesentliche Punkte der geplanten europäischen Konferenz über den Terrorismus im Mai[21] verständigt. Die deutsch-französische Zusammenarbeit sei als Modell für eine EWG-Kooperation anzusehen. Er sei auch mit dem britischen Innenminister Jenkins hierüber einig.[22] Es werde eine gemeinsame Arbeitsgruppe über den Kampf gegen den internationalen Terrorismus gebildet (die sog. Gruppe Carlos). Die gute deutsch-französische Kooperation auf diesem Gebiet sei ein Schritt in Richtung auf eine europäische Innenpolitik.

Der *Bundeskanzler* warf ein, daß man bei der Behandlung dieses Punktes vor der Presse sagen sollte, die Innenminister bereiteten die Konferenz vom Mai vor.

Poniatowski erklärte, die Konferenz im Mai werde sich mit Arbeitsmethoden beschäftigen. Zur Zeit seien die Dienste in ihren Strukturen noch nicht gut genug aufeinander eingestellt. Es bedürfe weiterer Harmonie. Man müsse erreichen, daß die deutsch-französischen Polizeien ohne bürokratischen Umweg einander zu Hilfe kommen könnten.

Giscard bemerkte, daß für Ausweisungen und Polizeiaktionen gemeinsam Arbeitsmethoden erarbeitet werden müßten.

AM *Sauvagnargues* berichtete über die Außenministergespräche (im einzelnen siehe Vermerk van Well[23]).

Angola

In Angola habe in den letzten Tagen eine radikale Entwicklung stattgefunden. Bongo und Houphouët-Boigny bereiteten Anerkennung MPLA vor. Präsident Giscard habe an die USA heute eine Botschaft gerichtet, Frankreich werde wegen seiner Bindungen zu den gemäßigten Afrikanern die MPLA bald anerkennen.[24] BM Genscher habe demgegenüber Konsultationen vorgeschlagen. Heute finde in Luxemburg ein Treffen zu diesem Zwecke statt.[25]

---

[21] Zur geplanten „Europäischen Konferenz für innere Sicherheit" vgl. Dok. 11, Anm. 11.
Die Konferenz fand am 29. Juni 1976 in Luxemburg statt. Vgl. dazu Dok. 231, Anm. 17.
[22] Bundesminister Maihofer und der britische Innenminister Jenkins führten am 19./20. Januar 1976 in London Gespräche über eine Zusammenarbeit auf dem Gebiet der inneren Sicherheit. Vgl. dazu das Schreiben des Bundesministeriums des Innern vom 23. Januar 1976; Referat 510, Bd. 113884.
[23] Für die Aufzeichnung des Ministerialdirektors van Well vom 12. Februar 1976 vgl. Dok. 48.
[24] Frankreich gab am 17. Februar 1976 die Anerkennung der Regierung der MPLA bekannt. Am 18. Februar 1976 folgten Dänemark, Großbritannien, Irland, Italien und die Niederlande sowie am 20. Februar 1976 Luxemburg und Belgien.
[25] Zur Sitzung der Vertreter der EG-Mitgliedstaaten am 13. Februar 1976 in Luxemburg vgl. Dok. 48, Anm. 9.

Ferner habe man über Djibouti und Mayotte gesprochen.[26]

Bezüglich des Mittelmeeres habe man gemeinsame Ansichten über Griechenland, Portugal und Spanien entwickelt. Bei Maghreb sei der Wunsch ausgesprochen worden, daß Tunis und Marokko bald zustimmen.[27] Beim Nahen Osten seien gleiche Ansichten geäußert worden. Beim Europäisch-Arabischen Dialog hätten die beiden Außenminister dessen politische Dimension betont. Bei der Entwicklungshilfe habe er die Formierung deutsch-französischer Konsortien vorgeschlagen.[28] Über Libanon habe er verhältnismäßig zuversichtliche Ansichten geäußert. Bezüglich Israels habe Herr Genscher die Bitte geäußert, das Finanzabkommen parallel und gleichzeitig mit dem Maschrek-Abkommen abzuschließen; hierzu gebe es französische Vorbehalte, eine Entscheidung sei noch nicht gefallen.

Sodann habe man über das Konsularabkommen mit der DDR gesprochen.[29] Herr Genscher wünsche, daß hier keine Klauseln eingebaut würden, die der Position der Bundesrepublik Deutschland Schaden zufügten. Sauvagnargues erwähnte sodann noch das von Poniatowski behandelt Paßproblem.

BM *Genscher* fügte hinzu, er habe Herrn Sauvagnargues gegenüber betont, daß es für uns wichtig sei, daß Deutsche aus der DDR von unseren Konsuln betreut werden könnten, wenn sie es wünschten. Das Prinzip der Freiwilligkeit sei für uns bedeutsam.

---

26 Im Gespräch am 12. Februar 1976 in Nizza informierte der französische Außenminister Sauvagnargues Bundesminister Genscher über die Unabhängigkeitsbestrebungen der französischen Kolonie Djibouti und des zur Inselgruppe der Komoren gehörenden Überseedepartements Mayotte: „Bekanntlich hat sich die Nationalversammlung dagegen ausgesprochen, der Insel Mayotte die Unabhängigkeit aufzuzwingen. Die kürzliche Entscheidung der Einwohner von Mayotte (99,4% für Verbleib bei Frankreich) muß daher respektiert werden. Der Staatspräsident will aber die Tür für ein späteres Arrangement zwischen Mayotte und den drei übrigen Komoren-Inseln offenhalten. Das wird wegen der Haltung der Nationalversammlung und den sich daraus ergebenden Verfassungsproblemen nicht einfach sein." Zur Situation in Djibouti führte Sauvagnargues aus: „Der Präsident hat bekräftigt, daß Frankreich Djibouti in die Unabhängigkeit führen will, wobei der Bestand dieser Unabhängigkeit – mit Blick auf Somalia und Äthiopien – auch garantiert sein muß. Somalia hat bisher gezögert, den durch die Entführung der Schulkinder verursachten Schußwechsel zwischen französischen und somalischen Truppen vor die VN zu bringen; wenn der Sicherheitsrat damit befaßt wird, wird sich Frankreich rechtfertigen; es beabsichtigt aber nicht, von sich aus diese Frage vor die VN zu bringen. Es ist vorgesehen, daß die nächste Generalversammlung der VN die Unabhängigkeit Djiboutis akklamieren soll. Bis dahin bleibt nicht viel Zeit; Voraussetzung sind Übereinkommen mit den Nachbarstaaten über die Garantie der Unabhängigkeit sowie eine Erweiterung der innenpolitischen Basis in Djibouti, wobei alle politischen Richtungen zu berücksichtigen sind." Vgl. den Schriftbericht Nr. 629 der Botschaft in Paris vom 17. Februar 1976; Referat 202, Bd. 111200.

27 Zu den Kooperationsabkommen zwischen den Europäischen Gemeinschaften und Algerien, Marokko bzw. Tunesien vgl. Dok. 48, Anm. 14–16.

28 Der französische Außenminister Sauvagnargues erklärte im Gespräch mit Bundesminister Genscher am 12. Februar 1976 in Nizza zum Europäisch-Arabischen Dialog: „Angesichts ungenügender Fortschritte in der Palästinenser-Frage bietet der E/A-Dialog die Möglichkeit zu ‚Kompensationen' für die Araber. Der E/A-Dialog hat eine bestimmte und bedeutende politische Seite und kann gewissermaßen europäische Unbeweglichkeit in der Palästinenser-Frage kompensieren. In den Expertenausschüssen selbst wird man kaum zum Abschluß bringen können. Wir müssen unsere Privatindustrie ermutigen, mit den Arabern zu kontrahieren. Bonn sollte desgleichen tun. Man kann an die Bildung von Konsortien denken." Vgl. den Schriftbericht Nr. 629 der Botschaft in Paris vom 17. Februar 1976; Referat 202, Bd. 111200.

29 Zum Stand der Verhandlungen zwischen Frankreich und der DDR über einen Konsularvertrag vgl. Dok. 43, Anm. 4.
Zur dritten Verhandlungsrunde, die am 9. Februar 1976 begann, vgl. Dok. 78, Anm. 4.

Bezüglich Afrika betonte BM Genscher, daß wir es für notwendig halten, gemeinsam Südafrika darauf hinzuweisen, daß es wegen Namibia besondere Verantwortung trägt. Es dürfe keinen Vorwand liefern, daß sowjetische Truppen und Militärpotential nach Angola eingeschleust werden. Das Problem Namibia müsse bald gelöst werden.

Betreffend Angola wünschten wir den Afrikanern den Vortritt zu lassen. Kein Schritt von westlicher Seite. Unser Ziel müsse sein, der MPLA nach dem Ende des Krieges zu helfen, ihre derzeitigen Unterstützer loszuwerden.[30]

Die Koordinatoren:

Lapie: Von 17 Punkten wolle er nur drei erwähnen:

1) Den Französischunterricht in deutschen Schulen, über den Prof. Schmid berichten werde. Er erwähnte die neun Empfehlungen der Kultusministerkonferenz, die auch von dieser deutsch-französischen Gipfelkonsultation zur Kenntnis genommen werden müßten.

2) Es sei geplant, ein französisches Historisches Institut in Deutschland zu gründen. Beginnen solle man mit einer historischen Mission, die in Göttingen bereits arbeite und vom Max-Planck-Institut unterstützt werde.[31]

3) In der Annäherung der Verwaltungen sei eine wichtige Entwicklung eingetreten. Beamte aus den Gebieten von Sport, Straßenbau, Stadtplanung, Landwirtschaft, Gesundheit treffen sich in zunehmendem Maße. Hauptsächlich auf dem Finanzgebiet bestünden Schwierigkeiten. Aus diesem – und nur aus diesem – Grunde komme die erstrebte Familiarität noch nicht ausreichend zustande.

Prof. Carlo *Schmid* bezeichnete die Fortschritte der letzten Jahre als erstaunlich. Beamte, Parlamentarier, Ausschüsse berieten Gesetzesentwürfe gemeinsam mit dem Ziel späterer Harmonisierung. Auf den Gebieten der Entwicklungshilfe, der Landwirtschaft finde laufender Erfahrungsaustausch statt. Bei

---

[30] Ministerialdirektor Lahn schlug am 18. Februar 1976 Bundesminister Genscher vor, „die Volksrepublik Angola völkerrechtlich anzuerkennen und gegenüber der angolanischen (MPLA-) Regierung die Bereitschaft der Bundesregierung zur Aufnahme diplomatischer Beziehungen auszusprechen." Den Entwurf eines Anerkennungsschreibens fügte er bei. Zur Begründung wies Lahn auf die Entscheidung der französischen Regierung vom Vortag und auf die dadurch ausgelöste Anerkennung von Angola durch andere EG-Mitgliedstaaten hin: „Die Bundesrepublik Deutschland läuft Gefahr, mit sichtbarem Zeitabstand unter den letzten EG-Staaten, wenn nicht der letzte, zu sein, der anerkennt. Dies könnte sich angesichts der starken Präsenz der Ostblockstaaten, vor allem der DDR, in Luanda, für unsere zukünftige Position in Angola nachteilig auswirken, einschließlich der deutschen Vermögensfragen." Vgl. Referat 312, Bd. 108167.
Bundespräsident Scheel teilte Präsident Neto am 19. Februar 1976 die Anerkennung der Regierung der MPLA durch die Bundesrepublik mit. Für den Wortlaut des Schreibens vgl. BULLETIN 1976, S. 220.

[31] Botschafter Freiherr von Braun, Paris, informierte am 29. Januar 1976: „Das Bemühen, in der Bundesrepublik ein französisches Historisches Institut zu etablieren, wird jetzt von französischer Seite ernsthaft vorangetrieben. Das geplante Institut soll dieselben Aufgaben erhalten, wie das bereits bestehende Deutsche Historische Institut in Paris, d.h., sich der Forschung, und zwar unter den besonderen Aspekten des Gastlandes, zu widmen. Der Gedanke, eine solche dem deutschen Historischen Institut parallellaufende französische Institution in der Bundesrepublik Deutschland zu schaffen, wurde bereits in den 60iger Jahren erwogen. Die Koordinatoren für die deutsch-französische Zusammenarbeit haben ihn vor zwei Jahren neu aufgegriffen und befürwortet. Den Ausschlag dafür, daß sich die französischen Pläne zu konkretisieren scheinen, gab das Max-Planck-Institut für Geschichte in Göttingen. Es hat sich bereit erklärt, der geplanten französischen Einrichtung Gastrecht zu gewähren." Vgl. den Schriftbericht Nr. 429; Referat 621B, Bd. 108913.

den Agrarwissenschaften und der Ausbildung landwirtschaftlichen Lehrpersonals gehe es gleichfalls gut. Die Verkehrsminister[32] hätten langfristige Ver-
kehrsplanung vereinbart. Die Technik der Schnellverkehrsstraßen werde gemeinsam entwickelt. Treffen der Industriellen, die in den letzten Jahren nachgelassen hätten, würden wieder zunehmen: Es bestehe auf beiden Seiten das
Bedürfnis nach Wiedereinrichtung der Zusammenkünfte.

Die französische Gesundheitsministerin[33] habe den Wunsch, bessere Kontakte
mit ihrer deutschen Kollegin[34] herzustellen, insbesondere Arzneikosten seien
hier ein Thema. Zum französischen Unterricht erwähnte Professor Schmid die
neun Empfehlungen der elf Länderkultusminister, die den französischen Unterricht in deutschen Schulen erleichtert hätten. Bereits 15 Schüler könnten
Französischunterricht verlangen; die Gefahr, daß er in den oberen Klassen ein-
schlafe, sei gebannt. Dies sollte in der Pressekonferenz gesagt werden.

Zum Schluß erklärte Prof. Schmid, daß die ins Auge gefaßte Schließung eines
Goethe-Instituts abzulehnen sei und, wie er hoffe, auch nicht stattfinden werde.[35]

Abschließend sagte der *Bundeskanzler*, er werde zum Terrorismus einiges in
der Pressekonferenz sagen.

Giscard teilte mit, daß die nächste Gipfelkonferenz am 5./6. Juli in Hamburg
stattfinden werde.[36] Auch das werde man bekanntgeben. Ferner wurde zum
Schluß die Absendung eines gemeinsamen Briefes der Herren Giscard und
Schmidt an den Präsidenten des Rates bekanntgegeben, in dem ein Ratsbe-
schluß angeregt wurde, Jean Monnet eine Festschrift zu überreichen, zu der
Kohnstamm bereits Ausführungsanweisung erhalten hätte.[37]

VS-Bd. 9936 (202)

---

[32] Kurt Gscheidle und Marcel Cavaillé.

[33] Simone Veil.

[34] Katharina Focke.

[35] Das Auswärtige Amt und das Goethe-Institut führten seit längerem Gespräche über eine Neuver-
teilung der Goethe-Institute und die effizientere Nutzung der Mittel. Am 4. Dezember 1975 führte
der Präsident des Goethe-Insituts, Herwarth von Bittenfeld, in München vor der Presse aus, daß
der Zuschuß des Auswärtigen Amts zum Haushalt des Instituts um 3,8 Mio. DM gesenkt werde
und darüber hinaus eine Haushaltssperre von 10 % angekündigt sei: „Die Zentrale in München beschäftige sich darum mit Plänen, andere Schwerpunkte zu bilden, Institute zu verkleinern, Zweig-
in Nebenstellen umzuwandeln und ‚einige' kleinere Institute ganz aufzugeben." Vgl. den Artikel
„Die betroffenen Länder wurden nicht genannt"; FRANKFURTER RUNDSCHAU vom 5. Dezember 1976,
S. 5.
Am 23. Dezember 1975 schrieb Bundesminister Genscher dem Koordinator für die deutsch-französische Zusammenarbeit, Schmid: „Im Rahmen unserer gegenwärtigen Überlegungen hoffen wir,
bis auf weiteres auf die Schließung eines oder mehrerer Institute in Frankreich verzichten zu können. Andererseits ist eine gewisse Straffung im institutionellen Bereich sicherlich möglich, ohne
daß dies zu ernsthafteren Beeinträchtigungen führt. [...] Wegen der besonderen Qualität des
deutsch-französischen Verhältnisses wird die Abteilung für auswärtige Kulturpolitik mit größter
Behutsamkeit an die notwendigen Rationalisierungsmaßnahmen in Frankreich herangehen." Vgl.
Referat 630, Bd. 128301.

[36] Zu den deutsch-französischen Konsultationen vgl. Dok. 223, Dok. 224, Dok. 227 und Dok. 228.

[37] Zur geplanten Auszeichnung für den ehemaligen Vorsitzenden des „Aktionskomitees für die Vereinigten Staaten von Europa", Monnet, vgl. Dok. 41, Anm. 19.
Im Schreiben vom 13. Februar 1976 an Ministerpräsident Thorn würdigten Bundeskanzler
Schmidt und Staatspräsident Giscard d'Estaing den Beitrag von Monnet zur europäischen Einigung und zur deutsch-französischen Verständigung. Danach fuhren sie fort: „C'est pourquoi, nous

51

Aufzeichnung des Ministerialdirektors Lautenschlager

420-554.10 USA-161/76 VS-vertraulich   17. Februar 1976[1]

Über Herrn Staatssekretär[2] Herrn Minister mit der Bitte um Billigung zur Vorlage beim Herrn Bundeskanzler

Betr.: Deutsch-amerikanischer Devisenausgleich;
       hier: amerikanischer Gegenvorschlag zum deutschen Entwurf[3] einer gemeinsamen Erklärung

Bezug: DB Botschaft Washington Nr. 375 vom 3.2.1976 – VS-v[4]

Vorlage wurde mit BMF und BMVg abgestimmt. Abteilung 2 hat mitgezeichnet. – Entscheidung des Herrn BK erscheint dringlich, weil Rumsfeld öffentlich erklärte, US-Regierung rechne mit baldiger positiver deutscher Antwort.

1) Der amerikanische Gegenentwurf

1.1) Übergeben von Mr. Vine an Botschaft Washington am 3.2.1976 mit folgenden Feststellungen:

– Entwurf enthalte nicht ausformulierte Elemente und sei bewußt elastisch gehalten.

– Übereinstimmung mit uns bestehe hinsichtlich:

  – Stärkung der Effizienz der Allianz;

  – Abstimmung der Verteidigungsprogramme;

  – Abgehen von der bisherigen „Philosophie" des Offset – unter Beachtung der innenpolitischen Implikationen (hier: Hinweis auf „latenten" Druck des Kongresses im Hinblick auf Truppenreduzierung in Europa).[5]

Fortsetzung Fußnote von Seite 238

subbérons que le Conseil Européen exprime dans une résolution la très haute estime dans laquelle il tient Jean Monnet et convère à celui-ci le titre de Citoyen d'Honneur de l'Europe. Le Conseil Européen pourrait en même temps inviter le Président de l'Institut Universitaire Européen de Florence à établir, en hommage à Jean Monnet un recueil de textes de personnalités de tous les Etats membres et des institutions de la Communauté." Vgl. Referat 410, Bd. 121679.

[1] Durchschlag als Konzept.
Die Aufzeichnung wurde von Vortragendem Legationsrat I. Klasse Mühlen und von Vortragendem Legationsrat Fett konzipiert.

[2] Peter Hermes.

[3] Zu dem am 16. Dezember 1975 in Washington übergebenen Entwurf der Bundesrepublik für eine gemeinsame Erklärung vgl. Dok. 39, Anm. 6.

[4] Botschafter von Staden, Washington, übermittelte das amerikanische Papier über den deutsch-amerikanischen Devisenausgleich. Vgl. VS-Bd. 8891 (420); B 150, Aktenkopien 1976.

[5] Botschafter von Staden, Washington, berichtete am 3. Februar 1976, daß nach Auskunft des Mitarbeiters im amerikanischen Außenministerium, Vine, zur Zeit der Druck des Kongresses im Hinblick auf Truppenreduzierungen in Europa lediglich „latent" sei: „Dies könne sich jedoch ändern, wenn die sensitive Offset-Frage falsch gespielt werde. Das Hauptproblem sei, die Sache nicht erschwerend zu forcieren (precipitate), sondern sie vielmehr zu erleichtern (facilitate). In prozeduraler Hinsicht müsse man von der Zwei-Jahres-Frist möglicher Lösungen abkommen (Vine erwähnte beispielhaft fünf Jahre) und im übrigen diversifizieren, d. h. einzelne Elemente jeweils über die zuständigen Kanäle getrennt behandeln. Amerikanischerseits sei man sowohl hinsichtlich des In-

1.2) Amerikanischer Text beschäftigt sich mit:

1.2.1) Übergangsperiode (1. Absatz):

Beide Regierungen sollen sich auf „Unterstützungsmaßnahmen zur gemeinsamen Verteidigung" (mutual defence support measures) einigen. Dies schließe Erleichterungen bei der Stationierung von US-Truppen in der Bundesrepublik Deutschland ein. Diese Unterstützung solle den Übergang von einem zahlungsbilanzorientierten Devisenausgleich zu einem Übereinkommen ermöglichen, das den Zweck habe, die militärische Kraft der NATO zu stärken und größere Kosteneffektivität zu erreichen.

1.2.2) Unterstützungsmaßnahmen zur gemeinsamen Verteidigung (2. Absatz):

Die Regierungen sollen Maßnahmen gemeinsam prüfen („would agree to jointly explore measures"). Es solle sich um Maßnahmen handeln, durch die „die finanzielle Last der Stationierung von US-Truppen in Europa gemindert" werden könne.

Als weitere Maßnahmen werden dann genannt:

– erneute Kasernensanierung,

– Umweltschutz,

– Verlegung einer US-Brigade nach Norddeutschland („Brigade 76")[6],

– lt. mündlicher Erläuterung auch Kauf von Schatzanweisungen zu Vorzugszinsen.

Es wird betont, daß solche Maßnahmen, obwohl bilateraler Natur, effektive Beiträge zur Verbesserung der Verteidigungsstruktur und der Kosteneffektivität des Bündnisses seien. Über die Höhe der Beträge und Dauer der Leistungen sollte man möglichst bald verhandeln.

1.2.3) Entwurf einer gemeinsamen Erklärung (3. Absatz):

Hier wird der zu Beginn des deutschen Entwurfs verwendete Gedanke des beiderseitigen Interesses an der gemeinsamen Sicherheit und der guten bilateralen Zusammenarbeit als alleiniger Inhalt einer gemeinsamen Erklärung aufgegriffen.

1.2.4) US-Zahlungsbilanz (4. Absatz):

Unter Hinweis auf die veränderten Währungsverhältnisse wird festgestellt, daß die herkömmlichen Zahlungsbilanzschwierigkeiten an Bedeutung verloren hätten und beide Länder deshalb übereingekommen seien, daß ein Ausgleich von Zahlungsbilanzdefiziten im Zusammenhang mit der Stationierung von US-Truppen in Europa für die gemeinsamen Verteidigungsbeziehungen nicht mehr die gleiche Relevanz hätte.

Fortsetzung Fußnote von Seite 239

halts eines Textes (der uns heute übermittelte sei, so betonte Vine mehrfach, lediglich ‚illustrativ') als auch hinsichtlich seiner Form (Presseverlautbarung, Notenaustausch o. ä.) und der Frage, in welcher Weise die Parlamente zu beteiligen seien, flexibel. Von irgendwelchen Zahlenangaben habe man absichtlich abgesehen." Vgl. den Drahtbericht Nr. 375; VS-Bd. 8891 (420); B 150, Aktenkopien 1976.

6 Zur beabsichtigten Verlegung einer amerikanischen Brigade nach Norddeutschland vgl. Dok. 46.

2) Bewertung des amerikanischen Gegenentwurfs

2.1) Amerikanischer Vorschlag enthält kein Entgegenkommen. Ziel der Amerikaner: Ersetzung Devisenausgleichs durch Stationierungskostenbeitrag.

2.2) Vermischung bilateraler und multilateraler Elemente

Die gedankliche Konstruktion in Absatz 1 und Absatz 2 ist irreführend. Wir sind – wie bisher – nicht bereit, ein Übereinkommen zwischen den Regierungen im Sinne der Übernahme von Stationierungskosten zu treffen. Offensichtlich wollen die Amerikaner von uns anerkannte Elemente (Beendigung Offset, Rationalisierung der Verteidigung etc.) mit nichtanerkannten (Übernahme von Stationierungskosten) verquicken.

2.3) Gemeinsame Erklärung

Eine gemeinsame Erklärung würden die Amerikaner lediglich über den in unserem Entwurf enthaltenen Aspekt des beiderseitigen Interesses an der gemeinsamen Sicherheit und der guten bilateralen Zusammenarbeit abgeben wollen.

Vermutlich soll auf diese Weise die in den beiden ersten Absätzen geforderte „Übereinkunft" beider Regierungen festgeschrieben werden. Dieses müssen wir vermeiden: daher keine beiderseitige Erklärung.

2.4) Bezüglich der Beendigung des Devisenausgleichs zielen die Amerikaner darauf ab, das Zahlungsbilanzargument nicht ganz aufzugeben, sondern lediglich als zur Zeit nicht relevant zu erklären. Auch hier ist der Versuch zu erkennen, die Erleichterung der US-Truppenstationierung als Element gemeinsamer Verteidigungsanstrengungen zu definieren.

2.5) Es fällt auf, daß in Absatz 2 und 4 nicht mehr nur die Erleichterung der Truppenstationierung in der Bundesrepublik Deutschland, sondern in Europa angesprochen wird. Hieran ist zu erkennen, daß die Amerikaner langfristig ein „burden sharing" auf deutsche Kosten ansteuern.

3) Mögliche deutsche Gegenpositionen

3.1) Beibehalten des bisherigen deutschen Standpunktes

3.1.1) Die veränderten Währungsverhältnisse, die zunehmende internationale wirtschaftspolitische Zusammenarbeit und die hieraus resultierende Verbesserung der amerikanischen Zahlungsbilanzsituation rechtfertigen einen Devisenausgleich nicht mehr.

3.1.2) Ein deutscher Beitrag zu den Stationierungskosten verbündeter Streitkräfte ist weder möglich noch berechtigt:

– Eine rechtliche Verpflichtung besteht nicht. Nach Truppenstatut[7] und Zusatzabkommen[8] müssen Entsendestaaten ihre Stationierungskosten selbst tragen.

---

[7] Für den Wortlaut des Abkommens vom 19. Juni 1951 zwischen den Parteien des Nordatlantikvertrages über die Rechtsstellung ihrer Truppen (Truppenstatut) vgl. BUNDESGESETZBLATT 1961, Teil II, S. 1190–1214.

[8] Für den Wortlaut des Zusatzabkommens vom 3. August 1959 zum Truppenstatut vgl. BUNDESGESETZBLATT 1961, Teil II, S. 1218–1312.

– Haushaltsmittel stehen nicht zur Verfügung (Defizit 1976 ca. 40 Mrd. DM). Übernahme von Stationierungskosten wäre nur zu Lasten eigener Verteidigungsanstrengungen möglich.

– Das militärische Kräfteverhältnis zwischen Ost und West verlangt von allen Bündnispartnern verstärkte Verteidigungsanstrengungen. Dem kommt die Bundesrepublik Deutschland nach durch:

  – die Verbesserung des eigenen Verteidigungspotentials,

  – ihr aktives und konstruktives Verhalten im Bündnis,

  – Übernahme von Lasten im Rahmen des Truppenstatuts zu Gunsten verbündeter Streitkräfte in Milliardenhöhe (Überlassen von Liegenschaften, Straßen- und Brückenbau, Sicherheitsmaßnahmen, Bewirtschaftungs- und Verwaltungskosten, Manöverschäden etc.).

Damit trägt die Bundesrepublik Deutschland unmittelbar und wesentlich zur Sicherheit der USA bei. Daß es sich um unmittelbares Interesse der USA handelt, betonte u. a. Verteidigungsminister Rumsfeld anläßlich der Vorlage des Jahresberichts seines Ministeriums für das Haushaltsjahr 76/77 vor dem Repräsentantenhaus:

„Westeuropa ist die entscheidend wichtige zentrale Region für die Sicherheit der USA ... "

3.2) Eine finanziell nicht abgesicherte Alternative zu unserer bisherigen Haltung wäre:

Eine deutsche Kostenbeteiligung bei der Unterbringung der Brigade in Norddeutschland unter der Voraussetzung, daß

– dies eine einmalige Sonderleistung ist,

– keine Verpflichtung zur Zahlung von Stationierungskosten begründet wird,

– der Devisenausgleich damit beendet ist und nichts anderes an seine Stelle tritt.

3.3) Falls ein weiteres Entgegenkommen erforderlich werden sollte, könnte zu obigen Leistungen hinzutreten:

Befristete Fortführung der Kasernensanierung einschließlich Maßnahmen zum Umweltschutz (fehlt Haushaltsabsicherung!).

Die Administration könnte Kongreß gegenüber auch auf Fortsetzung der deutschen Rüstungskäufe in den USA hinweisen.

4) Erneuter Vorschlag der US-Botschaft wegen gemeinsamer Sprachregelung

4.1) Finanzattaché Hermberg hat erneut auf die „Notwendigkeit" einer abgestimmten Sprachregelung hingewiesen, da sich die Presse zunehmend mit dem Thema Devisenausgleich befasse.

4.2) Für eine neue Sprachregelung ist aus unserer Sicht kein Anlaß gegeben. Man kann gegebenenfalls weiterhin sagen, die Regierungen seien im Gespräch.

5) Weiteres Vorgehen

5.1) Der vom Herrn Bundeskanzler für die Referentengespräche erteilte Auftrag ist mit der amerikanischen Antwort erschöpft. Der Gegenentwurf läßt für weitere „Beamtengespräche" auch keinen Raum.

5.2) Für das weitere Vorgehen ist eine Entscheidung des Herrn Bundeskanzlers erforderlich: Ein politisches Ausloten, welche Alternative verwirklicht werden kann, dürfte nur auf höchster Ebene möglich sein. Es wäre demzufolge eine Gelegenheit abzuwarten, bei der erneut mit Präsident Ford oder Außenminister Kissinger über das Thema gesprochen werden kann.

5.3) Der amerikanischen Regierung sollte nach einer angemessenen Frist auf diplomatischem Wege mitgeteilt werden, daß nach dem Stand der Dinge eine Klärung nur auf höchster politischer Ebene bei der nächsten sich bietenden Gelegenheit erfolgen könne.

Lautenschlager[9]

VS-Bd. 8891 (420)

52

Botschafter von Staden, Washington, an das Auswärtige Amt

114-11030/76 geheim   Aufgabe: 17. Februar 1976, 20.30 Uhr[1]
Fernschreiben Nr. 576   Ankunft: 18. Februar 1976, 07.23 Uhr

Betr.: MBFR-Verifikation
      hier: Deutsch-amerikanische Konsultationen vom 10. bis 12.2.1976 in
      Washington

Zur Information

1) Die deutsche Delegation stand unter Leitung von Botschafter Roth. Die amerikanische Delegation wurde von dem amtierenden Direktor des Büros für internationale Beziehungen der ACDA, Floyd, geleitet. Der Direktor der ACDA, Dr. Iklé, leitete die Konsultationen mit einer kurzen Erklärung ein.

2) Zweck der Konsultationen war eine Harmonisierung der amerikanischen und deutschen Vorstellungen über Grundzüge einer Vereinbarung zur Verifizierung der ersten Phase eines MBFR-Abkommens (Verminderung der amerikanischen und sowjetischen Streitkräfte). Besprechungsgrundlagen waren ein deutsches[2] und ein amerikanisches[3] Papier.

---

9 Paraphe vom 19. Februar 1976.

1 Hat Vortragendem Legationsrat I. Klasse Hauber am 18. Februar 1976 vorgelegen.

2 Vortragender Legationsrat I. Klasse Hauber übermittelte der Botschaft in Washington am 4. Februar 1976 den Entwurf „Proposals Concerning Negotiated Verification of Phase I MBFR Agreement". Vgl. dazu den am 3. Februar 1976 konzipierten Drahterlaß Nr. 418; VS-Bd. 11507 (221); B 150, Aktenkopien 1976.

3 Der amerikanische Entwurf für ein Papier über MBFR-Verifikation wurde von Vortragendem Legationsrat Gründel der Botschaft Washington mit Drahterlaß Nr. 421 vom 4. Februar 1976 übermittelt. Vgl. dazu VS-Bd. 11507 (221); B 150, Aktenkopien 1976.

3) Ergebnis war die Herstellung eines konsolidierten Papiers[4], wobei in einigen Fragen von grundsätzlicher Bedeutung Übereinstimmung nicht erzielt werden konnte. Es handelt sich dabei um folgende Punkte:

a) Taktik

Die amerikanische Seite legt Wert auf eine möglichst zügige Einführung eines westlichen Verifizierungsvorschlages in die Verhandlungen in Wien. Sie möchte das konsolidierte amerikanisch-deutsche Papier als Grundlage für die Erteilung einer Weisung des NATO-Rats an die Ad-hoc-Gruppe verstanden wissen. Die deutsche Seite sieht demgegenüber in dem Papier einen Ausgangspunkt für die Erarbeitung einer Substanzposition in der NATO. Ihr geht es um eine ausführliche Erörterung in der Allianz, ehe ggf. an die Ad-hoc-Gruppe eine Weisung ergeht, der Zeitfaktor spielt eine untergeordnete Rolle.

b) Substanz

aa) Beobachter: Die amerikanische Seite unterstützt wie wir für die Reduzierungszeit[5] die Stationierung von Beobachtern mit entsprechenden Begleitfunktionen an bestimmten Ausgangs- und Eingangspunkten, sie empfiehlt aber darüber hinaus für die Zeit nach den Reduzierungen bewegliche flächendeckende Inspektionen ohne Zugang zu militärischen Einrichtungen. Die deutsche Seite ist demgegenüber für eine Beschränkung der beweglichen Beobachtertätigkeit auf die Begleitung der abziehenden Truppen von ihren bisherigen Standorten bis zu den dafür vorgesehenen Ausgangspunkten[6] und für die Beendigung dieser Tätigkeit nach vollzogenem Abzug.[7]

bb) Luftinspektion: Die amerikanische Seite wünscht während und für die Dauer eines Abkommens für die erste Phase eine begrenzte Zahl von Luftinspektionen in niedriger bis mittlerer sowie in großer Höhe, wobei die letzteren den normalen Luftverkehr nicht behindern und Überflüge mit kurzer Vorankündigung erlauben würden. Die deutsche Seite steht Luftinspektionen aus technischen, administrativen, militärischen und politischen Gründen skeptisch gegenüber.[8]

---

[4] Botschafter Roth legte am 19. Februar 1976 Bundesminister Genscher das während der deutsch-amerikanischen Konsultationen vom 10. bis 12. Februar 1976 in Washington erarbeitete gemeinsame Papier vor. Genscher vermerkte dazu handschriftlich: „Ich bitte, konsequent an unserer Linie festzuhalten." Vgl. VS-Bd. 11507 (221); B 150, Aktenkopien 1976. Für Auszüge aus dem Papier vgl. Anm. 7, 8 und 10.

[5] Korrigiert aus: „Reduzierung Zeit".

[6] Der Passus „bis zu ... Ausgangspunkten" wurde von Vortragendem Legationsrat I. Klasse Hauber unterschlängelt.

[7] Zur Frage der Stationierung von Beobachtern wurde im deutsch-amerikanischen Papier vom 12. Februar 1976 ausgeführt: „During the withdrawal period, observers of both sides stationed at the designated exit-entry points would be permitted to accompany withdrawing Soviet and US units from a designated point of origin to the declared exit points. ([US:] During the post-withdrawal period the representatives stationed at each exit-entry point would be permitted to move freely in the associated touring zone. They would not be permitted, however, to enter military installations and facilities. The rights, status, and number of the observers while touring would have to be negotiated and codified.) ([FRG:] The activities of the observers would be strictly confined to accompanying the withdrawing troops, and would end as soon as the withdrawals would have been accomplished)." Vgl. die Aufzeichnung des Botschafters Roth vom 19. Februar 1976; VS-Bd. 11507 (221); B 150, Aktenkopien 1976.

[8] Der amerikanische Vorschlag über Luftinspektionen im deutsch-amerikanischen Papier vom 12. Februar 1976 lautete: „Both during the withdrawal period and for as long thereafter as the Phase I

cc) Überwachung (monitoring) in der Nachreduzierungszeit: Die amerikanische Seite wünscht[9] den Austausch geeigneter Informationen zwischen den Parteien, die deutsche Seite den Austausch von geeigneten Informationen zwischen den USA und der SU.[10]

4) Die amerikanische Seite motivierte ihre Vorstellungen folgendermaßen:

a) Taktik

Eile bei der Einbringung eines westlichen Verifikationsvorschlages in Wien sei deshalb geboten, um dem Osten zu einem frühen Zeitpunkt klarzumachen, daß es dem Westen mit der Verifikation ernst sei (Iklé), je später der Vorschlag gemacht werde, desto geringer sei die Aussicht auf Annahme. Es handele sich jetzt darum, ein Signal zu setzen (to lay down a marker). Die Ausarbeitung eines speziellen Substanzpapiers bedeute eine unnötige Verzögerung. It will sink into the swamp of NATO bureaucracy (Floyd).

b) Substanz

Bewegliche flächendeckende Inspektionen und Luftinspektionen hätten einen hohen nachrichtendienstlichen Wert, stationäre oder nur eingeschränkt bewegliche Beobachter[11] sowie die Verwendung nationaler technischer Mittel reichten zur Überwachung nicht völlig aus. Auch der Kongreß werde auf einer gesicherten Verifikation bestehen. Mit dem Problem einer Verifizierung der Verminderung nuklearer Elemente werde man fertig werden. Man verstehe unsere Vorbehalte besonders hinsichtlich eines Sonderstatus für die BR Deutschland und der möglichen Behinderung einer weitergehenden europäischen militärischen Zusammenarbeit, halte sie aber in Verbindung mit den amerikanischen Vorstellungen für nicht gerechtfertigt. Wenn unsere Bedenken zuträfen, dürften wir uns auch nicht auf stationäre Beobachter einlassen.

5) Beurteilung

Im großen und ganzen zeigte sich die amerikanische Seite gegenüber unseren Argumenten aufgeschlossen. Ein Insistieren in der Beobachterfrage ist kaum zu erwarten. Es ist jedoch wahrscheinlich, daß das Interesse an einer Art von Luftinspektion anhalten wird. Aussichten auf eine baldige Weisung betr. ein Verifikationsabkommen für die erste Phase an die Ad-hoc-Gruppe dürften nach den Konsultationen in der Administration nicht mehr als sehr realistisch beur-

---

Fortsetzung Fußnote von Seite 244

agreement remains in force both sides would be permitted a limited quota of aerial inspections. Some of these inspection flights might be carried out at low and medium altitudes while others would be carried out at high altitude so as not to interfere with normal air traffic and, hence, facilitate overflight on short notice. The conditions under which overflights would be carried out will have to be negotiated and codified." Vgl. die Aufzeichnung des Botschafters Roth vom 19. Februar 1976; VS-Bd. 11507 (221); B 150, Aktenkopien 1976.

9 Dieses Wort wurde von Vortragendem Legationsrat I. Klasse Hauber unterschlängelt.

10 In dem deutsch-amerikanischen Papier vom 12. Februar 1976 hieß es: „In order to facilitate post-reduction monitoring, ([US:] the parties) ([FRG:] US and USSR) would exchange appropriate information such as lists, notifications and data for the purpose of promoting verification of compliance throughout the period during which the agreement is in force." Vgl. die Aufzeichnung des Botschafters Roth vom 19. Februar 1976; VS-Bd. 11507 (221); B 150, Aktenkopien 1976.

11 Der Passus „oder nur ... Beobachter" wurde von Vortragendem Legationsrat I. Klasse Hauber unterschlängelt.

teilt werden. Dennoch bleiben die Amerikaner nicht zuletzt für den Fall, daß in die MBFR-Verhandlungen womöglich überraschend Bewegung kommen sollte, an der Einbringung eines westlichen Verifikationsvorschlags für die Phase eins interessiert. Sie behalten sich die Befassung des NATO-Rats nach Konsultationen mit Großbritannien (im März[12]) vor. Eine interministerielle Abstimmung auf höherer Ebene hat noch nicht stattgefunden. Im Hinblick auf den Kongreß sind keine Tendenzen zu erkennen, auf einem Verifikationskonzept zu bestehen, dessen Annahme dem Hauptbetroffenen – nämlich der BR Deutschland – Schwierigkeiten machen würde. Insofern sind die Hinweise auf einen Druck aus dem Kongreß mit einem Korn Salz zu verstehen.

[gez.] Staden

VS-Bd. 11507 (221)

---

[12] Die britisch-amerikanischen Konsultationen über MBFR-Verifikation fanden am 4./5. März 1976 in Washington statt. Vortragender Legationsrat Gründel hielt dazu am 25. März 1976 Informationen aus der amerikanischen Botschaft fest: „In der Hauptsache sei die Frage der ‚Negotiated Inspection Measures' (NIMs), die dem Osten vorgeschlagen werden sollten, erörtert worden. Es habe Übereinstimmung bestanden, daß in verhältnismäßig naher Zukunft substantiellere Konzeptionen als bisher in Wien unterbreitet werden müßten. Vorher müsse aber (naturgemäß) eine Abstimmung in der NATO erfolgen. Die Briten seien der Auffassung gewesen, daß der deutsch-amerikanische Entwurf als Diskussionsgrundlage nicht besonders geeignet sei, da hierdurch die Betrachtung auf ein sehr begrenztes Konzept eingeengt und alle anderen Möglichkeiten von vornherein ausgeschlossen würden. Dies gelte vor allem für die von deutscher Seite vorgeschlagene Version, wonach mobile Inspektionen außer Betracht bleiben würden. Die Briten befürworteten nach wie vor ein möglichst umfassendes System von NIMs unter Einschluß von mobilen Inspektionen. [...] Falls Amerikaner und Deutsche ihr Papier trotz der obigen Einwände in die NATO einbringen wollten, so nach britischer Auffassung wenigstens mit dem vollen Text der jetzigen Fassung, also einschließlich der die weitergehenden amerikanischen Vorstellungen enthaltenden Passagen (mobile Inspektionen in abgegrenzten Touring-Zonen und Luftinspektionen). In jedem Falle sei eine Diskussion des gesamten Spektrums von NIMs unausweichlich." Vgl. VS-Bd. 11507 (221); B 150, Aktenkopien 1976.

53

Aufzeichnung des Ministerialdirektors van Well

221-372.20/40-208/76 geheim											**18. Februar 1976**[1]

Über Herrn Staatssekretär[2] Herrn Bundesminister[3]

Betr.: MBFR;
> hier: Neuer Vorschlag des Warschauer Pakts

Bezug: Vorlage 221-372.20/40-196/76 geh. vom 17. Februar 1976[4];
> Drahtbericht MBFR-Delegation Wien Nr. 88 vom 17.2.1976[5]

Zusammenfassung

Zu dem am 17. Februar 1976 auf einer informellen Sitzung vorgelegten und am 19. Februar formell in die Diskussion einzuführenden neuen Vorschlag des Warschauer Pakts ist folgendes zu sagen:

– Es handelt sich um den von Generalsekretär Breschnew gegenüber Kissinger angekündigten Gegenvorschlag zum nuklearen Angebot der NATO vom 16. Dezember 1975.[6]

– Er erhält seine Bedeutung durch die zeitliche Nähe zum 25. Parteikongreß der KPdSU[7], weil er der sowjetischen Führung die Möglichkeit gibt, auf einen konkreten Schritt in der Fortführung der Entspannungspolitik hinzuweisen.

---

[1] Die Aufzeichnung wurde von Vortragendem Legationsrat I. Klasse Ruth konzipiert.

[2] Hat Staatssekretär Hermes am 19. Februar 1976 vorgelegen.

[3] Hat Bundesminister Genscher am 20. Februar 1976 vorgelegen.

[4] Vortragender Legationsrat I. Klasse Ruth informierte darüber, daß der Leiter der sowjetischen MBFR-Delegation, Chlestow, in Wien einen neuen Vorschlag der an den MBFR-Verhandlungen teilnehmenden Warschauer-Pakt-Staaten vorgelegt habe: „Abgesehen von einem gewissen Eingehen auf das westliche Phasenkonzept bedeutet auch dieser neue sowjetische Vorschlag offenkundig keine Bewegung des WP in Richtung auf das Verhandlungskonzept des Westens und insbesondere auf das zentrale Verhandlungsziel der Personalparität. Vielmehr zeichnet er sich dadurch aus, daß er eine Gegenposition zu Parität und asymmetrischen Reduzierungen bezieht und stattdessen Festschreibung der Disparitäten durch symmetrische Reduzierungen fordert; versucht, das nukleare Angebot des Westens für die Ausweitung des Verhandlungs- und Reduzierungsgegenstands zu nutzen; versucht, die Forderung nach symmetrischen Reduzierungen auch bei nuklearen Systemen und bei Panzern zu etablieren." Vgl. VS-Bd. 11516 (221); B 150, Aktenkopien 1976.

[5] Botschafter Behrends, Wien (MBFR-Delegation), berichtete über die informelle Sitzung am 17. Februar 1976 und übermittelte den Text des neuen Vorschlags der an den MBFR-Verhandlungen teilnehmenden Warschauer-Pakt-Staaten. Vgl. VS-Bd. 11516 (221); B 150, Aktenkopien 1976. Für Auszüge vgl. Anm. 9–11.

[6] Zum Vorschlag der an den MBFR-Verhandlungen teilnehmenden NATO-Mitgliedstaaten vom 16. Dezember 1975 für eine Einbeziehung amerikanischer nuklearer Komponenten (Option III) vgl. Dok. 3, Anm. 15.
Zur Ankündigung des Generalsekretärs des ZK der KPdSU, Breschnew, gegenüber dem amerikanischen Außenminister Kissinger bei dessen Besuch vom 20. bis 23. Januar 1976 in Moskau vgl. Dok. 21.

[7] Der XXV. Parteitag der KPdSU fand vom 24. Februar bis 5. März 1976 in Moskau statt. Zu den Ausführungen des Generalsekretärs des ZK der KPdSU, Breschnew, am 24. Februar 1976 über MBFR vgl. Dok. 76, Anm. 9.

– Im neuen östlichen Vorschlag ist möglicherweise eine Annäherung an das westliche Phasenkonzept[8] zu sehen; diese Frage läßt sich jedoch endgültig erst beantworten, wenn bestehende Unklarheiten in diesem Zusammenhang geklärt sind.

– Davon abgesehen stellt er keine Bewegung auf die Substanz des westlichen Verhandlungskonzepts hin dar. Vielmehr ist in ihm eine weitere Konkretisierung des Prinzips symmetrischer Reduzierungen in allen Bereichen und damit einer Legalisierung der bestehenden Disparitäten zu sehen. Insofern ist er eine konsequente Weiterentwicklung des bisherigen östlichen Verhandlungskonzepts unter Verwendung bestimmter Elemente des nuklearen Angebots des Westens.

– Aus dem Text des neuen Vorschlags ist zu schließen, daß der Osten nach wie vor auf nationalen Verpflichtungen aller Teilnehmer besteht.

Insgesamt ist festzustellen: Der neue Vorschlag ist mit dem konsequent durchgeführten Prinzip symmetrischer Reduzierungen und der daraus resultierenden Kodifizierung der Ungleichgewichte sowie mit der Einbeziehung aller Teilstreitkräfte auf beiden Seiten das Gegenstück zum westlichen Vorschlag mit seinen asymmetrischen Reduzierungen zur Erreichung der Parität beim Personalbestand und der nur selektiven Einbeziehung bestimmter Waffensysteme.

Die Verwirklichung des östlichen Vorschlags würde die Herstellung einer Rüstungskontrollzone in Mitteleuropa unter Anerkennung der sowjetischen militärischen Überlegenheit in diesem Raum bedeuten.

Er ist nicht geeignet, den Engpaß der Verhandlungen in Wien zu überwinden. Der Vorschlag hat vor allem taktische Bedeutung als Antwort auf das jüngste NATO-Angebot und als öffentlich verwendbare Bekräftigung der Bereitschaft zu konkreten Schritten im Bereich der „militärischen Entspannung".

Immerhin ist jedoch zu prüfen, welche Elemente des neuen östlichen Vorschlags in den Verhandlungen genutzt werden können. Dazu gehört z. B.

– das begrenzte Eingehen auf das westliche Phasenkonzept

– und möglicherweise eine Erleichterung der westlichen Argumentation für eine Datendiskussion und Dateneinigung durch das Insistieren auf ausschließlich prozentuale Reduzierungen.

I. Inhalt des östlichen Vorschlags vom 17. Februar 1976

Stufe 1 (1976)

– Verminderung sowjetischer und amerikanischer Streitkräfte um 2 bis 3 % des Gesamtbestands der Streitkräfte beider Seiten;

dazu Reduzierungen folgenden sowjetischen und amerikanischen Materials in Einheiten

– 300 Panzer,

– 54 nuklearfähige Flugzeuge („Fitter" bzw. F-4),

– 54 Raketenrampen (Scud B bzw. Pershing) mit bestimmter Zahl dazugehöriger nuklearer Sprengköpfe,

---

[8] Vgl. dazu die am 22. November 1973 von den an den MBFR-Verhandlungen teilnehmenden NATO-Mitgliedstaaten vorgelegten Rahmenvorschläge; Dok. 45, Anm. 19.

- 36 Abschlußrampen von Luftabwehrraketen (SAM 2 bzw. Nike-Herkules und Hawk);
- 1 Armeekorps-Hauptquartier mit Kampfunterstützungs- und Versorgungseinheiten;
- Verminderung der Einheiten;
- Auflösung der abgezogenen sowjetischen und amerikanischen Einheiten;
- Verpflichtung aller übrigen direkten Teilnehmer, die numerische Stärke ihrer Streitkräfte in der zweiten Stufe (1977/78) um einen gleichen Prozentsatz in vollständigen Einheiten, zusammen mit entsprechender Bewaffnung, zu reduzieren;
- Verpflichtung aller direkten Teilnehmer, ihre Streitkräfte in gegenwärtiger Höhe einzufrieren.

Stufe 2 (1977/78)

- Verminderung der Streitkräfte um die in der ersten Stufe vereinbarten Prozentsätze;
- weitere Verminderung sowjetischer und amerikanischer Nuklearwaffen;
- Verminderung der Nuklearsysteme aller direkten Teilnehmer.

II. Analyse

1) Im neuen sowjetischen Vorschlag wird das Eingehen auf das westliche Phasenkonzept ausdrücklich als wesentliche Konzession herausgestellt.[9] Diese Konzession ist vage formuliert. Nach dem vorliegenden Text bedeutet sie, daß sich die nicht-amerikanischen direkten westlichen Teilnehmer auf den prozentualen Umfang, die Modalitäten (Einheiten) ihrer Reduzierungen und den Zeitpunkt festlegen würden. Die Reduzierung selbst würde in der zweiten Phase stattfinden.

2) Mit der Verpflichtung, alle Streitkräfte im Raum der Reduzierungen einzufrieren, würde der Westen von vornherein die Kodifizierung der Disparität hinnehmen. Die östliche Seite behauptet, mit diesem Einfrierungsvorschlag auf den westlichen Nichterhöhungsgedanken einzugehen.[10] Der westliche Vorschlag

---

9 In der informellen Sitzung am 17. Februar 1976 führte der Leiter der sowjetischen MBFR-Delegation, Chlestow, in Wien aus: „Die östlichen Delegationen seien bereit, das westliche Konzept einer Reduzierung in zwei Phasen zu akzeptieren. Sie seien bereit, in einem Abkommen zuzustimmen, daß in der ersten Stufe der Reduzierung spezifische Verpflichtungen lediglich von der Sowjetunion und den Vereinigten Staaten übernommen würden. Entsprechende Verpflichtungen für die übrigen direkten Teilnehmer würden im Verlauf anschließender Verhandlungen ausgearbeitet werden. In der ersten Stufe würden diese Länder sich darauf beschränken, eine Verpflichtung allgemeinen Charakters zu übernehmen, die lediglich den endgültigen Umfang und den Zeitpunkt ihrer Reduzierungen definieren würde." Vgl. den Drahtbericht Nr. 88 des Botschafters Behrends, Wien (MBFR-Delegation); VS-Bd. 11516 (221); B 150, Aktenkopien 1976.

10 Der Leiter der sowjetischen MBFR-Delegation, Chlestow, erläuterte in der informellen Sitzung am 17. Februar 1976 in Wien: „Der neue Vorschlag trage in einem gewissen Umfang einem weiteren Element der westlichen Position Rechnung, indem er ein Einfrieren der Personalstärke der übrigen direkten Teilnehmer während der Zeitdauer der ersten sowjetischen und amerikanischen Verminderungen vorsehe. Der Osten sei dazu bereit, falls während der Zeitdauer der amerikanischen und sowjetischen Truppenverminderungen keinerlei Vermehrung in den Streitkräften der anderen direkten Teilnehmer eintreten würde. Nur so könne das gegenseitige Vertrauen der Teilnehmer gestärkt werden. Die Durchführung dieser Maßnahme würde den politischen Willen der Staaten demonstrieren, den Aufbau der Streitkräfte in Mitteleuropa zu begrenzen, und würde die Möglichkeit

ist jedoch an den Vorbehalt der Zustimmung zum Ziel der Parität und asymmetrische sowjetische und amerikanische Reduzierungen in der ersten Phase gebunden.

3) Der Osten greift den nuklearen Vorschlag der NATO auf, bestimmte nukleare amerikanische Waffensysteme zu reduzieren. Er generalisiert diesen Vorschlag jedoch dadurch, daß er angeblich vergleichbare sowjetische Systeme zur symmetrischen Reduzierung anbietet und sie durch Luftabwehrraketen ergänzt. Da gleichzeitig gefordert wird, daß alle zu reduzierenden Streitkräfte in Einheiten mit ihren Waffensystemen reduziert werden sollen, kommt auch der neue Vorschlag praktisch dem ursprünglichen östlichen Vorschlag genereller Reduzierungen gleich.[11]

4) Der Vorschlag der Reduzierung einer gleichen Panzerzahl auf beiden Seiten (300) widerspricht eklatant den Realitäten im Raum der Reduzierungen (Verhältnis 19000:6000). Er würde auch die Disparitäten bei den Panzern festschreiben.

5) Die Ausrüstungsreduzierungen sollen in der zweiten Stufe durch europäische Reduzierungen ergänzt werden. Der östliche Ansatz läßt dabei völlig die geographische Nähe der Sowjetunion und die Tatsache außer acht, daß für Europa besonders die in den westlichen Militärbezirken der Sowjetunion stehenden MRBMs und IRBMs im nuklearen Bereich von Bedeutung sind. Das Ergebnis wäre eine vereinbarte Rüstungskontrollzone Mitteleuropa mit eindeutigem sowjetischen Übergewicht.

6) Der östliche Vorschlag spricht von klaren Verpflichtungen der direkten Teilnehmer. Er sieht offensichtlich in beiden Phasen individuelle Verpflichtungen aller direkten Teilnehmer vor, obwohl dies nicht eindeutig festgestellt wird. Damit würde der sowjetische Vorschlag der westlichen Forderung nach kollektiven Absprachen zuwiderlaufen.

7) Die Forderung, in beiden Phasen Einheiten zu reduzieren, richtet sich auf die Festschreibung der bestehenden Strukturen im Raum der Reduzierungen, weil die Auflösung ganzer Einheiten eine Festschreibung der Zahl der verbleibenden Einheiten zur Folge hätte. Auf die Frage, ob auch eine Limitierung der

---

Fortsetzung Fußnote von Seite 249

beseitigen, in Reden alle möglichen angeblichen ‚Bedrohungen‘ der Sicherheit der beteiligten Staaten zu behaupten." Vgl. den Drahtbericht Nr. 88 des Botschafters Behrends, Wien (MBFR-Delegation); VS-Bd. 11516 (221); B 150, Aktenkopien 1976.

[11] Am 17. Februar 1976 erklärte der Leiter der sowjetischen MBFR-Delegation, Chlestow, in der informellen Sitzung in Wien, ein weiterer Vorzug des neuen Vorschlags sei, „daß er die Reduzierung sowohl der Land- als auch der Luftstreitkräfte, und zwar nicht nur des Personals, sondern auch der Bewaffnung und Ausrüstung einschließlich nuklearer Waffen vorsehe. Im Unterschied zum westlichen Plan schlage der Osten eine Reduzierung der nuklearen Waffen nicht nur der Vereinigten Staaten, sondern auch der Sowjetunion vor. Die sozialistischen Staaten gingen dabei von der grundsätzlichen Position aus, daß die militärische Entspannung in Mitteleuropa nicht stabil sein würde, wenn Reduzierungen die gefährlichsten Waffen nicht einschließen würden." Ferner führte Chlestow aus: „Ein wichtiger Vorzug des neuen Vorschlages sei, daß er Reduzierungen in vollständigen Einheiten mit Waffen und Ausrüstung vorsehe. Nur so könne die hohe Konzentration von Streitkräften in Mitteleuropa verhindert werden. Der westliche Vorschlag, einzelne amerikanische Soldaten aus den verschiedensten Einheiten herauszuziehen, würde keine wirkliche Reduzierung der amerikanischen Truppen bedeuten, sondern wäre nur eine Maßnahme im Rahmen des amerikanischen Streitkräfteverbesserungsprogramms in Europa." Vgl. den Drahtbericht Nr. 88 des Botschafters Behrends, Wien (MBFR-Delegation); VS-Bd. 11516 (221); B 150, Aktenkopien 1976.

sowjetischen Streitkräfte in der Sowjetunion nach Auflösung der abgezogenen Einheiten beabsichtigt ist, gibt der neue östliche Vorschlag keine Auskunft. Der Vorschlag, abgezogene sowjetische und amerikanische Einheiten aufzulösen, scheint auf ersten Blick attraktiv zu sein. Zu bedenken ist jedoch, daß seine Verwirklichung auch die Reduzierungsmodalitäten für die europäischen Streitkräfte präjudizieren würde.

8) Von der begrenzten Annäherung an das westliche Phasenkonzept abgesehen, stellt der neue östliche Vorschlag ein konsequentes Gegenstück zum westlichen Verhandlungskonzept dar. Er impliziert:

– symmetrische statt asymmetrische Reduzierungen;

– Legalisierung der Disparitäten statt Herstellung der Parität;

– generelle Reduzierungsinhalte statt Konzentration auf Personal der Landstreitkräfte;

– Festschreibung der Strukturen statt Offenhaltung struktureller Flexibilität;

– individuelle nationale Verpflichtungen statt kollektive Verpflichtungen.

9) Das Insistieren des östlichen Vorschlags auf prozentuale Reduzierung und das Aufgeben numerisch festgelegter Reduzierungsquoten stärkt das westliche Argument für die Notwendigkeit einer Datendiskussion. Es bleibt abzuwarten, ob sich die östliche Seite dieser Tatsache bewußt ist und sie in Rechnung gestellt hat.

III. Weitere Behandlung des östlichen Vorschlags

1) Es ist damit zu rechnen, daß nach der Einführung des Vorschlags in der Plenarsitzung am 19. Februar der Osten eine öffentliche Mitteilung machen wird, die es den östlichen Führungsgremien erlaubt, konkrete und konstruktive Verhandlungsbereitschaft des Warschauer Pakts in Wien festzustellen. Öffentliche Reaktionen des Westens sollten folgende Elemente beinhalten:

– Der östliche Vorschlag wird, wie bisher bei allen Vorschlägen geschehen, geprüft.

– Die NATO wird ihn an dem Erfordernis der Herstellung eines stabilen Kräfteverhältnisses in Mitteleuropa, d.h. an der Herstellung der Parität messen. Sie wird prüfen, ob der Vorschlag den europäischen und atlantischen Realitäten gerecht wird. Unter diesem Gesichtspunkt hat die NATO bekanntlich gefordert, daß die zu vereinbarenden Höchststärken und Reduzierungen in Mitteleuropa kollektiven Charakter haben müssen.

– Der Vorschlag der NATO vom 22.11.1973 in Verbindung mit dem nuklearen Angebot vom 16.12.1975 bleibt nach Auffassung der NATO der beste Weg zu einem Ergebnis, das der militärischen Stabilität in Europa und den Sicherheitsinteressen aller Beteiligten entsprechen würde.

2) Die Ad-hoc-Gruppe in Wien arbeitet eine gemeinsame Analyse des Vorschlags und Überlegungen zum weiteren Vorgehen aus, die dem NATO-Rat übermittelt werden. Die NATO wird sich auf dieser Basis mit dem Vorschlag befassen müssen.

3) Der Vorschlag ist wie der östliche Basisvorschlag vom November 1973[12] für den Westen unannehmbar. Es wird zu prüfen sein, welche Elemente genutzt werden können, um die Verhandlungen und das Verhandlungsziel der Parität weiterzuführen.

4) Der Vorschlag ist nicht geeignet, substantielle Bewegung in die Wiener Verhandlungen zu bringen. Er hat offensichtlich auch in östlicher Sicht vor allem taktische Bedeutung und sollte von uns allenfalls taktisch genutzt werden. Die Chance einer wirklichen Bewegung wird voraussichtlich erst nach Abschluß von SALT II beurteilt werden können. Bis dahin wird es darauf ankommen, den westlichen Vorschlag intakt zu halten und die Verhandlungen ohne negative Präjudizierung des NATO-Standpunktes fortzusetzen.[13]

van Well

VS-Bd. 11516 (221)

---

[12] Am 8. November 1973 brachte die sowjetische MBFR-Delegation den Entwurf eines „Abkommens über die Verminderung von Streitkräften und Rüstungen in Mitteleuropa" ein. Dieser sah für 1974 den Abschluß der MBFR-Verhandlungen vor. In drei Phasen bis 1977 sollten Reduzierungen der Streitkräfte aller direkten MBFR-Teilnehmer ohne Ungarn vorgenommen werden. Die Reduzierungen sollten die ausländischen und nationalen Streitkräfte umfassen. Vgl. dazu AAPD 1973, III, Dok. 369.

[13] Der Vorschlag der an den MBFR-Verhandlungen teilnehmenden Warschauer-Pakt-Staaten wurde in der Plenarsitzung am 19. Februar 1976 in Wien eingeführt. Dazu berichtete Botschafter Behrends, Wien (MBFR-Delegation): „Bei der Interpretation dieser Vorschläge betonte Chlestow vor allem, daß auch die Sowjetunion zur Verminderung von nuklearen Waffensystemen bereit sei; nur die Bemessung der Verminderungen der ersten Stufe am Gesamtpersonalbestand von NATO und Warschauer Pakt im Raum zu gerechten Ergebnissen führe (Chlestow näherte sich damit argumentativ Erwägungen, die dem westlichen Konzept eines combined common ceiling zugrundeliegen); die Auflösung (rasformirovat) der aus dem Raum zurückzuziehenden Verbände den Interessen der Flankenstaaten diene; das Eingehen auf die neuen östlichen Vorschläge sicherstellen würde, daß sämtliche direkten Teilnehmer konkrete Verminderungsverpflichtungen hinsichtlich sämtlicher Streitkräfte und Rüstungen übernehmen würden (mit diesem Argument widersprach Chlestow der von anderen östlichen Delegierten versuchten Interpretation der Vorschläge als Annahme des westlichen Phasenkonzepts)." Vgl. den Drahtbericht Nr. 95; VS-Bd. 11472 (221); B 150, Aktenkopien 1976.

54

Ministerialdirektor van Well an die Botschafter Freiherr von Braun, Paris, und von Hase, London

201-369.03-588/76 VS-vertraulich   19. Februar 1976[1]
Fernschreiben Nr. 685 Plurez   Aufgabe: 20. Februar 1976, 12.19 Uhr

Für Botschafter o.V.i.A.

Betr.: Deutsche Herstellungsbeschränkungen gemäß Anlage III zu Protokoll
       Nr. III des WEU-Vertrages[2]

Nur zur Unterrichtung

Als Anlage folgt Wortlaut einer von AA, BMVg und BMWi gemeinsam ausgearbeiteten Vorlage, die den Bundesministern des Auswärtigen, der Verteidigung und für Wirtschaft am Dienstag, dem 24.2.1976, vorgelegt werden wird.[3]

van Well[4]

Anlage

I. Sachstand

1) Die Beschränkungen in der Herstellung konventioneller Waffen gemäß den
Abschnitten IV, V und VI der Anlage III zum Protokoll Nr. III des WEU-
Vertrages (Flugkörper großer Reichweite und Lenkflugkörper, Kriegsschiffe
mit Ausnahme kleinerer Schiffe für Verteidigungszwecke, Bombenflugzeuge
für strategische Zwecke) verhindern insbesondere die Fertigung folgender Waffen bei deutschen Firmen:

– ständige Hilfsschiffe mit mehr als 6000 t Wasserverdrängung (Abschnitt V b),

– Fregatten mit mehr als 3000 t Wasserverdrängung (Abschnitt V a),

– Schulschiffe mit über 3000 t Wasserverdrängung (Abschnitt V a),

– Kriegsschiffe mit Nuklearantrieb (Abschnitt V d).

---

[1] Durchdruck.
   Der Drahterlaß wurde von Vortragendem Legationsrat Kunz konzipiert.
   Hat Vortragendem Legationsrat I. Klasse Pfeffer am 19. Februar 1976 vorgelegen.
[2] Die Herstellungsbeschränkungen waren in den Ziffern IV bis VI der Anlage III des Protokolls Nr.
   III zum WEU-Vertrag in der Fassung vom 23. Oktober 1954 enthalten und wurden zwischen 1958
   und 1971 mehrfach vom WEU-Rat geändert. Für den Wortlaut der geltenden Fassung vgl. BUNDES-
   GESETZBLATT 1972, Teil II, S. 768 f.
[3] Ministerialdirektor van Well leitete die Vorlage am 24. Februar 1976 über Staatssekretär Gehlhoff
   an Bundesminister Genscher. Dazu vermerkte er: „Die beigefügte Vorlage, die auf Abteilungsleiter-
   Ebene mit dem BMVg und dem BMWi abgestimmt ist, wird parallel dem Bundesminister der Verteidigung und dem Bundesminister für Wirtschaft vorgelegt. Botschafter von Hase und von Braun
   sind mit Drahterlaß vom 20. Februar 1976 vorab unterrichtet."
   Hat Gehlhoff am 27. Februar 1976 vorgelegen, der handschriftlich vermerkte: „Wir sollten in unserer Argumentation gegenüber den Alliierten und insbesondere den Franzosen den Gedanken der
   Rüstungskooperation nicht in den Vordergrund stellen, da Frankreich dann wohl leicht einen Zusammenhang mit unserer Zustimmung zu französischen Exporten aus Gemeinschaftsproduktion
   herstellen könnte."
   Hat Genscher am 7. März 1976 vorgelegen. Vgl. VS-Bd. 10616 (201); B 150, Aktenkopien 1976.
[4] Paraphe vom 20. Februar 1976.

253

Hierfür besteht kurz- oder mittelfristig ein Bedarf der Bundeswehr sowie teilweise schon jetzt ein Interesse am Export.

Auf den genannten anderen Waffengebieten, vor allem dem der Lenkflugkörper, kann der Status quo künftige Rüstungsvorhaben mit unseren Alliierten behindern.

2) Unberührt bleibt der deutsche Verzicht auf Herstellung von ABC-Waffen gemäß Anlage II zum Protokoll Nr. III.[5]

3) Die Herstellungsbeschränkungen sind Teil des Vertragswerks, durch das die Bundesrepublik Deutschland ihre Souveränität erlangte und Mitglied der atlantischen Allianz wurde. Die damals gültigen Gründe für die Herstellungsbeschränkungen sind inzwischen fortgefallen. Immerhin sind seit 1958 die Herstellungsbeschränkungen auf Antrag der Bundesregierung mit Empfehlungen des NATO-Oberbefehlshabers neunmal durch den Rat der WEU gelockert worden. Diese Änderungen waren das Ergebnis von zum Teil äußerst zähen Verhandlungen. Hinter den Vorbehalten standen bisher bei einzelnen WEU-Partnern auch eigene wirtschaftliche Interessen (Fernhaltung der deutschen Konkurrenz).

Bereits am 3. November 1967 hat der Bundesverteidigungsrat einer Vorlage zugestimmt, nach der die Aufhebung der Herstellungsbeschränkungen als Fernziel angestrebt werden soll.

II. Bewertung

1) Für eine generelle Aufhebung der Herstellungsbeschränkungen („große Lösung"), ausgenommen die Produktion von ABC-Waffen, sprechen folgende politische, militärische und wirtschaftliche Gründe:

– Das Allianzinteresse verlangt Standardisierung als vordringliches Gebot bündnisweiter Rüstungszusammenarbeit. Eine europäische Zusammenarbeit soll die bündnisweite Zusammenarbeit fördern. Diesen Zusammenhang haben die Eurogroup-Sitzung vom 8.12.1975[6], die DPC-Sitzung vom 9./10.12.1975[7] und die Herbstministerratstagung der NATO vom 11./12.12.1975[8] unterstrichen.

---

[5] Für den Wortlaut der Anlage II des Protokolls Nr. III zum WEU-Vertrag in der Fassung vom 23. Oktober 1954 vgl. BUNDESGESETZBLATT 1955, Teil II, S. 269 f.

[6] Referat 201 bilanzierte am 15. Dezember 1975 die Eurogroup-Ministertagung in Brüssel: „Das Hauptthema der Dezember-Konferenz der Eurogroup war die Rüstungskooperation. Das ständig steigende Potential des Warschauer Paktes und der verstärkte Druck auf die Verteidigungshaushalte der NATO-Staaten zwingen, die Rüstungskooperation zu verstärken. Wir stehen keineswegs am Anfang – kaum ein wesentliches Waffensystem der Allianz ist nicht zugleich ein Gemeinschaftsprojekt –, doch erfordert die rationale Nutzung unserer Ressourcen die bisher zumeist bi- und trilaterale Zusammenarbeit zu optimieren, um die Beschaffungskosten zu verringern, aber auch um die Möglichkeiten der Zusammenarbeit in der Ausbildung, in der Logistik und in der Unterhaltung zu verbessern." In Fortsetzung der Sondersitzung der Eurogroup am 5. November 1975 in Den Haag hätten die Verteidigungsminister nun weitere Schritte zur Einbeziehung von Frankreich in die Rüstungskooperation beschlossen. Zur Prüfung entsprechender Möglichkeiten solle eine gemeinsame Sitzung der Programmgruppe der Eurogroup mit Frankreich nach London einberufen werden. Vgl. Referat 201, Bd. 113527.

[7] Vgl. dazu insbesondere die Ziffern 5, 8 und 10 des Kommuniqués über die Sitzung des Ausschusses für Verteidigungsplanung der NATO (DPC) in Brüssel; NATO FINAL COMMUNIQUES 1975–1980, S. 35 f. Für den deutschen Wortlaut vgl. EUROPA-ARCHIV 1976 D 91 f. Vgl. dazu ferner AAPD 1975, II, Dok. 376.

[8] Der NATO-Ministerrat erörterte am 11. Dezember 1975 den Tagesordnungspunkt „Standardisierung und Rüstungszusammenarbeit". Vgl. dazu AAPD 1975, II, Dok. 379 und Dok. 383.

Eine effektive europäische Zusammenarbeit setzt voraus, daß alle Beschränkungen aufgehoben werden, die der Bundesrepublik Deutschland eine derartige Zusammenarbeit unmöglich machen.

– Restriktionen, die der Bundesrepublik Deutschland nur die Herstellung von Rüstungsgütern verbieten, den Kauf aber freistellen, sind eine unzeitgemäße Benachteiligung unserer Industrie, die ein leistungsstarker Partner im europäischen Rahmen und im Rahmen der Allianz ist.

– Der deutschen Wirtschaft wird der Zugang zu einem zukunftsorientierten Bereich industrieller Fertigung erschlossen. Dies gilt insbesondere für das Zulieferungsgeschäft, das ihr für Flugkörper großer Reichweite und Lenkflugkörper durch Abschnitt IV Ziffer b) zur Zeit untersagt ist. Insgesamt ist eine stimulierende Wirkung aus dem Bereich der militärischen Forschung und Entwicklung auf zivile Bereiche zu erwarten.

– Die Notwendigkeit, immer wieder Änderungsanträge im WEU-Rat zu stellen, entfällt. Wir vermeiden dadurch die mit solchen Änderungsanträgen oft verbundenen Friktionen mit WEU-Partnern.

2) Es ist daher unser Ziel, die generelle Aufhebung der Herstellungsbeschränkungen gemäß Anlage III („große Lösung") zu erreichen. Dabei scheidet allerdings der Gedanke aus, diese Anlage als solche zu streichen, weil dies als Änderung des WEU-Vertrages angesehen werden kann. Eine Vertragsänderung würde die parlamentarische Zustimmung erfordern und unerwünschtes politisches Aufsehen erregen.

Nach gemeinsamer Auffassung von AA, BMVg und BMWi ist es vertragsrechtlich möglich, die „große Lösung" in dem vereinfachten Verfahren nach Artikel 2 des Protokolls Nr. III in Verbindung mit Anlage I zu erreichen[9], d. h. aufgrund einer Empfehlung von Saceur durch einen Beschluß des WEU-Rates, der die Anlage III als solche bestehen läßt, aber alle konkreten Herstellungsbeschränkungen aufhebt.

Indessen ist nicht auszuschließen, daß einige unserer WEU-Partner unter Berufung auf den nicht ganz eindeutigen Wortlaut des Vertrages die Auffassung vertreten werden, die „große Lösung" sei in der von uns angestrebten Weise nicht durchführbar.

3) Eine Initiative zur Aufhebung der Herstellungsbeschränkungen ist als Verschlußsache zu behandeln, um Schwierigkeiten vorzubeugen, nachdem spekulative Berichte über eine Lockerung der Rüstungspolitik der Bundesregierung

---

9 In Artikel 2 des Protokolls Nr. III zum WEU-Vertrag in der Fassung vom 23. Oktober 1954 nahmen die Vertragspartner davon Kenntnis, daß in der Bundesrepublik bestimmte Waffen nicht hergestellt werden durften, „es sei denn, daß der Rat der Westeuropäischen Union auf Grund einer dem Bedarf der Streitkräfte entsprechenden Empfehlung des zuständigen Oberbefehlshabers der Organisation des Nordatlantikvertrages und eines entsprechenden Antrages der Regierung der Bundesrepublik Deutschland mit Zweidrittelmehrheit beschließt, Änderungen oder Streichungen in dem Verzeichnis dieser Waffen vorzunehmen". Vgl. BUNDESGESETZBLATT 1955, Teil II, S. 267.
In Anlage I des Protokolls Nr. III erklärte Bundeskanzler Adenauer den Verzicht der Bundesrepublik auf die Herstellung dieser Waffen: „Eine Änderung oder Aufhebung des Inhalts der Absätze IV, V und VI kann auf Antrag der Bundesrepublik durch Beschluß des Brüsseler Ministerrats mit Zweidrittelmehrheit erfolgen, wenn der zuständige Oberbefehlshaber der Organisation des Nordatlantikvertrages auf Grund des Bedarfs der Streitkräfte dies beantragt". Vgl. BUNDESGESETZBLATT 1955, Teil II, S. 269.

im Inland, in Ost und West kritische Kommentare ausgelöst haben. Vor allem könnte die Aufhebung der Beschränkungen für gelenkte und ungelenkte Flugkörper mit einer Reichweite von über 70 km (Abschnitt IV) und für strategische Bomber (Abschnitt VI) auf Widerspruch stoßen.

III. Vorschläge

1) Vor der Einleitung offizieller Schritte mit dem Ziel der „großen Lösung" sollten Sondierungsgespräche bei unseren WEU-Partnern geführt werden. Die französische Regierung müßte zuerst gefragt werden. Sind die Sondierungsgespräche positiv, müßte anschließend zunächst Saceur befaßt werden, damit dieser dem WEU-Rat gegenüber die vertraglich vorgesehene Empfehlung zur Aufhebung der Herstellungsbeschränkungen aussprechen kann. Über den Antrag der Bundesregierung hat dann der Rat zu entscheiden.

2) Sollte sich in den Sondierungen bei unseren WEU-Partnern massiver Widerstand gegen die „große Lösung" ergeben, so wäre folgende, nur eine teilweise Aufhebung der Herstellungsbeschränkungen erzielende Rückfallposition denkbar: Abschnitt V (Kriegsschiffe) wird aufgehoben. Die Abschnitte IV und VI werden so geändert, daß der Bundesrepublik Deutschland die Herstellung gelenkter und ungelenkter Flugkörper mit einer Reichweite von über 70 km bzw. die Herstellung strategischer Bomber in Kooperation mit europäischen oder atlantischen Bündnispartnern gestattet wird.

3) Unsere Schritte müßten geheimgehalten werden. Indiskretionen in der Presse würden uns der Gefahr eines Rückschlages aussetzen.

4) Diese auf Direktorenebene mit dem BMWi und dem BMVg abgestimmte Aufzeichnung wird gleichzeitig den Bundesministern Friderichs und Leber vorgelegt. Für den Fall, daß Sie und die beiden genannten Minister zustimmen, wird vorgeschlagen:

– Sie bitten den Herrn Bundeskanzler um Zustimmung zu den Sondierungen[10],

– nach Zustimmung des Herrn Bundeskanzlers beginnen Sie mit den Sondierungsgesprächen bei Minister Sauvagnargues.

[gez.] van Well

VS-Bd. 10616 (201)

---

[10] Zum Schreiben des Bundesministers Genscher an Bundeskanzler Schmidt vom 12. April 1976 vgl. Dok. 117, Anm. 3.

55

Gesandter Löwe, Moskau, an das Auswärtige Amt

114-11037/76 VS-vertraulich   Aufgabe: 19. Februar 1976, 19.10 Uhr[1]
Fernschreiben Nr. 612   Ankunft: 19. Februar 1976, 20.04 Uhr

Auch für Botschafter Sahm und D 1[2]

Betr.: Öffentliche sowjetische Verleumdungsmaßnahmen gegen Angehörige
der Botschaft Moskau
hier: Vorwürfe in Literaturnaja Gaseta vom 18.2.[3]

Bezug: DE 98 vom 18.2. – 213-321 SOW[4]

Bitte um Weisung

Botschaft wäre dankbar, wenn in Bezugs-DE mitgeteilte Weisung, Demarche
vorläufig zu unterlassen, überprüft und entweder Botschaft zu geeignetem
Schritt ermächtigt werden könnte oder entsprechender Schritt gegenüber sowjetischer Botschaft in Bonn unternommen würde.

Bitte stützt sich auf folgende Gründe:

1) Für Unterlassen von Demarche sowjetischer Botschaft Bonn gegen Anschuldigungen in deutschen Medien[5] mögen Sowjets ihren Grund gehabt haben. Wir
sollten in unserem Falle, da völlig unbeteiligter und unschuldiger Botschaftsangehöriger betroffen ist, nicht durch Schweigen gegenüber sowjetischen Stellen Eindruck entstehen lassen, daß wir irgendeine Rechtfertigung für sowjetische Maßnahme sähen.

---

[1] Hat Vortragendem Legationsrat I. Klasse Schönfeld am 20. Februar 1976 vorgelegen.
Hat Ministerialdirigent Eick am 20. Februar 1976 vorgelegen, der die Weiterleitung an Ministerialdirektor Hoppe verfügte und handschriftlich vermerkte: „VLR Metternich (in Abwesenheit von
Dr. Kühn) hat bestätigt, daß es bei der bisherigen Linie bleiben soll. So habe auch D 2 heute nochmals entschieden."

[2] Hat Ministerialdirektor Hoppe vorgelegen.

[3] Korrigiert aus: „17.2."
In der sowjetischen Wochenzeitung „Literaturnaja Gaseta" wurde das Schreiben einer Leserin ab-
gedruckt, die berichtete, Botschaftsrat Heyken, Moskau, habe sie während ihrer Tätigkeit an der
Universität in Kalkutta, wo Heyken seinerzeit am Generalkonsulat der Bundesrepublik gearbeitet
habe, um Russisch-Unterricht gebeten. In der Folgezeit habe er sie mit Freunden aus einem anderen westlichen Staat bekannt gemacht, die versucht hätten, sie für eine nachrichtendienstliche
Tätigkeit anzuwerben. Nach ihrer Rückkehr nach Moskau habe der mittlerweile an der dortigen
Botschaft der Bundesrepublik tätige Heyken erneut Kontakt zu ihr aufgenommen und versucht,
ihren Ehemann auszuhorchen. Die Redaktion der Wochenzeitung kommentierte das Schreiben
dahingehend, daß ihren Recherchen zufolge Heyken für den Bundesnachrichtendienst arbeite. Vgl.
dazu den Artikel „Dipomat ..."; LITERATURNAJA GAZETA vom 18. Februar 1976, S. 9.

[4] Vortragender Legationsrat I. Klasse Kühn teilte der Botschaft in Moskau mit: „Da Artikel gegen
BR Heyken offenkundig im Rahmen sowjetischer Reaktion auf in deutschen Medien erhobene
Vorwürfe gegen hiesige sowjetische Botschaftsangehörige zu sehen ist und sonstige Belästigungen
von Angehörigen der Botschaft und des GK Leningrad inzwischen eingestellt worden sind, sollte
weitere Entwicklung abgewartet werden, bevor Demarche unternommen wird." Vgl. Referat 213,
Bd. 112777.

[5] Zu dem am 2. Februar 1976 im Ersten Deutschen Fernsehen ausgestrahlten Beitrag des Journalisten Konzelmann vgl. Dok. 33, Anm. 3.

Sowjetische Botschaft Bonn hatte insofern keinen Grund zur Demarche, als Bundesregierung öffentlich erklärt hatte, sie habe keinen Anlaß gegen durch Konzelmann-Film verdächtigte sowjetische Botschaftsangehörige vorzugehen, diese blieben vielmehr personae gratae.[6]

2) Botschaft möchte erneut darauf hinweisen, daß Vorgänge in BR Deutschland und Sowjetunion in entscheidenden Punkten unvergleichbar sind. In Bonn hat Bundesregierung eine Art Ehrenerklärung für durch private Medien beschuldigte sowjetische Botschaftsangehörige abgegeben, in Moskau hat als amtlich anzusehende Zeitung Behauptungen der „zuständigen Behörden" veröffentlicht, die eine direkte Verleumdung darstellen.

3) Nachdem wir gegen Belästigungen durch Observation vorstellig geworden sind und diese als nicht akzeptabel bezeichneten[7], würde ein Schweigen auf die viel weitergehende Maßnahme einer öffentlichen amtlichen Verleumdung eines Botschaftsangehörigen zu Mißdeutungen Anlaß geben können. Der Literaturnaja-Gaseta-Artikel geht weiter, weil

– sowjetische Beschuldigungen von amtlicher Seite kommen,

– persönliche Verunglimpfung sehr viel weitergeht,

– öffentliche Verbreitung in Sowjetunion mit vermutlicher Folge einer Beschneidung der Arbeitsmöglichkeit im Gastland erfolgte,

---

[6] Staatssekretär Bölling, Presse- und Informationsamt, erklärte am 3. Februar 1976: „Die Benutzung amtlicher und halbamtlicher Vertretungen im Ausland als nachrichtendienstliche Stützpunkte, sogenannte ‚legale Residenturen', gehört seit jeher zu den klassischen Methoden der Geheimdienste kommunistischer Staaten. Der Bundesregierung ist das nicht erst seit dem am 2. Februar 1976 ausgestrahlten Fernsehbeitrag über das sowjetische KGB bekannt. Die Bundesregierung und ihre Behörden haben gegenwärtig keinen Anlaß, Maßnahmen gegen Angehörige der sowjetischen Botschaft zu erwägen. Vorwürfe, die Bundesregierung habe ihre Verpflichtungen auf Grund der Wiener Konvention über diplomatische und konsularische Beziehungen vernachlässigt, sind gänzlich unbegründet." Vgl. Informationsfunk des Presse- und Informationsamts der Bundesregierung, Nr. 24/76 vom 4. Februar 1976; Referat 213, Bd. 112777.

[7] Zum Gespräch des Gesandten Löwe, Moskau, mit dem stellvertretenden Abteilungsleiter im sowjetischen Außenministerium, Terechow, am 4. Februar 1976 vgl. Dok. 33.
Botschafter Sahm, Moskau, berichtete am 12. Februar 1976, daß er erneut im sowjetischen Außenministerium vorstellig geworden sei. Der sowjetische Stellvertretende Außenminister Semskow habe zunächst versucht, „das Gespräch auf Demonstrationen vor Sowjetbotschaft in Bonn und sowjetischem Generalkonsulat in Hamburg zu bringen, erwähnte ARD-Film, bestritt jedoch Zusammenhang zwischen Belästigungen unserer Diplomaten in der Sowjetunion und Vorkommnissen in der Bundesrepublik Deutschland. Bei dem ohne jegliche Schärfe geführten Gespräch notierte sich Semskow die von mir genannten Wagennummern der Beschattungsfahrzeuge und erwähnte, daß es sich bei vier Nummern um ‚Dienstfahrzeuge' handele." Er, Sahm, habe entgegnet, „daß sämtliche sowjetischen Beschwerden in Bonn ernsthaft geprüft werden, ausführliche Gespräche mit Botschafter Falin stattgefunden hätten und ich dem in Bonn Gesagten nichts hinzuzufügen habe". Vgl. den Drahtbericht Nr. 526; VS-Bd. 8943 (700/701); B 150, Aktenkopien 1976.
Sahm teilte am 13. Februar 1976 mit: „Die berichteten Belästigungen von Angehörigen der Botschaft sind seit heute (13.2.) früh eingestellt worden. Ich halte Zusammenhang mit meiner gestrigen Demarche bei Stellvertretendem Außenminister Semskow und meiner Reise nach Bonn für wahrscheinlich." Vgl. den Drahtbericht Nr. 535; Referat 213, Bd. 112777.
Am 16. Februar 1976 berichtete auch Generalkonsul Blumenfeld, Leningrad, daß „Tätigkeit sowjetischer Organe auf die auch früher gelegentlich übliche Überwachung aus größerer Entfernung beschränkt" worden sei: „Gezielte Störungen wurden nicht wieder aufgenommen." Vgl. den Drahtbericht Nr. 27; Referat 213, Bd. 112777.

– die Anschuldigungen durch deutsche Presse auch in BR Deutschland verbreitet wurden[8] mit Risiko, daß bei „manchen etwas hängen bleibt",

– und sowjetischen Lesern die Vorgeschichte natürlich unbekannt bleibt.

Wir sollten daher zumindest ähnlich klärende Stellungnahme sowjetischer Regierung verlangen, wie sie Bundesregierung abgegeben hat.

4) Indiz für Arbeitserschwerungen des Betroffenen als Folge Literaturnaja-Gaseta-Artikels liegt bereits vor. Schon am nächsten Tag sagten sämtliche sowjetischen Journalisten Teilnahme an einem Mittagessen, zu dem auch BR Heyken eingeladen war, ab. Wir müssen damit rechnen, daß auf Grund der Beschuldigungen, die für Erfüllung Aufgaben Pressereferenten wichtigen Kontakte im Gastland unterbrochen oder zumindest stark erschwert werden. Unsere Reaktion setzt Präzedenzfall. Aus Verhalten in diesem Fall werden Sowjets abzulesen suchen, wo unsere Toleranzschwelle liegt. Schweigen könnte zu Fortsetzung sowjetischen Maßnahmen einladen. Falls dann ein nicht bereits versetzter Botschaftsangehöriger betroffen würde, wäre Konsequenz für Arbeitsmöglichkeiten der Botschaft schwerwiegender, ohne daß wir überzeugendere Gründe für Demarche erhielten. Botschaft möchte daran erinnern, daß Sowjets auch bei Belästigungen über Zahl der sowjetischen Betroffenen in Bonn hinausgingen. Insofern käme Demarche Warnungsfunktion zu.

Bei Demarche Botschafters Sahm gegenüber Semskow wegen Belästigungen hatten wir Eindruck, daß man im Außenministerium durchaus Verständnis für unseren Schritt hatte und sogar an unseren Argumenten interessiert war, möglicherweise, um eigenen Standpunkt gegenüber den auf Eskalation drängenden „Organen" zu stützen.

5) In Bezugs-DE zugrunde gelegte Annahme, Belästigungen hätten aufgehört, ist nicht mehr begründet. Inzwischen wurde beobachtet, daß Sowjets scheinbare, verdachterregende Kontaktaufnahmen von Botschaftsangehörigen zu konstruieren suchen und diese fotografieren, offenbar um neues „Beweismaterial" zu sammeln. So wurde HOD-Angehöriger am 18.2. beim Warten auf Taxi von Insassin eines vorfahrenden Taxis um Geldwechsel gebeten. Während sie ihm einen Fünfzig-Rubel-Schein in die Hand drückte, bemerkte er, daß er von dritter Seite fotografiert wurde.[9]

---

[8] Vgl. dazu den Artikel „Sowjets behaupten, Bonner Diplomat sei BND-Agent"; DIE WELT vom 18. Februar 1976, S. 1.

[9] Am 20. Februar 1976 berichtete Generalkonsul Blumenfeld, Leningrad, daß in der sowjetischen Tageszeitung „Wetschernij Leningrad" ein Artikel über ihn erschienen sei. Darin werde auf seine Tätigkeit in der Zeit des Nationalsozialismus Bezug genommen und weiter behauptet, daß er und einige Mitarbeiter des Generalkonsulats anläßlich des dreißigsten Jahrestags des Kriegsendes agitiert hätten, „das Andenken der Soldaten der Hitlerarmee zu ehren, derjenigen, die unschuldige Leute gehängt und verbrannt und die tausende von Städten und Dörfern in Schutt und Asche gelegt hätten. Wörtlich heißt es zum Schluß: ‚Jeder vernünftige Mensch versteht, daß Menschen wie Blumenfeld, die von Positionen des Revanchismus und der Anhänger des Kalten Krieges ausgehen, der Sache der internationalen Entspannung nicht dienen können. Die Unvereinbarkeit ihrer Handlungen mit der Politik der Entspannung ist offenbar.'" Vgl. den Drahtbericht Nr. 33; Referat 213, Bd. 112777.
Blumenfeld ergänzte dazu am 23. Februar 1976: „Insbesondere für weitere Tätigkeit des Generalkonsulats bedeutet Artikel eine in den Folgen nicht genau abschätzbare Belastung. [...] Unter den gegebenen Umständen sehe ich kaum Möglichkeiten einer sinnvollen Fortführung meiner bisherigen Arbeit. Ich bitte jedoch, die Modalitäten meiner Abberufung nach Möglichkeit so zu regeln, daß

Da auch dies Teil systematischer Aktionen sein dürfte, erscheint Demarche auch deshalb geboten, um Sowjets „Beweisführung" bei späteren Verleumdungen weiterer Botschaftsangehöriger abzuschneiden. Dies ist besonders wichtig in Fällen von diplomatisch nicht privilegierten und deshalb ungeschützten Mitarbeitern.

Hiesige deutsche Korrespondenten erkundigen sich, welche Schritte gegenüber sowjetischer Regierung unternommen würden. Bis jetzt haben wir geantwortet, diese Frage werde in Bonn geprüft. Aus der Reaktion deutscher Korrespondenten ist hier der Eindruck entstanden, daß unsere Haltung gegenüber den Sowjets auch Deutsche öffentlich interessieren könnte. Auch Botschaftsangehörige erkundigen sich nach Reaktion gegenüber sowjetischer Regierung.

Die von bisherigen Belästigungen Betroffenen rechnen mit ähnlichen öffentlichen Angriffen wie durch Literaturnaja-Gaseta-Artikel gegen BR Heyken. Sie sind interessiert zu erfahren, mit welchem Schutz gegenüber Gastregierung sie im Falle öffentlicher Verleumdungen durch amtliche Stellen des Gastlandes rechnen können.

Falls bisheriger Standpunkt eines Verzichts auf Demarche oder entsprechende Gegenvorstellungen in Bonn aufrechterhalten bleiben sollte, wäre ich für Weisung dankbar, wie dies gegenüber Personal der Botschaft gegebenenfalls erläutert werden sollte, falls die durch Ereignisse letzter Zeit unter Mitarbeitern eingetretene Besorgnis weiter zunimmt.[10]

Bitte wegen dieses Gesichtspunktes auch D 1 zu unterrichten.

[gez.] Löwe

VS-Bd. 8913 (100)

Fortsetzung Fußnote von Seite 259

meiner Frau und mir, auch im Hinblick auf unser Alter, unnötige Strapazen und weitere Demütigungen erspart bleiben." Vgl. den Drahtbericht Nr. 35; Referat 213, Bd. 112777.

[10] Ministerialdirektor van Well wies am 20. Februar 1976 die Botschaft in Moskau an, „Gespräch Botschafter Sahm mit Vizeaußenminister Semskow am kommenden Montag zum Anlaß zu nehmen, Vorwürfe gegen beide Herren als haltlos energisch zurückzuweisen und deutlich zu machen, daß Eskalation der Pressekampagne mit verleumderischen Angriffen gegen Vertreter der Bundesrepublik Deutschland unseren beiderseitigen Entspannungsbemühungen und der deutsch-sowjetischen Zusammenarbeit keinen guten Dienst erweisen". Vgl. den Drahterlaß Nr. 705; Referat 213, Bd. 112777.

Botschafter Sahm, Moskau, teilte am 23. Februar 1976 mit, daß er die in der sowjetischen Presse gegen Generalkonsul Blumenfeld, Leningrad, und Botschaftsrat Heyken, Moskau, geäußerten Beschuldigungen beim stellvertretenden Abteilungsleiter im sowjetischen Außenministerium, Semskow, zurückgewiesen habe: „Semskow ging auf die in den sowjetischen Zeitungen erhobenen Vorwürfen mit keinem Wort ein, stellte aber ausdrücklich einen Zusammenhang mit den gegen die Mitglieder der sowjetischen Botschaft und des sowjetischen Generalkonsulats in Hamburg in der deutschen Öffentlichkeit erhobenen Anschuldigungen her. Er beklagte, daß Bundesregierung nicht bereit gewesen sei, Maßnahmen zu treffen, die eine Wiederholung derartiger Vorgänge verhindern. Im übrigen war er nicht bereit, Angelegenheit weiter zu erörtern." Vgl. den Drahtbericht Nr. 650; Referat 213, Bd. 112777.

56

Gespräch des Bundesministers Genscher mit dem Berater im amerikanischen Außenministerium, Sonnenfeldt

010-433/76 VS-vertraulich   **20. Februar 1976**[1]

Vermerk:

20. Februar 1976, 8.30 Uhr, Gespräch im Dienstzimmer des Ministers.[2]

Teilnehmer: Minister; Helmut Sonnenfeldt, Berater von AM Kissinger; van Well (zeitweise); Kinkel.

Es wurden folgende Punkte besprochen:

1) Nizza[3]: Zur Angola-Frage:

Minister: Erklärt, daß deutsche Seite über Vorpreschen der französischen Seite[4] unglücklich gewesen sei. Er berichtet über seine Gespräche in Sachen Angola mit dem neuen zairischen Außenminister[5] und dem Außenminister[6] von Sambia sowie über die vorausgegangenen Gespräche in dieser Angelegenheit mit Außenminister Antuñes[7] und Sa Carneiro[8].

Sonnenfeldt: Berichtet über die amerikanische Einschätzung der Lage in Angola. Die Situation sei verfahren. Frage sei, was nun getan werden könne. Das amerikanische Ziel sei Wirtschaftshilfe für Sambia und Zaire. Darüber hinaus

---

[1] Die Gesprächsaufzeichnung wurde von Ministerialdirigent Kinkel am 23. Februar 1976 gefertigt.

[2] Der Berater im amerikanischen Außenministerium, Sonnenfeldt, hielt sich am 20./21. Februar 1976 anläßlich einer Veranstaltung der Konrad-Adenauer-Stiftung in Eichholz sowie anschließend zu den Konsultationen zwischen der Bundesrepublik und den Drei Mächten auf Direktorenebene in Bonn auf. Vgl. dazu DEPARTMENT OF STATE BULLETIN, Bd. 74 (1976), S. 367–374. Vgl. dazu ferner Dok. 67, Anm. 5.

[3] In Nizza fanden am 12./13. Februar 1976 die deutsch-französischen Konsultationen statt. Vgl. dazu Dok. 48 und Dok. 50.

[4] Zur Anerkennung der Regierung der MPLA durch die EG-Mitgliedstaaten zwischen dem 17. und 20. Februar 1976 vgl. Dok. 50, Anm. 24 und 30.

[5] Der zairische Außenminister Karl-I-Bond führte am 17. Februar 1976 gegenüber Bundesminister Genscher aus, daß er eine Botschaft des Präsidenten Mobutu zu überbringen habe, „die in der Hauptsache darin bestünde, die Freunde des Zaire auf die bedrohliche Lage im südlichen Afrika aufmerksam zu machen. Ganz Afrika sehe sich einem seit vielen Jahren von der Sowjetunion vorbereiteten ‚Komplott‘ gegenüber, das jetzt in Angola zum Ziele geführt habe. Demnächst werden die Sowjets in anderen Ländern des südlichen Afrikas und auch in der West-Sahara ansetzen. Die Sowjetunion habe in Angola von Beginn an die Bildung einer Einheitsregierung bekämpft, die ihren eigenen Interessen entgegengelaufen wäre. Nur die von ihr beeinflußte MPLA hätte ein geeignetes Instrument in ihrer Hand zur Durchsetzung der sowjetischen Ziele sein können. Die Amerikaner seien, wie der Welt offenkundig geworden sei, praktisch ausgefallen. Zaire nütze es nichts, wenn – wie ihm Präsident Ford vor wenigen Tagen versichert habe – die USA die Existenz Zaires garantieren und vor äußeren Angriffen schützen wollten, vielmehr sei notwendig, möglichst bald materielle Hilfe zu erhalten und sich vor feindlicher Infiltration aus Angola zu schützen." Vgl. Referat 321, Bd. 108373.

[6] Korrigiert aus: „Koordinationsminister".
Zum Gespräch des Bundesministers Genscher mit dem sambischen Außenminister Banda am 14./15. Januar 1976 vgl. Dok. 32, Anm. 14.

[7] Vgl. dazu das Gespräch des Bundesministers Genscher mit dem portugiesischen Außenminister Melo Antuñes am 5. Februar 1976 in Lissabon; Dok. 34.

[8] Bundesminister Genscher führte am 5. Februar 1976 in Lissabon ein Gespräch mit dem Generalsekretär der PPD, Sá Carneiro. Für die Gesprächsaufzeichnung vgl. Referat 010, Bd. 178661.

müsse versucht werden, möglichst schnell die Kubaner aus Afrika wieder raus-zubringen.[9]

Minister: Er werde sich am kommenden Montag in Luxemburg[10] für eine EG-Hilfe für Sambia und Zaire einsetzen. Es müsse erkennbar werden, daß der Westen die schwierige Situation und den Ernst der Lage erkannt habe.

Wichtig werde nun der Fragenkreis um Rhodesien und Namibia.

Sonnenfeldt: Die Südafrikaner suchten die Verständigung mit der MPLA. Es müsse allerdings davon ausgegangen werden, daß ohne eine Zusicherung für den Schutz der südafrikanischen Anlagen die Südafrikaner nicht außer Landes gehen werden.[11]

Van Well: Es stelle sich die Frage, ob und in welcher Form durch uns auf Rhodesien eingewirkt werden könne.

Minister: In der Namibia-Frage seien auch die Gemäßigten nicht auf der Seite Südafrikas. Insofern sei mit großen Schwierigkeiten zu rechnen.

Es stelle sich die Frage, ob die Russen zum Kampf um Afrika angetreten seien.

Sonnenfeldt: Dies sei schwer zu sagen. Die amerikanische Seite neige im Augenblick noch zu keinem endgültigen Urteil.

2) Marokko/Algerien:

Minister: Erkundigt sich danach, wie die USA dieses Problem sehen.[12]

Sonnenfeldt: Nach amerikanischen Erkenntnissen sei die Lage im Augenblick verhältnismäßig ruhig. Die amerikanische Seite versuche, eine neutrale Position zu halten, bevorzuge aber etwas die marokkanische Seite.[13]

Minister: Weist auf die Gespräche mit dem marokkanischen Außenminister[14] hin, der ihm gesagt habe, die Russen würden alles tun, um auch dort Einfluß zu gewinnen. Außerdem unterstützt Ghadafi die Algerier massiv. Russischer Einfluß in Algerien nehme zu. Die marokkanische Armee sei arm. Sie benötige Waffen.

Sonnenfeldt: Die amerikanischen Geheimdienstberichte ergäben nicht eindeutig, daß die Russen die Algerier aufrüsten würden.

---

[9] Vgl. dazu die Stellungnahme des amerikanischen Außenministeriums „Prospects for Angola"; Dok. 19, Anm. 12.

[10] Zur Konferenz der Außenminister der EG-Mitgliedstaaten im Rahmen der EPZ am 23. Februar 1976 vgl. Dok. 62.

[11] Zur Entsendung südafrikanischer Truppen auf angolanisches Gebiet sowie zu den dort befindlichen Wasserkraftwerken vgl. Dok. 36, Anm. 12 und 14.

[12] Zum Konflikt zwischen Algerien und Marokko um die West-Sahara vgl. Dok. 2, Anm. 3, und Dok. 48, Anm. 13.

[13] Botschafter von Staden, Washington, berichtete am 25. Februar 1976 über ein Gespräch mit dem Abteilungsleiter im amerikanischen Außenministerium, Atherton, über die amerikanische Haltung im West-Sahara-Konflikt: „Die USA bemühten sich [...] um Neutralität. Sie setzten sich, wo dies möglich sei, für eine Verhandlungslösung ein, der man nicht zuletzt im Rahmen inter-arabischer Bemühungen gewisse Erfolgschancen zubillige. Vor allem gelte es, eine Internationalisierung des Konflikts im Sinne eines sowjetischen Engagements zu entmutigen". Vgl. den Drahtbericht Nr. 662; VS-Bd. 10010 (311); B 150, Aktenkopien 1976.

[14] Ahmed Laraki.

Von spanischer Seite hörten sie dies allerdings auch, genauso würde es von Somalia[15] behauptet.

Minister: Was muß getan werden, wenn diese Meldungen stimmen?

Sonnenfeldt: Das müsse besonders die Franzosen interessieren.

Minister: Er habe der Presse entnommen, daß die amerikanische Regierung erklärt habe, daß sie in Angola das letzte Mal das Eingreifen der Russen in einer solchen Form hingenommen habe.[16]

Sonnenfeldt: So sei es in der Tat auch dem Kongreß gegenüber dargestellt worden. Leider sei in Angola nichts mehr zu machen gewesen.

Er wolle auf die Rede von George Kennan verweisen, die dieser als Antwort auf die Kissinger-Rede gehalten habe.[17]

[15] Am 10. April 1975 berichtete Militärattaché von Alvensleben, Washington, über Meldungen amerikanischer Nachrichtenagenturen. Demnach „soll die sowjetische Marine in Berbera, Somalia, ein Depot mit Testanlage für sowjetische Cruise Missiles einrichten. [...] Hiermit hätte die sowjetische Marine nach h[iesigen] E[rkenntnissen] erstmals die Möglichkeit, außerhalb des eigenen Territoriums Flugkörper für ihre Schiffe und U-Boote nachzuführen, auszutauschen und zu warten. Vor dem Hintergrund der sowjetischen maritimen Präsenz im Indischen Ozean gewinnt diese logistische Möglichkeit bedeutendes Gewicht." Vgl. den Drahtbericht Nr. 935; Referat 320, Bd. 108214.

[16] In der Presse wurde über eine Rede des amerikanischen Außenministers Kissinger am 3. Februar 1976 vor dem Commonwealth Club in San Francisco berichtet. Vgl. dazu den Artikel „Kissinger tadelt den Kongreß: Übertriebene Einmischung in die Außenpolitik"; FRANKFURTER ALLGEMEINE ZEITUNG vom 4. Februar 1976, S. 1.
In seiner Rede über die amerikanische Politik gegenüber der UdSSR äußerte sich Kissinger auch zum sowjetischen Engagement in Angola. Er führte aus, daß die UdSSR durch Ausnutzung regionaler Konflikte das Gleichgewicht der Mächte und damit die Sicherheit und Stabilität der Welt gefährde: „Angola represents the first time that the Soviets have moved militarily at long distance to impose a regime of their choice. It is the first time that the United States has failed to respond to Soviet military moves outside the immediate Soviet orbit. And it is the first time that Congress has halted national action in the middle of a crisis. When one great power tips the balance of forces decisively in a local conflict through its military intervention – and meets no resistance – an ominous precedent is set, of grave consequence even if the intervention occurs in a seemingly remote area. Such a precedent cannot be tolerated if a lasting easing of tensions is to be achieved. And if the pattern is not broken now, we will face harder choices and higher costs in the future. [...] The government has a duty to make clear to the Soviet Union and Cuba that Angola sets no precedent, that this type of action will not be tolerated again." Vgl. DEPARTMENT OF STATE BULLETIN, Bd. 74 (1976), S. 204, S. 209 und S. 211.

[17] In einer Stellungnahme für die Tageszeitung „The Washington Post" zur Rede des amerikanischen Außenministers Kissinger vom 3. Februar 1976 in San Francisco wies George F. Kennan darauf hin, daß eine Analyse möglicher Expansionstendenzen der sowjetischen Außenpolitik differenzieren müsse: „First of all, it is important to recognize that not all places and regions are of equal importance from this standpoint. There are some, such as Korea and Cuba, that are of high strategic importance in the sense that they affect the interests of this country and other great powers in an intimate and sensitive way. There are others which have what might be called a local strategic importance, especially from the standpoint of their immediate neighbors, but are of minor significance from the standpoint of the world balance of power. The two must not be equated." Zweitens sei zu beachten, daß die Schaffung von Einflußmöglichkeiten in einer Region nicht immer vorteilhaft für die dort eingreifende Macht sei: „Short of total occupation of the territory and suppression of the indigenous government, the attempt to turn the resources of that territory to the exclusive benefit of the outside power is subject to a host of complications. Available evidence suggests that Cuba, for example, has been for years a financial stone around the Soviet neck. While it is certainly important to prevent the Soviet Union or any other great power from gaining positions on other continents from which world peace could be threatened or world stability seriously impaired, there is no reason the United States should feel itself obliged to protect any other power from the assumption of responsibilities that are going to be an awkward burden to it. Third, most careful attention has to be given to the nature of the tools or the allies we have to work with. What happens if direct

263

Es sehe im Augenblick so aus, als ob der Kongreß etwas nachgeben werde. Die bisherige Ablehnung[18] habe stark an dem CIA-Engagement gelegen. Nun sei s. E. Hilfe für Sambia und Zaire möglich.

Minister: Die USA müßten ihre Führungsrolle deutlich machen.

Sonnenfeldt: Aus europäischer Sicht sei in der Tat ein Konzept für die Nach-Angola-Phase notwendig.

Minister: Wir werden versuchen, am Montag in Luxemburg das Beste herauszuholen.

Sonnenfeldt: Außenminister Kissinger werde die beabsichtigte Reise nach Afrika durchführen. Wahrscheinlich werde die Reise nach Nigeria, Zaire und Sambia führen.[19]

Minister: Fragt, wie Sonnenfeldt die Lage in Marokko sehe.

Sonnenfeldt: Die amerikanische Seite sei besorgt.

Minister: Werden die USA Waffen liefern?

Sonnenfeldt: Ja. Die amerikanischen Lieferungen würden aber nicht ausreichen, um eine Parität mit der algerischen Bewaffnung herzustellen. Kongreß habe gerade erneute Waffenhilfe gebilligt. Vielleicht könne noch etwas mehr getan werden.[20]

Minister: SPD sei in der Waffenlieferungsfrage sehr zurückhaltend seit dem letzten Parteikongreß.[21]

Gewisse Wünsche der marokkanischen Seite allerdings könnten von deutscher Seite erfüllt werden.[22]

Fortsetzung Fußnote von Seite 263

intervention is barred and our efforts are restricted to the attempt to assist an existing political faction in a foreign territory? The limits of the quality of that faction as a military and political competitor within the territory affected become the limits of the effectiveness of our own action. [...] Finally, there is the recognition that what we wish will not, in many instances, be anything we can hope to achieve with our efforts alone. For this, we will need the support of world, or at least regional, opinion; and we must be careful not to forfeit this by casting ourselves in the same light as our opponents." Vgl. THE WASHINGTON POST vom 16. Februar 1976, S. A15.

[18] Zur Ablehnung des amerikanischen Kongresses, Mittel für eine Unterstützung von FNLA und UNITA zu bewilligen, vgl. Dok. 19, Anm. 8, und Dok. 32, Anm. 15.

[19] Der amerikanische Außenminister Kissinger besuchte vom 24. April bis 2. Mai 1976 Kenia, Tansania, Sambia, Zaire, Liberia und den Senegal. Im Anschluß hielt er sich vom 3. bis 7. Mai 1976 anläßlich der Eröffnung der UNO-Konferenz für Handel und Entwicklung (UNCTAD) in Nairobi auf.

[20] Am 25. Februar 1976 übermittelte Botschafter von Staden, Washington, Informationen des Abteilungsleiters im amerikanischen Außenministerium, Atherton, über den Abschluß der amerikanisch-marokkanischen Gespräche über ein militärisches Hilfsprogramm: „In den nächsten vier bis sechs Jahren würden die USA Rüstungsgüter in der Größenordnung von 400 bis 500 Mio. Dollar liefern, insbesondere Tanks, Panzerwagen, Artillerie, Tankabwehr, Geschütze, Flak sowie 20 Kampfflugzeuge vom Typ ‚F 5 E' und vier des Übungstyps ‚F 5 F'. [...] Atherton betonte, daß diese Hilfe an Marokko grundsätzlich nicht die Unterstützung Rabats im Sahara-Konflikt bedeute. Dies ergäbe sich schon daraus, daß die Gespräche über Militärhilfe bereits vor etwa zwei Jahren begonnen hätten. [...] Zu eventuellen marokkanischen Ersuchen um deutsche Militärhilfe meinte Atherton, falls solche Bitten an uns herangetragen würden, sei es natürlich nur an uns, darüber zu befinden. Es liege jedoch auf der Hand, daß man uns insoweit nicht etwa entmutigen wolle." Vgl. den Drahtbericht Nr. 662; VS-Bd. 10010 (311); B 150, Aktenkopien 1976.

[21] Der SPD-Parteitag fand vom 11. bis 15. November 1975 in Mannheim statt.

[22] Zu den marokkanischen Wünschen nach Rüstungslieferungen aus der Bundesrepublik vgl. Dok. 67.

Ghaddafi wolle ihn, Genscher, sprechen. Er habe schon zum zweiten Mal von ihm ein Signal erhalten.

3) *Sonnenfeldt*: Fragt, wie die deutsche Seite mit den Franzosen in der Nationalitätenfrage DDR[23] hinkomme.

Van Well: Wir werden hinkommen.

Allerdings sollte den Belgiern etwas gesagt werden.[24]

4) Sowjetunion:

Minister: Wie sieht amerikanische Seite die augenblickliche Lage in der Sowjetunion?

Sonnenfeldt: Nach amerikanischen Erkenntnissen werde das Politbüro wiedergewählt werden, mit zwei bis drei Ausnahmen.[25] Nach wie vor gebe es Gerüchte um die Wiederwahl Kossygins. Die amerikanische Seite wisse aus Geheimberichten, daß Breschnew eine positive Rede zur Entspannungspolitik und zum Verhältnis zum Westen halten werde.

Amerikanischerseits stelle man eine gewisse Verhärtung in der Gesamtpolitik der Sowjetunion fest. In Afrika sei das russische Engagement und das geplante weitere Procedere der Russen schwer einzuschätzen.

Breschnew sei gewillt, seine bisher eingehaltenen Grundlinien durchzuhalten. Seine Autorität sacke zwar langsam ab, aber er sei nach wie vor die Nummer eins.

Minister: Und Gromyko?

Sonnenfeldt: Nach amerikanischen Erkenntnissen sei Gromyko stärker denn je, da er im Grunde der einzige sei, der wirklich etwas von Außenpolitik verstehe. Zwar habe er keine Hausmacht, er sei aber unentbehrlich, weil er seit Jahren ein subtiler Kenner sämtlicher außenpolitischer Ereignisse sei.

5) MBFR:

Minister: Was tun?

Sonnenfeldt: Zunächst sollten die neuen russischen Vorschläge[26] geprüft werden. Wahrscheinlich führten diese Vorschläge nicht weiter.

---

23 Zum Stand der der Verhandlungen zwischen Frankreich und der DDR über einen Konsularvertrag vgl. Dok. 43, Anm. 4.
Zur dritten Verhandlungsrunde, die am 9. Februar 1976 begann, vgl. Dok. 78, Anm. 4.

24 Ministerialdirektor van Well teilte den Botschaften in Brüssel, Luxemburg, Paris, Rom und Washington am 3. Februar 1976 mit: „Aus der Berichterstattung der Botschaft Brüssel und der Ständigen Vertretung in Berlin (Ost) geht hervor, daß Belgien in der letzten Verhandlungsrunde gegenüber der DDR wiederum loyal darum bemüht war, unseren Interessen im Zusammenhang mit dem Abschluß eines Konsularvertrages Belgien – DDR Rechnung zu tragen. Die Belgier sind sich jedoch offenbar im Zweifel darüber, ob die feste Haltung, wie sie sie bisher auf unsere Bitten eingenommen haben, auch von den anderen zur Zeit mit der DDR verhandelnden Staaten durchgehalten werden wird. Sie argwöhnen, von anderen Staaten als Alibi vorgeschoben zu werden oder sogar eines Tages mit ihrer festen Haltung allein dazustehen. Es kann davon ausgegangen werde, daß die DDR versuchen wird, die belgische Regierung durch entsprechende Informationen über die Haltung anderer Staaten von ihrer bisherigen festen Haltung abzubringen." Vgl. den Drahterlaß Nr. 397; VS-Bd. 10940 (210); B 150, Aktenkopien 1976.

25 Zum XXV. Parteitag der KPdSU vom 24. Februar bis 5. März 1976 in Moskau vgl. Dok. 69.

26 Zum Vorschlag der an den MBFR-Verhandlungen teilnehmenden Warschauer-Pakt-Staaten vom 19. Februar 1976 vgl. Dok. 53.

Van Well: In den Hauptpunkten enthielten die russischen Vorschläge kein russisches Entgegenkommen. Interessant sei der „Gedanke der Auflösung".

Sonnenfeldt: Bei SALT seien die Russen am Zuge. Die amerikanische Seite habe Vorschläge gemacht, die sich auf „Backfire" und „Cruise Missiles" beschränken.[27]

Minister: Verhandlungen dürfen nicht abbrechen.

Sonnenfeldt: Man sei zweifellos bei SALT in einer Sackgasse. Dies werde auch nicht mehr lange der amerikanischen Presse verheimlicht werden können, spätestens dann nicht mehr, wenn Kissinger im März nicht nach Moskau reise. Der Parteitag in der Sowjetunion stoppe im übrigen im Augenblick alles.

6) China:

Sonnenfeldt: Nixon fliege nach China. Die amerikanische Regierung sei hiervon auch überrascht gewesen.[28]

Trotzdem sehe die amerikanische Regierung die Reise Nixons nicht als absoluten Affront. Es gebe vielmehr Anzeichen dafür, daß die chinesische Seite mit den Amerikanern offiziell weiterkommen wolle.

Minister: Ob Nixon auch noch persönliche Schwierigkeiten habe?

Sonnenfeldt: Ja, es liefen noch einige Meineidsverfahren.

Minister: Bat abschließend, Außenminister Kissinger herzlich von ihm zu grüßen.

VS-Bd. 14053 (010)

[27] Vgl. dazu die Gespräche des amerikanischen Außenministers Kissinger vom 20. bis 22. Januar 1976 in Moskau; Dok. 21 und Dok. 23.

[28] Die chinesische Nachrichtenagentur Hsinhua gab am 6. Februar 1976 bekannt, daß der ehemalige Präsident Nixon eine Einladung zu einem Privatbesuch in die Volksrepublik China angenommen habe. Dazu erklärte der amerikanische Außenminister Kissinger am 12. Februar 1976 vor der Presse: „This Administration has repeatedly made clear that we attach very great significance to the relationship with the People's Republic of China, and therefore we consider anything that symbolizes this to be, on the whole, helpful. On the other hand, President Nixon is going there as a private citizen, and what the intentions of the Chinese were [...] is really a matter that they have not discussed with us." Vgl. DEPARTMENT OF STATE BULLETIN, Bd. 74 (1976), S. 288 f.
Zum Besuch von Nixon vom 21. bis 29. Februar 1976 in der Volksrepublik China vgl. Dok. 74, Anm. 7.

266

57

Gespräch des Bundeskanzlers Schmidt mit Ministerpräsident Bhutto

VS-vertraulich   20. Februar 1976[1]

Vermerk über das Gespräch des Bundeskanzlers mit PM Bhutto am 20. Februar 1976, 9.05 bis 10.40 Uhr, im Palais Schaumburg[2]

Teilnehmer von pakistanischer Seite: StM Aziz Ahmed (Verteidigung und Auswärtiges), StS M. Jusuf Buch (Sonderberater), StS Agha Shahi (Auswärtiges), Botschafter S. K. Dehlavi; von deutscher Seite: StS Hermes, Botschafter Scheske, MDg Loeck.

PM *Bhutto* gab auf Wunsch des Bundeskanzlers einen Abriß der inneren Entwicklung Pakistans seit Erlangung der Unabhängigkeit[3], wobei der Schwerpunkt bei den Wirtschaftsaspekten lag.[4]

Schon vor der Sezession Ostpakistans[5] habe die wirtschaftliche Entwicklung des Landes trotz amerikanischer und europäischer Wirtschaftshilfe kaum Fortschritte gemacht. Dies habe zu Frustration der Bevölkerung geführt und kom-

---

[1] Ablichtung.
Die Gesprächsaufzeichnung wurde von Ministerialdirigent Loeck, Bundeskanzleramt, am 20. Februar 1976 gefertigt und mit Begleitschreiben vom 23. Februar 1976 an Vortragenden Legationsrat I. Klasse Schönfeld „vorbehaltlich der Zustimmung des Bundeskanzlers" übermittelt.
Hat Schönfeld am 23. Februar 1976 vorgelegen, der die Weiterleitung an Legationssekretär Wild und Legationsrat I. Klasse Dohmes sowie an das Büro der Staatsminister Moersch und Wischnewski verfügte.
Hat Wild und Dohmes am 24. Februar 1976 vorgelegen.
Hat Moersch vorgelegen.
Hat Legationsrat I. Klasse Kiewitt am 8. März 1976 vorgelegen.

[2] Ministerpräsident Bhutto hielt sich vom 18. bis 20. Februar 1976 in der Bundesrepublik auf.

[3] Pakistan wurde am 15. August 1947 unabhängig.

[4] Ministerpräsident Bhutto begründete im Gespräch vom 20. Februar 1976 gegenüber Bundeskanzler Schmidt „die wirtschaftliche Rückständigkeit Pakistans und die Anstrengung der letzten 20 Jahre, sie zu überwinden. Die Vereinigten Staaten hätten geholfen, ein internationales Konsortium sei gebildet worden, eine Reihe Länder hätte Pakistan beim wirtschaftlichen Aufbau unterstützt. Es habe sich herausgestellt, daß der wirtschaftliche Rückstand des Landes eine Demokratie nach westlichem Vorbild nicht ermögliche. Für sein Land, wie für andere Länder, sei das Beispiel China von großer Bedeutung gewesen. [...] Bhutto nannte die Ölkrise einen schweren Schlag für Pakistan; statt 70 Mio. Dollar 1973 müßten sie heute 360 Mio. Dollar für die Öleinfuhr ausgeben. Trotz dieser schweren Belastung habe sich Pakistan einer Kritik an den ölproduzierenden Ländern enthalten, weil diese zu seinen engsten Freunden gehörten und Pakistan es sich nicht leisten könne, wie von einem Nußknacker zerrieben zu werden. Die Einheit der Dritten Welt aufrechtzuerhalten, sei ein wichtiges politisches Ziel Pakistans." Vgl. die Gesprächsaufzeichnung; VS-Bd. 524 (014); B 150, Aktenkopien 1976.

[5] Die nach den ersten Parlamentswahlen in Pakistan am 7. Dezember 1970 einsetzenden Unruhen in Ostpakistan, das Verbot der ostpakistanischen Awami League und die verstärkte Präsenz westpakistanischer Truppen in Ostpakistan führten am 26. März 1971 zur Proklamierung einer unabhängigen Republik Bangladesch. Mit der Verhängung des Kriegsrechts durch Präsident Yahya Khan am selben Tag begann der Unabhängigkeitskrieg, auf dessen Verlauf schließlich Indien immer stärkeren Einfluß nahm. Die Spannungen zwischen Indien und Pakistan wegen Ostpakistan mündeten am 3. Dezember 1971 in einen Krieg beider Staaten, in dessen Verlauf Indien Bangladesch am 6. Dezember 1971 anerkannte und weite Teile des Landes besetzte. Mit der Kapitulation der pakistanischer Streitkräfte in Ostpakistan am 16. Dezember 1971 wurde die Unabhängigkeit von Bangladesch faktisch wirksam.

munistischen Einflüssen auf Arbeiterschaft und Studenten den Weg geöffnet. Die Antwort hierauf sei ein Militärregime gewesen, das naturgemäß nicht in der Lage gewesen sei, die strukturellen Probleme zu lösen. Nach der Teilung Pakistans hätte man sich von den Folgen der kriegerischen Auseinandersetzungen wegen Inflation, Unterbeschäftigung, Auslandsschuldenlast und der großen Flutkatastrophe[6] nicht erholen können.

So sei Pakistan durch die Ölpreiserhöhung besonders hart getroffen worden. Dennoch habe es sich ein Eingreifen in die Debatte um die Preiserhöhungen versagen müssen: Die Araber seien seine nächsten Freunde und der Zusammenhalt innerhalb der Dritten Welt sei für Pakistan besonders wichtig.

Die Vorstellungen für die Ziele des Dialogs über die „neue Weltwirtschaftsordnung" skizzierte der Premierminister in der Reihenfolge ihrer Bedeutung wie folgt:

– Stabilisierung der Rohstoffpreise

– Umschuldung,

– Zahlungsbilanzhilfen des IWF für die am schwersten betroffenen Entwicklungsländer,

– Abbau der Zollschranken und der übrigen Handelshemmnisse (insbesondere Hinweis auf die Exportprobleme der pakistanischen Textilindustrie).

Es bestehe die Gefahr, daß die tiefgehende Unzufriedenheit der Entwicklungsländer, insbesondere auch der asiatischen, durch die Sowjetunion für ihre Ziele der kommunistischen Unterwanderung ausgenutzt würde. Deshalb müsse der Dialog zu konkreten Ergebnissen führen.

Pakistan nehme bei allen öffentlichen Erklärungen zum Dialog eine harte Haltung ein. Dies sei schon wegen der Erwartungen der eigenen Bevölkerung nötig, da diese andernfalls das Vertrauen in die Regierung verlieren würde. Bei den internen Diskussionen mit den Industrieländern in den Vereinten Nationen und während der Konferenzen sei die pakistanische Haltung dagegen gemäßigt. So werde man auch auf der Pariser Konferenz[7] eine zwar fühlbare, aber vernünftige Rolle spielen. Die Erklärung des Bundeskanzlers und Präsident Giscards, daß der Dialog Ergebnisse bringen müsse, machten ihn zuversichtlich. Es müßten einige wirklich substantielle Fortschritte, nicht nur Beschönigungen („fairly substantial progress, not only a palliative") erzielt werden.

---

6 Im August 1973 wurde Pakistan infolge starker Monsunregen von einer Hochwasserkatastrophe heimgesucht. Besonders betroffen waren die Regionen Punjab und Sind. Im Oktober 1973 zog die pakistanische Regierung in einem Memorandum für die UNO eine vorläufige Bilanz: „During the floods 474 people lost their lives, about 54 000 animals were lost, 4.8 million people were adversely affected, 885 000 houses damaged or lost, 9717 villages came under water. Over 10 million acres of land have been inundated and about 4 million acres of cropped area reported to have been damaged in the two provinces." Vgl. Referat 311, Bd. 100298.

7 Die KIWZ nahm am 11. Februar 1976 in Paris ihre Arbeit auf der Ebene der Kommissionen auf. Die erste Sitzungsperiode endete am 20. Februar 1976 mit der Festlegung der Tagesordnungen: „In den vier Kommissionen wurden in der ersten Sitzungsperiode Arbeitsprogramme verschiedener Intensität erstellt, die Sachdiskussion eingeleitet und Vereinbarungen zur konkreten Vorbereitung der zweiten Sitzungsrunde im März getroffen." Vgl. den Drahtbericht Nr. 162 des Ständigen Vertreters bei der OECD in Paris, Emmel, vom 20. Februar 1976; Referat 400, Bd. 118395.

Die beschriebene differenzierte Haltung (nach außen gerichtete Erklärungen hart, bei internen Diskussionen gemäßigte Haltung) nehme Pakistan auch im Nahost-Konflikt ein.

Der *Bundeskanzler* äußerte sich eingehend zu dem Charakter und den Ursachen der gegenwärtigen weltweiten Rezession. Er wies darauf hin, daß nicht nur der Westen, sondern auch der Osten und sogar erdölproduzierende Länder wie Iran betroffen seien und die weltweite wirtschaftliche Instabilität latente Gefahren schaffe. Es komme darauf an, daß die Ordnung wieder hergestellt werde.

Der Bundeskanzler erläuterte seine Bemühungen, durch Überwindung des amerikanisch-französischen Gegensatzes dafür zu sorgen, daß die Industrieländer die Lösung nicht in Konfrontation mit den Erdölländern, sondern in der Kooperation mit ihnen suchen. Rambouillet[8] habe zwar für die Zusammenarbeit innerhalb der westlichen Welt bei der Lösung eigener Wirtschaftsprobleme ein hohes Maß an Übereinstimmung erbracht, nicht dagegen für die Haltung im Dialog. Hierfür gebe es eben noch keine Grundlage, die sich auf Erfahrungen und wissenschaftliche Analyse stützen könnte.

Wenn für alle 25 wichtigen Rohstoffe Kartelle gebildet würden, werde die Weltwirtschaft zusammenbrechen. China würde unbeeinträchtigt bleiben. Die Sowjetunion, die USA sowie Länder wie Australien würden durch Rohstoffkartelle sogar begünstigt werden, da sie über die reichsten Rohstoffvorkommen verfügten.

Deshalb sei die Bundesregierung in ihren Gymnicher Analysen[9] zu dem Ergebnis gelangt, daß der einzige erfolgversprechende Weg eine Stabilisierung der Rohstoffexporterlöse sei: Hierbei könne man in der Weise differenzieren, daß nur die wirklich bedürftigen Länder in das Stabilisierungssystem einbezogen würden. Andererseits würde vermieden, daß die rohstoffverbrauchenden Länder unangemessen hohe Preise zu zahlen hätten. Nach Erläuterung unseres Stabilisierungsmodells[10] bemerkte der Bundeskanzler, daß wir leider bisher noch nicht viele Industrieländer und Entwicklungsländer von seinen Vorzügen hätten überzeugen können. Er wies sodann darauf hin, daß die OPEC-Länder die realen Verhältnisse zu verstehen begännen. In ca. zehn Jahren seien die Industrieländer voraussichtlich auf die OPEC nicht mehr angewiesen. Diese Erkenntnis müsse sich bei den OPEC-Ländern in ein entsprechendes Verhalten umsetzen.

Bezüglich der Beseitigung der Handelsschranken stimme er grundsätzlich mit dem Premierminister überein. Wir seien konsequente Befürworter eines freien Wettbewerbs innerhalb eines freien Welthandels. Es gebe allerdings eine große Ausnahme: Ländern mit staatlich dirigierter Wirtschaft könne man nicht erlauben, mit dem Mittel massiver Subventionen eine Dumping-Politik zu entwickeln. Im übrigen bereite es nur auf wenigen Sektoren Schwierigkeiten, un-

---

8 Die Konferenz der Staats- und Regierungschefs aus sechs Industriestaaten fand vom 15. bis 17. November 1975 auf Schloß Rambouillet statt. Vgl. dazu AAPD 1975, II, Dok. 346 und Dok. 348–350.
9 Im Anschluß an eine Klausurtagung des Kabinetts am 9. Juni 1975 auf Schloß Gymnich erarbeitete eine interministerielle Arbeitsgruppe „Grundsätze der Bundesregierung für den Dialog mit den erdölproduzierenden und anderen Entwicklungsländern". Vgl. dazu AAPD 1975, II, Dok. 264.
10 Zum Modell der Erlösstabilisierung vgl. Dok. 5, Anm. 8.

seren Markt weiter zu öffnen. Hierzu gehöre gerade der Textilsektor, der ebenso wie die Bauindustrie nach Deckung des Nachkriegsbedarfes in eine Krise
geraten sei. Unsere Gewerkschaften übten auf die Bundesregierung Druck aus,
um eine Lockerung der Einfuhrbestimmungen zu verhindern.

Der Bundeskanzler verwies sodann darauf, daß unser Bruttosozialprodukt in
diesem Jahr um 2,5% zurückgegangen sei, während das BSP Pakistans um
2,5% gestiegen sei. Länder wie Großbritannien seien in noch wesentlich schlech-
terer Lage als wir. Sie müßten sich in diesem Jahr endgültig fangen, sonst drohe ihr wirtschaftlicher Zusammenbruch. Die Weltwirtschaft könne nur wieder
in Ordnung gebracht werden, wenn alle, Industrieländer und Entwicklungsländer, verstünden, daß sie in einem Boot säßen und der Zusammenbruch des
einen den des anderen nach sich ziehen müsse. Im Rahmen unserer Entwicklungshilfe würden wir weiterhin unsere Beiträge für Pakistan leisten. Im Bundeskabinett stelle man sich gelegentlich die Frage, ob nicht stärkere Konzentration am Platze sei.[11]

PM *Bhutto* gab zu verstehen, daß ihn die Ausführungen über die weltwirtschaftliche Lage, insbesondere die deutschen Überlegungen für eine Lösung
der Rohstoffproblematik, beeindruckt hätten. Er kam auf dem Wirtschaftssek-
tor zu folgenden Schlußfolgerungen:

– Generelle Rohstoff-Kartellisierung sei abzulehnen. Es sei der Versuch zu
  machen, spezifisch die Rohstoffpreise der ärmeren Entwicklungsländer zu
  stützen.

– Zur Öffnung der Märkte: Obwohl der pakistanische Export weitgehend in
  den Händen staatlicher Ausfuhrgesellschaften liege, kämen diese wegen der
  pakistanischen Produktionsverhältnisse nicht als Dumping-Instrumente in
  Betracht.

– Umschuldung: Pakistan wolle sich nicht der Rückzahlung seiner Schulden
  entziehen, sondern sehe die Umschuldung „im Kontext der Maßnahmen zur
  Erleichterung der Lage der am schwersten betroffenen Entwicklungsländer".
  Allerdings solle man in Übereinstimmung mit einem Hinweis des Weltbank-
  präsidenten[12] überlegen, ob nicht der Zeitpunkt gekommen sei, die Schulden
  aus Warenhilfe (commodity aid) abzuschreiben. Dies werde allerdings Indien
  weit mehr begünstigen als Pakistan, das auch insoweit seinen Rückzahlungsverpflichtungen nachgekommen sei.

– Das Wachstum des pakistanischen BSP sei auch im letzten Jahr vollständig
  durch das Bevölkerungswachstum aufgezehrt worden.

---

11 Das Bundesministerium für wirtschaftliche Zusammenarbeit veröffentlichte am 12. Februar 1976
den Rahmenplan für die Entwicklungshilfe der Bundesrepublik. In der Presse wurde dazu berichtet, daß sich die Hilfe „in diesem Jahr auf Schwarzafrika, den Mittelmeerraum und den Mittleren
Osten konzentrieren" solle: „Sie wird vor allem die Länder berücksichtigen, die zu den am wenigsten entwickelten gehören oder besonders schwer unter den Folgen der gestiegenen Ölpreise leiden." Dieser Konzentrationsprozeß werde vor allem durch die Tatsache deutlich, „daß 23 Prozent
der deutschen Hilfe an elf Länder gegeben werden sollen". Der Schwerpunkt der Entwicklungshilfe
werde in den afrikanischen Staaten südlich der Sahara liegen. Vgl. den Artikel „Bonn konzentriert
seine Entwicklungshilfe auf die Ärmsten"; FRANKFURTER ALLGEMEINE ZEITUNG vom 13. Februar
1976, S. 2.
12 Robert McNamara.

- Pakistan werde für Fortsetzung und möglichste Erweiterung deutscher Entwicklungshilfe[13] dankbar sein.

Beide Seiten waren sich darüber einig, daß man aus wirtschaftlichen und moralischen Gründen zu einer konsequenten Geburtenkontrolle gelangen müsse (der Bundeskanzler wies auf das chinesische Vorbild hin). PM Bhutto kündigte an, daß Pakistan die eingeleiteten ernsten Anstrengungen fortsetzen werde.

Der anschließende Gedankenaustausch über die pakistanischen Bezugswünsche für Rüstungsgüter[14] gelangte zu folgenden Ergebnissen:

Der *Bundeskanzler* hielt fest, daß wir

- außer U-Booten keinerlei schwere Waffensysteme liefern könnten,
- dagegen kämen Unimog und gepanzerte Mannschaftswagen in Betracht,
- die Frage der Lieferung von Radargeräten werde geprüft.

Selbstverständlich bedürfe es hierzu formeller Entscheidungen der Bundesregierung, die aber hinsichtlich der bezeichneten Rüstungsgüter vermutlich positiv ausfallen würden.

PM *Bhutto* erklärte sich hiermit einverstanden. Er wolle die Frage der Lieferung schwerer Waffensysteme nicht überstrapazieren („I do not want to overstress the point."). Er hoffe darauf, daß sich vielleicht zu einem späteren Zeitpunkt weitere Bezugsmöglichkeiten eröffneten.

Staatsminister Aziz *Ahmed* erläuterte, daß Pakistan mit deutschen Werften über die Errichtung von Anlagen zum Bau von U-Booten in Pakistan unter Benutzung deutschen Know-hows im Gespräch sei. Um die Durchführung des Projekts zu ermöglichen, sei allerdings zunächst Bestellung eines U-Bootes in Deutschland als Vorbedingung vorgesehen.[15]

---

[13] Referat 400 informierte am 30. Januar 1976 zum Stand der Entwicklungshilfe für Pakistan: „Pakistan gehört zu den Hauptempfängern deutscher Entwicklungshilfe. Unsere gesamte öffentliche Hilfe an Pakistan belief sich von 1950–75 auf rd. 1,9 Mrd. DM netto, d.h. abzüglich der Amortisationen. Pakistan nimmt insoweit den zweiten Platz nach Indien (3,7 Mrd. DM ohne Umschuldungen) ein. [...] Pakistan erhält von uns weitere Entwicklungshilfe über multilaterale Institutionen: IDA, Asiatische Entwicklungsbank, EG. [...] Die privaten Leistungen der Bundesrepublik Deutschland an Pakistan betrugen von 1950–1974 156 Millionen DM. Diese machen 9% unserer öffentlichen Hilfe aus." Vgl. Referat 302, Bd. 101682.

[14] Zu den pakistanischen Wünschen nach Lieferung von Rüstungsgütern aus der Bundesrepublik vgl. Dok. 44.

[15] Vortragender Legationsrat Heinichen informierte am 15. Dezember 1976, daß der Bundessicherheitsrat am 17. Mai 1976 den Export von drei U-Booten (1300 t) durch die Howaldtwerke Deutsche Werft (HDW) AG, Kiel, nach Pakistan gebilligt habe. Nach Angaben von HDW sei die pakistanische Regierung aber zunächst an der Lieferung eines U-Bootes und am Aufbau einer Werft in Karatschi zum Bau weiterer U-Boote interessiert. Am 6. Dezember 1976 habe der pakistanische Staatsminister für Verteidigung und Auswärtige Angelegenheiten, Aziz Ahmed, Botschafter Scheske, Islamabad, über Schwierigkeiten bei der Finanzierung des Projekts in Kenntnis gesetzt: „Der Staatsminister habe erklärt, das Projekt lasse sich nur mit Finanzierungshilfe aus Libyen realisieren. Libyen mache diese Hilfe jedoch davon abhängig, daß das erste mit libyschen Mitteln von HDW zu kaufende Boot der libyschen Marine zugeteilt werde. Er bitte die Bundesregierung, diesem Verfahren zuzustimmen." Heinichen sprach sich unter Hinweis auf die Bestimmungen des Kriegswaffenkontrollgesetzes vom 20. April 1961 und der „Politischen Grundsätze der Bundesregierung für den Export von Kriegswaffen und sonstigen Rüstungsgütern" vom 16. Juni 1971 dafür aus, dem pakistanischen Wunsch nicht zu entsprechen: „BMWi und BMVg stimmen einer Ablehnung des pakistanischen Wunsches zu." Vgl. Referat 422, Bd. 124238.

PM *Bhutto* wies darauf hin, daß die Sowjetunion Indien demnächst weitere 90 MIG 21 liefern werde. Auf Frage des Bundeskanzlers, weshalb Pakistan nicht Flugzeuge in Frankreich kaufe, antwortete der Premierminister, Frankreich sei zu teuer. Die amerikanischen Flugzeuge seien überdies besser. Leider wollten die USA die von Pakistan gewünschten Typen nicht liefern, weil sie diese als Offensivwaffe qualifizierten.

Der *Bundeskanzler* unterstrich, daß ihm die vom Premierminister am 19. Februar gegebene Darstellung der strategischen Lage Pakistans und seiner Region sehr nützlich gewesen sei.[16] Er bat um Ergänzung durch eine Analyse der Lage in Afghanistan sowie des pakistanisch-afghanischen Verhältnisses.

PM *Bhutto* äußerte sich hierzu wie folgt:

- Nach der Sezession Ostpakistans habe er während der Auseinandersetzungen mit Indien den afghanischen König Zahir Schah gefragt, ob dieser gedenke, Pakistan in den Rücken zu fallen. Zahir habe dies weit von sich gewiesen und dem Premierminister versichert, Pakistan könne ohne Sorge seine Nordwest-Grenze von Truppen entblößen.

- Muhammad Daud sei auf Grund eines Putsches pro-sowjetischer, vor allem in der Sowjetunion ausgebildeter Offiziere an die Macht gelangt.[17]

- Es sei möglich, daß Daud inzwischen einige dieser pro-sowjetischen Elemente losgeworden sei, jedoch sei seine Behauptung, daß sich der pro-sowjetische Einfluß in Afghanistan massiv verringert habe, ein Propagandamanöver, mit dem Daud sich die materielle Hilfe islamischer Länder zu sichern suche.

- Schon als Daud an die Macht gekommen sei, habe er die Regelung der Streitigkeiten mit Pakistan[18] als Programm verkündet.

---

[16] Staatssekretär Hermes vermerkte am 19. Februar 1976, daß Ministerpräsident Bhutto am Vorabend gegenüber Bundeskanzler Schmidt „ein eindrucksvolles, wenn auch häufig simplifiziertes Bild der Weltlage" entworfen habe: „Pakistan als Bollwerk des Westens gegen die Sowjetunion und Indien. Indien im unwiderstehlichen Sog der Sowjetunion; nicht mehr in der Lage, sich diesem Einfluß zu entziehen. Druck der Sowjetunion auf Pakistan, Afghanistan und die Pakistan benachbarte westliche Region; im Persischen Golf genügte, wenn es den Russen darauf ankäme, nur ein kräftiges Blasen, um die ganze wacklige Ordnung dort zum Einsturz zu bringen. China sei ein verläßlicher und kluger Verbündeter; die gegenwärtige innere Entwicklung undurchsichtig, das äußere Machtgewicht noch beschränkt. Die Sowjetunion hat ihre Seemacht im Indischen Ozean sehr verstärkt, sie sei der amerikanischen Flotte überlegen." Vgl. VS-Bd. 524 (014); B 150, Aktenkopien 1976.

[17] Am 17. Juli 1973 kam es in Afghanistan zu einem Militärputsch, in dessen Verlauf König Zahir Schah abgesetzt und die Republik ausgerufen wurde. General Daud Khan übernahm die Ämter des Präsidenten, Ministerpräsidenten, Außen- und Verteidigungsministers.

[18] Botschafter Scheske, Islamabad, informierte am 30. Januar 1976: „Zu Afghanistan sind die Beziehungen wegen der Paschtunistan-Frage nach wie vor gespannt. Kabul erkennt die zu Beginn des Jahrhunderts mit den Briten vereinbarte Grenze (‚Durand-Linie') nicht an und fordert mehr oder weniger verschleiert die Bildung eines autonomen ‚Paschtunistan' aus pakistanischen Gebieten der ‚Nordwestgrenz-Provinz' und der Provinz Belutschistan. Pakistan ist wegen des engen indisch-afghanischen Zusammenspiels und sowjetischer Militärhilfe an Kabul besorgt. Es hofft aber, daß die Wirtschaftshilfe, die der Iran den Afghanen gewährt, Präsident Daud zur Mäßigung bewegen wird. Bhutto schlug im Oktober die Aufnahme von Verhandlungen vor. Er erklärte sich bereit, zu diesem Zweck nach Kabul zu reisen. Über eine Reaktion ist bisher nichts bekannt geworden." Vgl. den Schriftbericht Nr. 134; Referat 302, Bd. 101681.

– Seitdem habe es viele Grenzzwischenfälle, bewaffnete Auseinandersetzungen und Verluste an Menschenleben gegeben.

– In letzter Zeit suche die afghanische Seite das Gespräch. Die von ihr begehrte Freilassung der mit Afghanistan zusammenarbeitenden Führer der National Awami Party sei jedoch für den Premierminister undenkbar, da diese von der pakistanischen Gerichtsbarkeit rechtskräftig verurteilt seien.[19] Im übrigen sei man bereit, mit Afghanistan über wirtschaftliche Zusammenarbeit zu sprechen, nicht aber über territoriale Fragen. Es gebe auf beiden Seiten der Grenze ethnische Gruppen, die der anderen Seite zuneigten. Wenn man mit nationalen Fragen erst einmal begänne, würde es kein Ende der Auseinandersetzung geben.

– Die Sowjetunion sei zutiefst an Belutschistan interessiert und arbeite dort subversiv, vor allem durch Waffenlieferungen an die Stämme. Dabei gebe sie sich nicht einmal Mühe, die sowjetischen Herkunftszeichen zu löschen.

– Pakistan habe in Belutschistan und im nordwestlichen Grenzgebiet in wirtschaftlicher und infrastruktureller Hinsicht viel getan, um diese Gebiete aus ihrer durch das Stammessystem bedingten Rückständigkeit zu lösen. Gewalt sei nur soweit unumgänglich angewandt worden. Die friedliche Erschließung dieser Gebiete stoße jedoch auf den Widerstand der Stammeshäupter, die bereit seien, mit Afghanistan und der Sowjetunion zusammenzuarbeiten, um einer verstärkten Einflußnahme der pakistanischen Regierung auf ihre Gebiete entgegenzuwirken.

VS-Bd. 524 (014)

---

[19] Am 15. August 1975 berichtete Botschafter Scheske, Islamabad: „Am 10.2.75 hatte die pakistanische Regierung die stärkste Oppositionspartei, die National Awami Party, mit sofortiger Wirkung für aufgelöst erklärt und das Vermögen der Partei eingezogen [...]. Der Beschluß der Regierung wurde in der Gazette of Pakistan verkündet. Gleichzeitig wurde die Mehrzahl der Führer der Partei, die ihren Anhang fast ausschließlich in den Provinzen Belutschistan und Nordwestgrenzprovinz (NWFP) hat, festgenommen. Diese Maßnahmen waren Teil der Reaktion der Regierung Bhutto auf die Ermordung von ‚Bhuttos Statthalter' in der NWFP, dem Senior Minister Sherpao, am 8.2.75." Vgl. den Schriftbericht Nr. 728; Referat 302, Bd. 101679.

273

58

Aufzeichnung des Staatssekretärs Gehlhoff

014-202/76 VS-vertraulich   23. Februar 1976[1]

Herrn D 2[2]

Betr.: Vierer-Gruppe
      hier: Heutiges Essen mit den drei Botschaftern[3]

Auf dem heutigen Essen mit den drei Botschaftern, zu dem dieses Mal der britische Botschafter eingeladen hatte, wurden folgende Punkte behandelt:

1) Die drei Botschafter zeigten großes Interesse an dem Schicksal der Polen-Vereinbarungen[4]. Sie vermieden es, zu den innenpolitischen Aspekten der Auseinandersetzungen bei uns Stellung zu nehmen. Gleichwohl machten sie klar, daß die Bundesrepublik Deutschland bei einem Scheitern der Polen-Vereinbarungen in eine außenpolitisch schwierige Lage kommen würde. Unser Staat würde in einem solchen Fall in Gefahr geraten, international als Gegner der Entspannung und als Befürworter des Kalten Krieges bezichtigt zu werden.

2) Ich gab gemäß Sprechzettel eine allgemeine Bewertung der Berlinpolitik der Sowjetunion in den vergangenen Wochen und Monaten. Insbesondere wies ich darauf hin, daß die Sowjetunion und in ihrer Folge die übrigen osteuropäischen Staaten versuchten, die formelle Einbeziehung Berlins in unsere internationalen Verträge (durch die Frank-Falin-Klausel[5]) durch die Entwicklung besonde-

---

[1] Hat Ministerialdirigent Meyer-Landrut vorgelegen.
Hat Legationsrat von Arnim am 17. März 1976 vorgelegen.
[2] Hat Ministerialdirektor van Well vorgelegen.
[3] Martin J. Hillenbrand (USA), Olivier Wormser (Frankreich) und Oliver Wright (Großbritannien).
[4] Zum Stand des Verfahrens zur Ratifizierung der Abkommen vom 9. Oktober 1975 zwischen der Bundesrepublik und Polen vgl. Dok. 39, Anm. 3.
Bundesminister Genscher nahm mit Schreiben vom 16. Februar 1976 an den Vorsitzenden des Auswärtigen Ausschusses des Bundesrats, Ministerpräsident Filbinger, und den Vorsitzenden des Ausschusses für Arbeit und Sozialpolitik des Bundesrates, Schmidt, Stellung zu den elf Punkten. Für den Wortlaut des Schreibens vgl. BULLETIN 1976, S. 197–204.
Am 17. Februar 1976 erklärte der CDU-Vorsitzende Kohl nach einer gemeinsamen Sitzung der Führungsmannschaften von CDU und CSU sowie der Ministerpräsidenten der unionsregierten Länder, daß die Antwort der Bundesregierung die Bedenken der Union in den entscheidenden Punkten nicht auszuräumen vermöge. Er forderte, in völkerrechtlich wirksamer Weise sicherzustellen, „daß alle Deutschen in Polen effektiv in einem Zeitraum von vier bis sechs Jahren in die Bundesrepublik Deutschland ausreisen können, soweit sie dies wünschen, und zu diesem Zweck ein objektives deutsch-polnisches Verfahren vereinbart wird". Ferner solle klargestellt werden, „daß die finanziellen Vereinbarungen keinen Präzendenzfall für andere Staaten darstellen und das Londoner Schuldenabkommen unberührt lassen". Vgl. den Artikel „Die Union verlangt von der Regierung den Versuch einer Ergänzung der Polen-Verträge"; FRANKFURTER ALLGEMEINE ZEITUNG vom 18. Februar 1976, S. 1.
Der Bundestag nahm am 19. Februar 1976 in zweiter Beratung das Gesetz zum Abkommen über Renten- und Unfallversicherung mit 275 gegen 191 Stimmen an. Vgl. dazu BT STENOGRAPHISCHE BERICHTE, Bd. 97, S. 15531–15633.
[5] Am 27. März 1972 einigten sich Staatssekretär Frank und der sowjetische Botschafter Falin auf die Formulierung für eine Berlin-Klausel: „Im Einklang mit dem Vier-Mächte-Abkommen vom 3. September 1971 wird sich dieser Vertrag in Übereinstimmung mit den festgelegten Verfahren auf Berlin (West) erstrecken." Frank stellte dabei klar, daß die Bundesregierung „auf den in der jetzt üblichen Berlin-Klausel enthaltenen Nachsatz ‚sofern nicht die Regierung der Bundesrepublik

274

rer Beziehungen zwischen den osteuropäischen Staaten und Westberlin zu unterlaufen. In diesem Zusammenhang, so erklärte ich weiter, müsse auch darauf geachtet werden, daß die Sowjetunion nicht einen Keil zwischen die Bundesregierung und die Regierungen der Drei Mächte treiben könne.

Die drei Botschafter enthielten sich einer Kommentierung. Sie hielten es in diesem Zusammenhang allerdings für nützlich, von Zeit zu Zeit darauf hinzuweisen, daß das Vier-Mächte-Abkommen sich nicht nur auf Westberlin beziehe und daß auch Ostberlin einem besonderen Status unterliege.

3) Zur Einbeziehung Berlins in die Direktwahlen zum Europäischen Parlament[6] wies ich auf die schriftliche Formel hin, die wir jüngst auf Arbeitsebene in der Vierer-Gruppe übergeben haben[7]. Ich betonte einerseits, daß die Bundesregierung bereit sei, gemeinsam mit den Drei Mächten die Verantwortung für das vereinbarte Verfahren zu tragen, wonach die Berliner Mitglieder im Europäischen Parlament nicht direkt gewählt, sondern delegiert werden. Andererseits betonte ich nachdrücklich, daß für die Berliner Mitglieder des Europäischen Parlaments eine Minderung im Status gegenüber dem jetzigen Zustand nicht in Frage kommen und von der Bundesregierung nicht vertreten werden könne. Ich bat deshalb, die von uns auf Arbeitsebene eingeführte Formel zu akzeptieren. Ich erklärte ferner, daß die Bundesregierung hierzu auf der nächsten Sitzung des Europäischen Rats ihre Partnerregierungen in allgemeiner Form unterrichten wolle.[8]

Der britische Botschafter bezeichnete – auf persönlicher Basis – die von uns auf Arbeitsebene eingeführte Formel als gut. Der französische und der amerikanische Botschafter äußerten sich nicht zu der Formel, machten aber auch keine Bedenken geltend.

Fortsetzung Fußnote von Seite 274

Deutschland innerhalb von drei Monaten ...' nur gegenüber der Sowjetunion verzichten" könnte. Diese wisse nämlich, um was es sich bei den in Anlage IV zum Vier-Mächte-Abkommen über Berlin vom 3. September 1971 zitierten „festgelegten Verfahren" handele. Vgl. die Aufzeichnung des Ministerialdirigenten van Well vom 28. März 1972; VS-Bd. 8558 (II A 1); B 150, Aktenkopien 1972. Vgl. dazu auch AAPD 1972, I, Dok. 74 und Dok. 86.

Artikel 10 des Langfristigen Abkommens vom 5. Juli 1972 zwischen der Bundesrepublik und der UdSSR über den Handel und die wirtschaftliche Zusammenarbeit enthielt erstmals die vereinbarte Berlin-Klausel („Frank-Falin-Klausel"): „Entsprechend dem Vier-Mächte-Abkommen vom 3. September 1971 wird dieses Abkommen in Übereinstimmung mit den festgelegten Verfahren auf Berlin (West) ausgedehnt." Vgl. BUNDESGESETZBLATT 1972, Teil II, S. 844.

6 Zur Einbeziehung von Berlin (West) in die Direktwahlen zum Europäischen Parlament vgl. Dok. 43, Anm. 7.

7 Vortragender Legationsrat I. Klasse Lücking vermerkte am 18. Februar 1976, daß am Vortag in der Bonner Vierergruppe der Entwurf einer einseitigen Erklärung über die Einbeziehung von Berlin (West) in die Direktwahlen zum Europäischen Parlament übergeben worden sei: „Der deutsche Sprecher erläuterte dieses Papier, indem er darauf hinwies, daß sein erster Teil eine Berlin-Erklärung enthalte, wie sie bei multilateralen Verträgen allgemein üblich sei. Der zweite Teil sei der Vorschlag des Auswärtigen Amts, wie dem Beschluß der vier Außenminister vom 12. Dezember 1975 in Brüssel am besten Rechnung getragen werden könne." Die beiden Texte lauteten: „1) Die Regierung der Bundesrepublik Deutschland erklärt, daß der Vertrag zur Einführung allgemeiner unmittelbarer Wahlen der Mitglieder des Europäischen Parlaments auch für das Land Berlin gilt. 2) Mit Rücksicht auf die bestehenden Rechte und Verantwortlichkeiten Frankreichs, des Vereinigten Königreichs von Großbritannien und Nord-Irland und der Vereinigten Staaten von Amerika werden von den auf die Bundesrepublik Deutschland entfallenden Abgeordneten zum Europäischen Parlament die im Land Berlin zu wählenden Abgeordneten durch das Abgeordnetenhaus von Berlin gewählt." Vgl. VS-Bd. 14067 (010); B 150, Aktenkopien 1976.

8 Zur Tagung des Europäischen Rats am 1./2. April 1976 in Luxemburg vgl. Dok. 98.

Alle drei Botschafter schnitten die Frage an, auf welche Weise eines Tages vom Europäischen Parlament verabschiedete rechtliche Akte in Berlin Gültigkeit erlangen würden. Es würde, so erläuterten sie, einen Unterschied machen, ob solche Rechtsakte automatisch in Berlin Gültigkeit erlangen oder ob sie im üblichen Verfahren auf Berlin erstreckt werden sollten.

Ich räumte ein, daß dieses Problem noch der näheren Prüfung bedürfe. Hierbei werde nach meiner persönlichen Auffassung sicher zu berücksichtigen sein, daß Berlin kein konstitutiver Bestandteil der Bundesrepublik Deutschland sei. Im ganzen aber sei dieses Problem nicht vordringlich. Gegenwärtig komme es vor allem darauf an, möglichst bald die alliierte Zustimmung zu der von uns auf Arbeitsebene eingeführten Formel zu erhalten. Das Problem, welche Vollmachten die Berliner Abgeordneten im Europäischen Parlament besitzen, sollte nicht mit der gegenwärtig vordringlichen Frage vermengt werden, auf welche Weise die Zugehörigkeit der Berliner Abgeordneten zum Europäischen Parlament sichergestellt werde.

Ich bitte, unter Bezugnahme auf mein heutiges Gespräch mit den drei Botschaftern möglichst bald in der Vierer-Gruppe nachzustoßen.[9]

4) Zum Thema des Tätigwerdens des Generalbundesanwalts[10] in Berlin (im Lorenz-Fall)[11] erklärte ich, daß das Ermittlungsstadium noch nicht abgeschlossen sei mit der Anklageerhebung und daß hierüber noch Konsultationen in der Vierer-Gruppe stattfinden würden. Andererseits bat ich, daß der in dieser Frage ergangene sowjetische Protest[12] von den Drei Mächten noch förmlich zurückgewiesen werden sollte, und zwar möglichst bald.

Die drei Botschafter äußerten übereinstimmend, daß die öffentlichen Erklärungen des Generalbundesanwalts, vor allem im „Spiegel"[13], mehr schädlich

---

[9] Vortragender Legationsrat I. Klasse Lücking notierte am 25. Februar 1976, daß in der Sitzung der Bonner Vierergruppe am Vortag die Haltung der Bundesregierung noch einmal vorgetragen worden sei. Die Sprecher der Drei Mächte seien aber noch ohne Weisung gewesen: „Als vorläufiges Ergebnis der Kontakte seiner Botschaft mit der britischen EG-Vertretung machte der britische Sprecher folgende Bemerkung: Ein Protokoll zum Vertrag über die Einführung der Direktwahlen zum Europäischen Parlament, welches die Stellung der Berliner Abgeordneten in diesem Parlament regele, würde ein im Vergleich zu der jetzt vorgesehenen einseitigen deutschen Erklärung vermutlich rechtlich gleichwertiges, jedoch politisch besseres Ergebnis zur Einbeziehung Berlins erzielen. Durch ein solches Protokoll würde die Wirkung der Berlin-Regelung für alle neun Mitgliedstaaten deutlicher." Vgl. VS-Bd. 14067 (010); B 150, Aktenkopien 1976.

[10] Siegfried Buback.

[11] Zur Entführung des Vorsitzenden des Berliner Landesverbandes der CDU, Lorenz, am 27. Februar 1975 vgl. Dok. 11, Anm. 2.

[12] Der sowjetische Botschaftsrat in Ost-Berlin, Trendelew, erklärte am 12. Februar 1976 gegenüber dem Politischen Berater der amerikanischen Militärmission in Berlin (West), Davis: „The Soviet side considers it necessary to declare that the participation of the FRG federal prosecutor or of any other representative of the federal prosecutor's office in the above-mentioned court proceeding in the court of the western sectors of Berlin would be a gross contradiction of the Four-Power Agreement of September 3, 1971, in particular with its provisions that the state organizations of the FRG do not have the right to carry out in the western sectors constitutional or official acts in the exercise of direct state authority over the western sectors of Berlin (annex 2, paragraph 2). The Soviet side expects that the authorities of the three powers will, in accordance with their obligations under the Four-Power Agreement, take the appropriate measure to prevent the involvement of the FRG federal prosecutor in the above-mentioned court proceeding." Vgl. die Aufzeichnung des Vortragenden Legationsrats I. Klasse Lücking vom 19. Februar 1976; VS-Bd. 10941 (210); B 150, Aktenkopien 1976.

[13] In einem Interview mit dem Nachrichtenmagazin „Der Spiegel" antwortete Generalbundesanwalt Buback auf die Frage, ob er die Strafverfolgung im Fall der Entführung des Vorsitzenden des Ber-

als förderlich gewesen seien; je stärker sich der Generalbundesanwalt mit öffentlichen Erklärungen zurückhalte, desto besser sei die Position der Drei Mächte gegenüber der Sowjetunion zu halten.

Die drei Botschafter erklärten ebenso übereinstimmend, daß die mündliche Zurückweisung durch den amerikanischen Politischen Berater bei Übergabe des sowjetischen Protests geschickt formuliert gewesen sei und als Zurückweisung wahrscheinlich ausreiche.[14] Auf mein wiederholtes Drängen, daß noch eine förmliche Zurückweisung vorgenommen werden sollte, vermieden die drei Botschafter eine klare Stellungnahme.[15] Lediglich der amerikanische Botschafter äußerte, daß seines Wissens ein Textentwurf für eine förmliche Zurückweisung bereits ausgearbeitet werde.

Ich bitte auch hierzu, das Thema in der Vierer-Gruppe weiterzuverfolgen. Andererseits muß das BMJ darauf aufmerksam gemacht werden, daß weitere öffentliche Erklärungen des Generalbundesanwalts nach Ansicht der Drei Mächte vermieden werden sollten und deren Haltung gegenüber der Sowjetunion eher nachteilig beeinflussen würden.

5) Die drei Botschafter erkundigten sich kurz nach dem Stand unserer Vertragsverhandlungen mit der Sowjetunion[16] sowie danach, ob weitere größere Vertragsverhandlungen mit der DDR bevorständen.

Fortsetzung Fußnote von Seite 276

liner Landesverbandes der CDU, Lorenz, übernehme: „Buback: Die Lorenz-Entführung ist ganz sicherlich ein Fall von besonderer Bedeutung, im übrigen sind dabei auch Verfassungsorgane genötigt worden, und da ist der Generalbundesanwalt ohnehin zuständig. Da die Bundesregierung, der Senat von Berlin, die Landesregierungen von Bayern und Nordrhein-Westfalen genötigt wurden, könnte ich ebenso wie in Berlin auch in Düsseldorf oder München anklagen. Spiegel: Tatsächlich? Gegen eine Anklage in Berlin wegen Nötigung von bundesdeutschen Verfassungsorganen sollen die Alliierten Bedenken erhoben haben. Buback: Von Bedenken der Alliierten ist mir nichts bekannt. Natürlich müßten wir sie vorher unterrichten – schon damit sie uns abdecken, wenn der Osten protestiert. Übrigens sind die Akten gerade erst hier angekommen." Vgl. DER SPIEGEL, Nr. 8 vom 16. Februar 1976, S. 34.

14 Der Politische Berater der amerikanischen Militärmission in Berlin, Davis, führte am 12. Februar 1976 gegenüber dem sowjetischen Botschaftsrat in Ost-Berlin, Trendelew, aus: „POLAD said that he would take this statement for information. He noted that thus far there had been only newspaper reports on [the] subject of possible federal prosecution of suspects in Lorenz and von Drenkmann cases, which amounted to no more than speculation. No decision had in fact yet been reached. POLAD told Trendelev, however, that Soviets could be assured that eventual prosecution of cases would be in accordance with laws in effect in western sectors and in conformity with reserved allied rights and responsibilities." Vgl. die Aufzeichnung des Vortragenden Legationsrats I. Klasse Lücking vom 19. Februar 1976; VS-Bd. 10941 (210); B 150, Aktenkopien 1976.

15 Vortragender Legationsrat I. Klasse Lücking führte am 18. Februar 1976 aus, daß die Bonner Vierergruppe am Vortag die Frage der Beantwortung des sowjetischen Protests gegen ein Tätigwerden des Generalbundesanwalts in Berlin (West) erörtert habe: „Hierbei zeigte sich, daß die Drei Mächte kaum geneigt sind, auf diesen Protest zu antworten. Zu der von deutscher Seite für eine Antwort vorgeschlagenen Linie – Feststellung, daß es sich nur um Pressespekulationen über die Tätigkeit des Generalbundesanwalts in Berlin handele, Erklärung, daß bei tatsächlichem Fällen einer Entscheidung diese Entscheidung im Einklang mit der Berliner Rechtslage stehen werde – erklärten die Drei Mächte, angesichts des ‚Spiegel'-Gesprächs des Generalbundesanwalts (‚Spiegel' vom 16.2. 1976) könne von Spekulationen nicht mehr die Rede sein. Im übrigen habe der amerikanische POLAD eine derartige Antwort bereits bei Empfang des Protestes gegeben. Zu einer Antwort in der Substanz würden sie sich zum jetzigen Zeitpunkt voraussichtlich nicht in der Lage sehen. Eine derartige Antwort zur Sache müßte abstrakt, d. h. in Unkenntnis des Standes der Überlegungen der deutschen Seite zur Frage der Anklagevertretung im Prozeß gegen die Lorenz-Entführer, gegeben werden." Vgl. VS-Bd. 14068 (010); B 150, Aktenkopien 1976.

16 Zum Stand der Verhandlungen zwischen der Bundesrepublik und der UdSSR über Abkommen zur gegenseitigen Rechtshilfe in Zivil- und Handelssachen, über wissenschaftlich-technische Zusam-

Die zweite Frage verneinte ich. Zur ersten Frage gab ich einen kurzen Überblick.

6) Die drei Botschafter erkundigten sich schließlich kurz nach dem Stand der
Verhandlungen über die Errichtung eines Atomkraftwerks bei Königsberg[17]
und nach den Aussichten, ob Generalsekretär Breschnew noch in diesem Jahr
zu einem Besuch in die Bundesrepublik Deutschland kommen würde[18].

Auch zu diesen Punkten gab ich kurze Sachdarstellungen.

Gehlhoff

VS-Bd. 10924 (210)

Fortsetzung Fußnote von Seite 277

menarbeit und über das Zweijahresprogramm zum Kulturabkommen 19. Mai 1973 vgl. Dok. 15, besonders Anm. 2, und Dok. 27, Anm. 10.

[17] Seit 1974 lagen der UdSSR Angebote der Kraftwerk Union AG, Frankfurt und von Energieversorgungsunternehmen aus der Bundesrepublik vor, die den Bau einer Kernkraftwerkseinheit von
1300 Megawatt sowie den Bezug von elektrischem Strom aus diesem Kraftwerk vorsahen. Als
Standort wurde Königsberg angestrebt. Die Trassenführung über Polen und die DDR sollte insbesondere die Einbeziehung von Berlin (West) in den Stromverbund der Bundesrepublik gewährleisten. Vgl. dazu AAPD 1974, II, Dok. 313 und Dok. 315.
Zum Stand vermerkte Referat 421 am 5. November 1975, daß die Frage der Trassenführung weiterhin offen sei. In den Expertengesprächen sei der Eindruck entstanden, „daß die sowjetische Seite bei dem Kernkraftwerk-Stromprojekt ungelöste kommerzielle Fragen bewußt in den Vordergrund geschoben hat, dagegen nicht bereit war, über das Gesamtproblem einschließlich Trassenführung zu sprechen. Nach dem Stande der Erörterungen über dieses Projekt im Oktober 1974
wollte uns die sowjetische Seite über ihre Gespräche mit der DDR unterrichten. Das ist bisher
nicht geschehen. Bei den letzten Firmengesprächen im Juli 1975 bestand der Eindruck, daß die Sowjetunion mit der DDR auf hoher Sachverständigenebene gesprochen hat, sich dabei aber nicht
durchsetzen konnte." Vgl. Referat 421, Bd. 117699.
Staatssekretär Gaus, Ost-Berlin, berichtete am 21. Januar 1976 über ein Gespräch mit dem Minister der DDR für Kohle und Energie: „Siebold sagte mir nachdrücklich, die DDR sei bisher noch
niemals offiziell von sowjetischer Seite wegen der etwaigen Trassenführung angesprochen worden.
Berichte in der westdeutschen Presse, die Vereinbarung über das Kernkraftwerk komme wegen eines Widerstandes der DDR nicht zustande, seien falsch. Nach seiner Kenntnis seien die wirtschaftlichen Konditionen für die Sowjetunion noch nicht befriedigend. Siebold meinte, die Sowjetunion sei nicht unter allen Umständen auf den Bau des Kernkraftwerks durch die Bundesrepublik
angewiesen." Vgl. den Drahtbericht Nr. 74; VS-Bd. 8892 (421); B 150, Aktenkopien 1976.

[18] Der Generalsekretär des ZK der KPdSU, Breschnew, besuchte die Bundesrepublik erst vom 4. bis
7. Mai 1978.

59

Aufzeichnung des
Kapitäns zur See Borgemeister, Bundeskanzleramt

Geheim   23. Februar 1976[1]

Betr.: Ergebnisvermerk des Gesprächs BK mit den BM Genscher, Leber, Apel, Friderichs und Chef BK[2] am 18. Februar 1976[3]

1) Der Bundeskanzler betont, daß es in der Frage des direkten Rüstungsexportes der Bundesrepublik Deutschland keine Auflockerung geben werde.

2) Die Politischen Grundsätze der Bundesregierung für den Export von Kriegswaffen und sonstigen Rüstungsgütern vom 16. Juni 1971[4] bleiben unverändert.

3) Der Begriff „Spannungsgebiet" wird regional deutlicher eingegrenzt. Nach Abbau der Spannungen werden Restriktionen für den Rüstungsexport zügiger aufgehoben.

4) Grundsätzlich ist ein Export von Kriegswaffen und sonstigen Rüstungsgütern nach Chile, Angola und Südafrika ausgeschlossen.[5]

5) Zum Verfahren der Genehmigung von Rüstungsexporten bleibt es bei der Beschlußfassung im Bundessicherheitsrat. Hierbei sollen die zur Beschlußfassung notwendigen Vorlagen durch die von den Ressortministern beauftragten Staatssekretäre abgestimmt auf die Tagesordnung gesetzt werden. Das politisch am meisten mit der Exportfrage befaßte Ressort soll dabei die Initiative ergreifen.

---

[1] Ablichtung.
Die Aufzeichnung wurde von Kapitän zur See Borgemeister, Bundeskanzleramt, am 4. März 1976 übermittelt.
Hat Bundesminister Genscher am 6. März 1976 vorgelegen. Vgl. VS-Bd. 8872 (403); B 150, Aktenkopien 1976.

[2] Manfred Schüler.

[3] Ministerialdirigent Ruhfus vermerkte am 13. Februar 1976: „D 2 hat mir über die Chef-Besprechung am 11.2. folgende Stichworte gegeben: 1) Rüstungsexporte aus nationaler Produktion: Haltung des Bundeskanzlers bleibe wie bisher negativ. [...] 2) Rüstungsexporte von gemeinschaftlich hergestellten Rüstungsgütern: 2.1) Keine Ausfuhren in Sowjetblock, einschließlich Albanien, Kuba und China; bei Finnland Vorbehalt. Hier werde er den Franzosen sagen, auch dies möchten wir lieber nicht. 2.2) Keine Exporte nach Südafrika, Chile und Angola. 2.3) Exporte in das Bündnis frei. Dies umfaßt alle Partner einschließlich Türkei und Griechenland. 2.4) Dritte Welt. Wir werden Franzosen sagen, das ist eure Angelegenheit. Wir wollen uns nicht bemühen, alles zu genau zu wissen. Allerdings müssen wir Einschränkungen machen für die Spannungsgebiete. Hier würden wir [bei] den Franzosen Zurückhaltung anregen. Was Spannungsgebiet sei, bleibe Frage der Definition. Gegenwärtig würden wahrscheinlich auch Algerien und Marokko hierzu zählen. Die Lieferungen in den Nahen Osten müsse man von Fall zu Fall miteinander besprechen. 3) Diese Linie sei kein Beschluß, keine endgültige Entscheidung. Bundeskanzler werde in etwa auf dieser Linie das Gespräch in Nizza führen. Ein formeller Beschluß der Bundesregierung soll erst in der kommenden Woche gefällt werden. StS Schüler erhielt Weisung, zu einer Besprechung in der kommenden Woche einzuladen, zu der die Bundesminister Friderichs und Apel hinzugezogen werden sollen." Vgl. VS-Bd. 8872 (403); B 150, Aktenkopien 1976.

[4] Zu den „Politischen Grundsätzen der Bundesregierung für den Export von Kriegswaffen und sonstigen Rüstungsgütern" vgl. Dok. 2, Anm. 4.

[5] Dieser Satz wurde von Bundesminister Genscher hervorgehoben. Dazu Fragezeichen.

6) Bei der Entscheidung über Rüstungsexporte muß darauf geachtet werden, daß keine Berufungsfälle entstehen.

7) Im Hinblick auf Exporte aus Koproduktion mit anderen Ländern gilt der Grundsatz, keine eigenen Exporte anzustreben.[6] Im Zusammenhang mit einer zu erteilenden Zustimmung zu Exporten von Partnerländern aus Koproduktionen soll großzügig verfahren werden. Es muß jedoch geprüft werden, inwieweit die Normen des Kriegswaffenkontrollgesetzes[7] bei deutschen Zulieferungen Anwendung finden müssen.[8]

8) In Ausführung und unter Zugrundelegung der Absätze 1 bis 7 erstellt das Bundeskanzleramt (Chef BK[9]/AL II[10]) ein Flächenpapier, das Problematik, Grundsätze und Verfahren der Rüstungsexporte darstellt.[11]

9) In Einzelfragen des Rüstungsexportes wird festgelegt:

Pakistan[12]: Kein Export von Schützenpanzern „Marder", Kampfpanzer „Leopard" und Haubitzen. Keine Bedenken gegen den Export von gepanzerten Mannschaftswagen, Unimogs und U-Booten. Für den Export von Radaranlagen ist eine vorherige Prüfung durch BMVg bezüglich evtl. Geheimhaltung erforderlich.

Saudi-Arabien: Kein Export von Schützenpanzern „Marder".[13]

---

[6] Dieser Satz wurde von Bundesminister Genscher durch Fragezeichen hervorgehoben.

[7] Für den Wortlaut des Ausführungsgesetzes vom 20. April 1961 zu Artikel 26 Absatz 2 des Grundgesetzes (Kriegswaffenkontrollgesetz) vgl. BUNDESGESETZBLATT 1961, Teil I, S. 444–450.

[8] Ministerialdirektor Lahn legte am 13. Februar 1976 dar, daß auch hinsichtlich der Rüstungsexporte aus Koproduktion an dem Grundsatz „Keine Waffenlieferungen an Israel und die arabischen Länder" festgehalten werden solle: „Politisch werden uns Waffenlieferungen in den Nahen Osten aus eigener oder aus Koproduktion in gleicher Weise zugerechnet. Entscheidend ist allein die weltweit bekannte Tatsache, daß wir an der Produktion solcher Waffen überhaupt irgendwie beteiligt waren. Waffenlieferungen an Israel zögen mit zwanghaftem Automatismus Pressionen der Araber nach sich – und umgekehrt. Wir würden uns in einen selbstgewählten Teufelskreis wachsender nahöstlicher Begehrlichkeiten sowie die Situation dauernder Erpressbarkeit begeben und unsere politische Bewegungsfreiheit in dem ohnedies sensitiven deutsch-israelischen und deutsch-arabischen Verhältnis selbst einschränken. [...] Für die Frage von Waffenlieferungen an arabische Länder ist der Begriff ‚konfliktnah' und ‚konfliktfern' kein brauchbares Kriterium. Entscheidend ist nicht die geographische Entfernung vom Konfliktzentrum, sondern die politische, militärische und wirtschaftliche Solidarisierung und Involvierung der gesamten arabischen Welt in der israelisch-arabischen Auseinandersetzung, insbesondere im Falle eines fünften Nahost-Krieges. [...] Auch die Unterscheidung zwischen ‚gemäßigten' und ‚radikalen' arabischen Staaten ist für die Frage des Rüstungsexports nicht tauglich. Wer im Nahen Osten heute relativ gemäßigt ist, kann morgen radikal sein, und umgekehrt. [...] Ein eigenes deutsches Interesse an irgendwie mit dem deutschen Namen verknüpfte Waffenlieferungen an Israel oder arabische Staaten ist nicht erkennbar." Vgl. VS-Bd. 10000 (310); B 150, Aktenkopien 1976.

[9] Manfred Schüler.

[10] Carl-Werner Sanne.

[11] Zur Neufassung der Richtlinien für die Rüstungsexportpolitik vgl. Dok. 109.

[12] Zu den pakistanischen Wünschen nach Lieferung von Rüstungsgütern aus der Bundesrepublik vgl. Dok. 44. Vgl. dazu ferner Dok. 57.

[13] Dieser Satz wurde von Bundesminister Genscher durch Fragezeichen hervorgehoben. Ministerialdirektor Lautenschlager notierte am 15. Januar 1976: „Saudi-Arabien zeigt seit 1974 wachsendes Interesse an Lieferung von Kriegswaffen und kriegswaffennahen Rüstungsgütern aus der Bundesrepublik, insbesondere für den Schützenpanzer ‚Marder'. Seit Mitte 1975 hat Saudi-Arabien mehrfach über unsere Botschaft in Djidda und durch den saudi-arabischen Botschafter in Bonn darum gebeten, den Export von ‚Marder' nach Saudi-Arabien zu genehmigen. Ein Antrag der Firma Rheinstahl vom 2. Oktober 1975 für den Export von 300 ‚Marder' bewaffnet mit 20-mm-Bordkanone (Wert 540 Mio. DM) ist noch nicht entschieden." Das Bundesministerium für Wirt-

Portugal: Zustimmung zum Export von Flugzeugen des Typs „Fiat G91"[14] mit der Einschränkung BMVg, daß der Export von dem Ausgang der portugiesischen Wahlen[15] abhängig gemacht wird.

Griechenland/Türkei: Exportabsichten, die über die bestehenden, vertraglich vereinbarten Exporte hinausgehen, d.h. also auch Exporte aus Bundeswehr-überschußmaterial, müssen formal vom Bundessicherheitsrat beschlossen und auf Regierungsebene mit den betroffenen Ländern vertraglich vereinbart werden.[16]

Borgemeister

VS-Bd. 8872 (403)

Fortsetzung Fußnote von Seite 280

schaft sei der Auffassung, „daß künftig im Nahen Osten zwischen den Ländern, die unmittelbar militärisch am Konflikt beteiligt sind, einerseits und den geographisch dem Konfliktzentrum ferner liegenden Staaten andererseits unterschieden werden könne. Waffenexporte nach Saudi-Arabien sollten nach dieser Auffassung genehmigt werden." Das Bundesministerium der Verteidigung habe dagegen „bisher nicht formell eine Änderung unserer restriktiven Exportpolitik im Sinne der vorgenannten Auffassung des BMWi befürwortet". Das Auswärtige Amt vertrete die Meinung, „daß der Export von ‚Marder' nach Saudi-Arabien zwingende rechtliche Bestimmungen verletzen würde". Vgl. VS-Bd. 8879 (403); B 150, Aktenkopien 1976.

14 In einer gemeinsamen Vorlage für den Bundessicherheitsrat vom 18. Februar 1976 führten das Auswärtige Amt und das Bundesministerium der Verteidigung aus, daß die portugiesische Regierung „dringend um die unentgeltliche Überlassung von ausgesonderten Flugzeugen des Typs ‚G91/R3' (Jagdbomber) in betriebsbereitem Zustand gebeten" habe: „Nachdem Portugal die Kolonien freigegeben hat und seine Streitkräfte in der Folge völlig umstrukturiert werden, ist die Zeit günstig, die portugiesischen Streitkräfte mehr auf die NATO und die Allianzpartner auszurichten. [...] Die Lieferung der Flugzeuge wäre hierfür ein wichtiger Beitrag. Es bestehen gute Aussichten, daß die Streitkräfte in Portugal zu einem stabilisierenden Faktor bei der Entwicklung an einer demokratischen Staatsform werden." Es werde daher empfohlen, dem portugiesischen Antrag stattzugeben und 14 Flugzeuge des Typs „Fiat G91/R3" unentgeltlich zu liefern. Vgl. Referat 422, Bd. 117172.

15 Zu den Parlamentswahlen in Portugal am 25. April 1976 vgl. Dok. 144, Anm. 3.

16 Ministerialdirigent Kinkel teilte Kapitän zur See Borgemeister, Bundeskanzleramt, am 11. März 1976 mit, daß Bundesminister Genscher gebeten habe, zum Ergebnisvermerk über das Ministergespräch folgendes festzuhalten: „Zu 4): An einen Beschluß kann sich Herr Minister Genscher nicht erinnern. Zu 7): Sicher ist nicht richtig, daß ein Einverständnis bestand, keine eigenen Exporte von Koproduktionen anzustreben. Es gibt eine Fülle von Koproduktionen, die im Wege von eigenen Exporten geliefert werden können. Es kommt nur darauf an, in welche Länder. Zu 9): Eine Entscheidung über den Export von Schützenpanzern nach Saudi-Arabien ist weder im positiven noch negativen Sinne gefallen." Vgl. VS-Bd. 8872 (403); B 150, Aktenkopien 1976.

Legationsrat I. Klasse Dohmes vermerkte am 25. Juni 1976, das Bundeskanzleramt habe telefonisch mitgeteilt, „daß der Chef des Bundeskanzleramts nicht bereit sei, den von ihm genehmigten Ergebnisvermerk abzuändern". Bundesminister Genscher lege Wert darauf, „daß den beteiligten Häusern (BMVg, BMF, BMWi) seine Bemerkungen zu dem Ergebnisvermerk zur Kenntnis gebracht werden". Vgl. VS-Bd. 8872 (403); B 150, Aktenkopien 1976.

Legationsrat Schlegel übermittelte dem Bundesministerium der Verteidigung und dem Bundesministerium der Finanzen am 5. Juli 1976 Kopien des Schreibens von Kinkel an Borgemeister vom 11. März 1976. Vgl. dazu VS-Bd. 8872 (403); B 150, Aktenkopien 1976.

60

Aufzeichnung des Ministerialdirektors van Well

214-321.00 POL   **23. Februar 1976**[1]

Über den Herrn Staatssekretär[2] dem Herrn Minister[3]

Betr.: Stand der Debatte um die deutsch-polnischen Vereinbarungen[4]

Zweck der Vorlage: Vorschläge für die Fortführung des Gesprächs mit der polnischen Seite

I. Die abschließende Debatte im Bundestag am 19.2.1976[5] hat keine neuen sachlichen Gesichtspunkt ergeben (gesonderte Analyse folgt[6]).

II. Das von dem Abgeordneten Mertes Herrn Leiter Planungsstab übergebene Papier[7] richtet sich auf Forderungen, die Neuverhandlungen bedingen und die auch in Neuverhandlungen nicht durchsetzbar wären.

Das Papier ist daher nur scheinbar konstruktiv. Tatsächlich beinhaltet es eine durch keinerlei Anstrengungen veränderbare Ablehnung (Analyse folgt gesondert).

III. Dagegen richten sich die in dem Schreiben von Ministerpräsident Albrecht vom 19.2.1976[8] enthaltenen Forderungen auf Klarstellungen und die Formali-

---

1 Die Aufzeichnung wurde von Vortragender Legationsrätin I. Klasse Finke-Osiander konzipiert.

2 Hat Staatssekretär Gehlhoff am 23. Februar 1976 vorgelegen.

3 Hat Bundesminister Genscher am 24. Februar 1976 vorgelegen.

4 Zum Stand des Verfahrens zur Ratifizierung der Abkommen vom 9. Oktober 1975 zwischen der Bundesrepublik und Polen Dok. 58, Anm. 4.

5 Der Bundestag nahm in zweiter Lesung das Gesetz zum Abkommen vom 9. Oktober 1975 zwischen der Bundesrepublik und Polen über Renten- und Unfallversicherung mit 275 gegen 191 Stimmen an. Vgl. dazu BT STENOGRAPHISCHE BERICHTE, Bd. 97, S. 15531–15633.

6 Ministerialdirektor van Well stellte am 25. Februar 1976 fest: „Sowohl die Bundestagsdebatte als auch die nachfolgenden Äußerungen von seiten der Opposition zeigen deutlich, daß sich die Auseinandersetzung praktisch ganz auf das Ausreiseprotokoll, seine Verbindlichkeit und vor allem die Frage der Offenhalteklausel konzentriert. [...] Nachdem die Behandlung der Vereinbarungen im Bundestag abgeschlossen ist, ohne daß neue – und bisher unbeantwortete – Gesichtspunkte vorgetragen wurden, ergibt sich auf dieser Ebene kein Anlaß, seitens der Bundesregierung – etwa unter Eingehen auf periphere und für die Sachdiskussion unwesentliche Punkte – ihre bisherige Stellungnahme auszuweiten oder zu ergänzen." Vgl. VS-Bd. 10982 (214); B 150, Aktenkopien 1976.

7 Ministerialdirektor Blech vermerkte am 20. Februar 1976, daß ihm der CDU-Abgeordnete Mertes am Ende der Bundestagsdebatte am Vortag zwei Papiere übergeben habe. Dabei handele es sich zum einen um sechs Punkte mit Wünschen der CDU/CSU-Fraktion, die Mertes auch in seiner Rede im Bundestag vorgetragen habe, zum anderen um Bemerkungen zum Schreiben des Bundesministers Genscher vom 16. Februar 1976 an den Vorsitzenden des Auswärtigen Ausschusses des Bundesrats, Ministerpräsident Filbinger, und den Vorsitzenden des Ausschusses für Arbeit und Sozialpolitik des Bundesrates, Staatsminister Schmidt, über die elf Punkte des Bundesrats. Vgl. dazu Referat 214, Bd. 116659.

8 Ministerpräsident Albrecht teilte Bundesminister Genscher mit, er könne keine Zustimmung der niedersächsischen Landesregierung herbeiführen, „wenn nicht einerseits die Zustimmung des Staatsrats zur Ausreise von 120 000 bis 125 000 Personen gewährleistet ist und andererseits eine völkerrechtlich wirksame Lösung für diejenigen ausreisewilligen Personen im Sinne von Ziffer 2 der ‚Information' gefunden wird, die nicht zu den 125 000 gehören". Es sei sicherzustellen, daß „alle Personen, die aufgrund ihrer unbestreitbaren deutschen Volkszugehörigkeit in die Bundesrepublik auszureisen wünschen, dies auch tun können. Gleiches muß für die engsten Familienangehörigen gelten". Ferner müsse gesichert sein, daß „keine zeitliche Einschränkung für die Antragstellung

sierung von bestehenden Zusagen. Grundsätzlich erscheinen diese Forderungen erfüllbar. Voraussetzung dafür bleibt allerdings eine kooperative politische[9] Haltung.

Zu den Forderungen im einzelnen:

1) Sicherstellung der Zustimmung des Staatsrats

Die Bundesregierung kann zusichern, daß sie die Ratifikationsurkunde zum Rentenabkommen nur gleichzeitig mit der förmlichen politischen Bestätigung über die Zustimmung des Staatsrats austauschen wird.[10]

Mit der polnischen Seite ist folgendes zu klären:

a) Termin der Entscheidung des Staatsrats

Die polnische Seite hat ihre Zusage informeller Vorabunterrichtung über die Zustimmung des Staatsrats zum Ausreiseprotokoll[11] mit der Begründung zurückgezogen, der Staatsrat habe beschlossen, sich gleichzeitig mit der Ratifizierung des Rentenabkommens und der Billigung des Ausreiseprotokolls zu befassen.[12] Nachdem bei uns jetzt der 12. März als Termin für die Entscheidung des Bundesrats feststeht[13], wäre die polnische Terminplanung entsprechend abzustimmen.

b) Text der polnischen Notifizierung der Zustimmung des Staatsrats und unserer Antwort.

c) Prozedur des Austausches der Noten.[14]

Fortsetzung Fußnote von Seite 282

auf Ausreise vorgesehen ist (vgl. die Offenhalteklausel) und daß die Anträge dann auch zügig gemäß Ziffer 2 der ‚Information' entschieden werden; eine Benachteiligung der Antragsteller ausgeschlossen wird". Schließlich sollten „unterschiedliche Informationen hinsichtlich der ausreisewilligen Personen vom Polnischen Roten Kreuz und dem Deutschen Roten Kreuz ausgetauscht und gemeinsam geprüft" sowie „strittige Fälle zwischen der Botschaft der Bundesrepublik in Warschau und der polnischen Regierung besprochen und geklärt werden". Vgl. VS-Bd. 10983 (214); B 150, Aktenkopien 1976.

9 Dieses Wort wurde von Staatssekretär Gehlhoff gestrichen. Dafür fügte er handschriftlich ein: „polnische".

10 Dieser Absatz wurde von Staatssekretär Gehlhoff hervorgehoben. Dazu vermerkte er handschriftlich: „r[ichtig]".

11 Für den Wortlaut des Ausreiseprotokolls vgl. BULLETIN 1975, S. 1199.
Vgl. dazu das Gespräch des Bundesministers Genscher mit dem polnischen Außenminister Olszowski am 9. Oktober 1975 in Warschau sowie das Gespräch des Staatssekretärs Gehlhoff mit dem polnischen Stellvertretenden Außenminister Czyrek am 3. Dezember 1975; AAPD 1975, II, Dok. 296 und Dok. 368.

12 Staatssekretär Gehlhoff vermerkte am 14. Januar 1976, daß ihm der polnische Gesandte Makosa folgende Mitteilung gemacht habe: „Die polnische Regierung habe die erforderlichen Schritte zur Einholung der Zustimmung des Staatsrates zum Ausreiseprotokoll eingeleitet. Der Prozeß der Zustimmung nehme eine gewisse Zeit in Anspruch und sei bereits vorangekommen. Der gegenwärtige Stand des Zustimmungsverfahrens erlaube die Annahme, daß die Zustimmung des Staatsrates zeitlich etwa mit der Ratifizierung der übrigen deutsch-polnischen Vereinbarungen vom 9. Oktober 1975 zusammenfallen werde." Vgl. Referat 214, Bd. 116662.

13 Am 12. März 1976 verabschiedete der Bundesrat das Gesetz zum Abkommen vom 9. Oktober 1975 zwischen der Bundesrepublik und Polen über Renten- und Unfallversicherung einstimmig. Vgl. dazu BR STENOGRAPHISCHE BERICHTE 1976, 432. Sitzung, S. 93–105.

14 Botschafter Ruete, Warschau, berichtete am 1. März 1976, daß der polnische Stellvertretende Außenminister Czyrek einverstanden sei, „den Austausch der Ratifikationsurkunden des Rentenabkommens möglichst bald nach Abschluß unseres Zustimmungsverfahrens durchzuführen". Der Austausch solle beim Besuch des polnischen Außenministers Olszowski in Bonn erfolgen: „Die polnische Seite stelle sich vor, daß sie zwei Dokumente übergeben werde: nämlich die Urkunde über die Ratifikation des Rentenabkommens durch den polnischen Staatsrat und eine Information über die

2) Völkerrechtlich gesicherte und verdeutlichte „Offenhalte-Klausel":

– Ausreiserecht nach Abwicklung des Ausreiseprotokolls für alle, die die Kriterien der „Information" [15] erfüllen;

– keine zeitliche Begrenzung der Antragstellung und zügige Bearbeitung von Anträgen.

Diesem Petitum könnte entsprochen werden durch die in Vorbereitung befindliche Erklärung des polnischen Außenministers. Hierfür wäre allerdings erforderlich, die Ziffern 4 und 6 der Erklärung zu verstärken.

Für die Verstärkung der Ziffer 4 könnte eine Formulierung in „Trybuna Ludu" vom 19.2. als Ausgangspunkt dienen, die vom gleichen völkerrechtlichen Rang aller Vereinbarungen spricht.[16]

Die Ziffer 6 müßte eine Formulierung enthalten, daß auch nach Abwicklung des Ausreiseprotokolls Anträge gemäß der „Information" behandelt werden sollen.

Fortsetzung Fußnote von Seite 283

Zustimmung des polnischen Staatsrats zum Antrag der polnischen Regierung auf Genehmigung der Ausreise der im Protokoll vorgesehenen Zahl von Personen. Czyrek begründete diese Form der Zustimmung zum Ausreiseprotokoll damit, daß das Protokoll als solches nach polnischem Recht keiner Zustimmung des Staatsrates bedürfe. Nach polnischen Vorstellungen ermächtige vielmehr der Staatsrat die polnische Regierung auf deren Antrag, die Ausreise der im Protokoll vorgesehenen Zahl von Personen durchzuführen." Vgl. den Drahtbericht Nr. 211; Referat 214, Bd. 116662.

15 Im Zusammenhang mit der Paraphierung des Warschauer Vertrags am 18. November 1970 übergab die polnische Regierung eine „Information" über Maßnahmen zur Lösung humanitärer Probleme. Im veröffentlichten Teil erklärte die polnische Regierung, daß „Personen, die auf Grund ihrer unbestreitbaren deutschen Volkszugehörigkeit in einen der beiden deutschen Staaten auszureisen wünschen, dies unter Beachtung der in Polen geltenden Gesetze und Rechtsvorschriften tun können. Ferner werden die Lage von gemischten Familien und getrennten Familien sowie solche Fälle polnischer Staatsangehöriger berücksichtigt werden, die entweder infolge ihrer veränderten Familienverhältnisse oder infolge der Änderung ihrer früher getroffenen Entscheidung den Wunsch äußern, sich mit ihren in der BRD oder in der DDR lebenden nahen Verwandten zu vereinigen." Vgl. BULLETIN 1970, S. 1696 f.

Der vertrauliche Teil lautete: „1) Die polnische Regierung bringt ihre Bereitschaft zum Ausdruck, bei Bedarf in Kontakt mit der Bundesregierung einzelne Probleme zu untersuchen in bezug auf die Ausreisewünsche derjenigen Personen, die aus Polen ausreisen wollen und sich als Deutsche bezeichnen. 2) Die polnischen Behörden werden bei der Familienzusammenführung folgende Kriterien anwenden: Verwandte in der aufsteigenden und absteigenden Linie, Ehegatten und in Fällen, die nach Abwägung aller subjektiven und objektiven Gesichtspunkte begründet sind, Geschwister. Dies schließt die Prüfung von Härtefällen nicht aus. 3) Die Aktion, die nach der Unterzeichnung des Vertrages beginnt, soll in ein bis zwei Jahren nach dem Inkrafttreten des Vertrages durchgeführt sein. Nach polnischer Berechnung werden einige zehntausende Personen ausreisen können. Es ist jedoch keine zeitliche Begrenzung für die Ausreise von Personen vorgesehen, die die Ausreise wünschen und den angegebenen Kriterien entsprechen. Personen, die einen Antrag auf Ausreise in die Bundesrepublik Deutschland stellen, werden ebenso behandelt werden wie Personen, die einen Antrag auf Ausreise in andere Länder stellen. Aus der Tatsache der Antragstellung erwachsen den Antragstellern keine Schäden. Die Ermächtigung des Polnischen Roten Kreuzes erstreckt sich auf die Anträge aller Personen, die zu einer der in Ziffer 2 genannten Gruppen gehören. 4) Die polnische Regierung hat klargestellt, daß die polnischen Konsularbehörden ermächtigt sind, Ermäßigungen sowohl in bezug auf die Höhe der Visagebühren als auch in bezug auf die Höhe der Pflichtumtauschquote in Fällen zu gewähren, die verdienen, anerkannt zu werden, und zwar in gleichem Maße wie bei anderen westeuropäischen Ländern. Für den Pflichtumtausch von Devisen für Reisende aus der BRD nach Polen werden dieselben Vorschriften wie für Reisende aus anderen Ländern Westeuropas gelten. 5) Die Frage der Überweisung von rechtlich begründeten Sozialleistungen an in der Volksrepublik Polen lebende Personen wird von den zuständigen Stellen beider Staaten geprüft werden." Vgl. VS-Bd. 8963 (II A 5); B 150, Aktenkopien 1970.

16 Vgl. dazu den Artikel „Porozumienia PRL–RFN. Dziś debata ratifikacyjna w Bundestagu"; TRYBUNA LUDU vom 19. Februar 1976, S. 1.

Diese Verstärkung der Ziffer 6 wird schwierig zu erreichen sein, sie ist aber von entscheidender Bedeutung.

Eine sprachlich und sachlich unter besonderer Berücksichtigung der Ziffern 4 und 6 überarbeitete Fassung der Erklärung des polnischen Außenministers wird gleichzeitig vorgelegt.[17]

3) Ausschluß der Benachteiligung von Antragstellern

Zu diesem Punkt ist zu prüfen, ob die Ausführungen, die Parteichef Gierek und Minister Olszowski am 9. und 10. Oktober 1975 in Warschau gegenüber Minister Genscher gemacht haben, in sich als ausreichend gelten können (vergleiche hierzu anliegende Auszüge aus den Dolmetscherprotokollen über die Gespräche[18]).

Darüber hinaus könnte mit der polnischen Seite geprüft werden, ob sie bereit ist, die sehr klare Aussage von Parteichef Gierek uns in schriftlicher Form nochmals zu bestätigen.

4) Informationsaustausch über Ausreisewillige zwischen dem Deutschen und dem Polnischen Roten Kreuz

Bisher ist aufgrund der Gespräche, die Minister Genscher am 9. und 10. Oktober 1975 in Warschau geführt hat, die Wiederaufnahme der Gespräche zwischen den beiden Rot-Kreuz-Gesellschaften vereinbart worden, ohne daß der Inhalt der Gespräche genau definiert ist.

Ein erstes allgemeines Gespräch zwischen den beiden Präsidenten hat im Dezember in Bonn stattgefunden.[19] Für 1976 ist in der ersten Jahreshälfte ein

---

17 Ministerialdirektor van Well legte am 23. Februar 1976 den überarbeiteten Entwurf einer Presseerklärung des polnischen Außenministeriums vor. Ziffer 4 lautete: „Die polnische Seite ist der Auffassung, daß die zwischen der Volksrepublik Polen und der Bundesrepublik Deutschland getroffenen Vereinbarungen von Helsinki ein Ganzes bilden und im völkerrechtlichen Sinne den gleichen Rang haben. 2. Absatz, 1. Alternative: Sie ist entschlossen, ihrer damit begründeten Verpflichtung nachzukommen, alle diese Vereinbarungen in gleicher Weise konsequent und nach Treu und Glauben zu erfüllen, unabhängig von der Bezeichnung, der Form und dem mit den einzelnen Vereinbarungen verbundenen Verfahren zur Inkraftsetzung. 2. Alternative: Sie ist (dementsprechend) entschlossen, ihrer Verpflichtung nachzukommen, alle diese Vereinbarungen in gleicher Weise konsequent ... 3. Alternative: Sie ist dementsprechend entschlossen, alle diese Vereinbarungen in gleicher Weise konsequent ...“ Ziffer 6 lautete: „Bekanntlich hat die polnische Seite im Protokoll zugesagt (erklärt), daß im Laufe von vier Jahren etwa 120 000 bis 125 000 Personen die Genehmigung ihrer Ausreiseanträge aufgrund der ‚Information‘ und gemäß den darin enthaltenen Kriterien und Verfahren erhalten werden. Darüber hinaus ist keine zeitliche Begrenzung für die Einreichung und Behandlung (Bewilligung, Erledigung, Bearbeitung) in möglichst kurzer Frist gemäß der ‚Information‘ von Anträgen von Personen vorgesehen, welche die in der ‚Information‘ aufgeführten Kriterien erfüllen.“ Vgl. VS-Bd. 10982 (214); B 150, Aktenkopien 1976.
18 Dem Vorgang beigefügt. In der Aufzeichnung über das Gespräch des Bundesministers Genscher mit dem Ersten Sekretär des ZK der PVAP, Gierek, am 9. Oktober 1975 in Warschau hieß es: „Der BM fuhr fort, die zweite Frage werde lauten, ob sichergestellt sei, daß es bei der Antragstellung in Zukunft keine Schwierigkeiten und auch keine Diskriminierungen mehr geben werde. Der Parteichef sagte, sollte es zu Schwierigkeiten kommen, dann wäre es das Praktischste, wenn die Botschaft die polnische Seite davon in Kenntnis setzte, um solche Schwierigkeiten abzustellen. Beim Umgang mit den regionalen Behörden gebe es zuweilen Ärger, was er nicht abstreiten wolle. Dies sei aber in der Bundesrepublik vermutlich genauso.“ Vgl. VS-Bd. 10982 (214); B 150, Aktenkopien 1975. Für das Gespräch zwischen Genscher und dem polnischen Außenminister Olszowski vom selben Tag vgl. AAPD 1975, II, Dok. 296.
19 Eine Delegation des Polnischen Roten Kreuzes unter Leitung seines Präsidenten Brzozowski hielt sich vom 15. bis 20. Dezember 1975 zu Gesprächen mit dem Präsidenten des Deutschen Roten Kreuzes, Bargatzky, in Bonn auf. Vgl. dazu die Aufzeichnung des Stellvertretenden Generalsekretärs des Deutschen Roten Kreuzes, Schilling, vom 22. Dezember 1975; Referat 214, Bd. 116662.

Treffen der beiden Generalsekretäre[20], in der zweiten Jahreshälfte ein Treffen der beiden Präsidenten vorgesehen.[21]

Es sollte mit der polnischen Seite geprüft werden,

a) ob noch vor dem 12. März ein festes, möglichst baldiges Datum für die vorgesehene Zusammenkunft der beiden Generalsekretäre vereinbart und bekanntgegeben werden kann;

b) die polnische Seite bereit ist, zu bestätigen, daß die Zusammenarbeit der beiden Rot-Kreuz-Gesellschaften im Sinne der Information wieder aufgenommen werden soll.

5) Klärung strittiger Fälle

Sachverhalt:

Auf der Grundlage von Ziffer 1 der vertraulichen Erläuterungen zur Information (in der sich die polnische Seite bereit erklärt, Einzelprobleme in bezug auf die Ausreisewünsche von Personen, die sich als Deutsche bezeichnen, mit uns zu erörtern), gibt es eine etablierte Praxis, derzufolge unsere Botschaft Interventionsnotizen zur Unterstützung von einzelnen Ausreiseanträgen im polnischen Außenministerium übergibt.

Mit dem polnischen Außenministerium besteht Einvernehmen darüber (das auch bei den Gesprächen in Helsinki von Vizeminister Czyrek bestätigt worden ist[22]), daß im Rahmen der generellen Abwicklung von Ausreiseanträgen Interventionsfälle vorrangig berücksichtigt werden sollen.

Laut Mitteilung unserer Botschaft in Warschau hat diese bis heute 7873 Interventionsnotizen übergeben, die im Durchschnitt je ca. drei Personen betreffen. Vom 1.11.1975 bis 20.2.1976 hat die Botschaft Sichtvermerke für insgesamt 5411 Umsiedler erteilt. Hiervon sind 1723 Personen, zu deren Gunsten interveniert worden ist. Hierdurch sind 502 Interventionsnotizen positiv erledigt worden. Von den Sichtvermerken, die die Botschaft zur Zeit monatlich für Umsiedler erteilt, sind jeweils etwa ein Drittel Interventionsfälle.

---

20 Die Gespräche wurden vom Stellvertretenden Generalsekretär des Deutschen Roten Kreuzes, Schilling, und vom Generalsekretär des Polnischen Roten Kreuzes, Tarasiewicz, vom 26. bis 28. April 1976 in Warschau geführt. Botschafter Ruete, Warschau, informierte dazu am 30. April 1976, daß Schilling Vorschläge zur Zusammenarbeit beider Rot-Kreuz-Gesellschaften bei der Prüfung der vorliegenden Ausreiseanträge übergeben habe: „Mit Nachdruck habe Tarasiewicz die beschränkte Rolle betont, die den Rot-Kreuz-Gesellschaften bei der Umsiedlung zukomme. Insbesondere seien ‚Größenordnungen, Zahlenspiele und überhaupt politische Fragen' nicht Aufgabe der Rot-Kreuz-Gesellschaften. Die ‚Dimension' der Umsiedlung sei in den Helsinki-Vereinbarungen festgelegt worden. Diese seien ‚weise', denn sie ließen jedem Umsiedlungsbewerber genügend Zeit zur Entscheidung, ob er wirklich umsiedeln wolle. Das PRK sei lediglich zur Übernahme einer Mittlerrolle zu den zuständigen polnischen Stellen bereit. Das bedeute, daß Anträge von der zuständigen staatlichen Stellen entschieden werden. Ob die Kriterien erfüllt seien, hätten allein die zuständigen staatlichen Stellen zu entscheiden." Vgl. den Drahtbericht Nr. 441; Referat 214, Bd. 116662.

21 Die Gespräche des Präsidenten des Deutschen Roten Kreuzes, Bargatzky, mit dem Präsidenten des Polnischen Roten Kreuzes, Brzozowski, fanden vom 15. bis 20. November 1976 in Warschau statt. Vgl. dazu den Schriftbericht Nr. 3870 des Botschafters Ruete, Warschau, vom 22. November 1976; Referat 214, Bd. 116662.

22 Am Rande der KSZE-Schlußkonferenz vom 30. Juli bis 1. August 1975 in Helsinki führten Staatssekretär Gehlhoff und der polnische Stellvertretende Außenminister Czyrek Gespräche über den Abschluß bilateraler Vereinbarungen. Zu den Ergebnissen vgl. AAPD 1975, II, Dok. 244.

Vorschlag:

Mit der polnischen Seite sollte geprüft werden, ob sie bereit ist, die Absprache zwischen den Außenministerien über die vorrangige Erledigung von Interventionsfällen noch einmal förmlich zu bestätigen.

IV. Der Gesamtkomplex der in Abschnitt III behandelten Fragen sollte möglichst rasch mit der polnischen Seite aufgenommen und behandelt werden. Da diese Fragen vor allem rascher Entscheidung durch die polnische Führungsspitze bedürfen, stellt sich die Frage, ob es nicht zweckmäßig wäre, das Gespräch hierüber in Warschau zu führen.

Hierzu könnte entweder an die Entsendung von Herrn Staatssekretär oder Herrn D2[23], begleitet von Herrn VRB[24], gedacht werden.[25] Der sachverständigste Gesprächspartner auf polnischer Seite wäre – falls verfügbar – Vizeaußenminister Czyrek, der als deutschlandpolitischer Berater – wie die Verhandlungen in Helsinki bestätigt haben – das Vertrauen der polnischen Regierung und Parteiführung genießt.

Um der Rolle gerecht zu werden, die Botschafter Piątkowski bisher in unseren Gesprächen mit der polnischen Seite erfüllt, könnte ggf. die Fortführung des Gesprächs in Warschau über ihn eingeleitet werden. Ebenso könnte ein abschließendes Gespräch zwischen dem Herrn Minister und ihm über die Ergebnisse der deutsch-polnischen Kontakte vorgesehen werden.[26]

V. Die Beantwortung des Schreibens von Herrn Ministerpräsident Albrecht vom 19.2.1976 wird erst nach Prüfung der darin enthaltenen Punkte mit der polnischen Seite möglich sein.

Deshalb erscheint es empfehlenswert, ihm zunächst einen Zwischenbescheid, evtl. auch in mündlicher oder fernmündlicher Form zu geben.

van Well

VS-Bd. 10982 (214)

---

[23] Günther van Well.

[24] Carl August Fleischhauer.

[25] Dieser Satz wurde von Staatssekretär Gehlhoff hervorgehoben. Dazu vermerkte er handschriftlich: „Eine solche Reise könnte in der Öffentlichkeit als Neuverhandlung verstanden werden und würde die polnischen Klarstellungen damit möglicherweise erschweren. M[eines] E[rachtens] sollten die Gespräche mit Botschafter Piątkowski fortgesetzt werden."

[26] Bundesminister Genscher informierte den polnischen Botschafter Piątkowski am 24. Februar 1976 über das Schreiben des Ministerpräsidenten Albrecht vom 19. Februar 1976 und stellte fest, daß eine Zustimmung der niedersächsischen Landesregierung im Bundesrat zu den Vereinbarungen mit Polen wahrscheinlich sei, wenn die polnische Regierung bereit sei, zu folgenden fünf Punkten Erläuterungen abzugeben: Sicherstellung der Zustimmung des Staatsrats zum Ausreiseprotokoll, völkerrechtlich gesicherte Offenhalteklausel, Ausschluß der Benachteiligung von Antragstellern, Informationsaustausch über Ausreisewillige zwischen dem Deutschen und dem Polnischen Roten Kreuz sowie die Klärung strittiger Fälle über die Botschaft der Bundesrepublik in Warschau. Vgl. die Gesprächsaufzeichnung; VS-Bd. 10983 (214); B 150, Aktenkopien 1976.

61

Botschafter Pauls, Peking, an das Auswärtige Amt

114-11201/76 geheim   Aufgabe: 24. Februar 1976, 16.20 Uhr[1]
Fernschreiben Nr. 74   Ankunft: 25. Februar 1976, 01.13 Uhr

Betr.: Chinareise MdB Marx und Dregger

Bezug: DB Nr. 69 vom 20.2.1976 – 14/76 VS-v[2]

Zur Information

Mitreisender Botschaftsangehöriger übermittelt folgende Zusammenfassung wesentlicher Punkte aus Gespräch MdB Marx und Dregger mit Außenminister Chiao Kuan-hua:

1) Globales Kräfteverhältnis: Nach Chiao bereits sowjetisches Übergewicht. Diese Erkenntnis ergebe sich aus westlichen Veröffentlichungen und weiteren Erkenntnisquellen. Mokante Bemerkungen Chiaos über Leute in Vereinigten Staaten, die glaubten, ohne SALT stürze der Himmel herunter. SALT sei sowjetisches Betrugsmanöver.

2) Sowjetflotte: Sowjetische Seerüstung nach Chiao hauptsächlich gegen die Vereinigten Staaten gerichtet. Moskau wolle dort Fuß fassen, wo sich Washington zurückziehe. Kanonenbootpolitik. Peking stehe mit seinen „Freunden" in Japan, Philippinen, Malaysia, Thailand wegen sowjetischer Seestrategie in Kontakt. Diese teilten chinesische Besorgnis.

3) Europäische Sicherheit: SU sei konventionell mehrfach stärker (Widerspruch Dr. Marx). MBFR werde Instabilität nur auf anderer Ebene fixieren. Instabilität beruhe allein auf sowjetischer Rüstung. China frage sich, ob Europa sich nach KSZE erneut an Nase herumführen lassen werde. Wer an friedliche Grenzveränderungen in Europa glaubt, verkenne Brutalität sowjetischer Politik. Verträge mit Moskau seien „Einschnürungen am Leib der Europäer". NATO-

---

1 Hat Vortragendem Legationsrat I. Klasse Hellbeck am 25. Februar 1976 vorgelegen.
2 Botschafter Pauls, Peking, übermittelte Informationen über ein Gespräch der CDU-Abgeordneten Marx und Dregger mit Ministerpräsident Hua Kuo-feng am 19. Februar 1976: „In Wertung Dr. Marx haben Ausführungen Huas überwiegend wiederholt, was bereits bekannt sei. [...] Im einzelnen: Deutschland: Wiederholung bekannten Standpunktes. Es sei unmöglich, ein so großes Volk auf Dauer zu teilen. Auf Anspielung von Herrn Dregger auf Königsberg habe Hua Chou En-lai zitiert: ‚Das ist ein Teil, der ist bei Ihnen. Wir kennen das bei uns ganz ähnlich: Wladiwostok, Chabarowsk.' Europa: Interesse an starkem Europa. Sowjetunion: Hinweis auf unausweichbare und sehr lange andauernde Auseinandersetzung mit Sowjetunion. Der Kurs gegenüber der Sowjetunion sei durch die Geschichte und die Ideologie vorherbestimmt und könne sich nicht mehr ändern. Sei eine geschichtsimmanente Kraft. Im Zusammenhang damit Erwähnung von Königsberg und Wladiwostok. Zur Verdeutlichung chinesischer Haltung Zitat Mao: Man werde 10 000 Jahre mit Sowjetunion kämpfen. Zitat Kossygin, ob man die Auseinandersetzung nicht unterbrechen könne mit Kommentar Huas, vielleicht möglich für 1000 Jahre, aber 9000 Jahre Fortsetzung des Kampfes. [...] Militärattaché: Eindruck Delegation, daß Hua sich zu diesem Thema etwas süffisant eingelassen habe. Chinesischer Hinweis, daß deutsche Regierung abbremse. Delegation wies unter Hinweis, daß sie nicht für die Regierung spreche, darauf hin, daß wir den Austausch wollen." Pauls teilte ferner mit, daß Marx Bundesminister Genscher über den Gesprächsteil zu den USA persönlich informieren wolle. Vgl. VS-Bd. 10040 (303); B 150, Aktenkopien 1976.

Strategie „ein Bein Verteidigung, ein Bein Entspannung" lasse Frage nach Schwerpunkt unbeantwortet. Kissinger habe auf chinesische Frage geschwiegen, ob Washington bei konventionellem sowjetischen Angriff auf Jugoslawien nuklear reagieren werde. Chiao sieht anscheinend Zusammenhang zwischen Ungarn-Debatte von MBFR und sowjetischen Absichten auf Jugoslawien (über Vojvodina). Dr. Marx weist bei Stichwort „Dünkirchen"[3] auf damalige Nichtbeteiligung Vereinigter Staaten hin. Darauf Chiao, daß verzögerter amerikanischer Kriegseintritt wie 1917 und 1941 beim Zweiten Weltkrieg zu spät käme. Deutschen Hinweis auf US-Truppen und Material in Bundesrepublik beantwortete Chiao mit Beispiel Vietnam, wo US wahrscheinlich viel mehr Material zurückgelassen hätten. Entspannung sei für Westen tödlich. Wer sich wie Großbritannien in München verhalte, schaufele eigenes Grab.

4) Vereinigte Staaten durch „rätselhafte Gefangennahme der öffentlichen Meinung" blind für sowjetische konventionelle Rüstung. Moskau habe schon einmal, nach 1945, amerikanische Abrüstung zu eigener Aufrüstung genutzt.

5) SU „Koloß auf tönernen Füßen". Schwächstes Glied seien Landwirtschaft und Wirtschaft. Zwei Jahrzehnte habe Westen Moskaus Schwierigkeiten ausgeglichen. Entspannungspolitik habe es Moskau 1969 in entscheidendem Moment ermöglicht, Schwäche in Stärke zu verwandeln. China verliere über Sowjeterfolge nicht den Mut. Die „Völker der Welt" würden Moskau die verdiente Antwort erteilen.

6) Europa: Chiao nahm Dr. Marx' Darstellung europäischer Entwicklung aufmerksam zur Kenntnis, stellte kurze Zwischenfragen nach BSP, Bevölkerung und so fort. Sodann Feststellung Chiaos, Europa könne sich aufgrund seiner Ressourcen von US freischwimmen und SU widerstehen. Weshalb geschehe das nicht? China unterstütze konsequent Zusammenschluß Europas und alles, was Europa stärke. Auf Vorhalt räumte Chiao in anderem Zusammenhang ein, daß China mit den Problemen vertraut sei, die radikale, von Peking unterstützte Position im Nord-Süd-Konflikt für europäische Stabilität schüfen. China begrüße jede Verbesserung der Beziehungen Europa/Dritte Welt. Europa solle Einsicht zeigen, seinen Einfluß in der Dritten Welt vergrößern und Verbündete suchen, wo es diese finden könne.

7) Korea: Behauptungen über Aggressionsabsichten Nordkoreas seien amerikanische Propaganda. Die Wiedervereinigung auf der Grundlage von Kims Punkten [4] sei nicht aufzuhalten, wie langwierig und schwierig dies auch sei. Antiamerikanische Akzente.

---

3 Zwischen dem 13. und 26. Mai 1940 kesselten deutsche Truppen im Bereich der nordfranzösischen Stadt Dünkirchen alliierte Truppen, vor allem britische Soldaten, ein. Vom 27. Mai bis 4. Juni 1940 gelang 338 000 Soldaten unter Zurücklassung ihrer Ausrüstung die Flucht per Schiff nach Großbritannien.

4 Präsident Kim Il Sung stellte am 23. Juni 1973 in Pjöngjang ein Fünf-Punkte-Programm zur Wiedervereinigung mit Südkorea vor. Es sah erstens Truppenreduzierungen, den Abzug ausländischer Truppen aus Südkorea und den Abschluß eines Friedensvertrags zwischen Nord- und Südkorea vor. Zweitens sollte eine stärkere Zusammenarbeit auf politischem, militärischem, diplomatischem und kulturellem Gebiet sowie bei der Erforschung der Naturschätze Koreas zur Annäherung beider Landesteile beitragen. Drittens sollte eine Große Nationalversammlung mit der Aufgabe betraut werden, die Frage der Wiedervereinigung von Korea „in Übereinstimmung mit dem Willen und der Forderung des koreanischen Volkes zu lösen". Unter vorläufiger Beibehaltung beider Sy-

8) Indochina: Jüngste Veränderungen beschwörten reale Gefahr sowjetischen Machtzuwachses. Jedoch fraglich, ob Gefahr eintreten werde. Vietnam, Kambodscha und Laos hätten Unabhängigkeit in langem Kampf gewonnen und wären leichtfertig, sich an Tür klopfender SU zu unterwerfen. Drei Länder hätten Freiheit nicht erkämpft, um schärfere Unterdrückung einzutauschen.

9) ASEAN: China unterstütze Zone Friedens, Neutralität, Unabhängigkeit, Freiheit. Auf Frage, ob Peking wie Tokio und Canberra an Annäherung an ASEAN interessiert sei, ausweichende Antwort. China bedauert Fehlen diplomatischer Beziehungen zu Singapur, Indonesien. Kontakte entwickelten sich jedoch.

10) Indien: Peking wolle gegenwärtige innere Entwicklung Indiens nicht beurteilen. Nach außen trete Delhi gegenüber einigen Nachbarn als Expansor mit dem Wunsch auf, Aggressor zu werden. Genannt Pakistan, Bangladesh, Sri Lanka, Sikkim, Bhutan, Nepal.

11) Chinas weltpolitische Absichten: China wolle keine Hegemonie. Die Durchführung der Revolution sei Problem jedes einzelnen Volkes. In anderem Zusammenhang erfolgter Hinweis MdB Marx' auf Unterschiede zwischen Bundesrepublik und Volksrepublik wurde von Chiao wie folgt beantwortet: Davon gehe Peking aus. Es sei jedoch unnötig, jetzt, morgen oder übermorgen darüber zu sprechen. Es gehe um die Außenpolitik. Hier sehe er vor allem in zwei Punkten Übereinstimmung mit den Besuchern: Europäische Einigung und sowjetische Bedrohung.

12) Persönliche Position Chiaos: Auf Verhältnis zu verstorbenem Chou En-lai[5] angesprochen, meinte Chiao, er leiste konkrete Arbeit unter unmittelbarer Anleitung Mao Tse-tungs und des Politbüros. Chou sei ein „großer Meister" gewesen, man solle Chou nicht mit ihm auf eine Stufe stellen. „Die Außenpolitik wird von uns gemacht, wie dies Mao Tse-tung auf der Grundlage der Prinzipien des Marxismus-Leninismus gelehrt hat". Wiederkehrende Zwischenfälle, wie der Sturz Lin Piaos[6], seien positive Erscheinungen, die dazu dienten, die Anwendung der Richtlinien Mao Tse-tungs konsequent und unermüdlich für die Milliarden künftiger Generationen sicherzustellen.

Fortsetzung Fußnote von Seite 289

steme sollte viertens die Errichtung einer „Konföderativen Republik Koryo (KRK)" zur Beschleunigung der Wiedervereinigung beitragen. In Form der KRK könnten Nord- und Südkorea fünftens schon vor einer Wiedervereinigung als ein Staat der UNO beitreten. Vgl. AdG 1973, S. 18111.

[5] Ministerpräsident Chou En-lai starb am 8. Januar 1976.

[6] Im Zusammenhang mit dem Absturz eines chinesischen Militärflugzeugs am 13. September 1971 in der Nähe von Ulan Bator erschienen zuerst in der Presse Hongkongs und schließlich auch in der amerikanischen Presse unbestätigte Meldungen über den Verbleib des chinesischen Verteidigungsministers Lin Piao. Der designierte Nachfolger des Vorsitzenden Mao Tse-tung sei bereits seit dem Sommer 1971 nicht mehr in der Öffentlichkeit gesehen worden. Als Gegner einer Annäherung an die USA habe Lin Piao erfolglos einen Putsch gegen Mao Tse-tung unternommen und sei schließlich auf der Flucht in die UdSSR mit dem Flugzeug abgestürzt. Zudem seien zahlreiche Kandidaten des Politbüros sowie Mitglieder des Zentralkomitees seit dem 12. September 1971 verschwunden. Demgegenüber vermuteten andere Quellen, Lin Piao habe sich aus Krankheitsgründen der Annäherung an die USA nicht widersetzen können und sei vielmehr einem internen Machtkampf um die Nachfolge Mao Tse-tungs zum Opfer gefallen oder habe Selbstmord begangen. Vgl. dazu den Artikel „Pfeil im Rücken"; DER SPIEGEL, Nr. 48 vom 22. November 1971, S. 115–119.

Wie bereits berichtet, wird Dr. Marx Bundesminister Genscher noch mündlich informieren.

[gez.] Pauls

VS-Bd. 10040 (303)

62

Runderlaß des Vortragenden Legationsrats I. Klasse Engels

240-312.74   **Aufgabe: 24. Februar 1976; 18.35 Uhr**[1]
Runderlaß Nr. 22 Ortez

Betr.: Zum 22. EPZ-Ministertreffen am 23.2.1976 in Luxemburg

I. Minister konnten dank straffer Verhandlungsführung des luxemburgischen Vorsitzenden Thorn ihre Beratung bereits am Abend des 23. abschließen. Wichtigstes Ergebnis war Erklärung über die gemeinsame Haltung zu Angola und den Problemen im südlichen Afrika. Die Erklärung sollte nicht nur den negativen Effekt der auseinandergezogenen Anerkennungen der Volksrepublik Angola[2] auffangen, sondern vor allem – wie etwa die Nahost-Erklärung vom 6.11.1973[3] – zur Grundlage einer künftigen gemeinsamen Politik werden. Minister beauftragten PK mit Erarbeitung einer entsprechenden Neuner-Strategie und baten Kommission, dem EG-Rat im April Vorschläge für gemeinschaftliche Wirtschaftshilfe in gewissen Ländern der Region vorzulegen. Minister einigten sich auf die notwendigen politischen Leitlinien für die neue Phase des Europäisch-Arabischen Dialogs (EAD), der mit der ersten Sitzung der Allgemeinen Kommission (AK) Mitte Mai in Luxemburg beginnen wird.

Sie beauftragten PK, die laufenden Arbeiten zur Ost- und Entspannungspolitik mit dem Ziel einer gemeinsamen und aktiven Entspannungsstrategie der Neun fortzusetzen. Aufgrund eines Appells des Bundesministers wiesen sie das PK

---

1 Durchdruck.

2 Zur Anerkennung der Regierung der MPLA durch die EG-Mitgliedstaaten zwischen dem 17. und 20. Februar 1976 vgl. Dok. 50, Anm. 24 und 30.

3 In der Erklärung zum Nahost-Konflikt vom 6. November 1973 äußerten die Außenminister der EG-Mitgliedstaaten die Auffassung, „daß die Streitkräfte beider Seiten im Nahost-Konflikt gemäß den Entschließungen 339 und 340 des Sicherheitsrats sofort zu den Stellungen zurückkehren, die sie am 22. Oktober innehatten". Sie erklärten ferner, daß eine Friedensvereinbarung insbesondere auf folgenden Punkten beruhen sollte: „I. Unzulässigkeit des Gebietserwerbs durch Gewalt; II. Notwendigkeit, daß Israel die territoriale Besetzung beendet, die es seit dem Konflikt von 1967 aufrechterhalten hat; III. Achtung der Souveränität, der territorialen Unversehrtheit und Unabhängigkeit eines jeden Staates in dem Gebiet sowie seines Rechts, in Frieden innerhalb sicherer und anerkannter Grenzen zu leben; IV. Anerkenntnis, daß bei der Schaffung eines gerechten und dauerhaften Friedens die legitimen Rechte der Palästinenser berücksichtigt werden müssen." Sie erinnerten ferner daran, daß eine Friedensregelung Gegenstand internationaler Garantien sein müsse, die auch durch die Entsendung friedenserhaltender Streitkräfte in die vorgesehenen entmilitarisierten Zonen verstärkt werden sollten. Vgl. EUROPA-ARCHIV 1974, D 29 f.

an, die Vorbereitungen für gemeinsame Aktionen der 31. GV gegen den weltweiten Terrorismus zu intensivieren. Aus der Erörterung wird festgehalten:

1) Angola/Südafrika: BM eröffnete die Diskussion mit dem Appell an die Partner, in öffentlicher Erklärung die Grundlinien eines konstruktiven Konzepts für eine aktive gemeinsame Politik zu Angola und dem südlichen Afrika darzulegen. Die Neun müßten jetzt zeigen, daß ihre Politik auf Stärkung der Unabhängigkeit afrikanischer Staaten gerichtet sei und nicht auf Export eigener Gesellschaftsordnungen oder gar Verteidigung von Resten kolonialer Vergangenheit. Sie müßten der Gefahr eines Übergreifens des Angola-Konflikts auf andere Staaten der Region entgegenwirken, das nur die Anwesenheit fremder Truppen rechtfertigen und Russen und Kubaner als Sachwalter afrikanischer Interessen erscheinen lassen könne. Gegenüber Angola müsse deutlich gemacht werden, daß eine Verbesserung der Beziehungen mit Erwartungen verbunden sei in bezug auf politische Ungebundenheit, konstruktive Haltung gegenüber Nachbarstaaten und der inneren Befriedung. Südafrika und Rhodesien müsse gesagt werden, daß ein Verbleib fremder Truppen sowie Guerillatätigkeit in Angola nur zur Ausdehnung des Konflikts beitragen könne. Alle Möglichkeiten schneller Wirtschaftshilfe für die von den Auswirkungen des Konflikts betroffenen Staaten müssen genutzt werden, um die europäische Bereitschaft zu beweisen, mit friedlichen Mitteln den gefährlichen Entwicklungen im südlichen Afrika entgegenzuwirken.

Während sich alle übrigen Minister den deutschen Vorschlägen anschlossen, bezweifelte Frankreich zunächst den Wert einer öffentlichen Erklärung: Gemeinsame europäische Politik in der Region sei ein Novum und bedürfe genauer Prüfung, politische Erwartungen an Luanda seien eine Einmischung in innere Angelegenheiten und könnten nur das durch bedingungslose Anerkennung erworbene Vertrauenskapital abwerten, die Probleme Angolas und die Südafrikas und Rhodesiens sollten nicht miteinander vermengt werden. Das Vorpreschen Frankreichs bei der Anerkennung Angolas, das ein gemeinsames Vorgehen in der letzten Woche verhindert hatte, rechtfertigte Sauvagnargues (wie er es auch in der Palästinenser-Frage getan hatte[4]) mit der Aufgabe Frankreichs, die zögernden Partner nachzuziehen (position d'entainement). Nach einem weiteren Appell des Bundesministers, der nicht auf das Verhalten in der Anerkennungsfrage eingehen wollte, schloß sich auch Frankreich der Erklärung an, machte allerdings bei der Formulierung des Auftrags an PK und Kommission Bedenken gegen das Konzept einer globalen und kohärenten Neunerhaltung geltend.

2) Europäisch-Arabischer Dialog (EAD):

Minister billigten die Vorschläge der Koordinierungsgruppe für das erste Treffen der Allgemeinen Kommission[5]:

---

4 Zur Unterstützung eines Resolutionsentwurfs über den Nahost-Konflikt im UNO-Sicherheitsrat durch Frankreich vgl. Dok. 22, Anm. 6.
5 Zur Schaffung einer Allgemeinen Kommission im Rahmen des Europäisch-Arabischen Dialogs vgl. Dok. 48, Anm. 24.
  Die erste Tagung der Allgemeinen Kommission fand vom 18. bis 20. Mai 1976 in Luxemburg statt. Vgl. dazu Dok. 130, Anm. 3.

– Darstellung des europäischen Dialogkonzepts im Zusammenhang mit gemeinsamer Nahostpolitik in einer europäischen Eingangserklärung;

– Projektliste für europäisches Angebot an die Araber (kurzfristig realisierbar, Einsatz bereits bereitgestellter nationaler und gemeinschaftlicher Mittel);

– grundsätzliche Bereitschaft zu europäischer Beteiligung an den Kosten von EAD-Projekten.[6]

Erörterung konzentrierte sich auf

– das durch Sitzung der Allgemeinen Kommission wieder aufgeworfene Problem eines politischen Meinungsaustauschs. Grundlinien: Dialog muß wirtschaftlich-technologischen Charakter behalten, aber politische Dimension (unter Ausschluß des Nahost-Konflikts) soll nicht verhindert werden (Großbritannien und Niederlande waren besonders restriktiv); je mehr wirtschaftliche Substanz der Dialog hat, desto geringer die Gefahr eines Abgleitens in politische Auseinandersetzungen; PK soll geeignete Themen vorbereiten.

– die Finanzierungsmethoden: Irland und Dänemark strebten grundsätzlich gemeinschaftliche Finanzierungsbeiträge an und wollten bilaterale Beiträge nur ausnahmsweise zulassen; Kommission kündigte Zusammenstellung europäischer und arabischer Vorstellungen in einer großen Projektliste an, die nach ihren Vorstellungen auch im EG-Rahmen behandelt werden sollte. Sie ließ Bereitschaft zur Kostenübernahme von 100 000 RE für Vorstudien durchblicken.

3) Terrorismus: Bundesminister appellierte an die Partner, den auf unsere Initiative angelaufenen Vorbereitungsarbeiten für eine gemeinsame Aktion in der 31. GV[7] politischen Nachdruck zu verleihen. Weltweite Aktion gegen internationalen Terrorismus sei neben praktischer Zusammenarbeit der neun Innenminister innen- und außenpolitisch unerläßlich. Sie sei trotz aller Risiken auch möglich, da sich die Haltung der Dritten Welt nach unseren Sondierungen auflockere. Appell des BM wurde von Niederlande, Dänemark, Belgien, Italien und Irland unterstützt. Minister beschlossen, die Vorbereitungsarbeiten (Erarbeitung eines Neunerkonzepts für ein Vorgehen in der 31. GV, Kontakte mit dritten Ländern) zu intensivieren.

---

6 Die Europäische Koordinierungsgruppe (EKG) im Europäisch-Arabischen Dialog legte auf ihrer Sitzung am 12./13. Februar 1976 in Luxemburg Grundzüge einer Eingangserklärung vor. In dieser Erklärung sollten mit Bezug auf frühere politische Erklärungen der EG-Mitgliedstaaten deren Bemühungen um eine Verbindung mit den arabischen Staaten hervorgehoben werden. Daran anschließend sollte darauf hingewiesen werden, daß der Dialog „vor allem eine geistige Einstellung" sei; mit allzu starren Vorlagen „liefe man Gefahr, die Verfolgung des Hauptziels des Dialogs zu erschweren, das wirtschaftlicher und kultureller Art ist". Die Eröffnungsrede „muß sich zu einem wesentlichen Teil auch mit dem Inhalt des Dialogs in seinen wirtschaftlichen, kulturellen usw. Aspekten befassen. [...] Es wäre selbstverständlich sehr nützlich, wenn wir hierbei präzise Angaben zur Finanzierung machen könnten." Die EKG legte ferner eine Liste mit sieben Projekten vor, darunter die Errichtung eines polytechnischen Instituts, die Erstellung einer geologischen Karte, Forschungsvorhaben auf dem Gebiet der Sonnenenergie, den Aufbau eines interarabischen Nachrichtennetzes und Maßnahmen zur verwaltungs- und ausrüstungstechnischen Verkehrsverbesserung in arabischen Häfen. Offen blieb die Frage der Bereitstellung nationaler oder gemeinschaftlicher Mittel zur Finanzierung der Projekte bzw. der notwendigen Vorstudien. Vgl. dazu das Rundschreiben des Botschafters Schirmer vom 23. Februar 1976; Referat 200, Bd. 108889.

7 Zur Initiative der Bundesrepublik für eine UNO-Konvention gegen Geiselnahme vgl. Dok. 24.

4) Ost-West-Beziehungen: Minister billigten die Grundlinien eines PK-Berichts zur „sowjetischen Strategie nach der KSZE". Sie stellten fest, daß die offensive östliche Taktik eine aktive gemeinsame Entspannungsstrategie der Neun erforderte. Sie beauftragten daher PK, den von allen begrüßten Bericht fortzuschreiben (XXV. Parteitag der KPdSU[8]; Breschnew-Vorschläge für Umwelt-, Energie-, Transport-Konferenzen[9], EG/Comecon[10], europäische Konferenz der KPen[11]) und die politischen Konsequenzen für eine gemeinsame Neuner-Strategie zu ziehen.

5) Aktuelle Fragen: Nach kurzem Meinungsaustausch über die am 21.2. beendeten Wiener Volksgruppenverhandlungen[12] beauftragten Minister den Präsidenten, vor der Presse auf fortlaufende Neuner-Diplomatie in der Zypern-Frage hinzuweisen. Erste Bewertung der Gespräche war unterschiedlich: Während Frankreich Genugtuung darüber äußerte, daß Gespräche im Mai wiederaufgenommen werden, unterstrich BM, von Großbritannien unterstützt, die insgesamt nicht befriedigende Entwicklung und die Notwendigkeit, in Athen und Ankara auf Einhaltung der am Rande der NATO-Konferenz erzielten Vereinbarungen[13] zu drängen.

6) Grußbotschaft zum ASEAN-Gipfel: Um bestehende Kontakte zwischen Gemeinschaft und ASEAN-Gruppierung zu vertiefen, richteten Minister eine Grußbotschaft an die erste Gipfelkonferenz der ASEAN-Staaten am 23.2. in Bali.[14]

II. Es folgt deutsche Übersetzung der Erklärung über die gemeinsame Haltung zu Angola und den Problemen im südlichen Afrika:

1) Die Außenminister der neun Länder der Gemeinschaft haben bei ihrer Tagung in Luxemburg unter Hinweis auf die Beschlüsse, die sie hinsichtlich der

---

[8] Zum XXV. Parteitag der KPdSU vom 24. Februar bis 5. März 1976 in Moskau vgl. Dok. 69.

[9] Der Generalsekretär des ZK der KPdSU, Breschnew, führte am 9. Dezember 1975 auf dem VII. Parteitag der PVAP in Warschau aus: „Heute, nach der Konferenz über Sicherheit und Zusammenarbeit in Europa, besteht die reale Möglichkeit, auf diesem Weg weiter voranzukommen. Wir sind dafür, die konkreten Punkte der Schlußakte der Konferenz konsequent mit Leben zu erfüllen. [...] Unserer Meinung nach könnte man schon in nächster Zeit so manches Nützliche tun. Positive Ergebnisse hätte zum Beispiel sicher die Abhaltung gesamteuropäischer Kongresse oder zwischenstaatlicher Konferenzen über Fragen der Zusammenarbeit im Umweltschutz, bei der Entwicklung des Verkehrswesens und in der Energiewirtschaft." Vgl. NEUES DEUTSCHLAND vom 10. Dezember 1975, S. 3 f.

[10] Zum geplanten Abkommen zwischen den Europäischen Gemeinschaften und dem RGW vgl. Dok. 45, Anm. 23.

[11] Zur Konferenz der kommunistischen und Arbeiterparteien Europas am 29./30. Juni 1976 in Ost-Berlin vgl. Dok. 215.

[12] In Wien fand vom 17. bis 21. Februar 1976 die fünfte Runde der Gespräche der Vertreter der türkischen bzw. griechischen Volksgruppe auf Zypern, Denktasch und Klerides, statt. Dazu notierte Vortragender Legationsrat Bensch am 22. Februar 1976: „1) Abschlußkommuniqué legt fest, daß beide Parteien binnen sechs Wochen dem Vertreter von GS Waldheim auf Zypern, Pérez de Cuéllar, schriftlich ihre Positionen einreichen werden. Danach soll im Mai nächste Gesprächsrunde in Wien unter Auspizien von Waldheim folgen. Auf dieser Runde soll gemeinsame Basis erarbeitet werden, aufgrund derer gemischte Kommissionen in Zypern die Arbeit aufnehmen sollen. 2) Ergebnis bleibt im Prozeduralen. Der erzielte Kompromiß besteht darin, daß sich türkische Seite auf schriftliche Fixierung ihrer Position festlegen ließ, während griechischerseits erstmals auch Zyprer die Einsetzung von Kommissionen zugestanden haben (d. h. direkte Beteiligung der Regierungen in Athen und Ankara)." Vgl. Referat 203, Bd. 110280.

[13] Zu den griechisch-türkischen Vereinbarungen vom 12. Dezember 1975 vgl. Dok. 30, Anm. 6.

[14] Die Konferenz der Regierungschefs der ASEAN-Staaten fand am 23./24. Februar 1976 bei Denpasar auf Bali statt.

294

Volksrepublik Angola getroffen haben, die Fragen erörtert, die sich in dieser Region Afrikas stellen.

2) Die Minister haben mit großer Aufmerksamkeit und Sorge den Verlauf des Konflikts in Angola verfolgt, durch den viel Leid und hohe Verluste an Menschenleben sowie ernste Schäden für die Wirtschaft entstanden sind. Sie rufen zur Wiederherstellung der für den Wiederaufbau und die Entwicklung des Landes unerläßlichen Eintracht auf.

3) Die Außenminister sind der Auffassung, daß es Sache des angolanischen Volkes ist, sein eigenes Geschick zu bestimmen. Sie haben deshalb die Bemühungen der Organisation für Afrikanische Einheit um eine afrikanische Lösung der Schwierigkeiten lebhaft begrüßt und nichts unternommen, was ihrem Erfolg schaden könnte. Unter diesem Gesichtspunkt haben sie alle auswärtigen militärischen Interventionen verurteilt und ihrer festen Erwartung Ausdruck gegeben, daß sie rasch beendet werden. Im Interesse der gedeihlichen Entwicklung der Region treten sie für eine friedliche und konstruktive Zusammenarbeit ein, die gutnachbarliche Beziehungen zwischen den afrikanischen Staaten der Region voraussetzt.

4) Die Minister haben die grundsätzliche Haltung der neun Mitgliedstaaten der Gemeinschaft bekräftigt:

– Bereitschaft der Neun, die Beziehungen der Zusammenarbeit weiterzuentwickeln, soweit die afrikanischen Staaten dies wünschen, und Ablehnung jedes Vorgehens irgendeines Staates, das auf die Schaffung einer Einflußzone in Afrika abzielt;

– Achtung der Unabhängigkeit aller afrikanischen Staaten und Recht dieser Staaten, in voller Souveränität und ohne auswärtige Einmischung ihre nationale Politik zu bestimmen;

– Unterstützung der Aktionen der Organisation für afrikanische Einheit zur Förderung der afrikanischen Zusammenarbeit;

– Selbstbestimmungsrecht und Recht auf Unabhängigkeit des rhodesischen und des namibischen Volkes;

– Verurteilung der Apartheidpolitik Südafrikas.[15]

[gez.] Engels[16]

Referat 012, Bd. 106501

---

[15] Vgl. EUROPA-ARCHIV 1976, D 314 f.
[16] Paraphe.

63

Aufzeichnung des Ministerialdirektors van Well

210-322.00   25. Februar 1976[1]

Über Herrn Staatssekretär[2] Herrn Minister[3] zur Information

Betr.: Stellung der DDR in den Ländern der westlichen Welt seit Aufnahme
der diplomatischen Beziehungen

Die DDR hat bald nach der Aufnahme der diplomatischen Beziehungen zu den
Ländern der westlichen Welt eine intensive Besuchsdiplomatie entfaltet. Außenminister Winzer besuchte Österreich, Belgien und Luxemburg[4], sein Nachfolger Fischer Dänemark, Schweden und Frankreich[5], dessen Stellvertreter Nier
hielt sich in Norwegen und Großbritannien[6], der Staatssekretär im Ministerium für Außenhandel, Beil, u. a. in den Niederlanden und den USA[7], auf. Delegationen der Volkskammer folgten Einladungen nach Japan und Dänemark.[8]
Finnland stattete der Staatsratsvorsitzende Stoph einen Staatsbesuch ab.[9]

Mit dieser Besuchsdiplomatie versuchte die DDR, auf hoher Ebene das politische Gespräch mit den westlichen Regierungen in Gang zu bringen. Dies ist ihr
zwar gelungen, gleichzeitig mußte sie jedoch zur Kenntnis nehmen, daß diesen
Bemühungen Grenzen gesetzt sind:

- In einigen westlichen Ländern – u. a. den Vereinigten Staaten und den Niederlanden – entwickelt sich das Verhältnis nur schleppend, weil die Regelung von Entschädigungsforderungen und Wiedergutmachungsansprüchen
  noch aussteht.

---

[1] Die Aufzeichnung wurde von Vortragendem Legationsrat I. Klasse Lücking und von Legationsrat I.
Klasse Hartmann konzipiert.

[2] Hat Staatssekretär Hermes am 9. März 1976 vorgelegen, der handschriftlich vermerkte: „Mir erst
heute vorgelegt."

[3] Hat Bundesminister Genscher am 13. April 1976 vorgelegen, der handschriftlich für Staatssekretär
Hermes vermerkte: „Die Kulturarbeit der DDR muß ernstgenommen werden. Ich halte es für erforderlich, darauf mit einem wirksamen Konzept zu reagieren. Das Konzept sollte finanzielle Erwägungen außer acht lassen. Das ist eine politische Entscheidung. Ich beabsichtige, darüber mit
dem Bu[ndes]ka[nzler] zu sprechen. Ich wäre für Vorlage des Konzepts bis 6.5. dankbar." Vgl.
Anm. 11.
Hat Hermes erneut am 14. April 1976 vorgelegen, der die Weiterleitung an die Vortragenden Legationsräte I. Klasse Lücking und Schlagintweit verfügte und handschriftlich vermerkte: „(B[itte]
auch für Kultur-Rahmenrichtlinien beachten)."
Hat Vortragendem Legationsrat I. Klasse Schmid am 15. April 1976 vorgelegen.

[4] Der Außenminister der DDR, Winzer, hielt sich vom 10. bis 16. April 1973 in Österreich auf. Vom
27. bis 30 November 1973 hielt er sich in Belgien und vom 30. November bis 2. Dezember 1973 in
Luxemburg auf.

[5] Der Außenminister der DDR, Fischer, hielt sich vom 23. bis 25. Juni 1975 in Dänemark, vom 10.
bis 12. November 1975 in Schweden und vom 6. bis 8. Januar 1976 in Frankreich auf.

[6] Der stellvertretende Außenminister der DDR, Nier, reiste am 30. Juni/1. Juli 1975 nach Großbritannien.

[7] Der Staatssekretär im Ministerium für Außenhandel der DDR, Beil, hielt sich vom 2. bis 5. Dezember 1974 in den Niederlanden und vom 29. November bis 8. Dezember 1975 in den USA auf.

[8] Delegationen der Volkskammer der DDR besuchten vom 17. bis 23. Oktober 1974 Dänemark und
vom 24. bis 31. März 1975 Japan.

[9] Staatsratsvorsitzender Stoph reiste vom 22. bis 25. Oktober 1974 nach Finnland.

– Die Handelsbeziehungen bleiben teilweise hinter den Erwartungen zurück, die eine Reihe westlicher Länder mit der Aufnahme diplomatischer Beziehungen verknüpft hatten; dies ist vor allem auch bei Frankreich der Fall.

– Einem substantiellen Gedankenaustausch wird angesichts der mangelnden politischen Eigenständigkeit der DDR wenig Gewicht beigemessen; so insbesondere auch seitens der USA, die den Wert der DDR als eigene politische Größe gering veranschlagen; lediglich in Norwegen scheint die DDR wegen ihrer engen Beziehungen zur Sowjetunion auch als politischer Gesprächspartner gefragt zu sein.

Die DDR selbst scheint ihre Möglichkeiten auf diesem Gebiet richtig einzuschätzen und konzentriert sich daher auf bilaterale Vertragsabschlüsse, insbesondere im technisch-wirtschaftlichen Bereich. Hier hat sie inzwischen ein dichtes Netz von Vereinbarungen geknüpft. Auch die Entwicklung der industriellen Kooperation zeigt positive Ansätze.

II. Im nichtstaatlichen Bereich hatte die DDR sich schon vor ihrer diplomatischen Anerkennung in einer Reihe westlicher Länder eine politische Position geschaffen. Als Basis dienten ihr die kommunistischen Parteien und ihnen nahestehende Gewerkschaften, Massenmedien, Kultureinrichtungen sowie Freundschaftsgesellschaften und – besonders in Frankreich – Städtepartnerschaften. Hier konnte die DDR-Diplomatie anknüpfen. Ein nicht unbeträchtliches Maß ihrer Aktivitäten in den westlichen Ländern geht in der Pflege der Beziehungen zu diesem „kommunistischen Milieu" auf.

Insgesamt ist diese Situation für die DDR ambivalent. Wo die innenpolitischen Kräfteverhältnisse entsprechende Rücksichtnahme verlangen – etwa in Finnland oder auch in Italien –, können sich ihre Querverbindungen zu den Kommunisten zwar zu ihren Gunsten auswirken; durchweg gereicht ihr die einseitige Identifizierung mit den Kommunisten aber zum Nachteil.

Dessen scheint sich die DDR auch selbst bewußt zu sein, denn sie ist in zunehmendem Maße bemüht, ihre Basis durch Öffnung zu den demokratischen linken Parteien, Gewerkschaften und Medien zu erweitern. Hierbei hat sie in einzelnen Fällen durchaus Erfolg. So ist es ihr gelungen, Delegationen der niederländischen und belgischen Sozialisten zu offiziellen Besuchen in die DDR einzuladen, wobei erstere sich erstaunlich positiv beeindrucken ließen.[10] Zum schottischen Gewerkschaftsbund entwickelt der FDGB unter Ausnutzung bestehender Spannungen zwischen diesem und dem britischen Gewerkschaftsdachverband TUC regelmäßige Kontakte.

Eine besondere Zielgruppe der Öffentlichkeitsarbeit der DDR in vielen westlichen Ländern sind Schulen und Hochschulen. Hier betreibt die DDR Basisarbeit, deren Ergebnisse sich politisch nicht unmittelbar bemerkbar machen, die aber langfristig ernst zu nehmen ist.

Das „Image" der DDR in der breiteren Öffentlichkeit der westlichen Länder ist nach wie vor überwiegend negativ. Die DDR ist zwar seit Aufnahme der diplomatischen Beziehungen bekannter geworden, aber nicht beliebter. Ihre Bemühungen, dem entgegenzuwirken, sind im allgemeinen wenig erfolgreich. Einla-

---

10 Eine Delegation der niederländischen Partei der Arbeit hielt sich vom 22. bis 26. September 1975 in der DDR auf.

dungen an Journalisten wirken häufig kontraproduzent. Eher bringen der DDR Einladungen an Politiker und andere Persönlichkeiten des öffentlichen Lebens ein gewisses Maß an good will ein, wie sich in Japan und den Niederlanden zeigt. Positiv für das Ansehen der DDR wirken sich häufig die Leistungen ihrer Sportler aus. Vereinzelt – so in Italien – vermag die DDR auch als „geordneter Sozialstaat" zu beeindrucken.

Nicht zu unterschätzen ist die Kulturarbeit der DDR, weil hier versucht wird, mit vordergründig unpolitischen Mitteln Kreise anzusprechen, die der DDR ideologisch und politisch fernstehen. Der Aufwand ist in einzelnen Ländern – beispielsweise in Japan oder Finnland – beträchtlich. Das Echo ist trotz der durchweg konventionellen Machart positiv. Häufig verhilft der DDR auch geschickte Regie – so der Vorstoß in die Provinz – zum Erfolg. Weniger erfreulich für die DDR dürfte sein, daß ihre Darbietungen oft der „deutschen Kultur" – und nicht ihrem eigenen Schaffen – zugerechnet werden. Langfristig ernst zu nehmen ist das breite Engagement der DDR für den deutschen Sprachunterricht.[11]

III. Bisher zeichnet sich ein Konkurrenzverhältnis zwischen der DDR und der Bundesrepublik Deutschland im Westen nicht ab. Eine Ausnahme bildet Finnland, wo die DDR sogar eine gewisse Vorzugsstellung genießt. Auch in Österreich macht sich der Einfluß der DDR für uns bemerkbar.

Bezeichnenderweise hat die DDR auch in diesen beiden Ländern zuerst und mit besonderem Nachdruck darauf hingewirkt, über den Abschluß von Konsularabkommen eine Bestätigung ihrer Auffassung in der Staatsangehörigkeitsfrage zu erhalten.[12]

Sie verfolgt aber auch gegenüber den USA, Frankreich, Großbritannien, Italien und Belgien beharrlich das Ziel, in Konsularabkommen Formulierungen zu er-

---

[11] Ministerialdirektor Arnold legte Bundesminister Genscher am 11. Mai 1976 eine Analyse der auswärtigen Kulturpolitik der DDR vor. Er kam zu dem Ergebnis: „1) Wir haben die kulturpolitische Arbeit der DDR in ihrer Entwicklung genau verfolgt. 2) Unsere eigene Kulturarbeit im Ausland ist, wie die Analysen auf der Grundlage der regelmäßigen Berichterstattung der Auslandsvertretungen zeigen, derjenigen der DDR weit überlegen. 3) Auch da, wo die DDR in Teilbereichen (Wissenschaft, Sport, Sprachförderung, Gastspiele) in einzelnen Ländern besondere Anstrengungen unternimmt, hat sie nicht die Erfolge aufweisen können, die wir mit unserer Kulturarbeit erreichen. 4) Wir wollen und müssen auch weiterhin diesen Vorsprung beibehalten. 5) Wir haben bei der Gestaltung unserer eigenen Kulturarbeit ein Konzept, bei dem die kulturpolitische Aktivität der DDR berücksichtigt wird. Das bedeutet nicht, daß wir ‚nachziehen', wenn die DDR im Einzelfall spektakulär auftritt. 6) Um unseren bisherigen Vorsprung beibehalten zu können, ist erforderlich, daß die Haushaltsmittel nicht gekürzt werden." Vgl. Referat 010, Bd. 178642.

[12] Die DDR schloß mit Österreich am 26. März 1975 und mit Finnland am 28. April 1975 einen Konsularvertrag ab. Vgl. dazu AAPD 1975, I, Dok. 152.
Während die österreichische Regierung der Bundesregierung mit Verbalnote vom 9. Juli 1975 bestätigte, daß durch den Konsularvertrag die bisherige Praxis der konsularischen Betreuung von Personen mit mehrfacher Staatsbürgerschaft keine Änderung erfahren werde, stand eine entsprechende bilaterale Feststellung zwischen Finnland und der Bundesrepublik noch aus. Botschafter Simon, Helsinki, trug dem finnischen Außenminister am 9. Februar 1976 erneut die Haltung der Bundesregierung vor, auch weiterhin die „konsularische Betreuung aller Deutschen im Sinne des Grundgesetzes, die dies wünschen", in Form eines Notenwechsels zu sichern: „AM Sorsa [...] hat sehr deutlich durchblicken lassen, daß die Regierung nicht gewillt sei, unserem Petitum betreffend Notenwechsel zu entsprechen." Er, Simon, habe deshalb ausgeführt, daß die Bundesregierung „ihre Rechtsauffassung der finnischen Regierung in Form einer einseitigen Erklärung notifizieren würde, falls es nicht zu einem Notenwechsel käme". Vgl. den Drahtbericht Nr. 19; VS-Bd. 9966 (204); B 150, Aktenkopien 1976.

298

reichen, aus denen sie ohne Berücksichtigung des Willens der Betroffenen ein ausschließliches konsularisches Betreuungsrecht herleiten könnte. [13]

In mehreren Fällen versuchte die DDR auch Gehör für ihre deutschland- und berlinpolitischen Vorstellungen zu finden. So der stellvertretende Außenminister Nier in Den Haag und Außenminister Fischer in Paris, der gegenüber dem französischen Außenminister bemerkte, es werde keine Wiedervereinigung geben, „es sei denn durch Feuer und Schwert"[14]. Derartige Vorstöße blieben ohne Resonanz. Dennoch verdienen sie politische Aufmerksamkeit, da die DDR hiermit auch im westlichen Bereich vorhandene Besorgnisse anzusprechen versucht.

Auseinandersetzungen über deutsch-deutsche Fragen in der Öffentlichkeit gehen von der DDR nicht aus. Es gibt vereinzelt polemische Angriffe gegen die Bundesrepublik Deutschland in kommunistischen Veröffentlichungen, deren Urheberschaft möglicherweise bei der DDR zu suchen ist. Ansonsten grenzt sie sich dadurch ab, daß sie sich als das „bessere Deutschland" propagiert. Je nach Lage schlägt sie aber auch andere Töne an. So demonstriert sie in Schweden und den USA deutsch-deutsche Entspannung.

Eine auch noch begrenzte Zusammenarbeit zwischen den jeweiligen deutschen Vertretungen gibt es bisher nicht. Selbst einem gemeinsamen Auftreten, etwa im Rahmen einer kulturellen Veranstaltung, geht die DDR beharrlich aus dem Wege. Der Kontakt zwischen den Vertretungen beschränkt sich auf das Protokollarische. Allerdings hat die anfängliche Verkrampftheit der DDR-Diplomaten merklich nachgelassen.

IV. Insgesamt dürfte die Bilanz ihrer bisherigen Westpolitik für die DDR ernüchternd sein. Die Aufnahme diplomatischer Beziehungen zu den Ländern der westlichen Welt hat ihre internationale Stellung zwar konsolidiert, aber ein Durchbruch ist ihr nirgendwo gelungen. Ein solcher ist auch auf absehbare Zeit nicht zu erwarten.

In Frankreich, das für die DDR erkennbar ein Schwerpunktland ist, wird der weitere Ausbau der Beziehungen durch die Priorität des Verhältnisses zur Bundesrepublik Deutschland begrenzt.[15] Allerdings könnte sich das Gewicht der DDR in Frankreich künftig stärker bemerkbar machen, wenn es ihr gelingt, den französischen Exportwünschen stärker nachzukommen.

Dies gilt „rebus sic stantibus". Bei innenpolitischen Verschiebungen zugunsten einer Volksfront oder der Kommunisten würde sich sowohl in Frankreich wie

---

13 Zum Stand der Verhandlungen von Belgien, Frankreich, Großbritannien, Italien und den USA mit der DDR über einen Konsularvertrag vgl. Dok. 78.

14 Gesandter Lahusen, Paris, übermittelte am 9. Januar 1976 Informationen des französischen Außenministeriums zum Besuch des Außenministers der DDR vom 6. bis 8. Januar 1976 in Paris. Danach habe Fischer „die Bedeutung des Abkommens zwischen der DDR und der Bundesrepublik Deutschland vom 19.12.1975 erläutert, und als Maxime der DDR-Politik habe er den Gedanken entwickelt, daß je weniger die Bundesrepublik Deutschland auf ‚Sonderbeziehungen' zur DDR poche, je größer die Möglichkeit sei, die beiderseitigen Beziehungen zu verbessern. Im Vertrag zwischen der DDR und der UdSSR sei jeder Bezug auf die Wiedervereinigung entfallen, da es zwischen zwei so verschiedenen Staaten keine Wiedervereinigung geben könne, ‚es sei denn durch Feuer und Schwert', was wiederum ausgeschlossen sei." Vgl. den Drahtbericht Nr. 93; Referat 201, Bd. 114986.

15 Zur französischen Haltung in der Deutschland- und Berlin-Frage vgl. Dok. 43.

in Italien die Lage für die DDR verbessern. Dies zeigte sich zeitweilig deutlich in Portugal. Auch in Japan kann die DDR bei einem Regierungswechsel[16] auf mehr politische Aufmerksamkeit rechnen.

Die kleineren nord- und mitteleuropäischen NATO-Staaten, mit denen die DDR zunächst hoffte, relativ rasch ins „politische Geschäft" zu kommen, machen wiederum deutlich, daß die DDR zunächst konkrete Beweise ihres oft bekundeten Entspannungswillens erbringen muß. Solange die DDR in der Frage der Menschenrechte und der freien Meinungsäußerung keine wesentlichen Konzessionen – etwa im Sinne der Absichtserklärungen der KSZE[17] – macht, wird sie ihre Stellung lediglich in Teilbereichen, vor allem auf dem Gebiet des Handels, festigen können.

Lediglich in Finnland – und in einem gewissen Grade auch in Österreich – könnte es der DDR gelingen, ihre Stellung politisch weiter auszubauen. In beiden Fällen kommen ihr die machtpolitischen Gegebenheiten entgegen. Aus ihrer relativen wirtschaftlichen Stärke dürfte die DDR in ihrer Westpolitik wenig politisches Kapital schlagen können. Angesichts der zunehmenden Verschuldung und der Verschlechterung der terms of trade gegenüber den westlichen Ländern sowie ihrer Verpflichtungen im RGW ist ihr Spielraum hier gering. Das schließt gezielte Anstrengungen gegenüber dem einen oder anderen Partner nicht aus. Wie die Erfahrung zeigt, lassen sich hierbei aber wirtschaftliche Notwendigkeit und politische Zweckmäßigkeit nicht immer in Einklang bringen.

V. Für uns ist diese Bilanz kein Anlaß, unsere eigene Politik grundsätzlich zu überdenken oder zu korrigieren. Die bisherigen Ansätze der DDR zeigen jedoch, daß diese sich bemüht, ihre politische Stellung nicht zuletzt über Aktivitäten im nichtstaatlichen Bereich auszubauen. Diesem Bereich sollten wir daher in Zukunft unsere besondere Aufmerksamkeit schenken.

Das gilt insbesondere für den Hochschulbereich, wo die Führungsschicht von morgen herangebildet wird. Aber auch für die Gewerkschaften und überhaupt für die demokratische Linke in den westlichen Ländern. Es darf der DDR nicht gelingen, diesen Teil des politischen Spektrums zu monopolisieren.

Die o. a. Analyse beruht auf Berichten der Botschaften in den westlichen Industrieländern und der Ständigen Vertretung bei der DDR.

van Well

Referat 210, Bd. 114985

---

16 In Japan fanden am 5. Dezember 1976 Parlamentswahlen statt.
17 Vgl. dazu Punkt VII der „Erklärung über die Prinzipien, die die Beziehungen der Teilnehmerstaaten leiten" (Korb I) sowie die Erklärung „Zusammenarbeit in humanitären und anderen Bereichen" (Korb III) der KSZE-Schlußakte vom 1. August 1975; SICHERHEIT UND ZUSAMMENARBEIT, Bd. 2, S. 917 f. bzw. S. 946–964.

64

Aufzeichnung des Ministerialdirektors Arnold

600-600.07   25. Februar 1976[1]

Über Herrn Staatssekretär[2] Herrn Minister[3]

Betr.: Enquete-Kommission Auswärtige Kulturpolitik[4]

Zweck der Vorlage: Unterrichtung über Inhalt und parlamentarische Behandlung des Berichts der Enquete-Kommission (EK) Auswärtige Kulturpolitik vom 30.9.1975[5] und Billigung der Haltung des Auswärtigen Amts.

Sachdarstellung:

Kurzfassung:

1) Parlamentarische Behandlung: Die drei Bundestagsfraktionen haben sich nunmehr darauf geeinigt, gemeinsam einen kurzen Antrag einzubringen, mit dem die Bundesregierung aufgefordert wird, bis 1.4.77 über die Verwirklichung der Empfehlungen zu berichten. Als Termin der Behandlung des Berichts im Plenum des Bundestags ist der 2.4.76 vorgesehen. Es ist höchstens mit einer kurzen Aussprache zu rechnen.[6]

Vor der Debatte muß die Haltung der Bundesregierung unter den beteiligten Ressorts abgestimmt werden. Um Billigung der nachfolgend aufgezeichneten Linie wird daher gebeten.

2) Zusammenfassung der wichtigsten Empfehlungen: Folgende wesentliche Vorschläge der EK kann das Auswärtige Amt positiv werten:

– Erhöhte Bedeutung der Kulturbeziehungen in der Außenpolitik;

---

[1] Die Aufzeichnung wurde von Vortragendem Legationsrat I. Klasse Schlagintweit konzipiert.

[2] Hat Staatssekretär Hermes am 4. März 1976 vorgelegen.

[3] Hat Bundesminister Genscher vorgelegen, der Staatsminister Moersch handschriftlich um Rücksprache bat.

[4] Am 18. März 1970 beschloß der Bundestag auf Antrag der CDU/CSU-Fraktion die Einsetzung einer Enquete-Kommission Auswärtige Kulturpolitik, der je zwei Abgeordnete der CDU/CSU- bzw. der SPD-Fraktion und ein Abgeordneter der FDP-Fraktion angehörten. Ferner wirkten vier, ab 1973 fünf von CDU/CSU, SPD und FDP benannte Sachverständige mit. Die Kommission hatte den Auftrag, „Empfehlungen für eine bessere kulturelle Repräsentation der Bundesrepublik Deutschland im Ausland zu erarbeiten und dem Deutschen Bundestag vorzulegen. Dabei sind vor allem Zielsetzung, Inhalt, Organisation und Finanzierung der bisherigen auswärtigen Kulturpolitik zu überprüfen und gegebenenfalls entsprechende Reformvorschläge vorzulegen." Vgl. BT ANLAGEN, Bd. 134, Drucksache Nr. VI/57. Vgl. dazu ferner BT STENOGRAPHISCHE BERICHTE, Bd. 72, S. 2017.

[5] Für den Bericht der Enquete-Kommission Auswärtige Kulturpolitik vgl. BT ANLAGEN, Bd. 210, Drucksache Nr. 7/4121.

[6] Die Fraktionen von SPD, CDU/CSU und FDP brachten am 5. Mai 1976 einen Antrag ein, in dem die Bundesregierung aufgefordert wurde, „bis zum 15. März 1977 einen Schriftlichen Bericht über den Stand der auswärtigen Kulturpolitik vorzulegen, der auch Angaben darüber enthält, 1) welche Empfehlungen der Kommission, insbesondere diejenigen, die in die politische Verantwortlichkeit der Bundesregierung fallen, bereits verwirklicht worden sind, 2) in welcher Weise die Empfehlungen der Kommission, die in die politische Verantwortlichkeit der Bundesregierung fallen, mittelfristig realisiert werden sollen". Vgl. BT ANLAGEN, Bd. 221, Drucksache Nr. 7/5119.
Der Bundestag nahm am 7. Mai 1976 den Antrag einstimmig an. Vgl. dazu BT STENOGRAPHISCHE BERICHTE, Bd. 98, S. 16720–16743.

301

– Planungs- und Koordinierungskompetenz des Auswärtigen Amts für einen erweiterten Kulturaustausch (ohne Veränderung der Ressortkompetenzen);

– Einsetzung eines Unterausschusses für „kulturelle Außenpolitik" im Rahmen des Auswärtigen Ausschusses des Deutschen Bundestags;

– Einsetzung eines Abteilungsleiterausschusses unter Vorsitz eines Staatssekretärs des Auswärtigen Amts;

– Fortführung der Gesamtplanung;

– Neuordnung und Verbesserung des Ausschußsystems, mit dem das Auswärtige Amt und seine Mittler bei der Gestaltung der kulturellen Programme beraten wird;

– bessere Aufgabenverteilung unter den Mittlern;

– Einrichtung eines Lehrstuhls, eines Forschungsinstituts und eines Zentralinstituts für Deutsch als Fremdsprache;

– Entwicklung der Auslandsschulen zu Schulen, in denen sich Kultur und Sprache Deutschlands und des Gastlandes begegnen („bikulturelle Schulen"), und weitgehende Integration in das Schulsystem der Gastländer.

Einer näheren Prüfung, z. T. auch gemeinsam mit dem BMF und anderen Ressorts, bedürfen folgende Vorschläge:

– wesentliche Verstärkung der regionalen Seite der Kulturarbeit im Auswärtigen Amt;

– Abgabe weiterer Verwaltungsaufgaben an die Mittlerorganisationen;

– Einrichtung einer Zentralstelle für internationale Zusammenarbeit im Bildungswesen.

Gegen folgende Vorschläge bestehen Bedenken:

– Verwendung des Begriffs „kulturelle Außenpolitik";

– Überführung der zur Zeit vom BMI und BMFT verwalteten Einrichtungen im Ausland (z. B. Villa Massimo, Historische Institute) in die Kompetenz des Auswärtigen Amts;

– Verlagerung der Referate 413 und 414 in die Abteilung 6 des Auswärtigen Amts;

– Beschränkung der Funktion des Auswärtigen Amts gegenüber den Mittlern auf politische Regionalplanung bei weitgehender Autonomie der Mittler;

– Befassung eines parlamentarischen Gremiums mit Konflikten zwischen dem Auswärtigen Amt und Mittlern;

– Einrichtung eines Koordinierungssekretariats für die Mittlerorganisationen beim Goethe-Institut.

3) Würdigung

Der Kommissionsbericht ist in seinen Aussagen über die Globalziele und das Gewicht der auswärtigen Kulturpolitik unpräzise und vorsichtig bis theoretisch in seinen organisatorischen Vorstellungen. Einen Schwerpunkt bildet die Verbesserung der Koordination der von den verschiedenen Ressorts und Organisationen betreuten Programme sowie des Informationssystems und des Personalwesens.

Trotz mancher Unzulänglichkeiten kann das Auswärtige Amt den Bericht im großen und ganzen positiv bewerten.

- Er tritt dafür ein, den kulturellen Beziehungen zum Ausland mehr Gewicht als bisher beizumessen.
- Er betont die Priorität der Außenpolitik auf dem Gesamtgebiet der internationalen Kulturbeziehungen, d.h. auch bei der Bildungshilfe an Entwicklungsländer und der wissenschaftlichen Zusammenarbeit.
- Er stärkt damit die Stellung des Auswärtigen Amts.
- Er zeigt in vielen Fragen (Auslandsschulen, Kulturarbeit in der Dritten Welt, deutsche Sprache u.a.m.) fortschrittliche Verbesserungsmöglichkeiten auf und unterstützt damit die Reformpolitik des Auswärtigen Amts.

4) Realisierung

Eine grundsätzlich positive Einstellung fällt dem Auswärtigen Amt leicht, da die Mehrzahl der 127 Empfehlungen bereits unserer Praxis entspricht, sich leicht realisieren läßt oder unseren Zielen entgegenkommt. Probleme gibt es vor allem dort, wo neue Stellen oder zusätzliche Mittel erforderlich sind (den Anspruch der Kostenneutralität erhebt die Kommission zu Unrecht) oder wo fremde Zuständigkeiten, insbesondere der Länder, berührt werden.

I. Parlamentarische Behandlung

Die Enquete-Kommission Auswärtige Kulturpolitik hat – als erste Enquete-Kommission in der Geschichte unseres Parlaments – der Präsidentin des Deutschen Bundestags[7] am 30.9.1975 ihren in 5 1/2 Jahren erarbeiteten Schlußbericht vorgelegt.

Die weitere Behandlung durch den Bundestag verzögerte sich. Zunächst war daran gedacht worden, entsprechend dem Wunsch der CDU/CSU einen längeren Entschließungsantrag auszuarbeiten und im Bundestag debattieren zu lassen; dies hätte aber bedeutet, daß der Antrag zunächst an die Ausschüsse verwiesen worden wäre und in der laufenden Legislaturperiode vom Plenum nicht mehr hätte verabschiedet werden können.

Daher einigten sich die drei Bundestagsfraktionen nunmehr darauf, gemeinsam einen kurzen Antrag einzubringen, mit dem der Bundestag vom Bericht zustimmend Kenntnis nimmt und der die Bundesregierung auffordert, bis zum 1.4.1977 über die Verwirklichung der Empfehlungen der Enquete-Kommission zu berichten. Ein solcher Antrag könnte, ohne an die Ausschüsse verwiesen zu werden, durchs Plenum gehen. Nach dem Wunsch der Fraktionen sollte dies jedoch nicht ohne eine wenigstens kurze Debatte geschehen.

Die Debatte soll voraussichtlich am 2. April 1976 stattfinden.

Das Auswärtige Amt hat ein Interesse daran, daß der Bericht, der erstmals ein wichtiges, modernes Gebiet unserer Außenpolitik grundsätzlich behandelt, vom Parlament auch ernstgenommen und diskutiert wird.

Vor der Debatte muß die Haltung der Bundesregierung unter den beteiligten Ressorts abgestimmt werden. Nachfolgend werden die wichtigsten Ergebnisse

7 Annemarie Renger.

der Kommission dargestellt und aus der Sicht des Auswärtigen Amts kommentiert.

II. Vorschläge und Stellungnahmen

Der Bericht der EK enthält 500 Abschnitte mit 127 Empfehlungen. Die wichtigsten Gedanken werden nachfolgend zusammengefaßt. Die in Klammern gesetzten Ziffern beziehen sich auf die Abschnitte des Berichts.

Allgemeine Fragen

1) „Kulturelle Außenpolitik"

Während das Auswärtige Amt traditionell von „auswärtiger Kulturpolitik" spricht, benützt die Kommission durchgehend den Begriff „kulturelle Außenpolitik", da die „kulturellen Beziehungen der Staaten ein wichtiger Teil der Außenpolitik, sogar der Weltpolitik sind". Sie geht dabei von einem „umfassenderen Verständnis kultureller Außenpolitik aus" (14).

Stellungnahme:

Die Bundesregierung sollte den Begriff „kulturelle Außenpolitik" nicht übernehmen. Das Auswärtige Amt hat stets Wert darauf gelegt, daß die Programme der auswärtigen Kulturpolitik draußen nicht als integrierter Teil der Regierungsaktivität wirken; sie sind so weniger anfällig gegen politische Krisen. Diesem Ziel dient z.B. auch die Delegation an rechtlich unabhängige Organisationen.

Dies hat sich voll bewährt, z.B. während des Ruhens der politischen Beziehungen zu den arabischen Staaten[8] und während der griechischen Diktatur[9], und sollte daher nicht dadurch aufgegeben werden, daß man alle irgendwie vom Bund geförderten Aktivitäten dieser Art unter den Begriff Außenpolitik stellt. Auch ist mit dem Widerspruch des BMZ zu rechnen, das seine Bildungshilfe zwar als Teil der Regierungspolitik, nicht aber der Außenpolitik versteht.

2) Verhältnis zur Außenpolitik

Die Kommission bezeichnet „kulturelle Außenpolitik" als „wichtigen Teil" (14) bzw. „eigenständigen Bereich der Außenpolitik" (19), der „gleichrangig" neben der „Wahrnehmung politischer und wirtschaftlicher Aufgaben stehen" muß (18). Sie sei „nicht nur dritte Säule der Außenpolitik", sondern „eine in diesem Um-

---

[8] Nach Bekanntgabe der Aufnahme diplomatischer Beziehungen zwischen der Bundesrepublik und Israel am 12. Mai 1965 brachen neun arabische Staaten die diplomatischen Beziehungen zur Bundesrepublik ab, nämlich der Irak am 12. Mai, die VAR, Jordanien, Saudi-Arabien und Syrien am 13. Mai, Algerien, der Libanon sowie die Arabische Republik Jemen am 14. Mai und der Sudan am 16. Mai 1965. Vgl. dazu AAPD 1965, II, Dok. 203.
Die Bundesrepublik nahm die diplomatischen Beziehungen mit Algerien am 21. bzw. mit dem Sudan am 23. Dezember 1971 wieder auf. Vgl. dazu AAPD 1971, III, Dok. 435 und Dok. 446.
Nachdem der Rat der Arabischen Liga am 14. März 1972 den Mitgliedstaaten die Aufnahme diplomatischer Beziehungen zur Bundesrepublik freigestellt hatte, nahmen folgende Staaten Beziehungen zur Bundesrepublik auf: der Libanon am 30. März 1972, Oman am 16. Mai 1972, die Vereinigten Arabischen Emirate und Bahrain am 17. Mai 1972, Ägypten am 8. Juni 1972, Kuwait am 22. Dezember 1972, Katar am 15. Januar 1973, Saudi-Arabien am 18. September 1973, der Irak am 23. Februar 1974 und Syrien am 7. August 1974.
[9] In der Nacht vom 20. zum 21. April 1967 kam es in Griechenland zu einem Putsch der Armee. Die Phase der Militärregierungen endete mit dem Rücktritt der Regierung von Ministerpräsident Androutsopoulos am 23. Juli 1974 und der Bildung einer neuen Regierung der nationalen Einheit unter dem aus dem Exil zurückgekehrten ehemaligen Ministerpräsidenten Karamanlis am folgenden Tag.

fang besondere Qualität der internationalen Beziehungen" und stelle damit eine „wichtige Ergänzung der wirtschaftlichen und der im engeren Sinne politischen Beziehungen" dar (20).

Stellungnahme:

Diese Aussagen sind weder originell noch genau, wollen aber doch eine Stärkung der kulturellen Beziehungen. Sie sind daher positiv zu beurteilen.

3) Charakter und Ziele der auswärtigen Kulturpolitik

Die Kommission geht aus von einem umfassenden Kulturbegriff. „Kulturelle Außenpolitik" müsse die „kulturelle Auslandsarbeit, Bildungshilfe und Wissenschaftsaustausch im Zusammenhang" sehen (32). Sie muß „sich von den Prinzipien der Partnerschaft leiten" lassen und „darf nicht einseitige Selbstdarstellung sein, sondern dient dem Austausch und der Begegnung der Kulturen" (15).

Als Oberziele der „kulturellen Außenpolitik" bezeichnet der Bericht:

– die „Repräsentation der Bundesrepublik Deutschland als Kulturstaat" (18) bzw. ihre „Fähigkeit, sich in einer sich wandelnden Welt als Kulturstaat zu legitimieren" (20);

– zur „kulturellen Vergesellschaftung beizutragen" (18);

– durch ihren „Dienstleistungscharakter" politische Konflikte möglicherweise zu unterlaufen" (19).

Stellungnahme:

Die Kommission geht zwar von einem Kulturbegriff aus, der auswärtige Kulturpolitik, Bildungshilfe, wissenschaftliche Zusammenarbeit und kulturelle Kommunikation mit Ausländern im Inland im Zusammenhang sieht, empfiehlt aber keine größeren Kompetenzverlagerungen innerhalb der Bundesregierung. Das Auswärtige Amt sollte daher betonen, daß es nicht auf Grund des Enquete-Berichts in den Zuständigkeitsbereich anderer Ressorts einzudringen beabsichtigt, aber seine Aufgabe, deren Tätigkeit unter außenpolitischen Gesichtspunkten zu koordinieren, bestätigt sieht.

Der Katalog der Oberziele unserer auswärtigen Kulturpolitik befriedigt nicht. Der weite Radius des Kulturbegriffs, von dem sie ausgeht, führt dazu, daß sich an verschiedenen Stellen des Berichts national-egoistisches Interesse, altruistische Motive sowie Mischformen mit zum Teil widersprüchlicher Tendenz finden. Es besteht jedoch kein Anlaß, diese Ausführungen zu korrigieren.

4) Außenpolitische Prioritäten

Unter der Überschrift „Grundsätze der Zusammenarbeit" (64) zählt der Bericht folgende Schwerpunkte auf:

– Staaten der EG und des Europarats: Entwicklung der „kulturellen Gemeinschaft",

– westliche Industriestaaten: „kultureller Austausch und Zusammenarbeit",

– Entwicklungsländer: „partnerschaftliche Zusammenarbeit",

– Mittelmeer und Nahost: „besondere Berücksichtigung",

– kommunistische Staaten: „Ausgestaltung der Beziehungen",

– multilaterale Organisationen: „aktive Unterstützung".

Stellungnahme:

In der Prioritätenliste des Auswärtigen Amts, die der Planung der Kulturarbeit zugrunde liegt, stehen Mittelmeer und Osteuropa an dritter und vierter Stelle. Die Abweichung der EK zugunsten der Entwicklungsländer ist akzeptabel, da sie auch die bedeutenden Leistungen der Entwicklungshilfe auf kulturellem Gebiet einbezieht.

Organisatorische Fragen

5) Koordination innerhalb der Bundesregierung

Die Kommission kritisiert die mangelnde „Gesamtführung" der „kulturellen Außenpolitik" (31). Bei Koordination und Information der „kulturellen Auslandsarbeit, der Bildungshilfe und des Wissenschaftsaustausches" seien „erhebliche Versäumnisse" eingetreten (33).

Das Auswärtige Amt soll in den Stand versetzt werden „die ihm zustehenden Planungs- und Koordinationskompetenzen nach außenpolitischen Gesichtspunkten" gegenüber „Ressorts, Ländern und Mittlerorganisationen" auch wirklich wahrzunehmen (138).

Dies soll erreicht werden durch

– Erweiterung des Kabinettsausschusses für Bildung, Wissenschaft und Technologie um den Bereich „internationale kulturelle Beziehungen",

– die Einsetzung eines Abteilungsleiterausschusses unter Vorsitz eines Staatssekretärs des Auswärtigen Amts.

Stellungnahme:

Diese Vorschläge zielen darauf ab, die Dominanz außenpolitischer Gesichtspunkte auf dem Gesamtgebiet kultureller Außenbeziehungen zu betonen und, als Folge davon, die Führungsrolle des Auswärtigen Amts auch gegenüber den übrigen damit befaßten Ressorts zur Geltung zu bringen. Während der Abteilungsleiterausschuß ein nützliches Instrument werden könnte, ist der Nutzen der Befassung eines Kabinettsausschusses mit Fragen der auswärtigen Kulturpolitik zweifelhaft.[10]

---

[10] Am 2. März 1976 schrieb Bundesminister Bahr an Bundesminister Genscher: „Was den von der Enquete-Kommission vielfach beklagten Koordinierungs- und Informationsmangel in mehreren Bereichen der kulturellen Außenbeziehungen angeht, so möchte ich aus der Sicht des BMZ auf folgendes aufmerksam machen: Es gibt keine Förderungsmaßnahme der Entwicklungspolitik, an der das Auswärtige Amt nicht beteiligt ist. Das eingespielte Abstimmungsverfahren hat sich aus meiner Sicht bewährt. Daher vermag ich im Unterschied zur Enquete-Kommission keine wesentlichen Abstimmungs- und Informationsmängel im Verhältnis zwischen BMZ und Auswärtigem Amt zu erkennen. Ich bin aus diesen Gründen der Meinung, daß das von der Enquete-Kommission vorgeschlagene Ausschuß-System zur Planung und Koordinierung zwischen unseren beiden Häusern nicht notwendig ist. Der damit verbundene Aufwand erscheint mir angesichts der Notwendigkeit, Stellen einzusparen und mit der verfügbaren Arbeitskapazität der Bundesregierung sparsam umzugehen, nicht gerechtfertigt." Vgl. Referat 010, Bd. 178642.
In seiner Antwort vom 12. April 1976 führte Genscher aus: „Grundsätzlich begrüße ich die Zielrichtung des Berichts der Enquete-Kommission, nämlich eine Verbesserung der Koordinierung innerhalb der Bundesregierung in allen Fragen der auswärtigen Kulturpolitik. Allerdings werden alle in diese Richtung weisenden Vorschläge und Empfehlungen der Enquete-Kommission noch einer sehr eingehenden Prüfung im einzelnen bedürfen. Ich stimme mit Ihnen darin überein, daß bei allen eventuellen Überlegungen der Grundsatz, mit der verfügbaren Arbeitskapazität der Bundesregierung sparsam umzugehen, übergeordnete Bedeutung behalten muß." Vgl. Referat 010, Bd. 178642.

6) Zuständigkeiten innerhalb der Bundesregierung

Entgegen früheren Entwürfen beläßt die Enquete-Kommission es bei der jetzigen Verteilung der Kompetenzen auf mehrere Ressorts (insbesondere Auswärtiges Amt, BMZ, BPA, BMI, BMBW, BMFT). Nur in einem Punkt schlägt sie eine Veränderung vor: Es würde „einer sparsamen Verwaltung entsprechen" (133), wenn die vom BMI und BMFT im Ausland verwalteten Einrichtungen (z. B. Villa Massimo Rom, Historische Institute in Paris, Rom und London) „in die Zuständigkeit des Auswärtigen Amts überführt" würden (134).

Stellungnahme:

Größere Kompetenzverschiebungen innerhalb der Bundesregierung vorzuschlagen, hat die Kommission wohl mit Recht als wenig realistisch betrachtet. Die von der Kommission erwogene Überführung der Institute in den Bereich des Auswärtigen Amts wäre nicht zweckmäßig. Denn es handelt sich nicht um Instrumente der auswärtigen Kulturpolitik, sondern um ins Ausland verlagerte Einrichtungen für die Förderung unseres eigenen künstlerischen und wissenschaftlichen Nachwuchses. Administrative Einsparungen sind aus der Sicht des Auswärtigen Amts nicht erkennbar.[11]

7) Auswärtiges Amt

Der Bericht spricht auch an anderer Stelle von einer „institutionellen Führungsschwäche im Auswärtigen Amt", die es daran hindert, seine „Koordinierungsfunktion ... gegenüber den übrigen Leistungsträgern ... wahrzunehmen" (161). Damit es sich besser auf seine „Leitungsaufgaben": „Planung, Koordination und Kontrolle" (162) konzentrieren kann, soll es zusammen mit einem Ausschußsystem das „Gelenk aller Aktivitäten im Bereich der internationalen Kulturbeziehungen" bilden (163). Dazu soll die Kulturabteilung sowohl nach regionalen wie nach funktionalen Gesichtspunkten aufgebaut werden, „wie es sich an anderer Stelle bewährt" hat (163).

Im einzelnen schlägt die Kommission vor:

a) Gesamtverantwortung für auswärtige Kulturpolitik bei einem ausschließlich mit dieser Aufgabe betrauten Staatssekretär oder Staatsminister (176, 179),

---

11 Bundesminister Maihofer schrieb Bundesminister Genscher am 14. Oktober 1975, er teile nicht die Empfehlung der Enquete-Kommission Auswärtige Kulturpolitik, insbesondere die Villa Massimo in Rom, die Villa Romana in Florenz und die Cité Internationale des Arts in Paris aus der Zuständigkeit des Bundesministeriums des Innern in die des Auswärtigen Amts zu überführen. Die Entsendung deutscher Künstler zu Studienaufenthalten im Ausland stelle eine Form der Künstlerförderung dar, „die nach der Zuständigkeitsregelung des Grundgesetzes auf kulturellem Gebiet in erster Linie Aufgabe der Länder ist". Maihofer wies ferner darauf hin, daß das Ziel, das mit der Gewährung von Studienaufenthalten im Ausland verfolgt werde, bei allen Einrichtungen dasselbe sei: „Das erfordert eine gleichmäßige, auf qualitativen, nicht auf (kultur-)politischen Kriterien beruhende Auswahl und eine gleichartige Entsendung. Sie ist nicht eine Aufgabe der auswärtigen Kulturpolitik, sondern das für die allgemeine Kulturpflege zuständigen Bundesressorts. [...] Im Vordergrund des Auslandsaufenthaltes steht der ‚Gewinn' für den einzelnen Künstler, nicht aber deutsche Kulturpolitik im Ausland, wenn auch eine Wechselwirkung nicht ausgeschlossen werden soll." Vgl. Referat 600, Bd. 106869.
Am 10. Dezember 1975 antwortete Genscher, daß er die gegenwärtige Zuständigkeitsregelung der von Maihofer genannten Einrichtungen nicht geändert sehen möchte: „Nach meiner Ansicht sind diese Institute nicht überwiegend Instrumente der auswärtigen Kulturpolitik, sondern vor allem ins Ausland verlagerte Einrichtungen des deutschen kulturellen und wissenschaftlichen Lebens. Sie sollten daher in der Betreuung des Bundesministers des Innern verbleiben." Vgl. Referat 600, Bd. 106869.

b) wesentliche Verstärkung des regionalen Arbeitsbereichs (166),

c) Fortführung der Gesamtplanung (164),

d) Abgabe weiterer Verwaltungsaufgaben an die Mittlerorganisationen,

e) Verlagerung der Referate 413 und 414 in die Kulturabteilung (169),

f) stärkere personelle Kontinuität und Durchlässigkeit, wesentlich verbesserte Qualifikation und Vorbereitung des mit kulturellen Aufgaben betrauten Personals (171 ff).

Stellungnahme:

a) Die Berufung eines weiteren Staatssekretärs oder Staatsministers für die Wahrnehmung kultureller Fragen wird von der EK nicht mehr erwartet. Die Befassung eines Staatsministers als Parlamentarischer Staatssekretär mit einem Geschäftsbereich kultureller Aufgaben entspricht nicht den geltenden Regelungen.

b) Die Anregungen zur Verstärkung des regionalen Arbeitsbereichs sollten überdacht werden.

c) Die Fortführung der Gesamtplanung entspricht voll den Intentionen des Auswärtigen Amts.

d) Die Frage, ob und in welchem Umfang Verwaltungsaufgaben abgegeben werden können, wird vom Auswärtigen Amt ständig geprüft.

e) Da bei diesen Referaten die wirtschaftliche und die wissenschaftlich-technische Komponente überwiegt, sollte an der gegenwärtigen Regelung nichts geändert werden.

f) Das Auswärtige Amt hat diesem Gesichtspunkt bereits weitgehend durch eine längere Tätigkeit seiner Beamten im Kulturbereich sowie durch die Verbesserung der Aus- und Fortbildung Rechnung getragen. Die verstärkte Hereinnahme von Persönlichkeiten aus dem Kulturleben oder von Mitarbeitern der Mittlerorganisationen in den Auswärtigen Dienst ist wegen der notwendigen Flexibilität im Personalbereich problematisch. Auch der Bericht der Reformkommission für den Auswärtigen Dienst sprach sich dagegen aus.[12]

8) Ausschußsystem

Kern der organisatorischen Neuerungen ist ein System von Planungsausschüssen, das dem Auswärtigen Amt zuarbeiten soll. Die Kulturabteilung habe, von Verwaltungsaufgaben entlastet, als „Stabsabteilung" (35) zu funktionieren; je-

---

[12] Im Herbst 1968 berief Bundesminister Brandt eine Kommission für die Reform des Auswärtigen Dienstes unter Leitung des ehemaligen Botschafters Herwarth von Bittenfeld. Die Kommission legte am 26. Januar 1971 ihren Bericht vor. Darin wurde festgestellt, daß es angesichts des breitgefächerten Aufgabenkatalogs der Kulturreferenten des Auswärtigen Dienstes einen für alle Aufgaben gleichermaßen qualifizierten Spezialisten nicht geben kann: „Der für die Kulturreferentenfunktion benötigte Menschentyp muß im Auswärtigen Dienst, der Absolventen aller akademischen Disziplinen für den höheren Dienst einstellt, vorhanden sein. Durch eine längerfristige Personalpolitik muß sichergestellt werden, daß genügend geeignete Beamte und Angestellte des Auswärtigen Dienstes vorhanden sind, so daß die Kulturreferentenstellen mit qualifiziertem Personal besetzt werden können. Das schließt nicht aus, einzelne Posten besonders fähigen Persönlichkeiten, die nicht dem Auswärtigen Dienst angehören, zu übertragen, und zwar in der Regel auf Zeit. Auch ein zeitweiliger Personalaustausch zwischen Auswärtigem Dienst und Goethe-Institut könnte für beide Seiten von Nutzen sein." Vgl. den Bericht der Kommission für die Reform des Auswärtigen Dienstes, S. 53; Ministerbüro, Bd. 485.

der Arbeitseinheit soll ein Ausschuß zugeordnet werden. Der Bericht fordert fünf regionale Planungsausschüsse sowie sechs Fachplanungsausschüsse (145–147). Dem Bundesminister des Auswärtigen soll ein „Beratender Ausschuß für kulturelle Angelegenheiten" für alle Grundsatzfragen und zur Vorbereitung des „kulturellen Auslandstages" zur Seite stehen (148).

Stellungnahme:

Die Beratung des Auswärtigen Amts und seiner Mittler in kulturellen Fachfragen ist noch nicht optimal geregelt. Das Auswärtige Amt hat mit Rücksicht auf die Enquete-Kommission eigene Maßnahmen zurückgestellt. Die von der EK gegebenen Anregungen gehen zwar in die richtige Richtung, das von ihr entwickelte System wirkt jedoch überdimensioniert. Es würde eine eigene Ausschußbürokratie entstehen, die ihrerseits wieder koordiniert werden müßte.

Die regionale Schwerpunktsetzung, Planung und Koordination ist alleinige Aufgabe der Ressorts. Sie kann nicht im Ausschußwege vorgenommen werden. Wenn es, wie die EK vorschlägt, gelingt, die regionalen Arbeitseinheiten des Auswärtigen Amts zu verstärken, sollte der zuständige Regionalreferent mit den Referenten anderer Ressorts und der Mittlerorganisationen geeignete Verfahren zur regionalen Planung und Koordination praktizieren. Die fachlichen Ausschüsse müßten den Organisationen zur Seite stehen, bei denen auch die fachliche Durchführung liegt, nicht so sehr dem Auswärtigen Amt. Schon jetzt gibt es solche Ausschüsse im Wissenschaftsbereich, beim Goethe-Institut und beim Institut für Auslandsbeziehungen. Erforderlich sind Beratungsgremien vor allem für die verschiedenen Medien bei Inter Nationes.

Allenfalls könnten die bestehenden und neuzuschaffenden Fachausschüsse dadurch dem von der EK vorgeschlagenen System angenähert werden, daß der zuständige Referent des Auswärtigen Amts den Vorsitz führt, sie jedoch der jeweils beauftragten Mittlerorganisation zuarbeiten.

Die Wiederbelebung des kulturpolitischen Beirates, der während der Dauer der EK ruhte, in der Form eines „Beratenden Ausschusses für kulturelle Angelegenheiten" ist zweckmäßig. Eine solche Verbindung zwischen wichtigen Exponenten des deutschen Kulturlebens und dem Bundesminister des Auswärtigen würde nicht nur dazu dienen, unserer Kulturarbeit Anregungen und Impulse zu geben, sondern ihr auch die notwendige Resonanz und Unterstützung in der deutschen kulturellen Öffentlichkeit verleihen.

Der Vorschlag eines Auslandskulturtages ist wenig realistisch. Wir sollten uns hier darauf beschränken, den Vorschlag durch den „Beratenden Ausschuß" prüfen zu lassen.

8) Mittlerorganisationen

8.1) Verhältnis zwischen Auswärtigem Amt und Mittlerorganisationen

Die EK bejaht die Delegation der Durchführung von Aufgaben der auswärtigen Kulturpolitik an weitgehend selbstverantwortliche Mittler (218). Die Aussagen, wie das Verhältnis zwischen beiden Partnern gestaltet werden soll, sind jedoch durchweg wenig klar, ja widersprüchlich. Diese Frage ist auch die einzige, in der der Dissens innerhalb der Kommission durch ein Minderheitsvotum zutage getreten ist. Einstimmig fordert die Kommission eine klarere Aufgabenverteilung. Aufgabe des Auswärtigen Amts sei die „verbindliche politische

Regionalplanung als aktuelle und mittelfristige Zielsetzung", während die Mittler „innerhalb dieses Rahmens autonom wirken" sollen (41).

Klarer beschrieben werden die Kompetenzen des Auswärtigen Amts in Punkt 219:

– Festlegung der kulturpolitischen Richtlinien, Aufsicht über ihre Durchführung,

– Rahmenplanung,

– Kontrolle des Haushalts und der Arbeitsverteilung,

– Information und Koordination.

Meinungsverschiedenheiten entstanden im wesentlichen über der Frage, ob bei Konflikten zwischen Auswärtigem Amt und Mittlerorganisationen ein parlamentarischer Ausschuß entscheiden soll (45). Während die Mehrheit sich diese Auffassung zueigen machte, spricht die Minderheit von der zentralen politischen Verantwortung des Auswärtigen Amts, die dem Staat das Recht gibt, seine Unterstützung dann zu versagen, wenn das Ansehen oder das übergeordnete Interesse der Bundesrepublik Deutschland Schaden erleiden würde.[13]

Stellungnahme:

Die Enquete-Kommission war im Grunde bestrebt, die Stellung des Auswärtigen Amts auch gegenüber den Mittlern zu stärken. Die entsprechenden Aussagen erscheinen jedoch dort unzureichend, wo nur von außenpolitischer Rahmenplanung gesprochen, die Richtlinien- und Kontrollkompetenz aber außer acht gelassen werden (41–45), da sie geeignet sind, den Mittlerorganisationen einen Autonomiespielraum einzuräumen, der mit der politischen und fiskalischen Ressortverantwortung nicht vereinbar ist.

Das Auswärtige Amt wird sich daher an die Stellen des Berichts halten, die die Ressortaufgaben genauer beschreibt (219). Es wird an der Generalkompetenz für die Aufgaben der auswärtigen Kulturpolitik festhalten. Das Auswärtige Amt kann auch nicht die Entscheidung darüber abgeben, ob es ein Programm fördern will oder eine Finanzierung aus politischen Gründen ablehnt. Es ist dem Parlament hierfür verantwortlich. Die Haltung des Auswärtigen Amts entspricht in dieser Frage dem Minderheitsvotum.

8.2) Organisationsfragen

Die Kommission ist der Ansicht, daß die Rechtsform der Mittlerorganisationen (meistens eingetragener Verein) keiner Veränderung bedarf (43, 221), daß die Organe aber verbessert werden sollen (222–224).

Die Vielfalt der Mittler soll nur soweit erhalten bleiben, als „Doppelarbeit und Doppelkosten vermieden" wird (235). Wenn „eine gute Koordination" nicht gelingt, oder „die gegebene Aufgabenverteilung unzulänglich" ist, so empfiehlt die Kommission die Zusammenlegung von Aufgaben (255). Eine solche Konzentration wird zum Beispiel für den Buchversand vorgeschlagen (287). Zum Zwecke

---

13 Das Mehrheitsvotum wurde von den vier von der SPD- und den zwei von der FDP-Fraktion benannten Mitgliedern der Enquete-Kommission getragen. Das Minderheitenvotum unterstützen die vier von der CDU/CSU-Fraktion benannten Mitglieder. Vgl. dazu BT ANLAGEN, Bd. 210, Drucksache Nr. 7/4121, S. 13.

der Koordination der delegierten Aufgaben soll das reorganisierte Goethe-Institut ein Sekretariat zur Verfügung stellen (226).

Das Personal der Mittlerorganisationen sollte – möglichst an einer zentralen Stelle – auf seine Auslandstätigkeit vorbereitet werden (230).

Stellungnahme:

Das Auswärtige Amt hat die Realisierung des sogenannten Nahler-Gutachtens zur Verbesserung der Zentralverwaltung des Goethe-Instituts[14] sowie die Einrichtung von Vorbereitungskursen für das Kulturpersonal bereits in Angriff genommen. Alle diese Programme müssen angesichts der Haushalts- und Stellenlage auf ein Minimum beschränkt werden.

Die Kommission gibt keine Antwort auf die Frage, wie die Vielfalt der Mittlerorganisationen neu strukturiert und damit rationalisiert werden kann. Sie läßt zwar ein starkes Unbehagen an dem übergroßen Pluralismus der Organisationen durchblicken (225, 226.3, 227, 255), entschließt sich jedoch nur auf dem relativ marginalen Gebiet der Buchversorgung zu einem konkreten Verbesserungsvorschlag. Der vorletzte Entwurf enthielt noch den Vorschlag, für die Medien einen Schwerpunkt beim Goethe-Institut zu bilden; er fehlt in der Endfassung. Diese schließt jedoch eine weitere Rationalisierung durch das Auswärtige Amt nicht aus, sondern fordert sie ausdrücklich (227).

Ein koordinierendes Sekretariat beim Goethe-Institut für die vielfältigen und unterschiedlichen Aufgaben aller Mittlerorganisationen einzurichten, erscheint nicht praktikabel und wird aus diesem Grund von den meisten Mittlern nicht gewünscht. Während die Grundsatzkoordination beim Auswärtigen Amt liegen muß, kann die Koordination der Durchführung ohne weiteres durch eine engere Zusammenarbeit der jeweiligen Arbeitseinheiten der Mittlerorganisationen vorgenommen werden.

Instrumente

9) Wissenschaft und Medien

Der Kommissionsbericht enthält zahlreiche Vorschläge für eine Verbesserung der „auswärtigen Kulturpolitik". Sie sind vorwiegend technischer Natur.

Stellungnahme:

Von diesen Vorschlägen lassen sich viele unschwer verwirklichen bzw. sind schon in der Verwirklichung begriffen. Zu einem geringeren Teil wirft die Mitwirkung der Länder noch Probleme auf (Äquivalenzen der Hochschulzeugnis-

---

14 Ministerialdirektor Arnold faßte am 18. Juli 1975 die Vorschläge des Gutachtens des Bundesbeauftragten für Wirtschaftlichkeit in der Verwaltung über die Verbesserung der Zentralverwaltung des Goethe-Instituts („Nahler-Gutachten") zusammen: „Insbesondere handelt es sich um Verstärkung der Leitungen und Neueinrichtung von Kontroll- und Planungsorganen, Konzentration der Referate (11 statt bisher 21) unter Verstärkung des Mittelbaus, eine Reihe technischer Verbesserungen, vor allem im inneren Dienstbetrieb." Arnold betonte, daß sich diese Vorschläge angesichts der Haushaltslage indes nur schrittweise verwirklichen ließen: „1) Zügige Durchführung der Maßnahmen, besonders im inneren Dienst, die keine Auswirkung auf den Stellenhaushalt haben oder sich, z. B. durch Umsetzungen, im Rahmen des derzeitigen Stellenplans verwirklichen lassen. 2) Vornahme der zur Reorganisation unbedingt nötigen Stellenanhebungen durch Einsparung anderer Mittel, u. a. auch vorübergehende Umsetzung von Auslandsstellen ins Inland. 3) Nach Ende des Stellenplanstops im Haushaltsplan 1977 Anforderung aller vom Gutachten vorgeschlagenen Stellenanhebungen und neuen Stellen. Anschließend sollten die vorübergehend ins Inland umgesetzten Stellen dem Auslandsbereich wieder zur Verfügung gestellt werden." Vgl. Referat 630, Bd. 109899.

se), zu anderen müssen erst die notwendigen Mittel gefunden werden (Herausgabe einer Kulturzeitschrift) (294).

Unter diesen Vorbehalten kann den Vorschlägen im großen und ganzen eine positive Prüfung und das Bemühen um Realisierung zugesichert werden.

10) Deutsche Sprache

Die Vorschläge der EK zielen auf eine differenziertere und bewußtere Förderung der deutschen Sprache als „einem wichtigen Element der auswärtigen Kulturbeziehungen" (37), vor allem in der Europäischen Gemeinschaft (38) sowie dort, wo „Bedarf und Aufnahmebereitschaft" (39, 113) bestehen. Sie soll bei den „Multiplikatoren" und „in den Bildungseinrichtungen der Gastländer ansetzen" (39). Wichtig ist die Berücksichtigung von Deutsch als Amts- und Konferenzsprache in internationalen Organisationen (40) und die wissenschaftliche und didaktische Vorbereitung durch Institutionen im Inland (110, 111).

Stellungnahme:

Dies entspricht der Sprachpolitik des Auswärtigen Amts. Die Vorschläge der Enquete-Kommission sind eine willkommene Unterstützung der seit längerer Zeit laufenden Bemühungen des Auswärtigen Amts, einen Lehrstuhl sowie ein damit verbundenes Forschungsinstitut für Deutsch als Fremdsprache und eine Zentralstelle für Didaktik (voraussichtlich im Zusammenhang mit dem Goethe-Institut) ins Leben zu rufen.[15] Die Haushaltsschwierigkeiten werden die Realisierung dieser Vorstellungen allerdings verzögern. Die von der Enquete-Kommission geforderte Zusammenfassung aller sprachpolitischen Fragen bei einem Referenten der Kulturabteilung ist seit längerem vollzogen.

11) Ausländische Arbeitnehmer

Die Kommission betrachtet die ausländischen Arbeitnehmer in Deutschland und ihre Kinder wegen ihrer Beiträge zur „Verdichtung der kulturellen Beziehungen zu den Heimatländern" (55) als Zielgruppe der auswärtigen Kulturpolitik. Besondere Aufmerksamkeit soll der sprachlichen Vorbereitung (411), der kulturellen Betreuung und der Förderung von Kontakten mit Deutschen (429), sowie der Schulbildung der Kinder (430) geschenkt werden.

---

[15] Das Goethe-Institut schlug am 7. März 1972 die Errichtung eines „Zentralinstituts Deutsch als Fremdsprache" vor, das mit der Erforschung der linguistischen und methodischen Grundlagen sowie der Ausbildung qualifizierten Lehrpersonals das Goethe-Institut bei seiner Aufgabe unterstützen sollte, „Deutsch als Fremdsprache dort zu lehren, wo es einem mehrseitigen kulturpolitischen Bedürfnis entspreche". In Verbindung damit sollte ein Lehrstuhl an einer Universität in der Bundesrepublik eingerichtet werden. Offen blieb die Frage des Standorts. Während sich das Goethe-Institut für München einsetzte, sprach sich die Zentralstelle für das Auslandsschulwesen für den Raum Köln–Bonn aus. Vgl. dazu die Aufzeichnung des Legationsrats I. Klasse Grueber vom 27. Februar 1975; Referat 600, Bd. 106970.
Am 20. Februar 1976 vermerkte Grueber, daß der Lehrstuhl an der Ludwig-Maximilians-Universität München eingerichtet werden solle und eine Berufungskommission ihre Tätigkeit aufgenommen habe. Zu klären sei noch die Form der Zusammenarbeit mit dem Goethe-Institut. Hinsichtlich des Zentralinstituts Deutsch als Fremdsprache müsse das Auswärtige Amt entscheiden, ob angesichts der Meinungsverschiedenheiten in der Standortfrage an einer solchen Gründung festgehalten werden solle: „Die Gründung eines Zentralinstituts dürfte bei der gegenwärtigen Haushaltslage aus finanziellen Gründen ohnehin kaum durchführbar sein. Entscheidend ist vielmehr, daß die Zusammenarbeit zwischen Goethe-Institut und Lehrstuhl richtig konzipiert und die Möglichkeit einer späteren Gründung des Zentralinstituts offengehalten wird." Vgl. Referat 600, Bd. 106970.

Stellungnahme:

Die Absichtserklärung der Kommission ist zu begrüßen. Die Ausführung fällt in die Zuständigkeit des Bundesministeriums für Arbeit und der Länder. Maßnahmen entsprechend den Vorschlägen, insbesondere auf sprachlichem Gebiet, sind seit ca. einem Jahr unter Teilnahme des Auswärtigen Amts in Angriff genommen worden.

12) Auslandsschulen

Besonders große Aufmerksamkeit hat die Kommission dem Problem der Auslandsschulen gewidmet. Die Schulen, das „in vielfacher Hinsicht wirkungsvollste Element deutscher Kultur im Ausland" (305), sind an einem „kritischen Punkt ihrer Entwicklung angekommen" (305). Sie müssen „sehr viel weitgehender als früher in die nationalen Schulsysteme ihrer Gastländer integriert werden" (47), und zwar in Form einer „partnerschaftlich in das einheimische Bildungswesen eingegliederten" (361), sich am Modell einer „bikulturellen Schule orientierenden" Einrichtung.

Zahlreiche Einzelvorschläge dienen diesem Ziel. Besonders betont wird die Bedeutung der „beruflichen und sozialen Erziehung" (313) und der sozialen Offenheit (323). Schulen, die ausschließlich Angehörigen deutscher Auslandskolonien, nicht aber der Partnerländer offen stehen, sollen nur mehr „unter bestimmten Voraussetzungen" gefördert werden (333). Expertenschulen sind unverzichtbar (337). An ihrer Finanzierung sollen sich die Bundesländer beteiligen (340, 362).

Alle mit dem Schulwesen im Ausland befaßten Stellen des Bundes und der Länder möchte die Kommission in einer „Zentralstelle für die Internationale Arbeit im Bildungswesen" zusammengefaßt sehen (200).

Stellungnahme:

Die Kommission vermeidet eine Aussage über den Stellenwert der Auslandsschulen als Medium der auswärtigen Kulturpolitik. Ihre Vorschläge entsprechen im wesentlichen der vom Auswärtigen Amt seit mehreren Jahren verfolgten Politik. Der Begriff der „bikulturellen" Schule (auch sog. „Begegnungsschulen") entspricht den vom Auswärtigen Amt und der Zentralstelle für das Auslandsschulwesen entwickelten Modellen und kann akzeptiert werden.

Der Vorschlag, die Länder zur Finanzierung der Expertenschulen heranzuziehen, sollte trotz des voraussichtlichen Widerstands der Länder verfolgt werden, da es sich nicht um eigentliche Aufgaben der auswärtigen Kulturpolitik handelt. Die Realisierung des Vorschlags, die Zuständigkeiten für alle schulischen und Bildungsfragen im Ausland in einer Zentralstelle zusammenzufassen, wird wegen der Vielfalt der Kompetenzen schwierig sein. Das Auswärtige Amt wird jedoch in Gespräche mit den Beteiligten, insbesondere den Ländern, eintreten.

III. Allgemeine Würdigung

1) „Der Enquete-Kommission ist der große Wurf nicht gelungen – sie hat ihn gar nicht gewollt." Diesem harten Urteil einer deutschen Zeitung[16] kann man

---

16 Die in Bonn erscheinende Tageszeitung „Generalanzeiger" schrieb am 23. Oktober 1975: „Der Enquetekommission ist der große Wurf nicht gelungen, weil sie ihn offensichtlich gar nicht gewagt

eine gewisse Berechtigung nicht absprechen. Man merkt dem Schlußbericht an, daß die Kommission sich zwar bemüht hat, die großen Fragen der auswärtigen Kulturpolitik, wie z. B.

– welches Gewicht kommt ihr im Aktionsfeld der Bundesregierung zu,

– wie ist das Verhältnis zwischen außenpolitischen Gesichtspunkten und kulturellem Freiraum,

– ist der Aufwand für die Auslandsschulen Ausdruck unseres politischen Willens?

in den Griff zu bekommen; weitschweifige, von Kompromissen diktierte Formulierungen sowie Widersprüche zeigen aber, daß ihr dies nicht recht geglückt ist.

Zu einem guten Teil lag das daran, daß im Laufe der letzten Jahre die Polarität zwischen Koalition und Opposition sowie Meinungsverschiedenheiten unter den Mitgliedern gewachsen waren. So blieb die große Konzeption, der Entwurf des langfristig Richtigen und Adäquaten im Laufe der Zeit immer mehr auf der Strecke. Als Übereinstimmung in grundsätzlichen politischen Fragen nicht mehr zu erzielen war, verlor sich die Kommission weitgehend in administrative Einzelfragen.

2) Trotzdem liegt mit dem Schlußbericht ein wichtiges und beachtenswertes Dokument vor. Vor allem ist es das Verdienst der Kommission, den Wert kultureller Auslandsbeziehungen nachdrücklich betont und fortschrittliche Entwicklungs- und Verbesserungsmöglichkeiten aufgezeigt zu haben. Der Deutsche Bundestag hat sich in Form der Kommission erstmals intensiv mit Fragen der auswärtigen Kulturpolitik befaßt. Diese Beschäftigung, an der sich Presse und Fernsehen immer noch lebhaft beteiligen, spiegelt eine gewachsene Aufmerksamkeit für kulturelle Aspekte der Außenpolitik wider.

3) Der Bericht befaßt sich vor allem mit folgenden Fragen:

– Wie kann die Wahrnehmung der internationalen Kulturbeziehungen innerhalb der Bundesregierung am besten organisiert werden? Als Lösung fordert die Enquete-Kommission unter Beibehaltung der jetzigen Kompetenzverteilung auf insgesamt zehn Bundesressorts, die Stärkung der Führungsrolle des Auswärtigen Amts. Dieses Ziel soll durch die Befassung eines Staatssekretärs mit Fragen der auswärtigen Kulturpolitik und durch ein System von Ressort-, Beratungs- und Koordinationsausschüssen erreicht werden.

– Ist auf dem Gebiet der Durchführung, d. h. bei den sogenannten Mittlerorganisationen (wie z. B. Goethe-Institut, Inter Nationes, DAAD) alles zum besten geregelt? Die Kommission vermeidet hier eine eindeutige Aussage. Statt einer Flurbereinigung fordert sie bessere Koordinations- und Informationsmechanismen, praktisch also auch hier ein Mehr an Verwaltung, wünscht aber zugleich eine weitere Überprüfung.

– Entspricht das Instrumentarium unserer auswärtigen Kulturpolitik unseren außenpolitischen Erfordernissen und dem Stand unserer Beziehungen zur Welt? Die Kommission bestätigt diese Frage. Sie übt weder entscheidende

Fortsetzung Fußnote von Seite 313
hat." Vgl. dazu den Artikel „Auswärtige Kulturpolitik der Bundesrepublik vor neuer Phase?"; GENERALANZEIGER vom 23. Oktober 1975, S. 2.

Kritik an der gegenwärtigen Praxis, noch schlägt sie wichtige Neuerungen vor. Der Bericht beschränkt sich vielmehr auf eine positive, aber relativ bescheidene Weiterentwicklung des Bestehenden, die im wesentlichen der Praxis bzw. den Absichten des Auswärtigen Amts entspricht. Dies gilt auch für die Auslandsschulen.

4) Das Auswärtige Amt kann den Bericht trotz mancher Unzulänglichkeiten im großen und ganzen positiv bewerten:

– Er tritt dafür ein, den kulturellen Beziehungen zum Ausland mehr Gewicht als bisher beizumessen.

– Er betont die Priorität der Außenpolitik auf dem Gesamtgebiet der internationalen Kulturbeziehungen, d.h. auch bei der Bildungshilfe an Entwicklungsländer und der wissenschaftlichen Zusammenarbeit.

– Er stärkt damit die Stellung des Auswärtigen Amts.

– Er zeigt in vielen Fragen (Auslandsschulen, Kulturarbeit in der Dritten Welt, deutsche Sprache u. a. m.) fortschrittliche Verbesserungsmöglichkeiten auf und unterstützt damit die Reformpolitik des Auswärtigen Amts.

IV. Realisierung

Der Bericht, dessen 127 Empfehlungen ausnahmslos einvernehmlich gefaßt wurden, stellt eine wohl viele Jahre lang nicht wiederkehrende Gelegenheit dar, das Parlament mit einem Gebiet der auswärtigen Beziehungen zu befassen, das international an Bedeutung gewinnt. Die EK hat sich nach Kräften bemüht, die Stellung des Auswärtigen Amts gegenüber den anderen Ressorts und den Mittlerorganisationen zu stärken. Dies sollte in allen unseren Stellungnahmen durch eine positive Reaktion zum Bericht honoriert werden. Mit Hilfe des Kommissionsberichts könnte es nun leichter werden, Verbesserungen in Struktur und Ausstattung durchzusetzen, die normalerweise wegen der starken Kompetenzstreuung in der Bundesregierung, der Kulturhoheit der Länder, der Pluralität von weitgehend selbstverantwortlichen Durchführungsorganen und der wachsenden finanziellen Probleme schwierig sind.

Der Bundestag wird die Bundesregierung voraussichtlich auffordern, die Empfehlungen der Kommission sobald wie möglich zu verwirklichen. Wir sollten schon in der ersten Debatte eine sehr wohlwollende, vertiefte Prüfung der Empfehlungen zusagen.

Hinsichtlich der Realisierung ergeben sich folgende Perspektiven:

1) Die Mehrzahl der Vorschläge entspricht bereits der Praxis des Auswärtigen Amts oder kann relativ leicht verwirklicht werden. Dazu gehören z.B. Verbesserungen im Bereich des Auslandsschulwesens, der Sprachförderung, des Wissenschafts- und Kunstaustausches.

2) Die Organisationsvorschläge im Bereich der Bundesregierung greifen in die Organisationsgewalt der Exekutive ein. Wir sollten sie dennoch in positivem Sinne prüfen – schon deshalb, weil die Kommission sich sehr intensiv bemüht hat, gerade Strukturprobleme gründlich zu untersuchen. Ihre Empfehlungen beinhalten auch zum Teil echte Verbesserungen (z.B. der Kabinetts- und der Ressortausschuß).

315

Andere Vorschläge, vor allem über Veränderungen innerhalb des Auswärtigen Amts, sind zum Teil nicht ohne eine Verbesserung unserer Personalausstattung möglich.

Eine positive Einstellung zu den Empfehlungen der Kommission könnte geeignet sein, den Good-will der zuständigen Parlamentsausschüsse und damit die Möglichkeit zu strukturellen Verbesserungen zu pflegen.

Da – im Gegensatz zu früheren Fassungen des Entwurfs – keine wirklich schwerwiegenden Kompetenzverlagerungen innerhalb der Ressorts vorgeschlagen werden, sind insoweit Konflikte mit anderen Ressorts nicht zu befürchten.

3) Im Verhältnis zu den Mittlerorganisationen kann der Bericht Anlaß zu seit langem fälligen Verbesserungen sein. Das Auswärtige Amt hat im Einklang mit den Gedanken der EK bereits erste Schritte in diese Richtung unternommen. Sie können nun verstärkt fortgesetzt werden.

Diese Maßnahmen zielen auf:

– eine klarere Aufgabentrennung zwischen Ressorts und Mittlerorganisationen unter genauer Wahrung der unabdingbaren Ressortkompetenzen,

– Verbesserung der Organe der Mittlerorganisationen,

– Rationalisierung und Verbesserung der Arbeit durch Strukturverbesserungen und Vermeidung von Doppelarbeit und Doppelkosten.

4) Eine Reihe von Vorschlägen betreffen das Bund-Länder-Verhältnis. Wenn realisiert, würden sie die Praxis vor allem der Kulturabkommen sowie des Universitätsaustausches verbessern. Ihre Verwirklichung wird nicht einfach sein, doch dürfte es helfen, daß auch diese Vorschläge von den Vertretern aller drei Fraktionen getragen worden sind.

5) Die Kommission vertrat in der Pressekonferenz die Auffassung, der Bericht sei kostenneutral.[17] Dies trifft nicht zu, auch dann nicht, wenn die Bundesländer eine finanzielle Beteiligung an den Auslandsschulen erwägen würden. Das Ausschußsystem, die Zentralstelle für die internationale Zusammenarbeit im Bildungswesen, auch die Umorganisation des Auswärtigen Amts würden laufend erhebliche Mehrkosten verursachen, die voraussichtlich weit über dem Betrag von 18 Mio. DM liegen, den die EK als „über dem Wachstum des Bundeshaushalts liegenden zusätzlichen Mittelansatz" fordert. Angesichts der Sparpolitik der Bundesregierung wird eine entsprechende laufende Erhöhung des Kulturhaushalts nur schwer zu erzielen sein. Der Bericht der EK könnte aber auf jeden Fall eine willkommene Hilfe sein, um den schon ab 1976 immer enger werdenden Finanzspielraum möglichst auszudehnen.

V. Presseecho

Der Bericht, der am 22. Oktober 1975 in einer Pressekonferenz der Öffentlichkeit vorgestellt wurde, ist von den überregionalen Zeitungen freundlich aufgenommen worden. Relativ ausführliche Artikel haben den fortschrittlichen

---

[17] Am 22. Oktober 1975 führte der SPD-Abgeordnete Kern als Berichterstatter der Enquete-Kommission Auswärtige Kulturpolitik vor der Presse aus: „Trotz der vielen Reformvorschläge bleibt die Kommission mit ihren Empfehlungen kostenneutral. Sie verlangt nicht mehr Geld, sondern sie verlangt, daß die kulturelle Außenpolitik das Geld, das aufgewendet wird, so effektiv als möglich einsetzt." Vgl. das Manuskript der Pressekonferenz; Referat 600, Bd. 106869.

Geist unterstrichen (Welt) oder kritisieren (Frankfurter Rundschau) die Stärkung der Exekutive. Durchweg bemerken die Zeitungen, daß der Bericht eine stärkere Beachtung der auswärtigen Kulturpolitik als Teil der internationalen Beziehungen bezwecke. Zum Teil wird aber auch die zu starke Befassung mit administrativen Fragen und das Fehlen mutiger Entwürfe bedauert.

Abteilung 1 hat mitgezeichnet.

Arnold

Referat 010, Bd. 178642

65

Aufzeichnung des Ministerialdirektors van Well

214-321.00 POL-510/76 VS-vertraulich   26. Februar 1976[1]

Über Herrn Staatssekretär[2] Herrn Minister[3]

Betr.: Deutsch-polnische Vereinbarungen;
        hier: Schreiben von Ministerpräsident Dr. Kohl vom 23.2.1976[4]

Bezug: Weisung des Herrn Bundesministers, das Schreiben von Ministerpräsident Kohl in die Überlegungen und Prüfung einzubeziehen – Zuschrift des Leiters des Leitungsstabes an Herrn D 2 vom 25. Februar 1976[5]

---

[1] Die Aufzeichnung wurde von Vortragender Legationsrätin I. Klasse Finke-Osiander und von Vortragendem Legationsrat Freiherr von Mentzingen konzipiert.

[2] Hat Staatssekretär Gehlhoff am 26. Februar 1976 vorgelegen.

[3] Hat Bundesminister Genscher am 29. Februar 1976 vorgelegen.

[4] Ministerpräsident Kohl teilte Bundesminister Genscher im Namen der Ministerpräsidenten der von CDU und CSU regierten Länder mit: „Wir haben die Antwort der Bundesregierung einer sorgfältigen Prüfung unterzogen und sind dabei übereinstimmend zu der Feststellung gelangt, daß sie die Bedenken des Bundesrates in den entscheidenden Punkten nicht auszuräumen vermag. In der vorliegenden Form tragen die Vereinbarungen unserer Auffassung nach weder den humanitären Erfordernissen noch den deutschen Interessen in befriedigender Weise Rechnung. Die Ministerpräsidenten der CDU/CSU-regierten Länder müssen daher verlangen, a) daß vor der im Bundesrat anstehenden Schlußabstimmung in völkerrechtlich wirksamer Weise sichergestellt wird, daß alle Deutschen in Polen effektiv in einem Zeitraum von vier bis sechs Jahren in die Bundesrepublik Deutschland ausreisen können, sofern sie dies wünschen, und zu diesem Zweck ein objektives deutsch-polnisches Verfahren vereinbart wird; b) daß einwandfrei klargestellt wird, daß die finanziellen Vereinbarungen keinen Präzedenzfall für andere Staaten darstellen und das Londoner Schuldenabkommen unberührt lassen. Wir erwarten von der Bundesregierung, daß sie eine äußerste Anstrengung macht, diese Voraussetzungen zu erfüllen. Ferner fordern wir die Bundesregierung auf, in Kürze Verhandlungen mit der polnischen Regierung aufzunehmen mit dem Ziel, einen Minderheitenschutz für die Deutschen zu gewährleisten, die nicht in die Bundesrepublik Deutschland ausreisen wollen." Vgl. Referat 214, Bd. 116659.

[5] Ministerialdirigent Kinkel teilte Ministerialdirektor van Well ferner mit: „Der Herr Bundesminister bittet insbesondere, bei den anzustellenden Überlegungen die unterschiedlichen Forderungen von Herrn Dr. Kohl und Herrn Dr. Albrecht zu berücksichtigen und herauszuarbeiten." Vgl. VS-Bd. 10983 (214); B 150, Aktenkopien 1976.

Zweck der Vorlage: Unterrichtung

I. 1) Das Schreiben von Ministerpräsident Kohl vom 23. Februar 1976 ist formell die Antwort auf die Übermittlung der Stellungnahme der Bundesregierung zu den elf Punkten des Bundesrats.[6] Es erfordert seinerseits keine direkte Beantwortung; die Bundesregierung sollte jedoch im Bundesrat nochmals abschließend hierzu Stellung nehmen.[7]

2) Inhaltlich sind die Äußerungen von Ministerpräsident Kohl identisch mit der Erklärung der Führungsmannschaft der Union und der Ministerpräsidenten der CDU/CSU regierten Länder vom 17.2.1976.[8] Entscheidend ist die mit bestimmten Forderungen verbundene Feststellung, daß die Stellungnahme der Bundesregierung zu den elf Punkten des Bundesrats vom 16. Februar 1976 als nicht ausreichend angesehen wird.

3) Während Ministerpräsident Albrecht sich in seinem Schreiben vom 19. Februar 1976[9] ganz auf die mit dem Ausreiseprotokoll und speziell der Offenhalteklausel zusammenhängenden Fragen konzentriert, gehen die von Ministerpräsident Kohl übermittelten Forderungen weiter.

Diese weitergehenden Forderungen sind:

a) Vereinbarung eines „objektiven deutsch-polnischen Verfahrens" für die Durchführung der Ausreisen;

b) einwandfreie Klarstellung, daß keine Präzedenzwirkung erzielt wird und das Londoner Schuldenabkommen[10] unberührt bleibt;

c) Aufnahme von Verhandlungen über die Gewährleistungen eines Minderheitenschutzes.

Diese Forderungen sind entweder objektiv – zumindest in der gewünschten Form – nicht durchsetzbar (a und c) oder durch die bisherige Stellungnahme der Bundesregierung weitgehend abgedeckt (b). Abschließende Erläuterungen sollten im Bundesrat gegeben werden.

4) Die übrigen Forderungen decken sich mit den Wünschen von Ministerpräsident Albrecht, die sich in einem realistischen Rahmen bewegen. Die befriedigende Beantwortung dieser Fragen erscheint möglich; sie dürfte allerdings auch das Maximum dessen sein, was im gegenwärtigen Klärungsprozeß erreichbar ist.

---

[6] Zu den elf Punkten des Bundesrats vom 7. November 1975 sowie zur Stellungnahme der Bundesregierung vom 16. Februar 1976 vgl. Dok. 39, Anm. 3, und Dok. 58, Anm. 4.
[7] An dieser Stelle vermerkte Staatssekretär Gehlhoff handschriftlich: „Dies sollte Min[ister]präs[ident] Kohl einige Tage vor der Bundesratssitzung brieflich angekündigt werden."
Bundesminister Genscher erläuterte noch einmal in der Sitzung des Auswärtigen Ausschusses des Bundesrats am 10. März 1976 die Haltung der Bundesregierung und übergab „verbindliche Erklärungen" zu den Punkten „Sicherstellung der Zustimmung des polnischen Staatsrats zum Ausreiseprotokoll", „Präzedenzwirkung der Finanzleistungen" und „Lage der in Polen zurückbleibenden Deutschen". Vgl. dazu den Sprechzettel des Referats 214 vom 9. März 1976; Referat 214, Bd. 116659.
[8] Zur Erklärung des CDU-Vorsitzenden Kohl vom 17. Februar 1976 vgl. Dok. 58, Anm. 4.
[9] Zum Schreiben vgl. Dok. 60, besonders Anm. 8.
[10] Für den Wortlaut des Abkommens vom 27. Februar 1953 über deutsche Auslandsschulden (Londoner Schuldenabkommen) vgl. BUNDESGESETZBLATT 1953, Teil II, S. 334–485.

II. 1) Die Bemühungen der Bundesregierung bis zum Votum des Bundesrats[11] sollten sich daher auf möglichst befriedigende zusätzliche Klarstellungen der von Ministerpräsident Albrecht angesprochenen Punkte konzentrieren. Hierzu hat Abteilung 2 in der Aufzeichnung vom 23. Februar 1976 – 214-321.00 POL[12] – Stellung genommen.

Eine Erreichung der anvisierten Ziele würde der Bundesregierung zugleich die Möglichkeit geben, im Bundesrat auf die Forderungen von Ministerpräsident Kohl, mit Ausnahme der in Ziffer I.3 a–c dieser Aufzeichnung erwähnten Punkte überzeugend einzugehen. Darlegungen der Bundesregierung zu diesen letzten Punkten im Auswärtigen Ausschuß und im Plenum des Bundesrats können nur überzeugen, wenn und soweit bei den Ministerpräsidenten der Länder der Wille, sich überzeugen zu lassen, vorhanden ist.

Bemerkenswert ist allerdings, daß sich Führungsmannschaft und Ministerpräsidenten der CDU/CSU offenbar in der von Ministerpräsident Kohl übermittelten Erklärung auf einen kleinsten gemeinsamen Nenner geeinigt haben. Die übrig gebliebenen Forderungen sind erheblich weniger weitreichend, als die in und nach der Bundestagsdebatte vom 19. Februar 1976 zum Beispiel durch Dr. Mertes übermittelten Einwände[13].

2) Erläuterungen zu den nicht mit den Fragen im Brief von Ministerpräsident Albrecht identischen Punkten im Schreiben von Ministerpräsident Kohl können und müssen sich wesentlich an der Entgegnung zu den elf Punkten des Bundesrats orientieren. Zur Frage der Vereinbarkeit der vorgesehenen Finanzleistungen mit dem Londoner Schuldenabkommen hat Unterabteilung 51 eine Untersuchung vorgelegt (Ministervorlage vom 20. Februar 1976 – 514-553.30 POL[14]).

van Well

VS-Bd. 10982 (214)

---

[11] Am 12. März 1976 verabschiedete der Bundesrat das Gesetz zum Abkommen vom 9. Oktober 1975 zwischen der Bundesrepublik und Polen über Renten- und Unfallversicherung einstimmig. Vgl. dazu BR STENOGRAPHISCHE BERICHTE 1976, 432. Sitzung, S. 93–105.

[12] Vgl. Dok. 60.

[13] Zum Papier des CDU-Abgeordneten Mertes vgl. Dok. 60, besonders Anm. 7.

[14] Ministerialdirigent Dreher stellte fest: „Weder das Abkommen über die Gewährung eines Finanzkredits noch das Abkommen über Renten- und Unfallversicherung nebst der Vereinbarung vom 9. Oktober 1975 stellen nach Rechtscharakter, Inhalt und Ausmaß eine reparationsrechtliche oder reparationsähnliche Regelung dar. Die Vereinbarungen haben deshalb auch nicht den Charakter einer Wiedergutmachungsregelung gemäß Anlage VIII zum L[ondoner]S[chulden]A[bkommen]". Dreher machte ferner darauf aufmerksam, daß Polen nicht Mitglied des Londoner Schuldenabkommens vom 27. Februar 1953 sei: „Ein Beitritt der Volksrepublik Polen zum LSA im Zusammenhang mit dem Abschluß des Abkommens und der Vereinbarung vom 9. Oktober 1975 kam nicht in Betracht, da durch die ‚Erklärung der Regierung der VR Polen in bezug auf die Beschlüsse der Regierung der UdSSR betreffend Deutschland vom 23. August 1953' die VR Polen gegenüber Deutschland einen materiellen Verzicht auf Reparationen erklärt hat. Diesen Verzicht hat Polen uns gegenüber im Rahmen der Verhandlungen über den Abschluß des Warschauer Vertrages bestätigt." Vgl. Referat 514, Bd. 1446.

66

Aufzeichnung des Ministerialdirektors van Well

210-331.30-523/76 VS-vertraulich   27. Februar 1976[1]

Über Herrn Staatssekretär[2] Herrn Minister[3] zur Information

Betr.: Entwicklung der direkten Kontakte zu Berlin (West) durch die Sowjetunion und die DDR

1) Nach Abschluß des Vier-Mächte-Abkommens vom 3.9.1971 trat die Grundlinie der Berlinpolitik der Sowjetunion und der DDR, „Westberlin als eine selbständige politische Einheit zu betrachten" (Art. 6 des Freundschaftsvertrages
DDR/Sowjetunion von 1964[4]), – sowohl von der Sache als auch von der Präsentation her – zunächst in den Hintergrund. Seit einigen Monaten mehren sich
jedoch Geschehnisse, die auch der Öffentlichkeit das Fortdauern der östlichen
Zielvorstellungen zeigen (z. B. die Absage des Berlin-Besuchs einer Delegation
sowjetischer Bürgermeister[5] oder die Nichteinladung Berliner Bundestagsabge-
ordneter bei dem kürzlichen deutsch-sowjetischen Parlamentariersymposium[6]).

---

[1] Die Aufzeichnung wurde von Vortragendem Legationsrat I. Klasse Lücking und von Legationsrat
von Arnim konzipiert.
Hat Vortragendem Legationsrat I. Klasse Schönfeld am 3. März 1976 vorgelegen, der handschriftlich vermerkte: „Über Herrn D 2, Dg 21 an Referat 210 unter Hinweis auf Bitte des BM auf Seite
2." Vgl. Anm. 9.
Hat Ministerialdirektor van Well erneut vorgelegen.
Hat Ministerialdirigent Meyer-Landrut vorgelegen.

[2] Hat Staatssekretär Gehlhoff am 27. Januar 1976 vorgelegen, der handschriftlich für Ministerialdirektor van Well vermerkte: „Bitte Prüfung und Vorlage, wie den aufgezeigten Gefahren begegnet
werden kann."

[3] Hat Bundesminister Genscher am 28. Februar 1976 vorgelegen, der den Vermerk des Staatssekretärs Gehlhoff hervorhob und handschriftlich vermerkte: „r[ichtig]".

[4] Artikel 6 des Vertrags vom 12. Juni 1964 zwischen der UdSSR und der DDR über Freundschaft,
gegenseitigen Beistand und Zusammenarbeit: „Die Hohen Vertragschließenden Seiten werden
Westberlin als selbständige politische Einheit betrachten." Vgl. DzD IV/10, S. 719.

[5] Auf Einladung des Deutschen Städtetags besuchte eine Delegation sowjetischer Bürgermeister
vom 6. bis 16. Oktober 1975 verschiedene Städte in der Bundesrepublik; vom 16. bis 19. Oktober
1975 sollte sie sich auf Einladung des Senats in Berlin (West) aufhalten. Am 16. Oktober 1975 vermerkte Ministerialdirigent Meyer-Landrut, die Delegation habe „gestern abend überraschend ihre
Reise unterbrochen und ist nach Moskau zurückgekehrt. Eine offizielle Begründung für dieses
Verhalten ist bisher noch nicht gegeben worden. Es besteht jedoch kein Zweifel, daß der Abbruch
der Reise erfolgte, um die Reise nach Berlin im direkten Anschluß an den Besuch der anderen
Städte zu vermeiden." Dies stelle einen Bruch der zwischen dem Präsidenten des Deutschen Städtetags, Koschnick, und dem sowjetischen Stellvertretenden Außenminister Semskow getroffenen Ab-
sprachen dar, die seitens der Bundesrepublik mit Blick auf ihren „Modellcharakter für ähnliche
Kontakte unter Einbeziehung Berlins" strikt eingehalten worden seien. Vgl. Referat 213, Bd. 112776.

[6] Anläßlich des ersten Deutsch-Sowjetischen Parlamentariersymposiums vom 16. bis 18. Januar
1976 hielt sich eine Delegation des Obersten Sowjet der UdSSR vom 14. bis 22. Januar 1976 in der
Bundesrepublik auf. Der sowjetische Botschafter Falin gab am 20. Januar 1976 einen Empfang für
beide Delegationen, zu dem die Bundestagsabgeordneten aus Berlin (West) jedoch nicht geladen
wurden. Dazu informierte Vortragender Legationsrat I. Klasse Kühn die Botschaft in Moskau am
21. Januar 1976: „Dem Vernehmen nach hatte Falin auf Wunsch Bundestagspräsidentin und angesichts negativen Presseechos zeitweise erwogen, Berliner ‚auf privater Grundlage' zu seinem Empfang zu bitten, wenn auch unter Bedingung, daß die Angelegenheit nunmehr mit ‚größter Diskretion' behandelt würde. Vermutlich haben die Pressemeldungen am 19. und 20.1. Falin dazu bewo-

Wichtigstes Beispiel, welches der Öffentlichkeit diese Grundlinie schlaglicht-artig verdeutlicht, ist der Artikel 7 des neuen Freundschaftsvertrages der Sowjetunion mit der DDR vom 7.10.1975, in welchem beide Staaten sich verpflichten, „ihre Verbindungen zu Westberlin ausgehend davon zu unterhalten und zu entwickeln, daß es kein Bestandteil der Bundesrepublik Deutschland ist und auch nicht von ihr regiert werden darf".[7]

Nicht zu übersehen sind aber auch die in der Sprache noch deutlicheren Kommentare von Radio Moskau der letzten Zeit, wo z. B. am 10. Februar 1976 erstmals seit langer Zeit wieder von dem „realen Bestehen der besonderen politischen Einheit Westberlin" gesprochen wurde, während in den Jahren zuvor die Definitionen der besonderen Situation von Berlin (West) negativ gewendet waren und gesagt wurde, daß „Westberlin kein Bestandteil irgendeines Staates" sei.

3) Zwar ist nicht zu verkennen, daß auch von westlicher Seite von Zeit zu Zeit Anlässe für derartige Verdeutlichungen der Berlinpolitik der Sowjetunion und der DDR gegeben werden, jedoch deutete schon während der Verhandlungen über das Vier-Mächte-Abkommen der Berater von Botschafter Abrassimow, Kwizinskij, der heute im sowjetischen Außenministerium für Berlin (West) zuständig ist, das sowjetische Verständnis der Bindungsaussage des Vier-Mächte-Abkommens[8] an, indem er darlegte, daß gegen die Entwicklung dieser Bindungen an die Bundesrepublik Deutschland schon deshalb nichts einzuwenden sei, weil das Vier-Mächte-Abkommen Berlin (West) selbstverständlich nicht

---

Fortsetzung Fußnote von Seite 320

gen, zu seiner ursprünglichen Entscheidung zurückzukehren." Vgl. den Drahterlaß Nr. 34; Referat 213, Bd. 133080.

[7] Artikel 7 des Vertrags vom 7. Oktober 1975 über Freundschaft, Zusammenarbeit und gegenseitigen Beistand zwischen der DDR und der UdSSR lautete: „In Übereinstimmung mit dem Vierseitigen Abkommen vom 3. September 1971 werden die hohen vertragschließenden Seiten ihre Verbindungen zu Westberlin ausgehend davon unterhalten und entwickeln, daß es kein Bestandteil der Bundesrepublik Deutschland ist und auch weiterhin nicht von ihr regiert wird." Vgl. EUROPA-ARCHIV 1975, D 657.

[8] In Teil II B des Vier-Mächte-Abkommens über Berlin vom 3. September 1971 wurde ausgeführt: „The Governments of the French Republic, the United Kingdom and the United States of America declare that the ties between the Western Sectors of Berlin and the Federal Republic of Germany will be maintained and developed, taking into account that these Sectors continue not to be a constituent part of the Federal Republic of Germany and not to be governed by it. Detailed arrangements concerning the relationship between the Western Sectors of Berlin and the Federal Republic of Germany are set forth in Annex II." Vgl. UNTS, Bd. 880, S. 125. Für den deutschen Wortlaut vgl. BUNDESANZEIGER, Nr. 174 vom 15. September 1972, Beilage, S. 47.
In Anlage II Absatz 1 und 2 des Abkommens erklärten die Vier Mächte: „1) They declare, in the exercise of their rights and responsibilities, that the ties between the Western Sectors of Berlin and the Federal Republic of Germany will be maintained and developed, taking into account that these Sectors continue not to be a constituent part of the Federal Republic of Germany and not to be governed by it. The provisions of the Basic Law of the Federal Republic of Germany and of the Constitution operative in the Western Sectors of Berlin which contradict the above have been suspended and continue not to be in effect. 2) The Federal President, the Federal Government, the Bundesversammlung, the Bundesrat and the Bundestag, including their Committees and Fraktionen, as well as other state bodies of the Federal Republic of Germany will not perform in the Western Sectors of Berlin constitutional or official acts which contradict the provisions of paragraph 1." Vgl. UNTS, Bd. 880, S. 127. Für den deutschen Wortlaut vgl. BUNDESANZEIGER, Nr. 174 vom 15. September 1972, Beilage, S. 53.

daran hindere, solche Bindungen nach allen Seiten – also auch z. B. zur DDR oder zur Sowjetunion – zu entwickeln.[9]

4) Operativer Ansatz für die Politik der Sowjetunion und der DDR, Berlin (West) aus seinem Sonderverhältnis zum Bund und seiner Unterordnung unter die oberste Gewalt der Drei Mächte zu lösen, ist seitdem der Versuch, zu Berlin (West) Beziehungen zu entwickeln, die sich weder inhaltlich noch der Rechtsform nach von den Beziehungen unterscheiden, die diese Staaten zur Bundesrepublik Deutschland unterhalten.

Dabei griff vor allem die DDR die ganze Fülle der innerstädtischen Kontakte in Berlin auf, die von westlicher Seite als Beispiele für die Tatsache herangezogen wurden, daß der technische Charakter dieser Kontakte einerseits die spezifische Zusammengehörigkeit Berlins beweise und andererseits deutlich mache, daß Berlin (West) sich hier nicht anders verhält wie andere an den Grenzen gelegene Städte der Bundesrepublik Deutschland, diese Kontakte also gerade Beweis dafür sind, daß es sich nicht um Beziehungen handelt, wie sie zwischen Staaten bestehen.

5) Die DDR versucht, die hier auf Verwaltungsebene angebahnten Kontakte auf Regierungsebene anzuheben und Absprachen quasi kommunaler Art zu völkerrechtlichen Vereinbarungen zu machen. Typisch hierfür ist, daß in den Besprechungen der DDR mit dem Senat immer häufiger das Wort von Angehörigen des MfAA der DDR geführt wird, welche auf „ordnungsgemäße Vereinbarungen", unterzeichnet von „den für derartige Angelegenheiten kompetenten Personen", drängen.

Dabei wird das sachliche Interesse des Senats an Vereinbarungen, welches in Berlin (West) insbesondere häufig dann überschätzt wird, wenn die Gespräche relativ weit fortgeschritten sind, dazu benutzt, zum einen den Senat von den Drei Mächten zu trennen, welche durch Auflagen an den Senat verhindern wollen, daß durch Direktkontakte des Senats mit der DDR ihre Rechte und Verantwortlichkeiten in Berlin ausgehöhlt werden. Zum anderen wird der Senat verlockt, auf Gebieten zu verhandeln, für welche die Bundesregierung bei der Wahrnehmung der Außenvertretung von Berlin (West) zuständig ist, indem dem Senat Ergebnisse versprochen werden, die die Bundesregierung im Wege der Einbeziehung von Berlin (West) in ihre Verträge mit Staaten des Warschauer Paktes vergeblich zu erreichen versucht, weil ihre Kompetenz zur Außenvertretung von östlicher Seite mehr und mehr blockiert wird.

6) Die hier liegenden Gefahren sind offensichtlich, wenn man sich verdeutlicht, daß sich im Jahre 1975 Vertreter des Senats mehr als 50 Mal mit Vertretern der DDR-Regierungsbürokratie, nicht etwa mit Vertretern der Ostberliner Stadtverwaltung, getroffen haben. Über die zahlreichen Gespräche mit den östlichen Missionen in West- und Ostberlin zu Themen, die in den Bereich der auswärtigen Beziehungen gehören, besteht kein genauer Überblick.

Im Bereich der staatlichen Direktkontakte – das wohl kaum lösbare Problem der Direktkontakte halbstaatlicher und privater Organisationen wird hier au-

---

9 Der Passus „indem er ...zu entwickeln" wurde von Bundesminister Genscher hervorgehoben. Dazu vermerkte er handschriftlich: „Das höre ich zum ersten Mal. Ich bitte um nähere Information, weil m. E. auch Bu[ndes]Ka[nzler] unterrichtet werden muß." Vgl. dazu weiter Dok. 84.

ßer acht gelassen – ergeben sich vor allem Konsequenzen für unsere Politik der Einbeziehung Berlins in Verträge mit der DDR und der Sowjetunion.

Zwar ist es bei dem demnächst zu unterzeichnenden Postabkommen mit der DDR gelungen, eine Berlin-Regelung zu vereinbaren, die unsere Position besser wahrt als vergleichbare vorhergehende Abkommen (Gesundheitsabkommen[10] oder gar Verkehrsvertrag[11]). Jedoch enthält auch dieser Vertrag eine Klausel, daß „Regelungen" zwischen dem Senat und der DDR unberührt bleiben.[12]

Wenn auch in diesem Falle eine solche Lösung voll gerechtfertigt ist, so läuft die Bundesregierung bei undifferenzierter Übernahme dieses Beispiels in anderen Fällen Gefahr, dem vom Senat ausgehenden Druck auf Abschluß von Vereinbarungen des Senats mit der DDR nachgeben zu müssen, insbesondere wenn derartige Regelungen in Direktkontakten praktisch schon ausgehandelt worden sind. Wir müssen darauf achten, daß der Senat die Tatsache nicht aus den Augen verliert, daß es für die langfristige Sicherung der Lebensfähigkeit der Stadt entscheidend auch auf die Aufrechterhaltung des besonderen Status der Stadt in ihrem Verhältnis zu den Drei Mächten und zum Bund ankommt.

van Well

VS-Bd. 10927 (210)

---

[10] In Artikel 8 des Abkommens vom 25. April 1974 zwischen der Regierung der Bundesrepublik und der Regierung der DDR auf dem Gebiet des Gesundheitswesens wurde ausgeführt: „Entsprechend dem Vier-Mächte-Abkommen vom 3. September 1971 wird dieses Abkommen in Übereinstimmung mit den festgelegten Verfahren auf Berlin (West) ausgedehnt. Vereinbarungen zwischen dem Senat und der Regierung der Deutschen Demokratischen Republik zu Fragen des Gesundheitswesens werden dadurch nicht berührt." BUNDESGESETZBLATT 1975, Teil II, S. 1732.

[11] Bei der Unterzeichnung des Verkehrsvertrags am 26. Mai 1972 erklärten Staatssekretär Bahr, Bundeskanzleramt, und der Staatssekretär beim Ministerrat der DDR, Kohl, das Einvernehmen, die Bestimmungen des Vertrags in Übereinstimmung mit dem Vier-Mächte-Abkommen über Berlin vom 3. September 1971 „unter der Voraussetzung sinngemäß anzuwenden, daß in Berlin (West) die Einhaltung der Bestimmungen des Verkehrsvertrages gewährleistet wird". Vgl. BUNDESGESETZBLATT 1972, Teil II, S. 1458.

[12] Am 27. März 1976 unterzeichneten Staatssekretär Elias, Bundesministerium für das Post- und Fernmeldewesen, und der Staatssekretär im Postministerium der DDR, Calov, ein Regierungsabkommen sowie drei zugehörige Verwaltungsabkommen über den Postverkehr, den Fernmeldeverkehr und die Abrechnung der Leistungen im Post- und Fernmeldetransit. Mit Artikel 21 des Abkommens wurden entsprechend dem Vier-Mächte-Abkommen über Berlin vom 3. September 1971 dieses Abkommen sowie die Verwaltungsabkommen „in Übereinstimmung mit den festgelegten Verfahren auf Berlin (West) ausgedehnt". Absatz 2 lautete: „Regelungen zwischen den zuständigen Behörden in Berlin (West) und den zuständigen Organen der Deutschen Demokratischen Republik, die Fragen des Post- und Fernmeldewesens betreffen, bleiben unberührt." Vgl. ZEHN JAHRE DEUTSCHLANDPOLITIK, S. 304.

67

Aufzeichnung des Ministerialdirektors Lautenschlager und des Ministerialdirigenten Jesser

311-360.90 MRO 444/76 geheim   **27. Februar 1976**[1]

Über Herrn Staatssekretär[2] Herrn Minister[3]

Betr.: Lage in der West-Sahara und Waffenlieferungen an Marokko[4]

Bezug: Aufzeichnung vom 24.2.76

Zweck der Vorlage: Entscheidung über von Marokko gewünschte
                    Waffenlieferungen;
                    Genehmigung eines Schreibens an AM Laraki;
                    Vorschlag: – keine Lieferung von Waffen nach Marokko;
                    – über andere militärische Ausrüstung wird
                    von Fall zu Fall entschieden.

Sachdarstellung

1) Bei dem Konflikt um die West-Sahara geht es in erster Linie um regionale Machtverteilung zwischen zwei arabischen Brudervölkern. Noch ist die West-Sahara nicht als neuer Schauplatz der Ost-West-Rivalität anzusehen.

Die Viererkonsultation vom 20.2.76 auf Direktorenebene hat bestätigt, daß diese Lagebeurteilung von unseren Hauptverbündeten geteilt wird.[5] Damit wird

---

[1] Die Aufzeichnung wurde von den Vortragenden Legationsräten I. Klasse Hauthal und Dufner, von Vortragendem Legationsrat Höynck und von Legationsrat I. Klasse Schlegel konzipiert.

[2] Hat Staatssekretär Hermes am 2. März 1976 vorgelegen.

[3] Hat Bundesminister Genscher am 8. März 1976 vorgelegen.

[4] Ministerialdirektor Lahn notierte am 17. Februar 1976: „Von hoher marokkanischer Seite ist die Bundesregierung ohne Einschaltung der beiderseitigen Botschaften auf die krisenhafte Zuspitzung der Lage zwischen Marokko und Algerien wegen des Streits um die West-Sahara hingewiesen worden. König Hassan appelliert an die Bundesregierung, angesichts der bedrohlichen Entwicklung für die Interessen des freien Westens und in Anbetracht der massiven Unterstützung Algeriens durch die Sowjetunion sein Land in dieser Notlage nicht allein zu lassen. [...] Heute sei die Lage deshalb besonders besorgniserregend, weil sich die Sowjetunion eingeschaltet habe und versuche, die im Nahen Osten erlittenen Rückschläge hier im Maghreb wettzumachen. Nach Angola setzten die Sowjets hier an, um dem Westen eine weitere Niederlage beizubringen. Nach Aussagen von Präsident Sadat hätten die Sowjets Algerien und Libyen modernste Waffen im Werte von 12 Mrd. Dollar für die nächsten fünf Jahre zugesagt. Sowjetische Experten seien bereits in beiden Ländern eingetroffen. Für Marokko bestünde kein Zweifel, daß die Sowjets den offenen Krieg schürten. Zur Zeit landeten jede Woche zwölf Antonov-Maschinen in Algier, um modernes Kriegsgerät aus der Sowjetunion einzufliegen." Lahn fuhr fort: „Im einzelnen hat die marokkanische Seite uns um die Lieferung folgenden Materials gebeten: 62 Panzer des Typs ‚Leopard‘, davon zwei zu Schulungszwecken; 106 Panzerabwehrgeschütze, auf Jeeps montiert; 200 Unimog-Fahrzeuge; 12 Hubschrauber vom Typ ‚Cobra‘; 20 Raketenwerfer; 200 Raketen vom Typ ‚Milan‘ und ‚Hot‘." Vgl. VS-Bd. 8878 (403); B 150, Aktenkopien 1976.

[5] Ministerialdirektor Lahn berichtete am 23. Februar 1976 über die Konsultation mit den Drei Mächten auf Direktorenebene vom 20. Februar 1976: „Die Reaktion der drei politischen Direktoren Laboulaye (F), Campbell (GB) und Sonnenfeldt (US) läßt sich wie folgt zusammenfassen: Die Konfliktsituation zwischen Marokko und Algerien wird allgemein als nicht so ernst angesehen, wie sie uns der Gast aus Marokko dargestellt hat. – Im einzelnen wurde hervorgehoben: F: Paris sei schon vor längerer Zeit um verstärkte Waffenlieferungen – über den bisher üblichen Umfang hinaus – gebeten worden, für die angeblich Saudi-Arabien hätte bezahlen sollen. Algerien habe von diesem geplanten Dreiecksgeschäft Wind bekommen und in Djidda interveniert, damit Saudi-Arabien auf

auch der Eindruck bestätigt, daß uns die Gefahr eines von den Sowjets geschürten offenen Krieges im Maghreb von den Marokkanern zur Begründung ihres subjektiv verständlichen Wunsches auf Waffenlieferungen übertrieben dargestellt worden ist.

2) Auch die bei der Viererkonsultation gezogenen Schlußfolgerungen decken sich mit unseren eigenen Überlegungen:

– Keine Einmischung in die innerarabische Auseinandersetzung um die West-Sahara und damit

– Versuch, eine „Internationalisierung" (Sonnenfeldt) des Konflikts zu verhindern.

Sonnenfeldt hat im übrigen ausdrücklich davon abgeraten, durch Waffenlieferungen zu einer Destabilisierung des militärischen Kräfteverhältnisses im Maghreb beizutragen.[6]

3) Daraus ergibt sich für die Entscheidung über Waffenlieferungen nach Marokko: Wir sollten, auch im Hinblick auf die israelisch-arabische Auseinandersetzung, die Lieferung von Kriegswaffen nach Marokko weiterhin eindeutig ablehnen (§ 6 KWKG[7] in Verbindung mit Politischen Grundsätzen des Bundeskabinetts vom 16.6.71[8]).

4) Hinsichtlich der in deutsch-französischer Koproduktion hergestellten Panzerabwehrraketen „Milan" und „Hot" kommt eine Lieferung von Deutschland nach Marokko nicht in Betracht (vgl. § 6 KWKG).

Sollte sich Marokko an Frankreich mit der Bitte um Lieferung dieser Raketen wenden und sollte die französische Regierung beabsichtigen, der marokkanischen Bitte zu entsprechen, dann würde sich für die Bundesregierung die Frage stellen, ob sie der Zulieferung von Teilen aus der deutschen Produktion zustimmen will. Da es sich auch in diesem Fall um den Export von in Koproduktion hergestellten Kriegswaffen in Spannungsgebiete handelt, wäre die Frage im Zusammenhang mit den französischen Lieferwünschen von „Hot" und „Milan" in den Nahen Osten zu sehen. Die Entscheidung des Herrn Ministers über die entsprechende Vorlage steht noch aus.[9]

Fortsetzung Fußnote von Seite 324

Marokko einwirke, seine militärischen Ambitionen zurückzustellen. F habe daher Zweifel, ob Saudi-Arabien für marokkanische Waffenkäufe aufkommen werde. Im übrigen glaube man in Paris nicht an einen großen Krieg im Maghreb. [...] GB: In London habe man bisher – wie in Bonn – die Politik verfolgt, sich aus dem marokkanisch-algerischen Disput wegen der West-Sahara herauszuhalten, und werde bei dieser Linie bleiben. [...] US: Was den Streit um das Schicksal der West-Sahara angehe, so solle man ihn möglichst zwischen den Parteien austragen lassen und ihn nicht internationalisieren. [...] Washington lägen keine Nachrichten darüber vor, daß die Sowjets in dem von den Marokkanern behaupteten Umfange Algerien aufrüsten wollten, das müsse noch genau untersucht werden. Er möchte aber davon abraten, zu einer Destabilisierung des militärischen Kräfteverhältnisses im Maghreb beizutragen. Sonst hätten die US gegen Waffenlieferungen an Marokko nichts einzuwenden." Vgl. VS-Bd. 10007 (311); B 150, Aktenkopien 1976.

6 Zur amerikanischen Haltung im West-Sahara-Konflikt und hinsichtlich der Lieferung von Rüstungsgütern an Marokko vgl. Dok. 56, Anm. 13 und 20.

7 Vgl. dazu Paragraph 6 Absatz 3 des Ausführungsgesetzes vom 20. April 1961 zu Artikel 26 Absatz 2 des Grundgesetzes (Kriegswaffenkontrollgesetz); Dok. 44, Anm. 9.

8 Zu den „Politischen Grundsätzen der Bundesregierung für den Export von Kriegswaffen und sonstigen Rüstungsgütern" vgl. Dok. 2, Anm. 4.

9 Vgl. dazu die Aufzeichnung des Ministerialdirektors Lahn vom 13. Februar 1976; Dok. 59, Anm. 8.

5) Bei der Entscheidung von Fall zu Fall über andere militärische Ausrüstung sind folgende Faktoren zu berücksichtigen:

- Weiteres Verhalten der Sowjetunion und anderer kommunistischer Staaten (Marokko behauptet, Vorkommandos von Vietnamesen seien im Süden Algeriens aufgeklärt);
- keine Verletzung unserer Neutralität;
- keine Störung des militärischen Kräfteverhältnisses im Maghreb;
- die für die langfristige Entwicklung im Mittelmeer wesentliche Furcht der Algerier von einer „Isolierung durch den Westen".

6) Bei Anlegung dieses Maßstabes ist die Lieferung von gepanzerten Mannschaftstransportwagen nach Marokko politisch wohl noch vertretbar. Wir sollten aber, insbesondere im Hinblick auf die israelisch-arabische Auseinandersetzung, deutlich zum Ausdruck bringen, daß wir davon ausgehen, daß die Mannschaftstransportwagen nur zur Verteidigung Marokkos eingesetzt werden.

Wir müssen uns weiterhin darüber klar sein, daß wir den Anspruch auf „Neutralität" im Konflikt über die West-Sahara nur dann wahren können, wenn wir bereits vorgebrachten Lieferwünschen der Algerier unterhalb der Grenze der Kriegswaffen (z. B. elektronische Systeme zur Luftüberwachung)[10] ebenfalls entsprechen werden.[11]

Abteilung 2 hat mitgezeichnet.

Lautenschlager

Jesser

VS-Bd. 10010 (311)

---

[10] Zu den algerischen Wünschen nach Lieferung von Rüstungsgütern aus der Bundesrepublik vgl. Dok. 2.

[11] Am 26. April 1976 legte Ministerialdirektor Lahn Bundesminister Genscher den Entwurf eines Schreibens an den marokkanischen Außenminister Laraki vor. Darin wurde mitgeteilt: „Die Bundesregierung hat den marokkanischen Wunsch nach Lieferung bestimmten militärischen Materials sehr sorgfältig erwogen. Da wir Ihre Sorge verstehen, haben wir uns diese Entscheidung nicht leicht gemacht. Um Ihnen zu helfen, ist die Bundesregierung bereit, die Genehmigung zu dem beantragten Export von 74 unbewaffneten Mannschaftstransportwagen (Unimog UR 416) zu erteilen, da sie davon ausgeht, daß diese Fahrzeuge für die Verteidigung Marokkos eingesetzt werden sollen. Soweit Waffen betroffen sind, verbietet uns ein Gesetz den Export in Spannungsgebiete. Es fällt uns bisweilen sehr schwer, an dieser Politik auch gegenüber unseren erklärten Freunden festzuhalten. Sie wissen auch, daß diese Politik von uns selbst erhebliche wirtschaftliche Opfer verlangt. Ich bitte aber um Ihr Verständnis dafür, daß unsere eigene leidvolle Erfahrung uns seit vielen Jahren dazu veranlaßt, in dieser Weise schon jetzt einen wirklichen Beitrag für den internationalen Frieden zu leisten, auch wenn wir wissen, daß das Ziel unserer Friedenspolitik nur erreicht werden kann, wenn sich alle Staaten unserem Beispiel anschließen." Vgl. VS-Bd. 10010 (311); B 150, Aktenkopien 1976.

68

Botschafter Wickert, Bukarest, an das Auswärtige Amt

114-11319/76 VS-vertraulich   Aufgabe: 2. März 1976, 17.30 Uhr
Fernschreiben Nr. 145   Ankunft: 2. März 1976, 19.48 Uhr

Betr.: Rumänisches Interesse an Kauf bzw. Lizenzfertigung deutschen Rüstungsmaterials[1]

Bezug: DE Nr. 71 vom 26.2.76 – 214-411.10 RUM[2] und
Erlaß vom 7.1.76 – 214-411.10 RUM VS-NfD[3]

Zur Information

I. Eine Beurteilung der rumänischen Wünsche zum Kauf bzw. der Lizenzfertigung von Rüstungsmaterial auf Grund vermutlicher Auswirkungen auf die rumänisch-deutsche Handelsbilanz kann entfallen; Geschäfte mit Rüstungsmaterial würden nicht in der Handelsbilanz erscheinen. Außerdem würden Kooperationsprojekte, deren Möglichkeit in dem rumänischen Gespräch auch angedeutet war, zwar Devisen kosten, aber auch ersparen.

COCOM würde, wie schon im Bezugserlaß erwähnt, voraussichtlich der Lieferung aller oder jedenfalls der meisten Rüstungsgüter einen Riegel vorschieben. Trotzdem sollten wir – aus politischen Gründen – die rumänische Sondierung nicht pauschal und grundsätzlich abschlägig bescheiden.

II. Wie bereits früher berichtet, liefern einige NATO-Staaten Rüstungsmaterial nach Rumänien bzw. lassen es in Lizenz hier fertigen: Frankreich 50 Hubschrauber vom Typ „Alouette" und gleichfalls eine größere Anzahl vom Typ „Puma 30"; Großbritannien Rolls-Royce-Triebwerke für das gemeinsame jugoslawisch-rumänische Projekt des Kampfflugzeugs „Jurom". Über italienische Lieferungen bzw. Lizenzvergabe sind keine Details bekannt. Die hiesige amerikanische Botschaft behauptet, keine solchen Geschäfte mit den Rumänen ab-

---

[1] Am 12. November 1975 berichtete Militärattaché Weiß, Rom: „1) Am 11.11.75 suchte mich der rumänische Militärattaché in Rom, O[bers]tL[eutnant] Popa, auf und teilte mir mit, daß er beauftragt sei, in Erfahrung zu bringen, ob für bestimmtes deutsches militärisches Gerät die Lizenzen zu erwerben seien. Er übergab mir die schriftlich formulierte Anfrage und eine Liste des Geräts, für das von rumänischer Seite Interesse besteht. [...] 2) Die Hintergründe für das nach Form und Inhalt merkwürdige Vorgehen Rumäniens sind von hier nicht zu durchschauen. Das Fehlen eines Militärattachés in Bonn ist keine Erklärung. Ein ähnliche Anfrage wurde im letzten Jahr hinsichtlich Rechnern und Akkumulatoren an meinen Vorgänger gestellt." Vgl. den Schriftbericht Nr. 488; Referat 412, Bd. 116679.

[2] Vortragender Legationsrat Hoffmann bat die Botschaft in Bukarest, die im Schrifterlaß vom 7. Januar 1976 erbetene Stellungnahme zum rumänischen Interesse an Rüstungslieferungen aus der Bundesrepublik „alsbald drahtlich zu übermitteln". Vgl. Referat 214, Bd. 116679.

[3] Zum rumänischen Interesse an Rüstungslieferungen aus der Bundesrepublik teilte Vortragender Legationsrat Hoffmann der Botschaft in Bukarest mit: „Referat 214 ist in Übereinstimmung mit Referat 403 und 421 der Auffassung, daß ein Eingehen auf die rumänischen Wünsche – abgesehen von der Sicherheitsproblematik und der mit Sicherheit nicht zu erreichenden COCOM-Genehmigung – schon aus handelspolitischen Gründen nicht in Betracht kommen kann, da die negative rumänische Handelsbilanz dadurch zusätzlich belastet würde." Vgl. den Schrifterlaß; Referat 214, Bd. 116679.

geschlossen zu haben. Es ist aber bekannt, daß die Rumänen sich auch bei den Amerikanern um Lieferung von Rüstungsmaterial bemühen.

Die rumänischen Streitkräfte sind nur zu einem geringen Teil mit Rüstungsgütern aus der eigenen Produktion versehen, z.B. mit Transportfahrzeugen, geländegängigen Wagen, Munition, vielleicht Waffen und Fernmeldegerät. Im wesentlichen sind die rumänischen Streitkräfte in Waffen und Ausrüstung von der Sowjetunion abhängig, d.h. also von dem Staat, von dem die Rumänen in erster Linie eine Bedrohung ihrer Unabhängigkeit befürchten und befürchten müssen. Wenn auch Ceauşescu jeweils mit großem Pathos verkündet, Rumänien werde sich gegen jede Verletzung seines Territoriums verteidigen, so ist diese Behauptung angesichts der Rüstungsabhängigkeit von der Sowjetunion stark zu relativieren. Aus gewöhnlich gut unterrichteten, allerdings nicht militärischen Kreisen höre ich, daß den rumänischen Offizieren dieses Dilemma durchaus bewußt ist und daß es unter ihnen Strömungen gibt, die wegen der großen Rüstungsabhängigkeit eine engere Zusammenarbeit mit der Sowjetunion befürworten und eine zu riskante Konfrontationspolitik der Sowjetunion gegenüber kritisieren. Diesen Informationen nachzugehen und Bestätigungen von militärischer Seite aus zu erlangen, ist jedoch außerordentlich schwierig. Ich habe jedoch keinen Zweifel daran, daß solche Gedanken in rumänischen Militärkreisen gedacht werden.

Es ist Ceauşescu gelungen, sich in der Blockpolitik, im Balkanraum, im Nahen Osten, in seinem Verhältnis gegenüber der EG und der Dritten Welt einen gewissen Spielraum der Unabhängigkeit von der sowjetischen Linie zu verschaffen. Auch auf wirtschaftlichem Gebiet ist es ihm gelungen, den Anteil des Handels mit den RWG-Ländern stark herabzusetzen. Im Rüstungssektor hat er es jedoch nicht vermocht, die Abhängigkeit[4] von der Sowjetunion entscheidend zu verringern.

Obwohl viele Bedenken gegen einzelne Aspekte der rumänischen Politik bestehen, ist die rumänische Außenpolitik gerade wegen ihrer vielfachen Abweichungen von der allgemeinen Linie des Warschauer Paktes für uns von Interesse. Eine unverbindliche und pauschale Ablehnung des rumänischen Wunsches, Rüstungsgüter bei uns zu erwerben, würde denjenigen Kräften in den rumänischen Streitkräften Auftrieb geben, die eine stärkere politische Gleichschaltung mit der Sowjetunion wünschen.

III. Aus diesem Grund schlage ich vor, den Rumänen zu sagen,

- daß die Lieferung der meisten erbetenen Waffen und Geräte sicherlich nicht möglich sei, da hierfür keine Genehmigung zu erhalten wäre;
- daß wir aber prüfen würden, ob und wieweit einige technische Geräte lieferbar sind;
  (Ich weiß aus Gesprächen bei der letzten Internationalen Industrieausstellung in Bukarest, daß z.B. eine deutsche Firma ein Nachtsichtgerät für die rumänischen Streitkräfte liefert und dafür die COCOM-Erlaubnis zu besitzen behauptete. Auch Navigationsgeräte, wie sie in dem Flugzeugtyp „VFW

---

4 Korrigiert aus: „Unabhängigkeit".

614"[5] benötigt werden, sind von COCOM offenbar genehmigt worden. Es ist ferner darauf hinzuweisen, daß der Rolls-Royce-Motor für das jugoslawisch-rumänische Kampfflugzeug auch die Genehmigung von COCOM erhalten hat.)

– daß wir auch die Zusammenarbeit bei der Produktion anderer Güter prüfen würden, die entweder der reinen Landesverteidigung dienen oder auf dem Gebiet des militärischen Transports oder Nachrichtenwesens für die rumänischen Streitkräfte von Wert sind.

Auf jeden Fall rate ich dazu, das Gespräch nicht abreißen zu lassen, sondern weiterzuführen.[6] Nicht zuletzt verspreche ich mir davon auch einen günstigen Einfluß auf das Klima des Gebiets, wo wir eindeutig Demandeur sind, nämlich das der Umsiedlung von Volksdeutschen.[7]

Ich werde Gelegenheit nehmen, bei meiner nächsten Anwesenheit in Bonn über dieses Thema auch mündlich zu referieren.

[gez.] Wickert

VS-Bd. 10986 (214)

---

5 Mit Schreiben vom 19. Februar 1976 teilte das Bundesministerium für Wirtschaft zur geplanten Produktion von Flugzeugen des Typs „VFW 614" in Rumänien mit: „Die zwischen VFW-Fokker und den rumänischen Regierungsstellen nunmehr abgeschlossenen Verhandlungen sehen den rumänischen Lizenzbau von 100 Flugzeugen des Typs ‚VFW 614' vor [...]. Zum Ankauf der westlichen Zulieferungen (insbesondere von VFW, MBB, Fokker, Rolls Royce) und zum Vertrieb der in Rumänien gebauten ‚VFW 614' soll eine ‚Gemeinsame Gesellschaft' (49% Anteil VFW-Fokker) gegründet werden. Die Produktion soll durch die rumänische Flugzeugindustrie vorgenommen werden, mindestens für die ersten 30 Flugzeuge ist Rumänien auf umfangreiche westliche Zulieferungen [...] angewiesen. Erst nach Ausbau der rumänischen Flugzeugindustrie wollen die Rumänen den Lizenzbau 100%ig allein durchführen." Vgl. Referat 421, Bd. 122492.
6 Am 21. Juni 1976 vermerkte Vortragender Legationsrat Holik: „Nach Auffassung des Ref[erats] 201 erscheint ein Dialog über die rumänischen Wünsche nach technischer Dokumentation und Ankauf bzw. Herstellungslizenzen für deutsches Rüstungsmaterial auf der Grundlage der von den rumänischen Verteidigungsattachés in Ankara und Rom übergebenen Listen völlig aussichtslos. Diese Listen enthalten ausschließlich Waffensysteme (Mörser, Granatgeräte, Zwilling-Flugzeugkanonen, Flugabwehrraketen mit Abschußvorrichtungen, Panzerabwehrraketen, Flugkörper Schiff/Schiff, U-Bootjäger, Flugkörper-Schnellboote) oder Zubehör zu solchen (Munition, Zielgeräte, Ausrüstung für mittlere Kampfpanzer, etc.), die zur wichtigsten Kampfausrüstung der Bundeswehr zählen. Insofern ist ein Vergleich mit anderweitigen Rüstungsgütern, die von NATO-Partnern angeblich mit Zustimmung COCOMs an Rumänien geliefert wurden [...], nicht möglich. Ein Eingehen auf rumänische Lieferwünsche dieser Art ist weder rechtlich noch sicherheitspolitisch vorstellbar." Vgl. VS-Bd. 8695 (201); B 150, Aktenkopien 1976.
7 Vortragende Legationsrätin I. Klasse Finke-Osiander stellte am 9. April 1976 zum Stand der Familienzusammenführung fest: „Seit März 1975 hat die Zahl der Ausreisegenehmigungen für Deutsche aus Rumänien stark abgenommen. Während 1973 noch insgesamt 7589 Personen und 1974 sogar 8487 Personen in die Bundesrepublik umsiedeln konnten, waren es 1975 nur noch 5079. In den ersten Monaten 1976 ist die Zahl der Umsiedler noch weiter abgesunken (Januar: 376 gegenüber 511 im Vorjahr; Februar 263 gegenüber 775 im Vorjahr)." Vgl. Referat 214, Bd. 116675.

69

Botschafter Sahm, Moskau, an das Auswärtige Amt

114-11379/76 VS-vertraulich	Aufgabe: 2. März 1976, 18.28 Uhr[1]
Fernschreiben Nr. 793	Ankunft: 4. März 1976, 17.58 Uhr

Betr.: XXV. Parteitag der KPdSU[2] und deutsch-sowjetische Beziehungen

Bezug: DB 686 vom 24.2. – Pol 320 SOW[3]

Zur Unterrichtung

1) Breschnew hat die Bundesrepublik Deutschland zweimal unter verschiedenen Gesichtspunkten erwähnt: einmal unter positiven Aspekten der Entspannung und an anderer Stelle in Rubrik negativer Faktoren. Zunächst unterstrich er positive Bedeutung der Normalisierung.[4] Sodann kritisierte er Einfluß rechter, an Revanche festhaltender Kreise, die auch „einige Aspekte von Bonns Regierungspolitik" berührten.[5] Während positive Würdigung uns an

---

[1] Hat Vortragendem Legationsrat I. Klasse Freiherr von Groll am 5. März 1976 vorgelegen, der handschriftlich vermerkte: „Sehr wichtiger Bericht!"

[2] Der XXV. Parteitag der KPdSU fand vom 24. Februar bis 5. März 1976 in Moskau statt.

[3] Zum Auftakt des XXV. Parteitags der KPdSU führte Botschafter Sahm, Moskau, aus: „In voraussichtlich letztem Rechenschaftsbericht vor einem Parteitag gab Breschnew am 24.2. ziemlich blasse Darstellung. Außenpolitischer Teil (2 Stunden) enthielt – außer wenig substantiellem Vorschlag weltweiten Gewaltverzichtsabkommens – keine neuen Vorschläge und kein zukunftsweisendes Programm. Man vermißte einheitliche, kräftige Handschrift Parteiführers. Breschnew hat sich und seiner Partei damit kein Denkmal gesetzt. [...] Sprachschwierigkeiten Breschnews waren nicht besonders auffallend. Unterbrechung der Rede, die in früheren Parteitagen nicht üblich war und über ursprüngliche Ankündigung hinaus verlängert wurde, zeigte jedoch Schwächung seines Gesundheitszustands." Vgl. Referat 213, Bd. 112755.

[4] Am 24. Februar 1976 führte der Generalsekretär des ZK der KPdSU, Breschnew, auf dem XXV. Parteitag der KPdSU in Moskau aus: „Auf der Basis des Vertrages von 1970 ging eine große Wandlung in den Beziehungen zwischen der UdSSR und der BRD vor sich. Sie kamen in ein normales Fahrwasser, und zwar unter der einzig möglichen Voraussetzung des Verzichts auf die Anmaßung, die bestehenden europäischen Grenzen aufzubrechen. Heute ist die BRD einer unserer großen Partner in der gegenseitig vorteilhaften geschäftlichen Zusammenarbeit mit dem Westen. [...] Zu den komplizierten Fragen gehörte die Regelung, die mit Westberlin zusammenhängt. Wegen dieser Stadt kam es bekanntlich zu Krisen, die Europa zum Fiebern brachten. Aber das im Herbst 1971 geschlossene Vier-Mächte-Abkommen hat in Verbindung mit den Abkommen und Vereinbarungen, die zwischen den Regierungen der DDR, der BRD und dem Westberliner Senat zu verschiedenen Fragen getroffen wurden, im großen und ganzen die Spannungen behoben." Vgl. EUROPA-ARCHIV 1976, D 231.

[5] Am 24. Februar 1976 erklärte der Generalsekretär des ZK der KPdSU, Breschnew, auf dem XXV. Parteitag der KPdSU in Moskau: „Bestimmte Schwierigkeiten gibt es auch in unseren Beziehungen zu einer Anzahl kapitalistischer Staaten Europas. Sie beruhen offenbar darauf, daß einflußreiche Kreise dieser Staaten nicht gewillt sind, die Mentalität des Kalten Krieges wirklich zu überwinden [...]. In der BRD zum Beispiel wird der Kurs auf eine Normalisierung der Beziehungen zu den sozialistischen Ländern von Rechtskräften angegriffen, die im Grunde genommen auf revanchistischen Positionen verharren. Ihr Druck macht sich offenbar auch in manchen Aspekten der Bonner Regierungspolitik geltend. [...] Manche Leute versuchen, den Kerngehalt der in Helsinki angenommenen Schlußakte auszumerzen und zu entstellen und dieses Dokument als Vorwand für eine Einmischung in die inneren Angelegenheiten der sozialistischen Länder, für eine antikommunistische und antisowjetische Demagogie im Stil des Kalten Krieges auszunutzen. Mit einem Wort, es gilt, noch viel und beharrlich darum zu kämpfen, daß ein wirklich dauerhafter Friede in Europa herbeigeführt, daß die Entspannung unumkehrbar wird." EUROPA-ARCHIV 1976, D 232 f.

Seite Frankreichs stellt, stehen wir bei negativer Behandlung unter westeuropäischen Ländern allein.

Ausführungen Breschnews sind Ausdruck einer differenzierenden Einstellung der Sowjetunion gegenüber Bundesrepublik Deutschland, die sich in letzter Zeit verstärkt zu haben scheint.

Für die kritische Seite dieser Einstellung sind folgende Hinweise kennzeichnend:

– In sowjetischem Außenministerium äußerte man sich kürzlich gegenüber Angehörigen alliierter Botschaft bei insgesamt positiver Würdigung deutschsowjetischer Beziehungen besorgt über Herausbilden eines neuen „Nationalismus", den man auf gewachsenes Selbstbewußtsein kraft wirtschaftlicher Stärke und internationalen Ansehens zurückführte und den man auch in Streben nach Einfluß in EG zu sehen glaubt. Auch der Botschaft gegenüber nahmen Angehörige sowjetischen Außenministeriums, ohne Ausdruck „Nationalismus" zu gebrauchen, kritisch zu Tendenzen führender deutscher Politiker Stellung, zu beliebigen Geschehnissen auf der Welt, auch wenn sie mit deutschen Interessen nichts zu tun hätten, kritische Kommentare abzugeben (damit bezogen sich Gesprächspartner besonders auf Angola).

– Es dürfte vereinbarter Sprachregelung entsprechen, daß sowohl Marchais[6] wie Honecker[7] in kürzlichen Reden vor „deutschem Imperialismus" warnten, wobei Marchais dies besonders auf Westeuropapolitik der Bundesregierung bezog.

– Experten in regierungsnahen sowjetischen Instituten, die politische und militärische Entwicklung in Bundesrepublik Deutschland und Westeuropa beobachten, äußerten gegenüber Botschaft offen Sorge davor, daß Bundesregierung mit Übernahme von Verteidigungsbeiträgen schwächerer NATO-Partner relativ und absolut an Gewicht zunehme und sich zu dominierendem Faktor und Hauptalliierten der USA (und damit potentiellem Hauptgegner der SU) in Europa entwickle.

---

[6] In der Presse wurde berichtet, der Generalsekretär der KPF, Marchais, habe am 4. Februar 1976 auf dem XXII. Parteitag der KPF in Saint-Ouen erklärt, „der USA-Imperialismus versuche mit allen Mitteln, seinen Einfluß aufrechtzuerhalten, und stütze sich dabei zum Beispiel in Westeuropa auf die BRD". Weiter habe Marchais ausgeführt: „Man muß feststellen, daß dieses Unternehmen von Peking eine Unterstützung erhält, die sich in den allgemeinen, zutiefst reaktionären Kurs der chinesischen Führer einfügt. Sie proklamieren, daß sie für die Beibehaltung der amerikanischen Truppen in Asien und Westeuropa sind, sie unterstützen die Ultras des deutschen Imperialismus, sie rufen inständig zur politischen und militärischen Union des Kleineuropas der Trusts auf." Vgl. den Artikel „Aus dem Bericht des ZK an den XXII. Parteitag der FKP"; NEUES DEUTSCHLAND vom 6. Februar 1976, S. 5.

[7] Am 14. Februar 1976 erklärte der Erste Sekretär des ZK der SED, Honecker, in Weißwasser: „Es vergeht kaum ein Tag, ohne daß Politiker und Massenmedien der BRD mit Verleumdungen gegen unsere sozialistische Deutsche Demokratische Republik, gegen die Sowjetunion und andere Bruderländer zu Felde ziehen. Ganz klar geben sie zu erkennen, daß ihnen die Existenz und die gute Entwicklung unseres sozialistischen Staates der Arbeiter und Bauern ein Dorn im Auge ist. Offensichtlich ist, daß sich der deutsche Imperialismus niemals mit der Existenz der DDR abfinden will. [...] Darum müssen wir nicht zuletzt alles Notwendige dafür tun, um die Verteidigungsbereitschaft der Deutschen Demokratischen Republik jederzeit auf dem erforderlichen Niveau zu halten und wachsam zu sein." Vgl. den Artikel „Unsere Dokumente geben Antwort auf Fragen des Heute und Morgen"; NEUES DEUTSCHLAND vom 16. Februar 1976, S. 4.

– Sowjetische Gesprächspartner lassen erkennen, daß man Rolle der Bundesrepublik Deutschland in EG, insbesondere hinsichtlich politischer und noch
mehr verteidigungspolitischer Integration, als deutschen Machtzuwachs zu
interpretieren geneigt ist und entsprechend kritisch beobachtet. Aufschluß-
reich ist Hinweis Samjatins in Gespräch mit Bundesminister in Bonn am
16.1.1976 auf Schrift Lenins „Über die Losung der Vereinigten Staaten von
Europa".[8] Darin hatte Lenin das Konzept eines vereinigten Europas „unter
kapitalistischen Verhältnissen" mit der Begründung abgelehnt, daß es die
Machtverhältnisse der stagnierenden kapitalistischen Staaten stärken und
auf ein Übereinkommen hinauslaufen würde, „die Kolonien zu teilen", den
Sozialismus in Europa mit vereinten Kräften zu unterdrücken und die (so
damals) rasche Entwicklung Amerikas (dies dürfte heute auf das Verhältnis
EG zur Sowjetunion und ihren Verbündeten bezogen werden) zu hemmen.
Lenin wies darauf hin, daß nach 1871 Deutschland drei- bis viermal rascher
als England und Frankreich erstarkt sei.[9]

– Auch sowjetische Kritik an negativer gewordener Einstellung deutscher Massenmedien gegenüber Entspannung und Sowjetunion hat zugenommen. Besonders irritiert hier die Aktivität der Radiostationen „Liberty"[10] und „Radio
Free Europe"[11] von deutschem Boden aus.

– Gewachsene Verärgerung ist auch darüber zu bemerken, daß deutsche Sozialdemokraten sich im Zusammenwirken mit anderen westeuropäischen sozialdemokratischen und sozialistischen Parteien in einem gegenüber manchen Aspekten sowjetischer Politik (Klassenkampf, Portugal etc.) kritischen
Sinne profiliert und Zusammenarbeit mit Kommunisten abgelehnt haben.[12]

8 Am 16. Januar 1976 empfing Bundesminister Genscher eine Delegation des Obersten Sowjet, der
der Generaldirektor der sowjetischen Nachrichtenagentur TASS, Samjatin, angehörte. Vortragender Legationsrat I. Klasse Kühn vermerkte dazu am 19. Januar 1976: „Herr Samjatin fragte, ob der
Tindemans-Bericht nicht ein Hindernis für die Zusammenarbeit in Europa sei, da er auf die Schaffung einer militärisch-politischen Union hinauslaufe, während das COMECON nur eine wirtschaftliche Gruppierung sei. Auch habe die EG überstaatliche Elemente, das COMECON nicht.
Zwischen so verschiedenen Gruppierungen sei eine Zusammenarbeit schwierig. [...] Herr Samjatin
empfahl in diesem Zusammenhang ein aufmerksames Studium der Anfang des Jahrhunderts erschienenen Schrift Lenins über die Vereinigten Staaten von Europa und wies abschließend auf die
sowjetischen Vorschläge zur Auflösung der Militärblöcke hin." Referat 010, Bd. 178577.
9 Vgl. dazu W.I. Lenin, „Über die Losung der Vereinigten Staaten von Europa", in: LENIN, Werke,
Bd. 21, S. 342–346.
10 Der Rundfunksender „Radio Liberty" nahm seine Tätigkeit im März 1953 auf. Er sendete in russischer sowie in 18 weiteren in der UdSSR gesprochenen Sprachen. Sendestationen befanden sich
außer in der Bundesrepublik noch in Spanien und der Republik China (Taiwan). 99,8 % der Finanzmittel wurden von der amerikanischen Regierung zur Verfügung gestellt. Vgl. dazu das Memorandum der Nordatlantischen Versammlung vom November 1972; Referat 212, Bd. 109291.
11 Der 1949 gegründete Sender „Radio Free Europe" mit Sitz in München strahlte landessprachliche
Sendungen für Bulgarien, die ČSSR, Polen, Rumänien und Ungarn aus. Dazu hieß es in einem Memorandum der Nordatlantischen Versammlung vom November 1972: „It had the task of broadcast-
ing the voices of the exiles to their former countries to ‚sustain the morale of captive peoples and
stimulate them in a spirit of non-cooperation.' [...] Between May 1949 and June 1971, 86 % of RFE's
income was derived from US Government sources. The remainder of the income was raised from
public subscription by the Radio Free Europe Fund". Vgl. Referat 212, Bd. 109291.
12 Am 26. Februar 1976 wies Botschafter Sahm, Moskau, darauf hin, der Generalsekretär des ZK der
KPdSU, Breschnew, habe am 24. Februar auf dem XXV. Parteitag der KPdSU erklärt, es gebe sozialdemokratische Parteien, „die ihre eigene Tätigkeit auf Antikommunismus und Antisowjetismus
aufbauten. Es gebe sogar Parteien, wo Verbindungen mit Kommunisten bestraft würden". Dazu bemerkte Sahm: „Nach den häufigen Beschwerden in der sowjetischen Presse über Ablehnung der

– Auf die von sowjetischer Presse seit letztem Jahr wieder verstärkt verbreiteten Angriffe auf angebliche Erscheinungen des Revanchismus und Neonazismus und auf angebliche Unterdrückung prokommunistischer Linker in Bundesrepublik Deutschland (Radikalenpolitik[13]), über die wiederholt berichtet wurde, wird ebenfalls hingewiesen.

2) Sowjets schätzen Bundesrepublik Deutschland auf Grund Entwicklung letzter Jahre als noch wichtigeren Faktor ein, betrachten sie jedoch gleichzeitig noch kritischer. Wegen unserer wirtschaftlichen und militärischen Potenz, der deutschen Frage, unserer Nachbarschaft zu den Ostblock-Staaten sowie unserer Rolle in EG und NATO hat Sowjetunion großes Interesse an einer politischen Orientierung der Bundesrepublik Deutschland, die grundlegenden sowjetischen Interessen nicht zuwiderläuft. Der Wunsch Moskaus nach guten Beziehungen mit Bonn ist eher stärker geworden. Man reagiert aber auch gereizter, wenn man bei uns Tendenzen zu sehen glaubt, die nach sowjetischer Ansicht von der Ausrichtung unserer Politik in den Jahren nach 1969 wegzuführen scheinen.

Man wird davon ausgehen können, daß zuständige sowjetische Stellen intern zu unterscheiden wissen zwischen dem, was sie als legitime Verfolgung deutscher Interessen – zumal im Wahljahr[14] – akzeptieren können, und dem, was wichtigeren sowjetischen Interessen direkt entgegenläuft. Nicht jede schrille Zeitungsstimme über unsere Politik im Bündnis, der EG oder hinsichtlich innerer Sicherheit wird man als amtliche sowjetische Stellungnahme werten können. Viel hängt davon ab, ob bei uns in öffentlichen Stellungnahmen Politik der Bundesregierung in einem Sinne erläutert wird, der für Sowjets als vereinbar mit Entspannungspolitik und Kurs der Ostverträge verstanden werden kann.

Fortsetzung Fußnote von Seite 332

SPD gegenüber Zusammenarbeit mit DKP ist anzunehmen, daß diese Feststellungen besonders auf SPD gemünzt sind. Die Verärgerung über Politik der SPD und einiger anderer westeuropäischer Sozialdemokraten gegenüber Kommunismus hat in letzter Zeit deutlich zugenommen. Eine wichtige Rolle spielte die Parteinahme der westeuropäischen Sozialdemokraten gegen kommunistische Machtergreifungsversuche auf Höhepunkt der Krise in Portugal, aber auch das Engagement der SPD-Führung für Beschleunigung westeuropäischer Integration [...]. Sowjetischer Parteiführung nahestehende Journalisten machen in privaten Gesprächen aus dem Ärger über internationale Aktivitäten der SPD kaum einen Hehl. Ein prominenter Sowjetjournalist bezeichnete in diesem Zusammenhang SPD kürzlich als ‚Gendarm Europas‘." Vgl. den Drahtbericht Nr. 712; Referat 213, Bd. 112755.

[13] Am 28. Januar 1972 vereinbarten die Ministerpräsidenten der Länder unter dem Vorsitz des Bundeskanzlers Brandt Grundsätze über die Mitgliedschaft von Beamten in extremen Organisationen, den sogenannten „Radikalenerlaß": „Nach den Beamtengesetzen von Bund und Ländern und den für Angestellte und Arbeiter entsprechend geltenden Bestimmungen sind die Angehörigen des Öffentlichen Dienstes verpflichtet, sich zur freiheitlich-demokratischen Grundordnung im Sinne des Grundgesetzes positiv zu bekennen und für deren Erhaltung einzutreten. Verfassungsfeindliche Bestrebungen stellen eine Verletzung dieser Verpflichtung dar. Die Mitgliedschaft von Angehörigen des Öffentlichen Dienstes in Parteien oder Organisationen, die die verfassungsmäßige Ordnung bekämpfen – wie auch die sonstige Förderung solcher Parteien und Organisationen –, wird daher in aller Regel zu einem Loyalitätskonflikt führen. Führt das zu einem Pflichtverstoß, so ist im Einzelfall zu entscheiden, welche Maßnahmen der Dienstherr ergreift. Die Einstellung in den Öffentlichen Dienst setzt nach den genannten Bestimmungen voraus, daß der Bewerber die Gewähr dafür bietet, daß er jederzeit für die freiheitlich-demokratische Grundordnung im Sinne des Grundgesetzes eintritt. Bestehen hieran begründete Zweifel, so rechtfertigen diese in der Regel eine Ablehnung." Vgl. BULLETIN 1972, S. 142.

[14] Die Wahlen zum Bundestag fanden am 3. Oktober 1976 statt.

3) Berlin ist in diesem Zusammenhang mitbetroffen. Wenn Sowjets Eindruck gewinnen sollten, daß Bundesregierung Akzente dynamischen nationalen Selbstbewußtseins zeigt, sich von Ostpolitik distanziert und somit eine Umorientierung unserer Politik stattzufinden scheint, müssen wir damit rechnen, daß SU im Arsenal ihrer Reaktionen auch beträchtliches Anziehen Berlin-Schraube vorsieht. Wir haben schon jetzt verschiedene Hinweise, die vermuten lassen, daß sich in letzter Zeit die Organe der Staatssicherheit stärker in Berlinpolitik eingeschaltet haben und bei sowjetischer Praktizierung des Vier-Mächte-Abkommens in den Bereichen unterschiedlicher Auslegung die kleinlichsten Forderungen stellen. Es ist möglich, daß dahinter die DDR steht, die unter Hinweis auf angebliche Gefährdung ihrer Stabilität verlangt, Berlin-Frage insgesamt und alle ihre praktischen Auswirkungen als Sicherheitsfrage zu behandeln. Angehöriger sowjetischen Außenministeriums deutete kürzlich in Gespräch bei gesellschaftlichem Anlaß an, wir sollten zufrieden sein, wenn sich Differenzen über Auslegung und Praktizierung des Vier-Mächte-Abkommens nur im Bereich Außenvertretung auswirkten. Es könne Situation eintreten, daß östliche Seite von den ihr rechtlich vorbehaltenen Möglichkeiten im Transitbereich Gebrauch mache.

Es ist durchaus denkbar, daß Sowjets sich in Berlin-Fragen Honecker gegenüber großzügig zeigen, da sie im Ringen mit den autonomistischen Parteien[15] seine Unterstützung brauchen.

4) Es ist anzunehmen, daß Sowjets Bundestagswahlkampf sehr genau beobachten und dabei zu erkennen suchen werden, inwieweit sich – bei Wechsel wie bei Bestätigung der Bundesregierung – Ansätze künftiger grundsätzlicher Orientierung der Politik der Bundesrepublik Deutschland erkennen lassen.

[gez.] Sahm

VS-Bd. 10945 (212)

---

15 In einer „Gesamtbewertung" des XXV. Parteitags der KPdSU in Moskau führte Ministerialdirektor van Well am 9. März 1976 zur Frage von „Orthodoxie und Reformismus in der kommunistischen Weltbewegung" aus: „Hier entwickelte sich der Parteitag infolge der klaren Stellungnahme Berlinguers, aber auch der Beiträge des Franzosen Plissonnier und des Jugoslawen Dolanč zu einem regelrechten Diskussionsforum über die Frage eines eigenen Weges zum Sozialismus, wobei aus der Ferne auch Marchais und der spanische Parteiführer Carrillo in die Debatte eingriffen. Auf sowjetischer Seite verknüpfte sich eine entschiedene Bekräftigung der eigenen Grundsatzposition und des Anspruchs auf die Führungsrolle im Weltkommunismus mit dem Bemühen, den Dialog mit den ohnehin nie namentlich kritisierten Bruderparteien in Westeuropa aufrechtzuerhalten und nach außen hin einen Bruch zu vermeiden. Auch hier machte sich eine gewisse Rollenverteilung geltend: Während einzelne Mitglieder der sowjetischen Führung [...] noch schroffer als Breschnew selbst die Auffassungen der autonomistischen KPen angriffen, gab sich der Generalsekretär auch hier als Vermittler und Diplomat." Vgl. Referat 213, Bd. 112755.

70

Aufzeichnung des Ministerialdirigenten Sigrist

403-411.10 JUG-213/76 VS-vertraulich 3. März 1976[1]

Über Herrn Staatssekretär[2] Herrn Bundesminister[3]

Betr.: Rüstungsexport nach Jugoslawien

Zweck der Vorlage: Entscheidung über die Haltung des AA zum Export der in deutsch-französischer Ko-Produktion hergestellten Panzerabwehrraketen „Milan" und „Hot" von Frankreich nach Jugoslawien

Sachstand

Wie am Rande der letzten EPZ-Außenministerkonferenz (Februar 1976)[4] bekannt wurde, beabsichtigt Frankreich, die in deutsch-französischer Ko-Produktion hergestellten Panzerabwehrraketen „Milan" und „Hot" an Jugoslawien zu liefern.

Folgende Gesichtspunkte sprechen für eine Lieferung:

- Wir sind an der Erhaltung und Stärkung der unabhängigen Stellung Jugoslawiens zwischen den Blöcken und somit an der Stärkung der jugoslawischen Verteidigungsbereitschaft interessiert.[5]

- Die Stärkung der jugoslawischen Verteidigungsbereitschaft sollte mit einer Verringerung der Abhängigkeit Jugoslawiens von Lieferungen aus den WP-Staaten einhergehen, da zur Zeit nur seitens dieser Staaten eine Bedrohung der Unabhängigkeit Jugoslawiens denkbar ist.

- Die möglichen Nachfolger Präsident Titos sollen durch unsere Bereitschaft zur Stärkung der jugoslawischen Verteidigungsbereitschaft in ihrer grundsätzlich positiven Haltung dem Westen gegenüber bestärkt werden.[6]

Es muß allerdings darauf hingewiesen werden, daß eine positive Entscheidung keine Präjudizwirkung für die Lieferwünsche von Ländern des Nahen Ostens hat, die mehr als 25000 „Hot" und „Milan" kaufen wollen. Im Gegensatz zu Ju-

---

[1] Die Aufzeichnung wurde von Vortragendem Legationsrat I. Klasse Dufner und von Legationsrat Schlegel konzipiert.

[2] Hat Staatssekretär Hermes am 3. März 1976 vorgelegen, der handschriftlich vermerkte: „Ich halte diese Vorlage für unausgewogen und den Vorschlag für bedenklich. Es fehlen Gründe, die gegen eine Lieferung sprechen; und es fehlt ein Abwiegen des Pro und Contra sowie ein Hinweis auf die negativen Entscheidungen in der Vergangenheit."

[3] Hat Ministerialdirigent Kinkel am 3. März 1976 vorgelegen, der handschriftlich für das Ministerbüro vermerkte: „1) M[inister] hat Ang[elegenheit] am 3.3. mit BK besprochen. BK ist einverstanden, vorbehaltlich Einverständnis BMVtg u. den anderen am BSR beteiligten Ministern. 2) Über Herrn St[aatssekretär] H[ermes] an Herrn D 2."
Hat Hermes erneut am 4. März 1976 vorgelegen.
Hat Ministerialdirektor van Well am 4. März 1976 vorgelegen.

[4] Zur Konferenz der Außenminister der EG-Mitgliedstaaten im Rahmen der EPZ am 23. Februar 1976 in Luxemburg vgl. Dok. 62.

[5] Zu diesem Satz vermerkte Staatssekretär Hermes handschriftlich: „Trotzdem haben wir bisher Rüstungslieferungen abgelehnt."

[6] Zu diesem Satz vermerkte Staatssekretär Hermes handschriftlich: „Dies ist so sicher nicht. Wenn Jugosl[awien] sich wirklich für den Westen entscheiden würde, wäre die Beurteilung leichter."

goslawien handelt es sich im Nahen Osten um Spannungsgebiet. Während sich bei der Lieferung in Länder dieses Raums die Frage des Exportverbots nach dem KWKG[7] und dem AWG[8] stellt, ist diese Frage bei den Lieferungen nach Jugoslawien nicht aktuell.[9]

Das BMVg wird möglicherweise Sicherheitsbedenken geltend machen, weil in „Milan" und „Hot" modernste Technologie verarbeitet ist und ein sowjetischer Zugriff auf diese Technologie bei einem Export nach Jugoslawien nicht ausgeschlossen ist.[10]

Vorschlag

Aus der Sicht des Auswärtigen Amts kann deshalb dem französischen Export von „Hot" und „Milan" nach Jugoslawien zugestimmt werden; die deutschen Zulieferungen sollten genehmigt werden.[11]

D 2[12] und D 3[13] haben mitgezeichnet.

Sigrist

VS-Bd. 8877 (403)

---

[7] Für den Wortlaut des Ausführungsgesetzes vom 20. April 1961 zu Artikel 26 Absatz 2 des Grundgesetzes (Kriegswaffenkontrollgesetz) vgl. BUNDESGESETZBLATT 1961, Teil I, S. 444–450.

[8] Für den Wortlaut des Außenwirtschaftsgesetzes vom 28. April 1961 vgl. BUNDESGESETZBLATT 1961, Teil I, S. 481–494.

[9] Am 3. März 1976 riet Ministerialdirigent Jesser von einer Mitzeichnung der Vorlage ab. Gegen Rüstungslieferungen an Jugoslawien spreche insbesondere „die Präzedenzwirkung einer Lieferung von Kriegswaffen an ein kommunistisches Land auf Länder der Dritten Welt – ob Spannungsgebiet oder nicht –, die dieselben Kriegswaffen ebenfalls von uns oder dem koproduzierenden Land geliefert erhalten wollen. Haben wir einmal der Lieferung von aus Koproduktion stammenden Kriegswaffen an ein kommunistisches Land zugestimmt – und die Zustimmung wird uns politisch stets zugerechnet werden –, so können wir die Zustimmung zur Lieferung an nichtkommunistische Länder der Dritten Welt, wie z. B. Indien, Pakistan, Indonesien, Kenia, Israel und die arabischen Staaten, schwer verweigern. Die politischen Folgerungen wären unkalkulierbar groß. Es wäre unausweichlich, daß damit wir selbst in die Auseinandersetzungen in der Dritten Welt involviert werden. Ich erinnere daran, daß schon jetzt allein aus den arabischen Ländern Lieferwünsche auf über 25 000 Stück Panzerabwehrraketen ‚Hot' und ‚Milan' vorliegen." Ministerialdirektor Lahn vermerkte dazu am selben Tag: „Ich teile diese Bedenken nicht in vollem Umfange u[nd] habe daher die Vorlage mitgez[eichnet]." Vgl. VS-Bd. 8877 (403); B 150, Aktenkopien 1976.

[10] Zu diesem Satz vermerkte Staatssekretär Hermes handschriftlich: „Die Gefahr einer Weitergabe an den Osten oder dritte Länder."

[11] Am 9. März 1976 vermerkte Ministerialdirektor Lautenschlager zur Absicht der französischen Regierung, in deutsch-französischer Koproduktion hergestellte Panzerabwehrraketen nach Jugoslawien zu exportieren: „Der Herr Minister hat ebenso wie der Herr Bundeskanzler und der BM der Verteidigung einem solchen Export zugestimmt [...]. Zuständig für weiter zu veranlassende Maßnahmen wäre grundsätzlich das BMVg, da es sich um eine Angelegenheit der deutsch-französischen Rüstungszusammenarbeit handelt; angesichts der Tatsache, daß die französische Seite sich direkt an den Herrn Minister gewandt hat [...], sollte in diesem Fall die weitere Bearbeitung vom Auswärtigen Amt übernommen werden. Die weitere Bearbeitung erstreckt sich darauf, angesichts der Bedeutung der Angelegenheit es nicht bei der mündlichen Zustimmung von BK und BMVg zu belassen, sondern deren Zustimmung auch aktenkundig zu machen, außerdem ist noch die schriftliche Einwilligung des BMWi einzuholen." Vgl. VS-Bd. 8877 (403); B 150, Aktenkopien 1976.

[12] Günther van Well.

[13] Lothar Lahn.

71

**Gespräch des Bundesministers Genscher
mit dem spanischen Innenminister Fraga Iribarne**

4. März 1976[1]

Besuch des spanischen Innenministers Fraga Iribarne bei dem Herrn Bundesminister am 4. März 1976 um 8.30 Uhr.[2]

Anwesend waren auf spanischer Seite: spanischer Botschafter Garrigues; auf deutscher Seite: Dg 20[3], RL 203[4], Sudhoff, Lewalter; gedolmetscht hat Frau Niederste-Ostholt.

Der *spanische Innenminister* dankte für die Bereitschaft des Bundesministers zu einem ausführlichen Gespräch und stellte dann die Schwierigkeiten des Demokratisierungsprozesses auf dem Hintergrund des aus dem Bürgerkrieg geborenen Franco-Regimes dar. Spanien bitte um Verständnis und einen angemessenen Zeitraum für eine ruhige demokratische Entwicklung. Die Regierung sehe für den Ablauf des Demokratisierungsprozesses einen Zeitraum von eineinhalb Jahren vor. Nach ersten Reformen im Strafrecht[5] solle noch in dieser oder in der nächsten Woche der Gesetzentwurf über politische Versammlungen[6] und politische Vereinigungen[7] im Parlament eingebracht werden. Es folge

---

[1] Die Gesprächsaufzeichnung wurde von Vortragendem Legationsrat Lewalter gefertigt.

[2] Der spanische Innenminister Fraga Iribarne hielt sich vom 3. bis 5. März 1976 in der Bundesrepublik auf. Vortragender Legationsrat I. Klasse Engels teilte dazu am 8. März 1976 mit: „Im Mittelpunkt des Besuches stand ein Vortrag, den Fraga Iribarne vor der Deutschen Gesellschaft für Auswärtige Politik über das Thema ‚Spanien am Kreuzweg' hielt. Neben längeren Gesprächen mit Bundesinnenminister Maihofer wurde der spanische Innenminister auch von dem Bundesaußenminister, dem Bundesverteidigungsminister, dem Vorsitzenden des Internationalen Ausschusses der SPD, Staatsminister Wischnewski, dem CDU-Vorsitzenden Kohl und dem Generalsekretär des Europarates, Kahn-Ackermann, empfangen. Er war darüber hinaus Gast des Fraktionsvorsitzenden der CDU/CSU im Bundestag, Professor Carstens, zu einem Mittagessen und der Friedrich-Ebert-Stiftung zur Diskussion der Möglichkeiten dieser Institution, in geeigneter Form beim spanischen Demokratisierungsprozeß mitzuhelfen." Vgl. den Runderlaß Nr. 29; Referat 010, Bd. 178647.

[3] Franz Pfeffer.

[4] Bernhard Heibach.

[5] Zur Novellierung des Dekrets vom 26. August 1975 durch die spanische Regierung vgl. Dok. 4, Anm. 5.

[6] Am 26. Mai 1976 teilte Gesandter Munz, Madrid, mit, das spanische Parlament habe am Vortag ein Gesetz über Versammlungsfreiheit verabschiedet: „Innenminister Fraga bezeichnete in seiner Begründung das Gesetz als einen wichtigen ersten Schritt im Rahmen des angekündigten Reformprogramms. Er unterstrich, daß die Aufrechterhaltung der öffentlichen Ordnung in Spanien nur gewährleistet sei, wenn das spanische Volk das Grundrecht der Versammlungsfreiheit legal und friedlich ausüben könne. Es gehe darum, einen Weg einzuschlagen der zwischen dem Immobilismus und der politischen Utopie liege." Vgl. den Drahtbericht Nr. 365; Referat 203, Bd. 110262.

[7] Am 18. März 1976 berichtete Botschafter von Lilienfeld, Madrid, über die Vorlage eines Parteiengesetzes im spanischen Parlament: „Die von der Regierung am 5. März verabschiedete Gesetzesvorlage über das politische Assoziationsrecht wurde den Cortes entgegen den ursprünglichen Meldungen erst diese Woche zugeleitet. [...] Nach der Verabschiedung des Gesetzes durch die Cortes können sich Gründungskomitees bilden, deren Zusammensetzung dem Innenministerium mitgeteilt werden muß. Innerhalb von zwei Monaten muß das Komitee dem Innenministerium das Parteiprogramm und den Organisationsaufbau mitteilen und den Antrag auf Eintragung in das Register der politischen Assoziationen stellen. [...] Von der Konstituierung des Gründungskomitees bis zur endgültigen Legalisierung politischer Parteien ist demnach ein Zeitablauf von sechs Monaten vorgesehen. [...] In der Gesetzesvorlage sind staatliche finanzielle Subventionen für legalisierte po-

337

noch vor der Sommerpause das Gesetz über allgemeine Wahlen zum Unterhaus, dieses Gesetz werde im Herbst Gegenstand eines Referendums[8] sein. Im November würden Gemeinde- und Provinzialwahlen durchgeführt[9], im Frühjahr des nächsten Jahres die Wahlen zum Unterhaus[10].

Auf Frage von Bundesminister erläuterte Fraga Iribarne, die spanische Regierung gehe davon aus, daß sich noch rechtzeitig vor den Gemeinde- und Provinzialwahlen Parteien ähnlicher Gliederung wie in anderen europäischen Ländern bilden würden in einem Spektrum bis hin zu den Sozialisten; die Kommunisten sollten zumindest für weitere ein bis zwei Jahre verboten bleiben, da sie derzeit nicht bereit seien, die Möglichkeiten freien Wettbewerbs um die Gunst der Wähler zu nutzen.

Fraga ging sodann auf eine Bemerkung von *Bundesminister* ein, der die Vorzüge des uns ursprünglich von den Siegermächten aufoktroyierten föderalen Systems für die Einbeziehung der an der Bundesregierung nicht beteiligten politischen Kräfte in die staatliche Verantwortung hervorgehoben und den Nutzen dieses Systems für andere Länder mit regionalen Problemen, wie etwa auch Großbritannien, betont hatte.

Fraga verwies auf die Untersuchung der Möglichkeiten einer stärkeren Regionalisierung, die derzeit von vier Regierungskommissionen getrennt für das Baskenland, Katalanien, die Balearen und die Kanarischen Inseln durchgeführt werde. Gedacht sei an eine Zwischenstufe zwischen dem zentralistischen und dem föderalen Staat mit einer weitgehenden Autonomie, nicht aber verfassungsmäßigen Selbständigkeit für einige Gebiete Spaniens.

Fraga führte aus, daß die spanische Regierung sich insgesamt von ihrem festen Vertrauen in die Möglichkeit einer friedlichen Demokratisierung leiten lasse und deswegen auch die nicht unbedeutende Gegnerschaft im eigenen Lande, insbesondere von der extremen Rechten, in Kauf nehme. Um so enttäuschender sei aber die mangelnde Unterstützung, ja der Widerstand, aus einigen europäischen Demokratien, deren sozialistische Regierungsparteien die spanischen Sozialisten dazu ermutigten, sich von diesem Prozeß der Demokratisierung auszuschließen.

Von dieser Seite würde auch die Europäische Gemeinschaft zu einem Maß an Zurückhaltung gegenüber Spanien bestimmt, das Gefahren für den Demokratisierungsprozeß in seinem Lande in sich berge. Es dürfe nicht wieder passieren, daß die spanischen Befürworter der Annäherung an Europa durch die Zurückweisung von seiten der EG desavouiert und damit zugleich der Impuls für die Demokratisierung im eigenen Lande diskreditiert würden.

Bundesminister zeigte Verständnis für die Probleme der gegenwärtigen Entwicklung in Spanien und Vertrauen darin, daß die spanische Regierung die un-

---

Fortsetzung Fußnote von Seite 337

   litische Assoziationen vorgesehen. Gleichzeitig wird der ‚Empfang von Fonds, die von ausländischen Institutionen oder Personen stammen', als sehr schwerer Verstoß gegen das Parteienstatut bezeichnet, der eine Suspendierung der Partei für ein bis drei Jahre, hohe Geldstrafen bzw. die Auflösung zur Folge haben kann." Vgl. den Drahtbericht Nr. 217; Referat 203, Bd. 110262.

8 Die Volksabstimmung über das Gesetz für die politische Reform Spaniens fand am 15. Dezember 1976 statt.

9 Die Gemeindewahlen in Spanien fanden am 3. April 1979 statt.

10 Die Wahlen zum spanischen Parlament fanden am 15. Juni 1977 statt.

ter den dortigen Verhältnissen kürzest mögliche Frist für den Demokratisierungsprozeß vorsehe.

Die Bundesregierung habe die Ereignisse in Portugal mit Engagement und Vertrauen in die politischen Kräfte verfolgt, die eine wahre Demokratisierung anstrebten. Dieses Vertrauen habe sie auch zur Geduld gegenüber zeitweisen Rückschlägen in dieser Entwicklung befähigt. Die gleiche Haltung würden wir auch gegenüber Spanien einnehmen. Vor dem Hintergrund deutlicher imperialistischer Tendenzen der Sowjetunion, die durch ihre verstärkte Rüstung dokumentiert würden und für die Angola nur ein Beispielfall sei, und vor dem Hintergrund einer in Frankreich nur knapp vermiedenen roten[11] und einer in Italien drohenden schwarzen Volksfront[12] müsse alles begrüßt werden, was die Lebensfähigkeit der Demokratie in Europa beweise. Die Entwicklung in Griechenland, Portugal und Spanien sei ermutigend.

Die Bundesregierung werde deswegen nicht nur ihre traditionell freundschaftliche Haltung gegenüber Spanien beibehalten, sondern ihre positive Haltung gegenüber den Demokratisierungsbestrebungen der spanischen Regierung besonders unterstreichen; entsprechend werde sie auch im europäischen Rahmen für eine Unterstützung Spaniens wirken.

Er spreche hier nicht nur für sich selbst, sondern für die Bundesregierung und den bekanntlich sozialdemokratischen Regierungspartner.

Fraga nahm dies mit der Bemerkung auf, sein Hinweis auf die Gegnerschaft europäischer sozialistischer Parteien beziehe sich nicht auf die Bundesrepublik, sondern auf Dänemark, Schweden und die Niederlande.

Herr *Genscher* sprach sodann als Parteivorsitzender der FDP und – auf das europäische Parteienspektrum eingehend – sah er eine Notwendigkeit für den Bestand liberaler Parteien, die die Mitte zwischen Konservativen und Sozialisten besetzen. Wo dies nicht geschieht, wie etwa in Italien, gerate die Parteienstruktur ins Ungleichgewicht. Davon ausgehend, werde die FDP – soweit erlaubt und notwendig – die Kräfte in Spanien unterstützen, die sich als liberal verstünden, unabhängig davon, ob sie sich als solche bezeichnen oder einen anderen Namen wählen.

Fraga unterstützte die Ausführungen über die Notwendigkeit von Parteien der Mitte, ging kurz auf die Geschichte der liberalen Parteien in Spanien seit dem Parlament von Cádiz[13] ein und betonte, daß die Kräfte der Mitte, denen er sich selbst zurechne, auch heute aktiv seien, wenngleich der Begriff „liberal" mit dem Ende der Monarchie[14] verschwunden sei. Er habe selbst mit Herrn Karry

---

11 Bei den Wahlen zum Amt des Staatspräsidenten in Frankreich am 5. und 19. Mai 1974 hatte der Erste Sekretär der französischen Sozialistischen Partei (PS), Mitterrand, der als Kandidat der aus PS, KPF und MRG gebildeten „Union der Linken" antrat, im ersten Wahlgang mit 43,24 % die meisten Stimmen auf sich vereinigt. Im zweiten Wahlgang unterlag Mitterrand nur knapp mit 49,19 % der Stimmen dem amtierenden Staatspräsidenten Giscard d'Estaing (50,81 %).

12 Vgl. dazu das Konzept eines „historischen Kompromisses" des Generalsekretärs der KPI, Berlinguer; Dok. 6, Anm. 6.

13 Während des spanischen Unabhängigkeitskrieges gegen Napoleon trat unter dem Schutz der britischen Flotte in Cádiz eine Ständeversammlung zusammen, die 1812 die sogenannte Verfassung von Cádiz verabschiedete.

14 Nachdem die Republikaner und Sozialisten in den spanischen Gemeinderatswahlen am 12. April 1931 in 41 von 50 Provinzhauptstädten die Mehrheit der Stimmen auf sich hatten vereinigen kön

als Vertreter der Friedrich-Naumann-Stiftung vor einigen Tagen gesprochen und werde diese Kontakte gern fortführen. Der spanische Innenminister schloß mit dem Bemerken, der Bundesminister habe eine ständige Einladung zu einem Besuch in Spanien; er würde sich freuen, ihn dort begrüßen zu können.

Referat 010, Bd. 178647

72

Aufzeichnung des Ministerialdirektors Lautenschlager

412-401.00/1-197/76 VS-vertraulich   **4. März 1976**[1]

Über den Herrn Staatssekretär[2] dem Herrn Minister[3]

Betr.: Überlegungen zur Verwendung der deutschen Devisenreserven:
         hier: Möglichkeiten und Grenzen einer Diversifizierungspolitik

Anlg.: Kurzfassung[4]

Bezug: Weisung des Herrn Ministers

I. Die deutschen Währungsreserven betragen zur Zeit rd. 80 Mrd. DM. Davon sind rd. 47 Mrd. US-Dollar, 14 Mrd. Gold, der Rest Forderungen an Dritte (Organisationen und Länder).

Im Gold steckt eine erhebliche „stille" Reserve. Es wird von der Deutschen Bundesbank nach wie vor zu 44,22 statt zum Marktpreis von rd. 130 Dollar je Unze bewertet, was jetzt möglich wäre.

Das Gros unseres Devisenhortes, die 47 Mrd. Dollar, sind in US-Schatzamtspapieren zinsträchtig, sicher und schnell mobilisierbar angelegt.

II. Währungsreserven dienen – ihrer Zweckbestimmung nach – dem Ausgleich vorübergehender Zahlungsbilanzdefizite und der Kursstützung. Da größere Defizite angesichts unserer ungebrochenen internationalen Wettbewerbsfähigkeit auf mittlere Sicht kaum zu erwarten sind und die DM als tendenziell „aufwertende" Währung weder in der europäischen Schlange noch im Floating gegenüber Drittländern auf absehbare Zeit nachhaltig stützungsbedürftig sein

---

Fortsetzung Fußnote von Seite 339
      nen, entschloß sich König Alfons XIII. zum Verlassen des Landes, ohne allerdings auf seine Thronrechte zu verzichten. Am 14. April 1931 wurde die Republik ausgerufen.

[1] Die Aufzeichnung wurde von Vortragendem Legationsrat I. Klasse Jelonek konzipiert.
[2] Hat Staatssekretär Hermes am 15. März 1976 vorgelegen.
[3] Hat Bundesminister Genscher am 14. März 1976 vorgelegen, der handschriftlich für Ministerialdirigent Kinkel vermerkte: „Ich wollte darüber mit BM Friderichs sprechen."
      Hat Ministerialdirigent Kinkel am 16. März 1976 vorgelegen.
[4] Dem Vorgang beigefügt. Vgl. VS-Bd. 14066 (010); B 150, Aktenkopien 1976.

dürfte, kann davon ausgegangen werden, daß der weit überwiegende Teil unserer Reserven für monetäre Zwecke nicht benötigt werden wird.

III. Es stellt sich daher die Frage, ob wir nicht unseren Devisenhort aktiver nutzen und ihn – in angemessenem Rahmen – zur Durchsetzung unserer Interessen einsetzen sollten.

Dieser Gedanke, der periodisch aufzutauchen pflegt – von innen, wie z. B. von MdB Ehrenberg angestoßen, oder von außen, wie z. B. im Oktober 1973 im Gespräch Kossygin/BM Scheel[5] – ist bisher immer aus grundsätzlichem ökonomisch-monetären Raisonnement verworfen worden. Dies sollte aber erneutem Nachdenken nicht im Wege stehen. In Betracht käme ein aktiverer Einsatz unserer Reserven aus:

– außenwirtschaftlichen, konjunkturellen, rohstoffpolitischen sowie

– außenpolitischen (ost-, integrations- und entwicklungspolitischen) Motiven.

IV. Eine Überprüfung unserer Politik muß dabei von der ökonomisch-monetären Zweckbestimmung von Währungsreserven und dem Auftrag des Bundesbankgesetzes ausgehen.

a) Verwaltung und Anlage der deutschen Währungsreserven obliegen laut Gesetz – autonom – der Deutschen Bundesbank. Die Bundesbank hat sich bisher – in Übereinstimmung mit der Bundesregierung – streng an die klassische Notenbankregel gehalten, mit den Reserven keine monetäre Finanzierung zu betreiben. Monetäre Finanzierung wäre grundsätzlich gleichzusetzen mit Aufblähung der internationalen Liquidität und Anheizung der Inflation. Frankfurt hielt sich deshalb – im Gegensatz zu anderen, weniger stabilitätsmotivierten Notenbanken – vom Euromarkt fern und legte seine Dollars in US-Schatzamt-Schuldverschreibungen und damit liquiditätsneutral an.

Eine Abkehr von dieser Anlagepolitik und die Mobilisierung von Reserven in der Form von Devisenkrediten wäre auch heute stabilitätspolitisch höchst problematisch. Der ohnehin bereits viel zu hohen internationalen Liquidität würden neue Mittel zugeführt, das zur Zeit durch die flaue internationale Konjunktur verdeckte Inflationspotential verstärkt und damit zusätzliche Keime für einen neuerlichen weltweiten Preisauftrieb gelegt.

Angesichts der Tatsache, daß wir im Rahmen der Reformberatungen des Weltwährungssystems immer und nachdrücklich für eine wirksame Kontrolle der internationalen Liquidität eingetreten sind, müßte eine deutsche Kehrtwendung in dieser wichtigen Frage weltweit als negatives Signal gedeutet werden. Dem deutschen, in diesem Bereich meinungsbildenden Verhalten kommt insoweit exemplarische Bedeutung zu. Der Hinweis auf das Fehlverhalten anderer Länder entläßt uns nicht aus der besonderen Verantwortung, die uns unsere Rolle als führende Weltwirtschaftsnation auferlegt. Hieraus ergibt sich, daß eine radikale Änderung unserer Anlagepolitik nicht in Frage kommen kann.

Wenn unsere Aktionsfreiheit somit aufgrund objektiver Gegebenheiten Grenzen gesetzt sind, so bedeutet das nicht, daß wir zur absoluten Immobilität verurteilt wären. Es verbleibt uns – unterhalb einer kritischen Schwelle – ein

---

5 Für das Gespräch des Bundesministers Scheel mit Ministerpräsident Kossygin am 3. November 1973 in Moskau vgl. AAPD 1973, III, Dok. 357.

gewisser Spielraum, dessen Ausmaße allerdings schwer exakt zu bestimmen sein dürften.

b) Auch das Bundesbankgesetz stände einer flexibleren Nutzung unserer Reserven grundsätzlich nicht im Wege. Laut Gesetz hat die Bundesbank:

– einerseits, und zwar vorrangig, die Währungsqualität zu sichern (§ 3 Bundesbankgesetz[6]),

– andererseits aber auch die allgemeine Wirtschaftspolitik der Bundesregierung zu unterstützen (§ 12 BBank-G[7]).

Die Vergabe von Auslandskrediten wäre grundsätzlich als Maßnahme zur Unterstützung der Politik der Bundesregierung anzusehen. Die Gesetzeskonformität von Devisenkrediten dürfte aber dann zweifelhaft sein, wenn auf diesem Wege Ausfuhrförderung betrieben werden soll. Die Unterstützungspflicht der Bundesbank endet somit dort, wo die Grenze zu stabilitätspolitisch fragwürdigen Finanzierungen überschritten wird.

V. Außenwirtschaftliche und konjunkturpolitische Motive

a) Unser Außenhandel ist seit den 60er Jahren stark überschüssig. Die Bundesrepublik exportiert weit mehr als zur Bezahlung sämtlicher aus dem Ausland bezogenen Leistungen notwendig wäre. Dieser „Über"-export bedeutet nichts anderes als einen Verzicht auf einen Teil unserer volkswirtschaftlichen Gesamtleistung. Er bringt aber auch Teile der deutschen Industrie in eine gefährliche Auslandsabhängigkeit. Die weltweite Rezession hat die Mängel jedermann sichtbar aufgedeckt und über starke Beschäftigungseinbrüche zu schmerzlichen Anpassungsprozessen geführt, die noch nicht abgeschlossen sein dürften. So sehr wir deutscherseits an einer breit angelegten Konjunkturbelebung interessiert sind, so wenig sollte uns an einem neuen Exportboom gelegen sein. Die Nutzung unserer Reserven in Form von Devisenkrediten könnte zu einer künstlichen Stimulierung unserer Exportindustrie führen. Denn es ist angesichts unserer ungebrochenen Wettbewerbsfähigkeit damit zu rechnen, daß der Großteil der „deutschen" Dollar auch wieder Waren in Deutschland nachfragt (z.B. fließen von unserer Kapitalhilfe etwa 80 % zu uns zurück!). Da sich erfahrungsgemäß die zusätzliche Auslandsnachfrage in jenen Industriesektoren zu konzentrieren pflegt, die ohnehin noch relativ gut beschäftigt sind, dürften neue Preisschübe die Folge sein.

Auch die gelegentlich gehörte Empfehlung, man solle „brachliegende" Devisenreserven gezielt zur Sicherung von Arbeitsplätzen in Problemindustrien oder gar einer bestimmten Unternehmensgruppe einsetzen, erweist sich bei näherer Betrachtung als eine zwar sozial verpackte, aber volkswirtschaftlich höchst ge-

---

[6] In Paragraph 3 des Gesetzes vom 26. Juli 1957 über die Deutsche Bundesbank wurde festgestellt: „Die Deutsche Bundesbank regelt mit Hilfe der währungspolitischen Befugnisse, die ihr nach diesem Gesetz zusteht, den Geldumlauf und die Kreditversorgung der Wirtschaft mit dem Ziel, die Währung zu sichern, und sorgt für die bankmäßige Abwicklung des Zahlungsverkehrs im Inland und mit dem Ausland." Vgl. BUNDESGESETZBLATT 1957, Teil I, S. 745.

[7] Paragraph 12 des Gesetzes vom 26. Juli 1957 über die Deutsche Bundesbank bestimmte: „Die Deutsche Bundesbank ist verpflichtet, unter Wahrung ihrer Aufgabe die allgemeine Wirtschaftspolitik der Bundesregierung zu unterstützen. Sie ist bei der Ausübung der Befugnisse, die ihr nach diesem Gesetz zustehen, von Weisungen der Bundesregierung unabhängig." Vgl. BUNDESGESETZBLATT 1957, Teil I, S. 747.

fährliche Scheinlösung. Von den gesamtwirtschaftlichen Bedenken abgesehen, würde hier ein gefährlicher Präzedenzfall geschaffen und dem Interessentendruck Tür und Tor geöffnet. Entscheidend aber dürfte sein, daß sich eine Devisenmobilisierung mit solcher einzelwirtschaftlichen Zielsetzung mit dem Auftrag des Bundesbankgesetzes nicht vereinbaren ließe.

Außenwirtschaftlich gesehen sprechen somit strukturelle und konjunkturelle Überlegungen grundsätzlich gegen eine monetäre Finanzierung unserer Exporte.

b) Der Einsatz von Devisenkrediten wäre allenfalls anders zu beurteilen, wenn sie ad hoc zur Bekämpfung einer tiefsitzenden Rezession eingesetzt würden. Es wäre durchaus vorstellbar, daß eine einmalige, zeitlich gut geplante, wohldosierte Aktion konjunkturell Erleichterung schaffen könnte. Wichtig wäre dabei, daß die Kredite nur solchen Ländern zuflössen, die sie auch unverzüglich nutzen.

Zu fragen ist allerdings, ob angesichts der bereits weltweit allmählich wieder anziehenden Konjunktur der Zeitpunkt für eine solche Aktion diesmal nicht bereits verpaßt ist. Die Hauptsorge ernstzunehmender Konjunkturexperten ist schon nicht mehr die Überwindung der Rezession, sondern die Vermeidung eines neuen gigantischen Inflationsschubes. Zu befürchten wäre, daß jetzt zugesagte Devisenkredite gerade dann genutzt werden, wenn die ohnehin reichlich vorhandene, aber z.Z. ruhende internationale Liquidität im Konjunkturaufschwung massiv marktwirksam wird. Wir würden uns dann dem Vorwurf aussetzen, aktiv mitverantwortlich für eine neue weltweite Inflationsrunde zu sein.

Selbst die antizyklische Nutzung unserer Devisen – sozusagen als Rezessions-Eingreifreserve – beinhaltet somit ein stabilitätspolitisch hohes Risiko. Dennoch bleibt festzuhalten, daß unsere Reserven nach dem Wegfall ihrer bisherigen Hauptverwendungszwecke grundsätzlich durchaus auch als geeignetes Instrument zur Bekämpfung eines weltweiten Konjunktureinbruchs angesehen werden können. Insoweit verfügt die Bundesrepublik Deutschland über das bekannte Arsenal konjunkturpolitischer und monetärer Instrumente hinaus über eine Art „Rezessionsfazilität", die sie ggf. zum weltweiten Nutzen einsetzen kann.

VI. Außenpolitische Motive

Aus außenpolitischer Sicht wirft eine evtl. Revision unserer Reservenpolitik insbesondere Fragen im Verhältnis zu den USA als bisherigem Anlageland, der Sowjetunion und dem Ostblock, den EG-Partnern und der Europäischen Gemeinschaft sowie der Dritten Welt als etwaigen Begünstigten auf.

a) USA

Die bisher von deutscher Seite praktizierte Anlagepolitik ist von amerikanischer Seite in der Vergangenheit stets als Beweis des Vertrauens in den US-Dollar und in die amerikanische Politik gedeutet worden. Dieser psychologische Effekt wurde von den Amerikanern besonders in der nunmehr überwundenen mehrjährigen wirtschaftlichen Schwächeperiode hoch bewertet. Angesichts der Wiedererstarkung des Dollars und fehlender gleichwertiger Anlagemöglichkeiten für Devisenreserven dürfte der Vertrauensaspekt jedoch für die US-Administration zur Zeit nur insoweit eine Rolle spielen, als massive deutsche Umdispositionen neue Unruhe in das ohnehin labile internationale Währungsgeschehen bringen könnten.

Anders zu beurteilen dürfte in amerikanischen Augen der Finanzierungs-aspekt sein. Bisher konnte das US-Schatzamt davon ausgehen, daß ein Teil seiner Finanzierung durch deutsche Anlagen nahezu mühe- und geräuschlos gesichert war. Eine deutlich verringerte Abnahme von Schatzamtspapieren durch die Deutsche Bundesbank oder vorzeitige Verkäufe könnten der ameri-kanischen Seite – zumindest vorübergehend – Probleme machen, obwohl an-gesichts von Größe und Effizienz des US-Geld- und Kapitalmarktes sich diese Lücke verhältnismäßig leicht schließen lassen dürfte.

Zu beachten wäre aber, daß von der US-Öffentlichkeit immer ein gewisser Zu-sammenhang zwischen Devisenausgleich und Verteidigungsanstrengungen ei-nerseits und den deutschen Devisenanlagen in den USA andererseits gesehen wurde.[8] Eine Änderung unserer Anlagepolitik könnte, selbst wenn sie finanz-technisch für die USA zu verkraften ist, im Kongreß oder in der Öffentlichkeit politisch anders gesehen und in einer den deutsch-amerikanischen Beziehun-gen abträglichen Weise interpretiert werden. Eine evtl. Weitergabe unserer Dollars an die Sowjetunion oder andere Ostblockstaaten könnte uns von grob-flächig argumentierenden Senatoren herbe Kritik einbringen. Wobei der Vor-wurf, wir verschafften uns auf diesem Wege unlautere Wettbewerbsvorteile, kaum fehlen dürfte. Die öffentliche Meinung in den USA wäre jedenfalls als schwierig einzuschätzender Faktor in die Abwägung der Vor- und Nachteile deutscher Devisenkredite angemessen einzubeziehen.

b) Sowjetunion

Die deutschen Exporte in die Sowjetunion sind in den letzten Jahren sprung-haft angestiegen (von 1974 bis 1975 allein um 45,5%).[9] Nicht zuletzt erklä-ren spektakuläre Großgeschäfte (Röhren gegen Gas[10]; Kama-Automobilwer-

---

8 Im Rahmen der seit 1962 getroffenen deutsch-amerikanischen Vereinbarungen über einen Devi-senausgleich verpflichtete sich die Bundesrepublik unter anderem zum Erwerb amerikanischer Schatzbriefe durch die Bundesbank. Zur Frage einer Neuregelung vgl. Dok. 51.

9 Botschafter Sahm, Moskau, bilanzierte am 20. Juli 1976 den Handel zwischen der Bundesrepublik und der UdSSR im Jahr 1975: „Die Exporte der Bundesrepublik Deutschland in die UdSSR wuch-sen um 47,9 v.H. im Jahre 1974 auf 6,9 Mrd. DM 1975. (1974: plus 55 v.H.). Die starke wertmäßige Verringerung der Einfuhren war im wesentlichen auf die ausgeprägte Rezession der Wirtschaft der Bundesrepublik Deutschland im abgelaufenen Jahre zurückzuführen, die insbesondere auf die Ex-porte sowjetischer Rohstoffe (rd. 90 v.H. des sowjetischen Exports waren Rohstoffe und Halbwa-ren) voll durchschlug. Während sich der Zuwachs der deutschen Ausfuhren 1975 im Vergleich zum Vorjahr weiter erhöhte (1974: plus 1,6 Mrd. DM, 1975: plus 2,17 Mrd. DM), verwandelte sich der Zuwachs der Einfuhren aus der UdSSR in ein Negativwachstum (1974: plus 1,2 Mrd. DM, 1975: minus 33 Mio. DM). [...] Das sowjetische Handelsbilanzdefizit erhöhte sich 1975 uns gegenüber von 1,5 (1974) auf 3,7 Mrd. DM (plus rd. 147 v.H., 1974: plus 36 v.H.). Das Defizit erreichte damit eine Rekordhöhe". Vgl. die Anlage zum Schriftbericht Nr. 3704; Referat 421, Bd. 117678.

10 Am 1. Februar 1970 wurden zwischen Vertretern der Energiewirtschaft der Bundesrepublik und staatlichen Stellen der UdSSR zwei privatrechtliche Verträge über die Lieferung von 1,2 Mio. t Rohre im Gegenzug zur Lieferung von sowjetischem Erdgas für einen Zeitraum von 20 Jahren, be-ginnend 1973, unterzeichnet. Vgl. dazu AAPD 1970, I, Dok. 23.
Ein zweites Abkommen mit einer Laufzeit von 20 Jahren und einem Wert von „weit über 10 Mrd. DM" wurde am 6. Juli 1972 in Düsseldorf unterzeichnet. Es umfaßte die Lieferung geschweißter Großrohre im Wert von 1,235 Mio. DM und einen Kreditvertrag zwischen einem Bankenkonsortium die Deutsche Bank AG und die sowjetische Außenhandelsbank in Höhe von 1,050 Mrd. DM.

ke[11]) die starke Öffnung der deutsch-sowjetischen Export-Import-Schere. Massive private deutsche Kredite finanzierten diese Entwicklung. Die Sowjetunion zählt heute mit rd. 12,5 Mrd. DM bei 17,5 Mrd. DM Gesamtverschuldung des Ostblocks gegenüber der Bundesrepublik zu unseren größten Auslandsschuldnern. Das Bild der deutsch-sowjetischen Wirtschaftsbeziehungen hat sich somit in wenigen Jahren erheblich geändert.

Obwohl die Sowjetunion deutsche Regierungs- und Notenbankvertreter – u. a. Bundesbank-Präsident Klasen bei seinem Besuch in Moskau im Oktober 1973[12] – wiederholt auf den deutschen Devisenhort als Finanzierungsquelle für beiderseits attraktive Geschäfte aufmerksam gemacht hatte, ist die deutsche Seite auf diese „Versuchung" aus stabilitätspolitischer Verantwortung bisher nie eingegangen. Sicherlich dürfte hierbei auch die Überzeugung eine Rolle gespielt haben, daß sich der deutsch-sowjetische Handelsaustausch auch ohne Rückgriff auf unsolide monetäre Finanzierungen noch erheblich ausweiten ließe. Die Entwicklung hat diese Prognose überdeutlich bestätigt. An fehlender Finanzierung zu marktüblichen Bedingungen dürfte angesichts der ungeschwächten Ergiebigkeit des deutschen und des internationalen Finanzmarktes wohl auch in absehbarer Zukunft kein wirklich gutes Projekt scheitern.

Fortsetzung Fußnote von Seite 344

Vgl. den Drahterlaß Nr. 2886 des Vortragenden Legationsrats I. Klasse Klarenaar vom 7. Juli 1972; Referat III A 6, Bd. 501.

Am 29. Oktober 1974 wurde in Moskau ein weiteres Abkommen über die Lieferung von Erdgas und Rohren unterzeichnet. Am 21. November 1974 vermerkte Referat 421 dazu: „Das neue Geschäft sieht in den Jahren 1975 und 1976 Röhrenlieferungen im Werte von rd. 1,5 Mrd. DM an die Sowjetunion vor (405 000 t im Jahr 1975, 480 000 t im Jahre 1976). Die Röhrenlieferungen werden von der sowjetischen Seite mit Erdgas-Rücklieferungen (bis zum Jahre 2000) bezahlt werden. Aufgrund der beiden ersten Erdgas-Röhren-Geschäfte liefert die Sowjetunion gegenwärtig ca. 7 Mrd. cbm jährlich. Vorgesehen ist jetzt durch das dritte Geschäft eine Erhöhung um fortschreitend 1,5–2,5 Mrd. cbm jährlich bis auf eine jährliche Gesamtmenge von etwa 10 Mrd. cbm Erdgas." Vgl. Referat 421, Bd. 117691.

11 Im September 1969 begannen Gespräche zwischen sowjetischen Stellen und der Daimler-Benz AG über die Beteiligung am Bau einer LKW-Fabrik in der UdSSR (Kama-Projekt), die jedoch wegen Differenzen hinsichtlich der Lizenzgebühren zu keinem Abschluß führten. Mit der Gesamtkonzeption für die Durchführung des Projekts wurde die Firma Renault beauftragt. Vgl. dazu die Aufzeichnung des Referats III A 6 vom 27. Mai 1971 sowie den Drahtbericht Nr. 1671 des Botschafters Ruete, Paris, vom 8. Juni 1971; Referat III A 6, Bd. 502.

Am 11. Januar 1973 wurde in der Presse berichtet, ein Konsortium, dem 43 Firmen aus der Bundesrepublik sowie vier ausländische Hersteller angehörten, unter der Generalunternehmerschaft der Liebherr Verzahntechnik GmbH, Kempten, habe „von sowjetischen Stellen gegen amerikanische Konkurrenz den Auftrag erhalten, das Kama-Getriebewerk in allen Einzelheiten zu projektieren und einen großen Teil der dort benötigten Maschinen, Automations- und Verkettungsanlagen zu liefern und zu montieren. Das Gesamtvolumen des Auftrags übersteigt nach dieser Information 400 Millionen DM." Das Unternehmen Liebherr Verzahntechnik habe damit die gleiche Stellung „wie die Régie Renault, die für die im selben Werk befindliche Motorenfertigung verantwortlich ist. Beide müssen sich in der Gesamtplanung noch aufeinander abstimmen." Vgl. den Artikel „Liebherr-Konsortium errichtet Kama-Getriebewerk"; FRANKFURTER ALLGEMEINE ZEITUNG vom 11. Januar 1973, S. 12.

12 Der Präsident der Bundesbank, Klasen, besuchte vom 5. bis 12. Oktober 1973 die UdSSR. Am 11. Oktober 1973 wurde er von Ministerpräsident Kossygin empfangen. Botschafter Sahm, Moskau, berichtete dazu: „Kossygin kam dann auf die großen Dollar-Reserven der Bundesbank zu sprechen. Heute kreditiere die BRD die USA – es sei wie ein umgekehrter Marshall-Plan. Nach einem Exkurs, ob der Dollar sich halten werde – was Klasen glaubte –, kam Kossygin darauf zu sprechen, daß die amerikanischen Ausrüstungen die SU sehr viel billiger kämen als früher." Abschließend habe Kossygin angeregt, „daß jede Seite einmal überlege, ob man nicht auf lange Sicht zu einem gemeinsamen Kreditabkommen zwischen der SU und der BRD kommen könne". Vgl. den Drahtbericht Nr. 3469 vom 12. Oktober 1973; Referat 412, Bd. 117701.

Es sind daher auch heute keine Gesichtspunkte erkennbar, die uns eine Abkehr von der bisher eingenommenen ablehnenden Haltung der Sowjetunion gegenüber nahelegen könnten. Im Gegenteil mahnt die enorme Verschuldung der Sowjetunion uns gegenüber zur Vorsicht. Es sind dabei nicht Kreditwürdigkeit oder Solvenz, die in Zweifel zu ziehen wären. Moskau hat bisher noch nichts vom Ruf eines erstklassigen Schuldners eingebüßt. Nicht zu übersehen ist aber, daß uns auch eine ausgeprägte Gläubigerposition in eine „besondere Beziehung" dem großen Schuldner gegenüber bringen kann, aus der sich eine Anfälligkeit für „dringende" Wünsche, wenn nicht sogar eine gewisse allgemeine Abhängigkeit ergeben könnten. An einer Einengung unseres Spielraums Moskau gegenüber, zudem noch als Folge besonderer deutscher Anstrengungen – Devisenkredite – kann uns sicher nicht gelegen sein.

Festzuhalten ist, daß unsere nationalen wirtschaftlichen Interessen einen Einsatz von Devisenkrediten zugunsten der Sowjetunion nicht nahelegen. Sollten aber hier nicht erkennbare andere „übergeordnete" politische Gesichtspunkte zu einem gegenteiligen Schluß führen, müßte jedenfalls von vornherein sichergestellt sein, daß seitens der Sowjetunion mit konkreten politischen Gegenleistungen gezahlt wird. Da nicht wir, sondern die Sowjetunion in der Rolle des „demandeur" ist, sollten wir eine etwaige Kreditgeberrolle voll auszuspielen versuchen. Die bisherigen Erfahrungen lassen jedoch den Schluß zu, daß Moskau kaum bereit sein dürfte, finanzielles Entgegenkommen durch andere als wirtschaftliche Gegenleistungen zu honorieren.

c) Kleinere Ostblockländer

Was für die Sowjetunion gilt, gilt cum grano salis grundsätzlich auch für die kleineren Ostblockländer. Verschuldensentwicklung und Zinslast wären bei einzelnen Ostblockländern jedoch sorgfältiger zu prüfen als zusätzliche Engagements zugunsten Moskaus. Von Bedeutung für uns dürfte dabei sein, daß unsere „bargaining power" einzelnen Ostblockstaaten gegenüber – angesichts ihres chronischen Bedarfs an fremder Währung – nicht zu gering einzuschätzen wäre. Falls es uns um die Durchsetzung eines festumrissenen, konkreten politischen Anliegens geht, sollte daher, wenn andere Mittel nicht zum Ziel führen, auch der Einsatz eines Devisenkredits ins Kalkül einbezogen werden. Von der Größenordnung her gesehen dürften hierfür nur begrenzte Beträge in Frage kommen. Voraussetzung für eine solche Operation wäre allerdings, daß nach sorgfältiger Sondierung eine Kreditzusage nur Zug um Zug gegen eindeutig bestimmte politische Zusagen oder Leistungen gegeben würde. Die in der politischen Praxis erfahrungsgemäß nur schwierig zu erreichende „Zug um Zug Leistung" müßte durch geeignete Ausgestaltung der Kreditvereinbarung abgesichert werden (z.B. Auszahlung in Raten).

Devisenkredite an kleinere Ostblockländer könnten u.U. auch helfen, deren Unabhängigkeit gegenüber der Sowjetunion auf dem gegenwärtigen Stand zu erhalten oder vielleicht geringfügig zu verbessern. Gerade deshalb ist nicht auszuschließen, daß die Sowjetunion solche Kredite als gegen sich und ihre Blockpolitik gerichtet ansieht, zumal sie selbst ja keine Kredite erhält. Wenn es sich indessen nur um eng begrenzte Ausnahmefälle handelt und diese nicht als Ausdruck einer gezielten an Moskau vorbeioperierenden Politik verstanden werden können, so wird man eine etwaige sowjetische Kritik in Kauf nehmen müssen. Jedenfalls müssen wir vermeiden, unsere Kreditpolitik gegenüber den kleineren Ostblockländern etwa von einer Zustimmung Moskaus abhängig zu machen. Dabei ist es eine andere, zur Zeit eher skeptisch zu beurteilende Frage, ob diese Länder im Hinblick auf ihr Verhältnis zur Sowjetunion sich überhaupt in der Lage sehen, politische Zugeständnisse gegen Kreditzusagen zu machen. Dies wird vom jeweiligen Einzelfall, dem Zeitpunkt der zu treffenden Entscheidung und den dann vorliegenden Gesamtumständen abhängen.

Die gelegentlich geäußerte Hoffnung schließlich, durch eine stärkere wirtschaftliche Verflechtung mit dem Westen längerfristig die östlichen Abhängigkeitsstrukturen auflockern zu können, hat sich bisher nicht erfüllt und sollte daher nicht als entscheidendes Element in die Überlegungen einbezogen werden.

d) Europäische Gemeinschaft

Die Politik der Enthaltsamkeit bezüglich unserer Devisenreserven ist bisher nur in wenigen Ausnahmefällen durchbrochen worden. Jeweils waren hierfür – von unserer Interessenlage her gesehen – nicht kommerzielle, sondern politische Gründe ausschlaggebend. Dies gilt sowohl für den Zwei-Mrd.-Dollar-Kredit, den der Bundeskanzler den Italienern in Bellagio im Herbst 1974 zusagte[13], als auch den jüngst gegebenen Portugal-Kredit in Höhe von 250 Mio. Dollar[14], jeweils gegen Goldverpfändung. In beiden Fällen ging es in erster Linie darum, in Not geratenen Partnern Solidarität zu beweisen und damit Bündnis und Gemeinschaft zu stützen.

Die mit diesen Aktionen vorgenommene behutsame und begrenzte Auflockerung unserer Reservepolitik dürfte ein Schritt in die richtige Richtung sein.

In diesem Zusammenhang ist daran zu erinnern, daß wir deutscherseits bisher alle Pläne zur Aufstockung der europäischen monetären Beistandsmechanismen und zur Vergemeinschaftung eines begrenzten Teiles der nationalen Währungsreserven stets abgelehnt haben. Vorschläge zur Aufwertung des „Europäischen Fonds für währungspolitische Zusammenarbeit" – der Keimzelle des europäischen Zentralbanksystems sein soll, zur Zeit aber das Dasein eines Mauerblümchens fristet – trafen bei unseren Fachressorts immer auf taube Ohren. Es ist nicht zu übersehen, daß jede nachhaltige Änderung unserer Reservepolitik und eine etwaige Begünstigung von Drittländern uns aus der Europäischen Gemeinschaft den Vorwurf einbringen könnte, für andere mehr zu tun als für die engsten Partner. Wir werden uns mit diesem Fragenkomplex bereits wieder bei der Erörterung des Tindemans-Berichts zur Europäischen

---

[13] Bei ihrem Treffen am 30./31. August 1974 in Bellagio vereinbarten Bundeskanzler Schmidt und Ministerpräsident Rumor die Anlage eines Betrags von zwei Milliarden Dollar aus den Währungsreserven der Bundesbank bei der Banca d'Italia gegen ein Golddepot der Banca d'Italia bei der Deutschen Bundesbank. Die Laufzeit des Abkommens betrug insgesamt zwei Jahre. Vgl. dazu AAPD 1974, II, Dok. 248.
Am 28. Februar 1976 wurde in der Presse über die Fortführung der Währungsanleihe berichtet: „Die Deutsche Bundesbank hat Italien zur Stützung seiner Währungsreserven einen bereits zurückgezahlten Kredit von 500 Millionen Dollar (rund 1,3 Milliarden Mark) erneut zur Verfügung gestellt. Es handelt sich dabei um eine 500-Mill.-Dollar Rate, die Italien zur Tilgung eines 1974 gewährten deutschen Stützungskredits von zwei Mrd. Dollar [...] im Frühjahr 1975 zurückgezahlt hatte. Die Laufzeit der Tranche endet mit Ablauf des gesamten Kreditabkommens im August 1976." Vgl. den Artikel „Neue Anleihe für Italien"; DIE WELT vom 28. Februar 1976, S. 9.
[14] Zum Darlehensvertrag vom 23. Januar 1976 zwischen der Bundesbank und der portugiesischen Nationalbank vgl. Dok. 31, Anm. 11.

Union[15] auseinanderzusetzen haben. Wir sollten daher beim Übergang zu einer flexibleren Reservenpolitik die Erfordernisse der europäischen Integration angemessen berücksichtigen und – konkret – den neuen Vorschlägen zur Erhöhung der Beistände und einer allmählichen Vergemeinschaftung eines begrenzten Teiles der nationalen Währungsrücklagen aufgeschlossener als bisher gegenüberstehen. Daß die vorhandenen Stützungsmechanismen (kurz- und mittelfristiger Beistand) zur Meisterung ernsthafter monetärer Störungen im europäischen Raum nicht ausreichen, ist unter Fachleuten unbestritten.

e) Dritte Welt

Differenzierter zu beurteilen wäre dagegen die Vergabe von Devisenkrediten an die Dritte Welt. Hier besteht die Gefahr, daß bereits wenige Kredite eine Kettenreaktion und einen allgemeinen „run" nach Bonn bzw. Frankfurt auslösen könnten. (Der Ägypten-Kredit[16] ist bisher nicht bekannt geworden.) Angesichts der praktisch unstillbaren Devisenwünsche dieser Ländergruppe dürfte es erhebliche Schwierigkeiten machen, eine „Vergabepolitik" nicht diskriminierend zu handhaben. Wir würden uns letztlich mit diesen Geldern keine Freunde machen. Die Begehrlichkeit wäre unbegrenzt, das Konditionengerangel endlos. Eine evtl. „Goldverpfändung" als Selektionskorrektiv dürfte – falls überhaupt möglich – als ehrenrührig disqualifiziert werden. Unser Beispiel wäre darüber hinaus bei anderen reservestarken Ländern höchst unpopulär.

Anders zu beurteilen wäre hingegen, wenn wir aus einer konjunkturellen Not eine entwicklungspolitische Tugend machen und eine evtl. zu schwach ausfallende Belebung der internationalen Konjunktur (was den augenblicklichen Zyklus anbetrifft wohl nicht vor Herbst/Winter 1976/77 zu überschauen) durch eine einmalige ins Gewicht fallende Aktion abstützen würden. Eine solche Aktion etwa zugunsten der ärmsten der Entwicklungsländer würde die deutsche These von der Notwendigkeit, gezielt etwas zur Erleichterung der Lage gerade dieser Ländergruppe zu tun, wirkungsvoll unterstreichen. Die Vergabe dieser Mittel über eine internationale Organisation – wie etwa die Weltbank – wäre zu überlegen. Wichtig wäre bei einer solchen Aktion das Timing, für das einerseits der Verlauf der Weltkonjunktur und andererseits die Entwicklung des Dialogs mit der Dritten Welt in der Konferenz für internationale wirtschaftliche Zusammenarbeit und der UNCTAD[17] maßgebliche Orientierungshilfen sein könnten. Hier böte sich so etwas wie eine konstruktive Antwort auf die mit schwerwiegenden Mängeln behaftete und daher nach wie vor abzulehnende ‚link'-Forderung an. Ein solcher Plan müßte – wenn wir daraus optimalen politischen Nutzen ziehen wollen – sorgfältig und vor allem diskret vorbereitet, quantitativ und zeitlich genau kalkuliert und mit unseren wichtigsten Partnern, insbesondere in der EG, in angemessener Form vorab konsultiert werden.

Eine Variante dieser Idee wäre, Devisenreserven gezielt zum Ankauf von Rohstoffen und zur Anlage deutscher Vorratslager zu verwenden.[18] Hierbei müßte aber zunächst die Vorfrage geklärt werden, ob der Bund – über die Rohölreserven hinaus – nach dem Vorbild der USA nationale strategische Rohstoffreser-

---

15 Zum Tindemans-Bericht über die Europäische Union vom 29. Dezember 1975 vgl. Dok. 1.
16 Zum Kredit der Bundesregierung für Ägypten vgl. Dok. 7, Anm. 6.
17 Die IV. UNCTAD-Konferenz fand vom 5. Mai bis 31. Mai 1976 in Nairobi statt. Vgl. dazu Dok. 173.
18 Zu diesem Satz vermerkte Staatssekretär Hermes handschriftlich: „Vorschlag ‚Ehrenberg'".

ven halten sollte. Den nicht Energie, aber andere Rohstoffe exportierenden Entwicklungsländern wäre diese Form der Hilfe, die der Maxime „trade not aid" näherkäme, sicherlich sympathisch. Bisher ist dieser Gedanke – z. B. von MdB Ehrenberg vertreten – in der Bundesregierung insbesondere aus ordnungspolitischen und budgetären Gründen abgelehnt worden.

VII. Bei einer nach außen erkennbaren Änderung unserer bisherigen Politik müssen auch die innenpolitischen Komponenten und die mögliche Reaktion der Öffentlichkeit berücksichtigt werden. Zusammenfassend bieten sich folgende Schlußfolgerungen an:

1) Die bisher verfolgte Reservenpolitik entspricht der Verantwortung, die wir als führende Wirtschaftsmacht für die Stabilität des internationalen Wirtschafts- und Währungsgeschehens haben. Es sind auch heute keine Gründe – weder ökonomische, noch politische – erkennbar, die uns einen radikalen Haltungswandel nahelegen könnten.

2) Das Festhalten an der bewährten Linie grundsätzlicher Abstinenz schließt aber nicht aus, daß wir in begründeten Einzelfällen bereit sein sollten, einen gewissen Teil unserer Reserven für klar umrissene, begrenzte und politisch aussichtsreiche Zwecke zu mobilisieren. Ein solches Vorgehen wäre mit den Vorschriften des Bundesbankgesetzes durchaus vereinbar.

3) Vorrang sollten dabei Solidaritätsaktionen für bedrängte Partner in der Gemeinschaft und im Bündnis haben. Der Italien-Kredit und der Portugal-Kredit waren Schritte in die richtige Richtung. Wir sollten darüber hinaus bereit sein – ohne Abstriche an unserer Forderung nach parallelen Fortschritten im wirtschaftspolitischen Bereich zu machen – zu gegebener Zeit gemeinsam mit unseren EG-Partnern die gemeinschaftlichen monetären Beistände angemessen zu erhöhen und einen kleinen Teil unserer Reserven zu vergemeinschaften.

4) Im Hinblick auf den Ostblock sollten Devisenhilfen für die Sowjetunion ausscheiden. Für kleinere Ostblockländer könnten sie allenfalls dann in Erwägung gezogen werden, wenn sich dafür angemessene, konkrete politische Gegenleistungen erreichen ließen.

5) Zu erwägen wäre darüber hinaus, falls die internationale Wirtschaftsbelebung erheblich hinter den Erwartungen zurückbleiben sollte, in einer einmaligen Sonderaktion einen namhaften Betrag zur Konjunkturabstützung einzusetzen. Als Adressaten käme dafür wohl in erster Linie die Gruppe der ärmsten Entwicklungsländer in Frage. Eine solche Aktion wäre allerdings nur „in extremis" zu rechtfertigen.

Herr D 2[19] hat mitgezeichnet.

Lautenschlager

VS-Bd. 14066 (010)

---

[19] Günther van Well.

73

Vortragende Legationsrätin I. Klasse Finke-Osiander an Botschafter Ruete, Warschau

214-321.00-591/76 VS-v   Aufgabe: 7. März 1976, 14.17 Uhr[1]
Fernschreiben Nr. 127
Citissime nachts

Diplogerma Warschau citissime nachts für Botschafter

Betr.: Briefwechsel Genscher – Olszowski

Sie werden gebeten, unverzüglich folgendes Schreiben des Bundesaußenministers an Außenminister Olszowski möglichst persönlich zu übermitteln.

„Sehr geehrter Herr Außenminister!

Für Ihre, mir von Botschafter Piątkowski mitgeteilte Bereitschaft[2], am 9. März in einer Presseerklärung zur Diskussion um die Vereinbarungen beider Seiten vom 9.10.75[3] Stellung zu nehmen, danke ich Ihnen. Der mir heute von Botschafter Piątkowski übermittelte Text der entscheidend wichtigen Ziffern 4 und 6 des Entwurfs der Presseerklärung spiegelt allerdings noch nicht in der nötigen Klarheit das beiderseitige Verständnis der Vereinbarungen wider.

1) In der Ziffer 4[4] kommt es auf die Klarstellung an, daß die getroffenen Vereinbarungen im Zusammenhang behandelt und als gleichermaßen verbindlich betrachtet werden, unabhängig von der Bezeichnung, der Form und dem mit den einzelnen Vereinbarungen verbundenen Verfahren zur Inkraftsetzung.

---

[1] Durchdruck.

[2] Am 7. März 1976 unterrichtete Vortragender Legationsrat Freiherr von Mentzingen Botschafter Ruete, Warschau, über zwei Gespräche des Bundesministers Genscher mit dem polnischen Botschafter Piątkowski: „Im Anschluß an am 5.3. geführte Gespräche mit MP Albrecht hat Minister Genscher Botschafter Piątkowski im Gespräch am 5.3. vorgeschlagen, daß Minister Olszowski das Einvernehmen über die entscheidenden Punkte in Form eines Briefes an ihn bestätigt (anstelle der von polnischer Seite vorgesehenen öffentlichen Erklärung)." Piątkowski sei sodann ein entsprechender Briefentwurf übergeben worden. Am 6. März 1976 habe Piątkowski Genscher mitgeteilt, „daß der polnische Außenminister die Erklärung als öffentliche Erklärung abgeben wollte und nicht in Form eines Briefes an den Bundesminister". Genscher habe hierauf ausgeführt: „1) Ich bitte, dringend zu prüfen, ob der polnische Außenminister nicht doch einen Brief an mich schreiben kann. [...] 2) Ich erinnere die polnische Seite daran, daß wir auf zwei Punkte hingewiesen hatten, die der polnischen Seite nichts abverlangen, was nicht bereits vereinbart worden ist: a) die in der Information vorgesehene Regelung des Vergleichs der Listen durch das Rote Kreuz; b) die Bestätigung, daß die deutsche Botschaft in Warschau bei Problemen vorsprechen kann." Vgl. den Drahterlaß Nr. 128; VS-Bd. 10982 (214); B 150, Aktenkopien 1976.

[3] Zu den Abkommen zwischen der Bundesrepublik und Polen vgl. Dok. 39, Anm. 3.

[4] Ziffer 4 des vom polnischen Botschafter Piątkowski am 6. März 1976 übergebenen Entwurfs einer Erklärung des polnischen Außenministers Olszowski: „Die polnische Seite behandelt die in Helsinki zwischen der VRP und der BRD getroffenen Vereinbarungen in komplexer Form und in derselben Weise, und die sich aus ihnen ergebenden Verpflichtungen betrachtet sie als gleichermaßen verbindlich für jede der Seiten, unabhängig von der Bezeichnung, dem Charakter und dem mit den einzelnen Vereinbarungen verbundenen Ratifizierungsverfahren". Vgl. den Drahterlaß Nr. 128 des Vortragenden Legationsrats Freiherr von Mentzingen vom 7. März 1976 an Botschafter Ruete, Warschau; VS-Bd. 10982 (214); B 150, Aktenkopien 1976.

2) In Ziffer 6[5], Absatz 2 ist das Entscheidende, daß keine zeitliche Begrenzung für die Einreichung und die möglichst zügige Genehmigung (Behandlung) auf der Grundlage der „Information"[6] der Anträge von Personen vorgesehen ist, welche die in der „Information" aufgeführten Kriterien erfüllen. Es ist weiterhin von ausschlaggebender Bedeutung, daß Sie sich bereiterklärt haben, mich in einem Schreiben über den Inhalt Ihrer Erklärung zu unterrichten – vor allem über die beiden vorgenannten Ziffern.

Ich habe Herrn Botschafter Piątkowski schließlich auf die Bedeutung hingewiesen, die ich der Erwähnung von zwei weiteren Punkten beimesse:

3) Handelt es sich um die Bestätigung, daß Ihre Regierung das Polnische Rote Kreuz ermächtigt hat, mit dem DRK unterschiedliche Informationen hinsichtlich der ausreisewilligen Personen auszutauschen und gemeinsam zu prüfen, so wie das in der „Information" schon vorgesehen ist.

4) Geht es darum, daß Sie mir unter Bezugnahme auf unsere Gespräche in Warschau am 9. und 10.10.75 die weiterbestehende Bereitschaft Ihrer Regierung bestätigen[7], entsprechend dem bereits geübten Verfahren einzelne Probleme, die sich im Zusammenhang mit Ausreisewünschen ergeben, im Kontakt mit der Bundesregierung zu untersuchen.

Die briefliche Klarstellung dieser vier Punkte, die sich im Rahmen des gemeinsamen Verständnisses der Vereinbarungen halten, sind für die Ratifizierung entscheidend wichtig. Die von der CDU/CSU geführten Länderregierungen machen ihre Haltung im Bundesrat davon abhängig, daß ihre Zweifel und Sorgen in diesen Punkten auch von polnischer Seite in rechtlich wirksamer Weise ausgeräumt werden. Nach den Gesprächen mit Botschafter Piątkowski bin ich zuversichtlich, daß Sie es im Interesse des Erfolgs unserer gemeinsamen Bemühungen ermöglichen können, die vorgenannten Punkte unseres Einvernehmens zu bestätigen.

Mit dem Ausdruck meiner ausgezeichnetsten Hochachtung,

Genscher"

Zugleich mit vorstehendem Scheiben werden Sie gebeten, den nachstehenden Text eines persönlichen Briefes des Bundesministers an den Außenminister Olszowski zu übermitteln:

„Sehr geehrter Herr Minister,

erlauben Sie mir, daß ich dem Ihnen heute überreichten Brief dieses persönliche Schreiben beifüge. Ich wende mich im Einvernehmen mit dem Bundes-

---

[5] Ziffer 6 des vom polnischen Botschafter Piątkowski am Vortag übergebenen Entwurfs einer Erklärung des polnischen Außenministers Olszowski: „Bekanntlich hat die polnische Seite im Protokoll unter anderem erklärt, daß im Laufe von vier Jahren etwa 120 000 bis 125 000 Personen die Genehmigung ihrer Ausreiseanträge aufgrund der in der ‚Information' und der darin enthaltenen Kriterien und Verfahren erhalten werden. Darüber hinaus ist keine zeitliche Begrenzung für die Einreichung und die – möglichst zügige – Prüfung der Anträge von Personen vorgesehen, welche die in der ‚Information' aufgeführten Kriterien erfüllen". Vgl. den Drahterlaß Nr. 128 des Vortragenden Legationsrats Freiherr von Mentzingen vom 7. März 1976 an Botschafter Ruete, Warschau; VS-Bd. 10982 (214); B 150, Aktenkopien 1976.

[6] Zur „Information" der polnischen Regierung vgl. Dok. 60, Anm. 15.

[7] Vgl. dazu das Gespräch des Bundesministers Genscher mit dem polnischen Außenminister Olszowski am 9. Oktober 1975 in Warschau; AAPD 1975, II, Dok. 296.

kanzler an Sie und Ihre Regierung in dem aufrichtigen Bemühen, alles zu tun, um die zwischen uns getroffenen Vereinbarungen auf jeden Fall wirksam werden zu lassen. Ich denke, wir stimmen darin überein, daß wir diesen Vereinbarungen eine erhebliche Bedeutung für die weitere Entwicklung unserer Beziehungen beimessen. Wie ich Herrn Botschafter Piątkowski mitteilte, wäre ein Brief, in dem Sie die in dem heute überreichten Schreiben genannten Punkte bestätigen, geeignet, die noch vorhandenen Bedenken zu überwinden, die einer Mehrheit im Bundesrat entgegenstehen. Sie werden darüber unterrichtet sein, daß es gelungen ist, die Diskussion über die Vereinbarungen zu versachlichen und dazu beizutragen, daß sich die Diskussion auf die genannten Punkte konzentriert. In dieser Situation appelliere ich an Sie, Herr Minister, die von mir vorgeschlagenen Bestätigungen schriftlich zum Ausdruck zu bringen. Sie umfassen nichts, was nicht zwischen uns schon Gegenstand des Einverständnisses wäre.

Ich halte mich für verpflichtet, diesen Appell an Sie zu richten, weil ich in anderer Weise die Zustimmung einer Mehrheit im Bundesrat nicht als gewährleistet ansehen kann.

Herr Minister, Sie kennen mein Engagement, einen Beitrag für die Aussöhnung zwischen Deutschen und Polen zu leisten. Diese Haltung veranlaßt mich, mich in diesen entscheidenden Stunden persönlich an Sie zu wenden.

Hans-Dietrich Genscher"

[gez.] Finke-Osiander[8]

VS-Bd. 10982 (214)

74

Botschafter Pauls, Peking, an das Auswärtige Amt

114-11452/76 VS-vertraulich	Aufgabe: 8. März 1976, 11.10 Uhr
Fernschreiben Nr. 96	Ankunft: 8. März 1976, 06.58 Uhr

Betr.: Verneinung der Chou En-lai-Epoche 1969–75?[1]
    1) Innenpolitische,
    2) Außenpolitische Lagebeurteilung

1) Innenpolitik

Im Herbst 1975 begann die Kampagne um Erziehungspolitik[2] und gegen den Erziehungsminister[3]. Schon damals gab es hier Fragen, ob sie sich in Wahrheit

---

[8] Paraphe.

[1] Ministerpräsident Chou En-lai verstarb am 8. Januar 1976.

[2] Am 13. Februar 1976 berichtete Botschafter Pauls, Peking, daß sich in der seit November 1975 in China geführten Diskussion um die Erziehungspolitik der Ton der Presse erheblich radikalisiert

nicht gegen Teng Hsiao-ping richte. Inzwischen ist klar geworden, daß sie in Erwartung des Todes von Chou En-lai die Einleitung der größeren, politisch umfassenden Kampagne war, die fast unmittelbar nach Chous Beisetzung losbrach.[4] Teng ist das personelle Angriffsziel, aber politisch nicht von zentraler Bedeutung. Er war Chous prominenter Exponent der kontinuierlichen Weiterführung und ist wegen seiner kulturrevolutionären Vergangenheit am leichtesten anzugreifen. Tatsächlich richtet sich die Kampagne gegen Chous Innen- und Wirtschaftspolitik, seit er das Chaos der sogenannten großen Kulturrevolution mit militärischer Macht niederwarf. Träger des heutigen Angriffs sind die Radikalen, die er damals überwand, in den Hintergrund zwang und mit denen er in den ersten 70er Jahren eine Art Koalition einging, verbunden mit der Wiederheranziehung gestürzter Größen. Wenn er damit den Gedanken einer versöhnlichenden Zusammenführung aller wesentlichen politischen Kräfte verband, ist diese Politik vorerst gescheitert, die Frage nach dem Gegensatz Mao–Chou nahezu beantwortet.

Die Öffentlichkeit hält sich gegenüber der Kampagne verstört zurück, die Armee erscheint politisch wie weggetreten. Die jetzige Agitation zeigt, daß die Radikalen sich noch keineswegs durchgesetzt haben. Selbst der zuerst angegriffene Erziehungsminister ist noch im Amt.

Wenn der tote Chou persönlich und seine Politik angegriffen werden, dann wird das zeigen, daß die Radikalen sich dem Erfolg nahe sehen und die dritte Phase der Kampagne beginnt. Es ist zu erwarten, daß dann auch die Kampagne vom Frühjahr 1975 für die Egalisierung des Lohnsystems[5] reaktiviert wird

Fortsetzung Fußnote von Seite 352

habe. In einem Artikel in der chinesischen Tageszeitung „Renmin Ribao" sei betont worden, „daß die gegenwärtige Auseinandersetzung nicht nur um die Erziehung geht. Vielmehr gelte es, einen Gesamtangriff von der Politik, vom Denken (Ideologie) und vom Organisatorischen her gegen das Proletariat abzuwehren. Der Artikel bestätigt damit die bereits seit geraumer Zeit unter hiesigen Beobachtern vorherrschende Ansicht, daß die Debatte um die Erziehungsrevolution immer mehr zu einem Deckmantel für eine grundsätzliche Auseinandersetzung zwischen linken und pragmatischen Kräften geworden ist. [...] Kritisiert werden mit aller Schärfe ‚Leute, die nach wie vor den kapitalistischen Weg gehen' (capitalist roader). [...] Am Mittwoch erschien eine lange Wandzeitung, die, ohne Namen zu nennen, jedoch mit eindeutiger Charakterisierung durch seinen berühmten Ausspruch über die Katze und die Mäuse, Teng Hsiao-ping kritisierte. Er sei ein capitalist roader." Vgl. den Drahtbericht Nr. 53; Referat 303, Bd. 103171.

3 Chou Jung-hsin.

4 Am 9. Februar 1976 bewertete Vortragender Legationsrat I. Klasse Hellbeck die Ernennung Hua Kuo-fengs zum Nachfolger des Ministerpräsidenten Chou En-lai: „Die Ernennung von Hua zum amtierenden Ministerpräsidenten vier Wochen nach dem Tode Chou En-lais stellt für alle China-Beobachter eine Überraschung dar. Bisher waren nahezu alle Beobachter davon ausgegangen, daß der Protégé Chou En-lais, Teng Hsiao-ping, der seit 1974 die Geschicke Chinas geleitet hatte, dieses Amt übernehmen würde. [...] Ob aus der Ernennung Huas eine Opposition Maos gegen Teng Hsiao-ping herauszulesen ist, [...] mag dahingestellt bleiben. Sicher ist, daß in der Person Huas die Kräfte der Linken eine gewichtige Vertretung im Staatsapparat erhalten. Damit wurde vielleicht ein Gleichgewicht der Gruppierungen hergestellt, das besser als bisher die Kräfteverteilung widerspiegelt. Verlierer dieser Entwicklung ist fürs erste Teng Hsiao-ping, und zwar vor allem auf innenpolitischem Gebiet." Vgl. Referat 303, Bd. 103171.

5 Botschaftsrat I. Klasse Steger, Peking, resümierte am 21. Februar 1975 einen Beitrag des Vorsitzenden des ZK und des Politbüro der Kommunistischen Partei Chinas, Mao Tse-tung, in der Zeitschrift „Rote Fahne", in dem zur „Fortsetzung des Klassenkampfes in neuer Form" aufgerufen werde: „Weil es in der Übergangsphase vom Sozialismus zum Kommunismus noch unvermeidbare bürgerliche Rechte gebe, bestünden in dieser Phase auch noch unvermeidbare Unterschiede zwischen den verschiedenen Gruppen der Gesellschaft, vertikal wie horizontal, und zwischen Stadt und Land. Würden diese Unterschiede nicht nivelliert, könnten sie dazu beitragen, daß neo-kapitalistische Kräfte heranwüchsen, die Staat und Gesellschaft in Frage stellten. Auch in der KPCh

und später die Agitation gegen die private Nutzung von Anbaufläche als Weg zum perfekten Kommunismus. Als erste konkrete Folgen der Kampagne sind zu erwarten: Ein erneutes Absinken der Qualität des chinesischen Bildungs- und Ausbildungswesens, ein Absinken der ohnehin niederen Produktivität, Störung der Produktion und Verlangsamung des wirtschaftlichen Wachstums, wenn nicht Rückgang. Bald wird es Appelle zu größerer Disziplin am Arbeitsplatz geben. Wenn die Radikalen effektiv und nicht nur in den Medien und Universitäten die Oberhand gewinnen, ist mit weiterreichenden personellen Veränderungen und dem Verschwinden der sog. Leute Chou En-lais zu rechnen, ohne daß man jetzt schon Namen nennen sollte.

Wäre der Übergang nach dem Tode Chou En-lais, wie allgemein erwartet, reibungslos verlaufen, hätte man solches auch nach Maos Tod[6] erwarten können. Die jetzt herbeigeführte Konvulsion läßt nach Maos Tod, wenn die Radikalen seine hinter ihnen stehende Autorität eingebüßt haben, noch tiefergreifende Auseinandersetzungen erwarten, gleich ob sie jetzt die Oberhand gewinnen oder nicht, denn die pragmatischen Kräfte werden, wenn auch zurückgedrängt, noch da und in Wartestellung sein.

2) Außenpolitik

Es gibt bisher keine Indikationen für einen Wandel der chinesischen Außenpolitik. Das ist nicht erstaunlich, denn die Konfliktbereiche zwischen Radikalen und Pragmatikern liegen neben persönlichen Machtkämpfen schwerpunktmäßig im innen- und wirtschaftspolitischen Bereich. Auch im Falle einer Vorherrschaft der Radikalen in China werden die chinesisch-sowjetischen Beziehungen von dem alle Aspekte – ideologische, parteipolitische, staatspolitische – umfassenden Machtkampf um die Vorherrschaft in Asien und im Kommunismus bestimmt werden. Ideologisch ist den Radikalen das sowjetische Klassensystem ein sogar noch größerer Greuel als jedem Pragmatiker. Wenn sie jedoch an die Verwirklichung ihres Programms gehen könnten, mit dem sie glauben, die Vervollkommnung des Kommunismus herbeizuführen, geriete China erneut in eine Phase der Hinwendung, der Konzentration nach innen. Schon das wäre ein Vorteil für die Sowjetunion. Die unter Ziffer 1) skizzierten konkreten Folgen eines Sieges der Radikalen würden die ohnehin und jetzt schon geringen operativen Möglichkeiten der chinesischen Außen-, Wirtschafts- und Militärpolitik noch weiter reduzieren. Ein weiterer Vorteil für die Sowjetunion. Die chinesische Führung würde sich vermutlich in dieser Lage genötigt sehen, den Ton der verbalen Auseinandersetzung zu mäßigen und auf jetzt schon leicht spürbare sowjetische Avancen, den Versuch eines besseren Modus vivendi zu machen, wenn auch widerstrebend, einzugehen. Dabei mag es sich nur um Nu-

Fortsetzung Fußnote von Seite 353

spiegele sich der noch immer andauernde Klassenkampf wider." Vgl. den Schriftbericht Nr. 234; Referat 303, Bd. 101535.

Botschafter Pauls, Peking, berichtete am 17. März 1975, daß in der Zeitschrift „Rote Fahne" weitere Artikel erschienen seien, die vor einer Gefährdung des Sozialismus in China warnten: „Unter Berufung auf Mao Tse-tung wird festgestellt, daß es zwar in China kein Privateigentum an den Produktionsmitteln mehr gebe, daß aber noch ein achtstufiges Lohnsystem existiere, jedem sein Anteil nach der Arbeitsleistung zugewiesen werde und der Austausch auf der Basis des Geldes erfolge. Dies alles unterscheide sich kaum von der ‚alten Gesellschaft' und müsse durch die Diktatur des Proletariats eingedämmt werden." Vgl. den Drahtbericht Nr. 94; Referat 303, Bd. 101535.

6 Der Vorsitzende des ZK und des Politbüros der Kommunistischen Partei Chinas, Mao Tse-tung, verstarb am 9. September 1976. Vgl. dazu Dok. 281.

ancen handeln. In der heutigen neuralgischen Weltlage würden diese jedoch schon viel bedeuten.

Die im Eigeninteresse liegende chinesische Befürwortung der atlantischen Bündnis- und europäischen Einigungspolitik und der deutschen Wiedervereinigung ist nur einige Jahre alt. Vorher hörte man es ganz anders. Wenn die Chinesen sehen, daß nicht bald ein geeintes, kraftvolles Europa entsteht, sondern sich alles nur schleppend abspielt, und daß die amerikanische Führungsschwäche im Bündnis anhält, mag auch diese verbale Anstrengung, mehr ist es nie gewesen, leiser tönen bzw. die heute schon spürbare Kritik an europäischen Unfähigkeiten lauter werden. Die chinesische Einladung Nixons[7] ist nur zu verstehen aus der tiefen Sorge über den aktuellen Schwächezustand Amerikas. In der Wahl des Mittels haben sie sich wohl getäuscht. Sie täuschen sich oft über die Außenwelt, weil sie nicht selbst hinausgehen, um zu sehen, was wirklich los ist, sondern nur einladen und am liebsten solche, die die Dinge grobschlächtig sehen oder doch so formulieren. Dabei übersehen Gast und Gastgeber, der letztere etwas raffinierter, mitunter, daß bloß antisowjetisch zu sein noch keine Politik macht. Amerika ist für China, gleich unter welcher Führung hier, entscheidend wichtig, bei weitem die außenpolitische Karte Nr. 1, weil es für China, das keine pazifische Macht ist oder hat[8], die einzige Rückendeckung bedeutet. In Asien ist – und wird bleiben – Chinas größte Sorge Rußlands Stoßrichtung auf den Indischen Ozean, d. h. der Versuch einer weiteren Demontage Pakistans im Zusammenspiel von Moskau–New Delhi und Kabul. Dann müßte es handeln, aber wie? Die Möglichkeiten sind minimal.

Wir sind bei der Entwicklung unserer Beziehungen stets davon ausgegangen, daß es kein Problem gibt, das wir mit China gegen die Sowjetunion lösen könnten. Wir haben ein gegebenes Interesse an einem starken, voll nach außen handlungsfähigen China zum Besten des Machtgleichgewichts in der Welt. Wir müssen China sehen, wie es ist, nicht wie man es sich träumen könnte. Trotz Masse an Land und Menschen ist es aus Mangel an operativer Fähigkeit weit davon entfernt, eine Weltmacht zu sein. Die in den Chou- und Mao-Nach-

---

[7] Der ehemalige Präsident Nixon hielt sich vom 21. bis 29. Februar 1976 in China auf. Botschafter Pauls, Peking, berichtete dazu am 24. Februar 1976: „Über Inhalt der von Nixon (allein) geführten Gespräche mit Mao Tse-tung und Hua Kuo-feng bislang nichts bekannt geworden. In Bankettrede am 22. Februar bezog sich Hua Kuo-feng auf ‚historisches Ereignis‘ von Nixons erstem China-Besuch [...]. Ferner unterstrich amtierender Premierminister, daß China Prinzipien und Richtlinien der vom Vorsitzenden Mao Tse-tung festgelegten chinesischen Außenpolitik weiterhin folgen werde. Sowjetunion geißelte er als hauptsächliche Quelle möglichen Krieges, prophezeite jedoch, daß sie wegen Hegemonialstrebens Ende wie Hitler nehmen werde. Zu innenpolitischer Lage in China sagte er, daß gegenwärtige Kampagne ‚große proletarische Kulturrevolution‘ fortsetze und vertiefe.“ Vgl. den Drahtbericht Nr. 73; Referat 303, Bd. 103176.

[8] Am 19. September 1974 skizzierte Botschafter Pauls, Peking, die Sicht der chinesischen Führung auf das maritime Kräfteverhältnis: „Deutlicher als bisher wird Sorge um Entwicklung im Pazifik unterstrichen. Chinesen haben aufmerksam forcierte sowjetische Seerüstung im Atlantik und Mittelmeer verfolgt. Sie befürchten ähnliche von Sowjets forcierte Entwicklung im Pazifik und sehen mit Bedenken Möglichkeit entgegen, daß Sowjets starke Flottenstreitkräfte nach Öffnung Suez-Kanals aus Mittelmeer über wesentlich verkürzten Seeweg durch Indischen Ozean in Pazifik verschieben können. Offensichtlich, daß aus dieser Überlegung Wert guter Beziehungen zwischen China und USA für Peking noch weiter an Bedeutung gewinnt. China ist mit seiner Küstenflotte kleiner Einheiten und ohne strategische Luftflotte Russen im Pazifik nicht gewachsen. Es ist daher zum Schutze seiner langen Seeküste an amerikanischer maritimer Vorherrschaft im Pazifik interessiert.“ Vgl. den Drahtbericht Nr. 394; Referat 303, Bd. 101535.

folgeschwierigkeiten, wenn Mao nicht bald stirbt, zu erwartende weitere Minderung seiner operativen Fähigkeiten läßt es geraten erscheinen, unseren überlegten Kurs fortzusetzen. Jede Politik, die chinesische Möglichkeiten und Kontinuitäten überschätzt, ist für uns gefährlich.

[gez.] Pauls

VS-Bd. 10039 (303)

75

Botschafter Ruete, Warschau, an das Auswärtige Amt

114-11471/76 geheim   Aufgabe: 8. März 1976, 19.45 Uhr[1]
Fernschreiben Nr. 230   Ankunft: 8. März 1976, 21.17 Uhr
Citissime nachts

Mit der Bitte um Weisung

Betr.:   Briefwechsel Genscher–Olszowski sowie deutsch-polnische Vereinbarungen

Bezug: Drahterlaß Nr. 126[2], 127[3] und 128[4] vom 6.3.1976 und 7.3.1976 geheim

Außenminister Olszowski hat mir am 8. März keine Gelegenheit gegeben, ihn zu sprechen. Ich habe daher die Thematik der Briefe mit VAM Czyrek erörtert

---

[1] Hat Vortragendem Legationsrat Lewalter vorgelegen.

[2] Ministerialdirektor van Well erteilte der Botschaft in Warschau am 6. März 1976 folgende Weisung: „Herr VRB hat zu den im Bezugsbericht übermittelten Äußerungen von V[ize]A[ußen]M[inister] Czyrek Stellung genommen. Diese Stellungnahme wird nachstehend übermittelt. Sie werden gebeten, entsprechend dieser Stellungnahme das Gespräch mit VAM Czyrek möglichst bald fortzuführen mit dem Ziel, über Inhalt und Form der polnischen Notifizierung bis zum 9. März 1976 (mittags hier vorliegend) eine Abstimmung herbeizuführen." Vgl. VS-Bd. 10982 (214); B 150, Aktenkopien 1976.
Vortragender Legationsrat I. Klasse Fleischhauer vermerkte am 5. März 1976 zur Behandlung des Ausreiseprotokolls bei der Ratifizierung des Abkommen über Renten- und Unfallversicherungen vom 9. Oktober 1975 zwischen der Bundesrepublik und Polen: „Aus den in den hiesigen Zuschriften vom 25.2. und 2.3.76 dargelegten Gründen ist es bedauerlich, daß die polnische Seite nicht bereit ist, das Protokoll als Ganzes in klarer und eindeutiger Form zu bestätigen; ebenfalls ist es bedauerlich, daß die polnische Seite nicht bereit zu sein scheint, eine genaue Spezifizierung des betroffenen Personenkreises nach Zahl und Höhe in der Notifizierung über die Zustimmung des Staatsrats vorzusehen. [...] Demgegenüber ist auf der anderen Seite aber zu bemerken, daß die beiden von Czyrek genannten Elemente der Notifizierung für uns nicht gänzlich negativ sind. Das erste Element, welches sich auf den Inhalt der polnischen Erklärung aus dem Ausreiseprotokoll bezieht, stellt – wenn auch in versteckter Form – letztlich doch eine Bestätigung des gesamten Inhalts des Ausreiseprotokolls dar. An diesem Element sollten wir deshalb unter allen Umständen festhalten; dabei ist allerdings zu beachten, daß die polnische Erklärung keinesfalls als ‚Stellungnahme' bezeichnet werden darf. Es handelt sich in der Sache um eine Erklärung, und dies sollte in der Notifizierung auch zum Ausdruck kommen." Vgl. VS-Bd. 10982 (214); B 150, Aktenkopien 1976.

[3] Vgl. Dok. 73.

[4] Zum Drahterlaß des Vortragenden Legationsrats Freiherr von Mentzingen an Botschafter Ruete, Warschau, vgl. Dok. 73, Anm. 2, 4 und 5.

und ihm anschließend die beiden Briefe übergeben, die er schnellstens an Olszowski weiterzuleiten versprach. Olszowski wird mich – wie ich höre – morgen empfangen.

I. Zur Thematik, die in den Drahterlassen 127 und 128 aufgeworfen ist, hat die Unterredung mit Czyrek folgendes ergeben:

1) Zu Ziffer 4 der polnischen Erklärung (Zusammenhang der getroffenen Vereinbarungen).

(Ich ging bei der Besprechung von dem Text aus, den Botschafter Piątkowski beim Gespräch vom 6. März 1976 übergeben hatte, sowie von dem Petitum, das in dem Brief des Bundesministers an Außenminister Olszowski zu dieser Ziffer enthalten ist).

Czyrek lehnte es kategorisch ab, eine Klarstellung des Zusammenhangs der getroffenen Vereinbarungen vorzunehmen. Er begründete dies damit, daß sofort wieder der Vorwurf des Menschenhandels laut werde, der die Polen in einem früheren Stadium der Gespräche zutiefst getroffen habe. Die polnische Seite könne nichts, was im entferntesten mit Menschenhandel zu tun habe, in die Erklärung übernehmen. Die polnische Seite habe bei der Formulierung ihres Vorschlags alles getan, was ihr möglich gewesen sei. Sie könne auf keinen Fall weitergehen. Verschiedene Formulierungsvorschläge, die ich Czyrek übermittelte, wurden abgelehnt. Ein Vorschlag, den ich machte, war der polnischen Seite akzeptabel. Er bringt uns allerdings nur ein sehr geringes Stück weiter (wenn überhaupt). Wir vereinbarten ihn ad referendum. Der Vorschlag beruht auf dem von polnischer Seite am 6. März übergebenen Text, bei dem die Worte „in komplexer Form" beseitigt und durch die Worte „einen Komplex" ersetzt werden. Er lautet wie folgt: „Die polnische Seite behandelt die in Helsinki zwischen der VRP und BRD getroffenen Vereinbarungen[5] als einen Komplex und in derselben Weise, und die sich aus ihnen ergebenden Verpflichtungen betrachtet sie als gleichermaßen verbindlich für jede der Seiten, unabhängig von der Bezeichnung, dem Charakter und dem mit den einzelnen Vereinbarungen verbundenen Ratifizierungsverfahren". Mir scheint das Wort „Komplex" in gewissem Sinne einen Zusammenhang auszudrücken, zumal in Verbindung mit dem zweiten Halbsatz.

2) Ziffer 6 der polnischen Erklärung (zeitliche Begrenzung)

Czyrek war nicht bereit, die Worte „auf der Grundlage der ‚Information'[6]." im zweiten Absatz zu akzeptieren. Er begründete dies damit, daß die polnische Seite zwar nicht erklären wolle, daß die „Information" ungültig sei, sie könne aber auch nicht die Gültigkeit der „Information" auf ewig bestätigen.

Er war bereit, die Worte „Prüfung der Anträge" durch die Worte „Behandlung der Anträge" zu ersetzen. Der Wortlaut, der ad referendum vereinbart wurde, lautet wie folgt:

„Bekanntlich hat die polnische Seite im Protokoll u.a. erklärt, daß im Laufe von vier Jahren etwa 120000 bis 125000 Personen die Genehmigung ihrer

---

5 Am Rande der KSZE-Schlußkonferenz vom 30. Juli bis 1. August 1975 in Helsinki führten Bundeskanzler Schmidt und der Erste Sekretär des ZK der PVAP, Gierek, Gespräche über den Abschluß bilateraler Vereinbarungen. Zu den Ergebnissen vgl. AAPD 1975, II, Dok. 244.
6 Zur „Information" der polnischen Regierung vgl. Dok. 60, Anm. 15.

Ausreiseanträge aufgrund der ‚Information' und gemäß der darin enthaltenen Kriterien der Verfahren erhalten werden.

Darüber hinaus ist keine zeitliche Begrenzung für die Einreichung und die möglichst zügige Prüfung der Anträge von Personen vorgesehen, welche die in der ‚Information' aufgeführten Kriterien erfüllen."

3) Ziffer 3 des Ministerbriefes (Zusammenarbeit der beiden Rot-Kreuz-Gesellschaften)

Czyrek lehnte die von uns vorgeschlagene Formulierung rundweg ab und sah sich außerstande, einen derartigen Gedankengang in die Erklärung aufzunehmen. Hier sei die polnische Souveränität im Spiele. Gemeinsame Entscheidungen habe die polnische Regierung auch nicht bei der seinerzeitigen Umsiedlung von Polen aus der Sowjetunion vorgesehen. Im übrigen sei das Polnische Rote Kreuz nicht in der Lage, den deutschen Wünschen zu entsprechen.

Auf der anderen Seite sei in der „Information" die Zusammenarbeit der Rot-Kreuz-Gesellschaften erwähnt. Alles, was in der „Information" stehe, sei auch jetzt gültig. Die Bundesregierung könne sich darauf berufen. Die polnische Regierung sei aber nicht in der Lage, zu diesen Punkten Erklärungen abzugeben.

4) Ziffer 4 des Ministerbriefes (Kontakte zur Bundesregierung)

Czyrek lehnte es auch zu dieser Frage ab, eine polnische Erklärung abzugeben. Eine derartige Vereinbarung würde auf eine gemeinsame deutsch-polnische Prozedur hinauslaufen.

Diese sei mit der polnischen Souveränität nicht zu vereinbaren. Auf der anderen Seite könne die Bundesregierung auf das zu diesem Punkt in der „Information" Niedergelegte zurückgreifen. Wenn die Bundesregierung dies feststelle, habe die polnische Regierung keine Einwendungen. Sie sei jedoch nicht in der Lage, Erklärungen hierzu abzugeben.

5) Brief des polnischen Außenministers

An dem Gedanken, dem deutschen Außenminister die polnische Erklärung vom polnischen Außenminister übermitteln zu lassen, halte die deutsche Seite fest. Es würde aber ein Brief sein, der inhaltlich nichtssagend wäre und nur formell die polnische Erklärung übermittle. Die Erklärung werde am 9.3. veröffentlicht werden.

Ich wies Czyrek bei der Unterredung, die zum Teil sehr erregt verlief, immer wieder darauf hin, daß die Zustimmung des Bundesrats[7] keineswegs gesichert und eine briefliche Klarstellung der vier Punkte für die Ratifizierung entscheidend wichtig sei. Die Bundesregierung tue ihr Möglichstes und tue dies mit großem Engagement. Sie appelliere an die polnische Regierung, ihr beizustehen und die vom Bundesaußenminister vorgeschlagenen Klarstellungen schriftlich zum Ausdruck zu bringen.

Czyreks Ausführungen waren zum Teil so aggressiv und ausfallend, daß man den Eindruck gewinnen konnte, er halte die Ratifizierung für absolut gesichert, bzw. er sei an einer Ratifizierung nicht mehr interessiert. U.a. sagte er

---

7 Am 12. März 1976 verabschiedete der Bundesrat das Gesetz zum Abkommen vom 9. Oktober 1975 zwischen der Bundesrepublik und Polen über Renten- und Unfallversicherung einstimmig. Vgl. dazu BR STENOGRAPHISCHE BERICHTE 1976, 432. Sitzung, S. 93–105.

z. B., daß die polnische Regierung nicht bereit sei, für die Opposition neu zu verhandeln.

II. 1) Notifizierung der Zustimmung des polnischen Staatsrats zum Ausreiseprotokoll

Czyrek präzisierte die Elemente, die die polnische Seite für die offizielle Unterrichtung über die Zustimmung des Staatsrats verwenden werde, ohne allerdings Formulierungen zur Hand zu haben. Die Elemente entsprächen etwa dem, was er mir beim letzten Gespräch übermittelt habe:

a) Der Staatsrat habe dem zugestimmt, was von polnischer Seite im Ausreiseprotokoll erklärt worden sei.

b) Der Staatsrat habe den Antrag der polnischen Regierung gebilligt, in vier Jahren 120 000 bis 125 000 Personen die Ausreisegenehmigung zu erteilen.[8]

Als ich ihn erneut dringend bat, die Erklärung mit uns abzustimmen, und dies so schnell wie möglich, da wir beabsichtigten, diese Erklärung im Bundesrat zu benutzen, wich er aus und sagte, die polnische Regierung wolle erst die erfolgte Ratifizierung abwarten. Ich hielt ihm vor, daß das nicht den getroffenen Verabredungen entspreche, und bat ihn dringend, uns den Wortlaut der Unterrichtung so schnell wie möglich zu übermitteln. Ich wies Czyrek in diesem Zusammenhang darauf hin, daß wir nicht hinnehmen könnten, daß von den polnischen Erklärungen jetzt als von „Stellungnahmen" gesprochen würde. Czyrek versprach, diesen Gesichtspunkt bei der Formulierung zu beachten.

2) Form der Notifizierung

Czyrek lehnte es ab, von einer „Notifizierung" der Zustimmung des polnischen Staatsrats zu sprechen. Es handele sich vielmehr nach polnischer Auffassung darum, daß wir von der Entscheidung des Staatsrats offiziell in Kenntnis gesetzt würden. In welcher Form, sei immer noch nicht geklärt. Wahrscheinlich werde die polnische Regierung eine Mitteilung von Außenminister Olszowski an den Bundesaußenminister ins Auge fassen.

Der Beschluß des Staatsrats werde im übrigen einen Tag später veröffentlicht.

3) Ich griff bei dem Gespräch auch die Äußerung Czyreks vom letzten Mal auf, „das Protokoll sei kein völkerrechtlich verbindliches Abkommen".[9] Czyrek

---

[8] Am 4. März 1976 berichtete Botschafter Ruete, Warschau, über ein Gespräch mit dem polnischen Stellvertretenden Außenminister Czyrek vom selben Tage: „Nach meinen Eingangsausführungen erwiderte Czyrek, der Staatsrat könne auf keinen Fall dem ganzen Ausreiseprotokoll zustimmen. Das Protokoll enthalte auch Ausführungen des deutschen Außenministers. Es sei eine logische und politische Notwendigkeit, die Billigung des Staatsrats auf die polnischen Ausführungen im Ausreiseprotokoll zu beschränken. [...] Von diesem Grundsatz ausgehend, könne er folgende Elemente einer Notifizierung skizzieren: 1) Der polnische Staatsrat habe der Stellungnahme der polnischen Seite im Ausreiseprotokoll zugestimmt. 2) Er habe ferner den Antrag der polnischen Regierung, gestellt gem[äß] dem Protokoll über die Ausreise, gebilligt. Diese Elemente wolle die polnische Seite bei der Formulierung der Notifizierung zugrunde legen. [...] Czyrek erklärte sich nicht bereit, einer Notifizierung zuzustimmen, bei der der betroffene Personenkreis nach Zahl und Zeitraum der Ausreise umrissen wird." Vgl. den Drahtbericht Nr. 221; VS-Bd. 10982 (214); B 150, Aktenkopien 1976.

[9] Vortragender Legationsrat I. Klasse Fleischhauer analysierte am 5. März 1976 die Einschätzung des polnischen Stellvertretenden Außenministers Czyrek vom Vortag, das Ausreiseprotokoll vom 9. Oktober 1975 zwischen der Bundesrepublik und Polen sei kein völkerrechtlich verbindliches Abkommen: „Diese Äußerung Czyreks hat hier sehr überrascht. Es ist zwar nach dem Duktus des DB Nr. 221 anzunehmen, daß Czyrek damit sagen wollte, das Ausreise-Protokoll sei nun einmal kein Vertrag und solle daher auch nicht wie ein Vertrag ratifiziert werden. Immerhin könnte der Satz auch dahin gedeutet werden, daß die polnische Seite unter der Heftigkeit der innenpolitischen

359

stimmte dem zu und entschuldigte sich, daß er sich das letzte Mal nicht präzise genug ausgedrückt habe. Er habe sagen wollen „es sei zwar kein Vertrag, aber völkerrechtlich verbindlich". Ihm sei es völlig klar, daß völkerrechtliche Verbindlichkeiten in verschiedenster Weise zustande kommen könnten.

III. Ich werde die Materie morgen erneut mit Außenminister Olszowski aufnehmen.[10] Czyrek sagte mir bei dieser Gelegenheit, daß Olszowski, seit man ihn auf die Zahl 150 000 Umsiedler festgenagelt habe, eine Art „Erklärungsneurose" habe. Er sei ein gebranntes Kind und scheue die Abgabe ihn festlegender Erklärungen. Ich fürchte daher, daß auch das Gespräch mit ihm nicht wesentlich neue Gesichtspunkte erbringen wird.[11]

[gez.] Ruete

VS-Bd. 14055 (010)

Fortsetzung Fußnote von Seite 359

Kontroverse in der Bundesrepublik anfängt, ihren Bindungswillen einzuschränken. Es scheint daher angezeigt, daß wir Czyrek gegenüber auf diese Äußerung zurückkommen und ihm gegenüber ganz klar das erklären, was wir auch der Opposition sagen: Das Ausreiseprotokoll ist kein völkerrechtlicher Vertrag, aber es enthält eine Zusage, die die polnische Seite völkerrechtlich bindet." Vgl. VS-Bd. 10982 (214); B 150, Aktenkopien 1976.

[10] Botschafter Ruete, Warschau, berichtete am 10. März 1976, der polnische Außenminister Olszowski habe sich in einem Gespräch am Vortag außerstande gesehen, die von der Bundesregierung gewünschte Klarstellung zur Ratifizierung der Abkommen vom 9. Oktober 1975 zwischen der Bundesrepublik und Polen vor dem 12. März 1976 zu geben. Bundesminister Genscher habe daraufhin telefonisch vorgeschlagen, „daß er seinerseits einen ausführlichen Brief an AM Olszowski richten werde, den dieser dann lediglich mit einem kurzen Empfangsschreiben zu bestätigen hätte. Anschließend übermittelte Herr BM telefonisch Text des Entwurfs für seinen Ausgangsbrief. Zweck dieses Briefwechsels sollte sein, die für uns wesentlichen politischen Gesichtspunkte durch einen textlich mit polnischer Seite abgestimmten Austausch von Schreiben zu verdeutlichen." In zwölfstündigen, schwierigen Gesprächen mit Olszowski und dem polnischen Stellvertretenden Außenminister Czyrek sei sodann Einigung über den Briefwechsel erzielt worden. Vgl. den Drahtbericht Nr. 239; VS-Bd. 10982 (214); B 150, Aktenkopien 1976.

[11] Am 9. März 1976 führte der polnische Außenminister Olszowski gegenüber der Polnischen Presseagentur aus: „Die polnische Seite betrachtet die in Helsinki abgestimmten Vereinbarungen VRP–BRD als Komplex, und in derselben Weise betrachtet sie die sich aus ihnen ergebenden Verpflichtungen als gleichermaßen verbindlich für jede der Seiten [...]. Wie bekannt, erklärte die polnische Seite im Protokoll u. a., daß im Laufe vier Jahren etwa 120 000 bis 125 000 Personen die Genehmigung ihres Antrags zur Ausreise auf der Grundlage der ‚Information' und in Übereinstimmung mit den in ihr genannten Kriterien und Verfahren erhalten werden." Vgl. den Artikel „Die Erklärung Olszowskis im Wortlaut"; DIE WELT vom 10. März 1976, S. 2.

Mit Schreiben vom 9. März 1976 stellte Bundesminister Genscher zur Presseerklärung des polnischen Außenministers Olszowski vom selben Tag fest: „Ihre Erklärung stellt noch einmal das in Helsinki erzielte und bei meinem Besuch [...] in Warschau am 9. Oktober 1975 bestätigte Einverständnis darüber klar, daß alle sich aus den am 9. Oktober 1975 unterzeichneten Vereinbarungen ergebenden Verpflichtungen gleichermaßen verbindlich sind. Die Bundesregierung legt der erneuten Bekräftigung großen Wert bei, daß im Laufe von vier Jahren etwa 120 000 bis 125 000 Personen die Genehmigung ihres Antrags zur Ausreise auf der Grundlage der ‚Information' und in Übereinstimmung mit den in ihr genannten Kriterien und Verfahren erhalten werden". Vgl. BULLETIN 1976, S. 250.

Mit Schreiben vom 15. März 1976 bestätigte der polnische Außenminister Olszowski das Schreiben des Bundesministers Genscher vom 9. März 1976. Olszowski führte ferner aus: „Ich habe die Ehre Ihnen ebenfalls mitzuteilen, daß der Staatsrat der Volksrepublik Polen auf der Sitzung vom 15. März 1976 die im Protokoll enthaltenen Feststellungen der polnischen Seite akzeptiert und entsprechend dem Antrag der Regierung der Volksrepublik Polen sein Einverständnis zur Erteilung der Ausreisegenehmigung für etwa 120 000 bis 125 000 Personen im Laufe der nächsten vier Jahre gegeben hat. Mit Genugtuung stelle ich fest, daß meinem Verständnis nach die in Ihrem Brief enthaltenen Feststellungen dem Inhalt der Erklärung entsprechen, die ich der Polnischen Presseagentur am 9. März 1976 gegeben habe, und in diesem Sinne kann ich die in Ihrem oben erwähnten Brief enthaltenen Ansichten teilen." Vgl. BULLETIN 1976, S. 319.

76

Botschafter Behrends, Wien (MBFR-Delegation), an das Auswärtige Amt

114-11483/76 geheim

Fernschreiben Nr. 143

Cito

Aufgabe: 9. März 1976, 12.28 Uhr

Ankunft: 9. März 1976, 15.58 Uhr

Delegationsbericht Nr. 33/76

Betr.: MBFR

hier: Stand der Verhandlungen

I. Die MBFR-Verhandlungen haben sich in der achten Runde[1] wesentlich intensiviert, ohne daß auch nur die Umrisse einer möglichen Einigung erkennbar geworden sind.

1) Beide Seiten haben kürzlich neue Vorschläge eingebracht, der Westen am 16.12.1975[2], der Osten am 17.2.1976[3]. Beide Seiten waren bemüht, das besondere Gewicht ihrer Vorschläge zu unterstreichen: Der westliche Vorschlag wurde von der Ministerkonferenz der NATO im Dezember 1975[4] verabschiedet, Kissinger wurde durch Breschnew vorab von dem östlichen Vorschlag unterrichtet[5].

2) Obwohl der östliche Vorschlag als Antwort auf den westlichen Vorschlag gedacht ist, sind beide in ihrem Gewicht nicht vergleichbar. Der westliche Vorschlag erhöht wesentlich das westliche Reduzierungsangebot durch die einmalige Zugabe einer beträchtlichen Anzahl amerikanischer nuklearer Waffensysteme. Der östliche Vorschlag bedeutet eine Bewegung allenfalls hinsichtlich der prozeduralen Aspekte des Phasenkonzepts[6], jedoch nicht in der Substanz.

3) Beide Seiten verfolgen die Taktik, die neuen Vorschläge der anderen Seite nicht formell zurückzuweisen, sondern ihre Einbettung in die unveränderten und insgesamt unanehmbaren Gesamtkonzepte der anderen Seite zu kritisieren.[7]

1 Die achte Runde der MBFR-Verhandlungen begann am 30. Januar 1976.

2 Zum Vorschlag der an den MBFR-Verhandlungen teilnehmenden NATO-Mitgliedstaaten für eine Einbeziehung amerikanischer nuklearer Komponenten (Option III) vgl. Dok. 3, Anm. 15.

3 Zum Vorschlag der an den MBFR-Verhandlungen teilnehmenden Warschauer-Pakt-Staaten vom 19. Februar 1976, der in der informellen Sitzung am 17. Februar 1976 erstmals vorgelegt wurde, vgl. Dok. 53.

4 Zur NATO-Ministerratstagung am 11./12. Dezember 1975 in Brüssel vgl. AAPD 1975, II, Dok. 376, Dok. 379 und Dok. 381.

5 Zur Ankündigung des Generalsekretärs des ZK der KPdSU, Breschnew, gegenüber dem amerikanischen Außenminister Kissinger bei dessen Besuch vom 20. bis 23. Januar 1976 in Moskau vgl. Dok. 21.

6 Vgl. dazu die am 22. November 1973 von den an den MBFR-Verhandlungen teilnehmenden NATO-Mitgliedstaaten vorgelegten Rahmenvorschläge; Dok. 45, Anm. 19.

7 Am 5. März 1976 berichtete Botschafter Behrends, Wien (MBFR-Delegation), daß eine Erörterung der verhandlungstaktischen Situation durch die Ad-hoc-Gruppe zu folgendem Ergebnis geführt habe: „1) Soweit der neue östliche Vorschlag vom 17.2. Bewegungen enthält (,phasing', ,disbandment'), sind sie für ein Vorwärtsbringen der Verhandlungen nicht oder jedenfalls derzeit nicht relevant. 2) Die

4) Dadurch treten hauptsächliche Gegensätze, in denen seit Beginn der Verhandlungen keine Fortschritte erzielt wurden, wieder in den Vordergrund:

– Asymmetrische oder symmetrische Verminderungen, d. h. Herstellung der Parität oder Legalisierung der bestehenden Disparitäten;

– kollektive oder nationale ceilings;

– selektive Verminderungen mit Konzentration auf das Personal der Landstreitkräfte oder „across the board"-Reduzierungen aller Waffengattungen und Rüstungen.

5) Keine der beiden Seiten steht derzeit unter Erfolgszwang. Mit einem greifbaren Ergebnis der Verhandlungen oder selbst substantiellen Fortschritten ist vorläufig nicht zu rechnen. Vor solchen Ergebnissen wird es im Osten zu prinzipiellen Entscheidungen über eine Kompromißbereitschaft hinsichtlich der erwähnten Hauptfragen kommen müssen. Ein sowjetisches Einlenken auf die zentralen westlichen Anliegen ist nur dann dankbar, wenn der Westen daran unbeirrbar als Conditio sine qua non eines Abkommens festhält.

II. Im einzelnen:

1) Östliche Reaktionen auf den westlichen Vorschlag

a) Erwartungsgemäß versuchten die östlichen Delegierten, den westlichen Vorschlag als „Schritt in die richtige Richtung", nämlich als grundsätzliche Anerkennung der Notwendigkeit von nuklearen und Luftwaffenverminderungen, für sich nutzbar zu machen. Im übrigen war die Reaktion eindeutig negativ. Die östlichen Teilnehmer kritisierten die Begrenzung des westlichen Angebots auf bestimmte amerikanische nukleare Waffensysteme und den eindeutigen Ausschluß von Rüstungsverminderungen oder -begrenzungen durch die Westeuropäer. Gleichzeitig suchten sie, den militärischen Wert des westlichen Angebots, 1000 Atomsprengköpfe, 54 F-4 Strike-Flugzeuge und 36 Pershing-Raketenträger der USA abzuziehen, herabzuspielen. Sie behaupteten, daß auch unter Berücksichtigung dieses nuklearen Elements das westliche Reduzierungsangebot kein Äquivalent für die Reduzierungsanforderungen an den Osten sei. Vor allem kritisierten sie, daß das Angebot der Reduzierung amerikanischer nuklearer Waffen in das westliche Gesamtkonzept eingebettet und unter die Bedingung seiner Annahme in toto gestellt sei. Dieses Konzept sei für den Osten unannehmbar, weil es

– keine eindeutigen Verpflichtungen der Westeuropäer und Kanadier bezüglich Umfang und Zeitpunkt ihrer Reduzierungen vorsehe;

– die Reduzierung der Luftstreitkräfte und aller Arten von Rüstungen ausschließe;

Fortsetzung Fußnote von Seite 361
westlichen Verhandlungspartner sollten bis auf weiteres das Schwergewicht ihrer Argumentation vom Thema ‚phasing' – jedenfalls von den prozeduralen Aspekten des Phasenkonzepts – auf die Themen ‚Parität bei den Landstreitkräften', ‚Disparitäten' und das westliche Verhandlungsziel eines combined common collective ceiling verlagern. Dabei sollte der Option-III-Vorschlag weiterhin in das Zentrum des westlichen Vorbringens gestellt werden. 3) Es besteht keine Veranlassung, den neuen östlichen Vorschlag in näherer Zukunft formell zurückzuweisen. Seine Bedeutung sollte durch weitere Fragestellung nicht unnötig hochgespielt werden. Taktisch am zweckmäßigsten sei es, den neuen Vorschlag im Rahmen der Rechtfertigung der westlichen Vorschläge, also indirekt, zu kritisieren." Vgl. den Drahtbericht Nr. 140; VS-Bd. 10424 (221); B 150, Aktenkopien 1976.

- asymmetrische Personalreduzierungen im Verhältnis von drei zu eins zugunsten des Westen fordere und
- nur kollektive ceilings vorsehe.

b) Die westlichen Teilnehmer betonten dagegen den hohen militärischen Wert der zum Abzug angebotenen amerikanischen nuklearen Elemente. Wenn man die bedeutenden geographischen Vorteile des Ostens, die durch vereinbarte Begrenzungen westlicher Streitkräfte im Reduzierungsgebiet noch verstärkt würden, berücksichtige, sei das jetzige westliche Reduzierungsangebot mindestens ebenso gewichtig wie die Reduzierungsanforderung an den Osten. Die Herstellung der Parität im Gesamtpersonalbestand und im Personalbestand der Landstreitkräfte und eine Reduzierung des großen östlichen Übergewichts an Kampfpanzern sei das einzige faire Verhandlungsergebnis, das die Sicherheit des Westens unvermindert lassen würde, aber auch die Sicherheit des Ostens nicht beeinträchtige. Sie ließen keinen Zweifel daran, daß das nukleare Angebot eine einmalige Zugabe sei und von ihren Regierungen als entscheidender Schritt zu einem Abkommen betrachtet werde.

2) Östlicher Vorschlag

a) Der neue östliche Vorschlag sieht im wesentlichen folgendes vor:

- 1976 unter einem ersten Abkommen Verminderung nur amerikanischer und sowjetischer Streitkräfte in Höhe von zwei Prozent oder drei Prozent des Gesamtpersonals von NATO bzw. WP im Raum.
- Insbesondere Abzug einer gleichen Zahl von Einheiten und Waffensystemen der US und der SU, nämlich von je 300 Panzern, je 54 nuklearfähigen Flugzeugen (F-4 und Fitter), einer gleichen, nicht bezifferten Anzahl von Boden-Boden-Raketen (Pershing und Scud-13), und je 36 Abschußrampen für Fla-Raketen (Nike-Hercules, Hawk und Sam-2), sowie der für diese Systeme vorgesehenen Atomsprengköpfe. Diese Einheiten wären „aufzulösen".
- Zusage der übrigen direkten Teilnehmer im ersten Abkommen, ihre Streitkräfte und Rüstungen 1977–78 in einer zweiten Stufe so zu vermindern, daß jeder der Teilnehmer um den gleichen Prozentsatz reduziert hätte.

  Zwischen den beiden Stufen wären die Streitkräfte dieser Teilnehmer einzufrieren. Vermutliches, aber im Vorschlag nicht spezifiziertes Reduzierungsziel bleibt 15 Prozent für jeden Teilnehmer.
- Reduzierung nur nach Einheiten mit vollständiger Bewaffnung und Ausrüstung, in der zweiten Stufe weitere Reduzierungen nuklearer Waffensysteme durch die USA und die Sowjetunion sowie alle anderen direkten Teilnehmer, deren Streitkräfte damit ausgerüstet sind.

Die östlichen Vertreter erläuterten, daß dieser Vorschlag auf

- das westliche Phasenkonzept,
- den westlichen Vorschlag vom 16.12.75 und
- die Interessen der westlichen Flankenstaaten

eingehe und weiteren Anliegen Rechnung trage.

b) Dieser Vorschlag ist in Moskau ausgearbeitet worden. Es gibt deutliche Anzeichen dafür, daß die übrigen WP-Staaten nicht konsultiert und erst nach der

Unterrichtung Kissingers darüber informiert wurden. Viele Elemente des östlichen Vorschlags sind unklar. Die östlichen Verhandler zeigen keine Eile, Fragen dazu zu beantworten. Sie verfolgen damit vermutlich die übliche sowjetische Taktik, den östlichen Vorschlag als entwicklungsfähig erscheinen zu lassen und ihn dadurch in den Mittelpunkt der Verhandlungen zu rücken, ohne selbst auf irgendeine Interpretation festgelegt zu sein. Dennoch erscheint folgende Analyse des östlichen Vorschlags möglich:

(i) Phasenkonzept: Auf den ersten Blick scheint das neue östliche Etappenkonzept dem westlichen Phasenkonzept zu ähneln, weil es

– zwei getrennte Abkommen vorsieht;

– als Folge des ersten Abkommens lediglich amerikanische und sowjetische Streitkräfte vermindert werden;

– die übrigen direkten Teilnehmer im ersten Abkommen nur Verpflichtungen allgemeinen Charakters für die zweite Stufe übernehmen und sich im übrigen zum Einfrieren ihrer Streitkräfte bis zur zweiten Stufe verpflichten sollen.

Dieser Anschein ist jedoch irreführend.

Der Inhalt der „Verpflichtungen allgemeinen Charakters", welche die nichtamerikanischen und nichtsowjetischen Teilnehmer bereits im ersten Abkommen eingehen würden, wäre,

– ihre Streitkräfte in der zweiten Etappe in den Jahren 1977–78 um einen gleichen Prozentsatz zu vermindern;

– alle Arten von Streitkräften und Rüstungen einschließlich nuklearer Waffensysteme zu vermindern;

– das Konzept nationaler Verpflichtungen, die zu nationalen ceilings führen, zu akzeptieren;

– bereits als Folge des ersten Abkommens nationale ceilings durch nationale freeze-Verpflichtungen zu akzeptieren und

– die Methode der Reduzierungen nach Einheiten zu akzeptieren.

Der Osten hält daher nicht nur an der Substanz seines Reduzierungsprogramms fest, sondern auch an dem Grundsatz, daß sich alle direkten Teilnehmer von Anfang an hinsichtlich des Umfangs und Zeitpunkts ihrer Reduzierungen verpflichten müssen.

Das westliche Phasenkonzept sieht dagegen vor, daß in Phase I durch Vereinbarung des combined common collective ceilings als Ziel des Reduzierungsprozesses und von amerikanisch-sowjetischen Verminderungen, die sich am Ziel der Beseitigung der Disparitäten im Personalbestand der Landstreitkräfte und der Reduzierung der Panzerdisparität orientieren, das Vertrauen geschaffen wird, das es den übrigen westlichen Teilnehmern ermöglicht, in Phase II präzise Verminderungsverpflichtungen einzugehen.

(ii) Der östliche Vorschlag sieht gleichnumerische Verminderungen amerikanischer und sowjetischer Panzer und nuklearer Waffensysteme vor. Die Verwirklichung dieses Vorschlags würde die Disparitäten nicht nur festschreiben, sondern zum Teil weiter verschärfen. Die Verminderung von 300 Panzern auf bei-

364

den Seiten bedeutete z. B. 22 Prozent der amerikanischen und nur 3 Prozent der sowjetischen Panzer. Außerdem sind die zur Verminderung angebotenen sowjetischen nuklearen Waffensysteme zum Teil veraltet und in jedem Fall den entsprechenden amerikanischen Waffensystemen im Einsatz unterlegen. Dieser Teil des Vorschlags ist offensichtlich propagandistisch motiviert. Auffallend ist, daß in dem Vorschlag einzelne Waffensysteme spezifiziert werden, aber gleichzeitig am Prinzip festgehalten wird, daß Einheiten mit ihrer gesamten Bewaffnung und Ausrüstung zu reduzieren sind.

(iii) Auflösung

Eingehende Befragung ergab, daß das Angebot der Auflösung zurückgezogener Einheiten ohne vertragsrechtliche Bedeutung wäre, weil diese „Auflösung" zu keinem ceiling für solche Einheiten in der Sowjetunion führen würde und das freiwerdende Personal und Material in bestehende Verbände eingegliedert werden kann.

3) Nach allem stellt sich der neue östliche Vorschlag als Neuauflage der ursprünglichen östlichen Vorschläge[8], ja z. T. als ihre Verschlechterung, dar. Eingehen auf diese Vorschläge würde sämtliche Hauptziele des Ostens (Zementierung der Disparitäten, nationale ceilings, Verminderung nach Einheiten, Verminderung sämtlicher Streitkräfte und Rüstungen) in einem Zuge, wenngleich in zwei Etappen, erfüllen.

4) Dem Osten ist vermutlich klar, daß dieser Vorschlag keine Chance auf Annahme hat. Die westlichen Delegierten haben den Eindruck gewonnen, daß die Motive des östlichen Vorschlags fast ausschließlich taktischer Natur sind, nämlich:

a) den westlichen Vorschlag vom 16.12.75 zu neutralisieren und gegenüber der Öffentlichkeit den Eindruck zu erwecken, daß der Osten die Initiative zurückgewonnen habe und auf den westlichen Vorschlag durch das Angebot der Verminderung sowjetischer nuklearer Waffen positiv reagiert habe;

b) Stoff für den Abrüstungsteil des Berichts Breschnews vor dem sowjetischen Parteikongreß[9] zu liefern und

---

[8] Vgl. dazu den sowjetischen Entwurf vom 8. November 1973 für ein Abkommen über die Verminderung von Streitkräften und Rüstungen in Mitteleuropa; Dok. 53, Anm. 12.

[9] Für den Wortlaut des mit MBFR befaßten Teils der Rede des Generalsekretärs des ZK der KPdSU, Breschnew, auf dem XXV. Parteitag der KPdSU am 24. Februar 1976 in Moskau vgl. EUROPA-ARCHIV 1976, D 235.
Botschafter Roth stellte dazu am 26. Februar 1976 fest: „Breschnew beklagt, daß es noch zu keinem Fortschritt in Wien gekommen sei. Er macht die NATO verantwortlich, die Gespräche zur Erlangung einseitiger militärischer Vorteile auszunutzen und Zugeständnisse zu fordern, die die Sicherheit der Staaten des Warschauer Pakts beeinträchtigten. Bemerkenswert ist, daß Breschnew wie die östlichen Unterhändler in Wien seine Behauptungen nicht durch Zahlenangaben belegt; sich nicht mit dem zentralen westlichen Verhandlungsziel, der Parität, sondern indirekt nur mit der Forderung nach asymmetrischen Reduzierungen zum Abbau der bestehenden Disparitäten auseinandersetzt. [...] Es ist richtig, wenn Generalsekretär Breschnew feststellt, daß die östlichen Vorschläge auf der Grundlage der Erhaltung des Kräfteverhältnisses in Mitteleuropa stehen. Damit bestätigt er jedoch, daß ihre Annahme die Festschreibung der östlichen Überlegenheit beim Personal der Landstreitkräfte und bei den Panzern bedeuten würde, wie die Zahlen ausweisen, die wir am Anfang der Wiener Verhandlungen auf den Tisch gelegt haben." Vgl. VS-Bd. 11516 (221); B 150, Aktenkopien 1976.

c) die Verhandlungen in Gang zu halten und Zeit zu gewinnen. Mindestens bis zum Sommer werden die Verhandlungen daher nicht über den gegenwärtigen Stand hinausführen.

5) Parallel zur Erörterung dieser Themen lief auch in der achten Runde die Diskussion einer Streitkräftedefinition[10] weiter. Das östliche Interesse daran ließ nicht nach. Das Thema könnte sich (von seiner sachlichen Rechtfertigung abgesehen) als nützlich erweisen, um eine evtl. Verhandlungsstagnation zu überbrücken.

Dem steht bislang die strikte Ablehnung einer Datendiskussion durch den Osten im Wege. Auch die Tatsache, daß diese Weigerung der westlichen öffentlichen Meinung unverständlich ist und nicht dazu beiträgt, Vertrauen zu schaffen, hat den Osten bisher nicht dazu bewegen können, seinen Standpunkt in der Datenfrage zu revidieren.

[gez.] Behrends

VS-Bd. 10424 (221)

77

Aufzeichnung des Vortragenden Legationsrats I. Klasse Sell

204-500.52 NWG VS-NfD   10. März 1976

Betr.: Probleme der Nordmeerpolitik (Spitzbergen und Barentssee);
     Ergebnis der Ressortbesprechung am 8. März 1976

Unter Leitung von MD van Well fand im Auswärtigen Amt am 8. März 1976 eine Ressortbesprechung über die Probleme der Nordmeerpolitik statt.

Von den eingeladenen Ressorts nahmen an der Besprechung teil: Das Bundesministerium für Ernährung, Landwirtschaft und Forsten; das Bundesministerium der Verteidigung; das Bundesministerium für Wirtschaft.

Vom Auswärtigen Amt waren anwesend: Der Leiter der Politischen Abteilung 2 (Vorsitz), der Leiter der Unterabteilung 20[1], der Völkerrechtsberater[2] sowie

---

[10] Referat 221 vermerkte am 15. März 1976 zur Frage der Streitkräftedefinition bei den MBFR-Verhandlungen: „Es geht im wesentlichen um die Frage der Zuordnung bestimmter Streitkräftekategorien (Luftverteidigungs-, Hubschrauber- und Pershing-Personal), die in Ost und West unterschiedlich zu Land- und Luftstreitkräften gezählt werden. Auch in dieser Diskussion stehen sich zwei konzeptionelle Ansätze gegenüber: Der Westen besteht auf dem Uniformprinzip, der Osten möchte das funktionale Prinzip anerkannt wissen. Beide Prinzipien entsprechen den unterschiedlichen Grundansätzen bei den MBFR-Verhandlungen. Der Westen hat schon frühzeitig dem Osten gesagt, daß er bereit ist, die Frage der Zuordnung der genannten Anomalien einvernehmlich zu regeln, vorausgesetzt, daß der Osten bereit ist, seine Ablehnung einer Datendiskussion aufzugeben. Nach Auffassung des Westens ist die Klärung der Datenbasis erforderlich, um die Auswirkungen definitorischer Verschiebungen beurteilen zu können." Vgl. VS-Bd. 11438 (221); B 150, Aktenkopien 1976.

[1] Jürgen Ruhfus.

[2] Carl-August Fleischhauer.

366

Vertreter folgender Arbeitseinheiten: Referate 201, 204, 405, 413, 420, 500, Arbeitsstab Seerechtskonferenz, Planungsstab.

Gegenstand und Zweck der Ressortbesprechung

MD van Well leitete die Besprechung mit einem Überblick über die Lage und die sich daraus ergebenden Probleme ein: Durch den Spitzbergenvertrag von 1920[3] sollte der Spitzbergenarchipel der Rivalität der Großmächte entzogen werden. Der Vertrag bezieht sich seinem Wortlaut nach nicht auf den Kontinentalsokkel von Spitzbergen, da der Begriff des Kontinentalsockels 1920 noch unbekannt war. Norwegen beansprucht die uneingeschränkte Souveränität über den Spitzbergensockel und vertritt die Rechtsauffassung, das internationale Regime des Spitzbergenvertrages sei auf den Sockel nicht anwendbar.[4] Wegen der im Kontinentalsockel von Spitzbergen vermuteten Energievorräte, angesichts der sowjetischen Machtkonzentration an der Nordmeerküste sowie im Hinblick auf den voraussichtlichen Verlauf der Seerechtskonferenz[5] kommt der Frage der rechtlichen Zuordnung des Spitzbergensockels und der Gewässer vor Spitzbergen erhebliche wirtschaftspolitische und sicherheitspolitische Bedeutung zu.

MD van Well umriß sodann den Zweck der Besprechung: Abstimmung mit den Ressorts über die Beurteilung der anstehenden Fragen zwecks gemeinsamer Erarbeitung eines deutschen Standpunktes, der zum Gegenstand von Konsultationen mit unseren westlichen Partnern gemacht werden kann. Einen Teil dieser Aufgabenstellung bildet die Frage, ob und gegebenenfalls in welcher Form wir gegenüber der norwegischen Rechtsauffassung bezüglich der Zuordnung des Spitzbergensockels einen Rechtsvorbehalt anbringen sollen. (Bisher haben die Sowjetunion[6], die USA[7], Großbritannien[8], Frankreich und die Nie-

---

[3] Für den Wortlaut des Vertrags vom 9. Februar 1920 über Spitzbergen vgl. REICHSGESETZBLATT 1925, Teil II, S. 763–776.

[4] Ministerialdirektor van Well notierte am 24. April 1975 zum norwegischen Rechtsstandpunkt hinsichtlich des Festlandsockels von Spitzbergen: „Die Regierung Norwegens hat im Vorjahr Souveränitätsrechte über den sich nördlich des 62. Breitengrades bis zur Inselgruppe Spitzbergen erstreckenden Festlandsockel geltend gemacht. In dem betreffenden Abschnitt des Berichts Nr. 30 vom 15.3.1974 an das Storting über die ‚Tätigkeit im norwegischen Festlandsockel', Ziffer 19.2, heißt es: ‚Es ist die Frage gestellt worden, ob die Bestimmungen des Spitzbergenabkommens auch auf irgendeinen Teil des Kontinentalsockels im Gebiet Troms, Finnmark und Spitzbergen zur Anwendung kommen. Hier bildet der Meeresboden einen zusammenhängenden Kontinentalsockel, wo die Meerestiefe (höchstens 400–500 m) schon die Ausnutzung der Naturvorkommen zuläßt. Diese Gebiete stellen eine natürliche Fortsetzung der Landmasse auf dem norwegischen Festland dar. Nach norwegischem Recht und Völkerrecht [...] hat Norwegen daher völlig unabhängig vom Spitzbergen-Abkommen Souveränitätsrecht über diese Gebiete.'" Vgl. Referat 204, Bd. 110353.

[5] Die vierte Runde der Dritten UNO-Seerechtskonferenz wurde am 15. März 1976 in New York eröffnet. Vgl. dazu Dok. 93.

[6] Botschafter Heipertz, Oslo, berichtete am 11. Februar 1975, im norwegischen Außenministerium sei ihm erklärt worden, „daß die Sowjetunion im Jahre 1970 lediglich auf einen damals in Norwegen veröffentlichten Zeitungsartikel hin Einspruch gegen die norwegische These bezüglich des Kontinentalsockels um Spitzbergen erhoben, diesen Einspruch aber nicht erneuert hätte, als die norwegische Regierung im Frühjahr 1974 in der Stortingdrucksache Nr. 25 die norwegische Einstellung erstmals amtlich kundgegeben habe. Man frage sich hier, ob die sowjetische Regierung inzwischen ihre Meinung geändert habe, da ihr möglicherweise daran gelegen sei, andere westliche Länder als Norwegen aus dem Kontinentalsockel um Spitzbergen fernzuhalten." Vgl. den Schriftbericht Nr. 115; Referat 204, Bd. 110353.

[7] Für die amerikanische Note vom 20. November 1974 an die norwegische Regierung vgl. Referat 204, Bd. 110355.

[8] Für das britische Aide-mémoire vom 29. Oktober 1974 an die norwegische Regierung vgl. Referat 204, Bd. 110355.

derlande[9] der norwegischen Rechtsauffassung widersprochen). MD van Well schlug vor, die Gesamtproblematik nacheinander unter völkerrechtlichen, wirtschaftspolitischen und sicherheitspolitischen Gesichtspunkten zu erörtern.

Völkerrechtliche Beurteilung

Der Völkerrechtsberater (VRB) des Auswärtigen Amts äußerte sich zur völkerrechtlichen Beurteilung des norwegischen Standpunktes und den sich für uns daraus ergebenden Konsequenzen: Zur Stützung ihres Rechtsstandpunktes berufen sich die Norweger vornehmlich darauf, daß Spitzbergen geologisch gesehen auf dem norwegischen Festlandsockel liege, und darauf, daß der Spitzbergenvertrag ausdrücklich die norwegische Souveränität über Spitzbergen begründe und diese norwegische Souveränität dann mit gewissen Einschränkungen versehe: Der Spitzbergenvertrag müsse daher restriktiv, d.h. stets zugunsten der norwegischen Souveränität ausgelegt werden. Soweit Norwegen behaupten wolle, Spitzbergen habe keinen eigenen Festlandsockel, werde diese These durch Artikel 1 der Festlandsockelkonvention von 1958[10] widerlegt. Danach haben bewohnte Inseln einen eigenen Festlandsockel. Die andere norwegische These, der Spitzbergenvertrag sei stets zugunsten der norwegischen Souveränität auszulegen, gelte seinem Wortlaut nach nicht für den Festlandsockel von Spitzbergen, und dieser unterstehe daher allein der norwegischen Souveränität, sei zwar begründbar, jedoch nicht zwingend und nach Auffassung des VRB auch nicht zutreffend. Zwar sei es richtig, daß der Spitzbergenvertrag Spitzbergen der norwegischen Souveränität unterstellt. Es sei aber zu beachten, daß Norwegen die Souveränität über Spitzbergen erst durch den Spitzbergenvertrag erhalten hat, der seinerseits Ausdruck des Versuchs gewesen ist, die Inselgruppe als internationales Streitobjekt zu eliminieren. Unter diesem Gesichtspunkt und nach der ganzen Vorgeschichte des Spitzbergenvertrags läßt sich die Stellung Norwegens in Spitzbergen als diejenige einer Verwaltungsmacht definieren. Bei dieser Auslegung des Vertrages sei grundsätzlich von dem Interesse der an der Internationalisierung beteiligten Staaten auszugehen („Prinzip der offenen Tür"). Die allgemeine Auslegungsvermutung des Völkerrechts kehre sich bei dieser Betrachtungsweise um, so daß nicht die Einschränkungen der norwegischen Souveränität restriktiv auszulegen sind;

9 Botschaftsrat Wand, Oslo, berichtete am 23. Februar 1976 über die niederländischen und französischen Vorbehalte gegen die von der norwegischen Regierung am 15. März 1974 geäußerte Rechtsauffassung zum Festlandsockel von Spitzbergen. So habe die niederländische Regierung ihren Rechtsvorbehalt „anläßlich des Besuches einer norwegischen Delegation [...] am 30. Januar 1975 in Den Haag mündlich ausgesprochen. Der Leiter der Rechtsabteilung im holländischen Außenministerium wies darauf hin, daß nach holländischer Rechtsauffassung das Regime des Spitzbergen-Vertrages auch für den Spitzbergen-Sockel gelte, die norwegische Souveränität unter den Bedingungen des Pariser Vertrages jedoch nicht in Frage gestellt werde." Zur Demarche der französischen Regierung führte Wand aus: „Der französische Vorbehalt wurde Anfang 1975 durch den französischen Botschafter in Oslo in beiläufiger Form mündlich vorgebracht, so daß das norwegische Außenministerium die Demarche zunächst gar nicht als solche aufgefaßt hat." Vgl. den Schriftbericht Nr. 75; Referat 204, Bd. 110355.
10 Artikel 1 der Genfer Konvention vom 29. April 1958 über den Festlandsockel: „For the purpose of these articles, the term ‚continental shelf' is used as referring a) to the seabed and subsoil of the submarine areas adjacent to the coast but outside the area of territorial sea, to a depth of 200 metres or, beyond that limit, to where the depth of the superjacent waters admits of the exploitation of the natural resources of the said areas; b) to the seabed and subsoil of similar submarine areas adjacent to the coasts of islands." Vgl. UNTS, Bd. 499, S. 312.

vielmehr müsse diese Auslegung stets das Interesse der an der Internationalisierung beteiligten Staaten im Auge haben.

Der VRB wies darauf hin, daß Norwegen uns seinen Rechtsstandpunkt bisher nicht förmlich notifiziert hat. Mithin stehen wir nicht vor der unmittelbaren Notwendigkeit, zur Vermeidung eines Rechtsverlustes gegenüber der norwegischen Regierung eine Rechtsverwahrung einzulegen. Jedoch werden wir nach Ansicht des VRB im Zuge der weiteren Entwicklung möglicherweise in die Lage geraten, unsere Haltung gegenüber der norwegischen Regierung klarstellen zu müssen, um nicht den völkerrechtlich wirksamen Anschein entstehen zu lassen, wir teilten den norwegischen Standpunkt. Eine solche Lage kann nach Ansicht des VRB insbesondere eintreten a) als Folge der Arbeitsergebnisse der Seerechtskonferenz (Frage der Einrichtung einer Wirtschaftszone um Spitzbergen und ihrer Abgrenzung); b) durch den Fortgang der nowegisch-sowjetischen Verhandlungen über die Teilung der Barentssee[11], bei denen Norwegen ohne bisherige Konsultation der übrigen Vertragsstaaten des Spitzbergenvertrages allein mit der Sowjetunion über die Abgrenzung des Kontinentalsockels auch von Spitzbergen verhandelt; und c) durch die Aufnahme von Fischereiverhandlungen mit Norwegen, sei es bilateral oder im Rahmen der EG. d) Nachdem MD van Well bemerkt hatte, daß deutsch-norwegische Konsultationen bevorstehen, bei denen gemäß dem ausdrücklichen Wunsch der Norweger die Nordmeerpolitik und Spitzbergen einen Punkt der Tagesordnung bilden werden, fügte der VRB hinzu: Da bereits eine Reihe westlicher Staaten gegen die norwegische Auslegung des Spitzbergenvertrages Widerspruch erhoben hat, laufen wir Gefahr, bei dieser Konsultation durch Schweigen gegenüber den Norwegern den Rechtsschein zu erzeugen, wir teilten ihre Auffassung. Mithin werden wir schon bei den deutsch-norwegischen Konsultationen jedenfalls klarstellen müssen, daß wir die Prüfung der norwegischen Rechtsauffassung vorbehalten wollen.

Erörterung der wirtschaftspolitischen Fragen

a) Der Vertreter des BMWi wies auf die deutsch-norwegische Zusammenarbeit im Gasbereich hin (Ekofisk-Vertrag über die Lieferung norwegischen Erdgases

---

11 Die Verhandlungen zwischen Norwegen und der UdSSR über die Abgrenzung des Festlandsockels in der Barentssee wurden vom 25. bis 29. November 1974 in Moskau eröffnet. Botschafter Heipertz, Oslo, übermittelte dazu am 18. Dezember 1974 Informationen des norwegischen Außenministeriums: „Die Sowjetunion ist bereit, mit Norwegen ein Abkommen über Teilung des Kontinentalsockels im Barentsmeer abzuschließen und will dabei wohl auch von dem Mittellinienprinzip ausgehen [...]. Die Russen ließen ihre konkreten Vorstellungen zur Grenzziehung nicht erkennen, ihnen scheint aber eine Grenze vorzuschweben, die weit westlicher verläuft als die norwegische". Vgl. den Drahtbericht Nr. 295; Referat 204, Bd. 110353.
Die norwegisch-sowjetischen Verhandlungen wurden vom 24. November bis 5. Dezember 1975 in Oslo fortgesetzt. Vgl. dazu AAPD 1975, II, Dok. 366.
Am 12. Januar 1976 resümierte Heipertz Informationen des norwegischen Außenministeriums zur letzten Verhandlungsrunde: „Das Ergebnis liegt darin, daß die Sowjets zum ersten Mal konkret sagten, was sie wollen: nämlich die Teilung nach Sektorenprinzip. Norwegen lehnte das ab und schlug als Kompromiß geringfügige Justierungen seiner Mittellinie vor. Die Sowjets sagten dazu weder ja noch nein, bedauerten lediglich, darüber noch nicht, wie die Norweger es wünschten, im Februar/März d[ieses]J[ahres] verhandeln zu können." Vgl. den Schriftbericht Nr. 47; Referat 204, Bd. 110355.

nach Deutschland mittels einer Rohrleitung[12]). Ein deutscher Widerspruch gegenüber der norwegischen Auslegung des Spitzbergenvertrages könnte sich nach Ansicht des BMWi auf die deutschen Bemühungen um eine Erweiterung der norwegischen Gaslieferungen sowie ferner auf die Bemühungen der DEMINEX um Bohrkonzessionen vor der norwegischen Küste und auf die Exportinteressen der deutschen Zulieferungsindustrie nachteilig auswirken.

Ein Vertreter des Auswärtigen Amts (Referat 405) wies auf den Vorteil hin, den das freizügige Regime des Spitzbergenvertrages im Vergleich zu der als restriktiv bekannten norwegischen Konzessions- und Steuerpolitik für unsere energiepolitischen Interessen bedeutet, sowie ferner auf die Tatsache, daß die wirtschaftliche Zusammenarbeit zwischen Norwegen und denjenigen westlichen Staaten, die der norwegischen Auslegung des Spitzbergenvertrages widersprochen haben, bisher nicht gelitten hat: Britische und amerikanische Erdölunternehmen haben Bohrkonzessionen vor der norwegischen Küste erhalten, deutsche Unternehmen dagegen bisher nicht. Es wurde in diesem Zusammenhang festgestellt, daß die Botschaft Oslo die Gefahr einer Beeinträchtigung der deutsch-norwegischen Wirtschaftsbeziehungen nicht für gegeben hält, sofern für einen deutschen Widerspruch eine Form gewählt wird, die den norwegischen Empfindlichkeiten Rechnung trägt.

b) Ein Vertreter des Auswärtigen Amts (Ref. 413) wies auf das deutsche Forschungsinteresse im Nordmeer hin: In letzter Zeit haben jährlich zwei bis drei Forschungsreisen in dieses Gebiet stattgefunden. Gerade zum gegenwärtigen Zeitpunkt haben wir ein erhebliches Interesse an dieser Forschungstätigkeit, da sie uns Indizien für die Wahrscheinlichkeit von Energievorräten in der Barentssee zur Verfügung stellt. Wenn der Kontinentalsockel sowie eine künftige Wirtschaftszone um Spitzbergen der alleinigen norwegischen Souveränität unterstehen würden, bedürfte unsere Forschungstätigkeit in diesem Raum der Genehmigung der norwegischen Regierung. Im Verlauf der Besprechung wurde klargestellt, daß im Zusammenhang mit der deutschen Forschungstätigkeit im Nordmeer an die norwegische Regierung bisher keine Gesuche um Genehmigung gerichtet worden sind, die unsere Rechte aus dem Spitzbergenvertrag präjudizieren könnten. In Zukunft wird darauf zu achten sein, daß eine solche Präjudizierung unterbleibt. In diesem Zusammenhang soll der Bundesminister für Forschung und Technologie[13] um eine Unterrichtung über die bisherige und die für die Zukunft geplante deutsche Forschungstätigkeit im Nordmeer gebeten werden.

c) Der Vertreter des BML erläuterte die deutschen Fischereiinteressen. Angesichts der nach Abschluß der Seerechtskonferenz zu erwartenden Einführung nationaler Fischereizonen von 200 Seemeilen sollte nach Ansicht des BML ein gemäß dem internationalen Regime des Spitzbergenvertrags erleichterter Zugang zu den Gewässern um Spitzbergen angestrebt werden. Seit 1898 betreiben wir in diesem Gebiet Fischereiforschung. Seit Jahrzehnten gehört die Ba-

---

12 Für den Wortlaut des Vertrags vom 16. Januar 1974 zwischen der Bundesrepublik und Norwegen über den Transport von Kohlenwasserstoffen durch eine Rohrleitung vom Ekofisk-Feld und benachbarten Gebieten in die Bundesrepublik vgl. BUNDESGESETZBLATT 1975, II, S. 427–430.
13 Hans Matthöfer.

rentssee zu den traditionellen deutschen Fanggebieten. Der Vertreter des BML deutete an, daß schon jetzt durch ein taktisches Zusammenwirken zwischen Norwegen und der Sowjetunion die Interessen der übrigen Fischereinationen in diesem Meeresgebiet in die Defensive geraten sind.

d) MD van Well stellte als Ergebnis der Erörterung der wirtschaftspolitischen Gesichtspunkte fest, daß deutscherseits ein bedeutendes Interesse am erleichterten Zugang zum Festlandsockel und zur künftigen Wirtschaftszone um Spitzbergen vorhanden ist und daß eine Beeinträchtigung der deutschen wirtschaftspolitischen Belange in ihrer Gesamtheit durch die Einlegung eines vorsichtig formulierten Vorbehalts des eigenen Rechtsstandpunktes gegenüber Norwegen nicht befürchtet zu werden braucht. Auf die laufenden Verhandlungen über eine Erweiterung der Gaslieferungen aus dem Ekofisk-Feld sollte im Rahmen der gegebenen Möglichkeiten Rücksicht genommen werden.

Erörterung der sicherheitspolitischen Gesichtspunkte

Der Vertreter des BMVg erläutert die Bedeutung und den strategischen Auftrag der sowjetischen Nordmeerflotte, der stärksten operativen Einheit der sowjetischen Marine. Die Linie Spitzbergen–Bäreninsel–Nordkap ist für die Aufklärung beider Seiten von entscheidender Bedeutung. Eine Aufklärungstätigkeit auf dieser Linie würden den sowjetischen Streitkräften den „Blick in den Atlantik" ermöglichen. Das BMVg befürchtet, daß die Sowjetunion eine Anwendung des internationalen Regimes des Spitzbergenvertrages auf den Spitzbergensockel zu einer intensiven Aufklärungstätigkeit unter wirtschaftlicher Flagge mißbrauchen würde, ohne daß es für den Westen eine Kontrollmöglichkeit hierüber gäbe. Nach Ansicht des BMVg ist es für das Bündnis „von vitaler Bedeutung", daß die Sowjetunion daran gehindert wird, an der Spitzbergenpassage strategisch Fuß zu fassen. Der Vertreter des BMVg hielt es aus diesen Gründen für besser, wenn der Festlandsockel von Spitzbergen der alleinigen Souveränität des Bündnispartners Norwegen unterstellt wäre und wir dementsprechend auf einen Widerspruch gegenüber der norwegischen Rechtspositionen verzichten würden. Er räumte ein, daß sich die Frage stellt, ob Norwegen auf die Dauer dem sowjetischen Druck standzuhalten vermag. Ein internationales Regime in diesem strategisch wichtigen Meeresgebiet mit den Unberechenbarkeiten, wie sie die Beteiligung von vierzig Staaten mit sich bringt, stellt nach Ansicht des BMVg jedoch keine bessere Garantie gegen ein sowjetisches Vordringen dar, als die alleinige Souveränität Norwegens, an dessen Zuverlässigkeit als Bündnispartner bisher keine Zweifel begründet sind. Im übrigen kann nach Ansicht des BMVg die deutsche Position zu diesem Fragenkreis nur in Abstimmung mit den Bündnispartnern USA und Großbritannien bestimmt werden.

MD van Well wies auf die Bedeutung einer genauen Kenntnis der Motive der norwegischen Haltung und der norwegischen Lagebeurteilung hin. Dies auch angesichts der Einflußmöglichkeiten der Sowjetunion auf die norwegische Innenpolitik. Für die Vervollständigung des deutschen Erkenntnisstandes kommt den bevorstehenden Konsultationen mit Norwegen daher besondere Bedeutung zu. Im gegenwärtigen Stadium geht es für uns vor allem darum, die durch den Spitzbergenvertrag gegebenen Einflußmöglichkeiten nicht aus der Hand zu geben. In welcher Weise diese Einflußmöglichkeiten später zu nutzen sind, muß mit unseren Partnern in der NATO und der EG abgestimmt werden.[14]

Ergebnis der Besprechung

MD van Well umriß folgendes Besprechungsergebnis, das die Zustimmung der Anwesenden fand:

1) Bei den am 28. und 29. April 1976 stattfindenden deutsch-norwegischen Konsultationen werden wir erklären, daß wir gegenüber der norwegischen Rechtsauffassung bezüglich des Anwendungsbereiches des Spitzbergenvertrages noch keine fundierte Sachentscheidung zu treffen in der Lage sind. Aus diesem Grunde, insbesondere auch um das Entstehen eines Rechtsscheines durch Verschweigen zu vermeiden, müssen wir uns unsere Rechte aus dem Spitzbergenvertrag vorbehalten. Der VRB wird gebeten, eine Formulierung für diese Erklärung auszuarbeiten.[15]

2) Für den Fall der Notwendigkeit einer förmlichen deutschen Stellungnahme, die als Folge der Seerechtskonferenz oder schon vorher durch andere Ereignisse eintreten kann, empfiehlt es sich, eine geeignete Formulierung bereitzuhalten. Der VRB wird um die Ausarbeitung einer Formulierung gebeten, die allen rechtlichen Erfordernissen Rechnung trägt.

3) Das BMWi wird um Feststellung gebeten, welches die voraussichtliche Dauer der laufenden Ekofisk-Verhandlungen sein wird, damit hierauf nach Möglichkeit zeitlich Rücksicht genommen werden kann.

4) Nach den deutsch-norwegischen Konsultationen soll unter Berücksichtigung des Konsultationsergebnisses im Zusammenwirken der Ressorts die deutsche Sachposition zu den Fragen der Nordmeer- und Spitzbergenpolitik ausgearbeitet werden.

14 Am 29. März 1976 notierte Ministerialdirektor van Well, er habe am 26. März 1976 in London mit den Politischen Direktoren im britischen und französischen Außenministerium, Campbell und de Laboulaye, sowie dem Berater im amerikanischen Außenministerium, Sonnenfeldt, zu Spitzbergen folgendes Vorgehen vereinbart: „Die vier Direktoren schlagen ihren Ministern vor, am 21. Mai in Oslo die strategischen Probleme dieses Komplexes zu erörtern. Die Fragen der Fischerei, der Nutzung des Meeresbodens und des Spitzbergenstatus sollten unter den Ministern nicht vertieft, sondern zunächst auf Direktorenebene weiterbehandelt werden." Vgl. VS-Bd. 14055 (010); B 150, Aktenkopien 1976.

15 Vortragender Legationsrat I. Klasse Dannenbring vermerkte am 7. Mai 1976 zu den deutsch-norwegischen Direktorenkonsultationen am 28./29. April 1976: „Die norwegischen Gesprächspartner bezeichneten das Nordmeer um Spitzbergen als ein militärstrategisch äußerst empfindliches Gebiet. Eine wirtschaftliche Tätigkeit sämtlicher Vertragsstaaten des Spitzbergenvertrages auf dem Kontinentalsockel vor Spitzbergen würde daher nach norwegischer Ansicht die Bemühungen um Aufrechterhaltung der Stabilität in diesem Raum beeinträchtigen. [...] Nach norwegischer Auffassung kommt es darauf an, die Entstehung eines neuen Krisenherdes (‚trouble-spot') zu vermeiden. Dies könne am besten durch die Aufrechterhaltung des Status quo gemäß dem Spitzbergenvertrag bei möglichster Stärkung der norwegischen Souveränität auf der Insel selbst und im Meeresgebiet um Spitzbergen erreicht werden." Ministerialdirektor van Well habe folgende Erklärung mündlich vorgetragen: „Die Bundesregierung verfolgt mit Aufmerksamkeit die Politik Norwegens hinsichtlich der Seegebiete um Spitzbergen und hinsichtlich der Barentssee. Schon mangels näherer Unterrichtung über die norwegischen Absichten und Ziele hat sie ihre Positionen in den (Rechts-) Fragen, die hier eine Rolle spielen, noch nicht endgültig festgelegt. Die Bundesregierung behält sich deshalb im gegenwärtigen Zeitpunkt ausdrücklich alle Rechte vor, die der Bundesrepublik Deutschland aus dem Spitzbergenvertrag von 1920 zustehen, und gibt der Erwartung Ausdruck, daß die norwegische Regierung ihrerseits bei der Ausgestaltung ihrer Nordmeerpolitik die Verpflichtungen, die sich für Norwegen aus dem Spitzbergenvertrag ergeben, berücksichtigt." Vgl. Referat 204, Bd. 110355.

5) Die deutsche Sachposition soll anschließend zum Gegenstand von Konsultationen mit unseren westlichen Partnern (wichtigste Verbündete der NATO sowie Partner in der EG) gemacht werden.

Sell

Bd. 112770 (213)

78

Botschafter Freiherr von Braun, Paris, an das Auswärtige Amt

114-11510/76 VS-vertraulich   **Aufgabe: 10. März 1976, 14.00 Uhr**[1]
Fernschreiben Nr. 760   **Ankunft: 10. März 1976, 16.31 Uhr**
Citissime

Betr.: Konsularverträge der DDR

Bezug: DE Plurez 890 v. 5.3.1976 VS-v[2]
    DE Plurez 915 v. 8.3.1976[3]

Zur Information und mit der Bitte um Weisung zu Ziffer 9

1) Am Treffen am 9.3.1976 unter Vorsitz von Europadirektor Andréani nahmen außer uns Vertreter der belgischen, italienischen, britischen und amerikanischen Botschaft teil.

---

[1] Hat Vortragendem Legationsrat I. Klasse Fleischhauer vorgelegen.

[2] Ministerialdirektor van Well teilte den Botschaften in Brüssel, Paris, Rom und Washington mit: „1) Nach den unlängst beendeten Konsularvertragsverhandlungsrunden Frankreich–DDR und USA–DDR wird voraussichtlich bis zum Sommer eine Pause eintreten. Es ist aber mit fortgesetzten DDR-Bemühungen zu rechnen, in nächster Zukunft bei Belgien und Italien eine Erosion der bisherigen Positionen zu erreichen. Französische Seite wurde daher während der deutsch-französischen Direktorenkonsultation vom 3.3.1976 nochmals auf ein Treffen im Fünferkreis (Frankreich, Belgien, Italien, USA, Bundesrepublik Deutschland) angesprochen. 2) Sie hat sich nun bereit erklärt, daß Andréani in Paris zu einem Treffen mit Vertretern der Botschaften einlädt, bei dem ohne förmliche Abstimmung die jeweilige Verhandlungsposition hinsichtlich der Sicherung unserer Anliegen vorgetragen werden soll." Vgl. VS-Bd. 10940 (210); B 150, Aktenkopien 1976.

[3] Vortragender Legationsrat I. Klasse Fleischhauer wies die Botschaft in Paris darauf hin, daß es der Bundesregierung im Zusammenhang mit dem Abschluß von Konsularverträgen zwischen der DDR und Drittstaaten darum gehe, „in den betreffenden Drittstaaten ihr konsularisches Betreuungsrecht gegenüber denjenigen Deutschen aus der DDR zu wahren, die eine Betreuung durch die Vertretung der Bundesrepublik Deutschland wünschen. Die deutsche Staatsangehörigkeit ist nach 1945 nicht erloschen. Sie besteht fort und erfaßt auch heute noch die Deutschen in der Bundesrepublik und in der DDR. Die DDR hat zwar für sich eine eigene Staatsbürgerschaftsgesetzgebung erlassen, diese ist neben die fortbestehende deutsche Staatsangehörigkeit getreten, konnte aber mangels so weit reichender Dispositionsbefugnisse der DDR die deutsche Staatsangehörigkeit nicht beseitigen. [...] Die Bundesrepublik beschränkt die Ausübung ihres Rechts von vornherein auf solche Deutsche aus der DDR, die von ihren Vertretungen betreut zu werden wünschen. Sie erhebt mithin keinen konsularischen Alleinvertretungsanspruch gegenüber den Deutschen aus der DDR. Sie wünscht allerdings auch nicht, daß es de jure oder de facto zu Anerkennung oder Berücksichtigung eines Alleinvertretungsanspruchs der DDR gegenüber Deutschen aus der DDR kommt, die den Willen der betroffenen Menschen ignorieren würde. [...] Die Regierung der Bundes-

Andréani berichtete einleitend über Verlauf der Konsularverhandlungen Frankreich–DDR[4] und erläuterte französischen Standpunkt. Frankreich sei dagegen, die Frage der Staatsangehörigkeit im Konsularvertrag anzusprechen; ein Bezug auf die Staatsangehörigkeitsgesetzgebung der DDR[5] – in welcher Form immer – sei nicht akzeptabel.[6] Frankreich habe sich daher bemüht, einen praktischen und pragmatischen Weg zu finden, der auf die aktive Präsentation des DDR-Passes abstelle, die allerdings nur eine Vermutung begründe, daß der Betreffende damit auch seine Zugehörigkeit zur DDR bekunden wolle. Hierauf habe die DDR-Verhandlungsdelegation, anders als man es nach dem Gespräch Sauvagnargues/Fischer hätte vermuten können[7], nicht reagiert.

Eine französische Formel hierzu gäbe es noch nicht. Die Formel müsse auch dem Problem der Doppelstaater Rechnung tragen; zum anderen müsse der Betroffene klar entscheiden können, ob er von der DDR oder von der Bundesrepublik Deutschland konsularisch betreut zu werden wünsche.

Fortsetzung Fußnote von Seite 373

republik Deutschland glaubt aus den dargelegten Gründen, daß in Konsularverträgen von Drittstaaten mit der DDR keine Formulierungen aufgenommen werden sollten, aus denen die DDR ein ausschließliches konsularisches Betreuungsrecht für Deutsche aus der DDR ableiten könnte." Vgl. B 81 (Referat 502), Bd. 1111.

[4] Zum Stand der Verhandlungen zwischen Frankreich und der DDR über einen Konsularvertrag vgl. Dok. 43, Anm. 4.
Die dritte Verhandlungsrunde wurde am 9. Februar 1976 in Paris eröffnet. Am 23. Februar 1976 übermittelte Ministerialrat Bräutigam, Ost-Berlin, dazu Informationen der französischen Botschaft in Ost-Berlin: „Die DDR-Delegation habe die französische Kompromißformel abgelehnt, ohne sich auf die Diskussion der Elemente dieser Formel überhaupt einzulassen. Statt dessen habe sie auf der Aufnahme einer Definition der Staatsangehörigkeit bestanden, wobei sie aber die bekannte Formel um die Worte ‚selon le droit international' ergänzt habe. Auch habe sie eine neue Präambel vorgeschlagen, in der auf KSZE und die Prinzipien der Achtung der Souveränität und der Nichteinmischung Bezug genommen werde. Man habe einen vollen Verhandlungstag lang über die Definitionsfrage verhandelt, wobei beide Seiten ständig ihre Positionen wiederholt hätten. An den darauf folgenden Tagen habe die DDR ein deutliches Desinteresse an der Fortsetzung der Sachverhandlungen demonstriert." Vgl. den Drahtbericht Nr. 199; B 81 (Referat 502), Bd. 1116.
[5] Nach Paragraph 1 des Gesetzes vom 20. Februar 1967 über die Staatsbürgerschaft der DDR (Staatsbürgerschaftsgesetz) war Staatsbürger der DDR, wer „zum Zeitpunkt der Gründung der Deutschen Demokratischen Republik deutscher Staatsangehöriger war, in der Deutschen Demokratischen Republik seinen Wohnsitz oder ständigen Aufenthalt hatte und die Staatsbürgerschaft der Deutschen Demokratischen Republik seitdem nicht verloren hat". Vgl. DzD V/1, S. 603.
In Paragraph 1 des Gesetzes vom 16. Oktober 1972 zur Regelung von Fragen der Staatsbürgerschaft hieß es: „1) Bürger der Deutschen Demokratischen Republik, die vor dem 1. Januar 1972 unter Verletzung der Gesetze des Arbeiter- und Bauern-Staates die Deutsche Demokratische Republik verlassen und ihren Wohnsitz nicht wieder in der Deutschen Demokratischen Republik genommen haben, verlieren mit dem Inkrafttreten dieses Gesetzes die Staatsbürgerschaft der Deutschen Demokratischen Republik. 2) Abkömmlinge der in Abs[atz] 1 genannten Personen verlieren mit dem Inkrafttreten dieses Gesetzes die Staatsbürgerschaft der Deutschen Demokratischen Republik, soweit sie ohne Genehmigung der staatlichen Organe der Deutschen Demokratischen Republik ihren Wohnsitz außerhalb der Deutschen Demokratischen Republik haben." Vgl. GESETZBLATT DER DDR 1972, Teil I, S. 265.
[6] Vortragender Legationsrat I. Klasse Hoffmann vermerkte am 11. Februar 1976, die DDR habe in den Verhandlungen mit Frankreich über einen Konsularvertrag die Aufnahme folgender Staatsangehörigkeitsdefinition vorgeschlagen: „Staatsbürger des Entsendestaats sind die Personen, die nach den Rechtsvorschriften dieses Staats dessen Staatsbürgerschaft haben." Vgl. B 81 (Referat 502), Bd. 1111.
[7] Der Außenminister der DDR, Fischer, hielt sich vom 6. bis 8. Januar 1976 in Frankreich auf. Vgl. dazu Dok. 43, Anm. 4.

Andréanis Ausführungen standen durchweg im Einklang mit der uns in den bilateralen Konsultationen, insbesondere in Nizza[8], dargelegten französischen Haltung.

2) Vertreter Belgiens unterstrich, daß Belgien wie Frankreich von der Überlegung bestimmt werde, nichts zu tun, was den Interessen der Bundesrepublik schade.[9]

Er habe die Weisung, den Vorschlag zu unterbreiten, sich auf eine „gemeinsamen Haltung" zu verständigen und die Konvergenz der Standpunkte in einer Art Gentlemen's Agreement schriftlich zu fixieren. Ferner wolle Brüssel eine gemeinsame Sprachregelung zu Fragen der DDR finden, warum die Verbündeten die Verhandlungen über die Konsularabkommen so zögerlich betrieben. Er schlage daher ein Treffen unter Teilnahme von Experten vor dem 18. März vor. Brüssel sei sich darüber im klaren, daß im Falle Großbritanniens die Verhandlungen schon weit fortgeschritten seien. Um so mehr sei man auch für eine Interpretation der britischen Formulierungen dankbar.

3) Der Vertreter der amerikanischen Botschaft erklärte, daß die Vereinigten Staaten es nach wie vor entschieden ablehnten, im Konsularvertrag auf die Staatsangehörigkeit einzugehen. Die Vereinigten Staaten hätten nicht die Absicht, von dieser Position abzugehen; die amerikanische Haltung sei fest.[10]

4) Britischer Vertreter sagte einerseits, daß es nicht sinnvoll erscheine, jetzt hier in Paris – „par amateurs interposés" – schwierige Rechtsfragen zu behandeln, daß man aber in London für jede Auskunft zur Verfügung stehe.[11] Die

---

[8] Vgl. dazu das Gespräch des Bundesministers Genscher mit dem französischen Außenminister Sauvargnues am 12. Februar 1976 in Nizza; Dok. 48.

[9] Am 24. Juni 1974 berichtete Botschafter Limbourg, Brüssel, daß die Botschaft der DDR „den vor sechs Monaten angekündigten Entwurf eines Konsularvertrages nunmehr im belgischen Außenministerium übergeben" habe. Vgl. den Drahtbericht Nr. 235; B 81 (Referat 502), Bd. 1114.
Die erste Runde der Konsularverhandlungen zwischen Belgien und der DDR fanden vom 9. bis 16. Mai 1975 in Brüssel statt. Dazu informierte Botschaftsrat I. Klasse Arz von Straussenburg, Brüssel, am 27. Mai 1975: „Wie schon erwartet, waren die Auffassungen der Frage, ob eine Definition der Staatsangehörigkeit in den Text aufzunehmen ist, nicht in Einklang zu bringen". Vgl. den Drahtbericht Nr. 156; B 81 (Referat 502), Bd. 1114. Vgl. dazu ferner AAPD 1975, I, Dok. 152.
Gesandter Steg, Rom, übermittelte am 23. Dezember 1975 Informationen der belgischen Botschaft in Rom zur zweiten Verhandlungsrunde vom 8. bis 12. Dezember 1975 in Ost-Berlin. Die Delegation der DDR „habe erneut hervorgehoben, daß für die DDR wirklich wichtig das Problem der Staatsangehörigkeit sei, ihr Delegationsleiter habe seinem belgischen Kollegen in Gesprächen am Rande der Verhandlungen sogar erklärt, daß von der Lösung dieses Problems das Zustandekommen des Vertrags abhänge. [...] Der belgische Gesprächspartner fand die ‚Brutalität' bemerkenswert, mit der die DDR die mit dem Vertrag verfolgte politische Zielsetzung durchzusetzen versuche." Vgl. den Drahtbericht Nr. 2143; B 81 (Referat 502), Bd. 1114.

[10] Die USA und die DDR nahmen am 10. Februar 1975 in Washington Gespräche über einen Konsularvertrag auf. Botschafter von Staden, Washington, übermittelte dazu am 3. März 1976 die Information des amerikanischen Außenministeriums, „daß die Regelung der Sachfragen sehr gute Fortschritte mache. DDR-Delegation unter Leitung von Botschafter Klobes zeige ein auffallend großes Entgegenkommen. Es bleibe jedoch abzuwarten, ob sie diese Haltung auch bei der Behandlung der Staatsangehörigkeitsfrage einnehmen werde." Vgl. den Drahtbericht Nr. 748; B 81 (Referat 502), Bd. 1131.

[11] Vortragender Legationsrat I. Klasse Fleischhauer notierte am 22. April 1976 zu den Verhandlungen zwischen Großbritannien und der DDR über einen Konsularvertrag: „Großbritannien und die DDR werden in Kürze – möglicherweise innerhalb der nächsten zehn Tage – den Konsularvertrag unterzeichnen, über den sie seit Mitte 1974 verhandelt haben. Der Konsularvertrag enthält eine Definition der Staatsangehörigkeit beider Parteien; in bezug auf die DDR lautet die Definition wie folgt: ‚Als Staatsbürger im Sinne dieses Vertrages gelten: in bezug auf die Deutsche Demokratische

Besonderheiten des britischen Staatsangehörigkeitsrechts hätten der britischen Regierung keine Wahl gelassen, als die Frage der Staatsangehörigkeit auch in britischem Interesse im Vertrag selbst zu behandeln.[12] Den Interessen der Bundesrepublik Deutschland werde man durch einen Briefwechsel Rechnung tragen.[13]

5) Haas trug unsere Haltung auf Grundlage der Gesprächsunterlage (siehe Bezugserlaß vom 8.3.) vor, wobei er besonders auf die erhebliche humanitäre, politische und juristische Bedeutung der Frage hinwies und auf die Einführung eines klaren subjektiven Kriteriums abstellte. Er unterstrich und ergänzte Andréanis Erklärung, daß Präsentation eines DDR-Passes nur eine Vermutung begründen könne und daß darüber hinaus eine klare Willenserklärung, von DDR-Konsul betreut werden zu wollen, erforderlich sei. Franzosen stimmten dieser Ergänzung zu.

Über Weisung zum belgischen Vorschlag glaube er sagen zu können, daß Bonn daran interessiert sei, daß sich alle Beteiligten, soweit wie nur eben möglich, auf eine gemeinsame Haltung abstimmten. Man müsse in der Tat vermeiden, daß in den parallel laufenden Verhandlungen ein Partner gegen den anderen ausgespielt werde.

Fortsetzung Fußnote von Seite 375

Republik alle Personen, die nach den Rechtsvorschriften der Deutschen Demokratischen Republik Bürger der Deutschen Demokratischen Republik sind'. Der Wunsch der DDR, eine Staatsangehörigkeitsklausel aufzunehmen, traf sich mit einem gleichartigen britischen Wunsch. [...] Wir zeigten Verständnis für diese britische Interessenlage und bestanden nicht auf unserem Petitum, in den Konsularvertrag mit der DDR keinerlei Staatsangehörigkeitsdefinition aufzunehmen. Zugleich machten wir den Briten die große Bedeutung deutlich, die diese Angelegenheit für uns hat. [...] Die Briten erklärten sich zu einem Briefwechsel bereit. Der Text des Briefwechsels wurde zwischen den Außenministerien beider Staaten vereinbart und liegt seit Februar 1975 fest. Es wurde abgesprochen, daß der Briefwechsel am Tage nach der Unterzeichnung des Konsularvertrags Großbritannien–DDR in Bonn vollzogen werden soll und daß die Briefe die Unterschriften des Bundesministers des Auswärtigen bzw. des britischen Botschafters tragen sollen." Vgl. Referat 500, Bd. 163190.

12 In Artikel 1 Absatz 2 des Konsularvertrags vom 4. Mai 1976 zwischen Großbritannien und der DDR wurde ausgeführt: „Als Staatsbürger im Sinne dieses Vertrages gelten: 1) in bezug auf das Vereinigte Königreich alle britischen Untertanen und von Großbritannien geschützten Personen, die von der Regierung ihrer Britannischen Majestät im Vereinigten Königreich als ihre Staatsbürger anerkannt sind. 2) in bezug auf die Deutsche Demokratische Republik alle Personen, die nach den Rechtsvorschriften der Deutschen Demokratischen Republik Bürger der Deutschen Demokratischen Republik sind". Vgl. CONSULAR CONVENTION, S. 25.

13 Mit Note vom 5. Mai 1976 teilte der britischer Botschafter Wright Bundesminister Genscher mit: „In response to your enquiry I have the honour to inform you that a Consular Convention was signed on 4 May 1976 between the United Kingdom and the German Democratic Republic. I am instructed to state on behalf of Her Majesty's Government that this Convention will not affect the right of consular officers of the Federal Republic of Germany in the United Kingdom to continue to render consular services, within the framework of the Consular Convention of 30 July 1956 between the United Kingdom and the Federal Republic of Germany, to all Germans as defined in Article 16 of the Basic Law, who so request." Vgl. B 81 (Referat 502), Bd. 1111.

Mit Note vom 5. Mai 1976 an den britischen Botschafter Wright bestätigte Bundesminister Genscher den Eingang der britischen Note vom selben Tag und führte dazu aus: „Im Namen der Regierung der Bundesrepublik Deutschland danke ich Ihnen für die Erklärung, die dahingehend verstanden wird, daß von seiten der Regierung Ihrer Majestät mit dem Abschluß eines Konsularvertrags mit der Deutschen Demokratischen Republik nicht beabsichtigt ist, Bestimmungen des Konsularvertrags vom 30. Juli 1956 zu ändern. Die Regierung der Bundesrepublik Deutschland erhebt ihrerseits nicht den Anspruch, Deutsche, die nicht im Besitz entsprechender Personaldokumente sind, konsularisch zu betreuen, sofern solche Personen dies nicht verlangen." Vgl. B 81 (Referat 502), Bd. 1111.

6) Der italienische Vertreter verhielt sich rezeptiv, da er über keine Weisung aus Rom verfügte.[14]

7) Andréani begrüßte jede zusätzliche Information und schlug vor, in dieser Frage in engem Kontakt zu bleiben. Bei dem unterschiedlichen Verhandlungs- stand schien ihm jedoch die von Belgien vorgeschlagene Konzertation schwie- rig. Die Briten stünden am Ende der Verhandlungen, Frankreich sei mitten- drin (auch wenn sich die gegenseitigen Positionen nicht bewegten); man habe sich sowohl mit der Bundesrepublik Deutschland wie den USA eng abge- stimmt. Er sehe nicht den Nutzen einer schriftlichen Festlegung. Darüber hin- aus gebe es Länder, die für Deutschland sozusagen verantwortlicher seien als andere.

8) Belgischer Vertreter erwiderte, daß gerade der unterschiedliche Verhand- lungsstand dafür spräche, sich auf eine gemeinsame Position zu einigen, wobei Belgien bisher auf keine inhaltliche Formel festgelegt sei (wenn man von der Rücksichtnahme auf die Interessen der Bundesrepublik Deutschland absehe). Auf jeden Fall müsse man vermeiden, daß der eine gegen den anderen ausge- spielt werde.

9) Abschließend sagte Andréani, daß er zur Zeit nicht in der Lage sei, über das, was er zum belgischen Vorschlag gesagt habe, hinauszugehen; er selbst sei durchaus für Fortsetzung des Informations- und Meinungsaustausches, habe aber Bedenken gegen ein förmliches Verfahren. Er sei sehr interessiert, Ver- handlungsziel und -position Belgiens kennenzulernen; vielleicht sei dies ein Thema für das angeregte nächste Treffen (in Paris oder auch in Brüssel). Er schlage vor, daß alle Beteiligten möglichst bald dem Quai die Reaktion ihrer Regierung auf den belgischen Vorschlag übermittelten.

[gez.] Braun

VS-Bd. 10774 (502)

---

14 Italien und die DDR nahmen am 28. Februar 1974 in Ost-Berlin Verhandlungen über einen Konsu- larvertrag auf. Die Gespräche wurden im Juni 1974 in Rom fortgesetzt und seither nicht wieder- aufgenommen. Dazu stellte Vortragender Legationsrat I. Klasse Hoffmann am 27. Februar 1976 fest, daß Italien zwar die Bereitschaft erklärt habe, über die Einfügung eines Absatzes zur Staats- angehörigkeit zu verhandeln. Entsprechende Formulierungsvorschläge der DDR bzw. von Italien seien aber bislang von der Gegenseite jeweils abgelehnt worden. Nach Auskunft der italienischen Regierung werde an eine Weiterverhandlung vor Unterzeichnung des Konsularvertrags zwischen Großbritannien und der DDR nicht gedacht: „Tatsächlich wollen sich die Italiener nach dem Bei- spiel nicht nur Großbritanniens, sondern auch anderer NATO-Staaten, vorzugsweise Frankreichs, richten. [...] Die Italiener haben uns zu verstehen gegeben, daß sie ein gewisses Eigeninteresse am Abschluß eines Konsularvertrags mit der DDR haben, weil sie sich davon die Regelung bestimmter humanitärer Fragen erhoffen." Vgl. B 81 (Referat 502), Bd. 1121.

79

Aufzeichnung des Ministerialdirektors van Well

201-360.90 USA/76 VS-NfD   **12. März 1976**[1]

Herrn Staatssekretär[2] zur Vorbereitung Ihres Gesprächs mit StS Schüler am
15. März 1976[3]

Betr.: Ermittlungen im Fall Lockheed

1) Der von Senator Church geleitete Unterausschuß für multinationale Gesellschaften des US-Senatsausschusses für auswärtige Beziehungen hat seine Ermittlungen im Falle Lockheed, soweit die Bundesrepublik Deutschland berührt
wird, im wesentlichen abgeschlossen.[4] Die Initiative für weitere Ermittlungen
liegt nunmehr bei der Security and Exchange Commission (SEC), die vorwie-

---

[1] Die Aufzeichnung wurde von Vortragendem Legationsrat Holik konzipiert.
[2] Hat Staatssekretär Hermes am 15. März 1976 vorgelegen, der für Ministerialdirektor van Well
handschriftlich vermerkte: „1) Es sollte eine intermin[isterielle] Arb[eits]gr[uppe]/Kommission gebildet werden, um mögliche Informationen von den USA zu erhalten – BM Vert[eidigun]g, BMV,
BMJ, BMF u. AA (wegen der Außenwirkung). 2) Ergebnis der intermin. Komm[ission] soll ein Brief an
das State Department sein; BK u. innere Ressorts legen wegen des hohen Interesses der öffent[li-
chen] Meinung Wert darauf, daß der Eindruck des Handelns sofort erzielt wird; ich habe auf Bedenken hingewiesen, daß State Departm[ent] uns wohl jetzt noch keine Informationen geben werde. Das wurde als z. Zt. weniger erheblich angesehen. 3) Interm[inisterielle] Komm. auf U[nter]Abt[ei-
lungs]-Ebene; BK (oder BMJ) hat Vorsitz: Hegelau. 4) Ich habe Mitarbeit des AA zugesagt; wegen
des Briefes habe ich mir Weisung des BM vorbehalten (ob BM an Kiss[inger] einen solchen Brief
schreiben will). 5) Der BK dringt auf Handeln und Ergebnis (Brief an State Department). 6) Bildung der intermi[nisteriellen] Komm. soll noch heute zusammentreten; wird der Presse mitgeteilt;
für AA Dg 20.“
Hat in Vertretung des Ministerialdirigenten Ruhfus Vortragendem Legationsrat I. Klasse Pfeffer
am 18. März 1976 vorgelegen.
[3] Staatssekretär Hermes vermerkte am 15. März 1976 zum Gespräch bei Staatssekretär Schüler,
Bundeskanzleramt: „Der Bundeskanzler drängt darauf, daß im Fall Lockheed – auch im Lichte der
letzten Spiegel-Meldung – von der Bundesregierung weitere Ermittlungen angestellt werden. In
der heutigen Sitzung der beamteten Staatssekretäre brachte Staatssekretär Schüler dieses Ersuchen zum Ausdruck. Die Ergebnisse des Church-Ausschusses sind für die Fortführung von Untersuchungen in der Bundesrepublik Deutschland zu unergiebig. Der Bundeskanzler werde in seiner
Partei gedrängt, und [...] die Presse werde in der Lockheed-Sache keine Ruhe geben und weitere
Aktionen der Regierung verlangen. In dieser Situation komme es darauf an, daß die Bundesregierung handele, und zwar auch ohne Rücksicht darauf, ob daraus neue Aufschlüsse für die Lockheed-
Bestechungen erwüchsen.“ Vgl. VS-Bd. 9570 (201); B 150, Aktenkopien 1976.
[4] Am 10. März 1976 wurden in der Presse die Ergebnisse des vom amerikanischen Senat eingesetzten Untersuchungsausschusses zu den Bestechungsvorwürfen gegen die Lockheed Corporation resümiert: „Die Deutschland-Akte in der Lockheed-Skandal-Sammlung ist geschlossen: Trotz eifrig-
ster Spürarbeit hat der Unterausschuß des amerikanischen Senats keine Beweise dafür gefunden,
daß die US-Flugzeugbauer in der Bundesrepublik Schmiergelder austeilten. [...] Der Unterausschuß unter Leitung des linksliberalen Senators Church gab auf, nachdem seine Senatoren und ein
geschulter Mitarbeiterstab 57 000 Seiten Aktenmaterial aus den Archiven Lockheeds unter die Lupe genommen hatten, um ‚deutsche Spuren‘ zu finden; sein ‚Counsellor‘ Jack Blum [...] auf mehreren Reisen die Bundesrepublik, die Schweiz und Frankreich nach Beweisen durchforscht hatte;
fünf Lockheed-Angestellte unter Eid übereinstimmend der Behauptung eines ihrer Kollegen – des
in Deutschland wegen krummer Geschäfte zu Gefängnis verurteilten Ernest F. Hauser – aus eigener Sachkenntnis widersprochen hatten, Franz-Josef Strauß oder die CSU-Parteileitung oder beide
hätten von Lockheed 10, 16 oder 25 Millionen Dollar bekommen.“ Vgl. den Artikel „Lockheed hat
keine Deutschen bestochen“; Die Welt vom 10. März 1976, S. 1.

gend im Interesse der Lockheed-Aktionäre recherchiert. Dessen ungeachtet empfahl Mr. Blum MR Rath[5], eine formelle Anfrage seitens der Bundesregierung an das State Department zu richten.

2) Die Frage eines deutsch-amerikanischen Informationsaustausches über angebliche Bestechungszahlungen an Kreise in der Bundesrepublik Deutschland war in einem früheren Stadium der Ermittlungen bereits aufgenommen worden. In Beantwortung eines Briefes, den Senator Church in dieser Sache am 16.9.1975[6] an ihn gerichtet hatte, sagte Bundesminister Leber am 4.11. den Beauftragten des o. a. Unterausschusses Einsichtnahme in das beim BMVg vorliegende einschlägige Material zu und bat seinerseits um Auskunft über die dem Senat vorliegenden Erkenntnisse; der Wortlaut des Schreibens Bundesministers Leber ist dem Auswärtigen Amt nicht bekannt. In der Folgezeit nahm MR Rath, Leiter des Referats für Sonderermittlungen, im Auftrag des BMVg an den wichtigsten Anhörungen des Unterausschusses teil. Dem Drahtbericht der Botschaft Washington Nr. 816 vom 9.3.[7] zufolge hat Herr Rath Mr. Blum, Assistent von Senator Church, sämtliche einschlägigen Erkenntnisse des BMVg zugänglich gemacht und ist von Mr. Blum seinerseits über alles relevante Material unterrichtet worden.

3) Zur Bereitschaft der US-Regierung, interessierten ausländischen Regierungen Material über die Anschuldigungen gegen Lockheed zur Verfügung zu stellen, hat sich StS Ingersoll in einer Erklärung vor dem Unterausschuß für „Priorities and Economies in Government" des gemeinsamen Wirtschaftsausschusses des Kongresses am 5.3. wie folgt geäußert:

– Das State Department könne bei aller Kooperationsbereitschaft ausländischen Regierungen schon deshalb keine Unterlagen zur Verfügung stellen,

---

[5] Vortragender Legationsrat I. Klasse Pfeffer vermerkte am 15. März 1976 über die Sitzung der interministeriellen Arbeitsgruppe vom selben Tag: „Der Vertreter des BMVg (MR Rath) gab zunächst einen einstündigen Überblick über seine bisherigen Recherchen. Quintessenz: Er sei seit 1961, damals noch als Staatsanwalt in Koblenz, mit der Sache beschäftigt. Er habe trotz minuziöser Arbeit bisher nichts feststellen können, was die Einleitung eines Ermittlungsverfahrens rechtfertigen würde. Das gelte auch für seine jüngste Tätigkeit (Einsicht in die Akten des US-Senatsausschusses usw.). Der Zeuge Hauser sei vorbestraft. Er, Rath, habe verschiedentlich festgestellt, daß Hauser die Unwahrheit sage. Auf die Frage eines Ressortvertreters, welche Veranlassung Hauser für sein Verhalten haben könne, meinte Herr Rath, wahrscheinlich sei Hauser durch krankhaftes Geltungsbedürfnis, vielleicht gekoppelt mit finanziellen Motiven (Publizität um jeden Preis vor Herausgabe von Memoiren), angetrieben." Vgl. VS-Bd. 9570 (201); B 150, Aktenkopien 1976.

[6] Für das Schreiben des Senators Church an Bundesminister Leber vgl. VS-Bd. 9570 (201).

[7] Gesandter Hansen, Washington, berichtete über die Untersuchungen des amerikanischen Senats zu den Bestechungsvorwüfen gegen die Lockheed Corporation: „Es spricht vieles dafür, daß die Behandlung des Lockheed-Komplexes im Church-Subcommittee des Senats, soweit Deutschland betroffen ist, nunmehr weitgehend als abgeschlossen betrachtet werden kann. Bei den insgesamt zwei öffentlichen und vier nichtöffentlichen Hearings konnten Behauptungen, daß bei der Beschaffung der ‚F-104 G' sowie im Zusammenhang mit dem Angebot des ‚Jet-Stars' und der ‚SA-3' ungesetzliche Zuwendungen erfolgt seien, nicht substantiiert werden. [...] Hinsichtlich der Beschaffung der ‚F-104' sind, nachdem Hauser bereits am 6. Oktober vom Ausschuß vernommen worden war, am 3./4. März drei weitere Zeugen des mittleren Lockheed-Managements [...] verhört worden. Alle drei erklärten, daß keine Zuwendungen erfolgt seien. [...] Die früheren Behauptungen Hausers, die aus verschiedenen Gründen in zahlreichen Punkten ohnehin unglaubwürdig erscheinen, haben u. a. auch deshalb Zweifel ausgelöst, als die Entscheidungen über die ‚F-104' bereits 1958/59 akut waren, während Hauser erst von ab 1962 erfolgten Zuwendungen Kenntnis haben will." Vgl. VS-Bd. 9570 (201); B 150, Aktenkopien 1976.

weil es nicht in ihrem Besitz sei. Diese lägen bei Lockheed, beim Church-Unterausschuß des Senats oder bei der SEC.

– Um befreundeten Regierungen Zugang zu Informationen zu beschaffen, die sie zur Einleitung ihrer eigenen legitimen Untersuchungen benötigen, habe das State Department Konsultationen mit der SEC und mit dem Justizministerium aufgenommen, mit dem Ziel, ein Verfahren zu entwickeln, das einen solchen Informationsaustausch erleichtern würde. Vorgesehen seien „cooperative arrangements" zwischen amerikanischem Justizministerium und ausländischen Strafverfolgungsbehörden, die in Übereinstimmung mit den herkömmlichen Verfahrensregeln zur Gewährleistung eines geordneten Strafverfahrens und zum Schutze von Rechten der betroffenen Personen stehen müßten. Ausländische Ermittlungsbehörden würden deshalb zusichern müssen, daß sie die Informationen bis zur Entscheidung über die Eröffnung eines Strafverfahrens vertraulich behandeln würden.[8]

4) Die Erklärung Ingersolls ist nicht als Angebot der amerikanischen Regierung zu verstehen, ausländischen Regierungen bereits jetzt auf Antrag Unterlagen über die Lockheed-Ermittlungen zur Verfügung zu stellen. Ingersoll stellte ganz im Gegenteil klar, daß das für die Behandlung solcher Anträge erforderliche Verfahren erst zwischen den beteiligten Stellen der US-Regierung abgestimmt werden müsse. Eine förmliche Anfrage im State Department erscheint deshalb im jetzigen Zeitpunkt nicht angebracht.

van Well

VS-Bd. 9570 (201)

---

[8] Am 8. März 1976 wurde in der Presse über die Ausführungen des Staatssekretärs im amerikanischen Außenministerium, Ingersoll, zu den Bestechungsvorwürfen gegen die Lockheed Corporation berichtet: „The Ford administration has agreed to give foreign governments the names of persons involved in U.S. corporate payoffs abroad on the condition that the names be kept secret unless revealed in criminal prosecutions. [...] Deputy Secretary of State Robert Ingersoll, announcing the limited disclosure plan before a Joint Economic subcommittee, charged that ‚grievous damage' has already been done to U.S. foreign relations by ‚unsubstantiated allegations' against foreign officials." Vgl. den Artikel „U.S. Offers Payoff Names to Other Nations"; THE INTERNATIONAL HERALD TRIBUNE vom 8. März 1976, S. 1.

80

Gesandter Hansen, Washington, an das Auswärtige Amt

114-11587/76 VS-vertraulich   Aufgabe: 12. März 1976, 20.00 Uhr[1]
Fernschreiben Nr. 876   Ankunft: 13. März 1976, 07.40 Uhr

Betr.: Amerikanisch-sowjetische Beziehungen

Bezug: DB Plurez Moskau Nr. 848 vom 9.3.76 VS-v [2]
      DE Nr. 968 vom 11.3.76[3]

Zur Information

I. 1) Hartman sagte mir am 12.3., die vom amerikanischen Gesandten in Moskau[4] in der Viererbesprechung mitgeteilten Maßnahmen gegenüber der Sowjetunion stellten keine „major moves" dar, sondern dienten dem Zweck, als Ausdruck der Unzufriedenheit über das sowjetische Verhalten in Angola die Visibilität der beiderseitigen Beziehungen einzuschränken. So seien zwei bevorstehende Besuche auf Kabinettsebene (Tagung der Gemischten Kommission für Energiefragen mit dem wirtschaftspolitischen Berater Präsident Fords, Seidman, und dem Chef der Energiebehörde, Zarb, sowie eine Tagung unter Beteiligung der Wohnungsbauministerin Carla Anderson Hills) verschoben worden. Man habe den sowjetischen Stellen den Grund nicht genannt, sondern ihnen lediglich gesagt, man halte die Besuche unter den gegenwärtigen Umständen für „inappropriate". Hartman schloß nicht aus, daß die Maßnahmen, falls not-

---

[1] Hat Vortragendem Legationsrat I. Klasse Dannenbring am 15. März 1976 vorgelegen.

[2] Botschafter Sahm, Moskau, berichtete: „In heutiger Viererbesprechung teilte amerikanischer Gesandter folgendes mit: Die amerikanische Regierung werde jetzt Maßnahmen einleiten, um ihr Mißfallen gegenüber der sowjetischen Angola-Politik auszudrücken, und deutlich machen, daß sie nicht bereit ist, unter diesen Umständen ihrerseits die Entspannungspolitik unverändert fortzusetzen. Man werde die Zusammenarbeit auf allen Gebieten, bei denen die Sowjets besondere Interessen haben, soweit wie möglich verlangsamen. Dies gelte insbesondere bei den Handels- und Wirtschaftsbeziehungen. Heute werde bekanntgegeben, daß die für das Frühjahr vorgesehene Tagung der Gemischten Kommission für Energiefragen auf den Herbst verschoben wird. Weitere Vertagungen würden folgen. Ferner würden die Gespräche über sowjetische Ölverkäufe an die USA ebenfalls heute abgebrochen werden." Vgl. VS-Bd. 9965 (204); B 150, Aktenkopien 1976.

[3] Ministerialdirektor van Well wies die Botschaft in Washington an, über mögliche Auswirkung der sowjetischen Angola-Politik auf die Entspannungspolitik der USA zu informieren: „In diesem Zusammenhang wirft die Ankündigung politischer Maßnahmen als Reaktion auf das Vorgehen der Sowjets in Angola, die der amerikanische Gesandte laut Bezugsbericht in Moskau vorgenommen hat, wichtige politische Fragen auf. [...] Wie dort bekannt [...], stellt die sowjetische Angola-Politik auch in deutscher Auffassung eine objektive Belastung der Entspannungsbemühungen dar. Sie hat bisher vornehmlich eine Klimaveränderung in der westlichen Haltung zum Ost-West-Dialog bewirkt, in der der Akzent mehr auf die Stärke des Bündnisses als auf die Bemühungen um Entspannung gelegt wird. Wenn demgegenüber westliche Regierungen aus dieser gegenwärtigen klimatischen Situation operative Konsequenzen für ihr Verhalten zu ziehen beginnen (auch wenn es sich zunächst nur um vorsichtig nuancierte Schritte handelt), so würde damit eine neue Phase grundsätzlich veränderter politischer Qualität im Ost-West-Verhältnis eingeleitet. [...] Im Lichte der vorstehenden Bewertung der Botschaft ergibt sich die Frage, ob die ins Auge gefaßten Schritte der USA entweder einen aus den taktischen Erfordernissen der gegenwärtig anstehenden amerikanischen Vorwahlen erklärbaren Reflex der amerikanischen Innenpolitik darstellen, oder ob die Administration auf Grund einer besonders durch die sowjetische Angola-Politik veränderten Ost-West-Lage eine Kurskorrektur vornimmt." Vgl. VS-Bd. 9965 (204); B 150, Aktenkopien 1976.

[4] Jack F. Matlock.

wendig, verstärkt werden könnten. Sie beträfen keine langfristigen und substanziellen Programme wie z.B. die Getreidelieferungen.[5] Die SAL-Verhandlungen würden fortgeführt, ebenso die Gespräche über die Beschränkung friedlicher Kernexplosionen im Rahmen des Schwellenvertrages[6]. Die Verhandlungen über die Lieferung sowjetischen Öls seien nicht abgebrochen worden. Man habe hier den Eindruck, als ob die sowjetische Seite die Verhandlungen unterbrechen wolle. Die USA hätten nicht die Absicht, den Maßnahmen Publizität zu geben. Man wünsche keine öffentliche Diskussion darüber.

2) Hartman unterstrich, zwischen den Maßnahmen und der Äußerung des Präsidenten, er werde das Wort Détente nicht mehr verwenden[7], bestehe kein Zusammenhang. Der Fortfall dieser Bezeichnung sei nahezu ausschließlich unter innenpolitischen Aspekten zu sehen. Die Amerikaner seien seit längerer Zeit mit dem Wort unzufrieden. Der Präsident und andere Mitglieder der Administration hätten schon früher mehrfach gesagt, daß das Verhältnis zur Sowjetunion durch den Begriff Détente nicht korrekt definiert werde, weil sich viele Leute darunter allgemeine, nicht substantiierte amerikanische Vorlei-

---

[5] Am 20. Oktober 1975 unterzeichneten der sowjetische Außenhandelsminister Patolitschew und der Unterstaatssekretär im amerikanischen Außenministerium, Robinson, in Moskau ein Abkommen über Getreidelieferungen. Gesandter Hansen, Washington, teilte dazu am 21. Oktober 1975 mit: „Das Getreideabkommen sieht vor, daß die Sowjetunion, beginnend mit dem 1. Oktober 1976, jährlich 6 Mill[ionen] t Getreide in den USA kauft, wovon etwa je die Hälfte auf Mais und Weizen entfällt. Die Sowjetunion kann weitere zwei Mill. t Getreide kaufen, sofern Vorräte und Ernteerwartungen der USA ohne Reis 225 Mill. t im Jahr erreichen. [...] Überschreitet der Bedarf der Sowjetunion 8 Mill. t, so sind besondere Verhandlungen auf Regierungsebene nötig. [...] Die Laufzeit des Abkommens endet am 30.9.1981, wenn es nicht gegenseitig einvernehmlich verlängert wird." Vgl. den Drahtbericht Nr. 3117; Referat 421, Bd. 117681. Für den Wortlaut des Abkommens vgl. US TREATIES 1975, Bd. 26, Teil III, S. 2972–2978.
Präsident Ford erklärte am 5. Januar 1976 zur Frage eines Getreideboykotts gegen die UdSSR: „Some in Congress and elsewhere are now questioning the wisdom of grain sales to the Soviet Union because the Soviets are intervening militarily in the newly independent African country of Angola. [...] In fact, withholding grain already under contract, already sold, would produce no immediate gain in diplomatic leverage. American grain, while important to the USSR, is not vital to them. [...] The linkage of grain (with) diplomacy would mean disruption and hardship for you, the farmer, a serious increase in tensions between the world's two super-powers, and no effect whatsoever on Angola." Vgl. PUBLIC PAPERS, FORD 1976–77, S. 16 f.

[6] Für den Wortlaut des Abkommens vom 3. Juli 1974 zwischen den USA und der UdSSR über die Begrenzung unterirdischer Kernwaffenversuche sowie des dazugehörigen Protokolls vgl. DEPARTMENT OF STATE BULLETIN, Bd. 71 (1974), S. 217 f. Für den deutschen Wortlaut vgl. EUROPA-ARCHIV 1974, D 364–367.
Gesandter Hansen, Washington, berichtete am 1. April 1976: „Das Weiße Haus und das State Department gaben am 31.3.76 – dem Tag, an dem ursprünglich der Schwellenvertrag in Kraft treten sollte – bekannt, daß die USA und die Sowjetunion davon ausgingen, die Verhandlungen über das Abkommen über friedliche Kernexplosionen in einigen Wochen [...] abschließen zu können. Es gehe nur noch um zwei Komplexe. Einmal um Detailfragen hinsichtlich der Inspektionen am Ort, zum anderen um die Überwachung und Erfassung von Salven-Detonationen im friedlichen Bereich, deren kombinierte Sprengkraft 150 Kilotonnen übersteige." Vgl. den Drahtbericht Nr. 1112; Referat 201, Bd. 113483.

[7] Am 3. März 1976 wurde in der Presse berichtet, Präsident Ford habe am Vortag in einem Fernsehinterview in Miami erklärt: „Das Wort ‚Détente' gebrauche ich nicht mehr. Was wir sagen müssen, ist, daß sich die USA mit Supermächten – der Sowjetunion, China und anderen – treffen, um eine Minderung der Spannungen zu suchen, damit wir eine Politik des Friedens durch Stärke fortsetzen können. Wenn wir militärisch stark sind, und wir sind es, und wenn wir diese Stärke bewahren, dann können wir mit der Sowjetunion, mit China und mit anderen verhandeln, um diesen Frieden zu erhalten. [...] Détente ist nur ein Wort, das einmal geprägt wurde, ich meine, daß es nicht mehr anwendbar ist." Vgl. den Artikel „Präsident Ford will das Wort Entspannung nicht mehr verwenden"; DIE WELT vom 3. März 1976, S. 1.

stungen ohne Gegenleistungen vorstellten. Im Wahlkampf[8] hätten Kandidaten wie Reagan und Jackson diese Stimmung ausgenutzt und weiter angefacht. Man sei froh, das Wort aufzugeben, denn es sei nunmehr einfacher, die Beziehungen zur SU in den Einzelfragen zu diskutieren und Kritik zu begegnen. Die Administration habe selbst zu starken Gebrauch davon gemacht und sei an den Mißverständnissen nicht ganz unschuldig.

Auf meine Frage, inwieweit das amerikanisch-sowjetische Verhältnis durch Angola berührt werde, sagte Hartman, man sei über die Entwicklung sehr beunruhigt (very worried), sie sei aber kein Anlaß für eine grundlegende Änderung der amerikanischen Politik (no reason for basic change in policy). Er verwies in diesem Zusammenhang auf das Interview Außenminister Kissingers in der jüngsten Ausgabe von U.S. News and World Report[9]. Man könne der Sowjetunion eigentlich für ihr Verhalten in Angola keinen Vorwurf machen. In einem gewissen Grade seien die USA durch Unterlassungen an der Entwicklung mitschuldig.

Auf eine weitere Frage, was die USA im Falle eines zweiten Angolas (von Kissinger in der letzten Zeit ja mehrfach verwendeter Ausdruck[10]) tun würden, z. B. bei kubanischen Übergriffen auf Rhodesien oder Namibia, erwiderte Hartman, dies sei eine sehr schwierige Frage, die er nicht beantworten könne. Zu Pressemeldungen über eine mögliche Blockade Kubas[11] sei zu sagen, daß man daran nicht denke, aber davon ausgehe, daß die diesbezüglichen Meldungen in

---

[8] Am 2. November 1976 fanden in den USA Präsidentschaftswahlen sowie Wahlen zum Repräsentantenhaus und Teilwahlen zum Senat statt.

[9] In dem am 15. März 1976 erschienenen Interview betonte der amerikanische Außenminister Kissinger, daß auch nach Präsident Fords Absage an das Wort „Détente" keine grundlegende Änderung an der amerikanischen Politik gegenüber der UdSSR vorgenommen werde: „First of all, there is nothing particularly new about the President's view of the word. He made a speech last August to the American Legion in Minneapolis in which he said he regretted that the word ‚détente' had gotten into common usage because it was a foreign word whose precise meaning no one understood. What he is trying to do is to remove a debate about a word while maintaining the essence of our policy." Vgl. U.S. NEWS AND WORLD REPORT vom 15. März 1976, S. 24.

[10] Vgl. dazu die Rede des amerikanischen Außenministers Kissinger am 3. Februar 1976 vor dem Commonwealth Club in San Francisco; Dok. 56, Anm. 16.
Kissinger führte am 11. März 1976 in Boston zu den Bedingungen für kooperative Beziehungen zwischen den USA und der UdSSR ferner aus: „It goes without saying that this process requires reciprocity. It cannot survive a constant attempt to seek unilateral advantage. It cannot, specifically, survive any more Angolas. If the Soviet Union is ready to face genuine coexistence, we are prepared to make every effort to shape a pattern of restraint and mutual interest which will give coexistence a more reliable and positive character making both sides conscious of what would be lost by confrontation and what can be gained by cooperation." Vgl. DEPARTMENT OF STATE BULLETIN, Bd. 74 (1976), S. 428.

[11] Rückblickend führte Henry Kissinger zu Warnungen der amerikanischen Regierung an die kubanische Regierung aus: „Am 12. Februar teilte ich unsere Entschlossenheit, uns einem weiteren kubanisch-sowjetischen Vorgehen zu widersetzen, dem Außenminister Guyanas Fred Wills mit, der Washington besuchte. Da er bekanntermaßen ein Freund und Bewunderer Castros war, konnten wir von ihm erwarten, daß er unsere Warnung weitergab: Castro spiele mit dem Feuer, ‚früher oder später werden wir ihn stoppen', wir selbst würden entscheiden, wo wir uns mit ihm anlegten: ‚Wenn Kuba sich nicht vorsieht, dann kann es zu einer militärischen Konfrontation kommen, aber eher in Kuba, nicht in Angola. Wir haben getan, was wir tun konnten, um die Beziehungen zu verbessern. Es darf Castro aber nicht länger gestattet werden, daß er seine Truppen über den ganzen Erdball schickt.' Am 12. März wiederholte Ford diesen Gedanken noch einmal in aller Öffentlichkeit: Die Vereinigten Staaten wollten sich jeder künftigen Aktion sowjetischer oder kubanischer Truppen ‚heftig widersetzen', weil sie solches Treiben als ‚reines internationales Abenteurertum' betrachteten." Vgl. KISSINGER, Jahre, S. 733.

Kuba zur Kenntnis genommen worden seien. Dies werde von den Umständen abhängen.

II. Die Ausführungen Hartmans bestätigen den mehrfach berichteten Eindruck der Botschaft, daß die Administration entschlossen ist, ihre Politik gegenüber der Sowjetunion in der Substanz weiterzuführen. Die eingeleiteten operativen Schritte zur Verminderung der Visibilität z. B. im Besucherbereich stellen im wesentlichen eine als erforderlich angesehene Reaktion auf das sowjetische Verhalten in Angola dar, wobei bemerkenswert ist, daß zunächst auf jede Publizität verzichtet werden soll. Daraus folgt, daß wahltaktische Überlegungen eine untergeordnete Rolle gespielt haben, obwohl sie nicht ganz auszuschließen sind. Ob die gegenüber der SU ergriffenen Maßnahmen möglicherweise eine neue Phase grundsätzlich veränderter politischer Qualität im Ost-West-Verhältnis einleiten, muß nach dem gegenwärtigen Stand der Dinge bezweifelt werden. Dies wird weniger von innenpolitischer Lage in den USA als von dem zukünftigen Verhalten der SU abhängen. Die Maßnahmen der Administration wie auch die Entwicklung der Entspannungsdiskussion in den USA – an eine Rückkehr zu einer optimistischen oder gar euphorischen Betrachtungsweise des Ost-West-Verhältnisses ist nicht zu denken – sollte der SU vor Augen führen, daß die bilateralen Beziehungen zu den USA einer Belastung wie Angola in Zukunft nicht ohne Auswirkungen auf ihre Substanz ausgesetzt werden können.

[gez.] Hansen

VS-Bd. 9965 (204)

81

Aufzeichnung des Ministerialdirektors Lautenschlager

403-411.10 AGY-303/76 VS-vertraulich   **17. März 1976**[1]

Über Herrn Staatssekretär[2] Herrn Bundesminister[3]

Betr.:   Rüstungsexporte nach Ägypten;
         hier: Besuch von Präsident Sadat vom 29. März bis 3. April 1976[4]

Bezug: Chefgespräch-Vorlage – 1552/75 geh. – vom 9.12.1975 (einschl. I/II)[5]
         Vorlage – 1592/75 VS-v – vom 16.12.1975 (liegt vor)[6]

---

1 Die Aufzeichnung wurde von Vortragendem Legationsrat I. Klasse Dufner und von Legationsrat Schlegel konzipiert.

2 Hat Staatssekretär Hermes am 19. März 1976 vorgelegen.

3 Hat Bundesminister Genscher am 21. März 1976 vorgelegen.

4 Zum Besuch des Präsidenten Sadat in der Bundesrepublik vgl. Dok. 95 und Dok. 100.

5 Dem Vorgang nicht beigefügt.
   Referat 403 vermerkte zur Neufassung der Richtlinien für den Rüstungsexport: „Der Export von Kriegswaffen in Staaten des Nahen Ostens, die geographisch dem Konfliktzentrum ferner liegen

Vorlage – 80^I/76 geh. – vom 29.1.1976 (einschl. 80/76 geh.)[7]
Vorlage – 80^{II}/76 geh. – vom 2.2.1976[8]
Vorlage – 132/76 VS-v – vom 10.2.1976[9]

Anlg.: 8 (die restlichen im Bezug aufgeführten Vorlagen sind beigefügt)

Zweck der Vorlage: Entscheidung über die deutschen Zulieferungen zu den französischen Exporten in Länder der Dritten Welt – hier: Ägypten – zur Vorbereitung des Besuches von Präsident Sadat vom 29.3. bis 3.4.76

Fortsetzung Fußnote von Seite 384

und die zugleich als ‚gemäßigt' in ihrem politischen System bezeichnet werden (Kuwait, Saudi Arabien, Katar, Vereinigte Emirate, Tunesien), soll nicht freigegeben werden. Wir sind im gesamten nahöstlichen Raum in besonderem Maße politisch verwundbar, auch im Bereich solcher arabischer Staaten, die geographisch dem Konfliktzentrum ferner liegen und die als ‚gemäßigt' bezeichnet werden. Entscheidend für die Frage des Rüstungsexports ist nicht die wechselhafte politische Struktur eines arabischen Landes und seine geographische Lage, sondern die politische, militärische und wirtschaftliche Solidarisierung und Involvierung der gesamten arabischen Welt in der israelisch-arabischen Auseinandersetzung." Des weiteren wurde zur französischen Haltung festgestellt: „Frankreich hat dagegen keine Bedenken, alle Staaten des Nahen Ostens zu beliefern. Bei den radikalen arabischen Staaten soll dadurch die Abhängigkeit von sowjetischen Waffenlieferungen verringert werden." Vgl. VS-Bd. 8874 (403); B 150, Aktenkopien 1975.

6 Dem Vorgang beigefügt. Ministerialdirigent Sigrist notierte zu Bitten der ägyptischen Regierung um Waffenlieferungen aus der Bundesrepublik: „Außenminister Fahmi äußerte diesen Wunsch in einem Gespräch mit Bundesminister Bahr am 2. Oktober 1975 unter Hinweis darauf, daß Ägypten bereits aus Frankreich und den USA Waffen beziehe und deshalb die deutschen Embargobestimmungen nicht verstehen könne. Ägypten wolle sich durch westliche Waffenlieferungen von der Sowjetunion unabhängig machen. Präsident Sadat sprach nach seinem Besuch in den USA den Vorsitzenden des Auswärtigen Ausschusses des Deutschen Bundestages am 1. Dezember 1975 ebenfalls auf Rüstungsexporte aus der Bundesrepublik an und hat wörtlich gesagt: ‚Auch in Deutschland gibt es Waffen, die ich kaufen will.'" Vgl. VS-Bd. 8873 (403); B 150, Aktenkopien 1975.

7 Dem Vorgang nicht beigefügt.
Ministerialdirektor Lautenschlager legte zur Vorbereitung der deutsch-französischen Konsultationen am 12./13. Februar 1976 in Nizza eine Aufzeichnung des Referats 403 über die Beteiligung der Bundesrepublik an französischen Waffenexporten in Staaten der Dritten Welt vor. Vgl. VS-Bd. 8875 (403); B 150, Aktenkopien 1976.
Referat 403 führte aus: „In dem Chefgespräch am 12. September 1975 war die seit Anfang 1975 anstehende Entscheidung über die deutschen Zulieferungen zu den französischen Waffenexporten in Länder der Dritten Welt davon abhängig gemacht worden, daß zuvor Sondierungen mit Frankreich, den USA und Großbritannien stattfinden. Diese Sondierungen haben angesichts der unterschiedlichen Haltungen Großbritanniens und Frankreichs einerseits und der USA andererseits keine ausreichenden Anhaltspunkte dafür ergeben, daß die Waffenexporte der Verbündeten in Spannungsgebiete im Rahmen einer gemeinsamen Stabilisierungspolitik für solche Gebiete abgestimmt werden könnten. In dem Chefgespräch am 17. Dezember 1975, für das dieses Sondierungsergebnis vorgelegt worden ist, wurde keine Entscheidung getroffen. [...] Eine Entscheidung müßte nunmehr sehr kurzfristig herbeigeführt werden, damit diese Frage, wie beabsichtigt, am 12./13. Februar 1976 in den Konsultationen mit dem französischen Staatspräsidenten behandelt werden kann." Vgl. VS-Bd. 8875 (403); B 150, Aktenkopien 1976.

8 Dem Vorgang nicht beigefügt.
Ministerialdirektor Lautenschlager stellte zu einer möglichen Lieferung von Rüstungsgütern aus deutsch-französischer Koproduktion an Südafrika fest: „AA, BMVg und BMWi haben übereinstimmend die Verweigerung deutscher Zulieferungen zu diesem Export vorgetragen. Im Falle der Billigung dieses Vorschlags durch den Herrn Bundeskanzler müssen wir dies den Franzosen mitteilen und die vorgesehenen Konsultationen einleiten." Vgl. VS-Bd. 8875 (403); B 150, Aktenkopien 1976.

9 Dem Vorgang nicht beigefügt.
Im Hinblick auf die von Frankreich geplante Lieferung von Flugzeugen des Typs „Alpha Jet" an Ägypten führte Ministerialdirektor Lautenschlager aus: „Die Schulversion des ‚Alpha Jet' ist ebenso wie die Kampfversion (Luftnahunterstützung) eine Kriegswaffe, weil beide Versionen in den Abmessungen, im Antrieb und in den Aufhängevorrichtungen für Waffen identisch sind. Diese Einstufung der Schulversion als Kriegswaffe ist dem AA erst vor kurzem durch BMVg und BMWi mitgeteilt worden." Vgl. VS-Bd. 8875 (403); B 150, Aktenkopien 1976.

Über die im Bezug genannten Vorlagen ist bisher nicht entschieden worden.

Der bevorstehende Besuch des ägyptischen Präsidenten Sadat (29.3.–3.4.76) macht aus den nachfolgend aufgeführten Gründen eine Entscheidung dringend erforderlich.

I. Sachstand

1) Nach der Berichterstattung der deutschen Botschaft Kairo[10] wird die ägyptische Seite bei dem Besuch ihren Wunsch nach deutscher Unterstützung zum Bezug der folgenden genehmigungspflichtigen Produkte ansprechen:

a) Mitwirkung deutscher Firmen beim Aufbau der von Ägypten, Saudi-Arabien, den Vereinigten Emiraten und Katar im Frühjahr 1975 vereinbarten gemeinsamen Rüstungsindustrie („Arabische Organisation für Industrialisierung");

b) Vergabe der Lizenz für den zivilen Hubschrauber BO-105 (MBB);

c) Vergabe der Lizenz für das deutsch-französische Panzerabwehrsystem „Hot" an die „Arabische Organisation für Industrialisierung";

d) Französische Lieferung von 120 Maschinen der deutsch-französischen Gemeinschaftsentwicklung „Alpha Jet".

2) Eine Entscheidung vor Beginn des Staatsbesuchs empfiehlt sich einmal, weil die ägyptische Seite mit einer klaren deutschen Stellungnahme rechnet, nachdem sie ihre Anliegen schon lange angekündigt hat.

3) Was die deutsch-französischen Gemeinschaftsproduktionen generell angeht, besteht ein zusätzlicher Gesichtspunkt für eine umgehende Entscheidung:

Da die Franzosen ohne ausdrückliche deutsche Zustimmung liefern können und eine deutsche Verweigerung dieser Exporte bisher nicht erfolgt ist, besteht die Möglichkeit, daß die französische Seite bald mit dem Export von Gemeinschaftsprodukten – vor allem „Hot" und „Milan" – in den Nahen Osten, d.h. auch nach Ägypten, beginnt oder schon begonnen hat; entsprechende Verkaufsgenehmigungen sind bereits erteilt (Schreiben des französischen Militärattachés in Bonn vom 9.3.1976 an das BMVg[11]):

Irak: 3450 „Milan" einschl. 110 Bodenanlagen, 2050 „Hot",

Syrien: 100 „Milan" (zusätzlich zu einer vorhergehenden Genehmigung von 2000 Flugkörpern).

Politisch müßte sich die Bundesregierung diese Exporte zurechnen lassen (das Auswärtige Amt ist bereits von einem israelischen Journalisten um eine Stellungnahme gebeten worden, nachdem in der israelischen Zeitung Haaretz und in der ägyptischen Presse schon über die „Alpha-Jet"-Lieferung und die dafür notwendige deutsche „Zustimmung" berichtet wurde[12]; Botschafter Meroz hat

---

10 Vgl. dazu Dok. 24.

11 Für das Schreiben des französischen Militärattachés Roudier vgl. VS-Bd. 8873 (403).

12 Am 24. März 1976 vermerkte Legationsrat Schlegel, Legationssekretär Preisinger habe ihm am 17. März 1976 folgendes mitgeteilt: „Er habe soeben eine Anfrage von einem israelischen Journalisten erhalten, nachdem angeblich am 15.3. in der israelischen Zeitung Haaretz von der Lieferung von 120 ‚Alpha Jet' von Frankreich nach Ägypten berichtet wurde; in der Zeitung heiße es weiter, daß für diesen Export eine deutsche Zustimmung notwendig sei, weil es sich um eine deutsch-französische Gemeinschaftsproduktion handele. Der israelische Journalist, dessen Name und dessen Zeitung nicht genannt wurden, möchte nun wissen, ob diese Angabe richtig sei." Vgl. Referat 310, Bd. 108720.

am 16.3. Herrn D 3 um eine Stellungnahme zu diesen Berichten gebeten[13]). Daraus folgt, daß die Bundesregierung rechtzeitig, bevor sich diese französischen Exporte für sie politisch auswirken, ihre Verweigerung aussprechen oder – bei einer positiven Entscheidung – den politischen „Gewinn" aus einer Zustimmung für sich in Anspruch nehmen sollte; was die zweite Alternative betrifft, würde die Konsequenz für den ägyptischen Staatsbesuch darin bestehen, Präsident Sadat die deutsche Zustimmung zu den französischen Exporten mitzuteilen und so den deutschen Beitrag hervorzuheben.

4) Eine schnelle Entscheidung über die deutsche Haltung zu den französischen Exporten von Gemeinschaftsproduktionen erscheint weiter notwendig, weil der Leiter der Mission Technique de l'Armement in Bad Godesberg, Herr Dubost, um eine sofortige deutsche Stellungnahme zur beabsichtigten Lieferung von 120 „Alpha Jet" (Schulversion) nach Ägypten gebeten hat (die früher vorgesehene Lizenzerteilung wurde zurückgestellt). Herr Dubost hat darauf hingewiesen, daß bei einer Nichtbeteiligung der deutschen Industrie an diesem Vorhaben von französischer Seite angestrebt werde, eine eigene vollständige Fertigungslinie für den „Alpha Jet" für dieses Exportgeschäft und mögliche weitere Fälle aufzubauen, in denen die Bundesregierung eine Exportgenehmigung nicht erteile.

Seit mehr als 1 1/2 Jahren wartet die französische Seite nun auf eine grundsätzliche deutsche Entscheidung zu den französischen Exporten von Gemeinschaftsproduktionen. Die sich seitdem immer weiter gesteigerte Unsicherheit über die deutsche Haltung führt nun offensichtlich dazu, daß bei weiterer deutscher Verzögerung die französische Seite allein handelt, was u. a. aus folgendem hervorgeht:

– Schreiben des Délégué Ministériel pour l'Armement, Herrn Delpech, vom 8.3. an MD Eberhard (BMVg), in dem mitgeteilt wird, daß die „Verhandlungen über den Verkauf der 120 ‚Alpha Jet' zufriedenstellend verlaufen, so daß mit einer baldigen Vertragsunterzeichnung durch die ägyptische Regierung gerechnet werden kann".[14]

– Nach Informationen des BMVg ist in der Zwischenzeit der Vertrag sogar schon von beiden Regierungen genehmigt worden und damit rechtswirksam.

– Am 24.3. wird der ägyptische Vizepremier zu einer „Alpha Jet"-Vorführung in Istre erwartet.[15]

---

13 Am 16. März 1976 notierte Vortragender Legationsrat I. Klasse Böcker, der israelische Botschafter Meroz habe sich bei Ministerialdirektor Lahn am selben Tag nach Pressemeldungen über ägyptische Bitten um Waffenlieferungen aus der Bundesrepublik erkundigt. Lahn habe dazu ausgeführt, „daß die Ägypter mehrfach ein Interesse an Waffenlieferungen bekundet, wir aber auf unsere bekannte Haltung hingewiesen hätten. Die Frage des Botschafters nach Waffen aus deutsch-französischer Koproduktion – hier erwähnte er insbesondere den ‚Alpha Jet' – wurde nicht vertieft. Der in der ägyptischen Zeitung ebenfalls enthaltene ägyptische Wunsch nach deutscher Beteiligung am Aufbau einer ägyptischen Rüstungsindustrie wurde von Meroz nur beiläufig erwähnt und im Gespräch nicht behandelt." Vgl. Referat 310, Bd. 108733.

14 Für das Schreiben vgl. VS-Bd. 8873 (403).

15 Am 20. März 1976 berichtete Botschafter Steltzer, Kairo, zum bevorstehenden Besuch des ägyptischen stellvertretenden Ministerpräsidenten Gamasi in Frankreich: „Tagespresse vom 19.3. veröffentlichte, daß General Gamasi vor Abflug nach Paris am 18.3. in Ismailia von Präsident Sadat zu Gesprächen empfangen wurde. [...] Hervorgehobenes ägy[ptisches] Interesse gilt Lieferung franz[ösischer] Mirage, deutsch-franz. Ko-Produktion ‚Alpha Jet' sowie Luft-Boden-Raketen. Franz.-

387

Bei einem französischen Alleingang sind nicht nur die deutsch-französische Rüstungszusammenarbeit und die Bemühungen um eine Standardisierung und Rationalisierung innerhalb der NATO gefährdet, sondern es sind natürlich auch Auswirkungen auf zukünftige Projekte der Rüstungszusammenarbeit mit anderen Ländern zu befürchten.

II. Vorschlag

Vorab wird vorgeschlagen, über die Lieferungen nach Ägypten nicht isoliert, sondern wegen der Präjudizwirkung für alle in den Bezugsvorlagen aufgeführten Fälle eine grundsätzliche Entscheidung über die deutschen Zulieferungen zu den französischen Exporten zu treffen.

Mit den Bezugsvorlagen 1552/75 geh. (einschl. Ergänzungen I–III) vom 9.12.75, 80/76 geh. (einschl. Ergänzung I) vom 29.1.76, 80^II/76 geh. vom 2.2.76 und 132/76 VS-v vom 10.2.76 wurde die Alternative Freigabe oder Verweigerung der deutschen Zulieferungen zur Entscheidung vorgelegt. Auf die Bezugsvorlagen wird verwiesen.

Eine formelle Entscheidung des Bundessicherheitsrates (BSR) ist nicht erforderlich, da gem. BSR-Beschluß vom 27.1.75 bei unaufschiebbaren Entscheidungen – wie hier – eine formelle BSR-Entscheidung nicht abgewartet zu werden braucht, sondern die Amtsleitungen der beteiligten Ressorts (AA, BMWi, BMVg) selbst entscheiden können. Im übrigen ist nach bisheriger Praxis der BSR für den Bereich der deutsch-französischen Koproduktionen nicht zuständig.

Im einzelnen wird vorgeschlagen:

Zu 1 a) (arabische Rüstungsindustrie)
Grundsätzliche Zustimmung zur Mitwirkung deutscher Firmen beim Aufbau der arabischen Rüstungsindustrie, soweit die deutschen Firmen bei den reinen Bauarbeiten beteiligt sind.

Kein Export von Kriegswaffen sowie von Fertigungsanlagen und Maschinen zur Herstellung von Kriegswaffen nach Ägypten – vgl. hierzu Vorlage 1592^I/75 VS-v vom 16.12.1975.

Zu 1 b) (Hubschrauber BO-105)
Zustimmung zur Lizenzvergabe für den zivilen Hubschrauber BO-105 unter zwei Auflagen (vgl. hierzu Vorlage 1592^I/75 VS-v vom 16.12.75):

– keine Produktionsmöglichkeit für militärischen Hubschrauber BO-115,
– Verpflichtung der Firma, Fertigungsunterlagen im Falle israelischen Interesses auch an Israel zu vergeben.

Zu 1 c) (Lizenzfertigung „Hot")
Die französische Seite ist selbst bei deutschen Bedenken rechtlich nicht gehindert, die Lizenz für „Hot" an Ägypten zu erteilen. Der französische Hersteller ist uneingeschränkter Lizenzinhaber und kann deshalb aus eigenem Recht die Lizenz an Dritte vergeben. Eine deutsche Einwirkungsmöglichkeit durch das

---

Fortsetzung Fußnote von Seite 387
   ägyptisches Verhältnis soll nach hiesiger Vorstellung Modell für sich ausweitende europäisch-ägyptische Beziehungen im Rüstungsbereich abgeben." Vgl. den Drahtbericht Nr. 523; Referat 310, Bd. 108718.

deutsch-französische Kooperations-Abkommen[16] – z. B. durch Einleitung des Konsultationsverfahrens – besteht nach Meinung von BMWi und BMVg nicht, da das Abkommen sich auf solche Fälle einer Lizenzerteilung durch einen uneingeschränkten Lizenzinhaber nicht erstreckt. Diese rechtliche Frage der Anwendbarkeit des Abkommens läßt sich allerdings nicht zweifelsfrei klären, denn aufgrund der Eigenschaft von „Hot" als Gemeinschaftsproduktion wird die deutsche Seite bei einer französischen Lizenzerteilung zumindest politisch tangiert und müßte insoweit eine Mitwirkungsmöglichkeit besitzen. Doch es dürfte sich nicht empfehlen, mit den Franzosen in eine rechtliche Diskussion über die Anwendbarkeit des Abkommens einzutreten. Statt dessen sollten etwaige deutsche Bedenken gegen die Lizenzerteilung auf politischem Weg zur Geltung gebracht werden.

Als Folgerungen aus den o. g. Ausführungen wird vorgeschlagen:
Zunächst sollte – wie bereits oben dargelegt – auch die deutsche Auffassung zu der Lizenzvergabe von „Hot" nur im Zusammenhang mit der Grundsatzentscheidung über die deutsche Haltung zu den französischen Exporten von Gemeinschaftsproduktionen festgelegt werden.

Bei einer generellen Zustimmung zu den französischen Exporten ist für die Lizenzerteilung zusätzlich zu beachten, daß das BMVg hiergegen sicherheitspolitische Bedenken erhebt. Sollte jedoch der Herr Minister eine solche Zustimmung auch für die Lizenzvergabe für richtig halten, wird angeregt, die Angelegenheit anläßlich der nächsten Kabinettsitzung noch einmal mit dem Herrn Bundeskanzler und den Herren BM für Wirtschaft[17] und der Verteidigung[18] zu besprechen, um eine einheitliche Meinung der Bundesregierung zu erreichen. Die Übermittlung der Zustimmung an die französische Seite ist nicht erforderlich, da eine französische Anfrage hierzu nicht vorliegt.

Bei einer generellen Verweigerung der deutschen Zustimmung zu den französischen Exporten kann bei den dann einzuleitenden Konsultationen die Frage der Lizenzerteilung von „Hot" nicht einbezogen werden; vielmehr muß auf dem

---

16 In Artikel 2 der Regierungsvereinbarung vom Februar 1972 zwischen der Bundesrepublik und Frankreich über die Ausfuhr von gemeinsam entwickelten und/oder gefertigten Kriegswaffen und sonstigem Rüstungsmaterial in dritte Länder hieß es: „Keine der beiden Regierungen wird die andere Regierung daran hindern, Kriegswaffen oder sonstiges Rüstungsmaterial, das aus einer gemeinsam durchgeführten Entwicklung oder Fertigung hervorgegangen ist, in Drittländer auszuführen oder ausführen zu lassen. Da sich der spezifische Charakter von Baugruppen und Einzelteilen unter die Ausfuhrformalitäten für Kriegswaffen und sonstiges Rüstungsmaterial fallenden Waffensystems ändert, wenn sie integrierender Bestandteil eines gemeinsam entwickelten und gefertigten Waffensystems werden, verpflichtet sich jede der beiden Regierungen, die für die Lieferung von Einzelteilen und Komponenten an das ausführende Land erforderlichen Ausfuhrgenehmigungen nach den in den nationalen Gesetzen vorgesehenen Verfahren ohne Verzug zu erteilen. Beide Regierungen sind übereingekommen, daß sie die nationalen Gesetze über die Ausfuhr von Kriegswaffen und sonstigem Rüstungsmaterial im Geiste der deutsch-französischen Zusammenarbeit auslegen und anwenden werden. Die Möglichkeit, eine Ausfuhrgenehmigung für Komponenten eines Gemeinschaftsprojekts zu versagen, kann nur im Ausnahmefall in Anspruch genommen werden. Für einen solchen Fall vereinbaren beide Regierungen, daß sie sich vor einer endgültigen Entscheidung eingehend konsultieren werden. Es liegt bei dem Bundesminister der Verteidigung oder dem Staatsminister für Nationale Verteidigung, die Initiative zu solchen Konsultationen zu ergreifen." Vgl. die Anlage zur Aufzeichnung des Ministerialdirektors Hermes vom 8. April 1975; VS-Bd. 8875 (403); B 150, Aktenkopien 1975.
17 Hans Friderichs.
18 Georg Leber.

oben erwähnten politischen Weg versucht werden, die deutschen Bedenken an die französische Regierung heranzutragen.

Zu 1 d) (Lieferung der „Alpha Jet")

Endgültige Stellungnahmen von BMWi und BMVg liegen noch nicht vor (im BMWi positive Tendenz). Eine einheitliche Auffassung der Bundesregierung muß jetzt jedoch festgelegt werden, nachdem die Angelegenheit schon in Nizza von Präsident Giscard d'Estaing angesprochen wurde und der Herr Bundeskanzler um zusätzliche Überlegungszeit gebeten hat[19]. Die Auffassung von Giscard d'Estaing, bei der Trainerversion des „Alpha Jet" handele es sich um keine Kriegswaffe, man könne deshalb hierüber vorab entscheiden, wird nicht geteilt (die Unterschiede zur Kampfversion sind minimal, alle Ressorts sehen deshalb auch die Trainerversion als Kriegswaffe an). Damit ist auch über die deutsche Haltung zur „Alpha Jet"-Lieferung im Rahmen der Grundsatzentscheidung zu den übrigen französischen Exporten von Kriegswaffen aus Gemeinschaftsproduktionen zu entscheiden.

Bei genereller deutscher Zustimmung ist die französische Anfrage über das BMVg positiv zu beantworten, bei einer Verweigerung müßte gleichzeitig mit der Antwort das Konsultationsverfahren eingeleitet werden.[20]

D 2[21] und D 3[22] haben mitgezeichnet.

Lautenschlager

VS-Bd. 8873 (403)

---

[19] Zu den deutsch-französischen Konsultationen am 12./13. Februar 1976 vgl. Dok. 48 und Dok. 50.

[20] Am 24. März 1976 hielt Staatssekretär Hermes das Ergebnis einer Ressortbesprechung auf Staatssekretärsebene vom selben Tag fest: „Auf die Frage von Staatssekretär Schüler, wie die einzelnen Häuser im Falle der Lieferung des ‚Alpha Jet' an Ägypten votieren würden, antwortete Staatssekretär Rohwedder, daß Bundesminister Friderichs grundsätzlich für Lieferung an Ägypten sei, vorausgesetzt, es fände vorher ein Gespräch mit den Israelis statt, aus dem sich keine starke Opposition der Israelis gegen die Lieferung ergäbe. Staatssekretär Mann war mangels Kontakts mit seinem Minister nicht in der Lage, ein Votum für sein Haus abzugeben. Ich verhielt mich weisungsgemäß und wies darauf hin, daß es für den Außenminister vor seiner Bewertung erforderlich sei, die Voten der inneren Ressorts zu kennen. [...] Staatssekretär Schüler kennzeichnete seine persönliche Einstellung zu dem Geschäft als negativ. Im Falle einer negativen Entscheidung waren sich alle Staatssekretäre darin einig, daß die Folgen weniger schwerwiegend für das Verhältnis zu Ägypten als für die Zukunft der deutsch-französischen Rüstungsproduktion seien." Vgl. VS-Bd. 8873 (403); B 150, Aktenkopien 1976.

Mit Schreiben vom 2. April 1976 an das Bundesministerium der Verteidigung führte Ministerialdirektor Lautenschlager aus: „Kürzlich sind in einem Gespräch der Herr Bundeskanzler und der Bundesminister des Auswärtigen übereinstimmend zu der Auffassung gelangt, daß die Verwendung deutscher Zulieferungen beim französischen Export von 120 ‚Alpha Jet' nach Ägypten nicht in Betracht kommt. Aus dem deutsch-französischen Kooperationsabkommen ergibt sich damit, daß entsprechende Konsultationen mit der französischen Seite einzuleiten sind." Vgl. VS-Bd. 8873 (403); B 150, Aktenkopien 1976.

[21] Günther van Well.

[22] Lothar Lahn.

82

Botschafter Böker, Rom (Vatikan), an das Auswärtige Amt

114-11693/76 VS-vertraulich   Aufgabe: 17. März 1976, 17.00 Uhr
Fernschreiben Nr. 17   Ankunft: 18. März 1976, 12.48 Uhr

Betr.:   Kirchenrechtliche Neuordnung in der DDR
         hier: Tagung der kirchlichen Arbeitsgruppe

Bezug: DB Nr. 9[1] und Nr. 13[2] vom 27.1 und 1.3.1976

Zur Unterrichtung

Am 16. März tagte, wie vorgesehen, im Vatikan die kirchliche[3] Arbeitsgruppe
für Fragen der kirchenrechtlichen Neuordnung in der DDR, bestehend aus den
vatikanischen Vertretern Monsignore Sodano und Monsignore Zur, dem Vertreter der Fuldaer Bischofskonferenz, Prälat Homeyer, und dem Vertreter der
Berliner Ordinarienkonferenz, Prälat Lange. Ich hatte am Tage davor ein längeres Gespräch mit Erzbischof Casaroli und nach der Sitzung ein Gespräch mit
Prälat Homeyer. Danach ergibt sich folgendes Bild der Lage:

I. Hauptgegenstand der mehr als dreistündigen Sitzung war die Ausarbeitung
der Liste der an die DDR zu richtenden Forderungen. Die ursprünglich zwölf
Punkte sind nunmehr auf sechs reduziert worden. Dabei handelt es sich jedoch
nicht um Streichungen, sondern um eine Straffung und bessere Zusammenfassung. Es handelt sich in allen Fällen um sehr konkrete Forderungen, die auf
identifizierbare Mißstände hinweisen. (Casaroli hatte mir am Vortage gesagt,
er selber strebe in diese Richtung und finde dabei Unterstützung beim ostdeut-
schen Episkopat, während der westdeutsche Episkopat dahin tendiere, allgemeine Forderungen zur Erweiterung des Freiheitsraumes der Christen in der

---

[1] Botschafter Böker, Rom (Vatikan), berichtete am 27. Januar 1976: „Von der Existenz der Arbeitsgruppe Vatikan/deutscher Episkopat West/deutscher Episkopat Ost war die Botschaft Anfang
Dezember unter dem Siegel der Verschwiegenheit von Kardinal Döpfner unterrichtet worden. [...]
Die Aufstellung eines Katalogs von Forderungen, die der Heilige Stuhl im Zuge der Neuordnung
der kirchenrechtlichen Verhältnisse in der DDR an die DDR-Regierung richten soll, ist seit langem
ein kardinales Anliegen des deutschen Episkopats Ost wie West. Dem liegt die Überlegung zugrunde,
daß man keine Wünsche der DDR erfüllen sollte, ohne eine Gegenleistung zu fordern. Die geplante
Neuordnung der kirchenrechtlichen Verhältnisse in der DDR wird von deutscher kirchlicher Seite
als einmalige Möglichkeit gesehen, der DDR gewisse Konzessionen zu entlocken, durch die der
Freiheitsraum der katholischen Kirche und ihrer Gläubigen in der DDR ein wenig erweitert werden könnte. Auch der Vatikan scheint sich diesem Standpunkt angeschlossen zu haben, nachdem
er in anderen Fällen feststellen mußte, daß kommunistische Regime Vorleistungen zwar ganz gerne einkassieren, aber später nie honorieren." Vgl. VS-Bd. 10769 (501); B 150, Aktenkopien 1976.
[2] Botschaftsrat I. Klasse Schaad, Rom (Vatikan), teilte am 1. März 1976 mit: „Wie die Botschaft vertraulich aus kirchlichen Kreisen in der Bundesrepublik Deutschland erfährt, wird die aus Vertretern beider deutscher Episkopate und des Vatikans zusammengesetzte Arbeitsgruppe voraussichtlich am 16. März 1976 in Rom zusammentreten und ihre Beratungen u. a. über die von kirchlicher
Seite an die DDR zu stellenden Forderungen fortsetzen. Unser kirchlicher Gesprächspartner wird
Gelegenheit nehmen, die Botschaft alsbald nach seinem Eintreffen in Rom über die entsprechenden kirchlichen Vorstellungen und Verhandlungsziele zu unterrichten." Vgl. VS-Bd. 10769 (501);
B 150, Aktenkopien 1976.
[3] Korrigiert aus: „Kirche".

DDR zu stellen. Er, Casaroli, sei der Auffassung, daß man damit die DDR über-
fordern würde. Sie werde sicher nichts akzeptieren, was an den Grundlagen
ihres Herrschaftssystems rüttele).

Im einzelnen beinhalten die sechs Punkte folgendes:

1) Seelsorge: Insbesondere Seelsorge in Haftanstalten und Heimen, aber auch
Errichtung von Kirchen in Neubaugebieten und der dafür notwendige Boden-
erwerb.

2) Caritative Einrichtungen: Der katholische Charakter der bestehenden Einrichtungen insbesondere im Krankenwesen müsse gewahrt werden. Seitens
der DDR gebe es erheblichen Druck in der gegenteiligen Richtung.

3) Fortbildung der Geistlichen: Insbesondere Studienaufenthalte in Rom und
Auslandsreise.

4) Übertragung der Eigentumsrechte an kirchlichem Eigentum, insbesondere
Grund und Boden, bei der eventuellen Schaffung neuer DDR-Diözesen (Grund-
bucheintragungen etc.)

5) Möglichkeiten finanzieller Hilfeleistungen an die katholische Kirche in der
DDR aus dem Ausland und seitens der katholischen Kirche in der DDR ins
Ausland (Dritte Welt).

6) Schrifttum: Erweiterung des Papierkontingentes, Fragen der Vorzensur etc.

II. Es ist nunmehr mit ziemlicher Sicherheit damit zu rechnen, daß die Anhebung des Status der Berliner Ordinarienkonferenz und damit auch ihre förmliche Trennung von der Fuldaer Bischofskonferenz der erste vom Vatikan zu un-
ternehmende Schritt sein wird. Es hat jedoch den Anschein, als ob der Heilige
Stuhl diese Maßnahme ohne jedes größere Aufsehen auf innerkirchlichem
administrativem Wege durchführen wolle.[4] Hierzu bietet sich eine günstige
Gelegenheit insofern, als die Statuten der Fuldaer Bischofskonferenz[5] und der
Berliner Ordinarienkonferenz[6] demnächst vom Vatikan neu approbiert werden
müssen.[7] Der Vatikan wird bei dieser Gelegenheit verlangen, daß die Juris-

---

[4] Am 15. Februar 1976 wies Vortragender Legationsrat I. Klasse Fleischhauer auf Ausführungen des
Sekretärs des Rats für die öffentlichen Angelegenheiten der Kirche, Casaroli, hin: „In diesem Zusammenhang verdient auch eine Bemerkung Beachtung, die Casaroli mir gegenüber bei dem Kon-
sultationsgespräch vom 10.9.1975 gemacht hat und der zufolge offenbar sowohl die Genehmigung
des im März 1966 genehmigten Statuts der Fuldaer Bischofskonferenz als auch die Genehmigung
für das Statut der Berliner Ordinarienkonferenz [...] im Frühjahr 1976 auslaufen. Die völkerrechtlichen Referate des Hauses sind noch dabei, diese Angaben zu überprüfen und die genauen Daten
festzustellen. Eine Verlängerung der Genehmigung der beiden Statute wäre sicher nicht ausgeschlossen; in jedem Fall würde das Auslaufen der Genehmigung der Statuten der beiden Konferenzen oder einer von ihnen aber einen logischen Ansatzpunkt für die Anhebung der Berliner Ordinarienkonferenz und die Verkleinerung der Fuldaer Bischofskonferenz bieten." Vgl. VS-Bd. 10769
(501); B 150, Aktenkopien 1976.
[5] Für den Wortlaut des Statuts der Deutschen Bischofskonferenz vom 2. März 1966 vgl. DOKUMENTE
DER DEUTSCHEN BISCHOFSKONFERENZ, Bd. 1, S. 46–51.
[6] In Artikel 1 der Satzung der Berliner Ordinarienkonferenz vom 28./29. März 1966 wurde ausgeführt: „Die Berliner Ordinarienkonferenz setzt sich als Regionalkonferenz der Deutschen Bischofskonferenz aus den Bischöfen und Ordinarien im Bereich der Deutschen Demokratischen Republik
zusammen." Vgl. HÖLLEN, Loyale Distanz, S. 14.
[7] Am 24. Februar 1976 vermerkte Vortragender Legationsrat I. Klasse Treviranus: „1) Das Statut
der Deutschen (Fuldaer) Bischofskonferenz vom 2.3.1966 [...] war seinerzeit von der Kurie ad ex-
perimendum genehmigt worden. 1971 wurde es für weitere fünf Jahre verlängert (bis März 1976).

diktion der Fuldaer Bischofskonferenz auf das Gebiet der Bundesrepublik Deutschland begrenzt wird. Ebenso wird das Statut der Berliner Ordinarienkonferenz deren völlige Autonomie beinhalten. Ein heikles Problem in diesem Zusammenhang wird wiederum die Zuordnung Berlins sein. In diesem Punkt scheint die innerkirchliche Konsultation noch nicht weit gediehen zu sein. Ich schlage vor, daß wir uns hier rechtzeitig einschalten.

Was Kontakte der beiden künftigen deutschen Bischofskonferenzen untereinander anlangt, so meinte Casaroli, daß die DDR wohl nur schwer zu Zugeständnissen bereit sein werde, weil sie jeden Anschein deutscher Gemeinsamkeit verhindern wolle. Dagegen bestünden auf DDR-Seite wohl keine Bedenken gegen Kontakte auf europäischer Ebene.

III. Was die Neuzirkumskription der grenzüberschreitenden Bistümer[8] und die Neuschaffung von Bistümern in der DDR anlangt, so hatten sowohl Prälat Homeyer wie ich den Eindruck, daß es dem Heiligen Stuhl mit dieser Frage zur Zeit gar nicht eilt. Insofern scheint im Vatikan seit Jahresende ein merklicher Umschwung eingetreten zu sein. Noch Anfang Dezember hatte Erzbischof Casaroli mir erklärt, der Vatikan stehe unter großem Zeitdruck, und wir müßten mit baldigen Entscheidungen rechnen.[9] In den gestrigen Gesprächen soll Monsignore Sodano geäußert haben, man wisse noch gar nicht, ob die Neuordnung in diesem Jahr oder im nächsten Jahr kommen werde. Ähnlich und fast noch dilatorischer äußerte sich Casaroli mir gegenüber.

Durch ein solches Vorgehen könnte aber die zwischen uns und dem Vatikan vereinbarte öffentliche Erklärung des Heiligen Stuhls[10] in Mitleidenschaft gezogen werden, denn wenn der Vatikan die Anhebung der Berliner Ordinarien-

---

Fortsetzung Fußnote von Seite 392

Zur Zeit wird das Statut überarbeitet, um voraussichtlich am 8.3.76 verabschiedet und dem Vatikan zur Zustimmung zugeleitet zu werden. Die Neufassung geht auf organisatorische Notwendigkeiten zurück. Sie steht in keinem Zusammenhang mit einer Neuordnung der kirchlichen Strukturen in der DDR. Dem Generalvikar in Westberlin verbleibt sein Stimmrecht für den Bischof von Berlin (als einzigem Vertreter eines Bischofs). 2) Die Satzung der Berliner Ordinarienkonferenz ist unbefristet. Es ist nichts darüber bekannt, daß sie – etwa wegen Fristablaufs oder aus anderem Anlaß – revidiert werden sollte (daß eine Neufassung bei Schaffung einer DDR-Bischofskonferenz erforderlich werden würde, dürfte andererseits feststehen)." Vgl. Referat 501, Bd. 165572.

8 Seit 1949 befanden sich Teile von Diözesen mit Bischofssitz in der Bundesrepublik auf dem Gebiet der DDR. Die bischöflichen Kompetenzen wurden in diesen Gebieten durch Kommissare wahrgenommen, die von den jeweiligen Bischöfen der zuständigen Diözesen in der Bundesrepublik ernannt wurden, darüber hinaus jedoch mit einem „Mandatum speciale" des Papstes handelten, das die Übertragung bestimmter, der päpstlichen Genehmigung unterliegender Befugnisse regelte. Bei den kommissarisch verwalteten Jurisdiktionsbezirken der katholischen Kirche in der DDR handelte es sich um das Generalvikariat Erfurt als Teil des Bistums Fulda, das Erzbischöfliche Kommissariat Magdeburg als Teil des Erzbistums Paderborn, das Kommissariat und Generalvikariat Meiningen als Teil des Bistums Würzburg sowie das Kommissariat Schwerin als Teil des Bistums Osnabrück. Am 23. Juli 1973 wurden die bisherigen Weihbischöfe und Kommissare Aufderbeck, Braun und Theissing zu Apostolischen Administratoren ernannt. Vgl. dazu AAPD 1972, III, Dok. 324, und AAPD 1973, II, Dok. 226.

9 Am 26. November 1975 berichtete Botschafter Böker, Rom (Vatikan), der Sekretär des Rats für die öffentlichen Angelegenheiten der Kirche, Casaroli, habe sich auf die Frage, wann der Heilige Stuhl eine Anhebung des Status der Berliner Ordinarienkonferenz vornehmen wolle, nicht festlegen wollen und geantwortet: „Früher habe der Vatikan in sehr langen Zeiträumen gedacht und sich in allem Zeit gelassen. Heute stehe er unter größerem Zeitdruck." Vgl. den Drahtbericht Nr. 130; VS-Bd. 9951 (203); B 150, Aktenkopien 1976.

10 Vgl. dazu das Gespräch des Bundesministers Genscher mit dem Sekretär des Rats für die öffentlichen Angelegenheiten der Kirche, Casaroli, am 24. Oktober 1975; AAPD 1975, II, Dok. 317.

konferenz als einen unauffälligen administrativen Vorgang plant, wird er sie kaum mit einer prinzipiellen öffentlichen Erklärung begleiten können. Die Herausgabe der geplanten Erklärung wäre damit auf die lange Bank geschoben. Das erklärt vielleicht, weshalb Casaroli mir auch vorgestern wieder sagte, er habe noch keinen fertigen Text zur Hand, den er mir zeigen könne.

IV. Prälat Homeyer betonte, daß die gestrigen Gespräche ganz anders als bisher den Charakter einer vertrauensvollen und offenen Zusammenarbeit getragen hätten. Die vatikanische Seite hätte nicht mehr wie bisher mit ihren Ansichten hinter dem Berg gehalten und nur die deutschen Gesprächspartner auszuhorchen versucht. Auch habe man keinen Versuch mehr gemacht, den deutschen Episkopat, Ost und West, gegeneinander auszuspielen. Die vatikanische Seite habe selbst mehrmals erklärt, daß sie es für richtig und erforderlich halte, der DDR Konzessionen abzuverlangen, wenn man ihr auf anderer Ebene Entgegenkommen zeige. In ihrer allgemeinen Einstellung gegenüber der DDR, wie auch in konkreten Fragen, habe sich die Haltung des Vatikans deutlich verhärtet. Einen ähnlichen Eindruck gewann ich aus meinem Gespräch mit Casaroli.[11]

[gez.] Böker

VS-Bd. 10769 (501)

---

[11] Am 19. März 1976 informierte Vortragender Legationsrat I. Klasse Fleischhauer die Botschaft beim Heiligen Stuhl über die Haltung der Bundesregierung hinsichtlich einer kirchenrechtlichen Neuordnung in der DDR: „Auch wenn die Anhebung der Berliner Ordinarienkonferenz und ihre förmliche Trennung von der Deutschen Bischofskonferenz ohne jeden spektakulären Schritt des Vatikans im Wege der einfachen innerkirchlichen administrativen Anordnung vollzogen wird, ändert dies nichts daran, daß neue Tatsachen geschaffen werden. Diese neuen Tatsachen bestehen darin, daß ein zwischen den beiden Teilen Deutschlands noch bestehendes Band zerschnitten und ein erster Schritt zur völligen kirchenrechtlichen Verselbständigung der DDR getan wird. Es ist damit zu rechnen, daß ganz ungeachtet der Art und Weise, wie der Vatikan die Neuregelung trifft, die DDR in der diplomatisch-politischen Auseinandersetzung um die Rechtslage Deutschlands von der so geschaffenen neuen Lage Gebrauch machen wird, um ihre Auslegung des Grundvertrages zu untermauern." Vgl. den Drahterlaß Nr. 16; VS-Bd. 10769 (501); B 150, Aktenkopien 1976.

83

Vortragender Legationsrat I. Klasse Rouget an die Ständige Vertretung bei den Europäischen Gemeinschaften in Brüssel

413-491.09   Aufgabe: 17. März 1976[1]
Fernschreiben Nr. 1051 Plurez
Citissime

Betr.: Richtlinien für Nuklearexporte[2]

Bezug: DE Nr. 940 vom 10. März 1976[3]

Im Hinblick auf die Befassung der Ständigen Vertreter am 17./18.3.1976 mit der Frage der Vereinbarkeit der Richtlinien mit dem EURATOM-Vertrag[4] wird Vertretung gebeten, nachstehende Überlegungen mit dortiger britischer und französischer Delegation abzustimmen und gegenüber Kommission zu verwenden:

1) Wir gehen davon aus, daß auch die Kommission das mit den Richtlinien verfolgte Ziel bejaht, die friedliche Nutzung der Kernenergie in eine wirksame Nichtverbreitungspolitik einzubetten. Dies gilt insbesondere für das Verbot der Herstellung und Verwendung von nuklearen Sprengkörpern. Was die in den Richtlinien festgelegten Sicherungsmaßnahmen angeht, so werden diese bereits in den sieben Nicht-Kernwaffenstaaten der Gemeinschaft durchgeführt, wobei hinzukommt, daß zusätzlich zu den EURATOM-Kontrollen diese Staaten den NV-Vertrag[5] ratifiziert haben und Parteien des Abkommens EURATOM–IAEO (Verifikationsabkommen)[6] sind.

---

[1] Durchdruck.
Der Drahterlaß wurde von Vortragendem Legationsrat Scholtyssek konzipiert.

[2] Die vierte Konferenz der wichtigsten Lieferstaaten von Kerntechnologie (Suppliers Conference) am 4./5. November 1975 in London verabschiedete ad referendum Richtlinien für das Exportverhalten im Bereich der friedlichen Nutzung der Kernenergie. Vgl. dazu AAPD 1975, II, Dok. 354.

[3] Vortragender Legationsrat I. Klasse Rouget teilte hinsichtlich der Richtlinien vom 5. November 1975 für das Exportverhalten im Bereich der friedlichen Nutzung der Kernenergie mit: „Die nuklearen Hauptlieferländer haben sich darauf geeinigt, die Regierungen a) Belgiens (eingeladen durch Frankreich), b) der Niederlande (eingeladen durch Großbritannien), c) Italiens (eingeladen durch uns), d) Schwedens (eingeladen durch Kanada), e) der DDR und der Tschechoslowakei (eingeladen durch die Sowjetunion) aufzufordern, die Richtlinien anzunehmen. Die Annahme sollte noch vor Ende März 1976 geschehen, weil beabsichtigt war, bereits im erweiterten Kreis am 31. März 1976 eine erste [...] Sitzung einer Expertengruppe für Fragen des physischen Schutzes von Kernmaterial und -anlagen durchzuführen." Vgl. Referat 413, Bd. 119501.

[4] Für den Wortlaut des EURATOM-Vertrags vom 25. März 1957 vgl. BUNDESGESETZBLATT 1957, Teil II, S. 1014–1155.

[5] Für den Wortlaut des Nichtverbreitungsvertrags vom 1. Juli 1968 vgl. BUNDESGESETZBLATT 1974, Teil II, S. 785–793.

[6] Für den Wortlaut des Übereinkommens vom 5. April 1973 zwischen Belgien, der Bundesrepublik, Dänemark, Irland, Italien, Luxemburg, den Niederlanden, EURATOM und der IAEO in Ausführung von Artikel III Absätze 1 und 4 des Vertrags vom 1. Juli 1968 über die Nichtverbreitung von Kernwaffen (Verifikationsabkommen) sowie des dazugehörigen Protokolls vgl. BUNDESGESETZBLATT 1974, Teil II, S. 795–832.

2) Die Kommission hat jedoch Bedenken gegen eine Anzahl der Bestimmungen der Richtlinien erkennen lassen.[7] Wir nehmen die von der Kommission geäußerten Bedenken nicht leicht: wir glauben jedoch, daß diese Bedenken durch Klarstellung zu zerstreuen sind.

Grundsätzliche Bemerkung:

Die in London vereinbarten Richtlinien stellen keinen völkerrechtlichen Vertrag dar. Es handelt sich vielmehr um eine Selbstbindung, durch die sich die wichtigsten nuklearen Lieferländer verpflichtet haben, die in den Richtlinien enthaltenen Prinzipien zum Bestandteil ihrer nationalen nuklearen Ausfuhrpolitik zu machen. Die Inkorporation der Richtlinien in die nationale Gesetzgebung findet ihre Grenzen an den Gemeinschaftsverpflichtungen der Mitgliedsländer. Die Richtlinien stellen somit keine Beeinträchtigung des EURATOM-Vertrages dar.

3) Was die Lieferung von Drittländern an Mitgliedsländer angeht, befürchtet die Kommission offensichtlich, daß

a) der freie Warenverkehr beschränkt wird,

b) in gemeinsamer Regie betriebene Anlagen einzelner EG-Staaten beeinträchtigt werden könnten (Almelo[8]),

c) die gemeinsame Versorgungspolitik beeinträchtigt wird, da die EVUs[9] ggf. keinen Zugang mehr zu spaltbaren Stoffen haben.

Zu a) Es ist in der Tat nicht von der Hand zu weisen, daß Nichtmitgliedsländer darauf bestehen könnten, die bei Lieferungen in den Richtlinien enthaltenen Bedingungen zu verlangen. Sie könnten z. B. beim Retransfer von kritischen Bestandteilen für eine Anreicherungsanlage von einem Mitgliedsland in ein anderes ihre Zustimmung verweigern. Es erscheint allerdings als sehr fraglich, ob ein Lieferland sich zu einem solchen Schritt entschließen wird. Die sieben Nichtkernwaffenstaaten der EG sind Partei des Nichtverbreitungsvertrages. Die Entscheidung, hier ein Land als politisch „unerwünscht" zu bezeichnen, indem die Zustimmung zum Retransfer in dieses Land verweigert wird, würde

---

[7] Botschafter Lebsanft, Brüssel (EG), berichtete am 19. März 1976, EG-Kommissar Brunner habe am Vortag die Haltung der EG-Kommission zu den Richtlinien vom 5. November 1975 für das Exportverhalten im Bereich der friedlichen Nutzung der Kernenergie erläutert: „1) Die Kommission begrüßt die Richtlinien als einen Fortschritt in der Non-Proliferations-Politik. 2) Unter Bezugnahme auf bestimmte Punkte der Richtlinien [...] ist die Kommission der Ansicht, daß die Richtlinien kaum mit dem EURATOM-Vertrag vereinbar wären, wenn nicht im Gemeinschaftsrahmen zusätzliche Maßnahmen getroffen werden. 3) Zu diesen Maßnahmen zählen nach Ansicht Kommission folgende Schritte: Die Mitgliedstaaten, die die Richtlinien angenommen haben, erklären gegenüber der Kommission und übrigen Mitgliedstaaten, daß sie Richtlinien so handhaben werden, daß freier Warenverkehr innerhalb der Gemeinschaft nicht beeinträchtigt wird. [...] Harmonisierung aller Maßnahmen im Gemeinschaftsrahmen, die sich über traditionelle Kontrollen hinaus aus Leitlinien ergeben (insbesondere im Bereich der physical protection). 4) Es soll klargestellt werden, daß die Leitlinien nur die Kontrolle von Kernmaterialien, nicht jedoch die Kontrolle von Kernanlagen beinhalten. 5) Die Kommission betonte, sie habe es bewußt vermieden, rechtliche Aspekte zu sehr in den Vordergrund zu stellen. Dennoch hielt Kommission an ihrer Rechtsauffassung fest, daß die Richtlinien nach Art. 103 des EAG-V[ertrags] hätten vorgelegt werden müssen." Vgl. den Drahtbericht Nr. 998; Referat 413, Bd. 119501.

[8] Die Bundesrepublik, Großbritannien und die Niederlande unterzeichneten am 4. März 1970 in Almelo ein Abkommen über die Zusammenarbeit bei der Entwicklung und Nutzung des Gasultrazentrifugenverfahrens zur Herstellung angereicherten Urans. Für den Wortlaut vgl. BUNDESGESETZBLATT 1971, Teil II, S. 930–949.

[9] Energieversorgungsunternehmen.

eine weitreichende politische Entscheidung darstellen, die sich z.B. auch die Sowjetunion reichlich überlegen würde.

Zu b) Wir sehen nicht, daß diese Frage größere praktische Bedeutung erlangen könnte. Wir können in der Regel davon ausgehen, daß gemeinsame Anlagen aus Zulieferungen der Mitgliedsländer stammen. Soweit Lieferungen aus den USA oder Kanada betroffen sein sollten, sollte die Tatsache der Einbeziehung solcher Anlagen in das EURATOM-Kontrollsystem und die von der IAEO durchzuführende Verifikation dieser Kontrollen ausreichen, Bedenken auszuräumen.

Zu c) Dies betrifft nur den Retransfer von schwerem Wasser oder waffen-grädigem Material. Die Zahl von Anwendungsfällen dürfte auch hier begrenzt sein.

4) Die Kommission ist der Auffassung, daß sich ähnliche Probleme (Beschränkung des freien Warenverkehrs) aus der Ziffer 9 der Richtlinien ergeben könnten. Hierzu ist zu sagen, daß es sich bei der vorgesehenen Abstimmung um eine Ermessensklausel handelt. Sie stellt einen Sonderfall dar, der uns nicht vordringlich erscheint.

5) Hinsichtlich des physischen Schutzes sind wir uns darüber im klaren, daß dieser Fragenkreis in der Tat Probleme aufwirft, insbesondere die Gefahr der Entstehung eines unterschiedlichen Niveaus des physischen Schutzes in den einzelnen Mitgliedsländern. Wir legen dabei Wert darauf, daß in den Gremien, die sich auf internationaler Ebene mit dieser Thematik befassen, die Gemeinschaftsaspekte den ihnen zukommenden Vorrang einnehmen.

6) Die Kommission hat offensichtlich den Eindruck, daß Ziffer 4 bis 6 der Richtlinien eine Kontrolle der Anlagen selbst implizieren und nicht, wie durch die EURATOM-Kontrollen und das Kontrollsystem der IAEO vorgesehen, nur der spaltbaren Stoffe. Hierzu ist zu sagen, daß auch wir davon ausgehen, daß sich die Kontrollen auf die spaltbaren Stoffe erstrecken.

7) Zu den sogenannten „supporting activities" wäre auszuführen, daß es sich hier um Ermessensvorschriften handelt. Insbesondere besteht keine Konsultationspflicht. Falls ein Land den Wunsch zur Durchführung von Konsultationen hat, ist es in der Wahl seiner Partner frei.

8) Hinsichtlich der Frage der Annahme der Richtlinien durch die EG-Länder schlägt die Kommission vor, daß sich alle Mitgliedsländer hierzu bereit erklären. Auch wir halten dieses Ziel für erstrebenswert.

Es sollte jedoch nicht der Hintergrund übersehen werden, vor dem die Suppliers Konferenzen stattgefunden haben. Danach bestand unter den Teilnehmern Einvernehmen darüber, daß nur Länder einbezogen werden sollten, die gemessen an ihrem technologischen Wissensstand und ihrer kommerziellen Leistungsfähigkeit in der Lage sind, nukleare Exporte durchzuführen oder potentiell hierfür in Frage kommen. Insofern dürfte es sich als schwierig erweisen, auch Dänemark, Irland und Luxemburg in den Kreis der nuklearen Hauptlieferländer aufzunehmen.

9) Was die Frage der Mitteilung der Richtlinien an die Kommission nach Artikel 103 EURATOM-Vertrag[10] betrifft, so gehen wir weiter davon aus, daß eine

---

10 Artikel 103 des EURATOM-Vertrags vom 25. März 1957: „Die Mitgliedstaaten haben der Kommission ihre Entwürfe von Abkommen und Vereinbarungen mit einem dritten Staat, einer zwischen

solche Vorlage nicht erforderlich ist. Es war der erklärte Wille der Teilnehmer in London, daß es sich um eine Selbstbindung handelt. Ein Vertrag oder eine Vereinbarung, aus der Rechtsverpflichtungen gegenüber den übrigen Teilnehmern abgeleitet werden können, liegt nicht vor.

[gez.] Rouget

Referat 413, Bd. 119501

84

Aufzeichnung des Ministerialdirigenten Meyer-Landrut

210-331.30-735/76 VS-vertraulich   **19. März 1976**[1]

Über Herrn Staatssekretär[2] Herrn Minister[3] zur Information

Betr.: Entwicklung direkter Kontakte zu Berlin (West) durch die Sowjetunion und die DDR

Bezug: Weisungen des Herrn Ministers auf der Vorlage der Politischen Abteilung 2 vom 27.2.1976 – 210-331.30-523/76 VS-v[4]

Anlg.: 1[5]

I. Das Vier-Mächte-Abkommen und die Entwicklung direkter Kontakte

Zu der Frage des Herrn Ministers auf S. 2 der Bezugsvorlage, die in der Anlage wieder vorgelegt wird, ist folgendes zu sagen:

Ursprünglich strebte die Sowjetunion in den Verhandlungen um das Vier-Mächte-Abkommen an, daß die Drei Mächte ihr gegenüber in Vertragsform erklärten: „Berlin (West) is not a part of the Federal Republic of Germany and

---

Fortsetzung Fußnote von Seite 397

staatlichen Einrichtung oder einem Angehörigen eines dritten Staates mitzuteilen, soweit diese Abkommen und Vereinbarungen den Anwendungsbereich dieses Vertrags berühren. Enthält der Entwurf Bestimmungen, welche die Anwendung dieses Vertrags beeinträchtigen, so gibt die Kommission dem betreffenden Mitgliedstaat innerhalb eines Monats nach Eingang der an sie gerichteten Mitteilung ihre Einwendungen bekannt. Der Staat kann das beabsichtigte Abkommen oder die beabsichtigte Vereinbarung erst schließen, wenn er die Bedenken der Kommission beseitigt hat oder wenn er durch Antrag im Dringlichkeitsverfahren einen Beschluß des Gerichtshofes über die Vereinbarkeit der beabsichtigten Bestimmungen mit den Vorschriften dieses Vertrags herbeigeführt und diesem Beschluß entsprochen hat. Der Antrag kann dem Gerichtshof jederzeit vorgelegt werden, sobald der Staat die Einwendungen der Kommission erhalten hat." Vgl. BUNDES-GESETZBLATT 1957, Teil II, S. 1076.

[1] Die Aufzeichnung wurde von Vortragendem Legationsrat I. Klasse Lücking und von Legationsrat von Arnim konzipiert.

[2] Hat Staatssekretär Hermes am 22. März 1976 vorgelegen.

[3] Hat Bundesminister Genscher am 14. April 1976 vorgelegen.

[4] Vgl. Dok. 66.

[5] Dem Vorgang beigefügt. Vgl. Anm. 4.

is not governed by it ... Relations between Berlin (West) and the Federal Republic of Germany must not contradict this." (Sowjetischer Vertragsentwurf vom 26.3.1971)[6] Neben dieser – rein negativ gefaßten – Beschreibung des Verhältnisses zwischen Berlin (West) und dem Bund enthielt dieser Vertragsentwurf unmittelbar anschließend den Satz: „It is necessary to facilitate the maintenance and development of broad links and contacts between Berlin (West) and the outside world in the economic, scientific and technical, cultural and other peaceful fields." Offenbares Ziel einer derartigen Klausel war es, deutlich zu machen, daß Berlin (West) eigenständige Beziehungen zur Außenwelt haben könne.

Dagegen verlangten die Drei Mächte in den Verhandlungen, daß in den Vertrag eine Klausel aufgenommen werde, die das Sonderverhältnis zwischen dem Bund und Berlin (West) betont und absichert, indem dort von „special ties" gesprochen wird.

Die jetzige Formulierung des Vier-Mächte-Abkommens: „the ties between the Western sectors of Berlin and the Federal Republic of Germany will be maintained and developped, taking into account that these sectors continue not to be a constituant part of the Federal Republic of Germany and not to be governed by it"[7] ist in Satzaufbau und Wortwahl ein Kompromiß zwischen den Positionen beider Seiten, der für uns vor allem deshalb akzeptabel war, weil aus ihr trotz der Einschränkung des zweites Halbsatzes gerade das Sonderverhältnis zwischen Berlin (West) und dem Bund deutlich wird.

Zu der Zeit, als die zitierte Äußerung (vgl. die Bezugsvorlage) fiel, war sie demnach defensiv als der Versuch zu verstehen, das von sowjetischer Seite Konzedierte zu entwerten. Sie enthielt allerdings, ebenso wie die unmittelbar nach Unterzeichnung des Abkommens ausbrechende Diskussion um die korrekte Übersetzung des russischen Wortes „swjasi" („ties" oder „links", bzw. „Bindungen" oder „Verbindungen"), den Versuch, die alte sowjetische Berlinpolitik der „besonderen politischen Einheit Westberlin" trotz der Bindungsklausel des Vier-Mächte-Abkommens fortzusetzen.

Derzeit ist der Versuch, die Bindungsklausel in ihrem politischen Kern zu entwerten, indem von „Verbindungen" gesprochen wird, etwas in den Hintergrund getreten.

Dieser Versuch wird seit einigen Monaten zunehmend dadurch fortgesetzt, daß man durch Anbahnung einer möglichst großen Zahl von Vereinbarungen mit dem Senat von Berlin die These zu untermauern versucht, daß Berlin (West) eigenständige Außenbeziehungen entwickeln könne. Dadurch könnte am Ende bewiesen werden, daß es sich bei den Bindungen zwischen Berlin und dem Bund nicht um etwas Besonderes, sondern um normale Beziehungen zwischen zwei völkerrechtlich auf gleicher Ebene stehenden Partnern handelt.

---

6 Zum sowjetischen Entwurf für eine Berlin-Regelung vgl. AAPD 1971, I, Dok. 110 und Dok. 126.

7 Vgl. Teil II B des Vier-Mächte-Abkommens über Berlin vom 3. September 1971; UNTS, Bd. 880, S. 125. Für den deutschen Wortlaut vgl. BUNDESANZEIGER, Nr. 174 vom 15. September 1972, Beilage, S. 47.

II. Die Möglichkeiten des Auswärtigen Amts:

1) Den aus direkten Kontakten des Senats entstehenden Gefahren kann auf drei Feldern entgegengetreten werden:

a) auf dem Gebiet unserer Beziehungen zu den Staaten des Warschauer Paktes,

b) auf dem Gebiet der Beziehungen zur DDR,

c) im Verhältnis des Senats zu östlichen Stellen.

Zu a) Die Sowjetunion, an deren Berlinpolitik sich die Staaten des Warschauer Paktes weitgehend orientieren, verfügt durch ihre Repräsentanten in beiden Teilen Berlins über eine Fülle von Kontakten zu staatlichen und halbstaatlichen Institutionen in Berlin (West), z.B. in Universitäten oder der Industrie- und Handelskammer. Sie versucht, diese Kontakte zu formalisieren, indem sie diesen Stellen Absprachen vorschlägt, und wenn möglich, auch abschließt.

Dem begegnet das Auswärtige Amt am besten dadurch, daß es fortfährt, in seinen Verträgen mit den Warschauer-Pakt-Staaten auf der Aufnahme von Berlinklauseln zu bestehen, welche die rechtliche und tatsächliche Einbeziehung von Berlin (West) sicherstellen, und so den Raum für parallele Absprachen mit dem Senat besetzt.

Gegenüber den Angriffen von östlicher Seite, die Bundesregierung wolle auf diese Weise das Vier-Mächte-Abkommen aushöhlen, können wir uns am besten dadurch verteidigen, daß wir weiterhin auf jenen Gebieten auf Berlinklauseln verzichten, wo unserem Recht zur Außenvertretung von Berlin (West) durch das Vier-Mächte-Abkommen Grenzen gesetzt sind, d.h., wo ein Vertrag eindeutig ausschließlich Status- und Sicherheitsfragen[8] regelt.

Zu b) Im innerdeutschen Verhältnis sind in erster Linie die Ressorts dafür verantwortlich, daß die von ihnen auszuhandelnden Verträge mit der DDR befriedigende Berlinklauseln enthalten und auf diese Weise kein Raum für parallele Absprachen der DDR mit dem Senat bleibt. Das Auswärtige Amt ist hier jedoch aufgrund seiner Kompetenz für die Beziehungen zu den Drei Mächten in der Lage, Berlinklauseln zu verlangen, welche dem Status der Stadt gerecht werden. Auf diese Weise kann das Auswärtige Amt darüber hinaus erreichen, daß die Formulierung von Berlinklauseln in innerdeutschen Verträgen für unsere auswärtigen Beziehungen nicht präjudizierend wirkt.

Das in diesen Tagen zu unterzeichnende Postabkommen mit der DDR[9] ist ein gutes Beispiel dafür, daß das berlinpolitisch Erforderliche erreicht werden

---

[8] Vgl. dazu Anlage IV A und B des Vier-Mächte-Abkommens über Berlin vom 3. September 1971; Dok. 15, Anm. 6.

[9] Am 27. Februar 1976 wurden in Ost-Berlin das Abkommen zwischen der Bundesrepublik und der DDR auf dem Gebiet des Post- und Fernmeldewesens sowie je ein Verwaltungsabkommen über den Postverkehr, den Fernmeldeverkehr und die Abrechnung der Leistungen im Post- und Fernmeldetransit paraphiert. In Artikel 21 des Abkommens auf dem Gebiet des Post- und Fernmeldewesens wurde ausgeführt: „Entsprechend dem Vier-Mächte-Abkommen vom 3. September 1971 werden dieses Abkommen sowie die am heutigen Tage zwischen dem Bundesminister für das Post- und Fernmeldewesen der Bundesrepublik Deutschland und dem Ministerium für Post- und Fernmeldewesen der Deutschen Demokratischen Republik geschlossenen Verwaltungsabkommen über den Postverkehr, den Fernmeldeverkehr und die Abrechnung der Leistungen im Post- und Fernmeldetransit in Übereinstimmung mit den festgelegten Verfahren auf Berlin (West) ausgedehnt." Vgl. BULLETIN 1976, S. 221–232. Vgl. dazu ferner AAPD 1975, II, Dok. 341.

kann, wenn das Auswärtige Amt mit dem gebotenen Nachdruck auf seiner Position beharrt. Auch in Zukunft wird das Auswärtige Amt dabei allerdings in vergleichbaren Fällen auf das Eigeninteresse der Ressorts an der zügigen Regelung der jeweiligen Sachfragen stoßen.

Zu c) Was das Verhältnis des Senats zur DDR und den übrigen Staaten des Warschauer Pakts betrifft, so besitzt das Auswärtige Amt aufgrund seiner unter b) beschriebenen Kompetenzen die Möglichkeit, die Haltung des Senats zu beeinflussen. Die Möglichkeit hierzu wird vom Auswärtigen Amt auf allen Gesprächsebenen mit dem Senat genutzt. Das gilt insbesondere für die regelmäßigen Treffen des Herrn Staatssekretärs[10] mit Senator Stobbe.

In erster Linie ist jedoch die Alliierte Kommandantur in Berlin in der Lage, Absprachen zu verhindern, die Zweifel am Status der Stadt aufkommen lassen könnten.

2) Zusammenfassend:

Das Auswärtige Amt kann von den Drei Mächten die Aufrechterhaltung der alliierten Position in Berlin auf die Dauer glaubwürdig nur dann verlangen, wenn es sich gegenüber den Ressorts und dem Senat dafür einsetzt, daß alliierte Positionen, die im Kern auch unsere Positionen sind, gegenüber der DDR nicht dazu benutzt werden, um die Einräumung praktischer Vorteile zu bezahlen.

Es läßt sich kaum vermeiden, daß wir dabei zuweilen in den Ruf geraten, der Geist zu sein, der stets verneint.

Letztlich werden wir den Gefahren, welche aus der Entwicklung von direkten Kontakten des Senats zu den Staaten des Warschauer Paktes entstehen, am besten dadurch begegnen können, daß wir in enger Zusammenarbeit die Ressorts und den Senat von Berlin immer wieder darauf hinweisen, daß die aus direkten Kontakten möglicherweise erwachsenden Vorteile langfristig von der anderen Seite zu einer allmählichen Erosion der Berliner Position benutzt werden.

Meyer-Landrut

VS-Bd. 10927 (210)

---

[10] Walther Gehlhoff.

85

Aufzeichnung des Ministerialdirektors Lautenschlager

400-440.06/7 VS-NfD   22. März 1976[1]

Herrn Staatssekretär[2]

Betr.: Entwicklungshilfe an kommunistische und sozialistisch-totalitäre Entwicklungsländer

Bezug: Weisung StS Hermes in Direktorenbesprechung vom 26. Februar

Anlg.: Kurzfassung[3]

Zweck der Vorlage: Zur Information

Die durch Indiskretion öffentlich bekannt gewordene Absicht der Bundesregierung, Entwicklungshilfe unter bestimmten Voraussetzungen auch an Vietnam, Angola, Mosambik, Südjemen und Kuba zu geben, hat eine heftige Kritik des entwicklungspolitischen Sprechers der CDU/CSU-Fraktion, Dr. Todenhöfer, und eines Teils der deutschen Presse ausgelöst.[4] Dies gibt Anlaß für nachstehende Übersicht über Sachstand und Problematik einer Hilfe an kommunistische und sozialistisch-totalitäre Entwicklungsländer.

I. Bisherige deutsche Entwicklungshilfe an Staaten mit kommunistischem oder sozialistisch-totalitärem Regime sowie Rahmenplanung 1976

1) Jugoslawien war das erste kommunistische Entwicklungsland, das von uns Entwicklungshilfe (insgesamt 1 Mrd. DM) erhielt.[5] Der Jugoslawienkredit ist

---

[1] Die Aufzeichnung wurde von Vortragendem Legationsrat I. Klasse Kampmann und von Vortragendem Legationsrat Wasserberg konzipiert.

[2] Hat Staatssekretär Hermes am 26. März 1976 vorgelegen, der die Aufzeichnung an Bundesminister Genscher weiterleitete und handschriftlich vermerkte: „Ich bitte um Gelegenheit für eine Rücksprache".
Hat Genscher am 29. März 1976 vorgelegen, der dazu handschriftlich vermerkte: „Ja."
Hat Genscher erneut am 13. April 1976 vorgelegen, der handschriftlich vermerkte: „1) Artikel über Fragestunde StM Wischnewski beifügen; 2) W[ieder]V[orlage]."
Hat Hermes erneut am 15. April 1976 vorgelegen, der handschriftlich vermerkte, daß die Rücksprache stattgefunden habe.

[3] Dem Vorgang beigefügt. Vgl. Referat 400, Bd. 118533.

[4] Vortragender Legationsrat Wassermann vermerkte am 24. Februar 1976: „Die heutige Bild-Zeitung nimmt unter der Schlagzeile ‚Bahrs irrste Idee' Anstoß daran, daß unsere Entwicklungshilfe 1976 u. a. an kommunistische Staaten wie Angola, Mosambik, Kuba, Vietnam und Süd-Jemen vergeben werden soll." Vgl. Referat 400, Bd. 118533.
Am 5. März 1976 wurde in der Presse über die Forderung der CDU/CSU-Fraktion nach einem Rücktritt von Bundesminister Bahr berichtet: „Die Opposition begründet ihre Forderung mit dem Vorwurf, Bahr habe in den eineinhalb Jahren seiner Amtszeit sowohl gegenüber der Öffentlichkeit als auch gegenüber dem Parlament ‚ständig die Wahrheit verfälscht, gebeugt und manipuliert'. [...] Die Vorgänge der letzten Woche um die geplante Entwicklungshilfe an kommunistische Länder hätten das Faß zum Überlaufen gebracht. Zur Untermauerung ihrer Vorwürfe gegen Bahr hat die Union eine 18 Seiten umfassende Dokumentation über die Informationspolitik des Ministers vorgelegt, die vom entwicklungspolitischen Sprecher der CDU/CSU-Bundestagsfraktion, Todenhöfer, zusammengestellt wurde." Vgl. den Artikel „Die Opposition fordert Bahrs Entlassung"; FRANKFURTER ALLGEMEINE ZEITUNG vom 5. März 1976, S. 4.

[5] Am 17. Dezember 1971 schlossen die Kreditanstalt für Wiederaufbau und die jugoslawische Nationalbank eine Vereinbarung über die Gewährung eines Kredits in Höhe von 300 Mio. DM bei einer Laufzeit bis zum 31. Januar 1977. Die Verzinsung sollte bis zum 31. Dezember 1975 6 % betragen

jedoch wegen seiner Besonderheiten nicht als Modellfall für Entwicklungshilfe an kommunistische Staaten anzusehen.

2) Im Zusammenhang mit dem Waffenstillstand in Vietnam beschloß das Bundeskabinett 1973, den Staaten Indochinas eine Aufbauhilfe von insgesamt 100 Mio. DM zur Verfügung zu stellen.[6] Die Bundesregierung stellte daraufhin Nordvietnam eine Entwicklungshilfe von 40 Mio. DM in Aussicht und sagte Südvietnam weitere 40 Mio. DM zu. Die restlichen 20 Mio. DM wurden Laos zugesagt.

3) Die Rahmenplanung der Kapital- und Technischen Hilfe für 1976[7] sieht für Länder, die kommunistisch oder sozialistisch-totalitär sind oder von der Presse so bezeichnet werden, folgendes vor:

	Kapitalhilfe	Technische Hilfe
Mosambik	12 Mio. DM	5 Mio. DM
Angola	evtl. aus Reserve	3 Mio. DM
Südjemen	evtl. 10 Mio. DM aus Reserve	6 Mio. DM
Indochina	10 Mio. DM insgesamt (zuzgl. alte Zusagen gem. Ziffer 2)	4 Mio. DM für Laos
Guinea-Bissau	evtl. aus Reserve	2 Mio. DM
Kapverd. Inseln	evtl. aus Reserve	500 000 DM
Kuba	–	evtl. 300 000 DM aus Reserve

Fortsetzung Fußnote von Seite 402

und anschließend für die Restlaufzeit neu vereinbart werden. Das Darlehen diente ausschließlich „zur unmittelbaren Erfüllung von Zahlungsverpflichtungen jugoslawischer Schuldner gegenüber Gläubigern aus der Bundesrepublik Deutschland". Für die Vereinbarung vgl. Referat III A 5, Bd. 745a. Vgl. dazu ferner AAPD 1971, III, Dok. 346.

Mit Abkommen vom 10. Dezember 1974 gewährte die Bundesrepublik Jugoslawien eine Kapitalhilfe in Höhe von 700 Mio. DM zum Zweck der Aufnahme von Darlehen bei der Kreditanstalt für Wiederaufbau. Für den Wortlaut vgl. BUNDESGESETZBLATT 1975, Teil II, S. 362 f. Vgl. dazu ferner AAPD 1974, I, Dok. 27, und AAPD 1974, II, Dok. 318, Dok. 341 und Dok. 363.

6 Ministerialdirektor Lahn notierte am 15. Juli 1976: „Nach der Unterzeichnung des Pariser Vietnam-Abkommens am 27.1.1973 stellte das Bundeskabinett am 31.1.1973 im Budget 1973 einen Betrag von 100 Mio. DM bereit, der für Aufbauhilfe in den Ländern des ehemaligen Indochina eingesetzt werden sollte. Von diesem Betrag sollten je 40 Mio. DM auf die beiden vietnamesischen Staaten entfallen. Der Kabinettsbeschluß wurde Ende April 1973 von einem Vertreter des Auswärtigen Amts in Hanoi erläutert. Dabei wurde von ihm bestätigt, daß für Nordvietnam grundsätzlich 40 Mio. DM vorgesehen seien." Sowohl vor wie auch nach der Aufnahme der diplomatischen Beziehungen zu Nordvietnam am 23. September 1975 habe die Bundesregierung die Bereitschaft zur Bereitstellung von 40 Mio. DM Aufbauhilfe bestätigt. Vgl. Referat 302, Bd. 103456.

7 Am 12. Dezember 1975 vermerkte Ministerialdirektor Lautenschlager: „Die Kapitalhilfe-Rahmenplanung für 1976 konnte gestern in einem Gespräch zwischen den Staatssekretären Prof. Kollatz, Dr. Rohwedder, PStS Haehser, Dr. Hermes abgeschlossen werden. [...] Das Ergebnis der KH-Rahmenplanung für 1976 stellt einen fairen Kompromiß zwischen den Ressorts dar. Es trägt den Vorstellungen des AA weitgehend Rechnung. Das BMZ hat unser Interesse an einem Engagement in den ASEAN-Ländern voll berücksichtigt. Wir haben einige Ansätze korrigieren müssen, dabei aber die Versicherung erhalten, daß in einigen Fällen bei der Vorlage von Projekten Mittel aus der Reserve bereitgestellt werden. [...] Die KH-Rahmenplanung 1976, die im Volumen so groß ist wie die des Vorjahres (2350 Mio. DM), enthält eine Reserve für afrikanische Länder in Höhe von 40 Mio. DM und eine allgemeine Reserve von 233 Mio. DM. Aus der allgemeinen Reserve ist jedoch unser Beitrag zum I[nternational]F[und for]A[gricultural]D[evelopment] in Höhe von 140 Mio. DM zu bestreiten, so daß die eigentliche Reserve nur noch 93 Mio. DM beträgt." Vgl. Referat 010, Bd. 178654.

II. Vereinbarkeit mit unseren Grundsätzen

1) Kabinettsbeschlüsse

a) Die vom Bundeskabinett 1971[8] beschlossene und 1973[9] und 1975[10] fortgeschriebene entwicklungspolitische Konzeption der Bundesregierung enthält den Satz:

„Die Bundesregierung versucht nicht, den Partnerländern politische sowie gesellschafts- oder wirtschaftspolitische Vorstellungen aufzudrängen."

b) In den 25 Thesen zur Politik der Zusammenarbeit mit Entwicklungsländern, die das Bundeskabinett am 9. Juni 1975 verabschiedet hat, heißt es u. a.: „Die Entwicklungspolitik soll zum Abbau internationaler Konfrontationen beitragen. Die Bundesrepublik Deutschland orientiert sich dabei auch an den von ihr angenommenen Grundsätzen der Vereinten Nationen und den in der OECD vereinbarten Prinzipien."[11] (These Nr. 3)

Unsere Entwicklungspolitik orientiert sich somit u. a. auch an

– der VN-Charta[12] und der Menschenrechtserklärung der VN[13],

– der Entwicklungsländerliste der OECD, die keinen Unterschied zwischen freiheitlichen, kommunistischen[14] und sonstigen totalitären Entwicklungsländern macht.[15]

c) Diese Orientierungspunkte – die Ausfluß der Prinzipien der Nichteinmischung und der Nichtdiskriminierung sowie der Humanität und Solidarität sind – können im Einzelfall zu entgegengesetzten Schlüssen führen.

---

[8] Für den Wortlaut der am 11. Februar 1971 vom Kabinett verabschiedeten Entwicklungspolitischen Konzeption der Bundesregierung für die Zweite Entwicklungsdekade vgl. BULLETIN 1971, S. 263–274.

[9] Auf einer Klausurtagung am 9. Juni 1975 auf Schloß Gymnich verabschiedete das Kabinett 25 Thesen zur Politik der Zusammenarbeit mit den Entwicklungsländern. Für den Wortlaut vgl. BULLETIN 1975, S. 698 f.
Hinsichtlich der Entwicklungspolitischen Konzeption der Bundesregierung beschloß das Kabinett am 11. Juli 1973, im Lichte der III. UNCTAD-Konferenz vom 13. April bis 22. Mai 1973 in Santiago de Chile und der Konferenz der Staats- und Regierungschefs der EG-Mitgliedstaaten und -Beitrittsstaaten am 19./20. Oktober 1972 „grundsätzliche Ausführungen zur europäischen Entwicklungspolitik, zum Umweltschutz und zur Nutzung von Bodenschätzen neu in die Konzeption" aufzunehmen. Vgl. JAHRESBERICHT 1973, S. 604 f.

[10] Das Kabinett beschloß vom 6. November 1975 die Fortschreibung der Entwicklungspolitischen Konzeption der Bundesregierung. Vgl. dazu JAHRESBERICHT 1975, S. 555.

[11] Vgl. BULLETIN 1975, S. 698.

[12] Für den Wortlaut der UNO-Charta vom 26. Juni 1945 vgl. BUNDESGESETZBLATT 1973, Teil II, S. 433–503.

[13] Mit Resolution Nr. 217 verabschiedete die UNO-Generalversammlung am 10. Dezember 1948 eine „Universelle Erklärung der Menschenrechte". Für den Wortlaut vgl. UNITED NATIONS RESOLUTIONS, Serie I, Bd. II, S. 135–141.

[14] An dieser Stelle Fußnote in der Vorlage: „Nordvietnam und Nordkorea werden zwar vom DAC (EH-Ausschuß der OECD) bisher nicht als Entwicklungsland anerkannt. Entwicklungshilfe an diese beiden Länder wird trotzdem auch vom DAC de facto als öffentliche Hilfe angesehen."

[15] Referat 400 führte am 11. November 1975 zur Entwicklungsländerliste des Development Assistance Committee (DAC) aus: „Für die internationale Anerkennung von EH-Leistungen ist die EL-Liste des DAC (Entwicklungshilfeausschuß der OECD) maßgebend. Sie wurde 1960 aufgestellt und zuletzt 1971 revidiert. Sie ist generell gehalten: Alle Länder in Afrika außer Südafrika und in Amerika außer USA und Kanada, in Asien außer Japan und dem Sino-Sowjetblock, in Ozeanien außer Australien und Neuseeland. In Europa (positiv): Zypern, Gibraltar, Griechenland, Malta, Spanien, Türkei, Jugoslawien sowie, seit 1975, Portugal. Sie umfaßt zur Zeit 118 Staaten und 40 abhängige Gebiete." Vgl. Referat 400, Bd. 114434.

2) Allgemeine außenpolitische Kriterien der Entwicklungshilfe

a) Auf der Basis dieser Kabinettsbeschlüsse und der allgemeinen Grundsätze unserer Außenpolitik haben wir eine Reihe von außenpolitischen Kriterien der Entwicklungshilfe entwickelt. Diese können zwar keine festen Regeln sein, sind aber doch wichtige Orientierungspunkte und Entscheidungshilfen bei der Frage, ob wir einem bestimmten Entwicklungsland Entwicklungshilfe geben wollen. Dabei kann es in der Regel nur um die Frage gehen, ob wir dem betreffenden Entwicklungsland neue Zusagen machen wollen oder nicht. Völkerrechtlich wirksame Verpflichtungen müssen wir erfüllen, es sei denn, ihre Erfüllung wird durch Kriegshandlungen oder Unruhen unmöglich.

b) Bei unseren Entscheidungen richten wir uns nach den folgenden Kriterien und Überlegungen, von denen einige wenige auf der „Konzeption" der Bundesregierung beruhen, andere aus Anlaß von Einzelfällen von Mitgliedern der Bundesregierung öffentlich vertreten worden sind:

– Entwicklungshilfe ist nach wie vor ein wichtiges Mittel zur Pflege politischer Beziehungen. Bei der Aufnahme diplomatischer Beziehungen zu einem Entwicklungsland wird deshalb in der Regel auch Entwicklungshilfe in Erwägung gezogen.

– Die Bundesrepublik Deutschland vergibt ihre Entwicklungshilfe weltweit. Kein Entwicklungsland, das vom DAC (EH-Ausschuß der OECD) als solches anerkannt ist und unsere Hilfe wünscht und benötigt, wird von unserer Entwicklungshilfe grundsätzlich ausgeschlossen.

– Eine Hilfe an kommunistische und sozialistisch-totalitäre Staaten muß im Einklang mit unseren entwicklungspolitischen Grundsätzen stehen: Wir geben unsere Hilfe in erster Linie an besonders bedürftige Entwicklungsländer.

– [16]Voraussetzung einer Entwicklungshilfe ist immer, daß sich die politischen Beziehungen befriedigend entwickeln.

– Die Bundesregierung vergibt ihre Entwicklungshilfe im Prinzip unabhängig vom Regime des Partnerlandes. Jedes Land muß selbst entscheiden, auf welchem Weg es wirtschaftlichen und sozialen Fortschritt erreichen will. Bei unserer Entwicklungshilfe an südeuropäische Staaten, die Anschluß an die EG suchen, spielt allerdings auch der Gesichtspunkt der Herstellung oder Erhaltung einer freiheitlichen demokratischen Gesellschaftsordnung eine wesentliche Rolle.

Die zudem meist schwer zu beurteilende Stabilität des Regimes eines Entwicklungslandes sollte kein entscheidendes Kriterium sein. Entscheidend ist, ob unsere Hilfe mittel- oder langfristig den bilateralen Beziehungen nützt und der Bevölkerung des Empfängerlandes zugutekommt.

Der Grundsatz, daß wir unsere Hilfe unabhängig vom Regime des Empfängerlandes geben, findet allerdings eine Einschränkung, wenn Entwicklungsländer die Menschenrechte mißachten. Bei Menschenrechtsverletzungen in Entwicklungsländern können wir allerdings keine westlichen Maßstäbe anlegen.

---

16 Beginn der Seite 5 der Vorlage. Vgl. Anm. 25.

Nach Ansicht von Abteilung 4 können wir, wenn unsere Politik glaubwürdig bleiben soll, bei groben Menschenrechtsverletzungen in einem Entwicklungsland keine Neuzusagen machen, solange die Menschenrechtsverletzungen andauern.

Abteilung 3 möchte sich in dieser Frage grundsätzlich nicht festlegen, sondern die Entscheidung im Einzelfall nach unserer Interessenlage treffen. Freilich ist auch nach Ansicht von Abteilung 4 zuzugeben, daß die Prüfung, ob eine grobe Menschenrechtsverletzung vorliegt, im[17] Einzelfall schwierig sein mag und daher im Zweifelsfalle auch noch andere Gesichtspunkte für die Entscheidung heranzuziehen sind.

Die Bundesregierung hat ihre Entwicklungshilfe bisher nur in zwei Fällen wegen Menschenrechtsverletzungen eingestellt: 1967 an Griechenland[18] und 1974 – aufgrund eines Beschlusses der SPD-Bundestagsfraktion und ohne ausdrückliche Zustimmung des Auswärtigen Amts – an Chile[19].

– Krieg und anhaltende Unruhen stehen einer entwicklungspolitischen Zusammenarbeit entgegen. Wo Kampfhandlungen stattfinden, ist jede Entwicklungshilfe sinnlos. StM Moersch hat diesen Grundsatz 1973 vor dem Bun-

---

[17] Ende der Seite 5 der Vorlage. Vgl. Anm. 25.

[18] Am 29. Juni 1967 forderte die SPD-Bundestagsfraktion in einem Antrag die Bundesregierung auf, „bis zur Wiederherstellung demokratischer verfassungsmäßiger Zustände Griechenland keine weitere Militärhilfe zu gewähren". Vgl. BT ANLAGEN, Bd. 113, Drucksache V/1989.
Der Auswärtige Ausschuß übernahm am 14. Februar 1968 diesen Passus mit der Ergänzung, „daß weitere militärische Hilfelieferungen nur aufgrund der schon seit langem bestehenden Verpflichtungen erfolgen, die auf Vereinbarungen im Rahmen der NATO beruhen. Daneben sollen keine bilateralen Leistungen erbracht werden." Vgl. BT ANLAGEN, Bd. 119, Drucksache V/2608.
Am 2. April 1968 stimmte der Bundestag dem Antrag V/2608 des Auswärtigen Ausschusses zu. Vgl. dazu BT STENOGRAPHISCHE BERICHTE, Bd. 66, S. 8658–8662.

[19] Am 17. September 1974 verabschiedete die SPD-Bundestagsfraktion eine Resolution über Chile, in der es u. a. hieß: „Jede Hilfe, die als Billigung oder Unterstützung des Militärregimes verstanden werden kann, muß unterbleiben. Die Fraktion fordert die Bundesregierung auf, alle ihr zur Verfügung stehenden Mittel einzusetzen, um zur Wiederherstellung friedlicher und demokratischer Verhältnisse in Chile beizutragen." Vgl. „Informationen der Sozialdemokratischen Fraktion im Deutschen Bundestag" vom 18. September 1974; Referat 301, Bd. 100586. Vgl. dazu ferner AAPD 1974, II, Dok. 345.
Ministerialdirigent Fischer vermerkte am 4. November 1974, daß das Bundesministerium für Wirtschaftliche Zusammenarbeit es bislang abgelehnt habe, der Kreditanstalt für Wiederaufbau Weisung für die Aufnahme von Darlehensverhandlungen aufgrund des Abkommens vom 21. August 1973 zwischen der Bundesrepublik und Chile über Kapitalhilfe zu erteilen: „Diese Haltung wird möglicherweise von dem Beschluß der Sozialdemokratischen Bundestagsfraktion vom 17. September 1974 bestimmt". Vgl. Referat 400, Bd. 111990.
Am 4. Juni 1975 führte Staatssekretär Hermes zur Entscheidung des Bundesministeriums für Wirtschaftliche Zusammenarbeit, die Entwicklungshilfe an Chile einzustellen, aus: „Die Forderung von BM Bahr, Chile müsse zuerst wieder demokratisch werden, bevor es von uns wieder Entwicklungshilfe erhalte, ist mit der entwicklungspolitischen Konzeption der Bundesregierung kaum in Einklang zu bringen. [...] BM Bahr stellt diesen Grundsatz nicht in Frage. Er hat bereits mehrfach öffentlich geäußert, wir wollen nicht nur Ländern helfen, die unser Gesellschaftssystem und unsere Art von Demokratie haben [...]. BM Bahr, der auch Rücksicht auf den Beschluß der SPD-Bundestagsfraktion (keine Entwicklungshilfe an Chile) nehmen muß, macht jedoch eine auf den Fall Chile zugeschnittene Ausnahme: Wo eine lange, im Volk tief verwurzelte demokratische Tradition gewaltsam beseitigt wird, dürfen wir der demokratischen Mehrheit dieses Landes nicht in den Rücken fallen, indem wir das dort herrschende Unrechtsregime unterstützten. Diese Argumentation hat, abstrakt gesehen, einiges für sich. Im Falle Chile überzeugt sie allerdings nicht, weil die Mehrheit der Bevölkerung allem Anschein nach die Militärregierung nicht ablehnt, sondern als Schutz vor einer militanten marxistischen Minderheit ansieht." Vgl. Referat 400, Bd. 111990.

destag anläßlich des israelisch-arabischen Konflikts formuliert.[20] Dieser Gesichtspunkt müßte auch gelten, wenn ganz akute Spannungszustände vorliegen und eine kriegerische Auseinandersetzung unmittelbar bevorsteht.

– Wenn Entwicklungsländer in anderen Staaten militärisch intervenieren, wird eine Entwicklungshilfe an das intervenierende Land im Hinblick auf die VN-Charta problematisch. Wir werden bei solchen Interventionen im Einzelfall zu prüfen haben, ob wir ggf. unsere Hilfe an den intervenierenden Staat einstellen sollen oder nicht. Dabei kann es im Einzelfall allerdings manchmal in tatsächlicher Hinsicht zweifelhaft sein, ob es sich um eine Intervention handelt; weiter wird die Beurteilung der Lage durch andere befreundete Länder eine Rolle zu spielen haben.

– Wenn in einer Region latente Gefahr von Interventionen besteht, sollten wir im Prinzip unsere entwicklungspolitische Zusammenarbeit nicht schon deshalb einschränken. Entwicklungshilfe kann in dem betreffenden Entwicklungsland oder in der gesamten Region stabilisierend (friedenssichernd) wirken. Sie kann verhindern, daß ein Entwicklungsland in eine zu starke Abhängigkeit zu einer anderen Macht gerät.

– [21]Wir orientieren uns auch an der Entwicklungspolitik der Europäischen Gemeinschaft. Staaten, die von der EG – z.B. im Rahmen des Abkommens von Lomé[22] – Hilfe erhalten, sollten wir von unserer bilateralen Hilfe grundsätzlich nicht ausschließen.

– Wir müssen auch Rücksicht auf die öffentliche Meinung in der Bundesrepublik Deutschland nehmen. Das Volumen unserer Entwicklungshilfe und damit die Möglichkeiten, unsere Beziehungen zu den Staaten der Dritten Welt zu pflegen und zu verbessern, hängen wesentlich davon ab, welche Opfer der Steuerzahler für diesen Zweck zu bringen bereit ist.
Die Mehrheit der Bevölkerung dürfte für eine Unterstützung kommunistischer Staaten durch Entwicklungshilfe wenig Verständnis haben. Sie befürchtet, daß deutsche Steuergelder an kommunistische Regime gehen, die langfristig unser freiheitliches System beseitigen wollen. Daß Entwicklungshilfe an kommunistische Staaten auch deren Unabhängigkeit fördern und den Frieden sichern kann (weil die Hebung ihres Lebensstandards einer Radikalisierung entgegenwirken kann) wird vielen nur durch geduldige Aufklärungsarbeit klarzumachen sein.

Diese Kriterien sind, wie bereits einleitend festgestellt, nur Orientierungspunkte und Entscheidungshilfen. Bei der Frage, ob wir Entwicklungshilfe auch an kommunistische und sozialistisch-totalitäre Entwicklungsländer geben und welchen dieser Länder wir helfen wollen, sind alle oder viele dieser Kriterien gegeneinander abzuwägen. Die jeweils zu würdigenden besonderen Umstände des Einzelfalls werden letztlich die ausschlaggebende Rolle zu spielen haben.

20 Vgl. dazu die Ausführungen des Staatsministers Moersch am 25. Oktober 1973 im Bundestag; BT STENOGRAPHISCHE BERICHTE, Bd. 84, S. 3537 f.

21 Beginn der Seite 7 der Vorlage. Vgl. Anm. 25.

22 Für den Wortlaut des AKP-EWG-Abkommens von Lomé vom 28. Februar 1975 sowie der Zusatzprotokolle und der am 11. Juli 1975 in Brüssel unterzeichneten internen Abkommen über Maßnahmen zur Durchführung des Abkommens und über die Finanzierung und Verwaltung der Hilfe der Gemeinschaft vgl. BUNDESGESETZBLATT 1975, Teil II, S. 2318–2417.

3) Anwendung dieser Grundsätze

a) Für eine Entwicklungshilfe an die unter I. genannten Staaten spricht:

– Wir sind an möglichst guten Beziehungen auch zu diesen Ländern interessiert.

– All diese Staaten sind bedürftig und auf Entwicklungshilfe angewiesen.

– Ein westliches Engagement – und hierzu gehört in der Regel Entwicklungshilfe – kann insbesondere die Staaten Indochinas und Angola vor einer zu einseitigen Abhängigkeit von Moskau bzw. Peking bewahren.

– Die EG wird vermutlich bereit sein, die betreffenden Staaten, soweit sie in Afrika oder in der Karibik liegen, in die Konvention von Lomé aufzunehmen und ihnen Entwicklungshilfe zu geben. Guinea-Bissau ist bereits AKP-Staat; Kap Verde hat einen Aufnahmeantrag gestellt.

b) Gründe, die gegen eine Entwicklungshilfe an diese Staaten sprechen könnten, sind:

– Mögliche grobe Verletzungen von Menschenrechten, über die aber in letzter Zeit nichts bekannt geworden ist und

– die öffentliche Meinung in der Bundesrepublik, die wenig Verständnis für eine Hilfe vor allem an kommunistische Staaten hat.

Besondere Gründe liegen z. Z. nur in den Fällen Kuba und Südjemen vor:

– Ob das Eingreifen Kubas in Angola einer Entwicklungshilfe an Kuba entgegensteht, kann jedoch offen bleiben, da Kuba bisher keinen Wunsch nach deutscher Hilfe geäußert hat.

– Solange das Terroristenproblem mit Südjemen besteht[23], können wir durch eine unnachgiebige Haltung in den noch offenen Vertragsfragen (Transport- und Berlinpräferenzklausel) eine KH-Zusage hinauszögern.

– Die für 1976, spätestens 1977 beabsichtigte EH-Zusage an Mosambik wäre dann nicht auszusprechen, wenn Mosambik sich anschicken sollte, in Rhodesien einzufallen. Im übrigen sollten wir es bei der bisherigen Planung in Bezug auf Mosambik und Angola belassen.

– Gleiches gilt für Guinea-Bissau und Kap Verde.

– Beim Zeitpunkt unserer EH-Zusage an Vietnam werden wir Rücksicht auf die öffentliche Meinung in der Bundesrepublik nehmen müssen. Mit dem Abschluß von Abkommen ist jedoch nicht vor Ende 1976 zu rechnen.

– Kambodscha wollen wir vorerst keine Entwicklungshilfe geben.

Gründe, die gegen eine Entwicklungshilfe an diese Staaten sprechen, sind also, insgesamt gesehen, nicht so gravierend, daß wir unsere Rahmenplanung grundsätzlich ändern sollten. Freilich wird die Finalisierung des Vertrags mit Südjemen von der Entwicklung der bilateralen Beziehungen abhängen. Die Frage, ob wir Kuba Entwicklungshilfe geben, stellt sich erst dann, wenn ein Antrag vorliegt.[24]

---

[23] Zum Aufenthalt deutscher Terroristen in der Demokratischen Volksrepublik Jemen vgl. Dok. 25.
[24] Ende der Seite 9 der Vorlage. Vgl. Anm. 25.

Umgekehrt wird zu prüfen sein, ob wir uns bei Berücksichtigung der obengenannten Kriterien nicht bemühen müßten, in Bezug auf Chile unsere bisherige Haltung zu überprüfen und anzupassen, schon um dem Eindruck entgegenzuwirken, die Bundesregierung messe bei der Verletzung von Menschenrechten mit zweierlei Maß.

Abteilung 3 hat mitgezeichnet[25].

Lautenschlager

Referat 400, Bd. 118533

86

Aufzeichnung des
Vortragenden Legationsrats I. Klasse Fleischhauer

502-507 FIN-467/76 VS-vertraulich   22. März 1976[1]

Über Herrn Staatssekretär[2] Herrn Minister[3]

Betr.: Konsularvertrag Finnland–DDR

Zweck der Vorlage: Information über den Sachstand

1) Der Konsularvertrag Finnland–DDR wurde am 28.4.1975 unterzeichnet. Auf Drängen der DDR wurde folgende Staatsangehörigkeitsdefinition aufgenommen:

„Staatsbürger des Entsendestaates sind die Personen, die nach den Rechtsvorschriften dieses Staates dessen Staatsbürgerschaft haben."[4]

---

25 Dieses Wort wurde von Ministerialdirektor Lahn hervorgehoben. Dazu vermerkte er handschriftlich: „Mit der Maßgabe, a) daß ich das Kriterium von ,groben Menschenrechtsverletzungen' für untauglich und nicht geeignet halte; (s. S. 5 u. 8) b) daß die öffentliche Meinung zwar in Betracht gezogen werden soll, daß ihr aber nicht eine entscheidende Rolle zugebilligt werden darf. (s. S. 7, 8, 9); c) daß daher auch von der Vietnam zugesagten E[ntwicklungs]H[ilfe] nicht mehr abgerückt werden kann; wir sind bereits politisch gebunden; die Entscheidung der Bu[ndes]Reg[ierung] (Kabinett) ist seinerzeit auch von der ,öffentlichen Meinung' akzeptiert worden." Vgl. Anm. 16, 17, 21 und 24.

1 Die Aufzeichnung wurde von Vortragendem Legationsrat I. Klasse Hoffmann konzipiert.

2 Hat Staatssekretär Hermes am 24. März 1976 vorgelegen.

3 Hat Bundesminister Genscher am 24. März 1976 vorgelegen, der handschriftlich vermerkte: „StS Hermes sollte den finnischen Botschafter einbestellen und diesem unsere Auffassung mit Nachdruck darlegen."
Hat Staatssekretär Hermes erneut am 25. März 1976 vorgelegen, der handschriftlich vermerkte: „VRB: b[itte] T[ermin] vereinbaren; Sprechzettel vorbereiten."
Hat Vortragendem Legationsrat I. Klasse Fleischhauer am 26. März vorgelegen, der handschriftlich vermerkte: „Das Gespräch zwischen dem H[errn] StS und Botschafter Alholm hat am 26.3. 10.30 [Uhr] stattgefunden. Habe D 2 gesonderte A[u]fz[eichnung] gefertigt."

4 Für den Wortlaut von Artikel 1 Absatz 2 des Konsularvertrags vom 28. April 1975 zwischen der DDR und Finnland vgl. GESETZBLATT DER DDR 1975, Teil II, S. 134.

409

Die DDR hat bereits im Juli 1975 die innerstaatlichen Voraussetzungen für die Ratifikation geschaffen.[5] Das finnische Zustimmungsverfahren ist im Gange und wird voraussichtlich im April 1976, möglicherweise auch früher abgeschlossen werden.

2) Nach Unterzeichnung des Vertrages gab das finnische Außenministerium eine Pressemitteilung heraus, in der es heißt, das Abkommen bedeute keine Änderungen für die Vertragsverpflichtungen Finnlands und habe auch keine Auswirkungen auf die Rechte und Pflichten dritter Staaten.[6] Die Erklärung, mit der die Finnen offenbar unser Drängen nach einer Klarstellung des Fortbestehens unseres Rechts zur konsularischen Betreuung auch der Deutschen aus der DDR in Finnland, die dies wünschen, abfangen wollten, wurde später inhaltlich auch in die amtliche Begründung des Vertragsgesetzes aufgenommen. Auf unseren mehrfach in Helsinki und Bonn vorgetragenen Wunsch nach einem Notenwechsel zur Bestätigung unseres Rechts zur konsularischen Betreuung aller Deutschen, die dies wünschen, gab der Leiter der Rechtsabteilung im finnischen Außenministerium, Botschafter Gustafsson, Botschafter Simon schließlich im Dezember 1975 zu verstehen, daß ein förmlicher Notenwechsel für die finnische Seite nicht in Betracht komme[7]; die finnische Regierung könne nicht so weit gehen wie die österreichische.[8]

---

[5] Am 19. Juni 1975 verabschiedete die Volkskammer der DDR das Gesetz zum Konsularvertrag vom 28. April 1976 zwischen der DDR und Finnland. Vgl. dazu den Artikel „Tagung der Volkskammer faßte wichtige Beschlüsse"; NEUES DEUTSCHLAND vom 20. Juni 1975, S. 1.

[6] Botschafter Simon, Helsinki, übermittelte am 5. Mai 1975 eine Presseerklärung des finnischen Außenministeriums zum Konsularvertrag vom 28. April 1975 zwischen der DDR und Finnland: „Das Außenministerium gibt bekannt, daß das am 28.4.1975 zwischen Finnland und der DDR unterzeichnete Konsularabkommen die gleichen Prinzipien befolgt, wie die, die in die von Finnland mit einigen anderen sozialistischen Staaten, wie der Sowjetunion, Polen, Rumänien und Ungarn, abgeschlossenen Konsularabkommen aufgenommen wurden. [...] Das Abkommen bedeutet keine Änderung für die Vertragsverpflichtungen Finnlands und hat auch keine Auswirkungen auf die Rechte und Pflichten dritter Staaten. Das Inkrafttreten des Abkommens setzt noch eine Behandlung im Reichstag und eine Ratifizierung des Abkommens voraus." Vgl. den Drahtbericht Nr. 124; B 81 (Referat 502), Bd. 1115.

[7] Am 5. Dezember 1975 berichtete Botschafter Simon, Helsinki, Botschafter Gustafsson habe ihm am selben Tag mitgeteilt, „daß die Spitze des Außenministeriums wenige Stunden vor unserem Gespräch eine Entscheidung getroffen habe. Die finnische Regierung sieht sich danach weder in der Lage einen Notenwechsel noch einen Briefwechsel zwischen Botschafter Gustafsson und mir in Betracht zu ziehen. Botschafter Gustafsson, der mir gegenüber bei unserem letzten Gespräch hinsichtlich eines Briefwechsels zwischen ihm und mir sich optimistisch zeigte, war über die Ablehnung auch der zweiten Alternative offensichtlich nicht sehr glücklich. [...] Nachdem seit unserem letzten Gespräch in Finnland eine Regierung unter Einschluß der Kommunisten gebildet worden ist [...], überrascht mich diese Entscheidung nicht." Vgl. den Drahtbericht Nr. 344; B 81 (Referat 502), Bd. 1116.

[8] Mit Verbalnote vom 18. Juli 1975 an die Bundesregierung legte die österreichische Regierung dar: „Das Bundesministerium für Auswärtige Angelegenheiten beehrt sich, der Botschaft der Bundesrepublik Deutschland in Beantwortung der Note vom 15. Juli 1975 [...] mitzuteilen, daß die im Konsularvertrag Österreich–DDR enthaltene Staatsbürgerschaftsbestimmung – ohne zu Grundsatzfragen der Staatsangehörigen Stellung zu nehmen – eine Definition des in Betracht kommenden Personenkreises für die Zwecke des Vertrages enthält. Die allgemein anerkannten Regeln des Völkerrechts über die Behandlung von Mehrstaatern und insbesondere auch die sich für Mitgliedstaaten des Wiener Übereinkommens über konsularische Beziehungen ergebenden Verpflichtungen werden durch diese Bestimmung nicht berührt, so daß sich auch kein Grund für eine Änderung der bisherigen Praxis ergibt. Die bisher von den Organen der Republik Österreich eingehaltene Praxis bei der Behandlung von Personen mit mehrfacher Staatsbürgerschaft, die sich an den oben erwähnten Regeln orientiert und die es insbesondere keiner Person verbietet, sich mit ihren Anliegen an eine beliebige konsularische Vertretung zu wenden, wird auch in der Zukunft keine Änderung erfahren." Vgl. B 81 (Referat 502), Bd. 1111. Vgl. dazu ferner AAPD 1975, I, Dok. 20.

3) Am 9.2.1976 trug Botschafter Simon daraufhin auf Weisung des Auswärtigen Amts unseren Wunsch nach einem Notenwechsel Außenminister Sorsa vor. Der Außenminister erklärte, seiner Meinung nach sei die Frage innerhalb der Regierung abschließend behandelt worden. Er werde trotzdem die von Botschafter Simon vorgetragenen Gesichtspunkte auf das Vorhandensein neuer Elemente prüfen lassen. Botschafter Simon teilte Sorsa daraufhin weisungsgemäß mit, daß die Bundesregierung der finnischen Regierung ihre Rechtsauffassung in Form einer einseitigen Erklärung notifizieren werde, falls es nicht zu einem Notenwechsel komme; wir gingen davon aus, daß die finnische Seite eine solche Erklärung widerspruchslos entgegennehmen werde.[9]

Außenminister Sorsa äußerte sich dazu nicht ausdrücklich, machte aber auch keine Einschränkung. Botschafter Simon bat um Mitteilung des Ergebnisses der finnischen Überlegungen bei den bevorstehenden Direktorenkonsultationen[10] in Bonn. Botschafter Iloniemi, der die Gespräche in Bonn führte, erklärte jedoch, er sei für die Angelegenheit nicht zuständig, wir sollten das Gespräch Simon–Gustafsson fortsetzen. Versuche unserer Botschaft in Helsinki, mit Gustafsson ins Gespräch zu kommen, scheiterten jedoch daran, daß Botschafter Gustafsson für zwei Wochen verreiste und vorher angeblich keine Zeit mehr hatte, um die Sache zu erörtern.

4) Das Verhalten Gustafssons muß die Besorgnis verstärken, daß die Finnen uns möglicherweise so lange hinhalten wollen, bis die Ratifikation des Konsularvertrages durch Austausch der Urkunden vollzogen ist, was möglicherweise sehr bald der Fall sein kann. Deshalb ist Botschafter Simon angewiesen worden, nunmehr möglichst umgehend im finnischen Außenministerium bei Staatssekretär Tuovinen vorzusprechen und dort vorzutragen, die Bundesregierung sei nunmehr aus politischen Gründen ernsthaft besorgt, daß die Ratifikation des Konsularvertrages Finnland–DDR vollzogen werde, bevor ein Notenwechsel oder die Notifizierung der einseitigen Erklärung erfolgt sei. Die Bundesregierung möchte vermeiden, daß es aus Anlaß der Ratifikation des Konsularvertrages zu Störungen im Verhältnis der Bundesrepublik Deutschland zu Finnland komme. Er sei daher beauftragt, sich nach der finnischen Entscheidung über den Notenwechsel zu erkundigen und gegebenenfalls den Entwurf der

9 Am 9. Februar 1976 resümierte Botschafter Simon, Helsinki, sein Gespräch mit dem finnischen Außenminister: „AM Sorsa [...] hat sehr deutlich durchblicken lassen, daß die Regierung nicht gewillt sei, unserem Petitum betreffend Notenwechsel zu entsprechen. Wenn er eine Prüfung der von mir vorgetragenen Gesichtspunkte zusicherte, so war dies m. E. eine reine Höflichkeit, die am Ergebnis nichts ändern wird. Ich habe den Eindruck, daß Botschafter Iloniemi das unmißverständliche Nein der finnischen Regierung bei seinen Besprechungen in Bonn vortragen wird, nachdem ich ausdrücklich darum gebeten hatte, die internen Überlegungen der finnischen Seite möglichst bis zu diesem Besuch abzuschließen." Vgl. den Drahtbericht Nr. 19; VS-Bd. 9966 (204); B 150, Aktenkopien 1976.

10 Am 27. Februar 1976 informierte Vortragender Legationsrat I. Klasse Fleischhauer die Botschaft in Helsinki über die deutsch-finnischen Konsultationen auf Direktorenebene am 19./20. Februar 1976: „D 2 hat am Rande deutsch-finnischer Direktorenkonsultation Botschafter Iloniemi nach finnischer Reaktion auf Demarche Botschafter Simon bei Außenminister Sorsa gefragt. Iloniemi verhielt sich sehr reserviert. Er antwortete, wir sollten das Gespräch auf der Ebene Simon–Gustafsson fortsetzen. D 2 hat daraufhin unseren Entwurf einer Verbalnote, durch die wir der finnischen Regierung unseren Rechtsstandpunkt zu notifizieren beabsichtigen, falls es zu keinem Notenwechsel kommt, seinem finnischen Kollegen nicht übergeben." Vgl. den Drahterlaß Nr. 27; B 81 (Referat 502), Bd. 1116.

Verbalnote[11] vorab zu übergeben, die wir vor Austausch der Ratifikationsurkunden übergeben wollen und von deren widerspruchslosem Empfang wir gegebenenfalls ausgehen.[12]

Das Gespräch Simon–Tuovinen hat am 18.3.1976 stattgefunden, jedoch hat auch Staatssekretär Touvinen keine klare Antwort erteilt. Er hat Botschafter Simon vielmehr mit dem Hinweis vertröstet, sowohl die Frage des Notenwechsels als auch die der Entgegennahme einer einseitigen Verbalnote seien noch Gegenstand der Behandlung in der Regierung; deshalb sehe er sich nicht in der Lage, hierüber mit uns weiterführende Gespräche zu führen. Touvinen bat ferner, von der Übergabe des Entwurfs der Verbalnote an ihn abzusehen, denn die offizielle Kenntnisnahme des Textes vor der Übergabe erschwere die Lage der finnischen Regierung, weil auf keinen Fall der Eindruck erweckt werden dürfe, als sei der Inhalt der Note vorher zur Kenntnis genommen und erörtert worden. Botschafter Simon hat Staatssekretär Touvinen noch einmal sehr eindringlich dargelegt, daß die widerspruchslose Entgegennahme unserer Verbalnote das Minimum an Entgegenkommen sei, das wir erwarteten; Botschafter Simon hat jedoch den Eindruck gewonnen, daß wir nicht sicher sein können, daß die Finnen eine Note von uns widerspruchslos hinnehmen würden.[13]

5) Herr Gustafsson soll in diesen Tagen nach Helsinki zurückkehren. Unser weiteres Vorgehen wird davon abhängen, ob es nun zu einem Kontakt zwischen Botschafter Simon und Herrn Gustafsson kommt und welches Ergebnis dieser Kontakt haben wird.[14] Es ist nicht auszuschließen, daß bei weiterem

---

[11] In dem der Vorlage beigefügten, undatierten Entwurf für eine Verbalnote an die finnische Regierung wurde ausgeführt: „Die Regierung der Bundesrepublik Deutschland hat dem ‚Vorschlag der Regierung an den Reichstag über die Annahme einiger Bestimmungen des mit der Deutschen Demokratischen Republik geschlossenen Konsularabkommens zur Kenntnis genommen. Sie hat mit Interesse festgestellt, daß dieser ‚Vorschlag‘ unter ‚Detaillierte Begründungen‘ den Passus enthält: ‚Das Abkommen ändert in keiner Weise die für Finnland verbindlichen anderen internationalen Vertragsverpflichtungen und wirkt sich auch nicht auf die Rechte und Pflichten dritter Staaten aus‘. Die Regierung der Bundesrepublik Deutschland versteht diesen Passus dahin, daß die Vertretungen der Bundesrepublik Deutschland in Finnland auch nach Inkrafttreten des am 28. April 1975 unterzeichneten Konsularabkommens zwischen Finnland und der DDR die Befugnis haben, alle Deutschen im Sinne des in der Bundesrepublik geltenden Rechts, die dies wünschen, wie bisher konsularisch zu betreuen." Vgl. VS-Bd. 10774 (502); B 150, Aktenkopien 1976.

[12] Am 10. März 1976 erteilte Vortragender Legationsrat I. Klasse Fleischhauer Botschafter Simon, Helsinki, Weisung, „möglichst umgehend" beim Staatssekretär im finnischen Außenministerium vorzusprechen: „Sollte Touvinen Sie wieder an Gustafsson verweisen, so wäre es nach Ansicht des Auswärtigen Amts doch günstig, wenn Sie ihm wenigstens den Entwurf der Verbalnote überlassen könnten. Es wäre zu überlegen, ob Sie in diesem Fall Botschafter Gustafsson zusätzlich einen Brief schreiben sollten, [...] in dem Sie ihm mitteilen würden, daß Sie auf Weisung Ihrer Regierung StS Tuovinen den Entwurf unserer Verbalnote übermittelt hätten, den Sie nach Abschluß des Zustimmungsverfahrens im Reichstag ihm, Botschafter Gustafsson, übergeben wollten, falls es nicht zu einem Notenwechsel komme." Vgl. den Drahterlaß Nr. 36; B 81 (Referat 502), Bd. 1116.

[13] Botschafter Simon, Helsinki, resümierte am 18. März 1976 sein Gespräch mit dem Staatssekretär im finnischen Außenministerium, Tuovinen: „Ich habe heute den Eindruck gewonnen, daß das Schweigen Sorsas am 9.2. auf meine Erklärung [...] nicht ohne weiteres dahingehend interpretiert werden kann, daß die finnische Seite unsere einseitige Verbalnote widerspruchslos entgegennehmen wird. Die Sache ist nach meiner Einschätzung noch offen." Vgl. den Drahtbericht Nr. 48; VS-Bd. 10940 (210); B 150, Aktenkopien 1976.

[14] Am 29. März 1976 berichtete Botschafter Simon, Helsinki, er habe Botschafter Gustafsson am 27. März 1976 dargelegt, „daß ich nach unserem Gespräch vom 24.3. angewiesen sei, der finnischen Seite einen neuen Vorschlag für den Text unserer einseitigen Verbalnote zu unterbreiten. [...] Nach dieser Einleitung gab ich Gustafsson die Verbalnote zur Kenntnis, in der ich das Datum bewußt noch offen gelassen hatte. Gustafsson las den Text aufmerksam durch, erhob keine Einwände, stellte

unbefriedigendem Fortgang der Angelegenheit ein direkter Appell des Herrn Ministers an den finnischen Außenminister erforderlich wird.

Die Abteilung 2 hat mitgezeichnet.

Fleischhauer

VS-Bd. 10774 (502)

87

Aufzeichnung des Ministerialdirektors van Well

230-381.42/2   23. März 1976[1]

Über den Herrn Staatssekretär[2] Herrn Minister[3]

Zur Unterrichtung und mit der Bitte um Zustimmung

Betr.:   Unsere Kandidatur für den Sicherheitsrat der VN

Anlg.:   2[4]

1) Die westliche Regionalgruppe (WEOG) in den VN hat die Bundesrepublik Deutschland im Februar d. J. einstimmig für einen nicht-ständigen Sitz im SR für 1977/78 nominiert.[5] Da die Nominierung durch die Regionalgruppe in der Praxis den Charakter eines verbindlichen Vorschlags hat, kann unsere Wahl durch die 31. GV[6] als gesichert angesehen werden.

Fortsetzung Fußnote von Seite 412
    lediglich fest, daß das Datum noch fehlte, und schlug dann vor, daß man die Angelegenheit jetzt durch Übergabe der Verbalnote zum Abschluß bringen sollte. Ich erklärte, daß ich damit einverstanden sei." Vgl. den Drahtbericht Nr. 59; B 81 (Referat 502), Bd. 1116.
    Mit Verbalnote vom 27. März 1976 an das finnische Außenministerium legte die Bundesregierung dar: „Die Regierung der Bundesrepublik Deutschland geht davon aus, daß die Vertretung der Bundesrepublik Deutschland in Finnland auch nach Inkrafttreten des am 28. April 1975 unterzeichneten Konsularabkommens zwischen Finnland und der DDR die Befugnis hat, alle Deutschen im Sinne des in der Bundesrepublik Deutschland geltenden Rechts, die dies wünschen, wie bisher konsularisch zu betreuen." Vgl. B 81 (Referat 502), Bd. 1111.

[1] Die Aufzeichnung wurde von Vortragendem Legationsrat I. Klasse Gorenflos konzipiert.

[2] Hat Staatssekretär Hermes am 24. März 1976 vorgelegen.

[3] Dem Bundesminister Genscher am 29. März 1976 vorgelegen.

[4] Dem Vorgang beigefügt. Vgl. Anm. 7 und 8.

[5] Am 18. Februar 1976 führte Botschafter Freiherr von Wechmar, New York (UNO), zur Nominierung der Bundesrepublik für den UNO-Sicherheitsrat aus: „WEOG hat in ihrer Sitzung am 17. Februar nunmehr endgültig die Kandidaturen Kanadas und der Bundesrepublik Deutschland als nicht-ständige Mitglieder des Sicherheitsrats für die Amtsperiode 1977/78 gutgeheißen. [...] Die DDR wird aller Voraussicht nach für den Zeitraum 1978/79 als Vertreter der osteuropäischen Gruppe ihrerseits nicht-ständiges Mitglied des Sicherheitsrats werden. Die beiden deutschen Staaten sind also im Jahre 1978 gleichzeitig Mitglied des Rates." Vgl. den Drahtbericht Nr. 252; Referat 230, Bd. 113983.

[6] Die XXX. UNO-Generalversammlung fand vom 21. September bis 22. Dezember 1976 in New York statt.

Gemäß New Yorker Praxis wollen wir unsere Nominierung Anfang April – etwa gleichzeitig mit dem ebenfalls nominierten Kanada – den VN-Vertretungen aller Nicht-WEOG-Staaten förmlich notifizieren.[7] Um eine möglichst breite Unterstützung unserer Kandidatur sicherzustellen, wollen wir, wie bei wichtigen Kandidaturen üblich, im Laufe des Sommers weltweit in den Hauptstädten um Stimmabgabe für uns nachsuchen.

2) Parallel zur internationalen Bekanntmachung unserer Kandidatur sollten wir auch die deutsche Öffentlichkeit unterrichten. Dem sollte eine Information des Kabinetts vorausgehen, das jedenfalls amtlich noch keine Kenntnis von unserer Kandidatur hat.

Zweckmäßig erscheint eine kurze mündliche Unterrichtung durch den Herrn Bundesminister außerhalb der Tagesordnung. Ein Sprechzettel ist beigefügt.[8]

Der Sprecher der Bundesregierung könnte sodann unter Bezugnahme auf die Mitteilung des Herrn BM die Öffentlichkeit unterrichten.

Mit Rücksicht auf die kritische Haltung der Öffentlichkeit gegenüber den VN sollten wir dabei unsere SR-Kandidatur sehr nüchtern und zunächst eher zurückhaltend darstellen. Textentwurf ist beigefügt.[9]

Gleichwohl wird es unser Ziel sein, nach Aufnahme in den Sicherheitsrat, wo immer es die Sachthemen und die politische Konstellation erlauben, eine aktive und überzeugende Rolle zu spielen und den SR als Feld unserer Außenpolitik zu nutzen.

3) Unsere Vorbereitungen für unsere Mitgliedschaft im SR sind angelaufen.

– Die Vertretung New York hat einen Erfahrungsaustausch mit anderen SR-Mitgliedern und dem mit uns kandidierenden Kanada aufgenommen. Unterabteilung 23 hat bei Konsultationen in London, Paris und im Haag einen Meinungsaustausch über SR-Fragen geführt.

– Die Mitarbeit in dem nur 15 Mitglieder umfassenden SR erfordert eine noch intensivere und aktivere Beteiligung und Stellungnahme als in der GV oder anderen größeren VN-Gremien. Voraussetzung dafür ist eine umfassende

---

7 Mit Verbalnote vom 22. April 1976 setzte die Ständige Vertretung der Bundesrepublik bei der UNO in New York die Ständigen Vertretungen der anderen Mitgliedstaaten vom Wunsch der Bundesrepublik, für den UNO-Sicherheitsrat als nicht-ständiges Mitglied zu kandidieren, in Kenntnis. Für die Note vgl. Referat 230, Bd. 113983.

8 Dem Vorgang beigefügt. Im Sprechzettel vom 22. März 1976 wurde ausgeführt: „Bundesrepublik wurde im Februar einstimmig von westlicher Regionalgruppe für Kandidatur für nicht-ständigen SR-Sitz nominiert (gleichzeitig mit Kanada). [...] Amtszeit 1. Januar 1977 bis 31. Dezember 1978. [...] SR-Mitgliedschaft als nicht-ständiges Mitglied ist keine spektakuläre Sonderrolle, sondern normale befristete mitgliedschaftliche Funktion (bisher waren rund 70 Staaten nicht-ständige Mitglieder). Im SR werden wir vor allem zu regionalen Krisen und Spannungen Stellung nehmen und abstimmen müssen. Dies wird besondere Anforderungen an uns stellen, kann auch zu Belastungen führen. Wir gewinnen aber Möglichkeit zu erhöhter Mitverantwortung und Mitsprache." Vgl. Referat 230, Bd. 113983.

9 Dem Vorgang beigefügt. Für den Entwurf vom 23. März 1976 für eine Erklärung des Regierungssprechers vgl. Referat 230, Bd. 113983.
Am 14. April 1976 informierte Vortragender Legationsrat I. Klasse Gorenflos die Ständige Vertretung bei der UNO in New York: „Bundesminister hat heute Kabinett über unsere Kandidatur unterrichtet. Sprecher der Bundesregierung hat bei Bundespressekonferenz etwa folgendes erklärt: ‚Der Bundesminister des Auswärtigen unterrichtete das Kabinett über die Kandidatur der Bundesrepublik Deutschland für den Sicherheitsrat der Vereinten Nationen. Kabinett nahm zustimmend Kenntnis.'" Vgl. den Drahterlaß Nr. 314; Referat 230, Bd. 113983.

und detaillierte Kenntnis der Sachfragen einschließlich ihrer Vorgeschichte in den VN sowie eine Beherrschung der prozeduralen Praxis. Die Vertretung New York und die Zentrale werden rechtzeitig die Sachthemen mit ihrem Hintergrund und die Verfahrenspraxis im Hinblick auf den SR aufarbeiten. Die wichtigsten Bereiche sind der Nahe Osten und das südliche Afrika. Hinzu kommen Zypern, Korea, evtl. West-Sahara.

Unsere Positionen zu diesen sowie nicht vorhersehbaren anderen Krisen, können erst zu gegebener Zeit in der konkreten Entscheidungssituation und im Hinblick auf die Fragestellung im Sicherheitsrat festgelegt werden. Der Vorschlag der Vertretung New York, schon vor der nächsten GV, d.h. etwa ein halbes Jahr vor Aufnahme unserer Arbeit im SR, in Bonn „eine mehrtägige Vorbereitungssitzung hinsichtlich einzelner voraussehbarer, im SR auf uns zukommenden Probleme" abzuhalten, erscheint deshalb verfrüht und sollte zurückgestellt werden.[10]

– Berlinpolitische Fragen unserer Mitgliedschaft werden wir in Kürze in der Bonner Vierergruppe erörtern.[11] Dabei geht es vor allem um die Vorbereitung einer Position gegenüber evtl. sowjetischen Bestrebungen, die weite sowjetische Interpretation des Begriffs Status und Sicherheit im Zusammenhang mit unserer SR-Kandidatur bzw. Mitgliedschaft zur Geltung zu bringen.

– Eine personelle Verstärkung sowohl der VN-Vertretung wie auch des in der Zentrale für den Sicherheitsrat zuständigen Referats ist vorgesehen.

Abteilung 1 (D 1[12]) hat mitgezeichnet.[13]

van Well

VS-Bd. 113983 (230)

---

[10] Der Passus „hinsichtlich einzelner... zurückgestellt werden" wurde von Staatssekretär Hermes hervorgehoben. Dazu vermerkte er handschriftlich: „r[ichtig]".

[11] Am 30. Juni 1976 vermerkte Vortragender Legationsrat I. Klasse Lücking, der Sprecher der Bundesregierung habe in der Sitzung der Bonner Vierergruppe am 28. Juni 1976 erklärt: „Man müsse sich darüber klar sein, daß die Sowjetunion versuchen könnte, unsere voraussichtliche Mitwirkung im Sicherheitsrat zum Anlaß zu nehmen, Berlin-Frage aufzugreifen. [...] Die Sowjetunion habe sich seit Bekanntwerden unserer Kandidatur zwar nicht geäußert, jedoch sei an eine Stellungnahme des sowjetischen Botschaftsrats Koptelzew gegenüber Herrn Blech zu erinnern, daß nach sowjetischer Auffassung wir im Sicherheitsrat Berlin wegen der alliierten Vorbehaltsrechte nicht vertreten könnten, als im Juni 1973 unsere Mitgliedschaft in den Vereinten Nationen besprochen worden sei." Der französische Sprecher habe dazu ausgeführt, „es handele sich um ein Scheinproblem. Diese seien aber meistens die schwierigsten Probleme. Solange die Frage des Umfangs unseres Vertretungsrechts im Sicherheitsrat nicht aufgeworfen werde, werde es keine Probleme geben." Vgl. Referat 010, Bd. 178687.

[12] Wilhelm Hoppe.

[13] Am 21. Oktober 1976 teilte Botschafter Freiherr von Wechmar, New York (UNO), mit: „Die Bundesrepublik Deutschland wurde heute zusammen mit Kanada, Indien, Mauritius und Venezuela zum ersten Mal in den Sicherheitsrat gewählt. [...] Von den 145 VN-Mitgliedstaaten beteiligten sich 138 an der Wahl. Hiervon erhielt Venezuela 136, Mauritius 134, Indien 132, Kanada 126, BRD 119 Stimmen. Wir können mit diesem Ergebnis durchaus zufrieden sein." Vgl. den Drahtbericht Nr. 2673; Referat 230, Bd. 113983.

88

Botschafter Behrends, Wien (MBFR-Delegation),
an das Auswärtige Amt

114-11812/76 VS-vertraulich	Aufgabe: 23. März 1976, 19.00 Uhr[1]
Fernschreiben Nr. 173	Ankunft: 23. März 1976, 20.56 Uhr
Cito	

Delegationsbericht Nr. 51/76

Betr.: MBFR
   hier: neunte informelle Sitzung der 8. Runde[2]

I. An der zweiten informellen Sitzung dieser Woche am 19. März, die dem Thema Streitkräftedefinition gewidmet war, nahmen Chlestow, Schustow, Lahoda, Oeser, Resor, Dean, de Vos und ich sowie die Militärberater der vertretenen Delegationen teil. In der Sitzung erläuterten die östlichen Vertreter ihren Vorschlag vom 12. März, einen Teil des militärischen Personals des Warschauer Pakts, deren Funktionen im Westen durch Zivilangestellte wahrgenommen würden, von der Definition und damit von der Datenbasis auszuschließen.[3] Westliche Vertreter betonten, daß ein Ausschluß von Soldaten im aktiven Dienst nicht in Betracht komme und daß der Einschluß allen militärischen Personals sowie der Ausschluß von Zivilisten, Reservisten und Personal von paramilitärischen Einheiten nur als Paket vereinbart werden könne[4].

---

1 Hat Botschafter Roth am 24. März 1976 vorgelegen, der Referat 221 um Rücksprache bat und handschriftlich vermerkte: „Was heißt Paket? Wenn es darum geht, alles, was im Frieden Uniform trägt und dauernd Dienst tut, einzuschließen, alles andere Personal ohne eine Diskussion der Zahlen auszuschließen, könnte man dies so nennen. Ich fürchte jedoch, daß man sich in Wien in dieser Frage in eine Zahlendiskussion einläßt, ohne die Sowjets zu veranlassen, ihre Friedensdaten in der NGA zu nennen. Sollte man dann nicht versuchen, ein Junktim [zu] machen: Bereitschaft, das, was nicht in Rechnungen eingeschlossen werden soll, erst dann zu diskutieren, wenn Zahlen der Friedensdaten (Soldaten in Uniform) diskutiert werden? Dean macht den m. E. richtigen Versuch, die ausgeuferte Diskussion wieder einzufangen. Ich fürchte – leider – jetzt zu spät! In London besprechen.“

2 Die achte Runde der MBFR-Verhandlungen wurde am 30. Januar 1976 in Wien eröffnet.

3 Am 16. März 1976 übermittelte Botschafter Behrends, Wien (MBFR-Delegation), den am 12. März 1976 von den an den MBFR-Verhandlungen teilnehmenden Warschauer-Pakt-Staaten unterbreiteten Vorschlag zur Streitkräftedefinition: „Der Westen schlage den Ausschluß der Zivilbediensteten vor. Es gebe jedoch viele solche Bedienstete, die von den Streitkräften des Westens besoldet würden und die Funktionen ausübten, die mit Kampfunterstützung und Versorgung zu tun hätten. [...] Zum Teil trügen solche Zivilangestellte, die Einheiten der Bundeswehr, der amerikanischen und britischen Streitkräfte zugeteilt seien, eine besondere Uniform, nämlich ‚Overalls‘, und auch im Dienst leichte Waffen. Solche Zivilbedienstete seien Teil der Struktur der Streitkräfte. Sie müßten daher berücksichtigt werden. Der Osten beabsichtige nicht vorzuschlagen, Zivilbedienstete in die Definition oder in Verminderungen einzubeziehen. Jedoch müsse östliches militärisches Personal, das analoge Funktionen ausübe, ausgeschlossen werden. Er schlug vor, folgende Kategorien auszuschließen: Mobilisierungsreserven, Grenztruppen, Personal anderer Ministerien als der Verteidigungsministerien, die Uniform tragen und mit Waffen ausgerüstet sind, Zivilbedienstete der Streitkräfte, sowie gewisse Kategorien von militärischem Personal, das Funktionen analog den Zivilbediensteten ausübt und nicht zu Kampfeinheiten, Kampfunterstützungs- und Versorgungseinheiten gehört.“ Vgl. den Drahtbericht Nr. 161; B 150, Aktenkopien 1976.

4 Der Passus „daß ein Ausschluß ... werden könne“ wurde von Botschafter Roth durch Fragezeichen hervorgehoben.

416

Sitzung zeigte erneut, daß Oeser und Lahoda über Einzelheiten des östlichen Vorschlags schlecht unterrichtet waren und nur Chlestow in der Lage war, auf Fragen einigermaßen präzise Antworten zu geben.

II. Im einzelnen:

1) Chlestow erinnerte an den östlichen Vorschlag vom 2. März, den Grundsatz zu vereinbaren, daß alle Streitkräfte in den drei strittigen Kategorien (SSM[5], Helikopter, bodengebundene territoriale Luftverteidigung) jeweils der gleichen Waffengattung zugeordnet würden, die tatsächliche Zuordnung zu Land- oder Luftstreitkräften jedoch später zu vereinbaren.[6] Er forderte eine westliche Stellungnahme zu diesem Vorschlag. Nachdem de Vos erwidert hatte, daß der Westen zu diesem Vorschlag bereits in der Sitzung vom 2. März Stellung genommen habe, und daß zunächst die Frage zu erörtern sei, was in die Definition eingeschlossen und was ausgeschlossen werden solle, insistierten die östlichen Vertreter nicht in der Zuordnungsfrage.

2) De Vos erläuterte den westlichen Standpunkt, daß alles militärische Personal im aktiven Dienst und nur solches Personal von der Definition erfaßt werden müsse und daß alle Zivilisten und alle Reservisten von der Definition ausgeschlossen werden müßten, weil sie kein militärisches Personal im aktiven Dienst seien.

Der Osten habe am 12. März erklärt, daß „Mobilisierungsreserven" von der Definition ausgeschlossen werden sollen. Es sei unklar geblieben, was mit diesem Begriff gemeint sei. Sollten damit alle oder nur ein Teil der Reservisten ausgeschlossen werden? Die östliche Seite ging auf diese Frage nicht ein.

3) Das Thema der Reservisten und damit auch der Verfügungsbereitschaft der Bundeswehr[7] wurde daher in der Sitzung nicht behandelt.

---

[5] Surface to Surface Missile.

[6] Am 5. März 1976 resümierte Botschafter Behrends, Wien (MBFR-Delegation), Ausführungen des Leiters der polnischen MBFR-Delegation vom 2. März 1976: „Dąbrowa führte aus, für die Zuordnung der drei strittigen Kategorien Boden-Boden-Raketen, Heeresflieger oder Helikopter, bodengebundene Komponente der nationalen Luftverteidigungskommandos habe der Osten einen spezifischen Vorschlag vorgelegt. Der Westen bestehe jedoch darauf, nur im Zusammenhang mit einer Datendiskussion über die Zuordnung dieser Kategorien zu entscheiden, während der Osten eine Datendiskussion weder für notwendig noch zweckmäßig halte. Er schlage daher vor, lediglich den Grundsatz zu vereinbaren, daß für die Zwecke der Verhandlungen gleiche oder ähnliche Streitkräfte in jeder der drei Kategorien jeweils der gleichen Waffengattung zugerechnet werden sollten. Die Frage, ob die Streitkräfte in jeder dieser drei Kategorien den Land- oder Luftstreitkräften zugeordnet werden sollten, könne später bei der Ausarbeitung des Definitionstextes geklärt werden." Behrends habe darauf erwidert: „Daß der Osten bereits im Juli 1975 das Prinzip der funktionalen Zuordnung für diese drei Kategorien vorgeschlagen und erst später einen spezifischen Zuordnungsvorschlag vorgelegt habe. Bedeute der neue Vorschlag, daß der Osten zu der Position vom Juli 1975 zurückkehre? Oder bedeute es, daß der Osten ähnlich den westlichen Vorstellungen eine Formulierung des dritten Prinzips vorschlage, welche die spätere Entscheidung über die Zuordnung nicht präjudiziere?" Vgl. den Drahtbericht Nr. 141; VS-Bd. 10424 (221); B 150, Aktenkopien 1976.

[7] Mit Schreiben vom 28. Oktober 1975 teilte Bundesminister Leber Bundesminister Genscher die Sprachregelung zur Verfügungsbereitschaft der Bundeswehr mit: „Angehörige der Verfügungsbereitschaft der Bundeswehr sind keine Soldaten. Sie stehen nicht im aktiven Dienst. Sie werden nicht vom BMVg besoldet (payroll) und tragen weder Waffen noch Uniform. Sie gehen zivilen Berufen nach und sind daher als Reservisten im Sinne des bei MBFR verwendeten Sprachgebrauchs zu kategorisieren. In vielen NATO- und WP-Staaten gibt es personelle Reserven für die Streitkräfte mit unterschiedlichem Bereitschaftsgrad. Diese Unterschiede sind für Zwecke einer Streitkräftedefinition bei MBFR irrelevant." Vgl. VS-Bd. 9487 (221); B 150, Aktenkopien 1975.

4) Lahoda und Oeser erklärten, der Osten könne dem Ausschluß von Zivilisten nur unter der Voraussetzung zustimmen, daß eine gewisse Anzahl von östlichem militärischem Personal, das Funktionen ausübe, die im Westen von Zivilangestellten ausgeübt würden, von der Definition ausgeschlossen würden. Oeser erläuterte den entsprechenden östlichen Vorschlag vom 12. März, trug aber mehr zur Verwirrung als zum Verständnis des Vorschlags bei, weil er offensichtlich über die Einzelheiten nicht unterrichtet war.

5) Ich führte aus, daß alles militärische Personal im aktiven Dienst in der Definition eingeschlossen werden müsse, unabhängig von ihrer gegenwärtigen Funktion, weil es sich um ausgebildete Soldaten handele, die militärischen Befehlen unterlägen und jederzeit Kampfaufgaben wahrnehmen könnten. Dies sei bei Zivilangestellten nicht der Fall. Andererseits gebe es im Osten Grenztruppen und paramilitärische Verbände in großer Stärke, die eine wesentliche militärische Bedeutung hätten. Das Personal dieser Verbände übe zum Teil Aufgaben aus, die im Westen von militärischem Personal im aktiven Dienst ausgeübt würden. Der Westen sei nur dann bereit, das Personal dieser paramilitärischen Einheiten von der Definition auszuschließen, wenn der Osten zustimme, alle Zivilisten und Reservisten auszuschließen und alles militärische Personal im aktiven Dienst einzuschließen.

6) Chlestow bemühte sich, die Fäden zu entwirren und Klarheit in die östliche Argumentation zu bringen. Er führte aus, daß in den NATO-Staaten ein allgemeiner Trend zu Berufsarmeen oder zu einer Erhöhung des Anteils von Berufs- und Zeitsoldaten am Gesamtpersonalbestand zu beobachten sei. Dieser Prozeß habe zur Folge gehabt, daß in den NATO-Staaten eine wachsende Zahl von Funktionen, die zum Betrieb und zur Versorgung von Streitkräften unerläßlich seien, von Zivilangestellten ausgeübt würden. In den Streitkräften der WP-Staaten gebe es eine solche Entwicklung nicht. Entsprechende Funktionen würden dort von militärischem Personal ausgeübt. Nach östlicher Ansicht sei alles militärische Personal in Kampfeinheiten, Kampfunterstützungseinheiten und Versorgungseinheiten in die Definition einzubeziehen. Außerhalb dieser drei Kategorien gebe es jedoch eine Reihe von Dienststellen, deren Personal im Osten hauptsächlich Soldaten, im Westen dagegen ausschließlich Zivilangestellte seien. Es handele sich dabei z. B. um folgende Funktionen:

– Bewachung von Depots und militärischen Objekten,

– Feuerwehr für Garnisonen und Depots,

– Reparaturwerkstätten, die nicht Teil von militärischen Einheiten seien,

– Offiziersmessen, Kantinen für Soldaten,

– verschiedene Arten von künstlerischen Ensembles und Orchestern, die nicht zu Militärkapellen und militärischen Einheiten gehören,

– Feldpostdienststellen,

– Baueinheiten zur Errichtung von Infrastrukturobjekten,

– Baueinheiten oder Dienststellen zum Bau von Flugplätzen und

– militärischen Transportdienststellen.

Als weiteres Beispiel erwähnte Chlestow später Personal zur Unterhaltung von Kasernen (Heizer, Instandsetzungspersonal usw.). Chlestow behauptete, daß das westliche Militärpersonal, das diese Funktionen ausübe, nicht zu Versorgungseinheiten gehöre. Er ließ erkennen, daß der Osten zu Versorgungseinheiten lediglich die Einheiten rechnet, die Oeser in der Sitzung am 2. März aufgezählt hat.[8] Chlestow betonte, daß es theoretisch möglich sei, Zivilpersonal in diesen Funktionen und alles militärische Personal in die Definition einzubeziehen. Es sei jedoch einfacher und praktischer, alle Zivilangestellten und militärisches Personal in analogen Funktionen auszunehmen.

Chlestow machte keine Angaben über die Zahl des auszuschließenden östlichen militärischen Personals, betonte aber, daß diese Zahl wesentlich niedriger als die Zahl der von den Streitkräften der NATO-Staaten beschäftigten Zivilangestellten sei. Es schließe auch sowjetisches militärisches Personal ein.

7) Resor führte aus, daß der Westen den östlichen Vorschlag nicht nur aus grundsätzlichen Erwägungen ablehne, sondern ihn darüber hinaus für praktisch undurchführbar halte. Seine Verwirklichung würde voraussetzen, daß umfangreiche Listen von Funktionen und von dem in diesen Funktionen tätigen militärischen und zivilen Personal bei den NATO- und WP-Streitkräften aufgestellt würden. Wegen der bekannten grundsätzlichen Haltung des Westens würde er ferner erfordern, alle Arten von paramilitärischen Organisationen, ihre militärische Bedeutung und das Ausmaß, in dem das Personal dieser östlichen Organisationen Funktionen ausübt, die im Westen von militärischem Personal ausgeübt werden, zu untersuchen.

8) Auf die Frage Lahodas, um welche paramilitärischen Einheiten es sich handele, erwähnten Resor und ich als Beispiele Grenztruppen, Sicherheitstruppen, polnische Territorialverbände, Kampftruppen der Arbeiterklasse in der DDR, Wachregiment der DDR. Lahoda behauptete, daß diese Verbände keine militärischen Aufgaben hätten, sondern die öffentliche Ordnung in Betrieben und in der Bevölkerung zu schützen hätten. Sie unterständen im übrigen nicht den Verteidigungsministerien und seien nicht Teil der Streitkräfte. Der Osten halte es daher nicht für notwendig, diese Frage weiter zu erörtern[9].

9) Ich wies darauf hin, daß z. B. die Grenztruppen der DDR, die polnischen Territorialverbände und die polnischen Sicherheitstruppen Teil der Streitkräf-

---

[8] Am 5. März 1976 gab Botschafter Behrends, Wien (MBFR-Delegation), Darlegungen des Leiters der MBFR-Delegation der DDR vom 2. März 1976 wieder: „Oeser führte aus, trotz unterschiedlicher Zuordnungskriterien – funktionales Prinzip des Ostens, Uniformprinzip des Westens – bestehe bezüglich des größten Teiles der Streitkräfte im Reduzierungsgebiet keine Meinungsverschiedenheiten hinsichtlich der Zuordnung zu Land- oder Luftstreitkräften. [...] Ferner habe die Diskussion ergeben, daß im großen und ganzen bei der Diskussion über Streitkräfte die östlichen und westlichen Teilnehmer die gleiche Terminologie benützten. Auch hier gebe es jedoch einige Unterschiede. Bezüglich der Kampfeinheiten sei die Zuordnung unproblematisch. Ebenso sei es eindeutig, daß alle Streitkräfte in Zentraleuropa über Kampfunterstützungstruppen für die unmittelbare Unterstützung der Kampftruppen im Kampfgebiet verfügen. Dazu gehörten ‚military intelligence units, signal units, radio technical or radio electronics units, units for defense against means of mass destruction, engineer units and air base technological support units'. Schließlich gebe es in allen Streitkräften in Zentraleuropa Versorgungstruppen, wie z. B. ‚medical, transport, repair, supply and guard troops'. Alle diese Truppen müßten entweder den Land- oder Luftstreitkräften zugeordnet werden. [...] Es sei daher nützlich, eine gemeinsame Terminologie vor allem für Kampfunterstützungstruppen und Versorgungstruppen zu erarbeiten." Vgl. den Drahtbericht Nr. 141; VS-Bd. 10424 (221); B 150, Aktenkopien 1976.

[9] Der Passus „daher nicht ... zu erörtern" wurde von Botschafter Roth hervorgehoben. Dazu Ausrufezeichen.

te seien und den Verteidigungsministerien unterständen. Viele dieser Einheiten seien mit Artillerie, Flak, Panzerabwehrwaffen und gepanzerten Fahrzeugen ausgestattet.

10) Dean wies darauf hin, daß östliche Vertreter mehrfach behauptet hätten, die zu vereinbarende Definition solle die Frage klären, welche Streitkräfte zu reduzieren und welche nicht zu reduzieren seien. Dies sei mit dem Grundsatz, daß die vereinbarte Definition die Verhandlungspositionen der einen wie der anderen Seite nicht präjudizieren dürfe, nicht vereinbar. Diesen Grundsatz habe der Osten in seinem am 14. Oktober 1975 vorgelegten Definitionstext selbst vorgeschlagen. In dem gleichen Text habe der Osten vorgeschlagen, daß alles militärische Personal im Reduzierungsgebiet mit Ausnahme der Marine in die Definition eingeschlossen werden sollte. In beiden Punkten sei der Osten plötzlich und ohne ausreichende Erklärung von seinen eigenen Vorschlägen abgegangen. Er stelle daher die Frage, ob der vom Osten am 14.10.75 vorgeschlagene Definitionstext noch für den Osten verbindlich sei.

11) In einer langen und gewundenen Antwort führte Chlestow aus, daß der Osten an der in diesem Entwurf dargelegten östlichen Haltung festhalte, diese Haltung jedoch im Detail präzisiert habe angesichts der Tatsache, daß die Diskussion nunmehr entsprechend der westlichen Forderung sich mit den Einzelheiten der einzuschließenden und auszuschließenden Kategorien befasse[10].

12) Resor führte aus, die östliche Haltung lasse sich wie folgt zusammenfassen:

Der Osten wolle eine nicht spezifizierte, aber offensichtlich große Anzahl von militärischem Personal nur auf östlicher Seite von der Definition und damit von künftigen Reduzierungsvereinbarungen ausschließen, obwohl dieses Personal jederzeit Kampfaufgaben ausführen könne. Er wolle anscheinend alle Reservisten auf östlicher Seite, dagegen nicht alle Reservisten auf westlicher Seite ausschließen. Er wolle alles Personal paramilitärischer Einheiten ausschließen, obwohl solches Personal auf östlicher Seite sehr viel zahlreicher als im Westen sei.

Diese Haltung bedeute eindeutig, daß der Osten einen einseitigen militärischen Vorteil für sich herauszuschlagen suche. Das Gesamtproblem müsse weiter erörtert werden[11], um die Verwirrung aufzuklären, die sich aus den letzten östlichen Vorschlägen zur Definitionsfrage ergeben habe.

13) Chlestow beschränkte sich auf die abschließende Feststellung, daß offensichtlich in der Frage der Zivilangestellten wesentliche Meinungsunterschiede beständen. Alle Teilnehmer sollten über die zur Sprache gebrachten Gesichtspunkte nachdenken.

14) Die nächste informelle Sitzung am 23. März wird sich mit allgemeinen Reduzierungsgrundsätzen befassen.[12]

---

10 Der Passus „entsprechend der ... Kategorien befasse" wurde von Botschafter Roth hervorgehoben. Dazu vermerkte er handschriftlich: „Sic! Hier liegt der Fehler!"

11 Die Wörter „erörtert werden" wurden von Botschafter Roth hervorgehoben. Dazu Fragezeichen.

12 Botschafter Behrends, Wien (MBFR-Delegation), resümierte am 25. März 1976 eine Diskussion zwischen Mitgliedern der amerikanischen und der sowjetischen Delegation in der informellen Sitzung am 23. März 1976: „Chlestow bemerkte, Resor habe die Bedeutung der vom Westen angebotenen Reduzierung amerikanischer Nuklearwaffen unterstrichen. [...] Stimme der Westen zu, daß

III. 1) Obwohl der Osten anscheinend nicht alles östliche militärische Personal ausschließen will, dessen Funktionen im Westen von Zivilisten ausgeübt werde, sondern nur das militärische Personal, das nach östlicher Auffassung weder zur Kampfunterstützungs- noch zu Versorgungseinheiten gehört, würde dennoch die Verwirklichung des östlichen Vorschlags die Disparitäten im Personalbestand weitgehend verschwinden lassen.[13]

2) Die westliche Seite hat sich daher nicht auf eine isolierte Diskussion des östlichen Vorschlages zur Frage der Anrechnung von Zivilangestellten eingelassen. Der Westen kann dem östlichen Vorschlag nur begegnen, wenn er seinerseits die Grenztruppen und paramilitärische Verbände auf östlicher Seite zur Sprache bringt und daran festhält, daß der Westen dieses Personal nur dann von der Definition auszuschließen bereit ist, wenn der Osten alles militärische Personal in die Definition einbezieht und alle Zivilisten und alle Reservisten einschließlich der Verfügungsbereitschaft der Bundeswehr auszuschließen bereit ist.

3) Die Diskussion am 19. März hat gezeigt, daß diese in sich ausgewogene und faire Paketlösung wirkungsvoll vertreten werden kann. Wegen der Empfindlichkeit des Ostens bezüglich der Grenztruppen und paramilitärischen Einheiten ist es nicht wahrscheinlich, daß der Osten auf die Dauer an der am 19. März vertretenen Position festhalten wird.[14]

[gez.] Behrends

VS-Bd. 10425 (221)

Fortsetzung Fußnote von Seite 420

auch die nuklearen Trägermittel der westeuropäischen Streitkräfte und die vom Osten zur Reduzierung angebotenen sowjetischen nuklearen Waffen militärisch bedeutsam seien? Resor antwortete, der Westen halte die Disparität bei den Landstreitkräften für bedeutsamer als die sowjetischen nuklearen Waffen im Reduzierungsgebiet. Schustow warf ein, daß der Westen anscheinend nichts dagegen habe, wenn die Sowjetunion ihre stockpiles nuklearer Waffen im Reduzierungsgebiet vermehre. Dean antwortete, Schustow habe auf einen wichtigen Aspekt hingewiesen. Die große Zahl nuklearer Waffen auf sowjetischem Territorium in unmittelbarer Nähe des Reduzierungsgebiets könne durch ein Reduzierungsabkommen nicht begrenzt werden. Aus diesem Grunde sei der Westen zwar bereit, Limitierungen gewisser Typen amerikanischer nuklearer Waffensysteme zu akzeptieren, jedoch keinerlei weitere Reduzierung oder Limitierung westlicher nuklearer Waffensysteme." Vgl. den Drahtbericht Nr. 180; VS-Bd. 10425 (221); B 150, Aktenkopien 1976.

[13] Der Passus „das nach östlicher ... verschwinden lassen" wurde von Botschafter Roth hervorgehoben. Dazu vermerkte er handschriftlich: „Dies ist das Ziel!"

[14] Dieser Absatz wurde von Botschafter Roth hervorgehoben. Dazu Fragezeichen.

89

Vortragende Legationsrätin I. Klasse Finke-Osiander
an die Botschaft in Prag

214-552 TSE-390/76 geheim   Aufgabe: 24. März 1976, 19.57 Uhr[1]
Fernschreiben Nr. 101

Betr.: Tschechoslowakische Wiedergutmachungs- und Reparationsforderungen

Bezug: 1) DB Nr. 530 vom 5.8.1975 – Pol 321 VS-geheim 14167/75[2]
       2) Bericht Nr. 8/76 vom 5.1.1976 – Pol 321

I. 1) Unsere Antwortnote auf die tschechoslowakische Note vom 5. August 1975 ist am 23. März 1976 von D 2[3] Botschafter Goetz übergeben worden. Text folgt als Anlage unter II. Die Beantwortung der tschechoslowakischen Note vom 23.12.1975[4] (Rechtsauskunft zur Frage der Verjährung von Ansprüchen aus Reichsbankguthaben gemäß Gesetz vom 17.12.75 zum Abschluß der Währungsumstellung – Bundesgesetzblatt 1975 I, S. 3123[5]) erfolgt in Kürze.[6]

---

[1] Der Drahterlaß wurde von Vortragendem Legationsrat Disdorn konzipiert.
Hat Ministerialdirektor van Well zur Mitzeichnung vorgelegen.

[2] Botschaftsrat I. Klasse Finck von Finckenstein übermittelte eine tschechoslowakische Note über aus dem Zweiten Weltkrieg herrührenden Entschädigungsansprüche. Vgl. dazu AAPD 1975, II, Dok. 243.

[3] Günther van Well.

[4] Mit Verbalnote vom 23. Dezember 1975 erklärte das tschechoslowakische Außenministerium: „Laut Bekanntmachung [...] hat der Deutsche Bundestag den Entwurf eines Gesetzes über die Beendigung der Währungsreform gebilligt. Gemäß diesem Gesetz sollen Forderungen gegenüber den Geldinstituten in der Bundesrepublik Deutschland, sofern sie auf Reichsmark lauten, praktisch zum 31.12.1975 erlöschen. Da die Geldinstitute in der Bundesrepublik Deutschland es in der Vergangenheit abgelehnt haben, Forderungen der angeführten Art an berechtigte Subjekte in der Tschechoslowakischen Sozialistischen Republik auszuzahlen, und in der Bundesrepublik Deutschland darüber hinaus in der Vergangenheit Maßnahmen getroffen wurden, die tschechoslowakische Subjekte daran hinderten, ihre Ansprüche geltend zu machen [...], haben tschechoslowakische Stellen diese Forderungen und Ansprüche gegenüber der Bundesrepublik Deutschland und deren Subjekten durch diplomatische Noten vom 19. Dezember 1966 und 5. August 1975 geltend gemacht. Unter den geltend gemachten Forderungen, die Nicht-Reparationscharakter besitzen, sind auch Forderungen tschechoslowakischer Subjekte gegenüber Geldinstituten in der Bundesrepublik Deutschland, die das oben zitierte vom Deutschen Bundestag am 17. Oktober 1975 gebilligte Gesetz behandelt, angeführt. Das Föderale Ministerium für Auswärtige Angelegenheiten der Tschechoslowakischen Republik [...] teilt abermals mit, daß die Regierung der Tschechoslowakischen Sozialistischen Republik bereit ist, möglichst bald Verhandlungen über die offenen finanziellen und vermögensrechtlichen Fragen zu beginnen." Vgl. Referat 214, Bd. 133331.

[5] Für den Wortlaut des Gesetzes vom 17. Dezember 1975 zum Abschluß der Währungsumstellung vgl. BUNDESGESETZBLATT 1975, Teil I, S. 3123–3127.

[6] Mit Verbalnote vom 24. März 1976 teilte die Bundesregierung der tschechoslowakischen Regierung zum Gesetz vom 17. Dezember 1975 zum Abschluß der Währungsumstellung mit: „Nach §§ 1, 2 dieses Gesetzes erlöschen mit Ablauf des 30. Juni 1976 die Ansprüche aus Reichsmarkguthaben, welche am Währungsstichtag bei Geldinstituten im ‚Währungsgebiet' (d. h. dem heutigen Bundesgebiet ohne Saarland), in Berlin und im Saarland geführt worden sind, soweit sie weder in Deutsche Mark umgewandelt worden oder erloschen sind, noch aufgrund einer bis zum 30. Juni 1976 erfolgten Anmeldung in Deutsche Mark umgewandelt werden. Eine entsprechende Erlöschungsregelung enthält § 4 für Ansprüche gegen Geldinstitute, die vor dem 9. Mai 1945 im Geschäftsbetrieb einer Niederlassung begründet worden sind, die sich außerhalb des Bundesgebietes befunden hat und nicht in dieses Gebiet verlagert worden ist. [...] Die Verjährung dieser Ansprüche mehr als 30

2) Auf die von D2 gegebene Erläuterung des Inhalts der Note erwiderte Botschafter Goetz unter Bezugnahme auf deren letzten Abschnitt, daß eine Gegenrechnung[7], zu der die sudetendeutschen Vertriebenenverbände bereits Zahlen genannt hätten, völkerrechtlich unbegründet sei. Nach dem Potsdamer Abkommen[8] sei die ČSSR nicht nur berechtigt, sondern auch verpflichtet gewesen, das in Frage stehende Eigentum zu konfiszieren. Als einziges Land sei die Tschechoslowakei davon ausgenommen, sich diese Konfiskationen im Rahmen des Pariser Reparationsabkommens[9], aus dem sie im übrigen bisher nur 0,6 Prozent ihrer Forderungen erstattet bekommen habe, anrechnen zu lassen. Die Tschechoslowakei brauche sich auch das Londoner Schuldenabkommen[10] nicht entgegenhalten zu lassen, denn sie sei nicht Unterzeichner dieses Abkommens. Die Tschechoslowakei habe erst jetzt mit ihren Forderungen an die Bundesrepublik Deutschland herantreten können, weil vorher keine diplomatischen Beziehungen[11] bestanden hätten.

D2 erwiderte, daß wir uns auch im Verhältnis zu anderen Ländern sehr strikt daran gehalten haben, uns auf keine Verhandlungen einzulassen.

II. Es folgt Text der Verbalnote vom 23. März 1976:

„Das Auswärtige Amt beehrt sich, der Botschaft der Tschechoslowakischen Sozialistischen Republik auf die Note des Föderalen Ministeriums für Auswärtige Angelegenheiten der ČSSR vom 5. August 1975 – Zl 13.432-4 – folgendes mitzuteilen:

Die Bundesregierung hat ihren Standpunkt zu den in der tschechoslowakischen Note vom 5. August 1975 aufgeworfenen Fragen wiederholt erläutert. In diesem Zusammenhang wird auf die Gespräche von Bundeskanzler Schmidt/ Brandt[12]

Fortsetzung Fußnote von Seite 422

Jahre nach ihrer Entstehung steht in Einklang mit § 195 des Bürgerlichen Gesetzbuches, wonach Ansprüche spätestens nach 30 Jahren verjähren. Die Verjährung steht auch in Einklang mit Artikel 18 des Abkommens über deutsche Auslandsschulden vom 27. Februar 1953 [...]. Für Ansprüche gegen Versicherungsunternehmen gilt nach § 7 des Gesetzes vom 17. Dezember 1975 entsprechendes." Vgl. Referat 214, Bd. 133331.

7 Laut Aufzeichnung des Bundesausgleichsamts vom 18. April 1972 beliefen sich die deutschen Vermögensverluste in der Tschechoslowakei zum Zeitwert von 1945 auf 32 678 Millionen Reichsmark. Vgl. Referat 214, Bd. 133331.

8 Für den Wortlaut des Kommuniqués vom 2. August 1945 über die Konferenz von Potsdam (Potsdamer Abkommen) vgl. DzD II/1, S. 2102–2148.

9 In Artikel 2 des Abkommens vom 14. Januar 1946 über Reparationen von Deutschland, über die Errichtung einer Interalliierten Reparationsagentur und über die Rückgabe von Münzgold wurde ausgeführt: „A) Die Signatarmächte kommen untereinander überein, daß ihre jeweiligen Anteile an den Reparationen – wie sie durch das vorliegende Abkommen bestimmt werden – von jeder von ihnen als Abgeltung aller ihrer Forderungen und aller Forderungen ihrer Staatsangehörigen gegen die ehemalige deutsche Regierung oder gegen deutsche Regierungsstellen angesehen werden. [...] D) Ungeachtet der Bestimmungen des Paragraphen A dieses Artikels kommen die Signatarmächte – soweit es sie betrifft – überein, daß die tschechoslowakische Regierung berechtigt ist, über das Girokonto der tschechoslowakischen Nationalbank bei der Reichsbank zu verfügen, in dem Falle, daß diese Maßnahme von der tschechoslowakischen Regierung beschlossen und vom Kontrollrat in Deutschland gebilligt werden sollte im Zusammenhang mit der Umsiedlung ehemaliger tschechoslowakischer Staatsangehöriger von der Tschechoslowakei nach Deutschland." Vgl. Deutsches Vermögen im Ausland, Bd. 1, S. 10–20 (Auszug).

10 Für den Wortlaut des Abkommens vom 27. Februar 1953 über deutsche Auslandsschulden (Londoner Schuldenabkommen) vgl. Bundesgesetzblatt 1953, Teil II, S. 334–485.

11 Die Bundesrepublik nahm am 11. Dezember 1973 diplomatische Beziehungen zur ČSSR auf.

12 So in der Vorlage.

mit Generalsekretär Husák am 12. Dezember 1973 in Prag[13] und von Minister Genscher mit Minister Chňoupek am 19. Juli 1974 in Bonn[14] sowie insbesondere auf die diesbezügliche Erklärung des Leiters der deutschen Delegation bei den Verhandlungen über den Vertrag über die gegenseitigen Beziehungen zwischen der Bundesrepublik Deutschland und der Tschechoslowakischen Sozialistischen Republik[15] hingewiesen.

Die Erklärung des Leiters der deutschen Verhandlungsdelegation, die am 29. Mai 1973 abgegeben und vom tschechoslowakischen Verhandlungsleiter zur Kenntnis genommen wurde, enthält eine Erläuterung der Rechtslage sowohl hinsichtlich der Vorkriegsforderungen wie zu Forderungen, die aus der Kriegszeit stammen.

Wie dort ausgeführt, können Forderungen, die sich auf Vorkriegsschulden gründen, nur nach Maßgabe der Bestimmungen des Londoner Schuldenabkommens vom 27. Februar 1953 geregelt werden. Das gleiche gilt für Forderungen aus der Kriegszeit ohne Reparationscharakter. Soweit es sich um Reparationsforderungen handelt, kommt für die Bundesregierung eine Behandlung nicht in Betracht, und zwar unter anderem wiederum aus Gründen des Londoner Schuldenabkommens.

Angesichts dieser Rechtslage sieht sich die Bundesregierung nicht in der Lage, auf die in der tschechoslowakischen Note vom 5. August 1975 geltend gemachten Forderungen einzugehen. Sie sieht daher auch keine Grundlage für die vorgeschlagenen Verhandlungen. Wie in den erwähnten politischen Gesprächen bereits ausgeführt wurde, könnte die Erörterung dieses Fragenkomplexes nur dazu führen, das Problem der gegenseitigen Aufrechnung weiter in der Diskussion zu halten und dadurch die weitere Entwicklung der Beziehungen zu belasten.

Das Auswärtige Amt benutzt diesen Anlaß, die Botschaft der Tschechoslowakischen Sozialistischen Republik erneut seiner ausgezeichneten Hochachtung zu versichern.

Bonn, den 23. März 1976"

[gez.] Finke-Osiander

VS-Bd. 10986 (214)

---

[13] Für das Gespräch des Bundeskanzlers Brandt mit dem Generalsekretär der KPČ, Husák, vgl. AAPD 1973, III, Dok. 415.

[14] Für das Gespräch des Bundesministers Genscher mit dem tschechoslowakischen Außenminister Chňoupek vgl. AAPD 1974, II, Dok. 215.

[15] Vgl. dazu das Gespräch des Staatssekretärs Frank mit dem tschechoslowakischen Stellvertretenden Außenminister Goetz; AAPD 1973, II, Dok. 166.
Für den Wortlaut des Vertrags vom 11. Dezember 1973 über die gegenseitigen Beziehungen zwischen der Bundesrepublik und der ČSSR vgl. BUNDESGESETZBLATT 1974, Teil II, S. 990–992.

90

**Aufzeichnung des
Legationsrats I. Klasse Leonberger, Bundeskanzleramt**

25. März 1976[1]

Vermerk über das Telefongespräch des Bundeskanzlers mit dem französischen Präsidenten Giscard am 16. März 1976, 18.40 Uhr

Bei dem knapp 20 Minuten dauernden Gespräch wurden im wesentlichen folgende Punkte angesprochen:

1) Freigabe des Franc[2]

Die Ereignisse an den Devisenmärkten und die Entscheidung der französischen Regierung zur Freigabe des Franc waren der Anlaß des Anrufs des französischen Präsidenten. Giscard leitete sein Resümee mit der Feststellung ein, daß bei ihm keine Bitterkeit über den Ausgang der Verhandlungen innerhalb der Schlange zurückgeblieben sei. Er lobte die deutsche Bereitschaft zum Entgegenkommen, fügte aber vorsichtig hinzu, daß der gute Wille nicht so groß wie erwartet (französische Seite erhoffte 50:50 Kompromiß) gewesen sei. Das wirkliche Problem sei aber die Haltung der anderen gewesen, die sich nicht zu einer gemeinsamen Aktion der Neuorientierung der Schlangenkurse hätten entschließen können.

BK stimmte dieser Bemerkung Giscards zu und berichtete von einer längeren telefonischen Unterredung mit den Uyl, die er am vergangenen Freitagabend[3] geführt habe. Sein Bemühen, ihn zu einem Mitziehen der niederländischen Regierung zu bewegen, sei erfolglos geblieben. Offenbar habe es große Auseinandersetzungen in seinem Kabinett gegeben, die nicht überbrückt werden konnten.

2) Polenabkommen[4]

Auf die Frage Giscards, ob er mit dem Abstimmungsergebnis im Bundesrat[5]

---

[1] Ablichtung.
Hat Ministerialdirigent Leister, Bundeskanzleramt, am 29. März 1976 vorgelegen.
[2] Anfang März 1976 geriet der französische Franc unter erheblichen Druck auf den Währungsmärkten und fiel innerhalb weniger Tage bis zur unteren Grenze der im Rahmen der europäischen Währungsschlange zulässigen Bandbreite. Die französische Regierung berief daher am 14. März 1976 eine Sitzung der Finanzminister der an der europäischen Währungsschlange beteiligten Länder ein, in deren Ergebnis sie ihr Ausscheiden aus dem Währungsverbund erklärte. Dazu wurde am 16. März 1976 in der Presse berichtet: „Der französische Finanzminister Jean-Pierre Foucade begründete den Schritt seiner Regierung mit der Notwendigkeit, einen weiteren Abfluß von Währungsreserven zu verhindern. Nach seinen Angaben hat die Banque de France seit Januar den Kurs der eigenen Währung mit Devisenverkäufen in Höhe von 14 Mrd. Franc stützen müssen, davon allein mit 4 Mrd. Franc am vergangenen Freitag." Vgl. den Artikel „Der europäische Währungsverbund soll fortgesetzt werden"; DIE WELT vom 16. März 1976, S. 9.
[3] 12. März 1976.
[4] Für den Wortlaut des Abkommens vom 9. Oktober 1975 zwischen der Bundesrepublik und Polen über die Renten- und Unfallversicherung, der Vereinbarung über die pauschale Abgeltung von Rentenansprüchen, des Abkommens über die Gewährung eines Finanzkredits an Polen, des Ausreiseprotokolls sowie des Langfristigen Programms über die Entwicklung der wirtschaftlichen, industriellen und technischen Zusammenarbeit vgl. BULLETIN 1975, S. 1193–1203.
[5] Am 12. März 1976 verabschiedete der Bundesrat das Gesetz zum Abkommen vom 9. Oktober 1975

zufrieden sei, antwortete BK mit Ja, fügte aber hinzu, daß die Manöver, bis es zur einmütigen Zustimmung der Opposition gekommen sei, nicht so erfreulich gewesen sind. Als mögliche ungünstige Auswirkung nannte BK die Tatsache, daß er seinem Hauptgegner im kommenden Wahlkampf[6] die Gelegenheit verschafft habe, Strauß zu überspielen und damit seine Position im eigenen Lager und in den Augen der Öffentlichkeit zu festigen.

3) Kantonalwahlen in Frankreich[7]

Giscards Bewertung zufolge ist das günstige Ergebnis für die Sozialistische Partei überwiegend ein Ausfluß der Unzufriedenheit breiter Schichten der Bevölkerung mit der wirtschaftlichen Lage. Es handele sich aber nicht um einen positiven Trend zugunsten der Sozialisten. Die Auswirkungen auf die Parlaments-[8] und Präsidentschaftswahlen[9] spielte Giscard mit der Bemerkung herunter, ein Tiefpunkt bei Halbzeit sei keine schlechte Ausgangslage. In dieser Situation ließen sich die Kräfte des eigenen Lagers für die entscheidende Phase leichter mobilisieren.

4) Rücktritt Wilsons[10]

Auf die Frage BK nach seiner Einschätzung der weiteren Entwicklung in Großbritannien kommentierte Giscard zunächst lachend den überraschenden Schritt Wilsons, daß dieser typisch für dessen Persönlichkeit sei. Der Augenblick sei allerdings richtig gewählt, da ein Sieg der Konservativen bei den nächsten Wahlen nicht unwahrscheinlich erscheine. Die Bestimmung des Nachfolgers werde nicht einfach sein. Giscard räumte Callaghan die meisten Chancen ein, der aber wegen seines Alters nur eine Übergangslösung sein könnte. Die Wahl Healeys sei nicht ausgeschlossen, aber wegen der Frontstellung des linken Flügels nicht sehr wahrscheinlich. BK stimmt dieser Lagebeurteilung zu. Vermutlich nehme das Verfahren bis zur Bestimmung des Nachfolgers zwei bis drei Wochen in Anspruch. In der Zwischenzeit werde Wilson weiter amtieren.

Die beiden Gesprächspartner ließen die Frage offen, ob die nächste Sitzung des Europäischen Rats in Luxemburg[11] unter diesen Umständen verschoben werden solle.

Fortsetzung Fußnote von Seite 425

    zwischen der Bundesrepublik und Polen über Renten- und Unfallversicherung einstimmig. Vgl. dazu BR STENOGRAPHISCHE BERICHTE 1976, 432. Sitzung, S. 93–105.

[6] Die Wahlen zum Bundestag fanden am 3. Oktober 1976 statt. Kanzlerkandidat von CDU und CSU war Ministerpräsident Kohl.

[7] In Frankreich fanden am 7. und 14. März 1976 Regionalwahlen statt. In der Presse wurde dazu berichtet: „Die Linksparteien in Frankreich konnten bei den Kantonswahlen im zweiten Wahlgang das Ergebnis noch verbessern. Sie erreichten 53,9 Prozent der Stimmen. [...] Bestätigt hat sich der Trend aus dem ersten Wahlgang, wonach die Sozialistische Partei François Mitterrands die große Gewinnerin dieser Wahlen ist. Sie ist nun nicht [nur] die größte Wählerpartei Frankreichs, sie hat auch klar die Kommunistische Partei von ihrem Platz als erste Linkspartei verdrängt." Vgl. den Artikel „Frankreichs Linke erzielt bei Regionalwahlen die Mehrheit"; DIE WELT vom 16. März 1976, S. 1.

[8] In Frankreich fanden am 12. und 19. März 1978 Parlamentswahlen statt.

[9] Die Wahlen zum Amt des Staatspräsidenten in Frankreich fanden am 26. April und am 10. Mai 1981 statt.

[10] Am 16. März 1976 gab Premierminister Wilson seinen Rücktritt bekannt. Der bisherige britische Außenminister Callaghan wurde am 5. April 1976 zum Premierminister ernannt.

[11] Zur Tagung des Europäischen Rats am 1./2. April 1976 in Luxemburg vgl. Dok. 98.

5) Tindemans-Bericht[12]

Giscard sagte, daß er den Tindemans-Bericht nochmals sorgfältig gelesen habe. Es erscheine ihm daraufhin notwendig, einen Abgesandten nach Bonn zu schicken, um die französischen Überlegungen mitzuteilen.

BK begrüßte diese Initiative und schlug vor, sich nach dem Meinungsaustausch auf dieser Ebene ggf. nochmals telefonisch abzustimmen.

Abschließend kündigte Giscard an, daß er bei einer unerwarteten Entwicklung auf den Devisenmärkten erneut telefonisch Verbindung mit BK aufnehmen werde.[13]

gez. Leonberger

Bundeskanzleramt, AZ: 21-30 100 (56), Bd. 41

91

Aufzeichnung des Ministerialdirektors Lahn

312-350.44-536/76 VS-vertraulich   **26. März 1976**[1]

Über Herrn Staatssekretär[2] Herrn Minister[3]

Betr.: Südliches Afrika;
hier: Gemeinsame Demarche der Neun in Pretoria[4]

Bezug: Handschriftliche Weisung des Herrn Ministers auf wieder beigefügter
Vorlage der Abt. 3 v. 11.3.76[5]

---

[12] Zum Tindemans-Bericht über die Europäische Union vom 29. Dezember 1975 vgl. Dok. 1.

[13] Vgl. Dok. 92.

[1] Die Aufzeichnung wurde von Vortragendem Legationsrat I. Klasse Müller konzipiert.
Hat Legationsrat I. Klasse Chrobog am 30. März 1976 vorgelegen.
Hat Ministerialdirektor Lahn erneut am 20. April 1976 vorgelegen.

[2] Hat Staatssekretär Hermes am 29. März 1976 vorgelegen, der handschriftlich vermerkte: „In der Sache meinen wir Unabhängigkeit der einzelnen afrikan[ischen] Länder. Auf sie sollten wir weiter hinweisen."

[3] Hat Bundesminister Genscher am 12. April 1976 vorgelegen.

[4] Am 27. März 1976 teilte die Botschaft in Luxemburg mit, daß die EG-Ratspräsidentschaft beschlossen habe, die Demarche der EG-Mitgliedstaaten vom 16. März 1976 bei der südafrikanischen Regierung zu veröffentlichen. Die Demarche habe folgenden Wortlaut: „Les Etats membres de la Communauté qui, dans leur déclaration ministérielle du 23 février ont condamné toutes les interventions militaires extérieures et exprimé le ferme espoir qu'il y sera rapidement mis fin tiennent, de ce point de vue, à insister tout particulièrement auprès du Gouvernement sud-africain pour qu'il procédé immédiatement au retrait des ses troupes du territoire angolais." Vgl. den Drahtbericht Nr. 1120; Referat 320, Bd. 108221.

[5] Dem Vorgang beigefügt. Am 11. März 1976 vermerkte Vortragender Legationsrat I. Klasse Müller, auf der OAU-Ministerratstagung vom 23. bis 29. Februar 1976 in Addis Abeba sei beschlossen worden, eine Sitzung des UNO-Sicherheitsrats einzuberufen: „Für diese Sitzung ist mit einem afrikanischen Resolutionsentwurf zu rechnen, in dem Südafrika zum Rückzug seiner militärischen Einheiten aus Angola aufgefordert wird. Wenn eine solche Resolution eingebracht wird, ist es schwie-

Mit der Bitte um Zustimmung zu der in der folgenden Aufzeichnung vorgeschlagenen Änderung unserer Taktik[6] gegenüber der sowjetisch-kubanischen „Intervention" in Afrika.

Der Herr Minister hatte auf der Bezugsvorlage die Frage gestellt: „Soll in Kuba nicht demarchiert werden?"

Die Antwort hierauf lautet:

In den Konsultationen im Rahmen der EPZ auf allen Ebenen wurde bisher eine gemeinsame Demarche in Havanna von keinem Mitgliedstaat vorgeschlagen.

In der PK-Sitzung vom 18./19.3.76[7] stellte jedoch der niederländische Delegierte die Frage, ob mit der Forderung nach dem Rückzug der südafrikanischen Truppen aus Angola[8] nicht die Bedingung verknüpft werden sollte, daß keine kubanischen Einheiten nachrücken. Der britische und der dänische Delegierte vertraten hierzu die Auffassung, daß es politisch nicht klug wäre, das Thema der kubanischen Truppen in diesem Zusammenhang aufzugreifen, weil dadurch die von uns gewollte Entspannung der Lage im Grenzgebiet gefährdet werden könnte; entscheidende Vorbedingung für jede weitere westliche Ein-

---

Fortsetzung Fußnote von Seite 427

rig, sich vorzustellen, daß die ständigen westlichen Mitglieder des Sicherheitsrats sich einer solchen Aufforderung durch Einlegung des Vetos widersetzen können. RL 312 hat daher am 8.3. während des Treffens der Afrika-Experten (EPZ) in Luxemburg auf Veranlassung der Amtsleitung die Weisung erhalten, auf dieser Sitzung den Vorschlag einzubringen, in einer gemeinsamen Demarche die südafrikanische Regierung zur Bekundung ihrer Bereitschaft zu drängen, sich aus Angola zurückzuziehen." Vgl. VS-Bd. 10019 (312); B 150, Aktenkopien 1976.

6 Dieses Wort wurde von Staatssekretär Hermes hervorgehoben. Dazu vermerkte er handschriftlich: „Weniger Taktik als Formulierungen."

7 Korrigiert aus: „18./19.2.1976".
Am 19. März 1976 teilte Vortragender Legationsrat I. Klasse Müller, z. Z. Luxemburg, zur Sitzung des Politischen Komitees im Rahmen der EPZ vom Vortag mit, der britische Vertreter habe berichtet: „Sowjetischer Botschafter in London suchte AM Callaghan am 17.3. auf eigenen Wunsch auf und unterrichtete diesen, daß nach in Moskau vorliegenden Informationen Südafrika bereit sei, mit angolanischer Regierung über beide Seiten interessierende Fragen zu sprechen, ein direkter Kontakt aber noch nicht hergestellt werden konnte. Angolanische Regierung habe sowjetische Regierung gebeten, ihre Haltung wie folgt weiterzuleiten: 1) direkter Kontakt Pretoria–Luanda solange nicht möglich wie südafrikanische Truppen noch auf angolanischem Boden; 2) hydro-elektrische Anlage Kunene sei Eigentum angolanischen Volkes; es bestehe daher keine Absicht, es zu zerstören; 3) angolanisches Volk wolle namibischem Volk nicht durch Abschneiden der Elektrizitäts- und Wasserversorgung Schaden zufügen; 4) VR Angola respektiere die UN-Resolution über Namibia; 5) angolanische Regierung wünsche Rückzug südafrikanischer Truppen von angolanisch-namibischer Grenze. Callaghan habe sowjetische Mitteilung dankbar begrüßt und Bereitschaft britischer Regierung erklärt, tätig zu werden. Er habe sofort britischer Botschaft in Südafrika Weisung erteilt, südafrikanische Regierung zu drängen, angolanische Versicherung bezüglich Kunene-Projekts zu akzeptieren und sich zurückzuziehen." Vgl. den Drahtbericht Nr. 50; VS-Bd. 10014 (313); B 150, Aktenkopien 1976.

8 Am 25. März 1976 berichtete Botschafter Eick, z. Z. Kapstadt, über den bevorstehenden Abzug südafrikanischer Truppen aus Angola: „Verteidigungsminister P. W. Botha hat am 25. März im Parlament die Entscheidung der Regierung bekanntgegeben, daß alle s[üd]a[frikanischen] Truppeneinheiten bis zum 27. März aus Angola abgezogen sein werden. Botha erklärte, daß die von der britischen Regierung gegebenen Zusicherungen inzwischen vom Generalsekretär der VN bestätigt worden seien [...]. Danach habe sich die Regierung der Volksrepublik Angola verpflichtet, die internationale Grenze zu respektieren, das Wasserkraftwerk nicht zu beschädigen und den Schutz der dort beschäftigten Arbeiter zu übernehmen. Auch habe die Regierung zu verstehen gegeben, daß sie die Bevölkerung Südwestafrikas nicht schädigen wolle, indem sie die Elektrizitätsversorgung sperre." Vgl. den Drahtbericht Nr. 38; Referat 320, Bd. 108221.

flußnahme sei der südafrikanische Abzug. Daraufhin wurde die niederländische Anregung nicht weiter verfolgt.

In diesem Zusammenhang sieht sich Abt. 3 verpflichtet, auf einen politischen Aspekt aufmerksam zu machen, der erst in letzter Zeit aus Berichten und Beobachtungen erkennbar wurde und im Interesse einer erfolgreichen Fortführung unserer mittel- und langfristigen Politik in Afrika nicht verkannt werden sollte. Es hat sich herausgestellt, daß eine zu insistierende öffentliche Kritik an der sowjetischen und kubanischen Einmischung in Angola unerwünschte Nebenwirkungen hat, die die vom Westen angestrebte Zurückdrängung des Kommunismus in Afrika erschweren und stören.

Bereits anläßlich der Demarche unserer Botschafter in afrikanischen Hauptstädten zur Luxemburger Erklärung der EG-Außenminister[9] haben sich Regierungskreise in Nigeria, Somalia, Kongo und in anderen „progressiven" Ländern dahingehend geäußert, daß die souveräne angolanische Regierung sich ihre Freunde selbst aussuchen könne. Die ständige Kritik des Westens an den freundschaftlichen Beziehungen der VR Angola zur Sowjetunion und zu Kuba beinhalte den Zweifel an der politischen Mündigkeit der afrikanischen Staaten. Sie stehe zudem in Widerspruch zu der Erklärung, daß die afrikanischen Staaten in der Gestaltung ihrer nationalen Politik frei von auswärtigem Einfluß bleiben müßten. Der Westen verkenne, daß die sicher nur vorübergehende sowjetische und kubanische Präsenz in Angola von der legitimen, inzwischen auch von allen EG-Staaten[10] anerkannten angolanischen Regierung erbeten wurde. Ähnliche Äußerungen waren auch von hiesigen afrikanischen Botschaftern zu hören.

Das Beispiel der Reaktion des Generaldirektors im angolanischen Informationsministerium, Luis de Almeida, auf die Einladung Herrn Staatsministers Wischnewski zu einem Besuch in Bonn[11] illustriert die afrikanische Empfindlichkeit in dieser Hinsicht; wir mögen sie zwar als irrational empfinden, aber ihre politische Relevanz für die Gestaltung unserer zukünftigen Beziehungen zu Angola dürfen wir wohl nicht übersehen.

Gegenüber unserem (deutschen, ortsansässigen) Verwalter des Generalkonsulats und der Residenz äußerte sich Herr de Almeida wie folgt: Er danke für die Einladung Wischnewskis, die er prinzipiell annehme. Die Entscheidung hänge noch vom Ministerrat ab, da auch Besuche in anderen Ländern vorgesehen seien. Er müsse aber erwähnen, daß es „uns eigentümlich berühre, wenn auf der einen Seite Herr Wischnewski mich zu einem Besuch nach Bonn einlädt, während auf der anderen Seite Herr AM Genscher dieser Tage noch in der Öffent-

---

[9] Für die Afrika-Erklärung der Außenminister der EG-Mitgliedstaaten im Rahmen der EPZ vom 23. Februar 1976 vgl. Dok. 62.

[10] Zur Anerkennung der Regierung der MPLA durch die EG-Mitgliedstaaten zwischen dem 17. und 20. Februar 1976 vgl. Dok. 50, Anm. 24 und 30.

[11] Am 9. März 1976 übermittelte Vortragender Legationsrat I. Klasse Müller dem Generalkonsulat in Luanda ein Schreiben des Staatsministers Wischnewski vom 4. März 1976 an den Generaldirektor im angolanischen Informationsministerium, de Almeida, mit einer Einladung zu einem Besuch in der Bundesrepublik. Darin wurde ausgeführt: „Wir könnten bei dieser Gelegenheit im Auswärtigen Amt auch einige Fragen besprechen, die für die zukünftige Gestaltung der Beziehungen zwischen unseren Ländern von Bedeutung sind, denn auch wir wünschen, daß sich die Lage in Angola bald stabilisiert und wir zu einer normalen Zusammenarbeit kommen können." Vgl. den Drahterlaß Nr. 4; Referat 320, Bd. 108166.

lichkeit gegen die Politik unserer Regierung Stellung nimmt, was das politische Klima zwischen Angola und der Bundesrepublik Deutschland beeinträchtigt."[12] (Almeida bezieht sich dabei offenbar auf die in der angolanischen Presse wiedergegebenen Äußerungen des Herrn Ministers zur sowjetisch-kubanischen Präsenz in Angola).[13]

Es ist sicherlich wichtig, daß wir die Rolle der Sowjetunion und Kubas in Angola wie jede auswärtige Einmischung in innerafrikanische Angelegenheiten verurteilen. Nachdem uns aber sichere Indizien vorliegen, daß die sowjetische Regierung sehr wohl verstanden hat, wieviel mehr als im Falle Angola auch für sie auf dem Spiele steht, wenn sie sich in den für den Westen weit sensitiveren Gebieten Rhodesien, Namibia oder gar Südafrika zu interventionistisch engagiert, sollte der Westen seine Gegenaktionen auf die diskretere diplomatische Ebene verlegen und die ansprechbaren, selbst über die kommunistischen Einflußnahmen besorgten schwarzafrikanischen Regierungen in unserem Sinne aktivieren (z. B. für Einflußnahme auf „progressive" afrikanische Staaten und Vorgänge in OAE und VN). Dieser Versuch einer unauffälligen „roll-back"-Taktik scheint auf die Dauer erfolgversprechender als öffentliche Erklärungen und Demarchen, von den in ihrer Glaubwürdigkeit nicht unproblematischen öffentlichen Drohungen („we shall not tolerate ..."[14]) einmal abgesehen. – Ein zusätzlicher, ebensowenig zu unterschätzender Aspekt wurde von dem britischen Delegierten auf der NATO-Ratssitzung am 24.3.76 geltend gemacht: es werde immer schwieriger, gegen kommunistische Aktivitäten (im Südlichen Afrika) öffentlich aufzutreten, ohne den Eindruck zu erwecken, „to be on the wrong side", d. h. auf der Seite der weißen Minderheitsregierungen.

Schließlich lohnt es sich, über den völkerrechtlichen Begriff der „Intervention" sich Gedanken zu machen, der auf dem Hintergrund der gewandelten Wertvorstellungen von heute nicht mehr unumstritten ein „völkerrechtliches Delikt" beinhaltet. Über diesen für unsere Politik in Afrika nicht unwichtigen Fragenkomplex gibt die Stellungnahme des Ref. 500 (mit dessen Zustimmung in Ablichtung beigefügt[15]) Aufschluß.

Lahn

VS-Bd. 10019 (312)

---

12 Vgl. dazu den Bericht des Angestellten Stiehl, Luanda, vom 13. März 1976; Referat 320, Bd. 108166.

13 Zu diesem Absatz vermerkte Legationsrat I. Klasse Chrobog handschriftlich: „Bereits richtig gestellt im FS von StM Wischn[ewski] an Almeida."

14 Vgl. dazu die Rede des amerikanischen Außenministers Kissinger am 3. Februar 1976 vor dem Commonwealth Club in San Francisco; Dok. 56, Anm. 16.

15 Dem Vorgang beigefügt. Am 23. März 1976 stellte Vortragender Legationsrat Freiherr Marschall von Bieberstein zum Interventionsverbot im Völkerrecht fest: „Obwohl häufig gebraucht, ist der Begriff der Intervention im Völkerrecht nicht klar und eindeutig definiert. [...] Im Rechtssinn ist Intervention der Eingriff eines Staates in die Angelegenheiten eines anderen Staates unter Anwendung oder Androhung von Zwang. Eine Intervention ist nicht gegeben, wenn das Eingreifen mit dem Einverständnis des betroffenen Staates erfolgt, so beim Eingreifen fremder Staaten in einen Bürgerkrieg auf Bitten der legitimen Regierung. Angola wurde am 11. November 1975 ein unabhängiger Staat, erhielt jedoch keine legitime und anerkannte Regierung. Die Bitte der MPLA als einer der drei um die Vorherrschaft und den Besitz der Regierungsgewalt ringenden Gruppen um Unterstützung ihres Kampfes gegen ihre Rivalen kann daher nicht als ein Hilfeersuchen ausgelegt werden, das das kubanische Eingreifen gerechtfertigt hätte." Vgl. VS-Bd. 10019 (312); B 150, Aktenkopien 1976.

92

Telefongespräch des Bundeskanzlers Schmidt
mit Staatspräsident Giscard d'Estaing

29. März 1976[1]

Betr.: Telefongespräch Bundeskanzler/Giscard am 29. März 1976, 18.15 Uhr

Nach einleitenden Worten fragt *Bundeskanzler* nach Giscards Einschätzung des nächsten Europäischen Rates[2].

Giscard geht zunächst auf die Ergebnisse der Kantonalswahlen[3] ein. Er stellt dar, daß das Übergehen zum Floaten des Franc[4] von der Opposition und von der internationalen Presse ausgeschlachtet worden sei. Der nächste Europäische Rat soll in einem „low key climate" stattfinden. Es werde wohl im wesentlichen eine Lagebeurteilung sein, aber keine formellen Entscheidungen geben.

Zum Tindemans-Bericht[5]: Austausch von Meinungen, ohne daß wir uns zu etwas verpflichten.

Bundeskanzler stellt Giscard die Frage, ob er etwas dagegen hätte, wenn der Bundeskanzler vor der Presse für Direktwahlen in 1978 eintrete.

Giscard: Keine Bedenken. Er werde dazu einige Bemerkungen machen, und er habe einige Probleme mit der Sitzverteilung.[6] Dazu habe er eine Vorstellung, die er aber am Telefon nicht erörtern wolle. Man werde zum Schluß wohl sagen können, daß man die Probleme erörtert, aber keine Entscheidungen getroffen habe. Im übrigen gehe er davon aus, daß der Rat am Freitag[7] morgen seine Arbeit beendet.

Bundeskanzler verweist auf Gerüchte, die er aus Frankreich höre.

---

1 Ablichtung.
Die Gesprächsaufzeichnung wurde von Staatssekretär Schüler, Bundeskanzleramt, am 29. März 1976 gefertigt, der die Weiterleitung an Bundeskanzler Schmidt verfügte.
Hat Ministerialdirigent Leister, Bundeskanzleramt, am 30. März 1976 vorgelegen.
Hat Schmidt vorgelegen.
Hat Schüler erneut am 30. März 1976 vorgelegen.
2 Zur Tagung des Europäischen Rats am 1./2. April 1976 in Luxemburg vgl. Dok. 98.
3 Zu den Regionalwahlen in Frankreich am 7. und 14. März 1976 vgl. Dok. 90, Anm. 7.
4 Zur Freigabe des Wechselkurses des Franc vgl. Dok. 90, Anm. 2.
5 Zum Tindemans-Bericht über die Europäische Union vom 29. Dezember 1975 vgl. Dok. 1.
6 Botschafter Freiherr von Braun, Paris, informierte am 9. März 1976 über ein Gespräch mit einem Mitarbeiter im französischen Präsidialamt: „Zu Tagesordnungspunkt Direktwahl des Europaparlaments hielt Gesprächspartner einen Beschluß des Europäischen Rats am 1./2. April für wenig wahrscheinlich. Für Paris sei aus europa- wie innenpolitischen Gründen die Proportionalität der Sitzverteilung entscheidend. Wenn schon ein direkt gewähltes Parlament, dann in möglichst enger Befolgung des Prinzips der Gleichgewichtigkeit der Stimmen. Für den Teil der präsidentiellen Mehrheit, der Vorbehalte gegen die Direktwahl hege, sei die Einhaltung dieses Prinzips die Mindestforderung. Zwischen dem französischen Vorschlag und dem des Europaparlaments sei ein Kompromiß noch nicht in Sicht. Die französische Verhandlungsmarge dürfe keinesfalls überschätzt werden. [...] Gesprächspartner ließ [...] durchblicken, daß seine Regierung in Einhaltung Wahltermins 1978 keinen besonderen Wert sieht." Vgl. den Drahtbericht Nr. 741; Referat 202, Bd. 113545.
7 2. April 1976.

Giscard: Es gebe in Paris etwa 1000 Menschen, die sich in Zirkeln treffen und mit diesen Dingen spielten. Das sei alles nicht zu ernst zu nehmen. Seine Position werde von zwei Dritteln der Bevölkerung getragen. Er werde Bereitschaft für Direktwahlen zeigen. Wichtig werde aber die britische Position sein.

Bundeskanzler: Dann würde wohl der Donnerstag[8] im wesentlichen für wirtschaftliche und monetäre Fragen zur Verfügung stehen.

Giscard: Zwei bis drei Stunden würden dafür wohl reichen.

Bundeskanzler fragt, ob mit einem Kommuniqué abgeschlossen werden solle.

Giscard: Er habe einen Entwurf und werde morgen mit seinen Ministern darüber sprechen. Das Kommuniqué sollte etwa eine halbe Seite sein.

Bundeskanzler und *Giscard* vereinbaren, daß Pierre-Brossolette den Entwurf telefonisch an Dr. Hiss übermittelt.

Bundeskanzler: Die Erörterung der wirtschaftlichen Fragen soll zeigen, daß wir uns der Probleme bewußt sind; keine konkreten Entscheidungen.

Giscard stimmt zu. Der einzige Punkt, den er sehe, sei das italienische Problem (wird von Giscard nicht weiter ausgeführt). Giscard stellt dar, daß die Abwertung des Franc gegenüber dem Dollar bei 3% liege (ohne Intervention). Genau das habe man einkalkuliert, er habe deshalb keine Sorgen.

Giscard bemerkt, daß man künftig innerhalb des Schlangenmechanismus einen zeitweiligen Austritt vorsehen solle. Im Rat solle man über die Rückkehr in die Schlange nicht sprechen. Das würde eine Veränderung der Relationen innerhalb der Schlange voraussetzen und unnötigerweise neue Bewegungen auslösen. *Bundeskanzler* stimmt zu.

Bundeskanzler teilt Giscard mit, daß er Mitterrand bei dessen Bonn-Besuch[9] nicht gesehen habe.

Giscard: Das sei besser sowohl für ihn (Giscard) wie für Schmidt.

Bundeskanzler fragt nach der französischen Inflationsrate und stellt die Lage und vermutliche Entwicklung in der Bundesrepublik für den Verlauf des Jahres dar.

Giscard beantwortet diese Fragen und fragt, ob das ganze keine Probleme für die Gewerkschaften machen würde.

Bundeskanzler geht im einzelnen darauf ein.

Bundeskanzleramt, AZ: 21-30 100 (56), Bd. 41

---

[8] 1. April 1976.

[9] Der Erste Sekretär der französischen Sozialistischen Partei, Mitterrand, hielt sich am 26. März 1976 zu Gesprächen mit dem Parteivorstand der SPD in Bonn auf. Der Leiter der Abteilung „Internationale Beziehungen" beim Parteivorstand der SPD, Dingels, berichtete, Mitterrand habe zur französischen Innenpolitik erklärt, „daß nach seiner Einschätzung die Stellung des Staatspräsidenten sehr geschwächt sei und daß der französische Ministerpräsident, dem jetzt die Rolle auch eines politischen Koordinators der Politik der in der Mehrheit zusammengeschlossenen Parteien zugefallen sei, von Tag zu Tag seine Position verstärke. Dadurch wachse auch der Einfluß der UDR, insbesondere im Bereich der Europapolitik. Dies führe nicht zuletzt dazu, daß es sehr fraglich sei, ob es dem Staatspräsidenten gelinge, seine europapolitischen Konzeptionen durchzusetzen." Vgl. Referat 202, Bd. 113545.

93

Aufzeichnung des Botschafters Knoke

50-500.32/59-1 29. März 1976[1]

Betr.: Dritte VN-Seerechtskonferenz;
hier: Kardinalprobleme in deutscher Sicht

Konferenzaufgabe ist die umfassende Neuordnung der Rechts- und Nutzungsverhältnisse an den Weltmeeren, also des gesamten Seevölkerrechts. Dabei sind nicht alle Materien gleich gewichtig. Für uns vordringlich ist die befriedigende Wahrung folgender Interessen:

a) Freier, geordneter, nicht diskriminierender Zugang zu den Rohstoffen des Meeresbodens;

b) Freiheit der Schiffahrt;

c) Erhaltung der Fernfischerei;

d) Freiheit der Meeresforschung;

e) Obligatorische Streitregelung.

Damit in Zusammenhang stehen unmittelbar folgende Konferenzthemen:

1) Internationales Meeresbodenregime und Internationale Meeresbodenbehörde

Die wirtschaftlich nutzbaren Vorräte mineralischer Rohstoffe an Land nehmen ab. Einen Ersatz dafür können mittel- bis langfristig die bisher kaum angetasteten reichen Reserven des Tiefseebodens darstellen. Als vom Export unserer Industrieprodukte abhängiges Land mit sehr geringen eigenen Rohstoffreserven sind wir auf die langfristige Sicherung unserer Rohstoffversorgung dringend angewiesen. Wir sind daher stärkstens daran interessiert, daß unseren Industrien der freie, geordnete und nicht diskriminierende Zugang zu den Rohstoffreserven der Tiefsee erhalten bleibt.

Der „Informal Single Negotiating Text"[2] sieht in dieser Frage ein Nutzungsmonopol der zukünftigen Internationalen Meeresbodenbehörde vor und trägt inso-

---

[1] Die Aufzeichnung wurde von Vortragendem Legationsrat I. Klasse Zimmermann konzipiert.
Am 30. März 1976 verfügte Staatssekretär Hermes die Weiterleitung an alle diplomatischen Vertretungen und führte dazu aus: „Vom 15. März bis 7. Mai 1976 findet in New York die 4. Session der 3. Seerechtskonferenz der Vereinten Nationen statt. Die Konferenz wurde von der 30. VN-Generalversammlung ermächtigt, bei Bedarf zu einer weiteren Session noch in diesem Jahr zusammenzutreten. Schon dies ist ein Anzeichen dafür, daß die Konferenz nunmehr in eine entscheidende Phase eintritt. Die Verhandlungen der laufenden Phase finden auf der Grundlage von sogenannten ‚Informal Single Negotiating Texts' statt, die vom Konferenzpräsidenten und den Präsidenten der drei Hauptausschüsse jeweils in ausschließlicher eigener Verantwortung ausgearbeitet und nach Ende der Genfer Session verteilt worden sind. Diese ‚Informal Single Negotiating Texts', die zwar juristisch unverbindlich sind, deren faktische Bedeutung aber nicht unterschätzt werden sollte, berücksichtigen elementare deutsche Interessen nicht in genügendem Maße. Wir müssen deshalb im Rahmen des uns Möglichen darauf hinwirken, daß die Texte, soweit es nur irgend geht, in unserem Sinne verändert werden." Vgl. den Begleitvermerk; Referat 402, Bd. 122227.

[2] Für den Wortlaut des „Informal Single Negotiating Text" vom 7. Mai 1975 vgl. THIRD UNITED NATIONS CONFERENCE ON THE LAW OF THE SEA, Bd. IV, S. 137–152.
Am 28. Mai 1975 stellte der Arbeitsstab 50 des Auswärtigen Amts zu dem von der Arbeitsgruppe 1 der Dritten UNO-Seerechtskonferenz vorgelegten „Informal Single Negotiating Text" fest: „Obwohl

fern unseren Interessen nicht Rechnung. Wir fordern statt dessen ein Regime, das, ohne bergbauliche Aktivitäten der Meersbodenbehörde selbst auszuschließen, Staaten und Unternehmen die Möglichkeit zum Meeresbergbau einschließlich Verhüttung und Vermarktung der geförderten Mineralien gibt. Wir sehen dabei durchaus das Problem der Konkurrenz des Meeresbergbaus zum landgebundenen Bergbau („economic implications") und sind bereit, an seiner Lösung mitzuarbeiten.

2) Wirtschaftszone

Von der Institution der „exklusiven" Wirtschaftszone sehen wir vielfältige deutsche Interessen bedroht.

Für die Freiheit der Schiffahrt besteht langfristig die Gefahr der „creeping jurisdiction", d. h. die Gefahr der Ausdehnung der küstenstaatlichen Hoheit über die Ressourcennutzung hinaus auf andere, jetzt noch freie Bereiche.

Die Freiheit der Schiffahrt ist schon jetzt unmittelbar bedroht durch das Bestreben zahlreicher Küstenstaaten, im Zusammenhang mit der Schaffung von Wirtschaftszonen Kontrollbefugnisse gegenüber der Schiffahrt zur Verhinderung der Meeresverschmutzung zu erlangen. Wir fürchten, daß derartige Befugnisse zur Beeinträchtigung der internationalen Schiffahrt mißbraucht werden könnten, und treten deshalb dafür ein, daß Verschmutzungskontrollnormen nur von internationalen Gremien, nicht aber von Einzelstaaten gesetzt werden dürfen und den Küstenstaaten nur beschränkte und nachprüfbare Kontrollbefugnisse zur Durchsetzung derartiger internationaler Normen eingeräumt werden.

Durch die Schaffung von „exklusiven" Wirtschaftszonen werden auch unsere Fernfischereiinteressen bedroht.[3] Nach dem vorliegenden „Informal Single Negotiating Text" sollen die Küstenstaaten das Recht erhalten, in der eigenen Wirtschaftszone die Höchstfangmenge von sich aus festzusetzen und sich die Fangmenge ganz vorzubehalten, sofern sie zum Ausfischen der Höchstfang-

Fortsetzung Fußnote von Seite 433

neben Vertretern der Gruppe der 77 auch solche der USA, UdSSR, Frankreichs, des Vereinigten Königreichs und der Bundesrepublik Deutschland formlos beteiligt wurden, beinhaltete weder die erste noch die zweite Entwurfsfassung Konzeptionen, die für die am Meeresbergbau unmittelbar interessierten Industriestaaten annehmbar gewesen wären. Die Papiere übernahmen die wesentlichen Elemente des Konzepts der Gruppe der 77. Inwieweit der schließlich am letzten Konferenztag ohne Aussprache vorgelegte Text des ‚Informal Single Negotiating Text' [...] auf den Entwürfen des Arbeitsgruppenvorsitzenden Pinto beruht und mit deutschen Interessen vereinbar ist, bedarf der gesonderten Beurteilung. Nach bisherigem Überblick trägt auch dieser Text vorwiegend den Vorstellungen der Gruppe der 77 Rechnung, ohne die wesentlichen Elemente anderer Konzeptionen zu berücksichtigen." Vgl. Referat 500, Bd. 193940.

[3] Botschafter Knoke resümierte am 22. August 1975 die Behandlung der mit der Fischerei zusammenhängenden Fragen durch die Dritte UNO-Seerechtskonferenz: „Die Exklusivität der Wirtschaftszonen verurteilt unsere traditionellen Fischereirechte in den Schelfgewässern von Norwegen, Island, Grönland, Kanada und USA zum Auslaufen, wenn nicht überhaupt zum Untergang. Die Fischereiregelung des Dokuments II ist absolut unbefriedigend, weil sie diese Rechte – und das auch nur bei der Vergabe von Überschüssen – an allerletzter Stelle mit der Einschränkung berücksichtigt, daß ihre völlige Aufhebung zu wirtschaftlicher Verzerrung (economic dislocation) führen würde. [...] Diese Fischereiregelung wird von der Gruppe der Binnen- und anderen geographisch benachteiligten Staaten abgelehnt. Unser Dilemma ist jedoch, daß die asiatischen, afrikanischen und lateinamerikanischen Mitglieder dieser Gruppe mehr an der Fischerei in den Wirtschaftszonen benachbarter Küstenstaaten als an unserer traditionellen Fernfischerei interessiert sind. Es muß ihnen nahegebracht werden, daß Gruppensolidarität auch Miteintreten für unsere Interessen bei der Fischerei erfordert." Vgl. Referat 500, Bd. 193941.

menge selbst in der Lage sind. Nur im Falle eines eventuellen Überschusses müssen sie dritten Staaten den Zugang zu ihren Gewässern erlauben. Damit könnten die Küstenstaaten nicht nur die eigene Fangkapazität wie auch die Gesamtfangmenge in ihrer Wirtschaftszone festsetzen, sondern letztlich selbst darüber entscheiden, ob sie einen Überschuß zulassen wollen. Für den Zugang zu einem eventuellen Überschuß sind Rangfolgekriterien vorgesehen, unter denen die für uns interessanten (Berücksichtigung traditioneller Fischerei und Verdienste um die Fischereiforschung) nur an letzter Stelle rangieren. Unsere Trawlerflotte ist somit in Gefahr, ihre wichtigsten Fanggründe zu verlieren; die Folgen einer solchen Entwicklung für gewisse, schon jetzt strukturschwache Küstenregionen liegen auf der Hand. Darüber hinaus würde die laufende Versorgung des deutschen Marktes mit Fischereierzeugnissen gefährdet. Unsere Position läßt sich demgegenüber wie folgt zusammenfassen: Wir sind nicht dagegen, daß besonders fischereiabhängigen Staaten eine Vorrangstellung in den Gewässern vor ihren Küsten eingeräumt wird; wir müssen aber auf die größtmögliche Absicherung einer für unsere Wirtschaft wesentlichen Restposition achten. Deshalb treten wir dafür ein, daß die traditionellen Fischereirechte bei der Regelung bezüglich der Wirtschaftszonen, jedenfalls in einer gewissen Weise und nach Möglichkeit klarer als es bisher der Fall ist, berücksichtigt werden; deshalb sind wir ferner für eine möglichst konkrete und im Streitregelungsverfahren nachprüfbare Ausgestaltung der Befugnisse der Küstenstaaten in diesen Zonen.

Schließlich ist auch die traditionell hoch entwickelte deutsche Meeresforschung bedroht. Wir sind darauf vorbereitet, Beschränkungen hinnehmen zu müssen, können aber nicht ein Recht der Küstenstaaten zur Genehmigung jeglicher Meeresforschung in der Wirtschaftszone akzeptieren. Wir vertreten deshalb ein Differenzierungskonzept: Wir könnten uns mit der Genehmigungspflicht für ressourcenbezogene Forschung abfinden, verlangen aber, daß nicht ressourcenbezogene Forschung ohne küstenstaatliche Genehmigung durchgeführt werden kann. Wir sind bereit, auch bei derartigen nicht ressourcenbezogenen Forschungsaktivitäten weitgehende Auflagen zugunsten der Küstenstaaten hinzunehmen.

3) Obligatorische Streitregelung

Unsere Haltung zu einer neuen Seerechtskonvention wird nicht zuletzt davon abhängen, ob ein umfassendes obligatorisches Streitregelungsverfahren in ihr vorgesehen wird. Es macht sich allerdings eine Tendenz bemerkbar, daß der Gedanke einer durchgehenden obligatorischen Streitregelung nur in sehr beschränktem Umfang verwirklicht werden wird. Wir sind insbesondere nicht damit einverstanden, daß Streitigkeiten über Nutzungen der Wirtschaftszonen nach dem Entwurf des Konferenzpräsidenten[4] nur insoweit der Streitregelung unterliegen sollen, als sie die Beeinträchtigung der Freiheiten der Schiffahrt und des Überflugs sowie der Kabel- und Rohrverlegung und verwandter Rechte zum Gegenstand haben.

---

4 Vgl. dazu Artikel 18 des vom Präsidenten der Dritten UNO-Seerechtskonferenz, Amerasinghe, am 21. Juli 1975 vorgelegten „Informal Single Negotiating Text"; THIRD UNITED NATIONS CONFERENCE ON THE LAW OF THE SEA, Bd. V, S. 115.

4) Weiteres Verfahren, insbesondere im Rahmen der EG

Die Abstimmung innerhalb der Europäischen Gemeinschaft hat – nicht zuletzt dank der Vorschläge der Kommission[5] – erfreuliche Fortschritte gemacht. Allerdings wird es noch großer Anstrengungen bedürfen, in den noch offenen Fragen Einvernehmen zu erzielen. Während sich die Auffassungen der Mitgliedsländer in Fischereifragen – vor allem aufgrund eindeutiger Zuständigkeiten der Gemeinschaft – angenähert haben[6], ist die Gemeinschaftshaltung zu anderen Fragen noch nicht hinreichend geklärt. Dies gilt vor allem für die Nutzung von Ressourcen des Meeresbodens.

Die Mitarbeit in der Gruppe der Binnen- und sonstigen geographisch benachteiligten Länder[7] setzen wir unter Beachtung unserer politischen und rechtlichen Bindungen in der EG fort.[8]

Knoke

Referat 402, Bd. 122227

---

[5] Vgl. dazu das Arbeitspapier der EG-Kommission vom 12. November 1974 „Co-ordination of the position of Member States at the Third United Nations Conference on the Law of the Sea"; Referat 402, Bd. 122227.

[6] Vgl. dazu die Vorschläge der EG-Kommission vom 12. Januar 1976 über die Einführung einer 200-Seemeilen-Zone; Dok. 47, Anm. 22.

[7] Botschafter Knoke vermerkte am 1. August 1975, eine Maßnahme zur Stärkung der Position der Bundesrepublik auf der Dritten UNO-Seerechtskonferenz sei die Mitarbeit in der Gruppe der Binnenstaaten und geographisch benachteiligten Staaten: „Sie umfaßte Ende der Genfer Session 49 Staaten [...] und besaß damit bei 141 auf der Genfer Session insgesamt vertretenen Staaten rein zahlenmäßig eine Sperrminorität. Diese Sperrminorität kann allerdings nur dann zum Tragen kommen, wenn die in sich nicht geschlossene Gruppe zu Homogenität zusammengeschweißt werden kann." Vgl. Referat 500, Bd. 193941.

[8] Die vierte Runde der Dritten UNO-Seerechtskonferenz endete am 7. Mai 1976 in New York. In der Presse wurde dazu mitgeteilt: „Eight weeks of negotiations for a treaty covering the uses of the oceans and mining of deep-seabed minerals have ended with ample evidence that basic disputes remain unsettled. Representatives of 147 countries participating in the UN Law of the Sea Conference agreed at the final session Friday to hold a seven-week session in New York beginning Aug[ust] 2 in a further effort to complete work begun in 1973." Vgl. den Artikel „UN Sea Talk Fails to Solve Basic Issues"; INTERNATIONAL HERALD TRIBUNE vom 10. Mai 1976, S. 5.

94

Botschafter Roth an die
Ständige Vertretung bei der NATO in Brüssel

221-341.32/2-841/76 VS-vertraulich   30. März 1976[1]
Fernschreiben Nr. 1302   Aufgabe: 1. April 1976, 14.10 Uhr

Betr.: KSZE – Vertrauensbildende Maßnahmen,
      hier: Vorbereitung auf Belgrad 1977[2]
Bezug: DB Nr. 414 vom 22.3.1976 VS-NfD[3]

1) Die Vorbereitung auf das Belgrader Treffen 1977 erfordert besonders auch hinsichtlich der CBM eine sorgfältige allianzinterne Abstimmung. Wir halten es deshalb für zweckmäßig, im Bündnis den Meinungsbildungsprozeß über die Weiterbehandlung der CBM bald in Gang zu setzen. Falls zweckmäßig, könnte dieser Punkt von der Erörterung der anderen KSZE-Themen abgetrennt werden.

2) Sie werden gebeten, im Politischen Ausschuß den prozeduralen Aspekt der Ausarbeitung einer abgestimmten CBM-Position zur Sprache zu bringen und die baldige Aufnahme der Erörterung des Themas anzuregen.

3) Die NATO sollte an ihrer Strategie, die CBM offensiv zu behandeln, festhalten. Damit würde

– ein Thema weiterentwickelt, dessen Behandlung auf der KSZE sich als zweckmäßig erwiesen hat,

– erneut festgestellt, daß die Erörterung der Sicherheit Aspekte der militärischen Sicherheit einschließen muß,

– die Zusammenarbeit mit den Neutralen und Ungebundenen gefördert.

4) In der anschließenden Diskussion sollte zunächst ein Gedankenaustausch über den voraussichtlichen und gewünschten Charakter der Belgrader Konferenz unter Berücksichtigung der Aussagen der Schlußakte stattfinden.

---

[1] Durchdruck.
Der Drahterlaß wurde von Vortragendem Legationsrat Wagner konzipiert.
Hat Ministerialdirektor van Well zur Mitzeichnung vorgelegen.
Hat Botschafter Roth erneut am 1. April 1976 vorgelegen.

[2] Zu der laut KSZE-Schlußakte vom 1. August 1975 vorgesehenen KSZE-Folgekonferenz 1977 in Belgrad vgl. Dok. 45, Anm. 20.

[3] Gesandter Boss, Brüssel (NATO), teilte zur Sitzung des Politischen Ausschusses der NATO auf Gesandtenebene am 18./19. März 1976 mit: „Übereinstimmend wurde festgestellt, daß für das Vorbereitungstreffen in Belgrad bisher nur das Datum des 15. Juni 1977 feststehe, daß aber Ziele, Inhalt und Durchführung sowohl des Vorbereitungstreffens wie auch der eigentlichen Konferenz noch nicht geklärt seien. Folgende amerikanische Überlegungen fanden weitgehende Zustimmung: Der Westen müsse sich über nachstehende Fragen klarwerden: welche Ziele er in Belgrad verfolgen wolle; zu welchen Ergebnissen er zu kommen wünsche; ob er neue Vorschläge unterbreiten wolle; wie er auch in der Zeit vor Belgrad auf mögliche neue östliche oder neue neutrale Vorschläge oder Sondierungen zu reagieren gedenke; wie das östliche Konzept für Belgrad aussehen könne; ob er weitere Konferenzen für sinnvoll halte; auf welcher Ebene und für welche Zeitdauer Vorbereitungstreffen und Konferenzen stattfinden sollten; ob am Ende ein Kommuniqué oder ein neues Dokument zu verabschieden sei; was nach Belgrad geschehen solle." Vgl. Referat 201, Bd. 113463.

5) Dem könnte eine Sachdiskussion über die eventuelle substantielle Weiterentwicklung der CBM folgen. Wir würden uns in der NATO zunächst auf den Vorschlag beschränken, in der Absprache über die Manöverankündigung die Ankündigungsschwelle zu senken.[4] Die Schwelle von 25 000 Mann hat sich für die NATO nicht als vorteilhaft erwiesen, da sie offenbar mehr Manöver von 25 000 Mann und darüber abhält als der Warschauer Pakt. Es sollte deshalb versucht werden, die Schwelle auf den ursprünglichen westlichen Vorschlag von 10 000 Mann abzusenken. Die Neutralen und Ungebundenen hatten als Kompromiß eine Größenordnung von 18 000 Mann vorgeschlagen.[5] Bei dieser Höhe könnte dann ein Kompromiß zustande kommen.

6) Es sind hier darüber hinaus Überlegungen zur Ausgestaltung weiterer CBM angestellt worden. Wir sind aber der Meinung, daß zunächst die Vorschläge anderer Bündnispartner und die allianzinterne Diskussion abgewartet werden sollten, bevor wir evtl. in der NATO weitere Vorschläge zur Diskussion stellen.

7) Wir beabsichtigen aber, daneben bilateral mit Amerikanern, Briten und Franzosen folgende denkbare CBM anzusprechen:

a) Ankündigung anderer Manöver

Die Absprache hinsichtlich reiner See- und Luftmanöver, im Dokument der Schlußakte praktisch bereits angesprochen[6], könnte konkretisiert werden. Dabei wäre dem geographischen Bezugsrahmen besondere Aufmerksamkeit zu widmen.

b) Ankündigung größerer militärischer Bewegungen

Die Ankündigung größerer militärischer Bewegungen wird in der Schlußakte als zur Vertrauensbildung geeignet anerkannt.[7] Eine weitergehende Formulierung scheiterte am Widerstand der SU und der USA. Wir wären, sofern die

---

[4] Zu der in der KSZE-Schlußakte vom 1. August 1975 festgelegten zahlenmäßigen Ankündigungsschwelle für Manöver der Landstreitkräfte vgl. Dok. 9, Anm. 3.

[5] Finnland, Jugoslawien, Österreich, Schweden, die Schweiz und Zypern brachten am 20. Februar 1974 in Genf einen gemeinsamen Vorschlag zu vertrauensbildenden Maßnahmen in die Unterkommission 2 (Militärische Aspekte der Sicherheit) der KSZE ein. Darin wurde ausgeführt: „The participating states have agreed on the following: a) Prior notification of major military manoeuvres: [...] The term ‚major military manoeuvre‘ shall be understood as comprising training, under war-like conditions, with war-organized units of a total size equivalent to the operational strength of one reinforced army division or 18 000 soldiers or more. These conditions apply also to manoeuvres with one airborne division or with amphibious forces of one brigade or more." Vgl. den Drahtbericht Nr. 231 vom 19. Februar 1976 des Botschafters Brunner, Genf (KSZE-Delegation); Referat 221, Bd. 107362.

[6] Laut KSZE-Schlußakte vom 1. August 1975 unterlagen lediglich Manöver der Landstreitkräfte, zu denen auch Seelandungs- und Luftlandestreitkräfte gerechnet wurden, bzw. kombinierte Manöver unter Einschluß von Landstreitkräften der Ankündigungspflicht. Darüber hinaus wurde festgestellt: „Ankündigungen werden gegeben von größeren militärischen Manövern, die auf dem Territorium, in Europa, eines jeden Teilnehmerstaates, sowie, falls anwendbar, im angrenzenden Seegebiet oder Luftraum stattfinden." Vgl. SICHERHEIT UND ZUSAMMENARBEIT, Bd. 2, S. 922.

[7] In der KSZE-Schlußakte vom 1. August 1975 wurde ausgeführt: „In Übereinstimmung mit den Schlußempfehlungen der Helsinki-Konsultationen haben die Teilnehmerstaaten die Frage der vorherigen Ankündigung größerer militärischer Bewegungen als einer Maßnahme zur Stärkung des Vertrauens geprüft. Dementsprechend erkennen die Teilnehmerstaaten an, daß sie nach eigenem Ermessen und mit dem Ziel, zur Vertrauensbildung beizutragen, ihre größeren militärischen Bewegungen ankündigen können. Im gleichen Geiste werden die an der Konferenz über Sicherheit und Zusammenarbeit in Europa teilnehmenden Staaten der Frage der vorherigen Ankündigung größerer militärischer Bewegungen weitere Überlegungen widmen, wobei sie insbesondere die aus der Durchführung der in diesem Dokument festgelegten Maßnahmen gewonnenen Erfahrungen berücksichtigen." Vgl. SICHERHEIT UND ZUSAMMENARBEIT, Bd. 2, S. 923.

Amerikaner ihre Bedenken zurückstellen, zur Konkretisierung dieser Absprache bereit. Die Maßnahme würde die Rotation sowjetischer und amerikanischer Truppen in die Vorankündigung einbeziehen.

c) Offenlegung der Streitkräfte-Personalstärken

Schweden hatte die Offenlegung der Verteidigungsausgaben als CBM vorgeschlagen.[8] Diese Problematik wird gegenwärtig von Experten im Rahmen der VN behandelt. Einfacher als diese Maßnahme, die wegen der Verschiedenartigkeit der Wirtschaftssysteme und der Kostenstrukturen sowie der mannigfachen Verschleierungsmöglichkeiten auf große sachliche Schwierigkeiten stößt, wäre möglicherweise eine Offenlegung der Personalstärken der in Europa befindlichen Streitkräfte. Diese Offenlegung könnte etwa dadurch erfolgen, daß jeder Teilnehmer eine Streitkräfteerklärung abgibt, die so global oder detailliert sein kann, wie er es wünscht. Als geographisches Anwendungsgebiet müßte – auch für die SU – ganz Europa gelten. In diesem Zusammenhang müßten auch besonders sorgfältig eventuelle negative Auswirkungen auf die westliche Forderung nach beiderseits kollektiver Datenoffenlegung für nichtsowjetisches und nichtamerikanisches Personal bei MBFR geprüft werden.

[gez.] Roth

VS-Bd. 11414 (221)

95

Gespräch des Bundesministers Genscher mit Präsident Sadat

31. März 1976[1]

Aufzeichnung über ein Gespräch zwischen dem Herrn Staatspräsidenten Sadat[2] und dem Herrn Bundesminister Genscher am 31. März 1976 um 9.00 Uhr:

Im Zusammenhang mit der deutschen Nahostpolitik sprach BM *Genscher* von einem positiven Wandel in den Beziehungen zwischen der Bundesrepublik und

---

8 Botschafter Blech, Genf (KSZE-Delegation), übermittelte am 4. Juli 1975 einen Vorschlag zu zusätzlichen vertrauensbildenden Maßnahmen, den die schwedische KSZE-Delegation im Namen der neutralen Staaten am 2. Juli 1975 in der Unterkommission 2 (Militärische Aspekte der Sicherheit) vorgelegt hatte. Neben wechselseitigen Besuchen von Militärpersonal und der Vermeidung militärischer Aktivitäten, die Mißverständnisse oder Spannungen hervorrufen könnten, wurde vorgeschlagen, daß die Teilnehmerstaaten ihre Verteidigungsausgaben veröffentlichen sollten. Vgl. den Drahtbericht Nr. 1347; VS-Bd. 6112 (212); B 150, Aktenkopien 1975.
Am 14. Juli 1975 teilte Ministerialdirigent Meyer-Landrut, z. Z. Genf, mit, daß der schwedische Vorschlag von der sowjetischen KSZE-Delegation „klar zurückgewiesen, von Schweden jedoch aufrechterhalten" worden sei. Vgl. den Drahtbericht Nr. 1436; VS-Bd. 6112 (212); B 150, Aktenkopien 1975.

1 Die Gesprächsaufzeichnung wurde von Dolmetscher Hajjaj am 5. April 1976 gefertigt.
Hat Bundesminister Genscher am 8. März 1976 vorgelegen.
2 Präsident Sadat hielt sich vom 29. März bis 4. April 1976 in der Bundesrepublik auf. Vgl. dazu auch Dok. 100.

Israel. Für diese Beziehungen sei in Israel nicht mehr die Vergangenheit allein relevant. Die Israelis hätten zudem zunehmend Verständnis für den Wunsch der Bundesrepublik, gute Beziehungen sowohl zu Israel als auch zu den arabischen Staaten zu unterhalten. Der deutschen Stimme werde heute in Israel mehr Beachtung geschenkt als je zuvor. Das Problem Israels liege heute darin, daß man dort eine schwache Regierung habe. Bonn versuche auf Israel einzuwirken im Sinne der Herbeiführung einer umfassenden Nahost-Friedensregelung. Die Israelis leugneten nicht, daß es in ihrem eigenen Interesse sei, mit einer nicht-kommunistischen arabischen Umgebung zu leben als umgekehrt. Daher müsse Israel daran gelegen sein, daß die Freiheit der arabischen Welt gegenüber etwaigen kommunistischen Machteinflüssen gewährleistet werde. Die Sowjetunion glaube, nach Ausklammerung der europäischen Frage auf der Gipfelkonferenz von Helsinki, ihre Machtposition auf anderen Gebieten ausbauen zu können. Die Konzeption Präsident Sadats habe Moskau daran gehindert, eine solche Politik gegenüber dem Nahen Osten durchzusetzen. Hingegen verfolge die Bundesrepublik und überhaupt die EG das sowjetische Engagement in Afrika (etwa Angola[3]) mit großer Besorgnis. Man trete in Europa für die Freiheit und Unabhängigkeit der arabischen und afrikanischen Staaten ein.

Zum euro-arabischen Dialog bemerkte BM Genscher, das Mittelmeer sei kein Trennungs- sondern Verbindungsfaktor zwischen Europa und den arabischen Anrainerstaaten. Die europäischen und arabischen Staaten seien durch das Mittelmeer natürliche Partner.

Zum starken kommunistischen Einfluß in Italien und Frankreich bemerkte BM Genscher, man versuche, durch deutsche Hilfe vor allem für Italien eine Eskalation dieser Entwicklung vielleicht zu vermeiden.[4]

Zur PLO-Frage habe er Außenminister Fahmi gesagt, daß man noch einige Zeit brauche.[5] Man werde in dieser Frage in einem ständigen Konsultationskontakt mit den ägyptischen Freunden bleiben. BM Genscher fragte Präsident Sadat, ob er, Sadat, ihm einen Besuch Syriens zum gegenwärtigen Zeitpunkt empfehle oder ob eine Verschiebung angebracht wäre.

Präsident *Sadat* stimmt den Erläuterungen BM Genschers über die sowjetische Politik in Afrika und im Nahen Osten zu. Durch Vertiefung der Beziehungen Ägyptens zu den USA fühle sich die Sowjetunion vom Machteinfluß im Nahen Osten zunehmend verdrängt. Daher fördere Moskau die Polarisierung der Beziehungen zwischen Ägypten einerseits, Syrien, Libyen, Algerien und der PLO andererseits.

Die Sowjetunion werde indessen ihre Pläne im Nahen Osten nicht verwirklichen können, da Ägypten eine Schlüsselstellung in der Region innehabe und

---

[3] Zu den militärischen Auseinandersetzungen in Angola vgl. Dok. 36.

[4] Der Passus „man versuche ... zu vermeiden" ging auf handschriftliche Ergänzungen des Bundesministers Genscher zurück. Vorher lautete er: „durch die deutsche Hilfe vor allem für Italien lasse sich eine Eskalation dieser Entwicklung vermeiden".

[5] Am 30. März 1976 erkundigte sich der ägyptische Außenminister Fahmi bei Bundesminister Genscher nach der Möglichkeit, in der Bundesrepublik ein Verbundungsbüro der PLO zu eröffnen, und bot seine Vermittlung an. Genscher führte dazu aus: „Wir brauchten noch einige Zeit. Im übrigen wollten wir auch in einer Wahlzeit keine Irritationen. Wenn wir irgendwann einen Schritt täten, geschehe es im Einvernehmen mit seinem Freund Fahmi. Man werde ihn dann um Vermittlung bitten." Vgl. die Gesprächsaufzeichnung; Referat 010, Bd. 178660.

man ohne dessen Willen dort nichts zustande bringen könne. In Afrika sei die Lage anders, wie dies der Fall Angola gezeigt habe. Die Normalisierung des Verhältnisses zwischen Saudi-Arabien und Südjemen[6] sei geeignet, dem sowjetischen Einfluß am Roten Meer Einhalt zu gebieten.

Zum vorgesehenen Syrien-Besuch BM Genschers bemerkte der Präsident, eine Verschiebung wäre solange angebracht, bis sich die Lage im Libanon normalisieren würde. Im übrigen sei die syrische Mission im Libanon gescheitert. Ein gegenwärtiger Besuch Syriens durch den Minister könnte als eine Unterstützung der Baath-Position mißverstanden werden. Zur Beilegung der Libanon-Krise schlage er die Entsendung einer gesamtarabischen Friedenstruppe nach dem Libanon vor. Syrien habe diesen Vorschlag bereits abgelehnt. Die übrigen arabischen Staaten stimmten diesem Vorschlag zwar prinzipiell zu. Ein klares Bekenntnis dazu liege jedoch nicht vor. Die Syrer würden auf alle Fälle das UN-Mandat auf den Golan-Höhen[7] verlängern, da sie auf eine neue Kampfrunde nicht vorbereitet seien. Ägypten würde Syrien nur dann militärischen Beistand leisten, wenn dieses von Israel angegriffen würde.

Zum Verhältnis Ägyptens zur Sowjetunion sagte Sadat, die Russen versuchten, eine syrisch-palästinensische Front gegen Ägypten aufzustellen. Syrien betreibe in seiner Politik gegenüber den beiden Großmächten eine doppelzüngige Haltung. Der Präsident bemerkte, daß er den Nahost-Besuch Präsident Fords mit Spannung erwarte. Präsident Ford habe ihm von der Bereitschaft Israels berichtet, sich aus fast allen besetzten arabischen Gebieten zurückzuziehen. Eine Erklärung über Kriegsbeendigung komme für ihn indessen solange nicht in Frage, wie Israel arabisches Land besetzt halte.

BM *Genscher* fragte den Präsidenten, ob es in Ägypten Probleme mit den Kommunisten gebe und ob diese von der Sowjetunion Unterstützung bekämen.

Präsident *Sadat* verwies zunächst auf den erfolgreich verlaufenen Demokratisierungsprozeß in Ägypten.[8] Drei Gruppierungen seien im Entstehen begriffen:

6 Am 11. März 1976 berichtete Botschafter Montfort, Djidda, zu den Beziehungen zwischen Saudi-Arabien und der Demokratischen Volksrepublik Jemen (Südjemen): „Ein gemeinsames Kommuniqué, das am 10.3. in Riad veröffentlicht wurde, kündigt die Aufnahme normaler Beziehungen zwischen Saudi-Arabien und der D[emokratischgen]V[olksrepublik] Jemen an. [...] Außenminister Prinz Saud al-Faisal erklärte in diesem Zusammenhang, Kontakte auf Regierungsebene mit dem Ziel der Normalisierung der Beziehungen zwischen den beiden Ländern hätte es bereits gegeben. Diese müßten im Zusammenhang mit der auf Verwirklichung arabischer Solidarität und Einheit zielenden Politik Saudi-Arabiens gesehen werden. Saudi-Arabien gehe es darum, alle Kräfte im arabischen Lager zu sammeln, um gegen den gemeinsamen Feind gerüstet zu sein. Prinz Saud betonte zugleich, daß Saudi-Arabien mit großer Sorge Konflikte in anderen Teilen der arabischen Welt verfolgen würde." Vgl. den Drahtbericht Nr. 125; Referat 311, Bd. 108833.

7 Mit der am 31. Mai 1974 verabschiedeten Resolution Nr. 350 begrüßte der UNO-Sicherheitsrat die israelisch-syrische Vereinbarung vom selben Tag über Truppenentflechtung und erklärte: „The Security Council [...] Decides to set up immediately under its authority a United Nations Disengagement Observer Force, and requests the Secretary-General to take the necessary steps to this effect in accordance with his above-mentioned report and the annexes thereto; the Force shall be established for an initial period of six months, subject to renewal by further resolution of the Security Council." Vgl. UNITED NATIONS RESOLUTIONS, Serie II, Bd. IX, S. 60.

8 Am 22. März 1976 unterrichtete Botschafter Steltzer, Kairo, über innenpolitische Reformen in Ägypten: „Die Diskussion um die monatelang heftig umstrittene Erweiterung institutionalisierter politischer Meinungsäußerung in Ägypten in Richtung auf größere Demokratisierung (Diskussion um politische ‚Plattformen', nachfolgend als ‚Foren' bezeichnet) ist beendet. Der zuletzt hierfür eingesetzte ‚Ausschuß für die Zukunft der politischen Aktion' hat am 9. März seinen Abschlußbericht

1) die Rechte (Liberalsozialisten),

2) die Mitte (Ägyptischen Sozialisten),

3) die Linke (Nationalprogressive).

Die Gruppierung der Mitte, die mit seiner, Sadats, Einstellung identisch sei, verfüge in der Volksversammlung über die überwältigende Mehrheit. Die linken Marxisten würden nicht aufhören, mit Marxismus und Klassenkampf zu operieren. Man werde für den Fall harte Maßnahmen gegen sie ergreifen, daß sie von irgendeiner ausländischen Seite irgendwie geartete Hilfe bekämen. Die Russen ihrerseits würden nicht damit aufhören, Studenten und Arbeiter gegen das Regime Präsident Sadats aufzuhetzen. Da heute in Ägypten echte Pressefreiheit bestehe, dürften solche Manipulationsversuche der Russen gescheitert sein. Die Russen seien im Land ohnehin zutiefst unbeliebt. Nach Aufkündigung des Freundschaftsvertrags hätten 350 Abgeordnete euphorisch applaudiert.[9]

Auf die Frage BM *Genschers* nach dem weiteren Verlauf der Friedensbemühungen im Lichte der innenpolitischen Lage Israels sagte der *Präsident*, die Lage sei schwierig, weil man es mit einer schwachen israelischen Regierung zu tun habe. Der Umgang mit starken Persönlichkeiten wie der „Old Lady"[10] oder mit Herrn Dayan wäre von der Sache her nützlicher. Alles hänge gegenwärtig von der Nahostpolitik der USA ab. Würden diese die PLO anerkennen oder mit ihr einen Dialog führen, wäre damit ein großer Abschnitt getan. Dann müßte man sich multilateral über die globalen Lösungen verständigen. Die Syrer blockierten zwar gegenwärtig die Friedensbemühungen, im Endeffekt würden sie sich ihnen aber anschließen. Dies sei zumindest seit 1949 (Nahost-Gespräche in Zypern unter UN-Schirmherrschaft[11]) charakteristisch für die syrische Diplomatie.

Fortsetzung Fußnote von Seite 441

vorgelegt. [...] Ein Mehrparteiensystem wurde im Hinblick auf die Notwendigkeit gemeinsamer Aktion im Kampf um die Wiedergewinnung der besetzten Gebiete und für wirtschaftlichen und sozialen Fortschritt verworfen. Es werden innerhalb der A[rabischen]S[ozialistischen]U[nion] drei Foren gebildet, die die Kräfte der Mitte, der Rechten und der Linken repräsentieren [...]. Diese drei Foren sollen fortan in Nationalkongreß und ZK der ASU, in Volksversammlung und Kommunalvertretungen, zu denen sie ihre Kandidaten benennen, unterschiedliche innenpolitische (nicht außenpolitische!) Tendenzen vertreten. Künftige Regierungen werden vom Präsidenten aus Anhängern desjenigen Forums gebildet, das im Parlament die Mehrheit hat (also der Sadat'schen Mitte) [...]. Alle Foren haben das Recht, ihre Meinung in Massenmedien zu äußern, auch – unter Aufsicht des obersten Presserats – eigene Zeitungen zu gründen." Vgl. den Drahtbericht Nr. 533; Referat 310, Bd. 104684.

9 Für den Wortlaut des Vertrags vom 27. Mai 1971 zwischen der UdSSR und der Vereinigten Arabischen Republik über Freundschaft und Zusammenarbeit vgl. EUROPA-ARCHIV 1971, D 280–283.
  Am 16. März 1976 teilte Botschaftsrat I. Klasse Strenziok, Kairo, zur Kündigung des Vertrags mit: „Volksversammlung hat am 15.3. erwartungsgemäß dem von Sadat vorgelegten Entwurf eines ‚Dekrets der Republik' zugestimmt, der ‚Beendung des Vertrags über Freundschaft und Zusammenarbeit zwischen der A[rabische]R[epublik]A[egypten] und der UdSSR vom 27.5.1971 verfügt'. – Der für 15 Jahre abgeschlossene F[reundschafts]V[ertrag] sieht rein juristisch vorzeitige Kündigung nicht vor." Der ägyptische Außenminister Fahmi habe dazu erklärt, „SU habe FV ständig verletzt und sei insbesondere Verpflichtung zur Waffenlieferung nicht nachgekommen". Vgl. den Drahtbericht Nr. 476; Referat 310, Bd. 108714.

10 Golda Meir.

11 Auf Einladung der UNO an die arabischen Staaten, Vertreter zur Wiederaufnahme von Friedensverhandlungen zwischen Israel und Ägypten nach Rhodos zu entsenden, erklärte die syrische Regierung am 5. Februar 1949 ihre Bereitschaft, an den Gesprächen teilzunehmen.

Im Jahre 1977, d. h. ein Jahr nach den US-Wahlen[12], würden die Amerikaner die Weichen für eine umfassende Nahost-Lösung stellen. Im Rahmen dieser Lösung müßten die Palästinenser in den Stand gesetzt werden, im Westjordanland und im Gaza-Streifen einen eigenen Staat zu gründen. Dies wäre der Beginn eines echten Friedens. Ägypten und Israel befänden sich in einer schwierigen wirtschaftlichen Situation und könnten sich schon aus diesem Grund nicht leisten, innerhalb der nächsten 20 Jahre in neue Kriege verwickelt zu werden. Die israelischen Falken könnten jedoch an einer militärischen Eskalation interessiert sein.

Die USA, in deren Händen der Schlüssel zur Lösung des Nahost-Konflikts liege, sollten ihren gegenwärtigen ausgewogenen Kurs gegenüber dem Nahen Osten nicht ändern. Eine erneute einseitige Unterstützung Israels durch die USA sowie eine einseitige Unterstützung der arabischen Welt durch die Sowjetunion wären geeignet, die Lage im Nahen Osten unweigerlich zur Stagnation zu führen.

Referat 010, Bd. 178715

96

Gespräch des Bundesministers Friderichs mit dem sowjetischen Ministerpräsidenten Kossygin in Moskau

VS-vertraulich   **31. März 1976**[1]

Aufzeichnung betreffend Gespräch des Bundesministers für Wirtschaft, Friderichs[2], mit dem Vorsitzenden des Ministerrats der UdSSR, Kossygin, am Mittwoch, den 31. März 1976 im Kreml[3]

---

[12] Am 2. November 1976 fanden in den USA Präsidentschaftswahlen sowie Wahlen zum Repräsentantenhaus und Teilwahlen zum Senat statt.

[1] Die Gesprächsaufzeichnung wurde von Botschafter Sahm, Moskau, gefertigt und mit Schreiben vom 2. April 1976 an das Auswärtige Amt übermittelt. Vgl. dazu den Schriftbericht Nr. 1785; VS-Bd. 8892 (421); B 150, Aktenkopien 1976.

[2] Bundesminister Friderichs hielt sich anläßlich der sechsten Tagung der deutsch-sowjetischen Wirtschaftskommission vom 29. März bis 2. April 1976 in der UdSSR auf. Botschafter Sahm, Moskau, führte dazu am 5. April 1976 aus: „Die Zusammenlegung der Tagung der Wirtschaftskommission und der Eröffnung der deutschen Werkzeugmaschinenausstellung hat dem Besuch von Bundesminister Friderichs einen besonderen Akzent verliehen, da gerade der Technologieimport auf der sowjetischen Wunschliste an erster Stelle steht. Demgegenüber zeigte sich die sowjetische Seite bei ihrer handelspolitischen Hauptsorge, dem kräftig anwachsenden Handelsdefizit gegenüber der Bundesrepublik Deutschland, zwar um gewisse deutsche Zusagen bemüht, keinesfalls aber intransigent. Die Frage, wie die Sowjetunion ihre zunehmenden Importwünsche in Zukunft bezahlen will, blieb auch nach Abschluß der Tagung ohne befriedigende Antwort. Gleichwohl ist der Wunsch nach staatsverbilligten Krediten diesmal kein Gegenstand von Erörterungen gewesen." Vgl. den Drahtbericht Nr. 1186; Referat 421, Bd. 117686.

[3] Am 31. März 1976 berichtete Botschafter Sahm, Moskau, zum Gespräch des Bundesministers Friderichs mit dem sowjetischen Ministerpräsidenten vom selben Tag, Kossygin habe deutlich zu er-

An dem Gespräch, das eine Stunde dauerte, nahmen von deutscher Seite Staatssekretär Rohwedder, Botschafter Sahm und Dolmetscher Koy, von sowjetischer Seite der Stellvertretende Ministerpräsident Tichonow, der Leiter der 3. Europäischen Abteilung im SAM, Bondarenko, sowie Dolmetscher Kurpakow teil.

Ministerpräsident *Kossygin* begrüßte den Bundesminister und erkundigte sich nach dem Befinden des Herrn Bundeskanzlers.

Bundesminister übermittelte dessen Grüße und verwies auf den bevorstehenden Wahlkampf[4], der für alle Politiker eine zusätzliche Anstrengung bedeute.

Kossygin: In den USA würden etwas später ja auch Wahlen[5] stattfinden. Die Welt stehe dort auf dem Kopf. Es sei nicht mehr erkennbar, welche Politik dort getrieben würde, da jeder nur für sich spräche. Auch sei nicht zu verstehen was es bedeute, daß man ein anderes Wort für die Entspannung suche[6]. Die sowjetische Seite sei beunruhigt durch das politische Rowdytum, das in Anschlägen gegen die sowjetische Botschaft zum Ausdruck komme.[7] Die Sowjetunion dramatisiere die ungute Situation während des Wahlkampfs nicht, sonder gehe davon aus, daß nach der Wahl die Verhältnisse sich wieder ändern würden. Von diesen Ereignissen werde nicht nur die Sowjetunion, sondern z. B. auch die Bundesrepublik Deutschland betroffen.

Demgegenüber sei bei dem XXV. Parteitag[8] alles offen erläutert worden. Alle Dokumente seien öffentlich zugänglich. Die Planung für die Volkswirtschaft beruhe auf der Fortsetzung einer konsequenten Friedenspolitik. Wenn die Sowjetunion eine Kriegspolitik betriebe, hätte der Fünfjahresplan eine andere Richtung nehmen müssen. Das Referat Breschnews[9] sei zum Parteibeschluß erhoben worden. Andere Beschlüsse seien nicht gefaßt, so daß dieses Dokument die alleinige Grundlage für die künftige Politik sei.

Hinsichtlich der europäischen Angelegenheiten könne er feststellen, daß Beziehungen mit der EWG eingeleitet seien[10], die Beziehungen mit Frankreich und auch Großbritannien seien gut. Gromyko sei gerade aus London zurückgekehrt und hätte mit Wilson und Callaghan gute Gespräche geführt.[11] Die So-

Fortsetzung Fußnote von Seite 443

kennen gegeben, „daß wirtschaftliche Zusammenarbeit mit der Bundesrepublik Deutschland Bestandteil künftiger sowjetischer Außenhandelspolitik ist. Offensichtlich erkennt er die Bundesrepublik als potentesten Partner der Sowjetunion an, nachdem Beziehungen zu Amerika unklar und übrige Partner in Europa wirtschaftlich geschwächt sind." Vgl. den Drahtbericht Nr. 1131; VS-Bd. 10978 (213); B 150, Aktenkopien 1976.

[4] Die Wahlen zum Bundestag fanden am 3. Oktober 1976 statt.

[5] Am 2. November 1976 fanden in den USA Präsidentschaftswahlen sowie Wahlen zum Repräsentantenhaus und Teilwahlen zum Senat statt.

[6] Vgl. dazu das Fernsehinterview des Präsidenten Ford am 2. März 1976 in Miami; Dok. 80, Anm. 7.

[7] Am 25. März 1976 wurde in der Presse über Übergriffe gegen sowjetische Einrichtungen in den USA berichtet. Vgl. den Artikel „U.S. Diplomats in Moscow Get Warnings on Incidents in N.Y."; INTERNATIONAL HERALD TRIBUNE vom 25. März 1976, S. 2.

[8] Der XXV. Parteitag der KPdSU fand vom 24. Februar bis 5. März 1976 in Moskau statt.

[9] Zum Rechenschaftsbericht des Generalsekretärs des ZK der KPdSU, Breschnew, an den XXV. Parteitag der KPdSU vgl. Dok. 69.

[10] Zum geplanten Abkommen zwischen den Europäischen Gemeinschaften und dem RGW vgl. Dok. 45, Anm. 23.

[11] Der sowjetische Außenminister Gromyko hielt sich vom 22. bis 25. März 1976 in Großbritannien auf. Botschafter von Hase, London, übermittelte dazu am 29. März 1976 Informationen des britischen Außenministeriums: „Gromyko kritisierte die Westmächte, sie seien zu nachsichtig ‚gegen-

wjetunion werde sich bemühen, die zur Verfügung stehenden Kreditmöglichkeiten stärker auszunutzen.

Hinsichtlich der Bundesrepublik Deutschland könne man mit der wirtschaftlichen Entwicklung zufrieden sein. Die Verbindungen und Kontakte sollten so ausgebaut und fortgesetzt werden, daß die beiderseitigen wirtschaftlichen Interessen berücksichtigt würden. Beide Länder seien kein Wohlfahrtsamt.

Kossygin kam dann auf die Probleme der Landwirtschaft zu sprechen. Es sei kein Geheimnis, daß die Sowjetunion große Getreidemengen kaufen müsse.[12] Die Dürre hätte im vergangenen Jahr fast das ganze Land umfaßt, was finanzielle Spannungen zur Folge hätte.[13] Man wisse noch nicht, wie die Ernte dieses Jahres aussehen werde, immerhin sei in diesem Jahr die Feuchtigkeit überall höher als im Vorjahr.

Die vom Parteitag gestellten Aufgaben würden realisiert werden. Dies gelte auch für die Erschließung der Bodenschätze und die Investitionen für geologische Erkundigungen. Eine Frage sei, wann die Energievorräte nicht mehr ausreichen würden. Bis 1980 wolle die Sowjetunion 630 Mio. Tonnen Erdöl gewinnen. Manche meinten, daß dies nicht ausreiche. Aber immerhin werde man diese Zahl erreichen. Wichtig sei auch die Verarbeitung des Erdöls und der Export solcher Produkte. Er erkundigte sich dann nach dem Fünfjahresplan für die Energieversorgung in der Bundesrepublik Deutschland.

Friderichs: Die Bundesregierung hätte einen mittelfristigen Plan bis 1985 aufgestellt. Dabei sei eine Erhöhung der Stromerzeugung durch Kohle vorgesehen und eine Minderung der Stromerzeugung auf Ölbasis. Auch der Erdgasanteil werde zunehmen.

Im vergangenen Jahr hätten wir rund 95 Mio. Tonnen Kohle aus eigener Förderung gewonnen. 26 Mio. Tonnen würden exportiert, in erster Linie an die Stahlindustrien in der Europäischen Gemeinschaft. 6 Mio. Tonnen würden vor allem als Koks-Kohle aus Polen, USA und anderen Ländern importiert. Die größte Zuwachsrate bei der Stromversorgung werde jedoch auf die Ausnutzung der Kernenergie fallen.

Fortsetzung Fußnote von Seite 444

über gewissen Kreisen in Westdeutschland, die das Vier-Mächte-Abkommen erschüttern oder unterminieren wollten'. Westmächte sollten das Abkommen ebenso ernst nehmen wie die sowjetische Regierung. Callaghan betonte darauf die günstigen Auswirkungen des Vier-Mächte-Abkommens. Es sei ein Eckstein britischer Politik. In diesem Zusammenhang verwies er auf die Unsinnigkeit, Rudolf Heß weiter in Spandau gefangenzuhalten (72 Soldaten zur Bewachung eines alten Mannes). Darauf fiel Gromykos Bemerkung, wenn dies sein einziger Eindruck gewesen sei, den er von Berlin mitgenommen habe, dann wäre er besser nicht dorthin gereist." Vgl. den Drahtbericht Nr. 724; Referat 213, Bd. 112769.

12 Zum amerikanisch-sowjetischen Abkommen vom 20. Oktober 1975 über Getreidelieferungen vgl. Dok. 80, Anm. 4.

13 Am 8. Dezember 1975 vermerkte Vortragender Legationsrat I. Klasse Sieger zur sowjetischen Landwirtschaft: „Ohne Zweifel hat aber die jetzt vorliegende Übersicht über die sowjetische Erntemisere in diesem Jahr [...] nachhaltige Folgen für die sowjetische Wirtschaftsentwicklung in der bevorstehenden Planperiode. Die Gold und Devisenreserven, die Deviseneinnahmen aus dem Außenhandel mit dem Westen, die aufgrund der steigenden Rohstoffpreise eine zunehmende Tendenz aufweisen sowie der Gegenwert der sowjetischen Goldproduktion dürften bei weitem ausreichen, um die diesjährigen und zukünftigen Getreideimporte auszugleichen. Andererseits verringert sich jedoch die sowjetische Liquidität für die notwendigen Importe von westlichen Investitionsgütern. Es ist daher zu erwarten, daß die Sowjetunion in absehbarer Zukunft noch stärker als bisher auf günstige Kredite bzw. Kompensationslieferungen für Einfuhren aus dem Westen drängen wird." Vgl. Referat 421, Bd. 117681.

Auf eine Frage von *Kossygin* nach den Sicherheitsmaßnahmen bemerkte *Friderichs*, daß die Genehmigung jeder neuen Anlage außerordentlich kompliziert und zeitraubend sei. Ein größtes Problem liege jedoch bei der dauerhaften Lagerung und Aufbereitung des Brennmaterials. *Kossygin* erkundigte sich nach Lieferanten für Brennstoff.

Fridrichs: Größter Lieferant seien die USA. Jedoch würde auch aus der UdSSR Brennstoff bezogen.[14] Wenn der mit den Niederlanden und Großbritannien vorgesehene Bau einer Anreicherungsanlage in Holland fertiggestellt sei[15], würde man auch Länder mit Natururan berücksichtigen können.

Zu der von Kossygin aufgeworfenen Preisfrage erwiderte Friderichs, daß Kohlenstrom am teuersten sei. Atomenergie sei bei voller Leistung billiger, deswegen würde die Grundproduktion an Strom durch Atomenergie gesichert, während die Spitzen durch Kohlestrom abgedeckt würden.

Kossygin: Nach sowjetischer Auffassung sei es umgekehrt richtiger. Hier würde die Spitze durch Wasserkraft produziert, dann folge Atom, Kohle, Erdöl.

Kossygin kam dann noch einmal auf die Probleme der Landwirtschaft zu sprechen. Er forderte einen größeren Erfahrungsaustausch, um die Steigerung der Ernte zu sichern. Vor allem Samenselektion sei wichtig. Sowjetunion hätte 1975 90 Mio. Tonnen Düngemittel (auf Stickstoffeinheiten umgerechnet) produziert. Im Verhältnis zu den USA sei dies eine höhere Produktion, jedoch hätten die Sowjetunion auch· mehr Fläche und mehr Bevölkerung. Bis 1980 wolle man auf eine Jahresproduktion von 140 Mio. Tonnen gelangen. Auch baue man neue Anlagen für Ammoniakherstellung und rechne dabei mit der Mitwirkung der westdeutschen Industrie. Es sei wichtig, daß engere Beratungen zwischen den Landwirtschaftsministerien aufgenommen würden, daß Fachleute sich treffen und Seminare veranstaltet würden. Man müsse evtl. Anbauflächen zur Verfügung stellen und Samen einkaufen. Mit Österreich arbeite man z. B. bei Mais zusammen. Ein wichtiges Gebiet der Zusammenarbeit sei auch die Zuckerrübenproduktion, bei der man neue Sorten entwickeln müsse.

Tichonow äußerte Gedanken, daß man evtl. eine Fachgruppe Landwirtschaft im Rahmen der Kommission[16] gründen könne.

Kossygin ging darauf nicht näher ein, sondern betonte erneut, daß die Saatgutselektion eine der wichtigsten Fragen sei, vor der die Welt stehe, deren Bevölkerung täglich um 195 000 Menschen zunehme.

---

14 Am 12. August 1973 einigten sich Energieversorgungsunternehmen aus der Bundesrepublik sowie das sowjetische Staatskomitee für Atomenergie und die Außenhandelsorganisation „Techsnabexport" auf die Durchführung von Lohnanreicherung von Uran durch die UdSSR. Vgl. dazu AAPD 1973, II, Dok. 257.

15 Die Bundesrepublik, Großbritannien und die Niederlande unterzeichneten am 4. März 1970 in Almelo ein Abkommen über die Zusammenarbeit bei der Entwicklung und Nutzung des Gasultrazentrifugenverfahrens zur Herstellung angereicherten Urans. Für den Wortlaut vgl. BUNDESGESETZBLATT 1971, Teil II, S. 930–949.

16 Am 23. Juni 1976 informierte Vortragender Legationsrat Hölscher die Botschaft in Moskau: „Der Bildung der Fachgruppe Landwirtschaft, die während der 6. Tagung der deutsch-sowjetischen Wirtschaftskommission von sowjetischer Seite angeregt wurde, wird hier Interesse entgegengebracht und – soweit regierungsseitig möglich – Unterstützung zugesagt. Gleichwohl muß der sowjetischen Seite unmißverständlich mitgeteilt werden, daß eine derartige Fachgruppe nicht an die Stelle des geplanten und im materiellen Sinne von der deutschen Seite als fertiggestellt angesehenen Ressortabkommens treten kann." Vgl. den Drahterlaß 373; Referat 421, Bd. 117678.

Friderichs sagte zu, daß er mit Bundesminister Ertl über diese Fragen sprechen werde. Die von Kossygin gewünschte Zusammenarbeit könne organisiert werden. Eine Einladung des Bundesministers Ertl an den sowjetischen Landwirtschaftsminister liege bereits seit längerer Zeit vor.[17] Es wäre gut, wenn dieser oder sein Vertreter bald in die Bundesrepublik Deutschland reisen könnte.

Kossygin sagte zu, sich darum zu kümmern und kam dann etwas unvermittelt ausführlich auf Projekte für den Industrieausbau von Tomsk zu sprechen. Große Erdöl- und Erdgasleitungen würden von Tomsk nach Irkutsk gelegt über 2000 km, um die Ölversorgung des Ostens der Sowjetunion sicherzustellen. Kossygin schlug vor, daß Friderichs sich die großen Anlagen für Aluminium, Wasserkraft und Holz in Sibirien einmal ansehe. Die dortigen Projekte seien auch kürzlich in dem Wiener Institut für Systemanalyse erörtert worden.

Friderichs: Auf deutscher Seite sei die Rede von Generalsekretär Breschnew sorgfältig studiert und als praktisches Programm verstanden worden. Im Rahmen der Kommission hätte man sein Bekenntnis zur Arbeitsteilung[18] als Grundlage für die weitere Tätigkeit angenommen. Ein wichtiges Problem sei die Schaffung eines Gleichgewichts der Handelsbilanz durch weitere Erhöhungen der Importe aus der Sowjetunion.[19] Hierfür seien langfristige Lieferverträge bedeutsam. Die letzten Monate hätten eine aufsteigende Tendenz gezeigt.

Die Bundesregierung werde die bisherige Politik fortsetzen und zu einer bewußten Vertiefung der wirtschaftlichen und politischen Beziehungen beitragen. Mit dem Verlauf der letzten Jahre sei er durchaus zufrieden. Der sowjetische Fünfjahresplan biete eine Grundlage für eine kräftige Erhöhung des Warenaustauschs, so daß man damit rechnen könne, daß der Warenaustausch des Jahres 1975 in Höhe von 10 Mrd. DM bis 1980 auf die doppelte Höhe gebracht werden könne.

Kossygin: Voll einverstanden. Die Bundesrepublik Deutschland und die Sowjetunion könnten geographisch, wirtschaftlich und politisch große Projekte ge-

---

[17] Bundesminister Ertl sprach anläßlich seinen Besuchs vom 9. bis 14. September 1973 in der UdSSR eine Einladung an den sowjetischen Landwirtschaftsminister Poljanskij zu einem Gegenbesuch in der Bundesrepublik aus. Vgl. dazu den Drahtbericht Nr. 3082 des Botschafters Sahm, Moskau, vom 14. September 1973; Referat 421, Bd. 117701.
Mit Schreiben vom 15. April 1976 erneuerte Bundesminister Ertl die Einladung gegenüber dem sowjetischen Landwirtschaftsminister Mesjaz. Vgl. Referat 421, Bd. 117678.

[18] Am 24. Februar 1976 bezeichnete der Generalsekretär des ZK der KPdSU, Breschnew, in seinem Rechenschaftsbericht an den XXV. Parteitag der KPdSU „die zunehmende Nutzung der internationalen Arbeitsteilung für die Entwicklung jedes Landes, unabhängig von dessen Reichtum und jeweiligem Wirtschaftsniveau", als Zeichen der Zeit. Vgl. EUROPA-ARCHIV 1976, D 239.

[19] Am 9. Dezember 1975 stellte Botschafter Sahm, Moskau, fest: „Nach Schätzungen hiesiger westlicher Botschaften werden mit Ausnahme Großbritanniens und Schwedens alle größeren westlichen Handelspartner der UdSSR 1975 einen Aktivsaldo in ihrem Warenverkehr mit der Sowjetunion ausweisen. [...] Zwar hatten sich mit Erhöhung der Weltmarktpreise für Rohstoffe 1973 bis 1975 auch die sowjetischen terms of trade im Westhandel verbessert. Wegen der anhaltenden Rezessionstendenzen in der Weltwirtschaft und der damit eher ungünstigen Aussichten für eine Steigerung der sowjetischen Westexporte nach ihrem Rückgang 1975 kann jedoch nicht erwartet werden, daß sich die Schere zwischen westlichen Exporten und den Importen aus der Sowjetunion in den nächsten Jahren schließen wird. Die Finanzierung der Importe aus den westlichen Hartwährungsländern kann somit jedenfalls zunächst nicht durch die Devisenerlöse aus sowjetischen Exporten gesichert werden." Vgl. den Drahtbericht Nr. 4244; Referat 421, Bd. 117678.
Zum Handel zwischen der Bundesrepublik und der UdSSR vgl. Dok. 72, Anm. 9.

meinsam entwickeln und damit eine lange Zeit der Beziehungen sicherstellen. Der Handel solle dabei nicht auf kleinlicher Grundlage des einfachen Kaufens und Verkaufens, sondern auf dem Wege der Arbeitsteilung gestaltet werden. Es gehe um die Sache und nicht um den Lärm, den man damit machen könne. Man solle keine Spieluhren bauen.

Abschließend dankte Kossygin für den Besuch und bat um Übermittlung von Grüßen an Bundeskanzler, Bundespräsidenten und Bundeskanzler a.D. Brandt, zugleich auch im Namen von Breschnew.

VS-Bd. 8892 (421)

97

Botschafter Kastl, Buenos Aires,
an das Auswärtige Amt

Schriftbericht Nr. 457   **2. April 1976**[1]

Betr.:   Argentinischer Staatsstreich vom 24.3.76[2];
        hier: Möglichkeiten und Gefahren

Bezug: Bericht vom 2.4.76 – Nr. 454[3]

Zur Unterrichtung

I. Das reiche, ruhelose Argentinien, ein Eckpfeiler im erweiterten atlantischen Sicherheitsgefüge, Absatzmarkt und Rohstofflieferer, Heimat vieler deutscher Siedler und Vermögen und stets ein treuer Freund unseres Volkes – Argentini-

---

[1] Hat Vortragendem Legationsrat I. Klasse Hampe vorgelegen, der Markierungen auf S. 5 und S. 7 der Vorlage vornahm und handschriftlich für Vortragenden Legationsrat Haeften vermerkte: „Gelber Dienst bis S. 5 und S. 7? So schnell wie möglich, da noch frische Eindrücke." Vgl. Anm. 9, 24 und 25.

[2] Am 24. März 1976 notierte Vortragender Legationsrat Bracklo Informationen des Gesandten von Vacano, Buenos Aires, zur Machtübernahme durch das argentinische Militär: „Die Junta der Oberkommandierenden der drei Waffengattungen hat die Regierungsgewalt heute in den frühen Morgenstunden ohne Blutvergießen und ohne Widerstand übernommen. Ein Kabinett soll noch heute ernannt und u. U. auch schon vereidigt werden. Im Land herrscht Ruhe. Ein Aufruf zum Generalstreik blieb ohne Wirkung. Widerstand gegen die Anordnungen des Militärs wird mit lebenslänglicher Haft oder dem Tod bestraft (Belagerungszustand herrscht schon seit 1 1/2 Jahren). Die Präsidentin soll sich an entlegenem Ort im Süden des Landes in Haft befinden. [...] Die Junta legt größten Wert auf Vermeidung von ‚chilenischen' Entwicklungen und auf positive Weltmeinung." Vgl. Refert 300, Bd. 103579.

[3] Botschafter Kastl, Buenos Aires, führte aus: „Auf meine Bitte empfing mich heute der neue argentinische Außenminister, Konteradmiral Guzzetti, zu einem Höflichkeitsbesuch und Sachgespräch. Die schnelle Reaktion auf meinen Gesprächswunsch und der Empfang durch den Minister noch vor seinem routinemäßigen Erstempfang für das gesamte diplomatische Korps war offensichtlich als Demonstration des guten Willens und des Interesses an einer guten Zusammenarbeit mit der Bundesrepublik Deutschland gedacht. [...] Der Minister zeigte sich über die wesentlichen von mir angeschnittenen Themen wohlunterrichtet und sagte eine zügige Bearbeitung zu. [...] Zum Abschluß habe ich den Minister noch auf die wichtige Rolle hingewiesen, die eine humanitären Überlegungen entgegenkommende Behandlung der Chile-Flüchtlinge durch die argentinische Regierung auf

en steht wie achtmal zuvor in seiner kurzen Geschichte an einer Wende: Am 24. März glaubten seine Generäle wieder einmal, den Zivilisten die Macht im Staat entwinden zu müssen, den diese zerrüttet hatten. Ihr Eingriff verarmt nicht die Demokratie, denn der argentinische Kongreß erwies sich als unfähig, mit verfassungsgemäßen Mitteln den Staat aus dem Abgrund zu retten, in den ihn peronistische Demagogie zum zweiten Mal in einem Vierteljahrhundert geritten hat. Der Eingriff erschüttert auch nicht den Weltfrieden: Perón, und nach dessen Tod seine Witwe[4], liebäugelten entweder mit dem Terror links- und rechtsextremistischer Mörder oder ließen sie gewähren. Der Eingriff stellt ferner keine Einbuße für die Wirtschaft dar: Die Jahresinflationsrate hatte im Februar über 700% erklommen, der Reallohn ist gegenüber dem Indexjahr 1973 von 100 auf rund 60 Punkte abgefallen, die Einstellung der Auslandszahlungen war nur noch eine Frage von Tagen; das argentinische Kapital und die Intelligenz flohen ins Ausland, das ausländische Kapital und Einwanderer mieden Argentinien. Das wirtschaftliche Chaos und das selbst für hiesige Verhältnisse ungewöhnliche Maß des Unterschleifs öffentlicher Gelder beeinträchtigten die soziale Gerechtigkeit. Die unfähige, leichtfertige Führung der letzten zwei Jahre seit Peróns Rückkehr aus dem Exil[5] hat Argentinien wohl dem tiefsten Verfall in diesem Jahrhundert preisgegeben. Statt schon jetzt einzugreifen, hätten die Generäle vielleicht weiser gehandelt zu warten, bis die bisherigen Machthaber noch schreiender ihr Versagen offenbart hätten. Ihr Eingreifen war indessen unter den heutigen Umständen der einzig gangbare Ausweg aus der Sackgasse, denn das Ungestüm vieler Truppenoffiziere zwang die besonnene Spitze der Streitkräfte schon jetzt zur Tat. Scheitert auch dieser Versuch, das Land zu gesunden und, wie die Generäle erklären, nach Jahren „nationaler Neuordnung" zu einer demokratischen Staatsform zurückzuführen, kann morgen oder übermorgen die Alternative einer staatskapitalistischen Diktatur drohen – mit ernsten Folgen auch für unsere gewichtigen Interessen am La Plata.

II. Die Generäle scheuten lange davor zurück, das mit jedem Tag undankbarere Erbe des Peronismus anzutreten. Ihre Kameraden hatten zuletzt von 1966[6] bis 1973 erfahren, wie schwer und ruhmlos es ist, Argentinien zu regieren. Als General Jorge Rafael Videla und die Streitkräfte schließlich glaubten, dennoch

---

Fortsetzung Fußnote von Seite 448

die öffentliche Meinung in Deutschland haben werde. Mein Gesprächspartner verstand meinen Hinweis richtig als freundschaftliche Geste und sagte zu, den von mir vorgetragenen Aspekt nicht aus den Augen zu verlieren." Vgl. Referat 300, Bd. 103581.

4 Präsident Perón verstarb am 1. Juli 1974. Seine Nachfolge trat die Vizepräsidentin Perón an. Am 4. Februar 1976 bewertete Botschafter Kastl, Buenos Aires, die Regierungszeit von Präsidentin Perón: „Eine hilflose Präsidentin an der Spitze einer Präsidialdemokratie nordamerikanischen Zuschnitts, eine verschüchterte Führerin des auf Führerkult ausgerichteten Peronismus, ein Medium magischer Einflüsterungen als Regentin einer jungen Nation im Umbruch und auf der Suche nach innerer und äußerer Identität: Diese Ohnmacht der Staatsgewalt trägt die Hauptschuld an der heutigen Krise Argentiniens. Seit dem Tod des greisen Volkstribunen Perón, der das politische Spiel mit den Kunstgriffen eines routinierten Mimen zu handhaben pflegte, ist die Geschichte des Landes vollends auf die Stilstufe des Schmierentheaters abgeglitten, mit Isabelita, Peróns Witwe, als Heldin." Vgl. den Schriftbericht Nr. 192; Referat 300, Bd. 103578.

5 Der ehemalige Präsident Perón kehrte am 20. Juni 1973 aus dem Exil nach Argentinien zurück.

6 Am 28. Juni 1966 führte eine Junta unter dem Oberbefehlshaber der argentinischen Armee, General Pistarini, einen Staatsstreich durch. Am folgenden Tag wurde General Onganía als neuer Präsident vereidigt.

zuschlagen zu müssen, taten sie dies nach gewissenhafter Vorbereitung. Die nach minutiösem Plan vollzogene Machtübernahme traf auf keinen Widerstand. Die Streitkräfte setzten die öffentliche Ordnung mit fester Faust durch, doch die Faust steckt im Glacéhandschuh. An den Schuldigen am heutigen Debakel wollen sie Recht und keine Rache üben. Im Verkehr mit der Nation sprechen sie eine sachgerechte, nüchterne Sprache: Sie fordern Opfer und verzichten auf unerfüllbare Versprechen. Nach einer Woche sieht es so aus, als ob die Militär-Junta fest im Sattel sitze. Furcht, aber auch das Aufatmen vieler Argentinier, daß der Spuk der letzten Monate peronistischer Anarchie verjagt ist, ließen in den Fabriken bisher Ruhe einkehren; die Produktivität wächst, manche Konsumpreise sinken wie auch, wenn auch vielleicht nur vorübergehend, der Dollarkurs.

Die Generäle lernten aus den Fehlern General Pinochets in Chile; sie wissen, Argentinien läßt sich nicht gegen den Protest der ganzen Welt wieder umbauen. Mit der Bereitschaftserklärung der meisten Staaten, die amtlichen Beziehungen mit der Junta fortzuführen, ist dieser ein Stein vom Herzen gefallen.

Videla und seine Mannschaft haben die erste Prüfung behende und mit Auszeichnung bestanden. Dieser Erfolg ermutigt sie, die vielen noch folgenden Aufgaben mit gleicher Umsicht und Tatkraft anzupacken. Sie können auf einige Vorteile bauen: Isabelitas Schatten wird ungleich kürzer sein als der, den ihr Mann einst nach dem Staatsstreich von 1955[7] über das Wirken der damaligen Regierungen geworfen hat. Zunächst wird eine artikulierte parlamentarische Opposition als Alternative auf sich warten lassen – zu groß war der Abnutzungseffekt der letzten Staatskrise. Die Generäle können sich schließlich auf die Sachkunde ihrer wirtschaftlichen Ratgeber verlassen und auf die bisher ungehobenen geistigen und materiellen Reserven des Landes. Sie rechnen daher auch mit dem handfesten Verständnis des Auslands, vor allem der Vereinigten Staaten und der Bundesrepublik Deutschland.

III. Ein Montonero-Führer rieb sich dieser Tage im Gespräch mit einem deutschen Korrespondenten die Hände: Der militärische Staatsstreich sei just das, worauf seine Kampfgenossen seit langem hingewirkt hätten. Demnächst werde gewiß ein Putsch der militärischen „Falken" dem Putsch der „Tauben" folgen. Der Putsch werde in blutiger Unterdrückung des Terrorismus und des bald einsetzenden Aufbegehrens der Arbeiter und Kleinbürger ausufern, die das Notprogramm der Generäle am schmerzlichsten treffen müsse. Die Folge sei, daß sich endlich die enttäuschten Massen mit den Aktivisten des Fortschritts zusammenschlössen.

Diese Analyse beschreibt glaubwürdig die Klippen, die den Generälen bei ihrem Versuch entgegenstehen, das Ziel der Klasse zu erreichen, nämlich Argentinien endlich politisch und wirtschaftlich zu gesunden. In der Tat, der militärische Staatsstreich ist ein Erfolg auch der Terroristen, die ihn immer wieder versuchten zu provozieren. Außerdem stellen sich heute viele ernste Fragen, trotz des Erfolgs des Militärs in der ersten Woche. Der Terrorismus hat

---

[7] Eine Revolte von Teilen der argentinischen Streitkräfte am 16. September 1955 veranlaßte Präsident Perón dazu, am 19. September 1955 seinen Rücktritt zu erklären und die Macht an eine Militärregierung zu übergeben.

wieder mit seinen Morden begonnen[8], die Ordnungskräfte schlagen hart zu. Werden sie die Anarchie ausrotten können, ohne Märtyrer zu schaffen, oder werden sie verhindern können, daß die Terroristen sie zu rücksichtsloserem Durchgreifen provozieren? Um den wirtschaftlichen Bankrott zu überwinden, werden Opfer notwendig sein, doch wen treffen sie am härtesten? Den Peronismus als Bewegung eines meisterlichen Verführers der Massen hat gewiß der Tod Peróns und das Versagen seiner Witwe vorerst gelähmt. Wird der Peronismus aber nicht in alter Verpackung und mit verändertem Inhalt bald wieder auf dem politischen Markt angeboten werden, wenn die Euphorie der ersten Monate des neuen Regimes und die Erinnerung an den Alptraum der letzten Monate des alten verblaßt sein werden? Der terroristische Gewährsmann mag Recht behalten: Es ist nicht ausgeschlossen, daß die sicherlich nicht über Nacht zu bremsende Rieseninflation das Realeinkommen vieler „kleiner Leute" weiter aushöhlen wird und diese dann versucht sein werden, marxistischen Schlagworten unter peronistischen Vorzeichen nachzulaufen. Ihnen könnten sich auch die Nationalisten zugesellen, die im Einklang mit einer geschichtlichen Grundrichtung Argentiniens auslandsfeindlich sind und an dem freihändlerischen, westlichen Kurs der neuen Mannschaft Anstoß nehmen werden. Und droht nicht auch das wetterwendische, maffiose Naturell der Argentinier früher oder später das Streben der Generäle zu vereiteln, die auf geduldige Mitarbeit und öffentliche Sauberkeit angewiesen sind? Die Kurve der öffentlichen Meinung pflegt in diesem Lande fiebrig von himmelhohem Jauchzen zu tödlicher Betrübnis umzuschlagen. Schließlich ist die Geschlossenheit der Streitkräfte nicht so zuverlässig wie sie dies heute darstellen. Werden jene „Falken", die die „Tauben" vor einer Woche zu vorzeitigem Eingreifen zwangen, stillhalten und sich mit dem Staatsstreich in Glacéhandschuhen abfinden?

IV. Es ist offenkundig: Die Bilanz der Möglichkeiten und Gefahren, der sich die Regierung General Videlas gegenübersieht, läßt keine leichten Erfolge erhoffen. Da auf absehbare Zeit die einzige Alternative nur das Abgleiten dieses für uns wichtigen Landes in linksautoritäre Abenteuer ist, werden wir mit dem neuen Regime zusammenarbeiten müssen.[9]

Es hat den Anschein, daß unsere öffentliche und veröffentlichte Meinung die nüchterne Politik Videlas und seiner Kameraden zu honorieren bereit ist. Un-

---

8 Mit Schreiben vom 2. April 1976 an das Bundeskriminalamt bilanzierte die Botschaft in Buenos Aires die im März 1976 in Argentinien verübten Terroranschläge: „Die Eskalation der Gewalt spiegelt sich in den hohen Zahlen der Statistik wieder. Das Kommando der Sicherungsgruppe in Buenos Aires registrierte anhand der verfügbaren Zeitungsmeldungen 22 (12): Bombenanschläge 104 (15), Schußwaffendelikte 39 (7), Entführungen 44 (7). Die hier erfaßten Delikte forderten 130 (51) Tote und 51 (6) Verletzte. Die eingeklammerten Zahlen sind die des Vormonats. [...] Die Statistik über die Zahl der Toten bei Terroristenaktionen seit dem 25.5.1973 [...] bis zum letzten Wochenende zeigt das trostlose Bild, daß 1358 Personen ihr Leben verloren. Laut ausländischen Zeitungsberichten soll sich die Zahl der getöteten Personen sogar auf 2500 belaufen. Die argentinischen Terroristen konnten bisher durch Entführungen, Überfälle und andere Guerillatätigkeiten 479 Mill[ionen] Dollar erbeuten, die sie zur Erschütterung der Regierungen lateinamerikanischer Länder benutzten." Vgl. Referat 300, Bd. 103578.

9 An dieser Stelle Markierung des Texts durch Vortragenden Legationsrat I. Klasse Hampe. Vgl. Anm. 1.

sere rasche Erklärung, die amtlichen Beziehungen fortführen zu wollen[10], hat hier Dank geerntet. Wie aber können wir nun weiter fruchtbar werden?

In den Schubladen liegen einige Abkommen, die es verdienen, rasch hervorgeholt und in Kraft gesetzt zu werden.

1) Das Abkommen über technisch-wirtschaftliche Zusammenarbeit ist unterschriftsreif[11]; die Junta könnte ihre Tatkraft beweisen und die Dokumente rasch unterschreiben lassen.

2) Die Junta kann auch das Kulturabkommen[12] ohne Mühen in Kraft setzen, das der Kongreß zwei Jahre lang versäumt hat zu ratifizieren.

3) Die Doppelbesteuerungsregelung für 1974 und 1975 könnte auf gleiche Weise in Kraft gesetzt werden und damit den Weg für baldige Verhandlungen über ein längerfristiges Doppelbesteuerungsabkommen ebnen.[13]

4) Vermutlich werden wir jetzt mit größerer Aussicht auf Erfolg eine Reihe offener Streitpunkte regeln können wie die „Argentinisierung" der Siemens Argentina S.A.[14], die Enteignung des Banco Argentino de Comercio[15], die Schulden der Firmen Bernalesa S.A.[16] und Siam Di Tella S.A.[17], die Entschädigung für unser Botschaftsgrundstück[18].

---

[10] Am 26. März 1976 teilte Botschafter Kastl, Buenos Aires, mit: „Habe soeben amtierendem Protokollchef argentinischen Außenministeriums formell erklärt, daß Bundesrepublik Deutschland Fortführung amtlicher Beziehungen wünscht und Botschaft wohl mit Note vom 29. März bestätigen werde. Meiner Demarche war entsprechender Schritt italienischen Botschafters (und Botschafters USA) vorausgegangen." Vgl. den Drahtbericht Nr. 125; Referat 300, Bd. 103581.

[11] Botschaftsrat I. Klasse Graf von der Schulenburg, Buenos Aires, berichtete am 20. November 1976 zu den Verhandlungen über ein Abkommen zwischen der Bundesrepublik und Argentinien über technische Zusammenarbeit, daß die argentinische Seite einen neuen Abkommensentwurf ausgearbeitet habe, „in den unsere Vorschläge fast ausnahmslos aufgenommen worden sind". Vgl. den Schriftbericht Nr. 1660; Referat 300, Bd. 102017.
Für den argentinischen Entwurf vom 19. November 1975 vgl. Referat 300, Bd. 102017.

[12] Für den Wortlaut des Abkommens vom 29. Juni 1973 zwischen der Bundesrepublik und Argentinien über kulturelle Zusammenarbeit vgl. BUNDESGESETZBLATT 1978, Teil II, S. 1275 f.

[13] Botschafter Kastl, Buenos Aires, legte am 23. Juni 1976 zur Frage eines Abkommens zwischen der Bundesrepublik und Argentinien über die Vermeidung von Doppelbesteuerung dar: „Argentinien hat das Doppelbesteuerungsabkommen vom 13. Juli 1966 zum 31.12.1973 gekündigt. Über ein neues Abkommen haben zwei Verhandlungsrunden keine Einigung gebracht. Eine Zwischenlösung für das Jahr 1974/75 wurde in der Bundesrepublik auf dem Verwaltungsweg in Kraft gesetzt, in Argentinien ist sie nicht ratifiziert worden. Die Regierung will jetzt diese Lösung für 1974 und 1975 in Kraft setzen und erneut Verhandlungen für eine Regelung der Frage für die kommenden Jahre aufnehmen, sobald sich ihre Vorstellungen über eine Neuordnung des Steuersystems konkretisiert haben." Vgl. die Anlage zum Schriftbericht Nr. 831; Referat 300, Bd. 103590.

[14] Referat 300 vermerkte am 17. März 1976 zur argentinischen Tochterfirma der Siemens AG: „Am 17. Oktober 1974 kündigte Präsidentin Perón die ‚Argentinisierung' der ‚Siemens S.A.', der ITT-Tochter sowie einer weiteren kleineren Firma im ausländischen Besitz an. Mit Dekret Nr. 259 vom 4. Februar 1975 wurde eine Regierungskommission mit der Ausarbeitung einer Konzeption für die künftige Organisation der argentinischen Fernmeldeindustrie beauftragt. Dabei soll dem Staate der entscheidende Einfluß im Fernmeldewesen gesichert werden." Vgl. Referat 300, Bd. 103581.

[15] Botschafter Kastl, Buenos Aires, skizzierte am 23. Juni 1976 die durch die Verstaatlichung der Banco Argentino de Comercio aufgeworfenen Fragen: „Die Chase Manhattan Bank (56%) und die Deutsch-Südamerikanische Bank betrieben in Buenos Aires den Banco Argentino de Comercio. 1973 übernahm der argentinische Staat diese Bank. Die vorgesehene Entschädigung ist für die Deutsch-Südamerikanische Bank unzureichend." Vgl. den Schriftbericht Nr. 843; Referat 300, Bd. 103584.

[16] Botschafter Kastl, Buenos Aires, notierte am 23. Juni 1976 zu Forderungen gegen die argentinische Firma La Bernalesa S.A.: „Die Firma Münchmeyer & Co., Hamburg, hat gegen das argentinische Textilunternehmen La Bernalesa S.A. eine Hermes-gedeckte Restforderung in Höhe von rd. 2,93 Mio. DM einschließlich Zinsen. Als das Unternehmen in Zahlungsschwierigkeiten geriet, setz-

5) Wir werden demnächst eine Antwort auf unseren Abkommensentwurf über Militärdienst von Staatsbürgern doppelter Staatsangehörigkeit anmahnen sowie eine Antwort auf unser Angebot, mit den Argentiniern auf dem Fischereisektor zusammenzuarbeiten[19], und anregen, den bisher für das Iberá-Projekt[20] zurückgehaltenen Entwicklungskredit von DM 12 Mio. für die teilweise Finanzierung von Fernseheinrichtungen zu verwenden, die Argentinien für die Fernsehübertragungen bei den Fußballweltmeisterschaften 1978 braucht.[21]

6) Die Bundesregierung hatte in den letzten Jahren berechtigten Anlaß, Argentinien aus ihrer aktiven Lateinamerikapolitik auszuklammern, denn es fehlte ein zuverlässiger Gesprächspartner. Trotz der unleugbaren erheblichen Hindernisse, denen sich die neuen Machthaber gegenübersehen, ist mit einer längeren Dauer ihres Regimes zu rechnen. Sie werden dabei Besuche deutscher Gesprächspartner willkommen heißen, mit denen die deutsch-argentinische

Fortsetzung Fußnote von Seite 452

te der argentinische Staat einen staatlichen Verwalter ein. [...] Nach dem Staatsstreich wurde ein Offizier als Verwalter eingesetzt, der sich zunächst einen Überblick verschaffen mußte. Es verstärkt sich der Eindruck, daß der Verwalter eine eigene Entscheidung scheut. Die Angelegenheit droht nunmehr, in einem Zuständigkeitsgerangel der argentinischen Bürokratie unterzugehen." Vgl. den Schriftbericht Nr. 843; Referat 300, Bd. 103584.

17 Am 23. Juni 1976 stellte Botschafter Kastl, Buenos Aires, zu den Schulden der argentinischen Firma Siam Di Tella bei Gläubigern aus der Bundesrepublik fest: „Hermes-gedeckte Restforderungen dreier deutscher Firmen aus Maschinenlieferungen in Höhe von insgesamt 3,5 Mio. DM stehen noch offen. Die Begleichung durch das nunmehr vom argentinischen Staat kontrollierte Unternehmen scheiterten bisher an Transferschwierigkeiten oder an Zahlungsunfähigkeit des Unternehmens." Vgl. den Schriftbericht Nr. 843; Referat 300, Bd. 103584.

18 Am 27. Oktober 1975 berichtete Botschafter Kastl, Buenos Aires, der argentinische Außenminister Castex habe erklärt: „Lösung Problems der Entschädigung für Botschaftsgrundstück Plaza Alemana sei schwieriger. Rückgabe alten Grundstücks Quintana scheide aus innenpolitischen Gründen aus, da jetziger Benutzer, die Streitkräfte, deren Haltung bei augenblicklicher Lage Argentiniens berücksichtigt werden müsse, für Herausgabeforderungen kein Verständnis haben würden. Zahlung einer Geldentschädigung falle Stadt Buenos Aires sehr schwer: Die Kassen seien leer." Vgl. den Drahtbericht Nr. 532; Referat 300, Bd. 102012.

19 Am 26. November 1975 notierte Vortragender Legationsrat I. Klasse Hampe: „Argentinien besitzt eines der letzten großen, wenig genutzten Fischreservoirs der Welt mit einer möglichen Jahresproduktion von zwei bis drei Mio. t. Gegenwärtig werden nur etwa 10 % dieser möglichen Kapazität gefangen; exportiert werden nur 35 000 t im Wert von 15 Mio. US-Dollar. Die deutsche Fischereiwirtschaft (und das BML) sind an einer Kooperation mit Argentinien interessiert. Die Botschaft Buenos Aires führte hierüber im Februar/April 1975 Gespräche mit den zuständigen Stellen. Sie übergab am 14. Februar 1975 ein Memorandum über die deutschen Vorstellungen (Gründung gemischter Gesellschaften, Entsendung moderner Fang- und Fabrikschiffe, etc.)." Vgl. Referat 300, Bd. 102012.

20 Mit Schreiben vom 30. Juli 1973 teilte die Kreditanstalt für Wiederaufbau mit, daß die argentinische Regierung seit 1969 die Absicht verfolge, umfassende Studien zur wasserwirtschaftlichen Entwicklung des La Plata-Beckens erstellen zu lassen. Das im Norden der Provinz Corrientes gelegene Sumpfgebiet von Iberá sei dabei als Standort für einen großen Wasserspeicher vorgesehen. Die Kreditanstalt für Wiederaufbau sei am 19. September 1969 vom Interministeriellen Referentenausschuß für Kapitalhilfe ermächtigt worden, in Darlehensverhandlungen mit der argentinischen Seite einzutreten. Vgl. Referat 300, Bd. 100472.

21 Die Fußballweltmeisterschaft fand vom 1. bis 25. Juni 1978 in Argentinien statt. Die Botschaft in Buenos Aires vermerkte am 1. April 1976 zur argentinischen Bitte nach Unterstützung bei der Fernsehübertragung: „Der Leiter der technischen Kommission zur Vorbereitung der Fußballweltmeisterschaft 1978 hat kürzlich um langfristige Finanzierung und/oder leihweise Überlassung von zwölf Übertragungswagen, acht Telecine-Ketten, zwölf Video-Tape-Maschinen, 15 Farbfernsehstudiokameras und fünf Fernsehsignal-Verteilern gebeten. Wenn die argentinische Regierung dies wünscht, wird sich die Botschaft dafür einsetzen, einen im Prinzip für ein ländliches Entwicklungsprojekt in Argentinien bereitgehaltenen Kredit für 12 Millionen DM zu verwenden, um die Farbfernsehausrüstung zumindest teilweise zu finanzieren." Vgl. die Anlage zum Schriftbericht Nr. 454 vom 2. April 1976; Referat 300, Bd. 103581.

Zusammenarbeit gefördert werden kann, die letzthin von der deutsch-brasilianischen Zusammenarbeit beträchtlich ins Hintertreffen geraten war. Ich bitte daher schon jetzt zu prüfen, ob in den nächsten Monaten der Leiter der Politischen Abteilung, Lahn, oder Staatssekretär Hermes zu Arbeitsgesprächen hierher kommen können. Gespräche auf ähnlicher Ebene durch Vertreter anderer Ressorts könnten eine wirksame Ergänzung sein.

7) Argentinien ist gezwungen, in allernächster Zukunft einen Stand-by-Kredit des Weltwährungsfonds zu beantragen und in Umschuldungsverhandlungen mit seinen Gläubigern einzutreten.[22] Es liegt in unserem Interesse, Argentinien bei der Überwindung seiner Zahlungsschwierigkeiten zu helfen und ein einseitiges Moratorium mit allen seinen nachteiligen Folgen für Gläubiger und Schuldner zu vermeiden.[23]

Ich schlage deshalb vor, Argentinien durch unsere positive Stimmabgabe in internationalen Währungsgremien bei der Beschaffung von Krediten zu unterstützen, ein etwaiges Umschuldungsersuchen mit Verständnis aufzunehmen und Argentinien, welches bisher ein zuverlässiger Schuldner war, in Umschuldungsverhandlungen im Rahmen unserer Möglichkeiten entgegenzukommen.

[24]V. Die neue argentinische Regierung hat sich in ihren bisherigen Äußerungen unzweideutig auf eine Außenpolitik festgelegt, die die Verbundenheit Argentiniens mit der freien westlichen Welt unterstreicht.[25] Ihr Versuch, die Gesundung Argentiniens mit maßvollen Mitteln zu erreichen, verdient und verlangt unsere Unterstützung. Durch die rasche Erklärung unserer Bereitschaft, die amtlichen Beziehungen mit Argentinien fortzuführen, haben wir das bisherige Vorgehen der neuen Regierung honoriert. Weitere Beweise unseres Verständnisses und unseres Willens, mit ihr zusammenzuarbeiten, sollten schnell folgen. Ein Scheitern der Regierung würde den Weg zu Alternativen öffnen, die die freie westliche Welt schwächten. Unsere Interessen gebieten, das uns Mögliche zu tun, dies zu verhindern.

Kastl

Referat 300, Bd. 103579

[22] Am 26. Februar 1976 stellte Gesandter von Vacano, Buenos Aires, zur argentinischen Zahlungsbilanz fest: „Die neuen Schätzungen für 1976 gehen von einem Defizit der Zahlungsbilanz in Höhe von 750 Mio. US-Dollar aus, wobei bereits unterstellt wird, daß fällige Swap-Kredite erneuert werden können. Wie diese Lücke im einzelnen geschlossen werden kann, ist bisher noch ungeklärt. Auch wenn der IWF die beantragten Kredite gewährt und es Argentinien gelingen sollte, weitere Dollarbonds in Höhe von 75 Mio. Dollar zu plazieren, bliebe doch eine Lücke von rund 350 Mio. Dollar." Vgl. den Schriftbericht Nr. 292; Referat 300, Bd. 103584.

[23] Botschafter Kastl, Buenos Aires, führte am 15. April 1976 zum Programm des argentinischen Wirtschaftsministers Martínez de Hoz aus: „Der Minister will im Augenblick noch keinen Umschuldungsantrag stellen, sondern erst die Wirtschaft wieder in Gang bringen, die Bücher prüfen und einen Staatshaushalt mit korrekten Zahlen aufstellen. [...] Martínez de Hoz wird im Mai an einer Sitzung des Banco Interamericano de Desarrollo in Mexiko teilnehmen. Im Mai wird auch der amerikanische Finanzminister Simon nach Buenos Aires kommen. Bei dieser Gelegenheit will Martínez de Hoz die ersten Finanzgespräche führen. In der zweiten Juniwoche reist er dann nach Washington, um mit dem IWF und der amerikanischen Regierung die Kreditverhandlungen voranzutreiben. Anschließend möchte er einige europäische Hauptstädte besuchen, um dort mit hohen Vertretern der Regierungen und Großbanken die Umschuldungsverhandlungen vorzubereiten." Vgl. den Schriftbericht Nr. 542; Referat 300, Bd. 103584.

[24] Beginn der Seite 7 der Vorlage. Vgl. Anm. 1.

[25] An dieser Stelle Markierung im Text durch Vortragenden Legationsrat I. Klasse Hampe. Vgl. Anm. 1.

98

Runderlaß des Vortragenden Legationsrats I. Klasse Engels

240-312.74 Aufgabe: 5. April 1976, 13.25 Uhr
Fernschreiben Nr. 39 Ortez

Zur 4. Tagung des Europäischen Rats (ER) in Luxemburg am 1./2. April 1976

I. Auf seiner ersten Tagung in 1976 behandelte der ER drei Hauptthemen:

– die wirtschaftliche, soziale und monetäre Lage in der Gemeinschaft: Dieses Thema war erst kurz vor der Zusammenkunft des ER von französischer Seite – ohne konkrete Vorschläge – in den Vordergrund der Beratungen gerückt worden;

– die Direktwahl zum Europäischen Parlament: Hier waren abschließende Entscheidungen nicht zu erwarten, da das britische Parlament seine Beratungen, deren Ergebnis britische Regierung nicht vorgreift, soeben erst mit einer zweitägigen Debatte am 29./30. März begonnen hatte[1];

– den Tindemans-Bericht über die Europäische Union[2].

Ergebnis der Tagung, die zwar keine weitreichenden Beschlüsse brachte, die Diskussion zu allen drei Themen aber gefördert hat, bleibt hinter unseren Erwartungen zurück; denn es gelang dem ER nicht

– zum Tindemans-Bericht neben Verfahrensbeschluß eine erste politische Orientierung für Aufbau der Europäischen Union zu geben,

– zur Kernfrage der Direktwahl (Zahl und Verteilung der Sitze) sich auf bestimmte Grundsätze zu einigen.

Extrem negative Pressereaktion halten wir für ungerechtfertigt. Mit Institutionalisierung der früheren Gipfeltreffen im ER ist jetzt auch auf dieser Ebene der Alltag eingekehrt; in einem noch wesentlich intergouvernementalen Organ hängt Beschlußfähigkeit zudem von innenpolitischer Stärke der einzelnen Regierungen ab.

II. Wirtschaftliche, soziale und monetäre Lage

ER führte Gedankenaustausch auf der Basis einer Mitteilung der Kommission über wirtschafts- und währungspolitische Maßnahmen.[3] Präsident Ortoli legte dazu Zahlen über Entwicklung der Löhne und Gehälter, der Lohnstückkosten,

---

[1] Zur Debatte im britischen Unterhaus über die Direktwahlen zum Europäischen Parlament vgl. Dok. 40, Anm. 8.

[2] Zum Tindemans-Bericht über die Europäische Union vom 29. Dezember 1975 vgl. Dok. 1.

[3] In ihrer Mitteilung wies die EG-Kommission darauf hin: „Nach einer schweren Krise und am Beginn des konjunkturellen Aufschwungs zeichnen sich bereits neue Gefahren ab: die Lockerung der Zügel der Wirtschaftspolitik in den Ländern, in denen die wirtschaftliche Gesundung noch unbefriedigend geblieben ist, Unruhen auf den Devisenmärkten und das Wiederaufflammen der Inflation. Die Gefahr ist groß, daß ein Prozeß eingeleitet wird, der den Konjunkturaufschwung gefährden, die protektionistischen Tendenzen verstärken und den Zusammenhalt und das bisher in der Gemeinschaft Erreichte bedrohen würde. [...] Die Antwort auf die Schwierigkeiten muß eine gemeinschaftliche sein: als Folge der fortschreitenden Integration der Volkswirtschaften werden autonome Aktionen der Mitgliedstaaten zunehmend unwirksamer und können schädliche Wirkungen für die Partnerländer haben." Vgl. BULLETIN DER EG 4/1976, S. 23 f.

Verbraucherpreise, der Haushaltssalden, der öffentlichen Ausgaben und des Geldmengenumlaufs in den Mitgliedstaaten der EG vor, die in eindrucksvoller Weise erhebliche gesamtwirtschaftliche Divergenzen aufzeigen und die unterschiedliche Wirtschaftspolitik der einzelnen Regierungen illustrieren. ER beriet ferner über einen allgemein gehaltenen französischen Resolutionsentwurf über den Stand und die Ziele der gemeinschaftlichen Zusammenarbeit und einen britischen Resolutionsentwurf über die Arbeitslosigkeit in der Gemeinschaft.

Der von einer Arbeitsgruppe im Anschluß an die erste Beratungsrunde auf der Grundlage der drei Papiere erarbeitete Entschließungsentwurf wurde von Bundeskanzler abgelehnt, da er

– konkret lediglich Prozeduralbeschlüsse enthielt,

– keinen schlüssigen Gesamtduktus erkennen ließ,

– die von der Kommission vorgeschlagene wirtschaftspolitische Gemeinschaftsdisziplin nicht übernommen hatte.

Bundeskanzler machte deutlich, daß es insbesondere im monetären Bereich keine Weiterentwicklung des gemeinschaftlichen Systems ohne größere ökonomische Disziplin (in den vier Hauptfeldern Wachstum von Geldumlauf und Kreditmenge, Finanzierung der Budgetdefizite, Soziallasten, Zahlungsbilanzen) und ohne energische Anstrengung zu wirtschaftspolitischer Konvergenz geben kann.

Schlüsselpunkt jeder Weiterentwicklung zur Wirtschafts- und Währungsunion bleibt damit für uns die auch von Kommission vorgeschlagene Verstärkung und größere Verbindlichkeit der gemeinschaftlichen Mechanismen zur Koordinierung der Wirtschaftspolitik, wobei ggf. auch an Sanktionen gedacht werden muß (z.B. kein Währungsbeistand bei Nichteinhaltung wirtschaftspolitischer Leitlinien).

Rat der Wirtschafts- und Finanzminister ist beauftragt, die Materie weiter zu prüfen.[4]

III. Direktwahl zum Europäischen Parlament (EP)

ER löste eine Reihe der noch offenen Fragen. Zeitpunkt der Wahl wurde eingegrenzt auf vier aufeinanderfolgende Tage (von Donnerstag bis Sonntag), die Wahlurnen sollen erst am letzten Tag geöffnet werden. Bezeichnung des EP soll sich in den einzelnen Sprachen nach der gegenwärtigen Praxis regeln (deutsch: „Europäisches Parlament"). Durchführungsbestimmungen zum Vertrag sollen vom Rat nach Abstimmung mit dem EP („Konzertierungsverfahren") festgelegt werden. Das Problem der britischen[5] und dänischen[6] Vorbehal-

---

4 Die Wirtschafts- und Finanzminister berieten erneut auf der EG-Ratstagung am 26. Juli 1976 in Brüssel Fragen der Koordinierung der Wirtschafts- und Währungspolitik. Vgl. dazu BULLETIN DER EG 7–8/1976, S. 36 f.

5 Zur britischen Haltung zu Direktwahlen zum europäischen Parlament vgl. Dok. 40, Anm. 7.

6 Am 18. Juni 1976 berichtete Ministerialdirigent Dittmann, z. Z. Kopenhagen, der dänische Außenwirtschaftsminister Nørgaard habe Bundesminister Genscher am Vortag erklärt, „daß DK kein besonderes Interesse an Durchführung Direktwahl habe, den Wünschen der anderen Partner aber auch keine Hindernisse in den Weg legen wolle. DK müsse aber auf Sonderregelung bestehen für obligatorisches Doppelmandat; Wahl zum EP gleichzeitig mit Folketingswahl. Dänen waren nicht bereit, von zeitlicher Befristung ihres Vorbehalts abzugehen, ließen aber erkennen, daß dies nicht notwendigerweise ihre letzte Position ist. Zur Abgeordnetenzahl und Sitzverteilung zeigte Nørgaard flexible Haltung. DK hält EP-Vorschlag für den besten, kann auch französischen Vorschlag (Status quo) annehmen. Es war deutlich, daß DK auch belgischen oder von Luxemburgern modifi-

te – Bundeskanzler bezeichnete dänischen als abgeschwächt, der britische werde auf die Dauer nicht aufrechterhalten – wurde vertagt.

Zur Sitzverteilung wurde die vom französischen Staatspräsidenten als Verlegenheitslösung vorgeschlagene Status-quo-Regelung (Art. 138 Abs. 2 EWGV[7]) im ersten Durchgang von den meisten Delegationen als Kompromißmöglichkeit angesehen. Britische Delegation bezweifelte, ob sie dafür Zustimmung des Unterhauses erhalten könnte. Kompromiß schlug fehl, als MP Moro mitteilte, daß die kleineren italienischen Parteien ihn ablehnen, die seine Regierung stützen. Sitzverteilung wird Europäischen Rat erneut auf seiner Julisitzung in Brüssel beschäftigen.[8] Bundeskanzler hat bestätigt, daß wir jeden Kompromiß annehmen können, daß wir jedoch für Vorschlag des EP[9] nach wie vor Präferenz haben.

IV. Tindemans-Bericht

Zum Bericht des belgischen Ministerpräsidenten fand am 2. April erste allgemeine Aussprache statt. Allgemeiner Rat (Außenminister) wurde beauftragt, die Einzelvorschläge durchzugehen und zum Ende des Jahres dem ER eine Übersicht vorzulegen.

V. Sonstiges

Der ER bekräftigte die Afrika-Erklärung der Außenminister vom 23.2.1976.[10] Er bedauerte, daß jüngste Ereignisse in Rhodesien[11] den Übergang zur „majority rule" erschweren, und appellierte an weiße Bevölkerung, diesen Übergang zu akzeptieren. Außerdem gab er seiner Unterstützung der britischen Rhodesienpolitik und der UN-Sanktionsbeschlüsse[12] Ausdruck.[13]

Ferner begrüßte der ER das Inkrafttreten der Konvention von Lomé[14], das mit seiner Luxemburger Tagung zeitlich zusammenfiel. Auf gemeinsame deutsch-

---

Fortsetzung Fußnote von Seite 456

zierten französischen Vorschlag (Status quo, Verdopplung minus sechs für kleinere Länder) annehmen würde, wenn sich die anderen darauf einigen." Vgl. den Drahtbericht Nr.203; Referat 204, Bd. 110326.

7 Artikel 138 Absatz 2 des EWG-Vertrags vom 25. März 1957: „Die Zahl dieser Abgeordneten wird wie folgt festgesetzt: Belgien 14; Deutschland 36; Frankreich 36; Italien 36; Luxemburg 6; Niederlande 14". Vgl. BUNDESGESETZBLATT 1957, Teil II, S. 858.
Vgl. dazu ferner Artikel 10 des Vertragswerks vom 22. Januar 1972 über den Beitritt von Dänemark, Großbritannien, Irland und Norwegen zu EWG, EURATOM und EGKS: „Artikel 21 Absatz 2 des EGKS-Vertrags, Artikel 138 Absatz 2 des EWG-Vertrags und Artikel 108 Absatz 2 des EAG-Vertrags erhalten folgende Fassung: ‚Die Zahl dieser Abgeordneten wird wie folgt festgesetzt: Belgien 14; Dänemark 10; Deutschland 36; Frankreich 36; Irland 10; Italien 36; Luxemburg 6; Niederlande 14; Norwegen 10; Vereinigtes Königreich 36'." Vgl. BUNDESGESETZBLATT 1972, Teil II, S. 1148.

8 Zur Tagung des Europäischen Rats am 12./13. Juli 1976 vgl. Dok. 231.

9 Zum Vorschlag des Europäischen Parlaments vom 14. Januar 1975 vgl. Dok. 40, Anm. 9.

10 Für die Afrika-Erklärung der Außenminister der EG-Mitgliedstaaten im Rahmen der EPZ vom 23. Februar 1976 vgl. Dok. 62.

11 Zum Abbruch der rhodesischen Verfassungsgespräche am 19. März 1976 vgl. Dok. 40, Anm. 20.

12 Mit Resolution Nr. 253 vom 29. Mai 1968 forderte der UNO-Sicherheitsrat alle UNO-Mitgliedstaaten zu umfassenden Sanktionen gegen Rhodesien auf, u. a. im Handel und bei der Kreditvergabe, bei der Einreise rhodesischer Staatsangehöriger sowie beim Flugverkehr, und rief zum Abzug aller konsularischen und Handelsvertreter auf. Vgl. UNITED NATIONS RESOLUTIONS, Serie II, Bd. VII, S. 15–17.

13 Für den Wortlaut der Erklärung des Europäischen Rats vgl. BULLETIN DER EG 4/1976, S. 91.

14 Für den Wortlaut des AKP-EWG-Abkommens von Lomé vom 28. Februar 1975 sowie des Zusatzprotokolle und der am 11. Juli 1975 in Brüssel unterzeichneten internen Abkommen über Maßnahmen zur Durchführung des Abkommens und über die Finanzierung und Verwaltung der Hilfe der Gemeinschaft vgl. BUNDESGESETZBLATT 1975, Teil II, S. 2318–2417.

französische Anregung[15] ernannte der ER Jean Monnet, der sich 1975 aus dem öffentlichen Leben zurückgezogen hat, in Anerkennung seiner hervorragenden Verdienste für die Europäische Einigung zum „Ehrenbürger Europas".

Engels[16]

Referat 012, Bd. 106591

99

Vortragender Legationsrat Bensch an die Botschaft in Madrid

203-320.10 SPA-491/76 VS-vertraulich   **Aufgabe: 5. April 1976, 17.08 Uhr[1]**
Fernschreiben Nr. 73
Citissime

Betr.: Coordinación Democrática

Bezug: Telefongespräche D 2[2] und MDg Dr. Kinkel mit der Botschaft am 3.4.76

Der nachfolgende, vom Minister genehmigte und bereits telefonisch durchgegebene Drahterlaß wird hiermit zur Vervollständigung der dortigen Unterlagen übersandt.

Bensch[3]

[Anlage][4]

Für Botschafter[5]

Betr.: Coordinación Democrática

Bezug: 1) DB Nr. 244 vom 29.3.76 – Pol 320.10 SPA-16/76 VS-geh.[6]
      2) DB Nr. 246 vom 30.3.76 – Pol 310.10 SPA VS-NfD[7]
      3) DE vom 30.3.76 – 203-320.10 SPA-480/76 VS-geh.[8]

---

[15] Zur geplanten Auszeichnung für den ehemaligen Vorsitzenden des „Aktionskomitees für die Vereinigten Staaten von Europa", Monnet, vgl. Dok. 41, Anm. 19, und Dok. 51, Anm. 37.
[16] Paraphe.

[1] Der Drahterlaß wurde von Legationsrat I. Klasse Blankenstein konzipiert.
[2] Günther van Well.
[3] Paraphe.
[4] Der Drahterlaß wurde von Legationsrat I. Klasse Blankenstein am 31. März 1976 konzipiert.
[5] Georg von Lilienfeld.
[6] Botschafter von Lilienfeld, Madrid, berichtete: „Außenminister Areilza rief mich soeben eilig zu sich, um folgendes mitzuteilen: Durch den über das Wochenende zustandegekommenen Zusammenschluß der Plataforma de Convergencia (linke Oppositionsgruppen) und der Junta Democrática (von Kommunisten beherrscht), die in einem gemeinsamen Kommuniqué die Reformminister der Regierung aufs Schärfste angreifen, sei eine äußerst schwierige und gefährliche Lage geschaffen worden. [...] Die Regierung sei in der Frage der Behandlung dieser sich nunmehr neu abzeichnenden ‚Volksfront' gespalten. Fraga sei nach Sevilla abgereist, um dort den heutigen Besuch des Kö-

458

Nachdem SPD über StM Wischnewski und Herrn Dingels mit PSOE in Verbindung steht, ist inzwischen auch CDU (Dr. Böx) mit Angelegenheit befaßt und versucht auf Izquierda Democrática einzuwirken. CDU wird deutlich machen, daß mit weiterer Unterstützung I. D. nicht zu rechnen ist, wenn diese auf Parteitag Zusammengehen mit Kommunisten befürwortet.

Sie werden gebeten, den Dialog mit AM Areilza fortzuführen und im nächsten Gespräch folgendes vorzutragen:

Die Bundesregierung verfolgt die durch die Gründung der Coordinación Democrática zu erwartende stärkere Polarisierung des innenpolitischen Lebens in Spanien mit Sorge. Die deutschen Parteien versuchen, mit ihren beschränkten Mitteln und unter Vermeidung von allem, was als Einmischung in innerspanische Angelegenheiten verstanden werden könnte, ihre jeweiligen Partner in Spanien von extremen Stellungnahmen abzuhalten und sie von den Nachteilen eines Zusammengehens mit den Kommunisten zu überzeugen.

Die Bundesregierung ist weiter der Auffassung, daß durch die Entwicklung der letzten Tage ungute Erinnerungen an frühere politische Konstellationen in Spanien aufkommen müssen und daß dadurch die Stellung der reformwilligen Kräfte in der spanischen Regierung beeinträchtigt wird. Sie fragt sich aber, ob diese Kräfte nicht durch entschlosseneres, rascheres Handeln und die Einleitung eines offenen Dialogs mit der demokratischen Opposition die letzte Entwicklung in ihrem Sinne hätten beeinflussen können. Nach hiesiger Auffassung sollte jetzt dieser Dialog vorrangig und verstärkt gesucht und überlegt werden, ob nicht der Zeitpunkt gekommen sei, an dem der König sein Gewicht und seine Möglichkeiten einsetzen müßte, um der demokratischen Entwicklung in Spanien zum endgültigen Durchbruch zu verhelfen.

Fortsetzung Fußnote von Seite 458

nigs vorzubereiten, und habe angeblich Weisung erteilt, die Vertreter dieser Gruppe zu verhaften, falls sie – wie beabsichtigt – ihr Papier heute abend der Öffentlichkeit in einer Pressekonferenz übergeben sollten. Die Lage sei sehr ernst, bei einer solchen Zuspitzung würden alle bisherigen Bemühungen um die Demokratisierung Spaniens gefährdet, und die Gefahr eines Eingreifens des Militärs sei durchaus gegeben. [...] Der König, der über diese ganze Entwicklung geradezu verzweifelt sei, habe ihn beauftragt, mit uns Kontakt aufzunehmen und uns um eine Intervention bei der Führung der PSOE zu bitten. Deren jetziges Zusammengehen mit den Kommunisten – das er auf eine Intrige Mitterrands zurückführe – stehe seines Erachtens in klarem Widerspruch zu den mit der SPD-Führung getroffenen Vereinbarungen." Vgl. VS-Bd. 9946 (203); B 150, Aktenkopien 1976.

7 Botschafter von Lilienfeld, Madrid, teilte mit: „Die für gestern abend angesetzte Pressekonferenz, auf der der Zusammenschluß der beiden größten Oppositionsgruppen, der kommunistisch beherrschten Junta Democrática und der Plataforma de Convergencia Democrática, bekanntgegeben werden sollte, ist [...] von den spanischen Behörden verhindert worden. [...] Ein Vorstandsmitglied des PSOE hat einem meiner Mitarbeiter gegenüber auf dessen gestrige Rückfrage zum Ausdruck gebracht, daß auch die Sozialistische Arbeiterpartei nur an dem Pakt teilnehmen werde, wenn der für kommendes Wochenende vorgesehene Kongreß der Christdemokraten Izquierda Democrática die Unterschrift ratifiziert. Ohne die Beteiligung der Christdemokraten sei der neue Oppositionsblock uninteressant. An den von Felipe Gonzáles bei seinen Kontakten mit SPD-Politikern abgegebenen Erklärungen hinsichtlich des Verhältnisses PSOE zum PCE (keine Volksfront) habe sich durch den neuen Oppositionsblock nichts geändert." Vgl. Referat 203, Bd. 110261.

8 Vortragender Legationsrat I. Klasse Heibach informierte die Botschaft in Madrid über Maßnahmen des Parteivorstands der SPD: „Im Auftrag von StM Wischnewski hat Herr Dingels Kontakt zu González, der sich derzeit in Venezuela aufhält, aufgenommen und ihn eindringlich auf die Gefahren hingewiesen, die das Zusammengehen mit den Kommunisten für die demokratische Entwicklung in Spanien haben könnte. Gonzáles will heute nacht nach Madrid zurückkehren und Lage prüfen." Vgl. den Drahterlaß Nr. 71; VS-Bd. 9946 (203); B 150, Aktenkopien 1976."

Um laufende Berichterstattung zu dem Thema wird gebeten.[9] Es erscheint angebracht, daß auch Madrider Korrespondenten deutscher Informationsmedien sich ausführlicher mit der Coordinación Democrática und ihren Auswirkungen befassen.

van Well[10]

VS-Bd. 9946 (203)

100

Runderlaß des Vortragenden Legationsrats I. Klasse Engels

240-312.74   Aufgabe: 6. April 1976, 10.30 Uhr
Fernschreiben Nr. 40 Ortez

Zum Staatsbesuch des ägyptischen Präsident Anwar el Sadat

I. Vom 29. März bis 3. April 1976 hielten sich der ägyptische Staatspräsident Anwar el Sadat und Frau Sadat zu einem Besuch in der Bundesrepublik Deutschland auf. Die Gespräche in Bonn fanden vom 29. bis 31. März statt. Es folgten Besuche der Länder Hessen, Baden-Württemberg und Bayern. Sadat wurde u. a. begleitet von AM Fahmi, Elektrizitätsminister Sultan, Wirtschafts- und Kooperationsminister Shafei, Wohnungsbau- und Wiederaufbauminister Osman sowie dem Staatsminister für Forschung und Kernenergie, Guebeily.

Bundespräsident Scheel führte im Rahmen eines von ihm gegebenen Mittagessens einen Meinungsaustausch mit Präsident Sadat.[1] Mit Bundeskanzler Schmidt hatte der ägyptische Präsident ein ausführliches Gespräch, an dem auch BM Genscher und AM Fahmi teilnahmen. Der BM traf mit Sadat erneut anläßlich eines Frühstücks zusammen.[2] Sadat führte ferner Gespräche mit den Vorsitzenden der SPD, CDU und CSU, Brandt, Kohl und Strauß, sowie mit

---

9 Am 26. April 1976 berichtete Botschafter von Lilienfeld, Madrid, der spanische Außenminister de Areilza habe ihm in einem Gespräch am 24. April 1976 „seine Sorge über die Verlangsamung der politischen Reformen und die erneute Verhärtung der innenpolitischen Fronten" dargelegt und ihn gebeten, „dem Bundesminister wie auch den Parteien des Bundestages seinen Dank für ihre Einwirkung auf ihre spanischen Schwestergruppen in der Opposition zum Ausdruck zu bringen. Deren Haltung sei dadurch wesentlich kooperativer und ihre Kritik konstruktiver geworden, so daß er immer noch auf eine Zusammenarbeit oder zumindest stillschweigende Absprache zur Vorbereitung der Reformen hoffe." Vgl. den Drahtbericht Nr. 294; VS-Bd. 9946 (203); B 150, Aktenkopien 1976.

10 Paraphe vom 31. März 1976.

1 Am 29. März 1976 erklärte Bundespräsident Scheel zur Begrüßung von Präsident Sadat: „Es ist fast 750 Jahre her, daß ein deutsches und ein ägyptisches Staatsoberhaupt zum ersten Mal einen Meinungsaustausch über politische, kulturelle und wissenschaftliche Themen miteinander geführt haben. Es waren der Hohenstaufe Friedrich II. und der aijubidische Sultan al-Kamil von Ägypten, und sie taten das in arabischer Sprache, die Friedrich II. vollkommen beherrschte. [...] Aber auch wir, Herr Präsident, brauchen für unser Gespräch kaum einen Dolmetscher. Als ich 1973 in Ihrer Hauptstadt zu Gast war, haben Sie mich in deutscher Sprache begrüßt und unsere gemeinsame Pressekonferenz in deutscher Sprache eröffnet." Vgl. BULLETIN 1976, S. 341.

2 Für das Gespräch des Bundesministers Genscher mit Präsident Sadat am 31. März 1976 vgl. Dok. 95.

führenden Vertretern der deutschen Wirtschaft; am 30. März hielt er einen Vortrag vor der Deutschen Gesellschaft für Auswärtige Politik, zu dem auch der Bundespräsident erschienen war.

Während des Besuchs unterzeichneten die Außenminister zwei Regierungsabkommen über Kapitalhilfe für Ägypten (100 Mio. DM Projekthilfe 1976[3] aus der Dreijahreszusage 1974 bis 76 in Höhe von 500 Mio. DM und 130 Mio. DM Warenhilfe – der Darlehensvertrag wurde bereits am 9.1.1976[4] unterzeichnet – im Rahmen der internationalen Stützungsaktion für Ägypten). Zusätzlich wurde die Einrichtung eines neuen Hermes-Plafonds[5] für Ägypten in Höhe von 300 Mio. DM beschlossen. Präsident Sadat lud Bundeskanzler Schmidt zu einem Besuch Ägyptens ein. Der Bundeskanzler nahm die Einladung an. [6]

II. Schwerpunkte der Gespräche waren die Lage im Nahen Osten, die Wirtschaftssituation Ägyptens sowie der Stand der bilateralen Beziehungen.

Präsident Sadat legte die ägyptischen Vorstellungen zur Lösung des Nahost-Konflikts dar. Er wies insbesondere auf die Notwendigkeit hin, in der Palästinenser-Frage das zentrale Problem des Konflikts zu sehen und die Vertreter des palästinensischen Volkes, die PLO, durch Anerkennung als Partner in die Bemühungen um die Konfliktlösung einzubeziehen. Sadat verband die Darlegung der wirtschaftlichen Schwierigkeiten Ägyptens wie erwartet mit dem Wunsch nach weiteren Hilfeleistungen der Bundesrepublik, ohne jedoch zu insistieren. Konkretere Wünsche wurden in den Gesprächen der Fachminister vorgetragen (s. III.).

Das Thema „Waffenlieferungen"[7] wurde zwar von Sadat kurz angesprochen, jedoch ebenfalls nicht vertieft, da – so auch Sadat selbst vor der Presse[8] – der

---

[3] Für den Wortlaut des Abkommens vom 30. März 1976 zwischen der Bundesrepublik und Ägypten über Kapitalhilfe vgl. BUNDESGESETZBLATT 1976, Teil II, S. 1013.

[4] Für den Wortlaut des rückwirkend am 9. Januar 1976 in Kraft getretenen Abkommens vom 30. März 1976 zwischen der Bundesrepublik und Ägypten über Kapitalhilfe vgl. BUNDESGESETZBLATT 1976, Teil II, S. 645.

[5] Am 3. März 1976 bemerkte Vortragender Legationsrat I. Klasse Böcker zur weiteren Beteiligung der Bundesrepublik an Stützungsaktionen für die ägyptische Wirtschaft: „Referat 310 ist aufgrund der Erörterung unserer Beteiligung an der ersten Stützungsaktion (1975) der Auffassung, daß eine erneute deutsche Beteiligung in Form von Kapitalhilfe nicht in Frage kommt. Um aber der ägyptischen, amerikanischen wie auch der saudisch/kuwaitischen Seite unsere Bereitschaft zu zeigen, angesichts der Schwierigkeiten Ägyptens erhöhte Leistungen zu erbringen, sollten wir die Aufstockung des Hermes-Plafonds um etwa 300 Mio. DM als Beitrag in die Stützungsaktion einbringen und somit den Druck auf Gewährung zusätzlicher Kapitalhilfe abfangen." Vgl. Referat 310, Bd. 108720.

[6] Botschafter Schirmer resümierte am 12. April 1976 Gespräche mit Präsident Sadat am 2./3. April 1976 über dessen Besuch in der Bundesrepublik: „Zusammenfassend ist festzustellen, daß der Besuch das Bild Sadats von der Bundesrepublik geklärt und ihm die Möglichkeiten und Begrenzungen unserer Politik verständlich gemacht hat, ohne Zweifel an unserer Freundschaft aufkommen zu lassen. Seine echte Bewunderung für das deutsche Volk und dessen Leistungen in Vergangenheit und Gegenwart, die nicht ohne emotionale Elemente ist, hat durch die Reise keine Einbußen erlitten, sondern an wirklichkeitsbezogener Sachlichkeit gewonnen. Bei aller Würdigung der Gegebenheiten und bei allem freundschaftlichem Bemühen, uns gerecht zu werden, ist Sadat jedoch nach wie vor der Ansicht, daß die Bundesrepublik Deutschland ihre eigenen Möglichkeiten, politische Verantwortung international zu übernehmen und aktiv zu tragen, unterschätze und dadurch nicht in vollem Maße den Rahmen ausfülle, der ihr im Dienst einer weltweiten Friedenspolitik zukomme und als Aufgabe zumutbar sei." Vgl. Referat 010, Bd. 178715.

[7] Zu den ägyptischen Wünschen nach Rüstungslieferungen aus der Bundesrepublik vgl. Dok. 7 und Dok. 81.

[8] Vortragender Legationsrat I. Klasse Böcker vermerkte am 1. April 1976, Präsident Sadat habe am

deutsche Standpunkt der ägyptischen Seite inzwischen hinreichend bekannt
ist.

Der Bundeskanzler wies auf das in der Bundesrepublik Deutschland beträchtlich gewachsene Verständnis für die Palästinenser-Problematik hin. Nach der
Auffassung der Bundesregierung sei die Lösung des Nahost-Konflikts in der
Tat nicht möglich, ohne die Verwirklichung des Selbstbestimmungsrechts des
palästinensischen Volkes. Eine „Anerkennung" der PLO sei allerdings zur Zeit
nicht vorgesehen.

Bundeskanzler Schmidt erklärte weiter, daß die Bundesregierung volles Verständnis für die wirtschaftlichen Schwierigkeiten Ägyptens habe[9] und wie in
der Vergangenheit bereit sei, Ägypten nach Kräften bei seiner Wirtschaftsentwicklung zu unterstützen. Zu zusätzlichen Leistungen im Jahre 1976 seien wir
jedoch nicht in der Lage.

III. In den Gesprächen der Fachminister wurde das besondere ägyptische Interesse an Fortschritten bei Energieprojekten (Kattara-Senke, Kraftwerk Suez)[10] und im Fernmeldewesen deutlich. Hier konnten neue bzw. zusätzliche
Vereinbarungen getroffen werden.

Im Bereich der wissenschaftlich-technologischen Zusammenarbeit erklärte sich
die deutsche Seite bereit zur Einrichtung einer „Symphonie"-Satelliten-Boden-
station[11], eines Solarkraftwerks[12] und einer Meerwasserentsalzungsanlage in

Fortsetzung Fußnote von Seite 461

31. März 1976 im Bundespressehaus zur Frage von Rüstungslieferungen aus der Bundesrepublik
erklärt: „Über diese Frage habe er mit dem Kanzler nicht gesprochen, weil er schon vorher die Politik der Bundesregierung gekannt habe." Vgl. Referat 010, Bd. 178715.

[9] Am 23. Februar 1976 führte Botschafter Steltzer, Kairo, zur ägyptischen Wirtschaftslage aus: „Anfang 1976 steht Ägypten vor ähnlichen Problemen wie im vergangenen Frühjahr. Der aus Hilfen
und Krediten der Ölländer und des Westens resultierende Zahlungsbilanzüberschuß für 1975 in
Höhe von etwa £ E[gyptian] 235 Mio. ist aufgebraucht, die Kasse wieder nahezu leer. Die Regierung, die offensichtlich zu lange auf weitere massive Unterstützung der Ölländer vertraute, zeigt
Anzeichen von Besorgnis." Ministerpräsident Salem habe dazu am 30. Januar 1976 ausgeführt,
„der Umfang der Verteidigungslast und die Befriedigung der allgemeinen Bedürfnisse übersteige
bei weitem die Ressourcen des Landes. Die zivile und militärische Belastung sei um 50 % höher als
das nationale Einkommen. [...] Für 1976 sei ein Zahlungsbilanzdefizit von £ E. 1,8 Mrd. zu erwarten." Vgl. den Schriftbericht Nr.326; Referat 310, Bd. 108719.

[10] Im Gespräch des Bundesministers Bahr mit dem ägyptischen stellvertretenden Ministerpräsidenten Sultan und dem ägyptischen Wirtschaftsminister Shafei am 30. März 1976 wurde zur Wasser-
kraftgewinnung in der Kattara-Senke ausgeführt: „Deputy Prime Minister Sultan informed the
German side that the feasibility study of this important project was progressing satisfactorily.
However, the sum of DM 11.3 million allocated to that project had been practically exhausted,
while the study was still in need of further finance. Minister Bahr stated that the Federal Republic
of Germany would in due course provide all the finance necessary for the completion of the study."
Ferner wurde zum Bau eines Wasserkraftwerks in Suez festgestellt: „Both parties agreed to allo-
cate the sum of DM 65 million out of the 1976 capital aid to the Suez Power Station." Vgl. die Gesprächsaufzeichnung; Referat 310, Bd. 108721.

[11] Zum deutsch-französischen Fernmeldesatelliten „Symphonie" vgl. Dok. 42, Anm. 9.
Vortragender Legationsrat Scholtyssek vermerkte am 25. März 1976: „Die Bundesregierung hat
der Arabischen Liga die Nutzung des experimentellen deutsch-französischen Fermeldesatelliten
‚Symphonie' angeboten. Nachdem sich der ägyptische Forschungsminister el-Guebeily für die Errichtung einer ‚Symphonie'-Bodenstation ausgesprochen hatte, legte das ägyptische Ministerium für
Fernmeldewesen dem französischen ‚Symphonie'-Partner CNES (Centre National d'Etudes Spatiales)
einen Antrag auf temporäre Errichtung einer Bodenstation zum Fernsehempfang über ‚Symphonie'-Satelliten vor [...]. In Abstimmung mit der deutschen Seite wurde der Antrag positiv beantwortet." Vgl. Referat 413, Bd. 119588.

[12] Im Gespräch des Bundesministers Bahr mit dem ägyptischen stellvertretenden Ministerpräsidenten Sultan und dem ägyptischen Wirtschaftsminister Shafei am 30. März 1976 wurde zur Ausnut-

Ägypten. Die Bereitschaft, die begonnene Zusammenarbeit im Bereich Uran-
prospektion- und ausbeutung zu vertiefen, wurde bekräftigt. Die beiden Woh-
nungsbauminister vereinbarten die Einrichtung einer gemeinsamen Studien-
und Vorschlagskommission der beiden Wohnungsbauministerien.[13]

IV. Der Besuch spielte sich in einer außerordentlich freundschaftlichen und
warmherzigen Atmosphäre ab, die auch eine – unbedeutende – Gegendemon-
stration der „Generalunion Arabischer Studenten" nicht stören konnte.

Sadat zeigte sich über den Besuchsverlauf befriedigt.

Der Erfolg des Besuchs liegt auch darin, daß der ägyptische Präsident durch
sein überzeugendes und maßvolles Auftreten bei der Bundesregierung – insbesondere auch beim Bundeskanzler – und in der deutschen Öffentlichkeit er-
höhtes Verständnis für die Situation Ägyptens und seine Politik geweckt hat.
Er hat hierbei offensichtlich die Erfahrungen seines Besuchs in den USA ver-
wertet[14], die zur Einsicht geführt haben, daß es notwendig ist, auch die öffentliche Meinung des Westens positiv zu beeinflussen – in der Erkenntnis, daß es
nicht ausreicht, wenn nur der Osten und die Dritte Welt Verständnis für die
arabische Sache aufbringen. Eine Auswirkung ist darin zu sehen, daß auch die
deutsche Presse während des Besuchs mehrfach von der Notwendigkeit gesprochen hat, daß der Westen Sadat in seiner prekären Lage jetzt unterstützen
müsse. Mit der Demonstration seines guten Willens, seiner Zurückhaltung und
seines Verständnisses für die deutsche Position hat Sadat die Aussichten für
die zukünftige Zusammenarbeit in positiver Weise beeinflußt.

Bemerkenswert ist noch die Äußerung, die Sadat in seiner Pressekonferenz
zum Existenzrecht Israels machte: Ägypten habe sich durch die Annahme der
SR-Resolution 242[15] hierzu bereits zustimmend geäußert. Unter den dort erwähnten „sicheren Grenzen" verstehe Ägypten diejenigen von 1967. Darüber
hinaus werde man keinen Zentimeter Boden herausgeben.[16]

Engels[17]

Referat 012, Bd. 106591

Fortsetzung Fußnote von Seite 462

zung der Solarenergie festgelegt: „The German side agreed to cooperate with the competent Egyp-
tian authorities in two fields: water heating for domestic purposes and construction of 10 KW pilot
power plant which will be utilized in desert areas to generate electicity and pump water. The former would be financed out of the DM 15 million fund for feasibility studies, the latter would be
handled by the German Ministry for Research and Technology." Vgl. die Gesprächsaufzeichnung
des Bundesministeriums für wirtschaftliche Zusammenarbeit; Referat 310, Bd. 108721.

[13] Mit Schreiben vom 30. April 1976 an Bundesminister Genscher teilte Bundesminister Ravens zu
seinem Gespräch mit dem ägyptischen Bauminister Osman am 30. März 1976 mit: „Im Rahmen
der Fachgespräche mit Herrn Minister Osman wurde auf seinen Vorschlag beschlossen, eine Ar-
beitskommission einzuberufen. Diese Kommission soll dazu dienen, die Probleme auf dem Gebiet
des Siedlungs- und Bauwesens in der Arabischen Republik Ägypten zu analysieren und Vorschläge
für praktische Lösungen für die dortigen Probleme auszuarbeiten. Es ist vorgesehen, daß in diese
Kommission außer dem Vertreter meines Hauses, der auch die Geschäfte führen soll, zwei weitere
deutsche Vertreter entsandt werden, davon ein Vertreter aus dem Geschäftsbereich Ihres Hauses."
Vgl. Referat 310, Bd. 108718.

[14] Präsident Sadat besuchte vom 26. Oktober bis 6. November 1975 die USA.

[15] Für Resolution Nr. 242 des UNO-Sicherheitsrats vom 22. November 1967 vgl. Dok. 23, Anm. 12.

[16] Zu den Ausführungen des Präsidenten Sadat am 31. März 1976 im Bundespressehaus vgl. die Aufzeichnung des Vortragenden Legationsrats I. Klasse Böcker vom 1. April 1976; Referat 010, Bd.
178715.

[17] Paraphe.

101

**Gespräch des Bundesministers Genscher
mit dem polnischen Außenminister Olszowski**

6. April 1976[1]

Vermerk über ein Gespräch des Herrn Bundesministers mit dem polnischen Außenminister Olszowski beim Abendessen am 6.4.1976[2]

Bundesminister fragte AM Olszowski nach der Reaktion der sozialistischen Staaten auf die deutsch-polnischen Vereinbarungen und die Beendigung des Zustimmungsverfahrens[3] als Voraussetzung des Inkrafttretens. AM *Olszowski* berichtete, daß seitens der DDR gar keine Reaktion erfolgt sei, während die Sowjetunion sich in der Frage der Vereinbarungen zwischen Polen und der Bundesrepublik Deutschland loyal, aber ohne großes Engagement zu zeigen, verhalten habe. Der tschechoslowakische Außenminister Chňoupek habe sich ihm gegenüber sehr erfreut darüber gezeigt, daß die Vereinbarungen alle Hindernisse überwunden hätten. Dies stehe im Zusammenhang mit inneren Auseinandersetzungen in der ČSSR, insbesondere was ihr Verhältnis zur Bundesrepublik Deutschland angehe. Husák, Štrougal und Chňoupek befürworteten eine Verbesserung der Beziehungen zur Bundesrepublik Deutschland, während Bilak unter dem Einfluß der DDR diesen Bestrebungen Widerstand entgegensetze.

AM Olszowski wies darauf hin, daß im Lager der sozialistischen Staaten ernsthafte Bewegungen zu erwarten seien. Er verwies auf die Nichtteilnahme Breschnews am bulgarischen KP-Parteitag.[4] Die Bulgaren hätten erst am Vortage erfahren, daß Breschnew nicht kommen werde. Beim Empfang aus Anlaß des Parteitages habe Schiwkow nicht ein einziges Mal den Namen Breschnew erwähnt. Auf die scherzhafte Frage Giereks, ob ihm der Name Breschnew nicht bekannt sei, habe Schiwkow nicht reagiert. Das Nichterscheinen Breschnews in Sofia habe nichts mit den sowjetisch-bulgarischen Beziehungen, die AM Olszowski als „womöglich noch besser als die unseren zur Sowjetunion" bezeichnete, zu tun, sondern mit Breschnews Gesundheitszustand. Dieser arbeite praktisch nicht mehr im Kreml. Es werde interessant sein zu beobachten, ob

---

[1] Die Gesprächsaufzeichnung wurde von Vortragendem Legationsrat Freiherr von Mentzingen am 7. April 1976 gefertigt.
Hat Ministerialdirigent Kinkel am 7. April 1976 vorgelegen.

[2] Der polnische Außenminister Olszowski hielt sich vom 6. bis 8. April 1976 in der Bundesrepublik auf.

[3] Am 12. März 1976 verabschiedete der Bundesrat das Gesetz zum Abkommen vom 9. Oktober 1975 zwischen der Bundesrepublik und Polen über Renten- und Unfallversicherung einstimmig. Vgl. dazu BR STENOGRAPHISCHE BERICHTE 1976, 432. Sitzung, S. 93–105.

[4] Der XI. Parteitag der Kommunistischen Partei Bulgariens fand vom 29. März bis 2. April 1976 in Sofia statt. Botschaftsrat Eggers, Sofia, teilte dazu am 8. April 1976 mit: „Der publizistische Überschwang konnte aber nicht die Enttäuschung der bulgarischen Veranstalter über das Ausbleiben Breschnews, der die beiden vorhergehenden Sofioter Parteitage besucht hatte, sowie über den äußerlich niedrigen Rang der sowjetischen Delegation verdecken." Vgl. den Schriftbericht Nr. 256; Referat 214, Bd. 132760.

Ministerpräsident Palme bei seinem Besuch von Breschnew empfangen wird.[5] Der Einfluß Gromykos auf die Außenpolitik sei nach wie vor sehr stark.

Zum Projekt eines Kernkraftwerkes bei Königsberg[6] sagte AM Olszowski, er sei nicht sicher, ob das Scheitern dieses Projekts, wie wir anzunehmen bereit seien, auf einen Einspruch der DDR zurückzuführen sei. Er glaube vielmehr, daß diese Entscheidungen auf Auseinandersetzungen innerhalb der sowjetischen Führung zurückzuführen seien. Er stellte die Frage, ob wir den benötigten Strom nicht in Polen beziehen wollten. Er setzte sich dafür ein, zunächst die Leitung in die Bundesrepublik Deutschland zu errichten, um den Strang nach West-Berlin später anzufügen. *Bundesminister* erklärte, daß für uns die Führung der Leitung über West-Berlin unverzichtbar sei. [7]

AM *Olszowski* kam von sich aus auf seinen Amtskollegen in Ostberlin, Fischer, zu sprechen und bemerkte, er könne dessen „Gerede" nicht mehr hören. Die Einschätzung der Bundesrepublik Deutschland, die in den Äußerungen AM Fischers hervortrete, sei ihm nicht verständlich. In Polen sage man: Fischers Politik habe kurze Beine.

---

5 Ministerpräsident Palme hielt sich vom 5. bis 9. April 1976 in der UdSSR auf. Gesandter Löwe, Moskau, teilte dazu am 13. April 1976 mit: „Sowjets haben Palme betont freundlich behandelt. Besuch wurde vorbereitet und begleitet durch Serie anerkennender Presseartikel und ähnlicher Aufmerksamkeiten wie schwedischer Filmwoche. Darin drückt sich Interesse Moskaus an Aufrechterhaltung gewisser Distanz Schwedens vom Westen aus. Bedeutung schwedischer Neutralität wurde in Kommuniqué von Sowjets ausdrücklich anerkannt. Hierfür nehmen Sowjets in Kauf, daß Palme auch Empfindlichkeiten östlicher Großmacht nicht immer schont. Ein Schönheitsfehler des Besuchs war Nichtzustandekommen Treffens mit Breschnew." Vgl. den Drahtbericht Nr. 1302; Referat 213, Bd. 112771.

6 Zur geplanten Lieferung eines Kernkraftwerks aus der Bundesrepublik in die UdSSR vgl. Dok. 58, Anm. 17.
Bundesminister Genscher übermittelte Bundesminister Friderichs am 30. März 1976 eine Stellungnahme des Bundeskanzlers Schmidt zum sowjetischen Vorschlag, die Verhandlungen einzustellen: „Ich bin damit einverstanden, daß das Projekt des Atomkraftwerkes nicht mehr weiterverfolgt wird. Ich bitte Sie, gegenüber der sowjetischen Seite die folgenden Punkte hervorzuheben und sie auch in die beabsichtigte Presseerklärung mit eingehen zu lassen: Das Projekt beruhte auf einem sowjetischen Vorschlag und dem sowjetischen Interesse an unserer Kooperation bei dem Ausbau ihres Energieversorgungsnetzes. Die Prüfung des Projekts ist bisher ausschließlich unter technischen, wirtschaftlichen und finanziellen Gesichtspunkten erfolgt. Die sowjetische Seite ist im Verlauf dieser Prüfung zu dem Ergebnis gekommen, daß für sie aus wirtschaftlichen Gründen gegenwärtig an der Fortführung des Projekts kein Interesse bestehe. Die Bereitschaft der Bundesregierung, gemeinsam mit der sowjetischen Führung Möglichkeiten der industriellen und wirtschaftlichen Zusammenarbeit der beiden Länder zu prüfen, bleibt von der Einstellung dieses Projekts unberührt." Vgl. den Drahterlaß Nr. 197; VS-Bd. 14067 (010); B 150, Aktenkopien 1976.
Am 31. März 1976 gab Friderichs in Moskau die Einstellung der Verhandlung über die Lieferung eines Kernkraftwerks aus der Bundesrepublik an die UdSSR bekannt. Vgl. dazu den Artikel „Bonns Atomgeschäft mit Moskau scheitert am Widerstand der ‚DDR'"; DIE WELT vom 1. April 1976, S. 1.

7 Am 4. Mai 1976 vermerkte Ministerialdirektor Lautenschlager zum Angebot polnischer Stromlieferungen: „Die polnische Seite hat erstmalig im Mai 1973 offiziell die Möglichkeit einer Stromlieferung in den norddeutschen Raum von Dolna/Odra aus zur Diskussion gestellt. Auf unsere Anregung einer Mitversorgung von Berlin (West) waren die Polen nur bereit, eine Stichleitung (gegebenenfalls auch von polnischem Gebiet aus) nach Berlin (West) zu erwägen. Wir haben diesen Vorschlag wegen der einseitigen Anbindung von Berlin (West) an ein östliches Stromsystem und der inzwischen laufenden Verhandlungen mit der Sowjetunion über das Kernkraftwerk-Stromprojekt mit Direktleitung Berlin-Bundesgebiet nicht weiter verfolgt und später abgelehnt. [...] Es erscheint aus hiesiger Sicht auch im Hinblick auf die kürzlichen Gespräche in Moskau über den Verzicht auf eine Weiterverfolgung des deutsch-sowjetischen Stromprojekts äußerst bedenklich, wenn wir gegenüber Polen in der Frage der Trassenführung eine grundsätzlich andere Haltung einnehmen würden, als wir sie gegenüber der Sowjetunion als Conditio sine qua non vertreten haben." Vgl. Referat 214, Bd. 116644.

AM Olszowski äußerte das polnische Interesse am Verkauf von Kupfer an die Bundesrepublik Deutschland[8] Unter dem Hinweis auf die unsichere Lage in Angola empfehle er, Kupfer in Polen einzukaufen.

VS-Bd. 14055 (010)

102

Gespräch des Bundesministers Genscher mit dem polnischen Außenminister Olszowski

014-393/76 VS-vertraulich   **7. April 1976**[1]

Dauer des Gesprächs: 1 1/2 Stunden[2]

Teilnehmer auf deutscher Seite: Staatssekretär Hermes, Botschafter Ruete, VLR I Buring; auf polnischer Seite: Botschafter Piątkowski, Dolmetscher Kutyla.

AM *Olszowski* nannte drei Themen für das Gespräch:

1) Besuch Gierek

2) Wirtschaftsbeziehungen

3) Entspannungspolitik

Zu 1) Besuch Gierek[3]

Er schlage vor, anläßlich des Besuchs eine gemeinsame Erklärung vom Bundeskanzler und Herrn Gierek unterzeichnen zu lassen, die als politisches Dokument für die Öffentlichkeit beider Länder, aber auch für die Öffentlichkeit Europas bestimmt sei und den Stand der Beziehungen zwischen den beiden Ländern sowie die Perspektive für die Weiterentwicklung der Beziehungen und die europäische Bedeutung dieses bilateralen Verhältnisses ausdrücken solle.

An Abkommen liege dasjenige für weitere wirtschaftliche Zusammenarbeit[4] unterzeichnungsreif vor und sollte vom Bundeskanzler und Gierek unterzeichnet werden.

---

[8] Referat 214 vermerkte am 1. April 1976 zu den Verhandlungen zwischen einem Firmenkonsortium aus der Bundesrepublik und Polen über die Lieferung von jährlich 40 000 t raffinierten Kupfers: „Offen sind noch Höhe des Zinssatzes für den vorgesehenen ungebundenen Finanzkredit von 240 bis 250 Mio. DM, der über die Deutsche Bank bereitgestellt werden soll (deutsches Angebot 9 bis 9 1/2 %, polnische Seite geht von etwa 2 % niedrigerem Zinssatz aus.) Andererseits soll nach Darstellung deutscher Seite der von Polen geforderte Kupferpreis höher liegen als normal auf dem Weltmarkt." Vgl. Referat 010, Bd. 178650.

[1] Die Gesprächsaufzeichnung wurde von Staatssekretär Hermes am 7. April 1976 gefertigt.

[2] Der polnische Außenminister Olszowski hielt sich vom 6. bis 8. April 1976 in der Bundesrepublik auf.

[3] Zum Besuch des Ersten Sekretärs des ZK der PVAP, Gierek, vom 8. bis 12. Juni 1976 in der Bundesrepublik vgl. Dok. 181, Dok. 186 und Dok. 187.

[4] Für den Wortlaut des Abkommens vom 11. Juni 1976 zwischen der Regierung der Bundesrepublik und der polnischen Regierung über die weitere Entwicklung der Zusammenarbeit auf wirtschaftlichem Gebiet vgl. BUNDESGESETZBLATT 1976, Teil II, S. 1245 f.

Falls anläßlich des Besuchs größere Handelsgeschäfte unterzeichnungsreif würden, wäre auch dies sehr gut.

BM *Genscher* stimmt der politischen Beurteilung des Gierek-Besuchs erneut zu und hält die Unterzeichnung von Handelsgeschäften, wenn möglich, ebenfalls für eine gute Sache. Was die gemeinsame Erklärung angehe, könne er dem Bundeskanzler nicht vorgreifen; wir verfolgten im allgemeinen hier eine zurückhaltende Praxis, in diesem besonderen Fall sei er aber wegen der Zukunftsperspektiven offen.

Wichtig sei, daß am Ende des Besuchs eine gemeinsame Beurteilung wichtiger Probleme und konkrete Ergebnisse stünden. Zu letzterem gehörten zum Beispiel:

– Vereinbarung regelmäßiger deutsch-polnischer Gespräche, mal in der Bundesrepublik Deutschland, mal in Polen zu veranstalten;

– Konkretisierung des Wunsches nach mehr Begegnungen von Jugendlichen beider Länder. Er denke hier etwa an ein deutsch-polnisches Jugendwerk, das dem deutsch-französischen Jugendwerk ähnlich sein könnte. Wegen der gewünschten Breitenwirkung der Begegnungen sollte die Organisation in staatlicher Hand bleiben;

– Verständigung über die Einräumung kultureller Möglichkeiten für in Polen lebende Deutsche. Hierüber sollten die Gespräche bald fortgesetzt werden, so daß bei Besuch Giereks etwas Konkretes gesagt werden könne.

AM *Olszowski:* Bei der gemeinsamen Erklärung denke er an ein Dokument, wie Polen es in ähnlicher Form mit Frankreich[5] und den Vereinigten Staaten[6] formuliert hätte.

Was die erwähnten drei Beispiele für konkrete Ergebnisse angehe, stimme er den ersten zwei voll zu. Das dritte – kulturelle Möglichkeiten für Deutsche in Polen – erlaube in der kurzen Frist keine Lösung. Allerdings könnte man wohl etwas schon bei dem Gierek-Besuch über den Ausbau des Unterrichts in deut-

---

5 Staatspräsident Giscard d'Estaing hielt sich vom 17. bis 20. Juni 1975 in Polen auf. Zum Abschluß des Besuchs unterzeichneten er und der Erste Sekretär des ZK der PVAP, Gierek, eine Charta der Prinzipien der freundschaftlichen Zusammenarbeit zwischen Polen und Frankreich. Für den Wortlaut vgl. LA POLITIQUE ETRANGÈRE 1975, I, S. 216–218.
Am 27. Juni 1975 führte Gesandtin Rheker, Warschau, dazu aus: „An der ‚Charta‘ fällt auf, daß die zehn Prinzipien des Korbs I KSZE aufgezählt werden, jedoch ohne den ‚peaceful change‘. Dasselbe war bei der anläßlich des Besuchs von Parteichef Gierek im Oktober 1974 in den USA unterzeichneten amerikanisch-polnischen Erklärung (‚Joint Statement on Principles of United States-Polish Relations‘) der Fall gewesen, was damals von amerikanischer Seite damit erklärt worden war, daß die Genfer Verhandlungen noch nicht weit genug gediehen seien". Vgl. den Schriftbericht; Referat 214, Bd. 116639.

6 Der Erste Sekretär des ZK der PVAP, Gierek, hielt sich vom 6. bis 13. Oktober 1974 in den USA auf. In der am 9. Oktober 1974 in Washington von Gierek und Präsident Ford unterzeichneten Gemeinsamen Erklärung zu den Prinzipien der Beziehungen zwischen Polen und den USA wurde ausgeführt: „The President and the First Secretary reaffirmed that bilateral relations between the United States of America and the Polish People's Republic are founded on the purposes and principles of the United Nations Charter and international law, and in particular the following interrelated principles: sovereign equality; refraining from threat or use of force; inviolability of frontiers; territorial integrity of states; peaceful settlement of disputes; non-intervention in internal affairs; respect for human rights and fundamental freedoms; equal rights and self-determination of peoples; cooperation among states; fulfilment in good faith of obligations under international law." Vgl. DEPARTMENT OF STATE BULLETIN, 71 (1974), S. 603.

scher Sprache und die Organisation von Schulen mit deutscher Unterrichts-sprache sagen.[7]

Polen sei nicht darauf vorbereitet, über eine deutsche Volksgruppe zu spre-chen, solange nicht die Ausreisen[8] in ein vorgerücktes Stadium gelangt seien. Nach seiner persönlichen Ansicht könne ein günstiger Zeitpunkt für eine Ana-lyse der Situation gegeben sein, wenn etwa 100 000 Ausreisen erfolgt seien. Dann erst könne man feststellen, welche Wünsche noch vorhanden sind bei den dann noch verbleibenden Deutschen.

Zu 2) Wirtschaftsbeziehungen

AM Olszowski führte zum Thema „Wirtschaftsbeziehungen" aus:

Die Wirtschaftsbeziehungen seien gekennzeichnet durch ein hohes Handelsvo-lumen und ein wachsendes polnisches Handelsbilanzdefizit.[9] Bei Weiterwach-sen des Handelsbilanzdefizits könnte Polen sich gezwungen sehen, deutsche Einfuhren zu drosseln, was letztlich aber nicht die polnische Absicht sei. Die polnische Absicht sei, das Handelsvolumen weiter zu steigern und den Handel auszugleichen. Leider seien einige mögliche deutsch-polnischen Großprojekte (z. B. Traktorenwerk[10]) nicht zustande gekommen. Am weitesten fortgeschrit-

---

[7] Vortragender Legationsrat Freiherr von Mentzingen vermerkte am 10. April 1976, der polnische Stellvertretende Außenminister Czyrek habe am 7. April 1976 im Gespräch mit Ministerialdirektor van Well zu den Ausführungen des polnischen Außenministers Olszowski ergänzend festgestellt: „Die polnische Verfassung kenne keine Minderheitenrechte; sie garantiere nur die Gleichheit aller Bürger. [...] Was die Schulen anbetreffe, so gebe es in der Tat Klagen, daß in Gebieten, in denen be-sonderes Interesse an deutschem Sprachunterricht bestünde, mehr Französisch und Englisch ge-lehrt werde. Dies habe sich allerdings bereits geändert, und es werde in vielen Schulen auch Deutsch gelehrt. Ihm sei nichts über Pläne bekannt, rein deutschsprachliche Schulen in gewissen Gebieten zu gründen. Es gebe nur Sprachschulen für Spezialisten, aber nicht für Nationalitäten. [...] Er wolle jedoch betonen, daß die polnische Regierung auf der Basis der polnischen Verfassung eine dieser entsprechende Praxis in Polen gewährleiste und daß trotz des dargelegten politischen und rechtlichen Standpunktes für familiäre Bindungen und die Benutzung der deutschen Sprache kei-ne Schwierigkeiten gemacht würden. In der Forderung nach Minderheitenrechten jedoch und den diesen zugrunde liegenden Absichten sähe man einen gefährlichen Zündstoff." Vgl. Referat 010, Bd. 178650.

[8] Botschafter Ruete, Warschau, teilte am 7. Mai 1976 zum aktuellen Stand der Umsiedlung mit: „Im April 1976 hat die Botschaft für 2274 Umsiedler Sichtvermerke ausgestellt. Gegenüber dem Vor-monat (2298 Umsiedler) bedeutet dies einen leichten Rückgang, der wahrscheinlich auf die Oster-feiertage zurückzuführen ist. [...] Von den 2294 Umsiedlern im April waren der Botschaft knapp die Hälfte bekannt (1101 Personen). Für 666 von ihnen (also für mehr als ein Drittel der April-Umsiedler) hatte die Botschaft zuvor dem polnischen Außenministerium gegenüber zugunsten der Erteilung der Ausreisegenehmigung interveniert. Damit setzt sich der Trend fort, daß z. Zt. in re-lativ vielen Interventionsfällen die Ausreise genehmigt wird. [...] Hauptschwierigkeit bilden wei-terhin wiederholte Antragsablehnungen. Bei diesen Personen ist die Sorge am größten, nicht zu den 120 000 bis 125 000 polnischerseits für die nächsten vier Jahre zugesagten Umsiedlern zu ge-hören." Vgl. den Schriftbericht Nr. 1341; Referat 214, Bd. 116661.

[9] Am 13. Februar 1976 vermerkte Vortragender Legationsrat Rudolph zur Handelsbilanz zwischen der Bundesrepublik und Polen: „Die deutsch-polnischen Handelsbeziehungen waren in den ver-gangenen Jahren von einer äußerst dynamischen Aufwärtsentwicklung gekennzeichnet. Das Vo-lumen stieg von 1,547 Mrd. DM im Jahre 1971 auf 4,649 Mrd. DM im Jahre 1975 und verdreifachte sich damit in diesem Zeitraum. Die deutschen Exporte erhöhten sich von 1971 bis 1975 um 414 % (von 776 Mio. DM auf 3,213 Mrd. DM). Im gleichen Zeitraum verdoppelten sich die Importe aus der VR Polen von 770 Mio. DM auf 1,436 Mrd. DM. Die unterschiedliche Entwicklung der Ein- und Ausfuhren führte zu einem deutschen Handelsbilanzüberschuß, der 1973 1,4 Mrd. DM, 1974 2,2 Mrd. DM und 1975 1,78 Mrd. DM betrug." Vgl. Referat 421, Bd. 117627.

[10] Seit 1972 wurden zwischen der Klöckner-Humboldt-Deutz AG und dem polnischen Maschinenbaumi-nisterium Verhandlungen über die Modernisierung der polnischen Traktorenindustrie geführt. Botschafter Ruete, Warschau, berichtete dazu am 27. Mai 1974: „Der außenpolitische Sekretär des

ten unter den Großprojekten sei dasjenige über Kohlevergasung[11] (Methanol-und Ammoniaklieferungen in die Bundesrepublik für Anlagenbezüge aus der Bundesrepublik. Die deutschen Abnehmer sollten dann auch die polnischen Produkte auf Drittmärkten verkaufen). Nach seiner Ansicht könnte dieses Projekt bis Ende Mai unterzeichnungsreif gemacht werden. Die Gespräche mit Krupp, Wolff von Amerongen und Salzgitter seien schon sehr weit gediehen.

Weitere Projekte seien Braunkohlebrikettierung und Exportvorhaben von Kupfer[12], Schwefel und Kohle in die Bundesrepublik Deutschland. Bei jedem dieser polnischen Exporte würden gleichzeitig erhebliche polnische Importe an Ausrüstungs- und Investitionsgütern aus der Bundesrepublik anfallen.

Polen sei weiter sehr an einer verstärkten Zusammenarbeit auf Drittmärkten mit der deutschen Wirtschaft interessiert. Dabei könnte Polen als Partner deutscher Investitionsgüterlieferung in Drittländer berücksichtigt werden.

An der Entwicklung der Wirtschaftsbeziehungen sei Herr Gierek ganz besonders interessiert.

Zu 3) Entspannungspolitik

AM Olszowski äußerte sich zur Entspannungspolitik wie folgt: Nach Helsinki[13] geschehe nicht viel; die deutsch-polnischen Vereinbarungen seien das bisher einzig erhebliche Ereignis im Ost-West-Verhältnis. Um der Gefahr kalter Winde zu begegnen, müsse die Entspannungspolitik konsequent fortgesetzt und aktiviert werden. Nur so ließen sich auch die eigenen nationalen Pläne und Absichten verwirklichen.

Hinsichtlich der Intensivierung der Kontakte denke Polen u. a. an eine Erleichterung der Arbeit der Journalisten. (Dieses Thema sei auch mit Frankreich besprochen worden.)

AM Olszowski: Wie Polen mit Frankreich regelmäßige politische Konsultationen auf Direktorenebene vereinbart habe, wünsche es das gleiche auch mit der Bundesrepublik Deutschland.

BM *Genscher:* BM Genscher stimmte der Abhaltung regelmäßiger politischer Konsultationen zu.

Fortsetzung Fußnote von Seite 468

Zentralkomittes der Polnischen Volks- und Arbeiterpartei, Ryszard Frelek, sagte mir bei einem längeren Gespräch [...], daß der Auftrag für das Traktorenprojekt, das auch die Firma KHD interessiere, höchstwahrscheinlich an die britische Firma Massey-Fergusson gehen werde. Die zuständigen Stellen seien zwar unter technischen Gesichtspunkten am Angebot der KHD interessiert, die deutsche Technik sei in Polen besser bekannt, wir hätten das metrische System und besäßen große Erfahrung auf dem Gebiet der Fertigung von Dieselmotoren. Gleichwohl werde die Entscheidung höchstwahrscheinlich nicht zugunsten von KHD ergehen können, weil die Bedingungen, die von der britischen Firma gegeben würden, äußerst günstig seien und nicht mit den von der deutschen Firma gestellten Bedingungen verglichen werden könnten." Vgl. den Drahtbericht Nr. 468; Referat 421, Bd. 117625.

11 Am 18. Mai 1976 notierte Ministerialdirektor Lautenschlager: „Die Firma Krupp verhandelt mit der polnischen Regierung über ein Kohle-Chemie-Projekt mit einem Volumen von 2,6 Milliarden DM. Das Projekt umfaßt die Lieferung von zwei Kohlevergasungsanlagen der Firma Krupp-Koppers (je 750 Mio. DM), den Ausbau der polnischen Kohlegrube von Janina (500 Mio. DM) und Infrastrukturarbeiten (50 Mio. DM). Bei der Finanzierung des Projekts ist Polen auf eine Bürgschaft der Bundesregierung angewiesen. Der von der Bundesregierung zu verbürgende Betrag deutscher Lieferantenkredite dürfte zwischen 1,6 und 2,0 Milliarden DM liegen." Vgl. Referat 421, Bd. 117626.

12 Zu den Verhandlungen über den Bezug von polnischem Kupfer vgl. Dok. 101, Anm. 8.

13 In Helsinki fand vom 30. Juli bis 1. August 1975 die KSZE-Schlußkonferenz statt.

In der Entspannungspolitik bedeute Stagnation Rückschritt. Die deutsch-polnischen Vereinbarungen hätten daher auch über das deutsch-polnische Verhältnis hinaus eine günstige Wirkung auf die allgemeine Entspannungspolitik gehabt. Die Entspannungspolitik sei unabdingbar, dürfe sich durch Rückschläge nicht entmutigen lassen. Die Bundesregierung würde jede Möglichkeit zu Fortschritten nutzen.

Im Verhältnis zur Sowjetunion stellten die guten Wirtschaftsbeziehungen eine Möglichkeit dar, Fortschritte in der Entspannungspolitik zu erzielen.

Für den nachlassenden Enthusiasmus in der allgemeinen Entspannungspolitik gebe es eine Reihe von Gründen; in die Entspannung seien von manchen wohl zu große Erwartungen gesetzt worden, und mehrere Teilnehmer an diesem Prozeß hätten Mühe, sich mit ihren eigenen Verpflichtungen in diesem Prozeß zurechtzufinden.

Klarheit und Deutlichkeit in der Entspannungspolitik seinen ebenso notwendig wie eine konsequente Weiterverfolgung des Zieles selbst.

Wir hätten z.B. auf die Behinderung deutscher Journalisten in Leipzig deutlich reagiert[14], aber damit keine Veränderung unserer Entspannungspolitik gegenüber der DDR verbunden.

In der Frage des Vier-Mächte-Abkommens über Berlin sei bekannt, daß wir für strikte Einhaltung und volle Anwendung seien. Berlin sei für uns von vitalem Interesse. Jeder Versuch, das Vier-Mächte-Abkommen restriktiv anzuwenden, werde scheitern. Wir würden mit Geduld und Beharrlichkeit unsere Ziele verfolgen und dabei bemüht bleiben, die Berlin-Lage von allen Seiten realistisch einschätzen zu lassen.

Bundesminister Genscher ging dann auf Probleme der Dritten Welt über:

Industrieländer, ganz gleich, ob sie marktwirtschaftlich oder sozialistisch geprägt seien, müßten sich der Herausforderung der Dritten Welt gemeinsam stellen.

Die Bundesregierung habe sich für die Unabhängigkeit der Länder der Dritten Welt nach innen und außen ausgesprochen. Dabei habe sie nicht die Absicht, diesen Ländern unser Gesellschafts- und Wirtschaftssystem aufzudrängen.

In diesem Zusammenhang sei die fortdauernde Anwesenheit kubanischer Söldner in Angola eine sehr schlechte Sache. Der legitime Kampf der afrikanischen

---

14 Am 15. März 1976 wurde in der Presse zur Entscheidung der Regierung der DDR, drei Journalisten aus der Bundesrepublik von der Berichterstattung über die Leipziger Frühjahrsmesse auszuschließen, berichtet: „Nicht zugelassen zur Berichterstattung wurden die Journalisten Günter Linke und Hans-Dieter Schulz vom Deutschlandfunk und Karl Heinz Schroeter von der Deutschen Welle. Die Begründung: Einmischung der Sender in innere Angelegenheiten sozialistischer Staaten. Mit dem Ausschluß der drei Journalisten hat die ‚DDR‘ wieder einmal den Grundlagenvertrag mit Bonn unterlaufen. Zu diesem Vertrag gehört ein ‚Briefwechsel über die Arbeitsmöglichkeiten für Journalisten‘. [...] Die Weigerung der ‚DDR‘-Behörden, die Korrespondenten von ‚Deutschlandfunk‘ und ‚Deutscher Welle‘ zur Berichterstattung über Leipziger Messe zuzulassen, wird von der Bundesregierung als eine sehr ernste Angelegenheit betrachtet. Als ebenso ernst kennzeichnete der Sprecher die Behandlung von Bonns Ständigem Vertreter in Ost-Berlin, Günter Gaus, der am Sonntag im ‚DDR‘-Ministerium für Auswärtige Angelegenheiten dreimal abgewiesen wurde, als er den Protest der Bundesregierung gegen die Aussperrung der Rundfunk-Journalisten vorbringen wollte." Vgl. den Artikel „Journalisten zu feuern, ist für Ost-Berlin leicht"; DIE WELT vom 15. März 1976, S. 1.

Völker zur Beseitigung des Restkolonialismus und Rassismus dürfe von niemandem mißbraucht werden, um seinen eigenen politischen Einfluß in dieser Region auszudehnen.

Was den Dialog zwischen Industrie- und Entwicklungsländern angehe, betrachte die Bundesregierung denselben als ein wichtiges Stück Friedenspolitik. Wir würden uns dieser Aufgabe mit zunehmendem Interesse widmen.

Gegenüber den Problemen der Dritten Welt könnten die Probleme Europas gering erscheinen. Einige Probleme seien es aber für uns nicht. Er habe AM Gromyko hinsichtlich Berlins gesagt, eine Großmacht wie die Sowjetunion sollte hier eher einer langfristigen Perspektive folgen, statt mit bürokratischer Kleinlichkeit vorzugehen.[15]

BM Genscher faßte die Position der Bundesregierung zur Entspannungspolitik wie folgt zusammen:

– Fortsetzung der Entspannungspolitik überall dort, wo sich eine Möglichkeit dafür biete,

– Kooperation auf allen nur möglichen Gebieten,

– zur Entspannungspolitik gebe es keine vertretbare Alternative.

AM *Olszowski:* AM Olszowski stimmte dieser Schlußfeststellung ausdrücklich zu.

Er erwähnte, daß Polen besonders bemüht sei, die Arbeit der Journalisten zu erleichtern. Was die „hausinternen" Probleme mit der DDR in Leipzig angehe, sei ihm der Fall zwar bekannt, er könne zur Sache aber nichts sagen.

Beunruhigt sei Polen über Äußerungen zur Entspannungspolitik, die in Verbindung mit der Wahlkampagne fielen (Ford-Erklärung).[16]

BM *Genscher:* (BM Genscher erläuterte Sinn der Änderung des Wortes „Détente", das keine Substanz-Änderung beinhalte.)

AM *Olszowski:* AM Olszowski hielt letzteres schon für eine sehr weitgehende deutsche Interpretation.

Polen beobachte mit Sorge die Verschärfung der Rundfunkpropaganda, so von Radio Free Europe[17], einem auf deutschem Boden agierenden Sender. Dies hätten sie auch gegenüber den Vereinigten Staaten kritisiert, und er bäte, dies zu beachten, auch wenn die Bundesregierung keine unmittelbaren Einflußmöglichkeiten habe.

Zu Angola sei die Einschätzung der MPLA unterschiedlich; nach polnischer Ansicht sei sie ursprünglich nicht kommunistisch gewesen, und es sei ein großer Fehler des Westens gewesen, auf Holden Roberto und Savimbi zu setzen. Der Westen habe der MPLA erst ihre Linksorientierung aufgedrängt. Die Kubaner würden Angola wieder verlassen. Die innere Entwicklung des Landes sei schwer vorherzusehen, voraussichtlich aber würde dort ein Wettbewerb um die

15 Vgl. dazu das Gespräch des Bundesministers Genscher mit dem sowjetischen Außenminister Gromyko am 12. November 1975 in Moskau; AAPD 1975, II, Dok. 342.

16 Am 2. November 1976 fanden in den USA Präsidentschaftswahlen sowie Wahlen zum Repräsentantenhaus und Teilwahlen zum Senat statt.
Vgl. dazu das Fernsehinterview des Präsidenten Ford am 2. März 1976 in Miami; Dok. 80, Anm. 7.

17 Zum Rundfunksender „Radio Free Europe" vgl. Dok. 69, Anm. 11.

Einflußnahme entstehen. Wichtig sei die Verhinderung blutiger Auseinandersetzungen.

Zum Thema Entwicklungsländer–Industrieländer äußerte er das besondere Interesse Polens, über den Fortgang der Pariser Konferenz[18] informiert zu werden. Polen sei der Ansicht, die Ost-West-Zusammenarbeit dürfe nicht durch eine solche zwischen Nord und Süd ersetzt werden.

In der Entspannungspolitik spiele Europa die wichtigste Rolle, und Polen und die Bundesrepublik Deutschland sollten dabei intensiv zusammenarbeiten.

BM *Genscher:* BM Genscher äußerte, ohne eine Fortsetzung der Erörterung des Themas Angola zu wünschen, daß nicht die Vergangenheit, sondern die fortdauernde Anwesenheit der Kubaner der Gegenstand unserer Sorge sei, weil dies die Spannung in Afrika aufrechterhalte. Wir würden uns in die gesellschaftliche und politische Ordnung nicht einmischen, dies sei Sache der Afrikaner. Der MPLA könnten wir nur einen Rat geben, nämlich den inneren Frieden wiederherzustellen.

BM Genscher erwähnte, daß durch das Rhodesien-Regime und die uneinsichtige Apartheid-Politik Südafrikas eine nicht unerhebliche Spannung im Süden Afrikas hervorgerufen sei.

AM *Olszowski:* AM Olszowski meinte, die gegenwärtige Lage Angolas spiegele die unglückliche Kolonialzeit Portugals wider. Er stimmte zu, daß es am besten sei, jedes Volk die Lösung seiner eigenen Probleme finden zu lassen.

VS-Bd. 524 (014)

---

[18] Zur KIWZ vgl. Dok. 57, Anm. 7.
Die zweite Sitzungsperiode der KIWZ fand vom 19. bis 26. März 1976 in Paris statt. Zur dritten Sitzungsperiode der Kommissionen vom 21. bis 28. April 1976 teilte Vortragender Legationsrat I. Klasse Engels am 30. April 1976 mit: „1) Das Verhandlungsklima war wie in den beiden vorausgegangenen Sitzungsperioden insgesamt gut und kooperativ. 2) Unabhängig hiervon wurden die Schwierigkeiten der sich intensivierenden Sachdiskussion zunehmend deutlicher. Der Übergang von der Analyse zu den eigentlichen Sachfragen bewirkte, daß beide Seiten ihre Anliegen engagierter vortrugen. Die relativ harte Diktion der EL war auch durch den Wunsch bedingt, die Homogenität der EL-Gruppe zu erhalten und wenn möglich gewisse Ergebnisse für die bevorstehende UNCTAD IV vorweisen zu können. Deutlich wurde die Sorge der 19, ihrer Öffentlichkeit und den Regierungen der an der KIWZ nicht beteiligten EL gegenüber Sinn und Nutzen der KIWZ für die Gesamtheit der EL zu rechtfertigen. Die IL wären bereit gewesen, diesem Wunsch der EL entgegenzukommen und eine gemeinsame politische Erklärung von IL und EL für Nairobi mitzutragen. Dies reichte den 19 trotz des persönlichen Engagements von Kopräsidenten Pérez Guerrero jedoch nicht aus. [...] 3) Die Arbeitsergebnisse insgesamt sind vom deutschen Standpunkt aus gleichwohl positiv zu bewerten: keine materiellen Konzessionen vor UNCTAD IV, die sachlichen Aufgaben der 3. Sitzungsperiode wurden zum großen Teil erfüllt. 4) Die EG-Koordinierung war regelmäßig und intensiv. Die Rolle der Gemeinschaft in den Kommissionen war im Ganzen angemessen. Allerdings hat insbesondere im Rohstoff- und im Verschuldungsbereich das Fehlen gemeinsamer Positionen den Beitrag der Gemeinschaft erschwert." Vgl. den Drahterlaß Nr. 1658; Referat 405, Bd. 113933.

103

Aufzeichnung des Ministerialdirektors van Well

8. April 1976[1]

Betr.: Gespräch des Bundeskanzlers mit dem polnischen Außenminister Olszowski am 7. April 1976[2]

Olszowski brachte folgende konkrete Punkte vor:

1) In drei Bereichen seien konkrete Fortschritte in der wirtschaftlichen Zusammenarbeit möglich:

– Kohlevergasung[3],

– Export und Verarbeitung von Kupfer[4],

– Zusammenarbeit auf Drittmärkten.

Er hoffe, daß ein bis zwei Projekte bis zum Gierek-Besuch entscheidungsreif seien.

Nach Absprache beider Herren wurde Herr Loeck beauftragt zu veranlassen, daß Vizeminister Pruchniewicz mit Bundesminister Friderichs am 8. oder 9. Verbindung aufnimmt.

Olszowski erwähnte, daß Pruchniewicz ebenfalls Gespräche mit Krupp, Ruhrgas und Salzgitter führe.

2) Polen sei bereit, über Stromlieferungen nach Westberlin zu sprechen.[5] Es sei jedoch gegenwärtig aus verschiedenen Gründen nicht in der Lage, Strom in die Bundesrepublik Deutschland zu liefern. Das sei vielleicht später möglich. In Stettin stehe ein Kraftwerk, das erweitert werden könne. Die Leitung nach Westberlin benötige die Zustimmung eines dritten Partners, aber es bestehe ein reale Chance, diese zu erhalten.

Der Bundeskanzler antwortete, er könne da nur zuhören und sein allgemeines Interesse bekunden. Der Punkt solle auch mit Herrn Friderichs diskutiert werden.

3) Die kulturelle Zusammenarbeit sei für die Annäherung der beiden Völker wichtig. Auch der Jugendaustausch solle auf eine breitere Grundlage gestellt werden. Man könne, wie im Falle Polen–Frankreich[6], an die Einsetzung einer entsprechenden Kommission denken.

---

1 Hat Ministerialdirigent Kinkel am 8. April 1976 vorgelegen.
2 Der polnische Außenminister Olszowski hielt sich vom 6. bis 8. April 1976 in der Bundesrepublik auf.
3 Zur geplanten Zusammenarbeit im Bereich der Kohlevergasung vgl. Dok. 102, Anm. 11.
4 Zu den Verhandlungen über den Bezug von polnischem Kupfer vgl. Dok. 101, Anm. 8.
5 Zum polnischen Angebot, Strom in die Bundesrepublik und nach Berlin (West) zu liefern, vgl. Dok. 101, Anm. 7.
6 Staatspräsident Giscard d'Estaing hielt sich vom 17. bis 20. Juni 1975 in Polen auf. Am 20. Juni 1975 unterzeichneten er und der Erste Sekretär des ZK der PVAP, Gierek, eine Gemeinsame Erklärung über die Grundlagen und Mittel zur Entwicklung der kulturellen und wissenschaftlichen Zusammenarbeit, des Informationsaustauschs und der zwischenmenschlichen Beziehungen zwischen Frankreich und Polen. Darin wurde ausgeführt: „Les deux parties, [...] Désireuses de contri-

Der Bundeskanzler befürwortete eine Verabredung über den Jugendaustausch beim Gierek-Besuch[7]. Auf die Frage, ob eine solche Vereinbarung bis dahin möglich sei, antwortete Olszowski positiv. Olszowski schlug vor, wie im Falle des Besuchs von Giscard d'Estaing in Polen in die gemeinsame Erklärung anläßlich des Gierek-Besuchs eine Passage über den Jugendaustausch aufzunehmen. Der Bundeskanzler stimmte zu.

4) Zur Umsetzung der Empfehlungen der Schulbuchkonferenzen[8] sagte Olszowski, die polnische Seite garantiere diese Umsetzung und hoffe, daß dies auch in der Bundesrepublik Deutschland gelinge.

Auf Vorschlag des Bundeskanzlers wurde abgesprochen, daß hierüber ebenfalls eine Passage in die gemeinsame Erklärung aufgenommen werden würde. Der Bundeskanzler kündigte an, daß Bundesminister Rohde in der Schulbuchsache an die elf Kultusminister der Länder und er, der Bundeskanzler, entweder vor oder nach Unterzeichnung der gemeinsamen Erklärung mit Gierek an die elf Ministerpräsidenten schreiben wolle. Vor dem Gierek-Besuch werde auch Minister Rohde einen Brief an die deutschen Schulbuchverlage schicken, mit dem die Schulbuchempfehlungen übermittelt werden würden.

5) Olszowski verwies darauf, daß er mit Bundesminister Genscher die Frage der Unterrichtung der deutschen Sprache und der Pflege der deutschen Kultur in Polen besprochen habe.[9] Die polnische Seite sei bereit, ihre Aktivitäten in diesem Bereich auszuweiten. Deutsch solle nicht nur als Fremdsprache verstärkt gelehrt werden, sondern auch in einer zunehmenden Zahl von Schulen als Unterrichtssprache für einen Großteil der Unterrichtsfächer zugelassen werden. Es müsse jedoch Klarheit bestehen, daß es nicht die polnische Absicht sei, in Polen eine deutsche Minderheit zu schaffen.

6) Die vom Bundeskanzler und Gierek zu unterzeichnende gemeinsame Erklärung solle auch wirtschaftliche Punkte enthalten, über die noch bei der vorher stattfindenden Sitzung der Gemischten Kommission[10] gesprochen werden solle.

Fortsetzung Fußnote von Seite 473

buer au renforcement de la paix mondiale et de la compréhension entre les peuples ainsi qu'à l'enrichissement spirituel de la personne humaine, et déterminées à intensifier leurs échanges et leur coopération, déclarent solennellement se fixer les objectifs suivants: [...] Faciliter, sur le plan individuel ou collectif ou privé, les mouvements et contacts entre personnes, institutions et organismes des deux pays, y compris les échanges de jeunes." Vgl. LA POLITIQUE ETRANGÈRE 1975, I, S. 218 f.

[7] Zum Besuch des Ersten Sekretärs des ZK der PVAP, Gierek, vom 8. bis 12. Juni 1976 in der Bundesrepublik vgl. Dok. 181, Dok. 186 und Dok. 187.

[8] Auf der 16. UNESCO-Konferenz vom 12. Oktober bis 14. November 1970 in Paris führten das Internationale Schulbuch-Institut in Braunschweig und das polnische Instytut Programów Szkolnych Vorgespräche über die Behandlung von Themen in Schulbüchern. Ab 1972 folgten mehrere Verhandlungsrunden, in deren Mittelpunkt die jeweilige Sicht von Geschichte und Geographie stand. Auf der achten Tagung vom 29. September bis 2. Oktober 1975 in Warschau wurden schließlich sechs Empfehlungen zur Darstellung der Beziehungen zwischen der Bundesrepublik und Polen von 1945 bis zur Gegenwart erstellt, die sich insbesondere mit den territorialen Veränderungen und den Bevölkerungsverschiebungen im Gefolge des Zweiten Weltkrieges befaßten. Die endgültige Fassung der Empfehlungen für den Geschichts- und Geographieunterricht wurde auf der neunten Tagung vom 4. bis 7. April 1976 in Braunschweig verabschiedet. Für den Wortlaut vgl. BONN – WARSCHAU, S. 299–307 (Auszug).

[9] Vgl. dazu das Gespräch des Bundesministers Genscher mit dem polnischen Außenminister Olszowski am 7. April 1976; Dok. 102.

[10] Am 10. Mai 1976 berichtete Ministerialdirigent Schüßler, Bundesministerium für Wirtschaft, z.Z. Warschau, die polnische Seite habe auf der Sitzung einer Arbeitsgruppe der Gemischten Kommis-

7) Olszowski bezeichnete den Gedanken des Bundeskanzlers, ein regelmäßiges Gesprächsforum beider Seiten mit prominenten Politikern, Wissenschaftlern, Publizisten etc. zu schaffen, als einen sehr guten Vorschlag. Auch dies soll in die gemeinsame Erklärung aufgenommen werden. Als Träger des Gesprächsforums soll auf Wunsch des Bundeskanzlers nicht der Staat fungieren. Der Bundeskanzler und Olszowski fanden den Gedanken, die beiderseitigen Gesellschaften oder Institute für Auswärtige Politik damit zu betrauen, interessant. Die Form solle flexibel gehalten werden. Die erste Begegnung solle sehr sorgfältig vorbereitet werden, und zwar erst für das Jahr 1977 und danach in jedem Jahr abwechselnd in der Bundesrepublik Deutschland oder in Polen stattfinden.

Eingehend wurde über das Programm des Gierek-Besuchs gesprochen: Die polnische Seite ist mit dem Vorschlag einverstanden, daß Gierek am Abend des 8. Juni in Hamburg eintrifft; dort Essen im Privathaus des Bundeskanzlers (zwölf Personen), auf Wunsch der polnischen Seite mit Frau Gierek und Frau Schmidt. Wohnung für Gierek im Gästehaus des Senats. Das Fernsehen soll sowohl im Hause Schmidt als auch im Gästehaus Aufnahmen machen können. Am 9. morgens Flug nach Bonn und offizielles Programm. Anschließend Düsseldorf, Gelsenkirchen (Grubenfahrt von etwa drei Stunden zusammen mit dem Bundeskanzler), anschließend Bremen. Polen bringen 30 bis 40 Journalisten mit, die nach Vorschlag des Bundeskanzlers von Hamburger Journalisten zum Essen eingeladen werden sollten. Olszowski verwies darauf, daß es sich auf polnischer Seite zum Teil um führende Publizisten handeln werde, worauf der Bundeskanzler antwortete, daß auch in Hamburg erstklassige deutsche Publizisten ansässig seien. Es wurde besprochen, daß möglichst keine große Pressekonferenz gehalten werden sollte, sondern – wie bei den Besuchen von Giscard d'Estaing[11] und Ford[12] – nach den offiziellen Gesprächen im Garten des Bundeskanzleramtes kurze Erklärungen abgegeben werden, nach denen zwei bis drei Fragen zugelassen werden. Vielleicht soll es außerdem ein Presse-Essen mit Gierek und persönlich eingeladenen Gästen geben. Olszowski drückte den Wunsch aus, daß Gierek auch mit Industriellen und Gewerkschaftlern zusammentrifft. Der Bundeskanzler meinte, das eine könne vielleicht im Ruhrgebiet, das andere in Bonn organisiert werden.

Fortsetzung Fußnote von Seite 474

sion vom selben Tag einen Entwurf für ein „Protokoll zur Vertiefung und Differenzierung der Zusammenarbeit zwischen der BRD und der VR Polen auf wirtschaftlichem, industriellem und technischem Gebiet" folgenden Inhalts übergeben: „Der Entwurf enthält unter Bezugnahme auf die beiden Kooperationsabkommen und das langfristige Programm sowie unter Erwähnung der KSZE (Präambel) Absichtserklärungen zur Festsetzung der Regierungsanstrengungen zur Vertiefung und Differenzierung der Zusammenarbeit. Elemente: a) Ausrichtung der Anstrengungen auf Verstärkung der polnischen Lieferungen in bestimmten, in einer Anlage einzeln aufgeführten Bereichen [...]. b) Hervorhebung von einzelnen, in einer weiteren Anlage genannten Bereichen für deutsche Lieferungen [...]. c) Vertiefung der Zusammenarbeit auf Drittmärkten [...]. d) Anerkennung der Kompensation als Prinzip zur Förderung der Zusammenarbeit. e) Hervorhebung der Zusammenarbeit bei Rohstoffen, insbesondere Kohle und Kupfer. f) Konsultationsklausel und Schlußbestimmung wie bei regulären Regierungsabkommen." Vgl. den Drahtbericht Nr. 482; Referat 421, Bd. 117625.

11 Staatspräsident Giscard d'Estaing hielt sich am 25./26. Juli 1975 in der Bundesrepublik auf. Vgl. dazu AAPD 1975, II, Dok. 228.

12 Präsident Ford hielt sich vom 26. bis 28. Juli 1975 in der Bundesrepublik auf. Vgl. dazu AAPD 1975, II, Dok. 222.

Der Bundeskanzler hob hervor, daß beim ersten offiziellen Essen die Hauptreden gehalten werden, denen besondere politische Bedeutung zukomme. Nicht nur sollten, wie üblich, die Texte vorher ausgetauscht werden, sondern man solle auch gegenseitig Anregungen für die Thematik der Reden austauschen.

van Well

Referat 010, Bd. 178650

104

Aufzeichnung des Vortragenden Legationsrats I. Klasse Pfeffer

201-363.14 USA-1177/76 geheim   8. April 1976

Über Herrn Staatssekretär[1] dem Herrn Bundesminister[2]

Betr.:   Brigade 76[3];
         hier: bevorstehender Besuch des amerikanischen Botschafters beim
         Herrn Bundesminister am 12. April 1976[4]

Bezug: Weisung VLR Wallau vom 8. April 1976

1) Es ist anzunehmen, daß die amerikanische Regierung in dieser Sache drängt und die Höhe unserer finanziellen Beteiligung bald geklärt wissen möchte.

Präsident Ford hat den Brief des Herrn Bundeskanzlers (vgl. Anlage[5]) inzwischen beantwortet.[6] Der Brief soll vor wenigen Tagen im Bundeskanzleramt eingegangen sein und zum Bezugsproblem folgenden Tenor haben: Die USA halten am Projekt der Brigade im NORTHAG-Bereich fest und erwarten deutsche finanzielle Beteiligung. (Im übrigen keine Festlegung wegen des Einsatzes von Material und Truppen aus der Bundesrepublik Deutschland in Räumen außerhalb des NATO-Gebietes, aber Konsultationsbereitschaft, wahrscheinlich über heißen Draht (Präsident–Bundeskanzler).)

2) Die Administration ist, wie mir Botschafter Hillenbrand bei einem Abendessen gesagt hat, beunruhigt darüber, daß der Herr Bundeskanzler vorhaben könnte, bei seinem Besuch in Washington[7] die Finanzierung der Brigade 76 in einem Pa-

---

[1] Hat Staatssekretär Hermes am 8. April 1976 vorgelegen, der handschriftlich vermerkte: „Siehe Bemerkung am Schluß". Vgl. dazu Anm. 15.

[2] Hat Bundesminister Genscher am 12. April 1976 vorgelegen.

[3] Zur beabsichtigten Verlegung einer amerikanischen Brigade nach Norddeutschland vgl. Dok. 46.

[4] An dieser Stelle wurde von Staatssekretär Hermes handschriftlich eingefügt: „Zur Information".

[5] Dem Vorgang beigefügt. Für das Schreiben des Bundeskanzlers Schmidt vom 11. Februar 1976 vgl. Dok. 46.

[6] Für das Schreiben des Präsidenten Ford vom 25. März 1976 an Bundeskanzler Schmidt vgl. VS-Bd. 8678 (201).

[7] Für das Gespräch des Bundeskanzlers Schmidt mit Präsident Ford am 15. Juli 1976 in Washington vgl. Dok. 232.

ket mit anderen anstehenden Belastungen (Offset-Beendigung[8], AWACS[9] usw.) in unmittelbarem Gespräch mit dem Präsident zu lösen, analog zu seinen Verhandlungen als Bundesminister der Verteidigung mit dem US-Verteidigungsminister[10] und US-Finanzminister[11] vor Abschluß des letzten Offset-Abkommens[12]. Die amerikanische Administration scheint zwar zu verstehen, daß sich eine Paket-Lösung anböte, man glaubt aber, daß jedenfalls die vermutete Verfahrensabsicht nicht gangbar ist:

Präsident Ford werde ohne genaue Vorbereitung und angesichts seiner Belastung im Wahljahr[13] keine Neigung haben, in einer Tour de force während des Bundeskanzlerbesuchs in Washington eine Globallösung zu verhandeln oder gar abzuschließen.

Der Eilbedürftigkeit wegen scheinen die USA die Finanzierung der Brigade 76 überhaupt vorziehen zu wollen. Die Amerikaner werden nun versuchen, auf Ministerebene (Sie–Kissinger, Leber–Rumsfeld) vorzuklären. Sie deuten an, wir sollten wegen der Brigade nicht zu lange „pokern". Niemand wisse, wie die Wahlen in den USA ausgehen; das Projekt könne, wenn es nicht unter Fach sei, dadurch in ungünstiger Weise tangiert werden.

3) Wir stehen nach meiner Ansicht vor einer diffizilen Entscheidung: Wenn wir, was vieles für sich hätte, eine Paketlösung anstreben, wird die Verhandlung langwierig und schwierig sein, aber wir hätten die Garantie des Zug-um-Zug-Geschäfts. Lösen wir die Brigade 76 finanziell vorab, wissen wir nicht sicher, ob diese Leistung in anderem Zusammenhang honoriert wird.

Die amerikanische Brigade im NORTHAG-Bereich (mit Auffang für ein amerikanisches Korps im Krisenfall) hat für uns, gemessen an dem zu zahlenden Anteil, einen sehr hohen politischen und militärischen Wert, so daß wir genau überlegen müssen, wie lange wir die Amerikaner warten lassen können. Entschließen wir uns zu einer finanziellen Vorab-Lösung, müßte festgelegt werden, daß diese Leistung angerechnet wird. Dann würden wir manchem weiteren finanziellen Druck wohl besser begegnen können.

4) Diese Überlegungen konnten aus Zeitgründen mit keiner anderen Stelle besprochen werden. Sie sind wegen des Vorbehalts des Herrn Bundeskanzlers so delikat, daß sie nur zur Unterrichtung des Herrn Bundesministers für das Gespräch mit Botschafter Hillenbrand gedacht sind.[14]

---

[8] Zum deutsch-amerikanischen Devisenausgleich vgl. Dok. 51.

[9] Zum AWACS-Programm der NATO vgl. Dok. 108.

[10] Melvin R. Laird.

[11] John B. Connally.

[12] Das deutsch-amerikanische Devisenausgleichsabkommen vom 25. April 1974 hatte eine Laufzeit vom 1. Juli 1973 bis 30. Juni 1975 und hatte einen Umfang von 5,92 Mrd. DM. Vgl. dazu AAPD 1974, I, Dok. 137.

[13] Am 2. November 1976 fanden in den USA Präsidentschaftswahlen sowie Wahlen zum Repräsentantenhaus und Teilwahlen zum Senat statt.

[14] Am 12. April 1976 vermerkte Vortragender Legationsrat Wallau zum Gespräch des Bundesministers Genscher mit dem amerikanischen Botschafter Hillenbrand vom selben Tag: „Botschafter Hillenbrand übergab ein Aide-mémoire zu der Stationierung der NORTHAG-Brigade und führte dazu mündlich auf Weisung von AM Kissinger aus, daß es wichtig sei, in der Angelegenheit jetzt vorwärts zu kommen. Von der ursprünglichen Absicht, eine Brigade auf Rotationsbasis zu entsenden, sei man nunmehr dazu übergegangen, eine seßhafte Brigade einschließlich der Entsendung von Familienangehörigen zu stationieren. Notwendig sei zu einem späteren Zeitpunkt [...], ein ge-

Nach der Demarche des amerikanischen Botschafters wird sich ohnehin ein Gespräch mit dem Herrn Bundeskanzler und auf Arbeitsebene die Absprache mit Abteilung 4 usw. empfehlen.[15]

Pfeffer

VS-Bd. 8678 (201)

105

Botschafter Behrends, Wien (MBFR-Delegation), an das Auswärtige Amt

114-12304/76 geheim   Aufgabe: 9. April 1976, 19.19 Uhr[1]
Fernschreiben Nr. 237   Ankunft: 9. April 1976, 21.22 Uhr
Cito

Delegationsbericht Nr. 71

Betr.:   MBFR
         hier: Stand der Verhandlungen

Bezug: Delegationsbericht Nr. 33/76 vom 9.3.76[2] (Tgb.-Nr. 81/76 geheim)[3]

I. Seit dem zusammenfassenden Bericht der Delegation über den Stand der MBFR-Verhandlungen vom 9. März 1976[4] haben sich Neuentwicklungen nur insofern ergeben, als die Frage der Definition von Streitkräften und damit der Datenbasis für die Zwecke der Verhandlungen in den Vordergrund der Verhandlungen trat. Die nachstehende Übersicht über die Ergebnisse der 8. Verhandlungsrunde vom 30.1. bis 8.4.1976 ist daher als Ergänzung des Berichts vom 8. März zu verstehen.

II. 1) Der Osten war in den letzten vier Wochen dieser Runde weiterhin bemüht, die Verhandlungen zu intensivieren und sich den Anschein eines er-

---

Fortsetzung Fußnote von Seite 477

meinsames deutsch-amerikanisches Briefing eventuell in der DPC abzuhalten dazu, daß bei den Alliierten nicht der Eindruck entstünde, daß diese jetzt wegen der neuen amerikanischen Brigade die eigenen Verteidigungsleistungen mindern. Ferner sollte die Finanzierungsfrage so bald wie möglich erörtert werden. Eventuell im Zusammenhang mit Offset. In Washington sei gerade ein deutsches Aide-mémoire des Inhalts übergeben worden, daß BM und AM Kissinger Offset am Rande des NATO-Treffens im Mai in Oslo besprechen sollten. Die amerikanische Seite hoffe jedoch, daß die Finanzierungsfrage der Brigade nicht allzu weit hinausgeschoben würde, wenn die Offset-Gespräche zu lange Zeit in Anspruch nähmen." Vgl. VS-Bd. 14057 (010); B 150, Aktenkopien 1976.

15 An dieser Stelle vermerkte Staatssekretär Hermes handschriftlich: „Ich habe StS Schüler am 7.4. im Hinblick auf den Brief Präs[ident] Fords an den BK gesagt, ich hielte eine baldige Lösung des Problems: deutscher Beitrag zu NORTHAG-Brigade und Devisenausgleich vor Reise des BK nach Washington für erforderlich und auch möglich."

1 Hat Vortragendem Legationsrat I. Klasse Ruth am 25. Juni 1976 vorgelegen.
2 Korrigiert aus: „8.3.76".
3 Vgl. Dok. 76.
4 Korrigiert aus: „8. März 1976".

folgsorientierten Verhandelns zu geben, ohne jedoch irgendwelche Kompromißbereitschaft in den wesentlichen Fragen zu zeigen. Die abschließende Beurteilung dieser Verhandlungsrunde durch den Osten in der Plenarerklärung
Chlestows vom 8. April[5] und in der Presseerklärung Lahodas[6] war von einem
Optimismus geprägt, der durch die Ergebnisse der Runde keinesfalls gerechtfertigt wird. Immerhin kontrastierte dieser Zweckoptimismus und das östliche
Bemühen gegen Ende dieser Runde, durch häufigere Plenarerklärungen und
zusätzliche informelle Sitzungen das Verhandlungstempo zu beschleunigen,
mit der abwartenden, defensiven, auf Zeitgewinn abgestellten östlichen Verhandlungsführung in der Herbstrunde[7]. Dieser Wechsel in der Verhandlungstaktik ist sicherlich eine Folge der hohen Priorität, die Breschnew in seiner Rede
vor dem Parteikongreß der KPdSU den Fragen der Abrüstung und Rüstungskontrolle im Gesamtrahmen der sowjetischen Außenpolitik zuerkannt hat.[8]

2) Die dominierende Rolle der Sowjetunion im Warschauer-Pakt-Lager ist in
dieser Verhandlungsrunde noch deutlicher geworden. Sowohl der östliche Vorschlag vom 19.2.1976[9] wie die östlichen Vorschläge in der Definitionsfrage vom
März[10] sind offensichtlich in Moskau ohne oder mit nur marginaler Beteiligung der osteuropäischen Verbündeten ausgearbeitet worden. Die osteuropäischen Delegationsleiter waren daher bei der Vertretung dieser Vorschläge unsicher, weil über die Hintergründe schlecht unterrichtet, und wurden zu Rand-
figuren in den Verhandlungen.

---

[5] Botschafter Behrends, Wien (MBFR-Delegation), teilte am 8. April 1976 zu den Ausführungen des
Leiters der sowjetischen MBFR-Delegation mit: „Chlestow behauptete, der östliche Vorschlag vom
19.2.76 berücksichtige wesentliche NATO-Positionen. Der Westen bezweifele das zwar und scheine
es zur Vorbedingung zu machen, daß der Vorschlag vollständig den westlichen Forderungen entsprechen müsse. Es sei aber unbestreitbar ein Kompromiß, daß der östliche Vorschlag ebenso wie
der der NATO zweistufige Verminderungen vorsehe. [...] Den neuen westlichen Vorschlag bezeichnete Chlestow als einen Schritt in die richtige Richtung, vor allem weil er die Bedeutung der Nuklearwaffen anerkannt habe. Seine Fehler machten ihn jedoch für den Osten inakzeptabel. [...] Der
Westen müsse ein gleichgewichtiges Kräfteverhältnis im Raume anerkennen und die Idee des sog.
geographischen Faktors aufgeben. Der common ceiling sei unvereinbar mit der Verpflichtung aller
direkten Teilnehmer zu Reduzierungen. Das Abkommen der ersten Stufe müsse eine Frist für den
Abschluß einer zweiten Stufe enthalten. Alle direkten Teilnehmer müßten ihre nuklearen Waffen
in Verminderungen einbeziehen und das Verminderungsverfahren dürfe nicht zweierlei Maß vorsehen, so daß der Osten eine Panzerarmee abziehe, der Westen jedoch lediglich 29 000 einzelne
Soldaten. Diese unterschiedlichen Parameter könnten auch nicht durch die Einbeziehung nuklearer Elemente der USA verändert werden." Vgl. den Drahtbericht Nr. 230; Referat 221, Bd. 109387 B.

[6] Der Leiter der tschechoslowakischen MBFR-Delegation, Lahoda, führte am 8. April 1976 aus: „Unsere Verhandlungen waren in den letzten beiden Monaten durch eine intensive Aktivität und einen
lebhaften Meinungsaustausch zu den verschiedenen grundlegenden Problemen, die mit dem zu
verhandelnden Gegenstand verbunden sind, charakterisiert. Das ist besonders auf den neuesten
bedeutenden Vorschlag zurückzuführen, der am 19. Februar von den Delegationen der Sowjetunion, der Deutschen Demokratischen Republik, der Volksrepublik Polen und der Tschechoslowakischen Sozialistischen Republik vorgelegt wurde." Vgl. WIENER VERHANDLUNGEN, S. 179.

[7] Die siebte Runde der MBFR-Verhandlungen fand vom 26. September bis 18. Dezember 1975 in
Wien statt.

[8] Zur Rede des Generalsekretärs des ZK der KPdSU, Breschnew, auf dem XXV. Parteitag vgl. Dok.
76, Anm. 9.

[9] Zum Vorschlag der an den MBFR-Verhandlungen teilnehmenden Warschauer-Pakt-Staaten vgl.
Dok. 53.

[10] Zu den Streitkräftedefinitionen, die von den an den MBFR-Verhandlungen teilnehmenden Warschauer-Pakt-Staaten am 12. März 1976 vorgelegt wurden, vgl. Dok. 88, Anm. 3.

3) Dennoch gibt es keine ernsthaften Anzeichen dafür, daß – wie mir mein bulgarischer Kollege[11] sagte – „der Rubikon in den Verhandlungen überschritten" ist. Die Aussichten, daß in absehbarer Zeit wesentliche Fortschritte erzielt werden können, sind nach wie vor sehr gering.

III. 1) Die westlichen Verhandlungsführer konzentrierten sich darauf, die westlichen Vorschläge vom 16.12.1975[12] im Mittelpunkt der Verhandlungen zu halten, sie zu erläutern und den einmaligen Charakter der nuklearen Zugabe deutlich zu machen. Sie stellten klar, daß diese angereicherten westlichen Vorschläge die einzig mögliche und faire Basis eines Abkommens sind und daß die Verhandlungen in der gegenwärtigen Sackgasse bleiben werden, solange der Osten nicht positiv auf diese Vorschläge reagiert. Die östliche Stellungnahme blieb unverändert ablehnend.[13] Positiv beurteilte der Osten die – vom Westen von vornherein ausgeschlossenen – Entwicklungsmöglichkeiten des Einbezugs nuklearer Waffensysteme in das westliche Reduzierungsangebot. Immerhin zeigte die Entwicklung der östlichen Kritik im Verlauf der Runde, daß der Osten sich weiterhin mit diesen Vorschlägen beschäftigt. Gegen Ende der Runde war die östliche Kritik gründlicher durchdacht und sorgfältiger formuliert als zu Beginn.

2) Bei der Vertretung des östlichen Vorschlages vom 19.2.76 konzentrierte die östliche Seite ihr Vorbringen im Laufe der Runde immer stärker darauf, daß dieser Vorschlag dem westlichen Phasenkonzept[14] weit entgegenkommt. Dagegen wurde der zweite Absatz des östlichen Vorschlags, in dem der Abzug einer gleichen Anzahl sowjetischer und amerikanischer nuklearer Waffensysteme und Panzer gefordert wird, nur noch en passant vertreten. Die östliche Seite bestritt kaum noch, daß dieser Teil des Vorschlages lediglich dazu bestimmt ist, in der öffentlichen Meinung die Wirkung des westlichen Vorschlages vom 16.12.75 zu neutralisieren. Die Vertretung des dritten Elements des östlichen Vorschlags, in der die Auflösung zurückgezogener Einheiten gefordert wird, blieb im wesentlichen den Bulgaren und Ungarn überlassen, da dieser Vorschlag dazu bestimmt ist, die westlichen Flankenstaaten zu beeindrucken. Bei den Türken ist dem Osten dies zum Teil gelungen. Aufgrund strikter Weisungen aus Ankara bestanden sie darauf, daß der Westen zwar diesen Vorschlag als ungenügend für die Zwecke der Sicherheit der Flankenstaaten kritisierte, jedoch als positives Element hervorhob, daß der Osten erstmals konkrete Vorschläge für die Sicherheit der Flankenstaaten gemacht habe. Da der Vorschlag eine reziproke Anwendung auf alle Stationierungsstreitkräfte vorsieht, sind seine Gefahren für den Westen größer als sein möglicher Nutzen für die westli-

---

11 Todor Dichev.

12 Zum Vorschlag der an den MBFR-Verhandlungen teilnehmenden NATO-Mitgliedstaaten für eine Einbeziehung amerikanischer nuklearer Komponenten (Option III) vgl. Dok. 3, Anm. 15.

13 Botschafter Behrends, Wien (MBFR-Delegation), gab am 5. April 1976 Ausführungen des Leiters der sowjetischen MBFR-Delegation, Chlestow, zum Verhandlungsvorschlag der an den MBFR-Verhandlungen teilnehmenden NATO-Mitgliedstaaten vom 16. Dezember 1975 wieder: „Der Westen weigere sich, die zur Verminderung angebotenen 1000 nuklearen Sprengköpfe als die für die abzuziehenden nuklearen Trägermittel bestimmten Sprengköpfe zu spezifizieren. Dies beweise, daß der Westen sich die Option offen halten wolle, die entsprechenden Reduzierungsverpflichtungen durch den Abzug veralteter und ohnehin überzähliger Sprengköpfe zu erfüllen. Dies mache den Vorschlag uninteressant." Vgl. den Drahtbericht Nr. 216; VS-Bd. 10425 (221); B 150, Aktenkopien 1976.

14 Vgl. dazu die am 22. November 1973 von den an den MBFR-Verhandlungen teilnehmenden NATO-Mitgliedstaaten vorgelegten Rahmenvorschläge; Dok. 45, Anm. 19.

chen Flankenstaaten. Eine Auflösung zurückgezogener Einheiten – auch wenn Personal und Waffen dieser Einheiten in andere Einheiten eingegliedert werden können – hätte für die Vereinigten Staaten, Großbritannien und Kanada schwerwiegendere Auswirkungen als für die Sowjetunion.

3) Die östliche Kritik an den westlichen Vorschlägen vom 16.12.75 ebenso wie die westliche Kritik am östlichen Vorschlag vom 19.2.76 konzentrierten sich auf die Grundfragen der Wiener Verhandlungen: Asymmetrische oder symmetrische Verminderungen, Herstellung der Parität oder Festschreibung des gegenwärtigen Kräfteverhältnisses, kollektive oder nationale ceilings, selektive Reduzierungen („mixed package") oder across-the-board-Reduzierungen aller Arten von Streitkräften und Rüstungen. Diese für die westliche Verhandlungstaktik höchst erwünschte Entwicklung ist eine wichtige positive Auswirkung der westlichen Vorschläge.

4) Gegen Ende der Runde ließ die sowjetische Delegation erkennen, daß sie auf dem bereits 1974 eingeschlagenen Weg fortzuschreiten und die prozeduralen Aspekte des Phasenkonzepts, unabhängig vom Inhalt eines Phase-I-Abkommens, weiter zu behandeln wünscht. Nach Ansicht Chlestows kann dieser Aspekt als abschließend geregelt gelten, wenn die Westeuropäer und Kanada in Phase I bereit wären, sich zu verpflichten, ihre Reduzierungszusagen allgemeinen Charakters für die zweite Phase innerhalb eines bestimmten Zeitraums zu erfüllen.

IV. Von besonderem Interesse war in den letzten Wochen die Behandlung der Definitionsfrage.

1) Bis zum März beschränkte sich das östliche Interesse in der Definitionsfrage auf die Zuordnung von Streitkräften zu Land- oder Luftstreitkräften. Der Osten argumentierte, daß das vom Westen für die Zuordnung verwandte Uniformprinzip Unterschiede in der Organisation von Streitkräften nicht berücksichtige, daher Streitkräfte-Elemente mit gleicher Funktion teils den Land-, teils den Luftstreitkräften zuordne und als Konsequenz die Disparitäten beim Personal der Landstreitkräfte künstlich aufbläbe. Der Westen hielt an seiner Ansicht fest, daß eine einvernehmliche Regelung der strittigen Zuordnung von Streitkräfte-Elementen nur im Zusammenhang mit einer Datendiskussion möglich sei. Er forderte, daß zunächst Einigung über das Prinzip der „comprehensiveness" erzielt werden müsse, d.h. darüber, daß alles militärische Personal im aktiven Dienst, mit Ausnahme der Marine, in die Definition einzubeziehen und alle Zivilisten, Reservisten und Angehörige paramilitärischer Organisationen auszuschließen seien.

2) Diese Formel entspricht der westlichen Datenbasis. Sie ist von erheblicher Bedeutung, weil die Einigung über Einschluß in oder Ausschluß von der Definition gleichzeitig die Datenparameter fixiert und dasjenige Personal definiert, das der vom Westen vorgeschlagene combined collective common ceiling umfassen und das entweder reduziert (Landstreitkräfte) oder limitiert (Luftstreitkräfte) würde.

3) Im März erklärte sich die östliche Seite plötzlich bereit, das Prinzip der „comprehensiveness" zu erörtern: Sie wies darauf hin, daß die NATO-Streitkräfte erheblich mehr Zivilangestellte beschäftigen als die WP-Streitkräfte und

daß ein großer Teil der Zivilangestellten im Westen Funktionen ausübt, die im Osten vom militärischen Personal ausgeübt wird. Der Osten könne daher dem Ausschluß von Zivilisten von der Definition nur dann zustimmen, wenn gleichzeitig ein Teil des militärischen Personals auf östlicher Seite, dessen Funktionen im Westen von Zivilisten ausgeübt würden, von der Definition ausgeschlossen würde. Es blieb unklar, wie hoch die Zahl der auszuschließenden Soldaten des WP sein würde.

4) Die Annahme dieses östlichen Vorschlags hätte erhebliche Auswirkungen auf die westliche Verhandlungsposition gehabt, weil durch eine solche Verkleinerung der Datenbasis auf östlicher Seite die Disparitäten im Personalbestand erheblich oder ganz beseitigt würden. Da in der Tat die westlichen Streitkräfte erheblich mehr Zivilangestellte beschäftigen als die WP-Streitkräfte und damit die Prämissen des östlichen Vorschlags unbestreitbar sind, blieb nur der Weg, eine isolierte Diskussion des Problems der Zivilangestellten abzulehnen. Die westlichen Verhandler argumentierten, daß der Westen den Einschluß alles militärischen Personals in die Definition und den Ausschluß aller Zivilisten, aller Reservisten (einschließlich Verfügungsbereitschaft der Bundeswehr) und des Personals der paramilitärischen Einheiten nur als Paket akzeptieren könne. Wenn der Osten die Zivilangestellten der westlichen Streitkräfte zur Sprache bringe, werde der Westen auf die Berücksichtung der paramilitärischen Einheiten (Grenztruppen, Sicherheitstruppen, Kampfgruppen, Arbeitermilizen) bestehen. Diese Einheiten seien im Osten wesentlich zahlreicher als im Westen und hätten einen erheblichen Kampfwert.

5) Diese Argumentation, die von der deutschen Delegation in der Ad-hoc-Gruppe durchgesetzt wurde, und der Hinweis in bilateralen Gesprächen, daß der Westen durch den Einschluß von paramilitärischen Einheiten die Disparitäten im Personalbestand mindestens verdoppeln könne, erwies sich als wirksam. Gegen Ende der Runde wurde deutlich, daß die östlichen Delegationen zu Zweifeln begannen, ob es im östlichen Interesse liegt, die Frage der Zivilangestellten weiter zu verfolgen.

6) Der östliche Vorschlag der Anrechnung der westlichen Zivilangestellten, der offenbar nicht in der WP-Gruppe in Wien vorbereitet war, sondern auf Weisungen aus Moskau beruhte, läßt darauf schließen, daß

a) der Osten die Disparitäten im Personalbestand der Landstreitkräfte und der Land- und Luftstreitkräfte insgesamt nicht bestreiten kann;

b) daß er nicht glaubt, durch „Mogeln" bei einer eventuellen Datendiskussion die Disparitäten hinwegmanipulieren zu können;

c) daß er daher versucht, mit Hilfe einer auf diesen Zweck hin zugeschnittenen Definition und Datenbasis die Disparitäten zu vermindern oder zu beseitigen.

7) Wir müssen damit rechnen, daß der Osten in der nächsten Runde diese Taktik mit gleichen oder neuen Mitteln weiterverfolgt. Der Westen kann dem nur begegnen, wenn er unerschütterlich an seinem Phasenkonzept festhält und sich nicht scheut, die östlichen paramilitärischen Einheiten zur Sprache zu bringen, sobald der Osten die westliche Datenbasis zu verändern sucht.

8) Da der Osten offensichtlich seinen Vorschlag der Anrechnung von westlichen Zivilangestellten überdenken will, hat er zu diesem Komplex strenge Dis-

kretion gegenüber der Presse gewahrt und die westliche Seite ebenfalls um Diskretion gebeten. Da eine Verhärtung der östlichen Position in dieser Frage als Folge von Presseindiskretionen nicht im westlichen Interesse liegen kann, hat die AHG[15] diesem Wunsch entsprochen. Ich bitte daher um vertrauliche Behandlung dieses Komplexes, solange der Osten selbst keine Presseindiskretionen verursacht.

V. Gegen Ende der Runde ließen sowjetische Delegierte erkennen, daß der Osten ernsthaft die Frage der Einführung von Daten (Streitkräftezahlen) prüft.[16] In der Datenfrage ist der Osten in einer schwierigen Situation. Da der Westen bereits zu Beginn der Verhandlungen Daten eingeführt hat und der Osten sich bisher geweigert hat, die westlichen Daten zu kommentieren oder eigene Daten einzuführen, hat es der Osten sehr schwer, seine Verhandlungsposition gegenüber der westlichen öffentlichen Meinung glaubhaft zu machen. Andererseits würde der Osten seine Verhandlungsposition kompromittieren, wenn er Daten vorlegt, die die westliche These von den Disparitäten beim Personalbestand bestätigen. Es wird abzuwarten sein, welchen Weg der Osten findet, aus diesem Dilemma hinauszukommen. Wenn der Osten Zahlen vorlegen sollte, werden sie vermutlich erheblich von den westlichen Zahlen abweichen. Die von sowjetischen Delegierten geäußerte Skepsis, ob es in diesem Falle möglich ist, den Beweis für die Richtigkeit von Daten zu erbringen und durch eine Datendiskussion die Differenzen zu beseitigen, ist nicht unberechtigt.

VI. Ob die westlichen Vorschläge vom 16.12.75 letzten Endes doch noch ein östliches Entgegenkommen in den für den Westen entscheidenden Fragen herbeiführen werden, kann erst dann abschließend beurteilt werden, wenn der Westen durch geduldiges Vertreten dieser Vorschläge über einen langen Zeitraum hinweg den Osten überzeugt hat, daß mit weiteren westlichen Zugaben nicht zu rechnen ist.

Der Westen wird daher in der nächsten Runde[17], die Mitte Mai beginnt, am erfolgreichsten verhandeln, wenn er unverändert die gleiche Position wie in dieser Runde vertritt.

[gez.] Behrends

VS-Bd. 10425 (221)

---

[15] Ad-hoc-Gruppe.
[16] Am 5. April 1976 berichtete Botschafter Behrends, Wien (MBFR-Delegation), der Leiter der belgischen MBFR-Delegation, Adriaenssen, habe am 31. März 1976 Ausführungen des Leiters der sowjetischen MBFR-Delegation resümiert: „Chlestow habe ihm gesagt, daß der Osten in der nächsten Runde ,eigene Daten' vorlegen werde. Dieses werde ein großes Entgegenkommen gegenüber dem Westen sein. [...] Chlestow habe erwidert, es koste ihn große Mühe, seine Regierung von der Notwendigkeit zu überzeugen, Daten vorzulegen. Das Mindestentgegenkommen, das der Osten dafür erwarte, sei die Bereitschaft der Westeuropäer und Kanadas, bereits in Phase I einen Zeitpunkt für ihre Reduzierungen in der zweiten Phase anzugeben." Behrends führte dazu ferner aus, „daß Chlestow und Schustow sich gegenüber anderen westlichen Gesprächspartnern sehr zurückhaltend zur Frage geäußert haben, wann der Osten Daten vorlegen werde. Tendenz der Äußerungen der sowjetischen Gesprächspartner war, daß diese Frage geprüft werde, daß erhebliche Zweifel bestünden, ob eine Datendiskussion einen positiven Einfluß auf die Verhandlungen haben würde, daß eine schwierige Situation eintreten werde, wenn die von Ost und West vorgelegten Daten differierten, und daß der Osten jedenfalls nicht zu einer Revision einmal vorgelegter Daten bereit sein werde." Vgl. den Drahtbericht Nr. 216; VS-Bd. 10425 (221); B 150, Aktenkopien 1976.
[17] Die neunte Runde der MBFR-Verhandlungen wurde am 19. Mai 1976 in Wien eröffnet.

106

Aufzeichnung des Vortragenden Legationsrats Fröwis

220-371.80-493/76 geheim   20. April 1976[1]

Betr.: SALT-Unterrichtung am 15.4.1976 in Brüssel[2]

1) Diskussion im NATO-Rat

Nachdem Botschafter Johnson die von der NATO-Vertretung drahtlich übermittelte Erklärung über den Fortgang der Verhandlungen in Genf verlesen
hatte, teilte er auf Fragen der NATO-Vertreter folgende Einzelheiten mit:

Sicher strebe die SU über die Parität hinaus eine strategische Überlegenheit
an, jedoch sei es Aufgabe der amerikanischen Regierung, dies zu vermeiden.

Es dürfte das Hauptziel der Sowjets sein, die Weiterentwicklung der amerikanischen Waffentechnologie zu beschränken. Das sowjetische Projekt eines Ver-
botes neuer Massenvernichtungswaffen werde allerdings nicht bei den SALT-
Verhandlungen, sondern in der CCD behandelt.[3] Infolge ihres technologischen
Rückstandes setze die SU auf Größe und Zahl ihrer Raketen. Sie werde die
Zahl ihrer Träger reduzieren müssen, um die Höchstzahl von 2400 Trägern
einhalten zu können. Die Sowjets hätten bisher weder selbst Zahlenangaben

---

[1] Hat Vortragendem Legationsrat I. Klasse Pfeffer am 20. April 1976 vorgelegen.
Hat den Vortragenden Legationsräten I. Klasse Ruth und Hauber am 21. bzw. 22. April 1976 vor-
gelegen.
Hat Botschafter Roth am 23. April 1976 vorgelegen.
Hat Vortragendem Legationsrat I. Klasse Andreae am 26. April 1976 vorgelegen.
Hat Roth erneut am 28. April 1976 vorgelegen.
Hat Ministerialdirektor van Well vorgelegen.

[2] Am 22. April 1976 resümierte Vortragender Legationsrat I. Klasse Ruth die Ausführungen des
Leiters der amerikanischen SALT-Delegation, Johnson, in der Sitzung des Ständigen NATO-Rats:
„Er vermied es allerdings, auf die noch umstrittenen Kernfragen einzugehen, die im letzten Vierteljahr
unmittelbar zwischen Washington und Moskau behandelt wurden: die Einbeziehung der sowjetischen Backfire-Bomber und der amerikanischen Cruise Missiles in das SALT-II-Abkommen. [...] Die
SU drängt nach wie vor darauf, die sog. Forward Based Systems (FBS) der Amerikaner, die Kernwaffen dritter Staaten, das Verbot der Weitergabe strategischer Waffensysteme und deren Komponenten an verbündete Länder sowie eine Nichtumgehungsklausel in die SALT-Verhandlungen einzubeziehen. Die USA weigern sich jedoch, die sog. FBS und die Kernwaffen dritter Staaten einzubeziehen." Vgl. VS-Bd. 8662 (201); B 150, Aktenkopien 1976.

[3] Mit Resolution Nr. 3479 vom 11. Dezember 1975 beauftragte die XXX. UNO-Generalversammlung
die Konferenz des Abrüstungsausschusses (CCD) in Genf mit der Ausarbeitung eines Vertrags
über das Verbot der Entwicklung und Herstellung neuer Typen von Massenvernichtungswaffen.
Als Anlage war der Resolution ein von der UdSSR vorgelegter Vertragsentwurf beigefügt. Für den
Wortlaut vgl. UNITED NATIONS RESOLUTIONS, Serie I, Bd. XV, S.468–470.
Am 30. April 1976 faßte Botschafter Schlaich, Genf (CCD), die Beratungen der CCD zusammen:
„Die von allen Ostblockstaaten geforderte vorrangige Behandlung der sowjetischen Initiative zum
Verbot neuer Typen und Systeme von Massenvernichtungswaffen brachte keinerlei greifbare Er-
gebnisse. [...] An einem auf sowjetischen Vorschlag abgehaltenen Expertentreffen haben lediglich
zwei Experten aus der Sowjetunion selbst sowie je ein Experte aus der DDR und Ungarn im Rahmen ihrer Delegation teilgenommen, jedoch keinerlei Beitrag zu einer Klärung der Thematik im
Sinne einer Definition der zu verbietenden Waffen geleistet. Die westlichen Staaten hatten sich
vorher abgesprochen, keine Experten zu einem solchen Treffen zu entsenden. Ihre regulären CCD-
Delegationen nahmen teil und stellten Fragen zur Aufklärung der sowjetischen Initiative." Vgl.
den Schriftbericht Nr. 11; Referat 220, Bd. 109373.

über die Anzahl ihrer strategischen Waffensysteme bekanntgegeben, noch hätten sie die amerikanischen Schätzungen bestätigt. Die Amerikaner würden jedoch darauf bestehen, daß beide Seiten vor der Unterzeichnung von SALT II Zahlen über die vorhandenen Waffensysteme austauschten, um eine gemeinsame Datengrundlage zu schaffen.

Die Amerikaner würden mobile landgestützte ICBMs unter Anrechnung auf die Höchstzahlen als zulässig betrachten, die Sowjets hätten sich bisher über diese Frage ausgeschwiegen.

Träger mit mehrfachen MARV-Sprengköpfen würden ebenso wie solche mit mehrfachen MIRV-Sprengköpfen auf die Höchstzahl von 1320[4] angerechnet.

Die USA seien technisch in der Lage, sowohl das Volumen als auch die Tiefe eines sowjetischen Silos mit ausreichender Genauigkeit zu messen.

Der Ausspruch Kissingers, daß die Verhandlungsdelegationen den Text eines SALT II-Abkommens nach Klärung der umstrittenen Kernfragen durch die obersten politischen Instanzen innerhalb von sechs bis acht Wochen fertigstellen könnten, sei nicht wörtlich zu nehmen. Häufig ergäben sich erhebliche sprachliche, technische und konzeptionelle Schwierigkeiten bei der Formulierung des Vertragstextes. Die Delegationen hätten z. B. sieben Wochen damit verbracht, das „Wurfgewicht" zu definieren. Bei den Tarn- und Störmaßnahmen gehe es darum, den Begriff „deliberate concealment" deutlicher, konkreter zu fassen.

Falls unausweichlich, würde Washington erst nach einer Verständigung über die Cruise Missiles und die schweren Bomber auch über die Themen „non transfer" und „non circumvention" verhandeln, weil man dann nicht nur abstrakt, sondern konkret wisse, um welche Waffensysteme es dabei gehe. Aus denselben Gründen wären NATO-Konsultationen über non transfer und non circumvention zum gegenwärtigen Zeitpunkt verfrüht. Auf jeden Fall würde Washington die NATO-Partner konsultieren, bevor die USA mit der SU über diese Fragen verhandelten.

Über Cruise Missiles habe man in Genf noch nicht gesprochen.

Die Verhandlungen über „Reduzierungen" (amerikanische Terminologie) bzw. „mögliche Reduzierungen" (sowjetische Terminologie) im Rahmen von SALT III sollten auf jeden Fall vor 1985 abgeschlossen werden. Falls möglich, sollte SALT III das SALT II-Abkommen bereits vor 1985 ersetzen.

Weder Botschafter Johnson noch sein Mitarbeiter Earle waren bereit, Auskunft über die unmittelbar zwischen Washington und Moskau stattfindenden Verhandlungen zu den Themen „Backfire-Bomber" und „Cruise Missiles" zu geben.

2) Diskussion in der Expertengruppe

Auf Fragen von Experten aus den NATO-Ländern erläuterte Herr Earle:

Eine Rakete, die entweder das Startgewicht oder das Wurfgewicht der SS 19 überschreite, gelte als schwere Rakete. Bei der Siloerweiterung um 32 % sei

---

[4] Vgl. dazu die amerikanisch-sowjetischen Vereinbarungen von Wladiwostok vom 24. November 1974; Dok. 21, Anm. 5.

vom Silovolumen einer jeden einzelnen Rakete im Jahre 1972 auszugehen, bei späterer Installierung vom Silovolumen im Jahre der erstmaligen Installierung.

Zwar sei die Verifikation bei landgestützten mobilen ICBMs etwas schwieriger, doch würden die Amerikaner einer massiven Täuschung der Sowjets auf die Spur kommen. Überdies seien die mobilen Raketen den fest verbunkerten in punkto Wurfgewicht und Treffgenauigkeit unterlegen.

Während die Sowjets luftgestützte ICBMs nur auf schweren Bombern zulassen möchten, hielten die Amerikaner sie auch auf anderen Flugzeugen für zulässig, selbstverständlich unter Anrechnung auf die Höchstzahlen.

Da die Einbeziehung von mit Cruise Missiles bestückten schweren Bombern noch nicht einvernehmlich geregelt sei, hielten sich die amerikanischen Mehrfachraketenträger (550 Minutemen III, 496 Poseidon, 240 auf Trident-U-Booten) noch unterhalb der Höchstzahl von 1320. Erst nach einer Einigung über die luftgestützten Cruise Missiles müßten die Amerikaner ihre MIRV-Systeme wahrscheinlich vermindern. Auf jeden Fall würden schwere Bomber mit ballistischen Raketen mit einer Reichweite von über 600 km unter die Höchstzahl von 2400 Trägern fallen. Nach amerikanischer Auffassung zählten sowohl die B 52 und die B 1 als auch der Bison, der Bear und der Backfire zu den schweren Bombern. Washington könne die sowjetische Unterscheidung zwischen einem Bison-Tankflugzeug und einem Bison-Bomber nicht akzeptieren, da die Maschinen auch in gemischter Mission eingesetzt und bei Bedarf innerhalb kürzester Frist von der Tanker- auf die Bomber-Version umgerüstet werden könnten.

Auf die Frage, ob non transfer und non circumvention ggfs. innerhalb der von Kissinger genannten Frist von sechs bis acht Wochen geregelt werden würde, meinte Herr Earle, dies wisse er noch nicht, möglicherweise ja. Daraufhin erklärten mehrere Experten aus den europäischen NATO-Ländern, daß die vorgesehenen NATO-Konsultationen voraussichtlich erheblich mehr Zeit in Anspruch nehmen würden.

Fröwis[5]

VS-Bd. 8662 (201)

---

[5] Paraphe.

486

107

Botschafter Schmidt-Dornedden, Amman, an das Auswärtige Amt

114-12464/76 VS-vertraulich   Aufgabe: 20. April 1976, 20.00 Uhr[1]
Fernschreiben Nr. 258   Ankunft: 20. April 1976, 22.10 Uhr
Cito

Betr.: Gespräch mit König Hussein

Zur Information

1) Nach seiner Rückkehr nach Amman 16. April 1976[2] empfing mich König Hussein auf meine Bitte heute zu (über eine Stunde dauerndem) Gespräch.

Unterrichtete König über Sadat-Besuch in Bonn[3] auf Grundlage DE 59 vom 6.4.76 (310-321.10 AGY) sowie Ortez 40 vom 6.4.1976[4] und Vermerk über Pressekonferenz Sadat[5] vom 1.4.1976.

Anschließend längeres Gespräch über Fernost- und USA-Reise[6] König Husseins und ausführlicher Tour d'horizon über Libanon, West Bank, Nahost-Entwicklung sowie „Hawk"-Geschäft.

2) König wies auf große Sorge seiner Gesprächspartner in Fernost über zunehmende kommunistische Aktivitäten und sowjetischen Einfluß in Dritter Welt hin (Ostasien, Afrika).

Hauptanliegen in USA sei Erörterung Libanon-Krise und diesbezügliche Einflußnahme auf amerikanische Regierung gewesen.[7] Krise müsse so schnell wie

---

1 Hat Vortragendem Legationsrat Richter am 21. April 1976 vorgelegen, der die Weiterleitung an Vortragenden Legationsrat I. Klasse Böcker nach Rückkehr verfügte.
  Hat Böcker vorgelegen, der handschriftlich vermerkte: „1) Vorg[ang] b[itte] abl[ichten] an BMVg FüS II 2) 311, 32".
2 König Hussein hielt sich vom 14. bis 16. April 1976 in Österreich auf.
3 Präsident Sadat hielt sich vom 29. März bis 3. April 1976 in der Bundesrepublik auf. Vgl. dazu Dok. 95.
4 Vgl. Dok. 100.
5 Vortragender Legationsrat I. Klasse Böcker vermerkte, Präsident Sadat habe am 31. März 1976 im Bundespressehaus erklärt: „Die ägyptische Politik habe sich nicht geändert. Der Grundsatz ‚Hände weg vom Libanon' gelte nicht nur für dritte Mächte, sondern auch für die Baath in Syrien. [...] Er wiederholte den ägyptischen Vorschlag, daß im Einverständnis der Beteiligten eine gesamtarabische Streitmacht zusammengestellt werden solle. [...] Er wiederhole noch einmal: ‚Hände weg vom Libanon'." Vgl. Referat 010, Bd. 178715.
6 König Hussein hielt sich vom 2. bis 9. März 1976 in Australien, vom 10. bis 16. März 1976 in Japan und vom 29. März bis 1. April 1976 in den USA auf.
7 Gesandter Hansen, Washington, teilte am 3. April 1976 zum Besuch des Königs Hussein vom 29. März bis 1. April 1976 in den USA mit: „Vor seinem Abflug nach Washington hatte der König bei kurzem Besuch in Damaskus Lage im Libanon und allgemeine Nahost-Fragen mit Präsident Assad erörtert. Er soll sich auch während der Washingtoner Gespräche mehrfach telefonisch mit Assad in Verbindung gesetzt haben. Der syrische Präsident hatte ihn offenbar davon überzeugt, daß Waffenstillstand und Verhandlungen über vernünftige politische Lösung im Libanon angesichts chaotischer Verhältnisse ohne offenes Eingreifen syrischer Streitkräfte nicht mehr zu erreichen seien. Hussein hat daher zunächst syrischen Wunsch, über USA eine Zusage israelischen Stillhaltens zu erwirken, bei hiesigen Gesprächen unterstützt. Jedoch war Israel [...] nicht bereit, entsprechende Zusicherung zu geben. USA wollten offenbar z. Zt. auch keinen Druck in dieser Richtung auf Israel ausüben, obwohl israelische Argumente State Department nicht überzeugt haben. Hussein hat sich

möglich beigelegt werden, um nichtvorhersehbare Eskalation – auch im Hinblick auf Syrien – zu vermeiden.

Neuerliche Entwicklung in West-Bank nach Kommunalwahlen könne noch nicht abgeschätzt werden.[8] Zu vermuten, daß Wahlausgang im Sinne Israels sei. Dort glaube man möglicherweise, mit neuer Equipe der Volksvertreter besseres Instrument (als PLO und Notable) als potentiellen Verhandlungspartner aufbauen zu können.[9]

Zur Nahost-Entwicklung: Man müsse bis November abwarten (Wahlen USA[10]) und hoffen, daß bis dahin kein Eklat geschehe. Jedenfalls erwarte man bis dahin keine Bewegung aus jetziger Stagnation heraus. Politik der kleinen Schritte sei jedenfalls überholt.

Bezüglich „Hawk"-Geschäfts sehe er in der Tat keinen anderen Ausweg, als sich an die Sowjetunion zwecks Lieferung von SAM-Raketen zu wenden, falls König Khalid schließlich nicht doch bereit sei, erhöhten Gesamtpreis zu zahlen.[11]

3) Im einzelnen:

– Libanon

Krise im Libanon sei Hauptthema seiner Gespräche mit Präsident Ford, Außenminister Kissinger und anderen Persönlichkeiten gewesen. Er habe in Washington versucht, deutlich zu machen, daß alles getan werden müsse, um einen Kompromiß und dauerhaften Frieden zwischen den Interessengruppen zu schaffen. Ziel müsse es sein, die Einheit sowie Unabhängigkeit des Landes zu wahren und Spaltung (darauf wäre die von Syrien verhinderte Aktion General Ahdabs hinausgelaufen[12]) sowie Abgleiten zum Linksso-

---

Fortsetzung Fußnote von Seite 487

nach amerikanischer Darstellung schließlich davon überzeugen lassen, daß mindestens zunächst noch einmal Versuch gemacht werden müsse, Libanonkonflikt ohne offene ausländische militärische Intervention beizulegen." Vgl. den Drahtbericht Nr. 1123; Referat 310, Bd. 108739.

8 Botschafter Fischer, Tel Aviv, resümierte am 14. April 1976 den Ausgang der Kommunalwahlen am 12. April 1976 im Westjordanland: „Stadtratswahlen in Westbank-Städten brachten, wie erwartet, bei 72,3 Prozent Wahlbeteiligung Ablösung bisheriger, älterer, traditionellen Familienklans angehörigen Stadtverantwortlicher durch jüngere, gebildetere, politisch radikalere Persönlichkeiten, die allerdings teilweise gleichen Klans angehören." Vgl. den Drahtbericht Nr. 200; Referat 310, Bd. 108731.

9 Der Passus „Zu vermuten, ... aufbauen zu können" wurde von Vortragendem Legationsrat Richter durch Fragezeichen hervorgehoben.

10 Am 2. November 1976 fanden in den USA Präsidentschaftswahlen sowie Wahlen zum Repräsentantenhaus und Teilwahlen zum Senat statt.

11 Am 14. April 1976 übermittelte Gesandter Hansen, Washington, Informationen über die geplante Lieferung amerikanischer Flugabwehrsysteme an Jordanien: „Äußerungen jordanischen PM Zaid Rifais in London, daß Preis amerikanischen Fl[ug]a[bwehr]-Systems (‚Hawk'-Raketen und Vulcan-Kanonen) im Verlauf langwierigen Tauziehens von rund 300 Mio. Dollar auf mehr als das Doppelte angestiegen sei, wurde von Militärberater im State Department als unzutreffend bezeichnet. [...] Saudische Geldgeber seien nur von Preis reiner Waffen, nicht gesamten Systems ausgegangen. [...] State Department sei von Rifais Ankündigung überrascht worden, da man nach Abschluß König Husseins Besuch in Washington noch keine Veranlassung gesehen hätte, ‚Hawk'-Geschäft als vollends gescheitert zu betrachten. Auch jetzt sei nicht auszuschließen, daß Rifai letzte Warnung an saudische Adresse habe richten wollen. Administration habe noch nicht alle Hoffnung aufgegeben, daß Saudis, denen Gedanke an sowjetische Berater in Jordanien sehr zuwider sein müßte, doch noch tiefer in die Tasche greifen." Vgl. den Drahtbericht Nr. 1256; Referat 310, Bd. 108739.

12 Am 11. März 1976 erklärte sich der Kommandeur der Beiruter Militärregion, al-Ahdab, zum Militärgouverneur des Libanon und forderte Präsident Frangieh zum Rücktritt auf. Botschaftsrat Schmidt, Beirut, führte dazu am 19. März 1976 aus: „Seit erfolglosem mildem Militärputsch Gene-

zialismus zu vermeiden. Präsident Assad müsse daher in jeder Weise unterstützt werden. Denn er sei der einzige (übrigens der beste Präsident, den Syrien je gehabt habe), der eine tragbare Lösung durchsetzen könne. Daher lehnte er (König) auch Sadats Haltung „Hände weg vom Libanon" (vgl. Vermerk über Presseerklärung Sadat) vollauf ab.

Auf meinen Hinweis, daß die Position Präsident Assads zwischen Irak, Ägypten und auch PLO sowie libanesischen Links-Gruppen und syrischen Links-Baathisten einerseits sowie Israel andererseits besonders delikat sei, erwiderte König:

Eben wegen Assads außerordentlich schwieriger Lage sei rasche Entscheidung im Libanon notwendig. Gerade von diesen Gedankengängen habe er seine amerikanischen Gesprächspartner überzeugen wollen. Es sei notwendig, daß die USA unter diesen Überlegungen weiter auf Israel einwirkten, Gewehr bei Fuß zu halten. Denn auch in Israels Interesse müsse die Politik Assads gestützt werden. Dies werde zwar auch in Tel Aviv erkannt, aber die Höhe der Reizschwelle im Hinblick auf die syrische Intervention sei nach wie vor nicht deutlich. Wenn nicht ein Friede gefunden werde, bevor Assads Möglichkeiten erschöpft seien und er darüber evtl. zu Fall komme, bestehe größte Gefahr eines völligen Linksrucks und einer extrem sozialistischen Achse Beirut–Damaskus–Bagdad, mit der Folge größter Spannung in Nahost.

Meine weitere Frage, ob es denkbar sei, daß eine solche Achse im Interesse Joumblatts liege und sein eigentliches Ziel sei[13], verneinte König Hussein nicht, gab vielmehr dem Gedanken Raum.

Bewertung

Es war deutlich, mit welch außerordentlicher Sorge König die Entwicklung im Libanon als den großen politischen Schwerpunkt verfolgt, hinter dem das weitere Procedere auf dem Weg zum Frieden mit Israel sowie die Ereignisse in der West Bank zur Zeit zurücktreten.

– Westufer

Der Ausgang der Kommunalwahlen in dem besetzten Westgebiet habe nach meiner Meinung national-palästinensische, nicht notwendigerweise Pro-

Fortsetzung Fußnote von Seite 488

ral Ahdabs am 11.3., später Reformbewegung, vermittelt Syrien in Damaskus derzeit rezeptiv. Der von Ahdab geforderte und von zwei Dritteln der Abgeordneten verfassungswidrig avalierte vorzeitige Rücktritt Präsident Frangiehs scheiterte zunächst an Intervention Syriens und seither am entschiedenen Widerstand der sich ihrer Sache sicheren politischen Rechten (Gemayel, Chamoun, Kassis). [...] Die traditionell aktivere und entschlossenere politische Rechte spielt dabei Zwangslage Syriens aus, am Fortbestand gesamtlibanesischer Staatlichkeit interessiert sein zu müssen, um Vakuum und Chaos im Südlibanon mit Rücksicht auf ‚weiche Flanke' nach Israel zu vermeiden. Sie nimmt Hegemonie Syriens in Kauf und fühlt sich stark genug, diese zu gegebenem Zeitpunkt wieder abzuwerfen bzw. zu unterlaufen." Vgl. den Drahtbericht Nr. 149; Referat 310, Bd. 108750.

13 Am 31. März 1976 stellte Referat 310 zu den Zielen des Oberhaupts der libanesischen Drusen fest: „Joumblatt erstrebt eine militärische Lösung durch Sieg über die christliche Falange Gemayels, um auf diese Weise in einem säkularisierten Libanon sein arabisch-sozialistisches Programm durchsetzen zu können. Er hat sich gegen weitere syrische Vermittlungsbemühungen ausgesprochen und verfolgt mehr oder weniger offen eine anti-syrische Politik. Dabei sympathisiert er mit dem linken Flügel des syrischen sozialistischen Baath, der seinerseits – in stiller Opposition zu Assad – in enger Verbindung mit dem irakischen Baath steht. Zu den Geldgebern Joumblatts dürfte auch Libyen zählen." Vgl. Referat 310, Bd. 108750.

PLO-Strömung deutlich gemacht. Fragte daher, ob Wahlausgang Einfluß auf künftige israelische Haltung haben könne, worauf König erwiderte:

So seltsam es auf ersten Blick erscheine, sei Wahlausgang für Tel Aviv vermutlich nicht unangenehm. Im Gegenteil: Er sei der Auffassung, daß Ergebnis sich durchaus in eine sich offensichtlich anbahnende neue politische Linie Israels einfüge. Dies zeigten auch Andeutungen von Minister Peres, der sich betont gelassen gegeben habe.[14] Israelische Regierung werde möglicherweise versuchen, mit der neuen Equipe ins Gespräch zu kommen und sie als „dritte Kraft" zwischen PLO und Amman aufzubauen[15], um dann mit dieser neuen palästinensischen Gruppierung zu verhandeln. Die neuen Stadtverordneten seien unbekannt (im Zweifel weder pro-haschemitisch noch pro-PLO). Was Israel allerdings zu bieten habe, sei fraglich. Denn territoriale Zugeständnisse werde es auch dieser Gruppe nicht machen.

PLO werde von Israel abgelehnt, und er (König) habe deutlich gemacht, daß mit ihm jegliche Gespräche zwecklos seien, solange Israel sich nicht bereit erkläre, die besetzten Gebiete zu räumen.[16]

Auf meinen Einwand, daß offenbar in Israel doch ernsthafte Hoffnung auf neue Kontakte mit dem König beständen, die ich allerdings als Wunschdenken betrachte (vgl. DB Nr. 249 vom 12.4.76 – Pol 310.10 VS-NfD[17]), erwiderte König:

Israelische Regierung gehe dabei von utopischen Vorstellungen aus. Möglichkeiten, die vor Rabater Konferenz[18] bestanden hätten, gebe es nicht mehr. In der Tat habe man versucht, Kontakte über die Notabeln der West Bank zu ihm aufzunehmen. Die entsprechenden Persönlichkeiten (wie z.B.

---

[14] Am 15. April 1976 übermittelte Botschafter Schmidt-Dornedden, Amman, Ausführungen des israelischen Verteidigungsministers Peres zu den Kommunalwahlen am 12. April 1976 im Westjordanland: „In Israel wird – zumindest von für Besatzungsgebiet verantwortlichem Verteidigungsminister Peres – Ergebnis hiesigen Pressemeldungen zufolge verhältnismäßig gelassen hingenommen. Laut israelischer Rundfunkmeldung hat Peres gesagt, daß neue Bürgermeister und Stadtverordnete nicht nach ihren Wahlslogans, sondern nach ihren künftigen Aktivitäten zu beurteilen seien. An dieser Überlegung mag etwas Wahres dran sein, denn auch die neuen Herren sind z.B. auf jordanische Subventionen angewiesen und müssen dem Rechnung tragen." Vgl. den Drahtbericht Nr. 256; Referat 310, Bd. 108731.

[15] Der Passus „als ‚dritte Kraft' ... aufzubauen" wurde von Vortragendem Legationsrat Richter hervorgehoben. Dazu Fragezeichen.

[16] Dieser Satz wurde von Vortragendem Legationsrat I. Klasse Böcker hervorgehoben, dazu vermerkte er handschriftlich: „Aha!"

[17] Botschafter Schmidt-Dornedden, Amman, legte dar: „Israelische Hoffnung, mit Hussein doch noch (wann) zu Abmachungen ‚unter Bruch Rabater Entscheidung' zu kommen, kann nur als Wunschdenken bezeichnet werden. [...] Husseins außenpolitische Stellung hat sich, nach dem auf Rabater Entscheidung folgenden Tief, zunehmend gefestigt. Zusammenarbeit und politische Abstimmung mit Syrien haben dazu entscheidend beigetragen. Das zweite Entflechtungsabkommen zwischen Israel und Ägypten lehnt Hussein ebenso ab wie Assad (wenn auch aus unterschiedlichen Gründen). Das Verhältnis zu Kairo ist kühler geworden, das zur PLO erträglich. Fast in jeder seiner Reden und in den Interviews während seiner Ostasienreise und jetzt in den USA hat Hussein Israel vor die Alternative gestellt: Land oder Frieden. Gleichermaßen wiederholt hat er unterstrichen, daß PLO von Israel als einer der Verhandlungspartner akzeptiert werden müsse. Palästinenserfrage ist das Zentralproblem geworden. Israel hat bisher keinerlei substantielles Angebot (territorial) gemacht. Im Gegenteil: Über Jerusalem kann nach israelischer Auffassung als ‚ewige Hauptstadt Israels' gar nicht mehr gesprochen werden." Vgl. Referat 310, Bd. 104999.

[18] Die Gipfelkonferenz der Mitgliedstaaten der Arabischen Liga fand vom 26. bis 29. Oktober 1974 in Rabat statt. Für den Wortlaut des Kommuniqués vgl. EUROPA-ARCHIV 1975, D 614–616.

Sheikh Jaabari), die ihm hier in Amman darüber berichtet hätten, habe er angewiesen, seine Auffassung den Israelis völlig klarzumachen. Als Gesprächspartner komme nur die PLO in Frage. Dasselbe habe er auch in USA auf entsprechende israelische Vorstöße (offenbar Direktgespräche) klargemacht.

Zunächst müsse das Weitere abgewartet werden, da über den jetzigen Stand hinaus die weitere Entwicklung noch zu undurchsichtig sei. Im übrigen erhebe sich die Frage, was Israel dieser neuen, von ihr anvisierten Gruppe bieten werde. Ob Israel – mit welcher Taktik auch immer – die Bevölkerung der West Bank für sich gewinnen könne, halte er, zumal angesichts der Ereignisse der letzten Monate, für unwahrscheinlich.

Bewertung

Die Gedankengänge des Königs bezüglich einer evtl. israelischen Zusammenarbeit mit den neuen Herren in den Ratshäusern überraschte mich. Interessant war die Bestätigung, daß ohne ein territoriales Angebot, d. h. ohne festen Gesamt-Räumungsplan (wenn auch in Etappen), israelischer Versuch zu Gesprächen aussichtslos ist.

– „Hawk"-Geschäft

Auf die Lieferung des „Hawk"-Luftabwehrsystems angesprochen, sagte König:

Die Sache sei erledigt (finished). Es sei niemals über einen festen Preis gesprochen worden. Wenn der neu ermittelte Preis König Khalid, der sich mit Lieferung von weniger als 14 Batterien ebensowenig zufrieden geben werde, wie er selbst (König), zu hoch sei, dann werde sich Jordanien in der Tat an Sowjetunion wenden. Jordanische Armee sei nach libanesischer die am schlechtesten ausgerüstete, und das Land bedürfe des notwendigen Luftschutzes dringend. Dies nicht nur gegenüber Israel, sondern auch aus allgemeinen Überlegungen, wie z. B. für den Fall, daß Libanon-Krise eskalieren und sich auf die Region ausweiten sollte: Bei Lieferung von SAM-Raketen sollte sichergestellt werden, daß syrische Berater und Ausbilder statt sowjetischer nach Jordanien kämen.

Bewertung

Mir schien, König hat Hoffnung noch nicht aufgegeben, daß Saudi-Arabien letzten Endes doch Gesamtkosten übernimmt, wohl wissend, daß Sowjetunion erheblich günstigeres Angebot machen würde. Andernfalls wird man SAM-Abwehrsystem erwerben. Schließlich und nicht zuletzt kann König Hussein – auch aus innenpolitischen Gründen – Armee nicht ohne derartige Waffen lassen.

[gez.] Schmidt-Dornedden

VS-Bd. 9986 (310)

108

Vortragender Legationsrat I. Klasse Pfeffer
an die Ständige Vertretung bei der NATO in Brüssel

201-360.35   20. April 1976[1]
Fernschreiben Nr. 75   Aufgabe: 21. April 1976, 18.14 Uhr

Betr.: AWACS[2]

Bezug: DB 500 vom 13.4.1976[3]
        Telefongespräch Citron–Hauswedell am 20.4.76

In den Anlagen folgt Wortlaut der im Bezugstelefongespräch angekündigten
Briefe des BM der Verteidigung und des Herrn Bundeskanzlers zu AWACS,
die als vertrauliche Hintergrundinformation zur General Policy Guideline im
nationalen Bereich dienen sollen.

[gez.] Pfeffer[4]

Anlage 1

Sehr geehrter Herr Bundeskanzler!

Ich möchte Sie hiermit über ein NATO-Projekt unterrichten, dessen Beschaffung von den drei obersten Kommandobehörden der NATO mit hoher Priorität
gefordert und von den USA mit Nachdruck betrieben wird.

Es handelt sich um das fliegende Frühwarn- und Leitsystem AWACS (Airborne Warning and Control System) der Firma Boeing, welches zur Zeit bereits
von der US-Luftwaffe beschafft wird.

Minister Rumsfeld wie auch sein Vorgänger[5] haben mich wiederholt schriftlich
und bei Konferenzen um Unterstützung für das Vorhaben gebeten. Parallel dazu hat das US-Außenministerium über die Botschaft Kontakte zum Auswärtigen Amt[6] und Bundesministerium der Verteidigung gesucht.

---

1 Durchdruck.
  Der Drahterlaß wurde von Attaché Hauswedell konzipiert.
2 Die NATO erwog die Einführung eines luftgestützten Aufklärungs- und Frühwarnsystems. Vgl.
  dazu AAPD 1975, II, Dok. 335.
3 Botschafter Krapf, Brüssel (NATO), berichtete über eine Sitzung einer AWACS-Arbeitsgruppe der
  NATO vom Vortag: „In einleitender Erklärung des Vorsitzenden, des beigeordneten Generalsekretärs für politische Angelegenheiten, Dr. Jung, wurde festgestellt: [...] die Arbeit der Gruppe solle
  im wesentlichen einem freimütigen Gedankenaustausch möglichst aller NATO-Partner dienen, mit
  dem Ziel, die mit der Einführung des A[irborne]E[arly]W[arning]-Systems verbundenen politischen
  und wirtschaftlichen Fragen so weit als möglich vorzuklären und die Optionen klar darzulegen; die
  Beteiligung an der Arbeit dieser Gruppe bedeute für die beteiligten Länder keine Vorentscheidung; [...]
  die Terminplanung im Hinblick auf die DPC-Ministerkonferenz im Juni erfordere, daß die Gruppe
  bis etwa Mitte Mai zu einem Ergebnis käme; er rechne bis dahin mit ca. acht Sitzungen." Vgl. VS-Bd.
  8049 (201); B 150, Aktenkopien 1976.
4 Paraphe vom 21. April 1976.
5 James R. Schlesinger.
6 Am 24. Oktober 1975 resümierte Oberamtsrat Kempf ein Gespräch des Vortragenden Legationsrats Holik mit dem Ersten Sekretär an der amerikanischen Botschaft, Remole, vom Vortag. Letzterer habe dargelegt, „daß der US-Kongreß nur bereit sei, die für die Durchführung von AWACS

Diese Aktivitäten übersteigen das sonst übliche Maß bei Rüstungsvorhaben vergleichbarer Größenordnung. Ohne Zweifel spielen dabei für die USA wirtschaftliche Gesichtspunkte eine wichtige Rolle. Hinzu kommt, daß der Kongreß vermutlich nur weitere Mittel für die US-interne Beschaffung bewilligen wird, wenn die NATO AWACS in Auftrag gibt.

Dies sind jedoch aus meiner Sicht nicht die einzigen Aspekte, die das große Interesse der USA an einem NATO-Vorhaben bestimmen. Die Leistungen des Systems als Instrument der großräumigen Aufklärung von Luft- und Seezielen, der daraus resultierende mögliche Gewinn an Vorwarnzeit sowie die integrierende Kraft, die ein von allen oder zumindest mehreren NATO-Nationen gemeinsam beschafftes und betriebenes System haben könnte, sind gewichtige Argumente. Ernsthaftes Interesse gezeigt haben bisher außer den USA Großbritannien, Kanada, Norwegen und möglicherweise auch Frankreich.

Die Bundeswehr hat die NATO-Forderungen prinzipiell anerkannt und sich an den Vorarbeiten für das Projekt beteiligt. Das Vorhaben, welches nicht teilstreitkraftspezifisch, sondern als Gesamtstreitkäftesystem angesprochen werden muß, ist jedoch bisher nicht Teil der mittelfristigen Bundeswehrplanung.

Um den Anschluß an die US-Produktion zu sichern und um Mehrkosten zu vermeiden, hat das DPC im Dezember 1975 eine vorgezogene Beschaffung von Teilen mit langer Vorlaufzeit unterstützt.[7] Die Kosten dafür belaufen sich auf etwa 39 Mio. DM.

Angesichts der Bedeutung des Systems, insbesondere für die Vorwarnzeit als Voraussetzung politischer Krisenbereinigung, habe ich während dieser Sitzung Minister Rumsfeld – unter dem Vorbehalt parlamentarischer Zustimmung – unsere Beteiligung an dieser Summe in Höhe von circa 10,5 Mio. DM in Aussicht gestellt. Ich habe gleichzeitig erklärt, daß unsere Beteiligung an dem Gesamtvorhaben damit nicht präjudiziert wird. Die Behandlung in den Ausschüssen ist im April 1976 vorgesehen.

Von den USA und den NATO-Gremien wird angestrebt, die Beschaffungsentscheidung auf der diesjährigen Frühjahrsministersitzung des DPC[8] zu fällen. Dem stehen noch einige offene Punkte entgegen: So sind die Finanzierungsmöglichkeiten im eigenen Bereich bisher aufgrund noch nicht abgeschlossener Studien und noch nicht ausgehandelter Kostenteilung nicht untersucht. Für den Fall, daß diese Studien die vorläufige positive Bewertung des Systems bestätigen, wir uns dieser Beurteilung anschließen und dem Vorhaben eine hohe

Fortsetzung Fußnote von Seite 492

auch im nationalen Bereich erforderlichen Mittel bereitzustellen, wenn vorher sichergestellt sei, daß sich die NATO oder eine Anzahl von NATO-Partnern zumindest an der Finanzierung der sog. ‚long lead items' beteiligen. Hierfür würden nach dem derzeitigen Stand 15 Mio. US-Dollar benötigt." Remole habe weiter erläutert, daß nach den Vorstellungen der amerikanischen Regierung die Bundesrepublik einen Betrag von vier Millionen US-Dollar übernehmen solle. Eine Entscheidung müsse rasch fallen, „weil andernfalls der US-Kongreß die im US-Haushaltsjahr 1976 benötigten Mittel nicht freigeben würde". Holik habe darauf erwidert, daß „eine positive Entscheidung über die finanzielle Beteiligung an den ‚long lead items' praktisch eine Vorentscheidung für das gesamte AWACS-Projekt darstellen würde. Insoweit sei das Problem schwierig und nicht ohne Beteiligung der zuständigen parlamentarischen Gremien zu lösen." Vgl. VS-Bd. 8597 (201); B 150, Aktenkopien 1975.

[7] Vgl. dazu die Ministersitzung des Ausschusses für Verteidigungsplanung der NATO (DPC) am 9./10. Dezember 1975 in Brüssel; AAPD 1975, II, Dok. 376.

[8] Zur Ministersitzung des Ausschusses für Verteidigungsplanung der NATO (DPC) am 10./11. Juni 1976 in Brüssel vgl. Dok. 191 und Dok. 192.

Priorität zuordnen, wäre eine Einplanung des geschätzten deutschen Anteils (etwa 1 Mrd. DM) erforderlich. Ausgehend von den Daten der Neunten Finanzplanung könnte dies nur nach erheblichen Eingriffen in andere Vorhaben erfolgen. Umfangreiche Alternativuntersuchungen und Umplanungen müßten also vorausgehen. Die parlamentarische Behandlung des Gesamtvorhabens noch in dieser Legislaturperiode erscheint allein schon aus Termingründen zweifelhaft.

Somit können wir uns voraussichtlich nicht vor Anfang 1977 definitiv entscheiden. Falls nicht andere Staaten in einer ähnlichen Problematik stehen – was derzeit nicht überschaubar ist – würden wir in dieser Frage allein retardieren müssen. Eine gewisse Verstimmung der USA-Administration ist dann zwar zu erwarten, doch aufgrund der Fakten nicht zu vermeiden.

Ich wäre dankbar, wenn das vorgesehene Vorgehen Ihre Unterstützung finden würde. Einzelheiten zum Sachstand bitte ich der Anlage[9] zu entnehmen.

Mit freundlichen Grüßen
gez. [Leber]

Anlage

(Einzelheiten zum Sachstand hier fortgelassen)

Anlage 2

30. März 1976

Sehr geehrter Herr Kollege,

ich bedanke mich für Ihre Unterrichtung vom 16. März 1976 über das Projekt AWACS und den möglichen Umfang einer eventuellen deutschen Beteiligung.

Ihr vorgesehenes Vorgehen im DPC erscheint mir angesichts der noch offenen Fragen und insbesondere der ungeklärten Finanzierung einer deutschen Beteiligung zweckmäßig.

Ich wäre Ihnen jedoch dankbar, wenn Sie in den bevorstehenden Beratungen nachdrücklich darauf hinweisen würden, daß wir eine mögliche Beteiligung an AWACS nur unter der Bedingung erwägen, daß das System zu einem echten NATO-Projekt wird. Jede andere Lösung muß für uns inakzeptabel sein, da sie dazu führen würde, AWACS zu einem nur multilateralen Vorhaben zu machen, das zudem noch gefährliche Präjudizwirkungen für die Finanzierung weiterer gemeinsamer Projekte auf Kosten nur einiger Partner haben könnte.

Es erscheint mir sinnvoll, die parlamentarische Information möglichst frühzeitig vorzusehen, auch wenn zur Zeit noch nicht definitiv entschieden werden kann. Dabei gehe ich davon aus, daß Ihre Realisierbarkeitsvorschläge sich im Rahmen der bestehenden Finanzplanungen bewegen werden.

Mit freundlichen Grüßen
stets Ihr
gez. [Schmidt]"

VS-Bd. 8649 (201)

---

[9] Dem Vorgang nicht beigefügt.

109

Aufzeichnung des Vortragenden Legationsrats Heinichen

403-411.10 BSR-488/76 geheim   **22. April 1976**

Über Herrn Dg 40[1] Herrn D 4[2] im Hause

Betr.: „Flächenpapier" des Bundeskanzleramtes[3]

Bezug: Zuschrift von Herrn D 3 vom 12.4.1976[4]

Als Anlage wird erneut die Zuschrift von Herrn D 3 i. V. vom 12.4.1976 vorgelegt.[5]

Herr Dr. Jesser hat gegen zwei Punkte des Neuentwurfs vom 2.4.1976[6] Bedenken.

1) Auf Seite 2, Buchstabe B. d.), soll wegen zukünftiger Interpretationsschwierigkeiten der Text dahingehend geändert werden, daß die Mitgliedsländer der Arabischen Liga und Israel bis zur Herbeiführung einer umfassenden Friedensregelung als Spannungsgebiet anzusehen sind.[7]

Referat 403 hält eine solche Textänderung nicht für vertretbar: Der erste Entwurf des Flächenpapiers vom 9.3.76 enthielt eine praktisch gleichlautende Regelung, wie sie jetzt von Herrn Dg 31 vorgeschlagen wird.[8] Herr StS Dr. Her-

---

[1] Helmut Sigrist.

[2] Hans Lautenschlager.

[3] Zur Neufassung der Richtlinien für den Rüstungsexport vgl. Dok. 59.

[4] In Vertretung des Ministerialdirektors Lahn schlug Ministerialdirigent Jesser vor, den Entwurf des Bundeskanzleramts vom 2. April 1976 für Richtlinien zum Rüstungsexport hinsichtlich der dort vorgenommenen regionalen Abgrenzung abzuändern: „In der Praxis wird die Verwendung des geographischen und politischen Begriffs ‚Naher Osten' zu den größten Interpretationsschwierigkeiten führen [...]. Um von vornherein mit Sicherheit auftretende künftige Schwierigkeiten zu vermeiden, bitte ich, diesen Absatz ganz unmißverständlich wie folgt zu fassen: ‚Die Mitgliedsländer der Arabischen Liga und Israel werden bis zur Herbeiführung einer umfassenden Friedensregelung als Spannungsgebiet angesehen. Damit scheidet die Lieferung von Kriegswaffen aus. Für die Ausfuhr von sonstigen Rüstungsgütern in diese Länder können im Einzelfall mit Zurückhaltung Ausnahmen gemacht werden.'" Jesser bat ferner, den Passus des Entwurfs zu Konsultationen über die Exportvorhaben von Kooperationspartnern neu zu fassen: „Eine Kategorie von Ländern, die sich – wie in der israelisch-arabischen Auseinandersetzung – in einem nun fast 30-jährigen Dauerkonflikt abwechselnd mit Kriegen und Waffenruhen und Zustand zwischen Nicht-Krieg und Nicht-Frieden befinden, wird durch die vorgesehene Formulierung nicht erfaßt. Wir wollen aber gerade nicht durch deutsche Zulieferungen zur Produktion von Kriegswaffen, die in diese Region ausgeführt werden, in die politische Verantwortung genommen werden (vergleiche z. B. Alpha-Jet für Ägypten). Daher müssen wir eine Formulierung finden, durch welche die Einspruchsmöglichkeit der Bundesregierung gegen die Verwendung deutscher Zulieferungen ausgedehnt wird auf ‚Exporte in Mitgliedsländer der Arabischen Liga und Israel bis zur Herbeiführung einer umfassenden Friedensregelung'." Vgl. VS-Bd. 8874 (403); B 150, Aktenkopien 1976.

[5] Dem Vorgang beigefügt. Vgl. Anm. 4.

[6] Vgl. Anm. 7, 10 und 12.

[7] In Ziffer 2 B d) des Entwurfs des Bundeskanzleramts vom 2. April 1976 für Richtlinien zum Rüstungsexport hieß es: „Die Länder des Nahen Ostens müssen zur Zeit als Spannungsgebiet angesehen werden. Damit scheidet die Lieferung von Kriegswaffen aus. Für die Ausfuhr von sonstigen Rüstungsgütern in diese Region können im Einzelfall Ausnahmen gemacht werden (Vgl. den Beschluß des Bundessicherheitsrates am 3. April 1974)." Vgl. VS-Bd. 8874 (403); B 150, Aktenkopien 1976.

[8] Im Entwurf des Bundeskanzleramts vom 9. März 1976 für Richtlinien zum Rüstungsexport wurde ausgeführt: „Die Mitgliedsländer der Arabischen Liga und Israel müssen zur Zeit als Spannungs-

---

mes hat dann mit Schreiben vom 18.3.76 Bedenken gegen eine zu weit getriebene Kasuistik geltend gemacht[9]; dieser Einwand wird in Übereinstimmung
mit Herrn VLR I Dr. Kruse – als Dg 40 i. V. – wie folgt verstanden:

a) Außenpolitische Belastung

Es wird sich nicht vermeiden lassen, daß irgendwann einmal das Flächenpapier in unbefugte Hände gelangt; dann aber wird sich jeder Staat, der in dem
Papier expressis verbis als Teil eines Spannungsgebietes genannt wird, ge-
brandmarkt fühlen und empört sein, daß gerade er zu den „Ausgestoßenen" gehört. Um eine dadurch entstehende Belastung der auswärtigen Beziehungen
zu vermeiden, sollten in dem Flächenpapier möglichst nur abstrakte Regelungen – ohne Nennung von Staatsnamen – getroffen werden. Eine Ausnahme
hiervon ist nur vertretbar, soweit sie unvermeidlich ist (z. B. Südafrika, Chile,
Rhodesien etc.). Da die Mitglieder der Arabischen Liga bekannt sind, würde
die von Herrn Jesser vorgeschlagene Regelung zu den o. g. unerwünschten Folgen führen. Die Gefahr der Belastung der auswärtigen Beziehungen ist geringer, wenn nur vom „Nahen Osten" die Rede ist, weil es dann der jeweiligen Interpretation überlassen ist, welche Länder hierzu gehören.

b) Glaubwürdigkeit unserer Rüstungsexportpolitik

Es erscheint unvertretbar, alle Mitgliedstaaten der Arabischen Liga „über einen Kamm zu scheren"; dies würde nämlich bedeuten, daß die deutsche Außenpolitik – wenn auch vordergründig nur auf dem Gebiet der Rüstungsexportpolitik – Tunesien z. B. genauso behandelt wie den Irak oder Libyen, Somalia genauso wie Marokko, Mauretanien genauso wie Syrien. Trotz der nicht zu un-
terschätzenden Solidarität der Mitglieder der Arabischen Liga wird bei Bekanntwerden dieser Gleichbehandlung ein Sturm der Entrüstung entstehen.
Die deutsche Außenpolitik dürfte dadurch viel an Kredit, Vertrauen und Glaubwürdigkeit (vor allem in ihre Fähigkeit zu differenzieren) verlieren.

c) Außenpolitische Flexibilität

Durch eine schriftliche Fixierung, wie von Abteilung 3 vorgeschlagen, würde
das Auswärtige Amt in seiner Handlungsfreiheit beschränkt und schließlich
sogar in seiner Zuständigkeit beschnitten werden. Es ist durchaus denkbar,
daß es mal zu einer unerwarteten Verschiebung des Kräftegleichgewichtes in
der Region, die die Arabische Liga umfaßt, kommt; damit könnten wir aus eigener Initiative oder auf Bitten von Verbündeten hin kurzfristig gehalten sein,
für den einen oder anderen Staat der Arabischen Liga eine großzügigere Ex-

---

Fortsetzung Fußnote von Seite 495

gebiet angesehen werden. Damit scheidet die Lieferung von Kriegswaffen aus. Für bestimmte Länder in diesem Raum können bei sonstigen Rüstungsgütern durch Entscheidung des Bundessicherheitsrates Ausnahmen gemacht werden." Vgl. Anlage 1 zum Schreiben des Staatssekretärs Schüler, Bundeskanzleramt, vom 17. März 1976; VS-Bd. 8874 (403); B 150, Aktenkopien 1976.

[9] Staatssekretär Hermes stellte zum Entwurf des Bundeskanzleramts vom 9. März 1976 für Richtlinien zum Rüstungsexport fest: „Das Schwergewicht sollte auf wenigen Grundsätzen liegen, die
auf Einzelfälle eindeutig angewandt werden können. Damit würde die Nennung von zahlreichen
Ländern entfallen. Vielleicht lassen sich solche allgemeinen und wenigen Grundsätze leichter finden, wenn wir wie bisher von dem allgemeinen Grundsatz des Verbots der Ausfuhr ausgehen und
dann Ausnahmekategorien aufstellen. Dies würde uns auch in der politischen Anwendung der
Richtlinien genügend Flexibilität geben. Grundsätze und Verfahren sind in dem Entwurf nicht genügend deutlich getrennt. Das Verfahren sollte besonders und systematisch dargestellt werden;
auch die Voraussetzungen, unter denen die Richtlinien geändert werden können." Vgl. VS-Bd. 8874
(403); B 150, Aktenkopien 1976.

portpolitik zu betreiben. Eine kurzfristige Änderung wäre aber bei der von Abt. 3 gewünschten Festschreibung nicht möglich. Das Flächenpapier hat nach der Billigung durch den BSR praktisch Gesetzescharakter, seine Regelungen wären selbst durch Ministerentscheidung nicht kurzfristig änderbar. Dem Auswärtigen Amt wären also die Hände gebunden, wenn es bei der o.g. Konstellation schnell reagieren muß, das Auswärtige Amt müßte vor entsprechendem außenpolitischem Handeln eine neuerliche BSR-Entscheidung abwarten, ob das Papier in unserem Sinne geändert werden kann.

d) Fazit

Die Zuschrift von Herrn StS Hermes an Herrn D4 ist deshalb so verstanden worden, daß der Einwand gegen eine zu weit getriebene Kasuistik sich auch gegen die Festschreibung auf die Arabische Liga bezog. Herr Dg40 i.V. hat deshalb bei der Vorbereitung der Besprechung im Bundeskanzleramt (wo der zweite Entwurf des Flächenpapiers erarbeitet wurde) die Weisung erteilt, darauf hinzuwirken, daß die im ersten Entwurf enthaltene Fassung (Arabische Liga und Israel sind Spannungsgebiete) zugunsten einer unbestimmteren Formulierung geändert wird. Nachdem es gelungen ist, diese Weisung durchzusetzen, verlangt nun Abt. 3 die ursprüngliche Fassung wieder.

Es wird angeregt, auf Herrn D3/Dg31 einzuwirken, den ersten Einwand zurückzuziehen.

2) Herr Dr. Jesser bittet weiter um eine Änderung auf Seite 5, Buchstabe C[10]: Um die politische Verantwortung für deutsche Zulieferungen bei Koproduktionen zu vermeiden, soll die Einspruchsmöglichkeit der Bundesregierung ausgedehnt werden auf Exporte in die Arabische Liga und Israel.

Abgesehen von den o.g. Gesichtspunkten wird dieser Einwand der Zielsetzung des Flächenpapiers nicht gerecht:

Es geht hier – verkürzt ausgedrückt – um die Frage, ob die Rüstungskooperation mit anderen Staaten fortgeführt wird oder nicht. Sie kann unstreitig nur fortgeführt werden, wenn die deutsche Seite von ihrem Verweigerungsrecht betreffend die Zulieferungen weitgehend keinen Gebrauch macht, da die Kaufinteressenten unserer Partner gerade die Staaten sind, in die wir nach unseren eigenen nationalen Maßstäben nicht exportieren wollen. Damit läßt sich eine unterschiedliche Behandlung der nationalen Exporte und der Exporte aus Koproduktion nicht vermeiden – was im übrigen grundsätzlich der einheitlichen Auffassung des Kabinetts, im besonderen des Kanzlers, entspricht.[11]

Während bei den nationalen Exporten keine Änderung eintritt, muß wegen der weiter bestehenden politischen Verantwortung bei den Exporten aus Kopro-

---

10 In Ziffer 3C) des Entwurfs des Bundeskanzleramts vom 2. April 1976 für Richtlinien zum Rüstungsexport hieß es: „Mit Aussicht auf Erfolg wird die Bundesregierung Exportvorhaben ihrer Kooperationspartner nur dann entgegentreten können, wenn sie solche Ausnahmefälle sehr eng begrenzt. Einsprüche der Bundesregierung gegen die Verwendung deutscher Zulieferungen sind (auf folgende Fälle zu beschränken): Exporte in Länder, die in kriegerische Auseinandersetzungen verwickelt sind; Exporte in Länder, in denen der Ausbruch kriegerischer Auseinandersetzungen unmittelbar bevorsteht; Exporte von Kriegswaffen und sonstigen Rüstungsgütern durch die unverzichtbare Sicherheitsinteressen der Bundesrepublik gefährdet werden." Vgl. VS-Bd. 8874 (403); B 150, Aktenkopien 1976.

11 Zu diesem Absatz vermerkte Vortragender Legationsrat Heinichen handschriftlich: „Anwendung des KWKG gewährleisten!"

duktion abgewogen werden, welche Vor- bzw. Nachteile eine Verweigerung der deutschen Zulieferungen hätte:

Für die Empfängerstaaten träte einerseits keine Veränderung ein, weil sie die gewünschten Waffen auch ohne deutsche Beteiligung erhalten würden (die Partner bauen eigene Fertigungsstraßen), andererseits würde die jeweils betroffene Gegenseite uns an der politischen Verantwortung festhalten, weil es sich eben um Gemeinschaftsentwicklungen handelt, die das Verkäuferland ohne deutsche Beteiligung nicht hätte herstellen können.

Dieser praktisch gleichbleibenden Situation auf Empfängerseite stände auf deutscher Seite ein großer politischer und materieller Verlust gegenüber:

Die Bemühungen um die europäische Einigung würden einen Rückschlag erleiden, es wäre abzusehen, daß die deutsche Luft- und Raumfahrtindustrie in eine akute Krise gerät, es wäre berechenbar, von welchem Zeitpunkt ab die Verteidigungsbereitschaft der Bundesrepublik nicht mehr gegeben wäre (vgl. im einzelnen Seite 3, Ziffer 3[12] des Flächenpapiers).

Der oben beschriebene Zielkonflikt bei den deutschen Zulieferungen läßt sich nach Meinung aller Referenten aus den betroffenen Ressorts (einschl. des BK) nur so, wie in dem Flächenpapier vorgeschlagen, lösen. Mit der Regelung auf Seite 5, Ziffer 3 C., wäre gleichzeitig eine praktikable Arbeitsgrundlage geschaffen, die schnellere Entscheidungen ermöglicht; die derzeitige Situation, mangels konkreter Regelung im Koproduktionsbereich selbst nach mehr als eineinhalb Jahren keine politischen Entscheidungen zu erhalten, ist unerträglich und dürfte bei nächster Gelegenheit zu einem größeren Eklat führen.

Weiteres Prozedere

Es wird angeregt, mit Abteilung 3 ein Gespräch über die o.g. beiden Streitpunkte zu führen (Abt. 2 hat bereits seine Zustimmung zum Flächenpapier erklärt).

Im Anschluß daran könnte dann – falls die Streitpunkte bestehen bleiben – die von Herrn StS Dr. Hermes gewünschte Hausbesprechung stattfinden, um die endgültige Haltung des AA festzulegen.[13]

Heinichen

VS-Bd. 8874 (403)

---

[12] Vgl. dazu Ziffer 3 A) des Entwurfs des Bundeskanzleramts vom 2. April 1976 für Richtlinien zum Rüstungsexport: „Die Bundesregierung kann aus folgenden politischen, militärischen und wirtschaftlichen Gründen auf eine Rüstungskooperation im Bündnis nicht verzichten: Integration Europas (u. a. Initiative der Europäischen Programmgruppe); Standardisierung von Waffen und Gerät; Interoperabilität von Systemen; kostensenkende Entwicklung und Beschaffung durch Erhöhung der Stückzahlen; Ausschöpfung des technologischen und industriellen Potentials im Bündnis. Die Bundesregierung muß davon ausgehen, daß ihre Kooperationspartner auch auf dem Rüstungssektor in starkem Maße exportorientiert sind. Um ihre Kooperationsfähigkeit im Bündnis nicht zu gefährden, darf sie auf Zulieferungen an Kooperationspartner nicht die gleichen Restriktionen wie auf Direktexporte anwenden." Vgl. VS-Bd. 8874 (403); B 150, Aktenkopien 1976.

[13] Zur Endfassung der Richtlinien für den Rüstungsexport vgl. Dok. 195.

110

Botschafter Oncken, Athen, an das Auswärtige Amt

114-12501/76 geheim   Aufgabe: 22. April 1976, 14.55 Uhr[1]
Fernschreiben Nr. 277   Ankunft: 22. April 1976, 14.49 Uhr
Cito

Betr.: Griechisch-türkischer Konflikt
        hier: AM Bitsios über griechische Einschätzung

Bezug: a) DE Nr. 58 (Schreiben BK an MP Karamanlis)
       b) DB Nr. 264 vom 17.4. – Pol 322 SL (deutsch-franz. Aktion)[2]

Zur Information und gegebenenfalls weiterer Veranlassung

I. 1) Außenminister Bitsios rief mich am 21. April 1976 zu sich. Einstündiges Gespräch. Ich beglückwünschte ihn zu Erfolg bei Verhandlungen mit Kissinger über griechisch-amerikanische Stützpunktvereinbarung.[3] Bitsios zeigte sich zufriedengestellt. Verhandlungen wären nicht leicht gewesen.

2) Unter Bezugnahme auf Schreiben Bundeskanzler an Karamanlis vom 14. April erkundigte er sich, ob ich beauftragt sei, griechischer Regierung ergänzende Mitteilung in Frage kürzlicher griechisch-amerikanischer Meinungsverschiedenheit[4] zu machen. Schlußabsatz habe besagt, ich sei beauftragt, freimütig alle Fragen zu beantworten. Ob ich Instruktionen hätte?

---

[1] Hat Vortragendem Legationsrat Bensch am 23. April 1976 vorgelegen, der handschriftlich vermerkte: „1) Plurez: New York UNO, Brüssel NATO, London; 2) Durchschlag: [Referat] 200, 201, 230, 202; 3) W[ieder]V[orlage]."
Hat Vortragendem Legationsrat I. Klasse Heibach am 27. April 1976 vorgelegen.

[2] Botschafter Oncken, Athen, teilte zur Frage konzertierter Vermittlungsbemühungen der Bundesrepublik und Frankreichs im Zypern-Konflikt mit: „Franzosen sind in Griechenland unter Nutzung der französischen Symphatien von Karamanlis um Aufbau einer Vorrangstellung bemüht. Da eigenes Gewicht nicht immer ausreicht, bedienen sie sich, wo dies möglich ist, der Unterstützung anderer. Im Falle gemeinsamer deutsch-französischer Aktion in Zypern-Frage bedeutet dies: Hat die Aktion in Ankara Erfolg, so kommt dies der französischen Position in Athen zugute. Hiergegen ist nichts einzuwenden, sofern auch wir in Griechenland profitieren. [...] Ich empfehle für den Fall eines Eingehens auf die französische Anregung gleichzeitiges Tätigwerden beider Botschafter in Ankara und Athen, damit wir unter den gegenwärtigen Umständen nicht nur die Last (in Ankara) tragen, sondern auch den Vorteil (in Athen) haben. [...] Wenn die Botschaft einen deutsch-französischen Schritt für sinnvoll hält, dann auch aus der Erfahrung, daß Schritte der ‚Neun' zwar in der Öffentlichkeit registriert werden, aber doch weniger nachhaltig wirken." Vgl. Referat 203, Bd. 110280.

[3] Der amerikanische Außenminister Kissinger und der griechische Außenminister Bitsios paraphierten am 15. April 1976 in Washington „Grundsätze über die zukünftige militärische Zusammenarbeit". Dazu teilte Gesandter Hansen, Washington, am 17. April mit: „1) Beide Regierungen werden ‚so bald wie möglich' neues Abkommen über militärische Zusammenarbeit schließen. 2) Abkommen soll traditionelle Verbindung USA–Griechenland und NATO-Interessen beider Länder entsprechen. 3) Abkommen wird Status und Operationsmodalitäten der US-Einrichtungen in Griechenland definieren [...]. 4) Als integraler Bestandteil neuen Abkommens sehen USA vor, sich für vier Jahre zur Leistung von insgesamt 700 Mio. Dollar Militärhilfe, teilweise als ‚grant aid' zu verpflichten." Vgl. den Drahtbericht Nr. 1277; Referat 203, Bd. 110223.
Für den Wortlaut der Grundsätze vgl. DEPARTMENT OF STATE BULLETIN, Bd. 74 (1976), S. 629 f.

[4] Am 7. April 1976 gab Botschafter Krapf, Brüssel (NATO), Ausführungen des griechischen NATO-Botschafters Theodoropoulos zum amerikanisch-türkischen Abkommen vom 26. März 1976 über Verteidigungshilfe wieder: „Seine Regierung sei zutiefst über die möglichen Auswirkungen des amerikanisch-türkischen Abkommens besorgt und glaube, daß dieses Abkommen schwerwiegende

3) Ich erklärte, meine Instruktion bereits in Gesprächen mit Kabinettschef Moliviatis am 8. April[5] und Karamanlis am 9. April[6] (vgl. Berichterstattung) durchgeführt zu haben. Der Brief des Bundeskanzlers sei in jenen Tagen konzipiert und unter dem 14. April expediert worden, d. h. am Tage der zum Zeitpunkt Konzipierung noch nicht bekannten Vereinbarung zwischen B. und Kissinger. Wir seien im griechischen Interesse in Washington über Botschafter von Staden bei Kissinger am 6.4. vorstellig geworden. Dieser habe sich damals positiv geäußert.[7] Tendenz habe dann Ausdruck in genannter Vereinbarung gefunden. Wir begrüßten diese Entwicklung sehr, im Bündnisinteresse, und würden weiterhin aktiv bei Behandlung von Fragen tätig werden, die NATO-Südflanke berührten.

4) Bitsios dankte für unser Tätigwerden.

II. 1) B. kam dann auf griechisch-türkisches Verhältnis nach Nichtangriffspaktangebot Karamanlis zu sprechen.[8] Es gebe wieder Schwierigkeiten. Nach

Fortsetzung Fußnote von Seite 499

militärische und politische Probleme aufwerfe. Militärisch sei das Gleichgewicht zwischen der Türkei und Griechenland ernstlich gestört. [...] Die politischen Folgen seien allerdings noch schwerwiegender. Kürzliche Äußerungen von seiten türkischer Politiker hätten offen türkische Ansprüche auf die ägäischen Inseln bis zu einer Entfernung 30 Meilen vor dem türkischen Festland bekundet. [...] Außerdem falle das amerikanisch-türkische Abkommen unglücklicherweise zusammen mit einem kritischen Moment der griechisch-amerikanischen Verhandlungen über amerikanische Verteidigungseinrichtungen in Griechenland sowie mit der Vorbereitung der griechischen Antwort an die NATO über die weitere militärische Zusammenarbeit Griechenlands in der Allianz. Der Abschluß des türkisch-amerikanischen Abkommens werde zweifellos seine Rückwirkungen auf beide Bereiche haben". Vgl. den Drahtbericht Nr. 467; VS-Bd. 8651 (201); B 150, Aktenkopien 1976.

5 Botschafter Oncken, Athen, resümierte am 8. April 1976 sein Gespräch mit Botschafter Moliviatis: „Moliviatis fragte mich, ob mir die Reaktion seiner Regierung immer adäquat erscheine. Ich erklärte, daß mir ihre Motivierung sehr begreiflich erscheine. Die Durchführung wirke auf denjenigen, der mit den besonderen Gegebenheiten griechischer Innenpolitik nicht vertraut sei, mitunter akzentuiert. Ich erwähnte in diesem Zusammenhang die Reaktionen auf EG-Kommissionsbericht und Verteidigungshilfeabkommen US/Türkei. Materiell hätte man beide Vorgänge eigener Öffentlichkeit auch mit Hinweis präsentieren können, daß das Vorgehen der Kommission bzw. Kissingers es griechischer Regierung erleichterten, eigene Zielsetzung in Fragen ‚Europa' und ‚Verhältnis zu US' zu verwirklichen." Moliviatis habe dazu erklärt: „Betrachte man beide Vorgänge unter materiellen Gesichtspunkten, dann treffe mein Hinweis zu. Es sei aber nicht um Materielles allein gegangen, sondern um höchst politische Probleme, nämlich den hier entstandenen Eindruck, Griechenland werde nicht als gleichberechtigter Partner behandelt. Dies habe sich im griechischen Bewußtsein nachteilig ausgewirkt." Vgl. den Drahtbericht Nr. 234; VS-Bd. 9950 (203); B 150, Aktenkopien 1976.

6 Am 10. April 1976 berichtete Botschafter Oncken, Athen, er habe Ministerpräsident Karamanlis am Vortag über das Gespräch des Botschafters von Staden, Washington, mit dem amerikanischen Außenminister Kissinger am 6. April 1976 unterrichtet. Er habe Karamanlis sodann gefragt, wie dieser die griechisch-amerikanischen Beziehungen beurteile: „K[aramanlis] äußerte sich zurückhaltend, aber nicht negativ und deutete an, daß Garantiefrage Ägäis noch diskutiert werde." Vgl. den Drahtbericht Nr. 241; VS-Bd. 9950 (203); B 150, Aktenkopien 1976.

7 Botschafter von Staden, Washington, teilte am 6. April 1976 mit, der amerikanische Außenminister Kissinger habe ausgeführt: „Er halte eine Übereinkunft, die Griechenland eine als gleichgewichtig empfundene Lösung biete, für erreichbar. Die Griechen dürften allerdings nicht so weit gehen, Abmachungen zu fordern, die als gegen die Türkei gerichtet erschienen. Zur Frage, ob die amerikanisch-türkischen Vereinbarungen vom Kongreß gebilligt würden, äußerte sich der Außenminister zurückhaltend. Seine Reaktion ließ aber erkennen, daß mit erheblichen Schwierigkeiten im Kongreß zu rechnen ist. [...] Er bezeichnete das Angebot der Zypern-Griechen, dem türkischen Bevölkerungsteil 20 Prozent des Territoriums zu überlassen, allerdings als unrealistisch. Dabei räumte er indessen ein, daß mit diesem Angebot immerhin ein wichtiger Schritt getan sei, um den Dialog in Gang zu halten und zu konkretisieren." Vgl. den Drahtbericht Nr. 1149; VS-Bd. 9950 (203); B 150, Aktenkopien 1976.

8 Am 20. April 1976 berichtete Botschafter Oncken, Athen, Ministerpräsident Karamanlis habe am 17. April 1976 im griechischen Parlament erklärt: „I would therefore propose to Turkey: First, by

außen hätten erste türkische Reaktionen gut geklungen. Gespräche griechischen Botschafters Ankara[9] mit Generalsekretär Elekdag (türkisches AM) ließen aber erkennen, daß türkische Seite weniger an Rüstungsstillhalte- und Nicht-Angriffsabmachung liege als an bilateralem Gespräch auf Ministerebene. Damit tauche türkisches Programm zweiseitiger Behandlung Ägäis- und Zypern-Frage wieder auf. Griechischer Wunsch sei aber, Entscheidung Haager Gerichtshofs in Ägäis-Frage herbeizuführen. Verhandlung über Zypern müsse den Zyprioten überlassen bleiben.

2) Generell äußerte Bitsios Mißtrauen gegenüber Çaglayangil. Verhältnis sei gestört, nachdem dieser Brüsseler Vereinbarung über Einleitung von Kommunalgesprächen mit Territorialthema[10] nicht eingehalten und später gedroht habe, Vereinbarung zu publizieren (hierzu Berichterstattung). Nach dem kürzlichen Verhalten Denktaschs und dem durch diesen ausgelösten Abgang von Klerides seien die Dinge noch mehr erschwert.[11]

3) Ich deutete an, daß für uns guter Wille Athens außer Frage stehe und auch oft demonstriert worden sei. In mancher Hinsicht scheine aber türkische Skepsis gegenüber griechischen Zyprioten verständlich. Oft genug hätten diese – das sei doch feststellbar – einen anderen Kurs gesteuert als die Athener Regierung: so in der Frage der „conditions préalables", bei der Erteilung von In-

---

Fortsetzung Fußnote von Seite 500

means of an agreement, we should put an end to the armaments race taking place at the expense of the prosperity of our peoples. And second, to conclude a non-aggression agreement and to endeavour to settle our disputes through peaceful procedures." Vgl. den Drahtbericht Nr. 270; Referat 203, Bd. 110223.

9 Dimitri Kosmadopoulos.

10 Zu den griechisch-türkischen Vereinbarungen vom 12. Dezember 1975 vgl. Dok. 30, Anm. 6.

11 Am 31. März 1976 berichtete die griechisch-zypriotische Presse, daß der Vertreter der griechischen Volksgruppe auf Zypern, Klerides, am Vortag wegen der dem Sondergesandten der UNO, Pérez de Cuéllar, zu unterbreitenden Territorialvorschläge in Nikosia seinen Rücktritt angekündigt habe. Zu den Hintergründen teilte Botschafter Oncken, Athen, am selben Tag aus einem Gespräch mit dem griechischen Außenminister mit: „Bitsios fügte hinzu, daß sich Lage durch das erwähnte Rücktrittsgesuch Klerides' verschlechtert habe, das auf Sitzung Nationalrats erfolgt sei. Dem hatte zugrunde gelegen, daß Klerides seine Vorschläge ,offenbar' von sich aus Denktasch vorab zur Kenntnis gebracht habe. Eine anschließend von Denktasch veranlaßte, in New York erfolgte Indiskretion habe nunmehr Klerides gegenüber griechisch-zyprischer Öffentlichkeit in eine unmögliche Lage gebracht und ihn zur Niederlegung seiner Funktion veranlaßt. Nichts könne deutlicher zeigen, daß Denktasch nicht an konstruktiver Verhandlungsführung gelegen sei." Vgl. den Drahtbericht Nr. 200; Referat 203, Bd. 110280.
Botschafter Pagenstert, Nikosia, berichtete am 7. April 1976, Klerides habe am Vortag in einer öffentlichen Stellungnahme eingestanden, „daß er seinem turco-zyprischen Partner Denktasch bei der letzten Wiener Verhandlungsrunde vertraulich zugestanden habe, er werde ihm vor dem verabredeten Termin für den Austausch der Vorschläge Kenntnis von den diesseitigen Vorschlägen geben. Eben dies war in den letzten Tagen Gegenstand heftiger beiderseitiger Polemik gewesen. Denktasch hatte öffentlich zu erkennen gegeben, daß er Kenntnis der greco-zyprischen Vorschläge habe. Klerides hatte wiederholt, schließlich unter Protest erklärt, er habe damit nichts zu tun. [...] Denktasch hatte darauf gedroht, er werde den Inhalt von Tonbändern aus Wien veröffentlichen lassen." Vgl. den Drahtbericht Nr. 72; Referat 203, Bd. 110280.
Am 8. April 1976 legte Klerides sein Amt nieder. Botschafter Pagenstert, Nikosia, teilte dazu am 9. April 1976 mit: „Ursprünglich hatte Klerides die Absicht, auch seine Funktionen als Parlamentspräsident und Vorsitzender der Einheitspartei niederzulegen, dürfte aber von der Notwendigkeit überzeugt worden sein, als einziger profilierter Gegenspieler von Makarios und Führer der auf einer vernünftigen Lösung bedachten gemäßigten Kräfte der greco-zyprischen Volksgruppe seinen Platz zu verteidigen." Vgl. den Drahtbericht Nr. 74; Referat 203, Bd. 110280.

struktionen von Klerides vor letztem Wiener Gespräch[12] und nun wiederum durch Bezugnahme in den Territorialvorschlägen auf Generalsekretär Waldheim[13]. Türken neigten nun einmal dazu, für diese taktischen Züge griechische Regierung haftbar zu machen, wie die griechische Regierung ihrerseits hinter Denktasch türkische Regierung vermute.

4) Bitsios stellte fest, daß Position Denktaschs eine andere sei als die Makarios'. Schließlich ständen im Nordteil Zyperns 25–30000 türkische Soldaten, gegen deren Willen Denktasch nichts unternehmen könne. Andererseits seien griechischer Regierung gegenüber Makarios einfach Grenzen gesetzt. Mehrfach wiederholte Bitsios dies, um dann fortzufahren, daß auch griechische Regierung Bezugnahme auf Waldheim bei zyprisch-griechischen Territorialvorschlägen für unglücklich halte und dies auch Makarios gesagt habe. Denktasch habe nun diese Formulierung ausdrücklich zurückgewiesen und damit türkischen Standpunkt klargemacht. Man könne also weitersprechen. Bedenklich sei, daß mit dieser von beiden Seiten geübten Methode, Waldheim hineinzuziehen, der VN-Generalsekretär verprellt werde. Unter allen Umständen komme es darauf an, daß Waldheims Interesse erhalten bleibe. Dies sei um so notwendiger, als Antwort Denktaschs trotz türkischer Verpflichtung, griechisch-zyprische Territorialvorschläge mit territorialen Gegenvorschlägen zu beantworten, nur Prinzipien enthalte. Das Gespräch drohe somit zu stagnieren. Für ihn, B., stelle sich daher Frage, ob nicht eine erneute Aktion vorgenommen werden solle, nach Vorgang deutsch-französischer Aktion vor Brüsseler Treffen Dezember 1975.[14]

---

[12] Zur fünften Runde der Gespräche der Vertreter der griechischen bzw. türkischen Volksgruppe auf Zypern, Klerides und Denktsch, vom 17. bis 21. Februar 1976 in Wien vgl. Dok. 62, Anm. 12.

[13] Am 14. April 1976 berichtete Botschafter Freiherr von Braun, Paris, der Abteilungsleiter im französischen Außenministerium, Andréani, habe zum Vorgehen der Delegation der türkischen Volksgruppe bei den Wiener Gesprächen über eine Beilegung des Zypernkonflikts ausgeführt: „Zunächst habe sie verlangt, daß griechischerseits der Initiativ-Vorschlag gemacht werden müsse, um mit dem ersten türkischen Vorschlag darauf antworten zu können. [...] Dann habe die türkische Seite beanstandet, daß der griechische Vorschlag sich unzulässigerweise auf die von Generalsekretär Waldheim im Zusammenhang mit dem Flüchtlingsproblem erstellte Landkarte beziehe. Ungewöhnlicherweise habe Denktasch sogar die entsprechende Seite der griechischen Vorschläge zerrissen und dann an den Vertreter der Vereinten Nationen zurückgeschickt. [...] Die Griechen hätten offenbar gedacht, daß man die Landkarte als Tatsache erwähnen könne; die Bezugnahme darauf sei auch eher beiläufig. Jetzt erkläre Denktasch, er habe keinen Vorschlag zur Territorialfrage erhalten, könne sich hierzu also auch nicht äußern, bevor die Griechen ihren ursprünglichen Vorschlag nicht revidiert hätten." Vgl. den Drahtbericht Nr. 1134; Referat 201, Bd. 113509.
Am 5. Juli 1976 erinnerte Botschafter Oncken, Athen, daran, „daß die sogenannte Waldheim-Karte das Resultat einer Zusammenarbeit von Waldheim und Klerides war. Zwei bis drei auf dieser Karte eingezeichnete Gebiete (um Morphou und Gebiet südlich der Straße Nikosia–Famagusta) waren von Waldheim vorgeschlagen worden, eines (nördlich der Straße Nikosia–Famagusta) von Klerides. Wenn Sprecher der zyprischen Regierung – wie dies geschehen ist – die Existenz einer Waldheim-Karte bestreitet und nur die Existenz einer Klerides-Karte einräumt, so entspricht dies nicht den Tatsachen. Immerhin sollte zyprische Regierung Klerides zugute halten, daß er das von Waldheim für eine Flüchtlingsrückkehr vorgesehene Gebiet zu erweitern suchte." Mit Hilfe des Vertreters der türkischen Volksgruppe auf Zypern, Denktasch, habe der UNO-Generalsekretär während der fünften Runde der Gespräche der Vertreter der türkischen bzw. griechischen Volksgruppe auf Zypern in Wien versucht, die Karte zur Grundlage einer Territoriallösung zu machen: „Als Gesamteindruck ergibt sich, daß in der vorstehenden Angelegenheit Verwirrung herrscht und in ungewöhnlicher Weise die Wahrheit verdreht wird, je nach politischem Standort und je nach Bedarf." Vgl. den Drahtbericht Nr. 486; Referat 203, Bd. 110280.

[14] Im Dezember 1975 führte die französische Regierung eine mit der Bundesrepublik abgestimmte Demarche bei der griechischen und der türkischen Regierung durch mit dem Ziel der Wiederauf-

5) Ich erwiderte, daß ich Möglichkeit, auf Denktasch einzuwirken, durchaus als gegeben betrachtete. Schließlich könne D. nicht bestreiten, daß er die sogenannte Waldheim-Karte Klerides mit Frage vorgelegt habe, ob er bereit sei, Karte als territoriale Gesprächsgrundlage zu benutzen. Es komme freilich auch darauf an, auf drei oder vier maßgebliche Zyperngriechen Einfluß zu nehmen, die sich in spürbarer Überschätzung ihrer Person nicht an die Spielregeln hielten. Ich sei jedenfalls bereit, seine Anregung erneuten französisch-deutschen Tätigwerdens gegenüber den Parteien nach Hause zu übermitteln. In diesem Zusammenhang könne man auch erwägen, unsere laufenden Gespräche – wie auch ich dies in Athen täte – in Ankara so zu führen, daß man den Partnern nahelegte, bei nächstem NATO-Ministertreffen (Mai)[15] auf Grundlage Brüsseler Vereinbarung weiterzusprechen.[16] Dies setze freilich auch griechische Mitwirkung voraus. In Anbetracht Verbindung Zypern–Ägäis-Frage würde daher in Bonn interessieren, ob Ägäis-Kontakte fortgesetzt würden.

6) Bitsios: Die Lage sei angesichts türkischer Haltung (Verhinderung Befassung Haager Cour) nach wie vor sehr unbefriedigend. Gleichwohl habe er vor zwei Tagen einer Gesprächsfortsetzung auf Ebene Politischer Direktor Tzounis–türkischer Botschafter Bern[17] zugestimmt. Ich erklärte, daß diese Information positiv wirken würde. Sie werde es uns erleichtern, zusätzlich im Interesse Entspannung tätig zu werden. Bitsios deutete darauf an, daß er Einschaltung von uns und Franzosen größere Erfolgschance beimesse als etwa der schwerfälligeren Einschaltung der „Neun". Es sei auch zu beanstanden, daß letzte Neuner-Demarche in Ankara gegenüber untergeordneter Stelle türkischen Außenministeriums durchgeführt worden sei. Damit komme man nicht weiter. Abschließend erwähnte er nochmals, daß man in Athen unser Verhalten zu würdigen verstehe. Man sei uns dankbar.

III. Gespräch hinterließ folgenden Eindruck:

1) Unsere hiesige Position, soweit auf amtlicher Ebene, ist derzeit gut. Mißtrauen uns gegenüber wegen fortdauernder Pflege guter Beziehungen zur Türkei ist geschwunden. Habe Eindruck, daß offene Sprache sich auszahlt.

2) Sehr spürbar ist das amtliche Mißbehagen über den kaum zu kontrollierenden Erzbischof. Dem üblichen Hinweis, man könne nicht über Zypern verfügen, folgte mehrfach das bisher nicht gemachte Eingeständnis, man könne sich schwer vorstellen, wie schwierig Arbeitsverhältnisse griechischer Regierung aufgrund Verhältnis zu Zyperngriechen seien, vor allem zu Makarios.

3) Auch diesmal war Bitsios bemüht, griechisch-türkisches Verhältnis in wenig hellen Tönen zu malen – sicher zwecks Beeinflussung meiner Berichterstattung. Bereitschaft zu gemäßigter Grundhaltung stand für mich außer Frage (Ägäis-Problem, Distanzierung von Makarios).

Fortsetzung Fußnote von Seite 502
nahme der Gespräche der Vertreter der griechischen bzw. türkischen Volksgruppe auf Zypern, Klerides und Denktsch, unter der Schirmherrschaft des UNO-Generalsekretärs Waldheim. Vgl. dazu AAPD 1975, II, Dok. 373.
15 Zur NATO-Ministerratstagung am 20./21. Mai 1976 in Oslo vgl. Dok. 152 und Dok. 166.
16 Zum Gespräch des griechischen Außenministers Bitsios mit dem türkischen Außenminister Çaglayangil am 22. Mai 1976 in Oslo vgl. Dok. 147, Anm. 16.
17 Ali Suat Bilge.

IV. 1) Unter Bezug auf Bezugsbericht b) rege ich an, Vorschlag Bitsios zu prüfen. Dabei wäre zu berücksichtigen, daß mir Gesprächsaufforderung von Bitsios Gelegenheit gab, unseren Standpunkt vorzutragen. Etwaige Aktion in Ankara wäre infolgedessen nicht einseitig. Sollte es im übrigen zu deutsch-
französischer Aktion kommen, so hätte diese sich aufgrund meines Gesprächs
mit B. auch aus einer deutschen Initiative entwickelt. Unserer Position in
Athen wäre damit gedient.

2) Hauptansatzpunkte etwaiger Aktionen sollten sein:

– Kritik an zyprischen Gesprächspartnern, unter deutlicher Differenzierung
  zwischen ihnen und den (sich korrekt verhaltenden) Regierungen in Athen
  und Ankara,

– systematische Herbeiführung eines Abbaus des individuell bedingten Miß-
  trauens in Athen und Ankara, das den Blick für vorhandene Möglichkeiten
  trübt und daher ein Haupthindernis für das Zustandekommen konstruktiver
  Lösungen darstellt.

[gez.] Oncken

VS-Bd. 9945 (203)

111

Gespräch des Bundesministers Genscher
mit dem chinesischen Botschafter Wang Shu

26. April 1976[1]

Niederschrift über das Gespräch mit dem chinesischen Botschafter am 26.
April 1976; Teilnehmer: VLR Wegner, Chef Protokoll[2], chinesischer Dolmetscher.

Bundesminister fragte den chinesischen Botschafter nach seiner Einschätzung
der internationalen Lage.

Botschafter: Gefahr eines Krieges wachse aufgrund der stärkeren Rüstung der
Sowjetunion.[3]

---

[1] Die Gesprächsaufzeichnung wurde von Vortragendem Legationsrat Wallau am 26. April 1976 gefertigt.
Hat Ministerialdirigent Kinkel am 27. April 1976 vorgelegen.

[2] Franz Joachim Schoeller.

[3] Am 29. April 1975 berichtete Botschafter Pauls, Peking, über ein Gespräch im chinesischen Verteidigungsministerium am 23. April 1975 zur chinesischen These, „ein Krieg in Europa sei unvermeidlich". Der chinesische Stellvertretende Generalstabschef Li Ta habe dazu erklärt: „Beide Supermächte strebten nach Welthegemonie, und die sich aufladende Rivalität werde, je intensiver sie
sich darstelle, auf einen Krieg hinsteuern, denn dieser sei nichts weiter als die Weiterentwicklung
der Politik, womit die Chinesen sich als fast letzte Anhänger der Clausewitzschen Theorie darstellen. Das militärische Gleichgewicht sei deshalb bedroht, weil die Vereinigten Staaten im Gegensatz
zur Vergangenheit nicht mehr stärker seien als die Sowjetunion. Vor allen Dingen sei die Sowjet-

Angola stelle die Einmischung der Sowjetunion unter Beweis, und es sei nicht ausgeschlossen, daß es auch noch andere Angolas nicht nur in Afrika geben könne (Naher Osten, Südflanke Europas).

In den USA gebe es zur Zeit eine beschwichtigende Strömung – vergleichbar etwa mit München 1938. Dies habe man in Peking amerikanischen Gesprächspartnern gegenüber kritisch geäußert. In Peking herrsche deshalb großes Interesse an einem geschlossenen Westeuropa; man hoffe auf einen beschleunigten Einigungsprozeß, damit sich Europa zuerst auf sich selbst und erst in zweiter Linie auf andere stützen könne.

Die zweimal gestellte Frage von *Bundesminister*, durch welche Person die amerikanische Strömung repräsentiert werde, beantwortete der *Botschafter* mit der Bemerkung, man habe AM Kissinger bei seinem China-Aufenthalt 1975 gegenüber kritisch geäußert[4], die Amerikaner versuchten eine Politik, „mit zehn Finger zehn Flöhe zu zerdrücken". Die USA setzten keine strategischen Schwerpunkte, wogegen für die Sowjetunion strategischer Schwerpunkt eindeutig Westeuropa sei.

Die Frage von *Bundesminister*, ob der strategische Schwerpunkt nicht in Ostasien liege, verneinte der *Botschafter*, allein schon unter Hinweis auf das militärische Kräfteverhältnis in Europa. Wenn die Sowjetunion die Welt beherrschen wolle, müsse sie zwangsläufig zunächst Europa haben. Deswegen könnten die Chinesen aber noch nicht ruhig schlafen.

Bundesminister erkundigte sich nach der chinesischen Einstellung zur Entwicklung in Afrika.

Botschafter: Die chinesische Politik unterstütze wirtschaftlich und politisch die afrikanische Unabhängigkeit. Peking sei dafür, in einen Dialog mit der Dritten Welt einzutreten.

Bundesminister: Die Bundesregierung sieht mit Sorge auf die enormen Rüstungsanstrengungen der Sowjetunion, die über das hinausgehen, was die Sowjetunion für die eigene Sicherheit brauche. Daher fordere er eine hohe Effek-

---

Fortsetzung Fußnote von Seite 504

union dort, wo die Entscheidung falle, in Europa, schneller stärker geworden als die Vereinigten Staaten und nehme infolge ihres konzentrierten Rüstungsprogramms in Europa zu Lande und in der Luft, um Europa herum zur See schnell an weiterer Stärke zu. Der amerikanische Verteidigungsminister Schlesinger habe das erkannt und sei bemüht, die amerikanischen Truppen in Europa zu verstärken. [...] Anderseits werde es für die Sowjetunion infolge ihrer wachsenden Überlegenheit immer einfacher, mit Krieg zu drohen oder ihn sogar zu führen. Die Bedrohung Chinas durch die Sowjetunion sei eine Nebenoperation, man könne sie sogar als ein Scheinmanöver bezeichnen." Vgl. den Drahtbericht Nr. 170; Referat 213, Bd. 112769.

4 Der amerikanische Außenminister Kissinger hielt sich vom 19. bis 23. Oktober 1975 in der Volksrepublik China auf. Am 27. Oktober 1975 berichtete Botschafter von Staden, Washington, das amerikanische Außenministerium habe dazu mitgeteilt: „Chinesen wiederholten ihre Kritik an westlicher Entspannungspolitik mit bekannten Argumenten: falsches Spiel der Sowjetunion, um dem Westen trügerisches Gefühl der Sicherheit zu vermitteln, insbesondere durch KSZE. Sie stellten erneut ihre These heraus, daß wegen Rivalität der Supermächte neuer Weltkrieg, verursacht durch die Sowjetunion, unvermeidlich sei, wobei Amerikaner den Eindruck haben, daß es sich um von Mao persönlich aufgestellte These handelt, die von allen anderen Gesprächspartnern übernommen wird. Dabei ließen sie durchblicken, daß ihre Sorge in erster Linie den westlichen Staaten und Japan gilt, nicht aber ihrer eigenen Sicherheit [...]. Peking fürchtet in diesem Zusammenhang, daß die USA durch Ausgang des Indochinakriegs, vor allem jedoch durch amerikanische innenpolitische Kontroversen (Watergate, Reibungen zwischen Kongreß und Administration in außenpolitischen Fragen) geschwächt seien." Vgl. den Drahtbericht Nr. 3197; Referat 303, Bd. 101543.

tivität der NATO als Grundlage für unsere Sicherheit. Die unterschiedlichen wirtschaftlichen Situationen in den verschiedenen EG-Ländern bereiteten ihm gleichfalls Sorgen, weil diese zugleich Ursache für politische Instabilität und daraus resultierende eingeschränkte Handlungsfähigkeit der europäischen Regierungen seien.

Bundesminister erkundigte sich dann nach der chinesischen Einschätzung der gegenwärtigen Lage in Italien und präzisierte seine Frage, ob der Botschafter die KP Italiens als auf die Dauer von Moskau unabhängig betrachte.

Der *Botschafter* nannte die KPI italienische Revisionisten. Die Lage kompliziere sich, wenn die KPI an einer italienischen Regierung beteiligt werde. Andererseits sei eine Regierungsbeteiligung mit der KPI noch kein Anlaß für eine ernsthafte Beängstigung. Der Grad der Abhängigkeit der KPI und der anderen westeuropäischen kommunistischen Parteien sei chinesischerseits noch nicht völlig durchdacht. Es stelle sich die Frage, ob die KPI oder andere westeuropäische kommunistische Parteien eine Haltung einnähmen, wie sie Jugoslawien der Sowjetunion gegenüber beziehe. In diesem Sinne sei eine Regierungsbeteiligung der KPI nicht so gefährlich. Die Frage, welche übrigen kommunistischen Parteien Westeuropas in chinesischer Sicht Revisionisten seien, beantwortete der Botschafter mit der Bemerkung „fast alle". Die Zusatzfrage nach der DKP machte für den Botschafter mangels echtem politischem Einfluß die Beantwortung überflüssig.

Botschafter erkundigte sich bei Bundesminister, wie er die Politik der Sowjetunion nach dem Parteitag[5] einschätze und ob sich eine Änderung in der sowjetischen Außenpolitik ergebe. *Bundesminister*: Parteitag hat sowjetische Außenpolitik bestätigt. Man befinde sich in einer Phase expansiver sowjetischer Außenpolitik, die nun den Versuch unternehme, Einflußzonen zu schaffen oder vorhandene auszubauen. Daher strebten wir neben einer Stärkung des Bündnisses auch nach einer Stärkung der Europäischen Gemeinschaften. Nicht alle demokratischen Führer in Westeuropa hätten erkannt, wie sehr die Zeit dränge. In Afrika sei unsere Sorge nicht geringer. Wir seien mit Entschiedenheit auf seiten der afrikanischen Unabhängigkeit.
Hinweis auf die Februar-Erklärung der neun EG-Außenminister.[6]

Er, Bundesminister, habe die Reise von AM Kissinger nach Afrika[7] stets sehr unterstützt. Wir nehmen unsere Afrika-Politik besonders wichtig, da Afrika schließlich eine Europa benachbarte Region sei. Die Diskussion im Westen über seine Interessen im südlichen Afrika unterscheide sich in der Kurz- und Langfristigkeit der Ziele: Die Vertreter kurzfristiger Interessen setzten sich für eine Stärkung Südafrikas ein; die anderen wünschten afrikanische Mehrheitsregierungen im südlichen Afrika, um so der Suche der Sowjetunion nach neuen Einflußsphären entgegenzuwirken.

---

5 Zum XXV. Parteitag der KPdSU vom 24. Februar bis 5. März 1976 in Moskau vgl. Dok. 69.

6 Für die Afrika-Erklärung der Außenminister der EG-Mitgliedstaaten im Rahmen der EPZ vom 23. Februar 1976 vgl. Dok. 62.

7 Der amerikanische Außenminister Kissinger besuchte vom 24. April bis 2. Mai 1976 Kenia, Tansania, Sambia, Zaire, Liberia und den Senegal. Im Anschluß hielt er sich vom 3. bis 7. Mai 1976 anläßlich der Eröffnung der IV. UNCTAD-Konferenz in Nairobi auf.

Hier stelle sich der VR China eine große Aufgabe bei der Definition der wirklichen Interessen der Afrikaner.

Er, Bundesminister, und nach ihm viel schärfer der chinesische Vertreter[8], hätten vor der siebten Sondergeneralversammlung darauf hingewiesen, daß die sozialistischen Staaten ihre Pflicht bei der Überbrückung der Kluft zwischen Entwicklungs- und Industrieländern nicht ausreichend erfüllten. [9]

Der *Botschafter* erkundigte sich, ob die amerikanische Politik nach den Wahlen[10] einen anderen Akzent bekäme. *Bundesminister* erwiderte, ein anderer Akzent sei heute schon insofern gesetzt, als die Dinge zum Teil einer kritischeren Sicht unterzogen würden. Hierher gehöre schon die Reise Kissingers nach Afrika.

Bundesminister äußerte seine Befriedigung über den Fortschritt der Entwicklung im Nahen Osten in den vergangenen zwei Jahren. Bundesregierung begrüße hier besonders die Politik von Sadat. Mit großer Genugtuung habe die Bundesregierung daher auch von dem chinesisch-ägyptischen Abkommen[11] Kenntnis genommen. Ein starkes Ägypten sei ein wichtiger Garant für Stabilität im Nahen Osten. Ägypten unter Sadat habe gezeigt, wie Staaten der Dritten Welt einen unabhängigen Weg gehen könnten. Sadat habe sich erst dem westlichen und später dem sowjetischen Einfluß entzogen; beides – nicht nur das erstere – sei wichtig.

Botschafter wies zustimmend darauf hin, daß die Dritte Welt noch nicht ausreichend Erfahrungen im Umgang mit der Sowjetunion gesammelt habe. Vor Ägypten habe letzten Endes die VR China dieselben Erfahrungen gemacht.

---

[8] Huang Hua.

[9] Die 7. Sondersitzung der UNO-Generalversammlung über Entwicklung und internationale Zusammenarbeit fand vom 1. bis 16. September 1975 in New York statt. Vgl. dazu AAPD 1975, II, Dok. 270.
Am 2. September 1975 erklärte Bundesminister Genscher vor der 7. Sondersitzung der UNO-Generalversammlung in New York: „Die Öffnung der Märkte der Industrieländer soll den Entwicklungsländern einen steigenden Anteil am Welthandel sichern. Die Bundesregierung setzt sich deshalb für einen Abbau tarifärer und nicht-tarifärer Handelshemmnisse ein und wirkt im Rahmen der Europäischen Gemeinschaft bei den laufenden GATT-Verhandlungen darauf hin, den Zugang der Entwicklungsländer zu den Importmärkten der Industrieländer weiter zu verbessern. Ich weise in diesem Zusammenhang darauf hin, daß mein Land in den Pro-Kopf-Einfuhren aus den Entwicklungsländern in der Spitzengruppe der marktwirtschaftlichen Länder liegt und daß diese Einfuhren das Zehnfache der entsprechenden Pro-Kopf-Einfuhren der Staatshandelsländer betragen." Vgl. BULLETIN 1975, S. 1059 f.

[10] Am 2. November 1976 fanden in den USA Präsidentschaftswahlen sowie Wahlen zum Repräsentantenhaus und Teilwahlen zum Senat statt.

[11] Der ägyptische Vizepräsident Mubarak hielt sich vom 18. bis 25. April 1976 in der Volksrepublik China auf. Zu den Ergebnissen der Reise stellte Botschaftsrat I. Klasse Strenziok, Kairo, am 28. April 1976 fest: „Bisher einzig greifbares Resultat bleibt das Protokoll über militärische Zusammenarbeit, das am 21. April 1976 in Peking vom ägyptischen Staatsminister für Rüstungsindustrie und dem chinesischen stellv[ertretenden] Generalstabschef unterzeichnet wurde. Über seinen Inhalt sind auch in Kairo bislang keine zuverlässigen Informationen zu erhalten. Die bisherige militärische Hilfe Chinas für Ägypten beschränkt sich auf die bereits Ende vorigen Jahres zugesagte Lieferung von Düsenaggregaten für sowjetische MIG 17. Auch neue chinesische Zusagen scheinen im wesentlichen Leistungen zur Instandsetzung dieses Flugzeugtyps zu betreffen. Ob China darüber hinaus willens und in der Lage ist, Ersatzteile für MIG 21 aus eigener Produktion zu liefern und Ägypten effektive Erfahrungshilfe für den Aufbau einer eigenen Rüstungsindustrie zu geben, muß dahingestellt bleiben." Vgl. den Schriftbericht Nr. 737; Referat 310, Bd. 108718.

Bundesminister erkundigte sich seinerseits nach der chinesischen Einschätzung der innen- und außenpolitischen Folgen des sowjetischen Parteitages.

Botschafter wiederholte die zum Teil eingangs gemachten Ausführungen und verwies auf Widersprüche in sowjetischen Äußerungen, die einmal Entspannungspolitik bejahten, andererseits Befreiungsbewegungen in Afrika und sozialistische Revolutionen im Westen unterstützten.

Bundesminister kam dann auf die Vorgänge in China zu sprechen. Er nannte es ein gutes Zeichen, wenn wir uns für die Vorgänge in China interessierten, so wie die chinesische Anteilnahme an dem Geschehen bei uns positiv zu bewerten sei.

Bundesminister begrüßte die Herrn Ronneburger gegenüber in Peking[12] gemachte Äußerung, wonach die VR China eine deutsche Wiedervereinigung unter kapitalistischen Voraussetzungen genau so begrüße wie unter sozialistischen. Die Haltung anderer Länder zu unserer nationalen Frage sei bedeutsam für unsere Haltung diesen Ländern gegenüber.

Botschafter beantwortet Frage Bundesminister, daß in China zur Zeit eine Bewegung im Gange sei, die sich „Wind gegen den Wind der rechten Abweichler"[13] nenne. Es handele sich um eine Fortsetzung und Vertiefung der Kulturrevolution.

Der von Mao aufgezeigte rechte Weg muß eingehalten werden, damit der unter anderem von Chruschtschow begangene Weg revisionistischer Abweichung in China auch in Zukunft vermieden werde.

Für Ausländer sei es schwierig, die Vorgänge in China richtig zu verstehen.

Eine Änderung in der chinesischen Außenpolitik entstünde dadurch nicht, da die chinesische Außenpolitik anhand der Tatsachen in der Welt und gründlicher Analyse von Mao selbst festgelegt sei.

Die Außenpolitik zu ändern bestünde kein Anlaß, solange der von Mao aufgezeigte Weg weiter beschritten würde.

Zu der von *Bundesminister* aufgeworfenen Frage nach dem Verhältnis zur Sowjetunion ging der *Botschafter* insoweit ein, als er die chinesisch-sowjetischen Streitigkeiten als grundsätzlicher Art bezeichnete und eine Beseitigung dieser Streitigkeiten nur dann für möglich hielt, wenn sich in der Sowjetunion die sozialistisch-imperialistischen Systeme änderten und die Sowjetunion von ihrer sozialistisch-imperialistischen Politik abginge.

---

12 Der Vorsitzende der FDP Schleswig-Holsteins, Ronneburger, hielt sich vom 31. März bis 19. April 1976 in der Volksrepublik China auf.

13 Am 7. April 1976 wurde der chinesische Stellvertretende Ministerpräsident Teng Hsiao-ping auf Beschluß des Politbüros der KPCh aller seiner Staats- und Parteiämter enthoben. Botschafter Pauls, Peking, führte dazu am 20. April 1976 aus: „Die kommandierte plebiszitäre Akklamation für die Absetzung Tengs und die Ernennung Huas geht im ganzen Land weiter. Anscheinend ist beabsichtigt, das irgendwann zu erwartende ZK-Plenum mit anschließender Tagung staatlicher Gremien vor vollendete Tatsachen zu stellen. [...] Die auf Teng konzentrierte Rechtsabweichlerkampagne wird in den chinesischen Medien teilweise schon als ‚Kritisiert-Teng-Bewegung' bezeichnet. Die Beurteilung Tengs ist jedoch noch immer nicht einheitlich. Nach anscheinend offizieller Sprachregelung ist er ein bürgerlicher Demokrat, dessen sozialistisches Bewußtsein zurückgeblieben ist. Die Radikalen, die weiterhin publizistischen Auslauf haben, bringen Teng dagegen in virulenten Attacken auf eine Linie mit Liu Shao-chi, Lin Piao und der finstersten Reaktion." Vgl. den Drahtbericht Nr. 160; Referat 303, Bd. 103171.

Bundesminister erkundigte sich, ob die Herrn Ronneburger gegenüber gemachte Äußerung offizielle chinesische Politik sei. Dies bejahte der *Botschafter*.

Man habe schon den Abgeordneten Marx und Dregger gesagt[14], daß ein wiedervereinigtes Deutschland keine Gefahr darstelle. So äußere man sich auch Westeuropäern gegenüber. Die große Gefahr sei die Sowjetunion.

Abschließend unterstrich *Bundesminister* sein Interesse an einem Besuch des chinesischen Außenministers[15] in Deutschland.

Referat 010, Bd. 178660

112

Aufzeichnung des Ministerialdirektors van Well

210-501.39-472/76 geheim   **26. April 1976**[1]

Über Herrn Staatssekretär[2] Herrn Minister[3]

Vorschlag: Genehmigung und Zeichnung des in der Anlage vorgelegten Schreibens

Betr.: Verhandlungen mit der DDR in Grenzkommission (u. a. Elbebereich)[4]
         hier: Einschaltung der Drei Mächte

Bezug: Schreiben des Chefs des Bundeskanzleramts an den Herrn Minister vom 21.1.1976 geheim[5]

Anlg.: 2 (Anlage Nr. 2 nur beim Original)[6]

---

14 Zum Aufenthalt der CDU-Abgeordneten Marx und Dregger in der Volksrepublik China vgl. Dok. 61.
15 Chiao Kuan-hua.

1 Die Aufzeichnung wurde von Vortragendem Legationsrat I. Klasse Lücking und von Legationsrat von Arnim konzipiert.
2 Hat Staatssekretär Hermes am 27. April 1976 vorgelegen.
3 Hat Bundesminister Genscher am 1. Mai 1976 vorgelegen.
4 Die im Zusatzprotokoll zu Artikel 3 des Vertrags vom 21. Dezember 1972 über die Grundlagen der Beziehungen zwischen der Bundesrepublik und der DDR vorgesehene Grenzkommission trat am 31. Januar 1973 zu ihrer konstituierenden Sitzung zusammen. Vgl. dazu BULLETIN 1973, S. 108.
Am 7. Januar 1976 stellte Ministerialdirigent Meyer-Landrut zu den Verhandlungen in der Grenzkommission über den Elbe-Bereich Schnackenburg/Lauenburg fest: „Die DDR wird sich voraussichtlich nicht bereitfinden, einer Regelung der Schußwaffenanwendung auf der Elbe im Abschnitt Schnackenburg/Lauenburg in einer Weise zuzustimmen, die es uns ermöglicht, eine Feststellung der Grenze in der Elbmitte hinzunehmen. [...] Bei dieser Sachlage wird vorgeschlagen, den Komplex Elbgrenze vom Komplex Landgrenze zu trennen und in der Grenzkommission vorrangig den Komplex Landgrenze voranzutreiben." Vgl. VS-Bd. 10936 (210); B 150, Aktenkopien 1976. Vgl. dazu ferner AAPD 1975, II, Dok. 392.
5 Mit Schreiben vom 21. Januar 1976 an Bundesminister Genscher übersandte Staatssekretär Schüler, Bundeskanzleramt, „mit der Bitte um Kenntnisnahme und gegebenenfalls weitere Veranlassung Abdruck eines Vermerks über das Ministergespräch am 14. Januar 1976 im Bundeskanzleramt". Vgl. VS-Bd. 10937 (210); B 150, Aktenkopien 1976. Vgl. Anm. 7.
6 Dem Vorgang beigefügt. Vgl. Anm. 7 und 13.

I. Sachverhalt

1) Mit dem Bezugsschreiben hat der Chef des Bundeskanzleramts einen Vermerk (vgl. Anlage 2) über das Ministergespräch vom 14.1.1976[7] zum Problembereich Elbe übersandt.

Aus der Zusammenfassung dieses Gesprächs durch den Herrn Bundeskanzler (vgl. Seite 3 des Vermerks) ergibt sich, daß das Auswärtige Amt beauftragt wurde, intern zu prüfen, „inwieweit die Regelungen für die Landgrenze unter alliiertes Vorbehaltsrecht fallen".

2) Aus den Protokollen der Beratung der Grenzkommission sowie aus Gesprächen mit den Ressorts auf Arbeitsebene war zu erfahren, daß im BMI und BMB derzeit folgende Lösungen der Elbeproblematik erwogen werden:

a) Grenzverlauf im ganzen Abschnitt in der Mitte, als Gegenleistung verpflichtet sich die DDR zu einem Verzicht auf die Anwendung von Schußwaffen[8]. Zu dieser Alternative ist zu sagen, daß es höchst zweifelhaft ist, ob die DDR bereit wäre, ihren Beitrag zu einer derartigen Regelung zu leisten. Ein Schußwaffenanwendungsverzicht liefe auf einen Einbruch in den Schießbefehl hinaus und berührt deshalb für die DDR existentiell wichtige Fragen.

b) Die sogenannte Ems-Dollart-Lösung[9]; d. h. die Einigung über die praktisch auf der Elbe zu regelnden Fragen (Abfertigung des Frachtschiffsverkehrs im Elbe-Schiffahrtsvertrag, Fischereiregelung und Sportbootverkehr in der Grenzkommission) unter Aufnahme eines Disclaimers zur Aufrechterhaltung der jeweiligen Rechtsposition zum Grenzverlauf in dem entsprechenden Dokument.

Im BMI wird bezweifelt, ob eine derartige Lösung Aussicht auf Erfolg hat, da bei der Regelung der Schiffsabfertigung auch Fragen der Ausübung der Hoheitsgewalt auf der Elbe geregelt werden müßten. Derartige Regelungen würden es wahrscheinlich mit sich bringen, daß wir die Ausübung von Hoheitsgewalt durch die DDR auf einem Gebiet dulden müßten, das unserer im Disclai-

---

7 Dem Vorgang beigefügt. Am 15. Januar 1976 vermerkte Ministerialdirektor Sanne, Bundeskanzleramt, Bundeskanzler Schmidt habe die Ergebnisse des Ministergesprächs vom Vortag wie folgt zusammengefaßt: „1) Die materielle Linie der Bundesregierung bleibt unverändert. 2) Wir streben an, mit der DDR bis zum April die Arbeiten an den Dokumentationen über die Landgrenzen abzuschließen. 3) Wir versuchen, mit der DDR Einvernehmen darüber herzustellen, die Gespräche und Verhandlungen über den Elbe-Komplex im Spätherbst gleichzeitig mit den Verhandlungen über Form und Inhalt des die Arbeit der Grenzkommission abschließenden Dokuments zu Ende zu führen. 4) Das Auswärtige Amt prüft intern, inwieweit die Regelungen für die Landgrenzen unter alliiertes Vorbehaltsrecht fallen. 5) Falls die DDR mit dem unter 2) und 3) vorgeschlagenen Verfahren nicht einverstanden ist, soll die damit entstehende Lage erneut in einem Ministergespräch erörtert werden. 6) Für den innenpolitischen Gebrauch kann gesagt werden, daß die Grenzkommission alle Punkte, bei denen Übereinstimmung mit der DDR besteht, in Dokumentationen niederlegt, während über die noch nicht geklärten Punkte weiter verhandelt werden muß. 7) Zu der Erklärung des MdB Alois Mertes kann gesagt werden, daß die Bundesregierung Kenntnis genommen hat, und daß die in der Erklärung vorgebrachten Argumente ihre Auffassung stützen, daß in der Elbe-Frage nichts überstürzt werden darf." Vgl. die Anlage zum Schreiben des Staatssekretärs Schüler, Bundeskanzleramt, an Bundesminister Genscher vom 21. Januar 1976; VS-Bd. 10937 (210); B 150, Aktenkopien 1976.
8 Die Wörter „Anwendung von Schußwaffen" wurden von Bundesminister Genscher hervorgehoben. Dazu vermerkte er handschriftlich: „Was heißt das genau? Schießautomaten?"
9 Vgl. dazu den Ems-Dollart-Vertrag vom 8. April 1960 zwischen der Bundesrepublik und den Niederlanden sowie das Zusatzabkommen vom 14. Mai 1960 zum Vertrag vom 8. April 1960 zwischen der Bundesrepublik und den Niederlanden; BUNDESGESETZBLATT 1963, Teil II, S. 602–617 bzw. S. 653–660.

mer implizite enthaltenen Rechtsauffassung nach zur Bundesrepublik Deutschland gehört. Abgesehen von der darin liegenden Entwertung[10] des Disclaimers, würde zwar so das Problem des Grenzverlaufs ausgeklammert, jedoch käme ein innenpolitisch kaum weniger brisantes Problem auf die Bundesregierung zu.

c) Grenzverlauf gemäß der alten preußischen Provinzgrenzen, jedoch mit der Änderung, daß die neue Grenze jeweils an den Stellen am Ufer verläuft, an denen sie früher im Land verlief. (Dies würde zu einem Grenzverlauf sowohl im Strom als auch größtenteils am Ostufer und in einigen kurzen Abschnitten am Westufer führen.) Diese Variante wäre sowohl eine Abkehr von den alliierten Festlegungen, auf welche sich auch die Bundesregierung lange Zeit berufen hat, als auch von den ursprünglichen preußischen Grenzregelungen. Es ist nicht zu sehen, welche politischen Vorteile sie bieten sollte.[11]

d) Beibehaltung der jetzigen Lage im Elbabschnitt und Versuch, die Arbeit der Grenzkommission bei der Landgrenze zum Abschluß zu bringen. Diese Variante beläßt es zwar bei der im ganzen nicht befriedigenden jetzigen Lage auf der Elbe, vermeidet es aber, sich in den Widersprüchen zwischen den Forderungen der DDR, der vermutlichen Rechtsauffassung des Bundesverfassungsgerichts und den früheren Festlegungen der Besatzungsmächte zu verfangen. Allerdings ist nicht klar, ob die DDR zu einer Beschränkung der Arbeit der Grenzkommission auf die Landgrenze bereit wäre.

Das BMI verfolgt derzeit keine dieser Alternativen mit einer Präferenz, da infolge des Regierungswechsels in Niedersachsen[12] eine neue Lage entstanden ist.

3) Die Antwort des Auswärtigen Amts muß sich aus Rechtsgründen auf den gesamten Grenzverlauf, also auch auf den Elbabschnitt, beziehen. Schon um die Federführung des BMI zu respektieren, sollte es das Auswärtige Amt vermeiden, seine Antwort so zu fassen, daß eine oder mehrere der oben genannten Alternativen zwangsläufig nicht mehr in Betracht kommen. Die in der Anlage 1 vorgelegte Antwort ist entsprechend gefaßt worden.[13]

---

10 Dieses Wort wurde von Bundesminister Genscher hervorgehoben. Dazu vermerkte er handschriftlich: „r[ichtig]".

11 Dieser Satz wurde von Bundesminister Genscher hervorgehoben. Dazu vermerkte er handschriftlich: „r[ichtig]".

12 Zur Wahl des niedersächsischen Ministerpräsidenten am 6. Februar 1976 vgl. Dok. 39, Anm. 2.

13 Dem Vorgang beigefügt. Im Entwurf eines Schreibens an die Bundesminister Franke, Gscheidle, Maihofer und Vogel sowie an Staatssekretär Schüler, Bundeskanzleramt, legte Bundesminister Genscher dar: „Für diese Frage nach dem rechtlichen Status der Grenze zwischen der Bundesrepublik Deutschland und der Deutschen Demokratischen Republik kommt es nicht darauf an, ob es um die Landgrenze oder die Elbgrenze geht, da die alliierten Vorbehaltsrechte nicht an die tatsächliche Beschaffenheit des jeweiligen Grenzabschnitts anknüpfen. [...] Die Grenzkommission darf daher nach ihrem Mandat die von den Besatzungsmächten festgelegten Grenzen lediglich feststellen. Auf diese Weise wird den Vorbehaltsrechten der Vier Mächte, auf die Artikel 9 des Grundlagenvertrages ausdrücklich Bezug nimmt, Rechnung getragen. Daraus folgt, daß die Drei Mächte an und für sich mit den Feststellungen der Grenzkommission so lange nicht befaßt zu werden brauchen, wie diese Feststellungen sich nicht im Widerspruch zur Grenzfestlegung durch die Besatzungsmächte befinden. Ein derartiger Widerspruch ist dem Auswärtigen Amt nicht bekannt. Abgesehen von diesen rechtlichen Erwägungen könnte es jedoch aus politischen Gründen angezeigt sein, sich eines gewissen Rückhalts der Drei Mächte beim Abschluß der Arbeit der Grenzkommission zu versichern. [...] Voraussetzung dafür ist es, daß das Dokument, in dem die Grenzkommission ihre Arbeit finalisiert, nicht den Charakter eines Regierungsabkommens oder gar eines Vertrages im Sinne von Art. 59, Abs. 2 GG erhält. Die Drei Mächte haben erkennen lassen, daß

Diese Antwort nimmt im übrigen zu der Frage, inwieweit die Bundesrepublik Deutschland völkerrechtlich verpflichtet ist, bei jeder denkbaren Handlung der Grenzkommission die formelle Zustimmung der Drei Mächte einzuholen, nicht Stellung. Eine derartige Stellungnahme brächte die Gefahr mit sich, daß wir uns sowohl gegenüber den Drei Mächten als auch gegenüber der DDR selbst die Hände binden.

4) Es erscheint politisch ratsam, eine Absicherung der Arbeit der Grenzkommission durch die Drei Mächte anzustreben, nachdem die Frage nach der Bedeutung der Vorbehaltsrechte für diese Arbeit durch die Opposition im Deutschen Bundestag aufgeworfen worden ist[14].

Informelle Kontakte mit den Vertretern der Drei Mächte in Bonn haben ergeben, daß die Drei Mächte wahrscheinlich der öffentlichen Erklärung nicht widersprechen würden, sie seien im Rahmen der laufenden Konsultationen über die Arbeit der Grenzkommission unterrichtet worden, um ihnen Gelegenheit zur Prüfung zu geben, ob ihre Vorbehaltsrechte berührt seien, und hätten keine Bedenken geäußert.

5) Der Herr Bundeskanzler hat bei dem Gespräch auch nach den Gründen für die Einbeziehung Berlins in den Elbeschiffahrtsvertrag, der zur Zeit in der Verkehrskommission ausgehandelt wird, gefragt. Da hier die Frage nach der Berlin-Klausel in einem Vertrag mit der DDR aufgeworfen ist, sollte die Gelegenheit genutzt werden, um die Auffassung des Auswärtigen Amts darzustellen.

II. Vorschlag

Es wird vorgeschlagen, den in der Anlage 1 vorgelegten Brief mit der Stellungnahme des Auswärtigen Amts zu billigen und zu zeichnen.

Referat 500 hat mitgewirkt und mitgezeichnet.

van Well

VS-Bd. 10937 (210)

Fortsetzung Fußnote von Seite 511

   sie in keinem Fall bereit wären, zu einem derartigen Dokument, welches auf den konstitutiven Charakter des Arbeitsergebnisses der Grenzkommission schließen lassen könnte, in irgendeiner Form Stellung zu nehmen." Das Schreiben wurde am 4. Mai 1976 übermittelt. Vgl. VS-Bd. 10937 (210); B 150, Aktenkopien 1976.

14 Am 3. Dezember 1975 wurde in der Presse über die Haltung der CDU/CSU-Fraktion zur Festsetzung des Grenzverlaufs zwischen der Bundesrepublik und der DDR berichtet: „Der außenpolitische Experte der CDU/CSU-Bundestagsfraktion, der CDU-Abgeordnete Mertes (Gerolstein), hält es für notwendig, daß die Vier Mächte, die nach Beendigung des Zweiten Weltkrieges Besatzungsfunktionen in Deutschland ausgeübt haben, an der Feststellung des Verlaufs der innerdeutschen Demarkationslinie beteiligt werden. [...] Denkbar wäre eine Beteiligung der Vier Mächte in der Form eines Briefwechsels mit der Bundesregierung, und zwar gleichzeitig mit der von der gemeinsamen Grenzkommission beider deutscher Staaten zusammengestellten Schlußdokumentation." Vgl. den Artikel „Union: Vier Mächte an der Grenzfeststellung beteiligen"; FRANKFURTER ALLGEMEINE ZEITUNG vom 3. Dezember 1975, S. 2.

113

Aufzeichnung des Ministerialdirektors Lautenschlager

412-401.01/1-541/76 VS-vertraulich **27. April 1976**[1]

Über den Herrn Staatssekretär[2] dem Herrn Minister

Betr.: Vorschlag von Präsident Ford für ein erneutes Regierungschef-Treffen
zur Wirtschafts- und Währungspolitik

Anl.: 2 (Schreiben von Präsident Ford an Bundeskanzler[3] mit Übersetzung[4])

Für das heutige Gespräch mit dem Herrn Bundeskanzler werden folgende erste Überlegungen vorgelegt:

1) Allgemeines

Es geht in dieser Phase zunächst nur um eine persönliche Antwort des Bundeskanzlers auf die – recht allgemein gehaltene – Voranfrage von Präsident Ford.

Aus der Sicht des AA könnte der Bundeskanzler in ebenso allgemeiner Weise zustimmend reagieren. Rambouillet[5] war als Ausdruck der Geschlossenheit der westlichen Industrienationen im Ergebnis ein nützliches Treffen. Es liegt erst rund fünf Monate zurück und fand statt in einem Zeitpunkt, als die Weltkonjunktur begann, die Talsohle zu verlassen. Eine Fortsetzung der in Rambouillet begonnen Zusammenarbeit wurde schon damals ins Auge gefaßt. Angesichts unseres engen Verhältnisses zu Frankreich und der Gastgeberrolle von Präsident Giscard in Rambouillet sollte jedoch keine deutsche Festlegung erfolgen, ohne daß vorher mit Präsident Giscard Fühlung genommen wurde.

Wir müssen allerdings[6] von Anfang an Wert darauf legen, die kleineren EG-Länder in einer Weise einzubeziehen, die die tiefgreifende Verstimmung, die das Rambouillet-Treffen bei ihnen hervorrief, vermeidet.

2) Teilnehmerkreis

In Rambouillet waren beteiligt: Frankreich, Deutschland, Italien, Japan, Großbritannien, USA.

---

[1] Die Aufzeichnung wurde von Vortragendem Legationsrat I. Klasse Jelonek und von Vortragendem Legationsrat Junker konzipiert.
Hat Legationsrat I. Klasse Chrobog am 28. April 1976 vorgelegen, der handschriftlich vermerkte: „Rücklauf Minister. Referat 412.“

[2] Hat Staatssekretär Hermes am 27. April 1976 vorgelegen, der handschriftlich vermerkte: „Rambouillet II‘.“

[3] Dem Vorgang nicht beigefügt.

[4] Dem Vorgang beigefügt. Für die Übersetzung des Schreibens des Präsidenten Ford vom 14. April 1976 an Bundeskanzler Schmidt vgl. VS-Bd. 8886 (412).

[5] Die Konferenz der Staats- und Regierungschefs aus sechs Industriestaaten fand vom 15. bis 17. November 1975 auf Schloß Rambouillet statt. Vgl. dazu AAPD 1975, II, Dok. 346 und Dok. 348–350.

[6] Die Wörter „müssen allerdings“ wurden von Ministerialdirektor Lautenschlager handschriftlich eingefügt. Dafür wurde gestrichen: „sollten diesmal auch“.

Wir können Präsident Ford dahin verstehen, daß er vorschlägt, diesen Teilnehmerkreis einschließlich Italiens[7] beizubehalten. Dem könnten wir zustimmen
(kein erneutes Tauziehen um Kanada[8]).

In Rambouillet setzten sich die Delegationen zusammen aus den Staats- und
Regierungschefs, den Außenministern und den Finanzministern. Die Beteiligung der Außenminister sollte unstreitig sein; im übrigen wird sich die Teilnahme nach der Thematik richten und nach internen Ressortzuständigkeiten
(BM Apel und/oder BM Friderichs)[9].

In Rambouillet moderierte jeder Regierungschef jeweils ein Thema. Diese Arbeitsteilung erwies sich als nützlich.

3) Themenkreis

Die Themen, die Präsident Ford jetzt andeutet (Wirtschaftsaufschwung, Welthandel, Währungsfragen, Energie, Entwicklungspolitik), sind dieselben wie in
Rambouillet; zusätzlich wurde aber damals über Ost-West-Beziehungen gesprochen. Auf diese Weise wurde auch erreicht, daß die Zahl der Themen mit
der Zahl der Regierungschefs übereinstimmte. Das spricht auch diesmal für
sechs Themenkreise. Die Themenliste von Präsident Ford ist einleuchtend und
ausreichend flexibel. Bei dem inzwischen erreichten Stand der Weltwirtschaft
könnte es etwa darum gehen,

– den Wiederaufschwung der Weltwirtschaft in eine Phase stetigen, inflati-
 onsarmen Wachstums überzuleiten (wobei jetzt das Arbeitslosenproblem besondere Bedeutung bekommen hat),

– die wirtschaftliche Basis der demokratischen Industrieländer zu festigen,

– Impulse für die Beziehungen zu den Entwicklungsländern zu geben,

– die jüngeren Entwicklungen im Ost-West-Verhältnis zu behandeln.

4) Terminfragen

Die Vorbereitung von Rambouillet erforderte mehrere Monate. Das sollte auch
diesmal der Fall sein. Dies spricht für einen Termin sogleich nach der Sommerpause. Bis dahin dürfte auch die nötige Klarheit darüber bestehen, ob der
Wirtschaftsaufschwung von Dauer sein wird oder ob zusätzliche Ankurbe-
lungsmaßnahmen erforderlich werden. Auch dürfte bis dann im Nord-Süd-
Dialog ein Entscheidungsbedarf heranreifen. Ein früherer Zeitpunkt scheint
aber nicht dringend, wobei allerdings die Entwicklung in Italien noch eine Un-
bekannte darstellt. Die Konferenz sollte - zumal in der Vorwahlzeit[10] – nur
stattfinden, wenn sie genügend Substanz und damit angemessene Erfolgsaussichten hat.[11]

---

7 Die Wörter „einschließlich Italiens" wurden von Ministerialdirektor Lautenschlager handschriftlich eingefügt.
8 Zur Frage der Teilnahme Kanadas an der Konferenz der Staats- und Regierungschefs aus sechs
  Industriestaaten vom 15. bis 17. November 1975 auf Schloß Rambouillet vgl. AAPD 1975, II, Dok. 301.
9 Der Passus „und nach internen ... BM Friderichs)" wurde von Ministerialdirektor Lautenschlager
  handschriftlich eingefügt.
10 In Italien fanden am 20./21. Juni 1976 Parlamentswahlen statt.
   Die Wahlen zum Bundestag fanden am 3. Oktober 1976 statt.
   Am 2. November 1976 fanden in den USA Präsidentschaftswahlen sowie Wahlen zum Repräsentantenhaus und Teilwahlen zum Senat statt.
11 Dieser Satz wurde von Ministerialdirektor Lautenschlager handschriftlich eingefügt.

5) Vorbereitung

Rambouillet wurde von „persönlichen Beauftragten" der Regierungschefs vorbereitet (USA: Ex-Minister George Shultz, D: StS Pöhl, BMF). Das AA war in jeder Phase voll beteiligt. Wenn Präsident Ford jetzt den Besuch von George Shultz anbietet, so können wir darin schon den Ansatz zu einem entsprechenden Vorgehen erblicken. Wir sollten den Besuch von Shultz begrüßen und seine näheren Vorschläge für die Vorbereitung abwarten.[12]

6) Tagungsort

Rambouillet hat insofern ein Präzedenz gesetzt, als Präsident Giscard die Konferenz, deren Initiator er war, in sein Land brachte. Präsident Ford wird sich jetzt in der Rolle des Initiators und damit Gastgeber der zweiten Konferenz sehen. Schon in Rambouillet hatte Japan sein Interesse angemeldet, eine etwaige zweite Konferenz auszurichten. Geht man davon aus, daß die USA, Europa und Japan heute die Zentren des weltweiten Wirtschafts- und Währungssystems darstellen, so dürfte diesmal kaum ein zweiter europäischer Tagungsort in Frage kommen, sondern die Entscheidung zwischen den USA und Japan liegen.

Lautenschlager

VS-Bd. 8886 (412)

114

Botschaftsrat I. Klasse Rückriegel, Tel Aviv,
an das Auswärtige Amt

114-12600/76 VS-vertraulich   **Aufgabe: 27. April 1976, 12.10 Uhr**[1]
Fernschreiben Nr. 215   **Ankunft: 27. April 1976, 16.38 Uhr**
Cito

Betr.: Äußerungen des israelischen Außenministers Allon zu innen- und außenpolitischen Problemen im Kreise der „Neun"

Bei Arbeitssessen im Hause niederländischen Botschafters am 26.4.76, an dem außer übrigen Europäern diesmal auch doppelakkreditierter irischer Botschaf-

---

[12] Der Sonderbeauftrage des amerikanischen Präsidenten, Shultz, hielt sich am 9. Mai 1976 in der Bundesrepublik auf. Vgl. dazu Dok. 134.

[1] Hat Ministerialdirigent Jesser am 29. April 1976 vorgelegen, der für Referat 310 handschriftlich vermerkte: „Bitte diesen Bericht BM im Auszug zur Kenntnis geben! Allon ist kein Falke. Gerade dies macht die Lektüre seiner intransigenten und zugleich unrealistischen Ausführungen so erschütternd. Ist nicht jede Hoffnung auf israelisches Umdenken vergebens?"
Hat Ministerialdirektor Lahn vorgelegen, der handschriftlich vermerkte: „Lesenswert".
Hat Vortragendem Legationsrat Richter vorgelegen, der handschriftlich für Legationsrat I. Klasse

ter² (Bern) teilnahm, machte AM Allon, von neuem Generalsekretär Avineri begleitet, längere Ausführungen zu innen- und außenpolitischen Problemen:

I. Innenpolitik

Er habe für diese Woche geplante Reise nach USA verschoben, weil er im gegenwärtigen Augenblick innenpolitischer Situation Israels Priorität einräume. Vor allem folgende drei Fragen machten Anwesenheit in Israel erforderlich:

- Entscheidung hinsichtlich Zukunft israelischer Ansiedlung in Kadum (bei Sebaste, Samaria)³;
- wirtschaftliche Situation⁴;
- Situation in Regierungskoalition⁵.

Nur zu erstem Punkt äußerte sich AM Allon ausführlich: Geschäftsgrundlage Verlegung „wilder" Ansiedlung bei Sebaste in Militärlager Kadum sei gewesen, daß Regierung innerhalb ca. drei bis vier Monaten entscheide, was damit zu geschehen habe. Alle Beteiligten, einschließlich Ansiedler, müßten sich Votum, das nunmehr wegen Ablauf Frist dringlich sei, beugen.

Er selbst trete für Auflösung Lagers ein und glaube, daß auch Teile National-Religiöser Partei (Minister Rafael und Burg) derartigen Beschluß letztlich nicht

---

Fortsetzung Fußnote von Seite 515

Chrobog vermerkte: „Ich wäre für Anruf dankbar, ob evtl. Ex[emplar] 6 bereits dem Herrn Bundesminister vorgelegen hat."
Hat Chrobog am 4. Mai 1976 vorgelegen, der für Richter handschriftlich vermerkte: „F[ern]S[chreiben] hat BM vorgelegen."
Hat Richter erneut am 4. Mai 1976 vorgelegen.
Hat Jesser erneut am 5. Mai 1976 vorgelegen.

2 William Warnock.
3 Botschafter Fischer, Tel Aviv, teilte am 20. Januar 1976 zu den Aktivitäten israelischer Siedler im Westjordanland mit: „Ende 1975 gelang Siedlern, deren Hartnäckigkeit gelegentlich in Fanatismus umschlägt, ein Siedlungsversuch bei Sebaste. Die Regierung hat es angesichts der öffentlichen Stimmung nach der Anti-Zionismus-Resolution nicht gewagt, der illegalen Aktion den Erfolg völlig zu verwehren, sondern gewährt ihr neuerdings über die Armee eine gewisse Unterstützung. Die Siedler wohnen zur Zeit in einem Armeelager beim Dorf Kadum in [der] Nähe des alten Sebastia, sie haben ihrem Wohnort den biblischen Namen Alon Moreh zugelegt." Vgl. den Schriftbericht Nr. 151; Referat 310, Bd. 108732.
4 Am 5. April 1976 stellte Referat 310 zur wirtschaftlichen Lage Israels fest: „Betrachtet man vor diesem Hintergrund die israelische Wirtschaftslage, so hat es den Anschein, als ob die Zeit auf Seiten der Araber sei. Israels Sicherheitsbudget, das über 40 % des Staatshaushaltes verschlingt, erweist sich als immer stärker werdende Belastung. Die Inflation hat eine Rate von mehr als 35 % jährlich erreicht; die israelische Währung verfällt in gleichem Maße. Mangelnde Exporte und fehlende Produktivität haben die Staatsschulden und die Devisenknappheit gefährlich vergrößert. 1976 wird das dritte Jahr sein, in dem das Bruttosozialprodukt voraussichtlich leicht zurückgehen wird." Vgl. Referat 310, Bd. 108732.
5 Am 3. Juni 1974 bildete Ministerpräsident Rabin eine Regierung, die von der Arbeiterpartei, den Unabhängigen Liberalen und der Bürgerrechtsbewegung getragen wurde. Die Regierungskoalition wurde am 30. Oktober 1974 durch den Beitritt der Nationalreligiösen Partei erweitert. Vgl. dazu den Schriftbericht Nr. 1503 des Botschaftsrats I. Klasse Rückriegel vom 4. November 1974; Referat 310, Bd. 104788.
Am 15. März 1976 vermerkte Vortragender Legationsrat I. Klasse Böcker zur Entwicklung der israelischen Arbeiterpartei: „Die Bildung einer informellen Führungsgruppe der Arbeiterpartei unter Golda Meir könnte das Ende der Regierung Rabin ankündigen, bedeutet eine Schwächung AM Allons – der bislang außerhalb der neuen Gruppe steht – und wird eine Blockierung der außenpolitischen Bewegungsfreiheit Israels zu einem Zeitpunkt mit sich bringen, an dem sich der Druck der USA verstärkt und die Verlängerung des UNDOF-Mandats Ende Mai Zugeständnisse an Syrien und die Palästinenser zur Voraussetzung hat." Vgl. Referat 310, Bd. 108731.

zum Anlaß nehmen würden, Regierungsbündnis in Frage zu stellen. Wenn ein NRP-Kabinettsmitglied (Sozialminister Hammer) anderer Meinung sei, könne er Regierung verlassen.[6]

II. Außenpolitik

1) Neue Siedlungen: Er, Allon, sei weder „Taube" noch „Falke". Er wende sich gegen israelische Ansiedlungen im arabischen Kernland, dagegen trete er dafür ein, Israels Position durch Ausbau bestehender und Errichtung neuer Siedlungen in strategischer Lage zu stärken.

Auf Frage, wie Israel arabische Friedensbereitschaft erwarten könne, wenn es selbst jetzt noch neue Siedlungen im Golan und Jordan-Tal errichte:

Dies könne Arabern signalisieren, daß Zeit dränge. Je länger sie zuwarteten, um so mehr Fakten würden gesetzt.

2) Grenzen Israels: Sehr leidenschaftlich plädierte Allon für „verteidigungsfähige Grenzen". Unter keinen Umständen könne er Regierung empfehlen, zu Linien von 1967 zurückzukehren. Die bedeuteten, daß Araber 15 km ans Mittelmeer heranrückten. Hier müsse Kompromiß gefunden werden. Allon beschuldigte USA, Europäer, Sowjetunion und Dritte Welt, arabische Intransigenz zu stärken und territorialen Kompromiß dadurch zu verhindern, daß Anspruch auf Grenzen von 1967 anerkannt werde.

Gastgeber machte hier – m.E. entscheidenden – Einwand: Araber hätten früher Existenz Israels nicht akzeptiert. Wenn sie jetzt, unter Voraussetzung Rückgabe der besetzten Gebiete, dazu bereit seien, so sei dies in ihren Augen großes Entgegenkommen. Israel, so niederländischer Botschafter, möge sich fragen, ob dies nicht Kompromiß sei, nach dem es selbst suche. Araber schienen jedenfalls nicht bereit, über Anerkennung Israels noch hinausgehende Gebietsverzichte zu leisten. AM wußte hierauf nichts zu erwidern, sondern erging sich in längeren Ausführungen über Konzept verteidigungsfähiger Grenzen:

Friedensregelung und internationale Garantien könnten diese Grenzen nicht ersetzen, sondern nur ergänzen. Auf skeptische Frage, ob moderne Waffen derartiges Konzept nicht fragwürdig gemacht hätten: Sie seien fast noch wichtiger als im Zweiten Weltkrieg. Bombenkrieg gegen England und Deutschland, der Bevölkerung nicht in die Knie gezwungen habe, habe gezeigt, daß nichts territorialen Besitz ersetzen könne. Siedlungen, für die er, Allon, eintrete, hätten militärische Funktion und müßten in strategische Verteidigungslinie eingebaut werden, wie dies in Golan geschehe.

3) UNDOF-Mandat[7]: Israel sei durch Erfahrung gewitzigt und werde diesmal

---

6 Am 10. Mai 1976 berichtete Botschafter Fischer, Tel Aviv: „Nach zehnstündiger Sitzung hat israelisches Kabinett am 9.5.1976 entschieden, daß Lager Kadum, das infolge ‚illegalen' Siedlungsversuchs bei Sebaste (Samaria) im Dezember 1975 entstanden war, aufgelöst wird. In nächsten Wochen soll Siedlern in Verhandlungen mit Regierungsausschuß unter für Siedlungsfragen zuständigem Minister Galili Alternative angeboten werden. [...] Nunmehr wird Tauziehen um endgültige geographische Lage der Siedlungen beginnen. Sozialminister Hammer (NRP), führendes Mitglied Siedlungsbewegung Gush Emunim, betont, Regierungsbeschluß schließe Samaria nicht aus." Vgl. den Drahtbericht Nr. 247; Referat 310, Bd. 108732.

7 Zur Schaffung einer „United Nations Disengagement Observer Force" (UNDOF) vgl. Dok. 95, Anm. 7.

Verlängerung nur unter Bedingung zustimmen, daß andere Seite Verlängerung nicht mit Bedingungen verknüpfe.[8]

4) Libanon: AM Allon überhäufte USA, Europa und Vatikan mit heftigen Vorwürfen: Sie hätten Libanons Christen im Stich gelassen. Auf Einwand, daß nicht einmal diese Intervention befürwortet hätten, antwortete er, er glaube im Gegenteil, daß Christen sogar israelische Intervention begrüßt hätten. Avineri: Verhalten Westens gegenüber Libanon habe in Israel schädlich gewirkt und Volk in Überzeugung bestärkt, im Ernstfall ebenfalls im Stich gelassen zu werden. Verständigungsbereites Lager sei dadurch geschwächt worden.

5) End-of-war-Initiative[9]: Er bitte, Unternehmung ernst zu nehmen. Es gäbe nur drei Optionen:

– Stillstand,

– endgültiger Friedensvertrag,

– Beendigung Kriegszustandes.

Letztere scheine ihm einzig mögliche. Sie müsse Verpflichtung zu

– Gewaltverzicht;

– Annahme Existenz Israels;

– Herstellung vollen Friedens als nächstem Schritt enthalten.

Tatsache, daß keine der Parteien Idee bisher absolutes Nein entgegengesetzt habe, stimme ihn, Allon, hoffnungsvoll.

6) Da er Hinweise zu besitzen glaubt, daß im VN-Palästina-Komitee (Zwanziger-Ausschuß)[10] für Mai/Juni neue Aktion geplant sei, verschiebt Allon vorgesehene Reisen nach Dänemark, Italien und Besuch im Vatikan. Teilnahme an Sitzung Gemischten Ausschusses in Bonn[11], die nur kurzfristige Abwesenheit beinhalte, dagegen nicht in Frage gestellt.

---

[8] Das UNDOF-Mandat wurde am 28. Mai 1976 um weitere sechs Monate verlängert. Vgl. dazu die Resolution Nr. 390 des UNO-Sicherheitsrats; UNITED NATIONS RESOLUTIONS, Serie II, Bd. X, S. 83.

[9] Am 27. Mai 1976 resümierte Botschaftsrat I. Klasse Rückriegel, Tel Aviv, die Konzepte der israelischen Regierung für eine Friedensregelung: „Die israelische General-Formel lautet nach wie vor: proportionell große Zugeständnisse an die Gegner bei entsprechendem Entgegenkommen, aber kein Rückzug auf die Grenzen von 1967, auch nicht für Frieden! [...] Unterhalb dieser Formel arbeitet die israelische Politik mit dem Angebot einer ‚Beendigung des Kriegszustandes', wofür sie einen – allerdings nie definierten – Teil des besetzten Gebietes zu geben bereit wäre, weitere Teile für Frieden im Austausch. Die Antwort der arabischen Staaten lautet bisher: Für die Beendigung des Kriegszustandes muß das gesamte besetzte Gebiet geräumt werden. Damit ist die Stagnation wieder vollkommen. Daneben propagiert Außenminister Allon jetzt erneut nie offizielle Politik gewordenen Plan, der sich lediglich in der Westbankfrage von dieser allgemeineren Konzeption unterscheidet: Bei Festhalten an der Sicherheitsgrenze am Jordan wird der arabischen Seite ein Korridor von Jericho zu ihren Siedlungszentren Ramalla, Nablus, ebenso nach Hebron und Rückgabe des Restes der Westbank möglichst an Jordanien im Rahmen einer föderativen Lösung zugestanden." Vgl. die Anlage zum Schriftbericht Nr. 825; Referat 310, Bd. 108731.

[10] Mit Resolution Nr. 3376 der UNO-Generalversammlung vom 10. November 1975 wurde die Bildung eines „Komitees für die Ausübung der unveräußerlichen Rechte des palästinensischen Volkes" verfügt. Für den Wortlaut vgl. UNITED NATIONS RESOLUTIONS, Serie I, Bd. XV, S. 443.

[11] Die erste Sitzung der deutsch-israelischen Wirtschaftskommission fand am 24. Juni 1976 statt. Aus diesem Anlaß hielt sich der israelische Außenminister Allon vom 23. bis 25. Juni 1976 in der Bundesrepublik auf. Vgl. dazu Dok. 200 und Dok. 203.

III. Bewertung

Emphase, mit der Allon verteidigungsfähige Grenzen forderte, ließ aufmerken. Europäer-Runde war außerdem überrascht wegen Forderung Errichtung neuer Siedlungen ausgerechnet durch Allon. Französischer Botschafter[12] fühlte sich in schon vor Zusammentreffen geäußerter Auffassung bestärkt, daß Regierung Volksstimmung nachgegebe und nach rechts rücke. Ich selbst vermute, daß Allon Einblick in Argumentation gewährt hat, mit der er und seine Verbündeten im Kabinett versuchen werden, Anhängern der Siedlungspolitik die Aufgabe von Kadum „zu verkaufen". Auf dieser Linie könnte sich Kompromiß – neue Siedlungen in Gebieten, wo solche bereits bestehen – mit NRP abzeichnen. Auch so wird er nur schwer zu erzielen sein. „Zeitbombe Kadum" wird nur mit großem Geschick entschärft werden können.

Undifferenzierte Sicht libanesischen Bürgerkrieges erregte unter Europäern Verwunderung, ebenso Tatsache, daß Allon Problem israelischer Araber (Galiläa!)[13] mit Stillschweigen überging.

In Vertretung
[gez.] Rückriegel

VS-Bd. 9993 (310)

---

[12] Jean Herly.

[13] Am 12. März 1976 berichtete Botschafter Fischer, Tel Aviv: „Zusätzliche Schwierigkeit ergibt sich daraus, daß auch unter Arabern innerhalb Israels wegen geplanter Enteignung von Böden in Galiläa in Zusammenhang mit Städteneubau und Industrialisierungsplänen Unruhe herrscht. Unter Anleitung neuen kommunistischen (Rakach) Bürgermeisters von Nazareth, Knesset-Mitglied Zayyad Tawik, werden Pläne Generalstreiks israelischer Araber, Demonstrationen vor Knesset und Protestresolutionen erwogen, die sich gleichzeitig gegen Enteignung von Böden, Teilung der Hebroner Patriarchenhöhle und jüdische Gebete auf Tempelberg wenden sollen. Pläne laufen damit teilweise auf Solidarisierung zwischen arabischen Israelis und Westbankbevölkerung hinaus." Vgl. den Drahtbericht Nr. 129; Referat 310, Bd. 108732.
Am 30. März 1976 teilte Botschaftsrat I. Klasse Rückriegel, Tel Aviv, mit: „In der Nacht zum 30.3.1976 ist es in West-Galiläa zu starken Unruhen unter der arabischen Bevölkerung Israels gekommen. An drei Stellen, im Gebiet von Arraba und Zachnin, errichtete die Bevölkerung Straßensperren aus brennenden Autoreifen. Israelische Sicherheitskräfte sollen mit Molotow-Cocktails beworfen worden sein. Unter den arabischen Demonstranten ist ein Todesopfer zu beklagen." Vgl. den Schriftbericht Nr. 511; Referat 310, Bd. 108732.

115

Runderlaß des Vortragenden Legationsrats I. Klasse Müller

312.321.00 SUA   27. April 1976[1]
Fernschreiben Nr. 614 Plurez   Aufgabe: 28. April 1976, 10.20 Uhr

Betr.: Gespräch zwischen BM und südafrikanischem Botschafter am 26.4.1976 in Bonn[2]

Zur Information

1) Auf Wunsch BMs fand am 26.4.1976 Fortsetzung des Meinungsaustausches mit dem südafrikanischen Botschafter zur Lage in Südafrika statt. BM bat Botschafter zunächst um Darlegung südafrikanischer Lagebeurteilung.

2) Zur Lage in Rhodesien sprach Botschafter Befürchtung aus, daß Kaunda auf eine kriegerische Lösung des Konflikts zusteuere.[3] PM Vorster habe Kaunda davor gewarnt, weitere Verhandlungen abzulehnen und sich für den Krieg zu entscheiden.[4] Trotz allem bestehe Eindruck, daß mit Smith noch weiter ge-

---

[1] Durchdruck.
Hat Vortragendem Legationsrat I. Klasse Müller erneut am 29. April 1976 vorgelegen, der handschriftlich vermerkte: „Herrn D 3 z[ur] K[enn]t[nis]n[ahme]."
Hat Ministerialdirektor Lahn am 29. April 1976 vorgelegen, der handschriftlich die Weiterleitung an Ministerialdirigent Jesser verfügte.
Hat Jesser am 30. April 1976 vorgelegen.

[2] Am 26. April 1976 vermerkte Vortragender Legationsrat I. Klasse Müller ergänzend zu dem Gespräch des Bundesministers Genscher mit dem südafrikanischen Botschafter Sole am selben Tag: „BM: betont erneut Besorgnis über bedrohliche Entwicklung; wir glauben, daß langfristig ein Nebeneinander der Rassen durchaus möglich ist, aber die Uhr hierfür läuft ab; für Namibia und Rhodesien ist sie schon nahezu abgelaufen. Die südafrik[anische] Regierung sollte beschleunigt handeln, indirekt bezüglich Rhodesiens und direkt bezüglich Namibias. [...] Die SU sollte nicht erneut Gelegenheit dazu erhalten, in der Generalversammlung eine ‚Afrika-Oper' zu geben". Vgl. Referat 320, Bd. 108218.

[3] Botschafter Landau, Lusaka, referierte am 5. April 1976 Ausführungen des Präsidenten Kaunda zur südafrikanischen Rhodesien- und Namibiapolitik: „Südafrika habe Schlüssel zu Frieden oder Blutvergießen in Rhodesien in der Hand. Es sei einziges Land, das Rhodesien wirtschaftlich aufrechterhalte. Es solle jetzt Druck auf rhodesische Rebellen ausüben, um sie zur Vernunft zu bringen. Er wisse aus seinen Gesprächen mit Vorster, daß dieser keine Mühe gescheut habe, auf Smith einzuwirken. Jedoch hätten Südafrikaner Irrtum begangen, Rebellen mit Samthandschuhen anzufassen. Da einziger Grund für ‚Détente' gegenüber Südafrika Verhandlungslösung in Rhodesien gewesen und diese Lösung gescheitert sei, könne von Fortdauer ‚Détente' [...] keine Rede sein. Sambia und seine drei Verbündeten wünschten keine direkte fremde Einmischung im Kampf um ‚Befreiung' Rhodesiens. Wenn jedoch Südafrika seine Haltung gegenüber Namibia nicht radikal ändere, könne es sehr wohl sein, daß eine internationale kommunistisch geförderte Streitmacht Ende dieses Jahres eine von den Vereinten Nationen offiziell anerkannte SWAPO-Regierung unterstütze." Vgl. den Drahtbericht Nr. 78; Referat 320, Bd. 108211.

[4] Am 23. April 1976 teilte Botschafter Eick, Pretoria, mit, Ministerpräsident Vorster habe am Vortag zu Rhodesien ausgeführt: „Die Lösung des Rhodesien-Problems sei eine Sache der weißen und schwarzen Rhodesier. Er habe nichts unversucht gelassen, beratend und vermittelnd behilflich zu sein. Aber er werde darüber hinaus keinen Druck auf die Regierung Smith ausüben." Vorster habe sodann „eine eindringliche Warnung an die afrikanischen Führer" gerichtet, „wobei er offenbar mit Blick auf den gegenwärtigen Besuch Kaundas in Maputo den sambischen Präsidenten namentlich erwähnte, nicht mit dem Feuer zu spielen und den Bogen nicht mit militanten Erklärungen zu überspannen. Er unterstrich ausdrücklich und eindrucksvoll seine eigenen Bemühungen, den Frieden im südlichen Afrika zu erhalten. Aber er sagte auch, daß die fortgesetzte Aufforderung zu Ge-

sprochen werden könne. Die weiße Bevölkerung Rhodesiens stehe einer schwarzen Regierung grundsätzlich nicht ablehnend gegenüber; allerdings strebe sie nach einer stabilen Regierung wie etwa in Kenia. Angesichts der Konfrontation zwischen Nkomo und Sithole/Muzorewa[5], die nicht nur politisch, sondern vor allem tribalistisch motiviert sei, käme Übernahme der Regierungsgewalt durch eine der beiden rivalisierenden Bewegungen einer Fortsetzung der Konfrontation gleich. Daher müsse prioritäres Ziel die Einigung zwischen den Schwarzen sein.

3) Hinsichtlich Namibia erläuterte Botschafter, daß der Fortgang der Verfassungsgespräche in Windhuk beschleunigt werde.[6] Man habe erkannt, daß die Lage baldige Fortschritte erfordere. Die Südwestafrikaner seien sich des Zeitdrucks bewußt. Druck von seiten VN wie auch von seiten Südafrikas sollte daher unterbleiben.

Zur SWAPO stellte Botschafter fest, sie habe sich selbst durch ihren Boykott von der Konferenz ausgeschlossen.[7] Es sei der Sache nicht dienlich, daß auch im Westen die Anerkennung der SWAPO und die Einschaltung der VN gefordert werde. Südafrika werde Namibia dann verlassen, wenn dies von den Süd-

---

Fortsetzung Fußnote von Seite 520

walttaten und die Ermordung unschuldiger Frauen und Kinder oder von s[üd]a[frikanischen] Touristen in Rhodesien gefährliche Gegenkräfte auf den Plan rufe". Vgl. den Drahtbericht Nr. 54; Referat 320, Bd. 108221.

[5] Vortragender Legationsrat I. Klasse Müller vermerkte am 4. Oktober 1976 zu den rhodesischen Widerstandsgruppen: „Gegenwärtig beanspruchen fünf rhodesische Nationalistengruppen Mitbeteiligung an der Ausgestaltung der Zukunft Rhodesiens. Es sind dies: Zimbabwe African People's Union (ZAPU); Zimbabwe African National Union (ZANU); African National Council (ANC) – Innerer Flügel; African National Council (ANC) – Äußerer Flügel; Zimbabwe People's Army (ZIPA). [...] Präsident der ZAPU ist Joshua Nkomo; er ist gleichzeitig der Führer des Inneren Flügels des ANC. Die ZANU ist gespalten, Präsidentschaft wird sowohl von Rev[erend] Ndabaningi Sithole als auch von Robert Mugabe beansprucht. Robert Mugabe gilt gegenwärtig auch als der starke Mann der ZIPA. Chef des Äußeren Flügels des ANC ist Bischof Abdel Muzorewa." Vgl. Referat 320, Bd. 108206.

[6] Am 1. September 1975 wurde in Windhuk „in der umgestalteten hiesigen ehemaligen kaiserlich-deutschen Turnhalle" eine Verfassungskonferenz der Bevölkerungsgruppen Namibias eröffnet. Kanzler Kötting, Windhuk, berichtete dazu am folgenden Tag: „Verfassunggebende Versammlung wird von schwarzer Opposition N[amibia]N[ational]C[onvention] scharf abgelehnt. Ihr Sprecher sagte mir noch gestern abend, NNC betrachte evtl. Konferenzbeschlüsse als null und nichtig. Bei Konferenzdelegationen handele es sich keineswegs um anerkannte Führer der Völker des Territoriums, sondern um Tribalisten, die aus naheliegenden Gründen an einer Verfassung nach Homeland-Muster interessiert seien." Vgl. den Drahtbericht Nr. 68; Referat 320, Bd. 108202.

[7] Gesandter Noebel, London, übermittelte am 30. Juni 1976 Ausführungen eines Vertreters der SWAPO zur südafrikanischen Namibia-Politik: „Nach Ansicht der SWAPO bleibt zur Durchführung von Wahlen in der kurzen, bis zum Auslaufen des VN-Mandats am 31.8. verbleibenden Zeitspanne keine Möglichkeit mehr. Es sei nicht ganz auszuschließen, daß Verfassungskonferenz in Turnhalle bis dahin noch Verfassungsentwurf vorlegen würde. Dieser sei jedoch, da SWAPO an Beratungen nicht teilnehme, nicht annehmbar. SWAPO ginge davon aus, daß südafrikanische Regierung mit Wirkung vom 1. September 1976 provisorische Regierung für Namibia einsetzen würde, die dann aus der Regierung Vorster genehmen Persönlichkeiten (Marionetten) bestehen werde. [...] Da SWAPO an solcher Regierung nicht beteiligt sein würde und sich auch nicht mit Einsetzung pro-südafrikanischer Regierung einverstanden erklären könnte, würde es ab gleichem Zeitpunkt zu erheblicher Intensivierung Guerillakrieges kommen. Schon jetzt häuften sich Übergriffe von SWAPO-Kämpfern über angolanische Grenze hinweg bis weit nach Süden. Angesichts der Größe des Landes und der dünnen Besiedelung sei es möglich, mit relativ wenigen, zentral ausgeführten Terrorangriffen Chaos in Namibia herbeizuführen." Vgl. den Drahtbericht Nr. 1399; Referat 320, Bd. 108203.

westafrikanern gewünscht werde. [8] Hereroführer Chief Kapuuo[9] habe aber ausdrücklich um Bleiben der Südafrikaner gebeten.

4) BM verwies zur Rhodesien-Frage auf persönliche Begegnung mit Kaunda[10] und dessen Befürchtung, daß weitere unnötige Verzögerungen im Entkolonialisierungsprozeß die radikalen Kräfte ermutigen würden, alles zu überrollen. Die einzige Chance liege deshalb in einer Verständigung zwischen Weißen und kooperationsbereiten schwarzen Politikern. Smiths Haltung erschwere die Position der gemäßigten Kräfte und verschlechtere damit die Gesamtsituation.

BM wies auf Aktualität der rhodesischen Entwicklung vor dem Hintergrund der kommunistischen Versuche hin, als Vorkämpfer der Befreiung aufzutreten. Die Haltung der Regierung Smith leiste solchen Versuchen Vorschub. Die Bundesregierung sei daran interessiert, daß Südafrika seine eigenen Probleme in Ruhe lösen könne. Dies sei aber nur möglich, wenn Ballast „vor den eigenen Toren" abgeworfen wird.

5) Zu Namibia erklärte BM, die südafrikanische Regierung solle schon jetzt den Zeitpunkt der Unabhängigkeit festlegen. Dadurch entstehe für die rivalisierenden Gruppen Zwang zur Einigung. Ein beschleunigtes Handeln und die Verkündigung eines Unabhängigkeitstermins noch vor der diesjährigen Generalversammlung der VN[11] sei auch im Interesse der Freundschaft zwischen Südafrika und der Bundesrepublik wichtig. Dem Ostblock sollte nicht erneut Gelegenheit gegeben werden, in der GV das Thema Afrika noch weiter hochzuspielen. Dadurch würde nur der Radikalisierung freien Lauf gelassen.

6) BM wies wiederholt auf Notwendigkeit raschen Handelns seitens südafrikanischer Regierung hin, sowohl direkt hinsichtlich Namibias als auch indirekt hinsichtlich Rhodesiens. Zeitablauf verschlechtere die Gesamtlage und schaffe Vorwand für kommunistische Interventionen. BM erwähnte Sorge afrikanischer Regierung über sowjetisches Vordringen und hob wachsendes Vertrauen der Schwarzafrikaner in die Aufrichtigkeit europäischer Absichten hervor. Ferner äußerte BM Befürchtung, daß gemäßigte Staaten in Afrika radikalem

---

[8] Ministerialdirektor Lahn bewertete am 30. März 1976 die Auswirkungen des Rückzugs südafrikanischer Truppen aus Angola auf die Lage in Namibia: „Die Lage an der namibianisch-angolanischen Grenze hat sich [...] insofern geändert, als infolge des Rückzugs der südafrikanischen Militäreinheiten (abgeschlossen am 27.3.76) zunächst eine lokale Entspannung eingetreten ist. [...] Obwohl dadurch die unmittelbare Gefahr eines militärischen Zusammenstoßes zunächst gebannt ist, bleibt die Gesamtlage brisant, weil Südafrika – zuverlässigen Meldungen zufolge – seine nördliche Verteidigungslinie auf dem Boden Namibias ausbaut und verstärkt. Es ist damit zu rechnen, daß die südafrikanische Regierung erneut unter Druck gerät, weil sie die illegale Administration des Gebiets nun auch noch durch militärische Präsenz ergänzt." Vgl. Referat 320, Bd. 108218.

[9] Vortragender Legationsrat I. Klasse Müller informierte am 11. März 1975 über Ausführungen des Oberhaupts der namibischen Volksgruppe der Herero, Kapuuo: „Aus London kommend hat sich am 10. März Herero-Chef Clemens Kapuuo in Bonn aufgehalten. [...] Bei seiner Vorsprache im Auswärtigen Amt ging es ihm insbesondere darum, dem Alleinvertretungsanspruch der SWAPO entgegenzutreten, im Ausland für das Volk von Namibia zu sprechen. Auch zeigte er Interesse an deutscher materieller Unterstützung [...]. Er beklagte, daß SWAPO, welche für Gewaltanwendung eintrete, von der OAE und den VN unterstützt würde, während die auf Ausgleich bedachten gemäßigten Kräfte in Namibia keine ausreichende finanzielle Basis hätten, im Ausland für ihren Standpunkt zu werben." Vgl. den Drahterlaß Nr. 924; Referat 320, Bd. 108202.

[10] Bundesminister Genscher hielt sich am 4. Juli 1975 in Sambia auf. Zu seinen Gesprächen mit Präsident Kaunda vgl. AAPD 1975, II, Dok. 221.

[11] Die XXXI. UNO-Generalversammlung in New York wurde am 21. September 1976 eröffnet.

Druck nachgeben oder aus Opportunismus abschwenken könnten. Die Bundesregierung verfolge solche Entwicklungen, die von der Sowjetunion für ihre Ziele ausgenutzt werden könnten, mit wachsender Sorge. Es müsse daher alles vermieden werden, was von kommunistischer Seite dazu mißbraucht werden kann, um den Westen in eine Komplizenschaft mit weißen Minderheiten zu drängen. Die von der Bundesregierung vertretenen Grundsätze des Selbstbestimmungsrechts und der Rassengleichheit müßten auch unter diesen machtpolitischen Aspekten gesehen werden. Afrika befinde sich in Entscheidungsphase. Es gehe darum, ob Afrika eigenen Weg finden könne oder unter kommunistischen Einfluß gerate. BM stellte fest, daß Offenheit der Aussprache angesichts der Qualität unserer Beziehungen mit Südafrika geboten sei, und fragte, ob und wie die Bundesrepublik den erforderlichen innenpolitischen Umdenkungsprozeß in Südafrika fördern könne.

7) Botschafter bat um Unterstützung der Détente-Politik seiner Regierung durch den Westen.[12] Dazu stellte BM fest, Détente sei nur dann erreichbar, wenn Südafrika sich von den Problemen Rhodesien und Namibia löse. Auch wenn Südafrika keine unmittelbare Verantwortung für Rhodesien trage, gäbe es Situationen, in denen die eigene Interessenlage ein Handeln gebietet.

8) Abschließend sprach Botschafter Frage der Unabhängigkeit der Transkei an.[13] Südafrika hoffe, daß EG dieses Beispiel für die Verwirklichung des Selbstbestimmungsrechts entsprechend akzeptieren werde. Hierüber wurde der Gedankenaustausch nicht vertieft.

Müller[14]

Referat 320, Bd. 108218

---

[12] Vortragender Legationsrat I. Klasse Müller vermerkte am 4. Mai 1976, daß ihm der südafrikanische Botschafter Sole am 26. April 1976 anläßlich des Gesprächs mit Bundesminister Genscher ein undatiertes Schreiben an Bundesminister Friderichs zur „sowjetischen Afrikapolitik aus südafrikanischer Sicht" übergeben habe: „Hauptthesen dieser Beurteilung sind: Die SU mache sich den wachsenden Isolationismus in den USA und in Westeuropa zunutze, indem sie versuche, ihre eigene Einflußsphäre in Afrika zu erweitern. Es sei daher zu erwarten, daß die SU nach Vorwänden für weitere Interventionen nach dem angolanischen Muster suchen werde. Am wahrscheinlichsten sei ein Eingreifen in Rhodesien. Die amerikanische Erklärung vom 20.2.1976 (keine Unterstützung des Smith-Regimes) komme einer offenen Einladung an die Sowjetunion gleich. [...] Die sowjetische Afrikapolitik sei primär ein Element der sowjetischen Europapolitik. Eine Stärkung des sowjetischen Einflußbereichs in Afrika versetze die Sowjetunion in die Lage, stärkeren Druck auf Europa auszuüben (Rohstoffe!) und damit dem Ziel der Neutralisierung des Westens näherzukommen. Die Politik der USA sei ‚selbstmörderisch' und ‚kurzsichtig'. Die Erklärungen der EG-Außenminister vom 23.2.1976 seien für Südafrika enttäuschend." Vgl. Referat 320, Bd. 108218.

[13] Am 26. Mai 1976 informierte Botschafter Freiherr von Wechmar, New York (UNO), über ein Gespräch mit dem Justizminister der Transkei, Matanzima, zu der für 26. Oktober 1976 geplanten Entlassung in die Unabhängigkeit: „Hauptpunkt der Ausführungen Matanzimas war: Die Transkei sei nicht mit den übrigen Bantustans zu vergleichen, sondern vielmehr mit Lesotho, Botswana und Swaziland. Sie umfasse zwölf verschiedene Stämme, habe vor 1910 bereits als Einheit bestanden und habe lediglich aus historischen Gründen noch keine Unabhängigkeit, sondern nur beschränkte Selbständigkeit erlangt. Dies werde nun am 26.10. korrigiert. Die weitverbreitete Ansicht, Transkei sei ein Produkt der ‚Politik der getrennten Entwicklung', sei daher falsch. Hieraus folge zugleich, daß die Transkei nach Erlangung der Unabhängigkeit sämtliche Apartheid-Gesetze abschaffen werde. Die Diskriminierung der schwarzen Bevölkerung in Südafrika werde von der Regierung der Transkei ebenso verabscheut wie von jedem Schwarzafrikaner." Vgl. den Drahtbericht Nr. 1139; Referat 320, Bd. 108219.

[14] Paraphe.

116

Legationsrat I. Klasse Rudolph an die Botschaft in Belgrad

214-321.00 JUG-1045/76 VS-vertraulich   Aufgabe: 28. April 1976, 20.09 Uhr[1]
Fernschreiben Nr. 90

Betr.: Deutsch-jugoslawische Beziehungen
    hier: Gespräch D 2[2] mit Botschafter Lončar am 27.4.1976

D 2 empfing Botschafter Lončar am 27.4. zu einem einstündigen Gespräch.

1) Der Präsident des Volksbundes Deutsche Kriegsgräberfürsorge, Prof. Thiele, hatte in einem Schreiben an den Herrn Staatssekretär mitgeteilt, daß Botschafter Lončar ihm gegenüber ein Junktim zwischen der Frage der Pflege deutscher Kriegsgräber in Jugoslawien und der Bekämpfung der Aktivitäten jugoslawischer Emigranten in der Bundesrepublik Deutschland hergestellt habe.[3] D 2 bat daher den Botschafter, er möge sich bei seiner Regierung dafür einsetzen, daß das Kriegsgräberproblem nunmehr gelöst werde. Die jugoslawische Seite wisse, daß es sich um eine Frage handele, die für uns aus menschlichen, aber auch aus innenpolitischen Gründen bedeutsam sei. Es gehe zunächst darum, daß Prof. Thiele die Möglichkeit erhalte, die deutschen Vorstellungen im jugoslawischen Außenministerium zu erläutern und daß eine jugoslawische Partnerorganisation für weitere Gespräche benannt werde.

Botschafter Lončar erklärte, er habe Prof. Thiele offen gesagt, wie die derzeitige Lage sei: Die gegen Jugoslawien gerichteten terroristischen Aktivitäten[4] in

---

[1] Hat Ministerialdirektor van Well und Ministerialdirigent Meyer-Landrut vorgelegen.

[2] Günther van Well.

[3] Mit Schreiben vom 24. März 1976 übersandte der Präsident des Volksbundes Deutsche Kriegsgräberfürsorge, Thiele, Staatssekretär Gehlhoff einen Vermerk über sein Gespräch mit dem jugoslawischen Botschafter Lončar und dem Gesandten Jeglić vom Vortag. Jeglić habe zunächst erklärt: „Es stehe außer Frage, daß das Problem der Kriegsgräberfürsorge von beiden Seiten als humanitäres Problem akzeptiert sei. Aufgrund der verschiedenen Verhandlungen seien auch die politischen Grundentscheidungen in positiver Weise getroffen. [...] Dann jedoch sei im Februar 1976 der jugoslawische Konsul in Frankfurt ermordet worden." Thiele berichtete ferner: „Es wurde von Jeglić besonders hervorgehoben, daß trotz der diversen Anschläge und des Frankfurter Mordes am 10. April in München und Karlsruhe von kroatischen Exilorganisationen Großkundgebungen geplant und bislang auch gestattet seien, die den Gründungstag des von Hitler geförderten Pavelić-Staates feiern sollen". Lončar habe darum gebeten, „daß auch von seiten des Volksbundes in dieser Frage interveniert werden solle. Er, Lončar, mache keinen Hehl daraus, daß vor einer befriedigenden Lösung dieser Probleme die Frage der Kriegsgräber mit Jugoslawien nicht mehr erörtert werden könnte." Vgl. Referat 214, Bd. 116728.

[4] Am 10. Februar 1976 stellte Ministerialdirigent Dreher zu Anschlägen auf jugoslawische Einrichtungen in der Bundesrepublik fest: „Nachdem die extremistische Tätigkeit jugoslawischer Emigrantengruppen in den letzten Jahren merklich zurückgegangen war, kam es Ende 1975/Anfang 1976 wieder zu einer Reihe von Gewalttaten (19.12.1975 Explosion eines Sprengstoffpaketes in der Nähe des Büros jugoslawischer Fluggesellschaft JAT in Düsseldorf, 24.12.1975 Sprengstoffanschlag auf JAT-Büro in Stuttgart, 3.1.1976 Sprengstoffanschlag auf jugoslawisches Generalkonsulat in Stuttgart, 12.1.1976 Anschlag auf jugoslawisches Konsulat in Dortmund), die am 7.2.1976 in der Ermordung des jugoslawischen Vizekonsuls Zdovc in Frankfurt gipfelten. In allen diesen Fällen besteht der Verdacht auf politische Hintergründe: Die terroristischen Aktivitäten sind möglicherweise von Gruppen, die auf internationaler Ebene (z. B. Australien, Schweden, Kanada, USA) tätig sind, gesteuert." Vgl. Referat 214, Bd. 116711.

der Bundesrepublik Deutschland hätten die öffentliche Meinung in Jugoslawien negativ beeinflußt. Dies gelte besonders für jene Kreise, die auch in der Kriegsgräberfrage mitzuentscheiden hätten, d. h. insbesondere für die Veteranenorganisationen. In dieser Situation, so habe er Prof. Thiele gesagt, sei „für eine Weile" kein Fortschritt in der Kriegsgräberfrage zu erwarten. Es sei davon auszugehen, daß die Emigranten durch ihre terroristischen Aktivitäten derartige Belastungen der bilateralen Beziehungen herbeizuführen wünschten. Daß ihnen dies teilweise gelinge, habe er bei seinem jüngsten Aufenthalt in Jugoslawien persönlich erfahren. Er sei angewiesen worden, vor verschiedenen Kreisen zu sprechen und zur „Beruhigung der Atmosphäre" beizutragen. Er hoffe, daß ihm dies gelungen sei.

Die grundsätzliche politische Entscheidung hinsichtlich der Kriegsgräberfrage sei gefallen. Noch bestehende Hindernisse seien psychologischer Art: Sie resultierten aus dem Emigrantenproblem, aber auch aus dem Umstand, daß in Jugoslawien so wenig für die Gräber der eigenen Partisanen getan werde.

2) Botschafter Lončar kündigte an, er werde am 28.4. den SPD-Vorsitzenden Brandt aufsuchen und einen Terminvorschlag für den Besuch von Stane Dolanč unterbreiten (Anfang Mai)[5]. Er erklärte, es sei in den letzten Monaten schwer für Dolanč gewesen, seinen Besuch in der Bundesrepublik Deutschland zu machen, da sich der Mord an Konsul Zdovc und das Emigrantenproblem auch auf die Haltung einiger jugoslawischer Politiker gegenüber der Bundesrepublik Deutschland ausgewirkt hätten[6]. Es sei zu hoffen, daß auf deutscher Seite die Maßnahmen ergriffen würden, von denen BM Maihofer ihm gegenüber gesprochen habe.[7] Der jugoslawischen Seite gehe es um jene Organisationen, die offen die gewaltsame Zerstörung Jugoslawien forderten.

---

5 Der Sekretär des Exekutivkomitees des BdKJ, Dolanč, hielt sich vom 12. bis 14. Mai 1976 in der Bundesrepublik auf. Am 14. Mai 1976 vermerkte Ministerialdirigent Meyer-Landrut zum Gespräch des Bundesministers Genscher mit Dolanč vom selben Tag: „In seinen Ausführungen zum Terrorismus ging Dolanč von der guten Position aus, die die Bundesrepublik Deutschland in der jugoslawischen Öffentlichkeit genieße. Dies werde jedoch durch ein gewisses Unverständnis beeinträchtigt, wieso es in der Bundesrepublik Deutschland nicht möglich sei, terroristische Aktivitäten besser einzudämmen." Genscher habe erwidert, „daß mit Ausnahme der DKP alle politischen Parteien und die gesamte deutsche Öffentlichkeit den Terrorismus verurteilten. Es gelte gemeinsame Anstrengungen zu unternehmen, um terroristischen Aktivitäten den Boden zu entziehen." Vgl. Referat 214, Bd. 116712.

6 Am 7. Februar 1976 wurde der jugoslawische Vizekonsul Zdovc in Frankfurt/Main vor seiner Wohnung von Unbekannten erschossen. Botschafter von Puttkamer, Belgrad, berichtete dazu am selben Tag: „Vizeaußenminister Mojsov hat mich um 17.30 Uhr zu sich gebeten, um mir den Protest der jug[oslawischen] Regierung zu übermitteln. Er sagte ausdrücklich, der Protest sei nach Konsultationen mit Präsident Tito formuliert worden. [..] Mojsov führte dann sinngemäß aus: Die jug. Regierung kann es nicht länger hinnehmen, daß Bundesregierung verbrecherische Aktivitäten faschistischer Elemente auf ihrem Territorium toleriert. Der Mord an dem Konsul in Frankfurt sei die Kulmination einer Reihe von verbrecherischen Aktivitäten und Sprengstoffanschlägen gegen jug. Personen und Institutionen in der Bundesrepublik. [...] Wenn nun nicht endlich durchgreifende Maßnahmen, zu denen ein moderner Staat wie die Bundesrepublik durchaus befähigt sei, ergriffen würden, müsse dies zu einer schweren Belastung der an und für sich hervorragenden bilateralen Beziehungen führen." Vgl. den Drahtbericht Nr. 52; Referat 214, Bd. 116711.

7 Am 19. März 1976 übermittelte Bundesminister Maihofer Bundesminister Genscher ein Schreiben vom selben Tag an Botschafter Lončar. Darin führte Maihofer aus: „Die Informationen über geplante Veranstaltungen extremistischer Emigrantengruppen in den Ländern Baden-Württemberg und Bayern sind unverzüglich an die verantwortlichen Stellen mit der Bitte weitergeleitet worden, unter Ausschöpfung aller gesetzlicher Möglichkeiten in geeigneter Weise dafür Sorge zu tragen,

3) Der Botschafter führte zu den deutsch-jugoslawischen Beziehungen weiter aus, seine Gespräche in Belgrad (mit Bakari´c, Dolanč, u. a.) hätten ergeben, daß die Bundesrepublik Deutschland ein besonders wichtiger Partner für die jugoslawische Außenpolitik bleibe. In diesem Zusammenhang unterstrich er die positiven politisch-psychologischen Auswirkungen, die von den nunmehr angebahnten militärischen Kontakten zwischen beiden Seiten ausgehen würden.[8]

D 2 verwies darauf, daß uns der jugoslawische Wunsch bekannt sei, im Westen Waffen zu kaufen.[9] Er versicherte, daß – sofern es sich um Erzeugnisse aus der Koproduktion mit deutschen Herstellern handele – unsere westlichen Freunde keine Schwierigkeiten von deutscher Seite zu erwarten hätten.

D 2 fragte, ob es auf jugoslawischer Seite Überlegungen gebe hinsichtlich der jugoslawischen Reservisten, die als Gastarbeiter in der Bundesrepublik Deutschland leben. Es könnte sich als nützlich erweisen, einmal gemeinsam die Frage zu besprechen, was im Falle einer Krise mit ihnen geschehe. Ein plötzlicher Rückruf von rund 300 000 Reservisten würde unsere Industrie vor Probleme stellen.

Botschafter Lončar erwiderte, Jugoslawien erwarte nicht eine Krise, die derartiges erforderlich mache. Im übrigen würde Jugoslawien nicht so viele Arbeiter in der Bundesrepublik Deutschland haben, wenn es nicht mit deutschem Verständnis für alle damit verbundenen Probleme rechnete. Er ziehe eine inoffizielle Erörterung des Problems, etwa zwischen Dolanč und StM Wischnewski, einer offiziellen Diskussion vor.

4) Auf eine Frage des Botschafters zur sog. Sonnenfeldt-Doktrin[10] erklärte D 2 unter Hinweis auf ein persönliches Gespräch mit Sonnenfeldt, soweit in dessen

---

Fortsetzung Fußnote von Seite 525

daß keine Kundgebung stattfindet, die zu Maßnahmen gegen den jugoslawischen Staat aufruft und bei der es zur Verherrlichung von Gewaltakten kommt. [...] Nach der Gepflogenheit extremistischer jugoslawischer Emigrantengruppen werden zu ihren Veranstaltungen im Bundesgebiet auch ausländische Exilkroaten eingeladen. Es ist ein Verfahren eingeleitet worden, nach dem solche Exiljugoslawen an der Einreise in das Bundesgebiet von den Grenzbehörden gehindert werden [...]. Sobald die gesamte Liste mit den Namen dieser ausländischen Exilkroaten abgeschlossen ist, wird sie mit Herrn Botschaftsrat Zeljug abgestimmt und unverzüglich an die Grenzdirektion der Bundesrepublik Deutschland zur Aufnahme in die Liste der Zurückweisungsfälle übersandt." Vgl. Referat 214, Bd. 116711.

[8] Auf Einladung des Bundesministeriums der Verteidigung hielt sich vom 30. Mai bis 4. Juni 1976 eine Delegation des Generalstabs der jugoslawischen Streitkräfte in der Bundesrepublik auf. Vgl. dazu das Schreiben des Bundesministeriums der Verteidigung vom 10. Juni 1976; Referat 214, Bd. 116713.

[9] Zum Ersuchen der jugoslawischen Regierung um Lieferung von Rüstungsmaterial aus deutschfranzösischer Koproduktion vgl. Dok. 70.

[10] Der Berater im amerikanischen Außenministerium, Sonnenfeldt, äußerte sich auf einer Botschafterkonferenz im Dezember 1975 in London zu den Grundsätzen der amerikanischen Außenpolitik gegenüber der UdSSR und den kommunistischen Staaten Ost-, Mittel- und Südosteuropas. Nachdem Teile der Rede durch Indiskretion in die Öffentlichkeit gelangt waren, veröffentlichte das amerikanische Außenministerium am 5. April 1976 eine Zusammenfassung: „The Soviets' inability to acquire loyalty in Eastern Europe is an unfortunate historical failure, because Eastern Europe is within their scope and area of national interest. It is doubly tragic that in this area of vital interest and crucial importance it has not been possible for the Soviet Union to establish roots of interest that go beyond sheer power. [...] With regard to Eastern Europe, it must be in our long-term interest to influence events in this area – because of the present unnatural relationship with the Soviet Union – so that they will not sooner or later explode, causing World War III. This inorganic, unnatural relationship is a far greater danger to world peace than the conflict between East and West. [...] So it must be our policy to strive

Ausführungen von Jugoslawien die Rede gewesen sei[11], habe die Presse-Berichterstattung deren Sinn genau umgekehrt. Jugoslawien solle, so Sonnenfeldt, weniger „obnoxious" gegenüber den USA und nicht gegenüber der SU sein. Damit habe er die jugoslawische Haltung in Fragen wie Puerto Rico, Zypern, Weltwirtschaftsordnung gemeint. Die USA wünschten gute Beziehungen zu Jugoslawien und seien bereit, die jugoslawische Politik der Ungebundenheit zu unterstützen. Es komme ihnen aber darauf an, daß Jugoslawien dies nicht als Freibrief nehme, den amerikanischen Interessen Schaden zuzufügen, wo dies für Jugoslawien von Vorteil sei, z. B. im Rahmen der Solidarität mit den Ländern der Dritten Welt.

Hinsichtlich des Verhältnisses SU–Osteuropa argumentiere Sonnenfeldt wie folgt: Die SU sei eine Großmacht, deren Stärke weiter wächst. Die sowjetischen Interessen wiesen über den europäischen Kontinent hinaus. Der sowjetischen Politik könne nicht nur durch eine Politik der Eindämmung begegnet werden. Der SU müssen eine Politik der Zusammenarbeit angeboten werden. Der schwächste Punkt der SU sei indessen, daß ihre Führungsrolle nur auf militärischer Stärke beruhe und daß ihr politisches, wirtschaftliches, gesellschaftliches System nicht attraktiv sei. Darin aber liege eine Gefahr. Sie wäre zu vermindern, wenn die SU den osteuropäischen Ländern mehr Selbstbestimmung, mehr Teilnahme an politischen Entscheidungen, mehr Freiheit gewähren würde. In diesem Zusammenhang sei der Begriff „organic relationship" gefallen.

D 2 erklärte ferner, wir gingen in unseren Überlegungen über diesen Gedanken hinaus und begrüßten die verschiedenen Ansätze zu einer regionalen Zusammenarbeit, etwa auf dem Balkan. Ähnliches könne aber auch in anderen Regionen (Mittelmeer, Naher Osten) entwickelt werden. Wir hofften, daß solche regionale Zusammenarbeit unbeeinflußt von den Großmächten möglich sein werde.

Fortsetzung Fußnote von Seite 526

for an evolution that makes the relationship between the Eastern Europeans and the Soviet Union an organic one." Ferner habe Sonnenfeldt zu Jugoslawien ausgeführt: „Finally, on Yugoslavia, we [...] have an interest which borders on the vital for us in continuing the independence of Yugoslavia from Soviet domination. Of course we accept that Yugoslav behavior will continue to be, as it has been in the past, influenced and constrained by Soviet power. But any shift back by Yugoslavia into the Soviet orbit would represent a major strategic setback for the West. [...] So our basic policy continues to be that which we have pursued since 1948-49, keeping Yugoslavia in a position of substantial independence from the Soviet Union. Now at the same time we would like them to be less obnoxious, and we should allow them to get away with very little. We should especially disabuse them of any notion that our interest in their relative independence is greater than their own and, therefore, they have a free ride." Vgl. den Artikel „Text of Summary of Sonnenfeldt's Remarks on Eastern Europe"; INTERNATIONAL HERALD TRIBUNE vom 12. April 1976, S. 21.

11 Gesandter Hansen, Washington, berichtete am 30. März 1976 über eine Stellungnahme des Beraters im amerikanischen Außenministerium, Sonnenfeldt, zu seiner Rede im Dezember 1975 in London: „Sonnenfeldt selbst kam heute bei Unterredung mit Botschafter Krapf von sich aus auf die Sache zu sprechen. Er betonte, daß Evans und Novak in ihrem Artikel, den er mit der Emser Depesche verglich, ein völlig schiefes Bild gezeichnet hätten. Mit den organic relations habe er genau das Gegenteil von dem gemeint, was ihm jetzt unterstellt werde, nämlich eine Lockerung des sowjetischen Drucks. Es sei immer amerikanische Taktik gewesen, die Bindungen der Satelliten an die SU nach Möglichkeit zu schwächen. Das Problem sei jedoch, daß sich die Ereignisse von Budapest und Prag nicht wiederholen dürften." Vgl. den Drahtbericht Nr. 1079; Referat 214, Bd. 116714.

Botschafter Lončar zeigte Interesse an diesem Gedankengang und rückte ihn in die Nähe der jugoslawischen Politik, die das Blockdenken überwinden wolle. Zur Balkan-Zusammenarbeit äußerte er sich grundsätzlich positiv, im Hinblick auf die Erfolgsaussichten eher vorsichtig. Jugoslawien betrachte die Athener Konferenz[12] als eine Folge der KSZE, sehe aber die unterschiedlichen Positionen der beteiligten Staaten. Die türkisch-griechischen Beziehungen seien nicht gut. Rumänien versuche stets, Jugoslawien zu eng an seine Seite zu ziehen. Bulgarien sei aufs engste mit der SU verbunden. Albanien habe einen Minderwertigkeitskomplex. Wenn sich Jugoslawien mit ihm verständigen wolle, fürchte Albanien eine jugoslawische Umarmung.[13] Albanien habe eine nicht zu unterschätzende strategische Bedeutung, der sich die SU genau bewußt sei. Jugoslawien wolle deshalb gegenüber Albanien keinen Fehler machen. Man habe den Eindruck, daß der chinesische Einfluß geringer geworden sei, man sehe aber keine prosowjetische Tendenz.

Rudolph[14]

VS-Bd. 10980 (214)

---

12 Zur Internationalen Konferenz der Balkan-Staaten vom 26. Januar bis 5. Februar 1976 in Athen vgl. Dok. 45, Anm. 26.
13 Botschafter von Puttkamer, Belgrad, teilte am 12. April 1976 zum Stand der albanisch-jugoslawischen Beziehungen mit: „Die jugoslawisch-albanischen Beziehungen bewegen sich seit dem Abfall Jugoslawiens vom Ostblock 1948 in einem engen Spielraum zwischen schlecht und kühl. Hieran änderte auch Albaniens eigener Bruch mit dem Warschauer Pakt 1961 nichts. Tendenzen der Verbesserung sind – in diesem bescheidenen Rahmen – nur festzustellen, wenn die Albaner ein besonderes Bedürfnis sehen, die Parallelität ihres und des jugoslawischen Sicherheitsinteresses gegenüber der Sowjetunion zu betonen. [...] Der für Jugoslawien beunruhigendste Aspekt der jüngsten Verschlechterung der Beziehungen dürfte darin liegen, daß die albanische Seite jetzt – zufolge Minić – den gewohnten Rahmen überschreitet und zur ,irredentistischen Aufwiegelung' der Kosovo-Albaner übergeht. [...] Obwohl davon auszugehen sein sollte, daß das albanische System für die Bewohner Jugoslawiens unattraktiv ist, gibt es im Kosovo einen gewissen ,großalbanischen Irridentismus', von dem drei politische Strafprozesse in Priština seit Ende 1974 zeugen." Vgl. den Schriftbericht Nr. 335; Referat 214, Bd. 116714.
14 Paraphe.

528

117

Bundeskanzler Schmidt an Bundesminister Genscher

VS-vertraulich 28. April 1976[1]

Betr.: Deutsche Herstellungsbeschränkungen gemäß Anlage III zum Protokoll Nr. III des WEU-Vertrages[2]

Bezug: BM des Auswärtigen 201-369.03/10-1159/76 VS-v vom 12. April 1976[3]

Sehr geehrter Herr Kollege,

ich teile die von Ihnen und den Kollegen BM Friderichs und BM Leber gemeinsam vertretene Auffassung, daß die Gründe, die seinerzeit zu den der Bundesrepublik durch den WEU-Vertrag auferlegten Herstellungsbeschränkungen für konventionelle Waffen führten, als überholt anzusehen sind. Aus diesem Grund unterstütze ich den Vorschlag, nunmehr auf die ganze oder doch zumindest teilweise Aufhebung dieser Herstellungsbeschränkungen hinzuwirken.

Das von Ihnen vorgeschlagene Verfahren und insbesondere die hierin enthaltene Reihenfolge der Konsultationen vor der Einleitung eines formellen Aufhebungsverfahrens erachte ich als sehr nützlich.

Für einen gelegentliche Unterrichtung über die hierbei erzielten Ergebnisse wäre ich Ihnen sehr dankbar.

Mit freundlichen Grüßen
Helmut Schmidt

VS-Bd. 14064 (010)

---

1 Hat Bundesminister Genscher am 1. Mai 1976 vorgelegen.

2 Zum Protokoll Nr. III des WEU-Vertrags vom 23. Oktober 1954 vgl. Dok. 54, Anm. 2.

3 Bundesminister Genscher teilte Bundeskanzler Schmidt mit: „Der revidierte Brüsseler Vertrag vom 23. Oktober 1954 (WEU-Vertrag) erlegt der Bundesrepublik Deutschland u. a. Herstellungsbeschränkungen für konventionelle Waffen auf. Diese Herstellungsbeschränkungen sind Teil des Vertragswerks, durch das die Bundesrepublik Deutschland ihre Souveränität erlangte und Mitglied der Atlantischen Allianz wurde. Die damals gültigen Gründe für die deutschen Herstellungsbeschränkungen sind inzwischen fortgefallen. In der beigefügten Vorlage, der die Bundesminister für Verteidigung und für Wirtschaft zugestimmt haben, wird vorgeschlagen, auf die ganze oder zumindest teilweise Aufhebung dieser anachronistischen Herstellungsbeschränkungen hinzuwirken. Der deutsche Verzicht auf die Herstellung von ABC-Waffen bleibt unberührt. Bevor wir ein formelles Aufhebungsverfahren einleiten, sollen [...] Sondierungsgespräche mit unseren WEU-Partnern aufgenommen werden. Zunächst möchte ich mit dem französischen Außenminister sprechen." Vgl. Anlage 1 zur Aufzeichnung des Ministerialdirigenten Ruhfus vom 7. April 1976; VS-Bd. 10616 (201); B 150, Aktenkopien 1976.

118

Gespräch des Bundesministers Genscher
mit dem ungarischen Außenminister Puja in Budapest

214-311.11 UNG   **29. April 1976**[1]

Vier-Augen-Gespräch im Außenministerium am 29. April 1976[2], 9.00 Uhr, unter Anwesenheit der Herren: Außenminister Frigyes Puja, Bundesminister Hans-Dietrich Genscher, Botschafter László Hamburger – kam später hinzu –, Botschafter Hermann Kersting, MDg Dr. Andreas Meyer-Landrut – kam später auf Wunsch des BM hinzu; Dolmetscher János Czeglédi, Dolmetscher Josef Aufricht.

Nach der einleitenden Begrüßung eröffnet Herr Außenminister *Puja* das Gespräch und unterbreitet die Themenvorschläge, die zum Teil im Rahmen dieser Besprechung und zum Teil vor dem Plenum behandelt werden sollen.

1) Er beruft sich auf die Feststellungen der Tischrede des Herrn Bundesministers[3] und stimmt in der positiven Beurteilung der Beziehungen in den Bereichen Wirtschaft, Kultur und Politik überein. Auf die passive Handelsbilanz verweisend[4], meint er, diese sei durch eine Steigerung der ungarischen Exporte auszugleichen.

2) Zur Verlegung des Besuchstermins für Parteisekretär Kádár nach den Zeitpunkt der Wahlen[5] zeigt AM Puja Verständnis.[6] Gierek würde zwar noch vor

---

[1] Die Gesprächsaufzeichnung wurde von Dolmetscher Aufricht, Budapest, am 30. April 1976 gefertigt.
Hat Bundesminister Genscher am 1. Mai 1976 vorgelegen.

[2] Bundesminister Genscher hielt sich vom 28. bis 30. April 1976 in Ungarn auf.

[3] Bundesminister Genscher erklärte am 28. April 1976: „Unsere Zusammenarbeit hat sich in den letzten Jahren in allen Bereichen – Politik, Wirtschaft und Kultur – günstig entwickelt. [...] Auf wirtschaftlichem Gebiet hat sich der Warenaustausch zwischen unseren Staaten seit 1970 verdreifacht. Mit einem Handelsvolumen von 2,3 Milliarden DM im letzten Jahr sind beide Länder heute füreinander wichtige Wirtschaftspartner. Die Rezession der Weltwirtschaft hinterließ 1975 auch im deutsch-ungarischen Handel ihre Spuren: die ungarischen Exporte nach der Bundesrepublik stagnierten, die deutschen Exporte gingen zurück. Wir sind jedoch zuversichtlich, daß im Gefolge des Wiederaufschwungs, der nun begonnen hat, auch der deutsch-ungarische Handel wieder auf seinen Wachstumspfad zurückkehren wird. Die ungarischen Ausfuhren in die Bundesrepublik stiegen in den ersten zwei Monaten dieses Jahres bereits um rund 30 Prozent." Vgl. BULLETIN 1976, S. 471.

[4] Am 17. März 1976 stellte Referat 214 zu den Wirtschaftsbeziehungen zwischen der Bundesrepublik und Ungarn fest: „Im Handel der Bundesrepublik Deutschland mit den osteuropäischen Staatshandelsländern belegt Ungarn den fünften Platz, während die Bundesrepublik Deutschland größter westlicher Handelspartner Ungarns ist. Der deutsch-ungarische Warenverkehr hat sich von 1963 bis 1974 verfünffacht. Das Gesamtvolumen verringerte sich 1975 (2,32 Mrd. DM) gegenüber 1974 um 13 %. Unsere Exporte fielen von 1974 auf 1975 (1,42 Mrd. DM) um 19,8 %, unsere Importe verringerten sich 1975 (906 Mio. DM) gegenüber 1974 um 0,2 %. Das ungarische Handelsbilanzdefizit verminderte sich 1975 (511 Mio. DM) gegenüber 1974 (858 Mio. DM)." Vgl. Referat 214, Bd. 116587.

[5] Die Wahlen zum Bundestag fanden am 3. Oktober 1976 statt.

[6] Am 4. Juni 1975 bestätigte Bundeskanzler Schmidt die bereits von Staatsminister Wischnewski bei seinem Besuch in Ungarn vom 9. bis 12. Januar 1975 mündlich ausgesprochene Einladung an den Ersten Sekretär des ZK der USAP, Kádár, zu einem Besuch in der Bundesrepublik. Für das Schreiben vgl. Referat 214, Bd. 116586.
Am 17. März 1976 teilte Staatssekretär Hermes dem ungarischen Botschafter Hamburger auf dessen Anfrage zu einer Verschiebung des Besuchs Kádárs in der Bundesrepublik mit, „daß die unga-

den Wahlen die Bundesrepublik Deutschland besuchen.[7] Die polnisch-deutschen Beziehungen seien jedoch belastet. Eine deutsch-polnische Normalisierung werde begrüßt; sie komme letztlich auch Ungarn zugute.

Es sollte eine gute Vorbereitung auf den Kádár-Besuch stattfinden, damit dieser ein Beitrag zur Vertiefung der Beziehungen werde.

3) Hinsichtlich der Restitutions- und Entschädigungsfragen nimmt AM Puja auf den Notenwechsel Bezug.[8] Die deutsche Antwort treffe ihn hart. Weiterhin solle dieses Thema nicht in der Öffentlichkeit behandelt werden und auch nicht im Mittelpunkt stehen. Es sollten jedoch Expertengespräche geführt werden, deren Ergebnis man prüfen solle, ohne daraus eine Verpflichtung abzuleiten. Dies wäre ein echter Beitrag zu einer weiteren Verbesserung der Atmosphäre. Ungarn warte auf die deutsche Antwort.

4) Der Komplex der ungarischen Emigration in der Bundesrepublik sei schon in Bonn von ihm angeschnitten worden.[9] Die deutschen Gesetze seien bekannt. Er wolle nichts Unmögliches verlangen. Aber der „Freie Europäische Kongreß"[10] mit Sitz in München richte sich nicht nur gegen Ungarn, sondern gegen die Entspannung generell. Dieser Verband aktiviere zur Zeit seine Tätigkeit und könne auch die deutsche Politik gefährden.

AM Puja erwähnt dies – wie er ausführt –, weil der 20. Jahrestag der Konterrevolution bevorstehe und der Verband eine Serie von Aktionen vorbereite.[11]

Fortsetzung Fußnote von Seite 530

rische Seite zu Recht von Terminschwierigkeiten unsererseits ausgehe, die sich aus der besonderen Situation im Wahljahr und der generellen Beanspruchung des Bundeskanzlers und des Bundesministers ergeben. [...] Wir seien daher dankbar für die ungarische Anregung, von der er glaube, daß wir auf sie eingehen würden. Dies würde wahrscheinlich eine Verschiebung auf die nächste Legislaturperiode bedeuten." Vgl. den Drahterlaß der Vortragenden Legationsrätin I. Klasse Finke-Osiander vom 17. März 1976; Referat 214, Bd. 116587.

[7] Der Erste Sekretär des ZK der PVAP, Gierek, hielt sich vom 8. bis 12. Juni 1976 in der Bundesrepublik auf. Vgl. dazu Dok. 181, Dok. 186 und Dok. 187.

[8] Am 11. Juli 1974 übergab die ungarische Regierung der Bundesregierung eine Verbalnote mit zwei Anlagen, in denen Verhandlungen über Wiedergutmachung und wirtschaftliche Zusammenarbeit gefordert wurden. Mit Note vom 5. November 1974 lehnte die Bundesregierung die ungarischen Wiedergutmachungsforderungen ab Vgl. dazu AAPD 1974, II, Dok. 229 und Dok. 324.
Die ungarische Regierung legte mit Note vom 25. Februar 1975 nochmals ihren Rechtsstandpunkt dar. Die Bundesregierung wies die ungarischen Forderungen mit Note vom 22. Oktober 1975 erneut zurück. Vgl. dazu AAPD 1975, I, Dok. 52, und AAPD 1975, II, Dok. 315.
Mit Verbalnote vom 5. April 1976 erklärte das ungarische Außenministerium: „Ohne diesmal ihre rechtlich begründeten Argumente detailliert zu wiederholen, hält die Regierung der Ungarischen Volksrepublik den in der Verbalnote der Botschaft der Ungarischen Volksrepublik Nr. 14/75 vom 25. Februar 1975 dargelegten Standpunkt aufrecht und ersucht höflich die Regierung der Bundesrepublik Deutschland erneut, diesen positiv zu prüfen." Vgl. Referat 214, Bd. 116587.

[9] Der ungarische Außenminister Puja hielt sich vom 11. bis 13. Juni 1975 in der Bundesrepublik auf. Für sein Gespräch mit Bundesminister Genscher am 11. Juni 1975 vgl. AAPD 1975, I, Dok. 151.

[10] Mit Schreiben vom 29. März 1975 an Bundesminister Genscher führte der „Europäische Kongreß der Freien Ungarn" aus: „Der dreißigste Jahrestag der sowjetischen Besetzung Ungarns gibt dem ungarischen Regime neuen Anlaß, dem Westen falsche Tatsachen über die vergangenen drei Jahrzehnte und die heutige Lage in Ungarn vorzuspiegeln. Dem ungarischen Volk in der Heimat wird keine Möglichkeit gegeben, seine wahre Meinung auszudrücken. Darum wurden einige Aspekte des Leidensweges der ungarischen Nation, über die Budapest nichts hören läßt, in dem beigefügten Manifest, welches wir an die Presse weitergeleitet haben, zusammengefaßt." Vgl. Referat 214, Bd. 116584.

[11] Am 9. November 1976 faßte Botschaftsrat I. Klasse Münch, Budapest, die Berichterstattung der ungarischen Presse zum 20. Jahrestag des Einmarschs sowjetischer Truppen am 1. November 1956 zusammen: „Ungarische Massenmedien nahmen erst am 4. November, dem 20. Jahrestag der Regierungsübernahme durch Kádár, zum Oktoberaufstand 1956 Stellung. [...] Den Artikeln liegt offensichtlich gemeinsame amtliche Sprachregelung zugrunde. Tenor zusammengefaßt wie folgt: [...]

Würde es sich hierbei nur um verbandsinterne Veranstaltungen handeln, so würde dies nicht stören. Problematisch werde es aber, wenn deutsche Politiker mit eingespannt werden würden. Man dürfe nicht dadurch die guten Beziehungen stören lassen. Er wolle keine Diskussion und keinen Notenwechsel.

5) Ein nächster Punkt – ein heikles Problem – sei Westberlin. Er, Puja, wisse nicht, wie er es angehen solle. Er stellt dem Herrn Bundesminister die Frage, wie dieser das Problem sehe, um aus der Sackgasse herauszukommen.

AM Puja fährt fort, es sei kein Geheimnis, daß die sozialistischen Länder ihre Politik bezüglich Westberlins abstimmen.

Auf beiden Seiten werde behauptet, auf der Grundlage des Vierseitigen Abkommens[12] zu verfahren. In der Praxis jedoch gebe es immer Probleme.

AM Puja wiederholt die Frage, wie man diese Probleme angehen solle. Wir – so sagt er – sind in einer leichteren, in einer besseren Situation.

6) Ein weiterer Punkt sei die Angelegenheit Trabrennmeisterschaft.[13] Ungarn habe hierüber in der Presse nichts verlauten lassen, aber Westberlin habe eine große Kampagne angestrengt. Bis zum Zeitpunkt der Unterrichtung durch den Botschafter hätte Ungarn keine Kenntnis darüber gehabt. Erst jetzt habe man erfahren, daß der Jockey schon im Vorjahr an den Meisterschaften teilgenommen habe.

Der Bürgermeister Oxfort habe jedoch andere Konsequenzen aus dem Fall gezogen. Er habe vorgeschlagen, auch andere sozialistische Länder sollten ihre Lehre daraus ziehen.

Wörtlich sagte AM Puja: Ich bin sehr offen zu Ihnen, Herr Bundesminister. So kann es nicht weitergemacht werden. Die Presse darf solch kleine Fälle nicht aufblasen. Die Lösung solcher Fälle muß ohne Geräusche vor sich gehen.

Die großen Zeitungen, wie die Frankfurter Allgemeine und ähnliche, hätten, wie er wisse, keine Darstellung gebracht. Dies aber wäre nützlich gewesen. Es

---

Fortsetzung Fußnote von Seite 531

Entschlossenem Handeln der am 4.11.56 gebildeten revolutionären Arbeiter-Bauern-Regierung unter Führung Kádárs gelang es mit Hilfe der Sowjetunion, die Konterrevolution niederzuschlagen und in erstaunlich kurzer Zeit die noch schwierigere Aufgabe der Wiederherstellung des inneren Friedens, der ideologischen und wirtschaftlichen Konsolidierung zu meistern." Dazu merkte Münch an: „Notwendigkeit enger Zusammenarbeit der Partei mit ganzem Volk wird in vielfältigen Formulierungen beschworen. Offensichtlich besteht das Trauma möglicher Entfremdung zwischen Führung und Volk seit 1956 fort". Vgl. den Drahtbericht Nr. 447; Referat 214, Bd. 116584.

12 Für den Wortlaut des Vier-Mächte-Abkommens über Berlin vom 3. September 1971 sowie des Schlußprotokolls vom 3. Juni 1972 vgl. UNTS, Bd. 880, S. 116–148. Für den deutschen Wortlaut vgl. BUNDESANZEIGER, Nr. 174 vom 15. September 1972, Beilage, S. 44–73.

13 Am 26. April 1976 vermerkte Vortragender Legationsrat I. Klasse Lücking zur ungarischen Teilnahme am ersten Lauf der Europameisterschaft der Trabrennfahrer am 16. April 1976 in Berlin (West): „Der ungarische Trabrennmeister Laszlo Ferge hat an den Rennen am 16.4.1976 in Berlin-Mariendorf und am 18.4.1976 in Recklinghausen teilgenommen. Der ungarische Hauptverband hatte seine Teilnahme zunächst gegenüber der World Trotting Championship Organization (WTCO) mit der Begründung abgesagt, ein Start in Berlin sei aus politischen Gründen nicht möglich. Auf eine entsprechende Demarche der Botschaft Budapest erklärte dann das ungarische Außenministerium (stellvertretender Außenminister Nagy), die Absage sei nicht aus politischen, sondern allein aus technisch-administrativen und sportlichen Gründen erfolgt. [...] Nagy bat darum, in einer eventuellen Erklärung des Auswärtigen Amts gegenüber der Presse den Eindruck zu vermeiden, als ob die ungarische Regierung ‚vor dem Druck der deutschen Presse in die Knie gegangen sei'. Der Botschaft in Budapest wurde daraufhin mitgeteilt, das Auswärtige Amt habe sich zur Sache nur auf Anfrage geäußert und sich dabei bemüht, dem ungarischen Wunsch Rechnung zu tragen." Vgl. Referat 214, Bd. 116589.

sollte eine korrekte Erklärung veröffentlicht werden. Anläßlich solch kleiner Probleme könne Streit aufkommen, der sich verschärfen könne. Bei der Lösung derartiger Probleme wäre es eine große Hilfe, strikt auf der Grundlage des Vierseitigen Abkommens vorzugehen.

AM Puja faßt zusammen, die Beziehungen seien gut, aber es gelte, störende Faktoren zu vermeiden, zu verringern.

Herr Bundesminister *Genscher* dankt für die offene Art der Darlegung und meint, man solle sich nicht unter Zeitdruck setzen lassen, sondern gemeinsam die Punkte erörtern, die die Beteiligten bewegen.

Zu 2) Für das gezeigte Verständnis hinsichtlich des Zeitpunktes des Kádár-Besuches sei er dankbar. Zum Besuch Gierek führt BM Genscher aus, daß das Verhältnis Polen–Bundesrepublik belastet gewesen sei und der Besuch nun deutlich mache, daß in den Beziehungen eine neue Etappe eingeleitet worden sei.

1977 sei ein wahlfreies Jahr – ein besonderer Tatbestand der bundesrepublikanischen Geschichte. Es wäre erfreulich, wenn Kádár in diesem Jahr kommen könnte.[14]

Zu 3) Hinsichtlich der Restitutions- und Entschädigungsfragen verweist BM Genscher auf den bekannten Standpunkt. Er wolle keine falschen Hoffnungen wecken, die vielleicht drei Monate andauern, wohingegen die Enttäuschung dann drei Jahre währt.

Die Bundesrepublik sei durch das Londoner Schuldenabkommen[15] gebunden. Er könne nur den bereits vertretenen Rechtsstandpunkt wiederholen.

Zu 4) Bezüglich der Emigrantenorganisationen habe er die Beobachtung gemacht, daß sich die ungarischen Emigranten im Vergleich zu anderen Verbänden relativ zurückhaltend zeigen würden. Dies werde wohl auch am 20. Jahrestag so sein.

Während seiner Tätigkeit als Innenminister hätte er Maßnahmen, die geeignet sind, die Tätigkeit derartiger Organisationen zu beobachten und unter Kontrolle zu halten, durchgeführt. Wenn man im voraus über die Tätigkeit und das Vorgehen Kenntnis habe, wirkten sich solche Verbände nicht mehr so gefährlich aus. Er meint, Herr AM Puja könne unbesorgt sein.

Zu 6) In Sachen Trabrennmeisterschaft habe er – wie BM Genscher fortfährt – die Weisung erteilt, mit der ungarischen Seite eine Abstimmung zu treffen. Die deutsche Presse habe der Thematik nur geringe Beachtung geschenkt; natürlich habe sich die Berliner Presse mehr damit befaßt. Er unterstreicht den Beitrag von AM Puja. Es sei damit positiv eingewirkt worden.

Zu 5) Und somit käme er zur Berlin-Frage, die man im Zusammenhang mit der Entspannungspolitik sehen müsse. Die Bundesregierung habe die Entspannung als langfristige Entwicklung konzipiert und nicht als konjunkturelle Erscheinung betrachtet. Sie versuche, die Entspannungspolitik zu verwirklichen.

---

14 Der Erste Sekretär des ZK der USAP, Kádár, besuchte die Bundesrepublik vom 4. bis 8. Juli 1977. Für das Gespräch mit Bundeskanzler Schmidt am 4. Juli 1977 vgl. AAPD 1977.

15 Für den Wortlaut des Abkommens vom 27. Februar 1953 über deutsche Auslandsschulden (Londoner Schuldenabkommen) vgl. BUNDESGESETZBLATT 1953, Teil II, S. 334–485.

Die öffentliche Meinung in der Bundesrepublik beobachte wie auch die Ungarn die Geschehnisse, wobei die Deutschen der Frage Westberlins besondere Aufmerksamkeit widmen. Dies werde auch in Zukunft so bleiben. Berlin sei ein Testfall, ein Barometer für die Entspannungspolitik und stelle ein vitales Interesse für die Deutschen dar.

Das Vier-Mächte-Abkommen sei vor diesem Hintergrund zu sehen. Der Bundesregierung sei verständlicherweise an einer weniger[16] restriktiven Auslegung gelegen.[17]

Es sei bekannt, daß die sozialistischen Länder ihre Politik und ihr Verhalten abstimmen. BM Genscher betont, die Erörterung des Berlin-Themas sei als Information gedacht und könne nicht Gegenstand der Verhandlungen sein. Man wäre unaufrichtig, gäbe man nicht zu, daß keine deutsche Regierung – wie immer sie auch zusammengesetzt wäre – eine Loslösung Berlins von der Bundesrepublik Deutschland befürworten würde.

Das Vier-Mächte-Abkommen spreche von „Bindung".[18] Diese habe Berücksichtigung zu finden. Konkret bringt er zum Ausdruck, daß Westberlin kein konstitutiver Teil der Bundesrepublik sei. Die Hauptadressaten im Zusammenhang mit der Sorge um Westberlin seien die Sowjetunion und die DDR. Die Bundesrepublik sei für eine strikte und volle Anwendung des Vier-Mächte-Abkommens.

Diese Ansicht werde auch von den drei Westmächten vertreten.

Das wissenschaftlich-technische Abkommen mit der Sowjetunion zum Beispiel sei unterschriftsreif[19], werde aber wegen der Berlin-Klausel nicht unterzeichnet. Dies stelle eine bedauerliche Verzögerung dar; wegen des vitalen Interesses an Berlin könne sich die Regierung aber nicht nachgiebig zeigen. Für die Auffassung der BRD seien alle Partner zu gewinnen.

BM Genscher führt Beispiele der Behinderung des deutschen Botschafters in Moskau an, wenn es um Westberliner Orchester, Begrüßung von Künstlern aus Westberlin und ähnlichem gehe.

Er trifft die Feststellung, zwar habe Deutschland den Krieg verloren, aber das Gefühl für die Wahrnehmung seiner Interessen behalten. Die Bundesregierung trete für eine strikte und volle Anwendung des Vier-Mächte-Abkommens ein, wie dies auch anläßlich des Besuchs von Breschnew formuliert worden sei.[20]

---

[16] Dieses Wort wurde von Bundesminister Genscher handschriftlich eingefügt.

[17] Am 10. Mai 1976 teilte Botschaftsrat I. Klasse Münch, Budapest, zu diesem Satz mit: „Inzwischen konnte geklärt werden, daß der zunächst unklare Passus in der Aufzeichnung des Vier-Augen-Gesprächs Bundesminister–AM Puja auf Seite 5, Abs[atz] 4 lauten muß: ‚Der Bundesregierung sei verständlicherweise an einer weniger restriktiven Auslegung gelegen'." Vgl. den Schriftbericht Nr. 428; Referat 214, Bd. 116587.

[18] Vgl. dazu Teil II B und Anlage II des Vier-Mächte-Abkommens über Berlin vom 3. September 1971; Dok. 66, Anm. 8.

[19] Zum Stand der Verhandlungen zwischen der Bundesrepublik und der UdSSR über ein Abkommen über wissenschaftlich-technische Zusammenarbeit vgl. Dok. 27, Anm. 10.

[20] In der Gemeinsamen Erklärung vom 21. Mai 1973 über den Besuch des Generalsekretärs des ZK der KPdSU, Breschnew, vom 18. bis 22. Mai 1973 in der Bundesrepublik hieß es: „Es fand ein eingehender Meinungsaustausch über Fragen statt, die das Vier-Mächte-Abkommen vom 3. September 1971 betreffen. Willy Brandt und L. I. Breschnew sind übereinstimmend der Auffassung, daß die strikte Einhaltung und volle Anwendung dieses Abkommens eine wesentliche Voraussetzung für eine dauerhafte Entspannung im Zentrum Europas und für eine Verbesserung der Beziehun-

Es sei nicht zu erkennen, daß die Interessen der Sowjetunion, der DDR oder anderer sozialistischer Länder hierbei verletzt wurden. Dies gelte insbesondere vor internationalen Organisationen, wo die Interessen Berlins von der Bundesrepublik vertreten werden (Außenvertretung Berlins[21]).

Er, BM Genscher, würde in der deutschen Öffentlichkeit großen Anklang finden, wenn er auf Marktplätzen Reden halten und für Berlin eintreten werde. Dies aber werde nicht getan. Man zeige Geduld und Ausdauer im Wissen, daß man an der Fortsetzung des Entspannungsprozesses großes Interesse habe und darauf hinwirke. Die deutsche Nation sei infolge des Kalten Krieges geteilt worden. Es sei stets und immer daran gelegen, daß die Menschen sich näherkommen.[22]

BM Genscher verleiht der Hoffnung Ausdruck, daß dies mit der Zeit gelänge und sich auch in anderen Hauptstädten eine realistische Sicht durchsetze.

Außenminister *Puja* erwidert: Wir – und die sozialistischen Länder – vertreten unsere Meinung wie Sie die Ihre. Er könne sich nicht in allen Punkten der Meinung des Bundesministers anschließen. So könne Westberlin nicht von der Bundesregierung regiert werden, wobei in einzelnen Fällen diese Westberlin vertreten könne.

Er führt an, die Handhabung des deutschen Botschafters in Budapest sei im Hinblick auf Westberlin Gegenstand von Vereinbarungen.[23]

Bei den internationalen Organisationen herrsche eine klarere Situation. Es sei doch so, wenn in zwei Fragen keine Übereinstimmung erzielt werde, sei dies auch in keiner weiteren möglich. Ungarn würde die Tätigkeit von Institutionen in Berlin irritieren.

Er habe Verständnis für die Lage der Bundesregierung hinsichtlich der Situation im Hinblick auf Opposition und Presse, die eine andere Meinung als die Regierung verträten. Ungarn wolle keine Schwierigkeiten bereiten. Berlin sei nicht mehr das, was es in den Fünfziger Jahren gewesen sei, nämlich die „Burg", die von den sozialistischen Ländern eingenommen werden sollte, dies sei nicht mehr realistisch. Berlin sei nicht mehr Pulverfaß. Die kleinen Reibereien sollten nacheinander gelöst werden, dann wäre das Leben leichter.

Fortsetzung Fußnote von Seite 534

gen zwischen den entsprechenden Staaten, insbesondere zwischen der Bundesrepublik Deutschland und der Sowjetunion sind." Vgl. BULLETIN 1973, S. 575.
Zum Besuch Breschnews vgl. ferner AAPD 1973, II, Dok. 145–152.

[21] Vgl. dazu die Anlagen IV A und B des Vier-Mächte-Abkommens über Berlin vom 3. September 1971; Dok. 15, Anm. 6.

[22] Satz so in der Vorlage.

[23] Anläßlich der Aufnahme diplomatischer Beziehungen zwischen der Bundesrepublik und Ungarn am 21. Dezember 1973 wurde die konsularische Betreuung von Personen mit ständigem Wohnsitz in Berlin (West) in einem Briefwechsel geregelt. Mit Schreiben vom 13. Dezember 1973 teilte Ministerialdirektor van Well dem ungarischen Stellvertretenden Außenminister Nagy mit: „Die Bundesrepublik Deutschland beabsichtigt, die konsularische Betreuung von Personen mit ständigem Wohnsitz in Berlin (West) auf dem Gebiet der Ungarischen Volksrepublik im Einklang mit dem Vier-Mächte-Abkommen vom 3. September 1971, Anlage IV A und B, und unter der dort mitgeteilten Voraussetzung, daß Angelegenheiten der Sicherheit und des Status nicht berührt werden, auszuüben." Mit Antwortschreiben vom selben Tag bestätigte die ungarische Regierung den Empfang des Schreibens und erklärte sich mit dessen Inhalt einverstanden. Vgl. Referat 214, Bd. 112672. Vgl. dazu ferner AAPD 1973, III, Dok. 421.

Bundesminister *Genscher* meint weiterhin zu diesem Thema, die Rechtslage Westberlins sei unumstritten. Der Reiseverkehr von und nach Berlin habe sich günstig entwickelt. – Darüber könne sich die Luftfahrt beklagen. – Dies sei positiv zu werten und ermutige. Realistisch betrachtet stehe fest, daß niemand der Meinung sein könne, Berlin sei konstitutiver Teil.

Das Vier-Mächte-Abkommen regele auch das Recht der Außenvertretung. Hier vertrete die Bundesregierung eine gegensätzliche Meinung. Er könne sich nicht vorstellen, daß dem die Interessen der Sowjetunion entgegenstünden.

Bundesminister Genscher weist ferner auf die Praktiken der von Berlin auszusprechenden Einladungen hin, die unproblematisch seien, soweit es um sogenannte staatliche Einladungen gehe. Hier habe zweifelsfrei auch[24] der Senat einzuladen. Anders sei es hingegen bei den nichtstaatlichen Einladungen, so zum Beispiel im Bereich des Sports.

MDg Dr. Meyer-Landrut und seine Mitarbeiter seien Tag und Nacht beschäftigt, Lösungen zu finden, die geeignet seien, die Probleme zu reduzieren. Er betont nochmals die uneingeschränkte Einbeziehung Berlins in bilaterale Abkommen.

Auf Wunsch von Herrn Bundesminister Genscher wird Herr MDg Dr. Meyer-Landrut zu dem Gespräch hinzugezogen.

Zurückkommend auf den Besuch Giereks, auf das deutsch-polnische Verhältnis, sagt BM Genscher, dieser habe eine große Signalwirkung. Hier werde ein Fortschritt erzielt, den zu verwirklichen man in der Lage sei. Dies sollte auch in der Berlin-Frage möglich sein. Die Bürokraten der Sowjetunion – hierunter verstehe er zum Beispiel nicht die Politbüromitglieder – wüßten gar nicht, welchen Schlüssel sie in Sachen Westberlin in der Hand hätten. Eine Regelung könnte die Wetterlage schlagartig verändern.

Außenminister *Puja* wiederholt, daß er nicht einer Meinung sei und das Problem tiefer liege. Alle Schritte in Berlin würden unter die Lupe genommen werden. Wie könne man zu einer Lösung kommen? Es könne nicht verlangt werden, daß eine der beiden Seiten völlig ihren Standpunkt aufgäbe. Deshalb gäbe es nur Kompromisse, ohne daß jede Seite von ihrer prinzipiellen Position abrücke. Er fügt hinzu: Nicht er gedenke, die große Last Berlin auf sich zu nehmen.

Bundesminister *Genscher* betont nochmals, daß dieses Gespräch über Berlin nur informatorischen Charakter habe, denn federführende Adressaten seien die Sowjetunion und die DDR. Es gäbe im übrigen keinen Kompromiß des Kompromisses. Man habe ein Menge hingenommen, aber es gäbe nationale Interessen, die nicht aufgegeben werden könnten. Man wolle nicht mehr, aber auch nicht weniger, als das Vier-Mächte-Abkommen zusichere.

Er, Bundesminister Genscher, bleibe geduldig. Die Bundesrepublik wie die USA hätten ein Interesse an der Entspannung, wobei die USA aber in ihrer Eigenschaft als Supermacht eine weitere Verantwortung, nämlich die für das Überleben der Menschheit, trage. Die Bundesregierung sei wie die USA der Meinung, daß die Entspannung ein langfristiger Prozeß sei, allerdings mit

---

24 Dieses Wort wurde von Bundesminister Genscher handschriftlich eingefügt.

Wellenbewegungen, verursacht etwa durch personelle oder verhaltensmäßige Veränderungen der Beteiligten.

Bundesminister Genscher schneidet des weiteren das Angola-Problem an.[25] Die Bundesrepublik selbst wolle nur Waren dorthin exportieren, nicht aber die Gesellschaftsordnung. Die Intervention kubanischer Einheiten müsse als Provokation aufgefaßt werden. Die beste Lösung wäre, wenn diese Einheiten Angola verlassen würden. Angola solle selbst seinen Weg finden.

Er führt weiter aus, auf allen Gebieten seien Rückschläge möglich, so zum Beispiel auch in der Europäischen Gemeinschaft. Aber das langfristige Ziel dürfe nicht außer acht gelassen werden. Er meint ferner, daß in den USA keine Kursänderung zu erwarten sei. Man habe außerdem den Parteitag der Sowjetunion[26] beobachtet, der auch keine Veränderung der sowjetischen Außenpolitik gebracht habe.

Außenminister *Puja* stellt fest, daß damit also alles beim alten bliebe.

Zum Angola-Problem schließlich meint er, die Regierung von Angola habe um Hilfe gebeten, woraufhin die Kubaner erschienen. Er verweist in diesem Zusammenhang auf Vietnam. Auch die Amerikaner hätten erklärt, als sie nach Vietnam gingen, sei seien gerufen worden.

Bundesminister *Genscher* wirft ein, aber die Amerikaner hätten das Land geräumt.

Außenminister *Puja* fährt fort: Wenn uns die kämpfenden Völker Afrikas um Hilfe bitten, so gewähren wir diese. Ferner sei er besorgt über die Entwicklung in Rhodesien und Südafrika, die sich in Katastrophen auswirken könnte. Der anders gelagerten Situation in Rhodesien und Südafrika entsprechend, wird die Hilfeleistung der Sowjetunion bzw. Kubas aussehen.

Bundesminister *Genscher* trägt den Standpunkt der Bundesregierung bezüglich Südafrikas vor, wie er ihn auch gegenüber dem Botschafter Südafrikas dargelegt hat[27], und bemerkt zum Angola-Problem, daß dort allerdings drei konkurrierende Befreiungsbewegungen für die Entwicklung ursächlich wären. Er vertritt die Auffassung, wichtig sei der innere Friede, der Sache der Angolaner selbst sei. Das Interesse der Bundesrepublik bestehe im Ausbau von Kooperationen mit diesen Ländern. Sie seien nicht nur als Rohstoffländer zu sehen. Die Entwicklungshilfe sei von beiden Seiten zu leisten. Im übrigen habe die Bundesregierung Kissinger ermutigt zu seiner Afrika-Reise[28] und unterstütze die Suche nach realistischen Lösungen in Südafrika.

Bundesminister Genscher geht nochmals auf seine Tischrede ein und stellt fest, daß die weltwirtschaftliche Rezession Ost und West betroffen habe. Diese beweise die Abhängigkeit voneinander, was letztlich ein gutes Zeichen sei.

---

25 An dieser Stelle wurde von Bundesminister Genscher gestrichen: „Die USA hätten kein unmittelbares Interesse, und".

26 Zum XXV. Parteitag der KPdSU vom 24. Februar bis 5. März 1976 in Moskau vgl. Dok. 69.

27 Zum Gespräch des Bundesministers Genscher mit dem südafrikanischen Botschafter Sole am 26. April 1976 vgl. Dok. 115.

28 Der amerikanische Außenminister Kissinger besuchte vom 24. April bis 2. Mai 1976 Kenia, Tansania, Sambia, Zaire, Liberia und den Senegal. Im Anschluß hielt er sich vom 3. bis 7. Mai 1976 anläßlich der Eröffnung der UNO-Konferenz für Handel und Entwicklung (UNCTAD) in Nairobi auf.

Außenminister *Puja* betont nochmals, die westlichen Länder könnten bezüglich Angolas Hilfe leisten.

Ein weiteres Problem sei Namibia, das unabhängig werden soll. Er führt dann an, ein lateinamerikanischer Minister habe ihm erklärt, wenn Kissinger nur mit dem Finger schnalze, werde Hilfe geleistet bzw. abgezogen.

Bundesminister *Genscher* bemerkt dazu, wenn die USA nur Weisungen zu geben hätten, dann müßte man sich hierüber nicht unterhalten. Er glaube, daß hinsichtlich der afrikanischen Staaten in einem Punkt Übereinstimmung bestehe: Sie haben Anspruch, eigene Wege zu gehen. Die frühere Kolonialmacht solle nicht durch die Schaffung neuer Einflußsphären ersetzt werden.

Außenminister *Puja* beurteilt die Lage anders und verleiht der Hoffnung Ausdruck, daß Kissinger durch seine Reise nichts durcheinanderbringe wie in Südamerika.

Bundesminister *Genscher* stellt konkrete Fragen, was AM Puja anders sehe.

Außenminister *Puja* antwortet, er sei der Meinung, daß die Befreiungsbewegungen Angolas einen guten Kurs einschlagen würden. Es seien junge Staaten, frühere portugiesische Kolonien. Er betont, junge Staaten brauchen Hilfe. Diese Hilfeleistung solle nicht daran gemessen werden, ob eine Entscheidung für Ost oder West fallen wird. Sie sollen ihre eigenen Interessen wahren und ihre eigenen Wege gehen dürfen.

Bundesminister *Genscher* bedankt sich für das offene Wort, für die freimütig geführte Unterredung, die ein Beweis für die guten Beziehungen sei.

Referat 214, Bd. 116587

119

Gespräch des Bundesministers Genscher
mit dem ungarischen Außenminister Puja in Budapest

VS-NfD   **29. April 1976**[1]

Gespräch Bundesminister–Außenminister Puja unter Anwesenheit der beiderseitigen Delegationen[2]

Ungarische Delegation: Außenminister Frigyes Puja; Vizeaußenminister Janos Nagy; Botschafter László Hamburger; Botschafter Dr. Randé; László Nagy, Hauptabteilungsleiter Außenministerium; Frau István Papp, amtierende Abteilungsleiterin Außenministerium; Lájos Déli, Referent im Außenministerium;

---

[1] Die Gesprächsaufzeichnung wurde von Vortragendem Legationsrat Hoffmann und von Legationsrat Hölscher, beide z.Z. Budapest, gefertigt und mit Schriftbericht Nr. 412 des Botschaftsrats I. Klasse Münch, Budapest, vom 6. Mai 1976 übermittelt. Vgl. dazu Referat 214, Bd. 116587.
[2] Bundesministers Genscher hielt sich vom 28. bis 30. April 1976 in Ungarn auf.

Ivan Udvardi, Referent im Außenministerium; Istvan Teszler, Referent im Außenministerium; Janos Czegledi, Dolmetscher.

Deutsche Delegation: Bundesminister Hans-Dietrich Genscher, Botschafter Hermann Kersting, MDg Dr. Klaus Kinkel, MDg Dr. Andreas Meyer-Landrut, VLR I Dr. Renate Finke-Osiander, VLR I Dr. Klaus Terfloth, VLR I Alexander Sieger, BR I Karl Münch, VLR Hans Hoffmann, LR Dr. Laurids Hölscher, Josef Aufricht, Dolmetscher.

Nach kurzer Begrüßung durch Außenminister Puja eröffnete Bundesminister *Genscher* das Gespräch. Er dankte für die herzliche Aufnahme, die er in Budapest gefunden habe, und wies auf die Bedeutung hin, die die Bundesregierung diesem Besuch für die Verbesserungen der Beziehungen beimesse.

I. Internationale Themen

Bundesminister Genscher schlug vor, zuerst zwei wichtige Europa angehende Themen zu behandeln, die in den nächsten Jahren die Entwicklung in Europa bestimmen würden: KSZE und MBFR

1) KSZE

Die Bundesregierung habe an der KSZE mit großer Energie mitgewirkt, weil sie der Meinung sei, daß man beim Entspannungsprozeß nicht nur die bilateralen, sondern auch die multilateralen Möglichkeiten ausschöpfen müsse. Die Konferenz in Helsinki[3] sei ein Risiko gewesen, dessen Scheitern einen Rückschlag bedeutet hätte. Der Erfolg beweise das allseitige Interesse an der Entspannung. Erst die Verwirklichung der Ergebnisse würde einen positiven Einfluß der Konferenz zeigen. Dabei sei es wichtig, daß alle Beschlüsse als gleichwertig angesehen würden und daß die Menschen in Europa die sie betreffenden Wirkungen erkennen könnten. Daher müsse die Frage des Informationsaustausches sehr ernst genommen werden. Eine unbehinderte Betätigung der Journalisten sei Voraussetzung für den Abbau von Vorurteilen. Auch die humanitären Fragen hätten in diesem Rahmen eine erhebliche Bedeutung.

Den vertrauensbildenden Maßnahmen komme eine besondere psychologische Bedeutung zu. Aus diesem Grunde habe die Bundesregierung unmittelbar nach Konferenzabschluß Manöverbeobachter eingeladen.[4] Sie habe nichts zu verschweigen und hoffe, daß dieses Beispiel Schule mache. Alle Teilnehmerstaaten der KSZE müßten konsequent mitwirken, um das gewünschte Ergebnis herbeizuführen.

Außenminister *Puja*: Ungarn hat hinsichtlich der KSZE, der es große Bedeutung beimesse, bereits konkrete Maßnahmen getroffen: einerseits die Publizierung der Dokumente und andererseits die Ausarbeitung von Maßnahmen zur Implementierung der Beschlüsse. Die ungarische Regierung gehe davon aus, daß alle Beschlüsse gleichwertig seien. Die Körbe I und II und III müßten auch gleichmäßig verwirklicht werden.[5] Seit 20 Jahren werde in Ungarn der Marxismus/Leninismus gelehrt, so daß beim ungarischen Volk ein starkes Interesse

---

[3] In Helsinki fand vom 30. Juli bis 1. August 1975 die KSZE-Schlußkonferenz statt.

[4] Zur Einladung von Manöverbeobachtern durch die Bundesrepublik vgl. Dok. 18, Anm. 5.

[5] Für den Wortlaut der KSZE-Schlußakte vom 1. August 1975 vgl. SICHERHEIT UND ZUSAMMENARBEIT, Bd. 2, S. 913–966.

auch an den wirtschaftlichen Maßnahmen vorausgesetzt werden könne. Ungarn sei sehr daran interessiert, jegliche Verletzung des Prinzips der Nichteinmischung zu vermeiden. Dabei komme der Gegenseitigkeit besondere Bedeutung zu.

Die Versuche der Einmischung berührten Ungarn jedoch weniger als andere sozialistische Staaten. Er nehme es gelassen hin, wenn die Presse sage, die ungarische Innenpolitik sei besser als seine Außenpolitik.

Außenminister Puja betonte die Bedeutung von Maßnahmen im militärischen Bereich und gab seiner Übereinstimmung mit dem Bundesminister darüber Ausdruck, daß die vertrauensbildenden Maßnahmen eine große Rolle spielen. Man solle auf diesem gemeinsamen Weg bleiben.

Er äußerte die Besorgnis, daß seit Helsinki die Atmosphäre international etwas kühler geworden sein könnte. Ein Teil der Presse habe den sozialistischen Ländern den Vorwurf gemacht, gegen die Beschlüsse verstoßen zu haben. Er wolle aber diese Kampagne nicht weiter behandeln.

Die Atmosphäre nach Helsinki werde im übrigen durch internationale Entwicklungen wie z. B. in Zypern und im Nahen Osten beeinflußt.

Ferner könne er nicht verstehen, weshalb Präsident Ford das Wort Entspannung aus seinem Vokabular gestrichen habe.[6] Er betrachte diesen Umstand mit Besorgnis und nehme an, daß damit eine Betonung der Politik der Stärke verbunden sein könnte. Zusammenfassend stellte Außenminister Puja fest, daß alle Länder an der Verwirklichung der Beschlüsse mitarbeiten und sich gegen diejenigen wenden sollten, die dazu nicht bereit seien. Ungarn sehe insbesondere in drei Bereichen Fortschrittsmöglichkeiten:

(1) Das Gebiet der internationalen Beziehungen (UNESCO, ECE).

(2) Die Vorschläge Breschnews bei der Konferenz in Warschau (Umweltschutz, Energie, Verkehr).[7]

(3) Der Bereich der bilateralen Beziehungen, für die die ungarische Seite Vorstellungen ausarbeiten und der deutschen Seite später übergeben wolle.

Bundesminister *Genscher*: Lob und Tadel für die ungarische Politik seien ihm bekannt. Auch er nehme Angriffe gegen ihn und die deutsche Politik gelassen hin. Die Entspannung sei ein langfristiger Prozeß, in dem Fortschritte und Stagnation einander abwechselten und dessen Schwächeperioden überwunden werden müssen.

Zwischen der US-Regierung und der Bundesregierung bestünden keine Meinungsverschiedenheiten darüber, daß die Entspannungspolitik fortgesetzt werden müsse. Die Äußerung Präsident Fords müßte im Zusammenhang des gesamten Interviews gesehen werden.

Da viele Amerikaner mit dem Begriff Détente nicht viel anfangen könnten, habe der Präsident den Abbau der Spannungen verständlicher machen wollen.

---

6 Vgl. dazu das Fernsehinterview des Präsidenten Ford am 2. März 1976 in Miami; Dok. 80, Anm. 7.
7 Zu den Vorschlägen des Generalsekretärs des ZK der KPdSU, Breschnew, vom 9. Dezember 1975 vgl. Dok. 62, Anm. 9.

Unsere Entspannungsbemühungen würden vor allem auf der Grundlage der Bündnisse unternommen. Wegen unserer ausgezeichneten Beziehungen zur türkischen und griechischen Regierung hätte unsere behutsame Behandlung der Zypern-Frage erste Erfolge gezeigt, da unsere Vermittlung zu einer Abkühlung im positiven Sinne geführt habe. Der Abschluß der Konferenz in Helsinki sei durch dieses Problem nicht belastet worden.

Die Politik der Stärke sei ein Terminus technicus, den man nicht ideologisieren sollte. Mit unserer Politik der Friedenssicherung begegneten wir den Gefahren, die sich aus der Konfrontation der militärischen Blöcke ergäben. Der Bundesminister wies erneut darauf hin, daß wir es sehr begrüßen würden, wenn die Länder des Warschauer Paktes unsere Einladung zur Manöverbeobachtung nachahmen würden. Wir würden es ferner begrüßen, wenn die sozialistischen Staaten die Reisen und den Informationsfluß in der selben unbeschränkten Weise zuließen, wie dies bei uns üblich sei.

Mit den Vorschlägen von Parteichef Breschnew stimmten wir insofern überein, als wir Europa nicht in eine kommunistische und eine kapitalistische Ökologie trennen wollten. Die Elbe werde sowohl vom Osten wie vom Westen verschmutzt. Die Breschnew-Vorschläge würden von uns im Zusammenwirken mit unseren EG-Partnern geprüft.

Nach Helsinki seien wir in eine neue Phase der Beziehungen eingetreten. Er glaube nicht, daß dies eine Phase der Abkühlung sei, sondern daß vielmehr eine Phase der realistischen Betrachtung begonnen habe. Für die Entspannung in Europa gäbe es keine Alternative.

2) MBFR

Bundesminister: Wenn man sich darüber klar sei, welches militärische Potential in Europa angesammelt worden sei, werde die Notwendigkeit einer Reduzierung offenbar. Deswegen seien die vertrauensbildenden Maßnahmen bei der KSZE schon sehr wichtig gewesen. Die Bundesregierung habe aktiv an der Konferenz-Vorbereitung der MBFR[8] mitgewirkt und sei an der Konferenz selbst in besonderem Maße interessiert, da es erforderlich sei, ein stabiles Kräfteverhältnis in Europa zu erreichen. Im konventionellen Bereich gäbe es deutliches Übergewicht der WP-Staaten. Unser Interesse sei zunächst auf eine ausgewogene Begrenzung und schließlich auf die Parität gerichtet. Eine Parität sei jedoch nicht erreichbar, wenn Verminderungen prozentual oder in absoluten Zahlen vorgenommen würden. Es sei deswegen erforderlich, sich über das Endziel der vorzunehmenden Verminderungen zu verständigen.

Eine vertragliche Festschreibung der bestehenden Situation sei nicht zu begrüßen, zumal der Warschauer Pakt geographische Vorteile ausnutzen könne. Es sei außerordentlich wichtig, bei allen Problemen zu einer Lösung zu kommen. Dies scheine ihm durchaus möglich. Auch zu Beginn der KSZE habe der Eindruck bestanden, daß die anstehenden Probleme nicht lösbar seien.

---

[8] Die MBFR-Explorationsgespräche fanden vom 31. Januar bis 28. Juni 1973 in Wien statt. Für den Wortlaut des Schlußkommuniqués vgl. EUROPA-ARCHIV 1973, D 514.

Außenminister *Puja* betonte, daß der ungarische Standpunkt sich seit seiner letzten Begegnung mit dem Bundesminister[9] nicht verändert habe. Er müsse feststellen, daß im europäischen Bereich ein Gleichgewicht der Kräfte vorhanden sei. Wenn die Kräfteverhältnisse geändert werden sollten, so bedeute das auch eine Änderung des Gleichgewichts. Im mitteleuropäischen Bereich sei der Osten vielleicht im Vorteil, das gleiche sich aber im gesamteuropäischen Bereich wieder aus.

Er habe erfahren, daß in der Bundesrepublik Zivilbedienstete bei der Bundeswehr Aufgaben wahrnähmen, die in Ungarn nur von Soldaten ausgeführt würden. Es stelle sich daher die Frage der Vergleichbarkeit. Die letzten Vorschläge beider Seiten[10] enthielten jedoch vorwärtsführende Elemente, so daß man sagen könne, daß 1975 Fortschritte erzielt worden seien. Trotz voraussichtlich noch längerer Verhandlungsdauer sei er hinsichtlich des Ausgangs der Konferenz optimistisch.

Zum Status Ungarns, der von gewisser Seite aufgeworfen worden sei, stelle er fest, daß Ungarn seinen Status als Beobachter nur überprüfen könne, wenn Italien einbezogen und damit eine neue Situation geschaffen werde.[11]

Bundesminister *Genscher*: Das Kräfteverhältnis dürfe nur in dem spezifischen Raum betrachtet werden. Alles was außerhalb dieses Gebietes läge, beträfe nur die beiden Supermächte und nicht den zu prüfenden Raum. Er schätze die Möglichkeiten der Konferenz ebenso ein wie Außenminister Puja. Allein schon die Tatsache, daß die Konferenz stattfinde, habe Gewicht. Es sei daher erforderlich, geduldig weiterzuarbeiten. Die ungarische Position sei bekannt. Der Öffentlichkeit müsse die große Bedeutung der Konferenz klargemacht werden, und man dürfe sich nicht durch die Komplexität der Probleme abschrecken lassen, die sicherlich lösbar seien.

Außenminister *Puja*: Er wolle seine Ausführungen noch dahingehend ergänzen, daß die ungarische Seite über die Herausnahme der Luftwaffe aus den zu vermindernden Truppen beunruhigt sei, da es schon zu denken gäbe, daß die taktischen Atomwaffen herausgenommen worden seien.

Bundesminister *Genscher*: Das Problem der Truppenverminderungen in Mitteleuropa könne von uns in diesem Gespräch nicht gelöst werden. Das sei Auf-

---

[9] Der ungarische Außenminister Puja hielt sich vom 11. bis 13. Juni 1975 in der Bundesrepublik auf. Für sein Gespräch mit Bundesminister Genscher am 11. Juni 1975 vgl. AAPD 1975, I, Dok. 151.

[10] Zum Vorschlag der an den MBFR-Verhandlungen teilnehmenden NATO-Mitgliedstaaten vom 16. Dezember 1975 für eine Einbeziehung amerikanischer nuklearer Komponenten (Option III) vgl. Dok. 3, Anm. 15.
Zum Vorschlag der an den MBFR-Verhandlungen teilnehmenden Warschauer-Pakt-Staaten vom 19. Februar 1976 vgl. Dok. 53.

[11] In der ersten Plenarsitzung bei den MBFR-Explorationsgesprächen am 14. Mai 1973 in Wien wurde eine Regelung der Teilnehmerfrage beschlossen. Dazu vermerkte Botschafter Roth am 22. Mai 1973: „Elf Staaten sind direkte Teilnehmer; acht Teilnehmer haben besonderen Status; hierzu gehören Ungarn sowie die Flankenstaaten der NATO und des WP; für Ungarn hat der Westen in einer vom Osten nicht widersprochenen Erklärung festgestellt, daß die Einbeziehung Ungarns in allgemeine oder spezifische Maßnahmen und Vereinbarungen in den Verhandlungen diskutiert und entschieden werden müsse; Ungarn ist das einzige Land, das in dieser Weise hervorgehoben wird; Italien wird in der Abmachung nicht genannt." Ferner sei in den Explorationsgesprächen Einigung darüber erzielt worden, „daß sich MBFR zunächst auf Mitteleuropa konzentrieren solle". Vgl. VS-Bd. 9412 (221); B 150, Aktenkopien 1973.

gabe der Experten. Hierfür habe die NATO im Dezember 1975 einen konstruktiven Vorschlag gemacht.

3) Verhältnis EG–RGW

Bundesminister Genscher: Der vom RGW übergebene Entwurf eines Rahmenvertrages werde von der EG mit Interesse geprüft.[12] Der RGW-Vorschlag sei ein politisch bedeutsamer Schritt und eine positive Reaktion auf die wiederholt geäußerte Bereitschaft der EG zur Zusammenarbeit. Auch aus politischen Gründen sei eine Vertiefung der Beziehungen zwischen RGW und EG zu begrüßen. Die EG strebe eine konstruktive Behandlung des Vorschlages an und werde die schwierige Frage in kontinuierlichen Bemühungen sicherlich lösen.

Außenminister *Puja*: Er teile die Beurteilung des Bundesministers. Der RGW-Vorschlag sei ein Schritt vorwärts, man warte nun auf die Antwort der EG und wäre froh, wenn eine positive Antwort zu einem Rahmenabkommen beider Organisationen führte. Bei den Organen der EG scheine jedoch bei der Behandlung dieser Frage eine gewisse Zurückhaltung spürbar zu sein.

Er teile jedoch nicht die in der Diskussion geäußerte Ansicht, daß die beabsichtigte Vereinbarung die bilateralen Beziehungen stören würde. Hemmende Faktoren müßten ausgeschlossen werden.

Bundesminister *Genscher*: Eine Zurückhaltung der EG sei nicht gegeben, da innerhalb der Gemeinschaft ebenso wie im RGW Beratungsprobleme bestünden.

Außenminister *Puja*: Seit dem letzten Treffen mit dem Bundesminister hätten sich wichtige Veränderungen im Nahen Osten ergeben. Die Situation habe sich leider nicht verbessert, eher verschlechtert. Die Politik der kleinen Schritte habe versagt, und die innere Situation Ägyptens stehe kurz vor einer[13] Explosion. Sadat sei zwar um eine Entschärfung bemüht, benötige aber sehr viel Geld. Ungarn sei beunruhigt über den Zerfall der arabischen Einheit und über den Libanon-Konflikt, der offensichtlich auch durch ausländische Kräfte verursacht worden sei. Er sei nicht erfreut über die Einnistung der USA im Nahen Osten. Die Supermächte müßten sich mit den beteiligten Staaten in Genf[14] über eine endgültige Lösung einigen.

Eine Lösung der Genfer Konferenz sei nicht in Sicht. Für eine Lösung des Problems durch die Genfer Konferenz gäbe es drei Erfordernisse:

---

[12] Zum Entwurf des RGW vom 16. Februar 1976 für ein Abkommen mit den Europäischen Gemeinschaften vgl. Dok. 45, Anm. 23.
Am 30. April 1976 unterrichtete Ministerialdirigent Dittmann die Ständige Vertretung bei den Europäischen Gemeinschaften in Brüssel: „Hinsichtlich des weiteren Vorgehens gegenüber dem RGW sind wir der Meinung, daß Gegenkonzept der Gemeinschaft für Rahmenabkommen nach entsprechender Ratsentscheidung bald an RGW – möglichst auch an RGW-Mitgliedstaaten – übermittelt werden sollte. Gleichzeitig sollte nach unserer Ansicht auch Abkommensschema der Gemeinschaft vom November 1974 als Grundlage für Verhandlungen über Einzelabkommen der Gemeinschaft mit einzelnen RGW-Staaten beigefügt werden. Gemeinschaft könnte bei Übergabe erklären, Kommission stünde zur Aufnahme exploratorischer Gespräche bereit. Derartige Offensiv-Strategie der Gemeinschaft beinhaltet folgende Vorteile: östliche Angriffe wegen angeblich zögerlicher Behandlung des RGW-Vorschlags würden gegenstandslos; Osten würde gegenüber Gemeinschaftsinitiative wieder in die Defensive geraten; unabhängige Einführung eigener Vorstellung bringt verhandlungstaktische Vorteile." Vgl. den Drahterlaß Nr. 73; Referat 411, Bd. 483.
[13] Korrigiert aus: „seiner".
[14] Zur Friedenskonferenz für den Nahen Osten in Genf vgl. Dok. 22, Anm. 7.

Rückzug Israels auf die Grenzen 1967,

Anerkennung der palästinensischen Rechte und

eine Garantie der beteiligten Mächte.

Wenn nicht bald eine Lösung gefunden werde, müsse man in ein bis zwei Jahren eine Explosion in Ägypten befürchten. Das gleiche gelte für Syrien, wenn es nicht zu einer Rückgabe der Golan-Höhen käme. In eine solche Katastrophe würden auch die Supermächte und die europäischen Staaten hineingezogen werden.

Bundesminister *Genscher*: Die Bundesregierung teile die Sorgen der ungarischen Seite über die Entwicklung im Nahen Osten, der eine Nachbarregion Europas sei. Alle Fragen des Nahen Ostens berührten uns daher unmittelbar. Es sei festzustellen, daß in den vergangenen 18 Monaten in Israel ein Meinungsbildungsprozeß begonnen habe, der zu einer realistischeren Sicht des Problems führen und zur Überwindung von Widerständen gegen eine Lösung der anstehenden Fragen beitragen werde. Im Gegensatz zu früher werde in Israel heute die Schlüsselfrage dieses Problems diskutiert, nämlich das Problem der Palästinenser. Man sei sich darüber im klaren, daß die Legitimrechte der Palästinenser ebenso Bestandteil einer Lösung des Nahost-Problems sein müßten wie die Bestätigung des Existenzrechts Israels. Die Rolle Sadats bei dem Bemühungen um eine Lösung der Libanon-Frage sei hoch einzuschätzen. Pläne der USA, sich im Nahen Osten einzunisten, bestünden jedoch in keinem Fall. Die USA hätten vielmehr ihre guten Beziehungen zu Israel in den Dienst einer Lösung des Nahost-Problems gestellt. Für die Bundesrepublik sei es ein schwieriger Weg gewesen, zu beiden Seiten gleich gute Beziehungen herzustellen. Inzwischen sei aber die ausgewogene Nahostpolitik der Bundesregierung von allen Seiten akzeptiert worden. Das habe dazu geführt, daß Israel einer realistischen Lösung nicht mehr abgeneigt gegenüberstehe und die Araber das Existenzrecht Israels akzeptierten. Dieses sei unabdingbarer Bestandteil einer Friedenslösung, die jedoch auch von den Völkern mitgetragen werden müsse. Die Bundesregierung werde auch in Zukunft ihre Einflußmöglichkeiten nutzen. Dabei komme es darauf an, Vorurteile und Vorbehalte gegen eine Friedenslösung abzubauen und dadurch den Prozeß politischer Meinungsbildung zugunsten einer Friedenslösung zu beschleunigen, was auch im Interesse der Araber sei.

Außenminister *Puja*: Zum internationalen Bereich verwies dieser auf die Situation in Asien. Er erwähnte die bevorstehende Wiedervereinigung Vietnams[15] als Faktor für Frieden und Sicherheit, die guten Aussichten für Laos und den noch andauernden Gärungsprozeß in Kambodscha. Er sei jedoch beunruhigt darüber, daß neue Konfliktsituationen entstehen könnten. Er drückte sein Bedauern über Präsident Fords Haltung zur Südkorea-Frage aus[16], durch

---

[15] In Vietnam wurden am 25. April 1976 Wahlen zu einer Nationalversammlung durchgeführt. Vgl. den Artikel „Vietnamesen wählen Einheitsliste"; DIE WELT vom 26. April 1976, S. 5.
Zur Vereinigung von Nord- und Südvietnam vgl. Dok. 239, Anm. 5.

[16] Am 12. Juni 1975 teilte Botschafter von Staden, Washington, mit: „Präsident Ford, Außenminister Kissinger, Verteidigungsminister Schlesinger sowie Mitglieder des Kongresses sind mehrfach mit Entschiedenheit Befürchtungen entgegengetreten, die USA könnten sich aus ihren Verpflichtungen in Südkorea lösen. Im State Department verweist man hierzu vor allem auf die Verpflichtung zur gegenseitigen Hilfe aufgrund des Beistandsabkommens vom 1. Oktober 1953, das auch durch

die der Zustand in diesem Land verewigt werde, da keine US-Truppen abgezogen würden. Die weitere Entwicklung der ASEAN-Staaten sei unklar, da man nicht wisse, ob sie zur wirtschaftlichen Zusammenarbeit oder zur militärischen Auseinandersetzung führen würde. Neben Indien sei China ein weiteres Problem, bei dem man zur Zeit zwar noch wisse, in welche Richtung die politische Entwicklung gehe; für die weitere Zukunft sei dies jedoch unklar.

Es sei erforderlich, die Weltwirtschaftsordnung neu zu gestalten. Ungarn sei in einem Memorandum der 77 erst kürzlich in die Kategorie der westlichen Industriestaaten eingeordnet worden. Da Ungarn nie Kolonialmacht gewesen sei, stehe es jedoch auf dem Standpunkt, daß die ehemaligen Kolonialmächte die Kosten für die Entwicklungsländer bezahlen müßten. Ungarn habe seine Beziehungen zu den Entwicklungsländern stets auf dem Prinzip der Gleichberechtigung aufgebaut, sei aber nie konkret zu Maßnahmen aufgefordert worden. Es werde daher abwarten, zu welchen Maßnahmen sich die Bundesrepublik Deutschland entschließen werde, um sich an unseren Ergebnissen zu orientieren.

Bundesminister *Genscher*: Er habe immer die Überzeugung vertreten, daß die asiatischen Staaten über ihre Zukunft selbst bestimmen müßten. Dies sei besonders wichtig, da die Welt kleiner geworden sei und Entwicklungen in Asien auch Europa beeinflußten. Wenn sich die sozialistischen Staaten früher um eine Normalisierung ihrer Beziehungen zu Südkorea bemüht hätten, wäre das Problem sehr viel einfacher.[17]

Es sei nicht möglich, alle Probleme im Verhältnis der Industriestaaten zur Dritten Welt aus dem Kolonialismus zu erklären. Es sei eine Aufgabe der Friedenssicherung, den Nord-Süd-Gegensatz zu überwinden. Die Bundesregierung sei daher an einer Kooperation mit den sozialistischen Staaten interessiert und bereit, ihr Know how zur Verfügung zu stellen. Die Weltwirtschaftsordnung müsse fortentwickelt werden, und zwar mit den Staaten der Dritten Welt als Partner, denen man helfen müsse, eigene Wirtschaftszweige aufzubauen. Die Bundesregierung sehe daher die 7. Sondergeneralversammlung der UN[18] als einen Erfolg an und sei bereit, auch in Zukunft zu einem gerechten Interessenausgleich ihren Beitrag zu leisten.

Außenminister *Puja*: Ungarn habe immer wieder betont, daß die Dritte Welt im Prinzip bereit sein müsse, ihre Probleme selbst zu lösen.

Fortsetzung Fußnote von Seite 544

die Revision der außenpolitischen Prioritäten Amerikas nicht berührt werde. Wegen seiner geographischen Lage besitze Korea für die USA überragende strategische Bedeutung. Außerdem werde der amerikanische Einsatz – im Gegensatz zu Südvietnam – durch den Verteidigungswillen der Südkoreaner selbst gerechtfertigt. Die wiederholte öffentliche Betonung der amerikanischen Bündnistreue soll, wie man uns ausdrücklich bestätigte, sowohl Südkorea beruhigen, als auch Nordkorea warnen." Vgl. den Drahtbericht Nr. 1717; Referat 303, Bd. 101641.

17 Am 20. September 1974 informierte Vortragender Legationsrat I. Klasse Hellbeck die Botschaft in Seoul über Vermittlungsbemühungen des Bundesministers Genscher: „Der Herr Minister hat einer am 13. September von hiesigem koreanischen Botschafter auf Weisung seiner Regierung bei Dg 21 vorgetragenen Bitte entsprochen und AM Gromyko im persönlichen Gespräch darauf hingewiesen, daß die Bundesregierung den Wunsch der koreanischen Regierung unterstütze, Beziehungen auch zu den sozialistischen Staaten aufzunehmen. Der sowjetische Außenminister ging hierauf nicht näher ein, sondern gab lediglich zu verstehen, daß seine Regierung die Angelegenheit nicht als dringlich betrachte." Vgl. den Drahterlaß Nr. 172; Referat 303, Bd. 101641.

18 Die 7. Sondersitzung der UNO-Generalversammlung über Entwicklung und internationale Zusammenarbeit fand vom 1. bis 16. September 1975 in New York statt. Vgl. dazu AAPD 1975, II, Dok. 270.

Bundesminister *Genscher*: Außerdem sei es erforderlich, effektive Formen für den Ressourcen-Transfer zu finden.

II. Bilaterale Themen

Außenminister *Puja* schlug vor, bei der Begegnung auf höchster Ebene (Kádár-Besuch[19]) die Prinzipien der Beziehungen darzulegen. Bei dieser Gelegenheit könne das Kulturabkommen abgeschlossen werden, nachdem inzwischen die Experten-Gespräche stattgefunden hätten.[20] Im wirtschaftlichen Bereich käme der Gemischten Kommission eine besondere Aufgabe zu.[21] Er habe bei seinem Bonn-Besuch dem Bundeskanzler die Einladung von Ministerpräsident Lazar überreicht.[22] Diese Begegnung könne nach dem Besuch Kádárs stattfinden.[23]

Die Konsultationen der Außenministerien seien bisher gut gelaufen und könnten fortgesetzt werden.

Außerdem werde es zu mehreren Begegnungen der Fachminister kommen. Nach dem Besuch des Bundesarbeitsministers Arendt[24] könne man hoffentlich mit dem Besuch Bundesministers Ertl[25] rechnen.

Er rege ferner an, die Kontakte zwischen den Parlamenten zu fördern.

Mit den Außenhandelsbeziehungen sei die ungarische Seite infolge des Rückgangs im Jahre 1975 nicht ganz zufrieden.[26] Die passive Handelsbilanz Ungarns mache eine Steigerung ungarischen Exports nötig und erfordere auch eine Beseitigung der noch verbleibenden diskriminierenden Maßnahmen.

---

[19] Zum geplanten Besuch des Ersten Sekretärs des ZK der USAP, Kádár, in der Bundesrepublik vgl. Dok. 118, Anm. 6.

[20] Der Entwurf der Bundesregierung vom 2. Januar 1975 für ein Kulturabkommen zwischen der Bundesrepublik und Ungarn wurde der Botschaft in Budapest am 8. Januar 1975 von Vortragendem Legationsrat I. Klasse Schmid übermittelt. Vgl. dazu Referat 610, Bd. 107790.
Am 29. Januar 1976 berichtete Botschafter Kersting, Budapest, daß ein ungarischer Gegenentwurf übergeben worden sei, der sich „im großen und ganzen an den Entwurf der Bundesrepublik hält, in Einzelfällen jedoch bestimmte Vorschläge nicht aufnehme. So könne die ungarische Seite z. B. nicht der Errichtung eines Kulturinstituts zustimmen, da [...] Kulturinstitute mit westlichen Staaten nur aufgrund von Vereinbarungen errichtet würden, die noch aus der Zeit vor dem Zweiten Weltkrieg stammten." Vgl. den Schriftbericht Nr. 108; Referat 214; Bd. 116592.
In Artikel 12 des ungarischen Entwurfs wurde zum Geltungsbereich des Abkommens ausgeführt: „Dieses Abkommen erstreckt sich in Übereinstimmung mit dem Vierseitigen Abkommen vom 3. September 1971 gemäß den bezeichneten Prinzipien auch auf Berlin (West)." Vgl. Referat 214, Bd. 116592.

[21] Die deutsch-ungarische Gemischte Kommission tagte erstmals am 14./15. Januar 1976. Beide Seiten stimmten darin überein, „daß Wege für eine harmonischere und stabilere Entwicklung des Warenaustauschs bei Steigerung der Ausfuhren in beide Richtungen gefunden werden sollen". Vgl. das Protokoll vom 15. Januar 1976; Referat 214, Bd. 116590.

[22] Der ungarische Außenminister Puja hielt sich vom 11. bis 13. Juni 1975 in der Bundesrepublik auf. Für das Gespräch mit Bundeskanzler Schmidt am 12. Juni 1975 vgl. AAPD 1975, I, Dok. 156.

[23] Der Erste Sekretär des ZK der USAP, Kádár, besuchte die Bundesrepublik vom 4. bis 8. Juli 1977. Für das Gespräch mit Bundeskanzler Schmidt am 4. Juli 1977 vgl. AAPD 1977.

[24] Bundesminister Arendt hielt sich vom 2. bis 4. Mai 1976 in Ungarn auf. Am 7. Mai 1976 berichtete Gesandter Kersting, Budapest, Arendt sei „am Ende seines Besuchs noch überraschend von Ministerpräsident Lazar zu dreiviertelstündigem Gespräch empfangen" worden: „In im Tenor sehr freundlichem Gespräch bekräftigte Ministerpräsident Lazar Interesse ungarischer Regierung am Ausbau wirtschaftlicher Zusammenarbeit mit der BRD, insbesondere auf Gebiet der industriellen Kooperation." Vgl. den Drahtbericht Nr. 155; Referat 214, Bd. 116588.

[25] Bundesminister Ertl hielt sich vom 9. bis 12. März 1977 in Budapest auf.

[26] Zur Handelsbilanz zwischen der Bundesrepublik und Ungarn vgl. Dok. 118, Anm. 4.

Bundesminister Friderichs habe versprochen, bei Ende der Rezession erneut die Möglichkeiten im Hinblick auf die Beseitigung des Zahlungsbilanzdefizits zu prüfen.

Die Unternehmenskooperation sei zufriedenstellend.

Außenminister Puja wies ferner auf die Berücksichtigung der Rechte hin, die sich für Ungarn aus seiner GATT-Mitgliedschaft[27] ergäben.

Bei den noch ausstehenden Abkommen sollten wir verschiedene Bereiche berücksichtigen:

1) Vermeidung der Doppelbesteuerung[28],

2) die kulturellen Beziehungen und

3) die Regelung der technisch-wissenschaftlichen Zusammenarbeit, bis es auch in diesem Bereich zu einem endgültigen Abkommen kommen würde.

Insgesamt sei die Zusammenarbeit positiv zu bewerten, und es seien weitere Forschritte gemacht worden. Einige Reibungsflächen könnten beseitigt werden.

Die bei der Schlußakte von Helsinki erforderliche Gegenseitigkeit sollte auch bei der Familienzusammenführung berücksichtigt werden.[29] Die ungarische Seite prüfe die von der Bundesregierung vorgetragenen Anliegen. Außenminister Puja erwähnte dabei die Fälle der Minderjährigen, die gegen den Willen des jeweils in Ungarn verbliebenen Elternteils in der Bundesrepublik zurückbehalten würden. Staatssekretär Marjai habe Staatsminister Wischnewski vier konkrete Fälle mitgeteilt.[30] Auf sein Schreiben sei eine Antwort eingegangen, die jedoch nicht als befriedigend angesehen werden könne.

---

[27] Am 9. September 1973 trat Ungarn dem GATT bei. Am 8. Januar 1975 vermerkte Botschaftsrat Boldt, Budapest, der Ministerialdirektor im ungarischen Außenhandelsministerium, Nyerges, habe dazu am Vortag erklärt: „Das GATT biete Ungarn eine ausreichende und entwicklungsfähige vertragliche Grundlage im Bereich der handelspolitischen Beziehungen, da zum GATT nicht nur die BR Deutschland und Ungarn, sondern auch die EG gehören würden. [...] Es werde seine vertraglichen Rechte aus dem GATT voll ausschöpfen. In diesem Sinne sei die ungarische Verbalnote zu verstehen, die der deutschen Vertretung in Genf unter dem 9. Dezember 1974 zugegangen sei. In dieser Note verweise Ungarn auf das GATT-Prinzip der Nichtdiskriminierung." Vgl. den Schriftbericht Nr. 40; Referat 214, Bd. 116590.

[28] Vom 18. bis 21. Mai 1976 fanden in Budapest Verhandlungen zwischen der Bundesrepublik und Ungarn über ein Abkommen zur Vermeidung der Doppelbesteuerung statt. Das Bundesministerium der Finanzen vermerkte dazu am 28. Juni 1976: „Zu Beginn der Verhandlungen erläuterten beide Seiten ihre Steuersysteme. Bei dem sich daran anschließenden ersten Meinungsaustausch über den deutschen Vertragsentwurf bestätigte sich, daß zwar eine Reihe von redaktionellen Fragen zu lösen waren bzw. noch zu lösen sind, daß aber nur einige echte Abkommensprobleme vorhanden sind. Dies war nicht anders zu erwarten, da das Doppelbesteuerungsabkommen vom 25.2. 1975 zwischen Österreich und Ungarn erkennen läßt, daß auch Ungarn weitgehend dem OECD-Musterabkommen und damit der deutschen Vertragspraxis folgt." Vgl. Referat 214, Bd. 116592.

[29] Am 22. Januar 1976 vermerkte Botschafter Kersting, Budapest, zur Familienzusammenführung: „Im Jahre 1975 wurden im Rahmen der UN-Listen nur 48 Anträge auf Familienzusammenführung gestellt. Bei Eingang der Genehmigungen zur Übernahme in die Bundesrepublik wurden alle 48 Antragsteller angeschrieben, von denen sich jedoch nur 28 bei der Botschaft meldeten und ein Vorvisum erhielten. Die Gründe für das Schweigen der übrigen Antragsteller sind hier nicht bekannt. 21 Antragsteller des Jahres 1975 und 21 von 1974 haben 1975 ihren Paß vorgelegt und Sichtvermerke erhalten. Abgesehen von diesen Fällen der Umsiedlung war die Botschaft nur in zwei Fällen mit Fragen der Familienzusammenführung befaßt." Vgl. den Schriftbericht Nr. 73; Referat 214, Bd. 116592.

[30] Vortragender Legationsrat I. Klasse Meyer-Landrut vermerkte am 1. April 1976, der Staatssekretär im ungarischen Außenministerium, Marjai, habe Staatsminister Wischnewski mit Schreiben

Die Sendungen von RFE[31] seien ein Problem, dem im Rahmen des gesamten Volumens unserer Beziehungen keine Bedeutung zukomme.

Bundesminister *Genscher*: Die Bundesregierung sei daran interessiert, die Beziehungen zu Ungarn auszubauen. Dem gelte dieser Besuch und unsere Absicht, den Kádár-Besuch zu einem wichtigen Ereignis in der Bundesrepublik zu machen. Er habe keine Bedenken, zu wichtigen Grundfragen unserer Beziehungen anläßlich dieses Besuches Stellung zu nehmen.

Die wirtschaftlichen Fragen in unseren Beziehungen seien leicht lösbar, wenn unsere eigenen Probleme durch den Aufschwung erleichtert würden.

Zur Frage der bilateralen wirtschaftlichen Zusammenarbeit sei er froh, sagen zu können, daß die Kooperation zwischen kleinen und mittleren Betrieben recht weitgehend sei. Es dürfe dabei jedoch nicht übersehen werden, daß in der Bundesrepublik auch ein Interesse an Kooperationen bei großen Projekten bestehe. Es bestehe ein Interesse in der Wirtschaft, daß vor allem das Kupfer-Projekt[32] vorankomme.

Außenminister *Puja* stimmte zu, Verhandlungen über das Kupferprojekt und andere Großprojekte in Angriff zu nehmen. Endgültig hänge dies jedoch davon ab, ob die ungarische Seite günstige Angebote erhalte. Die Interessen beider Seiten müßten dabei berücksichtigt werden. Auf die Frage Außenminister Pujas, wie sich der Bundesminister die Beseitigung von der EG ausgehender diskriminierender Maßnahmen vorstelle, antwortete der *Bundesminister*, daß die Bundesregierung immer für die Liberalisierung eingetreten und daher nicht der Hauptadressat für diese Forderung des Außenministers sei.

Außenminister *Puja* wies auf die Bedeutung der rückläufigen Rezession für Ungarn hin, da der Außenhandel seines Landes 50 % der Bruttosozialproduktes ausmache.

Bundesminister *Genscher*: Die Sendung von RFE gefielen zwar nicht immer, aber wenn man die KSZE-Beschlüsse durchführe, werde es in diesem Bereich immer weniger Probleme geben. Er selbst sei im übrigen sehr gelassen, wenn ein östlicher Sender über ihn etwas Nachteiliges berichte.

Im humanitären Bereich hätten in den angesprochenen Einzelfällen die Gerichte in der Bundesrepublik entschieden. Es gäbe einen umgekehrten Fall in Ungarn. Der Bundesminister wäre dankbar, wenn sich Außenminister Puja der Angelegenheit Mampe annehmen würde.[33]

Fortsetzung Fußnote von Seite 547

    vom 4. April 1976 um Unterstützung in vier Sorgerechtsfällen gebeten, bei denen ein Elternteil mit den Kindern von einem Besuch in der Bundesrepublik nicht mehr nach Ungarn zurückgekehrt sei und der in Ungarn verbliebene Elternteil Rechtsmittel zur Rückführung der Kinder eingelegt habe. Vgl. dazu Referat 214, Bd. 116592

31 Zum Rundfunksender „Radio Free Europe" vgl. Dok. 69, Anm. 11.

32 Am 14. Januar 1976 unterbreitete der ungarische Außenhandelsminister Biró Bundesminister Friderichs Vorschläge für industrielle Kooperationsprojekte zwischen deutschen und ungarischen Firmen. Dabei nannte er unter anderem auch: „Die Gewinnung von Kupfer in Recz. Erste Schritte seien in die Wege geleitet. Hier halte er auch eine staatliche Unterstützung für notwendig." Vgl. die Gesprächsaufzeichnung des Bundesministeriums für Wirtschaft vom 28. Januar 1976; Referat 214, Bd. 116590.

33 Am 22. April 1976 teilte Botschafter Kersting, Budapest, zur angestrebten Zusammenführung der Familie Mampe mit, daß „der Fall von der rechtlichen Seite positiv abgeschlossen zu sein" scheine:

Er bitte ferner darum, die Arbeitsmöglichkeiten deutscher Journalisten, die nicht in Budapest akkreditiert seien, zu erleichtern. Damit könne die Berichterstattung über Ungarn in den deutschen Medien verbessert werden.

Er habe an Außenminister Puja die Bitte zu richten, die Bundesrepublik dabei zu unterstützen, ein neues Botschaftsgebäude in Budapest zu errichten[34], damit die räumlich unzureichende Unterbringung der Botschaft, die der Ausweitung der deutsch-ungarischen Beziehungen nicht gerade förderlich sei, endlich ein Ende habe. Er bäte Außenminister Puja darum, diesem Problem seine persönliche Aufmerksamkeit zu widmen.

Er freue sich außerordentlich, feststellen zu können, mit welcher Gelassenheit und gegenseitigem Verständnis die gemeinsamen Probleme heute besprochen werden konnten. Gespräche in offener Atmosphäre schafften das Vertrauen, das wir für die Überwindung unserer Probleme brauchten.

Außenminister *Puja* dankte für die Ausführungen des Bundesministers und wies darauf hin, daß die angeschnittenen Fragen der Implementierung der KSZE-Beschlüsse durch die Experten beider Länder weiter behandelt würden. Der Gedankenaustausch trage zur Verbesserung der Beziehungen bei, und er sei für das offene ungezwungene Gespräch sehr dankbar, da man erfahren habe, wo die Meinungen übereinstimmten und voneinander abwichen. Es gäbe aber keine dramatischen Meinungsunterschiede.

Referat 214, Bd. 116587

Fortsetzung Fußnote von Seite 548

„Es wäre zweckmäßig, die ungarische Seite um Unterstützung bei der Beschleunigung der Ausreisemodalitäten zu bitten, da andernfalls damit gerechnet werden muß, daß die endgültige Ausreise sich noch länger verzögern kann." Vgl. den Drahtbericht Nr. 120; Referat 214, Bd. 116587.

34 Am 20. April 1976 vermerkte Referat 411 zum geplanten Bau von Botschaftsgebäuden in Budapest: „Schon vor langer Zeit hatte uns die ungarische Seite angeboten, auf dem Grundstück der ‚Fodor Utca Nr. 59' mit einer Größe von 6000 m² eine neue Kanzlei sowie eine Residenz zu errichten, die wir durch Mietvorauszahlungen finanzieren sollten. [...] Demgegenüber gingen unsere Vorstellungen dahin, das Grundstück Fodor Utca als Eigentum zu erwerben und auf diesem Grundstück in eigener Regie Kanzlei, Residenz und Wohnungen zu bauen.Die Ungarn stellten zunächst auch den Erwerb dieses Grundstücks durch uns in Aussicht; im letzten Jahre wurde unserer Botschaft in Budapest jedoch mitgeteilt, daß Grundstücksverkäufe an Ausländer nicht mehr in Frage kommen könnten. Statt dessen wurde angeboten, uns das Grunstück auf der Basis eines 99jährigen Pachtvertrages zu überlassen. Da wir an dem Abschluß eines solchen Pachtvertrages interessiert sind, hat die Botschaft Budapest die zuständigen ungarischen Stellen bereits mehrfach aufgefordert, uns die Bedingungen für den abzuschließenden Pachtvertrag mitzuteilen und einen entsprechenden Vertragsentwurf zu überlassen." Vgl. Referat 214, Bd. 116588.

120

Aufzeichnung des Referats 420

420-554.10 USA-528/76 VS-vertraulich   **29. April 1976**[1]

Deutsch-amerikanischer Devisenausgleich

Sachstand

I. Vorgeschichte

In den 50er Jahren wurde die US-Zahlungsbilanz infolge privater Auslandsinvestitionen, steigender Einfuhren, erhöhtem US-Tourismus, insbesondere aber infolge von Verteidigungsaufwendungen im Ausland zunehmend defizitär.

Innerhalb der NATO wurden ausgleichende Regelungen vorgeschlagen: NATO-Resolution vom 26.7.1957 sieht einen Devisenausgleich vor bei:

„ernsthaften Zahlungsbilanzschwierigkeiten eines Entsendestaates, für den die Kosten der Truppenstationierung eine schwere zusätzliche Belastung darstellen".[2]

Ab 1961[3] deutsch-amerikanischer Devisenausgleich.

---

1 Hat Staatssekretär Hermes am 11. Mai 1976 vorgelegen.
  Hat Legationsrat I. Klasse Dohmes am 11. Mai 1976 vorgelegen, der handschriftlich vermerkte: „Zur Weiterleitung an Herrn Minister für Kab[inetts]Sitzung am 12.5.76 und gleichzeitig für NATO–Oslo".
2 Der Ständige NATO-Rat verabschiedete am 26. Juli 1957 die Resolution CM (57) 112 „On the Common Solution of Currency Problems Arising from the Stationing of Forces in Other Member Countries". Darin hieß es: „The North Atlantic Council [...] decides: 1) The NATO member countries which can invoke currency difficulties resulting from the stationing of their troops in other member states and for the solution of which they request the assistance of their partners are those countries i) which are required, in accordance with NATO plans, to station forces on the territory of other member states; ii) which are at any given time experiencing serious balance of payments difficulties; and iii) for which the cost of stationing of forces represent at such time a heavy additional burden on their balance payments. [...] 2) The countries which, at any given time, consider themselves entitled to plead before their partners that they fulfill, or will fulfill within the succeeding twelve months, simultaneously the three conditions specified above shall submit to the Council a detailed memorandum containing all appropriate explanations to justify that there are good grounds for their request for assistance. 3) These memoranda will be forwarded forthwith to two or three independent experts of recognised competence in the field of international finance. [...] The experts shall advise the Council whether in their judgement the countries involved do or will fulfill simultaneously the three conditions specified above." Vgl. Referat II A 7, Bd. 769.
3 In einem „Memorandum of Understanding" vom 24. Oktober 1961 zwischen Bundesminister Strauß und dem Staatssekretär im amerikanischen Verteidigungsministerium, Gilpatric, das durch einen Briefwechsel vom 2. Februar 1962 ergänzt wurde, verpflichtete sich die Bundesrepublik, in den Jahren 1961 und 1962 Aufträge insbesondere für Rüstungskäufe der Bundeswehr im Wert von 1,45 Milliarden Dollar in die USA zu vergeben. Am 15. September 1962 trafen Strauß und Gilpatric eine weitere Vereinbarung über militärische Zusammenarbeit und Finanzausgleich. Im Rahmen dieses zweiten „Memorandum of Understanding" wurde angestrebt, in den Jahren 1963 und 1964 deutsche Aufträge im Umfang von 1,3 Milliarden Dollar in den USA zu plazieren. Die daraus resultierenden Zahlungen sollten bis zum 30. Juni 1965 erfolgen. Vgl. dazu die Aufzeichnung des Vortragenden Legationsrats I. Klasse Neumann vom 21. Dezember 1963; VS-Bd. 219 (II 6); B 150, Aktenkopien 1963.

Bisherige Abkommen (DM/Mrd.):

1.7.1961–30.6.1963	4,62
1.7.1963–30.6.1965	5,58
1.7.1965–30.6.1967	5,53
1.7.1967–30.6.1968	2,43
1.7.1968–30.6.1969	3,55
1.7.1969–30.6.1971	5,07
1.7.1971–30.6.1973	6,65
1.7.1973–30.6.1975	5,92

Ausgleichsvolumen insgesamt	40,30

Schwerpunkt immer militärische Beschaffungen. In ersten Abkommen zeitweise auch vorzeitiger Transfer von Schulden aus der Nachkriegszeit.

Von dem Abkommen 1967/68 an auch mittel- und langfristige Darlehen an das amerikanische Schatzamt.

Ab Abkommen 1971/73 Mittel zur Sanierung von US-Truppen genutzter deutscher Kasernen.

Letztes Abkommen 1973/75:

militärische Beschaffungen	DM	2 750 Mio.
Beschaffung von Urantrennarbeit für zivile Nutzung	DM	200 Mio.
bilaterale Projekte wissenschaftlich-technologischer Zusammenarbeit	DM	100 Mio.
Kasernensanierung	DM	600 Mio.
Landegebühren auf deutschen Zivilflughäfen und Grundsteuern	DM	20 Mio.
Erwerb niedrigverzinslicher Schuldverschreibungen des US-Schatzamts durch Deutsche Bundesbank	DM	2 250 Mio.
insgesamt	DM	5 920 Mio.

II. Letzte Entwicklung

Nach einem Briefwechsel von Präsident Ford mit dem Bundeskanzler im Frühjahr/Herbst 1975[4] führte StS Hermes am 22.10.1975 ein Gespräch mit Assistant Secretary Hartman, in dem vereinbart wurde, auf Referatsleiterebene die gegenseitigen Argumente auszutauschen und zu versuchen, zu einer gemeinsamen Beurteilung der veränderten Ausgangslage zu kommen. [5]

---

[4] Für das Schreiben des Präsidenten Ford vom 3. Mai 1975 an Bundeskanzler Schmidt vgl. VS-Bd. 8890 (420).

[5] Am 23. Oktober 1975 berichtete Gesandter Hansen, Washington, der Abteilungsleiter im amerikanischen Außenministerium, Hartman, habe Staatssekretär Hermes, z. Z. Washington, am Vortag

Das Gespräch fand am 16.12.1975 in Bonn statt.[6] Für die Gesprächsführung hatte der Bundeskanzler die Weisung erteilt,

– ein neues Offset-Abkommen oder eine vergleichbare Vereinbarung abzuwehren und

– der amerikanischen Seite den Vorschlag einer gemeinsamen Erklärung über die Beendigung des Devisenausgleichs vorzulegen.

Auf unseren Entwurf einer Erklärung hat die amerikanische Regierung am 7.1.1976 Gegenvorschläge[7] vorgelegt, mit denen sie

– feststellt, daß die herkömmlichen Zahlungsbilanzschwierigkeiten an Bedeutung verloren hätten und zwischen beiden Ländern Übereinstimmung bestünde, daß ein Ausgleich von Zahlungsbilanzdefiziten im Zusammenhang mit der Stationierung von US-Truppen in Europa für die gemeinsamen Verteidigungsbeziehungen nicht mehr die gleiche Relevanz hätte und

– vorschlägt, Maßnahmen zu prüfen, durch die „die finanzielle Last der Stationierung von US-Truppen in Europa gemindert werden" könne (weitere Kasernensanierung, Umweltschutz, Verlegung der Brigade 76 nach Norddeutschland[8] und auch Kauf von Schatzanweisungen zu Vorzugszinsen).

Der Vorschlag enthält kein Entgegenkommen, sondern zielt auf Ersetzung des Devisenausgleichs durch Stationierungskostenbeiträge ab. Die Bundesregierung ist jedoch zur Leistung von Stationierungskosten nach dem Truppenvertrag und dem Zusatzabkommen[9] nicht verpflichtet und auch nicht bereit.

Der vom Bundeskanzler für die Referentengespräche erteilte Auftrag war mit der amerikanischen Antwort erschöpft.

Dies wurde der amerikanischen Seite mit Aide-mémoire vom 8.4.1976[10] mitge-

---

Fortsetzung Fußnote von Seite 551

erklärt, „er gebe ein allgemeines Gefühl (‚feeling') in Washington wieder, wenn er sage, daß ein formales Abkommen wie früher unter dem Rubrum ‚offset' nicht mehr erforderlich sei. Wohl jedoch letztes, vorübergehendes Arrangement, um den kritischen Zeitraum des kommenden Jahres zu überbrücken. Wie man es nennen wolle sei eher ein philologisches Problem." Hermes habe erwidert, „daß zur Frage einer von den Amerikanern gewünschten schriftlich festgehaltenen Verständigung über eine sogenannte Übergangsphase keine positive deutsche Entscheidung unterstellt werden dürfe. Es gehe lediglich darum, daß von jeder Seite zwei Referatsleiter die Veränderung der Situation gegenüber der Zeit der früheren Devisenausgleichsabkommen gemeinsam beurteilten." Vgl. den Drahtbericht Nr. 3154; VS-Bd. 9959 (204); B 150, Aktenkopien 1975.

6 Zum deutsch-amerikanischen Referentengespräch über Devisenausgleich vgl. Dok. 39, Anm. 6.

7 Der amerikanische Entwurf für eine Neuregelung des deutsch-amerikanischen Devisenausgleichs wurde am 3. Februar 1976 übergeben. Vgl. dazu Dok. 51.

8 Zur beabsichtigten Verlegung einer amerikanischen Brigade nach Norddeutschland vgl. Dok. 104.

9 Für den Wortlaut des Abkommens vom 19. Juni 1951 zwischen den Parteien des Nordatlantikvertrages über die Rechtsstellung ihrer Truppen (Truppenstatut) vgl. BUNDESGESETZBLATT 1961, Teil II, S. 1190–1214.
Für den Wortlaut des Zusatzabkommens vom 3. August 1959 zum Truppenstatut vgl. BUNDESGESETZBLATT 1961, Teil II, S. 1218–1312.

10 Ministerialdirigent Sigrist erteilte der Botschaft in Washington am 8. April 1976 Weisung, der amerikanischen Regierung „in dort geeignet erscheinder Weise" folgendes Aide-mémoire zu übergeben: „Am 17.12.1975 haben in Bonn Referentengespräche über die Beendigung des Devisenausgleichs stattgefunden. Dabei wurde von deutscher Seite ein Entwurf für eine gemeinsame Erklärung übergeben. Anfang Februar 1976 übermittelte die US-Regierung einen Gegenentwurf hierzu, aus dem hervorgeht, daß die Auffassungen beider Seiten noch erheblich voneinander abweichen. Für ein weiteres Gespräch auf Referentenebene fehlt unter diesen Gegebenheiten die Grundlage. Die deutsche Seite schlägt deshalb vor, daß das Thema bei der nächsten sich bietenden Gelegenheit von den beiden Außenministern erörtert wird." Vgl. den Drahterlaß Nr. 352; VS-Bd. 8891 (420); B 150, Aktenkopien 1976.

teilt. Gleichzeitig wurde vorgeschlagen, daß das Thema bei nächster Gelegenheit von den beiden Außenministern[11] erörtert wird.

Auf Weisung des Bundeskanzlers sollten der amerikanischen Seite unsere Argumente für eine Beendigung des Devisenausgleichs auch auf Ministerebene noch einmal nähergebracht und als Kompromiß eine Vereinbarung über die Beendigung des Devisenausgleichs durch eine einmalige Sonderzahlung zur Unterbringung der Brigade 76 in Norddeutschland vorgeschlagen werden.

III. Deutsche Haltung

Der Devisenausgleich ist überflüssig geworden und nicht mehr gerechtfertigt:

1) Zahlungsbilanz- und Währungssituation

– Der internationale Währungsmechanismus hat durch den Zerfall des Systems von Bretton Woods[12] grundsätzlichen Wandel erfahren. Realistische Wechselkursrelationen zwischen US-Dollar und DM (flexible Wechselkurse) haben ein wichtiges Ausgleichsventil zwischen den betroffenen Wirtschaftsräumen geschaffen.

– Konkurrenzfähigkeit der US-Exportindustrie ist gewachsen.

– Investitionen in den USA sind für in- und ausländische Investoren attraktiver geworden.

– US-Zahlungsbilanz ist positiv.

– Deutscher Handelsbilanzüberschuß ist 1975 erstmalig nach langer Zeit in Defizit umgeschlagen.

– Angesichts der immer engeren internationalen währungspolitischen Zusammenarbeit erscheint ein formalisierter bilateraler Devisenausgleich nicht mehr gerechtfertigt, um so weniger als Bundesbank unter Verzicht auf höherverzinsliche Anlagen ihre Reserven nahezu ausschließlich in US-Schatzpapieren angelegt hat.

– De-facto-Ausgleichseffekt durch deutsche Währungskooperation bedeutend höher als bisherige Offset-Abkommen.

2) Zusammenarbeit im Verteidigungsbereich

Die militärischen Beschaffungen, die in allen Abkommen der wesentlichste Ausgleichsfaktor gewesen sind, werden auch ohne ein neues Offset-Abkommen in Zukunft in beträchtlichem Ausmaß fortgesetzt werden. Sie ergab sich aus der engen deutsch-amerikanischen Zusammenarbeit im Verteidigungsbereich. Dazu kommen die Käufe der europäischen Partner, Beispiel: Beschaffung des Kampfflugzeuges F-16[13], das einschließlich der Nachfolgekosten einen beachtlichen Devisenzufluß zur Folge haben wird.

---

[11] Hans-Dietrich Genscher und Henry Kissinger.

[12] Vom 1. bis 23. Juli 1944 fand in Bretton Woods (USA) eine Währungskonferenz der Vereinten Nationen mit dem Ziel einer Neuordnung des Weltwährungssystems statt, an der 44 Staaten teilnahmen. Im Abkommen von Bretton Woods vom 27. Dezember 1945 wurde die Errichtung des Internationalen Währungsfonds und der Internationalen Bank für Wiederaufbau und Entwicklung beschlossen. Für den Wortlaut vgl. UNTS, Bd. 2, S. 39–205.

[13] Botschafter Ahrens, Kopenhagen, berichtete am 12. Juni 1975 über die Entscheidung des dänischen Parlaments, das als Jäger oder Jagdbomber einsetzbare Flugzeug des Typs „F-16" zu beschaffen: „Mit 114 zu 48 Stimmen ermächtigte Folketing am 11. Juni Verteidigungsminister Orla Møller, 48 Kampfflugzeuge amerikanischen Typs ‚F-16' zum Preis von rd. 2,4 Mrd. Dkr anzuschaffen. Außer-

3) Negative politische Auswirkungen

Die Ausgleichsverhandlungen führen zu periodisch wiederkehrenden Belastungen der deutsch-amerikanischen Beziehungen, die in keinem vernünftigen Verhältnis zu der begrenzten Bedeutung stehen, die die Devisenausgleichsabkommen für den De-facto-Devisenzufluß und in Relation zu dem Verteidigungsbudget der Vereinigten Staaten haben.

IV. Kompromißvorschlag zur Beendigung des Devisenausgleichs: Unterbringung der Brigade 76 in Norddeutschland.

1) Bedarf

Die USA beabsichtigen, ab Oktober 1977 rd. 3800 Soldaten in Garlstedt bei Bremerhaven sowie weitere 150 Soldaten für logistische Anschlußversorgung in Bremerhaven zu stationieren.

Zur Unterbringung der US-Truppen ist in Garlstedt der Neubau von Truppenunterkünften notwendig. Dazu kommen weitere Baumaßnahmen wie Kampfausbildungsanlagen, Fernmeldeverbindungen, Abstellflächen, technische Bereiche, Betreuungseinrichtungen. In Bremerhaven ist die Renovierung vorhandener US-Truppenunterkünfte sowie die Errichtung von Schulen und anderer Betreuungseinrichtungen erforderlich.

Nach neueren Planungen der USA werden die US-Soldaten fest stationiert. Die für die Familienangehörigen benötigten Wohnungen werden ohne Belastung für den Bundeshaushalt auf dem Mietwege bereitgestellt.

2) Kosten

Gesamtkosten		257,5 Mio. DM
./. gesicherte Finanzierungsbeiträge:		
a) US-Heimatmittel	56,3 Mio. DM	
b) Kasernensanierungsmittel aus Offset-Abkommen 1973/1975	7,0 Mio. DM	
c) US-Spezialprogramm im Rahmen der NATO-Infrastruktur	4,4 Mio. DM	
	67,7 Mio. DM	67,7 Mio. DM
Finanzierungslücke		189,8 Mio. DM

Der Finanzierungsbedarf gliedert sich zeitlich voraussichtlich wie folgt auf:

Haushaltsjahr 1976 =	50	Mio. DM
Haushaltsjahr 1977 =	130	Mio. DM
Haushaltsjahr 1978 =	77,5	Mio. DM
	257,5	Mio. DM

Die Kostenschätzungen sind hoch angesetzt. Sie enthalten einen Spielraum von 30 bis 40 Mio. DM für Ausgaben, die u. U. nicht anfallen (z. B. rd. 26 Mio. DM Umsatzsteuer, wenn die Mittel für die Baumaßnahmen wie Offset-Mittel

Fortsetzung Fußnote von Seite 553

    dem stimmte Parlament Vorkaufsrecht für zehn weitere Maschinen gleichen Typs zu. [...] ‚F-16'-Anschaffung hängt nach wie vor von gemeinsamem Ankauf durch Belgien, Holland, Norwegen und Dänemark ab." Vgl. den Drahtbericht Nr. 139; Referat 201, Bd. 113490.

verausgabt werden). Es kann daher mit einer zu deckenden Finanzierungslük-
ke von nicht mehr als 160 Mio. DM gerechnet werden.

3) Finanzierung

a) Kostenbeteiligung der NATO-Partner

Eine Finanzierung aus Mitteln der NATO-Infrastruktur ist angesichts der engen Kriterien für NATO-Infrastrukturbaumaßnahmen nicht zu erwarten. Wir
werden trotzdem einen entsprechenden Antrag bei der NATO stellen, um
hiermit zu unterstreichen, daß kein Präzedenzfall für eine bilaterale Übernahme von Truppenstationierungskosten durch die Bundesrepublik Deutschland
geschaffen wird (siehe Brief des Bundeskanzlers vom 14.4.1976[14]).

Eine weitere Finanzierung aus Mitteln des US-Spezialprogramms (= Sonder-
programm der NATO-Infrastruktur für US-Baumaßnahmen in Höhe von rd.
264 Mio. DM; deutscher Kostenanteil rd. 26,4%) ist nicht auszuschließen. Von
den bisher 106 Mio. DM festgelegten Baumaßnahmen sind 18,5 Mio. DM für
die Brigade vorgesehen (s. o. 2 a). Die Voraussetzung dafür wäre, daß bei der
Festlegung der verbleibenden 158 Mio. DM ein entsprechender Antrag der
USA gestellt wird.

Eine über diese beiden Finanzierungsmöglichkeiten hinausgehende Beteiligung einzelner NATO-Partner (insbesondere aus dem NORTHAG-Bereich) würde langwierige Verhandlungen voraussetzen, die wegen der allgemein schwierigen Haushaltslage gegenwärtig wenig aussichtsreich wären.[15]

VS-Bd. 8891 (420)

---

14 Bundeskanzler Schmidt teilte Bundesminister Apel mit: „Ich bin deshalb der Überzeugung, daß
wir den Finanzierungsvorschlag einer gemischten deutsch-amerikanischen Gruppe von Ende September 1975 aufgreifen sollten. Dieser ihrem Hause bekannte Vorschlag sieht vor, daß die USA aus
eigenen Haushaltsmitteln 43,2 Mio. DM aufbringen; weitere 18 Mio. DM sollen aus einem NATO-
US-Spezialprogramm und 22 Mio. DM aus restlichen Offset-Mitteln aufgebracht werden. Der verbleibende Betrag von 238,3 Mio. DM sollte aus allgemeinen NATO-Infrastrukturmitteln gedeckt,
jedoch durch die Bundesregierung vorfinanziert werden. Dieser Vorschlag dürfte Aussicht auf amerikanische Annahme haben, wenn wir das Risiko dafür übernehmen, daß unsere Vorfinanzierung
später tatsächlich durch NATO-Zahlungen abgelöst wird. Auch wenn wir nicht mit einer Rückzahlung durch die NATO rechnen können, erscheint es nützlich, in die Vereinbarung mit den USA die
Vorfinanzierung aufzunehmen, weil dies nochmals unterstreichen würde, daß hiermit kein Präzedenzfall für eine bilaterale Übernahme von Truppenstationierungskosten durch die Bundesrepublik Deutschland geschaffen wird." Vgl. VS-Bd. 8678 (201); B 150, Aktenkopien 1976.

15 Ministerialdirigent Loeck, Bundeskanzleramt, vermerkte am 20. Mai 1976 zu einem Gespräch des
Bundeskanzlers Schmidt mit den Bundesministern Apel und Leber vom Vortag: „Die Bundesregierung legt sich darauf fest, sich an den Kosten der Unterbringung der Brigade 76 in Verbindung mit
der Beendigung der Devisenausgleichszahlungen gegenüber den USA unter folgenden Voraussetzungen zu beteiligen: Die Kostenbeteiligung ist eine einmalige Sonderleistung und begründet keine
Verpflichtung zur Zahlung von Stationierungskosten. Der Devisenausgleich wird beendet; an seine
Stelle treten keine neuen Verpflichtungen. Die Regelung erhält die Form einer schriftlichen bin-
denden Vereinbarung. [...] Der deutsche Beitrag für die Unterbringung der Brigade 76 soll höchstens 160 Mio. DM netto betragen. [...] Die deutsche Seite geht davon aus, daß die amerikanische
Regierung zu den Baukosten durch einen Betrag von 7 Mio. DM aus Offset-Restmitteln sowie von
4,4 Mio. DM aus dem US-NATO-Spezialprogramm beitragen wird." VS-Bd. 14069 (010); B 150, Aktenkopien 1976.

121

Drahterlaß des
Vortragenden Legationsrats I. Klasse Fleischhauer

501-506.01-637/76 geheim   29. April 1976[1]
Fernschreiben Nr. 1722 Plurez   Aufgabe: 5. Mai 1976, 12.14 Uhr
Citissime

Betr.: Kirchenrechtliche Neuordnung in der DDR

Bezug: DB Nr. 453 vom 23.4.[2] und Nr. 475 vom 27.4.76[3]
          der Ständigen Vertretung

I. Zur Unterrichtung

Unsere erste Reaktion auf die von Kardinal Bengsch am 22.4.76 StS Gaus gemachten Mitteilungen und die in dem DB Nr. 475 übermittelten weiteren Mitteilungen aus dem bischöflichen Ordinariat gegenüber MR Dr. Bräutigam ist
folgende:

Die in den beiden Briefen des Kardinalstaatssekretärs[4] an Kardinal Bengsch
vom 10.4.76 enthaltene Ankündigung der bevorstehenden Reduzierung der Fuldaer Bischofskonferenz auf die Bundesrepublik Deutschland und der Anhebung der Berliner Ordinarienkonferenz kommt als solche nicht überraschend.
Sie zeichnete sich seit einiger Zeit vor allem auch wegen des Auslaufens der
Genehmigung der Fuldaer Bischofskonferenz ab.[5] Doch werfen die Mitteilun-

---

1 Drahterlaß an die Ständige Vertretung in Ost-Berlin und die Botschaft beim Heiligen Stuhl in Rom.
  Hat Staatssekretär Hermes und Ministerialdirektor van Well zur Mitzeichnung vorgelegen.
2 Staatssekretär Gaus, Ost-Berlin, berichtete über ein Gespräch mit dem Bischof von Berlin, Kardinal Bengsch, vom Vortag: „Der Kardinal hat dieser Tage zwei Briefe von Kardinal-Staatssekretär
  Villot mit Datum vom 10. April erhalten. Im ersten Brief wird Bengsch mitgeteilt, daß der Papst
  für die DDR die Errichtung einer Bischofskonferenz beschlossen hat; der Brief vermeidet jedoch
  die Bezeichnung ‚DDR‘ und spricht von der Kirche ‚Ostdeutschlands‘. Im zweiten Brief werden die
  Mitglieder der jetzigen Ordinarienkonferenz in der DDR um ihr Votum in der Frage gebeten, ob für
  die DDR ein Metropolitanverband (Kirchenprovinz) gebildet werden soll. Über diese Frage seien
  auch Konsultationen mit der Regierung der DDR beabsichtigt. Als eine Art Anhang sind dem zweiten Brief sechs Punkte über Erleichterungen und Verbesserungen der kirchlichen Arbeit in der
  DDR beigefügt, deren Erfüllung vom Vatikan durch die DDR-Regierung für den Fall erwartet wird,
  daß die in den beiden Briefen enthaltene kirchenrechtliche Neuordnung herbeigeführt wird." Vgl.
  VS-Bd. 14068 (010); B 150, Aktenkopien 1976.
3 Ministerialrat Bräutigam, Ost-Berlin, resümierte ein Gespräch mit einem Mitarbeiter des Bischofs
  von Berlin, Kardinal Bengsch, vom Vortag: „Wie ich aus dem Gespräch entnehmen konnte, sind
  Kardinal Bengsch und seine Berater über das beabsichtigte Vorgehen des Vatikans, wie es sich in
  den beiden Briefen abzeichnet, nicht sehr glücklich. Sie befürchten, daß eine vorgezogene Konstituierung der Berliner Bischofskonferenz, ohne daß diese von Gegenleistungen der DDR abhängig
  gemacht würde, die Bereitschaft der DDR zu Gegenleistungen überhaupt zunichte machen könnte.
  Man nimmt hier an, daß ein solches Vorgehen von der DDR als Schwäche verstanden würde und
  plädiert deshalb dafür, die beiden Schritte – nämlich die Errichtung der Bischofskonferenz und die
  Bildung neuer Bistümer – zu verbinden und beide von der Erfüllung bestimmter Forderungen
  (6-Punkte-Katalog) abhängig zu machen. Nur so sieht man eine Chance, daß die Forderungen der
  Kirche in dem größtmöglichen Umfang durchgesetzt werden, wobei man sich darüber im klaren ist,
  daß dies seitens des Vatikans Großzügigkeit und Festigkeit voraussetzt." Vgl. VS-Bd. 10769 (501);
  B 150, Aktenkopien 1976.
4 Jean Villot.
5 Zur Befristung des Statuts der Deutschen Bischofskonferenz vom 2. März 1966 vgl. Dok. 82, Anm. 4.

gen des Vatikans und die Verknüpfung von Neuordnung der Bischofskonferenzen mit der Frage nach der Einrichtung einer DDR-Kirchenprovinz einerseits
und der nicht ganz durchsichtige Zusammenhang zwischen der Durchführung
dieser Maßnahmen und den gewünschten Gegenleistungen der DDR andererseits Fragen auf. Im einzelnen:

1) Unklar ist nach den Schreiben des Kardinalstaatssekretärs offenbar die
konkrete Regelung der Berlin-Frage bei der Neuordnung der Bischofskonferenzen. Ein bloßer Berlin-Vorbehalt in den Statuten der beiden Bischofskonferenzen genügt zweifellos nicht, um unsere Bedenken auszuräumen. In der Sache kommt es darauf an, daß Bengsch seine Doppelstellung in den beiden Konferenzen im bisherigen Rahmen behält.

Die in dem Ostberliner Ordinariat ins Auge gefaßte Prozedur einer einfachen
Unterrichtung der DDR würde hier für zweckmäßig gehalten werden. Ob es
sich andererseits ermöglichen läßt, Berlin (West) von den Beschlüssen der Berliner Konferenz auszunehmen und nur den Beschlüssen der Fuldaer Konferenz
zu unterstellen, läßt sich von hier aus einstweilen von der Sache her nicht voll
übersehen.

2) Aus den Bezugsberichten ergibt sich kein klarer Aufschluß über den zeitlichen Ablauf der vorgesehenen Maßnahmen.

3) Der Gedanke der Schaffung einer DDR-Kirchenprovinz ist für uns nicht
ganz neu. Er hatte in unseren internen Überlegungen schon zu einem früheren
Zeitpunkt eine Rolle gespielt. Der Gedanke an eine DDR-Kirchenprovinz ist
für uns ebenfalls in erster Linie unter dem Gesichtspunkt der rechtlichen Stellung von Berlin zu sehen. Sehr problematisch wäre für die Bundesregierung
die Einrichtung einer die DDR und Berlin umfassenden Kirchenprovinz mit
Sitz in Magdeburg (wofür sich aus der Geschichte einige Anknüpfungspunkte
ergeben könnten). Dann würden nämlich die – wenngleich äußerst begrenzten –
Hoheitsbefugnisse des Metropoliten in Berlin von der DDR aus wahrgenommen werden, was mit dem völkerrechtlichen Status von Berlin (West) und
letztlich auch von Berlin (Ost) nicht zu vereinbaren wäre. Wenn der Sitz des
Oberhirten Berlin selber sein soll, fallen diese Hoheitsbefugnisse dagegen dem-
jenigen Oberhirten zu, der ohnehin bereits die volle kirchenrechtliche Hoheit
über das gesamte Bistum ausübt und der zugleich die Doppelstellung in beiden
deutschen Bischofskonferenzen innehat. Es bliebe allerdings auch in diesem
Falle, daß Berlin (West) Teil einer sonst nur noch die DDR umfassenden kirchlichen Verwaltungseinheit sein würde. Angesichts der vergleichsweise geringen praktischen Bedeutung der gemeinsamen Zugehörigkeit zu einem Metropolitanverband und der Doppelstellung von Kardinal Bengsch in beiden Bischofskonferenzen wäre dieser Nachteil in erster Linie optischer Natur. Um
ihn zu steuern, müßten wir ggfs. darauf achten, daß die Bezeichnung der Kirchenprovinz auf Berlin abstellt (Berliner Kirchenprovinz) oder auf einen anderen rein geographischen Zusammenhang (Ostdeutsche Bischofskonferenz), keinesfalls aber auf die DDR. Ein Vorteil der Bildung einer solchen Kirchenprovinz würde auf der anderen Seite darin liegen, daß sich dadurch möglicherweise die Frage der Bezeichnung der neuen Bischofskonferenz als „Berliner Bischofskonferenz" leichter lösen läßt.

II. Weisung

1) Die Ständige Vertretung in Ostberlin wird gebeten, ohne formelle Demarche bei Kardinal Bengsch zu versuchen, Näheres über den zeitlichen Ablauf der Dinge, wie er sich dem Ordinariat in Berlin darstellt, in Erfahrung zu bringen und bei weiteren Kontakten mit den Mitarbeitern von Kardinal Bengsch unser vorrangiges Interesse an der Doppelstellung von Kardinal Bengsch in beiden Bischofskonferenzen sowie unsere ersten Überlegungen hinsichtlich der Schaffung einer Kirchenprovinz zum Ausdruck zu bringen.[6]

2) Die Vatikanbotschaft wird gebeten, ohne unsere Kenntnis von den beiden Briefen des Kardinalstaatssekretärs zu erkennen zu geben, bei Erzbischof Casaroli Erkundigungen nach den für die nächste Zeit geplanten Maßnahmen, insbesondere der Reorganisation der Bischofskonferenzen unter Neufassung ihrer Statuten, einzuholen. Auch bei dem Gespräch mit Casaroli sollte unser vorrangiges Interesse daran betont werden, daß Kardinal Bengsch seine Doppelstellung in den beiden Bischofskonferenzen auch nach Anhebung des Status der Berliner Ordinarienkonferenz beibehält. Sodann sollte erneut daran erinnert werden, daß Casaroli uns abgestimmte Erklärungen auch für diesen Fall zugesagt hatte[7].

3) Sowohl bei den weiteren Gesprächen in Rom als auch bei denjenigen in Ostberlin sollte den Gesprächspartnern zu verstehen gegeben werden, daß die Verantwortung für alle in Aussicht genommenen Maßnahmen kirchenrechtlicher Neuordnung in der DDR allein beim Heiligen Stuhl liegt. Die Bundesregierung könnte lediglich im Rahmen ihrer völkerrechtlichen Befugnisse und politischen Verantwortlichkeit sich beteiligen.[8]

---

6 Staatssekretär Gaus, Ost-Berlin, berichtete am 11. Mai 1976, ein Mitarbeiter des Bischofs von Berlin habe am Vortag erklärt, „noch vor der heute stattfindenden Sitzung der Berliner Ordinarienkonferenz Kardinal Bengsch unsere Darlegungen zugänglich zu machen. [...] Zum zeitlichen Ablauf sagte Gesprächspartner, zunächst werde die Berliner Ordinarienkonferenz die Stellungnahme der darin zusammengeschlossenen Bischöfe zu den Vorschlägen des Vatikans festlegen. Auf dieser Grundlage würden wohl noch in diesem Monat die beiden Schreiben des Kardinal-Staatssekretärs beantwortet werden. Dabei gingen die Bischöfe davon aus, daß an der Entscheidung des Papstes, eine eigenständige Bischofskonferenz in der DDR zu schaffen, nichts mehr geändert werden könne. [...] Zur Berlin-Frage sagte Gesprächspartner, die Wahrung der Doppelstellung von Kardinal Bengsch in beiden Bischofskonferenzen sei vom Vatikan bisher nicht in Frage gestellt worden und werde von allen deutschen Bischöfen rückhaltlos unterstützt. Kardinal Bengsch selbst werde von dieser Bedingung unter keinen Umständen abgehen. Rechtlich solle die Doppelstellung dadurch abgesichert werden, daß in den Statuten der Deutschen Bischofskonferenz (Fulda) die Mitgliedschaft des Bischofs von Berlin ‚für den Westteil seines Bistums‘ ausdrücklich aufgeführt werde. In den Statuten der Berliner Bischofskonferenz solle dementsprechend ausdrücklich klargestellt werden, daß die Beschlüsse dieser Konferenz keine Gültigkeit für den Westteil des Bistums Berlin haben." Vgl. den Drahtbericht Nr. 528; VS-Bd. 10769 (501); B 150, Aktenkopien 1976.

7 Vgl. dazu das Gespräch des Bundesministers Genscher mit dem Sekretär des Rats für die öffentlichen Angelegenheiten der Kirche, Casaroli, am 24. Oktober 1975; AAPD 1975, II, Dok. 317.

8 Am 29. April 1976 teilte Botschafter Böker, Rom (Vatikan), zu einem Gespräch mit dem Sekretär des Rats für die öffentlichen Angelegenheiten der Kirche, Casaroli, vom Vortag mit: „Ich konnte dabei feststellen, daß Casaroli uns gegenüber neuerdings nicht wieder mit sehr offenen Karten spielt. Er erging sich auch wieder, wie bei früheren Gelegenheiten, in langatmigen und weitausholenden allgemeinen Darlegungen über die Haltung des Vatikans in der Deutschlandfrage [...]. Aus seinen allgemeinen Darlegungen ist allenfalls folgendes interessant: Die vatikanische Politik gegenüber der DDR habe eine Zeitlang auf der Stelle getreten. Nunmehr beginne sie aber wieder in Fluß zu kommen." Im einzelnen habe Casaroli erklärt: „1) Die Anhebung der Berliner Ordinarienkonferenz zu einer vollen Bischofskonferenz ist nach wie vor das erste Ziel der vatikanischen DDR-Politik. 2) Eine aus diesem Anlaß zu veröffentlichende Erklärung befindet sich jetzt in Arbeit. Ein Entwurf

III. Zur Unterrichtung der Ständigen Vertretung bei der DDR

Die Bezugsberichte sind an die Vatikanbotschaft ausschließlich zu deren eigener Unterrichtung und mit der Bitte um absoluten Quellenschutz zur Kenntnisnahme weitergeleitet worden.

IV. Dieser Erlaß hat vor Abgang dem Herrn Staatssekretär[9] vorgelegen.

[gez.] Fleischhauer

VS-Bd. 10769 (501)

122

Gespräch des Bundesministers Genscher mit dem Ersten Sekretär des ZK der Ungarischen Sozialistischen Arbeiterpartei, Kádár, in Budapest

214-321.11 UNG   30. April 1976[1]

Gespräch am 30. April 1976, 11.30 Uhr, beim Ersten Sekretär der Ungarischen Sozialistischen Arbeiterpartei Kádár.[2]

Teilnehmer: Kádár, Bundesminister Genscher, Außenminister Puja, Botschafter Kersting, Botschafter Hamburger, Dolmetscher auf ungarischer Seite, Dolmetscher auf deutscher Seite, Kinkel.

Kádár: Begrüßt Minister; Dank für Annahme der Einladung. Betont Wichtigkeit des Besuchs. Beide Seiten leben in einer Welt mit verschiedenen Traditionen, negativen und positiven. Beide Seiten leben auf dem gleichen Erdteil. Beide Seiten müssen ihre Zukunft planen. Deshalb wichtig für ungarische Seite: Beziehungen zur Bundesrepublik. Er hoffe, daß Reise sich für Bundesminister gelohnt habe. Man habe sich gegenseitig kennengelernt und werde sicher größeres Einverständnis in wichtigen Fragen erzielt haben. Zusammenarbeit müsse weitergeführt werden. Dank für überbrachte Grüße des Bundeskanzlers. Bitte, an Bundeskanzler ebenfalls herzliche Grüße auszurichten. Er sei

---

Fortsetzung Fußnote von Seite 558

kann uns etwa in der ersten Mai-Woche übergeben werden. [...] 3) Aus Anlaß der Anhebung des Status der Berliner Ordinarienkonferenz sollen der DDR gewisse vatikanische Forderungen unterbreitet werden. Es soll aber kein Zug-um-Zug-Geschäft werden, weil sonst Gegenforderungen der DDR zu befürchten wären (insbesondere staatliches Mitspracherecht bei der Ernennung von Bischöfen). [...] 4) Die Anhebung der Berliner Ordinarienkonferenz soll in einer Weise erfolgen, die dem Status Berlins, insbesondere Westberlins, Rechnung trägt. [...] 5) Über die Schaffung einer Kirchenprovinz in der DDR sei noch nichts entschieden. Es wäre an sich normal und angebracht, eine solche Einrichtung zu schaffen, aber es gäbe auch andere Präzedenzfälle (z. B. der Schweiz, wo jeder einzelne Bischof unmittelbar dem Heiligen Stuhl untersteht)." Vgl. den Drahtbericht Nr. 21; VS-Bd. 10769 (501); B 150, Aktenkopien 1976.

[9] Vgl. Anm. 1.

[1] Die Gesprächsaufzeichnung wurde von Ministerialdirigent Kinkel am 30. April 1976 gefertigt.

[2] Bundesminister Genscher hielt sich vom 28. bis 30. April 1976 in Ungarn auf.

informiert über die bisher geführten Gespräche.[3] Habe Eindruck, daß diese Gespräche offen und realistisch geführt worden seien. Deutsch-ungarische Beziehungen hätten eigene Vergangenheit; positiv wie negativ. Heute hätten beide Länder wichtige Aufgaben vor sich, deshalb sollten alle Möglichkeiten der Zusammenarbeit ausgeschöpft werden. Beziehungen nach dem Zweiten Weltkrieg seien sehr interessant gewesen, insbesondere auf wirtschaftlichem Gebiet. In Bundesrepublik stünden Wahlen vor der Tür.[4] Ungarische Seite erhoffe von dem Besuch Verbesserung der Beziehungen. Bestreben beider Länder werde durch Gespräche besser erkennbar. Nochmals Dank für Besuch.

Minister: Dank für Begrüßung. Aufnahme in Ungarn sei sehr herzlich gewesen. Er werte die bisherigen Gespräche als wertvoll und freundschaftlich. Dank für Verständnis auf Kádárs Seite wegen der Terminprobleme im Zusammenhang mit ursprünglich geplantem Kádár-Besuch.[5] Es sei besser, wenn Besuch im kommenden Jahr stattfinde, nicht in der Hektik des Wahljahres.[6] Besuch müßte der Bedeutung gerecht werden, die deutsche Seite insbesondere diesem Besuch zumesse. Er habe Vorschlag des Ministerpräsidenten Lazar aufgenommen[7], die Zeit bis zum Kádár-Besuch zu nutzen und eine weitere Sitzung der Gemischten Kommission[8] anzuberaumen, damit konkrete Vorschläge bis zum Kádár-Besuch vorgelegt werden könnten. Dadurch würde Besuch auch erfolgreicher. Zu seinem jetzigen Besuch: Bundeskanzler und er würden regelmäßigen Kontakten große Bedeutung beimessen. Deshalb dieser Besuch trotz Wahljahr. Zusammenarbeit beider Länder sei beispielhaft für Zusammenarbeit von Ländern mit verschiedenem Gesellschafts- und Paktsystem. Vielfalt der Kooperationsvorhaben sei positiv. Bundeskanzler habe in Helsinki seine Sicht der Probleme der Weltwirtschaft dargestellt.[9] Heute könne man sagen, daß Bundesrepublik Rezession hinter sich habe und in einer ersten Phase des Aufschwungs sei. Dies sei nicht zuletzt deshalb gelungen, weil in USA Parallelmaßnahmen. Aufschwung vollziehe sich in Stabilität und mit dem Ziel, Arbeitslosigkeit abzubauen. Er erwähne das, weil es sich nicht nur um ein Problem zwischen den USA und der Bundesrepublik handele, sondern weil die Welt-

---

3 Für die Gespräche des Bundesministers Genscher am 29. April 1976 mit dem ungarischen Außenminister Puja vgl. Dok. 118 und Dok. 119.
Zum Gespräch von Genscher mit Ministerpräsident Lazar am 30. April 1976 vgl. Anm. 7.

4 Die Wahlen zum Bundestag fanden am 3. Oktober 1976 statt.

5 Zur Verschiebung des Besuchs des Ersten Sekretärs des ZK der USAP, Kádár, in der Bundesrepublik vgl. Dok. 118, Anm. 6.

6 Der Erste Sekretär des ZK der Ungarischen Sozialistischen Arbeiterpartei, Kádár, besuchte die Bundesrepublik vom 4. bis 8. Juli 1977. Für das Gespräch mit Bundeskanzler Schmidt am 4. Juli 1977 vgl. AAPD 1977.

7 Ministerpräsident Lazar erklärte am 30. April 1976 im Gespräch mit Bundesminister Genscher: „In Ungarn sei eine neue Etappe der wirtschaftlichen Entwicklung eingetreten; Ungarn müsse eine Grenzlinie überschreiten: Es wolle in die Stufe der entwickelten Länder eintreten. Dazu notwendig: Modernisierung der Strukturen, größere Investitionen. Ungarische Industrie habe Stufe erreicht, die es ermögliche, in Drittländern gemeinsam aufzutreten. Dabei komme Ungarn zugute, daß es aufgrund seiner geographischen Lage ‚Straße zwischen Ost und West' ist. Da Besuch von Kádár verschoben werden müsse, solle Zeit genutzt werden, um Gemischte Kommission zusammentreten zu lassen." Vgl. Referat 214, Bd. 116587.

8 Zur ersten Sitzung der deutsch-ungarischen Gemischten Kommission vgl. Dok. 119, Anm. 21.

9 Bundeskanzler Schmidt bekräftigte am 30. Juli 1975 auf der KSZE-Schlußkonferenz in Helsinki den Willen der Bundesregierung, „die bisherige Politik der wirtschaftlichen Kooperation zu intensivieren". Vgl. SICHERHEIT UND ZUSAMMENARBEIT, Bd. 2, S. 810.

wirtschaft von diesen Fragen beeinflußt werde, also auch die deutsch-ungarischen Wirtschaftsbeziehungen. Wirtschaftliche Beziehungen hätten neue Qualität. Sie seien Fortsetzung der Entspannungspolitik. Je mehr gemeinsames Engagement auf diesem Gebiet vorhanden sei, um so mehr bestünde auch Interesse an gemeinsamer politischer Zusammenarbeit. Der gute Wille allein genüge nicht; die Interessen müßten parallel laufen. Er lege Wert auf Feststellung, daß Bundesregierung ihre Teilnahme am Entspannungsprozeß langfristig angelegt habe. Aus schmerzlichen Erfahrungen wisse deutsche Seite, daß es hierfür keine Alternative gebe. Ein Blick auf Afrika und den Nahen Osten z.B. zeige die Wichtigkeit der Zusammenarbeit in Europa. Zusammenarbeit führe zwangsläufig zur Konflikteindämmung. Bundesrepublik sei keine Großmacht; unser Wort werde aber im westlichen Lager gehört. Ungarn sei keine Großmacht; seine Stimme werde aber im sozialistischen Lager gehört. Deshalb lege die deutsche Seite auch so großen Wert auf den Gedankenaustausch mit der ungarischen Seite, insbesondere auch mit Kádár.

Was Europa anbelange, so sei die Bilanz seit 1969 positiv. Ausgleich mit den osteuropäischen Ländern sei eingeleitet, vertragliche Vereinbarungen und Aufnahme der Beziehungen vollzogen. Die eingeleitete Politik der Bundesrepublik sei eine Politik der Friedenssicherung, aber auch ein spezifischer deutscher Beitrag zur Entspannung. Er wolle hervorheben, daß die deutsche Seite natürlich ein spezifisches Interesse an der Entspannung habe. Als Volk hätten wir in zwei Staaten zu leben. In einer Periode der Zusammenarbeit sei dies erträglicher als in einer Periode des „kalten Krieges". Wir hätten Fortschritte gemacht, die keinen voll befriedigen, die aber die Situation besser erscheinen lassen als früher, wenn man nur an die Reisemöglichkeiten denke. Natürlich sei die Berlin-Frage von besonderer Bedeutung. Das Vier-Mächte-Abkommen habe einen großen Fortschritt bedeutet. Selbstverständlich sei nichts vollkommen auf dieser Welt, auch nicht das Vier-Mächte-Abkommen. Dieser Punkt, nämlich Berlin, müsse alle interessieren, auch die sozialistischen Staaten, weil von diesem Punkt auch weitere vertragliche Abmachungen mit anderen sozialistischen Ländern abhingen, Abmachungen, die die deutsche Seite wolle. Unbestritten sei, daß Westberlin nicht konstitutiver Teil sei; auf der anderen Seite lasse Vier-Mächte-Abkommen Entwicklung der Bindungen zu und enthalte damit dynamische Note.[10] Einbeziehung Berlins in die Verträge und die Außenvertretung Berlins seien mit dem Vier-Mächte-Abkommen zu vereinbaren.[11] Auf beidem müsse Bundesregierung beharren. Kádár möge ein offenes Wort erlauben: Die Gefühle, die die Ungarn Budapest gegenüber entgegenbringen würden, seien gleich den Gefühlen der Deutschen für Berlin. Er sei nicht sicher, ob USSR diese Lage immer richtig einschätze; er sei insbesondere nicht sicher, ob sich die USSR der Tatsache bewußt sei, daß sie den Schlüssel zum Herzen Deutschlands in der Hand habe; manchmal habe er das Gefühl, daß die Bürokraten den Schlüssel weggesteckt hätten. Die deutsche Seite wolle Fortschritte in der Entspannungspolitik. Sie wolle insbesondere die noch offenen

---

10 Vgl. dazu Teil II B und Anlage II des Vier-Mächte-Abkommens über Berlin vom 3. September 1971; Dok. 66, Anm. 8.

11 Vgl. dazu die Anlagen IV A und B des Vier-Mächte-Abkommens über Berlin vom 3. September 1971; Dok. 15, Anm. 6.

Vereinbarungen mit der Sowjetunion unterzeichnen[12]; die Menschen sollten sehen, daß es positiv weitergeht mit der Entspannungspolitik; dies liege im allseitigen Interesse. Er, Genscher, habe dies Kádár gesagt, damit er die Deutschen verstehe, damit im sozialistischen Lager unsere Gefühle als Deutsche respektiert würden.

Kádár: Was Sie sagen, ist klar. Wir schätzen Hauptlinie der Bundesregierung, auch die Fortschritte, die erzielt werden konnten. Er denke an Arbeit der vergangenen drei, vier Jahre. Dies gelte auch für das Verhältnis der Bundesrepublik zur USSR, zur DDR, zu Polen und insbesondere zu Ungarn. Er sei kein Prophet, aber er sehe mit Klarheit, daß Positives erreicht sei, Fortschritte erzielt worden seien. Besonders dankbar sei er für Verbesserungen der Beziehungen zu den sozialistischen Ländern. Diese Verbesserungen seien nur möglich gewesen, weil man realistisch gewesen sei. Wichtige Fragen seien gelöst worden; dabei hätten beide Seiten Kompromisse eingehen müssen. Selbstverständlich gingen in vielen Fragen die Wünsche weit über das hinaus, was die gegebene Situation zulasse. Auch hier müsse er auf notwendige Kompromisse verweisen. Idealvorstellungen für die Zukunft müsse man zurückschrauben, Unmögliches dürfe nicht versucht werden, jetzt gehe es um die Realitäten in einer gegebenen historischen Situation. Man müsse auf positive Entwicklungen in der Zukunft bauen. Er wolle keinen Witz machen, trotzdem aber sagen: Natürlich hätte er persönlich gerne, wenn in der Bundesrepublik eine Volksrepublik errichtet würde. Er sehe aber die Realitäten, und was man mit den Realitäten erreicht habe, dürfe nicht unterschätzt werden. Die Situation sei insgesamt normaler geworden. Im Augenblick werde realistisch praktiziert, was mit Realitätssinn erreicht worden sei. Die Frage West-Berlins sei das heikelste Problem. Durch das Vier-Mächte-Abkommen sei ein mehr oder weniger geregelter Zustand erreicht worden. Mehr sei im Augenblick nicht machbar. In Bälde gebe es keine Veränderung. Das sozialistische Lager habe verschiedene Vorstellungen in dieser Frage von den Vorstellungen, die im anderen Lager vorhanden seien; beide Seiten hätten aber von den Realitäten auszugehen. Manchmal müßte man sich auf die Geschichte verlassen. Auch früher habe es realitätsfremde Politik gegeben. Das Leben erledige vieles. Wichtig sei, daß unter friedlichen Bedingungen weiterverhandelt werde. Dies verlange Zusammenarbeit in den Grundfragen der Politik. Krieg sei schlecht, Zusammenarbeit sei besser, wirtschaftliche Zusammenarbeit sei besonders wichtig. Die Menschen müßten reisen und leben auch unter den gegebenen Bedingungen. Es habe Perioden gegeben, in denen sich die Deutschen und die Ungarn nicht gegrüßt hätten.

Man befinde sich bei dem Gespräch in einem Parteihaus; auch die Partei wünsche, den positiven Prozeß fortzusetzen.

Er wolle in der Berlin-Frage keine Ausflüchte suchen, aber er wolle nochmals wiederholen, daß man sich in manchen Fragen auf die Zeit verlassen müsse. Bezüglich West-Berlin werde es auch weiter Probleme geben. Die anstehenden

---

12 Zum Stand der Verhandlungen zwischen der Bundesrepublik und der UdSSR über ein Abkommen zur gegenseitigen Rechtshilfe in Zivil- und Handelssachen bzw. über ein Abkommen über wissenschaftlich-technische Zusammenarbeit und über das Zweijahresprogramm zum Kulturabkommen vgl. Dok. 15, besonders Anm. 2, bzw. Dok. 27, Anm. 10.

Fragen sollten nacheinander angegangen werden. Friedliche Koexistenz sei nicht Ausdruck einer passiven Haltung, sondern nur durch aktives Tun erreichbar. Die friedliche Koexistenz müßte von allen Seiten unterstützt werden. Die bilateralen Beziehungen Bundesrepublik/Ungarn hätten auch heikle Fragen. Er wolle nur darauf hinweisen, was mit der Bevölkerung zu einem bestimmten Zeitpunkt geschehen sei. Die Hälfte habe gehen müssen, die Hälfte habe bleiben können. Dies sie auch ein Problem gewesen, das man nur mit Realitätssinn und Nüchternheit habe lösen können. Öffentlichkeit in Ungarn und Öffentlichkeit in Bundesrepublik bejahten die Praxis, die für die Lösung dieser Frage gefunden worden sei. Ganz wesentlich seien die menschlichen Kontakte. Die geteilten Familien dürften nicht unter bestimmten Fragen leiden. Bundesminister sei höflich gewesen, als er davon gesprochen habe, daß Ungarns Stimme in den sozialistischen Ländern gehört werde. Die Stimme der Bundesrepublik sei wichtiger, da das wirtschaftliche Gewicht der Bundesrepublik höher sei. Die internationale Lage müsse entspannt werden, nicht verschärft. Beide Länder gehörten verschiedenen Paktsystemen an, die Größenordnungen seien verschieden: Die Bundesrepublik habe in Europa und in der übrigen Welt ein Mandat, Ungarn bei den osteuropäischen Ländern. Beide hätten die Aufgabe, die Gefahr eines Krieges klein zu halten. Die Konferenz von Helsinki wäre nie zustande gekommen, wenn USSR und USA dies nicht gewollt hätten. Für die Gestaltung Europas hätten alle Länder besondere Aufgaben zu erfüllen. Die Aufgabe, die die Bundesrepublik zu erfüllen habe, sei größer.

Die Militärs hätten ihre eigenen Argumente. Wenn man sie höre, seien sie alle optimistisch eingestellt. Es sei aber besser, wenn Zivilpolitiker entscheiden würden. Die USA fragten die Bundesrepublik, die USSR fragten Ungarn; beide hätten ihre Aufgabe, sich für friedliche Koexistenz einzusetzen. Wo Fortschritte jetzt nicht möglich seien, müsse man sich auf die Zeit verlassen.

Er wolle etwas zu den Wahlen in der Bundesrepublik sagen. Wenn man die letzten Jahre betrachte, sei doch eine gute Form der Zusammenarbeit gefunden worden. Die jetzige Koalition sei für Ungarn die bessere Lösung; sie habe wichtige Fragen gelöst und vertrete realistische Politik. Politik habe ihre eigene Realität.

Nixon sei für Ungarn zeitweise ein Teufel gewesen; dann sei er Präsident geworden, d. h., die Realitäten hätten sich verändert, und man habe mit ihm verhandelt. Im Nachhinein müsse man sagen, daß er auch zur friedlichen Koexistenz beigetragen habe. Ungarn wünsche der Koalition Erfolg. Er bitte, Grüße dem Bundespräsidenten Scheel, Herrn Brandt und dem Bundeskanzler auszurichten.

Das Leben habe auch die ungarische Seite gelehrt, Realitäten in Betracht zu ziehen. Bestimmte Jahre oder einen Zeitpunkt wolle er nicht nennen.

Zu seinem Besuch: Er reise nicht überaus gern; wenn der Dienst an der guten Sache es verlange, dann werde er es tun. Er bedanke sich für den nach der Wahl in Aussicht gestellten Termin. Besuch in diesem Jahr vor der Wahl wäre nicht zweckmäßig. Der gegenwärtigen Regierung wünsche er Erfolg.

Ungarn sei auch die harte Schule der Geschichte gegangen. Ungarn habe auch die Realitäten lernen müssen. Ungarn wolle ein korrekter Partner sein, zum

Wohl des Volkes. Nochmals Dank für Reise, die den Beziehungen einen guten Dienst getan habe.

Vor 25 Jahren habe man immer wieder gehört: Bundesrepublik sei wirtschaftlich ein Riese, politisch ein Zwerg. Dies sei damals schon falsch gewesen. Vor allem aber sei es heute falsch. Bundesrepublik sei aktives Element in Europa und in der Weltpolitik.

Minister: Bedankt sich für die lange Unterhaltung. Gespräch sei interessant gewesen. Bundesregierung wisse, daß das wirtschaftliche Gewicht, das sie auf die Waagschale bringe, auch politische Auswirkungen habe. Dem stelle man sich. Wir setzten unser Gewicht in der EG im konstruktiven Sinne ein. Dasselbe gelte für unsere politischen Aktionen im Nahen Osten, in Afrika und in den Entwicklungsländern. Auch er sei kein Prophet. Die Bundesrepublik glaube aber an die Richtigkeit ihres Weges. Vor allem glaube man in der Bundesrepublik auch an die geschichtliche Kraft der Nation.

Referat 214, Bd. 116587

123

Aufzeichnung des
Vortragenden Legationsrats I. Klasse Lücking

210-331.00   30. April 1976[1]

Betr.: Kommuniqué des NATO-Ministerrats[2]
        hier: Deutschland- und Berlin-Passus[3]

Bezug: Vermerk vom 15.4.1976 – 210-331.00[4]

In den Sitzungen der Bonner Viergruppe vom 20., 27. und 28. April 1976 wurde die Konsultation des Deutschland- und Berlin-Passus für das Kommuniqué des bevorstehenden NATO-Ministerrats fortgesetzt.

---

[1] Hat Bundesminister Genscher am 4. Mai 1976 vorgelegt, der handschriftlich für Staatssekretär Hermes vermerkte: „Ich bitte zu erwägen, ob ich franz[ösischen] Botschafter einberufe oder wir in Paris demarchieren."
Hat Hermes am 5. Mai vorgelegt, der handschriftlich vermerkte: „Entscheidung des H[errn] Min[isters]: Erst in Oslo aufnehmen."

[2] Zur NATO-Ministerratstagung am 20./21. Mai 1976 in Oslo vgl. Dok. 152 und Dok. 166.

[3] Im Entwurf der Bundesregierung vom 31. März 1976 für den Deutschland- und Berlin-Teil des Kommuniqués der NATO-Ministerratstagung am 20./21. Mai 1976 in Oslo hieß es: „Hinsichtlich Berlins äußerten sich die Minister befriedigt über die Anwendung der Zugangs- und Besuchsregelungen gemäß dem Vier-Mächte-Abkommen. Sie begrüßten die Verkehrsvereinbarungen zwischen beiden deutschen Staaten vom 19.12.1975, die weitere Verbesserungen im Berlin-Verkehr vorsehen. Sie stellten fest, daß die von Frankreich, dem Vereinigten Königreich und den Vereinigten Staaten im Rahmen ihrer Zuständigkeit getroffenen Regelungen über die Vertretung der Westsektoren Berlins nach außen durch die Regierung der Bundesrepublik Deutschland nur im Verhältnis zur UdSSR und einigen osteuropäischen Ländern nicht normal und reibungslos funktionieren. Die hieraus entstehenden Schwierigkeiten für die Berliner, für den Abbau der Spannungen und für die

Der britische und der amerikanische Sprecher erklärten, in ihren Hauptstädten bestehe eine Präferenz für den französischen Entwurf (vgl. den Bezugsvermerk)[5] und wiederholten die Argumente, die sie bereits in der Sitzung der Vierergruppe vom 13.4. vorgetragen hatten:

– Der deutsche Entwurf überzeichne die Probleme

– und könne als Herausforderung der anderen Seite kontraproduktiv wirken.

In den Sitzungen vom 20. und 27.4. bezeichnete der deutsche Sprecher den französischen Entwurf als nicht akzeptabel. Er legte erneut eingehend die Gründe dar, aus denen es für uns unverzichtbar ist, daß das Kommuniqué dieses Mal in klarer Form eine Indossierung unseres Außenvertretungsrechts durch die Drei Mächte und die Allianz enthalte.

Der französische Sprecher wies mit zunehmender Schärfe dieses Petitum zurück. Er legte dar, daß das Vier-Mächte-Abkommen der Bundesrepublik Deutschland ein nur begrenztes Außenvertretungsrecht[6] zugestehe. Dieses Außenvertretungs-

---

Fortsetzung Fußnote von Seite 564

Entwicklung der Zusammenarbeit im Sinne der Schlußakte von Helsinki veranlaßten die Minister, die Hoffnung zum Ausdruck zu bringen, daß alle Länder sich der in vollem Einklang mit dem Vier-Mächte-Abkommen stehenden weltweiten Praxis der Außenvertretung der Westsektoren Berlins anschließen werden." Vgl die Anlage zum Vermerk des Vortragenden Legationsrats Henze vom 15. April 1976; VS-Bd. 10931 (210); B 150, Aktenkopien 1976.

4 Vortragender Legationsrat Henze vermerkte zur Sitzung der Bonner Vierergruppe am 13. April 1976, der französische Vertreter habe zum Entwurf der Bundesregierung für den Deutschland- und Berlin-Teil des Kommuniqués der NATO-Ministerratstagung am 20./21. Mai 1976 in Oslo festgestellt, „es werde nicht leicht fallen, zu sagen, die Drei Mächte hätten den Abschluß der Verkehrsvereinbarungen ‚begrüßt'. Vor allem aber sei es nicht möglich, daß die Drei Mächte auf dem Gebiet der Außenvertretung Feststellungen von einer Härte träfen, die größer sei, als die Haltung, welche die Bundesregierung selbst bei ihren bilateralen Verhandlungen mit der anderen Seite einnehme. Grundsätzlich könne die Bundesregierung nicht erwarten, in ihren bilateralen Beziehungen mit der anderen Seite mehr zu erreichen, als das Vier-Mächte-Abkommen ergeben habe. Jedenfalls aber habe die Bundesregierung eine Reihe von ‚Sündenfällen' begangen, die es den Drei Mächten schwer machten, die Sprache zu führen, welche wir anscheinend von ihnen wünschten. So sei z. B. schon die Frank/Falin-Klausel eine Konzession an die andere Seite gewesen, das gleiche könne etwa für die deutsch-sowjetischen Gespräche über Rechtshilfe sowie die sogen[annten] Expertengespräche gelten. In die gleiche Kategorie falle es, wenn die deutsche Seite in ihren Verträgen mit der DDR Berlin-Klauseln akzeptiere, welche Direktkontakte der anderen Seite zum Senat ausdrücklich zuließen (Postvertrag). Noch gravierender sei es, wenn Vereinbarungen der Bundesregierung mit der DDR (Verkehrsvereinbarungen) auch Vereinbarungen des Senats mit der DDR auf einem Gebiet enthielten, das zum Statusbereich gehöre." Vgl. den VS-Bd. 10931 (210); B 150, Aktenkopien 1976.

5 In dem am 13. April 1976 übergebenen französischen Entwurf für das Kommuniqué der NATO-Ministerratstagung am 20./21. Mai 1976 in Oslo wurde ausgeführt: „Les Ministres ont passé en revue les évènements concernant Berlin et l'Allemagne qui sont intervenus depuis leur dernière réunion, en décembre 1975. Ils ont pris note des Accords conclus le 19 décembre 1975 par les deux Etats allemands, accords qui apporteront, dans l'intérêt du peuple allemand, de nouvelles améliorations à la circulation en provenance et à destination de Berlin. En ce qui concerne Berlin, les Ministres ont examiné les enseignements qu'il convenait de tirer de l'application de l'Accord quadripartite du 3 septembre 1971 et, singulièrement, de celles des dispositions de cet accord qui concernent les secteurs occidentaux de Berlin. Ils ont noté que ces dispositions étaient, pour la plupart, appliquées de manière satisfaisante. Ils ont exprimé l'espoir que, dans l'intérêt des Berlinois et des progrès de la coopération en Europe, toutes les parties intéressées appliqueront pleinement et respecteront strictement toutes les dispositions de cet accord, notamment celle qui a trait à la représentation extérieure, par la R.F.A., des intérêts des secteurs occidentaux de Berlin." Vgl die Anlage zum Vermerk des Vortragenden Legationsrats Henze vom 15. April 1976; VS-Bd. 10931 (210); B 150, Aktenkopien 1976.

6 Vgl. dazu die Anlagen IV A und B des Vier-Mächte-Abkommens über Berlin vom 3. September 1971; Dok. 15, Anm. 6.

recht sei durch das Vier-Mächte-Abkommen enger umschrieben als durch die einschlägigen Ermächtigungsakte der Drei Mächte aus den 50er Jahren[7], da der alliierte Vorbehaltsbereich durch das Vier-Mächte-Abkommen nicht auf den Status- und Sicherheitsbereich beschränkt worden sei.

Auf die Zurückweisung dieser Interpretation des Vier-Mächte-Abkommens, die auch von britischer und amerikanischer Seite nicht getragen wurde, durch den deutschen Sprecher, ging der französische Sprecher so weit zu erklären, daß es für das diesjährige Kommuniqué zu keinem Deutschland- und Berlin-Passus kommen könne, wenn die deutsche Seite weiter auf ihrem Verlangen nach einer umfassenden Beschreibung ihres Außenvertretungsrechts im Kommuniqué beharre.

Der amerikanische Sprecher versuchte, in der entstandenen Konfrontation durch den folgenden Vorschlag zu vermitteln. Zur Außenvertretung solle das folgende gesagt werden:

„Noting that Berlin's participation in international activities is an important element of the viability of the city, ministers viewed with concern the difficulties which are being encountered by the FRG in representing the interests of the Western sectors of Berlin abroad. They expressed the hope that in the interest of the Berliners and of progress and co-operation in Europe, all provisions of the Quadripartite Agreement and, especially, the provision which relates to the representation abroad of the interests of the Western sectors of Berlin by the FRG will be fully implemented and strictly observed."

Demgegenüber beharrte der französische Sprecher auf der folgenden Formulierung:

„They have expressed the hope that, in the interest of Berliners and of progress and co-operation in Europe, all provisions of the Quadripartite Agreement will be fully implemented and strictly observed. In this context they stressed in particular, that the representation abroad of the interest of the Western sectors of Berlin by the Federal Republic of Germany continues to be an important element of the viability of those sectors."

Der deutsche Sprecher erklärte, der amerikanische Vorschlag könne im Auswärtigen Amt geprüft werden. Der französische Vorschlag sei nicht akzeptabel.

Zusammenfassend kann gesagt werden, daß aufgrund der sehr harten Weisungen des französischen Sprechers nicht auszuschließen ist, daß der Deutschland- und Berlin-Passus des Kommuniqués erst in Oslo auf Direktorenebene ausgehandelt werden kann. Voraussichtlich wird es uns aber doch noch vorher

---

[7] Im Schreiben an Bundeskanzler Adenauer über die Ausübung der den Drei Mächten vorbehaltenen Rechte in bezug auf Berlin erklärten die Hohen Kommissare François-Poncet (Frankreich), Kirkpatrick (Großbritannien) und McCloy (USA) am 26. Mai 1952, „ihr Recht in bezug auf Berlin in einer Weise auszuüben, welche [...] den Bundesbehörden gestattet, die Vertretung Berlins und der Berliner Bevölkerung nach außen sicherzustellen". Vgl. das Schreiben Nr. X in der Fassung vom 23. Oktober 1954; BUNDESGESETZBLATT 1955, Teil II, S. 500.
Die Alliierte Kommandatura gab am 5. Mai 1955 eine Erklärung über die Stellung von Berlin (West) nach Inkrafttreten der Pariser Verträge vom 23. Oktober 1954 heraus. Für den Wortlaut vgl. DOKUMENTE ZUR BERLIN-FRAGE 1944–1966, S. 233–236. Vgl. dazu ferner AAPD 1975, I, Dok. 22.

gelingen, mit amerikanischer Unterstützung eine akzeptable Formulierung durchzusetzen.[8]

Lücking

VS-Bd. 10931 (210)

124

Botschafter Sahm, Moskau, an das Auswärtige Amt

114-12683/76 VS-vertraulich   Aufgabe: 30. April 1976, 12.58 Uhr[1]
Fernschreiben Nr. 1519   Ankunft: 30. April 1976, 16.15 Uhr

Betr.: Besuch Bundesratsdelegation[2]
        hier: Gespräch mit Erstem Stellvertretendem Außenminister Kusnezow
        am 29.4.

Bezug: DB 1462 vom 27.4.1976 – Pol 300.25 VS-vertraulich[3]

Zur Information

I. Zusammenfassung:

In dem etwa eineinhalbstündigen Gespräch, an dem auch ich und Mitarbeiter teilnahmen, gab Kusnezow einleitend grundsätzlich positive Beurteilung zur

---

[8] Am 7. Mai 1976 teilte Ministerialdirektor van Well der Ständigen Vertretung bei der NATO in Brüssel mit, daß in der Bonner Vierergruppe bislang keine Einigung über den Deutschland- und Berlin-Teil des Kommuniqués der NATO-Ministerratstagung am 20./21. Mai 1976 in Oslo erzielt worden sei: „Die Vertretung wird gebeten, in den dort vorbereiteten Entwurf für das Kommuniqué eine Ziffer für den Deutschland- und Berlin-Passus freizuhalten. Dieser Passus wird am 20.5. durch die vier Politischen Direktoren in Oslo vereinbart werden. Wenn nach dem Grund dafür gefragt wird, daß die Vier dieses Mal den Deutschland-und Berlin-Passus erst während der Ministertagung selbst vorlegen, kann gesagt werden, daß auch in der Vergangenheit die endgültige Fassung erst während der Tagung der Minister gebilligt wurde. Im übrigen sollte Gesprächen zu dieser Frage aus dem Wege gegangen werden. Nur falls nicht anders möglich, kann die Vertretung durchblicken lassen, daß es noch nicht zu einer uns in Bezug auf das Außenvertretungsrecht befriedigenden Formulierung gekommen ist." Vgl. den Drahterlaß Nr. 1769; VS-Bd. 10931 (210); B 150, Aktenkopien 1976.

[1] Hat Bundesminister Genscher am 1. Mai 1976 vorgelegen, der handschriftlich vermerkte: „Ein peinliches Dokument. Außenpolitik ist eben doch nicht so leicht."

[2] Auf Einladung des Obersten Sowjet besuchten die Ministerpräsidenten Osswald, Goppel und Röder sowie der Zweite Bürgermeister von Hamburg, Biallas, und der Justizminister von Nordrhein-Westfalen, Posser, vom 25. bis 30. April 1976 die UdSSR. Vortragender Legationsrat I. Klasse Kühn stellte dazu am 4. Mai 1976 fest: „Wie aus dem Bundesrat zu erfahren ist, war die Delegation mit dem Ablauf der Reise außerordentlich zufrieden. Die Atmosphäre des Besuchs wurde als gut bezeichnet. Dennoch war die Delegation von der Festigkeit und Hartnäckigkeit beeindruckt, mit der die Sowjets ihre Interessen vertreten haben." Vgl. Referat 213, Bd. 133079.

[3] Botschafter Sahm, Moskau, resümierte Gespräche, die die Delegation des Bundesrats am Vortag in Moskau mit dem Generaldirektor der sowjetischen Nachrichtenagentur TASS, Samjatin, dem Vorsitzenden des sowjetischen Staatskomitees für Verlagswesen, Polygraphie und Buchhandel, Stukalin, und dem Leiter des Instituts für USA- und Kanada-Studien, Arbatow, geführt hatte: „In Diskussion gaben Sowjets, vor allem Samjatin, jedoch ziemlich kritische Stellungnahmen zur Berlin-Politik

Entwicklung deutsch-sowjetischen Verhältnisses und seiner weiteren Aussichten, ging aber danach zu einer ausführlichen, sehr einseitig und kritisch gehaltenen Darstellung negativer Fragen über, bei denen er stets der deutschen Seite die alleinige Schuld gab. Die Beschwerden reichten von der deutschen Haltung in der ECE zu den Breschnew-Vorschlägen (Konferenzen über Umwelt-, Transport- und Energiefragen)[4], über Verhalten unserer Delegation in Wien bei MBFR, angeblicher Benutzung der KSZE-Schlußakte zu „subversiven Akten" in sozialistischen Staaten, angebliche antisowjetische Pressekampagne in der BR Deutschland bis zu unserer Berlinpolitik, hier sogar mit warnendem Unterton. Die Ausführungen Kusnezows erweckten teilweise den Eindruck, daß Mitglieder deutscher Delegation hinsichtlich der Folgen mangelnden Wohlverhaltens eingeschüchtert werden sollten.

Die deutsche Presse ist auch über den Inhalt dieses Gesprächs hier nicht unterrichtet worden.

II. Im einzelnen:

1) Von Ausführungen Kusnezows ist festzuhalten:

a) Breschnew-Vorschläge (Energie- Transport- und Umweltkongresse):

Sowjetische Vorschläge seien in ECE-Sitzung besprochen worden. Dabei habe man bei Vertretern der BRD „keine große Begeisterung" feststellen können. Man spüre den Versuch, Aufmerksamkeit von dem großen Plan abzulenken und Fragen auf Routineweg der ECE zu verweisen.[5] Er hoffe, daß Mitglieder

---

Fortsetzung Fußnote von Seite 567

    der BR Deutschland ab, wobei sie auf Frage Sitzes geplanter Nationalstiftung hinwiesen und Besorgnis wegen möglicher Folgen Hineinziehens Berlin-Frage in Bundestagswahlkampf ausdrückten. Kritisch äußerte sich auch Stukalin zu angeblichen deutschen Widerständen bei Entwicklung des Austausches bei Kultur [...]. Stukalin kritisierte außerdem Neuerscheinungen angeblich profaschistischer, geschichtsverfälschender Literatur in BR Deutschland. Interessantester Teil waren eindringliche Ausführungen Arbatows über Notwendigkeit, bei Wiener MBFR-Gesprächen bald zu Fortschritten zu kommen, wobei er Frage Daten-Diskussion als Problem anerkannte und als lösbar bezeichnete. Er berief sich allerdings darauf, selbst aufgrund westlicher Zahlen Bestehen militärischen Gleichgewichts nachweisen zu können." Vgl. VS-Bd. 10927 (210); B 150, Aktenkopien 1976.

[4] Zu den Vorschlägen des Generalsekretärs des ZK der KPdSU, Breschnew, vom 9. Dezember 1975 vgl. Dok. 62, Anm. 9.

[5] Auf der Jahresversammlung der ECE vom 30. März bis 9. April 1976 in Genf brachte die UdSSR einen Resolutionsentwurf ein mit dem Vorschlag, gesamteuropäischen Konferenzen über Umweltschutz, Transportwesen und Energiefragen einzuberufen. Dazu stellte Referat 405 am 3. Juni 1976 fest: „Die Bundesregierung hat zu dem sowjetischen Vorschlag eine eher skeptische Haltung eingenommen. Sie hat zwar den Vorschlag als Zeichen für den sowjetischen Willen, die KSZE-Schlußakte zu verwirklichen, gewertet, zugleich aber darauf hingewiesen, daß Inhalt und Ziel der Konferenzen bisher nur recht allgemein umschrieben seien. Im übrigen biete sich für die Zusammenarbeit auf den genannten drei Gebieten die ECE an, die sich bereits jetzt damit beschäftige. Im Hintergrund der deutschen Haltung steht die Befürchtung, daß die Sowjetunion die Konferenzen in erster Linie als Propagandaforen benutzen und damit zugleich von der Nichtimplementierung aller jener Teile der KSZE-Schlußakte, die weniger in die sowjetische Linie passen, ablenken wolle. Auf der 31. ECE-Tagung zeigte sich, daß die übrigen westlichen Länder die deutsche Haltung im wesentlichen teilen (akzentuierter in der Ablehnung vor allem die USA). Trotz erheblichen sowjetischen Drucks wurde daher der Konferenzvorschlag nicht akzeptiert. Auf Initiative der Europäischen Gemeinschaft wurde der sowjetische Vorschlag lediglich den Mitgliedstaaten der ECE zur näheren Prüfung empfohlen. Der Exekutivsekretär der ECE wurde aufgefordert, für die 32. ECE-Tagung einen Bericht über die bereits bestehenden Aktivitäten der ECE auf den drei Gebieten vorzubereiten." Vgl. Referat 414, Bd. 105545.

Bundesrats und Bundestages, wie andere europäische Parlamente, aktiv zur Förderung der einschlägigen Fragen beitragen könnten.

b) K. verwies auf Breschnew-Vorschlag (XXV. Parteitag) für weltweites Gewaltverzichtsabkommen[6] und stellte fest, daß gerade heute internationale Situation solche Aktionen notwendig mache, „die lautes Echo finden". Unterstützung dafür würde wichtigen Beitrag zu Frieden darstellen. Konkretere Erläuterungen zu sowjetischem Vorschlag gab K. nicht.

c) MBFR:

K. wiederholte übliche sowjetische Kritik: In Kommuniqué Wiener Vorgespräche habe man schriftlich Prinzipien „Nichtzufügung einseitiger Sicherheitsnachteile" und „Nichterlangung einseitiger militärischer Vorteile" als Grundlage für angestrebte Regelung vereinbart.[7] Westen versuche jedoch seitdem in Wien ständig, Osten zu einseitigen Leistungen zu dessen Nachteil zu bewegen. Aufgrund dieser westlichen Haltung sei Übereinkunft nicht zu erreichen. Östliche Vorschläge entsprächen dagegen vereinbarten Prinzipien und seien realistische Grundlage für Verständigung. Vertreter der BRD in Wien seien besonders hartnäckige Verfechter ungleichgewichtiger Truppenverminderungen.[8]

d) Mißbrauch von Korb III zu Subversion:

Empfehlungen im „Korb III" sollten zur Stärkung des Vertrauens, nicht für Einmischungen dienen. In SU seien Reihe von Maßnahmen getroffen worden, die Geist und Wortlaut der Schlußakte folgten, z. B. Mehrfachvisen für Journalisten, Manöverankündigungen u. a. Von einigen westlichen Mächten würden jedoch Maßnahmen unternommen, die Schlußakte entgegenstünden. Man versuche, subversive Akte in Sowjetunion und anderen Sozialistischen Staaten vorzunehmen und Einmischung zu betreiben.

e) „Antisowjetische Propaganda":

In BRD werde von Presse antisowjetische Kampagne betrieben. Außerdem arbeiteten mit Hilfe amerikanischen Geldes Hetzsender[9] gegen sozialistische Staaten. Man versuche damit, sowjetisches Volk zu bewegen, System zu ändern. Das sei lächerliches Unterfangen. Man verbreite Informationen über Sowjetunion nicht objektiv, sondern in entstellter Weise, wie Dissidenten sie sä-

---

6 Am 24. Februar 1976 forderte der Generalsekretär des ZK der KPdSU, Breschnew, auf dem XXV. Parteitag der KPdSU in Moskau, „den Abschluß eines weltweiten Vertrags über Gewaltverzicht in den internationalen Beziehungen" anzustreben. Vgl. EUROPA-ARCHIV 1976, D 236.

7 In Ziffer 3 des Schlußkommuniqués der MBFR-Explorationsgespräche vom 28. Juni 1973 vereinbarten die an den MBFR-Verhandlungen teilnehmenden Staaten, „daß in den Verhandlungen ein Einverständnis darüber erreicht werden sollte, sie so zu führen, daß das wirksamste und gründlichste Herangehen an die Erörterung des Verhandlungsgegenstandes unter angemessener Berücksichtigung seiner Kompliziertheit gewährleistet ist. Sie stimmten auch darin überein, daß konkrete Abmachungen ihrem Umfang und zeitlichen Ablauf nach sorgfältig auf eine solche Weise ausgearbeitet werden müssen, daß sie in jeder Hinsicht und zu jedem Zeitpunkt dem Grundsatz der unverminderten Sicherheit aller Beteiligten entsprechen." Vgl. EUROPA-ARCHIV 1973, D 514.

8 Dieser Satz wurde von Bundesminister Genscher hervorgehoben. Dazu vermerkte er handschriftlich: „Sehr gut!"

9 Vgl. dazu die Tätigkeit der Rundfunksender „Radio Liberty" und „Radio Free Europe"; Dok. 69, Anm. 10 und 11.

hen. Das widerspreche Schlußakte und fördere nicht gegenseitige Verständigung.

f) Vier-Mächte-Abkommen:

VMA stelle als Ergebnis gewaltiger, mühevoller Arbeit Kompromiß, ausgewogenes Dokument dar. Alle Versuche, dieses Dokument in bestimmten Teilen zu korrigieren, könnten dazu führen, daß ganze Balance leidet und Kettenreaktion eintrete, die gesamtes Abkommen zunichte mache. Diese einseitigen Versuche der Korrektur des VMA zeigten, daß es Personen und Gruppen gebe, die beabsichtigten, Beziehungen mit Sowjetunion in andere Richtung zu drängen und Probleme nicht zu beseitigen, sondern zu Zeiten der Spannungen zurückzukehren. Sowjetunion sei für strikte Einhaltung aller Bestimmungen VMA und folge konsequent diesem Kurs. Leider könne man dies von der BRD nicht sagen. Letzte Meldungen zeigten, daß man dort weiterhin versuche, VMA einseitig zu korrigieren und zu revidieren. Er habe Problematik seinerzeit mit CDU-Vorsitzendem Kohl bei dessen Moskauer Besuch besprochen.[10] Aber seitdem habe sich seitens BRD dennoch nicht Bereitschaft gezeigt, auf einseitige Maßnahmen zu verzichten und einseitige Schaffung von Komplikationen zu unterlassen.

Kusnezow nannte dann als konkrete Punkte die drei Vereinbarungen (wissenschaftlich-technische Zusammenarbeit, Zweijahresprogramm Kulturaustausch, Rechtshilfe)[11], deren Verwirklichung gute Grundlage für Entwicklung der Beziehungen schaffen würden. Bei allen drei Projekten habe aber BRD keine konstruktive Haltung gezeigt, sondern versuche, sich vom VMA wegzubewegen und Prinzip zu ignorieren, daß Berlin (West) nicht zur BRD gehöre und nicht von ihr regiert werde[12].

SU suche nicht nach Vorwand, von VMA zurückzutreten. Sie habe jedoch Recht, auch von anderen Erfüllung zu verlangen. Sowjets seien für Suchen gemeinsamer Lösungen für Probleme und für Erschließung neuer Bereiche in Zusammenarbeit.

2) Aus Bundesratsdelegation äußerten sich mehrere Mitglieder zu einzelnen, von Kusnezow angeschnittenen Fragen:

Präsident Osswald stellte fest, daß Frage der drei Vereinbarungen aktueller Verhandlungsgegenstand zwischen beiden Außenministerien sei und deshalb bei jetzigen Gesprächen nicht weiter diskutiert werden sollte. Er hoffe auf baldige Lösungen. Bei seinem letztjährigen Besuch in Moskau schienen Lösungen schon ganz nahezuliegen.[13]

[10] Der CDU-Vorsitzende Kohl hielt sich vom 22. bis 30. September 1975 in der UdSSR auf. Vgl. dazu AAPD 1975, II, Dok. 290.
[11] Zum Stand der Verhandlungen zwischen der Bundesrepublik und der UdSSR über ein Abkommen zur gegenseitigen Rechtshilfe in Zivil- und Handelssachen bzw. über ein Abkommen über wissenschaftlich-technische Zusammenarbeit und über das Zweijahresprogramm zum Kulturabkommen vgl. Dok. 15, besonders Anm. 2, bzw. Dok. 27, Anm. 10.
[12] Vgl. dazu Teil II B und Anlage II des Vier-Mächte-Abkommens über Berlin vom 3. September 1971; Dok. 66, Anm. 8.
[13] Dieser Absatz wurde von Bundesminister Genscher hervorgehoben. Dazu Fragezeichen.

Kusnezow warf ein: Schon bei Bahr-Besuch 1974[14] sei man Lösung nahe gewesen.[15] Bei seinem letztjährigen Besuch schiene man auch Lösung Frage Kernkraftwerks bei Königsberg[16] schon im Griff zu haben. Auf diese halb scherzhaft gemachte Zwischenbemerkung erwiderte Kusnezow mit ernster Miene: Projekt des Kernkraftwerks habe man aber aus finanziellen Gründen aufgegeben.

Zu Berlin trug Präsident Osswald sodann aufgrund von Botschaft vorbereiteten Textes vor: Er wolle nach bisherigen Diskussionen der Frage zwei Dinge nochmals besonders betonen:

1) Wir seien befriedigt über Zustandekommen VMA.

2) Wir wollten keinen Zweifel lassen, daß wir Abkommen ohne Vorbehalte einhielten. – Wir wüßten zu würdigen, daß VMA für Verkehr BR Deutschland–Berlin (West) sowie für Besuchsmöglichkeiten der Berliner in angrenzenden Gebieten entscheidende Verbesserungen gebracht habe, die sich auch in Praxis bewährten. Dieses diene Entspannung und entlaste deutsch-sowjetische Beziehungen. Wenn es weiter Schwierigkeiten gebe, hänge dies damit zusammen, daß man in VMA nicht über alle Fragen Einvernehmen erzielt habe. Er bitte eindringlich, uns weder mangelnde Vertragstreue noch böse Absichten zu unterstellen, wenn wir uns um Lebensfähigkeit von Berlin (West) sorgten. Die Menschen dort seien Deutsche, die in gleicher Gesellschafts-, Wirtschafts- und Rechtsordnung lebten wie die Deutschen in BR Deutschland. Dies begründe Solidarität, die zu Realitäten des Lebens gehöre und VMA selbst zugrunde liege. Trotzdem seien wir uns Notwendigkeit bewußt, daß alle Seiten in diesem neuralgischen Gebiet Streitpunkte möglichst entschärfen und keine unnötigen Reizungen schafften. Wir stünden weiter zur Petersberger Formel[17]. Kusnezow stellte fest, daß er zu diesen Ausführungen keine Bemerkungen zu machen habe.

MP Röder betonte unter Hinweis auf Kohl-Besuch, auch CDU teile Auffassung, daß geschlossene Verträge voll und ganz ausgeführt werden müßten. Deshalb seien Kontinuität, auch in der Zielsetzung der Verträge, bei jeder politischen Führung in BR Deutschland gesichert. Delegation sei sowjetischer Einladung gefolgt, um festzustellen, wo Schwierigkeiten bestünden und wie sie lösbar seien. Er sei betrübt, in allen Gesprächen von sowjetischer Seite Sorgen bis zu Vorwürfen hin gehört zu haben, die er bei Stand der Beziehungen nicht erwartet habe. Immerhin sei es Fortschritt, daß man dies offen aussprechen könne. Sowjetische Bedenken richteten sich offenbar vor allem auf drei Punkte: MBFR, angebliche Propaganda in deutscher Presse und VMA. Er teile Ausführungen Kusnezows über Notwendigkeit Gewaltverzichts. BR Deutschland habe seit jeher Gewaltverzicht gegenüber jedermann ausgesprochen und werde daran festhalten. Er stimme auch zu, daß entsprechende Abkommen durch Er-

---

[14] Korrigiert aus: „1973".

[15] Bundesminister Bahr hielt sich vom 27. Februar bis 9. März 1974 in Moskau auf. Vgl. dazu AAPD 1974, I, Dok. 64.

[16] Zur Einstellung der Verhandlungen über die Lieferung eines Kernkraftwerks aus der Bundesrepublik in die UdSSR vgl. Dok. 101, Anm. 6.

[17] Zur Gemeinsamen Erklärung vom 21. Mai 1973 über den Besuch des Generalsekretärs des ZK der KPdSU, Breschnew, vom 18. bis 22. Mai 1973 in der Bundesrepublik vgl. Dok. 118, Anm. 20.

gebnisse in Wien beschleunigt werden könnten. Mit Bestürzung habe er gehört, daß gerade Vertreter der Bundesregierung bei MBFR unberechtigte Forderungen nach einseitigen Regelungen stellten. Kusnezow könne sicher sein, daß man dies sehr ernst nehme und dieser Frage nachgehen werde.[18] Er bitte allerdings um Verständnis, daß BR Deutschland besonders exponiert sei und ihre Vertreter deshalb besonders auf eigene Sicherheit achten müßten. – Er bedauere, wenn in deutscher Presse Artikel gegen Geist unserer Verträge erschienen. Positive Bewertungen zu Verträgen und Beziehungen mit Sowjetunion überwögen in unserer Presse jedoch bei weitem die negativen Punkte. Klima sei viel besser geworden. Wir könnten bei uns keinen Einfluß auf Veröffentlichungen nehmen, aber alle in Delegation Vertretenen würden alles tun, damit wachsende Verständigung nicht gestört werde, sondern sich weiterentwickeln könne.

MP Goppel ergänzte, daß auch CSU und ihr Vorsitzender Strauß absolut dem Grundsatz folgten, daß geschlossene Verträge einzuhalten seien.

Hamburger Zweiter Bürgermeister Biallas wies darauf hin, daß es im Berlin-Bereich auch Punkte gebe, die nach unserer Auffassung auf Grundlage VMA anders geregelt werden könnten, als Sowjets dies praktizierten, z.B. Behandlung von Berlinern ähnlich Angehörigen selbständiger Staaten oder Einwendungen gegen Zusammenarbeit von Mitarbeitern von Bundesinstitutionen in Berlin mit anderen Experten internationaler Organisationen. Außerdem gebe es Stimmen gegen Geist der Verträge nicht nur bei uns, sondern zum Beispiel auch bei Radio „Stimme der DDR".

3) Kusnezow nahm die Entgegnungen ruhig zur Kenntnis und knüpfte lediglich an Bemerkungen von Biallas Replik: Gründung von einigen Bundesinstitutionen in Berlin (West) widerspreche VMA; das sei keine Diskussionsfrage. Im übrigen drückte er Genugtuung über Meinungsaustausch aus. Er wolle Rolle von Parlamentariern in internationalen Beziehungen nicht bagatellisieren.

[gez.] Sahm

VS-Bd. 14056 (010)

---

18 Der Passus „Er stimme auch zu ... nachgehen werde" wurde von Bundesminister Genscher hervorgehoben. Dazu Ausrufezeichen.

572

125

Botschafter Oncken, Athen, an das Auswärtige Amt

114-12721/76 VS-vertraulich	Aufgabe: 2. Mai 1976, 12.10 Uhr[1]
Fernschreiben Nr. 297	Ankunft: 2. Mai 1976, 11.33 Uhr
Citissime	

Betr.: Besuch des Bundesverteidigungsministers in Athen[2]
hier: Gespräch mit MP Karamanlis

Bezug: DB 288 vom 28.4.1976[3] – Pol 321.30[4]
DB 295 vom 30.4.1976 – Pol 321.30 Tgb. Nr. 103/76 geh.[5]

Zur Information

I. 1) Bundesverteidigungsminister Leber wurde 29.4., nach vorangegangenen Begegnungen mit Bitsios[6] und Averoff von MP Karamanlis empfangen. Gespräch

---

[1] Hat Vortragendem Legationsrat I. Klasse Pfeffer, Vortragendem Legationsrat Holik und Legationsrat I. Klasse Fein am 3. Mai 1976 vorgelegen.

[2] Bundesminister Leber hielt sich vom 28. bis 30. April 1976 in Athen auf.

[3] Korrigiert aus: „29.4.1976".

[4] Botschafter Oncken, Athen, resümierte griechische Reaktionen auf ein Interview des Bundesministers Leber: „‚Interview' Bundesverteidigungsministers mit Deutscher Welle wurde 28.4. in gesamter Presse veröffentlicht und fand positive Resonanz. Besonders wurde dabei Erklärung hervorgehoben, in der gesagt wird, daß BRD an der Seite des Verbündeten Griechenland zur Verteidigung gemeinsamer Ideale stehe und daß Bundesrepublik nach Wiederherstellung von Demokratie Verteidigungshilfe wieder aufgenommen habe." Vgl. Referat 201, Bd. 113496.

[5] Botschafter Oncken, Athen, berichtete, der griechische Verteidigungsminister Averoff-Tossizza habe Bundesminister Leber am 29. April 1976 zu den griechisch-türkischen Beziehungen dargelegt: „Türkische Haltung erwecke Eindruck, als ob bei den Nachbarn Phase des Chauvinismus eingesetzt habe. Kein Grieche wolle die Türkei angreifen. Es gebe nicht mehr die zwei Millionen Griechen in Kleinasien, deren Befreiung nach Erstem Weltkrieg lohnendes Ziel gewesen sei. [...] Unter diesen Umständen stelle sich Frage, warum die Türkei ihrerseits rüste. A[veroff] erwähnte a) die forcierte Ausrüstung türkischer Streitkräfte mit Hubschraubern und mit größeren Landungsbooten. b) Auffällig sei, daß Landungsboote fast ausschließlich in nicht zu großer Ferne von griechischen Inseln disloziert seien (gegenüber Rhodos, Smyrna, am Ausgang Marmara-Meeres). c) Beunruhigend wirke Bildung türkischer Ägäis-Armee, deren spezifische Dislozierung nicht auf ausschließlichen Verteidigungsauftrag schließen lasse. [...] In dieser Lage bleibe Griechenland nichts anderes, als Türken durch eigene Vorbereitungen klarzumachen, daß etwaiger Angriff, z. B. gegen Inseln, abgeschlagen und blutiges Unternehmen sein werde." Vgl. VS-Bd. 9949 (203); B 150, Aktenkopien 1976.

[6] Am 30. April 1976 berichtete Botschafter Oncken, Athen, der griechische Außenminister Bitsios habe Bundesminister Leber am Vortag zur Haltung der griechischen Regierung gegenüber der NATO dargelegt: „Es sei bekannt, daß MP Karamanlis über politischen Mut verfüge. Er sei aber auch Erbe schwerer innenpolitischer Situation, die mit Zypern und mit Verhalten Allianz zusammenhänge. Man müsse sehr vorsichtig vorgehen, um angestrebtes Ziel zu erreichen. Eine Wendung zur NATO sei ohne Zustimmung der Volksmeinung nicht zu realisieren. Gerade diese Beeinflussung der Volksmeinung kultiviere man zur Zeit. Es gebe viele Faktoren, die die Sache erschwerten, an erster Stelle Zypern. Sollte in dieser Frage zufriedenstellende Regelung gefunden werden, so würde dies Absicht griechischer Regierung erleichtern." Leber habe dazu erklärt, „daß allmähliche Korrekturen in Richtung NATO wünschenswert seien. Bundesrepublik wünsche, daß Partnerstaaten ihre Differenzen beseitigten und nicht gegeneinander kämpften. Gemeinsame Gefahr solle in Vordergrund gestellt werden. Wenn man heute in Westeuropa vom Bündnis spreche, so denke man u. a. vorwiegend an das östliche Mittelmeer und an Lage der S[üd]O[st]-Flanke. In Partnerstaaten werde dadurch Eindruck bezüglich Übergewicht Ostlagers vergrößert. Gesamtbild Allianz werde dadurch negativ beeinflußt." Vgl. den Drahtbericht Nr. 294; Referat 203, Bd. 110223.

dauerte eine Stunde. Karamanlis unterstrich zu Beginn in freundlich-aufgeschlossener Weise den „sehr guten Stand" bilateraler Verhältnisse und brachte Hoffnung auf weitere Vertiefung zum Ausdruck.

2) Bundesverteidigungsminister überbrachte herzliche Grüße des Bundeskanzlers. Dieser spreche mit großer Achtung über griechischen Ministerpräsidenten, dies auch im Zusammenhang mit Nichtangriffspakt-Vorschlag[7] (was K. befriedigt registrierte). Bundeskanzler habe ihm aufgetragen, Karamanlis zu sagen, er werde im Mai Ankara besuchen.[8] Er wolle dort im Geiste Gesprächs Schmidt – Karamanlis[9] sprechen und werde anschließend Athen über Ergebnisse dortiger Gespräche unterrichten.

3) Karamanlis: Er schätze diese Absicht, sie sei außerordentlich nützlich. Er glaube, daß die Bundesrepublik Deutschland und besonders BK Schmidt Ankara mehr als die Amerikaner beeinflussen könnten. Türken wollten nicht von Amerikanern unter Druck gesetzt werden, daher wäre deutscher Einfluß wirkungsvoller. Man solle in türkischer Richtung „energische Ratschläge" geben.

Aus demagogischen und innenpolitischen Gründen habe sich in Türkei chauvinistisches Klima entwickelt, dessen Gefangener türkische Regierung geworden sei. Einzige Lösung bleibe, Ratschläge zu geben, damit Ankara „logischer" werde. Er, Karamanlis, habe genug Courage, um objektiv wie ein „Dritter" sprechen zu können. Beweis dafür sei Tatsache, daß er vor 15 Jahren im Interesse guten griechisch-türkischen Verhältnisses Mut gehabt habe, Hellenen-Traum der „Enosis"[10] Zypern aufzugeben. Dies sei Beweis genug, daß er bilaterale Kooperation für notwendig halte. Er finde allerdings auf der anderen Seite kein Verständnis. Türkisches Verhalten provoziere Spannung.

4) Bundesminister erwiderte, die deutsche Seite begreife, daß Karamanlis vor Problemen stünde. Man wisse aber auch, daß im Interesse westlicher Allianz und auch im eigenen (deutschen) Interesse eine für Griechenland und Türkei befriedigende Regelung gefunden werden müsse. Die deutsche Seite werde dabei ihr Möglichstes tun, um zu helfen. Dieses sei allerdings nur möglich, wenn sie für keine der beiden Seiten Partei ergreife. Er sei im Januar in Ankara gewesen und habe dort in gleicher Weise gesprochen.[11] Er habe damals Eindruck gewonnen, daß türkische Seite Lösung durch Annäherung anstrebe – eine Lösung, die man nach innen vertreten könne.

5) Karamanlis betonte, daß innenpolitische Überlegungen ihn nicht hindern würden, eine für das Land nützliche Außenpolitik zu betreiben. Sollte Türkei Verständnis und Entgegenkommen zeigen, dann werde er den Mut aufbringen, „logische Vorschläge" zu akzeptieren. Er könne innenpolitische Reaktionen ignorieren. Leider sei die türkische Seite hierzu nicht in der Lage.

---

7 Zum Vorschlag des Ministerpräsidenten Karamanlis vom 17. April 1976 vgl. Dok. 110, Anm. 8.

8 Bundeskanzler Schmidt besuchte vom 27. bis 29. Mai 1976 die Türkei. Vgl. dazu Dok. 160–162.

9 Bundeskanzler Schmidt hielt sich am 28./29. Dezember 1975 in Griechenland auf. Für sein Gespräch mit Ministerpräsident Karamanlis am 29. Dezember 1975 vgl. AAPD 1975, II, Dok. 395.

10 Griechisch: Vereinigung. Der Begriff „Enosis" ging in seiner politischen Bedeutung auf die im 19. Jahrhundert aus dem Widerstand gegen die osmanische Herrschaft entstandene Enosis-Bewegung der griechischen Bevölkerungsmehrheit auf Zypern zurück, die für eine staatliche Vereinigung mit Griechenland eintrat.

11 Bundesminister Leber hielt sich vom 1. bis 3. Februar 1976 in der Türkei auf. Vgl. dazu Dok. 30.

6) Bundesminister erwiderte, er und auch Bundeskanzler würden nicht aufhören festzustellen, daß eine Regelung nur durch Bemühen um Annäherung möglich sei. Es seien hier Fehler begangen worden. Es sei ein Fehler, wenn zwei unabhängige Staaten mit Drohungen gegeneinander operierten. Beide sollten im freundschaftlichen Rahmen Annäherung versuchen. Vor wenigen Monaten habe man ihn mißverstanden, als er Kritik an Entscheidung US-Kongresses (Waffenembargo) geübt habe.[12] Es sei verständlich, daß jemand, wenn er – wie die Türkei im Falle des Embargos[13] – verprügelt werde, entsprechend reagiere. Der Ministerpräsident unterbrach nicht ohne Lebhaftigkeit: Die griechische Seite sei die verprügelte. Als Türkei zweiten Vorstoß auf Zypern vorgenommen habe, hätten Volk und Streitkräfte den Krieg gewollt. Er habe eigenes Prestige eingesetzt, um Krieg zu vermeiden.[14] Wenn man von Fehlern rede, so müsse er kurzen Rückblick geben. Junta habe Putsch gegen Makarios angezettelt. Türken hätten interveniert, um „Legalität wiederherzustellen" und eigene Landsleute zu schützen. Drei Tage später sei Legalität sowohl in Griechenland (seine Rückkehr[15]) als auch auf Zypern (Staatspräsident Klerides[16]) wieder hergestellt worden. Damit sei Interventionsgrund entfallen. Türken hätten gleichwohl erneut angegriffen und „ohne jede rechtliche Legitimation" fast Hälfte zyprischen Territoriums besetzt. Beweis Unvernunft türkischer Seite sei, daß sie mit 19 Prozent Bevölkerungsanteil 40 Prozent Territoriums beanspruche. Ähnlich sei es mit Festlandsockel Ägäis.[17] Griechische Seite könnte sich auf international abgesicherten Ägäis-Status quo letzter 60 Jahre beziehen und türkische Ansprüche ignorieren. Trotzdem habe er guten Willen gezeigt und Lösung durch Befassung Internationalen Gerichtshofes vorgeschlagen.

7) Bundesminister sagte, er begreife durchaus die griechischen Empfindungen. Trotzdem bleibe er bei Auffassung, daß das Beste sei, Lösung am Verhandlungstisch anzustreben, ohne daß sich die eine oder andere Partei gedemütigt fühle. Dort liege Schlüssel für Lösung. Er sei einen Tag vor Embargo-Beschluß US-Kongresses in Türkei gewesen. Hätte er damals nicht zufälligerweise Mög-

---

[12] Zu den Ausführungen des Bundesministers Leber im Anschluß an seinen Aufenthalt in der Türkei vom 1. bis 3. Februar 1976 vgl. Dok. 30, Anm. 9.

[13] Zur Einstellung der amerikanischen Verteidigungshilfe für die Türkei vgl. Dok. 30, Anm. 2.

[14] Am 15. Juli 1974 unternahm die von griechischen Offizieren befehligte zypriotische Nationalgarde einen Putsch gegen Präsident Makarios, der am Folgetag Zypern verließ. Zum neuen Präsidenten wurde Nicos Sampson proklamiert. Am frühen Morgen des 20. Juli 1974 landeten türkische Truppen auf Zypern. Am 22. Juli 1974 trat ein Waffenstillstand in Kraft. Nach dem Rücktritt der griechischen Militärregierung in Athen trat auch Sampson am 23. Juli 1974 zurück. Das Präsidentenamt wurde vom bisherigen Parlamentspräsidenten Klerides übernommen. Vgl. dazu AAPD 1974, II, Dok. 217.
Am 8. August 1974 wurde ein Abkommen über die Festlegung der Demarkationslinien auf Zypern abgeschlossen; jedoch begann am 14. August 1974 ein erneuter Angriff türkischer Truppen, nachdem Klerides die Forderung des Sprechers der türkischen Volksgruppe auf Zypern, Denktasch, hinsichtlich einer territorialen Trennung der beiden Bevölkerungsgruppen abgelehnt hatte. Die militärischen Operationen wurden am 16. August 1974 nach Appellen des UNO-Sicherheitsrats weitgehend eingestellt. Vgl. dazu AAPD 1974, II, Dok. 233, Dok. 236 und Dok. 238.

[15] Zur Bildung einer Regierung der nationalen Einheit unter dem am 24. Juli 1976 aus dem Exil zurückgekehrten Ministerpräsidenten Karamanlis vgl. Dok. 64, Anm. 9.

[16] Am 23. Juli 1974 trat der am 15. Juli 1974 zum Präsidenten von Zypern proklamierte Nikos Sampson von seinem Amt zurück. Als sein Nachfolger wurde der Präsident der zypriotischen Abgeordnetenkammer, Klerides, vereidigt.

[17] Zur Frage der griechischen und türkischen Hoheitsgewässer in der Ägäis vgl. Dok. 28, Anm. 7.

lichkeit gehabt, Türken zu beruhigen, dann wäre es zu weit größerer Spannung im US-türkischen Verhältnis gekommen, – dies auch zum Schaden der Griechen. Aus diesem Grund seine Kritik am Beschluß Kongresses. Man wisse in der Türkei, daß Konzessionen gemacht werden müßten, allerdings nicht unter amerikanischem Druck. Man begrüße daher Verbesserung amerikanisch-türkischen Verhältnisses durch Verteidigungsabkommen[18] und auch Paraphierung Abkommens mit Griechenland[19]. Dadurch sei Atmosphäre geschaffen, die Verhandlungen gestatte.

8) Karamanlis erwiderte, daß er aus diesem Grund Nichtangriffspakt vorgeschlagen habe. Eine neue Situation sei entstanden, er wolle diese stabilisieren. Frage sei jetzt, wie die Türkei reagieren werden. Er habe leider Zweifel. Ihm lägen Informationen vor, nach welchen türkische Seite erst Beseitigung Differenzen durch Verhandlungen und dann Nichtangriffspakt wolle.[20] Nichtangriffspakt sei aber nach Beseitigung Differenzen überflüssig. Wenn Verhandlungen nach Nichtangriffspakt durchgeführt werden, habe man immer noch Zeit, Intervention befreundeter Staaten oder auch Schiedsgerichte einzuschalten.

9) Bundesminister teilte diese Auffassung. Deutsche Seite werde zu helfen suchen. Sie würde freilich nicht weiterkommen, würde sie in Ankara Vorwürfe gegen die Griechen und in Athen Vorwürfe gegen die Türken erheben. Bonn lehne Rolle eines solchen Vermittlers ab, der dann von beiden Streitern angegriffen werde.

10) MP meinte, Bonn würde von Athen wegen seiner Vermittlungsbemühungen nie attackiert werden. Sicher müsse eine Lösung Sicherheitselemente enthalten. Lösung Problems sei aber in Ankara zu suchen. Er habe immer Verhandlungen angestrebt. Es sei zu vier bis fünf Treffen gekommen. Türkische Seite habe aber nicht den Mut zu Entscheidungen gehabt. Dialog komme einfach nicht voran.

---

18 Am 29. März 1976 resümierte Gesandter Hansen, Washington, die wichtigsten Bestimmungen des amerikanisch-türkischen Abkommens vom 26. März 1976 über Verteidigungshilfe: „Dort heißt es, daß die Türkei während eines Zeitraums von vier Jahren Militärhilfe in Höhe von einer Milliarde Dollar erhalten soll, und zwar grundsätzlich 250 Mio. Dollar jährlich. [...] Außerdem sind während der Laufzeit des Abkommens Barkäufe aller Art im Rahmen des foreign military sales program möglich. Wie uns im State Department gesagt wurde, sind ferner Eximbank-Kredite von 75 Mio. Dollar jährlich ins Auge gefaßt. [...] Das Abkommen wird durch mehrere Notenwechsel konkretisiert, die der Öffentlichkeit nicht zugänglich gemacht werden. Der wichtigste betrifft das militärische Gerät, das die Vereinigten Staaten der Türkei im Rahmen der Vereinbarung zu ermäßigten Preisen zu liefern beabsichtigen. Seine Aushandlung nahm den größten Teil der Verhandlungen in Anspruch." Vgl. den Drahtbericht Nr. 1051; VS-Bd. 9666 (201); B 150, Aktenkopien 1976.
Präsident Ford unterbreitete das Abkommen am 16. Juni 1976 dem amerikanischen Kongreß mit der Bitte um Zustimmung. Vgl. PUBLIC PAPERS, FORD 1976–77, S. 1882–1885.
19 Zu den amerikanisch-griechischen Grundsätzen vom 15. April 1976 über militärische Zusammenarbeit vgl. Dok. 110, Anm. 3.
20 Botschafter Sonnenhol, Ankara, gab am 11. Mai 1976 Äußerungen des Ministerpräsidenten Demirel und des türkischen Außenministers Çaglayangil zu einem griechisch-türkischen Nichtangriffspakt wieder: „Beide äußerten sich in dem Sinne, daß Vertrag über Freundschaft und Zusammenarbeit sinnvoller sei als Nichtangriffspakt, da Türkei nicht Absicht habe, Griechenland anzugreifen. Demirel führte darüber hinaus aus, daß vor Abschluß eines solchen Paktes die bestehenden Schwierigkeiten auf dem Verhandlungswege ausgeräumt sein müßten. Zum Beweis seiner Friedensliebe führte er an, die Türkei sei auch noch heute in der Lage, ganz Zypern militärisch zu besetzen, habe jedoch nicht die Absicht, dies zu tun." Vgl. den Drahtbericht Nr. 493; Referat 203, Bd. 110272.

11) Bundesminister gab als seinen Eindruck wieder, Türkei werde nach Den Haag gehen, wenn sie nicht Angst hätte, definitiv von Ägäis abgedrängt zu werden. Sie würde mehr Konzilianz zeigen, wenn man ihr eine gewisse Bewegungsfreiheit in der Ägäis zusichern würde.

12) Karamanlis ging hierauf nicht ein. Er wiederholte dezidiert, daß es zwei Möglichkeiten für Beseitigung Differenzen gäbe: Dialog und Schiedsspruch. Er habe Dialog und Den Haag angeboten. Mache man hiervon keinen Gebrauch, dann bleibe nur Krieg. Gespräch schien dem Ende entgegenzugehen, als er dann Bundesverteidigungsminister bat, dem Bundeskanzler seinen Dank zu übermitteln. Deutsche Seite solle ihren Einfluß geltend machen, damit türkische Seite politischen Mut zeige und seriösen Dialog führe. Er bedankte sich für Verteidigungshilfe[21] (bei gleichzeitiger Anregung ihrer Aufstockung) und für Hilfe in Frage EG-Assoziierung[22]. Er machte auf Schwierigkeiten aufmerksam, die ihm Diktatur hinterließ und zu welchen griechisch-türkisches Verhältnis und Zypern-Problem hinzukommen. Unterstützung sei notwendig.

13) Bundesverteidigungsminister erklärte, man wisse, wie schwer seine Aufgabe sei. Als Freunde wünschten wir guten Erfolg. Dieser Erfolg würde allen zugute kommen. Man werde deutscherseits das Möglichste tun, um zu helfen. Zur Frage Verteidigungshilfe bemerkte er: Verteidigungshilfe für 1976 sei höher gewesen als früher, später werde man weitersehen.[23]

14) Karamanlis nahm dann das Gespräch in anderer Richtung wieder auf. Nach seinem Empfinden sei die Demokratie in Europa in eine „gefährliche Situation" geraten, die ihn beunruhige. Die Bundesrepublik und BK Schmidt sollten hier „mutige Initiativen" ergreifen. Anzeichen der Erosion und der Degenerierung verbreiteten sich. Der Bundesminister führte daraufhin das Gespräch auf das Ausgangsthema zurück. Gerade aus diesem Grunde solle man dafür Sorge tragen, daß in Zypern und Ägäis die Differenzen beseitigt werden, damit man nicht gleichzeitig mehrere europäische Herde der Unruhe habe. Dieses Mal zeigte Karamanlis Verständnis.

---

[21] Referat 201 bilanzierte am 11. Mai 1976 die deutsche Verteidigungshilfe für Griechenland: „Mit Griechenland wurden seit 1964 drei Abkommen über Verteidigungshilfe über insgesamt 101 Mio. DM abgeschlossen. [...] Die Verteidigungshilfe wurde 1968 wegen des Militärputsches eingestellt. Der Bundessicherheitsrat beschloß am 25.2.1975 ihre Wiederaufnahme (4. Abkommen) unter der Voraussetzung, daß sie in einem ausgewogenen Verhältnis zur Türkei erfolge. [...] Das 4. Abkommen der Verteidigungshilfe wird einen Wert von 60 Mio. DM haben. 60 Mio. DM sind ca. 2/3 des Betrages, den die Türkei (100 Mio. DM) erhält. Die Relation von 2 : 3 hat sich in der Vergangenheit bewährt. Angesichts der Zahl der Streitkräfte beider Länder (Türkei rund 440 000, Griechenland rund 140 000) und der geographischen Lage der Türkei und Griechenlands hält die Bundesregierung diese Relation für ausgewogen. Die Laufzeit des vierten Abkommens wird vorraussichtlich 18 Monate betragen. Wie in der Vergangenheit wird die Verteidigungshilfe aus neuwertigem und Überschußmaterial der Bundeswehr bestehen. [...] Zusätzlich zur Verteidigungshilfe erhält Griechenland (wie die Türkei) im Rahmen einer einmaligen Sonderaktion Überschußmaterial der Bundeswehr. Das entsprechende Abkommen wurde am 11.8.1975 unterzeichnet. Es sieht u. a. folgende Lieferungen, die zum Teil schon begonnen haben, vor: sieben Schnellboote, zwei Küstenwachboote, ein Tender, ein Munitionstransporter, 20 Übungsflugzeuge T 33". Vgl. Referat 201, Bd. 113496.

[22] Zum griechischen Beitrittsantrag vom 12. Juni 1975 sowie zur Stellungnahme der EG-Kommission, die am 29. Januar 1976 dem EG-Ministerrat vorgelegt wurde, vgl. Dok. 28.

[23] Dieser Satz wurde von Legationsrat I. Klasse Fein hervorgehoben. Dazu vermerkte er handschriftlich: „Noch nicht in Kraft."

15) Bei dem Gespräch waren außer Verteidigungsminister Averoff und mir der persönliche Referent des Ministerpräsidenten, Botschafter Moliviatis, und der Übersetzer der Botschaft anwesend.

II. 1) Auch bei diesem Gespräch war nicht die Rede von der Rolle, die die Zyperngriechen und -türken bei der Entwicklung des griechisch-türkischen Verhältnisses spielen. Das Bild, das Karamanlis zeichnete, war einfach. Griechische Gesprächsbereitschaft, türkische Intransigenz, Verpflichtung des Dritten zur Einwirkung auf Ankara.

2) Ich hatte das Gefühl, daß die ruhige Art, in der der Bundesminister trotz der mitunter abwehrenden Haltung des sehr selbstsicheren Ministerpräsidenten auf seine Lösungsvorstellungen zurückkam, ihren Eindruck nicht verfehlte.

3) Das Gesprächsklima war angenehm.

[gez.] Oncken

VS-Bd. 8654 (201)

126

Aufzeichnung des Botschaftsrats Schneppen, Paris

Geheim   3. Mai 1976[1]

Betr.: Arbeitstreffen der Gesellschaft Frankreich/Bayern in München im
        März 1976
Bezug: Weisung des Herrn Botschafters[2]

Ich habe Herrn Dr. Walter Schütze vom Centre d'Etudes de Politique Etrangère auf einige Bemerkungen angesprochen, die beim Essen für den Bundestagsabgeordneten Arndt gemacht wurden, und ihn gebeten, mir den Hintergrund dieser Bemerkungen zu erläutern. Herr Dr. Schütze äußerte sich wie folgt:

---

[1] Ablichtung.
Hat Botschaftsrat I. Klasse Haas, Paris, am 4. Mai 1976 vorgelegt, der die Weiterleitung an Gesandten Lahusen und an Botschafter Freiherr von Braun, beide Paris, verfügte und dazu handschriftlich vermerkte: „Wegen der Möglichkeit innenpolitischen Mißbrauchs halte ich die Weitergabe der Information an Bonn am ehesten durch Privatschreiben H[errn] Botschafters an H. van Well für angezeigt."
Hat Lahusen am 4. Mai 1976 vorgelegen.
Hat Braun am 10. Mai 1976 vorgelegen, der handschriftlich vermerkte: „Eine Photokopie anfertigen lassen."
Mit Begleitvermerk vom 11. Mai 1976 wurde die Aufzeichnung von Braun an Vortragenden Legationsrat I. Klasse Feit weitergeleitet. Dazu vermerkte er: „Anbei Photokopie eines Aktenvermerks, der für sich selbst spricht. Wir haben darüber nicht berichtet und beabsichtigen es auch nicht zu tun."
Hat Feit vorgelegen.
[2] Sigismund Freiherr von Braun.

1) Im März d.J. habe in München ein Treffen der Gesellschaft Frankreich/ Bayern stattgefunden, dessen Ziel es gewesen sei, ein weiteres Arbeitstreffen vorzubereiten (dieses Treffen hat bisher nicht stattgefunden).

Teilnehmer von französischer Seite waren folgende Républicains Indépendants: General a.D. Thiry, Oberst Geneste sowie einige R.I.-Politiker, deren Namen Schütze nicht nennen konnte (oder wollte).

Teilnehmer auf deutscher Seite: Franz Josef Strauß, MdB, sowie weitere Vertreter der CSU.

2) Der Abgeordnete Strauß habe den Franzosen erklärt, daß – nach einem Regierungswechsel im Herbst[3], wenn er als Vizekanzler und Finanzminister „das Heft in die Hand genommen habe" – die Bundesregierung der französischen Regierung folgendes Angebot unterbreiten werde:

a) Verhandlungen über die Stationierung von „Pluton" in der Bundesrepublik Deutschland (allerdings im Rahmen der Zielkoordinierung der NATO),

b) Gespräche über eine strategische Abstimmung der deutschen und französischen Streitkräfte, d.h. von Bundeswehr und 1. französischer Armee,

c) ein deutscher Beitrag zur Finanzierung der französischen Nuklearstreitkräfte gegen Beteiligung bei der Zielplanung der Force de frappe („innere Mitbestimmung").

3) Die französische Seite habe hierauf nicht sehr positiv reagiert, insgesamt aber wohl auch nicht die politischen Implikationen erfaßt. Was Franzosen – wie Vernant – Sorgen bereite, sei nicht der Vorschlag an sich, den man nicht für realistisch halte, denn auch eine Regierung Kohl werde keine andere Verteidigungspolitik betreiben können als bisher. Besorgt sei man allerdings darüber, daß F. J. Strauß und seine Kreise weiterhin am Ziel einer deutschen nuklearen Mitbestimmung festhielten. Die Gedanken von Strauß berührten sich mit denen von Dregger, stünden aber im Gegensatz zu den Auffassungen Wörners.

Man sei – so sagte Schütze – in Bonn über dieses Treffen unterrichtet, ohne diesen Hinweis jedoch näher zu präzisieren.

Schneppen

VS-Bd. 9935 (202)

---

[3] Die Wahlen zum Bundestag fanden am 3. Oktober 1976 statt.

127

Gespräch des Bundesministers Genscher
mit Präsident Nyerere auf Schloß Gymnich

105-30.A/76								4. Mai 1976[1]

Der Herr Minister traf am 4. Mai 1976 um 8.30 Uhr mit Präsident Nyerere in Gymnich zusammen.[2]

Der Herr *Minister* erwähnte einleitend die EPZ-Diskussion vom Vortag über künftige Schritte der Gemeinschaft im Zusammenhang mit der Lage im südlichen Afrika.[3] Am 23. Februar habe man eine sehr klare Position bezogen[4], der AM Kissinger in der Sache gefolgt sei. Er würde es begrüßen, die Meinung des Präsidenten zu dem am Vortag erörterten Vorschlag zu erfahren, eine Fact-finding Mission der Gemeinschaft nach Namibia, Pretoria und Lusaka zu entsenden.[5]

Auf den Einwand des *Präsidenten*, die Franzosen seien von dem Vorschlag nicht angetan, sagte der Herr *Minister*, trotz einiger Bedenken und Vorbehalte hätten sie nicht nein gesagt, und die Angelegenheit werde von den Politischen Direktoren weiter behandelt.

Die Frage des *Präsidenten*, wie die Südafrikaner darauf reagierten, beantwortete der Herr *Minister* mit dem Hinweis, er könne sich nicht vorstellen, daß sich die südafrikanische Regierung einer solchen Anregung entziehe, wenngleich sie darüber auch nicht jubeln werde.

Der *Präsident* sagte, er habe erfahren, die Südafrikaner seien nunmehr zu der Erkenntnis gelangt, daß Namibia die Unabhängigkeit erhalten müsse. Sie wollten dies aber nach ihren eigenen Vorstellungen herbeiführen. In der fehlenden Bereitschaft, die SWAPO anzuerkennen, sehe er das größte Hindernis. Wenn Südafrika die Unabhängigkeit von Namibia in zwei Jahren für denkbar halte, die SWAPO aber nicht anerkennen wolle, so sei dies ein fundamentaler Fehler. Die Südafrikaner müßten zwei Dinge akzeptieren: Einmal die VN-Entschließungen über Namibia[6] und zum anderen die SWAPO als die nationa-

---

[1] Durchdruck.
Die Gesprächsaufzeichnung wurde von Vortragendem Legationsrat I. Klasse Weber gefertigt.
[2] Präsident Nyerere hielt sich vom 3. bis 6. Mai 1976 in der Bundesrepublik auf.
[3] Zur Konferenz der Außenminister der EG-Mitgliedstaaten im Rahmen der EPZ am 3. Mai 1976 in Brüssel vgl. Dok. 130.
[4] Vgl. dazu die Afrika-Erklärung der Außenminister der EG-Mitgliedstaaten im Rahmen der EPZ vom 23. Februar 1976; Dok. 62.
[5] Zum Vorschlag, eine „Fact-finding Mission" ins südliche Afrika zu entsenden, vgl. Dok. 130, Anm. 20.
[6] In Resolution Nr. 2145 der UNO-Generalversammlung vom 27. Oktober 1966 wurde zum südafrikanischen Mandat über Südwestafrika ausgeführt: „The General Assembly [...] 3) Declares that South Africa has failed to fulfil its obligations in respect of the administration of the Mandated Territory and to ensure the moral and material well-being and security of the indigenous inhabitants of South West Africa and has, in fact, disavowed the Mandate; 4) Decides that the Mandate conferred upon His Britannic Majesty to be exercised on his behalf by the Government of the Union of South Africa is therefore terminated, that South Africa has no other right to administer the Territory and that henceforth South West Africa comes under the direct responsibility of the United Nations". Vgl. UNITED NATIONS RESOLUTIONS, Serie I, Bd. XI, S. 118.
Mit Resolution Nr. 2372 der UNO-Generalversammlung vom 12. Juni 1968 wurde Südwestafrika

le Organisation. Ohne SWAPO gebe es niemanden, der über die Unabhängigkeit verhandeln oder sie entgegennehmen könne. Bei den Bemühungen, dies den Südafrikanern verständlich zu machen, könnten die Neun eine aktive Rolle spielen.

Der Herr *Minister* sagte, man habe den Eindruck, die Arbeit der Verfassungskonferenz[7] werde von der südafrikanischen Regierung zeitlich unter Druck gesetzt, möglicherweise in der Absicht, die Beratungen bis zur Generalversammlung der Vereinten Nationen abzuschließen. In diesem Zusammenhang frage er sich, ob sich die SWAPO zur Beteiligung an den Gesprächen bereit erklären könnte, wenn sie ihrerseits von der südafrikanischen Regierung anerkannt und die Verfolgung eingestellt würde.

Der *Präsident* sagte, dies hänge von den Bedingungen ab. Er seinerseits würde der SWAPO raten, alle Elemente und Gruppen miteinzubeziehen.

Der Herr *Minister* präzisierte noch einmal die Frage und sagte, daß es hilfreich sein dürfte, wenn beide Elemente, die ethnischen und die politischen Gruppen, an einer Lösung beteiligt wären.

Der *Präsident* erklärte, Südafrika denke bisher nur an die ethnischen Gruppen, was nicht akzeptabel sei. Es müsse jetzt den Rubikon überschreiten und der Unabhängigkeit für Namibia sowie Verhandlungen mit der SWAPO zustimmen. Die SWAPO ihrerseits dürfe die anderen Gruppen nicht ignorieren. Sei Südafrika nicht bereit, die SWAPO anzuerkennen, so könne dies in der Zukunft Krieg bedeuten.

Der Herr *Minister* sagte, Südafrika könne die SWAPO nicht als die einzige Vertretung akzeptieren, denn um Fortschritte zu erzielen, sollten beide Gruppen an den Gesprächen beteiligt sein. Dies wäre für die Befriedung des Landes sicher das Beste, und in dieser Überlegung fühle er sich durch die Bemerkung des Präsidenten bestätigt, er würde der SWAPO raten, die übrigen Gruppen nicht zu ignorieren.

Wie auch der Präsident erklärte, dürfe Südafrika die SWAPO nicht auch teilnehmen lassen. Sie sei schließlich die nationale Organisation des Landes. Andererseits wäre es unklug, wenn die SWAPO die für die Zukunft wichtigen anderen Elemente außer acht ließe.

Auf die erneute Frage nach seiner Meinung über eine Fact-finding Mission, durch die die EG über politische Erklärungen hinaus eine aktivere Rolle bei dem Bemühen um Lösungen demonstrieren würde, antwortete der *Präsident*, man sollte zwei Stellen befragen: SWAPO und den Hohen Kommissar der Vereinten Nationen, MacBride, der vor allem mit den komplizierten juristischen Fragen vertraut sei.

Der Herr *Minister* führte aus, die Unabhängigkeit aller afrikanischen Staaten sei unser elementares Interesse. Als Europäer könnten wir am besten mit ei-

der Name Namibia verliehen. Vgl. UNITED NATIONS RESOLUTIONS, Serie I, Bd. XI., S. 331f.
Der UNO-Sicherheitsrat forderte Südafrika mit den Resolutionen Nr. 245 vom 25. Januar 1968 und Nr. 264 vom 20. März 1969 auf, die Verwaltung des Gebiets aufzugeben, und stellte mit den Resolutionen Nr. 276 vom 30. Januar 1970 und Nr. 283 vom 29. Juli 1970 fest, daß die Präsenz Südafrikas in Namibia illegal und alle weiteren Maßnahmen rechtswidrig seien. Für den Wortlaut der Resolutionen vgl. UNITED NATIONS RESOLUTIONS, Serie II, Bd. VII, S. 11f., 31f., 49f. und 50f.

7 Zur Verfassungskonferenz der Bevölkerungsgruppen Namibias vgl. Dok. 115, Anm. 6.

nem unabhängigen Afrika zusammenarbeiten. Unserer Politik liege nicht nur eine politische Moral zugrunde, aus der sich unsere Ablehnung von Kolonialismus und Rassismus ergebe, sondern auch ein politisches Interesse, weil wir nicht wollten, daß die Unnachgiebigkeit von Smith und der Südafrikaner ähnliche Verhältnisse schaffe wie in Angola. Es sei ebensowenig in unserem Interesse, in Afrika ausländischen Einfluß wirksam werden zu sehen. Unser ernstes Anliegen gelte einer echten Unabhängigkeit der afrikanischen Staaten. So wollten wir auch weder unser wirtschaftliches noch unser gesellschaftliches System exportieren. Es sei vielmehr an den Afrikanern, hierüber selbst zu entscheiden.

Der *Präsident* sagte, er teile diese Auffassung. In ihrem Kampf gehe es den Afrikanern um nichts anderes als um die Freiheit. Die Länder, die in diesem Kampf zu den Waffen greifen müßten, erhielten sie zwangsweise nur aus kommunistischen Ländern, wodurch der falsche Eindruck entstehe, sie kämpften für den Kommunismus und nicht für die Freiheit. Dies scheine gelegentlich einige Verwirrung auszulösen.

Der Herr *Minister* fragte, ob sich nach Auffassung des Präsidenten die Kubaner aus Angola wieder zurückziehen würden.

Der *Präsident* erklärte, dies geschehe bereits. Wöchentlich verließen zweihundert Kubaner Angola.[8] Die Kubaner wollten keine Kolonien in Afrika.

Auf den Hinweis des Herrn *Ministers*, die Kubaner hätten aber mächtige Freunde, die sie unterstützten, bemerkte der *Präsident*, dies treffe sicher zu, doch die Amerikaner redeten wie besessen nur von den Kubanern, nicht aber von den Sowjets.

Wie der Herr *Minister* darlegte, sei es doch denkbar, daß auch die Kubaner gewisse Interessen hätten, da die wichtige internationale Rolle, die ihnen zugefallen sei, für das Land und seine Führer eine Versuchung darstelle. Die amerikanische Haltung sei verständlich, und man dürfe die psychologischen und auch geographischen Faktoren nicht außer acht lassen. Ihm sei es wichtig, daß sich die Kubaner nach Auffassung des Präsidenten aus Angola wieder zurückzögen, da dies von wesentlicher Bedeutung für die Beziehungen zu Angola sei. Man wolle die Unabhängigkeit Angolas unterstützen, dazu müsse diese sich unbehindert von ausländischen Streitkräften entwickeln können.

Wie der *Präsident* erklärte, habe er im Januar seine Kollegen in Addis Abeba[9] darauf hingewiesen, daß unabhängig davon, welche Gruppierung sich durch-

---

[8] Am 26. Mai 1976 informierte Botschafter Stoecker, Stockholm, über die Ankündigung eines kubanischen Truppenabzugs aus Angola: „Wie bereits im Zusammenhang mit Besuch AM Kissinger in Stockholm berichtet [...] überbrachte hiesiger kubanischer Botschafter am 30.4.1976 Staatsminister Palme eine mündliche Botschaft Fidel Castros, die Zusage kubanischen Truppenabzugs aus Angola enthielt. AM Kissinger wurde hier am 24.5. von Palme über Botschaft unterrichtet. [...] Wie im schwedischen Außenministerium zu erfahren war, versicherte Castro, Kuba werde wöchentlich 200 Mann aus Angola abziehen und bis Ende des Jahres Truppen in Angola um Hälfte vermindert haben. Nach schwedischen Berechnungen sollen sich z.Z. etwa 15 000 Kubaner in Angola aufhalten. Hiesiger kubanischer Botschafter erklärte vor Presse, Truppenrückzug habe bereits begonnen. Palme erklärte hierzu, Castros Botschaft bestätige schwedische Auffassung, daß sich Kubaner nicht als Kreuzritter des 20. Jahrhunderts betrachteten." Vgl. den Drahtbericht Nr. 198; Referat 300, Bd. 103642.

[9] Zur Sondersitzung der OAU vom 10. bis 12. Januar 1976 in Addis Abeba vgl. Dok. 8, Anm. 17. Botschafter Albers, Daressalam, stellte am 16. Januar 1976 fest, die Sondersitzung der OAU sei für

setze, Angola ein unabhängiges Land sei und man ihm nicht wie einer Kolonie diktieren könne. Es gebe eine Reihe afrikanischer Länder, auf deren Gebiet sich französische Truppen befänden, ohne daß man deshalb an ihrer Unabhängigkeit zweifle. Die Schwierigkeit in der Haltung Kissingers liege darin, daß er einerseits die Bereitschaft erkläre, Beziehungen zu Angola herzustellen, andererseits aber verlange, daß die Kubaner zunächst einmal das Land verlassen müßten. Dabei übersehe er, daß die Kubaner nur gekommen seien, um Angola zu helfen. Lange vor ihrem Erscheinen in Angola hätten Südafrika[10] und Zaire[11] Truppen auf angolanisches Gebiet entsandt. Hierüber höre man in den Vereinigten Staaten und in Europa wenig.

Der Herr *Minister* hob hervor, daß wir aus unserer Meinung über die Intervention Südafrikas nie einen Hehl gemacht hätten. Entscheidend sei, ob sich bei der Präsenz ausländischer Streitkräfte wahre Unabhängigkeit entwickeln

---

Fortsetzung Fußnote von Seite 582

Tansania enttäuschend verlaufen, da es nicht gelungen sei, „einen Beschluß zur Anerkennung der MPLA als Regierung von Angola zu erreichen. [...] Die Situation war für Präsident Nyerere zunächst keineswegs einfach. Seine und der Einheitspartei TANU Sympathien waren und sind eindeutig auf Seiten der marxistischen MPLA, wobei vor allem ideologische Erwägungen, aber wohl auch einige konkrete Interessen Tansanias eine Rolle spielen. Zunächst verbindet Tansania und die MPLA die gemeinsame linkssozialistische Ausrichtung, die sie im Rahmen des marxistischen Internationalismus ins gleiche Lager treibt. Es kommt hinzu, daß Nyerere überzeugt zu sein scheint, daß wirkliche Freiheit und Unabhängigkeit nur von einer Bewegung erstritten und aufrechterhalten werden kann, die sich kompromißlos gegen die alten Kolonialmächte und ihre Interessen – d.h. gegen den Westen stellt. Schließlich mag auch die Ablehnung des Tribalismus dazu beitragen, die weitgehend stammesgebundenen FNLA und UNITA suspekt zu machen. [...] Die Forderung nach Abzug aller Interventionisten wurde gleichzeitig mit dem Vorbehalt aufrechterhalten, daß die Anwesenheit sowjetischer und kubanischer Berater, Techniker und Soldaten und die Lieferung von Waffen und Material an die MPLA keine Einmischung sei, da dies alles im Interesse der Dekolonisierung und auf Wunsch des durch die MPLA-Regierung repräsentierten angolanischen Volkes geschehe." Vgl. den Schriftbericht; Referat 320, Bd. 108228.

[10] Zur Entsendung südafrikanischer Truppen auf angolanisches Gebiet vgl. Dok. 36, Anm. 12.
Am 15. März 1976 teilte Botschafter Eick, Pretoria, mit, Ministerpräsident Vorster habe in einem Interview erklärt, daß die 1975 erfolgte Entsendung südafrikanischer Truppen nach Angola „nicht der Grund, sondern die Antwort auf die russisch-kubanische Intervention gewesen sei". Eick merkte dazu an: „Es soll hier nicht auf die ohnehin nicht mit letzter Sicherheit zu beantwortende Frage eingegangen werden, wer zuerst in Angola war. Fest steht jedenfalls, daß sich nach den hier vorliegenden Informationen bereits Mitte August 1975 südafrikanische Truppen, wenn auch zunächst nur zum Schutz des Cunene-Projekts, auf angolanischem Boden aufhielten [...]. Demnach könnte sich durchaus ergeben, daß das sowjetisch-kubanische Engagement zumindest in der dann laut Vorster ab Anfang Oktober 1975 eingetretenen Stärke rein äußerlich doch eine Reaktion auf die südafrikanische Präsenz war und tatsächlich auch damit gerechtfertigt wurde. Vorster hingegen versucht in seinem Interview den Eindruck zu erwecken, als ob Südafrika erst nach dem 25. September interveniert habe." Vgl. den Drahtbericht Nr. 71; Referat 320, Bd. 108238.

[11] Referat 313 legte am 13. Februar 1976 dar, daß Zaire zunächst alle drei angolanischen Befreiungsbewegungen anerkannt und unterstützt habe: „Weitaus größter Teil der Hilfe kam jedoch FNLA zugute [...]. Solange Spínola in Portugal Verantwortung trug, hoffte Zaire, Macht in Angola werde auf FNLA, die damals militärisch stärkste Befreiungsbewegung war, übergehen. Als sich die militärische und politische Schwäche der FNLA zeigte, betonte Zaire erneut, es erkenne alle drei Befreiungsbewegungen an. Mit Portugal wurde Juni 1975 zwar vereinbart, daß sich beide Länder in innerangolanischen Auseinandersetzungen neutral verhalten. Zaire setzte aber Unterstützung FNLA und auch UNITA fort und intensivierte sie, nachdem MPLA mit portugiesischer Hilfe Macht in Luanda übernommen hatte. Über Lieferung von Waffen und Ausrüstungen, größtenteils amerikanischer Herkunft, hinaus wurden in den folgenden Monaten auch zairische Truppen entsandt. Es erwies sich aber, daß deren Präsenz (trotz chinesischer und nordkoreanischer Hilfe beim Aufbau der Armee) die Unterstützung, die MPLA von Kubanern und Sowjetrussen erhielt, nicht ausgleichen konnte." Vgl. Referat 321, Bd. 108373.

könne. In diesem Zusammenhang sei die Äußerung des Präsidenten von großer Bedeutung.

Uns gehe es darum, wie weit man Angola bei der Entwicklung zu wirklicher Unabhängigkeit unterstützen könne. Dies sei eine klare Position.

Der *Präsident* sagte, sie sei ihm eher unklar, denn er verstehe den Zusammenhang zwischen Unabhängigkeit und der Anwesenheit der Kubaner nicht, der ihm mit den Tatsachen nicht vereinbar scheine. Die MPLA habe dreizehn Jahre gegen Portugal gekämpft und sich dabei nie um Hilfe von außen bemüht. Die Amerikaner seien entschlossen, die MPLA zu beseitigen, um angesichts einer unsicheren Entwicklung in Portugal wenigstens Angola in ihrem Sinn zu retten. Diese politische Entscheidung sei aber am Widerstand des Kongresses gescheitert.[12] So müsse man dankbar sein, daß die Kubaner eingegriffen hätten, denn wenn die MPLA verloren hätte, wäre Angola verloren gewesen. Die Frage des Herrn Ministers, ob nicht auch die UNITA ein unabhängiges Angola errichtet hätte, beantwortete der *Präsident* mit dem Hinweis, dies wäre nur ein von Südafrika toleriertes Angola gewesen. Nunmehr konsolidiere sich dort die Unabhängigkeit, und wenn es zu einem Kampf in Namibia komme, könne man sich auf Angola verlassen.

Abschließend unterstrich der Herr *Minister*, die Bundesregierung sei unter den Neun der Wortführer einer sehr aktiven Politik im Zusammenhang mit den Fragen des südlichen Afrika. Aus den genannten Gründen trete sie für die Unabhängigkeit Namibias, die Mehrheitsherrschaft in Rhodesien und die Überwindung von Apartheid in Südafrika ein. Sie sei bereit, mit den afrikanischen Staaten wirtschaftlich zusammenzuarbeiten, die dies wünschten, weil darin[13] ein Beitrag zu einem gerechten Ausgleich zwischen den Industrieländern und den Ländern der Dritten Welt liege.

Man wisse, welche Position der Präsident unter den Staatsmännern Afrikas einnehme, und würde es begrüßen, wenn der Gedankenaustausch nach Herstellung des persönlichen Kontakts auf der Botschafterebene fortgesetzt werden könnte, da es für uns wichtig sei, die Ansichten des Präsidenten zu kennen.

Der *Präsident* erklärte sich hiermit einverstanden.

Das Gespräch endete gegen 9.30 Uhr.

Referat 312, Bd. 108228

---

[12] Zur Ablehnung des amerikanischen Kongresses, Mittel für eine Unterstützung von FNLA und UNITA zu bewilligen, vgl. Dok. 19, Anm. 8, und Dok. 32, Anm. 15.
[13] Korrigiert aus: „dies".

128

Gespräch des Bundeskanzlers Schmidt mit Präsident Nyerere

4. Mai 1976[1]

Vermerk über das Gespräch des Bundeskanzlers mit dem Präsidenten der Vereinigten Republik Tansania, Julius Nyerere, am 4. Mai 1976 von 11.35 bis 13.25 Uhr im Palais Schaumburg[2]

Weitere Teilnehmer: Außenminister Kaduma, Botschafter Mtonga Mloka, J. W. Butiku (Privatsekretär des Präsidenten), Botschafter Albers, MD Lahn, MDg Ruhfus

Südliches Afrika

Nach einleitenden Worten der Begrüßung und des Dankes führte Präsident *Nyerere* aus, die Probleme des südlichen Afrika seien nach Angola akut geworden. Er bemühe sich seit Jahren, der Verwirrung über die Problematik des südlichen Afrika entgegenzutreten. Im nördlichen Teil Afrikas habe man von der Befreiung vom Kolonialismus gesprochen. Die gleichen Bestrebungen im südlichen Teil des Kontinents würden dagegen als Vordringen des Kommunismus bezeichnet. So hätten früher die Portugiesen und jetzt Südafrika behauptet, ihre Abwehr der Befreiungsbewegungen diene der Verteidigung gegen den Kommunismus.

Präsident Nyerere berichtete über das Zustandekommen des Lusaka-Manifests[3]. Dieses Manifest sei schließlich von der OAU und später von den Vereinten Nationen angenommen worden. [4]

In dem Manifest heiße es: Wir ziehen friedliche Mittel vor. Falls es unvermeidlich sei, müsse Waffengewalt für die Befreiung eingesetzt werden. Der Kampf im Mosambik habe zehn Jahre, in Angola dreizehn Jahre gedauert, ehe Fortschritte erzielt wurden.

In Angola hätten die Vereinigten Staaten und Südafrika interveniert. Die Unterstützung der Vereinigten Staaten sei durch Zaire erfolgt. Die Kubaner hätten erst danach eingegriffen. Die Interventionen der USA und Südafrikas würden heute unter den Teppich gekehrt.

---

[1] Ablichtung.
Die Gesprächsaufzeichnung wurde von Ministerialdirigent Ruhfus, Bundeskanzleramt, gefertigt.

[2] Präsident Nyerere hielt sich vom 3. bis 6. Mai 1976 in der Bundesrepublik auf.

[3] Am 16. April 1969 trafen in Lusaka Vertreter ost- und zentralafrikanischer Staaten zusammen, um eine gemeinsame Haltung zu den Problemen des südlichen Afrika zu entwickeln. Für den Wortlaut des von der Konferenz verabschiedeten Manifests vgl. den Artikel „Unter einer erbarmungslosen Minoritätsregierung: Das Manifest von Lusaka über das südliche Afrika im Wortlaut"; FRANKFURTER ALLGEMEINE ZEITUNG vom 29. Mai 1969, S. 10.

[4] Die Konferenz der Staats- und Regierungschefs der OAU-Mitgliedstaaten vom 6. bis 9. September 1969 in Addis Abeba billigte das „Manifest von Lusaka für das südliche Afrika" vom 16. April 1969. Vgl. dazu den Drahtbericht Nr. 167 des Botschafters Fechter, Addis Abeba, vom 29. September 1969; Referat I B 3, Bd. 843.
Die UNO-Generalversammlung billigte das Manifest mit Resolution Nr. 2505 vom 20. November 1969. Für den Wortlaut vgl. UNITED NATIONS RESOLUTIONS, Serie I, Bd. XII, S. 214.

Der *Bundeskanzler* fragte: War Mobutu nicht an der Befreiung Angolas interessiert?[5]

Antwort *Nyerere*: Mobutu ist für die FNLA eingetreten. Die FNLA hat nicht gekämpft.

Der *Bundeskanzler* fragte: Warum hat die FNLA nicht gekämpft?

Nyerere: Ich habe Holden 1973 in Addis Abeba[6] gefragt: Warum kämpft Ihr nicht? Holden antwortete, die OAU hat uns nur einmal eine kleine Zahl von Waffen geliefert, seitdem nicht mehr.

Ich habe Kaunda und Mobutu vorgeschlagen, wir sollten auch der FNLA Waffenhilfe geben. Als Holden nach Daressalam kam, habe ich ihm Waffen übergeben und Kontakte mit den Chinesen vermittelt. Holden ist nach Peking gereist. Die Chinesen haben ihm Waffen und Instrukteure zugesagt. Da inzwischen im April 1974 die Revolution in Portugal[7] eintrat, war die chinesische Hilfe nicht mehr erforderlich.

Der *Bundeskanzler* führte aus, er habe als Verteidigungsminister das Konzept durchgesetzt, daß die Bundesrepublik keine Waffen außerhalb des Allianzbereichs liefere.[8] Die Bundesrepublik habe keine Waffen an Neto gegeben, aber auch keine Waffen an die Israelis, an Sadat noch an den Iran oder Pakistan. Wir leisteten unsere Unterstützung durch Entwicklungshilfe.

Die Bundesregierung habe die Politik von Ian Smith verurteilt und sich eindeutig gegen die Apartheid-Politik von Südafrika ausgesprochen. Wir hätten jedoch Sorge vor Interventionen von außen. Afrika könne zum Exerzierfeld für rivalisierende außerafrikanische Mächte werden. Es sei wichtig, daß die OAU die entscheidende Autorität für die Entwicklung in Afrika werde. Hierbei komme Persönlichkeiten wie Präsident Nyerere, Präsident Kaunda und anderen führenden Politikern besondere Bedeutung zu.

In Angola habe es ein kubanisch-russisches Zusammenwirken gegeben. Unsere Öffentlichkeit sei der Ansicht, daß dort eine versteckte sowjetische Intervention erfolgt sei. Dies könne die Sympathien in unserem Land für die Ziele „Befreiung" und „Unabhängigkeit" beeinträchtigen.

Präsident *Nyerere*: Die westliche Besessenheit über die kubanische Intervention bereite ihm Sorge. Auch Kissinger erwähne nur Kuba, von der sowjetischen Beteiligung werde nicht gesprochen. Die Kubaner hätten begonnen, sich aus Angola zurückzuziehen.[9] Es gebe eine weitgehende Verständigung zwischen der Sowjetunion und den Vereinigten Staaten. Er nehme an, daß die Vereinigten Staaten wissen, daß die Kubaner abziehen.

Bundeskanzler: Die Sowjetunion und die Vereinigten Staaten sprechen über eine Reihe von Themen wie Entspannung, nukleare Waffen, KSZE oder MBFR.

---

5 Vgl. dazu das Gespräch des Bundesministers Genscher mit dem zairischen Außenminister Karl-I-Bond vom 17. Februar 1976; Dok. 56, Anm. 5.

6 Vom 24. bis 30. Mai 1973 fand in Addis Abeba eine Konferenz der Staats- und Regierungschefs der OAU-Mitgliedstaaten statt.

7 Zum Regierungsumsturz am 25. April 1974 in Portugal vgl. Dok. 8, Anm. 8.

8 Vgl. dazu Abschnitt II der „Politischen Grundsätze der Bundesregierung für den Export von Kriegswaffen und sonstigen Rüstungsgütern" vom 16. Juni 1971; Dok. 2, Anm. 4.

9 Zur Ankündigung eines kubanischen Truppenabzugs aus Angola vgl. Dok. 127, Anm. 8.

Aber der Bereich, wo sie übereinstimmten, sei begrenzt. Bei anderen Themen falle es den Großmächten schwer, überhaupt nur miteinander zu sprechen. Dazu gehöre wohl Angola und südliches Afrika. Er habe auch Zweifel, ob die Großmächte genügend über das Nahost-Problem gesprochen hätten.

Auch bei Vereinbarungen zwischen den Großmächten blieben Unklarheiten. So habe das Vier-Mächte-Abkommen über Berlin viele Fragen nicht gelöst oder ungeklärt gelassen. Daher erweise sich jetzt die Anwendung des Abkommens als schwierig.

Wenn eine Supermacht Bereitschaft zur Einmischung zeige, beschwöre dies die Gefahr der Reaktion der anderen Supermächte. Südostasien und der Nahe Osten hätten gezeigt, daß eine Lösung der Probleme leichter ist, solange die beiden Großmächte nicht involviert sind.

Nyerere: Er teile diese Sorge. Die Afrikaner hätten sich nicht bemüht, die europäischen Kolonialherren loszuwerden, um andere auf den Kontinent zu holen.

Kissinger habe etwa wie folgt geschrieben: Ich kann es der Sowjetunion nicht erlauben, 8000 Meilen entfernt vom Mutterland eine neue Einflußsphäre zu schaffen. Das sei eine höfliche Umschreibung für die Aussage gewesen: „Sie gehören zu uns."

Der *Bundeskanzler* führte aus, die Vereinigten Staaten seien nach den Erfahrungen von Vietnam sehr viel vorsichtiger geworden. Das Streben nach Einflußsphären habe abgenommen.

Wir in Europa benötigten das Gleichgewicht unter den Supermächten für unsere Unabhängigkeit. In Europa gebe es die stärkste Konzentration von Truppen und Waffen in der Welt. Die Beibehaltung des Gleichgewichts liege daher im Interesse sowohl der Westeuropäer wie der Osteuropäer.

Der Bundeskanzler führte aus, die Bundesregierung verurteile die Politik Ian Smiths in Rhodesien. Sie unterstütze die Vorschläge von Callaghan für eine Lösung des Rhodesien-Problems. [10]

Die Bundesregierung verurteile die Apartheid-Politik in Südafrika. Sie trete dafür ein, daß den Völkern in den afrikanischen Staaten das Grundrecht gewährt werde, sich selbst in Freiheit und Unabhängigkeit ohne Einmischung von außerhalb zu regieren.

---

[10] Am 23. März 1976 informierte Botschafter von Hase, London, über die Erklärung zur britischen Rhodesienpolitik vom Vortag: „Nach Zusammenbruch der Verhandlungen zwischen PM Smith und ANC-Führer Nkomo gab AM Callaghan am 22.3. Erklärung vor Unterhaus ab, mit der er britische Rhodesienpolitik umriß. Konzept dieser Politik beruht auf Zweistufenplan, wobei in erster Phase vier Vorbedingungen von seiten Regierung Smith und ANC-Führung zu erfüllen sind: Annahme von majority rule als Grundsatz; Wahlen, die innerhalb von 18 bis 24 Monaten zu majority rule führen; Übereinkommen, daß es nicht vor Einführung von majority rule zu Unabhängigkeitserklärung kommt; kurze Verhandlungsdauer und geordneter Übergang zu majority rule. Nach Erfüllung dieser Voraussetzungen ist Großbritannien bereit, Rhodesien in zweiter Phase politische und materielle Hilfe zu leisten und an Verhandlungen über neue Verfassung teilzunehmen. Wie man uns im FCO sagte, habe man über Callaghan-Erklärung im Unterhaus hinaus für diesen zweiten Abschnitt schon jetzt package deal vorbereitet, der einerseits großzügige Entwicklungshilfe für afrikanische Bevölkerung und andererseits Garantien von außerhalb für weiße Bevölkerung vorsehe." Vgl. den Drahtbericht Nr. 674; Bd. 320, Referat 108205.

Politische Unabhängigkeit und wirtschaftliche Selbständigkeit seien zwei Seiten der gleichen Medaille. Wir leisteten wirtschaftliche Hilfe, damit die jungen Staaten ihre politische Unabhängigkeit aufrechterhalten können.

Weltwirtschaftsprobleme

Der Bundeskanzler gab eine Übersicht über die gegenwärtige Weltwirtschaftslage. Er wies darauf hin, daß es erforderlich sei, die Kenntnis der wirtschaftlichen Gesetze und der weltwirtschaftlichen Zusammenhänge zu verbessern. Dies gelte für viele Teile der Welt, insbesondere auch für die Staaten der sogenannten Dritten Welt.

Präsident *Nyerere* stimmte zu. Die Kenntnisse in vielen Ländern der Dritten Welt über die wirtschaftliche Interdependenz sei nicht ausreichend. Er versuche, in seinem Land Interesse und Verständnis für die wirtschaftlichen Probleme zu erweitern. Im Kreise der blockfreien Staaten spreche man jetzt mehr über die wirtschaftlichen Fragen.

Es folgte ein Gedankenaustausch über die Verteilung der Ressourcen der Welt.

Präsident Nyerere wies darauf hin, daß die Vereinigten Staaten mit etwa 6 % Anteil an der Weltbevölkerung ca. 40 % der Rohstoffe der Welt verbrauchten. Die Sowjetunion und Europa versuchten nachzuziehen.

Der *Bundeskanzler* antwortete, es gebe einen großen Unterschied zwischen den beiden Supermächten und den europäischen Staaten. Die USA und die Sowjetunion seien nahezu unabhängig vom Import von Rohmaterialien, da sie über große eigene Vorräte verfügten. Die Europäer dagegen seien auf ihr menschliches Potential angewiesen. Ihr Lebensstandard beruhe auf der Intelligenz und der Ausbildung ihrer Menschen sowie auf der staatlichen Organisation.

Präsident *Nyerere* antwortete, daraus folge, daß Europa auf die Rohstoffeinfuhren aus der Dritten Welt angewiesen sei. Er regte an, die Bevölkerung in den europäischen Ländern solle über den engen Zusammenhang zwischen Europa und der Dritten Welt und über die Notwendigkeit, zur Entwicklung der Dritten Welt beizutragen, besser unterrichtet werden.

Der *Bundeskanzler* stimmte zu.

Der Bundeskanzler erläuterte Präsident Nyerere die Stabilitätspolitik der Bundesregierung und wies auf die Gefahren hin, die inflationäre Tendenzen für die einzelnen Länder mit sich bringen würden.

UNCTAD[11]

Präsident *Nyerere* fragte nach der Haltung der Bundesregierung auf der UNCTAD-Konferenz in Nairobi.

Der *Bundeskanzler* antwortete, die Bundesregierung habe in zwei grundsätzlichen Stellungnahmen ihre Haltung zu den anstehenden Problemen erläutert, durch den Bundesaußenminister auf der VII. Sonderversammlung der Generalversammlung[12] und durch den Bundesfinanzminister auf der Konferenz in Kingston[13]. Bundeswirtschaftsminister Friderichs und der Bundesminister für

---

11 Zur IV. UNCTAD-Konferenz vom 5. bis 31. Mai 1976 in Nairobi vgl. Dok. 173.
12 Zur Rede des Bundesministers Genscher am 2. September 1975 in New York vgl. Dok. 111, Anm. 9.
13 Zu den Ausführungen des Bundesministers Apel auf der Tagung des Interimsausschusses des Gouverneursrats des IWF am 7./8. Januar 1976 in Kingston vgl. Dok. 5.

wirtschaftliche Zusammenarbeit, Bahr, würden die Bundesregierung in Nairobi vertreten.

Der *tansanische Botschafter* regte an, die Bundesrepublik Deutschland solle ein Zeichen setzen und in der Gruppe B mit einem substantiellen Angebot für die ärmsten Länder vorangehen.

Referat 312, Bd. 108228

129

Ministerialrat Bräutigam, Ost-Berlin, an das Auswärtige Amt

114-12759/76 VS-vertraulich	Aufgabe: 4. Mai 1976: 08.09 Uhr[1]
Fernschreiben Nr. 503	Ankunft: 4. Mai 1976, 10.50 Uhr

Betr.: Beziehungen EG–RGW

Bezug: DE Nr. 298 v. 28.4.76 – 411-423.12[2] – und Telefongespräch VLR I Dr. Freitag/RD Dr. Lambach vom 30.4.76

Die DDR bleibt auf absehbare Zeit an der Aufrechterhaltung des innerdeutschen Handels interessiert. Sie geht davon aus, daß ein Abkommen EG/RGW diesen Handel nicht beeinträchtigen würde. Sie wünscht dieses Abkommen als entspannungspolitisches Dach für den Ausbau ihrer Wirtschaftsbeziehungen mit Westeuropa. Daneben werden mit dem RGW-Abkommensentwurf[3] einige blockpolitische Zielsetzungen mitvertreten.

1) Wie in den meisten anderen osteuropäischen Staaten ist auch in der DDR die RGW-Initiative von den Medien relativ knapp behandelt worden.[4] Auch hier ist in diplomatischen Kreisen daher der Eindruck vorherrschend, daß die RGW-Initiative ein besonderes Moskauer Anliegen ist, das zunächst einmal der politischen Aufwertung des RGW und der Stärkung des sowjetischen Einflusses im RGW durch zunehmende Multilateralisierung der Wirtschaftsbeziehungen der RGW-Satellitenstaaten mit dem Westen dienen soll.

2) Allerdings dürfte es eine Reihe von Faktoren geben, die einer von allen RGW-Staaten geteilten Interessenlage entspringen und die RGW-Initiative tragen:

---

[1] Hat Vortragendem Legationsrat I. Klasse Lücking vorgelegen.

[2] Vortragender Legationsrat I. Klasse Freitag wies die Ständige Vertretung in Ost-Berlin an, „aus eigener Kenntnis und ohne besondere bilaterale Demarche bei DDR-Behörden über Haltung dortiger Regierung zur Frage der Aufrechterhaltung des innerdeutschen Handels in etwaigem Abkommen EG–RGW sowie über die sich daraus ergebende Interessenlage der DDR zum Abkommensentwurf des RGW zu berichten." Vgl. B 201 (Referat 411), Bd. 483.

[3] Zum Entwurf des RGW vom 16. Februar 1976 für ein Abkommen mit den Europäischen Gemeinschaften vgl. Dok. 45, Anm. 23.

[4] Vgl. dazu den Artikel „Treffen von Vertretern des RGW und der EWG"; NEUES DEUTSCHLAND vom 17. Februar 1976, S. 1.

- Der RGW-Vorschlag soll die Belgrader KSZE-Zwischenbilanz[5] zugunsten der RGW-Staaten propagandistisch anreichern, weshalb man hier auch von der „RGW-Initiative" spricht.

- Der Vorschlag mag auch der Ablenkung von Korb III der Schlußakte dienen und innerhalb des Korbes II – zumindest – Prioritäten setzen.

- Angesichts des Übergangs der Handelspolitik der EG-Staaten auf die EG[6] besteht ein vertragsloser Zustand, den die RGW-Staaten nicht hinnehmen wollen.

- Eine Zusammenarbeit EG/RGW eröffnet Möglichkeiten zur Einflußnahme auf den europäischen Integrationsprozeß (vgl. insbesondere Art. 4[7], 8[8], 9[9], 14[10] des RGW-Entwurfs) und Einblick in die EG (vgl. Art. 3[11], 4).

---

[5] Zu der laut KSZE-Schlußakte vom 1. August 1975 vorgesehenen KSZE-Folgekonferenz 1977 in Belgrad vgl. Dok. 45, Anm. 20.

[6] Nach Artikel 113 des EWG-Vertrags vom 25. März 1957 sollte nach Ablauf einer Übergangszeit die gemeinsame Handelspolitik nach einheitlichen Grundsätzen gestaltet werden. Vgl. dazu BUNDES-GESETZBLATT 1957, Teil II, S. 846.
Am 16. Dezember 1969 beschloß der EG-Ministerrat in Brüssel eine Sonderübergangsregelung, „aufgrund der er auf Vorschlag der Kommission die Mitgliedstaaten ermächtigen kann, bilaterale Verhandlungen aufzunehmen, wenn eine Gemeinschaftsverhandlung nach Artikel 113 des Vertrags nicht möglich ist. [...] Alle auf diese Weise geschlossenen Abkommen müssen spätestens zum 31. Dezember 1974 auslaufen; nach dem 31. Dezember 1972 können keine neuen Jahresprotokolle mehr vereinbart werden, da von diesem Termin an alle Handelsverhandlungen von der Kommission im Namen der Gemeinschaft geführt werden müssen." Vgl. FÜNFTER GESAMTBERICHT 1971, S. 400.
Für den Wortlaut der Entscheidung des Rats vom 16. Dezember 1969 über die schrittweise Vereinheitlichung der Abkommen über die Handelsbeziehungen zwischen den EG-Mitgliedstaaten und dritten Ländern vgl. AMTSBLATT DER EUROPÄISCHEN GEMEINSCHAFTEN, Nr. L 326 vom 29. Dezember 1969, S. 39–42.

[7] Artikel 4 des Entwurfs des RGW vom 16. Februar 1976 für ein Abkommen mit den Europäischen Gemeinschaften: „Die Beziehungen zwischen dem Rat für Gegenseitige Wirtschaftshilfe und der Europäischen Wirtschaftsgemeinschaft können insbesondere in folgenden Formen gepflogen werden: Gemeinsames Studium und Erarbeitung von Problemen in den in Artikel 3 bestimmten Gebieten sowie anderer gemeinsam bestimmter Probleme; regelmäßige Information zu diesen und anderen vereinbarten Fragen; Informationsaustausch über die hauptsächlichen Aufgabenstellungen und die laufende Tätigkeit des Rates für Gegenseitige Wirtschaftshilfe und der Europäischen Wirtschaftsgemeinschaft; systematische Kontakte zwischen Vertretern und Mitarbeitern des RGW und der EWG; Veranstaltung von Konferenzen, Seminaren und Symposien." Vgl. B 201 (Referat 411), Bd. 483.

[8] Artikel 8 des Entwurfs des RGW vom 16. Februar 1976 für ein Abkommen mit den Europäischen Gemeinschaften: „Der Rat für Gegenseitige Wirtschaftshilfe und die Europäische Wirtschaftsgemeinschaft, die Mitgliedsländer des RGW und die Mitgliedsländer der EWG werden sich nach gemeinsamen Konsultationen dafür einsetzen, daß der gegenseitige Handel mit verschiedenen Waren sich dergestalt abwickelt, daß den Binnenmärkten dieser Waren ernsthafter Schaden nicht zugefügt wird oder zugefügt werden kann." Vgl. B 201 (Referat 411), Bd. 483.

[9] Artikel 9 des Entwurfs des RGW vom 16. Februar 1976 für ein Abkommen mit den Europäischen Gemeinschaften: „Der Rat für Gegenseitige Wirtschaftshilfe und die Europäische Wirtschaftsgemeinschaft tragen dazu bei, daß die Entwicklung des Handels mit landwirtschaftlichen Erzeugnissen zwischen den Mitgliedsländern des RGW und den Mitgliedsländern der EWG auf stabiler, langfristiger und gerechter Grundlage erfolgt. Die Mitgliedsländer des RGW und die Mitgliedsländer der EWG ergreifen keinerlei Maßnahmen zur Beschränkung des Handels mit landwirtschaftlichen Erzeugnissen, die nicht auch auf alle Drittländer Anwendung finden." Vgl. B 201 (Referat 411), Bd. 483.

[10] In Artikel 14 des Entwurfs des RGW vom 16. Februar 1976 für ein Abkommen mit den Europäischen Gemeinschaften hieß es: „Mit dem Ziel, die Verwirklichung dieses Abkommens zu fördern, wird eine Gemischte Kommission aus Vertretern des Rates für Gegenseitige Wirtschaftshilfe und der Mitgliedsländer des RGW sowie Vertretern der Europäischen Wirtschaftsgemeinschaft und der Mitgliedsländer der EWG geschaffen. [...] Die Funktionen der Gemischten Kommission berühren

– Die RGW-Staaten erhoffen sich von einem gemeinsamen Vorgehen eine stärkere Verhandlungsposition bei der Durchsetzung bisher nicht eingeräumter Handelsvorteile, wie Meistbegünstigung, Abbau von Handelshemmnissen und -restriktionen, Ausdehnung der Kreditbeziehungen. Dies ist auch Verhandlungsziel der DDR, deren mit der Aufnahme diplomatischer Beziehungen zu Westeuropa verknüpfte Hoffnungen auf eine Ausweitung des (auf Kredite angewiesenen) Westhandels sich bisher nicht erfüllt haben.

3) Die DDR dürfte allerdings realistisch genug sein, davon auszugehen, daß es bis zu einer Rahmenvereinbarung EG/RGW noch ein weiter Weg ist. Angesichts dessen liegt der Wert des beginnenden Dialogs EG/RGW für die DDR – wie wohl für die anderen Satellitenstaaten – darin, daß der multilaterale Dialog nach KSZE nicht abreißt. Ein Rahmenabkommen EG/RGW wäre für die DDR dementsprechend das politische Dach im Rahmen der Ost-West-Entspannung, das die Möglichkeiten einer weiteren Vertiefung der bilateralen Wirtschaftsziehungen nach Westen gegenüber Moskau absichern würde.

Dieser Gesichtspunkt darf nicht unterschätzt werden, und er drängt sich uns hier auch in Gesprächen aus anderem Anlaß auf.

4) Eine zukünftige Vereinbarung EG/RGW wirft jedoch für die DDR – wie für die anderen RGW-Staaten – die Frage der Erhaltung ihrer Souveränität in der Handelspolitik und die Frage der Fortsetzung des Innerdeutschen Handels (IDH) auf.

a) Es kann davon ausgegangen werden, daß die DDR – ohne an ihrem Willen, die Integration im RGW weiter zu vertiefen, Zweifel aufkommen zu lassen – auf der Linie der anderen RGW-Staaten bemüht bleiben wird, die Souveränität in der Handelspolitik zu erhalten. In diesem Zusammenhang wird auf die Erklärung des Stellvertretenden DDR-Ministerpräsidenten Dr. Gerhard Weiß gegenüber der ausländischen Presse hingewiesen, die er nach der Budapester Ratstagung des RGW am 4. Juli 1975 (FAZ v. 5.7.75) abgab. Weiß hatte festgestellt, daß der Handel „Sache der einzelnen Staaten in beiden Blöcken" bleiben werde, und die Möglichkeiten der Entwicklung des COMECON zu einer Organisation mit zentraler Exekutivgewalt verneint.[12]

Fortsetzung Fußnote von Seite 590
    nicht die Funktionen der gemischten Kommissionen, die im Rahmen bilateraler oder multilateraler Abkommen zwischen den Mitgliedsländern des RGW und den Mitgliedsländern der RGW bestehen." Vgl. B 201 (Referat 411), Bd. 483.

11 Artikel 3 des Entwurfs des RGW vom 16. Februar 1976 für ein Abkommen mit den Europäischen Gemeinschaften: „Die Beziehungen zwischen dem Rat für Gegenseitige Wirtschaftshilfe und der Europäischen Wirtschaftsgemeinschaft werden auf folgenden Gebieten entwickelt: Verbesserung der Voraussetzungen für die Zusammenarbeit zwischen den Mitgliedsländern des RGW und den Mitgliedsländern der EWG in Handel und Wirtschaft; Standardisierung; Umweltschutz; Statistik; Wirtschaftsprognosen im Bereich von Produktion und Verbrauch zu vereinbarten Themen. Soweit erforderlich, werden der Rat für Gegenseitige Wirtschaftshilfe und die Europäische Wirtschaftsgemeinschaft in gegenseitigem Einvernehmen auch andere Bereiche der Beziehungen zwischen ihnen bestimmen. Der Rat für Gegenseitige Wirtschaftshilfe und die Europäische Wirtschaftsgemeinschaft werden entsprechend ihren Befugnissen die Entwicklung der unmittelbaren Zusammenarbeit zwischen den Mitgliedsländern des RGW und den Mitgliedsländern der EWG in den oben genannten Bereichen fördern und unterstützen." Vgl. B 201 (Referat 411), Bd. 483.

12 In der „Frankfurter Allgemeinen Zeitung" wurde berichtet, der Stellvertretende Ministerpräsident der DDR, Weiß, habe vor Journalisten in Ost-Berlin erklärt, „die Souveränität der einzelnen Staaten, ihre Wirtschaftsplanung selbst vorzunehmen, dürfe nicht beeinträchtigt werden. Bisher ist das

Bei der hiesigen jugoslawischen Botschaft ist aus entsprechenden DDR-Äußerungen der Eindruck entstanden, Weiß habe sich in seiner Eigenschaft als amtierender Vorsitzender des Exekutivkomitees des RGW der Aufgabe, die RGW-Initiative in Luxemburg zu übermitteln, mit entsprechender Reserve entledigt. Ein bekannter DDR-Wirtschaftsjournalist mit Zugang zum Politbüro hat uns gegenüber erst vor einigen Tagen darauf hingewiesen, daß alle RGW-Staaten an ihrer Handelssouveränität auch im Lichte der neuen RGW-Initiative festhalten werden.

b) Bei gleichem Anlaß erklärte der Gesprächspartner, daß die DDR weiterhin am „Handel zwischen der DDR und der BRD" interessiert sei, die Dynamik dieses Handels gutheiße und diese für ihre eigene Entwicklung auch brauche. „Daran halten wir fest, auch wenn bei Ihnen in der EWG und bei uns im RGW jeder Partner etwas gegen diesen Handel hat". Auf Frage erklärt Gesprächspartner, dieser Handel sei innenpolitisch kein Problem, da fast niemand in der DDR davon etwas verstehe. Der hohe Besucherverkehr der Bundesrepublik in die DDR sei vergleichsweise weit problematischer in seiner Wirkung auf die Bevölkerung.

Man muß wohl dennoch davon ausgehen, daß der IDH in der politischen Führung der DDR nach wie vor nicht unumstritten ist.

Gegen ihn sprechen politische Gründe (Abgrenzung), aber auch handelspolitisch kann eine zu starke Konzentration des Westhandels auf einen Partner als problematisch empfunden werden (Vermeidung von Abhängigkeit und Erpreßbarkeit).

Dafür sind u. a. die von anderen westlichen Botschaften uns mehrfach kolportierten Avancen der DDR gegenüber diesen Ländern Beleg, die DDR bei den Bemühungen zu unterstützen, ihren Westhandel von der Konzentration auf den Handel mit der Bundesrepublik zu lösen.

Gleichwohl zwingt die wirtschaftliche Realität zu der Einsicht, daß jedenfalls auf absehbare Zeit die Abgrenzung auf den Handel nicht ohne Not ausgedehnt werden sollte. Eine Bestätigung hierfür ist die kürzliche Äußerung des für die Außenpolitik zuständigen SED-Politbüro-Mitgliedes Hermann Axen gegenüber Couve de Murville über den IDH (vgl. DB über den Besuch de Murvilles in der DDR Nr. 370 v. 31.3.76[13]). Dies deckt sich auch mit Äußerungen von Prof. Spröte, Institut für Internationale Beziehungen an der Akademie für Staats-

---

Fortsetzung Fußnote von Seite 591

COMECON lediglich ein Konsultativ- und Koordinierungsorgan, dem neun Ostblockstaaten angehören." Vgl. den Artikel „DDR gegen zentrale Exekutivgewalt im COMECON"; FRANKFURTER ALLGEMEINE ZEITUNG vom 5. Juli 1975, S. 8.

13 Staatssekretär Gaus, Ost-Berlin, referierte Informationen der französischen Botschaft zu Gesprächen des Vorsitzenden des Ausschusses für Auswärtige Angelegenheiten im französischen Parlament, Couve de Murville, mit dem Mitglied des Politbüros der SED, Axen, in Ost-Berlin: „Interessant erschienen den Franzosen die Erläuterungen, die Axen zum innerdeutschen Handel gegeben hat. Außenminister Fischer hatte bei seinem Besuch in Paris noch dahin argumentiert, daß die DDR ein wirtschaftliches Entgegenkommen anderer westlicher Staaten auch deswegen schätzen würde, weil dadurch die ‚Besonderheiten' des innerdeutschen Handels abgebaut werden könnten; nur dann könne die DDR sich dies leisten. Axen hingegen sagte jetzt, daß die EG-Staaten sich nicht über die Vorteile des innerdeutschen Handels für die Bundesrepublik und die DDR beklagen dürften, weil sie (die EG-Staaten) diesen besonderen Regelungen einst selbst zugestimmt hätten. Nun sei daran nichts mehr zu ändern; aber es sei eben auch kein Anlaß für Klagen oder Beanstandungen darin zu finden." Vgl. VS-Bd. 10774 (502); B 150, Aktenkopien 1976.

und Rechtswissenschaft der DDR in Potsdam, die dieser auf der Jahrestagung 1976 des Politischen Clubs Ende Februar in Berlin (West) machte, an der seitens der Ständigen Vertretung MR Dr. von Richthofen teilnahm.

5) Der RGW-Entwurf zu einem Rahmenabkommen EG/RGW enthält hiesigen Erachtens mit Art. 13[14] keine ausreichende Absicherung des IDH. Dies ist aber aus der Sicht der DDR wohl auch nicht erforderlich, da man davon ausgehen muß, daß der IDH blockintern nur im Verhältnis DDR–Sowjetunion Gegenstand einer Absprache ist. Jedenfalls ist kein RGW-Dokument hierzu bekannt.

Äußerungen aus osteuropäischen Botschaften uns gegenüber bestätigen den zitierten DDR-Wirtschaftsjournalisten: Blockintern wird der DDR der IDH, der ihr relative Wettbewerbsvorteile gegenüber den anderen RGW-Staaten verschafft, geneidet. Nur die gegenüber dem Westen, insbesondere der Bundesrepublik, exponierte Lage der DDR erlaubt diese Sonderstellung.

6) Für etwaige Verhandlungen EG/RGW folgt daher mit gewisser Wahrscheinlichkeit, daß sich die RGW-Staaten kaum für die Belange der DDR einsetzen werden, die Erhaltung des IDH aber wohl hinnehmen würden. Die DDR selbst wird eine Diskussion um den IDH aus politischen Gründen – sowohl blockintern, als auch im Verhältnis zur Bundesrepublik – zu vermeiden trachten. Sie wird versuchen, daß die Bundesrepublik allein, die – anders als die DDR – nicht in erster Linie ökonomisch, sondern aus politischen Gründen an der Erhaltung des IDH interessiert bleibt, diesen weiterhin EG-intern absichert und eine rechtswahrende Klausel in den Kontext dieses Rahmenvertrages EG/RGW einbringt.

Allerdings würde die DDR aus innenpolitischen Gründen gezwungen sein, die Bezeichnung „innerdeutscher Handel" zurückzuweisen, falls die Rechtswahrungsklausel diese Firmierung trüge.

7) Insgesamt dürfte die DDR – wie die anderen osteuropäischen Staaten – an einem gemischten Rahmenvertrag EG/RGW unter Beteiligung der Mitgliedstaaten beider Seiten interessiert sein, der dem RGW keine neuen Kompetenzen zuwachsen läßt und die Souveränität der RGW-Staaten in der Handelspolitik möglichst wenig berührt.

[gez.] Bräutigam

VS-Bd. 10935 (210)

---

14 Artikel 13 des Entwurfs des RGW vom 16. Februar 1976 für ein Abkommen mit den Europäischen Gemeinschaften: „Die Bestimmungen dieses Abkommens berühren nicht die Rechte und Pflichten des Rates für Gegenseitige Wirtschaftshilfe, der Europäischen Wirtschaftsgemeinschaft, der Mitgliedsländer des RGW und der Mitgliedsländer der EWG aus geltenden bilateralen und multilateralen Verträgen und Abkommen; desgleichen berühren sie nicht ihre Rechte, auch in Zukunft derartige Verträge und Abkommen zu schließen." Vgl. B 201 (Referat 411), Bd. 483.

130

Runderlaß des Vortragenden Legationsrats I. Klasse Engels

240-312.74   **Aufgabe: 4. Mai 1976, 18.06 Uhr**[1]
Fernschreiben Nr. 49 Ortez

Betr.: Zum 23. EPZ-Ministertreffen am 3. Mai 1976 in Brüssel

I. EPZ-Ministertreffen fand am Vormittag des 3. Mai unter luxemburgischem Vorsitz im Ratsgebäude in Brüssel statt. Fragen des südlichen Afrika wurden im Restreint des EG-Rats am Nachmittag in Anwesenheit des BM behandelt, der am Vormittag von StM Wischnewski vertreten wurde. Minister, deren Treffen in öffentlicher Darstellung unter enttäuschender Ratsdiskussion über Direktwahlen und Tindemans-Bericht[2] litt, konnten sich auf die für Fortgang der EPZ erforderlichen Leitlinien einigen und dort, wo Einigung noch nicht möglich war (Weiterentwicklung gemeinsamer Nahost-Position, gemeinsame Namibia-Mission), Prüfungsaufträge erteilen. Wesentliche Ergebnisse:

– Billigung europäischer Eingangserklärung für erste Sitzung der allgemeinen Kommission des Europäisch-Arabischen Dialogs in Luxemburg vom 18. bis 20. Mai.[3]

– Vorbereitung gemeinsamer Erklärung gegen internationalen Terrorismus für 31. GV der VN.[4]

– Fortsetzung der Neuner-Diplomatie in der Zypern-Frage gegenüber GS Waldheim und beteiligten Parteien.

---

[1] Durchdruck.

[2] Zum Tindemans-Bericht über die Europäische Union vom 29. Dezember 1975 vgl. Dok. 1.

[3] Zur Schaffung einer Allgemeinen Kommission im Rahmen des Europäisch-Arabischen Dialogs vgl. Dok. 48, Anm. 24.
Vom 18. bis 20. Mai 1976 fand in Luxemburg die erste Tagung der Allgemeinen Kommission statt. Der europäische Co-Vorsitzende, Botschafter Wagner, stellte in seiner „Einführenden Erklärung" fest: „Eine politische Lösung des Palästina-Problems ist angesichts des sichtbaren und entschlossenen Strebens des palästinensischen Volkes nach Anerkennung seiner legitimen Rechte dringend notwendig. Die Neun haben gezeigt, daß sie dies verstehen, und sie haben diesen Aspekt bei der Festlegung ihrer eigenen Position gebührend berücksichtigt. In der Erklärung vom 6. November 1973 heißt es, daß bei der Herstellung eines gerechten und dauerhaften Friedens den legitimen Rechten der Palästinenser Rechnung getragen werden muß. Es ist klar, daß dieses Konzept der legitimen Rechte eine politische Bedeutung hat, die weit über die Anteilnahme hinausgeht, die wir für die Palästina-Flüchtlinge empfinden [...]. Wenn ein dauerhafter Friede hergestellt werden soll, so muß nach Ansicht der Neun auch das Recht des palästinensischen Volkes auf Ausdruck seiner nationalen Indentität anerkannt werden. Diese Ansicht wurde in einer gemeinsamen Erklärung des Vertreters der Präsidentschaft auf der letzten Tagung der Vollversammlung der Vereinten Nationen klar zum Ausdruck gebracht." Vgl. Referat 413, Bd. 119494.

[4] Am 9. Juni 1976 berichtete Botschafter Freiherr von Wechmar, New York (UNO): „Unsere Erwägungen, daß die Neun einen eigenen Resolutionsentwurf zur Terrorismusfrage einbringen, haben noch zu keinem konkreten Ergebnis geführt. Die Reaktion unter den übrigen EG-Mitgliedstaaten ist wegen der Gefahr, daß ein derartiger Resolutionsentwurf von der radikal-arabischen Seite in einen anti-israelischen Resolutionsentwurf umfunktioniert wird, eher skeptisch. Die kürzlichen Ausführungen von Malik in der SR-Debatte über Palästina, in der er den Zionismus und Terrorismus praktisch gleichsetzte, verstärken diese auch von der Vertretung geteilten Bedenken." Vgl. den Drahtbericht Nr. 1231; Referat 010, Bd. 178637.

– Billigung gemeinsamer Linie gegenüber Problemen im südlichen Afrika: Kritischer Dialog mit Südafrika, gemeinsame Haltung in VN-Gremien, Kontakte zu Befeiungsbewegungen, Prüfungsauftrag über Entsendung einer Neuner-Mission nach Lusaka, Pretoria und Windhuk.

II. Im einzelnen:

1) EAD[5]:

Intensive Diskussion ging darum, ob Eingangserklärung enthalten sollte:

– Hinweis auf Erörterung politischer Themen,

– Erweiterung bisheriger Formulierungen[6] zu Palästinenser-Frage um „Recht auf Errichtung einer staatlichen Gewalt in den von Israel geräumten Gebieten".

Minister billigten Text ohne diese Zusätze, einigten sich aber darauf, daß

– europäische Delegation Bereitschaft erkennen läßt, sich später im gegenseitigen Einvernehmen auch über politische Themen zu unterhalten – unter Ausschluß jeder Verhandlung über Regelungen im Nahost-Konflikt und auf Grundlage gemeinsamer Neunerpositionen;

– PK die von uns vorgeschlagene Formel zur Weiterentwicklung der Haltung in der Palästinenser-Frage prüft.

Diskussion zeigte Einvernehmen über politische Dimension des EAD, der allerdings seinen grundsätzlich wirtschaftlich-technologischen Charakter wahren sollte. Großbritannien und Niederlande wandten sich gegen Ausdehnung des EAD auf politische Themen durch die Europäer und Weiterentwicklung gemeinsamer Nahost-Positionen aus Anlaß des EAD. StM Wischnewski wies auf Grund seiner Gespräche in den Maghreb-Staaten bei Unterzeichnung der EG-Abkommen darauf hin[7], daß Araber Diskussion auch politischer Themen erwarten und EAD in kritische Phase gerate, wenn Europäer hierauf nicht eingehen könnten. Minister waren sich einig, daß eine einfache Zurückweisung arabischer Wünsche nicht in Frage komme. Allerdings wurde als mögliches politisches Gesprächsthema lediglich KSZE-Mittelmeerdeklaration[8] genannt. StM erläuterte, daß die von uns vorgeschlagene Weiterentwicklung der Position zur Palästinenser-Frage nur eine Verdeutlichung der bereits in 30. GV benutzten Formel von nationaler Identität darstelle.[9] Sie habe außerdem den

---

5 Europäisch-Arabischer Dialog.

6 Vgl. dazu die Nahost-Erklärung der Außenminister der EG-Mitgliedstaaten im Rahmen der EPZ vom 6. November 1973; Dok. 62, Anm. 3.

7 Staatsminister Wischnewski besuchte vom 25. bis 27. April 1976 Tunesien, Algerien und Marokko. Zu den Verhandlungen zwischen den Europäischen Gemeinschaften und Algerien, Marokko sowie Tunesien über den Abschluß von Kooperationsabkommen vgl. Dok. 48, Anm. 14–16.

8 Für den Wortlaut der Erklärung über „Fragen der Sicherheit und Zusammenarbeit im Mittelmeerraum" der KSZE-Schlußakte vom 1. August 1975 vgl. SICHERHEIT UND ZUSAMMENARBEIT, Bd. 2, S. 945 f.

9 Die Außenminister der EG-Mitgliedstaaten billigten am 30. Oktober 1975 in Rom eine Studie des Politischen Komitees über die gemeinsame Haltung der Neun angesichts der jüngsten Entwicklungen im Nahost-Konflikt. Vgl. dazu Dok. 48, Anm. 23.
Die Erklärung wurde vom italienischen UNO-Botschafter Vinci am 5. November 1975 in der UNO-Generalversammlung in New York vorgetragen.Vgl. UN GENERAL ASSEMBLY, 30th Session, Plenary Meetings, S. 673 f.
Referat 310 vermerkte am 1. Juni 1976: „Im Anschluß an unsere unter irischer Präsidentschaft erfolgten Bemühungen um eine europäische Nahost-Initiative haben wir im PK am 22./23.4.1976

Vorteil, das nationale Selbstbestimmungsrecht der Palästinenser von vornherein in den durch das Existenzrecht Israels gesetzten Grenzen zu halten. Frankreich meinte, daß Europäer heute keinen Grund mehr zu dem „Pawlowschen Reflex" gegen Erörterung politischer Themen mit Arabern hätten, der aus der Zeit vor zwei Jahren stamme, als Kissinger im geplanten EAD Behinderung seiner Politik der kleinen Schritte sah. Es komme darauf an, im Gespräch mit den Arabern offen zu sein, zuzuhören und Neuner-Positionen zu erklären.

2) VN:

Ein den Ministern vorgelegter Bericht über die Bilanz der Neuner-Zusammenarbeit während der 30. GV und Schlußfolgerungen für die 31. GV wurde, obwohl im wesentlichen unstrittig, wegen Formulierungsproblemen an das PK zurückverwiesen. Wesentliche Schlußfolgerungen des Berichts, der auf gemeinsame Bericht[10] der Ständigen Vertreter in New York beruht: Fortentwicklung gemeinsamer Sachpositionen besonders zu Südafrika und Nahost, Abrüstung und Wirtschaftsfragen, prozedurale Erleichterung der Abstimmung durch flexible nationale Weisungen; mehr gemeinsame Neuner-Initiativen in den VN.

Unsere Initiative für eine gemeinsame Aktion zur Bekämpfung des weltweiten Terrorismus in der 31. GV[11] fand in der Entscheidung der Minister Niederschlag, einen entsprechenden Passus in die Erklärung der Präsidentschaft bei Eröffnung der 31. GV aufzunehmen. Die anderen Partner waren allerdings nicht bereit, unserem weitergehenden Vorschlag einer Sondierungsaktion bei ausgewählten Ländern zu folgen mit dem Ziel, die Option eines gemeinsamen Resolutionsentwurfs zur Bekämpfung des Terrorismus in der 31. GV offenzuhalten. Wesentlicher Grund: Gefahr der Umfunktionierung einer solchen westlichen Initiative zu einem Freibrief für Befreiungsbewegungen oder zu weiteren Aktionen gegen Israel und Südafrika. EG-Partner werden die von uns geplante Sondierungsaktion[12] mit wohlwollendem Interesse verfolgen.

Fortsetzung Fußnote von Seite 595

vorgeschlagen, die Eröffnungsrede der Präsidentschaft bei der Tagung der Allgemeinen Kommission des EAD in Luxemburg zum Anlaß zu nehmen, die europäische Nahostpolitik wie folgt fortzuschreiben: ‚Die Neun sind überzeugt, daß eine dauerhafte Friedensregelung nur möglich ist, wenn ferner (d. h. außer den vier Elementen der Erklärung vom 6.11.1973) das palästinensische Volk das Recht auf Ausdruck seiner nationalen Identität und die Errichtung einer eigenen staatlichen Autorität auf dem von Israel zu räumenden Gebiet hat, und Vertreter des palästinensischen Volkes an einer Friedenskonferenz teilnehmen.' Während dieser Vorschlag von F, B, Irl und I und L unterstützt wurde, lehnten NL und GB ihn ab". Vgl. Referat 230, Bd. 121012.

10 Die Ständigen Vertreter der EG-Mitgliedstaaten bei der UNO in New York führten in ihrem Bericht vom Februar 1976 zur politischen Zusammenarbeit während der XXX. UNO-Generalversammlung vom 16. September bis 17. Dezember 1975 in New York aus: „Un aspect très positif de la coopération entre les Neuf est constitué par le nombre croissant de déclarations ou d'explications de vote faites par la présidence au nom des membres de la Communauté, soit 36 contre 15 en 1974. [...] Il faut remarquer en plus que des déclarations communes ont été faites même sur des questions sur lesquelles les Neuf ont voté de façon différente, ayant une position de principe commune mais voulant marquer par leur vote le différent poids qu'ils attachaient à leurs réserves." Vgl. Referat 200, Bd. 108888.

11 Zur Initiative der Bundesrepublik für eine UNO-Konvention gegen Geiselnahme vgl. Dok. 24.

12 Am 9. Juni 1976 vermerkte Referat 230 zum Stand der Sondierungen bezüglich einer Initiative der Bundesrepublik für eine Konvention gegen Geiselnahme: „Sondierungsaktion ist mit R[und]E[rlaß] vom 12.5.76 an 25 Vertretungen in DW-Staaten (Schwerpunkt Afrika und Asien) eingeleitet worden. Ziel ist, unsere Vorstellung über Zusammenarbeit zur Abwehr von Terrorakten in den VN zu erläutern und anhand eines von uns ausgearbeiteten Resolutionstexts zu konkretisieren (Entwuf ist beigefügt). Bisherige Reaktion (es liegen Berichte von zehn Vertretungen vor) vermitteln kein eindeutiges Bild. Bei der Mehrzahl der bisher angesprochenen Staaten bestätigt sich im wesentli-

3) Zypern und östliches Mittelmeer:

Minister einigten sich, Neunerdiplomatie mit doppeltem Ziel fortzusetzen, GS Waldheim zu weiteren Bemühungen zu ermutigen, den Rahmen der Volksgruppengespräche aufrechtzuerhalten und die Konfliktparteien zur Einhaltung der Brüsseler Vereinbarungen der beiden Außenminister[13] zu bewegen (insbesondere Ausarbeitung einer Paketlösung: griechische Verfassungszugeständnisse gegen türkische territoriale Zugeständnisse).

Präsidentschaft wird nach heutigem Gespräch (4. Mai) mit Waldheim weitere diplomatische Schritte vorschlagen. Für politische Gespräche mit zyprischem Außenminister[14] am Rande des heutigen Assoziationsrats[15] diskutierten Minister auf Anregung der Kommission und Niederlande die Möglichkeit, ein künftiges neues Zypern-Abkommen oder europäische Wiederaufbauhilfe nach einer Zypern-Regelung als politischen Hebel für Zustandekommen einer Regelung zu nutzen.

PK beschloß am Rande des Ministertreffens im Lichte der Washingtoner Botschafterkonsultation, daß die Botschafter in ihren Kontakten mit State Department und Kongreßmitgliedern gemeinsames Neuner-Interesse an Ratifizierung amerikanischer Abkommen mit Griechenland[16] und Türkei[17] zum Ausdruck bringen können. Botschafter wurden gebeten, Angelegenheit zu verfolgen und dem PK bis zum 3./4. Juni zu berichten. PK stimmte unserer These zu, daß die Neun einzeln, aber unter Berufung auf gemeinsame Neunererhaltung bereits jetzt auf amerikanische Meinungsbildung Einfluß nehmen sollten, wenn auch formelle Demarche vorherigen Abschluß des Vertrages mit Griechenland voraussetze.

4) Südliches Afrika:

Minister billigten Vorschläge des PK, zunächst auf folgenden Gebieten der Afrika-Erklärung vom 23. Februar[18] politische Substanz zu geben:

– kritischer Dialog mit Südafrika, konzentriert auf Namibia-Frage,

– Kontakte mit und humanitäre Hilfe für Befreiungsbewegungen,

– stärkere Neuner-Aktivität in entsprechenden VN-Gremien.

Ein auf deutscher Anregung beruhender britischer Vorschlag zur Entsendung einer Neuner-Mission nach Lusaka, Pretoria und Windhuk zur Erkundung der Lage in Namibia und Darlegung der Neunererhaltung wurde Direktoren zur

---

Fortsetzung Fußnote von Seite 596

chen Eindruck unserer ersten Fühlungnahme vom Januar: Ablehnung des Terrorismus, grundsätzliches Interesse an international koordinierten Abwehrmaßnahmen, Abneigung, die durch die Problematik des Kampfes der Befreiungsbewegungen vorbelastete Debatte in VN auf Grundlage eines westlichen Resolutionstextes zu vertiefen." Vgl. Referat 230, Bd. 121071.

13 Zur Vereinbarung zwischen dem griechischen Außenminister Bitsios und seinem türkischen Amtskollegen Çaglayangil am 12. Dezember 1975 in Brüssel vgl. Dok. 30, Anm. 6.

14 Ioannides Christophides.

15 Zur Tagung des Assoziationsrats EWG–Zypern vgl. Dok. 132.

16 Zu den amerikanisch-griechischen Grundsätzen vom 15. April 1976 über militärische Zusammenarbeit vgl. Dok. 110, Anm. 3.

17 Zum amerikanisch-türkischen Abkommen vom 26. März 1976 über Verteidigungshilfe vgl. Dok. 125, Anm. 18.

18 Für die Afrika-Erklärung der Außenminister der EG-Mitgliedstaaten im Rahmen der EPZ vom 23. Februar 1976 vgl. Dok. 62.

Prüfung überwiesen. Prüfungsauftrag wurde von BM gegen Bedenken von Frankreich durchgesetzt, das Präzedenzwirkung einer Neuner-Mission für laufende Dekolonisierungsvorhaben gerade auch der einzelnen EG-Partner fürchtete (Hinweis auf Djibouti[19]) und sich keinen Eindruck auf Pretoria versprach. Wir hoffen, französische Bedenken in weiterer Neuner-Beratung überwinden zu können.[20]

5) Sonstiges:

Zur Lage im Libanon hatte Frankreich der Unterrichtung über die Gorse-Mission nichts Neues hinzufügen. Minister nahmen britischen Appell für erhöhte Beiträge zum Nahost-Flüchtlings-Fonds (UNRWA) zur Kenntnis und beauftragten PK, Möglichkeit zu prüfen, Interesse arabischer Länder zu wecken.

Daten:

Informelles Ministertreffen („Gymnich") Luxemburg 14./15. Mai[21], 24. EPZ-Ministertreffen Den Haag 11.10.[22]

Engels[23]

Referat 012, Bd. 106591

---

[19] Zur Situation in der französischen Kolonie Djibouti vgl. Dok. 50, Anm. 26.

[20] Auf der Sitzung der Expertengruppe Afrika im Rahmen der EPZ am 24./25. Juni 1976 in Luxemburg wurde im Hinblick auf Südafrika Einvernehmen darüber erzielt, „daß die Fact-finding Mission vorläufig nicht opportun" sei. Zu Namibia habe die Sitzung folgendes Ergebnis gezeigt: „Die britische Regierung hält an dem Gedanken der Entsendung einer Fact-finding Mission im Grundsatz fest und stellt die Aktion für die Zeit nach der S[icherheits]R[ats]-Debatte zur Diskussion; die französische Regierung bleibt bei ihrer Ablehnung, nicht nur wegen der Gefahr der Präzedenzwirkung (Djibouti), sondern auch wegen möglicher propagandistischer Ausnutzung durch Südafrika und wegen Führungskrise in SWAPO." Vgl. Anlage 1 und 2 zur Aufzeichnung des Vortragenden Legationsrats I. Klasse Müller vom 28. Juni 1976; Referat 320, Bd. 108250.
Am 4. August 1976 vermerkte Vortragender Legationsrat Freiherr von Schacky, der britische Vertreter habe bei der Sitzung der Expertengruppe Afrika im Rahmen der EPZ am Vortag in Den Haag über eine britische „Fact-finding Mission" vom 21. Juni bis 14. Juli 1976 in Windhuk, Pretoria und Lusaka berichtet: „Der britische Zweistufenplan zur Beteiligung der SWAPO an der Unabhängigkeitswerdung Namibias (1. Stufe: Exploratorische Gespräche zwischen Vertretern der Windhuker Konferenz und der SWAPO (Inland und Ausland) in einer ausländischen Hauptstadt (Lusaka oder London); 2. Stufe: Bildung einer ‚gemeinsamen Front' oder Referendum unter Einbeziehung der SWAPO, anschließend Regierungsbildung und Unabhängigkeit) wurde von den wichtigsten Delegationen der Windhuker Konferenz (einschließlich Dirk Mudge) gebilligt; vom Sprecher der Inlands-SWAPO, Tjongarero, unterstützt; von südafrikanischer Seite ‚mit Interesse zur Kenntnis genommen'; von dem Chef der Auslands-SWAPO, Sam Nujoma, (vorläufig) abgelehnt." Vgl. Referat 320, Bd. 108250.

[21] Zum informellen Treffen der Außenminister der EG-Mitgliedstaaten im Rahmen der EPZ vgl. Dok. 140 und Dok. 142.

[22] Zur Konferenz der Außenminister der EG-Mitgliedstaaten im Rahmen der EPZ am 18. Oktober 1976 in Luxemburg vgl. Dok. 309.

[23] Paraphe.

131

Aufzeichnung des Ministerialdirektors van Well

201-366.11/44-1513/76 geheim 5. Mai 1976[1]

Über Herrn Staatssekretär[2] Herrn Bundesminister[3] zur Information und mit der Bitte um Zustimmung zu Ziff. 2 c) und 3)

Betr.: Alliierte Zugangsrechte nach Berlin
hier: „Live Oak"-Übung 1976

1) „Live Oak" ist die Organisation der drei Berlin-Mächte und der Bundesrepublik zur Durchsetzung der alliierten Zugangsrechte nach Berlin. Sitz von „Live Oak" ist bei SHAPE, Oberkommandierender ist in Personalunion SACEUR. Die politische Führung der Organisation liegt bei der Washington Ambassadorial Group (WAG) und der Vierergruppe in Bonn.

„Live Oak" führt jährlich eine Übung unter Beteiligung der WAG und der Vierergruppe durch. Die diesjährige Übung, die vom 5. bis 11. Februar 1976 stattfand und deren gemeinsame Auswertung durch die vier Alliierten und „Live Oak" jetzt vorliegt, erlaubte ein breites Spiel der beiden diplomatischen Gruppen und brachte wertvolle Erfahrungen. Der Wert der „Live Oak"-Übungen liegt vor allem darin, die zum Teil komplizierten Planungen der Krisenbewältigung im Bereich alliierter Zugangsrechte zu überprüfen und die Verantwortlichen mit ihrer Handhabung vertraut zu machen.

2) Drei Themen verdienen aufgrund der Übungserfahrungen besondere Erwähnung:

a) In Berlin-Übungen kann die Haltung der NATO nicht gespielt werden, bei NATO-Übungen wird das Berlin-Problem traditionell ausgeklammert, so daß durch Übungen für das Verhältnis „Live Oak"/NATO keine Erfahrungen gesammelt werden können. Schwerwiegende Gegenmaßnahmen gegen östliche Aktionen in Berlin-Krisen werden jedoch in der Regel der Rückendeckung durch die NATO bedürfen, da sie sonst kaum überzeugend durchführbar sind.

b) Die vor 15 Jahren, einer Zeit deutlicher westlicher Marineüberlegenheit, konzipierten Gegenmaßnahmen auf dem Gebiet der Marine haben in Anbetracht der sowjetischen maritimen Aufrüstung einen anderen Stellenwert erhalten. Das damalige Ziel, die östliche Überlegenheit um Berlin durch die westliche Überlegenheit zur See zu balancieren, ist heute nicht mehr mit der glei-

---

[1] Durchdruck.
Die Aufzeichnung wurde von Vortragendem Legationsrat Holik und von Legationsrat I. Klasse Spiegel konzipiert.

[2] Walter Gehlhoff.

[3] Legationsrat I. Klasse Spiegel notierte am 26. Mai 1976, Bundesminister Genscher habe die Aufzeichnung genehmigt: „Im Hinblick auf die nächste fünftägige ‚Live Oak'-Übung, die in der Zeit vom 26. Januar bis 2. Februar 1977 stattfinden wird, wird gebeten rechtzeitig sicherzustellen, daß eine Beteiligung von je einem Mitarbeiter der Referate 210 und 013 möglich ist. (Berücksichtigung bei der Urlaubsplanung etc.). Referat 201 wird bei Abschluß der Vorbereitungen für die Übung gegen Ende dieses Jahres erneut darauf zurückkommen." Vgl. VS-Bd. 10933 (210); B 150, Aktenkopien 1976.

chen Sicherheit erreichbar. Vielmehr besteht die Gefahr, daß neben einer Berlin-Krise neue, sich verselbständigende Krisenherde geschaffen werden, ohne in Berlin entlastend zu wirken.

Die Planungen im Marinebereich sollen zwar als Option beibehalten werden, jedoch wird ihre Durchführung im Ernstfall nur bei starker östlicher Eskalation und unter Berücksichtigung obiger Problematik vertretbar sein. Da Maßnahmen in diesem Bereich erst relativ spät in Betracht kommen, ist im Ernstfall hier die Abstimmung mit der NATO besonders wichtig.

Bei unserer Haltung sollten wir allerdings berücksichtigen, daß der Marinebereich der einzige Bereich ist, in dem die Bundesrepublik Deutschland, unter Umständen sogar militärisch, aktiv bei Gegenmaßnahmen mitwirken müßte (Sperrung des Nord-Ostsee-Kanals).

c) Teil jeder „Live Oak"-Übung ist es, die politischen, diplomatischen und militärischen Entscheidungen gegenüber einer simulierten Presse zu vertreten. In einer realen Krise kann die Pressepolitik der westlichen Seite eine unter Umständen entscheidende Rolle spielen.

Da an der Übung in ihrer jetzigen Organisation zwar die militärischen Pressestäbe, nicht aber diplomatische teilnehmen, waren die militärischen Pressestäbe häufig ohne politische Führung. Auch für eine reale Krise sollte jedoch Vorsorge für die Pressearbeit getroffen werden. Es wurde vorgeschlagen, in der Planung genau umschriebene politische und militärische Maßnahmen durch vorbereitete Presseerklärungen zu ergänzen.

Außerdem sollen in zukünftigen Übungen unter Federführung der Vierergruppe mehr Pressefragen gespielt werden. Über eine Übungsbeteiligung von Referat 013 sollen wir versuchen, unseren Einfluß auf eine gemeinsame Pressepolitik sicherzustellen.

3) Auch in Zeiten der Entspannung um Berlin behält „Live Oak" seine Bedeutung als Zeichen westlicher Entschlossenheit, die alliierten Rechte ungeschmälert zu erhalten. In „Live Oak" wird überlegt, ob nicht gerade unter diesem Gesichtspunkt die bisherige strikte Geheimhaltung um die Organisation allmählich gelockert werden sollte, um sie als Teil westlicher Berlin-Politik sichtbarer und verständlich zu machen. Dies könnte gegebenenfalls auch eine Zusammenarbeit mit der NATO erleichtern.

Wir sollten zu solchen Ideen positiv Stellung nehmen, falls sie sich konkretisieren.

4) Diese Vorlage (Referat 201) wurde von den Referaten 210 und 013 mitgezeichnet.

gez. van Well

VS-Bd. 10933 (210)

132

Runderlaß des Vortragenden Legationsrats I. Klasse Engels

240-312.74   **Aufgabe: 7. Mai 1976, 15.02 Uhr**[1]
Fernschreiben Nr. 51 Ortez

Betr.: Zur 393. Tagung des Rates der EG in Brüssel am 3./4. Mai in Brüssel

I. Im Anschluß an EPZ-Treffen (siehe Ortez Nr. 49 vom 4. Mai[2]) setzten Außenminister ihre Tagung als Rat der EG bis zum Mittag des 4. Mai fort. Am Nachmittag des 4. Mai fand kurze Tagung des Assoziationsrats EWG–Zypern statt.

Hauptthemen der Ratstagung waren Sitzverteilung für ein direkt gewähltes europäisches Parlament, Vorbereitung der Gemeinschaft auf UNCTAD IV[3]. und finanzielle Verpflichtungen der EG im Mittelmeerraum einschließlich Beziehungen zu Portugal. Während es dem Rat gelang, zu den Mittelmeerfragen Sachbeschlüsse zu treffen, war zu den beiden anderen Themen eine abschließende Einigung noch nicht möglich. Die Sitzverteilung im EP soll auf der informellen Außenministertagung am 14./15. Mai weiter erörtert werden.[4] Auf der Welthandelskonferenz in Nairobi wird Ratspräsident Thorn weitgehend im Namen der Gemeinschaft sprechen können; in den beiden noch offengebliebenen, allerdings wesentlichen Fragen der Finanzierung auf dem Rohstoffsektor und der Verschuldung der Entwicklungsländer wird die Koordinierung auf der Basis der im Rat erörterten Kompromißformeln in Nairobi fortgesetzt.[5]

Die übrigen Themen der Tagesordnung des Rats konnten aus Zeitmangel nur kursorisch behandelt werden.

---

[1] Durchdruck.

[2] Vgl. Dok. 130.

[3] Zur IV. UNCTAD-Konferenz vom 5. bis 31. Mai 1976 in Nairobi vgl. Dok. 173.

[4] Zum informellen Treffen der Außenminister der EG-Mitgliedstaaten im Rahmen der EPZ in Luxemburg vgl. Dok. 140 und Dok. 142.

[5] Am 6. Mai 1976 erklärte Ministerpräsident Thorn auf der IV. UNCTAD-Konferenz für Handel und Entwicklung in Nairobi im Namen der EG-Mitgliedstaaten: „In der Frage des gemeinsamen Fonds verhehle ich Ihnen nicht, daß bisher noch Meinungsverschiedenheiten zwischen den Delegationen der Gemeinschaft bestehen und wir weitere Überlegungen anstellen. Die meisten von uns sind der Ansicht, daß die Frage des gemeinsamen Fonds getrennt von den Problemen im Zusammenhang mit der Bereitstellung der Finanzbeiträge behandelt werden muß." Zur Verschuldung der Entwicklungsländer legte Thorn dar: „In bezug auf die Korrektivmaßnahmen möchte ich Ihnen nicht verhehlen, daß zwischen uns noch gewisse Unstimmigkeiten bestehen. Die betreffenden Länder wissen, daß die Mitgliedstaaten der Gemeinschaft im Rahmen der bestehenden Mechanismen bisher stets bereit waren, in jedem Einzelfall die auftretenden Probleme zu prüfen und mit den Schuldnern nach geeigneten Lösungen zu suchen. [...] Wir haben auch ernsthafte Zweifel, ob die Einberufung einer Schuldenkonferenz sinnvoll ist. Ich bin mir darüber im klaren, daß die hier erläuterte Haltung der großen Mehrzahl unserer Mitgliedstaaten nicht in allen Punkten mit der Auffassung der meisten Entwicklungsländer übereinstimmt. Allerdings möchte ich betonen, daß unser Konzept keineswegs den Ernst des Verschuldungsproblems verkennt und unseren Willen in Zweifel zieht, es mit allem gebührenden Verständnis und mit aller für die Eröffnung einer Verhandlung gebotenen Unvoreingenommenheit anzupacken." Vgl. BULLETIN DER EG 5/1976, S. 22 f.

II. Im einzelnen:

1) Vorbereitung der IV. Welthandelskonferenz (WHK)

Dem Rat lag Entwurf für allgemeine Haltung der Gemeinschaft für UNCTAD IV vor, wobei lediglich über zwei wichtige Themen noch zu entscheiden war.

Einigung über Kompromißformeln zu Fragen der Rohstofffinanzierung und der Verschuldung scheiterte am zweiten Tag der Ratstagung schließlich an weitergehenden Forderungen der Niederländer. Dies ist um so mehr zu bedauern, als wir selbst äußerste Anstrengungen unternommen haben, uns in der Frage der Rohstofffinanzierung einem Kompromiß anzuschließen, für den die Mehrheit der Mitgliedstaaten eintrat. Die Niederländer lehnten diesen Text mit der Begründung ab, daß er von einem fallweisen Vorgehen ausgehe und jegliches integriertes Vorgehen vermissen ließe. Auch zu den Verschuldungsproblemen konnten acht Delegationen eine Kompromißformel akzeptieren, die fallweise Umschuldungen vorsah. Die Niederländer legten statt dessen Alternativvorschlag vor und verlangten als Minimum eine Erklärung der Gemeinschaft, an Verschuldungsprobleme mit einem „new approach" heranzugehen.[6]

Im übrigen erkannten alle Delegationen die Notwendigkeit an, auf IV. WHK ein gutes Klima nicht zuletzt für fruchtbare Fortsetzung des Nord-Süd-Dialogs in Paris[7] zu erhalten. Rat sprach seinem Präsidenten, MP Thorn, das Vertrauen für seine Aufgabe als Sprecher der Gemeinschaft in Nairobi aus.

2) Sitzverteilung im EP

Ergebnisloser Ausgang der Erörterungen wird von Bundesregierung als enttäuschend empfunden. In baldiger Verwirklichung der Direktwahl sehen wir Hebel zur Weiterentwicklung der Gemeinschaft in Richtung auf europäische Union, die durch Konsens der Regierungen allein offenbar nicht in Gang gebracht werden kann, da ihr die Abstützung durch eine europäische parlamentarische Basis fehlt. Es besteht Gefahr, daß Projekt aufgrund der unterschiedlichen Auffassungen einiger anderer Mitgliedsländer nicht innerhalb vorgesehenen Zeithorizonts bis 1978[8] zustande kommt.

Positionen einiger Regierungen, namentlich der französischen, haben sich verhärtet. Frankreich scheint als Ausweg lediglich die Status-quo-Sitzverteilung[9] für möglich zu halten, der das Vereinigte Königreich[10] und Italien[11] vorerst

---

6 Botschafter Jaenicke, z. Z. Nairobi, legte am 12. Mai 1976 zur Haltung der Niederlande auf der IV. UNCTAD-Konferenz vom 5. bis 31. Mai 1976 in Nairobi dar: „Wie nicht anders zu erwarten, bekannte sich Holland erneut zum gemeinsamen Fonds, der auf dem Rohstoffsektor eine zentrale Rolle spielen würde. Holland sei zu finanziellen Beiträgen gemeinsam mit anderen Verbraucher- und Erzeugerländern bereit. Anhand der UNCTAD-Rohstoffliste sollte mit dem Aushandeln von Abkommen für Einzelrohstoffe begonnen und innerhalb 18 Monate Ergebnisse erzielt werden. [...] Zum Verschuldungsproblem wiederholte Holland seinen Vorschlag zeitlich begrenzter Moratorien für LLDCs und MSACs, sprach sich für Umschuldungen case by case aus und setzte sich für die Festlegung von general rules ein." Vgl. den Drahtbericht Nr. 178; Referat 402, Bd. 122140.

7 Zur KIWZ vgl. Dok. 102, Anm. 18.

8 Gemäß der Entscheidung des Europäischen Rats am 1./2. Dezember 1975 in Rom sollten die ersten Direktwahlen zum Europäischen Parlament im Mai/Juni 1978 stattfinden. Vgl. dazu EUROPA-ARCHIV 1976, D 7 f. Vgl. dazu ferner AAPD 1975, II, Dok. 367.

9 Zum Vorschlag der französischen Regierung vom 1./2. April 1976 für die Sitzverteilung im Europäischen Parlament vgl. Dok. 98.

10 Am 11. Mai 1976 legte der britische Botschaftsrat Petrie Ministerialdirigent Dittmann die Haltung der britischen Regierung zu Direktwahlen zum Europäischen Parlament dahingehend dar, „daß

aus triftigen innenpolitischen Gründen nicht zustimmen. Von diesen drei Mitgliedstaaten dürfte Italien am ehesten kompromißbereit sein.

Bundesaußenminister und Bundesregierung insgesamt sind entschlossen, weiterhin jede Anstrengung zu unternehmen, um Scheitern des Projekts abzuwenden.

3) Finanzielle Verpflichtungen der EG im Mittelmeerraum

Rat einigte sich auf Gesamtrahmen für finanzielle Kooperation mit den Mittelmeerländern, soweit neue Verpflichtungen bis 1980 eingegangen werden sollen, d. h. mit Griechenland[12], Türkei[13], Portugal[14], den Maschrekländern (Ägypten, Syrien, Libanon, Jordanien)[15], Jugoslawien[16], Israel[17] und Zypern[18]. Die-

Fortsetzung Fußnote von Seite 602

VK im Prinzip allen Sitzverteilungsmodellen zustimmen könne mit der Ausnahme des französischen Vorschlags einer Status-quo-Regelung. Diesen Vorschlag werde VK auch in Luxemburg klar ablehnen. Französischer Vorschlag sei für VK vor allem aus zwei Gründen nicht akzeptabel: das mit der Direktwahl verfolgte Ziel, dem Bürger Europa näher zu bringen und die öffentliche Meinung für europäische Belange stärker zu mobilisieren, werde mit einer solchen Regelung nicht erreicht; nicht alle Landesteile des VK (Schottland/Wales) könnten bei 36 Abgeordneten angemessen repräsentiert sein. Bei Annahme der Status-quo-Regelung werde die Direktwahl zu einer Farce. Es wurde angedeutet, daß französischer Vorschlag wohl keine Mehrheit im Unterhaus finden werde." Vgl. die Aufzeichnung des Referats 410 vom 11. Mai 1976; Referat 419, Bd. 105630.

11 Ministerialdirektor Lautenschlager stellte am 14. April 1976 zur Haltung der italienischen Regierung bezüglich der Direktwahlen zum Europäischen Parlament fest, daß der Vorschlag des Staatspräsidenten Giscard d'Estaing vom 1./2. April 1976 für eine Status-quo-Regelung bei der Sitzverteilung „für Italien unannehmbar" sei, da „kleinere italienische Parteien entweder nicht oder nur ungenügend vertreten" sein würden: „Die Gefahr der Nichtberücksichtigung der kleinen als Koalitionspartner der DC in Betracht kommenden Parteien Italiens stellt sich nur bei dem Giscard'schen Modell der auf 198 begrenzten Abgeordnetenzahl." Vgl. Referat 410, Bd. 105630.

12 Hinsichtlich des Abschlusses des Zweiten Finanzprotokolls zwischen den Europäischen Gemeinschaften und Griechenland stellte Referat 410 am 17. Mai 1976 fest: „Griechischer Wunsch 400 Mio. RE, Kommissionsvorschlag ursprünglich 320–370 Mio. RE; wir hätten aufgrund Kabinettsbeschlusses vom Januar bis 320 Mio RE gehen können; nachdem Rat am 4. Mai EIB-Darlehen für Mittelmeerländer insgesamt auf 760 Mio. RE und Haushaltsmittel hierfür auf 450 Mio. RE begrenzt hat, wird Betrag für Griechenland jedoch unter 300 Mio. RE liegen müssen." Vgl. Referat 410, Bd. 105611.

13 Zu den Verhandlungen zwischen den Europäischen Gemeinschaften und der Türkei über das Dritte Finanzprotokoll vgl. Dok. 48, Anm. 20.
Zum Stand stellte Referat 410 am 28. Mai 1976 fest: „Kommission hatte ursprünglich 500 Mio. RE vorgeschlagen. Einigung auf ca. 300 Mio. RE, die sich jetzt abzeichnet, wird Türken zwar voraussichtlich enttäuschen, stellt für EG jedoch gegenwärtig einzige Möglichkeit dar, Türken überhaupt auf irgendeinem Gebiet in nennenswertem Umfang entgegenzukommen." Vgl. Referat 410, Bd. 114310.

14 Zu den Verhandlungen zwischen den Europäischen Gemeinschaften und Portugal über eine Erweiterung der Zusammenarbeit vgl. Dok. 34, Anm. 16.

15 Zur Finanzhilfe an die Maschrek-Staaten Ägypten, Jordanien, Libanon und Syrien vgl. Dok. 29, Anm. 13.

16 Jugoslawien äußerte im Februar 1975 in der Gemischten Kommission EWG–Jugoslwien u. a. den Wunsch nach einer stärkeren finanziellen Zusammenarbeit im Rahmen der Europäischen Investitionsbank (EIB). Die Bundesrepublik äußerte jedoch bei den Europäischen Gemeinschaften Bedenken gegen eine entsprechende Kreditgewährung. Vgl. dazu AAPD 1975, II, Dok. 330.
Auf seiner Tagung am 20. Januar 1976 einigte sich der EG-Ministerrat im Grundsatz auf eine finanzielle Kooperation zwischen den Europäischen Gemeinschaften und Jugoslawien. Botschafter Lebsanft, Brüssel (EG), teilte dazu am selben Tag mit: „Auf deutschen Vorschlag wird Zugang Jugoslawiens zu EIB-Krediten zu Marktkonditionen für Finanzierung bzw. Mitfinanzierung von Vorhaben gemeinsamen europäischen Interesses wie folgt begrenzt: kein Finanzprotokoll, sondern lediglich interne politische Entscheidung des Rates; konkrete Kreditvereinbarungen müssen unmittelbar zwischen Jugoslawien und der EIB getroffen werden; interne Einigung des Rates darüber, daß Kreditrahmen für Jugoslawien Obergrenze von 50 Mio. RE nicht überschreiten darf; Zinssubventionen nicht in Betracht kommen; Jugoslawien Zugang zur EIB im Rahmen der Mittelmeerpo-

ses Gesamtvolumen soll 1250 Mio. Rechnungseinheiten nicht überschreiten. Davon werden 800 Mio. RE aus eigenen Mitteln der Europäischen Investitionsbank (EIB), 450 Mio. RE aus Haushaltsmitteln der Mitgliedstaaten aufgebracht.

Aufteilungsvorschläge auf die einzelnen Länder wird der Ausschuß der Ständigen Vertreter erarbeiten. Wir rechnen damit, daß der Rat am 31. Mai darüber entscheidet, so daß anschließend die Verhandlungen der Kommission mit den betreffenden Ländern beginnen könnten.[19] Für Portugal wurde vorab vom Rat über ein Angebot in Höhe von 230 Mio. RE entschieden, davon 150 EIB-Mittel mit Zinsvergünstigung von 3 Prozent (dafür sind 30 Mio. RE aus Haushaltsmitteln erforderlich) und 50 Mio. RE der EIB zu Marktbedingungen.

4) Sonstiges

Rat hörte kurzen Fortschrittsbericht über (noch wenig fortgeschrittenen) Stand der Vorbereitung einer Gemeinschaftsposition für die Beitrittsverhandlungen mit Griechenland[20]; er erwartet weiteren Bericht am 31. Mai.

AStV wurde ferner mit beschleunigter Prüfung des Mandatsentwurfs für ein Abkommen mit Iran[21] beauftragt, auf dessen Bedeutung namentlich deutsche Delegation mit Nachdruck hinwies.

Fortsetzung Fußnote von Seite 603

litik der Gemeinschaft ermöglicht wird (kein Berufungsfall für andere Länder)." Vgl. den Drahtbericht Nr. 161; B 201 (Referat 411), Bd. 448.

17 Zu den Gesprächen zwischen den Europäischen Gemeinschaften und Israel über den Abschluß eines Finanzprotokolls vgl. Dok. 29, Anm. 12.

18 Am 22. März 1976 notierte Referat 410, daß Zypern nach Abschluß der Abkommen mit den Maschrek-Staaten das einzige Land sein werde, das noch nicht in das „Globalkonzepts für den Mittelmeerraum" der Europäischen Gemeinschaften einbezogen sei. Gespräche über eine Ergänzung des Assoziationsabkommens vom 19. Dezember 1972 in wirtschaftlicher und finanzieller Hinsicht seien wegen der inzwischen eingetretenen politischen Entwicklung nicht aufgenommen worden: „Obwohl dazu durch Bundesregierung und wohl auch andere Mitgliedsregierungen keineswegs ermutigt, hat Kommission unter ständigem Druck zyprischer Regierung in Mitteilung an Rat vom 4.2.1976 Entwurf von Verhandlungsrichtlinien für Handelsregelungen im Agrarbereich, für Bestimmungen über wirtschaftliche und finanzielle Zusammenarbeit sowie für Vereinbarung von Ursprungsregeln vorgelegt." Vgl. Referat 410, Bd. 121769.

19 Auf seiner Tagung am 31. Mai/1. Juni 1976 in Brüssel beschäftigte sich der EG-Ministerrat mit der Aufteilung der für die geplanten Abkommen mit den Mittelmeerstaaten vorgesehenen Finanzmittel: „Gesamtplafonds der Haushaltsmittel mußte um 50 Mio. RE erhöht werden. Dennoch gelang es nicht, zu einer für alle Mitgliedstaaten akzeptablen Aufteilung zu kommen, da sich Frankreich allen Vorschlägen widersetzte, bei denen die Höhe der Mittel für Griechenland unter der für die Türkei lag. Die Mehrheit der Delegationen befürwortete ein umgekehrtes Verhältnis, das der bisherigen Praxis entspricht und Bevölkerungszahl und Entwicklungsstand berücksichtigt. Ergebnisloser Ausgang der Beratungen ist um so bedauerlicher, als bis zu einer Einigung die besonders dringlichen Tagungen der Assoziationsräte mit Griechenland und der Türkei wegen eines auch sonst mangelnden konkreten Angebots der Gemeinschaft nicht abgehalten werden können." Vgl. den Runderlaß Nr. 64 des Vortragenden Legationsrats I. Klasse Engels vom 4. Juni 1976; Referat 012, Bd. 106591.

20 Zum griechischen Beitrittsantrag vom 12. Juni 1975 sowie zur Stellungnahme der EG-Kommission, die am 29. Januar 1976 dem EG-Ministerrat vorgelegt wurde, vgl. Dok. 28.
Am 2. April 1976 legte die EG-Kommission ein Arbeitspapier mit „Kapitelüberschriften" für ein Verhandlungsmandat vor. Vgl. dazu Büro Staatsminister, Bd. 106173.

21 Nach Auslaufen des Handelsvertrags vom 14. Oktober 1963 zwischen der EWG und dem Iran am 30. November 1973 strebte ersterer eine Neuregelung auf der Basis eines Präferenzabkommens „mit dem Ziel einer Freihandelszone entsprechend dem Abkommenskonzept für die Mittelmeerländer an. Die Kommission schlägt hingegen ein nicht-präferentielles Handels- und Kooperationsabkommen vor, das den iranischen Wünschen nach industrieller Zusammenarbeit Rechnung tragen und Warenprobleme durch spezifische Lösungen im System der Allgemeinen Zollpräferenzen

– Seerechtskonferenz: StM Wischnewski gab deutsche Erklärung ab, in der für Erarbeitung einer Gemeinschaftshaltung zu allen Fragenkreisen der Konferenz plädiert wird. Darüber hinaus forderte er beschleunigte Arbeiten zur gemeinsamen Fischereipolitik einschließlich einer Gemeinschaftsposition für Verhandlungen mit Drittländern über Fischereirechte. StM Hattersley legte in Grundsatzerklärung britischen Standpunkt zur gemeinsamen Fischereipolitik dar. Er forderte ausschließliche Küstenfischereirechte für Vereinigtes Königreich in einer Zone, die je nach örtlichen Gegebenheiten zwischen 12 und 50 sm Ausdehnung haben soll. Die britische Erklärung fand irische Unterstützung, die anderen Mitgliedsländer verhielten sich reserviert.

– Behandlung des TO-Punkts „Paßunion"[22] wurde aus Zeitmangel verschoben.

5) Assoziationsrat EWG – Zypern

Tagung verlief wie erwartet ohne materielle Ergebnisse. Sie bot zyprischer Delegation Gelegenheit, ihre Anliegen – Einbeziehung Zyperns in die globale Mittelmeerpolitik der EG[23], endgültige Einfuhrregelung für Cyprus Sherry[24] – vorzutragen. Gemeinschaft konnte lediglich zu Cyprus Sherry eine Good-will-Er-

---

Fortsetzung Fußnote von Seite 604

für Entwicklungsländer lösen soll." Vgl. die Aufzeichnung des Ministerialdirektors Lautenschlager vom 18. Dezember 1975; B 201 (Referat 411), Bd. 441.

Am 11. März 1976 legte die EG-Kommission den Entwurf eines Verhandlungsmandats vor, das den Abschluß eines nicht-präferentiellen Handels- und Kooperationsabkommens vorsah. Dazu stellten das Auswärtige Amt und das Bundesministerium für Wirtschaft am 16. Juli 1976 fest: „Mehrheit der Mitgliedstaaten unterstützt im Grundsatz Kommissionsvorschlag eines Kooperationsabkommens, der auch unsere Interessen weitgehend berücksichtigt. [...] Frankreich hat zu dem Konzept des von der Kommission vorgeschlagenen nicht-präferentiellen Handels- und Kooperationsabkommens noch nicht eindeutig Stellung genommen und bisher im AStV lediglich erklärt, es strebe ein Abkommen an, ,das für beide Seiten befriedigend sein und die Herstellung präferentieller Beziehungen zwischen der Gemeinschaft und Iran ermöglichen solle' (Formel des Pressekommuniqués anläßlich des Teheranbesuchs von PM Chirac). Franzosen haben gegenüber unserer EG-Vertretung zu erkennen gegeben, daß sie diese Haltung vertreten, um gegenüber Iran als Anwalt der iranischen Interessen in der Gemeinschaft auftreten zu können." Vgl. B 201 (Referat 411), Bd. 441.

[22] Zur geplanten Schaffung einer Paßunion der Europäischen Gemeinschaften vgl. Dok. 50, Anm. 20.

[23] Botschafter Lebsanft, Brüssel (EG), resümierte am 5. Mai 1976 die Gespräche im Assoziationsrat EWG – Zypern am Vortag: „Zypr[ische] Del[egation] stellte dringlich die Forderung nach einer baldigen Einbeziehung Zyperns in die Politik der Gemeinschaft nach den Grundsätzen der Globallösung für den Mittelmeerraum. Die Entwicklung der Zahlungsbilanz und der Devisenreserven Zyperns mache eine schnelle Hilfe erforderlich. Anders könne die Reaktivierung zypr. Wirtschaft nicht erreicht und ihre Wettbewerbsfähigkeit nicht erhalten werden. Ratspräsident Thorn erwiderte, daß die Mittelmeerpolitik der Gemeinschaft ein Beitrag zum Frieden und zur polit[ischen] Stabilität in diesem Raum leisten solle. Auch der Assoz[iations]-Vertrag mit Zypern füge sich in diesen Rahmen. Die Überlegungen der Gemeinschaft im Hinblick auf eine Erweiterung dieses Abkommens nach dem Muster der übrigen im Rahmen der ,approche globale' geschlossenen Verträge hätten dieses Moment der Friedenssicherung besonders im Auge. Deshalb sei es wichtig, daß eine künftige Zusammenarbeit im wirtschaftlichen, industriellen und finanziellen Bereich allen Bevölkerungsgruppen auf Zypern zugute komme. Deshalb könne die Gemeinschaft im gegenwärtigen Stadium noch keine konkreten Angebote machen, die interne Prüfung werde fortgesetzt." Vgl. den Drahtbericht Nr. 1551; Referat 410, Bd. 121769.

[24] Botschafter Pagenstert, Nikosia, teilte am 29. April 1976 zur Frage des Exports von Likör aus Zypern mit: „Generalsekretär hiesigen Außenministeriums bat mich zu sich, um mir die Sorge der Zypernregierung über anscheinend von spanischer, italienischer und französischer Seite beabsichtigtes Vorgehen gegen die Bezeichnung ,Cyprus Sherry' mitzuteilen. Für Zypern sei der Cyprus Sherry, der hier seit langen Jahren hergestellt werde und unter diesem Namen vor allem in Großbritannien eingeführt sei, ein wichtiger Exportartikel. Eine Verwechselung mit entsprechenden Weinen aus anderen Ländern sei insofern ausgeschlossen, als der hiesige Sherry eben mit der erläuternden Herkunftsbezeichnung verkauft werde." Vgl. den Drahtbericht Nr. 88; Referat 410, Bd. 121769.

klärung abgeben.[25] In vertraulichem Gespräch stellte Ratspräsident dem zyprisch AM Christophides in Aussicht, daß sich Gemeinschaft nach politischer Lösung in den Volksgruppengesprächen[26] aktiv am Wiederaufbau beteiligen werde.

Engels[27]

Referat 012, Bd. 106591

133

Botschafter Freiherr von Braun, Paris, an das Auswärtige Amt

114-12847/76 geheim   Aufgabe: 7. Mai 1976, 16.11 Uhr[1]
Fernschreiben Nr. 1353   Ankunft: 7. Mai 1976, 19.12 Uhr
Citissime

Betr.: Deutsch-französisches Verhältnis

Zur Information

I. Die Kritik von PM Chirac am Bundeskanzler vor der Nationalversammlung[2] ließ erkennen, daß die Harmonie zwischen Bonn und Paris, an die wir uns gewöhnt hatten, zur Zeit etwas gestört ist. Anzeichen für Unstimmigkeiten im

---

[25] Am 5. Mai 1976 teilte Botschafter Lebsanft, Brüssel (EG), zu den Ergebnissen des Assoziationsrats EWG–Zypern vom Vortag mit: „Zur Einfuhrregelung für Cyprus Sherry sagte die Gemeinschaft zu, daß unmittelbar nach Ablauf der bis zum 30.6. befristeten Übergangsregelung eine neue Regelung in Kraft treten werde." Vgl. den Drahtbericht Nr. 1551; Referat 410, Bd. 121769.

[26] Zur fünften Runde der Gespräche der Vertreter der türkischen bzw. griechischen Volksgruppe auf Zypern, Denktasch und Klerides, vom 17. bis 21. Februar 1976 in Wien vgl. Dok. 62, Anm. 12.

[27] Paraphe.

[1] Hat den Vortragenden Legationsräten I. Klasse Pfeffer und Feit vorgelegen.

[2] Gesandter Lahusen, Paris, teilte am 6. Mai 1976 mit, der Abgeordnete Billotte habe am Vortag in der französischen Nationalversammlung eine Stellungnahme der Regierung zu einem Fernsehinterview des Bundeskanzlers Schmidt vom 15. April 1976 erbeten, in dem dieser ausgeführt habe, „daß die kommunistischen Parteien nur dort Gewicht haben, wo die anachronistischen Zustände mit Gewalt aufrecht erhalten würden: in Portugal, in Spanien, in Italien und [...] in einem gewissen Maß in Frankreich, weil dieses vom Gaullismus geprägt war". Ministerpräsident Chirac habe Billotte geantwortet: „Die Erklärungen, an die Sie eben erinnert haben, haben bei den französischen Stellen Erstaunen hervorgerufen – ich verwende dieses Wort aus diplomatischen Gründen. Über das, was Sie gesagt haben, hinaus, darf man nicht vergessen, daß es auf Initiative von General de Gaulle war, daß 1963 die Gespräche eingeleitet wurden, die zum deutsch-französischen Vertrag führten, dem Deutschland verdankt, daß es aus der Isolierung heraustrat, in die es gefallen war [...]. Dies zeigt die Wertschätzung, Freundschaft und Achtung, die der damalige große deutsche Kanzler dem Führer des Freien Frankreichs entgegenbrachte. Es steht daher Herrn Schmidt nicht zu, derartige unüberlegte Erklärungen abzugeben [...]. Jedenfalls hat die französische Regierung sofort (dès le lendemain) auf Weisung des Staatspräsidenten durch seinen Botschafter die notwendigen Demarchen bei der deutschen Regierung unternommen". Vgl. den Drahtbericht Nr. 1321; Referat 202, Bd. 113543.

deutsch-französischen Verhältnis gab es spätestens seit dem Luxemburger Europäischen Rat[3].

Es kann unterstellt werden, daß Chiracs Äußerung jedenfalls im Tenor von Präsident Giscard gedeckt war. So erklärte der Sprecher des Elysée am 6.5. eine parlamentarische Antwort auf öffentliche Kritik an Frankreich für „natürlich".[4]

Der Ton Chiracs ist Ausdruck seines Temperaments und seiner Parteicouleur, aber wohl auch Zeichen tiefverwurzelter französischer Sensibilität gegenüber Deutschland sowie der derzeitigen innenpolitischen Sorgen der präsidentiellen Mehrheit.

Die Diskussion zwischen Paris und Bonn darf nicht überhört, aber auch nicht überbewertet werden. Maurice Delarue (in „Monde" vom 7.5.) geht fehl, wenn er das französisch-deutsche Verhältnis in einem Atemzug mit dem französisch-algerischen nennt.[5]

Das französisch-algerische ist im Grunde schlecht und läßt sich mit einigen Worten nicht ins Lot bringen. Das französisch-deutsche ist im Grunde gut und läßt sich mit einigen Worten nicht aus dem Gleichgewicht bringen.

II. Zwei Aspekte der Presseerklärungen des Bundeskanzlers zur Kommunismusfrage in Westeuropa berührten französische Empfindlichkeiten:

– Weder die UDR noch der Staatspräsident, der auf sie angewiesen ist und sich selbst auf de Gaulle beruft, können es überhören, wenn eine Prüfung Frankreichs durch den Gaullismus für die Stärke der Kommunisten in Frankreich mitverantwortlich gemacht wird. Gaullisten sind in ihrem Selbstverständnis soziale Reformer, nicht konservative. Subjektiv, teilweise auch objektiv, stehen sie insoweit sogar „links" von den unabhängigen Republikanern. Im übrigen ist mit Beginn der V. Republik[6] der kommunistische Stimmenanteil gefallen.

– Das Urteil, daß eine Regierungsbeteiligung von Kommunisten nicht notwendigerweise eine Katastrophe ist, unterstellt die Möglichkeit einer solchen Beteiligung. Gerade weil auch in Frankreich diese Möglichkeit besteht (wenn-

---

[3] Zur Tagung des Europäischen Rats am 1./2. April 1976 in Luxemburg vgl. Dok. 98.

[4] Am 6. Mai 1976 übermittelte Gesandter Lahusen, Paris, eine Stellungnahme des französischen Präsidialamts zu den Ausführungen des Ministerpräsidenten Chirac vom Vortag: „Es war natürlich, daß der Premierminister in Beantwortung einer parlamentarischen Frage öffentlich an Frankreich gerichtete Kritik beantwortete. Das stellt die Zusammenarbeit zwischen Deutschland und Frankreich nicht in Frage, die die unverzichtbare Grundlage jedes europäischen Fortschritts bildet und die in gegenseitiger Achtung und Wertschätzung fortgesetzt werden muß." Vgl. den Drahtbericht Nr. 1340; Referat 202, Bd. 113543.

[5] Der Journalist Delarue stellte zu den deutsch-französischen Beziehungen fest: „Le refroidissement des relations franco-allemandes semble avoir commencé après le ‚sommet' franco-allemand de Nice, à l'issue duquel le port-parole de M. Schmidt, sans être sollicité par les questions des journalistes, avait vivement critiqué les idées de M. Giscard d'Estaing sur un ‚directoire' européen. On a vu depuis la France sortir du ‚serpent monétaire' qui associait le franc, le mark et les monnaies du Benelux. On a vu également le Conseil européen de Luxembourg se réléver incapable de définir une attitude économique commune du Neuf, en raison surtout du manque de coopération de M. Schmidt, qui apparut plus que jamais comme ‚l'homme fort' de l'Europe. [...] Après la crise franco-algérienne, on assiste, en tout cas, à la détérioration accélérée de relations que le président de la République voulait ‚privilégiées'." Vgl. den Artikel „Les déclaration ‚irréfléchies' de M. Schmidt sur le gaullisme ‚étonnent' M. Chirac"; LE MONDE vom 7. Mai 1976, S. 6.

[6] Am 4. Oktober 1958 trat die Verfassung der V. Französischen Republik in Kraft.

gleich mit weit geringerer Wahrscheinlichkeit als in Italien), muß diese Unterstellung von der präsidentiellen Mehrheit innenpolitisch als um so weniger hilfreich empfunden werden, als Giscard langfristig Sozialisten von Kommunisten trennen möchte.

Dementsprechend mußten die Franzosen bei uns demarchieren.[7] Dementsprechend hat die französische Regierung, im Parlament gefragt, reagieren müssen. Wir haben keine Anhaltspunkte dafür, daß die Regierung die Frage provoziert hätte. Sie lag in der Luft, und gewisse insbesondere die sozialreforma-
torischen UDR-Kreise (zu denen der Fragesteller Billotte zählt) oder die Opposition bedurften keines Anstoßes, um sie zu stellen.

III. Der Ton der Reaktion Chiracs hat wohl auch Gründe, die außerhalb seiner
Person liegen:

1) Frankreich neigt dazu, in deutschen Dingen empfindlich zu reagieren. Bewunderung für uns und Sorge vor uns liegen sehr nah beisammen. Deutscher
Erfolg beeindruckt. Präsident Giscard selbst hält den Franzosen immer wieder
das deutsche Beispiel vor – in Wirtschaftskraft, Sozialpolitik, Verteidigungspolitik. Deutscher Erfolg und deutsches Rechthaben brauchen uns aber nicht
beliebt zu machen, besonders wenn ihm französische Mißerfolge gegenüberstehen.

2) Wir wissen, daß dem Staatspräsidenten seit einiger Zeit der Wind ins Gesicht bläst. In der Fernsehansprache vom 24. März[8], in der er Chirac die Koordinierung der Mehrheit übertrug und damit mittelbar die UDR aufwertete,
war er von diesem Gegenwind gezeichnet. Mit Abstrichen am Reformprogramm,
an der Stabilitätspolitik und an der Europapolitik enttäuschte er eigene Erwartungen. Er fühlt wohl auch, daß er manche deutsche Erwartungen enttäuscht hat. Die Empfindlichkeit für Bonner Äußerungen wird daher erhöht.

---

7 Am 21. April 1976 erklärte der französische Botschafter Wormser Staatssekretär Schüler, Bundeskanzleramt, seine Vorsprache diene dem Zweck, „die Reaktion seiner Regierung zu den Äußerungen des Bundeskanzlers in dem Fernsehinterview vom 15. April 1976 des Bayerischen Rundfunks
‚Ende der Entspannung?' darzustellen. In Paris habe die erste Reaktion in Erstaunen über die
Kritik bestanden, die der Bundeskanzler an der Lage in Frankreich geübt habe. Diese Kritik erscheine wenig vereinbar mit dem Geist der Freundschaft, der die deutsch-französischen Beziehungen beherrsche. Besonderes Erstaunen habe hervorgerufen, daß der Bundeskanzler innerhalb der
Aufzählung einer Reihe von Ländern im Anschluß an die Nennung der Regime Salazars und Francos auch den Gaullismus erwähnt habe. [...] In Frankreich sei wegen seiner demokratischen Strukturen die Anwendung von Gewalt und Kraft nicht möglich. Es sei allgemein bekannt, daß de Gaulle
auf verfassungsmäßige Weise an die Regierung gelangt sei." Vgl. die Gesprächsaufzeichnung; Referat 010, Bd. 178660.
8 In der Presse wurde zur Fernsehansprache des Staatspräsidenten Giscard d'Estaing ausgeführt:
„Erstmals nach dem für seine Politik und für die Regierungsmehrheit ungünstigen Ausgang der
Kantonalwahlen hat sich jetzt Frankreichs Staatspräsident Giscard d'Estaing öffentlich zur Situation des Landes geäußert. Zu dem bei den jüngsten Wahlen abgegebenen Votum sagte Giscard im
Fernsehen, es sei keine Abstimmung gegen das bestehende Gesellschaftssystem Frankreichs gewesen. Seiner Auffassung nach hat es die lockere Koalition der ihn stützenden Parteien von den
Gaullisten bis zur Mitte versäumt, jene Geschlossenheit zu zeigen, die gerade in diesem Wahl-
gang die vereinigte Linke auszeichnete. Daraus zieht Giscard Folgerungen. Nicht nur er will sich
künftig öfter der Öffentlichkeit stellen und Aufklärung über seine Politik und die Fragen des Lan-
des bieten. Er hat auch die Beauftragung des Premierministers Chirac mit der ‚Koordinierung der
Arbeit der Regierungskoalition' bekanntgegeben. Chirac soll sich künftig um ein eindrucksvolleres
Bild der Regierungsmajorität in der Öffentlichkeit kümmern." Vgl. den Artikel „Giscard sieht seine
Chance in weiteren Reformen: Frankreichs Staatspräsident spricht im Fernsehen von ‚Krise'";
FRANKFURTER ALLGEMEINE ZEITUNG vom 26. März 1976, S. 2.

3) Maurice Delarue (in „Monde" vom 7.5.) gibt einen Überblick über französische Gravamina der letzten Zeit, den ich nicht für amtlich inspiriert halte, der aber die Vorstellungen, die in französischen Köpfen spuken, gut zusammenfaßt. Dazu gehören nach Delarue: Abweisung des französischen Direktoriumsgedankens für Europa[9]; Ablehnung einer Erklärung zu Wirtschafts- und Währungsfragen im Luxemburger Europäischen Rat; Einstimmung auf einen Sieg der Linksunion 1978 in Frankreich[10]. Der gemeinsame Nenner ist: Innenpolitischer Schaden für den französischen Präsidenten, der „Le Monde" im übrigen nur recht sein kann.

Tatsache ist, daß deutsch-französische Konsultationen in letzter Zeit mehrfach (Direktwahlen Europaparlament, Konjunkturfragen, Angola) nicht zu gleichgerichteter Politik geführt haben. Ob von beiden Seiten immer alle Konsultationsmöglichkeiten ausgeschöpft worden sind, kann ich nicht beurteilen.

IV. Alles spricht dafür, daß die Disharmonie zwischen Bonn und Paris schnell beseitigt werden muß und kann.

Wir sind uns einig, daß Europa ohne eine deutsch-französische Einheit nicht leben und wachsen wird. Für beide Regierungen bleibt die Zusammenarbeit Priorität. Für die Franzosen hat dies der Sprecher des Elysée am 6.5. bekräftigt.

Beide Seiten müssen zugrunde legen, daß jedenfalls mittelfristig, d. h. bis 1980/81, die maßgeblichen handelnden Personen nicht wechseln.

Wir können, ohne selbst Schaden zu nehmen, auf generelle französische Empfindlichkeiten gegenüber uns und auch auf spezifische, durch innenpolitische Unsicherheit verstärkte Sensibilitäten Rücksicht nehmen.

Vermehrte und auch öffentlich bekannt werdende Kontakte zwischen Bonn und Paris wären gerade jetzt nützlich, selbst wenn sie nicht alle sachlichen Meinungsverschiedenheiten beseitigen können.

Nicht nützlich wäre es dagegen, wenn in Paris der Eindruck entstände, Bonn versuche, einen Teil der präsidentiellen Mehrheit gegen einen anderen auszuspielen.

Auf alle Fälle kann eine Fortsetzung der öffentlichen Diskussion der deutsch-französischen Sache nur Schaden zufügen. Je weniger jetzt gesagt oder geschrieben wird, desto besser.

[gez.] Braun

VS-Bd. 9935 (202)

---

[9] Am 14. Februar 1976 wurde in der Presse zu den deutsch-französischen Konsultationen am 12./13. Februar 1976 in Nizza berichtet: „Aus dem Wortlaut der beiden Erklärungen, die Schmidt und Giscard zum Abschluß des Treffens vor der Presse abgaben, ist zu entnehmen, daß das französische Projekt eines ‚Europäischen Direktoriums' aufgegeben wurde. Der von Giscard unmittelbar vor der Begegnung mit dem Bundeskanzler lancierte Vorschlag zur Stärkung der politischen Kapazität der Europäischen Gemeinschaft war bei der Bundesregierung von vornherein auf wenig Gegenliebe gestoßen." Vgl. den Artikel „Schmidt und Giscard: Einig über Mark, Franc und Terrorbekämpfung"; DIE WELT vom 14./15. Februar 1976, S. 1.

[10] In Frankreich fanden am 12. und 19. März 1978 Parlamentswahlen statt.

134

Gespräch des Bundeskanzlers Schmidt mit dem Sonderbeauftragten des amerikanischen Präsidenten, Shultz, in Hamburg

9. Mai 1976[1]

Unter Verschluß

Gespräch des Herrn Bundeskanzlers mit Mr. George P. Shultz (Beauftragter von Präsident Ford) in Hamburg am 9. Mai 1976

Außerdem anwesend: StS Pöhl, MD Hiss

In bezug auf die Idee eines R-II[2] hebt *Bundeskanzler* seine im Prinzip positive Haltung hervor; er weist jedoch gleichzeitig darauf hin, daß es entscheidend auch auf die Einstellung der übrigen Beteiligten ankomme, deren Reaktion man nicht so sicher abschätzen könne. In bezug auf den Teilnehmerkreis würde vermutlich wieder die Frage der Teilnahme Kanadas auftauchen[3], die wir unterstützen. Abzuwarten bleibe ferner die weitere Entwicklung in Italien.

Shultz erläutert, daß AM Kissinger in der eben zu Ende gegangenen Woche den französischen Staatspräsidenten[4] über die amerikanische Idee informiert habe, über eine ungünstige Reaktion sei ihm nichts bekannt.[5] Zur Tagesordnung eines R-II denkt die amerikanische Seite nicht ausschließlich an wirtschaftliche Themen.

Bundeskanzler bestätigt, daß es auch für die Europäische Gemeinschaft nicht nur um wirtschaftspolitische Fragen geht. Während man davon ausgehen könne, daß die nichtbeteiligten EG-Partner mit einer Fortsetzung von Rambouillet leben müßten, könnte die Einbeziehung anderer Fragen neue Kritik heraufbeschwören (Hinweis auf EPZ). Wichtig sei aber, was Frankreich und Großbritannien dazu sagen.

Shultz äußert die Meinung, daß für den amerikanischen Präsidenten die Behandlung der Entwicklung und Absichten des Gemeinsamen Marktes nützlich sei.

---

1 Ablichtung.
   Die Gesprächsaufzeichnung wurde von Ministerialdirektor Hiss, Bundeskanzleramt, am 10. Mai 1976 gefertigt und von Bundeskanzler Schmidt am 12. Mai 1976 an Bundesminister Genscher übermittelt. Dazu vermerkte er: „Wie Ihnen bekannt ist, habe ich am Sonntag mit George Shultz in Hamburg über die Fragen eines neuen Treffens im internationalen Rahmen gesprochen. In der Anlage übermittle ich eine Aufzeichnung hierüber zu Ihrer persönlichen Unterrichtung."
   Hat Genscher am 13. Mai 1976 vorgelegen.
   Hat Staatssekretär Hermes am 14. Mai und erneut am 25. Mai 1976 vorgelegen.
   Hat Ministerialdirektor Lautenschlager am 26. Mai 1976 vorgelegen. Vgl. den Begleitvermerk; Referat 010, Bd. 178665.
2 Zum Vorschlag des Präsidenten Ford für ein Gipfeltreffen zur Wirtschafts- und Währungspolitik („Rambouillet II") vgl. Dok. 113.
3 Zur Beteiligung Kanadas an der Konferenz der Staats- und Regierungschefs aus sechs Industriestaaten vom 15. bis 17. November 1975 auf Schloß Rambouillet vgl. AAPD 1975, II, Dok. 301.
4 Valéry Giscard d'Estaing.
5 Der amerikanische Außenminister Kissinger hielt sich am 6./7. Mai 1976 in Frankreich auf.

Bundeskanzler erwähnt als Beispiel die Energiepolitik, wo es noch nicht zu einer einheitlichen Haltung der EG-Mitgliedsländer gekommen sei.

Als ein mögliches Thema wird auch eine eventuelle Aktivierung des OECD-Fonds als Stützungsmechanismus zugunsten Italiens ins Gespräch gebracht.

Bundeskanzler gibt zu erwägen, ob man anfangs Japan nicht aus den Vorbereitungen herauslassen sollte (japanische Indiskretionen gegenüber der Presse bei der Vorbereitung des letzten Treffens). Dann würde sich das im Anschluß an das letzte Treffen gebildete Kränzchen der Staatssekretäre zur Vorbereitung eignen, die sich informell in relativ kurzen Abständen treffen.[6]

Beim Durchgehen eines ersten TO-Entwurfs von *Shultz* (vgl. Anlage[7]) erläutert dieser zum Punkt „international institutions", daß die Hauptländer darin übereinstimmen müßten, welchen zwei oder drei internationalen Organisationen sie die Hauptbedeutung geben wollten. Sonst würden sie sozusagen durch die Proliferation immer neuer Institutionen aufgefressen. Konzentration und Setzung von Prioritäten seien erforderlich.

Bundeskanzler findet die Zeit für die Vorbereitung einer Konferenz z. B. Ende Juni für knapp und erwähnt auch Ende August/Anfang September als mögliche Alternative.

Auf Bundeskanzlers Frage nach dem aus amerikanischer Sicht besten Zeitpunkt der Konferenz bezeichnet *Shultz* einen Termin vor dem Nominierungskonvent für den Präsidentschaftskandidaten (Ende Juni)[8] als erforderlich.

Bundeskanzler ist hiermit sowie mit einem Ort in den USA einverstanden. Für den Fall, daß dieser Vorschlag bei anderen Teilnehmern auf Schwierigkeiten stößt, weist er auf das Interesse der Bundesregierung hin, die Veranstaltung auf deutschem Boden zu haben. Hinsichtlich des Termins (Ende Juni) sieht *Shultz* auch keine zusätzlichen Schwierigkeiten darin, daß Italien zu diesem Zeitpunkt voraussichtlich nur eine amtierende Regierung[9] haben wird.

Bundeskanzler schildert sodann die Perspektiven für weitere Fortschritte Europas auf dem Weg zur politischen Union mit allen ihren Schwierigkeiten und betont unter Hinweis auf die Rüstungsanstrengungen der SU die Notwendigkeit einer Stärkung der Beziehungen USA/Europa. Unter diesem Aspekt wirft Bundeskanzler als „exotische Idee" die Frage der langfristigen Verwirklichung einer Freihandelszone Europäische Gemeinschaft/USA auf.

Shultz bezeichnet die Idee als gut und bekennt, bereits in seiner Amtszeit darüber nachgedacht zu haben. Der Gedanke wird nicht weiter vertieft, soll aber für ein Treffen geprüft werden.

Abschließend macht Shultz Bundeskanzler mit seinen weiteren Reiseplänen bekannt: Montagmittag (10. Mai) bei PM Callaghan, Dienstag bei Kissinger;

---

[6] Zur Vorbereitung der Konferenz der Staats- und Regierungschefs aus sechs Industriestaaten vom 15. bis 17. November 1975 auf Schloß Rambouillet tagte am 12./13. November 1975 in London eine Gruppe von Sachverständigen. Die Bundesrepublik wurde dabei durch Staatssekretär Pöhl, Bundesministerium der Finanzen, vertreten. Vgl. Referat 412, Bd. 105679.

[7] Dem Vorgang nicht beigefügt.

[8] Der Wahlkonvent der Demokratischen Partei fand am 14. Juli 1976 in New York statt, derjenige der Republikanischen Partei am 19. August 1976 in Kansas City.

[9] Zu den Parlamentswahlen in Italien am 20./21. Juni 1976 vgl. Dok. 201, Anm. 9.

gegen Ende der Woche (14. Mai) trifft der französische Staatspräsident in Washington ein[10].

Helmut Sonnenfeldt ist auf amerikanischer Seite der Ansprechpartner, auch als Kontaktpunkt zu Shultz.

Eine Vorbereitungsrunde der persönlichen Beauftragten wie beim letzten Mal soll erst nach dem nächsten Treffen der Finanzstaatssekretäre stattfinden.

Abschließend erneuert *Bundeskanzler* seine Einladung an AM Kissinger auf dem Weg zum oder vom NATO-Rat (Oslo)[11].

Referat 010, Bd. 178665

135

Aufzeichnung des Ministerialdirektors van Well

203-320.10 ITA-752/76 VS-vertraulich   **11. Mai 1976[1]**

Über Herrn Staatssekretär[2] Herrn Bundesminister[3] zur Unterrichtung über die Lage in Italien und mit der Bitte, die operativen Vorschläge zu genehmigen.

Am 6.5.1976 hat im Auswärtigen Amt unter Vorsitz von Herrn Staatssekretär Dr. Hermes eine Besprechung über die Lage in Italien stattgefunden, an der die Herren D2, D3[4], D4[5], Leiter Planungsstab[6] und die Vertreter der mit Italien – unmittelbar oder über internationale Organisationen – befaßten Referate teilgenommen haben.

Die Besprechung diente dem Ziel, die gegenwärtige Lage in Italien zu erörtern und Gedanken zu entwickeln, wie die Bundesregierung auf eine in deutschem und gesamteuropäischem Interesse positive Entwicklung Einfluß nehmen kann.

---

10 Staatspräsident Giscard d'Estaing hielt sich vom 17. bis 22. Mai 1976 in den USA auf.

11 Zur NATO-Ministerratstagung am 20./21. Mai 1976 in Oslo vgl. Dok. 152 und Dok. 166.
Zum Besuch des amerikanischen Außenministers Kissinger am 23. Mai 1976 in Bonn vgl. Dok. 150 und Dok. 153.

1 Die Aufzeichnung wurde von Vortragendem Legationsrat I. Klasse Heibach konzipiert.
Hat Vortragendem Legationsrat I. Klasse Pfeffer am 19. Mai 1976 vorgelegt, der handschriftlich für Referat 203 vermerkte: „Bitte Vorschlags-Katalog ‚einleiten'. Abt[eilung] 4 unterrichten."

2 Hat Staatssekretär Hermes am 13. Mai 1976 vorgelegt, der handschriftlich für Bundesminister Genscher vermerkte: „Im Falle Ihrer Zustimmung sollte bald gehandelt werden, um nicht in die letzte Wahlkampfzeit zu geraten, und jede spektakuläre Aktion muß vermieden werden."

3 Hat Bundesminister Genscher am 16. Mai 1976 vorgelegt, der handschriftlich vermerkte: „(Voll einverstanden)."

4 Lothar Lahn.

5 Hans Lautenschlager.

6 Klaus Blech.

Als Leitfaden für die Diskussion hatte der Planungsstab einen Fragenkatalog entwickelt, der hier beigefügt ist.[7]

Die gegenwärtige Regierungskrise[8] ist die 38. seit dem Bestehen der Italienischen Republik. Die Anzahl und der im letzten Jahrzehnt beschleunigte Rhythmus dieser Regierungskrisen weisen auf eine tieferliegende Staatskrise hin, deren Grund wenigstens teilweise in ungelösten Spannungen im Italienischen Volkskörper zu suchen ist (überalterte Sozialstrukturen, starkes wirtschaftliches Wohlstandsgefälle). Italien ist krank; eine wirksame Therapie muß langfristig angelegt sein. Den westlichen Partnern Italiens kommt dabei ein wichtige Rolle zu.

Vordringlich ist jedoch zunächst, die gegenwärtige Krise zu bewältigen. Diese unterscheidet sich von den früheren dadurch, daß zum ersten Mal seit 30 Jahren eine grundsätzliche Änderung der innenpolitischen Machtverhältnisse in den Bereich des Möglichen getreten ist.[9]

Während bislang die Democrazia Cristiana (DC) die unangefochten stärkste politische Kraft des Landes war, die alle Regierungen bildete und in wechselnden Koalitionen – sei es zusammen mit der Rechten (Republikaner (PRI), Liberale (PLI)), sei es mit der Linken (Sozialdemokraten (PSDI), Sozialisten (PSI)) – entscheidend mitbestimmte, ist jetzt die Gefahr akut, daß die Kommunistische Partei (PCI) die relativ stärkste politische Gruppierung in Italien wird und sich die Koalitionsfrage unter gänzlich anderem Vorzeichen stellt.

Eine Regierungsbeteiligung der Kommunisten würde die Partner Italiens in der Europäischen Gemeinschaft und im Atlantischen Bündnis, aber auch bilateral, vor neue, schwierige und in ihrem Ausmaß schwer abschätzbare Probleme stellen. Diese Probleme werden auch dadurch nicht gemildert, daß sich der PCI, jedenfalls verbal, zu demokratischen Verhaltensweisen bekennt und die Mitgliedschaft Italiens in den Europäischen Gemeinschaften und der NATO nicht in Frage stellen will.[10] Es gibt bisher keine Anzeichen, daß es sich dabei um ein echtes Umdenken handelt. Aufgrund der historischen Erfahrung muß

---

[7] Dem Vorgang nicht beigefügt.

[8] In der Presse wurde zum Rücktritt des Ministerpräsidenten Moro am 30. April 1976 gemeldet: „Der italienische Ministerpräsident Moro hatte am Freitag Leone um seinen Rücktritt gebeten. Dieser hatte das Gesuch angenommen und ihn mit der Weiterführung der Geschäfte beauftragt. Bei der am Donnerstag eröffneten Debatte über das von Moro am Mittwoch vorgelegte Notprogramm hatte es sich erwiesen, daß die nur zweieinhalb Monate im Amt befindliche fünfte Regierung des Christlichen Demokraten Moro nicht mehr über eine Mehrheit im Parlament verfügt. [...] Die Regierungskrise wurde am 6. April eröffnet, als der sozialistische Parteivorstand den Ministerpräsidenten und die Christlich-Demokratische Partei vor das Dilemma stellte: Aufnahme der Kommunisten in die Mehrheit oder Neuwahlen." Vgl. den Artikel „Am 20. Juni wählen die Italiener ein neues Parlament"; FRANKFURTER ALLGEMEINE ZEITUNG vom 4. Mai 1976, S. 1.

[9] Am 6. Mai 1976 stellte Botschafter Meyer-Lindenberg, Rom, zur innenpolitischen Situation in Italien fest: „Mit den am 20./21. Juni stattfindenden Parlamentswahlen steht Italien u.U. vor einer entscheidenden Wende in seiner politischen Entwicklung. Zum ersten Mal könnte sich die Möglichkeit ergeben, daß die Democrazia Cristiana ihre hegemoniale Stellung verliert und die KPI [...] zur Regierungspartei wird. Die Wahlen fallen insbesondere auch in eine der schwersten wirtschaftlichen Krisen, die das Land seit Kriegsende erlebt hat. Das Vertrauen in das gesamte politische System ist zudem durch Skandale und zunehmende politische Gewalttätigkeit extremistischer Gruppen erschüttert. Auf welche Weise die Wähler, unter denen sich auch die Jugendlichen zwischen 18 und 21 Jahren befinden, auf diese komplexe Situation reagieren werden, ist nur schwer vorauszusagen." Vgl. den Drahtbericht Nr. 793; Referat 203, Bd. 110232.

[10] Zur politischen Programmatik der KPI vgl. Dok. 6.

man davon ausgehen, daß die kommunistische Ideologie, das Konzept des proletarischen Internationalismus und die Bindungen an Moskau[11] stärker sind als Tendenzen zu einer autonomen, stärker national betonten Haltung. Selbst wenn sich die Führung des PCI zu emanzipieren versucht, so ist doch der Druck der Basis zu orthodoxem Verhalten ein retardierender Faktor. Es ist daher für den Westen von erstrangiger, wenn nicht gar vitaler Bedeutung, daß die Kommunisten in Italien von der Macht ferngehalten werden.

Es stellt sich mithin die Frage, was wir tun können, damit dieses Ziel erreicht wird.

Wichtig ist zunächst die psychologische Grundeinstellung. Wir müssen Vertrauen zeigen, und zwar sowohl in die politische Reife der italienischen Wähler als in die Stärke der demokratischen Institutionen und den Widerstandswillen der demokratischen Parteien. Solche Haltung ist keineswegs Gesundbeterei, sondern beruht auf objektiver Einschätzung der Lage:

Von den Italienern, die bei den Regionalwahlen im Juni 1975[12] den PCI gewählt haben, ist ein großer Teil Protestwähler, die damit ohne wesentliche Konsequenzen auf nationaler Ebene ihrer Verdrossenheit Ausdruck verliehen haben. Wenn diesen die Gefährdung des demokratischen Systems bewußt wird, werden sie ihre Wahlentscheidung neu überlegen. Die katholische Kirche, die sich im letzten Jahrzehnt der Abstinenz in der Innenpolitik befleißigt hat, ist zu einer klareren Ausdrucksweise zurückgekehrt und betont die Unvereinbarkeit von Christentum und Marxismus.[13] Diese Haltung dürfte das Wählerverhalten, zumindest auf dem Land, beeinflussen.

---

11 Gesandter Steg, Rom, umriß am 10. Februar 1976 das Verhältnis der KPI zur Doktrin des „proletarischen Internationalismus" und zur KPdSU: „Die Doktrin des ‚proletarischen Internationalismus' wird von der KPI nicht direkt verworfen, aber im Sinne einer Gemeinschaft uminterpretiert, in der jedes Mitglied auf der Grundlage der Gleichheit in voller Selbständigkeit über den eigenen Weg zum Sozialismus nach den jeweiligen historischen und gesellschaftlichen Bedingungen bestimmt. In dieser Gemeinschaft kann die Entwicklung in keinem der Mitgliedsländer Modellcharakter haben. Ebensowenig kann es darin die Führungsrolle einer Partei oder eines Staates geben. Daß ideologische Differenzen im Verhältnis zur KPdSU bestehen, wird von der PCI nicht geleugnet. Diese werden aber als normale Erscheinung in einer unter kommunistischen Parteien in Gang gekommenen Diskussion hingestellt. Ein Bruch mit Moskau kommt für die KPI nicht in Frage." Vgl. den Drahtbericht Nr. 229; Referat 212, Bd. 111675.

12 Am 15./16. Juni 1975 fanden in Italien Regionalwahlen statt. Botschafter Meyer-Lindenberg, Rom, führte dazu am 17. Juni 1975 aus: „Den Kommunisten (PCI) gelang es, ihre Position von 27,9 Prozent in den Regionalwahlen 1970 auf 33,5 Prozent, d. h. um fast sechs Prozent zu verbessern. Sie blieben damit hinter der DC nur noch um etwa 1,5 Prozent (1970 zehn Prozent) zurück. [...] Der wichtigste Aspekt des Wahlergebnisses ist der Stimmengewinn der PCI, der in diesem Umfang nicht erwartet worden ist. Die Kommunisten sind die eindeutigen und die einzigen wirklichen Gewinner der Wahlen. Zu ihrem Erfolg dürften nicht zuletzt die Jungwähler beigetragen haben, deren Zahl aufgrund der Herabsetzung des Wahlalters auf 18 Jahre fast drei Millionen betrug. [...] Unabhängig von dem weiteren Ereignissen auf nationaler Ebene läßt sich aber jetzt schon sagen, daß die Wahlen vom 15. und 16. Juni 1975 einen Markstein in der italienischen Nachkriegsgeschichte bilden: Die Entwicklung der DC und der PCI zu fast gleichstarken Kräften – verbunden mit dem Rückgang der sog[enannten] laizistischen Parteien – leitet eine Polarisierung ein, in deren Zeichen vermutlich künftige Wahlen stehen werden." Vgl. den Drahtbericht Nr. 1018; Referat 203, Bd. 110228.

13 Gesandter Steg, Rom, führte am 30. Dezember 1975 zu einer Erklärung der Italienischen Bischofskonferenz vom 15. Dezember 1975 aus: „Mit ihrer autoritativen Erklärung über die Unvereinbarkeit von Christentum und Marxismus hat die Kirche eine deutliche und eindeutige Position zum Hauptproblem der gegenwärtigen italienischen Innenpolitik bezogen. Sie hat damit gezeigt, daß sie gewillt ist, ihre lange gezeigte Zurückhaltung aufzugeben und ihrem moralischen Gewicht auch in

Nicht förderlich für einen Vertrauensbeweis in die Stärke der italienischen Demokratie ist es, auf die Beispiele Island[14] und Portugal[15] zu verweisen, bei denen der Westen eine kommunistische Regierungsbeteiligung verkraftet habe. Die Verhältnisse und die Größenordnungen sind unterschiedlich. Ebenso erscheint es nicht günstig, die eine oder andere demokratische Partei in Italien des Versagens zu beschuldigen. Es müßte im Gegenteil herausgehoben werden, welche Verdienste diese Parteien für eine konsequente italienische Politik gegenüber der Europäischen Gemeinschaft und der NATO erworben haben. Italien ist trotz seiner politischen und wirtschaftlichen Schwäche stets ein Partner in Europa gewesen, der sich kooperativ gezeigt hat.[16]

Öffentliche Äußerungen führender Politiker des Westens zu der Situation in Italien sind grundsätzlich legitim; sie ergeben sich aus der nachbar- und partnerschaftlichen Verantwortung.

Aus zahlreichen Gesprächen mit Persönlichkeiten des italienischen öffentlichen Lebens ergibt sich, daß Stellungnahmen westlicher Politiker zur kommunistischen Gefahr durchaus auch ein positives Echo in Italien finden.[17] Die stark linksbetonte, oft nationalistische Presse in Italien, die auf derartige Äußerungen meist allergisch reagiert, ist nicht typisch für das Empfinden des Mannes auf der Straße. Dennoch ist bei der Formulierung insoweit Vorsicht geboten, als Empfindlichkeiten der Italiener geschont werden sollten. Zu denken wäre auch an Kollektiväußerungen, z. B. der „Neun" oder der NATO. Den richtigen Ton dürfte z. B. die Passage treffen, in welcher sich der Herr Bundesminister auf seiner Rede vor dem Hamburger Übersee-Club am 7.5.1976 zur kommunistischen Gefahr in westlichen Ländern geäußert hat.[18]

Fortsetzung Fußnote von Seite 614

Fragen der Politik wieder Geltung zu verschaffen. Der Erfolg der Kommunisten bei den Regionalwahlen im Juni, die akuten Schwierigkeiten der Kirche in den von Kommunisten regierten Regionen und Kommunen, insbesondere in der Schulfrage, die bevorstehenden wichtigen Parteitage der nichtkommunistischen Parteien, bei denen es insbesondere auch um deren Haltung gegenüber den Kommunisten gehen wird, und nicht zuletzt die im Frühjahr anstehenden Teilwahlen, bei denen u. a. auch das Stadtparlament Roms neu gewählt werden wird, lassen es der Kirche offenbar geraten erscheinen, wieder eine scharfe Trennungslinie zwischen Christentum und Marxismus zu ziehen, um einem weiteren Vordringen der Kommunistischen Partei Einhalt zu gebieten." Vgl. den Schriftbericht; Referat 203, Bd. 110229.

[14] Die kommunistische Partei Islands, die Volksallianz, gehörte vom 13. Juli 1971 bis 30. Juni 1974 der Regierung von Ministerpräsident Jóhannesson an.

[15] Am 19. September 1975 wurde die sechste provisorische Regierung unter Ministerpräsident Pinheiro de Azevedo vereidigt, der neben Militärs und Parteilosen die Sozialistische Partei, die Demokratische Volkspartei und die Kommunistische Partei angehörten. Im Anschluß an die Parlamentswahlen am 25. April 1976 und der Wahl zum Amt des Staatspräsidenten am 27. Juni 1976 wurde am 23. Juli 1976 eine Minderheitsregierung unter Ministerpräsident Soares gebildet.

[16] Der Passus „Ebenso erscheint [...] gezeigt hat." wurde von Bundesminister Genscher hervorgehoben. Dazu vermerkte er handschriftlich: „r[ichtig]".

[17] Dieser Satz wurde von Bundesminister Genscher hervorgehoben. Dazu vermerkte er handschriftlich: „r[ichtig]".

[18] Zu diesem Satz vermerkte Bundesminister Genscher handschriftlich: „Hat mir AM in Luxemburg ausdrücklich bestätigt."
Anläßlich des Überseetags 1976 erklärte Genscher: „Weil wir vom gemeinsamen Bekenntnis zur freiheitlichen Demokratie ausgehen, sehen wir in einer kommunistischen Beteiligung an den Regierungen von Partnerländern im Bündnis oder der Europäischen Gemeinschaft eine schwerwiegende Belastung. Es geht hier um das Selbstverständnis der Gemeinschaft demokratischer Staaten. Wir können die Gefahr nicht geringschätzen. Wir wissen aus bitterer Erfahrung, daß tiefes Mißtrauen gegenüber demokratischen Bekenntnissen aus kommunistischem Munde angebracht ist." Vgl. BULLETIN 1976, S. 507.

Für Einflußnahmen bieten sich folgende Ebenen an:

– Die politischen Parteien
Hierbei wäre an Besuche führender deutscher Politiker bei ihren italienischen Partner-Parteien zu denken. In diesem Rahmen könnte auch ein Besuch des Herrn Bundesministers bei den Republikanern, Liberalen und Sozialdemokraten in Aussicht genommen werden, mit dem sich ein offizieller
Besuch bei Außenminister Rumor und dem Vatikan verbinden ließe. Der
PRI, der PLI und PSDI diskutieren im Augenblick die Bildung einer gemeinschaftlichen Plattform, um zwischen den beiden Giganten DC und PCI sowie
den Sozialisten eine gewisse Eigenständigkeit und gestärkte politische Position zu gewinnen.[19] Wegen der Schlüsselrolle, welcher den Sozialisten bei
der Koalitionsbildung auch nach den Wahlen vom 20.6.[20] zukommen wird,
sind Kontakte der SPD zum PSI besonders wichtig. Wegen des hohen Pre-
stiges, das der SPD-Vorsitzende Willy Brandt in Italien genießt, wäre er die
geeignete Persönlichkeit, dort für die Erhaltung demokratischer Zustände
einzutreten.[21]

– Die Gewerkschaften
Hier wäre an Intensivierung der Kontakte zu den dem PSI und der DC na-
hestehenden Gewerkschaften zu denken.

– Politische Stiftungen
Bei der langfristig angelegten Arbeit der politischen Stiftungen ist an kurzfristig wirksame Aktionen nicht zu denken. Die sehr aktive Friedrich-Ebert-
Stiftung sollte bemüht sein, bei ihren Veranstaltungen auf die Einladung
oder Beteiligung von Angehörigen des PCI zu verzichten.

– Massenmedien
Wenn auch Versuche, die italienische Presse sowie den Rundfunk und das
Fernsehen in demokratischem Sinne zu beeinflussen, schwierig und heikel
sind, sollte doch versucht werden, das Bild der Bundesrepublik Deutschland
als eines demokratischen Staates zu verbessern. Dazu könnte die Einladung
führender italienischer Journalisten in die Bundesrepublik Deutschland

---

19 Am 25. Mai 1976 berichtete Botschafter Meyer-Lindenberg, Rom, über Bemühungen zu einer Neuordnung im italienischen Parteienspektrum: „Die von der PLI initiierte Zusammenarbeit zwischen
den drei kleineren laizistischen Parteien, Sozialdemokraten (PSDI), Republikanern (PRI) und Liberalen (PLI) mit dem Ziel der Bildung einer ‚laizistischen Allianz' ist bisher über zaghafte Ansätze
nicht hinausgediehen. Sowohl die fortbestehenden Gegensätze persönlicher und ideologischer Art
als auch die Konkurrenzsituation bei den bevorstehenden Neuwahlen haben ein engeres Zusam-
menrücken verhindert. Lediglich für die Wahlen zum Senat kamen einige konkrete Absprachen auf
regionaler Basis zustande." Vgl. den Drahtbericht Nr. 909; Referat 203, Bd. 110232.
20 Zu den Parlamentswahlen in Italien am 20./21. Juni 1976 vgl. Dok. 201, Anm. 9.
21 Am 15. April 1976 berichtete Botschafter Meyer-Lindenberg, Rom, er habe am Vortag einen kurzen
Aufenthalt des SPD-Vorsitzenden Brandt genutzt, um mit diesem über die italienische Innenpolitik zu sprechen. Brandt habe erklärt, „daß eine Beteiligung der KPI an der Regierung zumindest in
näherer Zukunft bedenklich wäre. Eine Einbeziehung der italienischen Kommunisten in die Regierung könnte das internationale Gleichgewicht beeinträchtigen. Ebensowenig wie die amerikanische sei die sowjetische Regierung an einer Regierungsbeteiligung der italienischen Kommunisten
interessiert. [...] Er, Brandt, hielte es für zweckmäßig, wenn die Parteien des bisherigen Centro-
sinistra in geeigneten Gremien außerhalb der Regierungssphäre mit der KPI prüften, inwieweit
eine Abstimmung über zentrale Fragen der italienischen Politik, vor allem im wirtschaftlichen und
sozialen Bereich, möglich sei." Vgl. den Drahtbericht Nr. 681; VS-Bd. 9946 (203); B 150, Aktenkopi-
en 1976.

dienen, wobei jedoch sichergestellt sein müßte, daß diese Herren Interviews mit führenden Persönlichkeiten bekommen.

– Europäische Gemeinschaft
Da die schlechte wirtschaftliche Lage in Italien ein wesentlicher Krisenfaktor ist und die Kommunistische Partei begünstigt, sollte alles getan werden, um italienischen Wünschen im wirtschaftlichen und monetären Bereich so weit wie möglich entgegenzukommen. Im bilateralen Bereich müßten wir uns von dem gleichen Verständnis leiten lassen.
Der Zeitraum zu einem Tätigwerden ist beschränkt. Wir sollten nicht zu nahe an das Wahldatum vom 20. Juni herankommen und bei allen Maßnahmen auch auf allzu spektakuläre Darstellung verzichten.

Es wird vorgeschlagen, daß[22]

– der Herr Bundesminister noch vor den Wahlen einen Besuch in Rom abstattet[23];

– der Herr Bundesminister den SPD-Vorsitzenden Brandt bittet, einen Besuch in Italien zu machen[24];

– der Herr Bundesminister einen ähnlichen Vorschlag an die CDU richtet[25];

– der Herr Bundesminister im Ministerrat der Europäischen Gemeinschaft auf eine großzügige Behandlung der italienischen Wirtschaftswünsche hinwirkt[26];

– der Herr Bundesminister im Kabinett um Verständnis für die italienische Situation wirbt[27];

– Herr Staatssekretär Bölling gebeten wird, italienische Journalisten in die Bundesrepublik einladen zu lassen[28].

D 4 hat mitgezeichnet.

van Well

VS-Bd. 9946 (203)

---

[22] An dieser Stelle wurde von Ministerialdirektor van Well gestrichen: „die Außenminister bei der NATO-Konferenz in Oslo am 20./21.5.1976 eine Symphatie-Erklärung für Italien verabschieden und darin ihr Vertrauen in die demokratische Entwicklung dieses Landes zum Ausdruck bringen".
[23] Zu diesem Absatz vermerkte Vortragender Legationsrat I. Klasse Pfeffer handschriftlich: „einleiten".
[24] Zu diesem Absatz vermerkte Vortragender Legationsrat I. Klasse Pfeffer handschriftlich: „Brief BM".
[25] Zu diesem Absatz vermerkte Vortragender Legationsrat I. Klasse Pfeffer handschriftlich: „Brief BM".
[26] Zu diesem Absatz vermerkte Vortragender Legationsrat I. Klasse Pfeffer handschriftlich: „[Abteilung] 4".
[27] Zu diesem Absatz vermerkte Vortragender Legationsrat I. Klasse Pfeffer handschriftlich: „Sprechzettel".
[28] Zu diesem Absatz vermerkte Vortragender Legationsrat I. Klasse Pfeffer handschriftlich: „Brief?"

136

Botschafter Sahm, Moskau, an das Auswärtige Amt

114-12934/76 VS-vertraulich   Aufgabe: 11. Mai 1976, 18.36 Uhr[1]
Fernschreiben Nr. 1712   Ankunft: 12. Mai 1976, 10.19 Uhr

Betr.: Stellung Breschnews

Zur Information

I. 1) Am 8. Mai 1976 enthüllte der erste Parteisekretär der Ukraine Schtscherbizkij eine Büste Breschnews in dessen Geburtsort Dneprodserschinsk. In der anschließenden Rede Schtscherbizkijs entsprachen die Lobpreisungen etwa dem Maß dessen, was auf dem XXV. Parteikongreß[2] bereits zu beobachten war. Beachtung verdient allerdings folgender Satz:

„Er (Breschnew) verfügt voll und ganz über die hohe und politische Kunst, mit seinen Entscheidungen und Aktivitäten die Interessen und Sehnsüchte des Volkes, die Arbeit der Massen und vor allem die Tätigkeit der kompetentesten und mit hoher Autorität ausgestatteten Führer der Partei und des Staates, die den kollektiven und führenden Kern der KPdSU bilden, unser Leninsches Zentralkomitee und sein Politbüro, zu einigen und zu lenken."

Zweifachen „Helden der Sowjetunion" (bzw. der sozialistischen Arbeit) steht eine Büste, wie sie für Breschnew enthüllt wurde, offiziell zu. In seinem Fall ist die Voraussetzung erfüllt, da er zweifacher Held ist, jeweils einmal der Sowjetunion und einmal der sozialistischen Arbeit. Allerdings wird mit dieser Auszeichnung eine Regel verletzt, die von Chruschtschow stammen soll, wonach zu Lebzeiten kein Denkmal gesetzt werden soll.

2) Mit Erlaß des Präsidiums des Obersten Sowjet vom 7.5.1976[3] ist Breschnew der Rang eines Marschalls der Sowjetunion in seiner Eigenschaft als Vorsitzender des Verteidigungsrates der Sowjetunion verliehen worden. Schtscherbizkij hatte in seiner Rede vom 8.5. mitgeteilt, dieser Rang sei Breschnew als Anerkennung für Verdienste als herausragender Stratege und Organisator der Verteidigung der Sowjetunion verliehen worden. Entsprechend hatte sich „Prawda" vom 10.5. geäußert.[4]

Die Herausstellung Breschnews als militärischer Genius, zumal am 31. Jahrestage des Sieges, ist neu. Sicher ist sie an die Adresse der Militärs gerichtet, die nach der Ernennung eines Zivilisten zum Verteidigungsminister[5] unzufrieden sein dürften (bisher waren oder wurden alle Verteidigungsminister Marschall der Sowjetunion.)

---

1 Hat Vortragendem Legationsrat Heyken am 13. Mai 1976 vorgelegen.
2 Zum XXV. Parteitag der KPdSU vom 24. Februar bis 5. März 1976 in Moskau vgl. Dok. 69.
3 Für den Wortlaut des Erlasses vgl. den Artikel „Leonid Breschnew Marschall der Sowjetunion"; NEUES DEUTSCHLAND vom 10. Mai 1976, S. 1.
4 Vgl. dazu den Artikel „Vručenie tovarišču L. I. Brežnevu maršal'skogo znaka otličija"; PRAVDA vom 11. Mai 1976, S. 1.
5 Das Mitglied des Politbüros des ZK der KPdSU, Ustinow, wurde am 29. April 1976 zum Verteidigungsminister ernannt und zum Armeegeneral befördert. Vgl. dazu den Artikel „Dimitri Ustinow zum Verteidigungsminister der UdSSR ernannt"; NEUES DEUTSCHLAND vom 30. April 1976, S. 1.

Marschallstern und Urkunde wurden Breschnew von Podgornyj am 10. Mai im Kreml überreicht. An der Zeremonie nahmen Mitglieder des Politbüros teil.[6] Es fällt auf, daß sechs Vollmitglieder des Politbüros abwesend waren, neben den Republikparteichefs, die normalerweise nicht in Moskau sind, Kossygin, Kirilenko und Kulakow. Ferner hat kein Vertreter der Streitkräfte an der Zeremonie teilgenommen. In seiner überschwenglichen Laudatio hob Podgornyj die vielfältige Tätigkeit Breschnews in Verteidigungsfragen, beim Aufbau der Streitkräfte und der Erhöhung ihrer Kampfbereitschaft hervor. Er verzichtete allerdings auf die Charakterisierung, die Schtscherbizkij gebraucht hatte. Gleichzeitig wurde Breschnews politische Strategie des Friedens und des Sozialismus betont. Aus der kurzen Dankansprache Breschnews sind keine Gesichtspunkte hervorzuheben.

Die Verleihung des Marschallrangs an Breschnew kam im Prinzip nicht unerwartet. Breschnew, der bei Ende des Krieges den Rang eines Generalmajors innehatte und zwei Jahre später Generalleutnant wurde, erhielt im vorigen Jahr zu einem nicht genau bekannten Zeitpunkt, aber jedenfalls vor dem 30. Jahrestag des Kriegsendes den Rang eines Armeegenerals, mit dem ein Marschallstern verbunden ist. Die Ernennung zum Marschall der Sowjetunion ist ein davon unabhängiger Akt.

Die Existenz des „Verteidigungsrats der Sowjetunion", als dessen Vorsitzender Breschnew bei seiner Ernennung zum Marschall bezeichnet wird, ist durch gelegentliche Erwähnung in Veröffentlichungen bekannt. Für Funktion und Zusammensetzung ergibt sich jedoch aus sowjetischen Quellen nichts. Die Vermutung ist jedoch erlaubt, daß der Verteidigungsrat der DDR, dessen Vorsitzender Honecker ist, der sowjetischen Institution nachgebildet wurde, so daß daher Rückschlüsse möglich sind.

II. Mit Errichtung einer Büste für Breschnew in seinem Geburtsort und der Verleihung des Ranges des Marschalls der Sowjetunion erreicht der Personenkult um Breschnew nach den vom XXV. Parteitag bereits gesetzten Akzenten einen neuen Höhepunkt. Von einer Herausstellung der kollektiven Führung kann man nicht mehr sprechen, wenn Schtscherbizkij ihn praktisch über die kollektiven Organe stellt. Aber nicht einmal dies ist in der Rede Podgornyjs festzustellen. Nach Stalin ist Breschnew der erste Generalsekretär, der den Rang eines Marschalls der Sowjetunion innehat.

Im Kreise westlicher Botschafter werden verschiedene Vermutungen zu dieser plötzlichen Steigerung des Personenkults angestellt. Man glaubt nicht an ein Signal an die Außenwelt als vielmehr an innenpolitische Zusammenhänge. Manche glauben an interne Auseinandersetzungen (Suslow, Kossygin), die durch Stärkung der Autorität Breschnews zur Ruhe gebracht werden sollen. Andere meinen, daß diese Huldigungen eine Vorbereitung seines Abgangs etwa im Juni (ZK-Plenum[7]) oder im Dezember (70. Geburtstag[8]) seien.

---

[6] Vgl. dazu den Artikel „Marschallstern wurde L. Breschnew überreicht"; NEUES DEUTSCHLAND vom 11. Mai 1976, S. 7.

[7] Am 25./26. Oktober 1976 fand in Moskau eine Plenartagung des ZK der KPdSU statt.

[8] Zum 70. Geburtstag des Generalsekretärs des ZK der KPdSU, Breschnew, am 19. Dezember 1976 vgl. Dok. 371.

Ich glaube, daß Breschnew sich auf der Höhe seiner Macht fühlt und dies auch äußerlich zeigen will. Mit dieser Machtfülle will er die Nachfolgefrage in der Führung fest in die Hand nehmen und sich alle Entscheidungen vorbehalten. Ich halte es daher für möglich, daß es in den nächsten Monaten zu Veränderungen in der Führungsspitze kommt, die zu einer allmählichen Verjüngung führen.

III. Zu dem Gesundheitszustand Breschnews[9] konnten bei seinen letzten Auftritten (Begräbnis Gretschko[10], Rede Automobilfabrik[11], Kundgebung 1. Mai) nach längerer Abwesenheit neue Beobachtungen gemacht werden. Er erschien körperlich frisch und leistungsfähig, seine Sprechschwierigkeiten scheinen jedoch seit der Parteitagsrede wieder zugenommen zu haben (Rede Automobilfabrik). Die Delegation von Laos[12] hat er nicht empfangen, über die Begegnung mit Raoul Castro[13] gibt es kein – sonst übliches – Foto. Besonders auffallend ist, daß von der Zeremonie der Verleihung des Marschalltitels durch Podgornyj nur ein Standfoto gezeigt wurde und die Reden durch einen Sprecher zitiert wurden. Es hat den Anschein, als ob Breschnew sich zur Zeit zwar gern zeigen möchte, aber man bemüht ist, dabei keine körperlichen Behinderungen erkennen zu lassen.

IV. Demnächst stehen voraussichtlich folgende Besucher ins Haus, bei denen Breschnew auftreten müßte:

– Machel (Mosambik, Mai)[14]

---

9 Vortragender Legationsrat I. Klasse Kühn führte am 13. Mai 1976 zu den jüngsten Ehrungen für den Generalsekretär des ZK der KPdSU, Breschnew, aus: „Der Personenkult um Breschnew hat seit Frühjahr 1975 kontinuierlich zugenommen, nachdem Breschnews Gesundheitszustand Anfang 1975 ins Gerede kam. Es mag der sowjetischen Führung um so leichter fallen, Breschnew einen Personenkult zuzugestehen, als er gesundheitlich gefährdet ist und ein mit ihm verknüpfter Personenkult nicht – wie bei Stalin – die Begleiterscheinung einer Alleinherrschaft ist. Diese Ehrungen bedeuten wohl auch keine weitere Konzentration der Macht in Breschnews Hand. Wahrscheinlich ist vielmehr, daß sich durch die auf Gesundheitsgründen beruhende Verminderung der Arbeitskraft Breschnews ein Vakuum gebildet hat, das auszufüllen andere Männer in der Umgebung des Generalsekretärs sich längst angeschickt haben." Vgl. VS-Bd. 10966 (213); B 150, Aktenkopien 1976.

10 Der sowjetische Verteidigungsminister Gretschko wurde am 29. April 1976 in Moskau beigesetzt.

11 Für den deutschen Wortlaut der Ausführungen des Generalsekretärs des ZK der KPdSU, Breschnew, bei einem Treffen mit Arbeitern des Lichatschow-Autowerkes am 30. April 1976 vgl. BRESCHNEW, Wege, Bd. 6, S. 9–20.

12 Vom 19. April bis 4. Mai 1976 hielt sich eine Partei- und Regierungsdelegation unter Leitung von Ministerpräsident Phomvihane in der UdSSR auf.

13 Der Generalsekretär des ZK der KPdSU, Breschnew, traf am 5. Mai 1976 in Moskau mit dem kubanischen Verteidigungsminister Castro zusammen. Botschafter Sahm, Moskau, führte dazu am 7. Mai 1976 aus: „Aus Anlaß der Beisetzungsfeierlichkeiten für Gretschko hielt sich Politbüro-Mitglied kubanischer KP, Raoul Castro, in Moskau auf. Er führte Gespräche mit Suslow, der im Politbüro für Fragen der Ideologie zuständig ist, und wurde auch von Breschnew empfangen. Gespräch mit Breschnew fand hier besondere Beachtung, da Castro als erster ausländischer Besucher nach längerer Zeit wieder von Breschnew empfangen wurde, eine Ehre, die der an sich bedeutenderen Delegation aus Laos nicht zuteil geworden ist. Sowjets wollten offensichtlich durch diese Geste Bedeutung unterstreichen, die sie gegenwärtig Kuba bei ihrer Politik im Hinblick auf sogenannte Befreiungsbewegungen beimessen. Im Mittelpunkt der Gespräche dürfte die Frage kubanischer Truppen in Afrika gestanden haben. Es wird hier vermutet, daß Sowjets Kubaner zur Zurückhaltung gedrängt haben, möglicherweise zum Beginn schrittweisen Rückzuges aus Angola, da Sowjets nach hiesigem Eindruck gegenwärtig keine Zuspitzung der Lage im südlichen Afrika anstreben." Vgl. den Drahtbericht Nr. 1623; Referat 300, Bd. 103642.

14 Präsident Machel hielt sich vom 17. bis 23. Mai 1976 in der UdSSR auf.

- Präsident Marcos (Ende Mai)[15]
- Ministerpräsidentin Gandhi (Anfang Juni)[16]
- Staatspräsident Bourguiba (Juni)
- König Hussein (Juni?)[17]
- do Nascimento (Angola, Juni)[18] .

Ferner ist im Laufe des Sommers mit der europäischen KP-Konferenz in Ost-Berlin[19] und den traditionellen Gipfelgesprächen auf der Krim[20] zu rechnen. Schließlich will Breschnew Ende Juni an der Zweihundert-Jahr-Feier von Dne-propetrowsk teilnehmen, der Stadt, von der seine politische Karriere ausging.[21]

[gez.] Sahm

VS-Bd. 10966 (213)

137

Gespräch des Bundesministers Genscher mit dem kenianischen Justizminister Njonjo und dem Berater des kenianischen Präsidenten, McKenzie

010-1056/76 geheim   **13. Mai 1976[1]**

Vermerk über das Gespräch des Ministers mit dem kenianischen Minister für Justiz, Njonjo, und dem kenianischen Minister für Landwirtschaft, McKenzie, am 13. Mai 1976 um 12.00 Uhr[2]

---

[15] Präsident Marcos hielt sich vom 31. Mai bis 7. Juni 1976 in der UdSSR auf.

[16] Ministerpräsidentin Gandhi hielt sich vom 8. bis 11. Juni 1976 in der UdSSR auf.

[17] König Hussein hielt sich vom 17. bis 28. Juni 1976 in der UdSSR auf.

[18] Ministerpräsident Nascimento hielt sich vom 24. bis 31. Mai 1976 in der UdSSR auf.

[19] Zur Konferenz der kommunistischen und Arbeiterparteien Europas am 29./30. Juni 1976 in Ost-Berlin vgl. Dok. 215.

[20] Am 28. Juli 1976 traf der Generalsekretär des ZK der KPdSU, Breschnew, auf der Krim zunächst mit dem Ersten Sekretär des ZK der PVAP, Gierek, zusammen. Am 30. Juli 1976 folgten Gespräche mit dem Generalsekretär des ZK der KPČ, Husák. Am 3. August 1976 empfing Breschnew den Generalsekretär des ZK der KPR, Ceauşescu, am 11. August den Ersten Sekretär des ZK der KPB, Schiwkow, und am 16. August den Ersten Sekretär des ZK der MRV, Zedenbal. Am 19. August traf er mit dem Generalsekretär des ZK der SED, Honecker, und am 26. August 1976 mit dem Ersten Sekretär des ZK der USAP, Kádár, zusammen.

[21] An dieser Stelle wurde handschriftlich vermerkt: „Und jugosl[awische] Reise?"

[1] Die Gesprächsaufzeichnung wurde von Legationsrat I. Klasse Chrobog gefertigt. Hat Ministerialdirigent Kinkel am 13. Mai 1976 vorgelegen.

[2] Am 26. April 1976 notierte Ministerialdirektor Lahn, die Botschaft in Nairobi habe „den Inhalt eines Schreibens des Präsidenten Kenyatta an den Bundespräsidenten übermittelt. Darin bittet Präsident Kenyatta, daß sein Justizminister Njonjo und Mr. Bruce McKenzie (früherer kenianischer Landwirtschaftsminister und enger Vertrauter des Präsidenten) ‚zur Besprechung einer gewissen für Kenia wichtigen Angelegenheit' von dem Herrn Bundespräsidenten empfangen werden. Wie unser z. Z. in Bonn weilender Botschafter, Herr Heimsoeth, der Abt. 3 mündlich mitteilte, be-

Teilnehmer: VLR I Müller; VLR I Weber (Dolmetscher), LR I Chrobog

Minister *Njonjo* verwies auf die durch Somalia[3] und Uganda[4] bewirkte prekäre Sicherheitslage Kenias und auf die Unterstützung dieser beiden Länder durch die Sowjetunion. In Kenia bestünde ein Bewaffnungsdefizit und eine Sicherheitslage, die die Hilfe von seiten der Bundesrepublik Deutschland unbedingt erforderlich mache.

Zu dem kenianischen Petitum führte *McKenzie* im einzelnen aus:

In der Vergangenheit habe es mehrere versuchte Terroraktionen in Kenia gegeben. Man habe mit Raketen Flugzeuge auf dem Flughafen Nairobi sprengen wollen. Erst kürzlich wieder habe man rechtzeitig Terroristen verhaften können. Die Gefahr käme von Seiten der PLO. Terroristen würden zum Teil im Jemen ausgebildet. Um sich zu schützen, sei man nunmehr bestrebt, in Kenia eine Antiterroreinheit aufzubauen, die der direkten Kontrolle des Staatspräsidenten[5] und eines kleinen Komitees, dem sie beide ebenfalls angehörten, unterstellt sein solle. Die Operation dieser Einheit sollte vollständig unabhängig von Polizei, Armee oder Luftwaffe durchgeführt werden. Man stelle sich einen Umfang von ca. 80 Mann vor. Kenia beabsichtige, Israel, Großbritannien und die Bundesrepublik Deutschland bei der Aufstellung dieser Einheit um Hilfe zu ersuchen. Während Israel die Ausbildung im Lande übernehmen und Großbritannien gepanzerte Fahrzeuge und dergleichen liefern solle, bäte man die Bundesrepublik Deutschland, Telekommunikationsmittel zu liefern sowie zehn Zivilfahrzeuge, z. B. Volkswagen, die mit mobilen Telekommunikationsmitteln

Fortsetzung Fußnote von Seite 621

   gnügt sich Präsident Kenyatta jetzt damit, daß seine beiden Emissäre vom deutschen Außenminister empfangen werden. [...] Inzwischen hat Mr. McKenzie dem deutschen Geschäftsträger unter dem Siegel strengster Verschwiegenheit mitgeteilt, das Hauptanliegen sei die ‚persönliche Sicherheit des Präsidenten'. Die Angelegenheit dürfe aber niemandem sonst bekannt werden, auch nicht der kenianischen Botschaft in Bonn." Vgl. VS-Bd. 10015 (312); B 150, Aktenkopien 1976.

3 Botschafter Heimsoeth, Nairobi, führte am 11. April 1975 zum militärischen Kräfteverhältnis zwischen Kenia und Somalia aus: „Obgleich der Präsident Somalias, Siad Barre, bei seiner Durchreise durch Nairobi im Herbst vergangenen Jahres betont hat, daß Somalia keine Gebietsansprüche an Kenia stelle, betrachtet man hier die weitere und offensichtlich intensive Aufrüstung Somalias durch die Sowjetunion mit großer Sorge. Nach hiesigen Berichten haben die Sowjets den Somalis seit 1972 150 T-34 Tanks, 100 T-54 Tanks und mindestens 300 gepanzerte Transportwagen gestellt. Darüber hinaus 300 Küstenbatterien, 50 MIG-Jäger, eine Schwadron von Iljuschin-28 Bombern, sechs Patrouillenboote und ein Komplex für SAM-2 Raketen geliefert. Es befänden sich 3600 sowjetische Militärpersonen in Somalia, die zum Teil in der Geheimpolizei und als Militärberater auf verschiedenen Gebieten arbeiten. Die Sowjets hätten Zugang zu den somalischen Flugplätzen, von denen sie aus den Indischen Ozean mit ihren weitreichenden TU-95 Flugzeugen patrouillieren und ihre ständige Flotte von etwa 30 Schiffen versorgen können. Man stellt fest, daß Somalia [...] eine überproportionierte Armee von 17000 Mann halte und fragt, gegen wen wohl diese vorzüglich ausgerüstete Armee gerichtet sei. Kenia, mit seiner verhältnismäßig kleinen Streitmacht (man spricht von etwa 6000 bis 8000 Mann), mit seiner zum Teil sehr veralteten ehemals britischen Ausrüstung, bemüht sich darum sehr, zunächst von den Briten neue Waffen zu erhalten." Vgl. den Schriftbericht Nr. 345; Referat 320, Bd. 108175.

4 Am 20. Februar 1976 teilte Botschaftsrat Garbers, Nairobi, zu den kenianisch-ugandischen Beziehungen mit: „Präsident Amin von Uganda erklärte am Sonntag [...], daß große Teile Kenias und des Sudan aus historischen Gründen zu Uganda gehörten. Diese Erklärung wurde vom ugandischen Rundfunk ausgestrahlt. Die Erklärung des Präsidenten des Nachbarlandes wirkte in Kenia wie ein Schock, um so mehr, als Präsident Amin zur Zeit Vorsitzender der Organisation der Afrikanischen Einheit ist. [...] In seiner Rede stellte Amin weiterhin fest, daß es seine Aufgabe sei, das gesamte ugandische Territorium zu befreien und die Fehler der britischen Kolonialisten zu korrigieren. Er werde, wenn man Uganda den Zugang zur See verweigere, nicht zögern, selbst einen Krieg zu beginnen." Vgl. den Schriftbericht Nr. 152; Referat 320, Bd. 108175.

5 Jomo Kenyatta.

ausgerüstet werden könnten. Die Israelis seien zur Zeit dabei, 55 Kenianer in Kenia auszubilden. Morgen habe man einen Termin bei dem britischen Premierminister.[6] Man rechne mit einer positiven Entscheidung bezüglich der oben erwähnten Bitte.

Die Bundesrepublik habe seit München[7] in der Terrorbekämpfung große Fortschritte erzielt. Besondere Hilfe könnten wir leisten im Bereich der Telekommunikation. Gerade hierin liege aber die große Schwäche und Verwundbarkeit Kenias.

McKenzie wies darauf hin, daß Präsident Kenyatta in den letzten Jahren verstärkt unter Druck geraten sei, weil Kenia ein Land sei, das für alle offenstehe. Besonderes Ziel von Angriffen sei der Flughafen Nairobi, der sowohl Maschinen von El Al wie auch sonstigem Transitverkehr (gemeint wohl Flugzeuge nach Südafrika) offenstehe.

Bundesminister brachte sein Verständnis für die Probleme Kenias in diesem Bereich zum Ausdruck. Ohne jetzt schon die Entscheidung der zuständigen Stellen vorwegnehmen zu können, bäte er, Präsident Kenyatta mitzuteilen, daß die Bundesrepublik Deutschland ihm bei der Behebung seiner Probleme helfen wolle. Technisch gebe es drei Möglichkeiten:

1) Kenianische Fachleute kommen in die Bundesrepublik Deutschland, um sich die technischen Möglichkeiten hier anzusehen.

2) Israelische Ausbilder, allein oder begleitet von Kenianern, kommen zu diesem Zweck in die Bundesrepublik Deutschland.

3) Die Bundesrepublik Deutschland schickt deutsche Experten nach Kenia, die dort Gespräche mit israelischen und kenianischen Fachleuten führen.

Bundesminister versprach, mit dem Bundesinnenminister in dieser Frage in Verbindung zu treten, um die Angelegenheit zu regeln.[8]

---

6 Ministerialdirektor Lahn vermerkte am 17. Mai 1976, der Berater des kenianischen Präsidenten, McKenzie, habe Vortragendem Legationsrat I. Klasse Müller fernmündlich mitgeteilt, „daß das Gespräch mit Premierminister Callaghan ‚sehr erfolgreich' gewesen sei". Vgl. VS-Bd. 10015 (312); B 150, Aktenkopien 1976.

7 In den frühen Morgenstunden des 5. September 1972 drangen während der XX. Olympischen Sommerspiele in München acht Mitglieder des „Schwarzen September" in das Olympische Dorf ein und erschossen zwei Mitglieder der israelischen Olympiamannschaft. Weitere neun Israelis wurden als Geiseln genommen. In einem mehrfach verlängerten Ultimatum forderten die Terroristen die Freilassung von 200 in Israel inhaftierten Arabern. Die israelische Regierung lehnte eine Freilassung der inhaftierten Araber ab. Nachdem die Kontaktaufnahme mit der ägyptischen Regierung erfolglos geblieben war, wurden mit den Terroristen sowie die Geiseln mit zwei Hubschraubern zum Flughafen Fürstenfeldbruck gebracht. Bei dem Versuch, die Geiseln zu befreien, wurden sämtliche Geiseln sowie ein Polizeibeamter und fünf Terroristen getötet. Vgl. ÜBERFALL, S. 24–28 und S. 46–49. Vgl. dazu ferner AAPD 1972, II, Dok. 256.

8 Mit Schreiben vom 1. Juni 1976 teilte Bundesminister Genscher Bundesminister Maihofer zu seinem Gespräch mit dem kenianischen Justizminister Njonjo und dem Berater des kenianischen Präsidenten, McKenzie, am 13. Mai 1976 mit: „Von kenianischer Seite wurden wir gebeten, über Besuch und Gespräche nichts an die Öffentlichkeit gelangen zu lassen und auch die hiesige kenianische Botschaft nicht hinzuzuziehen. Das Anliegen Präsident Kenyattas betrifft die Bekämpfung von Terroristengruppen, die angeblich von arabischer Seite (PLO) gegen Kenia angesetzt werden. Über mein Gespräch mit der Delegation füge ich ein Protokoll bei, aus dem Sie weitere Einzelheiten entnehmen können. Da die Kenianer an einer baldigen Entscheidung interessiert sind, würde ich es begrüßen, wenn wir bzw. die zuständigen Herren unserer beiden Häuser in Kürze über die Angelegenheit in Verbindung träten." VS-Bd. 10015 (312); B 150, Aktenkopien 1976. Am 17. August 1976 hielt Ministerialdirektor Lahn fest, daß in einer Stellungnahme des Bundes-

McKenzie wies auf die geographischen Gegebenheiten in Kenia hin. Wegen der vorhandenen Berge und der besonderen Gegebenheiten sei zu empfehlen, daß zunächst deutsche Experten nach Kenia reisen, um sich dort mit ihnen und den Israelis zu treffen und die Probleme vor Ort anzusehen.

Die zweite Gesprächsrunde könnte dann in Bonn stattfinden.

Bundesminister versprach, mit dem Bundesinnenminister zu sprechen, damit dieser den Chef der Antiterroreinheit[9] sowie Fernmeldetechniker nach Kenia schicke. Er verwies darauf, daß die Antiterroreinheit der Bundesrepublik Deutschland die beste der Welt sei, sie werde höchstens noch übertroffen von israelischen Einheiten.

McKenzie bedankte sich für die Hilfsbereitschaft des Ministers und betonte, Kenia sei bereit, uns bei unseren Lufthansa-Problemen (Luftfahrtabkommen über vier statt zwei Flüge wöchentlich nach Nairobi[10]) behilflich zu sein und dies in unserem Sinne zu regeln.

Bundesminister dankte für diese Bereitschaft und sprach das von Kenia geplante Investitionsschutzgesetz[11] an. Er verwies darauf, daß es im Interesse Kenias wäre, das Investitionsklima nicht zu verschlechtern. Investitionen seien von der deutschen Regierung und den Regierungen anderer westlicher Länder nicht steuerbar, sondern sie suchten sich jeweils den Ort, an dem das Investitionsklima günstig sei.

Justizminister *Njonjo* verwies auf das große Interesse Kenias an deutschen Investitionen und erklärte, die kenianische Regierung müßte dumm sein, wenn sie dieses Klima verschlechtern wolle. Es habe im Zusammenhang mit diesem Gesetzentwurf viele Mißverständnisse gegeben. Es sei keineswegs geplant, Investitionen einzuschränken. Es gebe aber viele Gesellschaften, vor allen Dingen

Fortsetzung Fußnote von Seite 623

ministeriums des Innern „die große Dringlichkeit des Aufbaus eines Telekommunikationsnetzes für die schon aufgebaute Einheit zur Bekämpfung von Terroristen in Kenia" bestätigt werde: „Kenia ist sehr verwundbar gegenüber terroristischen Angriffen. Sollten diese Angriffe auch nur einige Erfolge zeigen, so ist mit einem schnellen Rückgang des für Kenia lebensnotwendigen Touristenstroms zu rechnen. [...] Nicht zuletzt aus unserem eigenen Sicherheitsinteresse (vgl. Flugzeugentführung Entebbe) sollten wir diese kenianische Bitte unterstützen, zumal Großbritannien schon eine Hilfe in Höhe von ca. sieben Mio. DM zugesagt hat und Israel bereits aktive Unterstützung leistet. [...] Es wäre also erforderlich, daß der Herr Minister sich bei den Beratungen des Haushalts 1977 gegenüber dem BMF und innerhalb des Kabinetts für die einmalige Aufstockung der Ausrüstungshilfe von 24 auf 27,5 Mio. DM nachdrücklich einsetzt." Vgl. VS-Bd. 10015 (312); B 150, Aktenkopien 1976.

9 Ulrich Wegener.

10 Das Abkommen zwischen der Bundesrepublik und Kenia über den Fluglinienverkehr wurde am 24. Juli 1979 abgeschlossen. Für den Wortlaut vgl. BUNDESGESETZBLATT 1982, Teil II, S. 122–128.

11 Am 11. Mai 1976 informierte Botschafter Heimsoeth, Nairobi, über die Verabschiedung eines neuen Investitionsschutzgesetzes durch das kenianische Parlament: „Die Gesetzesvorlage [...], die am 22.4. von Justizminister Njonjo im Parlament begründet wurde, enthält folgende wesentliche Neuerungen: 1) In der Zulassungsurkunde, in der kenianischer Finanzminister ausländischem Kapitalanleger Status als ‚approved enterprise' gewährt (Voraussetzung des Investitionsschutzes), soll Kapitalinvestition nur in kenianischer Währung spezifiziert werden. Das bedeutet für Investor bei Veräußerung und Repatriierung Veräußerungspreises Kurs- sowohl wie auch Inflationsverlust. 2) Der Kapitalwertzuwachs (any increase in the capital value), der sich bei Veräußerung ergibt, soll nicht mehr als transferabler Ertrag gelten. Hiermit wird die Repatriierung eines Zuschlages für den Kapitalwertzuwachs ausgeschlossen, der zwischen dem Zeitpunkt der Investition und dem der Veräußerung entstanden ist. 3) Die Änderungen sollen rückwirkend ab 15. Dez[ember] 1964 in Kraft treten. Damit werden alle bisherigen, seit 1964 getätigten deutschen Privatinvestitionen (insg[esamt] 60,4 Mio. DM [...]) erfaßt." Vgl. den Drahtbericht Nr. 173; Referat 320, Bd. 108176.

amerikanische, die nicht bereit seien, Kapital nach Kenia einzuführen, sondern nur daran interessiert seien, Kapital aus Kenia herauszubringen.

Njonjo übergab den Text des Gesetzes mit den darin aufgeführten Änderungen.

Minister sagte zu, diesen Text zu prüfen und der kenianischen Regierung durch unsere Botschaft in Nairobi eine Stellungnahme der Bundesregierung zugehen zu lassen.[12]

VS-Bd. 14058 (010)

138

Telefongespräch des Bundeskanzlers Schmidt mit Premierminister Callaghan

13. Mai 1976[1]

Unter Verschluß

Vermerk über das Telefongespräch des Herrn Bundeskanzlers mit Premierminister Callaghan am 13. Mai 1976, 19.10 Uhr

Bei dem Gespräch wurden folgende Punkte erörtert:

1) Die beiden Gesprächspartner äußerten ihre Zufriedenheit über den Abschluß des Sozialkontraktes in Großbritannien.[2] Callaghan zog die Schlußfolgerung, daß man sich jetzt auf das Problem der Rückkehr zu normalen Tarifverhandlungen konzentrieren müsse.

2) Der *Bundeskanzler* wies auf seine jüngste Rede im Bundestag hin und erklärte, daß seine Ausführungen zu Europa und zum deutsch-französischen Ver-

---

[12] Zu diesem Absatz vermerkte Legationsrat I. Klasse Chrobog handschriftlich: „Herr Müller wird Referentenentwurf an BM Maihofer weiterleiten gem[äß] Weisung Minister."

[1] Ablichtung.
Die Gesprächsaufzeichnung wurde von Legationsrat I. Klasse Leonberger, Bundeskanzleramt, gefertigt.
Hat Bundeskanzler Schmidt am 14. Mai 1976 vorgelegen.
Hat Ministerialdirigent Leister, Bundeskanzleramt, am 14. Mai 1976 vorgelegen, der handschriftlich vermerkte: „1) Chef B[undes]K[anzleramt], b[itte um] K[enntnisnahme]; 2) AL 2, b[itte um] Kenntnisnahme und Unterrichtung an BM Genscher, persönlich; 3) sodann z[u] d[en] A[kten] pr[ivat] (P[an]z[erschrank]) bei mir."

[2] Der britische Schatzkanzler Healey erklärte anläßlich der Vorlage des Haushalts für das Finanzjahr 1976/77 am 6. April 1976 im britischen Unterhaus die Bereitschaft zur Senkung der Einkommensteuer im Gegenzug zur Zurückhaltung der britischen Gewerkschaften bei den bevorstehenden Lohnverhandlungen, die Lohnerhöhungen von 3 % nicht übersteigen sollten. Am 5. Mai 1976 einigten sich Healey und der Gewerkschaftsverband Trades Union Congress (TUC) darauf, daß für den Zeitraum vom 1. August 1976 bis 31. Juli 1977 die Erhöhungen von Löhnen und Gehältern maximal 4,5 % bzw. mindestens 2,50 und höchstens 4 Pfund Sterling wöchentlich betragen sollten. Die in der Haushaltsrede angekündigte Steuerermäßigung belief sich auf 1,3 Mrd. Pfund Sterling jährlich und sollte auf April zurückdatiert werden. Vgl. dazu den Artikel „TUC chiefs win 4 1/2 % pact with 4 £ a week ceiling"; THE TIMES vom 6. Mai 1976, S. 1.

hältnis primär an die Adresse unserer Nachbarn gerichtet gewesen seien.[3] Er hoffe, es werde ihm nicht wieder der Vorwurf der Einmischung in innere Angelegenheiten anderer Staaten gemacht.

Der Bundeskanzler teilte mit, daß ein vollständiger Text der Rede an die britische Botschaft übersandt worden sei, und empfahl Callaghan eine kritische Durchsicht.

3) Der Bundeskanzler faßte seine Beurteilung des von George Shultz vorgetragenen Planes zu R-II wie folgt zusammen[4]:

– R-II müsse sorgfältig und mehr hinter verschlossenen Türen, als dies beim letzten Mal[5] der Fall gewesen sei, vorbereitet werden;

– im Zusammenhang mit diesem Treffen dürften keine Währungsprobleme – etwa für das britische Pfund – entstehen;

– die Teilnahme Kanadas sei diesmal unvermeidlich[6];

– es sei nicht sicher, ob Giscard mitmache (Callaghan warf ein, der französische Präsident sei ziemlich zurückhaltend gegenüber dem Plan).

Callaghan umriß seine augenblickliche Haltung wie folgt:

– Bereitschaft zum Mitmachen sei vorhanden;

– es müsse auf Kanada und die nicht beteiligten EG-Partner besondere Rücksicht genommen werden;

– man müsse auch die möglichen Auswirkungen auf die innenpolitische Lage Italiens beachten. Ob das Treffen vor oder kurz nach den Wahlen[7] stattfinde, spiele keine große Rolle, da die Vertretung Italiens ohnehin durch die amtierende Regierung erfolgen müsse.

---

[3] Bundeskanzler Schmidt erklärte am 11. Mai 1976 vor dem Bundestag: „Was die deutsch-französische Freundschaft angeht: die Förderung und Vertiefung der Praktizierung ihrer Grundsätze in vertrauensvoller und loyaler Zusammenarbeit waren und bleiben sowohl für Präsident Giscard d'Estaing als auch für die Bundesregierung und für mich eines der wichtigsten Elemente unserer Politik, gerade weil es durchaus auch zwischen Frankreich und Deutschland auf manchen Feldern divergierende Interessen und divergierende Auffassungen gibt, die zu leugnen, überzumalen oder überzutapezieren niemandem nützen würde. Lassen Sie mich als Erfolge dieser loyalen und vertrauensvollen deutsch-französischen Zusammenarbeit erstens nennen, wie wir seit 1974 mit Hilfe des Europäischen Rats, ungeachtet der Tatsache, daß in diesem Frühjahr auch einmal eine Sitzung stattgefunden hat, die keinen nach außen greifbaren Erfolg erbrachte, die Aktivitäten der Regierungschefs unmittelbar für den europäischen Prozeß mobilisiert haben. [...] Zweitens möchte ich nennen: die in unserer Zusammenarbeit herbeigeführten wesentlichen Ausgestaltungen der Korrekturmechanismen zur Finanzverfassung der Gemeinschaft, die letztlich den positiven Ausgang des britischen Referendums erst ermöglicht haben. Ich nenne drittens das französisch-deutsche Zusammenwirken beim Zustandekommen des schon erwähnten Spitzentreffens in Rambouillet und die dort tatsächlich zustande gebrachten weltweit reichenden ökonomischen Absprachen". Vgl. BT STENOGRAPHISCHE BERICHTE, Bd. 98, S. 16823.

[4] Zum Vorschlag des Präsidenten Ford für ein Gipfeltreffen zur Wirtschafts- und Währungspolitik („Rambouillet II") vgl. Dok. 113.
Vgl. dazu das Gespräch des Bundeskanzlers Schmidt mit dem Sonderbeauftragen des amerikanischen Präsidenten, Shultz, am 9. Mai 1976; Dok. 134.

[5] Die Konferenz der Staats- und Regierungschefs aus sechs Industriestaaten fand vom 15. bis 17. November 1975 auf Schloß Rambouillet statt. Vgl. dazu AAPD 1975, II, Dok. 346 und Dok. 348–350.

[6] Zur Beteiligung Kanadas an der Konferenz der Staats- und Regierungschefs aus sechs Industriestaaten vom 15. bis 17. November 1975 auf Schloß Rambouillet vgl. AAPD 1975, II, Dok. 301.

[7] Zu den Parlamentswahlen in Italien am 20./21. Juni 1976 vgl. Dok. 201, Anm. 9.

Die beiden Gesprächspartner stimmten überein, daß ein Datum Ende Juni sehr wenig Zeit zur Vorbereitung lasse. Gegen einen späteren Zeitpunkt würden jedoch mehrere Gründe sprechen:

- Man rücke zu nahe an den Wahlkonvent der Demokraten in den USA[8] und an die Bundestagswahlen[9];
- die anstehenden Probleme bedürften einer baldigen Erörterung.

Der *Bundeskanzler* unterstrich diesen Aspekt und drückte seine Sorgen über die jüngste Entwicklung im südlichen Afrika, im amerikanischen Präsidentschaftswahlkampf (die Erfolge Reagans) und in den amerikanisch-sowjetischen Beziehungen aus. Eine wichtige Aufgabe von R-II könnte es sein, ein Gefühl der Sicherheit und der gemeinsamen Anstrengungen zu erhalten bzw. wieder herzustellen. Gleichzeitig müsse jedoch verhindert werden, daß von der Presse zu große Erwartungen in das geplante Gipfeltreffen gesetzt werden.

Zum möglichen Veranstaltungsort blieb die Meinung geteilt. Callaghan fragte direkt, ob nicht London in Frage käme und äußerte starke Bedenken im Hinblick auf eine Abhaltung in den USA. Der Bundeskanzler erklärte, daß er bereit sei, nach USA zu gehen. Wenn man dies aus bestimmten Gründen jedoch nicht wünsche, so wäre er auch bereit, in die Bundesrepublik einzuladen.

Callaghan erwiderte, daß er lieber nach Hamburg oder Bonn als in die USA reisen würde.

Es wurde Übereinstimmung erzielt, daß in der jetzigen Vorbereitungsphase für R-II Japan und Italien nicht eingeschlossen werden sollten und direkte, private Kontakte untereinander und mit den USA notwendig und nützlich seien.

Callaghan schlug vor, ca. alle zwei bis drei Wochen einen telefonischen Meinungsaustausch zu führen.

Helmut-Schmidt-Archiv, 1/HSAA 006591

---

8 Der Wahlkonvent der Demokratischen Partei fand am 14. Juli 1976 in New York statt.
9 Die Wahlen zum Bundestag fanden am 3. Oktober 1976 statt.

139

Aufzeichnung des Vortragenden Legationsrats Wallau

010-1061/76 geheim   14. Mai 1976[1]

Sein Gespräch mit MP Chirac am 13. Mai in Paris skizzierte der Herr Bundesminister wie folgt:

Es habe sich um ein privates Gespräch gehandelt, das keiner der beiden Teilnehmer in amtlicher Eigenschaft geführt habe und über das auch nichts berichtet werde.

Chirac habe Genugtuung darüber ausgedrückt, Bundesminister, mit dem er sich schon lange einmal habe unterhalten wollen, zu treffen und dieses Gespräch zu führen. Er würde von sich aus auch gern zur Fortsetzung eines solchen Gesprächs nach Bonn kommen.

Er würde meinen, daß das Haus des Herrn Bundesministers hierfür als geeigneter Platz anzusehen sei. Er, Chirac, werde sich mit einem Terminvorschlag melden.

MP Chirac kam auf Europa zu sprechen. Er mache sich Sorgen darüber, daß keiner der europäischen Politiker Europa richtig wolle. Der Bundeskanzler wolle nicht so recht, weil immer die Geldfrage impliziert werde; MP Callaghan rede vom englischen Unterhaus, Präsident Giscard sei „a very nice man".

Von den anderen wolle er gar nicht erst reden, beispielsweise könne er sich von dem irischen[2] oder dem dänischen[3] Ministerpräsidenten kaum den Namen merken.

Es fehle der wirkliche Wille zu Europa. Um Europa zu machen, bedürfe es starker Führungspersönlichkeiten. Er hätte sich von seinen Mitarbeitern 20 Reden von General de Gaulle, von Adenauer, von Spaak und Schuman vorlegen lassen. Diese Reden hätten noch echten politischen Willen und Europa als Ziel erkennen lassen.

Es sei ein schwacher Einfall gewesen, MP Tindemans, den er als Landwirtschaftsministerkollegen sehr geschätzt habe, die Erarbeitung des Berichts zu übertragen.[4] Hinter Tindemans stünde nichts.

Spaak sei ein großer Mann gewesen, aber als Belgier zu stark mit landeseigenen Problemen befaßt. Er, Chirac, sei besorgt, daß die demokratischen Strukturen in Europa nicht überleben würden. Europa brauche eine starke Exekutive.

Bundesminister erwiderte, nach seiner Einschätzung wolle der Bundeskanzler Europa durchaus, doch habe dieser seine eigenen Probleme in der SPD und in seiner Anhängerschaft. Er, Bundesminister, hätte es sehr viel leichter sowohl mit seiner Partei als auch mit seiner Anhängerschaft. Wenn er, Bundesmini-

---

1 Hat Bundesminister Genscher am 10. Juni 1976 vorgelegen, der handschriftlich vermerkte: „Es handelt sich um eine frische Aufzeichnung. Der Kanz[ler] ist m[ün]dl[ic]h informiert."

2 Liam Cosgrave.

3 Anker Jørgensen.

4 Zum Tindemans-Bericht über die Europäische Union vom 29. Dezember 1975 vgl. Dok. 1.

ster, für höhere Geldausgaben zum Nutzen Europas plädiere, ernte er Beifall. Aus der Umgebung des Bundeskanzlers ertöne bei einem solchen Anlaß der Ruf nach Ausweitung der Sozialgesetzgebung. Dieses ändere aber nichts an der Grundposition des Bundeskanzlers, der übrigens MP Chirac herzliche Grüße ausrichten lasse.

Chirac sprach dann über den Bundeskanzler. Er sei bereit anzunehmen, daß der Bundeskanzler seine Bemerkungen gar nicht so gemeint habe.[5] Er, Chirac, sei mit dem Kanzler nicht befreundet. Daher störten ihn dessen Fehler auch nicht so sehr. Hier liege der Unterschied zwischen ihm und Präsident Giscard d'Estaing. Er hätte Giscard von Erwiderungen zurückhalten müssen. Er habe sich deswegen auf Giscards Wunsch geäußert. Giscard fürchte, daß die Deutschen die erste Rolle in Europa an sich reißen könnten. Auch hierin unterscheide er sich von Giscard.

Er, Chirac, habe eine Unterhaltung mit Ministerpräsident Kohl gehabt. Dieser habe sich sehr stark für ein Europäisches Parlament eingesetzt. Chirac habe ihm erwidert, dieses Europäische Parlament könne er haben – aber ohne Kompetenzen.

Er habe aus diesem Gespräch den Eindruck gewonnen, daß sich MP Kohl stärker als der Bundeskanzler für Europa einsetze.

Bundesminister führte seinerseits aus, er sei der Meinung, daß Europa durch den Kommunismus bedroht werde. Von außen durch die militärische Überlegenheit der Sowjetunion; von innen durch starke kommunistische Parteien und durch die Blindheit der demokratischen Führer. Er habe selbst bis 1952 in Ostdeutschland gelebt und habe damals durch eigene Anschauung gelernt. Er sei in die Bundesrepublik gekommen mit der Absicht, seinen Anteil für ein freies Deutschland zu leisten. Für ihn und seine Familie wäre es sicherlich besser, wenn er seinen Beruf als Rechtsanwalt ausübe, aber er müsse seine Pflicht tun. Er sei, wie MP Chirac, der Meinung, daß Europa starke Führungspersönlichkeiten brauche. Wenn sich Deutschland und Frankreich einig seien, würden die anderen europäischen Länder folgen. Die kleineren bestimmt, die größeren stünden ohne Alternative. Er persönlich hätte keine Bedenken, wenn die Franzosen in Europa die ersten würden. Er würde nur Wert darauf legen, daß wir die besten Freunde der ersten seien.

Chirac meinte, man müßte einen Kompromiß finden für die Notwendigkeit einer demokratischen Exekutive.

Bundesminister habe erwidert, diesen hätten wir in unserer Verfassung. Er sei der Meinung, man solle die Bedeutung des Parlaments nicht gering achten. Morgen würden sich die Außenminister der europäischen Länder in Luxemburg treffen.[6] Es wäre sicher enttäuschend, wenn in der Frage des Europäischen Parlaments kein Fortschritt erzielt würde.

In der augenblicklichen Konstellation, nämlich acht Befürworter und ein Gegner (= Frankreich) zu diesem Thema, sehe er eine Gefahr. Diese würde er gern

---

5 Zum Fernsehinterview des Bundeskanzlers Schmidt am 15. April 1976 vgl. Dok. 133.
6 Zum informellen Treffen der Außenminister der EG-Mitgliedstaaten am 14. Mai 1976 vgl. Dok. 140 und Dok. 142.

vermeiden. Er wüßte daher gern, ob die französische Regierung in dieser Frage das letzte Wort gesagt habe.

Chirac erwiderte, daß für ihn die Mitgliederzahl nicht entscheidend sei, daß er auch eine Verdoppelung der Parlamentssitze annehmen könnte, daß er auch nichts gegen den belgischen Kompromißvorschlag[7], den Bundesminister ihm erst noch erläutern mußte, habe, vorausgesetzt, das Parlament erhalte „for the first step" keine höheren Rechte und Kompetenzen, als in den Verträgen[8] enthalten. Er sei bereit, flexibel zu sein, aber er wende sich gegen eine Ausdehnung der Kompetenzen des Parlaments; er sei für den Status quo, hege aber die Sorge, daß das Parlament gemeinsam mit der Kommission Einfluß an sich zu ziehen suche.

Bundesminister führte in seiner Erwiderung aus, daß ein Parlament, wenn es einmal da sei, sich seine Rechte selber suche. Er habe den Eindruck, die Gaullisten hinderten hier Giscard etwas in seiner Bewegungsfreiheit. Er würde es begrüßen, wenn AM Sauvagnargues morgen mit weitergehenden Vollmachten nach Luxemburg käme und seine, Genschers, Position einnehmen könne, d.h. mit jedem Vorschlag einverstanden zu sein, der auch den anderen zusagt.[9]

Chirac führte aus, wenn die anderen zum EP eine klare Haltung einnähmen, wäre dies für ihn nicht länger ein Problem. Er werde morgen Präsident Giscard anrufen und ihm dies als seine Meinung darlegen und ihm raten, sich ihr anzuschließen. Er könne Giscard nur einen Rat geben; die Entscheidung läge ganz in den Händen des Präsidenten; Giscard sei – was Europa angehe – nach dem letzten Europäischen Rat in Luxemburg[10] bezüglich des Verhaltens des Bundeskanzlers „nervous" (unruhig).

Bundesminister führte zum Thema Italien aus, nach seinem Gespräch mit AM Rumor sei er sicher, daß die DC nicht mit der PCI regieren wolle. Er sei im übrigen der Meinung, in den italienischen Wahlen würde die DC nicht so schlecht abschneiden.[11] Mit anderen Worten: Damit komme den Sozialisten eine Schlüsselrolle zu. Durch einen persönlichen Emissär hätte er den italienischen Liberalen und Republikanern gesagt, daß für ihn deren Zusammenarbeit mit den Kommunisten undenkbar sei und zu einer Trennung führen würde, und zwar so, daß entweder sie aus der Liberalen Föderation austreten oder die

---

[7] Zum Vorschlag der belgischen Regierung vom 29. April 1976 vgl. Dok. 142, Anm. 10.

[8] Vgl. dazu die Artikel 137 bis 144 des EWG-Vertrags vom 25. März 1957; BUNDESGESETZBLATT 1957, Teil II, S. 858–861.

[9] Vortragender Legationsrat Wallau vermerkte am 14. Mai 1976, der französische Außenminister Sauvagnargues habe Bundesminister Genscher am selben Tag in Paris gebeten, „ihn in Luxemburg zum Thema Europäische Direktwahlen nicht zu isolieren. Den belgischen Kompromißvorschlag könne er mit Rücksicht auf den Präsidenten nicht annehmen, da Giscard sich wegen seiner Gaullisten auch hier nicht bewegen könne." Vgl. VS-Bd. 14054 (010); B 150, Aktenkopien 1976.

[10] Zur Tagung des Europäischen Rats am 1./2. April 1976 vgl. Dok. 98.

[11] Zu den Parlamentswahlen in Italien am 20./21. Juni 1976 vgl. Dok. 201, Anm. 9.
Der italienische Außenminister Rumor bestätigte Bundesminister Genscher am 3. Mai 1976 in Brüssel, „daß die DC eine Regierungsbeteiligung der KPI ablehne. So habe sie auch die Forderung der KPI jüngst abgelehnt, über ein Konjunkturprogramm zu verhandeln. Die DC habe deshalb zu einem für sie sehr ungünstigen Zeitpunkt Wahlen in Kauf genommen. [...] Die KPI werde sicherlich keine Niederlage erleiden, aber er sei optimistisch, daß die DC ihren Stand halten könne. Falls, wie zu erwarten, die DC wieder die relative Mehrheit erhalte, werde sie versuchen, eine Regierung ohne die KPI zustande zu bringen. Falls dies nicht gelinge, werde sie in die Opposition gehen." Vgl. die Gesprächsaufzeichnung; VS-Bd. 14058 (010); B 150, Aktenkopien 1976.

FDP diese verlassen müßte. Im übrigen sei dies in Italien mehr ein Problem der Republikaner denn der Liberalen.

Chirac nahm dieses mit Interesse zur Kenntnis. Wenn die italienischen Kommunisten an die Regierung kämen, würde dies verheerende Folgen für Frankreich haben. Die Aussicht auf eine Volksfront würde sich erheblich erhöhen.

Mitterrand und Marchais seien starke Persönlichkeiten und Kämpfernaturen – im Gegensatz zu vielen Mitgliedern seiner Regierung. Er ringe zur Zeit mit Giscard um eine Regierungsumbildung. Die jetzigen Regierungsmitglieder seien ehrenwerte Herren, die sich aber täuschten, wenn sie glaubten, daß sie wegen der richtigen Politik, die sie machen, gewählt würden. Die letzten Wahlen im März[12] hätten das Gegenteil bewiesen. Würde es ihm nicht gelingen, stärkere Persönlichkeiten in das Kabinett aufzunehmen, würde er sein Amt verlassen[13]. Nur mit einer starken Regierung könne man die Wahlen gewinnen.

Wenn Mitterrand französischer Ministerpräsident würde, gebe es zwei Konsequenzen:

– Giscard würde höchstens noch eine Woche im Amt bleiben können und danach zurücktreten müssen; Hunderttausende von Franzosen würden seinen Rücktritt verlangen. In diesem Augenblick würde man den Unterschied zwischen ihm und de Gaulle erkennen.

– Wenn er zurückgetreten sei, hätten für lange Zeit in Frankreich die letzten Wahlen stattgefunden. Es würde dann keinen neuen Präsidenten geben, sondern Mitterrand würde auch dieses Amt übernehmen. Deshalb sei er, Chirac, für Kampf.

Wenn in Italien und in Frankreich die Kommunisten an die Macht kämen, dann sehe es auch für Spanien, Portugal und Griechenland schlecht aus.

Dieser Einschätzung stimmte Bundesminister zu.

Die Kommunisten hätten noch nie freiwillig Machtpositionen aufgegeben. Selbst wenn einige der Kommunistenführer ehrliche Absichten hegten, die Parteien trügen diese nicht. Er sei der Auffassung, daß Deutschland in der Umgebung von kommunistisch regierten Ländern nicht überleben könne. Er sei deshalb froh, daß Chirac diese Gefahren so klar sehe.

Chirac erwiderte, um so unverständlicher sei ihm die Bemerkung des Bundeskanzlers gewesen.

Bundesminister erwiderte, der Kanzler habe ihm gesagt, er sei von „Time" nicht korrekt zitiert worden.[14] Im übrigen wisse er, daß der Bundeskanzler ein

---

12 Zu den Regionalwahlen in Frankreich am 7. und 14. März 1976 vgl. Dok. 90, Anm. 7.

13 Ministerpräsident Chirac erklärte am 25. August 1976 seinen Rücktritt.

14 In der amerikanischen Zeitschrift „Time" wurden am 10. Mai 1976 Ausführungen des Bundeskanzlers Schmidt zum westeuropäischen Kommunismus wie folgt wiedergegeben: „I wouldn't like to see the Communist Party in the government in Paris, or in Rome, or in other places. On the other hand, I do not believe that this must of necessity mean a catastrophe. We have seen Communists as ministers, and even in higher office, in Lisbon, and we have seen them in Reykjavik. Europe has not collapsed, nor has the Atlantic Alliance. I would not like us to predict disaster if it's possible that such predictions might in the end prove to be selffulfilling prophecies." Vgl. den Artikel „Not of Necessity a Catastrophe"; TIME, Europaausgabe vom 10. Mai 1976, S. 13.

scharfer Gegner der Kommunisten sei. Dies habe er auch in Dänemark Mitterrand gegenüber klar zum Ausdruck gebracht.[15]

Chirac führte an, Bundesminister und er würden eine historische Aufgabe erfüllen, wenn sie die Gaben und Fähigkeiten von Bundeskanzler Schmidt und
Präsident Giscard in einer Person vereinigen könnten. Dies wäre dann der
richtige Präsident für ein Vereinigtes Europa.

Bundesminister: Der eine liebe an dem anderen, was er selbst nicht habe.

Chirac: Er schlage vor, daß man sich nach den Wahlen in Deutschland[16] inoffiziell treffen sollte, etwa in einem Kreise mit Giscard, dem Bundeskanzler,
ihm selbst und mit Bundesminister. Man müßte dann einen neuen europäischen Impuls setzen.

Bundesminister: Er habe kürzlich in einer Rede gesagt, je eher sich die wirtschaftliche Situation bessere, desto stärker seien die Aussichten in Europa, die
kommunistischen Einflüsse zurückzudrängen.[17] Für unsere öffentliche Meinung würde daher einer Einigung bezüglich der Europäischen Direktwahlen
eine hohe Signalwirkung zukommen.

Chirac habe sich daraufhin nach den Wahlaussichten der Koalition erkundigt.

Bundesminister: Zu Beginn dieses Jahres habe es für die Opposition nicht gut
ausgesehen. Damals habe die FDP exzellent dagestanden, die SPD eine mittlere Position gehalten. Hannover[18] und die baden-württembergischen Landtagswahlen[19] hätten eine Veränderung der Situation erbracht. Die CDU habe heute eine reale Chance, die Wahlen zu gewinnen. Da die Wahlen aber erst im
Herbst seien, glaube er nach wie vor an eine Mehrheit für die Koalition, die

---

15 Am 18./19. Januar 1976 fand in Helsingør ein Treffen sozialdemokratischer Regierungs- und Parteichefs statt. In der Presse wurde dazu am 21. Januar 1976 ausgeführt: „Bei der abschließenden
Pressekonferenz in der streng bewachten Gewerkschaftsschule von Helsingør saßen Schmidt und
Mitterrand sich in direkter Blickrichtung gegenüber. Kein einziges Mal, so sagten später Teilnehmer der Informationsrunde, hätten sie einander in die Augen gesehen. Der Franzose und der Deutsche standen sozusagen stellvertretend für die tiefen Meinungsverschiedenheiten innerhalb des
europäischen Sozialistenlagers [...]. Volksfront: Besonders in diesem Punkt war Schmidt der kom-
promißlose Gegenspieler Mitterrands: ‚Ich werde niemanden zu dem Mißverständnis einladen, als
ob kommunistische Gruppierungen die Interessen der Arbeiter verträten.' [...] Dazu Mitterrand
auf der Pressekonferenz in Helsingør: ‚Ich weiß, daß einige Leute davon ausgehen, daß die Kommunisten nicht am Aufbau einer gesunden Demokratie beteiligt werden können. Einige Leute sagen, sie hätten kein demokratisches Konzept. Wir glauben das nicht. Wir sagen, daß wir zuerst
einmal eine Union der Arbeiter formen müssen. Das ist das wichtigste. Es ist ein soziales und wirtschaftliches Problem, ein Klassenproblem.'" Vgl. den Artikel „Helmut Schmidt – ein Fremdling unter den Genossen"; DIE WELT vom 21. Januar 1976, S. 4.
16 Die Wahlen zum Bundestag fanden am 3. Oktober 1976 statt.
17 Bundesminister Genscher erklärte am 8. April 1976 im Bundestag: „Wichtig ist, daß wir im eigenen Lande erkennen, welche Voraussetzungen in anderen Ländern dazu geführt haben, daß dort
die Kommunisten überhaupt zu einer politisch relevanten Kraft werden konnten. [...] Deshalb war
es so wichtig, daß wir in diesem Lande eine gesunde wirtschaftliche und soziale Struktur aufgebaut haben, und deshalb ist es so wichtig, daß wir sie gemeinsam erhalten; denn wir wissen, aus
eigener bitterer Erfahrung, daß der erste Versuch einer deutschen Demokratie eben daran gescheI-
tert ist, daß die Menschen in ihrer Verzweiflung Rattenfängern auf der einen oder anderen Seite
nachgelaufen sind." Vgl. BT STENOGRAPHISCHE BERICHTE, Bd. 97, S. 16387.
18 Zur Wahl des niedersächsischen Ministerpräsidenten am 6. Februar 1976 vgl. Dok. 39, Anm. 2
19 In Baden-Württemberg fanden am 4. April 1976 Landtagswahlen statt. Auf die CDU entfielen
56,7 %, auf die SPD 33,3 % und auf die FDP 7,8 % der Stimmen.

allerdings nicht so groß ausfallen werde wie die jetzige. Die CDU würde stärkste Partei, die SPD würde Stimmen verlieren und die FDP einige hinzugewinnen.

Dann entstünde aber das eigentliche Problem darin, wie der Bundeskanzler mit einer geschwächten SPD, aber gestärkten FDP, seine Partei im Zaume halten könnte. Er würde für seine Partei Ende Mai eine klare Koalitionsaussage für die SPD machen.

Chirac erkundigte sich, was geschehen würde, wenn die Koalition nur eine knappe Mehrheit habe. Er hätte am Vorabend mit einigen hochrangigen deutschen Industriellen gesprochen, die ihm gesagt hätten, nach der Wahl sei es mit der Koalition zu Ende. Die Opposition habe gute Aussichten, die Wahlen zu gewinnen. Wie dann die FDP dazu stünde? Ob er, Bundesminister, nicht auch mit der CDU koalieren könne?

Bundesminister habe dies aus zwei Punkten bejaht: Einmal habe die FDP schon früher einmal mit der CDU koaliert und zum anderen sei er mit Kohl befreundet und schätze ihn sehr.

Zur Regelung der Sprache: Es habe sich um eine freundschaftliche Begegnung gehandelt, die seit langem geplant gewesen sei.

Man habe sich über eine Fülle gemeinsam interessierender Fragen unterhalten.

Wallau

VS-Bd. 14054 (010)

140

Aufzeichnung des Ministerialdirektors Lautenschlager

VS-NfD   17. Mai 1976[1]

Betr.: Informelles Treffen der Außenminister auf Schloß Senningen/Luxemburg
am 14./15.5.1976[2];
hier: Behandlung des Tindemans-Berichts[3]

Aus der Nachmittagssitzung am 14.5. der neun Außenminister mit Ministerpräsident Tindemans halte ich folgendes fest:

I. Die Debatte war nicht strukturiert. Es gelang dem Vorsitzenden nicht, die Erörterungen in ein klares Schema zu bringen mit dem Ziel, am Ende der Dis-

---

[1] Ablichtung.
Hat Vortragendem Legationsrat I. Klasse von der Gablentz am 18. Mai, am 24. Mai und am 25. Mai 1976 vorgelegen, der die Weiterleitung an Vortragenden Legationsrat I. Klasse Feit verfügte.
Hat Feit am 24. Mai 1976 vorgelegen.
[2] Vgl. dazu auch Dok. 142.
[3] Zum Tindemans-Bericht über die Europäische Union vom 29. Dezember 1975 vgl. Dok. 1.

kussion gewisse Ergebnisse festhalten zu können. Dadurch verzettelte sich die Diskussion. Die Minister trugen die sie jeweils besonders interessierenden Punkte vor. Der entschiedene Versuch des Bundesministers, die Diskussion in konkrete Bahnen zu lenken, war nur insofern erfolgreich, als die Debatte so rechtzeitig unterbrochen wurde, daß weitere unnötige Verhärtungen vermieden werden konnten. Die Debatte lief sich schließlich an der Frage der prozeduralen Weiterbehandlung fest (Beauftragung von Koordinatoren oder Behandlung der Einzelfragen des Tindemans-Berichts in jeweils vorhandenen oder zu schaffenden Gremien).

II. Im einzelnen:

1) MP Tindemans erläuterte seinen Bericht und verteidigte ihn während der Diskussion. Neue Gesichtspunkte traten nicht zutage.

2) Großbritannien:

Schwergewicht des Berichts liege bei den Außenbeziehungen. Die im Bericht genannten Bereiche seien für eine koordinierte Außenpolitik von entscheidender Wichtigkeit.

Den Ausführungen über die Institutionen stünde man mit Sympathie gegenüber.

Der Wirtschafts- und Währungsbereich sei für Großbritannien der schwierigste. Hier habe man große Vorbehalte.

Im ganzen erkenne man aber den realistischen Approach des Berichts an und sei für jede Prozedur, die eine schnelle Behandlung des Berichts ermögliche.

3) Frankreich

begrüßt pragmatischen Approach. Die Europäische Union könne nur auf Basis der Verträge verwirklicht werden, die schrittweise zu ergänzen wären. Man sei bereits dabei, die Europäische Union zu schaffen.

Wirtschafts- und Währungsbereich sei besonders wichtig. Die Außenbeziehungen dürften nicht privilegiert werden. Ohne innere Kohäsion könne es keine gemeinsame Außenpolitik geben. Was die Institutionen betreffe, sei die Behandlung dieser Frage den Regierungschefs vorbehalten. Der Europäische Rat sei das entscheidende Band zwischen der Gemeinschaft und der intergouvernementalen Zusammenarbeit. Man dürfe vom Europäischen Rat nicht ständig Entscheidungen verlangen. Er sei mindestens ebensosehr ein Konsultationsorgan.

Im übrigen müsse man das institutionelle Gleichgewicht wahren. Die Europäische Union bedürfe keiner neuen Institution. Die vorhandenen müßten nach den für sie geltenden Verfahren arbeiten.

4) Irland

begründet ausführlich den Grund für die verlorengegangene Dynamik der Gemeinschaft; führt dies im wesentlichen auf nicht praktizierte Mehrheitsentscheidungen zurück. Stillstand der EG werde nicht durch EPZ ausgeglichen. Ohne Direktwahl und erfolgreiche Behandlung des Tindemans-Berichts bestehen große Gefahren für die Gemeinschaft.

Mit Tindemans-Bericht und seinen Grundvorstellungen einverstanden. Gemeinsame Außenpolitik und gemeinsame Aktionen im Wirtschafts- und Währungsbereich seien unverändert notwendig. Entscheidend sei aber die Verbesserung der Institutionen. Rat (und ständige Vertreter), vor allem aber Kommission und Parlament müßten gestärkt werden. Nach den enttäuschenden Ergebnissen des Europäischen Rats[4] müsse über seine Funktionen neu nachgedacht werden, auch unter dem Aspekt der Wirkung auf die Öffentlichkeit. Europäischer Rat als bloße Berufungsinstanz gegenüber Gemeinschaftsentscheidungen auf anderer Ebene sei unbefriedigend.

5) Niederlande

legten entscheidendes Gewicht auf die Verbesserung der Institutionen. Ohne Übertragung weiterer Rechte auf europäische Organe werde es keinen europäischen Fortschritt geben. Starke Kritik am Europäischen Rat.

6) Kommission

Erste Priorität gilt dem inneren Ausbau. Entscheidend ist mehr Konvergenz in der Wirtschaftspolitik. Auf die damit zusammenhängenden Fragen (Inflationsbekämpfung, Arbeitslosigkeit) müsse eine gemeinsame Antwort gefunden werden, nicht zuletzt im Hinblick auf engere Zusammenarbeit im monetären Bereich.

Die zweite Priorität sei die Verbesserung der Institutionen. In diesem Zusammenhang Präzisierung der Rolle des Europäischen Rats.

Auch die Außenbeziehungen seien wichtig, hätten aber nicht die erste Priorität.

7) Dänemark

wies auf die notwendige Abstimmung innerhalb der Regierungen hin, bevor diese am Ratstisch verhandelten. Es zeige sich immer häufiger, daß verschiedene Regierungen auch deshalb im Rat handlungsunfähig seien, weil im nationalen Bereich die entsprechenden Entscheidungen für eine Regierungslinie nicht rechtzeitig herbeigeführt worden seien.

Auch für die dänische Regierung sei die Verbesserung der Entscheidungsstruktur der Gemeinschaft das entscheidende Problem. Man brauche aber keine neuen Institutionen, man solle nur die bestehenden richtig ausschöpfen. Die ständigen Vertreter sollten mehr Befugnisse erhalten, etwa daß der Rat nur tage, wenn die ständigen Vertreter eine Sache bis zur Entscheidungsreife erörtert hätten. Kommission und Parlament müßten gestärkt werden. Mehrheitsabstimmungen sollten ihre Grenze wirklich nur bei der Geltendmachung „vitaler Interessen" finden.

Die Außenbeziehungen seien wichtig. Man habe nichts gegen gemeinsame Treffen EG/EPZ. Wenn man allerdings in der EPZ weiter als bisher gehen wolle, bedeute das in manchen Bereichen eine Änderung der jeweiligen nationalen Außenpolitiken.

Dänemark sehe keine Notwendigkeit, im Sinne von Tindemans Verfahren zur Stärkung der Beziehungen Europa/USA zu entwickeln.

Bezüglich der Einbeziehung des Verteidigungsbereichs in die Erörterung über eine künftige Europäische Union sei man skeptisch. Man sehe nicht, was man

---

[4] Zur Tagung des Europäischen Rats am 1./2. April 1976 in Luxemburg vgl. Dok. 98.

sinnvollerweise außerhalb der NATO noch erörtern könne. Das bedeute nicht, daß man nicht die politischen Aspekte von Sicherheitsproblemen im Kreise der Neun erörtern könne, so wie es ja praktisch bei der Neuner-Zusammenarbeit im Rahmen der KSZE geschehen sei.

8) Italien

Hauptfrage der Gemeinschaft sei die Stärkung der Institutionen – Kommission, Rat, Parlament – und Neudefinierung der Rolle des Europäischen Rats. Das Initiativrecht der Kommission und der Dialog zwischen Rat und Kommission müßten mehr als bisher respektiert werden.

Der Europäische Rat müsse – abgesehen von dem politischen Meinungsaustausch – auch Entscheidungen treffen. Diese müßten am Ende klar definiert sein. Die Außenminister müßten die europäischen Räte konkret vorbereiten. Die Stärkung der Institutionen sei um so dringender, wenn man an weitere Beitritte denke.

Auch die Außenbeziehungen und Wirtschafts- und Währungszusammenarbeit seien wichtige Themen, im Rahmen der Außenbeziehungen sei die geforderte gemeinsame Politik im Mittelmeerraum besonders vordringlich.

9) Belgien

identifiziert sich naturgemäß voll mit den Ausführungen von MP Tindemans.

10) Bundesrepublik Deutschland

Der Minister versuchte mit folgenden Vorschlägen die Debatte zu strukturieren:

– Einigkeit über die Zielvorstellungen des Tindemans-Berichts durch Billigung der sechs Punkte oder wenigstens des Punktes Nr. 6.

– Einigung darüber, daß die Europäische Union die großen, von Tindemans erwähnten Bereiche umfassen müsse.

– Einigung, welche konkreten Probleme jetzt realistischerweise angegangen werden könnten.

– Einigung über die Behandlung des nach dem Tindemans-Bericht weiter einzuschlagenden Verfahrens.

11) Luxemburg

Luxemburgische Präsidentschaft – unterstützt von Belgien – stimmte dem Vorschlag des Ministers voll zu.

Bei dem Versuch, die einzelnen Beiträge zusammenzufassen, hob auch Ministerpräsident Thorn die überragende Bedeutung der institutionellen Fragen hervor. Dabei machte er aus seiner Skepsis über die bisherigen Ergebnisse des Europäischen Rats keinen Hehl. Er warf die Frage auf, ob der Europäische Rat im Juli tagen solle[5]; ein erneutes Scheitern des Europäischen Rats könne man sich auch gegenüber der Öffentlichkeit nicht leisten. Er müsse gut vorbereitet werden. Allerdings könne die Vorbereitung nicht so weit gehen, daß die Ergebnisse von vornherein feststünden; dann nämlich brauche man den Europäischen Rat nicht. Der Europäische Rat müsse ein Gremium für Konsultationen

---

[5] Zur Tagung des Europäischen Rats am 12./13. Juli 1976 in Brüssel vgl. Dok. 231.

sein, einen Kalender für die Arbeiten festlegen und auch wohl oder übel als Appellationsinstanz tätig werden. Die Kommission müsse eine stärkere Rolle spielen; insbesondere müsse der Vertrag auch im Hinblick auf die Mehrheits-entscheidungen implementiert werden.[6] Nur so bringe man die Gemeinschaft voran, nicht aber durch Verzicht auf das Mehrheitsprinzip.

Die pointierten Äußerungen von MP Thorn gaben dem französischen Außenminister Gelegenheit, ebenso pointiert zu antworten. Hieraus entwickelte sich eine engagierte Diskussion insbesondere zwischen Thorn, Tindemans und Sauvagnargues.

Der Versuch Thorns, gleichwohl eine Einigung über den deutschen Vorschlag (Billigung der sechs Punkte oder wenigstens Billigung des Punktes Nr. 6) zu erreichen, ließ sich dann nicht mehr verwirklichen. Kurz vor Beginn der institutionellen Debatte war man auf Drängen des Ministers sehr nahe daran, sich auf Punkt 6) als allgemeine Zielsetzung zu einigen. Eine formelle Feststellung der erzielten Einigung unterblieb allerdings. Nicht ganz geklärt blieb insbesondere die Frage, wie die „politische Verpflichtung" der Ziffer 6) auszulegen sei. Trotz fehlender formeller Einigung über den Punkt 6) kann man aber doch sagen, daß am Ende ein ziemlich weitgehender Konsens über die Gesamt-zielsetzung bestand.

Die Diskussion blieb schließlich in der Frage stecken, wie und durch wen der Tindemans-Bericht weiterbehandelt werden sollte. Die Benelux-Länder, Irland, auch Italien und wohl auch Großbritannien, auch Dänemark und wir, waren für eine globale Weiterbehandlung, durch ein Gremium oder durch bestimmte Personen. Thorn insistierte, daß die Außenminister beauftragt seien, das Verfahren festzulegen, und man dieser Verantwortung gerecht werden müsse. Im Laufe der Debatte wurden verschiedene Formeln erörtert, wie man am besten eine globale Behandlung sicherstellen könne. Alle diese Überlegungen stießen auf den entschiedenen Widerstand von Sauvagnargues. Er bestand darauf, daß die institutionellen Fragen den Regierungschefs vorbehalten blieben, die Außenbeziehungen in den Händen der Außenminister bleiben müssen und die anderen Fragen bestehenden oder zu schaffenden Gremien unter der Ägide der Außenminister zugewiesen werden müssen.

Am Ende dieser Diskussion des ersten Tages war man sich lediglich einig, daß der Tindemans-Bericht auf jeder Tagung der Außenminister stehen sollte.

---

[6] Vgl. dazu Artikel 148 Absatz 1 des EWG-Vertrags vom 25. März 1957: „Soweit in diesem Vertrag nichts anderes bestimmt ist, beschließt der Rat mit der Mehrheit seiner Mitglieder." BUNDESGESETZ-BLATT 1957, Teil II, S. 862.
Am 14. Januar 1962 legte der EWG-Ministerrat in Brüssel den Beginn der dritten Stufe der Vorbereitung für den Gemeinsamen Markt auf den 1. Januar 1966 fest. Entscheidungen, die den Gemeinsamen Markt betrafen, sollten dann nur noch durch Mehrheitsbeschluß gefaßt werden. Vgl. dazu BULLETIN DER EWG 2/1962, S. 12–14.
In der Folge der EWG-Ministerratstagung vom 28. bis 30. Juni 1965 in Paris lehnte Frankreich das Prinzip der Mehrheitsentscheidungen, das mit Beginn der dritten Stufe des Gemeinsamen Marktes gelten sollte, ab und verfolgte eine „Politik des leeren Stuhls". Die Krise konnte auf der Ministerratstagung am 28./29. Januar 1966 in Luxemburg durch einen Kompromiß beigelegt werden, der vorsah, daß sich die EWG-Mitgliedstaaten zunächst bemühen sollten, Lösungen einvernehmlich zu finden, und erst nach Ablauf einer „angemessenen Frist" Mehrheitsbeschlüsse getroffen werden könnten. Vgl. dazu AAPD 1966, I, Dok. 25.

Am nächsten Tage konnten die Außenminister sich auf eine Formel einigen, wonach die Außenminister formell den Tindemans-Bericht weiter behandeln, sich dabei aber stützen auf einen Mitarbeiter, der für die Koordinierung innerhalb seines eigenen Landes und mit den anderen Partnern zuständig sein solle.[7] Auf diese Weise konnte sichergestellt werden, daß der Gesamtzusammenhang bei der Behandlung des Berichts nicht verlorengeht. Weiter war klar, daß die Mitarbeiter der Außenminister sich natürlich stützen können auf Arbeitsgruppen oder andere Personen. Abschließende Entscheidungen über die weitere prozedurale Behandlung des Berichts müssen wohl auf der nächsten Ratstagung[8] getroffen werden. Es kann davon ausgegangen werden, daß die luxemburgische Präsidentschaft, gestützt auf die Erörterungen der Außenminister, einen entsprechenden Vorschlag machen wird.

gez. Lautenschlager

Referat 200, Bd. 108894

141

Aufzeichnung der
Ministerialdirektoren van Well und Lautenschlager

210-423.12-617/76 VS-vertraulich   **17. Mai 1976[1]**

Zunächst Herrn Staatsminister Wischnewski[2]

Über Herrn Staatssekretär[3] Herrn Bundesminister[4]

Betr.: Einbeziehung von Berlin (West) in ein Abkommen RGW–EG[5]

Kurzfassung liegt bei.[6]

Zweck der Vorlage

Zur Unterrichtung über die Problematik der Einbeziehung von Berlin (West) in ein Abkommen RGW/EG angesichts der sowjetischen Haltung und über das weitere Verfahren.

---

7 Der Passus „aber stützen [...] zuständig sein sollen" wurde von Vortragendem Legationsrat I. Klasse von der Gablentz hervorgehoben. Dazu vermerkte er handschriftlich: „H[err] Trump übermittelt Wunsch der Abt[eilung] 4, daß D 4 als Mitarbeiter per Coreu benannt wird."
8 Zur EG-Ministerratstagung am 31. Mai/1. Juni 1976 in Brüssel vgl. Dok. 169.

1 Die Aufzeichnung wurde von den Vortragenden Legationsräten I. Klasse Lücking und Freitag sowie von Vortragendem Legationsrat Gerhardt und von Legationsrat I. Klasse Hartmann konzipiert.
2 Hat dem Büro des Staatsministers Wischnewski vorgelegen.
3 Hat Staatssekretär Hermes am 26. Mai 1976 vorgelegen.
4 Hat Bundesminister Genscher am 6. Juni 1976 vorgelegen.
5 Zum geplanten Abkommen zwischen den Europäischen Gemeinschaften und dem RGW vgl. Dok. 129.
6 Dem Vorgang beigefügt. Vgl. VS-Bd. 10935 (210).

1) Politische Problematik

Die Verträge zur Gründung der EWG und der EAG von 1957[7] sind mit Billigung der Drei Mächte unter Vorbehalt ihrer Rechte und Verantwortlichkeiten, auf Berlin (West) erstreckt worden.[8] Berlin (West) ist auf diese Weise in die EG einbezogen. Diese Grundsatzposition wird auch von unseren EG-Partnern geteilt: Die fünf Partner der Gründungsverträge[9] haben von der entsprechenden Berlin-Erklärung der Bundesrepublik Deutschland Kenntnis genommen, die später beigetretenen Partner haben in der Beitrittsakte[10] die Gemeinschaftsverträge mit allen damaligen Zusatzerklärungen, also auch dieser Berlin-Erklärung, übernommen. Die Zugehörigkeit von Berlin (West) zum Geltungsbereich der EG-Gründungsverträge ist ferner von Drittländern bisher insoweit nicht in Frage gestellt worden, als diese bei Abkommen mit der Gemeinschaft die auch Berlin (West) einschließende sogenannte „Geltungsbereichsklausel" unwidersprochen hingenommen haben.

2) Die Sowjetunion bestreitet die Einbeziehung von Berlin (West) in die Europäische Gemeinschaft. Sie hat das wiederholt in politischen Erklärungen zum Ausdruck gebracht, besonders nachdrücklich aber in ihrer Protestnote gegen die Errichtung des EG-Berufsbildungszentrums in Berlin (West), die sie nicht nur den Drei Mächten, sondern auch unseren EG-Partnern überreicht hat.[11]

Wörtlich heißt es in dieser Note:

„... the Western Sectors of Berlin are not and cannot become an integral part of the Federal Republic of Germany nor can they be included in the structure of the European Community, of which the FRG is a member."

Die sowjetische Haltung wird mit Sicherheit von ihren RGW-Partnern geteilt. Die DDR hatte sich ausdrücklich dem sowjetischen Protest gegen das EG-Berufsbildungszentrum angeschlossen.[12]

3) Die Einbeziehung von Berlin (West) in die Europäische Gemeinschaft steht, auch nach Auffassung der Drei Mächte, in Übereinstimmung mit dem Vier-Mächte-Abkommen. Dies wird von sowjetischer Seite jedoch verneint. In der Protestnote gegen das EG-Berufsbildungszentrum heißt es wörtlich:

„Any attempts to draw the Western Sectors of Berlin, directly or indirectly, into the sphere of the EEC are therefore illegal. Their obvious aim is a unilateral

---

[7] Für den Wortlaut des EWG-Vertrags und des EURATOM-Vertrags vom 25. März 1957 vgl. BUNDESGESETZBLATT 1957, Teil II, S. 753–1013, bzw. S. 1014–1155.

[8] Vgl. dazu die Erklärung der Bundesregierung vom 25. März 1957 über die Geltung der Verträge zur Gründung der Europäischen Wirtschaftsgemeinschaft und der Europäischen Atomgemeinschaft für Berlin; BUNDESGESETZBLATT 1957, Teil II, S. 764.

[9] Belgien, Frankreich, Italien, Luxemburg und die Niederlande.

[10] Für den Wortlaut des Vertragswerks vom 22. Januar 1972 über den Beitritt von Dänemark, Großbritannien, Irland und Norwegen zu EWG, EURATOM und EGKS vgl. BUNDESGESETZBLATT 1972, Teil II, S. 1127–1431.

[11] Der EG-Ministerrat beschloß am 20. Januar 1975 die Errichtung eines Europäischen Zentrums für Berufsbildung in Berlin (West). Vgl. dazu den Artikel „EG-Zentrum kommt nach Berlin"; DIE WELT vom 21. Januar 1975, S. 1.
Am 6. Februar 1975 protestierte die UdSSR bei den Drei Mächten gegen diesen Beschluß. Für den Wortlaut vgl. DOKUMENTE ZUR BERLIN-FRAGE 1967–1986, S. 428 f.

[12] Am 19. Februar 1975 protestierte die DDR bei der Bundesregierung gegen die Errichtung eines Europäischen Zentrums für Berufsbildung in Berlin (West). Für den Wortlaut vgl. DOKUMENTE ZUR BERLIN-FRAGE 1967–1986, S. 431 f.

change in the situation in the area of applicability of the Four-Power-Agreement, i. e. a violation of that agreement."

4) Die sowjetische Haltung ist mit Sicherheit nicht taktischer, sondern grundsätzlicher Natur. Die Sowjetunion sieht in den dynamischen Elementen der EG einen Angriff auf den bestehenden Status der Westsektoren. Die Einbeziehung von Berlin (West) in die Europäische Gemeinschaft versteht sie deshalb als den „Versuch, auf einem Umweg unter Ausnutzung der Europäischen Gemeinschaften den Rechtsstatus von Westberlin zu ändern" und Berlin über die politische Integration „in das staatsrechtliche System der Bundesrepublik Deutschland (einzubeziehen)" (Radio Moskau am 25.4.1976).

5) Die sowjetische Haltung ist für die bestehende Einbeziehung von Berlin (West) in die EG rechtlich unbeachtlich. Wir müssen jedoch damit rechnen, daß die Frage der Einbeziehung von Berlin (West) in ein Abkommen RGW/EG zu einem politischen Konfliktstoff in den Verhandlungen wird. Da wir kein Interesse daran haben können, daß die Verhandlungen über dieser Frage scheitern, ist es erforderlich, schon jetzt über Lösungsmöglichkeiten nachzudenken, die sowohl rechtlich vertretbar wie auch politisch durchsetzbar sind.

II. Lösungsmöglichkeiten für die Einbeziehung von Berlin (West) in ein Abkommen RGW/EG

1) Jeder Lösung, die wir hinsichtlich der Einbeziehung von Berlin (West) in ein Abkommen RGW/EG anstreben, kommt grundsätzliche Bedeutung zu. Zunächst ist es ausgeschlossen, daß wir bei den Folgeabkommen (z. B. Einzelabkommen zwischen EG und einzelnen RGW-Staaten) eine andere, sprich bessere Regelung erhalten werden als die, die im Rahmenabkommen durchgesetzt wird. Eine Regelung in dem Abkommen RGW/EG, mit der die Einbeziehung von Berlin (West) in die EG selbst in Zweifel gezogen würde, könnte im übrigen nicht nur die entsprechende Regelung in anderen Abkommen der EG mit Drittländern präjudizieren, sondern sich auch auf die Stellung von Berlin (West) in der Gemeinschaft selbst negativ auswirken.

2) Das zunächst in Aussicht genommene Rahmenabkommen dürfte ein gemischtes Abkommen zwischen der EG und ihren Mitgliedstaaten einerseits und dem RGW und seinen Mitgliedstaaten andererseits werden. Aus einem solchen Abkommen erwachsen sowohl der Gemeinschaft als auch den einzelnen Mitgliedstaaten Rechte und Pflichten. Dies hat zur Folge, daß Berlin (West)

– einmal in die von der Bundesrepublik Deutschland übernommenen Verpflichtungen durch Abgabe einer Berlin-Erklärung nach dem üblichen Verfahren,

– zum anderen in die Verpflichtungen der Gemeinschaft aus dem Abkommen einbezogen werden muß.

3) Die Berlin-Erklärung der Bundesrepublik Deutschland müßte unwidersprochen hingenommen werden. Da diese Erklärung sich allein auf den nichtgemeinschaftlichen Teil des Abkommens bezieht und da er die Grundsatzfrage der Einbeziehung von Berlin (West) in die EG nicht berührt, besteht für den RGW rein logisch kein Anlaß, gegen diese Erklärung Einwände zu erheben. Dennoch müssen wir damit rechnen, daß im Kontext des Abkommens RGW/EG auch diese Erklärung zu politischen Schwierigkeiten führt, zumal in der übli-

chen Berlin-Erklärung zwischen gemeinschaftlichem und nichtgemeinschaftlichem Teil nicht unterschieden wird.

4) Kernproblem wird jedoch die Einbeziehung von Berlin (West) in den kommunitären Teil des Abkommens sein. Dies ist rechtlich auf verschiedene Weise möglich. Üblicherweise wird in die Verträge der EWG mit Drittstaaten eine Geltungsbereichsklausel aufgenommen, die auf den Geltungsbereich der Verträge zur Gründung der EWG und EAG abstellt und damit, da diese Verträge bekanntlich auf Berlin (West) erstreckt worden sind, auch Berlin (West) einbezieht.

Beispiel für die übliche Geltungsbereichsklausel:

„Dieses Abkommen gilt für die Gebiete, in denen der Vertrag zur Gründung der EWG nach Maßgabe dieses Vertrages anwendbar ist, und für die Hoheitsgebiete (des Vertragspartners)" (so Art. 58 des Abkommens EWG/Marokko von 1976[13]).

5) Hiervon ausgehend lassen sich für ein Abkommen RGW/EG folgende Kategorien von Lösungsmöglichkeiten vorstellen, wobei im einzelnen verschiedene Varianten denkbar sind:

a) Reine Geltungsbereichsklausel, wobei sicherzustellen ist, daß der RGW diese unwidersprochen hinnimmt und keine Erklärung abgibt, mit der er die Einbeziehung von Berlin (West) in den Geltungsbereich der EG bestreitet:

Vorteil: Wir führen die bisherige Praxis fort. Unsere eigene Rechtsauffassung innerhalb der EG sowie gegenüber allen anderen Partnern der Gemeinschaft wird gewahrt. Die Tatsache, daß Berlin (West) nicht direkt erwähnt wird, könnte ein östliches Einverständnis mit dieser Regelung erleichtern, zumal wir gleichzeitig darauf hinweisen könnten, daß diese Klausel in allen anderen Abkommen der EG mit Drittländern Verwendung findet.

Nachteil: Da die Sowjetunion die Wirksamkeit der Erstreckung der EG-Verträge auf Berlin (West) bekanntlich bestreitet, liegt auch dann, wenn der RGW in Zusammenhang mit dem Vertragsabschluß hierzu keine Erklärung abgibt, ein Dissens vor. Das kann bei der Anwendung des Abkommens auf Berlin (West) zu Auseinandersetzungen und zu einer entsprechenden wirtschaftlichen Benachteiligung von Berlin (West) führen. Dies gilt insbesondere auch für die Folgeabkommen, für die wir mit Sicherheit keine bessere Lösung erreichen. Außerdem könnte der Bundesregierung innenpolitisch der Vorwurf gemacht werden, sie hätte sich in Kenntnis der sowjetischen Haltung auf eine solche Lösung nicht einlassen dürfen.

b) Geltungsbereichsklausel mit zusätzlichen Erklärungen:

Diese Erklärungen brauchen nicht notwendigerweise Berlin (West) ausdrücklich zu erwähnen. Zum Beispiel wäre eine Umschreibung in Form einer Währungsbereichsklausel denkbar

---

13 Artikel 58 des Kooperationsabkommen zwischen der EWG und Marokko vom 27. April 1976: „Dieses Abkommen gilt für die Gebiete, in denen der Vertrag zur Gründung der Europäischen Wirtschaftsgemeinschaft nach Maßgabe dieses Vertrags anwendbar ist, und für das Hoheitsgebiet des Königreichs Marokko." Vgl. BUNDESGESETZBLATT 1978, Teil II, S. 704.

aa) mit ergänzender interpretativer Erklärung der Gemeinschaft, daß Berlin (West) zum Geltungsbereich der EG gehört, wobei sicherzustellen ist, daß diese Erklärung unwidersprochen vom RGW hingenommen wird.

Vorteil: Mit einer solchen interpretativen Erklärung würde zwischen den Vertragspartnern der Konsens über die Einbeziehung von Berlin (West) nicht nur in das vorliegende Abkommen, sondern grundsätzlich in den Geltungsbereich der Europäischen Verträge zweifelsfrei fixiert.

Der entscheidende Mangel dieser Lösung liegt darin, daß sie politisch nicht durchsetzbar sein dürfte, da sie voraussetzt, daß die Sowjetunion ihre bisherige Haltung zur Frage der Einbeziehung von Berlin (West)[14] in die EG völlig revidieren müßte. Die offene Ablehnung dieser Lösung in den Verhandlungen würde nicht ohne negative Auswirkungen auf unsere Verhandlungsposition in der Berlin-Frage bleiben. Dies würde auch für eine Interpretationserklärung gelten, in der Berlin (West) nicht ausdrücklich erwähnt wird, die es aber materiell einschließt.

bb) mit ergänzender Erklärung des RGW, daß Berlin (West) ad hoc in das vorliegende Abkommen einbezogen ist:

Vorteil: Eine solche Regelung würde die tatsächlich Anwendung zunächst des Rahmenabkommens, und bei entsprechender Übernahme auch der Folgeabkommen, sicherstellen, ohne die von beiden Seiten vertretenen gegensätzlichen Rechtsauffassungen unmittelbar zu präjudizieren.

Nachteil: Die Geltungsbereichsklausel wird relativiert. Der entscheidende Mangel besteht aber darin, daß die Drei Mächte gegen eine solche Regelung einwenden könnten, daß auf diese Weise dem RGW die Entscheidung über die Anwendung in Berlin (West) in die Hand gegeben wird. Das wäre mit den „established procedures" nicht vereinbar (siehe hierzu die Problematik im Falle der Rechtshilfeabsprachen mit der SU[15]). Im übrigen dürfte auch diese Regelung nur schwer durchsetzbar sein, da sich dem RGW das Grundsatzproblem dadurch stellt, daß die EG ausdrücklich für Berlin (West) kontrahiert, was indirekt bedeutet, daß der RGW die Einbeziehung von Berlin (West) in die EG anerkennen müßte.

c) Bilaterale Vereinbarung zwischen EG/RGW (Zusatzprotokoll oder ergänzender Notenwechsel) über die Einbeziehung Berlins (West) ad hoc ohne Geltungsbereichsklausel im Abkommen selbst.

Vorteil: Die Anwendung des Rahmenabkommens, wie auch bei entsprechender Übernahme der Folgeabkommen, in Berlin (West) wäre ohne unmittelbare Präjudizierung der gegenseitigen Rechtsauffassungen sichergestellt. Die Geltungsbereichsklausel wird in ihrem Inhalt nicht relativiert, da sie in dem vorliegenden Abkommen ganz entfallen würde.[16]

Nachteil: Es ist nicht ganz auszuschließen, daß Drittländer beim Abschluß von Abkommen mit der EG analoge Lösungen fordern. Auch hier stellt sich für den

---

14 Beginn der Seite 6 der Vorlage. Vgl. Anm. 17.

15 Zum Stand der Verhandlungen zwischen der Bundesrepublik und der UdSSR über ein Abkommen zur gegenseitigen Rechtshilfe in Zivil- und Handelssachen vgl. Dok. 15, besonders Anm. 2.

16 Ende der Seite 6 der Vorlage. Vgl. Anm. 17.

RGW das Grundsatzproblem, daß die Gemeinschaft für Berlin (West) kontrahiert (siehe oben).

6) Keine der genannten Alternativen stellt eine „Patentlösung" in dem Sinne dar, daß sie zugleich rechtlich befriedigend und politisch durchsetzbar wäre. Wir werden uns daher, falls wir nicht Gefahr laufen wollen, daß über die Berlin-Frage die gesamten Verhandlungen scheitern, einen Kompromiß ansteuern müssen, der sich daran orientiert, was durchsetzbar, rechtlich noch vertretbar und im Hinblick auf die wirtschaftlichen Interessen von Berlin (West) annehmbar ist.

7) Eine Entscheidung für die eine oder andere der angedeuteten Lösungsmöglichkeiten sollte erst zu einem Zeitpunkt getroffen werden, in dem größere Klarheit über die jeweilige Verhandlungsposition besteht. Diese Entscheidung müßte zudem anhand rechtlich präziser Formulierungen der einzelnen Lösungsmöglichkeiten, die noch durch weitere Varianten zu ergänzen wären, erfolgen.

8) Mit Sicherheit nicht akzeptieren können wir, daß der RGW im Rahmen der Verhandlungen oder gar bei Unterzeichnung des Abkommens seinerseits eine Erklärung abgibt, die auf unsere Grundsatzposition zielt, beispielsweise dadurch, daß der RGW zur Geltungsbereichsklausel ausdrücklich erklärt, diese schließe Berlin (West) nicht ein. Eine solche Erklärung könnte die Gemeinschaft nicht unwidersprochen hinnehmen, will sie ihre eigene Rechtsauffassung nicht desavouieren. Würde der RGW auf einer derartigen ausdrücklichen Ausklammerung von Berlin (West) beharren, wäre der Punkt erreicht, wo ein Scheitern der Verhandlungen ins Auge gefaßt werden müßte.

III. Taktisches Vorgehen

1) Die taktische Ausgangslage für unser Vorgehen in der Berlin-Frage wird mitbestimmt

– von der Haltung der Drei Mächte;

– von der Bereitschaft der EG-Partner, uns zu unterstützen;

– von der wirtschaftlichen und politischen Interessenlage des RGW.

2) Vor allem auch im Hinblick auf die Diskussion der Berlin-Problematik innerhalb der EG wird es entscheidend darauf ankommen, daß die Drei Mächte, von denen Frankreich und Großbritannien am Verhandlungstisch sitzen, uns voll unterstützen. Mit Sicherheit werden wir daher keine Lösung durchsetzen, die ihren Prärogativen zuwiderläuft (siehe Seite 6, bb[17]). Ferner müssen wir die besonders bei Frankreich bestehenden Bedenken gegen die Vorstellung, die EG als solche könne im Gemeinschaftsbereich Verträge unter Einschluß von Berlin (West) verhandeln und abschließen, in Rechnung stellen.[18]

---

17 Vgl. Anm. 14 und 16.

18 In der Sitzung der Bonner Vierergruppe am 18. Februar 1976 übergab der französische Vertreter ein Memorandum, in dem zur Einbeziehung von Berlin in ein Abkommen zwischen den Europäischen Gemeinschaften und dem RGW ausgeführt wurde: „The principle, re-affirmed in the Quadripartite Agreement, is the maintenance of the Allied rights and responsibilities with respect to the representation of the Sectors: the Three Powers have, in this framework and under certain conditions, delegated to the FRG the right to represent the interests of the Sectors by BKC/L (52) 6, adopted at the time of the conclusion of the Paris Agreements. The essential principle of this BKC/L was re-affirmed in the Quadripartite Agreement. Now, no delegation of this kind exists in favor of the EC, and it cannot be deducted from the authorization to extension of the Treaty to

3) Unsere EG-Partner werden, ungeachtet ihrer grundsätzlichen Bereitschaft und rechtlichen Verpflichtung, unsere Berlin-Position zu unterstützen, dies nur in Abwägung gegen ihre eigenen politischen und wirtschaftlichen Interessen am Zustandekommen des Abkommens tun. Daher sind auch im Verhältnis zu unseren EG-Partnern Schwierigkeiten nicht auszuschließen. Dies gilt insbesondere für den Fall, daß die Berlin-Frage zum Hemmschuh für den erfolgreichen Abschluß der Verhandlungen würde.

4) Vieles spricht dafür, daß der RGW selbst echtes Interesse an der Herstellung normaler Beziehungen und intensivierter wirtschaftlicher Zusammenarbeit mit der EG hat.

Das müßte es ermöglichen, auch in der Berlin-Frage zu einem Arrangement mit dem RGW zu kommen. Dabei ist allerdings in Rechnung zu stellen, daß insbesondere die Sowjetunion, wenn es um politische Grundsatzfragen geht, ein hartnäckiger Verhandlungspartner ist.

5) Taktisch wichtig ist für uns, daß die Berlin-Frage nicht erst nach Regelung der wesentlichen materiellen Probleme auf den Tisch gelegt wird, weil uns dann die östliche Seite – möglicherweise auch unsere eigenen EG-Partner – mit dem Hinweis unter Druck setzen könnten, nur dieses „unser" Problem stehe einem erfolgreichen Abschluß der Verhandlungen noch entgegen.

6) Die Einbeziehung von Berlin (West) in die Europäische Gemeinschaft muß nach außen klar als Position der Gemeinschaft vertreten werden. Dies nicht nur aus Gründen des stärkeren politischen Gewichts, sondern auch aus grundsätzlichen Erwägungen. Die Frage sollte daher von den Unterhändlern der Gemeinschaft mit dem RGW verhandelt werden. Allerdings dürften hierfür die offenen Verhandlungen – die möglicherweise im Beisein von Vertretern der Mitgliedstaaten beider Organisationen stattfinden – nicht der geeignete Ort sein. Die Vertreter der Gemeinschaft sollten schon in den zu erwartenden exploratorischen Gesprächen der östlichen Seite gegenüber deutlich machen, daß eine Einbeziehung von Berlin (West) in das Abkommen unverzichtbar ist.

IV. Verfahrensfragen

1) Die Gesamtproblematik muß zunächst innerhalb der Bundesregierung (Ausschuß der Europa-Staatssekretäre und ggfs. Kabinett) behandelt werden. Nacheinander oder auch parallel sollen sodann

– die Drei Mächte in der Bonner Vierergruppe,
– die EG (Ausschuß der Ständigen Vertreter, Ministerrat),
– die EPZ

Fortsetzung Fußnote von Seite 643

Berlin, as the BKC/L explicitly reserves the rights enumerated in the Declaration on Berlin, and thus the right to represent the Sectors. The two possibilities that could be considered in order to resolve this difficulty are not feasible: 1) The FRG would sub-delegate to the EC a part of the right of representation: this seems unacceptable by virtue of the principle according to which ‚the delegate may not sub-delegate'. 2) The Three Powers and the Senate could directly authorize the EC to represent the interests of the Sectors in the framework of certain provisions of the Treaty of Rome; apart from basic objections which would oppose that consent should be given to such authorization, this procedure would without doubt be most questionable in view of the provisions of Annex IV of the Quadripartite Agreement, where Russian acceptance of the delegation by the Allies of certain competences with respect to representation of the Sectors appears to be limiting and exclusive in favor of the FRG. It is, moreover, in the interest of the FRG not to accept that the nature of the ties that unite it with the Western Sectors be diluted in this manner." Vgl. B 201 (Referat 411), Bd. 405.

befaßt werden. Weder in der EPZ noch im Ministerrat sollen schon mögliche Lösungsvorschläge unterbreitet, sondern lediglich auf die Problematik aufmerksam gemacht und klargestellt werden, daß eine befriedigende Regelung bei der Einbeziehung von Berlin (West) in ein etwaiges Abkommen RGW/EG für uns ein „sine qua non" für den erfolgreichen Abschluß der Verhandlungen ist. Zeitpunkt: Sobald sich Aufnahme von Verhandlungen (exploratorische Gespräche) abzuzeichnen beginnen.

2) Informell wollen wir schon jetzt die Kommissionsdienststellen und ggfs. auch den juristischen Dienst des Rates auf die Problematik hinweisen, um zu vermeiden, daß von dort aus Vorstellungen entwickelt werden, die unserer Position in dieser Frage abträglich sein könnten.

Gezielt sollten wir darüber hinaus die deutschen Kommissare[19] und selbstverständlich auch unseren Ständigen Vertreter[20] bei der EG unterrichten.

Auch der östlichen Seite gegenüber sollte rechtzeitig durch informelle Hinweise klar werden, daß eine Einbeziehung von Berlin (West) in das Abkommen EG–RGW für uns unverzichtbar ist, ohne sich hierbei auf die Diskussion von Detailfragen einzulassen.

Abteilung 5 hat mitgewirkt und mitgezeichnet.

van Well
Lautenschlager

VS-Bd. 10935 (210)

142

Aufzeichnung des Ministerialdirektors Lautenschlager

410-421.01   18. Mai 1976[1]

Betr.: Informelles Treffen der Außenminister auf Schloß Senningen/Luxemburg
       am 14./15.5.1976[2]
       hier: Direktwahl

Nach dem Abendessen am 14.5. und am Vormittag des 15.5. haben die neun Außenminister und der Kommissionspräsident[3] im engsten Kreise ausschließlich Fragen der Direktwahl erörtert. An den Besprechungen habe ich nicht teil-

---

[19] Guido Brunner und Wilhelm Haferkamp.
[20] Ulrich Lebsanft.

[1] Ablichtung.
   Hat Vortragendem Legationsrat I. Klasse von der Gablentz am 18. Mai 1976 und erneut am 24. Mai 1976 vorgelegen, der die Weiterleitung an Vortragenden Legationsrat I. Klasse Feit verfügte. Hat Feit am 24. Mai 1976 vorgelegen.
[2] Vgl. dazu auch Dok. 140.
[3] François-Xavier Ortoli.

genommen. Aufgrund der Informationen des Ministers und ergänzender Gespräche mit den anwesenden Kollegen halte ich als Ergebnis folgendes fest:

1) Es bestand Einigkeit und bei den meisten wohl auch Entschlossenheit, das Thema Direktwahl noch so rechtzeitig zu lösen, daß die Wahlen wie vorgesehen 1978 stattfinden können.[4]

Die nächste Erörterung soll am 1.6. anläßlich der Ratstagung stattfinden.[5] Der von unserem Minister vorgetragene Gesichtspunkt, daß es wichtig sei, das Thema Direktwahl vor den italienischen Wahlen am 20.6.[6] positiv zu entscheiden, wurde von allen Teilnehmern voll gewürdigt und hat mit dazu beigetragen, daß die Beratungen schon am 1. Juni fortgesetzt werden.

2) Für die weitere Klärung des Gesamtkomplexes im Sinne einer Annäherung der verschiedenen Standpunkte war es wichtig, daß auf der Sitzung der italienische Außenminister[7] praktisch bereit war, sich der Mehrheitslösung anzuschließen, und damit im Grunde die deutsche Position übernommen hat.

3) Die mehrstündigen Beratungen haben dazu geführt, daß alle Minister sich bis ins einzelne mit der Problematik aus der Sicht jedes Teilnehmers vertraut machen konnten und damit auch allen deutlich geworden sein müßte, wo die Kompromißmöglichkeiten liegen.

4) Der Fortschritt der Erörterungen liegt darin, daß am Ende der Diskussionen nurmehr wenige Modelle zur Diskussion stehen, nämlich:

– der sogenannte deutsche Vorschlag (Verdoppelung der Sitze)[8], den der Minister als Untervorschlag des französischen[9] verstanden haben will. Für ihn waren sechs Länder, während Frankreich, Großbritannien und Irland sich nicht abschließend dazu geäußert haben. Nach dem Urteil des Ministers hat dieser Vorschlag nach wie vor große Chancen, die Grundlage eines endgültigen Kompromisses zu werden (Luxemburg bleibt bei sechs Sitzen);

– der belgische Vorschlag (eine Hälfte Status quo, die andere Hälfte proportional).[10] Auf ihn konnten sich acht Partner mit Ausnahme Frankreichs einigen;

---

4 Gemäß der Entscheidung des Europäischen Rats am 1./2. Dezember 1975 in Rom sollten die ersten Direktwahlen zum Europäischen Parlament im Mai/Juni 1978 stattfinden. Vgl. dazu AAPD 1975, II, Dok. 367.

5 Auf der EG-Ministerratstagung am 31. Mai/1. Juni 1976 in Brüssel wurden die geplanten Direktwahlen zum Europäischen Parlament nicht behandelt, da „wegen Terminschwierigkeiten nicht alle neun Außenminister gleichzeitig im Rat anwesend sein konnten". Vgl. dazu den Runderlaß Nr. 64 des Vortragenden Legationsrats I. Klasse Engels vom 4. Juni 1976; Referat 012, Bd. 106591.
Die Erörterung wurde auf dem informellen Treffen der Außenminister der EG-Mitgliedstaaten im Rahmen der EPZ am 12. Juni 1976 in Luxemburg fortgesetzt. Vgl. dazu Dok. 193.

6 Zu den Parlamentswahlen in Italien am 20./21. Juni 1976 vgl. Dok. 201, Anm. 9.

7 Mariano Rumor.

8 Der Vorschlag des Staatsministers Wischnewski vom 10. April 1976 zur Sitzverteilung im Europäischen Parlament sah mit Ausnahme Luxemburgs, auf das weiterhin sechs Sitze entfallen sollten, eine Verdopplung der Mandate je Mitgliedsland vor. Auf die Bundesrepublik, Frankreich, Großbritannien und Italien wären somit je 72 Sitze entfallen, auf Belgien und die Niederlande jeweils 28, Dänemark und Irland sollten je 20 Mandate erhalten. Vgl. Anlage 5 zur Aufzeichnung des Referats 410 vom 30. April 1976; Referat 410, Bd. 105630.

9 Zum Vorschlag der französischen Regierung vom 1./2. April 1976 für die Sitzverteilung im Europäischen Parlament vgl. Dok. 98.

10 Belgien unterbreitete in der Sitzung des Ausschusses der Ständigen Vertreter am 29. April 1976 in Brüssel einen neuen Vorschlag zur Sitzverteilung im Europäischen Parlament. Er sah eine Ge-

– der französische Vorschlag: mit ihm waren acht Länder mit Ausnahme Großbritanniens einverstanden.

Für alle Modelle gilt, daß es sich hierbei nur um eine Übergangslösung für die erste Wahlperiode handelt. Die endgültige Sitzverteilung soll – wohl nach den Vorstellungen der Mehrheit – dann vom Europäischen Parlament selber festgelegt werden.

5) Soweit ich dies verfolgen konnte, haben sich alle Außenminister am Ende der Tagung nicht pessimistisch zu der Frage geäußert, ob man in den nächsten Wochen die Erörterungen zur Direktwahl zu einem positiven Abschluß bringen könne. Am skeptischsten war wohl der britische Außenminister[11], der u. a. darauf hinwies, daß das neue britische Kabinett sich wegen der Regierungsumbildung[12] noch nicht – wie vorgesehen – mit dem Gesamtkomplex befaßt habe.

Unser Minister hat während der Beratungen und vor der Presse besonders eindringlich auf die große politische Bedeutung hingewiesen, die den Direktwahlen im Interesse der europäischen Entwicklung gerade jetzt zukomme. Wie ich aus den Gesprächen insbesondere mit den britischen und französischen Kollegen feststellen konnte, ist dies auch bei allen Teilnehmern richtig verstanden worden. Der Minister hat auch deutlich gemacht, daß die Entscheidung über diese zentrale Frage von allen neun Regierungen gemeinsam getroffen werden müsse. Schon aus diesem Grund (und auch wegen der italienischen Wahlen) wäre es nicht gut, wenn man die materielle Entscheidung auf Ende Juni, etwa anläßlich des Staatsbesuches von Giscard in Großbritannien[13], vertagen würde.

Lautenschlager

Referat 200, Bd. 108894

Fortsetzung Fußnote von Seite 646

   samtzahl von 401 Sitzen vor. Die Hälfte der Gesamtbevölkerung der EG-Mitgliedstaaten sollte gemäß dem bestehenden Verteilungsschlüssel im Europäischen Parlament repräsentiert werden (Status quo). Die andere Bevölkerungshälfte sollte proportional zur Einwohnerzahl des jeweiligen EG-Mitgliedstaates mit einem Sitz für jeweils 654 051 Einwohner vertreten sein. Vgl. dazu den Drahtbericht Nr. 1443 des Botschafters Lebsanft, Brüssel (EG) vom 29. April 1976; Referat 410, Bd. 105630.

[11] Anthony Crosland.

[12] Nachdem Premierminister Wilson am 16. März 1976 seinen Rücktritt erklärt hatte, wurde der bisherige britische Außenminister Callaghan am 5. April zu seinem Nachfolger ernannt. Am 8. April 1976 erfolgte die Bekanntgabe des neuen Kabinetts.

[13] Staatspräsident Giscard d'Estaing hielt sich vom 22. bis 25. Juni 1976 in Großbritannien auf.

143

Aufzeichnung des Ministerialdirektors Lautenschlager

413-491.09   18. Mai 1976[1]

Über Herrn Staatssekretär[2] Herrn Minister[3]

Betr.: Treffen der nuklearen Hauptlieferländer in London am 3./4. Juni 1976

Zweck der Vorlage: Zur Information und mit der Bitte um Zustimmung

1) Am 3./4. Juni 1976 wird in London unter britischem Vorsitz ein weiteres Treffen der nuklearen Hauptlieferländer stattfinden – das erste nach Inkrafttreten der Richtlinien[4] und nach Erweiterung des Kreises.

Niederlande, Schweden, DDR sind bereits beigetreten, Italien wird am 18. Mai die Richtlinien annehmen, Belgien zögert noch wegen EG-Vorbehalts (Freistellung EG-Binnenmarktes von Richtlinien)[5], über den Stand des Beitritts der Tschechoslowakei liegen uns keine Informationen vor.

2) Zur Vorbereitung der Sitzung in London haben am 26. April 1976 deutschamerikanische Konsultationen in Washington stattgefunden.[6] Am 18. Mai 1976

---

1 Die Aufzeichnung wurde von Vortragendem Legationsrat I. Klasse Rouget und von Vortragendem Legationsrat Ritter von Wagner konzipiert.

2 Hat Staatssekretär Hermes am 22. Mai 1976 vorgelegen, der die Weiterleitung an Botschafter z.b.V. Balken verfügte und handschriftlich vermerkte: „Ich halte Unterrichtung des Kabinetts außerhalb der TO für zweckmäßig."
Hat Vortragendem Legationsrat I. Klasse Rouget erneut am 26. Mai 1976 vorgelegen.
Hat Vortragendem Legationsrat Ritter von Wagner erneut am 8. Juni 1976 vorgelegen, der handschriftlich für Rouget vermerkte: „Wird Unterrichtung des Kabinetts, wie von StS vorgeschlagen, im Rahmen der Iran-Vorlage geschehen?"

3 Hat Bundesminister Genscher am 24. Mai 1976 vorgelegen.

4 Die vierte Konferenz der wichtigsten Lieferstaaten von Kerntechnologie (Suppliers Conference) am 4./5. November 1975 in London verabschiedete ad referendum Richtlinien für das Exportverhalten im Bereich der friedlichen Nutzung der Kernenergie. Vgl. dazu AAPD 1975, II, Dok. 354.

5 Vortragender Legationsrat I. Klasse Rouget führte am 17. Mai 1976 über den Vorbehalt einiger EG-Mitgliedstaaten zu den Richtlinien vom 5. November 1975 für das Exportverhalten im Bereich der friedlichen Nutzung der Kernenergie aus: „In Brüssel haben sich sieben der neun EG-Regierungen (ohne Frankreich und Großbritannien) auf eine EG-Vorbehaltsklausel geeinigt, die folgenden Wortlaut hat: ,So far as trade in the European Community is concerned, the government of ... will where necessary implement the guidelines in the light of its commitments under the treaties of Rome.' Anläßlich der Beitrittsnotifikation einschließlich der o. a. Klausel durch ein bisher nicht an den Richtlinien beteiligtes EG-Land bestätigen die bereits den Richtlinien beigetretenen EG-Länder, daß der EG-Vorbehalt auch für sie gelte. Diese Bestätigung erfolgt in schriftlicher Form an alle Regierungen, die die Richtlinien bisher angenommen haben." Vgl. den Drahterlaß Nr. 1895; Referat 413, Bd. 119502.
Vortragender Legationsrat Scholtyssek unterrichtete am 3. Juni 1976 über die Annahme der Richtlinien durch die belgische Regierung: „Vertreter der hiesigen belgischen Botschaft hat entsprechend dem Verfahren, das die ursprünglich sieben Teilnehmer der Londoner Absprachen vereinbart haben, am 2. Juni 1976 die Cover Note nebst Anlagen übergeben. Der von den sieben EG-Mitgliedsländern vereinbarte EG-Vorbehalt wurde von Belgien in die Cover Note aufgenommen." Vgl. den Runderlaß Nr. 2119; Referat 413, Bd. 119502.

6 Vortragender Legationsrat I. Klasse Rouget vermerkte am 5. Mai 1976 zu den deutsch-amerikanischen Konsultationen am 26./27. April 1976 in Washington: „Hinsichtlich des ,Transfer of Preprocessing and Plutonium Management' beabsichtigen die Amerikaner, für den Zeitraum von mindestens zwei Jahren ein ,De-facto-Moratorium' vorzuschlagen; für den Fall, daß ein nukleares Hauptlieferland in diesem Zeitraum in Verhandlungen über die Lieferung einer Wiederaufbereitungsan-

sind deutsch-französische Gespräche hierzu vorgesehen. Über unsere Botschaften bleiben wir auch mit den anderen Regierungen der Hauptlieferländer in vorbereitenden Gesprächen.

3) Die von britischer Seite (Vorsitz) vorgeschlagene Tagesordnung umfaßte vorwiegend problemlose prozedurale Fragen.[7] Anläßlich der deutsch-amerikanischen Konsultationen hat uns die amerikanische Seite mitgeteilt, daß sie bestrebt sei, die Tagesordnung um verschiedene materielle Punkte zu erweitern.

Wir sind noch bemüht festzustellen, ob diese amerikanischen Gesprächspunkte (siehe 5) tatsächlich aufgegriffen werden, einstweilen müssen wir jedoch davon ausgehen.

4) Aus der vorgeschlagenen Tagesordnung ist insbesondere folgender Punkt von Interesse, der auch in einer Ressortbesprechung (Abt. 2, BK, BMI, BMWi, BMFT) am 13. Mai 1976 eingehend erörtert wurde:

Zurückhaltung bei der Wiederaufarbeitung und dem Umgang mit Plutonium:

a) Hierzu haben wir erfahren, daß die Amerikaner beabsichtigen, für den Zeitraum von mindestens zwei Jahren für die Lieferung von Wiederaufarbeitungsanlagen ein De-facto-Moratorium vorzuschlagen. Ein solches Moratorium würde nicht bereits eingegangene Verpflichtungen oder laufende Verhandlungen (Brasilien[8] und Iran[9]) berühren, künftige Geschäfte müßten sich jedoch danach richten.

Fortsetzung Fußnote von Seite 648

lage einzutreten wünsche, sollten die Konsultationen innerhalb der Suppliers stattfinden; hinsichtlich des Begriffs ‚Plutonium Management' haben die Amerikaner sich nicht dazu geäußert, wie sie diesen Begriff verstanden haben wollen." Vgl. Referat 413, Bd. 119502.

[7] Im britischen Entwurf für eine Tagesordnung für die Konferenz der wichtigsten Lieferstaaten von Kerntechnologie am 3./4. Juni 1976 in London wurde ausgeführt: „We suggest the following draft agenda: A) Consideration of the report by the Working Group on physical protection. B) Plutonium management (US to introduce). C) Further enlargement. D) Information to or consultation with other governments or authorities. E) Possible publication of the documents agreed by the Group. F) Consideration of the mechanics by which the Group might be enlarged. G) Future meetings. H) Any other business." Vgl. Referat 413, Bd. 119502.

[8] Für den Wortlaut des Abkommens vom 27. Juni 1975 zwischen der Bundesrepublik und Brasilien über Zusammenarbeit auf dem Gebiet der friedlichen Nutzung der Kernenergie vgl. BUNDESGESETZBLATT 1976, Teil II, S. 335 f. Vgl. dazu ferner AAPD 1975, I, Dok. 179.

[9] Im April 1975 wurden in Teheran Verhandlungen zwischen der Bundesrepublik und dem Iran über ein Abkommen über Zusammenarbeit auf dem Gebiet der friedlichen Nutzung der Kernenergie aufgenommen. Zum Stand vgl. AAPD 1975, II, Dok. 334.
Staatssekretär Haunschild, Bundesministerium für Forschung und Technologie, z. Z. Teheran, teilte zur dritten Verhandlungsrunde vom 10. bis 12. Mai 1976 in Teheran mit: „Iranische Seite legt großen Wert darauf – und dies liegt auch in unserem Interesse –, daß zu einem noch zu bestimmenden Zeitpunkt (möglichst bis Mitte Juni) endgültige Einigung über Kooperationsabkommen erzielt wird, damit iranische Seite in Stand gesetzt wird, Verträge mit KWU wie vorgesehen am 1. Juli 1976 zu unterzeichnen. [...] Der Verhandlungsverlauf zeigt deutlich die Verärgerung der iranischen Seite, daß wir seit der ersten Verhandlungsrunde im April 1975 weitere Bedingungen nachgeschoben haben. Dr. Etemad bezog sich hierbei ausdrücklich auf Äußerungen Bundeskanzlers gegenüber Schah im November 1975, die auf iranischer Seite den Eindruck hinterlassen hätten, daß Einigung auf Grundlage des im April 1975 ausgehandelten Abkommensentwurfs auch für die deutsche Seite möglich sei. Etemad zeigte Verständnis dafür, daß Suppliers nach Annahme der Richtlinien an diese gebunden seien. Er wies jedoch entschieden eine Politik zurück, die in den Richtlinien enthaltenen Erfordernisse rückwirkend in den Abkommensentwurf vom April 1975 auch mit Wirkung für die beiden Kernkraftwerke einzuführen. Die Zusammenarbeit im Brennstoffkreislauf sei dagegen im April 1975 nur allgemein erörtert worden. Folglich habe er Verständnis dafür, wenn wir nunmehr in diesem Bereich Vorstellungen entwickelten, die auf die Richtlinien zurückgingen. [...] Die mögliche Zusammenarbeit im Brennstoffkreislauf (Anreicherung und Wiederaufbereitung) soll –

b) Wir haben erhebliche exportpolitische Bedenken gegen einen solchen Schritt, der eine wesentliche Erweiterung der Richtlinien darstellt. Auch würden wir uns wahrscheinlich mit dem Argument auseinandersetzen müssen, daß wir uns hier Restriktionen unterwerfen, die angeblich mit unserer beim Beitritt zum Nichtverbreitungsvertrag erklärten Haltung zur Frage der friedlichen Nutzung nicht im Einklang stehen würden (diesem Argument könnte entgegengehalten werden, daß es damals um andere Sachverhalte und Interessen gegangen sei, als sie jetzt bei den Gesprächen der Lieferländer zugrunde liegen.)

Andererseits ist nicht zu verkennen, daß das vorgeschlagene Moratorium einer wirksameren Absicherung der Nichtverbreitungspolitik dienen könnte; insbesondere würde damit Zeit gewonnen, um das Problem der Wiederaufarbeitung einer befriedigenden und international annehmbaren Lösung näherzubringen.

c) Wenn dieser Punkt in London diskutiert wird, müssen wir darauf achten, daß die deutsche Delegation – auch im Hinblick auf die Anwesenheit der DDR – nicht isoliert wird. Zwar können Beschlüsse im Lieferantenkreis nur im Konsens gefaßt werden, dennoch gilt es zu vermeiden, daß wir allein oder zusammen mit den Franzosen das Odium tragen, einen Beschluß der Lieferanten unmöglich gemacht zu haben, der in der amerikanischen Presse (insbesondere New York Times[10]) und im amerikanischen Kongreß[11] als besonders vordringlich hervorgehoben wird.

Wir beabsichtigen deshalb, in London folgende Haltung einzunehmen:

– Wenn alle Lieferländer einem Moratorium zustimmen sollten, werden wir uns dem nicht entziehen können. Allerdings gehen wir davon aus, daß be-

---

Fortsetzung Fußnote von Seite 649

getrennt vom Kooperationsabkommen – in einem Briefwechsel festgehalten werden." Vgl. den Drahtbericht Nr. 395 vom 13. Mai 1976; Referat 413, Bd. 119563.

10 Botschafter von Staden, Washington, teilte am 11. Mai 1976 mit: „Ein zum ersten Mal gezeichneter Kommentar von Robert Kleinman und ein Leserbrief von Senator Symington (New York Times vom 11.5.) setzen sich mit dem Problem der nuklearen Proliferation auseinander. Beide Beiträge bringen starke Besorgnisse gegenüber dem Export nuklearer Technologie zum Ausdruck [...]. Kleinman kritisierte insbesondere die BR Deutschland und nennt die Aufnahme deutsch-iranischer Nuklearverhandlungen eine disappointing disclosure. Man hätte erwarten können, daß die Bedenken der Administration und die nachdrückliche Kritik im Kongreß gegen das Brasilien-Abkommen die frühzeitige Wiederholung eines derartigen Geschäfts verhindert hätten. Die BR Deutschland habe als erstes Land – gefolgt von Frankreich – mit dem Grundsatz gebrochen, keine Plutonium-Wiederaufbereitungsanlagen zu exportieren. Beide Länder hätten die amerikanischen Bemühungen zunichte gemacht, das Plutonium-Embargo durch eine Vereinbarung der sieben Lieferländer wiederherzustellen." Vgl. den Drahtbericht Nr. 1539; Referat 413, Bd. 119502.

11 Am 22. April 1976 resümierte Botschafter von Staden, Washington, Stellungnahmen von Mitgliedern des amerikanischen Kongresses zur Nuklearexportpolitik der Bundesrepublik. Der Abgeordnete Zablocki habe in einer schriftlichen Erklärung für den „Congressional Record" dargelegt, „daß das Verhalten der BR Deutschland (the Case of West Germany) insofern besonders enttäuschend sei, als wir eine sehr lobenswerte Politik (admirable policy) hinsichtlich der Exporte von konventionellen Waffen in Spannungsgebiete betrieben. Es wäre wünschenswert gewesen, wenn eine ebenso verantwortliche und staatsmännische Politik im nuklearen Bereich die Oberhand behalten hätte." Senator Percy habe dazu am 12. April 1976 im Senat ausgeführt, „daß nach seinen Eindrücken die Verbündeten der USA keineswegs mit Absicht eine Verbreitung des nuklearen Waffenpotentials betrieben. Seine Befürchtung sei vielmehr, daß in den in Frage stehenden Ländern die Bedeutung der Ausfuhr sensitiver nuklearer Ausrüstungen nicht genügend Aufmerksamkeit gefunden habe. Es sei jedenfalls klar, daß es unter den Franzosen und Westdeutschen und ihren Vertretern (im Parlament) einen Mangel an adäquatem Verständnis für die große Bedeutung und Dringlichkeit des Problems gebe." Vgl. den Drahtbericht Nr. 1324; Referat 413, Bd. 119502.

reits eingegangene Verpflichtungen oder laufende Verhandlungen von einem solchen Moratorium nicht berührt werden.

– Sollten nicht alle Lieferländer sich dem Moratorium anschließen – was zu erwarten ist –, bringen wir zum Ausdruck, daß wir dem Gedanken eines Moratoriums grundsätzlich wohlwollend gegenüberstehen.

– In jedem Fall haben wir die Implikationen eines solchen Moratoriums noch nicht abschließend prüfen können, weil wir hierzu noch einiger technischer Präzisierungen bedürfen.

– Wegen der weitgehenden Folgen eines solchen Moratoriums müssen wir noch zusätzliche innerstaatliche Abstimmungen vornehmen.

– Wir gehen davon aus, daß das Moratorium zeitlich begrenzt bleibt, d.h. keine Perpetuierung eintritt und kein neuer Konsultationsmechanismus eingeführt wird.

d) Mit dieser Haltung, auf die auch das Bundeskanzleramt im Hinblick auf die Reise des Bundeskanzlers nach Washington im Juni dieses Jahres[12] besonderen Wert legt, soll eine Belastung des deutsch-amerikanischen Verhältnisses vermieden werden. Gleichzeitig könnte erreicht werden, daß wir in diesem Zusammenhang weiterer Angriffen in der amerikanischen Presse und im Kongreß weniger ausgesetzt werden. Andererseits würden wir genügend Zeit gewinnen, um nach der Sitzung vom 3./4. Juni 1976 das Bundeskabinett und die zuständigen Ausschüsse des Deutschen Bundestages mit dieser Frage zu befassen. Wir hoffen ferner, mit dieser Haltung einen Weg aufzuzeigen, der es möglicherweise der französischen Regierung erlaubt, eine ähnliche Haltung einzunehmen und dadurch eine französische Isolierung im Lieferantenkreis zu vermeiden.

5) Zu den übrigen wesentlichen Tagesordnungspunkten,

a) weitere Vergrößerung des Teilnehmerkreises,

b) Veröffentlichung der Richtlinien,

c) physischer Schutz von Kernmaterial und -anlagen,

hat die Ressortbesprechung folgende von allen beteiligten Häusern getragene deutsche Verhandlungslinie ergeben:

Zu a): Mit den Amerikanern halten wir es für zweckmäßig, auch die restlichen Länder, die die Exportliste zum Nichtverbreitungsvertrag (Zangger-Memoranden)[13] angenommen haben, zur Annahme der Richtlinien einzuladen. Wir hal-

---

[12] Bundeskanzler Schmidt hielt sich vom 14. bis 20. Juli 1976 in den USA auf und führte mit Bundesminister Genscher am 15./16. Juli 1976 Gespräche mit der amerikanischen Regierung in Washington. Vgl. dazu Dok. 232, Dok. 233, Dok. 235 und Dok. 236.

[13] Zur Arbeit des Zangger-Komitees teilte Ministerialdirigent Lautenschlager am 20. August 1974 mit: „Der NV-Vertrag regelt in Artikel III Abs. 2 die Anwendung von Sicherungsmaßnahmen im Zusammenhang mit dem Export von Kernmaterial und -ausrüstungen. [...] Nicht festgelegt wurde in Artikel III Abs. 2, welche Materialien und Ausrüstungen im einzelnen von diesen Ausfuhrbedingungen betroffen sind. Um eine einheitliche Auslegung der Exportbeschränkungen zu gewährleisten und Wettbewerbsverzerrungen, die aus einer unterschiedlichen Auslegung herrühren könnten, möglichst auszuschließen, hat sich 1970 in Wien ein Ausschuß industriell fortgeschrittener Länder unter Vorsitz des Schweizer IAEO-Delegierten Zangger etabliert, der in langwierigen Verhandlungen zwei Memoranden fertiggestellt hat, die die fraglichen Gegenstände und die Bedingungen ihrer Ausfuhr definieren. Die Materialien und Ausrüstungsgegenstände, bezüglich derer

ten diesen Vorschlag für zweckdienlich, weil die von den Hauptlieferländern erarbeitete Exportliste eine Fortschreibung der Zangger-Listen darstellt. Sollte es zu dieser Erweiterung kommen, würden folgende Staaten in den Lieferantenkreis aufgenommen werden: Dänemark, Irland, Luxemburg (damit wären alle EG-Staaten vertreten), Österreich, Finnland, Norwegen, Polen und Ungarn.

Zu b): Wir sind uns mit den Amerikanern darüber einig, daß eine Veröffentlichung der Richtlinien zum gegenwärtigen Zeitpunkt wahrscheinlich erneute, nicht notwendige und nicht wünschenswerte Diskussionen in der Öffentlichkeit auslösen würde. Wir würden uns jedoch ohne weiteres einer Veröffentlichung anschließen, wenn die anderen Lieferländer sich dazu entschließen sollten.

Zu c): Hinsichtlich des Anwendungsbereichs der bisher erarbeiteten Grundsätze für den physischen Schutz ist noch offen, ob diese auch für Kernwaffenstaaten gelten sollen. Wir werden unseren Standpunkt wiederholen, wonach eine unterschiedliche Behandlung von Nicht-Kernwaffenstaaten und Kernwaffenstaaten in diesem Bereich unangebracht sei.[14] Die amerikanische Seite hat unserer Auffassung zugestimmt. Eine Regelung dieser Frage wird weitgehend von der französischen und der sowjetischen Haltung abhängen.

6) Angesichts der Einhelligkeit der Meinungen im Ressortkreis zu allen Tagesordnungspunkten erscheint eine Befassung des Kabinetts vor der Sitzung in London nicht erforderlich.[15]

Unterabteilung 22 hat mitgezeichnet.

Lautenschlager

Referat 413, Bd. 119502

Fortsetzung Fußnote von Seite 651

man sich einig ist, daß sie unter die Bestimmungen von Art. III Abs. 2 NV-Vertrag fallen, ergeben sich aus den Memoranden bzw. aus der dem einen Memorandum beigefügten sog. Trigger-Liste." Es sei nicht beabsichtigt, „die Zangger-Memoranden in die Form völkerrechtlich verbindlicher Abkommen zu kleiden. Die einzelnen Staaten bekräftigen in auszutauschenden Noten einseitig lediglich die Absicht, nach den festgelegten Grundsätzen verfahren zu wollen." Mitglieder des Komitees seien nahezu alle in Frage kommenden Lieferstaaten mit Ausnahme Frankreichs und der UdSSR, die aber zu erkennen gegeben habe, sich gemäß den Memoranden verhalten zu wollen. Vgl. den Runderlaß Nr. 3547; Referat 413, Bd. 114193.

14 Dieser Satz wurde von Bundesminister Genscher hervorgehoben. Dazu vermerkte er handschriftlich: „r[ichtig]".

15 Am 4. Juni 1976 faßte Botschafter z.b.V. Balken, z.Z. London, die Ergebnisse der Konferenz der wichtigsten Lieferstaaten von Kerntechnologie am 3./4. Juni 1976 in London zusammen: „Verglichen mit atmosphärisch bedingter Arbeitsweise vorausgegangener Treffen zeichnete sich schon jetzt Schwerfälligkeit bei Herbeiführung von Entscheidungen ab, da neu hinzugekommene Delegationen weitgehend weisungsgebunden waren und somit nicht aus eigener Zuständigkeit selbst zu weniger wichtigen Fragen Stellung nehmen konnten. [...] Die Diskussion über die Einbeziehung der Entwicklungsländer hat gezeigt, daß dieses Problem eines der entscidenstein sein wird, im Verhältnis Liefer- und Empfängerländer im Bereich der friedlichen Nutzung der Kernenergie eine Konfliktsituation zu vermeiden. Die amerikanische Politik tendiert in die Richtung, Lösungen weitgehend im Kreis der nuklearen Hauptlieferländer zu erarbeiten, um sie anschließend den Entwicklungsländern als ‚res judicata' zu präsentieren. Die britische Politik verfolgt demgegenüber das Ziel, einer damit verbundenen Konfrontation vorzubeugen und die Entwicklungsländer in eine gemeinsame Verantwortung zur Vermeidung der Poliferation [...] einzubetten. Die französische Haltung vermittelt den Eindruck, einer erweiterten Diskussion mit den Entwicklungsländern aus dem Wege zu gehen, um nicht das Risiko der Gefährdung einer national orientierten nuklearen Exportpolitik einzugehen." Vgl. den Drahtbericht Nr. 1187; Referat 413, Bd. 119502.

144

Gespräch des Bundesministers Genscher mit dem Generalsekretär der Sozialistischen Partei Portugals, Soares

19. Mai 1976[1]

Gespräch BM/Soares am 19. Mai 1976[2]

Teilnehmer: Herr Heibach, Herr Sudhoff, Frau Bouverat.

Nach einführenden Bemerkungen über den Ausgang der Wahlen in Portugal[3] erklärte *Soares*, man habe sich in Portugal auf einen Kandidaten für das Präsidentenamt geeinigt, der die Unterstützung der demokratischen Parteien habe und auch von Armee und Kirche befürwortet werde.[4] Zwar habe die KP ihren eigenen Kandidaten[5], der aber nur die Stimmen der Kommunisten auf sich

---

[1] Die Gesprächsaufzeichnung wurde von Vortragendem Legationsrat Wallau am 20. Mai 1976 gefertigt. Hat Ministerialdirigent Kinkel am 20. Mai 1976 vorgelegen.

[2] Der Generalsekretär der Sozialistischen Partei Portugals, Soares, hielt sich am 18./19. Mai 1976 in Bonn auf. Am 19. Mai 1976 legte Soares Bundeskanzler Schmidt zur Lage in Portugal dar: „Er strebe eine Alleinregierung der PSP an, um die KPP aus der Regierung hinauszudrängen. Er erwarte, daß die KPP versuchen werde, Streiks und Unruhen anzuzetteln, um darzutun, daß sie für den sozialen Frieden des Landes unverzichtbar sei. Auch unter diesem Gesichtspunkt sei es gut, einen Vertreter der Streitkräfte zum Präsidenten zu haben. Die PSP werde ihre Bemühungen darauf richten, den Einfluß der KPP in den Gewerkschaften zurückzudrängen. [...] Zur Zeit sei nur die Situation innerhalb der Gewerkschaften labil. Er werde unnachgiebig gegen Streiks und Agitation vorgehen. Er bemühe sich um die Schaffung einer Einheitsgewerkschaft oder Dachgewerkschaft für alle Arbeitnehmerverbände." Vgl. die Gesprächsaufzeichnung; Referat 010, Bd. 178661.

[3] Bei den Parlamentswahlen in Portugal am 25. April 1976 erhielt die Sozialistische Partei 35,01 % der Stimmen (106 Sitze), die Demokratische Volkspartei 24,01 % (71 Sitze), das Demokratisch-Soziale Zentrum 15,87 % (41 Sitze), die Kommunistische Partei 14,59 % (40 Sitze) und die Demokratische Volksunion 1,69 % (1 Sitz). Vgl. dazu EUROPA ARCHIV 1976, Z 91.
Am 27. April 1976 führte Botschafter Caspari, Lissabon, dazu aus: „Die Erleichterung, daß die Parlamentswahlen ohne wesentliche Behinderung durch die Links- und Rechtskräfte stattfinden konnten, darf nicht darüber hinwegtäuschen, daß jetzt eine schwierige Phase für die portugiesische Demokratie bevorsteht. Der Sozialistischen Partei (PS) als der trotz Stimmenverlust von drei Prozent nach wie vor stärksten Partei kommt nun eine wesentliche Verantwortung zu. Das Wahlergebnis dürfte es dem PS kaum erlauben [...], allein die Regierung zu übernehmen. Angesichts eines konsolidierten, um zwei Prozent des Stimmenanteils gewachsenen PCP erscheint es fraglich, ob die Kommunisten [...] bereit wären, eine PS-Regierung von außerhalb mitzutragen. Generalsekretär Dr. Alvaro Cunhal hat noch in der Wahlnacht bekräftigt, nun gebe es eine Mehrheit der Linken, eine tragfähige Grundlage für eine PCP/PS-Regierung. Die Kommunisten wollten bis zur Bildung der neuen Regierung in der sechsten provisorischen Regierung bleiben." Vgl. den Drahtbericht Nr. 210; Referat 203, Bd. 110246.

[4] Militärattaché Perlich, Lissabon, berichtete am 12. Mai 1976 über die Kandidatur des Generals Eanes bei den portugiesischen Präsidentschaftswahlen am 27. Juni 1976: „Nachdem der PPD und der CDS General Eanes als Präsidentschaftskandidat unterstützen werden, die Entscheidung des PS für Eanes nur noch als Formsache angesehen wird, geht der 41-jährige Generalstabschef des Heeres als aussichtsreichster Kandidat in das Rennen um das höchste Staatsamt der Portugiesischen Republik. Obwohl eine offizielle Stellungnahme des Revolutionsrates nicht erfolgen wird, steht außer Zweifel, daß Eanes das Vertrauen der Mehrheit der Mitglieder des Rates und der Streitkräfte sowie der nichtkommunistischen Parteien besitzt." Vgl. die Anlage zum Schriftbericht Nr. 615; Referat 203, Bd. 110246.

[5] Am 19. Mai 1976 teilte Botschafter Caspari, Lissabon, mit: „Die Kommunistische Partei hat am 18.5. nach längerem Zögern einen eigenen Kandidaten für die Präsidentschaftswahlen vorgestellt: Octavio Pato, Mitglied der Politischen Kommission und des Sekretariats des ZK der PCP [...]. Mit dieser zivilen Kandidatur entzieht sich die kommunistische Partei dem Dilemma, schon jetzt einen

vereinigen würde; die extreme Linke habe Carvalho benannt; der jetzige MP Azevedo trage sich auch mit den Gedanken, sich zu präsentieren, doch versuche er, Soares, ihm diesen Gedanken auszureden. Nach der Verfassung wählt der Präsident den Ministerpräsidenten aus der stärksten Partei; der Präsidentschaftskandidat habe ihm bereits gesagt, daß er ihn ernennen werde. Er beabsichtige eine homogene sozialistische Regierung ohne vorherige Absprache mit anderen Parteien. Frage *Bundesministers*, was er unter homogener Regierung verstehe, beantwortete *Soares*: Sozialisten plus unabhängige Vertreter, aber ohne Beteiligung anderer Parteien. Dies sei nach der portugiesischen Verfassung technisch möglich. Zwar seien auch im befreundeten Europa hierzu Zweifel laut geworden; eine portugiesische Regierung benötige aber nicht ein Vertrauensvotum des Parlaments. Die Verfassung sehe nur ein ablehnendes Votum vor; dieses sei aber nur möglich durch ein Zusammengehen der drei Parteien; enthielte sich nur eine, bliebe die Regierung im Amt.[6]

Die KP wünsche eine Regierung der linken Mehrheit; Sozialisten und Kommunisten hätten einen Wahlkampf ohne Koalitionen geführt. Eine reine PSP-Regierung könne die Kommunisten besser bekämpfen. Ein Zusammengehen mit der als rechte Partei angesehenen PPD würde der PSP den Vorwurf einer „heiligen antikommunistischen Allianz" aussetzen; dies sei für die sozialistischen Wähler unangenehm und würde besonders in Arbeiter- und Gewerkschaftskreisen auf Widerstand stoßen; den Kommunisten würde es helfen, sich als Garant für den sozialen Frieden darzustellen. Die PPD habe öffentlich erklärt, sie sei mehr oder weniger bereit, eine sozialistische Regierung gewähren zu lassen.[7] Am 15. Dezember fänden Kommunalwahlen statt.[8] Bis dahin müsse

---

Fortsetzung Fußnote von Seite 653

der beiden aussichtsreicheren Kandidaten – General Eanes oder Premierminister Pinheiro de Azevedo – ihre Unterstützung geben zu müssen. Eine Unterstützung des PCP für Eanes scheidet nunmehr wohl ohnehin aus, nachdem dieser, wie ich am 18. vom CDS-Vorsitzenden Prof. Freitas do Amaral hörte, dem KP-Chef Cunhal erklärt hat, der PCP sei ihm nicht demokratisch genug, und deshalb lege er auf dessen Unterstützung keinen Wert. Dem entspricht auch die von General Eanes heute (19.) öffentlich erklärte Ablehnung jeden Totalitarismus." Vgl. den Drahtbericht Nr. 272; Referat 010, Bd. 178661.

[6] Referat 203 faßte am 18. Mai 1976 die von der portugiesischen Verfassung vom 2. April 1976 eröffneten Möglichkeiten zur Bildung einer Minderheitsregierung zusammen: „Eine Minderheitsregierung der PSP ist durchaus praktikabel, wenn sie vom Staatspräsidenten gestützt wird. Die Vorschriften der neuen portugiesischen Verfassung lassen den Sturz einer Regierung nur zu, wenn deren Programm abgelehnt, ihr ein Vertrauensvotum verweigert oder ihr zweimal hintereinander das Mißtrauensvotum ausgesprochen wird, und zwar jeweils mit der Mehrheit der gesetzlich vorgesehenen Abgeordnetenzahl. Der Staatspräsident kann nach einem Sturz dieselbe Regierung wieder beauftragen, da ihn die Verfassung erst nach dreimaligem Sturz der Regierung verpflichtet, das Parlament aufzulösen." Vgl. Referat 010, Bd. 178661.

[7] Botschafter Caspari, Lissabon, teilte am 19. Mai 1976 zum Verhältnis zwischen PSP und PPD mit: „Wir erfuhren am 17. von dem stellvertretenden Generalsekretär des PPD, Sozialminister Dr. Rui Machete, vertraulich, daß Dr. Soares und PPD-Generalsekretär Dr. Sá Carneiro am 17. bei dem venezolanischen Botschafter zu dritt zu Mittag gegessen haben. Aus Sicht der PPD ist das Essen in einer unerwartet guten Atmosphäre verlaufen. Dr. Sá Carneiro hat anscheinend Dr. Soares erklärt, daß seine Partei Verständnis für das Vorhaben einer PS-Minderheitsregierung habe, weil sich angesichts der gegenwärtigen politischen Konstellation auf diese Weise ein Ausschluß der Kommunisten aus der Regierung rechtfertigen lasse. Der PPD ist, wie Dr. Machete uns erklärte, bereit, bis zu den für den Herbst anstehenden Lokalwahlen ein Stillhalteabkommen mit dem PS zu treffen und bis dahin keine einer PS-Minderheitsregierung feindliche Politik zu treiben, dies allerdings in der Perspektive von dann in Aussicht zu nehmenden Koalitionsverhandlungen." Vgl. den Drahtbericht Nr. 268; Referat 203, Bd. 110244.

[8] Die portugiesischen Gemeinderatswahlen fanden am 12. Dezember 1976 statt.

die Regierung die wichtigsten und notwendigsten und gewiß auch unpopulären Wirtschaftsmaßnahmen treffen. In den vergangenen Monaten habe man im politischen Bereich den Kommunisten wehren können; man müsse ihnen auch auf wirtschaftlichem Gebiet entgegentreten. Die wirtschaftliche Lage sei für eine stabile portugiesische Demokratie ausschlaggebend.

Bundesminister wies auf das große Interesse hin, das die portugiesischen Wahlen bei uns gefunden hätten. Das Ergebnis sei lebhaft begrüßt worden und hätte die Bestätigung dafür erbracht, daß die Kommunisten letzten Endes ohne breite Anhängerschaft dastünden. Natürlich würde die Bundesregierung lieber eine Koalition der PSP mit anderen Parteien – natürlich mit Ausnahme der Kommunisten – gesehen haben, wenn dies möglich sei; doch stehe es ihr nicht an, sich in irgendeiner Form einzumischen. In diesem Zusammenhang messe er daher der von Soares geschilderten Haltung der PPD[9] zu einer – wie wir hier sagen würden – konstruktiven Opposition erhebliche Bedeutung zu. Die Haltung der PPD würde für die portugiesische Regierung bedeuten, daß sie der Kommunisten nicht bedürfe und auf sie nicht angewiesen sei.

Soares stimmte zu. Die Kommunisten strebten nach Beteiligung in der portugiesischen Regierung aus übergeordneten strategischen Gesichtspunkten und im Interesse Moskaus, das in einem NATO-Land eine KP-Regierungsbeteiligung begrüßen würde. Es sei gewiß schwierig, die Kommunisten aus der Regierung herauszuhalten, die sich bereits überall hereingedrängt hätten. In der Allianz mit den Kommunisten liege aber eine Gefahr für eine sichere Zukunft Portugals. Daher würde nur eine Regierung ohne Koalition Lösung bringen; ein Bündnis mit einer Rechtspartei würde eigenen Stimmenabfall bedeuten und den Ruf nach einem Zusammengehen mit den Kommunisten erbringen.

Bundesministers Frage nach dem Zeitpunkt der Regierungsbildung beantwortete Soares: Etwa zweite Hälfte Juli, erste Hälfte August. Bis dahin könne noch viel passieren. Er hoffe auf eine weitere stabile militärische und politische Lage in Portugal und zähle weiterhin auf die Solidarität der europäischen Freunde. Für das Verständnis Bundesministers danke er. Er werbe daher jetzt um Verständnis für seine Strategie. Er halte diese für die beste; dies auch angesichts der unsicheren Lage in Italien, der Ereignisse in Frankreich und der noch nicht gefestigten Situation in Spanien.

Bundesminister stimmte zu, insbesondere hinsichtlich der Analyse von Soares, daß es schwierig sein werde, die Kommunisten aus dem öffentlichen Leben, der Verwaltung und den Gewerkschaften wieder herauszusetzen. Mit der kommunistischen Fähigkeit zu Störaktionen müsse man rechnen. Er wiederhole daher, daß es für Soares einfacher wäre, wenn er sich auf andere Parteien stützen könnte, und zwar auch dann, wenn diese nicht Mitglied der Regierung wären. Er sähe sonst die Gefahr, daß er möglicherweise zu einem Bündnis mit den Kommunisten gezwungen würde, wenn er ohne die konstruktive Unterstützung der anderen Parteien verbliebe.

Soares erwiderte, es wäre für ihn ein leichtes gewesen, die Versprechungen der Kommunisten anzunehmen und sich mit ihrer Hilfe zum Führer der Linken

---

9 Korrigiert aus: „PPP".

ausrufen zu lassen. Er kenne die Kommunisten zu gut. Er habe ihre Angebote abgelehnt und werde sich nun sicherlich mit ihnen nicht zu einem späteren Zeitpunkt arrangieren.

Bundesminister erneuerte deutsche Bereitschaft, eine Regierung Soares zu unterstützen. Bisher habe man nur dem Land Portugal helfen wollen, um sich eine dort abzeichnende drohende Entwicklung aufzuhalten. Das deutsche Interesse an Portugal sei selbstverständlich nicht mit dem Zeitpunkt der Wahlen erloschen.

Soares bedankte sich. Er habe bewußt eine pro-europäische Politik betrieben. Seine Regierung werde sich bemühen, baldmöglichst der EG beitreten zu können. Man wolle bereits im September zum Beweis für die europäische Gesinnung dem Europarat beitreten.[10] Er glaube an den günstigen Einfluß des portugiesischen Beispiels auf Spanien. Er beabsichtige, sobald er sich Klarheit geschaffen habe, über die notwendigsten wirtschaftlichen Maßnahmen Portugals noch vor der Regierungsbildung möglicherweise erneut nach Deutschland zu kommen und sich mit seinen deutschen Gesprächspartnern zu konsultieren.[11]

Bundesminister ermunterte ihn hierzu und sagte zu, sich auch im Rahmen der EG weiterhin für Portugal einsetzen zu wollen.

Referat 010, Bd. 178661

---

[10] Am 22. September 1976 wurde Portugal in den Europarat aufgenommen.

[11] Der Generalsekretär der Sozialistischen Partei Portugals, Soares, hielt sich erneut am 30. Juni/1. Juli 1976 in der Bundesrepublik auf. Am 1. Juli 1976 erklärte er Bundeskanzler Schmidt zum Ausgang der portugiesischen Präsidentschaftswahlen am 27. Juni 1976: „Eanes werde am 13. oder 15. von der Gesetzgebenden Nationalversammlung zum Präsidenten erklärt. Er habe schon angekündigt, daß er Soares zum Ministerpräsidenten ernennen werde. Er, Soares, werde sodann bald sein Kabinett der Gesetzgebenden Versammlung vorstellen. [...] Der Einfluß der Kommunistischen Partei sei reduziert. Die Kommunisten müßten die Regierung verlassen. Dies könne auch symbolische Bedeutung für Italien haben. Die portugiesischen Militärs wollten eine sozialistische Regierung unterstützen, die Ordnung schaffe. Die Kommunisten hätten sich sehr bemüht, wenigstens einen Minister in der Regierung zu belassen. Sie stünden offensichtlich unter internationalem Druck, um in der Regierung zu bleiben." Vgl. die Gesprächsaufzeichnung; VS-Bd. 14058 (010); B 150, Aktenkopien 1976.

145

Ministerialdirektor van Well an die Botschaft in Washington

203-320.10 ZYP-747[I]/76 VS-vertraulich   Aufgabe: 19. Mai 1976, 13.01 Uhr[1]
Fernschreiben Nr. 1918 Plurez
Citissime nachts

Betr.: Besuch von Denktasch in Bonn[2]

Bezug: DE vom 11.5.76 – 203-320.10 ZYP-747/76 VS-v[3]

Sie werden gebeten, AM Kissinger folgendes Schreiben des Bundesaußenministers zu übermitteln:

„Lieber Henry,

ich habe im Sinn Ihres Briefes mit Denktasch gesprochen. Denktasch war in der Darlegung seines Standpunktes sehr hart und unelastisch. Gleich zu Anfang wehrte er sich gegen Versuche, von außen den Gang der Dinge zu beschleunigen. Im Grunde ist er der Auffassung, daß Makarios gegenwärtig nicht bereit sei, eine Regelung der Zypern-Frage auf der Basis einer bizonalen Lösung mit schwacher Zentralregierung und „equal participation" der Zypern-Türken an der Zentralregierung zu akzeptieren.

Sein Plädoyer ging in Richtung auf Aufrechterhaltung des Status quo, bis Makarios, wie er sich ausdrückte, die Lage realistischer einschätze. Er sagte z. B., daß vor der Krise 1974[4] das Zypern-Problem Stabilität und Frieden in dem Raum gefährdet hätte, weil Makarios ständig versuchte, die Rechte der Zypern-Türken zu reduzieren, was die Gefahr türkischer Interventionen heraufbeschwor. Demgegenüber stelle der jetzige Zustand keine Gefährdung dar. Eine Regelung sei erst erreichbar, wenn Makarios eingesehen hat, daß es für ihn keinen anderen Ausweg gibt. Solange werde Makarios alles daran setzen, um die Türkei zu isolieren und ins Unrecht zu setzen und ihre Position auf Zypern unmöglich zu machen.

Ich habe Denktasch mit allem Ernst und Nachdruck auf die Gefährlichkeit dieser Konzeption hingewiesen. Es sei notwendig, das Gespräch der Volks-

---

[1] Durchdruck.
Der Drahterlaß wurde von Vortragendem Legationsrat Bensch konzipiert.
Hat Vortragendem Legationsrat I. Klasse Pfeffer am 19. Mai 1976 vorgelegen.
[2] Der Sprecher der türkischen Volksgruppe auf Zypern, Denktasch, hielt sich am 18. Mai 1976 in der Bundesrepublik auf.
[3] Vortragender Legationsrat I. Klasse Pfeffer informierte die Botschaft in Washington, daß der amerikanische Außenminister Kissinger mit einem am 7. April 1976 übergebenen Schreiben folgende Bitte an Bundesminister Genscher gerichtet habe: „On my way back from Nairobi I made a refueling stop in Crete and had a brief discussion with John Tsounis, Permanent Under Secretary of the G[ree]c[e] Foreign Office. He mentioned to me that Denktasch will be visiting Germany shortly. I know you will be making every effort to persuade Denktasch of the importance of movement in the Cyprus negotiation, but I just wanted to reinforce it. Any influence you could exert would be invaluable. The Turkish side has to come up with a concrete territorial proposal if we are to get a serious negotiation started. You can tell him of the dangers of new Congressional action if progress is not made soon. Oslo will be another occasion for Çaglayangil and Bitsios to meet, and we should urge strongly that this be taken advantage of." Vgl. VS-Bd. 9945 (203); B 150, Aktenkopien 1976.
[4] Zu den Vorgängen auf Zypern im Juli und August 1974 vgl. Dok. 125, Anm. 14.

657

gruppen wieder in Gang zu bringen. Dazu müsse die zypern-türkische Seite gemäß Übereinkunft von Brüssel[5] einen Vorschlag zur Territorialfrage machen. Das brauche Denktaschs Verhandlungsposition nicht, wie er befürchte, zu beeinträchtigen. Sein Vorschlag solle von der Lösung der anderen Fragen abhängig gemacht werden. Sein Bestand und seine Verbindlichkeit solle Teil einer Paketlösung sein. Ich habe Denktasch auf Ihren Brief an mich aufmerksam gemacht, in dem Sie von der Gefahr eines negativen Kongreßentscheides über das amerikanisch-türkische Abkommen[6] sprachen. Ich habe hinzugefügt, ich hielte es wegen der engen Freundschaft zwischen der Bundesrepublik Deutschland und der Türkei für notwendig, daß Denktasch jetzt einen Territorialvorschlag mache, um die Dinge weiterzubringen. Der Bundeskanzler werde während seines Besuchs in Ankara[7] auf diesen Punkt ebenfalls größten Wert legen. Die deutsche Seite habe sich immer die größte Mühe gegeben, das Zypern-Problem nicht einseitig zu sehen, sondern auch den türkischen Standpunkt angemessen zu berücksichtigen. Angesichts der Gefahr eines Stillstands der Gespräche bäten wir dringend, Denktasch möge seinen mir vorgetragenen rigiden Standpunkt überprüfen. Dies sei ein sehr ernster Appell einer Regierung und eines Ministers, die sich für eine vernünftige Lösung der Zypern-Frage, die für die Türken akzeptabel sei, sehr einsetzten.

Denktasch hielt dem entgegen, daß die türkische öffentliche Meinung in der Territorialfrage sehr empfindlich sei und Vorwürfe einer Aufgabe von Territorium die türkische Regierung und ihn selbst stürzen würden. Er wisse nicht, wo die USA in ihren Forderungen nach Territorialkonzessionen Halt machen würden. Er wisse nicht, wie der neue Kongreß[8] eingestellt sein würde. Er könne, wie er auch schon Klerides gesagt habe, Morphou nicht zurückgeben, da dort inzwischen 20 000 Türken angesiedelt seien, die schon mehrfach hätten fliehen müssen. Er appelliere an uns, ihn nicht unter Druck zu setzen, denn dann wäre seine Verhandlungsposition zerstört. Auf erneutes Drängen und nach Darlegung der Gefahr einer harten türkischen Position für die internationale Glaubwürdigkeit der Türkei erklärte Denktasch, er wolle flexibel sein, ohne jedoch seine Verhandlungsposition zu beeinträchtigen. Er betonte, er lege dem, was ich gesagt habe, große Bedeutung bei. Er warnte erneut vor negativen Rückwirkungen westlicher Pressionen auf die innerpolitische Lage in der Türkei (Gefahr weiteren Linksrutsches). Er sei bereit, sich auf die Verhandlungen zu konzentrieren, und er müsse flexibel erscheinen und den Eindruck von Konzessionsbereitschaft erwecken. Er werde aber nach wie vor bestrebt sein, gegenüber Makarios „not to jeopardize his position."

Ende des Briefes.

van Well[9]

VS-Bd. 9945 (203)

---

[5] Zu den griechisch-türkischen Vereinbarungen vom 12. Dezember 1975 vgl. Dok. 30, Anm. 6.

[6] Zum amerikanisch-türkischen Abkommen vom 26. März 1976 über Verteidigungshilfe vgl. Dok. 125, Anm. 18.

[7] Bundeskanzler Schmidt besuchte vom 27. bis 29. Mai 1976 die Türkei. Vgl. dazu Dok. 160–162.

[8] Am 2. November 1976 fanden in den USA Präsidentschaftswahlen sowie Wahlen zum Repräsentantenhaus und Teilwahlen zum Senat statt.

[9] Paraphe.

146

**Vortragender Legationsrat I. Klasse Fleischhauer
an die Botschaft beim Heiligen Stuhl**

501-506.01-699/76 geheim   19. Mai 1976[1]
Fernschreiben Nr. 1962 Plurez   Aufgabe: 21. Mai 1976, 18.43 Uhr

Betr.: Kirchenrechtliche Neuordnung in der DDR

Bezug: DB der Ständigen Vertretung bei der DDR Nr. 558 vom 17.5.76[2]

1) Zur Unterrichtung

Unsere Stellungnahme zu dem Bezugsbericht der Ständigen Vertretung bei der DDR ist folgende: Der DDR-Episkopat hat dem Bezugsbericht zufolge in der außerordentlichen Sitzung der Berliner Ordinarienkonferenz vom 11.5.76 nunmehr der Vornahme der von der Kurie beabsichtigten kirchenrechtlichen Neuordnung in der DDR in allen Teilen zugestimmt. Es ist nunmehr mit Sicherheit anzunehmen, daß lediglich der zweite Teil – Schaffung neuer Bistümer sowie einer Kirchenprovinz – von vorher oder gleichzeitig zu erbringenden Gegenleistungen der DDR abhängig gemacht werden soll. Was die aller Voraussicht nach zunächst erfolgende Verselbständigung der Berliner Ordinarienkonferenz und ihre gleichzeitige Anhebung zu einer vollgültigen Bischofskonferenz angeht, so sollen die für uns wesentlichen Belange, namentlich die Doppelstellung des Bischofs von Berlin in beiden deutschen Bischofskonferenzen, offenbar gewahrt werden. Dabei verstehen wir den Satz, daß Bengsch sich nach Auffassung der Mitglieder der Berliner Ordinarienkonferenz in der Fuldaer Bischofskonferenz „in der Regel durch seinen Westberliner Generalvikar

---

[1] Durchdruck.
Hat den Ministerialdirigenten Kinkel und Meyer-Landrut zur Mitzeichnung vorgelegen.

[2] Staatssekretär Gaus, Ost-Berlin, teilte mit: „Ein Mitarbeiter von Kardinal Bengsch unterrichtete Bräutigam am Wochenende über das Ergebnisse der außerordentlichen Sitzung der (Ost-)Berliner Ordinarienkonferenz vom 11. Mai 1976. Daraus ist festzuhalten: 1) Die Bischöfe (einschließlich der stimmberechtigten Weihbischöfe) sind einverstanden, daß die von päpstlichen Administratoren verwalteten Kirchengebiete in der DDR, die noch zum Jurisdiktionsbereich westdeutscher Diözesen gehören, in drei selbständige Bistümer umgewandelt werden, nämlich Erfurt (mit Meiningen), Magdeburg und Schwerin. [...] 2) Die Administratur Görlitz (früher zum Bistum Breslau gehörig) soll ebenfalls in ein selbständiges Bistum umgewandelt werden. 3) Der Sitz des bereits bestehenden Bistums Meißen soll von Bautzen nach Dresden verlegt werden. [...] 4) Bei zwei Stimmenthaltungen (Bischof und Weihbischof von Magdeburg) haben sich die Mitglieder der Ordinarienkonferenz für die Bildung eines Metropolitanverbandes (Kirchenprovinz) ausgesprochen, in dem das Bistum Berlin und alle in der DDR gelegenen Bistümer [...] zusammengeschlossen werden sollen. Sitz des Metropolitanverbandes soll Berlin werden. Ausschlaggebend für das Votum zugunsten Berlins als Sitz soll, wie man uns sagte, der besondere Status Berlins gewesen sein. 5) Die Bischöfe haben schließlich der Errichtung einer selbständigen Bischofskonferenz, in der alle Bischöfe und Weihbischöfe der (ganz oder teilweise) in der DDR gelegenen Bistümer zusammengeschlossen werden sollen, ihre Zustimmung gegeben und den Entwurf eines entsprechenden Statuts gebilligt. Die Konferenz soll die Bezeichnung ‚Berliner Bischofskonferenz‘ erhalten. [...] Bei der territorialen Abgrenzung des Metropolitanverbandes stellt der Entwurf nicht auf staatsrechtliche Kriterien, sondern auf die (noch zu bildende) Kirchenprovinz Berlin ab. Damit gehört das Kirchengebiet Berlin (West) formal zu der neuen Bischofskonferenz. Der Entwurf stellt aber ausdrücklich klar, daß Beschlüsse der Bischofskonferenz keine Gültigkeit für den Westteil des Bistums Berlin haben.“ Vgl. VS-Bd. 9951 (203); B 150, Aktenkopien 1976.

vertreten lassen wird" (Ziff. I, 5 des DB Nr. 558 der Ständigen Vertretung) dahin, daß Bengsch, wann immer er es wünscht und es ihm möglich ist, selber an der Konferenz teilnimmt. Soweit dies nicht der Fall ist, was für absehbare Zeit die Regel sein dürfte, läßt er sich vertreten.

Der zeitliche Ablauf der zu erwartenden Maßnahmen ergibt sich allerdings auch aus dem Bezugsbericht immer noch nicht ganz klar. In diesem Zusammenhang stellt sich uns die Frage, ob eine Fixierung der Statuten der neuen Berliner Bischofskonferenz zeitlich vor der Neuregelung der Deutschen (Fuldaer) Bischofskonferenz[3] eine Lage schaffen würde, in der die Doppelstellung für Kardinal Bengsch zunächst gesichert ist. Wie immer die Neuregelung der Statuten der beiden Konferenzen vollzogen werden mag, ist es das Interesse der Bundesregierung, daß die Doppelstellung von Bengsch von vornherein gesichert ist. Dies muß sowohl gegenüber der DDR klar sein, als auch von der Bundesregierung erforderlichenfalls öffentlich gesagt werden können.

Was die Anregung eines Gesprächs zwischen Kardinal Bengsch und Botschafter Böker anläßlich des Aufenthalts von Bengsch in Rom in der kommenden Woche angeht, so sollte ihr – nachdem die Anregung von seiten des Ostberliner Ordinariats ausgeht – nach Möglichkeit Folge geleistet werden.

2) Weisung:

a) Der mit dem DB Nr. 558 übermittelten Anregung aus Ostberlin entsprechend wird Botschafter Böker gebeten, die Gelegenheit zu einem Gespräch mit Kardinal Bengsch zu suchen. Dieses Gespräch sollte nach der Form der Anmeldung und dem Inhalt der Gesprächsführung den Eindruck einer Demarche der Bundesregierung bei Bengsch vermeiden. Zweck ist die weitere Information der Bundesregierung. Uns geht es bei diesem Gespräch darum, Näheres über die konkrete Zeitplanung und die Art und Weise der Einrichtung der Doppelstellung zu erfahren. Obwohl unsere Position in der Sache weitgehend festliegt und dem Episkopat in beiden Teilen Deutschlands jedenfalls in der großen Linie bekannt ist, sollten Einzelheiten der Haltung der Bundesregierung in dem Gespräch mit Bengsch und auch (vgl. unter b) mit Döpfner nicht erörtert werden. Denn einmal würde eine solche Erörterung der Genehmigung der Amtsleitung bedürfen, die augenblicklich wegen Abwesenheit aller Mitglieder der Spitze des Hauses von Bonn nicht eingeholt werden kann. Zum anderen wäre aber auch – und das gilt vor allem Döpfner gegenüber – Rom nicht der geeignete Ort für eine derartige Erörterung.

b) Wenn es zu einem Gespräch Bengsch – Böker kommt, sollte nach Möglichkeit anschließend auch ein Gespräch mit Kardinal Döpfner geführt werden. Wir müssen den Eindruck vermeiden, als wollten wir etwa den Klerus in der

---

[3] Zur Befristung des Statuts der Deutschen Bischofskonferenz vgl. Dok. 82, Anm. 4.
Staatssekretär Gaus, Ost-Berlin, berichtete am 11. Mai 1976, ein Mitarbeiter des Bischofs von Berlin habe dazu Ausführungen des Vorsitzenden der Deutschen Bischofskonferenz wiedergegeben: „Kardinal Döpfner habe im übrigen nicht die Absicht, die Ausarbeitung eines neuen Statuts der Deutschen Bischofskonferenz (Fulda) – etwa auf Drängen des Vatikans – besonders zu beschleunigen. Er fühle sich nicht unter Zeitdruck und wolle sich auch nicht unter Zeitdruck setzen lassen. Auch das bevorstehende Auslaufen des zur Zeit gültigen Statuts zwinge die Deutsche Bischofskonferenz nicht zu einer schnellen Beschlußfassung über das neue Statut, denn man könne eine gewisse Zeit auch ohne Statuten weiterarbeiten." Vgl. den Drahtbericht Nr. 528; VS-Bd. 10769 (501); B 150, Aktenkopien 1976.

Bundesrepublik Deutschland übergehen. Dieses Gespräch sollte auf der gleichen Linie geführt werden, wie das Gespräch mit Kardinal Bengsch.

3) Bericht erbeten.[4]

Fleischhauer

VS-Bd. 10769 (501)

147

Gespräch des Bundesministers Genscher mit dem türkischen Außenminister Çaglayangil in Oslo

20. Mai 1976[1]

Gespräch des Herrn Bundesministers mit dem türkischen Außenminister am 20. Mai 1976 um 18.00 Uhr[2]

Der *Bundesminister* erklärte, daß die Zypern-Frage auch den positiven Aspekt habe, daß sie ihm Gelegenheit gebe, einen guten Gedankenaustausch mit seinem türkischen Amtskollegen zu pflegen. Er erwähnte dann sein vor wenigen Tagen stattgefundenes Gespräch mit Denktasch[3] und erklärte, daß er Denktasch empfohlen habe, einen Territorialvorschlag auf den Tisch zu legen, um die Gespräche in Gang zu bringen. Er habe dies getan, nicht nur weil er von AM Kissinger einen Brief[4] in dieser Angelegenheit erhalten habe, sondern auch weil unsere Botschaft in Washington berichtet habe, daß es im amerika-

---

4 Am 1. Juni 1976 resümierte Botschafter Böker, Rom (Vatikan), Informationen des Bischofs von Berlin, Kardinal Bengsch, und des Vorsitzenden der Deutschen Bischofskonferenz, Kardinal Döpfner, zu ihren Gesprächen im Vatikan: „Die Bemühungen der beiden Kardinäle gingen dabei dahin, ihren vatikanischen Gesprächspartnern verständlich zu machen, daß die sofortige Errichtung einer Berliner Ordinarienkonferenz ohne Koppelung mit den anderen Maßnahmen und ohne Gegenleistung der DDR von kommunistischer Seite als ein Zeichen der Schwäche ausgedeutet würde. [...] Kardinal Bengsch erklärte, es komme ihm darauf an, ‚Zeit zu gewinnen, Zeit zu gewinnen und nochmal Zeit zu gewinnen'. Nur dadurch werde es möglich sein, die notwendigen, langwierigen und zähen Verhandlungen mit der DDR herbeizuführen, die allein zu positiven Ergebnissen hinsichtlich des Freiheitsraumes der katholischen Kirche in der DDR führen könnten. Man dürfe auch nicht, wie dies der Vatikan es allzu häufig tue, mit Minimalforderungen in die Verhandlungen hineingehen. Casaroli mache immer gern die Feststellung, man könne von einem kommunistischen Regime doch nicht verlangen, daß es der katholischen Kirche mehr Freiheit einräume als irgendeiner anderen gesellschaftlichen Formation. Dem halte er entgegen, daß es die Pflicht des Vatikans sei, für seine Ortskirchen das Maximum an Freiheit zu fordern und zäh darauf zu bestehen, auch wenn man wisse, daß man nicht alles erreichen werde." Vgl. den Drahtbericht Nr. 29; VS-Bd. 10769 (501); B 150, Aktenkopien 1976.

1 Durchdruck.

2 Bundesminister Genscher und der türkische Außenminister Çaglayangil hielten sich anläßlich der NATO-Ministerratstagung am 20./21. Mai 1976 in Oslo auf.

3 Zum Gespräch des Bundesministers Genscher mit dem Sprecher der türkischen Volksgruppe auf Zypern, Denktasch, am 18. Mai 1976 vgl. Dok. 145.

4 Zu dem am 7. April 1976 übergebenen Schreiben des amerikanischen Außenministers Kissinger an Bundesminister Genscher vgl. Dok. 145, Anm. 3.

nischen Kongreß in der Frage der Verteidigungsabkommen[5] zu einer ungünstigen Entwicklung kommen könne, die uns Sorge bereite.[6] Er richtete dann die Frage an den türkischen Außenminister, welche Möglichkeiten dieser für eine mögliche Bewegung in der Zypern-Frage sehe.

Denktasch habe ihm ganz offen erklärt, daß wenn er (Denktasch) einen Territorialvorschlag vorlegen würde, nicht nur er, sondern auch die türkische Regierung stürzen würde. Bundesminister habe daraufhin erwidert, daß er sich eine solche Entwicklung nicht vorstellen könne, zumindest nicht für die Regierung in Ankara, aber wohl auch kaum für Denktasch.

Der *türkische Außenminister* begrüßte die Gelegenheit für die Fortsetzung des deutsch-türkischen Gedankenaustausches und sprach die Hoffnung aus, daß der Besuch von Bundeskanzler Schmidt am 27. Mai[7] die Gelegenheit bieten werde, auch dem Bundeskanzler die Ansicht der türkischen Regierung darzulegen. Er stellte dann die Frage, ob man damit rechnen könne, daß der Bundeskanzler mit offenen und unvoreingenommenen Sinnen nach Ankara komme oder ob seine Beurteilung etwa schon festliege – er etwa schon von den Gedanken beeinflußt sei, welche die hellenische Propaganda überall verbreite.

Der türkische Außenminister fuhr fort, er teile die Sorge des Bundesministers über die Haltung des amerikanischen Kongresses, glaube jedoch nicht, daß es eine Verbindung zwischen Zypern und dem amerikanisch-türkischen Verteidigungsabkommen gebe. Die amerikanische Administration erkläre regelmäßig, daß sie keinen solchen „link" herstellen wolle, daß der Kongreß dies jedoch tue.

AM Çaglayangil äußerte sich dann kritisch über die Tatsache, daß in den USA nationale Minderheiten innenpolitischen Druck ausübten. Falls diese Lobbies in der Tat so stark seien, wie immer behauptet werde, wie könne dann die USA noch eine unabhängige Außenpolitik führen?

AM Çaglayangil ging dann auf die Frage des Bundesministers ein, was von seiner Seite getan werden könne, und betonte, daß schon die Tatsache, daß die türkische Seite bereit sei, über Territorialfragen zu sprechen, eine positive Geste darstelle, die vor sechs bis sieben Monaten noch unmöglich gewesen wäre. Er wies dann auf die Schwierigkeiten mit dem Koalitionspartner in Ankara hin[8], der immer wieder betonte, daß die Türkei keine Verantwortung für die

---

5 Zum amerikanisch-türkischen Abkommen über Verteidigungshilfe vom 26. März 1976 vgl. Dok. 125, Anm. 18.

6 Am 29. März 1976 stellte Gesandter Hansen, Washington, zur Frage der Ratifizierung des amerikanisch-türkischen Abkommens vom 26. März 1976 über Verteidigungshilfe fest: „Das Abkommen wird ohne Frage auf Widerstände im Kongreß stoßen. Wie uns im State Department und im Verteidigungsministerium bestätigt wurde, gehen die vorgesehenen Summen über das hinaus, was in den bisherigen Erörterungen im Kongreß für Militärhilfe an ein einzelnes Land ins Auge gefaßt wurde. Erschwerend kommt hinzu, daß diese relativ hohen Summen bewilligt werden sollen, ohne daß Fortschritte in der Zypernfrage erzielt wurden. Durch eine vorbehaltlose Billigung des Abkommens würde der Kongreß sich in gewisser Weise selbst die Wirkungslosigkeit seines eigenen Embargos bescheinigen. Da es sich nicht um einen völkerrechtlichen Vertrag handelt, der nur der Zustimmung des Senats bedurft hätte, wird die parlamentarische Behandlung eventuell noch zusätzlich kompliziert. Das House, [...] dessen Griechenland-Lobby besonders eloquent ist, erhält auf diese Weise eine weitreichende Gelegenheit zur Kritik an den getroffenen Vereinbarungen." Vgl. den Drahtbericht Nr. 1051; Referat 203, Bd. 110272.

7 Bundeskanzler Schmidt besuchte vom 27. bis 29. Mai 1976 die Türkei. Vgl. dazu Dok. 160–162.

8 Am 19. Februar 1976 führte Gesandter Peckert, Ankara, zur Bildung der Regierung von Ministerpräsident Demirel im Vorjahr aus: „Eine mehrmonatige Regierungskrise, die sich zur Systemkrise

Entwicklung in Zypern habe, da der Konflikt durch den Staatsstreich von Sampson[9] ausgelöst worden sei.

Die türkische Seite habe ihre Bereitschaft gezeigt, die Demarkationslinie zu verbessern. Schon in Brüssel im Dezember 1975[10] habe er zu AM Bitsios gesagt, die Griechen sollten einen vernünftigen Vorschlag machen, den Ankara dem Koalitionspartner und auch der türkischen Öffentlichkeit anbieten könne. In Wahrheit wollten die Griechen keinen Quadratmeter weggeben. In Brüssel habe er den Griechen gesagt, man solle besser nicht mit Prozentsätzen beginnen. 20% zu 80%, das sei zu schwierig, je nachdem welches Gelände in den Prozentsätzen eingeschlossen sei. Es sei besser, eine gute Karte zu zeigen, um einen package deal vorzubereiten. Man könnte die damit im Zusammenhang stehenden Fragen an die zwei Ausschüsse zurückverweisen mit dem Ziel, die Volksgruppengespräche fortzusetzen.

Der türkische Außenminister kam dann auf die von Bundesminister erwähnte Äußerung von Denktasch zu sprechen. Er erklärte, daß man Verständnis für Denktasch haben müsse, da im Juni für den türkischen Teil Präsidentschafts- und Parlamentswahlen stattfinden[11], bei denen sechs Parteien Kandidaten aufstellten.

Die türkische Regierung könne keinen Territorialvorschlag machen. Man müsse daher auf den griechischen Vorschlag warten. AM Çaglayangil erklärte sich dann jedoch bereit, Denktasch umgehend über das Gespräch mit Bundesminister zu unterrichten und ihn zu bitten, die von ihm in Wien[12] bei der Territo-

Fortsetzung Fußnote von Seite 662

auszuweiten drohte, fand am 30. März 1975 mit der Bildung einer Regierung der ‚Nationalistischen Front' ein Ende. Unter Leitung von Ministerpräsident Demirel fanden sich seine Gerechtigkeitspartei (GP), Erbakans Nationale Heilspartei (NHP), und Feyzioglus Republikanische Vertrauenspartei (RvertrP) und Türkeş' Nationale Bewegungspartei (NBP) zu einer Regierung zusammen, die nur durch Unterstützung von Unabhängigen im Parlament das Vertrauensvotum erhielt. [...] Die Regierung erwies sich als erstaunlich stabil, obwohl sie liberale wie auch islamische und faschistoid-nationalistische Kräfte umfaßt, die schwer auf einen Nenner zu bringen sind. Der Zusammenhalt wurde durch weitgehendes Nachgeben Demirels gegenüber Erbakan und den Verzicht auf die Verwirklichung eines über die Tageserfordernisse hinausgehenden Programms erkauft. Das Parlament kam über Budgetberatungen kaum hinaus. In Führungspositionen der Verwaltung und anderer staatlichen Institutionen wurden Parteigänger der Regierungsparteien gebracht, was der Arbeitskontinuität nicht förderlich war." Vgl. die Anlage zum Schriftbericht Nr. 310; Referat 203, Bd. 110271.

9 Zum Regierungsumsturz auf Zypern am 15. Juli 1974 vgl. Dok. 125, Anm. 14.

10 Zur griechisch-türkischen Vereinbarung vom 12. Dezember 1975 vgl. Dok. 30, Anm. 6.

11 Botschafter Pagenstert, Nikosia, berichtete am 22. Juni 1976: „Bei den Wahlen zur ‚Präsidentschaft' und zur ‚Gesetzgebenden Versammlung' in der türkisch besetzten Nordregion Zyperns hat Denktasch am 20.6. als ‚Präsident des turko-zyprischen Bundesstaates' nach noch nicht amtlichen Angaben durchschlagenden Wahlsieg errungen. [...] Nach seinem Rückschlag bei den Kommunalwahlen am 23.5. [...] dürfte Denktasch durch diese Wahlsiege in seinem Selbstbewußtsein in fast bedenklichem Maße gestärkt worden sein. Es muß damit gerechnet werden, daß er nach der nahezu totalen ‚Befriedung' der Opposition nicht nur seine eigene Volksgruppe noch härter anfassen, sondern auch in bezug auf das Zypernproblem noch mehr Unnachgiebigkeit zeigen wird. Dies dürfte vor allem für sein Konzept eines unabhängigen turko-zyprischen Staates gelten, für das er jetzt, nach seiner Auslegung, das Mandat des turko-zyprischen ‚Volkes' erhalten hat." Pagenstert bemerkte dazu ferner: „Weiter ist nicht zu übersehen, daß die türkischen Streitkräfte in Zypern sowie die eingewanderten Festlandstürken Denktasch entscheidende Wahlhilfe nicht nicht geleistet haben. Höchste Stimmzahlen hat er bezeichnenderweise in Kyrenia und Famagusta auf sich vereinigen können, beides Gebiete, in denen sich besonders viele Festlandstürken angesiedelt haben." Vgl. den Drahtbericht Nr. 129; Referat 203, Bd. 110279.

12 Zur fünften Runde der Gespräche der Vertreter der türkischen bzw. griechischen Volksgruppe auf Zypern, Denktasch und Klerides, vom 17. bis 21. Februar 1976 in Wien vgl. Dok. 62, Anm. 12.

rialfrage bereits dargelegten Kriterien noch einmal zu wiederholen (u. a. bestimmte Sicherheitsstreifen für die türkische Gemeinschaft, Ansprüche auf bestimmte Küstenstreifen, u. ä.).

Der türkische Außenminister äußerte sich dann kritisch über eine angebliche Erklärung von PM Karamanlis, der gesagt haben solle, es sei besser, wenn der Kongreß sowohl das türkisch-amerikanische als auch das griechisch-amerikanische Abkommen ablehne, da man dann in der früheren Situation sei und das Embargo[13] gegen die Türkei wieder in Kraft trete.[14] Er stelle die Frage an Bundesminister, ob eine solche Politik im Interesse der Allianz liegen könne. Ebenso bedauerlich sei die griechische Weigerung, in das Kommuniqué einen Hinweis auf die beiden Abkommen aufzunehmen.[15] Beides zeige die griechische Mentalität und werfe die Frage auf, ob sie wirklich ernsthaft an einer Lösung interessiert sei. Ungeachtet dieser beiden Gravamina habe er sich bereit erklärt, mit AM Bitsios hier in Oslo zu sprechen.[16] Dies sei schon eine türkische Konzession.

Bundesminister betonte, daß sich die Bundesregierung dafür eingesetzt habe, die Griechen für die Annahme eines Passus im Kommuniqué zu gewinnen. Er erklärte ferner, daß er die vom AM Çaglayangil zitierte Äußerung von PM Karamanlis zum ersten Mal höre und die türkische Enttäuschung verstehen kön-

---

[13] Zur Einstellung der amerikanischen Verteidigungshilfe für die Türkei vgl. Dok. 30, Anm. 2.

[14] Am 20. April 1976 resümierte Botschafter Oncken, Athen, Ausführungen des Ministerpräsidenten Karamanlis am 17. April 1976 vor dem griechischen Parlament zum amerikanisch-türkischen Abkommen vom 26. März 1976 über Verteidigungshilfe und den amerikanisch-griechischen Grundsätzen vom 15. April 1976 über militärische Zusammenarbeit: „Daß K[aramanlis] die Vorteile der Abmachung hervorhob, war verständlich. Durch die griechische Politik sei es möglich gewesen, Gleichgewicht im Verhältnis zur Türkei wiederherzustellen. Aufmerksamkeit hat in diesem Zusammenhang Hinweis K.'s gefunden, daß er keine Bedenken haben würde, wenn der Kongreß sowohl das türkische Abkommen als auch die griechische Vereinbarung zurückweisen würde: ,A rejection of both agreements would restore the situation that existed before the signing of the U.S.-Turkish agreement.'" Vgl. den Drahtbericht Nr. 270; Referat 203, Bd. 110223.

[15] Am 16. Mai 1976 informierte Botschafter Oncken, Athen, über die Haltung der griechischen Regierung zur Erwähnung des amerikanisch-türkischen Abkommens vom 26. März 1976 über Verteidigungshilfe und der amerikanisch-griechischen Grundsätze vom 15. April 1976 über militärische Zusammenarbeit im Kommuniqué der NATO-Ministerratstagung am 20./21. Mai 1976 in Oslo: „Am 15.5. teilte mir Botschafter Tzounis mit, Außenminister Bitsios halte an der Nichterwähnung der o. a. Abmachungen im NATO-Kommuniqué fest. Trotz ausführlicher Unterrichtung über unsere Überlegungen glaube er aus Gründen griechischer Innenpolitik, Haltung nicht korrigieren zu können. Überhaupt liege Bitsios daran, daß Angelegenheit von NATO-Außenministern nicht angesprochen werde. Andernfalls könne er eigene Stellungnahme nicht vermeiden." Oncken merkte dazu an: „Annahme hat sich als zutreffend erwiesen, daß Griechen Frage der Waffenhilfe-Abmachungen derzeit vorrangig unter innenpolitischen Gesichtspunkten behandeln. Damit werden unsere Möglichkeiten einer Ausgleichstätigkeit in Ankara zugunsten Griechenlands eingeengt. Wie bei solchen griechischen Taktiken [...] der unsere Sicherheit beeinträchtigende griechisch-türkische Konflikt überwunden werden soll, vermag ich im Augenblick schwer zu erkennen." Vgl. den Drahtbericht Nr. 328; Referat 201, Bd. 113496.

[16] Gesandter Peckert, Ankara, übermittelte am 26. Mai 1976 Informationen zum Gespräch des griechischen Außenministers Bitsios mit dem türkischen Außenminister Çaglayangil am 22. Mai 1976 in Oslo: „Griechischer Botschaftsrat, der um Quellenschutz bat, sagte mir, er habe am 25.5. bewertendes Telegramm von Bitsios über Oslo-Gespräch mit Çaglayangil erhalten. Çaglayangil habe die feste Zusage gegeben, dafür zu sorgen, daß Zyperntürken in den nächsten Tagen die territorialen Forderungen der Zyperngriechen in ,konstruktiver, eindeutiger und unkomplizierter Form' beantworten würden. Bitsios sei von dem persönlichen Engagement Çaglayangils, diese Zusage einzuhalten, überzeugt gewesen und habe seinen Kontakt mit ihm positiv bewertet." Vgl. den Drahtbericht Nr. 572; Referat 203, Bd. 110280.

ne, falls eine solche Erklärung wirklich von griechischer Seite abgegeben worden sei.

Bundesminister erklärte dann, daß er eine Darstellung der Kriterien durch Denktasch, unter denen die Demarkationslinie geändert werden könne, als wesentlichen Fortschritt ansehen und es daher begrüßen würde, wenn AM Çaglayangil Denktasch zu dieser Darlegung ermutigen könne.

In diesem Zusammenhang erklärt er, daß seiner Kenntnis nach die Griechen sich bereit erklärt hätten, auf der Grundlage eines Territorialvorschlags von 20 % Verhandlungen aufzunehmen. Auf den Einwand des türkischen Außenministers, daß die türkische Seite erst die Bestätigung der 20 % in einem griechischen Brief erwarte, erklärte Bundesminister, daß es seiner Meinung nach eine prozedurale Erschwerung sei, wenn man jetzt erst eine erneute griechische Bestätigung verlange. Vielleicht sei es besser, umgekehrt zu prozedieren. Es könne z. B. Denktasch erklären, daß er bereit sei, über die Territorialfrage zu sprechen unter Bezugnahme auf die Klarstellung von Generalsekretär Waldheim über seine ausschließlich prozedurale Rolle.[17] Ein solches Vorgehen würde zur Klärung beitragen und den Türken außerdem einen erheblichen Vorteil gewähren noch vor dem eigentlichen Beginn der Verhandlungen, da sie ihre Position überzeugend darstellen könnten.

Bundesminister ging dann auf die Frage vom AM Çaglayangil betreffend den Besuch von Bundeskanzler Schmidt ein und erklärte, der Bundeskanzler komme als guter Freund in die Türkei, als Chef einer Regierung, die in besonderer Weise großes Verständnis für die Türkei gezeigt habe. Der Bundeskanzler komme, um zuzuhören und um seine Meinung darzulegen, nicht um ein vorformuliertes Konzept auf den Tisch zu legen. Er komme im übrigen unabhängig von einer möglichen Initiative, wie sie in diesem Gespräch skizziert werde, einer Initiative, von der wir hoffen, daß sie durch Hilfe von AM Çaglayangil in Gang komme.

Der *türkische Außenminister* erläuterte noch einmal die Schwierigkeiten, die dadurch entstanden seien, daß Generalsekretär Waldheim in dem griechisch-zypriotischen Papier über den 20%-Vorschlag genannt worden sei. Er sagte dann jedoch zu, Denktasch zu empfehlen, seine Kriterien darzulegen. Er wies jedoch noch einmal darauf hin, daß Denktasch nicht riskieren könne, daß man ihm bei der Wahl vorwerfe, den Boden Zyperns zu verschenken.

Zuletzt erklärte AM Çaglayangil, daß er heute auch mit Außenminister Sauvagnargues gesprochen habe, der ihm mitgeteilt habe, daß die Griechen bereit seien, dem Vertreter des Generalsekretärs der Vereinten Nationen in Nikosia zu bestätigen, daß der 20%-Vorschlag von ihnen stamme.

Bundesminister sprach die Hoffnung aus, daß sowohl die Griechen den von AM Sauvagnargues angekündigten Brief schreiben würden[18] als auch Denktasch

---

[17] Vgl. dazu die Auseinandersetzung um eine Karte des UNO-Generalsekretärs Waldheim; Dok. 110, Anm. 13.

[18] Am 26. Mai 1976 berichtete Gesandter Peckert, Ankara, das türkische Außenministerium habe bestätigt, „daß Papadopoulos am 18.5. an Pérez den berichtigten zypern-griechischen Territorialvorschlag ohne Bezug auf Waldheim übergeben habe. Dieser Brief sei gleichzeitig im Westen verteilt worden, Genscher habe ihn in Oslo Çaglayangil gezeigt. Der zypern-türkischen Seite sei er erst am 24.05. übergeben worden. Antwort werde innerhalb von zehn Tagen erfolgen." Vgl. den Drahtbericht Nr. 576; Referat 110280.

die von AM Çaglayangil erwähnten Kriterien in einem Schreiben darlegen werde[19] , das auch veröffentlicht werden könne. Ein solches Verfahren entspreche im übrigen der Brüsseler Vereinbarung, in der von einem Austausch von Dokumenten die Rede sei.

Bundesminister erklärte dann, daß er am 21. Mai auch AM Bitsios treffen werde.[20]

Referat 203, Bd. 110271

148

Bundesminister Genscher an Bundeskanzler Schmidt

620-620.19/1 POL   **21. Mai 1976[1]**

Sehr geehrter Herr Bundeskanzler,

die polnische Regierung beabsichtigt, anläßlich des Besuches des Ersten Sekretärs der Polnischen Vereinigten Arbeiterpartei, Edward Gierek, in der Bundesrepublik Deutschland in der Zeit vom 8. bis 12. Juni 1976[2] erneut das Thema „Deutsch-polnische Schulbuchkonferenzen"[3] anzusprechen. Sie wird versuchen, bei dieser Gelegenheit von der Bundesregierung eine Verpflichtungserklärung zu erhalten, die Empfehlungen der deutsch-polnischen Schulbuchkonferenzen in deutschen Schulbüchern und Lehrplänen für den Schulunterricht umzusetzen.

Eine entsprechende Erklärung der Bundesregierung würde den seit 1972 zwischen Wissenschaftlern, Schulbuchautoren und Experten der Länder geführten Schulbuchgesprächen (die auf deutscher Seite ohne staatliche Einflußnahme unter der Schirmherrschaft der deutschen UNESCO-Kommission vom Georg-Eckert-Institut für internationale Schulbuchforschung in Braunschweig wahrgenommen werden) amtlichen Charakter verleihen. Die Empfehlungen der Wissenschaftler würden zu verbindlichen politischen Aussagen aufgewertet.

---

[19] Vgl. dazu das Schreiben des Vertreters der türkischen Volksgruppe auf Zypern bei den Wiener Gesprächen über eine Beilegung des Zypern-Konflikts, Onan, vom 27. Mai 1976 an den Sondergesandten der UNO, Pérez de Cuéllar; Dok. 160, Anm. 8.

[20] Zum Gespräch des Bundesministers Genscher mit dem griechischen Außenminister Bitsios vgl. Dok. 157.

[1] Durchdruck.
Der Entwurf des Schreibens wurde von Ministerialdirektor Arnold mit Begleitvermerk vom 18. Mai 1976 an Bundesminister Genscher mit der Bitte um Unterzeichnung geleitet.
Hat Ministerialdirigent Kinkel am 20. Mai 1976 vorgelegen. Vgl. den Begleitvermerk; Referat 620, Bd. 191187.

[2] Zum Besuch des Ersten Sekretärs des ZK der PVAP, Gierek, vgl. Dok. 181 und Dok. 186.

[3] Zu den Gesprächen zwischen dem Internationalen Schulbuch-Institut in Braunschweig und dem polnischen Instytut Programów Szkolnych vgl. Dok. 103, Anm. 8

Der polnischen Regierung ist die verfassungsrechtliche Situation der Bundesrepublik Deutschland, wonach die Zuständigkeit für Unterricht und Lehrmittel
ausschließlich bei den Ländern liegt, und die fehlende Bereitschaft der Länder,
Verpflichtungen zur Umsetzung der Empfehlungen einzugehen, wohl bekannt.

Die Länder haben zwar die Zustimmung gegeben, in das deutsch-polnische
Kulturabkommen eine allgemein gehaltene Würdigung der deutsch-polnischen
Schulbuchkonferenzen aufzunehmen, und eine „Bemühensklausel" der Bundesregierung in der Frage der Umsetzung der Empfehlungen akzeptiert.[4] Sie
sind jedoch keinesfalls bereit, die von den Polen zäh begehrte weiterreichende
Formulierung mitzutragen, die eine Verpflichtung beinhaltet, „auf die Umsetzung der Empfehlungen einzuwirken (oder hinzuwirken)".

Die polnische Seite ist daher bemüht, das Thema deutsch-polnische Schulbuchbereinigung der innerdeutschen verfassungsrechtlichen Kompetenz zu entziehen und als einen Prüfstein der deutsch-polnischen Zusammenarbeit bei der
Normalisierung der Beziehungen herauszustellen. Sie hofft, auf diese Weise
eine politische Aussage der Bundesregierung im gewünschten Sinne zu erreichen.

In dieser Absicht wurden z. B. in den letzten Wochen hochrangige deutsche Politiker bei Besuchen in der Volksrepublik Polen regelmäßig auf die Schulbuch-
frage angesprochen.[5] Es wurde versucht, sie zu Äußerungen und zum Engagement für die Umsetzung der Empfehlungen der Schulbuchkonferenzen zu veranlassen.

---

4 Ministerialdirigent Schödel resümierte am 1. Juni 1976 den Stand der Verhandlungen zwischen
  der Bundesrepublik und Polen über ein Kulturabkommen: „In den Verhandlungen über das deutsch-
  polnische Kulturabkommen in Bonn vom 23. bis 26. März 1976 und in Warschau vom 3. bis 5. Mai
  1976 konnte keine Einigung über die Formulierung des Artikels 4 zur Umsetzung der Schulbuchempfehlungen der deutsch-polnischen Schulbuchkonferenzen erreicht werden. [...] Die deutsche Delegation war in den Verhandlungen an die im deutschen Vertragsentwurf enthaltene Formulierung,
  die mit den elf Ländern abgestimmt worden ist, gebunden. Die Polen verlangten zunächst eine
  über die deutsche Bemühensklausel hinausgehende vertragliche Verpflichtung zur Umsetzung aller Empfehlungen der deutsch-polnischen Schulbuchkonferenzen. Darauf konnte die Bundesregierung nicht eingehen, weil sie verfassungsrechtlich zu einer solchen völkerrechtlichen Verpflichtung
  keine Kompetenz hat und die von freien Wissenschaftlern erarbeiteten Empfehlungen in ihrer Gesamtheit weder von der Bundesregierung noch von den Ländern akzeptiert werden können. Die
  polnische Seite bot schließlich am 1. Juni 1976 folgende Formulierung an, die den obigen deutschen
  Vorbehalten Rechnung trägt: ‚Artikel 4: In Anbetracht der großen Bedeutung, die die Schule und
  die Schulbücher für die Jugenderziehung haben, werden die Vertragsparteien ihre Bemühungen
  fortsetzen, in den Schulbüchern eine Darstellung der Geschichte, Geographie und Kultur der anderen Seite zu erreichen, die eine umfassendere Kenntnis und ein besseres gegenseitiges Verständnis
  fördert; sie werden darauf hinwirken, daß dabei die Empfehlungen der gemeinsamen Schulbuchkommission berücksichtigt werden.'" Das Auswärtige Amt sei nun bestrebt, für den so gefaßten
  Artikel 4 die Zustimmung der Bundesländer zu erhalten. Vgl. Referat 620, Bd. 191187.

5 So hielt Gesandtin Rheker, Warschau, am 29. März 1976 zum Besuch des Bundesministers Rohde
  vom 22. bis 26. März 1976 in Polen fest: „Hinsichtlich der noch ungelösten Frage der Einführung
  der Ergebnisse der Schulbuchkommission in der Bundesrepublik wollen Polen nicht drängen, sondern geduldig einen Weg zur Lösung suchen. Außenminister Olszowski werde bei seinem Besuch in
  Bonn ‚realistische' Vorschläge machen. [...] Die polnische Seite wird als ersten Schritt eine Reihe
  von Schulbuchverlegern, Schulbuchautoren und -lektoren zu einem Besuch nach Polen einladen
  und auf diese Weise versuchen, maßgebliche Persönlichkeiten zu beeinflussen. Die Einladungen
  werden vermutlich bereits für Anfang Mai 1976 aus Anlaß des ‚Tages des Buches' ausgesprochen.
  Bundesminister Rohde will die deutschen Gäste zu einem Informationsgespräch vor ihrer Abreise
  nach Bonn bitten." Vgl. den Drahtbericht Nr. 316; Referat 620, Bd. 191187.

Diese Entwicklung bereitet mir Sorge, da durch sie die polnischen Erwartungen verstärkt und gleichzeitig, in Anbetracht der reservierten Haltung der Bundesländer, der Abstand zwischen diesen Erwartungen und den Möglichkeiten der Bundesrepublik Deutschland, sie zu erfüllen, vergrößert wird.

Ich wäre Ihnen daher sehr dankbar, wenn Sie Ihre Absicht verwirklichen würden, bei Ihrem Treffen mit den Ministerpräsidenten der Länder am 2. Juni 1976 die Problematik der Schulbuchkonferenzen anzusprechen.[6]

Die Situation mit den Polen zeigt, daß die wissenschaftliche Bearbeitung gemeinsamer Empfehlungen nicht mehr genügt, um außenpolitische Erwartungen auf dem Gebiet der Schulbuchbereinigung zu erfüllen. Im Interesse der auswärtigen Kulturpolitik muß daher sichergestellt werden, daß die Länder bereit sind, die Verantwortung, die sie durch die verfassungsrechtliche Kompetenz auf dem Gebiet des Schulbuchwesens haben, auch auf dem Gebiet der Schulbuchbereinigung mit ausländischen Staaten zu übernehmen.

In zahlreichen Kulturabkommen (u.a. mit osteuropäischen Staaten und der Sowjetunion) sind mit grundsätzlicher Zustimmung der Länder Verpflichtungen der Bundesrepublik Deutschland zur Zusammenarbeit auf dem Gebiet des Schulbuchwesens eingegangen worden.[7] Die Bundesregierung kann diese kulturpolitischen Aufgaben nur erfüllen, wenn die Länder ihre Mitwirkung bei der Umsetzung der erarbeiteten Ergebnisse nicht versagen.

Da Aufgaben der Schulbuchforschung und der internationalen Zusammenarbeit auf diesem Gebiet seit mehr als 20 Jahren durch das Internationale Schulbuchinstitut in Braunschweig wahrgenommen werden und das Institut hierfür eine jährliche Projektförderung aus Bundesmitteln erhält, ist eine Zusammenarbeit und Mitverantwortung aller Länder an der Arbeit dieses Instituts dringend erforderlich.

Das Land Niedersachsen hat in dieser Einsicht im vergangenen Jahr seine bisherige Trägerschaft und alleinige Verantwortung für die Arbeit des Braunschweiger Instituts aufgegeben und durch eine gesetzliche Regelung den Beitritt aller Länder zum Kuratorium des Instituts ermöglicht.[8] Bedauerlicherweise haben sich die Länder jedoch noch nicht zu dieser bundesweiten Zusammenarbeit und Verantwortung zusammenfinden können. Es würde die Verhandlungen, die das Land Niedersachsen mit den übrigen Ländern über deren Mitarbeit im Internationalen Schulbuchinstitut führt, sehr unterstützen, wenn Sie bei Ihren Gesprächen mit den Ministerpräsidenten der Länder die Bedeutung der Zusammenarbeit der Länder im Internationalen Schulbuchinstitut für die auswärtige Kulturpolitik herausstellen würden.

---

[6] Das Gespräch des Bundeskanzlers Schmidt mit den Ministerpräsidenten der Länder fand am 4. Juni 1976 statt. Vgl. dazu Dok. 197, besonders Anm. 9.

[7] So wurde in Artikel 3 des Abkommens vom 19. Mai 1973 zwischen der Bundesrepublik und der UdSSR über kulturelle Zusammenarbeit ausgeführt: „Die Vertragsparteien werden zusammenarbeiten in dem Bemühen, in den Schulbüchern eine Darstellung der Geschichte, Geographie und Kultur der anderen Seite zu erreichen, die das bessere gegenseitige Verständnis fördern soll." Vgl. BUNDESGESETZBLATT 1973, Teil II, S. 1685.

[8] Für den Wortlaut des Gesetzes vom 26. Juni 1975 über die Gründung des „Georg-Eckert-Instituts für internationale Schulbuchforschung" vgl. NIEDERSÄCHSISCHES GESETZ- UND VERORDNUNGSBLATT Nr. 15/1975 vom 27. Juni 1976, S. 212 f.

Ich erlaube mir, Ihnen als Anlage eine Aufzeichnung über das Georg-Eckert-Institut beizufügen.[9]

gez. Genscher[10]

Referat 620, Bd. 191187

149

Runderlaß des Vortragenden Legationsrats I. Klasse Lücking

210-331.62-1257/76 VS-vertraulich   Aufgabe: 22. Mai 1976, 11.34 Uhr[1]
Fernschreiben Nr. 1963
Cito

Betr.:   Deutschland- und Berlintreffen auf Außenminister- und Direktorenebene am Rande der NATO-Ministerratstagung in Oslo am 20./21. Mai 1976[2]

Bezug: Schrifterlaß vom 10.5.1976 – 210-331.62-1150/76 VS-v[3]

I. Dem Treffen der Minister am 21.5. gingen zwei Treffen auf Direktorenebene am 20.5. voraus.

Teilnehmer: Hartman (USA), Campbell (Großbritannien), Laboulaye (Frankreich), van Well (Bundesrepublik Deutschland).

Das zweite Treffen nahm für Frankreich Andréani wahr. Die Direktoren waren von den Leitern der Delegationen in der Bonner Vierergruppe sowie Experten aus den Außenministerien (zum letzteren mit Ausnahme Großbritanniens) begleitet.

---

9 Dem Vorgang beigefügt. In dem Vermerk wurde zur Neugründung des Instituts für Internationale Schulbuchforschung, Braunschweig, ausgeführt: „Das Auswärtige Amt bemühte sich anläßlich der gesetzlichen Neugründung des Internationalen Schulbuchinstituts sicherzustellen, daß die Hauptinteressen des Bundes gewahrt bleiben, nämlich 1) das Institut in der Lage sein wird, internationale Expertengespräche über Schulbuchrevisionen zu übernehmen; 2) die Arbeit des Schulbuchinstituts mit den anderen Ländern in der Bundesrepublik Deutschland institutionell so verbunden wird, daß eine Garantie für die Übernahme der von den Experten erarbeiteten Empfehlungen für Schulbuchrevisionen durch alle Länder gegeben ist. [...] Der Niedersächsische Landtag hat am 26. Juni 1975 das Gesetz über die Gründung des Georg-Eckert-Instituts für internationale Schulbuchforschung als Anstalt des öffentlichen Rechts verabschiedet. [...] Das Gesetz allein kann zwar die vom Auswärtigen Amt erstrebte bundesweite Zusammenarbeit an der Arbeit des Instituts noch nicht bewirken, das Land Niedersachsen hat aber mit dieser gesetzlichen Möglichkeit und der eigenen Verpflichtung zur Zusammenarbeit mit den anderen Ländern auf dem Gebiet der Schulbuchforschung den vom Auswärtigen Amt erstrebten Schritt getan." Vgl. Referat 620, Bd. 191187.

10 Dazu maschinenschriftlicher Vermerk: „Im Original unterschrieben."

1 Durchdruck.

2 Zur NATO-Ministerratstagung vgl. Dok. 152 und Dok. 166.

3 Vortragender Legationsrat I. Klasse Lücking übermittelte „ein unter den Vier betroffenen Staaten in der Bonner Vierergruppe abgestimmtes Papier [...], welches eine Beurteilung der Situation Berlins enthält. Dieses Papier soll der Vorbereitung des Treffens der vier Außenminister zu aktuellen Fragen der Deutschland- und Berlinpolitik am 21.5.1976 in Oslo dienen." Vgl. VS-Bd. 10931 (210); B 150, Aktenkopien 1976.

1) Berlin-Passus im NATO-Kommuniqué[4]

D 2 stellte fest, daß der Berlin-Passus inzwischen von den vier Regierungen gebilligt sei. Er dankte für die klare Aussage über das Außenvertretungsrecht der Bundesrepublik Deutschland für Berlin (West). Hiermit solle den Sowjets ein Signal dafür gesetzt werden, daß die Allianz dieser Frage besondere Aufmerksamkeit widmet und bereit ist, einer Erosion der westlichen Position in diesem Bereich entgegenzuwirken.

2) Analyse der Bonner Vierergruppe zur Lage Berlins

Die Direktoren sagten übereinstimmend, daß das Papier eine sehr gute Arbeit darstelle.

Laboulaye führte aus, die Taktik der SU und die Taktik der DDR müßten insofern zusammengesehen werden, als beide darauf abzielten, einen speziellen Typ von Beziehungen zwischen den WP-Staaten und Berlin (West) zu entwickeln. Bonn habe sich zweimal gezwungen gesehen, dieser Taktik nachzugeben, einmal bei den Verkehrsvereinbarungen mit der DDR im Dezember 1975[5] und zum anderen bei den Gesprächen mit der SU über Rechtshilfe[6]. Die Drei müßten im übrigen den Sowjets klar sagen, daß diese das Begriffspaar Status und Sicherheit viel zu extensiv interpretierten. Wir hielten uns strikt an das Vier-Mächte-Abkommen. Neue rechtliche Bindungen (legal links) zu Berlin (West) kämen nicht in Frage.

D 2 antwortete, wir seien uns des Spannungszustandes wohl bewußt, der zwischen politisch wünschenswerten und praktisch erforderlichen Verbesserungen der Lage Berlins einerseits und der Notwendigkeit der Aufrechterhaltung der alliierten Rechtsposition andererseits besteht. Im Vier-Mächte-Abkommen sei ausdrücklich festgehalten „... ungeachtet der Unterschiede in den Rechtsauffassungen ..."[7].

---

[4] Ziffer 6 des Kommuniqués der NATO-Ministerratstagung am 20./21. Mai 1976 in Oslo: „The Ministers reviewed the developments relating to Berlin and Germany as a whole which have occured since their last meeting in December 1975. They took note of the agreements concluded on 19th December, 1975 by the two German States, agreements which will bring, in the interest of the German people, further improvements to the traffic to and from Berlin. As regards Berlin, the Ministers discussed the further experience gained in the implementation of the Quadripartite Agreement of 3rd September 1971, and especially, of those provisions of the Agreement which concern the Western sectors of Berlin. They noted, in particular, that the provisions of this Agreement which concern the traffic to and from Berlin were being implemented in a satisfactory way. Noting that Berlin's participation in international activities is an important element of the viability of the city, Ministers viewed with concern attempts of certain countries to impose limitations on the right of the Federal Republic of Germany, as confirmed in the Quadripartite Agreement, to represent the interests of the Western sectors of Berlin abroad. They expressed the hope that, in the interest of the Berliners and of progress in co-operation in Europe, all provisions of the Quadripartite Agreement and, especially, the provisions which relate to the representation abroad of the interests of the Western sectors of Berlin by the Federal Republic of Germany will be fully implemented and strictly observed." Vgl. NATO FINAL COMMUNIQUES 1975–1980, S. 46 f. Für den deutschen Wortlaut vgl. EUROPA-ARCHIV 1976, D 528 f.

[5] Zu den Vereinbarungen vom 19. Dezember 1975 zwischen der Bundesrepublik und der DDR über Verbesserungen im Straßen-, Schienen- und Binnenschiffahrtsverkehr vgl. Dok. 16, Anm. 4.

[6] Zum Stand der Verhandlungen zwischen der Bundesrepublik und der UdSSR über ein Abkommen zur gegenseitigen Rechtshilfe in Zivil- und Handelssachen vgl. Dok. 15, besonders Anm. 2.

[7] In der Präambel des Vier-Mächte-Abkommens über Berlin vom 3. September 1971 hieß es: „The Governments of the United Kingdom of Great Britain and Northern Ireland, the French Republic, the Union of the Soviet Socialist Republics and the United States of America [...] Acting on the ba-

Man müsse streng unterscheiden zwischen der Aufrechterhaltung der eigenen westlichen Rechtsposition einerseits und der Anerkennung dieser Rechtsposition durch die SU andererseits. Diese Anerkennung könne nicht erreicht werden. In der Frage nach dem, was zur Aufrechterhaltung einer bestimmten Rechtsposition erforderlich sei, gäbe es sicherlich einen Spielraum. Die Drei Mächte möchten bedenken, daß es für die deutsche Seite sehr schwer sei, bestimmte rechtliche Positionen der Alliierten in der politischen Wirklichkeit zu implementieren. So finde man z.B. weithin kein Verständnis dafür, daß Papiere von einer ganz bestimmten Art, zu einer bestimmten Zeit, an einem bestimmten Ort von einer bestimmten Person einer bestimmten anderen Person übergeben werden müssen, damit eine Rechtsposition gewahrt bleibt (gemeint sind die Pläne zum Ausbau von drei Eisenbahnhaltepunkten in Berlin (West), welche die DDR den Drei Mächten zur Genehmigung vorlegen mußte.[8])

Man dürfte auch in diesem Bereich keine enge Fachsicht haben, sondern müsse das politische Gesamtspektrum berücksichtigen. Sicherlich komme der Wahrung der alliierten Rechtsposition in Berlin besondere Bedeutung zu, zumal die westliche Position in anderen Bereichen vor allem auf dem militärischen Sektor, schwach sei. Aber man müsse darauf achten, daß man nicht eine Politik betreibe, die darauf hinauslaufe, Rechtspositionen ihrer selbst willen zu behaupten. Sonst befänden wir uns eines Tages in der Situation, daß die Rechte zwar wohl erhalten seien, die tatsächliche Lage der Stadt inzwischen aber der Erosion verfallen sei.

Hartman sagte, auch die USA wollten keinen Stillstand in der Entwicklung Berlins. Aber die Bundesregierung müsse den Drei Mächten im gegebenen Falle genügend Zeit lassen, damit sie umfassend prüfen könnten, ob und wie ihre Rechte berührt würden. Die Drei Mächte müßten imstande sein, auch die

Fortsetzung Fußnote von Seite 670
   sis of their quadripartite rights and responsibilities, and of the corresponding wartime and postwar agreements and decisions of the Four Powers, which are not affected, [...] Without prejudice to their legal positions, have agreed on the following". Vgl. UNTS, Bd. 880, S. 124. Für den deutschen Wortlaut vgl. BUNDESANZEIGER, Nr. 174 vom 15. September 1972, Beilage, S. 45.
8 Im Rahmen der Vereinbarungen vom 19. Dezember 1975 zwischen der Bundesrepublik und der DDR über Verbesserungen im Straßen-, Schienen- und Binnenschiffahrtsverkehr wurde der Ausbau von drei neuen Reichsbahn-Haltepunkten in Berlin (West) durch die DDR vereinbart. Vortragender Legationsrat Henze wies am 18. März 1976 darauf hin, daß sich die DDR geweigert habe, die für die Bauarbeiten erforderlichen Genehmigungen bei den Drei Mächten einzuholen: „Sie hat mit den Bauarbeiten bereits im Februar begonnen und erklärt, es sei Sache des Senats, die erforderlichen Genehmigungen zu beschaffen. Die Alliierten erklärten sich nach längeren und teilweise schwierigen Konsultationen bereit, der DDR insoweit entgegenzukommen, als sie den Antrag nicht mehr unmittelbar bei den Alliierten einholen muß, sondern die Bauunterlagen an zwei Senatsangestellte, die gleichzeitig bei den alliierten Missionen als Verbindungsleute zur Reichsbahn arbeiten, mit der Bitte um Einholung der Genehmigung übergeben kann. Dieser Kompromißvorschlag wurde der DDR (MfAA, Abteilungsleiter Seidel) durch StS Gaus übermittelt. Letzterer gewann dabei den Eindruck, daß der Vorschlag für die DDR allenfalls dann akzeptabel sei, wenn er durch den Senat an die DDR herangetragen würde. Die Alliierten stimmten der Anregung unter der Bedingung zu, daß das auf technischer Ebene geschehe. [...] In dem darauf folgenden Gespräch Senat– DDR auf technischer Ebene am 17.3. erwiderte der DDR-Vertreter auf die Erklärung des Senatsvertreters zum Prozedurvorschlag, ‚daß er eine solche Erklärung nicht akzeptieren könne‘." Vgl. VS-Bd. 10929 (210); B 150, Aktenkopien 1976.
   Am 25. März 1976 wurde dazu in der Presse berichtet: „Im Konflikt um die Reichsbahn-Haltepunkte in West-Berlin hat die ‚DDR‘ am Mittwoch eingelenkt. Einen Tag vor dem Ablauf eines amerikanischen Ultimatums, das der Reichsbahn zur Vorlage entsprechender Baupläne gesetzt worden war, übergaben Vertreter der Reichsbahn Westberliner Beauftragten die Bauzeichnungen." Vgl. den Artikel „Ost-Berlin gibt im Reichsbahn-Streit nach"; DIE WELT vom 25. März 1976, S. 2.

671

Einzelheiten mit der Bundesregierung zu diskutieren, bevor diese Verträge abschließe.

Laboulaye unterstrich die Notwendigkeit, gegenüber sowjetischen Angriffen zunächst einmal die eigene Rechtsposition zu „konsolidieren". Auch wenn es um die Erlangung praktischer Vorteile gehe, dürfe keine Ausnahme von der Regel der integralen Aufrechterhaltung der alliierten Rechtspositionen gemacht werden.

D 2 entgegnete, bei den Rechtshilfegesprächen mit der SU habe sich herausgestellt, daß Frankreich einen sehr restriktiven Rechtsstandpunkt vertrete. Die Bundesregierung habe dem Rechnung getragen und unverzüglich die Gespräche mit den Sowjets angehalten. D 2 erläuterte weiter, da nach unserer Auffassung die Beziehungen der Bundesrepublik Deutschland zur DDR innerdeutsche Beziehungen seien, habe das Problem der Einbeziehung Berlins hier andere Aspekte als im Bereich der normalen Außenbeziehungen. Unsere Beziehungen zur DDR fielen nach der Verhandlungsgeschichte nicht unter Anlage IV des Vier-Mächte-Abkommens.[9] Im übrigen gäbe es bekanntlich nach dem Vier-Mächte-Abkommen bestimmte technische Bereiche, in denen nur der Senat von Berlin mit der DDR verhandeln könne. Schließlich müsse er darauf hinweisen, daß gerade bei den Verkehrsvereinbarungen die DDR zum ersten Male akzeptiert habe, mit uns über bestimmte Berlin betreffende Fragen zu verhandeln, für die sie bislang die ausschließliche Kompetenz des Senats stipuliert hatte.

Campbell meinte, nach seiner Auffassung hätten die Sowjetunion und die DDR mit ihren Protesten im Bereich der Außenvertretung bisher auf die Regierungen und die Öffentlichkeit nicht viel Eindruck gemacht. Er halte die Aktivitäten der Sowjetunion nicht für klug. Im übrigen fragten sich die britischen Ostexperten, ob bezüglich Berlin (West) die langfristigen Interessen der Sowjetunion und der DDR wirklich – wie immer wieder behauptet werde – Hand in Hand gingen. Aber er müsse zugeben, daß es letztlich eine akademische Frage sei.

D 2 legte dann im einzelnen die großen Sorgen dar, die uns der Bereich der Außenvertretung Berlins durch den Bund wegen der ständigen sowjetischen Angriffe bereitet. Er appellierte an die Drei, sich darüber klar zu werden, was es für die Bundesregierung bedeute, daß praktisch unsere gesamte Vertragspolitik gegenüber der Sowjetunion und auch den anderen Staaten des Warschauer Pakts wegen der Frage der Einbeziehung Berlins blockiert sei. Für uns gehe es darum, diese Blockade aufzuheben. Wir stünden unter keinem innenpolitischen Druck, auch nicht von Seiten der Wirtschaft; wir seien nicht Demandeur. Die Regierung bemühe sich mit Nachdruck um eine Deblockierung der Vertragspolitik, weil das im Interesse der Fortführung der Gesamtpolitik gegenüber dem Osten auf der bisherigen Linie erforderlich sei. Im bilateralen Bereich gehe es darum, daß die Sowjetunion die Bundesinstitutionen in Berlin akzeptiere. D 2 erinnerte weiter an die Bedeutung der Straßenverkehrsabkommen mit den osteuropäischen Staaten sowie die Notwendigkeit einer Lösung

---

9 Für die Anlagen IV A und B des Vier-Mächte-Abkommens über Berlin vom 3. September 1971 vgl. Dok. 15, Anm. 6

der Rechtshilfefrage. Aus dem internationalen multilateralen Bereich nannte er als Beispiele für Schwierigkeiten Seminare von VN-Gremien in Berlin und die Teilnahme von Berlinern an internationalen Konferenzen als Mitglieder der Delegationen der Bundesrepublik Deutschland. Er erinnerte an die Bedeutung der Einbeziehung Berlins in ein Abkommen EG–RGW.[10] Im übrigen, führte D 2 weiter aus, seien wir zu der Überzeugung gelangt, daß wir mit den Drei Mächten auch den Gesamtkomplex der Erstreckung von Abrüstungsverträgen auf Berlin erörtern müßten. Verschiedene Verträge dieser Kategorie hätten die Alliierten in der Vergangenheit nach Berlin erstreckt[11], jetzt wollten sie das offenbar nicht mehr tun. Damit sei für uns ein grundsätzliches Problem aufgeworfen.

Zusammenfassend stellte D 2 fest, es müsse unser Ziel sein, die Marge der Divergenz mit der Sowjetunion in den genannten Bereichen zu reduzieren. Er meine, daß auch die Sowjetunion mit uns zu Arrangements kommen wolle. Wir müßten also eine Politik betreiben, die die Sowjets dahin bringe, daß sie zu der Überzeugung gelangen, es liege in ihrem Interesse, z. B. die Bundesinstitutionen in Berlin zu akzeptieren. Dafür müsse natürlich ein Preis gezahlt werden; wie immer in Berlin-Fragen hätten wir auch hier nicht viel zu bieten, aber man könne z. B. an „Kleingeld" wie die Abänderung unseres Visumstempels denken. Die hierfür erforderliche Zustimmung des Bundesrats könnten wir wiederum nur erreichen, wenn wir bestimmte Fortschritte in der Berlin-Frage aufzuweisen hätten.

Hartman stimmte D 2 nachdrücklich darin zu, daß das reine Zurückweisen der sowjetischen Proteste, so wie man es bisher gehandhabt habe, nicht ausreiche. Die mit großer Mühe in der Vierergruppe ausgearbeiteten langen Noten seien weitgehend reine Zeitverschwendung. Wir hätten bisher immer nur reagiert, wir befänden uns in der Defensive. Wir dürften nicht mehr warten, bis die Sowjets im multilateralen Bereich Berlin-Attacken machten. Der westliche rechtliche und politische Berlin-Standpunkt müsse in Zukunft viel überzeugender vertreten werden, als das bisher geschehen sei. Es bestünde international eine nicht zu überschätzende Ignoranz in der Berlin-Frage. Wir müßten eine präventive Aktion starten mit dem Ziel, daß die Staaten in der Berlin-Frage nicht mehr auf die Thesen des Ostens hörten. Die Vierergruppe solle hierzu eine Studie ausarbeiten.

Andréani erklärte sich mit einer solchen Studie einverstanden. Die französische Seite könne sich aber nicht hinsichtlich der aus der Studie zu ziehenden operativen Konsequenzen vorab die Hände binden. Auch Campbell sprach sich nachdrücklich für eine Studie aus mit derselben Einschränkung.

D 2 entgegnete, selbstverständlich müßten die Regierungen zustimmen, bevor aufgrund der Studie der Vierergruppe Aktionen unternommen würden. Uns komme es ganz entscheidend darauf an, daß die Studie sich nicht in allgemei-

---

[10] Zur Frage der Einbeziehung von Berlin (West) in ein Abkommen zwischen den Europäischen Gemeinschaften und dem RGW vgl. Dok. 141.

[11] Vgl. dazu die Einbeziehung von Berlin (West) in den Nichtverbreitungsvertrag vom 1. Juni 1968 bzw. in das Übereinkommen vom 10. April 1972 über das Verbot der Entwicklung, Herstellung und Lagerung bakteriologischer (biologischer) Waffen und von Toxinwaffen sowie über die Vernichtung solcher Waffen; Dok. 43, Anm. 11 und 12.

nen Feststellungen verliere und erschöpfe, sie müsse vielmehr zu konkreten Vorschlägen kommen, wie die konkreten anstehenden Probleme, die er mehrfach aufgezeigt habe, mit Aussicht auf Erfolg weiterbehandelt werden könnten.

Die Direktoren beschlossen daraufhin, den Ministern vorzuschlagen, die Vierergruppe mit der Ausarbeitung von zwei verschiedenen Studien zu beauftragen. Es wurde Einvernehmen über das folgende Mandat erzielt:

„Countering Soviet and GDR policies concerning Berlin

The senior officials approved the assessment paper concerning Berlin which had been prepared by the Bonn group.

The senior officials agreed that the USSR and the GDR are continuing their campaign to undermine the Western position on Berlin and to promote the concept of West Berlin as a separate political entity. Recent protests have become more assertive in stating out for the Soviet Union the claim to a consultative voice in matters affecting West Berlin. They also aim at questioning the limits of the supreme authority which the Three Powers exercise in the Western sectors of the city.

(Mr. van Well presented an exposé on the state and prospectives of the relations and negotiations between the FRG (or the Senat) and the GDR.

The allied senior officials were grateful for this description of FRG plans – they have stressed again the need that the Three Powers should be fully consulted on all aspects of inner German negotiations involving Berlin.)

The senior officials discussed two proposals for countering this campaign in their meeting yesterday. They agreed to submit the following proposals to Ministers for approval:

1) Preparation of a position paper for briefing other governments

Ministers instructed the Bonn Group to prepare a paper on the Western legal and political position on Berlin with the purpose of establishing the Western position as the standard for judging issues pertaining to Berlin and of establishing a factual basis to which third countries could refer when faced with a problem relating to Berlin.

2) Study of problems associated with FRG representation of the interests of the WSB[12] abroad.

(Ministers instructed the Bonn group to elaborate a further paper containing

– a study of the problems related to the representation of Berlin interests by the FRG in the bilateral and the multilateral field,

– a discussion of the Soviet approach to the external representation of Berlin interests and the general Soviet strategy concerning Berlin,

– an evaluation of the Western legal position.

The aim of this paper should be

– to define the Western position,

– to develop a common line of arguments for the FRG on the one hand and the Three Powers on the other hand,

---

[12] Western Sectors of Berlin.

– to make proposals on how the Western position concerning the status of Berlin and the right of the FRG to represent Berlin interests abroad could be insured in the future.

The paper should be of operational character and should contain concrete proposals to be submitted to Ministers."

II. Da wir diesmal Gastgeber waren, berichtete D2 den Ministern am 21.5. über das Direktorentreffen, insbesondere über den Vorschlag zur Beauftragung der Bonner Vierergruppe mit den beiden Studien. Die Minister billigten das Mandat.

Herr van Well hat diesen Erlaß gebilligt.

Lücking[13]

VS-Bd. 10931 (210)

150

Gespräch des Bundeskanzlers Schmidt und des Bundesministers Genscher mit dem amerikanischen Außenminister Kissinger auf Schloß Gymnich

VS-vertraulich   **23. Mai 1976**[1]

Gespräch des Bundeskanzlers und des Bundesaußenministers mit Secretary of State Kissinger am 23. Mai 1976[2]

Dauer: etwa 1 1/2 Std.

Weitere Teilnehmer: Sonnenfeldt, MDg Dr. Ruhfus und Rodman als Notetakter, Dolmetscher Weber.

Nach einleitendem Gedankenaustausch über die gegenwärtige innenpolitische Situation in den Vereinigten Staaten und in der Bundesrepublik Deutschland lenkte der *Bundeskanzler* das Gespräch auf den Besuch des französischen Staatspräsidenten in USA[3].

Kissinger: Die Reise des französischen Staatspräsidenten sei sehr gut verlaufen. Giscard sei mutig gewesen. Die Reden, die er in den Staaten gehalten ha-

---

[13] Paraphe.

[1] Ablichtung.
   Die Gesprächsaufzeichnung wurde von Ministerialdirigent Ruhfus, Bundeskanzleramt, am 24. Mai 1976 gefertigt und am selben Tag von Ministerialdirigent Loeck, Bundeskanzleramt, an Ministerialdirigent Kinkel übermittelt.
   Hat Kinkel am 24. Mai 1976 vorgelegen.
   Hat Bundesminister Genscher am 24. Mai 1976 vorgelegen. Vgl. den Begleitvermerk; VS-Bd. 14057 (010); B 150, Aktenkopien 1976.

[2] Zum Aufenthalt des amerikanischen Außenministers Kissinger in der Bundesrepublik vgl. auch Dok. 153.

[3] Staatspräsident Giscard d'Estaing hielt sich vom 17. bis 22. Mai 1976 in den USA auf.

be, seien weder für die Kommunisten noch die Gaullisten sehr anziehend gewesen. Die Beziehungen zwischen den Vereinigten Staaten und Frankreich seien völlig gewandelt. Die Beziehungen zwischen den Präsidenten Ford und Giscard seien ausgezeichnet. Die US-Regierung bemühe sich, einige Initiativen der französischen Regierung, wie z. B. die für den Afrika-Fonds[4], zu unterstützen.

Der *Bundeskanzler* bestätigte das große Verdienst Giscards um die Verbesserung der französisch-amerikanischen Beziehungen. Giscard sei eine aufrichtige und sehr verläßliche Persönlichkeit.

Kissinger wies auf das große Interesse von Präsident Ford an Rambouillet II (R-II) hin.[5] Präsident Giscard sei jetzt bereit, diese neue Begegnung zu akzeptieren.

Bundeskanzler: Er habe sich Mühe gegeben, Präsident Giscard in einem nahezu dreiviertelstündigen[6] Telefongespräch für diese neue Runde zu gewinnen.

Kissinger: Wegen der Feierlichkeiten 200 Jahre Unabhängigkeit komme Termin ab 2. Juli nicht mehr in Betracht. Ford und Giscard hätten sich auf Ende Juni geeinigt. Präsident Ford wolle R-II in USA abhalten, schon um den Vorwürfen, er habe amerikanischen Boden verlassen, zu entgehen, sowie aus anderen naheliegenden Gründen. Giscard habe die Karibik vorgeschlagen, da er Washington schwer zustimmen könne.

Bundeskanzler: Puerto Rico klinge sehr exotisch, warum nicht Bermuda?

Kissinger: Das klinge zu sehr nach Ferienort und sei im übrigen britisches Gebiet.

Bundeskanzler: Er könne Puerto Rico zustimmen. Das nächste Treffen müsse aber unbedingt in Deutschland stattfinden.

Kanada werde kommen, Italien werde eingeladen. Das Treffen müsse so organisiert werden, daß die amerikanischen, deutschen, französischen und britischen Staats- und Regierungschefs etwa drei bis vier Stunden oder einen halben Tag früher eintreffen, damit sie sich zunächst ohne Japan, Kanada und Italien unterhalten können.

Man werde auch in größerem Kreis über die Situation in Italien nach den Wahlen[7] sprechen, aber es sei günstiger, wenn die vier sich zunächst abstimmten und dann die gleiche Haltung einnähmen. Der Bundeskanzler führt aus,

---

4 Referat 400 vermerkte am 23. Juni 1976 zum Vorschlag des Staatspräsidenten Giscard d'Estaing über einen Entwicklungsfonds für Afrika: „Auf dem französisch-afrikanischen Gipfeltreffen in Paris (10.–12. Mai 1976) wurde die Schaffung eines Hilfsfonds für Afrika beschlossen, an dem außer Frankreich auch andere westliche Industrieländer teilnehmen sollten. Der Fonds, dessen Höhe nicht unter einer Mrd. US-Dollar liegen soll, will – soweit wir wissen – vor allem Infrastrukturvorhaben, Agrar- und Rohstoffprojekte in den ärmeren Entwicklungsländern Afrikas fördern. Die Mittel sollen innerhalb von fünf Jahren voll zum Einsatz kommen. Als Organisation ist ein Rat der Geberländer und ein Rat der afrikanischen Empfängerländer vorgesehen. Als Gründungsmitglieder denkt französische Seite an USA, Belgien und die Bundesrepublik. Weitere Staaten können sich beteiligen. Auf der Nehmerseite kämen Elfenbeinküste, Senegal, Zaire, Sambia, Kenia, vielleicht auch Tansania und Obervolta in Betracht." Vgl. Referat 400, Bd. 118456.

5 Zum Vorschlag des Präsidenten Ford für ein Gipfeltreffen zur Wirtschafts- und Währungspolitik („Rambouillet II") vgl. Dok. 113.

6 Dieses Wort wurde von Bundeskanzler Schmidt handschriftlich eingefügt. Dafür wurde gestrichen: „viertelstündigen".

7 Zu den Parlamentswahlen in Italien am 20./21. Juni 1976 vgl. Dok. 201, Anm. 9.

jeder Termin zwischen 28.6. und 3.7. werde für uns akzeptabel sein. Das Programm solle einen Nachmittag und einen Vormittag umfassen, so daß auf jeden Fall ein Abend in gelockerter Atmosphäre ähnlich wie in Rambouillet[8] möglich sei.

Über den Inhalt habe er mit Shultz weitgehende Einigkeit erzielt.[9] Es gelte, den Erfolg von R-I herauszustellen und die Bedeutung, die die dort gefaßten Beschlüsse für die erfolgreiche wirtschaftliche Entwicklung, insbesondere in den USA, BRD, Großbritannien und Frankreich gehabt hätten.

Kissinger: Präsident Ford werde Gastgeber sein. Er rechne mit einem Datum zwischen 28.6. und 1.7. Die Ankündigung solle Ende der kommenden Woche oder Anfang der übernächsten Woche erfolgen. [10]

Bundesaußenminister: Er halte frühzeitige Mitteilung für gut, um unsere Version von Bedeutung, Ziel und bisherigem Erfolg des Treffens in der Ankündigung herauszustellen.

Bundeskanzler: Er habe festgestellt, daß Shultz nicht repräsentativ für alle Überlegungen der gegenwärtigen Administration sei.

Kissinger stimmte zu. Dies trete aber zurück hinter der Tatsache, daß Shultz die geeignete Persönlichkeit sei, um die Dinge voranzutreiben. Der Administrator hinter Shultz werde Sonnenfeldt sein.

Bundeskanzler: Er sei einverstanden, daß neben den von Shultz und ihm besprochenen Themen auch der von Giscard vorgeschlagene Bereich Nord – Süd und was damit zusammenhänge, besprochen werde.

Der Bundeskanzler berichtete über seine Einschätzung der weltwirtschaftlichen Situation. Die USA, Bundesrepublik und Frankreich hätten die zyklische Rezession überwunden, aber die strukturelle Krise der Weltwirtschaft sei noch nicht überwunden. Er verwies auf die sich weiter kumulierenden Defizite bei einigen Ländern der Dritten Welt, auf die Versuche, Kartelle à la OPEC bei anderen Rohstoffen zu schaffen und auf die psychologischen Auswirkungen, falls UNCTAD[11] und KIWZ scheitern sollten. Schließlich würde auch eine dritte Mißernte der Sowjetunion große Probleme für die Weltwirtschaft mit sich bringen.[12] Die Sowjetunion sei heute schon mit etwa 50 bis 60 Milliarden Dollar[13] insgesamt gegenüber dem Westen verschuldet.

Die westlichen Industrieländer müßten entscheiden, wieviel weitere Milliarden sie der Sowjetunion zur Verfügung stellen wollten. Hier sei Abstimmung erforderlich.

---

8 Die Konferenz der Staats- und Regierungschefs aus sechs Industriestaaten fand vom 15. bis 17. November 1975 auf Schloß Rambouillet statt. Vgl. dazu AAPD 1975, II, Dok. 346 und Dok. 348–350.

9 Vgl. dazu das Gespräch des Bundeskanzlers Schmidt mit dem amerikanischen Sonderbeauftragten Shultz am 9. Mai 1976 in Hamburg; Dok. 134.

10 Präsident Ford gab am 3. Juni 1976 die Einberufung einer Konferenz der Staats- und Regierungschefs aus sieben Industriestaaten am 27./28. Juni 1976 in San Juan bekannt. Vgl. dazu PUBLIC PAPERS, FORD 1976/77, S. 1776.

11 Zur IV. UNCTAD-Konferenz vom 5. bis 31. Mai 1976 in Nairobi vgl. Dok. 173.

12 Zur Lage der sowjetischen Landwirtschaft vgl. Dok. 96, Anm. 13.

13 Dieses Wort wurde von Bundeskanzler Schmidt handschriftlich eingefügt.

Kissinger stimmte zu, die kommunistischen Staaten hätten bisher außer Lieferung von Waffen wenig für die Dritte Welt getan. Die Position des Westens gegenüber der Dritten Welt sei stärker als viele meinten.

Bundeskanzler: Es gebe in der Dritten Welt wenig Führer, die die wirtschaftlichen Probleme voll erfassen. Daher werde es ihnen auch schwerfallen, wirtschaftliche Drohungen zu verstehen.

Kissinger: Das bedeute aber auch, daß die Dritte Welt keine wirksamere wirtschaftliche Drohung zustande bringen könne.

Der *Bundeskanzler* wies auf die Notwendigkeit hin, das Verständnis für die globalen Aspekte der Volkswirtschaft zu erweitern. Zur Zeit verfolgten die westlichen Länder eine Politik des „muddling through" in UNCTAD und KIWZ. Das werde auf Dauer nicht ausreichen.

Kissinger regte an, der Bundeskanzler solle diese Dinge in Puerto Rico oder bei seinem Besuch in Washington öffentlich ansprechen. Dies könne eine ähnliche Wirkung haben wie seine Ratschläge im Dezember 1974[14].

Bundeskanzler: Er zögere, unerbetenen Rat zu geben. Vielleicht werde er jedoch einige wichtige Fragen artikulieren.

Kissinger: Die jüngste Untersuchung der amerikanischen Regierung habe gezeigt, daß die militärischen Ausgaben der Sowjetunion wesentlich höher lägen als bisher angenommen.[15]

Da aber der Umfang der sowjetischen Truppen gleich geblieben sei, zeige dies, daß die Effizienz der sowjetischen Industrie wesentlich geringer sei, als bisher geschätzt.

Um den Verteidigungshaushalt der Öffentlichkeit zu verkaufen, müsse man zu Übertreibungen greifen.

Zumwalt habe als Admiral die amerikanische Flotte von 850 auf 400 Schiffe verringert.[16] Jetzt beklage er die zahlenmäßige sowjetische Überlegenheit von

---

[14] Mit Schreiben vom 23. Dezember 1974 an Präsident Ford, Staatspräsident Giscard d'Estaing und Premierminister Wilson regte Bundeskanzler Schmidt ein privates Treffen von Sachverständigen zu Fragen der Währungs- und Wirtschaftspolitik an. Vgl. dazu AAPD 1974, II, Dok. 382.

[15] Vortragender Legationsrat I. Klasse Pfeffer referierte am 18. Februar 1976 amerikanische Informationen zur sowjetischen Militärpolitik: „Im Zusammenhang mit der Einbringung des amerikanischen Verteidigungshaushalts für das Finanzjahr 1977 haben Verteidigungsminister Rumsfeld und hohe US-Generäle eine Übersicht über die gesteigerten sowjetischen militärischen Anstrengungen im Laufe der letzten zehn Jahre gegeben. General Jones, der Generalstabschef der Luftwaffe, charakterisierte die sowjetische Aufrüstung mit den Worten: ‚Seit der deutschen Aufrüstung in den 30er Jahren hat die Welt nicht mehr eine so einseitige Betonung militärischer Expansion durch eine große Macht gesehen'. Als wesentliche Einzelheiten sind festzuhalten: Die Mannschaftsstärke der sowjetischen Streitkräfte wuchs um ein Drittel von 3,4 auf 4,4 Mio. Mann an (beträgt mehr als das Doppelte der US-Streitkräfte). Die US-Army schrumpfte seit 1968 um die Hälfte. Die sowjetischen Verteidigungsausgaben erhöhten sich jährlich um real etwa 3%, während der US-Verteidigungshaushalt um real 30% seit Beginn der 60er Jahre sank. [...] Hinzu kommt der Ausbau der sowjetischen Flotte zu einer weltweit einzusetzenden Streitmacht. (1964/74: 249 neue sowjetische gegenüber 163 neuen amerikanischen Kriegsschiffen). Die US-Marine, der von ihrem Generalstabschef Admiral Holloway nur noch ein leichter Vorsprung (‚slim margin') vor der sowjetischen Flotte zuerkannt wird, befindet sich auf ihrem niedrigsten Stand seit 1968 (weniger als 50%)." Vgl. Referat 201, Bd. 113513.

[16] In der Presse wurde am 3. April 1976 berichtet, der ehemalige Admiral der amerikanischen Marine, Zumwalt, habe in einem Interview erklärt: „Kissinger habe ihm – als Zumwalt noch Oberbefehlshaber der US-Kriegsmarine gewesen war – im November 1970 und im Mai 1971 selbst gesagt,

2:1. In der Zahl der Hochseeschiffe seien beide Mächte gleich. In der Tonnage seien die USA 3:1 überlegen. Eine ernsthafte Bedrohung seien die U-Boote.

Bundeskanzler: Und die weltweite Präsenz der sowjetischen Flotte. Die Sowjetunion habe 10000 Mann nach Angola geflogen. Sie habe Einflußsphären in Somalia[17] und anderen Teilen Afrikas geschaffen. Der Schah[18] und Bhutto[19] hätten sich besorgt über die sowjetische Präsenz im Indischen Ozean geäußert. In unserer Öffentlichkeit entstünde der Eindruck, die Sowjetunion könne ihren Einfluß ungehindert ausweiten.

Kissinger: Die USA hätten Angola leicht verhindern können. Der Präsident habe gezögert, Flugzeugträger zu entsenden, da Gefahr bestanden habe, daß die Administration durch Congressional Hearings gebunden worden wäre.

Bundeskanzler: Dann müsse alle vier Jahre im Wahljahr eine andere Lösung für die Führungsrolle der USA gefunden werden. Auf jeden Fall müsse die Führung der USA nach den Wahlen[20] ihre militärische Überlegenheit deutlich machen, um das Vertrauen in die Führungsrolle der USA wieder voll herzustellen[21].

Der Bundeskanzler kam auf seinen Brief an Präsident Ford zur Brigade 76 zu sprechen.[22] Er wolle darüber bei seinem Besuch in Washington reden.[23] Dieses Gespräch solle entweder zwischen dem Weißen Haus und Bundeskanzleramt oder zwischen den Außenministern vorbereitet werden. Ziel sei Austausch von Briefen zwischen beiden Regierungschefs über die Frage der Verwendung von amerikanischen Truppen, die auf deutschem Boden stationiert sind, in anderen Teilen der Welt.[24]

Fortsetzung Fußnote von Seite 678

die Stunde Amerikas sei vorüber. Zumwalt ging in einem Interview noch weiter und nannte Kissinger ‚einen bösen Chamberlain‘, der die Entspannungspolitik in eine Politik der Beschwichtigung verwandelt habe.“ Vgl. den Artikel „Kissinger wehrt sich. Seine Gegner sagen: Ein böser Chamberlain“; DIE WELT vom 3./4. April 1976, S. 1.

17 Zur Errichtung sowjetischer Militärstützpunkte in Somalia vgl. Dok. 56, Anm. 15.

18 Bundeskanzler Schmidt hielt sich vom 2. bis 4. November 1975 in Iran auf. Für sein Gespräch mit Schah Reza Pahlevi am 2. November 1975 vgl. AAPD 1975, II, Dok. 334.

19 Vgl. dazu das Gespräch des Bundeskanzlers Schmidt mit Ministerpräsident Bhutto am 20. Februar 1976; Dok. 57.

20 Am 2. November 1976 fanden in den USA Präsidentschaftswahlen sowie Wahlen zum Repräsentantenhaus und Teilwahlen zum Senat statt.

21 Dieses Wort wurde von Bundeskanzler Schmidt handschriftlich eingefügt. Dafür wurde gestrichen: „herauszustellen“.

22 Für das Schreiben vom 11. Februar 1976 vgl. Dok. 46.

23 Bundeskanzler Schmidt hielt sich vom 14. bis 20. Juli 1976 in den USA auf und führte mit Bundesminister Genscher am 15./16. Juli 1976 Gespräche mit der amerikanischen Regierung in Washington. Vgl. dazu Dok. 232, Dok. 233, Dok. 235 und Dok. 236.

24 Ministerialdirektor Lautenschlager resümierte am 31. Mai 1976 das Gespräch des Bundesministers Genscher mit dem amerikanischen Außenminister Kissinger am 23. Mai 1976 auf Schloß Gymnich: „Nach Unterrichtung durch BM wurde Bedeutung Unterbringung der Brigade 76 in Norddeutschland hervorgehoben. Es bestand auch Einvernehmen darüber, daß Devisenausgleich in klassischer Form überholt ist. AM Kissinger ist bereit, Präsident von uns gewünschte Vereinbarung vorzuschlagen, möchte aber Einbeziehung einer Öffnungsklausel, die einmalige Sonderleistungen in spezifischen Fällen – wie bei Unterbringung der Brigade 76 – auch in Zukunft nicht ausschließt. Bis zum nächsten Treffen der Minister am 21.6. anläßlich OECD-Tagung in Paris sollen a) der Entwurf einer Vereinbarung ausgearbeitet und der amerikanischen Seite übergeben, b) zwischen Fachleuten BMVg, BMF und Amerikanern Klarheit über Kosten der militärischen Unterbringung der Brigade geschaffen werden.“ Vgl. den Drahterlaß Nr. 572; VS-Bd. 8891 (420); B 150, Aktenkopien 1976.

Kissinger: US-Regierung könne kein Veto akzeptieren, weil das hieße, daß die Truppen nicht mehr voll unter Kontrolle der USA stünden.

Bundeskanzler: Aber wir brauchen mehr als Unterrichtung.

Kissinger schlug vor, Bundesaußenminister solle Entwurf zur OECD-Ministerratstagung[25] mitbringen. Er werde sodann eine Stellungnahme für die Begegnung in Puerto Rico fertigen.

Bundeskanzler äußerte sich sehr positiv über Ausbildung, Ausrüstung und Selbstvertrauen der Bundeswehr ebenso wie der amerikanischen Truppen in der Bundesrepublik[26]. Neben dieser amerikanisch-deutschen Verteidigungszusammenarbeit würden die Beiträge einiger europäischer[27] Partner eher zu Ornamenten.

Es könne Neid aufkommen gegen die militärische Stärke, gegen die wirtschaftliche und soziale Stabilität der Bundesrepublik. Um diesen Problemen zu begegnen, habe er Präsident Giscard schon seit längerem gedrängt, die konventionellen französischen Truppen zu verbessern; dieser mache jetzt ernsthafte Anstrengungen[28].

Kissinger führte aus, die amerikanische Regierung werde alles tun, um die Kommunisten in Italien so weit wie möglich zu isolieren. Man müsse verhindern, daß die Kommunisten durch die Übernahme von Schlüsselministerien „respectable" würden.

Bundeskanzler: Präsident Giscard habe ähnliche Ansichten. Es sei eine fast ironische Tatsache, daß weder der Westen noch die Sowjetunion noch Berlinguer selbst die Beteiligung der KPI an der Regierung wünschten. Die Übernahme von Schlüsselministerien durch Kommunisten in Italien würde in der Tat verheerende Folgen haben. Sie könnte in der Bundesrepublik zu einem Rechtsruck führen. Die Bundesregierung sei bereit, Italien finanziell zu helfen unter der Bedingung, daß eine Koalition mit der KPI verhindert werde. Aber man wisse gar nicht, mit wem man in Italien über ein derartiges Arrangement sprechen könne.

---

[25] Am 21./22. Juni 1976 fand in Paris eine Tagung des OECD-Ministerrats statt.

[26] Dieses Wort wurde von Bundeskanzler Schmidt handschriftlich eingefügt. Dafür wurde gestrichen: „Bundesregierung".

[27] Die Wörter „einiger europäischer" wurden von Bundeskanzler Schmidt handschriftlich eingefügt. Vorher lauteten sie: „der europäischen".

[28] Der Passus „dieser mache jetzt ernsthafte Anstrengungen" wurde von Bundeskanzler Schmidt handschriftlich eingefügt.
Oberstleutnant i. G. von Graevenitz, Bundesministerium der Verteidigung, vermerkte am 10. Mai 1976 zur französischen Verteidigungspolitik: „Am 5. Mai 1976 billigte der französische Ministerrat den von Verteidigungsminister Bourges vorgelegten Entwurf eines Programmes der Verteidigungsausgaben und Rüstungsprojekte für den Zeitraum 1977–1982 [...]. Bis 1982 ist eine Steigerung des Verteidigungshaushaltes von derzeit 17,1 % auf 20 % des Staatshaushaltes vorgesehen. [...] Ziele der Regierung sind: eine qualitative Verbesserung der Nuklearstreitkräfte; Stärkung der konventionellen Streitkräfte durch beschleunigte Durchführung der hinter den letzten drei Fünfjahresplänen entscheidend zurückgebliebenen Rüstungsvorhaben." Staatspräsident Giscard d'Estaing habe dazu erklärt: „Wenn Frankreich jetzt eine kleine Armee hätte, gäbe es in Europa nur eine große Armee, nämlich die deutsche, die auf der Wehrpflicht beruht. Die Deutschen haben eine 15-monatige Wehrpflicht. Es gäbe nur eine große, schlagkräftige Armee in Europa, nämlich die deutsche. Ich meine, daß es wichtig ist, für das militärische Gleichgewicht auf unserem Kontinent, daß die französischen Streitkräfte die gleiche Größenordnung haben wie die andere Streitmacht unseres Kontinents, d. h. die deutsche". Vgl. Referat 201, Bd. 113493.

Kissinger: Falls die DC doch noch gewinnen sollte, sei die amerikanische Regierung zur Hilfe bereit. Allerdings unter der Bedingung, daß grundlegende und tiefgreifende Reformen durchgeführt würden.

Bundeskanzler: Wir sollten eine Art Marshall-Plan einiger westlicher Länder für Italien durchführen. Dieser Plan müsse an klare Bedingungen für vernünftige Wirtschafts- und Finanzführung gebunden werden.

Bundesaußenminister: Wir sollten nach den Wahlen Hilfe nur für eine Regierung ohne kommunistische Beteiligung anbieten. Die nichtkommunistischen und nichtfaschistischen Parteien würden voraussichtlich eine ausreichende Mehrheit erhalten. Es werde aber darauf ankommen, sie zusammenzubringen und ihre Differenzen zu überwinden.

Kissinger: Es wäre besser, wir hätten die PSI in der Opposition gelassen und sie nicht in die Regierung gedrängt.

Kissinger bestätigte auf eine Anfrage des Bundeskanzlers, der ehemalige amerikanische Botschafter Tasca habe in Rom[29] keine offiziellen Aufträge oder Funktionen.

Kissinger führte aus, das griechisch-amerikanische Abkommen[30] werde sicher vom Kongreß gebilligt werden. Er sehe aber Gefahr für das amerikanisch-türkische Abkommen[31]. Er bitte den Bundeskanzler, den Türken bei seinem Besuch in Ankara[32] nahezubringen, daß sie Entgegenkommen in der Zypern-Frage zeigen sollten.

Die Zypern-Gespräche seien jetzt in Oslo deblockiert worden. Die griechisch-zyprische Seite habe klargestellt, daß sie einen eigenen territorialen Vorschlag gemacht habe und nicht einen Vorschlag der Vereinten Nationen.[33] Die türkische Seite habe versprochen, positiv zu reagieren. Wenn die Zyperngriechen eine Karte präsentierten, würden auch die türkischen Zyprioten eine Karte vorlegen.

Wenn bis Ende Juni kein Fortschritt erzielt sei, sollten die Regierungen nach R-II eine gemeinsame Demarche erwägen, um den Beteiligten einige Prinzipien für die Lösung nahezubringen.

Der *Bundeskanzler* wies abschließend darauf hin, er werde in USA von je zwei prominenten Wirtschafts- und Gewerkschaftsführern begleitet. Sie sollten nicht nur Dekoration sein. Er wäre dankbar, wenn sie entsprechende Gesprächspartner in den USA finden könnten. Die Botschaft Washington werde sich der Angelegenheit annehmen.

---

29 Die Wörter „in Rom" wurden von Bundeskanzler Schmidt handschriftlich eingefügt.

30 Zu den amerikanisch-griechischen Grundsätzen vom 15. April 1976 über militärische Zusammenarbeit vgl. Dok. 110, Anm. 3.

31 Zum amerikanisch-türkischen Abkommen vom 26. März 1976 über Verteidigungshilfe vgl. Dok. 125, Anm. 18.

32 Zu den Gesprächen des Bundeskanzlers Schmidt vom 27. bis 29. Mai 1976 in der Türkei vgl. Dok. 160–162.

33 Vgl. dazu die Auseinandersetzung um eine Karte des UNO-Generalsekretärs Waldheim; Dok. 110, Anm. 13.
Vgl. dazu ferner das Schreiben des Vertreters der griechischen Volksgruppe auf Zypern bei den Wiener Gesprächen über eine Beilegung des Zypern-Konflikts, Papadopoulos, vom 18. Mai 1976 an den Sondergesandten der UNO, Pérez de Cuéllar; Dok. 147, Anm. 18.

Kissinger: Die Regierung wünsche, daß der Besuch des Bundeskanzlers ein voller Erfolg werde. Er wäre für alle Anregungen sehr dankbar.

VS-Bd. 14057 (010)

151

Gespräch des Bundeskanzlers Schmidt
mit dem sowjetischen Botschafter Falin

VS-vertraulich   **24. Mai 1976**[1]

Weitere Teilnehmer: Botschaftsrat Popow, MDg Dr. Ruhfus

Botschafter *Falin* führte aus, er sei von Generalsekretär Breschnew beauftragt worden, folgende mündliche Mitteilung zu überbringen: Die Beobachtung der Ereignisse in der Bundesrepublik Deutschland habe in Moskau zu der Überlegung geführt, welche Unterstützung der Koalitionsregierung im gegenwärtigen Zeitpunkt gegeben werden könne. Die Regierung habe sich von dem Gedanken leiten lassen, daß die Ostpolitik große Bedeutung für den Frieden habe und daß es nützlich sei, zu zeigen, was in den Beziehungen der Bundesrepublik Deutschland zur Sowjetunion und anderen Staaten erreicht wurde.

Dabei sei der Umstand berücksichtigt worden, daß die Gegner der Verständigung zugleich als Gegner der Entspannung aufträten; sie entstellten die Politik und die Anstrengungen, die die Sowjetunion für den Frieden, für die Sicherung und für die Abrüstung mache. Daher habe sich die Sowjetregierung entschlossen, eine Erklärung abzugeben, die ihre Ziele und Bemühungen in der Öffentlichkeit klarstelle.[2] Er glaube, dieser Schritt werde mit Verständnis aufgenommen und werde positiven Widerhall finden bei den Kräften, die den Verständigungskurs unterstützten.

Durch die Erklärung gehe als Leitfaden der Gedanke, einer Verschärfung der Lage entgegenzuwirken und die Zusammenarbeit zwischen unseren Ländern weiter zu entwickeln. Er wolle sich heute auf diese kurze Mitteilung beschränken. Er hoffe, daß er in Kürze auch Mitteilungen über die Haltung zu anderen Fragen machen könne.

Der *Bundeskanzler* dankte für die persönliche Botschaft. Er werde darauf antworten, wenn er die Erklärung näher studiert habe. Sie sei offensichtlich sorg-

---

1 Ablichtung.
   Die Gesprächsaufzeichnung wurde von Ministerialdirigent Ruhfus, Bundeskanzleramt, am 24. Mai 1976 gefertigt und am folgenden Tag an Ministerialdirigent Kinkel „zur Unterrichtung des Bundesaußenministers unter dem Vorbehalt der Genehmigung des Vermerks durch den Bundeskanzler" weitergeleitet.
   Hat Kinkel am 25. Mai 1976 vorgelegen.
   Hat Bundesminister Genscher vorgelegen. Vgl. den Begleitvermerk; VS-Bd. 10966 (213); B 150, Aktenkopien 1976.
2 Zur sowjetischen Erklärung vom 22. Mai 1976 vgl. Dok. 158.

fältig erarbeitet worden. Die Bundesregierung werde in einer Weise, die noch zu überlegen sei, auf die öffentliche Erklärung auch gegenüber der Öffentlichkeit reagieren müssen.

Er erkenne in manchem der zwölf Abschnitte positive Gedanken und Motive, andere Abschnitte der Erklärung bedürften der Überprüfung und der genaueren Analyse.

Die Bundesregierung würde gerne einige weitere Erläuterungen zu der Erklärung erhalten. Er schlage vor, daß der Botschafter diese Erläuterungen dem Außenminister gebe.[3]

Es sei auffallend, daß die Erklärung in einer interessanten Phase der Wahlkämpfe[4] sowie einen Tag nach der NATO-Tagung in Oslo[5] und nach dem Parteitag der SED in Ost-Berlin[6] veröffentlicht wurde.

Falin: Für die Veröffentlichung sei letzlich die Devise maßgeblich gewesen, je schneller, desto besser. Zeitliches Zusammentreffen mit NATO-Rat und SED-Parteitag sei zufällig. Üblicherweise würden derartige Erklärungen am Donnerstag im Politbüro, am Freitag im ZK besprochen und dann am Sonnabend veröffentlicht.

Bundeskanzler: Die Bundesregierung werde ihre Antwort überlegen. Sie werde auf die öffentliche Erklärung auch öffentlich antworten. Die Erklärung sei für die Bundesregierung überraschend gekommen.

Falin: Ihm sei nicht bekannt, daß Adressaten anderer Regierungserklärungen vorher unterrichtet wurden. Begleitende Erklärungen des Generalsekretärs seien sehr selten, sie seien ein Zeichen der besonderen Beziehungen, die zwischen den Chefs der beiden Staaten bestünden. Dies sei ein besonderer Kontakt, der von Breschnew gepflegt werde und hoch eingeschätzt werde.

Außenminister Gromyko habe ihn gebeten, seine Grüße zu übermitteln.

Bundeskanzler bat um Übermittlung von Grüßen an Breschnew und Gromyko. Er erkundigte sich nach dem Gesundheitszustand des Generalsekretärs.

Falin: Im Moment gehe es Breschnew gut. Er habe Brandt schon im März gesagt, Breschnew werde zu keinem Parteitag fahren. Nur wenn es zur Konferenz der Europäischen KPen käme, werde Breschnew voraussichtlich die sowjetische Delegation leiten. Im Moment gäbe es noch Unklarheiten; die Konferenz könne etwa in einem Monat stattfinden.[7]

Bundeskanzler fragte, ob es in Moskau bekannt sei, daß die Vertreter des Bundesrates keine Fachleute für die außenpolitischen Stellungnahmen sind.[8]

---

3 Vgl. dazu das Gespräch des Bundesministers Genscher mit dem sowjetischen Botschafter Falin am 11. Juni 1976; Dok. 188.

4 In Italien fanden am 20./21. Juni 1976 Parlamentswahlen statt.
Die Wahlen zum Bundestag fanden am 3. Oktober 1976 statt.
Am 2. November 1976 fanden in den USA Präsidentschaftswahlen sowie Wahlen zum Repräsentantenhaus und Teilwahlen zum Senat statt.

5 Zur NATO-Ministerratstagung am 20./21. Mai 1976 in Oslo vgl. Dok. 152 und Dok. 166.

6 Der IX. Parteitag der SED fand vom 18. bis 22. Mai 1976 in Ost-Berlin statt.

7 Zur Konferenz der kommunistischen und Arbeiterparteien Europas am 29./30. Juni 1976 in Ost-Berlin vgl. Dok. 215.

8 Zum Besuch einer Delegation des Bundesrats vom 25. bis 30. April 1976 in der UdSSR vgl. Dok. 124.

Falin: Bejahte; hier gehe es um die Pflege der Beziehungen, nicht dagegen um den Inhalt der Beziehungen.

Auf die Frage des *Bundeskanzlers* nach den Ernteaussichten antwortete *Falin*: Sie seien unterschiedlich, in einigen Gebieten besser, in Kasachstan schlecht. Dieses Ergebnis sei auf klimatische Veränderungen zurückzuführen.[9]

Bundeskanzler: Verwies auf seine Rede vor dem Internationalen Bergbaukongreß[10]; der RGW werde zunehmend zu einem integrierenden Teil des Weltwirtschaftssystems. Diese Ausführungen seien vor allem an sowjetische Ohren gerichtet gewesen. Es sei wichtig, den sowjetischen Partnern klarzumachen, daß sie sich als Teil des weltwirtschaftlichen Gesamtsystems begreifen müßten. Die Sowjetunion könne auf die Dauer auch nicht ihre abstinente Rolle gegenüber den internationalen Wirtschafts- und Währungsgremien beibehalten. Dies liege nicht im Interesse der Sowjetunion.

Diese ganzen Fragen würden ein wichtiger Teil des Meinungsaustausches sein, den er nach den Wahlen mit dem Generalsekretär zu führen gedenke.

VS-Bd. 10966 (213)

152

Runderlaß des Ministerialdirektors van Well

201-362.05/1-1806/76 VS-vertraulich   24. Mai 1976[1]
Fernschreiben Nr. 1995 Plurez   Aufgabe: 25. Mai 1976, 19.42 Uhr

Betr.: Frühjahrs-Ministerkonferenz der NATO in Oslo (20./21. Mai 1976)

Die NATO-Ministertagung in Oslo verlief in einer besonders konstruktiven und harmonischen Atmosphäre. Alle Außenminister bekannten sich zu der zentralen Aufgabe der Allianz und betonten die Notwendigkeit, sowohl die Politik der Entspannung fortzusetzen als auch die Verteidigungsfähigkeit des

---

[9] Zu den Ernteaussichten in der UdSSR vgl. Dok. 208, Anm. 14.

[10] Am 24. Mai 1976 führte Bundeskanzler Schmidt zur Eröffnung des IX. Weltbergbaukongresses in Düsseldorf aus: „Wir könnten nur verlieren, wenn sich Staaten oder Gruppen von Staaten wieder stärker gegeneinander abschlössen. Wir begrüßen es deshalb – und wir haben sehr daran mitgewirkt –, daß sich die Kooperation zwischen den westlichen Industriestaaten und den Staaten des Rates für gegenseitige Wirtschaftshilfe immer breiter entfaltet hat. Wir haben bisher auf bilaterale Weise zusammengearbeitet. Wir sind auch bereit zu helfen, daß auf multilateraler Basis kooperiert wird. Begonnen hat die Zusammenarbeit in einzelnen Branchen und gegenüber einzelnen Staaten, vornehmlich am Anfang mit der Sowjetunion. Jetzt weitet sie sich aus auf viele Felder und viele Staaten. Wir fühlen uns sehr bestätigt durch das, was in Helsinki am Schluß der Konferenz für Sicherheit und Zusammenarbeit in Europa gemeinsam hat niedergelegt werden können." Vgl. BULLETIN 1976, S. 592.

[1] Durchdruck.
Der Runderlaß wurde von Vortragendem Legationsrat I. Klasse Dannenbring und von Vortragendem Legationsrat Holik konzipiert.

Bündnisses aufrechtzuerhalten und, soweit nötig, zu verbessern. Die Teilnehmer stimmten BM Genscher zu, der in seinen grundsätzlichen Ausführungen unterstrichen hatte, daß von Oslo ein Signal der atlantischen Entschlossenheit und Zuversicht ausgehen müsse. Besonders bemerkenswert ist, daß die Minister mit großer Offenheit auch die Probleme außerhalb des Bündnisgebiets diskutierten und damit anerkannten, daß Verschiebungen des Kräfteverhältnisses in anderen Teilen der Welt unmittelbare Auswirkungen auf die Allianz haben. Damit wurde das Prinzip der Unteilbarkeit der Entspannung eindrucksvoll bestätigt. Für uns ist von besonderer Bedeutung, daß die Minister im Kommuniqué unsere Position in der Frage der Außenvertretung Berlins indossierten.[2]

Im einzelnen:

I. Ost-West-Verhältnis

Mittelpunkt der Beratungen, die zum größten Teil im engsten Kreise geführt wurden, war das Ost-West-Verhältnis. Dabei ging es um die Analyse der sowjetischen Machtpolitik in ihren globalen Dimensionen und um die politischen und militärischen Konsequenzen, die sich für das Bündnis daraus ergeben.

1) Außenminister Kissinger ging in seiner Analyse des Kräfteverhältnisses davon aus, daß die Ost-West-Beziehungen nach objektiven Realitäten und nicht in den Kategorien Optimismus/Pessimismus erfaßt werden müßten. Er unterschied zwischen Trends, die sich aus dem militärisch-industriellen Wachstum der Sowjetunion ergeben, und denen, die auf politisch-ideologischen Entscheidungen der sowjetischen Führung beruhen – wobei die von der militanten Ideologie diktierten Ziele der Parteimaschinerie und die Interessen der sowjetischen Außen- und Verteidigungspolitik nicht immer deckungsgleich seien. Als objektives Element sei festzuhalten, daß die Sowjetunion weiter an militärischer Stärke gewinnen werde. Der Westen besäße jedoch die Fähigkeit zu verhindern, daß dies in politische Vorteile umgesetzt werden könne. Wir seien objektiv in der Lage, das militärische Gleichgewicht aufrechtzuerhalten und den militärischen Wettbewerb mit den Sowjets durchzustehen, deren Wirtschaftskapazität sich nicht so effektiv erwiesen habe, wie oft befürchtet. Wenn die Sowjetunion qualitativ und quantitativ, konventionell und strategisch gegenüber der NATO aufgeholt habe, sei dies nicht auf plötzliche Entscheidungen zurückzuführen – die sowjetische Entscheidungsfindung sei außerordentlich schwerfällig –, sondern auf Planungsentscheidungen, die Ende der 60er Jahre getroffen worden seien. Wir müßten nun unsererseits ein langfristiges Konzept entwickeln, das in den 80er Jahren zum Tragen käme.

Analyse und Schlußfolgerungen Kissingers fanden die Zustimmung aller Bündnispartner. BM Genscher stellte unter allgemeiner Zustimmung fest, das Wesentliche sei die Entschlossenheit der Alliierten, und es sei wichtig, daß diese Entschlossenheit von dem Osloer Ministertreffen ausstrahle. Es gelte, das Bündnis militärisch und politisch zu revitalisieren und das Vertrauen der eigenen Öffentlichkeit in seine Funktionsfähigkeit zu stärken. Man solle die Augen vor Problemen, z.B. an der Nord- und Südflanke, nicht verschließen, aber

---

[2] Vgl. dazu Ziffer 6 des Kommuniqués der NATO-Ministerratstagung am 20./21. Mai 1976 in Oslo; Dok. 149, Anm. 4.

auch das Positive hervorheben. Positive Entwicklungen seien vor allem im Mittelabschnitt festzustellen. Bundesminister erinnerte an die Stationierung zweier zusätzlicher US-Kampfbrigaden[3] – auch als Indiz für den Rückhalt, den das Bündnis gegenwärtig in den USA genießt –, an die Beschlüsse der kanadischen Regierung zur Modernisierung der Kampfausrüstung ihrer Truppen in der Bundesrepublik[4] und an die Verstärkung der konventionellen Streitkräfte Frankreichs[5]. Außenminister Sauvagnargues dankte dem Bundesminister für diesen Hinweis und erläuterte die Absicht seiner Regierung, das Verteidigungsbudget in fünf Jahren auf 20 Prozent zu erhöhen. Frankreich sei, ohne der Integration anzugehören, volles Mitglied des Bündnisses.

2) Bei der Diskussion der Entspannungspolitik lag der Akzent auch auf deren Funktion bei der Gestaltung des Kräfteverhältnisses Ost/West. Außenminister Kissinger bezeichnete es als Ziel der Politik der „Détente" – oder, wie sie von Ford genannt werde, des „Friedens durch Stärke"[6] –, mit zu verhindern, daß das sowjetische militärische Wachstum in politische Vorteile umgesetzt werden könne. Wir stünden vor dem psychologisch komplexen Problem, einerseits auf Stärke zu bestehen, andererseits eine realistische Politik des vernünftigen Ausgleichs zu führen. Eine Politik der Konfrontation wäre ebenso abzulehnen wie eine Politik des bedingungslosen Ausgleichs.

„Eine Art Containment durch Dialog" schlug Außenminister Sauvagnargues als Ziel der Entspannungspolitik vor, die allerdings gegenseitiges Vertrauen voraussetze. In der Diskussion erwies sich, daß das von BM Genscher vertretene Konzept einer realistischen Entspannungspolitik[7] die Meinungsbildung

---

3 Zur Verlegung zweier amerikanischer Brigaden in die Bundesrepublik vgl. Dok. 46, Anm. 3.

4 Am 17. Mai 1976 vermerkte Vortragender Legationsrat I. Klasse Dannenbring zur kanadischen Verteidigungspolitik: „Trotz gewisser Änderungen der kanadischen Verteidigungspolitik seit 1969 (stärkere Orientierung an den Erfordernissen einer Verteidigung Kanadas, Umstrukturierung der Streitkräfte in leicht bewegliche, den geographischen Gegebenheiten Kanadas entsprechende Einheiten, Reduzierung der Gesamtstärke auf nunmehr 78 000 Mann (1968: 140 000), 1970 Verringerung des kanadischen Truppenkontingents in der Bundesrepublik (in Lahr) um die Hälfte auf ca. 5000 Mann) hat Kanada 1975 erneut entschieden, daß kanadische Truppen in bisheriger Stärke in der Bundesrepublik stationiert bleiben. Die veralteten Centurion-Panzer sollen entweder grundlegend modernisiert oder durch neue Leopard-I-Kampfpanzer ersetzt werden. [...] Kanadas Verteidigungsaufwendungen sind gering, sie fielen von 3,5 % Anteil am Bruttosozialprodukt (1967) auf derzeit knapp 2,5 % nach NATO-Kriterien. Nach der Defence Structure Review von 1975 soll ab 1977/78 der Verteidigungshaushalt um jeweils 12 % gesteigert werden. Auch nach den neuen Plänen werden die kanadischen Verteidigungsleistungen 2,75 % Anteil am Bruttosozialprodukt nicht überschreiten. Damit wird Kanada auch weiterhin unter dem Durchschnitt der NATO-Partner liegen." Vgl. Referat 201, Bd. 113481.

5 Zur französischen Verteidigungspolitik vgl. Dok. 150, Anm. 28.

6 Gesandter Hansen, Washington, berichtete am 8. März 1976: „Präsident Ford hat auf einer Wahlveranstaltung in Illinois am Wochenende nochmals ausdrücklich vor einer Rückkehr zur Konfrontation mit der Sowjetunion gewarnt und betont, daß sich die USA dies im atomaren Zeitalter nicht leisten könnten. Gleichzeitig wird von ihm und Mitgliedern der Administration fortlaufend darauf hingewiesen, daß die amerikanische Politik gegenüber der Sowjetunion und den kommunistischen Ländern nicht auf Leichtgläubigkeit gegründet werden könne. Ford und seine Mitstreiter im Wahlkampf berufen sich nicht ohne Wirkung darauf, daß die Administration von vornherein immer den Grundsatz vertreten habe, daß die Entspannung nur auf der Basis westlicher Stärke Erfolg haben könne. Die gegenwärtigen Schwierigkeiten seien nur eingetreten, weil der Administration für ihre Außenpolitik der erforderliche innenpolitische Rückhalt vor allem im Kongreß gefehlt habe." Vgl. den Drahtbericht Nr. 805; Referat 201, Bd. 113483.

7 Vortragender Legationsrat I. Klasse Ruth regte am 11. Mai 1976 an, eine „Gegenformel" zu dem von der UdSSR geprägten Begriff der „militärischen Entspannung" zu finden. Dazu führte er aus:

im Bündnis nachhaltig beeinflußt hat. Der Bundesminister bekräftigte unser Festhalten an diesem Konzept, zu dem es keine Alternative gebe. Daran hätten wir als geteiltes Land ein besonderes Interesse. Das Vertrauen in die Entspannungspolitik dürfe nicht verlorengehen, auch wenn in den nächsten Monaten Erfolge nicht zu erwarten seien. Die Sowjetunion bemühe sich zur Zeit, die Ergebnisse der Entspannungspolitik im eigenen Sinne zu verfestigen, indem sie vorgebe, daß die Entspannung in Europa praktisch vollendet sei. Als Beispiele führte der Bundesminister die restriktive Auslegung des Vier-Mächte-Abkommens über Berlin und die einseitige Auslegung und Anwendung der KSZE-Schlußakte an.

Die Minister nahmen einen Bericht der Ständigen Vertreter[8] zum Stand der Implementierung der Schlußakte von Helsinki ohne Diskussion entgegen. Der Vorschlag des niederländischen Außenministers[9], eine gemeinsame Position des Bündnisses für das Treffen in Belgrad[10] auszuarbeiten, wurde angenommen.

3) Große Aufmerksamkeit widmeten die Minister den Entwicklungen, die außerhalb des eigentlichen Allianzbereichs liegen und die Funktionsfähigkeit des Bündnisses wesentlich beeinflussen können. BM Genscher prägte in diesem Zusammenhang den Begriff der „äußeren und inneren Rahmenbedingungen des Bündnisses".

Fortsetzung Fußnote von Seite 686

„Unseres Erachtens verbindet die Sowjetunion mit der genannten Formel folgende Vorstellungen: a) Die politische Entspannung wird als erreicht unterstellt, die ‚militärische Entspannung' soll ihr automatisch nachfolgen. b) Verteidigungsanstrengungen und militärische Aktivitäten des Westens sind entspannungsfeindlich. Sie sollen im Vertrauen auf die politische Entspannung und den ‚Geist von Helsinki' reduziert werden. c) ‚Blockaktivitäten' des Westens im ‚Verteidigungsbereich widersprechen dem Geist der militärischen Entspannung'. [...] Die Sowjetunion betrachtet ihre Forderung nach ‚militärischer Entspannung' in erster Linie als taktisches Instrument und als Teil einer verbalen Offensive, mit dem ein bestimmter politischer und atmosphärischer Effekt erzielt werden soll." Dem stellte Ruth gegenüber: „Eine realistische Entspannungspolitik setzt voraus, daß die Bemühungen am Verhandlungstisch in der Verteidigungsbereitschaft und Solidarität der Allianz verankert sind. Wir müssen uns im Bündnis einig darüber bleiben, daß einseitige Verminderungen in den militärischen Anstrengungen der Bündnispartner die politischen Bemühungen um Spannungsabbau gefährden würden; daß die Entspannungspolitik wie die Verteidigung eine gemeinsame Sache von uns allen ist und daß wir es nicht zulassen werden, daß der Osten die Mitglieder der Allianz in Entspannungsfreunde und Entspannungsgegner auseinanderdividiert." Vgl. VS-Bd 11458 (221); B 150, Aktenkopien 1976.

[8] Auf seiner Sitzung am 1. Oktober 1975 beauftragte der Ständige NATO-Rat den Politischen Ausschuß mit der Anfertigung eines Berichts über die Implementierung der KSZE-Schlußakte vom 1. August 1975. Gesandter Boss, Brüssel (NATO), übermittelte am 7. Mai 1976 den zur Billigung durch den Ständigen NATO-Rat vorgesehenen Entwurf. Darin wurde ausgeführt: „While the East's tactical approach to implementation has been evolving, their basic strategy appears to continue along lines long since discernible. In accordance with the Soviet Union's established foreign policy aims, the final act is actively used as an instrument to pursue, for example, legitimization of the status quo in Europe, consolidation of the ‚irreversible process of détente', progress towards ‚military détente', and development towards Pan-European inter-state co-operation. Nevertheless, [...] there is little doubt that the Soviets are still fully aware of their weak position on implementation. [...] Furthermore, the East continues to place limitations on the scope of the applicability of the Final Act. Contrary to the Helsinki provisions, the Soviet Union implies that the ‚Brezhnev doctrine' overrides the application of the Final Act to relations between socialist countries. They strongly maintain that the Final Act cannot be held to inhibit Soviet conduct in pursuit of the ideological struggle. Yet, at the same time, any Western criticisms of the East are claimed to be contrary to the letter and spirit of Helsinki". Vgl. den Drahtbericht Nr. 601; VS-Bd. 8647 (201); B 150, Aktenkopien 1976.

[9] Max van der Stoel.

[10] Zu der laut KSZE-Schlußakte vom 1. August 1975 vorgesehenen KSZE-Folgekonferenz 1977 in Belgrad vgl. Dok. 45, Anm. 20.

Was die „äußeren Rahmenbedingungen" betrifft, wurde der forcierte Ausbau des Militärpotentials des Warschauer Pakts in Europa, die wachsende sowjetische Aktivität im Nordmeer und in der westlichen Ostsee – auf die besonders die Außenminister Norwegens[11] und Dänemarks[12] hinwiesen –, die Gefährdung der Seewege zwischen Nordamerika und Europa in engem Zusammenhang gesehen mit dem Aufstieg der Sowjetunion zur Seemacht im Weltmaßstab und der Ausdehnung sowjetischer Einflußsphären in der Dritten Welt. Übereinstimmend wurde festgestellt, daß es der Sowjetunion darum gehe, eine über Verteidigungserfordernisse hinausgehende militärische Macht zu schaffen, die sich in politische Macht umsetzen läßt. Außenminister Kissinger betonte mit Hinweis auf die Entwicklung im Nahen Osten, daß westliche Entschlossenheit sowjetische Zurückhaltung bewirken könne. Das Gegenbeispiel sei Angola, wo die Unfähigkeit der USA, das Geschehen zu beeinflussen, ernste Folgen haben könne. Er glaube nicht, daß es im Interesse der Allianz liegen könne, ähnliche Interventionen, gleichviel wo und durch welche „Stellvertreter", noch einmal zu erlauben. Wenn nämlich andere Teile der Welt unter sowjetischen Einfluß fielen, sei schließlich der Kern – Europa und Japan – auch nicht zu halten.

Außenminister Sauvagnargues stellte fest, daß das Bündnis eine regionale Aufgabe habe und sich dabei den Anforderungen der globalen Politik nicht entziehen könne. Wenn es allerdings zu neuen Interventionen wie in Angola kommen sollte, sei dies kein Problem der Allianz, sondern derer, die eine solche Intervention verhindern könnten. Auch die Außenminister der kleineren europäischen Bündnisländer hielten ein geschlossenes Auftreten der Allianz in der Dritten Welt nicht für möglich und förderlich. Alle Bündnispartner waren sich jedoch darin einig, daß die Allianz alle Veränderungen der „äußeren Rahmenbedingungen" berücksichtigen und darauf reagieren müsse. In diesem Zusammenhang ist auch der Hinweis auf die enge Verbindung zwischen Frieden und Sicherheit in Europa und in anderen Teilen der Welt im Schlußkommuniqué[13] zu lesen.

Zu den unerläßlichen „inneren Rahmenbedingungen" der Funktionsfähigkeit des Bündnisses wurde vor allem die Gewährleistung der wirtschaftlichen und politischen Stabilität in den Mitgliedsländern gerechnet. BM Genscher erinnerte an die Bemühungen der europäischen Gemeinschaft, durch Solidarität zur wirtschaftlichen Stabilität europäischer Länder beizutragen. In der Frage der Beteiligung von Kommunisten an westeuropäischen Regierungen stimmten

---

11 Knut Frydenlund.

12 Knud Børge Andersen.

13 In Ziffer 2 des Kommuniqués der NATO-Ministerratstagung am 20./21. Mai 1976 in Oslo wurde ausgeführt: „After reviewing recent trends in East-West relations, Ministers agreed that, while there were certain encouraging aspects, others gave cause for concern. They remained convinced that Allied governments, intent on building a more constructive and stable relationship with the East, must continue to strive for a relaxation of tensions and to try to devise further practical measures of cooperation in areas of common interest, while preserving the cohesion and strength of the Alliance. They stated that such a policy, entailing a dialogue attuned to current realities, has the full support of the member countries. However, the pursuit of a genuine and durable détente is possible only if all states concerned exercise restraint both in their relations with each other and in their actions in other parts of the world." Vgl. NATO FINAL COMMUNIQUÉS 1975–1980, S. 44. Für den deutschen Wortlaut vgl. EUROPA-ARCHIV 1976, D 527.

die Außenminister Kissinger und Rumor darin überein, daß dies kein Thema für den NATO-Rat sei.

Unter allgemeiner Zustimmung appellierte BM Genscher an die Entschlossenheit aller Bündnispartner, die Demokratie zu erhalten und zu verteidigen, Spannungsherde dort abzubauen, wo sie abgebaut werden könnten, und gleichzeitig klarzumachen, daß die Entspannung in Europa durch Spannung in anderen Teilen der Welt belastet wird.

II. MBFR

BM Genscher unterstrich mit Nachdruck die zentrale und unerläßliche Zielsetzung der Allianz: Herstellung der ungefähren Parität in der Form einer übereinstimmenden kollektiven Gesamthöchststärke beim Personalstand der Landstreitkräfte beider Seiten. Der östlichen Formel, daß die politische Entspannung durch die „militärische Entspannung" ergänzt werden solle, müsse eine westliche Gegenposition gegenübergestellt werden, die den Erfordernissen einer realistischen Politik des Spannungsabbaus gerecht werde.

Gleichgerichtete Äußerungen anderer Bündnispartner und der ausführliche MBFR-Passus des Schlußkommuniqués[14] machen deutlich, daß hinsichtlich der Zielsetzungen und Verhandlungstaktik bei MBFR volle Einmütigkeit unter den beteiligten Bündnispartnern besteht (Frankreich hat seine bekannten Bedenken gegen MBFR aufrechterhalten).

Der MBFR-Passus des Schlußkommuniqués faßt die NATO-Position zusammen. Damit machten die Bündnispartner deutlich,

– daß sie unverändert an ihren Verhandlungsvorschlägen festhalten,

– daß das zusätzliche nukleare Angebot[15] an die Zustimmung zu den alliierten Zielsetzungen gebunden ist,

– daß die bisherige Reaktion des WP unbefriedigend war,

– und daß die Vorschläge des Westens von der westlichen Öffentlichkeit voll unterstützt werden.

III. SALT

Zu SALT berichtete Außenminister Kissinger über die ungelösten Schwierigkeiten mit Backfire und Cruise Missiles, die seit seinem letzten Bericht[16] keinen Fortschritt ermöglicht hätten.

---

14 In Ziffer 5 des Kommuniqués der NATO-Ministerratstagung am 20./21. Mai 1976 in Oslo wurde ausgeführt: „The Ministers of those countries which participate in the Vienna negotiations on Mutual and Balanced Force Reductions (MBFR) reviewed the state of these negotiations. They again stressed that MBFR must result in eliminating the ground force manpower disparity in Central Europe and in mitigating the disparity in main battle tanks if the agreed aim of contributing to a more stable relationship and to the strengthening of peace and security in Europe is to be achieved. [...] The Ministers noted with satisfaction that solidarity is fully maintained and that public opinion in their countries supports the Western position as logical and fair. They reaffirmed the principle that NATO forces should not be reduced except in the context of Mutual and Balanced Force Reductions Agreements". Vgl. NATO FINAL COMMUNIQUÉS 1975–1980, S. 45 f. Für den deutschen Wortlaut vgl. EUROPA-ARCHIV 1976, D 528.

15 Zum Vorschlag der an den MBFR-Verhandlungen teilnehmenden NATO-Mitgliedstaaten vom 16. Dezember 1975 für eine Einbeziehung amerikanischer nuklearer Komponenten (Option III) vgl. Dok. 3, Anm. 15.

16 Vgl. dazu die Sitzung des Ständigen Rats der NATO am 23. Januar 1976 in Brüssel; Dok. 21.

IV. Konflikte zwischen Bündnispartnern

Der griechisch-türkische Streit um Zypern und Ägäis und der Fischereistreit zwischen Island und Großbritannien[17] wurden in einer Reihe von bilateralen Gesprächen, über die gesondert berichtet wird, am Rande der Konferenz behandelt. BM Genscher übernahm dabei eine besonders aktive Rolle.[18] Der Verlauf der bilateralen Gespräche wie auch die maßvolle Haltung der an den Konflikten beteiligten Bündnispartner im Plenum rechtfertigt die Erwartung, daß das Ministertreffen Impulse für eine konstruktive Weiterbehandlung dieser Fragen geben wird.

V. Afrika

Als wichtigsten Eindruck seiner Afrika-Reise[19] hielt Außenminister Kissinger fest, daß der Westen noch die Möglichkeit habe, die Ausdehnung des sowjetischen Einflusses zu begrenzen. Weitere Abenteuer Kubas oder anderer, vielleicht noch gefährlicherer „Stellvertreter" könnten, wenn sie vom Westen zugelassen würden, dazu führen, daß sich die Herrschaft der Radikalen über das ganze südliche Afrika ausbreite – schon weil sich die Gemäßigten eingeschüchtert dem allgemeinen Trend anpassen würden. Die USA hätten deshalb eine Plattform entwickelt, die Widerstand gegen äußere Einmischung mit dem Bemühen um vernünftige Lösungen für die Probleme des südlichen Afrika zu verbinden suche:

– Unterstützung einer evolutionären Politik,

– Chance für Südafrika, sich als afrikanischer Staat zu präsentieren, der mit der Lösung seiner inneren Probleme fertig wird,

– Hilfsprogramm für die Sahel-Staaten[20].

Die USA würden ihr Interesse in Afrika verstärken, ohne eine bestimmende Rolle spielen zu wollen. Sie begrüßten vielmehr eine aktive Afrikapolitik Europas, besonders der Länder, die hier in der Vergangenheit eine Rolle gespielt hätten.

Ungeachtet einiger Nuancen in der Auffassung der Rolle, die das Bündnis gegenüber der Dritten Welt spielen kann (vgl. oben Ziff. I. 3), fand die Forderung

---

[17] Zu den Auseinandersetzungen zwischen Großbritannien und Island wegen der Erweiterung der isländischen Fischereizone vgl. Dok. 38.

[18] Vgl. dazu die Gespräche des Bundesministers Genscher mit dem türkischen Außenminister Çaglayangil und dem griechischen Außenminister Bitsios am 20. bzw. 21. Mai 1976 in Oslo; Dok. 147 und Dok. 157.

[19] Der amerikanische Außenminister Kissinger besuchte vom 24. April bis 2. Mai 1976 Kenia, Tansania, Sambia, Zaire, Liberia und den Senegal. Im Anschluß hielt er sich vom 3. bis 7. Mai 1976 anläßlich der Eröffnung der IV. UNCTAD-Konferenz in Nairobi auf.

[20] Der amerikanische Außenminister Kissinger nahm am 1. Mai 1976 in Dakar die wiederkehrenden Dürreperioden in der Sahel-Zone zum Anlaß, ein internationales Hilfsprogramm für die betroffene Region mit dem Ziel wirtschaftlicher Selbständigkeit zu entwerfen: „What is now needed is a comprehensive international program that, rather than ease the effects of the drought, will help roll back the desert – instead of relief measures, will develop additional water resources, increase crop acreage, and build food storage facilities in order to insure that hard-won progress in economic development will not continue to be wiped out by recurrent natural disaster." Notwendig seien insbesondere die Anlage von Wasserbecken entlang der großen Flüsse, die bessere Nutzung und Konservierung des Grundwassers, die Wiederaufforstung entwaldeter Gebiete, die Entwicklung grundlegender Transport- und Kommunikationswege sowie Gesundheits- und Ausbildungsprogramme. Vgl. DEPARTMENT OF STATE BULLETIN, Bd. 74 (1976) S. 685–688.

des luxemburgischen Außenministers Thorn allgemeine Zustimmung, daß eine engere Konzertierung zwischen Europa und den USA in der Afrikapolitik dringend erforderlich sei. Mehrere Minister betonten, daß der Westen und Japan aufgrund ihres wirtschaftlichen Potentials weitaus bessere Möglichkeiten zu einer breiten Zusammenarbeit mit der Dritten Welt besitzen als die Sowjetunion. Es müsse Aufgabe aller Bündnispartner sein, als Anwalt der Unabhängigkeit der Afrikaner aufzutreten. Die Außenminister Belgiens[21] und Dänemarks warnten vor Mißverständnissen im Zusammenhang mit den radikalen und nationalistischen Strömungen in Afrika. Den neuen Staaten gehe es um die Befreiung von den Resten des Kolonialismus, sie bedienten sich dabei der ihnen angebotenen Waffenhilfe der Sowjetunion oder Chinas, was jedoch nicht notwendigerweise ihre Gleichsetzung mit dem Kommunismus rechtfertige.

VI. Interoperabilität

Der von den Ministern auf ihrer Dezember-Tagung[22] eingesetzte Ad-hoc-Ausschuß für Interoperabilität legte der Konferenz einen ersten Zwischenbericht vor, der die bisherigen Erfolge in einigen Vorrangbereichen der Austauschbarkeit von militärischer Ausrüstung aufzählt. Die Minister billigten diesen Bericht und baten um Vorlage des vollständigen Berichts bis Dezember 1976[23]. Außenminister Sauvagnargues hob in einer ausführlichen Stellungnahme die große Bedeutung hervor, die seine Regierung der Verbesserung der militärischen Leistungsfähigkeit des Bündnisses beimesse. Frankreich werde auch in Zukunft seinen vollen Beitrag zu den Arbeiten des Ad-hoc-Ausschusses leisten.

VII. Was unsere Stellung in der NATO anlangt, hat das Treffen erneut gezeigt, daß wir mit dem Einfluß und dem Prestige der Bundesrepublik Deutschland im Bündnis zufrieden sein können. Die Bündnispartner sehen in uns einen verläßlichen und loyalen Partner, der einen gesunden Ausgleich zwischen Allianzinteressen und Eigeninteressen sucht. Unsere Verteidigungsleistungen im weitesten Sinne werden ebenso anerkannt wie unsere Beiträge zur politischen Willensbildung der Allianz. Umgekehrt können wir auch weiterhin damit rechnen, daß unsere Alliierten unseren nationalen Anliegen Verständnis entgegenbringen und uns ihre Unterstützung geben. Die Tatsache, daß ein Teil des Schlußkommuniqués jeder Ministerkonferenz der NATO Berlin und Deutschland als Ganzem gewidmet wird, spricht für sich.

VIII. Über das Deutschland- und Berlin-Treffen der vier Außenminister und Politischen Direktoren folgt gesonderte Unterrichtung.[24]

van Well[25]

VS-Bd. 8665 (201)

---

21 Renaat van Elslande.
22 Die NATO-Ministerratstagung fand am 11./12. Dezember 1975 in Brüssel statt. Vgl. dazu AAPD 1975, II, Dok. 379, Dok. 381 und Dok. 383.
23 Vgl. dazu die NATO-Ministerratstagung am 9./10. Dezember 1976 in Brüssel; Dok. 356.
24 Vgl. Dok. 149.
25 Paraphe.

153

Runderlaß des Vortragenden Legationsrats von Kameke

240-312.74   24. Mai 1976
Fernschreiben Nr. 54 Ortez   Aufgabe: 24. Mai 1976, 12.24 Uhr

Betr.: Zum Besuch von AM Kissinger in Bonn

I. Von der NATO-Ratstagung in Oslo[1] kommend, hielt sich AM Kissinger am 23.5.1976 zu Konsultationen mit der Bundesregierung in Bonn auf. BM Genscher führte mit ihm am späten Vormittag und frühen Nachmittag eingehende Gespräche auf Schloß Gymnich.[2] Anschließend traf er in Anwesenheit von BM Genscher mit dem Bundeskanzler zusammen.[3]

AM Kissinger unterstrich in seiner Ankunftserklärung am Flugplatz den hervorragenden Stand der deutsch-amerikanischen Beziehungen. Die Gespräche fanden in der freundschaftlichen und vertrauensvollen Atmosphäre statt, die bei der häufigen politischen Abstimmung der deutschen und amerikanischen Regierungsspitzen zu allen aktuellen Fragen die Regel geworden ist. Sie waren gekennzeichnet durch Offenheit und weitgehende Übereinstimmung der Standpunkte.

II. Im einzelnen:

1) Osloer NATO-Ministerkonferenz:

Beide Minister bekräftigten das in Oslo erreichte Einvernehmen zur Gesamtpolitik des Bündnisses. Darüber hinaus hielten sie fest, daß das Treffen für das Selbstbewußtsein der Öffentlichkeit der Allianz-Mitglieder von großer Bedeutung gewesen ist. Die Pressereaktion sei – soweit bisher zu übersehen – weitgehend positiv und damit günstiger als bei früheren Treffen ausgefallen. Als besonders wichtig bezeichnete BM Genscher die eindeutige Stellungnahme zu Berlin und seiner auswärtigen Vertretung durch die Bundesregierung.[4]

2) Ost-West-Fragen:

Hier stand die Zwölf-Punkte-Erklärung der Sowjetunion vom 22.5.1976[5] im Mittelpunkt. In erster Bewertung stimmten die Minister überein, daß sie trotz inhaltlicher Konzentration auf das deutsch-sowjetische Verhältnis nicht ausschließlich an die deutsche Adresse, sondern zum großen Teil auch an die USA und das Bündnis gerichtet ist. Der erste Eindruck gehe dahin, daß der Zeitpunkt der Erklärung im Zusammenhang mit dem Osloer Treffen, dem SED-

---

1 Zur NATO-Ministerratstagung am 20./21. Mai 1976 vgl. Dok. 152 und Dok. 166.

2 Vgl. dazu auch Dok. 156.

3 Für das Gespräch des Bundeskanzlers Schmidt und des Bundesministers Genscher mit dem amerikanischen Außenminister Kissinger auf Schloß Gymnich vgl. Dok. 150.

4 Vgl. dazu Ziffer 6 des Kommuniqués der NATO-Ministerratstagung am 20./21. Mai 1976 in Oslo; Dok. 149, Anm. 4.

5 Korrigiert aus: „21.5.1976".
  Zur sowjetischen Erklärung vom 22. Mai 1976 vgl. Dok. 158.

Parteitag[6] und insbesondere mit den bevorstehenden Bundestagswahlen[7] und den amerikanischen Wahlen[8] gesehen werden muß.

Es handele sich nicht um die Ankündigung einer neuen Orientierung. Hauptabsicht der Sowjets gehe eher dahin, die sowjetische Position – Kontinuität der auf der Linie der Ostverträge liegenden Politik – erneut klarzustellen. Wir stimmen mit den Amerikanern überein, daß vor detaillierten Schlußfolgerungen gründliche Prüfung sowie die ersten Reaktionen abgewartet werden müssen und daß zu einer Modifizierung der Grundlinie der Allianz (Fortführung der Ost-West-Politik auf der Basis des militärisch und politisch wirksamen Bündnisses) kein Anlaß besteht.

3) Afrika:

Der Lage im südlichen Afrika galt ein eingehender Meinungsaustausch. BM Genscher und AM Kissinger stimmten in den Grundsatz der Afrikapolitik überein, daß der Westen klar und deutlich für die afrikanische Unabhängigkeit („Africa to the Africans", Kissinger) eintreten muß. Dabei müsse behutsam vorgegangen und die sehr unterschiedliche Situation in Rhodesien, Namibia und Südafrika berücksichtigt werden. Bei Erläuterung der Ergebnisse seiner Afrika-Reise[9] betonte AM Kissinger, daß die USA angesichts der durch „Angola" akzelerierten Entwicklung weiteren negativen und für den Wesen ungünstigen Tendenzen entgegentreten werden und vor allem kein weiteres militärisches Vorgehen der Sowjets und der Kubaner in Afrika dulden können. BM Genscher erläuterte unsere Afrikapolitik und die Bemühungen der Neun um eine gemeinsame Haltung. Die Minister stimmten überein, daß der Westen das durch die wachsende afrikanische Radikalität verlorengegangene Vertrauen zurückgewinnen müsse. Hierzu sei eine weiterhin verstärkte Koordinierung des westlichen Vorgehens erforderlich, mit dem Ziel, eine politische Plattform zu schaffen, auf der der Westen und die gemäßigten Afrikaner zusammenwirken können, und von der aus schrittweise die Herstellung gemeinsamer Positionen zu den bestehenden schwierigen Fragen betrieben werden muß.

III. Über die vorstehenden Themenkreise hinaus wurden die aktuellen Probleme von UNCTAD IV und das weitere gemeinsame Vorgehen in Nairobi erörtert. Hierbei nahmen auch die Bundesminister Friderichs und Bahr teil.[10]

Kameke[11]

Referat 012, Bd. 106591

---

6 Der IX. Parteitag der SED fand 18. bis 22. Mai 1976 in Berlin statt.

7 Die Wahlen zum Bundestag fanden am 3. Oktober 1976 statt.

8 Am 2. November 1976 fanden in den USA Präsidentschaftswahlen sowie Wahlen zum Repräsentantenhaus und Teilwahlen zum Senat statt.

9 Der amerikanische Außenminister Kissinger besuchte vom 24. April bis 2. Mai 1976 Kenia, Tansania, Sambia, Zaire, Liberia und den Senegal. Im Anschluß hielt er sich vom 3. bis 7. Mai 1976 anläßlich der Eröffnung der IV. UNCTAD-Konferenz in Nairobi auf.

10 Zur IV. UNCTAD-Konferenz vom 5. bis 31. Mai 1976 in Nairobi vgl. Dok. 173.
Vortragender Legationsrat Sulimma übermittelte Botschafter von Staden, Washington, am 25. Mai 1976 den Wortlaut eines mit dem amerikanischen Außenminister Kissinger am 23. Mai 1976 auf Schloß Gymnich vereinbarten Papiers zur Position der Bundesrepublik und der USA bei der IV. UNCTAD-Konferenz in Nairobi: „Points to agree on commodities: 1) An agreed timetable for an immediate examination of commodity issues; 2) buffer stocks can be mentioned as one means to deal

154

**Gespräch des Bundesministers Genscher
mit dem britischen Außenminister Crosland in London**

VS-NfD   25. Mai 1976[1]

Niederschrift über das Gespräch des Herrn Bundesministers mit AM Crosland
am 25. Mai 1976

Teilnehmer: StS Palliser; Leiter der Europa-Abteilung Butler; die Botschafter
von Hase und Wright; VLR I Weber; Mr. Weston.

I. *Bundesminister*, der sich für die Möglichkeit dieses Zusammentreffens bedankte, schlug eingangs vor, die Themen Europäische Direktwahlen und die
Position der deutschen Delegation bei der UNCTAD-Konferenz[2] zu besprechen.

AM *Crosland* stimmte zu und beantwortete die Frage von Bundesminister
nach der britischen Haltung zu den Europäischen Direktwahlen mit dem Hinweis auf die Problematik besonders der nationalen Bewegung in Schottland.
Die Argumentation wiederholte sich im Laufe des Gesprächs und lief darauf
hinaus, daß aus Furcht vor der Möglichkeit, daß die schottischen Nationalisten
nach Wahlen sämtliche schottischen Sitze im Unterhaus für sich gewinnen
könnten, weder eine Labour- noch eine konservative Regierung das belgische
oder das deutsche Modell zu den europäischen Direktwahlen[3] beschließen wolle. Dem belgischen Vorschlag gelte die britische Präferenz.[4]

Bundesminister erläuterte kurz den von ihm vorgeschlagenen Ausweg, der auf
das französische Modell[5], das als vorläufige Regelung in den Kategorien der

---

Fortsetzung Fußnote von Seite 693

with commodity problems; 3) there should be no failure to reach agreement on specific commodity
understandings for lack of financing; 4) where appropriate, separate funds can be established for
individual commodity arrangements and such funds could include financing by consumers and producers; 5) if necessary for financial reasons – but not for management purposes – links may be established between some of the funds." Vgl. den Drahterlaß Nr. 522; Referat 402, Bd. 122138.

[11] Paraphe.

[1] Die Gesprächsaufzeichnung wurde von Vortragendem Legationsrat Wallau am 26. Mai 1976 gefertigt.
Hat Bundesminister Genscher am 26. Mai 1976 vorgelegen.

[2] Zur IV. UNCTAD-Konferenz vom 5. bis 31. Mai 1976 in Nairobi vgl. Dok. 173.

[3] Zum Vorschlag der Bundesregierung vom 10. April bzw. der belgischen Regierung vom 29. April
1976 für die Sitzverteilung im Europäischen Parlament vgl. Dok. 142, Anm. 8 und 10.

[4] Im Gespräch mit Bundesminister Genscher am 25. Mai 1976 in London verwies Premierminister
Callaghan hinsichtlich der Verteilung der Sitze im Europäischen Parlament „auf die Bedeutung
der Proportionalität und sagte aufgrund ihm vorliegender Zahlenvergleiche, der erste französische
Vorschlag sei akzeptabel, der zweite jedoch unmöglich, der belgische Vorschlag zur Not akzeptabel
und der modifizierte Vorschlag möglicherweise ‚knapp unannehmbar'". Callaghan führte aus, nach
seiner Auffassung könne ein Vorschlag, „der für Luxemburg eine Verdopplung minus sechs und für
die vier kleinen Länder eine Verdopplung minus sieben vorsehe, durchkommen, wenngleich er sich
nicht dafür verbürgen könne. Er sei nicht einmal ganz sicher, daß der belgische Vorschlag durch-
komme. But we will do our best." Vgl. die Gesprächsaufzeichnung; Referat 410, Bd. 105630.

[5] Zum Vorschlag der französischen Regierung vom 1./2. April 1976 für die Sitzverteilung im Europäischen Parlament vgl. Dok. 98.

Römischen Verträge[6] bleibe, eingeht; die Franzosen hätten sich für ein System reiner Proportionalität[7] oder der Vertragsregelung eingesetzt. Deshalb habe er eine Verdoppelung der Sitze vorgeschlagen, die Verdoppelung aber dadurch verfeinert, daß Luxemburg die einfache Sitzzahl beibehalte und die anderen vier der kleineren EG-Länder zwar mehr, aber nicht die doppelte Zahl der Sitze erhalten.

Dies bedeute – wie MP Thorn in einer Note ausgeführt habe[8] –, daß Dänemark und Irland nicht 10 bzw. 20, sondern 10 bzw. 14 Sitze erhalten, die Niederlande und Belgien entsprechend mehr. Hinzu käme, daß die kleineren europäischen Länder freiwillig auf eine bestimmte Sitzzahl verzichteten. Bundesminister verfolge den deutschen Vorschlag ohne besondere Ambition; er habe ihn nur eingebracht, weil er glaube, daß er den britischen Bedenken Rechnung trage, gleichzeitig aber in der Gedankenführung des französischen Modells bleibe. Das belgische und das deutsche Modell klafften mit Bezug auf die kleineren EG-Länder nicht auseinander, sondern unterschieden sich höchstens durch ein oder zwei Mandate bei den größeren.

AM *Crosland* lenkte ein, daß der deutsche Vorschlag eine Verbesserung des französischen Modells sei, besonders bezüglich des relativen Verhältnisses, wo die britische Empfindlichkeit besonders groß sei.

Die zum belgischen Vorschlag etwas leichtfertig aufgestellte Behauptung der Annehmbarkeit im Verhältnis 8:1 sei täuschend, da keineswegs alle acht dem belgischen Vorschlag vorbehaltlos gegenüberstünden.

Bundesminister führte eindringlich aus, daß man sich in dieser Angelegenheit aktiv vor dem Tag der italienischen Wahlen (20. Juni)[9] bewegen müsse, da nach den Wahlen die Italiener mit der Regierungsbildung voll ausgelastet seien und sich zu den Direktwahlen nicht mehr bewegen könnten. Die Anspannung der Italiener sei mit der Wahl nicht beendet, sondern beginne dann erst eigentlich mit dem Versuch einer Mehrheitsbildung für die Regierung. Dies habe ihm auch Außenminister Rumor bestätigt.[10] Für die italienischen Wahlen sei es wichtig, daß die gegenwärtige italienische Regierung noch auf außenpolitischem Gebiet einen Erfolg vorweisen könne; man helfe der italienischen Regierung nur mit Ermahnungen vor den Auswirkungen einer kommunisti-

---

6 Vgl. dazu Artikel 138 Absatz 2 des EWG-Vertrags vom 25. März 1957 und Artikel 10 des Vertragswerks vom 22. Januar 1972 über den Beitritt von Dänemark, Großbritannien, Irland und Norwegen zu EWG, EURATOM und EGKS; Dok. 98, Anm. 7.

7 Staatspräsident Giscard d'Estaing unterbreitete auf der Tagung des Europäischen Rats am 1./2. Dezember 1975 in Rom einen ersten Vorschlag zur Sitzverteilung im Europäischen Parlament. Danach sollten 65 Sitze auf die Bundesrepublik, 13 auf Belgien, 8 auf Dänemark, 55 auf Frankreich, 59 auf Großbritannien, 6 auf Irland, 58 auf Italien, 3 auf Luxemburg und 17 auf die Niederlande entfallen. Der dem zugrunde liegende Berechnungsmodus sah vor, jedem Land für seine Einwohnerschaft im Bereich von 400 000 bis zwei Millionen jeweils ein Mandat pro angefangene 400 000 Einwohner zu erteilen. Bei mehr als zwei Millionen Einwohnern sollte jedes Land für jede angefangene Million einen weiteren Sitz erhalten. Auf Luxemburg sollten unabhängig von dieser Berechnung drei Mandate entfallen. Vgl. dazu Anlage 3 zur Aufzeichnung des Referats 410 vom 6. Februar 1976; Referat 410 Bd. 105630.

8 Vgl. dazu den Vorschlag der luxemburgischen Ratspräsidentschaft vom 20. Mai 1976, Dok. 193, Anm. 15.

9 Zu den Parlamentswahlen in Italien am 20./21. Juni 1976 vgl. Dok. 201, Anm. 9.

10 Zum Gespräch des Bundesministers Genscher mit dem italienischen Außenminister Rumor am 3. Mai 1976 in Brüssel vgl. Dok. 139, Anm. 11.

schen Regierungsbeteiligung nicht allein. Es müsse ein Weg gefunden werden, um die Schwierigkeiten, die Briten und die Franzosen noch sähen, zu überwinden.

AM *Crosland* zeigte sich beeindruckt durch diese Argumentation, die einen Erfolg der Direktwahlen mit den italienischen Wahlen verknüpfe. Ihm scheine es wichtig, daß Deutschland und Großbritannien auf Frankreich genügend Druck ausübten, sich zu bewegen. Sollte sich keine Änderung der französischen Haltung abzeichnen, wäre die Behandlung dieses Themas auf der nächsten EG-Ratssitzung[11] Zeitverschwendung.

Bundesminister erkundigte sich nach der Anzahl der britischen Sitze unter dem belgischen und dem deutschen Modell.

In der Erwiderung kam zum Ausdruck, daß bei Stimmenzunahme für Irland um einen Sitz die Briten sieben Mandate weniger erhielten (unter deutschem Modell).

Bundesminister erklärte,[12] er habe[13] den deutschen Vorschlag als modifizierten französischen angekündigt. Man solle die Diskussion erstrecken auf die in diesem Kreise hauptsächlich besprochenen beiden Modelle (das belgische und das deutsche Modell), nicht aber auf andere Alternativen zurückgreifen, da diese besonders bei den kleineren EG-Mitgliedern Probleme neu aufwerfen und den Stand der Diskussion um Monate zurückversetzen würden.

Thorn habe freiwillig auf eine Verdoppelung der luxemburgischen Sitze verzichtet; er sei auch der richtige Mann, um unter den übrigen kleinen Mitgliedsländern um Verständnis für einen bestimmten Sitzverzicht zu werben.

Butler warf ein, daß man damit immer noch vor dem Problem stehe, daß Großbritannien auf sieben Sitze verzichten müsse. Der modifizierte deutsche Vorschlag – so wie ihn MP Thorn dargestellt habe – bringe Irland und Dänemark 14 Sitze und Schottland in der Relation acht Sitze, während nach dem belgischen Vorschlag auf Schottland neun, auf Irland 13 und auf Dänemark 14 Sitze entfielen. Insofern sei der modifizierte deutsche Vorschlag weniger attraktiv. Es bleibe bei der britischen Präferenz für den belgischen Vorschlag.

An dieser Stelle berichtete *Bundesminister* kurz über sein Gespräch mit Chirac, der sich weniger um die Zahl der Mandate, denn um die Rechte des Europäischen Parlaments besorgt gezeigt habe.[14] Bundesminister sehe dies anders: Man müsse dies der Zukunft des Parlaments überlassen. Außerdem habe er den Eindruck, daß Frankreich bereit sei, sich zu bewegen. Wenn man den Franzosen sagen könnte, daß alle EG-Partner bereit seien, den belgischen oder den von Deutschen und Luxemburgern zweimal modifizierten französischen Vorschlag – mit der britischen Präferenz für den belgischen Vorschlag – anzunehmen, dann glaube er, daß die Franzosen sich für das eine oder andere Modell entscheiden könnten. Am Ende würden sich auch die Franzosen wahr-

---

11 Zur Tagung des EG-Ministerrats am 31. Mai/1. Juni 1976 in Brüssel vgl. Dok. 169.

12 An dieser Stelle wurde von Bundesminister Genscher gestrichen: „der belgische Vorschlag leide darunter, daß er unter dem belgischen Namen laufe;".

13 An dieser Stelle wurde von Bundesminister Genscher gestrichen: „deswegen".

14 Zum Gespräch des Bundesministers Genscher mit Ministerpräsident Chirac am 13. Mai 1976 in Paris vgl. Dok. 139.

scheinlich für den belgischen Vorschlag entscheiden, weil dieser für die großen EG-Staaten günstiger sei. Für die französische Koalition sei es aus innenpolitischen Gründen schwierig, wenn den Franzosen ohne Alternative nur eine Lösung angeboten würde.

Bundesminister versuchte, AM Crosland darauf festzulegen, entweder den belgischen Vorschlag oder aber den modifizierten deutschen Vorschlag zu akzeptieren. Hierzu war AM *Crosland* nicht zu bewegen. Britischerseits wurde eingeworfen, eine Lösung, die für Schottland neun und für Dänemark zwölf Sitze vorsehe, erscheine möglich; nach dem belgischen Modell stünde das Verhältnis 9:14. Ob ein weiteres Eingehen britischerseits möglich sei, könne hier nicht gesagt werden.

StS *Palliser* fügte ergänzend hinzu, daß die Franzosen Bereitschaft nur für ein Modell gezeigt hätten. Die Briten hätten sich nicht auf eine einzige Formel festgelegt; sie brächten dem belgischen Vorschlag gewisse Symphatien entgegen, aber natürlich gebe es auch für die Briten Grenzen, die sie nicht überschreiten könnten.

Bundesminister räumte ein, daß der belgische Vorschlag auch uns angenehmer sei, da er mehr deutsche Sitze brächte. Auf den Einwand von AM *Crosland* zu Schottland ging *Bundesminister* ein, als er sagte, daß auch für Großbritannien eines Tages eine föderative Verfassung, die bei uns aufs vorzüglichste funktioniere, der beste Ausweg sei.

AM *Crosland* interessierte sich dann für den Zeitpunkt, zu dem eine Einigung in dieser Sache versucht werden sollte, und erwähnte insbesondere das kritische Datum des 20.6.

StS *Palliser* leitete hierzu ein mit der Bemerkung, was in Großbritannien innenpolitisch möglich sei: Es käme darauf an, auch von europäischer Seite den Schotten zu zeigen, daß sie als Teil Großbritanniens günstiger dastünden denn als Unabhängige.

Wie könne man dies den Franzosen näherbringen? Wie sehen die Franzosen dies im Zusammenhang mit den italienischen Wahlen?

Bundesminister erwiderte, in Frankreich sehe man die europäischen[15] Wahlen zwar nicht gern, halte diese aber für unvermeidlich und sehe damit auch[16] die Bedeutung bei den[17] italienischen Wahlen am 20. Juni. Man sei bereit, der italienischen Regierung zu helfen; Paris sei sich bewußt, daß der nächste Europäische Rat nur nach einem Ergebnis zu den Direktwahlen beurteilt würde und nicht nach Erfolgen in anderen Bereichen. Die italienischen Wechselwähler seien in Ermangelung innenpolitischer Gründe nur durch außenpolitische Motive bei der Stange zu halten. Die Bedeutung einer kommunistischen Regierungsbeteiligung für die Europapolitik werde erkannt, und ein außenpolitischer Erfolg würde sich auf die Meinungsbildung des italienischen Wählers positiv auswirken. Er glaube nicht an einen kommunistischen Durchbruch bei

---

15 Dieses Wort wurde von Bundesminister Genscher handschriftlich eingefügt. Dafür wurde gestrichen: „italienischen".

16 Dieses Wort wurde von Bundesminister Genscher handschriftlich eingefügt.

17 Die Wörter „bei den" wurden von Bundesminister Genscher handschriftlich eingefügt. Dafür wurde gestrichen: „der".

den Wahlen. Es komme aber darauf an, nach den Wahlen eine Parteienmehrheit für eine Regierungsbildung ohne kommunistische Beteiligung zu finden. Hier komme den Sozialisten eine entscheidende Rolle zu: Wenn diese sich – wie bisher – zu keiner Regierungskoalition entscheiden könnten, käme ohne Beteiligung der PCI eine Mehrheit nicht zustande, und es käme zu einer Staatskrise. Auf unseren Wahlkampf[18] seien die italienischen Wahlen nicht ohne Einfluß. Käme es zu einer Volksfrontregierung ohne Beteiligung der DC, wäre das eine schwere Belastung der sozialliberalen Koalition in Bonn, da die Opposition mit ihrer Behauptung recht zu behalten scheine[19], daß Sozialisten dort, wo sie es könnten, mit den Kommunisten ein Volksfrontbündnis eingingen.[20]

Das Gespräch wendete sich dann dem Termin der nächsten EG-Ratssitzung zu. Es stellte sich heraus, daß am 31. Mai eine gleichzeitige Teilnahme von Bundesminister und AM Sauvagnargues nicht möglich würde. Die Briten zeigten wenig Interesse an der Behandlung des TOP „Direktwahlen" ohne deutsche und französische Beteiligung. Im Gespräch zeichnete sich das Datum des 12. Juni als möglicher neuer Termin ab.[21]

II. Das Gespräch wendete sich dann dem Thema „Rambouillet II"[22] zu.

AM *Crosland* führte ein unter dem Hinweis auf bestimmte Schwierigkeiten, die amerikanischerseits mit dem Datum 1./2. Juli aufgetaucht seien. Die Alternative 28./29. Juni sei für die Briten schlecht, da diese Daten sich mit dem nächsten EG-Rat überschnitten und man besonders den kleinen europäischen Staaten kein zusätzliches Tort antun wolle. Die Briten seien daher für den 26./27. Juni. Andererseits sei man in London der Ansicht, daß die Amerikaner bei ihrem ursprünglichen Vorschlag bleiben sollten.

Bundesminister ging ein auf den Einwand der zusätzlichen Verärgerung der kleinen EG-Staaten. Er halte dies für nicht allzu schwerwiegend; die Verärgerung der an Rambouillet II nichtbeteiligten EG-Staaten werde nun einmal vorhanden sein. Die Frage der Daten würde sich nicht allzu schwerwiegend auswirken.

Auf der EG-Sitzung könnten die Außenminister durch ihre Parlamentarischen Staatssekretäre vertreten werden. Nur der Abend des 25. Juni und der Vormittag des 26. Juni käme für uns nicht in Frage.

---

18 Die Wahlen zum Bundestag fanden am 3. Oktober 1976 statt.

19 Der Passus „das eine schwere ... behalten scheine" ging auf Streichungen und handschriftliche Einfügungen des Bundesministers Genscher zurück. Vorher lautete er: „es mit der sozialliberalen Koalition in Bonn zu Ende, da die Opposition mit ihrer Behauptung recht behalten würde".

20 Mit Schreiben vom 26. Mai 1976 an Premierminister Callaghan führte Bundeskanzler Schmidt über die Direktwahlen zum Europäischen Parlament aus: „Es ist weder für das Ansehen unserer Gemeinschaft noch für den Ruf des Europäischen Rats gut, wenn es uns nicht gelingen sollte, die Beschlüsse, die wir 1974 in Paris gefaßt haben, so rechtzeitig zu verwirklichen, daß die Direktwahlen im Jahre 1978 stattfinden. Der Bundesminister des Auswärtigen hat Ihnen bereits unsere Auffassung zum Ausdruck gebracht, daß wir im Interesse einer Einigung mit Frankreich nicht nur einen Vorschlag zur Diskussion stellen sollten. Vielmehr sollten wir nebeneinander sowohl den belgischen als auch den luxemburgischen Vorschlag weiterverfolgen." Vgl. den Drahterlaß Nr. 247 des Vortragenden Legationsrats I. Klasse Schönfeld vom selben Tag an die Botschaft in London; VS-Bd. 592 (014); B 150, Aktenkopien 1976.

21 Vgl. dazu das informelle Treffen der Außenminister der EG-Mitgliedstaaten am 12. Juni 1976 in Luxemburg; Dok. 193.

22 Zum Vorschlag des Präsidenten Ford für ein Gipfeltreffen zur Wirtschafts- und Währungspolitik („Rambouillet II") vgl. Dok. 113.

Bundesminister gestand ein, daß er bei dem Gespräch mit Kissinger am Wochenende in Bonn sich im Grundsatz einverstanden erklärt habe mit einer amerikanischen Änderung der Tagungsdaten.[23]

Im übrigen sei er der Meinung, daß man hier ein Thema habe, das prinzipieller Erörterung durch den Europäischen Rat bedürfe. Rambouillet II gehöre – ebenso wie der Europäisch-Arabische Dialog oder die europäische Afrikapolitik nach dem Beispiel des Auftrags an Tindemans[24] – zu der Materie, die unabhängig von der jeweiligen Präsidialmacht der EG einem Einzelmitglied zur Wahrnehmung übertragen werden sollte. Hierbei müßten auch die kleineren Länder bedacht werden können. Auf diese Weise könnte in der jeweiligen Materie eine bessere Kontinuität gewahrt werden. Man müsse damit rechnen, daß auf ein Rambouillet II weitere Konferenzen dieser Art folgten.

AM Croslands Frage nach der Beteiligung an Rambouillet II beantwortete Bundesminister damit, daß er mit der italienischen Beteiligung einverstanden sei; er sei dafür, daß man die italienische Teilnahme noch vor dem 20. Juni bekanntgebe. Er sei auch mit Kanadas Beteiligung einverstanden. Eine Beteiligung der Niederlande habe man bei uns noch nicht durchdacht. Daß Italien bei Rambouillet I[25] gleichzeitig Präsidialmacht gewesen sei, sei reiner Zufall gewesen und habe die italienische Beteiligung erleichtert. Inwieweit die Niederlande als Präsidialmacht[26] hinzugezogen werden müßten, hänge auch davon ab, in welchem Monat Rambouillet II stattfinde.

III. Bundesminister schnitt daraufhin das Thema UNCTAD IV an. Er schilderte den Briten das Ergebnis der Besprechung des Ministerausschusses am 24. Mai[27] und führte aus, daß diese Position am Sonntag mit Kissinger besprochen worden sei[28] und daß wir inzwischen auch Bescheid erhalten hätten, daß die

---

23 Vgl. dazu das Gespräch des Bundeskanzlers Schmidt und des Bundesministers Genscher mit dem amerikanischen Außenminister Kissinger am 23. Mai 1976 auf Schloß Gymnich; Dok. 150.

24 Vgl. dazu den Beschluß der Gipfelkonferenz der Staats- und Regierungschefs der EG-Mitgliedstaaten am 9./10. Dezember 1974 in Paris; Dok. 1, Anm. 2.

25 Die Konferenz der Staats- und Regierungschefs aus sechs Industriestaaten fand vom 15. bis 17. November 1975 auf Schloß Rambouillet statt. Vgl. dazu AAPD 1975, II, Dok. 346 und Dok. 348–350.

26 Am 1. Juli 1976 übernahmen die Niederlande die Ratspräsidentschaft in den Europäischen Gemeinschaften.

27 Vgl. Dok. 155.

28 Vgl. dazu die mit dem amerikanischen Außenminister Kissinger am 23. Mai 1976 auf Schloß Gymnich vereinbarte Position für die IV. UNCTAD-Konferenz in Nairobi; Dok. 153, Anm. 10.
Ministerialdirigent Kinkel vermerkte am 24. Mai 1976, der Berater im amerikanischen Außenministerium, Sonnenfeldt, habe am selben Tag telefonisch mitgeteilt: „Abstimmung auf amerikanischer Seite zu den gestern in Gymnich in Sachen UNCTAD formulierten fünf Punkten habe ergeben, daß die Punkte 1 bis 4 unproblematisch seien. Punkt 5 berge verschiedene Probleme für die amerikanische Seite; der Finanzminister sei nicht einverstanden. Auch der in das gestrige Papier nicht übernommene Punkt 6 (Schuldenproblematik) sei für die amerikanische Seite nicht unproblematisch. Kissinger lasse ausrichten, daß er Robinson sofort nach Nairobi entsenden werde. Es sei leider nicht anders möglich, als daß dort an Ort und Stelle die direkte Abstimmung zwischen der amerikanischen und der deutschen Seite stattfinde. Eine Vorabstimmung sei deshalb nicht mehr möglich, weil das Problem an den Präsidenten herangetragen werden müsse." Vgl. Referat 402, Bd. 122138.
Vortragender Legationsrat Sulimma unterrichtete die Botschaft in Nairobi am 25. Mai 1976, Kissinger habe am selben Tag mitteilen lassen, daß die USA nunmehr auch der „Verbindung" zwischen einzelnen Fonds von Rohstoffabkommen zustimmen könnten: „Desgleichen stimmen die USA unseren Vorstellungen zur Regelung der Verschuldungsproblematik zu. Robinson habe Weisung, entsprechend in Nairobi zu verfahren." Vgl. den Drahterlaß Nr. 160; Referat 402, Bd. 122138.

amerikanische Administration die Bedenken des amerikanischen Finanzministers[29] beseitigen konnte.

Bundesminister appellierte an die Briten, sich dem geschilderten deutschen Vorgehen nach Möglichkeit anzuschließen.[30] Er glaube, daß man damit eine gemeinsame Linie der EG erreichen könne; ein Zusammengehen der EG mit USA und Kanada würde in Nairobi nicht ohne Folgen bleiben.

Die *Briten* räumten ein, in ihrer Meinungsbildung noch nicht so weit fortgeschritten zu sein. Ihnen erscheine die dargelegte Position annehmbar, sie würden diese alsbald an die britische Delegation nach Kenia durchgeben mit dem Vorschlag, daß sich die britische Delegation dort mit den deutschen Kollegen in Verbindung setze. Britischer Delegationsleiter sei Junior Minister Judd.

Staatssekretär *Palliser* berichtete, daß er kurz mit Robinson über Nairobi gesprochen habe. Ungewiß sei auch in amerikanischer Sicht das Vorhaben der Gruppe 77.[31] Ob ein befriedigender Kompromiß möglich oder ob es zu einem Zusammenstoß kommen würde, bleibe abzuwarten.

Bundesminister erwiderte, daß bestimmte Kreise gewiß auf Konfrontation abstellten, daß aber ein friedlicher Ausgang von weiten Kreisen vertreten würde. Dies um so mehr, wenn man bei dem UNCTAD-Thema das Schicksal der armen Entwicklungsländer im Auge behalte.

Als weiteres Thema schnitten die Briten den französischen Gedanken eines Fonds für Afrika[32] an.

Bundesminister erklärte hierzu, er habe von den Amerikanern gehört, daß diese vor den Wahlen nicht in der Lage seien, hierüber eine Entscheidung zu treffen. Dasselbe gelte für uns. Ihm scheine der auch in Oslo besprochene Vorschlag vernünftig, daß jeweils zwei Beamte (Wirtschafts- und Afrika-Experte) dieses Thema bis zum Jahresende prüfen sollten. Dann werde man weiter sehen. Er könne im Augenblick auch nicht sagen, aus welchem deutschen Etat man zu dem Fonds für Afrika beisteuern könne.[33]

Referat 010, Bd. 178670

---

[29] William E. Simon.

[30] Am 27. Mai 1976 übermittelte Vortragender Legationsrat Sulimma der Botschaft in Nairobi Informationen zur britischen Haltung hinsichtlich der IV. UNCTAD-Konferenz: „Nachdem von britischer Öffentlichkeit erheblicher Druck u. a. auch in Unterhausdebatte vom 24.5.1976 auf britische Regierung ausgeübt worden ist, flexiblere Haltung in Nairobi einzunehmen, erwägt man im FCO, insofern etwas mehr Kompromißbereitschaft gegenüber Ländern Dritter Welt zu zeigen, als man in Betracht zieht, Rohstoff-Einzelabkommen in fernerer Zukunft miteinander zu verbinden (linked commodity agreements). Dies bedeute aber nicht, daß man gemeinsame Linie mit US und Bundesrepublik Deutschland, die auf Rohstoff-Einzelabkommen basiert, verlassen wolle. Man wolle auch ‚linked agreements‘ nur dann anstreben, wenn dies für EG-Partner als Kompromißlösung annehmbar sei." Vgl. den Drahterlaß Nr. 168; Referat 402, Bd. 122138.

[31] Zum Vorschlag der „Gruppe der 77", zur Finanzierung internationaler Rohstofflager einen „Gemeinsamen Fonds" zu schaffen, vgl. Dok. 155, Anm. 5.

[32] Zum Vorschlag der Schaffung eines Entwicklungsfonds für Afrika vgl. Dok. 150, Anm. 3.

[33] Vortragender Legationsrat Sulimma übermittelte der Botschaft in Washington am 24. Mai 1976 die Haltung der Bundesregierung zu einem Fonds: „Unser entwicklungspolitisches Engagement in Schwarzafrika ist bereits sehr groß. Wir vergeben 30 Prozent unserer öffentlichen Hilfe nach Schwarzafrika. Bei der bilateralen Hilfe sind es über 20 Prozent, bei der multilateralen Hilfe werden es in der Folge des Lomé-Abkommens schon bald über 50 Prozent sein. Wir sind generell gegen die Bildung neuer Fonds, solange nicht die Möglichkeiten ausgeschöpft sind, alle bestehenden In-

155

Vortragender Legationsrat Sulimma an die Botschaft in Nairobi

402-430.20-664/76 VS-vertraulich   Aufgabe: 25. Mai 1976, 03.32 Uhr[1]
Fernschreiben Nr. 159
Citissime nachts

Betr.: UNCTAD IV[2]
    hier: Ministergespräch bei Bundeskanzler am 24.5.1976

Das Ministergespräch beim Herrn Bundeskanzler, an dem die BM Genscher, Apel, Friderichs und Bahr teilnahmen, erbrachte folgende Ergebnisse.

Es folgt Ergebnisvermerk:

StS Hermes berichtet über den Stand von UNCTAD IV in Nairobi. Es seien noch zwei Hauptproblemkreise zu klären:

– Rohstoffproblematik,
– Verschuldung.[3]

BM Genscher berichtet über seine Gespräche mit AM Kissinger vom 23.5.1976 (an den Gesprächen haben auch BM Friderichs und BM Bahr teilgenommen).

Zur Rohstoffproblematik führt BM Genscher fünf Punkte auf, in denen deutsch-amerikanische Verständigung erzielt worden ist.[4] Sie sind im folgenden unter I. 1–5) wiedergegeben.

Zu den unter I. 5) wiedergegebenen Punkten habe AM Kissinger inzwischen mitteilen lassen, daß er wegen Widerspruchs des Finanzministers Simon und der Notwendigkeit, die Zustimmung des Präsidenten Ford einzuholen, seine Zustimmung vorerst nicht aufrechterhalten könne.[5]

Fortsetzung Fußnote von Seite 700
    stitutionen optimal zu nutzen. Frankreich beteiligt sich an den bestehenden multilateralen Institutionen – außer EG – nur mit geringen Beiträgen und blockiert bisher den von der EG angestrebten gebündelten Beitrag zum IFAD." Vgl. den Drahterlaß Nr. 517; Referat 402, Bd. 122138.

1 Durchdruck.
2 Die IV. UNCTAD-Konferenz fand vom 5. Mai bis 31. Mai 1976 in Nairobi statt. Vgl. dazu auch Dok. 173.
3 Referat 402 vermerkte am 21. Mai 1976 zum Stand der IV. UNCTAD-Konferenz in Nairobi: „Verhandlungssituation hat sich nach zunächst ruhigem Konferenzbeginn merklich verschärft. Im Zentrum stehen Rohstoff- und Verschuldungsproblematik. Gruppe der 77 besteht nachdrücklich auf Beschluß zur Errichtung eines gemeinsamen Fonds und zur Abhaltung einer Schuldenkonferenz. Auseinandersetzungen scheinen sich auf Rohstoffprobleme zuzuspitzen. IL haben hierzu noch keine einheitliche Position entwickelt. Im EG-Kreis stehen deutschen Vorstellungen, die durch britische Auffassungen gestützt werden, den auf weitergehende Zugeständnisse angelegten Vorschlägen der Partnerländer gegenüber. USA haben neuen fortentwickelten Entwurf über Rohstoffe vorgelegt, der Konsultationen über Rohstoffe vorsieht und Bereitschaft zur Finanzierungsbeteiligung an vereinbarten Ausgleichslagern sowie Möglichkeit später zusammenfassender Finanzierung andeutet. [...] Nachdem auch die USA weiteres Entgegenkommen gezeigt haben, droht unserer Delegation bei Beibehaltung jetzigen Verhandlungskonzepts Gefahr der Isolierung. Scheitern der Konferenz könnte mangelnder deutscher Flexibilität zugeschrieben werden." Vgl. Referat 402, Bd. 122138.
4 Zu der mit dem amerikanischen Außenminister Kissinger am 23. Mai 1976 auf Schloß Gymnich vereinbarten Position für die IV. UNCTAD-Konferenz in Nairobi vgl. Dok. 153, Anm. 10.
5 Zu den Vorbehalten des amerikanischen Finanzministeriums vgl. Dok. 154, Anm. 29.

I. Rohstoffproblematik[6]

1) Vereinbarter Zeitplan für unverzügliche Prüfung der Rohstoffproblematik soll aufgestellt werden. Die Prüfungsdauer kann zwischen 18 und 24 Monaten liegen. Anstelle des Wortes „Prüfung" kann auch das Wort „Verhandlung" treten, wobei klargestellt werden muß, daß damit keine Abschlußverpflichtung eingegangen und weder über das „Ob" noch über das „Wie" entschieden worden ist.

Der Bundeskanzler hält fest, daß zu den Prüfungen (oder Verhandlungen) nicht zu viele verschiedene internationale Bühnen neu geschaffen werden sollen. Es kommen in Frage insbesondere UNCTAD, KIWZ und GATT.

2) Ausgleichslager können als ein Mittel zur Behandlung von Rohstoffproblemen erwähnt werden. Auch hier keine Festlegung von Ausgleichslagern.

3) Wenn ein Rohstoffabkommen für angemessen erachtet wird, sollte ein Abkommen darüber nicht an einem Mangel an Finanzierungsmöglichkeiten scheitern.

4) In geeigneten Fällen können besondere Fonds für einzelne Rohstoffe geschaffen werden. Diese Fonds könnten auch durch eine Finanzierung von Verbrauchern und Produzenten zustande kommen. Die Frage einer Verbraucherbeteiligung ist in jedem einzelnen Fall gesondert zu prüfen und zu entscheiden.

5) Wenn aus Finanzierungsgründen – aber nicht aus Managementgründen – „Verbindungen" („Links") zwischen einzelnen Fonds erforderlich sind, kann dem zugestimmt werden.

Die Links sollten allenfalls zwischen wenigen und ähnlich gelagerten Fonds hergestellt werden. Ein Link für alle Fonds scheidet aus.

Der Link kann gegebenenfalls als Teil der „Rohstoffbank"[7], die ihrerseits als Teil der Weltbank in Frage kommen kann, eingerichtet werden.

---

[6] Die in der „Gruppe der 77" zusammengeschlossenen Entwicklungsländer vereinbarten auf ihrer dritten Ministertagung vom 26. Januar bis 7. Februar 1976 in Manila eine Erklärung und ein Aktionsprogramm, in dessen Mittelpunkt ein „integriertes Rohstoffprogramm" stand. Darin wurde u. a. vorgeschlagen, zur Finanzierung internationaler Rohstofflager einen „Gemeinsamen Fonds" zu schaffen und eine Schuldenregelung insbesondere für die am wenigsten entwickelten Staaten zu erwirken. Erklärung und Aktionsprogramm wurden von der „Gruppe der 77" als gemeinsames Positionspapier in die IV. UNCTAD-Konferenz in Nairobi eingebracht. Für den Wortlaut vgl. PROCEEDINGS OF THE UNITED NATIONS CONFERENCE ON TRADE AND DEVELOPMENT, Bd. I, S. 109–136. Für den deutschen Wortlaut vgl. EUROPA-ARCHIV 1976, D 404–408 (Auszug).
Die Gruppe der Industriestaaten („Gruppe B") legte in Nairobi ein Positionspapier zur Rohstoff-Frage vor, das u. a. den Abschluß von Rohstoffabkommen, ein System der Erlösstabilisierung, eine Verbesserung des Marktzugangs, die Diversifikation der Rohstoffproduktion sowie eine verstärkte technische Zusammenarbeit zwischen Industrie- und Entwicklungsländern vorsah. Für den Wortlaut vgl. PROCEEDINGS OF THE UNITED NATIONS CONFERENCE ON TRADE AND DEVELOPMENT, Bd. I, S. 139 f.
Am 24. Mai 1976 berichtete die Verhandlungsgruppe „Rohstoffe" dem Generalausschuß der IV. UNCTAD-Konferenz, daß eine Einigung über einen Resolutionsentwurf nicht habe erzielt werden können. Das anschließend tagende Plenum beschloß daher, eine Kontaktgruppe des Präsidenten einzurichten, die über die Rohstoff-Frage – wie auch über die ebenfalls ergebnislos beratene Frage der Verschuldung – weiter beraten solle. Vgl. dazu den Drahtbericht Nr. 240 des Botschafters Jaenicke, z. Z. Nairobi, vom 25. Mai 1976; Referat 402, Bd. 122140.
[7] Der amerikanische Außenminister Kissinger schlug am 6. Mai 1976 in Nairobi die Schaffung einer Internationalen Rohstoffbank mit einem Kapitalstock von einer Milliarde Dollar vor. Sie sollte Gelder bereitstellen zur Finanzierung von Entwicklungsprojekten im Rohstoffbereich. Vgl. dazu PROCEEDINGS OF THE UNITED NATIONS CONFERENCE ON TRADE AND DEVELOPMENT, Bd. II, S. 122.

Eine USA-Zurückhaltung zu diesem Punkt sollte uns nicht daran hindern, diese Position zu vertreten.

6) Welche Rohstoffe kommen in Frage?

Alle Rohstoffe können in Betracht gezogen werden, allerdings unter der Voraussetzung, daß hierbei das Ob eines Abkommensabschlusses nicht präjudiziert wird.

Zur ganzen Rohstoffproblematik gilt: Wir sollten vermeiden, in der EG allein zu stehen, sondern mindestens mit einem großen EG-Land (Großbritannien) gemeinsam vorgehen. Die Übereinstimmung mit den USA allein ist nicht ausreichend.

Die Haltung der deutschen Delegation sollte sein, die Entscheidungen der Bundesregierung so wenig wie möglich zu präjudizieren.

II. Verschuldungsproblematik[8]

Nach Vortrag von BM Genscher über die Gespräche mit AM Kissinger besteht Einverständnis über folgendes:

1) Nur öffentliche Schulden sollen in die Erörterung einbezogen werden.

2) Umschuldungen kommen nur Land für Land in Betracht.

3) Bereitschaft, über Prinzipien zu sprechen, nach denen sich die Einzelregelungen vollziehen sollen – hierbei besondere Berücksichtigung der Probleme der Länder der „Vierten Welt".

4) Im Vorfeld von akuten Umschuldungsfällen Bemühungen ein „Vergleichsverfahren" anstatt eines „Konkursverfahrens" stattfinden zu lassen.

Bereitschaft zu Erleichterungen im Vorfeld darf im Beschlußtext nicht zu einladend formuliert werden.

Text darf keine Einladung an zu viele Kandidaten bedeuten und als zu leichtes Entgegenkommen gewertet werden. Jeder Fall sollte durch ein Gutachten der Weltbank oder auf ähnliche Weise begründet sein.

5) Verschuldungsproblematik sollte möglichst von der UNCTAD an die KIWZ übergeleitet werden.

Sulimma[9]

VS-Bd. 8870 (400)

---

8 Botschafter Jaenicke, z.Z. Nairobi, faßte am 18. Mai 1976 die Diskussionen auf der IV. UNCTAD-Konferenz in Nairobi zur Verschuldung der Entwicklungsländer zusammen: „Die Forderung der EL im Rahmen der Verschuldung [...] sind: 1) Moratorium hinsichtlich der öffentlichen Schulden für M[ost]S[eriously]A[ffected]- und LL[east]D[eveloped]-Länder; 2) langfristige Konsolidierung der Handelsschulden; 3) Umorientierung der Ausleihepolitik der internationalen Finanzinstitute, (Vergabe von Zahlungsbilanzhilfen in Höhe der Schuldendienstverpflichtungen der EL von diesen Institutionen). Die Haltung der IL hinsichtlich dieser Forderungen ist unverändert. Während Schweden, die übrigen nordischen Länder und Niederlande bereit sind, Zugeständnisse bei den öffentlichen Schulden zu machen, lehnen die anderen Länder der B-Gruppe diese Forderungen eindeutig ab. Die acht Länder der Gemeinschaft verweisen auf die in Brüssel am 4. Mai 1976 vereinbarte gemeinsame Haltung. Hinsichtlich der weitergehenden Forderung der EL nach Einberufung einer Schuldenkonferenz wird immer wieder betont, diese sei dann unnötig, sofern die IL bereit seien, allgemeine Umschuldungsrichtlinien zu akzeptieren. Die Haltung der IL hinsichtlich der Verabschiedung allgemeiner Umschuldungsrichtlinien hat sich nicht verändert; nur Schweden, übrige nordische Länder und Niederlande dafür." Vgl. den Drahtbericht Nr. 208; Referat 402, Bd. 122140.

9 Paraphe.

156

Ministerialdirektor Lautenschlager an
Botschafter von Staden, Washington

413-491.09-670/76 VS-vertraulich   25. Mai 1976[1]
Fernschreiben Nr. 523   Aufgabe: 26. Mai 1976, 10.15 Uhr

Betr.: Gespräch Bundesminister – AM Kissinger am 23. Mai 1976 in Bonn
        hier: Fragen der deutschen nuklearen Exportpolitik

Bezug: Telefongespräch Botschafter – D 4 vom 23.5.1976

Nur für Botschafter

Folgt wesentlicher Inhalt und Ablauf des Gespräches Bundesminister–AM Kissinger zu Fragen deutscher nuklearer Exportpolitik:

1) AM Kissinger äußerte starke Bedenken gegen das von uns beabsichtigte Kooperationsabkommen mit dem Iran[2], falls dieses Abkommen auch die Zusammenarbeit im sensitiven Bereich umfasse. Er wies hierbei auf die politische Sensibilität des Kongresses hinsichtlich des sensitiven Bereiches hin und betonte, daß, wie immer wir auch eine ins Auge gefaßte Zusammenarbeit mit dem Iran im sensitiven Bereich in der Öffentlichkeit präsentieren würden, mit ernsten politischen Schwierigkeiten seitens des Kongresses zu rechnen sei.

2) AM Kissinger kündigte die mit DB Nr. 1697 vom 24. Mai 1976 übermittelte amerikanische Stellungnahme an, bezog sich hierbei auf drei zusätzliche Punkte (sie sind in der Stellungnahme unter Ziffer 6 a), b) und c) enthalten), ohne diese jedoch näher zu präzisieren.[3]

3) AM Kissinger bezeichnete die Einführung eines De-facto-Moratoriums für Exporte im sensitiven Bereich als eine zentrale Frage, deren Erörterung vorläufig nicht auf Ebene der Administrationen erfolgen, sondern zunächst auf po-

---

[1] Durchdruck.
Der Drahterlaß wurde von Vortragendem Legationsrat I. Klasse Rouget konzipiert.
[2] Zu den Verhandlungen zwischen der Bundesrepublik und dem Iran über ein Abkommen über Zusammenarbeit auf dem Gebiet der friedlichen Nutzung der Kernenergie vgl. Dok. 143, Anm. 9.
[3] Botschafter von Staden, Washington, wurde am 24. Mai 1976 eine amerikanische Stellungnahme zum Entwurf für ein deutsch-iranisches Abkommen über Zusammenarbeit auf dem Gebiet der friedlichen Nutzung der Kernenergie übergeben. In Ziffer 6 der Stellungnahme wurde ausgeführt: „As reflected in our discussions, however, the US would suggest that the FRG considers incorporating three additional elements into draft agreement which would be consistent with the thrust of the existing FRG draft and would make the US and FRG approaches more compatible: a) Have the FRG controls over Iranian reprocessing flow from the transfer of FRG reactors or fuel as well as from the provision of reprocessing technology (along the lines of its conditions elaborated in the US-Iranian draft). [...] b) Extend the requirement for FRG participation in a possible German supplied reprocessing plant to include comparable participation in any associated plutonium-handling facility (conversion, fabrication and storage facilities). [...] c) Modify the starting point for the 20 year period, during which there would be a presumption that any sensitive plant of the same type would be based on FRG technology and thus subject to permanent agency safeguards to commence on the date of initial operation of such facility in Iran, rather than the date of initial transfer of sensitive technology." Vgl. VS-Bd. 11566 (222); B 150, Aktenkopien 1976.

litischer Ebene stattfinden sollte.[4] Er schlug deshalb vor, daß wir unsere ersten Überlegungen zu diesem Thema über die Botschaft Washington an Herrn Sonnenfeldt herantragen sollten. Bundesminister hat dieser Anregung zugestimmt (vgl. im übrigen gesonderter DE).[5]

AM Kissinger erklärte, daß französischer Staatspräsident sich gegenüber Präsident Ford in dem Sinne geäußert habe, daß auch seine Überlegungen in Richtung eines Moratoriums gingen, man jedoch auch die deutsche Haltung hierzu in Erwägung ziehen müsse.[6] Auf ausdrückliche Frage von BM bestätigte AM Kissinger, daß er bei dem Gespräch französischer Staatspräsident mit Ford anwesend gewesen sei.

Bundesminister stellte fest, daß die Frage eines Moratoriums im Prinzip sehr schwierig sei, wir einer solchen Überlegung aufgeschlossen gegenüberstünden, wobei entscheidend sei, daß alle nuklearen Hauptlieferländer ein solches Moratorium akzeptieren. Im übrigen müßten bei der Tragweite eines solchen Vorschlages das Kabinett und gegebenenfalls auch die zuständigen Ausschüsse des Bundestages befaßt werden. Bundesminister erklärte ferner, daß er den französischen Gedanken nachgehen werde, um festzustellen, ob und in welchem Umfange die französische Seite mit dem Vorschlag eines Moratoriums konform gehen würde.

AM Kissinger stellte abschließend fest, daß die Annahme des Moratoriums und der von den USA gemachten technischen Vorschläge – hier bezog er sich auf die amerikanische Stellungnahme – für uns von Hilfe für unser Geschäft mit dem Iran sein würden (would very much help you with your Iran deal). Bedeutung und Tragweite dieser Äußerung hat AM Kissinger jedoch nicht konkretisiert.

4) In der Diskussion hat die deutsche Seite darauf hingewiesen, daß wir hinsichtlich des Irans unter Zeitdruck stünden. Sie hat ferner zum Ausdruck gebracht, daß sich ein solches Moratorium nur auf künftige Projekte und nicht auf bereits eingegangene Verpflichtungen erstrecken könnte (Brasilien[7]). Dieser Feststellung hat AM Kissinger nicht widersprochen. Andererseits hat die deutsche Seite jedoch aus den Äußerungen von AM Kissinger den festen Ein-

---

4 Zum amerikanischen Vorschlag für ein Moratorium für Exporte im sensitiven Bereich vgl. Dok. 143, Anm. 6.

5 Am 25. Mai 1976 erteilte Ministerialdirektor Lautenschlager der Botschaft in Washington Weisung, dem Berater im amerikanischen Außenministerium, Sonnenfeldt, „folgende erste Überlegungen hinsichtlich der Einführung eines De-facto-Moratoriums für Exporte im sensitiven Bereich zu übermitteln: [...] Wenn die Frage der Einführung eines De-facto-Moratoriums im sensitiven Bereich auf dem Treffen der nuklearen Hauptlieferländer in London am 3./4. Juni 1976 von amerikanischer Seite zur Erörterung gestellt werden sollte, werden wir eine aufgeschlossene Haltung einnehmen. Wir gehen hierbei davon aus, daß der Zielsetzung eines solchen De-facto-Moratoriums aber nur dann Erfolg beschieden sein wird, wenn alle Hauptlieferländer bereit sind, es zu akzeptieren. [...] Wir gehen jedoch davon aus, daß bereits eingegangene Verpflichtungen (Brasilien: pacta sunt servanda) und laufende Verhandlungen (Iran) von diesem De-facto-Moratorium unberührt bleiben." Vgl. den Drahterlaß Nr. 530; Referat 413, Bd. 119502.

6 Staatspräsident Giscard d'Estaing hielt sich vom 17. bis 22. Mai 1976 in den USA auf. Gesandter Lahusen, Paris, übermittelte dazu am 2. Juni 1976 Informationen aus dem französischen Präsidialamt: „Zum Thema des Exports sensitiver Kernanlagen heißt es, Präsident Ford und AM Kissinger hätten ‚nicht übermäßig insistiert'." Vgl. den Drahtbericht Nr. 1627; Referat 413, Bd. 119502.

7 Die Bundesrepublik und Brasilien unterzeichneten am 27. Juni 1975 ein Abkommen über Zusammenarbeit auf dem Gebiet der friedlichen Nutzung der Kernenergie. Für den Wortlaut vgl. BUNDESGESETZBLATT 1976, Teil II, S. 335 f. Vgl. dazu ferner AAPD 1975, I, Dok. 179.

druck gewonnen, daß amerikanische Seite davon ausgeht, daß der Iran von einem solchen Moratorium erfaßt würde.

5) Hinsichtlich der Einrichtung regionaler Brennstoffkreislaufzentren erklärte AM Kissinger auf einer persönlichen Basis, daß sich seine Auffassungen hierzu geändert hätten, wobei er auf Überlegungen zurückgriff, die auch wir als Bedenken gegen eine solche Konstruktion in den vergangenen Diskussionen mit den Amerikanern vorgebracht haben.[8] Auch aus diesem Grunde sei ein Moratorium erforderlich, wobei er den Zeitrahmen eines solchen Moratoriums nicht präzisierte.

Lautenschlager[9]

VS-Bd. 8887 (413)

157

Runderlaß des Vortragenden Legationsrats I. Klasse Heibach

203-321.00 GRI-812/76 VS-vertraulich   Aufgabe: 26. Mai 1976, 17.27 Uhr[1]
Fernschreiben Nr. 2012 Plurez
Citissime

Betr.: Gespräch des Bundesaußenministers mit dem griechischen AM Bitsios
        am 21.5.1976 in Oslo[2]

Nachstehend folgt Vermerk über das Gespräch:

Zu Beginn des Gesprächs dankte AM Bitsios der Bundesregierung für ihr Bemühen, zu einer Lösung der Probleme beizutragen. Leider müsse er sagen, daß wenig Grund für Optimismus gegeben sei, und verwies dabei auf den letzten

---

[8] Botschafter z. b. V. Balken, z. Z. London, berichtete am 3. Juni 1976 über Konsultationen mit dem Leiter der amerikanischen Delegation, Vest, bei der Konferenz der wichtigsten Lieferstaaten von Kerntechnologie am 3./4. Juni 1976 in London: „Im Rahmen Konsultationen habe ich die Frage gestellt, ob amerikanische Delegation Moratorium auf Suppliers' Treffen zur Sprache bringen werde. Herr Vest verneinte dies und fügte hinzu, daß diese Frage nur bilateral mit einigen Delegationen angesprochen werde. [...] Administration habe den Gedanken der Einführung des Begriffes ‚Moratorium' als Ausdruck einer zeitlich befristeten Abstinenz bei Exporten im sensitiven Bereich aufgegeben. [...] Die amerikanische Administration geht davon aus, daß unsere Iran-Verhandlungen nicht unter ein ‚Moratorium' fallen. Hinsichtlich der mit dem Memorandum vom 24.5.1976 übermittelten Vorstellungen geht die amerikanische Administration aufgrund unserer häufigen bilateralen Konsultationen über den Iran davon aus, daß wir an unserer ursprünglichen Konzeption einer Zusammenarbeit im sensitiven Bereich mit dem Iran festhalten, obwohl sie es begrüßen würden, wenn wir uns ihrer Auffassung anschließen würden, eine solche Zusammenarbeit zu einem späteren Zeitpunkt zu vereinbaren." Vgl. den Drahtbericht Nr. 1180; Referat 413, Bd. 119502.
[9] Paraphe.

[1] Durchdruck.
Der Runderlaß wurde von Vortragendem Legationsrat Bensch konzipiert.
[2] Bundesminister Genscher und der griechische Außenminister Bitsios hielten sich anläßlich der NATO-Ministerratstagung am 20./21. Mai 1976 in Oslo auf.

Brief von PM Demirel vom 17. Mai 1976[3] an PM Karamanlis, in dem ersterer
alle Verantwortung für mögliche negative Entwicklungen Griechenland zu-
schiebt.[4] Es sei besonders bedauerlich, daß die türkische Regierung diesen
Brief an die Presse gegeben habe. Dies zwinge die griechische Seite, auch den
Antwortbrief von Karamanlis[5] zu publizieren. Ein solches Vorgehen helfe sicherlich nicht weiter. Kissinger habe den türkischen Außenminister gefragt,
warum die türkische Seite mit ihrem Brief an die Öffentlichkeit gegangen sei
und Çaglayangil habe auf die Erklärung von Karamanlis im griechischen Parlament[6] verwiesen.

AM Bitsios kam dann auf die türkisch-griechische Vereinbarung[7] zu sprechen.
Er beklagte sich darüber, daß Denktasch Behauptungen über den Inhalt des
Abkommens aufstelle, die nicht der Wahrheit entsprächen. Es handele sich um
eine prozedurale Vereinbarung, um die interkommunalen Gespräche[8] wieder
in Gang zu bringen, nicht um einen Rechtstitel.

Zu Zypern erkläre Bitsios, daß er nicht sehe, wie die Verhandlungen wieder
aufgenommen werden können, wenn nicht auch von türkischer Seite ein territorialer Vorschlag auf den Tisch gelegt werde. Die griechische Seite habe nicht
nur prozentuale Vorschläge gemacht, sondern auch drei geographische Zonen
genannt. Er erwarte nicht, daß die türkische Seite diese Vorschläge voll akzeptiere, aber Verhandlungsangebote seien nun mal maximalistisch. Er glaube
auch nicht, daß Generalsekretär Waldheim bereit sein werde, die Verhandlungs-
leitung wieder aufzunehmen, wenn die Türken keinen Territorialvorschlag vor-
legten, es sei denn, sein Mandat werde so erweitert, daß er die Verhandlungsführung aktiver gestalten könne.

---

3 Korrigiert aus: „14. Mai 1976".

4 Am 20. Mai 1976 resümierte Botschafter Sonnenhol, Ankara, das Schreiben vom 17. Mai 1976 des
Ministerpräsidenten Demirel an Ministerpräsident Karamanlis: „Demirel beschwört das Klima von
Freundschaft und Vertrauen der dreißiger Jahre zwischen beiden Ländern, betont die türkische
Friedensliebe, stellt aber in langatmigen Ausführungen die Konflikte zwischen beiden Ländern
einseitig aus türkischer Sicht dar und betont jeweils das griechische Verschulden an Verschlechterung der Beziehungen. In dieser Weise werden der Zypernkonflikt, die für die Türkei unannehmbare Militarisierung der ägäischen Inseln, das Problem des Ägäisschelfs und die Frage der Über-
flugrechte in der Ägäis abgehandelt. Lediglich das Minoritätenproblem wird bezeichnenderweise
nicht berührt. Demirel betont, daß nur Griechenland Wettrüsten mit Türkei begonnen habe, während Türkei lediglich ihren Verpflichtungen im Rahmen der westlichen Allianz nachkommen wolle,
und bescheinigt den Griechen, über ihre finanziellen Verhältnisse zu rüsten. [...] Demirel drückt
ein gewisses türkisches Zögern hinsichtlich Bedeutung und Vorteilen des Abschlusses eines Nicht-
angriffspakts zwischen zwei Mitgliedern derselben Verteidigungsgemeinschaft aus. Dennoch sagt
er sorgfältige Prüfung [...] zu." Vgl. den Drahtbericht Nr. 542; Referat 203, Bd. 110272.

5 Mit Schreiben vom 19. Mai 1976 an Ministerpräsident Demirel führte Ministerpräsident Karamanlis aus: „Thank you for your letter [...]. I read it with great care but also with some sense of
disappointment. For, you must admit that saddling Greece with the exclusive responsibility for all
the problems that devide us does not create a climate conducive to their constructive discussion.
A discussion that I nevertheless have persistently sought since I came into office." Vgl. Referat 010,
Bd. 178660.

6 Zu den Ausführungen des Ministerpräsidenten Karamanlis am 17. April 1976 in Athen vgl. Dok.
147, Anm. 14.

7 Zu den griechisch-türkischen Vereinbarungen vom 12. Dezember 1975 vgl. Dok. 30, Anm. 6.

8 Zur fünften Runde der Gespräche der Vertreter der türkischen bzw. griechischen Volksgruppe auf
Zypern, Denktasch und Klerides, vom 17. bis 21. Februar 1976 in Wien vgl. Dok. 62, Anm. 12.

Zur Ägäis erinnerte er dann daran, daß der griechische Vorschlag auf dem Tisch liege, daß das Gespräch in Bern[9] jedoch ergeben habe, daß zur Frage des Kontinentalsockels die Ansichten diametral entgegengesetzt blieben. Es sei daher am besten, in der Frage der Abgrenzung die Entscheidung dem IGH zu überlassen.[10]

Der griechische Premierminister gehe davon aus, daß die griechische öffentliche Meinung eine Entscheidung des Gerichts akzeptieren werde. Der Gang zum IGH schließe jedoch nicht aus, daß gleichzeitig Vorschläge beider Seiten geprüft würden.

Kritisch äußerte er sich zu der türkischen Anregung, in der Ägäis „Joint ventures" etwa auch mit europäischer Beteiligung zu beginnen. Denn solange man keine Einigung über die Abgrenzung gefunden habe, könne man auch keine Joint ventures ermutigen.[11]

Zur Frage des Luftraums[12] erklärte er, daß die Verhandlungen praktisch abgeschlossen seien, daß die Türken jedoch den Abschluß der Vereinbarung hinaus-

---

[9] Zu den griechisch-türkischen Gesprächen vom 31. Januar bis 2. Februar 1976 in Bern über eine Beilegung des Ägäis-Konflikts vgl. Dok. 28, Anm. 7.

[10] Am 14. April 1976 resümierte Botschaftsrat Franke Ausführungen des türkischen Botschaftsrats Sanberk zur Anrufung des Internationalen Gerichtshofs (IGH) in Den Haag in der Frage der griechischen und türkischen Hoheitsgewässer in der Ägäis: „Zum Procedere erklärte Herr Sanberk, daß es nach wie vor die türkische Auffassung sei, daß die strittigen Fragen von beiden Ländern in ‚meaningful talks' gründlich erörtert werden müßten, bevor man den IGH im Haag befasse. Die Türkei sehe ferner – um Gespräche nicht zu belasten und die bestehenden Spannungen nicht zu verschärfen – von Öl- und Gasexplorationen auf ihrem Festlandsockel ab [...]. Schließlich habe die Türkei ein weiteres Gespräch keineswegs abgelehnt, sondern vorgeschlagen, daß sich zunächst, und zwar am 19./20. Juni 1976, der türkische Botschafter in Bern mit seinem griechischen Gesprächspartner aus den beiden bisherigen Gesprächen (beide seien Experten in der Streitfrage) erneut treffen sollten. [...] Griechenland hingegen weiche nicht im geringsten von seinen Auffassungen ab, verhindere damit, daß die Gespräche ‚meaningful' seien und versuche überdies noch, die Türkei als die Seite hinzustellen, deren starre Haltung die Gespräche fruchtlos mache." Vgl. Referat 203, Bd. 110224.

[11] Die griechisch-türkischen Expertengespräche wurden am 19./20. Juni 1976 in Bern fortgesetzt. Botschafter Oncken, Athen, übermittelte dazu am 22. Juni 1976 Informationen aus dem griechischen Außenministerium: „Im Gegensatz zu Pariser Verhandlungen hätten die Gespräche zur Schelf-Frage in Bern keine Fortschritte erbracht. Türken hätten sich geweigert, ein Compromissum für Haager Gerichtshof zu unterzeichnen und zum zweiten Mal Eröffnung von Joint Ventures im Ägäis-Schelfgebiet gefordert. Neu sei ihre Forderung, einen ‚Joint International Body of Regional Character' zu schaffen, der autonom sein und sich mit der Ausbeute des Seebetts in der Ägäis befassen solle. Ferner forderten Türken, möglichst sofort ein Komitee einzusetzen, das Daten über die Reichtümer Seebetts erarbeiten solle. Griechen erklärten, erst müsse das Compromissum unterzeichnet werden. Sie unterbreiteten dann einen Kompromißvorschlag: Unterzeichnung des Compromissums, ohne dann – wie bisher von ihnen gefordert – den Spruch des IGH abzuwarten. Griechen seien bereit, sogleich in substantiierte Verhandlungen einzutreten." Vgl. den Drahtbericht Nr. 442; Referat 203, Bd. 110224.

[12] Referat 203 resümierte am 6. Mai 1976 die Auseinandersetzung zwischen Griechenland und der Türkei hinsichtlich der Kontrolle des Luftraums über der Ägäis: „Unter Berufung darauf, daß von einigen Flugplätzen auf ost-ägäischen Inseln die türkische Küste mit Düsenflugzeugen in Sekunden erreicht werden kann, verlangt die Türkei seit der Zypernkrise für Flüge aus der Ägäis nach Anatolien Voranmeldung etwa ab der Mitte des Seegebiets. Griechenland betrachtet diese Maßnahme als Eingriff in seine Lufthoheit und beantwortet sie mit der Sperrung des griechischen Luftraums für Einflüge in die Türkei. (Hiervon sind wir direkt betroffen, da der Berliner Flugverkehr nicht, wie die übrigen Linien, in den bulgarischen Luftraum ausweichen kann)." Vgl. Referat 201, Bd. 113496.

zögerten, wohl weil sie warten wollten, bis eine Einigung über die anderen Probleme erreicht sei.[13]

Der Bundesminister dankte für die ausführliche Darlegung und berichtete kurz über den Besuch von Denktasch in Bonn[14], dessen Ergebnis er dahingehend zusammenfaßte, daß man in diesem Falle nicht hätte sagen können, daß die Gespräche mit voller Übereinstimmung geendet hätten.

Bundesminister habe Denktasch unsere Vorstellung dargelegt und darauf hingewiesen, daß wir es für erforderlich hielten, daß er territoriale Vorschläge mache, um die Verhandlungen weiterzubringen. Bundesminister kam dann auf das gestrige Gespräch mit AM Çaglayangil[15] zu sprechen und erwähnte, daß er darauf gedrängt habe, daß die türkische Regierung auf Denktasch dahingehend einwirke, daß dieser in einem Brief unter Bezugnahme auf die griechischen Territorialvorschläge und das Schreiben vom 18. Mai[16] eigene Vorschläge mache, in denen die von ihm in Wien erwähnten Kriterien für die Regelung bekräftigt werden könnten, um so den in Brüssel vereinbarten Dokumentenaustausch zu vollenden.[17] Man solle an den türkischen Brief keine zu hohen Forderungen stellen. Letztlich komme es mehr auf die dann beginnende Verhandlung an.

Bundesminister erklärte dann, daß er Zweifel habe, ob es für den Fortgang der Verhandlungen günstig sei, wenn die türkische Seite Prozentsätze nenne. Angesichts der Situation der Türkei und der türkisch-zypriotischen Volksgruppen könne eine Nennung von Prozentsätzen die Verhandlungen eher erschweren.

AM Bitsios stellte die Frage, wer die zyprische Regierung dazu überreden könne, die Verhandlungen auf der Basis der Denktasch-Kriterien wieder aufzunehmen. Seines Erachtens sei das allenfalls möglich, wenn Waldheims Rolle erweitert werden würde.

Der Bundesminister begrüßte die Tatsache, daß nunmehr der Brief vom 18. Mai vorliege, der AM Çaglayangil gestern noch nicht bekannt gewesen sei. Ihm sei bewußt, daß die Denktasch-Kriterien noch nicht viel Konkretes aussagten. Er glaube jedoch, daß Generalsekretär Waldheim keine höheren Anforderun-

---

[13] Am 15./16. Juni 1976 einigten sich Griechenland und die Türkei in Paris auf eine Vereinbarung („Oral Understanding Concerning Confidence-Building Measures on the Aegean Air Space"), welche die Schaffung einer direkten Kommunikationslinie zwischen Larissa und Eskisehir vorsah: „Ferner ist von einer besseren Koordinierung der Luft-Manöver und von Informationsaustausch über Militär-Flüge die Rede. Ab vier Flugzeugen soll automatische Meldepflicht eingeführt werden. Die Frage, ob es sich dabei um Flugverbände handeln muß, wie Griechen wünschen, soll noch geklärt werden. Offen ist ferner, ob die ganze Ägäis als Meldezone deklariert wird oder ob Griechen die von ihnen postulierte Trennungslinie zwischen griechischem und türkischem Meldegebiet entlang den Inseln durchsetzen." Vgl. den Drahtbericht Nr. 442 des Botschafters Oncken, Athen, vom 22. Juni 1976; Referat 203, Bd. 110224.

[14] Zum Gespräch des Bundesministers Genscher mit dem Sprecher der türkischen Volksgruppe auf Zypern, Denktasch, am 18. Mai 1976 vgl. Dok. 145.

[15] Zum Gespräch am 20. Mai 1976 in Oslo vgl. Dok. 147.

[16] Zum Schreiben des Vertreters der griechischen Volksgruppe auf Zypern bei den Wiener Gesprächen über eine Beilegung des Zypern-Konflikts, Papadopoulos, vom 18. Mai 1976 an den Sondergesandten der UNO, Pérez de Cuéllar, vgl. Dok. 147, Anm. 18.

[17] Vgl. dazu das Schreiben des Vertreters der türkischen Volksgruppe auf Zypern bei den Wiener Gesprächen über eine Beilegung des Zypern-Konflikts, Onan, vom 27. Mai 1976 an den Sondergesandten der UNO, Pérez de Cuéllar; Dok. 160, Anm. 8.

gen stellen werde als die Griechen, da er an der Fortführung der Gespräche interessiert sei.

AM Bitsios sprach die Befürchtung aus, daß Denktasch bei den Gesprächen lediglich über seine Prinzipien sprechen werde. Wie könne man zu einer Vereinbarung gelangen, wenn es nur einen einzigen Prozent-Vorschlag, nämlich den griechischen, gebe.

Bundesminister erklärte, daß dies kein Nachteil für die griechische Seite zu sein brauche, daß sie mit großer Gelassenheit in die Verhandlung eintreten könne. Ihre Position könne sich im Grunde nur verbessern; entweder erreiche man ein Ergebnis, was wir alle wünschen, oder nicht. Die griechische Seite riskiere nichts.

AM Bitsios versprach, die Ansichten von Bundesminister nach Nikosia zu übermitteln. AM Bitsios erwähnte dann die Absicht der türkischen Regierung, ein Forschungsschiff im Juni in die Ägäis zu entsenden[18], und sprach die Befürchtung aus, daß hierdurch eine gefährliche Lage entstehen könne. Die griechische Regierung befinde sich in einem Dilemma, entweder könne sie darüber hinwegsehen, und das schaffe Probleme, oder sie verhindere die Einfahrt des Schiffes und ernte dann den türkischen Vorwurf einer Provokation.

Der Bundesminister erbat seinerseits Unterrichtung über die Reaktion, welche die griechische Regierung von Makarios erhalten werde. Er sprach sich noch einmal dafür aus, unter dem Vorsitz von Waldheim die Verhandlungen aufzunehmen.[19] Es sei dann immer möglich, den Unterausschuß zu beauftragen, die Territorialvorschläge konkreter auszugestalten.

---

[18] Am 27. Juli 1976 informierte Vortragender Legationsrat I. Klasse Pfeffer die Botschaft in Ankara darüber, daß der türkische Botschafter Halefoglu Ministerialdirektor van Well am 23. Juli 1976 über das Auslaufen des türkischen Forschungsschiffs „Sismik" in die Ägäis unterrichtet habe. Van Well habe erklärt, „wir seien darüber nicht glücklich. In Bern habe die Türkei konstruktive Vorschläge gemacht, auch die Griechen hätten mit ihrem Kompromiß-Angebot in Sachen ‚high sea' Flexibilität gezeigt. Die Operation ‚Sismik' sei geeignet, diese Verhandlungsatmosphäre nachhaltig zu stören." Halefoglu habe dazu ausgeführt: „Die Griechen hätten ihre Forschungen abgeschlossen, sie seien dadurch der Türkei gegenüber auch verhandlungstechnisch im Vorteil. Demirel und der Nationale Sicherheitsrat gingen sehr langsam und vorsichtig vor. Aber sie stünden unter dem Druck der von Ecevit angeheizten öffentlichen Meinung. Karamanlis solle nicht denken, er könne alle seine Probleme lösen, indem er andere Länder dazu bringt, auf Ankara Druck auszuüben." Vgl. den Drahterlaß Nr. 2897; Referat 203, Bd. 110271.

[19] Botschafter Freiherr von Wechmar, New York (UNO), berichtete am 20. Mai 1976, UNO-Generalsekretär Waldheim habe ihm am selben Tag erklärt, „daß er nicht die Absicht habe, zu einer weiteren Verhandlungsrunde einzuladen, solange nicht die beiden Verhandlungsführer der griechisch-zyprischen und türkisch-zyprischen Gemeinschaft durch entsprechende Zusicherungen die Gewähr dafür geben könnten, daß man zu ‚substantiellen' Ergebnissen komme". Wechmar teilte ferner mit: „Waldheim verband seine Darstellung der Lage mit herber Kritik an Makarios und an der türkischen Regierung. Makarios habe nach wie vor ein Interesse am Nichtzustandekommen einer Vereinbarung und an der Möglichkeit, vor dem SR oder der GV seine eigene Politik verkünden zu können. [...] Die türkische Regierung sei aus anderen Gründen an einer Verzögerung und einem Hinschleppen der Gespräche interessiert. Einerseits sei die Regierung in Ankara innenpolitisch zu schwach, um wirklich Zugeständnisse machen zu können, andererseits hoffe sie offenbar, durch Scheinflexibilität die Stimmung im amerikanischen Kongreß zugunsten der Annahme des neuen türkisch-amerikanischen Abkommens zu bessern. Ungeachtet dessen betreibe die Türkei in dem von ihr beherrschten Gebiet der Insel eine antigriechische Umsiedlungspolitik". Vgl. den Drahtbericht Nr. 1089; Referat 010, Bd. 178663.

Außenminister Bitsios äußerte Zweifel, ob ein neues Schreiben von Denktasch unter Wiederholung der von ihm bereits genannten Kriterien wünschenswert sei. Zur Frage der Unterausschüsse erklärte AM Bitsios, daß laut der Vereinbarung von Brüssel klar sei, daß lediglich die Details dort geregelt werden könnten, und der griechische Politische Direktor[20] ergänzte, daß am Ende der fünften Runde in Wien noch einmal bestätigt worden sei, daß erst nach einer grundsätzlichen Verständigung (agreement in principle) die Fragen im Unterausschuß verhandelt werden sollten. Der Bundesminister stellte die Frage, warum die griechische Seite einer Wiederholung der Kriterien durch Denktasch in einem Schreiben problematisch ansehe. Bitsios erklärte, daß die griechisch-zypriotische Regierung enttäuscht reagieren könne, wenn, nach all den Bemühungen in Oslo, Denktasch wiederum nur die bekannten Kriterien wiederholen würde. Er sagte dennoch zu, die Anregung von Außenminister Genscher an Makarios zu übermitteln. D 2[21] erinnerte an die Weigerung von Denktasch, die griechischen Territorialvorschläge anzunehmen. Wenn nunmehr gemäß dem deutschen Vorschlag Denktasch in einem Schreiben seine Prinzipien darlege, bestätige er indirekt, die griechischen Territorialvorschläge im Lichte des Schreibens vom 18. Mai bekommen zu haben.

Außenminister Bitsios äußerte sich dann noch einmal bitter über die Haltung seines türkischen Kollegen, der bestritten habe, daß in Brüssel eine Vereinbarung getroffen worden sei, Territorialprozentvorschläge zu machen. Er hielt jedoch eine Verfahrensweise, wie sie von deutscher Seite skizziert wurde, für erforderlich, falls Denktasch in der Tat in seinem Schreiben den griechischen Vorschlag bestätige und seine Kriterien nenne. Auf dieser Grundlage sei eine Wiederaufnahme der Verhandlungen denkbar.

Heibach[22]

VS-Bd. 9948 (203)

---

[20] Ioannis Tsounis.
[21] Günther van Well.
[22] Paraphe.

158

Botschafter Sahm, Moskau, an das Auswärtige Amt

213-1287-76/76 VS-vertraulich   Aufgabe: 26. Mai 1976, 13.47 Uhr
Fernschreiben Nr. 1928   Ankunft: 26. Mai 1976, 16.25 Uhr
Citissime

Betr.: Erklärung der sowjetischen Regierung vom 22.5.1976[1]

Bezug: DB[2] Nr. 1899 vom 22.5.1976[3]
       DE Nr. 304 vom 25.5.76 (213.321.00 SOW VS-NfD)[4]

Zur Unterrichtung

I. Bei Empfang am 23.5. aus Anlaß Tag des Grundgesetzes ergab sich Gelegenheit, mit einer Reihe sowjetischer Vertreter aus Politik, Verwaltung und Presse Gespräche über „Erklärung" zu führen.

Soweit Gesprächspartner generelle Zurückhaltung aufgaben, bestätigten Äußerungen die mit Bezugs-Drahtbericht übermittelte erste Bewertung.

Botschaft erfuhr u. a., daß Erklärung tatsächlich Ergebnis eines Teamwork ist, an dem sich Botschafter Falin, Vertreter Außenministeriums, des Instituts IMEMO[5] und wohl auch des ZK beteiligt haben. Hinsichtlich des Zeitpunkts

---

[1] Am 22. Mai 1976 berichtete Botschafter Sahm, Moskau: „Prawda veröffentlichte heute auf erster Seite (Artikel wird auf vierter Seite fortgesetzt) vierspaltige, zwölf Punkte umfassende ‚Erklärung der sowjetischen Regierung' über die Beziehungen zwischen der Sowjetunion und der Bundesrepublik Deutschland. [...] Einleitend weist Erklärung auf Aktivitäten bestimmter Kreise in der Bundesrepublik hin, die bis heute dem Kalten Krieg anhingen und Ziele und Absichten sowjetischer Außenpolitik verzerrt darstellten. Dies mache Darstellung der prinzipiellen Linie sowjetischer Außenpolitik notwendig." Vgl. den Drahtbericht Nr. 1898; Referat 213, Bd. 112760.

[2] Korrigiert aus: „DE".

[3] Botschafter Sahm, Moskau, führte zur Erklärung der sowjetischen Regierung vom 22. Mai 1976 aus: „Hier ist aus den letzten Jahren keine derartige Erklärung bekannt, die sich mit der Frage der Beziehungen zu einem einzigen Land befaßt. Sie muß daher als außerordentlich ungewöhnlich bezeichnet werden. Sie richtet sich auch an keinen Adressaten. Insofern entspricht sie der kürzlichen Nahost-Erklärung, die allerdings nach ihrer Veröffentlichung in verschiedenen Hauptstädten übergeben worden ist. [...] Völlig aus dem Rahmen der gegenwärtigen politischen Lage und auch der Gedankengänge der Erklärung fällt die Alternative am Ende der Erklärung: Krieg oder Frieden." Vgl. VS-Bd. 10935 (210); B 150, Aktenkopien 1976.

[4] Vortragender Legationsrat I. Klasse Kühn übermittelte „wesentliche Elemente" der Stellungnahmen, die Bundesminister Genscher noch am Tage der Veröffentlichung zur Erklärung der sowjetischen Regierung vom 22. Mai 1976 abgegeben hatte: „Die Bundesregierung hat wiederholt zum Ausdruck gebracht, daß Berlin ein Prüfstein der Entspannung ist. Es ist daher folgerichtig, wenn sich die sowjetische Erklärung auch zu Berlin äußert, wobei die Bedeutung dieser Berlinpassage im einzelnen noch zu analysieren ist. In diesem Zusammenhang ist zu hoffen, daß die sowjetische Seite die vitale Bedeutung erkannt hat, die Berlin für unsere Politik der Entwicklung der Beziehungen zu Moskau hat. Wie die NATO-Tagung zeigte, wird die Sorge, die die Bundesregierung wegen der Probleme bei der Einbeziehung Berlins in ihre Vertragspolitik mit der Sowjetunion hat, von den westlichen Verbündeten in der NATO uneingeschränkt geteilt. [...] Die sowjetische Erklärung enthält ein Angebot zu weiterer Zusammenarbeit auf verschiedenen Gebieten. In der Analyse, die die Bundesregierung zur Zeit vornimmt, wird geprüft, welche konkreten Ansatzpunkte hierfür sich aus der Erklärung ergeben. Es ist unser Ziel, diese positiven Ansätze der sowjetischen Erklärung zu nutzen." Vgl. Referat 213, Bd. 112760.

[5] Institut mirovoj ekonomiki i meždunarodnych otnošenij (Institut für Weltwirtschaft und Internationale Beziehungen).

der Veröffentlichung wurde der Wahltermin[6] in der Bundesrepublik Deutschland hervorgehoben. Einige sowjetische Gesprächspartner äußerten, die Erklärung könne auch eine Wahlhilfe für die Koalition darstellen, wobei sie ein bemerkenswert geringes Verständnis für den Meinungsbildungsprozeß bei uns zeigten. Insgesamt wurde Ansicht vertreten, Kooperationsangebot überwiege bei weitem kritische Seite. Stellvertretender Außenminister Semskow bestätigte, daß Erklärung über die Bundesrepublik Deutschland hinaus auf den Westen insgesamt abziele („to whom it may concern").

II. Dieser Hinweis findet in Einleitung Erklärung Ausdruck. Es geht darum, die „prinzipielle Linie der Sowjetunion in den internationalen Angelegenheiten und so auch in den Beziehungen zur Bundesrepublik Deutschland zu erläutern".[7] Wo Erklärung konkret wird, zielt sie in Kritik und als Angebot auf die Bundesrepublik Deutschland, so wie auch die Beziehungen der Bundesrepublik Deutschland zur Sowjetunion als einzige konkret gewürdigt werden.

1) Stand der deutsch-sowjetischen Beziehungen wird insgesamt als zufriedenstellend bezeichnet.

2) Es ist offensichtlich, daß die Erklärung diesen bilateralen Beziehungen bei aller Berücksichtigung des internationalen Entspannungskonzepts besondere Bedeutung beimißt: Schon der Umstand, daß die Bundesrepublik Deutschland als einziges Land in der internationalen Entspannungspolitik der Sowjetunion namentlich und konkret herausgestellt wird, erhellte dies. Es fehlt nicht an Formulierungen, die die Bedeutung der Normalisierung der sowjetischen Beziehungen zur BRD für die sowjetische Entspannungspolitik unterstreichen. Bedeutung, die Erklärung dem gewandelten Verhältnis nach 1970 beimißt, läßt sich ferner an der Heftigkeit ihrer Kritik an Gegnern der Ostpolitik ablesen.

Das derzeitige Verhältnis zwischen Sowjetunion und BRD präsentiert sich in der Erklärung als Ergebnis der von der Sowjetunion konsequent betriebenen und auf dem XXV. Parteitag[8] erneut verkündeten Entspannungs- und Friedenspolitik. Ihr Wirkungsfeld geht auch über Europa hinaus (Hinweis auf GV-Resolution der Vereinten Nationen von 1972).[9]

---

6 Die Wahlen zum Bundestag fanden am 3. Oktober 1976 statt.

7 In der Erklärung der sowjetischen Regierung vom 22. Mai 1976 wurde dargelegt: „Es fällt auf, daß von bestimmten Kreisen in der BRD, die sich bis heute von Dogmen des Kalten Krieges leiten lassen und nach wie vor mit der Realität uneins sind, Versuche unternommen werden, das Gute zunichte zu machen, das in der letzten Zeit in den sowjetisch-bundesdeutschen Beziehungen bewirkt wurde, wobei die Außenpolitik der Sowjetunion rücksichtslos verfälscht wird und Märchen verschiedener Art über deren Ziele und Absichten verbreitet werden. Im Zusammenhang damit erweist es sich als notwendig, [...] erneut die prinzipielle Linie der Sowjetunion in den internationalen Angelegenheiten und so auch in den Beziehungen zur Bundesrepublik Deutschland zu erläutern. [...] Das von der KPdSU vorgelegte Friedensprogramm ist ein realistisches Programm zur Lösung herangereifter Probleme der Gegenwart im Interesse der Sicherheit der Völker und des Fortschritts der Menschheit. [...] Den Regierungen, Parteien und Politikern, die es nicht nur in Worten, sondern auch in der Tat für notwendig halten, das Fundament des Friedens zu festigen, stellt sich die internationale Reaktion entgegen, deren Handlungen und Absichten nicht von Wettrüsten, Kriegsabenteuern und Einmischung in die inneren Angelegenheiten anderer Staaten und Völker zu trennen sind." Vgl. EUROPA-ARCHIV 1976, D 371 f.

8 Zum XXV. Parteitag der KPdSU vom 24. Februar bis 5. März 1976 in Moskau vgl. Dok. 69.

9 In Ziffer 5 der Erklärung der sowjetischen Regierung vom 22. Mai 1976 hieß es: „Die Entspannungspolitik wird heute Gemeingut eines immer größeren Kreises von Staaten, was in den Beschlüssen der gesamteuropäischen Konferenz seinen konzentrierten Ausdruck gefunden hat. Diese

3) Mit besonderer Klarheit und Schärfe werden die Grenzen der Entspannungspolitik in Form von Definitionen herausgestellt (Punkt 5).[10] Hier ist kein neues
Element enthalten, vielmehr werden alle jene Punkte unterstrichen, die gerade im Westen Anlaß zu Zweifeln an der sowjetischen Entspannungspolitik gegeben haben. Die sowjetische Seite wird sich bewußt gewesen sein, daß diese
Passagen nicht hilfreich sein können. Sie dürfte aber ihre Erwähnung für unumgänglich gehalten haben, um die Kritiker an einer zu nachgiebigen Linie im
eigenen Lager zu besänftigen und nach außen den Eindruck zu vermeiden, an
dieser grundsätzlichen Linie könnte sich etwas ändern.

4) Entsprechend der Bedeutung, die das deutsch-sowjetische Verhältnis gemäß
der Erklärung als tragendes Element der sowjetischen Entspannungspolitik
einnimmt, wird jede Kritik an ihm als Kritik an der Entspannungspolitik allgemein aufgefaßt und umgekehrt. Die Vorwürfe der Erklärung gegen die Kritiker beziehen sich auf beides. Sie sind im einzelnen nicht neu. Es wird ausdrücklich festgestellt, daß die Gegner der Entspannungspolitik nicht einem par-
teipolitischen Lager zuzurechnen seien (Punkt 1[11]), daß der Nutzen normaler
Beziehungen zu den Nachbarstaaten im Osten bei allen großen Parteien in der
BRD unbestritten sei und daß Sowjetunion bereit ist, mit allen jenen Kräften
zusammenzuwirken, die analoge Positionen vertreten (Punkt 11[12]). Insofern

---

Fortsetzung Fußnote von Seite 713

Beschlüsse geben die Möglichkeit, die internationalen Beziehungen in Europa umzugestalten. Sie
eröffnen neue Horizonte für die Völker Europas. Ist denn der Wille der Völker nicht ausgedrückt in
der Resolution der UN-Generalversammlung von 1972, die den feierlichen Verzicht der überwältigenden Mehrheit der Mitglieder dieser Organisation auf Anwendung und Androhung von Gewalt
in den internationalen Beziehungen und das gleichzeitige immerwährende Verbot der Kernwaffen
proklamiert?" Vgl. EUROPA-ARCHIV 1976, D 374.
Für den Wortlaut der Resolution Nr. 2936 der XXVII. UNO-Generalversammlung vom 29. November 1972 über Gewaltverzicht und ein dauerhaftes Verbot des Einsatzes von Kernwaffen vgl. UNITED
NATIONS RESOLUTIONS, Serie I, Bd. XIV, S. 241 f.

[10] In Ziffer 5 der Erklärung der sowjetischen Regierung vom 22. Mai 1976 wurde ausgeführt: „Entspannung bedeutet nicht Einfrieren der objektiven Prozesse der historischen Entwicklung und
kann es auch nicht bedeuten. Sie ist kein Schutzbrief für morsche Regime, kein Freibrief zur Unterdrückung des gerechten Kampfes der Völker für ihre nationale Befreiung. Mit ihr entfällt nicht
die Notwendigkeit sozialer Umgestaltungen. Aber diese Frage entscheidet das Volk in jedem Lande
selbst. Es wäre auch ein Irrtum anzunehmen, eine Minderung der Spannung müßte mit einseitigen
Zugeständnissen der sozialistischen Länder bezahlt werden und durch die Entspannung könnten
die reaktionären imperialistischen Kreise alles erreichen, was ihnen in den Zeiten des Kalten
Krieges versagt geblieben ist. Der Sinn der Entspannung besteht vor allem darin, Anwendung und
Androhung von Gewalt bei Streitigkeiten und Konflikten zwischen den Staaten auszuschließen.
Ziel der Entspannung ist, die Gefahr eines neuen Weltkrieges zu bannen". Vgl. EUROPA-ARCHIV
1976, D 373 f.

[11] In Ziffer 1 der Erklärung der sowjetischen Regierung vom 22. Mai 1976 wurde ausgeführt: „Bekanntlich wurde auf der Basis des Moskauer Vertrages von 1970 eine ernsthafte Wende in den Beziehungen zwischen der Sowjetunion und der Bundesrepublik Deutschland vollzogen. Diese Beziehungen gelangten in normale Bahnen, und zwar auf der einzig möglichen Grundlage – der des Verzichts auf jeden Anspruch, die bestehenden europäischen Grenzen aufzubrechen. [...] Bestimmte
Kreise unterlassen nicht ihre Versuche, Diskussionen durchzusetzen über Sinn und Ziele der ‚Ostpolitik' der BRD, über die Behandlung der Entspannungsprobleme und der Kernfragen der heutigen internationalen Entwicklung. Die Scheidelinie in den Auffassungen fällt hier nicht immer und
nicht in allem mit den Grenzlinien zwischen den politischen Parteien zusammen." Vgl. EUROPA-
ARCHIV 1976, D 372.

[12] In Ziffer 11 der Erklärung der sowjetischen Regierung vom 22. Mai 1976 hieß es: „Große Möglichkeiten für die Entwicklung der Zusammenarbeit zwischen der UdSSR und der BRD gibt es auch in
der internationalen Arena. Gemeint sind hier sowohl eine Vereinigung der Anstrengungen beider
Länder zur Verwirklichung von großen Projekten gesamteuropäischer Bedeutung, sei es in der
Energiewirtschaft, im Umweltschutz oder im Verkehrswesen, als auch der Umstand, daß die Frage

ist die Erklärung auch als Signal für die Opposition gedacht und soll die Kräfte ermutigen, die der Ostpolitik Verständnis entgegengebracht haben.

5) Zu Berlin (Punkt 8[13]):

Auffallend ist die – neue und besonders betonte – Formulierung: Das VMA sei auf „normale, gutnachbarliche Beziehungen der BRD und der Sowjetunion, DDR und den anderen sozialistischen Ländern hin orientiert" und könne „einzig und allein in einem solchen Kontext erfolgreich funktionieren". Dies klingt wie eine auf alle WP-Partner erweiterte Umkehrung unseres Satzes: Unsere Beziehungen zur Sowjetunion könnten nie besser sein als Lage in Berlin (den sowjetische Gesprächspartner immer wieder kritisiert haben). Darin spiegelt sich Reaktivierung der WP-Kompetenz in Berlin-Frage wider. Sowjets wollen damit WP-Partner auf einheitliche strikte Linie bei Praktizierung des VMA uns gegenüber festlegen (Prager Tagung Stellv. Außenminister des WP, 13./14. Januar 1976), damit uns in strittigen Fragen Berlin-Einbeziehung in Verträge kein WP-Staat weiter entgegenkommt als Sowjetunion selbst. Der Form nach ist WP-Kompetenz Verschleierung sowjetischen Entscheidungsvorbehalts in Berlin-Frage. Damit deckt SU zu einem wesentlichen Teil (bei der Bundespräsenz mehr als bei der Außenvertretung) Belange der DDR ab, die auch besonders erwähnt wird. Dies deckt sich mit dem von SU schon in Vier-Mächte-Verhandlungen vertretenen Standpunkt, daß bei VMA „legitime Rechte und Interessen der DDR" berücksichtigt werden müßten.

„Demonstrative Bundespräsenz" und aktive Pressepolitik in der Berlin-Frage beeinträchtigen aus östlicher Sicht DDR-Konsolidierung und wirken sowjetischer Erwartung entgegen, durch VMA würden gegen Preis der Zugangssicherung und Besuchsregelung destabilisierende Einflüsse Berlins auf DDR zurückgehen. Darauf bezieht sich auch Satz von Interessenbalance des VMA, sowie Kritik angeblicher westlicher Versuche, „Tragfähigkeit" des VMA zu testen. Dies berührt sich mit früherer Kritik Gromykos an Erklärungen unserer Seite über „volle Ausschöpfung" der VMA-Passage über die „Bindungen" und

---

Fortsetzung Fußnote von Seite 714

der Abrüstung und der Begrenzung des Wettrüstens – diese akuteste Frage der Gegenwart – eine wichtige Sphäre des Zusammenwirkens werden muß. In diesem Zusammenhang muß die Bedeutung hervorgehoben werden, die die Erzielung eines Fortschritts bei den Verhandlungen über eine Reduzierung der Streitkräfte und Rüstungen in Mitteleuropa hat. Die UdSSR und die BRD können und müssen gemeinsam mit den anderen Teilnehmern der Verhandlungen darauf hinwirken, daß unter Wahrung des Prinzips der gleichen Sicherheit aller Seiten die Sache der militärischen Entspannung in Europa im Interesse aller europäischen Völker und zum Wohl des Friedens in der ganzen Welt vorangetrieben wird." Vgl. EUROPA-ARCHIV 1976, D 376.

13 In Ziffer 8 der Erklärung der sowjetischen Regierung vom 22. Mai 1976 wurde festgestellt: „Ein großes Ereignis im Leben Nachkriegseuropas war der Abschluß des Vierseitigen Abkommens über Berlin (West). Es ist kein Geheimnis, daß die Ausarbeitung dieses Abkommens allen Beteiligten viel Mühe und Ausdauer abforderte. Es gelang, einen Interessenausgleich zu finden, der es ermöglichte, die Spannung in diesem Gebiet abzubauen und die Angelegenheit so weit zu bringen, daß West-Berlin aus einer Quelle von Streitigkeiten und Konflikten zu einem konstruktiven Element des Friedens wird. Das Vierseitige Abkommen ist schon seinem Wesen nach auf normale, gutnachbarliche Beziehungen der BRD zur Sowjetunion, zur DDR und zu den anderen sozialistischen Ländern orientiert. Es kann sich nur in diesem – aber nur in diesem – Kontext erfolgreich auswirken. Das sollten wiederum jene Politiker nicht vergessen, die dazu aufrufen, das Vierseitige Abkommen auf seine Festigkeit zu prüfen, und die West-Berlin weiterhin als ein bequemes Instrument für die Rückkehr zu den politischen Kriterien und Zielen der vergangenen Jahre betrachten." Vgl. EUROPA-ARCHIV 1976, D 375.

mit der seit eineinhalb Jahren praktizierten Weglassung des Bestandteils „volle Anwendung" aus der Petersberger Formel[14].

Insgesamt dürfte Berlin-Passus der 12-Punkte-Erklärung darauf abzielen, vor Bundestageswahlen Bundesregierung und Parteien mahnend darauf hinzuweisen, daß Sowjetunion und ihre Partner nicht bereit sind, aus Interesse an guten Beziehungen zur BR Deutschland von Grundsatzpositionen bei den strittigen Berlin-Punkten abzugehen. Darin dürfte verschlüsselte Warnung an führende politische Kräfte in BR Deutschland zu sehen sein, sich im Wahlkampf nicht auf harte Berlin-Position festzulegen, die später Entwicklung der Beziehungen zu Sowjetunion und ihren Partnern belasten könnten. Kritik an einzelnen Punkten der westlichen Berlin-Politik wird vermieden. Das östliche Konzept von Sonderbeziehungen der Sowjetunion und DDR zu Berlin-West wird nicht ausdrücklich erwähnt.

Rumänischer Botschafter[15], den ich auf die Erwähnung der sozialistischen Länder in Punkt 8 hinwies, bezeichnete den darin enthaltenen Gedanken glatt als „falsch".

IV. Erklärung enthält sowohl generelles Kooperationsangebot als auch konkrete Angebote für Fortsetzung der Entspannungspolitik auf der Grundlage des Erreichten im Verhältnis zur Bundesrepublik Deutschland und darüber hinaus im multilateralen Bereich.

1) Im Vordergrund stehen hierbei die Möglichkeiten im Bereich der Wirtschafts- und Handelsbeziehungen (hierzu folgt eigener Bericht[16]). Neben diesen werden als weitere bilaterale Möglichkeiten zum Ausbau der Beziehungen vorgeschlagen:

– „Entwicklung der Praxis der politischen Konsultationen" (Punkt 11).[17] Diesem Vorschlag muß besondere Bedeutung insofern beigemessen werden, als bereits in Punkt 6 auf die „ganz außerordentliche Rolle" hingewiesen wurde, die die deutsch-sowjetischen Gipfeltreffen im Prozeß der Normalisierung spielen.[18]

[14] Zur Gemeinsamen Erklärung vom 21. Mai 1973 über den Besuch des Generalsekretärs des ZK der KPdSU, Breschnew, vom 18. bis 22. Mai 1973 in der Bundesrepublik vgl. Dok. 118, Anm. 20.

[15] Gheorghe Badrus.

[16] Am 26. Mai 1976 führte Botschafter Sahm, Moskau, zur Erklärung der sowjetischen Regierung vom 22. Mai 1976 aus: „Wirtschaftlicher Teil der Erklärung ist verhältnismäßig kurz und bestätigt bisherige sowjetische Politik gegenüber BR Deutschland. Laut Erklärung trägt ‚Existenz einer stabilen politischen Basis in den Beziehungen zwischen der UdSSR und der BRD ... zur steten Entwicklung ihrer Handels- und Wirtschaftsbeziehungen bei ...'. Gute politische Beziehungen zur UdSSR werden damit nicht als Voraussetzung, aber als wesentlicher Faktor für eine erfolgversprechende Entwicklung der wirtschaftlichen Beziehungen gesehen." Vgl. den Drahtbericht Nr. 1951; Referat 213, Bd. 112760.

[17] In Ziffer 11 der Erklärung der sowjetischen Regierung vom 22. Mai 1976 wurde dargelegt: „Sich auf das Erreichte stützend, können unsere Länder vieles bei der weiteren Verstärkung der bilateralen Zusammenarbeit in Politik, Handel, Wirtschaft und auf anderen Gebieten erreichen. Dem würde die Entwicklung der Praxis der politischen Konsultationen, der Festigung der Vertragsbasis unserer Beziehungen, konsequente Entwicklung des Austausches in Kultur, Wissenschaft, Tourismus, im Sport und unter der Jugend dienen. Ein weites Feld für gemeinsame Anstrengungen bieten nach wie vor Wirtschaft und Handel, wo die Nutzung der Erfahrungen des anderen und die gegenseitige Ergänzung der Ressourcen den beiden Ländern Vorteile brachte und auch weiterhin bringen wird." Vgl. EUROPA-ARCHIV 1976, D 375 f.

[18] In Ziffer 6 der Erklärung der sowjetischen Regierung vom 22. Mai 1976 wurde darauf hingewiesen: „Die Bundesrepublik Deutschland ist ein großer internationaler Partner der Sowjetunion. [...] Dank

(Wie der Leiter der 3. Europäischen Abteilung[19] anläßlich der bereits oben erwähnten gesellschaftlichen Veranstaltung zu verstehen gab, hat in diesem Punkt unsere kürzliche Aussprache über Möglichkeiten der Verbesserung des Konsultationsverfahrens eine Rolle gespielt; vgl. hierzu Aufzeichnung der Botschaft vom 17.5.76, die mit Privatdienstschreiben an MDg Meyer-Landrut übermittelt wurde).

– „Festigung der Vertragsbasis unserer Beziehungen", womit all die seit Jahren auf Abschluß wartenden Vereinbarungen gemeint sein dürften (primär Kulturprogramm, Abkommen über technisch-wissenschaftliche Zusammenarbeit und Rechtshilfe sowie weitere Verträge[20], Punkt 11).

– „Konsequente Entwicklung des Austausches in Kultur, Wissenschaft, Tourismus, im Sport und unter der Jugend" (Punkt 11).

2) Entsprechend der Dimension, die die Erklärung den deutsch-sowjetischen Beziehungen in der sowjetischen Entspannungspolitik beimißt, gehen auch die Angebote über die bilateralen Beziehungen hinaus. Die Erklärung möchte hier die Anstrengungen beider Länder zur Förderung sowjetischer Initiativen (wie die drei Warschauer Vorschläge Breschnews: Konferenzen über Energiewirtschaft, Umweltschutz und Verkehrswesen[21]) und zur Unterstützung des sowjetischen Abrüstungskonzepts vereint wissen. Es fällt auf, daß der Hinweis auf die drei Konferenzvorschläge der einzige Punkt ist, der sich auf die KSZE-Verwirklichung bezieht, die im übrigen völlig unerwähnt bleibt. Bemerkenswert ist Appell (Punkt 11), daß UdSSR und BRD, zusammen mit anderen Teilnehmerstaaten, sich darum bemühen sollten, Wiener MBFR-Gespräche voranzutreiben. Dies ist erstmals positive Form, in der Sowjetunion Auffassung vorbringt, daß BR Deutschland in Wien Schlüsselrolle spiele. Bisher hatten Sowjets diese Auffassung in Moskau zuletzt gegenüber Bundesratsdelegation April 1976[22] zumeist in Form einer Kritik geäußert, daß BRD-Delegation in Wien maßgeblich auf Festhalten an „unrealistischen" westlichen Positionen hinwirke. Jetzige Formulierung erlaubt keinen Schluß auf Änderung sowjetischer Haltung in Wien, vermittelt aber Eindruck sowjetischen Interesses an MBFR und vielleicht der Einsicht, unsere Position nicht allein durch Kritik und Isolierungsversuche aufweichen zu können.

Fortsetzung Fußnote von Seite 716

beiderseitiger Bemühungen weichen Entfremdung und Mißtrauen schrittweise dem Erfordernis, eine gemeinsame Sprache in Fragen zu suchen und zu finden, die von gemeinsamem Interesse sind. Eine ganz außerordentlich große Rolle spielen in diesem Prozeß die Gipfeltreffen. Die Gespräche Leonid Breschnews mit Willy Brandt, Helmut Schmidt und Walter Scheel wie auch andere Kontakte auf staatlicher Ebene erlauben es, die aktuellsten Fragen der sowjetisch-bundesdeutschen Beziehungen im Auge zu behalten, Fortschritte bei der Gestaltung dieser Beziehungen zu erreichen und die Zusammenarbeit auf eine qualitativ höhere Stufe zu heben." Vgl. EUROPA-ARCHIV 1976, D 374.

19 Alexander Pawlowitsch Bondarenko.

20 Zum Stand der Verhandlungen zwischen der Bundesrepublik und der UdSSR über ein Abkommen zur gegenseitigen Rechtshilfe in Zivil- und Handelssachen bzw. über ein Abkommen über wissenschaftlich-technische Zusammenarbeit und ein Zweijahresprogramm zum Kulturabkommen vgl. Dok. 15, besonders Anm. 2, bzw. Dok. 27, Anm. 10.

21 Zu den Vorschlägen des Generalsekretärs des ZK der KPdSU, Breschnew, vom 9. Dezember 1975 vgl. Dok. 62, Anm. 9.

22 Zum Besuch einer Delegation des Bundesrats vom 25. bis 30. April 1976 in der UdSSR vgl. Dok. 124.

V. Erklärung muß nach hiesiger Ansicht auch im Lichte der Meinungsäußerung zahlreicher sowjetischer Gesprächspartner als Angebot zur Fortsetzung sowjetischer Entspannungspolitik gelesen werden, das auch im Hinblick auf die Wahlen in der Bundesrepublik Deutschland gemacht wurde. Es dürfte dabei weniger im Sinne einer gezielten Wahlhilfe zu verstehen sein, denn als Angebot an alle, sowie auch als Mahnung, nicht durch wahlkampfbedingte Manöver die Möglichkeit einer Fortsetzung der Ostpolitik mit der Sowjetunion aufs Spiel zu setzen. Dieser auch die Opposition berücksichtigende Aspekt könnte Anlaß gewesen sein, das Papier unmittelbar vor CDU-Parteitag[23] zu veröffentlichen. Zugleich wendet sich die Erklärung an unsere Partner einer abgestimmten (Osloer NATO-Kommunique[24]) Ostpolitik. In diesem Rahmen dürfte der Hauptzweck gewesen sein, sowjetische Haltung zum zentralen Kern der Entspannungspolitik, der Deutschlandpolitik darzulegen und unter Berücksichtigung dieser Haltung für Fortsetzung Entspannungspolitik zu werben.

[gez.] Sahm

VS-Bd. 10923 (210)

159

Runderlaß des Vortragenden Legationsrats von Kameke

204-312.74   26. Mai 1976[1]
Fernschreiben Nr. 58 Ortez   Abgang: 26. Mai 1976, 12.24 Uhr

Betr.: Zu den Gesprächen des kanadischen Außenministers in Bonn

I. Der kanadische Außenminister MacEachen stattete am 24./25. Mai 1976 der Bundesrepublik Deutschland seinen ersten offiziellen Besuch ab. Im Rahmen der 1973 beim Ottawa-Besuch des damaligen AM Scheel getroffenen deutsch-kanadischen Konsultationsvereinbarung[2] führte BM Genscher am 24. Mai mit seinem Gast eingehende Konsultationen. Der Bundespräsident empfing MacEachen zu einem Höflichkeitsbesuch[3], der Bundeskanzler führte mit ihm ein

---

[23] Der Parteitag der CDU fand vom 24. bis 26. Mai 1976 in Hannover statt.
[24] Für den Wortlaut des Kommuniqués der NATO-Ministerratstagung am 20./21. Mai 1976 in Oslo vgl. NATO-FINAL COMMUNIQUES 1975–1980, S. 44–47. Für den deutschen Wortlaut vgl. EUROPA-ARCHIV 1976, D 526–529.

[1] Durchdruck.
[2] Bundesminister Scheel hielt sich vom 27. bis 29. September 1973 in Kanada auf. Botschafter Keller, Ottawa, teilte dazu am 2. Oktober 1973 mit: „Auf kanadische Initiative wurde am 28.9.1973 ein Briefwechsel unterzeichnet, in dem beide Regierungen Konsultationen vereinbaren, ohne jedoch Häufigkeit, Ebene und Gegenstand festzulegen." Vgl. den Drahtbericht Nr. 419; Referat 204, Bd. 101370.
[3] Am 26. Mai 1976 vermerkte das Bundespräsidialamt zum Gespräch des Bundespräsidenten Scheel mit dem kanadischen Außenminister MacEachen am 24. Mai 1976: „Der kanadische Außenminister schilderte die Bekämpfung der Inflation (über zehn Prozent) und der Arbeitslosigkeit als ge-

längeres Gespräch[4]. Vor seinem Abflug zu einer kurzen Visite bei den in Süddeutschland stationierten kanadischen Truppen sprach er am 25.5. auch bei BM Leber vor.

Entsprechend dem guten Stand der deutsch-kanadischen Beziehungen wurden alle Gespräche in freundschaftlichem und offenem Geist und im Zeichen des bestehenden gegenseitigen Vertrauens und Verständnisses geführt. Sie boten insbesondere Gelegenheit zu einem ausführlichen Meinungsaustausch über die politische Gesamtlage im Licht des Osloer NATO-Ministerrats[5], zur Erörterung des Standes der Verhandlungen über eine vertragliche Bindung Kanadas zu den EG und zur gründlichen Prüfung der sich in Zusammenhang mit UNCTAD IV[6] stellenden Fragen.

II. Im einzelnen wird zum Ergebnis der Konsultationen BM Genscher/AM MacEachen festgehalten:

1) Bündnisfragen:

Auf die Osloer Tagung eingehend, begrüßte BM Genscher das klare Verständnis der politischen Situation, das die Allianz in Oslo gezeigt habe, und in diesem Rahmen insbesondere die Bereitschaft unserer Bündnispartner, ihre konventionellen Streitkräfte in Europa zu stärken. Die Bundesrepublik Deutschland sei in Europa nach den USA der militärisch stärkste Bündnispartner, aber auch der druckempfindlichste. Dieser Druck könne besser abgefangen werden, wenn die Verteidigungsanstrengungen aller Bündnispartner nicht nachlassen.

AM MacEachen bezeichnete die Außenpolitik Kanadas als sowohl auf wirksame Verteidigung wie auf Entspannung gerichtet. Kanadischer „Defence Review" vom Dezember 1975 habe erneut die militärische Rolle seines Landes im Bündnis bekräftigt.[7] Auch die Neuausrüstung der kanadischen Streitkräfte in Europa mit Panzern, bei der die Entscheidung nunmehr zugunsten des „Leopard" gefallen sei, werde sich wohl zu zufriedenstellenden Bedingungen für beide Seiten regeln lassen.

Fortsetzung Fußnote von Seite 718

genwärtig wichtigste Aufgabe der Regierung Trudeau. Obwohl die Regierung versucht habe, durch die ihr zustehenden Kontrollmöglichkeiten die Lohnabschlüsse in Grenzen zu halten, sei die Inflation durch hohe Lohnabschlüsse angeheizt worden. Auf die Frage des Bundespräsidenten nach der Vereinbarkeit von solchen Kontrollen mit einer liberalen Regierung, meinte MacEachen, man habe nach dem Wahlsieg gewisse Prinzipien opfern müssen." Vgl. Referat 204, Bd. 110287.

4 Legationsrat I. Klasse Leonberger, Bundeskanzleramt, notierte am 26. Mai 1976, im Gespräch des Bundeskanzlers Schmidt mit dem kanadischen Außenminister MacEachen am 24. Mai 1976 sei zur IV. UNCTAD-Konferenz in Nairobi festgestellt worden: „MacEachen zeigte sich leicht besorgt über den bisherigen Verlauf der Verhandlungen. Wenn die Fronten nicht bald etwas in Bewegung gebracht würden, dann könne man nicht mit Ergebnissen rechnen. BK mahnte zur Vorsicht und begründete dies mit dem Hinweis auf die in Paris laufende Dialog-Konferenz. Erst dort könne man nach seiner Einschätzung zu konkreten Ergebnissen kommen. Man dürfe in Nairobi nicht weiter gehen als notwendig, um das Scheitern der Konferenz zu verhindern. [...] BK warnte davor, billige Kompromisse zu schließen, nur um aus einer schwierigen Verhandlungssituation herauszukommen." Vgl. Referat 204, Bd. 110287.

5 Zur NATO-Ministerratstagung am 20./21. Mai 1976 in Oslo vgl. Dok. 152 und Dok. 166.

6 Zur IV. UNCTAD-Konferenz vom 5. bis 31. Mai 1976 in Nairobi vgl. Dok. 173.

7 Zur geplanten Modernisierung der kanadischen Streitkräfte vgl. Dok. 152, Anm. 4.

2) Berlin:

BM Genscher stellte fest, wir seien besonders dankbar für den von allen Bündnispartnern getragenen, unsere Interessen in aller Klarheit unterstützenden Berlin-Passus im Osloer Kommuniqué.[8] Berlin bleibe auch in Zukunft Prüfstein der Entspannung. Der kanadische Außenminister teilte diese Auffassung von der zentralen Bedeutung Berlins im Ost-West-Verhältnis. Die kanadische Regierung habe deshalb trotz laufender Einsparungsmaßnahmen beschlossen, die kanadische Militärmission in West-Berlin aufrechtzuerhalten.

3) Vertragsverhandlungen Kanada/EG[9]:

AM MacEachen dankte für die deutsche Unterstützung der kanadischen Bemühungen um Herstellung des „contractual link". Diese Bindung sei ein Hauptelement der Diversifizierung der Außenbeziehungen Kanadas. Kanada unterhalte zu den USA sehr gute Beziehungen; diese sollten durch den Vertrag mit der EG nicht ersetzt, sondern ergänzt werden. Beide Minister stimmten überein, daß gute Aussichten bestehen, die Verhandlungen zwischen der Kommission und Kanada in Kürze zu einem positiven Abschluß zu bringen und eine zufriedenstellende Lösung für die Rohstoff-Frage zu finden.

Die Minister gingen darin einig, daß mit der Unterzeichnung des Abkommens nur ein erster Schritt getan sein werde, dem die Ausfüllung des Abkommens folgen müsse. Hier sollte schrittweise und pragmatisch vorgegangen werden. Dies verspreche größere Erfolgsaussichten als ein Versuch, die künftige Struktur der Beziehungen Kanada/EG in allen Einzelheiten vertraglich im vorhinein festzulegen.

Der kanadische Außenminister sprach sich für eine Unterzeichnung des Abkommens EG/Kanada in Ottawa aus. Dies würde der kanadischen Öffentlichkeit die besondere Bedeutung der hiermit eingeleiteten neuen Etappe der kanadischen Außenbeziehungen deutlich machen. BM Genscher sagte Unterstützung des kanadischen Wunsches zu.[10]

4) Beziehungen EURATOM/Kanada:

Die mit den Uran-Bezügen der Gemeinschaft aus Kanada zusammenhängenden Fragen wurden berührt.[11] Der kanadische Außenminister sagte zu, die An-

---

[8] Vgl. dazu Ziffer 6 des Kommuniqués der NATO-Ministerratstagung am 20./21. Mai 1976 in Oslo; Dok. 149, Anm. 4.

[9] Zu den Handelsverhandlungen zwischen den Europäischen Gemeinschaften und Kanada vgl. Dok. 47, Anm. 12 und 13.

[10] Zum Abschluß des Rahmenabkommens zwischen den Europäischen Gemeinschaften und Kanada vgl. Dok. 47, Anm. 13.

[11] Vortragender Legationsrat I. Klasse Rouget informierte am 24. Mai 1976: „1) Am 6.10.1959 wurde Abkommen EURATOM–Kanada über Zusammenarbeit bei der friedlichen Nutzung der Kernenergie für Zeitraum von zehn Jahren abgeschlossen. Danach Abkommen mit einer Frist von sechs Monaten kündbar. Abkommen sieht u. a. Lieferung von Natururan und Anwendung von EURATOM-Kontrollen bezüglich Verwendung gelieferten Urans in beiderseitiger befriedigender Weise vor. [...] 2) Kanadier drängen bei EG-Kommission auf Abschluß neuen Abkommens, das Verifikationsabkommen sowie kanadische Forderungen nach verschärften Sicherheitskontrollen (vgl. kanadische Regierungserklärung vom 20.12.1974) Rechnung tragen soll. 3) Die EG-Kommission hat (um Einstellung kanadischer Lieferungen vorzubeugen) bis Abschluß neuen Abkommens als Übergangslösung vorgeschlagen, Gemischten Technischen Ausschuß für Fragen Sicherheitskontrollen zu bilden. Kanadier haben Vorschlag im Januar 1976 zwar akzeptiert, jedoch den ‚modus vivendi' auf

gelegenheit im Kabinett zu behandeln, um eine den Interessen der Gemeinschaft entsprechende Lösung herbeizuführen.

5) UNCTAD IV:

Der Besuch MacEachens gab Gelegenheit, im Anschluß an die Erörterungen mit AM Kissinger vom Vortage[12] den Meinungsaustausch über UNCTAD IV mit dem Vertreter eines weiteren westlichen Industrielandes fortzusetzen. Beide Seiten gaben der Hoffnung Ausdruck, daß ein Fehlschlag der Konferenz vermieden werden könne. Das Ergebnis von Nairobi sei auch von entscheidender Bedeutung für Fortgang und Erfolg der KIWZ in Paris.

BM Genscher bedauerte, daß der Westen in Nairobi ohne sachlichen Grund in die Defensive geraten sei. Er, Genscher, sei zu sehr von der Leistungsfähigkeit der Marktwirtschaft überzeugt, als daß er an eine Lösung der Probleme der Dritten Welt durch weltwirtschaftlichen Dirigismus glauben könne. Westliche Industrieländer müßten Initiative zurückgewinnen. Hierzu sei eine noch bessere Koordinierung notwendig. Der Westen müsse auch die Verantwortung des Ostens deutlich machen, dessen Leistungen an die EL weit hinter denen des Westens zurückliegen.

AM MacEachen stimmte dieser Linie zu.

6) Ost-West-Beziehungen:

Zu diesem Gesamtkomplex kam ein ausführlicher, auch in seinen Einzelheiten interessanter Meinungsaustausch zustande.

a) Sowjetische 12-Punkte-Erklärung vom 22. Mai 1976[13]:

Wir trugen unsere erste Bewertung vor: Die Erklärung sei offensichtlich nicht nur an uns, sondern auch an unsere Verbündeten gerichtet. Die sorgfältige Formulierung deute auf längere Vorbereitungen hin. Die 12 Punkte enthielten keine speziellen Verhandlungsangebote; sie seien vielmehr ein allgemeiner Appell zur Stärkung der Zusammenarbeit und stellten keine Neuorientierung der sowjetischen Politik dar. Nicht leicht sei zu entscheiden, ob in der Erklärung das kritische Element oder die Betonung der Bereitschaft zur Fortsetzung der sowjetischen Westpolitik stärkeres Gewicht habe. Unser Eindruck gehe dahin, daß es den Sowjets in Hinblick auf die bevorstehenden deutschen und amerikanischen Wahlen[14] darum zu tun sei, die in der Öffentlichkeit im Gang befindliche kritische Diskussion der Entspannungspolitik einzudämmen und die außenpolitischen Entscheidungen des XXV. Parteitages[15] zu bekräftigen.

Fortsetzung Fußnote von Seite 720

sechs Monate beschränkt. 4) Laut Berichterstattung EG-Vertretung Brüssel betrachten Kanadier den 30.6.1976 als äußersten Termin für Fortsetzung ihrer Lieferungen an die EG. Somit droht nach diesem Zeitpunkt kanadischer Lieferstopp, von dem auch Uranlieferungen für deutsche Elektrizitätsunternehmen betroffen würden." Vgl. den Drahterlaß Nr. 1882; Referat 413, Bd. 119513.

12 Vgl. dazu die Gespräche des Bundesministers Genscher mit dem amerikanischen Außenminister Kissinger am 23. Mai 1976; Dok. 150 und Dok. 153, besonders Anm. 10.

13 Zur sowjetischen Erklärung vom 22. Mai 1976 vgl. Dok. 158.

14 Die Wahlen zum Bundestag fanden am 3. Oktober 1976 statt.
Am 2. November 1976 fanden in den USA Präsidentschaftswahlen sowie Wahlen zum Repräsentantenhaus und Teilwahlen zum Senat statt.

15 Zum XXV. Parteitag der KPdSU vom 24. Februar bis 5. März 1976 in Moskau vgl. Dok. 69.

b) Zur Entspannungspolitik/KSZE:

AM MacEachen führte aus, daß jeder Staat die Entspannung unter eigenen Aspekten definiere. Für Kanada seien Freizügigkeit und Familienzusammenführung als Bewertungsmaßstab wesentlich. Allgemein sei es schwierig, das Wesen der Entspannung und ihre Grenzen der Öffentlichkeit zu erklären, die von ihr erhoffe, daß sie die ideologische Starre des Ostens im Sinne einer liberaleren Orientierung beeinflussen könne. In kanadischer Sicht sei die Belgrader Konferenz 1977[16] von großer Bedeutung. Es werde zu prüfen sein, was man erreicht habe. Sie werde Gelegenheit bieten, weitere Vorschläge zu machen und auf die andere Seite Druck auszuüben. Diese Möglichkeiten dürfe der Westen sich nicht entgehen lassen.

BM Genscher stimmte MacEachen zu, daß es in der Tat entscheidend auf das Verständnis des Wesens der Entspannung ankomme. Zu Beginn dieser Politik habe der Westen versäumt, hierfür eine klare Definition zu finden. So seien weitgehende Erwartungen geweckt worden; heute drohe das Pendel in die entgegengesetzte Richtung auszuschlagen. Es müsse vermieden werden, daß durch zu weiten Pendelausschlag die ganze Entspannungspolitik in Verruf gerate. Diese Politik könne nur das Ziel haben, keine neuen Konflikte entstehen zu lassen und alte zu entschärfen. Entspannung als solche schaffe keine Sicherheit. Sie dürfe auch keinesfalls verwechselt werden mit einer innenpolitischen Anpassung an den Kommunismus. Dies sei kein Problem für Kanada und Deutschland, aber vielleicht für andere Bündnispartner.

Im Sinne dieser realistischen Entspannungslinie liege in unserer Sicht die Bedeutung der Doppelfunktion des Bündnisses. Dieses sei und bleibe als Garant unserer militärischen Sicherheit das Fundament der Entspannung. Er, Genscher, habe im Bundestag festgestellt, die einzige Gefahr, die der Westen bei KSZE laufe, sei das Aufkommen eines falschen Sicherheitsgefühls. Das gelte für die gesamte Entspannungspolitik. Die nüchterne Einschätzung, wie sie sich jetzt in der öffentlichen Diskussion im Westen niederschlage, sei wohl einer der Gründe für die Erklärung der sowjetischen Regierung gewesen. Diese wirke unter den gegenwärtigen Umständen als Element der Revitalisierung der Allianz – was sich die Sowjets wohl nicht überlegt hätten. Insofern habe das Kommuniqué von Oslo[17] eine Antwort auf die sowjetische Erklärung schon fast vorweggenommen.

In diesem Zusammenhang stehe auch unser Grundsatz, daß die Entspannung unteilbar sei. Es gebe kein entspannungswidriges Verhalten in anderen Teilen der Welt, das nicht einen Reflex auf die Entspannungspolitik der Allianz habe. Die Behinderung der amerikanischen Regierung durch den Kongreß während der Ereignisse in Angola[18] sei ein Signal für Moskau gewesen und habe dessen

---

[16] Zu der laut KSZE-Schlußakte vom 1. August 1975 vorgesehenen KSZE-Folgekonferenz 1977 in Belgrad vgl. Dok. 45, Anm. 20.

[17] Für den Wortlaut des Kommuniqués der NATO-Ministerratstagung am 20./21. Mai 1976 in Oslo vgl. NATO-FINAL COMMUNIQUES 1975–1980, S. 44–47. Für den deutschen Wortlaut vgl. EUROPA-ARCHIV 1976, D 526–529.

[18] Zur Ablehnung des amerikanischen Kongresses, Mittel für eine Unterstützung von FNLA und UNITA zu bewilligen, vgl. Dok. 19, Anm. 8, und Dok. 32, Anm. 15.

politische Beschlußfassung beeinflußt. Für den Westen sei Angola ein Schock gewesen, aber auch ein Element der Revitalisierung der Allianz. Wir vertreten die Auffassung „Afrika den Afrikanern" und seien somit Befürworter der afrikanischen Unabhängigkeit. Wir wollten keine Einflußzonen in Afrika, wollten aber auch nicht, daß andere sie aufbauen.

Zur KSZE stimmte BM Genscher dem besonderen Interesse an der Familienzusammenführung und der kanadischen Bewertung der Belgrader Konferenz 1977 zu. Er betonte die besondere Bedeutung, die wir Korb III gerade in dem Sinne zumessen, daß wir die Auseinandersetzung mit der kommunistischen Ideologie nicht zu scheuen brauchen, sondern gerade hier unsere Stärken und die Schwächen des Ostens liegen.

III. Der Bundespräsident besprach mit seinem Gast allgemein interessierende Fragen der innenpolitisch-konstitutionellen und der sozialpolitischen Entwicklung in beiden Ländern. Insbesondere wurde dabei ein engerer Kontakt zwischen deutschen und kanadischen Gewerkschaften angeregt. Der Bundeskanzler und AM MacEachen erörterten vornehmlich die aktuellen Probleme der Weltwirtschaft und betonten das Erfordernis der Einigkeit der IL bei der Lösung der hier bestehenden, existentiellen Probleme.

BM Leber und der kanadische Außenminister würdigten die effektive deutsch-kanadische Verteidigungszusammenarbeit – insbesondere bei der jetzt getroffenen Entscheidung in der Panzerbeschaffung – als wesentlichen Beitrag zur gemeinsamen Sicherheit im Bündnis.

IV. BM Genscher hat die Einladung AM MacEachens angenommen, die deutsch-kanadischen Konsultationen zu noch festzulegendem Zeitpunkt in Ottawa fortzuführen.

Kameke[19]

Referat 012, Bd. 106591

---

[19] Paraphe.

160

Gespräch des Bundeskanzlers Schmidt mit Ministerpräsident Demirel und dem türkischen Außenminister Çaglayangil in Ankara

VS-vertraulich   28. Mai 1976[1]

Vermerk über das Gespräch des Bundeskanzlers mit dem Ministerpräsidenten Demirel und Außenminister Çaglayangil am 28.5. vormittags.[2]

Weitere Teilnehmer: MDg Ruhfus und ein türkischer Beamter als Note-taker

Ministerpräsident *Demirel* äußerte sich auf Bitten des Bundeskanzlers zur Lage im Nahen Osten: Der israelisch-arabische Konflikt habe sich etwas beruhigt. Das Hauptaugenmerk richte sich im Augenblick auf den Libanon. Dort herrsche beinahe ein Bürgerkrieg. Eine Lösung sei schwer abzusehen. Die syrische Intervention sei auf relativ wenig Widerstand gestoßen.

Die Aktivität der PLO schaffe zusätzliche Probleme im Nahen Osten. Auf die Frage des *Bundeskanzlers*: „Hätte es ohne die PLO Krieg im Libanon gegeben?" *Demirel*: Die PLO könnte einer der wichtigen Faktoren sein.

Die Errichtung eines Staates der Palästinenser sei unvermeidbar. Er werde Teile Libanons und Westjordaniens umfassen. Vielleicht werde dies die Lösung des inneren Konflikts im Libanon sein.

Israel sei allerdings bisher nicht bereit, die 1967 besetzten Gebiete freizugeben.

---

[1] Ablichtung.
Die Gesprächsaufzeichnung wurde von Ministerialdirigent Ruhfus, Bundeskanzleramt, gefertigt und mit Begleitvermerk vom 1. Juni 1976 an Ministerialdirigent Kinkel zur Unterrichtung des Bundesministers Genscher weitergeleitet. Dazu vermerkte er: „Der Vermerk ist bisher vom Bundeskanzler nicht ausdrücklich genehmigt worden. Eine Kopie des Vermerks ist bei der Botschaft Ankara verblieben. Ich wäre Ihnen dankbar, wenn Sie sicherstellen würden, daß er dort auf ‚VS-vertraulich' heraufgestuft wird."
Hat Genscher am 1. Juni 1976 vorgelegen.
Hat Kinkel am 3. Juni 1976 vorgelegen, der die Weiterleitung an Staatssekretär Hermes und Ministerialdirektor van Well verfügte.
Hat Hermes am 3. Juni 1976 vorgelegen.
Hat van Well vorgelegen, der die Weiterleitung an Vortragenden Legationsrat I. Klasse Peffer und Referat 203 verfügte.
Hat Pfeffer vorgelegen.
Hat Vortragendem Legationsrat I. Klasse Heibach am 9. Juni 1976 vorgelegen. Vgl. den Begleitvermerk; VS-Bd. 9949 (203); B 150, Aktenkopien 1976.
[2] Bundeskanzler Schmidt hielt sich vom 27. bis 29. Mai 1976 in der Türkei auf.
Am 29. Mai 1976 resümierte Botschafter Sonnenhol, Ankara, den Besuch des Bundeskanzlers Schmidt in der Türkei: „Die türkische Seite drückte ihre tiefe Enttäuschung über das US-Waffenembargo aus. Demirel kündigte eine ernste Situation bei Nichtratifikation an. Generalsekretär Elekdag sprach von Schließung der Basen und Druck der Volksmeinung in eine von der Regierung nicht gewollte Richtung. Von deutscher Seite wurde gesagt, daß es wesentlich auf das türkische Interesse an der Allianz ankomme. Daraufhin betonte türkischer Gesprächspartner emphatisch, daß die NATO für die Türkei lebenswichtig sei und sie nach besten Kräften zur Verteidigungsbereitschaft der NATO beitragen wolle. Demirel erklärte daraufhin die vielfältigen Bindungen der Türkei an den Westen und ging in der Pressekonferenz so weit, die Vollmitgliedschaft in der EG anzustreben. Die türkische Seite scheint, gestützt auf angebliche Stimmen der US-Administration, mit Ratifikation des Abkommens im August zu rechnen und zeigte sich für unsere und Neunerinitiative dankbar. BK sagte zu, die Angelegenheit im Juli in den USA aufzunehmen." Vgl. den Drahtbericht Nr. 586; Referat 203, Bd. 110268.

Das wichtigste Ereignis der letzten Jahre im Nahen Osten sei die veränderte Haltung Ägyptens. Die Türkei hoffe, daß der Konflikt nicht zu einer Konfrontation der Supermächte führe. Im Augenblick seien die Gefahren hierfür nicht allzu groß.

Bundeskanzler: Syrien, Palästina, Irak und Ägypten seien alles Teile des ehemaligen Osmanischen Reiches. Was hätten sich hier für Loyalitäten herausgebildet? Welche Unterschiede bestünden zwischen den Arabern in den verschiedenen Staaten?

Demirel: Irak, Syrien und Ägypten sei gemeinsam, daß ihre Bewohner Araber und Moslems seien.

Die palästinensischen Flüchtlinge hätten in den letzten Jahren ein klägliches Dasein geführt. Sie seien auch von den anderen Arabern verlassen worden. Sie hätten aus eigener Initiative den Kampf begonnen. Dies schaffe Ansätze für eine eigene Identität.

Bundeskanzler fragte, was habe Sadat veranlaßt, seine Haltung zu ändern?

Demirel: Letztlich die Tätigkeit der amerikanischen Regierung. Sadat habe einen sehr mutigen Schritt getan. Dies sei ein großer Erfolg der US-Außenpolitik gewesen. Ägypten sei gegenüber der Sowjetunion stark verschuldet. Ein großer Teil der Baumwollernte gehe jedes Jahr an die Sowjetunion.

Bundeskanzler: Die israelische Regierung sei innenpolitisch zu schwach, um tatkräftig zu handeln. Israel hänge zu sehr vom amerikanischen Kongreß und anderen innenpolitischen Kräften in den USA ab. Wenn er sich in die Lage der israelischen Regierung versetzte, würde er versuchen, den Handlungsspielraum zu erweitern.

Demirel: Die Türkei habe formale diplomatische Beziehungen zu Israel. Es gebe keine Hostilitäten. Die türkische Regierung habe die Probleme vorausgesehen und sei deshalb gegen die Gründung Israels gewesen.[3]

Bundeskanzler wandte sich sodann dem Zypern-Problem zu. Es sei gut, daß Ministerpräsident Demirel den Brief an Karamanlis[4] geschrieben habe. Er befürchte, daß das türkisch-amerikanische Abkommen[5] vom Kongreß nicht gebilligt werde. Dies könne weitreichende und schwerwiegende Folgen haben. Er halte es für sehr wichtig, daß die Volksgruppen-Gespräche[6] fortgesetzt würden. Dadurch werde in den USA der Eindruck vermittelt, daß sich die Dinge bewegen. Dies dürfte für die Abstimmung des Kongresses wichtig sein.

Sollten bis zur Entscheidung des Kongresses keine echten Fortschritte erzielt werden, empfehle er zu erwägen, ob die türkische Regierung nicht zu einem geeigneten Zeitpunkt einen einseitigen Schritt zur Entspannung der Situation

3 Die Türkei stimmte auf der II. UNO-Generalversammlung am 29. November 1947 in New York gegen den vom Ad-hoc-Ausschuß für die Palästina-Frage ausgearbeiteten Plan einer Teilung des britischen Mandatsgebiets in einen jüdischen und einen arabischen Staat. Der Teilungsplan wurde mit 33 zu 13 Stimmen bei 10 Enthaltungen als Resolution Nr. 181 der UNO-Generalversammlung angenommen. Vgl. UN GENERAL ASSEMBLY, 2nd Session, Plenary Meetings, S. 1424 f.
4 Zum Schreiben vom 17. Mai 1976 vgl. Dok. 157, Anm. 4.
5 Zum amerikanisch-türkischen Abkommen vom 26. März 1976 über Verteidigungshilfe vgl. Dok. 125, Anm. 18.
6 Zur fünften Runde der Gespräche der Vertreter der türkischen bzw. griechischen Volksgruppe auf Zypern, Denktasch und Klerides, vom 17. bis 21. Februar 1976 in Wien vgl. Dok. 62, Anm. 12.

auf Zypern unternehmen wolle, beispielsweise die Zulassung der Rückkehr der Flüchtlinge nach Neu-Famagusta. Dies könne die Entscheidung des Kongresses günstig beeinflussen.

Demirel schilderte die politische Entwicklung des Zypern-Problems nach dem letzten Weltkrieg. Er wandte sich nachdrücklich gegen die Ausübung von Druck. Dies werde zu keinem Nachgeben der Türkei führen.

Der Zypern-Konflikt sei ein griechisch-türkisches Problem. Er habe mit den türkisch-amerikanischen Beziehungen nichts zu tun.

Bundeskanzler betonte nachdrücklich, Karamanlis nehme eine sehr verantwortungsbewußte staatsmännische Haltung ein. Karamanlis sei auf griechischer Seite die einzige Persönlichkeit, mit der die türkische Regierung die bestehenden Streitfragen lösen könne.

Außenminister *Çaglayangil* berichtete auf Bitten von PM Demirel über das Gespräch in Oslo.[7] Die türkische Regierung trete dafür ein, daß die sehr delikate Frage territorialer Konzessionen in Unterausschüssen und nicht in der allgemeinen Sitzung unter der Leitung Generalsekretär Waldheims diskutiert werde. Die beiden Unterkommissionen sollten gleichzeitig die Verfassungsfrage und die territorialen Probleme erörtern. Wenn die territorialen Fragen in der allgemeinen Sitzung behandelt würden, werde jedes Prozent, das gefordert oder konzediert würde, sofort an die Öffentlichkeit geraten. Insofern sei Makarios' Zustimmung nach dem Eingang des Schreibens von Onan[8] ein neues „Manöver". Makarios ziele offenbar darauf ab, territoriale Einzelheiten in der Sitzung mit Waldheim zu besprechen. Dies sei eine Utopie.

Griechenland wolle offenbar den Gang der Verhandlungen verzögern bis zur Entscheidung des US-Kongresses. Die griechische Seite bemühe sich, die Ratifikation durch das amerikanische Parlament aufzuschieben. Kissinger habe ihm zugestimmt, daß die Verzögerung noch gefährlicher sei als die Verhinderung der Ratifikation. Er gehe davon aus, daß die zypern-griechische Seite zügiger verhandeln werde, sobald das Abkommen ratifiziert sei.

Bundeskanzler dankte für die Unterrichtung. Er wolle bestätigen, was er gesagt habe. Nach seinem Eindruck gäbe es zwei Persönlichkeiten, die guten Willens seien. Möglicherweise könne hier ein direkter Kontakt eine Lösung erleichtern.

---

[7] Zum Gespräch des türkischen Außenministers Çaglayangil mit seinem griechischen Amtskollegen Bitsios am 22. Mai 1976 in Oslo vgl. Dok. 147, Anm. 16.

[8] Am 28. Mai 1976 berichtete Botschafter Pagenstert, Nikosia, der Vertreter der türkischen Volksgruppe auf Zypern bei den Wiener Gesprächen über eine Beilegung des Zypern-Konflikts, Onan, habe in einem Schreiben vom 27. Mai 1976 an den Sondergesandten der UNO Pérez de Cuéllar folgende Punkte als Grundlage für eine Einigung zwischen den zypriotischen Volksgruppen genannt: „a) Beide Regionen von Zypern sollen demographisch und geographisch homogen sein; b) beide Gemeinschaften sollen in der Lage sein, friedlich miteinander zu koexistieren, die Sicherheitsinteressen der türkischen Gemeinschaft sollen gewahrt bleiben; c) die türkische Region soll so festgelegt werden, daß sie die soziale und wirtschaftliche Wohlfahrt ihrer Bevölkerung gewährleisten kann; d) jede Region soll verantwortlich sein für die Verteidigung ihrer eigenen Küste und soll ausschließliches Recht über ihre Territorialgewässer und den Schelf haben; e) in die Verhandlungen über die Grenzlinie zwischen den beiden Regionen sollen die humanitären Probleme im Sinne friedlicher Koexistenz der beiden Gemeinschaften mitaufgenommen werden." Vgl. den Drahtbericht Nr. 122; Referat 203, Bd. 110280.

Çaglayangil antwortete, er habe Bitsios direkte und diskrete Verhandlungen vorgeschlagen. Er sei bereit gewesen, sich unbemerkt von der Öffentlichkeit mit Bitsios etwa in Genf oder Vevey zu treffen. Bitsios sei hierzu nicht bereit gewesen.[9]

Bundeskanzler fragte: „Sind Sie auch in Zukunft weiterhin zu geheimen Gesprächen bereit?"

Çaglayangil bejahte, schränkte allerdings ein, derartige Gespräche hätten wenig Nutzen, wenn die griechische Seite gleich bei den ersten Fragen Makarios befassen müßte.

Bundeskanzler kam auf Kleiböhmer zu sprechen. Er verurteile nachdrücklich jeden Schmuggel von Haschisch. Er wolle jedoch in vorliegendem Fall darauf hinweisen, daß der Vater von Kleiböhmer viel für die schulische Betreuung türkischer Gastarbeiter im Raum Köln getan habe.

Çaglayangil sagte zu, er werde sich der Angelegenheit annehmen.

Demirel bezog sich auf seine Ausführungen über die Aktivitäten der türkischen Redaktion der Deutschen Welle vom Vortage: Der Außenminister werde der Botschaft eine schriftliche Unterlage geben.

Bundeskanzler sagte zu: Wir werden der Angelegenheit nachgehen.

Demirel verwies auf die große militärische Kapazität der Sowjetunion. Marine-, Luft- und Heeresstreitkräfte seien sehr stark. Die Türkei sei entschlossen und bereit, sich zu verteidigen. Aber es sei unverkennbar, daß die Militärkraft der Sowjetunion wachse. Im gegenwärtigen Zeitpunkt wünsche die Sowjetunion keine außenpolitischen Probleme. Sie finde es vorteilhafter, Probleme innerhalb anderer Länder zu schaffen. Die Alliierten der Sowjetunion hätten es leichter. Die Sowjetunion halte den Warschauer Pakt zusammen. Daher gebe es keine internen Probleme.

Der *Bundeskanzler* warf ein, eine Reihe von Verbündeten der Sowjetunion sei keineswegs glücklich und zufrieden.

Auf Fragen des Bundeskanzlers antwortete *Demirel*, die Türkei habe volle Kontrolle über ihren Luftraum und guten Überblick über das, was im Kaukasus geschehe. Die sowjetischen Flugzeuge nutzten auf dem Wege nach Syrien keinen türkischen Luftraum. Seit dem letzten Nahost-Krieg[10] hätten die Russen andere Wege gewählt. Die sowjetische „Eskadra" zeige sich nicht vor der türkischen Küste, sie ginge nach Alexandria und Latekia. Die Sowjetunion halte den Montreux-Vertrag[11] sorgfältig ein.

---

9 Botschafter Oncken, Athen, berichtete am 30. Mai 1976, er habe den griechischen Außenminister Bitsios über die Gespräche des Bundeskanzlers Schmidt vom 27. bis 29. Mai 1976 in Ankara unterrichtet. Bitsios habe dazu ausgeführt: „Wie schwer jedenfalls der Umgang mit Türken sei, gehe aus der Bemerkung Çaglayangils zu Bundeskanzler hervor, er werde sich demnächst mit ihm, Bitsios, geheim in der Schweiz treffen. Abgesehen, daß ein solches Treffen nicht geheimgehalten werden könne, wäre nichts dergleichen in Oslo vereinbart worden." Vgl. den Drahtbericht Nr. 373; VS-Bd. 9950 (203); B 150, Aktenkopien 1976.

10 Während des am 6. Oktober 1973 begonnenen israelisch-arabischen Krieges („Jom-Kippur-Krieg") überflogen Transportflugzeuge der sowjetischen Luftstreitkräfte auf dem Weg nach Syrien türkisches Territorium. Vgl. dazu AAPD 1973, III, Dok. 320.

11 Für den Wortlaut des Abkommens vom 20. Juli 1936 zwischen Australien, Bulgarien, Frankreich, Griechenland, Großbritannien, Japan, Jugoslawien, Rumänien, der Türkei und der UdSSR über die Meerengen (Konvention von Montreux) vgl. LNTS, Bd. CLXXIII, S. 213–241.

Die Beziehungen zu den militärischen Führern der USA seien sehr gut. Die türkische Regierung anerkennte, was Ford und Haig, was das State Department und der Pentagon für die amerikanisch-türkischen Beziehungen getan hätten.

Demirel dankte für die deutsche Verteidigungshilfe[12]. Die Türkei habe im vergangenen Jahr militärisches Material in der Bundesrepublik für 364 Mio. US-Dollar gekauft. Zur Zeit verhandele die Türkei über weitere Lieferungen in Höhe von 750 Mio. US-Dollar (Alpha-Jet, Leopard, Unterseeboote u. a.).[13] Die deutschen Firmen forderten eine Anzahlung in Höhe von 250 Mio. US-Dollar.

Die Türkei sei bereit, die 364 Mio. Dollar für vereinbarte Lieferungen zu zahlen. Sie bäte jedoch angesichts der schwierigen Zahlungsbilanzsituation[14] um günstigere Zahlungsbedingungen: Keine oder geringere Anzahlung, längere Zahlungsziele, günstigere Zinsen etc.

Bundeskanzler antworte, er sei auf dieses Anliegen nicht vorbereitet. Er werde veranlassen, daß die Bitte der Türkei geprüft werde.[15]

VS-Bd. 9949 (203)

---

[12] Botschafter Sonnenhol, Ankara, bilanzierte am 11. Mai 1976 die deutsche Verteidigungshilfe für die Türkei: „Auf Empfehlung des NATO-Rats gewährt die Bundesrepublik Deutschland der Türkei seit 1964 Verteidigungshilfe. Jede Tranche wird jährlich verhandelt. Wegen der mittel- und langfristigen Rüstungsplanung moderner Waffensysteme wurde erstmals 1969 eine gemeinsame Planung für drei Jahre im voraus vereinbart. Die Zustimmung durch den Bundestag erfolgt jedoch jährlich jeweils für eine Tranche. Umfang: Die Tranchen umfassen eineinhalb Jahre = 100 Mio. DM. Davon sind zur Zeit 20 Prozent Überschußmaterial und 80 Prozent neues Gerät. Die wichtigsten Objekte der letzten Jahre sind: 20 Transportflugzeuge ‚Transall‘, ein Panzer-Instandsetzungswerk in Arifiye bei Izmit, Bau von zwei U-Booten bei Howaldt in Kiel. Darüber hinaus seit September 1975 unentgeltliche Lieferung von Ausrüstungsmaterial (Überschußmaterial) der Bundeswehr gemäß Abkommen vom 11.8.1975 (u. a. sieben S[chnell]-Boote und acht weitere Schiffe sowie zwei Schulflugzeuge F-104 G).“ Vgl. den Schriftbericht Nr. 714; Referat 203, Bd. 110271.

[13] Am 12. Januar 1976 notierte Staatssekretär Mann, Bundesministerium der Verteidigung, zu den Ergebnissen seines Besuchs vom 17. bis 22. Dezember 1975 in der Türkei: „Von türkischer Seite wurden erneut und mit Nachdruck eine Reihe von Beschaffungs- und Modernisierungswünschen ihres Materials geäußert. Es handelt sich dabei um folgende Vorhaben: 438 Abschußstelle ‚Milan‘ mit 20 665 Raketen; 66 Abschußanlagen ‚Roland‘ mit 660 Raketen; 50 Sikorsky-Hubschrauber; 152 ‚Leopard I A 3‘; 138 ‚Marder‘; 56 ‚Alpha Jet‘; 16 Dieselmotoren für Schnellboote; Umrüstung von 950 Kampfpanzern M 48 auf Dieselmotore.“ Vgl. Referat 203, Bd. 110273.

[14] Referat 420 führte am 6. Mai 1976 zur Handels- und Zahlungsbilanz der Türkei aus: „Die wirtschaftliche Lage 1975 war durch eine Inflationsrate von ca. 30 %, eine Arbeitslosenquote von 12 % und schwindende Devisenreserven gekennzeichnet. Die Türkei schloß 1975 mit ihrem bisher höchsten Außenhandelsdefizit ab. Bei Einfuhren von ca. 4738,55 Millionen US-Dollar und Ausfuhren von ca. 1401,07 Millionen US-Dollar betrug der Saldo 3337,48 Millionen US-Dollar. Die defizitäre Entwicklung setzte mit der Erhöhung der Erdölpreise sprunghaft ab 1974 ein. Bis einschließlich 1973 bewirkten die Devisenüberweisungen der türkischen Gastarbeiter, daß die Außenhandelsdefizite aufgefangen wurden. [...] Die 75er Entwicklung ist besonders problematisch, weil erstmals die Gastarbeiterüberweisungen absolut gesunken sind. Bislang verstand es die türkische Regierung durch Ausschöpfung aller Kreditmöglichkeiten, Mangelerscheinungen zu vermeiden.“ Vgl. Referat 420, Bd. 117765.

[15] Legationsrat I. Klasse Matthes teilte der Botschaft in Ankara am 7. Juli 1976 zur Gewährung von Bundesbürgschaften für kommerzielle Rüstungslieferungen an die Türkei mit: „Angesichts der umfangreichen Lieferungswünsche der Türkei und ihrer begrenzten Zahlungsfähigkeit, die vermutlich den Wunsch nach einer Einräumung von Lieferantenkrediten zur Folge haben wird, ist allerdings vorauszusehen, daß Deckungsanträge für Rüstungslieferungen mit Auftragswerten auf uns zukommen werden, die die bestehende Orientierungsgröße für die Indeckungnahme von Türkei-Geschäften (5 Mio. DM) weit überschreiten werden. Da wir aus verteidigungs- und bündnispolitischen Gründen ein besonderes Interesse an der Realisierung zumindest eines Teiles dieser Lieferungen

161

Gespräch des Bundeskanzlers Schmidt mit Ministerpräsident Demirel in Ankara

VS-NfD   28. Mai 1976[1]

Delegationsgespräch am 28. Mai von 11.15 Uhr bis 12.00 Uhr[2]

Deutsche Seite: Bundeskanzler und Delegation; türkische Seite: Ministerpräsident Demirel, stellv. Ministerpräsident Feyzioglu, stellv. Ministerpräsident Türkeş, Außenminister Çaglayangil und Delegation.

1) *Bundeskanzler* und *Demirel* einigten sich nach offizieller Begrüßung durch Demirel auf den Austausch grundsätzlicher Erklärungen.

2) Der *Bundeskanzler* wiederholte aus seiner Rede[3] vom Vortag die Parallelität der deutschen und türkischen Interessen und die Notwendigkeit, die Gemeinschaft der demokratischen Länder zu stärken. Er legte Wert auf die Verteidigungsfähigkeit der westlichen Allianz.

Nach Abflauen des Nahost-Konflikts und einem gewissen Abklingen des Zypern-Konflikts sei das wichtigste Problem die Lage der Weltwirtschaft mit weltweiter Rezession, schnellem Wechsel von Paritäten und Terms of trade sowie einer schnellen Verschlechterung der Zahlungsbilanz in vielen Ländern. Neben die Gruppe der entwickelten und der Entwicklungsländer seien als dritte Gruppe die Ölländer und als vierte Gruppe die Sowjetunion und ihre Alliierten getreten, die in ihrer Ernährungsgrundlage nicht mehr unabhängig seien und westliches Kapital und Technologie benötigten. Die Sowjetunion allein habe in den letzten Jahren ca. 50 Milliarden Dollar Kredite aufgenommen.

Wie Demirel im Vier-Augen-Gespräch[4] gesagt habe, verbessere die Sowjetunion ihre offensiven Kapazitäten im militärischen Bereich. Bei SALT II rechne er nicht mehr für das Jahr 1976 mit einer Einigung. Daher erhalte MBFR größere

---

Fortsetzung Fußnote von Seite 728

haben dürften, wird es deshalb erforderlich sein, auf politischer Ebene eine Entscheidung darüber herbeizuführen, in welchem Umfange hierfür Deckungsmöglichkeiten eröffnet werden sollen. Vermutlich wird es hierbei auf eine Auswahl der Lieferungen ankommen, die wir als vorrangig ansehen und bei denen aus diesen Gründen risikopolitische Bedenken zurückgestellt werden müssen. Das Bundesministerium der Verteidigung hat dem AA mitgeteilt, über welche türkischen Beschaffungsvorhaben gegenwärtig Verhandlungen geführt werden. Aus der Sicht des AA wird das finanzielle Volumen dieser Beschaffungsvorhaben, das im Wege einer kommerziellen Finanzierung durch bundesverbürgte Lieferantenkredite vertretbare Maß bei weitem übersteigen. Zunächst wird jedoch abgewartet werden müssen, inwieweit diese Beschaffungsvorhaben zu konkreten Deckungsanträgen führen. Alsdann wird über die Vorrangigkeit im Rahmen des gesamten Beschaffungsprogrammes entschieden werden müssen. Eine Befassung des Kabinetts erscheint daher im gegenwärtigen Zeitpunkt nicht angezeigt." Vgl. den Drahterlaß Nr. 717; Referat 420, Bd. 117765.

[1] Ablichtung.
Die Gesprächsaufzeichnung wurde von Ministerialdirigent Ruhfus, Bundeskanzleramt, gefertigt. Vgl. dazu den Begleitvermerk des Ministerialdirigenten Sigrist vom 9. Juni 1976; Referat 203, Bd. 110268.

[2] Bundeskanzler Schmidt hielt sich vom 27. bis 29. Mai 1976 in der Türkei auf.

[3] Zu den Ausführungen des Bundeskanzlers Schmidt im Delegationsgespräch am 27. Mai 1976 in Ankara vgl. den Runderlaß Nr. 62 des Vortragenden Legationsrats I. Klasse Engels vom 3. Juni 1976; Referat 203, Bd. 110268.

[4] Für das Gespräch vom 28. Mai 1976 vgl. Dok. 160.

Bedeutung. MBFR werde an der zahlenmäßigen Überlegenheit der Sowjetunion im konventionellen Bereich in Mitteleuropa in den nächsten Jahren nichts ändern. Angesichts der Qualität der westlichen Rüstung brauche man jedoch keine Sorge zu haben. Auch die sowjetische Seerüstung habe mehr politische und psychologische Bedeutung.

In der EG bereitete insbesondere die Wirtschaftslage in Italien und in Großbritannien Sorge. In Deutschland gehe es besser. Davon profitierten auch die türkischen Gastarbeiter. Die außenpolitische Zusammenarbeit in Europa habe sich in den letzten fünf Jahren sehr positiv entwickelt.

Zur innenpolitischen Situation in Deutschland stellte der Bundeskanzler die Mehrheitsverhältnisse in Bundestag und Bundesrat dar und wies auf die Wahlen am 3. Oktober hin.

3) *Demirel* wies auf die gute Partnerschaft der Türkei in EG, NATO und Europarat hin. Seine Regierung wolle bei wirtschaftlicher Entwicklung die freie Gesellschaft und eine hohe Verteidigungsbereitschaft erhalten. Demirel erläuterte die guten Beziehungen mit Iran und Pakistan, erwähnte die RCD (Regional Cooperation for Development) Gipfelkonferenz in Izmir und wies auf das gemeinsame Potential von 150 Millionen Menschen in den drei Ländern hin. Er erwähnte die guten wirtschaftlichen und politischen Beziehungen zum Irak, zu den Golfstaaten und Saudi-Arabien, hob die Bedeutung der Istanbuler Islamischen Außenministerkonferenz[5] für den Weltfrieden hervor und erwähnte die aus guten Beziehunen resultierenden bevorstehenden Besuche der Führungsspitzen von Bulgarien, Rumänien und Jugoslawien[6].

Demirel wies auf die zusätzlichen 40 Milliarden Dollar Einnahmen der Ölstaaten hin und auf die daraus entstehenden Warenströme, die durch die Türkei gingen.

Im Verhältnis zur Sowjetunion betreibe die Türkei nicht mehr Entspannung als andere NATO-Länder. Man habe einige gemeinsame Projekte, insbesondere das Stahlwerk Iskenderun.[7] Die russische Arbeit sei von guter Qualität.

---

5 Vom 10. bis 15. Mai 1976 fand in Istanbul die siebte Islamische Außenministerkonferenz statt. Am 19. Mai 1976 resümierte Botschafter Sonnenhol, Ankara, für die Türkei sei das Hauptergebnis, „daß sich ein bedeutsamer Block der Dritten Welt auf eine für die türkische Regierung annehmbare Resolution in der Zypernfrage geeinigt hat. [...] Es fragt sich, ob der Preis nicht zu hoch ist, den die Türkei für diesen Erfolg zu zahlen hat [...]. Das türkische Außenministerium ist sich darüber im klaren, daß die Annahme der Zionismus-Resolution die Israel-Lobby im US-Kongreß gegen das türkisch-amerikanische Basenabkommen aktivieren dürfte. Demgegenüber wirkt das Argument von Generalsekretär Elekdag schwach, die Israel-Lobby müsse Wohlwollen zeigen, damit die Türkei nicht eines Tages für den Ausschluß Israels aus den Vereinten Nationen stimme." Vgl. den Schriftbericht Nr. 718; Referat 203, Bd. 110272.
6 Staatsratsvorsitzender Schiwkow hielt sich vom 3. bis 6. Juni, Staatspräsident Tito vom 8. bis 11. Juni und Präsident Ceauşescu vom 22. bis 25. Juni 1976 in der Türkei auf.
7 Das mit sowjetischer Hilfe in Iskenderun erbaute Stahlwerk wurde von Ministerpräsident Kossygin im Rahmen seines Besuchs in der Türkei vom 26. bis 29. Dezember 1975 eingeweiht. Botschafter Sonnenhol, Ankara, teilte dazu am 30. Dezember 1975 mit: „Gesprächsführung Kossygins war [...] gründlich vorbereitet und von erkennbarem Bemühen getragen, Kontroversen erst gar nicht aufkommen zu lassen. Türkischer Seite blieb somit erspart, irgendwelche mit Grundlinien ihrer Außenpolitik nicht zu vereinbarenden Anregungen ablehnen zu müssen. Außerhalb der offiziellen Verhandlungen wurde es jedoch als störend empfunden, daß Kossygin in Rede bei Eröffnung des mit sowjetischer Hilfe errichteten Stahlwerkes in Iskenderun, auf geostrategische Lage Türkei anspielend, dieser eine besondere Verantwortung für die Entspannung bescheinigte, und daß gleichzeitig seit langer Zeit erstmals wieder ein sowjetisches U-Boot von einem Zerstörer begleitet Meer-

Griechenland sei das einzige Problem für die Türkei. Die Türkei habe die Schwierigkeiten mit Griechenland nicht angefangen. Er erwähnte in diesem Zusammenhang Zypern, den Kontinentalschelf in der Ägäis, die Militarisierung der griechischen Inseln und den Luftraum der Ägäis. Die Türkei wolle friedliche Lösungen.

Zypern sei ein komplizierter Fall. Die zwei nationalen Gemeinschaften hätten lange Seite an Seite (side by side) gelebt, und es habe nicht funktioniert. Jetzt lebten sie getrennt. Im Nordteil gäbe es noch etwa 10 000 Griechen. Der türkisch-zypriotische föderierte Staat solle Teil des bizonalen unabhängigen Gesamtstaates werden.

Zum Treffen Çaglayangil/Bitsios in Oslo[8] meinte Demirel, die Türkei sei bereit, alles zu diskutieren und zu gerechten Lösungen zu kommen.

Zu den türkisch-amerikanischen Beziehungen sagte Demirel, sie seien 30 Jahre lang sehr gut gewesen, die Türkei habe bei der Einrichtung der Basen kein Risiko gescheut. Das Embargo[9] habe zu einer Schwächung der türkischen Verteidigungskraft geführt und damit die NATO geschwächt. Die Türkei könne nicht unter Druck des US-Kongresses die Zypern-Frage oder andere Fragen lösen. Eine Nichtratifizierung des Verteidigungsabkommens[10] werde größere Schwierigkeiten auslösen. Freundschaft müsse auf gegenseitigem Vorteil beruhen, sonst sei sie ungesund und nicht von Dauer. Die Türkei begrüße die deutsche Hilfe und sei für das fortgesetzte deutsche Interesse an der türkischen Entwicklung dankbar.

Der *Bundeskanzler* erwiderte, die Bundesregierung wolle aus langer Freundschaft und eignen Interesse hilfreich sein. Aus diesem Grunde versuche sie auch Einfluß auf die Ratifizierung des Abkommens in den USA zu nehmen.

Referat 203, Bd. 110268

Fortsetzung Fußnote von Seite 730

engen passierte. Sofortige Antwort der türkischen Regierung war, in Nachrichtensendungen Fernsehens desselben Abends Empfang Solschenizyns durch Böll nach dessen Emigration 1973 zu senden und in türkischer Sprache die Warnung Solschenizyns wiederzugeben, der Westen möge sich vor der Entspannungspolitik der Sowjetunion hüten und sich nicht über den expansionistischen Charakter dieses Regimes täuschen lassen." Vgl. den Drahtbericht Nr. 1393; Referat 213, Bd. 112771.

8 Zum Gespräch des griechischen Außenministers Bitsios mit dem türkischen Außenminister Çaglayangil am 22. Mai 1976 in Oslo vgl. Dok. 147, Anm. 16.

9 Zur Einstellung der amerikanischen Verteidigungshilfe für die Türkei vgl. Dok. 30, Anm. 2.

10 Zum amerikanisch-türkischen Abkommen vom 26. März 1976 über Verteidigungshilfe vgl. Dok. 125, Anm. 18.

162

Gespräch des Bundeskanzlers Schmidt
mit Ministerpräsident Demirel in Ankara

28. Mai 1976[1]

Delegationsgespräch am 28. Mai von 15.15 Uhr bis 16.45 Uhr[2]

Deutsche Seite: Bundeskanzler und Delegation; türkische Seite: Ministerpräsident Demirel, stellv. Ministerpräsident Feyzioglu, stellvertretender Ministerpräsident Türkeş, stellvertretender Ministerpräsident Erbakan, Außenminister Çaglayangil und Delegation.

In dieser zweiten Delegationssitzung[3] wurden hauptsächlich Wirtschaftsfragen behandelt. Ministerpräsident *Demirel* gab zunächst einen Überblick über die türkische Wirtschaft und ihre weitere Entwicklung.

Die türkische Wirtschaft sei gesund. Sie produziere zu niedrigen Preisen. Auf die weitere Expansion der Produktionskapazität bei gleichzeitiger Verbesserung der Stabilität werde hingearbeitet.

Zahlungsbilanzprobleme seien bis vor einiger Zeit nicht aufgetreten.[4] Die Rücküberweisungen der Gastarbeiter, von denen sich 85 % in Deutschland befinden, hätten das Defizit ausgeglichen. Seit einiger Zeit ließen die Rücküberweisungen jedoch nach. Trotzdem müsse die Türkei an der Expansion ihrer Wirtschaft festhalten.

Der vierte Fünfjahresplan, der 1978 beginne, setze folgende Ziele:

In 15 Jahren solle die jetzige Stahlproduktion von 3 Mio. t in einer ersten Phase auf 12 Mio. t und in einer zweiten Phase auf 20 Mio. t gesteigert werden.

Zur Zeit kaufe die Türkei für je eine Milliarde Dollar Stahl, Öl, Düngemittel und Maschinen.

Die Elektrizitätserzeugung solle von 19 Milliarden kWh in sechs Jahren auf 38 Mrd. kWh verdoppelt werden. 1987 soll eine Produktion von 60 Milliarden kWh erreicht werden.

Dazu werden Kraftwerke errichtet, auf traditioneller Basis (Dampf, Braunkohle), Wasser (Euphrat) und Atomkraftwerke.

Zu der bestehenden Erdölraffinerie von 15 Mio. t Kapazität sollen weitere 10 Mio. t Kapazität hinzugefügt werden.

Die Düngemittelerzeugung von gegenwärtig 15 Mio. t soll auf 20 Mio. t gesteigert werden.

[1] Die Gesprächsaufzeichnung wurde von Ministerialdirigent Sigrist am 8. Juni 1976 gefertigt.
Hat Ministerialdirektor Lautenschlager vorgelegen.
Hat Vortragendem Legationsrat I. Klasse Mühlen am 19. Juni 1976 vorgelegen.
[2] Bundeskanzler Schmidt hielt sich vom 27. bis 29. Mai 1976 in der Türkei auf.
[3] Für das erste Gespräch des Bundeskanzlers Schmidt mit Ministerpräsident Demirel am 28. Mai 1976 in Ankara vgl. Dok. 161.
[4] Zur Zahlungsbilanz der Türkei vgl. Dok. 160, Anm. 14.

Für den Ausbau der Maschinenindustrie seien 26 Projekte geplant.

Von der zu erweiternden Rüstungsindustrie will die Türkei in angrenzende Moslem-Länder verkaufen. Für die insgesamt 200 Projekte der Industrialisierung werden mehr als drei Milliarden Dollar an Devisen benötigt.

Angesichts dieses Bedarfs sei festzustellen, daß private Investitionen nur in unzureichendem Maße getätigt werden. In die Türkei seien von den deutschen Auslandsinvestitionen weniger als ein Prozent geflossen.[5] Die Verkehrsinfrastruktur sei unzureichend. Das Autostraßennetz müsse verbessert werden.

Der *Bundeskanzler* begrüßte die Ausführungen Demirels. Die türkischen Arbeiter seien wegen ihres Fleißes sehr geschätzt. Dies biete auch Gewähr für die weitere wirtschaftliche Entwicklung der Türkei. Die Geringfügigkeit privater Investitionen in der Türkei gehe nicht zurück auf den Mangel an Interesse der Bundesregierung an der industriellen Entwicklung des Landes. Die Türkei stehe an zweiter Stelle nach Indien in der Liste der Empfänger deutscher öffentlicher Hilfe.[6] Deutsche Privatinvestitionen gebe es nur in einigen wenigen Sektoren. Offenbar würden deutsche Investoren abgeschreckt von den administrativen Praktiken unterer Verwaltungsstellen. Die deutsche Kapitalbeteiligung bei der Bosporus-Brücke sei als Ausnahme von der Regel zu betrachten. Unter den Privatinvestitionen befänden sich auch die Versuche rückkehrender türkischer Gastarbeiter, Betriebe aufzubauen. Von diesen seien manche in Schwierigkeiten, wofür die Bundesregierung nicht verantwortlich gemacht werden könnte.

Der Bundeskanzler wies darauf hin, daß deutsches Kapital an vielen Orten der Welt zu interessanten Bedingungen investiert werde, sogar in den USA. Er regte an, Experten zu beauftragen zu untersuchen, warum die Investitionen in der Türkei scheitern. Die Bundesregierung sei bereit, eine hochrangige Delegation zu entsenden oder zu empfangen.[7] Grundsätzlich wolle sie private Investitionen in der Türkei unterstützen.

5 Am 13. Mai 1976 benannte Referat 420 Gründe für das ungünstige Investitionsklima in der Türkei: „Den Investitionsplänen von Unternehmen aus der Bundesrepublik stellen sich in der Türkei eine Vielzahl von Hemmnissen entgegen. [...] Die mit der Bearbeitung und Genehmigung oder Erweiterung von Investitionen befaßten Behörden verfolgen eine Praxis, die durch Restriktivität, Formalismus und Langwierigkeit gekennzeichnet ist. Dabei werden im Zuge des Genehmigungsverfahrens Bedingungen und Auflagen in das Genehmigungsdekret eingebaut, die den unternehmerischen Handlungsspielraum derart einengen, daß die Investoren am Ende von ihren Plänen zurücktreten. Die deutschen Direktinvestitionen in der Türkei stagnieren daher seit 1971 mit ca. 135 Mio. DM nahezu völlig. Das ungünstige Investitionsklima in der Türkei spiegelt sich auch im starken Rückgang des prozentualen Anteils der deutschen Türkei-Investitionen an den gesamten Investitionen im Ausland wider: 1966: 0,67 %; 1970: 0,49 %; 1974: 0,37 %; 1975: 0,31 %." Vgl. Referat 420, Bd. 117765.

6 Am 13. Mai 1976 vermerkte Referat 420 zur deutschen Kapitalhilfe für die Türkei: „Die Bundesregierung hat bisher der Türkei Finanzhilfe in Höhe von 2986 Mio. DM zugesagt. Damit nimmt die Türkei in der Reihenfolge der Nehmerländer hinter Indien den zweiten Platz ein. [...] Schwergewicht der Kapitalhilfe derzeit auf dem für die türkische Energieversorgung lebenswichtigen Projekt ‚Braunkohlentagebau und Kraftwerk Elbistan – Afsin' in Zusammenarbeit mit IMF, EIB und bilateralen Gebern. Von Bedeutung außerdem Förderung der Privatindustrie durch Kapitalhilfe-Mittel zur Einfuhr von Investitionsgütern für kleine und mittlere Betriebe. Dieser Mitteleinsatz ist von großer Bedeutung für die kurzfristige Schaffung von Arbeitsplätzen." Vgl. Referat 420, Bd. 117765.

7 Botschaftsrat Dingens, Ankara, berichtete am 31. Mai 1976 zu den von Bundeskanzler Schmidt und Ministerpräsident Demirel am 28. Mai 1976 in Ankara vereinbarten Verhandlungen im Be-

Der Bundeskanzler erwähnte auch die Industrieprojekte, in denen türkische Arbeiter ihre Ersparnisse einsetzen könnten. Er nahm Bezug auf die Gespräche zwischen Bundesminister Bahr und Staatssekretär Güven[8] und regte an, diesen Gedanken weiter zu verfolgen.

Staatssekretär *Rohwedder* erinnerte an ein Memorandum, das eine vorbereitende deutsche Delegation vor einigen Wochen in Ankara übergeben habe und an das Schreiben von Botschafter Sonnenhol an Ministerpräsident Demirel. Er wies darauf hin, daß private Investitionen auch dem Ausgleich der Handelsbilanz[9] dienen könnten, indem sie zur Steigerung türkischer Exporte nach Deutschland beitrügen.

Ministerpräsident *Demirel* bestätigte, daß die türkische Regierung Privatinvestitionen gegenüber positiv eingestellt sei, ein Teil der offiziellen Meinung sie jedoch ablehne. Privatinvestitionen seien vor allem da willkommen, wo beschäftigungsintensive und exportorientierte Industrien aufgebaut oder vergrößert werden sollen. Die Türkei habe nichts gegen Investoren aus Deutschland. Sie brauche dringend Kapital und Technologie.

Der *Bundeskanzler* wies darauf hin, daß es in einigen Jahren schwierig sein könnte, Kapital vom Euro-Dollar-Markt zu bekommen. Ministerpräsident *Demirel* regte an, ein Rahmenabkommen über wirtschaftliche Zusammenarbeit zu schließen, in dem auch die Übertragung von Technologie und Kapital geregelt werden könnte. Ein durch ein solches Abkommen zu gründender Ausschuß könnte sich mit den einschlägigen Fragen befassen. Der Bundeskanzler meinte, deutsche Firmen sollten Zweigstellen in der Türkei gründen auch mit dem Ziel, in diesen Fabriken türkische Gastarbeiter nach ihrer Rückkehr zu beschäftigen. An Exportüberschüssen sei der Bundesregierung im Verhältnis zur Türkei nichts gelegen. Die deutsche Industrie sei privatwirtschaftlich organisiert. Die Bundesregierung könne ihr keine Anweisungen geben. Er rege an, auch mittelständische Firmen zu Investitionen in der Türkei zu veranlassen. Während der Bundeskanzler darauf hinwies, daß für türkische Industrie gute Absatzmöglichkeiten auf dem Markt der Europäischen Gemeinschaft gegeben seien, betonte Ministerpräsident *Demirel*, daß die Türkei auch hoffe, an Moslem-Länder exportieren zu können, von denen sie Kapitalzufluß erwarte.

Fortsetzung Fußnote von Seite 733

reich der Wirtschaft: „Verhandlungen einer gemeinsamen Kommission, für die schon gelegentlich des Besuches von Bundesminister Genscher im Juni 1975 die Weichen gestellt wurden, sind für den Spätherbst 1976 in Aussicht genommen. Türkischerseits wurden in diesem Zusammenhang Projektgruppen genannt, die als besonders drängend angesehen werden, wie Schwerindustrien, Raffinerie- und Infrastrukturprojekte im Verkehrswesen, letztere mit Betonung darauf, daß sich Türkei als Verbindungsglied zwischen dem Mittleren Osten und dem Mittleren Europa sieht." Vgl. den Drahtbericht Nr. 591; Referat 420, Bd. 117765.

[8] Bundesminister Bahr hielt sich vom 3. bis 6. März 1976 in der Türkei auf.

[9] Referat 420 stellte am 6. Mai 1976 fest: „Die Bundesrepublik ist mit Abstand sowohl auf der Export- als auch auf der Importseite der bedeutendste Handelspartner der Türkei. In 1975 verzeichneten die deutschen Ausfuhren in die Türkei einen Zuwachs von einem Drittel auf 2,436 Mrd. DM. Demgegenüber gingen die Einfuhren aus der Türkei in die Bundesrepublik um ca. 3,6 % zurück [...]. Das türkische Handelsbilanzdefizit weist für 1975 gegenüber der Bundesrepublik einen Saldo von 1,658 Mrd. DM auf. Dies ist vor allem auf die rasche Bevölkerungszunahme und den hohen industriellen Nachholbedarf, aber auch auf die restriktive türkische Haltung gegenüber ausländischen Investoren sowie auf die Beschränkung der im Lande arbeitenden Firmen mit ausländischer Beteiligung zurückzuführen." Vgl. Referat 420, Bd. 117765.

Der neben dem türkischen Ministerpräsidenten sitzende stellvertretende Ministerpräsident Erbakan, Vorsitzender der Nationalen Heilspartei, gab durch kräftiges Kopfnicken jeweils seine Zustimmung zu erkennen, wenn Ministerpräsident Demirel einen Hinweis auf benachbarte Moslem-Länder machte.

Zu den Beziehungen der Türkei mit der Europäischen Gemeinschaft führte Ministerpräsident Demirel aus, daß andere Entwicklungsländer bessere Bedingungen für den Zugang zum Markt der Gemeinschaft erhalten hätten als die Türkei.[10]

Die Türkei verhandele zur Zeit mit der Gemeinschaft und bitte die Bundesregierung, ihre Anliegen zu unterstützen. Sie werde entmutigt, wenn sie feststellen müßte, daß sie gegen konkurrierende andere Mittelmeerländer zurückgesetzt werde.[11]

Auch bei der Frage der Freizügigkeit der Arbeitskräfte[12] und der Erneuerung des Finanzprotokolls[13] bitte die Türkei um die deutsche Unterstützung.

Der *Bundeskanzler* wies deutlich darauf hin, daß die Türkei sich angesichts der wirtschaftlichen Probleme in der Gemeinschaft, insbesondere der wirtschaftlichen Schwäche von Großbritannien und Italien, keine großen Hoffnungen auf eine substantielle Steigerung der Finanzhilfe machen dürfe. Letzten Endes sei es die Bundesrepublik Deutschland, die für die Finanzhilfe aufzukommen habe. Die Möglichkeiten des Bundeshaushalts seien begrenzt. Welche Regierung könne schon, wie es die Bundesregierung getan habe, ihrer Bevölke-

---

[10] An dieser Stelle Fußnote in der Vorlage: „In dem Gespräch, das der Bundeskanzler anschließend mit dem Oppositionsführer Ecevit führte, beklagte sich dieser über die ‚permanente Erosion der Konzessionen', die die Gemeinschaft der Türkei bei Abschluß des Vertrages gewährt hatte."

[11] Am 1./2. März 1976 fand in Brüssel eine Tagung des Assoziationsrats EWG–Türkei auf Ministerebene statt. Im Mittelpunkt standen der Stand der Assoziation und die Möglichkeiten ihrer Vertiefung im sozialen, finanziellen und landwirtschaftlichen Bereich. Hinsichtlich der Agrar- und Handelsbeziehungen stellte Referat 410 am 28. Mai 1976 fest: „Türken weisen auf Erosion ihrer Präferenzen durch System der allgemeinen Präferenzen und Abkommen mit anderen Staaten im Mittelmeerraum (z.B. Israel, Maghreb) im Rahmen der Globalpolitik hin. Forderungen der Türkei in diesem Bereich berühren uns weniger, um so mehr aber werden vor allem die Italiener betroffen." Auf der Tagung des Assoziationsrats sei es gelungen, die Gefahr zunehmender Spannungen durch Absichtserklärungen noch einmal zu überbrücken. So habe die Gemeinschaft ihre Bereitschaft erklärt, „landwirtschaftlichen Erzeugnissen, an deren Ausfuhr die Türkei ein Interesse hat, den Zugang zum Markt der Gemeinschaft zu erleichtern und dabei die Konkurrenz seitens der anderen Exportländer, auf die diese Erzeugnisse auf dem Markt der Gemeinschaft stoßen würden, nicht außer acht zu lassen". Vgl. Referat 410, Bd. 114310.

[12] Referat 513 legte am 11. Mai 1976 dar: „Die türkische Seite setzt große Erwartungen in die ab 1. Dezember 1976 im Rahmen ihrer EG-Assoziation in zehn Jahren schrittweise zu verwirklichende Freizügigkeit der Arbeitnehmer. Sie erhofft, dadurch den eigenen Arbeitsmarkt durch eine starke Auswanderung in die EG zu entlasten. Dieser Strom von Arbeitswilligen würde in erster Linie in die Bundesrepublik fließen. Um diesen unerwünschten Zustrom zu kanalisieren, hat die Bundesregierung bei der EG Initiativen mit dem Ziele ergriffen, daß Assoziationsrat eine Konzeption der assistierten Freizügigkeit entwickelt; hierbei ist an eine Steuerung der Wanderungsbewegungen durch Einschaltung der Arbeitsbehörden gedacht. Diese Konzeption wurde zuletzt auf der EG-Arbeitsministerkonferenz im November 1975 in Venedig erörtert und ist sowohl bei diesem wie dem EG-Vizepräsidenten Hillery auf großes Interesse gestoßen. Die Kommission arbeitet gegenwärtig an einem Vorschlag zu dieser Frage". Vgl. Referat 420, Bd. 117765.

[13] Zu den Verhandlungen zwischen den Europäischen Gemeinschaften und der Türkei über das Dritte Finanzprotokoll vgl. Dok. 132, Anm. 13.

rung eine beträchtliche Erhöhung der Steuern wenige Monate vor Wahlen zumuten?[14]

Von Staatssekretär Rohwedder und mir[15] wurde im übrigen darauf hingewiesen, daß die Bundesrepublik Deutschland sich immer für die Öffnung des Marktes der Gemeinschaft für türkische Produkte eingesetzt habe. Bei den Agrarprodukten müßten allerdings auch wir anerkennen, daß die mediterranen Mitgliedsländer der Gemeinschaft Schwierigkeiten haben. Trotzdem könne ein verbessertes Marketing erhebliche Erfolge bringen, wie sich das beim Verkauf von Obst in der Bundesrepublik gezeigt habe, wo sich der Absatz von einem Jahr auf das andere fast um das Vierzigfache gesteigert habe.

Zum letzten Thema des Gesprächs, der internationalen Rohstoffpolitik, erklärte der Bundeskanzler, daß von einer Anhebung der Rohstoffpreise in erster Linie die Sowjetunion und die Vereinigten Staaten von Amerika profitieren würden, während die Mehrzahl der Länder der Gruppe 77 darunter leiden müßten.[16]

Referat 420, Bd. 117765

---

14 Die Wahlen zum Bundestag fanden am 3. Oktober 1976 statt.
Im Rahmen von Maßnahmen zur Verbesserung der Haushaltsstruktur beschloß die Bundesregierung am 10. September 1975 eine Erhöhung der Umsatzsteuer um 2 % bzw. um 1 % für den ermäßigten Steuersatz, ferner eine Anhebung der Tabaksteuer um 18 % sowie der Branntweinsteuer um 20 % ab dem 1. Januar 1977. Vgl. dazu BULLETIN 1975, S. 1093.

15 Helmut Sigrist.

16 Am 1. Juni 1976 formulierte Botschafter Sonnenhol, Ankara, folgendes Resümee zum Delegationsgespräch am 28. Mai 1976 zwischen Bundeskanzler Schmidt und Ministerpräsident Demirel: „Gesprächsergebnis ist positiv zu bewerten, da Demirel sich in der Frage der deutschen Investitionen in der Türkei auf eine entgegenkommende Linie öffentlich festgelegt hat. Es bleibt abzuwarten, inwiefern die gemachten Zusagen durch entsprechende Maßnahmen der Arbeitsebene konkretisiert werden. Hier ist angesichts der investitionsfeindlichen Haltung der Erbakan-Partei und der zuständigen Ministerien eine gewisse Skepsis angebracht. Ein Abkommen über Technologie-Transfer ist für uns solange von nur geringem Interesse, wie die Schwierigkeiten der in der Türkei arbeitenden deutschen Unternehmen andauern. Um so vordringlicher scheint es mir, die Bemühungen um ein baldiges Zustandekommen der geplanten Investitionen fortzusetzen." Vgl. den Schriftbericht Nr. 799; Referat 420, Bd. 117765.

163

Aufzeichnung des
Vortragenden Legationsrats I. Klasse Lücking

210-331.00-6521/76 geheim 28. Mai 1976[1]

Betr.: Gespräch des französischen Botschafters in Bonn, Wormser, mit dem sowjetischen Botschafter in Ostberlin, Abrassimow, in Berlin (französischer Sektor) am 25. Mai 1976

Botschafter Abrassimow hat Botschafter Wormser am letzten Wochenende[2] überraschend gebeten, am 25. Mai nach Berlin zu kommen.

Der französische Sprecher in der Bonner Vierergruppe, Pierre de Boissieu, der an dem Gespräch teilgenommen hat, unterrichtete mich heute um 20.30 Uhr in seiner Privatwohnung über das Gespräch wie folgt (ich übersetze):

Abrassimow: Als ich in Paris war[3], dachte ich, daß die Ost-West-Beziehungen essentiell von den französisch-sowjetischen Beziehungen abhängen; während seines kürzlichen Besuchs in Paris hat Gromyko[4] über das Niveau unserer Beziehungen ein sehr günstiges Urteil gefällt. Auf der Pressekonferenz, die Gromyko im April in Paris abgehalten hat[5], hat er von Westberlin gesprochen; er hat gesagt, unsere Politik sei auf der Respektierung des Vier-Mächte-Abkommens begründet. Dieses Abkommen sei lang und schwierig auszuhandeln gewesen. In den Ansprachen, die die vier Botschafter[6] am 3. September 1971 gehalten haben, hätten sie erklärt, daß sie dieses Abkommen respektieren würden und daß sie Dritten nicht gestatten würden, sich in die Berliner Angelegenheiten einzumischen. Wir haben unsere Verpflichtungen respektiert, und ich wäre daran interessiert zu erfahren, ob Sie der Sowjetunion etwas vorzu-

---

[1] Die Aufzeichnung wurde von Vortragendem Legationsrat I. Klasse Lücking am 28. Mai 1976 an Bundesminister Genscher geleitet. Dazu vermerkte er: „Herr Minister, der Eilbedürftigkeit wegen lege ich Ihnen in der Anlage einen Vermerk unmittelbar vor."
Hat Genscher am 29. Mai 1976 vorgelegen, der handschriftlich vermerkte: „1) Die Sprache A[brassimow]s ist die Sprache einer Besatzungsmacht. 2) Ich hätte mir eine überzeugendere Haltung des franz[ösischen] Botschafters gewünscht. 3) Herrn StS H[ermes] u[nd] D 2: „Ich bitte um Vorschläge, wie die Angelegenheit weiter behandelt werden soll."
Hat Staatssekretär Hermes am 31. Mai 1976 vorgelegen, der Ministerialdirektor van Well um Rücksprache bat. Vgl. den Begleitvermerk; VS-Bd. 10925 (210); B 150, Aktenkopien 1976.

[2] 22./23. Mai 1976.

[3] Pjotr Andrejewitsch Abrassimow war von 1971 bis 1973 Botschafter in Paris.

[4] Der sowjetische Außenminister Gromyko hielt sich vom 27. bis 30. April 1976 in Frankreich auf.

[5] Gesandter Lahusen, Paris, teilte am 3. Mai 1976 zum Besuch des sowjetischen Außenministers Gromyko vom 27. bis 30. April 1976 in Frankreich mit: „Spricht die Presseerklärung von zahlreichen Punkten der Konvergenz, zeigte Gromykos Pressekonferenz zugleich die Differenzen, die weiterhin zwischen Frankreich und der Sowjetunion bestehen. Gromyko verhehle nicht eine gewisse Unzufriedenheit über den Stand der Zusammenarbeit, die nicht in jeder Hinsicht den vorhandenen Möglichkeiten entspreche. Das gegenseitige Verständnis bleibe oft ohne praktische Folgen. Man müsse bei den europäischen Fragen, in Nahost und im Abrüstungsbereich stärker zusammenarbeiten. Gerade im Abrüstungsbereich (auf den Gromyko im einzelnen einging) erhoffe er sich eine positive französische Haltung." Vgl. den Drahtbericht Nr. 1287; Referat 213, Bd. 112769.

[6] Pjotr Andrejewitsch Abrassimow (UdSSR), Roger Jackling (Großbritannien), Kenneth Rush (USA) und Jean Sauvagnargues (Frankreich).

werfen haben. Dieses Engagement ist am 3. Juni 1972 von den vier Außenministern wiederholt worden.[7] Es sind noch keine fünf Jahre seit der Paraphierung des Abkommens vergangen[8], und bestimmte Politiker der BRD und des Senats verletzen das Abkommen auf flagrante Art mit Hilfe der Drei Mächte. Ich will nicht auf die Vergangenheit zurückkommen und werde meine Beispiele aus den letzten Monaten wählen; aber wir müssen viel auf uns nehmen, um ruhig zu bleiben.

1) Die Drei Mächte erlauben bestimmten Politikern der BRD und des Senats, das Vier-Mächte-Abkommen zu interpretieren, als ob sie es unterzeichnet hätten. Jede Woche proklamieren Herr Genscher und Herr Schütz ihr Recht[9], das Vier-Mächte-Abkommen zu interpretieren, und sagen darüber, was sie wollen; könnten Sie Ihnen nicht den Text dieses Abkommens übermitteln, damit sie ihn lesen, anstatt unverantwortliche Erklärungen abzugeben?

2) Die Bundespräsenz in Berlin nimmt immer mehr zu. Man hat den Eindruck, daß das nur dort stattfinden kann. So sieht man, daß die FDP sich in Berlin trifft, um die Wahlen in der BRD[10] zu diskutieren.[11] Es gibt ständig Bundeskonferenzen über alles und jedes. Vor einigen Tagen hat es sogar eine Konfe-

---

7 Anläßlich der Unterzeichnung des Schlußprotokolls zum Vier-Mächte-Abkommen über Berlin vom 3. September 1971 kamen am 3. Juni 1972 die Außenminister Douglas-Home (Großbritannien), Gromyko (UdSSR), Rogers (USA) und Schumann (Frankreich) im ehemaligen Alliierten Kontrollratsgebäude in Berlin (West) zusammen. Die Außenminister der Drei Mächte übergaben dabei folgendes Aide-mémoire: „1) The Berlin Agreement creates a new situation which may open the way for UN membership for the FRG and GDR. 2) This will not be a simple process. There must be a general treaty between the FRG and GDR establishing the relationship between them. This will have to obtain Bundestag ratification. 3) An essential part of the process will be an understanding among the Four Powers in written form that Four Power responsibilities for Berlin and Germany as a whole will continue unaffected after UN membership of both Germanys. 4) Once the General treaty is initialed and an understanding on Four Power rights and responsibilities is assured, it may be possible to open the way for GDR participation in UN specialized agencies, pending the day of full UN membership." Vgl. die Anlage 2 zum Runderlaß Nr. 2420 des Vortragenden Legationsrats I. Klasse Blech vom 6. Juni 1972; VS-Bd. 8552 (II A 1); B 150, Aktenkopien 1972.
Zur Antwort von Gromyko vermerkte der britische Botschaftsrat Audland: „He said that the question how far Quadripartite consultative machinery or consultation would be necessary in future, and to what extent Ministers or Ambassadors should meet under it, must be dependent entirely on the basis of a realistic assessment of the situation at any one time. It was a question of whether there was anything to discuss. M. Gromyko made no commitment to meet. He stressed that nothing should be done which could undermine the independence of the two German States." Vgl. die Anlage 1 zum Runderlaß Nr. 2420 von Blech vom 6. Juni 1972; VS-Bd. 8552 (II A 1); B 150, Aktenkopien 1972.
8 Das Vier-Mächte-Abkommen über Berlin wurde von den Botschaftern Abrassimow (UdSSR), Jackling (Großbritannien), Rush (USA) und Sauvagnargues (Frankreich) am 3. September 1971 unterzeichnet; das Schlußprotokoll, mit dessen Unterzeichnung das Abkommen in Kraft treten sollte, wurde von ihnen am selben Tag paraphiert.
9 Der Passus „Jede Woche ... ihr Recht" wurde von Bundesminister Genscher hervorgehoben.
10 Die Wahlen zum Bundestag fanden am 3. Oktober 1976 statt.
11 Der FDP-Bundesvorstand trat am 17. Mai 1976 in Berlin (West) zu einer Sitzung zusammen. In der Presse wurde dazu ausgeführt: „Im Berliner Rathaus Schöneberg hat gestern der FDP-Vorsitzende Bundesaußenminister Hans-Dietrich Genscher die östlichen Versuche kritisiert, das Vier-Mächte-Abkommen einschränkend auszulegen. Zu Beginn einer ganztägigen Sitzung des FDP-Bundesvorstands sagte Genscher, der Vertrag sei klar und eindeutig. Er enthalte keine grauen Zonen, die der Auslegung zugänglich seien. Genscher verwies vor der FDP-Führung darauf, daß die Entwicklung der Bindungen zwischen Berlin und dem Bund durch das Vier-Mächte-Abkommen ausdrücklich ermöglicht werde."; DIE WELT vom 18. Mai 1976, S. 2.

renz der Kaminfeger der BRD gegeben.[12] Das alles ist darauf abgestellt, gegen die Sowjetunion und die Drei Mächte gerichtete Demonstrationen zu machen. Zum Beispiel sagt Genscher, was er will[13], und maßt sich das Recht an, frei das Vier-Mächte-Abkommen zu interpretieren. Ich weiß wohl, daß es in der BRD einen Wahlkampf gibt, aber Genscher überschreitet die Grenzen des Erträglichen[14]; er hat nicht das Recht zu sagen, was er will, und Sie müssen es ihm verbieten[15].

3) Wir wollen keine Spannungen erzeugen. Um das zu vermeiden, genügte es, daß alle Parteien das Abkommen respektierten. In dieser Hinsicht – und ich mache Sie darauf aufmerksam, daß ich laut denke, ohne irgendeine Instruktion erhalten zu haben – möchte ich wissen, was Sie von der folgenden Idee hielten: Das Vier-Mächte-Abkommen ist ein fundamentales Abkommen, es ist übrigens durch die BRD und den Senat mehrfach verletzt worden: Würde es nicht nützlich sein, wenn die vier Botschafter sich im September aus Anlaß des fünften Jahrestages der Unterzeichnung dieses Abkommens zusammenfänden, um sich über die Westberlin betreffenden Fragen zu unterhalten und, mit Hilfe ihrer Mitarbeiter, eine Bilanz der Respektierung des Vier-Mächte-Abkommens zu ziehen?[16]

Wormser: Sie haben mich gefragt, ob ich der Sowjetunion Vorwürfe zu machen hätte. Ich werde darauf später zurückkommen und möchte Ihnen zunächst auf Ihre Fragen antworten.

Sie haben sich darüber beklagt, daß gewisse Politiker der BRD Erklärungen abgeben, die eine Interpretation des Vier-Mächte-Abkommens beinhalten. Sie sind frei zu sagen, was sie wollen, über ein Thema, das sie interessiert, und es ist nicht meine Sache, sie daran zu hindern. Sie sind frei, ihre Meinung zu sagen. Im übrigen bestätige ich Ihnen, daß es nur Sache der sowjetischen, amerikanischen, englischen und französischen Regierung ist, eine autorisierte Interpretation dieses Abkommens zu geben.

---

12 Am 29. Mai 1976 nahm die sowjetische Botschaft in Ost-Berlin zur Tagung des Zentralverbandes deutscher Schornsteinfeger Mitte Mai 1976 in Berlin (West) Stellung: „Im Zusammenhang mit bösartigen Meldungen in einigen Springer- und anderen Westberliner Zeitungen über ein Treffen des Botschafters der UdSSR in der DDR, P. A. Abrassimow, mit dem Botschafter Frankreichs in der BRD, O. Wormser, der gleichzeitig Chef der französischen Militäradministration in Westberlin ist, wurde aus Kreisen der sowjetischen Botschaft in der DDR folgendes bekannt: Der sowjetische Botschafter stellte im Verlauf des Gesprächs fest, im Ergebnis des Abschlusses des Vierseitigen Abkommens wurden die Bedingungen dafür geschaffen, daß Westberlin aufhört, Quelle von Reibungen zu sein, und zu einem konstruktiven Element des Friedens und der Entspannung in Europa wird. Er machte insbesondere darauf aufmerksam, daß in dieser Hinsicht von westdeutscher Seite bei weitem nicht alles getan wird. Der Botschafter verwies auf eine Reihe wesentlicher konkreter Fakten, die von dem Bestreben zeugen, entgegen dem Vierseitigen Abkommen die sogenannte ‚Bundespräsenz' in der Stadt zu verstärken, und stellte fest, einige Kräfte wetteiferten buchstäblich bei der Organisation verschiedener Veranstaltungen in Westberlin, die zu der Stadt keinerlei unmittelbare Beziehungen haben. Das geht sogar bis zu solchen Kuriositäten, daß in Westberlin zu diesem Zweck verschiedene Veranstaltungen bis hin zu einer Tagung des westdeutschen Verbandes der Schornsteinfeger organisiert werden." Vgl. den Artikel „Pressemitteilung der UdSSR-Botschaft"; NEUES DEUTSCHLAND vom 29./30. Mai 1976, S. 2.

13 Der Passus „Zum Beispiel ... er will" wurde von Bundesminister Genscher hervorgehoben.

14 Der Passus „aber Genscher ... des Erträglichen" wurde von Bundesminister Genscher hervorgehoben.

15 Der Passus „nicht das Recht ... ihm verbieten" wurde von Bundesminister Genscher hervorgehoben.

16 Dieser Satz wurde von Bundesminister Genscher hervorgehoben. Dazu Ausrufezeichen.

Ich glaube, daß Sie mit mir darin übereinstimmen; und ich sehe keinen Vorteil darin, daß eine der Vier Mächte dritte Staaten oder internationale Organisationen als Zeugen für die Meinungsverschiedenheiten aufruft, die der eine mit den anderen hat. Da Sie mich dazu aufgefordert haben, Vorwürfe zu formulieren, möchte ich sagen, daß nach meiner Auffassung keiner der Vier etwas zu gewinnen hat, wenn er zum Beispiel in die Vereinten Nationen die Meinungsverschiedenheiten hineinträgt, die sie haben – und das oft über zweitrangige Fragen.[17]

Sie haben auch das Thema der Bundespräsenz angesprochen und die Westdeutschen beschuldigt, sie machten „Demonstrationen". Ich kenne sehr wohl die Bestimmung des Abkommens, auf das Sie sich indirekt beziehen. Ich fürchte, daß Sie diejenige Bestimmung vergessen, welche beinhaltet, daß die Bindungen zwischen der BRD und Berlin aufrechterhalten und entwickelt werden.[18] Ich anerkenne, daß das Vier-Mächte-Abkommen dem Bundestag untersagt, in Berlin Plenarsitzungen abzuhalten, und verbietet, daß mehrere Fraktionen zu gleicher Zeit tagen. Aber das Vier-Mächte-Abkommen sieht auch vor, daß diese Fraktionen einzeln tagen können. Die jüngste Tagung des FDP-Kongresses[19] in Berlin steht daher in keiner Weise in einem Widerspruch zum Vier-Mächte-Abkommen.

Was den Kongreß der Schornsteinfeger anbetrifft, so sehe ich nichts in dem Vier-Mächte-Abkommen, was privaten Vereinigungen verböte, sich in Berlin zu versammeln. Und schließlich haben die Vertreter der beiden großen Mächte, wie die Sowjetunion und Frankreich, nicht über das Treffen von Schornsteinfegern zu diskutieren.

Was Ihre Idee anbetrifft, ein Treffen der vier Botschafter zu veranstalten, so hätte ich Ihnen gesagt, ich beschränkte mich darauf, davon Kenntnis zu nehmen und darüber an meine Regierung zu berichten – wenn Sie mir diesbezüglich einen offiziellen Vorschlag gemacht hätten.

Aber da Sie „laut gedacht haben", will ich Ihnen in derselben Weise antworten. Seit fünf Jahren hat es große Veränderungen in den Beziehungen zwischen den vier Mächten gegeben, zwischen der Sowjetunion und der BRD, zwischen den Dreien und der DDR. Wir sind der Auffassung, daß die Verfahren bei der

---

17 Am 18. Juni 1976 stellte Botschafter Freiherr von Wechmar, New York (UNO), zur sowjetischen Berlin-Politik im Rahmen der UNO fest: „Die sowjetische Berlin-Politik zielt darauf ab, in den VN die in Anlage IV VMA geregelte Vertretung der Interessen Berlins restriktiv auszulegen bzw. einzuschränken. Unter Ausnutzung der in den VN weitverbreiteten Unkenntnis des Inhalts des VMA erwähnt die SU bei ihren gegen unsere Vertretung Berlins gerichteten Bemühungen nur jene Teile des VMA, die ihren Standpunkt zu stärken scheinen, und ignoriert andere, ihren Argumenten nicht günstige Teile des Abkommens. So wird jeder gegen die Außenvertretung Berlins durch die Bundesrepublik Deutschland gerichtete Schritt der SU mit dem Hinweis eingeleitet, daß die ‚Westsektoren Berlins' nicht Teil der Bundesrepublik Deutschland seien und auch nicht von dieser regiert würden. Wenn erforderlich, geht die SU auch so weit, den Westmächten das Recht abzustreiten, Handlungen der Bundesregierung in Berlin (West), wie etwa die Einrichtung des Bundeskartellamts, zu genehmigen, da sich die Rechte der Alliierten nur aus den Vier-Mächte-Abkommen und Entscheidungen der Kriegs- und Nachkriegszeit ergäben, die nicht die Befugnis umfaßten, Aktionen der Bundesregierung in Berlin zu gestatten." Vgl. den Drahtbericht Nr. 1295; VS-Bd. 9938 (202); B 150, Aktenkopien 1976.

18 Vgl. dazu Teil II B sowie Anlage II des Vier-Mächte-Abkommens über Berlin vom 3. September 1971; Dok. 66, Anm. 8.

19 Die Wörter „FDP-Kongresses" wurden von Bundesminister Genscher unterschlängelt.

Anwendung des Vier-Mächte-Abkommens gut sind. Es hat Zwischenfälle gegeben, die wir auf den gewöhnlichen Kanälen geregelt haben, d. h. zwischen den politischen Botschaftsräten in Berlin oder bei bilateralen Treffen, so wie wir ein Treffen heute haben. Das alles geht ziemlich gut. In einer Stadt wie Berlin kann es Schwierigkeiten geben. Aber wir versuchen mit meinem amerikanischen[20] und britischen[21] Kollegen, diese Schwierigkeiten normal zu lösen. Und wir bleiben alle drei den „accords, arrangements et practiques" treu, die seit 1945 bestehen.

Ist es deshalb notwendig, etwas Neues zu tun? Sollte man jetzt ein neues Verfahren hinzufügen, das Sensation machen würde und neue Dinge ankündigen würde, während wir zufrieden sind mit dem Funktionieren des Vier-Mächte-Abkommens? Ich glaube nein.

Abrassimow: Ich danke Ihnen für Ihre Antwort. Ich möchte aufs Neue präzisieren, was ich laut gedacht habe. Ich stimme mit Ihnen darin überein, daß nur die Vier Mächte das Recht haben, das Vier-Mächte-Abkommen zu interpretieren. Aber wir haben das Recht, unserer Meinung Respekt zu verschaffen. Und nach unserer Auffassung ist das Abkommen oft verletzt worden. In diesem Abkommen heißt es zum Beispiel, daß der Bundespräsident, der Bundeskanzler und die Bundesminister keine offiziellen Funktionen in Berlin ausüben werden. Aber im April sind der Präsident, der Kanzler und fünf Bundesminister, darunter natürlich Genscher[22], nach Berlin gekommen.[23]

Und dasselbe gilt für das Vorhaben der Nationalstiftung.[24] Sie haben die Er-

---

20 Martin Hillenbrand.
21 Oliver Wright.
22 Die Wörter „darunter natürlich Genscher" wurden von Bundesminister Genscher hervorgehoben.
23 In Berlin (West) hielten sich Bundespräsident Scheel am 27. April 1976, Bundeskanzler Schmidt am 29. April, Bundesminister Maihofer am 9./10. April sowie erneut vom 26. bis 29. April und Bundesminister Apel am 28./29. April auf. Vgl. Referat 210, Bd. 111639.
24 Am 18. Januar 1973 stellte Bundeskanzler Brandt in seiner Regierungserklärung Überlegungen dazu an, daß „eines Tages öffentliche und private Anstrengungen zur Förderung der Künste in eine Deutsche Nationalstiftung münden könnten. Ansätze dazu böte die ‚Stiftung Preußischer Kulturbesitz', an der neben dem Bund Bundesländer beteiligt sind. In einer Nationalstiftung könnte auch das lebendige Erbe ostdeutscher Kultur eine Heimat finden." Vgl. BT STENOGRAPHISCHE BERICHTE, Bd. 81, S. 130.
Nach der Regierungserklärung des Bundeskanzlers Schmidt am 17. Mai 1974 wurde in der Presse vermerkt, daß dieses Projekt „Schmidts Beschränkung ‚in Realismus und Nüchternheit auf das Wesentliche' zum Opfer" gefallen sei. Vgl. den Artikel „Die andere Handschrift"; DIE WELT vom 20. Mai 1974, S. 7.
Am 3. Mai 1976 informierte Vortragender Legationsrat I. Klasse Lücking: „Die Verhandlungen zwischen der Bundesregierung und den Ländern über die Satzung der Stiftung sind noch nicht abgeschlossen. Bisher haben sich lediglich die Kultusminister der Länder auf ihrer Sitzung am 8./9.4. in München auf einen Satzungsentwurf geeinigt. Dieser Entwurf ist den Regierungschefs der Bundesländer zur Entscheidung vorgelegt worden. Anschließend sollen die Gespräche zwischen dem Bund und den Ländern mit dem Ziel einer gemeinsamen Entscheidung fortgesetzt werden. [...] Die Sitzfrage hat eine intensive innenpolitische Diskussion ausgelöst, die bislang im wesentlichen in den Massenmedien geführt wurde. [...] Die Drei Mächte sind über den Stand der Pläne für die Nationalstiftung einschließlich der Sitzfrage unterrichtet, jedoch noch nicht konsultiert worden. [...] In Berlin hat der sowjetische Botschaftsrat Chotulew von der Ostberliner Botschaft den politischen Berater der britischen Militärmission ‚very low key' angesprochen. Er erklärte, die sowjetischen Überlegungen zur Sitzfrage seien noch nicht abgeschlossen. Die Errichtung der Stiftung in Berlin stünde jedoch nicht im Einklang mit Geist und Worten des Vier-Mächte-Abkommens. Chotulew betonte, er handele nicht auf Weisung aus Moskau, sondern er übermittle Überlegungen seines Botschafters." Vgl. den Runderlaß Nr. 1707; Referat 210, Bd. 115071.

741

klärungen von Schütz[25] gesehen. Man will uns glauben machen, daß das privat ist. Aber das ist sehr wohl Bundessache, da die Satzung von der Regierung gebilligt werden muß. Ich sage Ihnen also, verschlimmern wir nichts.

Rockefeller hat einen Besuch in Berlin gemacht, im Rahmen eines Besuchs in der BRD, und er hat erklärt, daß die Vereinigten Staaten voll die Positionen des Senats unterstützen.[26]

Sie haben mir schließlich gesagt, daß die führenden Persönlichkeiten der BRD das Recht hätten, ihre persönliche Meinung über das Funktionieren des Vier-Mächte-Abkommens zu äußern. Aber die Bürger der BRD wissen nicht, wenn man zu ihnen darüber spricht, ob es sich um eine „Interpretation" handelt oder nicht. Und schließlich haben Sie das Recht, Genscher zu verbieten zu sprechen.[27] Ich glaube, es gibt in der BRD eine gewisse Tendenz, vor allem bei Genscher, die bilateralen Beziehungen zwischen Frankreich und der Sowjetunion vergiften zu wollen, indem man sich der Probleme Westberlins bedient[28].

Wormser: Was die Nationalstiftung anbetrifft, so haben Sie aus der deutschen Presse ersehen können, daß dieses Projekt noch nicht reif ist. Die Alliierten sind aus diesem Grunde noch nicht mit einem präzisen Vorschlag befaßt worden. Wenn wir konsultiert würden, würden wir selbstverständlich alle Elemente des Problems in Betracht ziehen und vor allem – aber diese Frage scheint sich nicht zu stellen – die Frage, ob diese Stiftung in Berlin Akte der Ausübung unmittelbarer Staatsgewalt vornehmen könnte.[29]

---

[25] In der Presse wurde berichtet, der Regierende Bürgermeister von Berlin, Schütz, habe im Abgeordnetenhaus am 23. April 1976 ausgeführt, daß Bundeskanzler Schmidt im zweimal versichert habe, die geplante Nationalstiftung werde ihren Sitz in Berlin (West) haben. Dies sei von Staatssekretär Bölling, Presse- und Informationsamt, „in vorsichtiger, aber unüberhörbarer Form indirekt dementiert" worden. Gegenüber der Presse habe Schütz wiederholt: „Ich habe im Parlament gesagt, und dabei bleibe ich, daß mir der damalige Bundeskanzler Brandt und sein Nachfolger Schmidt zugesagt haben – Schmidt das letzte Mal im Frühjahr dieses Jahres –, daß, wenn es die Nationalstiftung gibt, sie ihren Sitz in Berlin haben wird". Ferner habe er hinzugefügt: „Von dieser Mitteilung brauche ich nichts wegzunehmen, auch nicht nach dem, was in Bonn gesagt wird." Vgl. den Artikel „Schütz widerspricht Bölling; DIE WELT vom 26. Mai 1976, S. 3.
Schütz bekräftigte seine Auffassung, „daß der Sitz der geplanten ‚Deutschen Nationalstiftung' Berlin sein wird", in einem Interview mit dem Deutschlandfunk. Weiter führte er aus, „zwischen ihm und Bundeskanzler Helmut Schmidt gäbe es in dieser Frage Meinungsunterschiede". Vgl. die Meldung „Schütz: Sitz Berlin"; DIE WELT vom 12. Mai 1976, S. 1.

[26] Der amerikanische Vizepräsident Rockefeller hielt sich am 14. Mai 1976 in Berlin auf. In der Presse wurde dazu ausgeführt: „In Begleitung von Bürgermeister Schütz [...] besichtigte gestern US-Vizepräsident Nelson Rockefeller die Mauer am Brandenburger Tor. Rockefeller, der bei seiner Ankunft in einer kurzen Rede die amerikanischen Garantien für Berlin bestätigt hatte, – US-Präsident Ford und die USA stünden ‚stark, fest und dauerhaft' an der Seite Berlins – befürwortete in einer am Donnerstagabend ausgestrahlten Fernseh-Pressekonferenz die Fortsetzung der Entspannungspolitik, die aus einer Position der Stärke betrieben werden könne." Vgl. den Artikel „Fest und dauerhaft an der Seite Berlins"; DIE WELT vom 15./16. Mai 1976, S. 1.

[27] Dieser Satz wurde von Bundesminister Genscher hervorgehoben.

[28] Der Passus „Beziehungen [...] Westberlins bedient" wurde von Bundesminister Genscher hervorgehoben. Dazu Ausrufezeichen.

[29] Ministerialdirigent Meyer-Landrut vermerkte am 3. Juni 1976, daß Bundesminister Genscher und die Außenminister der Drei Mächte, Crosland (Großbritannien), Kissinger (USA) und Sauvagnargues (Frankreich), am Rande der NATO-Ministerratstagung am 20./21. Mai 1976 in Oslo die Sprachregelung vereinbart hätten, „die Angelegenheit werde nunmehr mit den drei Mächten konsultiert. [...] Nachdem Botschafter Wormser in seinem Gespräch mit Botschafter Abrassimow am 25. Mai 1976 [...] zur Nationalstiftung im Sinne der vor Oslo geltenden Sprachregelung – die Konsultationen hätten noch nicht begonnen, da das Projekt noch nicht reif sei – Stellung genommen

Was die Rede von Herrn Rockefeller anbetrifft, so sollten Sie sich an Herrn Hillenbrand wenden.

Lücking

VS-Bd. 10925 (210)

164

Gespräch des Bundeskanzlers Schmidt mit Kronprinz Fahd in Riad

VS-vertraulich 30. Mai 1976[1]

Vermerk über das Gespräch des Bundeskanzlers mit Kronprinz Fahd am 30.5.1976[2]

Weitere Teilnehmer: saudische Seite: Prinz Saud al-Faisal, Außenminister; H.E.[3] Mr. Pharaon (königlicher Berater); H.E. Scheich Suweiel, H.E. Mr. Hejailan, Botschafter; Scheich Abdullah Ali Reza (teilweise); deutsche Seite: StS Schüler, Botschafter Montfort, MD Lahn, Botschafter Schoeller, LR I Leonberger, MDg Ruhfus.

Nach Worten des Willkommens führte *Fahd* aus, Saudi-Arabien sei ein junges Land. Es habe den Wunsch, alle Bereiche zu entwickeln. Anfangsfehler seien

---

Fortsetzung Fußnote von Seite 742

hatte, fragte der deutsche Sprecher in der Bonner Vierergruppe vom 2. Juni 1976, ob nach der Absprache von Oslo nun nicht auch den Sowjets gegenüber gesagt werden müsse, daß die Sache konsultiert werde. Sonst trete ein Widerspruch zwischen dem auf, was die Bundesregierung der Opposition und dem, was die Drei Mächte den Sowjets sagten. [...] Die Sprecher der Drei Mächte erklärten, ihres Wissens sei in Oslo abgesprochen worden, nunmehr mit den Konsultationen zur Nationalstiftung zu beginnen, damit der Opposition die vom Herrn Minister gewünschte Auskunft gegeben werden könne. Jedenfalls könne an der früheren Sprachregelung nichts geändert werden, bis die Konsultationen begonnen hätten." Vgl. Referat 210, Bd. 115071.

Die Konsultationen zwischen der Bundesrepublik und den Drei Mächten über die Errichtung einer Nationalstiftung in Berlin (West) wurden in der Sitzung der Bonner Vierergruppe am 8. Juni 1976 aufgenommen. Vgl. dazu die Aufzeichnung des Vortragenden Legationsrats I. Klasse Lücking vom 15. Juni 1976; Referat 210, Bd. 115071.

[1] Ablichtung.

Die Gesprächsaufzeichnung wurde von Ministerialdirigent Ruhfus, Bundeskanzleramt, gefertigt. Hat Bundeskanzler Schmidt vorgelegen.

Vortragender Legationsrat I. Klasse Oldenkott, Bundeskanzleramt, übermittelte die Gesprächsaufzeichnung am 9. Juni 1976 Vortragendem Legationsrat I. Klasse Schönfeld. Dazu teilte er mit: „Zur Unterrichtung des Auswärtigen Amts übersende ich Ihnen anliegend einen Vermerk über das Gespräch des Bundeskanzlers mit Kronprinz Fahd am 30. Mai 1976 (einfach) in der vom Bundeskanzler genehmigten Fassung sowie einen Vermerk über sein Gespräch mit Ölminister Yamani am 31. Mai 1976 (dreifach), der vom Bundeskanzler noch nicht genehmigt ist. "

Hat Schönfeld am 10. Juni 1976 vorgelegen. Vgl. den Begleitvermerk; Referat 010, Bd. 178653.

Hat Ministerialdirigent Jesser am 7. Juli 1976 vorgelegen.

[2] Bundeskanzler Schmidt hielt sich vom 29. bis 31. Mai 1976 in Saudi-Arabien auf.

[3] His Excellency.

unvermeidlich. Seine Regierung sei bemüht, schnelle Fortschritte zu erzielen und Fehler zu korrigieren.

Schwerpunkte seien die Infrastruktur, hier insbesondere der Straßenbau und der Wohnungsbau. Eine wichtige Aufgabe sei die Verbindung zwischen den Städten und den Dörfern. Saudi-Arabien sei stark vom Import abhängig. Das gelte für fast alle Güter und auch für qualifizierte Arbeitskräfte.

Seine Regierung bemühe sich, die Inflation zu bekämpfen. Sie habe die Preise für Lebensmittel und Medikamente fixiert. Die Preise für Lebensmittel würden außerdem subventioniert. Die Regierung stelle Untersuchungen an, welche Preise für Industriegüter gerechtfertigt seien. Bei übertriebenen Preisen werde eine Reduktion der Preise angestrebt. Die Handelsbeziehungen zur Bundesrepublik Deutschland seien gut.[4] Die deutschen Waren hätten einen ausgezeichneten Ruf.

Die Regierung wünsche mehr Experten aus der Bundesrepublik Deutschland. Sie sei insbesondere an Fachleuten interessiert, die ihr bei der Bekämpfung der Inflation behilflich sind.

Außenpolitisch betreibe seine Regierung eine gemäßigte Politik. Sie wolle Radikalisierung vermeiden, sie trete aber ein für die legitimen Rechte. Saudi-Arabien unterhalte gute Beziehungen zu Amerika[5], Europa, Afrika und Asien. Saudi-Arabien habe keine Beziehungen zum Ostblock.

Israel kaufe Waffen in USA und Westeuropa. Die Araber hätten Schwierigkeiten, Waffen im Westen zu kaufen. Die arabischen Staaten, die gute Beziehungen zum Ostblock unterhalten, können dort Waffen erwerben.

Saudi-Arabien beziehe nur Waffen aus den USA und anderen westlichen Ländern. Sein Land betreibe keine Aggressionspolitik. Die Waffen seien nur für die Verteidigung bestimmt.

---

[4] Am 29. Dezember 1975 stellte die Botschaft in Djidda zur Handelsbilanz zwischen der Bundesrepublik und Saudi-Arabien fest: „Der Handel mit der Bundesrepublik erlebte in den beiden letzten Jahren einen bemerkenswerten Aufschwung. Im ersten Halbjahr 1974 stieg der Export nach Saudi-Arabien im Vergleich zum Vorjahr um 95,8 %, im ersten Halbjahr 1975 im Vergleich zum ersten Halbjahr 1974 wiederum um 91,8 %. Die wichtigsten Einfuhrgüter aus der Bundesrepublik waren im Jahr 1974: Kraftfahrzeuge (33,8 %); Maschinen (16,9 %); elektrische Erzeugnisse (10,6 %); Eisenwaren (9,1 %); Güter der Ernährungswirtschaft (4,5 %); Stab- und Formeisen (4,5 %) sowie pharmazeutische Erzeugnisse (2,8 %)." Vgl. die Anlage zum Schriftbericht Nr. 896 des Botschafters Montfort, Djidda, vom 29. Dezember 1975; Referat 311, Bd. 108834.

[5] Botschafter von Staden, Washington, berichtete am 13. Januar 1976 zu den Beziehungen zwischen Saudi-Arabien und den USA: „Nach Ansicht State Departments haben zu bislang ausgezeichnetem Stand amerikanisch-saudischer Beziehungen beigetragen: wirtschaftlich entscheidende und erzieherisch kluge Politik der ARAMCO seit 1944; sicherheitspolitisches Engagement der USA nach Vereinbarung von 1951 über Security Advisory Group, das später vor allem Schutz gegen sozialistischen Expansionismus Nassers bot; 1951 mit Point Four eingeleitete staatliche US-Entwicklungshilfe, die seit 1963 mit Tätigkeit des US-Army Corps of Engineering maßgeblich für Entwicklung Saudi-Arabiens wurde; Tatsache, daß fast gesamte saudische Intelligenz amerikanische Hochschulen absolviert hat. Im State Department ist Versuchung spürbar, Saudi-Arabien in gewisser Weise als das Quasi-Protektorat der USA anzusehen, als das man es jovial bezeichnet. Man ist sich indessen im klaren, daß pro-amerikanische Komponente auch in saudischer Politik durch amerikanisches Verhalten zu Israel bestimmt wird. Bleibt Voraussetzung ‚ausgewogener' Nahost-Politik erfüllt, eröffnen politische Macht und Initiativen der USA zusammen mit saudischer flankierender Hilfe durch gezielte Finanzleistungen an Frontstaaten allerdings hervorragende operative Möglichkeiten." Vgl. den Drahtbericht Nr. 95; Referat 311, Bd. 108833.

Die fehlende Bereitschaft des Westens, Waffen zu liefern, sei nicht nützlich. Hiervon profitiere letztlich nur der Ostblock. Die kommunistischen Staaten tätigten Geschäfte in Milliardenhöhe. Gleichzeitig sicherten sie sich die Freundschaft einiger arabischer Länder.

Saudi-Arabien wünsche Stabilität und Frieden in der mittelöstlichen Region. Die Steigerung der Bewaffnung erschwere den wirtschaftlichen Aufbau. Sie erhöhe die Kriegsgefahr.

Wenn Israel die besetzten Gebiete nicht freigebe, bleibe den 100 Millionen Arabern in den 20 arabischen Staaten letztlich keine andere Möglichkeit, als sich zu bewaffnen. Dadurch könne eines Tages ein Krieg unvermeidbar werden.

Die arabischen Staaten und die PLO forderten die Rückkehr zum Besitzstand von 1967. Dies sei eine gerechte Forderung der Araber.

In zehn Jahren würden die arabischen Staaten auf jeden Fall militärisch stärker sein als Israel. Die Araber würden an Menschen, Material und finanziellen Mitteln sowie durch die Bereitschaft des Ostblocks, Waffen zu liefern, überlegen sein.

Dies spräche dafür, möglichst bald Frieden zu schaffen. Eine friedliche Regelung dränge den Ostblock zurück, setze wirtschaftliche Mittel frei und stabilisiere die Region.

Die Zeit sei günstig für konstruktive Maßnahmen. Sie sollten von den USA und dem Westen kommen.

Die USA hätten im vergangenen Jahr konstruktive Anstrengungen unternommen. Er hoffe, die Amerikaner und die Europäer würden ihre Bemühungen fortsetzen.

Bundeskanzler dankte für das ausgezeichnete Exposé. Er sei sehr glücklich über den Besuch. Die Reise erfülle einen Jugendwunsch und diene gleichzeitig der politischen Notwendigkeit, die Beziehungen zwischen beiden Ländern zu vertiefen.

Er sei beeindruckt von den Darlegungen, die zeigten, daß die saudische Regierung ihre politischen Ziele mit großer Zielstrebigkeit und mit einem hohen Maß an Mäßigung verfolge.

Die Bundesregierung sei gern bereit, Experten und Expertisen für Währungsfragen zur Verfügung zu stellen. Wir hätten großes Interesse an der inneren Entwicklung Saudi-Arabiens.

Er teile weitgehend die von Fahd gegebene Beurteilung zur Lage im Nahen Osten.

Die Bundesregierung liefere keine Waffen in den Nahen Osten. Dies gelte für die arabischen Staaten, dies gelte ebenso für Israel. Die Lieferung von Waffen außerhalb des Bündnisbereichs sei durch Gesetz verboten.[6] Unsere besondere

---

6 Die Ausfuhr von Rüstungsgütern war geregelt durch das Ausführungsgesetz vom 20. April 1961 zu Artikel 26 Absatz 2 des Grundgesetzes (Kriegswaffenkontrollgesetz) sowie durch das Außenwirtschaftsgesetzes vom 28. April 1961. Für den Wortlaut vgl. BUNDESGESETZBLATT 1961, Teil I, S. 444–450, bzw. S. 485–494.
Vgl. dazu ferner Abschnitt II der „Politischen Grundsätze der Bundesregierung für den Export von Kriegswaffen und sonstigen Rüstungsgütern" vom 16. Juni 1971; Dok. 2, Anm. 4.

Lage – mit der Teilung Deutschlands und mit der Achillesverse Berlin – veranlasse uns zu großer Vorsicht und Zurückhaltung gegenüber Konflikten oder Spannungsgebieten in anderen Teilen der Welt.

Diese Abstinenz gelte nicht für den politischen Bereich. Er habe Rabin[7], Allon[8] und Golda Meir[9] mit großer Eindringlichkeit nahegelegt, Israel müsse die besetzten Gebiete aufgeben. Andererseits glaubten wir, Israel habe Anspruch darauf, daß seine Existenz in gesicherten Grenzen anerkannt werde.

Wir hätten öffentlich gesagt und in privaten Gesprächen noch nachdrücklicher darauf hingewiesen, daß Israel die Lebensrechte der Palästinenser anerkennen müsse. Wir stünden auf dem Boden der VN Resolution 242[10] und 338[11] sowie auf dem Boden der Erklärung der Neun[12] zum Nahen Osten.

Die Lage im Nahen Osten scheine gegenwärtig etwas entspannt, aber er sehe eine Reihe von Gefahren:

– innenpolitisch schwache Regierung in Israel, die außenpolitisch nicht voll handlungsfähig sei;

– Konflikt im Libanon, der andere Mächte zum Eingreifen verleiten könnte;

– Lähmung der US-Außenpolitik durch Wahlkampf[13].

Die USA verstünden die Probleme des Nahen Ostens jetzt besser als vor mehreren Jahren. Man müsse der US-Regierung Kredit geben für das Zustandekommen des Sinai-Abkommens.[14]

Er habe großen Respekt für die mutige und friedliebende Politik von Präsident Sadat, von dem wir wüßten, daß Saudi-Arabien ihn zu seinen Freunden zähle.[15]

---

[7] Ministerpräsident Rabin besuchte die Bundesrepublik vom 8. bis 12. Juli 1975. Für sein Gespräch mit Bundeskanzler Schmidt am 9. Juli 1975 vgl. AAPD 1975, II, Dok. 194.

[8] Der israelische Außenminister Allon hielt sich vom 26. bis 28. Februar 1975 in der Bundesrepublik auf, nachdem er bereits am 22./23. Februar 1975 an der Tagung der Sozialistischen Internationale in Berlin (West) teilgenommen hatte. Vgl. dazu AAPD 1975, I, Dok. 37.

[9] Golda Meir nahm am 22./23. Februar 1975 an einer Tagung der Sozialistischen Internationale in Berlin (West) teil.

[10] Für die Resolution Nr. 242 des UNO-Sicherheitsrats vom 22. November 1967 vgl. Dok. 23, Anm. 12.

[11] Für die Resolution Nr. 338 des UNO-Sicherheitsrats vom 22. Oktober 1973 vgl. Dok. 23, Anm. 13.

[12] Zur Nahost-Erklärung der Außenminister der EG-Mitgliedstaaten vom 6. November 1973 vgl. Dok. 62, Anm. 3.

[13] Am 2. November 1976 fanden in den USA Präsidentschaftswahlen sowie Wahlen zum Repräsentantenhaus und Teilwahlen zum Senat statt.

[14] Zum ägyptisch-israelischen Abkommen vom 4. September 1975 über Truppenentflechtung (Sinai-Abkommen) vgl. Dok. 13, Anm. 8.

[15] Referat 310 teilte am 14. Januar 1976 zu den Beziehungen zwischen Saudi-Arabien und Ägypten mit: „Ägypten und Saudi-Arabien haben, wenn auch aus unterschiedlichen Motiven, an einem guten bilateralen Verhältnis ein gleichermaßen starkes Interesse. Ägypten ist angesichts seiner desolaten Wirtschaftslage weiterhin auf saudische Unterstützung angewiesen. Saudi-Arabien ist daran interessiert, Ägypten als zentralen Ordnungsfaktor und als Gegengewicht zu den ‚progressiven Kräften' innerhalb der arabischen Welt zu erhalten, und ist überzeugt, daß Präsident Sadat hierfür der beste Garant ist. [...] Aus diesen Überlegungen heraus hat Saudi-Arabien seinerzeit – neben Sudan und Marokko – das zweite Sinai-Abkommen ausdrücklich begrüßt. Inzwischen sind die Saudis wegen der Ablehnung des Abkommens durch andere arabische Staaten auch kritischer geworden, doch respektieren sie weiterhin die von Ägypten gewählte Methode zur Erreichung einer Friedensregelung. Sie beweisen ihren Willen zur Unterstützung Sadats durch umfangreiche wirtschaftliche Leistungen – seit dem Oktoberkrieg 1973 rund 2,5 Milliarden Dollar." Vgl. Referat 311, Bd. 108833.

Diese oben genannten Punkte verhinderten ein Abkommen zwischen Syrien und Israel. Wir seien glücklich über die Verlängerung von UNDOF.[16]

Die Europäische Gemeinschaft befände sich heute in einem schlechteren Zustand als vor fünf Jahren. Dies sei eine direkte Folge der Weltwirtschaftskrise. Deutschland, Frankreich und die Niederlande würden mit den Folgen fertig. Andere Partner wie Italien hätten Schwierigkeiten.

In Italien drohe die Gefahr einer kommunistischen Beteiligung an der Regierung. Auch in Portugal und Frankreich gebe es starke kommunistische Parteien. Dies bringe die Gefahr indirekter Einwirkung der Sowjetunion auf das europäische Theater mit sich.

Die Weltwirtschaftskrise habe auch die Sowjetunion und ihre Verbündeten stark in Mitleidenschaft gezogen. Die Sowjetunion sei gegenüber der freien Welt in Höhe von etwa 50 Mrd. US-Dollar verschuldet. Ein großer Teil dieses Geldes komme auf dem Umweg über den Euro-Dollar aus Saudi-Arabien. Der Sowjetunion drohe in diesem Jahr die dritte Mißernte.[17] Die erforderlichen Getreideimporte würden zu weiterer Verschuldung führen. Der große Umfang unkoordinierter Kredite des Westens sei eine der Grundlagen für den schnellen Ausbau der Rüstung der Sowjetunion.

Die Vervierfachung der Ölpreise habe für die Industrieländer und eine Reihe von Entwicklungsländern einen opferreichen und zeitraubenden Umstellungsprozeß erforderlich gemacht. Das Geflecht der Zahlungsbilanzen der ganzen Welt müsse umgestellt werden. Den Zahlungsbilanzüberschüssen der Ölstaaten stünden Defizite der nichtölbesitzenden Entwicklungsländer und einiger zahlungsbilanzschwacher Industrieländer gegenüber. Beispiele für die erste Gruppe seien Pakistan und Bangladesch. Für Gruppe zwei: Italien und Großbritannien.

Die Bundesregierung sehe mit Respekt und Dankbarkeit die auf Mäßigung bedachte Politik Saudi-Arabiens in der OPEC, die auch in der jüngsten Entscheidung von OPEC über das Einfrieren der Ölpreise deutlich geworden sei[18]. Die

---

16 Vgl. dazu die Resolution Nr. 350 des UNO-Sicherheitsrats vom 31. März 1974; Dok. 95, Anm. 7.
Gesandter von Hassel, New York (UNO), teilte am 28. Mai 1976 mit: „SR hat heute (28.5.) UNDOF-Mandat einstimmig um weitere sechs Monate verlängert. [...] Zu Beginn der Sitzung berichtete GS Waldheim über seinen Besuch in Damaskus. Präsident Assad habe seine Besorgnis darüber zum Ausdruck gebracht, daß Fortschritte zu einer globalen Lösung des Nahost-Konflikts nicht in Sicht seien. UNDOF dürfe kein Alibi für eine Globallösung und keine Dauereinrichtung werden. Trotz dieser Bedenken habe Assad der Verlängerung des UNDOF-Mandats für weitere sechs Monate zugestimmt. Israel habe ihn, Waldheim, vorher schriftlich wissen lassen, daß es seinerseits mit der Verländerung des UNDOF-Mandats einverstanden sei, sofern Syrien hieran keine politischen Bedingungen knüpfe." Vgl. den Drahtbericht Nr. 1157; Referat 230, Bd. 113989.
17 Zu den Ernteaussichten in der UdSSR vgl. Dok. 208, Anm. 14.
18 Am 27./28. Mai 1976 fand auf Bali eine Ministerkonferenz der OPEC statt. In der Presse wurde dazu ausgeführt: „Die Preise für Rohöl werden in diesem Jahr aller Voraussicht nach nicht steigen. Eine Ministertagung der 13 Förderländer, die in der Organisation der Erdöl exportierenden Staaten zusammengeschlossen sind, konnte sich auf der indonesischen Insel Bali nicht auf eine Preiserhöhung einigen. [...] Beobachter stellen fest, daß die OPEC zum ersten Mal keinen einhelligen Beschluß gefaßt habe, daß die Beibehaltung des Preisstopps lediglich dem Umstand zu verdanken ist, daß sich vier OPEC-Staaten unter Führung von Saudi-Arabien der Forderung nach einer Preiserhöhung widersetzen. Da die OPEC-Satzung aber nur einstimmige Beschlüsse zuläßt, ist der Preisstopp bis Jahresende praktisch das Ergebnis einer Unstimmigkeit der OPEC." Vgl. den Artikel „Das OPEC-Kartell wird dieses Jahr das Rohöl nicht weiter verteuern"; DIE WELT vom 31. Mai 1976, S. 13.

Bemühungen der saudischen Regierung, mit ihren Überschüssen Großbritannien die Anpassung und Umstellung zu erleichtern, sei ausgezeichnete Politik.[19] Der Westen müsse Saudi-Arabien dafür dankbar sein.

Er wolle als Fußnote die Bitte vortragen: Länder wie Saudi-Arabien oder Iran möchten bei der Verlagerung ihrer Überschüsse von einer Währung in eine andere angesichts der[20] internationalen Spekulationen Vorsicht walten lassen, um nicht erneute Unruhe in das Währungsgefüge zu bringen.

Einige Länder, die keine Kredite gefunden hätten, hätten entweder die Importe gedeckt oder[21] sich durch protektionistische Maßnahmen geschützt; dadurch sei der Welthandel um etwa zehn Prozent geschrumpft. Die Konsequenz seien Hungernde in Entwicklungsländern und Millionen Arbeitslose in den Industrieländern.

Beide Gruppen versuchten, das Problem durch inflationistische Maßnahmen kurzfristig zu überdecken; dies vertiefe die Instabilität der Weltwirtschaft.

Die Inflation habe auch vor Saudi-Arabien[22] und Iran[23] nicht halt gemacht, obwohl diese Länder an und für sich von der Vervierfachung der Ölpreise profitiert hätten.

---

19 Gesandter Noebel, London, teilte am 28. Oktober 1976 zum Besuch des Kronprinzen Fahd vom 20. bis 24. Oktober 1976 in Großbritannien mit: „Die saudi-arabische Seite zeigte sich besorgt über die britische Wirtschaftslage, insbesondere die britische Inflationsrate. Die Saudis sehen im Rahmen des vor kurzem verabschiedeten Fünf-Jahres-Plans einen breiten Raum für eine Steigerung der britischen Ausfuhr nach Saudi-Arabien vor [...]. Konkretes Ergebnis der Wirtschaftsverhandlungen war die Unterzeichnung des ‚Memorandum of Understanding‘ über wirtschaftliche, industrielle und technologische Zusammenarbeit. [...] Nach Auskunft des Foreign Office schnitt die britische Seite während des Fahd-Besuches entgegen anderslautenden Pressespekulationen das Thema einer britischen Regierungsanleihe nicht an. Ebensowenig sei dem FCO zufolge über die Zukunft der saudischen ‚sterling balances‘ gesprochen worden, die sich nach Schätzungen der hiesigen Wirtschaftspresse auf ca. eine Milliarde Pfund belaufen. Nach Abschluß der offiziellen Gespräche versicherte Prinz Fahd Vertretern der britischen Presse gegenüber, Großbritannien sei ein wichtiges Land der freien Welt, und er habe nicht die Absicht, die Position der britischen Währung zu gefährden." Vgl. den Drahtbericht Nr. 2245; Referat 311, Bd. 108833.

20 Die Wörter „angesichts der" wurden von Bundeskanzler Schmidt handschriftlich eingefügt. Dafür wurde gestrichen: „oder bei".

21 Die Wörter „entweder die Importe gedeckt oder" wurden von Bundeskanzler Schmidt handschriftlich eingefügt.

22 Am 29. Dezember 1975 teilte Botschafter Montfort, Djidda, zur Preisentwicklung in Saudi-Arabien mit: „Obwohl die saudische Regierung oder sonstige offizielle Stellen zur Preisentwicklung des Landes nur fragmentarisch und wenig zuverlässig Daten herausgeben, kann mit Sicherheit die Preisentwicklung in Saudi-Arabien im Jahr 1975 als sehr stark inflationär bezeichnet werden. Die Lohnkosten sind in den letzten beiden Jahren um ca. 100 % gestiegen. Bei den Lebenshaltungskosten dürfte die Preissteigerung im Berichtszeitraum zwischen 20 und 25 % liegen; Mietkosten für Objekte europäischen Zuschnitts stiegen im gleichen Zeitraum zwischen 250 und 300 %; längerfristige Konsumgüter, insbesondere Haushaltsgeräte, hatten einen Preisanstieg von 25 bis 30 % zu verzeichnen." Vgl. die Anlage zum Schriftbericht Nr. 896; Referat 311, Bd. 108834.

23 Vortragender Legationsrat Höyneck übermittelte am 12. Juli 1976 eine Aufzeichnung der Botschaft in Teheran, in der zur Preisentwicklung im Iran für den Zeitraum vom 21. März 1975 bis 20. März 1976 festgestellt wurde: „Die außerordentliche Steigerung der Öleinnahmen in 1974 und die damit verbundene hohe Zuwachsrate des Geldvolumens führte am Anfang des Berichtsjahres zu einem gefährlich starken Inflationsdruck. Die daraufhin im Juli 1975 einsetzende Anti-Inflationskampagne hat zunächst eine deutliche Senkung der Inflationsrate bzw. des Indexes der Verbraucherpreise bewirkt, die im Vorjahr bei 25 % gelegen haben dürfte und im Berichtsjahr nach Schätzungen durchschnittlich 10 % betragen haben dürfte. Seit Oktober/November 1975 gibt es jedoch bereits wieder Anzeichen für eine Trendumkehr: Der Preisindex steigt wieder an, bleibt aber zum gegenwärtigen Zeitpunkt noch unter dem Niveau, das er zu Beginn des iranischen Jahres 1975/76 erreicht hatte." Vgl. Referat 311, Bd. 108791.

Er wolle keine Ratschläge erteilen, aber er habe die Bitte, Saudi-Arabien möge sich des enormen wirtschaftlichen Gewichts bewußt werden, das es heute besitze. Das Land habe seinen möglichen Einfluß noch nicht voll ausgeübt. Es könne stabilisierend wirken auf das Geflecht der Zahlungsbilanzen und der Wechselkurse und einen wichtigen Beitrag zur Dämpfung der Weltinflation leisten.

Es liegt im Interesse der saudi-arabischen Anlagenpolitik, zu einem reibungslosen Funktionieren des Geld- und Kreditsystems beizutragen, sonst gehe der Wert der Anlagen zurück.

Starke Länder wie Saudi-Arabien und Bundesrepublik Deutschland hätten eine größere Verantwortung für ein funktionsfähiges Weltwirtschaftssystem als schwache Länder wie Italien oder die meisten Länder der Gruppe 77, die über kein eigenes Öl verfügen.

Die Weltrezession führe zu einer Verringerung der Entwicklungshilfe der Industrieländer. Wenn jetzt die Preise von Kupfer, Baumwolle und anderen Rohstoffen ähnlich erhöht würden wie die des Öls, dann würden die Entwicklungsländer, die all diese Rohstoffe einführen müßten, am stärksten leiden.

Profitieren würden die USA und die Sowjetunion, weil sie fast alle Rohstoffe besäßen. Andererseits sei festzustellen, daß die Sowjetunion fast keine Entwicklungshilfe[24] leiste und daß auch die Hilfe der USA relativ gering sei.

Die Bundesrepublik Deutschland verfüge bis auf Kohle über keine Rohstoffe. Wir könnten jedoch eine Erhöhung der Rohstoffpreise durch unsere industrielle Leistungsfähigkeit verkraften. Aber unsere Hilfe werde dann langfristig[25] zurückgehen.

Teurere Rohstoffe führten zu teureren Fertigprodukten, ohne daß eine nennenswerte Umverteilung des Sozialprodukts eintrete.

Die Vorschläge[26], die die Entwicklungsländer in Nairobi vorbringen[27], seien verständlich, aber sie seien letztlich self-defeating und würden drei bis fünf Jahre nicht überdauern. Saudi-Arabien wisse, daß wir die KIWZ für sehr wichtig hielten.

Die Industrieländer müßten mehr Opfer leisten, aber eine stärkere Verzerrung oder gar die Zerreißung des Weltwirtschaftssystems werde das Problem nicht lösen.

---

24 Ministerialdirigent Meyer-Landrut bilanzierte am 4. August 1976 die von der UdSSR und den Mitgliedstaaten des Warschauer Pakts geleistete Entwicklungshilfe: „Die gesamte Entwicklungshilfe des Ostblocks belief sich 1975 auf ca. 1 Mrd. Dollar netto. Die öffentliche Hilfe der im Entwicklungshilfe-Ausschuß (DAC) der OECD zusammengeschlossenen westlichen Industrieländer ist dagegen mit 13,7 Mrd. Dollar etwa 14 Mal so hoch. Allein die öffentliche Hilfe der Bundesrepublik war 1975 mit 1,686 Mrd. Dollar wesentlich höher als die gesamte Hilfe der Staatshandelsländer. Vor diesem Hintergrund fällt die sowjetische Hilfe mit ca. 350 Millionen Dollar 1975 deutlich ab. Bemerkenswert ist dabei ihr seit Jahren kontinuierlicher Rückgang. Sie liegt heute noch hinter der Entwicklungshilfe Belgiens. Moskau vergibt fast ausschließlich Kredite – auch technische Hilfe nur gegen Barzahlung – mit relativ hohem Zinssatz (bis zu 3 % bei Rückzahlung innerhalb 10–20 Jahren) und geringem Zuschußelement." Vgl. Referat 213, Bd. 112768.

25 Die Wörter „dann langfristig" wurden von Bundeskanzler Schmidt handschriftlich eingefügt.

26 Das Wort „Vorschläge" wurde von Bundeskanzler Schmidt handschriftlich eingefügt. Dafür wurde gestrichen: „Argumente".

27 Vgl. dazu die Erklärung und das Aktionsprogramm der „Gruppe der 77"; Dok. 155, Anm. 6.

Saudi-Arabien sei aufgrund seiner Unabhängigkeit zu einer[28] Führungsrolle im Kreise der Dritten Welt berufen.

Fahd: Er wolle zu einigen Ausführungen des Bundeskanzlers Stellung nehmen. Saudi-Arabien sehe die Gefahren, die der Einfluß der Sowjetunion in Angola, Mosambik und Somalia mit sich bringe. Seine Regierung nutze die Kontakte zu diesen und anderen Staaten, um sie über diese Gefahren in Kenntnis zu setzen.

Der Einfluß der Sowjetunion sei eine Folge der inneren Schwäche dieser Staaten. Der Westen müsse sich ihrer mehr annehmen. Die Staaten hätten vom Westen keine Waffen erhalten, daher hätten sie sich an den Osten gewandt.

Es gelte, ihnen zu helfen bei den wirtschaftlichen Problemen und auch bei der Vertretung ihrer legitimen Rechte.

Somalia habe Probleme mit Frankreich und mit Kenia.[29] Wenn wir dem Land hier helfen würden, hätten wir Möglichkeit, seine Politik zu beeinflussen. Saudi-Arabien unternehme Anstrengungen, um Somalia wissen zu lassen, wie verhängnisvoll seine Politik für die Zukunft sein könne. Seine Regierung unterstütze Somalia in vielen Bereichen, auch der Iran sei auf dem Wege, Somalia Hilfe zu geben.

Die Sowjetunion habe in Angola, Kuba und anderen Staaten grünes Licht gegeben. Die Sowjetunion sei hier nur auf eigene Interessen bedacht. Wenn die USA gegenüber Kuba und der Sowjetunion stärker aufgetreten wäre, dann hätte die Entwicklung einen anderen Verlauf genommen.

Bundeskanzler wies auf die Auswirkungen des Wahljahres in den USA hin.

Fahd: Die Sowjetunion betreibe zielstrebige Politik, aber wenn sie entscheidenden Widerstand fühle, sei sie bereit, nachzugeben.

Fahd erkundigte sich, auf welchem Wege Saudi-Arabien an den Krediten für die Sowjetunion beteiligt sei.

Bundeskanzler: Nicht über Warenkredit, aber durch die Einlagen im europäischen Banksystem. Die Kreditaufnahme der Sowjetunion am Euro-Markt sei beträchtlich.

---

[28] Die Wörter „zu einer" wurden von Bundeskanzler Schmidt handschriftlich eingefügt. Dafür wurde gestrichen: „zur".

[29] Referat 312 befaßte sich am 16. Juli 1976 mit den Beziehungen Somalias zu seinen Nachbarstaaten: „Das 1960 unabhängig gewordene Somalia beansprucht Teile Kenias und Äthiopiens sowie Djibouti. Im Gegensatz zum westlichen orientierten Regime vorher gingen die 1969 an die Macht gekommenen Militärs enge Bindungen zur Sowjetunion ein. Somalia tat dies sicherlich auch in der Hoffnung, durch sowjetische Militärlieferungen in die Lage versetzt zu werden, seine Gebietsforderungen mit mehr Nachdruck betreiben zu können. Die Sowjetunion ist jedoch ausschließlich an Marine-Rechten zur Versorgung ihrer Flotte im Indischen Ozean, nicht aber an einer Verwicklung in einen ostafrikanischen Grenzkonflikt interessiert. Darum versucht die Sowjetunion, Somalia trotz umfangreicher Waffenlieferungen [...] in personeller Abhängigkeit zu bewahren. Militärische Beobachter vermuten deswegen, daß jede militärische Initiative Somalias gegen seine Nachbarstaaten ohne die Mithilfe der rd. 2000 sowjetischen Militärberater beim Nachschub und der Materialbedienung innerhalb von drei bis vier Tagen zusammenbrechen würde. Somalia muß sich darum darauf beschränken, Freischärlerverbände in den Grenzgebieten Äthiopiens und Kenias mit Waffen zu beliefern. [...] Frankreich versucht, jeden Vorwand für einen somalischen Angriff auf Djibouti zu vermeiden. Das neue Kabinett Kamil des 1977 wohl unabhängig werdenden Djibouti stammt mehrheitlich aus dem somalischen Bevölkerungsteil der Issas." Vgl. Referat 312, Bd. 108214.

Fahd: Saudi-Arabien wisse, daß die Ölpreiserhöhung für die Industrieländer und die Entwicklungsländer Probleme mit sich gebracht habe. Aber die Industrieländer hätten vor der Ölpreiserhöhung die Preise für die Industriegüter erhöht. Es gelte, die Preise für das Öl und für die Industriegüter unter Kontrolle zu bringen.

Bundeskanzler: Wir müssen die Mechanismen in den Griff bekommen, die hinter der Inflation stecken.

Fahd: Saudi-Arabien trete in der OPEC nachdrücklich dafür ein, daß die Ölpreise nicht erhöht würden.

Bundeskanzler: Diese Bemühungen würden dankbar anerkannt.

Fahd: Industrieländer und Ölländer sollten sich einigen, wie man die Situation verbessern könne.

Saudi-Arabien habe einen Entwicklungsfonds geschaffen und sich bemüht, zur Milderung der monetären Probleme beizutragen. Er freue sich über den Hinweis des Bundeskanzlers, sein Land solle stärker Einfluß in der Welt ausüben. Er würde hierüber gerne konkreter sprechen.

Auf Aufforderung von Prinz Fahd führte der *Außenminister* ergänzend aus, neben den Preisen für die Industriegüter hätten sich auch die Preise für Experten und Gutachten auf das Dreifache erhöht[30].

Die Ölländer hätten keine wirklichen Überschüsse. Sie müßten damit Dinge bezahlen, die sie benötigten, um schon in baldiger Zukunft weiterbestehen zu können. Die Überschüsse der Ölländer beruhten nicht auf der Wirtschaftskraft des Jahres wie in der Bundesrepublik Deutschland.

Stabilität werde es im Nahen Osten erst nach der Lösung des Palästinenser-Problems geben. Der Westen habe Einwirkungsmöglichkeiten auf Israel, nicht so sehr materiell als vor allen Dingen moralisch.

Fahd äußerte großes Interesse an einem Berater der Bundesregierung für die Wirtschafts- und Währungsprobleme des Landes.

Diese Beratung solle auch einbeziehen, was Saudi-Arabien außerhalb des Landes tun könne, um zur Stabilisierung der Wirtschaft und Währungsordnung beizutragen. Je schneller der Experte komme, um so besser.

Bundeskanzler sagte schnelle Prüfung und baldige Antwort zu.[31] Wir seien bereit zu helfen, soweit dies von Saudi-Arabien gewünscht werde.

---

30 An dieser Stelle wurde von Bundeskanzler Schmidt gestrichen: „es schlage sich auf die Ölpreiserhöhung auf die Ölstaaten zurück."

31 Mit Schreiben vom 11. Juni 1976 an Kronprinz Fahd führte Bundeskanzler Schmidt aus: „Wir hatten unter anderem über die Entsendung eines Fachmannes gesprochen, der Ihre Regierung in Fragen der Finanzpolitik und Anti-Inflationspolitik sowie auch auf dem Gebiet der internationalen Wirtschafts- und Währungspolitik beraten soll. Mir ist es gelungen, Prof. Dr. Karl Schiller für diese Aufgabe zu interessieren. Dr. Schiller ist einer unserer bedeutendsten Ökonomen, der sowohl über großes wissenschaftliches Ansehen als auch über langjährige und international anerkannte Praxis als Wirtschaftsminister der Bundesrepublik Deutschland verfügt. Ich könnte mir denken, daß Prof. Schiller zunächst für mehrere Wochen (ca. vier Wochen) in Ihrem Lande weilt, um an Ort und Stelle seine Arbeit in Angriff zu nehmen. Er sollte dabei begleitet und unterstützt werden von zwei jüngeren deutschen Experten. Diese könnten für ihn auch weiterarbeiten, wenn er nach einer ersten Phase der Beratung für gewisse Zeit in die Bundesrepublik zurückkehren würde." Vgl. den Drahterlaß Nr. 150 des Legationsrats I. Klasse Kuhnke vom 16. Juni 1976; Referat 311, Bd. 108835.

Der Bundeskanzler wies darauf hin, daß die VEBA interessiert sei, Öl direkt aus Saudi-Arabien zu beziehen, um den höheren Bezugspreis, den die internationalen Erdölgesellschaften fordern, zu vermeiden.[32] Er verwies ferner auf unser Interesse an wissenschaftlicher Zusammenarbeit. Er nannte die Projekte Astronomisches Observatorium, Sonnenenergie[33], Wasserentsalzung[34] und Nachrichtensatellit[35].

Bundeskanzler lud Prinz Fahd zu Besuch in die Bundesrepublik Deutschland ein.

Fahd nahm die Einladung mit Dank an.

[32] Referat 405 hielt am 7. Mai 1976 zu Kooperationsvorhaben der VEBA AG, Gelsenkirchen, in Saudi-Arabien fest: „VEBA hat Ende 1974 im Anschluß an die Reise von Wirtschaftsminister Dr. Friderichs mit der saudi-arabischen Staatsgesellschaft ‚Petromin' einen Drei-Jahres-Vertrag über insgesamt 12 Mio. t Rohöl abgeschlossen. 1975 wurden, wie geplant, 2 Mio. t abgenommen. Wegen der schlechten Absatzlage sollen die Bezüge 1976 und 1977 von jeweils 5 auf 1 bzw. 1,5 Mio. t reduziert werden. [...] VEBA hat eine Zusammenarbeit auf folgenden Gebieten angeboten: Kunststoff, Düngemittel, Hohlglas, Elektrifizierung. Gute Ansatzpunkte ergeben sich hier bisher nur für das Kunststoffprojekt. Veba hat sich ferner in Zusammenarbeit mit führenden deutschen Consulting-Firmen um den Auftrag für den ‚Masterplan Yanbu' im Westen des Landes beworben. Der ‚Masterplan' soll die Grundlagen für die Industrialisierung und Infrastruktur der Region Yanbu schaffen. Der Entwicklungsplan Saudi-Arabiens hat allein für dieses Projekt 15 Mrd. Dollar vorgesehen. [...] VEBA verfolgt mit diesen Projekten das Ziel, eine eigene Position aufzubauen, um ihre Chancen für sichere Ölbezüge zu verbessern. VEBA entspricht damit der saudi-arabischen Politik, daß nur solche Partner auf langfristige Rohölbezüge rechnen können, die sich aktiv an der Entwicklung des Landes beteiligen." Vgl. Referat 405, Bd. 113921.

[33] Botschafter Schlagintweit, Djidda, berichtete am 20. Dezember 1976 über die angestrebte Zusammenarbeit mit Saudi-Arabien im Bereich der Solarenergie: „Die Firma Dornier System GmbH, Friedrichshafen, steht bereits seit einiger Zeit mit der Saline Water Conversion Corporation (SWCC) in Kontakt wegen einer engeren Zusammenarbeit im Berich der Energietechnik. Im Anschluß an den Solar-Energie-Kongreß im November 1975 in Dharan/Saudi-Arabien hatte sie der SWCC eine Zusammenarbeit in den Bereichen Forschung, Entwicklung sowie Ausbildung saudischen Personals auf dem Gebiet der Solarenergietechnik vorgeschlagen. Jüngste Besprechungen zwischen der SWCC und der Firma Dornier System GmbH haben nunmehr zu einem ersten Ergebnis geführt: [...] Die SWCC ist bereit, mit der Firma Dornier System GmbH entsprechend ihrem Vorschlag auf folgenden Gebieten die technische Zusammenarbeit aufzunehmen: Meerwasserentsalzung durch Solarenergieverwendung; Kühlaggregate auf Solarenergiebasis; Korrosionsschutz vor Meerwasser." Vgl. den Schriftbericht Nr. 845; Referat 311, Bd. 108835.

[34] Mit Schreiben vom 21. Januar 1976 an das Auswärtige Amt teilte das Bundesministerium für Wirtschaft mit: „Im Protokoll der ersten Sitzung der deutsch-saudi-arabischen Gemeinsamen Kommission vom 5. bis 6. August 1975 wird der Zusammenarbeit auf wasserwirtschaftlichem Gebiet große Bedeutung beigemessen. Die Bundesregierung hat dabei u. a. zugesagt, geeignete Beiträge der deutschen Industrie zur Lösung der Probleme der Wasserversorgung in Saudi-Arabien zu fördern. Die Bundesunternehmen Prakla-Seismos Geomechanik GmbH und Prakla-Seismos sind bereit und interessiert, integrierte Problemlösungen für Wassererschließungsprojekte in Saudi-Arabien anzubieten. [...] Es wird gebeten, Angebot und Unterlagen der Prakla der zuständigen Stelle im saudi-arabischen Ministerium für Landwirtschaft und Wasser zu übermitteln. Die Prakla ist bereit, Experten zur persönlichen Kontaktaufnahme nach Saudi-Arabien zu senden." Vgl. Referat 311, Bd. 108835.

[35] Zum Angebot an die Länder der Arabischen Liga, sich an der Nutzung des Fernmeldesateliten „Symphonie" zu beteiligen, vgl. Dok. 100, Anm. 11.
Mit Schreiben vom 29. Juni 1976 teilte das Bundesministerium für Forschung und Technologie mit: „Anläßlich des Besuchs des Generaldirektors der Arab Telecommunication Union (ATU), Dr. Riad, am 26. April 1976 in Bonn wurde das weitere Vorgehen für die Zusammenarbeit bei der experimentellen Nutzung des Fernmeldesateliten ‚Symphonie' geklärt. Der wesentliche Teil der Gesprächsergebnisses liegt darin, daß den Ministern für das Post- und Fernmeldewesen von Ägypten und Saudi Arabien Angebote für die Einrichtung von Telefonverbindungen zwischen Kairo und Djidda über den Satelliten ‚Symphonie' unterbreitet werden sollen. Die Telefonverbindungen sollen mit Hilfe von zwei Erdfunkstellen [...] eingerichtet werden, die ab Oktober/November in Kairo und Djidda installiert werden sollen." Vgl. Referat 413, Bd. 119588.

Bundeskanzler lud ferner Außenminister ein, bei einem seiner nächsten Besuche in Europa einen Abstecher nach Bonn zu machen. Auch diese Anregung fand positive Aufnahme.

VS-Bd. 9991 (310)

165

Gespräch des Bundeskanzlers Schmidt mit dem saudi-arabischen Erdölminister Yamani in Riad

VS-vertraulich   31. Mai 1976[1]

Aufzeichnung über das Gespräch des Bundeskanzlers mit Sheikh Ahmed Zaki Yamani in Riad (Gästepalast) am 31. Mai 1976[2]

Außerdem anwesend: Staatsminister Mohammed Ibrahim Masoud, Botschafter Hejailan, Botschafter Montfort, MD Hiss; für die letzten zehn Minuten: Vorstandsvorsitzender der VEBA, von Benningsen-Foerder

Gesprächsdauer: 11.00 Uhr bis 12.10 Uhr

Bundeskanzler eröffnet das Gespräch mit anerkennenden Worten für den mäßigenden Einfluß Yamanis auf der OPEC-Konferenz in Bali.[3]

Yamani erwidert, daß man mit dem Einfrieren des Ölpreises der Erholung der Weltwirtschaft eine Chance habe geben wollen, im Interesse der OPEC wie der Industrieländer. Allerdings habe es in Bali starke Reaktionen gegen Saudi-Arabien gegeben. Andere hätten Preiserhöhung von 15 bis 20 v.H. angestrebt. Einige hofften noch auf eine außerordentliche Konferenz zur Durchsetzung ihrer Wünsche; diese werde es aber nicht geben.

Bundeskanzler weist darauf hin, daß dieselbe Analyse wie beim Erdöl auch bei anderen Rohstoffen zu der Schlußfolgerung führe, keine Experimente zu machen. Rohstoffarme EL sind schon jetzt die Hauptbetroffenen; auch in vielen IL seien die Beschäftigungs-, Zahlungsbilanz- und andere Rückwirkungen der bisherigen Preissteigerungen noch nicht überwunden.

In Italien z.B. habe dies die Kommunisten näher an die Macht gebracht. Das könne auf andere Länder übergreifen.

---

[1] Ablichtung.
Die Gesprächsaufzeichnung wurde von Ministerialdirektor Hiss, Bundeskanzleramt, am 8. Juni 1976 gefertigt.
Vortragender Legationsrat I. Klasse Oldenkott, Bundeskanzleramt, übermittelte die Gesprächsaufzeichnung am 9. Juni 1976 Vortragendem Legationsrat I. Klasse Schönfeld. Vgl. dazu Dok. 164, Anm. 1.
Hat Ministerialdirigent Jesser am 7. Juli 1976 vorgelegen.

[2] Bundeskanzler Schmidt hielt sich vom 29. bis 31. Mai 1976 in Saudi Arabien auf.

[3] Zur Ministerkonferenz der OPEC am 27./28. Mai 1976 vgl. Dok. 164, Anm. 18.

Bundeskanzler schildert sodann den Stand der Erholung der Weltkonjunktur im einzelnen.

Er äußert sich besorgt über den Einfluß solcher Konferenzen wie Nairobi (UNCTAD IV[4]) oder KIWZ, wenn man dort mit zum Fenster hinaus gehaltenen Reden, zu großer Teilnehmerzahl, ungenügendem Verständnis der weltwirtschaftlichen Zusammenhänge und Erfordernisse (die aus sorgfältiger Analyse hervorgehen müßten) sowie mangelnder Führungskraft auf Seiten der EL wie der IL miteinander verhandle. Diese Unsicherheit bestehe auch bei der SU, deren äußere Verschuldung im übrigen sehr schnell ansteige. Mehrere Mißernten (die dritte stehe möglicherweise bevor) hätten hierzu beigetragen.[5] Dies mache auch sie mehr und mehr von der Weltwirtschaft abhängig. USA gehörten zu den weniger abhängigen Ländern.

Die Interdependenz müsse in den anderen Hauptstädten erst einmal verstanden werden.

Man müsse erst einmal die richtigen Fragen stellen, bevor man die richtigen Antworten erwaren könne, auf allen Gebieten: Rohstoffe, Finanzfragen, Währungsfragen.

Yamani empfindet die Zukunft „rather hazy"; man versuche jedoch, optimistisch zu sein: Die Erholung, angeführt von USA und Bundesrepublik, werde auch auf andere ausstrahlen. Die Paris-Konferenz werde hoffentlich eine bessere Übereinstimmung der Ansichten und Interessen bringen. Auch die IL hätten nicht dieselben Interessen. So würde man sich in USA und UK einen höheren Ölpreis wünschen. Das wäre freilich nicht im Interesse der Bundesrepublik. Auch auf der eigenen Seite gebe es Unterschiede.

Die Rohstoffprobleme seien noch verwickelter, aber es müsse eine Lösung für die Preisschwankungen geben. Rohstoffe würden nicht nur von den EL produziert. Auf der Pariser Konferenz gebe es eine Verbindung zwischen den verschiedenen Gebieten.

Und nicht nur ein, sondern alle Probleme müßten einer Lösung nähergebracht werden. Mit der Anzahl der Teilnehmer bei den Konferenzen sei man nicht glücklich, aber sie sei auch in Paris nicht reduzierbar.

Man werde die Probleme nicht für alle Rohstoffe auf einmal lösen können, aber soviel wie möglich sollten jetzt gelöst werden. An Stockpile-Programmen und „common fund" sei Saudi-Arabien teilzunehmen bereit, wenn auch die IL mitmachen.[6]

Unsere abweichende Meinung sei bekannt; man hoffe aber auf Ergebnisse, die die Probleme der EL korrigieren würden.

Bundeskanzler erwidert mit dem Hinweis auf die Stärke der Bundesrepublik, die mit Schwierigkeiten fertig werden könne, nicht aber andere Länder. Er erinnert an unsere Vorschläge zur Erlösstabilisierung (7. UN-SGV[7] sowie Ja-

---

4 Zur IV. UNCTAD-Konferenz vom 5. bis 31. Mai 1976 in Nairobi vgl. Dok. 173.

5 Zur Lage der sowjetischen Landwirtschaft vgl. Dok. 96, Anm. 13.

6 Vgl. dazu die Erklärung und das Aktionsprogramm der „Gruppe der 77"; Dok. 155, Anm. 6.

7 Zur 7. Sondersitzung der UNO-Generalversammlung über Entwicklung und internationale Zusammenarbeit vom 1. bis 16. September 1975 in New York vgl. Dok. 111, Anm. 9.

maika-Treffen des IMF[8]). Außerdem begründet er unsere Ablehnung der Indexierung von Rohstoffpreisen.

Yamani weist auf den Unterschied zwischen der Preisstabilisierung (Eindämmung von Preisschwankungen) und der Indexierung hin. Dazwischen müsse man einen Weg hindurchfinden, wobei er zu verstehen gibt, daß seine Seite nicht streng an Indexierung hängt.

Yamani weist ferner darauf hin, daß die USA die einmal gewollte „Independence" im Ölsektor nicht erreichen werden. Man solle die Rohstoffprobleme mehr diskutieren, damit man dort Lösungen finde. Denn davon hänge die Lösung anderer Probleme ab. Selbst die japanische Position bewege sich.

Bundeskanzler fragt Yamani nach seiner Meinung, wie rohstoffarme EL mit einer solchen Rohstoffpolitik fertigwerden sollten. Hinweis auf Beispiel Bangladesch. *Yamani* sieht dort landwirtschaftliche Verbesserungsmöglichkeiten und glaubt, daß die Lage z.B. Zaires schlechter sei, dessen Budget von den Kupferpreisen abhänge.

Nach einem Hinweis auf die Wirkungen der Weltrezession auf die Rohstoffpreise erläutert *Bundeskanzler* Yamani die Ergebnisse der Rohstoffuntersuchungen (Rohstoffmatrix) aus der Gymnicher Kabinettsklausur.[9]

Auf jeden Fall würden die USA und die SU profitieren.

Bundeskanzler lenkt das Gespräch auf die innere Inflation in Ländern wie Saudi-Arabien und Iran, die nicht auf die Inflation der IL zurückgehe, sondern auf übersteigerter innerer Nachfrage beruhe.[10] Man habe zuviel Geld und keine entsprechende Absorptionsfähigkeit der heimischen Wirtschaft. Dazu komme die Behinderung der Importsteigerung durch Verkehrsengpässe.

Bundeskanzler versucht in diesem Zusammenhang, die Wechselwirkung zwischen Inflation, Wechselkursen und Rückwirkung indexierter Rohstoffpreise auf beide zu erläutern. Bundesrepublik könne einseitig ihre Stabilitätspolitik durch Aufwertung unterstützen; das sei aber weltweit keine Lösung des Inflationsproblems.

Bundeskanzler hebt den Wert bilateraler Kontakte für ein besseres Verständnis hervor. Yamani gibt ihm mit dem Hinweis recht, daß die deutsche Stimme in Paris nur durch die EG zu hören sei. Abschließend bringt Bundeskanzler die Sprache auf das Interesse von VEBA an stärkeren direkten Ölbezügen.[11] Voraussetzung dafür sei jedoch, daß VEBA denselben Preis von der Petromin erhalte wie die alten Eigentümer der ARAMCO. Gegenwärtig liegt deren Einstandspreis um 22 bis 25 cts/b niedriger. Da sie den Preisvorteil in gewissem Umfang im Wettbewerb an Abnehmer weitergeben, bezieht VEBA bei den alten ARAMCO-Eignern billiger als direkt von PETROMIN.

Yamani erklärt den Preisvorteil von z.Z. ca. 25 Cts/b als Gewinn auf den immer noch 40%-Anteil der Amerikaner an ARAMCO. Nach der vollständigen

---

8 Zur Tagung des Interimsausschusses des Gouverneursrats des IWF am 7./8. Januar 1976 in Kingston vgl. Dok. 5.

9 Am 10. September 1975 verabschiedete die Bundesregierung Grundsätze für den Dialog mit erdölproduzierenden und anderen Entwicklungsländern. Vgl. dazu AAPD 1975, II, Dok. 264.

10 Zur Preissteigerung in Saudi-Arabien und im Iran vgl. Dok. 164, Anm. 22 bzw. Anm. 23.

11 Zu den Kooperationsvorhaben der VEBA AG, Gelsenkirchen, in Saudi-Arabien vgl. Dok. 164, Anm. 32.

Nationalisierung – die Verhandlungen seien nahezu abgeschlossen; man werde noch im Sommer unterzeichnen – würden diese Vorteile „to a great extent" aufhören.[12]

Auch die Teilnahme des Vorstandsvorsitzenden der VEBA, von Bennigsen-Foerder, bei diesem letzten Punkt bewegt Yamani nicht dazu, irgendwelche Zugeständnisse im Sinne eines erleichterten Direktbezuges der VEBA zu machen.

VS-Bd. 9991 (310)

166

Aufzeichnung des Referats 201

201-362.05/1-1895/76 VS-vertraulich   31. Mai 1976[1]

Betr.: NATO-Ministerkonferenz in Oslo 20./21. Mai 1976

I. Vertrauliche Sitzung der Minister am 20. Mai vormittags

1) Zum Thema Ost-West-Beziehungen äußerte sich als erster Außenminister Kissinger. Er betonte einleitend, daß die Ost-West-Beziehungen nach objektiven Realitäten und nicht in den Kategorien Optimismus/Pessimismus analysiert werden müßten. In diesem Sinne wolle er das amerikanische Verständnis sowjetischer Politik, sowjetischer militärischer Macht und sowjetischer Motivationen darlegen. Man müsse unterscheiden zwischen den Trends, die sich aus dem militärisch-industriellen Wachstum der Sowjetunion ergeben und die der Westen nicht beeinflussen könne, und denen, die auf politisch-ideologischen Entscheidungen der Sowjetunion beruhten. Die sowjetische Ideologie[2]

---

[12] Am 12. Oktober 1976 berichtete Botschafter Schlagintweit, Djidda, daß am Vortag in Genf Verhandlungen zwischen Vertretern der saudi-arabischen Regierung und den amerikanischen Muttergesellschaften der ARAMCO eröffnet worden seien, „um die ARAMCO-Übernahmeverhandlungen ‚möglichst zum Abschluß' zu bringen". Aus dem saudi-arabischen Erdölministerium sei zu dem angestrebten Vertragswerk zu erfahren gewesen: „Muttergesellschaften sollen nach ARAMCO-Übernahme keinen Rohölvorzugspreis mehr erhalten. Rohölpreis soll vielmehr einheitlich der jeweilige OPEC-Preis sein. Dies soll sowohl für Rohölmengen aus den bereits produzierenden Erdölfeldern wie auch für neu zu erschließende Felder gelten. Die vier Muttergesellschaften werden aber ein Entgelt (fee) für Produktionsleistungen, Explorationsarbeiten und ihre sonstigen Dienstleistungen im Rahmen der allgemeinen Industrialisierungsaufgaben erhalten. Über Höhe und Art dieser jeweils gesondert berechneten Vergütungen wird striktes Sillschweigen bewahrt. De facto wird Rohölpreisnachlaß über ‚fees' gewährt." Vgl. den Drahtbericht Nr. 532; Referat 405, Bd. 113921.

[1] Die Aufzeichnung wurde von Vortragendem Legationsrat I. Klasse Dannenbring am 31. Mai 1976 an die Ständige Vertretung bei der NATO in Brüssel sowie an die Botschaften in Washington, London, Paris, Moskau und Peking übermittelt. Vgl. den Begleitvermerk; VS-Bd. 8665 (201); B 150, Aktenkopien 1976.

[2] Vortragender Legationsrat I. Klasse Kühn resümierte am 14. Mai 1976 eine Aufzeichnung der amerikanischen Botschaft in Moskau zur „Rolle der Ideologen" in der sowjetischen Entspannungsdiskussion: „Sowohl die ‚Ideologen' als auch die ‚Pragmatiker' gehen davon aus, daß die Außenpolitik durch den Wettstreit zweier antagonistischer sozial-ökonomischer Systeme voranbewegt wird. Aufgrund der militärtechnischen Entwicklung ist hinsichtlich der Art und Weise dieser Auseinan-

bleibe grundsätzlich militant und tendiere weiterhin zu einem weltweiten Angriff (assault) auf freie Institutionen. Man müsse bei der Analyse sowjetischer Politik immer berücksichtigen, daß sie beeinflußt werde durch Ideologie, durch die bürokratische Struktur der Sowjetunion und das sowjetische Machtpotential. Es bestünden Spannungen zwischen den vom proletarischen Internationalismus diktierten Interessen der Parteimaschinerie und den mehr sachorientierten Interessen der sowjetischen Außen- und Verteidigungspolitik. So sei nach amerikanischer Einschätzung die Intervention in Angola ein Beispiel für eine Entscheidung des sowjetischen Parteiapparats und nicht so sehr ein Ergebnis langfristiger außen- und verteidigungspolitischer Planung. Die Intervention überschreite alle Grundsätze der Koexistenz.

Andererseits sei diese Entscheidung vermutlich auch durch andere Faktoren beeinflußt worden, wie z. B. die Behandlung des amerikanisch-sowjetischen Handelsabkommens durch den Kongreß[3], den Zusammenbruch Indochinas und vielleicht auch durch die Tatsache, daß in jener Periode Breschnew physisch nicht in der Lage gewesen sei, die Macht voll auszuüben. Möglicherweise habe auch der damals bevorstehende Parteikongreß[4] eine Rolle gespielt.

Fortsetzung Fußnote von Seite 756

dersetzung jedoch eine objektive Grenze gegeben, deren Überschreitung das Ende beider Systeme bedeuten könnte. Der Streit zwischen Ideologen und Pragmatikern kann daher nur darum gehen, welche politischen Ziele unterhalb dieser Schwelle zu verfolgen sind. Dabei besteht Übereinstimmung hinsichtlich folgender genereller Ziele: Schaffung günstiger internationaler Bedingungen für den Aufbau von Sozialismus und Kommunismus (als leitendes Prinzip); Stärkung des sozialistischen Lagers; Unterstützung von Befreiungsbewegungen und Entwicklungsländern; friedliche Koexistenz zwischen Staaten unterschiedlicher Gesellschaftsordnung (besonders konkretisiert im ‚Friedensprogramm Breschnews‘). Von diesen generellen Zielen muß die Entspannung (razrjadka) streng unterschieden werden. Für die sowjetische Seite ist Entspannung kein selbständiges außenpolitisches Ziel, wohl aber ein grundsätzlich akzeptiertes Mittel, um eben umrissenen Zielen näher zu kommen. Entspannung ist auch nicht Wesenselement der friedlichen Koexistenz, sondern nur ein Mittel zu ihrer Absicherung. Der Streit zwischen Ideologen und Pragmatikern ist daher kein grundsätzlicher. Er entzündet sich vielmehr an der Frage, wie weit Entspannung als taktisches Mittel eingesetzt werden soll und welches Niveau an Entspannung nötig ist, um das strategische Hauptziel sowjetischer Außenpolitik zu verwirklichen, d. h. die Schaffung günstiger internationaler Bedingungen für den Aufbau des Kommunismus. Es geht bei diesem Streit also um ein Dosierungsproblem." Vgl. VS-Bd. 10966 (213); B 150, Aktenkopien 1976.

3 Nach der Einbringung des Handelsabkommens vom 18. Oktober 1972 zwischen den USA und der UdSSR in den Kongreß wurden von Senator Jackson im Senat und dem Abgeordneten Vanik im Repräsentantenhaus Zusatzanträge eingebracht. Dazu berichtete Gesandter Noebel, Washington, am 12. April 1973, in dem Handelsabkommen sei „vorgesehen, der Sowjetunion die Meistbegünstigungsklausel zu gewähren, was allerdings von der Zustimmung des Kongresses abhängt. Hier haben sich erhebliche Schwierigkeiten für die Regierung ergeben, da unter der Führung von Senator Jackson eine starke Gruppe die Gewährung der Meistbegünstigung von der Abschaffung der sowjetischen ‚Auswanderungssteuer‘ abhängig macht." Vgl. den Drahtbericht Nr. 1089; Referat 213, Bd. 112693.
Am 20. Dezember 1974 verabschiedete der amerikanische Kongreß den „Trade Act of 1974". In dessen Abschnitt 402 war festgelegt, daß, um „das fortdauernde Einstehen der Vereinigten Staaten für die fundamentalen Menschenrechte zu gewährleisten", Staatshandelsländern keine Behandlung nach dem Prinzip der Meistbegünstigung und keine „Kredite oder Kreditgarantien oder Investitionsgarantien gewährt werden" sollten, wenn „ein derartiges Land 1) seinen Bürgern das Recht oder die Gelegenheit zur Auswanderung verweigert; 2) mehr als eine nominelle Steuer auf Auswanderung oder Visa oder sonstige für die Auswanderung erforderliche Dokumente erhebt, gleichgültig zu welchem Zweck oder aus welchem Grunde; 3) mehr als eine nominelle Steuer, Abgabe, Geldstrafe, Gebühr oder sonstige Zahlung als Folge des Wunsches eines Bürgers erhebt, in das Land seiner Wahl auszuwandern". Auch Handelsabkommen sollten mit solchen Staaten nicht abgeschlossen werden können. Vgl. EUROPA-ARCHIV 1975, D 108 f.

4 Zum XXV. Parteitag der KPdSU vom 24. Februar bis 5. März 1976 in Moskau vgl. Dok. 69.

Die sowjetische Entscheidungsfindung sei außerordentlich schwerfällig. Es handele sich dabei um ein bürokratisches Manövrieren, das letztlich zu Kompromissen führen könne, und das jedem beteiligten Element Genugtuung verschaffe. Nach seiner, Kissingers, Meinung gäbe es deshalb auch keinen wohlüberlegten sowjetischen Plan zur Weltherrschaft. Er sei nicht von der Weisheit und
Weitsicht der sowjetischen Führung beeindruckt; ganz anderes gelte für die chinesische Führung. Die sowjetische Politik zeichne sich im Moment durch Trägheit aus.

Als objektives Element sei festzustellen, daß die militärische Macht der Sowjetunion ständig anwachse. Es sei ihr in den vergangenen Jahren gelungen,
qualitativ und quantitativ, konventionell und strategisch gegenüber der NATO
aufzuholen. Doch sei dies nicht das Ergebnis sowjetischer Reaktion auf gegenwärtige Konstellationen, sondern von Planungsentscheidungen, die Ende der
60er Jahre getroffen worden seien. Gleiches gelte für den Westen. Insofern sei
das Problem des sowjetischen Machtaufbaus weniger schwerwiegend als man
annehmen könne, da er eben nicht eine plötzliche sowjetische Entscheidung
reflektiere, sondern einen langfristigen Prozeß. Wir müßten nun unsererseits
ein langfristiges militärisches und politisches Konzept entwickeln, das in den
80er Jahren zum Tragen käme. Wenn wir heute die falsche Entscheidung treffen würden, könnte sich in den 80er Jahren eine Situation ergeben, die den Sowjets Gelegenheiten biete, denen sie nicht widerstehen könnten.

Wir sollten uns vor Augen halten, daß zwar, was immer wir täten, die Sowjetunion an militärischer Stärke gewinnen werde, daß wir aber durchaus die Fähigkeit besäßen, trotzdem das militärische Gleichgewicht aufrecht zu erhalten.
Es träfe zwar zu, daß vom Westen her gesehen die Lücke in der Zahl einsatzbereiter Atomsprengköpfe seit den 60er Jahren größer geworden sei, andererseits müsse auch festgestellt werden, daß die Wirksamkeit der strategischen
Waffen, im ganzen gesehen, abgenommen habe. Man stehe einem strategischen Aufbau gegenüber, bei dem zusätzliche Stärke nicht mehr strategisch
umgesetzt werden könne. Der Trend gehe unweigerlich auf strategische Gleichheit zwischen den USA und der UdSSR zu.

Die Politik der Détente – oder, wie sie von Ford genannt werde, des Friedens
durch Stärke[5] – bedeute nicht, daß Konflikte mit der Sowjetunion verschwunden seien, das habe niemand erwartet. Eine solche Politik solle vielmehr verhindern, daß das sowjetische militärische Wachstum in politische Vorteile
verwandelt werden könne. Angesichts dieser Lage müsse der Westen seiner
Öffentlichkeit glaubhaft machen können, daß eventuelle Krisen nicht von ihm
ausgingen, sondern ihm aufgezwungen sind, daß es nicht er ist, der die Konfrontationen sucht, denn es wäre sehr schwer, öffentliche Unterstützung für eine längere Konfrontation zu gewinnen. Er müsse aber auch unterstreichen,
daß die politischen Spannungen nicht verschwunden sind und daß deshalb seine Politik gegenüber dem Osten auf fester Entschlossenheit beruhen muß.
Gleichzeitig müsse der Westen gegenüber der Sowjetunion seine Bereitschaft
kundtun, auf der Grundlage völliger Gegenseitigkeit vernünftigen Ausgleich zu
suchen.

---

[5] Vgl. dazu das Fernsehinterview des Präsidenten Ford am 2. März 1976 in Miami; Dok. 80, Anm. 7.

Dies bedeute, daß der Westen dem psychologisch sehr komplexen Problem gegenüberstehe, einerseits auf Stärke zu bestehen, andererseits eine realistische Politik des Ausgleichs zu führen. Eine Politik der Konfrontation wäre ebenso wenig möglich wie eine Politik des bedingungslosen Ausgleichs. Es gelte, hier einen Mittelweg zu steuern.

Auf die Diskussion über die sogenannte Sonnenfeldt-Doktrin[6] eingehend, stellte Außenminister Kissinger fest, daß die USA niemals die Idee von Einflußsphären, wo immer auch in der Welt, und niemals die Tatsache akzeptiert hätten, daß die Sowjetunion in Osteuropa intervenieren könne und sie sich selbst in diesem Gebiet zurückhielten. Die USA hätten während der vergangenen Jahre alle Bestrebungen nach Unabhängigkeit und Autonomie in Osteuropa unterstützt. Dies habe sich schon allein im Rang ihrer Besucher und in der Auswahl der Länder, in denen solche Besuche stattfanden, ausgedrückt. Die USA seien aber der Auffassung, daß es unverantwortlich sei, Bestrebungen zu unterstützen, denen wir in den 50er Jahren nicht zu Hilfe gekommen seien. Falls es unter den Verbündeten solche gäbe, die in einem solchen Falle heute ein militärisches Risiko eingehen wollten, sei er für deren Meinung dankbar, wenn nicht, schlage er ein Moratorium für diese Frage vor.

Die Sowjetunion habe immer das Bestreben gezeigt, durch Ausnutzung ihres militärischen Gewichts das Gleichgewicht zu ihren Gunsten zu verändern. Sie habe jedoch mit einer Ausnahme bisher niemals ihr volles Gewicht eingesetzt. Dafür sei der Nahe Osten ein Beispiel, der gleichzeitig einen Beweis dafür biete, daß westliche Entschlossenheit sowjetische Zurückhaltung bewirken könne.

Die eine große Ausnahme zu dieser sowjetischen Grundhaltung sei Angola. Man müsse sich vor Augen halten, daß die Rolle, die die Kubaner dort spielten, auch von den Nordkoreanern oder Vietnamesen in irgendeinem Teil der Welt ausgeübt werden könne. Nach seiner, Kissingers, Meinung werde die Unfähigkeit der USA, das Geschehen in Angola zu beeinflussen, große und ernste Folgen haben. Er glaube nicht, daß es im Interesse der Allianz liege, den Sowjets ein solches Manöver, gleichviel wo es passiere, noch einmal zu erlauben. Das Argument, Angola liege in Afrika und sei für die Allianz nicht bedeutend, verfehle den Kern der Frage. Man müsse sich überlegen, daß die Sowjets auch im Nahen Osten, selbst wenn man den Verlust ihrer ägyptischen Basis in Rechnung stelle, in diesem Teil der Welt, verglichen mit den 60er Jahren, einen massiven Nettogewinn erzielt hätten. Dasselbe könne in Afrika geschehen.

Man dürfe auch nicht argumentieren, daß die Allianz nur ihr Kerngebiet verteidigen und Entwicklungen in anderen Teilen der Welt ihren Lauf lassen solle. Wenn nämlich andere Teile der Welt unter sowjetischen Einfluß fielen, sei schließlich der Kern – Europa und Japan – auch nicht mehr zu halten.

Was nun die Beteiligung von Kommunisten an westeuropäischen Regierungen betreffe, so spiegele das, was hierzu von amerikanischer Seite gesagt worden sei, eine wohlüberlegte Auffassung wider.[7] Die USA glaubten, daß solche Vor-

---

6 Vgl. dazu die Ausführungen des Beraters im amerikanischen Außenministerium, Sonnenfeldt, im Dezember 1975 in London; Dok. 116, Anm. 10.

7 Am 16. Mai 1976 teilte Gesandter Hansen, Washington, mit, der amerikanische Außenminister Kissinger habe am Vortag zu einer möglichen Regierungsbeteiligung der KPI in Italien ausgeführt: „Er sei kein ‚Crusader', könne jedoch nicht umhin, seine schweren Besorgnisse erforderlichenfalls

gänge unvermeidliche Konsequenzen haben würden. Das sei keine Drohung und das bedinge auch nicht eine politische Entscheidung des Bündnisses. Die USA glaubten aber, ihren Verbündeten Auskunft darüber schuldig zu sein, was angesichts solcher Entwicklungen in der amerikanischen öffentlichen Meinung gesehen werde: „We mean, what we say." Dies sei kein Thema für den NATO-Rat und seine Erwägung sei auch nicht für die Presse bestimmt.

Zusammenfassend sei zu sagen, daß der Westen zwar mit einem ernsten militärischen Problem konfrontiert sei. Er sei aber in der Lage, dies zu bewältigen. Der Westen sei weiter damit konfrontiert, daß die Sowjetunion ihr großes Machtpotential zunehmend global einsetze. Auch dem könne der Westen begegnen durch die Politik, wie er sie vorher aufgezeigt habe. Die meisten Probleme des Westens lägen in der wirtschaftlichen und politischen Stabilität der Bündnisländer selbst. Aber auch hier sollten wir uns nicht entmutigen lassen; die sowjetische Wirtschaftskapazität habe sich nicht als so effektiv erwiesen, wie man befürchtet habe. So sei die sogenannte Entwicklungshilfe für die Dritte Welt unerheblich – dort könne sie nur militärisch in Krisengebieten eingreifen. Wirtschaftlich zählten für die Dritte Welt nur die Mitglieder des Bündnisses und Japan. Es bestehe deshalb auch kein Grund, warum wir den militärischen Wettbewerb mit den Sowjets nicht sollten durchstehen können. Um die psychologischen Voraussetzungen hierfür in der westlichen öffentlichen Meinung zu schaffen, sei es nach amerikanischer Auffassung wichtig, immer wieder zu unterstreichen, daß nicht wir das Hindernis auf dem Weg zu einem Ausgleich darstellen.

2) Der kanadische Außenminister MacEachen beschränkte seine Ausführungen auf Fragen der KSZE. Der Westen habe mit gewissen Vorbehalten der Helsinki-Konferenz[8] zugestimmt. Es habe sich nunmehr herausgestellt, daß in dem mehrjährigen Verhandlungsprozeß mehr für den Westen herausgekommen sei als man angenommen habe. Natürlich seien die KSZE-Ergebnisse in diesem frühen Zeitpunkt noch nicht voll befriedigend. Dies sei aber kein Grund, den multilateralen Weg zu verlassen. Es stelle sich die Frage, wie man die östliche KSZE-Verpflichtung weiter ausnutzen könne. Bilaterale Schritte, um auf Fortschritt zu drängen, seien nicht ausreichend. Dies müsse im multilateralen Rahmen geschehen. Den Rahmen dazu werde Belgrad[9] bieten. Man

---

Fortsetzung Fußnote von Seite 759

  zu artikulieren. Man müsse, ohne den Teufel an die Wand malen zu wollen, die Dinge realistisch sehen: Die Allianz werde eine qualitative Änderung erfahren, falls es zu einer Koalition mit der KPI kommen sollte. Berlinguer werde sich dann zwar zunächst anpassen und maßvoll verhalten und allen klugen Intellektuellen scheinbar recht geben, die eine Besserung der schwierigen Lage Italiens nur unter aktiver Mitarbeit der Kommunisten für möglich hielten. Nach einer gewissen Übergangszeit werde es jedoch ein böses Erwachen geben, da nun die Kommunisten plötzlich auch in Frankreich und Spanien regierungsfähig geworden seien. Kissinger sprach sich – wie er betonte, zunächst in der Form einer persönlichen Meinungsäußerung – dafür aus, dann den Kommunisten im Bündnis und in der Gemeinschaft das Leben schwer zu machen (‚to make life hard for them') und Italien z. B. aus bestimmten NATO-Gremien auszuschließen. [...] Selbstverständlich werde die Administration alles in ihrer Macht Stehende tun, um Truppenabzügen vorzubeugen, doch werde es nicht leicht sein, dem [Capitol] Hill zu verkaufen, daß die Allianz, die dazu bestimmt sei, Europa vor dem Kommunismus zu bewahren, nunmehr kommunistischen Regierungen zugute komme." Vgl. den Drahtbericht Nr. 1603; VS-Bd. 8666 (201); B 150, Aktenkopien 1976.

[8] Die KSZE-Schlußkonferenz fand vom 30. Juli bis 1. August 1975 in Helsinki statt.

[9] Zu der laut KSZE-Schlußakte vom 1. August 1975 vorgesehenen KSZE-Folgekonferenz 1977 in Belgrad vgl. Dok. 45, Anm. 20.

müsse den sowjetischen Vorstellungen, daß die Beziehungen zwischen den Staaten normal verlaufen, der internationale Klassenkampf aber daneben weitergeführt werden könne, entschieden widersprechen. Denn dies bedeute in der Praxis die Aufrechterhaltung der Breschnew-Doktrin und sowjetische Einmischungsmöglichkeiten in aller Welt, wie z. B. in Angola. Die Alliierten sollten dem französischen Staatspräsidenten folgen, der bei seinem Besuch in Moskau deutlich herausgestellt habe, daß im Zeichen der Entspannung die ideologische Auseinandersetzung auch in Grenzen gehalten werden müsse.[10]

Was das Wort Détente betreffe, so sei es abzulehnen, wenn es im Sinne der Sowjetunion interpretiert werde. Der Westen verbinde aber ein eigenes Konzept damit. Er sehe nicht ein, warum dieses Wort, das eine nützliche Funktion in der westlichen Öffentlichkeit erfülle, nun gestrichen werden solle.

3) Außenminister Genscher schloß sich der Feststellung Außenminister Kissingers an, daß die Allianz in der Lage sei, ihre Probleme zu meistern. Dies bedeute, daß der Westen selbst darüber entscheide, ob er seine Position wirkungsvoll vertreten kann. Er, Genscher, halte die Kissingersche Analyse der Ost-West-Beziehungen für richtig. Wesentlich sei die Entschlossenheit der Alliierten, und es wäre gut, wenn diese Entschlossenheit von dem Osloer Ministertreffen ausstrahlen würde. Dies sei wichtig für die eigene westliche Öffentlichkeit, aber auch für diejenigen, die es im Osten angeht. Das Vertrauen der eigenen Öffentlichkeit in die Handlungs- und Wirkungsfähigkeit des Bündnisses müsse gestärkt werden. Man solle Negatives nicht verschweigen, aber auch Positives hervorheben.

Positives sei z. B. im Mittelabschnitt geschehen: Die Aufstellung der Brigade 76[11], die Beschlüsse der kanadischen Regierung zur Ausrüstung ihrer Truppen in der Bundesrepublik[12] und der Plan der französischen Regierung zur Verstärkung ihrer konventionellen Streitkräfte[13]. Dabei würden wir allerdings unsere Augen vor den Problemen der Nord- und Südflanke nicht verschließen.

Außenminister Kissinger habe richtig bemerkt, wir müßten eine Politik auf zwei Schienen verfolgen: Die Verteidigungsanstrengungen durchhalten und gleichzeitig Entspannung suchen. Zu dieser Politik gebe es keine vertretbare

---

[10] Staatspräsident Giscard d'Estaing hielt sich vom 14. bis 18. Oktober 1975 in der UdSSR auf. Am 17. Oktober 1975 erklärte er vor der Presse in Moskau auf die Frage, ob er mit dem Generalsekretär des ZK der KPdSU, Breschnew, über eine ideologische Entspannung gesprochen habe: „Non, nous n'en avons pas parlé. Ce sujet a été traité [...] dans nos toasts au moment du dîner du Kremlin et je vous rapelle à cet égard qu'on a souligné une différence entre nos propos [...]. En effet, M. Brejnev a rappelé quelle est la doctrine soviétique à cet égard et cette doctrine est que les systèmes politiques, économiques et sociaux différents, qui sont les nôtres, conservent bien entendu leurs préférence idéologiques et conservent leur volonté d'assurer le développement des conceptions qui sont les leurs et nous avons nous-même naturellement cette même attitude. J'ai simplement ajouté une indication qui est que je pensais que dans cette émulation, dans cette compétition, il fallait aussi que pénètre l'esprit de détente. [...] Mais cela veut dire que dans la manière dont nous justifions, expliquons, à l'extérieur de nos frontières, je ne parle pas de l'intérieur de nos frontières, il faut aussi que vienne l'esprit de détente car la détente suppose la détente des esprits. J'ai donc indiqué que pour moi la compétition idéologique qui est naturelle est une compétition qui devait s'inspirer à son tour de l'esprit de détente." Vgl. LA POLITIQUE ETRANGÈRE 1975, II, S. 114.

[11] Zur beabsichtigten Verlegung einer amerikanischen Brigade nach Norddeutschland vgl. Dok. 104 und Dok. 150.

[12] Zur geplanten Modernisierung der kanadischen Streitkräfte vgl. Dok. 152, Anm. 4.

[13] Zur französischen Verteidigungspolitik vgl. Dok. 150, Anm. 28.

Alternative. Ein Rückfall in den Kalten Krieg würde z. B. die deutschen Probleme nur verschärfen. Was die Bundesrepublik Deutschland betreffe, so habe sie diese Politik kontinuierlich und realistisch fortgesetzt. Das zeige z. B. unsere Haltung zu den Ergebnissen von Helsinki und der Abschluß der Polen-Verträge[14].

Unser erstes Problem sei, daß das Vertrauen in die Entspannungspolitik nicht verlorengehe, auch wenn in den nächsten Monaten Erfolge der Entspannungspolitik nicht zu erwarten seien. Die Sowjetunion sei zur Zeit bemüht, die Ergebnisse der Entspannungspolitik im eigenen Sinne zu verfestigen, indem sie sich auf den Standpunkt stelle, daß die Entspannung in Europa praktisch vollendet sei. Beispiele dafür seien die restriktiven Auslegungen des Berlin-Abkommens[15] und die Reglementierung der KSZE-Schlußakte.

Unser zweites Problem sei, wie wir unserer Bevölkerung die Notwendigkeit militärischer Anstrengungen verständlich machen könnten. Wir müßten die Notwendigkeit herausstellen, darüber zu wachen, daß es im konventionellen Bereich zu keiner Verletzung des Gleichgewichts kommt. Dies könnten wir erreichen durch eigene Anstrengungen und durch die MBFR-Verhandlungen in Wien. Dort seien zur Zeit zwar keine Fortschritte festzustellen. Wir müssen trotzdem unser Konzept konsequent vertreten und es dem östlichen Schlagwort der militärischen Entspannung entgegensetzen, das bewußt auf dem Irrtum aufbaue, daß die politische Entspannung schon durchgeführt sei.

Der Westen stehe vor dem Problem, daß die Sowjetunion Rüstungsanstrengungen betreibe, die über die Notwendigkeit eigener Verteidigung hinausgehe, um militärische Macht zu erwerben, die sich in politische umsetzen lasse. Die Sowjetunion bedrohe heute stärker denn je die Nordflanke des Bündnisses und die Seewege zwischen den USA und Europa, sei weltweit auch maritim militärisch präsent und habe an der Südflanke im Mittelmeer ihre Stellung aufgebaut. Es sei klar, daß eine solche Entwicklung automatisch politische Auswirkungen habe, wie man am Beispiel Angola habe sehen können. Das Bündnis habe die Aufgabe, eine solche Entwicklung zu erkennen und darauf zu reagieren. Inwieweit werde nun dadurch die Entspannungspolitik beeinflußt? Dazu sei zu sagen, daß wir in den äußeren Rahmenbedingungen des Bündnisses die Entwicklungen in der Welt, vor allem auch in Nahost und in Afrika, nicht außer acht lassen können. Bei den inneren Rahmenbedingungen stelle sich die Frage, wie die notwendige wirtschaftliche und politische Stabilität gewährleistet werden kann. Die Bemühungen der Europäischen Gemeinschaft, durch Solidarität zur wirtschaftlichen und finanziellen Stabilität europäischer Länder beizutragen, stellten zugleich einen Beitrag zur Verbesserung der inneren Rahmenbedingungen des Bündnisses dar.

---

14 Für den Wortlaut der Abkommen vom 9. Oktober 1975 zwischen der Bundesrepublik und Polen über die Renten- und Unfallversicherung nebst der Vereinbarung hierzu sowie über die Gewährung eines Finanzkredits vgl. BUNDESGESETZBLATT 1976, Teil II, S. 396–400 bzw. S. 567.
Für den Wortlaut des Ausreiseprotokolls vgl. BULLETIN 1975, S. 1199.
15 Für den Wortlaut des Vier-Mächte-Abkommens über Berlin vom 3. September 1971 sowie des Schlußprotokolls vom 3. Juni 1972 vgl. UNTS, Bd. 880, S. 116–148. Für den deutschen Wortlaut vgl. BUNDESANZEIGER, Nr. 174 vom 15. September 1972, Beilage, S. 44–73.

Wir sollten entschlossen sein, die Demokratie zu erhalten, Spannungsherde dort abzubauen, wo sie abgebaut werden können, und gleichzeitig klarmachen, daß Entspannung in Europa durch Spannung in anderen Teilen der Welt belastet wird.

Er würde es begrüßen, wenn die Konferenz von Oslo der Öffentlichkeit als ein Impuls atlantischer Entschlossenheit erkennbar und zur Revitalisierung des Bündnisses politisch und militärisch beitragen würde.

II. Vertrauliche Sitzung der Minister am 20.5.1976 nachmittags

1) Außenminister Crosland berichtete ausführlich über die Eindrücke von seiner kürzlichen Reise in die VR China.[16] Trotz des gerade vollzogenen Regierungswechsels[17] sei das Leben äußerlich völlig normal gewesen, und die chinesischen Gesprächspartner hätten sich alle streng an die offizielle Linie der Regierungspolitik gehalten. Die inneren Wirren in China seien ausgelöst worden durch die Auseinandersetzungen über das Erziehungssystem und durch den Tod von Chou En-lai[18]. Es sei dann zu Demonstrationen und einzelnen Zwischenfällen gekommen wie einer Explosion vor der sowjetischen Botschaft[19]. Fraglos vollziehe sich unter der Oberfläche ein Machtkampf für die Zeit nach dem Tode Maos.

Der neue chinesische Premierminister[20] sei sehr geschickt und vollkommen Herr der Lage, im Gespräch erwiese er sich allerdings als äußerst langweilig und überhaupt nicht vertraut mit auswärtigen Angelegenheiten. Er habe wiederholt vor der wachsenden Gefahr eines neuen Weltkrieges gewarnt und auf die von der Sowjetunion ausgehende Bedrohung des Friedens hingewiesen. Ferner habe er seine Sorge über verschiedene Unsicherheitsfaktoren zum Aus-

---

[16] Der britische Außenminister Crosland hielt sich vom 3. bis 9. Mai 1976 in der Volksrepublik China auf. Botschafter Pauls, Peking, gab dazu am 12. Mai 1976 Informationen der britischen Botschaft wieder: „Crosland konnte ausführlich mit Ministerpräsident Hua Kuo-feng, Außenminister Chiao Kuan-hua und Außenhandelsminister Li Chiang sprechen [...]. Der international wenig bekannte Hua machte auf die Engländer den Eindruck eines außerordentlich schwer zu durchschauenden, vorsichtigen Funktionärs, der die Schärfe seines Verstandes hinter einer freundlichen und entspannten Maske verbarg. Hua sprach langsam, überlegt und verwendete teilweise wörtlich dasselbe Vokabular, das Außenminister Chiao am Vortag gebraucht hatte. Auf Zwischenfragen reagierte er ‚disconcerted‘. [...] Die seit längerer Zeit ständig wiederholten chinesischen Versicherungen, die Außenpolitik Pekings bleibe unverändert, wurden von Hua und Chiao indirekt relativiert. Beide ließen wissen, daß die Außenpolitik Pekings auf einer von Mao und dem ZK festgelegten Linie beruhe, die seit jeher beständig sei. So sei der Bruch mit Moskau Ende der 50er Jahre keinesfalls eine Neuorientierung der chinesischen Politik gewesen. Vielmehr habe sich damals die Sowjetunion verändert. Inzwischen sei ein Wechsel zurück jedoch ausgeschlossen, da der Widerspruch zwischen Peking und Moskau ‚fundamental‘ geworden sei." Vgl. den Drahtbericht Nr. 192; Referat 303, Bd. 103175.
[17] Zur inneren Lage der Volksrepublik Chinas vgl. Dok. 74 und Dok. 111, Anm. 13.
[18] Ministerpräsident Chou En-lai verstarb am 8. Januar 1976.
[19] Botschaftsrat Ahrens, Peking, teilte am 4. Mai 1976 mit: „Am Donnerstag, dem 29.4., ist gegen 14.00 Uhr an dem Eingangstor der sowjetischen Botschaft ein starker Sprengsatz explodiert. Dabei sind anscheinend drei Wachen der chinesischen Volksbefreiungsarmee und ein weiterer Chinese getötet worden. [...] Die chinesischen Medien berichteten über die Angelegenheit nicht. Diplomaten und Journalisten ist dagegen von chinesischer offizieller Seite auf Anfrage mitgeteilt worden, es habe sich um einen Akt von Konterrevolutionären oder Provokateuren gehandelt. [...] Hiesige Beobachter sind übereinstimmend der Auffassung, daß der Zwischenfall nicht als wesentliches Ereignis in den chinesisch-sowjetischen Beziehungen angesehen werden sollte. Sowohl Peking wie Moskau scheinen bemüht zu sein, die Sache herunterzuspielen." Vgl. den Schriftbericht Nr. 653; Referat 303, Bd. 103176.
[20] Hua Kuo-feng.

druck gebracht, so z.B. darüber, ob Großbritannien als volles Mitglied in der EG mitwirke, über die Haltung der USA gegenüber den Ländern Osteuropas (Sonnenfeldt-Doktrin) und über die möglichen Entwicklungen in Jugoslawien nach dem Tode Titos.

Crosland habe dem chinesischen Premier daraufhin versichert, daß Großbritannien die EG voll und ganz unterstütze (total commitment), und daß es falsch wäre, aus der inneren Entwicklung in den USA (Watergate[21] und Wahlkampf[22]) auf die Schwäche der USA oder der NATO zu schließen. Er (Crosland) habe den Eindruck gewonnen, daß der Antagonismus zwischen China und der Sowjetunion auf lange Sicht unheilbar sei. In diesem Zusammenhang erinnere er an einen Ausspruch Maos, der erklärt habe, daß dieser Gegensatz 10000 Jahre dauern würde, und auf einen Einwand habe er geantwortet, daß man davon höchstens 1000 Jahre abstreichen könne. Nach seiner (Croslands) Meinung werde jede Nachfolgeregierung in China im Verhältnis zur Sowjetunion bestenfalls einen Zustand der Détente erreichen.

Die chinesische Haltung zu Südostasien und Indochina sei von einem starken Mißtrauen gegenüber den Absichten der Sowjetunion geprägt. China neige offenbar zu einer Unterstützung der ASEAN-Länder.

Taiwan und Hongkong seien von seinen chinesischen Gesprächspartnern überhaupt nicht oder nur am Rande gestreift worden.

Insgesamt habe er den Eindruck gewonnen, daß die Fähigkeit der Chinesen zu operativen Schritten in der Außenpolitik äußerst gering sei. Dies wirke sich in allen Bereichen der Außenpolitik aus, darunter auch auf dem Gebiet der Entwicklungshilfe, wo die Chinesen nicht in der Lage seien, mit dem Westen oder auch der Sowjetunion zu konkurrieren. Er glaube, daß auch das chinesische Militär nur zu regionalen Aktionen in der Lage sei.

Zur Ost-West-Politik unerstützte Crosland die von Kissinger vorgetragene Analyse (mit einer einschränkenden Bemerkung zu Angola und dem italienischen Kommunismus[23], die er nicht näher ausführte).

---

[21] Am 17. Juni 1972 wurden fünf Personen bei einem Einbruch in Büroräume der Demokratischen Partei im Watergate-Hotel in Washington verhaftet. Bei den anschließenden Ermittlungen stellte sich heraus, daß sie Beziehungen zum Wahlkampfbüro des Präsidenten Nixon hatten. Am 27. Februar 1973 setzte der amerikanische Senat einen Untersuchungsausschuß ein, dessen Arbeit eine Verwicklung von Regierungskreisen in die „Watergate-Affäre" immer deutlicher werden ließ. Nachdem im Verlauf der Verhöre von Mitarbeitern Nixons bekanntgeworden war, daß dieser seit 1971 alle Gespräche in seinem Büro auf Tonband aufgezeichnet hatte, beantragte der Untersuchungsausschuß des Senats die Herausgabe der Tonbänder. Nixon verweigerte dies zunächst und kam schließlich der Aufforderung im Oktober 1973 nur unvollständig nach. Im Zuge dieser Auseinandersetzung wurde in der Öffentlichkeit und im Kongreß die Frage erörtert, ob ein Amtsenthebungsverfahren gegen Präsident Nixon eingeleitet werden sollte. Am 8. August 1974 gab Präsident Nixon schließlich seinen Rücktritt bekannt.

[22] Am 2. November 1976 fanden in den USA Präsidentschaftswahlen sowie Wahlen zum Repräsentantenhaus und Teilwahlen zum Senat statt.

[23] Ministerialdirektor Blech notierte am 22. April 1976 Überlegungen des britischen Außenministeriums zum Vorgehen im Falle einer kommunistischen Regierungsbeteiligung in Italien: „Eine kommunistische Regierungsbeteiligung würde ernste Probleme für die Allianz schaffen. Die Bindung Amerikas an Europa würde geschwächt; zwischen Amerikanern und Europäern können Spannungen über die Frage entstehen, wie man mit Italien umgehen solle. Nach britischer Auffassung ist Italien zu wertvoll, um kampflos aufgegeben zu werden. Offenbar befürchtet man auf britischer Seite, daß Kissinger Italien allzu schnell abzuschreiben bereit sein könnte; deshalb soll ihm die Notwendigkeit der vorherigen Konsultation konkreter Maßnahmen nahegebracht werden. Auch

Crosland schloß mit einer Unterstützung des Appells von BM Genscher, daß es die entscheidende Aufgabe dieser Sitzung sei, eine Botschaft der erneuerten Kraft und Entschiedenheit des Bündnisses zu formulieren.

2) Außenminister Sauvagnargues nahm einleitend zu der von Außenminister Kissinger dargelegten Analyse Stellung. Er betonte, daß sich die Lage der Allianz im Vergleich zu früher grundsätzlich nicht geändert habe: Das Bündnis habe eine regionale Aufgabe zu erfüllen und müsse sich dabei auch den Anforderungen der globalen Politik stellen. Man könne feststellen, daß in Europa eine relative Stabilisierung zu verzeichnen sei.

Die doppelte Aufgabe des Bündnisses bestehe unverändert darin, Entspannung und Verteidigung zu gewährleisten. Zu Détente gebe es keine Alternative, denn das Hauptziel der Allianz sei nicht, einen Krieg zu gewinnen, sondern einen Krieg zu verhindern.

Sauvagnargues forderte „eine Art von Containment durch Dialog" – dies sei die beste Methode, um zwischen West und Ost Vertrauen herzustellen. Allerdings sei dafür Gegenseitigkeit erforderlich. Es sei wichtig, gegenüber der Öffentlichkeit in den Ländern des Bündnisses beide Ziele zu betonen.

Sauvagnargues dankte BM Genscher für den Hinweis auf die verstärkten Verteidigungsanstrengungen Frankreichs. Es sei beabsichtigt, das Verteidigungsbudget in fünf Jahren auf 20% zu erhöhen. Frankreich werde – ohne der Integration anzugehören – volles Mitglied des Bündnisses bleiben.

Sauvagnargues erwähnte die Bedeutung Berlins für die Entspannung: Die Détente sei unteilbar. Ein verantwortungsloses Verhalten der Sowjetunion außerhalb Europas unterminiere das gegenseitige Vertrauen und damit die Voraussetzung für die Entspannung.

Auf die Schlußakte von Helsinki eingehend, hob Sauvagnargues die Bedeutung des 3. Korbes hervor. Die Freizügigkeit von Personen und Ideen sei im Text ausdrücklich festgelegt. Die Anwendung dieses Textes müsse in den bilateralen Beziehungen mit aller Entschiedenheit gefordert werden. In jedem Falle müsse die Entspannungspolitik realistisch betrieben werden.

Auf Afrika übergehend, erklärte Sauvagnargues, daß die Sowjetunion in afrikanischen Ländern nur durch Lieferung von Waffen helfen könne. Demgegenüber sei der Westen in der Lage, Wirtschaftshilfe zu gewähren, und dies sei ein entscheidender Faktor. Die politischen Probleme Afrikas müßten von den Afrikanern selbst gelöst werden. Er hoffe, daß es zu keiner neuen Intervention Kubas oder von anderer Seite in Afrika kommen werde. Sollte es dennoch eine neue Intervention geben, so sei dies kein Problem des Bündnisses, sondern ein Problem für diejenigen, die in der Lage seien, eine solche Intervention zu verhindern.

Zu MBFR bekräftigte Sauvagnargues die Haltung seiner Regierung, daß sie an den Verhandlungen in Wien nicht teilnehme. Er warnte davor, die Détente

Fortsetzung Fußnote von Seite 764
sollte er darauf hingewiesen werden, daß seine öffentlichen Äußerungen nicht unbedingt hilfreich wirken und insbesondere in Frankreich anti-amerikanische Reaktionen hervorrufen; in den öffentlichen Warnungen vor den Folgen einer kommunistischen Regierungsbeteiligung sollte nicht so sehr der Schaden für das westliche Bündnis als der Nachteil im Vordergrund stehen, den die Italiener selbst erleiden." Vgl. VS-Bd. 11594 (02); B 150, Aktenkopien 1976.

auch auf den militärischen Bereich auszudehnen, dies sei außerordentlich gefährlich.

Die Beziehungen zur Dritten Welt seien keine unmittelbare Angelegenheit der Allianz. Die Sowjetunion befinde sich im Nord-Süd-Dialog in einem unmöglichen Dilemma, da sie von der Dritten Welt als ein industrialisiertes, reiches Land betrachtet werde. Die Sowjetunion habe in Angola an Boden gewonnen, aber andererseits in Nahen Osten viel an Boden verloren.

Sauvagnargues schloß mit der Aufforderung an die Bündnispartner, die gemeinsamen demokratischen Grundwerte zu verteidigen und – wie Präsident Giscard in Moskau erklärt habe – den ideologischen Wettbewerb nicht zu scheuen.

3) Außenminister Rumor wies einleitend darauf hin, daß das Entspannungskonzept der Allianz auf das Jahr 1967 zurückgehe und seit dem Harmel-Bericht[24] ein konstruktiver Dialog mit dem Osten geführt werde. Der 25. Parteikongreß in Moskau habe die Entspannungspolitik Breschnews bestätigt. Allerdings sei die Durchführung der Schlußakte von Helsinki durch die Sowjetunion unbefriedigend. Hier zeigten sich die ideologischen Grenzen der Détente.

Rumor forderte die Bündnispartner auf, die Entspannungspolitik fortzusetzen und bei der Implementierung der Schlußakte von Helsinki auf die gleichwertige Anwendung der drei Körbe zu achten. Ferner sollten die Bemühungen um eine gleichgewichtige Truppenverminderung in Europa fortgesetzt werden.

Die Sowjetunion benutze die Unterstützung von Befreiungsbewegungen in der Dritten Welt als Mittel zur Ausdehnung ihrer Einflußzonen. Diese Entwicklung werde durch die maritime Aufrüstung der Sowjetunion unterstützt.

Es sei deshalb erforderlich, durch eine weitere Vervollkommnung der Konsultationen innerhalb des Bündnisses eine Harmonisierung der Entspannungspolitik der Bündnispartner zu erreichen.

Abschließend wies Rumor darauf hin, daß die Mitgliedschaft im Bündnis auf der Anerkennung der vollen Souveränität der Mitgliedsländer beruhe. Unter Hinweis auf die Bemerkungen Kissingers sei er deshalb der Meinung, daß die Frage der Entwicklung des Kommunismus in den Mitgliedsländern nicht Diskussionsgegenstand des Bündnisses sein könne.

Rumor schloß mit einer Bekräftigung von Freiheit und Demokratie als gemeinsame Grundwerte des Bündnisses. Er sprach ferner allen Mitgliedsländern und dem Bündnis den Dank Italiens für die geleistete Hilfe nach dem kürzlichen Erdbeben aus.[25]

---

24 Für den Wortlaut des „Berichts des Rats über die künftigen Aufgaben der Allianz" (Harmel-Bericht), der dem Kommuniqué über die NATO-Ministerratstagung am 13./14. Dezember 1967 in Brüssel beigefügt war, vgl. NATO FINAL COMMUNIQUÉS, S. 198–202. Für den deutschen Wortlaut vgl. EUROPA-ARCHIV 1968, D 75–77.

25 Am 6. Mai 1976 erschütterte ein schweres Erdbeben die norditalienische Region um die Stadt Udine. Referat 304 vermerkte am 18. Mai 1976, daß im Zuge der Rettungsarbeiten bislang 1000 Todesopfer festgestellt worden seien. Die Zahl der Obdachlosen betrage 100 000. Seit dem 13. Mai 1976 befinde sich ein Pionierbataillon der Bundeswehr mit 600 Mann und 150 Fahrzeugen im Katastrophengebiet im Einsatz. Vgl. Referat 201, Bd. 113500.
Am 10. Mai 1976 erklärte die NATO in einer Presseverlautbarung: „The acting Secretary General of NATO, P. Pansa Cedronio, [...] has today sent a message to the President of Italy expressing his deep sorrow at the loss of life caused by the earthquake in the Udine area of north-eastern Italy on

4) Außenminister Bitsios begann mit einer Analyse der Ost-West-Beziehungen und schloß sich dabei den von Kissinger vorgetragenen Ergebnissen an. Er wies darauf hin, daß die vom 25. Parteikongreß bestätigte Entspannungspolitik die Sowjetunion nicht hindere, einseitige Vorteile zu suchen. Dafür sei Angola ein gutes Beispiel. Zur Vorbereitung der Konferenz von Belgrad komme es darauf an, eine Bestandsaufnahme der Entspannungspolitik zu machen. Auf diese Weise werde es möglich sein, eine Klärung der sowjetischen Absichten herbeizuführen.

Bitsios würdigte sodann die multilaterale Zusammenarbeit der Balkanstaaten. Er hob hervor, daß Jugoslawien und Rumänien an der Konferenz von Athen[26] teilgenommen hätten, und daß die Türkei auf dieser Konferenz eine konstruktive Haltung eingenommen habe. Griechenland werde die Politik der Zusammenarbeit auf dem Balkan weiter verfolgen.

Jugoslawien betreibe eine Politik der Bündnislosigkeit und der Unabhängigkeit. Diese Politik werde auch nach dem Tode Titos fortgesetzt werden. Das Bündnis sollte gegenüber der Entwicklung in Jugoslawien eine klare, auch für die Sowjetunion erkennbare Position einnehmen; es sollte sich im Interesse des Friedens auf dem Balkan für die Erhaltung des Status quo einsetzen.

Bitsios machte sodann einige kurze Bemerkungen zu

– Albanien: dort habe sich die Lage nach inneren Wirren stabilisiert;

– in Ägypten habe sich eine für den Westen positive Entwicklung vollzogen; es liege im Interesse des Westens, Sadat auch weiterhin zu unterstützen;

– die Entwicklung im Libanon sei ein Beweis für die unsichere Lage im Nahen Osten.

Zu Zypern erklärte Bitsios, daß in den bilateralen Gesprächen leider keine Fortschritte zu verzeichnen seien. Er weise jedoch auf die Rede von Karamanlis hin, in der er sich für die Aufnahme von Gesprächen mit der Türkei eingesetzt habe.[27] Karamanlis habe eine Vereinbarung über die gegenseitige Information über die Bewaffnung beider Staaten und über Gewaltverzicht vorgeschlagen. Damit sei eine gute Grundlage für die Verständigung mit der Türkei geschaffen.

5) Außenminister van Elslande erklärte einleitend seine Übereinstimmung mit den Ausführungen Kissingers über die Ost-West-Beziehungen. Er wies darauf hin, daß in den Reden bei der Eröffnungszeremonie zugleich Abrüstungs- und verstärkte Verteidigungsanstrengungen gefordert worden seien. Dies sei, wie Kissinger zutreffend ausgeführt habe, nur ein scheinbarer Widerspruch.

Van Elslande warf sodann die Frage auf, ob es möglich sei, für die Rüstungsproduktion eine internationale oder eine regionale Höchstgrenze zu schaffen.

Fortsetzung Fußnote von Seite 766

the night of 6th May. He also assured the Italian President that appropriate NATO organs were already taking urgent steps in an effort to be helpful to the Italian people." Vgl. den Drahtbericht Nr. 627 des Botschafters Krapf, Brüssel (NATO), vom 12. Mai 1976; Referat 201, Bd. 113500.

[26] Zur Internationalen Konferenz der Balkan-Staaten vom 26. Januar bis 5. Februar 1976 in Athen vgl. Dok. 45, Anm. 26.

[27] Vgl. dazu die Rede des Ministerpräsidenten Karamanlis am 17. April 1976 in Athen; Dok. 110, Anm. 8.

Bei Nuklearwaffen sei es sinnlos, das vorhandene Arsenal noch zu vergrößern, anders sei die Lage möglicherweise bei konventionellen Waffen zu beurteilen.

Unter Hinweis auf die Notwendigkeit des Schutzes der Seewege um Afrika äußerte van Elslande Zweifel, ob eine Verminderung der Marinestreitkräfte möglich sei. Dagegen sollte weiter versucht werden, bei den Landstreitkräften ein Gleichgewicht herzustellen. Solange die in Wien angestrebte Truppenverminderung nicht erreicht sei und die andere Seite ihre Truppen erhöhe, müsse auch das Bündnis seine Verteidigungsanstrengungen verstärken. Unter Hinweis auf die Schlußakte von Helsinki betonte van Elslande, daß die ideologische Auseinandersetzung mit der Sowjetunion andauern werde, denn es gehe um die Alternative zwischen dem Konzept einer offenen und einer geschlossenen Gesellschaft. Es sei Aufgabe des Bündnisses, die Überlegenheit unserer demokratischen Gesellschaft unter Beweis zu stellen. An dieser Aufgabe sollten auch die Demokratien, die nicht dem Bündnis angehören, mitwirken.

Van Elslande forderte abschließend dazu auf, zur Vorbereitung der Konferenz von Belgrad für die Ministerkonferenz im Dezember[28] eine Bestandsaufnahme mit konkreten Punkten vorzubereiten.

6) Außenminister Ágústsson beschränkte seine Ausführungen auf den Fischereistreit mit Großbritannien.[29] Er erklärte, daß in den Fischereigewässern um Island eine gefährliche Lage eingetreten sei. Etwa 25 britische Fangschiffe würden von etwa 15 britischen Kriegsschiffen geschützt. Dies sei eine für Island unerträgliche Situation.

In der letzten Sitzungsperiode der Seerechtskonferenz[30] sei in dem revidierten „single negotiating text" der Grundsatz bestätigt worden, daß die Küstenländer in der 200-Meilen-Zone das Recht hätten, über Art und Umfang der Fischerei zu bestimmen. Dieser Grundsatz habe nunmehr die Unterstützung von allen Nationen gefunden. Island sei entschlossen, diesen Grundsatz anzuwenden.

Die isländische Fischereiflotte verfüge über die Kapazität, die gesamte zulässige Fangmenge selbst zu fischen. Darüber hinaus seien zusätzliche Maßnahmen zum Schutz des Fischbestandes nötig, die vom isländischen Parlament vorbereitet würden. Island habe bereits mit der Bundesrepublik Deutschland[31], Norwegen, Belgien und den Färöer Interimsabkommen über die Fischerei in der 200-Meilen-Zone abgeschlossen. Während sich diese Vertragspartner hauptsächlich für andere Fischarten interessierten, sei die britische Fischerei fast ausschließlich auf den Fang von Kabeljau ausgerichtet. Der Umfang dieser Fischerei überschreite den vorhandenen Fischbestand.

Solange sich britische Kriegsschiffe in der 200-Meilen-Zone befänden, werde es keine Lösung des Konflikts geben. Wenn die britischen Kriegsschiffe nicht zurückgezogen würden, werde es für die isländische Regierung und Bevölkerung

---

[28] Zur Tagung des NATO-Ministerrats am 9./10. Dezember 1976 in Brüssel vgl. Dok. 356.

[29] Zu den Auseinandersetzungen zwischen Großbritannien und Island wegen der Erweiterung der isländischen Fischereizone vgl. Dok. 38.

[30] Zur vierten Runde der Dritten UNO-Seerechtskonferenz vgl. Dok. 93.

[31] Die Vereinbarung zwischen der Bundesrepublik und Island über die Fischerei und die Erhaltung der lebenden Schätze in den Gewässern um Island wurde am 28. November 1975 durch Notenwechsel geschlossen und trat am gleichen Tag in Kraft. Für den Wortlaut vgl. BUNDESGESETZBLATT 1976, Teil II, S. 1853–1859.

sehr schwierig sein, weiterhin für die Mitgliedschaft Islands in der NATO und für die Beibehaltung des Stützpunktes Kevlavik einzutreten. Für Island gehe es in erster Linie darum, seine Existenzgrundlage zu verteidigen.

Das Bündnis müsse sich daher für eine Stellungnahme entscheiden. Es sei die Aufgabe des Bündnisses, nicht nur die Verteidigung nach außen zu gewährleisten, sondern auch nach innen Konflikte zu vermeiden. Die isländische Bevölkerung werde den gegenwärtigen Zustand nicht länger hinnehmen können.

Er hoffe, daß sich die Konferenz dafür einsetzen werde, daß die britischen Kriegsschiffe zurückgezogen werden.

Außenminister Crosland erklärte hierzu, daß beide Seiten während der Sitzung über die Grundlagen einer Lösung sprechen würden.[32]

7) Der türkische Außenminister Çaglayangil bemerkte, daß sich in der Beurteilung der Ost-West-Beziehungen nicht mehr die Frage der Opportunität der Entspannungspolitik stelle. Es handele sich da um einen schwer umkehrbaren Prozeß. Die Türkei sei daran interessiert, daß das gegenseitige Klima aufrechterhalten und die Gefahr von Konfrontationen vermindert werde. Sie habe ein besonderes Interesse an stabilen Verhältnissen und begrüße alle Entspannungsfortschritte.

Die Allianz müsse aber auch daran gehen, Ungewißheit und Zweideutigkeit der Entspannung nicht nur zwischen den Blöcken, sondern auch zwischen Bündnispartnern auszuräumen. Sein griechischer Partner habe auf die Äußerungen auf dem Parteikongreß der KPdSU hingewiesen, daß Entspannung mit der Fortdauer der ideologischen Auseinandersetzung und des internationalen Klassenkampfes vereinbar sei. Man müsse hier und dort Gefühlsexzesse und verbale Exzesse feststellen. Man müsse auch feststellen, daß das Wort Entspannung dahingehend mißverstanden werde, daß die Bedrohung des Bündnisses nicht mehr so groß und eine Verminderung der Solidarität unter Verbündeten erlaubt sei. Es habe sich ganz allgemein eine gewisse Unsicherheit über das Verhältnis der Alliierten zueinander entwickelt. Dies könne zu einer Situation führen, die gerade das Gegenteil von dem heraufbeschwöre, was wir unter Entspannungspolitik verstünden. Die Beziehungen West–West seien ebenso wichtig geworden wie die Beziehungen Ost–West.

Wenn wir die Entspannung bestehen wollten, dürften wir unsere Verteidigungsanstrengungen, die Solidarität der Verbündeten und ihren Zusammenhang nicht vernachlässigen.

Natürlich würden Konflikte unter Alliierten das Allianz-Klima beeinflussen. Was die griechisch-türkischen Probleme betreffe, so versuchten die Türken das Beste, um sie im Interesse beider Länder wie auch im Interesse der gesamten Allianz zu lösen. Wie der Generalsekretär schon gesagt habe, stellten diese bilateralen Konflikte jedoch nur einen Teil der inneren Herausforderung dar, der die Allianz gegenübersteht. Er, Çaglayangil, werde sich mit Außenminister Bitsios am Samstag treffen[33], um gemeinsam einen Weg für eine Verhand-

---

[32] Vgl. dazu das britisch-isländische Abkommen vom 1. Juni 1976 zur Beendigung des Fischereikonflikts; Dok. 211, Anm. 21.

[33] Zum Gespräch des griechischen Außenministers Bitsios mit seinem türkischen Amtskollegen Çaglayangil am 22. Mai 1976 in Oslo vgl. Dok. 147, Anm. 16.

lungslösung zu finden. Er sei bereit, alle notwendigen Anstrengungen zu unternehmen, um zu einem guten Einvernehmen zu gelangen.

8) Der portugiesische Außenminister Antunes bedankte sich bei den Verbündeten für das gegenüber Portugal gezeigte Verständnis und die Hilfe, die es erhalten habe. Die Portugiesen wollten in Zukunft einen aktiveren Beitrag zur Erreichung der Allianzziele leisten. Um dies zu unterstreichen und die Stellung der Alliierten zueinander zu umschreiben, zitierte der portugiesische Außenminister die Erklärung von Ottawa[34] und aus der Schlußakte von Helsinki.

9) Der norwegische Außenminister lobte die brillante Analyse von AM Kissinger zur Frage der Ost-West-Beziehungen, der er weitgehend zustimmte. Er fügte jedoch hinzu, daß der Westen nicht sicher sein könnte, wie das militärische Potential der SU in Zukunft ihre Außenpolitik beeinflussen werde. Er kam dann auf die norwegisch-sowjetischen Verhandlungen[35] zu sprechen und erklärte, daß seine Regierung die norwegische Zugehörigkeit zur Allianz als Voraussetzung und Grundlage für Verhandlungen mit der anderen Seite ansehe. Norwegen liege daran, normale Beziehungen mit der Sowjetunion zu haben, aber diese Beziehungen seien nicht ohne Probleme. Er erwähnte kurz die Abgrenzung des Kontinentalsockels, die Barentssee und die Wirtschaftszone. Für Norwegen sei es von vitalem Interesse, einen Konflikt zu vermeiden. Er begrüßte das alliierte Interesse an der Entwicklung im hohen Norden und den Gedankenaustausch. Er kam dann auf AM Kissingers Äußerung zum Thema Teilnahme von Kommunisten an Regierungen zu sprechen und erklärte, daß die Bündnispartner die Ergebnisse des demokratischen Prozesses akzeptieren müßten. Unter Hinweis auf den Bericht des Generalsekretärs meinte er, daß dieser recht pessimistisch klinge. Es sei nicht richtig, immer nur unsere Probleme und andererseits die Stärke der Sowjetunion zu betonen, ohne die Probleme der Sowjetunion zu erwähnen, etwa die von AM Sauvagnargues erwähnte Entwicklung in Ägypten und die von AM Crosland dargestellte China-Problematik.

Er stimmte dem Bundesminister dahingehend zu, daß diese Begegnung dazu beitragen müsse, die Allianz zu stärken. Es gäbe in der Tat einige positive Anzeichen für Lösungsansätze innerhalb der Allianz.

10) Der dänische Außenminister würdigte Kissingers Analyse über den Stand der Ost-West-Beziehungen, sprach sich jedoch dafür aus, das Konzept der Détente beizubehalten, da sonst der Eindruck der völligen Änderung der westlichen Politik entstehen könne. Im übrigen gehe auch die dänische Regierung davon aus, daß militärische Stärke die Voraussetzung jeder Entspannungspolitik sei.

Zu KSZE:

In den nächsten Monaten müßten die Allianzpartner beginnen, sich auf Belgrad vorzubereiten. Die Implementierungsverpflichtungen gelten für alle. Es sei nicht gut, Belgrad in polemischer Weise ins Auge zu fassen. Die größte Im-

34 Für den Wortlaut des Kommuniqués der NATO-Ministerratstagung am 18./19. Juni 1974 in Ottawa vgl. NATO FINAL COMMUNIQUES, S. 318–321. Für den deutschen Wortlaut vgl. EUROPA-ARCHIV 1974, D 339–341.
35 Zu den Verhandlungen zwischen Norwegen und der UdSSR über die Abgrenzung des Festlandsockels in der Barentssee vgl. Dok. 77, Anm. 11.

plementierungslast sei auf östlicher Seite, jedoch auch die westlichen Staaten müßten durch konkrete Schritte ihren guten Willen zeigen.

Der Westen habe bisher noch keine konkreten Ideen für Belgrad entwickelt. Welchen Inhalt, welche Taktik solle man vorsehen? Wie könne man das Treffen in der Hand behalten?

Die Sowjets zeigten sich bereits beunruhigt. Sie fürchten wohl, in Belgrad auf der Anklagebank zu sitzen. Auch deshalb sprächen sie sich für ein möglichst kurzes Treffen aus.

Der Westen solle eine Konfrontation vermeiden, aber eine Bestandsaufnahme müsse doch stattfinden. Sicherlich wäre es nicht gut, einfach die vollzogenen Maßnahmen aufzuzählen, denn dadurch könne auch der Westen in die Defensive gedrängt werden.

Wir sollten zögern, zu viele neue Vorschläge zu machen. Im Grunde genüge es, für die nächsten Jahre die Schlußakte voll zu implementieren.

Der Außenminister erinnerte daran, daß der Westen von der Zusammenarbeit mit den Neutralen Nutzen gezogen habe und diese Abstimmung in der Vorbereitung von Belgrad fortführen solle.

WP-Aktivitäten in der Ostsee

Der dänische Außenminister kam dann auf die militärischen Aktivitäten des Ostblocks in der Ostsee zu sprechen, die seiner Meinung nach weit über die Verteidigungsnotwendigkeiten hinausgingen; unter anderem Übungen von Landungsbooten in der Nähe von Seeland, amphibische Übungen in der Nähe von Rügen. Ferner tägliche Flugübungen unfern von Bornholm, nur wenige Flugminuten von Dänemark entfernt. Insgesamt habe sich die östliche Aktivität stark in die westliche Ostsee verschoben. Es gebe zwar keine Verletzungen der dänischen Souveränität und es liege seiner Regierung nicht daran, die Atmosphäre des Kalten Krieges wiederzuerwecken, aber es sei notwendig, mit der anderen Seite offen über diese Tatsachen zu sprechen, die in der dänischen Öffentlichkeit Beunruhigung heraufgerufen haben. Er habe dies auch vor kurzem dem polnischen Außenminister deutlich gemacht.[36]

Dänisches Verteidigungsbudget

Außenminister Andersen kam dann auf Meldungen zu sprechen, denen zufolge Dänemark ein neues Verteidigungsbudget plane, und betonte, daß das gegen-

---

36 Der polnische Außenminister Olszowski hielt sich vom 9. bis 12. Februar 1976 in Dänemark auf. Botschafter Ahrens, Kopenhagen, berichtete am 12. Februar 1976: „Hiesige Presse hatte bereits vor Besuch in großer Aufmachung über Übungsaktivitäten von Streitkräften Warschauer Paktes in Grenznähe berichtet. [...] Polnischer Außenminister hatte vor Antritt Dänemarkbesuches in Interview mit Nachrichtenagentur Ritzau Befürchtungen als übertrieben bezeichnet und erklärt, Übungen hielten sich im Rahmen angemessener Sicherheitsbedürfnisse Warschauer-Pakt-Länder. Auf Pressekonferenz in Kopenhagen versuchte Olszowski, dänische Kritik an wachsender Übungsaktivität Warschauer Paktstaaten mit Bemerkung zurückzuweisen, daß die NATO große Manöver abgehalten habe, während Warschauer Paktstaaten sich seit Helsinki-Konferenz auf begrenzte Routineübungen beschränkten. Auf gleicher Pressekonferenz kam es zu Intermezzo: Als Olszowski nach militärischer Aktivität gefragt wurde, sprang anwesender P[olska]A[gencja]P[rasowa]-Vertreter auf, um dänischen Kollegen klarzumachen, Streitkräfte Warschauer Pakt operierten nicht im Vakuum, sondern reagierten auf NATO-Aktivitäten. Außenminister ergänzte, er hoffe, diese Tatsache werde allmählich in Bewußtsein dänischer Öffentlichkeit einsickern." Vgl. den Drahtbericht Nr. 50; Referat 214, Bd. 116639.

wärtige Verteidigungsprogramm, das bis 1977 laufe, eine breite politische Unterstützung genieße.[37] Dänemark halte weiterhin an der automatischen Anpassung des Verteidigungsbudgets an die Inflation fest. Schon jetzt habe man im Parlament informelle Kontakte aufgenommen für einen auf sechs Jahre vorgesehenen neuen Verteidigungsplan. Die Bündnispartner könnten sicher sein, daß Dänemark darüber rechtzeitig konsultieren werde.

Volksrepublik China

Der Außenminister kam dann auf den China-Bericht von AM Crosland zu sprechen und stellte die Frage, welche Wirkung eine weitere Annäherung Chinas an den Westen bei der Sowjetunion haben werde. Er warnte davor, als Allianz in dem sino-sowjetischen Konflikt Partei zu nehmen.

Er sprach sich ferner für eine baldige Lösung des isländisch-britischen Fischereikonflikts aus.

11) Außenminister Kissinger ergriff erneut das Wort und legte die amerikanische Haltung zur Entwicklung in Afrika dar.

Der amerikanische Außenminister erklärte, daß die kubanische Intervention in Angola nicht nur auf Afrika, sondern auf die westliche Hemisphäre Auswirkungen habe. Falls Kuba, ohne auf amerikanischen Widerstand zu stoßen, eine globale Herausforderung an die USA erreiche, dann müßte dies notwendigerweise den lateinamerikanischen Politikern zu denken geben. Auch in Afrika dürfe man sich nicht allein an die öffentlichen Erklärungen der afrikanischen Staatsmänner halten. Er habe bei seiner kürzlichen Afrika-Reise[38] viele von ihnen sehr besorgt gesehen. Es sei ein Irrtum zu glauben, daß die kubanischen Aktivitäten nur von geringer Bedeutung seien, etwa weil sie nicht im geographischen Bereich der Allianz stattfinden.

Das Problem nach Angola zeige sich darin, daß gemäßigte Staaten ihr Vertrauen verloren hätten, daß der Westen sie in einer ähnlichen Situation beschützen könne. Ein weiteres Ergebnis der Ereignisse in Angola sei die Beschleunigung der Krise im südlichen Afrika und die Tatsache, daß gemäßigte Staaten zu einer radikaleren Haltung veranlaßt wurden, nur um sich dem allgemeinen Trend anzupassen. Er glaube, daß weitere kubanische Abenteuer oder die an-

---

[37] Referat 201 führte am 9. Juni 1976 zum dänischen Verteidigungsbeitrag aus: „1) Der Anteil des dänischen Verteidigungsbeitrags am Bruttosozialprodukt liegt mit 2,4 % (1974) am unteren Ende der Bündnispartner (Durchschnitt NATO-Europa: 3,7 %). Dänemark war 1973 – noch vor der Erdölkrise – ‚Vorreiter‘ einiger Bündnispartner, die in den Verteidigungsanstrengungen nachließen. Die Wehrdienstzeit wurde auf neun Monate gesenkt, der Personalumfang der Streitkräfte reduziert (derzeit Friedensstärke 34 000 Mann). Daneben aber auch Modernisierung, insbesondere der Flotte. Dänemark will 1976 bis 1980 120 Kampfpanzer ‚Leopard‘ beschaffen. 2) Die dänische Wehrreform von 1973 beruhte auf einem Übereinkommen (‚Kompromiß‘) der vier großen dänischen Parteien, das eine Inflationssicherungsklausel enthielt, so daß der Verteidigungshaushalt wie vorgesehen während der letzten drei Jahre real um je 3,5 %, 2 %, 2 % anstieg. Es läuft im Frühjahr 1977 aus. Die derzeitigen Verhandlungen (zwischen nunmehr sechs Parteien) gestalten sich schwieriger als erwartet. Der Regierungsvorschlag (Sozialdemokraten) operiert mit einem Sechs-Jahres-Vergleich und Einsparungen in den ersten drei Jahren sowie Erhöhungen der Ausgaben in den letzten drei Jahren, während die Opposition unter Führung des ehemaligen Ministerpräsidenten Poul Hartling (rechtsliberal) sich für einen Acht-Jahres-Vergleich ohne Einsparungen einsetzt." Vgl. Referat 201, Bd. 113490.

[38] Der amerikanische Außenminister Kissinger besuchte vom 24. April bis 2. Mai 1976 Kenia, Tansania, Sambia, Zaire, Liberia und den Senegal. Im Anschluß hielt er sich vom 3. bis 7. Mai 1976 anläßlich der Eröffnung der IV. UNCTAD-Konferenz in Nairobi auf.

derer „Stellvertreter" eine große Gefahr bedeuteten, da sie dazu führen können, daß das ganze südliche Afrika von Radikalen beherrscht werde.

Andererseits sei es ganz klar, daß der Westen nicht die verteidigen könne, die
von ganz Afrika abgelehnt würden.

Angesichts dieser Problematik habe die amerikanische Administration versucht, eine Plattform zu entwickeln, um einerseits Widerstand gegen von außen kommende Einmischung zu leisten, aber andererseits deutlich zu machen,
daß der Westen einschließlich der USA aktiv darum bemüht sei, eine vernünftige Lösung in Afrika zu ermutigen, um auf diese Weise den gemäßigten Kräften, die die Zusammenarbeit mit dem Westen wünschen, Hoffnung zu geben.
Er stimmte AM Sauvagnargues zu, daß die afrikanischen Probleme durch die
Afrikaner gelöst werden müßten. Er skizzierte dann die amerikanischen Vorschläge:

1) die Unterstützung einer evolutiven Politik;

2) gemäß seinem Vorschlag in Lusaka[39] gelte es, Südafrika eine Chance zu geben, sich als afrikanischer Staat zu zeigen, der seine inneren Probleme selber
löse;

3) ein Hilfsprogramm für die Sahel-Staaten, auch um zu erreichen, daß nicht
jede Diskussion mit Afrikanern sich auf das Südafrika-Problem beschränke.

AM Kissinger legte dann besonderen Wert darauf zu zeigen, daß die USA –
anders als es im Mittleren Osten zeitweise den Anschein haben könnte – nicht
die Absicht haben, in Afrika eine bestimmende Rolle zu spielen. Die USA begrüßten eine bedeutungsvolle europäische Beteiligung in Afrika, vor allem der
Staaten, die dort in der Vergangenheit bereits eine Rolle gespielt haben wie
England, Frankreich, Belgien und, wo angebracht, auch Portugal. AM Kissinger begrüßte dann die Initiative des französischen Präsidenten[40] (es sei un-
wichtig, ob die USA nun jedem Detail dieser Initiative zustimmten oder nicht),
wichtig sei es, den Afrikanern eine Perspektive zu zeigen. Es sei der Eindruck
seiner Afrika-Reise gewesen, daß der Westen noch die Möglichkeit habe, den
sowjetischen Einfluß, wenn nicht zu stoppen, so doch zumindest zu begrenzen.
Er begrüßte ferner die Erklärung von Premierminister Callaghan betreffend
Afrika[41], stimmte den Vorschlägen der Bundesrepublik Deutschland zu und erwähnte die historischen Interessen Belgiens in Zaire. In diesem Zusammenhang berichtete er über die Sorgen der Führung Zaires, über das gewaltige mi-

---

39 Der amerikanische Außenminister Kissinger erklärte am 27. April 1976 in Lusaka zur Rassentrennung in Südafrika: „No one, including the leaders of black Africa, challenges the right of the white
South Africans to live in their country. They are not colonialists; historically, they are an African
people. But white South Africans must recognize as well that the world will continue to insist that
the institutionalized separation of the races must end. [...] A peaceful end to institutionalized inequality is in the interest of all South Africans. The United States will continue to encourage and
work for peaceful change. Our policy towards South Africa is based upon the premise that within a
reasonable time we shall see a clear evolution toward equality of opportunity and basic human
rights for all South Africans. [...] In the immediate future, the Republic of South Africa can show its
dedication to Africa – and its potential contribution to Africa – by using its influence in Salisbury to
promote a rapid negotiated settlement for majority rule in Rhodesia. This, we are sure, would be
viewed positively by the community of nations as well as by the rest of Africa." Vgl. DEPARTMENT OF
STATE BULLETIN, Band 74 (1976) S. 676 f.
40 Zum Vorschlag der Schaffung eines Entwicklungsfonds für Afrika vgl. Dok. 150, Anm. 4.
41 Zur Erklärung des britischen Außenministers Callaghan vom 22. März 1976 vgl. Dok. 128, Anm. 10.

litärische Potential in Angola, welches stärker sei als die entsprechenden Streitkräfte des übrigen Afrika (?). Er glaube, es sei im Interesse des Westens, daß ein Programm für ganz Afrika entwickelt werde. Dies sei keine Aufgabe für die NATO als solche, da nicht der Eindruck entstehen dürfe, als solle ein solches Programm im Rahmen des Ost-West-Konfliktes entwickelt werden.

12) Der luxemburgische Außenminister[42] würdigte die Ost-West-Analyse von AM Kissinger positiv, äußerte sich jedoch kritisch zu der amerikanischen Vermutung, daß das angolanische Abenteuer ohne Breschnews Erkrankung nicht zustandegekommen wäre, da er sonst seinen mäßigenden Einfluß hätte ausüben können. Falls diese Annahme stimme, müsse die Allianz der Frage nachgehen, ob man auch in anderen Fällen mit Überraschungen durch Entscheidungen anderer „Stellen" in der Sowjetunion rechnen müsse.

Zu KSZE

Er sprach die Befürchtung aus, daß der Westen wieder der Sowjetunion, wie schon bei der Vorbereitung von Helsinki, die Initiative überlassen könne, so daß wir immer nur gezwungen wären, auf sowjetische Aktionen zu reagieren. Der Westen sollte keine Scheu haben, seine positive Leistungsbilanz zu zeigen. Zu Afrika erklärte er, daß dieses Problem nicht im Allianz-Bereich gelöst werden könne. Auch er bedaure, daß durch Angola bei den afrikanischen Politikern Zweifel an der westlichen Klarsichtigkeit und an unserer Fähigkeit zu reagieren entstanden sei. Doch sei es wichtiger, sich darüber klar zu werden, daß das Spiel um die Dritte Welt letztlich im wirtschaftlichen Bereich entschieden werde. Nur die westlichen Staaten und Japan seien wirklich in der Lage, der Dritten Welt zu helfen. Das zeige sich auch jetzt bei der UNCTAD in Nairobi.[43] Es sei notwendig, daß der Westen eine gemeinsame Politik entwickele, sich bereit erkläre, mehr Hilfe zu leisten, anstatt wie bisher in manchen Teilen der Dritten Welt in Verfolgung nationaler Interessen gegeneinander zu rivalisieren.

Europa und die USA müßten sich konzertieren, um in Zukunft den Ereignissen vorzugreifen, anstatt ihnen nachhinkende Programme zu entwickeln.

13) Der belgische Außenminister van Elslande betonte, daß nach seiner Auffassung die Afrikaner weder irgendeinem Block noch irgendeiner Einflußzone angehören wollten. Die Dritte Welt wende sich an den Wesen, um aus ihrem gegenwärtigen unbefriedigenden wirtschaftlichen Zustand herauszukommen. Diese Chance müsse wahrgenommen werden. Dabei sollten die besonderen traditionellen Bemühungen zwischen Europa und den Afrikanern nutzbar gemacht werden. Er bedaure mit seinem Kollegen Thorn, daß es uns bisher nicht gelungen sei, gemeinsame Thesen gegenüber der Dritten Welt und den Afrikanern zu vertreten.

Was die aktuellen politischen Probleme Afrikas betreffe, so stimme er anderen Rednern zu, die die Vorrangigkeit einer Lösung des Rhodesien- und Namibia-Problems einerseits und einer Evolution in Südafrika andererseits unterstrichen hätten. Er sei allerdings nicht sehr glücklich, daß in dieser Hinsicht individuelle Schritte von einzelnen Staaten unternommen würden. Die Proble-

---

[42] Gaston Thorn.
[43] Zur IV. UNCTAD-Konferenz vom 5. bis 31. Mai 1976 vgl. Dok. 173.

matik sollte viel eher z. B. zwischen der Europäischen Gemeinschaft und der OAU verhandelt werden.

14) Der dänische Außenminister hielt es für unbestreitbar, daß sich die Sowjetunion seit geraumer Zeit um Ausdehnung ihres Einflusses in Afrika bemühe. Man dürfe jedoch nicht übersehen, daß bisher kein einziger afrikanischer Staat unter kommunistische Herrschaft geraten sei. Die neuen Staaten wollten sich nicht den Sowjets unterwerfen, sondern nur ihre Unabhängigkeit bewahren. Wenn sie Militärhilfe ohne Rücksicht auf ihre Herkunft annähmen, sei das von ihrem Standpunkt aus nur vernünftig. Präsident Nyerere habe kürzlich in Kopenhagen betont, daß die Afrikaner am Ost-West-Gegensatz absolut desinteressiert seien.[44] Es gebe auch keinen Grund, eine permanente Präsenz Kubas in Afrika zu befürchten, vielmehr begännen die Kubaner bereits sich zurückzuziehen.[45]

Wenn somit auch die Chancen für die Sowjetunion nicht günstig seien, stünde der Westen doch vor der dringenden Notwendigkeit, seine Haltung zu Afrika zu überdenken. Aus Angola könne nur der Schluß gezogen werden, daß wir die Entwicklung in Afrika nicht länger unter Ost-West-Aspekten sehen dürften, sondern unter dem Gesichtspunkt der Befreiung von den Resten des Kolonialismus. Wenn keine Lösung für Rhodesien gefunden werde, hätten wir als nächstes das Problem Namibia und früher oder später die Transkei[46], wo Südafrika mit seiner Bantustan-Politik neue Gefahren heraufbeschwöre.

Andersen schloß mit der Aufforderung, zu allen neuen afrikanischen Staaten ausgewogene Beziehungen zu unterhalten und damit zu ihrer Unabhängigkeit beizutragen.

III. Vertrauliche Sitzung am 21. Mai vormittags

1) Außenminister Rumor äußerte sich kurz zur Lage im Mittelmeer. Die Entwicklung dort sei für Italien von großer Bedeutung. Die Lage sei von Ungewißheit und Unstabilität gekennzeichnet, und im Nahen Osten habe sich die Situation seit Abschluß des zweiten Abkommens zwischen Israel und Ägypten[47] wieder verschlechtert. Dabei spiele Palästina eine ausschlaggebende Rolle. Sa-

[44] Präsident Nyerere hielt sich vom 6. bis 9. Mai 1976 in Dänemark auf. Botschafter Ahrens, Kopenhagen, teilte dazu am 20. Mai 1976 mit: „Präsident Nyerere unterrichtete seine Gastgeber eingehend über die Haltung Tansanias zur Entwicklung im südlichen Afrika. Er bekannte sich – auch gegenüber der Presse – zur tansanischen Unterstützung von Freiheitskämpfern in Rhodesien, wobei er auch militärische Mittel nicht ausschloß. [...] Der Einfluß kommunistischer Staaten in Afrika ist ausführlich besprochen worden. Nyerere erklärte, daß die Annahme des kubanischen Hilfsangebotes durch die MPLA nur aufgrund der Intervention Südafrikas erfolgt sei. Die angolanische Regierung sei jedoch an einem weiteren Verbleiben der Kubaner nicht interessiert. Nyerere hat sich dezidiert gegen die Vorstellung ausgesprochen, die afrikanischen Staaten würden durch die Annahme der Hilfe von Seiten der kommunistischen Staaten in deren Abhängigkeit geraten. Als Beispiele erwähnte er, daß Mozambique zwar in seinem Unabhängigkeitskampf von China unterstützt worden sei, es bestünden jetzt aber erhebliche Differenzen zwischen diesen beiden Ländern, und auch seine Regierung habe im Gegensatz zu China nicht die FNLA, sondern die MPLA unterstützt. Auch die chinesische Unterstützung beim Aufbau der tansanischen Streitkräfte habe nicht zur politischen Einflußnahme in Tansania geführt." Vgl. den Schriftbericht Nr. 387; Referat 312, Bd. 108228.
[45] Zur Ankündigung eines kubanischen Truppenabzugs aus Angola vgl. Dok. 127, Anm. 8.
[46] Zur Absicht der südafrikanischen Regierung, die Transkei in die Unabhängigkeit zu entlassen, vgl. Dok. 115, Anm. 13.
[47] Zum ägyptisch-israelischen Abkommen vom 4. September 1975 über Truppenentflechtung (Sinai-Abkommen) vgl. Dok. 13, Anm. 8.

dat habe sich bei seinem letzten Besuch in Italien[48] über die Aussichten für die Wiedereinberufung der Genfer Konferenz[49] geäußert. Die politische Debatte darüber gehe auch innerhalb des arabischen Lagers weiter. Nach seiner Auffassung sei die strikte Einhaltung der Sicherheitsrats-Resolution die beste Voraussetzung für die Erhaltung des Friedens im Nahen Osten.

Die Lage sei durch die Entwicklung im Libanon und durch eine verstärkte sowjetische Präsenz im östlichen Mittelmeer weiter destabilisiert worden. Es sei wichtig, daß es in dieser Region nicht zu einer Verschiebung des Gleichgewichts komme. Daher sei die Fortdauer der amerikanischen Präsenz von größter Wichtigkeit.

In Malta werde durch den vorgesehenen Rückzug der westlichen Präsenz im Jahre 1979[50] für die Verteidigung des Mittelmeeres eine Lücke entstehen. Die italienische Regierung hoffe, daß die Verbündeten für diese Situation eine angemessene Lösung fänden.

Abschließend betonte Rumor, daß das Prinzip der Entspannung und der Herstellung eines militärischen Gleichgewichts auch für die Region des Mittelmeeres gelten müsse.

Außenminister Frydenlund machte einige Bemerkungen zu Afrika. Er stimmte Kissinger zu, daß eine Lösung der Probleme durch die Afrikaner selbst gefunden werden müsse. Dagegen glaube er, daß es falsch sei, die afrikanischen Befreiungsbewegungen als kommunistisch oder nicht-kommunistisch zu bezeichnen. Es treffe zwar zu, daß diese Organisationen Verbindungen zur Sowjetunion oder China unterhielten. Dies hänge damit zusammen, daß die Befreiungsbewegungen Waffen benötigten und von jedem annehmen, der sie ihnen biete. Diese Tatsache rechtfertige daher nicht die Bezeichnung als „kommunistisch" oder „nicht-kommunistisch", die Befreiungsbewegungen sollten besser als „nationalistisch" bezeichnet werden.

Frydenlund sprach sein Bedauern darüber aus, daß einige Verbündete Südafrika militärisch unterstützten und forderte dazu auf, jegliche Unterstützung Südafrikas einzustellen.

In Angola sei durch die kubanische Intervention ein Element der globalen Ost-West-Auseinandersetzung nach Afrika getragen worden. Es sei entscheidend, zukünftig bei der Lösung afrikanischer Probleme jegliches Eingreifen von außen zu vermeiden.

3) Außenminister MacEachen erklärte, daß Vorwürfe, denen zufolge die NATO mit Südafrika zusammenarbeite, unbegründet seien. Unsere Politik sollte nicht

---

[48] Präsident Sadat hielt sich vom 5. bis 8. April 1976 in Italien auf.

[49] Zur Friedenskonferenz für den Nahen Osten in Genf vgl. Dok. 22, Anm. 7.

[50] Botschafter Steinbach, Valletta, berichtete am 2. Februar 1976, der Staatssekretär im britischen Verteidigungsministerium, Mason, habe am 4. Januar 1976 anläßlich seines Besuchs auf Malta zum Auslaufen des britisch-maltesischen Abkommens vom 26. März 1972 über die Benutzung von Militärstützpunkten erklärt, „daß aufgrund der gegenwärtigen britischen Politik 1979 das britische Militärengagement auf Malta enden würde. Er räumte zwar ein, daß einer der NATO-Partner oder die Allianz als Gemeinschaft eine abweichende Auffassung hierzu haben könnte, aber das sei eine die britische Position nicht primär berührende sekundäre Frage. GB werde sicherlich auch nach 1979 eine Rolle im Mittelmeer spielen, es sei jedoch zur Durchführung der selbstgestellten Aufgaben in der Lage, diese ohne einen Stützpunkt auf Malta zu erfüllen." Vgl. den Schriftbericht; Referat 203, Bd. 110266.

gegen die Mehrheiten der Bevölkerung in der Region gerichtet sein. Jegliche Unterstützung von weißen Minderheiten-Regimen werde Rückwirkungen in der Dritten Welt nach sich ziehen. Deshalb sollte insbesondere Südafrika keinerlei militärische oder sonstige Unterstützung erhalten. MacEachen forderte den NATO-Generalsekretär auf, eine entsprechende Politik der NATO sicherzustellen. Die Regierungen der Mitgliedsländer des Bündnisses sollten in dieser Frage auch innerhalb der Vereinten Nationen enge Konsultationen führen. Er gebe zu erwägen, ob sich nicht die NATO in einer öffentlichen Erklärung gegen die rassistische Politik der weißen Minderheiten-Regime im südlichen Afrika aussprechen sollte.

Die gegenwärtige UNCTAD-Konferenz in Nairobi gebe den Verbündeten Gelegenheit, Fortschritte in der Entwicklungspolitik gegenüber der Dritten Welt zu erreichen. Als Mitvorsitzender der KIWZ hoffe er, daß sich die Ergebnisse von Nairobi fruchtbar auf die Mitte Juli in Paris beginnende Konferenz auswirken würden. Er sei beeindruckt von der Anteilnahme der Verbündeten an den Problemen der Dritten Welt, es sei jedoch erforderlich, diese Politik mit mehr Substanz zu erfüllen.

MacEachen teilte sodann mit, daß Kanada seine nukleare Zusammenarbeit mit Indien eingestellt habe. Seit der indischen Kernexplosion[51] habe seine Regierung mit Indien über Reaktorsicherheitsbestimmungen verhandelt. Indien sei jedoch nur bereit gewesen, die erforderlichen Safeguards für einen Reaktor, nicht dagegen auch für die übrigen Reaktoren zu akzeptieren. Kanada habe einem Abkommen auf einer derart beschränkten Basis nicht zugestimmt und deshalb die gesamte nukleare Zusammenarbeit eingestellt.

Mit dieser Entscheidung sei ein allgemeines Problem aufgeworfen: Kanada sei entschlossen, mit keinem Land nuklear zusammenzuarbeiten, das Kernexplosionen auslöse, und zwar auch dann nicht, wenn das spaltbare Material aus anderen Quellen stamme. Dieses Problem könne nur durch die allgemeine Anwendung von Safeguards gelöst werden. Kanada erhebe nicht die Forderung, daß andere Suppliers dem kanadischen Beispiel folgen, er hoffe jedoch, daß es zur Vereinbarung international anerkannter Safeguards komme.

MacEachen teilte ferner mit, daß es nicht möglich gewesen sei, den beabsichtigten Kauf von 18 „long range patrol aircraft" der Firma Lockheed zu verwirklichen. Es handele sich dabei nur um einen vorübergehenden Rückschlag, der sich auf einen bestimmten Flugzeugtyp beziehe. Kanada beabsichtige, unverändert seinen Verteidigungsverpflichtungen auch auf diesem Gebiet voll nachzukommen. Bis sich eine andere Alternative biete, werde Kanada wie bisher die Argus long range aircraft einsetzen.

Schließlich teilt MacEachen mit, daß die kanadische Regierung grundsätzlich die Modernisierung der Panzerausrüstung durch den Ankauf von Leopard I-Panzern beschlossen habe.

Generalsekretär Luns stimmte den Ausführungen MacEachens zur NATO-Politik im südlichen Afrika zu und erwähnte in diesem Zusammenhang, daß die Bundesregierung ein Beispiel gegeben habe, indem sie einen sehr fähigen

---

[51] Am 18. Mai 1974 zündete Indien einen nuklearen Sprengsatz. Vgl. dazu AAPD 1974, II, Dok. 228.

General ablöste[52], der ohne Zustimmung der Regierung eine Reise nach Südafrika unternommen habe.

4) Außenminister van der Stoel bezog sich auf die Äußerung Kissingers, wonach zwischen Europa und Afrika alte Verbindungen bestünden. Die Lage im südlichen Afrika werde noch komplizierter werden, wenn das illegale Smith-Regime sich weigere, die schwarze Mehrheit anzuerkennen. Van der Stoel forderte in diesem Zusammenhang zur Durchführung eines Boykotts Rhodesiens auf und sprach die Hoffnung aus, daß auch die südafrikanische Regierung dazu ihren Beitrag leisten werde.

Die südafrikanische Präsenz in Namibia bezeichnete van der Stoel als illegal.[53] Er sprach die Hoffnung aus, daß das Volk von Namibia bald über sein Schicksal selbst entscheiden könne.

Die südafrikanische Bantustan-Politik sei in den Augen der Afrikaner eine neue Form der Apartheid-Politik. Der Westen tue gut daran, wenn er sich dieser Auffassung der Afrikaner anschließen würde. Abschließend forderte van der Stoel dazu auf, entsprechend den Resolutionen der Vereinten Nationen[54] keinerlei Waffenexporte nach Südafrika vorzunehmen.

5) Außenminister Kissinger berichtete kurz über SALT: Seit seinem letzten Bericht[55] vor einigen Monaten seien keine wesentlichen Fortschritte zu verzeichnen. Zwei Probleme seien noch immer ungelöst:

1) der Backfire-Bomber und die Frage seines Einsatzes für strategische Zwecke;

2) die Cruise Missiles, nämlich die Frage, wie sie angerechnet werden sollten.

Dazu präzisierte Kissinger, daß – entgegen in Umlauf befindlichen Gerüchten – nicht beabsichtigt sei, die Cruise Missiles aufzugeben. Nach dem gegenwärtigen Stand der Diskussion sollten die von Bombern mit einer Reichweite von über 600 km getragenen Cruise Missiles bei den 1320 MIRVs mitgezählt werden. Über die schiffgestützten Cruise Missiles bestehe keine Übereinstimmung.

Bezüglich des Backfire-Bombers hätten die Sowjets noch nicht alle erforderlichen Daten zur Verfügung gestellt. Die Sowjets hätten sich auch gegen den Vorschlag ausgesprochen, ein Abkommen über die vereinbarten Punkte unter vorläufiger Ausklammerung von Backfire und Cruise Missiles abzuschließen.

---

[52] Am 1. Oktober 1975 wurde Generalleutnant Rall in den einstweiligen Ruhestand versetzt. In der Presse wurde dazu berichtet: „Wegen seiner umstrittenen Südafrika-Reise ist der deutsche Vertreter im Militärausschuß der NATO, Generalleutnant Günther Rall, von Bundesverteidigungsminister Georg Leber am Mittwoch in den einstweiligen Ruhestand versetzt worden. [...] Im Oktober 1974 reiste Rall in die Südafrikanische Republik, angeblich zu einem Privatbesuch. Während der Visite besichtigte er auch das südafrikanische Atomzentrum Palindaba. Über die Reise Ralls war Bundesverteidigungsminister Leber nach Angaben des Ministeriums nicht informiert. Der General hatte lediglich dem stellvertretenden Generalinspekteur, Generalleutnant Karl Schnell, ein Urlaubsgesuch für einen Privatbesuch in Südafrika vorgelegt." Vgl. den Artikel „General Rall zurückgetreten"; FRANKFURTER RUNDSCHAU vom 2. Oktober 1975, S. 1.

[53] Vgl. dazu die Resolution Nr. 2145 der UNO-Generalversammlung vom 27. Oktober 1966; Dok. 127, Anm. 6.

[54] In Resolution Nr. 181 des UNO-Sicherheitsrats vom 7. August 1963 wurde ausgeführt: „The Security Council, [...] Noting with concern the recent arms build-up by the Government of South Africa, some of which arms are being used in furtherance of that Government's racial policies, [...] Solemnly calls upon all States to cease forthwith the sale and shipment of arms, ammunition of all types and military vehicles to South Africa". UNITED NATIONS RESOLUTIONS, Serie II, Bd. IV, S. 85.

[55] Vgl. dazu die Sitzung des Ständigen Rats der NATO am 23. Januar 1976 in Brüssel; Dok. 21.

Das Abkommen befinde sich jetzt in der Schwebe. Nunmehr seien die USA am Zuge. Die erforderliche Prüfung werde vielleicht noch einige Monate in Anspruch nehmen. Die USA würden die Verbündeten unterrichten, sobald eine Entscheidung getroffen sei.

VS-Bd. 8665 (201)

167

Aufzeichnung des Ministerialdirigenten Meyer-Landrut

210-510.52-1320/76 VS-vertraulich   31. Mai 1976[1]

Über Herrn Staatssekretär[2] Herrn Minister[3] zur Information und mit dem Vorschlag, diese Vorlage für die deutsch-französischen Außenministerkonsultationen am 2. Juni 1976[4] beizuziehen

Betr.: Tätigwerden des Generalbundesanwalts bei der Strafverfolgung der Lorenz-Entführer[5]/Drenkmann-Mörder in Berlin (West)[6]
hier: Sitzung der Bonner Vierergruppe vom 26.5.1976

1) In der Sitzung der Bonner Vierergruppe vom 26.5.1976 unterrichtete die deutsche Delegation die Vertreter der Drei Mächte über die Rechtsgründe, aus denen es erforderlich ist, daß das Verfahren gegen die Mitglieder der „Bewegung 2. Juni" vor dem Kammergericht in Berlin (West) stattfindet und dabei die Bundesanwaltschaft die Anklage vertritt. Die Mitglieder dieser kriminellen Vereinigung sind beschuldigt, für die Ermordung des Kammergerichtspräsidenten, von Drenkmann, sowie für die Entführung des Präsidenten des Berliner Abgeordnetenhauses, Lorenz, verantwortlich zu sein.

2) Die deutsche Rechtslage wurde von Ministerialdirektor Schneider, dem zuständigen Abteilungsleiter im BMJ, eingehend vorgetragen und erklärt. Herr Schneider hat im einzelnen – zum Teil auch auf Fragen der Vertreter der Drei Mächte – folgendes ausgeführt:

a) Die beiden – zeitlich mehrere Monate auseinander liegenden – hauptsächlichen Straftaten, der Mord an dem Kammergerichtspräsidenten und die Lo-

---

[1] Die Aufzeichnung wurde von Vortragendem Legationsrat I. Klasse Lücking und von Legationsrat von Arnim konzipiert.

[2] Hat Staatssekretär Hermes am 31. Mai 1976 vorgelegen.

[3] Hat Bundesminister Genscher am 2. Juni 1976 vorgelegen, der handschriftlich vermerkte: „BM Vogel zur Kenntnis gebracht und besprochen, werde ihn nach Gespräch in Paris am 2.6. unterrichten."

[4] Zum Gespräch des Bundesministers Genscher mit dem französischen Außenminister Sauvagnargues vgl. Dok. 175.

[5] Zur Strafverfolgung der Entführer des Vorsitzenden des Berliner Landesverbandes der CDU, Lorenz, vgl. Dok. 37.

[6] Zur Ermordung des Präsidenten des Berliner Kammergerichts, von Drenkmann, am 10. November 1974 vgl. Dok. 37, Anm. 15.

renz-Entführung, seien durch die Tatsache, daß beide von Mitgliedern derselben kriminellen Vereinigung, der „Bewegung 2. Juni", verübt worden seien, zu
einem tatsächlichen und nach deutschem Strafprozeßrecht einheitlichen Le-
benssachverhalt verbunden. Daraus ergebe sich, daß sie in einem Verfahren
zusammengefaßt werden müßten.

b) Zuständig für die Anklage sei die Bundesanwaltschaft, da sie für Teilberei-
che dieses einheitlichen Lebenssachverhaltes zuständig sei.

Diese Zuständigkeit ergebe sich zum einen aus Paragraph 105 StGB[7], der die
Nötigung von Verfassungsorganen unter Strafe stellt, in Verbindung mit den
§§ 142 a Abs. 1[8] und 120 Abs. 1 Nr. 5[9] des Gerichtsverfassungsgesetzes, welcher der Bundesanwaltschaft die Anklage in Fällen überträgt, sofern die Nötigung sich nicht lediglich gegen Organe eines Landes richtet oder ein Fall
„minderer Bedeutung" vorliegt. Die Anwendung dieser Vorschriften durch die
Bundesanwaltschaft sei gerichtlich nachprüfbar. Ein Ermessen, innerhalb dessen Gesichtspunkte politischer Opportunität berücksichtigt werden könnten,
habe die Bundesanwaltschaft nicht. Es bleibe deshalb auch kein Raum für an
solchen Gesichtspunkten orientierte Weisungen der Bundesregierung.

Zum anderen ergebe sich diese Zuständigkeit aus § 129 StGB[10], der die Zugehörigkeit zu einer kriminellen Vereinigung unter Strafe stelle, in Verbindung
mit den §§ 142 a Abs. 1 und 74 a Abs. 2[11] des Gerichtsverfassungsgesetzes,
welcher der Bundesanwaltschaft die Anklage in Fällen „von besonderer Bedeutung" der Tätigkeit einer kriminellen Vereinigung überträgt. Es könne kein
Zweifel daran bestehen, daß hier ein Fall von „besonderer Bedeutung" des §
129 StGB vorliege.

c) Das örtlich zuständige Gericht sei als zuständiges Oberlandesgericht das
Kammergericht in Berlin. Dies ergebe sich aus den Bestimmungen der Strafprozeßordnung zum Gerichtsstand. Sowohl der Gerichtsstand des Tatortes[12]

---

7 Für Paragraph 105 Strafgesetzbuch vgl. Dok. 37, Anm. 8.

8 In Paragraph 142 a Absatz 1 des Gerichtsverfassungsgesetzes in der Fassung vom 9. Mai 1975 hieß
  es: „Der Generalbundesanwalt übt in den zur Zuständigkeit von Oberlandesgerichten im ersten
  Rechtszug gehörenden Strafsachen (§ 120 Abs. 1 und 2) das Amt der Staatsanwaltschaft auch bei
  diesen Gerichten aus. Können in den Fällen des § 120 Absatz 1 die Beamten der Staatsanwalt-
  schaften eines Landes und der Generalbundesanwalt sich nicht darüber einigen, wer von ihnen die
  Verfolgung zu übernehmen hat, so entscheidet der Generalbundesanwalt." Vgl. STRAFPROZESS-
  ORDNUNG, S. 239.

9 Paragraph 120 Absatz 1 Ziffer 5 des Gerichtsverfassungsgesetzes in der Fassung vom 9. Mai 1975:
  „In Strafsachen sind die Oberlandesgerichte, in deren Bezirk die Landesregierungen ihren Sitz haben, für das Gebiet des Landes zuständig für die Verhandlung und Entscheidung im ersten Rechtszug [...] bei einer Straftat gegen Verfassungsorgane in den Fällen der §§ 105, 106 des Strafgesetz-
  buches". Vgl. STRAFPROZESSORDNUNG, S. 231.

10 Paragraph 129 Absatz 1 Strafgesetzbuch: „Wer eine Vereinigung gründet, deren Zwecke oder deren
  Tätigkeit darauf gerichtet sind, Straftaten zu begehen, oder wer sich an einer solchen Vereinigung
  als Mitglied beteiligt, für sie wirbt oder sie unterstützt, wird mit Freiheitsstrafe bis zu fünf Jahren
  oder mit Geldstrafe bestraft." Vgl. STRAFGESETZBUCH, S. 588.

11 Paragraph 74 a Absatz 2 des Gerichtsverfassungsgesetzes in der Fassung vom 9. Mai 1975: „Die
  Zuständigkeit der Strafkammer entfällt, wenn der Generalbundesanwalt wegen der besonderen
  Bedeutung des Falles vor der Eröffnung des Hauptverfahrens die Verfolgung übernimmt, es sei
  denn, daß durch Abgabe nach § 142 a Abs. 4 oder durch Verweisung nach § 120 Abs. 2 Satz 2 die
  Zuständigkeit der Strafkammer begründet wird." Vgl. STRAFPROZESSORDNUNG, S. 225.

12 In Paragraph 7 Absatz 1 der Strafprozeßordnung in der Fassung vom 7. Januar 1975 wurde ausgeführt: „Der Gerichtsstand ist bei dem Gericht begründet, in dessen Bezirk die Straftat begangen
  ist." Vgl. STRAFPROZESSORDNUNG, S. 3.

als auch die Gerichtsstände des Wohnsitzes[13] und des Ergreifungsortes[14] seien in Berlin gegeben. Die Tatsache, daß zu dem Gesamtkomplex gehörende Straftaten auch theoretisch Gerichtsstände in Düsseldorf oder München begründen könnten, sei nach der unzweideutigen deutschen Gerichtspraxis nicht von Bedeutung, da der Schwerpunkt der ganzen Taten eindeutig in Berlin liege.

d) Selbst wenn der Prozeß nicht in Berlin stattfände, wäre das Gericht voraussichtlich gezwungen, mit sämtlichen Verfahrensbeteiligten zu Ortsterminen nach Berlin zu kommen, da die Zeugen über die relevanten Örtlichkeiten (Versteck der Entführer, Drenkmann-Wohnung) an Ort und Stelle aussagen müßten.

e) Die deutsche Öffentlichkeit gehe, wie bei dieser Lage nicht anders zu erwarten, selbstverständlich davon aus, daß der Prozeß in Berlin stattfinden und daß die Bundesanwaltschaft die Anklage vertreten werde. Dies ergebe sich schon aus dem Präzedenzfall des Mahler-Prozesses[15]. Wenn sich die Drei Mächte zu einem Verbot des Auftretens der Bundesanwaltschaft in Berlin entschlössen, so werde nicht verhindert werden können, daß die Öffentlichkeit den Grund dafür – Gesichtspunkt politischer Opportunität – erfahre. Die Bundesregierung werde ein solches Verbot schwerlich akzeptieren können. Angesichts des Wahlkampfes[16] würde ein solches Verbot nicht nur einen Sturm in der Presse, sondern auch Reaktionen von politischer Seite nach sich ziehen müssen. Schließlich sei nicht klar, ob die Sowjetunion wirklich wünsche, der Sympathie mit Anarchisten beschuldigt werden zu können.

f) Besonders beachtet werden müsse, daß die Beschuldigten sich in Untersuchungshaft befinden und die Bundesanwaltschaft bei einem Haftprüfungstermin schon durch das Gericht auf die Eilbedürftigkeit der Angelegenheit hingewiesen worden sei. Man könne in keinem Falle das Risiko eingehen, daß die Beschuldigten freigelassen werden müßten, wenn das Gericht wegen der Verzögerung der Anklageerhebung aufgrund der Konsultationen zu der Auffassung komme, die Bundesanwaltschaft habe ihrer Pflicht zur Prozeßbeschleunigung nicht genügt. Er bitte deshalb um möglichst rasche Behandlung der Sache in den Hauptstädten.

g) Auf Frage des französischen Sprechers nach der Stellung der Bundesanwaltschaft führte die deutsche Delegation aus, die Bundesanwaltschaft sei eine dem BMJ nachgeordnete Behörde. Sie gehöre nicht zu den Bundesgerichten.

3) Diese letzte Feststellung ist im Hinblick auf folgendes von besonderer Bedeutung:

a) Von französischer Seite wird zur Begründung der eigenen Position, daß die Kompetenz der Bundesanwaltschaft in Berlin (West) jedenfalls in den einschlägigen alliierten Rechtsakten nicht eindeutig geregelt sei, der vertrauliche

---

13 Paragraph 8 Absatz 1 der Strafprozeßordnung in der Fassung vom 7. Januar 1975: „Der Gerichtsstand ist auch bei dem Gericht begründet, in dessen Bezirk der Angeschuldigte zur Zeit der Erhebung der Klage seinen Wohnsitz hat." Vgl. STRAFPROZESSORDNUNG, S. 3 f.

14 In Paragraph 9 der Strafprozeßordnung in der Fassung vom 7. Januar 1975 wurde ausgeführt: „Der Gerichtsstand ist auch bei dem Gericht begründet, in dessen Bezirk der Beschuldigte ergriffen worden ist." Vgl. STRAFPROZESSORDNUNG, S. 4.

15 Zum Strafprozeß gegen den Rechtsanwalt Horst Mahler vgl. Dok. 37, Anm. 9.

16 Die Wahlen zum Bundestag fanden am 3. Oktober 1976 statt.

Brief der Drei Mächte an Bundesminister Scheel vom 15. Mai 1972 über Bundesgerichte[17] herangezogen.

b) Dieser vertrauliche Brief enthält zur Kompetenz der Bundesgerichte in Berlin eine, der sowjetischen Seite nicht bekannte Interpretation des Briefes der Drei Botschafter an den Bundeskanzler vom 3.9.1971[18], welcher seinerseits Teil des Vier-Mächte-Abkommens ist und Annex II des Vier-Mächte-Abkommens[19] interpretiert. Da dieser vertrauliche Brief vom 15. Mai 1972 nur Gerichte des Bundes betrifft, ist er in dieser Sache nicht einschlägig.

c) Einschlägig ist allerdings der zum Vier-Mächte-Abkommen gehörende Brief der drei Botschafter an den Bundeskanzler vom 3.9.1971, in dem u. a. die Aussage des Vier-Mächte-Abkommens (Annex II, 2) interpretiert wird, daß „staatliche Organe der Bundesrepublik Deutschland in den Westsektoren Berlins ... Verfassungs- oder Amtsakte vornehmen werden", die in Widerspruch zu der Aussage stehen, daß „diese Sektoren wie bisher kein Bestandteil (konstitutiver Teil) der Bundesrepublik Deutschland sind und auch weiterhin nicht von ihr regiert werden." Nach diesem Brief vom 3.9.1971 sind solche „Verfassungs- oder Amtsakte" nur „Akte in Ausübung unmittelbarer Staatsgewalt über die Westsektoren Berlins" (Buchstabe a des Briefes). Derartige „staatliche Organe" seien (Buchstabe e des Briefes)" der Bundespräsident, der Bundeskanzler, das Bundeskabinett, die Bundesminister und die Bundesministerien sowie die Zweigstellen dieser Ministerien, der Bundesrat und der Bundestag sowie alle Bundesgerichte."

---

[17] Ministerialdirigent Dreher stellte am 20. Mai 1976 zum Schreiben der Drei Mächte vom 15. Mai 1972 an Bundesminister Scheel fest: „Die Tatsache, daß von französischer Seite in diesem Zusammenhang das vertrauliche Schreiben der Drei Mächte vom 15.5.72 betreffend die Zuständigkeit der Bundesgerichte in und für Berlin (West) erwähnt worden ist, deutet darauf hin, daß – auch wenn die Bundesanwaltschaft in dem Schreiben nicht ausdrücklich genannt wird – nach französischer Auffassung für sie, mindestens auf dem Wege der Analogie, das gleiche gelten soll wie für Bundesgerichte, nämlich daß sie in Berlin (West) den ‚Rechten und der Gewalt der alliierten Behörden unterworfen' ist. Es kann jedoch dahingestellt bleiben, ob sich dies unmittelbar aus dem alliierten Schreiben vom 15.5.72 ergibt; den für das Tätigwerden der Bundesanwaltschaft in Berlin gilt auf jeden Fall die in jenem Brief ebenfalls angeführte BK/O (51) 63 vom 13.11.1951, auf die die Alliierte Kommandantur bei Erstreckung des einschlägigen Gesetzes zur allgemeinen Einführung eines zweiten Rechtszuges in Staatsschutzstrafsachen vom 8.9.69 ausdrücklich hingewiesen hat (BK/L (69) 13). Dies bedeutet, daß bei Tätigwerden des Generalbundesanwalts in Berlin (West) seine ‚Amtsgewalt ... von der Berliner gesetzgebenden Körperschaft oder Regierung abgeleitet wird' und die Tätigkeit ‚den gleichen Bedingungen hinsichtlich der Befugnisse und Zuständigkeiten der Besatzungsbehörden wie die Arbeit der Berliner Behörden' unterliegen soll." Vgl. VS-Bd. 10941 (210); B 150, Aktenkopien 1976.

[18] Die Botschafter Jackling (Großbritannien), Rush (USA) und Sauvagnargues (Frankreich) teilten am 3. September 1971 Bundeskanzler Brandt die Klarstellungen und Interpretationen ihrer Regierungen zu den Erklärungen mit, die in Anlage II des Vier-Mächte-Abkommens enthalten waren. In Buchstabe a) des Schreibens wurde ausgeführt: „Der Satz in Anlage II Absatz 2 des Vier-Mächte-Abkommens, der lautet ‚... werden in den Westsektoren Berlins keine Verfassungs- oder Amtsakte vornehmen, die den Bestimmungen von Absatz 1 widersprechen', ist so auszulegen, daß darunter Akte in Ausübung unmittelbarer Staatsgewalt über die Westsektoren Berlins verstanden werden." In Buchstabe d) wurde festgestellt: „Geltende Verfahren bezüglich der Anwendbarkeit der Gesetzgebung der Bundesrepublik Deutschland auf die Westsektoren Berlins bleiben unverändert." In Buchstabe e) hieß es: „Der Ausdruck ‚staatliche Organe' in Anlage II Absatz 2 bedeutet: der Bundespräsident, der Bundeskanzler, das Bundeskabinett, die Bundesminister und die Bundesministerien sowie die Zweigstellen dieser Ministerien, der Bundesrat und der Bundestag sowie alle Bundesgerichte." Vgl. BUNDESANZEIGER, Nr. 174 vom 15. September 1972, Beilage, S. 61.

[19] Für Anlage II des Vier-Mächte-Abkommens über Berlin vom 3. September 1971 vgl. Dok. 66, Anm. 8.

Die Bundesanwaltschaft ist organisationsrechtlich eine selbständige, dem BMJ nachgeordnete Behörde, jedoch keine solche „Zweigstelle". An den Fall, daß ein Bundesorgan, ohne eine solche Zweigstelle zu sein, in Berlin tätig werden kann, hat man bei Abfassung dieses Briefes offenbar nicht gedacht. Dem Sinn des Vier-Mächte-Abkommens würde es allerdings entsprechen, wenn man die Bundesanwaltschaft analog zu einer „Zweigstelle" behandelte. Im Ergebnis ist die Bundesanwaltschaft durch das Vier-Mächte-Abkommen sowie die dazugehörigen Interpretationsbriefe also höchstens bei einer analogen Anwendung des Briefes vom 3.9.1971 erfaßt.

d) Dies ändert jedoch nichts an der Tatsache, daß die Bundesanwaltschaft in Berlin (West) „den Rechten und der Gewalt der alliierten Behörden" unterworfen ist. Dies ergibt sich aus der BK/O (51) 63 vom 13.11.1951[20], auf welche die alliierte Kommandantur bei Erstreckung des einschlägigen Gesetzes zur allgemeinen Einführung eines zweiten Rechtszuges in Staatsschutzstrafsachen vom 8.9.1969 ausdrücklich hingewiesen hat (BK/L (69) 13). Dies bedeutet, daß bei Tätigwerden des Generalbundesanwalts in Berlin (West) seine Amtsgewalt „von der Berliner gesetzgebenden Körperschaft oder Regierung abgeleitet wird" und die Tätigkeit „den gleichen Bedingungen hinsichtlich der Befugnisse und Zuständigkeiten der Besatzungsbehörden wie die Arbeit der Berliner Behören" unterliegen soll.

4) Das Ergebnis einer rechtlichen Würdigung ist daher: Der Generalbundesanwalt ist berechtigt, in Berlin (West) aufzutreten, jedoch nicht in seiner Eigenschaft als Bundesbehörde, sondern gewissermaßen als Berliner Landesbehörde. Letztlich haben die Drei Mächte daher auch das Recht, ein Tätigwerden des Generalbundesanwalts in Berlin zu untersagen.

i. V. Meyer-Landrut

VS-Bd. 14068 (010)

---

[20] Mit Schreiben vom 13. November 1951 teilte die Alliierte Kommandatura Berlin dem Regierenden Bürgermeister von Berlin (West), Reuter, und dem Präsidenten des Abgeordnetenhauses, Suhr, mit: „Die Alliierte Kammandantur weist Sie im Zusammenhang mit dem Erlaß von Bundesgesetzen in Berlin an, Ihre Aufmerksamkeit darauf zu richten, daß die Befugnisse und Zuständigkeiten der Besatzungsbehörden von einer Übertragung irgendwelcher Befugnisse an Beamte oder Stellen außerhalb Berlins, die durch eine Berliner Behörde erfolgen, unberührt bleiben sollen. Die Tätigkeit derartiger Beamter oder Stellen in Berlin, einschließlich der Arbeiten, die unter ihrer Anweisung erfolgen (wobei die Amtsgewalt solcher Beamter oder Stellen in Berlin von der Berliner gesetzgebenden Körperschaft oder Regierung abgeleitet wird), soll den gleichen Bedingungen hinsichtlich der Befugnisse und Zuständigkeiten der Besatzungsbehörden unterliegen wie die Arbeit der Berliner Behörden." Vgl. DOKUMENTE ZUR BERLIN-FRAGE 1944–1966, S. 167.

168

Aufzeichnung des
Legationsrats I. Klasse Leonberger, Bundeskanzleramt

1. Juni 1976[1]

Verschlossen

Vermerk über das Telefongespräch des Bundeskanzlers mit dem französischen Präsidenten Giscard d'Estaing am 1. Juni 1976, 15.00 Uhr.

Nach einem kurzen einleitenden Kommentar des Bundeskanzlers über seine Reise nach Saudi-Arabien[2], wobei Giscard auf seinen bevorstehenden Besuch Anfang des Jahres 1977 hinwies[3], führte das Gespräch zu folgenden Hauptpunkten:

1) Kandidatur von Roy Jenkins als Präsident der EG-Kommission[4]

Bundeskanzler berichtete von einem mit Jenkins vor kurzem geführten Gespräch in Bonn. J. sei an dieser Aufgabe stark interessiert und habe bereits konkrete Vorstellungen entwickelt. Er wolle im Falle seiner Ernennung öffentlich erklären, daß dies nicht das Ende seiner politischen Karriere in Großbritannien bedeute, sondern daß er nach vier Jahren in die britische Politik zurückzukehren gedenke. Giscard stimmte zu, daß diese Absicht kein Hindernis für die Nominierung sei.

Bundeskanzler teilte mit, daß Jenkins es als sehr wünschenswert bezeichnet habe, daß der Europäische Rat bereits auf seiner Sitzung im Juli[5] eine Entscheidung treffe. Er beabsichtige nämlich, daraufhin seinen Rücktritt zu erklären, damit er sich intensiv auf seine neue Aufgabe vorbereiten könne. BK sagte Jenkins[6], daß ihm die Probleme im Zusammenhang mit der frühen Entscheidung bewußt seien. Das politische Gewicht und der Status des bisherigen EG-Präsidenten Ortoli werden nicht unberührt bleiben. Jenkins habe ihm gegenüber aber betont, für wie wichtig er es halte, durch private Gespräche mit den Regierungen Einfluß auf die Zusammensetzung der Kommission zu nehmen.

---

1 Ablichtung.
  Die Aufzeichnung wurde von Legationsrat I. Klasse Leonberger, Bundeskanzleramt, an Bundeskanzler Schmidt „mit der Bitte um Genehmigung" geleitet. Zugleich bat er um Zustimmung zur Weiterleitung an Bundesminister Genscher „persönlich (mit Ausnahme von Punkte 3)", Staatssekretär Schüler und Ministerialdirektor Sanne, beide Bundeskanzleramt, sowie Ministerialdirektor Hiss, Bundeskanzleramt, „ohne Punkt 3".
  Hat Schmidt am 3. Juni 1976 vorgelegen, der handschriftlich vermerkte: „Eine Änderung!" Vgl. Anm. 6.
  Hat Ministerialdirigent Leister, Bundeskanzleramt, am 3. Juni 1976 vorgelegen, der handschriftlich vermerkte: „Anschl[ießend] z.d.A. P[an]z[er]schrank L[eiter]K[anzler]B[üro]."
  Hat Ministerialdirigent Ruhfus, Bundeskanzleramt, am 7. Juni 1976 vorgelegen.

2 Zum Besuch des Bundeskanzlers Schmidt vom 29. bis 31. Mai 1976 in Saudi-Arabien vgl. Dok. 164, Dok. 165 und Dok. 171.

3 Staatspräsident Giscard d'Estaing hielt sich vom 22. bis 25. Januar 1977 in Saudi-Arabien auf.

4 Zur Frage einer Kandidatur des britischen Innenministers Jenkins für das Amt des Präsidenten der EG-Kommission vgl. Dok. 10 und Dok. 39.

5 Zur Tagung des Europäischen Rats am 12./13. Juli 1976 in Brüssel vgl. Dok. 231.

6 Dieses Wort wurde von Bundeskanzler Schmidt handschriftlich eingefügt. Vgl. Anm. 1.

Seine Bitte war, diesen Punkt nochmals in einem direkten Gespräch zu erörtern. Die Bundesregierung habe keine Bedenken. Giscard erwiderte, daß eine
Praxis verhindert werden müsse, die durch zu frühe Ankündigungen die faktische Amtszeit der Kommission um, wie in diesem Falle, sechs Monate verkür-
ze. Er sei aber bereit, diese Frage bei seinem bevorstehenden Besuch in Großbritannien[7] nochmals mit Callaghan aufzugreifen, und werde die Argumente
von BK berücksichtigen.

2) Rambouillet II

Bundeskanzler nahm Bezug auf die beiden Botschaften von Präsident Ford
vom 30.5./31.5.1976 und erkundigte sich, ob deren Inhalt beim Giscard-Besuch
in Washington[8] abgestimmt wurde. Giscard antwortete, daß dies nur teilweise
der Fall sei und er bereits telefonisch mit Präsident Ford Kontakt aufgenommen und zwei Änderungsvorschläge zu dem Entwurf der Presseerklärung gemacht habe. Er habe im ersten Satz gebeten, Italien zu streichen und den letzten Satz des ersten Absatzes wie folgt zu formulieren: „They agreed that they
wish the participation of Italy at the meeting and will examine with the Italian
government ...“

Auf Frage von Bundeskanzler erklärte Giscard, daß er Kontakt mit Rom gehabt habe und die italienische Regierung bereit sei, den Text zu akzeptieren.
Ferner habe er die Bitte geäußert, der Ford zugestimmt habe, im Hinblick auf
die Teilnahme von Kanada zu unterstreichen, daß diese aufgrund des Stattfin-
dens des Zusammentreffens in der westlichen Hemisphäre erfolge. Ford habe
einen Formulierungsvorschlag zugesagt.

Bundeskanzler stimmte mit Giscard überein, daß Rambouillet II sorgfältig vorbereitet werden müsse, um zu verhindern, daß das Gipfeltreffen ohne konkrete
Ergebnisse endet und die internationale Presse das Vorhaben als einen Mißerfolg bewertet. Zu diesem Zweck wurde vereinbart, daß in die Antwort auf die
Ford-Botschaften folgende Vorschläge aufgenommen werden:

– Die persönlichen Beauftragten, die das Treffen von Rambouillet vorbereitet
  hatten[9], sollen auch dieses Mal wieder aktiv werden und in Kürze die Arbeit
  aufnehmen.

– In Abänderung des Verfahrens von Rambouillet I sollen die Experten eingeladen werden, an den Konferenzort zu kommen und sich dort zur Verfügung
  zu halten.

– Es werde begrüßt, wenn vor dem offiziellen Beginn des Gipfeltreffens ein gemeinsames Mittagessen der Vertreter Frankreichs, Großbritanniens, der USA
  und der BRD stattfindet.[10]

7 Staatspräsident Giscard d'Estaing hielt sich vom 22. bis 25. Juni 1976 in Großbritannien auf.
8 Staatspräsident Giscard d'Estaing hielt sich vom 17. bis 22. Mai 1976 in den USA auf.
9 Zur Vorbereitung der Konferenz der Staats- und Regierungschefs aus sechs Industriestaaten vom
  15. bis 17. November 1975 auf Schloß Rambouillet durch eine Gruppe von Sachverständigen vgl.
  Dok. 134, Anm. 6.
10 Bundeskanzler Schmidt übermittelte Präsident Ford mit Schreiben vom 1. Juni 1976 sein Einverständnis mit dem Wortlaut der Presseerklärung „einschließlich der beiden von Präsident Giscard
  d'Estaing mit Ihnen telefonisch abgestimmten Ergänzungen hinsichtlich Italiens und Kanadas“.
  Schmidt fuhr fort, daß das Gelingen der Konferenz entscheidend von einer sorgfältigen Vorbereitung abhänge: „Dies entspricht auch der Meinung von Präsident Giscard d'Estaing. Wir möchten

Bundeskanzler und Giscard beschlossen, den amtierenden Ratspräsidenten der EG, PM Thorn, zu bitten, die nichtbeteiligten EG-Länder vor der offiziellen Ankündigung des Treffens zu unterrichten und um Themenvorschläge zu bitten.[11]

Die beiden Gesprächspartner erklärten sich mit dem Termin der geplanten Presseverlautbarung einverstanden. Bundeskanzler wies auf eine ihm vorliegende Vorabunterrichtung der Presse von britischer Seite hin. Giscard hielt aber, da das Treffen bisher noch keine Schlagzeilen mache, eine Vorverlegung der Ankündigung nicht für notwendig.[12]

3) Mitterrand-Äußerungen zum Radikalenerlaß[13]

Bundeskanzler teilte mit, daß er bisher noch keine Zeit gehabt habe, sich mit diesem Thema nach Rückkehr von seiner Auslandsreise zu befassen. Er werde dies aber im Laufe der Woche tun.

Giscard wiederholte seine im Telefongespräch von Ankara[14] mitgeteilte Auffassung. Es sei für die innenpolitischen Zwecke des Bundeskanzlers nützlich, wenn

Fortsetzung Fußnote von Seite 785

deshalb vorschlagen, daß die Gruppe persönlicher Beauftragter entsprechend dem Verfahren beim ersten Rambouillet-Treffen alsbald zusammentritt und die Vorbereitungen aufnimmt. Anders als in Rambouillet sollten diese Beauftragten – auf unserer Seite Staatssekretär Karl Otto Pöhl – auch in Puerto Rico anwesend sein, wenn auch nicht in unserer Konferenz. Den Gedanken, daß die Staatschefs der Vereinigten Staaten und Frankreichs sowie die Regierungschefs des Vereinigten Königreichs und der Bundesrepublik am Sonntag, dem 27. Juni, vor Beginn der Konferenz zu einem gemeinsamen Mittagessen zusammenkommen, begrüße ich sehr." Vgl. VS-Bd. 14066 (010); B 150, Aktenkopien 1976.

11 Staatssekretär Hermes unterrichtete die Botschafter bzw. Geschäftsträger von Belgien, Dänemark, Irland, Luxemburg und den Niederlanden am 2. Juni 1976 über die Konferenz der Staats- und Regierungschefs aus sieben Industriestaaten in San Juan: „In der anschließenden kurzen Diskussion zeigten sich insbesondere die Vertreter der Niederlande und Belgiens enttäuscht über Exklusivität, fragwürdige Teilnehmerauswahl und Zustimmung der größeren ohne vorherige Abstimmung mit den kleineren EG-Partnern. Der belgische Geschäftsträger betonte, seine Regierung halte es für absolut notwendig, daß die Gemeinschaft durch die Präsidentschaft auf dem Treffen repräsentiert sei und die Sachfragen im EG-Rahmen vorab förmlich beraten würden." Vgl. den Drahterlaß Nr. 2106 des Vortragenden Legationsrats I. Klasse Jelonek vom selben Tag; Referat 412, Bd. 109323.

12 Präsident Ford gab am 3. Juni 1976 die Einberufung einer Konferenz der Staats- und Regierungschefs aus sieben Industriestaaten am 27./28. Juni 1976 in San Juan bekannt. Vgl. dazu PUBLIC PAPERS, FORD 1976–77, S. 1776.

13 Am 28. Januar 1972 vereinbarten die Ministerpräsidenten der Länder unter dem Vorsitz des Bundeskanzlers Brandt Grundsätze über die Mitgliedschaft von Beamten in extremen Organisationen: „Nach den Beamtengesetzen von Bund und Ländern und den für Angestellte und Arbeiter entsprechend geltenden Bestimmungen sind die Angehörigen des Öffentlichen Dienstes verpflichtet, sich zur freiheitlich-demokratischen Grundordnung im Sinne des Grundgesetzes positiv zu bekennen und für deren Erhaltung einzutreten. Verfassungsfeindliche Bestrebungen stellen eine Verletzung dieser Verpflichtung dar. Die Mitgliedschaft von Angehörigen des Öffentlichen Dienstes in Parteien oder Organisationen, die die verfassungsmäßige Ordnung bekämpfen – wie auch die sonstige Förderung solcher Parteien und Organisationen –, wird daher in aller Regel zu einem Loyalitätskonflikt führen. Führt das zu einem Pflichtverstoß, so ist im Einzelfall zu entscheiden, welche Maßnahmen der Dienstherr ergreift. Die Einstellung in den Öffentlichen Dienst setzt nach den genannten Bestimmungen voraus, daß der Bewerber die Gewähr dafür bietet, daß er jederzeit für die freiheitlich-demokratische Grundordnung im Sinne des Grundgesetzes eintritt. Bestehen hieran begründete Zweifel, so rechtfertigen diese in der Regel eine Ablehnung." Vgl. BULLETIN 1972, S. 142. Der Generalsekretär der Sozialistischen Partei Frankreichs, Mitterrand, schlug in einem am 25. Mai 1976 veröffentlichten Kommuniqué die Gründung eines „Komitees zur Verteidigung der Bürger- und Berufsrechte in der Bundesrepublik" vor. In dem Kommuniqué wurde ferner gegen „die Entlassungen von Beamten, welche im Verdacht stehen, Linksbewegungen anzugehören," protestiert. Vgl. den Artikel „Mitterrand will Bürgerrechte in der Bundesrepublik verteidigen"; FRANKFURTER ALLGEMEINE ZEITUNG vom 28. Mai 1976, S. 5.

14 Bundeskanzler Schmidt hielt sich vom 27. bis 29. Mai 1976 in der Türkei auf. Vgl. dazu Dok. 160–162.

er eine klare persönliche Position beziehe. Dies wäre aber auch im Hinblick auf die deutsch-französischen Beziehungen von großer Bedeutung. Nach der Auseinandersetzung mit Chirac[15] könne es von der französischen Öffentlichkeit falsch verstanden werden, wenn sich Bundeskanzler zur Mitterrand-Initiative nicht äußere. Es könne der Verdacht aufkommen, daß sich zwischen der SPD und den französischen Sozialisten doch eine Annäherung vollziehe. Bundeskanzler sagte zu, daß im Laufe der Woche durch einen Regierungssprecher eine öffentliche Äußerung erfolge.[16]

Leonberger

Bundeskanzleramt, AZ: 21-30 100 (56), Bd. 41

169

Aufzeichnung des Ministerialdirigenten Dittmann

410-420.05   1. Juni 1976[1]

Betr.: EG-Ministerrat am 31.5.1976;
     hier: Behandlung des Tindemans-Berichts[2]

Die Minister behandelten in der vertraulichen Vorbesprechung, begleitet von je einem Mitarbeiter, den Tindemans-Bericht. Die Diskussion war unmittelbar davor durch die Mitarbeiter vorbereitet worden.

I. Die Erörterung konzentrierte sich auf folgende Vorschläge Tindemans' (Kapitel II, A und B[3]):

1) Aufhebung der bestehenden Unterscheidung zwischen EG-Ministerrat und PZ und Schaffung eines einzigen Entscheidungszentrums.

---

15 Zu den Ausführungen des Ministerpräsidenten Chirac am 5. Mai 1976 über Presseäußerungen des Bundeskanzlers Schmidt zur Frage der Regierungsbeteiligung europäischer kommunistischer Parteien vgl. Dok. 133, besonders Anm. 2.

16 In einem am 16. Juni 1976 veröffentlichten Interview mit der Illustrierten „Stern" nahm Bundeskanzler Schmidt persönlich Stellung zur Initiative des Generalsekretärs der Sozialistischen Partei Frankreichs: „Ich halte das von Herrn Mitterrand initiierte Komitee für eine böse Sache, weil es von Voraussetzungen ausgeht, die nicht stimmen. Dabei hätte Mitterrand die Tatsachen zum Extremistenproblem leicht nachprüfen können. Er war sogar bei Willy Brandt. Seine Angriffe auf die Bundesrepublik sollen offensichtlich innenpolitischen Zielen in Frankreich dienen. Das ist kein Verhalten, wie es unter Sozialdemokraten in der internationalen Zusammenarbeit üblich ist." Vgl. STERN, Nr. 26 vom 16. Juni 1976, S. 24.

1 Hat Ministerialdirektor Lautenschlager am 4. Juni 1976 vorgelegen, der handschriftlich für Ministerialdirigent Dittmann vermerkte: „Inhaltlich dem Minister vorgetragen u[nd] teilweise in Paris behandelt."
Hat Dittmann erneut am 8. Juni 1976 vorgelegen.

2 Zum Tindemans-Bericht über die Europäische Union vom 29. Dezember 1975 vgl. Dok. 1.

3 Für den Wortlaut des Kapitels II („Europa in der Welt") Abschnitte A („Ein einziges Entscheidungszentrum") und B („Zu einer gemeinsamen Außenpolitik") des Tindemans-Berichts über die Europäische Union vom 29. Dezember 1975 vgl. EUROPA-ARCHIV 1976, D 59–61.

Als Ergebnis hielt MP Thorn fest, daß

– dem Vorschlag von MP Tindemans im Grundsatz zugestimmt werde;
– bei der Vorbereitung und Behandlung einzelner Themen die jeweiligen Verfahren zu beachten seien. Bei Überlappung müßten die Minister in jedem Einzelfall entscheiden;
– bei Behandlung von Gemeinschaftsthemen auch PZ-Fragen behandelt werden können, in Sitzungen der PZ jedoch nur in Ausnahmefällen Gemeinschaftsfragen besprochen werden könnten.

2) Berechtigung der Organe der Europäischen Union (EU), über alle Probleme beraten zu können, sofern sie die Belange Europas berühren; Einigung konnte nicht erzielt werden.

3) Umformung der politischen Verpflichtung der Mitgliedstaaten, die der PZ zugrunde liegt, in rechtliche Verpflichtung; Belgien, Dänemark, Italien, Luxemburg und Deutschland stimmten zu, Frankreich, Großbritannien, Irland und Niederlande lehnten ab. MP Thorn hielt fest, daß die Vorbehalte einiger Mitgliedstaaten und die zurückhaltende Stellungnahme von Präsident Ortoli zur Kenntnis genommen werden.

4) Verpflichtung, sich auf einen gemeinsamen Standpunkt in außenpolitischen Fragen zu einigen.

MP Thorn faßte zusammen:

– Verpflichtung zu gemeinsamem Standpunkt ohne Mehrheitsentscheidungen sei schwierig;
– die Zeit sei für Mehrheitsentscheidungen noch nicht reif;
– gleichwohl müßten Anstrengungen gemacht werden, um in immer weiteren Bereichen eine gemeinsame Haltung einzunehmen;
– dabei solle man sich auf einzelne Themen und Sektoren konzentrieren;
– die Minderheit solle sich bemühen, sich der Mehrheit anzuschließen.

II. Es gelang MP Thorn, die Debatte auf diese Punkte zu konzentrieren. MP Tindemans gab Erläuterungen zu seinen Vorschlägen, wobei er die Notwendigkeit integrationspolitischer Fortschritte betonte. Die Außenminister äußerten sich konkret zu den angesprochenen Punkten, so daß sich eine ernste Sachaussprache ergab. MP Thorn faßte die Ergebnisse zusammen, wobei allerdings divergierende Standpunkte blieben. Bei der Behandlung der Befugnisse der Organe der Union traten erhebliche Divergenzen zwischen MP Thorn und AM Sauvagnargues zutage.

Eine abschließende Bewertung behielten sich die Außenminister vor.

Sie bestätigten, daß auf jeder EG-Ratstagung der Tindemans-Bericht behandelt werden soll.

III. Im einzelnen:

1) Zur Aufhebung der Unterscheidung zwischen EG-Ministerrat und PZ wies AM Sauvagnargues auf unterschiedliche Verfahren in EG und PZ hin. Er betonte, daß man pragmatisch vorgehen müsse und die Verfahren nicht vermischen dürfe. EG und PZ müßten ihre Eigenschaften bezüglich Vorbereitung

und Verfahren bewahren, dies sei insbesondere bei Rolle der Kommission zu beachten (kein Vorschlagsrecht bei PZ!).

Minister Nørgaard war mit dem Konzept von MP Tindemans einverstanden. Auch er betonte den Unterschied der Verfahren; bei Fragen des EG-Vertrages[4] spiele Kommission die Hauptrolle.

StM Wischnewski schloß sich dem Vorschlag der Zusammenlegung von EG-Ratstagung und EPZ-Ministertreffen an und sprach sich gegen künstliche Trennungslinien aus. Die Rolle der Kommission dürfe dabei nicht unter die Räder kommen. Auch bei unterschiedlicher Vorbereitung müßten alle Aspekte zusammengeführt werden, wie dies z. B. bei der Behandlung der Politik gegenüber dem südlichen Afrika geschehen sei.

AM Rumor stimmte den Ausführungen von StM Wischnewski zu.

Staatssekretär Brinkhorst wies darauf hin, daß in Praxis bereits so verfahren werde; Aspekte der Rom-Verträge müßten nach deren Regeln erledigt werden.

Präsident Ortoli trat für eine Erweiterung des Mandats des AStV ein. Die Probleme der Vorbereitung seien schwierig.

MP Tindemans erklärte, daß auch die „gemischten" Themen der grauen Zone im EG-Rat behandelt werden sollten; man dürfe nicht zu formalistisch sein. Es käme nicht darauf an, das Bestehende festzuschreiben, sondern Fortschritte zu machen.

MP Thorn stellte fest, daß man über einige Kernfragen wie Rollen der Kommission, des AStV und der Politischen Direktoren nachdenken müsse. Vielleicht solle der AStV unter Mitwirkung der Politischen Direktoren tagen.

Staatsminister Hattersley stimmte dem Vorschlag von MP Tindemans zu.

2) Zu seinem Vorschlag, daß die Organe der Union über alle Probleme beraten können, sofern sie die Belange Europas berühren, erklärte MP Tindemans, daß damit auch das Europäische Parlament (EP) gemeint sei.

AM Sauvagnargues lehnte diesen Vorschlag als zweideutig ab. Es sei unvorsichtig, der EU eine allgemeine Kompetenz zu geben. Bezüglich des EG-Vertrages und gemeinsam beschlossener Aktionen, z. B. KIWZ, EAD, seien die Kompetenzen klar. Er schließe verbindliche Formen nicht aus, aber nur, wenn sie beschlossen worden sind.

Mehrere Minister wiesen darauf hin, daß im EP ohnehin über alles diskutiert werde.

Eine Einigung über diesen Vorschlag von MP Tindemans konnte nicht erzielt werden.

3) Dem Vorschlag, die politische Verpflichtung der Mitgliedstaaten, die der Politischen Zusammenarbeit zugrunde liegt, in eine rechtliche Verpflichtung umzuformen, stimmten Belgien, Dänemark, Italien, Luxemburg und Deutschland zu.

---

4 Für den Wortlaut der Römischen Verträge vom 25. März 1957 vgl. BUNDESGESETZBLATT 1957, Teil II, S. 753–1223.

StS Brinkhorst sagte, daß die Kopenhagener Formel[5] gelte, ein qualitativer Sprung z. Z. jedoch nicht möglich sei, die interne und externe Politik müsse erst einheitlicher werden.

StM Hattersley bezeichnete eine rechtliche Verpflichtung als gefährlich. Kopenhagen werde von Großbritannien eingehalten, eine Umwandlung sei jedoch nicht möglich.

AM FitzGerald äußerte sich ähnlich, wies auf Verfassungsschwierigkeiten, u. U. sogar die Notwendigkeit eines Referendums hin. AM Sauvagnargues hielt ein Protokoll für unnötig, da auf der Basis der Kopenhagener Vereinbarung die Konsultation funktioniere. Insbesondere sei es unmöglich, dem Rat der EG entsprechende Befugnisse zu geben.

Präsident Ortoli erklärte, daß der Kopenhagener Bericht eine große politische Bedeutung habe. Die Erarbeitung eines Protokolls sei von zweifelhaftem Wert. Solle man etwa bei Nichteinhaltung einer Konsultationsverpflichtung den Europäischen Gerichtshof einschalten?

4) Der Vorschlag von MP Tindemans, sich in Fragen der Außenpolitik zu verpflichten, „sich auf einen gemeinsamen Standpunkt zu einigen", wurde allgemein in der Tendenz als richtig, für die praktische Durchführung in der gegenwärtigen Lage als verfrüht bezeichnet.

AM Sauvagnargues war mit der Tendenz der Ausführungen Tindemans' zu einer gemeinsamen Außenpolitik einverstanden, nicht jedoch mit der Formulierung. Es bestehe die Gefahr, daß man sich immer nur auf den kleinsten gemeinsamen Nenner einige, dies berge die Gefahr, daß es überhaupt keine Außenpolitik der europäischen Staaten gebe. Deshalb müsse man punktuell vorgehen.

MP Thorn meinte, daß Verpflichtung zu gemeinsamem Standpunkt ohne Mehrheitsentscheidungen schwierig sei.

Staatssekretär Brinkhorst erklärte, daß es noch keine gemeinsame Außenpolitik gebe. Fortschritte müßten in den Bereichen gemacht werden, die nahe beim EG-Vertrag liegen.

Ähnlich äußerten sich AM FitzGerald und Minister Nørgaard. Letzterer wies darauf hin, daß gerade die größeren Länder häufiger ohne Angabe von Gründen nicht bereit seien, gemeinsame Positionen zu beziehen.

StM Wischnewski stimmte der Tendenz der Ausführungen von MP Tindemans zu. Mit der rechtlichen Verpflichtung zur Konsultation sei er einverstanden, für eine rechtliche Verpflichtung (über eine politische hinaus) zum gemeinsamen Handeln bestehe in der gegenwärtigen Lage keine Notwendigkeit. Mehrheitsbeschlüsse seien noch nicht möglich, doch solle Bemühen verstärkt werden, sich der Mehrheit anzuschließen; mindestens sollten Gründe für abweichende Haltung erläutert werden.

IV. Die Behandlung des Tindemans-Berichts wird auf dem Außenministertreffen am 12.6.76 fortgesetzt. Dabei soll insbesondere über den Teil „Konkrete So-

---

5 Vgl. dazu Ziffer 11 des Berichts über die Europäische Politische Zusammenarbeit auf dem Gebiet der Außenpolitik (Zweiter Luxemburger Bericht), der von den Außenministern der EG-Mitgliedstaaten am 23. Juli 1973 in Kopenhagen verabschiedet wurde; Dok. 1, Anm. 7.

fortmaßnahmen"[6] gesprochen werden. Zur Vorbereitung werden sich je ein Mitarbeiter der Minister am 11.6.76 treffen.[7]

Ein weiteres Treffen der Mitarbeiter ist für den 16.6.76 zur Vorbereitung der Erörterung auf dem Ministerrat am 28./29.6.76[8] vorgesehen.

Dittmann

Referat 410, Bd. 105610

170

Aufzeichnung des Ministerialdirigenten Meyer-Landrut

210-331.00-671[1]/76 geheim   **1. Juni 1976**[1]

Über Herrn Staatssekretär[2] Herrn Minister[3] zur Information und mit dem Vorschlag, bei den deutsch-französischen Außenministerkonsultationen gemäß dem unter II. 3) gemachten Vorschlag Stellung zu nehmen[4]

Betr.: Gespräch des französischen Botschafters in Bonn, Wormser, mit dem sowjetischen Botschafter in Ost-Berlin, Abrassimow, in Berlin (französischer Sektor) am 25. Mai 1976

Bezug: Randweisung des Herrn Ministers auf dem Vermerk von VLR I Dr. Lücking vom 28. Mai 1976 – 210-331.00-651/76 geh.[5]

Anlg.: 1[6]

I. Das Gespräch Abrassimow/Wormser als Beispiel für die Grundlinien der Berlinpolitik beider Staaten

1) Das Gespräch der beiden Botschafter vom 25. Mai 1976 (s. den in der Anlage beigefügten Vermerk) gibt Anlaß zu den folgenden Bemerkungen:

In Verfolg der Grundlinie der sowjetischen Haltung zum Vier-Mächte-Abkommen ist Abrassimow noch in keinem der vorangegangenen Gespräche mit ei-

---

6 Für den Wortlaut des Kapitels II („Europa in der Welt") Abschnitt C des Tindemans-Berichts über die Europäische Union vom 29. Dezember 1975 vgl. EUROPA-ARCHIV 1976, D 61 f.

7 Zum Sitzung der Arbeitsgruppe am 11. Juni 1976 sowie zum informellen Treffen der Außenminister der EG-Mitgliedstaaten in Luxemburg am folgenden Tag vgl. Dok. 193.

8 Die EG-Ministerratstagung fand am 29./30. Juni 1976 in Luxemburg statt. Vgl. dazu Dok. 193, Anm. 10.

1 Die Aufzeichnung wurde von Vortragendem Legationsrat I. Klasse Lücking und von Legationsrat von Arnim konzipiert.

2 Hat Staatssekretär Hermes am 1. Juni 1976 vorgelegen.

3 Hat Bundesminister Genscher am 2. Juni 1976 vorgelegen.

4 Vgl. dazu das Vier-Augen-Gespräch des Bundesministers Genscher mit dem französischen Außenminister Sauvagnargues am 2. Juni 1976 in Paris; Dok. 184.

5 Vgl. Dok. 163, besonders Anm. 1.

6 Dem Vorgang beigefügt. Für die Aufzeichnung des Vortragenden Legationsrats I. Klasse Lücking vom 28. Mai 1976 vgl. Dok. 163.

nem seiner drei westlichen Kollegen[7] so weit gegangen wie dieses Mal. Diese Grundlinie läßt sich als die beharrliche, schrittweise Umdeutung der Passagen des Vier-Mächte-Abkommens charakterisieren, welche westliche Positionen in Berlin absichern. Operativ geschieht dies seit mehreren Jahren dadurch, daß die Teile des Vier-Mächte-Abkommens, welche die politisch entscheidenden Elemente der Sonderbeziehung zwischen dem Bund und Berlin (West) absichern, neu interpretiert und am Ende in ihr Gegenteil verkehrt werden. Diese entscheidenden Elemente sind der Bindungs- und der Außenvertretungsbereich.[8]

2) Entsprechend dieser Grundlinie greift die Sowjetunion in internationalen Organisationen, in dritten Staaten und im Gespräch in Moskau mit uns vor allem das Außenvertretungsrecht an, das von westlicher Seite, insbesondere in der Bundesrepublik, als wichtigstes Ergebnis des Vier-Mächte-Abkommens empfunden worden ist.

Dagegen benutzt die Sowjetunion ihre Gespräche mit den Drei Mächten, insbesondere in Berlin, zu Vorstößen im Bindungsbereich, vor allem gegen jede nur denkbare Form von Bundespräsenz.

Zweck diese Vorgehens ist es, die Bundesrepublik in ihren bilateralen Beziehungen zur Sowjetunion zum Demandeur zu machen, in internationalen Organisationen und in Drittstaaten zum Störenfried zu stempeln und in ihrem Verhältnis zu den Drei Mächten als lästigen Urheber unnötiger Schwierigkeiten mit der Sowjetunion hinzustellen (vgl. hierzu insbesondere die Ausführungen Abrassimows zur Berechtigung von Personen, die in der Bundesrepublik Deutschland politische Verantwortung tragen, sich zum Vier-Mächte-Abkommen zu äußern).

3) Seit längerer Zeit bietet die vorsichtige Politik, welche die Bundesregierung bei der Aufrechterhaltung und Entwicklung der Bindungen betreibt, der Sowjetunion keinen Ansatzpunkt mehr, der sich mit einer – wenigstens aus dem Kontext des Vier-Mächte-Abkommens heraus – vertretbaren Argumentation für Angriffe auf die Berlinpolitik der Bundesregierung nutzen ließe. Diese Tatsache hat jedoch nicht dazu geführt, daß die Sowjetunion von ihrem – bisher allerdings nicht öffentlich betriebenen – Bemühen abgelassen hätte, die Bundesregierung auf die berlinpolitische Anklagebank zu versetzen. Vielmehr ist sie – konsequent ihrer oben beschriebenen Linie folgend – dazu übergegangen, Elemente der Bindungen anzugreifen, welche sie vor Abschluß des Vier-Mächte-Abkommens nicht, oder jedenfalls nicht in dieser Form, beanstandet hat (FDP-Treffen, „Bundeskonferenzen über alles und jedes", Schornsteinfegerkongreß)[9].

4) Von besonderer Bedeutung ist die Tatsache, daß Abrassimow seinen französischen Kollegen zu diesem Gespräch extra nach Berlin gebeten hatte, nachdem wenige Tage zuvor die „Erklärung der Sowjetregierung" über die deutsch-

---

7 Neben Olivier Wormser (Frankreich) Martin J. Hillenbrand (USA) und Oliver Wright (Großbritannien).

8 Vgl. dazu Teil II B und Anlage II sowie ferner Anlage IV des Vier-Mächte-Abkommens über Berlin vom 3. September 1971; Dok. 66, Anm. 8, bzw. Dok. 15, Anm. 6.

9 Zur Sitzung des FDP-Bundesvorstands am 17. Mai 1976 sowie zur Tagung des Zentralverbandes deutscher Schornsteinfeger im Mai 1976 in Berlin (West) vgl. Dok. 163, Anm. 11 und 12.

sowjetischen Beziehungen[10] veröffentlicht worden war. In seinem Gespräch mit dem Herrn Bundeskanzler am 24. Mai 1976 hatte Botschafter Falin in Bonn das Thema Berlin überhaupt nicht erwähnt.[11] Die Ausführungen Abrassimows könnten deshalb als Indiz dienen, wenn die Frage zu klären ist, was die Sowjetunion in Ziffer 8 der „Erklärung der Sowjetregierung" unter „Erfolgreichem Funktionieren" des Vier-Mächte-Abkommens verstanden wissen will.[12]

5) Die französische Berlinpolitik ist defensiv. Im konkreten Einzelfall versucht sie nicht, sowjetische Vorstöße durch einen eigenen Vorstoß zu beantworten, sondern das Problem herunterzuspielen, indem beruhigende Stellungnahmen abgegeben oder Antworten überhaupt vermieden werden. (Auf die Angriffe gegen den Herrn Bundespräsidenten, den Herrn Bundeskanzler und den Herrn Minister hat Wormser überhaupt nicht reagiert.) Vermutlich glaubt die französische Seite, auf diese Weise verhindern zu können, daß von Berlin Störungen der bilateralen Beziehungen Frankreichs zur Sowjetunion ausgehen.

Die Taktik Abrassimows, mit der Andeutung des Verlangens nach Vier-Mächte-Konsultationen seine Gesprächspartner in die Defensive zu versetzen, ist nun seit langem bekannt. Die Art und Weise, wie Botschafter Wormser darauf reagiert hat, ist charakteristisch für die französische Berlinpolitik allgemein.

II. Vorschlag

1) Der Gesprächsverlauf war bis in die Einzelheiten durch die grundsätzliche Orientierung der Berlinpolitik beider Seiten bestimmt. Das heißt, daß wir eine uns befriedigendere Stellungnahme der französischen Seite nur erreichen können, wenn es uns gelingt, die grundsätzliche Orientierung der französischen Berlinpolitik zu beeinflussen. Anders gesagt, die Gesprächsführung durch Botschafter Wormser ist nicht aus der Persönlichkeit des Botschafters zu erklären. Es würde deshalb nicht weiterführen, seine Gesprächsführung anzugreifen. Diese Gesprächsführung könnte höchstens zur Illustrierung dienen, wenn wir – bilateral mit den Franzosen oder mit den Drei Mächten zu viert – die Fragen erörtern, welche in der Berlinpolitik anstehen.

2) Eine solche Erörterung wird demnächst in der Bonner Vierergruppe beginnen, wenn die Arbeit an der Studie zu Berlin in Gang kommt, mit welcher die Vierergruppe auf dem Ministertreffen in Oslo am 22. Mai 1976 beauftragt worden ist.[13]

3) Es wird deshalb vorgeschlagen, das Gespräch der Botschafter in Berlin gegenüber dem französischen Außenminister[14] im Zusammenhang mit unserer Bewertung der „Erklärung der Sowjetregierung" zu ihrer Politik gegenüber der Bundesrepublik Deutschland anzuschneiden. Dabei könnte darauf hingewiesen werden, daß die Aussagen Abrassimows deutlich werden lassen, unter welchen

---

10 Zur sowjetischen Erklärung vom 22. Mai 1976 vgl. Dok. 158.
11 Für das Gespräch vgl. Dok. 151.
12 Für Ziffer 8 der sowjetischen Erklärung vom 22. Mai 1976 vgl. Dok. 158, Anm. 13.
13 Zur Beauftragung der Bonner Vierergruppe am Rande der NATO-Ministerratstagung mit der Ausarbeitung von zwei Berlin-Studien vgl. Dok. 149.
14 Jean Sauvagnargues.

Voraussetzungen die Sowjetunion bereit ist, ihre Beziehungen zur Bundesrepublik Deutschland zu entwickeln. Die sich abzeichnende sowjetische Verbindung von der Forderung nach berlinpolitischem Wohlverhalten mit dem Ausbau der bilateralen Beziehungen zur Bundesrepublik Deutschland sei eines der wichtigsten Elemente, über die nunmehr zu viert verstärkt gesprochen werden müsse, damit dieser sowjetischen Politik wirksam begegnet werden könne.

Die Sowjetunion versuche mit der Frage, welche Verstöße gegen das VMA denn ihr vorgeworfen werden könnten – einer Frage, die Abrassimow ja nicht zum ersten Mal gestellt habe –, die Position aufzubauen, daß nur der Westen es mit der Beachtung dieses Abkommens nicht genau nehme.

Diese Taktik könne nur dadurch vereitelt werden, daß sich die vier auf westlicher Seite in Berlin engagierten Partner auf eine gemeinsame Antwort einigten. Die Gedanken, die das NATO-Kommuniqué von Oslo enthalte[15], böten dazu den geeigneten Ansatzpunkt. Die Sowjetunion müsse[16] also an ihren Verstößen gegen die Bestimmungen des Abkommens, die den Bindungs- und den Außenvertretungsbereich treffen, festgehalten werden.[17]

Meyer-Landrut

VS-Bd. 10925 (210)

171

Aufzeichnung des Ministerialdirektors Lahn

2. Juni 1976[1]

Vermerk über Gespräch des Bundeskanzlers mit Ministerpräsident Prinz Fahd am 31.5.1976 in Riad[2]

Betr.: Bekämpfung des internationalen Terrorismus

BK unterrichtete mich über ein Gespräch, das er im Auto mit Prinz Fahd geführt hat und das den internationalen Terrorismus betraf, wie folgt:

Fahd habe ihm mitgeteilt, daß er demnächst den Besuch des Präsidenten von Uganda, Idi Amin, erwarte. Amin sei in vieler Hinsicht wohl nicht ganz zurech-

---

[15] Vgl. dazu Ziffer 6 des Kommuniqués über die NATO-Ministerratstagung am 20./21. Mai 1976; Dok. 149, Anm. 4.

[16] Dieses Wort wurde von Staatssekretär Hermes gestrichen. Dafür fügte er handschriftlich ein: „muß".

[17] So in der Vorlage.

[1] Hat Ministerialdirektor van Well vorgelegen, der die Weiterleitung an Ministerialdirigent Redies und an Referat 230 verfügte.
Hat Redies vorgelegen.
Hat Vortragendem Legationsrat I. Klasse Gorenflos am 9. Juni 1976 vorgelegen.

[2] Bundeskanzler Schmidt hielt sich vom 29. bis 31. Mai 1976 in Saudi-Arabien auf.

nungsfähig, aber noch gefährlicher sei Präsident Ghadafi von Libyen. Letzterer finanziere praktisch den gesamten internationalen Terrorismus. Er stünde hinter dem Bürgerkrieg im Libanon und ließe Terrorgruppen ausbilden, die überall in der Welt Unruhe stifteten. Sein Terrorismus sei auf die arabischen Länder nicht mehr zu lokalisieren, weshalb auch die Bekämpfung dieser internationalen Verschwörung nur im weltweiten Rahmen Erfolg verspreche. Prinz Fahd machte allerdings einen Unterschied zu der Tätigkeit derjenigen Volksgruppen, die für ihre nationale Unabhängigkeit mit Waffengewalt kämpften, wie etwa die Befreiungsbewegungen, z. B. PLO.

Der Bundeskanzler habe die Besorgnis des saudischen Ministerpräsidenten vollauf geteilt. Er berichtete ihm über die von uns ins Auge gefaßte Initiative auf der 31. GV der VN-Vollversammlung. Zur Zeit werden die möglichen Maßnahmen zur Bekämpfung des Terrorismus noch mit unseren EG-Partnern beraten.[3] BK sagte zu, die saudische Regierung in diese Überlegungen mit einzubeziehen und sie über unsere Botschaft in Djidda laufend zu unterrichten.

BK bittet das Auswärtige Amt, das Erforderliche zu veranlassen und unter Bezugnahme auf seine Unterredung mit Ministerpräsident Prinz Fahd die Botschaft Djidda mit den nötigen Instruktionen zu versehen.

Der Runderlaß des Auswärtigen Amts 230-530.36 vom 12.5.1976, der auch an Djidda gerichtet war, ist offenbar Prinz Fahd nicht zur Kenntnis gebracht worden.

Lahn

Referat 230, Bd. 121072

---

[3] Vgl. dazu die Erörterung der Initiative der Bundesrepublik für eine UNO-Konvention gegen Geiselnahme auf der Konferenz der Außenminister der EG-Mitgliedstaaten im Rahmen der EPZ am 3. Mai 1976 in Brüssel; Dok. 130.

172

Aufzeichnung des
Vortragenden Legationsrats I. Klasse Fleischhauer

500-503.30/1-799/76 VS-vertraulich　　　　　　　　　　**2. Juni 1976**[1]

Über Herrn Staatssekretär[2] Herrn Bundesminister[3]

Betr.: Genfer Diplomatische Konferenz zur Weiterentwicklung des humanitären Kriegsvölkerrechts[4];
　　　hier: Mögliche Auswirkungen der Konferenz auf das NATO-
　　　Verteidigungskonzept

Zweck der Vorlage: Zur Entscheidung

Entscheidungsvorschlag: Bitte um Zustimmung zum Vorschlag unter Abschnitt III.

Sachdarstellung:

Das Auswärtige Amt und das Bundesministerium der Verteidigung sind auf
Arbeitsebene übereingekommen, die Herren Bundesminister des Auswärtigen
und der Verteidigung[5] mit folgender auf der o. g. Konferenz aufgetretenen und
unter sicherheitspolitischen Gesichtspunkten wichtigen Problematik zu befassen.

I. Sachstand

1) Die Genfer Diplomatische Konferenz zur Weiterentwicklung des humanitä-
ren Kriegsvölkerrechts ist im Jahr 1974 von der Schweiz einberufen worden.
Gegenwärtig wird vom 21. April bis 11. Juni 1976 ihre III. Session abgehalten.
Sie wird in diesem Jahr nicht mehr zum Abschluß kommen und im nächsten
Frühjahr fortgesetzt werden. Etwa 140 Staaten nehmen an der Konferenz teil.
Unsere Delegation wird von Botschafter z. b. V. Richard Balken geleitet.

2) Aufgabe der Konferenz ist die Erarbeitung zweier Zusatzprotokolle zu den
vier Genfer Rot-Kreuz-Konventionen von 1949[6]. Die Konferenzmaterialien sind

---

1 Die Aufzeichnung wurde von Vortragendem Legationsrat I. Klasse Freiherr Marschall von Bieberstein konzipiert.
Hat Vortragendem Legationsrats I. Klasse Schönfeld am 8. Juni 1976 vorgelegen, der handschriftlich vermerkte: „Auch wenn wir weiter mitmachen, die Öffentlichkeit aber klar erkennt, daß wir
die in Aussicht genommenen Verbote umgehen wollen bzw. ohne Relativierung betreiben, wird daraus ein publizistischer Schlager."

2 Hat Staatssekretär Hermes am 8. Juni 1976 vorgelegen, der zum Vermerk des Vortragenden Legationsrats I. Klasse Schönfeld handschriftlich vermerkte: „r[ichtig]". Ferner vermerkte er: „VS-vertraulich einstufen."

3 Hat Bundesminister Genscher am 12. Juni 1976 vorgelegen.

4 Zur Diplomatischen Konferenz zur Bestätigung und Weiterentwicklung des in bewaffneten Konflikten anwendbaren humanitären Völkerrechts vgl. Dok. 17, besonders Anm. 6.

5 Georg Leber.

6 Für den Wortlaut der Genfer Abkommen vom 12. August 1949 zur Verbesserung des Loses der Verwundeten und Kranken der Streitkräfte im Felde, zur Verbesserung des Loses der Verwundeten,
Kranken und Schiffbrüchigen der Streitkräfte zur See, über die Behandlung der Kriegsgefangenen
sowie zum Schutze von Zivilpersonen in Kriegszeiten vgl. UNTS, Bd. 75, S. 31–417. Für den deutschen Wortlaut vgl. BUNDESGESETZBLATT 1954, Teil II, S. 783–986.

entsprechende Protokollentwürfe, die vom Internationalen Komitee vom Roten Kreuz auf der Grundlage von Ergebnissen zweier Vorkonferenzen erstellt wurden.[7] Der Entwurf für das I. Zusatzprotokoll, das die internationalen bewaffneten Konflikte behandelt – lediglich hierauf bezieht sich diese Vorlage –, enthält erstmals seit der Haager Landkriegsordnung von 1907[8] auch bestimmte Neuregelungen des sogenannten Kriegsführungsrechts.

3) Im Rahmen dieser Weiterentwicklung völkerrechtlicher Kriegsführungsbestimmungen sind während der II. Konferenzsession im Jahre 1975[9] zunächst auf Kommissionsebene eine Reihe von Vorschriften angenommen worden, die – wenn sie geltendes Völkerrecht würden – möglicherweise weitreichende verteidigungspolitische Konsequenzen haben könnten. Aufgrund der bei der Konferenz bestehenden Mehrheitsverhältnisse ist nicht mehr damit zu rechnen, daß diese Bestimmungen noch geändert werden können.

a) Besonders kritisch ist das Verbot unterschiedslos wirkender Angriffe gegen militärische Ziele und Zivilbevölkerung/zivile Objekte, im einzelnen

– Angriffe, die nicht gegen ein bestimmtes Ziel gerichtet sind (z.B. weiträumiges Flächenfeuer),

– Angriffe, bei denen Kampfmethoden und Kampfmittel verwendet werden, die nicht gegen ein bestimmtes militärisches Ziel gerichtet werden können (z.B. Einsatz von Landminen),

– Angriffe, deren Wirkungen nicht auf das militärische Ziel beschränkt werden können (z.B. Einsatz von Atomsprengkörpern mit radioaktivem Niederschlag oder Umweltschädigungen).

b) Folgende Auswirkungen auf das Abschreckungs- und Verteidigungskonzept der NATO einschließlich seiner nuklearen Komponente sind aus unserer Sicht zu befürchten:

– Schaffung eines vertraglichen Verbotstatbestandes, der im Sinne des weitgehenden Ausschlusses des Einsatzes von Nuklearwaffen, insbesondere im dicht besiedelten Mitteleuropa, ausgelegt werden könnte;

– einschneidende Reduzierung der Möglichkeiten konventioneller Gefechtsführung;

– dementsprechend Einschränkung des von uns bisher vorausgesetzten völkerrechtlich noch gegebenen Handlungsspielraums des militärischen Befehlshabers im Verteidigungsfalls;

– umfangreiche Beschränkungen bereits in der Friedensausbildung, da – in Anbetracht unseres ausgebauten Rechtswegsystems – jedem Bundeswehrsoldaten die Möglichkeit offensteht, durch eine höchstrichterliche Überprü-

---

[7] Expertenkonferenzen des Internationalen Komitees vom Roten Kreuz (IKRK) über völkerrechtliche Fragen eines Anwendungsverbots von übermäßig verletzenden oder unterschiedslos wirkenden Waffen fanden vom 24. September bis 18. Oktober 1974 in Luzern und vom 28. Januar bis 26. Februar 1976 in Lugano statt.

[8] Für den Wortlaut des Abkommens vom 18. Oktober 1907 betreffend die Gesetze und Gebräuche des Landkriegs (IV. Haager Abkommen) vgl. REICHSGESETZBLATT 1910, S. 107–151.

[9] Die II. Session der Diplomatischen Konferenz zur Bestätigung und Weiterentwicklung des in bewaffneten Konflikten anwendbaren humanitären Völkerrechts fand vom 3. Februar bis 18. April 1975 in Genf statt.

fung seiner Dienst- und Ausbildungsvorschriften die Unvereinbarkeit der gegenwärtigen NATO-Strategie, vor allem im Nuklearbereich, mit dem neugeregelten Kriegsvölkerrecht feststellen zu lassen und entsprechende Änderungen von der Bundesregierung zu verlangen. Die Rückwirkungen auf die Allianz wären evident.

4) Diese Problematik ist im Anschluß an die II. Konferenz-Session bilateral mit den Vereinigten Staaten und im engeren NATO-Kreis (USA, Großbritannien, Frankreich, Kanada und wir) auf der Ebene der Delegationsleiter für die Genfer Konferenz konsultiert worden. Sie ist bewußt nur in diesem Kreis behandelt und nicht in Brüssel in das Bündnis eingeführt worden, um der Gefahr vorzubeugen, daß die möglichen Auswirkungen, vor allem auf die Nuklearstrategie, vorzeitig nach außen dringen und dadurch die Wahrung unserer Interessen auf der Konferenz erschwert würde. In der Frage, wie unsere Allianzpartner die bisherige Entwicklung beurteilen und in welcher Weise sie ihr aus innerstaatlichen Erfordernissen und/oder aus bündnispolitischen Erwägungen begegnen wollen, hat sich folgendes Bild herausgeschält:

USA/Großbritannien

Unsere Bedenken in der Frage sowohl der nuklearen als auch der konventionellen Kampfführung werden von ihnen nur partiell geteilt; unsere innerstaatliche Problematik (gerichtliche Überprüfbarkeit von Dienstvorschriften) stellt sich in ihren Rechtssystemen nicht.

– Zum Teil aus ihrer eigenen Interessenlage, zum Teil mit Rücksicht auf unsere Befürchtungen beabsichtigen sie, durch Abgabe entsprechender Erklärungen zu Protokoll der Konferenz wie auch im Rahmen des späteren Ratifizierungsverfahrens klarzustellen, daß die Zusatzprotokolle die völkerrechtlichen Regeln über den Einsatz von Nuklearwaffen unberührt lassen;

– Für den Bereich der konventionellen Kriegsführung werden entsprechende Schritte auf völkerrechtlicher Ebene nicht erwogen, wohl aber Vorkehrungen nach innen (Dienstvorschriften), die der Neuregelung der Zusatzprotokolle unter Ausnutzung des vorhandenen Interpretationsspielraums in vertretbarem Maß Rechnung tragen sollen.

Frankreich

Die Franzosen, die sich bisher eher zurückhaltend an der Diskussion dieser Fragen beteiligt haben, scheinen ein ähnliches Vorgehen zu erwägen.

Kanada

Die Kanadier haben sich unseren Befürchtungen am weitesten zugänglich gezeigt, haben ihre endgültigen Absichten zur Behandlung des Problems aber noch nicht klargelegt.

II. Bewertung

1) Die geschilderte Problematik hat ihren Ursprung in einer unerwarteten, während der Konferenz eingetretenen Akzentverschiebung von den humanitärrechtlichen Fragen auf den Komplex der Kriegsführungsbestimmungen. Zudem hat der bisherige Verlauf der Konferenz gezeigt, daß das von ihr erarbeitete völkerrechtliche Instrument in einer Reihe von Grundsatzfragen Regelungen enthalten wird, die aufgrund der bestehenden Mehrheitsverhältnisse

gegen den Willen des Westens zustande gekommen sind. Bei dieser Sachlage drängt sich natürlich die Frage auf, inwieweit diese Entwicklung eine weitere Mitarbeit rechtfertigt und ob eine Unterzeichnung und Ratifizierung des zu erwartenden Konferenzergebnisses überhaupt erwogen werden soll.

2) Zur Beurteilung der möglichen Auswirkungen der Genfer Konferenz ist zu berücksichtigen, daß die oben (I. 3) dargestellten Beschränkungen ein Risiko von grundlegender Bedeutung für die Sicherheitsinteressen der Allianz und ihrer Mitglieder in sich bergen können. Für uns stellt sich im Hinblick auf unser weitausgebautes innerstaatliches Rechtswegsystem – wie schon ausgeführt – noch ein zusätzliches Problem. Deshalb muß die Bundesregierung in engster Abstimmung mit ihren wichtigsten Verbündeten zu vermeiden suchen, im Zusammenhang mit der Konferenz in eine Situation zu geraten, in der die Völkerrechtsmäßigkeit der NATO-Verteidigungskonzeption von irgendeiner Seite – vom Ausland oder innerstaatlich – in Frage gestellt werden könnte.

Ob die Möglichkeit einer rechtlichen Angreifbarkeit der geltenden NATO-Strategie durch Berufung darauf aufgefangen werden kann, daß diese Strategie allein für den Fall der Selbstverteidigung (Art. 51 der VN-Satzung[10]) gedacht ist, daß sie auf dem Gedanken der Verhältnismäßigkeit aufbaut und daß sie in jedem Fall durch den auch im Völkerrecht wirksamen Gesichtspunkt der Notwehr gerechtfertigt ist, erscheint nicht sicher. Denn einer Berufung auf das Notwehrrecht, vor allem wenn es um den „first use" von Atomwaffen geht, der allein in der Verteidigungskonzeption der NATO für bestimmte Situationen vorgesehen ist, könnte unsere vorbehaltlose Zustimmung zu dem Vertragswerk und den in ihm vereinbarten Beschränkungen des Kriegsführungsrechts entgegengehalten werden.

3) Diese Dimension der Auswirkungen der Genfer Konferenz auf die westliche Verteidigungskonzeption ist möglicherweise von unseren Verbündeten bisher nicht in ihrer ganzen Tragweite erkannt worden. Einer der Gründe dafür mag darin liegen, daß dieser Themenkreis, der bei uns in erster Linie vom Bundesminister der Verteidigung angesprochen worden ist, bisher bei unseren Verbündeten ohne ausreichende Beteiligung aller zuständigen Fachleute behandelt wurde.

Es erscheint unumgänglich, unsere engsten Verbündeten bald auf hoher politischer Ebene mit den möglichen sicherheitspolitischen Konsequenzen der Genfer Kriegsrechtskonferenz für die westliche Allianz zu konfrontieren und sie ihnen besser als bisher bewußt zu machen. In erster Linie sollten wir ein einheitliches weiteres Vorgehen des engeren NATO-Kreises anstreben und in zweiter Linie jedenfalls die Zusicherung einer vollen Unterstützung unserer Haltung, die wir auf der Konferenz zur völkerrechtlichen und sicherheitspolitischen Absicherung unserer Interessen zu vertreten beabsichtigen.

---

10 Artikel 51 der UNO-Charta vom 26. Juni 1945: „Nothing in the present Charter shall impair the inherent right of individual or collective self-defense if an armed attack occurs against a Member of the United Nations, until the Security Council has taken the measures necessary to maintain international peace and security. Measures taken by Members in the exercise of this right of self-defense shall be immediately reported to the Security Council and shall not in any way affect the authority and responsibility of the Security Council under the present Charter to take at any time such action as it deems necessary in order to maintain or restore international peace and security." Vgl. BUNDESGESETZBLATT 1973, Teil II, S. 465.

4) Eine Aufkündigung unserer Teilnahme an der Konferenz würde keine politisch vertretbare Option darstellen, abgesehen davon, daß eine solche Maßnahme gegenwärtig von keinem westlichen Staat ernsthaft erwogen wird. Der Rückzug von einer Konferenz, deren erklärtes Ziel die Verbesserung des Schutzes von Opfern bewaffneter Konflikte ist, könnte von der Bundesregierung weder vor der deutschen noch vor der internationalen Öffentlichkeit vertreten werden. Wir sind deshalb darauf angewiesen, innerhalb der Konferenz die Berücksichtigung unserer essentiellen Interessen zu erreichen zu versuchen. Abhängig von dem Erfolg dieser Bemühungen wird dann auch über unsere Haltung zu den einmal fertiggestellten Zusatzprotokollen entschieden werden müssen.

5) Um den Schwierigkeiten zu begegnen, die einzelne der vorgesehenen Kriegsführungsbestimmungen für unsere Verteidigungskonzeption mit sich bringen könnten (vgl. oben I. 3), haben unsere Verbündeten die Abgabe von interpretierenden Erklärungen ins Auge gefaßt, durch die klargestellt werden soll, daß die Zusatzprotokolle die völkerrechtlichen Regeln über den Einsatz von Nuklearwaffen unberührt lassen und daß sich die neuen Bestimmungen daher nur auf die konventionelle Kriegsführung beziehen. Durch eine derartige, den Alliierten aus ihrer Interessenlage ausreichend erscheinende Erklärung könnten zwar viele der politischen Schwierigkeiten vermieden werden, die aus der Einlegung eines formellen Vorbehalts gegen das humanitäre Verbot von unterschiedslos auch die Zivilbevölkerung treffenden Angriffen mit Sicherheit entstehen würden. Gleichwohl wäre für uns – insbesondere im Hinblick auf die aus unserer innerstaatlichen Rechtsordnung sich ergebende Problematik (gerichtliche Überprüfbarkeit von Dienstvorschriften) – eine solche Erklärung keine zweifelsfreie Sicherheit, weil

– sie keinen formellen Vorbehaltscharakter hat;

– sie das für den Einsatz von bestimmten, für uns notwendigen konventionellen Waffen ebenfalls bestehende Problem sowieso nicht lösen könnte.

Unsere Überlegungen gehen deshalb primär dahin, bei der Ratifizierung der Zusatzprotokolle gegen die unsere Verteidigungskonzeption beschwerenden Bestimmungen Vorbehalte einzulegen, die jedoch nicht expressis verbis auf die nukleare Kriegsführung oder auf bestimmte Beschränkungen der konventionellen Kriegsführung, sondern statt dessen ganz allgemein auf die Wiederherstellung des für die gesamte Kampfführung entscheidenden völkerrechtlichen Grundsatzes der Verhältnismäßigkeit abstellen sollen.

Der Grundsatz der Verhältnismäßigkeit untersagt die Anwendung solcher Kampfmethoden und -mittel, deren schädliche Auswirkungen auf Nichtkombattanten in einem Mißverhältnis zu den militärischen Notwendigkeiten und dem erwarteten militärischen Nutzen stehen. Der Grundsatz der Verhältnismäßigkeit würde daher den Einsatz von Nuklearwaffen und von bestimmten konventionellen Waffen (z.B. von flächendeckenden Waffen) dann gleichwohl erlauben, wenn die von diesen Waffen verursachte Auswirkungen auf Nichtkombattanten in einem für vertretbar gehaltenen Verhältnis zu dem zu erwartenden militärischen Erfolg und seiner Bedeutung für die Gesamtverteidigung stehen.

Allerdings tritt bei der von uns angestrebten Lösung die Schwierigkeit auf, daß die Protokollentwürfe aus humanitären Erwägungen die Abgabe von Vorbehalten gegen eine Reihe von Vorschriften, darunter auch die entscheidenden

Kampfführungsbestimmungen, ausdrücklich verbieten. Die diese Vorbehaltssperre festlegende Vorschrift steht jedoch noch zur Verhandlung an. Daher wird sich unsere besondere Anstrengung darauf richten, entweder die Regelung eines Vorbehaltsverbots ganz zu eliminieren oder zumindest die Kriegsführungsbestimmungen von diesem Verbot auszunehmen. Die zweite Alternative erscheint nach dem jetzigen Konferenzstand nicht ohne Aussicht auf Verwirklichung.

III. Vorschlag

1) Es wird vorgeschlagen, daß der Herr Minister mit dem Herrn Bundesverteidigungsminister, dem in seinem Haus eine identische Aufzeichnung vorgelegt wird, Einvernehmen über die in Abschnitt II enthaltene Bewertung erzielt.

2) Es wird vorgeschlagen, daß der Herr Minister bei seinem nächsten Treffen mit dem Außenminister der USA[11] und unseren anderen Hauptverbündeten die Problematik mit dem Ziel anspricht, Verständnis für unsere Besorgnisse zu wecken und für die von uns angestrebte Vorbehaltslösung zu werben. Hierfür werden jeweils Sprechzettel vorbereitet werden.

Der Wortlaut dieser Aufzeichnung ist auf Arbeitsebene mit dem Bundesminister der Verteidigung abgestimmt worden. Herr Botschafter Balken und Herr Dg 20[12] haben mitgezeichnet. Herr Dg 22[13] hat auf Mitzeichnung verzichtet.

Fleischhauer

VS-Bd. 9705 (500)

173

Runderlaß des Vortragenden Legationsrats von Kameke

240-312.74   Aufgabe: 2. Juni 1976, 11.21 Uhr[1]
Fernschreiben Nr. 60 Ortez

Zum Ergebnis der IV. VN-Konferenz für Handel und Entwicklung (UNCTAD IV) in Nairobi vom 5. bis 31. Mai 1976

I. Nach schwierigen Verhandlungen ist die IV. VN-Konferenz für Handel und Entwicklung am 31. Mai 1976 mit einer Reihe bedeutsamer, meist im Konsensus gefaßter Entschließungen zur künftigen Gestaltung der wirtschaftlichen Beziehungen zwischen EL und IL zu Ende gegangen.

Zentrales Thema der Konferenz war die Forderung der EL auf Errichtung eines Gemeinsamen Fonds im Rahmen eines integrierten Rohstoffprogramms.

---

[11] Henry Kissinger.
[12] Franz Pfeffer.
[13] Hellmuth Roth.

[1] Durchdruck.

Besonders wichtig waren auch die Forderungen zur Milderung der Schulden-
last der EL und zur Annahme eines rechtsverbindlichen Verhaltenskodex für
den Technologietransfer.[2] Nachdem die Konferenz an einer Reihe für viele IL
unannehmbarer Forderungen im Rohstoff- und Verschuldungssektor zu scheitern drohte, konnte in der Schlußphase ein für IL und EL annehmbarer Kompromiß erzielt werden. Die Konferenz konnte nur zu einem Erfolg geführt werden, weil beide Seiten entschlossen waren, sich auf eine Reihe praktischer
Maßnahmen im Bewußtsein wachsender gegenseitiger Abhängigkeit mit dem
Ziel zu verständigen, das Zusammenwirken zwischen IL und EL zu verbessern.
Wir haben dabei jedoch nicht einer neuen Weltwirtschaftsordnung mit für uns
unannehmbaren dirigistischen Maßnahmen zugestimmt.

Die deutsche Delegation wurde nacheinander von BM Friderichs, StS Hermes
und BM Bahr (ständige Delegationsleitung AA: Botschafter Jaenicke) geleitet.
In der Schlußphase waren beide BM anwesend. Die Federführung lag beim
BMWi.

II. Wichtigste Ergebnisse

1) Rohstoffe

Annahme einer Resolution über ein „integriertes Rohstoffprogramm"[3] mit den
Zielsetzungen, exzessive Preisschwankungen zu vermeiden, die Exporterlöse
der EL zu steigern, die Produktionsstrukturen in den EL zu diversifizieren, die
EL stärker an der Vermarktung und dem Transport ihrer Erzeugnisse zu beteiligen sowie allgemein den Marktzugang und die Versorgungssicherheit zu

---

[2] Zu den Forderungen der Entwicklungsländer („Gruppe der 77") bei der IV. UNCTAD-Konferenz
vgl. Dok. 155, Anm. 6.

[3] Am 27. Mai 1976 brachte der Sprecher der Industriestaaten („Gruppe B") zwei Papiere in die Kontaktgruppe bei der IV. UNCTAD-Konferenz in Nairobi ein. Es handelte sich dabei um einen Entwurf der Europäischen Gemeinschaften zu Finanzierungsfragen im Rohstoffbereich. Anhand von
amerikanischen Änderungsvorschlägen erstellte eine Arbeitsgruppe ein zweites Papier, das allerdings keine Mehrheit innerhalb der „Gruppe B" fand. Die Gruppe beschloß daher, den ursprünglichen EG-Entwurf sowie die geänderte Fassung der Arbeitsgruppe gleichzeitig vorzulegen. Vgl. dazu die Drahtberichte Nr. 266 und Nr. 267 des Botschafters Jaenicke, z. Z. Nairobi, vom 28. Mai
1976; Referat 402, Bd. 122140. Für den Wortlaut der Entwürfe vgl. PROCEEDINGS OF THE UNITED
NATIONS CONFERENCE ON TRADE AND DEVELOPMENT, Bd. I, S. 140–143.
Dazu berichteten die Bundesminister Friderichs und Bahr: „Durch die mehrfachen Verzögerungen
war die Stimmung der 77 ohnehin gereizt. Nachdem in einer gegen 22.00 Uhr beginnenden Sitzung
die beiden mit Vorbehalten versehenen Rohstoffpapiere vom Sprecher der B-Gruppe eingebracht
waren, reagierten DPZ-Sprecher der EL von emotionaler Enttäuschung über Sarkasmus, Hohn bis
zu unterkühlter Ankündigung (Algerien), aus dieser Situation bei der Zusammenkunft der blockfreien Länder in Colombo die politische Konsequenz zu ziehen, eine neue Strategie gegenüber den
IL einzuschlagen, nachdem die Versuche zur Kooperation gescheitert seien." Vgl. den Drahtbericht
Nr. 265 vom 28. Mai 1976; Referat 402, Bd. 122140.
Auf der Basis eines am folgenden Tag von der „Gruppe der 77" vorgelegten neuen Resolutionsentwurfs sowie eines Non-paper der „Gruppe B" über einen Gemeinsamen Fonds erarbeitete eine
hochrangige Gruppe aus je sieben Vertretern der Industrie- bzw. der Entwicklungsländer („Kili-
mandscharo-Gruppe") den endgültigen Text der Resolution über ein integriertes Rohstoffprogramm,
der schließlich in der Nacht zum 31. Mai 1976 verabschiedet wurde. Vgl. den Drahtbericht Nr. 264
des Botschafters Jaenicke, z. Z. Nairobi, vom 28. Mai 1976 sowie den Drahtbericht Nr. 276 des Mi-
nisterialrats Koinzer, Bundesministerium für Wirtschaft, z. Z. Nairobi, vom 31. Mai 1976; Referat
402, Bd. 122140.
Für den Wortlaut der Resolution Nr. 93 (IV) („Integriertes Rohstoffprogramm") der IV. UNCTAD-
Konferenz vom 30. Mai 1976 in Nairobi vgl. PROCEEDINGS OF THE UNITED NATIONS CONFERENCE ON
TRADE AND DEVELOPMENT, Bd. I, S. 6–9. Für den deutschen Wortlaut vgl. EUROPA-ARCHIV 1976,
D 412–416.

verbessern. Das Programm soll sich vorerst erstrecken auf Bananen, Bauxit, Kakao, Kaffee, Kupfer, Baumwolle, Hartfasern, Eisenerze, Jute, Mangan, Fleisch, Phosphate, Kautschuk, Zucker, Tee, tropische Hölzer, Zinn und Pflanzenöle (Katalog der „Manila-Deklaration"[4]). Weitere Rohstoffe können eingeschlossen werden.

Für die Durchführung des Programms werden Schritte zu Verhandlungen über einen „Gemeinsamen Fonds" und ein längerer Katalog von Maßnahmen – darunter der Abschluß von Rohstoffabkommen – genannt. Über das weitere Vorgehen ist jeweils ein zweistufiges Verfahren für einzelne Produkte und Finanzierungsfragen vereinbart, ohne daß das Ergebnis vorweggenommen wird: Aufnahme von vorbereitenden Gesprächen über einzelne Produkte ab 1. September 1976, die spätestens im Februar 1978 abgeschlossen sein sollen. Auf die jeweiligen Vorgespräche sollen unmittelbar bis Ende 1978 abzuschließende Verhandlungen folgen. Eine Verhandlungskonferenz über die Schaffung eines „Gemeinsamen Fonds" soll – ebenfalls nach entsprechenden Vorgesprächen – bis spätestens März 1977 einberufen werden. Bestehende unterschiedliche Auffassungen über Zweck und Modalitäten des Fonds werden ausdrücklich anerkannt.

IL haben bei der Aufzählung der Maßnahmen klare Bezugnahmen auf Indexierung und auf eine kompensatorische Finanzierung der Differenz zwischen „Marktpreisen und vereinbarten Zielpreisen" vermeiden können. Außerdem haben sie sich nicht zu einer obligatorischen Beteiligung von Verbrauchern an Ausgleichslagern verpflichtet.

USA, Australien, Kanada und das Vereinigte Königreich betonten – ebenso wie wir[5] – in eigenen interpretativen Erklärungen, daß sie Ausgang künftiger Verhandlungen nicht präjudiziert sehen. Die Niederlande begrüßten im Namen von 16 Mitgliedstaaten (darunter Belgien, Dänemark, Irland, Italien, Luxemburg, Niederlande) der B-Gruppe (insgesamt 29 westliche Industrieländer) die Resolution und sicherten aktive Mitarbeit an ihrer Realisierung zu. Frankreich hob in gesonderter Erklärung Bedeutung der Resolution uneingeschränkt positiv hervor.[6]

4 Vgl. dazu Abschnitt I Ziffer 7 des Aktionsprogramms der dritten Ministertagung der „Gruppe der 77" vom 26. Januar bis 7. Februar 1976 in Manila; PROCEEDINGS OF THE UNITED NATIONS CONFERENCE ON TRADE AND DEVELOPMENT, Bd. I, S. 113. Für den deutschen Wortlaut vgl. EUROPA-ARCHIV 1976, D 406.

5 Botschafter Jaenicke, z. Z. Nairobi, nahm am 30. Mai 1976 in der Schlußerklärung der Delegation der Bundesrepublik zu der unter Nr. TD/L 131 eingebrachten Rohstoffresolution Stellung: „Die Resolution Nr. TD/L 131 dokumentiert die gemeinsame Erkenntnis, daß die gegenseitige Abhängigkeit wächst. Wir haben nicht nachträglich einer neuen Weltwirtschaftsordnung und entsprechenden Grunddokumenten zugestimmt, sondern konkreten Schritten, die die Struktur der Weltwirtschaft verbessern sollen. Die Bundesrepublik Deutschland wird sich aktiv an den vorbereitenden Treffen und Verhandlungen beteiligen. Von deren Ergebnis wird es abhängen, welche Rohstoffabkommen wir erreichen können und ob ein gemeinsamer Fonds das beste Mittel ist, um Ausgleichslager zu finanzieren. Wir bleiben bei unserer Auffassung, daß es auch nicht im Interesse der Länder der Dritten Welt wäre, einen dirigistischen Mechanismus für zentrale Lenkung zu schaffen. Wir lehnen die Indexierung weiterhin ab, und nach wie vor glauben wir nicht, daß künstliche Eingriffe bei Preisen und in die Produktions- und Handelsstrukturen die Weltwirtschaft wachsen lassen oder den Anteil der Entwicklungsländer am Welthandel vergrößern." Vgl. BULLETIN 1976, S. 608.

6 Für den Wortlaut der Schlußerklärungen der Delegationen Australiens, Frankreichs, Großbritanniens, Kanadas, der Niederlande und der USA vgl. PROCEEDINGS OF THE UNITED NATIONS CONFERENCE ON TRADE AND DEVELOPMENT, Bd. II, S. 195 f. und S. 204 f.

Der von der B-Gruppe eingebrachte Entwurf über eine baldige Prüfung des Vorschlags zur Schaffung einer „Internationalen Rohstoffbank" scheiterte in der Abstimmung bei einer beachtlichen Zahl von Stimmenthaltungen (44) der EL nur knapp (31 zu 33).[7]

2) Verschuldung der EL

Erstaunliche Zurückhaltung der EL in der Verschuldungsfrage während der Schlußphase der Konferenz ermöglichte Formel, wonach die „bestehenden internationalen Gremien" (EL denken an UNCTAD, IL an KIWZ) aufgefordert werden, bis Ende des Jahres Kriterien zur Lösung des Verschuldungsproblems zu erarbeiten, die anschließend vom UNCTAD-Rat überprüft werden sollen.[8]

3) Handel mit Fertigwaren und GATT-Runde

Entschließungen über eine umfassende Strategie zur Ausweitung der Fertigwarenexporte der EL[9] und über stärkere Berücksichtigung der Interessen der EL in der GATT-Runde[10].

4) Transnationale Unternehmen

Entschließung zur Einflußnahme auf die Tätigkeit transnationaler Unternehmen im Sinne einer beschleunigten Industrialisierung der EL (nach Abstimmung bei Stimmenthaltung der EG).[11]

---

[7] Zum amerikanischen Vorschlag der Schaffung einer Internationalen Rohstoffbank vgl. Dok. 155, Anm. 7.
Ministerialrat Koinzer, Bundesministerium für Wirtschaft, z. Z. Nairobi, berichtete dazu am 31. Mai 1976, daß der am Vortag eingebrachte Entwurf eine baldige Prüfung des Vorschlags einer Internationalen Rohstoffbank vorgesehen habe: „In zum Teil scharfen Erklärungen sprachen sich Kuba, UdSSR, Nordkorea, Irak, Tansania, Libyen und Nigeria gegen den Vorschlag aus. [...] Hinweis, daß der Plan gegen die Souveränität der EL verstoße und man damit den Interessen der Imperialisten und der multinationalen Gesellschaften diene. Die von einigen EL verlangte namentliche Abstimmung hatte folgendes Ergebnis: 31 Ja (IL und einige lateinamerikanische Staaten), 33 Nein (soz[ialistische] Länder und eine Reihe EL), 44 Enthaltungen (EL). Sprecher Gruppe B bedauerte dieses Ergebnis, zumal Entwurf nur eine Prüfung des Vorschlages zum Gegenstand habe." Vgl. den Drahtbericht Nr. 276; Referat 402, Bd. 122140.

[8] Am 31. Mai 1976 informierte Ministerialrat Koinzer, Bundesministerium für Wirtschaft, z. Z. Nairobi: „Überraschenderweise erwies sich Druck der EL hierzu als wesentlich schwächer als vorausgesehen. Nach Erzielung des Kompromisses im Rohstoffbereich waren die EL bereit, eine in der hochrangigen Gruppe erarbeitete Entschließung zu akzeptieren, die wesentlich den Charakter einer Good-will-Erklärung hat und im übrigen vorhandene Gremien (IL an KIWZ, EL an UNCTAD) auffordert, vor Ende 1976 zu entscheiden, ob aus bisherigen Umschuldungsoperationen generelle Gesichtspunkte für spätere Verhandlungen herauskristallisiert werden können [...]. Je drei Resolutionsentwürfe der Gr[uppe] 77 [...] zu Ressourcentransfer, Zahlungsbilanzhilfen und Währungsfragen wurden ebenso wie ein Entwurf der Gr. 77 zur Verschuldung [...] an den UNCTAD-Rat verwiesen." Vgl. den Drahtbericht Nr. 276; Referat 402, Bd. 122140.
Für den Wortlaut der Resolution Nr. 94 (IV) („Schuldenprobleme der Entwicklungsländer") der IV. UNCTAD-Konferenz vom 31. Mai 1976 in Nairobi vgl. PROCEEDINGS OF THE UNITED NATIONS CONFERENCE ON TRADE AND DEVELOPMENT, Bd. I, S. 16 f. Für den deutschen Wortlaut vgl. EUROPA-ARCHIV 1976, D 416.

[9] Für den Wortlaut der Resolution Nr. 96 (IV) („Miteinander in Verbindung stehende und sich gegenseitig unterstützende Maßnahmen für die Ausweitung und Diversifizierung des Exports von Halb- und Fertigwaren der Entwicklungsländer") der IV. UNCTAD-Konferenz vom 31. Mai 1976 in Nairobi vgl. PROCEEDINGS OF THE UNITED NATIONS CONFERENCE ON TRADE AND DEVELOPMENT, Bd. I, S. 9–13.

[10] Für den Wortlaut der Resolution Nr. 91 (IV) („Die multilateralen Handelsverhandlungen") der IV. UNCTAD-Konferenz vom 30. Mai 1976 in Nairobi vgl. PROCEEDINGS OF THE UNITED NATIONS CONFERENCE ON TRADE AND DEVELOPMENT, Bd. I, S. 14–16. Für den deutschen Wortlaut vgl. EUROPA-ARCHIV 1976, D 408–411.

[11] Für den Wortlaut der Resolution Nr. 97 (IV) („Transnationale Gesellschaften und Ausweitung des

5) Technologietransfer

Entschließungen zum Verhaltenskodex, zur Stärkung der technologischen Kapazitäten der EL und zur Revision des internationalen Patentwesens.[12] Arbeit am Verhaltenskodex (Frage der Rechtsverbindlichkeit wurde offengelassen) wird von einer Gruppe von Regierungssachverständigen weitergeführt werden und Ende 1977 in eine VN-Konferenz einmünden.

6) Sonstige Entschließungen über am wenigsten entwickelte EL, Insel- und Binnen-EL[13], über Zusammenarbeit zwischen EL[14], über Handelsbeziehungen zwischen Ländern mit unterschiedlichen wirtschaftlichen und sozialen Systemen[15] (leichte Ausweitung der Ost-Süd-Zusammenarbeit) sowie über institutionelle Fragen[16] (Verbesserung der Effizienz der UNCTAD).

III. Bewertung

Das Ergebnis ist ein in wesentlichen Teilen erst während der Verlängerung der Konferenz[17] auf hoher Ebene erzielter Kompromiß. Die Verhandlungen hatten sich schließlich auf die Rohstoffproblematik konzentriert. Gemessen an den Ausgangspositionen der IL und den Forderungen der 77 erscheint die Resolution zum Rohstoffprogramm akzeptabel. Keine Seite hat ihre Auffassungen durchsetzen können: Die 77 haben ihr Hauptziel – die Beschlußfassung über die Gründung eines „Gemeinsamen Fonds" – nicht erreicht, aber durch die vereinbarten Schritte im Verfahrensbereich einen politischen Erfolg buchen können. Die IL stimmen mit der Resolution einer Reihe von praktischen Maßnahmen zu, ohne daß sie damit die geforderte „neue Weltwirtschaftsordnung" akzeptiert haben. Diese Auffassung ist auch von der deutschen Delegation in ihrer Erklärung, die sich erneut zur Marktwirtschaft bekennt, deutlich ausgedrückt worden. Sie hat im übrigen die Bereitschaft der Bundesregierung erklärt, sich aktiv an den vorbereitenden Treffen und Verhandlungen zu beteiligen, aber gleichzeitig auch darauf hingewiesen, daß es von deren Ergebnis abhängen wird, welche Rohstoffabkommen abgeschlossen werden können und ob ein Ge-

---

Fortsetzung Fußnote von Seite 804

Handels mit Halb- und Fertigwaren") der IV. UNCTAD-Konferenz vom 31. Mai 1976 in Nairobi vgl. PROCEEDINGS OF THE UNITED NATIONS CONFERENCE ON TRADE AND DEVELOPMENT, Bd. I, S. 13 f.

12 Für den Wortlaut der Resolutionen Nr. 87 (IV) („Stärkung der technologischen Kapazität der Entwicklungsländer"), Nr. 88 (IV) („Patentwesen") und Nr. 89 (IV) („Internationaler Verhaltenskodex für den Technologietransfer") der IV. UNCTAD-Konferenz vom 30. Mai 1976 vgl. PROCEEDINGS OF THE UNITED NATIONS CONFERENCE ON TRADE AND DEVELOPMENT, Bd. I, S. 17–22.

13 Für den Wortlaut der Resolution Nr. 98 (IV) („Am wenigsten entwickelte Entwicklungsländer, Insel- und Binnenentwicklungsländer") der IV. UNCTAD-Konferenz vom 31. Mai 1976 in Nairobi vgl. PROCEEDINGS OF THE UNITED NATIONS CONFERENCE ON TRADE AND DEVELOPMENT, Bd. I, S. 22–32.

14 Für den Wortlaut der Resolution Nr. 92 (IV) („Unterstützungsmaßnahmen der entwickelten Länder und internationalen Organisationen für das Programm der wirtschaftlichen Zusammenarbeit unter Entwicklungsländern") der IV. UNCTAD-Konferenz vom 30. Mai 1976 in Nairobi vgl. PROCEEDINGS OF THE UNITED NATIONS CONFERENCE ON TRADE AND DEVELOPMENT, Bd. I, S. 32–34.

15 Für den Wortlaut der Resolution Nr. 95 (IV) („Handelsbeziehungen zwischen Ländern mit verschiedenen Wirtschafts- und Gesellschaftssystemen") der IV. UNCTAD-Konferenz vom 31. Mai 1976 in Nairobi vgl. PROCEEDINGS OF THE UNITED NATIONS CONFERENCE ON TRADE AND DEVELOPMENT, Bd. I, S. 34–38.

16 Für den Wortlaut der Resolution Nr. 90 (IV) („Institutionelle Fragen") der IV. UNCTAD-Konferenz vom 30. Mai 1976 in Nairobi vgl. PROCEEDINGS OF THE UNITED NATIONS CONFERENCE ON TRADE AND DEVELOPMENT, Bd. I, S. 38–40.

17 Die IV. UNCTAD-Konferenz in Nairobi sollte ursprünglich am 28. Mai 1976 enden, wurde aber bis zum 30. Mai 1976 verlängert und am 31. Mai 1976 um 4.00 Uhr mit der Annahme der Resolutionen im Konsensverfahren beendet.

meinsamer Fonds auch ein geeignetes Mittel zur Finanzierung von Ausgleichslagern ist.

Die deutsche Delegation, die sich auf der Konferenz klar gegen dirigistische Eingriffe in die Rohstoffmärkte aussprach, war wiederholt der Kritik der EL-Delegationen und der EL-Presse ausgesetzt. Gleichwohl ist die konstruktive Rolle unserer Delegation bei anderen Themen und schließlich auch beim Zustandekommen des Kompromisses bei den Rohstoffen anerkannt worden.

Die Abstimmung unserer Haltung mit den USA und Großbritannien gestaltete sich besonders eng. Die Koordination innerhalb der Gemeinschaft war auf allen Ebenen und Sachbereichen sehr intensiv. Befürchtungen, daß die EG-Haltung nicht einheitlich ausfallen würde, bestätigten sich vor allem im Rohstoffsektor. Die hier bestehenden unterschiedlichen Auffassungen sind auch durch die Abschlußresolution nicht ausgeräumt worden. Es wird jetzt darauf ankommen, eine kohärente Position der EG zu entwickeln, um für die von UNCTAD IV beschlossenen Vorgespräche und Verhandlungen gerüstet zu sein. Gleiches gilt für die Fortsetzung der KIWZ, bei der die EG mit einer Stimme sprechen muß.

Im Verhältnis der Gruppe 77 zu den Staatshandelsländern ist bemerkenswert, daß die EL zunehmend bestrebt sind, die sozialistischen Länder stärker in die Mitverantwortung für die Entwicklungsprobleme zu nehmen. Die sozialistischen Länder werden sich schwer tun, sich dieser Forderung auf die Dauer durch Hinweise auf die ausschließliche Verantwortung des sog. „kolonialen Imperialismus" zu entziehen. Im übrigen spielten in Nairobi die sozialistischen Länder bei den zentralen Fragen nur eine marginale Rolle.

Positiv ist schließlich der hohe Grad an Übereinstimmung zu bewerten, der sich zwischen IL und EL auf Gebieten wie Handel, technologische Kapazitäten der EL, Zusammenarbeit zwischen EL, am wenigsten entwickelte EL und institutionelle Fragen ergab.

Insgesamt gesehen läßt der einvernehmliche Abschluß der Konferenz erhoffen, daß diese wichtige Etappe im Verhältnis zu den EL den beiderseitigen Willen zur Kooperation festigen und pragmatische Schritte zur Verbesserung der Struktur der Weltwirtschaft ermöglichen wird.

Kameke[18]

Referat 012, Bd. 106591

---

[18] Paraphe.

174

Botschafter Held, Sanaa, an das Auswärtige Amt

114-13414/76 VS-vertraulich   Aufgabe: 3. Juni 1976, 14.30 Uhr
Fernschreiben Nr. 208   Ankunft: 3. Juni 1976, 14.02 Uhr

Betr.: Ergebnis meines Abschiedsbesuches in der DV Jemen (Aden)

Bitte um Weisung

1) Aufnahme diplomatischer Beziehungen zur BRD[1] und zu Saudi-Arabien[2] hat in DV Jemen nicht zur Aufweichung linksradikaler innenpolitischer Linie geführt. Im Gegenteil allgemein zunehmende Verhärtung und Abkapselung gegenüber ausländischen Einflüssen, insbesondere westlichen und konservativ arabischen, unübersehbar. Kennzeichnend das Verbot für alle Südjemeniten, mit Ausländern unautorisierten Kontakt zu halten (neues Strafgesetz), sowie angefangener Mauerbau um Diplomatenviertel zur Verhinderung nicht kontrollierten Zugangs zu ausländischen Vertretungen.[3]

2) Abschiedsgespräche mit Staatspräsidenten[4], Ministerpräsidenten[5] sowie Staatssekretär im Planungsministerium brachten nichts Neues. Dagegen hielt Außenminister Muti mir vor, daß wir nach Ablehnung Auslieferungsersuchens für Terroristen[6] wohl kein Interesse mehr an Beziehungen zur DV Jemen und

---

[1] Die Bundesrepublik und die Demokratische Volksrepublik Jemen (Südjemen) nahmen am 16. September 1974 diplomatische Beziehungen auf.

[2] Die Demokratische Volksrepublik Jemen (Südjemen) und Saudi-Arabien erklärten am 10. März 1976 in einem gemeinsamen Kommuniqué ihre Absicht zur Herstellung „normaler Beziehungen". Die Aufnahme diplomatischer Beziehungen erfolgte am 5. Mai 1976.

[3] Legationsrat I. Klasse Mühlen, Aden, berichtete am 27. April 1976 über Maßnahmen zur Einschränkung individueller Freiheiten in der Demokratischen Volksrepublik Jemen (Südjemen): „a) Der allgegenwärtige, DDR-gesteuerte Staatssicherheitsdienst ‚interviewt' jeden Einheimischen, der in der Öffentlichkeit im Gespräch, am selben Tisch u. ä. mit Ausländern gesehen wird. b) Einheimische Besucher ausländischer Vertretungen kommen nur noch mit schriftlichem Passierschein des Außenministeriums an den jemenitischen Torwachen vorbei; dies gilt auch für Hauspersonal, das daher, soweit es bisher inoffiziell beschäftigt wurde, entlassen und durch regierungsgenehme Personen ersetzt werden muß. c) Ihren Niederschlag findet diese Politik in dem neuen StGB der Demokratischen Volksrepublik Jemen, das fast ein ganzes Kapitel seines Besonderen Teils (Art. 110–120, 126) dem ‚Ausländerkontakt' widmet und dabei Tatbestände wie privaten Kontakt mit Ausländern (Art. 113), Erteilung von wirtschaftlichen Auskünften an Ausländer (Art. 115), Annahme von Trinkgeldern von Ausländern (Art. 116) u. ä. unter Strafandrohung von mindestens einem Jahr Gefängnis stellt (Art. 120; falls Spionage- oder Landesverratsabsicht nicht nachweisbar, Höchstgrenze fünf Jahre)." Vgl. den Schriftbericht Nr. 99; Referat 311, Bd. 108803.

[4] Salem Rubay Ali.

[5] Ali Nasir Muhammad Hasani.

[6] Zum Ersuchen der Bundesrepublik um Auslieferung von fünf Terroristen aus der Demokratischen Volksrepublik Jemen (Südjemen) vgl. Dok. 11 und Dok. 25.
Am 9. April 1976 informierte Vortragender Legationsrat I. Klasse Strothmann die Botschaft in Aden: „Während der Feierlichkeiten aus Anlaß der zwanzigjährigen Unabhängigkeit Tunesiens hat der die DV Südjemen bei diesen Feierlichkeiten vertretende südjemenitische Botschafter in Kairo am 20.3.1976 gegenüber Bundesminister Bahr erklärt, seine Regierung sei bereit, uns die Personen zu übergeben, die man seinerzeit aufgenommen habe. Dies würde keine Schwierigkeiten bereiten." Strothmann bat die Botschaft, bei der südjemenitischen Regierung zu klären, ob diese Äußerungen zuträfen. Vgl. den Drahterlaß Nr. 15; VS-Bd. 10797 (511); B 150, Aktenkopien 1976.
Legationsrat I. Klasse Mühlen, Aden, berichtete am 22. April 1976, daß „Bemühung um Termin bei Außenminister in der Vorwoche fruchtlos" gewesen sei. Ein Mitarbeiter im südjemenitischen Au-

insbesondere KH-Abkommen hätten, anderenfalls bäte er dringend um Delegationsbesuch, um endlich abzuschließen. Seine Regierung mache uns weiteres Zugeständnis: In Artikel 5 anstatt „and policies" auch mit „and decrees" (im Gesetzesblatt veröffentlichte Ausführungsverordnungen) einverstanden.[7] Außenminister kam dann auf angebliche Kampagne gegen DV Jemen in deutscher Presse wegen negativer Reaktion auf Auslieferungsersuchen zu sprechen. Dabei habe seine Regierung mit Asylgewährung doch nur unserem Wunsch entsprochen und könne nunmehr ihr Wort nicht brechen. Erwiderte, daß man leider bei uns Eindruck haben könne, daß Terroristen in DV Jemen nicht nur Asyl gefunden haben, sondern weitere terroristische Ausbildung erhielten und ungehindert zu evtl. Teilnahme an weiteren Terroranschlägen ein- und ausreisen könnten. Er möge unsere Bitte um Auslieferung und erwähnte Reaktion auf ihre Verweigerung einmal unter diesem Aspekt sehen. Außenminister reagierte auf diesen höchst massiven Vorwurf eigenartiger- bzw. bezeichnenderweise nur mit den Worten: Wir, wir bilden sie nicht aus (was richtig ist, da sie ihre Ausbildung entweder bei omanischer oder Palästinensischer Befreiungsbewegung erhalten).

In diesem Zusammenhang zu erwähnen, daß zuverlässige europäische Diplomatenfrau eine der Terroristinnen in Begleitung geheimdienstlichen Mitglieds DDR-Botschaft Aden mit Sicherheit in öffentlichem Club in Aden gesehen haben will.

3) Gesamtbild aufgrund obiger bruchstückhafter Informationen: Linksradikale Kräfte in Aden haben eindeutig die Oberhand. Sehr wahrscheinlich, daß sie fünf deutschen Terroristen sehr viel Bewegungsfreiheit geben und sie darüber hinaus zu weiterer terroristischer Aktivität ermutigen. Abschluß des KH-Ab-

---

Fortsetzung Fußnote von Seite 807

ßenministerium habe aber mitgeteilt, „daß nach Wissen seiner Regierung der südjemenitische Botschafter in Kairo seinerzeit gegenüber BM Bahr eine Erklärung des genannten Inhalts nicht abgegeben habe". Vielmehr sei der Wunsch nach einem baldigen Abschluß der Verhandlungen über ein Kapitalhilfeabkommen Gegenstand des Gesprächs gewesen. Das gesamte Verhalten der Bundesregierung erwecke allerdings den Eindruck, daß sie einen Zusammenhang zwischen beiden Fragenkomplexen herstellen wolle. Der Mitarbeiter habe weiter ausgeführt, „seine Regierung habe immer wieder erklärt und auch bewiesen, daß sie keinesfalls terroristische Splittergruppen und Kriminelle wie Flugzeugentführer u. ä. unterstütze. Sie fühle sich jedoch für den Fall, daß die fünf Personen sich noch in der DV Jemen aufhielten, an das Asylversprechen, das seinerzeit infolge Bitten der Bundesregierung zustandegekommen sei, nach internationalen Gepflogenheiten gebunden. Ihr Wunsch sei es daher, Thema nun endlich ‚zum Ruhen' zu bringen, was nach ihrer Ansicht dem Bestreben, Beziehungen mit uns weiterzuentwickeln, durchaus entgegenkäme." Vgl. den Drahtbericht Nr. 50; VS-Bd. 10797 (511); B 150, Aktenkopien 1976.

[7] Seit Februar 1975 verhandelten die Bundesrepublik und die Demokratische Volksrepublik Jemen (Südjemen) über den Abschluß eines Kapitalhilfeabkommens in Höhe von 10 Mio. DM zur Finanzierung eines Projekts zur Abwasserentsorgung der Stadt Aden. Offen war u. a. noch ein von der südjemenitischen Regierung gewünschter Begleitbrief zu Artikel 5 (Transportklausel), der die Beachtung von Maßnahmen im Rahmen des Israel-Boykotts ermöglichen sollte. Am 28. April 1976 übergab ein Mitarbeiter des südjemenitischen Außenministeriums Legationsrat I. Klasse Mühlen, Aden, den Entwurf eines Begleitbriefs zu Artikel 5 des Abkommens, in dem ausgeführt wurde: „In pursuance of Article 5 of this Agreement, the two parties have agreed upon as to have it interpreted and applied in a way that does not counteract with the laws and policies of the People's Democratic Republic of Yemen." Vgl. den Schriftbericht Nr. 100; Referat 311, Bd. 108804.

Am 17. Juni 1976 berichtete Mühlen, daß ihm am 14. Juni 1976 im südjemenitischen Außenministerium eine neue Fassung des Begleitbriefs übergeben worden sei. Darin seien die Wörter „and policies" durch die Wörter „and regulations" ersetzt worden. Dazu sei ihm mitgeteilt worden, „nun stünde der Paraphierung wohl nichts mehr im Wege". Vgl. den Schriftbericht Nr. 172; Referat 311, Bd. 108804.

kommens kommt daher auch aus hiesiger Sicht gegenwärtig nicht in Frage. Mit Hinhaltetaktik können wir endgültige Entscheidung noch einige Monate anstehen lassen. Dann sollte südjemenitische Regierung aber noch einmal eindeutig auf Terroristenverbleib angesprochen und darauf aufmerksam gemacht werden, daß wir Auskunftsverweigerung über Aufenthalt und ihr Tun als unfreundlichen Akt ansehen und uns gegebenenfalls darauf einrichten müßten. Anders erscheint mir toter Punkt in unseren Beziehungen nicht überwindbar.[8]

[gez.] Held

VS-Bd. 10797 (511)

175

Runderlaß des Vortragenden Legationsrats I. Klasse Engels

240-312.74   Aufgabe: 3. Juni 1976, 18.20 Uhr[1]
Fernschreiben Nr. 63 Ortez

Zu den deutsch-französischen Konsultationen der Außenminister am 2.6.1976 in Paris

I. Die Außenminister behandelten in ihrem zweistündigen Gespräch folgende Themen:

1) Europäische Frage

– Es fand ein Meinungsaustausch über die Rolle des Europäischen Rates statt auf der Grundlage der Vorschläge des Tindemans-Berichts.[2] Außenminister

---

[8] Vortragender Legationsrat I. Klasse Montfort vermerkte am 20. August 1976: „1) Nach der Verhaftung des Terroristen Pohle in Athen und der Airbus-Entführung (Entebbe) hat Botschafter Franke in Sanaa auf Grund der Entscheidung von StS Gehlhoff in der Direktorenbesprechung [...] die Weisung erhalten, vorläufig sein Beglaubigungsschreiben (Doppelakkreditierung) in Aden nicht zu überreichen und auch das vorgesehene Kapitalhilfeabkommen (10 Mio. DM) nicht zu paraphieren. 2) Auch LR I Mühlen (Geschäftsträger a. i.) wurde angewiesen, seine Rückkehr aus dem Heimaturlaub vorläufig zurückzustellen. Die Botschaft Aden ist daher zur Zeit nur mit dem Kanzler besetzt. 3) Nach Ansicht von Abt. 3 sollte Botschafter Franke mindestens bis nach den Bundestagswahlen keine gegenteilige Weisung erhalten. Es wird davon ausgegangen, daß die Übergabe des Beglaubigungsschreibens und die Paraphierung des KH-Abkommens im Hinblick auf die öffentliche Meinung zur Zeit nicht opportun ist." Vgl. Referat 311, Bd. 108804.

[1] Durchdruck.

[2] Zum Tindemans-Bericht über die Europäische Union vom 29. Dezember 1975 vgl. Dok. 1.
Zur Rolle des Europäischen Rats vermerkte Ministerpräsident Tindemans: „1) Der Europäische Rat bestimmt die allgemeine kohärente Orientierung als Ergebnis einer Gesamtsicht der Probleme, welche die unerläßliche Voraussetzung für die Suche nach einer gemeinsamen Politik darstellt. [...] 3) Um seine institutionelle Rolle wirksam wahrzunehmen und gleichzeitig eine große Elastizität zu bewahren, trifft der Europäische Rat folgende Maßnahmen: Wenn er Entscheidungen im Gemeinschaftsbereich trifft, handelt er in der Form und nach den Verfahren der Verträge. [...] In den anderen Fällen werden die Entscheidungen oder die allgemeinen Orientierungen so formuliert, daß sie als Leitlinien für diejenigen dienen können, die mit ihrer Ausführung betraut sind. Der Europäische Rat bestimmt jedesmal die Institutionen oder das Organ, das die von ihm getroffene Entscheidung ausführen soll. Gleichzeitig setzt er, falls notwendig, Ausführungsfristen fest. Die Ta-

Sauvagnargues betonte die Notwendigkeit, klar zwischen Gemeinschaftsmaterien nach den Verträgen von Rom[3] und anderen, z.B. EPZ-Materien, zu unterschieden. Es wäre nicht realistisch, die anderen Materien denselben Entscheidungsregeln wie die Gemeinschaftsmaterien unterwerfen zu wollen. Für die fernere Zukunft wolle er eine konvergierende Entwicklung aber nicht ausschließen. Er halte es nicht für tunlich, den französischen Standpunkt im Rat zu ausführlich darzulegen. Es bestand Einvernehmen, daß insbesondere die Frage der Direktwahl der Abgeordneten zum Europäischen Parlament eine Gemeinschaftsmaterie sei.

– In der Frage einer eventuellen Mitwirkung des Europäischen Parlaments an der Bestellung des Kommissionspräsidenten[4] betonte BM Genscher, daß allein die Regierungen der EG-Länder die Verantwortung für seine Ernennung (wie auch die der übrigen Kommissionsmitglieder) trügen und deshalb eine echte Mitwirkung Dritter nicht vertretbar sei. Es sei allenfalls denkbar, daß der Kommissionspräsident sich dem EP vorstelle, wobei man sich die Form dieser Vorstellung noch genau überlegen müsse.

AM Sauvagnargues erklärte, hiermit einverstanden sein zu können.

– AM Sauvagnargues meinte, daß die institutionellen Vorschläge des Tindemans-Berichts[5] keine Verbesserung darstellen. Das starke Interesse Tindemans' an diesem Teil des Berichts gehe auf die alte – jetzt überholte – Vorstellung zurück, die in der Kommission den Kern einer europäischen Regierung sehe. Im übrigen habe die Kommission nützliche Arbeit geleistet. In dem Zuschnitt, den sie in den letzten zwei Jahren gezeigt habe, müsse sie beibehalten werden.

2) Ost-West-Fragen

Es fand ein Meinungsaustausch über die jüngste TASS-Erklärung zu Deutschland[6] statt (gesondertes Ortez zu TASS-Erklärung in Vorbereitung[7]).

AM Sauvagnargues teilte die deutsche Beurteilung, insbesondere die Interpretation, daß die Erklärung über die Bundesrepublik Deutschland hinaus auf die USA und den ganzen Westen gezielt sei.

Fortsetzung Fußnote von Seite 809

gungen werden unter der Verantwortung des Rates der Außenminister vorbereitet." Vgl. EUROPA-ARCHIV 1976, D 79.

[3] Für den Wortlaut der Römischen Verträge vom 25. März 1957 vgl. BUNDESGESETZBLATT 1957, Teil II, S. 753–1223.

[4] Zur Empfehlung des Tindemans-Berichts über die Europäische Union vom 29. Dezember 1975 hinsichtlich der Ernennung des Präsidenten der EG-Kommission vgl. Dok. 10, Anm. 5.

[5] Vgl. dazu Kapitel V („Die Stärkung der Institutionen") des Tindemans-Berichts über die Europäische Union vom 29. Dezember 1975; EUROPA-ARCHIV 1976, D 77–83.

[6] Zur sowjetischen Erklärung vom 22. Mai 1976 vgl. Dok. 158.

[7] Vortragender Legationsrat von Kameke informierte mit Runderlaß Nr. 65 vom 11. Juni 1976 über die sowjetische Erklärung vom 22. Mai 1976. Weiter führte er aus: „Ohne Zweifel stellt die Erklärung einen Versuch dar, sich in die Diskussion einzuschalten, die gegenwärtig mit Bezug auf die Ost-West-Entspannung bei uns und in anderen westlichen Ländern in Gang gekommen ist und die die Sowjets irritiert und beunruhigt. Sie ist insofern auch an den Westen insgesamt gerichtet, wenn auch schwerpunktmäßig natürlich an die Adresse der Bundesrepublik Deutschland. Der zeitliche Zusammenhang mit der Frühjahrstagung der NATO ist nicht zu übersehen. Gleichzeitig ist anzumerken, daß sie in zeitlich relativ kurzem Abstand vom XXV. Parteitag der KPdSU veröffentlicht wurde sowie zeitlich fast mit dem SED-Parteitag zusammenfiel. Zugleich ist die Erklärung geschickterweise auch auf die Bundestagswahlen ausgerichtet." Vgl. Referat 012, Bd. 106591.

3) Naher Osten und südliches Afrika

AM Sauvagnargues berichtete über das Gespräch, das er mit dem sowjetischen AM Gromyko über den Nahen Osten hatte.[8]

Zum syrischen Einmarsch im Libanon[9] äußerte er Zweifel, ob es den Syrern gelingen werde, das Land auf Dauer zu befrieden. Für das syrische Vorgehen gebe es zwei mögliche Erklärungen: Entweder habe Syrien die Einigung, die Sarkis zwischen Gemayel einerseits und Joumblatt/Arafat andererseits fast zustande gebracht habe[10], hindern wollen, oder nach den Gesprächen Jallouds[11] bestehe keine Aussicht auf Einigung, so daß Assad sich aus Prestigegründen gezwungen gesehen habe, im Libanon einzumarschieren.[12]

Für den Zeitpunkt des Einmarsches spiele auch der Termin des Kossygin-Besuches in Syrien[13] eine Rolle.

[8] Der sowjetische Außenminister Gromyko hielt sich vom 27. bis 30. April 1976 in Frankreich auf.

[9] Am 31. Mai 1976 drangen syrische Truppen in das Akkar-Gebiet nördlich von Tripolis ein; einen Tag später bezogen weitere 2000 bis 4000 Mann Stellung in der Bekaa-Ebene östlich von Beirut. Dazu wurde in der Presse berichtet, daß Syrien vermutlich auf einen Appell des christlichen Bevölkerungsteils reagiert habe, der befürchtet habe, „daß zwei von Angehörigen ihrer Religion bewohnte Ortschaften in der Bekaa-Ebene und in der Akkar-Region von linksgerichteten Moslem-Milizen eingenommen werden". Laut Radio Beirut habe Syrien ferner versichert, „die Intervention der syrischen Truppen habe ausschließlich den Zweck, dem gewählten Präsidenten Sarkis zu ermöglichen, sein Amt unter wiederhergestellten Sicherheitsbedingungen zu übernehmen". Vgl. den Artikel „Vor dem Damaskus-Besuch Kossygins schickt Syrien Panzer und Soldaten in den Libanon"; FRANKFURTER ALLGEMEINE ZEITUNG vom 2. Juni 1976, S. 1.

[10] Am 8. Mai 1976 wählte das libanesische Parlament Elias Sarkis zum Präsidenten. Der Termin seiner Amtseinführung blieb weiterhin offen. Am 20. Mai 1976 teilte Botschafter von Pachelbel-Gehag, Beirut, mit, daß ein erstes Gespräch zwischen Sarkis sowie dem Vorsitzenden der Sozialistischen Progressiven Partei, Joumblatt, und dem Vorsitzenden des Exekutivkomitees der PLO, Arafat, stattgefunden habe. Das Gespräch „soll erneuerbare Feuereinstellung für 48 Stunden, anschließende Demission Frangiehs, ‚Table Ronde' aller Parteien und Rückzug syrischer Truppen je nach Sicherheitslage erbracht haben. Joumblatt dementierte dies und berät mit Parteigremien die von progressiver Linken einzuschlagende Taktik." Vgl. den Drahtbericht Nr. 303; Referat 310, Bd. 108751.

[11] Ministerpräsident Jalloud hielt sich am 17./18. Mai 1976 im Libanon auf. Dazu berichtete Botschafter von Pachelbel-Gehag, Beirut: „Überraschender Besuch libyschen MP Jallouds in Beirut hat auf libysches ‚Interesse' grelles Schlaglicht geworfen. Er reiste in Begleitung Arafats hierher, traf sich mit den im sog. Aramoun-Gipfel zusammengefaßten moslemischen Kirchenführern und Alt-Politikern sowie mit Joumblatt und Ablehnungsfront Widerstands. Dem Nationalen Front Joumblatts soll er versichert haben, Libyen werde sie weiter bei allen Optionen (‚Krieg oder Frieden') unterstützen. Im Aufwind dieser libyschen Carte-Blanche-Unterstützung bekräftigte Joumblatt anschließend seine Ablehnung des Verfassungsdokuments vom 14.2. und forderte u. a. erneut, daß Premierminister seine Regierung künftig unbeeinflußt vom Präsidenten ernennen können müsse." Vgl. den Drahtbericht Nr. 299 vom 18. Mai 1976; Referat 310, Bd. 108751.

[12] Ministerialdirektor Lahn äußerte sich am 9. Juni 1976 zu den Vorgängen im Libanon: „Syrische Intervention stieß auf weite Ablehnung im arabischen Lager. Gerüchte über ein amerikanisch-israelisch-syrisches Zusammenspiel scheinen unzutreffend zu sein. AM Kissinger wies darauf hin, daß die USA nur die politische Intervention im Libanon, nicht eine militärische billigen könnten. Die Haltung der Sowjetunion ist abwartend; es ist anzunehmen, daß die Intervention nicht mit ihr abgestimmt wurde. Der syrische Schritt führte zu deutlicher Annäherung Arafats an den radikalen Flügel der Palästinenserorganisationen (Volksbefreiungsfront unter Führung von Habasch) sowie an Ägypten. Assad stand vor dem Dilemma, eine extrem radikale Regierung unter maßgebendem Einfluß des Iraks, Libyens und der PLO oder eine Isolierung im arabischen Lager mit notwendigen Vorteilen für Ägypten hinzunehmen. Beides birgt große innenpolitische Gefahren für Assad. Wenn er auch die Intervention von der Parteiführung absegnen ließ, so ist doch unverkennbar, daß er sich heftiger Kritik, vor allem im linken Flügel seiner Partei, aussetzt. Es ist nicht abzusehen, wie sich die traditionellen Geldgeber Syriens in dieser Situation verhalten werden: Saudi-Arabien und Kuwait." Vgl. Referat 310, Bd. 108751.

[13] Ministerpräsident Kossygin hielt sich vom 1. bis 4. Juni 1976 in Syrien auf.

Beide Außenminister hielten ein sowjetisches Einverständnis mit dem syrischen Einmarsch für unwahrscheinlich. AM Sauvagnargues hielt eher eine amerikanische Zustimmung für denkbar.

Zum britischen Vorschlag einer Fact-finding Mission ins südliche Afrika[14] berichtete die französische Seite, daß die Briten nunmehr Schwierigkeiten der Verwirklichung ihres Plans sähen. Eine französische Zustimmung zu diesem Projekt scheide aus.

4) UNCTAD und KIWZ

AM Sauvagnargues betonte die Notwendigkeit, die weiteren Schritte der Gemeinschaft und des Westens eng zu konzertieren. Ein Mißerfolg des Nord-Süd-Dialogs müsse vermieden werden. Frankreich rege ein baldiges Treffen der Staatssekretäre oder Wirtschaftsdirektoren an. Ziel dieses Treffens müsse sein, in der Frage der Rohstoffpolitik Fortschritte zu machen, auch um zu vermeiden, daß der geballte „UNCTAD-Kalender" die KIWZ überrolle. Der Bundesminister bedauerte die mangelnde Geschlossenheit der Neun in Nairobi.[15] Jeder Vorschlag, der die Erarbeitung einer gemeinsamen Position erleichtere, sei willkommen. Diese sei Voraussetzung dafür, daß die Gemeinschaft in der KIWZ auftreten und handeln müsse. Er werde sich im Bundeskabinett dafür einsetzen, daß substantiell Verhandlungsfortschritte in der KIWZ gemacht werden. Der kleinere Rahmen der KIWZ sei für diese Fortschritte geeigneter als der große Rahmen der UNCTAD.[16]

Es bestand Einvernehmen, daß eine Politik des Hinhaltens und bloßen Zeitgewinns in der Rohstoffproblematik nicht ausreiche.

II. In einem einstündigen Vier-Augen-Gespräch erörterten die beiden AM die Frage der Direktwahl zum EP und Aspekte der sowjetischen Berlinpolitik.[17] Zum Thema der Direktwahl wurden die Chancen der Durchsetzbarkeit der ver-

---

[14] Zum britischen Vorschlag einer Fact-finding Mission nach Windhuk, Pretoria und Lusaka vgl. Dok. 130, besonders Anm. 20.

[15] Zur IV. UNCTAD-Konferenz vom 5. bis 31. Mai 1976 vgl. Dok. 173.

[16] Zur KIWZ vgl. Dok. 102, Anm. 18.
Zur vierten Sitzungsperiode der KIWZ vom 9. bis 15. Juni 1976 hielt Referat 405 am 16. Juni 1976 fest: „In den Diskussionen der einzelnen Kommissionen kamen die Interessenunterschiede der EL deutlicher als in der letzten Runde zum Ausdruck. Ferner wirkte sich aus, daß das Vertrauen zahlreicher EL-Delegationen zu den mit einer Ausnahme (Peru) OPEC-Staaten vertretenden Kopräsidenten einer starken Erosion ausgesetzt ist. Dies zeigte sich in der Rohstoffkommission, wo die südamerikanischen auf der einen und die afrikanischen Staaten auf der anderen Seite unterschiedliche Meinungen vertraten, aber auch in der Energiekommission, in der Nicht-Öl-EL auf US-Vorschlag eines internationalen Energieinstituts eine überwiegend positive Reaktion abgaben und sich in der Indexierungsdebatte zurückhielten, während die ölproduzierenden EL die Akzente umgekehrt setzten. In der Finanzkommission brachten die fortgeschrittenen EL ihre anders gearteten eigenen Interessen in der Diskussion über die Verschuldungsfrage deutlich zum Ausdruck und wandten sich insoweit gegen die Wünsche der ärmeren EL. [...] Vom deutschen Standpunkt aus ist die 4. Sitzungsperiode positiv zu bewerten. In der Frage der Schuldenregelung wie auch im Rohstoffbereich wurden keine über Nairobi hinausgehenden Festlegungen getroffen. Eine deutsche Isolierung in der EG konnte vermieden werden." Vgl. Referat 405, Bd. 113933.

[17] Zum Vier-Augen-Gespräch des Bundesministers Genscher mit dem französischen Außenminister Sauvagnargues am 2. Juni 1976 in Paris vgl. Dok. 184.

schiedenen Vorschläge[18] in den einzelnen Mitgliedstaaten, insbesondere in Großbritannien, gegeneinander abgewogen.

III. Die Konsultationen fanden in freundschaftlichem Geist und in herzlicher Atmosphäre statt und kontrastierten zu dem in letzter Zeit durch die Presse vermittelten Bild wachsender deutsch-französischer Auseinandersetzungen. Die Konsultationen zeigten im Ergebnis Übereinstimmung in allen wichtigen Fragen.

Engels[19]

Referat 012, Bd. 106591

176

Aufzeichnung des Vortragenden Legationsrats Wallau

4. Juni 1976[1]

Vermerk über Telefongespräch zwischen BM und dem niederländischen Außenminister van der Stoel am 4. Juni 1976 gegen 15.30 h.

Das Gespräch kam auf Initiative des Bundesministers zustande.

In dem Telefongespräch mit AM van der Stoel führte *Bundesminister* aus, daß er über das Treffen „Rambouillet II in Puerto Rico" mit dem Bundeskanzler ausgiebig gesprochen habe. Der Bundeskanzler habe sich daraufhin an Giscard gewandt mit dem Ziel, daß die Bundesregierung und Frankreich den Vereinigten Staaten sagten, daß auf der Konferenz von Puerto Rico die Präsidialmacht[2] vertreten sein solle[3], und er Außenminister van der Stoel vorschlage, hiermit

---

[18] Zum Vorschlag der französischen Regierung vom 1./2. April 1976 für die Sitzverteilung im Europäischen Parlament vgl. Dok. 98.
Zu den von der Bundesrepublik bzw. Belgien vorgelegten Modellen vgl. Dok. 142, Anm. 8 und 10.
[19] Paraphe.

[1] Hat Ministerialdirigent Kinkel am 4. Juni 1976 vorgelegen.
[2] Vom 1. Januar bis 30. Juni 1976 hatte Luxemburg den Vorsitz im Europäischen Rat und im EG-Ministerrat inne. Am 1. Juli 1976 übernahmen die Niederlande die Präsidentschaft.
[3] Mit Schreiben vom 4. Juni 1976 teilte Bundeskanzler Schmidt Staatspräsident Giscard d'Estaing mit: „Ich habe den Eindruck gewonnen, daß über das Treffen der Staats- und Regierungschefs in Puerto Rico am 27./28. Juni 1976 bei den Mitgliedern der Europäischen Gemeinschaft, die nicht eingeladen sind, eine erhebliche Mißstimmung entstanden ist. Sie verweisen darauf, daß die Tagesordnung von Puerto Rico Gegenstände enthält, die in die Zuständigkeit der Gemeinschaft fallen. Ministerpräsident Thorn, mit dem ich darüber gesprochen habe, hat mir diesen Eindruck nachdrücklich bestätigt. Er ist offensichtlich nicht der Urheber dieser Mißstimmung, wird aber bedrängt von Holland und Belgien, möglicherweise auch von Dänemark und Irland. Unser Freund Thorn hat versucht, die anderen Regierungen zu beschwichtigen, offenbar ohne Erfolg. Ich möchte Ihnen vorschlagen, daß wir überlegen, ob wir beide gemeinsam an Präsident Ford herantreten und ihn bitten, auch den derzeit präsidierenden Regierungschef der EG einzuladen." Vgl. Referat 202, Bd. 113544.

einverstanden zu sein ohne Rücksicht darauf, ob nun die Konferenz im Juni oder Juli stattfinde.[4]

Er sehe die Probleme, die AM van der Stoel bewegten, ganz genau.[5] Er sei der festen Überzeugung, daß die Europäischen Gemeinschaften nur dann funktionierten, wenn alle Mitgliedsländer, die größeren und die kleineren, gleichrangig und gleichwertig seien. Die amerikanische Regierung habe den begreiflichen Wunsch, auf amerikanischem Territorium noch vor den amerikanischen Präsidentschaftswahlen[6] eine große internationale Konferenz abzuhalten. Ihn und den Bundeskanzler, die in diesem Jahr gleichfalls Wahlen zu bestehen hätten[7], bewege hier mehr, was auf der Konferenz vollbracht werden könnte. Andererseits sei es schwer, Präsident Ford den amerikanischen Vorschlag abzulehnen. Er, Bundesminister, bemühe sich, das Gemeinschaftsinteresse in dieser Form zu wahren. Die Bundesregierung habe zu Rambouillet II mit Rücksicht auf den amerikanischen Präsidenten und die amerikanischen Wahlen „ja" gesagt.

Er sei sich mit dem Bundeskanzler darin einig, daß hieraus auf keinen Fall neue Probleme für die EG entstehen dürften. Daher der Wunsch, daß das Präsidialland in jedem Falle teilnehme. Man werde nach diesem Treffen sehen, ob die Konferenz in Puerto Rico ohne Ergebnis zerlaufe und damit ein Ende dieser Konferenzreihe eintrete oder ob sie zu einer ständigen fortgesetzten Einrichtung werde; in diesem Falle müßten die EG die Frage ihrer Vertretung prinzipiell in einer auch für die anderen Mitgliedstaaten annehmbaren Weise durch den Europäischen Rat regeln. Im Augenblick habe man mit den Problemen der Direktwahlen, dem Tindemans-Bericht[8] und anderen Themen genügend eigene europäische Probleme, so daß man den Versuch unternehmen sollte, den Formmangel zu Rambouillet II zu heilen.

BM fragte seinen niederländischen Kollegen, ob er seiner Formel zustimmen könne, daß man sich auf eine tragbare Regelung für die bevorstehende Konferenz einige, aber festhalte, daß nur für dieses Mal die Präsidentschaft und die vier größeren EG-Mitgliedstaaten teilnähmen und danach gegebenenfalls eine prinzipielle Klärung angestrebt werde.

---

4 So in der Vorlage.

5 Am 4. Juni 1976 demarchierten die Botschafter Fogarty (Irland), van Lynden (Niederlande) und Oldenburg (Dänemark) bei Staatssekretär Hermes wegen der Konferenz der Staats- und Regierungschefs aus sieben Industriestaaten am 27./28. Juni 1976 in San Juan. Dazu vermerkte Vortragender Legationsrat I. Klasse Jelonek: „1) Alle drei Regierungen sind überrascht, betroffen und befremdet darüber, daß die vier größeren EG-Partner die amerikanische Einladung ohne Absprache mit den übrigen EG-Staaten angenommen haben; Themen behandelt werden sollen, die voll oder teilweise in die Zuständigkeit der EG fallen, und der Termin des Gipfeltreffens sich mit der seit langem festliegenden EG-Ratstagung – der letzten vor dem Europäischen Rat – überschneidet. 2) Alle drei Regierungen stehen der Beteiligung der Ratspräsidentschaft [...] äußerst zurückhaltend bis ablehnend gegenüber, da dadurch der Institutionalisierung von Rambouillet und der Direktoratsidee Vorschub geleistet werden könnte." Van Lynden habe betont, „daß seine Regierung entschieden den Gedanken verwerfe, daß die Vier als Mandatsträger der Gemeinschaft bei Themen auftreten könnten, die in die ausschließliche Kompetenz der Gemeinschaft fielen". Vgl. Referat 412, Bd. 109323.

6 Am 2. November 1976 fanden in den USA Präsidentschaftswahlen sowie Wahlen zum Repräsentantenhaus und Teilwahlen zum Senat statt.

7 Die Wahlen zum Bundestag fanden am 3. Oktober 1976 statt.

8 Zum Tindemans-Bericht über die Europäische Union vom 29. Dezember 1975 vgl. Dok. 1.

Die Angelegenheit sei nun einmal entriert, die Amerikaner hätten das Statt-finden von Rambouillet II publiziert[9]; es müsse vermieden werden, daß nun-mehr eine Krise EG/USA oder auch eine Krise innerhalb der EG entstünde.

BM regte an, daß der niederländische Außenminister MP Thorn bewegen solle, für den Beginn der kommenden Woche die Politischen Direktoren einzuberu-fen, die sich mit den niederländischen Gedanken zu diesem Komplex befassen und eine Minister-Entscheidung am 12. Juni in Luxemburg[10] vorbereiten sollten.

Die Frage Bundesministers, ob die Niederlande den Antrag auf Einberufung der Politischen Direktoren bei MP Thorn stellen würden, bejahte AM van der Stoel.

Referat 010, Bd. 178665

177

Botschafter Böker, Rom (Vatikan), an das Auswärtige Amt

114-13459/76 geheim   Aufgabe: 4. Juni 1976, 17.05 Uhr[1]
Fernschreiben Nr. 42   Ankunft: 4. Juni 1976, 21.12 Uhr
Cito

Betr.:   Kirchenrechtliche Neuordnung in der DDR

Bezug: DB 29 vom 1.6.[2] bzw. DE Nr. 2099 vom 2.6.[3]

I. Noch vor Eingang des o. a. Drahterlasses hatte ich am 1. Juni eine von mir mehrere Tage zuvor beantragte Unterredung mit Erzbischof Casaroli gehabt, um ihn im Sinne der vorhergehenden Erlasse erneut an das Versprechen zu

---

[9] Präsident Ford gab am 3. Juni 1976 die Einberufung einer Konferenz der Staats- und Regierungs-chefs aus sieben Industriestaaten am 27./28. Juni 1976 in San Juan bekannt. Vgl. dazu PUBLIC PAPERS, FORD 1976–77, S. 1776.

[10] Zum informellen Treffen der Außenminister der EG-Mitgliedstaaten vgl. Dok. 193.

[1] Hat Vortragendem Legationsrats I. Klasse Treviranus am 8. Juni 1976 vorgelegen.

[2] Zum Drahtbericht des Botschafters Böker, Rom (Vatikan), vgl. Dok. 146, Anm. 1.

[3] Vortragender Legationsrat I. Klasse Fleischhauer teilte der Botschaft beim Heiligen Stuhl in Rom mit: „Wir beobachten die wenig durchsichtige Entwicklung in der Frage der Anhebung der Berliner Ordinarienkonferenz zu einer vollgültigen Bischofskonferenz nicht zuletzt auch deshalb mit Sorge, weil Casaroli uns offenbar wieder einmal nicht voll unterrichtet und weil er bisher seine Ankündi-gung nicht wahr gemacht hat, uns die Entwürfe von klarstellenden Erklärungen des Vatikans zu-kommen zu lassen. Wir befürchten, von Casaroli überspielt zu werden und bei plötzlichem Vollzug der Verselbständigung der Berliner Ordinarienkonferenz entweder ohne oder mit einer nicht kon-sultierten und inhaltlich ungenügenden Erklärung dazustehen. Es war deswegen erwogen worden, Sie nunmehr mit einer erneuten Demarche bei Casaroli zu beauftragen, bei der in nachdrücklicher Form die uns zugesagten Entwürfe der Erklärung angemahnt werden sollten." Die Entwicklung in Rom lasse es aber wieder fraglich erscheinen, „ob der Augenblick für eine solche Demarche günstig gewählt wäre oder ob ein Drängen der Bundesregierung die Bemühungen der Kardinäle Döpfner und Bengsch um ein Hinausschieben des Vollzugs der Verselbständigung der Berliner Ordinarien-konferenz durchkreuzen könnte." Vgl. VS-Bd. 10769 (501); B 150, Aktenkopien 1976.

erinnern, uns den Text der geplanten Erklärung zu geben, und um ihm auch unsere Gesichtspunkte betreffend die Schaffung einer Kirchenprovinz darzulegen. Gleichzeitig wollte ich seine Version über die von den beiden deutschen Kardinälen hier geführten Gespräche erkunden.

Casaroli legte sehr offen seine Meinungsverschiedenheiten mit den beiden Kardinälen dar und verhehlte nicht sein Mißfallen, bat allerdings auch um sehr vertrauliche Behandlung.

Die beiden Kardinäle hätten eine Einstellung gegenüber den Problemen der kirchlichen Neuordnung in der DDR an den Tag gelegt, die wesentlich verschieden gewesen sei zu ihren früheren Einstellungen, wie er, Casaroli, sie verstanden hätte. Während sie sich früher damit abgefunden zu haben schienen, daß der Heilige Stuhl hier gewisse Maßnahmen ergreifen müsse, hätten sie nunmehr wieder lauter Bedenken geäußert, zusätzliche Bedingungen vorgebracht und das schon abgesprochene Procedere wieder zu ändern versucht. Es sei aber für den Heiligen Stuhl unmöglich, auf dem einmal beschrittenen Wege wieder umzukehren (faire marche en arrière). In den Vorgesprächen mit der DDR habe man auch schon seit langem ein gewisses Vorgehen in Aussicht gestellt und sei dadurch im Wort.

Der Papst[4] habe, so Casaroli, die beiden Kardinäle höflich angehört und ihnen versprochen, ihre Einwendungen sorgfältig in Erwägung zu ziehen. Er, Casaroli, könne mir aber vertraulich mitteilen, daß der Papst inzwischen entschieden habe, auf der bisher geplanten Linie trotz der Einwendungen der Kardinäle zu beharren. Diese Entscheidung werde den Kardinälen in diesen Tagen in Form eines über die Nuntiatur zu leitenden Briefes von Kardinalstaatssekretär Villot mitgeteilt werden.[5] Bis dahin möchten wir bitte nicht zu erkennen geben, daß wir vorab informiert worden seien. Der Papst sei der Auffassung, daß ein weiteres Zuwarten nicht im Interesse der Kirche und wahrscheinlich auch nicht einmal im deutschen Interesse sei. Man müsse jetzt schnell handeln. Außerdem würde die deutsche Öffentlichkeit wahrscheinlich ein graduel-

---

[4] Paul VI.

[5] Ministerialrat Bräutigam, Ost-Berlin, berichtete am 21. Juni 1976: „Wie wir von Prälat Lange (Bischöfliches Ordinariat Ost-Berlin) erfahren, hat der Vatikan erwartungsgemäß in seinem Schreiben vom 11. Juni an der Auffassung festgehalten, daß als erster Schritt einer kirchenrechtlichen Neuordnung die Berliner Ordinarienkonferenz verselbständigt werden soll. [...] Die Berliner Ordinarienkonferenz hat in ihrer Sitzung vom 14./15. Juni mit Bedauern davon Kenntnis genommen, daß es nicht gelungen ist, den Vatikan zu einem taktischen Vorgehen zu veranlassen, das den Vorstellungen der hiesigen Kirche entsprochen hätte. Im Hinblick darauf, daß bereits eine Entscheidung des Papstes vorliegt, hält man die Entscheidung des Vatikans in dieser Frage für definitiv. Man wird daher die Erörterung des Procedere im gegenwärtigen Stadium von hier aus nicht mehr fortsetzen." Vgl. den Drahtbericht Nr. 711; VS-Bd. 10769 (501); B 150, Aktenkopien 1976.
Am 28. Juni 1976 teilte Staatssekretär Gaus, Ost-Berlin, mit, daß der Bischof von Berlin, Kardinal Bengsch, ihn über den Inhalt seines Antwortschreibens vom 16. Juni 1976 an den Staatssekretär im Staatssekretariat des Heiligen Stuhls, Kardinal Villot, informiert habe. Darin werde im wesentlichen ein Vorschlag der Berliner Ordinarienkonferenz zur geographischen Umschreibung der künftigen Bischofskonferenz in Artikel 1 des neuen Statuts unterbreitet: „Der Brief des Kardinals an Villot ist bei allem Respekt auch eine massive Klage über die mangelnde Unterrichtung der katholischen Kirche in der DDR über die Schritte des Vatikans. Bengsch nimmt indirekt, aber deutlich Bezug darauf, daß weder er noch Kardinal Döpfner in ihren jüngsten Gesprächen mit Casaroli davon unterrichtet worden seien, wie weit Casaroli bereits mit der DDR Festlegungen über die Errichtung der Bischofskonferenz als ersten Schritt vor Bildung einer Kirchenprovinz getroffen habe." Vgl. den Drahtbericht Nr. 756; Referat 10769 (501); B 150, Aktenkopien 1976.

les Vorgehen besser verstehen (zuerst Schaffung einer Berliner Bischofskonferenz, dann nach längerem Abstand Errichtung neuer Bistümer), als wenn das ganze Paket auf einmal verwirklicht würde.

Auf meine Frage, wie denn nun der Heilige Stuhl vorzugehen beabsichtige, meinte Casaroli, man wolle sobald als möglich die Berliner Bischofskonferenz schaffen. Die Schaffung neuer Diözesen sei für einen späteren Zeitpunkt vorbehalten, nachdem man mit der DDR über den Katalog von Forderungen verhandelt habe. Eine Berliner Kirchenprovinz könne wohl erst geschaffen werden, wenn die Diözesen errichtet seien.

II. Im einzelnen gab Casaroli folgende Erläuterungen:

1) Zu der geplanten Erklärung

Er habe immer noch keinen fertigen Text, den er uns zeigen könne, weil seine Mitarbeiter zwei verschiedene Versionen entworfen hätten, die er nun zu einem Text zu verarbeiten trachte. (Ich vermute hingegen, daß der wahre Grund für die Verzögerung in den Meinungsverschiedenheiten mit den Kardinälen liegt.) Er werde mir nun aber in spätestens einer Woche einen Text geben können, wobei er hoffe, daß wir für dessen Prüfung nicht allzu viel Zeit bräuchten. Ich erwiderte, er müsse uns mehrere Wochen dafür einräumen, da auch die Spitze der Bundesregierung mit dem Problem befaßt werden müsse.[6]

2) Berlin

Er gehe von der selbstverständlichen Annahme aus, daß Kardinal Bengsch in beiden Bischofskonferenzen Sitz und Stimme haben werde, daß er sich aber wie bisher in der Fuldaer Bischofskonferenz vertreten lassen werde. Die bisherigen Kontakte mit der DDR ließen ihn glauben, daß die DDR gegen eine solche stillschweigende Fortsetzung des Status quo keine Einwendungen erheben werde. Er glaube aber nicht, daß dies Gegenstand von Verhandlungen zwischen dem Heiligen Stuhl und der DDR sein könne, denn es handele sich hier um ein politisches und nicht um ein kirchenrechtliches Problem. Je weniger der Heilige Stuhl hierzu öffentlich sage, desto besser. Allenfalls könne man gesprächsweise gegenüber der DDR die Erwartung zum Ausdruck bringen, daß am Status quo nicht gerüttelt werde. Alles andere sei gefährlich und könne nur Rückschläge bringen. Die Kardinäle hätten hier weitergehende Vorstellungen,

---

[6] Vortragender Legationsrat I. Klasse Fleischhauer vermerkte am 15. Juni 1976: „Das Verhältnis Vatikan–DDR und die damit verbundene Angelegenheit der kirchenrechtlichen Neuordnung in der DDR wird innerhalb der Bundesregierung vom Auswärtigen Amt federführend behandelt. Das Auswärtige Amt hat auf Arbeitsebene die übrigen interessierten Ressorts (BK, BMI, BMJ, BMB) sowie die Landesvertretung Berlin beteiligt. Eine Unterrichtung des Kabinetts hat bisher jedoch nicht stattgefunden; sie war wiederholt erwogen, dann aber im Hinblick auf noch bevorstehende Kontakte mit dem deutschen Episkopat jeweils zurückgestellt worden. Nachdem die Anhebung der Bischofskonferenz nunmehr unmittelbar bevorzustehen scheint, sollte auf den Gedanken einer Unterrichtung des Kabinetts über die von uns eingeschlagene Linie jedoch wieder zurückgegriffen werden. Eine Unterrichtung des Kabinetts würde sich vor allen Dingen deshalb empfehlen, weil sichergestellt werden muß, daß die einzelnen Kabinettsmitglieder nach Vollzug der ersten Maßnahme des Vatikans in der Öffentlichkeit eine aufeinander abgestimmte Haltung einnehmen. Der Umstand, daß wir einstweilen keine Klarheit über die von uns angestrebte und von Casaroli zugesagte Erklärung des Vatikans sowie über die Einzelheiten der Absicherung der Doppelstellung von Kardinal Bengsch gegenüber der DDR haben, steht einer Unterrichtung des Kabinetts nicht entgegen. Denn unsere Linie ist klar, und angesichts der Möglichkeit eines baldigen Vollzugs der Anhebung der Berliner Ordinarienkonferenz erscheint die Sicherstellung einer einheitlichen Haltung der Mitglieder der Bundesregierung vorrangig." Vgl. VS-Bd. 14068 (010); B 150, Aktenkopien 1976.

4. Juni 1976: Böker an Auswärtiges Amt

denen er aber nicht folgen könne. Er habe auch den Herrn Bundesaußenminister seinerzeit dahingehend verstanden, daß auch die Bundesregierung es für gefährlich hielte, die DDR auf die doppelte Teilnahme des Kardinals Bengsch an beiden Bischofskonferenzen anzusprechen.[7] Im übrigen sei der Erzbischof von Triest nur in der italienischen und nicht auch in der jugoslawischen Bischofskonferenz vertreten, obwohl seine Diözese auch jugoslawische Gebietsteile enthalte. Am besten sei es daher, wenn man an den Status quo gar nicht rühre. Ich erwiderte Casaroli, daß ich mich nicht erinnern könne, daß der Herr Bundesaußenminister seinerzeit derartige Gedanken vertreten habe. Die Stellung Berlins und damit die doppelte Teilnahme Kardinal Bengschs an beiden Bischofskonferenzen müsse auf jeden Fall auch rechtlich abgesichert werden. Ich glaubte nicht, daß diesem Gesichtspunkt durch bloßes Sichausschweigen Rechnung getragen würde[8].

Casaroli erwiderte in diesem Zusammenhang, daß die beiden Kardinäle auch besondere Garantien dafür verlangt hätten, daß die beiden deutschen Bischofskonferenzen untereinander engen Kontakt halten könnten. Auch diese Forderung halte er für unrealistisch. Die DDR werde keinen Einwand dagegen erheben, daß die beiden Bischofskonferenzen auf europäischer Ebene oder auf der Ebene der Deutschsprachigkeit Kontakte über die Grenzen der DDR hinaus unterhalten werden. Einer besonders engen Verbindung der beiden deutschen Bischofskonferenzen werde sie aber mit Sicherheit nicht zustimmen.

3) Kirchenprovinz

Casaroli wiederholte seine schon mehrfach gemachte Feststellung, daß eine Kirchenprovinz mit Sitz in Magdeburg keinesfalls in Frage komme. In Frage komme nur Berlin. Auch unsere Befürchtungen wegen der Benennung einer solchen Kirchenprovinz seien unnötig. Sie werde notwendigerweise „Kirchenprovinz Berlin" oder „Berlin Metropolitanverband" heißen.

Im übrigen führte er aus, daß durch das Hochkommen der Bischofskonferenzen und deren Institutionalisierung durch das vatikanische Konzil[9] die Kirchenprovinzen laufend zugunsten der Bischofskonferenzen an Bedeutung verlören. Die sogenannte Auctoritas territorialis sei früher ausschließlich bei den Metropolitanverbänden gelegen, gehe aber mehr und mehr auf die Bischofskonferenzen über. Auf meinen Einwand, daß dann die beiden deutschen Kardinäle wohl nicht ganz unrecht hätten, wenn sie sagten, durch die Errichtung einer selbständigen Berliner Bischofskonferenz sei die wichtigste Konzession an die DDR bereits gemacht, ohne daß man dafür etwas eingehandelt habe, wußte Casaroli keine rechte Antwort. Er meinte nur, der Katalog der Forde-

[7] Vgl. dazu das Gespräch des Bundesministers Genscher mit dem Sekretär des Rats für die öffentlichen Angelegenheiten der Kirche, Casaroli, am 24. Oktober 1975; AAPD 1975, II, Dok. 317.
[8] Der Passus „doppelte Teilnahme ... getragen würde" wurde von Vortragendem Legationsrat I. Klasse Treviranus hervorgehoben. Dazu Fragezeichen.
[9] Das Zweite Vatikanische Konzil (11. Oktober 1962 bis 8. Dezember 1965) verabschiedete am 28. Oktober 1965 das „Dekret über die Hirtenaufgabe der Bischöfe in der Kirche" („Christus Dominus"). Darin wurde es für erforderlich gehalten, „daß sich überall die Bischöfe desselben Landes oder Gebietes zu einem Gremium zusammenfinden". In Ziffer 38 des Dekrets traf das Konzil Anordnungen zu Organisation und Aufgaben der Bischofskonferenzen. Vgl. DEKRETE DER ÖKUMENISCHEN KONZILIEN, Bd. 3, S. 936 f.

rungen könne erst mit der zweiten Etappe (Errichtung von Diözesen) verbunden werden.

III. Dieses Gespräch zeigt deutlich, daß die Kardinäle Döpfner und Bengsch mit ihren Vorstellungen und Forderungen im Vatikan nicht nur nicht durchgedrungen, sondern geradezu „abgeblitzt" sind. Zurück bleibt allenfalls eine Verstimmung des Vatikans dem deutschen Episkopat gegenüber und eine Verhärtung der bisherigen Linie Casarolis. Auch der Papst neigt[10] charakterlich dazu, sich zu versteifen, wenn er das Gefühlt hat, daß man ihn drängen will.

Angesichts dieser wenig erfreulichen Situation sollten wir m. E. ohne weiteren Aufschub Casaroli oder vielleicht sogar Kardinalstaatssekretär Villot noch einmal ganz klar und deutlich sagen, welches unsere unabdingbaren Forderungen im Zusammenhang mit einer kirchenrechtlichen Neuordnung in der DDR sind. Ob diese vorgeschlagene Demarche nur bei Casaroli oder auch bei Villot zu machen ist, sollte davon abhängen, inwieweit die letzten Äußerungen Casarolis zu dortigen Vorstellungen im Widerspruch stehen. Hierzu erbitte ich eine möglichst knappe und präzise Weisung.[11]

[gez.] Böker

VS-Bd. 10769 (501)

---

[10] Korrigiert aus: „neige".

[11] Vortragender Legationsrat I. Klasse Fleischhauer wies die Botschaft beim Heiligen Stuhl am 15. Juni 1976 an, bei weiterem Ausbleiben des Entwurfs einer Erklärung des Heiligen Stuhls zur kirchenrechtlichen Neuordnung in der DDR „erneut bei Casaroli vorstellig zu werden, die Erklärung nochmals anzumahnen und dabei folgendes auszuführen: [...] Die Bundesregierung sei befremdet und enttäuscht darüber, daß sie entgegen den wiederholten Zusicherungen von Casaroli den Entwurf für die Erklärung nicht zur Abstimmung zugeleitet bekommen habe. Wie Casaroli gut wisse, liege es der Bundesregierung ganz fern, in der Angelegenheit der kirchenrechtlichen Neuordnung der DDR in irgendeiner Weise zu drängen. Wenn aber die Anhebung der Berliner Ordinarienkonferenz eine beschlossene Sache sei, dann müsse auch der Vatikan ein Interesse daran haben, die Erklärung möglichst bald abzustimmen. Es sei mit Sicherheit anzunehmen, daß die Maßnahmen der Kurie in der DDR in der deutschen Öffentlichkeit große Beachtung finden und auch von der DDR gegen uns ins Feld geführt werden würden. [...] Was die Sicherung des Status quo in Berlin durch Fortführung der Zugehörigkeit von Kardinal Bengsch zu der Fuldaer Bischofskonferenz angeht, so sei es allein die Verantwortung des Vatikans, als des Urhebers der jetzt in der DDR zu erwartenden Maßnahmen, dafür Sorge zu tragen, daß die Doppelstellung von Kardinal Bengsch auch gegenüber der DDR-Regierung abgesichert werde." Vgl. den Drahterlaß Nr. 227; VS-Bd. 10769 (501); B 150, Aktenkopien 1976.
Botschafter Böker, Rom (Vatikan), führte am 25. Juni 1976 ein weiteres Gespräch mit dem Sekretär des Rats für die öffentlichen Angelegenheiten der Kirche. Darüber informierte er am 30. Juni 1976: „Casaroli ist offenbar immer noch unglücklich darüber, daß er uns eine Konsultation hinsichtlich des Textes der Erklärung zugesagt hat. [...] Ferner behauptete er, er habe in dem Gespräch mit dem Herrn Bundesaußenminister eine Konsultation betreffend des Textes der Erklärung nur für den Fall der Schaffung neuer Diözesen zugesagt. Da wir aber darauf bestünden, diese Zusage auch auf den Fall der Schaffung einer Bischofskonferenz auszudehnen, habe er uns nachgegeben. Auf meine ausdrückliche und sehr erstaunte Frage, ob er seine Zusage etwa wieder zurückziehen wolle, antwortete Casaroli mit: Nein, der Fall sei ausgestanden. Er will uns aber offenbar ständig daran erinnern, wie lästig ihm diese Verpflichtung ist. Ich verwies auf das besondere Interesse, das das Bundeskabinett in seiner Sitzung vom 24. Juni gerade für diese Erklärung gezeigt hat." Vgl. den Drahtbericht Nr. 53; VS-Bd. 10939 (210); B 150, Aktenkopien 1976.

178

Botschafter von Puttkamer, Belgrad, an das Auswärtige Amt

114-13470/76 VS-vertraulich   Aufgabe: 4. Juni 1976, 08.30 Uhr[1]
Fernschreiben Nr. 256   Ankunft: 5. Juni 1976, 11.17 Uhr
Cito

Betr.: Besuch von Ministerpräsident Kohl in Jugoslawien

Der CDU-Vorsitzende, Ministerpräsident Kohl, hält sich auf Einladung der Sozialistischen Allianz (einer der Nationalen Front der DDR vergleichbaren Organisation) vom 2. bis 5. Juni in Jugoslawien auf. Von Herrn Kohl war der Besuch als eine Aktion des Oppositionsführers und Kanzlerkandidaten angelegt. Von jugoslawischer Seite wurde er genauso gewertet und im Licht des deutschen Wahlkampfes[2] gesehen. Kohl wurde außerordentlich zuvorkommend behandelt und hochrangig wahrgenommen. Er fand eine freundliche und sachliche Presseberichterstattung in den meisten jugoslawischen Blättern. Politische Gespräche führte er mit dem Präsidenten der Sozialistischen Allianz, Petrović, Ministerpräsident Bijedić, Außenhandelsminister Ludviger und dem stellvertretenden serbischen Ministerpräsidenten Kostić. Am Freitag[3] wurde er vom Sekretär des ZK BdKJ Dolanč und von Tito empfangen. Ich war bei den Gesprächen mit Bijedić, Ludviger und Kostić anwesend. Zum Präsidenten wünschte Kohl, wie er mir sagte, „aus vielerlei Gründen" allein zu gehen. Aus dem Gespräch mit Ministerpräsident Bijedić (die übrigen Gespräche dienten der Information) halte ich folgendes fest:

Bijedić verhielt sich zunächst rezeptiv. Herr Kohl führte u. a. aus, daß Jugoslawien für den Fall seiner Regierungsübernahme davon ausgehen könne, daß sich die deutsche Politik gegenüber Jugoslawien nicht ändern werde. Er und seine politischen Freunde seien an einem guten deutsch-jugoslawischen Verhältnis außerordentlich interessiert. Er wisse die besondere Haltung und Rolle Jugoslawiens in der Weltpolitik zu würdigen. Voraussetzung für eine echte Entspannung, für die die CDU eintrete, sei „die Wahrung der Statik in Europa". Hierfür sei von wesentlicher Bedeutung die Wahrung der jugoslawischen Unabhängigkeit.

Herr Kohl kam dann auf die Ostpolitik der Bundesregierung zu sprechen und erklärte, seine kritische Stellung zu ihr bestehe fort. Er wolle in diesem Zusammenhang aber ausdrücklich feststellen, daß eine von ihm geführte Bundesregierung die aus der Ostpolitik resultierenden Verträge mit Moskau und Warschau[4] halten und erfüllen werde. Kohl übte Kritik an der mangelnden Erfül-

---

[1] Hat Ministerialdirigent Meyer-Landrut vorgelegen.
Hat Legationsrat I. Klasse Dohmes vorgelegen.
Hat Vortragender Legationsrätin I. Klasse Finke-Osiander am 10. Juni 1976 vorgelegen.
[2] Die Wahlen zum Bundestag fanden am 3. Oktober 1976 statt.
[3] 4. Juni 1976.
[4] Für den Wortlaut des Vertrags vom 12. August 1970 zwischen der Bundesrepublik und der UdSSR vgl. BUNDESGESETZBLATT 1972, Teil II, S. 354 f.
Für den Wortlaut des Vertrags vom 7. Dezember 1970 zwischen der Bundesrepublik und Polen

lung der Vereinbarung von Helsinki[5], insbesondere daran, daß der Ostblock nicht das geringste „in Sachen größerer Freizügigkeit und besseren Informationsflusses" getan habe. Er kam auf die deutsche Teilung zu sprechen und räumte ein, daß in seinen Augen eine Wiedervereinigung wahrscheinlich für Generationen kein realistisches politisches Ziel sei. Das deutsche Volk werde aber den Gedanken an die deutsche Einheit nie aufgeben. Hieran schloß sich eine ausführliche Kritik an der Politik der DDR an.

Kohl sprach von seiner Sorge über die Entwicklung in Italien.[6] Er meinte, es sei verständlich, wenn Jugoslawien Sympathien für die italienischen Kommunisten habe, er könne sich jedoch nicht vorstellen, daß es Jugoslawien gleichgültig lasse, wenn „bei seinem Nachbarn die Statik ins Rutschen käme".

Bijedić gab in seiner Antwort einen Überblick über die jugoslawische Position, die gegenüber der laufenden Berichterstattung der Botschaft nichts Neues brachte. Es fiel indessen auf, daß er kein Wort über die jugoslawisch-sowjetischen Beziehungen sagte. Zum Teil auf Kohls Ausführungen eingehend, unterstützte Bijedić dessen Kritik an der bisherigen Implementierung von Helsinki, wollte diese Kritik aber nicht allein auf den 3. Korb beschränkt wissen. Er ließ Verständnis für Kohls Ausführungen zur deutschen Teilung erkennen und vermittelte den Eindruck, daß auch auf jugoslawischer Seite gewisse restriktive Maßnahmen der DDR kritisch gewertet würden.

Auf eine direkte Frage, wie er die jüngsten Ereignisse in Rumänien[7], die von westlichen Zeitungen stark beachtet worden seien, bewerte, gab Bijedić eine

---

Fortsetzung Fußnote von Seite 820

über die Grundlagen der Normalisierung ihrer gegenseitigen Beziehungen vgl. BUNDESGESETZBLATT 1972, Teil II, S. 362 f.

[5] Für den Wortlaut der KSZE-Schlußakte vom 1. August 1975 vgl. SICHERHEIT UND ZUSAMMENARBEIT, Bd. 2, S. 913–966.

[6] Zur innenpolitischen Lage in Italien vgl. Dok. 135.

[7] Botschaftsrat I. Klasse Kilian, Bukarest, berichtete am 20. Mai 1976: „Das rumänische Tagesgespräch wird seit einigen Tagen zunehmend von Gerüchten über eine unmittelbar bevorstehende Bedrohung des Landes beherrscht. Die Rumänen selbst vergleichen ihre Nervosität mit der von 1968. Man spricht von sowjetischen Truppenkonzentrationen an der Nordost-Grenze, Schußwechsel an der bulgarischen Grenze, sowjetische Panzer sollen angeblich bereits provozierende Grenzverletzungen begangen haben. In den letzten beiden Nächten seien in Bukarest und anderen Städten viele Männer bis zu etwa 40 Jahren von den Patriotischen Garden zum sofortigen Waffendienst aus den Häusern geholt und in Lastwagen abtransportiert worden. [...] Die Gerüchte sprechen von Gebietsforderungen der Sowjets auf moldauisches Gebiet im Nordosten, der Ungarn auf transsylvanische Bezirke im Nordwesten und der Bulgaren auf die Dobrudscha im Südosten des Landes. [...] Die Gründe für diesen Nervenkrieg sind noch nicht eindeutig erkennbar. Die hiesigen Botschaften der SU, Ungarns und Bulgariens neigen zu der Ansicht, daß Ceauşescu sich aus wirklichen oder imaginären innenpolitischen Schwierigkeiten zu einer Angstkampagne gezwungen fühlt. Sie streiten ab, daß ihre Staaten irgendwelche territorialen Forderungen gegenüber Rumänien geltend machen wollen. [...] Eine andere Erklärung besteht darin, daß die Staaten der Dritten Welt als Adressat der Krieg-in-Sicht-Psychose gedacht sind. Die rumänische Außenpolitik konzentriert alle ihre Bemühungen auf den formellen Beitritt zur Konferenz der Blockfreien in Colombo. Die Aussichten sind zweifelhaft. Nach der Aufnahme in die Gruppe der 77 hofft Rumänien dadurch – immer noch in den Fußstapfen Jugoslawiens – einen Schritt weiter aus dem Bannkreis Moskaus in das Lager der Ungebundenen zu kommen." Vgl. den Drahtbericht Nr. 355; Referat 214, Bd. 116672.
Kilian übermittelte am 24. Mai 1976 ergänzende Informationen aus dem rumänischen Verteidigungsministerium: „Während der gesamten letzten Woche habe eine routinemäßige militärische Übung stattgefunden, die darin bestanden hätte, Reservisten der verschiedenen Gruppierungen unter notstands- und mobilmachungsähnlichen Umständen einzuberufen. Solch eine Übung sei nichts Außergewöhnliches. Man halte sie praktisch in jedem Jahr einmal ab. Vielleicht habe man sie diesmal ‚zu sehr improvisiert'. Innere und äußere Feinde der rumänischen Regierung hätten durch

ausweichende Antwort und sprach des längeren über das traditionell gute jugoslawisch-rumänische Verhältnis. Aus seinen abschließenden Bemerkungen ließ sich dann aber doch eine Bewertung erkennen, die deutlich machte, daß die jugoslawische Regierung die rumänischen Ereignisse als einen ausschließlich innenpolitischen Vorgang ansieht, der durch[8] keine äußeren Aktionen ausgelöst worden ist.

Das Gespräch verlief in herzlicher Atmosphäre und dauerte über die vorgesehene Zeit hinaus.

Am Donnerstag[9] gab ich ein Essen für Herrn Kohl und seine Gastgeber.

Am heutigen Freitag fliegt Ministerpräsident Kohl mit einer jugoslawischen Sondermaschine nach Zagreb, das eine Städtepartnerschaft mit Mainz pflegt. Er wird dort ebenfalls hochrangig wahrgenommen.

Am Samstag setzt er von Belgrad aus seine Reise nach Sofia fort.[10]

Abschließender Bericht bleibt vorbehalten.

[gez.] Puttkamer

VS-Bd. 10923 (210)

Fortsetzung Fußnote von Seite 821

böswillige Gerüchte versucht, diese Übung zum Anlaß einer Massenhysterie zu mißbrauchen. Dies sei ihnen jedoch nicht gelungen." Auf seine, Kilians, Frage, „wer diese inneren und äußeren Feinde seien, wich Gesprächspartner aus". Vgl. den Drahtbericht Nr. 363; Referat 214, Bd. 116672.

[8] Korrigiert aus: „auch".

[9] 3. Juni 1976.

[10] Ministerpräsident Kohl hielt sich vom 5. bis 7. Juni 1976 in Bulgarien auf. Am 7. Juni 1976 traf Kohl mit Staatsratsvorsitzendem Schiwkow zusammen. Dazu wurde in der Presse berichtet: „Kohl brachte, ähnlich wie bereits in Belgrad, auch gegenüber Schiwkoff das Problem der deutschen Teilung zur Sprache. Obwohl diese Teilung kein aktuelles Problem der Weltpolitik sei, müsse man doch die Unmenschlichkeit als akutell bezeichnen, die sich aus der Teilung ergebe. Diese Unmenschlichkeit gelte es aus der Welt zu schaffen. Und dieses Problem sei – im Gegensatz zur Oder-Neiße-Frage – immer noch relevant." Vgl. den Artikel „In Sofia nennt Kohl die deutsche Teilung ‚unmenschlich'"; DIE WELT vom 8. Juni 1976, S. 2.

Am 8. Juni 1976 führte Kohl in Bukarest ein Gespräch mit Präsident Ceauşescu. Anschließend teilte er der Presse mit, „er habe sich für eine großzügige und humanitäre Haltung der rumänischen Führung in der Frage der Familienzusammenführung verwendet. Völlige Übereinstimmung habe zwischen ihm und seinem rumänischen Gastgeber in der Feststellung bestanden, daß die ‚Statik' in Europa nicht verändert werden dürfe und daß jede Machtverschiebung auf dem europäischen Kontinent die Chancen einer Abrüstung vermindern müsse. Rumänien sei nach seinen Eindrücken ‚elementar' an einer Abrüstung und Entspannung interessiert." Vgl. den Artikel „In Bukarest sprach Kohl drei Stunden mit Staatschef Ceauşescu"; DIE WELT vom 9. Juni 1976, S. 2.

179

Aufzeichnung des
Ministerialdirigenten Ruhfus, Bundeskanzleramt

8. Juni 1976[1]

Unter Verschluß

Betr.: Gespräch des Bundeskanzlers mit dem französischen Staatspräsidenten am 6. Juni 1976[2]

Der Bundeskanzler gab mir über den Inhalt des Gespräches folgende Stichworte:

Es sei ein eigenartiges Gespräch gewesen. Präsident Giscard habe die Diskussion über die Beteiligung der kleineren EG-Partner an dem Treffen in Puerto Rico[3] als eine Art Sturm im Wasserglas bezeichnet; wenn die Erweiterung des Kreises der Teilnehmer an Puerto Rico um einen kleineren Partner der EG vorgeschlagen werde, werde Frankreich nicht widersprechen. Frankreich wolle sich nicht isolieren. Aber Frankreich werde hieraus seine Konsequenzen ziehen und sich in Zukunft von derartigen Treffen zurückziehen.

Auf die Frage des Bundeskanzlers, welchen Rat Präsident Giscard geben könne, antwortete Giscard, er rege an, in dieser Frage weder die Regierung in Washington noch die Regierung in Paris unter Druck zu setzen. Er empfehle, sich bei den öffentlichen Äußerungen und Stellungnahmen Zurückhaltung aufzuerlegen.

Im übrigen seien die kleineren EG-Partner sich über das weitere Vorgehen nicht einig. Luxemburg betreibe die Teilnahme der EG-Präsidentschaft, die Niederlande und andere Partner nähmen eine unterschiedliche Haltung ein. Man könne daher zunächst einmal abwarten.

Der Bundeskanzler regte an, man könne den Befürchtungen und Wünschen der kleineren Partner entgegenkommen, indem man bei dem nächsten Treffen der EG-Außenminister in Senningen am 12.6 mit ihnen ausführlicher über das Treffen in Puerto Rico spreche.[4] Giscard antwortete, Frankreich werde in Senningen nur zuhören und informieren. Die französische Regierung sei nicht zu

---

1 Ablichtung.
Die Aufzeichnung wurde von Ministerialdirigent Ruhfus, Bundeskanzleramt, am 14. Juni 1976 an Ministerialdirigent Kinkel übermittelt „mit der Bitte um vertrauliche Unterrichtung des Bundesministers".
Hat Bundesminister Genscher am 14. Juni 1976 vorgelegen.
Hat Kinkel am 15. Juni 1976 vorgelegen, der die Weiterleitung an Staatssekretär Hermes und die Ministerialdirektoren van Well und Lautenschlager verfügte.
Hat Hermes am 15. Juni 1976 vorgelegen.
Hat van Well am 16. Juni 1976 vorgelegen.
Hat Lautenschlager am 18. Juni 1976 vorgelegen. Vgl. den Begleitvermerk; Referat 010, Bd. 178660.
2 Telefongespräch.
3 Zur Frage einer Beteiligung der Benelux-Staaten sowie von Dänemark und Irland an der Konferenz der Staats- und Regierungschefs aus sieben Industriestaaten am 27./28. Juni 1976 in San Juan vgl. Dok. 168, Anm. 11, und Dok. 176.
4 Zum informellen Treffen der Außenminister der EG-Mitgliedstaaten vgl. Dok. 193.

einem weitergehenden Gedankenaustausch mit den kleineren EG-Partnern über Thematik und Ablauf der Konferenz in Puerto Rico bereit.

Ruhfus

Referat 010, Bd. 178660

180

Botschafter Sahm, Moskau, an das Auswärtige Amt

114-13480/76 VS-vertraulich	Aufgabe: 8. Juni 1976, 15.25 Uhr[1]
Fernschreiben Nr. 3005	Ankunft: 8. Juni 1976, 16.52 Uhr
Citissime	

Betr.: Erklärung der sowjetischen Regierung vom 22.5.1976[2]
        hier: Gespräch mit Außenminister Gromyko

Bezug: DE Nr. 319 vom 2.6.1976 – 213-321.00 SOW[3]

Zur Information

I. Führte heute in Begleitung von Gesandtem[4] und Dolmetscher 40minütiges Gespräch mit Außenminister Gromyko, bei dem von sowjetischer Seite Leiter Dritter Europäischer Abteilung, Bondarenko, anwesend war.

Ich erwähnte eingangs, daß, wie Sowjets bereits bekannt sein dürfte, Antwort auf Erklärung beabsichtigt sei und daß ich daher nur Fragen zur Erklärung stellen wolle.

1) Unter Hinweis auf die Kommuniqués der in den letzten Jahren stattgefundenen Begegnungen deutscher und sowjetischer Politiker, die abgeschlossenen Verträge sowie KSZE-Schlußakte fragte ich Gromyko nach Notwendigkeit der Veröffentlichung dieser Erklärung und warum gegenwärtiger Zeitpunkt gewählt worden sei. Gromyko entgegnete, diese Frage sei leicht zu beantworten. Wir sollten keinerlei hintergründige Vermutungen anstellen, aber wir täten recht, Schlußfolgerungen aus der Erklärung zu ziehen. Sowjetregierung sei entschlossen gewesen, sich zur Unterstützung der positiven Elemente in unseren Beziehungen und zur Bereicherung unserer Beziehungen zu äußern. Von

---

[1] Hat Vortragendem Legationsrat I. Klasse Lücking am 9. Juni 1976 vorgelegen.

[2] Zur sowjetischen Erklärung vom 22. Mai 1976 vgl. Dok. 158.

[3] Vortragender Legationsrat I. Klasse Kühn teilte der Botschaft in Moskau zum Gespräch mit dem sowjetischen Außenminister mit: „Gromyko gegenüber sollte darauf hingewiesen werden, daß die im Gespräch des Bundeskanzlers mit Falin in Aussicht genommene weitere Erläuterung der Regierungserklärung durch Falin bei dem Herrn Bundesminister zu unserem Bedauern bisher noch nicht erfolgt ist und daß Sie deshalb für weitere Erläuterungen und Interpretationen der Regierungserklärung durch Gromyko dankbar wären. Auf Weisung des Herrn Ministers sollen operative Fragen gegenüber Gromyko nicht angesprochen werden, ebenso nicht das Problem der Ministerkonsultationen." Vgl. Referat 213, Bd. 112760.

[4] Heinrich Löwe.

diesen guten Absichten sei die Erklärung von Anfang bis Ende durchdrungen. Natürlich hätte Erklärung auch zu einem beliebigen anderen Zeitpunkt abgegeben werden können, was letztlich gleichgültig sei, da Erklärung vor allem Ausdruck einer konsequenten, keinem Wechsel unterworfenen sowjetischen Politik im Sinne guter Zusammenarbeit sei. Er wisse nicht, was die Bundesregierung vorhabe, aber alles, was sie im Sinne der Verbesserung der Beziehungen tue, werde die Zustimmung der sowjetischen Seite finden.

Ich stellte fest, daß alle früheren Abkommen und Absprachen doch wohl weiter Gültigkeit hätten, was Gromyko nachdrücklich bestätigte.

2) Unter Hinweis auf die bevorstehenden Konsultationen zur KSZE[5] stellte ich die Frage, warum KSZE nicht im einzelnen erwähnt worden sei, und ob es nicht so sei, daß wir auf diesem Gebiet vieles gemeinsam tun könnten. Gromyko erwiderte hier etwas ausweichend, die Staaten hätten Verpflichtungen für die Sicherheit Europas übernommen. Gegenstand der Erklärung seien die Beziehungen unserer beider Staaten.

Auf meine Zwischenfrage, ob die Regelungen der Schlußakte in unserem bilateralen Verhältnis weiterhin gültig seien, erwiderte Gromyko, alle Staaten hätten entsprechend der Schlußakte Verpflichtungen übernommen, wie dies auch in anderen internationalen Dokumenten (VN-Charta[6]) der Fall sei. Sowjets haben in dieser Erklärung lediglich deutsch-sowjetische Beziehungen vor Augen gehabt und sich auf diese Aufgabe beschränkt. Unsere Fragen zur Erklärung beweisen ihr sorgfältiges Studium durch die Bundesregierung; dies stelle er mit Befriedigung fest. Das Ziel der Erklärung sei eine Klärung unseres bilateralen Verhältnisses in Richtung auf eine Verbesserung der Beziehungen. Man solle keine Geheimnisse zwischen den Zeilen herauslesen, diese seien unbegründet. Er habe den Eindruck, daß das Hauptziel der Erklärung bei uns und in der ganzen Welt richtig verstanden worden sei.

3) Gromyko kam dann von sich aus auf Spekulationen in der Presse, auch in der Presse der Bundesrepublik, über den Adressaten der Erklärung zu sprechen und erklärte, warum nicht die Form einer direkten Erklärung gegenüber der Bundesregierung gewählt worden sei. Sowjetische Gedanken zur Politik mit der Bundesrepublik Deutschland sollten durch diese Erklärung allen bekannt werden. Eine Erklärung mit Ansprüchen an die Bundesregierung hätte man der Regierung direkt zugeleitet.

4) Zu dem Passus über Berlin (Abschnitt 8[7]), wonach Funktionieren Vier-Mächte-Abkommens von Beziehungen der Bundesrepublik Deutschland zur Sowjetunion, DDR und anderen sozialistischen Staaten abhängig sein solle, fragte ich, ob diese Formulierung ein neues Element enthielte. Bedeute dies nicht nach dem Prinzip der Gegenseitigkeit, daß das Funktionieren des Vier-

---

5 Ministerialdirigent Meyer-Landrut und der sowjetische Sonderbotschafter Mendelewitsch führten am 14./15. Juni 1976 Konsultationsgespräche zu Stand und Fortführung der KSZE, die „weitgehend der Thematik der KSZE-Schlußakte" folgten. Sie vereinbarten, den Meinungsaustausch Anfang 1977 in Moskau fortzusetzen. Vgl. dazu den Schriftlerlaß des Vortragenden Legationsrats I. Klasse Freiherr von Groll vom 24. Juni 1976; Referat 212, Bd. 111664.

6 Für den Wortlaut der UNO-Charta vom 26. Juni 1945 vgl. BUNDESGESETZBLATT 1973, Teil II, S. 433–503.

7 Korrigiert aus: „Ziffer 9".
Für Ziffer 8 der sowjetischen Erklärung vom 22. Mai 1976 vgl. Dok. 158, Anm. 13.

Mächte-Abkommens auch von der Qualität der Beziehungen der DDR zur Bundesrepublik Deutschland, zu den Drei Mächten und zu den anderen westlichen Verbündeten abhänge? Gromyko verneinte dies nachdrücklich. Es sei kein neues Element eingeführt worden. Diese Formulierung bedeute nur, daß das Abkommen in einer guten Atmosphäre leichter durchgeführt werden könne.

5) Zur Frage der Abrüstung erwähnte ich die mehrfachen Hinweise in der Erklärung auf das Prinzip der Nichtbeeinträchtigung der Sicherheit jedes der Beteiligten und fragte dann nach den in der Erklärung erwähnten „radikalsten Beschlüssen", zu denen Sowjetunion bereit sei (Abschnitt 4[8]).

Gromyko entgegnete, sowjetische Abrüstungsvorschläge seien gut bekannt. Sie gingen bis zum Vorschlag der Vernichtung aller Atomwaffen und der friedlichen Nutzung der Atomenergie, von der Verringerung von Truppen bis hin zur vollen und allgemeinen Abrüstung unter entsprechender Kontrolle. Diese Vorschläge habe die Sowjetunion seit 1946 gemacht. Leider akzeptierten nicht alle Staaten die sowjetischen Vorschläge. Es gäbe auch sowjetische Vorschläge über Teilschritte auf diesem Gebiet.

6) Gromyko kam noch einmal auf die von mir erwähnte Antwort der Bundesregierung zu sprechen und fragte, ob dies eine Antwort auf die sowjetische Erklärung sein werde oder ob sie unabhängig von dieser erteilt würde. Ich erwiderte, daß Bundeskanzler in Gespräch mit Falin[9] mitgeteilt habe, daß eine Antwort auf die Erklärung erteilt werde, sie werde auch öffentlich sein. Weg und Form stünden jedoch noch nicht fest.[10]

7) Falin habe in Gespräch mit Bundeskanzler Hoffnung ausgedrückt, daß er hoffe, in Kürze auch Mitteilungen über die Haltung zu anderen Fragen machen zu können (vgl. Vermerk über Gespräch Falin mit Bundeskanzler vom 24.5.76 – Erlaß vom 31.5.76 – 213-321.00 SOW-1324/76 VS-v[11]).

Hier zeigte sich Gromyko überrascht …[12] als ein Mißverständnis.

8) Ich kam dann auf den letzten Absatz der Erklärung zu sprechen, in dem die Alternative gestellt wird, ob das Volk der BRD den Weg des Friedens oder des Krieges gehen wolle. Dieser Zusammenhang in der Erklärung sei für uns un-

---

[8] Ziffer 4 der sowjetischen Erklärung vom 22. Mai 1976: „Die Sowjetunion ist ein friedliebender Staat, und sie schickt sich nicht an, irgend jemanden zu überfallen, wer es auch sei. Die KPdSU und die Sowjetregierung orientieren die sowjetischen Menschen auf schöpferische Arbeit, auf Frieden und Freundschaft mit den anderen Völkern und Staaten. Das, was die UdSSR zum Schutz ihrer Sicherheit und gemäß militärischen Verpflichtungen ihren Verbündeten gegenüber unternimmt, ist eine Notwendigkeit in einer Situation, da sich die andere Seite mit Wettrüsten befaßt und auf Abrüstung zielende Vorschläge zurückweist. Läge es nur an der Sowjetunion, wären Verhandlungen über alle Aspekte des Abrüstungsproblems schon längst mit konkreten Beschlüssen zu Ende gegangen. Auf der Grundlage der Gegenseitigkeit und des Prinzips der gleichen Sicherheit für jedes Teilnehmerland ist die UdSSR auch zu radikalsten Beschlüssen auf diesem Gebiet bereit. Ihre entsprechenden Vorschläge sind gut bekannt. Sie sind weiterhin in Kraft." Vgl. EUROPA-ARCHIV 1976, D 373.

[9] Für das Gespräch vom 24. Mai 1976 vgl. Dok. 151.

[10] Zur Antwort der Bundesregierung vom 1. Juli 1976 auf die sowjetische Erklärung vom 22. Mai 1976 vgl. Dok. 216.

[11] Vortragender Legationsrat I. Klasse Kühn übermittelte einen Auszug aus der Gesprächsaufzeichnung. Vgl. dazu VS-Bd. 10966 (213); B 150, Aktenkopien 1976.

[12] Unvollständige Übermittlung des Drahtberichts.

verständlich, denn für die Bundesrepublik Deutschland sei diese Frage bereits seit ihrer Gründung entschieden. In unseren bilateralen Beziehungen sei diese Haltung durch den Moskauer Vertrag und die KSZE bestätigt worden. Darüber hinaus gebe es in diesem Sinne eine Reihe von Erklärungen auf höchster Ebene beider Seiten. Warum habe sowjetische Seite diese Alternative aufgeworfen, die keine Frage unserer Zeit sei?

Gromyko erwiderte etwas unsicher, daß Europa und die Welt sich ständig fragen müßten, ob sie den Weg des Friedens oder den Weg militärischer Konflikte beschreiten wollten. Es handele sich hier nicht um einen Vorwurf an die Bundesregierung.

9) Gromyko fuhr fort, daß in der Bundesrepublik nicht alle die gleiche Linie verfolgten, daß es Stimmen gegen die Entspannung gebe, vielleicht nicht so laut wie in anderen Ländern.

Ich erwiderte, daß es sicher Kritik an den Methoden der Entspannungspolitik gebe, jedoch keine einzige Stelle, die eine auf Krieg gerichtete Politik verfolge. Bei der Rüstung sei es wie bei der Abrüstung schwierig, zwischen Aktion und Reaktion zu unterschieden. Unser Bündnis sei ausschließlich auf Verteidigung ausgerichtet.

Gromyko erwiderte mit einer gewissen Ironie, diese Argumentation sei ihnen bekannt. Um die Frage nach Aktion und Reaktion aus der Welt zu schaffen, sollte man radikale Schritte tun. Es seien jedoch noch nicht alle Staaten politisch reif genug, was die Sowjetunion bedauere. Alles, was die Bundesregierung im Sinne der Entspannung, der Vertiefung und der Verbesserung der Beziehungen zu den europäischen Ländern und zu den Ländern der ganzen Welt und im Interesse des Friedens unternehme, werde von seiten der sowjetischen Regierung positiv aufgenommen. Wenn die sowjetische Regierung jedoch Erscheinungen feststelle, die sich gegen die Entspannung richteten – es gebe solche Erscheinungen nicht nur in der Bundesrepublik, sondern auch in anderen Ländern –, so habe sie die Freiheit, ihre Meinung zu derartigen Erscheinungen wie in der Vergangenheit auch in der Zukunft zu sagen.

Die sowjetische Seite hoffe, wie dies Breschnew auch 1974 im Gespräch mit Bundeskanzler Schmidt und Bundesaußenminister Genscher gesagt habe[13], daß der Kurs der Bundesregierung auf Verbesserung der Beziehungen und Entspannung fortgesetzt würde. Dies würde die sowjetische Seite nur begrüßen. Dies falle mit den sowjetischen Interessen zusammen, was auch auf dem XXV. Parteitag bestätigt worden sei.[14] Er drückte die Hoffnung aus, daß jede Erklärung der Bundesregierung über das bilaterale Verhältnis nicht von der konstruktiven Linie abgehe, von der die sowjetische Erklärung durchdrungen sei. Ich drückte meine Überzeugung aus, daß unsere Antwort auf dieser Linie liegen werde. Nach Abschluß des eigentlichen Gesprächs sagte ich beiläufig, daß die Sowjetunion hinsichtlich der sogenannten Entspannungsgegner Gefahr laufe, sie einerseits zu überschätzen und andererseits durch zu starke Beto-

---

[13] Bundeskanzler Schmidt und Bundesminister Genscher hielten sich vom 28. bis 31. Oktober 1974 in der UdSSR auf. Vgl. dazu AAPD 1974, II, Dok. 309 und Dok. 311–316.

[14] Zum XXV. Parteitag der KPdSU vom 24. Februar bis 5. März 1976 in Moskau vgl. Dok. 69.

nungen populärer zu machen, als sie es seien. Gromyko bedankte sich ironisch für diesen Hinweis.

II. Bewertung folgt.[15]

III. Empfehle Weiterleitung an Washington, London, Paris, Brüssel, NATO, New York UNO und Ständige Vertretung DDR.

[gez.] Sahm

VS-Bd. 10935 (210)

181

Deutsch-polnisches Regierungsgespräch

VS-NfD   **9. Juni 1976**[1]

Vermerk über das Gespräch des Bundeskanzlers mit dem Ersten Sekretär Gierek am 9. Juni 1976 im Bundeskanzleramt[2]

Weitere Teilnehmer:

auf polnischer Seite Edward Babiuch, Stellv. Vorsitzender des Staatsrates der VR Polen; Außenminister Olszowski; Tadeusz Wrzaszczyk, Stellv. Vorsitzender des Ministerrates; Außenhandelsminister Olszewski; Botschafter Piątkowski;

auf deutscher Seite Außenminister Genscher, Botschafter Ruete, MDg Dr. Ruhfus.

Je ein polnischer und deutscher Dolmetscher.

Nach einleitenden Worten des Willkommens führte der *Bundeskanzler* aus, wir hätten den Interviews des Ersten Sekretärs entnommen, welche Bedeutung die

---

15 Botschafter Sahm, Moskau, nahm am 8. Juni 1976 Stellung zu den Äußerungen des sowjetischen Außenministers. Er kam zu dem Schluß: „Außenminister Gromyko war sichtlich bemüht, die Erklärung im Sinne einer Bestandsaufnahme und Vorausschau deutsch-sowjetischer Beziehungen positiv zu bewerten. Das starke Interesse, das die Erklärung bei uns hervorgerufen hat, hat Gromyko offensichtlich positiv beeindruckt." Das Gespräch verstärke den Eindruck, „daß diese Erklärung eine Teamarbeit unter starker Mitwirkung des ZK war, wobei das Außenministerium wohl nicht allen Passagen den entscheidenden Stempel aufgesetzt hat. Wie die ausdrücklichen Hinweise auf Breschnew und den Parteitag andeuten, ist die Erklärung im Sinne der von Breschnew entwickelten Entspannungskonzeption zu sehen. Gromyko war offenbar daran gelegen, die positiven Elemente der Erklärung hervorzuheben." Vgl. den Drahtbericht Nr. 3013; Referat 213, Bd. 112758.

1 Ablichtung.
Die Gesprächsaufzeichnung wurde von Ministerialdirigent Ruhfus, Bundeskanzleramt, am 10. Juni 1976 gefertigt und am selben Tag an Ministerialdirigent Kinkel übermittelt. Dazu vermerkte er: „Der Vermerk ist vom Bundeskanzler noch nicht genehmigt worden."
Hat Kinkel am 10. Juni 1976 vorgelegen.

2 Der Erste Sekretär des ZK der PVAP, Gierek, hielt sich vom 8. bis 12. Juni 1976 in der Bundesrepublik auf.

polnische Führung dem Besuch beimesse.[3] Für uns habe der Besuch die gleiche Bedeutung.

Gierek dankte für den herzlichen Empfang. Auch klügste Worte könnten nicht die Gefühle wiedergeben, die ihn hier bewegten.

Er habe eine Begrüßung mit sympathischem Lächeln erlebt. Aber er wisse, daß nicht alle Deutschen so dächten. Auch in Polen gebe es Leute, die alten Gedanken nachhingen.

Er habe vor den deutschen Journalisten in Warschau gesagt, er trete diese Reise ohne Illusionen an.[4] Er wolle diese Feststellung bestätigen. Es werde nicht möglich sein, durch einen Besuch alle Fragen zu klären, aber er könne schon nach 1 1/2 Tagen sagen, dieser Besuch sei ein Meilenstein, um das Verhältnis zwischen beiden Ländern zu ordnen, um freundschaftliche Beziehungen zwischen den Menschen und beiden Staaten herzustellen.

Der *Bundeskanzler* verwies auf die Kontinuität der außenpolitischen Bestrebungen der beiden Koalitionsparteien. Bundesaußenminister Genscher habe auf dem letzten Parteitag[5] seinen Willen zur Kontinuität in der Innen- und Außenpolitik betont. Beide ständen in der Nachfolge ihrer jeweiligen Amtsvorgänger, dem jetzigen Bundespräsidenten Scheel und dem Vorsitzenden der SPD, Brandt. Ihre Parteien, ihre Wähler und die deutsche Öffentlichkeit erwarteten, daß beide die Politik kontinuierlich fortsetzten.

Der Bundeskanzler und der Erste Sekretär einigten sich, daß zunächst die Außenminister einen Überblick über die Entwicklung der bilateralen Beziehungen nach den Verträgen von Helsinki[6] geben sollten.

Olszowski: Die Vereinbarung von Helsinki sei ein außerordentlich wichtiger Schritt für die Entwicklung der Beziehungen zwischen unseren Ländern gewesen. Die einstimmige Ratifikation durch den Bundesrat[7] sei von besonderer Bedeutung gewesen. Warschau habe das persönliche Engagement des Bundes-

---

[3] In einem am 7. Juni 1976 veröffentlichten Interview mit der Wochenzeitung „Der Spiegel" führte der Erste Sekretär des ZK der PVAP, Gierek, aus: „Mir scheint es, daß man von der Bedeutung dieses Besuches und seiner historischen Dimension erst nach diesem Besuch wird sprechen können. Aber allein die Tatsache, daß so ein Besuch stattfinden wird, ist von großer Bedeutung. Wir wären keine Realisten, wollten wir behaupten, daß wir alle Dinge lösen, und schon allein die Tatsache des Besuches als ein historisches Ereignis bezeichnen." Vgl. DER SPIEGEL, Nr. 24 vom 7. Juni 1976, S. 32.

[4] In seiner Ausgabe vom 7. Juni 1976 berichtete die Wochenzeitung „Der Spiegel" von den Vorbereitungen des Besuchs des Ersten Sekretärs des ZK der PVAP, Gierek, vom 8. bis 12. Juni 1976 in der Bundesrepublik. Unter Hinweis auf die historischen Belastungen im Verhältnis beider Staaten hieß es weiter: „Trotz dieser düsteren Hypothek ist die polnische Parteiführung aber offenbar davon überzeugt, daß die ‚historische Dimension' zu einem neuen Anfang führen kann. KP-Chef Edward Gierek: „Ich fahre ohne große Illusion, denn man kann den Besuch nicht weiter hinausschieben. Bei den Deutschen schwindet das Gefühl der Schuld, bei den Polen die Erinnerung an die Opfer." Vgl. den Artikel „Gierek in Bonn: ‚Ich komme ohne Illusionen'"; DER SPIEGEL, Nr. 24 vom 7. Juni 1976, S. 25.

[5] Am 30./31. Mai 1976 fand in Freiburg ein außerordentlicher Parteitag der FDP statt.

[6] Für den Wortlaut der Abkommen vom 9. Oktober 1975 zwischen der Bundesrepublik und Polen über die Renten- und Unfallversicherung nebst der Vereinbarung hierzu sowie über die Gewährung eines Finanzkredits vgl. BUNDESGESETZBLATT 1976, Teil II, S. 396–400 bzw. S. 567.
Für den Wortlaut des Ausreiseprotokolls vgl. BULLETIN 1975, S. 1199.

[7] Am 12. März 1976 verabschiedete der Bundesrat das Ratifizierungsgesetz zum Rentenabkommen vom 9. Oktober 1975 zwischen der Bundesrepublik und Polen einstimmig. Vgl. dazu BR STENOGRAPHISCHE BERICHTE 1976, 432. Sitzung, S. 105.

kanzlers und des Bundesaußenministers für dieses einstimmige Ergebnis sehr anerkannt. Dies habe zu einer deutlichen Verbesserung des Klimas geführt. Daraufhin habe auch der Sejm einstimmig zugestimmt. Jetzt seien gute Voraussetzungen für noch bessere und festere Beziehungen gegeben.

Die Bundesrepublik Deutschland und Polen gehörten verschiedenen Bündnissen an. Aufgrund der Realitäten in Europa und des komplementären Charakters beider Länder könnten sie einen wichtigen Beitrag zur Entspannung in Europa leisten.

Die Ausweitung der Beziehungen zwischen beiden Ländern werde dokumentiert durch die unterzeichnungsreifen Vereinbarungen.[8]

Die Gemeinsame Erklärung könne höchstens stilistisch etwas geschliffen werden, ansonsten sei sie fertig zur Unterzeichnung.[9]

Auch das Kulturabkommen sei unterzeichnungsreif. Nur die Errichtung der Kulturinstitute stelle noch ein kleineres Problem dar.[10] Er schlage vor, dieser Punkt solle nicht ins Abkommen aufgenommen werden. Die Sprecher beider Delegationen sollten nach Abschluß der Gespräche etwa folgendes sagen: „Beide Seiten prüften die Frage der Errichtung von Kulturinstituten in positivem Sinne. Die Angelegenheit solle in Zukunft geregelt werden." Die polnische Seite sei gegenwärtig nicht vorbereitet, ein Kulturinstitut zu errichten, aber sie habe die Absicht, einen derartigen Schritt zu tun.

Ein gutes Beispiel für den Ausbau der Beziehungen sei die Zusammenarbeit zwischen einigen Städten wie zwischen Danzig und Bremen.[11] Die früheren

8 Bundesminister Genscher und der polnische Außenminister Olszowski unterzeichneten am 11. Juni 1976 ein Abkommen über die weitere Entwicklung der Zusammenarbeit auf wirtschaftlichem Gebiet. Für den Wortlaut vgl. BUNDESGESETZBLATT 1976, Teil II, S. 1245 f.
Zum Abkommen über die kulturelle Zusammenarbeit vom selben Tag vgl. Dok. 197.

9 Für den Wortlaut der Gemeinsamen Erklärung vom 11. Juni 1976 über die Entwicklung der Beziehungen zwischen der Bundesrepublik und Polen vgl. BULLETIN 1976, S. 670–672.

10 Zur Einbeziehung von Kulturinstituten in ein Abkommen zwischen der Bundesrepublik und Polen über kulturelle Zusammenarbeit vermerkte Ministerialdirigent Schödel am 3. Juni 1976: „Die polnische Seite hat im Verlaufe der Verhandlungen mehrfach erklärt, einen Artikel über die beiderseitige Einrichtung von Kulturinstituten aufzunehmen, wenn über die Artikel 4 (Schulbuchrevision) und 11 (Massenmedien) eine Einigung erzielt wird. Völlig überraschend hat VAM Czyrek am 2.6. auf Weisung seines AM erklärt, daß die Einrichtung von Kulturinstituten nicht in das Kulturabkommen aufgenommen werden kann." Ein Nachgeben seitens der Bundesrepublik könnte, führte Schödel weiter aus, „pressemäßig Angriffsflächen bieten, da damit nicht nur der Verzicht auf ein wesentliches Instrument des Kulturaustauschs involviert ist, sondern auch der Gedanke einer Diskriminierung gegenüber den anderen westlichen Ländern, denen Polen Kulturinstitute zugestanden hat, angezogen werden könnte. Ein Artikel über die Einrichtung von Kulturinstituten hat für uns wegen der in Aussicht genommenen Verstärkung der kulturellen Beziehungen zentrale Bedeutung, da er die Rahmenbestimmungen eines Kulturabkommens zu den verschiedenen Medienbereichen wesentlich erweitert. [...] Es muß angenommen werden, daß die Polen wegen der Einrichtung eines Kulturinstituts der Bundesrepublik Deutschland in Warschau dem Druck der Sowjetunion und der DDR ausgesetzt sind." Vgl. Referat 610, Bd. 107771.

11 Im Rahmen seines Besuchs vom 11. bis 14. April 1976 in Polen schloß der Bremer Bürgermeister Koschnick mit Vertretern der Stadt Danzig eine Rahmenvereinbarung für die Zusammenarbeit beider Städte, die auf eine polnische Anregung aus dem Jahr 1972 zurückging. In einem Schreiben der Pressestelle des Senats vom 29. April 1976 an das Auswärtige Amt wurde dazu mitgeteilt, daß Koschnick seinerzeit unter Hinweis darauf, daß Bremen wegen seiner Weltoffenheit als Hafenstadt bisher keine formellen Städtepartnerschaften eingegangen sei, „Vereinbarungen über Zusammenarbeit in möglichst vielen Bereichen des öffentlichen Lebens" vorziehe. Im Dezember 1975 habe die Stadtverwaltung Danzig den Entwurf einer Vereinbarung übermittelt: „Kerngedanke dieses Entwurfs war der Abschluß einer ‚Rahmenvereinbarung' zwischen beiden Städten, die ihrerseits dann

Patenschaften zwischen einzelnen Städten seien ein Anachronismus. Sie sollte es in Zukunft nicht mehr geben.

Ein weiterer Anachronismus sei Radio Freies Europa[12], dessen Sendungen gegen Polen gerichtet seien. Der Sender habe viel getan, um die Atmosphäre vor dem Besuch zu vergiften. Er sei gern bereit, eine entsprechende Dokumentation zu übergeben.

Die deutsch-polnischen Verträge hätten nicht nur bilaterale Bedeutung. Sie seien auch ein wichtiger Beitrag zu internationalen Entspannung. Es gäbe keine Alternative zur Entspannung. Er wisse aus Gespräch mit Außenminister Genscher, daß beide Seiten die Entspannung fortsetzen und konsolidieren wollten.

Die Entspannungspolitik werde auch von Peking und einigen extremen Gruppen in der Volksrepublik China bedroht.

Für die Konsolidierung der Entspannungspolitik komme den Beziehungen zwischen der Sowjetunion und den Vereinigten Staaten besondere Bedeutung zu. Daher sei Polen über das sowjetisch-amerikanische Abkommen über unterirdische Atomversuche[13] sehr befriedigt.

Es sei wichtig, die Schlußakte von Helsinki in vollem Umfang zu verwirklichen. Schließlich komme dem baldigen erfolgreichen Abschluß der Wiener Verhandlungen[14] große Bedeutung zu. Polen und die anderen sozialistischen Länder seien bereit, Reduzierungen auf eine vereinbarte objektive Grundlage vorzunehmen. Nur diese Lösung sei Europas würdig und nicht die andere Alternative, nämlich die Vervollkommnung der Waffensysteme.

Fortsetzung Fußnote von Seite 830

den Weg frei machen solle für konkrete Einzelabsprachen. [...] Die Unterzeichnung der ‚Rahmenvereinbarung' im historischen Rathaus von Danzig fand in der polnischen Öffentlichkeit und in den polnischen Massenmedien starke Beachtung. In vielen Kommentaren wurde der modellhafte Charakter dieser Vereinbarung unterstrichen. [...] Die ‚Rahmenvereinbarung' darf als ein wichtiger erster Schritt zur Anknüpfung von deutsch-polnischen Kontakten auf der Ebene der Kommunen, d. h. also auch auf der Ebene lokaler Organisationen und Institutionen, gewertet werden. Sie eröffnet zahlreiche neue oder verbesserte Gesprächsebenen." Wichtig werde es nun sein, die Bemühungen um Einzelabsprachen zu fördern und dabei die vereinbarte Gegenseitigkeit jeweils erneut zu sichern. Vgl. Referat 214, Bd. 116642.

[12] Zum Rundfunksender „Radio Free Europe" vgl. Dok. 69, Anm. 11.

[13] Seit dem 7. Oktober 1974 verhandelten die USA und die UdSSR in Ausführung des Artikels III des Vertrags vom 3. Juli 1974 zur Begrenzung unterirdischer Atomtests über den Abschluß eines weiteren, zu dessen Inkraftsetzung notwendigen Abkommens zur Einschränkung unterirdischer Kernwaffenversuche zu friedlichen Zwecken. Die Verhandlungen wurden am 9. April 1976 in Washington abgeschlossen, das Abkommen am 12. Mai 1976 in Moskau paraphiert und am 28. Mai 1976 von Präsident Ford und dem Generalsekretär des ZK der KPdSU, Breschnew, gleichzeitig in Washington bzw. Moskau unterzeichnet. Zum Abkommen gehörten ferner ein Protokoll, das technische und Verfahrensfragen regelte, sowie eine vereinbarte Erklärung. Es sah u. a. eine Höchststärke der gezündeten Sprengsätze von 150 Kilotonnen, bei Gruppensprengungen von 1,5 Megatonnen vor. Explosionen sollten erlaubt werden an jedem beliebigen Ort innerhalb der Jurisdiktion oder Kontrolle der Vertragsparteien bzw. auf dem Territorium eines anderen Staates, sofern dieser Staat darum bittet, und sollten einem System von Ortsinspektionen unterliegen. Für den Wortlaut vgl. DEPARTMENT OF STATE BULLETIN, Bd. 74 (1976), S. 802–812. Für den deutschen Wortlaut des Abkommens und der vereinbarten Erklärung vgl. EUROPA-ARCHIV 1976, D 539–542. Am 29. Juli 1976 legte Ford beide Vertragswerke dem amerikanischen Senat zur Ratifizierung vor. Vgl. dazu PUBLIC PAPERS, FORD 1976–77, S. 2102–2104.

[14] Die neunte Runde der MBFR-Verhandlungen wurde am 19. Mai 1976 in Wien eröffnet.

Er hielte es für nützlich und sinnvoll, die Gespräche über die Beziehungen EG–COMECON[15] auf technischer Ebene möglichst bald abzuschließen und sie auf die politische Ebene zu heben.

Regelmäßige Konsultationen zwischen beiden Ländern über die Weltwirtschaftsprobleme würden für beide Seiten sehr nützlich sein.

Der *Bundesaußenminister* bestätigte das, was Olszowski über die Bedeutung der Vereinbarung von Helsinki für das zweiseitige Verhältnis und die Entspannungspolitik gesagt habe.

Die innenpolitische Diskussion in der Bundesrepublik habe über wechselvolle Wege zu gutem Ende geführt. Die breite und wechselvolle Diskussion habe auch ihr Gutes gehabt. Sie habe der Öffentlichkeit die Bedeutung der Verträge deutlich gemacht. Die einstimmige Annahme im Bundesrat sei wichtig gewesen. Noch bedeutsamer sei die Tatsache, daß es in dieser Frage in unserem Land einen breiten Grundkonsens gebe. Diese Einstellung werde durch die herzliche Resonanz auf den Besuch reflektiert.

Auch in unseren Augen gebe es keine Alternative zur Entspannungspolitik. Die Bundesregierung werde diese Haltung auch durch die Antwort deutlich machen, die sie noch in diesem Monat auf die sowjetische Erklärung vom 22. Mai geben werde.[16]

Es sei wichtig, durch den Abschluß von Abkommen deutlich zu machen, daß weitere Fortschritte der Entspannungspolitik möglich sind. Der Bundesaußenminister verwies in diesem Zusammenhang auf das deutsch-polnische Kulturabkommen. Er referierte über die Schulbuchproblematik[17] und über die Probleme, die sich für die Bundesregierung durch die verfassungsmäßigen Kompetenzen der Länder ergeben. Die Bundesregierung hätte gewünscht, eine Vereinbarung über die Kulturinstitute in das Abkommen aufzunehmen. Polen habe entsprechende Vereinbarungen mit anderen Ländern getroffen. Wir wünschten eine derartige Vereinbarung nicht nur mit Polen, sondern auch mit anderen osteuropäischen Ländern.

In dem anschließenden Gespräch über die Errichtung der Kulturinstitute führte *Gierek* aus, Polen sei nicht vorbereitet, ein derartiges Institut rasch zu eröffnen. Aber man wolle ein Gentlemen's Agreement treffen, daß die Institute innerhalb eines begrenzten Zeitraums eröffnet werden sollen. Es wurde vereinbart, daß die Sprecher der Delegationen am Rande der Gespräche mitteilen würden, „beide Regierungen hätten die Absicht, jeweils im anderen Land Kulturinstitute zu errichten. Dieses Vorhaben solle in begrenzter Zeit verwirklicht werden".

Der *Bundesaußenminister* schlug vor, er wolle mit seinem Kollegen über die Problematik der Ausreisegenehmigungen und die Einschaltung der Rot-Kreuz-

---

15 Zum geplanten Abkommen zwischen den Europäischen Gemeinschaften und dem RGW vgl. Dok. 129.
16 Zur sowjetischen Erklärung vom 22. Mai 1976 vgl. Dok. 158.
   Zur Antwort der Bundesregierung vom 1. Juli 1976 vgl. Dok. 216.
17 Zur Frage der Einbeziehung der Ergebnisse der „deutsch-polnischen Schulbuchkonferenz" in ein bilaterales Kulturabkommen vgl. Dok. 148.

Gesellschaften sprechen und dann dem Bundeskanzler und dem Ersten Sekretär berichten.[18]

Gierek: Es gebe in der Bundesrepublik einige Politiker, die sich mit dem Maoismus und Pekinger Bemühungen, Differenzen zu schüren, identifizierten. Könne die Bundesregierung nicht öffentlich erklären, daß sie damit nicht einverstanden sei? Die Sowjetunion und andere sozialistische Länder würden eine derartige Erklärung begrüßen. Die Propaganda von Radio Freies Europa tue Polen nicht weh. Gleichwohl werde das Gift sich auswirken.

Es habe in letzter Zeit zwei Ereignisse gegeben, die große Bedeutung für Europa und die ganze Welt hätten. Auf dem 25. Parteitag der KPdSU und auf dem 7. Parteitag der Polnischen Arbeiterpartei im Frühjahr dieses Jahres[19] seien klare Äußerungen zur Entspannungspolitik verabschiedet worden. Diese Erklärungen seien wichtige Richtlinien, die die Politik der Länder festlegten.

Bundeskanzler: Er nehme für sich in Anspruch, daß er schon seit vielen Jahren konsequent für Entspannung und auch für beiderseitigen ausgewogenen Abbau der Truppen eingetreten sei. Er habe schon seit längerem starkes persönliches Interesse an den MBFR-Verhandlungen.

Die Bundesregierung habe den letzten Parteitag in der Sowjetunion und in Polen mit großer Aufmerksamkeit beobachtet.

Er betonte nachdrücklich, die polnische Regierung könne auch in Zukunft darauf vertrauen, daß die Bundesregierung kontinuierlich ihre Ostpolitik fortsetzen werde. Die Kontinuität unserer Politik werde voraussichtlich auch dadurch dokumentiert, daß Generalsekretär Breschnew noch in diesem Jahr zu einem Gegenbesuch in die Bundesrepublik Deutschland komme.[20]

Er wolle seine private Ansicht über die zukünftige Haltung der Vereinigten Staaten darlegen. Er habe an der Kontinuität der amerikanischen Außenpolitik keinen Zweifel. Falls Ford erneut gewählt würde[21], werde die amerikanische Entspannungspolitik fortgesetzt. Aber auch wenn Carter oder Humphrey die Wahlen gewinnen, werde die Kontinuität der amerikanischen Außenpolitik sichtbar werden, da sie die Interessenlage ihres Landes kaum anders einschätzen könnten.

Die Öffentlichkeit in der Bundesrepublik verfolge die Ereignisse im südlichen Afrika mit Besorgnis. Sie verfolge auch die Ereignisse im Nahen Osten mit besorgter Aufmerksamkeit.

Der Einfluß außenpolitischer Parolen aus Peking in der Bundesrepublik sei gering. Nur eine kleine Gruppe Linksintellektueller oder einige Politiker am

---

[18] Zum Stand der Umsiedlung vgl. Dok. 102, Anm. 8.
Zu den Gesprächen des Deutschen Roten Kreuzes und des Polnischen Roten Kreuzes vgl. Dok. 60, Anm. 19–21.
Für das Gespräch des Bundesministers Genscher mit dem polnischen Außenminister Olszowski am 11. Juni 1976 vgl. Dok. 187.

[19] Zum XXV. Parteitag der KPdSU vom 24. Februar bis 5. März 1976 in Moskau vgl. Dok. 69.
Der VII. Parteitag der PVAP fand vom 8. bis 12. Dezember 1975 in Warschau statt.

[20] Der Generalsekretär des ZK der KPdSU, Breschnew, besuchte die Bundesrepublik vom 4. bis 7. Mai 1978.

[21] Am 2. November 1976 fanden in den USA Präsidentschaftswahlen sowie Wahlen zum Repräsentantenhaus und Teilwahlen zum Senat statt.

rechten Rand der CDU ließen sich beeinflussen. Er glaube nicht, daß eine öffentliche Stellungnahme wirklich erforderlich sei. Er sei bei seinem Besuch in der Volksrepublik China Mao Tse-tung sehr deutlich entgegengetreten, als letzterer sowohl die Sowjetunion als auch die Vereinigten Staaten angegriffen habe.[22] Er habe darüber auch Generalsekretär Breschnew informiert. Er glaube nicht, daß Breschnew an seiner eindeutigen Haltung zweifele.

Außenminister *Olszowski* berichtete abschließend über den Stand der wirtschaftlichen Zusammenarbeit. Angesichts des großen Handelsbilanzdefizits[23] habe Polen vor der Alternative gestanden, entweder die Importe zu drosseln oder aber die Kooperation mit der Bundesrepublik auszubauen und gemeinsame Exporte in dritte Länder durchzuführen.

Zwölf Dokumente über die Zusammenarbeit mit deutschen Firmen seien unterschriftsreif. Auch die Vereinbarungen über das große Projekt Kohle-Chemie seien ausgehandelt.[24] Lediglich die Gespräche über den Finanzkredit in Höhe von 650 Mio. DM seien noch nicht beendet. Die deutschen Banken verfügten angeblich nicht über so viel Geld.

Bei dem Projekt Kupfer gebe es Differenzen über

– die Preisformel,

– die Kompensation,

– die Höhe des Kredits.[25]

Es sei zweifelhaft, ob diese Fragen in so kurzer Zeit noch geregelt werden könnten.

Der *Bundeskanzler* betonte, die Gesprächspartner seien private deutsche Firmen und private deutsche Banken. Die Bundesregierung bemühe sich, Hilfe durch Bürgschaften oder Garantien zu leisten. Das Kabinett habe den Bundes-

---

[22] Bundeskanzler Schmidt besuchte die Volksrepublik China vom 29. Oktober bis 2. November 1975. Für das Gespräch mit dem Vorsitzenden des ZK und des Politbüros der KPCh, Mao Tse-tung, am 30. Oktober 1975 in Peking vgl. AAPD 1975, II, Dok. 323.

[23] Zur Handelsbilanz zwischen der Bundesrepublik und Polen vgl. Dok. 102, Anm. 9.

[24] Vortragender Legationsrat I. Klasse Engels informierte am 14. Juni 1976, daß anläßlich des Besuchs des Ersten Sekretärs des ZK der PVAP, Gierek, 14 Verträge zwischen Unternehmen bzw. Banken aus der Bundesrepublik und polnischen Außenhandelsorganisationen mit einem Projektvolumen von mehr als 3 Mrd. DM unterzeichnet worden seien: „Besonders hervorzuheben ist eine Vereinbarung über die Zusammenarbeit im Kohle-Chemie-Bereich, bei der die Lieferung von zwei Anlagen zur Herstellung von Synthesegas aus Kohle und einer Anlage zur Weiterverarbeitung des gewonnenen Gases zu chemischen Produkten in die Volksrepublik Polen (Krupp) vorgesehen ist. Die polnischen Vertragspartner werden für diese Projekte bei deutschen Geschäftsbanken Kredite aufnehmen, die teilweise von der Bundesregierung zu den üblichen Bedingungen garantiert werden sollen." Vgl. den Runderlaß Nr. 66; Referat 012, Bd. 106591.

[25] Zu den Verhandlungen zwischen einem Firmenkonsortium aus der Bundesrepublik und Polen über den Bezug von polnischem Kupfer vgl. Dok. 101, Anm. 8.
Botschafter Ruete, Warschau, teilte am 13. August 1976 mit, daß die Gespräche erfolgreich abgeschlossen worden seien. Das Abkommen setze sich aus folgenden Teilverträgen zusammen: „Kreditvertrag: Gewährung eines ungebundenen Finanzkredits an Polen in Höhe von 300 Mio. DM zum Ausbau der polnischen Kupferindustrie; Liefervertrag: Lieferung von 40 000 t unverarbeitetes Kupfer aus Polen in die Bundesrepublik im Zeitraum von 12 Jahren; Kooperationsvertrag: Zusammenarbeit auf industriellem und wissenschaftlich-technischem Gebiet zwischen deutschen und polnischen Unternehmen in der Kupferindustrie (Überlassung von deutschem Know-how zur Kupfergewinnung und -verarbeitung); einseitige polnische Erklärung über Selbstbeschränkung bei Halbzeuglieferungen in die Bundesrepublik." Vgl. den Drahtbericht Nr. 977; Referat 421, Bd. 117626.

finanzminister[26] zu erheblichen Zugeständnissen bewegt. Bundesminister Friderichs bemühe sich intensiv um einen positiven Abschluß.

Referat 010, Bd. 178649

182

Gespräch des Bundeskanzlers Schmidt mit dem griechischen Koordinationsminister Papaligouras

VS-NfD   10. Juni 1976[1]

Vermerk über das Gespräch des Bundeskanzlers mit dem griechischen Koordinationsminister Papaligouras am 10. Juni 1976

Weitere Teilnehmer: der griechische Botschafter[2], MDg. Dr. J. Ruhfus.

Minister *Papaligouras* überbrachte Gruß von Ministerpräsident Karamanlis. Karamanlis denke sehr gern an den Besuch des Bundeskanzlers und an die Gespräche mit ihm zurück.[3]

Papaligouras übergab an den Bundeskanzler gerichteten Brief von Ministerpräsident Karamanlis[4] sowie den Durchdruck eines Schreibens von Karamanlis an Demirel[5].

---

[26] Hans Apel.

[1] Ablichtung.
Die Gesprächsaufzeichnung wurde von Ministerialdirigent Ruhfus, Bundeskanzleramt, am 10. Juni 1976 gefertigt und mit Begleitvermerk vom 11. Juni 1976 an Ministerialdirigent Kinkel übermittelt. Dazu teilte er mit: „Der Vermerk ist vom Bundeskanzler noch nicht genehmigt worden." Hat Bundesminister Genscher am 12. Juni 1976 vorgelegen. Vgl. den Begleitvermerk; Referat 010, Bd. 178660.

[2] Aristoteles J. Phrydas.

[3] Bundeskanzler Schmidt besuchte Griechenland am 28./29. Dezember 1975. Für das Gespräch mit Ministerpräsident Karamanlis am 29. Dezember 1975 in Athen vgl. AAPD 1975, II, Dok. 395.

[4] Mit Schreiben vom 5. Juni 1976 unterrichtete Ministerpräsident Karamanlis Bundeskanzler Schmidt über den Stand des griechischen Antrags vom 12. Juni 1975 auf Beitritt zu den Europäischen Gemeinschaften: „Indeed I have the impression that on the fundamental question of our integration there is a tendency on the part of the Community of retrogression if not of going back on what has been agreed. This impression is shared I think by prominent political and press personalities in Western Europe. I am certain, Mr. Chancellor, that if you come to the conclusion that my impression is accurate you will do whatever you may judge necessary so that there will be no deviation from the course that we have commonly traced and agreed upon for Greece's relationship with the Community. For I know that you will never allow the slightest doubt to be cast upon the reliability and the seriousness of the Community's policy towards Greece. I do not wish to bother you personally with the other two questions, i. e. the Financial Protocol and the harmonization of agricultural policy, which also do not seem to make satisfactory progress. I only hope that the difficulties conntected with those two questions will not affect the pace of the negotiations for our integration – and there are serious political reasons for which I would strongly wish to see those negotiations begin before the summer vacation." Abschließend sprach Karamanlis eine Einladung an Schmidt aus, seinen Sommerurlaub in Griechenland zu verbringen. Referat 010, Bd. 178660.

[5] Zum Schreiben des Ministerpräsidenten Karamanlis an Ministerpräsident Demirel vom 19. Mai 1976 vgl. Dok. 157, Anm. 5.

Der *Bundeskanzler* kam auf die Eindrücke zu sprechen, die er während des Besuchs in Ankara gewonnen hätte.[6] Er halte einen unmittelbaren vertraulichen Kontakt zwischen Karamanlis und Demirel für sehr wichtig; öffentliche Noten und Briefe seien nicht gut.

Demirel sei nicht frei in seinen Handlungen. Das Militär halte sich zurück. Aber Demirel und Ecevit hielten sich die Waage. Dadurch sei Demirel nicht voll handlungsfähig.

Papaligouras antwortete, der Brief von Demirel[7] sei nicht sehr positiv gewesen. Er habe angefangen mit einer Aufzählung der Dinge, an denen Griechenland angeblich die Schuld trage.

Bundeskanzler: Der Brief von Demirel sei aber nicht nur negativ gewesen. Es sei ungünstig, wenn Briefe offensichtlich so geschrieben würden, daß mit ihrer Veröffentlichung gerechnet werde. Allerdings habe Demirel die Entschuldigung, daß auch Karamanlis seinen Vorschlag für ein Gewaltverzichtsabkommen in einer öffentlichen Erklärung vor dem Parlament gemacht habe.[8]

Papaligouras entgegnete, Karamanlis habe immer gesagt, er sei bereit, Demirel zu treffen, aber das Treffen dürfe nicht ohne Ergebnis bleiben.

Bundeskanzler: Er habe den Eindruck gewonnen, Çaglayangil wolle sich mit Griechenland arrangieren. Gleiches gelte für Demirel, der allerdings innenpolitisch bedrängt werde. Er habe beiden gesagt, in Zypern arbeite die Zeit für die Türkei, in der Ägäis dagegen eher für Griechenland.

Papaligouras: Die Zypern-Türken besäßen 38 % der Insel und 65 % des nutzbaren Landes. Als Besitzende seien sie am ehesten in der Lage, Lösungsvorschläge anzubieten.

Bundeskanzler: Der Streit, wer als erster etwas sage oder anbiete, sei wenig ergiebig. Er hielte es für richtig, eine gesamte bargaining position auf den Tisch zu legen. Er glaube nicht, daß in den Volksgruppengesprächen[9] eine Einigung erzielt werden könne. Daher halte er die direkten Kontakte zwischen Karamanlis und Demirel für so wichtig. Die Begegnung der Ministerpräsidenten könne durch die Außenminister oder durch vertraulichen Briefwechsel vorbereitet werden.

Papaligouras: Makarios sei in Zypern sehr populär. Es bestehe Gefahr, daß Makarios hinterher behauptet, er sei gezwungen worden, dies und jenes anzunehmen. Deshalb sei es wichtig, daß die Türken zunächst Konzessionen machten, damit Karamanlis auf Makarios einwirken könne.

Bundeskanzler: Er hielte es für geschickter, Makarios zunächst nicht einzuschalten und erst einmal in den direkten Kontakten zwischen Athen und Ankara eine Einigung vorzubereiten.

Papaligouras: Dies sei für die griechische Regierung nur dann möglich, wenn wirklich mit substantiellen Konzessionen der türkischen Regierung gerechnet

---

6 Zum Besuch des Bundeskanzlers Schmidt vom 27. bis 29. Mai 1976 in der Türkei vgl. Dok. 160–162.

7 Zum Schreiben des Ministerpräsidenten Demirel vom 17. Mai 1976 an Ministerpräsident Karamanlis vgl. Dok. 157, Anm. 4.

8 Zur Rede des Ministerpräsidenten Karamanlis am 17. April 1976 in Athen vgl. Dok. 110, Anm. 8.

9 Zur fünften Runde der Gespräche der Vertreter der türkischen bzw. griechischen Volksgruppe auf Zypern, Denktasch und Klerides, vom 17. bis 21. Februar 1976 in Wien vgl. Dok. 62, Anm. 12.

werden könne. Die griechische Regierung sei zu einem „package deal", der Ägäis, Luftraum und Zypern umfasse, bereit. Aber bei den Türken sei leider die Vertraulichkeit nicht gewährleistet. Dies hätten die letzten Gespräche unter Waldheim gezeigt.[10]

Bundeskanzler: Solange Zypern-Türken und Zypern-Griechen beteiligt würden, werde die Geheimhaltung schwerfallen. Die Gespräche in Ankara hätten bestätigt, daß die Türken gegen Einwirkungen von außen sehr empfindlich seien.

Papaligouras: Er werde in seinen Äußerungen gegenüber der Presse über das Gespräch mit dem Bundeskanzler Zypern nicht erwähnen.

Der *Bundeskanzler* leitete über zum Thema EG. Die Gemeinschaft befinde sich in schlechtem Zustand. Die Kommission sei hinter der Entwicklung hergelaufen. Die Agrarpolitik sei zu kostspielig. Zur Überwindung der Weltwirtschaftskrise habe die Kommission keine sehr tragfähigen Vorschläge gemacht.

Die Regierungschefs hätten sich 1974 mit viel gutem Willen angeschickt, das Heft in die Hand zu nehmen.[11] Inzwischen habe sich jedoch herausgestellt, daß ihr Spielraum durch die jeweilige innenpolitische Situation eingeengt und blockiert sei. Der Bundeskanzler verwies auf die innenpolitische Entwicklung in Italien, in Großbritannien, in Frankreich und Dänemark.

Papaligouras: Es stehe nicht sehr gut mit den Demokratien. Hier könne vielleicht eine Mission von historischer Bedeutung liegen, nämlich, nach den Bundestagswahlen[12] den anderen Ländern den Weg zu echter Demokratie zu zeigen.

Bundeskanzler: Er rechne damit, daß die Vereinigten Staaten nach der Neuwahl des Präsidenten[13] im kommenden Frühjahr ihre Führungsrolle wieder übernehmen würden. Die Bundesrepublik könne keine führende Rolle spielen. Dies treffe noch auf zu viele Empfindlichkeiten. Die Deutschen seien gezwungen, als Bankiers zu fungieren; – jemanden, dem man Geld schulde, liebe man nicht.

Papaligouras: Aber die Wirtschaftskraft gebe Möglichkeit, Einfluß auszuüben. Er rechne nicht damit, daß Frankreich in der nächsten Zukunft eine starke Position einnehme.

Bundeskanzler: Er sehe in den nächsten 1 1/2 Jahren wenig Aussichten auf Fortschritte in der EG. Dies sei auf die besondere innenpolitische Konstellation in einer Reihe der Mitgliedsländer zurückzuführen; in Großbritannien, in den Niederlanden, in Frankreich und auch in Deutschland bestehe eine ähnliche Situation wie in der Türkei. Den Regierungsparteien stünde eine fast gleich starke Opposition gegenüber. Griechenland sei in einer besseren Lage, da Ma-

---

10 Zu Indiskretionen im Zusammenhang mit dem griechisch-zypriotischen Territorialvorschlag zur Lösung des Zypern-Konflikts vgl. Dok. 110, Anm. 11.

11 Die Staats- und Regierungschefs der EG-Mitgliedstaaten beschlossen am 9./10. Dezember 1974, „dreimal jährlich und so oft wie nötig mit den Außenministern als Rat der Gemeinschaft und im Rahmen der Politischen Zusammenarbeit zusammenzutreten". Vgl. Ziffer 3 des Kommuniqués; EUROPA-ARCHIV 1975, D 41 f.

12 Die Wahlen zum Bundestag fanden am 3. Oktober 1976 statt.

13 Am 2. November 1976 fanden in den USA Präsidentschaftswahlen sowie Wahlen zum Repräsentantenhaus und Teilwahlen zum Senat statt.

vros und Papandreou mit ihren Anhängern geringeres Gewicht hätten als die Partei von Karamanlis.

Papaligouras kam sodann auf das Finanzprotokoll der EG zu sprechen.[14] Die Franzosen hätten in der letzten Sitzung vorgeschlagen, Griechenland solle 30 Mio. Rechnungseinheiten mehr erhalten als die Türken.[15] Andere Partner hätten gesagt, wir müßten etwas für die Türken tun, sonst könnten die Verhandlungen mit Griechenland nicht eröffnet werden.

Er wolle vertraulich sagen, für Griechenland sei es nicht entscheidend, ob die Griechen 30 Mio. Rechnungseinheiten mehr erhielten; seiner Regierung gehe es darum, das Finanzprotokoll abzuschließen und die Verhandlungen über den griechischen Beitritt noch vor August zu beginnen.

Bundeskanzler: Das müsse er den Franzosen sagen.

Papaligouras: Er habe dem französischen Botschafter[16] gesagt, man könne ein Kind auch durch Umarmung töten.

Bundeskanzler: Bundesregierung sei einverstanden, die Beitrittsverhandlungen im Juli zu beginnen. Es müsse nur sichergestellt werden, daß die Türkei nicht zweitrangig behandelt werde.

Papaligouras dankte für diese Mitteilung. Die Verhandlungen würden schwer und langwierig sein. Je früher man beginne, desto eher könne man zu einem Ende kommen.[17]

Bundeskanzler: Er wolle als private Bemerkung darauf hinweisen, daß er die weitere Entwicklung der EG eher mit Skepsis sehe. Griechenland solle nicht zuviel Erwartungen in die EG setzen, sonst könnten Enttäuschungen auftreten über die Schwierigkeiten während der Verhandlungen, während der Anpassungsphase und nach dem Eintritt. Die EG werde nicht fähig sein, in Zypern und in der Ägäis wirksam zu helfen, nicht aus bösem Willen, sondern eher aus Unvermögen.

Papaligouras: Karamanlis und die Regierung verstünden, daß man mit keinen übermäßigen Pressionen der EG auf die Türkei rechnen könne.

Bundeskanzler: Wenn der amerikanische Kongreß sich weigere, das amerikanisch-türkische Abkommen[18] zu ratifizieren, könne dies zu unübersehbaren Reaktionen mit weitreichenden Folgen in der Türkei führen.

---

14 Zu den Verhandlungen zwischen den Europäischen Gemeinschaften und Griechenland über das Zweite Finanzprotokoll vgl. Dok. 132, Anm. 12.

15 Zu den Verhandlungen zwischen den Europäischen Gemeinschaften und der Türkei über das Dritte Finanzprotokoll vgl. Dok. 132, Anm. 13.

16 Jean-Marie Mérillon.

17 Der EG-Ministerrat beschäftigte sich erneut am 29. Juni 1976 in Luxemburg mit der Frage der Aufteilung der Finanzmittel für die Abkommen mit den Mittelmeerstaaten: „Taktik der Präsidentschaft, Gesamtkomplex zu einem Paket zu verschmelzen, führte dazu, daß dringend fällige Entscheidungen noch nicht formell verabschiedet werden konnten. Interne Einigung wurde erzielt über finanzielles Angebot an Griechenland (280 Mio. RE, davon 225 Mio. RE EIB-Darlehen und 55 Mio. RE aus Haushaltsmitteln) sowie an Türkei (310 Mio. RE, davon 90 Mio. RE EIB-Darlehen und 220 Mio. RE aus Haushaltsmitteln). Hinsichtlich der übrigen Mittelmeerländer (Maschrek, Israel, Zypern) besteht vertrauliches Einvernehmen über globale Aufteilung. Die Aufteilung auf die einzelnen Maschrekländer ist noch vom AStV vorzunehmen." Vgl. den Runderlaß Nr. 83 des Vortragenden Legationsrats I. Klasse Engels vom 2. Juli 1976; Referat 012, Bd. 106591.

18 Zum amerikanisch-türkischen Abkommen über Verteidigungshilfe vom 26. März 1976 vgl. Dok. 125, Anm. 18.

Er werde dies auch bei seinem Besuch in den Vereinigten Staaten[19] den amerikanischen Parlamentariern sagen.

Die Rückwendung der Türkei zum Islam müsse ernst genommen werden. Die Türkei suche Annäherung an den Irak und an den Iran. In Ankara werde erstmals wieder eine Moschee mit Geld von Ghadafi gebaut. Auch die Abhaltung der islamischen Konferenz in Istanbul[20] sei ein Zeichen. Bisher habe die Türkei Rückhalt in der NATO gesucht. Jetzt gingen sowohl Griechenland als auch Türkei auf Distanz zum Bündnis.

Papaligouras erwiderte nicht ohne Erregung, die griechische Regierung sei zu ihrem Schritt durch die Innenpolitik gezwungen worden. Karamanlis wolle am Bündnis festhalten. Griechenland sei bereit, wenn eine größere Gefahr am Mittelmeer drohe, die Armee wieder zu integrieren.[21]

Bundeskanzler: Letztlich seien Demirel und Karamanlis in gar nicht so unterschiedlichen Positionen. Beide nutzten das Bündnis als Blitzableiter, obwohl sie im Grunde im Bündnis bleiben wollten.

Abschließend wolle er darauf hinweisen, daß er der türkischen Regierung nahegelegt habe, notfalls auch einseitige Konzessionen in der Zypern-Frage, etwa durch die Räumung von Neu-Famagusta, zu machen.

Er danke für die im Brief ausgesprochene Einladung. Er könne jetzt im Wahlkampf nicht reisen. Er schätze Ministerpräsident Karamanlis sehr hoch, er sei tief überzeugt von seinen ehrlichen Bemühungen, aber er glaube nicht, daß eine gelegentliche Begegnung, etwa bei einem Abstecher von Ministerpräsident Karamanlis, in der gegenwärtigen Lage hilfreich sein würde. Dadurch würden nur neue Erwartungen geweckt. Unsere Möglichkeiten, auf die Türkei Druck auszuüben, seien sehr begrenzt. Eine derartige Begegnung könne eher zu einer Verhärtung der Haltung der Türkei führen. Er halte nach wie vor vertrauliche Kontakte zwischen den Außenministern und schließlich eine Begegnung von Karamanlis–Demirel für den besten Weg.

Bundeskanzler und Minister Papaligouras vereinbarten, daß Papaligouras der Presse sagen würde, die Bundesrepublik Deutschland trete nach wie vor für Beitritt Griechenlands zur EG ein. Bundesregierung befürworte baldmögliche Aufnahmeverhandlungen. Intern könne Papaligouras Ministerpräsident Karamanlis berichten, die Bundesregierung befürworte den Beginn der Verhandlungen im Juli.[22]

Referat 010, Bd. 178660

---

[19] Bundeskanzler Schmidt hielt sich vom 14. bis 20. Juli 1976 in den USA auf und führte mit Bundesminister Genscher am 15./16. Juli 1976 Gespräche mit der amerikanischen Regierung in Washington. Vgl. dazu Dok. 232, Dok. 233, Dok. 235 und Dok. 236.

[20] Zur siebten Islamischen Außenministerkonferenz vom 10. bis 15. Mai 1976 vgl. Dok. 161, Anm. 5.

[21] Griechenland erklärte am 14. August 1974 unter Hinweis auf den Zypern-Konflikt den Austritt aus der militärischen Integration der NATO. Vgl. dazu AAPD 1974, II, Dok. 236.
Am 8. Oktober 1975 gab die griechische Regierung im Ständigen NATO-Rat in Brüssel eine Neun-Punkte-Erklärung über „Ansätze für eine Wiedereinbeziehung Griechenlands in die militärische Zusammenarbeit" der NATO ab. Vgl. dazu AAPD 1975, II, Dok. 305.

[22] In seiner Antwort vom 13. Juli 1976 auf das Schreiben des Ministerpräsidenten Karamanlis vom 5. Juni 1976 informierte Bundeskanzler Schmidt über das Ergebnis der EG-Ministerratstagung am 29. Juni 1976 in Luxemburg. Er fuhr fort: „Einige Mitgliedstaaten der Gemeinschaft, darunter die

183

Staatssekretär Gaus, Ost-Berlin, an das Auswärtige Amt

114-13536/76 VS-vertraulich   Aufgabe: 10. Juni 1976, 11.15 Uhr
Fernschreiben Nr. 661   Ankunft: 10. Juni 1976, 15.22 Uhr

Betr.: Sowjetische Berlinpolitik
        hier: Studie der Bonner Vierergruppe[1]

Bezug: Drahterlaß Nr. 2100 vom 2.6.1976 210-331.00-1354/76 VS-v[2]

Angesichts der Insellage Berlins spielt die Berlin-Frage für die DDR auch nach dem Vier-Mächte-Abkommen eine zentrale Rolle. Die DDR verfolgt begrenzt eigene Interessen und bleibt bemüht, die Strategie und Taktik der sowjetischen Berlinpolitik in ihrem Sinne zu beeinflussen. Es erscheint daher aus hie-

---

Fortsetzung Fußnote von Seite 839

Bundesrepublik Deutschland, hätten zwar auch einem höheren Betrag als 280 Mio. Rechnungseinheiten zustimmen können, wenn nicht der Gesamtumfang der für verschiedene Mittelmeerländer insgesamt vorgesehenen Haushaltsmittel zuvor einer engen Begrenzung unterworfen worden wäre. Ich weiß mich jedoch mit Ihrer Regierung einig in der Beurteilung, daß das jetzt erzielte Ergebnis von größerem politischem Nutzen ist, als es ein möglicherweise etwas höheres Angebot im Herbst hätte sein können. Ich gehe davon aus, daß der Eröffnung der Beitrittsverhandlungen mit Ihrem Land vor der Sommerpause nichts mehr im Wege steht." Vgl. Referat 410, Bd. 114305.

[1] Zur Beauftragung der Bonner Vierergruppe am Rande der NATO-Ministerratstagung mit der Ausarbeitung von zwei Berlin-Studien vgl. Dok. 149.

[2] Ministerialdirigent Meyer-Landrut informierte neben der Ständigen Vertretung in Ost-Berlin die Botschaften in London, Moskau, Paris und Washington sowie die Ständigen Vertretungen bei der NATO in Brüssel, bei den Internationalen Organisationen in Genf und bei der UNO in New York über die von der Bonner Vierergruppe auszuarbeitende Studie über die Berlinpolitik: „Das Papier zur westlichen Berlinposition allgemein wird auf amerikanischen Vorschlag erarbeitet werden. Zweck dieses Papiers soll es sein, die westliche politische und völkerrechtliche Position in wichtigen Drittstaaten und unter Umständen auch in den Sekretariaten internationaler Organisationen so zu verbreiten, daß diese Staaten und Organisationen, wenn sie mit Vorstößen der anderen Seite konfrontiert werden, nicht von vornherein einseitigem Einfluß ausgesetzt sind. Die angemessene Zeit für eine Demarche bei diesen Staaten und Organisationen, bei der dieses Papier übergeben werden könnte, wäre nach amerikanischer Vorstellung des Frühherbst dieses Jahres, um so eventuelle Berlindiskussionen anläßlich der New Yorker Zusammentreffen bei der VN-Generalversammlung vorzubereiten. Der amerikanische Vorschlag geht über den deutschen Vorschlag zu einer Studie über Probleme im Außenvertretungsbereich [...] insofern hinaus, als das zu erarbeitende Papier sich nicht auf den Außenvertretungsbereich beschränken würde, sondern auch Statusfragen, Zugangs- und Bindungsprobleme behandeln soll. Darüber hinaus würde die Demarche zur Übergabe des Papiers relativ bald erfolgen. Der amerikanische Vorschlag bleibt jedoch hinter unserem Vorschlag insofern zurück, als das Papier ohne Bezug auf konkrete Probleme sein und deshalb ohne ein konkretes Petitum bleiben würde. Darüber hinaus schließt der amerikanische Vorschlag von vornherein aus, sich direkt an die Sowjetunion oder deren Satellitenstaaten zu wenden, so daß die Möglichkeit, über die anstehenden Fragen mit der anderen Seite in ein Sachgespräch zu kommen, von vornherein begrenzt ist." Meyer-Landrut bat die Vertretungen „um eine Analyse der sowjetischen Berlinpolitik aus dortiger Sicht sowie um eine Beschreibung der Haltung der dortigen Regierung bzw. Organisation zu dieser Politik". Ferner solle zur Frage Stellung genommen werden, „wie den am jeweiligen Ort spezifisch auftretenden Berlinproblemen am besten begegnet werden kann, insbesondere, welche Erfolgsaussichten Versuche haben, die dortige Regierung bzw. Organisation oder deren Mitgliedstaaten für unsere spezifischen Berlinpetiten auch gegen den zu erwartenden Widerstand der anderen Seite zu gewinnen und wie das gegebenenfalls am geeignetsten zu geschehen hätte". VS-Bd. 10925 (210); B 150, Aktenkopien 1976.

siger Sicht angezeigt, der mit Bezugserlaß erbetenen Analyse der sowjetischen Berlinpolitik eine Analyse der Berlinpolitik der DDR voranzustellen.

I. 1) Die DDR hält auch nach Abschluß des Vier-Mächte-Abkommens an ihrem Standpunkt fest, daß Groß-Berlin nach der Übernahme der Obersten Gewalt durch die vier Siegermächte im Jahre 1945[3] kein selbständiges Besatzungsgebiet neben den vier Besatzungszonen geworden sei, sondern daß es zur sowjetischen Besatzungszone gehört habe und nie vollständig aus ihr herausgelöst worden sei. Berlin sei damals als Sitz des Alliierten Kontrollrates zwar seinerseits in vier Besatzungssektoren aufgeteilt worden, doch hätten die drei Westmächte in ihren Sektoren lediglich vertraglich eingeräumte „Verwaltungsbefugnisse" erhalten, nicht aber originäre Rechte erworben. Die drei Westmächte hätten von Anfang an einen Kurs auf Abtrennung der drei Westsektoren von „ihrer natürlichen Umgebung" betrieben, um diese in den Dienst der imperialistischen Pläne des Westens zu stellen und aus ihnen eine Bastion des Antikommunismus zu machen. Demzufolge gibt es nach Auffassung der DDR heute keinen Vier-Mächte-Status für ganz Berlin, sondern lediglich einen Sonderstatus für die drei Westsektoren; die Besetzung des Ostsektors der Stadt betrachtet die DDR als beendet. Daraus leitet sie ihren Anspruch ab, daß Ost-Berlin als Hauptstadt zu ihrem Staatsgebiet gehört. Langfristig behält sich die DDR die Option offen, Berlin (West) im Falle einer Aufhebung der alliierten Besatzungsgewalt in ihrem Staatsgebiet aufgehen zu lassen. Sie knüpft damit zugleich an die frühere Funktion Berlins als Hauptstadt des Deutschen Reiches an, um die Berlin- und Deutschland-Frage als in ihrem Sinne entschieden erscheinen zu lassen. Dahinter steht die Absicht, ein Gegengewicht gegen die Auffassung der Bundesrepublik, wie sie im Brief zur deutschen Einheit[4] nun zum Ausdruck kommt, zu schaffen.

2) Auch nach dem Abschluß des Vier-Mächte-Abkommens ist die Enklave Westberlin für die DDR ein Fremdkörper im Herzen ihres Territoriums, von dem aus – wie sie es sieht – westliche Einflüsse in ihr Gebiet ausgehen, welche den Prozeß der inneren Konsolidierung des Staates erschweren. Eine besondere Rolle spielen dabei die in Westberlin stationierten Rundfunk- und Fernsehstationen und die relativ einfachen Einreisemöglichkeiten für westdeutsche Besu-

---

3 Vgl. dazu die „Declaration Regarding the Defeat of Germany and the Assumption of Supreme Authority with Respect to Germany by the Governments of the United Kingdom, the United States of America, and the Union of Soviet Socialist Republics, and the Provisional Government of the French Republic" vom 5. Juni 1945 (Berliner Erklärung); DOKUMENTE DES GETEILTEN DEUTSCHLAND, Bd. 1, S. 19–24.

4 Im „Brief zur deutschen Einheit", der anläßlich der Unterzeichnung des Moskauer Vertrags vom 12. August 1970 im sowjetischen Außenministerium übergeben wurde, stellte die Bundesregierung fest, „daß dieser Vertrag nicht im Widerspruch zu dem politischen Ziel der Bundesrepublik Deutschland steht, auf einen Zustand des Friedens in Europa hinzuwirken, in dem das deutsche Volk in freier Selbstbestimmung seine Einheit wiedererlangt". Vgl. BUNDESGESETZBLATT 1972, Teil II, S. 356. Einen wortgleichen Brief richtete Staatssekretär Bahr, Bundeskanzleramt, an den Staatssekretär beim Ministerrat der DDR, Kohl, anläßlich der Unterzeichnung des Vertrags vom 21. Dezember 1972 über die Grundlagen der Beziehungen zwischen der Bundesrepublik und der DDR. Für den Wortlaut vgl. BUNDESGESETZBLATT 1973, Teil II, S. 425.
Bundesminister Scheel nahm einen entsprechenden Abschnitt in seine Rede am 19. September 1973 vor der UNO-Generalversammlung anläßlich des UNO-Beitritts der Bundesrepublik auf: „Unser Ziel bleibt klar: Die Bundesrepublik Deutschland wird weiter auf einen Zustand des Friedens in Europa hinwirken, in dem das deutsche Volk seine Einheit in freier Selbstbestimmung wiedererlangt." Vgl. EUROPA-ARCHIV 1973, D 674.

cher in Ost-Berlin (Tagesbesuche). Auch heute noch ist Ost-Berlin eine Art innerdeutscher Treffpunkt, vor allem für jene, die sonst keine persönlichen Kontaktmöglichkeiten besitzen. Berlin symbolisiert zudem am augenfälligsten, daß die deutsche Frage noch immer offen ist, weil die vier Siegermächte Rechte und Verantwortlichkeiten in bezug auf Berlin und Deutschland als Ganzes besitzen.

3) Vor diesem Hintergrund verfolgt die DDR in der Berlin-Frage heute folgende politische Ziele:

a) Ausbau und internationale Durchsetzung Ost-Berlins als Hauptstadt (politischer, wirtschaftlicher und geistiger Mittelpunkt) der DDR, unbeschadet der fortbestehenden Residuen des Vier-Mächte-Status (Luftkontrollzone, alliierte Patrouillenfahrten, Übernahme gesetzlicher Vorschriften der DDR nach Berlin (Ost), Entsendung der Berliner Abgeordneten in die Volkskammer, Kontrollen an der Stadtgrenze), die nach außen kaum noch auffallen. Diskussionen darüber im internationalen Bereich versucht die DDR nach Möglichkeit auszuweichen, führt sie aber – wenn erforderlich – mit Gereiztheit.

b) Die DDR betrachtet das Vier-Mächte-Abkommen vom 3. September 1971 als einen der Entspannung in Europa dienenden Modus vivendi. Sie ist bestrebt, die Wirkungen des „Westberlin-Problems" auf ihren eigenen staatlichen Bestand durch möglichst enge Interpretation des Abkommens so gering wie möglich zu halten. Sie prangert deshalb die normale, mit dem Vertragstext vereinbarte Anwendung als entspannungsfeindlich an.

c) Unter Berufung auf das Vier-Mächte-Abkommen möchte die DDR mit dem Senat ein breites Geflecht direkter, von ihren Beziehungen zur Bundesrepublik unabhängiger Beziehungen herstellen. Anders als die Sowjetunion versteht die DDR die These von der „selbständigen politischen Einheit Westberlin", die in Artikel 7 des Freundschaftsvertrages vom 7.10.1975[5] unerwähnt geblieben ist, nicht im Sinne einer eigenen Staatlichkeit Westberlins, sondern als Ausfluß des dort „noch" bestehenden Besatzungsregimes. Anstelle des äußeren Drucks und der Erzeugung von Spannungen, die früher benutzt wurden, um die Stadt zu verunsichern, versucht die DDR jetzt, den Senat und die Bürger Westberlins von der Nützlichkeit guter Direktbeziehungen, vornehmlich in den Bereichen der Wirtschaft und des Handels einschließlich der Energieversorgung, des Verkehrs und der Gewässerfragen, zu überzeugen, und handhabt auch den Reise- und Besucherverkehr großzügig, um das gerade in Westberlin bestehende Mißtrauen abzubauen.

d) In der Konsequenz dieser Politik liegt das mittel- bis langfristige Bestreben, in Berlin über die Besucherbüros hinaus ständig vertreten zu sein, zumindest einen über die Beauftragtengespräche hinausgehenden ständigen politischen Kontakt aufzubauen. Daneben versucht die DDR, die von ihr behaupteten Hoheitsrechte auf den West-Berliner Schienenwegen und Wasserstraßen durchzusetzen bzw. vertragsrechtlich abzusichern und die alliierte Rechtsposition zu erodieren.

---

[5] Für Artikel 7 des Vertrags vom 7. Oktober 1975 über Freundschaft, Zusammenarbeit und gegenseitigen Beistand zwischen der DDR und der UdSSR vgl. Dok. 66, Anm. 7.

e) Gleichzeitig setzt sie ihre Bemühungen fort, jetzt allerdings mit vorwiegend politischen Mitteln, die bestehenden Bindungen zwischen der Bundesrepublik und Berlin (West) zu lockern, wobei sie bestimmte Sätze des Vier-Mächte-Abkommens als Hebel benutzt. Hauptangriffspunkte sind die Außenvertretung Westberlins durch die Bundesregierung als Teil der Bindungen und die politische und institutionelle Präsenz des Bundes in Berlin (West). Der Druck auf die Bindungen Westberlins zur Bundesrepublik scheint gegenwärtig den Bemühungen um Direktbeziehungen zum Senat untergeordnet zu sein, wohl deshalb, weil sich solche Direktbeziehungen – aus der Sicht der DDR – kaum in einem durch Spannung und Konfrontation gekennzeichneten Klima entwickeln können. Letztlich geht es der DDR darum, Bindungen zwischen der DDR und Westberlin zu schaffen, durch die langfristig eine Abhängigkeit der Stadt von der sie umgebenden DDR entstehen soll. Im Sinne dieser Politik liegt es auch, daß sich die DDR gegen die Zugehörigkeit Westberlins zu den Europäischen Gemeinschaften, aber auch gegen die Errichtung internationaler Organe in Berlin (West) im (europäischen) Ost-West-Verhältnis (KSZE, RGW – EG) wendet.

4) Anwendung des Vier-Mächte-Abkommens im einzelnen:

a) Das neue Transitregime funktioniert ohne größere Reibungen. Daneben hat sich auf Grundlage des Vier-Mächte-Abkommens ein relativ hoher Reiseverkehr aus Westberlin in die DDR entwickelt (1973: 3,8 Mio., 1974: 2,6 Mio., 1975: 3,2 Mio. Besucher). In diesem Bereich ist allerdings auch zu berücksichtigen, daß Eingriffe der DDR in den Transitverkehr das Verhältnis zwischen der Sowjetunion und den Vereinigten Staaten belasten würde, dem in dem Rechenschaftsbericht Honeckers auf dem IX. Parteitag der SED eine hohe Priorität eingeräumt wurde.[6]

b) Im Bereich der Bindungen bezeichnet die DDR die alliierte Bekräftigung, daß die Westsektoren, die bisher kein konstitutiver Teil der Bundesrepublik sind und auch weiterhin nicht von ihr regiert werden, als den tragenden Satz des Abkommens.[7] Sie benutzt ihn als Hebel, nicht nur gegen die nach dem Vier-Mächte-Abkommen ausdrücklich zulässige Weiterentwicklung der Bindungen, sondern auch gegen die bestehende politische und institutionelle Präsenz des Bundes in Berlin (West). Am deutlichsten sichtbar wird dies im Bereich der Außenvertretung – der wohl empfindlichsten und exponiertesten Stelle im Rahmen der Bindungen, und zwar besonders bei der Einbeziehung Berlins (West) in multilaterale Übereinkommen und seine Vertretung in internationalen Organisationen. Im innerdeutschen Verhältnis sind bisher aller-

---

[6] Am 18. Mai 1976 führte der Erste Sekretär des ZK der SED, Honecker, auf dem IX. Parteitag der SED in Ost-Berlin aus: „Im Kampf für die Sicherung des Weltfriedens messen wir der Normalisierung der Beziehungen zwischen der UdSSR und den USA eine besonders große Bedeutung bei. Zweifellos haben die in den vergangenen Jahren getroffenen Vereinbarungen und Abkommen beträchtlich zur Gesundung des internationalen Klimas beigetragen. Mit dem Abkommen über die Verhütung eines Nuklearkrieges sowie den Verträgen über die Begrenzung strategischer Rüstungen wurde die Gefahr eines Weltkrieges in gewissem Maße gemindert. Unsere Partei unterstützt uneingeschränkt die von Genossen L. I. Breschnew auf dem XXV. Parteitag der KPdSU unterbreiteten Vorschläge zur Einstellung des Wettrüstens und zur Abrüstung." Vgl. NEUES DEUTSCHLAND vom 19. Mai 1976, S. 4.

[7] Vgl. dazu Teil II B und Anlage II Ziffer 1 des Vier-Mächte-Abkommens über Berlin vom 3. September 1971; Dok. 66, Anm. 8.

dings noch keine Verträge und Vereinbarungen mit der DDR letztlich an der Frage der Einbeziehung Berlins gescheitert. Selbst das Postabkommen, das lange Zeit wegen der Berlin-Klausel nicht fertiggestellt werden konnte, wurde von der DDR mit befriedigender Einbeziehung Berlins unterzeichnet.[8] Allerdings handelte es sich hier vornehmlich um Bereiche, in denen die Herstellung von Direktbeziehungen von vornherein ausschied oder aber politisch aussichtslos war. Im Bereich Wissenschaft und Technik würde die DDR das Wissenschaftsabkommen wohl entsprechend einer Einigung mit der Sowjetunion abschließen.[9] Im Bereich Recht und Beistand für Westberliner durch die Ständige Vertretung hat es den Anschein, daß sich die DDR strikt auf der sowjetischen Linie bewegt, d.h. eine Vertretung nur den physisch in der DDR anwesenden Personen gestattet. Wie wir gelegentlich von Botschaften aus Ländern der Dritten Welt in Berlin hören, versucht die DDR, diese Staaten zu bewegen, beim Besuch von ihren Politikern in Bonn keine Einladung nach Berlin (West) zu akzeptieren. Die DDR versucht ferner auf dritte Staaten einzuwirken, die Bezeichnung „Land Berlin" in den Berlin-Klauseln nicht länger zu verwenden.

c) Seit dem Abschluß des Vier-Mächte-Abkommens werden außenpolitische Schritte der Länder des Warschauer Pakts in der Berlin-Frage stets konsultiert und koordiniert. In die von der Sowjetunion bestimmte politische Linie hat sich auch die DDR einzufügen, wobei sie sich zu einem Mitgaranten der Entspannung in und um Berlin aufzuschwingen sucht. Proteste und Presseangriffe der DDR folgen stets sowjetischen Aktionen. Auch wenn ihnen kein eigenes machtpolitisches Gewicht zukommt, so behalten die Angriffe in den innerdeutschen Beziehungen doch ihren Stellenwert als Störfaktor.

II. Die sowjetische Berlinpolitik weicht in den Punkten von der Berlinpolitik der DDR ab, wo es um machtpolitisch bedingte Interessengegensätze geht:

1) Die Sowjetunion hat entgegen den Wünschen der DDR nicht zugelassen, daß mit dem Freundschaftsvertrag vom 7.10.1975 die letzten Residuen des Vier-Mächte-Status in Ost-Berlin beseitigt wurden. Die Sowjetunion hat sich damit ihre originären Kontroll- und Mitspracherechte in bezug auf Berlin sichtbar auch gegenüber der DDR vorbehalten.

2) Im Gegensatz zur DDR verfolgt die Sowjetunion mit der These von der „selbständigen politischen Einheit Westberlin" das Konzept einer eigenen Staatlichkeit Westberlins im Sinne der Drei-Staaten-Theorie[10]. Westberlin liegt

---

[8] Zu den Vereinbarungen vom 30. März 1976 zwischen dem Bundesministerium für das Post- und Fernmeldewesen und dem Postministerium der DDR vgl. Dok. 66, Anm. 12.

[9] In Artikel 7 des Vertrags vom 21. Dezember 1972 über die Grundlagen der Beziehungen zwischen der Bundesrepublik und der DDR vereinbarten beide Seiten u. a. den Abschluß eines Abkommens auf dem Gebiet der Wissenschaft und Technik. In Ziffer 2 des Zusatzprotokolls zu Artikel 7 wurde dazu ausgeführt: „Die Bundesrepublik Deutschland und die Deutsche Demokratische Republik bekunden ihren Willen, zum beiderseitigen Nutzen die Zusammenarbeit auf den Gebieten der Wissenschaft und Technik zu entwickeln und die hierzu erforderlichen Verträge abzuschließen." Vgl. BUNDESGESETZBLATT 1973, Teil II, S. 423 f. und S. 426.
Zum Stand der Verhandlungen zwischen der Bundesrepublik und der UdSSR über ein Abkommen über wissenschaftlich-technische Zusammenarbeit vgl. Dok. 27, Anm. 10.

[10] Am 26. Juli 1955 erklärte der Erste Sekretär des ZK der KPdSU, Chruschtschow, in Ost-Berlin erstmals öffentlich, daß bei Verhandlungen über Deutschland der Tatsache der Existenz zweier deutscher Staaten Rechnung getragen werden müsse. Am besten sei, „wenn die deutsche Frage die Deutschen selbst lösen würden". Für den Wortlaut der Rede vgl. DzD III/1, S. 234.
Ergänzend stellte die UdSSR in der Note vom 27. November 1958 an die Drei Mächte fest, „daß die

nach sowjetischer Darstellung nicht „auf dem Territorium" (so der Standpunkt der DDR) sondern „in, inmitten" der DDR.[11]

3) Mit dem zunehmenden politischen Druck auf die Bindungen zwischen Berlin (West) und dem Bund verfolgt die Sowjetunion – unabhängig von der DDR – das Ziel eines unmittelbaren Mitspracherechts in Westberliner Angelegenheiten. Mit der DDR zusammen möchte sie eine Rückentwicklung der Integration Berlins (West) in das westliche System erreichen und parallel dazu den Ausbau direkter Beziehungen fördern, die Abhängigkeiten nach Osten schaffen und die Einflußmöglichkeiten verstärken.[12]

III. Angesichts dieser Lage sind die Drei Mächte und die Bundesregierung, die für Berlin (West) gemeinsame Verantwortung tragen, in ein gewisses Dilemma geraten. Einerseits bietet die sachliche Interessiertheit der DDR an Regelungen mit dem Senat die Chance zur Lösung bestimmter lokaler Probleme, die die Existenzbedingungen der Stadt verbessern würden. Andererseits muß verhindert werden, daß durch eine zunehmende Zahl vertraglicher Abreden, die –

Fortsetzung Fußnote von Seite 844

Frage Westberlin gegenwärtig durch Umwandlung Westberlins in eine selbständige politische Einheit – eine Freistadt – gelöst werde, in deren Leben sich kein Staat, darunter auch keiner der bestehenden zwei deutschen Staaten, einmischen würde". Vgl. DzD IV/1, S. 174.

11 Botschafter Sahm, Moskau, nahm am 11. Juni 1976 Stellung zur sowjetischen Berlinpolitik: „SU hat in letzter Zeit ihre einseitige Konzeption in Berlin-Frage deutlich aktiviert und in der Praxis mit vollständiger Konsequenz verfochten. Es sind keinerlei Zeichen von Flexibilität erkennbar. a) Aktiviert wurde insbesondere das Grundsatzkonzept einer besonderen politischen Einheit Berlin (West) [...]. b) SU verfolgt ihr Konzept theoretisch und praktisch durch Konstruktion von Sonderbeziehungen zu Berlin (West) und Bemühen um Ausschluß Berlins aus bilateraler Zusammenarbeit mit BR Deutschland. Sie interpretiert VMA-Passus über Bindungen im Sinne von allgemeinen Außenbeziehungen West-Berlins und versucht in diesem Rahmen, Beziehungen mit DDR und Sowjetunion erste Priorität zu geben. [...] Motive und Zielsetzung sowjetischer Berlin-Politik: SU scheint auch nach VMA-Abschluß Berlin-Frage weiter im Zusammenhang mit Konsolidierung und Sicherheit der DDR zu sehen. Sie befürchtet weiterhin, daß durch politische und rechtliche Verknüpfung von Berlin (West) mit der BR Deutschland, besonders wenn dies in äußerlich sichtbarer Form vor sich geht, negative Einflüsse auf DDR ausgehen. Sowjets interpretieren westliche Berlin-Politik seit VMA-Abschluß als Versuch, in extensiver Interpretation des Abkommens auf jede erdenkliche Weise Berlin (West) in ‚System' der BR Deutschland einzubeziehen und diese Einbeziehung nach Außen so deutlich wie möglich zu demonstrieren. Dem setzen Sowjets eigene Bemühungen entgegen, Bindungen Berlins (West) an BR Deutschland zu lösen und Stadt zu verselbständigen, mit längerfristigem Ziel ihrer Abhängigkeit und schließlichen Eingliederung in DDR." Vgl. den Drahtbericht Nr. 2176; VS-Bd. 9938 (202); B 150, Aktenkopien 1976.

12 Botschafter von Staden, Washington, äußerte sich am 11. Juni 1976 zur amerikanischen Beurteilung der sowjetischen Berlinpolitik: „Am Ausgangspunkt aller Überlegungen steht nach amerikanischer Meinung die Frage nach dem eigentlichen Ziel der sowjetischen Berlinpolitik. Man müsse hierbei verschiedene Ebenen und verschiedene Phasen unterscheiden. Das langfristige Ziel sei aller Wahrscheinlichkeit nach offensiver Natur und stelle auf die allmähliche Trennung Berlins vom Westen und seine schließliche Einbeziehung in die DDR ab." Diesem Zweck dienten sowohl die Idee der selbständigen politischen Einheit Berlin (West) als auch die Bemühungen um Schwächung der Bindungen von Berlin (West) an die Bundesrepublik: „Im State Department ist man jedoch der Auffassung, daß sich die SU unbeschadet dieser strategischen politischen Grundlinie bei ihren tagespolitischen Entscheidungen kurzfristiger Art auch von Überlegungen mitleiten lasse, die mehr defensiver Art seien. [...] Schließlich sei bei der Beurteilung der sowjetischen Haltung in Rechnung zu stellen, daß Berlin in der sowjetischen Deutschlandpolitik eine bedeutende Kontrollfunktion zukomme. Die SU werde durch Berlin in die Lage versetzt, in allen deutschlandpolitischen Fragen ihre Hand im Spiel zu behalten. [...] Schließlich stelle sich die am schwierigsten zu beantwortende Frage, welche Bedeutung der DDR in diesem Zusammenhang tatsächlich zukomme und wie weit ihr Einfluß in Moskau in Fragen der Berlinpolitik reiche." Vgl. den Drahtbericht Nr. 1919; VS-Bd. 9938 (202); B 150, Aktenkopien 1976.

jede für sich genommen – vielleicht vorteilhaft sein mag, Abhängigkeiten geschaffen werden, die die Stadt auf Dauer noch druckempfindlicher machen
würden. Die Phase sachlicher Interessiertheit der DDR an Regelungen mit
dem Senat sollte deshalb zur Lösung solcher anstehenden praktischen Fragen
genutzt werden, um das vorhandene Störpotential zu vermindern und das Verhältnis Senat/DDR zu stabilisieren, ohne gravierende Abhängigkeiten von der
DDR zu schaffen. Voraussetzung dafür bleibt selbstverständlich eine sehr sorgfältige differenzierte Abwägung aller Umstände gemeinsam mit den Alliierten,
damit auch ohne eine allzu kategorische Haltung die westlichen Rechtspositionen und Interessen in Berlin voll gewahrt werden.[13]

[gez.] Gaus

VS-Bd. 10925 (210)

---

[13] Gesandter Noebel, London, analysierte am 16. Juni 1976 die sowjetische Berlinpolitik aus britischer Sicht: „Sowjetische Berlinpolitik muß im Gesamtzusammenhang mit sowjetischer Politik gegenüber dem Westen gesehen werden. Britische Seite betont immer wieder, daß sie sich keinen falschen Vorstellungen oder Illusionen wegen der Ziele sowjetischer Politik hingebe. Nach ihrer Auffassung verfolgt Sowjetunion das Ziel, das Gleichgewicht der Kräfte zu ihren Gunsten zu verändern (to bring about a steady and controlled shift in the balance of power in favour of the Soviet
Union). Eben dieses Bestreben sei auch in sowjetischer Berlinpolitik ganz deutlich festzustellen.
Auf der anderen Seite möchte die Sowjetunion die Politik der Entspannung, wie sie sich in den bilateralen Beziehungen mit den westlichen Staaten und im Anschluß an Helsinki entwickelt hat,
fortsetzen. Man glaubt britischerseits, sowjetisches Gesamtverhalten in diesem Sinne interpretieren zu können". Die Weiterführung der Entspannungspolitik habe „nach britischer Auffassung für
Sowjetunion übergeordnete Bedeutung. Sie ist daher bestrebt, auch in Berlin nichts zu tun, was die
Entspannungspolitik ernsthaft in Frage stellen könnte. Zu diesen beiden Punkten muß nach britischer Auffassung jedoch noch das delikate Verhältnis Sowjetunion–DDR hinzugezogen werden,
wenn man sich über Ziele und Verhalten der sowjetischen Berlinpolitik Klarheit verschaffen möchte. Im Verhältnis Sowjetunion–DDR glaubt man auf britischer Seite nicht genug zu wissen, wie Interessen und Gewichte im Hinblick auf Berlin verteilt sind. Die sowjetische Berlinpolitik bewegt
sich damit in dem Dreieck: Bestreben nach Veränderung des gegenwärtigen Gleichgewichts zugunsten der Sowjetunion; Fortführung der Entspannung; Berücksichtigung der Interessen und des
Einflusses der DDR." Vgl. den Drahtbericht Nr. 1288; VS-Bd. 9938 (202); B 150, Aktenkopien 1976.
Für die Stellungnahme des Botschafters Freiherr von Braun, Paris, vgl. Dok. 194.

184

Botschafter Freiherr von Braun, Paris, an das Auswärtige Amt

114-13540/76 geheim   Aufgabe: 10. Juni 1976, 16.47 Uhr[1]
Fernschreiben Nr. 1691   Ankunft: 10. Juni 1976, 19.29 Uhr
Citissime

Betr.: 1) Tätigkeit des Generalbundesanwalts in Berlin[2]
       2) Unterredung Abrassimow–Wormser[3]
       hier: Vier-Augen-Gespräch bei den deutsch-französischen Außenmini-
       ster-Konsultationen am 2.6.1976 in Paris[4]

Nach meiner Erinnerung ist die Unterhaltung Sauvagnargues–BM Genscher (in Gegenwart der beiden Botschafter) etwa wie folgt verlaufen:

Zunächst wurde die Direktwahl zum Europäischen Parlament[5] und das Problem der minimum floor prices erörtert.

1) Der BM sprach sodann das Problem der Tätigkeit des Bundesanwalts in Berlin an. Herr Sauvagnargues sagte sofort, daß eine Aktivität des Bundesanwalts im klaren Widerspruch zu Text und Geist des Vier-Mächte-Abkommens sein würde. Der Bundesanwalt sei eine Bundeseinrichtung. Wenn dieser in den westlichen Sektoren Berlins handelte, so wäre dies eine klare Verletzung des Abkommens.

Botschafter Wormser wurde durch den Hinweis auf den Mahler-Vorgang[6] veranlaßt, darauf hinzuweisen, daß seit dem Vier-Mächte-Abkommen eine neue Rechtslage bezüglich der Tätigkeiten des Bundes in Berlin eingetreten sei. Es bestünden nunmehr klare Vereinbarungen, die im Innenverhältnis zwischen den Westalliierten und der Bundesregierung durch den Brief vom 15. Mai 1972 präzisiert sind.[7] Ein Abweichen von dem Abkommen würde mit Bestimmtheit

---

1 Hat Vortragendem Legationsrat I. Klasse Feit am 11. Juni 1976 vorgelegen.
2 Zur Strafverfolgung der Entführer des Vorsitzenden des Berliner Landesverbandes der CDU, Lorenz, vgl. Dok. 37.
3 Zum Gespräch des französischen Botschafters Wormser mit dem sowjetischen Botschafter in Ost-Berlin, Abrassimow, am 25. Mai 1976 vgl. Dok. 163 und Dok. 170.
4 Zum Gespräch des Bundesministers Genscher mit dem französischen Außenminister Sauvagnargues vgl. auch Dok. 175.
5 Über das Vier-Augen-Gespräch des Bundesministers Genscher mit dem französischen Außenminister Sauvagnargues am 2. Juni 1976 vermerkte Botschafter Freiherr von Braun, Paris, handschriftlich: „S[auvagnargues]: Ansicht, daß Entsch[eidung] besser im ER zu treffen ist; it[alienische] Reg[ierun]g sei nicht entsch[eidungs]fähig. G[enscher]: Ital[ienische] Reg[ierun]g auch im ER nicht entsch[eidungs]fähig, evtl. sogar noch weniger als [am] 12.6., da sie Rücksichten auf Koalition nehmen müsse. Entsch[eidung] am 12.6. könnte dagegen ital. Regg. Wahlhilfe geben. Wenn F[rankreich am] 12.6. keine Entsch. will, müsse f[ür] ER aber besseres Ergebnis [am] 12.6. vorbereitet werden. S.: [Am] 12.6. habe ich keine Bew[egungs]freiheit. Fr[an]z[ösischer] Vorschl[ag] hat gewisse innere Logik. G.: Wenn ER entscheiden soll, muß 12.6. als Vorber[eitungs-]Treffen deklariert w[erden]. D[eu]t[scher] Vorschlag (Doppel [minus] sechs f[ür] d[ie] Kleinen) wohl f[ür] Engl[and] akzeptabel; f[ür] D[änemar]k nur, wenn GB akzeptiert; f[ür] B[elgien] auf alle Fälle. Positive Auswirk[un]g auf ital. Wahlen, wo marginale Unterschiede zu erwarten sind." Vgl. Referat 202, Bd. 111207.
6 Zum Prozeß gegen den Rechtsanwalt Horst Mahler vor dem Berliner Kammergericht vgl. Dok. 37, Anm. 9.
7 Zum Schreiben der Drei Mächte vom 15. Mai 1972 an Bundesminister Scheel vgl. Dok. 167, Anm. 17.

ausführliche und lang andauernde Proteste der Sowjets zur Folge haben. Diese würden sich der Länge des Prozesses entsprechend monatelang hinziehen und eine höchst prekäre Lage schaffen. Man könne an einen Kompromiß denken, daß nämlich die Bundesregierung im Innenverhältnis klarstellt, daß das Verfahren nicht in Berlin stattfinden werde. Dann könne Herr Buback in Berlin alles das tun, was er will und für nötig hält. Man könne sich auch vorstellen, daß die Alliierten aus Sicherheitsgründen verbieten würden, das Verfahren in Berlin abzuhalten. Das heiße: Die Deutschen würden ihr Verfahren nach deutschem Recht abhalten, und dann würden die Alliierten aus Sicherheitsgründen dieses Verfahren verbieten. Sauvagnargues präzisierte mit fast den gleichen Worten: „Ihr sagt, Ihr würdet das Verfahren nach deutschem Recht in Berlin abhalten, wir würden es aus Sicherheitsgründen verbieten." Damit würde das gesamte Verfahren aus Berlin weg an einen bundesdeutschen Ort nach Wahl verlegt werden.

BM Genscher wies demgegenüber darauf hin, daß dies nach deutschem Recht einen Revisionsgrund darstellen würde. Es würde nämlich auf höhere Weisung ein Angeklagter seinem ordentlichen Richter entzogen werden. Die politische Motivation würde erkennbar werden, die ganze Planung sei nicht durchführbar. Auf eine Frage Sauvagnargues, ob nicht der Bundesanwalt vom Bundesgebiet aus tätig werden könnte, fügte BM Genscher hinzu, daß nach unserem Recht Amtshandlungen an Ort und Stelle durchgeführt werden müßten und daß die Amtsperson hierzu auch an Ort und Stelle gegenwärtig zu sein hätte. (An dieser Stelle enthält mein Stenogramm den Satz „Präjudiz ist vorhanden".)

Die Bundesanwaltschaft sei auch sachlich zuständig. Auch dieses sei zwingendes Recht. Die Bundesregierung habe daher auch nicht die Äußerungen (des Berliner Justizsenators[8]?) begrüßt, in denen von einer Tätigkeit des Bundesanwalts im Namen der Stadt Berlin die Rede war. Vielmehr sei der Bundesanwalt aus eigenem Recht zuständig und daher tätig geworden.

Sauvagnargues äußerte sich sehr besorgt darüber, daß dieser wie jeder andere politische Prozeß in Berlin lange dauern und daher den Sowjets vielerlei Gelegenheiten zu politischen Protesten in Interventionen geben würde.

BM Genscher sagte, er könne dieses nicht glauben. Der Prozeß werde einen Inhalt haben, in dem die Sowjets zu vorsichtiger Reaktion neigen würden. Der gesamte Prozeßinhalt spreche gegen Ausbeutung durch die sowjetische Seite. Die Thematik sei ungeeignet für gewichtige sowjetische Intervention und Ausnutzung. Andererseits stehe die Bundesregierung unter Zeitdruck. Die Haftbefehle könnten nicht mehr hinausgeschoben werden. Es sei dies ein wichtiger prozeßrechtlicher Grund, daß nach gewissen Fristen der Haftbefehl ausgesprochen werden müsse. Wormser warf ein, er fürchte, daß Falin über dieses Thema sehr schwierig sein werde.

BM Genscher entwickelte sodann einen anderen Gedanken. Man könne die Bundesanwaltschaft als den Alliierten unterstehend ansehen. Andere Alliierte hätten sich daher bereits mit dem Gedanken befreundet, die Bundesanwaltschaft als eine Berliner Behörde zu betrachten. Wir könnten uns mit einer solchen These, die wir zwar nur zum Teil selbst vertreten würden, abfinden und

---

8 Hermann Oxfort.

damit leben, wenn sie von den Alliierten vertreten werde. Der BM zitierte sodann ausführlich aus BK/L (69) 13 und schloß diesen Teil seiner Ausführungen mit der Bemerkung ab, daß danach die Bundesanwaltschaft als eine Berliner Landesbehörde angesehen werden könnte. Dieses sei zwar nicht unsere Rechtsauffassung, wir würden aber bereit sein, sie für diesen Zweck zu akzeptieren. Er wiederholte den kurzen Hinweis darauf, daß andere Alliierte bereit seien, diesem Gedanken näherzutreten.

Sauvagnargues versprach, darüber nachzudenken. Genscher bat, die Erwägungen baldmöglichst anzustellen, damit eine schnelle baldige Durchführung möglich werde.

2) Auf Frage Sauvagnargues, ob noch ein anderes Thema unter vier Augen zu behandeln sei, sagte BM Genscher, er würde gern noch ein Wort über Herrn Abrassimow und seine Gespräche mit den westlichen Botschaftern[9] sagen. Form, Inhalt und die Durchführung dieser Gespräche schienen ihm Gefahren zu enthalten. Wir fragten uns, aus welchen Gründen eigentlich Abrassimow die Gespräche in dieser Form führe. Er denke hierbei insbesondere an das Gespräch Abrassimow–Wormser, das mit der Erwähnung des Schornsteinfeger-Problems[10] begonnen habe. Man müsse in der Vierergruppe einmal darüber sprechen, wie der Gesprächsführung Abrassimows am besten zu begegnen sei.

Sauvagnargues wies daraufhin, daß diese Kontakte Abrassimows mit den Westbotschaftern auch wegen der gemeinsamen Vier-Mächte-Verantwortung große Bedeutung hätten. Herr Wormser habe in seiner Unterhaltung nichts anderes getan, als im Bewußtsein dieser Verantwortung zu handeln.

Es entspann sich ein kurzer Gedankenaustausch darüber, warum die UdSSR wohl diesen aktiven Mann nach Berlin geschickt habe. Der Gedanke wurde erörtert, daß, auch um die DDR etwas mehr bei der Stange zu halten, ein etwas aktiverer Botschafter von der UdSSR nach Berlin geschickt worden sei. Die Kontakte mit Abrassimow, fügte Sauvagnargues hinzu, seien an sich notwendig. Schließlich träten die Botschafter ja auch als Chefs der Militärregierung auf.

BM Genscher erklärte hiermit sein grundsätzliches Einverständnis. Auch uns läge daran, daß mit Abrassimow enge Kontakte gehalten würden. Hier würden ja auch die Interessen der Bundesrepublik mitvertreten. Herrn Abrassimow zu empfangen, habe Herr Wormser durchaus Recht gehabt. Worauf es ihm ankomme, sei, eine Linie festzulegen, in der den Anschuldigungen Abrassimows gegen Tendenzen und Persönlichkeiten in der Bundesrepublik begegnet werden sollte. Abrassimow habe die Gewohnheit entwickelt zu fragen, was denn die Regierung des westlichen Gesprächspartners in der Bundesrepublik zu beanstanden habe, und danach selber Anschuldigungen gegen einzelne Persönlichkeiten zu erheben. Auch eine Antwort auf diese Anschuldigungen müsse in der Vierergruppe besprochen werden, schon um zu verhindern, daß unterschiedliche Antworten Meinungsverschiedenheiten zwischen den Westalliierten ans Tageslicht brächten. Im übrigen wolle er die Gelegenheit benutzen, um

---

9 Martin J. Hillenbrand (USA), Olivier Wormser (Frankreich) und Oliver Wright (Großbritannien).
10 Zur Tagung des Zentralverbandes deutscher Schornsteinfeger im Mai 1976 in Berlin (West) vgl. Dok. 163, Anm. 12.

Herrn Sauvagnargues unseren Dank für die ausführlichen Informationen (über das Schornsteinfegergespräch) auszusprechen.

[gez.] Braun

VS-Bd. 9935 (202)

185

Staatssekretär Gaus, Ost-Berlin, an das Auswärtige Amt

114-13553/76 VS-vertraulich   Aufgabe: 10. Juni 1976, 18.58 Uhr[1]
Fernschreiben Nr. 665   Ankunft: 11. Juni 1976, 07.11 Uhr

Betr.: Gespräch mit Politbürokandidat Joachim Herrmann über die bilateralen Beziehungen in den nächsten Monaten

Zusammenfassung:

Entsprechend der Abstimmung mit BK und BMB habe ich meine Bemühungen weiter konkretisiert, in den nächsten Wochen einige schon verbriefte und praktizierte Vereinbarungen zwischen den beiden Staaten durch Gespräche mit der DDR-Führung zu verbessern (s. FS Nr. 630 vom 1.6. VS-v[2]). Ich erbat kurzfristig einen Termin bei dem Politbürokandidaten Joachim Herrmann (der Chefredakteur des „Neuen Deutschland", Herrmann, der nach dem IX. Parteitag[3] zum Sekretär des ZK aufgerückt ist, ist, wie wir bei verschiedenen Gesprächen bereits feststellen konnten, ein enger Vertrauter Honeckers); am 9.6. haben Herrmann und ich ein zweistündiges Vier-Augen-Gespräch geführt, in dem ich „aus einer Liste einige Beispiele" von Punkten anführte, in denen „die bereits verbriefte Praxis pragmatisch verbessert werden könnte". Bereits heute, am 10.6., rief Herrmann mich an, um mir mitzuteilen, daß er Generalsekretär Ho-

---

[1] Hat Ministerialdirigent Meyer-Landrut vorgelegen.
[2] Staatssekretär Gaus, Ost-Berlin, berichtete dem Bundeskanzleramt: „Aus offiziellen Erklärungen der DDR wie aus Gesprächen, die ich hier in den vergangenen Wochen führen konnte, ergibt sich als mutmaßliche Haltung der DDR gegenüber der Bundesregierung für die Zeit bis zum Wahltag: Die DDR ist weder willens noch imstande, in den nächsten Monaten mit einem neuen, umfänglichen Verhandlungspaket, vergleichbar den Verkehrsverhandlungen des vergangenen Jahres, an uns heranzutreten. Sie wünscht aber, die Beziehungen zwischen den beiden deutschen Staaten möglichst spannungsfrei zu halten, um erstens nachweislich auf der Linie der jüngsten sowjetischen Erklärung zu bleiben und um zweitens sich für die Situation nach dem 3. Oktober offenzuhalten. Die begrenzten Möglichkeiten, die sich für unsere Seite daraus in den nächsten Monaten ergeben, lassen sich in dem Satz zusammenfassen: Wir können versuchen, bereits bestehende Praxis zu verbessern. Als Beispiel sei genannt: der kleine Grenzverkehr, für den eine bessere Praktizierung im Rahmen des Vereinbarten in einigen Punkten denkbar ist. [...] Operativ bietet sich zunächst für unseren Versuch, die bestehende Praxis zu verbessern, eine Fortsetzung meines schon dahin zielenden Gesprächs mit DDR-Vizeaußenminister Nier an; dies könnte ergänzt oder ersetzt werden durch eine gezielte Aktivierung meiner Gesprächskontakte in den Apparat des Zentralkomitees und des Politbüros hinein." Vgl. VS-Bd. 10923 (210); B 150, Aktenkopien 1976.
[3] Der IX. Parteitag der SED fand vom 18. bis 22. Mai 1976 in Ost-Berlin statt.

necker über unser Gespräch unterrichtet habe und dieser unsere Anregungen „positiv aufgenommen" habe. Herrmann sagte, auch wenn derzeit größere Vorhaben (im Gespräch am Vortag war dafür als Beispiel das vorjährige Verhandlungspaket über die Verkehrsverbesserungen[4] genannt worden) nicht möglich seien und „als falsch verstandene Wahlhilfe" nicht einmal nützlich sein würden, so könnten doch beide Seiten in der nächsten Zeit Anstrengungen unternehmen, um in „kleineren, aber auch wichtigen Fragen" einige Verbesserungen zu erreichen. Über diese Punkte sollte ich mit Vizeaußenminister Nier verhandeln, der entsprechend angewiesen werde.

Honecker, so teilte mit Herrmann mit, lege Wert darauf, daß der Bundeskanzler aus der schnellen Anberaumung meines Termins mit Herrmann und der ebenso schnellen Reaktion entnehme, wie wichtig dem SED-Generalsekretär die Fortsetzung der Normalisierungspolitik sei. Gerade dies und nichts anderes habe er (Honecker) auf dem IX. Parteitag der SED ausdrücken wollen.[5]

Herrmann sagte, im Falle von Schwierigkeiten oder Unklarheiten mit Nier solle ich mich an ihn wenden. Herrmann benutzte das Gespräch, um mit großem Ernst auf die möglichen Folgen des Falles Weinhold[6] hinzuweisen. Er sagte, die Grenze zwischen den beiden deutschen Staaten sei „militärisches Sperrgebiet"; jeder vernünftige Mensch auf der Welt begreife, daß in solchen Gebieten bestimmte Vorgänge nicht geduldet werden könnten. Dessen ungeachtet habe sich die DDR, was man doch wohl in Bonn habe erkennen können, in der letzten Vergangenheit mehr und mehr um eine „Verminderung der Gewaltanwendung" bemüht. Die Art, wie jetzt der Fall Weinhold in der Bundesrepublik

---

4 Zu den Vereinbarungen vom 19. Dezember 1975 zwischen der Bundesrepublik und der DDR über Verbesserungen im Straßen-, Schienen und Binnenschiffahrtsverkehr vgl. Dok. 16, Anm. 4.

5 Am 18. Mai 1976 führte der Erste Sekretär des ZK der SED, Honecker, auf dem IX. Parteitag der SED in Ost-Berlin zum Verhältnis zwischen der Bundesrepublik und der DDR aus: „Wir sind dafür, daß die Beziehungen zwischen der Deutschen Demokratischen Republik und der Bundesrepublik Deutschland, die einen positiven Einfluß auf den Entspannungsprozeß in Europa ausüben, auf der Grundlage der Prinzipien der friedlichen Koexistenz und der Normen des Völkerrechts weiter entwickelt werden. Hierzu gehört die strikte Einhaltung und volle Anwendung der bisher abgeschlossenen Verträge und Abkommen. Friedlich geregelt wurde durch sie eine der wichtigsten Fragen der Nachkriegsentwicklung: die völkerrechtliche Anerkennung des Bestehens zweier voneinander unabhängiger souveräner deutscher Staaten. [...] Es versteht sich von selbst, daß nur bei Respektierung der weltweit anerkannten internationalen Position der DDR als unabhängiger souveräner deutscher Staat seitens der BRD die Möglichkeiten zu gutnachbarlichen Beziehungen zur BRD entsprechend den Prinzipien der friedlichen Koexistenz zum Tragen kommen können." Vgl. NEUES DEUTSCHLAND vom 19. Mai 1976, S. 4.

6 Werner Weinhold erschoß bei seiner Flucht am 19. Dezember 1975 im Kreis Hildburghausen in Thüringen zwei Angehörige der Grenztruppen der DDR und wurde zwei Tage später in Marl/Westfalen verhaftet. Vgl. dazu die Meldung „DDR verlangt Auslieferung eines festgenommenen Flüchtlings"; FRANKFURTER ALLGEMEINE ZEITUNG vom 23. Dezember 1975, S. 1.
Am 9. Juni 1976 wurde im „Neuen Deutschland" berichtet, daß die Generalstaatsanwaltschaft der DDR einen Steckbrief erlassen habe, in dem eine Belohnung von 100 000 Mark für „zweckdienliche Hinweise an die zuständigen Organe der DDR, die zur Ergreifung des Täters führen", ausgesetzt werde. Vgl. den Artikel „Steckbrief gegen den Doppelmörder Weinhold"; NEUES DEUTSCHLAND vom 9. Juni 1976, S. 1.
Der Leiter der Ständigen Vertretung der DDR, Kohl, legte am 10. Juni 1976 im Bundeskanzleramt Protest gegen den Beschluß des Landgerichts Essen ein, Weinhold vorläufig aus der Untersuchungshaft zu entlassen, und forderte erneut dessen Überstellung in die DDR. Bundesminister Franke wies den Protest mit der Begründung zurück, „ein Gerichtsverfahren müsse in der Bundesrepublik ohne jede äußere Einflußnahme stattfinden". Vgl. die Meldung „DDR protestiert in Bonn gegen Weinholds Entlassung"; FRANKFURTER ALLGEMEINE ZEITUNG vom 11. Juni 1976, S. 1.

juristisch und publizistisch betrieben werde, lade praktisch zur Gewaltanwendung durch Leute wie Weinhold ein. Dies könne unabsehbare Folgen haben.
Herrmann: „Unsererseits ist viel getan worden, um die Gewalt an der Grenze
zu verringern. Will man auf Ihrer Seite jetzt die sogenannte deutsche Frage
durch einen Freibrief für Gewalt an der Grenze offen halten?" Man solle sich
bei uns nicht darüber täuschen, daß die Haftentlassung Weinholds in der Bevölkerung der DDR auf keinerlei Verständnis stoße. Die Basis der Normalisierung sei die Anerkennung der gegebenen Fakten. Wenn jetzt die deutsche Frage auf die eine oder andere Weise neuerlich als offen ausgegeben werde oder
entsprechende Demonstrationen unternommen würden, so werde damit die
Vertragsbasis verlassen.

Bewertung

Das Gespräch mit Herrmann und die schnelle Reaktion Honeckers, die er mir
übermittelte, bestätigt unsere Einschätzung, wie sie auch in dem oben erwähnten FS Nr. 630 niedergelegt worden ist: Die DDR ist derzeit weder bereit noch
imstande, größere Vorhaben mit uns zu verabreden; ausgenommen davon sind
nur die Bemühungen der DDR um eine Erweiterung der wirtschaftlichen Kooperation. Diese Zurückhaltung wird mindestens bis zum Oktober[7], vielleicht
auch darüber hinaus, anhalten. Wohl aber ist die DDR bereit (gewiß auch zu
ihrer Entlastung gegenüber Moskau), in kleineren Punkten eine verbesserte
Praxis zu erwägen. Wie weit dies in den verschiedenen Punkten konkretisiert
werden kann, werden meine Gespräche mit Nier erweisen.[8] Der Versuch lohnt
sich, weil in dieser Weise in der nächsten Zeit mindestens ein kontinuierlicher
politischer Gesprächskontakt mit der DDR gewährleistet ist, mit dessen Hilfe
gegebenenfalls Zuspitzungen in den kommenden Monaten vermieden oder
verringert werden können. Überdies erscheinen bei aller gebotenen Skepsis
konkrete Verbesserungen in einigen Punkten möglich. Der Fall Weinhold wird
von der DDR offensichtlich als Symptom für eine veränderte Grundeinstellung
zur Normalisierungspolitik in einigen Kreisen in der Bundesrepublik bewertet;
einige Politiker in der DDR mögen es auch nützlich finden, unter Berufung auf
solche Symptome die Abgrenzungskomponente in den bilateralen Beziehungen
zu verstärken. Dafür spricht, daß das Problem der Familienzusammenführung
nach unserem hiesigen Eindruck mehr und mehr zu einer innenpolitischen
Belastung in der DDR wird. Um so bemerkenswerter ist es, daß Honecker
durch Herrmann hat mitteilen lassen, daß der Weg für meine Gespräche mit
Nier frei ist.

Im einzelnen ist zu berichten:

Ich habe Herrmann unter ausdrücklichem Hinweis darauf, daß dies nur Beispiele aus einer längeren Liste seien, folgende Punkte vorgetragen, bei denen
konkrete Verbesserungen versucht werden sollten:

1) kleiner Grenzverkehr;

2) großzügigere Praxis der DDR bei Genehmigung von Reisen in dringenden
Familienangelegenheiten;

---

[7] Am 3. Oktober 1976 fanden die Wahlen zum Bundestag statt.
[8] Vgl. dazu das Gespräch des Staatssekretärs Gaus, Ost-Berlin, mit dem Stellvertretenden Außenminister der DDR, Nier, am 9. August 1976; Dok. 260.

3) Amtshilfe der DDR-Behörden auch bei Republikflüchtigen, vor allem wichtig in Unterhalts-, Vormundschafts-, Personenstands- und Sozialversicherungsangelegenheiten;

4) administrative Verbesserungen für Besucherverkehr von Westberlinern;

5) erste offizielle westdeutsche Ausstellung in der DDR auch ohne ein Kulturabkommen;

6) großzügige Praxis in Pressefragen;

7) Gespräche über einen erleichterten Bankverkehr zwischen den beiden deutschen Staaten auf internationalen Gebiet;

8) nichtkommerzieller Zahlungsverkehr; hier sei Entgegenkommen nötig, weil der in den jüngsten Gesprächen zwischen DDR-Staatssekretär Schmieder und mir erreichte Sondierungsstand über einen etwaigen Nachlaßtransfer die allgemeinen Probleme wohl noch nicht ganz lösen könne.

Ich wies Herrmann darauf hin, zur Fortsetzung der Normalisierung in den kommenden Monaten gehöre auch, daß beide Seiten über alle Formalien hinweg Sorge dafür tragen, daß die korrekte Erfüllung der Vereinbarungen über die Verkehrsverbesserungen in unserer Öffentlichkeit nicht in Zweifel gezogen werden könnte. Auch wenn keine Kontrollverabredungen hätten getroffen werden können, so müßte doch möglich sein, daß ich als der damalige Unterhändler gegebenenfalls von Zeit zu Zeit Rückfragen an die DDR in dieser Angelegenheit richten könnte. Ebenso nötig sei, daß die DDR – entsprechend der mit mir getroffenen Verabredung – dem Senat ohne weiteren Verzug mitteile, wo der Nordübergang in West-Berlin errichtet werden solle.[9]

Ich trug auch vor, daß unsere Seite noch immer auf eine befriedigende Regelung für die volle Wahrnehmung der Interessen von Westberlinern durch die Ständige Vertretung warte, wie sie in den Verhandlungen über die Vertretungen festgelegt worden sei[10] und wie sie auch der Bundeskanzler gegenüber

9 Ende Juni 1976 teilte die DDR dem Senat von Berlin mit, daß der im Rahmen der Vereinbarungen vom 19. Dezember 1975 mit der Bundesrepublik über Verbesserungen im Straßen-, Schienen und Binnenschiffahrtsverkehr zu eröffnende Grenzübergang in nördlicher Richtung am Zerndorfer Weg in Frohnau errichtet werden solle. Dazu wurde in der Presse berichtet, daß dieses Angebot „lebhafte Debatten" ausgelöst habe, „da zur Zeit eine Zufahrt zu diesem Übergang am Zerndorfer Weg nur mitten durch dichtbesiedeltes Wohngebiet geführt werden könnte. Die direkte Verbindung über die Oranienburger Chaussee, von der bequem eine Zufahrt an die vorgesehene Grenzstelle abgezweigt werden könnte, wird durch einen schmalen Vorsprung des ‚DDR'-Territoriums unterbrochen. Dieser sogenannte ‚Entenschnabel' ist von ‚DDR'-Bürgern bewohnt; und bewohntes Gebiet hat Ost-Berlin bisher stets aus Verhandlungen über Gebiets-Kauf oder Umtausch ausgeschlossen." Vgl. den Artikel „Der Senat will Ost-Berlin den ‚Entenschnabel' abkaufen"; DIE WELT vom 24. August 1976, S. 2.
10 Vgl. dazu Ziffer 6 der Protokollvermerke zum Protokoll vom 14. März 1974 zwischen der Regierung der Bundesrepublik und der Regierung der DDR über die Errichtung der Ständigen Vertretungen: „Die Ständige Vertretung der Bundesrepublik Deutschland in der Deutschen Demokratischen Republik wird in Übereinstimmung mit dem Vier-Mächte-Abkommen vom 3. September 1971 die Interessen von Berlin (West) vertreten. Vereinbarungen zwischen der Regierung der Deutschen Demokratischen Republik und dem Senat bleiben hiervon unberührt." Vgl. BULLETIN 1974, S. 338.
In einer nichtveröffentlichten Erklärung zu Protokoll führte Staatssekretär Gaus, Bundeskanzleramt, bei der Paraphierung der Vereinbarung aus: „Hinsichtlich der praktischen Anwendung der Ziff. 6 der Protokoll-Vermerke geht die Bundesregierung davon aus, daß die Ständige Vertretung der Bundesrepublik Deutschland in Übereinstimmung mit dem Vier-Mächte-Abkommen vom 3. September 1971 die Interessen von Personen mit ständigem Wohnsitz in Berlin (West) vertritt, auch wenn

SED-Chef Honecker in Helsinki[11] angemahnt habe. Herrmann nahm die o. g. Punkte zunächst kommentarlos entgegen; für die West-Berlin-Frage meinte er, daß sie nicht in den Katalog der jetzt etwa möglichen Verbesserungen in Einzelpunkten gehöre. In seiner telefonischen Rückäußerung, die sich ebenfalls nur auf die Einzelpunkte bezog, hat er – mit dem Vorbehalt der notwendigen Konkretisierung in den Gesprächen mit Nier – alle Punkte als „positiv aufgenommen" bezeichnet. Ich habe noch einmal darauf verwiesen, daß ich nur eine beispielhafte Auswahl vorgetragen hätte. Herrmann nahm dies zur Kenntnis.

[gez.] Gaus

VS-Bd. 10923 (210)

186

Gespräch des Bundeskanzlers Schmidt mit dem Ersten Sekretär des ZK der PVAP, Gierek

Geheim   **11. Juni 1976**[1]

Aufzeichnung über ein Gespräch zwischen Bundeskanzler Helmut Schmidt und dem polnischen Parteichef E. Gierek, das am 11. Juni 1976 im Palais Schaumburg stattfand.[2] Anwesend waren nur ein polnischer und ein deutscher Dolmetscher.

Zur Einleitung des Gesprächs dankte der *Bundeskanzler* seinem Gast nochmals herzlich für den angenehmen Abend auf Schloß Gymnich. Nach einem kurzen Gedankenaustausch über den gemeinsamen Besuch einer Kohlengrube im Ruhrgebiet[3] sagte der BK, er wolle die Gelegenheit benutzen, um mit Herrn Gierek unter vier Augen einige Fragen zu besprechen, die für eine Behandlung in Anwesenheit beider Delegationen nicht geeignet seien.

Fortsetzung Fußnote von Seite 853

  sich diese nicht in der DDR befinden, und ihnen Hilfe und Beistand leistet; die Interessen von Berlin (West) in den Angelegenheiten vertritt, bei denen die Anwendung von Abkommen und Regelungen in Berlin (West) vereinbart ist." Vgl. AAPD 1974, I, Dok. 79.

11 Vgl. dazu das Gespräch des Bundeskanzlers Schmidt mit dem Ersten Sekretär des ZK der SED, Honecker, am 1. August 1975 am Rande der KSZE-Schlußkonferenz; AAPD 1975, II, Dok. 236.

 1 Die Gesprächsaufzeichnung wurde von Bundeskanzler Schmidt mit Begleitvermerk vom 29. Juni 1976 an Bundesminister Genscher übermittelt. Dazu vermerkte er: „Dem Bundesminister für Wirtschaft und dem Bundesbankpräsidenten Klasen werde ich einen Auszug aus der Gesprächsaufzeichnung über die wirtschaftlichen Themen (Seite 5–15) übersenden." Vgl. Anm. 8 und 28.
   Hat Genscher vorgelegen. Vgl. VS-Bd. 14060 (010); B 150, Aktenkopien 1976.

 2 Der Erste Sekretär des ZK der PVAP, Gierek, hielt sich vom 8. bis 12. Juni 1976 in der Bundesrepublik auf.

 3 Am Vormittag des 10. Juni 1976 besuchten Bundeskanzler Schmidt und der Erste Sekretär des ZK der PVAP, Gierek, die Schachtanlage „Rheinpreußen" in Moers.

Der Herr BK sagte, er habe sich bereits nach der Begegnung mit Herrn Gierek in Helsinki[4] und auch jetzt während dieser Tage gefragt, wie wohl das Echo auf diese Treffen in Moskau und in der DDR sein werde. Sicherlich habe Herr Gierek über den bevorstehenden Besuch in den letzten Monaten mit Breschnew und Honecker gesprochen. Er wäre dankbar, etwas über die Reaktion der genannten Politiker erfahren zu können.

Herr *Gierek* antwortete, er habe vor nicht allzu langer Zeit Gelegenheit gehabt, mit Breschnew zusammenzutreffen, und dabei u. a. auch über seinen geplanten Besuch in Bonn gesprochen. Breschnew habe den Reiseplan begrüßt und dabei geäußert, daß er möglicherweise auch noch in diesem Jahr die Bundesrepublik Deutschland besuchen werde.[5]

Was Honecker anbelange, so habe er zu diesem ein gutes Verhältnis, und zu Sindermann, zu dem er bereits zu einer Zeit, als er noch Parteisekretär in Kattowitz gewesen sei, enge Kontakte geknüpft habe, unterhalte er ein „mehr als freundschaftliches" Verhältnis. Sowohl Breschnew als auch Honecker gegenüber habe er im Rahmen seiner Gespräche über die verschiedensten Themen erklärt, daß das Ziel seines Besuches in Bonn die Verbesserung der bilateralen Beziehungen und der Ausbau der wirtschaftlichen Zusammenarbeit zwischen den beiden Staaten sei. Als weiteres Ziel habe er Bemühungen um die Vertiefung des Entspannungsprozesses genannt. Er betrachte einen derartigen Besuch als etwas völlig Normales, und er sei davon überzeugt, daß keiner der genannten Staatsmänner ihn anders interpretieren werde. Dies gelte auch für Herrn Husák.

Auf den Einwurf des Herrn *Bundeskanzlers*, daß Husák es schwer habe, antwortete *Gierek*, daß dies wohl sein könne, er jedoch „komme mit ihm zurecht". In diesem Zusammenhang wolle er bemerken, daß es nicht gut wäre, wenn die Massenmedien in der Bundesrepublik Deutschland versuchten, im Anschluß an diesen Besuch den einen führenden Politiker gegen einen anderen oder das eine Land gegen ein anderes „auszuspielen".

Der *Bundeskanzler* sagte, daß gerade dies seine Sorge und der Grund für die Frage sei, die er an Herrn Gierek gerichtet habe. Ihm sei sehr daran gelegen zu verhindern, daß sich irgend jemand durch diesen Besuch und durch die Verbesserung des deutsch-polnischen Verhältnisses provoziert fühle. Eine solche Entwicklung müsse vermieden werden.

Herr *Gierek* antwortete, sollte es Versuche von irgendeiner Seite in dieser Richtung geben, so wird ihn dies nicht stören. Seine Treue zu Breschnew und den anderen Verbündeten stehe außer Zweifel. Dessen ungeachtet würde auch er eine Entwicklung bedauern, wie sie der BK als Hypothese erwähnt habe. Die Folge könnte nämlich sein, daß die Glaubwürdigkeit all dessen, was in jüngster Zeit an positiven Wandlungen im bilateralen Verhältnis erreicht worden sei, in Frage gestellt würde. Dies wäre bedauerlich.

---

4 Bundeskanzler Schmidt und der Erste Sekretär des ZK der PVAP, Gierek, führten am 1. August 1975 ein Gespräch am Rande der KSZE-Schlußkonferenz. Vgl. dazu AAPD 1975, II, Dok. 244.
5 Der Generalsekretär des ZK der KPdSU, Breschnew, besuchte die Bundesrepublik vom 4. bis 7. Mai 1978.

Der *Bundeskanzler* sagte, er teile diese Auffassung durchaus, müsse jedoch bemerken, daß der Einfluß der Bundesregierung auf die Massenmedien aus den Herrn Gierek bekannten Gründen sehr gering sei.

Er wolle nun mit einem offenen Wort zurückkommen auf die Tätigkeit des Senders „Freies Europa".[6] Die Existenz dieses Senders betrachte er im Grunde genommen als einen Verstoß gegen die Souveränität der Bundesrepublik Deutschland. Die Bundesregierung habe nur einen sehr begrenzten Einfluß auf die Gestaltung der Sendungen. Zu Präsident Ford und zu Kissinger habe er gesagt, es wäre gut, wenn die Sender ihre Tätigkeit in absehbarer Zeit einstellen würden. Kissinger, der vielleicht nicht mehr lange im Amt sein werde, habe ihm zugestimmt. Es sei jedoch so, daß Teile des amerikanischen Kongresses die Fortsetzung der Tätigkeit des Senders ausdrücklich wünschten. Immerhin sei als positiv zu vermerken, daß unlängst ein für die Programmgestaltung mitverantwortlicher „scharfer" Mann aus dem Personal des Senders ausgeschieden sei. Was er über den Sender „Freies Europa" gesagt habe, gelte auch für „Radio Liberty".[7] Aus Souveränitätsgründen wäre es ihm lieber, wenn es die beiden Sender nicht mehr gäbe. Diese Sender seien jedoch fast genauso lange in Westdeutschland wie die amerikanischen Truppen. Ihre Tätigkeit bereite der Bundesregierung auch im Verhältnis zu anderen Ländern Schwierigkeiten. Da diese Sender nach dem Recht der fünfziger bzw. der sechziger Jahre errichtet worden seien und damals eine entsprechende Lizenz erhalten hätten, habe er nicht die Möglichkeit, sie ohne weiteres zu beseitigen. Die Bundesregierung könne sich lediglich bemühen, die Tätigkeit der Sender schrittweise abzubauen.

Herr *Gierek* antwortete, er wolle kein Mißverständnis aufkommen lassen und daher feststellen, daß die von diesen Sendern ausgehende Propaganda Polen an sich nicht störe, denn es sei größtenteils dummes Zeug, was sie verbreiteten, worüber die meisten Leute in Polen nur lachten. Zuweilen jedoch gebe es sehr „giftige" Sendungen, die persönliche Angriffe gegen führende Persönlichkeiten in Polen enthielten. Dann müsse man polnischerseits natürlich Stellung nehmen. Tatsache sei aber nun doch, daß alle diese Sendungen von einem Sender ausgingen, der auf dem Hoheitsgebiet der Bundesrepublik Deutschland stationiert sei. Dadurch bestehe die Gefahr, daß dieses Land mit der Tätigkeit des genannten Senders identifiziert werde. Er wolle nicht, daß es die Bundesregierung falsch auffasse, wenn die polnischen Massenmedien auf bestimmte Sendungen scharf reagierten. Die Gründe für derartige Reaktionen habe er dargelegt.

Der *Bundeskanzler* ging nun zu einem anderen Thema über und sagte, gestern sei ihm – wie übrigens jede Woche – das Ergebnis einer Meinungsumfrage vorgelegt worden. Die Frage habe gelautet: Wie beurteilen Sie das Verhältnis der Bundesrepublik Deutschland zur Sowjetunion, zur DDR und unter anderem auch zu Polen? Als Antwort kamen folgende Beurteilungen in Frage: gut, weniger gut, schlecht. Interessant und höchst erfreulich sei das Ergebnis im Falle

---

6 Zum Rundfunksender „Radio Free Europe" vgl. Dok. 69, Anm. 11.
7 Zum Rundfunksender „Radio Liberty" vgl. Dok. 69, Anm. 10.

Polens gewesen. 49% der Befragten hätten mit gut, 37% mit weniger gut und nur 5% mit schlecht geantwortet.

Herr *Gierek* sagte spontan: „Das ist aber recht positiv, ja erstaunlich!" Er sei davon überzeugt, daß nach diesem Besuch die Umfrage noch günstiger ausfallen werde.

Anschließend meinte er, so etwas sollte man eigentlich in Polen auch machen. In seinem Land gebe es verschiedene Arten, um die öffentliche Meinung zu erforschen, z. B. die Auswertung von Briefen. Vor seiner Abreise nach Bonn habe er über 1500 Briefe erhalten, teilweise sogar in seine Privatwohnung. Die[8] überwiegende Mehrheit der Schreiber habe den Besuch bejaht. Natürlich habe es auch einige Schreiber gegeben, welche die Besuchsabsicht verurteilt und ihn für verrückt erklärt hätten. Einige hätten ihn auch gewarnt, er möge „recht vorsichtig" bei den Gesprächen in Bonn sein.

Herr Gierek bemerkte nun, er würde gern noch auf eine Reihe bestimmter Fragen zu sprechen kommen. Hierbei knüpfe er an die bisherigen Gespräche, vor allem an die Hamburger Unterhaltung[9] an. Er wiederhole seinen Vorschlag, zwischen den Ländern regelmäßige Konsultationen über die Weltwirtschaftslage durchzuführen. Polen interessiere hierbei u. a. die Meinung der Bundesregierung über das Wesen des Weltwährungsfonds. Weitere Themen könnten das Weltkreditsystem und z. B. die Frage sein, wie man im Finanz- und Kreditbereich ein gewisses Gleichgewicht in der Welt herstellen könne. Eine weitere interessante Frage wäre die Frage nach der Ausweitung der wirtschaftlichen Zusammenarbeit zwischen kapitalistischen und sozialistischen Ländern, weil diese für die Erzielung eines gewissen Gleichgewichts in der Weltwirtschaft sich als nützlich erweisen könnte. Die Meinung des Herrn Bundeskanzlers zu den genannten Themen, aber auch zu anderen Themen wirtschaftlicher und finanzieller Natur, würde die polnische Seite gern erfahren.

Die polnische Kreditpolitik beruhe auf folgender Konzeption: Aufgenommene Kredite verwende man für Investitionen. Zur Rückzahlung der Kredite verwende man Produkte derjenigen Betriebe, in welche die Investitionen geleitet worden seien. Außerdem verwende man zur Rückzahlung der Kredite Erlöse, die durch Zusammenarbeit auf Drittmärkten erzielt würden. Die polnische Regierung glaube, daß eine derartige Kreditpolitik auch im Verhältnis zur Bundesrepublik Deutschland ein wichtiger Faktor im Sinne der Ausweitung des Handelsverkehrs sei. Polen sei weiterhin daran interessiert, die industrielle Kooperation zwischen den beiden Ländern auszubauen. Das gleiche gelte für die Zusammenarbeit in Drittländern. Ein Hindernis auf dem Wege zur Erweiterung der Wirtschaftsbeziehungen seien noch bestehende diskriminierende Maßnahmen im wirtschaftlichen Bereich, deren Abbau wünschenswert wäre.

Sein gestriges Treffen, so fuhr Herr Gierek fort, mit Industriellen habe ihm Gelegenheit gegeben, sich zu Fragen der wirtschaftlichen Zusammenarbeit zu äußern. Er habe den Eindruck gewonnen, daß seine Ausführungen großes Interesse ausgelöst hätten. Eine ganze Reihe sehr interessanter Gespräche mit

---

8 Beginn der Seite 5 der Vorlage. Vgl. Anm. 1.
9 Der Erste Sekretär des ZK der PVAP, Gierek, hielt sich am 8. Juni 1976 in Hamburg auf und folgte der Einladung des Bundeskanzlers Schmidt zu einem Abendessen in dessen Privatwohnung.

den Wirtschaftlern hätte sich an Ort und Stelle spontan ergeben. Er bewerte diese Begegnung mit führenden Vertretern der Wirtschaftskreise der Bundesrepublik Deutschland sehr hoch. Das Ergebnis der gestrigen Gespräche mit Vertretern der westdeutschen Wirtschaft und das Klima, das der Herr Bundeskanzler dankenswerterweise bei diesem Besuch geschaffen habe, ließen ihn hoffen, daß es in absehbarer Zeit zum Abschluß von noch größeren Kontrakten zwischen den Industrien der beiden Länder kommen werde. Seine Bitte an die Bundesregierung sei folgende: Sollten in Zukunft größere Projekte kurz vor dem Abschluß stehen, dann wäre die polnische Regierung der Bundesregierung dankbar, wenn sie sich unterstützend einschalten würde.

Herr Gierek ging anschließend zur Frage eventueller Stromlieferungen aus Polen an die Bundesrepublik Deutschland über. Es habe seinerzeit der Plan bestanden, von einem neuen, am Unterlauf der Oder gelegenen Kraftwerk Strom sowohl nach Westberlin als auch nach Westdeutschland zu liefern.[10] Leider habe sich dieser Plan bisher nicht verwirklichen lassen, und nach dem gegenwärtigen Stand der Dinge sehe es so aus, als ob dabei wohl nichts herauskommen werde. Ihm sei aber gestern der Gedanke gekommen, ob man die in diesem Kraftwerk gewonnene Energie nicht gemeinsam an Ort und Stelle ausnutzen könnte. Er denke hierbei z. B. an die gemeinsame Errichtung einer Aluminiumhütte und eines Werks für die Herstellung von Ferrolegierungen. Dies seien ja bekanntlich Industriezweige mit sehr hohem Energiebedarf. Diese Energie könnte das erwähnte Kraftwerk liefern. Auch mit der Transportfrage hätte man keine Sorgen, da man die Oder als Wasserstraße benutzen könnte. Ebenfalls die Frage der Teilung der anfallenden Gewinne erscheine ihm durchaus lösbar: „Die Produktion wird geteilt". Eine derartige Lösung liege im Rahmen der Möglichkeiten, welche die polnische Verfassung zulasse. Falls derartige Vorstellungen realisierbar seien, wäre es gut und für beide Seiten von Vorteil. Auch andere Kooperationsprojekte mit ähnlicher Ausgangsbasis seien denkbar. Mit der Firma Krupp stehe man in Kontakt wegen weiterer größerer Kontrakte. Dies, obwohl Krupp nicht gerade der am besten klingende Name in Polen sei.

Der *Bundeskanzler* bemerkte an dieser Stelle, daß Krupp ein sehr polenfreundliches Unternehmen sei.

Herr *Gierek* stimmte dieser Feststellung zu und sagte, man habe nicht zuletzt aus diesem Grunde das Kohlevergasungsprojekt, für das ebenfalls die USA und Frankreich Angebote unterbreitet hätten, an Krupp vergeben.[11] Entscheidend sei natürlich letztlich die Tatsache gewesen, daß man polnischerseits der Meinung sei, Krupp habe in bezug auf dieses Projekt die größten Erfahrungen aufzuweisen.

Zu dem von *Bundeskanzler* geäußerten Vorschlag, regelmäßig bilaterale Konsultationen über multilaterale Themen durchzuführen, sagte Herr *Gierek*, dies sei eine gute Sache, und er stimme gern zu. Auf die Frage des *Bundeskanzlers*, ob man die Öffentlichkeit über die Ergebnisse derartiger Konsultationen in-

---

10 Zum polnischen Angebot, Strom in die Bundesrepublik zu liefern, vgl. Dok. 101, Anm. 7.
11 Zur Zusammenarbeit zwischen der Fried. Krupp GmbH und dem polnischen Außenhandelsunternehmen Polimex im Kohle-Chemie-Bereich vgl. Dok. 181, Anm. 24.

formieren solle, bemerkte Herr *Gierek*, man solle diese Konsultationen erst einmal anlaufen lassen, versuchen einen gemeinsamen Nenner bezüglich bestimmter Themen zu finden, und erst dann die Öffentlichkeit unterrichten. Auf die Frage des *Bundeskanzlers*, wer denn auf polnischer Seite als Gesprächspartner für derartige Konsultationen in Frage käme (Planungschef Wrzaszczyk, Olszowski oder Olszewski?), antwortete Herr *Gierek*, dies könne jeder der drei Genannten je nach Themenkreis sein.

Der *Bundeskanzler* sagte anschließend, er hielte es für eine gute und nützliche Sache, wenn sich die beiden Zentralbankchefs möglichst noch in diesem Jahr unauffällig treffen könnten. Solche Gespräche könnten sich seiner Meinung nach als sehr nützlich erweisen. Deutscherseits würde er einen alten Freund und hervorragenden Fachmann in der Person von Dr. Klasen vorschlagen.

Herr *Gierek* griff diese Anregung freudig auf und sagte, auch er könne für ein derartiges ihm sehr lohnend erscheinendes Gespräch einen Freund und bekannten Finanz- und Bankexperten vorschlagen, nämlich den polnischen Finanzminister Kisiel. Herr Kisiel habe über Polen hinaus in weiten Teilen Europas einen guten Ruf als Fachmann.

Herr *Bundeskanzler* schlug darauf folgendes Verfahren vor: Er werde Herrn Klasen bitten, einen Brief an den polnischen Zentralbankchef[12] zu schreiben, und rege an, Herr Gierek möge den Letztgenannten auffordern, mit dem polnischen Finanzminister Verbindung aufzunehmen. Es wäre natürlich sinnvoll, dann auch Finanzminister Apel, der ebenfalls sein Freund sei, hinzuzuziehen. – Herr *Gierek* erklärte sich einverstanden.

Herr Gierek wandte sich nun der Frage großer internationaler Wirtschaftskonferenzen über das Nord-Süd-Verhältnis zu. Er fragte den Bundeskanzler, ob dieser sich eventuell dafür einsetzen könne, Polen in diesen Dialog einzubeziehen. Möglicherweise ließe sich danach mit Hilfe Polens auch eine Einbeziehung anderer sozialistischer Länder erreichen. Ihm sei klar, daß dies keineswegs leicht sei, aber im Falle eines Gelingens sicherlich nützlich wäre.

Zum Verhältnis COMECON–EG[13] sagte Herr Gierek, der Bundeskanzler habe die Meinung geäußert, man solle diese Frage zunächst bilateral diskutieren und dann versuchen, ein Dokument zu erarbeiten, welches für alle Beteiligten akzeptabel sei. Ihm, Gierek, scheine ein derartiges Vorgehen schwer realisierbar zu sein, weil sehr wahrscheinlich dann sehr rasch Prestigefragen ins Spiel kämen. Dessen ungeachtet meine er jedoch, man solle keine Angst haben und ruhig einen Versuch unternehmen. Es wäre gut, wenn der Bundeskanzler die Initiative in dieser Frage ergriffe.

Zum Thema Konsultationen über politische oder wirtschaftliche wichtige Probleme schlage er vor, derartige Konsultationen nicht nur gelegentlich, sondern regelmäßig durchzuführen, um zu vermeiden, daß man von größeren Ereignissen plötzlich „überrascht" werde. Es sei zweifellos besser, durch regelmäßige Konsultationen auf derartige möglicherweise eintretende Ereignisse vorbereitet zu sein. Aus diesem Grunde messe er der Tätigkeit der Gemischten Wirtschaftskommission, die seinerzeit zwischen beiden Länder vereinbart worden

---

[12] Witold Bień.

[13] Zum geplanten Abkommen zwischen den Europäischen Gemeinschaften und dem RGW vgl. Dok. 129.

sei[14], große Bedeutung bei. Um dies zu unterstreichen, habe er beschlossen, seinen Planungschef, Herrn Wrzaszczyk, zum Chef der polnischen Delegation zu benennen. Der Genannte gelte zwar als „unruhiger Geist", aber auch zugleich als ein sehr befähigter Mann. Gelegentlich bereite er seinen Gesprächspartnern durch eine recht lebendige Diskussionsführung einige Schwierigkeiten, aber schließlich käme es ja nicht darauf an, immer nur Ja zu sagen, weil dies zu nichts führe.

Der *Bundeskanzler* beantwortete die von Herrn Gierek aufgeworfenen Fragen wie folgt: Mit Konsultationen über bilaterale Themen, multilaterale Themen, über das Verhältnis EG–COMECON und über die Weltwirtschaft sei er einverstanden. Er schlage hierfür zwei Wege vor: Einmal den bereits erörterten Meinungsaustausch zwischen den beiderseitigen Finanzministern und Zentralbankpräsidenten, wobei die Initiative hierzu von deutscher Seite ausgehen werde, und zum anderen die regelmäßigen Treffen im Rahmen der Gemischten Kommission.

Herr *Gierek* erklärte sich mit diesem Prozedere voll einverstanden.

Der *Bundeskanzler* bemerkte, daß er es für wichtig halte, daß sich die beiden Delegationschefs nicht nur im Rahmen von Sitzungen der Gemischten Kommission träfen, sondern auch privat zusammenkämen. Er schlage dies vor, weil auf deutscher Seite bekanntlich ja auch private Unternehmen bei den Sitzungen der Kommission vertreten seien. Die Folge sei, daß man bei solchen Sitzungen häufig nur „fürs Protokoll" rede. Private Zusammenkünfte der Delegationschefs halte er für fruchtbar, was natürlich nicht ausschließe, daß auch Mitarbeiter aus den Delegationen hinzugezogen werden könnten.

Herr *Gierek* antwortete, ihm erschiene diese Anregung sehr praktisch und erfolgversprechend zu sein. Für die Kontakte zu den Vertretern der westdeutschen Industrie stünde auch noch der polnische Außenhandelsminister Olszewski zur Verfügung, der recht gute Beziehungen zu den verschiedensten westdeutschen Unternehmen unterhalte.

Zum Thema der industriellen Kooperation in Drittländern sagte der Herr *Bundeskanzler*, er habe den Eindruck, daß die – bereits in Helsinki zwischen ihm und Gierek vereinbarte – Entsendung einer repräsentativen polnischen Wirtschaftsdelegation in die Bundesrepublik Deutschland sich als äußerst nützlich erwiesen habe.[15] Aufgrund der von den polnischen Wirtschaftsexperten seinerzeit mit deutschen Industriellen geführten Gespräche verstünden diese jetzt zweifellos wesentlich besser, wie die Wirtschaft in der Bundesrepublik funktioniere. Er müsse jedoch auch an dieser Stelle betonen, daß sowohl sein als auch des Wirtschaftsministers Friderichs Einfluß auf den Abschluß von Kontrakten zwischen deutschen und polnischen Firmen äußerst gering sei. Die

---

14 Die Gemischte Regierungskommission der Bundesrepublik und Polen wurde auf der Basis des Artikels 11 des Abkommens vom 1. November 1974 über die Entwicklung der wirtschaftlichen, industriellen und technischen Zusammenarbeit eingerichtet. Vgl. dazu BUNDESGESETZBLATT 1975, Teil II, S. 620.
Sie trat erstmals am 17./18. März 1975 in Warschau zusammen. Die zweite Tagung fand am 2./3. Juni 1976 statt.

15 Vom 1. bis 5. Dezember 1975 hielt sich eine Delegation von Wirtschaftsexperten unter Leitung des polnischen Stellvertretenden Ministerpräsidenten Olszewski in der Bundesrepublik auf. Die

Vertreter der Bundesregierung könnten sich nur ganz allgemein bemühen, eine gute Atmosphäre zu schaffen. Sie könnten aber nicht Banken oder Firmen zwingen, Vereinbarungen zu schließen. Die Hilfestellung der Bundesregierung bestehe in der Gewährung von Bürgschaften. Sie habe für Polen den Bürgschaftsrahmen stärker „strapaziert" als an sich zulässig und werde wohl nicht umhin können, dies gegenüber der Öffentlichkeit zu „kaschieren". Zwecks Ausbaus der Wirtschaftsbeziehungen wolle er anregen, die polnische Wirtschaftsführung solle den deutschen Markt noch aufmerksamer als bisher studieren und die Kontakte zu den hiesigen Wirtschaftskreisen weiter pflegen.

Zum Kupferprojekt[16] sagte der Bundeskanzler, gestern habe es so ausgesehen, als seien nur noch Kleinigkeiten zu regeln. Er habe gegenüber den deutschen Unternehmen das ausdrückliche Interesse der Bundesregierung am Zustandekommen des Projekts betont. Auch Herr Gierek sollte die zuständigen polnischen Stellen animieren, Anstrengungen zu unternehmen, damit bald die letzten Hürden genommen werden könnten.

Mit dem Stromlieferungsprojekt sehe es leider schlecht aus. Breschnew und Kossygin hätten ihm seinerzeit vorgeschlagen, bei Königsberg ein Atomkraftwerk zu errichten, welches Strom für Westberlin und die Bundesrepublik liefern sollte.[17] Der Plan habe sich bisher nicht realisieren lassen. Der wirkliche Grund sei, daß die DDR sich geweigert habe, die Stromleitungen über Westberlin zu führen. Der offiziell genannte Grund seien Preisdifferenzen gewesen. Angesichts des Scheiterns dieses deutsch-sowjetischen Projekts sei es wohl kaum denkbar, ein ähnliches deutsch-polnisches Projekt zu realisieren. Er halte es daher für zweckmäßig, vorerst keinen Nachdruck auf die weitere Betreibung des Projekts zu legen. – Herr *Gierek* stimmte diesem Standpunkt zu.

Zur Frage der eventuellen Einbeziehung Polens in den „Nord-Süd-Dialog" unter Vermittlung der Bundesregierung sagte der Herr *Bundeskanzler*, man sei sich zwar in der Zielrichtung einig, doch sei dies fraglos ein schwieriges Vorhaben, und er wisse im Moment nicht, wie man dies in Gang bringen könne. Er wolle sich das überlegen und zu gegebener Zeit Herrn Gierek einen privaten Brief hierzu schreiben.

Zum Thema Zusammenarbeit EG–COMECON sagte der Bundeskanzler, die EG sei zur Zeit in einem schlechten Zustand, da niemand mit Autorität für die EG sprechen könne.

Herr *Gierek* warf ein, wenn jemand dazu in der Lage sei, dann doch jedenfalls der Bundeskanzler als Vertreter der Bundesrepublik Deutschland. Eventuell solle sich der Bundeskanzler mit den Franzosen abstimmen, um die Sache voranzubringen.

Der Herr *Bundeskanzler* erwähnte, daß er in drei Wochen den französischen Präsidenten bei sich zu Gast haben werde[18] und dann natürlich auch über dieses Thema sprechen wolle. Die Lage sei so, daß vor allem die kleineren EG-

---

[16] Zu den Verhandlungen zwischen einem Firmenkonsortium aus der Bundesrepublik und Polen über den Bezug von polnischem Kupfer vgl. Dok. 181, Anm. 25.

[17] Zur geplanten Lieferung eines Kernkraftwerks aus der Bundesrepublik in die UdSSR vgl. Dok. 101, Anm. 6.

[18] Bundeskanzler Schmidt und Staatspräsident Giscard d'Estaing trafen am 5./6. Juli 1976 im Rahmen der deutsch-französischen Konsultationen in Hamburg zusammen. Vgl. dazu Dok. 227.

Partner Schwierigkeiten machten. Sie seien eifersüchtig auf die Bundesrepublik, auf Frankreich und zum Teil auch auf Großbritannien. Vor allem passe es ihnen nicht, daß Frankreich und die Bundesrepublik in der EG den Ton angeben. Wie man in Sachen Zusammenarbeit EG–COMECON weiterkommen könne, das müsse er sich erst noch in Ruhe überlegen. Auch diesbezüglich beabsichtige er, mit Herrn Gierek brieflich in Kontakt zu bleiben.

Herr *Gierek* dankte für diese Stellungnahme und sagte, der Bundeskanzler möge hinsichtlich des weiteren Kontakts über diese Themen so verfahren, wie er es für zweckmäßig halte.

Der *Bundeskanzler* erwähnte nun noch die beiden in polnischer Haft befindlichen westdeutschen Geschäftsleute[19] und übergab Herrn Gierek zwei Notizen zu dieser Frage. Soweit er unterrichtet sei, handele es sich dabei um Bestechungsfälle. An diesbezüglichen Beschuldigungen werde „wohl etwas richtig" sein. Er müsse jedoch bemerken, daß die Inhaftierung von westdeutschen Geschäftsleuten natürlich ungünstig für das Klima im Bereich der wirtschaftlichen Zusammenarbeit sei, denn es sei doch klar, daß in westdeutschen Wirtschaftskreisen darüber gesprochen werde. Er wäre daher dankbar, wenn diese Inhaftierten bald entlassen würde.

Herr *Gierek* antwortete, ihm seien dies Fälle bekannt. Er wisse auch, daß von westdeutscher Seite verschiedentlich in diesen beiden Fällen interveniert worden sei, um Hilfestellung zwecks Freilassung zu leisten. Aufgrund der polnischen Rechtslage müsse jedoch erst das Urteil abgewartet werden. Kurz darauf könne dann eine Begnadigung erfolgen. Das Gleiche gelte für einen jungen westdeutschen Seemann, der wegen Beleidigung des polnischen Volkes inhaftiert sei. Das sei ja doch ein „junger Kerl", den werde man nach erfolgter Verurteilung ebenfalls begnadigen.

Herr Gierek sagte, es wäre gut, wenn im Anschluß an die Begnadigung der erwähnten deutschen Inhaftierten kein „Pressewirbel" entstünde. Dies gelte vor allen Dingen für den inhaftierten Rösch, der ehemaliger DDR-Bürger sei. Es könne sonst Ärger mit der DDR geben. Man sollte sich also bemühen, den Fall „still" abzuwickeln. Allerdings werde es wegen der abzuwartenden Urteile wohl noch etwa zwei bis drei Monate mit der Begnadigung dauern.

Der *Bundeskanzler* bedankte sich und sagte, er wolle noch auf einige Themen zu sprechen kommen, die ihm sehr am Herzen lägen. Er meine hiermit den Jugendaustausch[20], die Errichtung einer deutsch-polnischen Jugendbegegnungs-

---

[19] Seit dem 12. Juni 1975 befand sich der Mitarbeiter der Firma ICB Baumaschinen GmbH, Köln, Adrian Rösch, in polnischer Untersuchungshaft. Am 27. Oktober 1975 wurde der Mitarbeiter der Firma Lurgi Apparate Technik GmbH, Frankfurt/Main, Dieter Machowski, festgenommen. Beide wurden der Bestechung beschuldigt. Dazu vermerkte Vortragende Legationsrätin I. Klasse Finke-Osiander am 4. Juni 1976: „Diese Fälle haben in der deutschen Wirtschaft große Beunruhigung ausgelöst und sind geeignet, die deutsch-polnischen Wirtschaftsbeziehungen zu beeinträchtigen. Wiederholte Vorstöße auf hoher Ebene, insbesondere bei zahlreichen hochrangigen Besuchen haben noch nicht zum gewünschten Erfolg geführt. Im Fall Rösch, der von der DDR als ihr Staatsangehöriger in Anspruch genommen wird, läuft ein Auslieferungsantrag der DDR. Die polnische Seite steht unter entsprechendem politischen Druck. Es ist nicht sicher, ob das polnische Außenministerium, das offenbar guten Willens ist, stark genug ist, um den Fall in unserem Sinne zu lösen." Vgl. Referat 010, Bd. 178649.

[20] Zum Stand der Gespräche über den Jugendaustausch zwischen der Bundesrepublik und Polen notierte Referat 214 am 28. Mai 1976: „Nachdem Botschafter Piątkowski am 23. März 1976 gegen-

stätte[21] und die Schaffung eines deutsch-polnischen Gesprächsforums[22]. Alle drei Vorhaben seien in der Gemeinsamen Erklärung erwähnt.[23] Seiner Meinung nach seien alle diese drei Vorhaben auf einem guten Wege.

Zum Thema Umsiedlung bemerkte der Bundeskanzler folgendes: Obwohl die Umsiedlerzahlen in den letzten Monaten in erfreulicher Weise gestiegen seien[24], werde es doch noch eine geraume Zeit dauern, bis alle Umsiedlungswilligen ausgereist sein werden. Außerdem müsse man davon ausgehen, daß ein Teil der in Polen lebenden Deutschen den Wunsch habe, am angestammten Wohnort zu bleiben. Unter Berücksichtigung dieser Tatsachen richte er an Herrn Gierek die Frage, ob man nicht, ähnlich wie in der Tschechoslowakei[25], eine Zeitung in deutscher Sprache herausbringen könnte. Diese Zeitung sollte seiner Vorstellung nach den gleichen Inhalt haben wie eine polnische Zeitung. Ferner interessiere ihn der Stand des Deutschunterrichts an polnischen Schulen bzw. die Frage von Schulen mit deutscher Unterrichtssprache in Polen.[26]

Fortsetzung Fußnote von Seite 862

über dem Bundeskanzler die Schaffung eines Jugendwerkes und die Intensivierung von Jugendkontakten als Themen für den Gierek-Besuch angesprochen und Außenminister Olszowski bei seinem Besuch in Bonn vom 6. bis 9. April 1976 erneut das polnische Interesse an dem Ausbau des Jugendaustausches geäußert hatte, wurden von unserer Seite während der zweiten Verhandlungsrunde über das Kulturabkommen vom 3. bis 5. Mai 1976 erste Vorschläge für den Abschluß einer entsprechenden Vereinbarung übermittelt. Inzwischen sind jedoch der polnischen Seite offenbar vorwiegend aus innenpolitischen Gründen Bedenken hinsichtlich einer Formalisierung der Jugendbegegnung gekommen. Am 13. Mai 1976 erklärte der polnische Botschafter dem Bundeskanzler, nach polnischer Auffassung solle der Jugendaustausch in der Gemeinsamen Erklärung niedergelegt werden. [...] In einem Gespräch im Auswärtigen Amt am 17. Mai 1976 versuchte der polnische Botschafter das polnische Zögern, eine formelle Vereinbarung abzuschließen, damit zu erklären, daß eine solche nach polnischer Auffassung nur als Folge einer befriedigenden Fassung des Artikels über die Schulbuchkonferenzen im Kulturabkommen und des entsprechenden Passus in der Gemeinsamen Erklärung sinnvoll erscheint." Vgl. Referat 214, Bd. 116669.

21 Referat 214 vermerkte am 28. Mai 1976: „Das Projekt der Errichtung einer Jugendbegegnungsstätte in Polen geht ursprünglich auf langjährige Kontakte der Aktion Sühnezeichen/Friedensdienste und des Polnischen Verbandes der Kämpfer für Freiheit und Demokratie (ZBoWiD – Veteranenverband der Widerstandskämpfer) zurück. Der Entwurf einer Vereinbarung zwischen beiden Organisationen sah die Errichtung einer Begegnungsstätte in Auschwitz vor. Über den Regierenden Bürgermeister von Berlin wurde im Herbst 1974 an die Bundesregierung (Bundeskanzleramt, BMF) der Wunsch nach finanzieller Unterstützung des Projekts herangetragen. Daraufhin wurde eine Beteiligung der Bundesregierung an dem Projekt mit einem Zuschuß in Höhe von 1,2 Mio. DM in Aussicht gestellt." Das Auswärtige Amt stimme dem Projekt zwar grundsätzlich zu, habe jedoch Bedenken insbesondere hinsichtlich der Ortswahl, der Zweckbestimmung und der Trägerschaft geltend gemacht: „Während des Besuchs des polnischen Außenministers in Bonn vom 6. bis 9. April 1976 und bei einem späteren Gespräch zwischen Botschafter Ruete und Vizeaußenminister Czyrek in Warschau zeigte die polnische Seite Verständnis für unsere Gesichtspunkte [...]. Sie erklärte sich jedoch außerstande, ihrerseits auf die beiden Partnerorganisationen mit dem Ziel einer Änderung ihrer Abmachungen einzuwirken. Sie schlug vor, unabhängig von dem Vorhaben in Auschwitz zusammen mit der Bundesregierung an einem anderen Ort (z. B. südlich von Krakau) eine Begegnungsstätte zu errichten." Vgl. Referat 214, Bd. 116668.

22 Zur Einrichtung eines „Forum Bundesrepublik Deutschland – Volksrepublik Polen" vgl. Dok. 187, besonders Anm. 18.

23 Für den Wortlaut der Gemeinsamen Erklärung vom 11. Juni 1976 über die Entwicklung der Beziehungen zwischen der Bundesrepublik und Polen vgl. BULLETIN 1976, S. 670–672.

24 Zum Stand der Umsiedlung vgl. Dok. 102, Anm. 8.

25 Seit 1951 erschien in der ČSSR die deutschsprachige Wochenzeitung „Aufbau und Frieden", die später in „Prager Volkszeitung" umbenannt wurde.

26 Zur Situation des Deutschunterrichts in polnischen Schulen vgl. Dok. 102, Anm. 7. Ministerialdirektor Arnold stellte am 2. Juni 1976 fest: „Zur Zeit gibt es in Polen 22 Sekundarschulen mit erweitertem Deutschunterricht. Diese Schulen sind nach Auskunft des polnischen Erziehungsministeriums gleichmäßig über das ganze Land verteilt. Es bestehen demnach keine regiona-

Mit dieser Fragestellung wolle er sein starkes Interesse an diesen beiden Themen bekunden. Was die Ausreisen selbst anbelange, so sei die Praxis der Erteilung von Ausreisegenehmigungen offensichtlich in den einzelnen Woiwodschaften verschieden. Anläßlich eines Besuchs, den er kürzlich dem Umsiedlerlager Friedland abgestattet habe, habe er aufgrund zahlreicher Gespräche mit Umsiedlern den Eindruck gewonnen, daß die Situation der ausreisewilligen Deutschen in letzter Zeit besser geworden sei. Dessen ungeachtet habe es aber auch zahlreiche Umsiedler gegeben, die eine Reihe von Klagen vorgebracht hätten, so z.B. lange Wartezeiten bei der Erteilung der Reisedokumente, Zurückweisung von Ausreiseanträgen von Personen, die keine Verwandten in der Bundesrepublik Deutschland hätten, zu hohe Paßgebühren, Schwierigkeiten bei der Übertragung von Grundbesitz und dergleichen mehr. Unverständlich sei auch die Tatsache, daß manche Antragsteller bereits nach dem zweiten Antrag die Genehmigung zur Ausreise erhielten, andere hingegen bis heute noch auf die Genehmigung warteten, obwohl sie schon viele, viele Anträge gestellt hätten.

Natürlich sei er nicht in der Lage zu prüfen, ob die einzelnen Klagen berechtigt seien; deshalb wolle er sie sich auch nicht zu eigen machen. Er müsse jedoch bemerken, daß die Stimmung in der Bundesrepublik Deutschland gegenüber Polen sehr positiv beeinflußt werden könnte, wenn die Öffentlichkeit das Gefühl bekäme, daß die deutsch-polnischen Vereinbarungen „fair und zügig abgewickelt werden". Es wäre gut, wenn die hiesige Presse Derartiges berichten könnte. Andernfalls drohe die Gefahr einer Vergiftung der Atmosphäre im deutsch-polnischen Verhältnis.

In diesem Zusammenhang wolle er Herrn Gierek nochmals für die Ergänzung des Briefes von Olszowski an Genscher um das eine allerseits bekannte Wort danken.[27] Dieses eine Wort sei entscheidend für das „Ja" der CDU im Bundesrat gewesen.

Die CDU behaupte, die SPD und er selbst hätten die Zustimmung der CDU nicht ernsthaft gewollt. Dies sei nicht zutreffend. Zweifelsfrei sei die Tatsache, daß das bewußte Wort das „Ja" der CDU ermöglicht habe. Die CDU sei sich in dieser Frage nicht einig gewesen. Barzel und Kohl seien dafür, Strauß scharf dagegen gewesen. Carstens habe „manövriert". Es sei nunmehr wichtig, daß man Strauß im Zusammenhang mit der Abwicklung der Umsiedlungsaktion keine „neue Munition" liefere. Dies sei der Grund, weshalb er heute mit Herrn Gierek über seine Eindrücke in Friedland ausführlich gesprochen habe.[28]

Fortsetzung Fußnote von Seite 863

len Schwerpunkte für diese Schulen in den Landesteilen, in denen noch besonders viele Deutsche leben. [...] Zahlen über die Schüler an diesen 22 Schulen mit erweitertem Deutschunterricht wurden vom polnischen Erziehungsministerium trotz mehrfacher Anfragen bisher nicht bekanntgegeben. Deutsche Schüler können diese Schulen besuchen, da laut polnischer Verfassung alle Bürger gleichen Zugang zu den Bildungseinrichtungen haben. Nach Meinung unserer Botschaft ist aber nicht auszuschließen, daß zumindest an einzelnen Orten faktische Zugangsschwierigkeiten für deutschstämmige Schüler bestehen. Laut Auskunft des polnischen Erziehungsministeriums sollen bis zum September 1976 weitere sieben Schulen mit erweitertem Deutschunterricht eingerichtet werden." Vgl. Referat 610, Bd. 107771.

27 Zum Schreiben des polnischen Außenministers Olszowski vom 15. März 1976 an Bundesminister Genscher vgl. Dok. 75, Anm. 11.

28 Ende der Seite 15 der Vorlage. Vgl. Anm. 1.

Zu den Ausführungen des Bundeskanzlers antwortete Herr *Gierek*, Polen wird, was wiederholt offiziell erklärt worden sei, seine eingegangenen Verpflichtungen in vollem Umfang erfüllen. Er habe den Eindruck, daß die aus dem Umsiedlungsprotokoll herrührenden Verpflichtungen wahrscheinlich sogar schon früher als vorgesehen erfüllt werden würden. Natürlich könne man von Polen nicht fordern, daß die im Laufe von vier Jahren vereinbarte Umsiedlung von 120 000 bis 125 000 Personen in ein bis zwei Jahren erfolge. Er wolle ferner bekräftigen, daß es nicht die Absicht Polens sei, nach Ereichung der vereinbarten Zahl an Umsiedlern die Genehmigung von Ausreiseanträgen zu stoppen. Sollten dann noch weitere Ausreisewillige da sein, dann werde man auch weiterhin Genehmigungen erteilen.

Zu den Klagen der Umsiedler, die man wohl am besten unter dem Begriff „administrative Bremsen" zusammenfassen könne, wolle er folgendes bemerken: Die Hälfte dieser Klagen müßte man sich wegdenken, da sie sicherlich nicht zutreffend seien. Das Ziel eines Teils dieser Klagen sei gewiß, die Treue zur deutschen Heimat zu manifestieren. Er wolle nicht abstreiten, daß ein anderer Teil dieser Klagen berechtigt und auf Verschulden polnischer Behörden zurückzuführen sei. Man werde diese Dinge prüfen und erörtern. Es gelte hierbei zu bedenken, daß es viele Gruppen von Deutschen in Polen gebe, die gleichzeitig die Ausreise wünschten. Dies werfe schwierige Probleme auf. Ferner möge man berücksichtigen, daß gewisse Personengruppen nicht sofort nach Antragstellung die Ausreisegenehmigung erhalten könnten. Es handele sich hierbei um Personen, die verantwortliche Posten im militärischen, wissenschaftlichen und im Rüstungsbereich bekleideten. Genauso wie in vielen anderen Ländern müßten diese Personen aus erklärlichen Gründen eine Zeitlang warten, bis sie mit einer Ausreisebewilligung rechnen könnten. Dieser Umstand sei auch die Erklärung für einen Teil der Entlassungen. Es handele sich hierbei um schwierige Probleme, weshalb er den Bundeskanzler um Verständnis bitte.

Schließlich sei man sich doch auf beiden Seiten gewiß darüber im klaren, daß ein Teil der Antragsteller nicht wegen ihres Deutschtums, sondern aus materiellen Gründen die Ausreise wünsche. Doch dies sei „ihre Sache", sofern die Voraussetzungen für eine Ausreise erfüllt seien.

Er wolle in diesem Zusammenhang dem Bundeskanzler einen Zwischenfall während seines Besuchs in Linz[29] erzählen, wo er im übrigen sehr herzlich empfangen worden sei. Plötzlich sei ein junges Mädchen aus der Menge auf ihn zugestürzt und habe flehentlich geschrien: „Herr Gierek, Herr Gierek, ich will nach Polen". Auf die Frage des *Bundeskanzlers*, warum sie denn nicht ausreise, antwortete Herr *Gierek*, möglicherweise ließen es die Eltern nicht zu. Zweifellos gebe es unter den Umsiedlern eine bestimmte Anzahl von Kindern und Jugendlichen, die sich als Polen empfänden und zurückzukehren wünschten. Seine Bitte gehe dahin, derartige Jugendliche zurückzulassen, wenn sie es wollten. „Wir werden ihnen nach der Rückkehr in Polen helfen."

Der *Bundeskanzler* antwortete, es handele sich hierbei um ein zweifellos schwieriges und sehr vielschichtiges Problem. Man müsse berücksichtigen, daß

---

[29] Ministerpräsident Kohl empfing den Ersten Sekretär des ZK der PVAP am Nachmittag des 10. Juni 1976 in Linz am Rhein, wo Gierek sich in das Goldene Buch der Stadt eintrug.

aufgrund der hiesigen Gesetze ein Jugendlicher erst mit 18 Jahren volljährig sei. Bis zur Erreichung dieses Alters hätten die Eltern die Verfügungsgewalt. Sollte Herr Gierek in bestimmten Fällen erfahren, daß deutsche Behörden Jugendliche an der Rückkehr nach Polen hinderten, so bitte er ihn um Benachrichtigung. Die Erfüllung des Erfordernisses der Volljährigkeit sei jedoch nicht zu umgehen, sofern Eltern oder Vormund ablehnten.

Herr *Gierek* beantwortete nun die Frage des Bundeskanzler nach der Möglichkeit, die deutsche Sprache in Polen zu pflegen. Er bitte dabei zu bedenken, daß die sich als Deutsch betrachtenden Personen in Polen im Lande zerstreut und nicht in geschlossenen Gruppen lebten. Es gebe keine rein deutschen größeren Ortschaften oder gar Städte. Es sei für die polnischen Behörden daher sehr schwer, etwas in diesem Bereich zu tun. Er wolle betonen, daß es in Polen keineswegs eine negative Einstellung zur deutschen Sprache gebe, was durch die Tatsache erhärtet werde, daß in einigen 100 Grundschulen in den Oberklassen Deutschunterricht, ebenso wie Französischunterricht oder Russischunterricht, erteilt werde. An 39 Gymnasien wird der Unterricht ganz oder teilweise in deutscher Sprache erteilt.

Polens Wunsch sei es, auf diesem Gebiet Gegenseitigkeit herzustellen, damit man von einer gleichen Grundlage ausgehen könne.

Der *Bundeskanzler* erwiderte, er zweifele aufgrund einer ganz anderen Ausgangslage daran, daß in der Bundesrepublik Deutschland größere Personengruppen an der Erlernung der polnischen Sprache interessiert seien.

Herr *Gierek* sagte darauf, man unterrichte in Polen Deutsch in erster Linie natürlich für polnische Kinder und nicht für deutsche. Das Interesse am Deutschunterricht sei in den letzten Jahren stark gewachsen und gegenwärtig nehme Deutsch unter den an polnischen Schulen gelehrten westlichen Fremdsprachen vor Englisch und Französisch den ersten Platz ein. Dies erkläre die Tatsache, daß in Polen eine recht bedeutende Anzahl von Personen Deutschkenntnisse aufzuweisen habe.

Zur Überlegung des Bundeskanzlers, ob man eventuell eine deutsche Zeitung in Polen herausbringen könne, meinte Herr Gierek, die Realisierung eines derartigen Vorhabens könnte sehr leicht zu einer „Fehlzündung" führen und darauf hinauslaufen, „böse Geister zu rufen". Er wolle in diesem Zusammenhang folgendes vorschlagen: Bei besonderen Anlässen, z.B. „Hamburger Tagen" in einer polnischen Hafenstadt[30], sollte man Teile einer Hamburger Zeitung als Einlageblatt in einer polnischen Zeitung oder aber die ganz Ausgabe einer Hamburger Zeitung veröffentlichen. Er halte dies für eine gute Sache, die sich in der Praxis im Verhältnis zur DDR bereits bewährt habe. Abschließend zu diesem Thema wolle er noch bemerken, daß es in Polen eine bedeutende Anzahl von Übersetzungen deutscher literarischer Werke und wissenschaftlicher Arbeiten gebe, eine Tatsache, die er sehr begrüße.

Der *Bundeskanzler* antwortete, den Vorschlag hinsichtlich der Zeitungsfrage halte er für interessant und prüfenswert. Allerdings sei dies keine leichte Fra-

---

[30] Vom 19. bis 29. Mai 1977 veranstaltete die Freie und Hansestadt Hamburg in Danzig „Hamburger Tage". Der Veranstaltung waren 1975 in Hamburg „Polnische Tage" vorausgegangen.

ge, da die Bundesregierung keinen Einfluß auf die Presse habe. Dessen ungeachtet halte er Herrn Giereks Vorschlag für eine interessante Idee.

Herr *Gierek* wandte sich nun einem anderen Thema, nämlich den Wiener Verhandlungen über die Truppenreduzierungen[31], zu. Diesbezüglich wolle er anregen und zugleich die Bitte äußern, daß Polen und die Bundesrepublik Deutschland angesichts der äußerst schwierigen Verhandlungsmaterie vorläufig auf Meinungsäußerungen zum Verhandlungsverlauf verzichten sollten. Derartige Stellungnahmen könnten sehr leicht zu einer „Abkühlung des Klimas" der Verhandlungen führen. Er wolle keine Details nennen – der Bundeskanzler verstehe gewiß, worauf er abziele.

Der *Bundeskanzler* meinte, er halte es für nicht ausgeschlossen, eine Lösung zu erreichen. Allerdings sei dies nur aufgrund von Kontakten führender Persönlichkeiten der beteiligten Länder vorstellbar. Bei einem anderen Verfahren rechne er nicht mit Fortschritten.

Herr *Gierek* stimmte der abschließenden Feststellung des Bundeskanzlers zu und sagte, es sei auf alle Fälle richtig, in der schwierigen Phase, in der sich die Truppenreduzierungsverhandlungen befänden, nach Lösungen zu suchen. Man müsse dabei allerdings alles verhindern, was die Verhandlungssituation erschweren könnte. Vor allen Dingen dürfe man durch bestimmte Aktionen, Vorschläge und dergleichen keinen der Hauptbeteiligten „reizen" und in eine Situation hineinmanövrieren, in der dieser dann „auf stur schaltet". Bei diesen Bemerkungen meinte er selbstverständlich nicht den Bundeskanzler. Er habe auch bewußt keine Namen genannt. Das Wichtigste sei, alles zu verhindern, was einen Fortgang der Verhandlungen gefährden könne.

Der *Bundeskanzler* bemerkte, daß die Frage der Truppenreduzierungen eines der wichtigsten Themen bei seiner nächsten Begegnung mit Breschnew sein werde (Anmerkung des Dolmetschers: Gierek sagte, wenn er Breschnew meinte, meistens nur „Leonid", d. h., er nannte Breschnews Vornamen).

Herr *Gierek* äußerte die Überzeugung, daß Breschnew sicherlich bald die Bundesrepublik besuchen werde. Möglicherweise wäre er jetzt, also im Sommer, bereits gekommen, wenn nicht sein, Giereks, Besuch jetzt stattgefunden hätte.

Der *Bundeskanzler* und Herr *Gierek* einigten sich nun über das Prozedere bei der anschließenden Plenarversammlung[32] und darüber, in welcher Form man die Presseerklärungen[33] abgeben werde.

Zum Abschluß des Gesprächs dankte der *Bundeskanzler* seinem Gast herzlich für dessen Besuch. Er sei mit dem Verlauf des Besuches und den dabei erzielten Ergebnissen sehr zufrieden. Herr Gierek und die polnische Regierung dürften davon überzeugt sein, daß die Bundesregierung ihre bisherige Politik gegenüber Polen kontinuierlich fortsetzen werde.

---

31 Seit 30. Oktober 1973 fanden in Wien die MBFR-Verhandlungen statt. Die neunte Runde der MBFR-Verhandlungen wurde am 19. Mai 1976 eröffnet.

32 In der anschließenden Plenarsitzung trugen Bundesminister Genscher und sein polnischer Amtskollege Olszwoski sowie Bundesminister Friderichs und der Stellvertretende Vorsitzende des polnischen Ministerrats, Wrzaszczyk, die Ergebnisse ihrer Gespräche vor. Vgl. dazu die Gesprächsaufzeichnung; Referat 010, Bd. 178661.

33 Für den Wortlaut der Presseerklärungen des Bundeskanzlers Schmidt und des Ersten Sekretärs des ZK der PVAP, Gierek, vom 11. Juni 1976 vgl. BULLETIN 1976, S. 667 f.

Herr *Gierek* antwortete, er sei von den guten Absichten überzeugt, die der Bundeskanzler und seine „Mannschaft" im Verhältnis zu Polen hätten. Nach seinen Kontakten, die er aufgrund der guten Programmgestaltung mit der hiesigen Bevölkerung gehabt habe, sei er zuversichtlich und rechne mit weiteren positiven Veränderungen in der Einstellung „ihres Volkes" zum polnischen Volk. Abschließend versicherte er, daß er sich künftig mit noch größerer Energie für die Erreichung des gemeinsam gesteckten Ziels, d.h. die Herbeiführung der Versöhnung zwischen den beiden Völkern in nicht zu ferner Zukunft, einsetzen werde. „Ich glaube, daß wir es schaffen werden, das Tor zu öffnen."

Das in einer gelösten Atmosphäre geführte etwa zweistündige Gespräch wurde mit einem kräftigen Händedruck beendet.

VS-Bd. 14060 (010)

187

Gespräch des Bundesministers Genscher mit dem polnischen Außenminister Olszowski

VS-NfD   **11. Juni 1976**[1]

Aus dem 1 1/2stündigen Gespräch, an dem Vizeaußenminister Czyrek, D 2[2] sowie die beiderseitigen Botschafter[3] teilnahmen, ist folgendes festzuhalten:

1) Ausreiseprotokoll[4]

Der *Bundesminister* drückte seine Sorge aus, daß eine ganze Reihe von Antragstellern nach Erhalt ihrer Ausreisegenehmigung diese nicht in Anspruch nehmen. Dadurch dürfe die vereinbarte Ausreisezahl nicht beeinträchtigt werden.

Ferner kündigte der Bundesminister an, daß er Olszowski zur Information[5] eine Liste zuleiten wolle, die Behinderungsfälle und Fälle enthalten werde, in denen Ausreiseanträge schon sehr lange gestellt wurden.[6]

---

1 Die Gesprächsaufzeichnung wurde laut maschinenschriftlichem Vermerk „nach Diktat von Herrn van Well am 12.6.1976" gefertigt und am 14. Juni 1976 an das Ministerbüro geleitet.
Hat Ministerialdirigent Kinkel am 15. Juni 1976 vorgelegen.
2 Günther van Well.
3 Hans Ruete und Wacław Piątkowski.
4 Für den Wortlaut des Ausreiseprotokolls vom 9. Oktober 1975 zwischen der Bundesrepublik und Polen vgl. BULLETIN 1975, S. 1199.
5 Zur „Information" der polnischen Regierung vgl. Dok. 60, Anm. 15.
6 Botschafter Ruete, Warschau, teilte am 19. Juli 1976 mit, daß am 1. Juli 1976 eine Liste mit Fällen, in denen die Ausreise in die Bundesrepublik behindert worden sei, im polnischen Außenministerium übergeben worden sei. Der polnische Stellvertretende Außenminister Czyrek habe in zwei Gesprächen am 2. bzw. 14. Juli 1976 erklärt, er habe nicht den Eindruck, daß die Bundesrepublik Anlaß zur Beschwerde habe: „Es handele sich um ‚typische Schwierigkeiten', die bei jeder Bürokratie eintreten müßten. [...] Im übrigen habe sich die polnische Regierung nicht verpflichtet, alle

Olszowski antwortete: Der Rhythmus der Ausreisen sei gar nicht so ungünstig. Nach dem Stand vom 31. Mai seien im Jahre 1976 14 281 Genehmigungen erteilt worden, davon 534 in die DDR und 13 747 in die BR Deutschland. Im Mai seien 2796 Genehmigungen erteilt worden. Wenn man bedenkt, daß monatlich etwa 3000 Anträge gestellt würden, so sei das gar nicht so schlecht. Nur höchstens bis 5 % nähmen ihre Ausreisegenehmigungen nicht in Anspruch. Das seien bei 2000 höchstens etwa 100. Das sei normal.[7]

Insgesamt meinte Olszowski, daß dies keine schlechten Zahlen seien. Im übrigen sei seit Inkrafttreten der Vereinbarungen noch nicht viel Zeit verstrichen. Seine Regierung habe ein Interesse daran, die Ausreiseaktionen gut und reibungslos abzuwickeln. Der ausführlichen Stellungnahme des Ersten Sekretärs Gierek beim Besuch beim DGB auf eine entsprechende Frage von Herrn Vetter käme in diesem Zusammenhang Bedeutung zu.

2) Zusammenarbeit der Rot-Kreuz-Gesellschaften[8]

Der *Bundesminister* meinte, die Rot-Kreuz-Gesellschaften könnten den beiden Regierungen in unbürokratischer Weise bei der Abwicklung der Ausreisen helfen. Darüber hinaus lege die Bundesregierung auch aus folgendem Grund großen Wert auf eine engere Zusammenarbeit beider Gesellschaften:

Das DRK habe eine Gesamtzahl von Ausreisewilligen genannt[9], die auf unterschiedlichen Informationsquellen beruhe. Ein großer Teil gehe auf Mitteilungen von Verwandten und Bekannten, die in der BR Deutschland wohnten, zurück. Er, der Minister, habe eine längere Unterhaltung mit dem Präsidenten des DRK gehabt. Dabei sei klar geworden, daß über die wirkliche Zahl der Ausreisewünsche Unsicherheit besteht. Oft hätten die Betreffenden ihre Absichten inzwischen auch geändert. Das Problem sei jedoch, daß diese Gesamtzahl in der Öffentlichkeit bekannt sei und damit ein Politikum ist. Deshalb wäre es nützlich, wenn die beiden RK-Gesellschaften darüber sprächen. Er, der Minister, vermute, daß am Ende eine geringere Zahl herauskomme. Auch die polnische Seite solle an einer Klärung interessiert sein. Sie würde zur Entspannung des Klimas beitragen.

Ein weiteres Ziel der Zusammenarbeit der RK-Gesellschaften sei die Erleichterung der Abwicklung praktischer Fälle.

Olszowski sagte, es hätten schon einige Treffen beider RK-Gesellschaften stattgefunden. Die polnische Seite habe sich dazu positiv verhalten. Generalsekre-

Fortsetzung Fußnote von Seite 868

Umsiedlungswilligen in den ersten Monaten nach Inkrafttreten der Verträge ausreisen zu lassen. Man habe vier Jahre Zeit, und Nervosität sei nicht am Platze." Vgl. den Schriftbericht Nr. 2135; Referat 214, Bd. 116660.

7 Zum Stand der Umsiedlung vgl. auch Dok. 102, Anm. 8.

8 Zu den Gesprächen des Deutschen Roten Kreuzes und des Polnischen Roten Kreuzes vgl. Dok. 60, Anm. 19–21.

9 Der Referent des Suchdienstes des Deutschen Roten Kreuzes, Böhme, erklärte am 18. Februar 1975 in einem Interview mit dem Deutschlandfunk auf die Frage, welche Anzahl an Umsiedlern aus Polen er im Verlauf des Jahres 1975 erwarte: „Das ist schwer zu sagen. Wir haben ja in Übereinstimmung mit der Bundesregierung bis Ende letzten Jahres alle Ausreise-Bewerber, alle deutschen Ausreise-Bewerber in Polen dem Polnischen Roten Kreuz namhaft gemacht in großen Listen. Die Größenordnung bewegt sich nach wie vor bei 280 000, wie Sie wissen. Und nun ist es an der polnischen Seite, auf diese Listen zu reagieren, wie dies in der Information der polnischen Regierung vom 20. November 1970 zum Ausdruck gebracht worden ist." Vgl. die Interviewmitschrift des Presse- und Informationsamtes; Referat 214, Bd. 116662.

tär Schilling sei im April in Warschau gewesen und Präsident Bargatzky sei für Oktober eingeladen worden, habe jedoch kürzlich um eine Verschiebung um ein paar Wochen gebeten.

Die polnische Seite habe Vorbehalte gegen die Konstruktion der Zahlen. Der einzige sichere Anhaltspunkt seien die gestellten Anträge. Beim letzten Gespräch Schillings in Warschau habe dieser von drei Gruppen gesprochen:

a) die besonders dringlichen Fälle (10 000),

b) Personen, die die Kriterien der Familienzusammenführung erfüllen (148 000),

c) Personen, die ein weiteres Verwandtschaftsverhältnis haben oder alleinstehend sind (100 000).

Diese Art des Herangehens sei wieder ein Zahlenspiel. Der Weg der Gesamtzahlen sei illusionär. Als verantwortliche Regierung könne man sich nicht auf ihn begeben. Ein Listenvergleich sei nicht durchführbar. Das DRK konstruiere diese Zahlen aus verschiedenen Quellen, die nicht zuverlässig seien. Die polnischen Behörden könnten nicht von Haus zu Haus gehen und nach Aussiedlungswünschen fragen. Viele Leute könnten sich durch solche Befragungen beleidigt fühlen. Es handele sich um eine delikate Sache, und Mißbrauch sei zu befürchten.

Die Rot-Kreuz-Gesellschaften sollten sich lieber der Familienzusammenführung im Geiste der Hilfeleistung, wie zum Beispiel für ältere Personen und solche, die sich in wirtschaftlicher Not befinden, annehmen. Es handele sich um eine humanitäre Aktion. In diesem Rahmen könnten die Gesellschaften auch unklare Fälle klären.

Ein Zahlenspiel zu beginnen sei nicht gut. Beide Seiten hätten in Helsinki klare Zahlen vereinbart.[10] Die polnische Seite werde sich an diese Zahlen halten, zumal Herr Genscher und er Briefe ausgetauscht hätten, wonach nach Ablauf der Aktion weitere Anträge entgegengenommen würden.[11] Dies sei ein realistischer Weg. Er sei bereit, individuelle Fälle von der Bundesregierung entgegenzunehmen.

Der *Bundesminister* verwies darauf, daß die engere Kooperation der Rot-Kreuz-Gesellschaften vereinbart sei.[12] Der polnische Rot-Kreuz-Präsident[13] habe am 8.3. entsprechende Zusagen gemacht, und beide Außenminister hätten sich in ihrem Briefwechsel vom 9.3. entsprechend geäußert. Die Gesamtzahlen seien ein Politikum, und man solle sie auf ihren Realitätsgehalt überprüfen. Er sei ermutigt gewesen durch die Gespräch mit Bargatzky und Schilling. Auch wir hätten nicht im Sinne, daß polnische Behörden von Haus zu Haus Befragungen vornehmen. Wir wünschten lediglich, daß die beiden Rot-Kreuz-Gesellschaften

---

[10] Bundeskanzler Schmidt und der Erste Sekretär des ZK der PVAP, Gierek, führten am 1. August 1975 ein Gespräch am Rande der KSZE-Schlußkonferenz. Vgl. dazu AAPD 1975, II, Dok. 244.

[11] Zum Briefwechsel zwischen Bundesminister Genscher und dem polnischen Außenminister Olszowski vom 9. bzw. 15. März 1976 vgl. Dok. 75, Anm. 11.

[12] Vgl. dazu Ziffer 3 und 4 der im Zusammenhang mit der Paraphierung des Warschauer Vertrags am 18. November 1970 übergebenen „Information" der polnischen Regierung; BULLETIN 1970, S. 1696 f. Bundesminister Genscher und der polnische Außenminister Olszowski vereinbarten bei ihren Gesprächen am 9./10. Oktober 1975 in Warschau die Wiederaufnahme der Gespräche zwischen Deutschem Roten Kreuz und Polnischem Roten Kreuz. Vgl. dazu AAPD 1975, II, Dok. 296.

[13] Ryszard Brzozowski.

sich gegenseitig informierten und zu diesem Zweck die Unterstützung der Behörden erhielten. Die Klärung des zahlenmäßigen Umfangs sei auch im Interesse der polnischen Seite. Wenn es eine enge Zusammenarbeit zwischen den Rot-Kreuz-Gesellschaften gebe, so könne man sehr pragmatisch vorgehen. Er verstehe, daß die polnische Regierung nicht über fiktive Zahlen sprechen wolle. Aber die Rot-Kreuz-Gesellschaften könnten im Sinne einer Klärung miteinander sprechen.

Der Bundesminister sprach seinen Dank für die Äußerungen von Herrn Gierek vor dem DGB aus, wonach auch nach Ablauf der Aktion weitere Personen ausreisen können.

Olszowski meinte, er wolle einmal laut denken: Wenn das Rote Kreuz Einzelfälle zur Sprache bringe, so handele es sich um eine Aktion humanitären Charakters. Aber wenn es mit großen Zahlen operiere, erhalte die Zusammenarbeit eine politische Dimension.

Der *Bundesminister* antwortete, unsere Absicht bestände gerade darin, die politische Dimension zu reduzieren. Er werde sich dafür einsetzen, daß Bargatzky noch in diesem Jahr nach Warschau gehe.

3) Kulturinstitute

Der Bundesminister bezog sich auf das Gespräch Gierek–Bundeskanzler am Vortage.[14] Man habe übereingestimmt, daß die Errichtung der Institute nicht ad calendas graecas verschoben, sondern daß die Verhandlungen schnell aufgenommen werden sollen. Der Erste Sekretär habe zwei Gründe dafür genannt, die Errichtung der Kulturinstitute nicht im Kulturabkommen vorzusehen:

a) man sei nicht darauf vorbereitet,

b) die polnische Seite habe Schwierigkeiten, ein Institut bei uns zu errichten.

Wir hielten es gut für die Beziehungen, wenn der Öffentlichkeit weitere Aktionen der Zusammenarbeit sichtbar gemacht werden könnten. Wir sollten deshalb den Beginn der Verhandlungen über die Errichtung von Kulturinstituten konkretisieren. Damit werde weder das Ende der Verhandlungen präjudiziert, noch wann das Ergebnis der Verhandlungen in Kraft trete.

Olszowski erwiderte, beide Seiten stimmten in der Sache überein: Nächstes Jahr sollten die Verhandlungen beginnen, und das impliziere, daß man auch zügig zu einem Ergebnis kommen wolle. Er könne sich nicht damit einverstanden erklären, daß bei der Erklärung der Regierungssprecher ein Datum für den Verhandlungsbeginn angegeben wird.

Es wurde dann beschlossen, der Erklärung beider Regierungssprecher folgende Form zu geben: „Beide Seiten stimmen in der Absicht überein, auf der Grundlage der Gegenseitigkeit Kulturinstitute zu errichten. Zu diesem Zweck sollen baldmöglichst Verhandlungen aufgenommen werden." Intern sei man sich einig, daß die Verhandlungen innerhalb eines Jahres, voraussichtlich im ersten Halbjahr 1977, beginnen und nicht lange dauern sollten.

---

14 Vgl. dazu das Gespräch des Bundeskanzlers Schmidt mit dem Ersten Sekretär des ZK der PVAP, Gierek, am 9. Juni 1976; Dok. 181.

4) Deutsche Sprache[15]

Der *Bundesminister* erinnerte daran, daß Olszowski bei seinem letzten Besuch in Bonn gesagt habe, bis zum Gierek-Besuch werde es Fortschritte bei der Bestimmung weiterer Schulen mit Deutsch als Unterrichtssprache geben.[16] Dies sei für uns wichtig. Die polnische Seite sage, ihre Verfassung sähe keine Minderheitenrechte vor. Er würde dazu keine Stellung nehmen. Trotzdem würden wir es sehr begrüßen, wenn weitere Schulen mit deutscher Unterrichtssprache bestimmt würden.

Olszowski: Es sei beabsichtigt, einen erweiterten Deutschunterricht auf zusätzliche Gymnasien auszudehnen, so daß Deutsch auch dort zur Unterrichtssprache werde.

Der *Bundesminister* zeigte sich erstaunt, daß es in Polen keine deutschsprachigen Zeitungen gebe.

Czyrek warf ein, es gebe die deutschsprachige Zeitung „Perspektiven", und ferner habe die große Massenzeitung „Życie Warszawy" eine deutsche Ausgabe. Im übrigen seien mehrere deutsche Zeitungen in Hotels und bestimmten Kiosken in Warschau zu haben, sogar „Die Welt". Demgegenüber gebe es in der Bundesrepublik kaum polnische Zeitungen.

Der *Bundesminister* sagte, das sei eine Bedürfnisfrage, und las dann aus dem Sprechzettel vor, welche polnischsprachigen Zeitungen in der Bundesrepublik erscheinen. Botschafter Piątkowski bezeichnete sie entweder als Emigrantenzeitungen oder als unbedeutend.

5) Bezeichnungsfrage[17]

Einleitend trug D 2 den Sachstand vor: Wir würden uns in den meisten Fragen aufgrund deutschen Entgegenkommens einigen können (Zugrundelegung der Ortsbezeichnungen in der Originalurkunde). Der einzige Problemfall sei die Ortsbezeichnung in unseren Pässen. Hier gebe es eine Vereinbarung aus dem

---

[15] Zur Situation des Deutschunterrichts in polnischen Schulen vgl. Dok. 186, Anm. 26.

[16] Vgl. dazu das Gespräch des Bundesministers Genscher mit dem polnischen Außenminister Olszowski am 7. April 1976; Dok. 102.

[17] Ministerialdirigent Meyer-Landrut vermerkte am 24. März 1976: „Im Dezember 1970 ist mit der polnischen Regierung eine Absprache über die Bezeichnung von im Gebiet des Deutschen Reiches nach dem Stand vom Dezember 1937 gelegenen Geburtsorten in deutschen Reisepässen getroffen worden, um bis dahin bei der Visaeintragung bei polnischen Stellen auftretende Schwierigkeiten auszuräumen. Dieser Absprache zufolge wird bei einer Geburt des Paßinhabers vor Kriegsende (8. Mai 1945) der Geburtsort in seiner deutschen Bezeichnung, bei einer Geburt nach diesem Zeitpunkt in polnischer und dahinter in Klammern in deutscher Sprache eingetragen. Die Absprache hat sich im Paßbereich eingespielt und bewährt. [...] Die polnische Seite hat sich in der Folgezeit jedoch nicht bereitfinden können, die Absprache auf sonstige Urkunden und Dokumente sowie auf den Rechtshilfeverkehr anzuwenden. Ebenso hat die polnische Seite einer sinngemäßen Erstreckung auf die infolge des Versailler Vertrages an Polen übergegangenen Gebiete (deutsche Ortsbezeichnungen vor Gebietsübergang) bisher nicht zugestimmt. [...] Seit Herbst 1975 zeichnet sich folgende polnische Linie in der Frage der Ortsbezeichnungen deutlich ab: a) Deutsche Ortsbezeichnungen sollen [...] nur noch für die Zeit vor 1945 (bzw. vor Gebietsübergang) verwendet werden; nach 1945 (bzw. nach Gebietsübergang) sollen ausschließlich polnische Ortsbezeichnungen verwendet werden. b) Von dem unter a) genannten Grundsatz ausgehend, soll die für den Bereich der Reisepässe geltende Absprache vom Dezember 1970 aufgehoben werden. c) Für alle Bereiche soll eine Gesamtregelung vereinbart werden, offenbar insbesondere deshalb, weil die Aufhebung der Absprache von 1970 dadurch leichter erreichbar erscheint." Vgl. Referat 214, Bd. 116654.

Jahre 1970 über die Aufnahme beider Sprachversionen. Sie gelte natürlich nicht für alle Ewigkeit, aber sie könne jetzt nicht geändert werden.

Nach Diskussion einigte man sich auf folgendes: Die Absprache von 1970 bleibt weiter in Kraft. Die polnische Seite behält sich vor, nach einer nicht bestimmten Zeit auf die Sache zurückzukommen. Die deutsche Seite wird dann nicht geltend machen, daß eine endgültige, für alle Zeit geltende Regelung bestehe. Der Vorschlag Czyreks, die Weitergeltung für einen befristeten Zeitraum vorzusehen mit einem Gentlemen's Agreement darüber, nach welchem Zeitraum die Gespräche wieder aufgenommen werden sollten, wurde vom Bundesaußenminister kategorisch abgelehnt. Es blieb bei der vorgenannten Absprache.

6) Deutsch-polnisches Gesprächsforum

Beide Minister verabredeten folgendes: Das Forum soll ein Mal jährlich alternierend in der BR Deutschland und in Polen tagen. Das erste Forum soll 1977 in der BR Deutschland zusammentreten. Träger der Treffen sollen die Gesellschaft für Auswärtige Politik Bonn und das entsprechende Institut in Warschau sein. Es soll für das Forum ein Kuratorium aus hohen politischen Persönlichkeiten geschaffen werden. Die Gespräche hierüber sollen noch 1976 abgeschlossen werden.[18]

7) Besuchsaustausch

Es wurde abgesprochen, daß der Bundesaußenminister der Einladung Olszowskis im ersten Halbjahr 1977 Folge leistet.[19] Beide Minister gingen davon aus, daß mit dem Bundeskanzlerbesuch im 2. Halbjahr 1977 zu rechnen sei, wobei September ein günstiger Monat ist.[20] Auf Anregung von Olszowski wurde ferner beschlossen, daß D2 im Herbst 1976 zu politischen Konsultationen nach Warschau reist, wobei die polnische Seite vor allem an der Verwirklichung der Schlußakte der KSZE und der Vorbereitung von Belgrad[21] interessiert ist. Zwischen Czyrek und D2 wurde Mitte September in Aussicht genommen.[22]

VS-Bd. 178661 (010)

---

18 Das erste „Forum Bundesrepublik Deutschland – Volksrepublik Polen", an dem Vertreter aus Politik, Wirtschaft, Wissenschaft und Publizistik teilnahmen, fand vom 14. bis 16. Juni 1977 statt.
19 Der Besuch des Bundesministers Genscher in Polen fand erst vom 2. bis 4. November 1978 statt.
20 Bundeskanzler Schmidt hielt sich vom 21. bis 25. November 1977 in Polen auf. Für die Gespräche mit dem Ersten Sekretär des ZK der PVAP, Gierek, am 21./22. November 1977 in Warschau vgl. AAPD 1977.
21 Zu der laut KSZE-Schlußakte vom 1. August 1975 vorgesehenen KSZE-Folgekonferenz 1977 in Belgrad vgl. Dok. 45, Anm. 20.
22 Ministerialdirektor van Well und der polnische Stellvertretende Außenminister Czyrek führten vom 17. bis 20. September 1976 in Warschau Konsultationsgespräche. Vgl. dazu die Gesprächsaufzeichnung; Referat 010, Bd. 178661.

188

Gespräch des Bundesministers Genscher
mit dem sowjetischen Botschafter Falin

213-321.00 SOW-1425/76 VS-vertraulich   11. Juni 1976[1]

Aus dem 1 1/2stündigen Gespräch, an dem D 2[2] und Popov teilnahmen, ist folgendes festzuhalten:

Der *Bundesminister* kam einleitend auf den Gierek-Besuch[3] zu sprechen und bezeichnete ihn als würdig, eindrucksvoll und verantwortungsbewußt. Der Besuch zeige, daß auch in der gegenwärtigen internationalen Lage konkrete Erfolge der Entspannungspolitik möglich seien. Dieser sehr bedeutungsvolle Besuch werde positive Wirkungen über das deutsch-polnische Verhältnis hinaus haben.

Bundesminister: Ihre Regierung hat uns eine öffentliche Mitteilung gemacht.[4]

Falin: Außenminister Gromyko hat Botschafter Sahm die Erklärung und die sowjetische Haltung zu den bilateralen Beziehungen und zu den Prinzipien der Entspannung erläutert.[5] In den letzten Monaten ist im Westen nicht korrekt über die sowjetische Politik gesprochen worden. Die sowjetische Seite ist für die weitere Entwicklung der Beziehungen mit der BR Deutschland. Grundlage dafür sind die abgeschlossenen Verträge und Abmachungen. Die Sowjetunion ist bereit, ihren Beitrag zu leisten. Es scheint, daß diese Ziele und Absichten der sowjetischen Regierung nicht korrekt verstanden und daß die Möglichkeiten nicht voll ausgeschöpft werden. Die Sowjetunion wird ihre positiven Beiträge im Geiste der Zusammenarbeit fortsetzen.

Bundesminister: Bei unserer ersten Reaktion auf die Erklärung haben wir die positiven Elemente hervorgehoben. Wir haben unseren Willen betont, die Entspannungspolitik fortzusetzen.[6] Hier handelt es sich nicht um bloße Absichtserklärungen, sondern um eine Politik auf vertraglicher Basis. Die Bundesregierung wird noch in diesem Monat antworten, und zwar nicht nach Art eines Advokatenschriftsatzes, in dem Punkt für Punkt abgehandelt wird, es ist viel-

---

1 Die Gesprächsaufzeichnung wurde laut maschinenschriftlichem Vermerk „nach Diktat von Herrn van Well am 12.6.1976" gefertigt und um am 14. Juni 1976 an das Ministerbüro geleitet.
Hat Ministerialdirigent Kinkel am 15. Juni 1976 vorgelegen.

2 Günther van Well.

3 Der Erste Sekretär des ZK der PVAP, Gierek, hielt sich vom 8. bis 12. Juni 1976 in der Bundesrepublik auf. Vgl. dazu Dok. 181 und Dok. 186.

4 Zur sowjetischen Erklärung vom 22. Mai 1976 vgl. Dok. 158.

5 Zum Gespräch des Botschafters Sahm, Moskau, mit dem sowjetischen Außenminister Gromyko am 8. Juni 1976 vgl. Dok. 180.

6 In der Presse wurde über die Reaktion des Bundesministers Genscher auf die sowjetische Erklärung vom 22. Mai 1976 berichtet: „Außenminister Genscher nannte den Willen zur Zusammenarbeit, wie Moskau ihn äußere, grundsätzlich begrüßenswert. Er hoffe aber zugleich, daß die Sowjetunion die ‚vitale Bedeutung Berlins für die deutsche Politik' dabei richtig einschätzen werde. [...] Genscher nannte es im Deutschlandfunk einen Teil der realistischen Entspannungspolitik der Bundesregierung, daß sie selbst auch daran interessiert sei, die Beziehungen zur Sowjetunion auszubauen und zu entwickeln. Deshalb begrüße er die sowjetische Erklärung." Vgl. den Artikel „Bonn sieht das Moskauer Werben als eine Reaktion auf die neue Geschlossenheit der NATO"; FRANKFURTER ALLGEMEINE ZEITUNG vom 24. Mai 1976, S. 1.

mehr beabsichtigt, unsere Gesamtpolitik darzustellen und die Chance des Dialogs zu nutzen. Wir sind sicher, daß unsere Antwort einen positiven Einfluß auf die Öffentlichkeit haben wird. Wir werden abweichende Meinungen nicht verschweigen. Das gehört zur Aufrichtigkeit. Wir begreifen unsere bilateralen Beziehungen als Kooperation gleichberechtigter Staaten.[7]

In diesem Zusammenhang möchte ich auf eine nichtöffentliche Erklärung der sowjetischen Seite zu sprechen kommen: Wir sind von der französischen Regierung über ein Gespräch zwischen Abrassimow und Wormser unterrichtet worden.[8] Ich unterstelle, daß Abrassimow im Auftrag seiner Regierung handelte. Er hat die französische Regierung gebeten, mir zu verbieten, mich zum Vier-Mächte-Abkommen zu äußern (hier zitierte der Bundesminister die einschlägigen Stellen des Vermerks über das Gespräch Abrassimow–Wormser, in denen davon gesprochen wird, daß „Genscher der Mund verboten werden soll"). Abrassimow hat auch Kritik am Verhalten des Bundespräsidenten und des Bundeskanzlers geübt. Ich habe an das Schriftstück über das Gespräch folgenden Randvermerk gemacht: „Die Sprache Abrassimows ist die Sprache einer Besatzungsmacht und nicht die Sprache unter Gleichberechtigten." Der Außenminister der BR Deutschland läßt sich den Mund nicht verbieten. Allein das Interesse der Bundesregierung an guten Beziehungen zur Sowjetunion hindert uns, die Äußerungen Abrassimows zu veröffentlichen. Sie können sich vorstellen, wie die deutsche Öffentlichkeit reagieren würde. Wir haben den Kreis derer, die über die Ausführungen Abrassimows unterrichtet sind, sehr klein gehalten.

Falin: Ich weiß nicht, ob Wormser das Gespräch genau wiedergegeben hat. Wenn ich das aber einmal unterstelle, so gehe ich davon aus, daß Abrassimow frei gesprochen hat und nicht im Auftrag der sowjetischen Regierung. Eine solche Sprache ist uns nicht bekannt. Solche Formulierungen gebrauchen wir nicht. Wenn die sowjetische Regierung der Bundesregierung etwas Kritisches sagen will, dann würde sie einen anderen Weg nehmen.

Bundesminister: Für diese Feststellungen danke ich. Aus dem Gespräch Gromyko–Sahm habe ich mit Befriedigung entnommen, daß keine Änderung der Berlinpolitik der Sowjetunion beabsichtigt ist.

In der Zwölf-Punkte-Erklärung der Sowjetunion gibt es Passagen, die ich dem Sinne nach selbst zum Beispiel auf dem FDP-Parteitag[9] benutzt habe. Die Entspannungspolitik hat Erfolge vorzuweisen. Über die entstandenen Schwierigkeiten soll man die Fortschritte nicht vergessen.

Die Bundesregierung drückt ihre Genugtuung über die Entwicklung der Ausreisezahlen in den ersten Monaten 1976 aus.[10] Wir freuen uns sehr, daß den

---

[7] Zur Antwort der Bundesregierung vom 1. Juli 1976 auf die sowjetische Erklärung vom 22. Mai 1976 vgl. Dok. 216.

[8] Zum Gespräch des französischen Botschafters Wormser mit dem sowjetischen Botschafter in Ost-Berlin, Abrassimow, am 25. Mai 1976 vgl. Dok. 163 und Dok. 170.

[9] Am 30./31. Mai 1976 fand in Freiburg ein außerordentlicher Parteitag der FDP statt.

[10] Zum Stand der Familienzusammenführung hielt Ministerialdirektor van Well fest: „Nach einem leichten Rückgang im Jahr 1975, in dem 5985 Aussiedler im Bundesgebiet eintrafen (1974: 6541), zeichnet sich für das laufende Jahr eine erfreuliche Aufwärtsentwicklung ab. Von Januar bis Mai 1976 wurden bereits rund 4500 Aussiedler aus der Sowjetunion gezählt." Vgl. die Anlage 3 zur Aufzeichnung vom 10. Juni 1976; Referat 213, Bd. 112758.

Vorstellungen des Bundespräsidenten während seines Moskauer Besuchs[11] entsprochen worden ist.

Welche Form unsere Antwort auf die sowjetische Erklärung haben wird, ist noch offen. Möglicherweise wird es eine vom Bundespresseamt verbreitete Erklärung der Bundesregierung, die Botschafter Sahm, falls gewünscht, in Moskau erläutern kann.

Ich habe einige Fragen, die für die Beantwortung der sowjetischen Erklärung wichtig sind: Es werden Portugal, Griechenland und Angola in einem Atemzug genannt, wo es um die Einmischung in die Angelegenheiten anderer Staaten geht.[12] Wieso Griechenland? Was Portugal und Angola angeht, haben wir in der Tat Anlaß zur Kritik am sowjetischen Verhalten gehabt.

Falin: Im Westen wurde behauptet, daß die Ereignisse in diesen Staaten durch sowjetische Einmischung beeinflußt worden seien. Im Falle Griechenlands wurde uns vorgeworfen, im Zypern-Konflikt und im Verhältnis Griechenlands zur Türkei versucht zu haben, die Dinge zu beeinflussen und die Südflanke der NATO zu schwächen.

Bundesminister: Was ist mit folgendem Satz gemeint: „Die Beschuldigungen, daß die Sowjetunion Kriegsvorbereitungen verwirkliche, die über den Rahmen ihrer Verteidigungserfordernisse hinausgehen, werden in den meisten Fällen von jenen Personen in der BRD in Umlauf gesetzt, die mit den Rüstungskonzernen eng verbunden sind und die sich besonders für die Steigerung des Rüstungsbudgets, für die Aktivierung der militärischen Tätigkeit des NATO-Blocks und für die westeuropäische militärische Integration einsetzen"?[13]

Falin: Wir beobachten sehr aufmerksam, wie mancher Politiker in der Bundesrepublik die Pläne zu beleben trachtet, ein separates europäisches Verteidigungssytem, eine eigene europäische Armee, eine EVG und westeuropäische Atomstreitkräfte zu schaffen. Bekannte Politiker der CDU/CSU setzen sich für eine europäische Atombewaffnung und eine Integration auf diesem Gebiet ein. Dies würde eine neue Situation auf dem europäischen Kontinent schaffen.

---

[11] Bundespräsident Scheel besuchte die UdSSR vom 10. bis 15. November 1975. Ministerialdirigent Meyer-Landrut, z. Z. Moskau, teilte am 11. November 1975 mit, der Vorsitzende des Präsidiums des Obersten Sowjet, Podgornyj, habe am selben Tag ausgeführt: „Sowjetische Seite werde auch in Zukunft im Sinne ihrer bisherigen Aktivität zu einer günstigen Entwicklung dieser Frage beitragen. Sie werde Personen, die Anträge zur Familienzusammenführung stellten, im Rahmen ihrer Gesetzgebung Ausreiseerlaubnisse erteilen. Dies könne sie um so eher tun, als ihre Gesetze den Aussagen der KSZE-Schlußakte nicht widersprechen. Die Sowjetunion verbiete niemandem die Ausreise. Einschränkungen sind lediglich im Zusammenhang mit Verteidigungsproblemen vorhanden. [...] Der Bundespräsident wiederholte seinen Dank hinsichtlich der bisherigen Haltung der Sowjetunion und drückte seine Hoffnung aus, daß dies in gleicher Art auch weiterhin geschehe." Vgl. den Drahtbericht Nr. 3960; Referat 213, Bd. 112807.

[12] In Ziffer 2 der sowjetischen Erklärung vom 22. Mai 1976 wurde zur Haltung einiger Politiker in der Bundesrepublik gegenüber der UdSSR ausgeführt: „Es wird halsstarrig und penetrant behauptet, die Sowjetunion nütze die Entspannung zur Forcierung ihrer Rüstung und schaffe zusätzliche Gefahren für Westeuropa. Die Ereignisse in Portugal, Griechenland und Angola sowie jeder Erfolg der nationalen Befreiungsbewegung werden als Vorwand genommen, um die Außenpolitik der UdSSR des ‚Expansionismus', des ‚ideologischen Kolonialismus' und der Einmischung in die Angelegenheiten anderer Staaten zu beschuldigen. Von der Sowjetunion und ihren Verbündeten wird verlangt, daß sie zum Beweis ihrer Friedensliebe ideologisch abrüsten und gelassen zusehen, wie die imperialistische Reaktion die Bewegung der Völker für ihre Freiheit und für sozialen Fortschritt unterdrückt." Vgl. EUROPA-ARCHIV 1976, D 372 f.

[13] Vgl. Ziffer 3 der sowjetischen Erklärung vom 22. Mai 1976; EUROPA-ARCHIV 1976, D 373.

Bundesminister: Sie haben also nicht die Rüstungszusammenarbeit, Standardisierung usw. in der NATO gemeint? Wieso reden Sie von militärischen Tätigkeiten des NATO-Pakts?

Falin: Unser Verhalten gegenüber der NATO war immer so.

Bundesminister: Es wäre zu überlegen, ob nicht ein General der NATO einmal öffentlich etwas Ähnliches sagt wie kürzlich der DDR-General Hoffmann[14] (Falin warf hier ein, Generalsekretär Luns mache ähnliche öffentliche Statements).

Die Definition der Entspannung in Ziffer 5 der sowjetischen Erklärung[15] deckt sich im wesentlichen mit den Grundelementen unserer Definition. Dann sagen Sie jedoch negativ, die Entspannung dürfe nicht den politischen und sozialen Status quo einfrieren und morsche Regime schützen.

Falin: Koloniale Regime dürfen nicht durch die Entspannung konserviert werden. Nach dem heutigen Stand ist zum Beispiel das Regime in Spanien änderungsbedürftig, aber das ist Sache der Spanier. Die Rolle der Sowjetunion in Portugal war mehr als bescheiden. Wir begrüßten zwar die Entwicklung dort, aber immer nur im Sinne einer Unterstützung der Sache des portugiesischen Volkes. Was uns beunruhigt, waren die Versuche des Westens, die Rolle der Sowjetunion nicht korrekt wiederzugeben.

Bundesminister: Die Berlin-Passage[16] könnte so verstanden werden, als ob das Funktionieren des Vier-Mächte-Abkommens von anderen Faktoren abhängig ist. Wir sind der Auffassung, daß die Verträge aus sich heraus verstanden und durchgeführt werden. Gromyko hat gegenüber Sahm die Sache jedoch geklärt.

Wir halten den Zeitpunkt für gekommen, in aller Breite uns mit der Sowjetunion über die uns bedrückenden Probleme und die weitere Entwicklung zu unterhalten. Wir stellen jedoch bei Ihnen eine abwartende Haltung fest. Ist dies auf die Wahlen bei uns und in den USA[17] zurückzuführen? Ich gehe davon aus, daß nach dem 3. Oktober dieselbe Regierung im Amt sein wird.

Falin: In Moskau ist man philosophisch. Man sagt, nach dem 3. Oktober wird der 4. Oktober kommen, das Leben wird weitergehen.

---

14 Auf dem IX. Parteitag der SED am 19. Mai 1976 führte der Verteidigungsminister der DDR, Hoffmann, u. a. aus: „Die Führung der Bundeswehr ist sich der Stärke ihres militärischen Potentials sehr wohl bewußt. Unter Ausnutzung dieses Gewichts versucht sie gegenwärtig auf den verschiedensten Wegen, eine Veränderung des militärischen Kräfteverhältnisses in Europa zu ihren Gunsten zu erreichen." Nach Ausführungen zu den Rüstungsausgaben der Bundesrepublik und der USA fuhr Hoffmann fort: „Dieses laufend modernisierte und verstärkte militärische Potential des Imperialismus soll auch wirksam werden. Die außen- und militärpolitischen Experten verkünden heute ganz offen, ‚daß das strategische Gleichgewicht größere Möglichkeiten für die Ausübung von regionalem Druck bietet'. [...] Die Bundeswehrführung entwickelt eilfertig das entsprechende europäische Konzept für diese neue Variante antisozialistischer Globalstrategie der USA." Diese „imperialistische Aufrüstung und Kriegsvorbereitung widerspricht nicht nur dem Klima internationaler Entspannung [...]. Das imperialistische Wettrüsten und Abenteurertum widerspricht auch dem Geist und dem Buchstaben des Schlußakte der Europäischen Konferenz über Sicherheit und Zusammenarbeit". Vgl. den Artikel „Stets auf Wacht für Frieden und Sozialismus"; NEUES DEUTSCHLAND vom 20. Mai 1976, S. 8.

15 Zu Ziffer 5 der sowjetischen Erklärung vom 22. Mai 1976 vgl. Dok. 158, Anm. 10.

16 Vgl. dazu Ziffer 8 der sowjetischen Erklärung vom 22. Mai 1976; Dok. 158, Anm. 13

17 Die Wahlen zum Bundestag fanden am 3. Oktober 1976 statt.
Am 2. November 1976 fanden in den USA Präsidentschaftswahlen sowie Wahlen zum Repräsentantenhaus und Teilwahlen zum Senat statt.

Bundesminister: Wir möchten die konstruktive Politik, die seit 1969 geführt wurde, fortsetzen.

Falin: Wir haben mit der jetzigen Koalition gute Erfahrungen gemacht; wir haben kein Interesse an einer anderen Regierung. Was die kontinuierliche Fortsetzung der Politik jedoch behindert, ist der Zweijahreszyklus. Ein Jahr vor den Wahlen und ein Jahr nach den Wahlen ist nicht viel zu machen. Es blieben also nur zwei Jahre jeweils für produktive Arbeit. Hinzu kommen noch die Landtagswahlen. Wenn sich die Sowjetunion nach den Wahlen richten würde, würde sie manches versäumen.

Die sowjetische Regierung ist gern bereit, Fragen, die heute lösbar sind, unabhängig von den Wahlen zu lösen, wenn die Voraussetzungen bestehen. Manche Vorgänge in den beiderseitigen Beziehungen geben viel Stoff zum Nachdenken. Ich erinnere an das Gespräch Gromyko–Sahm, in dem Gromyko fragte: „Was sind die politischen Ziele der Bundesregierung?" Hierauf erhält man nicht immer eine positive Antwort und manchmal gar keine Antwort. Hier möchte ich folgende an sich nicht bedeutende Punkte nennen, die aber bezeichnend sind: Nehmen wir zum Beispiel die Frage des Austauschs von Militärattachés.[18] Hier kommen wir nicht weiter. Es scheint sogar eine Rückentwicklung zu geben. Jedenfalls, wenn es einen Mangel an positiver Entwicklung gibt, dann entsteht die Notwendigkeit, öffentlich miteinander zu verkehren. Die Öffentlichkeit fragt sich auch, was ist geschehen? Die Polemik kehrt wieder. Die Atmosphäre ist trüber geworden. Wo ist der weite Blick? Dennoch: Es waren objektive Notwendigkeiten, die zu den Entscheidungen der frühen 70er Jahre geführt haben. Diese objektiven Notwendigkeiten bestehen weiter. Wir werden hoffentlich die Rückschläge und Betriebsunfälle der jüngsten Vergangenheit überwinden.

Bundesminister: Die Fortsetzung unserer Außenpolitik ist nicht von Wahlen abhängig. Das zeigt das Beispiel des Gierek-Besuchs. Wir verstehen, daß Sie darüber nachdenken, was in unseren Beziehungen zu tun ist. Hier sind wir nicht im Bereich von Absichtserklärungen, sondern haben eine vertraglich gesicherte Politik. Wir sollten weitermachen. Unsere Grundposition wird in der Antwort auf die sowjetische Erklärung dargestellt werden.

Wie steht es mit den Konsultationen?

Falin: Das hängt von Ihnen ab, da Ihre Bewegungsmöglichkeiten begrenzt sind.

Bundesminister: Ich hoffe, daß Herr Gromyko und ich im September in New York Gelegenheit zu einem ausführlichen Gespräch haben.

Falin: So wie im vorigen Jahr.[19] Ich weiß nicht, ob und wann Gromyko nach New York geht.[20]

---

[18] Staatssekretär Bahr und der sowjetische Außenminister Gromyko trafen am 9./10. Oktober 1972 in Moskau eine grundsätzliche Vereinbarung über den Austausch von Militärattachéstäben bei den Botschaften in Bonn bzw. Moskau. Die Einrichtung von Stäben wurde mit Notenaustausch vom Februar 1974 vereinbart, der Austausch jedoch noch nicht vollzogen, da insbesondere die Frage der Unterbringung noch ungeklärt war. Vgl. dazu AAPD 1972, III, Dok. 317, und AAPD 1975, II, Dok. 234.

[19] Bundesminister Genscher und der sowjetische Außenminister Gromyko führten am 22./23. September 1975 in New York Gespräche. Vgl. dazu AAPD 1975, II, Dok. 279.

[20] Für das Gespräch des Bundesministers Genscher mit dem sowjetischen Außenminister Gromyko am 27. September 1976 in New York vgl. Dok. 293.

Bundesminister: Ich habe hier eine Notiz des Bundeskanzlers. Wir haben den Eindruck, daß Generalkonsul Blumenfeld in Leningrad Schwierigkeiten hat.[21] Ich bitte Sie, Ihre Aufmerksamkeit darauf zu richten. Man sollte unserem dortigen Vertreter Gelegenheit geben, im besten Sinne seine Aufgaben zu erfüllen.

Falin: Früher hatten wir keinen Grund zur Klage gegen Blumenfeld. Wenn es in letzter Zeit Schwierigkeiten gegeben hat, so war das nicht unsere Schuld. Mein Wunsch ist es, daß alle Vertreter in beiden Ländern die besten Möglichkeiten für ihre Arbeit haben. Es ist keine Kritik, aber ich möchte dennoch sagen, daß es gut wäre, wenn Blumenfeld etwas flexibler wäre. Warum hat er am Jahrestag des 8.5.1945 nicht wie alle anderen Konsuln einen Kranz am Ehrenmal niedergelegt? Warum hat er, als die Bundestagsdelegation Renger/Mischnik/Wehner/Stücklen in Leningrad war, alle eingeladen, nicht jedoch die Gastgeberin der Delegation, nämlich die Präsidentin des Obersten Sowjets?[22] Warum hat er anläßlich der Hamburger Graphik-Ausstellung eine extreme Sprache mit der Stadtverwaltung geführt und darauf bestanden, daß anstößige Bilder mitgezeigt werden?

Nachdem der Bundesminister diese Bitte ausgesprochen hat, will ich berichten. Ich hoffe, daß Blumenfeld seine Arbeit in Leningrad so gut beenden kann, wie er sie begonnen hat.

Ihre Leute in Moskau haben es besser als wir in Bonn. Letzthin gab es wieder Demonstrationen vor der Handelsvertretung rund um die Uhr.[23]

---

[21] Zu den Belästigungen von Mitarbeitern des Generalkonsulats Leningrad vgl. Dok. 33, Anm. 5–7, und Dok. 55, Anm. 9.

[22] Eine Delegation des Bundestages unter Leitung der Bundestagspräsidentin Renger hielt sich vom 24. September bis 1. Oktober 1973 in der UdSSR auf. Vgl. dazu AAPD 1973, III, Dok. 293.
Am 23. Juni 1976 erklärte Generalkonsul Blumenfeld, Leningrad, die Nichteinladung der ehemaligen Vorsitzenden des Nationalitätenrates des Obersten Sowjet, Nasriddinowa, zum Empfang am 28. September 1973 sei dem Mangel an Koordination zwischen den zuständigen sowjetischen Protokollstellen geschuldet gewesen. Sie sei am Tag des Empfangs „gänzlich überraschend" erschienen: „Sie war uns weder von der diplomatischen Agentur noch vom Leningrader Protokoll noch von der Botschaft avisiert worden. [...] In Anbetracht ihres hohen Ranges hielt ich es nicht für schicklich, sie eine Stunde vor dem Empfang zu diesem einzuladen. Da mir auch keine Empfehlung von der sowjetischen Seite hierzu vorlag, mußte ich annehmen, sie sei anderweitig engagiert. Als ich gegen Ende des Empfanges hörte, sie sei offenbar durch eine Fehlleistung des sowjetischen Protokolls nicht auf die Liste gesetzt worden, habe ich ihr meine Lage erklärt und mich bei ihr in aller Form entschuldigt. Frau Präsidentin Renger hat ihr ihrerseits ihr Bedauern ausgesprochen. Frau Nasriddinowa zeigte sich von diesen Erklärungen befriedigt." Irreführend sei auch die Behauptung, er „habe am Jahrestag des 8.5.1945 nicht ‚wie alle anderen Leningrader Konsuln' einen Kranz am Ehrenmal für die Kriegstoten (gemeint ist wohl Piskar-Jow-Friedhof) niedergelegt". Seit seinem Bestehen hat Generalkonsulat stets zu diesem Datum an Feierlichkeiten auf Piskar-Jow-Friedhof teilgenommen und Kriegstote durch Niederlegung eines Kranzes geehrt. Dies geschieht bis heute im Unterschied zu Praxis der Botschaft in Moskau, um besonders schweres Kriegsschicksal Leningrads zu würdigen. Äußerung Falins ist möglicherweise Anspielung darauf, daß in diesem Jahr Kranz für das Generalkonsulat wegen meiner urlaubsbedingten Abwesenheit durch meinen Vertreter niedergelegt wurde." Vgl. den Drahtbericht Nr. 163; VS-Bd. 10966 (213); B 150, Aktenkopien 1976.

[23] Mit Note vom 28. Mai 1976 machte die sowjetische Botschaft „auf die der Sowjetunion feindseligen Demonstrationen nachdrücklich aufmerksam, die mehr als zwei Wochen lang vor der Kanzlei und dem Wohngebäude der Handelsvertretung der UdSSR in Köln veranstaltet werden. Die Teilnehmer dieser Demonstrationen, die einen betont provokatorischen Charakter haben, erschweren die normale Tätigkeit einer der Einrichtungen der sowjetischen diplomatischen Vertretung. Die rowdischen Ausfälle der Demonstrationsteilnehmer vor dem Wohngebäude sind darauf gerichtet, die sowjetischen Bürger psychologisch zu terrorisieren." Vgl. Referat 213, Bd. 112763.

Seit mehr als zwei Jahren warten wir auf die neuen Regeln für diplomatische Vertreter.[24] Ich kann Moskau nur mit Mühe davon abhalten, die Erleichterungen für die Vertreter der Bundesrepublik[25] wieder rückgängig zu machen. Dies ist ein trübes Kapitel.

Bundesminister: Wir werden der Sache nachgehen. Ich würde gern das in Aussicht genommene Gespräch mit Ihnen nach unserer Antwort auf die sowjetische Erklärung, aber vor der Sommerpause führen.

Falin: Ich gehe am 7. Juli bis Mitte August auf Urlaub.

Bundesminister: Nehmen wir die erste Juliwoche in Aussicht.[26]

VS-Bd. 10966 (213)

---

24 Mit Notenwechsel vom 26. März bzw. 22. April 1957 vereinbarten die Bundesrepublik und die UdSSR im Wege der Gegenseitigkeit hinsichtlich der Vorrechte und Befreiungen die Gleichbehandlung des Verwaltungs- und technischen Personals im Verhältnis zu den diplomatischen Mitgliedern der jeweiligen Botschaften. Mit Note vom 18. Juli 1975 an alle ausländischen Missionen in der Bundesrepublik machte das Auswärtige Amt darauf aufmerksam, daß wegen der am 1. April 1974 in Kraft getretenen Anpassung des Gerichtsverfassungsgesetzes an das Wiener Übereinkommen vom 18. April 1961 über diplomatische Beziehungen „Ausnahmen auf der Grundlage der Gegenseitigkeit [...] künftig nicht möglich sein" würden. Für die Note vgl. Referat 213, Bd. 112772. Am 5. April 1976 berichtete Gesandter Löwe, Moskau, daß der Mitarbeiter im sowjetischen Außenministerium, Boronkow, an das Prinzip der Gegenseitigkeit im Notenwechsel von 1957 erinnert habe: „Das sowjetische Außenministerium wende sich an die Behörden der Bundesrepublik Deutschland mit der Bitte, den Status des administrativ-technischen Personals der Botschaft der UdSSR in der Bundesrepublik Deutschland in Übereinstimmung zu bringen mit der Vereinbarung gemäß Notenwechsel aus dem Jahre [1957]." Vgl. den Drahtbericht Nr. 1188; Referat 213, Bd. 112772.
25 Gesandter Löwe, Moskau, berichtete am 5. April 1976, daß der Mitarbeiter im sowjetischen Außenministerium, Boronkow, folgende Mitteilung gemacht habe: „Im April 1975 habe sowjetisches Außenministerium neue Regeln über erweiterte Bewegungsmöglichkeiten von Diplomaten in UdSSR übermittelt. Diese hätten folgende Erleichterungen gebracht: Leiter diplomatischer Vertretungen könnten mit Fahrer und Dolmetscher ohne vorherige Notifizierung in ‚offene Städte' fahren; alle Diplomaten hätten das Recht, ohne Notifizierungen in offene Teile Moskauer Verwaltungsgebiets zu fahren; ausländische Diplomaten dürften auf sowjetischen Touristenstraßen – etwa 25 – mit Vorausanmeldung von 24 Stunden fahren. Bei Mitteilung dieser Regelung hätten Sowjets auf Basis der Gegenseitigkeit Herstellung gleicher Bedingungen für sowjetische Botschaft in Bonn erwartet. Nach Mitteilung der Botschaft der UdSSR in Bonn verfüge diese aber bis heute nicht darüber." Vgl. den Drahtbericht Nr. 1188; Referat 213, Bd. 112772.
26 Bundesminister Genscher und der sowjetische Botschafter Falin führten am 26. August 1976 ein weiteres Gespräch. Vgl. Dok. 271.

189

Aufzeichnung des Botschafters Roth

221-372.20/30-721/76 geheim   11. Juni 1976[1]

Über Herrn Staatssekretär[2] Herrn Minister[3] zur Unterrichtung vorgelegt.

Betr.: MBFR;
        hier: Vorlage östlicher Streitkräftedaten am 10. Juni 1976[4]

Bezug: Drahtbericht Wien Nr. 344 vom 10.6.1976 geh.[5]

I. 1) Der Warschauer Pakt hat am 10. Juni 1976 auf der Plenarsitzung der MBFR-Verhandlungen in Wien eigene Daten für das Personal der Land- und Luftstreitkräfte des Warschauer Pakts vorgelegt.

2) Eine Gegenüberstellung der vorgelegten WP-Daten mit den Datenerkenntnissen der NATO ergibt folgendes Bild:

	WP vorgelegt am 10.6.1976	NATO-Erkenntnisse Stand Ende 1975	NATO im November 1973 in Wien vorgelegt[6]
Personal der Land- und Luftstreitkräfte	WP 987 300	WP 1 147 000 NATO 980 000	
Personal der Landstreitkräfte	WP 805 000	WP 949 000 NATO 790 000	WP 925 000 NATO 777 000

Die NATO hat bisher nur die Daten für das Personal der Landstreitkräfte sowie die Panzerzahlen nach dem Stand vom November 1973 vorgelegt. Für das Personal der Luftstreitkräfte wurde lediglich festgestellt, daß hier eine ungefähre Parität bereits vorliegt.

---

[1] Die Aufzeichnung wurde von Vortragendem Legationsrat I. Klasse Ruth konzipiert.

[2] Hat Staatssekretär Hermes am 11. Juni 1976 vorgelegen.

[3] Hat Bundesminister Genscher am 11. Juni 1976 vorgelegen.

[4] Botschafter Behrends, Wien (MBFR-Delegation)), berichtete am 10. Juni 1976, daß die an den MBFR-Verhandlungen teilnehmenden Warschauer-Pakt-Staaten Gesamtzahlen für den Personalbestand des Warschauer Pakts im Raum der Verminderungen vorgelegt hätten. Dazu habe der Leiter der sowjetischen MBFR-Delegation, Chlestow, ausgeführt, „die NATO trage die Verantwortung dafür, daß bisher kein Übereinkommen in den Verhandlungen erzielt worden sei. Der Osten halte die westliche Forderung nach einem Datenaustausch in diesem Stadium für unbegründet. Zunächst seien die Schlüsselfragen zu lösen, von denen ein Abkommen abhänge. Dennoch sei der Osten im Interesse von Fortschritten jetzt bereit, entsprechende ‚Ziffernangaben' einzubringen. Dies erfolge, um dem Westen zu helfen, künftig in den Verhandlungen Realismus an den Tag zu legen und ‚seine Versuche aufzugeben, einseitige Vorteile zugunsten der NATO zu erlangen'. [...] Der Osten erwarte nunmehr, daß der Westen erstmals auch für seine gesamten Streitkräfte Zahlen nach dem Stand vom 1.1.1976 vorlegen werde." Vgl. den Drahtbericht Nr. 343; VS-Bd. 8694 (201); B 150, Aktenkopien 1976.

[5] Zum Drahtbericht des Botschafters Behrends, Wien (MBFR-Delegation), vgl. Anm. 6 und 9.

[6] Zu den 1973 angestellten Berechnungen der NATO über die im Raum der Reduzierungen stationierten Truppen vgl. Dok. 198, Anm. 6.

II. Bewertung:

1) Die östliche Seite hat mit der Datenvorlage einen rüstungskontrollpolitisch bedeutsamen Schritt getan. Es ist das erste Mal, daß die Sowjetunion oder der Warschauer Pakt konkrete Streitkräftedaten in Verhandlungen eingeführt haben. Der Warschauer Pakt entspricht damit formal einer von der NATO seit langem erhobenen Forderung zur Konkretisierung der Verhandlungen in Wien, die Datenbasis bekanntzugeben.

2) Die WP-Daten liegen erheblich unter den Daten nach NATO-Erkenntnissen: Bei den Landstreitkräften beträgt die Diskrepanz 144 000 Mann, bei den Gesamtzahlen für Land- und Luftstreitkräfte beträgt sie 159 700 Mann.

Die vom Osten genannten Daten sind für den Westen naturgemäß unannehmbar.

3) Nach Auffassung der Ad-hoc-Gruppe in Wien muß bezweifelt werden, daß die östliche Initiative darauf abzielen soll, die Verhandlungen substantiell voranzubringen. Vielmehr sei der Wunsch zu erkennen, einen Propaganda-Effekt zu erzielen.[7]

4) Dennoch ist an der Datenvorlage durch den Warschauer Pakt bemerkenswert:

– daß es sich um Globaldaten für den Gesamtpersonalbestand im Raum der Reduzierungen handelt, wie dies auch von der NATO bei den Verhandlungen zugrunde gelegt wird;

– daß die Datenangaben des Warschauer Pakts – zumindest zunächst – nicht nach nationalen Komponenten aufgeschlüsselt sind;

– daß die östliche Seite die Datenangaben auf den Personalbestand der Streitkräfte im Raum der Reduzierungen konzentriert;

– daß der Osten erneut indirekt die Überzeugungskraft des westlichen Konzepts der Parität anerkennt und eine angeblich bestehende Parität zu konstruieren versucht.

5) Es ist davon auszugehen, daß die Daten des Ostens auf einer manipulierten Streitkräftedefinition beruhen, die aufzuklären sein wird.

6) Mit der Datenvorlage sind die Verhandlungen in Wien in ein konkreteres Stadium eingetreten. Es ist anzunehmen, daß jedenfalls in der laufenden Ver-

---

[7] Botschafter Behrends, Wien (MBFR-Delegation), berichtete am 10. Juni 1976, daß die Vorlage von Streitkräftedaten der an den MBFR-Verhandlungen teilnehmenden Warschauer-Pakt-Staaten von der Ad-hoc-Gruppe wie folgt beurteilt werde: „1) Es ist das erste Mal, daß die Sowjetunion in Rüstungskontrollverhandlungen eigene Daten einbringt. 2) Der Umstand, daß dies in einer Plenarsitzung und formell im Namen sämtlicher östlicher direkten Teilnehmer geschah, verleiht den östlichen Daten einen Status, der ihre Korrektur erschwert. 3) Es besteht Anlaß zu Zweifel, daß der Osten diese Initiative mit der Absicht ergriffen hat, die Verhandlungen bald substantiell voranzubringen. Dagegen spricht auch, daß die östlichen Delegierten die laufende Verhandlungsrunde noch immer ungewöhnlich früh (15. Juli) zu Ende bringen möchten. 4) Mehr deutet darauf hin, daß die östliche Bereitschaft zur Vorlage von Daten einen Propagandaeffekt erzielen soll. Dafür spricht auch das ‚Timing‘ der Initiative zu Beginn der DPC-Konferenz. Es war dem Osten zuletzt immer schwerer gefallen, trotz Verweigerung von Daten in der westlichen Öffentlichkeit den Eindruck einer seriösen Verhandlungsbereitschaft aufrechtzuerhalten. 5) Vor allem dürfte der Osten beabsichtigen, erneut zu testen, ob der Westen einen fiktiven, manipulierten Gleichstand (common ceiling) akzeptieren würde oder [auf] tatsächlicher Herbeiführung gleicher Mannschaftsbestände, also auf asymmetrischen Verminderungen, bestehen wird.“ Vgl. den Drahtbericht Nr. 344; VS-Bd. 11486 (221); B 150, Aktenkopien 1976.

handlungsrunde[8] und möglicherweise im Rest dieses Jahres die Daten- und Definitionsfrage die Erörterungen bestimmen wird. Verhandlungen über Reduzierungsumfänge oder verbleibende kollektive Höchststärken sind damit noch nicht in Sicht.[9]

III. Weiteres Vorgehen:

1) Die NATO sollte versuchen, das östliche Eingehen auf unsere Datenforderung zu nutzen, um die Verhandlungen zu konkretisieren. Dabei wird es zunächst darauf ankommen, die vorliegenden offensichtlichen Diskrepanzen aufzuklären und festzustellen, welche Streitkräftedefinitionen der Osten seinen Daten zugrunde gelegt hat.

2) Die NATO sollte sich in Brüssel über die taktische Behandlung der Datenfrage in Wien einig werden. Dabei wird insbesondere die Frage zu prüfen sein, ob und gegebenenfalls wann der Westen, wie von der Ad-hoc-Gruppe vorgeschlagen[10], Daten nach dem neuesten Stand einführen sollte.[11]

---

[8] Die neunte Runde der MBFR-Verhandlungen wurde am 19. Mai 1976 in Wien eröffnet.

[9] Am 11. Juni 1976 übermittelte Botschafter Behrends, Wien (MBFR-Delegation), weitere Informationen über die Vorlage von Streitkräftedaten der an den MBFR-Verhandlungen teilnehmenden Warschauer-Pakt-Staaten: „Chlestow sagte, die westlichen Delegierten hätten immer ‚so getan, als ob sie alle Hosentaschen voll von Daten' hätten. Jetzt habe der Osten Globaldaten nach dem Stand vom 1.1.1976 für das Personal der Land- und Luftstreitkräfte vorgelegt, während der Westen niemals Daten für das Personal der Luftstreitkräfte der NATO vorgelegt habe und für das Personal der Landstreitkräfte der NATO mit Daten operiere, die zweieinhalb Jahre alt seien. Der Westen sei jetzt am Zuge, korrespondierende Daten für das Personal der NATO-Streitkräfte vorzulegen. Solange dies nicht geschehe, sei der Osten nicht bereit, die von ihm vorgelegten Daten zu erörtern oder Fragen zu beantworten. […] Die sowjetischen Gesprächspartner, ebenso wie Delegationsmitglieder der DDR (Wieland, Schuster) schienen von der Annahme auszugehen, daß der Westen erhebliche Schwierigkeiten haben wird, in naher Zukunft korrespondierende Zahlen für die NATO-Streitkräfte vorzulegen. Alle östlichen Gesprächspartner waren bester Laune und schienen überzeugt, den Westen in der Datenfrage ausmanövriert zu haben." Vgl. den Drahtbericht Nr. 346; VS-Bd. 11486 (221); B 150, Aktenkopien 1976.

[10] Die Ad-hoc-Gruppe der an den MBFR-Verhandlungen teilnehmenden NATO-Mitgliedstaaten in Wien übermittelte dem Ständigen NATO-Rat in Brüssel am 10. Juni 1976 einen Bericht über die von den an den MBFR-Verhandlungen teilnehmenden Warschauer-Pakt-Staaten vorgelegten Streitkräftedaten: „Darin wird erläutert, daß a) zur Wahrung der Glaubwürdigkeit der westlichen Position in der Datenfrage die unverzügliche Einführung der Globaldaten nach dem neuesten Stand erforderlich ist; b) daß gleichzeitig mit der Vorlage der fortgeschriebenen Globaldaten für die NATO-Streitkräfte auch die derzeit gebilligten Daten für den Personalbestand der Land- und Luftstreitkräfte des WP eingeführt werden sollten." Vgl. den Drahtbericht Nr. 344 des Botschafters Behrends, Wien (MBFR-Delegation), vom 10. Juni 1976; VS-Bd. 11486 (221); B 150, Aktenkopien 1976.

[11] Botschafter Krapf, Brüssel (NATO), teilte am 14. Juni 1976 mit, daß sich der Politische Ausschuß auf Gesandtenebene am selben Tag in seiner Mehrheit „für eine baldige Einführung der NATO-Daten über NATO und WP durch die AHG in Wien" ausgesprochen habe. Er habe ferner den Entwurf einer Weisung ausgearbeitet, mit der die Ad-hoc-Gruppe in Wien ermächtigt werden solle, folgende Daten in die MBFR-Verhandlungen einzuführen: Warschauer Pakt: Landstreitkräfte 949 000; Luftstreitkräfte 198 000; Gesamtstärke 1 147 000. NATO: Landstreitkräfte 791 000; Luftstreitkräfte 189 000; Gesamtstärke 980 000. Vgl. den Drahtbericht Nr. 765; VS-Bd. 11501 (221); B 150, Aktenkopien 1976. Am 16. Juni 1976 teilte Botschafter Roth der Ständigen Vertretung bei der NATO in Brüssel mit: „Der Westen sollte in Wien versuchen, nach der Vorlage der von unseren Erkenntnissen abweichenden Daten ein Verhandlungsklima beizubehalten, in dem eine ernsthafte und behutsame Sondierung der Differenzen für die Zählkriterien von beiden Seiten möglich ist, ohne dabei die unseren Daten zugrundeliegende Definition und unsere Datenbasis in Frage zu stellen." Zum Weisungsentwurf führte er aus: „Wir schlagen vor, die Zahl für das Luftwaffenpersonal wegzulassen. Sie entspricht weder der Struktur des im Dezember ergänzten NATO-Vorschlags noch den von östlicher Seite vorgelegten Daten. Die Angabe dieser Zahlen ist überflüssig und möglicherweise schädlich." Vgl. den Drahterlaß Nr. 2279; VS-Bd. 11501 (221); B 150, Aktenkopien 1976.

3) Bei den kommenden Erörterungen in Brüssel und Wien liegt es in unserem Interesse, eine Aufschlüsselung der Daten nach ihren nationalen Komponenten zu vermeiden, um nicht einen Schritt in Richtung auf nationale Begrenzungen zu tun.

4) Für die Unterrichtung der Presse durch nationale Stellen ist die nachstehende Sprachregelung vorgesehen:

a) Trifft es zu, daß der Osten einen neuen Zusatzvorschlag gemacht hat?

Antwort: Nein, ein solcher Vorschlag wurde in der letzten Plenarsitzung nicht gemacht.

b) Trifft es zu, daß der Warschauer Pakt in Wien eigene Daten für sein Personal vorgelegt hat?

Antwort: Dies trifft zu.

c) Was sagen Sie zu diesem Vorgang?

Antwort: Die Vorlage von Daten durch den Warschauer Pakt ist zu begrüßen. Der Westen hat bekanntlich seit langem eine Datendiskussion als wichtigen Schritt in Richtung auf Konkretisierung der Verhandlungen gefordert und seinerseits schon im November 1973 Daten vorgelegt. Die Zahlen des Warschauer Pakts werden jetzt im Bündnis geprüft.

Einzelheiten sollten entweder in Brüssel oder in Wien nach Abstimmung im Bündnis mitgeteilt werden.

Das Bundesministerium der Verteidigung hat mitgezeichnet.

Roth

VS-Bd. 11486 (221)

190

Botschafter Krapf, Brüssel (NATO), an das Auswärtige Amt

114-13568/76 VS-vertraulich   Aufgabe: 11. Juni 1976, 11.00 Uhr
Fernschreiben Nr. 754   Ankunft: 11. Juni 1976, 14.34 Uhr

Betr.: Eurogroup-Ministerkonferenz am 9. Juni 1976
       hier: Restricted session

Zur Unterrichtung

Die Sitzung der Verteidigungsminister der Eurogroup wurde am Nachmittag mit dem geschlossenen Teil fortgesetzt.[1] Es wurden folgende Punkte behandelt:

---

1 Zur Ministersitzung der Eurogroup am Vormittag des 9. Juni 1976 berichtete Botschafter Krapf, Brüssel (NATO), am 10. Juni 1976, Thema seien die internen Arbeitsverfahren der Eurogroup gewesen. Behandelt worden seien auch die Ergebnisse der Arbeitsgruppen für eine verbesserte Zusammenarbeit im Nachschubwesen (EUROLOG), der nationalen Rüstungsdirektoren (EURONAD), für taktische Konzepte für die achtziger Jahre sowie den Bedarf an Waffensystemen und Ausrüstung (EUROLONG-

1) Rüstungskooperation

Dieser Bereich wurde von StS Dr. Mann eingeführt. Er wies darauf hin, daß EPG[2] und Ad-hoc-Ausschuß für Interoperabilität[3] als neue zusätzliche Gremien die Gefahr von Doppelarbeit und Unübersichtlichkeit enthielten. Die nationalen Rüstungsdirektoren und ihre Fachleute würden durch die Vielzahl der internationalen Aktivitäten überlastet. Die Notwendigkeit einer Konsolidierungsphase sei offenkundig. EURONAD habe bereits die gebotene Konsequenz gezogen und wesentliche Aufgaben auf die EPG verlagert, die sich zunehmend zum wichtigsten europäischen Rüstungsgremium entwickeln solle. Die CNAD solle weiterhin das dominierende Gremium mit rüstungstechnischer Zielsetzung im transatlantischen Bezug sein. EURONAD solle hierdurch nicht arbeitslos werden und müsse zumindest solange fortbestehen, bis die EPG Erfolg aufweise. Der Ad-hoc-Ausschuß für Interoperabilität sei von der Zusammensetzung her ein politisches Gremium, von der Aufgabe her gehöre er in den Bereich der Rüstungsfachleute. Nach seiner Auffassung solle daher dieser Ausschuß nach Abgabe des nächsten Berichts seine Tätigkeit einstellen. Die Arbeiten sollten in den CNAD-Gruppen fortgesetzt werden.

Er bedauerte das Fehlen eines Gremiums für Rüstungszusammenarbeit auf der Ebene der Verteidigungsminister. StS Dr. Mann schlug vor, über die Probleme der unterschiedlichen Beteiligung an verschiedenen Gremien nachzudenken und bei der nächsten Eurogroup-Sitzung[4] einen pragmatischen Vorschlag zu machen.

Er wies darüber hinaus auf die Notwendigkeit der Verbesserung der Rüstungsplanung hin. Die Zusammenarbeit müsse bereits zum frühestmöglichen Zeitpunkt bei der Definition des langfristigen Militärbedarfs unter Einschaltung der NATO-Militärbehörden einsetzen. Es reiche nicht aus, mehr oder weniger festgelegte nationale Vorschläge zu koordinieren. Er schlug vor, als Koordinierungsstelle die im IMS[5] zu bildende Rüstungsabteilung zu beteiligen. Der britische Verteidigungsminister[6] äußerte sich im wesentlichen zur Rolle der EPG, wobei er darauf Wert legte, daß ihre Tätigkeit im Rahmen des Bündnisses erfolge und sie sich bald dem transatlantischen Dialog zuwende. Ihm bereite das Verhältnis zu den anderen Gremien keine Sorge. Eine engere Verbindung zu CNAD sei wünschenswert und erforderlich. Eine neue Rollenfestlegung sei jedoch nicht erforderlich.

Fortsetzung Fußnote von Seite 884

TERM), für eine Verbesserung der Kommunikationsverbindungen auf dem Gefechtsfeld (EUROCOM), für Rationalisierung des Sanitätswesens und der medizinischen Ausbildung (EUROMED), für Rationalisierung und Standardisierung der militärischen Ausbildung (EUROTRAINING) und für die Struktur der Heeresverbände (EUROSTRUCTURE). Vgl. dazu den Drahtbericht Nr. 744; VS-Bd. 8675 (201); B 150, Aktenkopien 1976.

[2] Europäische Programmgruppe.
Die Bildung einer Europäischen Programmgruppe zur erweiterten europäischen Rüstungszusammenarbeit wurde auf der Sondersitzung der Minister der Eurogroup am 5. November 1975 in Den Haag beschlossen. Vgl. dazu AAPD 1975, II, Dok. 338.

[3] Der Ausschuß für Interoperabilität wurde auf der NATO-Ministerratstagung am 11./12. Dezember 1975 in Brüssel gegründet. Vgl. dazu AAPD 1975, II, Dok. 379.

[4] Zur Ministersitzung der Eurogroup am 6. Dezember 1976 in Brüssel vgl. Dok. 354.

[5] International Military Staff.

[6] Roy Mason.

Der niederländische Verteidigungsminister[7] vervollständigte das von StS Dr. Mann gezeichnete Bild der verschiedenen Aktivitäten auf dem Rüstungsgebiet durch den Hinweis auf die Arbeit der WEU und der Europäischen Gemeinschaft. Der Bildung einer Ministerebene im Rahmen der EPG stimmte er zu, wies aber darauf hin, daß die Initiative von seiten der Minister kommen müsse. Er glaube, daß sich Frankreich einer solchen Zwangsläufigkeit nicht entziehen werde. Die Arbeit der EPG dürfe sich unter keinen Umständen gegen die USA richten.

Der dänische Verteidigungsminister[8] stimmte zu, daß eine Phase der Konsolidierung einsetzen müsse und der Ad-hoc-Ausschuß für Interoperabilität seine Arbeit baldmöglichst abschließen solle. Sein Land sei besonders an dem Kompensationsmodell der EPG interessiert und erwarte eine baldige Behandlung des transatlantischen Dialogs.

Der italienische Ständige Vertreter bei der NATO[9] erklärte, die EPG habe den Wunsch erfüllt, Frankreich in die europäische Rüstungszusammenarbeit einzubeziehen. Man solle der EPG Vertrauen entgegenbringen und sie veranlassen, auch das Thema des transatlantischen Dialogs zu behandeln.

Der niederländische Verteidigungsminister, unterstützt durch den britischen Verteidigungsminister, wies darauf hin, daß Frankreich sich nicht mit einer Zusammenarbeit mit den NATO-Militärbehörden einverstanden erklären würde. Der britische Minister betonte dabei, daß die NATO-Militärbehörden von der EPG ferngehalten werden müßten. Andererseits soll man eine Aktivierung des Ständigen Rüstungsausschusses der WEU nicht ermutigen.

Der Vorsitzende[10] faßte die Diskussion dahingehend zusammen, daß die EPG einen guten Start gehabt habe und man ihr nun die Möglichkeit zu einer weiteren positiven Entwicklung geben müsse. Der deutsche Vorschlag, bereits bei der Rüstungsplanung mit der Zusammenarbeit zu beginnen, solle weiter verfolgt werden. Die EPG sei Ausdruck europäischer Identität und dürfe sich dadurch nicht von der Allianz wegbewegen oder gegen die USA arbeiten. Man solle bei der Dezembersitzung eine Bestandsaufnahme vornehmen und das Thema erneut beraten.

2) AWACS[11]

StS Dr. Mann führte auch dieses Thema ein und wies besonders darauf hin, daß die Einführung von AWACS nur Sinn habe, wenn es sich um ein echtes NATO-Projekt handele, an dem sich möglichst alle Partner beteiligten. Er denke dabei besonders an Frankreich. Die Kostenlast müsse angemessen auf möglichst viele Schultern verteilt werden. Dies betreffe sowohl die Beschaffung als auch die Betriebskosten. Die Bundesrepublik werde bei der folgenden DPC-Sit-

---

7 Hendrikus Vredeling.
8 Orla Møller.
9 Felice Catalano di Melilli.
10 Der amtierende Vorsitzende der Eurogroup war der belgische Verteidigungsminister van den Boeynants.
11 Zum AWACS-Programm der NATO vgl. Dok. 108.

zung[12] nicht in der Lage sein, Ja oder Nein zu sagen. Es komme darauf an, den Fortgang des Projekts bis zur Entscheidungsreife zu sichern.

Der britische Verteidigungsminister unterstützte das Projekt und wies darauf hin, daß das UK sein vorhandenes System durch ein neues ersetzen müsse und daher eine baldige Entscheidung brauche. Das UK sei bereit mitzumachen, wenn sich andere NATO-Mitglieder beteiligten und eine befriedigende Kostenteilung zu erreichen sei.

Der norwegische Verteidigungsminister[13] begrüßte grundsätzlich das Projekt und bestätigte die Bereitschaft seines Landes zur Teilnahme. Er wies jedoch darauf hin, daß dadurch die Notwendigkeit zur Erneuerung der NADGE-Bodeneinrichtungen in Norwegen nicht entfalle.

Der türkische Verteidigungsminister[14] wies auf die finanziellen Probleme seines Landes hin und war zu einer endgültigen Stellungnahme noch nicht bereit.

Der niederländische Verteidigungsminister äußerte sich ausgesprochen skeptisch über die Zweckmäßigkeit des Projektes. Alle ihm bisher vorgelegten Informationen hätten ihn nicht überzeugen können, besonders nicht für den Bereich der Kostenwirksamkeit. Er könne daher weder Ja noch Nein sagen.

Der italienische Ständige Vertreter bei der NATO begrüßte zwar das Projekt, wies aber darauf hin, daß wegen der Finanzlage seines Landes über eine Beteiligung ernste Zweifel bestehen müßten.

Der Vorsitzende wies darauf hin, daß in der nächsten DPC-Sitzung eine endgültige Entscheidung nicht getroffen werden müsse, man solle sich jedoch die Chancen offenhalten. Eine Reihe von Einzelheiten müßten noch geklärt werden.

3) Information der öffentlichen Meinung

Der belgische Verteidigungsminister erläuterte in einer längeren Erklärung die Probleme der Information der Öffentlichkeit über Verteidigungsfragen. Er appellierte an seine Kollegen, sich nicht gegenseitig zu widersprechen, sondern ihre Informationen für die Öffentlichkeit so zu harmonisieren, daß nicht der eine gegen den anderen ausgespielt werden könne. Er schlug daher vor, daß die Eurogroup sich mit der Harmonisierung der Unterlagen für die Information der Öffentlichkeit mehr als bisher befassen solle.

4) Verhältnis NATO/Eurogroup

Über diesen Punkt wurde nicht mehr diskutiert, da alle Minister sich mit der Feststellung des Vorsitzenden einverstanden erklärten, daß die Eurogroup ihren bisherigen Charakter behalten müsse.

5) Kommuniqué

Der Text des Kommuniqués[15] wurde gesondert übermittelt. Der dänische Verteidigungsminister machte den Vorschlag, das Kommuniqué der nächsten Mi-

---

[12] Zur Ministersitzung des Ausschusses für Verteidigungsplanung (DPC) der NATO am 10./11. Juni 1976 in Brüssel vgl. Dok. 191 und Dok. 192.

[13] Rolf Hansen.

[14] Ferit Melen.

[15] Für den Wortlaut vgl. EUROPA-ARCHIV 1976, D 529–531.

nistersitzung kürzer und allgemeiner zu halten und mit einem technisch-
fachlichen Anhang zu versehen.

[gez.] Krapf

VS-Bd. 8649 (201)

191

Botschafter Krapf, Brüssel (NATO), an das Auswärtige Amt

114-13581/76 geheim   Aufgabe: 11. Juni 1976, 17.00 Uhr[1]
Fernschreiben Nr. 759   Ankunft: 12. Juni 1976, 09.41 Uhr

Betr.: Sitzung der Verteidigungsminister (DPC-Sitzung am 10.6.1976)[2]

Zur Unterrichtung

Die Restricted Session war eine freie Aussprache über die Grundprobleme der
Sicherheit und Entspannung.

In Vertretung von Minister Mason betonte der britische Botschafter[3], daß die
Sowjetunion ihren tatsächlichen Willen zur Entspannung noch nicht bewiesen
habe. Sie stehe 1976 auf dem Prüfstand. Dies betreffe die freie Bewegung von
Menschen und Informationen, vertrauensbildende Maßnahmen, MBFR, SALT
und im Grunde auch die Bereitschaft, die Berliner Mauer abzureißen. Wenn
Breschnew gefordert habe, die Détente unumkehrbar zu machen[4], so müsse
man feststellen, daß tatsächliche Entspannung noch nicht erreicht sei. Für die
NATO gebe es daher keine Alternative als die Verstärkung ihrer Streitkräfte.

Der niederländische Verteidigungsminister stellte provozierend fest, die Finanzierung der Brigade 76 durch die Bundesrepublik[5] sei eine zu schnell gefaßte

---

1 Hat Vortragendem Legationsrat I. Klasse Pfeffer am 23. Juni 1976 vorgelegen.
2 Zur Ministersitzung des Ausschusses für Verteidigungsplanung (DPC) der NATO am 10. Juni 1976
  in Brüssel vgl. auch Dok. 192.
3 John E. Killick.
4 Vgl. dazu die Äußerungen des Generalsekretärs des ZK der KPdSU, Breschnew, auf dem XXV. Parteitag der KPdSU am 24. Februar 1976 in Moskau; Dok. 69, Anm. 5.
5 Zur beabsichtigten Verlegung einer amerikanischen Brigade nach Norddeutschland vgl. Dok. 104
  und Dok. 150.
  Vortragender Legationsrat I. Klasse Mühlen vermerkte am 14. Juni 1976, daß die amerikanische
  Regierung eine Beendigung des bisherigen Devisenausgleichs für denkbar halte „bei Erfüllung der
  amerikanischen finanziellen Wünsche von rd. 100 Mio. US-$ für die Unterbringung der Brigade
  (d. h. einschließlich der Übernahme der von uns bisher aus prinzipiellen Gründen stets abgelehnten ‚Betreuungskosten', wie z. B. Schulen, Kirchen usw.), bei Aufnahme einer ‚Öffnungsklausel',
  wonach die Bundesregierung sich bereit erklärt, in außergewöhnlichen Fällen gemeinsamen Interesses – wie im Falle der Brigade 76 – auch künftig eine Beteiligung an finanziellen Aufwendungen
  ins Auge zu fassen." In einer Ressortbesprechung habe sich das Bundesministerium der Finanzen
  „kategorisch gegen jede Form einer Öffnungsklausel wegen unübersehbarer Konsequenzen für den
  Bundeshaushalt" ausgesprochen: „Alle Ressorts hielten eine Klärung der beiden offenen Fragen
  nur auf Ministerebene in einem Gespräch bei dem Bundeskanzler für möglich. Das Bundeskanzler-

Entscheidung. Er halte dies mehr aus politischen denn aus finanziellen Gründen für falsch und befürworte eine NATO-Finanzierung. Dazu Minister Leber: Noch verhandele man mit den USA, der niederländische Vorschlag komme keineswegs zu spät. Auch der amerikanische Verteidigungsminister begrüßte die Anregung von Minister Vredeling.[6]

Nach der wiederholten Feststellung einiger Minister, daß es dringend erforderlich sei, der Öffentlichkeit im Westen die Notwendigkeit verstärkter Verteidigungsmaßnahmen klarzumachen, erläuterte der amerikanische Verteidigungsminister eine amerikanische Studie, die das Ausmaß der sowjetischen Anstrengungen analysiert. (Es gibt davon eine klassifizierte und eine nichtklassifizierte Version.) Man habe dabei nicht nur Waffen verglichen, sondern den wirtschaftlichen und industriellen Aufwand sowie den finanziellen einbezogen, und sei zu dem Ergebnis gekommen, daß über einen Zeitraum von zehn Jahren der Anteil am Bruttosozialprodukt zwischen 11 und 13 Prozent liege, das hieße sehr viel höher, als bisher mit 6 bis 8 Prozent angenommen. Man solle sicher nicht nur Panzer und Panzer vergleichen, aber die Wahrheit sei, daß hier eine für die freie Welt gefährliche Macht geschaffen worden sei.

Die amerikanischen Streitkräfte könnten heute noch ihre Aufgabe erfüllen, die Sorgen beträfen die Zukunft. Die inneramerikanische Situation habe sich jedoch gewandelt. Man sei entschlossen, eine unterlegene Position nicht hinzunehmen. Entgegen sonstigen Wahljahren[7] wären dieses Mal keine wesentlichen Kürzungen der Vorschläge der Administration für den Verteidigungshaushalt erfolgt.

Übergehend zum Thema Angola stellte der amerikanische Verteidigungsminister fest, daß es keine Intelligence-Informationen gebe, daß der Abzug der kubanischen Truppen aus Angola begonnen habe.[8] Dazu der belgische Verteidigungsminister[9]: In Belgien sei jedermann durch Presseberichte überzeugt, daß der Abzug der Kubaner laufe. Der luxemburgische Verteidigungsminister[10] forderte Druck auf die Sowjetunion und Kuba – eventuell mit Hilfe der öffentlichen Meinung –, einen schnellen Abzug durchzuführen.

Minister Leber erläuterte anschließend seine Vorstellungen über den Gebrauch militärischer Macht durch die Sowjetunion. Die sowjetischen Streitkräfte würden nicht als Schwert benutzt, sondern als Schild, um politische oder sekundäre militärische Operationen abzuschirmen. Die Sowjetunion halte sich dabei bewußt unterhalb der Risikolinie einer militärischen Auseinandersetzung mit NATO. KSZE hindere die SU nicht, sogenannte Freiheitsbewegungen zu unterstützen, sondern sie halte dies sogar für ihre Pflicht. BM Leber warf dann die Frage auf, was wäre die Reaktion im Westen gewesen, wenn ei-

---

Fortsetzung Fußnote von Seite 888

amt hat zugesagt, dem Bundeskanzler einen entsprechenden Termin im Anschluß an die Kabinettsitzung vom 16.6. vorzuschlagen." Vgl. VS-Bd. 8891 (420); B 150, Aktenkopien 1976.

[6] Dieser Absatz wurde von Vortragendem Legationsrat I. Klasse Pfeffer hervorgehoben. Dazu vermerkte er handschriftlich für Vortragenden Legationsrat I. Klasse Dannenbring: „Kein ernsthaftes NL-Angebot, daher Querele (D-US)."

[7] Am 2. November 1976 fanden in den USA Präsidentschaftswahlen sowie Wahlen zum Repräsentantenhaus und Teilwahlen zum Senat statt.

[8] Zur Ankündigung eines kubanischen Truppenabzugs aus Angola vgl. Dok. 127, Anm. 8.

[9] Paul van den Boeynants.

[10] Emile Krieps.

ne amerikanische Brigade nach Angola gegangen wäre: Demonstrationen, Proteste und Bomben gegen amerikanische Botschaften. Die Moralisten im Westen hätten geschwiegen, weil die Russen die Aktion unternommen hätten. Der Generalsekretär akzentuierte das Beispiel von Bundesminister Leber durch die Frage nach der westlichen Reaktion, wenn die USA etwa chilenische Truppen nach Angola geschickt hätten.

Minister Leber fuhr fort mit der Feststellung, wir, die Allianz, könnten ein Eingreifen der USA nur fordern, wenn wir sicherstellten, daß diese anschließend nicht beschimpft werden. Der Westen könne in dieser politisch-psychologischen Auseinandersetzung nicht passiv bleiben. Er müsse den Mut haben, deutlich zu machen, daß NATO mit den Rüstungsverstärkungen des Ostens Schritt halten werde; dabei sollten wir unsere Fähigkeiten nicht unterschätzen.

Wir könnten der Sowjetunion nicht erlauben, einerseits von Entspannung zu reden und andererseits Aktionen à la Angola zu unternehmen.

Der amerikanische Verteidigungsminister wies im Zusammenhang mit einer historischen Darstellung der Entwicklung des Kräfteverhältnisses auf die Abhängigkeit der NATO von den Verbindungslinien über See hin und bedauerte, daß die USA Schwierigkeiten hätten, Hafenrechte für ihre nuklear angetriebenen Schiffe in Allianzländern zu erhalten.

Der holländische Verteidigungsminister antwortete später, daß es sich dabei nicht um politische Vorbehalte handele, sondern um rechtliche Probleme des Versicherungsschutzes.

Der amerikanische Verteidigungsminister bat die Alliierten, durch bilaterale Unterstützung die Probleme der Türkei und Portugals zu erleichtern und das Verhältnis zu Spanien, das wichtig für die NATO-Verteidigung sei, positiv zu entwickeln. Er zeigte sich beeindruckt durch die Äußerungen des spanischen Königs während dessen Besuchs in den USA.[11] Der niederländische Verteidigungsminister empfahl, die spanische Entwicklung abzuwarten. Seine Regierung habe keine Bedenken, Spanien in die Europäische Gemeinschaft aufzunehmen, wenn dort demokratische Wahlen stattgefunden hätten.

Secretary Rumsfeld schloß seine Ausführungen mit der Frage: Wie reagiert der Westen auf die ständige Steigerung der sowjetischen Streitkräfte? Nicht die sowjetischen Absichten, sondern das Potential sei entscheidend. Es bereite große Sorgen, wenn der Westen mit einer Verringerung seiner realen Verteidigungsanstrengungen reagiere, wie dies in den vergangenen Jahren der Fall gewesen sei. Wir hätten diesen Trend aufzuhalten, wenn wir die Verteidigung und vor allem die Abschreckung aufrechterhalten wollten.

[gez.] Krapf

VS-Bd. 9939 (202)

---

11 König Juan Carlos I. hielt sich vom 1. bis 4. Juni 1976 in den USA auf.

192

Botschafter Krapf, Brüssel (NATO), an das Auswärtige Amt

114-13584/76 VS-vertraulich   Aufgabe: 11. Juni 1976, 17.00 Uhr[1]
Fernschreiben Nr. 760   Ankunft: 12. Juni 1976, 10.30 Uhr

Betr.: Sitzung der Verteidigungsminister (DPC-Sitzung am 10.6.1976)

Zur Unterrichtung

Die Verteidigungsminister der NATO trafen sich zu ihrer jährlichen Frühjahrssitzung am 10.6.1976 in Brüssel. Die Sitzung wurde eröffnet mit folgenden Berichten:

1) Der Vorsitzende der Eurogroup, Minister van den Boeynants, berichtete über den erfolgreichen Ablauf der am Vortage stattgefundenen Sitzung der Eurogroup-Minister. Der Inhalt dieses Berichts hielt sich im wesentlichen an die Aussagen des Eurogroup-Abschluß-Kommuniqués.[2]

2) Intelligence Briefing

Durch den internationalen Stab wurde eine Feindlage-Orientierung und -Beurteilung gegeben, die der anläßlich der letzten MC/CS-Sitzung gegebenen Unterrichtung voll entsprach. Texte dieses Berichts liegen sowohl im AA als auch im BMVg vor.

3) Bericht des Vorsitzenden des Militärausschusses

Der Vorsitzende des Militärausschusses wies in seinem Bericht auf folgende Hauptpunkte hin:

– Trotz vieler Diskussion sei kein Grund zu Änderung der Strategie gegeben.

– Dies treffe jedoch nur solange zu, wie genügend Mittel zur Durchführung dieser Strategie bereitstünden.

– Die volle Nutzung unserer Mittel sei nur möglich, wenn die politische Seite zu zeitgerechten Entscheidungen bereit und fähig sei. Die Sichtbarkeit von Entscheidungen sei ein wichtiger Teil der Verteidigung.

– Den zivilen Notstandsmaßnahmen müsse mehr Aufmerksamkeit geschenkt werden. Die NATO verfüge über umfangreichere Mittel als der Warschauer Pakt, ihre Nutzung sei aber wesentlich schlechter organisiert.

– Die zu geringen Mittel für Infrastruktur führten zum Verschieben wichtigster Vorhaben. Da es sich nur um 0,2 Prozent der Verteidigungsausgaben handele, scheine eine Änderung möglich.

– Das Endziel Standardisierung dürfe bei allen Erfolgen der Interoperabilität nicht aus den Augen verloren werden.

– Er wies, besonders für SACLANT, darauf hin, daß die NATO auf ihren Raum beschränkt sei, und unterstrich die dem Gegner zur Verfügung stehenden Möglichkeiten.

---

1 Hat Vortragendem Legationsrat Holik am 14. Juni 1976 und erneut am 16. Juni 1976 vorgelegen.
2 Zur Ministersitzung der Eurogroup am 9. Juni 1976 in Brüssel vgl. Dok. 190.
  Für den Wortlaut des Kommuniqués vgl. BULLETIN 1976, S. 656 f.

Der US-Verteidigungsminister wies auf die Kohäsionswirkung des Infrastrukturfonds hin und schlug Überprüfung vor. Er stellte darüber hinaus fest, daß der amerikanische Präsident[3] und seine Administration beschlossen hätten, den über die vergangenen 10 bis 15 Jahre anhaltenden Trend der sowjetischen Rüstungsanstrengungen gegenüber nachlassenden Leistungen in den USA aufzuhalten. Die USA hätten daher gerade das größte Verteidigungsbudget ihrer Geschichte verabschiedet.

Über die Forderung des kanadischen Verteidigungsministers[4], mehr offenes Material über die Bedrohung bereitzustellen, damit die Öffentlichkeit besser informiert werden könne, ergab sich eine längere Diskussion, in der BM Leber nach einem Dank an den Vorsitzenden des Militärausschusses für seine politisch richtigen und klugen Ausführungen folgende Bemerkungen machte:

– Die psychologische Auseinandersetzung mit dem Osten sei auf allen Gebieten voll im Gange.

– Nationale Unterschiede, unterschiedliche Methoden und gewisse Rücksichten mit dem Ziele, das für die Verteidigung notwendige Geld zu erhalten, wirkten leicht gegenläufig und produzierten ein Gefühl der Unterlegenheit der NATO, womit nur der Osten unterstützt würde.

– Es werde viel über die Probleme des Südens geredet. Vor einem Jahr habe es jedoch wesentlich schlechter dort ausgesehen (kein Krieg, neue Haltung Ägyptens, Portugal). Man sollte daher das Negative nicht überzeichnen.

– Der in der defensiven NATO-Politik liegende moralische Gehalt.

Man müsse z. B. die in der erstarkten Panzerabwehr liegende Betonung des defensiven Charakters viel besser verkaufen.

Die Diskussion über die Informationspolitik, an der sich der britische, niederländische, norwegische[5] und belgische Verteidigungsminister beteiligten, endete mit der Feststellung, daß eine bessere Koordinierung der Informationsunterlagen von großem Vorteil sei. Es wurde daher beschlossen, die Arbeitsverfahren der Informationspolitik zu überprüfen und zu versuchen, Sprachregelungen zu erarbeiten.

Der britische Verteidigungsminister wies auf eine Studie des Militärausschusses über die Bedeutung der Bedrohung aus dem Bereich außerhalb der NATO hin. Er vertrat die Ansicht, daß, wenn diese Studie keine Planung für Bereiche außerhalb der NATO und keine Verpflichtung gegenüber Südafrika enthalte, man ihr ohne großes Aufsehen zustimmen solle. Der niederländische Verteidigungsminister, der, wie die anderen Minister, die Studie noch nicht kannte, erklärte sich mit dem von Minister Mason vorgeschlagenen Verfahren einverstanden unter der Voraussetzung, daß sie keinerlei sensitive Feststellung enthalte.

3 Gerald R. Ford.
4 James A. Richardson.
5 Rolf Hansen.

4) AWACS[6]

Generalsekretär[7] leitete Thema mit Hinweis auf Bezugsdokument CM (76) 30[8] ein und verwies dabei auf die Vorlagen des Militärausschusses, der CNAD und des Politischen Ausschusses, in denen das Projekt durchweg in seiner bekannten Konfiguration befürwortet wird.

Danach unterrichtete ASG[9] LaBerge die Minister über den letzten Stand der AWACS-Untersuchungen mit folgenden bekannten Schwerpunkten:

– militärische taktisch-operative Forderungen,
– Stückzahl und Alternativen,
– Zeitplan für noch notwendige Entscheidungen,
– Kostenteilungsschlüssel.

Von besonderer Bedeutung war, daß er einige wichtige Punkte aufführte, die durch zusätzliche Untersuchungen noch abzuklären sind, wie z.B. die Fähigkeit des Systems, sich zukünftigen Bedrohungsentwicklungen anzupassen, sowie Kosten- und Vertragsfragen.

Als zeitkritische Punkte stellte er heraus:

– GE[10]: Parlamentarische Zustimmung frühestens Ende 1976
– UK: Drängende Entscheidung über Fortführung „NIMROD"
– US: Kongreß-Zustimmung zur Weiterführung des nationalen US-Programms
– Entscheidung über Fortführung der laufenden Produktion.

Anschließend wies Vorsitzender Militärausschuß eindringlich auf die militärische Notwendigkeit eines NATO AEW[11]-Systems hin und stellte heraus, daß die vorhandenen und zukünftigen LV[12]-Systeme nur mit Hilfe eines derartigen Systems optimal, d.h. kostenwirksam, einzusetzen seien. Damit gewinne der Abschreckungswert von AWACS besondere Bedeutung.

In der nachfolgenden Diskussion nahmen die Minister wie folgt Stellung:

– UK: unterstützt nachdrücklich die allianzweite Beschaffung, obwohl bereits ein eigenes nationales System im Einsatz sei, dieses demnächst ersetzt werden müsse und sein Land mit der NIMROD über eine passende Alternative verfüge. Er stimmte der MC-Forderung hinsichtlich Konfiguration und Stückzahl zu und meldete seine Forderungen auf angemessene britische Beteiligung an der Produktion an.

Zu den möglichen Finanzierungs- und Vertragsmodalitäten führte er aus:

– Länder mit Haushaltsschwierigkeiten müssen in die Lage versetzt werden, ihre Beiträge über einen längeren Zeitraum zu verteilen.

---

[6] Zum AWACS-Programm der NATO vgl. Dok. 108.
[7] Joseph Luns.
[8] Für das Papier „NATO Airborne Early Warning and Control System" (CM (76) 30) vom 31. Mai 1976 bzw. die revidierte Fassung vom 4. Juni 1976 vgl. VS-Bd. 8649 (201).
[9] Assistant Secretary-General.
[10] Germany.
[11] Airborne Early Warning.
[12] Luftverteidigung.

- Die Kostenanteile sollten nach dem bisherigen Infrastrukturschlüssel aufgeteilt werden.

Er betonte, daß die überwiegende Mehrheit der Nationen sich am Vorhaben beteiligen müßte, da eine größere Zahl von Abseitsstehenden das Projekt insgesamt scheitern lassen müßte.

- GE: Minister Leber schloß sich im wesentlichen den Ausführungen UK Verteidigungsminister an. Er führte dabei aus: „Aufgabe und Rolle von AWACS sind überzeugend. Wir halten AWACS für eine wichtige Sache, auch wenn noch Punkte zu klären sind. Ich unterstreiche Minister Masons Ausführungen, daß, wenn ich von einer deutschen Beteiligung spreche, ich die Beteiligung an einem NATO-Projekt meine, also an einem Projekt der Allianz. Hierfür ist der Teilnehmerkreis noch zu klären, ebenso wie eine Reihe noch anderer offener Fragen." Abschließend erklärte er die Bereitschaft seines Landes, den Fortgang der Planungsarbeiten mit der Zahlung von 4 Mio. US-Dollar zu unterstützen.

- IT: Minister Forlani bedankte sich zunächst für die tatkräftige Unterstützung IT durch alle NATO-Länder nach der kürzlichen Erdbebenkatastrophe.[13] Auf AWACS eingehend, erklärte er, daß die finanzielle Situation in Italien es ihm z. Z. nicht erlaube, eine definitive Aussage über eine italienische Beteiligung zu machen. Er fürchte, daß er nicht mehr tun könne, als das vorhandene NADGE-System mit AWACS kompatibel zu machen.

- CA: Weist darauf hin, daß AWACS sowohl für die Luftverteidigung von Europa wie für Nordamerika wichtig sei und Kanada deshalb sich weiterhin an den vorbereitenden Arbeiten beteiligen werde.

- NO: Will sich weiterhin an den Auswertungen beteiligen. Eine endgültige Entscheidung muß jedoch bis zum Abschluß der Untersuchungen zurückgestellt werden. Norwegen werde daneben weiterhin das Ziel der Verbesserung NADGE verfolgen und müsse deshalb die AWACS-Pläne damit abstimmen.

- TU: Wies nachdrücklich auf die schwierige finanzielle Situation der Türkei hin, die mit keinem anderen NATO-Land vergleichbar sei. Dies müsse zweifelsohne die finanzielle Beteiligung seines Landes bestimmen.

Abschließend faßte Generalsekretär zusammen, daß die Minister mit der Fortsetzung der Studien und deren Finanzierung mit 15 Mio. US-Dollar einverstanden sind und daß die Permanent Representatives bis Oktober 1976 die Beschaffungsentscheidung vorbereiten sollen.

5) Force Goals 1977–1982

Der Generalsekretär bezeichnete die Streitkräfteziele als ausgewogen, angemessen und realisierbar. Das DPC/PS[14] habe daher bereits dem Papier zugestimmt. Die Minister sollten es jedoch nochmals zur Kenntnis nehmen.

Der Chairman MC hob hervor, daß die Force Goals (FG) niemals gründlicher und umfassender geprüft seien als in diesem Jahr. Gewisse Anpassungen an

---

13 Zum Erdbeben in Italien am 6. Mai 1976 sowie zu den Hilfeleistungen der NATO-Mitgliedstaaten vgl. Dok. 166, Anm. 25.
14 Korrigiert aus: „PDC/PS".
Defence Planning Committee in Permanent Session.

die vorhandenen Mittel hätten jedoch das bereits vorhandene Risiko erhöht. Die Realisierung der FG werde zwar die Verteidigungsfähigkeit des Bündnisses verbessern, jedoch könnten dadurch die früher von ihm geäußerten Besorgnisse nicht beseitigt werden. Admiral Hill-Norton bezeichnete die FG als brauchbar, falls die Länder ihren Verpflichtungen nachkommen. Sorge machten ihm jedoch nicht-amtliche Verlautbarungen über mögliche Reduzierungen von Verteidigungsaufwendungen in bestimmten Ländern.

Der norwegische Verteidigungsminister wies auf den hohen Challenge-Faktor (4,5 Prozent) seines Landes hin und äußerte Zweifel, ob eine solche „Herausforderung" politisch realistisch sei. Seiner Meinung nach sei das BSP kein perfekter, praktikabler Maßstab für die Leistungsfähigkeit eines Landes, es gebe dafür auch noch andere Größen. Im weiteren verwies er auf zusätzliche Leistungen, die Norwegen zu erbringen habe (Erschließung des Festlandsockels, Fischereischutzdienst, Küstenwacht).

Der portugiesische Admiral Souto Silva Cruz erklärte, trotz der bekannten politischen Lage sei sein Land dabei, seine Stellung im Bündnis zu stärken. Die portugiesischen Streitkräfte müßten jedoch umstrukturiert werden, dies würde Jahre dauern. Sei seien aber kampferfahren und gewillt, schwierige Aufgaben zu übernehmen. Sie bedürften einer neuen Struktur, um ihre Verpflichtungen gegenüber der NATO erfüllen zu können. Die vorliegenden FG berücksichtigten die Probleme der portugiesischen Streitkräfte umfassend. Für die Marine sei jedoch ein Anhang zum country chapter erforderlich, um den besonderen Gegebenheiten begegnen zu können. Admiral Souto Silva Cruz bedankte sich allgemein für die bisherige Hilfe, wobei er neben den USA auch die Bundesrepublik Deutschland besonders anführte.

Der türkische Verteidigungsminister[15] versicherte, daß sein Land den durch den FG geforderten Beitrag zu erbringen hoffe. Dazu sollen vor allem nationale Ressourcen ausgenutzt werden. Die Erfüllung aller Forderungen ginge aber über die Leistungsfähigkeit seines Landes hinaus. Er hoffe deshalb, daß die Bündnispartner jenen Empfehlungen folgen werden, die es seinem Lande ermöglichen, die FG zu erreichen. Die Türkei benötige nicht nur materielle, sondern auch psychologische Unterstützung. In diesem Zusammenhang verwies er auf die Folgen des Embargos[16], das im Dokument hätte erwähnt werden sollen. Er hoffe, daß das bilaterale Abkommen zwischen seinem Lande und den USA[17] die für die Türkei nachteilige Situation beende.

Der niederländische Verteidigungsminister wies auf die Schwierigkeiten hin, die er in seinem Lande habe, die vorliegenden FG zu akzeptieren. Die Niederlande hätten bereits früher betont, daß eine reale Steigerung der Verteidigungsausgaben nicht möglich sei, man könne allenfalls den gegenwärtigen Stand halten. Er halte es nicht für realistisch, wenn Forderungen gestellt würden, die über die nationalen Planungen hinausgingen. Um ein besseres Verhältnis zwischen „input" und „output" zu erhalten, sollten die FG so rationell und kosten-

---

15 Ferit Melen.

16 Zur Einstellung der amerikanischen Verteidigungshilfe für die Türkei vgl. Dok. 30, Anm. 2.

17 Zum amerikanisch-türkischen Abkommen vom 26. März 1976 über Verteidigungshilfe vgl. Dok. 125, Anm. 18.

wirksam wie möglich auf die Nationen aufgeteilt werden. Diese Möglichkeit sollte jedenfalls untersucht werden.

Der kanadische Verteidigungsminister billigte die FG (mit wenigen Ausnahmen) für sein Land und versicherte, Kanada wolle seine Verteidigungsaufwendungen während der kommenden fünf Jahre steigern, bei den Investitionskosten bis zu zwölf Prozent. Die Antwort zum DPQ 76[18] werde darüber Auskunft geben. Die alten MPA[19] sollten trotz des Zusammenbruchs des Lockheed-Geschäfts[20] ersetzt werden. Alternativen für langfristige Programme würden untersucht. Er verwies auf die Aufstockung der mechanischen Kampfgruppe in Deutschland, für die ein Beschaffungsvorhaben für 128 Leopard-Panzer eingeleitet sei.[21] In diesem Zusammenhang dankte er BM Leber für dessen Unterstützung. Das Ersatzprogramm sei ein Beispiel für die Standardisierung und Kooperation im Bündnis.

Der dänische Verteidigungsminister[22] bezeichnete die Anforderungen an sein Land als sehr erheblich. In Dänemark seien keine festen Zahlen für die Finanzplanungen bis 1982 vorhanden. Es sei daher unklar, ob die Verteidigungsaufwendungen real auf gleicher Höhe gehalten werden können. Vor Frühjahr 1977 könne man keine genauen Zahlen erwarten. Der Minister drückte seine Hoffnung aus, eine breite Unterstützung der politischen Parteien zu erhalten, damit die Stabilität der Verteidigungsleistungen seines Landes gewahrt bleibe. Die von den dänischen Zeitungen genannten Zahlen über verminderte Verteidigungsaufwendungen seien ohne politischen Hintergrund und daher nicht diskutabel. Er stimmt den FG mit den von ihm gemachten Einschränkungen zu. Die NATO bleibe weiterhin Grundlage der dänischen Verteidigungspolitik. Man werde das Bündnis rechtzeitig konsultieren, falls die weitere Entwicklung dies erfordere.

Der belgische Verteidigungsminister erklärte, daß er die für sein Land erarbeiteten Streitkräfteziele anerkenne und daß Belgien die Reorganisation seiner Streitkräfte mit dem Ziel einer Berufsarmee fortsetze.

Der italienische Verteidigungsminister führte aus, daß sein Land durch finanzielle Sonderzuweisungen für die Streitkräfte besser als früher in der Lage sei, seinen NATO-Verpflichtungen nachzukommen. Ungeachtet der finanziellen Situation habe Italien beschlossen, die Streitkräfteziele zu erfüllen.

Secretary of Defense Rumsfeld wiederholte seine Aussagen vom Vortage, daß die USA Verbesserungen bei ihren Streitkräften durchführen werden, er erwarte jedoch, daß die Verbündeten ebenfalls die von ihnen vorgegebenen FG

---

[18] Defence Planning Questionnaire.

[19] Maritime Patrol Aircraft.

[20] Am 20. Mai 1976 wurde in der Presse berichtet: „Canada's plan to purchase a fleet of 18 long-range patrol planes from Lockheed Aircraft Corp[oration] for $750 million was suddenly cancelled last night. The deal fell through when the Canadian government announced it could not arrange the $375 million in financing needed for the first three years of the project and would have to pull out unless Lockheed provided the financing. [...] Collapse of the project came as the climax to a swift series of events that started over the weekend when a consortium of 10 Canadian banks that had been expected to provide the financing dropped the idea." Vgl. den Artikel „Canada Cancels Purchase of Lockheed Patrol Planes"; INTERNATIONAL HERALD TRIBUNE vom 20. Mai 1976, S. 7.

[21] Zur kanadischen Verteidigungspolitik vgl. Dok. 152, Anm. 4.

[22] Orla Møller.

erfüllten. Wegen der entstandenen Diskussion über zumutbare Mehrforderungen schlug er vor, in der nächsten Ministerial Guidance[23] für jedes einzelne Land die von ihm erwartete Steigerungsrate aufzuführen.

Minister Leber ergänzte seine Versicherung, daß die Bundesrepublik Deutschland sich bemühen werde, die gestellten Streitkräfteziele zu erfüllen, mit einigen grundsätzlichen Ausführungen über den Zusammenhang von konventioneller Komponente und nuklearer Gesamtstrategie. Er erklärte, daß es bei allen Überlegungen darum gehen müsse, über die konventionelle Verteidigungsfähigkeit hinaus den Zusammenhang zwischen konventioneller Kraft des Bündnisses und der Nuklearstrategie zu sehen. Wenn es in früheren Phasen noch möglich war, Lücken des konventionellen Bereiches durch nukleare Kräfte zu schließen, so müßten wir jetzt sehen, daß das nukleare Konzept im ganzen zur Debatte stehe. Im weiteren Verlauf seiner Ausführungen erwähnte Minister Leber die beiden zusätzlichen US-Brigaden, die nicht nur eine konventionelle Verstärkung der NATO in Europa bedeuteten, sondern durch ihre Anwesenheit auch die nuklear-strategische Lage beeinflußten. Er erklärte, daß die nationalen Verteidigungsbeiträge an den Forderungen des Bündnisses auszurichten seien. Wir müßten mit dem Osten Schritt halten, ohne jedoch dabei zum Schrittmacher zu werden. Wenn wir uns an der Bedrohung durch den Osten orientieren müssen, müßten wir bei Festlegung der Verteidigungsbeiträge nicht nur der inflationären Tendenz begegnen, sondern darüber hinaus eine echte Vermehrung der hardware anstreben.

Abschließend faßte der Generalsekretär zusammen und stellte fest, daß die intensive Diskussion das Interesse der Minister am Planungsprozeß demonstriert habe. Die Verteidigungsausgaben müßten weiterhin erhöht werden, was um so leichter fallen müsse, da die Volkswirtschaften auch wüchsen. Als besonderes Beispiel hierfür nannte er Norwegen.

6) SACEURs Flexibility Study

Zu diesem Thema gab der Secretary General noch einmal eine Zusammenfassung der Studie über Zentraleuropa und erwähnte, daß nunmehr auch die Untersuchungen über Nord- und Südeuropa sowie über den maritimen Bereich vorlägen. Diese würden nach gründlicher Analyse ebenfalls den Ministern vorgelegt werden. Er erbat die persönliche Unterstützung durch die Minister bei der Realisierung der darin aufgeführten Empfehlungen.

Als einziger Diskussionssprecher wies der belgische Verteidigungsminister darauf hin, daß die Rotation der beiden Brigaden des belgischen Korps endgültig beschlossen und nicht mehr aufzuheben sei. Alle anderen Empfehlungen der Studie über Zentraleuropa würden jedoch, soweit sie Belgien beträfen, angenommen.

7) Top 7: Standardisierung, Interoperability usw.

Der Vorsitzende führte aus, daß dieser sehr umfassende Komplex eine Daueraufgabe darstelle, an der ständig gearbeitet werden müsse. Der vorliegende

---

23 Der Ausschuß für Verteidigungsplanung (DPC) der NATO verabschiedete auf seiner Ministersitzung am 17./18. Mai 1977 in Brüssel eine neue Ministerrichtlinie. Für den Wortlaut vgl. NATO FINAL COMMUNIQUES 1975–1980, S. 71–74. Für den deutschen Wortlaut vgl. EUROPA-ARCHIV 1977, D 349–352.

Fortschrittsbericht über einige ausgewählte Rüstungsprojekte, Interoperabilität und die Einrichtung eines Rüstungsplanungszyklus markiere die Schwerpunkte. Die Nationen blieben aufgefordert, ihre Beiträge zu leisten.

Minister Rumsfeld (USA) begrüßte zwar die Fortschritte, leider seien sie aber nicht beeindruckend, ausgenommen vielleicht die Studien über Flexibilität und die Ereignisse bei der gemeinsamen Ausbildung. Den bisherigen schleppenden Fortgang der Dinge könnten wir uns nicht länger leisten. Größere Anstrengungen seien insbesondere für verbesserte Interoperabilität bei den taktischen Fernmeldesystemen nötig. Hierüber sollte auf dieser Ebene (der Verteidigungsminister) im Dezember[24] erneut gesprochen werden.

Der Vorsitzende MC stimmte den amerikanischen Ausführungen zu. MC könne jedoch nur Vorschläge machen, die Nationen müßten handeln.

Minister Vredeling wies darauf hin, daß Standardisierung das oberste Ziel sein müsse. Interoperabilität für zukünftiges Gerät sei nur die zweitbeste Lösung.

8) Rationalisierung und Spezialisierung von Verteidigungsaufgaben (TOP 8)

Der Generalsekretär wies auf die drei Teilberichte hin:

a) Bericht zu „Consolidation of Training" verlange Stellungnahme zu den Empfehlungen (Ziffer 25 des Berichts).

b) Host Nation Support of Lines of Communication sei nur ein Sachstandsbericht, der Kenntnisnahme erfordere.

c) Coherent Approach by NATO to Logistics
CNADs haben sich nur für Hersteller-Logistik verantwortlich erklärt. Einigkeit über Zuständigkeit für Verbraucher-Logistik stehe noch aus.

d) Der DPC-Vorschlag über einen jährlichen Fortschrittsbericht (erstmals zu Dezember 1976) über gemeinsame Verteidigungsbemühungen stelle eine gute Grundlage für neue Ministerial Guidance dar.

Belgischer Verteidigungsminister stimmte den Empfehlungen der Ziffer 25 a, b, d, e (Consolidation of Training) zu und trug Ergebnisse der Eurogroup-Sitzung bezüglich Ziffer 25 c (Strahlflugzeugführerausbildung) vor:

a) Er wies zunächst auf den Grundsatz hin, daß diejenigen Nationen, die keine günstige Ausbildungsmöglichkeit besitzen, sich gegen Kostenbeteiligung an Ausbildungseinrichtungen anderer Nationen beteiligen können.

b) Die Informationsgrundlage für Annahme der Empfehlungen der Ziffer 25 c seien noch nicht ausreichend. Wohl stelle die Euro-Training-Studie die Wünschbarkeit der Ausbildung von Strahlflugzeugführern in den USA fest, aber die Gesamtkostenbasis sei noch nicht ausreichend geklärt. Darüber hinaus lägen ebenfalls Angebote-Vorschläge der TU und IT vor, die ebenfalls die Bedingungen zu erfüllen schienen.

In den USA sei Umwelt im Vergleich zu Europa so verschieden, daß Zusatztraining in Europa erforderlich sei. Eine notwendige Studie der Gesamtkosten müsse diese Zusatzausbildung mit einbeziehen.

Daher könne BE dem Paragraphen 25 nur mit Ausnahme von 25 c zustimmen.

---

[24] Zur Ministersitzung des Ausschusses für Verteidigungsplanung (DPC) der NATO am 7./8. Dezember 1976 in Brüssel vgl. Dok. 355, Dok. 358 und Dok. 359.

Türkischer Verteidigungsminister unterstrich die Bedeutung der europäischen Alternativen (TU/IT), die vor allem für europäische Partner Vorzüge haben könnten. Die Türkei halte ihre Angebote für Ausbildung von Strahlflugzeugführern und Artillerie/Grenadierausbildung weiterhin aufrecht.

Generalsekretär stellte die Billigung der Empfehlungen mit Ausnahme der gemachten Vorbehalte fest.

9) MBFR (TOP 9)

Generalsekretär eröffnete Diskussion mit Hinweis auf letzte Entwicklungen in Wien:

- sowjetische Daten[25] sind sorgfältig zu prüfen, gleichfalls wird Analyse der Folgerungen notwendig. Dies erfordert Zeit.
- Die Vertraulichkeit ist unter allen Umständen zu wahren. Insoweit verbietet sich eine Detaildiskussion im Plenum.

UK-Vertreter stellte fest, daß BBC über angeblich neue sowjetische Abrüstungsvorschläge berichtet hat und sich daraus die Frage ergibt, ob überhaupt von einem neuen Abrüstungsvorschlag gesprochen werden kann. Seiner Meinung nach handelt es sich hier nur um Daten. Der niederländische Minister empfahl, jede Stellungnahme gegenüber der Presse zu vermeiden, da er und seine Kollegen die sowjetische Erklärung erst sorgfältig mit den Außenministern zu erörtern hätten. Minister Leber schlug vor, Vorlage aus Wien gründlich zu prüfen, dann aber keine nationalen Stellungnahmen abzugeben, sondern einen Kommentar aus NATO-Sicht zu erarbeiten und diesen im Rahmen des Bündnisses zu veröffentlichen. Generalsekretär erwähnte, daß auch die Ad-hoc-Gruppe in Wien strikte Zurückhaltung bei der Kommentierung der sowjetischen Initiative empfiehlt. Der belgische Vertreter wies auf die Problematik hin, wenn in der Öffentlichkeit der falsche Eindruck entstehe, die UdSSR habe neue Abrüstungsvorschläge auf den Tisch gelegt und der Westen reagiere hierauf nicht oder nur äußerst zögernd. Seiner Meinung nach müsse deswegen sehr schnell gesagt werden, daß es sich um keinen neuen Vorschlag, sondern Informationen handelt.

Der Generalsekretär faßte die Diskussion zusammen und stellte heraus, daß äußerst restriktiv in der Öffentlichkeit über diesen Punkt gesprochen werden sollte.

10) Über die geschlossene Sitzung wurde gesondert berichtet.[26]

[gez.] Krapf

VS-Bd. 8669 (201)

---

[25] Zu den am 10. Juni 1976 von den an den MBFR-Verhandlungen teilnehmenden Warschauer-Pakt-Staaten vorgelegten Streitkräftedaten vgl. Dok. 189.
[26] Zur Ministersitzung des Ausschusses für Verteidigungsplanung (DPC) der NATO im kleinen Kreis am 10. Juni 1976 in Brüssel vgl. Dok. 191.

193

Runderlaß des Ministerialdirigenten Dittmann

Citissime   **14. Juni 1976**[1]

Betr.: Informelles Treffen der Außenminister auf Schloß Senningen/
      Luxemburg am 12.6.76

I. Tindemans-Bericht[2]

1) Minister billigten den am Vortage von einer Arbeitsgruppe verfaßten Entwurf einer Entscheidung zu dem Vorschlag von Tindemans über die Schaffung eines einzigen Entscheidungszentrums.[3] Entwurf wird Europäischem Rat zur Annahme vorgelegt.[4]

Text basiert auf Vorschlag Tindemans' und hält fest, daß

– Minister bei ihren Beratungen in EG-Ministerrat und EPZ in der Lage sein müssen, jeweils alle Aspekte eines Problems zu behandeln, gleichgültig, ob sie der EG oder der EPZ zugeordnet sind;

– Präsidentschaft für notwendige Vorbereitung verantwortlich ist;

– bei Vorbereitung und Behandlung die jeweiligen Verfahren gelten;

– bei EG-Ministerrats-Sitzungen auch EPZ-Fragen behandelt werden können und, falls dringend erforderlich, in Sitzungen der EPZ auch Gemeinschaftsangelegenheiten.

2) Die Berechtigung der Organe der Europäischen Union (insbesondere des EP), über alle Probleme beraten zu können, wurde von AM Sauvagnargues abgelehnt. Dieses Thema soll später bei der Behandlung des Kapitels V des Tindemans-Berichts (Institutionen)[5] wiederaufgegriffen werden.

3) Verpflichtung, sich in außenpolitischen Fragen auf gemeinsamen Standpunkt zu einigen[6]: Dieser Vorschlag Tindemans' wurde erneut, aber nur kurz, behandelt. Keine Zustimmung.

AM Sauvagnargues wies darauf hin, daß Luxemburger Beschluß[7] nur für den EG-Vertrag gelte. In der „grauen" Zone gebe es kein vitales, nationales Interesse, jedes Land sei hier letzten Endes ohnehin frei. Deshalb sei es z.Z. nicht möglich, den Begriff des vitalen Interesses bei Nord-Süd-Verhandlungen anzuwenden.

---

1 Durchdruck.

2 Zum Tindemans-Bericht über die Europäische Union vom 29. Dezember 1975 vgl. Dok. 1.

3 Vgl. dazu Kapitel II („Europa in der Welt") Abschnitt A („Ein einziges Entscheidungszentrum") des Tindemans-Berichts über die Europäische Union vom 29. Dezember 1975; EUROPA-ARCHIV 1976, D 59 f.

4 Zur Tagung des Europäischen Rats am 12./13. Juli 1976 in Brüssel vgl. Dok. 231.

5 Für den Wortlaut des Kapitels V („Die Stärkung der Institutionen") des Tindemans-Berichts über die Europäische Union vom 29. Dezember 1975 vgl. EUROPA-ARCHIV 1976, D 77–83.

6 Vgl. dazu Kapitel II („Europa in der Welt") Abschnitt B („Zu einer gemeinsamen Außenpolitik") des Tindemans-Berichts über die Europäische Union vom 29. Dezember 1975; EUROPA-ARCHIV 1976, D 61.

7 Zum „Luxemburger Kompromiß" vom 28./29. Januar 1966 vgl. Dok. 140, Anm. 6.

4) Minister hatten ersten Gedankenaustausch des Abschnitts über eine neue Weltwirtschaftsordnung.[8] Es bestand Einverständnis, daß gemeinsamer Politik und gemeinsamem Auftreten gegenüber Ländern der Dritten Welt als Ziel zuzustimmen ist. Gleichzeitig erfolgte der Hinweis, daß gemeinsames Auftreten nur auf der Grundlage einer gemeinsam erarbeiteten Politik und gemeinschaftlicher Verhandlungspositionen möglich ist. Minister wiesen darauf hin, daß sich damit folgende Probleme und Fragen stellen:

– Mehrheitsentscheidungen;

– Anschluß der Minderheit an Mehrheit;

– Erläuterung der Gründe (überwiegenden nationalen Interesses) durch Minderheit, wenn kein Anschluß an Mehrheit erfolgt;

– bei Nichteinigung in Gemeinschaft kann sich getrenntes (u. U. sogar gegensätzliches) nationales Auftreten ergeben, oder Gemeinschaft und Mitgliedstaaten wirken mangels eigener Position an Verhandlungen aktiv überhaupt nicht mit.

Minister stimmten der Aussage von Tindemans ausdrücklich zu, daß „die Beachtung der Befugnisse der Gemeinschaft, die Notwendigkeit des politischen Handelns und die Wahrung unserer gemeinsamen Interessen uns auch ohne ein neues politisches Engagement zu einem Höchstmaß an Zusammenarbeit und gemeinsamer Aktion zwingen".

Ein Vorschlag der Präsidentschaft, die Bereitschaft zur Übernahme der politischen Verpflichtung zu erklären, für alle Folgearbeiten von Nairobi[9] gemeinschaftliche Verhandlungspositionen zu erarbeiten, um somit ein gemeinsames Auftreten sicherzustellen, wurde nicht abschließend diskutiert. Im Grundsatz stimmten alle Minister zu, doch wurden insbesondere von AM Sauvagnargues, AM van der Stoel und Minister Nørgaard Vorbehalte gemacht.

AM Genscher erklärte, daß Bundesregierung grundsätzlich einem gemeinsamen Auftreten zustimmen könne, wenn es sich auf alle Gebiete erstrecke. Wenn das gemeinsame Auftreten jedoch nur für einzelne Gebiete gelten solle, dann müsse Bundesregierung sich vorbehalten, in gewichtigen Fragen auch Nein sagen zu können.[10]

---

8 Vgl. dazu Kapitel II („Europa in der Welt") Abschnitt C („Konkrete Sofortmaßnahmen") Ziffer 1 („Eine neue Weltwirtschaftsordnung") des Tindemans-Berichts über die Europäische Union vom 29. Dezember 1975; EUROPA-ARCHIV 1976, D 62 f.

9 Zur IV. UNCTAD-Konferenz vom 5. bis 31. Mai 1976 vgl. Dok. 173.

10 Der Tindemans-Bericht über die Europäische Union vom 29. Dezember 1975 wurde vom EG-Ministerrat auf seiner Tagung am 29. Juni 1976 in Luxemburg weiter beraten. Dazu informierte Vortragender Legationsrat I. Klasse Engels am 2. Juli 1976: „Vorsitz beabsichtigt, dem ER einen mündlichen Bericht über bisherige Erörterungen bei den Außenministern zu erstatten. Er will ferner im ER das Kapitel über die europäischen Institutionen zur Diskussion stellen, um Orientierungen für die Weiterarbeit der Außenminister und der Gruppe der mit der Vorbereitung beauftragten Mitarbeiter zu erhalten. Rat diskutierte kurz Frage des gemeinsamen Auftretens gegenüber den Ländern der Dritten Welt (Kapitel II des Tindemans-Berichts). Er bat die Kommission um einen Vorschlag für ein gemeinsames Vorgehen bei den Folgearbeiten der IV. Welthandelskonferenz und beauftragte den AStV mit der Prüfung des Kommissionsvorschlags." Vgl. den Runderlaß Nr. 83; Referat 012, Bd. 106591.

II. Puerto Rico

Außenminister von D, F, GB[11] und I[12] sagten zu, daß sie ihren Regierungen empfehlen würden, vor Annahme einer etwaigen Einladung zu einem weiteren Gipfeltreffen in der Gemeinschaft zu konsultieren. Sie erklärten sich bereit, die Teilnahme von EG-Ratspräsident Thorn und von EG-Kommissionspräsident Ortoli zu empfehlen.

Der Vorschlag wurde von NL und DK abgelehnt, von B und LUX angenommen; Irland schien zur Annahme bereit.

F und GB lehnten weitergehende Forderungen, insbesondere von NL (u. a. Formalisierung der Vorbereitung in Gemeinschaft) ab; NL gab sich mit mündlicher Zusage, daß EG-Ratspräsident und EG-Kommissionspräsident für Gemeinschaftsfragen Sprecherrolle übernehmen sollten, nicht zufrieden.

Experten sollen versuchen, am 16. Juni Einigung herbeizuführen.[13]

III. Direktwahl EP

Minister waren sich einig, daß Europäischer Rat am 12./13. Juli 1976 in Brüssel Entscheidung über Direktwahl treffen soll.

Minister erörterten Problematik der verschiedenen Sitzverteilungsmodelle und beschlossen, den Staats- und Regierungschefs in erster Linie zwei Modelle vorzulegen:

– den belgischen Vorschlag (eine Hälfte Status quo, die andere Hälfte proportional)[14],

– den von uns und Luxemburg modifizierten französischen Vorschlag (Verdoppelung der Sitze und Abzug von sechs Sitzen bei den kleineren EG-Mitgliedstaaten)[15].

---

[11] Anthony Crosland.

[12] Mariano Rumor.

[13] Am 16. Juni 1976 einigte sich eine Expertengruppe in Luxemburg ad referendum auf einen Text zur Frage der Vertretung der Europäischen Gemeinschaften bei der Konferenz der Staats- und Regierungschefs aus sieben Industriestaaten am 27./28. Juni 1976 in San Juan und zum Konsultationsverfahren vor künftigen Gipfelkonferenzen. Vgl. dazu den Drahtbericht Nr. 126 des Ministerialdirigenten Dittmann, z. Z. Luxemburg; Referat 412, Bd. 109323.
Über das Ergebnis informierte Vortragender Legationsrat I. Klasse Jelonek am 24. Juni 1976: „Gedacht war daran, daß Ratspräsident Thorn und Kommissionspräsident Ortoli für die EG in Puerto Rico teilnehmen sollten, um in EG-Materien den Gemeinschaftsstandpunkt zu vertreten. Einige der nicht geladenen EG-Länder wollten aber zugleich eine Zusage der vier teilnehmenden EG-Länder erreichen, daß diese etwaige künftige Einladungen zu Konferenzen à la Puerto Rico nur nach vorheriger EG-Konsultation annähmen bzw. aussprächen. Frankreich sah sich zu einer formellen Zusage in diesem Sinne nicht in der Lage und wollte diese Frage dem Europäischen Rat (12./13. Juli) vorbehalten, wobei es aber auch klar machte, daß es gegen EG-Konsultationen nichts einzuwenden hätte. Eine Einigung war gleichwohl nicht zu erzielen. Die Vier konnten daher auch nicht gegenüber Präsident Ford um Einladung von Thorn und Ortoli nachsuchen. Wir haben von Anfang an nichts unversucht gelassen, auch den nicht geladenen EG-Ländern gerecht zu werden. Aus unserer Sicht hätte bei etwas weniger starrer Haltung, insbesondere der Niederländer, Möglichkeit zu der Einigung bestanden. Wir bedauern diese Entwicklung." Vgl. den am 23. Juni 1976 konzipierten Runderlaß Nr. 2401; Referat 412, Bd. 109323.

[14] Zum belgischen Vorschlag vom 29. April 1976 für die Sitzverteilung im Europäischen Parlament vgl. Dok. 142, Anm. 10.

[15] Zum Vorschlag der französischen Regierung vom 1./2. April 1976 für die Sitzverteilung im Europäischen Parlament vgl. Dok. 98.
Zum von der Bundesrepublik vorgelegten Modell vgl. Dok. 142, Anm. 8.
Am 20. Mai 1976 unterbreitete die luxemburgische Ratspräsidentschaft in Brüssel einen Kompro-

Großbritannien ist bereit, den belgischen Vorschlag anzunehmen, Frankreich hält weiterhin seinen Vorschlag der Erhaltung des Status quo aufrecht, hat aber gewisse Bewegungsmöglichkeiten angedeutet.

[gez.] Dittmann

Referat 200, Bd. 119462

194

Botschafter Freiherr von Braun, Paris, an das Auswärtige Amt

114-13637/76 VS-vertraulich	Aufgabe: 15. Juni 1976, 09.33 Uhr
Fernschreiben Nr. 1728	Ankunft: 15. Juni 1976, 11.42 Uhr

Betr.: Frankreich und die sowjetische Berlinpolitik

Bezug: DE Plurez 2050 vom 31.5.1976 geh.[1]
DE Plurez 2100 vom 2.6.1976 VS-v[2]
DB 432 vom 9.2.1976 VS-v[3]
DB 1609 vom 31.5.1976 VS-NfD

Fortsetzung Fußnote von Seite 902

mißvorschlag, der vorsah, die Zahl der Sitze aller Mitgliedstaaten zu verdoppeln und anschließend die Sitzzahl der kleineren und mittleren Mitgliedstaaten um sechs zu verringern. Das Europäische Parlament sollte sich demnach aus 366 Abgeordneten zusammensetzen. Auf Luxemburg sollten 6 Sitze entfallen, auf Dänemark und Irland je 14 Sitze, auf Belgien und die Niederlande je 22 Sitze sowie auf die Bundesrepublik, Frankreich, Großbritannien und Italien je 72 Sitze. Vgl. dazu den Drahtbericht Nr. 1789 des Botschafters Lebsanft, Brüssel (EG), vom 20. Mai 1976; Referat 410, Bd. 105630.

[1] Vortragender Legationsrat I. Klasse Lücking übermittelte eine Aufzeichnung über die Erörterung von Berlin-Fragen in der Bonner Vierergruppe, die sich in den letzten Monaten zunehmend schwieriger gestalte. Als Gründe hierfür seien u. a. zu nennen: „Die Sowjetunion und die DDR interpretieren das Vier-Mächte-Abkommen immer restriktiver. [...] Die Vierergruppe leidet unter dem Ungleichgewicht der in ihr vertretenen Länder und unter der unterschiedlichen Zielsetzung dieser Länder in einigen außenpolitischen Bereichen. Die Vereinigten Staaten sind eine Großmacht. Das bestimmt auch das Verhalten des amerikanischen Sprechers, der eher als der französische und der britische Sprecher zu einer klaren Sprache bereit ist. Dahinter dürfte das Gefühl stehen, daß die USA zumindest gleichen Rang wie die Sowjetunion haben. Für die französische Seite ist das Vier-Mächte-Abkommen nicht nur ein Mittel zur Wahrung der alliierten Position in Berlin. Sie sieht darin auch einen Ansatz, die Aktivitäten der Bundesrepublik Deutschland in gewissen Bereichen zu kontrollieren. Für Frankreich ist der Status als eine der vier Berlin-Mächte ein nicht unwesentliches Element bei dem Bemühen, politisch und diplomatisch gleichen oder sogar übergeordneten Rang im Verhältnis zur Bundesrepublik Deutschland zu wahren. Die britische Seite ist pragmatischer als die Franzosen. Sie möchte jedoch, vor allem aus dem Gefühl, in Berlin schwächer zu sein als die Sowjetunion, Konflikte vermeiden, zumal diese Konflikte auch das bilaterale Verhältnis zur Sowjetunion belasten könnten. Die Briten tendieren dahin, die Bedeutung der östlichen Aktivitäten herunterzuspielen. [...] Nach Abschluß des Vier-Mächte-Abkommens hofften alle drei Mächte, daß damit die Zukunft Berlins gesichert sei und daß es keine größeren Auseinandersetzungen über die Stadt mehr geben werde. Diese Hoffnung erweist sich mehr und mehr als trügerisch." Für den am 25. Mai 1976 konzipierten Runderlaß vgl. VS-Bd. 10924 (210); B 150, Aktenkopien 1976.

[2] Zum Drahterlaß des Ministerialdirektors Meyer-Landrut vgl. Dok. 183, Anm. 2.

[3] Vgl. Dok. 43.

Zur Information

Die Botschaft nimmt zu den Bezugserlassen wie folgt Stellung:

I. Die Absichten, die die Sowjets gegenüber Berlin verfolgen, sind für den Quai nicht eindeutig. Man verzeichnet in letzter Zeit eine Häufung sowjetischer Erklärungen und Proteste, ist aber der Auffassung, daß die sowjetischen Reaktionen eher „rechtswahrender Natur" sind. Der Quai warnt andererseits vor der sowjetischen Absicht, einen speziellen Typ von Bindung zwischen den Staaten des WP und Berlin (West) zu entwickeln, der geeignet ist, die Rechtslage Berlins zu verschleiern und die Konzeption von Berlin als einer besonderen Einheit zu untermauern. Gesprächspartner im Quai (wo von der Referatsebene bis zum Minister eine sehr einheitliche Auffassung zu Berlin-Fragen besteht) schließen nicht aus, daß die SU langfristige Ziele verfolgt, die nicht mit dem VMA vereinbar sind. Sie gehen jedoch davon aus, daß das VMA nach wie vor die Grundlage der sowjetischen Berlinpolitik bildet und daß die Sowjets im Prinzip bereit sind, ihren Verpflichtungen nachzukommen. Wenn es bei der Auslegung des VMA zu Differenzen kommt, ist dies in französischer Sicht nicht zuletzt in der „Grau-Zone" des VMA begründet, die unterschiedliche Interpretationen erlaubt und unterschiedliche Rechtsauffassungen verdeckt. Die SU ist daher versucht, Grenzen und Möglichkeiten des VMA zu testen – eine Versuchung, die in französischer Sicht nicht allein für die SU besteht. Wenn die Sowjets das VMA à la carte, d. h. teils extensiv, teils restriktiv, – auf jeden Fall zum eigenen Vorteil – interpretieren, reagieren sie nach französischer Auffassung auch auf westliche (d. h. deutsche) Versuche, Bestimmungen des VMA einseitig oder zumindest extensiv auszulegen. Da der SU in Berlin selbst nur begrenzte Möglichkeiten zur Verfügung stehen, auf einen Ausbau der Bundespräsenz oder eine Verstärkung der Bindungen Berlins zum Bund zu reagieren (oder ihnen entgegenzuwirken), reagiert die SU – rückwirkend oder präventiv – bei der Außenvertretung Berlins durch den Bund.

II. Die französische Haltung zu Berlin wird von eigenen Interessen, vertraglichen Verpflichtungen und Rücksichten auf Dritte bestimmt.

1) Sie gründet auf den Anspruch, zu den Siegermächten des Zweiten Weltkriegs zu gehören und in Berlin über originäre Rechte zu verfügen, was französischem Selbstgefühl zugute kommt und französische Schwächen auf anderen Gebieten kompensiert. Bei wirtschaftlichem Übergewicht der Bundesrepublik Deutschland ist die französische Verantwortung für Berlin für das politische Gleichgewicht der französisch-deutschen Beziehungen von nicht zu unterschätzender Bedeutung. Insgesamt ist Frankreich daher interessiert, seine Position in Berlin (und die im Berlin-Problem konzentrierte Verantwortung für Deutschland als Ganzes) integral zu erhalten.

2) Ist die Stellung in Berlin auch politisch von Vorteil, so konfrontiert sie zugleich Frankreich mit der SU, wenn Ost und West ihre Rechte und Verantwortlichkeiten unterschiedlich interpretieren. Sie birgt zugleich die Gefahr von Differenzen unterschiedlich definieren.[4]

Frankreich verkennt nicht den tendenziösen Charakter der sowjetischen Berlinpolitik, sieht jedoch elementare französische Interessen nicht bedroht, so-

---

4 Satz so in der Vorlage.

fern die sowjetische Politik nicht Status und Sicherheit und somit die französische Position in Berlin selbst berührt. Frankreich wünscht einen Ausbau der Beziehungen Berlins zum Bund nicht mit einer Verschlechterung seiner Beziehungen zur SU zu bezahlen. Andererseits möchte sich Frankreich den Wünschen seines deutschen Partners nicht gern entziehen.

Der vorsichtige Kurs der französischen Berlinpolitik wird daher gleichermaßen von der Absicht bestimmt, Differenzen mit der Großmacht SU wie mit seinem privilegierten Nachbarn zu vermeiden. Auf alle Fälle zieht Frankreich es vor, den zwischen Ost und West bestehenden Dissens möglichst nicht im Rahmen internationaler Organisationen auszutragen. Die französische Praxis zeigt so eine verstärkte Tendenz, auf die sowjetischen „Rechtsverwahrungen" nur mit geringem Stimmaufwand zu reagieren.

3) Das VMA ist in französischen Augen ein insgesamt ausgewogener Kompromiß, der die Lebensfähigkeit Berlins erheblich verbessert. Dort, wo es dem VMA an Präzision fehlt, ist es ein Gebot politischer Klugheit, „Mäßigung zu üben auf beiden Seiten" (Sauvagnargues) und die „Grauzone" des Abkommens nicht „zu extensiv" zu interpretieren, da dies entsprechende Eskalationen der anderen Seite bewirkt. Frankreich ist bereit, das VMA strikt und vollständig anzuwenden, was allerdings auch bedeutet, daß man dort auf Anwendung verzichtet, wo sie nach französischer Auffassung schwer oder gar nicht zu begründen ist. So stößt das ohnehin nicht große französische Verständnis für eine umfassende deutsche „Rechtseinheit" dort auf Grenzen, wo ihre Herstellung oder Erhaltung Sicherheit und Status – wenn auch nur marginal – berühren. Auch wo die Rechtslage eindeutig ist, kann sich für Frankreich die Frage nach der politischen Opportunität der Entscheidung stellen, da es, so ein französischer Gesprächspartner, in der Politik wie privat nicht immer angezeigt sei, alle Rechte auszuüben, über die man verfüge.

4) Die französische Berlinpolitik ist im französischen Selbstverständnis darauf gerichtet, Festigkeit in den Prinzipien mit Umsicht in ihrer Anwendung zu verbinden. Dabei geht es Frankreich darum, eine „kohärente" Berlinpolitik zu entwickeln, die vom rechtlich Abgesicherten und politisch Machbaren ausgeht. Auch Frankreich erscheint es notwendig, Status wie Lebensfähigkeit zu sichern. Sind beide Ziele einerseits komplementär, so enthalten sie andererseits die Möglichkeit des Konflikts. In dem Maße, wie sich die Bundesrepublik Deutschland bemüht, die Lebensfähigkeit Berlins durch enge Bindung an den Bund zu sichern, fühlt sich Frankreich „im wohlverstandenen Interesse aller" berufen, der Sicherung des Status besondere Aufmerksamkeit zu schenken. In französischer Sicht ruht Berlins Zukunft letztlich auf der Fähigkeit der Schutzmächte, für die Freiheit der Stadt einzustehen, nicht jedoch – primär – auf den Bindungen Berlins zum Bund, der Bundespräsenz in Berlin oder der Rechtseinheit zwischen Bund und Berlin. Diesen Gesichtspunkt sieht Paris von der Bundesrepublik Deutschland nicht immer genügend beachtet.

III. 1) Die Analyse der französischen Berlinpolitik (Ziffer II) legt den Akzent mehr auf Unterschiede der Perspektive als auf die Gemeinsamkeit in der Substanz. Hierüber sollte nicht die Festigkeit des französischen Engagements übersehen werden, das um so fester ist, als es primär auf Interessen und weniger auf der Vorstellung einer „Treuhänderschaft" beruht. Kenntnis der französischen Mentalität wie Berlinerfahrungen der Vergangenheit sprechen dafür, daß Frankreich in seinem Engagement niemandem nachsteht und – wenn herausgefordert – manchen an Hartnäckigkeit übertrifft.

2) Besteht so zwischen der Bundesrepublik Deutschland und Frankreich in Sachen Berlin weiterhin ein großes Maß an Übereinstimmung (worauf die französische Regierung großen Wert legt und zu Recht immer wieder hinweist), so zeichnen sich andererseits Fehlentwicklungen ab, die – wenn ständige Praxis – sowohl unter berlinpolitischen als auch unter deutsch-französischen Aspekten zur Besorgnis stimmen.

Anders als wir sehen die Franzosen nicht klar Gefahr und Konsequenzen einer Politik,

– in der (wie im Bezugserlaß ausgeführt) die westlichen Signatarmächte das VMA quasi richterlich auslegen, während sich die SU wie eine Streitpartei verhält[5],

– bei der sich die westlichen Schutzmächte an der „sola scriptura" des VMA ausrichten, während darüber die Verhandlungsgrundlagen und Anwendungskommentare in Vergessenheit geraten,

– bei der sich maximale sowjetische Ziele und eine restriktive westliche Interpretation in einer Weise addieren, die das politische Gleichgewicht des VMA gefährdet.

3) Damit ist die Frage hinreichender Konsultationen angesprochen, deren Qualität sowohl von uns wie von französischer Seite beanstandet wird. Gespräche im Quai zeigen, daß die Bonner Blitzkonsultationen über das Verkehrsabkommen[6] einige Spuren hinterlassen haben (wenn man auch für angenommene Kommunikationsprobleme zwischen beteiligten deutschen Stellen Verständnis zeigt). Wir könnten andererseits kaum damit rechnen, daß die – bewußt am kurzen Zügel geführte – französische Vertretung in der Vierergruppe aufgewertet wird oder größeren Spielraum erhält.

– Damit stellt sich die Frage, ob es nicht ohne Beeinträchtigung des Instruments der Vierergruppe – und ohne die Franzosen zum schwarzen Schaf zu

---

5 In der von Vortragendem Legationsrat I. Klasse Lücking am 31. Mai 1976 übermittelten Aufzeichnung über die Erörterung von Berlin-Fragen in der Bonner Vierergruppe hieß es: „Die Haltung der Sowjetunion einerseits und der Drei Mächte andererseits bei der Auslegung und der Anwendung des Vier-Mächte-Abkommens ist grundverschieden. Die sowjetische Seite scheut nicht vor einseitigen Interpretationen zurück und stellt auch Behauptungen auf, die durch das Vier-Mächte-Abkommen nicht mehr gedeckt werden (Beispiel: das vor dem Vier-Mächte-Abkommen in Berlin errichtete Bundeskartellamt befinde sich zu Unrecht dort). Die Sowjetunion verhält sich wie eine Partei in einem Streit. Die Drei Mächte neigen mehr dazu, das Vier-Mächte-Abkommen nach Art eines Richters auszulegen, der über einen Streit entscheiden muß. Sie versuchen weniger, ihre eigene Interpretation des Vier-Mächte-Abkommens zu geben, als das Abkommen nach seinem Wortlaut so auszulegen, daß die Auslegung jedem Angriff standhält. Dabei geraten die Verhandlungsgrundlagen und die Erörterungen mit der sowjetischen Seite bei dem Aushandeln des Abkommens, die noch in dem aufgrund der Verhandlungen von den Drei Mächten erarbeiteten Kommentar enthalten sind, mehr und mehr in Vergessenheit." Vgl. den am 25. Mai 1976 konzipierten Runderlaß Nr. 2050; VS-Bd. 10924 (210); B 150, Aktenkopien 1976.

6 Zu den Konsultationen mit den Drei Mächten am 16. Dezember 1975 über die Vereinbarungen vom 19. Dezember 1975 zwischen der Bundesrepublik und der DDR über Verbesserungen im Straßen-, Schienen- und Binnenschiffahrtsverkehr vgl. Dok. 16.

machen – angezeigt wäre, vermehrt bilateral auf die Meinungsbildung in Paris einzuwirken (wobei Bemühungen der Botschaft eine entsprechende Unterrichtung voraussetzen und prophylaktischer und nicht therapeutischer Natur sein sollten).

– Der Stellenwert Berlins im Rahmen unserer Politik würde es rechtfertigen, Grundfragen der Berlinpolitik verstärkt in Kanzler- und Ministerkonsultationen zu erörtern.

– Schließlich wäre zu überlegen, ob nicht die Zeit gekommen ist, durch den ersten Besuch eines französischen Präsidenten in Berlin die Verbundenheit der französischen Schutzmacht mit der Stadt öffentlich zu unterstreichen.

[gez.] Braun

VS-Bd. 9754 (PStS)

195

Richtlinie der Bundesregierung für den Rüstungsexport
(Entwurf)

Geheim **16. Juni 1976**[1]

Betr.: Exportpolitik der Bundesregierung im Rüstungsbereich[2];
     hier: Direktexport von Kriegswaffen und sonstigen Rüstungsgütern sowie deutsche Zulieferungen an Kooperationspartner

1) Grundlagen

Für den genehmigungsbedürftigen Export von Kriegswaffen und sonstigen Rüstungsgütern gelten:

---

[1] Ablichtung.
Der Entwurf wurde als Anlage 2 des Schreibens des Kapitäns zur See Borgemeister, Bundeskanzleramt, vom 18. Juni 1976 an Staatssekretär Hermes übermittelt.
Hat Hermes am 18. Juni 1976 vorgelegen, der die Weiterleitung an Ministerialdirigent Sigrist verfügte.
Hat Sigrist am 21. Juni 1976 vorgelegen, der die Weiterleitung an Referat 403 verfügte. Vgl. VS-Bd. 8874 (403); B 150, Aktenkopien 1976.
[2] Zur Neufassung der Richtlinien für den Rüstungsexport vgl. Dok. 109.
Am 21. Mai 1976 fand im Bundeskanzleramt eine Ressortbesprechung statt, in der der Entwurf des Bundeskanzleramts vom 2. April 1976 überarbeitet wurde. Vgl. dazu Anm. 11, 12 und 16.
Am 9. Juni 1976 übermittelte Staatssekretär Schüler, Bundeskanzleramt, Staatssekretär Hermes den überarbeiteten Entwurf vom 24. Mai 1976. Gleichzeitig lud er zu einer weiteren Besprechung auf der Ebene der Staatssekretäre am 15. Juni 1976 ins Bundeskanzleramt ein mit dem Ziel, eine „abschließende Abstimmung des Entwurftextes" vorzunehmen. Vgl. VS-Bd. 8874 (403); B 150, Aktenkopien 1976.
In der Staatssekretärbesprechung am 15. Juni 1976 wurden weitere Änderungen vereinbart. Vgl. dazu die Anlage 1 des Schreibens des Kapitäns zur See Borgemeister, Bundeskanzleramt, vom 18. Juni 1976 an Hermes; VS-Bd. 8874 (403); B 150, Aktenkopien 1976.

– das Kriegswaffenkontrollgesetz (KWKG) vom 20. April 1961 als Ausführungsgesetz zu Artikel 26 Absatz 2 des Grundgesetzes[3],

– das Außenwirtschaftsgesetz (AWG) vom 28. April 1961[4] und

– die Politischen Grundsätze der Bundesregierung vom 16. Juni 1971[5]; sie orientieren sich vornehmlich am deutschen Sicherheitsbedürfnis und an den außenpolitischen Interessen der Bundesrepublik Deutschland.

2) Direktexport

A. Für die praktische Anwendung der Politischen Grundsätze gilt der Beschluß des Bundessicherheitsrates vom 27. Januar 1975:

„– bei der Festlegung von ‚Spannungsgebieten‘ wird deutlicher regional eingegrenzt, nach Abbau der Spannung werden die Restriktionen zügiger aufgehoben;

– die am Genehmigungsverfahren beteiligten Ressorts werden Restriktionen in Zukunft stärker auf kriegswaffennahe Güter beschränken."

B. In Länder des Atlantischen Verteidigungsbündnisses können Kriegswaffen und sonstige Rüstungsgüter nach Maßgabe der Ziffer I der Politischen Grundsätze[6] exportiert werden.

Irland, Österreich und Spanien werden behandelt wie die Länder, die der Bundessicherheitsrat am 29. September 1971 hinsichtlich der Erteilung von Ausfuhrgenehmigungen den NATO-Ländern gleichgestellt hat (Australien, Japan, Neuseeland, Schweden und Schweiz).

Im übrigen gelten folgende Regelungen:

a) Kambodscha, Laos und Vietnam werden behandelt wie die in der Länderliste C (Abschnitt II der Anlage zum Außenwirtschaftsgesetz[7]) aufgeführten Staaten (Albanien, China, Kuba, Ostblockländer).

b) Der Export von Kriegswaffen in die Südafrikanische Republik und nach Rhodesien ist ausgeschlossen (vgl. die Erklärung der Bundesregierung vom 19. De-

---

3 Für den Wortlaut des Ausführungsgesetzes vom 20. April 1961 zu Artikel 26 Absatz 2 des Grundgesetzes (Kriegswaffenkontrollgesetz) vgl. BUNDESGESETZBLATT 1961, Teil I, S. 444–450.

4 Für den Wortlaut des Außenwirtschaftsgesetzes vom 28. April 1961 vgl. BUNDESGESETZBLATT 1961, Teil I, S. 481–495.

5 Zu den „Politischen Grundsätzen der Bundesregierung für den Export von Kriegswaffen und sonstigen Rüstungsgütern" vgl. Dok. 2, Anm. 4.

6 Abschnitt I der „Politischen Grundsätze der Bundesregierung für den Export von Kriegswaffen und sonstigen Rüstungsgütern": „Der Export von Kriegswaffen und sonstigen Rüstungsgütern in NATO-Länder hat sich an der Erhaltung der Verteidigungskraft des Bündnisses und damit an dem Verteidigungsinteresse der Bundesrepublik Deutschland zu orientieren. Es ist grundsätzlich nicht zu beschränken. Aus besonderen politischen Erwägungen kann in Einzelfällen der Export von Kriegswaffen und sonstigen Rüstungsgütern beschränkt werden. In NATO-Länder gelieferte Kriegswaffen dürfen grundsätzlich nicht außerhalb des Geltungsbereichs des NATO-Vertrags verbracht werden. Hinsichtlich des Endverbleibs ist, in Anlehnung an die Praxis anderer NATO-Länder gegenüber der Bundesrepublik Deutschland, anzustreben, daß an NATO-Länder gelieferte Kriegswaffen in relevanten Fällen nur mit dem schriftlichen Einverständnis der Bundesregierung aus dem Geltungsbereich des NATO-Vertrags verbracht werden dürfen." Vgl. die Anlage zur Kabinettsvorlage des Auswärtigen Amts vom 27. Januar 1971; Referat 201, Bd. 1826.

7 Für den Wortlaut der Länderliste C) der Verordnung zur Durchführung des Außenwirtschaftsgesetzes vom 28. April 1961 (Außenwirtschaftsverordnung) in der Fassung vom 31. August 1973 vgl. BUNDESGESETZBLATT 1973, Teil I, S. 1100.

zember 1963[8], die Entschließung des Sicherheitsrates der UN vom 4. Dezember 1963[9] und die UN-Resolution 253 von 1968[10]).[11]

c) Für die Dauer des arabisch-israelischen Konfliktes müssen Länder des Nahen Ostens, die als Parteien an diesem Konflikt beteiligt sind, als Spannungsgebiet angesehen werden. Insoweit scheidet die Lieferung von Kriegswaffen aus.[12]

Der Export von sonstigen Rüstungsgütern in diese Länder kann gemäß den Beschlüssen des Bundessicherheitsrates vom 3. April 1974 und vom 27. Januar 1975 genehmigt werden.

d) Allen übrigen Ländern gegenüber wird im Grundsatz an der bisherigen Zurückhaltung bei der Lieferung von Kriegswaffen festgehalten. Ausnahmen können im Einzelfall genehmigt werden, wenn politische Gesichtspunkte dies rechtfertigen. Für den Export von sonstigen Rüstungsgütern werden Genehmigungen erteilt, soweit gesetzliche Vorschriften nicht entgegenstehen.

C. Genehmigungsverfahren

Die Entscheidung über Genehmigungen zur Ausfuhr von Kriegswaffen und sonstigen Rüstungsgütern bleibt dem Bundessicherheitsrat vorbehalten, wenn der Exportfall

– unter den am Genehmigungsverfahren beteiligten Ressorts (BMWi, AA und BMVg) strittig oder

– politisch bedeutsam ist.

3) Deutsche Zulieferungen für Exporte aus Rüstungskoproduktion mit Partnerstaaten in Drittländer

A. Die Notwendigkeit der Rüstungskooperation

Die Bundesrepublik Deutschland kann aus folgenden politischen, militärischen und wirtschaftlichen Gründen auf eine Rüstungskooperation im Bündnis nicht verzichten:

---

[8] Für den Wortlaut vgl. BULLETIN 1963, S. 2005.

[9] Für den Wortlaut der Resolution Nr. 182 des UNO-Sicherheitsrats vom 4. Dezember 1963 vgl. UNITED NATIONS RESOLUTIONS, Serie II, Bd. IV, S. 86–88.

[10] Zur Resolution Nr. 253 des UNO-Sicherheitsrats vom 29. Mai 1968 vgl. Dok. 98, Anm. 12.

[11] Ministerialdirigent Sigrist vermerkte am 11. Juni 1976, daß an dieser Stelle gegenüber dem Entwurf vom 2. April 1976 Chile auf Vorschlag des Auswärtigen Amts nicht mehr gesondert erwähnt werde: „Es gibt keine außenpolitischen Gründe, Chile vom Kriegswaffenexport ausdrücklich auszuschließen, während andere Länder, in die wir aus ähnlichen Gründen Kriegswaffenexporte nicht genehmigen wollen, unerwähnt bleiben". Vgl. VS-Bd. 8874 (403); B 150, Aktenkopien 1976.

[12] Am 11. Juni 1976 notierte Ministerialdirigent Sigrist, daß das Auswärtige Amt in der Ressortbesprechung vom 21. Mai 1976 zunächst folgenden Passus vorgeschlagen habe: „Der Nahe Osten muß für die Dauer des israelisch-arabischen Konflikts als Spannungsgebiet angesehen werden. Damit scheidet die Lieferung von Kriegswaffen an Länder aus, die als Parteien an diesem Konflikt beteiligt sind." Die jetzige Fassung habe folgenden Hintergrund: „Auszugehen ist von der ständigen Haltung der Bundesregierung, keine Kriegswaffen in Spannungsgebiete zu liefern (vgl. Politische Grundsätze von 1971). Damit wäre es nach der o. g. ersten Fassung, in der der gesamte Nahe Osten als Spannungsgebiet bezeichnet wird, nicht möglich, Kriegswaffen, deren Lieferung evtl. zugestimmt werden soll (z. B. Schnellboote), dorthin zu exportieren. Mit der geänderten Formulierung bleibt diese Möglichkeit erhalten, sofern man jene Staaten, die solche Kriegswaffen bekommen sollen, nicht als Länder ansieht, die als Parteien an dem arabisch-israelischen Konflikt beteiligt sind; nach der neuen Formulierung würden diese Länder also nicht als Spannungsgebiet angesehen, ein Kriegswaffenexport in sie würde mit dem o. g. Grundsatz – keine Waffen in Spannungsgebiete – nicht in Widerspruch stehen." Vgl. VS-Bd. 8874 (403); B 150, Aktenkopien 1976.

- Integration Europas (u. a. Initiative der Europäischen Programmgruppe[13]),
- Standardisierung von Waffen und Gerät,
- Interoperabilität von Systemen[14],
- kostensenkende Entwicklung und Beschaffung durch Erhöhung der Stückzahlen,
- Ausschöpfung des technologischen und industriellen Potentials im Bündnis.

Die Bundesregierung muß davon ausgehen, daß ihre Kooperationspartner auch auf dem Rüstungssektor in starkem Maße exportorientiert sind. Dies kann angesichts unserer restriktiveren Exportpolitik zu Divergenzen führen, denen frühzeitig durch politische Konsultationen entgegengetreten werden sollte. Es ist jedoch zu berücksichtigen, daß die Bundesregierung, wenn sie ihre Kooperationsfähigkeit im Bündnis nicht gefährden will, auf Zulieferungen an Kooperationspartner nicht die gleichen Restriktionen wie auf Direktexporte anwenden darf.

B. Genehmigungsverfahren (KWKG/AWG) für die deutschen Zulieferungen

a) Für deutsche Zulieferungen von Teilen (Einzelteilen oder Baugruppen), die Kriegswaffen oder sonstige Rüstungsgüter sind, ist das Kooperationspartnerland ausfuhrrechtlich Käufer- und Verbrauchsland und – soweit es sich um als Kriegswaffen eingestufte Teile handelt – auch Endverbleibsland. Wenn diese Teile durch festen Einbau in das Waffensystem integriert werden, begründet die Verarbeitung im Partnerland ausfuhrrechtlich einen neuen Warenursprung. Solchen Zulieferungen stehen keine zwingenden deutschen Rechtsvorschriften entgegen.

b) Die politische Problematik bleibt jedoch bestehen. Die Koproduktion wird auch der Bundesrepublik Deutschland politisch zugerechnet. Inwieweit unter diesen Gesichtspunkten die Zulieferungen politisch vertretbar sind, wäre im Genehmigungsverfahren zu prüfen. Für die deutsch-französische Rüstungskooperation ist die Entscheidung allerdings durch die Regierungsvereinbarung von 1972[15] im wesentlichen bereits vorgegeben. Die Möglichkeit, eine Ausfuhrgenehmigung für Komponenten eines Gemeinschaftsprojektes zu versagen, kann hierbei nur im Ausnahmefall (s. Ausnahmen unter C.) in Anspruch genommen werden. Damit hat die Bundesregierung dem Kooperationsinteresse Vorrang eingeräumt. Diesen Vorrang wird sie auch der Kooperation mit anderen Bündnispartnern nicht versagen können. Das bedeutet jedoch keinen Verzicht der Bundesregierung auf jede Einwirkungsmöglichkeit bei Exportvorhaben von Kooperationspartnern.

Im Genehmigungsverfahren für deutsche Zulieferungen ist eine solche Einwirkung aber in aller Regel nicht zu realisieren, weil im Zeitpunkt der Zulieferung durchweg nicht abzusehen ist, für welches Exportvorhaben des Kooperationspartners die Zulieferung verwendet wird.

---

13 Zur Arbeit der Europäischen Programmgruppe im Rahmen der Eurogroup vgl. Dok. 190, besonders Anm. 2.
14 Zur Arbeit des Ausschusses für Interoperabilität im Rahmen der Eurogroup vgl. Dok. 190, besonders Anm. 3.
15 Zur Regierungsvereinbarung vom Februar 1972 zwischen der Bundesrepublik und Frankreich über die Ausfuhr von gemeinsam entwickelten und/oder gefertigten Kriegswaffen und sonstigem Rüstungsmaterial in dritte Länder vgl. Dok. 81, Anm. 16.

Die Versagung müßte daher im Extremfall zu einer völligen Ausfuhrsperre für die Zulieferungen für ein bestimmtes Waffensystem führen, wenn vom Bundesgebiet aus sichergestellt werden sollte, daß die Verwendung deutscher Komponenten für unerwünschte Exporte des Partners unterbleibt. Damit würde aber die gesamte künftige Kooperation gefährdet. Aus diesen Gründen kann bestimmten Exportvorhaben des Kooperationspartners, die aus der politischen Sicht der Bundesregierung nicht vertretbar erscheinen, nur im Konsultationswege entgegengetreten werden.

C. Konsultationen über die Exportvorhaben des Kooperationspartners

Es ist anzustreben, daß zukünftig die exportpolitischen Konsequenzen vor Vereinbarung einer Koproduktion gemeinsam geprüft werden.

Soweit durch entsprechende Absprachen die Unterschiede in der politischen Beurteilung von Exportvorhaben nicht ausgeräumt werden können, wird die Bundesregierung mit Aussicht auf Erfolg Exportvorhaben ihrer Kooperationspartner nur dann entgegentreten können, wenn sie Ausnahmefälle sehr eng begrenzt.

Einsprüche der Bundesregierung gegen die Verwendung deutscher Zulieferungen sind in folgenden Fällen zu erheben:

– Exporte in Länder, die in bewaffnete Auseinandersetzungen verwickelt sind,

– Exporte in Länder, in denen ein Ausbruch bewaffneter Auseinandersetzungen unmittelbar bevorsteht,

– Exporte, durch die unverzichtbare Sicherheitsinteressen der Bundesrepublik gefährdet werden,

– Exporte, welche die auswärtigen Beziehungen zu Drittländern so erheblich belasten würden, daß selbst das eigene Interesse an der Kooperation (vgl. Ziffer 3 A) und an der Aufrechterhaltung guter Beziehungen zum Kooperationspartner zurückstehen muß.[16]

D. Konsultationsverfahren

Sobald Informationen über die Lieferabsichten des Kooperationspartners vorliegen, prüfen die Ressorts (AA, BMVg und BMWi) unter Beteiligung des Bundeskanzleramtes, ob die Voraussetzungen für die Einleitung von Konsultationen vorliegen. Wird ein Einspruch für angezeigt gehalten, legt das AA – in Fragen einer Gefährdung der Sicherheitsinteressen das BMVg – den Fall unverzüglich dem Bundessicherheitsrat zur Entscheidung vor.[17]

VS-Bd. 8874 (403)

---

16 Ministerialdirigent Sigrist hielt am 11. Juni 1976 fest, daß dieser Absatz in der Ressortbesprechung am 21. Mai 1976 neu aufgenommen worden sei: „Mit diesem zusätzlichen Ausnahmefall wird den Bedenken des Auswärtigen Amts Rechnung getragen, daß ein Einspruch auch möglich bleiben muß, wenn er erforderlich ist, um schwerwiegende außenpolitische Nachteile abzuwenden. Der ursprüngliche Vorschlag des Auswärtigen Amts – ausdrücklicher Hinweis auf AWG/KWKG – wurde fallengelassen, weil die anderen Ressorts der Auffassung waren, daß dieser Vorschlag mit Sinn- und Zielrichtung des ersten Abschnittes der Ziffer 3 C) nicht vereinbar sei." Vgl. VS-Bd. 8874 (403); B 150, Aktenkopien 1976.

17 Ministerialdirektor Lautenschlager informierte am 25. Juni 1976, daß der Bundessicherheitsrat in seiner Sitzung am 7. Juli 1976 über den Entwurf der Richtlinie für den Rüstungsexport vom 16. Juni 1976 beraten werde. Zudem solle er auf der Grundlage der Richtlinie über den Export der in deutsch-

196

**Ministerialdirektor Lautenschlager
an Botschafter von Staden, Washington**

413-491.09 IRN VS-NfD   16. Juni 1976[1]
Fernschreiben Nr. 611   Aufgabe: 16. Juni 1976, 18.15 Uhr
Cito

Betr.: Amerikanisches Memorandum vom 24. Mai 1976
        hier: Deutsch-iranisches Kooperationsabkommen mit dem Iran über die
        friedliche Nutzung der Kernenergie[2]
Bezug: DB Nr. 1697 vom 24.5.1976[3]

Nur zur dortigen Information

Nur für Botschafter o.V.i.A.

1) Das amerikanische Memorandum ist im Auswärtigen Amt unter Beteiligung
der zuständigen Ressorts eingehend unter dem Aspekt unserer Verhandlungen
mit dem Iran geprüft worden. Am 28. Mai 1976 hat unter Vorsitz von StS Haunschild (federführendes Ressort) ein StS-Gespräch stattgefunden, an dem StS
Hermes teilgenommen hat. Hier wurden insbesondere die amerikanischen Vorstellungen über einen Zeitrahmen für den Beginn einer möglichen Zusammenarbeit im sensitiven Bereich des Brennstoffkreislaufs sowie die amerikanische
Idee der Einführung eines Moratoriums im sensitiven Bereich erörtert. Aufgrund der Erklärung von Sonnenfeldt gegenüber Botschafter von Staden (DB
Nr. 1748 vom 28.5.1976)[4] sowie der amerikanischen Haltung auf dem Treffen

---

Fortsetzung Fußnote von Seite 911

    französischer Koproduktion entstandenen Panzerabwehrsysteme „Hot" und „Milan" sowie des Kampf-
    flugzeugs „Alpha Jet" entscheiden. Im ersten Fall sei das Bundesministerium der Verteidigung von
    den französischen Lieferabsichten in Kenntnis gesetzt worden, habe aber die einzelnen Vorhaben
    nicht weiterverfolgen können, „weil die Bundesregierung keine abschließende Entscheidung über
    ihre Haltung zu den französischen Exporten getroffen hat". Im Anschluß an den Besuch des Präsi-
    denten Sadat vom 29. März bis 3. April 1976 in der Bundesrepublik habe Staatssekretär Mann,
    Bundesministerium der Verteidigung, der französischen Seite mitgeteilt, daß Bundeskanzler
    Schmidt einer Lieferung des „Alpha Jet" nicht zustimmen könne. In den Konsultationen sei aller-
    dings deutlich geworden, „daß die französische Seite das Exportgeschäft nach Ägypten auf jeden
    Fall realisieren will und sich hierzu auf der Grundlage des deutsch-französischen Abkommens von
    1971 als berechtigt ansieht". Es sei daher wahrscheinlich, „daß eine Verhinderung des Exports der
    ‚Alpha Jet' durch die deutsche Seite zu einer Belastung der deutsch-französischen Beziehungen
    führen und die Kooperation mit Frankreich sowie anderen potentiellen Partnern gefährden würde.
    [...] Es wird vorgeschlagen, daß auch das Auswärtige Amt seine Bedenken gegen den französischen
    Export der ‚Alpha Jet' nach Ägypten zurückstellt." Vgl. VS-Bd. 8874 (403); B 150, Aktenkopien 1976.
    Die Sitzung des Bundessicherheitsrats fand nicht statt. Vgl. dazu die Aufzeichnung von Lauten-
    schlager vom 21. Juli 1976; VS-Bd. 8874 (403); B 150, Aktenkopien 1976.
    Der Bundessicherheitsrat erörterte die Richtlinie in der Sitzung am 2. Februar 1977. Vgl. dazu die
    Aufzeichnung von Lautenschlager vom 28. Januar 1977; AAPD 1977.

[1] Der Drahterlaß wurde von Vortragendem Legationsrat I. Klasse Rouget konzipiert.
[2] Zu den Verhandlungen zwischen der Bundesrepublik und dem Iran über ein Abkommen über Zu-
    sammenarbeit auf dem Gebiet der friedlichen Nutzung der Kernenergie vgl. Dok. 143, Anm. 9.
[3] Zum Drahtbericht des Botschafters von Staden, Washington, vgl. Dok. 156, Anm. 3.
[4] Botschafter von Staden, Washington, teilte mit, der Berater im amerikanischen Außenministeri-
    um, Sonnenfeldt, habe ihm am 28. Mai 1976 bestätigt, „daß ein eventuelles deutsch-iranisches Ab-

der nuklearen Hauptlieferländer in London am 3./4.6.1976[5] ist die Frage eines Moratoriums in den internen Erörterungen nicht mehr weiter vertieft worden.

In der StS-Besprechung wurde Übereinstimmung erzielt, die Verhandlungen mit dem Iran bald zum Abschluß zu bringen und dabei die Gesichtspunkte der Ziffer 2 des US-Memorandums[6] soweit wie möglich zu berücksichtigen. Selbstverständlich gehen wir hierbei von den auf der Geschäftsgrundlage der Ende 1974/Anfang 1975 mit dem Iran getroffenen Absprachen aus[7] und werden den von der amerikanischen Seite im Verlaufe der deutsch-amerikanischen Konsultationen[8] dargelegten Vorstellungen auch Rechnung tragen. (Anläßlich des Treffens der nuklearen Hauptlieferländer am 3./4. Juni 1976 hat Botschafter Bal-

Fortsetzung Fußnote von Seite 912

kommen nach amerikanischer Auffassung von einem Moratorium nicht erfaßt sein würde. [...] Sonnenfeldt sagte außerdem, daß Vest den Moratoriumsgedanken in London aller Voraussicht nach nicht im Plenum, sondern lediglich in bilateralen Gesprächen zur Sprache bringen würde. Man habe amerikanischerseits bereits bei den Franzosen und den Briten vorgefühlt. Die Franzosen hätten eine relativ aufgeschlossene Haltung an den Tag gelegt. Die Briten hätten wie wir die Notwendigkeit unterstrichen, daß alle Lieferländer das Moratorium annehmen. Außerdem hätten sie sich besorgt darüber gezeigt, daß die Einführung eines Moratoriums möglicherweise zu einer Konfrontation mit den Empfängerländern führen könne." Vgl. Referat 413, Bd. 119502.

5 Vgl. dazu das Gespräch des Botschafters z. b. V. Balken mit dem Leiter der amerikanischen Delegation, Vest, bei der Konferenz der wichtigsten Lieferstaaten von Kerntechnologie am 3. Juni 1976 in London; Dok. 156, Anm. 8.

6 Ziffer 2 der Botschafter von Staden, Washington, am 24. Mai 1976 übergebenen amerikanischen Stellungnahme: „If you should proceed with the agreement despite our position, we have a number of suggestions concerning the draft text which we would ask you to consider in the light of the understandings and discussions between our staffs. We offer these comments without prejudice to our basic position that the agreement should not at this time authorize future cooperation in sensitive areas such as reprocessing and enrichment." Vgl. den Drahtbericht Nr. 1697; VS-Bd. 11566 (222); B 150, Aktenkopien 1976.

7 Vom 16. bis 19. April 1975 verhandelte eine Delegation aus der Bundesrepublik in Teheran „über ein Ressortabkommen zwischen dem BMFT und der Atomic Energy Organisation of Iran (AEOI) über die Zusammenarbeit auf dem Gebiet der friedlichen Nutzung der Kernenergie. Der Abkommensentwurf sieht eine Zusammenarbeit auch im sensitiven Bereich, allerdings ohne nähere Konkretisierung vor (Anreicherung, Wiederaufarbeitung)." Ministerialdirigent Lautenschlager vermerkte dazu am 24. Juli 1975, der Iran sei bereit, seinen gesamten Brennstoffkreislauf IAEO-Kontrollen zu unterwerfen, und habe ein besonderes Interesse an „der Wiederaufarbeitung (Lieferung von Wiederaufbereitungsanlagen und Austausch von Know-how). Sein Interesse im Bereich der Anreicherung bezieht sich auf das Zentrifugenverfahren, über das wir aber wegen der Zusammenarbeit in der Troika (mit Großbritannien und den Niederlanden) ohnehin allein nicht verfügen können. Der Iran wäre deshalb notfalls bereit, sich lediglich an einer Troika-Anlage in Europa zu beteiligen und auf die Lieferung von hardware und Technologie zu verzichten." Die für Anfang Juli 1975 vorgesehene Paraphierung des Abkommensentwurfs sei angesichts „der heftigen Reaktionen in den USA auf das deutsch-brasilianische Abkommen" verschoben worden. Vgl. Referat 413, Bd. 114257.

8 Am 27. April 1976 resümierte Botschafter z. b. V. Balken, z. Z. Washington, die deutsch-amerikanischen Konsultationen zu einem Abkommen zwischen der Bundesrepublik und dem Iran über Zusammenarbeit auf dem Gebiet der friedlichen Nutzung der Kernenergie: „Wir haben der amerikanischen Seite unsere Auffassung zu den drei für die Ausgestaltung des Abkommens wesentlichen Problemkreisen – Einräumung einer Option für die Zusammenarbeit im Bereich der Wiederaufarbeitung und Anreicherung; Ausgestaltung der Lieferungsbedingungen entsprechend den Richtlinien (Artikel 7 des Abkommensentwurfs und Briefwechsel über Retransfer-Voraussetzungen im sensitiven Bereich); Wiederaufbereitung von Brennelementen, die von deutscher Seite geliefert oder in von uns gelieferten Reaktoren bestrahlt worden sind – erläutert und die entsprechenden Passagen des deutschen Vertragsentwurfs übergeben. [...] Die Diskussion konzentrierte sich naturgemäß auf die Frage, unter welchen Bedingungen eine Wiederaufarbeitung von Brennelementen im Iran in Betracht kommen kann. Insgesamt ergab sich dabei eine bemerkenswerte Übereinstimmung zwischen unserem Konzept, wie es im Entwurf des Briefwechsels über die Zusammenarbeit im Brennstoffkreislauf niedergelegt ist, und den amerikanischen Vorstellungen über die Gestaltung einer Anlage, die amerikanischen Sicherheitskriterien genügen würde." Vgl. den Drahtbericht Nr. 1375; Referat 413, Bd. 119562.

ken gegenüber Vest in einem Privatgespräch zum Ausdruck gebracht, daß wir diesen Weg gehen würden. Herr Vest hat hierfür großes Verständnis gezeigt.)

2) Die Entscheidung war dringlich geworden, weil die iranische Seite auf der dritten Verhandlungsrunde im Mai 1976 in Teheran ein Junktim zwischen dem Abschluß des Regierungsabkommens und dem für den 1. Juli 1976 terminierten Abschluß der endgültigen Verträge mit der KWU hergestellt hat. (Das Gesamtvolumen des Auftrages einschließlich Infrastrukturarbeiten umfaßt ca. 8 Mrd. DM sowie 3 Mrd. DM für die Brennelementversorgung für die ersten zehn Betriebsjahre – Erstausstattung. Von den 8 Mrd. DM sind in der Zwischenzeit ca. 1 Mrd. DM verbaut worden.)

3) Die Ergebnisse der StS-Besprechung sind am 15. Juni 1976 in einem Chefgespräch bei dem Herrn Bundeskanzler, an dem der Bundesminister des Auswärtigen sowie die Ressortminister BMFT, BMWi und BMI teilgenommen haben, in der Substanz bestätigt worden. StS Haunschild hat zugleich entsprechende Weisungen für die Verhandlungsführung erhalten.[9]

In diesem Gespräch wurde ferner ins Auge gefaßt, den Fragenkomplex in Puerto Rico[10] ggf. noch einmal von Bundeskanzler und Bundesminister anzusprechen.

4) Die nächste Verhandlungsrunde mit dem Iran findet am 17./.18. Juni 1976 in Wien statt. Für diese Verhandlungsrunde sind hinsichtlich eines Zeitrahmens für eine mögliche Zusammenarbeit auch im sensitiven Bereich des Brennstoffkreislaufs mit dem Iran verschiedene Alternativen erarbeitet worden, die in der Besprechung beim Bundeskanzler gebilligt wurden.

Über das Ergebnis der Wiener Verhandlungsrunde mit dem Iran folgt gesonderte Unterrichtung.[11]

Lautenschlager[12]

Referat 413, Bd. 119563

---

9 Ministerialdirigent Ruhfus, Bundeskanzleramt, vermerkte am 16. Juni 1976, beim Gespräch des Bundeskanzlers Schmidt mit den Bundesministern Friderichs, Genscher, Maihofer und Matthöfer vom Vortag sei zu den Verhandlungen mit dem Iran über ein Abkommen über Zusammenarbeit auf dem Gebiet der friedlichen Nutzung der Kernenergie vereinbart worden: „1) StS Haunschild wird bei der nächsten Verhandlungsrunde in Wien versuchen, den letter of intent (Briefwechsel I) so abzuändern, daß ein Zeitrahmen von etwa zehn Jahren festgelegt wird. Hierbei erscheint es aussichtsreicher, eine allgemeine Formulierung etwa auf der Linie ‚when several nuclear power stations will be in operation' durchzusetzen als die Angabe von konkreten Jahreszahlen. 2) Sollte eine Änderung des Textes des Briefes nicht zu erreichen sein, übergibt StS Haunschild eine entsprechende Erklärung schriftlich oder erklärt sie mündlich zu Protokoll. [...] 3) Wenn der Iran weder der Änderung des Briefes noch der Abgabe einer einseitigen mündlichen Erklärung zustimmt, dann wird über das weitere Verfahren nach Rückkehr und nach dem Bericht von StS Haunschild entschieden." Vgl. VS-Bd. 8887 (431); B 150, Aktenkopien 1976.

10 Zur Konferenz der Staats- und Regierungschefs aus sieben Industriestaaten am 27./28. Juni 1976 in San Juan vgl. Dok. 208.

11 Am 22. Juni 1976 teilte Vortragender Legationsrat I. Klasse Rouget der Botschaft in Washington zu den Verhandlungen zwischen der Bundesrepublik und dem Iran über ein Abkommen über Zusammenarbeit auf dem Gebiet der friedlichen Nutzung der Kernenergie mit: „1) Am 17. Juni 1976 fand in Wien dritte Verhandlungsrunde mit dem Iran statt, die am 18. Juni 1976 mit Paraphierung des Kooperationstextes abgeschlossen wurde. 2) In der Frage der möglichen Zusammenarbeit im sensitiven Bereich des Brennstoffkreislaufes (in erster Linie Wiederaufbereitung) ist ein Briefwechsel vereinbart worden, der im Hinblick auf iranische Empfindlichkeit nicht veröffentlicht werden soll [...]. Die ins Auge gefaßte Zusammenarbeit in diesem Bereich ist an den Eintritt folgender Bedingungen geknüpft: Zusammenarbeit zu einem späteren Zeitpunkt, wenn mehrere Kernkraft-

197

Aufzeichnung des Ministerialdirigenten Schödel

610-1-600.51/00 POL   18. Juni 1976[1]

Über Herrn Staatssekretär[2] Herrn Bundesminister[3]

Zweck der Vorlage: Zur Unterrichtung

Betr.: Deutsch-polnisches Kulturabkommen

Das deutsch-polnische Kulturabkommen wurde am 11. Juni 1976 im Beisein des Bundeskanzlers und des polnischen Parteichefs durch die Außenminister Genscher und Olszowski im Bundeskanzleramt unterzeichnet.[4]

Der Abschluß des Abkommens blieb bis zum letzten Augenblick in Frage gestellt.

Besondere Schwierigkeiten bereiteten zunächst die polnischen Wünsche für die Formulierung der Artikel über die Schulbuchrevision (4)[5] und die Massenmedien (11)[6]. Die Polen betrachteten diese beiden Artikel als „Herzstück" des

---

Fortsetzung Fußnote von Seite 914

werke in Betrieb sein werden. Dies bedeutet: Die von KWU zu liefernden Kernkraftwerke Iran 1 und Iran 2 werden frühestens 1981/82 ihren Betrieb aufnehmen können. Die Formulierung ,several' besagt – und dies ist der iranischen Seite erklärt worden –, daß die Anzahl der Kernkraftwerke die Wirtschaftlichkeit des Baues einer Wiederaufbereitungsanlage rechtfertigen müßte. Hierzu reichten die beiden von KWU zu liefernden Reaktoren nicht aus. Wir haben ferner erklärt, daß nach der gegenwärtigen Planung des iranischen Kernenergieprogramms eine Wiederaufbereitungsanlage frühestens im Laufe der neunziger Jahre benötigt werden könnte." Vgl. den Drahterlaß Nr. 628; Referat 413, Bd. 119564.

[12] Paraphe.

[1] Die Aufzeichnung wurde von Vortragendem Legationsrat I. Klasse Schmid und von Vortragendem Legationsrat Laub konzipiert.

[2] Hat Staatssekretär Hermes am 21. Juni 1976 vorgelegen.

[3] Die Wörter „Herrn Bundesminister" wurden von Staatssekretär Hermes gestrichen.

[4] Für den Wortlaut des Abkommens zwischen der Bundesrepublik und Polen über die kulturelle Zusammenarbeit vgl. BUNDESGESETZBLATT 1977, Teil II, S. 1490 f.

[5] Zur Einbeziehung der Ergebnisse der Deutsch-Polnischen Schulbuchkonferenz in ein Kulturabkommen zwischen der Bundesrepublik und Polen vgl. Dok. 148, Anm. 4.

[6] In dem in der zweiten Verhandlungsrunde vom 3. bis 5. Mai 1976 fertiggestellten Entwurf für ein Kulturabkommen zwischen der Bundesrepublik und Polen lautete der polnische Vorschlag für Artikel 11 Absatz 2: „Die vertragschließenden Parteien werden sich bemühen und ermutigen, daß die Informationen und Daten über das Leben, die Kultur und die Entwicklung beider Länder in den Masseninformationsmedien, d.h. in der Presse, in Zeitschriften, in Funk und Fernsehen, in Publikationen etc., veröffentlicht werden, der Anhebung des Wissensstandes der Bevölkerung beider Staaten und der Entfaltung der gegenseitigen vorteilhaften Zusammenarbeit dienen." Der Gegenvorschlag der Bundesregierung lautete: „Diese Zusammenarbeit soll bewirken, daß die Darstellung der Kultur der anderen Seite zum besseren gegenseitigen Verständnis beiträgt." Vgl. Referat 610, Bd. 107771.
Ministerialdirektor van Well und der polnische Stellvertretende Außenminister Czyrek verhandelten am 1. Juni 1976 in Warschau erneut über den Entwurf eines Kulturabkommens. Dabei schlug die polnische Seite folgende Neufassung für Artikel 11 Absatz 2 vor: „Die vertragschließenden Parteien werden Bemühungen unterstützen, die den Wissensstand über das andere Land und über die Entwicklung der gegenseitigen Zusammenarbeit erweitern und zum besseren gegenseitigen Kennenlernen und Verständnis beitragen." Vgl. den Drahtbericht Nr. 618 der Gesandtin Rheker, Warschau; Referat 610, Bd. 107771.

Kulturabkommens und wollten statt der üblichen Rahmenregelung hier eine politische Aussage beider Regierungen unterbringen, die „Normalisierung" dynamisch voranzutreiben. Den Polen ging es dabei darum, in den deutschen Schulbüchern und Massenmedien eine im polnischen Sinne „positive" Darstellung der polnischen Geschichte und der gegenwärtigen polnischen Lebensverhältnisse durchzusetzen. Vor allem wollten die Polen die Empfehlungen der neunten Schulbuchkonferenz[7] in toto im Kulturabkommen verankert und ihre Umsetzung verbindlich geregelt wissen.

Auf diese sehr weitgehenden polnischen Vorstellungen konnte sowohl aus verfassungsrechtlichen als auch aus sachlichen Gründen nicht eingegangen werden. Nachdem die Vertragskommission der Länder sich zunächst nicht in der Lage gesehen hatte, dem Abkommen mit einer Formulierung des Artikels 4, die die Empfehlungen der Schulbuchkommission erwähnt, zuzustimmen[8], akzeptierten die Ministerpräsidenten der Länder dann in einem Gespräch mit dem Bundeskanzler schließlich doch die nunmehrige Fassung des Artikels 4, wobei sie klarstellten, daß der Text restriktiv auszulegen und die Polen entsprechend zu unterrichten seien.[9]

Der polnischen Seite wurde daraufhin ausdrücklich mitgeteilt, daß es sich bei dem „Hinwirken" nur um ein „Hinwirken", nicht aber um ein „Vollziehen" oder eine „Weisung" handeln könne, und daß „berücksichtigen" nur „berücksichtigen", nicht aber eine „Übernahme in toto" bedeute.

Sachlich war die polnische Forderung nach Umsetzung aller Empfehlungen der deutsch-polnischen Schulbuchkonferenz nicht annehmbar, weil die auf deutscher Seite von unabhängigen Wissenschaftlern (auf polnischer Seite von einer Regierungskommission) erarbeiteten Empfehlungen in ihrer Gesamtheit weder von der Bundesregierung noch von den Bundesländern akzeptiert werden können.

Der Aufnahme eines Artikels über die beiderseitige Einrichtung von Kulturinstituten in das Kulturabkommen haben die Polen nicht zugestimmt[10], obzwar sie im Verlauf der Verhandlungen mehrfach erklärt hatten, einen solchen Artikel zu akzeptieren, wenn über die Artikel 4 und 11 eine Einigung erzielt werde. In Gesprächen zwischen Bundeskanzler Helmut Schmidt und Parteichef

---

7 Zu den Gesprächen zwischen dem Internationalen Schulbuch-Institut in Braunschweig und dem polnischen Instytut Programów Szkolnych vgl. Dok. 103, Anm. 8.

8 Die Vertragskommission der Länder befaßte sich am 3. Juni 1976 mit dem polnischen Entwurf für Artikel 4 eines Kulturabkommens zwischen der Bundesrepublik und Polen. Ministerialdirigent Schödel vermerkte am selben Tag, daß die Vertreter der Länder dem Entwurf nicht zugestimmt hätten: „Zwei Länder (augenscheinlich Bayern und Baden-Württemberg) haben sich dagegen ausgesprochen, zwei würden zustimmen, falls die beiden erstgenannten ihre Haltung noch ändern, die übrigen haben – zum Teil mit Bedenken – zugestimmt. Die Bedenken der Länder richten sich, wie die Vertragskommission mitteilte, nicht gegen die Aussagen ‚bemühen' und ‚hinwirken', sondern gegen die ausdrückliche Nennung der Schulbuchkommission." Vgl. Referat 610, Bd. 107771.

9 Ministerialdirigent Schödel informierte den polnischen Botschaftsrat Gierlowski am 4. Juni 1976 über das Ergebnis des Gesprächs des Bundeskanzlers Schmidt mit den Ministerpräsidenten der Länder vom selben Tag. Vgl. dazu die Aufzeichnung des Vortragenden Legationsrats I. Klasse Schmid vom 4. Juni 1976; Referat 610, Bd. 107771.

10 Zur Einbeziehung von Kulturinstituten in ein Kulturabkommen zwischen der Bundesrepublik und Polen vgl. Dok. 181, Anm. 10, sowie Dok. 187.

Edward Gierek (am 9. Juni und in der Plenarsitzung am 11. Juni)[11] wurde aber folgende Absprache getroffen: „Beide Seiten stimmen in der Absicht überein, auf der Basis der Gegenseitigkeit Kulturinstitute einzurichten. Sie werden zu diesem Zweck baldmöglichst Verhandlungen aufnehmen". Diese Erklärung ist auch der Öffentlichkeit bekanntgegeben worden. Dabei war man sich intern einig, daß die Verhandlungen innerhalb eines Jahres, voraussichtlich im ersten Halbjahr 1977 beginnen und nicht lange dauern sollten.

Einer Bezugnahme auf die KSZE in der Präambel, auf die die polnische Seite großes Gewicht legte, haben wir zugestimmt, nachdem die Polen unsere Formulierung, die weder einseitig die Prinzipien hervorhebt noch auf eine vertragliche Absicherung der KSZE-Bestimmungen abstellt, angenommen haben.[12]

In Artikel 10 ist sichergestellt, daß auch nichtorganisierte Jugendliche am Jugendaustausch teilnehmen können.[13] Vereinbarungen über einen intensivierten Jugendaustausch sind in Aussicht genommen.[14]

Zur Durchführung dieses Rahmenabkommens bedarf es später des Abschlusses eines Zweijahresprogrammes, das aber von dem erfolgreichen Abschluß des ersten Zweijahresprogrammes mit der Sowjetunion[15] abhängt.

Schödel

Referat 600, Bd. 107771

---

11 Für das deutsch-polnische Regierungsgespräch vom 9. Juni 1976 vgl. Dok. 181.
In der Plenarsitzung am 11. Juni 1976 berichteten Bundesminister Genscher und der polnische Außenminister Olszowski über das Ergebnis ihres Gesprächs vom selben Tag zur Errichtung von Kulturinstituten. Vgl. dazu die Gesprächsaufzeichnung; Referat 010, Bd. 178661.

12 Für den Wortlaut der Präambel des Abkommens vom 11. Juni 1976 zwischen der Bundesrepublik und Polen über kulturelle Zusammenarbeit vgl. BUNDESGESETZBLATT 1977, Teil II, S. 1490.

13 Für den Wortlaut des Artikels 10 des Abkommens vom 11. Juni 1976 zwischen der Bundesrepublik und Polen über kulturelle Zusammenarbeit vgl. BUNDESGESETZBLATT 1977, Teil II, S. 1491.

14 Vgl. dazu Ziffer VI der Gemeinsamen Erklärung vom 11. Juni 1976 über die Entwicklung der Beziehungen zwischen der Bundesrepublik und Polen; BULLETIN 1976, S. 671 f.

15 Zum Stand der Verhandlungen zwischen der Bundesrepublik und der UdSSR über ein Zweijahresprogramm zum Kulturabkommen vom 19. Mai 1973 vgl. Dok. 27, Anm. 10.

198

**Ministerialdirektor van Well an die
Ständige Vertretung bei der NATO in Brüssel**

221-372.20/30-760/76 geheim   18. Juni 1976[1]
Citissime

Betr.: MBFR
      hier: Einführung der revidierten NATO-Daten in Wien[2]

Bezug: DB 779[3] und 782[4] vom 17.6.1976 geh. (NATO-Brüssel)

I. 1) Die in der Sitzung des SPC am 17.6.1976 vorgebrachte französische Forderung, die dem Warschauer Pakt vorzulegenden Globaldaten im Raum der
Reduzierungen um die Zahlen für die französischen Streitkräfte in der Bundesrepublik Deutschland zu kürzen, wirft erhebliche allianz-, europa- und
MBFR-politische Probleme auf. Dieses Vorgehen würde im Endeffekt dazu führen, daß die französischen Streitkräfte im Raum der Reduzierungen direkt
oder mindestens indirekt individuell ausgewiesen werden und daß damit ein
gefährlicher Schritt weg vom Prinzip der Kollektivität für die nichtamerikanischen Allianz-Streitkräfte getan würde.

---

[1] Durchschlag als Konzept.
Der Drahterlaß wurde von Vortragendem Legationsrat I. Klasse Ruth konzipiert.
Hat dem Bundesministerium der Verteidigung zur Mitzeichnung vorgelegen.

[2] Vgl. dazu den Entwurf des Politischen Ausschusses auf Gesandtenebene vom 14. Juni 1976 für ein
Mandat über die Vorlage von Streitkräftedaten der an den MBFR-Verhandlungen teilnehmenden
NATO-Mitgliedstaaten; Dok. 189, Anm. 11.

[3] Gesandter Boss, Brüssel (NATO), berichtete, der französische Vertreter im Politischen Ausschuß
auf Gesandtenebene habe in der Sitzung am Vormittag des 17. Juni 1976 vorgetragen, daß seine
Regierung eine Kürzung der im Entwurf vom 14. Juni 1976 enthaltenen Globalzahlen für die NATO-
Streitkräfte im Reduzierungsgebiet um die auf dem Territorium der Bundesrepublik stationierten
französischen Truppen wünsche. Diese Ankündigung sei von den übrigen Vertretern „mit großer
Besorgnis" aufgenommen worden. Ein Kompromißvorschlag, in das Mandat für die Ad-hoc-Gruppe
in Wien den Disclaimer aufzunehmen, daß sich aus der Vorlage westlicher Streitkräftedaten keinerlei Verpflichtungen für Frankreich ergäben, sei vom französischen Vertreter unter Hinweis auf
den prinzipiellen Charakter der französischen Überlegungen als unzureichend zurückgewiesen worden. Vgl. VS-Bd. 11501 (221); B 150, Aktenkopien 1976.

[4] Gesandter Boss, Brüssel (NATO), teilte mit, daß in der Sitzung des Politischen Ausschusses auf Gesandtenebene am 17. Juni 1976 nachmittags weitere Bedenken gegen die französische Ankündigung vorgebracht worden seien: „Eine glaubwürdige Weiterverfolgung des westlichen Konzepts kollektiver Höchststärken werde erschwert, wenn nicht gar unmöglich gemacht: Das collective-ceiling-
Konzept basiere auf den im Reduzierungsgebiet vorhandenen Truppen. [...] Es werde dem Westen
schwerfallen, diese Truppen rein rechnerisch auszuschließen bzw. von der anderen Seite zu fordern, diese in der N[ATO] G[uidelines] A[rea] existierenden Truppen innerhalb einer gemeinsamen
Höchststärke zu übersehen, obwohl sie dort weiterhin stationiert seien. Die langfristigen Folgen
des französischen Schrittes auf das Konzept der kollektiven Höchststärken sei kurzfristig kaum zu
analysieren. Es sei daher notwendig, Zeit zu gewinnen." Boss fuhr fort, daß dem Ständigen NATO-
Rat folgende reduzierte Streitkräftedaten als weitere Alternative vorgeschlagen werden sollten:
Warschauer Pakt: Gesamtstärke der Land- und Luftstreitkräfte 1 147 000; Landstreitkräfte: 949 000.
NATO: Gesamtstärke der Land- und Luftstreitkräfte 920 000; Landstreitkräfte: 731 000. In einer
Fußnote solle hinzugefügt werden: „There also exist in the area of reductions other forces totalling
approximately 60 000." Dafür entfalle der Vorschlag vom Vormittag, einen Disclaimer mit den fran-
zösischen Vorbehalten einzufügen. Vgl. VS-Bd. 11501 (221); B 150, Aktenkopien 1976.

2) Es trifft zu, daß Frankreich sich im November 1975 vorbehalten hat, auf das Problem der Einbeziehung französischer Streitkräftezahlen in die Berechnungen des common ceilings zurückzukommen, sobald ein Datenaustausch in Sicht sei.[5] Gegen die Einbeziehung in die Datenbasis hat sich Frankreich jedoch nicht gewandt, sowenig es der ersten Vorlage von Globaldaten mit der französischen Komponente (SPC vom 29.10.1973[6]) widersprochen hat.

3) Wir respektieren den französischen Wunsch, sicherzustellen, daß die Entscheidung seiner Nichtteilnahme an MBFR nicht über die Datenfrage verwässert und auf der anderen Seite unglaubwürdig wird. Diesem Wunsch kann jedoch in anderer, weniger gefährlicher Weise am Verhandlungstisch Rechnung getragen werden. Die NATO-Vertreter in Wien haben in dieser Frage zu keiner Zeit einen Zweifel aufkommen lassen.

4) Es besteht in der Tat eine theoretische Möglichkeit, daß die Globaldaten über die Streitkräfte im Raum der Reduzierungen auf westlicher Seite ohne Zustimmung Frankreichs weitergegeben werden. Dies wird jedoch von Frankreich abgelehnt und wäre auch aus unserer Sicht politisch nicht wünschenswert. Wir sollten deshalb versuchen, eine Weisung für die Ad-hoc-Gruppe in Wien zu erarbeiten, die die französische Billigung findet.

II. 1) Frankreich hat gegen eine Einbeziehung seiner Daten Bedenken aus folgenden Gründen:

– Seine Nichtteilnahme müsse der anderen Seite mit aller Deutlichkeit klargemacht werden;

– die Nennung französischer Zahlen könne zu einer Fehleinschätzung der französischen Haltung führen.[7]

Diesen französischen Bedenken kann durch eindeutige Klarstellungen der französischen Position bei Einbringung der Daten Rechnung getragen werden.

---

[5] Der französische Vertreter gab in der Sitzung des Politischen Ausschusses auf Gesandtenebene in Brüssel am 20. November 1975 eine entsprechende Erklärung ab. Vgl. dazu den Drahtbericht Nr. 1688 des Botschafters Krapf, Brüssel (NATO), vom 21. November 1975; VS-Bd. 9487 (221); B 150, Aktenkopien 1975.

[6] Am 21. Juni 1976 vermerkte Vortragender Legationsrat I. Klasse Ruth: „Vor Beginn der MBFR-Verhandlungen einigte sich der Politische Ausschuß auf Gesandtenebene (SPC) am 29.10.1973 auf sechs abgerundete Globalzahlen, die zu gegebener Zeit als ungefähre Zahlenangaben für den Raum der Reduzierungen (NGA) in die Verhandlungen eingeführt werden könnten. Die Zahlen enthielten auch die französischen Soldaten in der NGA. Von französischer Seite wurde kein Vorbehalt gemacht. Die Zahlen wurden der Ad-hoc-Gruppe in Wien übermittelt und in die Verhandlungen eingeführt." Vgl. die Anlage 4 der Aufzeichnung; VS-Bd. 11501 (221); B 150, Aktenkopien 1976.
Im November 1973 wurden in Wien von den an den MBFR-Verhandlungen teilnehmenden NATO-Mitgliedstaaten folgende Zahlen für die Truppenstärke der Landstreitkräfte eingeführt: NATO: 777 000 Mann (davon 193 000 der USA), ferner 6000 Kampfpanzer; Warschauer Pakt: 925 000 Mann (davon 460 000 der UdSSR) sowie 15 000 Kampfpanzer. Vgl. dazu die Aufzeichnung von Ruth vom 19. Oktober 1976; VS-Bd. 11433 (221); B 150, Aktenkopien 1976.

[7] Gesandter Boss, Brüssel (NATO), erläuterte am 17. Juni 1976, daß der französische Vertreter in der Sitzung des Politischen Ausschusses auf Gesandtenebene am selben Tag erklärt habe: „Die Tatsache, daß französische Zahlen, unter welchen Bedingungen auch immer, im Zusammenhang mit MBFR genannt würden, könnte auf der anderen Seite den Eindruck erwecken, daß Frankreich in irgendeiner Form doch an MBFR beteiligt sei. Einer solchen Fehleinschätzung müsse im Ansatz begegnet werden. [...] Frankreich habe wiederholt angekündigt, auf das Problem der Einbeziehung französischer Streitkräftezahlen in MBFR-Berechnungen zu gegebener Zeit zurückkommen zu müssen, insbesondere bei einem Datenaustausch mit der anderen Seite." Dieser Zeitpunkt sei gekommen, so daß über das „Timing" des französischen Schritts keine Überraschung seitens der Verbündeten bestehen dürfe. Vgl. den Drahtbericht Nr. 779; VS-Bd. 11501 (221); B 150, Aktenkopien 1976.

2) Frankreich hat immer mit großem Nachdruck auf die Gefahren hingewiesen, die von nationalen Höchststärken und sonstigen nationalen Verpflichtungen bei MBFR ausgehen könnten. Insbesondere befürchtet es auf diesem Wege ein Mitspracherecht der östlichen Seite in Europa-Angelegenheiten. Diese französischen Befürchtungen haben wir immer ernst genommen und haben Wert darauf gelegt, daß sie im Verhandlungskonzept der NATO berücksichtigt werden.

3) Der von Frankreich geforderte Ausschluß der französischen Zahlen aus den kollektiven Globaldaten der NATO für den Raum der Reduzierungen hätte u. E. aber gerade die Wirkungen, die Frankreich zu vermeiden wünscht:

– Mit der Sonderbehandlung der französischen Daten würde sich Frankreich zwangsläufig dem Risiko aussetzen, daß seine Streitkräfte in der Bundesrepublik Deutschland in konkreterer Weise Gegenstand der MBFR-Verhandlungen werden als bei einer Einbeziehung dieser Daten in die globale und kollektive Zählung. Die bisherige globale Zählweise schützt die französischen Interessen.

– Die französische Forderung würde bedeuten, daß zum ersten Mal ein europäisches Kontingent im Raum der Reduzierungen nach nationalen Kriterien behandelt würde. Dies würde sowohl das Prinzip der Kollektivität im Ansatz durchbrechen als auch der anderen Seite ein Mitspracherecht im Blick auf den Umfang der französischen Streitkräfte anbahnen. Auch hier ist festzustellen, daß die volle Handlungsfreiheit der französischen Regierung unter MBFR-Gesichtspunkten nur im kollektiven Charakter der Absprachen geschützt werden kann. Die Beibehaltung des kollektiven Charakters der Datenangaben würde die Entschlossenheit der Allianz unterstreichen, die Forderung nach der Kollektivität bei Ergebnissen durchzusetzen.

3) Wir legen Wert darauf, daß eine Lösung gefunden wird, die es ermöglicht, daß die globalen Daten einschließlich der französischen Komponente, wenn nicht mit französischer Zustimmung, so doch ohne französischen Widerspruch, in Wien auf den Tisch gelegt werden. Dies würde dem Verfahren vom Herbst 1973 entsprechen.

Wir schlagen vor, in den kommenden Sitzungen des SPC folgende Lösung anzustreben:

a) In Wien werden die vorgesehenen Globaldaten einschließlich der französischen Komponente auf den Tisch gelegt. Die französische Regierung erhebt dagegen keinen Einspruch, es bedarf aber auch nicht ihrer ausdrücklichen Zustimmung.

b) In der Weisung an die Ad-hoc-Gruppe wird die Position Frankreichs zur Nichtteilnahme an den MBFR-Verhandlungen und zur nichtpräjudizierenden Wirkung der Einbeziehung der französischen Komponente in die Datenausgangsbasis festgehalten. Dazu kann auf den Sprechzettel des französischen Vertreters im SPC vom 21. November 1975 sowie die französische Fußnote zurückgegriffen werden (Anhang SPC (OT) R/34[8]).

---

[8] Für die Anlage zum NATO-Dokument SPC (OT) R/34 vgl. VS-Bd. 11501 (221).

c) Für den Fall, daß die Ad-hoc-Gruppe gefragt wird, ob die französische Komponente in den Daten enthalten sei, sollte darauf hingewiesen werden, daß es sich um alles uniformierte militärische Personal im Raum der Reduzierungen handelt.

d) Bei sich bietender Gelegenheit könnte die Ad-hoc-Gruppe erneut auf die französische Position zu MBFR zu sprechen kommen.[9]

[gez.] van Well

VS-Bd. 11501 (221)

199

Gespräch des Bundesministers Genscher mit dem südafrikanischen Außenminister Muller

22. Juni 1976[1]

Vermerk über das Gespräch des Herrn Ministers mit dem südafrikanischen Außenminister Muller am 22. Juni 1976 im Auswärtigen Amt.[2]

Weitere Teilnehmer: auf deutscher Seite Herr Lahn, Botschafter Eick, RL 312/Müller, Dolmetscher, Sudhoff; auf südafrikanischer Seite StS Brand Fourie, Botschafter Sole, Gesandter Becker.

(Die ersten 10 Minuten dieses Gesprächs fehlen.)

Bundesminister führte zu Namibia aus, daß eine Lösung dringlich geboten sei. Die südafrikanische Regierung möge noch vor der nächsten Generalversammlung[3] einen Termin dafür nennen, wann Namibia unabhängig werden solle. Allein eine derartige Erklärung würde die notwendige außenpolitische Entlastung bringen.

Die Bundesregierung habe sich zu diesem Problem, wie auch zum Problem Rhodesien und Südafrika, immer sachlich geäußert, im Gegensatz zu Äußerungen südafrikanischer Regierungsmitglieder, die auch ihn, BM Genscher, persönlich

---

9 Gesandter Boss, Brüssel (NATO), teilte am 18. Juni 1976 mit: „Bisher ergeben sich hier keine Anzeichen für eine Aufweichung der französischen Haltung. Eine Beeinflussung der neuen französischen Linie erscheint hiesigen Erachtens nur dann eine gewisse Aussicht auf Erfolg zu haben, wenn sich nach sorgfältiger Analyse aller möglichen Folgen ergeben würde, daß das common-collective-ceiling-Konzept durch den französischen Schritt in seiner Substanz gefährdet wird." Vgl. den Drahtbericht Nr. 789; VS-Bd. 11501 (221); B 150, Aktenkopien 1976.

1 Die Gesprächsaufzeichnung wurde von Legationsrat I. Klasse Chrobog am 23. Juni 1976 gefertigt. Hat Ministerialdirigent Kinkel am 24. Juni 1976 vorgelegen.

2 Der südafrikanische Außenminister Muller hielt sich vom 20. bis 26. Juni 1976 anläßlich einer Botschafterkonferenz in der Bundesrepublik auf und nahm am 23./24. Juni 1976 an den Gesprächen des Ministerpräsidenten Vorster mit dem amerikanischen Außenminister Kissinger in Bodenmais bzw. Grafenau teil.

3 Die XXXI. UNO-Generalversammlung wurde am 21. September 1976 in New York eröffnet.

angegriffen hätten. Die südafrikanische Regierung müsse wissen, ob sie weiter so verfahren wolle.

Anschließend las Herr *Weber* die Antwort auf das südafrikanische Aide-mémoire[4] in englischer Sprache vor.[5]

Anschließend faßte *Bundesminister* die wesentlichen Punkte noch einmal zusammen:

1) Rhodesien müsse schnell einer Lösung zugeführt werden. Südafrika sei schon aufgrund seiner geographischen Lage verantwortlich und müsse bei der rhodesischen Regierung mit allen Mitteln auf eine Lösung drängen.

2) Namibia: siehe oben.

An einer Lösung müßten alle relevanten politischen Kräfte beteiligt werden. Hier spreche er, BM Genscher, gleichzeitig im Namen der neun EG-Staaten, die ihm ein Mandat für die folgende Erklärung erteilt hätten:

(folgt Text dieser Erklärung)[6]

---

4 Am 3. Juni 1976 übergab der südafrikanische Botschafter Sole Bundesminister Genscher ein Aide-mémoire vom 25. Mai 1976, in dem sich die südafrikanische Regierung mit dem Standpunkt der Bundesrepublik zur Lage im südlichen Afrika auseinandersetzte: „Der bundesdeutsche Standpunkt, wie Südafrika ihn interpretiert, lautet kurz zusammengefaßt, daß Druck seitens Südafrika auf Rhodesien, übereilte oder baldige Unabhängigkeit für Südwestafrika [und] eine grundsätzliche Änderung in der südafrikanischen Politik der getrennten Entwicklung und der Selbstbestimmung für ihre schwarzen Nationen [...] den sowjetischen Vorstoß in Afrika hemmen würden. Diese Einschätzung der Lage ist nach Meinung Südafrikas in verhängnisvoller Weise falsch und führt zu der falschen Interpretation dessen, was eine gemeinsame Bedrohung darstellt. [...] Wahllose Druckausübung auf Südafrika, sich übereilt aus Südwestafrika zurückzuziehen, kann die Ereignisse im südlichen Afrika nicht positiv beeinflussen. Zeitvorschriften und Formeln, die Südafrika aufgezwungen werden, werden nicht zu einer bona fide Mehrheitsregierung führen, sondern zu der Machtergreifung durch die eine oder andere radikale Gruppe und, sehr wahrscheinlich, auch zu Bürgerkrieg und Chaos – wodurch eine offene Einladung sowjetischer oder anderer Intervention geschaffen werden würde." Vgl. Referat 320, Bd. 108218.
5 In ihrer Antwort legte die Bundesregierung dar: „Die Bundesregierung hat nicht die Absicht, Druck auszuüben, sie hat aber auch nicht die Absicht zu schweigen. [...] Die Bundesregierung hält es deshalb für nützlich [...], ihre Position erneut darzulegen: a) Die Bundesregierung betrachtet als vordringlich: die Verhinderung eines Rassenkrieges in Südrhodesien; die geordnete Überführung Namibias in eine politisch und wirtschaftlich stabile Unabhängigkeit, um damit auch eine evolutionäre Lösung der Rassenprobleme in der Republik Südafrika selbst zu erleichtern. b) Es ist deshalb nach Meinung der Bundesregierung nötig, Maßnahmen zu ergreifen, die in ihrer Zielrichtung den grundsätzlichen Forderungen der Vereinten Nationen entsprechen. Maßnahmen dieser Art könnte der Westen politisch mit Nachdruck unterstützen. Sie weiß sich darin mit vielen afrikanischen Staaten einig, die ebenso wie die Bundesregierung eine Überwindung des bestehenden Zustandes im südlichen Afrika mit friedlichen Mitteln wünschen. Die Bundesregierung und ihre westlichen Partner sind der Ansicht, daß Südafrika hinsichtlich solcher Maßnahmen in Südrhodesien und Namibia eine Schlüsselstellung einnimmt. c) Die Bundesregierung erblickt darin eine Gefahr, daß es der Sowjetunion gelingen könnte, ihr eigenes Vorgehen bei der politischen Umgestaltung des südlichen Afrika als im Einklang mit VN-Grundsätzen stehend darzustellen. Dies würde nicht nur die Position des Westens weiter erschweren, sondern auch die um friedliche Regelungen bemühten Staaten Afrikas behindern." Vgl. die Anlage zur Aufzeichnung des Vortragenden Legationsrats I. Klasse Müller vom 21. Juni 1976; VS-Bd. 10016 (312); B 150, Aktenkopien 1976.
6 Vortragender Legationsrat I. Klasse Müller vermerkte am 22. Juni 1976, daß der tansanische Außenminister Kaduma am 17. Juni 1976 den Botschaftern der neun EG-Mitgliedstaaten in Daressalam folgenden Vorschlag unterbreitet habe: „Die südafrikanische Regierung sollte davon überzeugt werden, daß SWAPO als Hauptpartner in der Diskussion akzeptiert werden muß. Die Verfassungsgespräche sollten von Windhuk weg auf ‚neutrales Gebiet‘, und zwar nach Lusaka (Sambia), verlegt werden." Als Quidproquo sei die SWAPO bereit, auf ihren „Alleinvertretungsanspruch" zu verzichten. Müller fuhr fort, daß die britische Regierung am 21. Juni 1976 den übrigen Partnern vorgeschlagen habe, „den deutschen Außenminister zu autorisieren, im Namen der Neun den Südafri-

Anschließend bedauerte der Minister noch einmal die Opfer der Schüler- und Studenten-Unruhen[7] und wies darauf hin, daß die rassische Ungleichbehandlung in Südafrika auch in Zukunft in der Bundesrepublik Deutschland nicht akzeptiert werden würde.

Antwort von AM *Muller*:

Er bat um Verständnis dafür, daß er nicht detailliert auf das vorgetragene Papier antworten könne. Er wolle jedoch einige Punkte herausgreifen.

a) Die Rolle der Sowjetunion in Afrika sei sehr gefährlich, und zwar nicht nur für ganz Afrika, sondern auch für den gesamten Westen. Hier entwickele sich ein neuer Kolonialismus und Imperialismus.

Das südafrikanische Eingreifen in Angola sei limitiert gewesen und auch von vielen afrikanischen Staaten mit Verständnis aufgenommen worden. Der Bedrohung durch die Sowjetunion hätte vom Westen energischer begegnet werden müssen. Wenn auch eine bewaffnete Intervention des Westens nicht möglich gewesen wäre, so hätte er doch eine festere diplomatische Haltung begrüßt.

b) Die wirtschaftliche Entwicklung im südlichen Afrika gebe zur Besorgnis Anlaß:

Mosambik:	erhebliche Ernährungsprobleme;
Angola:	wirtschaftlicher Stillstand;
Sambia:	ernste wirtschaftliche Probleme wegen der Schwierigkeiten beim Kupfertransport;

Fortsetzung Fußnote von Seite 922

    kanern den tansanischen Vorschlag" zu übermitteln: „Die Neun hätten von der tansanischen Regierung vertrauliche Informationen erhalten, die eine Beschleunigung einer friedlichen Lösung möglich erscheinen lassen. Die tansanische Regierung, die einem Dialog mit Südafrika nicht grundsätzlich ablehnend gegenübersteht, sei der Auffassung, daß die Neun zu einer baldigen Lösung des Problems Südwestafrika beitragen könnten. Sie stimmt auch mit den Neun in der Überzeugung überein, daß jede Regelung, die aus den gegenwärtigen Verfassungsgesprächen in Windhuk hervorgehen mag, international nicht annehmbar sein wird, weil die SWAPO nicht beteiligt wurde; das unvermeidliche Ergebnis wäre eine Eskalation der Gewaltanwendung. Die Verhandlungen über die Unabhängigkeit müßten daher nach Auffassung der Neun auf eine breitere Grundlage gestellt werden, die es der SWAPO ermöglicht, an dem Prozeß teilzunehmen, ohne sich in ethnischbasierenden Wahlen qualifizieren zu müssen. Die tansanische Regierung glaube gute Gründe für die Annahme zu haben, daß SWAPO ihren Anspruch aufgeben würde, die ‚einzige legitime Vertreterin des Volkes von Namibia' zu sein, wenn ein akzeptables Arrangement gefunden werden könnte. SWAPO wäre dann mit der Berücksichtigung der Auffassungen anderer Gruppen einverstanden." Vgl. VS-Bd. 14058 (010); B 150, Aktenkopien 1976.

  7 Botschafter Eick, Pretoria, resümierte am 15. Juli 1976 die Unruhen in Soweto: „Am 17. Mai d.J. fand in einer höheren Schule des etwa eine Million Einwohner umfassenden schwarzen Wohngebietes Soweto bei Johannesburg ein kaum beachteter Streik statt. Die Schüler weigerten sich, in die Klasse zurückzugehen, weil sie nicht in Afrikaans unterrichtet werden wollten. In der ersten Juni-Woche führte der gleiche Anlaß zu Streiks von über 2000 schwarzen Schülern an sieben Soweto-Schulen. Als auch hierauf keine nennenswerte Reaktion amtlicher Stellen erfolgte, kam es schließlich am 16.6. zu organisierten Protestdemonstrationen von etwa 30 000 Schülern in Soweto. Die Polizei versuchte, eine Gruppe von ca. 10 000 Demonstranten mit Tränengas zu zerstreuen. Sie wurde mit Steinwürfen angegriffen. Schwarze Polizisten feuerten einige Schüsse in die Luft, dann in die Menge. Ein 13-jähriger Junge wurde getötet. Jetzt schlugen die Wellen der Erregung hoch, Erwachsene schlossen sich den Jugendlichen an, zwei Weiße wurden zu Tode gesteinigt. [...] An den folgenden Tagen, etwa zwischen dem 18. und 22.6., griffen die Unruhen auf andere schwarze Wohngebiete um Johannesburg und Pretoria über. [...] Am 23. Juni waren die Unruhen im wesentlichen abgeklungen. Die Bilanz: 176 Tote, 1129 Verletzte und ein in die Millionen gehender Sachschaden." Vgl. den Schriftbericht Nr. 568; Referat 320, Bd. 108217.

Rhodesien: an sich ein wirtschaftlich gesundes Land, das aber durch den Boykott[8] vor schwere Probleme gestellt sei.

Südafrika sei grundsätzlich gegen wirtschaftlichen Boykott. Wenn im südlichen Afrika sich die Wirtschaft weiter so entwickele und schließlich zusammenbreche, habe dies ernste Folgen auch für den Westen. Südafrika besitze viele Rohstoffe, darunter auch strategische Rohstoffe, die für Westeuropa notwendig seien.

Die deutschen Investitionen in diesem Lande stünden an zweiter Stelle nach Großbritannien und vor den USA. Es habe ihn erschreckt, kürzlich Bahr erklären zu hören, man sollte gegen Südafrika wirtschaftlichen Druck ausüben.[9] Derartige Schritte würden zu wirtschaftlichem Zusammenbruch des gesamten südlichen Afrika führen.

c) Rhodesien:

Südafrika wolle, wie die Bundesrepublik Deutschland, Frieden in diesem Lande. Man habe immer noch Hoffnung auf eine friedliche Lösung. Sein Land würde überschätzt, wenn man ihm eine Schlüsselrolle in diesem Konflikt zurechnen würde. Letztlich sei dieses auch unfair. Südafrika akzeptiere seine Rolle beim Hinwirken auf eine friedliche Lösung. Es müsse aber auch von seiten der westlichen Länder zu dieser Lösung beigetragen werden.

Es müsse eine Lösung gefunden werden, die für alle Beteiligten – die Schwarzen und die Weißen – attraktiv sei. Wirtschaftliche Sanktionen wirkten eher kontraproduzent. Die Rhodesier seien harte Kämpfer, die ihr Land mühsam entwickelt und erschlossen hätten. Durch Drohungen würde man sie lediglich in ihrem Willen zum Entscheidungskampf bestärken.

d) Südwestafrika

Die südafrikanische Politik diene dem Ziel der Selbstbestimmung im wörtlichsten Sinne. Südwestafrika könne morgen bereits die Freiheit erhalten. Die Teilnehmer der Verfassungskonferenz[10] hofften, in den nächsten drei Jahren – seit vergangenem September gerechnet – ihre Gespräche abzuschließen. Sie seien dabei, eine Verfassung auszuarbeiten. Dieses müsse jedoch von ihnen in voller Freiheit geschehen ohne Druck seiner eigenen Regierung, die sich hier nicht einmischen wolle. Es handele sich aber um Druck, wenn die südafrikanische Regierung z. B. unseren Wünschen entsprechend eine Teilnahme der SWAPO anregen würde. Es sei ein Wunder gewesen, alle schwarzafrikanischen Führer in diesem Lande so weit zu bekommen, derartige Verfassungsgespräche zu führen. Die Bundesregierung müsse die Konferenzteilnehmer ermutigen, statt sie – wie geschehen – zu entmutigen.

Das Reden von einer Teilnahme der SWAPO sei müßig. Die SWAPO habe ihre Teilnahme an den Gesprächen und an Wahlen bisher immer abgelehnt.

---

8 Zu den Sanktionen des UNO-Sicherheitsrats gegen Rhodesien vgl. Dok. 98, Anm. 12.

9 Bundesminister Bahr führte am 19. Juni 1976 auf dem Außerordentlichen Parteitag der SPD in Dortmund aus: „Ohne die Mitwirkung der südafrikanischen Regierung wird es keine Lösung der Vernunft geben. Wir lehnen die Lieferung von Waffen auch weiterhin ab. Aber wir müssen bereit sein, unser wirtschaftliches Gewicht im Interesse der Mehrheit und im Interesse der Beseitigung von Unterdrückung und Rassismus einzusetzen." Vgl. AUSSERORDENTLICHER PARTEITAG DER SPD, S. 159.

10 Zur Verfassungskonferenz der Bevölkerungsgruppen Namibias vgl. Dok. 115, Anm. 6.

Sie versuche, die Minorität in dem Lande zu überrollen. Im Laufe der Konferenz könnten alle Parteien und Gruppierungen Vorschläge und Anträge unterbreiten. Dieses habe die SWAPO jedoch nie versucht. Sie habe im Gegenteil zu einem Boykott aufgerufen.

Es stünde der Verfassungskonferenz völlig frei, SWAPO-Vertreter einzuladen. Vorster habe den Teilnehmern in einer Rede vor dem Parlament dieses Recht zugebilligt. Er habe gesagt, er wäre über eine derartige Lösung nicht glücklich, mit ihr aber selbstverständlich einverstanden.[11]

e) Südafrika:

Afrikanische Führer, mit denen er gesprochen hätte, hätten selbst anerkannt, daß die südafrikanische Regierung in ihrem Lande eine ihr gemäße Lösung suchen müsse.

Die südafrikanische Regierung sei nicht perfekt. Es gebe viele Rassenvorurteile in der Bevölkerung. Man versuche jedoch, diese Vorurteile zu überwinden. Die Bundesregierung wolle, daß Südafrika seine politische Philosophie der getrennten Entwicklung verrate. Ein langer und teurer Prozeß sei seit 25 Jahren in Gang gesetzt worden, um diese Entwicklung zu erreichen. Man wolle keine kleinen Puppenstaaten kreieren. Transkei habe immerhin vier Millionen Einwohner, die in einer der fruchtbarsten Regionen Südafrikas lebten. Nach ihrer Unabhängigkeit könnte sie eine effiziente Wirtschaft aufbauen.

Die Bundesregierung verlange von der südafrikanischen Regierung die Durchsetzung des Grundgesetzes „one man one vote", bei dem die minoritären Rechte der Weißen in der Verfassung verankert werden sollen. Dieses Prinzip würde die südafrikanische Regierung jedoch nie akzeptieren. Das Prinzip der getrennten Entwicklung sei die einzig angemessene Form. Was die Unruhen beträfe, so finde gerade heute in Bonn die größte Demonstration statt, die es hier je gegeben habe.[12] Wir hätten also ähnliche Probleme, nur mit dem Unterschied, daß die Unruhen in Südafrika von außen gesteuert würden, während sie hier in der Bundesrepublik Deutschland spontan entstünden.

(*Bundesminister* wies in diesem Zusammenhang darauf hin, daß es bei uns allerdings nicht zahlreiche Tote gäbe wie in Südafrika.)

Muller erklärte, er sei überrascht, daß sich die Bundesregierung in der Erklärung von Außenminister Genscher vom 20. Juni 1976[13] bedingungslos mit der Resolution des VN-Sicherheitsrats[14] assoziiert habe.[15] In Südafrika werde man

---

11 Zu den Ausführungen des Ministerpräsidenten Vorster am 23. April 1976 im südafrikanischen Parlament in Pretoria vgl. das Schreiben der Botschaft in Kapstadt vom 17. Mai 1976; Referat 320, Bd. 108201.

12 Am 22. Juni 1976 fand in Bonn eine Demonstration statt. Dazu informierte das Bundesministerium des Innern: „Es nahmen ca. 15 000 Personen teil, die sich diszipliniert verhielten. [...] Es wurden verschiedene Reden gehalten, die sich mit hochschulpolitischen Fragen und dem sogen[annten] ‚Berufsverbot' befaßten. Am Schluß der Veranstaltung sprach ein Angehöriger der ANC und protestierte gegen den ‚Vorster-Besuch'." Vgl. das Fernschreiben Nr. 336; Referat 320, Bd. 108220.

13 Korrigiert aus: „19. Juni 1976".

14 Der UNO-Sicherheitsrat nahm mit Resolution Nr. 392 vom 19. Juni 1976 Stellung zu den Unruhen in Soweto. Darin hieß es: „The Security Council [...] 3) Reaffirms that the policy of apartheid is a crime against the conscience and dignity of mankind and seriously disturbs international peace and security; 4) Recognizes the legitimacy of the struggle of the South African people for the elimination of apartheid and racial discrimination; 5) Calls upon the South African Government ur-

die Unruhen der vergangenen Tage durch die höchsten Richter des Landes untersuchen lassen. Man könne jedoch bereits jetzt sagen, daß viele Tote Wunden aufweisen würden, die durch ein Kaliber verursacht seien, das nicht zu den Waffen der Polizei passe, dafür jedoch zu Waffen, die bei Demonstranten gefunden worden seien.

Bundesminister verliest sodann den Wortlaut seiner Presseerklärung und führt zur Lage in Südafrika aus:

Ein Betrachter von außen schätze die Entwicklungsmöglichkeiten oft objektiver ein als die Betroffenen selbst. Im Westen werde niemand die Ungleichbehandlung der Schwarzen akzeptieren. Südafrika werde immer der Einwand entgegengehalten werden, warum man nicht bereits heute die Schwarzen mitbestimmen lasse. Die Unruhen würden sich in der Zukunft sicher fortsetzen und den Boden für weitere Schwierigkeiten bereiten. Kein Volk sei ohne Fehler. Wir selbst schätzten unsere Geschichte richtig ein. Vielleicht deswegen hätten wir eine besondere Sensibilität für das Unrecht in anderen Ländern entwickelt. Für die Politik der Rassentrennung würden wir nie Verständnis aufbringen.

Zu Namibia:

Südafrikanische Regierung würde sicher besser fahren, wenn sie dem Rat gemäßigter afrikanischer Führer folgte, die SWAPO in die Gespräche zu integrieren. Ihm selbst habe kürzlich ein afrikanischer Außenminister gesagt, er verstehe nicht, warum Südafrika in der Vergangenheit nicht einen Politiker gefunden habe, der in der Lage gewesen sei, eine nationale Partei zu gründen.[16]

Zu Rhodesien:

Südafrika sei schon geographisch gesehen das einzige Land, das Druck ausüben könne. Die rhodesische Regierung schätze die Lage falsch ein und hege

---

Fortsetzung Fußnote von Seite 925

gently to end violence against the African people and to take urgent steps to eliminate apartheid and racial discrimination". Vgl. UNITED NATIONS RESOLUTIONS, Serie II, Bd. X, S. 19.

15 Bundesminister Genscher erklärte am 20. Juni 1976 zu den Unruhen in Soweto u. a. Folgendes: „Die Bundesregierung hat seit langem immer wieder mit Nachdruck betont, daß eine Politik der Rassendiskriminierung, die elementare Menschenrechte verletzt, eine Gefahr für Frieden und Stabilität darstellt. Die Bundesregierung schließt sich der gestrigen Resolution des Sicherheitsrats der Vereinten Nationen an, in der der Sicherheitsrat die jüngsten Gewaltmaßnahmen gegen die südafrikanische Bevölkerung verurteilt und Südafrika aufgefordert hat, der Anwendung von Gewalt ein Ende zu setzen und die Apartheidpolitik aufzugeben." Vgl. Referat 320, Bd. 108220.

16 Bundesminister Genscher führte am 14. Juni 1976 ein Gespräch mit dem zairischen Außenminister. Nguza bat die Bundesregierung, dem amerikanischen Außenminister Kissinger für dessen Gespräche mit Ministerpräsident Vorster die Bitte der zairischen Regierung zu übermitteln, „daß es dringend notwendig sei, daß die südafrikanische Regierung eine klare Zeitaussage für eine Unabhängigkeit Namibias machen müsse. Hierbei handele es sich um eine Lebensfrage für Afrika und für den Westen. [...] Zaire würde eine derartige zeitliche Festlegung dann auch öffentlich als ersten Schritt in die richtige Richtung unterstützen. Das Bedauerliche sei, daß die südafrikanische Regierung es dazu hat kommen lassen, daß auf der einen Seite die SWAPO und auf der anderen Seite die Stammeshäuptlinge stehen. In Zaire traue man einem SWAPO-Führer nicht, da man ihn für einen moskauhörigen Menschen halte. Es sei wichtig für Südafrika, Führungspersönlichkeiten ins Spiel zu bringen, so daß es unabhängig von Stammesgruppierungen zu Wahlen auf nationaler Parteiebene kommen könne. Es sei im südafrikanischen Sinne wie im Sinne des gesamten Westens, daß in Afrika ein Viererblock aus den nichtkommunistischen Ländern Zaire, Sambia, Botswana und Namibia entstünde. Dieser Block sei dann wieder in der Lage, Angola einzuschnüren. Länder wie die VR Kongo hätten dann keine Bedeutung mehr." Vgl. die Gesprächsaufzeichnung; Referat 010, Bd. 178687.

immer noch die Hoffnung, im Notfall militärische Unterstützung vom Westen zu erhalten.

Bundesminister kündigte an, er werde der Presse in einem Gespräch die deutsche Position noch einmal darlegen, ohne den Inhalt dieses Gespräches zu wiederholen.

Später wurde den Südafrikanern die Presseerklärung[17] vorgetragen.

Referat 010, Bd. 178662

200

Gespräch des Bundesministers Genscher mit dem israelischen Außenminister Allon

105-40.A/76   23. Juni 1976[1]

Vier-Augen-Gespräch des Herrn Ministers mit dem israelischen Außenminister Allon in Bonn am 23. Juni 1976 um 17.00 Uhr.[2]

Außenminister *Allon* berichtete einleitend, daß Rabin bei seinem letzten Besuch in Washington[3] von Ford und Kissinger gefragt worden sei, ob Israel zu Verhandlungen auch über eine Lösung etwas unterhalb einer vollen friedensvertraglichen Regelung bereit sei, wobei man an eine Beendigung des Kriegszustandes denke. Nachdem eine einheitliche Haltung des israelischen Kabinetts zustande gekommen sei, habe man die Amerikaner ermächtigt, Kairo, Amman und Damaskus wissen zu lassen, daß Israel grundsätzlich bereit sei, über eine Beendigung des Kriegszustandes zu verhandeln, soweit letzteres in einer für alle Beteiligten akzeptablen Form definiert werde. Eine Antwort hierauf sei noch nicht eingegangen, wenngleich er inoffiziell wisse, daß Ägypten nicht Nein sage, den Zeitpunkt für Verhandlungen aber angesichts der öffentlichen Reaktion auf das letzte Abkommen[4] für verfrüht und für ein amerikani-

---

17 Für den Wortlaut der Presseerklärung des Auswärtigen Amts über das Gespräch des Bundesministers Genscher mit dem südafrikanischen Außenminister Muller vgl. BULLETIN 1976, S. 716.

1 Die Gesprächsaufzeichnung wurde von Vortragendem Legationsrat I. Klasse Weber am 25. Juni 1976 gefertigt.
Hat Bundesminister Genscher vorgelegen.

2 Der israelische Außenminister Allon hielt sich vom 23. bis 25. Juni 1976 anläßlich der ersten Sitzung der deutsch-israelischen Wirtschaftskommission in der Bundesrepublik auf. Ein zweites Gespräch mit Bundesminister Genscher fand am 24. Juni 1976 statt. Vgl. dazu Dok. 203, Anm. 11.

3 Ministerpräsident Rabin hielt sich vom 26. bis 29. Januar 1976 in den USA auf.

4 Zum ägyptisch-israelischen Abkommen vom 4. September 1975 über Truppenentflechtung (Sinai-Abkommen) vgl. Dok. 13, Anm. 8.

sches Wahljahr[5] nicht für geeignet halte. 1977 biete daher möglicherweise bessere Aussichten. Auch Hussein sage nicht Nein.[6]

Die Situation im Libanon sei äußerst kompliziert und unübersichtlich.[7] Niemand habe die Lage unter Kontrolle. Man stehe in Verbindung mit den Christen, die über die Haltung des Auslands frustriert seien. Die UN habe sich nicht geäußert, der Vatikan habe nur sehr wenig gesagt, die französischen Äußerungen seien zu spät gekommen, und die Amerikaner seien im großen und ganzen nur defensiv. Daher rechneten die Christen auf Unterstützung durch Israel, um einem Massaker durch Moslemfanatiker zu entgehen. Israelischerseits habe man Damaskus wissen lassen, daß man sich nicht einmischen werde, sofern sich Syrien vorsichtig verhalte, wozu folgende Punkte gehörten:

1) Der Libanon dürfe nicht annektiert werden;

2) es dürfe nicht zugelassen werden, daß die PLO und die Radikalen ein Massaker unter den Christen verursachten;

3) die arabischen Streitkräfte dürften nicht zu nah an die ägyptischen[8] Grenzen verlegt werden, und

4) es dürfe der PLO nicht gestattet werden, sich erneut im südlichen Libanon zu konzentrieren und von dort aus Angriffe auf den Norden Israels zu führen.

Die Syrer selbst müßten die Entwicklung an ihrer Ostgrenze im Auge behalten, wo die Irakis Streitkräfte konzentrierten.[9] Militärisch gesehen seien die

---

[5] Am 2. November 1976 fanden in den USA Präsidentschaftswahlen sowie Wahlen zum Repräsentantenhaus und Teilwahlen zum Senat statt.

[6] Am 25. Februar 1976 teilte der israelische Botschafter in Washington, Dinitz, dem amerikanischen Außenminister die Entscheidung des israelischen Kabinetts mit, einem begrenzten Rückzug aus den besetzten Gebieten im Gegenzug zur Beendigung des Kriegszustands zuzustimmen. Dazu schrieb Kissinger im Rückblick, daß Präsident Sadat am 11. März 1976 seine grundsätzliche Zustimmung erteilt habe, das Konzept mit Jordanien und Syrien zu erörtern. Am 25. März 1976 habe sich König Hussein gegenüber Präsident Ford in Washington aber skeptisch darüber geäußert, „daß Israel zu ausreichenden territorialen Zugeständnissen bereit sein könnte. Unsere Gespräche mit ihm führten zu keinem greifbaren Ergebnis ... Wir hatten den Eindruck, daß König Hussein erst ein Urteil abgeben möchte, wenn wir diese Idee mit Präsident Assad besprochen haben und dessen Reaktion kennen." Präsident Assad sei der Vorschlag am 9. Mai 1976 durch den amerikanischen Botschafter in Damaskus, Murphy, übermittelt worden: „Assad gab nie eine offizielle Antwort auf diesen Vorschlag, hielt jedoch zwei Reden, in denen er vor nicht näher bezeichneten Versuchen warnte, einen Keil zwischen die Araber zu treiben." Vgl. dazu KISSINGER, Jahre, S. 833 f. und S. 845 f.

[7] Referat 310 stellte am 18. Juni 1976 fest: „Die syrischen Truppen (12 000 bis 15 000 Mann) stehen unverändert östlich und südlich von Beirut, das sie, wie auch Saida (Sidon) im Süden und Tripoli im Norden des Landes, eingeschlossen haben. [...] Von den Falangisten gehaltene Gebiete sind von den syrischen Truppen bislang nicht besetzt worden. Vgl. Referat 310, Bd. 104999.
Botschafter von Pachelbel-Gehag, Beirut, informierte am 24. Juni 1976 über den auf einer Sondersitzung der Außenminister der Arabischen Liga am 8./9. Juni 1976 in Kairo gefaßten Beschluß, eine arabische Friedenstruppe in den Libanon zu entsenden: „Während Eintreffen der Kontingente der multilateralen arabischen Friedenstruppe im Libanon nur schleppend vorankommt, hat militärische Eskalation im Osten und Südosten Beiruts besonders heftige Formen angenommen. Rechte Milizen sind grimmig entschlossen, Palästinenserlager Tal Zataar und Jisr el-Bascha sowie Schiiten-Enklave Nabaa zu stürmen und zu entwaffnen. Starke Verluste auf beiden Seiten." Vgl. den Drahtbericht Nr. 360; Referat 310, Bd. 108751.

[8] So in der Vorlage.

[9] Botschafter Voigt, Bagdad, berichtete am 10. Juni 1976, daß der Irak am Vortag zwei Panzerdivisionen an die irakisch-syrische Grenze verlegt habe. Gleichzeitig habe der Irak angeboten, in Syrien Truppen zu stationieren und damit wieder eine „Nordfront" aufzubauen, wenn Damaskus seinen „Kapitulationskurs" aufgebe. Voigt bemerkte hierzu, daß eigentlich kein Anlaß bestanden habe,

Christen erstklassige Soldaten, doch seien sie in sich gespalten. Was den Einsatz einer gemeinsamen arabischen Streitmacht angehe, so habe man beschlossen, nicht zu intervenieren, sofern diese Streitmacht nicht zu massiv sei.

Über die Absichten der Syrer befragt, gab AM Allon einen kurzen Überblick über die ursprünglichen Bemühungen der Syrer, im Libanon eine Veränderung der konstitutionellen Lage und einen andersgearteten Kompromiß herbeizuführen, als dessen Garanten sie hätten auftreten können. Dieses Konzept habe sich jedoch nicht verwirklichen lassen, und heute seien praktisch alle ursprünglichen Fronten in ihr Gegenteil umgeschlagen, mit dem Ergebnis, daß die derzeitige Situation chaotisch sei. Assad bemühe sich heute vielleicht um eine konstruktive Rolle, wogegen vor einem Jahr, als er den Stein ins Rollen gebracht habe, seine Haltung eher destruktiv gewesen sei. Nach Wiederherstellung der Waffenruhe werde er versuchen, zu einem Arrangement mit den Radikalen zu gelangen, was einmal zu einer Massenauswanderung der Christen in den Westen und zum andern dazu führen könnte, daß es der PLO gestattet werde, sich nördlich von Israel niederzulassen und von dort aus gegen Israel zu operieren. Er habe in der Knesset deutlich gesagt, daß man dies nicht dulden werde.[10] Die Rolle der NATO im Mittelmeerraum sei unbedeutend, und auch die Rolle der Amerikaner sei in erster Linie darauf beschränkt, ein Gegengewicht gegen die Sowjets darzustellen, ohne daß die Amerikaner selbst die Entwicklung stark beeinflußten. Die Position der Sowjets sei schlecht, da sie Ägypten verloren hätten[11] und ihr Einfluß in Algerien ebenfalls sehr schwach geworden sei. Ihre Situation in Syrien sei auch unsicher geworden, so daß sie sich nur noch auf die PLO verlassen könnten. Kossygins Besuch im Irak und in Syrien[12] sei ein völliger Fehlschlag gewesen, und er verstehe nicht, warum er sich auf dieses Risiko überhaupt eingelassen habe.

Der Herr *Minister* gab sodann seine Beurteilung der in diesem Zusammenhang von Saudi-Arabien verfolgten Politik.

AM *Allon* sagte, es würden Versuche zu einer Verbesserung der Beziehungen zwischen dem Iran und Saudi-Arabien unternommen. Beide Länder hätten

---

Fortsetzung Fußnote von Seite 928

dem Vorschlag einer „Nordfront" durch Truppenentsendung Nachdruck zu verleihen: „In Wirklichkeit dürfte sich die Maßnahme erklären durch die irakische Besorgnis, daß die syrischen Truppen im Libanon die Oberhand gewinnen und der Libanon damit mehr oder minder unter den Einfluß von Damaskus geraten könnte." Vgl. den Drahtbericht Nr. 114; Referat 310, Bd. 104999.

10 Der israelische Außenminister Allon nannte laut Presseberichten am 15. Juni 1976 fünf Faktoren, die bei der Entscheidung Israels für ein militärisches Eingreifen eine Rolle spielten: „Bestand der arabischen Streitkräfte auf libanesischem Territorium, Ausrüstung dieser Truppen, Dauer ihrer Intervention, Stärke ihrer Gegner und Distanz zur israelischen Grenze. Allon kündigte vor der Arbeiterpartei an, Jerusalem werde zu verhindern wissen, daß Südlibanon je wieder als Sprungbrett für Guerillaangriffe nach Galiläa hinein diene." Vgl. den Artikel „Israel definiert die ‚Rote Linie' in Südlibanon"; NEUE ZÜRCHER ZEITUNG, Fernausgabe vom 19. Juni 1976, S. 5.

11 Am 15. März 1976 kündigte die Vereinigte Arabische Republik den Vertrag vom 27. Mai 1971 mit der UdSSR über Freundschaft und Zusammenarbeit. Vgl. dazu Dok. 95, Anm. 9.
Am 26. März 1976 bekräftigte Präsident Sadat die Forderung, daß die Kriegsschiffe der sowjetischen Mittelmeerflotte binnen eines Monats nach Kündigung des Freundschaftsvertrags ägyptische Häfen verlassen müßten. Die letzten Schiffe liefen am 15. April 1976 aus dem Hafen von Alexandria aus. Vgl. dazu die Meldung „Sowjetische Kriegsschiffe verlassen ägyptische Häfen"; FRANKFURTER ALLGEMEINE ZEITUNG vom 17. April 1976, S. 1.

12 Ministerpräsident Kossygin hielt sich vom 29. Mai bis 1. Juni 1976 im Irak und vom 1. bis 4. Juni 1976 in Syrien auf.

zwei gemeinsame Gegner – die Sowjets und die arabischen Radikalen, wie sie vor allem durch die Baath-Partei im Irak und in Syrien vertreten würden. Syrien befinde sich wirtschaftlich in einer angespannten Lage, da die Intervention im Libanon täglich eine Million Dollar koste. Tatsächliche Unterstützung könne Syrien nur von Saudi-Arabien und den Vereinigten Staaten erhalten. Die Saudis versuchten nun, diese Lage dazu auszunützen, um zu einem Ausgleich zwischen den Ägyptern und den Syrern beizutragen, was verständlicherweise mit sehr starken anti-israelischen Tönen geschehe.

Der Herr *Minister* sagte, er werde seit langem bereits gebeten, einen Besuch in Syrien abzustatten, würde aber gern die Meinung von AM Allon hierzu hören.

AM *Allon* sagte, jeder Besuch, den ein Mann wie der Herr Minister ausführe, könne konstruktiv sein. Er frage sich nur, ob die Zeit geeignet sei, solange Syrien noch im Libanon unmittelbar interveniere. Vielleicht sollte der Herr Minister erst nach Damaskus gehen, wenn es zu einer Waffenruhe gekommen sei.

Was Hussein angehe, so sei er klüger und geschickter, als man gemeinhin annehme. Nachdem seine ersten Bemühungen gescheitert seien, in den Vereinigten Staaten Boden-Luft-Raketen zu kaufen, die Saudi-Arabien hätte finanzieren sollen, sei er nunmehr in die Sowjetunion gereist, um dort Verhandlungen zu führen.[13]

Er (Allon) sei sicher, daß in Moskau kein Geschäft zustande komme und sich Hussein die Option offenhalte, da schließlich die Vereinigten Staaten doch liefern und die Saudis bezahlen würden. Sadat habe sein ursprüngliches Versprechen gegenüber Hussein nicht gehalten, weshalb dieser näher an Syrien herangerückt sei, ohne daß er beispielsweise so weit gehe, der Errichtung eines gemeinsamen Oberkommandos zuzustimmen. Nichtsdestoweniger habe ihm dieser Schritt eine wesentliche Aufbesserung seines Rufs bei den Radikalen gebracht, und seine Reise nach Moskau habe ihn fast zu einem Helden werden lassen.

Auf Bitte von AM Allon berichtete der Herr *Minister* sodann über die jüngsten Gespräche mit Gierek[14] und die Auswirkungen, die diese Begegnung auf andere Mitgliedstaaten des Warschauer Pakts habe.

Außenminister *Allon* fragte sodann, wie eine wirtschaftliche Zusammenarbeit zwischen Staatshandelsländern und Ländern mit einer freien Wirtschaft überhaupt zustande kommen könne.

Der Herr *Minister* betonte in seiner Antwort, daß zwischen den Regierungen nur der Rahmen vereinbart werde, innerhalb dessen die Wirtschaft selbst die nötigen Vereinbarungen treffen müsse. Niemand könne zur Kooperation gezwungen werden.

AM *Allon* sagte, vor einigen Wochen habe er in einem Vortrag vor der Hebräischen Universität Jerusalem das Palästinenser-Problem erörtert und dabei erklärt, man werde eine Vereinbarung mit dem Nachbarland auf dem Ostufer des Jordan nicht unterzeichnen, wenn sie keine Definition der palästinensi-

---

[13] König Hussein hielt sich vom 17. bis 28. Juni 1976 in der UdSSR auf.
[14] Zum Besuch des Ersten Sekretärs des ZK der PVAP, Gierek, vom 8. bis 12. Juni 1976 in der Bundesrepublik vgl. Dok. 181, Dok. 186 und Dok. 187.

schen Identität enthalte.[15] Jordanien könne aber kein Monopol besitzen und allein entscheiden, was die palästinensische Identität sei. Die palästinensischen Araber auf dem Westufer müßten ebenfalls beteiligt werden. Daher habe er dreiseitige Konsultationen zwischen Israelis, Jordaniern und Vertretern der palästinensischen Araber auf dem Westufer vorgeschlagen. Dieser Vorschlag sei bei allen Beteiligten gut aufgenommen worden, so daß in dem, was zunächst nur ein Versuchsballon gewesen sei, vielleicht doch für die weitere Zukunft ein Hoffnungsstrahl liege.

Abschließend erwähnte AM Allon, daß es im israelisch-griechischen Verhältnis gewisse Schwierigkeiten gebe. Er fragte, ob der Herr Minister eine Gelegenheit sehe, ein Wort für Israel einzulegen.

Unter Hinweis auf die Möglichkeit, im Sommer mit den Griechen zusammenzutreffen, bejahte der Herr *Minister* dies und bat um Überlassung einer schriftlichen Darstellung.

AM *Allon* sagte dies zu.[16]

Das Gespräch endete gegen 18 Uhr.

Referat 010, Bd. 178660

---

[15] Der israelische Außenminister Allon äußerte sich am 19. Mai 1976 zu einem Abkommen mit Jordanien. Presseberichten zufolge führte Allon aus, „Jordanien habe kein Monopol für die Lösung der palästinensischen Frage und palästinensische Vertreter aus Cisjordanien müßten auf alle Fälle an eventuellen Friedensverhandlungen teilnehmen. Für den Fall, daß Jordanien eine syrische Provinz würde oder von der PLO überrannt würde, müsse Israel seine Prinzipien gegenüber Jordanien erneut überdenken." Vgl. den Artikel „Veränderte Haltung Israels gegenüber Amman"; NEUE ZÜRCHER ZEITUNG, Fernausgabe vom 23./24. Mai 1976, S. 3.

[16] Der israelische Gesandte Ruppin übergab Ministerialdirigent Kinkel am 30. August 1976 eine Aufzeichnung vom 16. August 1976. Darin wurde ausgeführt, daß Griechenland den Staat Israel zwar seit 1950 durch Entsendung eines „Diplomatischen Repräsentanten" de facto, jedoch nie durch Aufnahme diplomatischer Beziehungen de jure anerkannt habe. Vgl. Referat 203, Bd. 110223.
Dazu nahm Vortragender Legationsrat I. Klasse Böcker am 15. September 1976 Stellung: „Der Zypernkonflikt dürfte auch weiterhin einer griechischen Annäherung an Israel entgegenstehen. Daneben hat die Rücksichtnahme auf die griechischen Minderheiten im Nahen Osten immer noch eine größere Bedeutung, als die israelische Regierung meint. Schließlich spielen wirtschaftliche Erwägungen sicherlich eine wichtige Rolle. Es dürfte daher wenig erfolgversprechend sein, eine ‚Harmonisierung' der Nahostpolitik quasi zu einer Vorbedingung der Mitgliedschaft Griechenlands in der EG zu machen. Referat 310 rät davon ab, eine ‚Initiative' zugunsten der Aufnahme diplomatischer Beziehungen Griechenlands zu Israel zu ergreifen." Um der israelischen Regierung den guten Willen der Bundesrepublik zu zeigen, sollte die Botschaft in Athen angewiesen werden, „das Thema auf der Arbeitsebene im Rahmen einer Tour d'horizon beiläufig anzuschneiden, ohne dabei die künftige EG-Mitgliedschaft Griechenlands zu erwähnen. Die israelische Regierung könnte daraufhin unterrichtet werden, daß wir das Thema aufgegriffen hätten." Vgl. Referat 203, Bd. 110223.

201

Aufzeichnung des Ministerialdirektors Hiss, Bundeskanzleramt

23. Juni 1976[1]

Betr.: Ministergespräch beim Bundeskanzler zur Vorbereitung der Konferenz
von Puerto Rico[2] (23. Juni 1976, 11.45 bis 14.00 Uhr)

Teilnehmer: die Bundesminister Genscher, Apel, Bahr, Ertl, Friderichs; der Vizepräsident der Deutschen Bundesbank, Emminger; Staatssekretär Pöhl; Stellvertretender Regierungssprecher Grünewald; die Ministerialdirektoren Lautenschlager, Oppelt, Weber, Hiss; Ministerialdirigent Mueller-Thuns; LR I Leonberger.

Das Gespräch diente der Vorbereitung von zwei Themen, die in Puerto Rico zur
Diskussion stehen werden:

1) Währungspolitische Lage, insbesondere Italien.

2) Nord-Süd-Dialog.

Zu 1) Vizepräsident Emminger schildert die währungspolitische Lage Italiens,
die sich in den letzten beiden Monaten kurzfristig gefangen hat (u. a. starke
Wirkung des Bardepots).[3]

Der zugesagte kurzfristige EG-Währungsbeistand in Höhe von 500 Mio. $[4] ist
noch nicht in Anspruch genommen worden, vor allem weil die Frage seiner
mittelfristigen Konsolidierung offen ist. Im mittelfristigen Währungsbeistand

---

[1] Hat Legationsrat I. Klasse Leonberger, Bundeskanzleramt, vorgelegen, der die Weiterleitung an
Ministerialdirigent Leister, Bundeskanzleramt, verfügte.
Hat Leister am 24. Juni 1976 vorgelegen.
Am 24. Juni 1976 übermittelte Ministerialdirektor Hiss, Bundeskanzleramt, Ministerialdirigent
Kinkel „vorbehaltlich der Genehmigung des Wortlautes durch den Herrn Bundeskanzler" einen auf
der Grundlage dieser Aufzeichnung gefertigten Vermerk, der die durch Bundeskanzler Schmidt fest-
gestellten Ergebnisse zu beiden Themen des Ministergesprächs enthielt. Vgl. dazu VS-Bd. 14066
(010); B 150, Aktenkopien 1976.

[2] Zur Konferenz der Staats- und Regierungschefs aus sieben Industriestaaten am 27./28. Juni 1976
in San Juan vgl. Dok. 208.

[3] Zur währungspolitischen Situation in Italien vgl. Dok. 49, Anm. 3.
Am 18. März 1976 beschloß die italienische Regierung weitere, insbesondere steuerpolitische Maßnahmen, nachdem sich der Wertverlust der Lira auch nach Aussetzung der amtlichen Devisenno-
tierungen in Italien am 21. Januar 1976 fortgesetzt hatte. Vgl. dazu BULLETIN DER EG 3/1976,
S. 32 f.
Im April 1976 wuchs erneut der Druck auf die italienische Währung. Mit Wirkung vom 6. Mai 1976
beschloß die italienische Regierung daher die Wiedereinführung des Bardepots für die Dauer von
drei Monaten. Die Importeure wurden verpflichtet, bei der Einfuhr von Industrie- und Agrarerzeug-
nissen die Hälfte des Importwertes in einem zinslosen Depot bei der italienischen Notenbank zu
hinterlegen. Vgl. dazu den Artikel „Zuflucht zum Importdepot in Italien"; NEUE ZÜRCHER ZEITUNG,
Fernausgabe vom 7. Mai 1976, S. 1.

[4] Am 11. Mai 1976 stimmten die Notenbankgouverneure der EG-Mitgliedstaaten am Rande einer
Sitzung des Verwaltungsrats der Bank für Internationalen Zahlungsausgleich in Basel zu, der ita-
lienischen Notenbank im Rahmen des kurzfristigen EG-Währungsbeistands einen dreimonatigen
Bereitschaftskredit in Höhe von 400 Mio. Währungsrechnungseinheiten (rd. 480 Mio. Dollar) ein-
zuräumen. Vgl. dazu den Artikel „Weiterer Währungsbeistand für Italien"; NEUE ZÜRCHER ZEI-
TUNG, Fernausgabe vom 14. Mai 1976, S. 11.

der EG[5] ist noch ein Spielraum von ca. 560 Mio. $ vorhanden, der theoretisch gerade für die Konsolidierung des kurzfristigen Beistands ausreichen würde. Eine kurzfristige Ziehungslinie der BIZ[6] ist von Italien ebenfalls noch nicht in Anspruch genommen. Die der italienischen Notenbank beim FRS[7] (USA) zur Verfügung stehenden Swaps von 3 Mrd. $ konnten von den Italienern aufgrund der amerikanischen Haltung bisher nur mit 750 Mio. $ beansprucht werden. Im IWF hat Italien noch eine Ziehungsmöglichkeit von 550 Mio. $.

Nach einem Leistungsbilanzdefizit von 0,5 Mrd. $ in 1975 schätzt Emminger das Defizit in 1976 auf 2 bis 2,5 Mrd. $.

Über die Verlängerung des bilateralen deutschen Notenbankkredits an Italien[8] wird erst nach den italienischen Wahlen[9] gesprochen. Die Bundesbank strebt dabei eine Verbesserung der Bedingungen an, vor allem auch im Hinblick auf eine schrittweise Verwertung des Goldes. Dabei ist dem Direktorium klar, daß die Verlängerung des Kredits im einzelnen wegen der europa- und außenpolitischen Bedeutung im engsten Einvernehmen mit der Bundesregierung zu erfolgen hat.[10]

BM Apel sieht die italienischen Zahlungsbilanzbedürfnisse insbesondere aufgrund von in 1976 fällig werdenden Auslandskrediten Italiens in Höhe von 4,5 Mrd. $ weniger optimistisch. Nach seiner Ansicht spricht vieles für ein Abwar-

---

5 Am 18. November 1974 beschloß der EG-Rat auf der Ebene der Wirtschafts- und Finanzminister in Brüssel, Italien einen mittelfristigen finanziellen Beistand in Höhe von 1159,2 Mio. RE für eine durchschnittliche Laufzeit von dreieinhalb Jahren zu gewähren. Die entsprechende Richtlinie wurde von den Wirtschafts- und Finanzministern auf ihrer Tagung am 19. Dezember 1974 verabschiedet. Vgl. dazu BULLETIN DER EG 11/1974, S. 45 f., bzw. BULLETIN DER EG 12/1974, S. 51.

6 Auf der Sitzung am 11. Mai 1976 in Basel beschloß der Verwaltungsrat der Bank für Internationalen Zahlungsausgleich (BIZ), zusätzlich zum kurzfristigen EG-Währungsbeistand eine weitere Ziehungslinie in Höhe von 600 Mio. Dollar zugunsten der italienischen Notenbank zu eröffnen. In der Presse wurde dazu ausgeführt, daß es sich bei den beiden Darlehen „hauptsächlich um vorsorgliche Kreditlinien zur Absicherung der massiv geschrumpften Devisenreserven" in Italien handele: „Die beiden neuen Swap-Linien sind denn auch zurzeit mehr als Elemente einer gezielten politischen Vertrauensbildung zu werten." Vgl. den Artikel „Weiterer Währungsbeistand für Italien"; NEUE ZÜRCHER ZEITUNG, Fernausgabe vom 14. Mai 1976, S. 11.

7 Federal Reserve System.

8 Zum Kredit der Bundesrepublik für Italien vgl. Dok. 72, Anm. 13.

9 Aus den Parlamentswahlen in Italien am 20./21. Juni 1976 ging die Democrazia Cristiana mit 38,7 % der Stimmen als stärkste Partei hervor, gefolgt von der Kommunistischen Partei mit 34,4 %. Ferner erhielten die Sozialistische Partei 9,6 %, die Sozialbewegung (Neofaschisten) 6,1 %, die Sozialdemokratische Partei 3,4 %, die Republikanische Partei 3,1 % und die Liberale Partei 1,3 % der Stimmen.

10 Ministerialdirektor Lautenschlager vermerkte am 11. August 1976, daß der Präsident der italienischen Notenbank, Baffi, „dieser Tage die Bundesbank informell um eine Kreditverlängerung" gebeten habe. In einer Ressortbesprechung im Bundeskanzleramt am Vortag sei festgestellt worden, daß Italien „objektiv nicht in der Lage" sei, „den Bellagio-Kredit bei Fälligkeit zurückzuzahlen. Eine Verwertung des Goldpfandes schließt sich aus politischen (eklatanter Mißtrauensbeweis gegenüber Regierung Andreotti), aber auch markttechnischen Erwägungen (labiler Goldpreis) aus. Mit der Nichtbeteiligung von Kommunisten an der Regierung hat Andreotti die Erwartungen der westlichen Partner formal, wenn auch à l'italienne, erfüllt. [...] Das von Andreottti in seiner Regierungserklärung skizzierte Sanierungsprogramm läßt sich grundsätzlich positiv beurteilen." Vgl. Referat 412, Bd. 109334.

Das Kabinett erklärte sich am 25. August 1976 mit der Aufnahme von Verhandlungen zwischen der Bundesbank und der italienischen Notenbank einverstanden: „Das Kabinett ist ferner damit einverstanden, daß der alte Kredit um zwei Monate verlängert wird, um die Möglichkeit für Verhandlungen ohne Zeitdruck zu schaffen." Vgl. den Auszug aus dem Kurzprotokoll; Referat 412, Bd. 109334.

ten wirksamer italienischer wirtschaftspolitischer Sanierungsprogramme vor der Bereitschaftserklärung zu weiteren Zahlungsbilanzhilfen.

Dem steht gegenüber die Gefahr, daß dann ggf. wieder schnell, d.h. möglicherweise bilateral, reagiert werden muß. BM Apel gibt für den Moment der Linie des Abwartens den Vorzug. Wenn Zahlungsbilanzhilfe notwendig ist, dann im Rahmen eines weiten internationalen Konsortiums unter Einschluß des IWF (insbesondere wegen wirksamer wirtschaftspolitischer Auflagen); keine Zahlungsbilanzhilfe nur im EG-Rahmen oder gar bilateral. BM Bahr plädiert ebenfalls für die Linie des Abwartens.

Am Rande werden Fragen der italienischen Importkonkurrenz zu Dumping-Preisen berührt, die in Puerto Rico aufgrund von Unterlagen aus dem BMWi bilateral angesprochen werden sollen.

BM Genscher sieht Grenzen für das Abwarten, wenn man einer jetzt aus den Wahlen hervorgegangenen Regierung eine Chance geben will. Er plädiert für Hilfe, aber mit strengen Auflagen.

Nach einem weiteren Meinungsaustausch über die Eignung alternativer multilateraler Instrumente zur Zahlungsbilanzhilfe (OECD-Fonds, IWF-„Super-Tranche") faßt BK das Ergebnis wie folgt zusammen:

a) Italien ernstgemeinte Bereitschaft der Partnerländer zur Hilfestellung mitteilen,

b) aber unter bestimmten Voraussetzungen, darunter:

aa) umfassender ökonomischer Sanierungsplan für Italien, da die Möglichkeiten zu Zahlungsbilanzhilfen diszipliniert benutzt werden müssen wegen der Gefahr neuer Inflationsschübe durch Liquiditätsausweitung;

bb) auch handelspolitische Auflagen;

cc) keine bilateralen oder EG-Beistände, sondern weltweiter Rahmen; entweder durch OECD-Fonds oder IWF oder im Rahmen des Zehnerklubs;

dd) zwischen evtl. mehreren kreditgebenden Stellen müssen die wirtschaftspolitischen Auflagen koordiniert werden.

Zu 2) BM Genscher stellt dar, daß es in der Rohstoff-Frage um eine Vermittlung zwischen der französischen und der amerikanischen Position gehe. BM Friderichs führt den von den Abteilungsleitern erarbeiteten Vorschlag ein als eine solche mögliche Kompromißlinie.[11] Er betont, daß es hierbei nicht um die

---

11 Am 18. Juni 1976 legten das Auswärtige Amt und die Bundesministerien der Finanzen, für Wirtschaft, für Ernährung, Landwirtschaft und Forsten sowie für wirtschaftliche Zusammenarbeit Vorschläge für eine gemeinsame Rohstoffpolitik der Industriestaaten vor. Im Mittelpunkt standen dabei Überlegungen zur Schaffung eines gemeinsamen Finanzierungsinstruments im Rohstoffsektor. Zunächst wiesen sie darauf hin, daß im Unterschied zu den Entwicklungsländern („Gruppe der 77"), die die Errichtung eines Gemeinsamen Fonds vorschlugen, die Gruppe der Industriestaaten („Gruppe B") bei der IV. UNCTAD-Konferenz vom 5. bis 31. Mai 1976 in Nairobi keinen einheitlichen Standpunkt vertreten hätte. So hätten sich die Niederlande und die nordischen Staaten für das Grundkonzept der „Gruppe der 77" ausgesprochen, während etwa Belgien und Frankreich die Möglichkeit einer Zusammenfassung bestehender Bufferstock-Fonds nicht ausgeschlossen hätten. Die USA wiederum hätten die Schaffung einer neuen Rohstoffbank vorgeschlagen. Den Entwicklungsländern sollte als Alternative zum Gemeinsamen Fonds das Modell eines neuen Finanzinstituts vorgeschlagen werden: „Es fügt vier verschiedene Elemente zusammen: unseren Vorschlag der Erlösstabilisierung, den wir nach wie vor für die wirtschaftspolitisch sinnvollste Lösung für eine Sicherung stetigerer Exporterlöse rohstoffexportierender EL halten; den von uns positiv aufgenomme-

Versorgungssicherheit mit Rohstoffen gehe, die er für gewährleistet halte, sondern um die Vermeidung eines Konfliktverhältnisses zu den EL.

BM Ertl betont den „mythischen" Wert von Rohstoffabkommen für die, die diese Forderung aufstellen. Dazu gehöre auch Frankreich, weshalb man bei einer Reihe von Produkten Zugeständnisse machen müsse.

BM Apel lehnt „aus Finanzgründen" die Konzeption der Abteilungsleiter ab, hat aber keine Alternativlösung. Auch BK ist der Ansicht, daß er den Finanzrahmen des Vorschlages in Puerto Rico nicht vortragen kann, weil sich das Modell nicht selbst trägt, was es als „Ausgleichssystem" im Prinzip aber eigentlich müßte.[12] BK sieht außerdem deutlich die Überschußgefahr bei Rohstoffabkommen mit falschen Preissignalen. Er wird hierin gegen die Einwände von BM Ertl von VP Emminger unterstützt.

BM Genscher hebt noch einmal hervor, daß wir unsere Bereitschaft, im Rahmen des von BM Friderichs skizzierten Vorschlages zum Ressourcen-Transfer beizutragen, dazu benutzen sollten, dirigistische Rohstoffmodelle abzuwehren. Die vielen Elemente unseres Vorschlages könnten wir indessen nur einführen, wenn wir bei einigen wenigen Rohstoffen zu Abkommen bereit seien.

Das Gespräch dreht sich sodann um die nähere Bestimmung der Finanzierungssysteme für die Rohstoffpolitik, wobei zwischen einer an den Importvolumina orientierten Aufschlüsselung der Kosten für Rohstoffabkommen unterschieden wird im Gegensatz zu den auch nach dem BSP oder anderen Bezugsgrößen aufzuschlüsselnden Kosten der Erlösstabilisierung[13].

Nach Meinung von BK spricht vieles für die Aufschlüsselung entsprechend den Importvolumina; allerdings wären dann Nutznießer an erster Stelle die Sowjetunion – unter der Voraussetzung, daß die Ostblockländer einbezogen sind – sowie die USA, sodann Kanada und Australien und erst in dritter Linie einige Entwicklungsländer. BK bezweifelt, daß sich beim Erlösstabilisierungsmodell ein Land wie die USA auf einen Schlüssel einlassen könnte, dem das BSP oder ein ähnlicher Maßstab für die Aufbringungsseite zugrunde liegt.

Die Beratungen zu Punkt 2) werden von BK wie folgt zusammengefaßt:

a) Bundesrepublik hat ein Interesse daran, daß das Nord-Süd-Verhältnis und die Weltwirtschaft nicht gestört werden.

Fortsetzung Fußnote von Seite 934

nen amerikanischen Vorschlag einer Rohstoffbank zur Förderung von Rohstoffinvestitionen; den von uns immer unterstützten Gedanken, die Diversifizierung von Monostrukturen in EL finanziell zu fördern; das in Gymnich mit den USA vereinbarte Konzept für einen begrenzten ‚link' in der Bufferstock-Finanzierung." Vgl. Referat 412, Bd. 109323.

12 Hinsichtlich der Finanzierung wurde in dem am 18. Juni 1976 vorgelegten Ressortpapier ausgeführt, daß zur Finanzierung der Bufferstocks die hierzu eingerichteten Fonds in Betracht kämen; zur Finanzierung der übrigen Elemente wären Mittel aus nationalen Beiträgen, von den Kapitalmärkten sowie aus Beiträgen internationaler Institutionen wie dem IWF und der Weltbank bereitzustellen. Eine vorläufige Schätzung sehe als zu zeichnendes Grund- und Haftungskapital für das Finanzinstitut etwa 2 Mrd. Dollar vor; für die Bundesrepublik ergäbe sich zunächst ein Beitrag am Grundkapital von 50 Mio. Dollar sowie eine Haftungserklärung für den restlichen Anteil. Hinsichtlich der Erlösstabilisierung sollte für die Bundesrepublik der Orientierungsrahmen bei 300 bis 350 Mio. DM liegen: „Der deutsche Bar-Beitrag würde sich demnach belaufen auf 125 Mill[ionen] DM als einmalige Kapitaleinzahlung [und] 350 Mill. DM als Gesamtbetrag für einmalige und/oder laufende Zuschüsse. Demnach würden 500 Mill. DM nicht überschritten werden. Dazu käme die Haftungserklärung über 375 Mill. DM". Vgl. Referat 412, Bd. 109323.

13 Zum Modell der Erlösstabilisierung vgl. Dok. 5, Anm. 8.

b) Wir anerkennen die Notwendigkeit zusätzlichen Ressourcen-Transfers und sind dazu bereit.

c) Wir wollen Eingriffe in die Marktmechanismen so klein wie möglich halten.

d) Die Bundesrepublik darf sich nicht isolieren, sondern hat die Einbettung in ungestörte Beziehungen zu anderen Ländern (USA, EG, EL) nötig.

e) Wir wollen nach Möglichkeit auf einer zwischen der amerikanischen und französischen Position vermittelnden Linie Abkommen.

f) Hierzu ist in dem Vorschlag der Ressorts eine Finanzierungsinstitution mit vier Elementen entwickelt.

Unklar ist:

– welche Länder und welche Rohstoffe die Erlösstabilisierung einschließen soll,

– wie sie finanziert wird,

– für welche Rohstoffe wir zu Abkommen bereit sind und wie das Clearing-System der Bufferstocks alimentiert werden soll.

g) Diversifizierung und Investitionsförderung bleiben nach Zusammenfassung BK Sache bilateraler Hilfe.

Zuletzt wirft BK die Frage auf, wie angesichts der Vielfalt der Gremien, in denen die rohstoffpolitischen Verhandlungen mit den EL geführt werden, eine abgestimmte Position der Industrieländer hergestellt und auch durch die Verhandlungen hindurch gesichert werden kann. Auch hierzu bittet BK, wie zu den unter f) aufgeworfenen offenen Fragen für Puerto Rico, gemeinsam von AA, BMF, BMWi und BMZ um ergänzende Vorschläge.[14]

Hiss

Helmut-Schmidt-Archiv, 1/HSAA 006677

---

[14] Das Auswärtige Amt und die Bundesministerien der Finanzen, für Wirtschaft, für Ernährung, Landwirtschaft und Forsten sowie für wirtschaftliche Zusammenarbeit nahmen am 25. Juni 1976 Stellung zu den von Bundeskanzler Schmidt aufgeworfenen Fragen. Sie führten aus, daß das Modell zur Erlösstabilisierung den Zweck habe, die Rückgänge in den aggregierten Erlösen aus der Ausfuhr aller Rohstoffe eines bestimmten Entwicklungslandes auszugleichen; die Erlösrückgänge bei einigen Produkten würden demnach durch Erlössteigerungen bei anderen aufgewogen werden. Die Mittel hierfür könnten letztlich nur aus den Industrieländern und den ölproduzierenden Staaten kommen; allerdings sollten auch die COMECON-Mitgliedstaaten einbezogen werden. Das vorgeschlagene Finanzinstitut sollte mit einem Grund- und Haftungskapital in Höhe von 2 Mrd. Dollar (25 % Bar-Kapital; 75 % Haftungszusage) für Investitionsförderung, Diversifizierung und Erlösstabilisierung ausgestattet werden. Für die Bundesrepublik müsse mit einem Anteil von 125 Mio. DM für das Bar-Kapital, 300 bis 350 Mio. DM für die Erlösstabilisierung und weiteren 375 Mio. DM an Haftungszusagen gerechnet werden. Grundsätzlich seien alle für die Entwicklungsländer wesentlichen Rohstoffe einzubeziehen mit Ausnahme jener Waren, für die bereits Rohstoffabkommen bestehen. Hinsichtlich der Finanzierung der Bufferstocks in Rohstoffabkommen seien folgende Möglichkeiten denkbar: a) Haushaltsbeiträge der Erzeuger- und Verbraucherländer; b) Handelsabgabe bei der Ausfuhr bzw. der Einfuhr; c) zusätzliche Finanzierung durch internationale Organisationen in Form neuer Fazilitäten bzw. Sonderziehungsrechten. Eine Beteiligung der Bundesrepublik an der Finanzierung von Bufferstocks sei von Fall zu Fall zu entscheiden: „Wir werden in den kommenden Verhandlungen unsere Bedenken gegen weitere Bufferstock-Abkommen vorbringen. [...] Die Abteilung Bufferstock-Finanzierung des neu vorgeschlagenen Finanzierungsinstrumentes soll die Mittel einzelner Abkommen lediglich als Clearing-Stelle zusammenfassen, d. h., das Institut stellt eigene Mittel für die Bufferstock-Finanzierung nicht zur Verfügung". Vgl. Referat 412, Bd. 109323.

202

Aufzeichnung des Ministerialdirigenten Meyer-Landrut

213-321.00 SOW 23. Juni 1976[1]

Über Herrn Staatssekretär[2] dem Herrn Minister zur Unterrichtung

Betr.: Analyse der Erklärung der CDU/CSU vom 22. Juni 1976 zur Erklärung der sowjetischen Regierung vom 22. Mai 1976[3]

Bezug: Vermerk von Dg 21 vom 23. Juni 1976[4]

I. Zusammenfassung

1) Es ist ein international unüblicher Vorgang, daß eine Opposition eine eigene Antworterklärung auf die Erklärung einer ausländischen Regierung veröffentlicht, in der es um wichtige nationale Fragen geht. Erschwerend kommt hinzu, daß die Opposition sich so verhalten hat, obwohl der Bundesminister des Auswärtigen in der Sitzung des Auswärtigen Ausschusses am 9. Juni 1976 eine eingehende Analyse der sowjetischen Erklärung gegeben, Anregungen auch aus den Reihen der Opposition für die Antworterklärung der Bundesregierung entgegengenommen und eine Unterrichtung des Ausschusses vor Veröffentlichung der Antwort zugesagt hatte. Aus der als Anlage beigefügten Zusammenstellung[5] ergibt sich, in welchem Maße die Anregungen der Abgeordneten in dem Antwortentwurf[6] berücksichtigt wurden.

---

1 Die Aufzeichnung wurde von Vortragendem Legationsrat I. Klasse Kühn und von Botschaftsrat von Braunmühl konzipiert.
Hat Vortragendem Legationsrat Lewalter am 24. Oktober 1976 vorgelegen, der die Weiterleitung an Referat 213 verfügte. Dazu vermerkte er handschriftlich: „Überholt."

2 Hat Staatssekretär Hermes am 24. Juni 1976 vorgelegen.

3 Zur sowjetischen Erklärung vom 22. Mai 1976 vgl. Dok. 158.
Der Vorsitzende der CDU/CSU-Fraktion, Carstens, und der Vorsitzende des Arbeitskreises V (Außen-, Deutschland-, Verteidigungs-, Europa- und Entwicklungspolitik) der CDU/CSU-Fraktion, Marx, stellten am 22. Juni 1976 vor der Presse eine Stellungnahme zur sowjetischen Erklärung vor. Vgl. dazu den Artikel „Union warnt vor Verfälschung des Berlin-Abkommens"; FRANKFURTER ALLGEMEINE ZEITUNG vom 23. Juni 1976, S. 2.
Für die Erklärung vgl. Referat 213, Bd. 112760. Für Auszüge vgl. Anm. 8, 10, 12 und 13.

4 Ministerialdirigent Meyer-Landrut legte für Gespräche des Bundesministers Genscher am Rande der Konferenz der Staats- und Regierungschefs aus sieben Industriestaaten am 27./28. Juni 1976 in San Juan einen Sprechzettel vor über die geplante Antwort der Bundesregierung auf die sowjetische Erklärung vom 22. Mai 1976. Vgl. Referat 213, Bd. 112760.

5 Dem Vorgang beigefügt. In der Anlage wurde ausgeführt, daß folgende Hinweise aus der Sitzung des Auswärtigen Ausschusses vom 9. Juni 1976 berücksichtigt worden seien: „Stellungnahme zur sowjetischen Philosophie von den ‚objektiven historischen Entwicklungsprozessen' (Kliesing)"; „Entgegnung auf die sowjetische Äußerung zu den ‚morschen Regimen' (Kliesing, Gradl, Geßner, Mattick)"; „Erwiderung auf den sowjetischen Anspruch, als Schiedsrichter zu bestimmen, wer oder welche Entwicklungen dem Krieg oder dem Frieden dienen (Mertes)"; „Hinweis, daß die Bundesregierung die Deutschland-Frage weiter als ‚offene Frage' betrachtet (Mertes)"; „Zurückweisung des Vorwurfs der ‚Einmischung in die inneren Angelegenheiten der DDR' und des angeblich ‚zynischen' Verhaltens in der nationalen Frage (Gradl)"; „Gebrauch der richtigen Bezeichnungen im Zusammenhang mit Deutschland und Berlin (Hupka)"; „Hinweis auf die polnischen Äußerungen des DDR-Verteidigungsministers Hoffmann (Mattick)"; „Eingehen auf positive Positionen der sowjetischen Erklärung. Antwort in einer Weise, daß eine Diskussion herausgefordert wird (Mattick)". Vgl. Referat 213, Bd. 112760.

6 Ministerialdirektor van Well legte einen ersten Entwurf der Antworterklärung der Bundesregie-

2) Inhaltlich ist die Erklärung der Opposition in vielen Punkten angreifbar bis falsch. In den Grundsatzfragen der Deutschland- und Entspannungspolitik geht sie auf Positionen zurück, über die alle im Bundestag vertretenen Parteien seit der zweiten Hälfte der 60er Jahre und die seitherige internationale Entwicklung hinweggegangen sind. Es werden Forderungen und Bedingungen aufgestellt, die einen wenig seriösen und verantwortlichen Charakter haben. Die Sprache ist tendenziös und polemisch.

3) Die Opposition hat sich mit vielen der in ihrer Erklärung vertretenen Positionen von der gemeinsamen Haltung des Bündnisses und der Europäischen Gemeinschaft in der Entspannungspolitik getrennt. Für diese Positionen gibt es im Westen keine Unterstützung.

4) Inhalt, Form und Umstände der Erklärung erwecken den Eindruck, daß die Bundesregierung aus wahlkampftaktischen Gründen[7] überrumpelt werden sollte. Es wird so getan, als wenn nur die CDU/CSU die Interessen aller Deutschen und insbesondere der Bundesrepublik Deutschland wahrnehmen könne. Mit dieser Erklärung ist gegenüber der Sowjetunion die Solidarität der demokratischen Parteien in den nationalen Grundsatzfragen aufgegeben worden.

5) Der Alleingang der Opposition gereicht der deutschen Außenpolitik zum Schaden. Dem Bemühen der Sowjetunion, zwischen konstruktiven und destruktiven Kräften in der Bundesrepublik zu unterscheiden, dem die Bundesregierung stets entgegentritt, wird durch die Erklärung der Opposition Vorschub geleistet.

6) Eine Änderung der geplanten Antwort der Bundesregierung erscheint dennoch nicht erforderlich:

a) Die Abstimmung der Antwort mit den Drei Mächten und den Partnern im Bündnis und der EG wird nach der Erklärung der Opposition um so deutlicher machen, daß sich die Bundesregierung im Einklang mit den gemeinsamen westlichen Interessen verhält.

b) Der Inhalt der Antwort zeigt, daß die Bundesregierung auf berechtigte Anliegen der Opposition Rücksicht genommen und unberechtigte Angriffe der Sowjetunion zurückgewiesen hat, gleichzeitig aber durch eine ausgewogene Erwiderung versucht, das deutsche Interesse an einem realistischen Fortgang der Entspannung der deutsch-sowjetischen Beziehungen zu fördern.

c) Nach der Erklärung der CDU/CSU besteht kein Anlaß mehr, weitere Petiten der Opposition für die Antwort zu berücksichtigen, die die Ausgewogenheit der Antwort beeinträchtigen könnten.

d) Im Verhältnis zur Sowjetunion ist ein Kontrast geschaffen worden, durch den in der Antwort der Bundesregierung sowohl die Verwahrung gegen unberechtigte sowjetische Ansprüche als auch die konstruktiven Elemente noch stärker und überzeugender wirken.

Fortsetzung Fußnote von Seite 937
rung am 18. Juni 1976 vor. Ein aufgrund von handschriftlichen Korrekturen des Bundesministers Genscher erstellter zweiter Entwurf war am 21. Juni 1976 fertiggestellt. Für die Entwürfe vgl. Referat 213, Bd. 112760.
Zur Antwort der Bundesregierung vom 1. Juli 1976 vgl. Dok. 216.
[7] Die Wahlen zum Bundestag fanden am 3. Oktober 1976 statt.

II. Im einzelnen

1) Deutschland-Frage:

Die Behauptung: die „Entspannung ist vollkommen unvereinbar mit der Aufrechterhaltung der deutschen Spaltung"[8] geht hinter die Haltung zurück, zu der sich auch die Opposition seit Bildung der Großen Koalition im Jahre 1966[9] bekannt hat. Für diese Haltung ist im Westen keinerlei Unterstützung zu erwarten. Dies erweckt den Anschein, daß versucht werden soll, die gesamte Entwicklung in Europa in den letzten zehn Jahren rückgängig zu machen. Ein solcher Versuch birgt die Gefahr, in der nationalen Frage Emotionen zu beleben, die über den Wahlkampf in der Bundesrepublik Deutschland hinaus eine schädliche Wirkung haben könnten.

Das Unrealistische der Thesen der Erklärung der Opposition wird an dem weiteren Satz deutlich: „Die Union wird sich auch künftig allen Versuchen, die deutsche Nation theoretisch und praktisch zu spalten, widersetzen." Die von der Opposition empfohlene Politik hat in der Vergangenheit bekanntlich zu keiner Milderung der Spaltung geführt. Was die praktische Spaltung angeht, so ist diese erst durch die Ostpolitik der jetzigen Bundesregierung etwas gemildert worden. Nur auf diesem Wege sind weitere Milderungen möglich.

Auch der Satz: „Unsere Politik des Gewaltverzichts ermöglicht friedlichen Wandel" widerspricht den Erfahrungen mit der Politik der 50er und 60er Jahre.

2) KSZE:

Die Erklärung der Opposition beruft sich erst auf die KSZE-Schlußakte, um diese dann zu kritisieren. Die Behauptung, von wirklicher Entspannung könne erst gesprochen werden, „wenn – wie es auch in der KSZE-Schlußakte festgestellt worden ist – Freizügigkeit für Menschen, Ideen, Information und Meinungen in ganz Europa herrscht"[10], stellt ein falsches Zitat dar. In der Schlußakte haben sich die KSZE-Teilnehmer auf das geeinigt, was reif für einen Konsensus beim jetzigen Entwicklungsstand der Entspannung ist, nämlich darauf, daß eine „Steigerung des Austausches auf dem Gebiet der Kultur und Bildung, eine größere Verbreitung von Information, Kontakte zwischen den Menschen und die Lösung humanitärer Probleme" .... „zur Stärkung des Friedens und der Verständigung".... „beitragen werden"[11]. – An der Erklärung der Opposition fällt auf, daß sie zu dem heute Machbaren nicht bereit zu sein scheint, weil sie es von noch nicht Erreichbarem abhängig macht.

---

8 In der Erklärung der CDU/CSU-Fraktion vom 22. Juni 1976 wurde ausgeführt: „Entspannung ist vollkommen unvereinbar mit der Aufrechterhaltung der deutschen Spaltung, mit der abscheulichen Praxis an der innerdeutschen Grenze, mit Willkürakten gegenüber Menschen und mit der Verweigerung jener Menschen- und Selbstbestimmungsrechte, die anzuerkennen und zu gewährleisten auch alle sozialistischen Staaten versprochen haben." Vgl. Referat 213, Bd. 112760.

9 Am 1. Dezember 1966 wurde eine Koalition aus CDU, CSU und SPD unter Bundeskanzler Kiesinger gebildet.

10 In der Erklärung der CDU/CSU-Fraktion vom 22. Juni 1976 hieß es: „Erst wenn Freizügigkeit in allen europäischen Ländern und zwischen ihnen gewährleistet sein wird, erst wenn – wie es auch in der KSZE-Schlußakte festgestellt worden ist – Freizügigkeit für Menschen, Ideen, Informationen und Meinungen in ganz Europa herrscht, erst wenn die wachsende Überlegenheit des Warschauer Paktes an Truppen und Waffen einem Gleichgewicht Platz gemacht haben wird, kann von wirklicher Entspannung gesprochen werden." Vgl. Referat 213, Bd. 112760.

11 Vgl. dazu die Präambel der Erklärung „Zusammenarbeit in humanitären und anderen Bereichen" (Korb III) der KSZE-Schlußakte vom 1. August 1975; SICHERHEIT UND ZUSAMMENARBEIT, Bd. 2, S. 946.

Die Kritik an der von den Staats- und Regierungschefs von 35 europäischen Staaten sowie den USA und Kanada unterschriebenen Schlußakte macht besonders deutlich, wie sehr die in der Erklärung zum Ausdruck kommende Position von der gemeinsamen westlichen Haltung isoliert ist.

Die Behauptung, bestimmte Partei- und Regierungsführungen benutzten die Abreden von Helsinki „als Hebel gegenüber den freien Ländern" durch „willkürliche Auslegung und die Verleugnung wichtiger Absichtserklärungen" der Schlußakte[12], ist unbegründet. Die KSZE-Konsultationen verschiedener Länder mit der Sowjetunion haben gezeigt, daß sich Moskau unter Druck fühlt, weil die westlichen Teilnehmerstaaten auf Implementierung der Schlußakte drängen, die hauptsächlich im Bereich des Korbes III aktuell ist.

Unrealistisch ist auch die Feststellung, das Verhältnis der Deutschen zu ihren Nachbarn könne erst dann normal sein, „wenn die Grenzen in ganz Europa so offen sind, wie es bereits im freien Teil Europas erreicht ist". Diese Forderung setzt Wunschdenken an die Stelle der Möglichkeiten praktischer Politik.

3) Berlin:

a) Die Erklärung der Opposition kritisiert die Haltung der Sowjetunion zur Vier-Mächte-Verantwortung für Berlin und Deutschland als Ganzes, als ob diese ein Folge der Ostpolitik sei. Im Vier-Mächte-Abkommen haben sich die Signatarmächte ihre Rechtspositionen, die in dieser Frage nicht vereinheitlicht werden konnten, vorbehalten.[13]

b) Die Behauptung, die Sowjetunion weigere sich, „seit langem ausformulierte Verträge zwischen Bonn und Moskau zur Rechtshilfe, zu einem Kulturabkommen und zu wissenschaftlich-technischer Zusammenarbeit zu unterzeichnen", ist in dieser Form unzutreffend und geht an der Problematik vorbei. Es geht nicht um einen „Vertrag zur Rechtshilfe". Auch ist das Kulturabkommen be-

---

12 In ihrer Erklärung vom 22. Juni 1976 stellte die CDU/CSU-Fraktion fest, daß sie ihre Skepsis gegenüber der KSZE-Schlußakte vom 1. August 1975 deshalb deutlich gemacht habe, „weil kein Volk der Welt von den in Genf diskutierten und in Helsinki unterzeichneten Formeln so sehr betroffen wird wie das deutsche. Heute müssen wir feststellen, daß diese Skepsis von immer mehr Menschen in vielen Staaten als wohlbegründet verstanden wird, denn die bisherige Handhabung der KSZE-Schlußakte, ihre willkürliche Auslegung und die Verleugnung wichtiger Absichtserklärungen durch bestimmte Partei- und Regierungsführungen machen erneut deutlich, daß die Abreden von Helsinki von ihnen als Hebel gegenüber den freien Ländern dann angewendet werden, wenn diese nicht entschlossen auf eine volle Einhaltung der Absichtserklärungen der Schlußakte bei allen beteiligten Regierungen drängen." Vgl. Referat 213, Bd. 112760.

13 Zur Berlin-Frage hieß es in der Erklärung der CDU/CSU-Fraktion vom 22. Juni 1976: „Die CDU/CSU mißt der Rolle Berlins in der Entwicklung der europäischen Politik und des Ost-West-Verhältnisses eine hohe Bedeutung zu. Für sie bleibt – wie sie es immer ausgedrückt hat – Berlin der Prüfstein für die Ehrlichkeit und Tragfähigkeit der Entspannung. Sie beobachtet mit großer Sorge in der sowjetischen Berlinpolitik den in verschiedener Gestalt immer wiederholten Versuch, die Vier-Mächte-Verantwortlichkeiten in bezug auf Deutschland als Ganzes und Berlin zu umgehen und zu untergraben; das Vier-Mächte-Abkommen über ganz Berlin in ein Vierseitiges Abkommen über Westberlin umzufälschen; die zugesicherte Vertretung der Interessen von Berlin (West) durch die Bundesregierung auch gegenüber den Oststaaten nicht zuzulassen und daher die seit langem ausformulierten Verträge zwischen Bonn und Moskau zur Rechtshilfe, zu einem Kulturabkommen und zu wissenschaftlich-technischer Zusammenarbeit nicht zu unterzeichnen; in die inneren Angelegenheiten Westberlins einzuwirken und auch dem dortigen sowjetischen Generalkonsul, entgegen den Bestimmungen des Vier-Mächte-Abkommens, politische Aufgaben zu überweisen; jetzt immer mehr die feierlichen Vier-Mächte-Festlegungen von 1972 zu relativieren und deren Verwirklichung an neue, dem Abkommen fremde Bedingungen zu knüpfen." Vgl. Referat 213, Bd. 112760.

tung ebenso wie die des Bundesministers des Auswärtigen und der Bundesregierung in der Nahost-Frage unverändert. Auch seine Sprache sei die gleiche geblieben. (Zur Illustration übergibt der Bundeskanzler AM Allon den Text seiner Pressekonferenz in Riad.) Er fügt hinzu, er sei einer der ersten deutschen Politiker gewesen, die vom Recht des israelischen Volkes, in gesicherten und anerkannten Grenzen zu leben, gesprochen habe.[12]

Außenminister *Allon:*

1) erklärt, auf israelischer Seite bestehe kein Zweifel an der Haltung des Bundeskanzlers und der Bundesregierung zu Israel. Leider sei aber festzustellen, daß die arabische Seite versuche, die deutschen Formulierungen zu einseitiger Unterstützung des arabischen Standpunktes umzumünzen. Nur in diesem Sinne habe er von „Erosion" gesprochen und darauf hingewiesen, daß sich befreundete westliche Länder möglichst weitgehend verfälschbarer Formulierungen enthalten sollten.

2) erläutert die israelischen Vorstellungen für die Lösung des Nahost-Konflikts:

Es gehe in erster Linie um die Frage, ob zwischen Meer und Wüste noch Raum für einen dritten Staat sei. Seit Jordanien näher an Syrien herangerückt sei, glaube man auf israelischer Seite nicht mehr, daß es zur Bildung eines von der PLO regierten dritten Staates kommen müsse.

Das erste Interimsabkommen mit Ägypten[13] habe gute Ergebnisse gehabt. Deshalb habe die israelische Seite auf die amerikanische Frage, ob sie weitere Interimsabkommen schließen wolle, positiv reagiert, und zwar bezüglich aller drei unmittelbaren Nachbarstaaten. Leider hätten sich aber alle drei Länder auf entsprechende US-Sondierungen negativ geäußert.[14]

Es sei nicht zu erwarten, daß vor den Wahlen in den USA[15] Bewegung in die nahöstliche Szenerie komme. Er rechne aber spätestens nach den US-Wahlen mit einer amerikanischen Initiative (zum Beispiel Einladung der Außenminister oder der Regierungschefs der am Nahost-Konflikt beteiligten Staaten), um Grundlagen für den Beginn unmittelbarer Diskussionen zwischen Israel und seinen Nachbarn zu schaffen.

Fortsetzung Fußnote von Seite 944
tigt. Israelische Regierung und insbesondere er selbst gingen so weit als möglich in Definition Lösungsmöglichkeiten für palästinensische Frage. Befreundete westliche Staaten sollten sich möglichst Formulierungen enthalten. Auch ständige Bestätigung Existenzrecht Israels sei unnötig, es sei denn in arabischen Staaten. BM und Botschafter Per Fischer führen aus, daß keinerlei Erosion in deutscher Haltung festzustellen sei. Bestätigung israelischen Existenzrechts erfolge wegen dessen Bestreitung durch arabische Staaten und zur Abgrenzung palästinensischen Selbstbestimmungsrechts. Mit Formulierung hinsichtlich ‚staatlicher Autorität' für Palästinenser auf von Israel geräumten Gebieten lasse Bundesregierung bewußt offen, ob Lösung im Rahmen Jordaniens zu finden sei." Vgl. die Gesprächsaufzeichnung; Referat 010, Bd. 178660.
[12] Ende der Seite 3 der Vorlage. Vgl. Anm. 1.
[13] Zum ägyptisch-israelischen Abkommen vom 4. September 1975 über Truppenentflechtung (Sinai-Abkommen) vgl. Dok. 13, Anm. 8.
[14] Zu den amerikanischen Sondierungen in Ägypten, Jordanien und Syrien vgl. Dok. 200, Anm. 6.
[15] Am 2. November 1976 fanden in den USA Präsidentschaftswahlen sowie Wahlen zum Repräsentantenhaus und Teilwahlen zum Senat statt.

[16]Der *Bundeskanzler* bemerkt, Israel sollte in der Zwischenzeit bis zu einer neuen US-Initiative nichts tun, um die Lage zu komplizieren, insbesondere sich bei Siedlungsvorhaben auf der Westbank zurückhalten.

AM *Allon* antwortet, an der Siedlungspolitik werde eine Friedensregelung nicht scheitern. Die israelischen Siedlungen in den besetzten Gebieten dienten sämtlich Sicherheitszwecken. Mit innerpolitischen Schwierigkeiten, die eine Auflösung solcher Siedlungen bereiten werde, müsse die israelische Regierung fertig werden. Sie werde demnächst den Beschluß der Auflösung einer Siedlung in Samaria bekannt geben.[17]

AM Allon bittet den Bundeskanzler, daß die Bundesregierung ihre Beziehungen zur spanischen Regierung benutze, um diese zur Aufnahme diplomatischer Beziehungen mit Israel zu veranlassen. Franco habe die Aufnahme gewollt; die neue Regierung zögere.

Außerdem würde es nützlich sein, den Türken nahezubringen, daß sie nicht mit Israel brechen sollten.

Der *Bundeskanzler* weist darauf hin, daß unsere Beziehungen zur spanischen Regierung nicht so eng seien. Er sichert aber zu, daß wir dennoch gegenüber den Spaniern eine Bemerkung über den israelischen Wunsch machen würden.[18]

Bezüglich der Türkei erklärt er, daß diese nach dem Ergebnis seines kürzlichen Gespräches mit Demirel ohnehin nicht beabsichtige, die Beziehungen zu Israel abzubrechen.

Außenminister *Allon* bezeichnet die Wirtschaftslage Israels als außerordentlich schwierig.[19] Die Regierung mache große Anstrengungen, um Ordnung zu

---

16 Beginn der Seite 5 der Vorlage. Vgl. Anm. 1.

17 Zur Siedlung Kadum vgl. Dok. 114, Anm. 3 und 6.
Botschafter Fischer, Tel Aviv, ergänzte am 2. August 1976, daß Ministerpräsident Rabin dem israelischen Kabinett mitgeteilt habe, den Siedlern von Kadum seien „eine Reihe von Alternativvorschlägen übermittelt worden, die sie jedoch sämtlich abgelehnt haben". Damit bleibe weiterhin offen, ob die Siedler durch Überredung oder gewaltsam zur Räumung gebracht würden: „Jedenfalls mehren sich die Zeichen, die gegen eine Gewaltanwendung in Kadum und die damit verbundene Spaltung im Kabinett und in der öffentlichen Meinung sprechen. Dem widerspricht nicht, daß die Regierung am 2. August 1976 einen erneuten Versuch des ‚Gush Emunim' nach Errichtung einer Siedlung bei Jericho durch Einsatz von Soldaten verhinderte. Illegale Siedlungen – nein; legale Siedlungen – ja: Dies ist die amtliche Linie. Der Generalsekretär der Regierung, Gershon Avner, sagte in einem privaten Gespräch, auch der Westen werde sich damit abfinden müssen, daß durch Regierungsbeschluß weitere Siedlungen auf der Westbank errichtet würden." Vgl. den Schriftbericht Nr. 1151; Referat 310, Bd. 108732.

18 Zur Frage der Aufnahme diplomatischer Beziehungen zwischen Israel und Spanien vgl. Dok. 4, besonders Anm. 15.

19 Botschafter Fischer, Tel Aviv, informierte am 11. Juni 1976, daß sich die Wirtschaftslage in Israel verschlechtert habe: „Sie ist gekennzeichnet durch einen relativ hohen Geldumlauf und ein unerwartetes Ansteigen des Preisindexes (statt mit einem 25 %igen von der Regierung bereits mit einem 32 %igen Preisanstieg gerechnet). Die Einfuhr langlebiger Gebrauchsgüter nimmt zu. Der Absatz von Staatsanleihen stockt und erschwert die Finanzierung des immer noch nicht endgültig von der Knesset verabschiedeten Haushalts. [...] Das Kabinett hat nun am 9. Juni 1976 Einsparungen von 1,15 Mrd. I£ innerhalb der veranschlagten 85,2 Mrd. I£ beschlossen." Die Anfang Juni 1976 getroffene Entscheidung des amerikanischen Kongresses, Israel bis Mitte 1977 Anleihen und direkte Haushaltshilfen in Höhe von 4,5 Mrd. Dollar zu gewähren, werde es der israelischen Regierung aber ermöglichen, trotz eines wachsenden strukturellen Zahlungsbilanzdefizites die nächsten zwei Jahre durchzustehen. Israels Zahlungsbilanzdefizit nahm 1975 um 20 % zu und erreicht US-Dollar 4 Mrd. (1974: 3,4 Mrd.). Die Erhöhung beruht zur Hälfte auf Verteidigungseinfuhren in Höhe von 1,8 Mrd." Vgl. Referat 310, Bd. 108736.

schaffen. Sie benötige hierzu aber unbedingt ausländische Hilfe. Die jährlichen deutschen Kapitalhilfezahlungen[20] seien gleich geblieben; ihre Bedingungen hätten sich sogar verschlechtert. Eine Erhöhung dieser Zahlungen würde für Israel sehr hilfreich sein.[21]

Der *Bundeskanzler* erläutert, daß die Bundesregierung eine hohe Kreditfinanzierung in Kauf genommen habe, um daraus ihre Konjunkturprogramme zu finanzieren und auf diese Weise eine Wende in der Konjunktur herbeizuführen. Angesichts der Größenordnung der Staatsverschuldung und der entsprechenden Rückzahlungsverpflichtungen sei es ganz ausgeschlossen, den Haushalt durch die Erhöhung unserer Kapitalhilfeleistungen zusätzlich zu belasten. Wir müßten sogar den Haushalt drosseln, sobald einmal die private Nachfrage nachhaltig steige.

Außenminister *Allon* schließt daraus, daß es jetzt zu früh sei, die Bundesregierung um weitere Unterstützung zu bitten.

Der *Bundeskanzler* erklärt, er könne der israelischen Seite überhaupt keine Hoffnung auf zusätzliche Zahlungen aus öffentlichen Mitteln machen. Der einzige Weg, der sich der israelischen Seite biete, sei die Aufnahme privater Kredite bei einzelnen Banken oder Bankkonsortien. Es gebe die Möglichkeit, daß solche Kredite von der Bundesregierung garantiert würden.

AM *Allon* spricht die Hoffnung aus, daß der Bundeskanzler nach der Bundestagswahl Israel besuchen werde.

Der *Bundeskanzler* erwidert, daß er vor 1977 keinesfalls nach Israel reisen könne.

Er fügt hinzu, daß das deutsche Volk große Sympathien für Israel habe. Sie seien allerdings jetzt geringer als vor einigen Jahren. Das liege an der Politik der israelischen Regierung auf der Westbank und auf dem Golan.

AM *Allon* äußert hierzu, daß Israel viel getan habe; die arabische Bevölkerung habe sogar das Wahlrecht erhalten. Der Kompromiß müsse darin bestehen, daß den Arabern Land zurückgegeben werde und Israel Sicherheit erhalte.

VS-Bd. 524 (014)

---

20 Die Bundesrepublik und Israel schlossen seit 1966 jährlich neu zu verhandelnde Abkommen über Kapitalhilfe. Diese beliefen sich zunächst auf 160 Mio. DM und wurden ab 1968 auf 140 Mio. DM festgelegt. Vgl. dazu AAPD 1966, I, Dok. 146, bzw. AAPD 1968, I, Dok. 168.
Zum Abkommen vom 9. Juni 1975 vgl. AAPD 1975, I, Dok. 124.
Am 30. Juni 1976 unterrichtete Vortragender Legationsrat Richter die Botschaft in Tel Aviv über das am folgenden Tag von Ministerialdirektor Lahn und dem israelischen Botschafter Meroz zu unterzeichnende Kapitalhilfeabkommen für 1976 über 140 Mio. DM: „Die Hilfe ist für Projekte des Wohnungsbaus, des Telefonwesens und der Entwicklungsbank bestimmt. [...] Seit dem 1. Januar 1976 sind die Konditionen der KH für die ärmsten EL verbessert worden. Dies hat zur Folge, daß für die fortgeschrittenen EL, darunter auch Israel, härtere Bedingungen gelten müssen: 4,5 Prozent Zinsen, 5 Freijahre, 20 Jahre Laufzeit (bisher: 2 Prozent Zinsen, 10 Freijahre, 30 Jahre Laufzeit)." Vgl. den Drahterlaß Nr. 158; Referat 310, Bd. 108737.
21 Ende der Seite 5 der Vorlage. Vgl. Anm. 1.

204

Runderlaß des Vortragenden Legationsrats I. Klasse Engels

240-312.74-961/76 VS-vertraulich   Aufgabe: 24. Juni 1976, 13.44 Uhr[1]
Fernschreiben Nr. 75 Ortez

Zum deutschland- und berlinpolitischen Teil der Botschafterkonferenz „Ost-europa" auf Schloß Gymnich[2], an der auch Staatssekretär Gaus teilgenommen hat, wird aus Vorträgen und Diskussionen folgendes festgehalten:

Innerdeutsche Beziehungen

Trotz gewisser praktischer Fortschritte der letzten Jahre sind die politischen Gegensätze unverändert groß. Die durch die Teilung verursachte emotionale Spannung auf beiden Seiten bleibt bestimmender Faktor in den Beziehungen. Der erhebliche Einfluß unseres Fernsehens auf die Bevölkerung der DDR, die große Zahl von Westbesuchern, Verbote von Westreisen und zunehmende wirt-schaftliche Schwierigkeiten (Versorgungsengpässe, Rückgang der Einkommens-steigerung) belasten die innere Stabilität der DDR.[3] Dramatische Entwicklun-gen sind jedoch nicht zu erwarten. Die Erwartungen der DDR, über die äußere Anerkennung zu einer tiefergreifenden inneren Stabilisierung zu kommen, wurden nicht erfüllt. Ihr Verhältnis zu uns verhärtet sich und wird durch eine Politik der Abgrenzung gekennzeichnet bleiben. In der Frage der humanitären Verbesserungen, insbesondere der Aufhebung der Reisebeschränkungen, scheint die DDR die von der Führung als noch tragbar angesehene Höchstgrenze er-reicht zu haben. Im Wirtschaftsbereich läßt die schwieriger gewordene Wirt-schaftslage der DDR dagegen ein gesteigertes Interesse an einer Zusammenar-beit mit uns erwarten.

Ein Durchbruch zu einer durchgreifenden Besserung des Gesamtverhältnisses ist auf absehbare Zeit nicht zu erwarten. Die DDR ist beunruhigt darüber, daß die offene deutsche Frage in ihrer Sicht in der Bundesrepublik Deutschland zu-nehmend weniger in ihrer historischen Perspektive, sondern als Thema der

---

1 Durchdruck.

2 Die Botschafterkonferenz fand am 21./22. Juni 1976 statt. Vgl. dazu auch Dok. 207.
Vgl. dazu ferner das Konferenzprotokoll; VS-Bd. 10942 (212); B 150, Aktenkopien 1976.

3 Am 30. Juni 1976 veröffentlichte die Tageszeitung „Die Welt" Auszüge aus dem Referat des Staats-sekretärs Gaus, Ost-Berlin, auf der Botschafterkonferenz am 21./22. Juni 1976 auf Schloß Gym-nich. Darin erklärte Gaus zur Stimmungslage der Bevölkerung in der DDR: „Viele Menschen ha-ben sich – meistens aus Resignation – mit den politischen Verhältnissen abgefunden. Dazu haben nicht zuletzt die wirtschaftlichen Erfolge der DDR in den letzten Jahren und die spürbare Verbes-serung des Lebensstandards beigetragen. Dennoch gibt es weiterhin Unzufriedenheit und Mißstim-mungen. Dies erklärt sich nur zum Teil aus den zunehmend wirtschaftlichen Schwierigkeiten der DDR [...]. Die Unzufriedenheit hat ihren Grund auch in den fehlenden Reisemöglichkeiten nach Westen, die als besonders einschneidend empfunden werden. Noch immer fürchtet die Führung der DDR, daß eine Lockerung der bestehenden Reisebeschränkungen zu einer Abwanderung von un-entbehrlichen Kräften – z. B. Ärzten, Wissenschaftlern, Ingenieuren – und vor allem von Jugendli-chen führen würde. Die Aufrechterhaltung der Beschränkungen trägt zwar äußerlich zur Stabili-sierung bei, verstärkt aber zugleich die Unzufriedenheit in weiten Teilen der Bevölkerung." Vgl. den Artikel „Gaus: ‚Starre Haltung der DDR hat sich in letzter Zeit eher noch verstärkt'"; DIE WELT vom 30. Juni 1976, S. 7.

aktuellen Tagespolitik gesehen werde. Die DDR benutzt in zunehmendem Maße ihre Vertragspolitik (Konsularabkommen etc. mit dritten Staaten), um ihren Standpunkt der Staatsangehörigkeitsfrage international durchzusetzen. Die Lösungen, die wir in diesem Zusammenhang mit dritten Staaten zum Teil nicht ohne Schwierigkeiten gefunden haben, stellen keine Verschlechterung des bisherigen Zustandes dar. Deutsche aus der DDR können weiter selbst darüber entscheiden, wem sie sich im Ausland konsularisch anvertrauen wollen. Mit ihrer Behauptung, die deutsche Frage sei gelöst, ist die DDR weder im inneren noch im außenpolitischem Bereich weitergekommen. Es gibt auch keine Anzeichen dafür, daß auf seiten der DDR zur Zeit die Absicht besteht, zur „Einheit der Nation" in ihrem Sinne zurückzukehren, obwohl die DDR sich diese Alternative bewußt offenläßt.

Bei der Gestaltung unserer Beziehungen zur DDR stehen wir vor der Schwierigkeit, daß wir

- erstens unseren Verfassungsauftrag zu erfüllen haben,
- zweitens nicht darauf verzichten können, gravierenden Verstößen der DDR gegen die Menschenrechte mit der gebotenen Deutlichkeit entgegenzutreten,
- drittens aber auch darauf achten müssen, daß unsere Bemühungen, das wirtschaftliche Interesse der DDR an einer Zusammenarbeit für uns auch im humanitären Bereich zu nutzen, nicht vereitelt werden.

Berlin

Bei allen Schwierigkeiten, die fortbestehen, hat die Entwicklung seit dem Inkrafttreten des VMA[4] insgesamt zu einer Stabilisierung der Lage der Stadt geführt. Für die DDR ist Westberlin jedoch ein Brennpunkt geblieben, von dem aus – wie sie es sieht – konzentriert und offensiv westliche Einflüsse in die DDR ausgehen. Die östliche Seite, und namentlich die DDR, verfolgen jetzt mit anderen Methoden und wohl auch anderen Zeitvorstellungen dennoch das alte Ziel weiter, Berlin (West) soweit wie möglich von der Bundesrepublik zu trennen. Im Vordergrund steht jetzt der Versuch, auf möglichst vielen Gebieten Direktbeziehungen herzustellen. Dabei geht es der DDR darum, Verbindungen zwischen der DDR und Berlin (West) zu schaffen, für die langfristig eine enge Abhängigkeit der Stadt von der sie umgebenden DDR entstehen soll. Daraus ergibt sich folgendes Dilemma: Einerseits können sich Möglichkeiten ergeben, um bestimmte lokale Probleme zur Verbesserung der Existenzbedingungen der Stadt zu lösen, andererseits muß verhindert werden, daß durch eine zunehmende Zahl vertraglicher Abreden, die – jede für sich genommen – vielleicht vorteilhaft sein mögen, Abhängigkeiten geschaffen werden, die die Stadt auf Dauer noch druckempfindlicher machen würden. In diesen Fragen ist eine sorgfältige und differenzierte Abwägung – gemeinsam mit den Drei Mächten – vonnöten.

Insbesondere im Bereich der Außenvertretung und der Bundespräsenz ist es seit Abschluß des Vier-Mächte-Abkommens trotz wiederholter Bemühungen nicht gelungen, eine allgemeine übereinstimmende Interpretation des Vier-

---

4 Das Vier-Mächte-Abkommen über Berlin vom 3. September 1971 trat mit der Unterzeichnung des Schlußprotokolls am 3. Juni 1972 in Kraft.

Mächte-Abkommens herbeizuführen (Petersberger Formel[5], Expertengespräche usw.). Es muß trotzdem unser Ziel und das der Drei Mächte bleiben, mit der Sowjetunion Einvernehmen über die Interpretation der strittigen Punkte des VMA zu erreichen. Wie das zu geschehen hat, ist eine offene Frage. Gesprächspartner wären zunächst die Drei Mächte und die Sowjetunion. Die Drei wollen zwar zur Zeit nicht den im Vier-Mächte-Abkommen vorgesehenen Konsultationsmechanismus[6] in Gang setzen. Wir müssen aber im Auge behalten, daß die Drei möglicherweise wegen der Interpretationsschwierigkeiten, die sie nicht so unmittelbar berühren wie uns, eher geneigt sind, auf entsprechende sowjetische Konsultationsvorschläge einzugehen. Daraus könnte ein Status quo minus resultieren.

Von den sowjetischen Berlin-Gravamina sind sicherlich die Außenvertretung sowie die bestehende Bundespräsenz für uns nicht „negotiable". Auf eine Einbeziehung Berlins in internationale Verträge kann nicht verzichtet werden. „Negotiable" könnten z. B. sein: Visumsstempel („Bundesrepublik Deutschland, einschließlich Land Berlin") sowie spektakuläre parlamentarische Präsenz. Wir können die Reduzierung von Positionen erst dann in ein Gespräch mit der Sowjetunion einführen, wenn die Sicherheit gegeben ist, daß im Ganzen Einvernehmen zu erzielen ist.

Da die Sowjetunion und wir in einigen Bereichen Grundsatzpositionen vertreten, stellt sich die Frage, ob das „Quidproquo" nur im Berlinbereich gesucht werden sollte. Können wir unser wirtschaftliches und technisches Potential ins Spiel bringen? Inwieweit könnte dadurch eine Veränderung der sowjetischen Position erreicht werden? Es ist nicht zu erwarten, daß sich die Sowjetunion politische Grundsatzpositionen bezüglich Berlins würde abkaufen lassen. Aber die Frage, wo die Grenze zu solchen Grundsatzpositionen erreicht wäre, resp. welche Möglichkeiten im Vorfeld dieser Grenze bestehen, bedarf einer sorgfältigen Analyse.

Die westliche Seite trägt – insbesondere durch die freie Presse – leider viel zu dem ständigen Lärm um Berlin bei. Die Streitigkeiten sollten nicht so dramatisch dargestellt, sondern trockener und sachlicher behandelt werden, nicht zuletzt, um negative Auswirkungen von Pressenachrichten über die Auseinandersetzungen mit der Sowjetunion auf die Wirtschaft zu verhindern. Denn letztlich kann nur unzureichende wirtschaftliche Aktivität die Lebensfähigkeit der Stadt in Frage stellen.

Zusammenfassendes Ortez über Botschafter-Konferenz folgt.[7]

Engels[8]

VS-Bd. 9977 (012)

---

[5] Zur Gemeinsamen Erklärung vom 21. Mai 1973 über den Besuch des Generalsekretärs des ZK der KPdSU, Breschnew, vom 18. bis 22. Mai 1973 in der Bundesrepublik vgl. Dok. 118, Anm. 20.
[6] Vgl. dazu Ziffer 4 des Schlußprotokolls vom 3. Juni 1972 zum Vier-Mächte-Abkommen vom 3. September 1971; BUNDESANZEIGER, Nr. 174 vom 15. September 1972, Beilage, S. 73.
[7] Vgl. Dok. 207.
[8] Paraphe.

205

Gesandter Boss, Brüssel (NATO), an das Auswärtige Amt

114-13837/76 VS-vertraulich   **Aufgabe: 24. Juni 1976, 17.30 Uhr**[1]
Fernschreiben Nr. 811   **Ankunft: 24. Juni 1976, 19.51 Uhr**
Citissime

Betr.: NATO-Konsultation über die 31. GV[2]

Bezug: DE 2254 vom 15.6.76
      DB 771 vom 16.6.76

Zur Unterrichtung

1) Bei dem informellen Treffen der Ständigen Vertreter am 24. Juni 1976 stellte Generalsekretär Luns fest, daß die Konsultation über UN-Fragen in Anwesenheit Botschafters Scranton am 22. Juli stattfinden wird. Der amerikanische Ständige Vertreter[3] erklärte hierzu, daß die Konsultation unter „political subjects" und nicht unter einem besonderen Tagesordnungspunkt aufgegriffen werde. Seine Regierung hoffe, daß sich an der Konsultation hohe Beamte aus den Hauptstädten beteiligen könnten.

2) Der französische Ständige Vertreter[4] erhob gegen die Festlegung der Konsultation aus den bekannten Gründen heftigen Widerspruch und erklärte, die Meinung seiner Regierung habe sich nicht geändert. Dem setzte der Generalsekretär die Bemerkung entgegen, daß die Allianz nicht ohne ersichtlichen Grund von einer langjährigen Praxis abweichen könne. Keiner der anderen Ständigen Vertreter ergriff das Wort.

3) Es ist zu hoffen, daß das Problem in bilateralem Gespräch auf höherer Ebene bereinigt wird. Aufgrund der Reaktion des französischen Ständigen Vertre-

---

[1] Hat Vortragendem Legationsrat I. Klasse Gorenflos am 29. Juli 1976 vorgelegen.
[2] Die XXXI. UNO-Generalversammlung fand vom 21. September bis 22. Dezember 1976 statt.
Botschafter Krapf, Brüssel (NATO), berichtete am 9. Juni 1976: „Bei einer informellen Besprechung der Ständigen Vertreter am 8. Juni erklärte der französische Ständige Vertreter, daß er aufgrund von Weisungen des Quai d'Orsay einer Sondersitzung des NATO-Rats mit dem amerikanischen VN-Botschafter Scranton am 22. oder 23. Juli nicht zustimmen könne. [...] Die französische Regierung halte es nicht für wünschenswert, die Thematik der VN durch eine Konsultation im NATO-Rat zu ‚atlantisieren'." Tiné habe weiter ausgeführt, „daß seine Regierung die Auffassung vertrete, daß das Recht der Mitgliedstaaten, eine Konsultation vorzuschlagen, durch das Recht anderer Bündnispartner begrenzt werde, nach dem Prinzip der Opportunität den Konsensus zu verweigern. Lediglich der griechische und der türkische Vertreter zeigten eine gewisse Sympathie für die französische Haltung." Krapf fuhr fort: „Ich muß ausdrücklich betonen, daß es in unserem Interesse liegt, das etablierte Konsultationsprinzip, das es uns ermöglicht hat, jederzeit zum Beispiel das Thema ‚Berlin' in der Allianz zur Diskussion zu stellen, nicht dadurch zu gefährden, daß wir anderen Staaten, etwa in Zukunft einem von einer Volksfront regierten Land, ein Vetorecht zubilligen. In der Allianz versuchen wir regelmäßig, Frankreichs Sonderproblemen Rechnung zu tragen und einer Isolierung vorzubeugen. Hier ist jedoch m. E. der Punkt erreicht, wo wir nicht nachgeben sollten. Es besteht sonst die Gefahr, daß Frankreich unter Berufung auf diesen Präzedenzfall jede Konsultation in der Allianz von seiner Zustimmung abhängig macht." Vgl. den Drahtbericht Nr. 739; VS-Bd. 9971 (230); B 150, Aktenkopien 1976.
[3] Robert Strausz-Hupé.
[4] Jacques Tiné.

ters wäre sonst zu befürchten, daß die Franzosen verlangen werden, ein Treffen zu dieser Konsultation ohne ihre Beteiligung nicht als Ratstagung zu bezeichnen.

In diesem Falle würde sich im NATO-Rahmen ähnliches wiederholen, was sich meiner Erinnerung nach Ende der 60er Jahre in der WEU abspielte. Damals nahm Frankreich aus Protest gegen politische Konsultationen mit Großbritannien im WEU-Rat seinen Sitz längere Zeit nicht mehr ein und bestritt seinen Partnern das Recht, sich ohne Frankreichs Beteiligung als Rat zu konstituieren. Die sechs Partner Frankreichs schlossen sich dieser Auffassung nicht an und hielten unter der Feststellung, daß es Sache jedes einzelnen Mitgliedslandes sei, ob es sich an Ratssitzungen beteilige oder nicht, daran fest, daß die Konsultationen rechtens im Rat der WEU stattfanden.[5]

Wir könnten uns m. E., falls es zu einer solchen Entwicklung im NATO-Rahmen kommen sollte, an diesem Präzedenzfall orientieren. Jedenfalls sollte vermieden werden, irgendeinem Bündnispartner ein Veto-Recht gegen die Einberufung des Rates einzuräumen.

[gez.] Boss

VS-Bd. 9971 (230)

---

[5] Am 14. Februar 1969 trat in London der WEU-Rat unter dem Vorsitz des britischen Außenministers Stewart zu Konsultationen über die Lage im Nahen Osten zusammen. Die französische Regierung nahm an dieser Tagung nicht teil, da sie ihrer Ansicht nach weder durch einstimmigen Beschluß der WEU-Mitgliedstaaten einberufen war, noch die nach Artikel VIII Absatz 3 des WEU-Vertrags vom 23. Oktober 1954 für politische Konsultationen erforderliche „friedensbedrohende Situation" vorgelegen habe. Vgl. dazu AAPD 1969, I, Dok. 61 und Dok. 67.
Am 19. Februar 1969 gab die französische Regierung bekannt, daß Frankreich sich so lange nicht an Sitzungen der WEU beteiligen werde, bis die Regel der Einstimmigkeit wieder von allen WEU-Partnern akzeptiert werde. Vgl. dazu den Drahtbericht Nr. 400 des Botschafters Freiherr von Braun, Paris, vom 19. Februar 1969; Referat I A 1, Bd. 666.
Frankreich nahm ab 1. Juni 1970 wieder an den Sitzungen der WEU teil, nachdem Einvernehmen über seine weitere Mitarbeit auf folgender Basis erzielt worden war: „Les Etats membres conviennent qu'ils ne discuteront pas, à l'U.E.O., des problèmes techniques ou économiques qui se rapportent à l'élargissement des Communautés européennes, ni des questions politiques qui y sont directement liées." Vgl. AAPD 1970, I, Dok. 145.

206

Gespräch des Bundeskanzlers Schmidt
mit Ministerpräsident Vorster

VS-NfD   25. Juni 1976[1]

Vermerk über das Gespräch des Bundeskanzlers mit Premierminister Dr. B. J. Vorster am 25. Juni 1976 von 10.10 bis 12.00 Uhr im Palais Schaumburg.[2]

Weitere Teilnehmer: von südafrikanischer Seite Außenminister Dr. Muller, Staatssekretär Fourie, Botschafter Sole; von deutscher Seite Bundesaußenminister Genscher, MDg Dr. J. Ruhfus.

Nach einleitender Begrüßung dankte Premierminister *Vorster* dem Bundeskanzler, daß er das Treffen mit Außenminister Kissinger ermöglicht habe. Er wolle auch im Namen seiner Regierung für die Vorbereitung und für den Transport danken.

Bundeskanzler: Er habe einen Platz vorgeschlagen, der die Delegationen nicht der Gefahr von Massendemonstrationen in der Mitte von Großstädten aussetzen würde.[3]

---

[1] Ablichtung.
   Die Gesprächsaufzeichnung wurde von Ministerialdirigent Ruhfus, Bundeskanzleramt, am 25. Juni 1976 gefertigt.
   Vortragender Legationsrat I. Klasse Oldenkott, Bundeskanzleramt, übermittelte die Gesprächsaufzeichnung am 13. Juli 1976 „zur Unterrichtung des Bundesministers des Auswärtigen [...] in der vom Bundeskanzler genehmigten endgültigen Fassung" an Vortragenden Legationsrat I. Klasse Schönfeld. Weiter führte er aus: „Der Vermerk enthält [...] einige kleinere Änderungen oder Ergänzungen (Seiten 2, 3, 4, 8 und 10)." Vgl. Anm. 9, 12, 15, 16, 28, 29, 31–33 und 39.
   Hat Schönfeld am 13. Juli 1976 vorgelegen, der die Weiterleitung an das Ministerbüro sowie an Ministerialdirektor Lahn, Ministerialdirigent Jesser und an Referat 312 verfügte.
   Hat Ministerialdirigent Kinkel am 14. Juli 1976 vorgelegen.
   Hat Lahn vorgelegen.
   Hat Jesser am 20. Juli 1976 vorgelegen, der handschriftlich vermerkte: „B[itte] auch 313 und RL 312 n[ach] R[ückkehr] z[ur] K[enntnisnahme]."
   Hat Vortragendem Legationsrat I. Klasse Müller am 22. Juli 1976 vorgelegen. Vgl. den Begleitvermerk; Referat 320, Bd. 108220.

[2] Ministerpräsident Vorster hielt sich vom 22. bis 25. Juni 1976 in der Bundesrepublik auf und führte am 23./24. Juni 1976 Gespräche mit dem amerikanischen Außenminister Kissinger in Bodenmais bzw. Grafenau.

[3] Am 15. Juni 1976 erschien eine Meldung der Nachrichtenagentur „Associated Press", in der es hieß: „The West German Government announced today that Secretary of State Kissinger's meeting with South African leader Vorster has been switched from Hamburg to another site. A brief announcement said that ‚because of the intensity of the proposed talks as well as the importance of achieving results, the Federal government has impressed on both discussion partners the need to meet in quiet and [at] a remote site'." Vgl. den Drahtbericht Nr. 1942 des Botschafters von Staden, Washington; VS-Bd. 10014 (312); B 150, Aktenkopien 1976.
   Staden teilte am selben Tag mit: „Der Außenminister rief mich um 11.30 [Uhr] O[rts]Z[eit] an, um, wie er sagte, offiziell gegen die angebliche Regierungsverlautbarung, wie sie von AP wiedergegeben wird, zu protestieren. Er bezeichnete sie [als] unerhört (outrageous behaviour). Kissinger beanstandete insbesondere, daß eine nichtabgestimmte Verlautbarung überhaupt erfolgt sei; daß der Wechsel des Orts ohne Abstimmung bekanntgegeben worden sei, obwohl man sich ursprünglich auf Hamburg verständigt habe; vor allem aber, daß es hieße, die deutsche Seite ‚had impressed on both sides', daß ein weiter abgelegener Tagungsort der Intensität des Austausches und seinen Ergebnissen zugute kommen würde. Zum letzten Punkt bemerkte er, ‚this puts me on the spot'. Er müsse sich entschieden dagegen wenden, daß im voraus ‚results' seiner Begegnung mit Vorster als

Vorster: Er habe mit dem amtierenden Premierminister gesprochen. Es sei fast wieder normale Ruhe eingekehrt. Die Unruhen[4] seien nicht spontan[5] gewesen. Sie seien vielmehr im Zusammenhang mit seinen Gesprächen in Europa zu sehen. In diesem Sinne habe auch die britische Presse berichtet.

Bundeskanzler: Er halte diese Interpretation für sehr wahrscheinlich[6]. Ohne den Besuch des Premierministers hätte es auch nicht die große Flut von Briefen, vor allem auch aus kirchlichen Kreisen, gegeben.

Vorster bezeichnete – auf eine entsprechende Frage des Bundeskanzlers – seine Gespräche mit Außenminister Kissinger als nützlich und inhaltsreich.[7] Es sei die erste Begegnung eines südafrikanischen Premierministers mit der amerikanischen Regierung seit dem letzten Gespräch von General Smuts 1946 gewesen.[8]

Fortsetzung Fußnote von Seite 953

deren Ergebnis öffentlich genannt würden. Wenn man sich schon zum Ortswechsel äußerte, hätte man Sicherheitserwägungen anführen können. Kissinger äußerte zunächst den Gedanken, die Begegnung nun doch in einem anderen Land stattfinden zu lassen. Auf meine Bemerkung, daß dies eine schwerwiegende (grave) Entscheidung sein würde, erwiderte er, daß er jedenfalls beabsichtige, die Entwicklungsgeschichte des ganzen Gedankens einer Begegnung auf deutschem Boden zu veröffentlichen." Vgl. den Drahtbericht Nr. 1943; VS-Bd. 10014 (312); B 150, Aktenkopien 1976.

Am Abend desselben Tages ergänzte Staden, daß er Kissinger um 18.05 Uhr über die vom Regierungssprecher am selben Nachmittag abgegebene Erklärung informiert und eine persönliche Botschaft des Bundesministers Genscher übermittelt habe. Kissinger habe „bedeutend ruhiger" reagiert als am Morgen. In einem weiteren Telefongespräch habe der Abteilungsleiter im amerikanischen Außenministerium, Eagleburger, noch erklärend hinzugefügt: „Der Außenminister mache sich wegen des Tagungsorts vor allem deshalb Gedanken, weil er absolut sicher sein wolle, daß das Zusammentreffen unter der Bedingung völliger Sicherheit gegen eventuelles Abhören von dritter Seite stattfinde. Eagleburger betonte mit großem Nachdruck, daß man dabei selbstverständlich nicht die gastgebende Regierung im Auge habe." Vgl. den Drahtbericht Nr. 1953; VS-Bd. 14058 (010); B 150, Aktenkopien 1976.

[4] Zu den Unruhen in Soweto vgl. Dok. 199, Anm. 7.

[5] Die Wörter „nicht spontan" wurden von Vortragendem Legationsrat I. Klasse Müller unterschlängelt. Dazu Ausrufe- und Fragezeichen.

[6] Die Wörter „für sehr wahrscheinlich" wurden von Vortragendem Legationsrat I. Klasse Müller unterschlängelt. Dazu Ausrufezeichen.

[7] Der amerikanische Außenminister Kissinger und Ministerpräsident Vorster führten am 23./24. Juni 1976 Gespräche in Bodenmais bzw. Grafenau im Bayerischen Wald. Vgl. dazu KISSINGER, Jahre, S. 775–781.

Am 24. Juni 1976 unterrichtete Kissinger Bundesminister Genscher in Fürstenfeldbruck über die Ergebnisse der Gespräche. Ministerialdirigent Kinkel faßte am selben Tag die Ausführungen des amerikanischen Außenministers zum Thema Rhodesien zusammen: „Kissinger habe Vorster gesagt, daß man versuchen müsse, entsprechend dem Vorschlag von Callaghan einen Garantiefonds zu schaffen. Kissinger will über diesen Komplex heute, 24.6., bzw. morgen, 25.6., mit Callaghan in London sprechen. Die USA würden am kommenden Sonntag, dem 27.6./Montag, dem 28.6., in Puerto Rico versammelte Regierungschefs und Außenminister einladen und auffordern, bei einem solchen Garantiefonds mitzumachen. Vorster habe sich diesem Vorschlag gegenüber offen gezeigt. Kissinger bat darum, daß in Puerto Rico die deutsche Seite nicht zu erkennen geben solle, daß sie über diesen Vorgang vorab informiert worden sei. Vorster habe ihm, Kissinger, des weiteren erklärt, er könne und wolle offiziell kein Engagement für Rhodesien zeigen. Dies heiße aber nicht, daß er nichts tun wolle bzw. daß er indifferent sei. Die USA erwägen, für eine Übergangszeit von ein bis zwei Jahren nochmals ein englisches Kolonialsystem auferstehen zu lassen, um zu ermöglichen, daß Smith durch Nkomo abgelöst werde." Vgl. VS-Bd. 14058 (010); B 150, Aktenkopien 1976.

[8] Dieser Satz wurde von Vortragendem Legationsrat I. Klasse Müller hervorgehoben. Dazu Ausrufezeichen.

Ministerpräsident Smuts hielt sich vom 22. Oktober bis 8. Dezember 1946 anläßlich der UNO-Generalversammlung in den USA auf und führte am 1./2. Dezember 1946 Gespräche mit der amerikanischen Regierung.

Nach einem Gedankenaustausch über die beiderseitigen politischen Werdegänge kam der *Bundeskanzler* auf die Lage in Afrika zu sprechen. Die Entwicklung schreite schnell voran, an einigen Stellen vielleicht nicht schnell genug.

Der Bundeskanzler gab einen Rückblick auf die Politik der Bundesregierung in den 50er und 60er Jahren. Die von der CDU geführten Regierungen hätten Wiedervereinigung und Zurückdrängen der Russen gefordert; spätestens seitdem die Sowjetunion Nuklearwaffen besitze, habe sich die Lage geändert. Man könne heute nicht übersehen, daß in der DDR, in Polen und in der ČSSR starke, gut bewaffnete sowjetische Truppen stünden. Die gegenwärtigen Koalitionsparteien hätten sich bemüht, den deutschen Bürgern die wahre Lage nahezubringen. Heute bestehe keine Chance, die sowjetischen Truppen zurückzudrängen. Wir könnten hierfür auch keine Hilfe der Verbündeten erwarten.

Es bleibe der Wunsch und die Hoffnung der Deutschen, wieder dereinst[9] unter einem Dach zusammenzuleben, aber dies werde niemals durch Gewalt angestrebt werden.

[10]Die Bundesrepublik Deutschland umfasse heute etwa ein Drittel des deutschen Gebietes von 1932/33. Die Bevölkerung sei auf engem Raum zusammengedrängt, gleichwohl habe die Bundesrepublik heute eine sozial und wirtschaftlich stabile Ordnung; die Wirtschaft floriere, die Bundesrepublik habe keine extremen Gruppen, weder rechts noch links.

Der Bundeskanzler sagte, er beschreibe diese Entwicklung nicht aus Eigenlob, sondern um zum Nachdenken anzuregen. Es sei seine private Ansicht, daß in Südafrika ähnliche Schritte erforderlich sein würden. Die südafrikanische Regierung müsse ihren Wählern sagen, daß die Lage heute anders sei als vor wenigen Jahrzehnten oder gar Jahrhunderten.

Vorster fragte, was dies konkret bedeute.

Bundeskanzler: Er sähe große innere Schwierigkeiten für Südafrika voraus. Südafrika könne nicht damit rechnen, daß Europa helfen werde. Europa habe weder Israel noch Süd-Vietnam noch Korea geholfen.

Südafrika könne letztlich aber auch nicht der Hilfe der Vereinigten Staaten sicher sein. Die USA hätten sich von den moralischen Rückschlägen in Süd-Vietnam und Watergate[11] noch nicht erholt. Die USA hätten große Vitalitätsreserven, aber es könne lange dauern, bis sie ihr volles Selbstvertrauen wiedergewännen.

Wenn Rhodesien oder Südafrika in Schwierigkeiten gerieten, sei die Administration vielleicht bereit, etwas zu tun, aber die amerikanische Nation werde es ihr nicht erlauben.

Er sehe nur eine Chance, wenn die Sowjetunion mit einer eindeutig[12] militärischen Aktion interveniere, aber die Sowjetunion werde sicher so klug sein, mit

---

9 Dieses Wort wurde von Bundeskanzler Schmidt handschriftlich eingefügt. Dafür wurde gestrichen: „einmal".

10 Beginn der Seite 3 der Vorlage. Vgl. Anm. 26.

11 Zur „Watergate-Affäre" vgl. Dok. 166, Anm. 21.

12 Dieses Wort wurde von Bundeskanzler Schmidt handschriftlich eingefügt. Dafür wurde gestrichen: „eindeutigen".

under-cover-Aktionen vorzugehen[13]. Südafrika möge den Tatsachen klar ins Gesicht sehen. Die Entwicklung in Südafrika und an seinen Grenzen könne außer Kontrolle geraten, die südafrikanische Regierung solle zeigen, daß sie vorangehe, daß sie die Dinge beeinflusse und unter Kontrolle halten könne.

Gestern habe er Allon gegenübergesessen.[14]

Er habe ihm ähnliches gesagt wie auch schon Golda Meir und anderen israelischen Politikern zuvor. Die israelische Regierung müsse ihrer Bevölkerung klar sagen, was möglich sei und was nicht und wofür sie Aussicht habe, internationale Unterstützung zu gewinnen.

Man müsse zurückdenken, welche Anstrengungen Roosevelt habe machen müssen, um die Vereinigten Staaten im letzten Weltkrieg zu engagieren. Ford und Carter könnten die amerikanische Öffentlichkeit nicht für ein Engagement im[15] Golan oder in der Westbank[16] gewinnen. Die Situation in Südafrika sei ähnlich gelagert.

Vorster dankte für die Ausführungen. Er sei ihnen mit Interesse gefolgt. Er teile allerdings nicht den Pessimismus.[17]

Die südafrikanische Regierung versuche seit 1949, ihrer Bevölkerung die Lage ähnlich offen[18] zu schildern wie die Bundesregierung. Seine Partei habe damals fünf Stimmen Mehrheit gehabt. Heute umfasse sie zwei Drittel des Parlaments.[19]

Südafrika sei ein multinationales Land. Es umfasse vier Millionen Weiße, vier Millionen Zulus, mehrere Millionen Transkeier, andere kleine Nationen, dazu die Mischlinge und Asiaten.

Wenn man „one man one vote" einführe, breche alles zusammen, was in Generationen aufgebaut worden sei.

Seine Regierung strebe getrennte Entwicklung für getrennte Völker an. Das gelte für die farbigen Völker wie für die weißen.

Man könne die Afrikaner nicht in einen Topf werfen. Die Zulus und die anderen Stämme seien stolz auf die eigene Sprache und Tradition.

Südafrika versuche, die Schwarzen zur Unabhängigkeit zu erziehen. Die Trans-

---

13 Der Passus „so klug ... vorzugehen" wurde von Vortragendem Legationsrat I. Klasse Müller hervorgehoben Dazu vermerkte er handschriftlich: „r[ichtig]".

14 Für das Gespräch des Bundeskanzlers Schmidt mit dem israelischen Außenminister Allon am 24. Juni 1976 vgl. Dok. 203.

15 Dieses Wort wurde von Bundeskanzler Schmidt handschriftlich eingefügt. Dafür wurde gestrichen: „in".

16 Die Wörter „der Westbank" wurden von Bundeskanzler Schmidt handschriftlich eingefügt. Dafür wurde gestrichen: „den Westbanks".

17 Dieser Satz wurde von Vortragendem Legationsrat I. Klasse Müller hervorgehoben. Dazu Ausrufezeichen.

18 Die Wörter „seit 1949" und „ähnlich offen" wurden von Vortragendem Legationsrat I. Klasse Müller hervorgehoben. Dazu Ausrufezeichen.

19 Ende der S. 4 der Vorlage. Vgl. Anm. 26.
Die Nationale Partei stellte seit den Parlamentswahlen vom 26. Mai 1948, bei der sie zusammen mit der Partei der Afrikaner 79 von 153 Sitzen erreichte, ohne Unterbrechung die Regierung. Bei den letzten Parlamentswahlen am 24. April 1974 erhielt sie 122 von 169 Sitzen.

kei würde am 26. Oktober unabhängig.[20] Sie sei erst durch die Briten kolonisiert worden. Südafrika dekolonisiere britische Kolonien.[21]

Über eine Million afrikanischer Arbeiter aus den benachbarten unabhängigen Staaten wie Botsuana, Sambia und Lesotho fänden Arbeit in Südafrika.

Die Arbeitskraft werde für Generationen das Problem und der Exportartikel der Afrikaner sein, weil sie sich zu schnell vermehrten.

Die südafrikanische Regierung versuche, die Industrien zu Investitionen in den Homelands zu ermutigen. Sie übernehme dort sogar Garantien gegen mögliche Verstaatlichung.

Südafrika unterhalte mit Swasiland, Lesotho und Botsuana engere Verbindung als vielleicht die Mitgliedstaaten der Europäischen Gemeinschaft untereinander.

Die schwarzafrikanischen Staaten hätten zum Boykott mit Südafrika aufgerufen, aber ihr Handel mit Südafrika nehme eher noch zu. Er sei bereit, große Anstrengungen zu machen, um friedliche Lösungen im südlichen Afrika zu ermöglichen. Aber seine Regierung werde nicht bereit sein, das aufzugeben, was die Vorfahren aufgebaut haben. Dies wäre auch ungerecht gegenüber dem anderen Afrika. Damit würden Beschäftigungsmöglichkeiten für die Schwarzafrikaner aufgegeben. Damit würde verhindert, daß der Sachverstand den anderen afrikanischen Ländern weiter zur Verfügung stehe.

Er sei heute optimistischer als vor drei oder fünf Jahren.[22] Seit 1974 hätten sich die Beziehungen mit den anderen afrikanischen Staaten stärker normalisiert als in den letzten 15 Jahren.

Bundeskanzler warf ein, weil der Druck größer geworden sei als vorher.

Vorster: Der Druck komme nicht von Afrika, sondern von außen. Afrika fürchte den russischen[23] Einfluß. Dies gelte beispielsweise für einen angesehenen afrikanischen Politiker wie Kaunda.

Vorster führte aus, das rhodesische Problem könne noch gelöst werden. Er werde alles tun, um eine Lösung zu ermöglichen. Gleiches gelte für Namibia.

Bundeskanzler: Er hielte es für gut, wenn etwas vor der Generalversammlung im nächsten Jahr[24] geschehe.

---

20 Zur Absicht der südafrikanischen Regierung, die Transkei in die Unabhängigkeit zu entlassen, vgl. Dok. 115, Anm. 13.
Die Unabhängigkeitserklärung trat am 26. Oktober 1976 um 0.00 Uhr in Kraft. Am selben Tag wurde sie von der XXXI. UNO-Generalversammlung für ungültig erklärt. Dazu wurde festgestellt, daß die Schaffung von selbständigen, nichtweißen Bantustans („Homelands") durch die südafrikanische Regierung dazu bestimmt sei, die „unmenschliche Apartheidpolitik festzuzementieren, die Herrschaft der weißen Minorität fortzusetzen und der afrikanischen Bevölkerung Südafrikas ihre angestammten Rechte zu verweigern". Vgl. dazu den Artikel „Vereinte Nationen verweigern der Transkei die Anerkennung"; FRANKFURTER ALLGEMEINE ZEITUNG vom 28. Oktober 1976, S. 5. Für den Wortlaut der Resolution Nr. 31/6 A vgl. UNITED NATIONS YEARBOOK 1976, S. 134.

21 Dieser Satz wurde von Vortragendem Legationsrat I. Klasse Müller unterschlängelt. Dazu Ausrufezeichen.

22 Dieser Satz wurde von Vortragendem Legationsrat I. Klasse Müller hervorgehoben. Dazu Ausrufezeichen.

23 Dieses Wort wurde von Vortragendem Legationsrat I. Klasse Müller hervorgehoben. Dazu Ausrufezeichen.

24 Die XXXII. UNO-Generalversammlung wurde am 20. September 1977 in New York eröffnet.

Vorster: Südafrika sei bereit, schon jetzt etwas zu tun. Es läge bei den Menschen in Südwestafrika (er betonte Südwestafrika gegenüber dem vom Bundeskanzler verwandten Wort Namibia), sich zu entscheiden. Die verschiedenen Gruppen in Südwestafrika hätten eigene Führer gewählt, die zur Zeit tagten.[25] Sie hätten beschlossen, erst in drei Jahren (1978) einen Staat zu schaffen. Er könne ihnen keine Weisung geben. Südafrika sei keine Besatzungsmacht, sondern nur ein Administrator, diese Verwaltung koste den südafrikanischen Steuerzahler viel Geld.

Bundeskanzler fragte, warum SWAPO nicht vertreten sei.

Vorster: Alle seien eingeladen gewesen, an den Wahlen teilzunehmen, aber SWAPO repräsentiere nicht Südwestafrika, sie sei 1958 in Kapstadt von weißen Kommunisten gegründet worden, sie habe nur etwa die Unterstützung von 15 % der Bevölkerung in Südwestafrika.

Bundeskanzler: Warum nennen Sie nicht einen bestimmten Termin für die Unabhängigkeit und fordern die Südwestafrikaner auf, sich vorzubereiten?

Vorster: Das habe er bereits durch Erklärungen vor seinem Parlament getan. Die Südafrikaner wüßten, daß sie allein stünden, wenn morgen in der Tafelbucht Kommunisten landeten. Die Kommunisten wollten Hand legen auf die Bodenschätze des Landes und auf die Kaproute. Südafrika werde die Route für die Freie Welt verteidigen.[26]

Bundeskanzler: Südafrika laufe Gefahr, von der Freien Welt immer weniger als Teil der Freien Welt angesehen zu werden.[27]

Der Bundeskanzler wies auf die Gefahr möglicher Bürgerkriege hin. Südafrika könne nicht die attraktiven Berufe den Weißen vorbehalten.

Vorster: Es gäbe schwarze Offiziere, Rektoren und reiche Schwarzafrikaner.

Bundeskanzler: Er möge sich über Südafrika täuschen, aber nicht über das, was die Welt von Südafrika halte.

Viele schwarzafrikanische Politiker außerhalb der Republik Südafrika[28] setzten ihre Hoffnung in Richtung auf Öffnung[29] auf Ministerpräsident Vorster.

Vorster: Er gebe den Afrikanern die Chance für Unabhängigkeit und Entwicklung.

Bundeskanzler: Die Bundesrepublik habe keine direkten Interessen in Südafrika außer den wirtschaftlichen Beziehungen. Es gäbe allerdings etwa 30 000 Deutschstämmige in Namibia. Wir wären bereit, sie aufzunehmen.[30]

25 Zur Verfassungskonferenz der Bevölkerungsgruppen Namibias vgl. Dok. 115, Anm. 6.
26 Der Passus „Die Südafrikaner ... verteidigen" wurde von Vortragendem Legationsrat I. Klasse Müller hervorgehoben. Dazu vermerkte er handschriftlich: „Wieder die typisch simplifizierende Lagebeurteilung (im Geg[en]satz zu B[undes]kanzler, s.o. S. 3/4)." Vgl. Anm. 10 und 19.
27 Dieser Satz wurde von Vortragendem Legationsrat I. Klasse Müller hervorgehoben. Dazu Ausrufezeichen.
28 Der Passus „schwarzafrikanische Politiker ... Südafrika" wurde von Bundeskanzler Schmidt handschriftlich eingefügt. Dafür wurde gestrichen: „Schwarzafrikaner".
29 Die Wörter „in Richtung auf Öffnung" wurden von Bundeskanzler Schmidt handschriftlich eingefügt.
30 Dieser Satz wurde von Vortragendem Legationsrat I. Klasse Müller hervorgehoben. Dazu zwei Ausrufezeichen.

Vorster: Man müsse sehen, daß in Südwestafrika alles zusammenbreche, wenn Südafrika sich morgen zurückziehe. Die Deutschen würden enteignet.

Bundeskanzler: Dies werde möglicherweise[31] nicht zu vermeiden sein.

Wir hätten 13 Millionen Deutsche aufgenommen, die das Land verlassen mußten[32], das sie viele hundert Jahre bewohnt hatten[33]; sie fühlten sich heute in der Bundesrepublik zu Hause.

Außenminister *Muller*: Wenn Südafrika den Empfehlungen der Vereinten Nationen in Südwestafrika folge, werde der Friede dort nicht zu halten sein.[34]

Bundeskanzler: Wir wüßten die Vereinten Nationen richtig einzuschätzen. Aber die Welt sei heute nicht mehr bereit, Polizeirollen zu akzeptieren. Dies gelte für die Vereinigten Staaten ebenso wie für Südafrika und andere Länder.

Der *Bundesaußenminister* wies darauf hin, die deutsche Schule in Windhuk werde zur Apartheid gezwungen. Es sei ihr nicht erlaubt, schwarze Schüler zuzulassen.[35]

Vorster: Südafrika könne Südwestafrika für die Schulordnung keine Weisungen geben. Dies liege in den Händen der zuständigen Gremien Südwestafrikas.[36]

Bundeskanzler dankte für die ernste und umfassende Unterhaltung. Die Bundesregierung werde bewerten, was Vorster gesagt habe. Er hoffe, die südafrikanische Regierung werde das gleiche tun. Was er gesagt habe, reflektiere, was weite Kreise in der Bundesrepublik fühlten und glaubten. Wir empfänden Sympathie für die Menschen in Südafrika, aber wir sähen eine ernste Lage und unvermeidbare Konflikte kommen.

---

[31] Dieses Wort wurde von Bundeskanzler Schmidt handschriftlich eingefügt.

[32] Die Wörter „das Land verlassen mußten" wurden von Bundeskanzler Schmidt handschriftlich eingefügt. Dafür wurde gestrichen: „ihr Land verließen".

[33] Dieses Wort wurde von Bundeskanzler Schmidt handschriftlich eingefügt. Dafür wurde gestrichen: „gehabt hätten".

[34] Der UNO-Sicherheitsrat verurteilte mit Resolution Nr. 385 vom 30. Januar 1976 erneut die „illegale Besetzung" von Namibia durch Südafrika und dessen Politik der Rassendiskriminierung. Die südafrikanische Regierung wurde aufgefordert, ihre Politik der Schaffung von „Bantustans" bzw. „Homelands" zu beenden und freie Wahlen für ganz Namibia unter Aufsicht der UNO zu ermöglichen. Die südafrikanische Verwaltung in Namibia solle beseitigt und die Macht mit Unterstützung der UNO dem Volk von Namibia übertragen werden. Die Resolution verlangte ferner die Freilassung aller politischen Gefangenen und die Möglichkeit der Rückkehr aller ins Ausland geflüchteten Namibier ohne Gefahr vor politischer Verfolgung. Für den Wortlaut vgl. UNITED NATIONS RESOLUTIONS, Serie II, Bd. X, S. 16 f.

[35] Zur „Höheren Privatschule Windhuk" vgl. Dok. 310.

[36] Am 28. Juni 1976 nahm Ministerialdirigent Schödel zu dieser Äußerung des Ministerpräsidenten Vorster Stellung. In Namibia falle die Schulerziehung der Weißen nach dem Erziehungsgesetz vom 8. Oktober 1975 in die Zuständigkeit der Legislative und Exekutive in Windhuk: „Dagegen liegt die Zuständigkeit für die Erziehungsangelegenheiten der farbigen Bevölkerung in Händen der Regierung in Pretoria. Dies ist ausdrücklich festgelegt im Anhang zu den ‚South West Africa Legislative Assembly Standing Rules and Orders 1972'. [...] Das heißt praktisch, daß es eine zuständige Behörde für gemischtrassische Erziehung zur Zeit nicht gibt. Formaljuristisch kann somit weder die Gesetzgebende Versammlung noch die Exekutive von Namibia über die Integrierung entscheiden. [...] Die Behauptung von Premierminister Vorster stimmt nur teilweise, d. h., soweit sie sich auf die Erziehung der Weißen bezieht. Andererseits hat die Regierung in Pretoria durchaus die Möglichkeit, über ihre Kompetenzen in der Erziehung der Farbigen in diesen Prozeß zugunsten der Öffnung der Schulen einzugreifen." Vgl. Referat 320, Bd. 108204.

Vorster: Er nehme dies zu Kenntnis, teile allerdings nicht den unterschwelligen Pessimismus[37].

Die Deutschen hätten einen großen Beitrag zur Entwicklung von Südafrika geleistet. Seine Regierung sei froh über die guten Handelsbeziehungen, sie hoffe, daß sie noch besser und enger würden.

Bundeskanzler: Die Anerkennung gelte den früheren Generationen. Der Handel sei kein besonderer Anlaß für Dankbarkeit. Er nutze beiden Seiten.

Vorster übermittelte abschließend die Grüße des Präsidenten von Südafrika[38], die erwidert wurden[39].

Referat 320, Bd. 108220

207

Runderlaß des Vortragenden Legationsrats I. Klasse Engels

240-312.74-966/76 VS-vertraulich   **Aufgabe: 25. Juni 1976, 15.35 Uhr[1]**
Fernschreiben Nr. 77 Ortez

Zur Osteuropa-Botschafterkonferenz in Gymnich am 21. und 22.6.1976[2]

Im Mittelpunkt stand Einschätzung sowjetischer Machtposition, ihre Auswirkungen auf künftige Ost-West-Beziehungen und mögliche Aktionen des Westens.

Das sowjetische Machtpotential wird auch in Zukunft wachsen – und damit auch Weltmacht-Anspruch. USA haben Parität bei SALT bereits anerkannt und im politischen Bereich hingenommen.

Sowjetunion ist bemüht, ihr Potential in allen Bereichen auszubauen.

1) Am erfolgreichsten ist sie im militärischen Bereich:

– Hinsichtlich der Landstreitkräfte ist in den letzten fünf Jahren eine erhebliche Erhöhung des WP-Potentials, insbesondere bei Panzern, festzustellen. Westliches Gegengewicht in der Technologie, besonders bei Panzerabwehrwaffen, vorhanden. WP verfügt über wesentliche geographische Vorteile, er besitzt Möglichkeit eines Überraschungsangriffes.

– Bei den Luftstreitkräften verfügt der Westen gegenwärtig noch über einen Vorsprung, aber die Sowjets sind dabei aufzuholen.

---

[37] Der Passus „teile allerdings ... Pessimismus" wurde von Vortragendem Legationsrat I. Klasse Müller hervorgehoben. Dazu Ausrufezeichen.

[38] Nicolaas Diederichs.

[39] Die Wörter „die erwidert wurden" wurden von Bundeskanzler Schmidt handschriftlich eingefügt.

[1] Durchdruck.

[2] Vgl. dazu ferner das Konferenzprotokoll; VS-Bd. 10942 (212); B 150, Aktenkopien 1976.

– Im Bereich der Seestreitkräfte sind beachtliche Fortschritte der SU zu verzeichnen. Sie hat gegenwärtig im Mittelmeer 60 und im Indischen Ozean 20 Schiffseinheiten stationiert; sie verfügt über Stützpunkte in Somalia, Conakry und Kuba und ist damit in der Lage, die Nachschubwege und die Ölrouten um das Kap und im Atlantik empfindlich zu stören.

Nur Amerikaner sind fähig, Sowjets im strategischen und Flottenbereich Paroli zu bieten. Sowjetische Sorge wegen amerikanischen Übergewichts (Cruise Missiles, „Trident" etc.) ist wichtiger Antrieb für sowjetische Entspannungsbemühungen. Ihr Vorschlag, neuartige Vernichtungswaffen zu verbieten[3], soll den Westen daran hindern, eine wesentliche technologische Überlegenheit zu gewinnen.

Bei MBFR muß Sowjets an vertraglichen Festlegungen gelegen sein, da gegenwärtiger Zustand konventionellen Übergewichts des WP in Europa im Laufe der Entwicklung (Erhöhung der NATO-Verteidigungshaushalte, modernste Ausrüstung) verlorengehen könnte. Daher wünscht sie:

– Wahrung und Festschreibung des bestehenden unausgewogenen Kräfteverhältnisses; da dies für den Westen unannehmbar ist, Übergang zu Versuch, die Disparitäten wegzudiskutieren.

– Garantien für den Umfang und den Zeitpunkt der Reduzierung nicht-amerikanischer Streitkräfte; zielt besonders auf die Bundeswehr: MBFR soll verhindern, daß Bundeswehr in europäischer Verteidigung wachsende Bedeutung erlangt.

2) Unangefochten scheint sowjetische Position innerhalb des „sozialistischen Lagers".

Hier muß SU aber Gefahren abfangen, von denen auflösende Tendenzen ausgehen; Öffnung nach Westen soll in Grenzen gehalten werden. Durch KSZE ist gewisse Unruhe im Osten entstanden. Ausdruck für sowjetische Abwehrhaltung ist Freundschaftsvertrag mit DDR (Oktober 1975)[4]. Schlußakte gestattet den osteuropäischen Ländern vermehrte Direktkontakte mit dem Westen.

Gierek hat seinen Besuch in der Bundesrepublik Deutschland[5] bewußt in KSZE-Rahmen gestellt. Polen unterstützt sowjetische Außenpolitik in allen prinzipiellen Fragen, fühlt sich aber als zweitwichtigste Macht – in Konkurrenz zur DDR – und nimmt daher im WP und RGW gewisse Mitsprache in Anspruch.

Rumäniens Verhältnis zur SU ist gespannt.

Ceauşescus unabhängige außenpolitische Linie wurde lange von Bevölkerung unterstützt. Jetzt tauchen Zweifel auf. Es verbreitet sich Angst vor Interventi-

---

3 Die sowjetische Delegation bei der XXX. UNO-Generalversammlung legte am 23. September 1975 den Entwurf eines Abkommens über das Verbot der Entwicklung und Herstellung neuer Arten von Massenvernichtungswaffen und neuer Systeme solcher Waffen vor. Der Entwurf wurde mit Resolution Nr. 3479 vom 11. Dezember 1975 der Konferenz des Abrüstungsausschusses in Genf zur weiteren Behandlung übergeben. Für den Wortlaut vgl. UNITED NATIONS RESOLUTIONS, Serie I, Bd. XV, S. 469 f. Für den deutschen Wortlaut vgl. EUROPA-ARCHIV 1976, D 247–250.

4 Für den Wortlaut des Vertrags vom 7. Oktober 1975 über Freundschaft, Zusammenarbeit und gegenseitigen Beistand zwischen der DDR und der UdSSR vgl. EUROPA-ARCHIV 1975, D 655–658.

5 Zum Besuch des Ersten Sekretärs des ZK der PVAP, Gierek, vom 8. bis 12. Juni 1976 vgl. Dok. 181 und Dok. 186.

on, die gelegentlich in Panik umschlägt.[6] Stimmung zugunsten eines Ausgleichs mit SU und eines „ungarischen Weges" nimmt in Bevölkerung zu; einen organisierten Widerstand gibt es nicht.

Moskau ist über die Alleingänge Rumäniens im WP, RGW und im VN-Bereich irritiert und bestrebt, Rumänien wieder voll unter seinen Einfluß zu bringen, aber nicht mit „dramatischen" Mitteln. Uns kann eine solche Entwicklung mit ihren Konsequenzen für Jugoslawien und die Südflanke der NATO nicht gleichgültig lassen, doch können wir wenig tun, da Ceauşescu unberechenbar ist.

Bei allen spezifischen Unterschieden ähneln sich Bedingungen in den osteuropäischen Ländern:

– Ihre Führer haben nur einen schwachen Rückhalt in der Bevölkerung (in Polen, Ungarn und Bulgarien mehr, in der DDR, der ČSSR und Rumänien weniger).

– Ein Ausbau unserer Beziehungen zu diesen Ländern kann bei den bestehenden Machtverhältnissen nur dann Erfolg haben, wenn er nicht „an der SU vorbei" geführt wird. Sollte der Eindruck bestehen, daß wir eine „selektive Ostpolitik" treiben, müssen wir dem entgegenwirken. Die KSZE-Schlußakte ist, wie Gierek-Besuch zeigt, ein guter Rahmen für unsere Bemühungen um Verbesserungen unserer Beziehungen zu den kleineren osteuropäischen Ländern.

3) Jugoslawien ist bereit und fähig, Unabhängigkeit zu verteidigen. Militärische Planung ist gegen Norden und Osten gerichtet, ein jugoslawischer Widerstand jedoch nur für einige Tage denkbar. Offene amerikanische oder NATO-Warnung an Moskau könnte Jugoslawien nicht akzeptieren. Westliche Hilfe wird für den Ernstfall aber stillschweigend erwartet. Arrangement Jugoslawien/USA ist nicht auszuschließen.

4) Im Ausbau der Beziehungen zur Dritten Welt hat SU Erfolge, aber auch Mißerfolge: Wie UNCTAD IV[7] zeigte, sind Entwicklungsländer nicht mehr bereit, These weiterhin zu akzeptieren, nur kapitalistische Länder müßten zahlen, da sie die Kolonien ausgebeutet hätten. Für SU bezieht sich Entspannung nicht auf Dritte Welt. Sie wird sich „marginal gains" (Angola) nicht entgehen lassen, obwohl dies im Widerspruch zu den mit den USA 1972/73 getroffenen Arrangements steht. Sie beruft sich dabei auf ähnliches Verhalten der USA.

5) Machtkampf mit China um Vorherrschaft in Asien, in der kommunistischen Weltbewegung und der Dritten Welt ist allumfassend und wird auch nach Maos Tod andauern, auch wenn die Radikalen an die Macht kämen. Im günstigsten Falle scheint „Modus vivendi" erreichbar. Beilegung des Konflikts nur möglich, wenn eine Seite sich unterordnet – und damit ist nicht zu rechnen.

6) Bei Vorbereitung der Konferenz der europäischen KPen[8] ist es KPdSU nicht gelungen, wesentliche Ziele zu erreichen:

– ihren Führungsanspruch zu manifestieren,

---

[6] Zu Gerüchten über eine bevorstehende Intervention in Rumänien vgl. Dok. 178, Anm. 7.

[7] Zur IV. UNCTAD-Konferenz vom 5. bis 31. Mai 1976 vgl. Dok. 173.

[8] Zur Konferenz der kommunistischen und Arbeiterparteien Europas am 29./30. Juni 1976 in Ost-Berlin vgl. Dok. 215.

– ihr Entspannungskonzept der „friedlichen Koexistenz" und der kollektiven Sicherheit durchzusetzen,

– die anti-sowjetischen „Kräfte der Revision und Reaktion" – also in erster Linie China – zu verurteilen.

Eine KPen-Gipfelkonferenz unter Teilnahme Titos wird Breschnew zwar Prestigegewinn bringen; doch ist Führungsrolle der KPdSU und damit auch Einflußmöglichkeit Moskaus auf Haltung westeuropäischer KPen bereits jetzt erheblich reduziert worden.

7) Beziehungen zum „kapitalistischen Westen"

Nach Auffassung SU hat Entspannungspolitik günstige Voraussetzungen für Sieg über Kapitalismus geschaffen. Westen ist kritischer geworden und nicht länger bereit, sowjetischen Anspruch hinzunehmen, daß eigene Ideologie im Westen ungestört verbreitet werden könne, die Vertretung westlicher Ideen im sowjetischen Lager gemäß Korb III der KSZE aber entspannungsfeindlich sei. Allerdings setzt Ostblockinteresse an der wirtschaftlichen Kooperation mit dem Westen diesem ideologische Anspruch Grenzen.

8) Wirtschaftliche Zusammenarbeit

a) Handel

Abhängigkeit der SU und der anderen RGW-Länder vom Welthandel ist erheblich: Er beträgt 25 Prozent des gesamten Außenhandels dieser Länder (bei Maschinenimporten 40 Prozent). Mit Anteil von 6 Prozent (DDR zusätzlich 3 Prozent) an unserem Außenhandel ist Osthandel auch für uns nicht unbedeutend, besonders in einzelnen Branchen (Maschinenbau, Röhren), aber längst nicht so bedeutend wie für Osten. Grenzen werden durch wachsendes Handelsbilanzdefizit gezogen: Verschuldung gegenüber dem Westen (inkl. Arabern über Euro-Dollar-Markt) wird zur Zeit auf 30 Mrd. Dollar geschätzt. Sie ist noch nicht kritisch, bedarf aber genauer Beobachtung. Ein Ausgleich durch gesteigerte Westexporte ist nicht in Sicht; er kann bei rohstoffarmen Ländern nur durch Drosselung der Importe erreicht werden. Schwindende Bereitschaft der Privatbanken, osteuropäischen Ländern Kredite zu gewähren, erhöht Druck auf staatliche Bürgschaften.

Da „Quidproquo" im wirtschaftlichen Bereich nicht zu erwarten ist, stellt sich Frage politischer Gegenleistungen. Erfahrung spricht dagegen, daß solche bei grundsätzlichen politischen Positionen zu erwarten sind (vgl. Ortez Nr. 75[9]). In Einzelfällen, insbesondere im humanitären Bereich, scheinen Möglichkeiten gegeben, sofern unsere Forderungen unterhalb politischer Reizschwelle bleiben.

b) Sowjetische Konferenzprojekte[10]

Eine Energiekonferenz würde als Störfaktor (EG, IEA, KIWZ) wirken. Deshalb glauben wir, nicht darauf eingehen zu können. Eine Verkehrskonferenz würde uns wegen unserer geographischen Lage als typisches Transitland in Schwierigkeiten bringen. Anders ist Lage im Umweltbereich. Hier gibt es eigenständige sowjetische und deutsche Interessen; Frage bedarf gründlicher Prüfung

---

[9] Für den Runderlaß des Vortragenden Legationsrats I. Klasse Engels vom 24. Juni 1976 vgl. Dok. 204.

[10] Vgl. dazu den Vorschlag des Generalsekretärs des ZK der KPdSU, Breschnew, vom 9. Dezember 1975; Dok. 62, Anm. 9.

gemeinsam mit EG-Partnern. Anschließend sollte Thematik im Rahmen der ECE erörtert werden. Wir schließen Möglichkeit gesonderter Konferenz nicht aus, sind uns aber im klaren, daß Aufgreifen dieser Initiative weitreichende politische Folgen hätte. Deswegen müssen wir intern alle Aspekte untersuchen, bevor wir eventuell aktiv werden. Auf Einbeziehung Berlins und Umweltbundesamts können wir nicht verzichten. Grundsätzlich sollten wir in der Frage der Konferenzen nur abgestimmt mit EG- und Bündnispartnern vorgehen.

c) EG und Osteuropa

Vertrag zwischen EG und RGW[11] wäre in erster Linie ein politischer Vertrag. Die wirtschaftliche Substanz kann nicht sehr groß sein. Interesse der SU ist evident: Stärkung des RGW als Organisation und der eigenen hegemonialen Stellung im RGW, was wir nicht wünschen, aber wohl kaum verhindern könnten.

Einige osteuropäische Staaten – Rumänien, Polen, Ungarn, ČSSR – könnten daran interessiert sein, unter dem Dach eines Rahmenabkommens direkte Beziehungen mit der EG aufzunehmen, die sie sonst nicht herstellen können.

Unsere integrationspolitischen Ziele könnten Vertrag fördern, sofern er Materie regelte, die bisher nicht zum Kompetenzbereich der EG gehört, und da er EG-Länder zu einheitlicher Politik zwingen würde.

Wichtig für uns sind auch hier Einbeziehung Berlins und Aufrechterhaltung des innerdeutschen Handels. Da politische Finalität Römischer Verträge sowjetische Haltung zur Berlineinbeziehung negativ beeinflußt, müssen wir verhindern, in dieser Frage unter einen Verhandlungsdruck Moskaus und der eigenen EG-Partner zu geraten. Es ist nicht auszuschließen, daß Verhandlungen an dieser Frage scheitern.

Meinungen waren geteilt, ob osteuropäische Länder jetzigen Zustand, der es gestattet, fast alle Fragen in bilateralen Ausschüssen praktisch zu lösen, einer vertraglichen Regelung vorziehen würden oder ob sie Dachabkommen wünschen, um nicht bei Einzelkontakten mit „Block" der EG gegenüberzustehen. Botschafter sind gebeten worden, die Interessenlage der einzelnen RGW-Länder noch gründlicher zu erforschen.

9) Kontinuität der sowjetischen Politik

Ohne Frage besteht auf sowjetischer Seite Absicht, bisherige Politik – wie auch auf dem 25. Parteitag[12] bestätigt – fortzusetzen. Zweifel sind jedoch angebracht, ob ihnen dies auf längere Sicht möglich:

– Es ist SU nicht gelungen, ihr System innerhalb des Blocks, in der Dritten Welt und selbst im eigenen Land attraktiv zu machen; sie kann sich nur auf militärische Macht und nach innen auf „sozialistischen Patriotismus" stützen.

– Die Führung ist überaltert, innere Strukturen sind inadäquat.

– Nach außen hin ist Führungsrolle Moskaus als Zentrum des Weltkommunismus in Frage gestellt.

---

11 Zum geplanten Abkommen zwischen den Europäischen Gemeinschaften und dem RGW vgl. Dok. 129.
12 Zum XXV. Parteitag der KPdSU vom 24. Februar bis 5. März 1976 in Moskau vgl. Dok. 69.

– Auch in der Dritten Welt hat sich das Bild der SU verschlechtert (UNCTAD IV), sie kann sich nicht mehr der Verantwortung für die wirtschaftliche und soziale Lage in der Dritten Welt entziehen.

– Auf längere Sicht werden sich auch die negativen wirtschaftlichen Faktoren verstärkt bemerkbar machen. Mehr als es der SU lieb sein könnte, müßte sie sich dann auf ihre imperiale und militärische Macht stützen.

Dies alles könnte zu einer Phase wachsender Instabilität und doktrinärer Verhärtung führen.

10) Gegengewichte

Da sich sowjetische Machtposition schon heute überwiegend auf ihr wachsendes Militärpotential stützt, müssen wir uns überlegen, wie wir militärisch-politische Gegengewichte schaffen, um die Lage im westlichen Bereich, aber auch außerhalb des Ost-West-Kontextes ausbalancieren zu können. Dies muß durch Ausbau der atlantischen und europäischen Konsultationen und gemeinsame Entscheidungsbildung geschehen, durch das Vorantreiben der europäischen Einigung und die Zusammenfassung der Potentiale Europas und der USA. Dabei muß nicht nur regionales Gleichgewicht hergestellt, sondern auch mehr Gewicht auf außerhalb des Bündnisses liegende Gebiete gelegt werden (Mittelmeer, Afrika etc.).

Wichtig ist auch zunehmende Interessenverflechtung auf wirtschaftlichem Gebiet, die radikale politische Entscheidungen abbremsen und verhindern kann.

Engels[13]

VS-Bd. 9977 (012)

208

Konferenz der Staats- und Regierungschefs aus sieben Industriestaaten in San Juan

Geheim   27./28. Juni 1976[1]

Aufzeichnung der Gipfelgespräche im Dorado Beach Hotel, San Juan/Puerto Rico vom 27. bis 28. Juni 1976.

Teilnehmer:

Vereinigte Staaten von Amerika: Präsident Gerald R. Ford, Außenminister Henry A. Kissinger, Finanzminister William E. Simon.

Frankreich: Präsident Valéry Giscard d'Estaing, Außenminister Jean Sauvagnargues, Finanzminister Jean-Pierre Fourcade.

---

[13] Paraphe.

[1] Ablichtung.
   Die Gesprächsaufzeichnung wurde von Ministerialdirektor Hiss, Bundeskanzleramt, am 5. Juli 1976 gefertigt und am 6. Juli 1976 Ministerialdirigent Kinkel übermittelt. Dazu vermerkte er: „Ich

Kanada: Premierminister Pierre Elliot Trudeau, Außenminister Allan Mac-Eachen, Finanzminister Donald Macdonald.

Bundesrepublik Deutschland: Bundeskanzler Helmut Schmidt, Außenminister Hans-Dietrich Genscher, Finanzminister Hans Apel.

Italien: Ministerpräsident Aldo Moro, Außenminister Mariano Rumor, Finanzminister Emilio Colombo.

Japan: Ministerpräsident Takeo Miki, Außenminister Kiichi Miyazawa, Finanzminister Masayoshi Ohira.

Großbritannien: Premierminister James Callaghan, Außenminister Anthony Crosland, Finanzminister Denis Healey.

Tagesordnung:

Erste Sitzung: 27. Juni 1976, 16 bis 19 Uhr
Wirtschaftslage und Zahlungsbilanzprobleme

Zweite Sitzung: 28. Juni 1976, 9 bis 11.30 Uhr
Internationaler Handel und Ost-West-Wirtschaftsbeziehungen

Dritte Sitzung: 28. Juni 1976, 13.30 bis 15 Uhr
Nord-Süd-Dialog und Energie

Erste Sitzung:

a) Wirtschaftslage, Konjunktur:

Nach Begrüßung der Teilnehmer durch Präsident *Ford* wird das Thema der ersten Sitzung durch Präsident *Giscard d'Estaing* eingeführt. Er weist auf die Verbesserung der Wirtschaftslage und Aussichten seit Rambouillet[2] hin, Aufgabe sei nun, die Erholung in ein anhaltendes Wachstum zu überführen.

Dem stünden folgende Risiken gegenüber:

aa) Anhaltende Inflation auch während Rezession, die nun durch Erholung und Rohstoffpreissteigerung wieder zusätzliche Nahrung erhalten könnte.

bb) Beeinträchtigung des Aufschwunges durch restriktive handelspolitische Maßnahmen.

Das Problem bestehe in der Kombination von Inflationsbekämpfung und Steigerung der Beschäftigung bis zur Vollbeschäftigung. Hierfür stellt Giscard in den Vordergrund:

– disziplinierte Geldpolitik,

– Verringerung der Defizite in den öffentlichen Haushalten,

Fortsetzung Fußnote von Seite 965

möchte Sie bitten, sie Ihrem Minister zur Kenntnisnahme vorzulegen. Ein zweites Exemplar habe ich Herrn Dr. Lautenschlager direkt übersandt."
Hat Kinkel am 7. Juli 1976 vorgelegen.
Hat Bundesminister Genscher am 13. Juli 1976 vorgelegen.
Hat Kinkel erneut am 14. Juli 1976 vorgelegen, der die Weiterleitung an Staatssekretär Hermes verfügte.
Hat Hermes am 25. Juli 1976 vorgelegen. Vgl. den Begleitvermerk; VS-Bd. 14066 (010); B 150, Aktenkopien 1976.
2 Die Konferenz der Staats- und Regierungschefs aus sechs Industriestaaten fand vom 15. bis 17. November 1975 statt. Vgl. dazu AAPD 1975, II, Dok. 346 und Dok. 348–350.

– Preis- und Lohnpolitik, ohne daß es hierfür ein einheitliches Handlungsschema gebe,

– Widerstand gegen Protektionismus,

– Konsolidierung der internationalen währungspolitischen Zusammenarbeit: Disparität der Inflationsentwicklung erschwert dies. Zahlungsbilanzstarke Länder müssen eine Verschlechterung ihrer Leistungsbilanz und Kapitalexporte hinnehmen, wenn nicht betreiben; für den Beistand für Italien[3] und UK[4] solle man die richtigen Mechanismen benutzen; in diesem Zusammenhang Ratifizierung und Anwendung des OECD-Sicherheitsnetzes[5] wünschenswert; keine neuen Maßnahmen in der Zusammenarbeit der Notenbanken erforderlich, aber Verstärkung dieser Zusammenarbeit. Wechselkurse der Hauptwährungen stabilisieren.

Abschließend regt Giscard die Bildung einer Studiengruppe für den Euro-Markt an, ohne daß man hierauf im weiteren Verlauf zurückkommt.

Der *Bundeskanzler* unterstützt Giscards Ausführungen; trägt in weitgehender Anlehnung an den vorbereiteten Sprechzettel die Verbesserung der Konjunkturaussichten sowie die s. E. noch vorhandenen Risiken vor.[6] Betonung, daß die

---

3 Zur währungspolitischen Situation in Italien vgl. Dok. 201.

4 Seit März 1976 geriet die britische Währung an den internationalen Devisenmärkten wiederholt unter Druck. Das Pfund Sterling erreichte am 2. Juni 1976 einen Tiefstand und notierte mit 1,7140 Dollar. Dies entsprach gegenüber dem im „Smithsonian Agreement" vom 18. Dezember 1971 festgelegten Kurs einer Abwertung von 41,1 %. Vgl. dazu den Artikel „Sturz des Pfund Sterling ins Bodenlose"; NEUE ZÜRCHER ZEITUNG, Fernausgabe vom 4. Juni 1976, S. 11.
Am 7. Juni 1976 wurde bekanntgegeben, daß acht Zentralbanken der Zehnergruppe (Belgien, Bundesrepublik, Frankreich, Japan, Kanada, Schweden, Schweiz und die USA) der Bank von England einen Bereitschaftskredit in Höhe von 5,3 Mrd. Dollar mit einer Laufzeit von drei Monaten und einer einmaligen Verlängerung um weitere drei Monate zur Verfügung stellten. Dazu vermerkte Ministerialdirektor Lautenschlager am 8. Juni 1976: „Die USA übernahmen 2 Mrd. Dollar, die Bundesbank 0,8 Mrd. Dollar (= 2 Mrd. DM). Der Rest verteilt sich auf die übrigen Länder der Zehnergruppe mit Ausnahme Italiens, das sich von der Mitwirkung befreien ließ. [...] Für uns ist wichtig, daß die Gefahr erneuter Einfuhrkontrollen zunächst wieder einmal durch die Stützungsaktion gebannt zu sein scheint. Auch insofern ist die namhafte Beteiligung der Bundesbank an der Stützungsaktion zu begrüßen." Vgl. Referat 412, Bd. 109321.

5 Am 9. April 1975 beschlossen die OECD-Mitgliedstaaten die Einrichtung eines Finanziellen Beistandsfonds, mit dem Zahlungsbilanzmittel zum Ausgleich der durch die Erhöhung der Rohölpreise verursachten Defizite der Verbraucherstaaten zur Verfügung gestellt werden sollten. Vortragender Legationsrat Engels informierte dazu am 10. April 1975: „Die Grundidee geht auf Außenminister Kissinger zurück. Er hatte in seiner Chicagoer Rede (14.11.1974) vorgeschlagen, einen von den Ölländern unabhängigen währungspolitischen Stützungsmechanismus zu schaffen. Der Fonds wird seine Mittel nur in den beteiligten Ländern und nicht, wie bei den bestehenden Recycling-Instrumenten (Erdölfazilität des IWF, EG-Anleihe) direkt bei den Ölländern aufnehmen; entweder durch Rückgriff auf die Reserven der Mitgliedsländer oder durch Umverteilung der vornehmlich auf zahlungsbilanzstarke Staaten konzentrierten Rückflüsse von Ölgeldern (Reshuffling)." Der Beistandsfonds habe daneben auch eine politische Zweckbestimmung: „Er ist die währungspolitische Komponente der US-Strategie zum Aufbau einer gemeinsamen Haltung der westlichen Verbraucherländer im Blick auf den Erzeuger-Verbraucher-Dialog. Seine Bedeutung liegt darüber hinaus in der Absicherung der Verbraucherländer gegenüber dem Einsatz von Ölgeldern als politischem Druckmittel seitens der Erzeugerländer." Vgl. den Runderlaß Nr. 49; Referat 412, Bd. 105681. Vgl. dazu ferner AAPD 1975, I, Dok. 8.
Der Bundestag stimmte am 22. April 1976 dem Übereinkommen zu. Für den Wortlaut vgl. BUNDESGESETZBLATT 1976, II, S. 506–536.

6 Bundeskanzler Schmidt führte auf der Konferenz der Staats- und Regierungschefs aus sieben Industriestaaten in San Juan aus: „But I too am of the opinion that this does not mean we have entered the ‚El Dorado' of economic and financial bliss we perhaps long for occasionally. [...] After all, demand has still not risen evenly in all sectors; the upturn is still the result primarily of impulses

---

Nachfragebelebung noch stärker die private Investition erfassen müsse. Dies für die erforderliche Schaffung neuer Arbeitsplätze entscheidend. Das bedeutet gleichzeitig, daß zur Stärkung des Vertrauens der Investoren in einen anhaltenden Aufschwung weitere Fortschritte bei der Inflationsbekämpfung erzielt werden müssen. Hierfür kreditpolitische, haushaltspolitische, preispolitische und einkommenspolitische Disziplin notwendig. Abschließend kritische Ausführungen des BK zur Vielzahl internationaler Gremien und Treffen sowohl der IL untereinander als auch der IL mit EL gemeinsam. Zustimmung von Präsident *Ford*, der die lange Liste von BK noch als unvollständig empfindet.

PM *Callaghan* gruppiert seine Bemerkungen um drei Hauptaussagen:

aa) Die gegenwärtigen Wachstumsraten sind – auch in den führenden Ländern – nicht ungewöhnlich hoch.

bb) Die Inflationsraten sind zu hoch.

cc) Arbeitslosigkeit ist erheblich größer als in irgendeinem früheren Zyklus im gleichen Stadium des beginnenden Aufschwunges.

UK setze etwas andere Akzente als die in der Erholung weiter fortgeschrittenen Partner:

Arbeitslosigkeit als soziales Übel von in erster Linie politischer (Gefahr politischer Änderungen bei längerem Anhalten), nicht ökonomischer Bedeutung.

Hinweis auf „pay deal"[7]; Ende 1977 werden die Inflationsraten im UK einen Vergleich mit den Raten seiner Nachbarn aushalten.

Die Reduzierung der Arbeitslosigkeit ohne neue Inflation sei durch eine maximale Kooperation zwischen Regierung, Gewerkschaften und Arbeitgebern möglich: neuer sozialer Konsensus, wie er sich z.Zt. im UK entwickle. Zurückhaltung der Gewerkschaften Voraussetzung für Sicherung und Steigerung der Beschäftigung.

Warnung Callaghans: Wachstumsbeschleunigung gegenwärtig noch zu sehr auf Lagerinvestition gestützt; dies sei keine anhaltende Nachfragequelle. Fiskalische und monetäre Restriktion sei schon in der Pipeline.

Das von britischer Regierung angestrebte „export led growth" (Exporte plus 11 v.H. im 1. Quartal 1976) wäre bedroht, wenn die starken Volkswirtschaften überreagierten.

Zusammenarbeit der Zentralbanken war große Hilfe; Regierungschefs sollten ihre Instruktionen für diese Zusammenarbeit erneuern und bestärken, aber nicht öffentlich.

Auch MP *Moro* weist auf die Gefahren hin, wenn das Wachstum jetzt schnell abgebremst würde. Man brauche den Export in die starken Volkswirtschaften.

Fortsetzung Fußnote von Seite 967

emanating from private consumption and/or investment in stocks; fixed investment, which is essential for continued growth because it provides new jobs, is still playing too small a part in the upturn; the prospects of unemployment receding to a tolerable level and staying there are still not adequately assured; our final victory over inflation is not yet sealed; and, last but not least, the balance of payments of some important countries still shows an alarming disequilibrium." Vgl. Referat 412, Bd. 109323.

7 Zum „Lohnpakt" zwischen der britischen Regierung und dem Gewerkschaftsverband Trades Union Congress (TUC) vgl. Dok. 138, Anm. 2.

Außerdem sei ein Konsens der sozialen Gruppen nötig. Abwertung bringe nur neue Inflation.

MP *Miki* unterstreicht die Notwendigkeit eines anhaltenden, nicht nur kurzfristigen Aufschwunges. USA seien die wichtigste Lokomotive. (Die sieben versammelten Länder repräsentierten schätzungsweise 60 v. H. des Welt-BSP (einschl. Osten) und 50 v. H. des internationalen Handels.)

Im weiteren gibt Miki einen kurzen Überblick über die japanische Wirtschaftslage.

Im Wechselkursbereich solle man nur im Interesse von „orderly markets" intervenieren und habe man in Japan auch nur entsprechend dieser Zielsetzung interveniert. Das OECD-Sicherheitsnetz sei in Japan ratifiziert; Hoffnung, daß USA und andere folgen.

PM *Trudeau*: International synchronisierte Konjunktur und Politik mache Überreaktionen wahrscheinlicher. Man sei auf sichererem Grund, wenn die Zyklen nicht synchron verlaufen, was sie auch nicht tun müßten.

Sympathie für BKs Aufruf zur wirtschaftspolitischen Disziplin und Callaghans mehr philosophische Bemerkungen über die politischen Gefahren andauernder hoher Arbeitslosigkeit. Es gebe keine Gewähr, daß nicht gleichzeitig hohe Arbeitslosigkeit und hohe Preissteigerungsraten wiederkehren.

Die Demokratien seien zur Auseinandersetzung mit der „Revolution steigender Erwartungen und Ansprüche" gezwungen. Alle restriktiven Eingriffe hätten bisher nichts an dieser in den Demokratien vorhandenen Grunderwartung geändert. Die Öffentlichkeit müsse die Bedeutung von Faktoren wie Disziplin erst neu verstehen lernen; hierzu könne die Konferenz beitragen. Auch die öffentlichen Leistungen für Umwelt, Gesundheitsvorsorge etc. hätten ihren Preis und seien Einkommensbestandteile, ohne daß jemand bereit sei, sie als solche anzusehen.

Präsident *Ford* knüpft ebenfalls an die positive Entwicklung seit Rambouillet an.

Inflation habe selbst zur Rezession beigetragen. Bedeutung des Vertrauensfaktors. Man solle lieber eine zu vorsichtige (zurückhaltende) als eine zu unvorsichtige (expansionistische) Konjunkturpolitik treiben. Auch die Fiskalpolitik müsse vorausschauend handeln, damit nicht eine zu große Last eventueller Restriktionspolitik der Geldpolitik zugemutet werden müsse.

Die Prioritäten müßten besonders zugunsten der privaten Investition neu geordnet werden.

Der Hauptbeitrag der USA auch international liege darin, daheim stabile wirtschaftliche Bedingungen zu schaffen.

In der Zusammenfassung der Diskussion arbeitet *Giscard* die Nuancen in der wirtschaftspolitischen Bewertung der Lage heraus, die sich zwischen USA, Bundesrepublik, Frankreich und Japan mit schon vorangeschrittenem Aufschwung einerseits ergeben haben gegenüber UK und Italien, wo noch größere Zweifel daran bestehen, daß der Aufschwung und damit steigende Beschäftigung gesichert sind. In der gegenwärtigen Lage vertrügen sich jedoch die Senkung der Preissteigerungsraten und die Steigerung der Beschäftigung miteinander.

Wichtig sei ferner, daß die Zahlungsbilanzdefizite, auch bei hier nicht vertretenen Ländern, nicht dadurch zu einer Wachstumsbremse für die Weltwirtschaft
würden, daß ihre Finanzierung auf Schwierigkeiten stoße.

Bundeskanzler betont – auch im Hinblick auf das Kommuniqué[8] und unterstützt durch Trudeau – noch einmal die Bedeutung des Vertrauens, das wie
von Rambouillet auch von Puerto Rico ausgehen müsse. Auch UK und Italien
könnten sich darauf verlassen, daß sie von den im Aufschwung vorne liegenden
Volkswirtschaften positiv beeinflußt würden.

BK warnt aber gleichzeitig noch einmal vor der Schaffung zusätzlicher monetärer Nachfrage – auch durch internationale Hilfsaktionen, Beispiel: „Super-
tranche" – ohne Rücksicht auf die wirtschaftspolitische Disziplin, den wirtschaftspolitischen Sanierungswillen (Italien, UK) und die physische Absorptionsfähigkeit für eine gesteigerte monetäre Nachfrage (Beispiele für das letzte:
Saudi-Arabien und Iran[9]).

Healey nimmt einige dieser Gedanken auf und betont vor allem, daß britische
Regierung entschlossen ist, Steigerungsrate der öffentlichen Ausgaben unterhalb der GDP[10]-Wachstumsrate zu halten.

b) Zahlungsbilanzprobleme:

Einführung erfolgt durch Präsident *Ford*, der insbesondere an die

– Beschlüsse von Jamaika[11],

– die in Rambouillet vereinbarten und seitdem praktizierten Konsultationen
erinnert

sowie den „Swing" der US-Leistungsbilanz von 1975 auf 1976 in der Größenordnung von 15 Mrd. Dollar darstellt.

Sodann erwähnt Ford die Möglichkeit zusätzlicher IMF-Ziehungen im Rahmen
der Supertranche für Länder mit besonderem Bedarf und nach Erschöpfung
privater Kreditquellen. Die Inanspruchnahme dieser Mittel sei an die Konditionen geldpolitischer und fiskalpolitischer Disziplin zu binden. Refinanzierung
des IMF durch Aktivierung der „General Arrangements to Borrow"[12].

MP *Moro* betont, man müsse wissen, wie Zahlungsbilanzdefizite finanziert würden, und darüber diskutieren. Erwähnung des OECD-Sicherheitsnetzes. Im
übrigen: Man kann sich nicht auf flexiblen Wechselkurs allein verlassen; dies
wäre eine zu idealistische Sicht wegen der Rückwirkung auf die Handelsströ-
me (vorher hatte er schon die inflatorische Wirkung von Abwertungen hervorgehoben). Finanzierung der Defizite bedeute natürlich nicht Verzicht auf in-

---

8 Für den Wortlaut des Kommuniqués der Konferenz der Staats- und Regierungschefs aus sieben Industriestaaten am 27./28. Juni 1976 in San Juan vgl. EUROPA-ARCHIV 1976, D 425–428.
9 Vgl. dazu die Preisentwicklung in Saudi-Arabien und im Iran; Dok. 164, Anm. 22 und 23.
10 Gross Domestic Product.
11 Zur Tagung des Interimsausschusses des Gouverneursrats des IWF am 7./8. Januar 1976 in Kingston
vgl. Dok. 5.
12 Die 1962 eingeführten „General Arrangements to Borrow" (GAB) ermöglichten es dem Internationalen Währungsfond, bei Bedarf zusätzlich zu den bestehenden Ziehungsrechten Finanzmittel bei
den elf an den GAB mitwirkenden Zentralbanken (Belgien, Bundesrepublik, Frankreich, Großbritannien, Italien, Japan, Kanada, die Niederlande, Schweden, die Schweiz und die USA) unter bestimmten Bedingungen aufzunehmen und den Mitgliedstaaten zur Verfügung zu stellen.

terne Maßnahmen zur Herbeiführung des Zahlungsbilanzgleichgewichts. „Jeder muß seine Pflicht tun."

In der weiteren Aussprache zu diesem Punkt, an der sich Macdonald, Ford, Simon und Bundeskanzler beteiligen, wird die Notwendigkeit strenger Konditionalität im Falle von Zahlungsbilanzkrediten unterstrichen, durch die man im übrigen den betroffenen Regierungen zu Hause den Rücken stärke.

Giscard legt Wert darauf, daß man sich jetzt in bezug auf die Technik von Hilfsmaßnahmen für Italien nicht festlegt; vor allem möchte er keinen IMF-Mechanismus nutzen, der von präjudizieller Bedeutung für die Entwicklungsländer ist.

In den letzten 20 Minuten der ersten Sitzung werden Handelsfragen andiskutiert, insbesondere aus dem Bereich des Ost-West-Handels.

Bundeskanzler weist einleitend auf die zunehmende Bedeutung von Importen aus dem Westen für die russische Nahrungsmittelversorgung sowie auf die sprunghaft angestiegene Verschuldung der COMECON-Länder („Ende 1976 schätzungsweise $ 40 Mrd.") hin, die ohne Staatsgarantien nicht zustande gekommen wären. Der Nettokapitalimport sei eines der Motive der sowjetischen Entspannungspolitik. Rolle des COMECON im Welthandel sei nie so schnell gewachsen wie in den letzten fünf Jahren. SU mache die Erfahrung, daß sie auch nicht autark sei. Frage, wie der Westen seine Leistungen mit sowjetischen Gegenleistungen verbinden könne.

BK wirft auch die Frage auf, wieviel „Ressourcentransfer" von West nach Ost kompatibel ist mit dem Ressourcentransfer im Rahmen der Entwicklungshilfe.

Die von BK an *Ford* gerichtete Frage nach neueren Informationen über sowjetischen Nahrungsmittel-Importbedarf beantwortet dieser damit, daß ihm über die abgeschlossenen Getreideverträge[13] hinaus keine spezifischen Informationen über die sowjetischen Absichten vorliegen. Die Winterweizen-Ernte der SU mag nicht besonders gut ausfallen, aber Sommerweizen sei voraussichtlich normal.[14]

Callaghan hegt keinerlei Zweifel an der Bonität der Kredite an die Staatshandelsländer.

---

13 Zum Abkommen vom 20. Oktober 1975 zwischen den USA und der UdSSR über Getreidelieferungen vgl. Dok. 80, Anm. 5.
14 Zur Lage der sowjetischen Landwirtschaft vgl. Dok. 96, Anm. 13.
Zu den Ernteaussichten in der UdSSR informierte Botschafter Sahm, Moskau, am 8. Juli 1976: „Die starken Regenfälle im Mai und Juni d. J. haben in der UdSSR zu geringeren Schäden am Getreide geführt, als ursprünglich angenommen. [...] Bei Getreide ist aufgrund des derzeitigen Standes noch immer mit einer Ernte von 190 [Mio.] t zu rechnen. Die Getreideernte hat im Süden des Landes begonnen, und vor allem aus dem Kubangebiet werden gute Erträge gemeldet. Wegen ungenügender Winterfeuchtigkeit ist jedoch in Kasachstan mit einer schlechten Ernte zu rechnen. Auch in einigen Teilen Sibiriens sind die Voraussetzungen ungünstig." Vgl. den Drahtbericht Nr. 2492; Referat 421, Bd. 117681.
Am 28. Oktober 1976 meldete Sahm, daß voraussichtlich mit einer Gesamternte in Höhe von 222 Mio. t zu rechnen sei. Dies sei u. a. darauf zurückzuführen, daß die kalte Witterung im Frühjahr und Frühsommer durch sommerliches Wetter im September kompensiert worden sei und der Landwirtschaft in diesem Jahr mehr Erntetechnik zur Verfügung gestanden habe: „Die Sowjetarmee hat in großem Umfang mit Arbeitskräften und Lastwagen bei der Erntebergung geholfen." Vgl. den Schriftbericht Nr. 5262; Referat 421, Bd. 117681.

Giscard bemerkt zum Thema Protektionismus, daß die amerikanischen Maßnahmen auf diesem Gebiet in Europa sehr spürbar seien; die Absprachen von Rambouillet müßten auch von den USA respektiert werden, wie dies z. B. das UK tue.

Zweite Sitzung:

a) Internationaler Handel und Investitionen

MP *Miki* eröffnet die Sitzung mit einem Rückblick auf Rambouillet, wo man außer der Koordinierung der Konjunkturpolitik gegen Protektionismus und als Beweis für die Zusammenarbeit unter den IL für die Beendigung der MTN[15] im Laufe des Jahres 1977 Stellung genommen habe.[16]

Die Atmosphäre der Verhandlungen in Genf sei indessen nicht zufriedenstellend. Ohne in die Details zu gehen, unterstreicht Miki die außerordentlich große Verantwortung der sieben Industrieländer, von denen das Ergebnis abhänge.

Zum Thema der internationalen Investitionen begrüßt er die entsprechende Erklärung des OECD-Ministerrates vom 21./22. Juni 1976.[17] Wesentlich sei der Schutz dieser Investitionen durch die Gastländer.

Präsident *Ford* weist auf die Notwendigkeit hin

– die institutionellen Strukturen des Welthandelssystems zu verbessern,

– Fortschritte bei den Verhandlungen über die Zollformel nicht zu verzögern,

– die Zölle maximal zu senken,

– ein zunehmend offeneres Handelssystem zu schaffen.

Für MP *Moro* ist wichtig, durch erfolgreiche MTN-Verhandlungen den Forderungen nach protektionistischen Maßnahmen Wind aus den Segeln zu nehmen.

---

[15] Multilateral Trade Negotiations.
Vom 12. bis 14. September 1973 fand in Tokio die Ministerkonferenz zur Eröffnung der 7. GATT-Verhandlungsrunde statt. Die Verhandlungen wurden am 11. Februar 1975 aufgenommen, nachdem die amerikanische Regierung mit dem am 20. Dezember 1974 verabschiedeten „Trade Act of 1974" und der EG-Ministerrat mit Beschluß vom 10. Februar 1975 entsprechende Verhandlungsvollmachten erteilt hatten. Über den Stand der Verhandlungen, an denen 91 Industrie-, Entwicklungs- und Staatshandelsländer teilnahmen, führte Vortragender Legationsrat I. Klasse Freitag am 6. April 1976 aus: „Während in den vorangegangenen sechs GATT-Runden vornehmlich über den Abbau von Zöllen im gewerblichen Bereich verhandelt wurde, werden jetzt erstmalig nichttarifäre Handelsbeschränkungen, die Landwirtschaft und Schutzklauselfragen in vollem Umfang in die GATT-Verhandlungen einbezogen. [...] Ergebnisse konnten noch nicht erzielt werden, doch ist in den Verhandlungsgruppen bereits gute Arbeit geleistet worden, durch welche die Basis für eine Einigung in allen Bereichen geschaffen wurde. Der durch Rohstoff-, Beschäftigungs- und Währungsprobleme verstärkten Neigung einzelner Staaten zu protektionistischen Alleingängen wurde damit entgegengewirkt. [...] Angesichts des Umfangs der Verhandlungen muß jedoch bezweifelt werden, daß das in Rambouillet verkündete Ziel, die GATT-Runde bis Ende 1977 abschließen zu wollen, verwirklicht werden kann." Vgl. den Schrifterlaß; B 201 (Referat 411), Bd. 614.

[16] Vgl. dazu Ziffer 9 der Gemeinsamen Erklärung der Konferenz der Staats- und Regierungschefs aus sechs Industriestaaten vom 15. bis 17. November 1975 auf Schloß Rambouillet; EUROPA-ARCHIV 1975, D 667 f.

[17] Die OECD-Ministerratstagung in Paris beschloß eine „Erklärung über Leitsätze für multinationale Unternehmen, Inländerbehandlung, Maßnahmen zur Förderung oder Abwehr internationaler Investitionen sowie für die Konsultations- und Überprüfungsverfahren im Zusammenhang mit diesen Fragen". Ferner wurden drei Beschlüsse über die Festlegung der erforderlichen Verfahren für zwischenstaatliche Konsultationen auf diesen Gebieten gefaßt. Vgl. Ziffer 6 des Kommuniqués; EUROPA-ARCHIV 1976, D 460 f.

Die italienischen Notmaßnahmen (Bardepot[18]) erklärt er aus der Zielsetzung heraus, den Lira-Kurs zu stabilisieren und die interne Liquidität einzuschränken.

Präsident *Ford* lenkt das Gespräch auf das Thema der internationalen Investitionen, ebenfalls in Anknüpfung an die OECD-Vorschläge:

Freiheit der Kapitalströme; Vermeidung von Regierungsmaßnahmen, die den Kapitalverkehr „verzerren"; Vertrauen sei durch Bestechungen untergraben worden; daher kollektive Gegen-Aktion im Rahmen der UNO.

Die amerikanische Administration habe dem Kongreß innerstaatlich bereits Gesetzentwurf vorgelegt, der bei der Einstellung des Kongresses in dieser Frage möglicherweise noch durch Strafmaßnahmen verschärft werde.

PM *Trudeau* äußert Zweifel, daß ein Kapitaleinfuhrland (gleichgültig, ob IL oder EL) auf die Kontrolle über die vom Ausland vorgenommenen Investitionen verzichten könne.

Hinsichtlich eventueller internationaler Absprachen gegen Bestechung gelten seine Zweifel

– den Realisierungschancen und der Wirksamkeit,

– der Möglichkeit, auch die EL einzubeziehen,

– dem Gedanken, die eigene Moral zum Exportartikel zu machen.

Präsident *Ford* ist der Ansicht, daß durch ein entsprechendes Vorgehen der IL der Zugzwang auch für die EL zunimmt. Er läßt ferner erkennen, daß er bei einseitigen Maßnahmen der USA allein nachteilige Auswirkungen auf die internationalen Wettbewerbsstellung amerikanischer Firmen erwartet.

b) Ost-West-Wirtschaftsbeziehungen

In Fortführung des am Vorabend zu diesem Thema bereits begonnenen Gesprächs bringt PM *Callaghan* die Kreditfrage auf die Formel, daß die COMECON-Kredite der Bundesrepublik stärker durch die Ostpolitik motiviert seien, während sie bei den übrigen ebenfalls stark involvierten Staaten – USA, Frankreich, UK – hauptsächlich kommerziell begründet seien. Freilich sei es sinnlos, daß es hierbei zu einer Konkurrenz unter den westlichen Staaten gekommen sei. Hinweis auf das erreichte Agreement über Exportkreditbedingungen.[19]

Man müsse die Entwicklung der Kredit- und Handelspolitik gegenüber dem Osten sehr genau beobachten. Zustimmung zu den Bemerkungen von BK vom Vortage. Direkter Bezug dieser Fragen zur Ostpolitik schon wegen des Zusammenhangs mit sowjetischen Rüstungsausgaben (11–12 v. H. des BSP), die durch die westliche Kreditgewährung erleichtert werden.

---

18 Zur Wiedereinführung des Bardepots in Italien zum 6. Mai 1976 vgl. Dok. 201, Anm. 3.

19 Aufgrund der Ziffer 10 der Erklärung der Konferenz der Staats- und Regierungschefs vom 15. bis 17. November 1975 auf Schloß Rambouillet wurde in der Folgezeit über einheitliche Regeln bei der Vergabe von Exportkrediten verhandelt. Am 6. Februar 1976 informierte Vortragender Legationsrat Heinichen, daß sich eine Einigung abzeichne hinsichtlich der entsprechend dem Bruttosozialprodukt der Empfängerstaaten gestaffelten Zinshöhe (7,0 %, 7,5 % und 8 %) und der Laufzeiten (8 1/2 bzw. 10 Jahre) sowie der Höhe der Anzahlungen (mindestens 15 %) und der Hilfskredite. Militärische Güter und diejenigen Bereiche, in denen Sektorenabkommen abgeschlossen worden seien – z. B. Schiffe, Flugzeuge und Kernkraftwerke – sollten von der Kreditvergabe ausgeschlossen sein. Vgl. dazu den Schrifterlaß; Referat 214, Bd. 116647.

Bundeskanzler stellt klar, daß er nicht einer Einschränkung der Kreditgewährung das Wort reden wolle, sondern folgende Punkte für ihn im Vordergrund stehen:

aa) Sind die COMECON-Länder zuverlässige Schuldner? Und wie lange bleiben sie es bei möglicherweise größer werdenden Schwierigkeiten in Ländern wie Polen und Rumänien?

bb) Abwägung unserer Leistungen im Ost-West-Verhältnis vs. Nord-Süd-Politik.

cc) Harmonisierung der Kreditkonditionen innerhalb des Westens gegenüber dem Osten!

dd) Wie verhält sich der kurzfristige Beschäftigungsvorteil zusätzlicher Exporte in die COMECON-Länder zu den langfristigen Wirkungen der zusätzlichen Geschäfte. Zahlen sie sich auch politisch für uns aus?

Unter Hinweis auf frühere Verhandlungen mit Kossygin stellt *Giscard d'Estaing* dar, daß vor einigen Jahren ein defizitärer Westhandel mit entsprechender Kreditaufnahme der sowjetischen Doktrin noch widersprochen habe.

Beim gegenwärtigen Umfang des Handels und der Kreditgewährung besäßen diese Fragen jetzt politische Bedeutung.

Den begonnenen Fortschritt bei der Harmonisierung der Kreditbedingungen solle man fortführen, Frankreich wolle sich hieran beteiligen.

Auch *Kissinger* ist der Ansicht, daß die Nord-Süd-Politik unter dem Gesichtspunkt der Beanspruchung ökonomischer Ressourcen des Westens mit der Ost-West-Politik abgestimmt werden muß.

Der direkte außenpolitische Gebrauch der Wirtschaftsbeziehungen mit dem Osten sei indessen keine Antwort auf die Frage. Es gebe eher einen allgemeinen Zusammenhang zwischen dem wirtschaftlichen und dem außenpolitischen Bereich, keinen direkten: klarmachen, daß wirtschaftliches Entgegenkommen an Aufrechterhaltung einer bestimmten politischen Atmosphäre gebunden ist.

Die US-Regierung werde durch den Kongreß an einem größeren Handlungsspielraum gehindert.

Von den Ausführungen MP *Moros* ist sein Hinweis auf die Erwünschtheit einer „multilateralisation of financial instruments" im Ost-West-Handel festzuhalten, der allerdings nicht weiter vertieft wird.

MP *Miki*: Der japanische Osthandel (einschl. China) macht 10 v. H. des gesamten Außenhandels (1975) aus. Die anstehenden Kredite gegenüber der SU beliefen sich auf etwas unter 0,5 Mrd. Dollar.

Auch Miki spricht sich gegen Wettbewerb im Bereich der Kreditbedingungen und für mehr gegenseitige Information aus.

Bundeskanzler schlägt vor, im Kommuniqué die SU durch einen entsprechenden Hinweis erkennen zu lassen, daß sich der Westen der strategischen Implikationen der Ost-West-Wirtschaftsfragen bewußt ist.

Ein Satz, der auf die in den letzten fünf Jahren sehr schnell gestiegene Rolle der COMECON-Länder als Kreditnehmer und Importeure westlicher Anlagen,

Technologie und Nahrungsmittel hinweist, findet allgemeine Zustimmung.[20] Die Ansichten gehen auseinander, ob man auch einen Satz über die daraus folgende Mitverantwortung der SU und des COMECON für die Funktionsfähigkeit der Weltwirtschaft und insbesondere für das ökonomische Schicksal der Entwicklungsländer in das zu veröffentlichende Kommuniqué aufnehmen soll.

Aufgrund vor allem durch Callaghan, Kissinger und Giscard geäußerter Skepsis soll hierauf verzichtet werden.

Unter den IL soll aber die Frage weiter geprüft werden, welche politischen und strategischen Schlußfolgerungen aus den steigenden wirtschaftlichen Leistungen des Westens für den Osten zu ziehen sind und ob die COMECON-Länder vom Westen stärker auf ihre weltweiten wirtschaftlichen Verpflichtungen (besonders gegenüber den EL, denen sie sich bisher insbesondere als Waffenlieferanten anbieten) hingewiesen werden sollen.

Als Ort dieser Diskussion käme z. B. die OECD in Frage.

Dritte Sitzung:

a) Nord-Süd-Dialog:

Bundeskanzler-Einführung folgt voll dem hierzu vorbereiteten Sprechzettel in der dritten Version einschließlich zusätzlich für eine zweite Intervention vorbereitetem Statement (vgl. Anlage 1 zu dieser Aufzeichnung[21]). Er erinnert

---

20 In der Gemeinsamen Erklärung über die Konferenz am 27./28. Juni 1976 in San Juan führten die Staats- und Regierungschefs aus sieben Industriestaaten aus: „Wir erörterten die Wirtschaftsbeziehungen zwischen Ost und West. In diesem Zusammenhang begrüßten wir das stetige Anwachsen des Ost-West-Handels und sprachen die Hoffnung aus, daß die Wirtschaftsbeziehungen zwischen Ost und West ihre vollen Möglichkeiten auf einer soliden finanziellen Grundlage und auf der Basis kommerzieller Gegenseitigkeit entfalten. Wir waren übereinstimmend der Auffassung, daß dieser Prozeß unsere sorgfältige Prüfung sowie Bemühungen unsererseits verdient, um zu gewährleisten, daß diese Wirtschaftsverbindungen die Ost-West-Beziehungen in ihrer Gesamtheit fördern." Vgl. EUROPA-ARCHIV 1976, D 427 f.

21 Dem Vorgang nicht beigefügt.
Bundeskanzler Schmidt führte auf der Konferenz der Staats- und Regierungschefs aus sieben Industriestaaten am 27./28. Juni 1976 in San Juan aus, daß außer der Zusammenarbeit der Industriestaaten und den Ost-West-Beziehungen auch die Beziehungen zu den Entwicklungsländern eine größere Aufmerksamkeit verdienten. Er wies darauf hin, daß künftig auch die Staaten des COMECON stärker in die Hilfe für die Dritte Welt einbezogen werden müßten. Der Schlüssel zum Aufbau einer neuen Weltwirtschaftsordnung liege allerdings bei den Industriestaaten: „From my point of view I would like to see the emphasis placed on the following guidelines: a) Even with the current economic upswing we have not finally overcome the dangers that threaten the structure of the world economy. For this we need a long-term concept. b) It is in our special interest as industrial countries to ensure that the north-south relationship and the world economy are not disturbed by eruptive developments, and that co-operation is placed on a lasting basis. c) We should keep interferences with market mechanisms to a minimum. Our aim must be to ensure the viability and the productive capacity of the world economy in the interest of all nations. d) We industrial countries should wherever possible work out a common position. Only thus will our approach be credible to the developing countries. The main problems in the dialogue with the developing countries are the transfer of resources, the debt problem, and above all, commodities. As regards the transfer of resources, the industrial countries should declare that they are willing to try and increase their official contributions in order to foster the economic improvement of the developing countries. As to the question of indebtedness, we must stress that we are willing to devote greater attention to the debt burden of many developing countries. In this respect the resolutions adopted in Nairobi point the way for future work within, inter alia, the C[onference on]I[nternational]E[conomic]C[ooperation]." Zur Rohstoff-Frage führte Schmidt aus: „The Federal government has promised to play an active part in examining all proposed commodities as to their suitability for agreements. However, we still seriously doubt whether such a large number of agreements would really be in the well-understood interests of producer and consumer countries." Vgl. Referat 412, Bd. 109323.

dabei auch erneut an den Vorschlag der Erlösstabilisierung.[22] Im Verlauf seiner Ausführungen läßt BK außerdem Auszug aus dem Rohstoff-Raster verteilen (vgl. Anlage 2[23]), anhand dessen er die geringen Wirkungen von Rohstoffabkommen für einen Großteil der EL und ihre einige IL stark begünstigenden Effekte demonstriert. Er äußert die Überzeugung, daß eine weitere Analyse der von ihm aufgeworfenen Fragen die Standpunkte der IL einander näher bringen wird.

Zur Erarbeitung und besseren Koordinierung der IL-Position schlägt BK Arbeitsgruppe am Rande der KIWZ vor, deren Teilnehmer auch aus von in Puerto Rico nicht vertretenen (EG-)Ländern kommen müßten. – Dieser Vorschlag wird von mehreren Rednern im folgenden positiv aufgenommen.

Präsident *Giscard* stellt als Gegenbehauptung auf, daß die Zahlen des Rasters nicht die richtigen Wirkungen eventueller Abkommen zeigen, weil

– es nur um den Ausgleich von Preisfluktuationen („Preisstabilisierung irgendwo in der Mitte") gehe, nicht um Preiserhöhung;

– die sich auf 1972 beziehenden Zahlen zwei Jahre später ganz anders aussehen könnten.

Bundeskanzler bleibt dabei, daß die Zahlen zeigen, wem Mehrerlöse aufgrund von Rohstoffabkommen zugute kommen und in welchem ungefähren relativen Umfang. Er räumt ein, daß man statt der Zahlen eines Jahres z. B. einen Fünfjahres-Durchschnitt zugrunde legen könne.

Präsident *Ford* spricht von „selektivem Vorgehen", um die Hilfe richtig gezielt wirksam werden zu lassen.

Die Politik gegenüber den EL müsse auch deren Zugang zur Fertigwarenproduktion einschließen und andere Maßnahmen. USA seien nicht auf ein bestimmtes Ergebnis in diesen Fragen festgelegt. Sie seien aber gegen Bufferstocks. Man bedaure, daß der Vorschlag der Rohstoffbank (als Garantieinstrument gegen politische Risiken), die auch zur Diversifizierung in den EL beitragen könne, in Nairobi nicht mehr Resonanz gefunden habe.[24] Man werde den Vorschlag jedoch weiterverfolgen.

AM *Rumor* plädiert für ein sorgfältiges Überdenken der vorgelegten deutschen Zahlen.

PM *Callaghan* erinnert an den Ausgangspunkt der Rohstoffdiskussion: Hilfe für die armen EL. Dieses Ziel dürfe man nicht aus den Augen verlieren. Er drückt seine Überzeugung aus, daß die „77" nicht auseinanderdividiert werden können.

Man solle die Rohstoffe sich ansehen und ein entsprechendes Angebot machen, ohne den Marktmechanismus anzugreifen.

[22] Zum Modell der Erlösstabilisierung sowie zum Vorschlag der Schaffung eines gemeinsamen Finanzierungsinstruments im Rohstoffsektor vgl. Dok. 5, Anm. 8, und Dok. 201, Anm. 11, 12 und 14.

[23] Dem Vorgang nicht beigefügt.

[24] Zum amerikanischen Vorschlag der Schaffung einer Internationalen Rohstoffbank vgl. Dok. 173, besonders Anm. 7.
Die USA legten während der vierten Sitzungsperiode der Kommissionen im Rahmen der KIWZ vom 9. bis 15. Juni 1976 in Paris einen weiteren Vorschlag für eine Internationale Rohstoffbank vor. Für den Wortlaut des Vorschlags vgl. EUROPA-ARCHIV 1976, D 421–423.

Die Hauptsache sei eine „gute philosophische Basis", der Rest sei Sache der Experten.

MacEachen für Kanada und als Co-Chairman der CIEC[25] spricht über die Notwendigkeit von Fortschritten beim Pariser Dialog[26], der von seiner analytischen Phase jetzt in die aktionsorientierte Phase komme. Die IL sollten sich auf die wichtigen Bereiche konzentrieren, auf eine entsprechende Tagesordnung einigen und klarmachen, wo sie im einzelnen stehen. Noch immer seien die EL nicht ganz überzeugt, daß die IL mit dem Dialog es wirklich ernst und ehrlich meinen.

Für die Vorbereitung positiver Vorschläge der IL sei es daher höchste Zeit. Bisher habe man auf die Manila-Erklärung[27] in erster Linie negativ reagiert. Als positive Beispiele ragten bisher nur der US-Vorschlag der Ressourcenbank sowie die interessanten Ausführungen von Fourcade in Nairobi über den Common Fund[28] hervor.

Es müsse möglich sein, wie auch von BK angeregt, sich zur Abstimmung positiver Vorschläge zusammenzusetzen.

MP *Miki* fordert im gleichen Sinn zu positiven und praktischen eigenen Vorschlägen der IL auf. US-Vorschlag der Ressourcenbank sei wohl nicht gleich voll verstanden worden. Man solle daraus die Lehre ziehen, Vorschläge der IL vorher untereinander zu konsultieren.

Hinsichtlich des Funktionierens eines Common Fund habe er Zweifel, so verständlich der Wunsch der EL in bezug auf die Stabilisierung der Rohstoffpreise sei.

Auch Japan wolle mehr an praktischen Vorschlägen arbeiten, Rohstoff für Rohstoff.

[25] Conference on International Economic Cooperation (KIWZ).

[26] Zur KIWZ vgl. Dok. 175, Anm. 16.

[27] Zur Erklärung und zum Aktionsprogramm der „Gruppe der 77" vgl. Dok. 155, Anm. 6.

[28] Der französische Finanzminister Fourcade führte auf der IV. UNCTAD-Konferenz am 6. Mai 1976 in Nairobi aus, daß die wichtigsten Ziele von Rohstoffabkommen die Vermeidung hoher Preisschwankungen und ein langfristiges Gleichgewicht zwischen Angebot und Nachfrage seien. Die Schaffung von Rohstofflagern stelle hierfür das beste Regulierungsinstrument dar: „The French Government's basic position was that such stocks should be financed jointly by producers and consumers within the framework of each agreement. Those arrangements, moreover, could be strengthened by the participation of certain international organizations, such as the World Bank or IMF or any other organization functioning under their aegis. There was talk of establishing a single fund, independently of the signing of any commodity agreement. He feared that if the establishment of such a fund was aimed at from the outset, the Conference would be led to focus all its efforts on the financial discussions and neglect to establish what remained the essence of the integrated programme for commodities. He was opposed to a theoretical approach to that question, however, and favoured a pragmatic approach which could lead to some form of progressive and common financial organization embracing the various commodity agreements. It might prove desirable, in the light of experience, to set up a central fund either to facilitate transfers and equalization between the different individual funds, or to supplement the contributions made by participants in the agreements in order to meet particular situations. Such a central fund could be financed from any surpluses of the other individual commodity funds and also by contributions from certain international organizations, in particular the World Bank. The establishment of such a fund could be envisaged in the light of the progress made in the conclusion and operation of a sufficient number of individual agreements." Vgl. PROCEEDINGS OF THE UNITED NATIONS CONFERENCE ON TRADE AND DEVELOPMENT, Bd. II, S. 41.

Man solle für die Nicht-Öl-EL gewisse Prioritäten setzen bei der Verbesserung der Versorgung mit bisher knappen Nahrungsmitteln. In diesem Zusammenhang ruft Miki zur weiteren Dotierung des asiatischen Entwicklungsfonds auf.

Abschließend meldet er den Wunsch an, ein eventuelles R III[29], wenn es stattfindet, in Japan zu haben.

b) Energie

MP *Trudeau* weist einleitend darauf hin, daß die schlimmsten energiepolitischen Voraussagen nicht wahr geworden seien. Unser System habe sich als zäher denn erwartet erwiesen.

Kooperation sei unverändert wichtig; auch im außenpolitischen Bereich zur Sicherung des Friedens im Nahen Osten. Gleichzeitig müsse man auf größere Energie-Unabhängigkeit hinarbeiten, unter Einschluß der Entwicklung von Substituten für Erdöl.

– Der Wille der Öffentlichkeit zur Energieeinsparung sei schnell wieder erlahmt und gegenwärtig (noch) nicht vorhanden.

– Ohne die Alternative der Kernenergie sei der Weltfriede bei einem Erdöl-Boykott noch mehr in Gefahr. Gleichzeitig gingen aber von der Kernenergie und der Proliferation der Kerntechnik Gefahren für den Weltfrieden aus.

– Die EL verstünden nicht, daß die IL über diese Proliferationsgefahren ernsthaft besorgt seien. Sie mißverstünden die Vorsichtsmaßnahmen der IL in diesem Bereich als Ausdruck ihres Willens, ihr Kernenergie-Monopol zu schützen.

– In einer Demokratie müsse die Regierung die Bevölkerung hinter sich haben. Hier sei noch viel Aufklärungs- und Überzeugungsarbeit nötig, damit die Zusammenhänge begriffen würden.

Nach ähnlichen Äußerungen von MP Miki und MP Moro drängt PM *Callaghan* auf eine baldige Entscheidung in Sachen „JET“.[30] Außerdem berichtet er über Stand und weitere Aussichten der britischen Erdölversorgung aus der Nordsee, die planmäßig voranschreite, bereits jetzt die Zahlungsbilanz erheblich entlaste und in wenigen Jahren dazu führen werde, daß der britische Ölverbrauch die Weltenergiebilanz nicht mehr belaste.[31]

In deutlichem Kontrast zu den Zuversicht ausstrahlenden Bemerkungen von Callaghan beklagt Präsident *Ford* die geringen Fortschritte der amerikanischen Energiepolitik, für die er einen in seiner Konzeption unklaren Kongreß verantwortlich macht. Die Einfuhrabhängigkeit der USA, die vor dem Embar-

---

[29] Rambouillet III.

[30] Zum geplanten Bau der Versuchsanlage JET (Joint European Torus) vgl. Dok. 50, Anm. 16.

[31] Am 29. April 1976 veröffentlichte die britische Regierung neue Schätzungen zur Produktion von Erdöl aus der Nordsee. Dazu wurde in der Presse berichtet, daß die Zahlen zwar nach unten hätten korrigiert werden müssen; das Ziel der Selbstversorgung Großbritanniens mit Nordsee-Öl bis zum Jahr 1980 sei aber weiterhin erreichbar. Für 1976 werde eine Fördermenge von 15 bis 20 Mio. t erwartet; dies entspreche einer Entlastung der britischen Zahlungsbilanz in Höhe von 900 Mio. Pfund Sterling. 1977 werde die Produktion voraussichtlich 35 bis 45 Mio. t, 1978 55 bis 70 Mio. t, 1979 75 bis 95 Mio. t und 1980 95 bis 115 Mio. t betragen. Vgl. dazu den Artikel „North Sea oil output estimates downgraded by Government“; THE TIMES vom 30. April 1976, S. 21.

go im Jahr 1973³² 30 bis 34 v. H. betragen habe, belaufe sich gegenwärtig auf ca. 40 v. H. und werde mit anhaltender wirtschaftlicher Prosperität weiter ansteigen.

Der Schluß der dritten Sitzung ist der Schluß-Redaktion der Gemeinsamen Erklärung gewidmet.

VS-Bd. 14066 (010)

209

Aufzeichnung des
Vortragenden Legationsrats I. Klasse Lücking

210-530.36-1590/76 VS-vertraulich   **29. Juni 1976**[1]

Betr.: Tätigwerden des Generalbundesanwalts in Berlin (West)[2]
hier: Stand der Konsultationen in der Bonner Vierergruppe

I. Nachdem MD Dr. Schneider (BMJ) in der Sitzung der Vierergruppe vom 26. Mai 1976[3] den Drei Mächten bis in die Einzelheiten hinein die Rechtslage erläutert hatte und dabei zu dem Ergebnis gekommen war, daß der Generalbundesanwalt[4] praktisch keine andere Möglichkeit habe, als die Anklage selbst in Berlin (West) zu erheben, sowie daß die Bundesregierung praktisch keine Möglichkeit habe, ihn anzuweisen, dennoch von einer Anklageerhebung in Berlin

---

32 Am 17. Oktober 1973 beschlossen die OAPEC-Mitgliedstaaten eine Erhöhung der Preise für Rohöl um 17 % sowie eine Beschränkung ihrer Ölproduktion. Zwischen dem 18. und dem 30. Oktober 1973 beschlossen mehrere arabische Staaten, kein Erdöl mehr in die Niederlande zu liefern. Vgl. dazu AAPD 1973, III, Dok. 345.
Am 18. Oktober 1973 gab Abu Dhabi den Stopp von Öllieferungen in die USA bekannt; Saudi-Arabien kündigte diesen Schritt für den Fall an, daß die USA ihre Haltung zum Nahost-Krieg nicht änderten. Am 19. Oktober 1973 beschloß Libyen ein Verbot für Ölexporte in die USA, dem sich Algerien, Bahrain, Dubai, Katar und Kuwait am 21. Oktober 1973 anschlossen. Vgl. dazu den Artikel „8 Arab States Joining in Oil Boycott of U.S."; INTERNATIONAL HERALD TRIBUNE vom 22. Oktober 1973, S. 1.
Am 5. November 1973 vereinbarten die OAPEC-Mitgliedstaaten mit Ausnahme des Irak eine Drosselung ihrer Erdölförderung im November um 25 % gegenüber dem September und kündigten eine weitere Drosselung an. Am 22./23. Dezember 1973 beschlossen die am Persischen Golf gelegenen OPEC-Mitgliedstaaten in Teheran zudem eine Erhöhung des Preises von 5,09 auf 11,60 Dollar pro Barrel. In den folgenden Tagen erhöhten weitere OPEC-Mitgliedstaaten die Rohölpreise. Vgl. dazu EUROPA-ARCHIV 1973, Z 254, bzw. EUROPA-ARCHIV 1974, Z 23.

1 Die Aufzeichnung wurde von Vortragendem Legationsrat I. Klasse Lücking am 29. Juni 1976 an das Ministerbüro geleitet für ein Gespräch, das Bundesminister Genscher „nach den Informationen des Referats heute abend mit dem Herrn Bundeskanzler, dem Herrn Bundesjustizminister und dem Herrn Bundesminister des Innern zu diesem Thema führen wird". Vgl. den Begleitvermerk; VS-Bd. 14068 (010); B 150, Aktenkopien 1976.

2 Zur Strafverfolgung der Entführer des Vorsitzenden des Berliner Landesverbandes der CDU, Lorenz, vgl. Dok. 37.

3 Zur Sitzung der Bonner Vierergruppe vgl. Dok. 167.

4 Siegfried Buback.

abzusehen, wurde die Frage durch den Herrn Minister in einem Gespräch mit seinem französischen Kollegen während der deutsch-französischen Minister-konsultationen am 2. Juni 1976 aufgenommen[5] und die deutsche Haltung eingehend dargestellt. Die französische Haltung blieb weiter ablehnend. Der französische Außenminister sagte jedoch zu, darüber nachzudenken, ob die Anklagevertretung durch die Bundesanwaltschaft in Berlin mit dem Hinweis darauf gerechtfertigt werden könnte, daß der Generalbundesanwalt, sobald er in Berlin auftrete, der obersten Gewalt der Drei Mächte unterstehe und daher einer Berliner Behörde gleich zu achten sei, damit so dem Vorwurf begegnet werden könne, der Bund übe in Berlin (West) unmittelbare Staatsgewalt aus.

II. In den Sitzungen der Bonner Vierergruppe vom 2. und 15. Juni waren die Sprecher der angelsächsischen Staaten in der Vierergruppe ohne Weisung. Der französische Sprecher erklärte, keine neue Weisung zu haben.

1) In der Sitzung der Vierergruppe vom 28.6. trug der britische Sprecher auf Weisung aus London folgendes vor: Man habe das sehr komplexe Problem eingehend geprüft. Dabei sei man zu dem Ergebnis gekommen, daß es bei der gegebenen Rechtslage kaum möglich sei, sich gegen das Auftreten des Generalbundesanwalts in Berlin (West) zu entscheiden. Die in diesem Zusammenhang einschlägigen Briefe zur Interpretation des Vier-Mächte-Abkommens: a) der Drei Botschafter an den Herrn Bundeskanzler vom 3.9.1971[6] sowie b) der Drei Botschafter an den Bundesaußenminister vom 15.5.1972[7] befaßten sich zum einen mit der Tätigkeit von Bundesministerien, zum anderen von Bundesgerichten in Berlin (West). Es sei deshalb möglich zu argumentieren, daß diese Briefe ein Auftreten des Generalbundesanwalts in Berlin (West) nicht erfaßten. Jedenfalls sei aber die Rechtslage so verwickelt, daß bei der Entscheidung zu einem solchen Tätigwerden Überlegungen der politischen Angemessenheit (political expediency) in die Urteilsbildung einbezogen werden müßten.

Dabei komme es vor allem darauf an zu untersuchen, in welcher Weise gegenüber der anderen Seite versucht werden könnte, die Sache so zu präsentieren, daß die westliche Seite eine möglichst geringe Angriffsfläche biete. Wahrscheinlich werde das bei der Antwort auf frühere Proteste gebrauchte Argument – beim Handeln von Bundesjustizorganen in Berlin (West) treten diese als eine Art Berliner Organ auf, da durch die Übernahme des von ihnen dabei angewandten Bundesrechts nach Berlin dieses in Berlin als Berliner Recht und nicht mehr als Bundesrecht gelte, sie sind insofern der Hoheit der Drei Mächte unterworfen – nicht ausreichen, um die andere Seite davon zu überzeugen, daß westlicherseits keine Demonstration beabsichtigt sei.

Die britische Regierung bittet deshalb zu prüfen, ob

a) vor Prozeßbeginn eine Erklärung veröffentlicht werden solle, daß der Generalbundesanwalt in diesem Verfahren als Berliner Organ tätig werde,

---

5 Zum Gespräch des Bundesministers Genscher mit dem französischen Außenminister Sauvagnargues in Paris vgl. Dok. 184.

6 Zum Schreiben der Botschafter Jackling (Großbritannien), Rush (USA) und Sauvagnargues (Frankreich) an Bundeskanzler Brandt vgl. Dok. 167, Anm. 18.

7 Korrigiert aus: „17.5.1972".
Zum Schreiben der Botschafter Jackling (Großbritannien), Rush (USA) und Sauvagnargues (Frankreich) an Bundesminister Scheel vgl. Dok. 167, Anm. 17.

Giscard legte dar, daß nach französischer Auffassung mit den Terroristen keine Verhandlungen aufgenommen werden sollen, da die Forderungen nicht erfüllbar seien und die Israelis mit Sicherheit nicht nachgeben würden. Eine neue Situation würde erst dann entstehen, wenn mit Erschießungen begonnen werde. In diesem Fall müßte die Situation neu überprüft werden. Im Augenblick sollte es dem ugandischen Präsidenten Amin überlassen bleiben, mit der Situation fertig zu werden.

Giscard fügte hinzu, daß er über einen Sonderbeauftragten am Ort und per Fernschreibverbindung in ständigem Kontakt mit Amin sei. Außerdem habe er Mobuto gebeten, an den Bemühungen um die Freilassung der Geiseln mitzuwirken.[3]

Der *Bundeskanzler* stimmte der Auffassung Giscards zu und erklärte, daß von deutscher Seite der Öffentlichkeit nur mitgeteilt werde, daß gegenwärtig keine Entscheidungen getroffen würden und ständige Konsultationen mit den anderen beteiligten Regierungen geführt werden.

Giscard stimmte zu und stellte ausdrücklich fest, daß er im Augenblick keinen Wunsch im Hinblick auf das Verhalten der Bundesregierung habe. Er beurteilte die Chancen für einen günstigen Ausgang des Entführungsfalles relativ positiv. Nach seiner Auffassung sei es für die Terroristen schwierig, mit der Verwirklichung ihrer Drohung zu beginnen. Die Terroristen befänden sich in Afrika und außerdem in einem befreundeten Land. Im Falle von Erschießungen würden sie mit den Afrikanern in großen Konflikt geraten. Dies würden sie unter politischen Gesichtspunkten sicherlich zu vermeiden suchen.

Giscard unterstrich, daß er alle Mittel gegen die Terroristen einsetzen würde, wenn sich diese auf französischem Territorium befänden. In Uganda aber sei man machtlos. Amin sei seiner Meinung nach allerdings ernsthaft um eine Lösung bemüht.

Bundeskanzleramt, AZ: 21-30 100 (56), Bd. 41

Fortsetzung Fußnote von Seite 982

lische Staatsangehörige und Personen mit doppelter Staatsangehörigkeit fest. Vgl. den Artikel „Ultimatum der Airbus-Entführer verlängert"; NEUE ZÜRCHER ZEITUNG, Fernausgabe vom 2. Juli 1976, S. 1.

3 Vortragender Legationsrat Freiherr von Schacky vermerkte am 29. Juni 1976, daß das Büro des französischen Außenministers Sauvagnargues folgende Auskunft gegeben habe: „1) Es besteht französischerseits nach wie vor keine Absicht, einen Verhandlungsführer – wie von den Luftpiraten gefordert – zu ernennen. 2) In Kampala befindet sich zur Zeit Herr Bonnefous [...], der als Verhandler und Kontaktperson zu Präsident Idi Amin bereits tätig ist. 3) Es besteht weiterhin keine Absicht, überhaupt Verhandlungen mit den Entführern aufzunehmen." Vgl. Referat 312, Bd. 116865.

211

Gespräch des Bundeskanzlers Schmidt
mit Premierminister Callaghan

VS-vertraulich   30. Juni 1976[1]

Gespräch des Bundeskanzlers mit Premierminister Callaghan am 30.6.1976

Weitere Teilnehmer auf englischer Seite: Außenminister Crosland; auf deutscher Seite: Bundesaußenminister Genscher. Mr. Patrick Wright und MDg Dr. Ruhfus als Notetaker.

Nach einem Gedankenaustausch über das Erziehungssystem in den beiden Ländern und über die innere Struktur der Parteien berichtete PM *Callaghan* über die Überlegung seiner Regierung, die öffentlichen Ausgaben zu kürzen. Ihm komme es hier entscheidend auf die Frage an, ob eine solche Kürzung dazu beitragen würde, das internationale Vertrauen in das Pfund Sterling zu heben[2], und welche Größenordnung geeignet sei, das Vertrauen in die britische Währung zu festigen.

Er ließ durchblicken, Schatzkanzler Healey denke an eine Kürzung des jährlichen Budgets von 60 Mrd. Pfund um etwa 1 Mrd. Die britische Regierung stelle diese Überlegungen jetzt an. Es wäre sehr ungünstig, wenn sie Beschlüsse unter dramatischen Umständen und unter Druck im September fassen müsse.

Der Verlauf des Gesprächs ließ erkennen, daß AM *Crosland* einer Kürzung der Haushaltsausgaben eher reserviert gegenübersteht. Er wies darauf hin, dies wäre die erste Haushaltskürzung, die eine Labour-Regierung vornehme, um das Vertrauen in das Pfund aufzubauen. Nur der kleinere Teil des Marktes reagiere emotional; der größere Teil des Marktes – die Geschäftsbanken und die Notenbanken – handelten nach rationalen Gesichtspunkten.

Der *Bundeskanzler* wies auf das große Interesse hin, das die Bundesregierung an einer stabilen Finanzordnung in Großbritannien habe. Die Bundesregierung sei daher daran interessiert, daß der Kurs des Pfundes nicht weiter sinke.

Das Geld der arabischen Anleger sei ein Unsicherheitsfaktor. Wenn die Araber den Eindruck bekämen, daß die Inflationsrate höher sei als die Zinsen, bestünde die Gefahr, daß sie ihr Geld abzögen.

Callaghan: Die Zinsen seien höher als die Inflationsrate. Die Golfländer und Kuwait zeigten sehr großes Vertrauen zu Großbritannien.

---

1 Ablichtung.
   Die Gesprächsaufzeichnung wurde von Ministerialdirigent Ruhfus, Bundeskanzleramt, am 30.
   Juni 1976 gefertigt.
   Hat Bundeskanzler Schmidt vorgelegen.
   Am 8. Juli 1976 übermittelte Ruhfus die Gesprächsaufzeichnung an Ministerialdirigent Kinkel.
   Dazu teilte er mit: „Der Vermerk ist vom Bundeskanzler noch nicht genehmigt worden."
   Hat Kinkel am 8. Juli 1976 vorgelegen.
   Hat Bundesminister Genscher am 10. Juli 1976 vorgelegen. Vgl. den Begleitvermerk; VS-Bd. 14054
   (010); B 150, Aktenkopien 1976.
2 Zur Krise des britischen Pfund Sterling vgl. Dok. 208, Anm. 4.

Der *Bundeskanzler* berichtete über die Maßnahmen, die die Bundesregierung im Juni des vergangenen Jahres beschlossen habe, um die Wirtschaft der Bundesrepublik aus dem Tal herauszuführen.[3] Er schilderte die Gesetzesvorlagen, die die Bundesregierung eingebracht habe, um im kommenden Jahr das Haushaltsdefizit einzuschränken oder gar zu beseitigen.[4]

Callaghan antwortete, seine Regierung habe Beschlüsse gefaßt, um die öffentlichen Ausgaben 1976–1980 konstant zu halten.[5] Während dieser Zeit hoffe die Regierung auf einen Anstieg des Bruttosozialprodukts um jährlich real etwa 6%. Er hoffe, daß es ihm möglich sein werde, die Partei und die Gewerkschaften für diese Regelung bei der Stange zu halten.

Der *Bundeskanzler* führte aus, der Kontrakt der britischen Regierung mit den Gewerkschaften[6] sei positiv aufgenommen worden. Er sei geeignet, das Vertrauen zu stärken. Aber es bestehe Besorgnis, daß die englische Regierung ihre hohen öffentlichen Ausgaben durch Anleihen finanziere. Daher sei es wichtig, der Öffentlichkeit klarzumachen, daß die Ausgaben nicht weiter wachsen werden.

Callaghan: Die britischen Botschafter müßten die beschlossene Politik des Kabinetts in den Nachbarländern erläutern.

Crosland: Die Ausgaben in Großbritannien seien niedriger als in vielen anderen OECD-Ländern. England liege in der Relation öffentlicher Ausgaben zum Bruttosozialprodukt etwa an siebter Stelle.

Der *Bundeskanzler* warnte, es sei bedenklich, sich etwa auf Italien und die skandinavischen Länder zu berufen. In letzteren wachse der Überdruß über den hohen Anteil der öffentlichen Ausgaben.

Callaghan: Er wolle nicht zu stark kürzen, aber der Schatzkanzler Healey wolle.

Bundeskanzler: Er habe während seiner Zeit als Finanzminister[7] gelernt, Premierminister und Finanzminister müßten Hand in Hand arbeiten.

3 Das Kabinett beschloß am 27. August 1975 das „Programm der Bundesregierung zur Stärkung von Bau- und anderen Investitionen" mit einem Volumen von 5,75 Mrd. DM. Schwerpunkte waren Maßnahmen zur Förderung der kommunalen Infrastruktur und der Stadtsanierung, Sonderprogramme zur Wohnungsmodernisierung, zur Zwischenfinanzierung von Bausparverträgen sowie Arbeitsbeschaffungsmaßnahmen. Vgl. dazu BULLETIN 1975, S. 1037–1043.
4 Am 10. September 1975 beschloß das Kabinett Maßnahmen zur Verbesserung der Haushaltsstruktur. Die Beschlüsse betrafen den Entwurf des Bundeshaushalts 1976 sowie den Finanzplan 1975 bis 1979, ferner den Gesetzentwurf zur Verbesserung der Haushaltsstruktur und eine Erhöhung der Mehrwertsteuer um 2%, der Tabaksteuer um 18% und der Branntweinsteuer um 20% jeweils zum 1. Januar 1977. Vgl. BULLETIN 1975, S. 1093–1100.
Das Haushaltsstrukturgesetz wurde am 5. November 1975 in den Bundestag eingebracht und am 6. November 1975 verabschiedet. Für den Wortlaut vgl. BUNDESGESETZBLATT 1975, Teil I, S. 3091–3112.
Die übrigen Maßnahmen wurden im Rahmen des Gesetzes über die Feststellung des Bundeshaushaltsplans für das Haushaltsjahr 1976 (Haushaltsgesetz 1976) vom Bundestag am 8. Juni 1976 verabschiedet. Für den Wortlaut vgl. BUNDESGESETZBLATT 1976, Teil I, S. 1381–1395.
5 Zum britischen Weißbuch „Öffentliche Ausgaben bis 1979/80" vom 19. Februar 1976 vgl. Dok. 39, Anm. 10.
6 Zum „Lohnpakt" zwischen der britischen Regierung und dem Gewerkschaftsverband Trades Union Congress (TUC) vgl. Dok. 138, Anm. 2.
7 Helmut Schmidt war von 1972 bis 1974 Bundesminister der Finanzen.

Callaghan führte aus, es sei wertvoll gewesen, sich in Puerto Rico[8] zu treffen. Die Diskussionen seien erfrischend und klar gewesen. Sie hätten keine Lösungen gebracht, aber doch näher an die Lösungen herangeführt.

Bundeskanzler: Er stimme zu in der Bewertung der Begegnung. Aber die ungelösten Probleme seien immer noch erheblich. Außenminister Kissinger schlage immer neue Konferenzen vor. Aber auch dies bringe uns einer Lösung nicht näher.

Callaghan: England lege großen Wert darauf, bei diesen Problemen eng mit der Bundesrepublik und Frankreich zusammenzuarbeiten. Er habe den Eindruck, daß Frankreich diese Probleme stark unter rein politischen Aspekten sähe und daß der Quai hier gelegentlich vorpresche.

Callaghan berichtete sodann über den Besuch von Giscard d'Estaing.[9] Er habe Giscard früher als Finanzminister gekannt.[10] Er habe ihn auch als Präsident so gut kennengelernt, daß er ihn gelegentlich auch einmal direkt anrufen werde.

Bundeskanzler stimmte dem britischen Premier zu. Dies sei durchaus üblich in seinem Kontakt mit Präsident Giscard, er werde dies auch weiterhin tun.

Bundeskanzler kam sodann auf die Europäische Gemeinschaft zu sprechen. Fortschritte in der EG seien nur möglich, wenn sie von Großbritannien, Frankreich und der Bundesrepublik getragen würden. Präsident Giscard habe den Fehler begangen, diese Idee in einem Hintergrundgespräch vor Journalisten zu erwähnen.[11] Die EG könne in der Tat nur bestehen bei guten Dreiecksbeziehungen zwischen Bonn, Paris und London.

Callaghan: Er sähe keine großen Probleme zwischen Frankreich und Großbritannien.

Bundeskanzler: Dies sei durchaus richtig, aber es gäbe eine Reihe von Fragen der Gemeinschaft, die leicht zu Prestige-Problemen werde könnten. Er denke hier z. B. an das überaus große Interesse der UDR an der Landwirtschaftspolitik der Gemeinschaft.

Callaghan: Er habe Präsident Giscard seine Vorstellungen über die EG-Landwirtschaftspolitik vielleicht nicht klar und deutlich genug gesagt. Aber er habe den ersten Staatsbesuch des französischen Präsidenten nicht über Gebühr belasten wollen.

Bundeskanzler: Er habe die Hoffnung, daß der Beitritt Großbritanniens dazu beitragen werde, die größten Extravaganzen der EG-Landwirtschaftspolitik zu korrigieren.

Callaghan: Der britische Landwirtschaftsminister[12] kehre gelegentlich aus Brüssel zurück und sage, er sei völlig isoliert gewesen; ob hier nicht eine Abstimmung zu dritt möglich sei?

---

8 Zur Konferenz der Staats- und Regierungschefs aus sieben Industriestaaten am 27./28. Juni 1976 in San Juan vgl. Dok. 208.

9 Staatspräsident Giscard d'Estaing hielt sich vom 22. bis 25. Juni 1976 in Großbritannien auf.

10 Valéry Giscard d'Estaing war von 1962 bis 1966 französischer Finanzminister, James Callaghan von 1964 bis 1967 britischer Schatzkanzler.

11 Zu Vorstellungen des Staatspräsidenten Giscard d'Estaing über ein „Direktorat" vgl. Dok. 133, Anm. 5.

12 Frederick Peart.

Bundeskanzler: Er habe den Eindruck, daß Präsident Giscard eine Korrektur der Agrarpreise um etwa 10 bis 15%[13] für vertretbar halte.

Callaghan: Das Problem der gemeinsamen EG-Landwirtschaftspolitik müsse im November aufgegriffen werden, was könne getan werden?

Bundeskanzler: Er habe eine Bestandsaufnahme der EG-Landwirtschaftsordnung vor etwa 1 1/2 Jahren beantragt.[14] Diese müsse weiterverfolgt werden.

Callaghan: Fortschritt werde nur möglich sein, wenn man sich vorher abstimme.

Bundeskanzler: Letztlich werde es darauf ankommen, das System der Marktregulierung allmählich stärker mit Elementen direkter Einkommenssubventionen für die Landwirte zu verbinden. Die Agrar-Preise könnten auf Dauer nicht drei Funktionen gleichzeitig dienen:

a) dem Ausgleich zwischen Angebot und Nachfrage,

b) der Anpassung des Einkommens der Landwirte an das der Industriearbeiter und

c) der Sicherheit gleicher Einkommen für die Bauern in Italien, in Frankreich und in anderen EG-Ländern.

Das müsse zu Überschüssen führen, die letztlich von den Steuerzahlern finanziert werden müßten.

Die Bundesregierung gehe 1977 großen finanziellen Schwierigkeiten entgegen. Artikel 115 Grundgesetz erlaube Kreditaufnahme nur in dem Umfange, in dem[15] Investitionen finanziert würden. Eine Ausnahme sei nur bei ungleichgewichtiger[16] Wirtschaftslage möglich.[17] Im Frühjahr 1977 würde voraussichtlich unser Ungleichgewicht[18] überwunden sein. Die geplante Erhöhung der Steuern scheitere an der Mehrheit der Opposition im Bundesrat. Der Bund verfüge ohnehin nur über etwa 2/5 der öffentlichen Ausgaben (2/5 würden über die Län-

---

[13] Die Wörter „10 bis 15%" wurden von Bundeskanzler Schmidt unterschlängelt. Dazu Fragezeichen und handschriftliche Bemerkung: „Zahlen sind wohl mißverstanden."

[14] Am 25. September 1974 befaßte sich das Kabinett mit den Beschlüssen der EG-Ratstagung auf der Ebene der Landwirtschaftsminister vom 17. bis 20. September 1974 in Brüssel, die u. a. eine Erhöhung der Preise für Marktordnungswaren um fünf Prozent vorsahen. Das Kabinett kam zu dem Ergebnis, daß eine Entscheidung über die Beschlüsse von weiteren Verhandlungen u. a. im Hinblick auf das Ingangsetzen einer Bestandsaufnahme der gemeinsamen Agrarpolitik abhänge. Die EG-Ratstagung auf der Ebene der Außen- und Landwirtschaftsminister am 2. Oktober 1974 in Luxemburg beauftragte schließlich die EG-Kommission, eine vollständige Bestandsaufnahme der gemeinsamen Agrarpolitik zu erstellen. Vgl. dazu AAPD 1974, II, Dok. 280.
Auf der Basis eines Papiers der EG-Kommission vom 27. Februar 1975 einigte sich der EG-Rat auf der Ebene der Landwirtschaftsminister am 10./11. November 1975 in Brüssel auf eine gemeinsame, auf einem Vorschlag der Bundesrepublik beruhende Stellungnahme zur Bestandsaufnahme der gemeinsamen Agrarpolitik, die dem Europäischen Rat am 1./2. Dezember 1975 in Rom vorgelegt werden sollte. Für den Wortlaut der Stellungnahme vgl. BULLETIN DER EG 11/1975, S. 37–40.
Aus Zeitmangel kam es auf der Tagung des Europäischen Rats nicht zu einer Erörterung der Stellungnahme. Vgl. dazu AAPD 1975, II, Dok. 367.

[15] An dieser Stelle wurde von Bundeskanzler Schmidt gestrichen: „feste".

[16] Dieses Wort wurde von Bundeskanzler Schmidt handschriftlich eingefügt. Dafür wurde gestrichen: „schwieriger".

[17] Für den Wortlaut des Artikels 115 des Grundgesetzes vom 23. Mai 1949 in der Fassung vom 12. Mai 1969 vgl. BUNDESGESETZBLATT 1969, Teil I, S. 358.

[18] Die Wörter „unser Ungleichgewicht" wurden von Bundeskanzler Schmidt handschriftlich eingefügt. Dafür wurde gestrichen: „unsere Schwierigkeiten".

derhaushalte und 1/5 über die Haushalte der Gemeinden abgewickelt). Es bestehe Gefahr, daß die Opposition Verstöße gegen Artikel 115 GG vor das Bundesverfassungsgericht bringen werde. Daher werde es der Bundesregierung sehr schwierig sein, zusätzliche Finanzbeiträge an die[19] EG zu übernehmen.

Callaghan kam auf den Devisenausgleich zu sprechen. Über die letzten Gespräche von Wilson[20] gäbe es eine unterschiedliche Interpretation. Die deutsche Seite sage, man solle über Devisenausgleich nicht vor Herbst sprechen. Nach Ansicht der britischen Seite sei vereinbart worden, daß vor Herbst keine Regelung getroffen werden könne.

Bundeskanzler: Er halte die britische Version für richtiger.

Callaghan: Die Kosten für die britischen Truppen in der Bundesrepublik hätten erheblich zugenommen. Er werde gezwungen sein, entweder die Ausgaben für die EG-Agrarordnung oder für die Truppen zu kürzen.

Bundeskanzler: Weder noch.

Callaghan: Er schlage als Sprachregelung vor: Die Beamten sprächen miteinander. Eine Lösung sei erst in einigen Wochen zu erwarten.

Bundeskanzler: Er habe mit Wilson offen über die Bemühungen gesprochen, den deutsch-amerikanischen Devisenausgleich zu beenden. Er wolle diese Frage erst abschließen, bevor er mit der britischen Regierung diskutiere und die Besprechungen aufnehme; ein Kompromiß werde sich wohl finden lassen, wenn er auch keine zu große Hoffnung erwecken wolle. Die Regelung mit den Vereinigten Staaten werde voraussichtlich erst im August oder September getroffen werden können. Andere Probleme spielten hinein, wie die Rolle der US-Truppen in der Bundesrepublik, Verstärkung der US-Truppen und anderes. Er halte eine Formel, das Problem sei bilateral in der Diskussion, Resultate müßten abgewartet werden, sie seien sicher nicht „just around the corner", für vorstellbar.

Der Bundeskanzler wies auf die negativen Auswirkungen hin, die eine derartige Pressemitteilung über deutsch-britische Kontakte auf die Vereinigten Staaten, insbesondere auf den Kongreß, haben könnten.

Callaghan: Wenn sein Kabinett über Haushaltskürzungen diskutieren werde, werde dieses Problem sicher hochkommen.

Nachdem dieses Thema ohne konkretes Ergebnis abgeschlossen wurde, berichtete Außenminister *Crosland* über die Fischereipolitik.

Crosland: Das Fischereiproblem sei in England ähnlich psychologisch beladen wie in Frankreich das Problem der Weinbauern. Das britisch-isländische Abkommen[21] sei bereits auf starke Kritik gestoßen. Wenn jetzt eine unbefriedi-

---

[19] Die Wörter „Finanzbeiträge an die" wurden von Bundeskanzler Schmidt handschriftlich eingefügt. Dafür wurde gestrichen: „Ausgaben der".

[20] Für das Gespräch des Bundeskanzlers Schmidt mit Premierminister Wilson am 7. Februar 1976 in Chequers vgl. Dok. 39.

[21] Der britische Außenminister Crosland und der isländische Außenminister Ágústsson unterzeichneten am 1. Juni 1976 in Oslo ein Abkommen zur Beendigung des Fischereikonflikts. Dazu informierte Botschaftsrat Wand, Oslo, das Abkommen enthalte folgende Hauptpunkte: „1) Die Zahl der britischen Trawler wird auf 24 täglich beschränkt. Die Schiffe werden listenmäßig erfaßt und respektieren die isländischen ‚conservation areas'. 2) Die britischen Trawler werden nicht näher als 200 Seemeilen vor der isländischen Küste fischen. 3) Sie werden die isländischen Schutzmaßnahmen

gende Regelung für die Fischerei in der 200-Meilenzone in der EG getroffen werde, könne dies zu ernsthaften Schwierigkeiten führen.

Aneurin Bevan habe einmal gesagt, England sei eine Insel, die auf Kohlen gebaut sei und von Fisch umgeben sei.

Callaghan: Er habe Giscard gesagt, die traditionellen Fischereirechte würden respektiert, aber der Fischfang von Ländern, die nicht seit Jahren in britischen Gewässern fischen, werde schwierig werden.

Der *Bundesaußenminister* warf ein, ob nicht temporäre Zwischenlösungen möglich sein würden.

AM *Crosland*: Die Küstenbezirke würden wohl ein dauerndes Problem sein, Zwischenregelungen könnten daher kaum Lösungen bringen.

Bundeskanzler und *Bundesaußenminister* wiesen auf die deutschen Fischereiinteressen hin.

Der *Bundeskanzler* erkundigte sich nach den voraussichtlichen Ergebnissen der Seerechtskonferenz.[22]

Crosland: Mit der 200-Seemeilen-Wirtschaftszone müsse gerechnet werden. Daher werde die britische Fernfangflotte ihre Möglichkeiten zum Fischfang in den Gewässern anderer Länder weitgehend verlieren. Es bestehe Gefahr, daß die Gegner der EG sich darauf beriefen, der konkurrierende Fischfang anderer EG-Partner in britischen Gewässern sei eine der Konsequenzen des unerwünschten Beitritts zur EG.

Callaghan: Er habe lange mit Giscard über die Direktwahlen zum Europäischen Parlament (EP) gesprochen. Er habe Giscard, aufbauend auf den bekannten Vorschlägen[23], eine neue Anregung unterbreitet (Verdoppelung der vertraglich vorgesehenen Mandate plus sechs für die vier großen, minus sechs für

---

Fortsetzung Fußnote von Seite 988

,to protect concentrations of young or spawning fish' und ‚to contribute to the conservation of the fish stocks around Iceland' beachten. 4) Position und Fangquoten der britischen Schiffe sind den isländischen Behörden zu melden. 5) Isländische Behörden erhalten Kontrollrecht über die britischen Trawler, die bei Übertretung der Vorschriften von der Liste gestrichen werden. 6) Britische Regierung wird die EG bitten, Protokoll [Nr.] 6 auch für Island in Kraft zu setzen. [...] 7) Das Abkommen ist sechs Monate gültig (bis zum 1.12.1976) und wird die Meinung der Vertragspartner ‚with regard to the mutual limitation of their areas of jurisdiction' nicht präjudizieren." In einem besonderen Schreiben habe sich die britische Regierung bereit erklärt, „die EG zu sofortigen Verhandlungen mit Island zum Abschluß eines langfristigen Fischereiabkommens einzuladen. Das jetzt freigegebene Protokoll Nr. 6 soll nur dann über den 1.12.1976 hinaus gültig bleiben, wenn die EG bis dahin ein langfristiges Abkommen mit Island abgeschlossen hat." Wand übermittelte folgende Einschätzung: „Mit diesem Abkommen hat sich Island zunächst einmal gegenüber Großbritannien durchgesetzt, da es den ‚Wind' des 200-Seemeilen-Trends ‚im Rücken hat' und mit Keflavik über ein Druckmittel verfügt. Die Briten haben eine ‚Schlacht' abgeblasen, aber den Krieg um Fischereiquoten und Fanggründe nicht aufgegeben. Sie haben praktisch die 200-Seemeilen-Grenze anerkannt und werden nun aufgrund dieser neuen Lage mit den übrigen EG-Staaten um die Ausformung einer Fischereipolitik in Brüssel noch härter verhandeln, um für die verlorenen Fanggründe um Island von der EG an den eigenen Küsten kompensiert zu werden." Vgl. den Drahtbericht Nr. 195; Referat 204, Bd. 110350.

22 Zur vierten Runde der Dritten UNO-Seerechtskonferenz vgl. Dok. 93.
   Zur fünften Runde vom 2. August bis 17. September 1976 in New York vgl. Dok. 271, Anm. 15.

23 Zum Vorschlag der französischen Regierung vom 1./2. April 1976 für die Sitzverteilung im Europäischen Parlament vgl. Dok. 98.
   Zu den von der Bundesrepublik, Belgien und Luxemburg vorgelegten Modellen vgl. Dok. 142, Anm. 8 und 10, bzw. Dok. 193, Anm. 15.

die kleineren – Luxemburg, Belgien, Niederlande, Dänemark und Irland).[24]
Giscard habe zugesagt, er werde hiergegen nicht opponieren. Es bleibe allerdings offen, ob er zugestimmt habe.

Bundesaußenminister: Er habe bereits gestern die deutsche Zustimmung erklärt, aber es gebe Schwierigkeiten bei den kleineren, vor allem bei Dänemark und Irland.

Crosland: Die kleineren seien gegen eine generelle Reduktion von sechs. Sie wünschten eine abgestufte Verringerung je nach Größe des Landes.[25]

Bundeskanzler: Wir können alle Formeln für die Wahlen zum ersten Parlament annehmen.

Crosland: Giscard warte auf den Europäischen Rat.[26] Er habe den Eindruck, Frankreich wolle den Kompromißvorschlag dort selbst vortragen.

Callaghan: Giscard habe offensichtlich Schwierigkeiten im Kabinett. Aber er sei zuversichtlich, daß es gehen werde.

Der *Bundeskanzler* warf die Frage auf[27]: Wer werde der Gesprächspartner des Europäischen Parlaments sein, die Kommission oder die Regierung?

Callaghan: Er sei an und für sich dafür gewesen, die Abgeordneten des Europäischen Parlaments aus dem nationalen Parlament zu entsenden. Das sei aber zu spät. Die Entscheidung für die Direktwahlen sei gefallen.

Der *Bundeskanzler* stimmte dem zu. Man müsse die Entwicklung der Rechte der Parlamentarier pragmatisch handhaben. Zunächst sollte das Europäische Parlament die im Vertrag vorgesehenen Rechte ausüben.[28] Man müsse verhindern, daß das Parlament[29] eine ähnliche Entwicklung nehme wie die Bürokratie in Brüssel.

---

[24] Referat 410 stellte am 25. Juni 1976 fest, daß Premierminister Callaghan mit Staatspräsident Giscard d'Estaing am Vortag folgenden Vorschlag für die Sitzverteilung im Europäischen Parlament erörtert habe: „Ausgehend vom deutschen Vorschlag (Verdoppelung der augenblicklichen Sitzzahl) und vom luxemburgischen Vorschlag ([minus] sechs Sitze für die fünf Kleinen) zusätzlich sechs Sitze für die vier Großen (= insgesamt 390 Sitze)." Demnach sollten die Bundesrepublik, Frankreich, Großbritannien und Italien je 78 Sitze, Belgien und die Niederlande je 22 Sitze, Dänemark und Irland je 14 Sitze und Luxemburg 6 Sitze erhalten. Vgl. Referat 410, Bd. 105630.

[25] Der EG-Ministerrat beschäftigte sich auf seiner Tagung am 29./30. Juni 1976 in Luxemburg mit dem neuen britischen Vorschlag zur Sitzverteilung für die geplante Direktwahl des Europäischen Parlaments: „In kurzer Diskussion äußerten sich hierzu Irland, Belgien und Dänemark zurückhaltend bis negativ. Luxemburg und Niederlande nahmen keine Stellung. Frankreich hält nach wie vor französischen Vorschlag (198 [Sitze]) für besser, ohne jedoch britische Variante auszuschließen. Italien bezeichnete britischen Vorschlag als bedeutungsvoll. [...] Bundesminister wies wie sein italienischer Kollege auf die Notwendigkeit einer Entscheidung bei Europäischem Rat hin. Britischer Vorschlag liege in der Logik des Verdoppelungsvorschlags und stelle nichts strukturell Neues dar. Er bedeute nur quantitative Änderung. Er habe den Eindruck, Entfernung zwischen den verschiedenen Positionen sei nicht so groß, wie das scheinen möge. [...] Er appellierte an die Außenminister, sich zur Unterzeichnung und zur baldigen Fertigstellung eines die Direktwahlen einführenden Vertragsentwurfs zu verpflichten." Vgl. den Drahtbericht Nr. 141 des Ministerialdirigenten Bömcke, z. Z. Luxemburg, vom 29. Juni 1976; Referat 410, Bd. 105630.

[26] Zur Tagung des Europäischen Rats am 12./13. Juli 1976 in Brüssel vgl. Dok. 231.

[27] Die Wörter „warf die Frage auf" wurden von Bundeskanzler Schmidt handschriftlich eingefügt. Dafür wurde gestrichen: „erkundigte sich: Was werden die Abgeordneten nach ihrer Wahl tun?"

[28] Vgl. dazu die Artikel 137 bis 144 des EWG-Vertrags vom 25. März 1957; BUNDESGESETZBLATT 1957, Teil II, S. 858–861.

[29] An dieser Stelle wurde von Bundeskanzler Schmidt gestrichen: „nicht".

Der Europäische Rat werde auf lange Zeit das steuernde Organ der Europäischen Gemeinschaft sein. Es gebe zu viele verschiedene Ministerräte[30] (Landwirtschaft, Inneres, Umwelt etc.). Sie müßten straffer gesteuert werden.

Die Rotation der Präsidentschaft alle sechs Monate schaffe zusätzliche Schwierigkeiten. Er frage sich, ob nicht bestimmte Persönlichkeiten bestimmte Aufgaben wie z.B. im Bereich des Fischfangs oder der Energie für längere Zeit übernehmen könnten.

Crosland: Er stimme zu, daß dem Parlament nicht mehr Rechte gewährt werden sollten, als im Vertrag vorgesehen. Frankreich nehme die gleiche Haltung ein. Auch er sei gegen die Proliferation der Räte. Er hoffe, daß der Enthusiasmus der Räte für die Harmonisierung von zu vielen unnötigen Details allmählich nachlassen werde.

Callaghan: Er sei nicht abgeneigt, spezielle Beauftragungen auszusprechen.

Crosland kam sodann auf Afrika zu sprechen. Die britische Regierung halte an ihren Forderungen für Rhodesien vom 22.3.1976[31] fest. Allerdings müsse jetzt klarer gesagt werden, welche Garantien den Weißen gegeben werden, wenn die majority rule eingeführt werde. Das Außenministerium erarbeite zur Zeit Vorschläge für den Schutz der Weißen. Er werde den Plan bald mit Kissinger besprechen. Die Vorschläge sollten in etwa drei bis vier Wochen von Premierminister Callaghan angekündigt werden. Diese Vorschläge sollten die Unterstützung der weißen Bevölkerung für Smith reduzieren. Großbritannien werde die Unterstützung anderer Länder für diese Vorschläge benötigen. Großbritannien denke daran, die USA und die EG-Partner zur Unterstützung einzuladen.

Callaghan: Kissinger habe eine sehr konstruktive Rolle gespielt. Nkomo könnte ein guter gemäßigter Führer in Rhodesien sein. Mosambik, Sambia und Malawi müßten dafür gewonnen werden, daß sie keine Guerillas beherbergen.

Großbritannien werde keine Truppen nach Rhodesien schicken, aber es werde sich bemühen, Smith die Unterstützung durch Vorster zu entziehen.

Der *Bundeskanzler* berichtete über seine Eindrücke von dem Besuch von Vorster.[32] Vorster sei eine ernsthafte, aufrichtige Persönlichkeit, die an die Richtigkeit ihrer Darlegungen glaube. Allerdings sehe Vorster noch nicht klar, welche Entwicklung auf sein Land zukomme.

Die Bundesrepublik sei an engem Kontakt mit der britischen Regierung interessiert. In Namibia könne eine ähnliche Entwicklung wie in Rhodesien eintreten. Dort gebe es 30 000 Deutschstämmige.

Callaghan: Angola sei eine Tragödie gewesen. Großbritannien bemühe sich, in Rhodesien und Namibia die europäische Infrastruktur zu erhalten. Ideal wäre eine Lösung à la Kenia. Die Arbeit der europäischen Farmer in diesen Ländern sei nötig, die Ernährung zu sichern.

[30] Dieses Wort wurde von Bundeskanzler Schmidt handschriftlich eingefügt. Dafür wurde gestrichen: „Räte".
[31] Vgl. dazu die Ausführungen des britischen Außenministers Callaghan im britischen Unterhaus; Dok. 128, Anm. 10.
[32] Zum Aufenthalt des Ministerpräsidenten Vorster vom 20. bis 25. Juni 1976 in der Bundesrepublik vgl. Dok. 206.

Callaghan: Die Bundesrepublik könne auf Vorster einwirken. Er glaube nicht, daß die Äußerungen der Bundesregierung anläßlich des Besuchs von Vorster zu kritisch gewesen seien.

Das Gespräch wandte sich sodann der Frage weiterer Gipfel nach Rambouillet[33] und Puerto Rico zu.

Crosland: Man solle keine generelle Regel aufstellen. Man müsse von Fall zu Fall überzeugende Vorwände suchen.

Bundeskanzler: Nicht wieder „Berlin". Die Treffen sollten auch nicht jedes halbe Jahr stattfinden und keine ständige Einrichtung werden.

Crosland: Kissinger habe angedeutet, der neue Präsident[34] werde an einer baldigen Begegnung nach seiner Ernennung interessiert sein.

Bundeskanzler: Wohl besser erst, wenn der Präsident eine sechsmonatige Amtszeit hinter sich habe.

Der Bundeskanzler führte aus, Präsident Giscard werde in einer Woche nach Paris zu einem Gespräch über die Hilfe für Italien einladen. Von deutscher Seite würden MD van Well und StS Pöhl teilnehmen. Die Vereinigten Staaten würden voraussichtlich Sonnenfeldt und Hughes vom Department of Finance entsenden.

Crosland deutete an, er wolle Campbell und einen anderen politischen Beamten entsenden.

Bundeskanzler: Es werde darum gehen, klare Wirtschafts- und Finanzbedingungen aufzustellen. Daher sei wohl ein Finanzfachmann zu empfehlen.[35]

Callaghan pries die Vorzüge von Culham für JET.[36] Es gebe dort eine qualifizierte und erfahrene Mannschaft. Wenn er keine europäische Unterstützung finde, werde die Mannschaft ihr Forschungsvorhaben mit Unterstützung durch die arabischen Länder alleine fortführen.

Der *Bundeskanzler* empfahl, zunächst einmal einen Beschluß herbeizuführen, daß dieses Vorhaben gemeinsam durch die Partner der EG durchgeführt werden solle. Sodann sollten die Außenminister sich über die Auswahl des geeigneten Ortes unterhalten. Dies sei kein Thema, das den Regierungschefs beim Europäischen Rat vorgelegt werden müsse.

Callaghan: Im letzten Jahr habe Großbritannien Industrielle aus den Vereinigten Staaten nach Großbritannien eingeladen. Die Reise sei ein großer Erfolg gewesen. Großbritannien beabsichtige, im nächsten Jahr deutsche Industrielle einzuladen. Er erbitte hierzu die Unterstützung der Bundesregierung.

Der *Bundeskanzler* sagte zu.

VS-Bd. 14054 (010)

---

33 Die Konferenz der Staats- und Regierungschefs aus sechs Industriestaaten fand vom 15. bis 17. November 1975 auf Schloß Rambouillet statt. Vgl. dazu AAPD 1975, II, Dok. 346 und Dok. 348–350.
34 Am 2. November 1976 fanden in den USA Präsidentschaftswahlen sowie Wahlen zum Repräsentantenhaus und Teilwahlen zum Senat statt.
35 Vgl. dazu das Treffen der Finanzminister Apel (Bundesrepublik), Barre (Frankreich), Healey (Großbritannien) und Simon (USA) am 15. September 1976 in Paris; Dok. 288.
36 Zum geplanten Bau der Versuchsanlage JET (Joint European Torus) vgl. Dok. 50, Anm. 16.